最高人民法院
知识产权要案典丛

ZUIGAO RENMIN FAYUAN
ZHISHI CHANQUAN YAOAN DIANCONG

·专利卷·

| 上册 |

最高人民法院知识产权审判庭◎编

中国法制出版社
CHINA LEGAL PUBLISHING HOUSE

编辑说明

为充分发挥典型案件的示范和指引作用，从2008年起，最高人民法院每年对审结的知识产权典型案件进行分析、梳理和归纳，形成《最高人民法院知识产权案件年度报告》。作为最高人民法院发布的知识产权和竞争领域重大、疑难和新类型案件审判标准、司法政策和裁判方法的重要文件，年度报告是知识产权案件指导体系的重要平台和载体，对于推进法律适用统一、促进法律有效实施具有重要意义。在此基础上形成的《最高人民法院知识产权审判案例指导》系列书籍，自出版以来受到知识产权从业人员的普遍好评。

作为向2020年“4·26”世界知识产权日的献礼，我们对过去11年的年度报告进行了重新编排，形成专利、商标、著作权、综合类四卷本。从某种意义上说，本书并不是对以往年度报告的简单整合，更重要的是，从更长时域、更宽视角鸟瞰最高人民法院在知识产权各主要领域裁判标准的沿革与缘由，从更高层面、更深层次体会最高人民法院知识产权法官对法律精神的坚守、对规则要义的探究、对行业指引的前瞻。

目 录

Contents

上 册

一、专利民事案件

（一）权利要求解释

下　册

二、专利行政案件

（一）权利要求解释

（二）权利要求应当以说明书为依据

（三）独立权利要求缺少必要技术特征

（四）说明书充分公开

一、专利民事案件

（一）权利要求解释

1. 解释权利要求时应当遵循的若干原则

——再审申请人孙守辉与被申请人青岛肯德基有限公司、上海柏礼贸易有限公司、百胜（中国）投资有限公司侵犯实用新型专利权纠纷案

【裁判要旨】

遵循说明书和附图可以用于解释权利要求、权利要求中的术语在说明书未作特别解释的情况下应采用通常理解、不同权利要求中采用的相关技术术语应当解释为具有相同的含义、考虑专利权人在专利授权和无效宣告程序中为保证获得专利权或者维持专利权有效而对专利权保护范围作出的限制等原则，正确地确定了本专利的保护范围。

【关键词】

权利要求解释　说明书　含义

【案号】

最高人民法院（2009）民申字第1622号

【基本案情】

孙守辉是一种名称为“简易牙膏挤出器”的实用新型专利（以下简称本专利）的专利权人，该专利的权利要求为：“1. 一种简易牙膏挤出器，其特征在于：包括一梯形端面的框架体，其中框架梯形宽度较大的底为一长方形开口状，较小的底的中央部位设置较小的长条形开口，该长条形开口的长度略大于牙膏袋

的宽度，开口的宽度略大于牙膏皮的厚度。2. 根据权利要求1所述的简易牙膏挤出器，其特征在于：所述梯形端面框架的长度为……”在专利无效宣告请求审查程序中，孙守辉提交意见陈述书认为：“证据1中公开的是中间有狭长空洞的长方体，与本专利权利要求1所述的梯形端面的框架体有很明显的区别，故本专利相对于证据1具有新颖性；并且，这种梯形端面设计可以最大限度地节约材料，故本专利的权利要求1相对于证据1具有创造性。”国家知识产权局专利复审委员会（以下简称专利复审委员会）采纳上述理由维持本专利有效。孙守辉以被申请人生产或者销售“奇奇环保牙膏夹”侵犯本专利为由提起诉讼。山东省青岛市中级人民法院一审认为，本专利第1项技术特征是梯形端面的框架体，被控侵权产品对应的技术特征是卡通鱼形的框架体，应对本专利第1项技术特征作严格解释，被控侵权产品缺少本专利的第1项技术特征，未落入专利权的保护范围，遂判决驳回孙守辉的诉讼请求。孙守辉不服，提起上诉。山东省高级人民法院二审判决驳回上诉，维持一审判决。孙守辉不服二审判决，向最高人民法院申请再审，理由之一是，权利要求1中的“包括一梯形端面的框架体”，是指“框架体里面的一个端面为梯形”，其清楚地表明该框架体里面含有一个“梯形端面”，并不是指整个框架体的结构是梯形的，权利要求1对框架体的结构形状没有限定。最高人民法院审查查明，本专利说明书关于专利具体实施方式的部分载明：“如图1、图2所示，本实用新型牙膏挤出器，其由塑料一体注塑成型。其结构为一具有梯形断面的框架2……”本专利说明书附图1中的标记2指向框架体，并未指向框架体的任一端面。最高人民法院于2010年6月23日裁定驳回其再审申请。

【裁判意见】

最高人民法院审查认为：对本专利权利要求1的保护范围应依据2001年7月1日起施行的专利法第五十六条第一款的规定进行确定。该款规定：“发明或者实用新型专利权的保护范围以其权利要求的内容为准，说明书及附图可以用于解释权利要求。”同时，在专利侵权诉讼中，对专利保护范围的确定还应当考虑专利权人在专利授权和无效宣告程序中为保证获得专利权或者维持专利权有效而对专利保护范围作出的限制。首先，从权利要求1的字面内容来看，权利要求1中的“包括一梯形端面的框架体”，按通常理解，其中的“一”是用于修饰和限定“框架体”的，而并非修饰“梯形端面”，不是对“梯形端面”数量的限定。因此，“包括一梯形端面的框架体”的实际含义就是“一具有梯形横截面的框架体”，其端面本身为平面形状，即梯形，这也符合梯形通常是指平面图形的含义。与牙膏袋相适应的应当是框架体，即一具有梯形横截面的立体结构，而非端面。因此，二审法院认定本专利权利要求1第1项技术特征为“梯形端面的框架体”符合通常理解。其次，从专利说明书和附图对框架体的相关描述来看，说明书中称“其结构为一具有梯形断面的框架2”，按通常理解，此处的“2”即附图1标记2，因被置于“框架”一词之后，所以是指代“框架”，而不是指代“断面”或“端面”。结合说明书和附图，也应当认为本专利权利要求1保护的产品是一具有梯形横截面的框架体。再次，从本专利两项权利要求对“梯形”这一术语的使用来看，权利要求2所述“梯形端面框架”中的“梯形”显然是用于限定框架体横截面为梯形，根据不同权利要求中采用的相同技术术语应当解释为具有相同的含义的基本原则，权利要求1中的“梯形”也应当被解释为是对框架体的限定。最后，从专利权人孙守辉在其专利无效宣告程序中的意见陈述来看，孙守辉是将“这种梯形端面设计可以最大限度地节约材料”作为其专利相对于专利无效宣告程序中的证据1具有创造性的理由，专利复审委员会也正是基于上述理由认定本专利具有创造性，并决定维持本专利权有效。孙守辉在无效宣告程序中的上述意见陈述在本案中具有约束力，应当将本专利权利要求1中的“包括一梯形端面的框架体”认定为本专利保护的简易牙膏挤出器本身为一具有梯形横截面的框架体，否则本专利相对于无效宣告程序中的证据1就不具有创造性。

中华人民共和国最高人民法院民事裁定书

（2009）民申字第1622号

申请再审人（一审原告、二审上诉人）：孙守辉，男，1935年3月21日出生，汉族，住山东省即墨市田横镇沟里182号。

委托代理人：孙仁坤，男，1967年7月5日出生，汉族，住山东省即墨市田横镇沟里183号，系孙守辉之子。

被申请人（一审被告、二审被上诉人）：青岛肯德基有限公司，住所地山东省青岛市市南区南京路2号绮丽大厦6层。

法定代表人：朱宗毅，副总裁。

委托代理人：卜红雯，女，1970年1月6日出生，汉族，百胜餐饮集团中国事业部法律顾问，住广东省广州市越秀区九兜二巷26号703房。

被申请人（一审被告、二审被上诉人）：上海柏礼贸易有限公司，住所地上海市外高桥保税区基隆路1号汤臣国际贸易大楼711室。

法定代表人：谢培正，董事。

委托代理人：曹爱民，女，1970年10月4日出生，汉族，北京金信立方知识产权代理有限公司职员，住北京市通州区玉桥北里45号楼412号。

被申请人（一审被告、二审被上诉人）：百胜（中国）投资有限公司，住所地上海市徐汇区虹桥路3号港汇中心二座12楼05单元。

法定代表人：苏敬轼，董事长。

委托代理人：卜红雯，女，1970年1月6日出生，汉族，百胜餐饮集团中国事业部法律顾问，住广东省广州市越秀区九兜二巷26号703房。

申请再审人孙守辉与被申请人青岛肯德基有限公司（以下简称肯德基公司）、上海柏礼贸易有限公司（以下简称柏礼公司）、百胜（中国）投资有限公司（以下简称百胜公司）实用新型专利侵权纠纷一案，山东省高级人民法院于2009年8月5日作出（2009）鲁民三终字第92号民事判决，已经发生法律效力。2009年10月22日，孙守辉向本院申请再审。本院于2009年10月29日立案后，依法组成合议庭对本案进行了审查，并于2009年11月25日询问了双方当事人，孙守辉委托代理人孙仁坤、肯德基公司和百胜公司的共同委托代理人卜红雯、柏礼公司委托代理人曹爱民到庭参加了询问。依照《最高人民法院关于受理审查民事申请再审案件的若干意见》第三十二条之规定，经批准，本案审限延长至2010年7月30日。本案现已审查终结。

孙守辉以肯德基公司为被告，向山东省青岛市中级人民法院起诉称：肯德基公司赠送给顾客的简易牙膏挤出器与孙守辉专利号为ZL200620115497.2的实用新型专利相同，其行为侵犯了孙守辉的专利权，给孙守辉造成了损失。故，请求法院判令肯德基公司立即停止侵犯孙守辉专利权的行为，赔偿孙守辉经济损失人民币1万元，并承担本案诉讼费用。孙守辉在举证期限内申请追加柏礼公司和百胜公司作为本案被告，变更赔偿损失的诉讼请求为三被告共同赔偿孙守辉人民币100万元。一审法院对孙守辉的申请予以准许，并通知柏礼公司和百胜公司参加诉讼。

山东省青岛市中级人民法院一审审理查明：本案孙守辉作为专利权人的专利是一种名称为“简易牙膏挤出器”的实用新型专利（以下简称孙守辉专利或者孙守辉专利权），专利号为ZL200620115497.2，专利申请日为2006年5月18日，授权公告日为2007年5月23日。该专利至今有效。该专利的权利要求为："1. 一种简易牙膏挤出器，其特征在于：包括一梯形端面的框架体，其中框架梯形宽度较大的底为一长方形开口状，较小的底的中央部位设置较小的长条形开口，该长条形开口的长度略大于牙膏袋的宽度，开口的宽度略大于牙膏皮的厚度。2. 根据权利要求1所述的简易牙膏挤出器，其特征在于：所述梯形端面框架的长度为50mm，梯形的较大的底宽17mm，框架壁厚2mm，长方形开口的尺寸是长46mm、宽13mm，长条形开口的宽是1mm，长是46mm。"孙守辉在一审庭审时明确其在本案中所主张的专利权的保护范围是独立权利要求即权利要求1。

肯德基公司在答辩期内对孙守辉专利向国家知识产权局专利复审委员会（以下简称专利复审委员会）提出无效宣告请求，并提交了两份专利说明书作为专利无效请求的证据。孙守辉作为专利权人针对无效宣告请求提交意见陈述书，认为："证据1中公开的是中间有狭长空洞的长方体，与本专利权利要求1所述的梯形端面的框架体有很明显的区别，故本专利相对于证据1具有新颖性；并且，这种梯形端面设计可以最大限度地节约材料，故本专利的权利要求1相对于证据1具有创造性。"专利复审委员会经审理认为，孙守辉专利的权利要求1所要求保护的技术方案相对于请求人（即肯德基公司）提交的两份专利说明书均具备区别技术特征，区别技术特征均涉及梯形框架体形状。采用梯形端面框架体和长条形开口能与牙膏袋的形状相适应，梯形端面框架体在整体结构上与请求人的证据存在区别，并且其客观上能够带来节约材料的技术效果，孙守辉专利的权利要求1所要求保护的技术方案相对于两份专利说明书的结合仍然具有实质性特点和进步，具有专利法第二十二条第三款规定的创造性。据此，专利复审委员会作出第12113号无效宣告请求审查决定，维持孙守辉的ZL200620115497.2号实用新型专利权有效。

孙守辉曾向肯德基公司购买食品并获赠名称为"奇奇环保牙膏夹"的被控侵权产品。被控侵权产品系肯德基公司于2007年4月25日从柏礼公司处购买，数量为20万个。

孙守辉主张，肯德基公司作为赠品的被控侵权产品是由百胜公司统一采购，百胜公司应与其他两位被告共同承担侵权责任，但对其主张并未提供证据予以证明。

山东省青岛市中级人民法院一审审理认为，本案争议焦点问题为：孙守辉是否有权提起诉讼；被控侵权产品是否落入孙守辉专利的保护范围。

（一）孙守辉是否有权提起诉讼

柏礼公司主张，孙守辉专利是一项实用新型专利，依据《最高人民法院关于审理专利纠纷案件适用法律问题的若干规定》第八条，孙守辉应出具国务院专利行政部门作出的检索报告。孙守辉在诉讼过程中始终没有出具检索报告，孙守辉起诉的权利基础是不确定的，因此，法院应驳回孙守辉的起诉。对此，孙守辉虽然没有出具检索报告，但是孙守辉专利在本案审理期间经过无效宣告程序，专利权被专利复审委员会维持有效，可以认定孙守辉专利的有效性，孙守辉专利应受法律保护，柏礼公司的该项抗辩理由不予支持。

（二）被控侵权产品是否落入孙守辉专利的保护范围

首先，要明确孙守辉专利的保护范围。原专利法第五十六条第一款规定："发明或者实用新型专利权的保护范围以其权利要求的内容为准，说明书及附图可以用于解释权利要求。"孙守辉专利的权利要求书记载了两项权利要求，孙守辉在庭审时明确其在本案中所主张的专利权的保护范围是独立权利要求，即第1项权利要求。分析孙守辉专利的独立权利要求，包含以下必要技术特征：1. 梯形端面的框架体；2. 框架梯形宽度较大的底为一长方形开口状；3. 框架梯形较小的底的中央部位设置较小的长条形开口，该长条形开口的长度略大于牙膏袋的宽度，开口的宽度略大于牙膏皮的厚度。

其次，分析被控侵权产品所包含的技术特征。被控侵权产品也是一种用于挤出牙膏的产品，结合其产品说明书所图示的使用方法，被控侵权产品包含以下技术特征：A. 卡通鱼形的框架体；B. 卡通鱼形框架体内设置一长方形内框架；C. 内框架底部为一长方形开口；D. 两个向上斜对的页片彼此不相连，形成一长条形开口，两个页片分别与长方形开口底部两个较长的边相连，与长方形内框架其他部分不相连。

最后，将被控侵权产品的技术特征与专利权利要求所记载的必要技术特征逐一进行比较，如果被控侵权产品包含了专利权利要求的全部技术特征，则落入专利权的保护范围，构成侵权；反之，则不构成侵权。关于被控侵权产品是否落入孙守辉专利的保护范围，肯德基公司与柏礼公司均提出了被控侵权产品与孙守辉专利存在实质性不同的抗辩，同时柏礼公司还认为被控侵权产品使用的是已有技术。由于柏礼公司以公知技术抗辩依据的证据超过了一审法院指定的举证期限，一审法院不作为证据使用。因此，一审法院仅对肯德基公司、柏礼公司提出的被控侵权产品与专利技术的不同抗辩进行审理。

依据对孙守辉专利的技术特征与被控侵权产品的技术特征的上述分析，将两者逐一进行比较，可以看出：被控侵权产品比孙守辉专利多一项技术特征 A，其技术特征 B 与专利第 1 项技术特征、技术特征 D 与专利第 3 项技术特征不相同，其技术特征 C 与专利第 2 项技术特征相同。依据《最高人民法院关于审理专利纠纷案件适用法律问题的若干规定》第十七条的规定，专利权的保护范围也包括与专利权利要求书中记载的必要技术特征相等同的特征所确定的范围。等同特征是指与所记载的技术特征以基本相同的手段，实现基本相同的功能，达到基本相同的效果，并且本领域的普通技术人员无需经过创造性劳动就能够联想到的特征。因此判断被控侵权产品是否落入专利权的保护范围，还取决于被控侵权产品的技术特征 B、D 与孙守辉专利第 1、3 项技术特征是否构成等同。"将牙膏袋经一较大开口从一长条形开口抽出从而挤出牙膏"是被控侵权产品与孙守辉专利共同的技术原理，但是实现这一原理存在多种技术方案，被控侵权产品是通过在一长方形框架内设置两个斜对页片的方式实现，孙守辉专利则是直接以梯形框架的方式实现。孙守辉在无效宣告程序中明确表明"梯形端面设计可以最大限度地节约材料"，专利复审委员会依据孙守辉的该项陈述认定"梯形端面框架体"是孙守辉专利的区别技术特征，从而维持孙守辉专利权有效。根据禁止反悔原则，孙守辉对权利要求的解释在本案中对孙守辉具有约束力，因此，应对孙守辉专利的第 1 项技术特征即"梯形端面的框架体"做严格解释。被控侵权产品的外框架体为卡通鱼形，内框架为长方形，端面均不是梯形，不能达到最大限度地节约材料的效果，因此，被控侵权产品的技术特征 B 与孙守辉专利第 1 项技术特征不构成等同。孙守辉认为，被控侵权产品的两个页片恰恰形成梯形端面，同时具备专利的其他技术特征，因此，完全落入专利保护范围，侵犯了孙守辉的专利权。对此，被控侵权产品的两个页片必须与长方形开口底部两个较长的边相连才能形成固定的结构，从而具备挤出牙膏的功能，其端面应为类似中间开口的"W"形，并非孙守辉所说的梯形，因此，对孙守辉的该项主张不予支持。综上，被控侵权产品"奇奇环保牙膏夹"缺少孙守辉专利的第 1 项技术特征，没有全面覆盖孙守辉专利的全部技术特征，未落入专利权的保护范围，没有侵犯孙守辉的专利权，孙守辉对肯德基公司、柏礼公司的诉讼请求不予支持。因孙守辉未提供证据证明百胜公司与本案的关联性，且被控侵权产品没有侵犯孙守辉的专利权，孙守辉对百胜公司的诉讼请求也不予支持。

综上，依据原专利法第五十六条第一款、《最高人民法院关于审理专利纠纷案件适用法律问题的若干规定》第十七条之规定，山东省青岛市中级人民法院于2008年11月26日作出（2008）青民三初字第44号民事判决，判决如下：驳回孙守辉的诉讼请求。案件受理费13800元，由孙守辉承担。

孙守辉不服上述一审判决，向山东省高级人民法院提出上诉称，一审法院认定事实及适用法律均有误。1. 被控侵权产品技术特征应为：A. 卡通鱼形的外框架；B. 卡通鱼形的外框架内呈梯形排列的两个页片，用于挤牙膏的槽为梯形；C. 梯形较大的底为一长方形开口状；D. 两个梯形叶片较小的底为一长条形开口；E. 该长条形开口的长度略大于牙膏袋的宽度，开口的宽度略大于牙膏皮厚度。比对孙守辉专利权利要求可以看出孙守辉专利权利要求的第2、3、4项技术特征和被控侵权产品的技术特征C、D、E完全相同，被控侵权产品技术特征B的梯形排列的叶片的两端虽然没有全部封死，但用于挤牙膏的槽是梯形，其主要结构为梯形，这与孙守辉专利技术特征1相同。2. 专利的作用要点主要是框架的梯形结构应适应牙膏袋的形状，由长条形开口挤压作用将牙膏挤出。被控侵权产品也是将牙膏袋由尾端从长方形开口喂入，从长条形开口抽出，由于长条形开口的挤压作用将牙膏挤出，为了适应牙膏袋的形状同样将用于挤牙膏的槽设置为梯形，其作用重点也是利用长条形开口的挤压作用将牙膏挤出，其手段与孙守辉专利相同，功能、效果基本相同。3. 专利复审委员会只认定采用梯形端面的框架体比中间有狭长空洞的长方体客观上能带来节约材料的技术效果，被控侵权产品由于壁厚同样设计到了2mm，同样能节约材料。只依据不能最大限度地节约材料来判定不构成侵权与证据不符。4. 被控侵权产品输入牙膏袋的槽为梯形，其没有封死的端部也应该呈梯形，而不应为W型，因为长方形的开口垂直于鱼形外框架，所以不可能出现W型。5. 肯德基商标的中国区持有人是百胜公司，百胜公司应是侵权行为的主要责任人。

肯德基公司答辩称，肯德基公司赠送产品没有对孙守辉专利构成侵权，一审法院审查事实清楚，适用法律正确，请求驳回上诉，维持原判。

柏礼公司答辩称，柏礼公司未超出举证期限。即使一审中柏礼公司提交的证据3、4超出法院指定的举证期限，根据民事诉讼法第一百二十五条第一款，当事人可以在庭审中提交新证据。一审中柏礼公司在2008年11月13日提交的证据在庭审中可以作为新证据使用。被控侵权产品使用的是现有技术，不侵犯孙守辉的专利权。被控侵权产品没有落入孙守辉专利的保护范围。

百胜公司答辩称，孙守辉所诉事项与其无关，百胜公司没有实施过侵权行为，请求驳回上诉。

山东省高级人民法院二审审理查明的事实与一审法院审理查明的事实一致。

山东省高级人民法院二审审理认为，本案系专利侵权纠纷案件，关键问题在于判断被控侵权产品是否落入孙守辉专利权的保护范围。本案基本的判断思路是，通过被控侵权产品与孙守辉专利权利要求的对比，确定被控侵权产品是否落入专利权的保护范围，从而确定是否构成专利侵权。需要特别说明的是，专利权的保护范围是由具体的技术特征形成的，专利保护的是由该技术特征形成的技术方案，而不是该专利技术的技术原理。因此，在判断被控侵权产品是否落入专利权的保护范围时，特别强调要首先确定专利技术特征以及被控侵权产品的技术特征，然后将被控侵权产品的技术特征与孙守辉专利技术特征进行逐项的具体对比。

关于孙守辉专利权的保护范围与被控侵权产品的技术特征的确定。根据专利法的规定，专利权的保护范围应当以其权利要求的内容为准，一审法院据此将孙守辉专利技术特征归纳为以下三点并无不当：1. 梯形端面的框架体；2. 框架梯形宽度较大的底为一长方形开口状；3. 框架梯形较小的底的中央部位设置较小的长条形开口，该长条形开口的长度略大于牙膏袋的宽度，开口的宽度略大于牙膏皮的厚度。根据被控侵权产品实物，一审法院将被控侵权产品确定包含以下技术特征并无不当：A. 卡通鱼形的框架体；B. 卡通鱼形框架体内设置一长方形内框架；C. 内框架底部为一长方形开口；D. 两个向上斜对的页片彼此不相连，形成一长条形开口，两个页片分别与长方形开口底部两个较长的边相连，与长方形内框架其他部分不相连。

关于进行技术对比判断被控侵权产品是否落入专利权的保护范围的问题。经进行对比可以看出，被控侵权产品比孙守辉专利多一项技术特征 A，其技术特征 B 与专利第 1 项技术特征、技术特征 D 与专利第 3 项技术特征不相同，其技术特征 C 与专利第 2 项技术特征相同。故根据专利侵权判定一般原则，本案在以下应着重考虑技术特征 B、D 与 1、3 是否构成等同。1. 在双方技术对比不构成字面相同的情况下，决定能否适用等同原则扩大专利权的保护范围，应当考虑专利权人在无效宣告程序中的相关陈述是否对本案造成影响。本案中，在利用挤压作用将牙膏挤出的功能实现上，被控侵权产品是通过在一长方形框架内设置两个斜对页片的方式实现，孙守辉专利则是直接以梯形框架的方式实现。孙守辉在无效宣告程序中明确表明“梯形端面设计可以最大限度地节约材料”，专利复审委员会依据孙守辉的该项陈述认定“梯形端面框架体”是孙守辉专利的区别技术特征，从而维持孙守辉专利有效。因此，在涉及该技术特征的对比是否构成等同问题上适用等同原则应当严格，应当将孙守辉在无效宣告程序中明确表明的“梯形端面设计”作为其区别技术特征，这对于其专利有效具有重要意义，应对其在专利保护阶段对专利权的保护范围的界定作出限定。被控侵权产品的外框架体为卡通鱼形，内框架为长方形，端面均不是梯形，不能达到最大限度地节约材料的效果，因此被控侵权产品的技术特征 B 与孙守辉专利第 1 项技术特征不构成等同。2. 从具体特征对比看，孙守辉专利技术特征 3 为框架梯形较小的底的中央部位设置较小的长条形开口，该长条形开口的长度略大于牙膏袋的宽度，开口的宽度略大于牙膏皮的厚度。而被控侵权产品在对应技术特征上则体现为：两个向上斜对的页片彼此不相连，形成一长条形开口，两个页片分别与长方形开口底部两个较长的边相连，与长方形内框架其他部分不相连。二者在技术手段上是明显不同的。根据有关专利法律及相关司法解释，等同的判定需要从技术手段、技术效果、技术功能等各个方面加以区分，并且应是对具体技术特征的对比。本案孙守辉基于原理的相同主张二者等同不符合等同判定原则。孙守辉专利技术特征 3 与被控侵权产品技术特征 D 不构成等同。

综上，根据上述分析对比，被控侵权产品与孙守辉专利相比，存在不相同且不等同的对应技术特征，被控侵权产品未落入孙守辉专利权的保护范围，本案肯德基公司销售被控侵权产品的行为不构成对孙守辉专利权的侵犯。其他一审被告亦不构成专利侵权。一审法院认定事实清楚，适用法律正确，予以支持。孙守辉提出的上诉理由不能成立，予以驳回。依据《中华人民共和国民事诉讼法》第一百五十三条第一款第（一）项之规定，山东省高级人民法院于 2009 年 8 月 5 日作出（2009）鲁民三终字第 92 号民事判决，判决如下：驳回上诉，维持原判。二审案件受理费 13800 元，由孙守辉承担。

孙守辉不服上述二审判决，认为二审判决认定事实不清、适用法律错误，依据民事诉讼法第一百七十九条第一款之规定向本院申请再审，请求对本案依法重审或者改判。具体理由如下：1. 有新证据证明，一、二审判决在归纳孙守辉专利技术特征、确定专利权的保护范围时没有以权利要求 1 的内容为准，而是对权利要求 1 进行了修改，删掉了“包括一”和“其中”，导致对“端面”的认定错误。权利要求 1 中的“包括一梯形端面的框架体”，是指“框架体里面的一个端面为梯形”，其清楚地表明该框架体里面含有一个“梯形端面”，该梯形端面的位置朝向牙膏袋输入端的位置，去掉“包括一”不能对权利要求1保护的梯形端面的数量作出限定；“包括一梯形端面的框架体”并不是指整个框架体的结构是梯形的，权利要求1对框架体的结构形状没有限定。权利要求1中的“其中框架梯形宽度较大的底为一长方形开口状”进一步说明框架梯形端面较大的底里面所呈现的局部特征为一长方形开口状，较小的底的中央部位为一较小的长条形开口，长方形开口和长条形开口不能独立存在，“其中”是用来表达长方形开口和长条形开口是在一个梯形端面框架体里面的意思。权利要求1在描述特征长方形开口时特别用了“框架梯形”一词，用来说明梯形结构在框架体内部；并没有用“梯形框架”一词，该词说明框架体的整体结构是梯形。说明书和附图对权利要求书中的梯形端面的位置描述得很清楚。为了与其他端面相区别，说明书使用了“其结构为一具有梯形断面的框架2”来表示，断面即截面的意思，是把物体剖开所呈现的平面图形，也称剖面；附图1标记2在该图中是指梯形端面，不是指框架，也可以解释为框架里面存在一梯形断面2，因为附图1标记2所指的面是六个面中唯一一个呈现剖开面的，所以用断面表示。一、二审判决认定的端面是在框架体外部，是平面形状，该端面自身形不成长条形开口和长方形开口，也不具备与牙膏袋相适应的功能。2. 被控侵权产品完全落入孙守辉专利权利要求1的保护范围。孙守辉专利独立权利要求1保护的是框架体的内梯形，而从属权利要求2中的框架体不仅内部为梯形，外部也为梯形。被控侵权产品是一种简易牙膏挤出器，是框架体。被控侵权产品是在长方形“框架内”设置两个斜对页片的方式实现的，两个页片与“框架内”形成固定结构，用于输入牙膏袋的端面为梯形，梯形较大的底为一长方形开口状，较小的底的中央部位设置一长条形开口，该长条形开口的长度略大于牙膏袋的宽度，长条形开口的宽度略大于牙膏皮的厚度，与孙守辉专利权利要求1各特征完全相同，都是以“包括一梯形端面的框架体”的方式实现的。两者的使用方法也完全相同，都是将牙膏袋从长方形开口喂入，从长条形开口抽出，采用梯形端面的目的也是适应牙膏袋的形状，其作用重点也是由于长条形开口的作用将牙膏挤出。3. 禁止反悔原则不适合本案。二审判决认定，专利复审委员会依据孙守辉关于“梯形端面设计可以最大限度地节约材料”的陈述认定“梯形端面框架体”是孙守辉专利的区别技术特征，从而维持孙守辉专利权有效。该认定与事实不符。根据第12113号无效宣告请求审查决定书，专利复审委员会认定孙守辉专利权有效的依据是孙守辉专利权利要求中明确记载的与请求人提交的证据1和证据2存在的区别技术特征，即“包括一梯形端面的框架体”，而不是依据“梯形端面设计可以最大限度地节约材料”认定的。对于最大限度地节约材料，专利复审委员会没有给予认定，只是讲客观上能带来节约材料的技术效果。最大限度地节约材料没有改变专利权的保护范围，完全符合专利权人对创造性的陈述，被控侵权产品比孙守辉专利更能节约材料。因此，二审法院以最大限度地节约材料来严格解释孙守辉专利缺乏理论和法律依据，禁止反悔原则不适合本案。4. 一审庭审中法官没有当庭比对孙守辉专利与被控侵权产品的技术特征，二审判决未对孙守辉专利权利要求与被控侵权产品的技术特征进行一一对比，也未就孙守辉指出的端面位置给予说明。5. 一审判决称孙守辉未提供证据证明百胜公司与本案的关联性，与事实不符。为证明被控侵权产品是百胜公司的全国性销售行为，孙守辉向一审法院递交了查询柏礼公司增值税发票申请书，法官未予答复。孙守辉提供了被控侵权产品实物和说明书，产品名称为“奇奇环保牙膏夹”，产品实物有奇奇标识，说明书标有“肯德基”商标。“肯德基”商标持有人为美国纽约上市公司百胜全球餐饮集团，百胜公司是百胜全球餐饮集团在中国成立的协作发展总部，是“肯德基”商标的中国持有者，百胜公司是主要侵权人。

申请再审人孙守辉在申请再审时提交了如下证据材料：1. 孙守辉专利证书、说明书和附图复印件一份，共 7 页；2. 第 12113 号无效宣告请求审查决定书及决定正文复印件，共 7 页；3. 肯德基公司出具的青岛市定额专用发票复印件，共 1 页；4. 被控侵权产品“奇奇环保牙膏夹”说明书复印件，共 1 页；5. 孙守辉专利的转让协议复印件一份，共 1 页；6. 上企网址网站关于百胜公司介绍的网络下载打印件，共 1 页；7. 百胜公司网站首页网络下载打印件，共 1 页；8. 用于说明“梯形端面”的位置的 1 页图示。其中，证据材料 1 至 5 均在原审中提交并经质证。

被申请人肯德基公司、柏礼公司、百胜公司在本院询问当事人时口头答辩称，一、二审法院认定事实清楚，适用法律正确，孙守辉提出的申请再审理由不能成立。

被申请人柏礼公司在本院询问当事人后还提交书面答辩意见称：1. 孙守辉声称有新证据足以推翻原判决，但其并未提供新证据；2. 孙守辉对其专利权利要求 1 中的“包括一梯形端面的框架体，其中框架梯形宽度较大的底为一长方形开口状”随意进行解释，不符合原专利法第五十六条、《最高人民法院关于审理专利纠纷案件适用法律问题的若干规定》和《专利审查指南》的规定，也不符合上述用语在相关技术领域中通常具有的含义。3. 孙守辉声称其专利附图 1 标记 2 是指权利要求1中的“梯形端面”与专利说明书具体实施方式中的记载相矛盾。根据专利说明书关于“其结构为一具有梯形断面的框架2”的记载，附图1标记2很明显就是指“框架”，而不是指“断面”或“端面”。若孙守辉坚持认为其专利说明书具体实施方式中的“断面”与其权利要求1中的“端面”不同的话，则其权利要求1就没有得到其说明书的支持，应宣告无效。

本院审查查明，一、二审法院审理查明的事实属实。结合原审证据和本院询问当事人情况，另查明：

在本院询问当事人时，被申请人对申请再审人孙守辉提交的“奇奇环保牙膏夹”说明书复印件、上企网址网站关于百胜公司介绍的网络下载打印件、百胜公司网站首页网络下载打印件的真实性没有异议，但认为上述证据不能证明百胜公司与本案的关联性。

孙守辉专利说明书关于其专利的具体实施方式的部分载明：“如图1、图2所示，本实用新型牙膏挤出器，其由塑料一体注塑成型。其结构为一具有梯形断面的框架2……”孙守辉专利说明书附图1中的标记2指向框架体，并未指向框架体的任一端面。

专利复审委员会于2008年8月18日作出的第12113号无效宣告请求审查决定书载明：“合议组认为：在前面的分析中已经指出，本专利的权利要求1所要求保护的技术方案相对于证据1或证据2均具备区别技术特征，区别技术特征均涉及梯形框架形状，虽然请求人认为采用梯形框架体是常规选择，但其并未提交相应的证据来证明，故不能认定这种设置是本领域技术人员的常规选择，而且证据1和证据2中也都没有给出同时采用梯形端面框架体的技术启示，采用梯形端面框架体和长条状开口能与牙膏袋的形状相适应，梯形端面框架体在整体结构上与证据1、2存在区别，并且客观上能够带来节约材料的技术效果。也就是说，本专利的权利要求1所要求保护的技术方案相对于证据1和2的结合仍然具有实质性特点和进步，具有专利法第二十二条第三款规定的创造性。”

本院审查认为，本案申请再审人孙守辉主张的再审理由主要涉及如下三个问题：1. 孙守辉专利权利要求1保护范围的确定，包括在确定专利保护范围时是否适用禁止反悔原则；2. 被控侵权产品是否落入孙守辉专利权利要求1的保护范围；3. 百胜公司与本案是否有关联以及是否应承担侵犯专利权的责任。

（一）关于孙守辉专利权利要求1保护范围的确定

本案被控侵权行为发生于2008年专利法第三次修正之前，因此，本案应当适用自2001年7月1日起施行的专利法（以下简称原专利法），对孙守辉专利权利要求1的保护范围应依据该法第五十六条第一款的规定进行确定。该法第五十六条第一款规定："发明或者实用新型专利权的保护范围以其权利要求的内容为准，说明书及附图可以用于解释权利要求。"同时，在专利侵权诉讼中，对专利保护范围的确定还应当考虑专利权人在专利授权和无效宣告程序中为保证获得专利权或者维持专利权有效而对专利保护范围作出的限制。首先，**从权利要求1的字面内容来看，权利要求1中的"包括一梯形端面的框架体"，按通常理解，其中的"一"是用于修饰和限定"框架体"的，而并非修饰"梯形端面"，不是对"梯形端面"数量的限定。**因此，"包括一梯形端面的框架体"的实际含义就是"一具有梯形横截面的框架体"，其端面本身为平面形状，即梯形，这也符合梯形通常是指平面图形的含义。与牙膏袋相适应的应当是框架体，即一具有梯形横截面的立体结构，而非端面。因此，**二审法院认定孙守辉专利权利要求1第1项技术特征为"梯形端面的框架体"符合通常理解。**其次，**从专利说明书和附图对框架体的相关描述来看，说明书中称"其结构为一具有梯形断面的框架2"，按通常理解，此处的"2"即附图1标记2，因被置于"框架"一词之后，所以是指代"框架"，而不是指代"断面"或"端面"。结合说明书和附图，也应当认为孙守辉专利权利要求1保护的产品是一具有梯形横截面的框架体。**再次，从孙守辉专利两项权利要求对"梯形"这一术语的使用来看，权利要求2所述"梯形端面框架"中的"梯形"显然是用于限定框架体横截面为梯形，**根据不同权利要求中采用的相同技术术语应当解释为具有相同的含义的基本原则，权利要求1中的"梯形"也应当被解释为是对框架体的限定。**另外，从专利权人孙守辉在其专利无效宣告程序中的意见陈述来看，孙守辉是将"这种梯形端面设计可以最大限度地节约材料"作为其专利相对于专利无效宣告程序中的证据1具有创造性的理由，专利复审委员会也正是基于上述理由认定孙守辉专利具有创造性，并决定维持孙守辉专利权有效。**孙守辉在无效宣告程序中的上述意见陈述在本案中具有约束力，应当将孙守辉专利权利要求1中的"包括一梯形端面的框架体"认定为该专利保护的简易牙膏挤出器本身为一具有梯形横截面的框架体，否则孙守辉专利相对于无效宣告程序中的证据1就不具有创造性。**一、二审法院均认为应对孙守辉专利权利要求1第1项技术特征即"梯形端面的框架体"做严格解释，并无不妥。综上，一、二审法院对孙守辉专利独立权利要求1保护范围的确定和对"端面"的认定并无不妥，孙守辉的相应申请再审理由不能成立。

（二）关于被控侵权产品是否落入孙守辉专利权利要求1的保护范围

人民法院判定被诉侵权产品是否落入专利权的保护范围，应当审查权利人主张的权利要求（包括所主张的从属权利要求所引用的权利要求）所记载的全部技术特征，并与被控侵权产品的全部技术特征逐一进行对应比较。被诉侵权产品包含与权利要求记载的全部技术特征相同或者等同的技术特征的，人民法院应当认定其落入专利权的保护范围；被诉侵权产品的技术特征与权利要求记载的全部技术特征相比，缺少权利要求记载的一个以上的技术特征，或者有一个以上技术特征不相同也不等同的，人民法院应当认定其没有落入专利权的保护范围；被控侵权产品在包含了与权利要求记载的全部技术特征相同或者等同的技术特征之外，又增加了其他技术特征的，不论增加的技术特征本身或者与其他技术特征相结合产生的功能和效果如何，仍应当认定被控侵权产品落入专利权的保护范围。所谓等同特征，根据《最高人民法院关于审理专利纠纷案件适用法律问题的若干规定》第十七条第二款的规定，是指与权利要求所记载的技术特征以基本相同的手段，实现基本相同的功能，达到基本相同的效果，并且本领域的普通技术人员无需经过创造性劳动就能够联想到的特征。

对技术特征的逐一对应比较并不要求必须在庭审中当庭完成技术特征的分解确定、分析对比并直接得出结论，但至少专利权利要求和被控侵权产品应当经过当事人质证。本案中，根据一审判决书和本院询问当事人情况可知，孙守辉向一审法院提交了其专利证书、说明书及附图和被控侵权产品实物，当事人对上述证据进行了质证，一审法院确认了上述证据的真实性。一审判决对孙守辉专利权利要求1和被控侵权产品的技术特征进行了归纳和确定，并对二者的相应技术特征进行了逐一对比分析，以判断二者的相应技术特征是否相同或等同。据此，孙守辉关于一审庭审中法官没有当庭对比其专利与被控侵权产品的技术特征的申请再审理由不能成立。二审判决确认一审法院对孙守辉专利权利要求1和被控侵权产品的技术特征进行的归纳和确定并无不当，并对二者的相应技术特征进行了具体对比分析。因此，孙守辉关于二审判决未对其专利权利要求与被控侵权产品的技术特征进行逐一对比、未就其指出的端面位置给予说明的申请再审理由，亦不能成立。

孙守辉专利为一种简易牙膏挤出器，其独立权利要求1的技术特征可以分解为：1. 一梯形端面的框架体；2. 框架梯形宽度较大的底为一长方形开口状；3. 框架梯形较小的底的中央部位设置较小的长条形开口，该长条形开口的长度略大于牙膏袋的宽度，开口的宽度略大于牙膏皮的厚度。

被控侵权产品也是一种用于挤出牙膏的产品，结合其产品说明书所图示的使用方法，被控侵权产品的相应技术特征可以分解为：A. 卡通鱼形的框架体；B. 卡通鱼形框架体内设置一没有顶面和底面的中空长方体内框架，内框架底部两个较长的边固定有两个向上斜对（呈八字形）彼此不相连的页片，所述页片与内框架其他部分不相连；C. 内框架底部为一长方形开口；D. 两个向上斜对（呈八字形）彼此不相连的页片顶部，形成一长条形开口，该长条形开口的长度略大于牙膏袋的宽度，开口的宽度略大于牙膏皮的厚度。

将被控侵权产品的技术特征与孙守辉专利权利要求 1 的技术特征进行逐一对比：

1. 被控侵权产品比孙守辉专利权利要求 1 多一项技术特征 A。如前所述，该增加的技术特征并不影响侵权对比判断。

2. 被控侵权产品的技术特征 B 与孙守辉专利权利要求 1 的第 1 项技术特征相对应。孙守辉专利权利要求 1 第 1 项技术特征的框架体的端面（即横截面）的形状为梯形，而被控侵权产品技术特征 B 的内框架和两个页片构成的整体的横截面的形状为中间开口的类 W 形（|/\|），故二者不仅不构成相同特征，而且，二者显属采用了不同的技术手段，不构成前述司法解释所称的“基本相同的手段”；同时，孙守辉专利权利要求 1 第 1 项技术特征采用梯形端面的框架体，比被控侵权产品技术特征 B 更节约材料，即梯形端面的框架体可以最大限度地节约材料——这一点也为孙守辉在其专利无效宣告程序中所主张，由此可见，二者的框架由于采用了不同的横截面形状，导致二者在技术效果上亦有明显不同，不构成前述司法解释所称的“达到基本相同的效果”；此外，被控侵权产品的这种变换手段，对于本领域的普通技术人员而言，也并非无需经过创造性劳动就能够联想到的技术特征。故二者也不构成等同特征。因此，该对应技术特征既不相同也不等同。

3. 被控侵权产品的技术特征 C 与孙守辉专利权利要求 1 的第 2 项技术特征相对应。二者均作为框架底部且均为长方形开口，该对应技术特征相同。

4. 被控侵权产品的技术特征 D 与孙守辉专利权利要求 1 的第 3 项技术特征相对应。孙守辉专利权利要求 1 第 3 项技术特征为在框架梯形较小的底的中央部位设置长条形开口，而被控侵权产品技术特征 D 为由两个向上斜对（呈八字形）彼此不相连的页片在顶部形成长条形开口，虽然二者对长条形开口长度和宽度的限定相同，但二者长条形开口由于形成方式不同造成其本身结构不同，即前者长条形开口为四边封闭状态，后者长条形开口的两个长边被封闭而两个宽边没有被封闭，故二者不仅不构成相同特征，而且，二者也显属采用了不同的技术手段，不构成前述司法解释所称的“基本相同的手段”；同时，由于被控侵权产品技术特征 D 形成长条形开口的两个页片在顶部彼此不相连，与孙守辉专利权利要求 1 第 3 项技术特征相比，更具弹性，在对牙膏的挤压效果上亦有明显不同，不构成前述司法解释所称的“达到基本相同的效果”；此外，被控侵权产品的这种变换手段，对于本领域的普通技术人员而言，也并非无需经过创造性劳动就能够联想到的技术特征。故二者也不构成等同特征。因此，该对应技术特征既不相同也不等同。

综上，被控侵权产品与孙守辉专利权利要求 1 相比，虽然有一项对应技术特征相同，但有两项对应技术特征既不相同也不等同，依据有关司法解释确定的专利侵权判定规则，被控侵权产品并未落入孙守辉专利权利要求 1 的保护范围，被申请人肯德基公司、柏礼公司不构成对孙守辉专利权的侵犯。

（三）关于百胜公司与本案是否有关联以及是否应承担侵犯专利权的责任

申请再审人孙守辉有关百胜公司应承担责任的主张须以被控侵权产品构成专利侵权产品为前提，鉴于本案被控侵权产品没有落入孙守辉专利权利要求 1 的保护范围，不构成对孙守辉专利权的侵犯，因此，对于申请再审人的这一主张，本院无须作进一步审查和评价。

综上，申请再审人孙守辉的再审申请不符合《中华人民共和国民事诉讼法》第一百七十九条的规定。依照《中华人民共和国民事诉讼法》第一百八十一条第一款之规定，裁定如下：

驳回申请再审人孙守辉的再审申请。

审 判 长　郃中林

代理审判员　郎贵梅

代理审判员　秦元明

二〇一〇年六月二十三日

书 记 员　张　博

2. 权利要求解释要考虑专利的发明目的

——再审申请人青岛美嘉隆包装机械有限公司与被申请人青岛市知识产权局、一审第三人王承君专利侵权行政处理纠纷案

【裁判要旨】

权利要求的解释要考虑说明书中有关本专利发明目的的说明，即便权利要求中对某一特征没有进行明确限定，但被诉侵权技术方案明显采用了与实现本专利发明目的不同的技术手段的，不应认定构成侵权。

【关键词】

实用新型专利　行政处理　权利要求解释　发明目的

【案号】

最高人民法院（2018）最高法行申1545号

【基本案情】

在再审申请人青岛美嘉隆包装机械有限公司（以下简称美嘉隆公司）与被申请人青岛市知识产权局（以下简称青岛局）、一审第三人王承君专利侵权行政处理纠纷案中，王承君系专利号为ZL201120152809.8、名称为“全自动快装箱锁扣装订机”的实用新型专利（即本专利）的专利权人。本专利独立权利要求1记载，其结构为：将锁扣原料加工成锁扣的级进模1；向级进模输送锁扣原料的原料输送装置2；驱动级进模进行装订的驱动装置3；输送工件的工件输送装置4；控制器；级进模一侧设置有用于检测工件的检测元件5。其工作过程为：检测元件检测到工件后发送检测信号至控制器—控制器接收检测信号后发送用于驱动级进模将锁扣装订在工件上的驱动信号至驱动装置—发送用于控制工件输送装置运行状态的信号至工件输送装置—装订完成后所述控制器发送用于控制输送锁扣原料的送料信号至原料输送装置。根据说明书的记载，本专利摒弃了传统的通过电信号先进料再装订的方式，采用机械自动进料的方式，液压油缸接收驱动信号驱动级进模进行装订动作的同时夹紧锁扣原料，在级进模装订完成后驱动锁扣原料进入级进模完成下一次预装订，节约了工序，减少了对锁扣原料的进料信号控

制，大大降低了设备维护量，提高了设备的使用寿命。美嘉隆公司的涉案产品的工作过程为：液压油缸接收驱动信号驱动级进模进行装订动作的同时夹紧锁扣原料，在级进模装订完成后驱动锁扣原料进入级进模完成下一次预装订，其驱动锁扣原料进入级进模，是液压油缸带动上模板向上移动，气动压板离开气动阀导致气动送料夹板向前移动来实现送料的。王承君以美嘉隆公司侵犯其专利权为由，向青岛局提出专利侵权纠纷处理请求。青岛局认定侵权成立。美嘉隆公司不服，提起行政诉讼。一、二审法院认为，涉案产品是控制器发送控制液压油缸带动上模板向上移动的驱动信号，通过带动气动压板控制气动阀，进而通过气动机械完成送料，送料信号仍旧由控制器通过控制信号间接实现，即涉案产品具有“控制器发送用于控制输送锁扣原料的送料信号至原料输送装置”的技术特征。据此驳回了美嘉隆公司的诉讼请求。美嘉隆公司不服，向最高人民法院申请再审，最高人民法院于2018年9月21日裁定指令山东省高级人民法院再审本案。

【裁判意见】

最高人民法院审查认为：结合权利要求书的记载，通过阅读说明书和附图，涉案专利的发明目的在于实现锁扣装订的全自动化，降低人工劳动强度，提高生产效率，为实现这一目的，权利要求1的技术方案将驱动装置、工件输送装置、原料输送装置、级进模等部件通过控制器实现信号连接，形成以控制器为“指挥中心”，各部件为“工作单元”的架构模式，通过控制器向各个部件发送信号来实现有序作业，权利要求1中的“检测信号”“驱动信号”“送料信号”等均系此用途。根据一、二审法院查明的事实，被诉侵权技术方案中在锁扣原料输送的环节采取了机械自动进料的方式，即通过级进模的下压和上行触发“气动压板+气动阀+气动送料夹板”的气动连锁反应，最终实现对锁扣原料输送的控制，该种进料方式与权利要求1中“控制器发送送料信号至原料输送装置，控制其输送锁扣原料”在信号的表现形式和传送方式上形成了区别，这种区别导致二者所解决的技术问题和技术效果亦有所不同，被诉决定及一、二审判决仅以权利要求1未限定信号的类型为由认为被诉侵权技术方案落入其保护范围，有所不当，而应从涉案专利的发明目的出发，结合说明书和附图，对权利要求1中的“送料信号”做出更明确的解释。

中华人民共和国最高人民法院民事裁定书

（2018）最高法行申1545号

再审申请人（一审原告、二审上诉人）：青岛美嘉隆包装机械有限公司。住所地：山东省青岛市城阳区夏庄街道王家泊子社区居委会南300米。

法定代表人：刘秀梅，该公司总经理。

委托诉讼代理人：顾红霞，北京市隆安（济南）律师事务所律师。

委托诉讼代理人：闫惠勇，北京市隆安（济南）律师事务所律师。

被申请人（一审被告、二审被上诉人）：青岛市知识产权局。住所地：山东省青岛市沂水路7号。

法定代表人：杨爱民，该局局长。

委托诉讼代理人：安锴，该局工作人员。

委托诉讼代理人：孙国祥，该局工作人员。

一审第三人：王承君。

委托诉讼代理人：葛秀尚，山东诚功（城阳）律师事务所律师。

再审申请人青岛美嘉隆包装机械有限公司（以下简称美嘉隆公司）因与被申请人青岛市知识产权局（以下简称青岛局）、一审第三人王承君专利侵权行政处理决定一案，不服山东省高级人民法院（2017）鲁行终275号行政判决，向本院申请再审。本院依法组成合议庭对本案进行了审查，现已审查终结。

美嘉隆公司申请再审称，涉案专利权利要求1中原料输送装置输送锁扣原料的工序是依靠控制器直接发送电路信号完成的，而被诉侵权产品使用了气动送料装置，依靠的是机械联动方式，二者不构成等同。并且，被诉侵权技术方案正是因为克服了涉案专利存在的电信号传输复杂、故障率高的问题，而获得了发明专利权，进一步印证了其与涉案专利权利要求1的技术方案存在实质性区别。综上，美嘉隆公司请求撤销一、二审判决及青岛局被诉处理决定。

青岛局提交意见称，权利要求1并未限定控制器如何具体控制原料输送装置输送锁扣原料，亦未限定所发送信号的类别，无论被诉侵权技术方案中具体送料方式如何，均需控制器发送信号给气动送料装置一体化的级进模进行后续操作，故被诉侵权技术方案落入权利要求1的保护范围。此外，美嘉隆公司的发明专利授权时间在本案被诉侵权行为发生之后，其可专利性与本案侵权比对的结果亦无必然关系。综上，青岛局请求驳回美嘉隆公司的再审申请。

王承君提交意见称，权利要求1并未对原料输送装置的具体构造进行限定，涉案专利说明书中只是举出了电信号送料的实施例，但并未局限于此，被诉侵权技术方案中气动送料的技术特征落入了权利要求1的保护范围。综上，王承君请求驳回美嘉隆公司的再审申请。

本院经审查查明，2017年1月25日，美嘉隆公司获得专利号为ZL201410704165.7，名为“一种钢带箱锁扣装订机自动送料装置”的发明专利，该专利独立权利要求1记载，“1. 一种钢带箱锁扣装订机自动送料装置，包括具有上模板的级进模，其特征在于：还包括一固定于级进模进料口处的与气源相连的气动腔体，一设置于气动腔体上的允许锁扣原料穿过的、可沿锁扣原料往复移动并带动锁扣原料进入级进模的气动送料夹板，所述气动送料夹板与气动腔体气动伸缩活动连接，在气动腔体上设置有控制气动送料夹板气动伸缩的气动阀，所述气动阀与设于级进模上模板上的气动压板活动连接”。再审审查过程中，各方当事人确认被诉侵权技术方案中有关原料输送装置的技术特征与该权利要求相同。

美嘉隆公司上述专利说明书记载，“CN202053566U（即涉案专利）公开了一种全自动快装箱锁扣装订机”，“一旦其中任何一个信号环节出现问题，控制器将会发出错误信号，导致原料输送装置无法正常发出信号控制伺服电机进料，直接影响装订机的正常运转，众所周知，设备的电路信号传输越复杂，其设备的故障率越高、成本也越大，后期设备的维护量也越大，直接影响该行业的发展”。“（本专利）摒弃了传统的通过电信号先进料再装订的方式，采用机械自动进料的方式，液压油缸接收驱动信号驱动级进模进行装订动作的同时夹紧锁扣原料，在级进模装订完成后驱动锁扣原料进入级进模完成下一次预装订，节约了工序，减少了对锁扣原料的进料信号控制，大大降低了设备维护量，提高了设备的使用寿命。”

本院经审查认为，结合涉案专利权利要求书的记载，通过阅读说明书和附图，涉案专利的发明目的在于，实现锁扣装订的全自动化，降低人工劳动强度，提高生产效率。为实现这一目的，权利要求1的技术方案将驱动装置、工件输送装置、原料输送装置、级进模等部件通过控制器实现信号连接，通过控制器向各个部件发送信号来实现有序作业。

根据一、二审法院查明的事实，被诉侵权技术方案中在锁扣原料输送的环节采取了机械自动进料的方式，即通过级进模的下压和上行触发“气动压板+气动阀+气动送料夹板”的气动连锁反应，最终实现对锁扣原料输送的控制，该种进料方式与权利要求1中“控制器发送送料信号至原料输送装置，控制其输送锁扣原料”在信号的表现形式和传送方式上形成了区别，这种区别导致二者所解决的技术问题和技术效果亦有所不同，应从涉案专利的发明目的出发，结合说明书和附图，对权利要求1中的“送料信号”做出更明确的解释。青岛局被诉处理决定及一、二审判决仅以权利要求1未限定信号的类型为由认为被诉侵权技术方案落入其保护范围，有所不当。

依照《最高人民法院关于适用〈中华人民共和国行政诉讼法〉的解释》第一百一十六条第一款和第一百一十八条之规定，裁定如下：

一、指令山东省高级人民法院再审本案；

二、再审期间，中止原判决的执行。

审 判 长 李 剑
审 判 员 吴 蓉
审 判 员 佟 姝
二〇一八年九月二十一日
法官助理 马云鹏
书 记 员 焦 媛

3. 主题名称对专利权保护范围是否具有限定作用

——再审申请人哈尔滨工业大学星河实业有限公司与被申请人江苏润德管业有限公司侵害发明专利权纠纷案

【裁判要旨】

在确定权利要求的保护范围时，权利要求记载的主题名称应当予以考虑；主题名称对权利要求保护范围的实际限定作用取决于其对权利要求所要保护的主题本身产生何种影响。

【关键词】

保护范围　主题名称　限定作用

【案号】

最高人民法院（2013）民申字第790号

【基本案情】

哈尔滨工业大学星河实业有限公司（以下简称星河公司）系名称为“一种钢带增强塑料排水管道及其制造方法和装置”的发明专利（即本案专利）的权利

人。本案专利有三个独立权利要求，分别是权利要求1、2和6。上述三个独立权利要求分别为：1. 一种钢带增强塑料复合排水管道，包括一个塑料管体和与管体成一体的加强肋，加强肋内复合有增强钢带，其特征在于钢带上有若干矩形或圆形的通孔或钢带两侧轧制有纹路，两个加强肋之间塑料形状具有中间凸起，管体的端部具有一个连接用的承插接头，承插接头的连接部具有密封胶或橡胶圈。2. 一种制造权利要求1所述的钢带增强塑料排水管道的方法，其特征在于包括如下步骤：A. 将挤出机与复合机头成直角布置，钢带从机头一端引入复合机头，并在机头内与塑料复合，经冷却、定型、牵引后成型为钢带增强塑料复合异型带材钢带；B. 将异型带材运送到安装现场；C. 缠绕并熔焊异型带材形成钢带增强塑料排水管；D. 在排水管的端口设置塑料承插接头并将其熔焊连接形成连续的排水管道。6. 一种实施权利要求2所述方法的制造钢带增强塑料排水管的装置，包括：A. 将钢带与塑料复合形成具有钢带加强肋的异型带材的复合装置；B. 缠绕并熔焊异型带材形成钢带增强塑料排水管的缠绕装置；C. 在钢带增强塑料排水管的端口设置承插接头的装置。星河公司发现江苏润德管业有限公司（以下简称润德公司）使用与其本案专利相同的制造方法和装置生产、销售塑料钢带缠绕排水管，遂提起诉讼，请求法院判令润德公司停止侵权并赔偿损失。江苏省南京市中级人民法院一审认为，润德公司管道缺少权利要求1记载的“钢带上有若干矩形或圆形的通孔或钢带两侧轧制有纹路”和“两个加强肋之间塑料形状具有中间凸起”两个技术特征，故润德公司制造的管道未落入本案专利独立权利要求1的保护范围；权利要求2和6的这一主题名称不属于技术特征，对其保护范围不具有限定作用，故润德公司制造排水管道的方法落入权利要求2的保护范围；生产排水管道的装置落入权利要求6的保护范围。润德公司不服，提出上诉。江苏省高级人民法院二审认为，主题名称属于解决技术问题的必要技术特征，在确定专利权的保护范围时应当予以考虑；权利要求2和6引用在先权利要求是为了避免权利要求之间相同内容的不必要重复，其所引用的在先权利要求的技术特征对权利要求2和6具有限定作用。故润德公司生产被诉侵权产品的方法未落入引用在先权利要求的权利要求2的保护范围，不构成专利侵权；润德公司制造被诉侵权产品的装置也未落入引用在先权利要求的权利要求6的保护范围，同样不构成专利侵权。遂判决撤销一审判决，驳回星河公司的诉讼请求。星河公司不服，向最高人民法院申请再审。最高人民法院于2013年12月30日裁定驳回星河公司的再审申请。

【裁判意见】

最高人民法院审查认为：根据专利法实施细则第二十一条的规定，发明或者实用新型的独立权利要求应当包括前序部分和特征部分。前序部分写明要求保护的发明或者实用新型技术方案的主题名称和发明或者实用新型主题与最接近的现有技术共有的必要技术特征，特征部分写明发明或者实用新型区别于最接近的现有技术的技术特征。这些特征和前序部分写明的特征合在一起，限定发明或者实用新型要求保护的范围。因此，通常情况下，在确定权利要求的保护范围时，对权利要求中记载的主题名称应当予以考虑，而其实际的限定作用应当取决于该主题名称对权利要求所要保护的主题本身产生了何种影响。本案中，确定权利要求2和6的保护范围时，均应当考虑其主题名称对所要求保护的主题本身实际上所起的限定作用。

中华人民共和国最高人民法院民事裁定书

（2013）民申字第790号

再审申请人（一审原告、二审被上诉人）：哈尔滨工业大学星河实业有限公司。

法定代表人：李波，该公司董事长。

委托代理人：张苏沛，南京知识律师事务所律师。

被申请人（一审被告、二审上诉人）：江苏润德管业有限公司。

法定代表人：黄德春，该公司总经理。

委托代理人：宋新月，北京市金杜律师事务所律师。

委托代理人：靳强，北京市金杜律师事务所律师。

再审申请人哈尔滨工业大学星河实业有限公司（以下简称星河公司）因与被申请人江苏润德管业有限公司（以下简称润德公司）侵犯发明专利权纠纷一案，不服江苏省高级人民法院（2012）苏知民终字第0021号民事判决，向本院申请再审。本院依法组成合议庭于2013年10月11日上午公开询问了双方当事人，星河公司的委托代理人张苏沛，润德公司的委托代理人宋新月、靳强到庭参加了诉讼。本案现已审查终结。

星河公司申请再审称：二审判决在涉案专利独立权利要求2和6的保护范围的认定上适用法律错误。其主要理由是：

1.《最高人民法院关于审理侵犯专利纠纷案件应用法律若干问题的解释》（法释〔2009〕第21号）和《中华人民共和国专利法实施细则》（以下简称专利法实施细则）对主题名称与技术特征用不同的法律名词予以明确区分，并强调专利权的保护范围由技术特征限定。因此，二审判决认定“主题名称作为权利要求的必要内容，对其保护范围有限定作用”没有法律依据。2. 润德公司针对涉案专利提出无效宣告请求时，针对权利要求1、2和6，分别提出了完全不同的对比文件，专利复审委员会在评价权利要求2和6的创造性时，并未考虑润德公司针对权利要求1提出的对比文件，在评价权利要求6的创造性时，也没有考虑润德公司针对权利要求2提出的对比文件，因此可以推定专利复审委员会认为主题名称不属于技术特征，不是解决技术问题的必要技术手段。3. 根据涉案专利说明书和附图，权利要求2步骤a中的钢材和塑料复合有一步复合和两步复合两种方式，星河公司在专利申请过程中对涉案专利文本进行修改时，放弃了两步复合方式，仅保留了一步复合方式，根据禁止反悔原则，二审法院在侵权判断时不应当将两步复合方式纳入涉案专利保护范围。4. 方法权利要求的主题名称引用了在先的产品权利要求就应当把其产品的全部技术特征囊括其中，二审法院在认定权利要求2的保护范围时，机械地认为“权利要求书中出现引用在先权利要求的情况是为了避免权利要求之间相同内容的不必要重复”，属于事实认定不清和法律适用错误。5. 独立权利要求间的引用关系仅仅是专利申请文件撰写过程中文字表述上的形式差异，在确定保护范围时不属于必须考虑的对象。6. 权利要求1和权利要求2之间不是从属关系，以权利要求1的技术特征来限定权利要求2的保护范围，明显违背了“以权利要求所记载的全部技术特征确定保护范围”的法律规定。综上所述，二审法院对涉案专利权利要求2的保护范围的理解是错误的。同理，涉案专利权利要求6的保护范围也不受权利要求1和2的限定。故请求撤销二审判决，依法维持一审判决。

润德公司答辩称，二审判决认定事实清楚，适用法律准确，判决结果正确。主题名称是权利要求的必要组成部分，属于必要技术特征，对专利权保护范围起到开宗明义的重要作用，对专利权保护范围具有限定作用。故请求维持二审判决，驳回再审申请。

本院审查查明，涉案专利说明书和附图1记载了权利要求2所记载方法的一步复合方式：通过牵引机7牵引来自放卷装置1的钢带9，使钢带9在导辊2的导引下进入挤出复合的关键部件复合机头4，复合机头4与挤出机3呈直角连接，其内部腔型具有与复合异型带材10相对应的形状，在钢带9通过复合机头4的同时，塑料挤出机3向复合机头4内挤入熔融塑料。在复合机头4内熔融塑料将钢带9周边包裹，在牵引机7的牵引力作用下，从复合机头4牵出，形成未定型的复合异型带材10。说明书和附图2还记载了两步复合方式，即第一步制成带有开口肋的塑料异型带材，第二步将钢带嵌入并封口，该技术方案未记载在权利要求书中。

另查明，涉案专利说明书同时记载：为了防止管材铺设时加强肋之间的塑料被尖锐的石片刺破，在两个加强肋之间塑料形状不应是简单的平面，而应具有中间凸起的形状。

本院认为，本案焦点问题是：1. 主题名称是否对专利权保护范围具有限定作用；2. 并列独立权利要求引用在前的独立权利要求时，在前独立权利要求对其保护范围的限定作用应当如何确定。

1. 关于主题名称是否对专利权保护范围具有限定作用的问题

《中华人民共和国专利法》（以下简称专利法）第五十九条规定："发明或者实用新型专利权的保护范围以其权利要求的内容为准，说明书及附图可以用于解释权利要求的内容。"专利法实施细则第二十一条规定，发明或者实用新型的独立权利要求应当包括前序部分和特征部分，前序部分写明要求保护的发明或者实用新型技术方案的主题名称和发明或者实用新型主题与最接近的现有技术共有的必要技术特征，特征部分写明发明或者实用新型区别于最接近的现有技术的技术特征，这些特征和前序部分写明的特征合在一起，限定发明或者实用新型要求保护的范围。因此，通常情况下，在确定权利要求的保护范围时，权利要求中记载的主题名称应当予以考虑，而实际的限定作用应当取决于该主题名称对权利要求所要保护的主题本身产生了何种影响。本案中，确定权利要求2和6的保护范围时，均应当考虑其主题名称对其所要求保护的主题本身实际上所起的限定作用。

2. 关于并列独立权利要求引用在前的独立权利要求时，在前独立权利要求对其保护范围的限定作用应当如何确定的问题

专利法第三十一条第一款规定："一件发明或者实用新型专利申请应当限于一项发明或者实用新型。属于一个总的发明构思的两项以上的发明或者实用新型，可以作为一件申请提出。"专利法实施细则第二十条规定："权利要求书应当有独立权利要求，也可以有从属权利要求。独立权利要求应当从整体上反映发明或者实用新型的技术方案，记载解决技术问题的必要技术特征。从属权利要求应当用附加的技术特征，对引用的权利要求作进一步的限定。"专利法实施细则第

三十四条规定："依照专利法第三十一条第一款规定，可以作为一件专利申请提出的属于一个总的发明构思的两项以上的发明或者实用新型，应当在技术上相互关联，包含一个或者多个相同或者相应的特定技术特征，其中特定技术特征是指每一项发明或者实用新型作为整体，对现有技术作出贡献的技术特征。"《专利审查指南》第二部分第六章 2.2.1（2）中规定了属于一个总的发明构思的两项以上发明的权利要求可以允许有六种撰写方式，包括：产品或方法的同类独立权利要求；产品和制造该产品的方法的独立权利要求；产品和该产品的用途独立权利要求；产品、专门用于制造该产品的方法和为实施该方法而专门设计的设备独立权利要求；方法和为实施该方法而专门设计的设备的独立权利要求。

据此，一件专利申请的权利要求书中，应当至少有一项独立权利要求。当有两项或者两项以上独立权利要求时，写在最前面的权利要求为第一独立权利要求，其他独立权利要求为并列独立权利要求。独立权利要求应当反映整体的技术方案，并按照各自的内容确定专利权的保护范围。独立权利要求可以不存在引用关系，也可以存在引用关系。当并列独立权利要求引用在前的独立权利要求时，该并列独立权利要求仍然属于独立权利要求，而不属于从属权利要求。虽然在确定并列独立权利要求的保护范围时，被引用的独立权利要求的特征均应当予以考虑，但其对该并列独立权利要求并不必然具有限定作用，其实际的限定作用应当根据其对该并列独立权利要求的技术方案或保护主题是否有实质性影响来确定。

本案中，一、二审法院认定润德公司的被诉侵权产品与涉案专利权利要求 1 相比对，缺少"钢带上有若干矩形或圆形的通孔或钢带两侧轧制有纹路"和"两个加强肋之间塑料形状具有中间凸起"两个技术特征，双方当事人对此没有异议。涉案专利独立权利要求 2 记载了一种制造权利要求 1 所述的钢带增强塑料排水管道的方法，其步骤 a 记载：将挤出机与复合机头成直角布置，钢带从机头一端引入复合机头，并在机头内与塑料复合，经冷却、定型、牵引后成型为钢带增强塑料复合异型带材钢带。涉案专利独立权利要求 6 记载了一种实施权利要求 2 所述方法的制造钢带增强塑料排水管的装置，包括了将钢带与塑料复合形成具有钢带加强肋的异型带材的复合装置。从涉案专利权利要求书以及说明书记载的一步复合方式来看，普通钢带在权利要求 6 记载的复合装置中，经过权利要求 2 记载的步骤 a，形成了复合异型带材，即钢带上有矩形或圆形的通孔或纹路，塑料熔融后在两个加强肋之间生成了中间凸起。虽然权利要求书和说明书对形成通孔或纹路以及凸起的装置部件未作具体的结构描述，但根据涉案专利权利要求 1 记载的产品技术特征，可以推定权利要求 6 记载的复合装置必然具备生成上述区别技术特征的部件。可见，权利要求 1 记载的技术特征对于权利要求 2 和 6 产生了实质性的影响，具有限定作用。被诉侵权产品没有通孔或纹路和凸起，星河公司亦未举证证明被诉侵权的装置具备生成上述特征的部件，因此可以推定被诉侵权的装置不同于权利要求 6 所记载的装置，也未使用被诉侵权的方法。

鉴于涉案专利权利要求 2 步骤 a 的两步复合方式仅在说明书和附图中描述过但未记载在权利要求书中，专利权人未主张将其纳入专利权保护范围，二审法院亦未将其纳入涉案专利权保护范围，对此本院不再予以审查。

综上，二审判决认定事实清楚，适用法律正确。星河公司的再审申请理由不成立，本院不予支持。星河公司的再审申请不符合《中华人民共和国民事诉讼法》第二百条规定的情形。依照《中华人民共和国民事诉讼法》第二百零四条第一款之规定，裁定如下：

驳回哈尔滨工业大学星河实业有限公司的再审申请。

审　判　长　王永昌
代理审判员　秦元明
代理审判员　吴　蓉
二〇一三年十二月三十日
书　记　员　周睿隽

4. 对权利要求的内容存在不同理解时应根据说明书和附图进行解释

——再审申请人台山先驱建材有限公司与被申请人广州新绿环阻燃装饰材料有限公司、付志洪侵犯实用新型专利权纠纷案

【裁判要旨】

如果对权利要求的表述内容产生不同理解，导致对权利要求保护范围产生争议，说明书及其附图可以用于解释权利要求。

【关键词】

权利要求解释　说明书及附图

【案号】

最高人民法院（2010）民申字第 871 号

【基本案情】

付志洪是名称为“玻镁、竹、木、植物纤维复合板”实用新型专利（以下简称涉案专利）的专利权人。涉案专利的权利要求 1 为：“一种玻镁、竹、木、植物纤维复合板，它由镁质胶凝竹、木、植物纤维复合层和玻纤网格布层或竹编网增强层组成，其特征在于：镁质胶凝竹、木、植物纤维复合层至少有两层，玻纤网格布层或竹编网增强层至少有一层，两层镁质胶凝竹、木、植物纤维层置于玻纤网格布层或竹编网增强层的下面和上面。”专利说明书称：本实用新型的目的在于提供一种采用玻纤网格布层或竹编网增强层作为增强骨架，镁质胶凝材料作为凝固剂，竹、木、植物纤维为填充材料，多层结构复合，具有防火、防潮及抗水功能的玻镁、竹、木、植物纤维复合板。说明书在将该专利与现有技术进行对比时称：采用镁质胶凝植物纤维复合层和玻纤网格布层或竹编网增强层多层结构复合，具有强度好，防火、防潮、抗水、隔热、隔音多种功能……说明书在描述具体实施例时称：镁质胶凝植物纤维层是由氯化镁、氧化镁和竹纤维或木糠或植物纤维制成的混合物。付志洪是广州新绿环阻燃装饰材料有限公司（以下简称新绿环公司）的股东及法定代表人。付志洪将涉案专利许可给新绿环公司独占实施。2006 年 8 月 23 日，新绿环公司、付志洪提起诉讼，请求判令台山先驱建材有限公司（以下简称台山建材公司）承担侵权责任。广东省广州市中级人民法院一审认为，由于说明书描述的技术内容与权利要求 1 的记载不尽相同，且前者比后者保护范围宽，根据权利要求 1 的记载优先原则，本案应当以权利要求 1 记载的技术内容确定涉案专利权的保护范围，即复合板并列采用了竹、木、植物纤维三种材料。被诉侵权产品有镁质胶凝材料与植物纤维材料复合层，不含竹、木材料，与涉案专利权利要求 1 不同。遂判决驳回新绿环公司、付志洪的诉讼请求。新绿环公司、付志洪不服一审判决，提起上诉。广东省高级人民法院二审认为，如对权利要求书中记载的内容产生不同理解，可以结合说明书对权利要求进行解释。本案中，在涉案专利说明书实施例中，对竹、木、植物纤维三种材料的采用是选择关系，三者具备其中之一即可，而非竹、木及植物纤维三者必须同时具备。因此，被诉侵权产品落入权利要求 1 的保护范围。遂判决撤销一审判决，判令台山公司承担侵权责任。台山公司不服二审判决，向最高人民法院申请再审。最高人民法院于2010年9月7日裁定驳回台山公司的再审申请。

【裁判意见】

最高人民法院审查认为：专利法第五十六条第一款规定，发明或者实用新型专利权的保护范围以其权利要求的内容为准，说明书及附图可以用于解释权利要求。因此，如果对权利要求的表述内容产生不同理解，导致对权利要求保护范围产生争议，说明书及其附图可以用于解释权利要求。仅从本专利权利要求1对“竹、木、植物纤维”三者关系的文字表述看，很难判断三者是“和”的关系还是“或”的关系，应当结合说明书记载的相关内容进行解释。根据专利说明书实施例的记载：“镁质胶凝植物纤维层是由氯化镁、氧化镁和竹纤维或木糠或植物纤维制成的混合物。”由此可见，专利权利要求1对“竹、木、植物纤维”三者关系的表述，其含义应当包括选择关系，即三者具备其中之一即可，而非竹、木及植物纤维三者必须同时具备。

中华人民共和国最高人民法院民事裁定书

（2010）民申字第871号

申请再审人（一审被告、二审被上诉人）：台山先驱建材有限公司，住所地广东省台山市端芬镇龙山工业区。

法定代表人：朱绍明，董事长。

委托代理人：刘孟斌，广州三环汇华律师事务所。

委托代理人：宁崇怡，广州三环汇华律师事务所。

被申请人（一审原告、二审上诉人）：广州新绿环阻燃装饰材料有限公司，住所地广东省广州市番禺区大石街河村油咀坑。

法定代表人：付志洪，总经理。

委托代理人：陈晓玲，北京市万慧达律师事务所律师。

委托代理人：杨颖，女，北京万慧达知识产权代理有限公司专利代理人，住辽宁省沈阳市于洪区×街15栋533号。

被申请人（一审原告、二审上诉人）：付志洪，男，1958年12月16日出生，汉族，住福建省三明市三元区岩前镇×坑7号。

委托代理人：陈晓玲，北京市万慧达律师事务所律师。

委托代理人：杨颖，女，北京万慧达知识产权代理有限公司专利代理人，住辽宁省沈阳市于洪区×街15栋533号。

申请再审人台山先驱建材有限公司（以下简称台山建材公司）与被申请人广州新绿环阻燃装饰材料有限公司（以下简称新绿环公司）、付志洪侵犯实用新型专利权纠纷一案，广东省高级人民法院于2010年3月23日作出（2009）粤高法民三终字第195号民事判决，已经发生法律效力。2010年6月，台山建材公司向本院申请再审。本院依法组成合议庭对本案进行了审查，现已审查终结。

台山建材公司申请再审称，1. 二审判决曲解了权利要求1“镁质胶凝竹、木、植物纤维复合层”表述的含义，竹、木、植物纤维三种材料应为并列的关系，而非选择的关系。2. 二审法院违反了专利法第五十六条关于以权利要求书中的技术内容确定专利权的保护范围的规定，错误地以说明书实施例的技术内容任意扩大了涉案专利权利要求1的保护范围，适用法律明显错误。3. 涉案专利技术含量不高，应该严格限定其保护范围。其专利权利要求1的描述若有不当，也是被申请人自己的原因造成的，其不利后果应由被申请人自己承担。请求本院：1. 撤销广东省高级人民法院（2009）粤高法民三终字第195号民事判决第一项、第二项和第三项；2. 由被申请人承担本案全部诉讼费用。

新绿环公司、付志洪辩称，1. 权利要求1记载的“镁质胶凝竹、木、植物纤维复合层”中的竹、木、植物纤维为选择关系，二审判决对此认定正确。2. 二审判决结合本专利的说明书对权利要求的内容进行解释符合专利法和司法解释的规定，适用法律正确。3. 被控侵权产品落入了涉案专利权的保护范围，构成专利侵权，二审判决认定正确。

广东省广州市中级人民法院一审查明，付志洪是专利号为200420017642.4，名称为“玻镁、竹、木、植物纤维复合板”实用新型专利的专利权人。该专利申请日是2004年4月3日，授权公告日是2005年7月6日。该专利权利要求1是：“一种玻镁、竹、木、植物纤维复合板，它由镁质胶凝竹、木、植物纤维复合层和玻纤网格布层或竹编网增强层组成，其特征在于：镁质胶凝竹、木、植物纤维复合层至少有两层，玻纤网格布层或竹编网增强层至少有一层，两层镁质胶凝竹、木、植物纤维层置于玻纤网格布层或竹编网增强层的下面和上面。”专利说明书称：本实用新型的目的在于提供一种采用玻纤网格布层或竹编网增强层作为增强骨架，镁质胶凝材料作为凝固剂，竹、木、植物纤维为填充材料，多层结构复合，具有防火、防潮及抗水功能的玻镁、竹、木、植物纤维复合板。说明书在将该专利与现有技术进行对比时称：采用镁质胶凝植物纤维复合层和玻纤网格布层或竹编网增强层多层结构复合，具有强度好，防火、防潮、抗水、隔热、隔音多种功能……说明书在描述具体实施例时称：镁质胶凝植物纤维层是由氯化镁、氧化镁和竹纤维或木糠或植物纤维制成的混合物。

付志洪是新绿环公司的股东及法定代表人。付志洪将涉案专利许可给新绿环公司独占实施。

2007 年 4 月 24 日，新绿环公司委托代理人周均宁到广东省广州市南方公证处申请保全证据公证。根据该申请，周均宁和公证人员于同年 4 月 26 日来到广东省台山市端芬镇龙山工业区台山建材公司。周均宁以普通消费者的身份向该公司购买了型号规格为 6mm×1220×2440、8mm×1220×2440、10mm×1220×2440 的“先驱”复合板各一件，并取得《送货单》一张，上面盖有“台山先驱建材有限公司财务专用章”。应周均宁要求，该公司工作人员现场将每件复合板分界为四件。周均宁还向该公司取得 10 小件样本。公证人员见证了整个购买过程，并对所购复合板进行封存后留存给新绿环公司。

2008 年 3 月 20 日，受广东省广州市中级人民法院的委托鉴定，广东省专利信息中心知识产权司法鉴定所（以下简称鉴定所）分别出具第 200746 号和第 200747 号《司法鉴定意见书》（以下简称鉴定书）。两份鉴定书均认定，送检的被控侵权产品按其板材的厚度可分为 A、B 两种，A 产品的结构由五层组成，由面层到底层的各层材料是：第一层是胶凝材料净浆层；第二层是单层玻纤网格布层；第三层是胶凝材料与植物纤维材料复合层；第四层是单层玻纤网格布层；第五层是胶凝材料与植物纤维材料复合层。B 产品的结构由七层组成，由面层到底层的各层材料是：第一层是胶凝材料净浆层；第二层至第四层是连续三层的单层玻纤网格布层的叠合；第五层是胶凝材料与植物纤维材料复合层；第六层是单层玻纤网格布层；第七层是胶凝材料与植物纤维材料复合层。第 200746 号鉴定书认为，专利权利要求 1 记载的“玻镁、竹、木、植物纤维复合板”至少有三层：镁质胶凝竹、木、植物纤维复合层至少有两层，分别在玻纤网格布层或竹编网增强层的下面和上面；玻纤网格布层或竹编网增强层至少有一层，在镁质胶凝竹、木、植物纤维复合层的中间。将 A、B 产品分别与专利权利要求 1 进行比较，前者的胶凝材料与植物纤维材料复合层与后者的镁质胶凝竹、木、植物纤维复合层不同；前者的玻纤网格布层在胶凝材料与植物纤维材料复合层中间，与后者的玻纤网格布层在镁质胶凝竹、木、植物纤维复合层中间的结构也不同，所以两者不同。

鉴定所在鉴定期间曾委托广东省建筑材料研究院对 A、B 产品的结构和成分进行检验并作出分析报告。关于A产品的分析报告称：该复合板材是以菱镁水泥胶凝材料为基础，加入玻璃纤维网格布作为增强材料，掺入植物纤维和无机粉料作为填料而制成（以下简称玻镁植物纤维复合板）。它是由五层组成，面层为镁质胶凝材料净浆层，中间层及底层为镁质胶凝材料与植物纤维材料复合层，在面层与中间层、中间层与底层之间各有单层玻纤网格布，网格布为镁质胶凝硬化浆体所包裹。关于B产品的分析报告称：该复合板材是以菱镁水泥胶凝材料为基础，加入玻璃纤维网格布作为增强材料，掺入植物纤维和无机粉料作为填料而制成（以下简称玻镁植物纤维复合板）。它是由五层组成，面层为镁质胶凝材料净浆层，中间层及底层为镁质胶凝材料与植物纤维材料复合层，在面层与中间层之间有三层玻纤网格布叠合，中间层与底层之间有单层玻纤网格布，网格布为镁质胶凝硬化浆体所包裹。

广东省广州市中级人民法院认为，如果专利权利要求书记载的技术内容与专利说明书中的描述或体现不尽相同，则专利权利要求书中的记载优先，不能以说明书及附图记载的内容“纠正”专利权利要求书记载的内容。如果专利说明书及附图中公开的技术内容范围宽，而专利权利要求书中请求保护的范围窄，则原则上只能以权利要求书中的技术内容确定专利权的保护范围。本案中，根据专利权利要求1，镁质胶凝竹、木、植物纤维复合层是该专利的必要技术特征。从“镁质胶凝竹、木、植物纤维复合层”的通常含义理解，该复合层是由镁质胶凝、竹、木、植物纤维制成的混合物，即并列采用了竹、木、植物纤维三种材料。但在专利说明书实施例中，该复合层被赋予特定含义，即由氯化镁、氧化镁和竹纤维或木糠或植物纤维制成的混合物，对竹、木、植物纤维三种材料的采用是三者择一。根据该特定含义，说明书公开的技术内容范围将比权利要求1请求保护的范围宽。由于说明书描述的技术内容与权利要求1的记载不尽相同，且前者比后者保护范围宽，根据上述权利要求1的记载优先原则，本案应当以权利要求1记载的技术内容确定该专利权的保护范围，即该复合板并列采用了竹、木、植物纤维三种材料。根据广东省建筑材料研究院的分析报告，被控侵权产品有镁质胶凝材料与植物纤维材料复合层，不含竹、木材料。将其与专利的权利要求1对比，两者显然不同，所以被控侵权产品与专利不同，被控侵权产品未落入涉案专利权保护范围。据此判决：驳回新绿环公司、付志洪的全部诉讼请求。案件受理费35010元、鉴定费35000元，共70010元，由新绿环公司、付志洪共同负担。

新绿环公司、付志洪不服一审判决，向广东省高级人民法院提起上诉。

广东省高级人民法院审理查明，一审判决查明的案件事实基本属实，予以确认。

广东省高级人民法院另查明，2006年8月23日，新绿环公司、付志洪向一审法院提起诉讼，请求判令：1. 台山建材公司立即停止对“200420017642.4”号专利权的侵权行为，公开赔礼道歉，消除不良影响；2. 台山建材公司赔偿新绿环公司、付志洪因其侵权行为所造成的经济损失500万元；3. 本案的诉讼费用由台山建材公司承担。

广东省高级人民法院认为，在侵犯专利权纠纷案件的审理中，如对权利要求书中记载的内容产生不同理解，容易产生歧义，要确定专利权的保护范围，应当依据《中华人民共和国专利法》第五十六条第一款规定，可以结合说明书对权利要求进行解释。本案中，说明书在描述涉案专利的具体实施例时称：“镁质胶凝植物纤维层是由氯化镁、氧化镁和竹纤维或木糠或植物纤维制成的混合物”，显然，在专利说明书实施例中，该复合层被进一步说明和明确，即由氯化镁、氧化镁和竹纤维或木糠或植物纤维制成的混合物，对竹、木、植物纤维三种材料的采用是选择关系，三者具备其中之一即可，而非竹、木及植物纤维三者必须同时具备。况且，在复合板材领域中，“竹纤维”“木纤维”都属于植物纤维，与“植物纤维”概念存在着从属关系。只要具备了竹、木、麻或棉等植物纤维中的一种或几种，就可构成植物纤维层，而不需要具备所有类型的植物纤维。此外，从“竹、木、植物纤维”的作用和功能上看，其功能是增大了复合板的强度、韧性和环保功能，作为复合板的添加剂，无论是竹纤维、木纤维还是其他棉、麻等植物纤维，都能实现该功能，所不同的就是添加成本与经济效益，因此，被控侵权产品中的“植物颗粒”、“植物纤维”与专利权利要求1中的“竹、木、植物纤维”的功能应当是等同的。因此被控侵权产品落入了专利权利要求1的保护范围，构成了对新绿环公司、付志洪涉案专利的侵犯。一审法院根据权利要求书的记载优先原则，认定本案应当以权利要求书中的技术内容确定该专利的保护范围，即该复合板并列采用了竹、木、植物纤维三种材料，台山建材公司不构成侵权的结论属于适用法律错误，应予纠正。

新绿环公司、付志洪均明确表示可由法院酌定赔偿数额。由于本案中新绿环公司、付志洪无法证实其遭受损失的具体情况，也无法确切反映台山建材公司因侵权获利的数额，本案亦无专利许可使用费可供参考，依照《中华人民共和国专利法》第六十条，最高人民法院《关于审理专利纠纷案件适用法律问题的若干规定》第二十一条、第二十二条的规定，根据专利权为实用新型的类别、台山建材公司侵权性质、情节和持续时间等因素，并参考产品的价值和权利人因调查、制止侵权行为所支付的合理费用，酌情确定赔偿数额为 30 万元。至于新绿环公司、付志洪要求台山建材公司公开赔礼道歉以消除影响的上诉请求，因缺乏法律和事实依据，不予支持。据此判决：1. 撤销广东省广州市中级人民法院（2006）穗中法民三初字第 302 号民事判决及诉讼费负担部分的决定。2. 台山建材公司立即停止对“200420017642. 4”号专利权的侵权行为。3. 台山建材公司在判决生效之日起十五日内赔偿新绿环公司、付志洪因侵权行为所造成的经济损失 30 万元。4. 驳回新绿环公司、付志洪的其它诉讼请求。本案一审案件受理费人民币 35010 元、鉴定费 35000 元，二审案件受理费 13800 元，共计 83810 元，均由台山建材公司负担。

本院经审查，原一、二审法院查明的事实基本属实。

本院认为，《中华人民共和国专利法》第五十六条第一款规定，发明或者实用新型专利权的保护范围以其权利要求的内容为准，说明书及附图可以用于解释权利要求。因此，**如果对权利要求的表述内容产生不同理解，导致对权利要求保护范围产生争议，说明书及其附图可以用于解释权利要求**。仅从本专利权利要求 1 对“竹、木、植物纤维”三者关系的文字表述看，很难判断三者是“和”的关系还是“或”的关系，应当结合说明书记载的相关内容进行解释。根据专利说明书实施例的记载：“镁质胶凝植物纤维层是由氯化镁、氧化镁和竹纤维或木糠或植物纤维制成的混合物。”由此可见，专利权利要求 1 对“竹、木、植物纤维”三者关系的表述，其含义应当包括选择关系，即三者具备其中之一即可，而非竹、木及植物纤维三者必须同时具备。二审判决认定事实清楚，适用法律正确，台山建材公司的再审申请理由不能成立。

综上，申请再审人台山建材公司的再审申请不符合《中华人民共和国民事诉讼法》第一百七十九条规定的情形。依照《中华人民共和国民事诉讼法》第一百八十一条第一款之规定，裁定如下：

驳回台山先驱建材有限公司的再审申请。

审 判 长　王永昌
代理审判员　李　剑
代理审判员　罗　霞
二〇一〇年九月七日
书 记 员　王　新

5. 权利要求的术语在说明书中有明确的特定含义，应根据说明书的界定解释权利要求用语

——再审申请人福建多棱钢业集团有限公司与被申请人启东市八菱钢丸有限公司侵犯发明专利权纠纷案

【裁判要旨】

对于当事人存在争议的专利权利要求的技术术语，虽然该术语在相关行业领域并没有明确的定义，但涉案专利说明书中的记载指明了其具有的特定的含义，并且该界定明确了涉案专利权利要求 1 的保护范围，所以应当以说明书的界定理解权利要求用语的含义。

【关键词】

权利要求的术语　说明书界定　权利要求解释

【案号】

最高人民法院（2010）民申字第979号

【基本案情】

福建多棱钢业集团有限公司（以下简称福建多棱钢公司）系名称为“一种钢砂生产方法”发明专利（以下简称涉案专利）的专利权人。涉案专利权利要求 1 为：一种钢砂生产方法，其特征在于将轴承厂生产轴承时冲切下来的边角废料，进行淬火，淬火后分两级破碎，筛分得到不同粒度的钢砂，制得多棱形的钢砂。涉案专利说明书记载：“本发明的创新之处在于……4. 本发明采用两级破碎，粗碎用颚式破碎机，细碎用辐式破碎机……对于粗大的冲切料本发明采取先用颚式破碎机将其轧碎成小块，而后进行细碎，破碎成钢砂……”启东市八菱钢丸有限公司（以下简称启东八菱钢丸公司）生产与福建多棱钢公司相同的钢砂产品。被控侵权方法与涉案专利的独立权利要求保护的范围相对比，不同之处在于，启东八菱钢丸公司仅选用生产轴承时冲切下来的 7－10mm 之间的冲片作为生产原料，淬火根据需要进行；破碎设备只使用双辊破碎机，即辐式破碎机。7－10mm 之间的冲片被直接投入双辊破碎机中，通过该机器两组单独传动的辊轴，相对旋转产生的

挤轧和磨剪力破碎物料，一次性生产出投入料10%－30%的成品钢砂。之后，通过筛分，将未成品筛选出来，再次投入双辊破碎机中，以此循环，生产出成品钢砂。在相关行业领域，对两级破碎没有明确的定义。在《化工辞典》中，对“破碎”定义为“用机械方法使大块固体物料变成小块的操作”；并有“粗碎”和“细碎”设备之分。其中，按被粉碎物料的大小和所得粉碎成品的尺寸分类，“粉碎设备”可以分类为：粗碎或预碎设备：处理直径40－1500mm范围的原料，所得成品的直径是5－50mm，如颚式压碎机等；中碎和细碎设备：处理直径5－50mm范围的原料，所得成品的直径大约是0.1－5mm，如滚碎机等。福建多棱钢公司以启东八菱钢丸公司生产钢砂的方法落入涉案专利权的保护范围为由提起诉讼。江苏省南通市中级人民法院一审和江苏省高级人民法院二审均认为，被控侵权方法中的“一级破碎”与涉案专利方法中的“两级破碎”不构成等同，并判决驳回福建多棱钢公司的诉讼请求。福建多棱钢公司不服二审判决，向最高人民法院申请再审。最高人民法院于2010年9月8日裁定驳回其再审申请。

【裁判意见】

最高人民法院审查认为：虽然“两级破碎”在相关行业领域并没有明确的定义，但根据涉案专利说明书中的记载：“本发明采用两级破碎，粗碎用颚式破碎机，细碎用辐式破碎机。本发明不是用钢珠破碎成钢砂，而是用冲切料破碎成钢砂，冲切料不像钢珠粒度小且均匀，对于粗大的冲切料本发明采取先用颚式破碎机将其轧碎成小块，而后进行细碎，破碎成钢砂。”涉案专利说明书中的记载指明了“两级破碎”具有的特定的含义，并且该界定明确了涉案专利权利要求1的保护范围，所以应当以说明书的界定理解权利要求用语的含义。“两级破碎”应当理解为是先进行粗碎和后进行细碎的“两级破碎”。根据一、二审法院查明的“粉碎设备”的分类，各个破碎级别的设备所处理的原料直径范围以及加工出的成品均不相同，并且粗碎或预碎设备的出料成品直径范围为中碎和细碎设备的进料直径范围，因此，涉案专利的“两级破碎”中，“粗碎级”破碎和“细碎级”破碎应当理解为是相互独立的两个步骤，“粗碎级”的出料为“细碎级”的进料，工序一先一后，不能理解为“粗碎级”和“细碎级”可以合并或者替代。被控侵权方法仅使用一种双辊式破碎机进行钢砂加工。由于双辊式破碎机的破碎动力产生于两个辊子之间的挤压力，其加工方法是在一个级别的破碎中多次循环，每次破碎都是加工出一定比例的钢砂，在多次积累加工出钢砂后进行筛选。而且，福建多棱钢公司也曾在本案诉讼中明确，粗碎过程不可能生产出成品钢砂，所以，被控侵权方法只存在“细碎级”破碎，不存在“粗碎级”破碎，缺少涉案专利“两级破碎”中的粗碎。被控侵权方法使用辊式破碎机进行破碎的手段、实现的功能和达到的效果与涉案专利“两级破碎”并不基本相同。

中华人民共和国最高人民法院民事裁定书

(2010) 民申字第979号

申请再审人（一审原告、二审上诉人）：福建多棱钢业集团有限公司，住所地福建省龙海市角美镇龙田村。

法定代表人：王新辉，董事长。

委托代理人：张珊，北京市世纪律师事务所律师。

委托代理人：白飞云，北京市世纪律师事务所实习律师。

被申请人（一审被告、二审上诉人）：启东市八菱钢丸有限公司，住所地江苏省启东市向阳镇小闸路口1088号。

法定代表人：张裕德，总经理。

委托代理人：脱颖，上海脱颖律师事务所律师。

委托代理人：杨宇宙，上海脱颖律师事务所律师。

申请再审人福建多棱钢业集团有限公司（以下简称福建多棱钢公司）与被申请人启东市八菱钢丸有限公司（以下简称启东八菱钢丸公司）侵犯发明专利权纠纷一案，江苏省高级人民法院于2008年7月30日作出（2008）苏民三终字第0134号民事判决，已经发生法律效力。2010年7月，福建多棱钢公司向本院申请再审。本院依法组成合议庭对本案进行了审查，并于2010年8月6日在本院询问当事人，福建多棱钢公司的委托代理人张珊、白飞云，启东八菱钢丸公司的委托代理人脱颖、杨宇宙到庭参加。本案现已审查终结。

福建多棱钢公司申请再审称，1. 原审判决错误地解释了涉案专利的保护范围，忽略了涉案专利权利要求1确定的“特定原料钢的选材”和“对原料钢淬火后直接破碎”两项关键性技术特征，错误认定本案争议焦点为被控侵权方法是否具有专利的“两级破碎”这一必要技术特征。涉案专利的精髓和保护范围是：特殊特定的“原料钢选材”——生产轴承时的冲切料、“对原料钢淬火后直接破碎”的制作方法、特定的“多棱形”的钢砂。被申请人启东八菱钢丸公司制造钢砂的方法是将生产轴承时冲切下来的7－10毫米之间的冲片进行直接破碎从而获得钢砂产品，其特定的选材落入了涉案专利权的保护范围，并使用了对原料钢淬火后直接破碎的制作方法，应当认定构成侵权。2. 即使被控侵权方法不构成相同侵权，其也构成等同侵权。关于“两级破碎”，被控侵权方法是直接将原料放入“辊式破碎机”进行破碎，低效率循环往复以获得钢砂成品，不仅增加了破碎的次数，而且也增加了废品铁粉率的形成，其效率和成品率相对于涉案专利方法极为低下。其故意省略“粗破”工序，选取的“一级破碎”是变劣技术方案。原审判决认定被控侵权方法只采用“细碎级”的“一级破碎”，不构成对涉案专利“两级破碎”技术特征的等同替换，从而得出被控侵权方法不构成等同侵权的错误结论，属于适用法律错误。3. 原审判决错误地将专利权人因生产多种其他非专利钢砂产品而使用的原料与涉案专利产品所用原料予以混淆，错误进行比对，扩大解释了涉案专利产品的原料范围，以法院认定的事实出现在判决书中，造成极其不利的司法后果。请求撤销原一、二审判决，支持其诉讼请求，依法改判。

被申请人启东八菱钢丸公司辩称，1. 原审法院正确适用“全面覆盖原则”审理本案，将涉案专利权利要求 1 中的所有技术特征与被诉侵权方法的步骤进行了比较。被申请人的钢砂生产方法缺少“粗碎”这一技术特征，原审法院判定不构成侵权，适用法律正确。2. 原审法院正确解释了权利要求 1 的保护范围，申请再审人混淆“粗碎”和“细碎”，试图扩大涉案专利权利要求的保护范围。原审法院确定本案争议焦点为，被申请人钢砂生产方法是否采用包括“粗碎”和“细碎”的“两级破碎”正确。申请再审人否认其在原审中认可的争议焦点，试图绕开上述争议焦点，转移审理重点。3. 原审法院通过现场勘验认定被控侵权方法在破碎过程中只用了辊式一种破碎机就产生了钢砂，只采用了“细碎”，没有采用“粗碎”，认定事实正确。申请再审人试图将被申请人采用“细碎”的“一级破碎”混淆成“两级破碎”。4. 原审法院分配举证责任正确。被申请人并无义务证明其生产钢砂的方法不侵犯涉案专利权，但为节约司法资源、便于法庭审理，主动提供生产钢砂的方法。申请再审人在原审以及此次申请再审中均没有证据证明被申请人生产钢砂的方法使用了涉案专利权利要求 1 的技术特征，应当承担败诉的不利后果。请求驳回申请再审人全部再审请求。

江苏省南通市中级人民法院一审查明，福建多棱钢公司系名称为“一种钢砂生产方法”发明专利的专利权人（专利号为 01127387.9，申请日为 2001 年 9 月 6 日）。该专利授权公告的权利要求为：“1. 一种钢砂生产方法，其特征在于将轴承厂生产轴承时冲切下来的边角废料，进行淬火，淬火后分两级破碎，筛分得到不同粒度的钢砂，制得多棱形的钢砂。2. 根据权利要求 1 所述的一种钢砂生产方法，其特征在于所述经破碎后的钢砂，再进行回火后筛分，得到不同粒度的钢砂。”该专利说明书记载：“本发明的创新之处在于：……4. 本发明采用两级破碎，粗碎用颚式破碎机，细碎用辐式破碎机。本发明不是用钢珠破碎成钢砂，而是用冲切料破碎成钢砂冲切料不像钢珠力度小且均匀，对于粗大的冲切料本发明采取先用颚式破碎机将其轧碎成小块，而后进行细碎，破碎成钢砂，……”国家知识产权局专利复审委员会就该专利曾于2006年8月作出第8585号无效宣告请求审查决定，后该决定被北京市高级人民法院（2007）高行终字第25号行政判决终审撤销，涉案专利目前处于有效状态。

福建多棱钢公司以涉案专利方法生产钢砂产品，其除选用7－10毫米的轴承厂生产轴承时冲切下来的边角废料外，还包括其他规格较大的炮管等材料。在生产过程中，福建多棱钢公司将这些边角废料作为生产原料，进行淬火，淬火后进行两级破碎，再筛分得到不同粒度的钢砂成品。在上述“两级破碎”中，分两个步骤：先进行粗碎，即第一级破碎，采用颚式破碎机粗破，将原料轧碎成小块；再进行细碎，即第二级破碎，采用辐式破碎机细破，破碎成钢砂。福建多棱钢公司通过采用上述方法，一次性生产出成品钢砂。

启东八菱钢丸公司生产与福建多棱钢公司相同的钢砂产品。被控侵权方法与涉案专利的独立权利要求保护的范围相对比，相同之处在于启东八菱钢丸公司同样选用轴承厂生产轴承时冲切下来的边角废料，经过破碎，筛分得到不同粒度的钢砂，制得多棱形的钢砂。不同之处在于启东八菱钢丸公司生产过程中，仅选用生产轴承时冲切下来的7－10毫米之间的冲片作为生产原料，淬火根据需要进行。此外，启东八菱钢丸公司的破碎设备只使用双辊破碎机，即辐式破碎机。7－10毫米之间的冲片被直接投入双辊破碎机中，通过该机器两组单独传动的辊轴，相对旋转产生的挤轧和磨剪力破碎物料，一次性生产出投入料10%－30%的成品钢砂。之后，通过筛分，将未成品筛选出来，再次投入双辊破碎机中，以此循环，生产出成品钢砂。

另查明，双辊式破碎机工作原理是：利用两组单独传动的辊轴，相对旋转产生的挤扎和磨剪力来破碎物料，当物料进入机器的破碎腔以后，物料受到转动辊轴的啮力作用，使物料被逼通过两辊之间，同时受到辊轴的挤扎和磨剪，物料即开始破裂，破裂后的小颗粒沿着辊子旋转的切线方向，通过两辊轴的间隙，向机器下方抛出，超过间隙的大颗粒物料，继续被破碎成小颗粒后送出。

在相关行业领域，对两级破碎没有明确的定义。在《化工辞典》中，有“粗碎”和“细碎”设备之分。对“破碎”定义为“用机械方法使大块固体物料变成小块的操作”；并有“粗碎”和“细碎”设备之分。其中，按被粉碎物料的大小和所得粉碎成品的尺寸分类，“粉碎设备”可以分类为：粗碎或预碎设备：处理直径 40－1500 毫米范围的原料，所得成品的直径大约是 5－50 毫米，如颚式压碎机等；中碎和细碎设备：处理直径 5－50 毫米范围的原料，所得成品的直径大约是 0.1－5 毫米，如滚碎机等。

关于钢砂的生产设备和生产方法，1993 年第 1 期《广西冶金》杂志中载明，“近来市面上有一种尖角沙比较流行。它是用轴承钢冲片的边角废料，经过热锻压成薄片，然后淬火使其呈硬脆状态，即可进入磨机碾碎。”1979 年第 2 期《武钢》杂志登载的《武钢钢研所制成喷丸用无定形钢粒》一文中记载，“将轴承厂加工下来的滚珠刚（GCr15）车屑进行淬火；然后破碎，粗碎得 3－5 毫米颗粒，再细碎到小于 1 毫米；筛分……”1998 年第 3 期《中国铸造装备与技术》中记载，“钢砂是由钢丸破碎而成。破碎设备可采用双辊破碎机”。

2007 年 9 月 4 日，福建多棱钢公司向江苏省南通市中级人民法院起诉称，启东八菱钢丸公司未经其许可，以生产经营为目的，使用涉案专利方法大量生产、销售钢砂产品，启东八菱钢丸公司生产钢砂的方法落入涉案专利权的保护范围，侵犯涉案专利权。请求判令启东八菱钢丸公司立即停止生产、销售侵权的钢砂产品，并销毁未出售的样品、半成品、成品等；赔偿经济损失 50 万元，承担本案的诉讼费用。

江苏省南通市中级人民法院一审认为，关于被控侵权方法是否采用“两级破碎”的技术特征。1. 专利方法中“两级破碎”技术特征的权利保护范围是判断侵权与否的前提和关键。因“两级破碎”是个生造之词，在行业领域内，对“两级破碎”没有明确的定义。因此，对“两级破碎”技术特征的权利保护范围，应结合专利说明书和附图进行解释，并按涉案专利技术所属领域最通常的解释予以综合确定。根据上述判断原则，结合涉案专利说明书的记载，以及在《化工辞典》中对“破碎”定义、“粉碎设备”的分类等，“两级破碎”必要技术特征中的“两级”应当分为“粗碎级”和“细碎级”，并具有明确的、特定的含义和内容。2. 将被控侵权方法的技术特征与涉案发明专利权利要求 1 的必要技术特征相比，存在以下不同：（1）启东八菱钢丸公司仅选用轴承厂生产轴承时冲切下来的 7－10 毫米之间的冲片作为生产原料，而专利方法还包括规格较大的炮管等原料。也正因为选用原料的不同，两者采用的破碎设备、破碎过程有了差异。而且，用轴承钢冲片的边角废料作原材料生产钢砂，在 1993 年第 1 期《广西冶金》杂志中就已有记载，是公知技术。（2）被控侵权方法的破碎设备只使用双辊破碎机，即辐式破碎机；而专利方法先采用颚式破碎机粗破，再采用辐式破碎机细破。虽然破碎设备并非涉案专利的保护范围，但破碎设备可以印证双方破碎方法的不同。而且，生产钢砂破碎设备可采用双辊破碎机，在 1998 年第 3 期《中国铸造装备与技术》中也已有记载。（3）被控侵权方法将原料投入机器后，一次只能生产出占投入料 10% -30% 的成品钢砂，然后通过筛分，将未成品筛选出来，再次投入双辊破碎机，以此循环，经过多次生产出成品钢砂。而专利方法将原料投入机器后，一次性即可生产出成品钢砂。（4）专利方法的破碎过程分为两级：第一级是粗碎，先将原料轧碎成小块；第二级是细碎，再破碎成钢砂，破碎过程有两个明显区分的不同阶段：首先是粗碎阶段，将原料由颚式破碎机粗破，轧碎成小块，在这一阶段中，并不能产生成品的钢砂；其次是细碎阶段，在这一阶段，由辐式破碎机将上述小块原料再进行细碎，最终生产出成品钢砂。而且，关于粗碎、细碎的生产设备和方法也是公知技术。不仅在《化工辞典》中有记载，在 1979 年第 2 期《武钢》杂志中的《武钢钢研所制成喷丸用无定形钢粒》一文中，更明确了“破碎，粗碎得 3 -5 毫米颗粒，再细碎到小于 1 毫米”。启东八菱钢丸公司只采用“一级破碎”，即“细碎级”破碎，直接由辐式破碎机将投入的原料进行细破，一次性生产出成品，而之后，将未成品循环破碎，只是对前述破碎过程的简单重复，省略了“粗碎”的环节，没有专利方法“两级破碎”的技术特征。3. 被控侵权方法中的“一级破碎”与涉案专利方法中的“两级破碎”的技术特征并不构成等同。由于启东八菱钢丸公司未选用规格较大的炮管等作原材料，其仅选用冲片厚度在 7 -10 毫米之间的轴承钢冲片作为原材料，适合双辊式破碎机两个辊之间的距离，因此，启东八菱钢丸公司仅使用细碎的“一级破碎”方法即可生产出成品钢砂。启东八菱钢丸公司并非故意省略细碎这一技术特征，变劣涉案专利的技术方案。根据涉案专利说明书中记载的背景技术，将钢珠破碎成带棱角的钢砂也正是采用双辊式破碎机一次性进行细碎。启东八菱钢丸公司使用双辊式破碎机直接进行破碎是公知技术，并非“变劣”技术方案。因“两级破碎”的技术特征是完整一体的必要技术特征，而被控侵权方法缺少粗碎这一必要的技术特征，福建多棱钢公司也并未明确和举证启东八菱钢丸公司对此采用等同替代的其他方法，故福建多棱钢公司认为被控侵权方法中的“一级破碎”与专利方法中“两级破碎”技术特征构成等同的观点，不予支持。4. 启东八菱钢丸公司虽然举证专利申请日前相关破碎、淬火、筛分等为公知技术的证据，但仅为单独的技术工艺和程序，没有任何证据能够证明一个与其所使用的技术方案相同的完整技术方案，故启东八菱钢丸公司抗辩被控侵权方法系公知技术的主张不能成立。综上，启东八菱钢丸公司生产钢砂的方法没有落入涉案专利权的保护范围。据此判决：驳回福建多棱钢公司的诉讼请求。案件受理费 8800 元、财产保全费 3020 元、证据保全费 1000 元，合计 12820 元，由福建多棱钢公司负担。

福建多棱钢公司、启东八菱钢丸公司均不服一审判决，向江苏省高级人民法院提起上诉。

除福建多棱钢公司对有关被控侵权方法中选料及投料后一次性生产出投入料一定比例的成品钢砂有异议外，二审法院对一审法院查明的其他事实予以确认。

江苏省高级人民法院二审认为，双方当事人对被控侵权方法是否落入涉案专利权保护范围的争议，仅在于被控侵权方法的技术特征中是否具有涉案专利中的“两级破碎”这一必要技术特征。由于专利权利要求 1 中对“两级破碎”的含义没有明确说明，故对该用语的解释应当以专利说明书和附图为依据。结合涉案专利说明书对该用语的描述，“两级破碎”是指先进行“粗碎级”破碎，再进行“细碎级”破碎，而粗碎与细碎的区别，因破碎设备、被破碎物料的大小及破碎后成品的不同而不同。本案中，被控侵权方法不具有专利权利要求 1 中“两级破碎”这一技术特征，没有落入涉案专利权保护范围，主要理由是：1. 涉案专利并非新产品的制造方法发明专利，作为专利权人福建多棱钢公司指控启东八菱钢丸公司侵权，其应当承担相应的举证责任。福建多棱钢公司并未提供证据证明被控侵权方法具有“两级破碎”这一技术特征，其目前所举证据，只能证明启东八菱钢丸公司使用的破碎设备为双辊式破碎机。按照专利说明书的解释，细碎用辐式破碎机，而福建多棱钢公司亦认可双辊式破碎机即辐式破碎机，因此，根据现有证据，启东八菱钢丸公司使用双辊式破碎机只能认为其采用的是细碎这一级破碎。虽然福建多棱钢公司认为启东八菱钢丸公司可以通过调节双辊式破碎机的双辊距离，从而使双辊式破碎机也能进行粗碎，但其对此并未提供证据予以证明。2. 福建多棱钢公司上诉认为粗碎与细碎是两个不可分割的过程，只要第一次破碎出来的成品钢砂很少，之后再进行二次、三次破碎，就属于使用了先粗碎再细碎的破碎方法。其实，粗碎与细碎应当是两个不同的破碎工艺，这不仅是由两者采用的破碎设备本身的功能不同所决定的，还体现在两者经破碎后形成的成品不同。“粗碎级”破碎时将物料轧碎成小块，该过程形成的是小块物料，而“细碎级”破碎后形成的是成品钢砂，福建多棱钢公司在庭审中亦明确陈述粗碎过程不可能生产出成品钢砂。同时，福建多棱钢公司认可每一级破碎不等同于每一次破碎，特别是后一级破碎往往包含多次破碎。而启东八菱钢丸公司采用双辊式破碎机虽然进行了多次破碎，但只能认为是在“细碎级”破碎过程中包含的多次破碎。由于“粗碎级”破碎过程无法产生成品钢砂，故不能因为“细碎级”的第一次破碎后形成的成品钢砂数量少，就认为这一次破碎属于粗碎级破碎，福建多棱钢公司的该主张不能成立，不予支持。3. 福建多棱钢公司认为被控侵权方法采用的“一级破碎”构成专利权利要求 1 中“两级破碎”的等同替换，根据专利说明书中对“两级破碎”的解释，本发明之所以采用“两级破碎”，是因为该方法选用的原料不是小且均匀的钢珠，而是粗大的冲切料。对于现有技术选用钢珠制作钢砂，1998 年第 3 期《中国铸造装备与技术》中已披露其破碎设备可采用双辊破碎机，也即对钢珠进行破碎使用的是细碎设备。因此，涉案专利权利要求 1 中的“两级破碎”只能限定为是先粗碎再细碎的“两级破碎”方法，而不能适用等同原则扩大解释为只需进行细碎这一级破碎。被控侵权方法只采用“细碎级”的“一级破碎”，不构成对权利要求 1 的“两级破碎”这一特征的等同替换，福建多棱钢公司对此的上诉理由于法无据，不予支持。由于已能认定启东八菱钢丸公司不构成专利侵权，故对其主张的公知技术抗辩能否成立，不再理涉。启东八菱钢丸公司要求以多个抗辩理由驳回福建多棱公司诉讼请求的上诉主张无相应依据，不予支持。福建多棱钢公司、启东八菱钢丸公司的上诉理由均不能成立，一审判决结果正确，应予维持。据此判决：驳回上诉，维持原判。二审案件受理费 8800 元，由福建多棱钢公司负担。

本院经审查，原二审法院确认的事实基本属实，本院予以确认。

本院认为，1. 判定被诉侵权技术方案是否落入专利权保护范围，应当审查权利人主张的权利要求所记载的全部技术特征。本案中，“将轴承厂生产轴承时冲切下来的边角废料进行淬火”“淬火后分两级破碎”“筛分达到不同力度的钢砂”“制得多棱形钢砂”均是涉案专利权利要求 1 明确记载的技术特征，福建多棱钢公司有关“淬火后直接破碎”未记载在权利要求 1 中，应以特定原料钢的选材和对原料钢淬火后直接破碎主张涉案专利的保护范围的申请再审理由无事实和法律根据，本院不予支持。根据专利侵权判定的“全面覆盖原则”，被诉侵权方法的技术特征与权利要求记载的全部技术特征相比，缺少权利要求记载的一个以上的技术特征，或者有一个以上技术特征不相同也不等同的，都应当认定没有落入专利权的保护范围。即使被控侵权方法的选材与涉案专利技术的选材相同，但缺少其他技术特征，也不能认定落入了涉案专利的保护范围。本案中，原一、二审法院基于双方争议被控侵权方法是否具有涉案专利“两级破碎”这一技术特征，合理确定了本案的争议焦点，并无不当，福建多棱钢公司关于原审法院错误解释权利要求 1 的保护范围、错误确定争议焦点，以及有关被控侵权方法落入涉案专利保护范围的申请再审理由，本院不予支持。

2. 虽然“两级破碎”在相关行业领域并没有明确的定义，但根据涉案专利说明书中的记载：“本发明采用两级破碎，粗碎用颚式破碎机，细碎用辐式破碎机。本发明不是用钢珠破碎成钢砂，而是用冲切料破碎成钢砂，冲切料不像钢珠粒度小且均匀，对于粗大的冲切料本发明采取先用颚式破碎机将其轧碎成小块，而后进行细碎，破碎成钢砂。”**涉案专利说明书中的记载指明了“两级破碎”具有的特定的含义，并且该界定明确了涉案专利权利要求 1 的保护范围，所以应当以说明书的界定理解权利要求用语的含义。“两级破碎”应当理解是先进行粗碎和后进行细碎的“两级破碎”**。根据原一、二审法院查明的事实，在《化工辞典》中，“粉碎设备”可以分类为：“粗碎或预碎设备：处理直径 40 - 1500 毫米范围的原料，所得成品的直径大约是 5 - 50 毫米，如颚式压碎机等。”“中碎和细碎设备：处理直径 5 - 50 毫米范围的原料，所得成品的直径大约是 0.1 - 5 毫米，如滚碎机等。”各个破碎级别的设备所处理的原料直径范围以及加工出的成品均不相同，并且粗碎或预碎设备的出料成品直径范围为中碎和细碎设备的进料直径范围，因此，涉案专利的“两级破碎”中，“粗碎级”破碎和“细碎级”破碎应当理解为是相互独立的两个步骤，“粗碎级”的出料为“细碎级”的进料，工序一先一后，不能理解为“粗碎级”和“细碎级”可以合并或者替代。原一、二审法院将“两级破碎”解释为只能是先粗碎再细碎的两级破碎方法，并无不当。

根据原一、二审法院查明的事实，被控侵权方法仅使用一种双辊式破碎机进行钢砂加工。由于双辊式破碎机的破碎动力产生于两个辊子之间的挤压力，其加工方法是在一个级别的破碎中多次循环，每次破碎都是加工出一定比例的钢砂，在多次积累加工出钢砂后进行筛选。而且，福建多棱钢公司也曾在本案诉讼中明确，粗碎过程不可能生产出成品钢砂，所以，被控侵权方法只存在“细碎级”破碎，不存在“粗碎级”破碎，缺少涉案专利“两级破碎”中的粗碎。使用辊式破碎机进行破碎的手段、实现的功能和达到的效果与涉案专利“两级破碎”并不基本相同。因此，福建多棱钢公司主张被控侵权方法构成等同侵权以及属于变劣技术方案，落入涉案专利保护范围的申请再审理由，本院不予支持。

3. 福建多棱钢公司作为原告，在原一审审理中提交证据证明其实施涉案专利生产产品的主要工序生产场景，所提供的证据中，炮管是其生产钢砂的原材料。一审法院对此予以了表述。原二审法院在进行侵权判定时，并没有以专利权人生产专利产品时所采用的具体方法与被控侵权方法进行技术特征对比，仍是以权利要求记载的技术特征与被控侵权方法的相应技术特征进行了对比，并不存在比对错误的问题。福建多棱钢公司关于原审判决扩大解释涉案专利原料范围的再审理由，本院不予支持。

综上，申请再审人福建多棱钢公司的再审申请不符合《中华人民共和国民事诉讼法》第一百七十九条规定的情形。依照《中华人民共和国民事诉讼法》第一百八十一条第一款之规定，裁定如下：

驳回福建多棱钢业集团有限公司的再审申请。

审　判　长　王永昌
代理审判员　李　剑
代理审判员　罗　霞
二〇一〇年九月八日
书　记　员　王　新

6. 说明书对权利要求的用语无特别界定时应如何解释该用语的含义

——再审申请人深圳市蓝鹰五金塑胶制品厂与被申请人罗士中侵犯实用新型专利权纠纷案

【裁判要旨】

在专利说明书对权利要求的用语无特别界定时，一般应根据本领域普通技术人员理解的通常含义进行解释，不能简单地将该用语的含义限缩为说明书给出的某一具体实施方式体现的内容。

【关键词】

权利要求解释　说明书　含义

【案号】

最高人民法院（2011）民提字第248号

【基本案情】

罗士中是名称为“汽车方向盘锁”的实用新型专利（即本案专利）的专利权人。本案专利的权利要求1为：“汽车方向盘锁，包括前叉、后叉、止动杆、锁头、锁体及其内部的锁止元件，其特征在于：它还包括组合锁梁，以及锁体内部的弹性定位掣，组合锁梁的叉杆左端设有前叉，右端呈直角形的设有转轴，转轴下端插入锁体左端的垂直大孔内形成铰链连接，垂直大孔的两侧设有贯穿其中心的纵向孔，左侧的纵向孔内装有堵盖和弹性定位掣，右侧的纵向孔内装有锁止元件，转轴下端的中部设有径向凹坑，其位置与锁止元件和弹性定位掣相对应，锁体中部设有控制锁止元件的锁头，锁体右端下方设有后叉，其上方固装着止动杆的左端，组合锁梁通过铰链展开后与锁体、后叉和止动杆形成一错位的横杠，锁止元件卡在转轴的径向凹坑与锁体之间，前叉的叉口朝向左方，后叉的叉口朝向右方，两叉口非对称地撑卡在方向盘圆环上；锁头控制锁止元件退出径向凹坑开锁，组合锁梁回转180度形成与锁体及其右端的止动杆平行的折叠状，弹性定位掣弹顶在转轴的径向凹坑与锁体之间，前叉与后叉的叉口均朝向右方。”罗士中认为深圳市蓝鹰五金塑胶制品厂（以下简称蓝鹰厂）制造、销售的蓝鹰128#锁落入本案专利保护范围，遂提起诉讼，请求判令蓝鹰厂承担侵权责任。广东省深圳市中级人民法院一审认为，被诉侵权产品与本案专利在锁体内部结构、转轴结构以及弹性定位掣、锁止元件与转轴的配合方式方面存在不同。这种结构和配合关系的不同，导致二者在技术效果方面存在明显区别，被诉侵权产品没有落入本案专利权的保护范围。遂判决驳回罗士中的诉讼请求。罗士中不服，提起上诉。广东省高级人民法院二审认为，被诉侵权产品与本案专利权相比，两者在锁体内部构造、转轴结构以及锁止元件、弹性定位掣与转轴操作配合方式方面均相同。一审判决始终将本案专利具体实施例与被诉侵权产品相比，比对对象错误。本案被诉侵权产品落入本案专利权保护范围。据此，判决撤销一审判决，蓝鹰厂承担侵犯专利权的法律责任。蓝鹰厂不服，向最高人民法院申请再审。最高人民法院提审本案后于2011年12月20日作出再审判决，维持二审判决，驳回了蓝鹰厂的再审申请。

【裁判意见】

最高人民法院再审认为：本案专利产品 OK－310BA 折叠式方向盘自动锁是本案专利实施例 1 的具体体现，在确定本案专利权的保护范围时，可以帮助理解权利要求的内容。但是，侵权判断时，应该防止将该具体的实施例与被诉侵权产品进行对比，以免不当地缩小专利权的保护范围。本案中，对以下技术特征是否相同或者等同存在争议：（1）锁体内部结构。本案专利权利要求中相应技术特征为："垂直大孔的两侧设有贯穿其中心的纵向孔。""贯穿"不是一个专业技术术语，在本案专利说明书中也没有对其含义作出特别界定，应根据其通常含义对其进行解释。《现代汉语词典》载明，"贯"的意思是"穿、贯通、连贯"，"贯穿"的意思是"穿过、连通"。因此，该技术特征的字面含义为两侧的纵向孔连通并且穿过垂直大孔中心。垂直大孔是立体的，其中心指的是其轴向中心线，而不是轴向中心线的中心。要实现这一点，垂直大孔两侧的纵向孔可以在一条直线上，与垂直大孔形成"十"形结构，也可以上下错位设置，与垂直大孔形成"Z"形结构。因为垂直大孔和纵向孔都是中空的，上述两种结构均可以实现垂直大孔两侧的纵向孔连通并且穿过垂直大孔中心。被诉侵权产品锁体内部结构的技术特征为：垂直大孔两侧的纵向孔上下错位设置，分别与垂直大孔的中心相贯通，与垂直大孔形成"Z"形结构。因此，被诉侵权产品关于锁体结构的技术特征与本案专利相同。（2）转轴结构及配合关系。本案专利权利要求中相应技术特征为："转轴下端的中部设有径向凹坑，其位置与锁止元件和弹性定位掣相对应。""径向凹坑"的字面含义为沿转轴直径方向凹陷的坑状结构。在权利要求中没有对径向凹坑的形状、数量及组合方式的限制，也没有对与锁止元件和弹性定位掣相对应的径向凹坑是同一个还是不同的进行限制。本案专利说明书中实施例 1 和 2 分别设置了一个和两个径向凹坑与锁止元件、弹性定位掣同时和分别对应。根据上述对锁体内部结构的分析，在垂直大孔两侧的纵向孔上下错位设置的情形下，也必定有不同的径向凹坑分别与锁止元件和弹性定位掣相对应。被诉侵权产品转轴结构的技术特征为：转轴下端分成上下两部分，错位开设两种不同滑槽分别与锁止元件和弹性定位掣相对应。位于上方的 4 个齿形滑槽（2 个径向设置、2 个非径向设置）与锁止元件相对应，位于下方的横截面为半圆弧形的滑槽（非径向设置）与方形弹性定位掣相对应。判断被诉侵权产品的滑槽与本案专利的径向凹坑是否相同或等同，还应该进一步确定径向凹坑的作用，而不能仅停留在其字面含义。本案专利中的径向凹坑与被诉侵权产品中的滑槽，其作用均是与弹性定位掣和锁止元件相配合，实现锁紧和开锁，以及保持组合锁梁和止动杆的折叠状态。尽管被诉侵权产品中的滑槽有些非径向设置，但其实质上和本案专利中的径向凹坑是相同的。本案专利权利要求和说明书中，对转轴转动过程中弹性定位掣的位置没有记载，也就是说没有排除在转轴转动过程中弹性定位掣始终弹顶在径向凹坑内的技术方案。被诉侵权产品弹性定位掣在转轴转动过程中，始终弹顶在横截面为半圆弧形的滑槽内，其作用也在于开锁旋转180度后顶在滑槽和锁体之间，保持锁体与组合锁梁折叠状态的相对稳定。在本案专利的权利要求范围内，会有不同的实施方式，不同的实施方式可能会带来技术效果上的差别，但是都落入专利权的保护范围之内。因此，在锁止元件、弹性定位掣与转轴的配合关系上，被诉侵权产品与本案专利相同，落入本案专利权保护范围。

中华人民共和国最高人民法院民事判决书

（2011）民提字第248号

申请再审人（一审被告、二审被上诉人）：深圳市蓝鹰五金塑胶制品厂。住所地：广东省深圳市龙岗区平湖街道鹅公岭社区向阳路33号。

法定代表人：郭英莲，该厂总经理。

委托代理人：张斌，广东佳士达律师事务所律师。

委托代理人：李姝，广东硕法律师事务所律师。

被申请人（一审原告，二审上诉人）：罗士中，男，汉族，1948年2月8日出生，住广东省深圳市宝安区×村79栋101号。

委托代理人：郭文姬，女，汉族，1972年11月2日出生，深圳市睿智专利事务所专利代理人，住广东省深圳市南山区×路36号彩虹之岸16栋9A。

委托代理人：陈鸿荫，男，汉族，1938年9月15日出生，深圳市睿智专利事务所专利代理人，住广东省深圳市南山区×路8号锦缎之滨13栋10A。

申请再审人深圳市蓝鹰五金塑胶制品厂（以下简称蓝鹰厂）因与被申请人罗士中侵犯实用新型专利权纠纷一案，不服广东省高级人民法院（2010）粤高法民三终字第398号民事判决，向本院申请再审。本院于2011年5月27日作出（2011）民申字第130号民事裁定，提审本案。本院依法组成合议庭，于2011年10月12日公开开庭审理了本案。罗士中及其委托代理人郭文姬、深圳市蓝鹰五金塑胶制品厂法定代表人郭英莲、委托代理人张斌、李姝到庭参加诉讼。本案现已审理终结。

2009 年 8 月，罗士中向广东省深圳市中级人民法院起诉称，罗士中是名称为“汽车方向盘锁”的实用新型专利（专利号为 ZL02231446.6）的专利权人，从 2007 年 6 月起，罗士中发现蓝鹰厂擅自在其制造、销售的产品中实施罗士中的专利技术，已构成对罗士中专利权的侵犯。请求判令：1. 蓝鹰厂停止生产、销售侵权产品；2. 蓝鹰厂销毁侵权产品和制造侵权产品的模具；3. 蓝鹰厂赔偿罗士中的维权支出 25000 元，并在本行业杂志上向罗士中赔礼道歉；4. 蓝鹰厂承担本案的诉讼费用。

一审法院审理查明，涉案专利是名称为“汽车方向盘锁”的实用新型专利，申请日为 2002 年 4 月 23 日，授权日为 2003 年 4 月 30 日，专利号 ZL02231446.6，专利权人罗士中。2004 年 5 月 19 日，国家知识产权局对涉案专利进行了检索，检索报告的结论为，涉案专利权利要求 1 具有新颖性、创造性。涉案专利的权利要求 1 为：“汽车方向盘锁，包括前叉、后叉、止动杆、锁头、锁体及其内部的锁止元件。其特征在于：它还包括组合锁梁，以及锁体内部的弹性定位掣，组合锁梁的叉杆左端设有前叉，右端呈直角形的设有转轴，转轴下端插入锁体左端的垂直大孔内形成铰链连接，垂直大孔的两侧设有贯穿其中心的纵向孔，左侧的纵向孔内装有堵盖和弹性定位掣，右侧的纵向孔内装有锁止元件，转轴下端的中部设有径向凹坑，其位置与锁止元件和弹性定位掣相对应，锁体中部设有控制锁止元件的锁头，锁体右端下方设有后叉，其上方固装着止动杆的左端，组合锁梁通过铰链展开后与锁体、后叉和止动杆形成一错位的横杠，锁止元件卡在转轴的径向凹坑与锁体之间，前叉的叉口朝向左方，后叉的叉口朝向右方，两叉口非对称地撑卡在方向盘圆环上；锁头控制锁止元件退出径向凹坑开锁，组合锁梁回转 180 度形成与锁体及其右端的止动杆平行的折叠状，弹性定位掣弹顶在转轴的径向凹坑与锁体之间，前叉与后叉的叉口均朝向右方。”

2008 年 1 月 3 日，罗士中从广州市越秀区康威汽车用品商行以人民币 150 元的价格购得蓝鹰 128#锁一把。在提起本案诉讼之前，罗士中曾以蓝鹰厂生产的蓝鹰 128#锁侵犯涉案专利权为由，请求深圳市知识产权局予以查处。2009 年 3 月 19 日，深圳市知识产权局作出（2008）深知处字第 24 号专利侵权纠纷案件处理决定，以被诉侵权产品的技术方案与涉案专利的技术方案不同为由，驳回了罗士中的全部请求。罗士中未对该决定提起行政诉讼。罗士中明确在本案中指控蓝鹰厂的蓝鹰 128#锁侵权，蓝鹰厂侵权行为的性质是制造、销售侵权。蓝鹰厂确认 2009 年 10 月之后至今，其蓝鹰 128#锁制造、销售行为仍在进行。诉讼过程中，罗士中、蓝鹰厂均同意以蓝鹰厂所提交的一把蓝鹰128#锁（已经拆开）作为侵权比对实物。

2007年10月12日，案外人李意鹏申请了专利号为200720172364.3、名称为“一种汽车方向盘锁”实用新型专利（以下简称364专利），并于2008年8月27日被授予专利权。2008年9月1日，蓝鹰厂与李意鹏签订《专利实施许可协议》，李意鹏许可蓝鹰厂实施364专利。

2008年9月22日，罗士中针对364专利向国家知识产权局专利复审委员会（以下简称专利复审委员会）提出无效宣告请求。罗士中主张364专利权无效的主要证据为本案涉案专利说明书（对比文件1）以及中国实用新型专利说明书CN2547589Y（对比文件2）。2009年3月17日，专利复审委员会作出第13049号无效宣告请求审查决定，维持364号实用新型专利权全部有效。

一审法院认为，本案争议的焦点在于被诉侵权产品是否落入涉案专利保护范围。

涉案专利权利要求1的技术方案可以分解为以下技术特征：1. 包括前叉、后叉、止动杆、锁头、锁体及其内部的锁止元件；2. 包括组合锁梁，以及锁体内部的弹性定位掣；3. 组合锁梁的叉杆左端设有前叉，右端呈直角形的设有转轴，转轴下端插入锁体左端的垂直大孔内形成铰链连接；4. 垂直大孔的两侧设有贯穿其中心的纵向孔，左侧的纵向孔内装有堵盖和弹性定位掣，右侧的纵向孔内装有锁止元件；5. 转轴下端的中部设有径向凹坑，其位置与锁止元件和弹性定位掣相对应；6. 锁体中部设有控制锁止元件的锁头，锁体右侧下方设有后叉，其上方固装着止动杆的左端；7. 组合锁梁通过铰链展开后与锁体、后叉和止动杆形成一错位的横杠；8. 锁止元件卡在转轴的径向凹坑与锁体之间；9. 前叉的叉口朝向左方，后叉的叉口朝向右方，两叉口非对称地撑卡在方向盘上；10. 锁头控制锁止元件退出径向凹坑开锁，组合锁梁回转180度形成与锁体及其右侧的止动杆平行的折叠状，弹性定位掣弹顶在转轴的径向凹坑与锁体之间，前叉与后叉的叉口均朝向右方。将被诉侵权产品与涉案专利技术进行比较，被诉侵权产品具备涉案专利的第1、2、3、6、7、8、9、10项技术特征。被诉侵权产品与涉案专利的不同之处在于：1. 锁体内部结构不同。专利锁体的垂直大孔的两侧设有贯穿其中心的纵向孔，被诉侵权产品锁体的垂直大孔的两侧的纵向孔没有贯穿垂直大孔的中心，而是上下错位。前者两侧纵向孔与垂直大孔的中心处于同一水平线上，后者相互错位，不在同一水平线上；2. 转轴的结构不相同。专利转轴下端的中部设有径向凹坑，其位置与锁止元件和弹性定位掣相对应。被诉侵权产品转轴下端分成上下两部分，分别开设两种不同滑槽：位于上方的横截面为半圆弧形滑槽，与方形弹性定位掣相对应，位于下方的呈齿形滑槽与锁止元件相对应。3. 弹性定位掣及锁止元件与转轴的配合方式不同。专利弹性定位掣、锁止元件与径向凹坑三者位于同一轴线高度。锁紧时，锁止元件卡在转轴的径向凹坑；开锁折叠时，锁止元件退出转轴的径向凹坑。被诉侵权产品弹性定位掣与转轴位于上方的横截面为半圆弧形滑槽相对应，而锁止元件与转轴位于下方的呈齿形滑槽相对应。转轴上弹性定位掣和锁止元件分别有与自己配合的滑槽，二者位置是上下错位设计。不论锁紧时还是开锁时，弹性定位掣都始终位于横截面为半圆弧形滑槽内。锁紧时，弹性定位掣位于横截面为半圆弧形滑槽的一端，锁止元件位于相应的齿形滑槽中；开锁折叠时，转轴转动，弹性定位掣在横截面为半圆弧形滑槽中从一端滑动到另一端，锁止元件位于下端反方向的齿形滑槽中滑动转动。弹性定位掣及锁止元件与转轴的结构配合设计有效限制了锁梁只能在 0－180 度范围内旋转。

基于二者以上结构、配合关系的不同，导致了二者在技术效果方面也存在明显区别。前者转轴端部环形槽内须设有挡圈以防止开锁后转轴轴向活动，且因挡圈系转轴与锁体外置式固定，容易被拆除。后者因垂直大孔两侧纵向孔与垂直大孔转轴设有两个上下错位、反向 180 度的滑槽，分别与弹性定位掣、锁止元件相对应，能够限定弹性定位掣、锁止元件的上下位置和角度范围。上滑槽与弹性定位掣相对应的结构，完成了转轴与锁体的内置锁固，使得转轴与锁体的配合固定更加安全可靠；前者组合锁梁与止动杆会在 360 度内旋转，而后者旋转角度被限制在 180 度以内，后者可以有效避免前者因 360 度旋转导致车锁锁固不牢、容易被破坏等缺陷。因此，被诉侵权产品的技术特征与涉案专利的必要技术特征存在明显区别，没有落入涉案专利权的保护范围。

关于本案的法律适用。本案中，尽管罗士中购买蓝鹰厂的蓝鹰 128#锁发生于 2008 年 1 月，但蓝鹰厂承认其制造、销售被诉侵权产品的行为一直处于持续状态。因此，本案应适用修改后专利法即《中华人民共和国专利法》（以下简称专利法）（2008 年修正）、《中华人民共和国专利法实施细则》（以下简称专利法实施细则）（2010 年修订）的相关规定。

综上，被诉侵权产品与涉案专利权利要求所记载的独立权利要求相比较，在锁体内部结构、转轴结构以及弹性定位掣、锁止元件与转轴的配合方式方面存在明显不同，被诉侵权产品没有落入涉案专利权的保护范围，蓝鹰厂的行为不构成对涉案专利权的侵犯。据此，判决如下：驳回罗士中的诉讼请求。一审案件受理费人民币425元，由罗士中负担。

罗士中不服一审判决，向广东省高级人民法院提起上诉。

二审法院审理查明，一审法院查明的事实属实。

二审法院认为，罗士中是涉案专利的专利权人，涉案专利目前处于有效状态，其专利权应受法律保护。《最高人民法院关于审理侵犯专利权纠纷案件应用法律若干问题的解释》第十九条规定，被诉侵犯专利权行为发生在2009年10月1日以前的，人民法院适用修改前的专利法；发生在2009年10月1日以后的，人民法院适用修改后的专利法。蓝鹰厂的被诉侵权行为发生在2009年以前，故本案应适用专利法（2000年修正）。一审法院认为本案应适用专利法（2008年修正），为适用法律错误，予以纠正。

关于被诉侵权产品是否落入涉案专利权的保护范围，主要存在如下争议：（一）两者的锁体内部构造是否相同；（二）两者的转轴结构是否相同；（三）两者的锁止元件、弹性定位掣与转轴操作配合方式是否相同。

对于前述争议（一），涉案专利的权利要求书中记载："垂直大孔的两侧设有贯穿其中心的纵向孔。"一审判决认为，该技术特征应理解为"两侧纵向孔与垂直大孔的中心处于同一水平线上"，并进而认为其与被诉产品垂直大孔两侧上下错位设置的纵向孔不同。然而，从权利要求的字面并不能唯一导出上述结论，说明书文字部分也未作出相应解释。相反，分析涉案专利技术方案可知，垂直大孔两侧纵向孔的作用在于容纳弹性定位掣和锁止元件，并使上述两部件与位于垂直大孔中的转轴相配合，故只要两端的纵向孔分别贯通于垂直大孔的中心即可满足要求，两侧纵向孔与垂直大孔的中心处于同一水平线上并非实现这一目的的必要手段。一审判决将从专利附图中看出的信息用于限定权利要求的特征，显然不当地缩小了专利权的保护范围。综上，对于权利要求的上述特征，应理解为两端的纵向孔分别与垂直大孔的中心相贯通，在此情形下，即便垂直大孔两侧的纵向孔上下错位设置，被诉侵权产品锁体的内部构造仍与涉案专利构成相同。

对于前述争议（二），涉案专利的权利要求书中记载："转轴下端的中部设有径向凹坑，其位置与锁止元件和弹性定位掣相对应。"一审判决认为，被诉侵权产品转轴下端分成上下两部分，分别开设两种不同滑槽：位于上方的横截面为半圆弧形滑槽，与方形弹性定位掣相对应，位于下方的呈齿形滑槽与锁止元件相对应。因此，两者转轴的结构不同。对此，二审法院认为，权利要求中并未限定径向凹坑的形状、数目及组合方式，而被诉侵权产品中的滑槽本质上也是沿转轴径向方向下凹的坑，相当于涉案专利的径向凹坑，其目的也是与弹性定位掣和锁止元件相配合，故这一特征也与涉案专利构成相同。

对于前述争议（三），涉案专利中，锁体中部设有控制锁止元件的锁头，锁体右端下方设有后叉，其上装有止动杆。锁车时，组合锁梁通过铰链展开后与锁体、后叉和止动杆形成一错位横杆，锁止元件卡在转轴的径向凹坑与锁体之间，前叉和后叉的叉口朝向相反，卡在方向盘的圆环上，锁体右端的止动杆伸出方向盘外围，阻止方向盘转动。开锁时，锁头控制锁止元件退出径向凹坑，组合锁梁回转180度，形成与锁体和止动杆平行的折叠状态，弹性定位掣顶在径向凹坑与锁体之间，将组合锁梁与锁体、止动杆保持在折叠状态。由此可见，在涉案专利中，锁止元件的作用在于锁车时卡住转轴的径向凹坑防止转轴转动，从而将锁体和组合锁梁稳定地保持在一条水平线上进而实现对方向盘的锁定，弹性定位掣的作用在于开锁时顶在径向凹坑和锁体之间，将组合锁梁与锁体、止动杆保持在相对稳定的折叠状态。与涉案专利相比，被诉侵权产品的组合锁梁、锁体和止动杆的结构和连接关系均相同。锁紧时，弹性定位掣位于半圆弧形滑槽的一端，锁头控制锁止元件伸出，插入转轴的齿形滑槽中限制转轴的转动，从而实现对方向盘的锁定。开锁时，锁头控制锁止元件退出滑槽，组合锁梁回转180度，形成与锁体和止动杆平行的折叠状态，弹性定位掣在半圆弧形滑槽中从一端滑动到另一端。由于滑槽内与弹性定位掣相接触的位置为一平面，而弹性定位掣在后面弹簧弹力作用下会对上述平面进行挤压，也表现为顶在滑槽和锁体之间，并也能保持锁体与组合锁梁折叠状态的相对稳定。由此可见，被诉侵权产品的锁止元件和弹性定位掣也完全具有涉案专利中相应部件的作用。因此，应当认定两者的锁止元件、弹性定位掣与转轴操作配合方式也构成相同。

针对一审判决中有关两者技术效果有明显区别的认定，二审法院认为存在如下问题：首先，一审判决始终将涉案专利具体实施例与被诉侵权产品相比，将诸如挡圈等未记载在权利要求中的特征纳入比对范围，违反了专利法第五十九条第一款的规定，属于比对对象错误，在此基础上得到的两者技术效果有异的结论不能成立；其次，专利侵权判定采用的是全面覆盖原则，只要被诉侵权技术方案包含权利要求记载的全部技术特征，就应当认定其落入专利权的保护范围。即便被诉侵权产品通过附加技术特征的方式对涉案专利进行改进，获得了比涉案专利更好的技术效果，对其落入涉案专利权保护范围亦不构成影响。

被诉侵权产品落入涉案专利权的保护范围。蓝鹰厂未经权利人许可，擅自制造、销售侵犯涉案专利权的产品，其行为已构成专利侵权，应承担停止侵权的法律责任，罗士中因制止侵权所支付的合理费用2.5万元，蓝鹰厂亦应予赔偿。罗士中并未因被诉侵权行为遭受人身利益和商业信誉的损害，故对罗士中赔礼道歉的诉讼请求不予支持。

综上，一审判决认定事实不清，适用法律错误，应予纠正。据此，判决如下：一、撤销一审判决；二、蓝鹰厂立即停止制造、销售侵犯涉案专利权的产品，销毁制造侵权产品的模具和库存侵权产品；三、蓝鹰厂向罗士中支付2.5万元；四、驳回罗士中的其他诉讼请求。本案一、二审案件受理费各425元，由蓝鹰厂负担。

蓝鹰厂不服二审判决，向本院申请再审称：1. 被诉侵权产品与涉案专利的锁体内部结构不同。涉案专利权利要求书中的技术特征为："垂直大孔的两侧设有贯穿其中心的纵向孔。"从字面理解，"贯穿"即为"贯通穿过"的意思，并且涉案专利技术只有在"贯通"且"穿过"的状态下，才能得以实施。二审判决将涉案专利中的"贯穿"理解为两端的纵向孔分别与垂直大孔的中心相贯通，并据此认定被诉侵权产品的"Z"字形结构落入涉案专利权的保护范围，认定事实错误。2. 被诉侵权产品与涉案专利的转轴结构不同。被诉侵权产品转轴下端的中部分成上下两部分，分别开设两种不同的滑槽，其结构与涉案专利中的径向凹坑完全不同。二审判决认定"被诉侵权产品中的滑槽本质上也是沿转轴径向方向下凹的坑，相当于涉案专利的径向凹坑"，认定事实错误。3. 被诉侵权产品与涉案专利的锁止元件、弹性定位掣与转轴的配合方式不同。被诉侵权产品的弹性定位件与位于转轴上方的横截面为半圆弧形的滑槽相对应，而锁止元件与位于转轴下方的齿形滑槽相对应。弹性定位件和锁止元件分别与不同的滑槽相配合，二者位置上下错位。不论锁紧时还是开锁时，弹性定位件都始终位于横截面为半圆弧形的滑槽内，且其端面与近似半圆形的突块相抵靠。被诉侵权产品中弹性定位元件、锁止元件与转轴的配合有效地限制了锁梁只能在0–180度的范围内旋转。与之相比较，涉案专利中的弹性定位掣和锁止元件同时位于与转轴中部的径向凹坑相对应的位置，三者位于同一轴线高度，弹性定位掣和锁止元件共用径向凹坑，弹性定位掣并未始终位于径向凹坑中。因此，二者是不同的结构。4. 二审判决认定被诉侵权产品落入涉案专利权的保护范围，适用法律错误。蓝鹰厂依据《中华人民共和国民事诉讼法》第一百七十九条第一款第（二）项、第（六）项的规定申请再审，请求：1. 撤销广东省高级人民法院（2010）粤高法民三终字第398号民事判决；2. 驳回罗士中的全部诉讼请求；3. 罗士中承担本案全部诉讼费用。

罗士中提交意见认为，1. 涉案专利中垂直大孔两侧纵向孔的作用在于容纳弹性定位掣和锁止元件，并使该两部件与位于垂直大孔中的转轴相配合，因此，只要两端的纵向孔分别贯通于垂直大孔的中心即可满足要求，两侧纵向孔与垂直大孔的中心处于同一水平线上并非实现该目的的必要手段。蓝鹰厂将涉案专利权利要求书中的“贯穿”理解为贯穿通过并且两侧纵向孔必须在一条直线上，缩小了涉案专利权的保护范围。2. 涉案专利权利要求1中并未限定径向凹坑的形状、数目以及组合方式，被诉侵权产品中的滑槽同样是沿转轴径向往下的凹坑，其作用亦是与锁止元件和弹性定位掣相配合，因此，被诉侵权产品与涉案专利中的转轴结构相同。3. 被诉侵权产品与涉案专利中的锁止元件、弹性定位掣与转轴的配合方式相同。4. 被诉侵权产品覆盖了涉案专利权利要求1中的全部技术特征，二审判决认定被诉侵权产品构成相同侵权，适用法律正确。

本院审理查明，一、二审法院查明的事实属实。

本案审理过程中，蓝鹰厂提交了涉案专利产品 OK－310BA 折叠式方向盘自动锁和被诉侵权产品蓝鹰 128#锁实物，并将主要部位开窗剖视。庭审过程中，双方当事人对上述实物予以确认，并结合上述实物进行技术特征对比。

本院认为，涉案专利经国家知识产权局合法授权，且处于有效状态，应受到法律保护。本案的焦点问题在于被诉侵权产品是否落入涉案专利权保护范围。将被诉侵权产品的技术特征与涉案专利权利要求记载的全部技术特征进行对比，不存在缺少技术特征的情形，双方当事人对一、二审法院均认定相同的技术特征也不存在异议，但是对以下技术特征是否相同或者等同存在争议：（一）锁体内部结构；（二）转轴结构和配合关系。

专利法（2000 年修正）第五十六条第一款规定，发明或者实用新型专利权的保护范围以其权利要求的内容为准，说明书及附图可以用于解释权利要求的内容。**本案中，涉案专利产品 OK－310BA 折叠式方向盘自动锁是涉案专利实施例1的具体体现，在确定涉案专利权的保护范围时，可以帮助理解权利要求的内容。但是，侵权判断时，应该防止将该具体的实施例与被诉侵权产品进行对比，以免不当地缩小专利权的保护范围。**

《最高人民法院关于审理侵犯专利权纠纷案件应用法律若干问题的解释》第二条规定，应当根据权利要求的记载，结合本领域普通技术人员阅读说明书及附图后对权利要求的理解，确定权利要求的内容。针对本案争议的具体技术特征，应该以涉案专利权利要求中的相关记载为基础，结合说明书及附图的相关内容，对该技术特征进行正确解释。

（一）锁体内部结构

涉案专利权利要求中关于锁体内部结构的技术特征为："垂直大孔的两侧设有贯穿其中心的纵向孔。"被诉侵权产品锁体内部结构的技术特征为：垂直大孔两侧的纵向孔上下错位设置，分别与垂直大孔的中心相贯通，与垂直大孔形成"Z"形结构。

"贯穿"不是一个专业技术术语，在涉案专利说明书中也没有对其含义作出特别界定，因此，应根据其通常含义对其进行解释。《现代汉语词典》（第5版）载明，"贯"的意思是"穿、贯通、连贯"，"贯穿"的意思是"穿过、连通"。也就是说，"垂直大孔的两侧设有贯穿其中心的纵向孔"的字面含义为两侧的纵向孔连通并且穿过垂直大孔中心。垂直大孔是立体的，其中心指的是其轴向中心线，而不是轴向中心线的中心。要实现这一点，垂直大孔两侧的纵向孔可以在一条直线上，与垂直大孔形成"十"形结构，也可以上下错位设置，与垂直大孔形成"Z"形结构。因为垂直大孔和纵向孔都是中空的，上述两种结构均可以实现垂直大孔两侧的纵向孔连通并且穿过垂直大孔中心。根据涉案专利权利要求书和说明书的记载，垂直大孔两侧的纵向孔分别装设弹性定位掣和锁止原件，与垂直大孔中装设的转轴相配合实现锁紧和开锁，上述两种结构也均能实现这一目的。因此，关于锁体结构的技术特征，被诉侵权产品落入涉案专利权利要求的字面范围，与涉案专利相同。

（二）转轴结构及配合关系

涉案专利权利要求中关于转轴结构的技术特征为："转轴下端的中部设有径向凹坑，其位置与锁止元件和弹性定位掣相对应。"被诉侵权产品转轴结构的技术特征为：转轴下端分成上下两部分，错位开设两种不同滑槽分别与锁止元件和弹性定位掣相对应。位于上方的4个齿形滑槽（两个径向设置、两个非径向设置）与锁止元件相对应，位于下方的横截面为半圆弧形的滑槽（非径向设置）与方形弹性定位掣相对应。"径向凹坑"，其字面含义为沿转轴直径方向凹陷的坑状结构。在权利要求中没有对径向凹坑的形状、数量及组合方式的限制，也没有对与锁止元件和弹性定位掣相对应的径向凹坑是同一个还是不同的进行限制。专利说明书中实施例1和2分别设置了一个和两个径向凹坑与锁止元件、弹性定位掣同时和分别对应。根据上述对锁体内部结构的分析，在垂直大孔两侧的纵向孔上下错位设置的情形下，也必定有不同的径向凹坑分别与锁止元件和弹性定位掣相对应。因此，判断被诉侵权产品的滑槽与涉案专利的径向凹坑是否相同或等同，还应该进一步确定径向凹坑的作用，而不能仅停留在其字面含义。径向凹坑的作用与配合关系紧密相连。配合关系是指锁紧和开锁状态下锁止元件、弹性定位掣与转轴的操作配合，在涉案专利权利要求中其技术特征描述为：锁紧时“锁止元件卡在转轴的径向凹坑与锁体之间”，开锁时“锁头控制锁止元件退出径向凹坑开锁，组合锁梁回转180度形成与锁体及其右侧的止动杆平行的折叠状，弹性定位掣弹顶在转轴的径向凹坑与锁体之间，前叉与后叉的叉口均朝向右方”。被诉侵权产品配合关系的技术特征为：锁紧时弹性定位掣位于半圆弧形滑槽的一端，锁止元件插入转轴的齿形滑槽中限制转轴的转动，实现对方向盘的锁定。开锁时锁头控制锁止元件退出滑槽，组合锁梁回转180度，形成与锁体和止动杆平行的折叠状态，弹性定位掣在半圆弧形滑槽中从一端滑动到另一端，前叉与后叉的叉口朝向右方。由此可见，在锁紧状态下，涉案专利的径向凹坑与锁止元件配合，锁止元件卡在径向凹坑与锁体之间；被诉侵权产品弹性定位掣位于横截面为半圆弧形滑槽的一端，锁止元件卡在相应的齿形滑槽和锁体之间。开锁折叠，转轴转动180度，涉案专利的径向凹坑与弹性定位掣配合，此时弹性定位掣弹顶在径向凹坑与锁体之间；被诉侵权产品的弹性定位掣在横截面为半圆弧形滑槽中从一端滑动到另一端，锁止元件在位于上端反方向的齿形滑槽中滑动转动，在转轴转动过程中弹性定位掣始终和槽的切面垂直，沿径向弹顶在滑槽和锁体之间。因此，涉案专利中的径向凹坑与被诉侵权产品中的滑槽，其作用均是与弹性定位掣和锁止元件相配合，实现锁紧和开锁，以及保持组合锁梁和止动杆的折叠状态，尽管被诉侵权产品中的滑槽有些非径向设置，但其实质上和涉案专利中的径向凹坑是相同的。

蓝鹰厂主张，被诉侵权产品不论锁紧时还是开锁时，弹性定位掣都始终位于横截面为半圆弧形的滑槽内，限制了锁梁只能在0－180度范围内旋转，使得转轴与锁体的配合固定更加安全可靠。涉案专利说明书记载的实施例中，在转轴转动过程中，弹性定位掣的确不是始终顶在径向凹坑中的，在实施例中还设置了一个权利要求中未记载的挡圈防止转轴轴向窜动。但是专利侵权判断是以权利要求书来确定保护范围，说明书和附图用于解释权利要求的内容。涉案专利权利要求和说明书中，记载了径向凹坑与弹性定位掣相对应，开锁旋转180度后弹性定位掣弹顶在径向凹坑内，对转轴转动过程中弹性定位掣的位置没有记载，也就是说没有排除在转轴转动过程中弹性定位掣始终弹顶在径向凹坑内的技术方案。被诉侵权产品弹性定位掣在转轴转动过程中，始终弹顶在横截面为半圆弧形的滑槽内，其作用也在于开锁旋转 180 度后顶在滑槽和锁体之间，保持锁体与组合锁梁折叠状态的相对稳定。在涉案专利的权利要求范围内，会有不同的实施方式，不同的实施方式可能会带来技术效果上的差别，但是都落入同一个专利权的保护范围之内。因此，在锁止元件、弹性定位掣与转轴的配合关系上，被诉侵权产品与涉案专利相同。

综上所述，被诉侵权产品落入涉案专利权保护范围。蓝鹰厂未经专利权人许可，为生产经营目的制造、销售被诉侵权产品，侵犯了涉案专利权。二审判决认定事实清楚，适用法律正确，应予维持。蓝鹰厂的再审请求不成立，本院不予支持。依照《中华人民共和国民事诉讼法》第一百五十三条第一款、第一百八十六条第一款之规定，判决如下：

驳回深圳市蓝鹰五金塑胶制品厂的再审申请，维持广东省高级人民法院（2010）粤高法民三终字第 398 号民事判决。

本判决为终审判决。

审　判　长　王永昌
代理审判员　李　剑
代理审判员　秦元明
二〇一一年十二月二十日
书　记　员　周睿隽

7. 可否利用说明书修改权利要求用语的明确含义

——再审申请人无锡市隆盛电缆材料厂、上海锡盛电缆材料有限公司与被申请人西安秦邦电信材料有限责任公司、原审被告古河电工（西安）光通信有限公司侵犯专利权纠纷案

【裁判要旨】

当本领域普通技术人员对权利要求相关表述的含义可以清楚确定，且说明书又未对权利要求的术语含义作特别界定时，应当以本领域普通技术人员对权利要求自身内

容的理解为准，而不应当以说明书记载的内容否定权利要求的记载；但权利要求特定用语的表述存在明显错误，本领域普通技术人员能够根据说明书和附图的相应记载明确、直接、毫无疑义地修正权利要求的该特定用语的含义的，应根据修正后的含义进行解释。

【关键词】

说明书　权利要求解释　修正

【案号】

最高人民法院（2012）民提字第3号

【基本案情】

西安秦邦电信材料有限责任公司（以下简称西安秦邦公司）是名称为“平滑型金属屏蔽复合带的制作方法”发明专利（即本案专利）的专利权人。本案专利权利要求1为：一种平滑型金属屏蔽复合带的制作方法，是将塑料薄膜与金属箔带表面进行凹凸不平的非纯平面粘合，使复合带与光缆、电缆纵包模具或定径模具之间形成点接触，以减小摩擦力，避免电缆起包、漏气、脱膜及断带。工艺过程与条件如下：（1）将原金属箔带开卷伸直，进行前预热处理；（2）将塑料熔体或塑料膜通过温度为35℃－80℃，直径为φ240mm－φ600mm，目数为40目－85目的粗糙面细目钢辊，与直径为φ160mm－φ480mm传动金属箔带的挤压辊，相互转动，使塑料膜的表面形成0.04－0.09mm厚的凹凸不平粗糙面，热挤压在金属箔带一面的基材上；（3）将带有塑料膜的金属箔经过导辊、弹簧辊传动，再经倒向辊翻面，对另一面金属箔进行塑料膜热挤压复合处理；（4）将复合处理后的复合带通过运行时线速度为10m/min－80m/min的导辊进入加热烘箱，进行后加热处理，加热温度为250℃－400℃；（5）根据传动线速度，调整加热温度，使复合带的粗糙度在后工序处理过程中破坏最小，并使拉毛的塑料表面形成新的带有圆弧过渡的凹凸不平粗糙面，以加强复合带的剥离强度和塑料塑化的定型；（6）对后加热处理过的复合带进行冷却处理并收卷。本案专利说明书第1页记载：“目前，制作光缆、电缆外层金属屏蔽复合带的方法大致有三种……这三种工艺方法生产的金属屏蔽复合带存在的共同缺陷是，塑料薄膜与金属箔带层是纯平面粘合，使其在使用中形成复合带表面与光缆、电缆纵包模具或定径模具之间的面接触，因而摩擦力加大，容易造成光缆、电缆的起包、漏气、脱模、断带等问题。本发明的目的是提供一种摩擦力小，可顺利通过光缆、电缆纵包模具或定径模具，且无断带现象的金属屏蔽复合带制作方法。实现本发明目的的技术关键是将塑料薄膜与金属箔带表面进行凹凸不平的非纯平面粘合，使复合带与光缆、电缆纵包模具或定径模具之间形成点接触，以减小摩擦力，避免电缆起包、漏气、脱模及断带等问题。”无锡市隆盛电缆材料厂（以下简称无锡隆盛厂）向古河电工（西安）光通信有限公司（原西古光纤光缆有限公司，以下简称西古公司）销售了其生产的光缆用铝塑复合带产品。上海锡盛电缆材料有限公司（以下简称上海锡盛公司）由无锡隆盛厂设立，无锡隆盛厂主要负责生产，上海锡盛公司主要负责销售。西安秦邦公司以无锡隆盛厂、上海锡盛公司未经许可使用本案专利方法生产并销售侵权产品为由，起诉至陕西省西安市中级人民法院。随后，一审法院根据当事人的鉴定申请，委托陕西西安知识产权司法鉴定中心（以下简称鉴定中心）对无锡隆盛厂生产的铝塑复合带产品与使用本案专利方法制造的产品是否属于相同产品以及无锡隆盛厂生产的铝塑复合带产品工艺方法与本案专利的必要技术特征是否相同或等同进行鉴定。2007 年 3 月 13 日，鉴定中心作出鉴定意见认为：双方产品所用的原材料相同，均包括铝箔和塑料；产品的结构相同，均采用流延工艺在铝箔两面复合乙烯－丙烯酸共聚物或乙烯－甲基丙烯酸共聚物；双方生产的产品执行标准相同，均为 YD/T723.1－723.3－94，为同样产品；本案专利权利要求 1 所述的必要技术特征由（1）－（6）个步骤组成，无锡隆盛厂的生产方法中有三个步骤与权利要求 1 的步骤（1）、（5）、（6）相同，另有三个步骤与权利要求 1 的步骤（2）、（3）、（4）等同。鉴定意见还认为，权利要求 1 记载的“使塑料膜的表面形成 0.04－0.09mm 厚的凹凸不平粗糙面”，应当解释为塑料膜本身的厚度，因为专利说明书实施例记载的 0.04mm、0.09mm 和 0.07mm 均为塑料膜的厚度，与申请再审人使用的塑料膜表面粗糙度 Ral.8μm－5μm（实测为 Ra2.47μm－3.53μm）没有可比性。而申请再审人使用的塑料膜的厚度为 0.055mm－0.070mm，故二者等同。一审法院据此认为，被诉侵权产品与本案专利方法生产的产品属于同样产品，本案被诉侵权方法落入本案专利保护范围，遂判决无锡隆盛厂、上海锡盛公司和西古公司停止侵害，无锡隆盛厂、上海锡盛公司赔偿西安秦邦公司经济损失。无锡隆盛厂和上海锡盛公司不服，提起上诉。陕西省高级人民法院二审维持一审判决。无锡隆盛厂和上海锡盛公司仍不服，向最高人民法院申请再审。最高人民法院指令陕西省高级人民法院再审本案。陕西省高级人民法院再审维持原审判决。最高人民法院提审本案后，于 2012 年 8 月 24 日判决撤销原一、二审和再审判决，改判驳回西安秦邦公司的诉讼请求。

【裁判意见】

最高人民法院提审认为：本案专利权利要求 1 记载的“使塑料膜的表面形成

0.04－0.09mm 厚的凹凸不平粗糙面”的含义的解释，涉及权利要求解释的方法及其界限。权利要求内容的确定，应当根据权利要求的记载，结合本领域普通技术人员阅读说明书及附图后对权利要求的理解进行。但是，当本领域普通技术人员对权利要求相关表述的含义可以清楚确定，且说明书又未对权利要求的术语含义作特别界定时，应当以本领域普通技术人员对权利要求自身内容的理解为准，而不应当以说明书记载的内容否定权利要求的记载，从而达到实质修改权利要求的结果，并使得专利侵权诉讼程序对权利要求的解释成为专利权人额外获得的修改权利要求的机会。否则，权利要求对专利保护范围的公示和划界作用就会受到损害，专利权人因此不当获得了权利要求本不应该涵盖的保护范围。当然，如果本领域普通技术人员阅读说明书及附图后可以立即获知，权利要求特定用语的表述存在明显错误，并能够根据说明书和附图的相应记载明确、直接、毫无疑义地修正权利要求的该特定用语的含义的，可以根据说明书或附图修正权利要求用语的明显错误。但是，本案中的权利要求用语并不属于明显错误的情形。本案专利权利要求1的“使塑料膜的表面形成0.04－0.09mm 厚的凹凸不平粗糙面”的含义是清楚、完整的，是指塑料膜表面凹凸不平粗糙面的厚度为0.04－0.09mm。本案专利说明书既未对上述技术特征进行详细说明，又未对塑料薄膜的厚度进行限定和解释，而仅仅在实施例中提及了塑料薄膜的厚度分别为0.04mm、0.09mm和0.07mm。在此情况下，本领域普通技术人员在阅读权利要求书和说明书之后，难以形成上述表述实际上应为“塑料膜厚度为0.04－0.09mm”的认识。虽然该表述中“0.04－0.09mm”的数值范围与实施例中塑料膜厚度数值之间较为接近并存在重叠，但是简单地以此为由认为该表述存在明显错误，并进而将塑料膜表面凹凸不平粗糙面的厚度修正为塑料膜的厚度，依据不足。因此，本案专利权利要求1中“使塑料膜的表面形成0.04－0.09mm 厚的凹凸不平粗糙面”，其含义是塑料膜表面凹凸不平粗糙面的厚度为0.04－0.09mm，即塑料膜表面形成0.04－0.09mm（40μm－90μm）的凹凸落差表面结构，而非塑料膜的厚度为0.04－0.09mm。

中华人民共和国最高人民法院民事判决书

（2012）民提字第3号

申请再审人（一审被告、二审上诉人、原申请再审人）：无锡市隆盛电缆材料厂。住所地：江苏省无锡市惠山区玉祁镇民主村。

法定代表人：王晨，厂长。

委托代理人：汪旭东，南京知识律师事务所律师。

委托代理人：万婧，南京知识律师事务所律师助理。

申请再审人（一审被告、二审上诉人、原申请再审人）：上海锡盛电缆材料有限公司。住所地：上海市青浦区沪青平公路3841弄5号27宗地29幢一层B区142室。

法定代表人：吕华兴，经理。

委托代理人：汪旭东，南京知识律师事务所律师。

委托代理人：万婧，南京知识律师事务所律师助理。

被申请人（一审原告、二审被上诉人、原被申请人）：西安秦邦电信材料有限责任公司。住所地：陕西省西安市高新区高新五路尚品·格蓝021103号。

法定代表人：杭涛，董事长。

委托代理人：王占财，该公司副总经理。

委托代理人：翟中平，男，汉族，1959年3月23日出生，杭州中平专利事务所有限公司职员，住浙江省杭州市余杭区×区9幢3单元106室。

原审被告：古河电工（西安）光通信有限公司（原西古光纤光缆有限公司）。住所地：陕西省西安市高新技术产业开发区新型工业园信息大道18号。

法定代表人：宋海燕，总经理。

委托代理人：李江，该公司法律事务专员。

申请再审人无锡市隆盛电缆材料厂（以下简称无锡隆盛厂）、上海锡盛电缆材料有限公司（以下简称上海锡盛公司）与被申请人西安秦邦电信材料有限责任公司（以下简称西安秦邦公司）、原审被告古河电工（西安）光通信有限公司（原西古光纤光缆有限公司，以下简称西古公司）侵犯专利权纠纷一案，申请再审人无锡隆盛厂、上海锡盛公司不服陕西省高级人民法院于2011年3月20日作出的（2009）陕民再字第35号民事判决，向本院申请再审。本院于2011年8月24日作出（2011）民监字第718号民事裁定，决定提审本案。本院依法组成合议庭，于2012年2月17日公开开庭审理了本案。申请再审人无锡隆盛厂、上海锡盛公司的共同委托代理人汪旭东、万婧，被申请人西安秦邦公司法定代表人杭涛、委托代理人王占财和翟中平，古河电工（西安）光通信有限公司（原西古公司）委托代理人李江到庭参加了诉讼。本案现已审理终结。

一审原告西安秦邦公司起诉至陕西省西安市中级人民法院称，原告拥有“平滑型金属屏蔽复合带的制作方法”发明专利。无锡隆盛厂、上海锡盛公司未经许可，使用该专利方法生产并销售侵权产品，侵犯了原告的专利权。西古公司使用无锡隆盛厂、上海锡盛公司生产并销售的侵权产品，亦构成侵权。请求判令：三被告立即停止侵权；无锡隆盛厂、上海锡盛公司销毁侵权设备、模具和侵权产品；无锡隆盛厂、上海锡盛公司连带赔偿原告经济损失1000万元，后变更为3000万元；西古公司在使用侵权产品盈利范围内赔偿原告经济损失；三被告承担本案全部诉讼费用。无锡隆盛厂辩称，答辩人并未使用原告的专利技术从事生产、经营活动，原告也无证据证明答辩人生产的产品与原告专利产品相同；原告的专利缺乏创造性，应当中止诉讼；原告的诉讼请求没有事实依据，不能成立。上海锡盛公司辩称，答辩人仅销售无锡隆盛厂生产的产品。其余理由与无锡隆盛厂的答辩理由相同。西古公司辩称，答辩人购买产品仅仅是使用，并提供了产品的合法来源，请求驳回原告对本答辩人的诉讼请求。

陕西省西安市中级人民法院一审查明：2001年3月7日，西安秦邦电信材料厂（以下简称西安秦邦厂）向国家知识产权局申请“平滑型金属屏蔽复合带的制作方法”发明专利（以下简称本案专利），2004年1月28日被授予发明专利权，专利号为ZL01106788.8。其权利要求1为：一种平滑型金属屏蔽复合带的制作方法，是将塑料薄膜与金属箔带表面进行凹凸不平的非纯平面粘合，使复合带与光缆、电缆纵包模具或定径模具之间形成点接触，以减小摩擦力，避免电缆起包、漏气、脱膜及断带。工艺过程与条件如下：（1）将原金属箔带开卷伸直，进行前预热处理；（2）将塑料熔体或塑料膜通过温度为35℃－80℃，直径为φ240mm－φ600mm，目数为40目－85目的粗糙面细目钢辊，与直径为φ160mm－φ480mm传动金属箔带的挤压辊，相互转动，使塑料膜的表面形成0.04－0.09mm厚的凹凸不平粗糙面，热挤压在金属箔带一面的基材上；（3）将带有塑料膜的金属箔经过导辊、弹簧辊传动，再经倒向辊翻面，对另一面金属箔进行塑料膜热挤压复合处理；（4）将复合处理后的复合带通过运行时线速度为10m/min－80m/min的导辊进入加热烘箱，进行后加热处理，加热温度为250℃－400℃；（5）根据传动线速度，调整加热温度，使复合带的粗糙度在后工序处理过程中破坏最小，并使拉毛的塑料表面形成新的带有圆弧过渡的凹凸不平粗糙面，以加强复合带的剥离强度和塑料塑化的定型；（6）对后加热处理过的复合带进行冷却处理并收卷。之后，西安秦邦厂将企业名称变更为西安秦邦公司。2005年12月26日，国家知识产权局专利检索咨询中心经对本案专利进行检索后出具了编号为G052448检索报告，结论为本案专利权利要求1－2具备新颖性和创造性。2006年2月9日，西安秦邦公司向国家知识产权局缴纳了专利年费。2006年3月28日，无锡隆盛厂向国家知识产权局专利复审委员会提出宣告本案专利无效的请求，国家知识产权局专利复审委员会于2007年9月3日作出第10449号无效宣告请求审查决定，维持本案发明专利权有效。

2005年8月9日、12日以及10月28日，无锡隆盛厂向西古公司销售了其生产的光缆用铝塑复合带产品。2005年11月25日、28日，汕头高新区奥星光通信设备有限公司向无锡隆盛厂发出原材料发货通知书，要求无锡隆盛厂将其生产的光缆用铝塑复合带予以发货。2005年10月12日、11月28日，长飞光纤光缆有限公司（以下简称长飞公司）致函上海锡盛公司，要求发送铝带产品。2005年11月28日、12月23日，上海锡盛公司与上海杰鸥科工贸公司（以下简称杰鸥公司）分别签订了供销合同，约定由上海锡盛公司向杰鸥公司销售铝塑复合带产品（流延法）。2005年12月8日、2006年1月9日，西安秦邦公司与杰鸥公司分别签订购销合同，约定由杰鸥公司供给西安秦邦公司铝塑复合带产品（流延法）17吨和5吨，价款分别为397800元和126000元，生产厂家为上海锡盛公司/无锡隆盛厂，运费由西安秦邦公司负担。2006年3月22日，西安秦邦公司在提取杰鸥公司供给的存放于上海市闵行区银都路2889号1号仓库的铝塑复合带产品过程中，由上海市闵行区公证处进行了公证，公证处对产品进行了拍摄，产品标签上载明制造商为无锡隆盛厂。无锡隆盛厂生产的产品均由上海锡盛公司负责销售，二者为关联单位。

一审审理期间，西安秦邦公司于2006年2月23日提出证据保全申请。一审法院于2006年3月6日作出（2006）西民四初字第53号民事裁定：查封无锡隆盛厂平滑型铝塑复合带生产设备；扣押无锡隆盛厂、上海锡盛公司、西古公司生产、销售的平滑型铝塑复合带产品、生产工艺流程单及标识；查封、扣押或复制无锡隆盛厂、上海锡盛公司2002年以来生产、销售的平滑型铝塑复合带产品的财务账册、凭证、员工工资表。同时，一审法院根据西安秦邦公司的调查申请，前往工商行政管理机关、税务机关进行了调查取证。对一审法院调查的相关证据，经开庭质证后，当事人均表示无异议。2006年9月14日，西安秦邦公司提出对无锡隆盛厂、上海锡盛公司生产、销售的铝塑复合带产品是否与使用其专利方法制造的产品相同进行鉴定。2006年9月25日，无锡隆盛厂、上海锡盛公司提出鉴定申请称，如法庭认为西安秦邦公司的“平滑型金属屏蔽复合带”产品是新产品，西安秦邦公司提出证据证明无锡隆盛厂的产品与西安秦邦公司依专利方法直接获得的产品属同样产品或提出对该问题的鉴定申请，且被法庭接受，其申请对无锡隆盛厂生产的“铝塑复合带”的工艺方法与西安秦邦公司的专利方法是否相同进行鉴定。即，对其生产工艺中将塑料复合在金属箔带上时，在塑料膜的表面所形成的凹凸不平的粗糙面的数值进行鉴定，看其是否与权利要求1中第（2）点所载明的必要技术特征相同；或者就其生产的铝塑复合带产品中塑料膜与金属箔带表面的粘合情况鉴定，看是否与权利要求1中所述的“塑料薄膜与金属箔带表面进行凹凸不平的非纯平面粘合”这一必要技术特征相同，鉴定中心应指定陕西省和江苏省之外的鉴定中心。之后，一审法院根据西安秦邦公司、无锡隆盛厂、上海锡盛公司提出的鉴定申请，委托陕西西安知识产权司法鉴定中心（以下简称鉴定中心）对无锡隆盛厂生产的铝塑复合带产品与西安秦邦公司专利方法中涉及的产品是否属于相同产品以及无锡隆盛厂生产的铝塑复合带产品工艺方法与权利要求书记载的必要技术特征是否相同或等同进行鉴定，并将一审保全的经当事人质证的产品及相关鉴定资料提交鉴定中心。鉴定中心接受委托后，对西安秦邦公司、无锡隆盛厂、上海锡盛公司分别进行了鉴定告知工作，并于2006年12月20日前往无锡隆盛厂实地勘验。2006年12月25日，无锡隆盛厂以未生产为由，拒绝鉴定人员进行现场勘验。其间，无锡隆盛厂、上海锡盛公司对鉴定事宜作了进一步说明：1. 就西安秦邦公司专利权利要求1中第（2）、（3）、（4）项载明的技术特征与无锡隆盛厂所使用的工艺方法相应的特征是否相同；是否使用了西安秦邦公司权利要求1中所述的“塑料薄膜与金属箔带表面进行凹凸不平的非纯平面粘合”这一必要技术特征作为鉴定内容。一审遂告知无锡隆盛厂、上海锡盛公司其不申请鉴定的内容，视为与西安秦邦公司权利要求书记载的技术特征相同或等同。2007年1月20－21日，鉴定中心再次前往无锡隆盛厂实地勘验后，于2007年3月10日组织了由陕西、北京、四川、河南等地专家组成专家组，对双方的生产方法进行了技术鉴定。

2007年3月13日，鉴定中心作出鉴定意见认为：无锡隆盛厂、西安秦邦公司生产的“铝塑复合带”为同样产品；本案专利的权利要求1所述的必要技术特征由（1）－（6）个步骤组成，分别概括为（1）预热处理；（2）单面复合；（3）翻面复合；（4）后热处理；（5）速度、温度调整；（6）冷却收卷。无锡隆盛厂的生产方法中有三个步骤（预热处理，速度、温度调整，冷却收卷）与权利要求1的步骤（1）、（5）、（6）相同；有三个步骤（单面复合、翻面复合、后热处理）与权利要求1的步骤（2）、（3）、（4）等同。鉴定中心将技术特征作了对比，载明：专利权利要求1为“将塑料薄膜与金属箔带表面进行凹凸不平的非纯平面粘合，使复合带与光缆、电缆纵包模具或定径模具之间形成点接触，以减小摩擦力，避免电缆起包、漏气、脱膜及断带”。无锡隆盛厂产品生产方法为“铝箔表面与塑料膜之间为传统工艺下的平面粘合”。这是二者对其产品的各自表述。专利权利要求1具体特征（1）为“将原金属箔带开卷伸直，进行前预热处理”。无锡隆盛厂的产品生产方法为“将原铝箔带开卷伸直，进行前预热处理”，二者相同（无锡隆盛厂认可）。特征（2）为“将塑料熔体或塑料膜通过温度为35℃－80℃，直径为φ240mm－φ600mm，目数为40目－85目的粗糙面细目钢辊，与直径为φ160mm－φ480mm传动金属箔带的挤压辊，相互转动，使塑料膜的表面形成0.04－0.09mm厚的凹凸不平粗糙面，热挤压在金属箔带一面的基材上”。无锡隆盛厂的产品生产方法为“将塑料熔体或塑料膜通过温度为＊℃（无锡隆盛厂认可特征相同），直径为φ320mm的粗糙面细目钢辊，与周长为590mm（直径约等于188mm）的传动金属箔带的挤压辊，相互转动，使塑料膜的表面形成Ral.8μm－5μm（实测Ra2.47μm－3.53μm）凹凸不平粗糙面，塑料膜的厚度为0.055μm－0.070μm，热挤压在金属箔带一面的基材上”。除细目钢辊的粗糙度外，无锡隆盛厂生产工艺的其他参数均在权利要求（2）步骤的范围中。细目钢辊的粗糙度决定了复合带塑料膜表面的粗糙度，通过复合带塑料膜表面的粗糙度间接推测出细目钢辊的粗糙度；当喷丸（喷砂）钢辊的粗糙度平均值为Ra3.418μm时，喷丸（喷砂）目数为75－100目；因此二者等同。特征（3）为“将带有塑料膜的金属箔经过导辊、弹簧辊传动，再经倒向辊翻面，对另一面金属箔进行塑料膜热挤压复合处理”。无锡隆盛厂的产品生产方法为“将带有塑料膜的铝箔经过导辊、翻向辊，对另一面铝箔实现涂覆加工”。二者采用的技术手段基本等同，实现的功能基本相同，达到的效果基本相同；此技术特征等同。特征（4）为“将复合处理后的复合带通过运行时线速度为10m/min－80m/min的导辊进入加热烘箱，进行后加热处理，加热温度为250℃－400℃”。无锡隆盛厂的产品生产方法为“双面涂覆塑料的铝箔带进入后处理阶段，生产复合带线速度为8m/min，后加热处理温度为184℃”（但生产线仪表显示195℃）。该工艺步骤的作用之一是增强金属基带与塑料膜间的结合强度、剥离强度；在保证复合带质量的前提下，生产复合带线速度与后加热处理温度密切相关，提高线速度，则后加热处理温度必须相应提高。按照现场勘验无锡隆盛厂的工艺条件生产出的复合带的剥离强度未达到行业标准的技术要求。根据无锡隆盛厂工艺流程单及产品样品，其生产复合带的线速度为29m/min时，自检产品的剥离强度合格。当生产复合带的线速度为29m/min时，后加热处理温度应比线速度为8m/min时的后加热处理温度184℃有相当大的提高，因此二者等同。特征（5）为“根据传动线速度，调整加热温度，使复合带的粗糙度在后工序处理过程中破坏最小，并使拉毛的塑料表面形成新的带有圆弧过渡的凹凸不平粗糙面，以加强复合带的剥离强度和塑料塑化的定型”。无锡隆盛厂的产品生产方法为“根据传动线速度，调整加热温度”。二者相同（无锡隆盛厂认可）。特征（6）为“对后加热处理过的复合带进行冷却处理并收卷”。无锡隆盛厂的产品生产方法为“对后加热处理过的复合带进行冷却处理并收卷”。二者相同（无锡隆盛厂认可）。该鉴定意见注明，本案专利权利要求1中的“将塑料薄膜与金属箔带表面进行凹凸不平的非纯平面粘合，使复合带与光缆、电缆纵包模具或定径模具之间形成点接触，以减小摩擦力，避免电缆起包、漏气、脱膜及断带”和无锡隆盛厂所称的“铝箔表面与塑料膜之间为传统工艺下的平面粘合”是双方对其产品的各自表述。从本案专利说明书的内容和其工艺步骤看，权利要求1所实现的目的是为了在复合带塑料膜表面形成凹凸不平的粗糙面。从无锡隆盛厂的工艺步骤看，其目的也是为了在复合带塑料膜表面形成凹凸不平的粗糙面。

一审法院将鉴定报告送达西安秦邦公司、无锡隆盛厂、上海锡盛公司、西古公司后，无锡隆盛厂对鉴定报告提出异议，认为认定其产品与西安秦邦公司专利方法生产的产品是同样产品及三个等同的结论没有依据。2007年4月21日，鉴定中心经对无锡隆盛厂提出的问题进行复议后，出具了关于“‘铝塑复合带’的复议意见书”，内容载明：1. 无锡隆盛厂、西安秦邦公司所生产的“铝塑复合带”是同样产品，理由是双方产品所用的原材料相同，包括铝箔和塑料；产品的结构相同，均采用流延工艺在铝箔两面复合乙烯-丙烯酸共聚物或乙烯-甲基丙烯酸共聚物；双方生产的产品执行标准相同。2. “非纯平面粘合”与“平面粘合”是双方当事人对其各自产品复合层结合面的各自表述。3. “粗糙度Ra”与“目数”的关系，此问题在中华人民共和国国家标准《表面粗糙度比较样块抛（喷）丸、砂加工表面》-GB6260.5-88及其相关解释中有明确的阐述。“目数为40目-80目的粗糙面细目钢辊”是指经喷砂（40-80目）处理的钢辊。鉴定意见所说的Ra3.418μm是指细目钢辊表面的粗糙度测试平均值。4. “使塑料膜表面形成0.04-0.09mm厚的凹凸不平粗糙面”与“无锡隆盛厂此阶段样品的塑料膜表面形成的 Ra2.47μm 的凹凸不平粗糙面”是两个不同的概念。5. 无锡隆盛厂为专家组提供的生产现场的线速度是 8m/min，温度为 184℃，该技术特征不在专利保护范围之内，但经检测产品质量不合格。根据法院保全取得的无锡隆盛厂的《流延复合铝带生产工艺流程单》，其上记载的产品自检合格，生产复合带的线速度为 29m/min，这已落入了专利保护范围。生产线的线速度与后处理温度有密切联系，线速度提高，其后处理温度也相应提高。

以上鉴定报告经当事人当庭质证和鉴定人出庭接受质询后，西安秦邦公司认为，鉴定意见中认定的技术特征等同应为相同；无锡隆盛厂、上海锡盛公司认为鉴定专家与西安秦邦公司及其代理人有着特殊的关系，且这种关系足以影响到鉴定行为的客观、公正，因此鉴定中心和鉴定专家应当回避未予回避，鉴定程序违法，鉴定结论无效；鉴定内容不客观和缺乏科学性，未按鉴定要求对双方产品是否相同进行鉴定；鉴定依据适用法律错误，技术特征对比缺乏事实依据，取样及测试不符合标准，遗漏测试情况。同时无锡隆盛厂、上海锡盛公司针对鉴定报告又提供证据证明：2005 年 10 月 12 日，北京邮电大学自动化学院在举行教育基金颁奖大会暨校庆系列学术讲座报告会期间，上海网讯光缆材料有限公司（以下简称上海网讯公司）及杭涛个人捐款 5000 元。2006 年第 6、7 期《光通讯》杂志上发表了北京邮电大学华飞研究所王振岳、上海网讯公司杭涛合作撰写的《通讯光缆电缆用金属塑料复合带的试验研究与分析》一文。2007 年 4 月 13 - 14 日，由陕西省法学会科技法学研究会主办、西安交通大学知识产权研究中心和西安秦邦公司共同承办的“建设‘创新型陕西’科技法学理论与实务高级研讨会”在西安召开。会议由陕西省法学会科技法学研究会会长马治国主持，鉴定中心侯在杰、西安秦邦公司杭涛在会上分别作了发言。鉴定中心认为，王振岳参加鉴定是受其单位北京邮电大学指派，且在鉴定前已将鉴定人员告知当事人，无锡隆盛厂、上海锡盛公司均表示不申请回避；至于王振岳是否与他人合作写文章，鉴定中心并不知悉；鉴定中心工作人员参加研讨会属正常的学术交流，并非回避的理由；同时鉴定中心还对相关技术问题进行了说明。

2007 年 5 月 17 日，西安秦邦公司提出关于损害赔偿数额的鉴定申请，请求一审法院委托鉴定中心对无锡隆盛厂、上海锡盛公司自 2002 年至 2007 年侵权所得进行鉴定。一审法院遂委托陕西正大有限责任会计事务所（以下简称正大会计所）对无锡隆盛厂、上海锡盛公司自 2002 年至 2007 年 6 月侵权所得分段审计。正大会计所接受委托后，于 2007 年 7 月 6 日致函无锡隆盛厂、上海锡盛公司，要求其提供相关财务资料，无锡隆盛厂、上海锡盛公司未予提供。2007年7月20日正大会计所再次致函无锡隆盛厂、上海锡盛公司，通知其于2007年7月30日前提交财务资料进行质证后审计，无锡隆盛厂、上海锡盛公司仍未按期提交。2007年8月3日无锡隆盛厂以财务资料运至西安不方便、不安全，影响其正常经营为由，申请一审法院组织当事人及审计机构到无锡进行质证审核，一审法院未予准许。2007年8月9日，一审法院通知无锡隆盛厂、上海锡盛公司于2007年8月20日将与本案相关的财务资料提交一审法院质证后转交审计单位进行审计。2007年8月20日，一审法院开庭审理期间，西安秦邦公司提交了上海锡盛公司2002年1月至2007年7月增值税申报纳税明细及西安秦邦公司2001年11月、12月会计资料。以期证明上海锡盛公司2002年1月至2007年7月销售额为310836948.99元；西安秦邦公司在被侵权前的单位产品销售利润率为25.11%，每吨销售利润为5789.49元，上海锡盛公司给西安秦邦公司造成的实际损失为78051157.89元。无锡隆盛厂、上海锡盛公司经质证后，对西安秦邦公司提供的证据不予认可。无锡隆盛厂提交了北京邮电大学自动化学院教育基金统计表；财务凭证及部分报表，但未提供相关的总账、现金账、存款账、银行对账单、损益各类科目明细账及发票存根。上海锡盛公司未提供全部的审计资料。西安秦邦公司经质证后，对无锡隆盛厂、上海锡盛公司提交的证据真实性均不予认可。庭审中，无锡隆盛厂、上海锡盛公司以正大会计所鉴定人员与本案当事人有利害关系为由，申请正大会计所回避。一审法院认为回避理由不成立，驳回其申请。当日无锡隆盛厂表示没有会计账，上海锡盛公司表示不提供相关财务资料。之后，正大会计所经对资料审核后以财务资料不全为由，于2007年8月22日辞去委托。2007年8月24日，西安秦邦公司再次向一审法院提出对无锡隆盛厂、上海锡盛公司因侵犯其专利权给其造成损失进行评估的申请，并以此作为损害赔偿数额的依据。一审法院遂将此情况通知了无锡隆盛厂、上海锡盛公司，同时决定对无锡隆盛厂、上海锡盛公司因侵权给西安秦邦公司造成的损失进行评估，评估期限为2004年2月21日至委托之日。之后，一审法院委托陕西高德资产评估有限责任公司（以下简称高德公司）进行评估，并将经当事人当庭质证的评估资料转交高德公司。2007年10月25日高德公司作出评估报告书，评估结论为：无锡隆盛厂、上海锡盛公司2004年2月21日至2007年8月给秦邦公司造成的损失评估值如下：按销售利润上海锡盛公司的利润为41675445.28元；无锡隆盛厂的利润为444719.30元；合计为42120164.58元。按营业利润上海锡盛公司的利润为

32501315.18元；无锡隆盛厂的利润为346822.02元；合计为32848137.20元。评估报告特别说明：高德公司就本次评估委托事宜告知双方当事人后，双方均未提出异议；因当事人提供的资料有限，本次评估期限自2004年3月1日至2007年8月31日；加权销售利润率计算依据无锡隆盛厂、上海锡盛公司、西安秦邦公司及上网查询得出的销售利润率加权得出；加权营业利润率依据无锡隆盛厂2002年至2007年6月的加权营业利润率、上海锡盛公司2002年至2004年加权营业利润率加权得出；依据无锡隆盛厂提供凭证中发票品名为铝带、铝塑复合带的收入确认侵权收入。评估报告送达后，无锡隆盛厂、上海锡盛公司提出复议意见，认为在尚无生效法律文书确定侵权的情况下进行评估，不具有公正性、真实性和客观性；无锡隆盛厂、上海锡盛公司生产、销售的铝带涉及了不同的生产方法，评估报告对其产品不加区分认定为侵权产品，将上海锡盛公司所销售的，包括钢带、铝带和字带在内的全部产品的总销售收入，作为侵权损失，与事实不符。2007年12月13日高德公司答复称：其在评估过程中，曾数次通过不同的方式与无锡隆盛厂、上海锡盛公司联系，就产品销售、类别等情况进行了解并要求提供相关资料，截止到报告提出之日，除以前无锡隆盛厂提供的2002年至2007年8月凭证资料外，并未收到其他资料，其是依据现有资料进行估算的。单从无锡隆盛厂给上海锡盛公司的销售发票就认为是上海锡盛公司的全部购进，显然不足；上海锡盛公司作为独立法人，也可以购进货物；但从无锡隆盛厂提供的资料显示，无一张铝带购进发票，只销售不购进，与事实不符，因此只能以上海锡盛公司全部收入作为计算依据。上述评估报告及答复函经当事人当庭质证和评估人出庭接受质询后，西安秦邦公司表示无异议。无锡隆盛厂、上海锡盛公司认为评估报告依据的法规涉及的是国有资产的规定，不适用于本案；以无锡隆盛厂、上海锡盛公司不完整的财务资料进行评估不符合客观性的原则；评估报告在行业利润的确定上存在参考依据错误、产品类别混同；评估报告对上海锡盛公司的经营收入，违背了客观真实性原则因此不能被采信等。高德公司认为，评估对象指被评估的资产；《国有资产评估管理办法》是各类资产评估的基本依据；其在评估中数次就产品销售、类别要求无锡隆盛厂、上海锡盛公司提供相关资料，无锡隆盛厂、上海锡盛公司除向法院提交的资料外，并未提供其它资料；无锡隆盛厂的铝带收入不能印证上海锡盛公司的铝带收入；评估中将市场因素考虑在内，选取两个上市公司作为参考依据。在计算口径统一的情况下，测算后的销售利润在合理的区间范围内。

2007 年 9 月 3 日，因西安秦邦公司增加诉讼请求，无锡隆盛厂提出级别管辖异议，认为西安秦邦公司增加赔偿数额，具有规避级别管辖的故意，请求将此案移送陕西省高级人民法院审理，并要求一审法院出具书面裁定。一审法院经研究后于 2007 年 9 月 11 日告知其管辖异议理由不能成立，并告知其级别管辖属人民法院内部分工，不做书面裁定。西安秦邦公司称其请求销毁的侵权设备、模具中，模具是设备的一个单元。西安秦邦公司未能提供西古公司明知争讼之产品是侵权产品仍在使用的证据。

陕西省西安市中级人民法院一审认为：（一）关于西安秦邦公司的诉讼主体是否适格的问题。西安秦邦公司作为专利权人，在其合法权益受到他人侵害时，有权提起民事诉讼，其诉讼主体适格。（二）关于本案应否中止诉讼的问题。本案专利是发明专利，在授权时国家专利行政部门已经实质审查；之后，又经国家知识产权局专利检索咨询中心检索，认为权利要求 1－2 具备新颖性和创造性。依照最高人民法院《关于审理专利纠纷案件适用法律问题的若干规定》第十一条的规定，无锡隆盛厂、上海锡盛公司请求中止本案诉讼，法律依据不足，不予支持。（三）关于本案专利的相关问题。1. 本案专利所涉及的产品是否新产品。根据查明的事实，本案专利涉及一种用于光缆、电缆的金属屏蔽复合带制作方法，主要解决已有方法制作的屏蔽复合带，与光缆、电缆纵包模具或定径模具之间接触面之间摩擦力大，易造成光缆、电缆起包、漏气、脱膜、断带等问题，此种制作方法提高了产品的质量，制作的铝塑复合带具有剥离强度好、不起包、不分层、不断带、无脱膜、性能稳定的优点。由此可以证明，本案专利所指的金属屏蔽铝塑复合带与已有产品相比较，其质量、性能、功能、生产方法等方面均有明显不同，因此可以认定本案专利所涉产品属于专利法意义上的“新产品”。2. 被诉侵权产品是否与本案专利方法生产的产品属于“同样产品”。鉴定中心认为，双方产品所用的原材料相同，包括铝箔和塑料；产品的结构相同，均采用流延工艺在铝箔两面复合乙烯－丙烯酸共聚物或乙烯－甲基丙烯酸共聚物；双方生产的产品执行标准相同，因此被诉侵权产品与本案专利方法生产的产品属于同样产品。鉴于鉴定报告程序合法，事实依据充分，故依法认定无锡隆盛厂生产的“铝塑复合带”与西安秦邦公司拥有的发明专利产品为同样产品。（四）关于无锡隆盛厂、上海锡盛公司、西古公司生产、销售、使用的产品是否侵犯本案专利权的问题。1. 根据鉴定意见，被诉侵权方法落入本案专利保护范围。根据查明的事实，鉴定意见认为，本案专利权利要求 1 所述的方法由（1）－（6）个步骤组成，分别概述为（1）预热处理；（2）单面复合；（3）翻面复合；（4）后热处理；（5）速度、温度调整；（6）冷却收卷。无锡隆盛厂生产方法中有三个步骤与专利权利要求1中的（1）、（5）、（6）相同；有三个步骤与专利权利要求1中的（2）、（3）、（4）等同，并分别进行了技术特征比对。该鉴定意见还注明，本案专利权利要求1中的“将塑料薄膜与金属箔带表面进行凹凸不平的非纯平面粘合，使复合带与光缆、电缆纵包模具或定径模具之间形成点接触，以减小摩擦力，避免电缆起包、漏气、脱膜及断带”，与无锡隆盛厂所称的“铝箔表面与塑料膜之间为传统工艺下的平面粘合”，是对其产品的各自表述。从专利说明书的内容和其工艺步骤看，权利要求1所实现的目的是为了在复合带塑料膜表面形成凹凸不平的粗糙面。从无锡隆盛厂的工艺步骤看，其目的也是为了在复合带塑料膜表面形成凹凸不平的粗糙面。另外，鉴定中心出具的“铝塑复合带”复议意见认为，“非纯平面粘合”与“平面粘合”是双方当事人对其各自产品复合层结合面的各自表述；“粗糙度Ra”与“目数”的关系，在中华人民共和国国家标准《表面粗糙度比较样块抛（喷）丸、喷砂加工表面》GB6260.5－88及其相关解释中有明确的阐述，“目数为40目－80目的粗糙面细目钢辊”是指经喷砂处理的钢辊，鉴定意见所说的Ra3.418μm是指细目钢辊表面的粗糙度测试平均值；“使塑料膜表面形成0.04－0.09mm厚的凹凸不平粗糙面”与“无锡隆盛厂此阶段样品的塑料膜表面形成的Ra2.47μm的凹凸不平粗糙面”是两个不同的概念；无锡隆盛厂为专家组提供的生产现场的线速度是8m/min，温度为184℃，该技术特征不在专利保护范围之内，但经检测产品质量不合格。而无锡隆盛厂《流延复合铝带生产工艺流程单》上记载的产品自检合格，生产复合带的线速度为29m/min，落入了专利权保护范围。生产线的线速度与后处理温度有密切联系，线速度提高，其后处理温度也要相应提高。2. 鉴定意见程序合法，应予采信。无锡隆盛厂、上海锡盛公司经对鉴定报告质证后，认为王振岳与西安秦邦公司法定代表人合作写文章及鉴定中心、鉴定专家与西安秦邦公司及其代理人有着特殊的关系，且这种关系足以影响到鉴定行为的客观、公正，因此鉴定中心和鉴定专家应当回避未予回避，鉴定程序违法，鉴定结论无效；鉴定技术特征对比缺乏事实依据，取样及测试不符合标准，遗漏测试情况等。首先，无锡隆盛厂、上海锡盛公司在申请鉴定时，虽提出鉴定中心应指定陕西省和江苏省之外的鉴定中心，但在委托鉴定中心鉴定后及专家前往无锡隆盛厂现场勘验期间，其以未生产为由，阻止专家进行现场勘验，始终未对鉴定中心提出异议，同时还提出应邀请外地专家参与鉴定，此行为应视为其对鉴定中心鉴定的认可。其次，鉴定中心根据无锡隆盛厂、上海锡盛公司请求，邀请外地专家参与了鉴定，并就鉴定人回避等鉴定程序事宜告知了当事人，鉴定人也出庭接受了当事人的质询。再次，鉴定中心指派专家进行鉴定，是考虑到与诉争技术有关的本领域的专家参与，由于鉴定中心通过北京邮电大学指派专家时，并不知悉王振岳与西安秦邦公司法定代表人合作写文章，且鉴定专家参加本领域的学术研讨会，属正常交流，并不足以否认鉴定报告的客观性。又次，鉴定中心接受委托后，已对无锡隆盛厂的生产现场进行了勘验，并进行了相关数据测试和对技术特征进行了逐一对比。最后，无锡隆盛厂、上海锡盛公司未能提供充分的证据对鉴定结论进行反驳。本案鉴定程序合法，鉴定结论所依据的事实与理由充分，依法予以采信。无锡隆盛厂、上海锡盛公司、西古公司生产、销售、使用的“铝塑复合带”的制备方法与争讼之专利权利要求中的独立权利要求有三个步骤即（1）、（5）、（6）相同；其余三个步骤（2）、（3）、（4）的文字表述虽与西安秦邦公司相对应的专利权利要求表述不同，但二者的技术手段基本相同，实现的基本功能相同，所达到的技术效果基本相同，对于本领域普通技术人员而言无须经过创造性劳动就能实现。无锡隆盛厂生产的“铝塑复合带”的制备方法技术特征与西安秦邦公司专利权利要求记载的必要技术特征具有等同的技术特征，已落入了争讼之专利的保护范围。至于无锡隆盛厂、上海锡盛公司在庭审中以无效宣告请求审查决定证明技术鉴定报告对权利要求 1 中有关技术特征的认识存在错误，技术对比方式和结论也存在问题。侵犯专利权判定方法是将涉嫌侵权物（行为）与专利权利要求书中记载的独立权利要求进行比对看是否落入专利权的保护范围；而专利无效审查程序是将专利文件与现有技术比对后看争议的专利是否具有创造性、新颖性和实用性等内容。鉴于二者的判定原则、比对客体、判定方法、对比时间起点等均不相同，因此无锡隆盛厂、上海锡盛公司以无效宣告请求审查决定证明鉴定结论存在问题的主张不能成立，不予支持。（五）本案民事责任的承担方式。无锡隆盛厂、上海锡盛公司、西古公司利用本案专利技术进行铝塑复合带产品的生产、销售、使用，侵犯了西安秦邦公司的发明专利权，西安秦邦公司请求判令无锡隆盛厂、上海锡盛公司、西古公司立即停止侵犯专利权；无锡隆盛厂销毁侵权设备和侵权产品，依法予以支持。至于本案赔偿问题，根据高德公司作出的评估结论，按销售利润率计算，西安秦邦公司自 2004 年 3 月至 2007 年 8 月的损失额为 42120164.58 元；按营业利润率计算，西安秦邦公司 2004 年 3 月至 2007 年 8 月的损失额为 32848137.20 元。该报告评估程序合法，依法予以认定。无锡隆盛厂、上海锡盛公司认为在尚无生效法律文书确定侵权的情况下进行评估，不具有公正性、真实性和客观性，没有法律依据，不予支持。无锡隆盛厂、上海锡盛公司称其生产、销售的铝带涉及了不同的制造方法，评估报告对其产品不加区分认定为侵权产品，将上海锡盛公司所销售的包括钢带、铝带和字带在内的全部产品的总销售收入，作为侵权损失，与事实不符。鉴于本案评估是基于无锡隆盛厂、上海锡盛公司拒不提供相关的财务资料而进行的，其以此理由认为评估结论与事实不符，不予支持。应当指出的是侵权人的获利可以根据侵权产品的销售量乘以每件侵权产品的利润确定，侵权产品的利润一般是指营业利润，对于完全以侵权为业的侵权人，可以按照销售利润计算赔偿额。本案中，无锡隆盛厂、上海锡盛公司除销售侵权产品外，还销售了其它产品，因此应以营业利润作为损失赔偿的依据。另外，根据查明的事实，无锡隆盛厂作为生产厂商使用西安秦邦公司的专利方法制造了产品并进行了部分销售。上海锡盛公司是无锡隆盛厂的关联公司，负责销售无锡隆盛厂制造的产品，由此可以认定无锡隆盛厂与上海锡盛公司是一种合作生产、销售行为，共同侵犯了西安秦邦公司的专利权。上海锡盛公司的销售行为不属于依法不承担赔偿责任的情形。上海锡盛公司与无锡隆盛厂应对侵犯西安秦邦公司专利权的行为承担连带赔偿责任。西安秦邦公司请求无锡隆盛厂、上海锡盛公司连带赔偿其损失人民币3000万元，有事实和法律依据，依法予以支持。需要指出的是，高德公司的评估报告对西安秦邦公司的损失评估虽然超出了3000万元，但西安秦邦公司请求赔偿额为3000万元，因此仅在其请求的范围内确定赔偿数额。西安秦邦公司请求西古公司在其使用侵权产品盈利的范围内赔偿其损失，根据查明的事实，西古公司提供了使用产品的合法来源，西安秦邦公司亦未能提供西古公司知悉其使用的产品系侵权产品后仍在使用的证据，故对西安秦邦公司的此项请求，不予支持。

2008年1月7日，一审法院作出（2006）西民四初字第53号民事判决，判决如下：一、本判决生效后无锡隆盛厂、上海锡盛公司立即停止侵犯西安秦邦公司ZL01106788.8“平滑型金属屏蔽复合带的制作方法”发明专利权的行为；二、本判决生效后无锡隆盛厂立即销毁侵权产品和用于生产侵权产品的设备（含生产模具）；三、本判决生效后十日内无锡隆盛厂、上海锡盛公司赔偿原告西安秦邦公司损失3000万元。无锡隆盛厂、上海锡盛公司对以上损失赔偿承担连带责任；四、本判决生效后西古公司立即停止使用无锡隆盛厂、上海锡盛公司生产、销售的侵犯西安秦邦公司ZL01106788.8“平滑型金属屏蔽复合带的制作方法”专利权的产品；五、驳回西安秦邦公司其余诉讼请求。案件受理费 191800 元（已由西安秦邦公司预交），证据保全费 100 元（已由西安秦邦公司预交），技术鉴定费 150000 元（已由西安秦邦公司预交 50000 元，无锡隆盛厂预交 100000 元）、评估费 55000 元（已由西安秦邦公司预交），共计 396900 元，由无锡隆盛厂、上海锡盛公司负担。

无锡隆盛厂和上海锡盛公司不服一审判决，向陕西省高级人民法院提起上诉，并提出重新鉴定申请。

陕西省高级人民法院二审查明，一审查明的主要事实清楚，应予确认。另查明：2008 年 1 月 25 日，一审法院向无锡隆盛厂和上海锡盛公司送达了民事判决书，2008 年 2 月 13 日无锡隆盛厂和上海锡盛公司直接向二审法院递交了上诉状，无锡隆盛厂于 2 月 19 日向二审法院原账号电汇了诉讼费，但因账号被撤销未缴纳成功。2008 年 3 月 18 日二审法院受理了该上诉案，4 月 7 日两上诉人向二审法院电汇了诉讼费。其间，西安秦邦公司于 2008 年 2 月 26 日向一审法院申请执行，一审法院在未获知无锡隆盛厂和上海锡盛公司已向二审法院递交上诉状的情况下，立案执行，并于 2008 年 3 月 6 日强制执行无锡隆盛厂和上海锡盛公司 97 万余元，在获知二审法院立案后停止执行。

一审期间，无锡隆盛厂不服国家知识产权局专利复审委员会 2007 年 9 月 3 日作出的 10449 号无效宣告审查决定，向北京市第一中级人民法院提起行政诉讼。2008 年 3 月 20 日北京市第一中级人民法院作出（2007）一中行初字第 1659 号行政判决书，判决维持国家知识产权局专利复审委员会作出的第 10449 号无效宣告请求审查决定。

陕西省高级人民法院二审认为：（一）关于上诉人提出的鉴定中心的产生不合法的问题。西安市科技局下设的西安知识产权司法鉴定中心，是陕西省专门的知识产权类鉴定中心，在没有多个专业鉴定中心并存的情况下，一审法院无法由双方当事人进行协商和摇珠确定鉴定机构，并且一审法院在确定鉴定中心后告知了上诉人，上诉人并没有提出异议，只是要求聘请外地专家。因此，一审法院委托西安知识产权司法鉴定中心鉴定并无不妥，而鉴定中心在鉴定时充分采纳了上诉人的意见，聘请了北京、成都、郑州等外地专家组成了鉴定组。因此鉴定中心的产生是符合法律规定的。另外，专家鉴定组是由鉴定中心组织的，鉴定组的意见代表了鉴定中心的意见，因此上诉人关于《专家组鉴定意见》不符合鉴定书的法定形式要件，不能被采信的理由，没有法律依据。（二）关于上诉人提出的鉴定程序不合法的问题。1. 关于鉴定中心的鉴定程序不合法的理由不能成立。鉴定中心接受委托后，于2006年12月25日向各方当事人送达了告知书，告知了鉴定中心的鉴定资质、鉴定会采取秘密会议形式、当事人对选取专家的意见、与会人员的回避与保密要求及当事人的回避申请六项内容，上海锡盛公司法定代表人施永强在告知书上签了字，并注明“已获知上述内容”，事后一直对鉴定中心和鉴定人员未提出异议。鉴定中心于2006年12月26日组织专家对西安秦邦公司的塑料复合带生产线进行了考察，于2007年1月20－21日又组织专家对无锡隆盛厂生产线进行了实地勘验，于2007年3月10日组成专家组后将专家组名单告知了双方当事人。上海锡盛公司法定代表人施永强在该名单上签署“目前无回避”。因此，鉴定中心的整个鉴定程序是合法的。2. 关于北京邮电大学王振岳教授应当回避的理由不能成立。北京邮电大学是我国电信行业中最有影响力的学院之一，王振岳教授是通讯行业的有名专家，上诉人是应当知道的，但上诉人在得知王振岳教授参加专家组时，并没有对王振岳教授提出回避申请，并且鉴定结论是九人专家组集体作出的，并非王振岳教授一人意见，鉴定结论依据的数据也是成都检验中心作出的。3. 关于宋志佗应该回避的理由不能成立。上诉人应当知道通信电缆光缆用金属铝塑复合带相关行业标准的颁布以及宋志佗和上海网讯公司有关系，但在宋志佗参加鉴定组时，上诉人并未提出回避申请。而且，行业标准完成时间是2006年12月，杭涛于2007年11月才成为上海网讯公司的股东，时间是在鉴定中心做出鉴定结论之后。上诉人也没有直接证据证明宋志佗和杭涛之间有特殊关系。4. 关于侯在杰应当回避的理由亦不能成立。侯在杰参加“建设‘创新型陕西’科技法学理论与实务高级研讨会”时，鉴定结论已经作出。研讨会是正常的学术交流会，侯在杰的发言并未涉及该案的鉴定问题，也不会影响到鉴定复议意见。西安秦邦公司法定代表人杭涛与鉴定中心人员参加同一研讨会，并不能证明两人有利害关系。5. 上诉人关于本案专利不是新产品、不应由其承担举证责任的上诉理由缺乏法律依据。只要专利侵权纠纷涉及新产品制造方法的发明专利，制造同样产品的单位或者个人应当提供其产品制造方法不同于专利方法的证明。本案专利是发明专利，一审法院通过鉴定进行比对，符合法律规定。（三）关于鉴定结论是否正确的问题。首先，鉴定中心鉴定被法院保全的无锡隆盛厂生产的铝塑复合带与专利技术生产的铝塑复合带为相同产品。其次，本案专利权利要求1记载有六个必要技术特征。鉴定报告认为无锡隆盛厂的生产方法有三个技术特征与专利技术特征（1）、（5）、（6）相同，有三个技术特征与专利技术特征

(2)、(3)、(4) 等同。认定三个相同的理由是，专家组实地勘验并且无锡隆盛厂对这三点放弃鉴定。无锡隆盛厂在 2006 年 9 月 25 日向法院申请鉴定中表示：就无锡隆盛厂所使用的将塑料复合在金属箔带上时，在塑料膜的表面所形成的凹凸不平的粗糙面的数值情况进行鉴定，看其是否与本案专利权利要求 1 中第（2）点所载明的必要技术特征相同；或者就无锡隆盛厂生产的铝塑复合带产品，塑料膜与金属箔带表面的粘合情况进行鉴定，看是否与专利权利要求 1 中所记载的“塑料膜与金属箔带表面进行凹凸不平的非纯平面粘合”这一必要技术特征相同。一审法院为了慎重处理，于 2006 年 12 月 25 日向上海锡盛公司法定代表人施永强及无锡隆盛厂的委托代理人进行了释明，明确告知无锡隆盛厂“如果被告仅就其鉴定申请书内容所要求的两点请求进行鉴定，我们将视为被告生产该产品的方法除此两点外，与原告专利的必要技术特征相同或等同，如果将来鉴定认为被告申请鉴定的两点与原告专利的相关必要特征相同或等同，我们将视为被告所有生产的方法与原告专利必要特征相同或等同，并且除此两点外，被告再提出关于是否侵权的其他鉴定申请，法院将不再接受”。无锡隆盛厂的委托代理人明确表示，“我们经与法定代表人研究后，我们仍坚持此前鉴定申请书所要求的两点外，还要求对原告专利的权利要求 1 中（2）、(3)、(4) 点的必要技术特征和我们的生产方法是否相同或等同进行鉴定”。同日又向一审法院递交了一份申请鉴定书和“铝塑复合带相关生产工艺段的说明”。申请书表示，“就原告专利权项要求 1 中第（2)、(3)、(4) 项中载明的技术特征与无锡隆盛厂所使用的工艺方法中相应的特征是否相同”进行鉴定。工艺段说明也就无锡隆盛厂与权利要求 1 中（2)、(3)、(4) 不同点作了说明。因此，鉴定中心在无锡隆盛厂放弃鉴定的情况下，经过勘验鉴定，认定这三点生产方法与专利技术相同是符合法律规定的。现无锡隆盛厂提出认定这三点相同是凭空捏造，不符合事实，不予采信。鉴定中心认定三个等同的理由是经过鉴定、测试数值后推定等同的。专利权利要求 1 的技术特征（2）是“将塑料熔体或塑料膜通过温度为 35℃ – 80℃，直径为 ф240mm – ф600mm，目数为 40 目 – 85 目的粗糙面细目钢辊，与直径为 ф160mm – ф480mm 传动金属箔带的挤压辊，相互转动，使塑料膜的表面形成 0.04 – 0.09mm 厚的凹凸不平粗糙面，热挤压在金属箔带一面的基材上”。鉴定专家检测无锡隆盛厂也是采取这一生产方法生产铝塑复合带，除了细目钢辊的粗糙度不能确定外，无锡隆盛厂的细目钢辊直径和温度、传动金属箔带的挤压辊直径、塑料膜的厚度均在权利要求数值范围以内。专家组认为细目钢辊的粗糙度决定了复合带塑料膜表面的粗糙度，因为塑料膜是经过细目钢辊的热挤压和铝基带粘合在一起的，所以可以通过复合带塑料膜表面的粗糙度间接推测出细目钢辊的粗糙度。鉴定组经对无锡隆盛厂生产的复合带取样，送西安航空发动机（集团）有限公司计量测试所检验。经检测，无锡隆盛厂生产的铝塑复合带塑料膜表面的粗糙度为 Ra2. 47μm – Ra3. 53μm。实验表明，当喷丸（喷砂）钢辊的粗糙度平均值为 Ra3. 418μm 时，喷丸（喷砂）目数为 75 – 100 目。鉴定组认为，无锡隆盛厂承认其细目钢辊是喷砂形成，而该细目钢辊形成塑料膜的粗糙度表明其目数为 75 – 100 目，落入了专利权利要求记载的 40 – 85 目的范围内，因此认定等同。专利权利要求的技术特征（3）是采取同技术特征（2）一样的方法对铝基带另一面进行翻面塑料复合，无锡隆盛厂也是采取同样方法，因此专家组认定等同。专利权利要求的技术特征（4）是将复合处理后的复合带通过运行时线速度为 10m/min – 80m/min 的导辊进入加热烘箱，进行后加热处理，加热温度为 250℃ – 400℃。专家组在无锡隆盛厂检测时，它的复合带线速度为 8m/min，后热处理温度为 184℃，而生产线仪表又显示为 195℃。经检测，这种工艺条件下生产出的复合带的剥离强度未达到行业标准，是不合格产品。而根据一审法院保全的无锡隆盛厂生产工艺流程单记载的生产线速度为 29m/min，且它的剥离强度合格的事实，专家组认定无锡隆盛厂真实的生产线速度应为 29m/min。专家组认为，当生产复合带线速度为 29m/min 时，后热处理温度应比线速度为 8m/min 时的后处理温度 184℃有相当大的提高，因此认定两者等同。无锡隆盛厂提出取样不符合标准，剥离强度合格的鉴定结论不能成立的理由，显然是矛盾的，不能成立。无锡隆盛厂提出的不符合标准的取样是其正常销售的经上海市闵行区公证处公证的产品，取样是按其销售规格直接取样的；其产品如果不合格是不允许销售的。现无锡隆盛厂对已经出厂检验有合格证的产品，提出不合格显然违背事实，并且检验中心并没有提出检材不合格的意见，否则会拒绝检验。上诉人提出，国家知识产权局专利复审委员会的第 10449 号无效宣告请求审查决定第 7 页 10 – 12 行对本案专利权利要求中的技术特征作出了清楚的表述，这充分表明，一审鉴定的比对不是建立在对具体技术特征的比较基础上的，而是一种概括性比对。上诉人这一意见显然不符合客观事实。国家知识产权局专利复审委员会第 10449 号无效宣告请求审查决定第 7 页 10 – 12 行的表述是："本案专利权利要求 1 相对于对比文件 1 的区别技术特征在于，权利要求 1 要求保护的技术方案限定了细目钢辊的表面粗糙度的目数及温度范围，以及后加热处理的温度范围，后加热处理复合带线速度与温度的调节从而获得具有特殊的表面效果的复合带。”该表述与专利技术权利要求 1 中的 6 个必要技术特征并不矛盾，只是专利权利要求 1 中的 6 个必要技术特征明确具体，第 10449 号无效宣告请求审查决定只是对本案专利与其他文件对比时，概括性和原则性地对本案专利技术特征进行表述。本案专利权利要求书与第 10449 号无效宣告请求审查决定并不矛盾和冲突。一审法院依照法律规定委托鉴定中心对上诉人无锡隆盛厂的生产方法与被上诉人西安秦邦公司的专利技术的必要技术特征进行比对是正确的，并不存在概括性比对问题。（四）关于判决赔偿金额是否缺乏事实依据的问题。本案的赔偿是依据评估机构的评估数额确定的，评估机构确定无锡隆盛厂 2004 年 3 月至 2007 年 8 月的销售额是以无锡隆盛厂的铝带销售发票为依据，确定上海锡盛公司 2004 年 3 月至 2007 年 8 月的销售额是以其全部的销售收入为依据，然后根据两个同行业上市公司的利润率，测算出无锡隆盛厂和上海锡盛公司销售利润为 42120164. 58 元、营业利润为 32848137. 2 元。这种测算符合会计标准，应予采纳。无锡隆盛厂提出即使认定其采用了专利方法进行生产，但其生产铝塑复合带还采用了热贴工艺生产方法，因此不能完全以铝塑复合带的销售发票为依据。但无锡隆盛厂在评估过程中和一审审理当中均未提供以其他生产方法生产的依据。因此，此项上诉理由不能成立。上海锡盛公司上诉提出其不仅销售铝塑复合带，还销售钢带、字带等，评估公司以其全部销售收入作为计算依据，不符合事实。但在一审评估当中，一审法院及评估公司多次要求其提供具体的铝带销售财务资料，上海锡盛公司一直未能提供，故评估公司以其全部的销售收入为计算依据，现其上诉也未能提供相应的财务资料。因此，上海锡盛公司此项上诉理由不能采纳。上海锡盛公司关于不应承担连带责任的上诉理由，亦没有证据支持，不能成立。上诉人关于不应销毁生产设备的上诉理由，因一审法院判令无锡隆盛厂销毁用于侵权的生产设备，解决矛盾的方法过于简单，造成社会财富浪费，判定巨额赔偿已经对侵权者起到了警示作用，无需再销毁上诉人的生产设备。上诉人这一请求应予支持。综上，一审判决认定事实清楚，适用法律正确，唯判处部分不当，应予纠正。

依照《中华人民共和国民事诉讼法》第一百五十三条第一款第（一）项、第（二）项之规定，陕西省高级人民法院于 2008 年 10 月 27 日作出（2008）陕民三终字第 18 号民事判决，判决如下：一、维持西安市中级人民法院（2006）西民四初字第 53 号民事判决主文第一、三、四、五项；二、变更西安市中级人民法院（2006）西民四初字第 53 号民事判决主文第二项为：本判决生效后无锡隆盛厂立即销毁侵权产品。二审案件受理费191800元，由无锡隆盛厂和上海锡盛公司负担80%，由西安秦邦公司负担20%。

无锡隆盛厂和上海锡盛公司不服二审判决，向本院申请再审。2009年3月9日，本院作出（2008）民申字第1395号民事裁定，指令陕西省高级人民法院再审本案。

陕西省高级人民法院再审查明，原一、二审查明的事实属实。另查明：1. 在本案审理期间，申请再审人上海锡盛公司的股东施永强（也是该公司的法定代表人）、吕银萍分别以上海锡盛公司欠其红利为由，于2007年11月8日将注册地在上海的上海锡盛公司诉至江苏省无锡市中级人民法院，无锡市中级人民法院于2007年11月20日作出（2007）锡民二初字第299号民事调解书和（2007）锡民二初字第300号民事调解书，确认上海锡盛公司结欠施永强红利1820万元、吕银萍红利1820万元，要求上海锡盛公司于两个调解书生效之日起在上海锡盛公司的对外债权中分别予以支付，并以（2007）锡执字第363号协助执行通知书的方式，要求上海锡盛公司的客户江苏长飞光纤光缆有限公司将结欠上海锡盛公司的货款分别转付给施永强为法定代表人的无锡市恒盛金属丝有限公司，现已执结。2. 在本案审理期间，一审法院执行局查实：无锡隆盛厂于2008年9月已将一审法院查封保全的侵权证据生产设备全部转移。该事实有一审法院执行局给吕银萍等人所作的笔录及当时调查时无锡隆盛厂的照片予以佐证。3. 在本案审理期间，上海锡盛公司法定代表人施永强与股东吕银萍于2007年8月在无锡又成立了无锡锡盛电缆材料有限公司，施永强担任法定代表人，股东为吕银萍、沈耀德。2008年11月4日，施永强又将无锡锡盛电缆材料有限公司变更为无锡朗盛线缆材料有限公司，施永强和吕银萍将自己名下的股权全部转让给沈耀德，并由沈耀德担任法定代表人继续从事复合带的生产和销售。

陕西省高级人民法院再审认为：（一）关于本案举证责任问题。经查，2004年1月28日，国家知识产权局授予被申请人西安秦邦公司“平滑型金属屏蔽复合带的制作方法”发明专利权，依据该专利生产的产品是由国家一级检索单位认可的新产品。虽然申请再审人曾申请宣告该专利无效，均被国家知识产权局专利复审委员会、北京市第一中级人民法院和北京市高级人民法院判决维持，故本案专利仍合法有效。根据专利法第五十七条第二款及《最高人民法院关于民事诉讼证据的若干规定》第四条第一款的规定，原二审法院要求申请再审人对其产品制造方法不同于专利方法承担举证责任是正确的。申请再审人对此申请再审的理由不能成立。（二）关于本案鉴定程序是否公正合法的问题。经查，2006 年 9 月 14 日，西安秦邦公司提出对无锡隆盛厂、上海锡盛公司生产、销售的铝塑复合带产品是否与其专利方法制造的产品相同进行鉴定。2006 年 9 月 25 日，无锡隆盛厂、上海锡盛公司也提出鉴定申请。一审法院根据双方当事人提出的鉴定申请，于 2006 年 10 月 20 日发函告知双方当事人要求选定鉴定中心，但无锡隆盛厂、上海锡盛公司迟迟不到一审法院选定鉴定中心，一审法院遂指定陕西西安知识产权司法鉴定中心对本案进行鉴定，并将指定的鉴定中心书面告知了无锡隆盛厂、上海锡盛公司。2006 年 10 月 26 日，无锡隆盛厂、上海锡盛公司函告一审法院同意由陕西西安知识产权司法鉴定中心对本案进行鉴定，但要求鉴定中心能从江苏、陕西两省以外聘请专家成立专家组。鉴定中心根据一审法院的委托于 2006 年 12 月 25 日向双方当事人送达了告知书，告知了鉴定中心的鉴定资质、鉴定会采取秘密会议形式、当事人对选取专家的意见、与会人员的回避与保密要求及当事人的回避申请六项内容，上海锡盛公司法定代表人施永强在告知书上签署“已获知上述内容”，事后一直未提出对鉴定中心和鉴定人员的异议。鉴定中心于 2006 年 12 月 26 日组织专家对西安秦邦公司的金属塑料复合带生产线进行了考察，于 2007 年 1 月 20－21 日又组织专家对无锡隆盛厂生产线进行了实地勘验。2007 年 3 月 10 日鉴定中心组成专家组后将专家组名单告知了双方当事人。上海锡盛公司法定代表人施永强在专家名单上签署了“目前无回避”（这一过程有录音录像）。专利技术是多种多样的，不可能有一一对应的专门鉴定中心，因此对它的鉴定是一种特殊专业鉴定，一般是需要具有资质的鉴定中心组织这类行业的专家组成专家组进行鉴定，西安市科技局下设的鉴定中心是陕西省专门的知识产权类鉴定中心，在没有多个专业鉴定中心并存的情况下，一审法院就无法由双方当事人进行协商和摇珠确定。一审法院在确定鉴定中心后告知了申请再审人，申请再审人并没有提出异议，只是要求聘请外地专家。因此，一审法院委托西安知识产权司法鉴定中心鉴定并无不妥，而鉴定中心在鉴定时充分采纳了申请再审人的意见，聘请了北京邮电大学华飞研究所王振岳高级工程师、郑州大学王径武教授、成都邮电五所宋志佗高级工程师三名本行业的外地专家组成鉴定组参加本案鉴定。鉴定中心已经就该三名专家告知申请再审人，申请再审人表示同意，未提出回避申请。鉴定中心将专家组对当事人无锡隆盛厂实地采集的数据和样品送往成都国家信息产业部有线通信产品质量监督检验中心进行检测，其检测设备为拉力试验机（型号 XL－50A）、电子数显千分尺（型号 25mm），并根据检测结果对双方当事人生产的产品技术特征进行对比。在充分听取双方当事人陈述与答辩、审阅有关证据和资料、结合现场勘验及产品样品检验的基础上，以检测设备直接给出的数据为基准，专家组经过认真分析讨论形成鉴定结论。因此，鉴定中心的产生符合法律规定，申请再审人对此的申请再审理由不能成立，原二审判决认定鉴定中心的整个鉴定程序合法是正确的，应予支持。（三）关于鉴定专家王振岳、宋志佗及鉴定中心侯在杰是否与本案被申请人西安秦邦公司法定代表人杭涛有利害关系，进而应当回避的问题。1. 王振岳是北京邮电大学校产集团的一个下属单位华飞研究所的副所长、高级工程师、硕士生导师、全国通信行业的著名专家，申请再审人是应当知道的，但申请再审人在得知王振岳参加专家组时，并没有对王振岳提出回避申请，并且鉴定结论是九人专家组做了大量的现场取证和检测工作并通过国家权威检测中心对现场取样的材料进行检测，并且以检测设备检测出的数据作为鉴定结论的基础，最后通过专家组集体论证后得出当时的鉴定结果，并非王振岳一人意见，鉴定结论依据的数据也是成都检验中心作出，况且申请再审人也没有证据证明王振岳与被申请人有利害关系。2. 宋志佗与上海网讯公司及西安秦邦公司的苏朋恩、王占财参与起草过《通讯电缆光缆用金属塑料复合带》行业标准，制定行业标准是国家行为，由行业协会来决定何人参与。宋志佗虽然是主要起草人，但不能证明宋志佗与西安秦邦公司有法律意义上的利害关系，且在宋志佗参加鉴定专家组时，申请再审人并没有提出回避申请。3. 2007 年 4 月 13 日，由陕西省法学会科技法学研究会主办、西安交通大学知识产权研究中心和西安秦邦公司共同承办的“建设‘创新型陕西’科技法学理论与实务高级研讨会”在西安召开，会议由陕西省法学会科技法学研究会会长马治国主持，鉴定中心侯在杰、西安秦邦公司杭涛在会上分别作了发言。侯在杰参会是受西安市科技局指派，且在参会时，鉴定结论已经作出。西安秦邦公司法定代表人杭涛是陕西省法学会科技法学研究会会员，与鉴定中心人员参加同一研讨会进行学术交流，并不能证明二者有利害关系，且参会单位有陕西省人大内务司法委员会办公室、陕西省人民检察院、陕西省高级人民法院、陕西省教育厅、陕西省公安厅、西北政法大学等均是与陕西省法学会科技法学研究会相关的单位，因此研讨会纯属正常学术交流，并不影响本案鉴定结论的客观公正。且王振岳、宋志佗、侯在杰作为鉴定专家的行为是经过申请再审人同意的，不属于民事诉讼法第五十四条第一款所规定的回避情形。因此，申请再审人要求王振岳、宋志佗及侯在杰回避的理由不能成立，原二审判决对此认定是正确的，应予支持。（四）关于鉴定结论是否客观正确的问题。本案中的司法鉴定报告有鉴定中心的司法鉴定专用章，该鉴定报告符合司法鉴定法律规定的形式要件，具有法律效力。鉴定报告中的技术特征比对是将本案方法专利按步骤分解后与被诉侵权物的相应技术特征进行对比，其技术对比符合法律规定。鉴定中心将双方生产工艺步骤分解后对相应的技术特征进行比对，且在经过充分论证的情况下得出相同或等同的结论，鉴定中心的鉴定报告是客观公正的。鉴定中心及专家组将专利权利要求的六个必要技术特征与申请再审人生产铝塑复合带的方法的必要技术特征进行比对，在充分研究论证的基础上出具了鉴定报告。鉴定报告认为：无锡隆盛厂的生产方法有三个技术特征与专利技术特征（1）、（5）、（6）相同，有三个技术特征与专利技术特征（2）、（3）、（4）等同。认定三个相同的理由是，专家组实地勘验并且无锡隆盛厂对此放弃鉴定。无锡隆盛厂在2006年9月25日向法院申请鉴定时表示，就其所使用的将塑料复合在金属箔带上时，在塑料膜的表面所形成的凹凸不平的粗糙面的数值情况进行鉴定，看其是否与本案专利权利要求1中第（2）点所载明的必要技术特征相同；或者就申请再审人生产的铝塑复合带产品，塑料膜与金属箔带表面的粘合情况进行鉴定，看是否与专利权利要求1中所述的“塑料膜与金属箔带表面进行凹凸不平的非纯平面粘合”这一必要技术特征相同。一审法院为了慎重处理，于2006年12月25日向上海锡盛公司法定代表人施永强及无锡隆盛厂的委托代理人进行了释明，明确告知无锡隆盛厂“如果被告仅就其鉴定申请书内容所要求的两点请求进行鉴定，我们将视为被告生产该产品的方法除此两点外，与原告专利的必要技术特征相同或等同，如果将来鉴定认为被告申请鉴定的两点与原告专利的相关必要特征相同或等同，我们将视为被告所有的生产方法与原告专利必要特征相同或等同，并且除此两点外，被告再提出关于是否侵权的其他鉴定申请，法院将不再接受”。无锡隆盛厂的委托代理人明确表示，“我们经与法定代表人研究后，我们仍坚持此前鉴定申请书所要求的两点外，还要求对原告专利的权利要求1中（2）、（3）、（4）点的必要技术特征和我们的生产方法是否相同或等同进行鉴定”。同日，又向一审法院递交了一份申请鉴定书和“铝塑复合带相关生产工艺段的说明”，申请书表示“就原告专利权利要求1中第（2）、（3）、（4）项中载明的技术特征与无锡隆盛厂所使用的工艺方法中相应的特征是否相同”进行鉴定。工艺段说明也就无锡隆盛厂与权利要求1中（2）、（3）、（4）的不同点作了说明。因此，鉴定中心在无锡隆盛厂放弃鉴定的情况下，并经过勘验鉴定，认定这三点生产方法与专利技术等同，符合法律规定。鉴定中心认定三个等同的理由是经过鉴定、测试数值后推定等同的。专利权利要求1的技术特征（2）是将塑料熔体或塑料膜通过温度为35℃－80℃，直径为240mm－600mm，目数为40－85目的粗糙面细目钢辊，与直径为160mm－480mm传动金属箔带的挤压辊，相互转动使塑料膜表面形成0.04－0.09mm厚的凹凸不平粗糙面，热挤压在金属箔带一面的基材上。鉴定专家检测无锡隆盛厂也是采取这一生产方法生产铝塑复合带，除了细目钢辊的粗糙度不能确定外，无锡隆盛厂的细目钢辊直径和温度、传动金属箔带的挤压辊直径、塑料膜的厚度均在权利要求数值范围以内。专家组认为细目钢辊的粗糙度决定了复合带塑料膜表面的粗糙度，因为塑料膜是经过细目钢辊的热挤压和铝基带粘合在一起的，所以可以通过复合带塑料膜表面的粗糙度间接推测出细目钢辊的粗糙度。专家组经对无锡隆盛厂生产的复合带取样，送西安航空发动机（集团）有限公司计量测试所检验。经检测，无锡隆盛厂生产的铝塑复合带塑料膜表面的粗糙度为Ra2.47μm－Ra3.53μm。实验表明，当喷丸（砂）钢辊的粗糙度平均值为Ra3.418μm时，喷丸（砂）目数为75目－100目。专家组认为，无锡隆盛厂承认其细目钢辊是喷砂形成，而其细目钢辊形成塑料膜的粗糙度，表明它的目数为75目－100目，落入了专利权利要求40目－85目范围内，因此认定等同。专利权利要求的技术特征（3）是采取同技术特征（2）一样的方法对铝基带另一面进行翻面塑料复合，无锡隆盛厂也是采取同样方法，因此专家组认定等同。专利权利要求的技术特征（4）是将复合处理后的复合带通过运行时线速度为10m/min－80m/min的导辊进入加热烘箱，进行后加热处理，加热温度为250℃－400℃。专家组在无锡隆盛厂检测时，它的复合带线速度为8m/min，后热处理温度为184℃，但生产线仪表又显示为195℃。经检测，这种工艺条件下生产出的复合带的剥离强度未达到行业标准，为不合格产品。根据一审法院保全的无锡隆盛厂生产工艺流程单记载的生产线速度为29m/min，且其产品剥离强度合格的事实，专家组认定无锡隆盛厂真实的生产线速度应为29m/min。专家组认为，当生产复合带线速度为29m/min时，后热处理温度应比线速度为8m/min时的后处理温度184℃有相当大的提高，因此认定两者等同。原一、二审法院依照法律规定委托鉴定中心对申请再审人无锡隆盛厂的生产方法与被申请人的专利技术的必要技术特征进行比对是正确的，鉴定报告是客观科学的。申请再审人无锡隆盛厂已将一审法院查封保全的侵权证据全部转移，本案已无法再次进行鉴定。原二审判决对经双方质证并经专家出庭接受质询的鉴定报告予以采信，并无不当。原二审判决依据鉴定报告认定无锡隆盛厂“塑料薄膜层与铝箔带之间采用传统工艺下的平面粘合”与西安秦邦公司专利权利要求1“塑料薄膜与金属箔带表面进行凹凸不平的非纯平面粘合”是同一种粘合方法。西安秦邦公司专利权利要求1“使塑料膜的表面形成0.04－0.09mm厚的凹凸不平粗糙面”所表述的“0.04－0.09mm”是指塑料膜的厚度。申请再审人无锡隆盛厂主张其塑料膜层表面粗糙度为Ra2.47μm－3.53μm，虽然该粗糙度与专利权利要求1“使塑料膜的表面形成0.04－0.09mm厚的凹凸不平粗糙面”不能相比，但经专家实测鉴定申请再审人的塑料膜的厚度为0.055mm－0.07mm，申请再审人所生产的铝塑复合带使塑料膜表面形成0.055mm－0.07mm厚的凹凸不平粗糙面落入了本案专利保护范围。原二审判决认定申请再审人所使用的塑料膜层凹凸不平粗糙面的厚度与专利权利要求1“使塑料膜的表面形成0.04－0.09mm厚的凹凸不平粗糙面”等同，结论正确，申请再审人对此的申请再审理由不能成立。（五）关于原一、二审判决确定的赔偿数额3000万元是否正确的问题。一审法院审理期间，西安秦邦公司于2006年2月9日请求二申请再审人连带赔偿1000万元经济损失；2007年5月8日，西安秦邦公司以起诉时因调查取证困难低估了申请再审人的侵权所得，且申请再审人从未停止侵权，致使其损失不断扩大为由，将原诉讼请求赔偿数额变更为2100万元；2007年8月20日，西安秦邦公司再次将诉讼请求赔偿数额变更为3000万元。关于本案的赔偿数额问题，双方争议较大，西安秦邦公司认为二申请再审人给其造成的实际损失为78051157.89元，无锡隆盛厂对此不予认可。西安秦邦公司对无锡隆盛厂提供的财务凭证和部分报表的真实性不予认可。在双方当事人争执不下的情况下，一审法院根据西安秦邦公司的申请，委托高德公司对二申请再审人给西安秦邦公司造成的实际损失进行评估。一审法院和高德公司多次要求无锡隆盛厂、上海锡盛公司提供相关财务资料，但二申请再审人拒不提交。一审法院只得用当时查封保全的二申请再审人2002年以来生产、销售铝塑复合带产品的财务账册、税务材料凭证、员工工资表等作为评估的相关材料，后经双方当事人当庭对评估资料进行质证，确定了双方质证的评估资料交予高德公司进行评估。高德公司于2007年10月23日作出陕高评报字〔2007〕121号评估报告书，确定无锡隆盛厂2004年2月至2007年8月的销售额是以无锡隆盛厂的铝带销售发票为依据，确定上海锡盛公司2004年2月至2007年8月的销售额是以其全部的销售收入为依据，然后根据两个同行业公司的利润率，测算出无锡隆盛厂和上海锡盛公司销售利润为42120164.58元、营业利润为32848137.2元。这种测算符合会计标准，于法有据，应予支持。原审法院依据该评估报告，结合被申请人西安秦邦公司的诉讼请求，判处无锡隆盛厂、上海锡盛公司连带赔偿西安秦邦公司经济损失3000万元是正确的。申请再审人认为原一、二审判决确定赔偿数额缺乏事实依据的理由不能成立。（六）关于申请再审人无锡隆盛厂和上海锡盛公司是否应承担连带赔偿责任的问题。经查，2002年11月28日，申请再审人无锡隆盛厂在给用户出具的《情况说明》中载明："由于市场经营需要，我厂于1998年10月份在上海开设了'上海锡盛电缆材料有限公司'作为本厂的销售公司，全权代理本厂的一切业务事宜，特此告知……"且该《情况说明》经双方当事人进行了质证，申请再审人无锡隆盛厂认可上海锡盛公司是其关联公司，负责销售其制造的产品，由此足以认定无锡隆盛厂与上海锡盛公司是一种合伙生产、销售行为，共同侵犯了本案专利权。原二审判决认定二申请再审人负连带赔偿责任，并无不当。申请再审人无锡隆盛厂和上海锡盛公司的该项申请再审理由不能成立。

综上，原一、二审法院认定事实清楚，判处适当，应予维持。依照《中华人民共和国民事诉讼法》第一百五十三条第一款第（一）项的规定，陕西省高级人民法院于2011年3月20日作出（2009）陕民再字第35号民事判决，判决如下：维持（2008）陕民三终字第18号民事判决。二审案件受理费191800元，由无锡隆盛厂和上海锡盛公司负担80%，由西安秦邦公司负担20%。

无锡隆盛厂和上海锡盛公司不服再审判决，向本院申请再审。其主要理由如下：（一）再审判决违反法定程序，剥夺当事人的辩论权利。再审判决另查明的关于上海锡盛公司和施永强、吕银萍之间的红利诉讼及款项执行的事实，关于无锡隆盛厂将一审法院查封保全的侵权证据生产设备全部转移的事实，关于无锡锡盛电缆材料有限公司股权转让和法定代表人变更的事实，相关证据未经庭审质证和辩论，违反法定程序，剥夺当事人的辩论权利，直接导致事实认定错误。（二）再审判决关于本案专利的举证责任分配错误。本案专利方法所生产的"平滑型金属屏蔽复合带"并非新产品，不应适用举证责任倒置。（三）申请再审人提供的再审新证据，足以推翻原一审、二审判决。1. 1999年第7期《产业用纺织品》中《雕刻棍的设计与制造》一文，证明目数是雕刻辊的重要参数特征，其反映的是辊的表面结构特征。2. 1998年第2期《塑料加工应用》中《电线电缆用铝塑复合带的研制》一文，证明在生产铝塑复合带过程中使用的冷却辊分为光辊和毛辊两种，采用的目的是为了减轻塑料熔体的粘辊现象。3. 1997年第2期《轻合金加工技术》中《电缆用铝塑复合带挤压涂覆生产工艺》一文，证明铝塑复合带的基本生产工艺及相关工艺参数均为现有技术，再审判决对“塑料膜与金属箔带表面进行凹凸不平的非纯平面粘合”的技术特征认识错误，对“塑料膜”的表面形成0.04－0.09mm厚的凹凸不平粗糙面是指“塑料膜的厚度”的技术特征认识根本错误。4. 中华人民共和国国家标准GB6260.5－88《表面粗糙度比较样块抛（喷）丸、喷砂加工表面》，证明粗糙度与目数为不同概念，两者之间不存在任何鉴定报告中所得出的等同或者相同关系。（四）本案鉴定中心的鉴定程序违法，鉴定人员具有回避的法定情形却没有回避，鉴定结论不应采信。1. 鉴定人王振岳应当回避而未回避。被申请人的法定代表人杭涛向鉴定人王振岳任职的北京邮电大学自动化学院教育基金捐款5000元，还与王振岳共同发表《通讯光缆电缆用金属塑料复合带的实验研究与分析》一文。2. 鉴定人宋志佗应当回避而未回避。宋志佗与本案被申请人的主要人员共同参与了本案产品相关标准的起草，与本案被申请人的股东及法定代表人有着特殊的关系。3. 鉴定人侯在杰和鉴定中心应当回避而未回避。鉴定中心法定代表人、鉴定人侯在杰在鉴定期间参加由本案被申请人直接承办并提供费用的学术研讨会，应当回避而未回避。4. 鉴定复议程序中更换的刘月娥、聂孟民、张广成三位鉴定人，未事先告知申请再审人，也未征求申请人的回避意见。（五）鉴定中心所作鉴定报告将由若干个技术特征组成的工艺阶段进行整体比对，不符合具体技术特征比对的原则。（六）鉴定报告没有以实际勘验的客观结果为依据，鉴定结论存在根本错误，申请再审人无锡隆盛厂的被诉侵权工艺方法没有落入本案权利要求1的保护范围。1. “将塑料薄膜与金属箔带表面进行凹凸不平的非纯平面粘合”是本案专利权利要求1记载的平滑型金属屏蔽复合带制作方法的必要技术特征。申请再审人生产光缆电缆用铝塑复合带的工艺过程中，塑料膜与铝箔带表面之间为纯平面粘合，二者既不相同也不等同。鉴定报告将两种生产工艺在这一技术特征上的不同点说成是双方各自的表述不同，显然错误。2. 本案专利权利要求1记载的“目数为40目－85目的粗糙面细目钢辊”是指粗糙面细目钢辊轴向（横向）长度1英寸（25.4mm）内有40－85个坑眼，是一种有序均匀分布排列的平面网状结构特征。鉴定报告将用于限定细目钢辊表面状况的“目数”修改为制造细目钢辊的“喷丸的目数”，并在未检测无锡隆盛厂所使用的喷砂辊表面目数数值的情况下认定二者构成等同，缺乏依据。3. “塑料熔体或者塑料膜通过温度为35℃－80℃……的粗糙面细目钢辊”是本案专利权利要求1记载的必要技术特征。鉴定中心并未检测无锡隆盛厂生产工艺中塑料熔体或者塑料膜所通过的喷砂辊的温度，却以无锡隆盛厂承认与本案专利权利要求1的相应特征相同为由作出认定，与事实不符。4. 本案权利要求1记载的“使塑料膜的表面形成0.04－0.09mm厚的凹凸不平粗糙面”是指塑料膜表面凹凸不平粗糙层的厚度，即在塑料膜表面形成了0.04－0.09mm（40μm－90μm）的凹凸落差表面结构，而不是整个塑料膜的厚度。鉴定报告未涉及无锡隆盛厂有关塑料膜表面“粗糙面厚度”的技术特征，却认定二者构成等同，亦与事实不符。无锡隆盛厂生产铝塑复合带所用的塑料膜外表面粗糙度为Ra2.47μm，是指塑料膜外表面高低点之间算术平均值为2.47μm，与本案专利塑料膜表面凹凸不平粗糙层的厚度40μm－90μm的特征相去甚远。而且，申请再审人的这一工艺特征并非是为实现与金属箔带层之间的非纯平面粘合，而是为了在挤压过程中不粘辊，二者采用的方法和手段不同，目的不同，实现的功能和达到的效果亦不相同。5. “将复合处理后的复合带通过运行时线速度为10m/min－80m/min的导辊进入加热烘箱，进行后加热处理，加热温度为250℃－400℃”是本案专利权利要求1的必要技术特征。申请再审人无锡隆盛厂复合处理后的复合带通过导辊进入加热烘箱的运行线速度为8m/min，加热板热源温度是1区184℃，2区124℃。鉴定报告以生产线速度为29m/min时，后处理温度有相当大的提高为由，认定二者等同，明显错误。（七）一审法院委托高德公司所作评估报告未能进行充分有效的质证，相关评估人员未出庭接受质询。该评估报告将无锡隆盛厂生产的钢带、铝带、字带三种产品的销售收入均作为铝带的销售收入，将“热贴法”和“流延法”两种工艺方法生产的铝带都算作流延法铝带产品，与事实不符。（八）再审法院判决两申请再审人承担连带赔偿责任缺乏事实依据。无锡隆盛厂和上海锡盛公司根据《中华人民共和国民事诉讼法》第一百七十九条第一款第（一）项、第（二）项、第（四）项、第（六）项、第（八）项、第（十）项和第二款的规定，请求本院提审本案，撤销陕西省高级人民法院（2009）陕民再字第35号民事判决和（2008）陕民三终字第18号民事判决，改判驳回西安秦邦公司的全部诉讼请求，诉讼费用由西安秦邦公司承担。

被申请人西安秦邦公司辩称：（一）再审判决认定事实清楚，适用法律正确。1. 申请再审人生产工艺中塑料膜层与铝箔带之间采用传统工艺下的平面粘合与专利权利要求1记载的“塑料薄膜与金属箔带表面进行凹凸不平的非纯平面粘合”只是文字表述不同，实质相同。根据公知常识，没有任何物体表面是纯平面的。2. 由本案专利说明书实施例可知，专利权利要求1记载的“使塑料膜的表面形成0.04－0.09mm厚的凹凸不平粗糙面”，是指塑料膜的厚度，而非塑料膜表面凹凸不平粗糙面的厚度。本领域不存在“塑料薄膜表面凹凸不平粗糙面厚度”的说法。申请再审人所使用的塑料膜层的相应技术特征与上述技术特征等同。3. 申请再审人关于其生产铝塑复合带的线速度没有落入本案专利权利要求1所记载的线速度范围的说法不能成立。一审法院保全的无锡隆盛厂《流延复合铝带生产工艺流程单》清楚地记载线速度为29m/min，产品合格，落入了权利要求1记载的“线速度为10m/min－80m/min”的保护范围。虽然鉴定中心在申请再审人现场检测到的线速度为8m/min，但所生产的产品经检测不合格。4. 目数在一般情况下是粗糙度的重要参数，与粗糙度存在对应关系。申请再审人所采用的细目钢辊系喷砂辊，与本案专利要求1记载的“目数为40目－85目的粗糙面细目钢辊”完全相同。（二）再审判决另查明的事实所依据的证据材料无需质证，程序合法。关于上海锡盛公司和施永强、吕银萍之间的红利诉讼及款项执行的事实，已为（2007）锡民二初字第299号民事调解书、（2007）锡民二初字第300号民事调解书以及（2007）锡执字第363号协助执行通知书所载明，上述法律文书已经生效，无需质证。关于无锡隆盛厂将一审法院查封保全的侵权证据生产设备全部转移的事实，已为一审法院执行部门对周榴真、吕银萍作的《谈话笔录》以及一审法院执行部门发送给被申请人的《告知函》所证明。关于无锡锡盛电缆材料有限公司股权转让和法定代表人变更的事实，系再审法院依职权调查获知，亦无需质证。（三）再审判决关于本案举证责任的分配符合法律规定。被申请人在一审过程中提交的陕西省知识产权服务中心的《科学技术项目查新报告》、陕西省科学技术信息研究所查新中心的《科技查新报告》以及国家知识产权局专利检索咨询中心的《检索报告》证明，利用本案专利方法所生产的产品属于新产品，应适用举证责任倒置。（四）本案鉴定报告程序合法，结论正确，依法应予采信。1. 本案鉴定报告程序合法。（1）鉴定人员王振岳、宋志佗和侯在杰与本案不存在利害关系，不属于应予回避的对象。（2）鉴定复议程序中更换的刘月娥、聂孟民、张广成三位鉴定人，虽未事先告知申请再审人，但是根据《西安技术（纠纷）鉴定专家委员会鉴定规则（试行）》第三十一条的规定，复议程序中增加专家或者重新组成专家组均系对鉴定结论进行复议，不是重新鉴定，无需通知双方当事人。2. 本案鉴定报告结论正确。（1）本案鉴定报告以权利要求记载的全部必要技术特征与被诉侵权方法的相应技术特征进行对比，不存在进行整体比对的情况。（2）鉴定中心的专家组于2007年1月20－21日到无锡隆盛厂进行了现场勘验和取样，现场勘验无锡隆盛厂生产复合带的线速度为8m/min，后热处理温度为

184℃，而生产线仪表又显示为195℃。经检测，这种工艺条件下生产出的复合带的剥离强度未达到行业标准，为不合格产品。而根据一审法院保全的无锡隆盛厂生产工艺流程单记载的复合带生产线速度为29m/min，且其剥离强度合格的事实，鉴定报告认定无锡隆盛厂真实的生产线速度应为29m/min，合理有据。（3）在无锡隆盛厂真实的生产线速度为29m/min的情况下，其后热处理温度应比线速度为8m/min时有相当大的提高。本案专利权利要求1记载的后热处理温度是指加热源温度，而不是指环境温度。鉴定报告认为无锡隆盛厂的后热处理工艺与本案权利要求1记载的相应技术特征等同是正确的。（4）目数与表面粗糙度之间存在对应关系，《抛（喷）丸、喷砂表面粗糙度比较样块国家标准介绍》表5记载，当喷丸（砂）的弹丸粒径为75目－100目时，其所对应的表面粗糙度为Ra3.418μm。本案专利权利要求1中记载的“目数为40－85目的粗糙面细目钢辊”所对应的粗糙度为Ra3.418μm－Ra5.775μm。申请再审人生产的铝塑复合带塑料膜层的粗糙度值实测为Ra2.47μm－Ra3.53μm，由于塑料膜层的粗糙度决定于细目钢辊的粗糙度，故申请再审人使用的细目钢辊表面粗糙度亦应为Ra2.47μm－Ra3.53μm。鉴定报告依此认定申请再审人使用的细目钢辊与本案专利权利要求1记载的相应技术特征等同，并无错误。（5）一审法院已向申请再审人释明，申请再审人不申请鉴定的内容，视为与本案专利权利要求1的相应技术特征相同或者等同。申请再审人未申请鉴定其生产工艺中塑料熔体或者塑料膜所通过的喷砂辊的温度，理应认为其承认与本案专利权利要求1的相应特征相同。（五）高德公司所作评估报告书依法应予采信。在一审过程中，高德公司已经委派相关评估人员出庭接受质询。本案专利技术方案既可生产铝塑复合带，也可生产钢塑复合带，既涵盖了“流延法”，又涵盖了“热贴法”，评估报告将无锡隆盛厂生产的钢带、铝带、字带三种产品的销售收入均作为铝带的销售收入并无不妥。（六）再审判决判令二申请再审人承担连带赔偿责任，适用法律正确。二申请再审人共同给用户出具的《情况说明》证明二申请再审人之间存在关联关系。综上，申请再审人的再审理由不能成立，请求依法驳回其再审申请。

本院审理查明的事实与再审判决查明的事实一致。另查明，本案专利说明书第1页记载：“目前，制作光缆、电缆外层金属屏蔽复合带的方法大致有三种：一是流延图布复合法，二是干式复合法，三是热贴法……这三种工艺方法生产的金属屏蔽复合带存在的共同缺陷是，塑料薄膜与金属箔带层是纯平面粘合，使其在使用中形成复合带表面与光缆、电缆纵包模具或定径模具之间的面接触，因而摩擦力加大，容易造成光缆、电缆的起包、漏气、脱模、断带等问题。本发明的目的是提供一种摩擦力小，可顺利通过光缆、电缆纵包模具或定径模具，且无断带现象的金属屏蔽复合带制作方法。实现本发明目的的技术关键是将塑料薄膜与金属箔带表面进行凹凸不平的非纯平面粘合，使复合带与光缆、电缆纵包模具或定径模具之间形成点接触，以减小摩擦力，避免电缆起包、漏气、脱模及断带等问题。”本案专利说明书第2页记载：“本发明的制作设备主要由挤塑机、导辊、挤压辊、细目钢辊、倒向辊、加热烘箱组成。其中，细目钢辊的外表毛面结构，挤压辊为橡胶、塑料或氟塑料制成的非金属辊，加热烘箱内设有调节温度的调节板。”

2006年3月28日，无锡隆盛厂向国家知识产权局专利复审委员会提出宣告本案专利无效的请求。在无效宣告请求审查过程中，西安秦邦公司向国家知识产权局专利复审委员会提交了《意见陈述书》。针对无锡隆盛厂关于本案专利说明书没有清楚、明白说明“将塑料薄膜与金属箔带表面进行凹凸不平的非纯平面粘合”的无效理由，西安秦邦公司在该《意见陈述书》的第10页作了如下意见陈述：“金属箔（带）的表面本身系非纯平面结构，这是大家的公知技术。”在该《意见陈述书》的第11页，西安秦邦公司作了如下意见陈述：“综上所述，金属箔（带）的表面本身系非纯平面结构，而塑料薄膜与金属箔带表面进行凹凸不平的非纯平面粘合在本案专利说明书中已给出了清楚、明白的说明。”针对无锡隆盛厂关于本案专利权利要求记载的“一种平滑型金属屏蔽复合带的制作方法，是将塑料薄膜与金属箔带表面进行凹凸不平的非纯平面粘合”缺乏必要技术特征的无效理由，西安秦邦公司在该《意见陈述书》的第11页作了如下意见陈述：“2.‘电缆用铝箔（带）’是轧制而成，其表面系非纯平面，该非纯平面与本案专利权要求1中（1）-（3）结合，即为本案专利塑料薄膜与金属箔（带）之间的非纯平面粘合，其粘合的具体工艺详见本案专利权利要求1所记载的内容。因此，本案专利独立权利要求不存在缺少必要技术特征的问题。”针对无锡隆盛厂关于“根据本案专利所记载的工艺流程，即以40目-85目的粗糙面细目钢辊与挤压辊相互转动，在满足把塑料膜或塑料熔体粘压在一起，且使塑料膜保持在0.04mm-0.09mm厚度情况下，无法实现金属箔带与塑料薄膜表面凹凸不平的非纯平面粘合的技术目的。因此本案专利不具备实用性”的无效理由，西安秦邦公司在该《意见陈述书》的第12页作了如下意见陈述：“‘塑料膜保持在0.04-0.09mm的厚度’系请求人擅自修改的，本案专利说明书中从未有过此段记载，因此不存在不具有实用性的问题。”

《粉末冶金原理》（黄培云主编，冶金工业出版社1997年第2版）第140页记载："习惯上以网目数（以下简称目）表示筛网的孔径和粉末的粒度。所谓目数是筛网1英寸长度上的网孔数。"

《复合材料包装》（曹家鑫主编，轻工业出版社1988年11月第1版）第108页记载："冷却辊的表面状态有两种：光亮面……细目面：即将光亮面在经特殊暗光处理而呈毛玻璃状。这种表面复出的薄膜透明度及光泽稍差，但对塑料的阻塞性好，薄膜纵向厚度均匀，并且薄膜对冷却辊的剥离性好，不易粘辊。"

《电线电缆用铝塑复合带的研制》（李德军、董晓武著，载于《塑料加工应用》1998年第2期）第4页第2.2.3节记载："一般冷却辊分为光辊和毛辊两种。在复合实验过程中，采用毛辊可以减轻粘辊现象，因此我们在加工中采用毛辊进行复合。"

《塑料机械的使用与维护》（耿晓正主编，中国轻工业出版社1998年8月第1版）第295页倒数第三段记载："冷却辊外表面质量很重要，它不仅影响复合强度和复合膜剥离性能，而且对复合薄膜表面光泽度、透明度均有较大影响。因为涂覆在基材表面的薄膜会重现冷却辊的表面状态……冷却辊表面光洁程度有镜面，半镜面，喷砂表面，还有特殊花纹表面等。制造透明复合薄膜时，可选用镜面，表面粗糙度Ra为0.012μm。半镜面，表面粗糙度Ra为0.015－0.1μm。若生产不透明薄膜，应选用喷砂表面，表面粗糙度为0.05－0.1μm。"

根据《表面粗糙度、术语、表面及其参数》（GB3505－83）和《抛（喷）丸、喷砂表面粗糙度比较样块国家标准介绍》（罗柏福、秦兴福、徐金成著，载于《中国铸机》1989年第2期）的记载，表面粗糙度是指加工表面上具有的较小间距和峰谷所组成的微观几何形状特性，通常以取样长度内轮廓峰高绝对值的平均值与轮廓峰谷绝对值的平均值之和表示。《抛（喷）丸、喷砂表面粗糙度比较样块国家标准介绍》还记载了通过实验获得的抛（喷）加工工件表面粗糙度与力度、工件材质及硬度的定性定量关系，并用表5列出了上述参数之间的关系。表5表明，当供样材质为铸铁，加工方法为喷砂，弹丸材质为砂，弹丸粒径为75目－100目时，Ra测试平均值为3.418μm。

根据2006年12月25日一审法院与被诉侵权人无锡隆盛厂、上海锡盛公司的谈话笔录的记载，一审法院向被诉侵权人释明，如果其仅就此前提出的两项内容与本案专利权利要求的相应技术特征是否相同或者等同申请鉴定，其不申请鉴定的内容，将视为与本案专利权利要求的相应技术特征相同或者等同。被诉侵权人的委托代理人王旭东答复称："我们经与法定代表人研究后，我们仍坚持此前鉴定申请书所要求的两点鉴定内容外，还请求对原告专利权利要求 1 中第（3）、（4）点的必要技术特征和我们的生产工艺是否相同或者等同进行鉴定。”在该谈话笔录上，王旭东对其有异议的文字用笔圈出，其中包括“第（3）、（4）点”，并在笔录末尾签名时附注：“另附并提供一份鉴定申请。”该鉴定申请记载有如下内容：“根据 2006 年 12 月 25 日贵院谈话笔录的内容，我方对鉴定申请的内容作进一步说明如下：一、就原告专利权利要求 1 中第（2）、（3）、（4）项中载明的技术特征与无锡市隆盛电缆材料厂所使用的工艺方法中相应的技术特征是否相同；二、就无锡市隆盛电缆材料厂生产的铝塑复合带产品，是否使用了原告专利权利要求 1 中所述的‘塑料薄膜与金属箔带表面进行凹凸不平的非纯平面粘合’这一必要技术特征。以上内容，作为我方在 2006 年 9 月 25 日鉴定申请中所列明的鉴定前提下，申请鉴定的内容。”同日，无锡隆盛厂还向一审法院提交了《铝塑复合带相关生产工艺段的说明》，该说明记载了如下内容：“1. 复合铝带，其铝箔表面与塑料薄膜之间为传统工艺下的平面粘合。2. 拉毛工序阶段，冷却辊的直径为 320 ± 5mm，挤压胶辊的直径为 190 – 210mm，冷却辊系外购，其表面粗糙程度不详。加工时塑料粒子通过挤出机以熔融状态挤出，通过冷却辊和挤压胶辊的相互转动，涂覆在铝箔表面，使塑料膜表面形成粗糙度 Ra 为 1. 8μm – 5μm。3. 将单面涂覆塑料膜的铝箔经过导辊和翻向辊，对另一面的铝箔实现涂覆加工。4. 双面涂覆塑料的铝箔带进入后处理阶段，处理温度为 80 – 220 摄氏度。说明：塑料膜表面的粗糙度随着冷却辊与挤压胶辊压力的变化以及原料的不同、电压的高低等因素的变化而有所变化。”

2009 年 6 月 30 日，陕西省高级人民法院对本案进行再审。该次庭审的法庭记录并未记载法庭对上海锡盛公司和施永强、吕银萍之间的红利诉讼及款项执行的事实、无锡锡盛电缆材料有限公司股权转让和法定代表人变更的事实进行了查明，亦未记载对相关证据进行了庭审质证和辩论。

2007 年 10 月 25 日，高德公司出具了《西安市中级人民法院委托对西安秦邦电信材料有限责任公司与无锡市隆盛电缆材料厂、上海锡盛电缆材料有限公司、西古光纤光缆有限公司一案因侵权造成损失的评估报告书》。该报告书上加盖有高德公司注册资产评估师冯武和闫国强的印章。2007 年 12 月 26 日一审法院庭审过程中，高德公司委派该公司两位工作人员王龄悦和韩小凤出庭，对本案双方当事人提出的质疑和问题进行了解释和说明。

本院认为，本案侵权行为发生在 2008 年修正的专利法施行之前，应适用

2000 年修正的专利法。根据申请再审人的再审理由、被申请人的答辩以及庭审情况，本案双方当事人争议的主要问题是：再审判决是否违反法定程序，剥夺当事人的辩论权利；使用本案专利方法生产的平滑型金属屏蔽复合带是否为新产品及本案应否适用举证责任倒置；本案被诉侵权方法是否落入本案专利权利要求 1 的保护范围；本案鉴定意见是否程序违法以及可否采信；本案侵权损失评估报告是否程序违法以及可否采信；再审判决在认定侵权成立的基础上判令二申请再审人承担连带赔偿责任是否妥当。

（一）再审判决是否违反法定程序，剥夺当事人的辩论权利

再审判决另查明的关于施永强、吕银萍与上海锡盛公司之间的红利诉讼及款项执行的事实，有施永强和吕银萍落款日期为 2007 年 11 月 8 日的民事起诉状两份、江苏省无锡市中级人民法院 2007 年 9 月 20 日上午的谈话及调解笔录两份、（2007）锡民二初字第 299 号民事调解书、（2007）锡民二初字第 300 号民事调解书、（2007）锡执字第 362 号执行令、（2007）锡执字第 362 号 –1 民事裁定书、（2007）锡执字第 363 号执行令、（2007）锡执字第 363 号 –1 民事裁定书、（2007）锡执字第 363 号协助执行通知书、江苏省无锡市中级人民法院 2007 年 12 月 7 日下午的执行笔录等材料佐证。再审判决另查明的关于无锡隆盛厂将一审法院查封保全的侵权证据生产设备全部转移的事实，有一审法院执行部门对周榴真、吕银萍作的《谈话笔录》以及一审法院执行部门调查时拍摄的无锡隆盛厂的照片等证据佐证。关于无锡锡盛电缆材料有限公司股权转让和法定代表人变更的事实，系再审法院依职权调查获知。2009 年 6 月 30 日，陕西省高级人民法院对本案进行再审开庭时，法庭笔录中并未记载对于上述事实进行了查明，亦未记载对相关证据进行了质证。

尽管（2007）锡民二初字第 299 号民事调解书、（2007）锡民二初字第 300 号民事调解书属于人民法院发生法律效力的裁判，但是上述裁判文书本身并未认定施永强、吕银萍与上海锡盛公司之间的红利诉讼及款项执行的事实，而是以其记载的内容来证明案件事实。就施永强、吕银萍与上海锡盛公司之间的红利诉讼及款项执行的事实这一证明对象而言，（2007）锡民二初字第 299 号民事调解书和（2007）锡民二初字第 300 号民事调解书属于证明案件事实的书证。上述证据应当在法庭上出示，由当事人质证，否则不能作为认定案件事实的依据。即使对于已为人民法院发生法律效力的裁判所确认的事实，也应该在庭审中提示该裁判文书，给予当事人以答辩和提交证据予以反驳的机会。一审法院执行部门对周榴

真、吕银萍作的《谈话笔录》以及一审法院执行部门调查时拍摄的无锡隆盛厂的照片、再审法院依职权调查获知的证据材料等，同样应向当事人出示，给予其质证的机会。再审法院对于上述另查明的事实所依据的证据材料，未在法庭上出示，没有给当事人发表质证意见的机会，违反法定程序。但是，再审判决所认定的上述事实对本案判决结果并无实质影响，即使申请再审人对于认定上述事实的证据的辩论权被剥夺，也不影响再审判决结果。因此，对于申请再审人的上述申请再审理由，本院不予支持。

（二）使用本案专利方法生产的平滑型金属屏蔽复合带是否为新产品及本案应否适用举证责任倒置

如果一种产品制造方法专利的技术方案给使用该专利方法制造的产品带来了区别于专利申请日前同类产品的新的结构特征，则使用该专利方法制造的产品可以认定为专利法第五十七条第二款意义上的新产品。根据本案专利权利要求书和说明书的记载，本案专利提供了一种新的平滑型金属屏蔽复合带产品制造方法。这种新制造方法要求塑料薄膜与金属箔带表面之间进行凹凸不平的非纯平面结合，与现有技术的纯平面粘合有了显著区别，使得使用该专利方法制造的平滑型金属屏蔽复合带形成了区别于本案专利申请日前同类产品的结构特征。这种新的结构特征导致使用本案专利方法制造的产品在质量和性能方面与本案专利申请日前同类产品具有明显差别。因此，可以认定利用本案专利方法制造的平滑型金属屏蔽复合带属于专利法第五十七条第二款意义上的新产品。原一、二审及再审判决认定利用本案专利方法所生产的平滑型金属屏蔽复合带为新产品，并无不当。

根据专利法第五十七条第二款的规定，适用举证责任倒置需要具备两个条件：一是使用专利方法制造的产品属于新产品，二是使用被诉侵权方法制造的产品与使用专利方法制造的产品属于相同产品。专利权人对上述两个条件应承担举证责任。当产品制造方法专利的技术方案给使用该专利方法制造的产品带来了区别于专利申请日前同类产品的新的结构特征，并使其区别于已有产品时，权利人应该证明使用被诉侵权方法制造的产品具有该结构特征。本案专利方法给产品带来了新结构特征，即塑料薄膜与金属箔带表面之间进行凹凸不平的非纯平面结合。鉴定中心的鉴定报告以本案双方当事人产品所用的原材料相同（均包括铝箔和塑料）、产品的结构相同（均采用流延工艺在铝箔两面复合乙烯－丙烯酸共聚物或乙烯－甲基丙烯酸共聚物）、执行标准相同（均为 YD/T723.1～723.3－94）为由，认定申请再审人生产的产品与使用本案专利方法生产的产品相同。该鉴定意见是以西安秦邦公司实际生产的产品与使用被诉侵权方法生产的产品进行对比，并非以本案专利方法为基础，将使用专利方法生产的产品与使用被诉侵权方法生产的产品进行对比，比对对象存在错误。同时，鉴定意见未考虑本案专利方法给产品带来的新结构特征，亦未考虑利用被诉侵权方法生产的产品是否具有该结构特征，有所不当。原一审判决采信上述鉴定意见，认定使用本案被诉侵权方法制造的产品与使用本案专利方法制造的产品属于相同产品，进而认定应由申请再审人承担其铝塑复合带生产方法不同于本案专利方法的举证责任，原二审判决和再审判决均认同上述结论，亦有不当。

（三）本案被诉侵权方法是否落入本案专利权利要求 1 的保护范围

判断被诉侵权技术方案是否落入专利权利要求 1 的保护范围，应该将专利权利要求记载的全部技术特征与被诉侵权技术方案的全部技术特征进行一一对比。凡是记载入专利权利要求的技术特征，均应进行对比。经过对比，如果被诉侵权技术方案的技术特征与专利权利要求记载的技术特征相同或者等同，则被诉侵权技术方案落入专利权的保护范围；如果被诉侵权技术方案缺少专利权利要求记载的一个以上的技术特征，或者有一个以上技术特征不相同也不等同，则不落入专利权的保护范围。

根据本案专利权利要求 1 的记载，本案专利方法的技术特征是：1. 一种平滑型金属屏蔽复合带的制作方法，是将塑料薄膜与金属箔带表面进行凹凸不平的非纯平面粘合，使复合带与光缆、电缆纵包模具或定径模具之间形成点接触，以减小摩擦力，避免电缆起包、漏气、脱膜及断带；2. 将原金属箔带开卷伸直，进行前预热处理；3. 将塑料熔体或塑料膜通过温度为 35℃ –80℃，直径为 φ240mm – φ600mm，目数为 40 目 –85 目的粗糙面细目钢辊，与直径为 φ160mm – φ480mm 传动金属箔带的挤压辊，相互转动，使塑料膜的表面形成 0.04 –0.09mm 厚的凹凸不平粗糙面，热挤压在金属箔带一面的基材上；4. 将带有塑料膜的金属箔经过导辊、弹簧辊传动，再经倒向辊翻面，对另一面金属箔进行塑料膜热挤压复合处理；5. 将复合处理后的复合带通过运行时线速度为 10m/min –80m/min 的导辊进入加热烘箱，进行后加热处理，加热温度为 250℃ –400℃；6. 根据传动线速度，调整加热温度，使复合带的粗糙度在后工序处理过程中破坏最小，并使拉毛的塑料表面形成新的带有圆弧过渡的凹凸不平粗糙面，以加强复合带的剥离强度和塑料塑化的定型；7. 对后加热处理过的复合带进行冷却处理并收卷。申请再审人对其被诉侵权方法是否与本案专利方法技术特征（1）、（3）、（5）相同或者等同有异议，对其被诉侵权方法与本案专利方法的其他技术特征相同或者等同无异议。针对申请再审人有异议的技术特征，本院分析如下：

1. 被诉侵权方法塑料薄膜与金属箔带表面的结合方式是否与本案专利权利要求1记载的“将塑料薄膜与金属箔带表面进行凹凸不平的非纯平面粘合”的技术特征相同或者等同。

对此，首先需要确定专利权利要求这一技术特征的含义。在确定权利要求的术语的含义时，可以运用说明书及附图、权利要求书中的相关权利要求、专利审查档案进行解释，但应注意不能把包含专利所要克服的技术缺陷的技术方案纳入权利要求的保护范围。结合专利说明书的记载，已有工艺方法的缺陷是塑料薄膜与金属箔带层是纯平面粘合，即塑料薄膜与金属箔带粘合的一面以及金属箔带的表面均为平面。为克服这一缺陷，必然要求塑料薄膜与金属箔带结合的两个表面，其中至少有一个面凹凸不平。因此，专利权利要求1关于“将塑料薄膜与金属箔带表面进行凹凸不平的非纯平面粘合”的记载，应该理解为塑料薄膜与金属箔带表面粘合的方式是“凹凸不平的非纯平面粘合”，即塑料薄膜与金属箔带结合的两个表面，其中至少有一个面是凹凸不平的。

从本案查明的事实看，申请再审人生产的铝塑复合带，其塑料膜层与铝箔带之间采用传统工艺下的平面粘合，即塑料薄膜与金属箔带粘合的一面以及金属箔带的表面均为平面，通过传送塑料膜的钢辊与传动金属箔带的挤压辊相互挤压而粘合在一起。根据专利说明书对现有技术缺陷的描述，由于塑料薄膜与金属箔带表面进行纯平面粘合是本案专利要克服的技术缺陷，所以被诉侵权方法采用塑料膜层与铝箔带平面粘合的现有技术手段，与权利要求1记载的“将塑料薄膜与金属箔带表面进行凹凸不平的非纯平面粘合”的技术特征，二者既不相同也不等同。鉴定意见附件1－2虽然认定被诉侵权工艺中“铝箔表面与塑料薄膜之间为传统工艺下的平面粘合”，但又以本案专利权利要求1和被诉侵权方法所实现的目的相同，都是为了在复合带塑料膜表面形成凹凸不平的粗糙面为由，认为二者“是对其产品的各自表述”。该鉴定意见实际上将复合带塑料膜表面的凹凸不平粗糙面等同于塑料薄膜与金属箔带表面粘合的一面。该鉴定意见对“将塑料薄膜与金属箔带表面进行凹凸不平的非纯平面粘合”的解释，实际上造成了对这一技术特征的忽略，进而把具有专利所要克服的技术缺陷的技术方案纳入权利要求的保护范围之内，结论有误。

被申请人辩称，根据公知常识，没有任何物体表面是纯平面的，被诉侵权方法中塑料膜层与铝箔带之间采用传统工艺下的平面粘合与专利权利要求1记载的“塑料薄膜与金属箔带表面进行凹凸不平的非纯平面粘合”实质相同。本院认为，这种解释不能成立。本案专利说明书指出，现有技术的缺陷是塑料薄膜与金属箔带表面进行纯平面粘合，这是本案专利所要克服的。如果把任何物体表面都理解为凹凸不平的非纯平面，那么现有技术中塑料薄膜与金属箔带表面的粘合也属于凹凸不平的非纯平面粘合，现有技术的缺陷就不存在了。被申请人的上述主张不能成立，本院不予支持。

综上，原一、二审判决以及再审判决基于鉴定意见认定被诉侵权方法的本项技术特征与专利权利要求1的相应技术特征相同，结论有误。再审申请人关于本项技术特征的申请再审理由成立，应予支持。

2. 被诉侵权方法传送塑料膜的钢辊的温度是否与专利权利要求1记载的相应技术特征“35℃－80℃”相同或者等同。

首先，被诉侵权人是否对此问题提出过鉴定申请。尽管被诉侵权人无锡隆盛厂和上海锡盛公司在2006年9月25日的鉴定申请中没有提出就此问题进行鉴定，但是在2006年12月25日提交一审法院的鉴定申请中，被诉侵权人已经提出将本案专利权利要求1中第（2）、（3）、（4）项载明的技术特征与无锡隆盛厂被诉侵权方法中相应的特征是否相同作为鉴定内容。这一事实与同日一审法院同被诉侵权人的谈话笔录相互印证。传送塑料膜的钢辊的温度记载在本案专利权利要求1的步骤（2）中，应当认为被诉侵权人已经对被诉侵权方法中传送塑料膜的钢辊的温度与专利权利要求1中的相应技术特征是否相同或者等同提出了鉴定申请。

其次，被诉侵权人提交的《铝塑复合带相关生产工艺段的说明》的内容。在2006年12月25日提交一审法院的《铝塑复合带相关生产工艺段的说明》中，被诉侵权人无锡隆盛厂对被诉侵权方法的相关工艺段进行了说明。该《说明》既涉及被诉侵权方法与本案专利权利要求1的技术方案的不同之处，也涉及其与本案专利权利要求1的技术方案的一致或者相近之处。因此，应该认为，该《说明》仅仅是无锡隆盛厂对其被诉侵权方法相关工艺的介绍和澄清，从而为鉴定提供参考依据，而非一一列举其与本案专利技术方案的不同之处。

最后，被诉侵权人提交的《铝塑复合带相关生产工艺段的说明》能否证明其自认被诉侵权方法传送塑料膜的钢辊的温度与专利权利要求1记载的相应技术特征相同或者等同。由于该《说明》仅仅是无锡隆盛厂对其被诉侵权方法相关工艺的介绍和澄清，而非一一列举其与本案专利技术方案的不同之处，因此仅凭该

《说明》未提及被诉侵权方法传送塑料膜的钢辊的温度这一事实，不足以证明被诉侵权人自认其生产工艺中传送塑料膜的钢辊的温度与专利权利要求1记载的相应技术特征相同或者等同。况且，被诉侵权人已经提出将本案专利权利要求1中第（2）、（3）、（4）项载明的技术特征与无锡隆盛厂被诉侵权方法中相应的特征是否相同作为鉴定内容。在此情况下，鉴定中心在实地勘测时未测量被诉侵权方法中传送塑料膜的钢辊的温度，而以被诉侵权人承认其钢辊的温度与权利要求记载的温度相同为由，认定二者相同，缺乏事实依据，结论过于草率。

因此，原一、二审判决以及再审判决以被诉侵权人无锡隆盛厂认可两者的温度相同为由，认定被诉侵权方法的该项技术特征与专利权利要求1的相应技术特征相同，缺乏事实依据。再审申请人关于本项技术特征的申请再审理由成立，应予支持。

3. 被诉侵权方法中传送塑料膜的钢辊的表面结构是否与专利权利要求1记载的相应技术特征“目数为40目－85目的粗糙面细目钢辊”相同或者等同。

首先，需要明确权利要求1的步骤（2）中记载的“目数为40目－85目的粗糙面细目钢辊”的含义。根据《粉末冶金原理》第140页对“目”的定义，习惯上以网目数（以下简称目）表示筛网的孔径和粉末的粒度。所谓目数是筛网1英寸长度上的网孔数。所以“目”既可以表示筛网的孔径，也可以表示粉末的粒度。如果将“目”解释为筛网的孔径，则“目数为40目－85目的粗糙面细目钢辊”应该解释为该钢辊的表面每英寸具有40个到85个网孔数。如果将“目”解释为粉末的粒度，则该技术特征应该解释为该钢辊的表面经由粒度为40目到85目的砂粒或者丸粒喷射处理过。根据专利说明书第2页关于“细目钢辊的外表毛面结构”的描述，既然细目钢辊的外表呈毛面结构，则该细目钢辊的表面应经喷砂或者喷丸形成。结合《复合材料包装》第108页关于冷却辊的表面状态“呈毛玻璃状”的记载、《电线电缆用铝塑复合带的研制》第2.2.3节关于“一般冷却辊分为光辊和毛辊两种。在复合实验过程中，采用毛辊可以减轻粘辊现象”的记载以及《塑料机械的使用与维护》关于“涂覆在基材表面的薄膜会重现冷却辊的表面状态……冷却辊表面光洁程度有镜面，半镜面，喷砂表面，还有特殊花纹表面等……半镜面，表面粗糙度Ra为0.015－0.1μm。若生产不透明薄膜，应选用喷砂表面，表面粗糙度为0.05－0.1μm”的记载可知，在本案专利所属的金属屏蔽复合带加工领域，使用毛辊是一种普遍做法。因此，本领域普通技术人员根据本案权利要求书和说明书的记载，可以理解“目数为40目－85目的粗糙面细目钢辊”是指利用40目到

85 目粒度的砂粒或者丸粒喷射处理过的毛面辊。

其次，关于被诉侵权方法使用的传送塑料膜的钢辊的表面结构。鉴定中心在实地勘测时未测量被诉侵权方法使用的传送塑料膜的钢辊的表面结构，而是通过一系列推理步骤推导出该钢辊的表面结构特征。其推理过程是，先将使用被诉侵权方法制造的铝塑复合带塑料薄膜外表面的粗糙度等同于被诉侵权方法的钢辊的表面粗糙度，然后再通过钢辊的表面粗糙度推导出喷砂（丸）的目数。铝塑复合带塑料薄膜的外表面经由传送该塑料薄膜的钢辊挤压形成，因此铝塑复合带塑料薄膜外表面的粗糙度与钢辊的表面粗糙度确实存在一定的对应关系。此外，根据《抛（喷）丸、喷砂表面粗糙度比较样块国家标准介绍》等文献的记载，目数和表面粗糙度之间亦存在一定的对应关系。因此，专家组根据使用被诉侵权方法生产的铝塑复合带塑料膜层的粗糙度值 Ra2. 47μm - Ra3. 53μm，对照《抛（喷）丸、喷砂表面粗糙度比较样块国家标准介绍》表 5，换算出被诉侵权方法细目钢辊喷砂（丸）的目数为 75 目 - 100 目，存在一定的合理性。

最后，被诉侵权方法细目钢辊喷砂（丸）的目数与专利权利要求 1 记载的相应技术特征是否相同或者等同。被诉侵权方法细目钢辊喷砂（丸）的目数为 75 目 - 100 目，专利权利要求 1 记载的相应技术特征为“目数为 40 目 - 85 目的粗糙面细目钢辊”，二者存在重合部分。同时，由于在对细目钢辊进行喷砂（丸）处理时，所用砂（丸）的粒径不可能完全均匀统一，一般控制在一定数值范围内即可。从《抛（喷）丸、喷砂表面粗糙度比较样块国家标准介绍》表 5 可以看出，当砂（丸）的粒径控制在一定数值范围内，且其他工艺条件保持不变的情况下，砂（丸）粒径的小幅波动对于经喷砂（丸）处理的金属表面粗糙度的变化影响较小。因此，尽管与专利权利要求 1 记载的相应技术特征的数值范围相比，被诉侵权方法细目钢辊喷砂（丸）的目数稍有超出，但是这种超出并未对经喷砂（丸）处理的金属表面粗糙度的变化造成显著影响。二者以基本相同的手段，完成基本相同的功能，实现的效果也基本相同，本领域普通技术人员非经创造性劳动即可联想到。因此，被诉侵权方法细目钢辊喷砂（丸）的目数与专利权利要求 1 记载的相应技术特征构成等同。

综上，鉴定意见认定被诉侵权方法细目钢辊喷砂（丸）的目数与专利权利要求 1 记载的相应技术特征构成等同，原一、二审及再审法院采信该结论，并无明显不当。但应指出的是，喷砂（丸）目数和表面粗糙度之间的对应关系要受到一系列因素如喷丸空气压力、抛丸器叶轮转速、弹丸材质、工件材质等的影响，利用表面粗糙度推导喷砂（丸）的目数，难免存在一定误差。不过，这种误差对于喷砂（丸）目数的测定而言，仍属合理范围，是可以接受的。此外，鉴定结论在认定被诉侵权方法细目钢辊喷砂（丸）的目数与专利权利要求 1 记载的相应技术特征构成等同时，未给出充分的分析和说理，结论草率，有失严谨。

4. 关于被诉侵权方法所使用的塑料膜表面凹凸不平粗糙面的厚度与权利要求 1 记载的相应技术特征“使塑料膜的表面形成 0.04 –0.09mm 厚的凹凸不平粗糙面”是否等同。

鉴定意见认为，权利要求 1 记载的“使塑料膜的表面形成 0.04 –0.09mm 厚的凹凸不平粗糙面”，应当解释为塑料膜本身的厚度，因为专利说明书实施例记载的 0.04mm、0.09mm 和 0.07mm 均为塑料膜的厚度，与申请再审人使用的塑料膜表面粗糙度 Ra1.8μm –5μm（实测为 Ra2.47μm –3.53μm）没有可比性。而申请再审人使用的塑料膜的厚度为 0.055mm –0.070mm，故二者等同。对于该项技术特征的比较，本院分析评判如下：

首先，权利要求 1 记载的“使塑料膜的表面形成 0.04 –0.09mm 厚的凹凸不平粗糙面”的含义。该技术特征含义的解释，涉及其用语与本领域通常用语的关系、其与本案专利说明书实施例中提及的塑料膜的厚度的关系、专利权人在无效宣告过程中的陈述、权利要求解释的界限等问题。第一，权利要求 1 记载的“使塑料膜的表面形成 0.04 –0.09mm 厚的凹凸不平粗糙面”的用语与本领域通常用语的关系。专利撰写人是专利申请文件用语的创作者，其可以选择本领域的通常用语，也可以根据实际需要创造自己认为合适的用语。确定专利撰写人创造的用语的含义，应该从本领域技术人员的角度出发，结合本领域技术人员在阅读权利要求书、说明书和附图后所理解的特殊含义进行，而不能简单地以该术语不属于本领域的通常用语为由，以本领域的通常用语取代专利撰写人的特殊用语。就“使塑料膜的表面形成 0.04 –0.09mm 厚的凹凸不平粗糙面”这一用语而言，本领域普通技术人员可以理解，其含义是指塑料膜表面凹凸不平粗糙面的厚度为 0.04 –0.09mm，即塑料膜表面形成 0.04 –0.09mm（40μm –90μm）的凹凸落差表面结构，这一含义是清楚、确定的。被申请人西安秦邦公司以本领域不存在“塑料薄膜表面凹凸不平粗糙面厚度”的说法为由，否定其在权利要求中所撰写的特殊用语，依据不足。第二，权利要求 1 记载的“使塑料膜的表面形成 0.04 –0.09mm 厚的凹凸不平粗糙面”与本案专利说明书实施例中提及的塑料膜的厚度的关系。解释权利要求的术语的含义时，根据文本解释的一般原则，应当认为权

利要求中使用的同一术语具有相同含义，不同术语具有不同含义；权利要求中的每一个术语均有其独立意义，不得解释为多余。其理由在于，专利申请的撰写者既然有意选择不同术语或者有意使用该术语，则表示该术语应有其不同含义或者独立含义，除非说明书对此给出了明确的、相反的指示。当然，上述原则只是一种指引而非一成不变的规则。在解释权利要求用语的含义时，需要结合本领域技术人员在阅读权利要求书、说明书和附图后的通常理解进行。本案专利权利要求1使用了“使塑料膜的表面形成0.04－0.09mm厚的凹凸不平粗糙面”的表述，这一表述强调了塑料膜表面凹凸落差的表面结构及其数值，与实施例中所使用的塑料薄膜厚度的说法存在区别，在说明书未给出进一步的解释和说明的情况下，应该认为两者具有不同含义。此外，如果把“使塑料膜的表面形成0.04－0.09mm厚的凹凸不平粗糙面”的表述解释为塑料膜的厚度为0.04－0.09mm，则该表述中的“表面”以及“粗糙面”等用语实际上成为多余。第三，专利权人在专利无效宣告过程中的陈述。在本案专利的无效宣告程序中，无锡隆盛厂主张，根据本案专利所记载的工艺流程，即以40目－85目的粗糙面细目钢辊与挤压辊相互转动，在满足把塑料膜或塑料熔体粘压在一起，且使塑料膜保持在0.04mm－0.09mm厚度情况下，无法实现金属箔带与塑料薄膜表面凹凸不平的非纯平面粘合的技术目的，并以此主张本案专利不具备实用性。对此，西安秦邦公司在陈述意见时明确否定本案专利说明书中有“塑料膜保持在0.04－0.09mm的厚度”的记载，表明在无效宣告程序中其自身也不认为“使塑料膜的表面形成0.04－0.09mm厚的凹凸不平粗糙面”是指“塑料膜厚度为0.04－0.09mm”。第四，权利要求解释的界限。根据专利法第五十六条的规定，发明或者实用新型专利权的保护范围以其权利要求的内容为准，说明书及附图可以用于解释权利要求。因此，权利要求内容的确定，应当根据权利要求的记载，结合本领域普通技术人员阅读说明书及附图后对权利要求的理解进行。但是，当本领域普通技术人员对权利要求相关表述的含义可以清楚确定，且说明书又未对权利要求的术语含义作特别界定时，应当以本领域普通技术人员对权利要求自身内容的理解为准，而不应当以说明书记载的内容否定权利要求的记载，从而达到实质修改权利要求的结果，并使得专利侵权诉讼程序对权利要求的解释成为专利权人额外获得的修改权利要求的机会。否则，权利要求对专利保护范围的公示和划界作用就会受到损害，专利权人因此不当获得了权利要求本不应该涵盖的保护范围。当然，如果本领域普通技术人员阅读说明书及附图后可以立即获知，权利要求特定用语的表述

存在明显错误，并能够根据说明书和附图的相应记载明确、直接、毫无疑义地修正权利要求的该特定用语的含义的，可以根据说明书或附图修正权利要求用语的明显错误。但是，本案中的权利要求用语并不属于明显错误的情形。本案专利权利要求1的“使塑料膜的表面形成0.04－0.09mm厚的凹凸不平粗糙面”的含义是清楚、完整的，是指塑料膜表面凹凸不平粗糙面的厚度为0.04－0.09mm。本案专利说明书对于技术方案的描述过于简单，既未对“使塑料膜的表面形成0.04－0.09mm厚的凹凸不平粗糙面”进行详细说明，又未对塑料薄膜的厚度进行限定和解释，而仅仅在实施例中提及了塑料薄膜的厚度分别为0.04mm、0.09mm和0.07mm。在此情况下，本领域普通技术人员在阅读权利要求书和说明书之后，难以形成权利要求1中“使塑料膜的表面形成0.04－0.09mm厚的凹凸不平粗糙面”这一表述实际上应为“塑料膜厚度为0.04－0.09mm”的认识。虽然“使塑料膜的表面形成0.04－0.09mm厚的凹凸不平粗糙面”这一表述中“0.04－0.09mm”的数值范围与实施例中塑料膜厚度数值之间较为接近并存在重叠，但是简单地以此为由认为该表述存在明显错误，并进而将塑料膜表面凹凸不平粗糙面的厚度修正为塑料膜的厚度，依据不足。因此，本案专利权利要求1中“使塑料膜的表面形成0.04－0.09mm厚的凹凸不平粗糙面”，其含义是指塑料膜表面凹凸不平粗糙面的厚度为0.04－0.09mm，即塑料膜表面形成0.04－0.09mm（40μm－90μm）的凹凸落差表面结构，而非塑料膜的厚度为0.04－0.09mm。

其次，被诉侵权方法中塑料膜表面粗糙度与权利要求1记载的“使塑料膜的表面形成0.04－0.09mm厚的凹凸不平粗糙面”是否构成相同或者等同。根据《表面粗糙度、术语、表面及其参数》（GB3505－83）的记载，表面粗糙度是指加工表面上具有的较小间距和峰谷所组成的微观几何形状特性，通常以取样长度内轮廓峰高绝对值的平均值与轮廓峰谷绝对值的平均值之和表示。申请再审人使用的塑料膜表面粗糙度为Ral.8μm－5μm（实测为Ra2.47μm－3.53μm）。这与本案专利权利要求1所要求的塑料膜表面形成0.04－0.09mm（40μm－90μm）的凹凸落差表面结构相差很大，与本案专利方法既不相同，也难以认定等同。

综上，鉴定意见对“使塑料膜的表面形成0.04－0.09mm厚的凹凸不平粗糙面”这一技术特征的解释错误，在此基础上认为被诉侵权方法的相应技术特征与该项技术特征构成相同或等同，结论有误。原一、二审及再审判决对此予以采信，结论亦有误。再审申请人关于本项技术特征的申请再审理由成立，应予支持。

5. 被诉侵权方法生产铝塑复合带的线速度和后加热处理温度与专利权利要求

1 分别记载的相应技术特征“10m/min－80m/min”和“250℃－400℃”是否等同。

本案鉴定中心在实地勘测时，对被诉侵权方法生产铝塑复合带的线速度进行了勘测，其现场生产速度为 8m/min，后处理温度为 184℃（生产仪表显示 195℃）。经检测，在这种工艺条件下生产出的复合带的剥离强度未达到行业标准。相反，一审法院保全的申请再审人《流延复合铝带生产工艺流程单》记录的线速度却是“29m/min”，且其记载该生产条件下的产品合格。《流延复合铝带生产工艺流程单》记录的线速度是申请再审人生产铝塑复合带的原始记录，反映了其正常情况下的生产工艺参数，真实可信。在此情况下，鉴定意见不以实地勘测的线速度作为比较依据，而以《流延复合铝带生产工艺流程单》记录的线速度为比较依据，并进而认定被诉侵权方法生产铝塑复合带的线速度落入专利权利要求 1 的相应技术特征“10m/min－80m/min”的范围之内，并无不当。

在保证铝塑复合带质量的前提下，生产铝塑复合带的线速度与后加热处理温度存在密切关联。提高线速度，后加热处理温度应有相应提高。由于被诉侵权方法正常生产铝复合带的线速度 29 m/min 比实地勘测时的线速度 8m/min 有相当大的提高，根据科学经验和常识，被诉侵权方法正常生产时的后加热温度亦应比实地勘测时的现场后加热温度有相应提高。所以，鉴定意见不以现场测试的后加热温度 184℃为比较依据，而是根据科学经验和常识，推断线速度在 29 m/min 的情况下，其后加热温度要有相应提高，并进而认为被诉侵权方法的后加热温度与权利要求 1 记载的后加热温度等同，具有合理性。

因此，生产铝塑复合带的线速度与专利权利要求 1 记载的相应技术特征构成相同，被诉侵权方法生产铝塑复合带的后加热处理温度与专利权利要求 1 记载的相应技术特征构成等同。再审申请人关于本两项技术特征不相同不等同的再审理由不能成立。

综上，被诉侵权方法技术方案中塑料薄膜与金属箔带表面的结合方式与本案专利权利要求 1 记载的“将塑料薄膜与金属箔带表面进行凹凸不平的非纯平面粘合”的技术特征既不构成相同，又不构成等同；被诉侵权方法技术方案中塑料膜表面凹凸不平粗糙面的厚度与权利要求 1 记载的相应技术特征“使塑料膜的表面形成 0.04－0.09mm 厚的凹凸不平粗糙面”既不构成相同，亦不构成等同。鉴定意见认定该上述两项技术特征相同或者等同，结论有误；认定被诉侵权方法中传送塑料膜的钢辊的温度与专利权利要求 1 记载的相应技术特征“35℃－80℃”构成相同，缺乏事实依据。由于被诉侵权方法技术方案有一项以上的技术特征与本案专利权利要求1的相应技术特征既不相同又不构成等同，被诉侵权方法技术方案没有落入专利权利要求1的保护范围。原一、二审判决及再审判决认定被诉侵权方法技术方案落入专利权利要求1的保护范围，结论有误。

（四）本案鉴定意见是否程序违法以及可否采信

申请再审人提出，鉴定人王振岳、宋志佗和侯在杰应该回避而未回避，鉴定复议程序中更换的刘月娥、聂孟民、张广成三位鉴定人未进行事先告知，鉴定程序违法，不应采信。对此，本院分析如下：

1. 鉴定人王振岳和宋志佗是否应当回避。首先，王振岳是北京邮电大学的高级工程师，其与西安秦邦公司的法定代表人杭涛曾共同发表《通讯光缆电缆用金属塑料复合带的实验研究与分析》一文，且杭涛曾向北京邮电大学自动化学院教育基金捐款5000元。上述事实表明，西安秦邦公司的法定代表人杭涛与鉴定人王振岳存在相对密切的联系。其次，宋志佗是北京通和实益电信科学技术研究所有限公司的工作人员，其所在公司与上海网讯公司共同参与起草了有关通信行业标准的制定。西安秦邦公司法定代表人杭涛和该公司副总经理王占财均为上海网讯公司的股东，且杭涛还是该公司的总经理。由此可以推知，宋志佗与西安秦邦公司的主要管理人员较为熟悉。最后，从本案鉴定中心选择的上述两名外省专家来看，其均与被申请人西安秦邦公司存在一定的关系，有可能影响鉴定意见的客观性和公正性。因此，鉴定人王振岳和宋志佗应该回避。原一、二审判决及再审判决以申请再审人在得知王振岳、宋志佗参加鉴定专家组时未提出回避申请，不能证明该两位鉴定人与西安秦邦公司有法律意义的利害关系等为由，认定王振岳、宋志佗不属于回避范围，适用法律错误。申请再审人的相应申请再审理由成立，应予支持。

2. 鉴定人侯在杰是否应当回避。2007年4月13日，鉴定中心的法定代表人、鉴定人侯在杰参加由陕西省法学会科技法学研究会主办，西安交通大学知识产权研究中心和西安秦邦公司共同承办的研讨会，侯在杰与西安秦邦公司法定代表人杭涛在会上分别进行了发言。侯在杰参会系受西安市科技局的指派，西安秦邦公司法定代表人杭涛系陕西省法学会科技法学研究会会员，并系该次研讨会承办单位之一，二人共同参加研讨会具有合理理由。而且，仅凭鉴定人侯在杰与西安秦邦公司法定代表人杭涛共同参加由西安秦邦公司共同承办的研讨会这一事实，并不足以证明侯在杰与西安秦邦公司存在一定的利害关系，也不足以证明可能影响本案鉴定意见的客观性和公正性。申请再审人仅以此为由主张鉴定人侯在杰应当回避，依据不足，本院不予支持。

3. 鉴定复议程序中更换刘月娥、聂孟民、张广成三位鉴定人是否存在程序违法。本案鉴定复议程序中，鉴定中心更换了刘月娥、聂孟民、张广成三位鉴定人，但并未事先告知申请再审人，程序上确实存在一定的瑕疵。但是，申请再审人并无证据证明该三位鉴定人不具备相应的鉴定资格条件或者与本案具有某种关系并可能影响复议意见的客观性和公正性。申请再审人仅以鉴定复议程序的上述瑕疵为由，主张本案鉴定意见不应采信，依据不足，本院不予支持。

综上，由于本案鉴定人王振岳和宋志佗应当回避而未予回避，可能影响本案鉴定意见的客观性和公正性。而且，前述对本案鉴定意见的分析已经表明，本案鉴定意见在权利要求 1 相关技术特征含义的解释及技术特征对比中存在错误。因此，本案鉴定意见不应采信。原一、二审判决及再审判决采信鉴定意见的结论，并在此基础上作出判决，结论错误，应予纠正。申请再审人的部分申请再审理由成立，应予支持。

（五）本案侵权损失评估报告是否程序违法以及结论可否采信

1. 本案侵权损失评估报告是否程序违法。本案中，高德公司出具的侵权损失评估报告由该公司注册资产评估师冯武和闫国强作出。虽然该两位评估师并未出庭接受质询，但在 2007 年 12 月 26 日一审法院庭审过程中，高德公司已经委派该公司另外两位工作人员出庭接受质询，并当庭对本案双方当事人提出的质疑和问题进行了解释和说明。因此，申请再审人关于本案侵权损失评估报告未进行充分有效质证，相关评估人员未出庭接受质询的主张依据不足，本院不予支持。

2. 本案侵权损失评估报告的结论可否采信。首先，本案侵权损失评估报告确认侵权收入所依据的产品类别。从高德公司出具的侵权损失评估报告来看，无锡隆盛厂生产、销售的产品中，确实包括钢带、铝带、字带等不同类别产品。但是，本案侵权损失评估报告在第 7 页第 5 –8 行中明确指出，其系根据西安秦邦公司提供的有关侵权产品类别，依据无锡隆盛厂提供凭证中发票品名为铝带、铝塑复合带的收入确认侵权收入。因此，本案侵权损失评估报告仅以无锡隆盛厂销售的铝带、铝塑复合带的收入确认侵权收入，并未包含所谓的钢带和字带的收入。申请再审人关于该评估报告书将无锡隆盛厂生产的钢带、铝带、字带三种产品的销售收入均作为铝带的销售收入的主张，与事实不符，本院不予支持。其次，本案侵权损失评估报告确认侵权收入所依据的生产方法。本案中，申请再审人未提供充分证据证明其生产方法中既有“流延法”，又有“热贴法”，本案侵权损失评估报告未区分上述两种方法，而将全部的铝带和铝塑复合带的收入作为确认侵权收入的基础，并无不当。申请再审人的相应申请再审理由不能成立。但应说明的是，由于本案被诉侵权方法未落入专利保护范围，本案侵权损失评估报告已经失去法律基础。

（六）再审判决在认定侵权成立的基础上判令二申请再审人承担连带赔偿责任是否妥当

二申请再审人于2002年11月28日共同给用户出具的《情况说明》表明，上海锡盛公司不仅由无锡隆盛厂设立，还全权代理无锡隆盛厂的一切业务，二者之间存在密切的关联关系。其中无锡隆盛厂负责生产，上海锡盛公司负责销售，两者共同实施了本案被诉侵权行为。原一、二审及再审判决在认定本案被诉侵权方法落入专利保护范围、二申请再审人的行为构成侵犯本案专利权的基础上，判令其承担连带赔偿责任，并无不当。申请再审人的相应申请再审理由不能成立。但是，鉴于本案被诉侵权方法未落入专利保护范围，二申请再审人的行为不构成侵犯本案专利权，原一、二审及再审判决判令二申请再审人承担连带赔偿责任已经失去法律基础，本院一并予以纠正。

综上，申请再审人关于本案举证责任分配错误、被诉侵权方法未落入专利权利要求1的保护范围、鉴定意见程序违法等申请再审理由成立。本案被诉侵权方法技术方案有一项以上的技术特征与本案专利权利要求1的相应技术特征既不相同又不构成等同，被诉侵权方法未落入专利权利要求1的保护范围。无锡隆盛厂、上海锡盛公司不构成侵犯本案专利权，西古公司使用无锡隆盛厂、上海锡盛公司生产的铝塑复合带产品的行为亦不构成侵权。原一、二审及再审判决认定被诉侵权方法落入本案专利权保护范围，二申请再审人无锡隆盛厂、上海锡盛公司的生产、销售行为构成专利侵权，西古公司使用二申请再审人生产的铝塑复合带产品的行为构成专利侵权，缺乏证据证明，适用法律错误，应予纠正。依据《中华人民共和国专利法》（2000年修正）第五十六条第一款、第五十七条第二款，《最高人民法院关于审理专利纠纷案件适用法律问题的若干规定》第十七条，《中华人民共和国民事诉讼法》第四十五条、第一百八十六条第一款、第一百五十三条第一款第（二）项、第（三）项之规定，判决如下：

一、撤销陕西省高级人民法院（2009）陕民再字第35号民事判决、（2008）陕民三终字第18号民事判决和陕西省西安市中级人民法院（2006）西民四初字第53号民事判决；

二、驳回西安秦邦电信材料有限责任公司的诉讼请求。

一审案件受理费 191800 元，证据保全费 100 元，技术鉴定费 150000 元，评估费 55000 元，二审案件受理费 191800 元，均由西安秦邦电信材料有限责任公司负担。

本判决为终审判决。

审　判　长　金克胜
代理审判员　朱　理
代理审判员　郎贵梅
二〇一二年八月二十四日
书　记　员　张　博

8. 说明书及附图的例示性描述对权利要求解释的作用

——再审申请人徐永伟与被申请人宁波市华拓太阳能科技有限公司侵犯发明专利权纠纷案

【裁判要旨】

运用说明书及附图解释权利要求时，由于实施例只是发明的例示，不应当以说明书及附图的例示性描述限制专利权的保护范围。

【关键词】

例示性描述　解释作用

【案号】

最高人民法院（2011）民提字第 64 号

【基本案情】

徐永伟是“太阳能手电筒”发明专利（即本案专利）的权利人。本案专利权利要求 1 为：一种太阳能手电筒，其包括有手电筒的筒体、灯头、灯座、开关，灯头与筒体进行连接，筒体内置有充电电池作为电源，同时手电筒上安装有控制电源断通的开关，筒体的外表面固定有太阳能电池板，太阳能电池板的输出与筒体内的充电电池进行并联连接，其特征在于所述的太阳能电池板与在外面的、保护太阳能电池板的、透明的罩盖组成可脱卸的部件，同时，筒体的表面开有配合的安装孔，罩盖的前部有前缘部分，与安装孔的前沿呈插接连接，罩盖的后端面上开有小孔，紧固有紧固件，紧固件与筒体的后部里表面进行配合固定，使该部件能够通过可脱卸的连接结构安装固定在筒体的外表面安装孔上。宁波市华拓太阳能科技有限公司（以下简称华拓公司）生产、销售被诉侵权的太阳能手电筒，并在其网站上和产品宣传册中进行许诺销售。徐永伟以华拓公司的行为构成专利侵权为由提起诉讼。浙江省宁波市中级人民法院一审认为华拓公司构成侵权，判决华拓公司立即停止侵权、赔偿徐永伟经济损失6万元（含徐永伟为调查、制止侵权支付的合理费用）。徐永伟、华拓公司均提起上诉。浙江省高级人民法院二审认为，本案专利的发明目的在于采用透明的罩盖对太阳能电池板进行保护，防止异物划伤损坏，延长使用寿命，并采用可脱卸式的安装结构，方便其拆换太阳能电池板。被诉侵权产品筒体后端盖经过高压冲压后固定在手电筒的筒体上，无法通过人力正常打开。因此，被诉侵权产品的筒体后端盖并不具备本案专利的“可脱卸的连接结构”这一必要技术特征，从而也使其太阳能电池板与透明罩盖之间无法进行脱卸和更换，也不具备本案专利的“太阳能电池板与在外面的、保护太阳能电池板的、透明的罩盖组成可脱卸的部件”这一必要技术特征。遂判决撤销一审判决、驳回徐永伟的诉讼请求。徐永伟向最高人民法院申请再审，最高人民法院裁定提审本案。再审过程中，徐永伟以华拓公司的侵权行为仍在继续为由，将其一审诉请的赔偿数额20万元调整为50万元。最高人民法院于2011年5月10日判决撤销二审判决，维持一审判决，华拓公司向徐永伟另支付制止侵权的合理费用3万元。

【裁判意见】

最高人民法院再审认为：权利要求的作用在于界定专利权的权利边界，说明书及附图主要用于清楚、完整地描述专利技术方案，使本领域技术人员能够理解和实施该专利。而教导本领域技术人员实施专利的最好方式之一是提供实施例，但实施例只是发明的例示，因为专利法不要求也不可能要求说明书列举实施发明的所有具体方式。因此，运用说明书及附图解释权利要求时，不应当以说明书及附图的例示性描述限制专利权的保护范围。否则，就会不合理地限制专利权的保护范围，有违鼓励发明创造的立法本意。本案专利权利要求书并未记载电筒“后端盖”，仅在说明书的实施例部分及附图部分有所提及，不能将“后端盖”作为界定本案专利权保护范围的依据。同时，专利权利要求 1 中的“可脱卸”是指电池板与罩盖之间的可脱卸以及罩盖、电池板与筒体之间的可脱卸，而后端盖的开合是指后端盖与筒体之间的可脱卸，两者并非同一含义。此外，华拓公司在申请再审中提交的专利审查档案进一步印证，后端盖不属于本案专利所述“可脱卸连接结构”的组成构件。因此，专利权利要求中“可脱卸”部件或者连接结构等技术特征与后端盖能否开合无关。被诉侵权产品的后端盖不能通过人力打开，并不意味着其不具有专利权利要求中的“可脱卸”特征。被诉侵权产品具备了专利权利要求 1 的全部技术特征，落入本案专利权的保护范围。

中华人民共和国最高人民法院民事判决书

（2011）民提字第 64 号

申请再审人（一审原告、二审上诉人）：徐永伟，男，1960 年 10 月 2 日出生，汉族，住浙江省宁海县×镇×街 98 号。

委托代理人：石道银，浙江东方正理律师事务所律师。

被申请人（一审被告、二审上诉人）：宁波市华拓太阳能科技有限公司，住所地浙江省奉化市高新技术开发区东江路 16 号。

法定代表人：沈华耿，总经理。

委托代理人：杜军，浙江天册律师事务所律师。

申请再审人徐永伟与被申请人宁波市华拓太阳能科技有限公司（以下简称华拓公司）侵犯发明专利权纠纷一案，浙江省高级人民法院于 2010 年 3 月 1 日作出（2010）浙知终字第 11 号民事判决，已经发生法律效力。2010 年 7 月，徐永伟向本院申请再审。2010 年 10 月 12 日，本院裁定提审本案。本院依法组成合议庭于 2011 年 3 月 21 日公开开庭进行了审理，申请再审人徐永伟及其委托代理人石道银、被申请人华拓公司的法定代表人沈华耿及其委托代理人杜军到庭参加诉讼。本案现已审理终结。

2009 年 7 月，徐永伟以华拓公司侵犯其“太阳能手电筒”发明专利权为由，向浙江省宁波市中级人民法院提起诉讼，请求法院判令：1. 华拓公司立即停止生产、销售和许诺销售被诉侵权产品，销毁侵权模具和库存的侵权品、半成品；2. 华拓公司赔偿徐永伟经济损失 20 万元（含徐永伟为制止侵权所支付的合理费用）；3. 华拓公司承担本案的诉讼费用。

浙江省宁波市中级人民法院一审认定，徐永伟于 2005 年 1 月 11 日向国家知识产权局申请了一种名称为“太阳能手电筒”的发明专利，国家知识产权局于2008年10月8日授予其发明专利权并公告，专利号为ZL200510023199.0。该专利至今有效。该发明专利的权利要求共8项，权利要求1为：一种太阳能手电筒，其包括有手电筒的筒体、灯头、灯座、开关，灯头与筒体进行连接，筒体里内置有充电电池作为电源，同时手电筒上安装有控制电源断通的开关，筒体的外表面固定有太阳能电池板，太阳能电池板的输出与筒体内的充电电池进行并联连接，其特征在于所述的太阳能电池板与在外面的、保护太阳能电池板的、透明的罩盖组成可脱卸的部件，同时，筒体的表面开有配合的安装孔，罩盖的前部有前缘部分，与安装孔的前沿呈插接连接，罩盖的后端面上开有小孔，紧固有紧固件，紧固件与筒体的后部里表面进行配合固定，使该部件能够通过可脱卸的连接结构安装固定在筒体的外表面安装孔上。华拓公司生产、销售过被诉侵权的太阳能手电筒，并在其网站上和产品宣传册中进行许诺销售。2009年6月11日，在宁波市国际会议展览中心举行的浙江省投资贸易洽谈会和中国国际日用消费品博览会上，徐永伟委托他人在华拓公司参展的展位上购买了2个被诉侵权的太阳能手电筒，价值共计100元。该购买过程由浙江省宁波市天一公证处进行了公证。2009年6月25日，徐永伟致函华拓公司称，华拓公司生产、销售的几款太阳能手电筒涉嫌侵犯徐永伟上述发明专利权，要求华拓公司立即停止侵权，并赔偿损失。2009年8月，应徐永伟的申请，浙江省宁波市中级人民法院裁定对华拓公司进行证据保全，在该公司生产车间、仓库内未发现被诉侵权的太阳能手电筒产品，仅在该公司办公室内发现了几个太阳能手电筒样品，并提取了4个太阳能手电筒。

浙江省宁波市中级人民法院一审认为，在被诉侵权产品与涉案专利权利要求1的比对中，双方当事人对于被诉侵权产品包含权利要求1中前序部分的全部技术特征，均无异议；但对于被诉侵权产品是否包含权利要求1中特征部分的全部技术特征，存在争议。华拓公司提出被诉侵权产品不具备其中“太阳能电池板与透明罩盖组成可脱卸的部件”和“该部件通过可脱卸的连接结构安装固定在筒体的外表面安装孔上”这两个技术特征。但其在庭审中承认被诉侵权产品在安装时太阳能电池板和透明罩盖是分离的，两者与手电筒筒体的连接方式也与专利权利要求1所描述的插接连接和紧固件连接相同。其同时提到，被诉侵权产品在安装之前筒体的尾端是开放的，太阳能电池板和透明罩盖安装上去后，就通过高压冲压方式将筒体尾端密封起来，非经破坏性方式，筒体后端盖无法打开。因此，华拓公司认为，被诉侵权产品的太阳能电池板和透明罩盖事实上无法脱卸，太阳能电池板与透明罩盖作为整体也无法与筒体脱卸。涉案专利的发明目的之一就是通过可脱卸式的安装结构，以方便拆换太阳能电池板。权利要求1只对太阳能电池板与透明罩盖的连接关系进行了描述，但这种连接方式要实现其发明目的，需建立在手电筒筒体本身可以拆开的基础上。专利说明书的背景技术和实施例描述了筒体后端可以打开后端盖的特征，而被诉侵权产品的筒体后端由于非经破坏性手段不能打开，尽管其太阳能电池板与透明罩盖及两者与筒体的连接方式都与专利一样，也不能实现专利的发明目的。故华拓公司认为被诉侵权产品缺少专利的两个必要技术特征，没有落入涉案专利权的保护范围。对此，原一审法院认为，涉案专利权的保护范围以其独立权利要求的内容为准，独立权利要求包括前序部分和特征部分，特征部分主要记载了“太阳能电池板与在外面的、保护太阳能电池板的、透明的罩盖组成可脱卸的部件”和“筒体的表面开有配合的安装孔，罩盖的前部有前缘部分与安装孔的前沿呈插接连接，罩盖的后端面上开有小孔，紧固有紧固件，紧固件与筒体的后部里表面进行配合固定，使该部件能够通过可脱卸的连接结构安装固定在筒体的外表面安装孔上”这两个技术特征。被诉侵权产品有太阳能电池板，也有透明的罩盖，透明罩盖是在太阳能电池板外面、能保护太阳能电池板，且太阳能电池板与罩盖在安装之前不是直接做成一体，与手电筒筒体也不是直接做成一体，而是作为分离的部件安装到手电筒筒体上去的，因此，被诉侵权产品包含了第一个技术特征；另华拓公司也承认被诉侵权产品的太阳能电池板与罩盖是与专利相同的连接结构安装固定在筒体上的，即筒体的表面开有配合的安装孔，罩盖的前部有前缘部分，与安装孔的前沿呈插接连接，罩盖的后端面上开有小孔，紧固有紧固件，紧固件与筒体的后部里表面进行配合固定，使该部件安装固定在筒体的外表面安装孔上的。该陈述与被诉侵权产品所反映的连接结构也相吻合。而专利记载的这种连接结构就是可脱卸的连接结构的具体化，因此，被诉侵权产品也包含了上述第二个技术特征。至于手电筒筒体尾端是否能打开，并非权利要求记载的必要技术特征，不能以此确定被诉侵权产品是否具有可脱卸部件和可脱卸连接结构的技术特征。筒体尾端能打开，可以更好地实现专利发明目的，反之，则不能认为筒体尾端不能打开，就不具备专利必要技术特征，且被诉侵权产品在安装时筒体尾端是打开的，由于其实施的是专利技术中的可脱卸部件和可脱卸的连接结构，至少在安装时可以实现太阳能电池板的拆换。因此，应该认为被诉侵权产品包含了独立权利要求特征部分的全部技术特征。综上，被诉侵权产品全面覆盖了涉案专利的全部必要技术特征，被诉侵权产品落入了涉案专利权的保护范围。华拓公司未经徐永伟的许可，生产、销售、许诺销售落入徐永伟发明专利权保护范围的太阳能手电筒产品，已侵犯了徐永伟的发明专利权，应承担相应的民事责任。徐永伟要求华拓公司停止侵权、赔偿损失于法有据，予以支持。因徐永伟未能举证证明华拓公司有专用模具和库存侵权产品，证据保全时也未发现，故对徐永伟要求销毁华拓公司库存侵权产品和模具的诉讼请求不予支持。关于赔偿数额的确定，因徐永伟未提供其因侵权所受到的损失或华拓公司因侵权所获得利益的确切依据，故该院对徐永伟要求以法定赔偿方式判令华拓公司赔偿20万元的诉请不予足额支持，综合考虑本案专利权的类别，华拓公司侵权的性质和情节，包括并无证据证明华拓公司有大规模生产侵权产品的事实，在证据保全时也未发现华拓公司有库存侵权产品，太阳能手电筒并非华拓公司主打产品，以及徐永伟为调查、制止侵权所支付的合理费用等因素，酌情确定赔偿数额。浙江省宁波市中级人民法院依法作出（2009）浙甬知初字第228号民事判决，判令：1. 华拓公司立即停止制造、销售、许诺销售侵权产品；2. 华拓公司于判决生效后十日内赔偿徐永伟经济损失6万元（含徐永伟为调查、制止侵权支付的合理费用）；3. 驳回徐永伟的其他诉讼请求。一审案件受理费4300元，由徐永伟负担1505元，华拓公司负担2795元。

徐永伟、华拓公司均不服一审判决，向浙江省高级人民法院提起上诉。

浙江省高级人民法院二审认定的事实与一审查明的事实一致。

二审庭审中，华拓公司对被诉侵权产品与专利前序部分的技术特征相同没有异议，华拓公司认为两者的不同之处就在于，被诉侵权产品不具备专利权利要求1记载“所述的太阳能电池板与在外面的、保护太阳能电池板的、透明的罩盖组成可脱卸的部件”以及“使该部件能够通过可脱卸的连接结构安装固定在筒体的外表面安装孔上”两项技术特征。

浙江省高级人民法院二审认为，参看涉案专利的说明书以及徐永伟在庭审中的陈述，涉案专利的发明目的在于采用透明的罩盖对太阳能电池板进行保护，防止异物划伤损坏，延长使用寿命，并采用可脱卸式的安装结构，方便其拆换太阳能电池板。为此，涉案专利所采取的技术方案是，将太阳能电池板与透明罩盖组成可脱卸的部件，该部件通过可脱卸的连接结构安装固定在筒体的外表面安装孔上。这一技术方案既方便拆换太阳能电池板，又实现了对太阳能电池板的保护。而比较被诉侵权产品的技术方案，其太阳能电池板与透明罩盖安装固定在筒体的外表面上，并将紧固件与筒体后部里表面进行配合固定，但其手电筒筒体后端盖经过高压冲压后固定在手电筒的筒体上，无法通过人力正常打开。因此，被诉侵权产品的筒体后端盖并不具备涉案专利的“可脱卸的连接结构”这一必要技术特征，从而也使其太阳能电池板与透明罩盖之间无法进行脱卸和更换，也不具备涉案专利的“太阳能电池板与在外面的、保护太阳能电池板的、透明的罩盖组成可脱卸的部件”这一必要技术特征。由于被诉侵权产品缺少涉案专利独立权利要求中的全部必要技术特征，故并未落入涉案专利的保护范围。原一审判决认定事实不清，适用法律错误，应予纠正。浙江省高级人民法院依法判决：1. 撤销一审民事判决；2. 驳回徐永伟的诉讼请求。一审案件受理费 4300 元，二审案件受理费 1300 元，合计 5600 元，均由徐永伟负担。

徐永伟不服原二审判决，向本院申请再审称，1. 电筒“后端盖”不是专利权利要求 1 记载的技术特征，后端盖是否可以人力打开，是基于不同客户的需求而制作。即使后端盖无法人力打开，通过台钳、人力冲床等专业工具也可以打开和压上。原二审判决以后端盖不能人力打开为由认定被诉侵权产品未落入专利权的保护范围，错误地限制了专利权的保护范围。2. 专利技术特征中的“可脱卸”是指，电池板与罩盖之间可脱卸，电池板、罩盖与筒体之间可脱卸。后端盖是否可打开与上述“可脱卸”无关。被诉侵权产品已全面覆盖了专利权全部技术特征，应依法认定构成对涉案专利权的侵犯。请求本院撤销原二审判决，改判华拓公司停止侵权，销毁生产模具、库存品及半成品，赔偿徐永伟经济损失 20 万元（含为制止侵权支付的合理费用），并承担本案的诉讼费用。

被申请人华拓公司辩称，根据说明书实施例的记载，涉案专利的发明目的是方便电池板的更换，在更换时，要拧开电筒后端盖。因此，后端盖不能打开，就无法实现电池板的可脱卸，二审判决不构成侵权，并无不当。此外，即使可以通过专业工具打开后端盖，但是电筒的普通消费者不可能有该专业工具。

本院再审查明，原一、二审判决认定的事实基本属实。

再审中，徐永伟向本院提交《调整赔偿数额申请书》称，2011 年 3 月 8 日的公证书显示，华拓公司在原审判决后继续通过网络许诺销售被诉侵权产品。而且，为了本案的申请再审及再审，徐永伟支出了差旅费 10880 元、住宿费 4100 元、律师代理费 7 万元、公证费 800 元。因此，将其一审起诉的赔偿数额 20 万元调整为 50 万元（含为制止侵权支付的合理费用），并提交了相关单据佐证。华拓公司在再审中未提交新的证据，其对徐永伟再审提交的证据的质证意见是，对于网页公证书的真实性无异议，但本案的赔偿数额应以徐永伟一审起诉的时间为准，公证书所证明的内容与本案无关。机票显示申请再审人在京停留过长，已超出参加庭审、询问等诉讼活动的合理时间，故差旅费、住宿费均应扣减。徐永伟主张的7万元律师费是通过银行转账支付的，但未提交转账凭证佐证。

本院再审认为，本案当事人争议的焦点问题是，1. 被诉侵权产品的后端盖不能通过人力打开是否意味着其不具有专利权利要求中的“可脱卸”特征。2. 若专利侵权成立，如何确定赔偿数额。

关于第一个焦点问题，首先，能否以“后端盖”限制本案专利权的保护范围。**根据2000年修正的专利法第五十六条规定，发明或者实用新型专利权的保护范围以其权利要求的内容为准，说明书及附图可以用于解释权利要求。权利要求的作用在于界定专利权的权利边界，说明书及附图主要用于清楚、完整地描述专利技术方案，使本领域技术人员能够理解和实施该专利。而教导本领域技术人员实施专利的最好方式之一是提供实施例，但实施例只是发明的例示，因为专利法不要求、也不可能要求说明书列举实施发明的所有具体方式。因此，运用说明书及附图解释权利要求时，不应当以说明书及附图的例示性描述限制专利权的保护范围。否则，就会不合理地限制专利权的保护范围，有违鼓励发明创造的立法本意。**本案中，对于电筒“后端盖”，专利权利要求书并未记载，仅是说明书的实施例部分及附图部分有所提及。如上所述，将“后端盖”作为界定本案专利权保护范围的依据之一，是不正确的。

其次，“后端盖”是否属于本案专利所述的“可脱卸”部件或连接结构。专利权利要求1记载的技术特征涉及“可脱卸”的有：（1）太阳能电池板与在外面的、保护太阳能电池板的、透明的罩盖组成可脱卸的部件；（2）使该部件能够通过可脱卸的连接结构安装固定在筒体的外表面安装孔上。另据说明书的描述，专利权利要求1中的“可脱卸”是指，电池板与罩盖之间的可脱卸，罩盖、电池板与筒体之间的可脱卸，而后端盖的开合是指，后端盖与筒体之间的可脱卸。显然，后端盖的开合与权利要求书、说明书所述的两个“可脱卸”均非同一涵义。此外，专利审查档案记录了专利授权过程，反映了审查员与专利申请人交涉的具体情形，对于专利权保护范围的确定亦有解释作用。本案中，华拓公司在申请再审中提交的专利审查档案显示，所述的可脱卸的连接结构为筒体的表面开有配合的安装孔，罩盖的前部有前缘部分，与安装孔的前沿呈插接连接，罩盖的后端面上开有小孔，紧固有紧固件，紧固件与筒体的后部里表面进行配合固定。故进一步印证，后端盖不属于本案专利所述“可脱卸连接结构”的组成构件。因此，专利权利要求中“可脱卸”

部件或者连接机构等技术特征不受后端盖是否开合的限制。

再次，假使考虑“后端盖”对于专利所述“可脱卸”的影响，“后端盖”的开合是否仅指通过人力实现。徐永伟提交了用以证明通过台钳、人力冲床可以实现后端盖开合的证据，而华拓公司在庭审中并未否认被诉侵权产品的后端盖可以通过非人力方式打开，但主张，专利所称的“可脱卸”仅指通过人力打开后端盖，而不包括借助专业工具。对此，徐永伟认为，太阳能手电筒与普通手电筒不同，更换太阳能电池板时需要电路的焊接，这是普通消费者无法完成的，需要技术人员处理，因此，专业人员通过工具打开后端盖，就可以实现电池板的脱卸。本院认为，说明书在实施例部分记载“后端盖 7 拧在筒体 1 上”“打开后端盖 7”，说明书在背景技术部分提及手电筒的野外使用，但其强调是在无市电充电的野外环境下，利用太阳能进行充电，而不是意味着，电池板的拆换也必须在野外完成。因此，通过阅读说明书等专利文件，无法得出后端盖的开合仅指通过人力实现的结论。

综上，被诉侵权产品的后端盖不能通过人力打开，并不意味着其不具有专利权利要求中的“可脱卸”特征。另外，华拓公司认可，被诉侵权产品的太阳能电池板与罩盖在安装之前不是直接做成一体，与筒体也不是直接做成一体，而是作为分离的部件安装到筒体上。而且，被诉侵权产品的太阳能电池板、罩盖安装固定在筒体上的连接方式是，筒体的表面开有配合的安装孔，罩盖的前部有前缘部分，与安装孔的前沿呈插接连接，罩盖的后端面上开有小孔，紧固有紧固件，紧固件与筒体的后部里表面进行配合固定，使该部件安装固定在筒体的外表面安装孔上。因此，被诉侵权产品具备了专利权利要求 1 的全部技术特征，落入专利权的保护范围，华拓公司的行为构成对涉案专利权的侵犯。

关于第二个焦点问题，因华拓公司构成对徐永伟专利权的侵犯，故华拓公司应承担停止侵权、赔偿损失的民事责任。关于本案赔偿数额的确定，因徐永伟未提供其因侵权所受到的损失或华拓公司因侵权所获得利益的确切证据，亦无专利许可使用费可以参照，故原一审判决综合考虑专利权的类别，华拓公司侵权的性质和情节，包括并无证据证明华拓公司有大规模生产侵权产品的事实，在证据保全时也未发现华拓公司有库存侵权产品，太阳能手电筒并非华拓公司主打产品，以及徐永伟为调查、制止侵权所支付的合理费用等因素，酌情确定赔偿数额为 6 万元，基本适当，予以维持。**关于徐永伟在再审中申请调整损失赔偿数额，因该申请的主要理由是被诉侵权行为在本案诉讼期间仍在继续，故徐永伟申请调整损失赔偿数额属于对一审诉讼请求的增加。根据《最高人民法院关于适用〈中华人**

民共和国民事诉讼法〉若干问题的意见》第一百八十四条的规定，徐永伟可就诉讼期间华拓公司的实施行为另行起诉，徐永伟为调查此期间华拓公司实施行为而支出的800元公证费，亦不在本案处理之列。另，徐永伟为本案的申请再审、再审所支付的差旅、住宿、律师代理等费用并不针对华拓公司在诉讼期间的实施行为，属于因制止本案被诉侵权行为所支付的费用，本院结合具体案情，酌情确定该期间的合理费用为3万元。

关于销毁模具、库存品、半成品的诉讼请求，因徐永伟未能举证证明华拓公司存在专用生产模具、库存侵权产品、半成品，且原一审法院在证据保全时亦未发现上述物品，故原一审判决未支持该诉讼请求，并无不当。

综上所述，原二审判决认定华拓公司不构成对徐永伟专利权的侵犯，适用法律错误，应予纠正。依照《中华人民共和国民事诉讼法》第一百八十六条第一款、第一百五十三条第一款第（二）项以及2000年修正的《中华人民共和国专利法》第十一条第一款、《最高人民法院关于审理专利纠纷案件适用法律问题的若干规定》第二十一条、第二十二条的规定，判决如下：

一、撤销浙江省高级人民法院（2010）浙知终字第11号民事判决；

二、维持浙江省宁波市中级人民法院（2009）浙甬知初字第228号民事判决；

三、宁波市华拓太阳能科技有限公司于本判决生效后十日内向徐永伟另支付权利人为制止侵权行为所支付的合理费用3万元。

如果未按本判决指定的期间履行给付金钱义务，应当依照《中华人民共和国民事诉讼法》第二百二十九条的规定，加倍支付迟延履行期间的债务利息。

一审案件受理费4300元，由徐永伟负担1505元，宁波市华拓太阳能科技有限公司负担2795元。二审案件受理费1300元，由宁波市华拓太阳能科技有限公司负担。

本判决为终审判决。

审 判 长　王永昌
代理审判员　李　剑
代理审判员　宋淑华
二〇一一年五月十日
书 记 员　王　新

9. 通过测量说明书附图得到的尺寸参数不能限定权利要求的保护范围

——再审申请人深圳盛凌电子股份有限公司与被申请人安费诺东亚电子科技（深圳）有限公司侵犯实用新型专利权纠纷案

【裁判要旨】

未在权利要求书中记载而仅通过测量说明书附图得到的尺寸参数一般不能用来限定权利要求保护范围。

【关键词】

测量　附图　不应限定权利要求

【案号】

最高人民法院（2011）民申字第1318号

【基本案情】

安费诺东亚电子科技（深圳）有限公司（以下简称安费诺东亚公司）是名称为“小型计算机系统接口双向连接器”实用新型专利（即本案专利）的专利权人。本案专利的技术特征之一为“端盖设有可将插接本体之梯形槽框架端固定的定位槽，端盖与壳体间为卡扣连接”。安费诺东亚公司认为深圳盛凌电子股份有限公司（以下简称盛凌公司）生产、销售、许诺销售SCSI连接器，侵犯本案专利权，提起本案诉讼。广东省深圳市中级人民法院一审认为，本案涉及的被诉侵权产品分为两类，一类是在盛凌公司处保全的被诉侵权产品，另一类是盛凌公司在其网站上做广告的被诉侵权产品。保全的被诉侵权产品缺乏定位槽的技术特征，故该被诉侵权产品未落入本案专利权的保护范围。第二类被诉侵权产品落入本案专利权的保护范围。因安费诺东亚公司提交的证据仅证明盛凌公司从事了许诺销售侵权行为，并无实际生产、销售行为，故安费诺东亚公司要求盛凌公司承担停止生产、销售专利产品并赔偿经济损失的诉讼请求，不予支持。遂判决盛凌公司立即停止本案许诺销售行为，驳回安费诺东亚公司其他诉讼请求。安费诺东亚公司和盛凌公司均不服，提出上诉。广东省高级人民法院二审认为，一审法院保全的被诉侵权产品全部覆盖了本案专利权利要求1的必要技术特征，落入了本案专利权保护范围，故判决撤销一审判决，判令盛凌公司停止制造、销售、许诺销售侵权产品以及销毁库存侵权产品，赔偿安费诺东亚公司经济损失。盛凌公司不服，向最高人民法院申请再审。最高人民法院于2012年2月15日裁定驳回其再审申请。

【裁判意见】

最高人民法院审查认为：本案专利权利要求1要求保护的技术方案中，端盖与壳体以及梯形槽框架三者的配合关系是通过定位槽将插接本体中梯形槽框架的端部固定、端盖与壳体之间卡扣连接。权利要求1限定了通过该定位槽将端盖与梯形槽框架进行配合，并具有端盖能够与壳体卡扣连接的技术特征。至于定位槽的厚度以及梯形槽框架左端的厚度，没有予以限定。虽然本案专利说明书附图中所示的定位槽的宽度略等于梯形槽框架左端部的厚度，但是，通过对说明书附图进行测量得到的尺寸参数不能限定权利要求的技术特征。其原因是发明或者实用新型专利权的保护范围以其权利要求书的内容为准，说明书是权利要求书的依据，而权利要求是在说明书的基础上，用构成发明或者实用新型技术方案的技术特征来表明要求专利保护的范围。只有记载在权利要求书中的技术特征才会对该权利要求的保护范围产生限定作用，在说明书中予以描述而没有在权利要求书中予以记载的技术特征，一般不能用来限定权利要求的保护范围。由于本案专利权利要求书中“定位槽”的含义是清楚、确定的，并且说明书没有就“定位槽”的含义作特别界定，因此，应当以权利要求自身界定的内容为准，而不能以“说明书及附图可以用于解释权利要求的内容”为依据，以解释定位槽为借口，将权利要求中没有记载的内容纳入到权利要求中，将说明书附图中测量得到的定位槽的厚度读入到权利要求书，达到实质上以说明书来修改权利要求的目的。权利要求1没有限定“定位槽”的厚度，说明书也没有对“定位槽”予以特别定义，不能推导出定位槽的宽度是略等于梯形槽框架左端的厚度。盛凌公司将说明书附图中的定位槽的厚度读入权利要求，提出定位槽的厚度略等于梯形槽框架左端部的厚度的主张，不予支持。

中华人民共和国最高人民法院民事裁定书

（2011）民申字第1318号

申请再审人（一审被告、二审上诉人）：深圳盛凌电子股份有限公司。住所地：广东省深圳市光明新区公明办事处根玉路与南明路交汇处华宏信通工业园一栋。

法定代表人：蒋志坚，该公司总经理。

委托代理人：易钊，广东顺诚律师事务所律师。

被申请人（一审原告、二审上诉人）：安费诺东亚电子科技（深圳）有限公司。住所地：广东省深圳市宝安区公明街道工业总公司塘尾工业区 A3、A4 栋、AM2 一楼。

法定代表人：Richard Adam Norwitt，该公司首席执行官。

委托代理人：王敏，男，汉族，1961 年 5 月 19 日出生，东莞市众达专利商标事务所专利代理人，住广东省东莞市莞城区 × 区 4 座 6 楼 5 号。

申请再审人深圳盛凌电子股份有限公司（以下简称盛凌公司）因与被申请人安费诺东亚电子科技（深圳）有限公司（以下简称安费诺东亚公司）侵犯实用新型专利权纠纷一案，不服广东省高级人民法院（2011）粤高法民三终字第 59 号民事判决，向本院申请再审。本院依法组成合议庭对本案进行了审查。本案现已审查终结。

盛凌公司申请再审称：1. 二审判决认定一审法院保全的被诉侵权产品落入了本案专利权的保护范围，缺乏证据证明且适用法律错误。（1）本案专利是基于传统铆接式结构的改进，传统铆接式结构的端盖上没有定位槽，而是一个中缺口。本案专利是在缺口处增设了一个定位柱后，形成了宽度略等于梯形槽框架左端部厚度的定位槽，从而将铆接式结构改成了卡接式结构。无论从权利要求 1 的字面含义，还是从说明书的具体实施例，都可看出权利要求 1 中限定的定位槽是要对梯形槽框架的端部起定位、固定作用，防止其上下移动，所以才将其命名为“定位槽”。一审法院保全的被诉侵权产品的端盖是大缺口“U 形槽”结构，梯形槽框架的端部可在这个大缺口中有较大的上、下活动空间，没有被固定或定位。被诉侵权产品对权利要求 1 没有构成字面侵权。（2）权利要求 1 对端盖上所设的槽有特别的限定，包括“可将插接本体之梯形槽框架端固定”、“定位”，均属于用功能效果表述的技术特征。对于这一功能效果的技术特征，应当结合说明书和附图描述的具体实施方式及其等同的实施方式来确定该技术特征的内容。一审法院保全的被诉侵权产品的端盖上只有大缺口，该大缺口不具备“可将插接本体之梯形槽框架端固定”的功能或效果，也不具备“定位”的功能或效果。该被诉侵权产品中并不具有权利要求 1 中以功能或者效果表述的技术特征，二审判决忽略了由“可将插接本体之梯形槽框架端固定”以及“定位”这些功能效果所构成的技术特征，仅以“端盖设有槽”作为技术特征，扩大了本案专利权的保护范围，错误地作出了构成侵权的认定。(3) 对权利要求的内容存在不同理解时应根据说明书和附图进行解释。本案对“端盖设有可将插接本体之梯形槽框架端固定的定位槽”这一技术特征有不同的理解，所以应根据说明书和附图进行解释以确定权利要求 1 的保护范围。被诉侵权产品只有大缺口，该大缺口的宽度远大于梯形槽框架左端部的厚度，它对梯形槽框架左端部没有定位功能，更没有固定功能。由于没有采用“端盖设有可将插接本体之梯形槽框架端固定的定位槽”这一特征，而是使用了改进之前的传统大缺口结构，这种大缺口结构与本案专利的定位槽结构既不相同也不等同。广东省专利信息中心知识产权司法鉴定所于 2011 年 6 月根据盛凌公司的申请于 2011 年 7 月 7 日作出了粤知司鉴所［2011］鉴字第 22 号知识产权司法鉴定书，该鉴定意见认定，SCSI 连接器的端盖上没有“可将插接本体之梯形槽框架端固定的定位槽”。因此，一审法院保全的被诉侵权产品没有落入本案专利的保护范围。2. 二审判决认定盛凌公司实施了销售行为，该认定缺乏证据证明，且剥夺了当事人的辩论权利。安费诺东亚公司于 2009 年 6 月向盛凌公司发过专利侵权警告函，并指出盛凌公司网页上展示的产品涉嫌侵权，盛凌公司收到警告函后，对产品结构做出改进以避免侵权，一审法院进行产品保全时盛凌公司提供了试产样品。由于安费诺东亚公司在此期间向案外人作了通报，导致订单被取消。一审法院保全的产品只能证明盛凌公司有试产样品，没有证据证明盛凌公司有实施批量制造的行为，更没有证据证明有实施销售行为。由于盛凌公司认为一审法院保全的被诉侵权产品不构成侵权，且一审法院也认定不侵权，所以在二审中对于是否有实施销售行为的问题，未提出来作为争议焦点，双方均未就此发表辩论意见。针对盛凌公司是否有销售一审法院保全的被诉侵权产品的事实，二审判决在未进行辩论的情况下直接作出认定，违反法律规定，剥夺了当事人辩论权利，属于《中华人民共和国民事诉讼法》第一百七十九条第一款第（十）项所列的情况。严重影响了案件的正确判决。综上，请求本院对本案进行再审，依法改判。

安费诺东亚公司提交书面意见认为：1. 二审判决认定的基本事实清楚、适用法律正确、证据确实充分。盛凌公司认为本案专利只有端盖上有了定位柱，并与端盖顶部之间形成合适的空间才具有定位功能的主张，不能成立。本案专利权利要求 1 对于定位槽的结构、大小、宽度、高度等参数并没有作出限定，凡是具备槽型并用于固定作用的结构都属于本案专利的保护范围。2. 二审法院给予了双方充分辩论的权利，双方当事人充分行使了辩论权。盛凌公司提及几家公司取消订单，恰恰证明其具备了实质的生产能力并且进行了销售，销售行为应当在订单确定时已经成立，订单取消的结果只能对赔偿造成影响，而不能否定销售行为的存在。

本院认为，本案当事人争议的主要焦点问题是：一审法院保全的被诉侵权产品是否落入了本案专利权的保护范围；二审法院认定盛凌公司实施了销售行为是否缺乏证据证明，是否剥夺了当事人的辩论权利。

（一）一审法院保全的被诉侵权产品是否落入本案专利权的保护范围

本案专利授权公告的权利要求 1 为：一种小型计算机系统接口双向连接器，包括：由两端设有螺钉孔的梯形槽框架和通过绝缘体安装在梯形槽框架之梯形槽内的端子组成的插接本体、壳体和端盖，其特征在于：端盖设有可将插接本体之梯形槽框架端固定的定位槽，端盖与壳体间为卡扣连接。判断一审法院保全的被诉侵权产品是否落入了本案专利权的保护范围的关键在于被诉侵权产品是否具有“定位槽”这一技术特征。专利法规定，发明或者实用新型专利权的保护范围以其权利要求的内容为准，说明书及附图可以用于解释权利要求的内容。本案专利权利要求 1 要求保护的技术方案中，端盖与壳体以及梯形槽框架三者的配合关系是，通过定位槽将插接本体中梯形槽框架的端部固定、端盖与壳体之间卡扣连接。权利要求 1 限定了通过该定位槽将端盖与梯形槽框架进行配合，并具有端盖能够与壳体卡扣连接的技术特征。至于定位槽的厚度以及梯形槽框架左端的厚度，没有予以限定。**虽然本案专利说明书附图中所示的定位槽的宽度略等于梯形槽框架左端部的厚度，但是，通过对说明书附图进行测量得到的尺寸参数不能限定权利要求的技术特征。其原因是发明或者实用新型专利权的保护范围以其权利要求书的内容为准，说明书是权利要求书的依据，而权利要求是在说明书的基础上，用构成发明或者实用新型技术方案的技术特征来表明要求专利保护的范围。只有记载在权利要求书中的技术特征才会对该权利要求的保护范围产生限定作用，在说明书中予以描述而没有在权利要求书中予以记载的技术特征，是不能用来限定权利要求保护范围的。**因此，权利要求的基本属性决定了权利要求所记载的技术特征越少，表达每一个技术特征所采用的措辞越是具有广泛的含义，该权利要求的保护范围也就越大。**由于本案专利权利要求书中“定位槽”的含义是清楚、确定的，并且说明书也没有就“定位槽”的含义作特别界定，因此，应当以权利要求自身界定的内容为准，而不能以“说明书及附图可以用于解释权利要求**

的内容”为依据，以解释定位槽为借口，将权利要求中没有记载的内容纳入到权利要求中，将说明书附图中测量得到的定位槽的厚度读入到权利要求书，达到实质上以说明书来修改权利要求的目的。

盛凌公司主张本案专利是基于“背景技术”中铆接式结构的“上、下”方向可同时被固定的思路，才通过增设定位柱来形成与梯形槽框架的左端厚度相当的定位槽，以确保“上、下”方向的限制、固定的。经审查，本案专利说明书记载，现有计算机系统接口插接器由两端设有螺钉孔的梯形槽框架、通过绝缘体安装在梯形槽内的端子和壳体及端盖组成，所属端盖铆接在装有绝缘体和端子的梯形槽框一端，再与壳体相套后通过螺丝组装成一体。本案专利技术方案是针对背景技术的这种插接器与设备输出线缆的组长方向是唯一的，提供了灵活性好，能够满足设备线缆出线两个方向选择的小型计算机系统接口双向连接器。本案专利的贡献点并非是一定要在达到铆接的上下限制固定的状态下，再构造出一个与梯形槽框架的左端厚度相当的定位槽。**权利要求 1 没有限定“定位槽”的厚度，说明书也没有对“定位槽”予以特别的定义，不能推导出定位槽的宽度是略等于梯形槽框架左端的厚度。**本案专利说明书具体实施方式部分描述“端盖 3 设有可卡入梯形槽框架端的定位槽 31”、“端盖 3 插入到位时，端盖 3 的定位槽 31 将梯形槽框架 10 端固定”，指出了定位槽与其他结构之间的配合关系。使用“卡入”、“定位”、“固定”等词语是表明各个结构之间进行组配后形成的具体状态，并非必须是定位槽的厚度与梯形槽框架左端部的厚度大小相当才存在“卡入”和“固定”。综上，**盛凌公司将说明书附图中的定位柱读入权利要求，提出定位槽的厚度略等于梯形槽框架左端部的厚度的主张，本院不予支持。**

盛凌公司认为被诉侵权产品的端盖设有可将插接本体之梯形槽框架端固定的“U 形槽”结构，这个“U 形槽”结构缺口很大，与本案专利的“定位槽”既不相同也不等同。事实上，被诉侵权产品是端盖通过其定位槽将插接本体中梯形槽框架的端部固定、端盖与壳体之间卡扣连接。由于被诉侵权产品部件之间的配合结构与本案专利权利要求 1 的技术方案相同。“U 形槽”的顶壁限制了插接本体之梯形槽框架往“上”的移动，“U 形槽”的左侧壁限制了插接本体之梯形槽框架往“左”的移动。正是端盖设置有“U 形槽”，从而在端盖的前、后侧壁形成了“避空位”，使得端盖与壳体间能够实现卡扣连接。进而实现了对插接本体之梯形槽框架端的固定。盛凌公司关于“避空位 + 定位柱”才属于“定位槽”的理由不能成立。还应说明的是，如果单单依靠定位槽的作用，而没有端盖与壳体之间的卡扣连接，插接本体之梯形槽框架端也是无法固定的。“定位槽”与“端盖与壳体之间的卡扣连接”二者必须进行配合设计，方能达到将插接本体之梯形槽框架端固定的目的，二者缺一不可。而被诉侵权产品就是卡扣连接。由于插接本体之梯形槽框架往“下”的移动已被壳体所限制，因此，不必专门设置“定位柱”来约束插接本体之梯形槽框架往“下”的运动。“U形槽”结构就是用来固定插接本体之梯形槽框架端，实现定位功能的。本专利权利要求1中没有记载定位柱这一技术特征，也没有对定位槽的厚度与梯形槽框架的厚度予以限定，“U形槽”结构就是“定位槽”。被诉侵权产品具有“端盖设有可将插接本体之梯形槽框架端固定的定位槽”这一技术特征。二审判决认定被诉侵权产品覆盖了专利权利要求1的全部技术特征，落入本案专利的保护范围，并无不当。盛凌公司申请再审提交的鉴定报告系二审判决后单方委托形成的，其结论亦与事实不符，对此证据，本院不予采纳。盛凌公司关于二审判决认定被诉侵权产品落入了本案专利权的保护范围，缺乏证据证明以及适用法律错误的申请再审理由，本院不予支持。

此外，本领域技术人员通过阅读本案专利权利要求、说明书及附图可以得出，权利要求1记载的“定位槽”是将插接本体之梯形槽框架端固定的起到定位作用的槽形结构。“定位槽”是本领域普遍知悉、约定俗成的概念，并非功能性技术特征。盛凌公司关于“定位槽”是功能性限定的技术特征的主张，本院亦不予支持。

（二）关于盛凌公司是否具有销售行为以及二审法院是否剥夺了当事人进行辩论的权利

根据原审查明的事实，盛凌公司于2010年4月8日发给安费诺东亚公司《关于我公司“64Pin SCSI连接器”不侵犯贵方专利权的声明》，其中称：“……贵方还向华为技术有限公司等单位作了通报，导致这些客户以我公司产品侵权为由取消了从我公司购买该‘64Pin SCSI连接器’的订单，给我公司造成了非常巨大的损失。”该声明所附的盛凌公司产品的结构与一审法院保全的被诉侵权产品的结构一样。由于盛凌公司与案外人订立购销合同后，盛凌公司就已经抢占了专利权人的市场份额。购销合同未能履行的原因是案外人得知所购产品涉嫌侵犯他人专利权而取消了订单。二审法院因销售合同已经依法成立，据此认定盛凌公司构成专利法第十一条规定的销售行为，并无不当。

民事诉讼法规定，人民法院审理民事案件时，当事人有权进行辩论。所谓辩论权利是一方当事人有权就对方当事人提出的事实主张、证据材料及法律主张进行反驳、答辩，发表自己意见和见解。民事诉讼法第一百七十九条第一款第（十）项规定的剥夺当事人辩论的权利是指，原审开庭过程中审判人员不允许当事人行使辩论权利，或者以不送达起诉状副本或上诉状副本等其他方式，致使当事人无法行使辩论权利的情形。本案二审法院在双方当事人参加法庭审理的情况下，征得双方同意，针对双方争议的事实总结了争议焦点，当事人就作为裁判基础的基本事实，主要证据材料和案件的法律问题进行了辩论，发表了陈述意见，并不存在二审法院剥夺盛凌公司辩论权利的事实。盛凌公司关于二审判决程序违法的申请再审理由，本院不予支持。

综上，盛凌公司的再审申请不符合《中华人民共和国民事诉讼法》第一百七十九条的规定。依照《中华人民共和国民事诉讼法》第一百八十一条第一款之规定，裁定如下：

驳回深圳盛凌电子股份有限公司的再审申请。

审　判　长　金克胜
代理审判员　罗　霞
代理审判员　朱　理
二〇一二年二月十五日
书　记　员　张　博

10. 权利要求中自行创设技术术语的解释规则

——再审申请人上海摩的露可锁具制造厂与被申请人上海固坚锁业有限公司侵害实用新型专利权纠纷案

【裁判要旨】

在解释权利要求时，对于申请人自行创设的技术术语，一般可依据权利要求书、说明书中的定义或解释来确定其含义。如果缺乏该种解释或定义的，则应当结合权利要求书、说明书、附图中记载的有关背景技术、发明目的、技术效果等内容，查明该技术术语的工作方式、功能、效果，以确定其在整体技术方案中的含义。

【关键词】

实用新型　权利要求　自创术语　解释规则

【案号】

最高人民法院（2013）民提字第113号

【基本案情】

在再审申请人上海摩的露可锁具制造厂（以下简称摩的露可厂）与被申请人上海固坚锁业有限公司（以下简称固坚公司）侵害实用新型专利权纠纷案中，固坚公司系名称为“一种空转锁的装置”的实用新型专利（即本案专利）的独占被许可人。本案专利共包括7项权利要求，其中，独立权利要求1为：“一种空转锁的装置：包含钥匙（1）、锁芯（4）、锁体（8），其特征是，所述锁芯（4）的一端供钥匙（1）插入，另一端设有旋转推进器（5），伸缩联动器（6）一端与旋转推进器（5）相邻，另一端设有伸缩杆，锁体（8）一端或锁体（8）外圆设有供伸缩联动器（6）向外伸出的通道（11）……”固坚公司以摩的露可厂侵害本案专利权为由，提起诉讼。上海市第一中级人民法院一审认为，被诉侵权产品是一种空转锁，其中存在与旋转推进器配合的部件，且这一部件也有其伸缩的运行空间，故被诉侵权产品的技术特征与本案专利必要技术特征相同。在本案专利申请日之前，摩的露可厂已经实际制造、销售了相同车锁，故其有权在原有范围内继续制造车锁。据此判决驳回固坚公司的诉讼请求。固坚公司不服，提起上诉。上海市高级人民法院二审认为，被诉侵权产品落入本案专利权的保护范围，但现有证据不能证明摩的露可厂享有先用权。遂判决撤销一审判决，改判摩的露可厂立即停止侵权行为并赔偿固坚公司经济损失及合理费用35000元。摩的露可厂不服，向最高人民法院申请再审。最高人民法院裁定提审本案，并于2014年1月26日判决撤销一审、二审判决，驳回固坚公司的诉讼请求。

【裁判意见】

最高人民法院提审认为：判断被诉侵权产品是否落入本案专利权保护范围的前提，在于正确理解权利要求1中“伸缩联动器”在整体技术方案中的含义。“伸缩联动器”并非申请日前本领域已有技术术语，而是由专利申请人自行创设。为满足描述新专利技术方案的客观需要，应当允许申请人在撰写专利申请文件时使用自行创设的技术术语。但是，由于该类技术术语的含义并不为本领域普通技术人员所知悉，申请人在使用这种技术术语时，有义务在权利要求书或者说明书中对该技术术语进行清楚、准确地定义、解释或者说明，以使得本领域技术人员能够清楚地理解其在技术方案中的含义。在确定这类技术术语的含义时，如果权利要求书、说明书已经对其进行了清楚、明确地定义或者解释的，一般可依据该定义或者解释来确定其含义。如果缺乏该种定义或解释的，即应结合说明书、附图中记载的背景技术、技术问题、发明目的、技术方案、技术效果等相关内容，在查明该技术术语工作方式、功能、效果的基础上，确定其在本案专利整体技术方案中的含义。本案中，申请人在权利要求书和说明书中均没有对“伸缩联动器”进行定义或者解释，根据说明书所记载的背景技术、技术效果等内容，本案专利的发明目的是提供一种空转防盗锁装置。利用该装置，可以直接将各种类型的锁芯改造成空转锁，使普通锁具备空转防盗功能。根据本案专利的具体实施方式，伸缩联动器是设置在旋转推进器与锁舌或者锁栓之间，用以推动锁舌或者锁栓运动的中间部件，其与锁舌或者锁栓各自独立，并非同一部件。本案专利技术方案中没有记载以伸缩联动器直接替代锁舌或者锁栓，由伸缩联动器本身直接起闭锁作用的技术内容，即伸缩联动器并非“锁舌”而实质上属于“锁舌拨动件”，其与锁舌或者锁栓既各自独立，又相互配合，方能实现本案专利技术方案的发明目的和技术效果。被诉侵权产品中的锁舌直接起闭锁作用，锁舌由旋转推进器直接推动，二者之间没有设置伸缩联动器或其他中间部件。在空转防盗时，被诉侵权产品由于锁舌通道随锁体转动，使得锁舌无法通过通道回复到锁体中，从而实现空转防盗功能。而本案专利则是由于旋转推进器无法推动伸缩联动器，继而无法推动锁舌或者锁栓，从而实现空转防盗的功能。因此，被诉侵权产品中的锁舌与本案专利中伸缩联动器的工作方式、功能、效果均不相同，未落入本案专利权的保护范围。

中华人民共和国最高人民法院民事判决书

（2013）民提字第113号

再审申请人（一审被告、二审被上诉人）：上海摩的露可锁具制造厂。住所地：上海市金山区松隐镇东街50弄588号。

投资人：马翔，该厂厂长。

委托代理人：郭瑞霞，上海汇茂律师事务所律师。

委托代理人：熊曼娟，上海汇茂律师事务所律师。

被申请人（一审原告、二审上诉人）：上海固坚锁业有限公司。住所地：上海市松江区九亭镇九舒路129号。

法定代表人：沈其衡，该公司总经理。

委托代理人：孙建华，该公司职员。

再审申请人上海摩的露可锁具制造厂（以下简称摩的露可厂）因与被申请人上海固坚锁业有限公司（以下简称固坚公司）侵害实用新型专利权纠纷一案，不服上海市高级人民法院（2012）沪高民三（知）终字第33号民事判决，向本院申请再审。本院于2013年5月23日作出（2013）民申字第367号民事裁定，提审本案。本院依法组成合议庭，于2013年8月20日公开开庭审理了本案，摩的露可厂的投资人马翔及其委托代理人郭瑞霞、熊曼娟，固坚公司法定代表人沈其衡及其委托代理人孙建华到庭参加诉讼，本案现已审理终结。

2011年7月26日，固坚公司向上海市第一中级人民法院起诉称：固坚公司享有专利号为200820155495.5，名称为"一种空转锁的装置"的实用新型专利（以下简称涉案专利）的独占使用权。摩的露可厂未经许可实施涉案专利技术，生产、销售了大量侵权产品，请求判令摩的露可厂立即停止侵权行为，赔偿经济损失10万元，支付固坚公司的合理支出3840元。

上海市第一中级人民法院审理查明：2008年11月18日，孙建华、沈其衡向国家知识产权局申请涉案专利，2009年11月18日获得授权。涉案专利共包括7项权利要求，其中独立权利要求1为："一种空转锁的装置：包含钥匙（1）、锁芯（4）、锁体（8），其特征是，所述锁芯（4）的一端供钥匙（1）插入，另一端设有旋转推进器（5），伸缩联动器（6）一端与旋转推进器（5）相邻，另一端设有伸缩杆，锁体（8）一端或锁体（8）外圆设有供伸缩联动器（6）向外伸出的通道（11），锁体（8）的外圆与外壳（2）的内圆之间装有阻尼弹簧（9）和定位钢球（10）或阻尼弹片（12）和定位凸台（13）。"从属权利要求6为："根据权利要求1所述的一种空转锁的装置，其特征是，所述旋转推进器（5）设有凸轮轴，伸缩联动器（6）为圆柱形或多边形柱体。"

2009年12月1日，两专利权人与固坚公司签订《专利实施许可合同》，许可固坚公司独占实施涉案专利。

2010年6月25日，沈其衡从摩的露可厂购买了150U型轮胎锁、190U型锁、80厘米链条锁各一把（以下统称被诉侵权产品），并获得产品说明和《摩的牌特种汽车方向盘锁》、《摩的锁》宣传资料各一份。上海市徐汇区公证处对上述过程公证并出具（2010）沪徐证字第3339号公证书。上述150U型轮胎锁、190U型锁、80 厘米链条锁具有相同的技术特征。

案外人上海南裕商贸有限公司盛凌车行（以下简称盛凌车行）于 2008 年 3 月开始销售摩的露可厂提供的与 190U 型锁结构相同的车锁。案外人上海恰荣工贸有限公司（以下简称恰荣公司）于 2008 年 3 月初开始销售摩的露可厂提供的与 100 厘米链条锁结构相同的车锁。

上海市第一中级人民法院一审认为：被诉侵权产品是一种空转锁，尽管摩的露可厂否认其中有“伸缩杆”及“伸缩联动器向外伸出的通道”，但其中确实存在与旋转推进器配合的部件，而且这一部件也有其伸缩的运行空间，故被诉侵权产品的技术特征与涉案专利必要技术特征相同。在涉案专利申请日之前，摩的露可厂已经实际制造、销售了相同车锁，故其有权在原有范围内继续制造车锁。据此判决驳回固坚公司的全部诉讼请求，一审案件受理费 2377 元，由固坚公司负担。

固坚公司不服一审判决，向上海市高级人民法院提起上诉。

上海市高级人民法院二审审理查明，一审判决有关盛凌车行、恰荣公司销售的由摩的露可厂提供的车锁的结构，分别与 190U 型锁和 100 厘米链条锁结构相同的认定缺乏事实依据。一审判决查明的其余事实属实。

上海市高级人民法院认为，现有证据不能证明摩的露可厂享有先用权。摩的露可厂制造的被诉侵权产品落入涉案专利权的保护范围，应承担停止侵权、赔偿损失的民事责任。据此判决：撤销一审判决。摩的露可厂立即停止侵害固坚公司享有的涉案专利独占实施权。摩的露可厂赔偿固坚公司经济损失及合理费用 3.5 万元。对固坚公司的其余诉讼请求不予支持。一审案件受理费 2377 元，由固坚公司承担 788.5 元，摩的露可厂承担 1588.5 元；二审案件受理费 2377 元，由固坚公司承担 788.5 元，摩的露可厂承担 1588.5 元。

摩的露可厂不服二审判决，向本院申请再审称：（一）被诉侵权产品中的锁舌与涉案专利中的伸缩联动器不同，被诉侵权产品中不具有伸缩联动器或者伸缩杆。1. 伸缩联动器是涉案专利中自行创设的技术术语，并非本领域普遍使用、用以指明锁具中某个通用部件的技术术语。关于伸缩联动器的含义，应当根据涉案专利说明书和权利要求书确定。根据涉案专利说明书的记载，涉案专利空转锁的开闭锁功能的实现，是通过旋转推进器的运动使伸缩联动器伸出通道，伸缩联动器推动锁舌运动使锁的闭锁结构被打开。因此，伸缩联动器的功能是连接旋转推进器与锁舌，起到的是中华人民共和国轻工业行业标准 QB/T 3835 - 1999（锁具名词术语）（以下简称 QB/T 3835－1999 标准）中“锁舌拨动件”的作用。涉案专利说明书中，也一直将伸缩联动器与锁舌分开表述，始终在说明伸缩联动器与锁舌两个部件相互配合以达到开闭锁的目的。因此，被诉侵权产品中锁舌的定义、特征与功能均不同于涉案专利中的伸缩联动器。2. 根据 QB/T 3835－1999 标准中对锁舌的定义，锁舌是指“锁具中直接起闭锁作用的部件。按其形状不同分为方舌、斜舌、原舌、钩子舌等（零件或部件）”。被诉侵权产品中具有伸缩功能，能伸入槽中与闭锁结构相连的部件为锁舌，符合前述行业标准中有关锁舌的定义。3. 所有锁都具有旋转推进器，但与旋转推进器配合的并非只有伸缩联动器或伸缩杆，还有可能是锁舌或钢珠。涉案专利需要伸缩联动器、伸缩杆与锁舌配合，才能达到开锁、闭锁、空转防盗目的。被诉侵权产品通过旋转推进器与锁舌的直接配合达到相同目的，并不具备伸缩联动器以及伸缩杆。4. 被诉侵权产品中只有供锁舌进出的锁舌槽，锁舌槽与涉案专利中供伸缩联动器向外伸出的通道不同，被诉侵权产品没有供伸缩联动器向外伸出的通道。5. 固坚公司提供的专利产品实物与涉案专利不同，二审法院依据该实物进行侵权比对错误。（二）说明书与附图对侵权判断具有重要参考意义，可以用来说明专利产品的结构及其工作原理。二审法院未参考涉案专利说明书和附图，不符合法律规定。（三）二审法院有关摩的露可厂不享有先用权的认定错误。摩的露可厂请求撤销一、二审判决，驳回固坚公司的诉讼请求，由固坚公司承担本案诉讼费用。

固坚公司提交意见认为，（一）一、二审判决认定被诉侵权产品落入涉案专利权的保护范围正确。1. 被诉侵权产品中，与旋转推进器配合的只有一个伸缩运动部件，并不存在所谓的锁舌部件。涉案专利中的伸缩联动器是可以伸缩运动的部件，除了带动锁舌外，也可以直接卡入锁杆的缺口中将锁杆卡住，具有锁舌功能。被诉侵权产品中的锁舌和涉案专利中的伸缩联动器都能在旋转推进器的带动下，完成相同的功能，两者实质上相同。2. 被诉侵权产品中的锁舌槽与涉案专利中供伸缩联动器向外伸出的通道的功能和原理完全相同，都是供伸缩联动器伸缩运动。3. 被诉侵权产品具备涉案专利的全部必要技术特征，即使单独增加一个锁舌，也同样构成侵权。（二）专利法保护产品的形状、构造及其结合方法，并不保护说明书中某个具体实施方式的运动方式和工作原理。侵权判定应当以权利要求记载的特征为准，而不能仅用具体实施方式的内容来解释权利要求。如果权利要求的含义本身是明确的，则无需借助其他手段进行解释。（三）摩的露可厂有关其享有先用权的主张不能成立。

本院再审期间，摩的露可厂提交了如下证据：

1. QB/T 3835－1999 标准，该标准于 1999 年 4 月 21 日发布实施，用以证明本领域中锁舌、锁舌拨动件的含义。其中 3. 2. 2 部分载明：“锁舌 bolt 锁具中直接起闭锁作用的部件。按其形状不同分为方舌、斜舌、原舌、钩子舌等（零件或部件）。” 3. 2. 3 部分载明：“锁舌拨动件 follower 直接起拨动锁舌作用的零件。”

2. 上海共飞自行车公司出具的证明、增值税发票及其营业执照，用以证明其在涉案专利申请日前已经销售被诉侵权产品。

3. 上海增值税普通发票、价格对比表，用以证明摩的露可厂在涉案专利申请日前已经销售被诉侵权产品。

针对上述证据 1，固坚公司未提出异议。针对上述证据 2、3，固坚公司未对其真实性提出异议，但认为证据 2、3 中增值税发票上写的“80cm 链条锁”只是一种尺寸规格，并非产品型号，其对应的锁体不是被诉侵权产品。

本院审查查明，二审法院审理查明的事实属实。

本院另查明以下事实：

涉案专利说明书记载，涉案专利的发明内容为：“本实用新型的目的是克服现有技术的不足，而提供一种结构简单、加工容易、刚性好、故障率低的空转锁装置，并可将各种类型的锁芯改造成空转锁。”涉案专利的技术效果为：“1. 结构简单、零部件少、故障率低；2. 普通零件、加工容易成本低；3. 不改变现有锁具的弹子或叶片的形状，空间部署合理，刚性强，使用寿命长；4. 正常开启时，省去锁芯内部的径向运动，直接由轴向运动转为旋转运动去操作锁舌开启，省略径向运动环节，既有空转防撬功能，又有普通锁具故障率低的优点。”

涉案专利说明书具体实施方式及说明书附图中记载了六项实施例。六项实施例的区别在于旋转推进器、伸缩联动器的配合方式不同。说明书具体实施方式中详细描述了附图 1 所示实施例 1 的空转锁结构、开闭锁过程及其空转防盗原理，具体如下：（一）空转锁开启时的动作原理为：“将原配钥匙插入锁芯 4……伸缩联动器 6 的三角凹形在回位弹簧 7 的压力下紧贴旋转推动器 5 的三角凸形……所以，旋转钥匙 1 使凸形对凹形产生了相对运动……与凹形是一个整体的伸缩杆被推动后伸出通道 11 并嵌入锁舌或锁栓上的槽或孔中并可带动其转动。”“锁芯 4 直接带动锁体 8 克服……阻力后在外壳 2 腔内转动，伸缩联动器 6 上的伸缩杆则开始带动锁舌或锁栓转动，通过锁舌或锁栓的直接动作或间接传递动作使锁具的闭锁机构被打开，达到正常开启锁具的目的。”（二）空转锁闭锁的动作原理为：

“旋转钥匙1带动锁芯4使旋转推动器转动90°……伸缩联动器6上的伸缩杆则从通道11缩回并脱离锁舌或锁栓上的槽或孔，脱离伸缩联动器6控制的锁舌或锁栓在其拉簧、扭簧等弹簧作用下将锁具闭锁。”（三）空转防盗的动作原理为：“用非原配钥匙或技术性开启工具或扭撬工具插入锁芯4之后，只要稍微用一点点力，锁芯4就立即带动锁体8空转……此时伸缩联动器6未受到旋转推进器5的推动，伸缩杆不能向通道11外面移动去带动锁舌或锁栓转动。”“正常开启时，伸缩联动器6上的伸缩杆伸出通道11去带动锁舌或锁栓动作；非正常开启时，伸缩联动器上的伸缩杆没有伸出通道11而无法带动锁舌或锁栓的动作。”涉案专利说明书中未记载不通过锁舌，由伸缩联动器本身直接起闭锁作用的技术方案。

被诉侵权产品的开闭锁、空转防盗工作原理为：在正常开闭锁过程中，锁体不发生转动，旋转推进器直接推动锁舌运动从而开闭锁。在空转防盗时，锁体发生转动，因锁舌伸出锁体外圆的通道并被卡在锁舌槽中，所以锁舌并不随锁体一起转动；因锁体转动，导致锁体外圆上供锁舌伸出的通道相对于锁舌发生转动，故锁舌无法通过该通道回复到锁体中，从而实现空转防盗功能。

本院认为，本案争议焦点在于：1. 如何理解涉案专利权利要求1中技术特征伸缩联动器的含义。2. 被诉侵权产品是否落入涉案专利权的保护范围。

（一）关于如何理解涉案专利权利要求1中伸缩联动器的含义

关于被诉侵权产品是否落入涉案专利权的保护范围，双方主要争议在于被诉侵权产品中是否具有涉案专利权利要求1中的伸缩联动器、伸缩联动器一端设置的伸缩杆以及供伸缩联动器向外伸出的通道，这些争议均涉及对伸缩联动器含义的理解。

摩的露可厂认为，伸缩联动器在涉案专利中起到的是QB/T 3835－1999标准中“锁舌拨动件”的功能，故被诉侵权产品中的锁舌与伸缩联动器不同，被诉侵权产品中不具有伸缩联动器。固坚公司则认为，伸缩联动器除了可以带动锁舌工作外，其本身也可以具有锁舌功能，伸缩联动器与被诉侵权产品中的锁舌相同。双方当事人对于伸缩联动器的含义的争议，实质上源于各自对伸缩联动器在涉案专利技术方案中的工作方式、功能、效果的理解不同。因此，判断被诉侵权产品是否落入涉案专利权的保护范围的前提，在于正确理解伸缩联动器在涉案专利整体技术方案中的含义。

伸缩联动器并非涉案专利申请日前本领域中已有的技术术语，是专利申请人自行创设的技术术语。一方面，根据《中华人民共和国专利法》（2008 年修订）第二条第二款的规定，“专利法所称发明，是指对产品、方法或者其改进所提出的新的技术方案”。由于人类语言相对于客观世界具有滞后性，其总是随着客观世界的发展、进步而不断丰富。对于一项申请日之前未曾出现过的新的技术方案而言，仅仅使用申请日之前已有的技术术语，专利申请人可能难以准确、客观地描述该技术方案相对于现有技术所作出的改进。因此，为了满足描述新的专利技术方案的客观需要，应当允许专利申请人在撰写专利申请文件时使用自行创设的技术术语。另一方面，由于自行创设的技术术语的含义并不为本领域普通技术人员所知悉，故专利申请人在使用自行创设的技术术语时，亦有义务在权利要求书或者专利说明书中对该技术术语进行清楚、准确地定义、解释或者说明，以使得本领域技术人员能够清楚地理解该技术术语在专利技术方案中的含义。

在确定自行创设的技术术语的含义时，应当综合考虑权利要求书、说明书、附图中记载的与该技术术语相关的技术内容。权利要求书、说明书中对该技术术语进行了清楚、明确的定义或者解释的，一般可依据该定义或者解释来确定其含义。权利要求书、说明书中未能对该技术术语进行清楚、明确的定义或者解释的，则应当结合说明书、附图中记载的与该技术术语有关的背景技术、技术问题、发明目的、技术方案、技术效果等内容，查明该技术术语相关的工作方式、功能、效果，以确定其在涉案专利整体技术方案中的含义。

涉案专利中，专利申请人在权利要求书与说明书中均没有对伸缩联动器进行定义或者解释，因此，需要综合考虑说明书、附图中记载的与该技术术语相关的技术内容来确定其含义。首先，根据涉案专利的背景技术、发明内容以及技术效果，涉案专利的发明目的是提供一种空转防盗锁装置。利用该装置，可以直接将各种类型的锁芯改造成空转锁，使普通锁具备空转防盗功能。涉案专利既不涉及对普通锁中的锁舌或者锁栓本身进行改进，也不涉及以伸缩联动器直接替代锁舌或者锁栓的方式，对普通锁进行改造。

其次，根据涉案专利具体实施方式，伸缩联动器系以下述方式实现其功能：在正常开闭锁时，伸缩联动器的一端在旋转推进器的推动下发生伸缩运动，伸缩联动器的另一端设置有伸缩杆，伸缩杆带动锁舌或者锁栓运动使锁开闭。在空转防盗过程中，伸缩联动器随锁体一起转动，其与旋转推进器之间不发生相对运动，旋转推进器无法推动伸缩联动器发生伸缩运动，伸缩联动器无法带动锁舌或者锁栓运动，从而实现锁具空转防盗的目的。因此，涉案专利必须通过伸缩联动器与旋转推进器配合方式的变化，使得伸缩联动器与锁舌或者锁栓的配合方式发生变化，从而实现开闭锁或者空转防盗的目的。伸缩联动器是设置在旋转推进器与锁舌或者锁栓之间，用以推动锁舌或者锁栓运动的中间部件。伸缩联动器与锁舌或者锁栓各自独立，并非同一部件。涉案专利中也没有记载以伸缩联动器直接替代锁舌或者锁栓，由伸缩联动器本身直接起闭锁作用的技术内容。

再次，摩的露可厂提供的 QB/T 3835－1999 标准是有关锁具名词术语的国家行业标准，可以证明涉案专利申请日之前本领域中与锁具有关的技术术语的含义，帮助本领域技术人员理解涉案专利中伸缩联动器的含义。QB/T 3835－1999 标准 3.2.2 部分记载："锁舌 bolt 锁具中直接起闭锁作用的部件"，3.2.3 部分记载："锁舌拨动件 follower 直接起拨动锁舌作用的零件"。由于伸缩联动是用于推动锁舌或者锁栓运动的部件，伸缩联动器本身不能直接起到闭锁作用。因此，伸缩联动器不符合上述标准中有关"锁舌"的定义，其实质上属于标准中的"锁舌拨动件"。

综上所述，根据涉案专利说明书的背景技术、发明内容、技术方案、技术效果以及 QB/T 3835－1999 标准，涉案专利中的伸缩联动器系用于推动锁舌或者锁栓运动的中间部件，伸缩联动器与锁舌或者锁栓各自独立，相互配合，方能实现涉案专利技术方案的发明目的和技术效果。固坚公司有关伸缩联动器也具有锁舌功能的主张，缺乏事实依据，本院不予支持。

（二）关于被诉侵权产品是否落入涉案专利权的保护范围

被诉侵权产品中的锁舌不同于伸缩联动器。首先，被诉侵权产品中的锁舌直接起闭锁作用，符合 QB/T 3835－1999 标准中有关锁舌的定义。而伸缩联动器用于推动锁舌或者锁栓运动，其本身不能起闭锁作用。其次，虽然被诉侵权产品中的锁舌也可以伸缩运动，但是锁舌是由旋转推进器直接推动，二者之间没有设置伸缩联动器或其他中间部件。而涉案专利中旋转推进器与锁舌或者锁栓之间设置有伸缩联动器，旋转推动器不能直接推动锁舌或者锁栓，而是通过伸缩联动器推动锁舌或者锁栓。再次，在空转防盗时，被诉侵权产品由于锁舌通道随锁体转动，使得锁舌无法通过通道回复到锁体中，从而实现空转防盗功能。而涉案专利则是由于旋转推进器无法推动伸缩联动器，继而无法推动锁舌或者锁栓，从而实现空转防盗的功能。因此，被诉侵权产品中的锁舌与伸缩联动器的工作方式、功能、效果均不相同，被诉侵权产品既不具备涉案专利权利要求 1、6 中的伸缩联动器，也不具备伸缩联动器一端设置的伸缩杆。

被诉侵权产品中的锁舌槽用于容纳锁舌，供锁舌伸缩运动，而非供伸缩联动器伸缩运动。锁舌槽与涉案专利中供伸缩联动器向外伸出的通道的工作方式、功能、效果均不相同。由于被诉侵权产品中不具备伸缩联动器，自然也无需设置供伸缩联动器向外伸出的通道。因此，被诉侵权产品不具有涉案专利权利要求 1、6 中的技术特征供伸缩联动器向外伸出的通道。

综上所述，被诉侵权产品不具有涉案专利权利要求 1、6 中的伸缩联动器、伸缩联动器一端设置的伸缩杆以及供伸缩联动器向外伸出的通道，未落入涉案专利权的保护范围。一审判决以“车锁中确实存在着与旋转推进器配合的部件，而且这一部件也有其伸缩的运行空间”为由，未能从整体上理解伸缩联动器在涉案专利技术方案中的含义，以致错误认定被诉侵权产品落入涉案专利权的保护范围。二审判决未能纠正一审判决，认定事实、适用法律亦有错误，本院予以纠正。

鉴于被诉侵权产品未落入涉案专利权的保护范围，故对于摩的露可厂有关其享有先用权的主张及其提交的证据 2、3，本院不再进行评述。

综上，二审判决认定事实和适用法律均有错误，应予纠正。依照《中华人民共和国专利法》（2008 年修正）第十一条、第五十九条第一款，《中华人民共和国民事诉讼法》（2012 年修正）第二百零七条第一款、第一百七十条第一款第（二）项之规定，判决如下：

一、撤销上海市高级人民法院（2012）沪高民三（知）终字第 33 号民事判决和上海市第一中级人民法院（2011）沪一中民五（知）初字第 150 号民事判决；

二、驳回上海固坚锁业有限公司的诉讼请求。

一审案件受理费 2377 元，二审案件受理费 2377 元，由上海固坚锁业有限公司负担。

本判决为终审判决。

审 判 长 周 翔

代理审判员 杜微科

代理审判员 周云川

二零一四年一月二十六日

书 记 员 张 博

11. 并列独立权利要求引用在前独立权利要求时保护范围的确定

——再审申请人哈尔滨工业大学星河实业有限公司与被申请人江苏润德管业有限公司侵害发明专利权纠纷案

【裁判要旨】

并列独立权利要求引用在前的独立权利要求时，在前独立权利要求对该并列独立权利要求保护范围的限定作用应当如何确定的问题。最高人民法院指出，在确定引用在前独立权利要求的并列独立权利要求的保护范围时，虽然被引用的在前独立权利要求的特征应当予以考虑，但其对该并列独立权利要求并不必然具有限定作用，其实际的限定作用应当根据其对该并列独立权利要求的技术方案或保护主题是否有实质性影响来确定。

【关键词】

并列独立权利要求　在前独立权利要求　保护范围

【案号】

最高人民法院（2013）民申字第790号

【基本案情】

哈尔滨工业大学星河实业有限公司（以下简称星河公司）系名称为“一种钢带增强塑料排水管道及其制造方法和装置”的发明专利（即本案专利）的权利人。本案专利有三个独立权利要求，分别是权利要求1、2和6。上述三个独立权利要求分别为：1. 一种钢带增强塑料复合排水管道，包括一个塑料管体和与管体成一体的加强肋，加强肋内复合有增强钢带，其特征在于钢带上有若干矩形或圆形的通孔或钢带两侧轧制有纹路，两个加强肋之间塑料形状具有中间凸起，管体的端部具有一个连接用的承插接头，承插接头的连接部具有密封胶或橡胶圈。2. 一种制造权利要求1所述的钢带增强塑料排水管道的方法，其特征在于包括如下步骤：A. 将挤出机与复合机头成直角布置，钢带从机头一端引入复合机头，并在机头内与塑料复合，经冷却、定型、牵引后成型为钢带增强塑料复合异型带材钢带；B. 将异型带材运送到安装现场；C. 缠绕并熔焊异型带材形成钢带增强塑料排水管；D. 在排水管的端口设置塑料承插接头并将其熔焊连接形成连续的排水管道……6. 一种实施权利要求2所述方法的制造钢带增强塑料排水管的装置，包括：A. 将钢带与塑料复合形成具有钢带加强肋的异型带材的复合装置；B. 缠绕并熔焊异型带材形成钢带增强塑料排水管的缠绕装置；C. 在钢带增强塑料排水管的端口设置承插接头的装置。星河公司发现江苏润德管业有限公司（以下简称润德公司）使用与其本案专利相同的制造方法和装置生产、销售塑料钢带缠绕排水管，遂提起诉讼，请求法院判令润德公司停止侵权并赔偿损失。江苏省南京市中级人民法院一审认为，润德公司管道缺少权利要求1记载的“钢带上有若干矩形或圆形的通孔或钢带两侧轧制有纹路”和“两个加强肋之间塑料形状具有中间凸起”两个技术特征，故润德公司制造的管道未落入本案专利独立权利要求1的保护范围；权利要求2和6的这一主题名称不属于技术特征，对其保护范围不具有限定作用，故润德公司制造排水管道的方法落入权利要求2的保护范围；生产排水管道的装置落入权利要求6的保护范围。润德公司不服，提出上诉。江苏省高级人民法院二审认为，主题名称属于解决技术问题的必要技术特征，在确定专利权的保护范围时应当予以考虑；权利要求2和6引用在先权利要求是为了避免权利要求之间相同内容的不必要重复，其所引用的在先权利要求的技术特征对权利要求2和6具有限定作用。故润德公司生产被诉侵权产品的方法未落入引用在先权利要求的权利要求2的保护范围，不构成专利侵权；润德公司制造被诉侵权产品的装置也未落入引用在先权利要求的权利要求6的保护范围，同样不构成专利侵权。遂判决撤销一审判决，驳回星河公司的诉讼请求。星河公司不服，向最高人民法院申请再审。最高人民法院于2013年12月30日裁定驳回星河公司的再审申请。

【裁判意见】

最高人民法院审查认为：在一件专利申请的权利要求书中，应当至少有一项独立权利要求。当有两项或者两项以上独立权利要求时，写在最前面的权利要求为第一独立权利要求，其他独立权利要求为并列独立权利要求。独立权利要求应当反映整体的技术方案，并按照各自的内容确定专利权的保护范围。独立权利要求之间可以不存在引用关系，也可以存在引用关系。当并列独立权利要求引用在前的独立权利要求时，该并列独立权利要求仍然属于独立权利要求，而不属于从属权利要求。虽然在确定并列独立权利要求的保护范围时，被引用的独立权利要求的特征均应当予以考虑，但其对该并列独立权利要求并不必然具有限定作用，其实际的限定作用应当根据其对该并列独立权利要求的技术方案或保护主题是否有实质性影响来确定。本案中，润德公司的被诉侵权产品与本案专利权利要求1相比，缺少“钢带上有若干矩形或圆形的通孔或钢带两侧轧制有纹路”和“两个加强肋之间塑料形状具有中间凸起”两个技术特征。本案专利独立权利要求2记载了一种制造权利要求1所述的钢带增强塑料排水管道的方法，独立权利要求6记载了一种实施权利要求2所述方法的制造钢带增强塑料排水管的装置，包括了将钢带与塑料复合形成具有钢带加强肋的异型带材的复合装置。从本案专利权利要求书及说明书记载的一步复合方式来看，普通钢带在权利要求6记载的复合装置中，经过权利要求2记载的步骤A，形成了复合异型带材，即钢带上有矩形或圆形的通孔或纹路，塑料熔融后在两个加强肋之间生成了中间凸起。虽然权利要求书和说明书对形成通孔或纹路以及凸起的装置部件未作具体的结构描述，但根据本案专利权利要求1记载的产品技术特征，可以推定权利要求6记载的复合装置必然具备生成上述区别技术特征的部件。可见，权利要求1记载的技术特征对于权利要求2和6产生了实质性的影响，具有限定作用。被诉侵权产品没有通孔或纹路以及凸起，星河公司亦未举证证明被诉侵权的装置具备生成上述特征的部件，因此，可以推定被诉侵权的装置不同于权利要求6所记载的装置，也未使用被诉侵权的方法。

中华人民共和国最高人民法院民事裁定书

（2013）民申字第790号①

12. 独立权利要求与从属权利要求区别解释的条件

——再审申请人自由位移整装公司与被申请人常州市英才金属制品有限公司、上海健达健身器材有限公司侵害发明专利权纠纷案

【裁判要旨】

通常情况下，应当推定独立权利要求与其从属权利要求具有不同的保护范围。但是，如果二者的保护范围相同或实质性相同，则不能机械地对二者的保护范围作出区别性解释。

---

① 参见案例3裁判文书。

【关键词】

发明　权利要求　保护范围　区别解释

【案号】

最高人民法院（2014）民申字第497号

【基本案情】

在再审申请人自由位移整装公司（以下简称自由位移公司）与被申请人常州市英才金属制品有限公司（以下简称英才公司）、上海健达健身器材有限公司（以下简称健达公司）侵害发明专利权纠纷案中，自由位移公司系名称为“锻炼装置”的发明专利（即本案专利）的权利人。本案专利共20项权利要求，其中，权利要求1和2分别为：“1. 一种锻炼装置，包括：一个阻力部件；一个将第一延伸臂和第二延伸臂连接到阻力部件上的绳索，其中该绳索包括一个第一绳股和一个第二绳股……2. 如权利要求1所述的锻炼装置，其特征在于，绳索实质上由单根绳索组成。”自由位移公司以英才公司、健达公司生产、销售的“复合大飞鸟”训练机落入了本案专利权利要求1、3、4、5、6的保护范围，侵害本案专利权为由，提起诉讼。上海市第二中级人民法院一审认为，被诉侵权产品中包括两个独立的阻力部件和两根独立绳索，与本案专利一个阻力部件和单根绳索的技术特征相比，既不相同也不等同，未落入本案专利权利要求1的保护范围，也未落入从属权利要求3、4、5、6的保护范围。据此判决驳回自由位移公司的诉讼请求。自由位移公司不服，提起上诉。上海市高级人民法院二审判决驳回上诉、维持原判。自由位移公司不服，向最高人民法院申请再审，并主张根据区别解释原则和内部证据优先原则，权利要求1中的“一个绳索”并非将绳索的数量限定为“单根”，被诉侵权产品的两根绳索与权利要求1中的上述特征构成相同或等同。最高人民法院于2014年11月13日裁定驳回自由位移公司的再审申请。

【裁判意见】

最高人民法院审查认为：我国现行法律、法规以及司法解释中，尚未对权利要求的区别解释规则作出明确规定。但对不同权利要求进行区别解释，将不同的权利要求解释为具有不同的保护范围，在通常情形下是必要的和合理的。考虑到申请人撰写不同权利要求的目的，尤其是在独立权利要求的基础上撰写从属权利要求是为了限定不同层次的保护范围，使得专利权的保护范围更为明确和立体。

因此，通常应当推定不同的权利要求具有不同的保护范围。然而，语言文字本身存在一词多义，也可能存在多词同义的情形。加之申请人在撰写技巧、主观认识等方面的偏差，对于同一技术方案，有可能使用不同的技术术语，以不同的表述方式进行限定，从而出现不同权利要求的保护范围相同或者实质相同的情形。在此种情形下，机械地进行区别解释，无疑是有悖于客观事实的。本案中，对于本领域技术人员而言，权利要求 1 中的“一个绳索”与权利要求 2 中的“单根绳索”并无实质性的区别，二者仅仅是表述方式不同而已。因此，对于自由位移公司有关根据权利要求的区别解释原则，应当将权利要求 1 中的“一个”解释为“一个或者多个”的理由，不予支持。

中华人民共和国最高人民法院民事裁定书

(2014) 民申字第 497 号

再审申请人（一审原告、二审上诉人）：自由位移整装公司（FREE MOTION FITNESS，INC.）。住所地：美利坚合众国犹他州洛根市 1500 南 1000 西，雷切尔伦德奎斯特（RACHELLE LUNDQUIST 1500 SOUTH 1000 WEST LOGAN UT 84321）。

法定代表人：埃弗雷特．史密斯（Everett Smith），该公司秘书。

委托代理人：孔繁文，北京市集佳律师事务所律师。

委托代理人：李兆岭，北京市集佳律师事务所律师。

被申请人（一审被告、二审被上诉人）：常州市英才金属制品有限公司。住所地：中华人民共和国江苏省常州市武进区横林镇镇西工业园区。

法定代表人：张伟，该公司董事长。

委托代理人：陶国南，上海申浩律师事务所律师。

委托代理人：陈永全，上海申浩律师事务所律师。

被申请人（一审被告、二审被上诉人）：上海健达健身器材有限公司。住所地：中华人民共和国上海市嘉定区沪宜公路 1 号 C－767。

法定代表人：司培樱，该公司经理。

再审申请人自由位移整装公司（以下简称自由位移公司）因与被申请人常州市英才金属制品有限公司（以下简称英才公司）、上海健达健身器材有限公司（以下简称健达公司）侵害发明专利权纠纷一案，不服上海市高级人民法院（2013）沪高民三（知）终字第 50 号民事判决，向本院申请再审。本院依法组成合议庭对本案进行审查。现已审查终结。

自由位移公司系专利号为00812017.X、名称为“锻炼装置”发明专利（以下简称涉案专利）的专利权人。涉案专利共有20项权利要求，其授权公告的权利要求1和2为：

“1. 一种锻炼装置，包括：一个阻力部件；一个将第一延伸臂和第二延伸臂连接到阻力部件上的绳索，其中该绳索包括一个第一绳股和一个第二绳股；第一延伸臂，包括一个选择性地支撑在阻力部件的附近的第一端，以及一个自由的第二端，绳索的第一绳股经此第二端延伸以由使用者抓握；第二延伸臂，包括一个选择性地支撑在阻力部件的附近的第一端，以及一个自由的第二端，绳索的第一绳股经此第二端延伸以由使用者抓握；以及其中，第一延伸臂远离第二延伸臂延伸，移动第一延伸臂的第二端远离第二延伸臂的第二端以确定第一和第二绳股的相反的延伸空间，并且第一延伸臂的第一端在第一枢转点处枢转地支撑在阻力部件的附近以绕第一轴线转动，第一延伸臂的第一端包括一个滑轮，该滑轮有一个与第一枢转点偏置的转动轴线并且绕一个平行于第一轴线的轴线转动，从而当第一延伸臂选择性地转动时绳索张力不变；并且第二延伸臂的第一端在第二枢转点处枢转地支撑在阻力部件的附近以绕第二轴线转动，第二延伸臂的第一端包括一个滑轮，该滑轮有一个与第二枢转点偏置的转动轴线并且绕一个平行于第二轴线的轴线转动，从而当第二延伸臂选择性地转动时绳索张力不变。

2. 如权利要求1所述的锻炼装置，其特征在于，绳索实质上由单根绳索组成。”

2011年9月26日，自由位移公司向上海市第二中级人民法院起诉称：由英才公司生产、销售、许诺销售，健达公司销售、许诺销售的GNS－9000复合大飞鸟训练机（以下简称被诉侵权产品），落入涉案专利权利要求1、3、4、5、6的保护范围。两公司的行为侵害了涉案专利权。请求判令英才公司、健达公司立即停止侵权行为，共同赔偿自由位移公司经济损失100万元。

上海市第二中级人民法院一审认为，涉案专利权利要求1的技术方案可分解为如下技术特征：

（1）技术特征A：一个阻力部件；

（2）技术特征B：一个将第一延伸臂和第二延伸臂连接到阻力部件上的绳索，其中该绳索包括一个第一绳股和一个第二绳股；

（3）技术特征C：第一延伸臂，包括一个选择性地支撑在阻力部件的附近的第一端，以及一个自由的第二端，绳索的第一绳股经此第二端延伸以由使用者抓握；

（4）技术特征 D：第二延伸臂，包括一个选择性地支撑在阻力部件的附近的第一端，以及一个自由的第二端，绳索的第一绳股经此第二端延伸以由使用者抓握；

（5）技术特征 E：第一延伸臂远离第二延伸臂延伸，移动第一延伸臂的第二端远离第二延伸臂的第二端以确定第一和第二绳股的相反的延伸空间；

（6）技术特征 F：第一延伸臂的第一端在第一枢转点处枢转地支撑在阻力部件的附近以绕第一轴线转动；

（7）技术特征 G：第一延伸臂的第一端包括一个滑轮，该滑轮有一个与第一枢转点偏置的转动轴线并且绕一个平行于第一轴线的轴线转动，从而当第一延伸臂选择性地转动时绳索张力不变；

（8）技术特征 H：第二延伸臂的第一端在第二枢转点处枢转地支撑在阻力部件的附近以绕第二轴线转动；

（9）技术特征 I：第二延伸臂的第一端包括一个滑轮，该滑轮有一个与第二枢转点偏置的转动轴线并且绕一个平行于第二轴线的轴线转动，从而当第二延伸臂选择性地转动时绳索张力不变。

一审法院认为，被诉侵权产品的技术特征 a、b、g、i 与权利要求 1 中的技术特征 A、B、G、I 分别相比，既不相同也不等同，因此，被诉侵权产品未落入涉案专利权利要求 1 的保护范围，也未落入从属权利要求 3、4、5、6 的保护范围。据此判决驳回自由位移公司诉讼请求，一审案件受理费 13800 元由自由位移公司负担。

自由位移公司不服，向上海市高级人民法院提起上诉。

上海市高级人民法院二审判决驳回上诉，维持原判。二审案件受理费 13800 元，由自由位移公司负担。

自由位移公司不服二审判决，向本院申请再审称：（一）二审判决对权利要求 1 的保护范围认定错误，法律适用错误。1. 权利要求 1 为开放式权利要求，如果被诉侵权产品包含权利要求 1 中的技术特征 A、B、G、I，即被诉侵权产品包含一个阻力部件、一个绳索、一个滑轮，则应当认定其与技术特征 A、B、G、I 构成相同。2. 根据 2010 年修订的《中华人民共和国专利法实施细则》（以下简称实施细则）第一百零二条，2010 年修订的《专利审查指南》（以下简称审查指南）第三部分第二章第 3. 3 节的规定，在对权利要求 1 中的相关技术术语进行解释时，涉案专利PCT国际申请的原文（以下简称国际申请原文）可以作为参考。在涉案专利的国际申请原文中，与特征A、B、G、I对应的原文分别是“a resistance assembly”，“a cable”，“a pulley”。美国联邦巡回上诉法院的相关判决认为，不定冠词“a”并非仅有一个或者单个（only one or single）。因此，技术特征A、B、G、I中的“包括……一个”，应解释为“包括……一个或者多个”。3. 从属于权利要求1的权利要求2限定：“绳索实质上由单根绳索组成。”根据权利要求的区别解释原则，权利要求2的保护范围小于权利要求1，因此，权利要求1中的“一个绳索”并未将绳索数量限定为“单根”，应当理解为单个或者多个。（二）二审判决认定权利要求1中的技术特征A、B、G、I与被诉侵权产品中的技术特征a、b、g、i分别不相同或者等同，认定事实错误。1. 关于技术特征A。被诉侵权产品仅具有一个阻力部件，与权利要求1中的“包括一个阻力部件”相同，二审判决认定被诉侵权产品具有两个阻力部件错误。即使将被诉侵权产品理解为具有两个阻力部件，由于权利要求1中的“一个阻力部件”应当解释为“一个或者多个阻力部件”，二者也相同或者等同。2. 关于技术特征B。首先，被诉侵权产品中技术特征b为“两根独立的绳索，第一根绳索将第一延伸臂连接到第一阻力部件上，第二根绳索将第二延伸臂连接到第二阻力部件上”。被诉侵权产品具有第一绳股和第二绳股，包含了权利要求1中的技术特征B所述的“一个……绳索”。其次，权利要求1中的“包括……一个”应解释为“一个或者多个”，因此，技术特征b与B属于相同的技术特征。再次，即使将权利要求1中的“一个绳索”解释为“单根绳索”，被诉侵权产品中的两根绳索也与其构成等同。3. 关于技术特征G、I。被诉侵权产品中的技术特征g为“第一延伸臂和第二延伸臂的第一端内设置有三个滑轮”，由于权利要求1中的“包括……一个”应解释为“一个或者多个”，因此，技术特征g与G相同。即使将涉案专利解释为“包括一个滑轮”，被诉侵权产品的三个滑轮也与一个滑轮构成等同。基于相同的理由，技术特征i与I相同或者等同。综上，自由位移公司请求本院撤销二审判决，对本案进行提审并支持其诉讼请求，判决被申请人承担本案诉讼费用。

自由位移公司向本院提交了如下证据，用于证明权利要求1中的“包括……一个”应当解释为一个或者多个：

1. 涉案专利的国际申请PCT/US00/20821的英文原文；

2. 美国联邦巡回上诉法院作出的KCJ Corporation vs. Kinetic Concepts，Inc. and KCI Therapeutic Services，Inc. 判决及其部分中文译文；

3. 美国联邦巡回上诉法院针对6238323号和6458061号美国专利做出的判决及其部分中文译文;

4. 6458061号美国专利的专利说明书;

5. 6238323号美国专利的专利说明书。

英才公司提交意见认为:(一)权利要求1中的“一个”不应解释为一个或多个。对于涉案专利而言,多根绳索、多个阻力部件的技术方案无法实施,专利说明书中也没有记载多根绳索、多个阻力部件的技术方案。(二)根据实施细则第一百零七条的规定,由于自由位移公司在涉案专利中将“a”翻译为一个,致使涉案专利权的保护范围小于原文表达的范围,应当以授权公告的保护范围为准。审查指南第三部分第二章第3.3节规定:“对于以外文公布的国际申请,针对其中文译文进行实质审查,一般不需核对原文;但是原始提交的国际申请文件具有法律效力,作为申请文件修改的依据。”上述内容系有关专利申请文件修改的规定。涉案专利的修改期限已经逾期,国际申请原文不宜作为解释权利要求的依据。美国联邦巡回上诉法院的判决对我国的司法审判没有参考意义。(三)权利要求1、2限定的是同样的技术方案。涉案专利说明书、附图,以及其他独立权利要求中,均没有提及多根绳索,因此,不能适用权利要求的区别解释原则,将权利要求1中的“一个”解释为一个或者多个。(四)关于开放式权利要求,不能因为权利要求中对部件进行简单罗列,并且被诉侵权产品中有罗列的部件,便认定侵权。而是应当关注部件之间的连接关系、位置关系以及达到的技术效果,否则会使权利要求的保护范围过大。在涉及阻力部件时,自由位移公司以被诉侵权产品中两个独立工作系统中的其中一个进行对比。但在涉及第一延伸臂、第二延伸臂、第一绳股、第二绳股时,却又将两个独立的工作系统视为整体,与权利要求1进行对比,采取的是双重标准。本案应结合被诉侵权产品的技术特征以及技术效果进行综合对比,二审判决认定被诉侵权产品未落入涉案专利权保护范围正确。(五)被诉侵权产品中包含两根绳索、两个阻力部件和三个滑轮,与权利要求1中的技术特征“一个绳索”、“一个阻力部件”和“一个滑轮”不相同也不等同,未落入权利要求1的保护范围。对于自由位移公司申请再审时提交的证据1-5,英才公司未提出异议。

经审查,二审判决认定的事实属实。本院另查明以下事实:

(一)涉案专利文件中记载的有关内容

涉案专利说明书中记载了两个实施例。实施例1涉及一种多功能提举锻炼装置。其实施方式可以概括为："单根绳索 28 将用户手柄 30 和配重堆栈 24 连接在一起。""单根绳索带动配重堆栈 24 并控制配重板 32 的移动。""绳索 28 的相对的绳股 46、48 在配重堆栈 24 里向下延伸，以分别与第一和第二动滑轮 50、52 接合。动滑轮 50、52 连接于一个联接件 54，该联接件直接固定在配重板 32 的堆栈上。以此种方式，动滑轮 50、52 的向上移动使得联接件 54 向上移动，并最终克服重力提升配重堆栈。""第一和第二延伸臂 12、14 枢转地连接于配重堆栈 24 的机座部分。当到达第一延伸臂 12 的第二端 62 时，第一绳股 46 经过转动滑轮 82 并可以由本发明装置的使用者抓握。"实施例 2 描述了一种夹胸锻炼装置，其第一延伸臂和第二延伸臂连接于配重堆栈的中心部分，其他与侵权判断相关的技术特征，与实施例 1 基本相同。

涉案专利的权利要求 1 中记载："第二延伸臂，包括一个选择性地支撑在阻力部件的附近的第一端，以及一个自由的第二端，绳索的第一绳股经此第二端延伸以由使用者抓握。"在本院询问时，自由位移公司主张上述内容中的"绳索的第一绳股"为笔误，应为"绳索的第二绳股"。对此，其他当事人并无异议。

（二）与涉案专利国际申请原文相关的事实

在涉案专利的国际申请原文中，与技术特征 A、B"一个阻力部件""一个绳索"相对应的国际申请的原文分别是"a resistance assembly""a cable"。

（三）与被诉侵权产品有关的事实

被诉侵权产品具有两根绳索、两个配重堆栈以及两个手柄。每根绳索的两端分别连接一个手柄和一个配重堆栈，两个配重堆栈分别为两个手柄独立地提供载荷。自由位移公司所主张的被诉侵权产品中的保护套，实质上为配重堆栈的壳体。

本院认为，本案的争议焦点在于：1. 如何理解涉案专利权利要求 1 中的"包括……一个"。2. 是否应当对涉案专利权利要求 1、2 进行区别解释，将权利要求 1 中的"一个"解释为单个或者多个。3. 被诉侵权产品是否落入涉案专利权的保护范围。

一、如何理解涉案专利权利要求 1 中的"包括……一个"

涉案专利权利要求 1 以"包括：……"进行限定，属于开放式权利要求，英才公司对此亦无异议。本院认为，对于开放式权利要求，如果被诉侵权产品在具有权利要求限定的技术特征的基础上，还具有其他技术特征的，仍然落入专利权的保护范围，这一解释规则也与专利侵权判断中的技术特征全面覆盖原则相对应。

然而，依据前述解释规则，并不意味着应当将权利要求 1 中的“包括……一个”解释为一个或者多个。事实上，权利要求 1 不仅限定了“一个阻力部件”、“一个……绳索”，还限定了“该绳索包括一个第一绳股和一个第二绳股”，“第一延伸臂，包括一个……第一端，以及一个自由的第二端”，以及“该滑轮有一个……转动轴线”等技术特征。如果按照自由位移公司的主张，将权利要求 1 中的“包括……一个”均解释为一个或者多个，会出现该绳索上包括多个第一、二绳股，延伸臂上包括多个第一端和自由的第二端，该滑轮上有多个转动轴线的技术方案，而这些技术方案不仅没有在涉案专利说明书、附图中公开，甚至会出现技术特征之间发生矛盾的情形。因此，对于自由位移公司有关依据涉案专利国际申请原文以及美国联邦巡回上诉法院的相关判决，应将权利要求 1 中的“包括……一个”解释为一个或者多个的主张，本院不予支持。

二、是否应当对权利要求 1、2 进行区别解释，将权利要求 1 中的“一个”解释为单个或者多个

自由位移公司主张，权利要求 2 的附加技术特征为“绳索实质上由单根绳索组成”，根据权利要求的区别解释原则，权利要求 1 中的“一个绳索”并非“单根”，而是应当理解为一个或者多个。

本院认为，尽管我国现行的法律、法规以及司法解释中，尚未对权利要求的区别解释作出明确规定。但对不同权利要求进行区别解释，将不同的权利要求解释为具有不同的保护范围，在通常情形下是必要和合理的。实施细则第二十条规定，权利要求书应当有独立权利要求，也可以有从属权利要求。考虑到权利人撰写不同权利要求的目的，尤其是在独立权利要求的基础上撰写从属权利要求，是为了限定出不同层次的保护范围，使得专利权的保护范围更为明确和立体。因此，通常情况下，应当推定不同的权利要求具有不同的保护范围。

然而，语言文字本身存在一词多义，也可能存在多词同义的情形。加之申请人在撰写技巧、主观认识等方面的偏差，对于同一技术方案，有可能使用不同的技术术语，以不同的表述方式进行限定，从而出现不同的权利要求的保护范围相同，或者实质相同的情形。在此种情形下，机械地进行区别解释，无疑是有悖于客观事实的。本案中，对于本领域技术人员而言，权利要求 1 中的“一个绳索”与权利要求 2 中的“单根绳索”并无实质性的区别，二者仅仅是表述方式不同而已。因此，对于自由位移公司有关根据权利要求的区别解释原则，应当将权利要

求1中的“一个”解释为一个或者多个的申请再审理由，本院不予支持。

三、关于被诉侵权产品是否落入涉案专利权的保护范围

如焦点一所述，权利要求1为开放式权利要求，被诉侵权产品除了具有权利要求的全部技术特征，或者等同的技术特征之外，还具有其他技术特征的，仍然落入涉案专利权的保护范围。但是，如果被诉侵权产品不具有权利要求中的某些技术特征，或者与之等同的技术特征的，则没有落入涉案专利权的保护范围。

本案中，权利要求1的技术特征A为“一个阻力部件”，技术特征B为“一个将第一延伸臂和第二延伸臂连接到阻力部件上的绳索，其中该绳索包括一个第一绳股和第二绳股”。因此，权利要求1不仅限定了包括一个阻力部件、一个绳索，同时还限定了阻力部件、绳索和第一、二延伸臂之间的连接关系，以及同一绳索包括第一、二绳股两个部分。关于第一、二绳股，权利要求1的技术特征C、D中明确限定：绳索的第一绳股经第一延伸臂的第二端延伸以由使用者抓握；绳索的第二绳股经第二延伸臂的第二端延伸以由使用者抓握。综上，权利要求1系使用同一个绳索，将第一、二延伸臂以及同一个阻力部件共同连接在一起。该绳索被分为第一、二绳股两个部分，分别由使用者抓握。采用权利要求1的技术方案，为使用者双手提供的是同一阻力部件的载荷。

被诉侵权产品中有两根绳索，其连接方式与权利要求1中“一个将第一延伸臂和第二延伸臂连接到阻力部件上的绳索”不同。在被诉侵权产品中，第一根绳索的一端连接于第一配重堆栈上，另一端通过第一延伸臂由使用者抓握。第二根绳索的一端连接于第二配重堆栈上，另一端通过第二延伸臂由使用者抓握。因此，被诉侵权产品中的每根绳索并非将第一延伸臂、第二延伸臂以及同一配重堆栈共同连接在一起，而是分别将一个延伸臂和一个配重堆栈连接在一起，从而形成两个相互独立、相互并行的单元。若其中一个单元发生故障，不会影响到另一个单元的正常运行。并且还可以对两个配重堆栈分别加载不同的重量，为使用者的双手提供不同的载荷，使得使用者选择负重的自由度更大。

综上，将权利要求1中的技术特征A、B与被诉侵权产品中的技术特征a、b相比，二者并不仅仅是阻力部件与绳索的数量不同，其连接方式亦存在明显的实质性区别。由于被诉侵权产品中使用两个绳索分别连接两个阻力部件和两个延伸臂，因此，也不具有与技术特征B中同一绳索中的第一绳股、第二绳股完全对应的技术特征。二者实现的功能和达到的技术效果也有明显区别。被诉侵权产品的技术方案，并非本领域技术人员在权利要求1的基础上，简单改变阻力部件、绳

索的数量即可显而易见地获得。因此，权利要求 1 的技术特征 A、B 与被诉侵权产品的技术特征 a、b 既不相同，也不等同。

由于技术特征 A、B 与技术特征 a、b 既不相同也不等同，据此已足以认定被诉侵权产品未落入权利要求 1 的保护范围。故对自由位移公司有关被诉侵权产品技术特征 g、i 分别与权利要求 1 技术特征 G、I 相同或者等同的申请再审理由，本院不再予以评述。

权利要求 3－6 为权利要求 1 的从属权利要求。在被诉侵权产品未落入权利要求 1 的保护范围的情况下，被诉侵权产品也未落入权利要求 3－6 的保护范围。

综上，自由位移整装公司的再审申请不符合《中华人民共和国民事诉讼法》第二百条的规定。依照《中华人民共和国民事诉讼法》第二百零四条第一款之规定，裁定如下：

驳回自由位移整装公司的再审申请。

审　判　长　周　翔
代理审判员　杜微科
代理审判员　罗　霞
二〇一四年十一月十三日
书　记　员　张　博

13. 当事人在与涉案专利享有共同优先权的其他专利的授权确权程序中的意见陈述的参考作用

——再审申请人戴森技术有限公司与被申请人苏州索发电机有限公司侵害发明专利权纠纷案

【裁判要旨】

在确定权利要求用语含义时，同一专利申请人或专利权人在与涉案专利享有共同优先权的其他专利的授权确权程序中，对该相同用语已经作出了明确陈述的，可以参考上述陈述。

【关键词】

发明专利　侵权　权利要求用语　共同优先权　意见陈述

【案号】

最高人民法院（2017）最高法民申1461号

【基本案情】

在再审申请人戴森技术有限公司（以下简称戴森公司）与被申请人苏州索发电机有限公司（以下简称索发公司）侵害发明专利权纠纷案中，戴森公司于2006年7月18日在英国提出GB0614235.0号名称为“手持式真空吸尘器”的专利申请。2007年7月6日，戴森公司向国家知识产权局提出发明名称为“清洁设备”的PCT国际申请（即涉案专利），申请号200780027417.5，于2011年8月24日获授权公告。戴森公司以索发公司生产、销售、许诺销售型号为DV－888A等的吸尘器产品，侵害其涉案专利权为由，提起诉讼。江苏省苏州市中级人民法院一审认为，被诉侵权产品中所述电源线并非电源，因此，不具备涉案专利“电源”这一技术特征，判决驳回戴森公司的诉讼请求。戴森公司不服，提起上诉。江苏省高级人民法院二审判决驳回上诉、维持原判。戴森公司不服，向最高人民法院申请再审称，一、二审判决将“电源线”排除出涉案专利权利要求记载的“电源”范畴，既不符合本领域技术人员对“电源”的一般理解，又违背了基本的生活常识。最高人民法院查明，索发公司一审提交了专利号为200780027217.X的中国专利文献（以下简称相关专利），其与涉案专利均是以英国GB0614235.0专利为基础享有优先权，戴森公司在相关专利审查程序的意见陈述中明确认为“电源线并非电源”。最高人民法院于2017年11月13日裁定驳回戴森公司的再审申请。

【裁判意见】

最高人民法院审查认为：《最高人民法院关于审理侵犯专利权纠纷案件应用法律若干问题（二）》第六条规定，人民法院可以运用与涉案专利存在分案申请关系的其他专利及其专利审查档案、生效的专利授权确权裁判文书解释涉案专利的权利要求。由于本案中，相关专利与涉案专利并非分案关系，因此本案不能直接适用上述规定。所述分案申请是指，专利申请人将其在申请日提交的母案申请文件中已经披露，但因单一性等原因不能在母案中获得保护的发明创造另行提出的专利申请，同时保留原申请日。分案申请不得超出母案申请文件公开的范围，即不得在分案申请中补充母案申请文件未曾记载的新内容，以避免专利申请人将申请日后完成的发明创造通过分案申请抢占在先的申请日。因此，分案申请要受到母案申请文件的约束，母案申请构成分案申请特殊的专利审查档案。本案中，相关专利和涉案专利为享有同一外国优先权的两件中国专利，而所谓外国优先权是指申请人在一个成员国首次提出申请后，在一定期限内就同一主题在其他成员国提出的申请，其在后申请同样享有首次申请的申请日，但在后申请不能超出优先权文本记载的范围。因此，相关专利和涉案专利要求保护的主题都必须记载在共同优先权申请中。在此意义上，在后申请与优先权申请之间的关系与分案申请与母案申请之间的关系基本一致。因此，在相关专利发明实质审查阶段，戴森公司在答复意见中就“电源”一词的含义作出的具体陈述，可以用于解释涉案专利的权利要求，即电源线并非“电源”，且上述对“电源”一词含义的确定亦符合涉案专利的发明目的。

中华人民共和国最高人民法院民事裁定书

（2017）最高法民申1461号

再审申请人（一审原告、二审上诉人）：戴森技术有限公司（Dyson Technology Limited）。住所地：大不列颠及北爱尔兰联合王国威尔特郡马姆斯伯里泰特伯里山（Tetbury Hill，Malmesbury，Wiltshire SN16ORP，The United Kingdom of Great British and Northern Ireland）。

法定代表人：Gillian Ruth Smith，该公司知识产权总监。

委托诉讼代理人：王友贵，北京市国首律师事务所律师。

委托诉讼代理人：孔勤，浙江导司律师事务所律师。

被申请人（一审被告、二审被上诉人）：苏州索发电机有限公司。住所地：中华人民共和国江苏省苏州市吴中区胥口镇东欣路388号。

法定代表人：戴香明，该公司董事长。

委托诉讼代理人：孙仿卫，男，1962年12月3日出生，汉族，苏州创元专利商标事务所有限公司专利代理人，住中华人民共和国江苏省苏州市金阊区。

委托诉讼代理人：汪青，女，1985年8月4日出生，汉族，苏州创元专利商标事务所有限公司专利代理人，住中华人民共和国江苏省苏州市姑苏区。

再审申请人戴森技术有限公司（以下简称戴森公司）因与被申请人苏州索发电机有限公司（以下简称索发公司）侵害发明专利权纠纷一案，不服江苏省高级人民法院（2015）苏知民终字第00270号民事判决书，向本院申请再审。本院依法组成合议庭进行了审查，现已审查终结。

戴森公司申请再审称，（一）二审判决对于“电源”和“电源线”的解释错误。二审判决将专利说明书中的“电源线”狭隘地解释为一根“传输电能的导线”，从而将“交流电源”排除出权利要求记载的“电源”范畴，既不符合本领域技术人员对专利说明书的一般理解，也违背了基本的生活常识。（二）二审判决基于对“电源”和“电源线”概念的错误解释，不合理地限缩了专利的保护范围，将被控侵权物技术方案的比对范围仅限于专利优选实施例所采用的干电池方案，导致了错误的比对结论。因此，请求依法撤销一审、二审民事判决，改判支持戴森公司的原审诉讼请求。

索发公司辩称，（一）索发公司一审提交了专利号是200780027217.X中国专利文献，其与涉案专利均是基于英国的优先权GB0614235.0的专利，戴森公司在200780027217.X专利的意见陈述中明确认为“电源线并非电源”，根据最高法院关于审判专利案件司法解释二第六条的规定，戴森公司在答复意见中就“电源”一词的含义作出的具体陈述，可以用于解释涉案专利的权利要求，即电源线并非“电源”。（二）电源线是电源和负载之间的连接导线，是传输电流用的，电源线和电源不是一个概念。涉案专利说明书中记载电源可以用于电池、电源线，并不能认为权利要求中的电源是其上位包括，而是贡献性的公开。故原审事实认定正确，法律适用正确。

本院经审查认为，本案的焦点问题在于：（一）专利权利要求中的“电源”是否包含“电源线”；（二）如不包含，被控侵权产品是否落入了涉案专利的保护范围。

关于焦点问题（一），本院认为，从广义上讲，“电源”一词的含义是“将其他形式的能量转变为电能的装置”，其既包含直流电源，也包含交流电源，但本案中涉案专利说明书中并未对“电源”作具体说明，因此，涉案专利权利要求中所述“电源”是否属于上述广义含义，仍应结合本领域普通技术人员阅读说明书及附图后对权利要求的理解加以确定。通过阅读说明书及附图，本院进一步认为，涉案专利权利要求所述“电源”不能做上述广义的理解，具体理由如下：首先，涉案专利说明书发明内容部分记载：“本发明的另一个目的是提供一种手持式真空吸尘器，其中，手柄、马达和风扇组件及电源的配置可使得手持式真空吸尘器的操纵既方便又惬意。”“……电源被安置成邻近手柄的第二端。通过提供这种配置，使用者抓握手柄时，这些部件的每一个的质量中心之间的合力矩较小，因此使用时使用者的手可方便地操纵手持式真空吸尘器。”“更优选的是，手柄具有通过电源的至少一部分的纵向轴线。”综上可知，涉案专利为了达到操纵既方便又惬意的目的，将手柄设置在气流发生器（包括马达、风扇组件）与电源的合理位置，使得各个部件的质量中心之间的合力矩较小。因此，只有所述电源是具有一定重量的电源装置时才能达到涉案专利的发明目的，实现相应的技术效果。其次，涉案专利说明书（0027）还记载：“此外，手持式真空吸尘器不必装备可充电电源。可采用标准电池或电源线。”可见，涉案专利说明书中对可充电电源、标准电池和电源线作了严格区分，上述三者均属于广义上的电源。但是，从涉案专利说明书中记载的整体内容来看，至少电源线的技术方案并不能达到涉案专利的发明目的，因此，尚不能将其作为具体技术方案读入权利要求的保护范围，也不能据此将权利要求中所述“电源”解释为包含“电源线”。

本院进一步查明：索发公司在本案一审时，提供200780027217. X号发明专利（以下简称相关专利）审查档案作为证据，相关专利与涉案专利的申请人均为戴森公司，并且享有共同的优先权（GB0614235. 0，2006. 7. 18）。经对比可知，相关专利与涉案专利的独立权利要求的保护范围基本相同，而说明书公开的内容也基本一致。进一步地，在相关专利发明实质审查阶段，戴森公司在答复意见中就“电源”一词的含义做了具体陈述，明确电源线并非电源。

本院认为，《最高人民法院关于审理侵犯专利权纠纷案件应用法律若干问题的解释（二）》第六条第一款规定：人民法院可以运用与涉案专利存在分案申请关系的其他专利及其专利审查档案、生效的专利授权确权裁判文书解释涉案专利的权利要求。由于本案中，相关专利与涉案专利并非是分案关系，因此尚不能直接适用上述规定。《最高人民法院关于审理侵犯专利权纠纷案件应用法律若干问题的解释（二）》第六条第一款所述分案申请是指，专利申请人将其在申请日提交的母案申请文件中已经披露、但因单一性等原因不能在母案中获得保护的发明创造另行提出的专利申请，同时保留原申请日。分案申请不得超出母案申请文件公开的范围，即不得在分案申请中补充母案申请文件未曾记载的新内容，以避免专利申请人将申请日后完成的发明创造通过分案申请抢占在先的申请日。因此，分案申请要受到母案申请文件的约束，母案申请构成分案申请特殊的专利审查档案。这也是《最高人民法院关于审理侵犯专利权纠纷案件应用法律若干问题的解释（二）》允许运用与涉案专利存在分案申请关系的其他专利及其专利审查档案解释涉案专利权利要求的原因。

本案中，相关专利和涉案专利为享有同一外国优先权的两件中国专利，而所谓外国优先权是指申请人在一个成员国首次提出申请后，在一定期限内就同一主题在其他成员国提出的申请，其在后申请同样享有首次申请的申请日。目前如何判断先、后申请是否涉及相同的主题通常采用与修改超范围基本相同的判断方法，即在后申请不能超出优先权文本记载的范围。在此意义上，在后申请与优先权申请之间的关系与分案申请与母案申请之间的关系基本一致，即在后申请/分案申请均不能超出优先权申请/母案记载的范围。除此之外，由于享有优先权的在后申请应当与优先权申请具有同一主题，较之分案与母案之间的非单一性关系，显然具有更加密切的内在关系。因此，本院认为，在相关专利发明实质审查阶段，戴森公司在答复意见中就“电源”一词的含义作出的具体陈述，可以用于解释涉案专利的权利要求，即电源线并非“电源”。

综上所述，戴森公司的上述再审理由缺乏事实和法律依据，本院不予支持。

关于焦点问题（二），本院认为，本案中，被控侵权产品是通过电源线接入电源插座的方式提供电能，而所述“电源线”虽然本身不能提供电能，但使用状态下其必然会与电源插座连接，提供交流电能，因此，“电源线”不属于涉案专利权利要求所述“电源”的范畴，两者是不同的技术特征。在此基础上，本院认为两者亦不构成等同特征，理由如下：首先，两者系不同的技术手段。涉案专利权利要求中的电源，是指能够直接给吸尘器电机供电且具有一定重量的电源装置，而被控侵权产品通过电源线接入电源插座的方式提供电能，故两者系完全不同的技术手段。其次，两者所能达到的技术效果并不相同。根据涉案专利说明书的相关内容，涉案专利权利要求中将气流发生器和电源安置在手柄的两端，这种哑铃型结构可以使得气流发生器和电源相对于手柄握持中心点所产生的力矩刚好相反，可以相互抵消，其达到的效果是气流发生器和电源所产生的合力矩较小；而被控侵权产品只在手柄的第一端安置气流发生器，另一端并无电源装置，故气流发生器相对于手柄握持中心点处所产生的力矩无法被电源线产生的力矩抵消，故被控侵权产品的气流发生器与电源线所产生的合力矩较大。据此，被控侵权产品的电源线与涉案专利权利要求中的电源，其所产生的效果相差很大，并非基本相同。综上，被控侵权产品的电源线与涉案专利权利要求中的电源既不相同也不等同，被控侵权产品未落入涉案专利权利要求的保护范围，不构成侵权。

依照《中华人民共和国民事诉讼法》第二百零四条第一款、《最高人民法院关于适用〈中华人民共和国民事诉讼法〉的解释》第三百九十五条第二款的规定，裁定如下：

驳回戴森技术有限公司的再审申请。

审　判　长　周　翔
审　判　员　罗　霞
代理审判员　佟　姝
二〇一七年十一月十三日
书　记　员　包　硕

14. 母案申请对分案申请权利要求解释的作用

——再审申请人邱则有与被申请人山东鲁班建设集团总公司侵犯专利权纠纷案

【裁判要旨】

母案申请构成分案申请的特殊的专利审查档案，在确定分案申请授权专利的权利要求保护范围时，超出母案申请公开范围的内容不能作为解释分案申请授权专利的权利要求的依据。

【关键词】

母案申请　分案申请　权利要求解释

【案号】

最高人民法院（2011）民申字第1309号

【基本案情】

邱则有是名称为“一种现浇砼空心模壳构件”的发明专利（即本案专利）的专利权人。邱则有在本案中主张权利的依据为本案专利权利要求1和3，本案专利权利要求1的内容为：一种现浇砼空心模壳构件，包括上底（4），周围侧壁（5），下底（6），上底（4）和周围侧壁（5）构成模壳（7），模壳（7）与下底（6）彼此围成有封闭空腔（8）的模壳构件（3），其特征在于所述的模壳（7）由至少两块分块模壳板（9）拼接组装而成，分块模壳板（9）有至少一根加强杆

(12) 支撑。邱则有认为鲁班公司的叠合箱落入本案专利保护范围，遂提起诉讼。山东省济南市中级人民法院一审认为，山东鲁班建设集团总公司（以下简称鲁班公司）的叠合箱由顶盒、底盒和侧框板直接组成一个封闭单元，不具备本案专利的全部必要技术特征，故判决驳回邱则有的诉讼请求。山东省高级人民法院二审维持一审判决。邱则有不服，向最高人民法院申请再审。其主要理由之一是，关于本案专利权利要求中的“分块模壳板”，根据其字面含义以及本案专利说明书第2页第5-7段的内容可知，是指把一个模壳拆成很多小块，由这些小块组装成模壳。最高人民法院审查查明：本案专利说明书第2页第2段记载：“本发明的解决方案是在现有技术的基础上，包括……这样，由于模壳由至少两块分块模壳板拼接组装而成，而分块模壳板为包括部分上板和与之相连的部分侧壁的成型件，因而模壳构件结构简单，构造关系明确，生产容易、成本低，相应楼盖的施工成本低，从而达到了本发明的目的。”说明书第2页第5-7段记载：“本发明的特征还在于所述的上底由四块分块模壳板构成。本发明的特征还在于所述的周围侧壁由四块分块模壳板构成。本发明的特征还在于所述的分块模壳板为包括部分上板和与之相连的部分侧壁的成型件。”本案专利为第03118134.1号发明专利申请（以下简称母案）的分案申请，在母案申请文件中，没有记载本案专利说明书第2页第5-7段的内容。母案专利申请公开说明书记载的权利要求4为：“根据权利要求2所述的一种现浇钢筋砼空心楼盖，其特征在于模壳构件设置有十字型加强肋(10)，模壳(7)由4块分块模壳板(9)在十字型加强肋(10)上搭接构成。”母案专利申请公开说明书第2页第5段记载：“本发明的特征还在于模壳构件设置有十字型加强肋，模壳由4块分块模壳板在十字型加强肋上搭接构成。这样，楼盖中的模壳构件的制作更容易，成本更低，相应楼盖的施工成本更低。”母案专利申请公开说明书附图4、17中，组成模壳的4块分块模壳板均是包括部分上底和部分侧壁的结构。最高人民法院于2011年12月16日裁定驳回了邱则有的再审申请。

【裁判意见】

邱则有主张分块模壳板可以为任意分块，可以是由部分上底与部分侧壁相互连接成的成型件，也可以是单纯的上底或者侧壁。这涉及对分块模壳板的解释问题。2000年修订的专利法第五十六条第一款规定，发明或者实用新型专利权的保护范围以其权利要求的内容为准，说明书及附图可以用于解释权利要求。基于以下理由，邱则有关于分块模壳板的解释不能成立：1. 对于权利要求中的自定义词语，通常需要借助专利说明书、其他权利要求以及专利审查档案中对该特定词语的描述，确定该词语的含义。本案专利权利要求1限定，上底（4）和周围侧壁（5）构成模壳（7），模壳（7）由至少两块分块模壳板（9）拼接组装而成。对于所述“分块模壳板”，说明书中已经赋予其明确的定义，即“分块模壳板为包括部分上底和与之相连的部分侧壁的成型件”。2. 根据对本案专利权利要求1本身的通常理解，也可以得出分块模壳板为包括部分上底和与之相连的部分侧壁的成型件这一结论。权利要求1称“分块模壳板（9）有至少一根加强杆（12）支撑”，若分块模壳板单纯由上底或者侧壁组成，则加强杆将无法对这样的分块模壳板起到支撑作用。3. 本案专利的母案专利申请公开说明书中未公开本案专利说明书第2页第5-7段的内容，邱则有以该内容主张分块模壳板可以单纯由上底或者侧壁组成，本院不予支持。分案申请是一类特殊的申请，是为了保证专利申请人的正当利益不受到损害，允许专利申请人将其在申请日提交的母案申请文件中已经披露，但因单一性等原因不能在母案中获得保护的发明创造另行提出专利申请，同时保留原申请日的一种制度。该制度在保护专利申请人利益的同时，为了平衡社会公众的利益，要求分案申请不得超出母案申请文件公开的范围，即不得在分案申请中补充母案申请文件未曾记载的新内容，以避免专利申请人将申请日后完成的发明创造通过分案申请抢占在先的申请日。因此，分案申请要受到母案申请文件的约束。在此意义上，对于分案申请而言，母案申请构成其特殊的专利审查档案，母案中未公开的内容不能作为权利人基于分案申请主张权利的依据。本案专利是分案申请，其母案专利申请公开说明书中并未记载本案专利说明书第2页第5-7段的内容。根据母案专利申请公开说明书第2页第5段的内容也不能得出分块模壳板可以单纯由上底或者侧壁组成这一结论。此外，在母案专利申请公开说明书附图4、17中，组成模壳的4块分块模壳板均是包括部分上底和部分侧壁的结构。邱则有以母案专利申请公开说明书中未公开的内容主张分块模壳板可以单纯由上底或者侧壁组成，不能成立。

中华人民共和国最高人民法院民事裁定书

（2011）民申字第1309号

申请再审人（一审原告、二审上诉人）：邱则有，男，汉族，1962年11月9日生，住湖南省长沙市芙蓉区×街18号。

委托代理人：颜喜东，男，汉族，1977年11月22日生，湖南邱则有专利战略策划有限公司职员，住湖南省涟源市石马山镇×村×组。

被申请人（一审被告、二审被上诉人）：山东鲁班建设集团总公司。住所地：山东省临沂市红旗路86号。

法定代表人：彭思志，该公司董事长。

委托代理人：王修江，山东鼎洲律师事务所律师。

委托代理人：郭婧，山东鼎洲律师事务所律师。

申请再审人邱则有因与被申请人山东鲁班建设集团总公司（以下简称鲁班公司）侵犯专利权纠纷一案，不服山东省高级人民法院（2010）鲁民三终字第118号民事判决（以下简称二审判决），向本院申请再审。本院依法组成合议庭对本案进行了审查，现已审查终结。

邱则有申请再审称：鲁班公司实施的“叠合箱”技术特征落入了其拥有的名称为“一种现浇砼空心模壳构件”、专利号为ZL200510128051.3的发明专利（以下简称涉案发明专利）的保护范围，二审判决认定的基本事实无证据支持。具体理由是：1. 关于涉案发明专利权利要求1和3中的“分块模壳板”，根据其字面含义以及涉案发明专利说明书第2页第5－7段的内容，即可准确得知，其含义是指把一个模壳拆成很多小块，由这些小块组装成模壳。即使按照二审法院的理解，被诉侵权产品再现的顶盒、底盒和四块侧框板进行组拼的结构形式这一技术特征，也构成涉案发明专利“模壳由至少两块分块模壳板拼接组装而成”的等同技术特征。涉案发明专利说明书第2页第5－7段关于分块模壳板为四块等有关内容在母案专利申请公开说明书中有关记载如下：附图4、17中体现的结构及说明书第4页附图4的说明，权利要求4的记载，说明书第2页第5段的记载。2. 关于涉案发明专利权利要求1和3中的“加强杆”，涉案发明专利并没有对杆件的长度以及在空腔内的具体位置进行限定，二审法院以附图中的具体实施例对该特征进行限定违反法律规定。在被诉侵权产品中，位于侧框板相连角部的竖向杆件，在顶盒、底盒与侧框板进行插接组合前，能加强侧框相邻板面的连接强度，同时也加强了侧壁的纵向支撑强度，其对侧壁的支撑通过侧框板与该杆件之间的连接物进行传递。另外，在被诉侵权产品中，顶盒和底盒的侧沿顶端都有一凸起（二审法院称之为“立边”和“梯形立边”），该凸起在与侧壁插接后，即可直接与杆件的上下端接触，得到纵向的支撑，且四个支撑杆件在叠合箱内平行设置。邱则有依据《中华人民共和国民事诉讼法》第一百七十九条第一款第（二）项、第（六）项的规定申请再审，请求撤销一、二审判决，判令鲁班公司停止侵权行为，赔偿经济损失及合理费用20万元，并承担本案一、二审的全部费用。

被申请人鲁班公司提交意见认为，一、二审判决认定事实清楚，适用法律正确，请求依法驳回邱则有的再审申请。

本院审查查明：1. 涉案发明专利说明书中关于分块模壳板的记载。说明书第2页第2段记载："本发明的解决方案是在现有技术的基础上，包括……这样，由于模壳由至少两块分块模壳板拼接组装而成，而分块模壳板为包括部分上板和与之相连的部分侧壁的成型件，因而模壳构件结构简单，构造关系明确，生产容易、成本低，相应楼盖的施工成本低，从而达到了本发明的目的。"说明书第2页第5－7段记载："本发明的特征还在于所述的上底由四块分块模壳板构成。本发明的特征还在于所述的周围侧壁由四块分块模壳板构成。本发明的特征还在于所述的分块模壳板为包括部分上板和与之相连的部分侧壁的成型件。"2. 涉案发明专利说明书中关于加强杆的记载。说明书第2页第3段记载："本发明的特征还在于所述的至少一根加强杆支撑分块模壳板的上底和下底。"说明书第2页第8段记载："本发明的特征还在于模壳构件还包括有加强肋、加强筋或加强杆中的至少一个，加强肋、加强筋或加强杆中的至少一个设置在分块模壳板的拼接部位。这样，楼盖的强度和刚度进一步提高，加强肋、加强筋、加强杆可参与受力与传力，消除了空心楼盖空心部位无受力构件的缺陷；同时加强肋、加强筋或加强杆设置在拼接部位，可大大提高楼盖连接部位的可靠性、整体性。"3. 涉案发明专利为第03118134.1号发明专利申请（以下简称母案）的分案申请，在母案申请文件中，没有记载涉案发明专利说明书第2页第5－7段的内容。母案专利申请公开说明书记载的权利要求4为，"根据权利要求2所述的一种现浇钢筋砼空心楼盖，其特征在于模壳构件设置有十字型加强肋（10），模壳（7）由4块分块模壳板（9）在十字型加强肋（10）上搭接构成"。母案专利申请公开说明书第2页第5段记载为："本发明的特征还在于模壳构件设置有十字型加强肋，模壳由4块分块模壳板在十字型加强肋上搭接构成。这样，楼盖中的模壳构件的制作更容易，成本更低，相应楼盖的施工成本更低。"母案专利申请公开说明书附图4、17中，组成模壳的4块分块模壳板均是包括部分上底和部分侧壁的结构。

本院认为，本案争议焦点在于被诉侵权产品是否落入涉案发明专利的保护范围。具体为，被诉侵权产品的顶盒和侧框板上下组拼与涉案发明专利的"模壳由至少两块分块模壳板拼接组装而成"这一技术特征是否相同或等同；被诉侵权产品侧框板之间的连接杆与涉案发明专利的"加强杆"这一技术特征是否相同或等同。

本案被诉侵权行为发生在2009年10月1日以前，根据《最高人民法院关于审理侵犯专利权纠纷案件应用法律若干问题的解释》第十九条的规定，本案适用2000年修订的《中华人民共和国专利法》（以下简称专利法）。

（一）被诉侵权产品的顶盒和侧框板上下组拼与涉案发明专利的“模壳由至少两块分块模壳板拼接组装而成”这一技术特征是否相同或等同

根据邱则有的第一点申请再审理由，其实质是主张分块模壳板可以为任意分块，由部分上底与部分侧壁相互连接成的成型件可以是分块模壳板，单纯的上底或者侧壁也可以是分块模壳板。这涉及对分块模壳板的解释问题。专利法第五十六条第一款规定，发明或者实用新型专利权的保护范围以其权利要求的内容为准，说明书及附图可以用于解释权利要求。基于以下理由，邱则有关于分块模壳板的解释不能成立：1. 对于权利要求中的自定义词语，通常需要借助专利说明书、其他权利要求以及专利审查档案中对该特定词语的描述，确定该词语的含义。涉案发明专利权利要求1限定，上底（4）和周围侧壁（5）构成模壳（7），模壳（7）由至少两块分块模壳板（9）拼接组装而成。对于所述“分块模壳板”，说明书中已经赋予其明确的定义，即，“分块模壳板为包括部分上底和与之相连的部分侧壁的成型件”。2. 根据对涉案发明专利权利要求1本身的通常理解，也可以得出分块模壳板为包括部分上底和与之相连的部分侧壁的成型件这一结论。权利要求1称“分块模壳板（9）有至少一根加强杆（12）支撑”，若分块模壳板单纯由上底或者侧壁组成，则加强杆将无法对这样的分块模壳板起到支撑作用。3. **涉案发明专利的母案专利申请公开说明书中未公开涉案发明专利说明书第2页第5－7段的内容，邱则有以该内容主张分块模壳板可以单纯由上底或者侧壁组成，本院不予支持。分案申请是一类特殊的专利申请，是为了保证专利申请人的正当利益不受到损害，允许专利申请人将其在申请日提交的母案申请文件中已经披露、但因单一性等原因不能在母案中获得保护的发明创造另行提出专利申请，同时保留原申请日的一种制度。该制度在保护专利申请人利益的同时，为了平衡社会公众的利益，要求分案申请不得超出母案申请文件公开的范围，即不得在分案申请中补充母案申请文件未曾记载的新内容，以避免专利申请人将申请日后完成的发明创造通过分案申请抢占在先的申请日。因此，分案申请要受到母案申请文件的约束。在此意义上，对于分案申请而言，母案申请构成其特殊的专利审查档案，母案中未公开的内容不能作为权利人基于分案申请主张权利的依据。**

本案中，涉案发明专利是分案申请，其母案专利申请公开说明书中并未记载涉案发明专利说明书第2页第5－7段的内容。根据母案专利申请公开说明书第2页第5段的内容也不能得出分块模壳板可以单纯由上底或者侧壁组成这一结论。此外，在母案专利申请公开说明书附图4、17中，组成模壳的4块分块模壳板均是包括部分上底和部分侧壁的结构。邱则有以母案专利申请公开说明书中未公开的内容主张分块模壳板可以单纯由上底或者侧壁组成，不能成立。

涉案发明专利中的模壳由至少两块分块模壳板组成，而分块模壳板为包括部分上底和与之相连的部分侧壁的成型件。与之相比，被诉侵权产品中顶盒和侧框板上下组拼，结构更加简单，成型更加容易。二者采用的技术手段不同，实现的功能和达到的效果也不同。邱则有认为二者构成等同技术特征的主张，本院不予支持。邱则有关于分块模壳板的申请再审理由不能成立。

（二）被诉侵权产品侧框板之间的连接杆与涉案发明专利的“加强杆”这一技术特征是否相同或等同

涉案发明专利中分块模壳板为包括部分上底和部分侧壁的成型件，截面呈“┏”或“┏┓”形结构，加强杆用于支撑分块模壳板，从力学原理看，不可能处于侧壁角部，否则将起不到支撑分块模壳板的作用。而被诉侵权产品叠合箱中连接杆位于被诉侵权产品叠合箱中相邻两块侧框板夹角处，其接触侧框板的位置为直角结构，作用在于连接、固定侧框板，不具有支撑侧框板的功能，更不可能支撑顶盒和底盒。因此，被诉侵权产品侧框板之间的连接杆与涉案发明专利“加强杆”实现的功能不同，达到的技术效果也不同，二者不构成等同技术特征。邱则有关于加强杆的申请再审理由不能成立。

综上，申请再审人邱则有的再审申请不符合《中华人民共和国民事诉讼法》第一百七十九条的规定，依照《中华人民共和国民事诉讼法》第一百八十一条第一款之规定，裁定如下：

驳回邱则有的再审申请。

审　判　长　金克胜
代理审判员　郎贵梅
代理审判员　罗　霞
二〇一一年十二月十六日
书　记　员　张　博

15. 方法专利权利要求中步骤顺序的解释

——再审申请人 OBE－工厂·翁玛赫特与鲍姆盖特纳有限公司与被申请人浙江康华眼镜有限公司侵犯发明专利权纠纷案

【裁判要旨】

在方法专利侵权案件中适用等同原则判定侵权时，可以结合专利说明书和附图、审查档案、权利要求记载的整体技术方案以及各个步骤之间的逻辑关系，确定各步骤是否应当按照特定的顺序实施；步骤本身和步骤之间的实施顺序均应对方法专利权的保护范围起到限定作用。

【关键词】

方法权利要求　步骤顺序　限定作用

【案号】

最高人民法院（2008）民申字第 980 号

【基本案情】

OBE－工厂·翁玛赫特与鲍姆盖特纳有限公司（以下简称 OBE 公司）于 1996 年 4 月 24 日向国家知识产权局申请了名称为“弹簧铰链的制造方法”的发明专利，2001 年 10 月 24 日被授予专利权。涉案专利的权利要求 1 为：“1. 一种制造弹簧铰链的方法，该铰链由至少一个外壳、一个铰接件和一个弹簧构成，其特征是该方法包括下述步骤：提供一用于形成铰接件的金属带；切割出大致与铰接件外形一致的区域；通过冲压形成一圆形部分以形成铰接件的凸肩；冲出铰接件的铰接孔。”OBE 公司于 2002 年 6 月 24 日起诉称，浙江康华眼镜有限公司（以下简称康华公司）未经其许可，擅自为生产经营目的制造、使用、许诺销售和销售落入涉案专利权保护范围的弹簧铰链产品，构成专利侵权。请求判令康华公司停止侵权并承担赔偿损失等民事责任。北京市第一中级人民法院查明，康华公司加工铰接件的过程为：(1) 人工将金属带材送入冲压机冲下铰接件；(2) 人工用钳子夹住铰接件前部，用锻压机将铰接件后部砸圆；(3) 人工用钳子夹住铰接件前部，将铰接件插入打孔机内打孔；(4) 人工用铅丝从铰接件前部圆孔中穿过，将若干个铰接件穿在一起后用抛光轮抛光。该院认为，涉案专利的权利要求

1为四个步骤，康华公司的加工步骤亦为四个，在将铰接件从金属带材上冲下后，模锻、打孔的顺序虽然可调，但顺序的调整并未产生新的效果。康华公司的方法与权利要求1所保护的方法等同，落入了涉案专利权的保护范围。北京市高级人民法院二审认为，根据涉案专利说明书的记载，涉案专利技术方案是在各步骤先后顺延的情况下实现的，步骤变化无法实现涉案专利方法的技术效果和技术目的。康华公司的制造方法包括四个步骤，其中砸圆和打孔的顺序可调，这与专利方案各步骤先后顺延的方法不同，被控侵权产品的制造方法与专利方法既不相同也不等同，没有落入涉案专利权的保护范围。故撤销一审判决，驳回OBE公司的诉讼请求。OBE公司不服二审判决，向最高人民法院申请再审。最高人民法院于2009年8月29日裁定驳回其再审申请。

【裁判意见】

最高人民法院审查认为，在方法专利侵权诉讼中，不应以权利要求没有对步骤顺序明确进行限定为由，不考虑步骤顺序对权利要求的限定作用，而是应当结合说明书和附图、审查档案、权利要求记载的整体技术方案以及各个步骤之间的逻辑关系，从本领域普通技术人员的角度出发确定各步骤是否应当按照特定的顺序实施。对于存在步骤顺序的方法发明，步骤本身以及步骤之间的顺序均应对专利权的保护范围起到限定作用。本案中，权利要求1记载了四个步骤，首先，供料步骤的作用在于为其他的步骤提供加工材料，因此，供料步骤必须在其他步骤之前首先实施。其次，切割步骤的作用是从金属带上切割出大致与铰接件外形一致的区域，根据涉案专利的说明书及附图，所述区域包括“用于形成凸肩9的基本形状”和“以后具有铰链孔范围497的至少一部分”。由于冲压步骤是对由切割步骤制成的“用于形成凸肩9的基本形状”进行冲压，冲孔步骤是在由切割步骤制成的“范围497”内制作铰接孔，并且说明书中没有记载可以在切割步骤之前实施冲孔步骤或冲压步骤的技术内容，也没有给出相关的技术启示，本领域普通技术人员也难以预见到在切割步骤之前实施冲孔步骤或冲压步骤，能够实现涉案专利的发明目的，达到相同的技术效果。因此，权利要求1中的切割步骤应当在冲压步骤和冲孔步骤之前实施。从说明书记载的内容看，虽然冲压步骤与冲孔步骤的顺序是可以调换的，但是在实际加工过程中，一旦确定了二者的顺序，就只能依次进行。因此，权利要求1中的四个步骤之间具有特定的实施顺序。

中华人民共和国最高人民法院民事裁定书

(2008) 民申字第980号

申请再审人（一审原告、二审被上诉人）：OBE－工厂·翁玛赫特与鲍姆盖特纳有限公司，住所地德意志联邦共和国伊斯普林根。

法定代表人：艾里克·舍弗、乌里希·如梅林，首席执行官。

委托代理人：董巍，北京市磐华律师事务所律师。

委托代理人：顾珊，女，北京市磐华律师事务所专利代理人，住北京市海淀区×园5楼3门501号。

被申请人（一审被告、二审上诉人）：浙江康华眼镜有限公司，住所地中华人民共和国浙江省玉环县陈屿镇兴港路208号。

法定代表人：高克胡，董事长。

委托代理人：刘平，北京市德君律师事务所律师。

委托代理人：李中，北京市德君律师事务所律师。

申请再审人OBE－工厂·翁玛赫特与鲍姆盖特纳有限公司（以下简称OBE公司）与被申请人浙江康华眼镜有限公司（以下简称康华公司）侵犯发明专利权纠纷一案，北京市高级人民法院于2006年12月20日作出（2006）高民终字第1367号民事判决（以下简称二审判决），已经发生法律效力。2008年9月，OBE公司向本院申请再审。本院依法组成合议庭对本案进行了审查，现已审查终结。

OBE公司申请再审称，1. 本案争议的核心问题是被控侵权产品是否落入涉案专利权利要求1的保护范围，在此问题上二审判决认定事实错误，适用法律错误。2. 二审判决将“铰接件同金属带料不分离”和“各步骤先后顺延且不能变化”两个新的、没有记载在权利要求1中的技术特征从涉案专利说明书中加入权利要求1，缺乏法律依据。3. 涉案专利针对的技术问题是，现有技术使用型材生产弹簧铰链，需要复杂的加工工艺，成品率低，制造费用高，涉案专利可以用低成本生产的带材代替型材，使用非切削（冲压）的方法代替复杂的切削方法。权利要求1并没有限定包括装配弹簧铰链的步骤，涉案专利说明书第1页第29－31行描述的是弹簧铰链的装配步骤，与权利要求1的保护范围不相关，不能作为对权利要求1的进一步限定和解释，更不能依此将“铰接件同金属带料不分离”的技术特征加入权利要求1。4. 附带的技术问题“弹簧件的零件由散装料供给，所以首先需要麻烦的找正，才能把各件组装在正确的位置上”是通过优选实施例

“铰接件同金属带料不分离”完成，权利要求3中的技术特征“在铰接件仍与金属带连接时把弹簧件装在铰接件上”说明权利要求1的技术方案不要求在权利要求1所述的步骤完成之后将铰接件与金属带分离，“铰接件同金属带不分离”不过是实现额外目的的技术特征，记载在权利要求3中，不是权利要求1的必要技术特征。5. 权利要求1仅仅是对专利方法的步骤进行描述，没有对步骤的顺序进行限定，采用权利要求1的步骤本身是解决技术问题的关键，而不是步骤的顺序。说明书中的两个实施例采用了顺序不同的步骤，亦表明权利要求1中的各个步骤可依不同顺序实施，权利要求1的保护范围包含了所述步骤的各种顺序的组合，二审判决认定权利要求1的“各步骤先后顺延且不能变化”与说明书的描述矛盾，属于认定事实错误。请求本院撤销二审判决，驳回再审被申请人的上诉请求，维持北京市第一中级人民法院（2002）一中民初字第5048号判决。

康华公司辩称，1. 权利要求1中各个步骤之间的关系是前后排列、顺序固定的递进关系，并以铰接件与金属带料保持连接为前提条件，舍弃步骤之间的关系和前提条件的限定将直接导致无法实现涉案专利的任务，无法实现取消搬运环节和不需人工找正这两个技术效果。2. 被控侵权方法不具有涉案专利的“铰接件和金属带料连接”以及步骤之间的固定顺序两个必要技术特征，不构成侵权。3. 被控侵权方法与权利要求1的区别在于：涉案专利使用的是金属“带料”，而被控侵权方法使用的是自行剪裁的长度有限的金属“条料”；涉案专利的步骤二使用“切割”技术，而被控侵权方法使用的是“冲压”技术，二者加工手段截然不同，效果也不一样；在形成凸肩的过程中，涉案专利使用的是“冲压”技术，而被控侵权方法使用的是“模锻”技术，是不同的加工技术，而且涉案专利是一次完成，而被控侵权方法必须由人工与机械结合，反复操作才可以完成。4. 涉案专利方法没有对“步骤之间的关系和条件”进行充分表述，权利要求1中的技术特征“切割出大致与铰接件外形一致的区域”含义也不明确，应当根据说明书及附图解释权利要求1的保护范围。5. OBE公司在涉案专利的实质审查过程中明确承诺了权利要求1的限定条件，即“在铰接件尚与金属带连接并从而设置在一个预定的位置上时，通过对铰接件进行冲压或变形，就已经可以改进装配弹簧铰接部件的方法”，OBE公司无视该承诺，在侵权诉讼中扩大权利要求的保护范围，属于反悔行为，应依法禁止。

北京市第一中级人民法院（以下简称一审法院）审理查明，OBE公司于1996年4月24日向国家知识产权局申请了申请号为96191123.9、名称为“弹簧铰链的制造方法”的发明专利，2001年10月24日被授予专利权。授权公告的权利要求1为：“1. 一种制造弹簧铰链的方法。该铰链由至少一个外壳、一个铰接件和一个弹簧构成，其特征是该方法包括下述步骤：提供一用于形成铰接件的金属带；切割出大致与铰接件外形一致的区域；通过冲压形成一圆形部分以形成铰接件的凸肩；冲出铰接件的铰接孔。”

OBE公司于2002年6月24日起诉至一审法院称，康华公司未经其许可，擅自为生产经营目的制造、使用、许诺销售和销售落入涉案专利权保护范围的弹簧铰链产品，构成专利侵权行为。另外，OBE公司还发现康华公司于近年来在全国各地通过制造、销售、许诺销售、使用弹簧铰链产品，已经和正在对涉案专利权造成严重侵害，使其蒙受了重大经济损失。请求一审法院判令康华公司：1. 停止侵权行为；2. 以公开方式道歉；3. 销毁制造侵权产品的模具、工具；4. 赔偿经济损失（包括临时保护期内的使用费）415万元；5. 承担OBE公司的合理支出（包括律师费、差旅费、调查取证费）；6. 承担本案的案件受理费。

在涉案专利的说明书中有如下记载：“众所周知，弹簧铰链具有一装弹簧件的外壳，弹簧件可随与眼镜腿连接的弹簧铰链超过正常的戴镜位置移动，并对眼镜腿施加预应力，通过预应力使眼镜腿对着戴镜人的头施压。业已证明，这种弹簧铰链的缺点是制造费用很高。”“这种弹簧件一般由一个铰接件、一个锁紧件和一个弹簧件组成，由于这些零件的尺寸很小，组装相当复杂。又由于这些零件通常都是散装料供给，所以首先需要麻烦的找正，才能把各件组装在正确的位置上。所以，本发明的任务在于，提供一种弹簧铰链的经济制作方法，并改进零件的搬运，因而产生良好的经济效益。”“在本发明中，用金属带加工的铰接件在铰接件仍与金属带连接时进行弹簧件和最好锁紧件安装，这样在部件组装之前一方面取消了铰接件的中间加垫，另一方面又取消了铰接件的找正。”“组成的部件不从金属带上切断，因而搬运到弹簧铰链外壳中使用特别方便。”

2005年8月10日，一审法院前往康华公司所在地，对康华公司加工生产本案诉争产品的加工过程进行了勘验。经勘验，康华公司的加工过程为：1. 人工将从金属带材送入冲压机冲下铰接件；2. 人工用钳子夹住铰接件前部，用锻压机将铰接件后部砸圆；3. 人工用钳子夹住铰接件前部，将铰接件插入打孔机内打孔；4. 人工用铅丝从铰接件前部圆孔中穿过，将若干个铰接件穿在一起后用抛光轮抛光。一审法院将上述过程用DV进行了拍摄并制作成光盘，并将光盘送达双方当事人质证。OBE公司认为，康华公司的加工过程恰恰系涉案专利权利要求1所保护的方法。康华公司认为，1. 涉案专利方法是四个步骤先后顺延组成的弹簧铰链的制造方法，康华公司的加工过程是三个加工单元组合，顺序可调，不具有先后顺延的特征。2. 涉案专利方法的第二步是切割，切割后的区域不脱离金属带材，康华公司的加工过程是“冲裁落料”，因此二者方法不同，效果也不同。3. 涉案专利方法的第三步是“冲压后形成一圆形部件”，康华公司是采用“模锻”，前者是机械操作，后者是手工结合机械操作，因此手段不同，效果也不同。

2004 年 8 月 10 日，康华眼镜公司针对涉案专利向专利复审委员会提出无效宣告请求，其理由是涉案专利不具有新颖性和创造性。专利复审委员会于 2005 年 4 月 11 日作出第 7135 号无效宣告请求决定（以下简称第 7135 号决定），维持涉案专利权有效。该决定认为：“本专利权利要求 1 请求保护一种制造弹簧铰链的方法，由于对比文件 1 至 3 均仅公开了有关冲压、冲模等基础知识，没有公开制造某种产品的由若干个明显的步骤构成的具体方法，因此对比文件 1 至 3 没有公开在本专利所属技术领域可以采用本专利权利要求 1 的制造方法的内容，也没有给出可以想到该技术方案的技术启示。同时，根据本专利说明书的记载，通过传统切削加工方法制造眼镜弹簧铰链，一方面由于零件的尺寸很小，组装相当复杂，组装前找正也很麻烦，另一方面切削加工使用的材料受限，……切割、冲压和冲裁确实是机械加工领域的常见工艺，但是并不意味着某具体领域制造具体产品不可能产生发明创造，切割、冲压和冲裁可用于制造比眼镜弹簧铰链更为精密的机械件，也不意味着将此类工艺方法应用在眼镜弹簧铰链领域不可能产生发明创造，请求人提交的现有证据无法证明本专利权利要求 1 中公开的具有具体内容的四个步骤先后顺延组成的弹簧铰链的制造方法没有带来突出的实质性特点和显著的进步。”

一审法院认为，权利要求 1 所述的方法为四个步骤，1. 提供一用于形成铰接件的金属带；2. 切割出大致与铰接件外形一致的区域；3. 通过冲压形成一圆形部分以形成铰接件的凸肩；4. 冲出铰接件的铰接孔。涉案专利为加工弹簧铰链的制作方法，系发明专利中的方法专利，其保护范围是加工制作弹簧铰链的方法，涉案专利权利要求 1 是弹簧铰链中铰接件的加工方法，而铰接件仅仅是弹簧铰链中的一个零件。根据涉案专利权利要求并结合说明书可以看出，由于现有的弹簧铰链一般是由一个铰接件、一个锁紧件、一个弹簧及外壳组成，但由于上述零件尺寸很小，组装相当复杂，而且通常是散装料供给，所以首先需要麻烦的找正，才能把各件组装在正确的位置，故在本方法专利中，用金属带加工的铰接件在铰接件仍与金属带连接时进行弹簧件和锁紧件的安装……其发明任务为提出一种弹簧铰链的经济制作方法，改进零件的搬运，因而产生良好的经济效益，其发明目的是为了解决现有的弹簧铰链加工制造费用高，加工步骤费用昂贵的问题。康华公司加工铰接件的方法为在金属带材上通过冲压的方式冲下铰接件，即康华公司所称的“冲裁落料”（而涉案专利则是在铰接件安装弹簧件装配单元之前仍与金属带连接），而后由人工手持钳子夹住铰接件，将铰接件凸肩延伸部分用锻压机砸圆，即康华公司所称的“模锻”，再由人工将铰接件插入打孔机进行打孔。将权利要求 1 与康华公司的加工方法对比可以看出，康华公司加工铰接件的方法与权利要求 1 的保护范围无明显差异，涉案专利的权利要求 1 为四个步骤，康华公司的加工步骤亦为四个，在将铰接件从金属带材上冲下后，模锻、打孔的顺序虽然可调，但顺序的调整并未产生新的效果。综上所述，康华公司加工生产铰接件的方法与涉案专利权利要求 1 所保护的方法等同，落入了涉案专利权利要求 1 的保护范围，康华公司应承担停止侵权、赔偿损失等民事责任。一审法院于 2005 年 12 月 20 日作出（2002）一中民初字第 5048 号民事判决：一、被告玉环县康华眼镜有限公司自本判决生效之日起，立即停止侵权行为；二、被告玉环县康华眼镜有限公司自本判决生效之日起十日内赔偿原告 OBE－工厂·翁玛赫特与鲍姆盖特纳有限公司人民币 50000 元；三、驳回原告 OBE－工厂·翁玛赫特与鲍姆盖特纳有限公司的其它诉讼请求。案件受理费 7010 元，由原告 OBE－工厂·翁玛赫特与鲍姆盖特纳有限公司负担 5000 元（已交纳），由被告玉环县康华眼镜有限公司负担 2010 元。

康华公司不服一审判决，向北京市高级人民法院（以下简称二审法院）提起上诉称，1. 一审判决认定被控侵权方法与专利方法等同，落入涉案专利权保护范围缺乏事实依据；2. 在眼镜弹簧铰链制造过程中，应用传统的切割、冲压和冲裁工艺与涉案专利方法先后顺延的四个步骤不相同；3. 涉案专利方法是建立在铰接件同金属带料不分离的情况下实现的，而被控侵权方法既不连续也不顺延，是在与金属带分离情况下，采取传统机械加工工艺中的冲裁、锻压和冲孔设备逐一完成的，与专利方法完全不同。请求撤销一审判决，驳回 OBE 公司的诉讼请求。

二审法院审理查明的事实与一审法院相同。

二审法院认为，本案的核心问题在于康华眼镜公司制造被控侵权产品使用的方法是否落入涉案专利权的保护范围。涉案专利的权利要求 1 记载的技术方案由五个技术特征组成：1. 铰链由至少一个外壳、一个铰接件和一个弹簧构成；2. 提供一用于形成铰接件的金属带；3. 切割出大致与铰接件外形一致的区域；4. 通过冲压形成一圆形部分以形成铰接件的凸肩；5. 冲出铰接件的铰接孔。根据涉案专利说明书的记载，涉案专利技术方案是建立在铰接件同金属带料不分离且各步骤先后顺延的情况下实现的，这既是涉案专利的发明目的，又是涉案专利方法的特征和效果的体现。将铰接件从金属带料分离下来或步骤变化均无法实现涉案专利方法的技术效果和技术目的。被控侵权产品中铰接件的制造方法包括：1. 金属带材；2. 冲下铰接件；3. 砸圆；4. 打孔。该加工方法是首先将铰接件与金属带料分离下来，采取传统机械加工工艺中的冲裁、锻压和冲孔设备逐一完成的，其中砸圆和打孔的顺序可调。由此可见，这与专利方案所采取的铰接件同金属带料不分离且各步骤先后顺延的方法不同，被控侵权产品的制造方法与专利方法既不相同也不等同，没有落入涉案专利权的保护范围。一审判决关于被控侵权方法与涉案专利方法等同的认定错误，予以纠正。康华公司关于被控侵权方法不构成侵权的主张有事实和法律依据，予以支持。2006 年 12 月 20 日，二审法院作出（2006）高民终字第 1367 号民事判决：撤销一审判决。驳回 OBE 公司的诉讼请求。一审案件受理费 7010 元由 OBE 公司负担；二审案件受理费 7010 元由 OBE 公司负担。

本院经审查查明，一、二审法院认定的事实属实，本院予以确认。本院另查明以下事实：

关于现有技术中存在的技术问题，说明书中记载有如下内容："业已证明，这种弹簧铰链的缺点是制造费用很高。这是因为，一方面切削的加工步骤昂贵，另一方面通常又需要昂贵的型材所致；""这种弹簧件一般由一个铰接件、一个锁紧件和一个弹簧件组成，由于这些零件的尺寸很小，组装相当复杂。又由于这些零件通常都是散装料供给，所以首先需要麻烦的找正，才能把各件组装在正确的位置上。"

关于涉案专利的发明目的和技术效果，说明书中记载有如下内容："本发明的任务在于，提供一种弹簧铰链的经济制作方法，并改进零件的搬运，因而产生良好的经济效益；""在本发明中，用金属带加工的铰接件在铰接件仍与金属带连接时进行弹簧件和最好锁紧件安装，这样在部件组装之前一方面取消了铰接件的中间加垫，另一方面又取消了铰接件的找正；""通过使用非切削的加工方法，外壳和铰接件可实现经济加工；""组成的部件不从金属带上切断，因而搬运到弹簧铰链外壳中使用特别方便。"

涉案专利的权利要求 1 请求保护一种制造弹簧铰链的方法，该方法包括以下步骤：提供一用于形成铰接件的金属带（以下简称供料步骤）；切割出大致与铰接件外形一致的区域（以下简称切割步骤）；通过冲压形成一圆形部分以形成铰接件的凸肩（以下简称冲压步骤）；冲出铰接件的铰接孔（以下简称冲孔步骤）。上述四个步骤均仅仅涉及弹簧铰链中的铰接件的制造，并不涉及弹簧铰链中其他部件的制造，也不涉及部件的装配。

涉案专利说明书第 13 页及附图 17 记载了制造弹簧铰链中的铰接件的实施例（以下简称铰接件实施例），步骤如下："铰接件也用带形材料 481 制作，最好用含镍的金属例如钛。第 I 步首先切割铰接件的基本形状，并形成凸肩 9 的基本形状和连接在凸肩 9 上并在以后具有铰接孔范围 497 的至少一部分。亦即铰接件 11 用这个范围 497 和凸肩 9 的一端固定在金属条 481 上。当然，切割的阴影区也可扩向金属条边沿，这样切割的铰接件只有一边与金属条 481 连接。第 II 步将凸肩 9 倒成要求的圆形，例如用两个半圆形冲压模进行。第 III 步冲掉两个相邻凸肩之间存在的金属条部分，例如用冲剪工具进行。第 IV 步完全切掉凸肩 9 和金属条 481 之间的连接，同时在范围 497 内制作铰接孔 15，最好用冲压进行，第 V 步制作铰接孔 15 所在范围 497 的形状并将铰接件 11 从金属条 481 上切掉，最好也用冲裁工具进行。……图 16 和 17 清楚表明，上述零件的加工很简单而又很经济，铰接件的落料不存在昂贵的外形，而且这些落料坯件不用切削加工而可按上述加工方法进行。"

涉案专利说明书第 13 页及附图 18 中记载了弹簧铰链部件装配的实施例（以下简称装配实施例），步骤如下："部件主要包括铰接件、锁紧件和弹簧件。第 I 步和第 II 步用金属带加工铰接件 11，其方法已结合图 17 详细说明。第 II 步，首先用冲压模 501 将横截面为矩形的凸肩 9 加工成圆形。第 III 步将锁紧件 13 推到铰接件 11 上。然后第 IV 步将弹簧件 7 装上并用一个套环 503（V）锁紧。随后在第 VI 步将凸肩 9 端部挤压，于是套环 503 被锁紧……现在部件组装完毕并可如图 18 所示，从金属条 481 上切掉。当然，上述部件也可继续固定在金属条 481 上，这样与散装件比较便于搬运。"

在国家知识产权局对涉案专利申请进行实质审查的过程中，申请再审人在答复审查员发出的第二次审查意见通知书时对权利要求书进行了修改，并就"权利要求 1 的方案是完整的"陈述如下意见："申请再审人认为将权利要求 3 所述的特征补充进权利要求 1 并非必要。在铰接件尚与金属带连接并从而设置在一个预定的位置上时，通过对铰接件进行冲压或变形，以及通过将弹簧件安装在铰接件上，就可以改进装配弹簧铰接部件的方法。”

在本案审理过程中，申请再审人先后提交了两份不同的《发明人海因茨·莫斯尼出具的声明》以及一份《关于本专利的背景技术介绍》。根据所述文件记载的有关内容，涉案专利的背景技术主要包括如下步骤：1. 准备一种特殊的成形件，该成形件的制造过程非常复杂，耗资巨大；2. 使用专用锯床锯断成形件，形成单个的铰接件毛坯件；3. 用铣床对单个的毛坯件进行铣削加工，将细杆件加工成形，这道加工工序也很复杂，且铣床磨损十分严重，所使用的铣床很贵，在这个加工过程中还需使用复杂的工件夹紧装置固定铰接件；4. 加工铰链孔。所述背景技术存在的主要缺点有：1. 初始成形件的制作成本高；2. 需要研制专用的锯床；3. 铣床需要大量投资，磨损严重，使用寿命短；4. 每个工序非常复杂，部件很小，需要精密加工仪器，制造贵，每个部件要单独地加工。涉案专利相对于背景技术的主要优点是：“1. 逐步采用剪切和模压工艺加工条状材料制造铰接件……无需要将单个元件从条状部件上分离下来，这样可以改进成形加工过程、检验过程和处理单个元件；2. 初始材料使用的是扁平条状部件，比型材要适合加工得多，不能引起复杂的切割设备和加工工具不断磨损产生的费用，废料成本降低；3. 使用条带金属材料，在这个条带金属材料上切削，冲印，冲压等，不需要使用不均匀不平坦的型材，锯开每件元件，单独加工；4. 制造时不需要特别固定的工序（而该工序使得传统制造方法相当昂贵），只要把弹簧铰链最后一步才切下来就行了，也不需要矫直。”

本院认为，根据申请再审人申请再审的理由、被申请人的答辩意见以及本案事实，本案焦点在于：1. 权利要求1中的各个步骤是否应当按照记载的顺序依次实施；2. 被控侵权方法是否具有与权利要求1中的“切割出大致与铰接件外形一致的区域”相同或等同的技术特征。

一、关于权利要求1中的四个步骤是否应当按照记载的顺序依次实施

对于存在步骤顺序的方法发明，步骤本身以及步骤之间的顺序均应对专利权的保护范围起到限定作用。由于现行法律没有对是否应当在方法权利要求中限定各步骤的实施顺序进行规定，在权利要求没有对各步骤的实施顺序进行限定时，国务院专利行政部门在专利授权、确权程序中一般即根据各步骤在权利要求中记载的顺序对权利要求进行审查，而不会将权利要求的保护范围解释为能够以任意顺序实施各步骤。因此，在侵权诉讼中，不应以权利要求没有对步骤顺序进行限

定为由，不考虑步骤顺序对权利要求的限定作用，而是应当结合说明书和附图、审查档案、权利要求记载的整体技术方案以及各个步骤之间的逻辑关系，从本领域普通技术人员的角度出发确定各步骤是否应当按照特定的顺序实施。根据权利要求1记载的四个步骤，首先，供料步骤的作用在于为其他的步骤提供加工材料，因此，供料步骤必须在其他步骤之前首先实施。其次，切割步骤的作用是从金属带上切割出大致与铰接件外形一致的区域，根据说明书及附图，所述区域包括“用于形成凸肩9的基本形状”和“以后具有铰链孔范围497的至少一部分”，由于冲压步骤是对由切割步骤制成的“用于形成凸肩9的基本形状”进行冲压，冲孔步骤是在由切割步骤制成的“范围497”内制作铰接孔，并且说明书中没有记载可以在切割步骤之前实施冲孔步骤或冲压步骤的技术内容，也没有给出相关的技术启示，本领域普通技术人员也难于预见到在切割步骤之前实施冲孔步骤或冲压步骤，也能够实现涉案专利的发明目的，达到相同的技术效果，因此，权利要求1中的切割步骤应当在冲压步骤和冲孔步骤之前实施。从说明书记载的内容看，虽然冲压步骤与冲孔步骤的顺序是可以调换的，但是，在实际加工过程中，一旦确定了二者的顺序，就只能依次进行。综上所述，权利要求1中的四个步骤应当按照供料步骤、切割步骤、冲压步骤或冲孔步骤的顺序依次实施，各个步骤之间具有特定的实施顺序，申请再审人有关“权利要求1仅仅是对专利方法的步骤进行描述，没有对步骤的顺序进行限定……权利要求1的保护范围包括所述步骤的各种顺序的组合”的申请再审理由缺乏事实依据和法律依据，本院不予支持。

二、关于被控侵权方法是否具有与“切割出大致与铰接件外形一致的区域”相同或等同的技术特征

本案中，双方当事人所争议的是否应当以“铰接件同金属带料不分离”对权利要求1的保护范围进行限定，其实质是双方当事人对权利要求1的保护范围有着不同的解释。涉案专利权利要求1中记载了制造弹簧铰链的四个步骤，双方当事人对供料步骤、冲压步骤和冲孔步骤的含义并无争议，但对于切割步骤，即技术特征“切割出大致与铰接件外形一致的区域”，由于其中使用了含义模糊的技术术语“大致与铰接件外形一致的区域”，导致双方当事人对该技术特征的解释产生争议，因此，有必要查明该技术特征的确切含义，并在此基础上准确、合理地确定涉案专利权的保护范围。

首先，《中华人民共和国专利法》第五十六条规定：“发明或者实用新型专利

权的保护范围以其权利要求的内容为准，说明书及附图可以用于解释权利要求。”**根据上述规定，在权利要求中出现了含义模糊的技术术语时，可以从本领域普通技术人员的角度出发，根据说明书及附图对该技术术语进行解释，以清楚地确定专利权的保护范围**。根据说明书的记载，涉案专利的发明目的在于提供一种弹簧铰链的经济制作方法，并改进零件的组装和搬运，产生良好的经济效益。说明书附图 17、18 以及说明书第 13 页分别记载了铰接件实施例以及装配实施例，其中在铰接件实施例中，与技术特征“切割出大致与铰接件外形一致的区域”相对应的描述是：“首先切割铰接件的基本形状，并形成凸肩 9 的基本形状和连接在凸肩 9 上并在以后具有铰接孔范围 497 的至少一部分。亦即铰接件 11 用这个范围 497 和凸肩 9 的一端固定在金属条 481 上。当然，切割的阴影区也可扩向金属条边沿，这样切割的铰接件只有一边与金属条 481 连接。”在装配实施例中，根据附图 17、18 以及说明书记载的“第 I 步和第 II 步用金属带加工铰接件 11，其方法已结合图 17 详细说明。第 II 步，首先用冲压模 501 将横截面为矩形的凸肩 9 加工成圆形”，亦表明在制造铰接件以及装配弹簧铰链的过程中，用于形成铰接件的区域以及制成的铰接件始终属于金属带的一部分，直至将锁紧件、弹簧件、套环等安装在制成的铰接件上之后，才将铰接件从金属条 481 上切掉。除上述实施例外，说明书及附图中并没有记载将用于制造铰接件的区域从金属带上完全切割下来，对独立于金属带的“区域”或者单个的铰接件毛坯进行加工的技术内容，也没有给出相关的技术启示。因此，根据说明书及附图中记载的有关技术内容，本领域普通技术人员所理解的“切割出大致与铰接件外形一致的区域”的具体含义是：通过切割金属带，在金属带上形成用于进一步加工成铰接件的区域，该区域是金属带的一部分，并且形状与铰接件的外形接近。由此，涉案专利避免了使用昂贵的切削加工方法，取消了铰接件的找正，亦有利于弹簧件、锁紧件的装配以及零件搬运，实现了弹簧铰链的经济加工。

其次，根据权利要求书中的其他权利要求，亦能印证对“切割出大致与铰接件外形一致的区域”所做的上述解释。涉案专利的权利要求 1 为独立权利要求，权利要求 3、4 均为间接引用权利要求 1 的从属权利要求，虽然权利要求 3、4 的附加技术特征并未记载在权利要求 1 中，不应对权利要求 1 的保护范围产生限定作用，但是，基于独立权利要求与从属权利要求之间的逻辑关系，所述从属权利要求的附加技术特征有助于澄清权利要求 1 中技术术语的含义，准确确定权利要求 1 的保护范围。第一，权利要求 3 的附加技术特征为“还包括在铰接件仍与金属带连接时把弹簧件装在铰接件上形成一个装配单元的步骤”，所述特征对在铰接件上安装弹簧件的时机进行了限定，并不涉及铰接件的制造，其中的时间状语“在铰接件仍与金属带连接时”限定了应当在铰接件尚未从金属带上分离时将弹簧件安装在铰接件上，由此说明，在制造铰接件的过程中，用于制造铰接件的区域以及制成的铰接件应当属于金属带的一部分，没有从金属带上分离。第二，权利要求 4 的附加技术特征为“还包括在装配单元完全装配完毕后将铰接件从金属带上切下的步骤”，该特征也不涉及铰接件的制造，但是该特征也进一步证明，铰接件在装配单元尚未完全装配完毕之前仍与金属带相连，由此亦可说明在制造铰接件的过程中，用于制造铰接件的区域以及制成的铰接件应当属于金属带的一部分。第三，如果将权利要求 1 解释为包括金属带与所述区域完全分离的技术方案，那么在确定权利要求 3、4 的保护范围时，将出现权利要求 3、4 的附加技术特征中的“仍与金属带连接时”、“将铰接件从金属带上切下”与权利要求 1 的保护范围相矛盾的情形，这也从反面说明，权利要求 1 中“大致与铰接件外形一致的区域”应当是金属带的一部分。

再次，根据申请再审人在涉案专利实质审查程序中提交的意见陈述书，申请再审人曾就“权利要求 1 的方案是完整的”陈述了如下意见：“在铰接件尚与金属带连接并从而设置在一个预定的位置上时，通过对铰接件进行冲压或变形，以及通过将弹簧件安装在铰接件上，就可以改进装配弹簧铰接部件的方法。”上述意见表明，申请再审人在实质审查程序中明确主张应当在铰接件尚与金属带连接时对铰接件进行加工，以及在铰接件尚与金属带连接时安装弹簧件，并且所述技术特征已足以使得权利要求 1 构成一个完整的技术方案。因此，根据涉案专利的审查档案，亦可认定权利要求 1 中“大致与铰接件外形一致的区域”仍然是金属带的一部分，该区域未与金属带分离。申请再审人在侵权诉讼中，不应无视其在审查过程中的意见陈述，将铰接件与金属带完全分离的技术方案纳入涉案专利权的保护范围。

最后，在本案审理过程中，申请再审人先后提交了两份不同的《发明人海因茨・莫斯尼出具的声明》以及一份《关于本专利的背景技术介绍》，申请再审人在上述文件中详细描述了涉案专利的背景技术、背景技术存在的技术缺陷以及涉案专利取得的有益效果，虽然多数内容并未记载在涉案专利的说明书中，不应用于限定涉案专利权的保护范围，但通过参考上述文件，有助于理解涉案专利的背景技术以及涉案专利相对于背景技术所作的改进，正确地确定涉案专利权的保护范围。根据发明人海因茨·莫斯尼出具的两份声明以及《关于涉案专利的背景技术的介绍》，涉案专利的背景技术系使用型材作为制作铰接件的原料，从型材上锯下铰接件毛坯后，再对每个铰接件毛坯单独进行铣削加工和加工铰接孔，在此过程中，需要专门的工件夹紧装置固定单个的铰接件毛坯。而涉案专利使用条带金属材料，在这个条带金属材料上切削，冲印，冲压等，无需要将单个元件从条状部件上分离下来单独加工，制造时也不需要特别固定的工序，只要把弹簧铰链最后一步才从金属带上切下来就行了，克服了背景技术存在的材料昂贵、加工工艺复杂、对元件单独加工、需要成本昂贵的特别固定工序等技术缺陷。因此，要实现弹簧铰链的经济制作的发明目的，不仅需在原料上进行改进，使用易于加工的金属带材代替型材，还需在生产工艺上进行改进，即在金属带上进行切割、冲印、冲压等，以避免对单个的铰接件毛坯进行复杂的切削加工以及特别的固定工序，只有将上述两方面的改进有机结合在一起，才能构成完整的解决方案，仅仅使用金属带材代替型材，尚不能完全实现涉案专利的发明目的。因此，海因茨·莫斯尼出具的两份声明以及《关于涉案专利的背景技术的介绍》也足以证明，权利要求 1 中的“大致与铰接件外形一致的区域”仍然是金属带的一部分，该区域未与金属带分离。

综上所述，根据涉案专利说明书及附图、权利要求书中记载的其他权利要求、申请再审人在实质审查程序中提交的意见陈述书，以及申请再审人在侵权诉讼中提交的有关书面意见陈述，均表明涉案专利方法在制造铰接件的过程中，权利要求 1 中“大致与铰接件外形一致的区域”是金属带的一部分，未与金属带分离。将被控侵权方法与涉案专利权利要求 1 相比，被控侵权方法虽同样使用金属带材作为制作铰接件的原料，但是被控侵权方法系使用冲压机将铰接件毛坯从金属带材上完全冲落下来，后续的砸圆、打孔等工序均是针对单个的铰接件毛坯进行，每次仅能加工一个铰接件，并且在后续的工序中始终需要人工固定单个的铰接件毛坯，不仅工艺复杂效率低，亦不便于弹簧等其他零部件的装配以及零件的搬运。因此，尽管使用的原料相同，但是被控侵权方法相对于权利要求 1 仍然是一种落后的生产工艺，二者采取的技术手段具有实质性的差异，实现的功能亦有不同，被控侵权方法也不能实现权利要求 1 所具有的实现弹簧铰链的经济加工、取消铰接件的找正、改进零件的组装和搬运等有益效果，故被控侵权方法不具有与权利要求 1 中的“切割出大致与铰接件外形一致的区域”相同或等同的技术特征，被控侵权方法没有落入涉案专利权的保护范围。

综上所述，申请再审人OBE－工厂·翁玛赫特与鲍姆盖特纳有限公司的再审申请不符合《中华人民共和国民事诉讼法》第一百七十九条规定的情形。依照《中华人民共和国民事诉讼法》第一百八十一条第一款的规定，裁定如下：

驳回OBE－工厂·翁玛赫特与鲍姆盖特纳有限公司的再审申请。

审 判 长 王永昌
代理审判员 李 剑
代理审判员 罗 霞
二〇〇九年八月二十六日
书 记 员 王 新

16. 使用环境特征的解释

——再审申请人株式会社岛野与被申请人宁波市日骋工贸有限公司侵犯发明专利权纠纷案

【裁判要旨】

已经写入权利要求的使用环境特征属于必要技术特征，对于权利要求的保护范围具有限定作用；使用环境特征对于权利要求保护范围的限定程度需要根据个案情况具体确定，一般情况下应该理解为要求被保护的主题对象可以用于该使用环境即可，而不是必须用于该使用环境，但是本领域普通技术人员在阅读专利权利要求书、说明书以及专利审查档案后可以明确而合理地得知被保护对象必须用于该使用环境的除外。

【关键词】

使用环境特征 限定作用 权利要求解释

【案号】

最高人民法院（2012）民提字第1号

【基本案情】

株式会社岛野是专利号为ZL94102612.4、名称为“后换档器支架”的中国发明专利（即本案专利）的专利权人。本案专利授权文本权利要求1记载：一种用于将后换档器连接到自行车车架上的自行车后换档器支架，所述后换档器具有支架件、用于支撑链条导向装置的支撑件、以及一对用于连接所述支撑件和所述支架件的连接件，所述自行车车架具有形成在自行车车架的后叉端的换档器安装延伸部上的连接结构，所述后换档器支架包括：一由大致L形板构成的支架体；设在所述支架体一端近旁，用于将所述后换档器的所述支架件连接到所述支架体上、可绕第一轴线枢转的第一连接结构；设在所述支架体另一端近旁，用于将所述支架体连接到所述自行车车架的所述连接结构上的第二连接结构；以及用于与所述换档器安装延伸部接触从而使所述后换档器相对于所述后叉端以一种预定的姿势定位的定位结构；其特征在于：所述第一连接结构和所述第二连接结构的布置应使当所述支架体安装在所述后叉端上时，所述的第一连接结构提供的连接点是在所述第二连接结构提供的连接点的下方和后方。在专利申请过程中，原始申请文本的权利要求书并未对自行车后换档器支架所连接的后换档器的结构进行限定。原国家专利局针对该申请发出第一次审查意见通知书，引用本案专利优先权日前的对比文件1和对比文件2，认为本案专利权利要求1不具备新颖性。为将本专利申请所要求保护的后换档器支架与该对比文件1公开的悬挂构件相区别，株式会社岛野修改了权利要求1，并在意见陈述书中明确指出，该对比文件1中所述的悬挂构件是垂直下降组件一部分，由垂直下降构件、悬挂构件以及用于将悬挂构件连接至下降构件上的装置等组合起来才相当于本案专利申请中的带后换档器安装延伸部的后叉端的结构。为了将本专利申请所要求保护的后换档器支架与该对比文件2公开的下降组件相区别，株式会社岛野在意见陈述书中明确指出，该对比文件2所述的叉端是一个水平方向开槽的下降组件，该对比文件并没有公开或者提出本发明申请的特征，特别是支架体没有被连接至垂直下降组件或L形板上。针对上述意见陈述书，国家知识产权局发出第二次审查意见通知书，引用对比文件3，认为修改后权利要求1不具备新颖性。据此，株式会社岛野在权利要求1中增加了关于后换档器支架所连接的后换档器的结构特征。本次修改后该专利申请获得授权。宁波市日骋工贸有限公司（以下简称日骋公司）生产、销售了本案被诉侵权产品，该被诉侵权产品具有支架体和与之连接的后换档器。该支架体具有本案专利权利要求1所述支架体的结构特征，与该支架体连接的后换档器具有本案专利权利要求1所述后换档器的结构特征。株式会社岛野以日骋公司的行为侵犯本案专利权为由，诉至浙江省宁波市中级人民法院，请求判令日骋公司停止侵害并赔偿损失。一审法院判决驳回株式会社岛野的诉讼请求。一审法院认为，本案专利权利要求1所述的特定的自行车车架结构及特定的安装方式是本案专利的两个必要技术特征，被诉侵权产品在使用过程中并非只能借助本案专利所述的安装方法安装在权利要求1所述结构的自行车车架上，而是可以安装在其他结构的自行车车架上。由于被诉侵权产品因尚未被安装在自行车上，其安装后是否具备本案专利所述的特定的自行车车架结构和安装方式不能确定，侵权判定的条件尚不具备。株式会社岛野不服，提出上诉。浙江省高级人民法院二审维持一审判决。株式会社岛野不服，向最高人民法院申请再审。最高人民法院指令浙江省高级人民法院再审。浙江省高级人民法院再审维持原审判决。最高人民法院提审本案后，于2012年12月11日判决撤销原一、二审和再审判决，改判日骋公司侵权成立，并判令其停止侵害并赔偿株式会社岛野经济损失。

【裁判意见】

最高人民法院提审认为：使用环境特征是指权利要求中用来描述发明所使用的背景或者条件的技术特征。首先，关于使用环境特征对于专利保护范围的限定作用。已经写入权利要求的使用环境特征属于权利要求的必要技术特征，对于权利要求的保护范围具有限定作用。本案专利的保护主题是“自行车后换档器支架”，但是权利要求1在描述该后换档器支架的结构特征的同时，也限定了该后换档器支架所用以连接的后换档器和自行车车架的具体结构。这些关于后换档器支架所连接的后换档器和自行车车架的特征实际上限定了后换档器支架所使用的背景和条件，属于使用环境特征，对于权利要求1所保护的后换档器支架具有限定作用。权利要求1所保护的后换档器支架所使用的自行车车架的特征、后换档器的特征与权利要求1的其他特征一起，组成一个完整的技术方案，共同限定了权利要求1的保护范围。其次，关于使用环境特征对于保护范围的限定程度。限定程度是指使用环境特征对权利要求的限定作用的大小，具体地说是指该使用环境特征限定的被保护的主题对象必须用于该使用环境还是可以用于该使用环境即可。使用环境特征对于保护范围的限定程度需要根据个案情况具体确定。一般情况下，使用环境特征应该理解为要求被保护的主题对象可以用于该使用环境即可，不要求被保护的主题对象必须用于该使用环境。但是，如果本领域普通技术人员在阅读专利权利要求书、说明书以及专利审查档案后可以明确而合理地得知被保护对象必须用于该使用环境，那么该使用环境特征应被理解为要求被保护对象必须用于该特定环境。本案专利权利要求1对所保护的后换档器支架限定了两个使用环境特征。第一，关于自行车车架的结构特征。根据株式会社岛野的意见陈述可知，本案专利所保护的后换档器支架只能与带换档器安装延伸部的后叉端相连接，而不能成为自行车车架后叉端垂直下降组件的构成部分，也不能安装在具有水平方向开槽的下降组件的自行车车架后叉端上。因此，对于自行车车架的结构特征，应该理解为本案专利所保护的自行车后换档器支架必须使用在具有该结构特征的自行车车架后叉端上。第二，关于后换档器的结构特征。针对第二次审查意见通知书，株式会社岛野再次修改了权利要求 1，增加了关于后换档器的结构特征。同时，根据株式会社岛野的意见陈述可知，本专利所保护的后换档器支架必须与后换档器的支架件相连接，而不能成为后换档器自身的组成部分。可见，对于后换档器的结构特征，应该理解为本案专利所保护的自行车后换档器支架必须用于具有该结构特征的后换档器上。综上，本案专利的使用环境特征对于保护范围具有限定作用，本案专利所保护的自行车后换档器支架必须用于该使用环境。株式会社岛野关于本案专利权利要求中出现的使用环境特征不构成本案专利的必要技术特征，不影响权利要求的保护范围的申请再审理由不能成立。但是，本案证据能够证明被诉侵权产品在商业上必然用于本案专利权利要求 1 限定的自行车车架，在安装后必然呈现权利要求 1 限定的安装位置特征，并具备专利要求 1 限定的其他全部特征，落入权利要求 1 的保护范围。

中华人民共和国最高人民法院民事判决书

（2012）民提字第 1 号

申请再审人（一审原告、二审上诉人、原申请再审人）：株式会社岛野。住所地：日本国大阪府堺市堺区老松町三丁 77 番地。

法定代表人：岛野容三，董事长。

委托代理人：董巍，北京市磐华律师事务所律师。

委托代理人：王莹，北京市磐华律师事务所实习律师。

被申请人（一审被告、二审被上诉人、原被申请人）：宁波市日骋工贸有限公司。住所地：中华人民共和国浙江省慈溪市胜山镇工业开发区。

法定代表人：徐明强，总经理。

委托代理人：郁纪坤，宁波市日骋工贸有限公司副总经理。

委托代理人：戴晓翔，浙江晓翔律师事务所律师。

申请再审人株式会社岛野与被申请人宁波市日骋工贸有限公司（以下简称日骋公司）侵犯发明专利权纠纷一案，申请再审人株式会社岛野不服中华人民共和国浙江省高级人民法院（2009）浙民再字第 135 号民事判决，向本院申请再审。

本院于2011年12月9日作出（2011）民监字第151号民事裁定，决定提审本案。本院依法组成合议庭，于2012年3月6日公开开庭审理了本案。株式会社岛野委托代理人董巍、王莹，日骋公司委托代理人郁纪坤、戴晓翔到庭参加了诉讼。本案现已审理终结。

株式会社岛野于2004年8月27日起诉至中华人民共和国浙江省宁波市中级人民法院称，其是ZL94102612.4号发明专利的专利权人。自2003年起，在中国内地市场上发现日骋公司生产销售的RD－HG－30A、RD－HG－40A型自行车后拨链器侵犯了株式会社岛野的上述专利权，请求人民法院判令：1. 日骋公司立即停止制造和销售侵权产品；2. 日骋公司立即销毁所有剩余侵权产品、侵权产品宣传资料以及制造侵权产品的专用模具，并删除互联网上有关侵权产品的广告；3. 赔偿株式会社岛野经济损失30万元。

日骋公司辩称，株式会社岛野在专利审批程序中为获得专利权多次应专利局的要求修改了权利要求书，其中最明确的在于增加了技术特征“自行车车架后叉端延伸部的连接结构”，该增加的技术特征表明株式会社岛野发明专利技术方案中自行车车架后叉端必须设有延伸部，延伸部上必须设有专门的连接结构、该连接结构用于安装换档器。因此，该专利所保护的是改进的车架后叉端、后拨链器及其装配方案。被诉侵权产品根本不涉及自行车车架，其可以装配在各种形式和结构的常规自行车上，故被诉侵权产品未落入该专利权的保护范围。

一审法院审理查明，株式会社岛野是专利号为ZL94102612.4、发明名称为“后换档器支架”的中国发明专利（以下简称本案专利）的专利权人，专利申请日为1994年2月3日，授权公告日为2002年12月11日，目前处于有效状态，依法受法律保护。本案专利授权文本的权利要求书记载：1. 一种用于将后换档器（100）连接到自行车车架（50）上的自行车后换档器支架，所述后换档器具有支架件（5）、用于支撑链条导向装置（3）的支撑件（4）、以及一对用于连接所述支撑件（4）和所述支架件（5）的连接件（6、7），所述自行车车架具有形成在自行车车架的后叉端（51）的换档器安装延伸部（14）上的连接结构（14a），所述后换档器支架包括：一由大致L形板构成的支架体（8）；设在所述支架体（8）一端近旁，用于将所述后换档器（100）的所述支架件（5）连接到所述支架体（8）上、可绕第一轴线（91）枢转的第一连接结构（8a）；设在所述支架体（8）另一端近旁，用于将所述支架体（8）连接到所述自行车车架（50）的所述连接结构（14a）上的第二连接结构（8b）；以及用于与所述换档器安装延伸部（14）接触从而使所述后换档器（100）相对于所述后叉端（51）以一种预定的姿势定位的定位结构（8c）；其特征在于：所述第一连接结构（8a）和所述第二连接结构（8b）的布置应使当所述支架体（8）安装在所述后叉端（51）上时，所述的第一连接结构（8a）提供的连接点是在所述第二连接结构（8b）提供的连接点的下方和后方。2. 根据权利要求 1 所述的自行车后换档器支架，其特征在于，所述的第二连接结构（8b）的形式是一大致圆形孔。3. 根据权利要求 2 所述的自行车后换档器支架，其特征在于，具有一连接螺栓（16），穿过所述大致圆形孔并被拧紧，以将所述支架体和所述后换档器安装延伸部（14）互相连接。4. 根据权利要求 1 所述的自行车后换档器支架，其特征在于，所述的定位结构（8c）的位置邻近所述第二连接结构（8b）。5. 根据权利要求 2 所述的自行车后换档器支架，其特征在于，所述的定位结构（8c）是从所述板的表面上延伸的一个凸台。6. 根据权利要求 5 所述的自行车后换档器支架，其特征在于，所述的定位结构（8c）是通过压制形成的。

在本案专利申请的审批过程中，株式会社岛野提交的原始文本的权利要求 1 的内容为："1. 一种在自行车车架的后叉端的供安装换档器的延伸部上形成的连接结构将后换档器连接到自行车车架上的后换档器支架，该后换档器支架包括：一个支架体；设在该支架体一端近旁，用于将所述后换档器连接到该支架体上的第一连接结构；设在该支架体另一端近旁，用于将该支架体连接到所述自行车车架的所述连接结构上的第二连接结构；和用于与所述供安装换档器的延伸部接触从而使后换档器相对于所述后叉端以一种预定的姿势定位的定位结构。"中华人民共和国国家专利局（后更名为国家知识产权局）在其发出的第一次审查意见通知书中，认为现有技术已公开了一种将自行车后拨链器安装于自行车后叉端的自行车后拨链器安装支架，权利要求 1 限定的技术方案相对于对比文件公开的已有技术不具备新颖性。后株式会社岛野将本案专利的权利要求 1 修改为如下内容："1. 一种用于将后换档器（100）连接到自行车车架（50）上的后换档器支架，所述自行车车架具有形成在自行车车架的后叉端（51）的换档器安装延伸部（14）上的连接结构（14a），所述后换档器支架包括：一个支架体（8）；设在所述支架体（8）一端近旁，用于将所述后换档器（100）连接到所述支架体（8）上的第一连接结构（8a）；设在所述支架体（8）另一端近旁，用于将所述支架体（8）连接到所述自行车车架（50）的所述连接结构（14a）上的第二连接结构（8b）；以及用于与所述换档器安装延伸部（14）接触从而使所述后换档器

（100）相对于所述后叉端（51）以一种预定的姿势定位的定位结构（8c）；其特征在于：所述第一连接结构（8a）和所述第二连接结构（8b）的布置应使当所述支架体（8）安装在所述后叉端（51）上时，所述的第一连接结构（8a）提供的连接点从所述后叉端（51）看是在第二连接结构（8b）提供的连接点的下方和后方。”株式会社岛野在该次专利说明书上称：“本发明提供一种支架，当被连接到安装换档器的延伸部上时，该支架为将要安装在自行车车架上的换档器提供一个适当的连接位置，这样，被连接到该支架上的换档器就易于呈现一个适当的安装姿势。”国家知识产权局在其发出的第二次审查意见通知书中，认为现有技术已公开了一种用于将换档器连接到自行车车架上的连接机构，权利要求 1 限定的技术方案相对于对比文件公开的已有技术不具备新颖性。株式会社岛野针对国家知识产权局的第二次审查意见，作了如下陈述：“申请人对新权利要求 1 作了进一步限定，更清楚地描述本发明与已有对比文件的自行车换档器的安装方式是不同的特征；对比文件公开的换档器是直接安装在自行车车架后叉端的换档器安装延伸部上，而本发明是将上述后换档器的上述支架件（5）连接到上述支架的支架体（8）的一端，然后再将上述支架体（8）的另一端连接至自行车车架后叉端（51）的换档器安装延伸部（14）上。”根据国家知识产权局的第二次审查意见，株式会社岛野将本案专利权利要求 1 再一次作了修改，将其修改成授权文本的权利要求 1。

日骋公司在其企业产品样本中许诺销售被诉侵权产品 RD－HG－30A、RD－HG－40A 型自行车后拨链器。上海市黄浦区第一公证处应上海市华诚律师事务所申请，对上海市华诚律师事务所人员于 2003 年 1 月 15 日在日骋公司处向日骋公司购买被诉侵权产品 RD－HG－30A、RD－HG－40A 型自行车后拨链器的过程进行了证据保全公证，并对所购被诉侵权产品进行了封存。因该被诉侵权产品尚未被安装在自行车上，因此没有本案专利权利要求 1 中的“所述自行车车架具有形成在自行车车架的后叉端（51）的换档器安装延伸部（14）上的连接结构（14a）”这一技术特征，也无法看出被诉侵权产品安装在自行车上的具体安装方法。株式会社岛野认为被诉侵权产品在使用过程中只能借助本案专利提供的安装方法被安装在如本案专利权利要求 1 所述的自行车车架上，否则就不能使用。日骋公司则认为被诉侵权产品缺乏本案专利权利要求 1 中所述的自行车车架及其对应于车架的有关必要技术特征，因此不构成侵权。2004 年 9 月 9 日一审法院应株式会社岛野的申请，赴日骋公司生产经营场所进行证据保全。经查看，未发现被诉侵权产品 RD－HG－30A、RD－HG－40A 型自行车后拨链器及制造被诉侵权产品的专用模具。株式会社岛野为本案已聘请律师调查、取证及诉讼，但株式会社岛野为本案所支付的律师费因提供的证据尚有欠缺，尚不能认定，除此之外，株式会社岛野为本案已支出的合理费用共计 3592. 85 元。

一审法院认为，株式会社岛野是本案专利的专利权人，本案专利处于有效状态，受法律保护。关于被诉侵权产品 RD－HG－30A、RD－HG－40A 型自行车后拨链器实物是否系日骋公司制造的问题，因被诉侵权产品系上海市华诚律师事务所人员到日骋公司生产经营场所购买，购买过程有上海市黄浦区第一公证处公证证明，该被诉侵权产品上有日骋公司的“SUNRUN”商标，因此被诉侵权产品可以认定系日骋公司制造。因株式会社岛野提供的被诉侵权产品尚未被安装在自行车上，因此自然不具备权利要求 1 中的“所述自行车车架具有形成在自行车车架的后叉端（51）的换档器安装延伸部（14）上的连接结构（14a）”的技术特征，也不清楚具体的安装方式。株式会社岛野认为被诉侵权产品在实际使用过程中必然要具备本案专利所述的所有必要技术特征，而日骋公司对此表示否定，因此本案焦点在于被诉侵权产品在使用中是否必然要具备本案专利所述的所有必要技术特征。比较本案专利的授权文本与原始公开文本中权利要求 1 的内容，可以清楚地看出株式会社岛野为获得本案专利授权在保护内容和范围上所作的明显缩小的修改。株式会社岛野第一次公开的原始文本的权利要求 1 对后换档器支架所安装的自行车车架结构及具体安装方式并没有作限定，修改后的第二次公开的原始文本的权利要求 1 对后换档器支架所安装的自行车车架结构作了限定，即“所述自行车车架具有形成在自行车车架的后叉端（51）的换档器安装延伸部（14）上的连接结构（14a）”，也即该后换档器支架一定要安装在专利所述结构的自行车车架上才能构成侵权，该特定的自行车车架结构构成了专利的必要技术特征之一，最后的授权文本除对上述自行车车架结构作同样的限定外，对具体的安装方式也作了限定，在此前提下株式会社岛野才获得了本案专利的授权。因此本案专利权利要求 1 所述的特定的自行车车架结构及特定的安装方式是本案专利的两个必要技术特征。按株式会社岛野所述，即认为被诉侵权产品在实际使用过程中必然要具备本案专利所述的所有必要技术特征，那么株式会社岛野在第一次撰写专利权利要求书时就会将所有的必要技术特征全部撰写清楚，否则就变成了无法实施的专利，而事实并非如此。在株式会社岛野未对特定的自行车车架结构及特定的安装方法限定前，国家知识产权局认为该“后换档器支架”属已有技术，缺乏新颖性，不能授予专利。这一方面说明了该“后换档器支架”可以安装在其他结构的自行车车架上，否则就谈不上属已有技术，另一方面也说明了株式会社岛野原来希望该“后换档器支架”安装的自行车车架范围广，只因无法获得专利授权，所以才对该“后换档器支架”安装的自行车车架结构及安装方法作了限定。由此可见，株式会社岛野认为被诉侵权产品在使用过程中只能借助本案专利提供的安装方法被安装在如权利要求1中所述结构的自行车车架上，否则就不能使用的观点与事实不符，也与株式会社岛野在专利申请过程中的情况不符，该观点不予采信。专利的权利要求是由发明的技术特征组成的完整的技术方案，发明专利权的保护范围以其权利要求的内容为准，法院确定专利权保护范围必须严格依照权利要求，不能任意减少权利要求里的技术特征，扩大专利保护范围，也不能允许专利权人在申请专利时为了获得专利权而限制缩小保护范围，获得专利权后又作出相反的解释。既然本案专利后换档器支架可以安装在其他结构的自行车车架上，而被诉侵权产品因尚未被安装在自行车上，对其安装后是否会具备“所述自行车车架具有形成在自行车车架的后叉端（51）的换档器安装延伸部（14）上的连接结构（14a）”这一必要技术特征及安装方式是否如本案专利权利要求所述并不清楚，因此该被诉侵权产品是否构成侵权的比对条件尚不具备，株式会社岛野认为被诉侵权产品已构成侵权的诉请不成立，不予支持。依照《中华人民共和国民事诉讼法》第六十四条第一款、《中华人民共和国专利法》第五十六条第一款的规定，浙江省宁波市中级人民法院于2005年3月15日作出（2004）甬民二初字第240号民事判决，驳回株式会社岛野的诉讼请求。案件受理费7010元，证据保全费1000元，合计8010元，由株式会社岛野负担。

株式会社岛野不服一审判决，向中华人民共和国浙江省高级人民法院提出上诉。二审法院重点对如下证据进行了审查。1. 一审期间，株式会社岛野提供了《中华人民共和国行业标准 – 自行车工业标准 – 自行车车架》（QB1880 – 93），欲证明根据行业标准生产的自行车车架应当具有本案专利所述的延伸部，被诉侵权产品安装在自行车上必须借助该安装延伸部，由此该技术特征必然落入本案专利保护范围。经一审庭审质证，日骋公司认为，该行业标准不是本案专利说明书的组成部分，不能用于对专利权利要求的范围进行解释，与本案没有关联性。该行业标准提供了车架技术规范，不仅包括具有延伸部的车架，也包括了不具有延伸部的车架，即行业标准并不要求所有的自行车架必须具有延伸部，该标准也不能得出将被诉侵权产品安装在自行车上必然落入专利的保护范围，更不能用于解释本案专利的保护范围。据此，一审法院认为该证据与本案没有关联性，并无不当。2. 一审庭审中，日骋公司认为其生产的产品可以安装在没有延伸部的自行车车架上，并当庭进行了演示。株式会社岛野认为日骋公司将其产品直接安装在没有延伸部的自行车上，增加了一个垫圈，属增加了技术特征，不能视为没有落入专利保护范围，并对取消垫圈后的安装效果进行演示。对该节庭审事实，一审法院没有在判决书中予以判定，存在不妥之处。二审法院认为，根据一审庭审的演示，被诉侵权产品可以通过增加垫圈的方式直接安装在没有支架延伸部的自行车上。以增加垫圈的方式进行安装是一种公开的、常规的机械安装技术，不能视为被诉侵权产品安装在没有支架延伸部的自行车上就不能正常使用。由此，一审判决认定被诉侵权产品可以安装在其他结构的自行车车架上，并无不当。3. 二审庭审中株式会社岛野提供了两份证据保全公证文书：一是2005年5月9日上海市黄浦区第一公证处出具的公证书。载明：2005年5月6日上海市华诚律师事务所人员与公证人员一起到上海新国际博览中心举行的第十五届中国国际自行车展览会上，取得了杭州骏骐车业有限公司自行车上使用的日骋公司生产的被诉侵权产品的安装状态实例。欲以证明被诉侵权产品只能安装在特定的自行车车架上。二是2005年6月13日杭州市拱墅区公证处出具的公证书。载明：2005年5月23日浙江天册律师事务所人员与公证人员一起到浙江自行车市场内，取得了杭州江凯五金交电化工有限公司出售的由深圳喜德胜自行车有限公司生产的山地自行车侵害了本案专利的状态实例。欲以证明日骋公司生产的被诉侵权产品只能以实例表示的特定方式安装在该特定的自行车车架上。经庭审质证，日骋公司认为：关于公证书一，杭州骏骐车业有限公司与日骋公司无关，其展示的自行车也与日骋公司无关联；从公证取证的照片中，不能反映后拨链器的结构，与专利技术无法对比；公证取证的自行车车架不是日骋公司生产，日骋公司也没有在其车架上安装后拨链器的行为。关于公证书二，不能反映深圳喜德胜自行车有限公司与日骋公司之间有关联；取证的照片不能看出后拨链器与车架的结构，车架也不是由日骋公司生产，安装后拨链器的行为也不是由日骋公司进行。二审法院认为，上述公证文书的真实性在日骋公司不能提供充分证据推翻的情况下予以认定；但两份公证文书的内容不能证明两个自行车生产厂商与日骋公司之间存在法律上的关联，也不能证明后拨链器与车架之间的安装行为系由日骋公司完成；从安装方式看，最多证明有两个自行车生产厂家将被诉侵权产品通过某一相同的方式将后换档器连接安装在自行车后车架的延伸部，不能证明所有被诉侵权产品要与自行车后车架连接必须采取该方法。故该两个证据尚不能证明日骋公司存在侵犯本案专利权的行为。4. 株式会社岛野在上诉时提出取证申请，要求二审法院到杭州骏骐车业有限公司对自行车整车的装配情况进行调查，查清被诉侵权产品的真实使用状态。二审法院经审查认为，株式会社岛野在二审庭审中已经通过公证取证的方式提供了该方面的证据，且该申请不符合《最高人民法院关于民事诉讼证据的若干规定》第十五条和第十七条的规定，故不予准许。

二审法院认为，根据本案专利权利要求书的记载，本案专利的主要技术特征包括结构特征和安装特征两部分。对此株式会社岛野表示认同。将被诉侵权产品与本案专利的结构特征相比，两者相同，双方当事人对此亦无异议。本案的争议焦点是被诉侵权产品是否具有本案专利的安装特征。一审法院结合权利人在专利审批中为确保其专利具有新颖性，对专利权利要求的保护范围作了限制承诺的书面声明，对本案专利的安装特征进行了界定，并无不当。根据独立权利要求 1 及专利权人在专利审批时的书面声明，本案专利的安装特征是：所述自行车车架具有形成在自行车车架的后叉端（51）的换档器安装延伸部（14）上的连接结构（14a）；所述第一连接结构（8a）和所述第二连接结构（8b）的布置应使当所述支架体（8）安装在所述后叉端（51）上时，所述的第一连接结构（8a）提供的连接点是在所述第二连接结构（8b）提供的连接点的下方和后方。即至少具备以下两个安装特征：（1）具有后叉端的自行车车架；（2）安装在车架后叉端的延伸部上。而日骋公司生产的被诉侵权产品仅具备专利权利要求中的结构特征，日骋公司没有进行安装行为，被诉侵权产品不具有专利权利要求中的安装特征，没有落入本案专利保护范围，不构成专利侵权。株式会社岛野在二审庭审中进一步提出，虽然日骋公司自己没有进行安装，但他人要使用被诉侵权产品必然要按照本案专利安装特征表述的方式进行安装，至少构成间接侵权。对此，二审法院认为，我国专利法律、法规尚没有关于专利间接侵权的规定，司法实践中认定构成专利间接侵权，要以存在专利直接侵权为前提。本案中不存在直接侵权，故不能认定日骋公司构成间接侵权。据上，本案专利包括结构特征和安装特征两部分，但被诉侵权产品仅具备本案专利的结构特征，日骋公司没有进行安装行为，该被诉侵权产品也可以按本案专利限定外的其他方式进行安装，故日骋公司的行为不构成专利侵权。一审判决认定事实清楚，适用法律正确。根据《中华人民共和国民事诉讼法》第一百五十三条第一款第（一）项的规定，浙江省高级人民法院于 2005 年 10 月 28 日作出（2005）浙民三终字第 145 号民事判决，判决如下：驳回上诉，维持原判。二审案件受理费7010元，由株式会社岛野负担。

株式会社岛野不服二审判决，向本院申请再审。本院于2009年10月20日作出（2008）民监字第197号民事裁定，指令浙江省高级人民法院再审。再审阶段，双方当事人均未提供新证据。

浙江省高级人民法院再审认为，本案争议焦点为被诉侵权产品是否落入本案专利保护范围。首先，关于株式会社岛野提出的原审判决对本案专利权利要求1的技术特征的划分及认定被诉侵权产品未落入专利保护范围是否妥当的问题。本案专利权利要求1为：1）前序部分。一种用于将后换档器（100）连接到自行车车架（50）上的自行车后换档器支架，所述后换档器具有支架件（5）、用于支撑链条导向装置（3）的支撑件（4）、以及一对用于连接所述支撑件（4）和所述支架件（5）的连接件（6、7），所述自行车车架具有形成在自行车车架的后叉端（51）的换档器安装延伸部（14）上的连接结构（14a），所述后换档器支架包括：一由大致L形板构成的支架体（8）；设在所述支架体（8）一端近旁，用于将所述后换档器（100）的所述支架件（5）连接到所述支架体（8）上、可绕第一轴线（91）枢转的第一连接结构（8a）；设在所述支架体（8）另一端近旁，用于将所述支架体（8）连接到所述自行车车架（50）的所述连接结构（14a）上的第二连接结构（8b）；以及用于与所述换档器安装延伸部（14）接触从而使所述后换档器（100）相对于所述后叉端（51）以一种预定的姿势定位的定位结构（8c）。2）特征部分。其特征在于：所述第一连接结构（8a）和所述第二连接结构（8b）的布置应使当所述支架体（8）安装在所述后叉端（51）上时，所述的第一连接结构（8a）提供的连接点是在所述第二连接结构（8b）提供的连接点的下方和后方。根据上述权利要求的表述，其主要技术特征应包括结构特征和安装特征两部分，其中体现安装特征的表述为："所述自行车车架具有形成在自行车车架的后叉端（51）的换档器安装延伸部（14）上的连接结构（14a）；所述第一连接结构（8a）和所述第二连接结构（8b）的布置应使当所述支架体（8）安装在所述后叉端（51）上时，所述的第一连接结构（8a）提供的连接点是在所述第二连接结构（8b）提供的连接点的下方和后方。"即，本案专利至少具备两个安装特征：（1）具有后叉端的自行车车架；（2）支架体安装在自行车后叉端上。株式会社岛野在再审阶段对上述本案专利技术特征的划分予以否认，既不符合专利权利要求的表述，也与其在二审过程中认同这一划分的看法及申请专利时的明确陈述（"本发明与对比文件3的自行车换档器的安装方式是不同的特征"）

自相矛盾。虽然被诉侵权产品结构特征与本案专利产品相同，但由于本案专利权利要求包括了具体的安装特征，而被诉侵权产品尚未被安装在自行车上，安装后是否必然具备专利权利要求所述安装特征尚不明确。申请再审人认为被诉侵权产品实际使用中必然会具备本案专利所述的所有必要技术特征。但是，一方面，在株式会社岛野对特定的自行车车架结构及安装方法作出明确限定前，国家知识产权局认为后换档器支架属已有技术，缺乏新颖性，说明该“后换档器支架”不仅能安装在具有后叉端的自行车车架上，也可以安装在其他结构的自行车车架上。另一方面，日骋公司在一审法庭上演示了通过增加垫圈方式将被诉侵权产品直接安装在设有支架延伸部的自行车上，说明常规的机械安装技术即可避免该被诉侵权产品落入专利保护范围，故株式会社岛野的上述推论依据并不充分。株式会社岛野尚无法证明日骋公司的行为构成侵犯本案专利权。其次，关于株式会社岛野所称原审判决对两份重要证据或者不予采信或者未进行质证的问题。就株式会社岛野提交的《中华人民共和国行业标准－自行车工业标准－自行车车架》（QB1880－93）而言，该行业标准并不要求所有的自行车架必须具有延伸部，不能用于解释本案专利的保护范围，更无法证明被诉侵权产品落入专利保护范围，原审判决对该证据不予采信并无不妥。一审期间，当事人各自当庭演示了被诉侵权产品在自行车上的安装效果情况，一审判决未对该情况予以表述，但二审判决作了相应纠正。故株式会社岛野的相关申请再审理由亦不能成立。综上，本案专利的主要技术特征包括结构特征和安装特征，虽然被诉侵权产品具备了专利的结构特征，但由于日骋公司未实施安装行为，而株式会社岛野无法证明被诉侵权产品必然具备专利权利要求所述的安装特征，故日骋公司的被诉行为不构成侵权。株式会社岛野的申请再审理由不能成立，不予支持。原审判决认定事实及适用法律并无不当，应予维持。依照《中华人民共和国民事诉讼法》第一百八十六条第一款、第一百五十三条第一款第（一）项之规定，浙江省高级人民法院于2010年8月26日作出（2009）浙民再字第135号民事判决，维持该院（2005）浙民三终字第145号民事判决。

株式会社岛野不服再审判决，向本院申请再审。其主要理由如下：（一）再审判决关于本案专利保护范围的确定以及侵权判定适用法律错误。1. 确定专利权保护范围的依据是权利要求书中明确记载的必要技术特征，而非权利要求书中的所有文字。权利要求中出现的说明性、用途性、描述性的文字和语句，能够起到帮助理解权利要求的作用，但不影响权利要求的保护范围。本案专利的主题是后换档器支架，而不是自行车或后换档器，关于自行车后换档器支架的技术特征是本案专利的必要技术特征，而与其他产品有关的技术特征很明显并不构成本案专利的必要技术特征。技术特征“所述后换档器具有支架件（5）、用于支撑链条导向装置（3）的支撑件（4）、以及一对用于连接所述支撑件（4）和所述支架件（5）的连接件（6、7）”、“所述自行车车架具有形成在自行车车架后叉端（51）的换档器安装延伸部（14）上的连接结构（14a）”的作用在于对后换档器及自行车车架作出定义性的描述，从而明确二者的具体应用领域和使用范围，与本案专利的技术主题无关。上述两个技术特征并没有限定后换档器支架的部件或特征，只是限定了后换档器支架的用途。只要被诉侵权产品覆盖了所有必要技术特征，并可以被用于将后换档器连接到自行车车架上，即落入本案专利保护范围，并不需要被诉侵权产品实际安装在特定的自行车上。2. 本案专利权利要求 1 为一项产品权利要求，对于一项包含有用途及功能特征的产品权利要求，其保护主题仍然是产品，而不是这一产品的使用、安装行为。再审判决错误地将权利要求 1 的技术特征划分为结构特征和安装特征两类，并进一步认定专利权利要求 1 至少具备两个安装特征：具有后叉端的自行车车架；支架体安装在自行车后叉端上。而所谓安装特征是指行为人的安装行为。这一划分与认定明显于法无据、缺乏逻辑，违背了技术特征的基本含义。3. 本案专利权利要求 1 中的技术特征“所述第一连接结构（8a）和所述第二连接结构（8b）的布置应使当所述支架体（8）安装在所述后叉端（51）上时，所述的第一连接结构（8a）提供的连接点是在所述第二连接结构（8b）提供的连接点的下方和后方”是对后换档器支架的一种功能性描述，只要具备本案专利权利要求 1 所限定的结构特征的后换档器支架能够被安装在本案权利要求 1 限定的自行车车架上，其第一连接结构和第二连接结构的位置关系即呈现为该技术特征所描述的状态。4. 被诉侵权产品 RD－HG－40A 的结构图与本案专利说明书附图 1、附图 5 几乎完全相同，构成对本案专利的字面侵权。再审判决将本案专利的技术特征划分为结构特征和安装特征两类，从而导致对权利要求保护范围的错误理解。再审判决将行为人是否实施安装行为作为判定侵权的依据，明显违反专利法的规定。事实上，将本案专利权利要求 1 所限定的自行车配件安装于自行车，是行为人使用专利产品的行为。（二）再审判决关于被诉侵权产品不仅可以安装在具有后叉端的自行车车架上，也可以安装在其它结构的自行车车架上的事实认定缺乏依据。1. 被诉侵权产品也可以安装在其它结构的自行车车架上，是日骋公司的一家之言，没有任何事先存在的业已安装的实际产品，也没有相应的文献、第三方的证言等可以支持。2. 日骋公司在一审庭审时演示了通过添加垫圈的方式将被诉侵权产品直接安装在没有后叉端换档器安装延伸部的自行车上。但是，这种安装并非工业化/产业化安装，只是暂时将被控侵权产品安装在这样的自行车上。被诉侵权产品出售时并无垫圈，相反却有螺栓 M10 和定位结构 8c。日骋公司采用垫圈恰恰是为了补偿被诉侵权产品上定位结构 8c 留出的空隙，加垫圈的安装方式无法准确定位后换档器在车架上的位置，也不符合工业化生产的要求。（三）再审判决关于本案专利审查档案对专利保护范围有所限制的认定缺乏事实依据。1. 本案专利在审查的过程中，第一次修改加入了附图标记并调整了描述方式，第二次修改将与该技术主题的用途相关的“后换档器”进行了说明，这种用途限定并未对产品本身的结构产生影响。本案专利的后换档器支架在整体上被审查后具备新颖性和创造性，并未对权利要求的保护范围进行任何限制性修改或承诺。2. 本案专利与现有技术的区别在于将后换档器通过一个支架体 8 连接（安装）于具有后叉端换档器安装延伸部的自行车车架上。应该说，后换档器和具有后叉端换档器安装延伸部的自行车车架都是本案专利申请日之前已经有的，而权利要求 1 中描述的后换档器支架是本发明为了改进后换档器换档性能的具有专利性的技术方案。国家知识产权局在审查本案专利申请时从未做出过“后换档器支架属已有技术”的结论。（四）再审判决关于证据的认定存在错误。1. 本案专利涉及一种自行车工业生产的零部件，必须遵循一定的产业标准，否则无法安装匹配。《中华人民共和国行业标准－自行车工业标准－自行车车架》（QB1880－93）能够证明自行车车架可以具有延伸部，被诉侵权产品可以安装在这种自行车上。同时，该标准可以证明日骋公司加垫圈安装的行为没有产业标准依据。再审判决对于该份证据未予认定，存在错误。2. 本案一审及二审庭审过程中，株式会社岛野当庭演示了将被诉侵权产品组配在自行车上，该证据恰恰能证明被诉侵权产品能够实现本案专利权利要求 1 所限定的后换档器支架的用途，能够安装于被本案专利权利要求所限定的自行车车架上，该产品具备权利要求 1 的全部技术特征。再审法院对此未进行认定，存在错误。综上，株式会社岛野根据《中华人民共和国民事诉讼法》第一百七十九条第一款第（二）项、第（六）项和第（十二）项的规定，请求撤销（2009）浙民再字第 135 号再审判决、（2005）浙民三终字第 145 号民事判决以及（2004）甬民二初字第 240 号民事判决；改判支持其全部诉讼请求，诉讼费用由日骋公司承担。

日骋公司提交意见认为：（一）专利权保护范围由记载在权利要求中的全部

技术特征限定，凡是写入独立权利要求的技术特征，都是必要技术特征，均不应当被忽略。本案专利权利要求 1 记载的用途功能特征或者使用条件特征，因为明确写入独立权利要求，均属于必要技术特征，在对比时均应纳入考虑之列。本案专利的保护对象不是后换档器支架本身，也不是装配有支架体的后换档器，而是后换档器通过支架体安装于车架延伸部的装配方案。（二）被诉侵权产品缺乏本案专利多项必要技术特征，不落入专利权保护范围。被诉侵权产品不具有车架，没有形成支架体与车架的安装连接关系，没有体现后换档器安装于车架后必然具有“所述的第一连接结构（8a）提供的连接点是在所述第二连接结构（8b）提供的连接点的下方和后方”这一预定姿势，因此不构成侵权。（三）被诉侵权产品缺少的多项必要技术特征正是株式会社岛野在专利授权程序中修改的技术特征，这些强调和增加的技术特征对专利保护范围具有实质性影响，限制了专利权利要求 1 的保护范围。根据本案专利审查档案的记载，株式会社岛野在本案专利实审过程中作了如下修改：1. 将专利公开文本中权利要求 1“后换档器支架”名称前的定语内容调整修改为对车架结构予以明确限定的特征，以强调“后叉端的换档器安装延伸部”与实审中引用的对比文件 1 的车架 12 的“垂直下降组件”是对应特征，从而使本案专利的“支架体 8”不同于对比文件 1 的“悬挂构件 18”。2. 将“支架体 8”划入前序部分作为与现有技术共有的特征，并将“支架体 8”装配到车架上体现的“后方和下方”的预定姿态位置关系作为唯一的特征部分。其修改的理由是对权利要求 1 作进一步限定，更清楚地描述本发明与对比文件的自行车换档器的安装方式是不同的特征。这表明，专利权人强调和确定“不同的安装方式”是本案专利的唯一区别特征。3. 将专利公开文本中权利要求 1 记载的换档器限定为“由支架件 5、导向装置 3、支撑件 4、连接件 6 和 7 构成”，使“支架体 8”区别于对比文件 3 的“基座件 1”。这一修改表明，后换档器及其支架体是现有技术，其本身不具有专利授权条件，只有将后换档器利用支架体与特定的自行车车架装配，才符合授权条件。（四）株式会社岛野以本案专利为母案申请了另一后换档器分案专利，该分案专利由于在修改过程中删除自行车车架等有关技术特征被国家知识产权局专利复审委员会（以下简称专利复审委员会）以修改超范围为由宣告全部无效。因此，本案不应忽视自行车车架及安装结构特征。（五）本案被诉侵权产品是通用的支架体，并非只能用于具有后换档器安装延伸部的车架后叉端。（六）本案专利存在多项可能被宣告无效的理由，本案应中止审理。日骋公司已经向专利复审委员会提交了针对本案专利的无效宣告请求并被受理。

本院审理查明，原一、二审判决及再审判决查明的事实属实。

本院另查明：在原一、二审及再审过程中，株式会社岛野一直以本案专利权利要求1为依据主张权利。

为证明被诉侵权产品只能安装在本案专利限定的具有换档器安装延伸部连接结构的自行车车架后叉端上，株式会社岛野在原一、二审过程中提交了如下证据：本案被诉侵权产品 RD－HG－30A、RD－HG－40A 型自行车后换档器及其支架实物（一审证据6）；《中华人民共和国行业标准－自行车工业标准－自行车车架》（QB1880－93）（一审证据18）；株式会社岛野当庭演示了将被诉侵权产品组配在具有换档器安装延伸部连接结构的自行车车架后叉端上；（2005）沪黄一证经字第5137号公证书和（2005）杭拱证经字第475号公证书（二审补充证据）。

本案被诉侵权产品是一个大致呈L形的板，两端各有一个圆形的螺栓孔，其一端与自行车后换档器连接，在远离后换档器的螺栓孔位置附近有一个凸起部位，该凸起部位从板的表面向上延伸出来。可见，被诉侵权产品具有专利权利要求1关于支架体的结构特征，即一由大致L形板构成的支架体；设在所述支架体一端近旁，用于将所述后换档器的所述支架件连接到所述支架体上、可绕第一轴线枢转的第一连接结构；设在所述支架体另一端近旁，用于将所述支架体连接到所述自行车车架的所述连接结构上的第二连接结构；以及用于与所述换档器安装延伸部接触从而使所述后换档器相对于所述后叉端以一种预定的姿势定位的定位结构。同时，与被诉侵权产品连接的后换档器具有本案专利权利要求1中所述的特征，即该后换档器具有支架件、用于支撑链条导向装置的支撑件以及一对用于连接所述支撑件和所述支架件的连接件。《中华人民共和国行业标准－自行车工业标准－自行车车架》（QB1880－93）是我国原轻工业部发布的具有强制性的行业标准，该标准第7页图10显示了两种类型的自行车车架平插接片，其中一种具有后叉端延伸部，另一种没有后叉端延伸部。根据（2005）沪黄一证经字第5137号公证书的记载，2005年5月6日上海市华诚律师事务所人员与公证人员一起到上海新国际博览中心举行的第十五届中国国际自行车展览会会场，上海市华诚律师事务所人员杭州骏骐车业有限公司的展位上取得该公司产品说明书一份，并在会展现场拍摄照片17张。该公证书所附照片显示，杭州骏骐车业有限公司生产的自行车的后叉端具有换档器安装延伸部，被诉侵权产品连同后换档器安装在该自行车后叉端上，与被诉侵权产品连接的后换档器上标有日骋公司的“SUN-

RUN”商标。根据（2005）杭拱证经字第475号公证书的记载，2005年5月23日浙江天册律师事务所委托代理人杨磊与公证人员一起到浙江自行车市场内杭州江凯五金交电化工有限公司摊位，杨磊以普通消费者身份购买了深圳喜德胜自行车有限公司生产的山地自行车一辆，并对该自行车进行了拍照。该公证书所附照片显示，该山地自行车后叉端具有换档器安装延伸部，被诉侵权产品连同后换档器安装在该山地自行车后叉端上，与被诉侵权产品连接的后换档器上标有日骋公司的“SUNRUN”商标。

为证明本案被诉侵权产品可以安装在不具有后换档器安装延伸部的自行车车架后叉端上，日骋公司在原审庭审中进行了实际安装演示。在演示时，日骋公司通过在被诉侵权产品与车架后叉端之间增加一个垫圈的方式，弥补被诉侵权产品凸起部造成的间隙，从而将被诉侵权产品直接安装在没有后换档器安装延伸部的自行车后叉端上。株式会社岛野认为，需要通过垫圈弥补被诉侵权产品凸起部造成的间隙，恰恰说明该凸起部的对应部位是本专利限定的后叉端；加入垫圈不是正常的工业化生产方式，且不牢靠，并对取消垫圈后的安装效果进行演示。在本案再审审查和审理过程中，本院要求日骋公司提交有关将被诉侵权产品安装在不具有后叉端延伸部上且在市场上已经商业流通的自行车的证据，日骋公司始终未能提供。

关于本案专利文件的修改过程，本院另查明如下事实：株式会社岛野提交的原始公开文本的权利要求书记载：“1. 一种在自行车车架的后叉端的供安装换档器的延伸部上形成的连接结构将后换档器连接到自行车车架上的后换档器支架，该后换档器支架包括：一个支架体；设在该支架体一端近旁，用于将所述后换档器连接到该支架体上的第一连接结构；设在该支架体另一端近旁，用于将该支架体连接到所述自行车车架的所述连接结构上的第二连接结构；和用于与所述供安装换档器的延伸部接触从而使后换档器相对于所述后叉端以一种预定的姿势定位的定位结构。2. 如权利要求1所述的后换档器支架，其中所述支架体为一块大致呈L形的板，所述的第一连接结构和第二连接结构为基本上圆的螺栓孔，而所述的定位结构的位置邻近所述的第二连接结构。3. 如权利要求2所述的后换档器支架，其中所述的定位结构是从所述板的表面上基本上垂直地延伸的一个凸出部。4. 如权利要求1所述的后换档器支架，其中所述的第一连接结构和第二连接结构的布置应使当所述支架体安装在所述后叉端上时，所述的第二连接结构提供的连接点从所述后叉端看是在第一连接结构提供的连接点的下方和后方。”1997年5

月 22 日，原国家专利局向株式会社岛野发出第一次审查意见通知书。该通知书引用本案专利优先权日前的 US5082303 号美国专利（对比文件 1）和 EP0013136 号欧洲专利（对比文件 2），认为本案专利权利要求 1 不符合新颖性的要求，权利要求 2 和 3 不符合创造性的要求，权利要求 4 不符合专利法第二十六条第四款的规定，因此该专利申请将被驳回。该通知书正文记载了如下内容："2. 权利要求 4 进一步限定了权利要求 1 的技术方案。但是，该权利要求因不符合专利法第二十六条第四款是不能被接受的。也就是讲，该权利要求由于得不到说明书的支持是不能被接受的。具体地讲，从其说明书实施例（例如图 1）可以清楚地了解到，其第二连接结构提供的连结点从后叉端看时显然是位于第一连接结构提供的连结点的上方和后方，而并非是其下方和后方。因此，该权利要求由于得不到说明书的支持是不能被接受的。需要特别说明的是，即使申请人根据说明书的内容将其修改为'……上方和后方'使其符合专利法第二十六条第四款之规定，则这样的技术方案也将由于不符合专利法第二十二条三款有关创造性之规定，是不能被接受的。这是因为，根据实际需要设计两连接点的相对位置对于本领域普通技术人员是容易做到的。而且，对比文件 2 公开的后拨链器安装支架的两连接点即符合上述相对位置关系——参见对比文件 1 的图 10。同时，采用这种结构也并未产生任何新的意外效果。"针对上述意见通知书，株式会社岛野对权利要求书进行了修改，并提交了意见陈述书。本次修改主要是将原权利要求 1 和 4 合并为新的权利要求 1，对前序部分作文字修改，使权利要求 1 的主体更加明确，并对原权利要求 2 和 3 作个别文字修改。本次修改后权利要求书记载了如下内容："1. 一种用于将后换档器（100）连接到自行车车架（50）上的后换档器支架，所述自行车车架具有形成在自行车车架的后叉端（51）的换档器安装延伸部（14）上的连接结构（14a），所述后换档器支架包括：一个支架体（8）；设在所述支架体（8）一端近旁，用于将所述后换档器（100）连接到所述支架体（8）上的第一连接结构（8a）；设在所述支架体（8）另一端近旁，用于将所述支架体（8）连接到所述自行车车架（50）的所述连接结构（14a）上的第二连接结构（8b）；以及用于与所述换档器安装延伸部（14）接触从而使所述后换档器（100）相对于所述后叉端（51）以一种预定的姿势定位的定位结构（8c）；其特征在于：所述第一连接结构（8a）和所述第二连接结构（8b）的布置应使当所述支架体（8）安装在所述后叉端（51）上时，所述的第一连接结构（8a）提供的连接点从所述后叉端（51）看是在第二连接结构（8b）提供的连接点的下方和后方。2. 如权利要求 1 所述的后换档器支架，其特征在于，所述支架体（8）是由一块大致呈 L 形的板构成的，所述的第一连接结构（8a）和第二连接结构（8b）的形式为基本上圆的螺栓孔，而所述的定位结构（8c）的位置邻近所述的第二连接结构（8b）。3. 如权利要求 2 所述的后换档器支架，其特征在于，所述的定位结构（8c）是从所述板的表面上延伸的一个凸出部。”株式会社岛野还在该次意见陈述书中陈述了如下意见：“（一）申请人现参照对比文件 1 来描述现有技术。对比文件 1 中所述的悬挂构件（18）是垂直下降组件的一个可更换部分。由于下述的原因，该对比文件 1 并没有建议或公开如本发明申请中记载的支架体（8）：1）该对比文件 1 的发明名称是‘可更换的下降组件’，因此其只涉及垂直下降组件，其并不涉及本发明申请所述的支架构件（8）。2）该对比文件 1 的权利要求 1 中记载了‘‘一种垂直下降组件’，其包括：一垂直下降构件（16）；一悬挂构件（18）；一用于将悬挂构件连接至下降构件上的装置；……’，这说明在该对比文件 1 中的悬挂构件（18）是垂直下降组件的一部分……4）对比文件 1 的图 2 中所示的垂直下降组件的设计，与本申请中所述的带后拨链器安装延伸部（14）的后叉端（51）的设计相同，本申请的图 5 中已最清楚地显示了带后拨链器安装延伸部（14）的后叉端（51）的结构。5）对比文件 1 的图 1 中所示的后拨链器是直接装配型，其中，拨链器（50）被直接安装到垂直下降组件中，而没有使用如本申请所述的支架体（8）。6）在对比文件 1 中没有提到或者公开用于将后拨链器（50）连接到悬挂构件（18）上的如本申请中所述的支架体（8）。7）过去，一直将垂直下降组件应用于直接装配型后拨链器，迄今尚未有将带有支架体的后拨链器连接至垂直下降组件上。本发明申请所述的支架体使得将后拨链器连接至垂直下降组件上成为可能。8）对比文件 1 的图 3 中所示的垂直下降构件（16），并没有公开出或提到将直接装配型后拨链器连接至其上。相反，所示出的是将拨链器安装至悬挂构件（18）上。这就附加指出了，该垂直下降构件（16）并不是被配置成用来安装拨链器，并且该悬挂构件（18）需要被考虑作为有时要进行拆卸的下降构件（16）的一部分，而不是考虑作为一个支架……（二）关于对比文件 2（EP0013136），该对比文件 2 中所述的叉端是一个水平方向开槽的下降组件。对比文件 2 并没有公开或者提出本发明申请的特征。特别是，支架体没有被连接至垂直下降（组件）或者 L 形板上。（三）关于本发明，在新修改的权利要求 1 的前序部分中提到：‘一种用于将后换档器（100）连接到自行车车架（50）上的后换档器支架，所述自行车车架具有形成在自行车车架的后叉端（51）的换档器安装延伸部（14）上的连接结构（14a）。’可见本发明公开的支架体（8）是连接至垂直下降（组件）上的。因此，本发明关于支架体（8）的主体及特征是清楚的，具有新颖性和创造性……本申请权利要求2中限定了‘支架体（8）是由一块大致呈L形的板构成的’特征。这是一项重要的特征，使支架体（8）能够连接至下降组件（悬挂构件18）上而同时保持后拨链器处于如说明书中所述的适当姿势。申请人相信，该附加特征也是具有新颖性和创造性的……”针对株式会社岛野的上述意见陈述书，国家知识产权局发出了第二次审查意见通知书，该通知书引用US4690663号美国专利作为对比文件3，认为本专利申请修改后权利要求1不具备新颖性，权利要求2不具备创造性。该意见陈述书正文记载了如下内容：“1. 独立权利要求1请求保护一种将后换档器连接到自行车车架上的后换档器支架，对比文件3公开了一种用于将后换档器连接到自行车车架上的连接机构，其中具体披露了以下技术内容：基座件1（相当于本申请中的支架件8）的一端通过水平轴6和通孔11（相当于本申请中的第二连接结构8b）连接到自行车车架的后叉端的换档连接器安装延伸部上的螺纹孔101b（相当于本申请中的连接结构14a）上，另一端通过销20、21及相应的销孔（相当于本申请中的第一连接结构8a）连接后换档器，调整螺钉40（相当于本申请中的定位结构8c）的端部紧靠换档器安装延伸部上的制动部101a从而使后换档器相对于后叉端定位，并且从附图4上可以看出，销20、21及相应的销孔的位置是在通孔11的下方和后方。由此可知，对比文件3已经公开了权利要求1的全部技术特征，并且它们属于相同的技术领域。因此，权利要求1请求保护的技术方案相对于对比文件公开的现有技术不是新的，不符合专利法第二十二条第二款有关新颖性的规定。”针对第二次审查意见通知书，株式会社岛野对权利要求书进行了进一步修改，并提交了第二次意见陈述书。本次修改主要是对新权利要求1作了进一步限定，更清楚地描述本发明与对比文件3的自行车换档器的安装方式是不同的特征，将权利要求2做文字修改并分拆出新从属权利要求4，补充了新从属权利要求3和6。株式会社岛野在第二次意见陈述书中陈述了如下意见：“该对比文件3是本申请的同一申请人的一份美国在先专利，其公开了一种自行车后换档器，其中也并没有公开如本申请中所记载的支架体（8）。该对比文件3中提到的‘基座件1’实际上是换档器四连杆机构之中的一个组成构件，其一端通过水平轴6和通孔11连接到自行车车架后叉端的换档器安装延伸部上的螺纹孔101b。因此，该‘基座件1’并不相当于本申请中的‘支架体8’，可以说，该对比文件3公开的换档器是直接安装在自行车车架后叉端的换档器安装延伸部上。与此不同，本发明公开的是一种将后换档器（100）连接到自行车车架（50）上的自行车后换档器支架，具体地说，所述后换档器具有支架件（5）、用于支撑链条导向装置（3）的支撑件（4）以及一对用于连接所述支撑件（4）和所述支架件（5）的连接件（6，7），而本发明是将上述后换档器的上述支架件（5）连接到上述支架的支架体（8）的一端，然后再将上述支架体（8）的另一端连接至自行车车架后叉端（51）的换档器安装延伸部（14）上。”本次修改后该专利申请获得授权，其提交的二次修改后的权利要求书与授权文本中权利要求书一致。

本院再审审理过程中，株式会社岛野提交了两份新证据：国家知识产权局专利收费收据（2012 年 1 月 19 日）（证据 1）和（2011）京中信内经证字第 6943 号公证书（证据 2）。证据 1 用以证明本案专利仍处于有效状态；证据 2 用以证明被诉侵权产品图片出现在日骋公司于 2011 年在中国北方国际自行车电动车展览会上散发的产品宣传册中，日骋公司仍在实施侵犯本案专利的行为，并请求在确定损害赔偿时考虑该情节。日骋公司对上述两份证据的真实性均无异议，但对证据 2 的证明目的有异议，认为该证据不能实现株式会社岛野的证明目的，日骋公司仅仅是许诺销售被诉侵权产品，并不能证明其存在实际的制造和销售行为。对于上述两份证据，本院认证如下：关于证据 1，株式会社岛野提供了该证据的原件，日骋公司对该证据的真实性没有异议，本院予以采信；关于证据 2，该证据是公证机关制作的公证书，日骋公司对该证据的真实性无异议，且与本案有关联，本院予以采信。结合上述两份证据，本院查明如下事实：2011 年 3 月 31 日，北京市磐华律师事务所委托代理人梁晨祺、王雪飞来到位于天津市西青区友谊南路与外环线交口西北角的天津梅江会展中心，在第十一届中国北方国际自行车电动车展览会日骋公司 5B36 号展位前，由王雪飞以普通参观者身份对该展位进行了拍照，并从该展位处领取了标有“SUNRUN INDUSTRY&TRADE”字样的宣传册一本。北京市中信公证处的公证人员对上述过程进行了公证，并出具了（2011）京中信内经证字第 6943 号公证书。该公证书所附的日骋公司宣传册第 32 页和第 33 页分别载有本案被诉侵权产品 RD－HG－30A、RD－HG－40A 型自行车后拨链器图片。截至目前，本案专利仍处于有效状态。

本院再审审理过程中，日骋公司提出中止本案诉讼的申请，并提交了国家知识产权局无效宣告请求受理通知书、专利权无效宣告请求书及相关对比文件作为证据。经查，日骋公司已于 2012 年 1 月 9 日向专利复审委员会提出宣告本案专利权无效的请求，并已被受理。在无效宣告程序中，日骋公司提交了 US4690663 号美国专利说明书（对比文件 1）、EP0013136 号欧洲专利公开说明书（对比文件 2）和 US4612004 号美国专利说明书（对比文件 3）三份对比文件，其主要的无效理由在于：本案专利独立权利要求 1 及引用权利要求 1 的权利要求 2、3、4、5 和 6 均缺乏必要技术特征，不符合《专利法实施细则》第二十一条第二款的规定；本案专利不符合专利法第三十三条规定，存在修改超范围的问题；本案专利不符合专利法第二十六条第四款的规定，权利要求书没有以说明书为依据；本案专利权利要求 1 是现有技术公开的技术特征的简单拼凑，不符合专利法第二十二条第三款的规定，缺乏创造性，权利要求 2、3、4、5 和 6 亦均缺乏创造性。

日骋公司在本院审理过程中还提出了现有技术抗辩，主张其被诉侵权产品利用的是现有技术。日骋公司主张的现有技术包括两种类型：一是其在无效宣告程序中提交的对比文件 1（US4690663 号美国专利）结合公知常识；二是《中华人民共和国轻工业行业标准—自行车拨链器》（QB/T 1895 - 1993）图 2、图 6、图 10 与《中华人民共和国行业标准 - 自行车工业标准 - 自行车车架》（QB1880 - 93）图 10 的组合。

本院认为，本案侵权行为发生在 2008 年修正的专利法施行之前，应适用 2000 年修正的专利法。结合本案当事人的申请再审理由、被申请人的答辩及本案事实，本案当事人争议的焦点问题在于：本案专利权利要求 1 中的使用环境特征对权利要求保护范围是否具有限定作用及其限定程度；本案被诉侵权产品是否必然用于本案专利权利要求 1 限定的自行车车架；本案被诉侵权产品是否落入本案专利保护范围；本案是否应中止诉讼；被申请人的现有技术抗辩是否成立；本案民事责任的承担。

（一）关于本案专利权利要求 1 中的使用环境特征对权利要求保护范围是否具有限定作用及其限定程度

使用环境特征是指权利要求中用来描述发明所使用的背景或者条件的技术特征。关于使用环境特征对权利要求保护范围的限定作用及其程度，本院分析如下：

首先，关于使用环境特征对于保护范围的限定作用。凡是写入权利要求的技术特征，均应理解为专利技术方案不可缺少的必要技术特征，对专利保护范围具有限定作用，在确定专利保护范围时必须加以考虑。已经写入权利要求的使用环境特征属于权利要求的必要技术特征，对于权利要求的保护范围具有限定作用。

本案专利的保护主题是“自行车后换档器支架”，但是权利要求 1 在描述该后换档器支架的结构特征的同时，也限定了该后换档器支架所用以连接的后换档器以及自行车车架的具体结构。这些关于后换档器支架所连接的后换档器及自行车车架的特征实际上限定了后换档器支架所使用的背景和条件，属于使用环境特征，对于权利要求 1 所保护的后换档器支架具有限定作用。权利要求 1 所保护的后换档器支架所使用的自行车车架的特征是，“所述自行车车架具有形成在自行车车架的后叉端（51）的换档器安装延伸部（14）上的连接结构（14a）”（以下简称使用环境特征 1）。权利要求 1 所保护的后换档器支架所使用的后换档器的特征是，“所述后换档器具有支架件（5）、用于支撑链条导向装置（3）的支撑件（4）以及一对用于连接所述支撑件（4）和所述支架件（5）的连接件（6、7）”（以下简称使用环境特征 2）。它们与权利要求 1 的其他特征一起，组成一个完整的技术方案，共同限定了权利要求 1 的保护范围。

其次，关于使用环境特征对于保护范围的限定程度。此处的限定程度是指使用环境特征对权利要求的限定作用的大小，具体地说是指该种使用环境特征限定的被保护的主题对象必须用于该种使用环境还是可以用于该种使用环境即可。使用环境特征对于保护范围的限定程度需要根据个案情况具体确定。一般情况下，使用环境特征应该理解为要求被保护的主题对象可以使用于该种使用环境即可，不要求被保护的主题对象必须用于该种使用环境。但是，如果本领域普通技术人员在阅读专利权利要求书、说明书以及专利审查档案后可以明确而合理地得知被保护对象必须用于该种使用环境，那么该使用环境特征应被理解为要求被保护对象必须使用于该特定环境。本案专利权利要求 1 对所保护的后换档器支架限定了两个使用环境特征，对此分别分析如下：

第一，关于使用环境特征 1（即自行车车架的结构特征）。本案专利申请在实质审查过程中经过了多次修改。针对国家知识产权局第一次审查意见通知书所提到的对比文件 1（US5082303 号美国专利），为了将本专利申请所要求保护的后换档器支架与该对比文件公开的悬挂构件（18）相区别，株式会社岛野在意见陈述书中明确指出，对比文件 1 中所述的悬挂构件（18）是垂直下降组件一部分，由垂直下降构件（16）、悬挂构件（18）以及用于将悬挂构件（18）连接至下降构件上的装置（16）等组合起来才相当于本案专利申请中的带后拨链器安装延伸部（14）的后叉端（51）的结构。根据株式会社岛野所述，本案专利所保护的后换档器支架只能与带后拨链器安装延伸部的后叉端相连接，而不能成为自行车车架后叉端垂直下降组件的构成部分。针对国家知识产权局第一次审查意见通知书所提到的对比文件 2（EP0013136 号欧洲专利），为了将本专利申请所要求保护的后换档器支架与该对比文件公开的下降组件相区别，株式会社岛野在意见陈述书中明确指出，该对比文件所述的叉端是一个水平方向开槽的下降组件，该对比文件并没有公开或者提出本发明申请的特征，特别是支架体没有被连接至垂直下降组件或 L 形板上。这一意见表明，本专利所保护的后换档器支架必须安装在具有换档器安装延伸部的自行车车架后叉端上，而不能安装在具有水平方向开槽的下降组件的自行车车架后叉端上。因此，对于使用环境特征 1，应该理解为本案专利所保护的自行车后换档器支架必须使用在具有使用环境特征 1 的自行车车架后叉端上。

第二，关于使用环境特征 2（即后换档器的结构特征）。针对国家知识产权局第二次审查意见通知书所提到的对比文件 3（US4690663 号美国专利），为了将本专利申请所要求保护的后换档器支架与该对比文件公开的基座件 1 相区别，株式会社岛野再次修改了权利要求 1，增加了关于后换档器的结构特征。株式会社岛野在意见陈述书中明确指出，该对比文件提到的基座件 1 实际上是换档器四连杆机构之中的一个组成构件，其一端通过水平轴 6 和通孔 11 连接到自行车车架后叉端的换档器安装延伸部上的螺纹孔 101b，故该基座件 1 并不相当于本申请中的支架体 8。株式会社岛野还进一步指出，该对比文件 3 公开的换档器是直接安装在自行车车架后叉端的换档器安装延伸部上，与此不同，本发明公开的是一种将后换档器（100）连接到自行车车架（50）上的自行车后换档器支架，后换档器具有支架件（5）、用于支撑链条导向装置（3）的支撑件（4）以及一对用于连接所述支撑件（4）和所述支架件（5）的连接件（6、7），而本发明是将上述后换档器的上述支架件（5）连接到上述支架的支架体（8）的一端，然后再将上述支架体（8）的另一端连接至自行车车架后叉端（51）的换档器安装延伸部（14）上。根据株式会社岛野所述，本专利所保护的后换档器支架必须与后换档器的支架件（5）相连接，而不能成为后换档器自身的组成部分。可见，本专利所保护的后换档器支架必须用于权利要求 1 所述的具有支架件（5）、用于支撑链条导向装置（3）的支撑件（4）以及一对用于连接所述支撑件（4）和所述支架件（5）的连接件（6、7）的后换档器上。因此，对于使用环境特征 2，应该理解为本案专利所保护的自行车后换档器支架必须用于具有使用环境特征 2 的后换档器上。

综上，本案专利的使用环境特征对于保护范围具有限定作用，本案专利所保护的自行车后换档器支架必须用于该使用环境。株式会社岛野关于本案专利权利要求中出现的使用环境特征不构成本案专利的必要技术特征，不影响权利要求的保护范围的申请再审理由不能成立，不予支持。

（二）关于本案被诉侵权产品是否必然用于本案专利权利要求1限定的自行车车架

本案被诉侵权产品具有权利要求1关于支架体的结构特征和关于后换档器的使用环境特征，双方当事人并无争议。同时，株式会社岛野提供的（2005）沪黄一证经字第5137号公证书、（2005）杭拱证经字第475号公证书等证据能够证明，被诉侵权产品也实际被应用在具有专利权利要求1所限定的自行车车架上。双方当事人对此亦无争议。双方争议的问题在于，本案被诉侵权产品是否必然用于本案专利权利要求1限定的自行车车架，或者说被诉侵权产品是否可以被应用于不具有本案专利权利要求1所述特征的自行车车架上。对此分析如下：

首先，本案被诉侵权产品的特定结构决定了其与权利要求所述的自行车车架的特定匹配关系。根据本院查明的事实，被诉侵权产品在远离后换档器的螺栓孔位置附近有一个从板的表面向上延伸出来的凸起部位。该凸起部位客观上需要与自行车车架后叉端的特定位置相配合，才能实现定位作用。

其次，本案当事人在原审庭审中的实际演示可以辅助说明被诉侵权产品的实际安装状态。为证明本案被诉侵权产品可以安装在不具有后叉端延伸部的自行车车架上，日骋公司通过在被诉侵权产品与车架后叉端之间增加一个垫圈的方式，弥补被诉侵权产品凸起部造成的间隙，从而将被诉侵权产品直接安装在没有后叉端延伸部的自行车车架上。但是，日骋公司对外销售被诉侵权产品时并没有附带垫圈，这种安装方式不是通常的工业化生产方式，且会影响定位效果。同时，针对本院关于提交有关将被诉侵权产品安装在不具有后叉端延伸部上且在市场上已经商业流通的自行车证据，日骋公司始终未能提供。

最后，关于自行车车架的有关行业标准可以辅助证明被诉侵权产品的实际安装状态。《中华人民共和国行业标准－自行车工业标准－自行车车架》（QB1880－93）是我国原轻工业部发布的具有强制性的行业标准，其公开了两种类型的自行车车架平插接片，其中一种具有后叉端延伸部，另一种没有后叉端延伸部。该具有后叉端延伸部的自行车车架具备专利权利要求1关于车架的限定特征。由于将被诉侵权产品安装在没有后叉端延伸部的自行车车架上并非通常的工业化生产方式，且影响定位效果，故将被诉侵权产品安装在具有后叉端延伸部的车架上几乎成为必然选择。

由此可见，将被诉侵权产品安装在具有后叉端延伸部的自行车车架上，是被诉侵权产品唯一合理的商业用途，在日骋公司未能提交进一步的有效反证的情况下，可以认为本案被诉侵权产品在商业上必然用于本案专利权利要求 1 限定的自行车车架。

（三）关于本案被诉侵权产品是否落入本案专利保护范围

首先，需要明确本案专利权利要求 1 的保护范围。根据本案专利权利要求 1 的记载，其保护范围由以下必要技术特征所限定：1. 使用环境特征：一种用于将后换档器连接到自行车车架上的自行车后换档器支架，所述后换档器具有支架件、用于支撑链条导向装置的支撑件以及一对用于连接所述支撑件和所述支架件的连接件，所述自行车车架具有形成在自行车车架的后叉端的换档器安装延伸部上的连接结构。2. 后换档器支架结构特征：一由大致 L 形板构成的支架体；设在所述支架体一端近旁，用于将所述后换档器的所述支架件连接到所述支架体上、可绕第一轴线枢转的第一连接结构；设在所述支架体另一端近旁，用于将所述支架体连接到所述自行车车架的所述连接结构上的第二连接结构；以及用于与所述换档器安装延伸部接触从而使所述后换档器相对于所述后叉端以一种预定的姿势定位的定位结构。3. 后换档器支架安装后的位置特征：所述第一连接结构和所述第二连接结构的布置应使当所述支架体安装在所述后叉端上时，所述的第一连接结构提供的连接点是在所述第二连接结构提供的连接点的下方和后方。

其次，关于技术特征的对比。根据前述，本案被诉侵权产品在商业上必然用于本案专利权利要求 1 限定的自行车车架，因此被诉侵权产品具备权利要求 1 关于自行车车架的环境特征。同时，被诉侵权产品具有权利要求 1 关于支架体的结构特征和关于后换档器的使用环境特征。因此，被诉侵权产品具备了权利要求 1 除后换档器支架安装后的位置特征之外的全部特征。

最后，关于后换档器支架安装后的位置特征。被诉侵权产品在远离后换档器的螺栓孔位置附近有一个从板的表面向上延伸出来的凸起部位。由于本案被诉侵权产品在商业上必然用于本案专利权利要求 1 限定的自行车车架，当本案被诉侵权产品的凸起部位与权利要求所述的自行车车架安装匹配时，必然呈现出第一连接结构提供的连接点在所述第二连接结构提供的连接点的下方和后方这一位置关系特征。

因此，被诉侵权产品具备本案专利权利要求 1 的全部技术特征，落入本案专利权利要求 1 的保护范围。株式会社岛野的相应申请再审理由成立，应予支持。

（四）关于被申请人的现有技术抗辩是否成立

日骋公司主张的现有技术包括两种类型：一是其在无效宣告程序中提交的对比文件 1（US4690663 号美国专利）所公开的悬挂构件结合公知常识；二是《中华人民共和国轻工业行业标准—自行车拨链器》（QB/T 1895－1993）图 2、图 6、图 10 与《中华人民共和国行业标准－自行车工业标准－自行车车架》（QB1880－93）图 10 的组合。

关于第一种现有技术抗辩。由于 US4690663 号美国专利所述的悬挂构件是垂直下降组件一部分，由垂直下降构件、悬挂构件以及用于将悬挂构件连接至下降构件上的装置等组合起来相当于本案专利申请中的带后拨链器安装延伸部的后叉端的结构，因此该悬挂构件与本案专利所保护的后换档器支架不具有对应性。同时，即使认定该悬挂构件与本案专利所保护的后换档器支架具有对应性，该专利也没有公开关于支架体呈 L 形等技术特征，日骋公司提交的证据也不能证明在本专利申请日前将支架体设计为 L 形属于本领域普通技术人员公知常识。因此，该现有技术抗辩不能成立。

关于第二种现有技术抗辩。《中华人民共和国轻工业行业标准—自行车拨链器》（QB/T 1895－1993）图 2、图 6 和图 10 公开了一款安装在不具有后叉端延伸部上的换档器接片，该接片与本案专利限定的使用环境不同，且没有公开本案专利有关后换档器支架呈 L 形以及支架上的定位结构的特征。《中华人民共和国行业标准－自行车工业标准－自行车车架》（QB1880－93）图 10 公开了一款具有后叉端延伸部的自行车车架。因此，即使把两者结合起来，仍然没有公开本案专利关于后换档器支架呈 L 形以及支架上的定位结构的特征。该现有技术抗辩亦不能成立。

（五）关于本案是否应中止诉讼

日骋公司在本院再审过程中请求中止本案审理。本案专利是发明专利，根据《最高人民法院关于审理专利纠纷案件适用法律问题的若干规定》第十一条的规定，人民法院可以不中止诉讼。同时，经过审理，本院已经查明了本案的事实和法律问题，可以作出结论，不需要以无效程序的结论作为本案依据，人民法院可以不中止诉讼。因此，对于日骋公司的上述主张，本院不予支持。

（六）关于本案民事责任的承担

由于本案被诉侵权产品落入本案专利保护范围，日骋公司生产和销售被诉侵权产品的行为构成侵犯本案专利权，应当承担停止侵害、消除危险、赔偿损失的民事责任。

关于具体民事责任的承担方式，结合株式会社岛野的诉讼请求，本院分析评判如下：第一，本案证据表明，日骋公司制造和销售了本案侵权产品，且该制造和销售行为仍在继续，停止制造和销售侵权产品是停止侵害的必要措施之一，对于株式会社岛野关于判令日骋公司立即停止制造和销售侵权产品的诉讼请求，本院予以支持。第二，销毁尚未售出的剩余侵权产品是消除危险的必要措施之一，可以防止侵权产品进入销售渠道，若日骋公司存在尚未售出的侵权产品，应当予以销毁。对于株式会社岛野关于判令日骋公司销毁所有剩余侵权产品的诉讼请求，本院予以支持。第三，一审法院曾应株式会社岛野的申请，赴日骋公司生产经营场所进行证据保全，但经查看未发现制造侵权产品 RD－HG－30A、RD－HG－40A 型自行车后拨链器的专用模具，本案现有证据不能证明制造侵权产品需要专用模具。对于株式会社岛野关于判令日骋公司销毁制造侵权产品专用模具的诉讼请求，本院不予支持。第四，日骋公司在其不同时期印制的产品宣传册中均印有本案侵权产品 RD－HG－30A、RD－HG－40A 型自行车后拨链器，此种行为属于许诺销售行为，销毁印有本案侵权产品的尚未发放的产品宣传资料，是消除危险的必要措施之一。日骋公司若存有印有本案侵权产品的尚未发放的产品宣传资料，应当销毁。对于株式会社岛野关于判令日骋公司销毁剩余的印有侵权产品的宣传资料的诉讼请求，本院予以支持。第五，株式会社岛野在本案中未提交证据证明日骋公司在互联网上发布有本案侵权产品的广告，日骋公司亦不承认其在互联网上发布有本案侵权产品的广告，因此，对于株式会社岛野关于判令日骋公司删除互联网上有关侵权产品的广告的诉讼请求，本院不予支持。第六，株式会社岛野在本案中没有提供充分证据证明其因侵权行为所受到的损失或者侵权人因侵权获得的利益，也没有专利许可使用费可以参照，本院根据专利权的类别、侵权人侵权的性质和情节等因素合理确定损害赔偿数额。株式会社岛野在一审过程中为本案已支出了购买本案侵权产品费用 80 元、证据保全费用 1000 元、查阅工商行政档案费 592.5 元、翻译费 750 元、差旅费 1170.35 元，共计 3592.85 元，该笔费用均为调查和制止本案侵权行为所必需。株式会社岛野在一审过程中还提交了律师服务费统计清单、律师代理费收费发票、中信实业银行出具的贷记通知等作为证据，以证明其为本案已经支付的律师费。根据株式会社岛野提交的律师服务费统计清单的记载，按照每位律师每小时 3000 元计收，截至 2004 年 7 月，合计律师费共计442500元。该笔费用的数额与律师代理费收费发票、中信实业银行出具的贷记通知相符，可以相互印证。日骋公司虽对上述律师费的数额提出质疑，但并未提出充分的事实和理由，且律师费以每小时3000元计收并不违反有关法律、行政法规以及行政规章的规定，本院予以支持。在本案二审过程中，株式会社岛野为证明侵权产品只能安装在本案专利限定的具有换档器安装延伸部的连接结构的自行车车架后叉端上，又以公证形式进行了证据保全。在本案再审审理过程中，株式会社岛野为证明日骋公司的被诉侵权行为仍在继续，再次以公证形式进行了证据保全。株式会社岛野虽未对其在一审结束后支出的证据保全费用提供相关票据作为证明，但是委托公证行为已经实际发生，客观上需要支付公证费用，本院在确定损害赔偿额时对此一并予以考虑。在本院庭审中，株式会社岛野主张其所谓的经济损失30万元包括了所支出的合理费用。鉴于株式会社岛野为调查和制止本案侵权行为所支出的合理费用即已经超出了其诉讼请求的数额30万元，本院对其请求判令日骋公司赔偿30万元的诉讼请求予以全额支持。

综上，本案被诉侵权产品落入本案专利保护范围，日骋公司生产和销售RD－HG－30A、RD－HG－40A型自行车后拨链器产品的行为侵犯了株式会社岛野的本案专利权。原审法院对本案事实的认定有所失误，适用法律亦有不当之处，应予纠正。依据《中华人民共和国专利法》（2000年修正）第五十六条第一款，《中华人民共和国民事诉讼法》第一百八十六条第一款、第一百五十三条第一款第（二）项、第（三）项之规定，判决如下：

一、撤销浙江省高级人民法院（2009）浙民再字第135号民事判决、（2005）浙民三终字第145号民事判决和浙江省宁波市中级人民法院（2004）甬民二初字第240号民事判决；

二、宁波市日骋工贸有限公司立即停止制造和销售落入ZL94102612.4号发明专利保护范围的RD－HG－30A、RD－HG－40A型自行车后拨链器，销毁剩余上述侵权产品及印有侵权产品的宣传资料；

三、宁波市日骋工贸有限公司于本判决送达之日起十五日内，赔偿株式会社岛野因本案侵权行为造成的损失以及为调查、制止本案侵权行为所支付的合理开支共计30万元；

四、驳回株式会社岛野的其他诉讼请求。

如果未按本判决指定的期间履行给付金钱义务，应当依照《中华人民共和国民事诉讼法》第二百二十九条之规定，加倍支付迟延履行期间的债务利息。

一审案件受理费7010元，证据保全费1000元，合计8010元，二审案件受理费7010元，均由宁波市日骋工贸有限公司负担。

本判决为终审判决。

审　判　长　金克胜
代理审判员　罗　霞
代理审判员　朱　理
二〇一二年十二月十一日
书　记　员　张　博

17. 封闭式权利要求的解释

——再审申请人山西振东泰盛制药有限公司、山东特利尔营销策划有限公司医药分公司与被申请人胡小泉侵犯发明专利权纠纷案

【裁判要旨】

对于封闭式权利要求，一般应当解释为不含有该权利要求所述以外的结构组成部分或者方法步骤；对于组合物封闭式权利要求，一般应当解释为组合物中仅包括所指出的组分而排除所有其他的组分，但是可以包含通常含量的杂质，辅料并不属于杂质。

【关键词】

封闭式权利要求　组合物封闭式权利要求　解释

【案号】

最高人民法院（2012）民提字第10号

【基本案情】

胡小泉是名称为“注射用三磷酸腺苷二钠氯化镁冻干粉针剂及其生产方法”发明专利（即本案专利）的专利权人。本案专利权利要求2内容为：“一种注射用三磷酸腺苷二钠氯化镁冻干粉针剂，其特征是：由三磷酸腺苷二钠与氯化镁组成，二者的重量比为100毫克比32毫克。”在本案专利授权后，山西振东泰盛制

药有限公司（原山西泰盛制药有限公司，以下简称泰盛公司）生产、许诺销售、销售了名称为“注射用三磷酸腺苷二钠氯化镁”的药品，山东特利尔营销策划有限公司医药分公司（以下简称特利尔分公司）销售了泰盛公司生产的上述药品。本案药品的主要成分为三磷酸腺苷二钠和氯化镁，规格为三磷酸腺苷二钠100mg、氯化镁32mg，性状为白色或类白色冻干块状物或粉末。在本案药品说明书记载的成分中出现了“全部辅料名称为：碳酸氢钠和精氨酸”的记载，该信息在国家相关部门核发的说明书中未体现。胡小泉以本案药品落入本案专利权利要求2的保护范围为由起诉，请求判令泰盛公司、特利尔分公司停止侵权、赔偿直接经济损失20万元和间接经济损失5万元等。特利尔分公司应诉后，在答辩期内向国家知识产权局专利复审委员会（以下简称专利复审委员会）提出了宣告本案专利权无效的请求，并被受理。山东省济南市中级人民法院一审认为，即使被诉侵权药品含有药品说明书中出现的辅料碳酸氢钠和精氨酸，但正如其说明书所表述的仅仅为辅料而非主要成分，被告以存在辅料为由提出的不侵权抗辩不能成立。据此判决二被告承担侵权责任。二被告不服，提起上诉。在二审期间，专利复审委员会作出第13268号无效宣告请求审查决定（以下简称第13268号决定），宣告本案专利权全部无效。山东省高级人民法院据此撤销一审判决，驳回胡小泉的诉讼请求。胡小泉以第13268号决定尚未生效为由向最高人民法院申请再审。最高人民法院裁定指令山东省高级人民法院再审本案。山东省高级人民法院再审查明第13268号决定被法院生效判决撤销。山东省高级人民法院再审认为，加入辅料是药物制备过程中的必备环节，碳酸氢钠和精氨酸是药物制备工艺中的常用辅料，不是发挥药效的活性成分，对本案专利封闭式权利要求进行解释时，“不包括其他组分”不应理解为不包括辅料成分，被诉侵权药品落入本案专利权保护范围，故判决撤销二审判决，维持一审判决。泰盛公司、特利尔分公司不服，向最高人民法院申请再审。最高人民法院裁定提审本案，并于2012年12月20日判决撤销原审判决，驳回胡小泉的诉讼请求。

【裁判意见】

最高人民法院提审认为：对于开放式权利要求、封闭式权利要求的典型限定方式及其解释规则，历版《专利审查指南》的规定是一以贯之的。例如，2006年版《专利审查指南》在权利要求的一般性规定中规定：“通常，开放式的权利要求宜采用‘包含’、‘包括’、‘主要由……组成’的表达方式，其解释为还可以含有该权利要求中没有述及的结构组成部分或方法步骤。封闭式的权利要求宜采用‘由……组成’的表达方式，其一般解释为不含有该权利要求所述以外的结构组成部分或方法步骤。”《专利审查指南》的相关规定既不存在与专利法、专利法实施细则相抵触的情形，亦符合国际通行做法。此外，通过长期的专利法实践，开放式权利要求与封闭式权利要求的撰写方式和解释规则业已为业界认识和接受。根据《专利审查指南》中有关开放式、封闭式权利要求的具体规定可知，这两种权利要求由于使用措辞的含义不同，其保护范围也不同，由此也决定了在实质审查中获得授权难度的不同。开放式权利要求的保护范围较大，但在实质审查中更容易受到有关新颖性、创造性或者权利要求得不到说明书的支持等方面的质疑，增加了获得授权的难度；与此相反，封闭式权利要求更容易通过实质审查获得授权，但其授权后的保护范围较相应的开放式权利要求小。《专利审查指南》是国家知识产权局制定并公布、施行的部门规章，是国务院专利行政部门在专利授权、确权程序中对专利申请或者专利进行审查的依据，同时也是专利申请人或者专利权人撰写和修改专利申请文件或者专利文件的指引，更是社会公众理解授权专利权利要求的重要依据。专利申请人或者专利权人在撰写和修改专利申请文件之初，应当了解《专利审查指南》的相关规定，并根据《专利审查指南》的相关规定和其发明创造的实际情况选择适当的撰写方式。审查员在审查过程中也应当根据《专利审查指南》的相关规定对不同的权利要求予以区分和进行审查。当专利权利要求被授权以后，在《专利审查指南》相关规定的指引下，社会公众将根据该规定和专利权利要求的用语来判断专利权的保护范围，进而决定采取何种经营策略。为维护社会公众的信赖，在专利侵权诉讼程序中确定专利权的保护范围时，一般应当尊重专利授权程序中适用的《专利审查指南》相关规定和专利权利要求的用语。如果专利权人在专利授权程序中出于各种原因未能恰当地选择权利要求的撰写方式，选择了保护范围相对较小的封闭式权利要求，从而导致其获得授权的权利要求没有其预想的保护范围大，那么，专利权人只能接受这种后果。也就是说，在授权以后的专利侵权诉讼程序中，如果专利权人主张其封闭式权利要求并未排除其他未限定的组成部分，该主张违背社会公众根据《专利审查指南》和权利要求的用语对封闭式权利要求作出的解释，应当不予支持。更深层次的理由在于，在有充分的机会主张更宽保护范围的权利要求而没有这么做的专利权人与更为普遍的社会公众之间，应当由专利权人承担未能为其发明或者实用新型确定更有利的权利要求表达方式的代价。综上，为了维护社会公众对专利权利要求保护范围的信赖，在专利侵权诉讼程序中确定专利权的保护范围时，对于封闭式权利要求，一般应当解释为不含有该权利要求所述以外的结构组成部分或者方法步骤。上述解释与自1993年以来的《专利审查指南》的明确规定和长期的专利法实践保持了一致，也是对社会公众基于相关规定业已形成的稳定预期的尊重，有利于维护权利要求解释规则的确定性和可预见性。此外，上述解释规则看似严格，但并不会对专利权人的利益造成损害，专利权人在申请专利时可以根据具体情况在开放式、封闭式、活性成分封闭、部分封闭等多种方式中选择恰当的撰写方式，从而获得恰当的保护范围。因此，上述解释规则能够合理平衡专利权人与社会公众的利益。本案中，本案专利权利要求2明确采用了“由……组成”的封闭式表达方式，属于封闭式权利要求，应该解释为要求保护的注射用三磷酸腺苷二钠氯化镁冻干粉针剂仅由三磷酸腺苷二钠与氯化镁组成，除可能具有通常含量的杂质外，别无其他组分。辅料并不属于杂质，辅料也在本案专利权利要求2的排除范围之内。原再审判决认为本案专利权利要求2不应理解为不包括辅料成分错误，应予纠正。

中华人民共和国最高人民法院民事判决书

(2012)民提字第10号

申请再审人（一审被告、二审上诉人、原被申请人）：山西振东泰盛制药有限公司（原山西泰盛制药有限公司）。住所地：山西省大同市经济技术开发区。

法定代表人：李安平，该公司董事长。

委托代理人：唐铁军，女，汉族，1966年3月5日出生，北京北翔知识产权代理有限公司专利代理人，住北京市海淀区×路14号62楼4门412号。

委托代理人：王进，北京金诚同达律师事务所律师。

申请再审人（一审被告、二审上诉人、原被申请人）：山东特利尔营销策划有限公司医药分公司。住所地：山东省济南市天桥区蓝翔中路10号。

法定代表人：翟振杰，该公司经理。

委托代理人：唐铁军，女，汉族，1966年3月5日出生，北京北翔知识产权代理有限公司专利代理人，住北京市海淀区×路14号62楼4门412号。

委托代理人：王进，北京金诚同达律师事务所律师。

被申请人（一审原告、二审被上诉人、原申请再审人）：胡小泉，男，汉族，1975年3月22日出生，住山东省济南市历城区×路243号。

委托代理人：张建成，男，汉族，1955年3月22日出生，济南舜源专利事务所有限公司职员，住山东省济南市历下区×区8号楼1单元401号。

委托代理人：范克，男，汉族，1974年10月11日出生，山东艾诺吉医药科技有限公司职员，住山东省济南市历城区×路243号。

申请再审人山西振东泰盛制药有限公司（原山西泰盛制药有限公司，以下简称泰盛公司）、山东特利尔营销策划有限公司医药分公司（以下简称特利尔分公司）因与被申请人胡小泉侵犯发明专利权纠纷一案，不服山东省高级人民法院（2010）鲁民再字第33号民事判决，向本院申请再审。本院于2011年12月8日作出（2011）民再申字第183号民事裁定，提审本案。本院依法组成合议庭，并于2012年2月27日公开开庭审理了本案，泰盛公司和特利尔分公司的委托代理人唐铁军、王进，胡小泉的委托代理人张建成、范克到庭参加诉讼，本案现已审理终结。

山东省济南市中级人民法院于2008年1月14日受理了原告胡小泉诉被告泰盛公司、特利尔分公司侵犯发明专利权纠纷一案。胡小泉诉称，其发明专利“注射用三磷酸腺苷二钠氯化镁冻干粉针剂及其生产方法”（专利号为ZL200410024515.1）获得授权后，泰盛公司生产、许诺销售、销售了名称为“注射用三磷酸腺苷二钠氯化镁”的药品，特利尔分公司销售了泰盛公司生产的上述产品。经对比，两公司生产、许诺销售、销售的上述冻干粉针剂与其专利独立权利要求2的保护范围完全相同，构成侵权。故请求法院判令：特利尔分公司停止销售专利侵权产品；泰盛公司立即停止生产、许诺销售和销售专利侵权产品；泰盛公司、特利尔分公司赔偿胡小泉直接经济损失20万元、间接经济损失5万元，并承担全部诉讼费用。

山东省济南市中级人民法院一审查明，2004年7月21日，胡小泉向国家知识产权局申请“注射用三磷酸腺苷二钠氯化镁冻干粉针剂及其生产方法”发明专利（以下简称涉案专利），该局经实质审查于2006年11月15日作出授权公告，胡小泉被授予专利权，专利号为ZL200410024515.1，公告号为CN1284525C。目前涉案专利权处于有效法律保护状态。涉案专利有两项权利要求，其权利要求的内容为：

“1. 关于注射用三磷酸腺苷二钠氯化镁冻干粉针剂生产方法，其特征在于：它包括下列步骤：取三磷酸腺苷二钠100重量份与氯化镁32重量份加400重量份水搅拌制成混合溶液；用0.1%氢氧化钠溶液调该混合溶液pH值到4.5～7.0；再向该混合溶液中加600重量份水混匀，将上述混合溶液用微孔滤膜过滤，经滤膜起泡点检验和内毒素检验后，灌装于每个药瓶中；然后药瓶半加塞，将药瓶放入冷冻干燥箱中，待瓶中制品降到－35℃后保持3小时；降低冷凝器温度至－60℃，抽真空至10Pa以下后，通过隔板给瓶中制品加温使冻结产品的温度升至-20℃，保持5小时；继续加热升温至25℃，保温5小时；最后药瓶压塞，轧铝盖制成注射用三磷酸腺苷二钠氯化镁冻干粉针剂。

2. 一种注射用三磷酸腺苷二钠氯化镁冻干粉针剂，其特征是：由三磷酸腺苷二钠与氯化镁组成，二者的重量比为100毫克比32毫克。”

特利尔分公司成立于2002年8月15日，经营相关药品的批发和其他商品的批发零售。泰盛公司成立于1993年7月5日，经营范围为按药品生产许可证范围生产经营。2005年12月28日，国家食品药品监督管理局核准泰盛公司“注射用三磷酸腺苷二钠氯化镁”新药的注册（批件号为2005S10408），发给新药证书，同时发给药品批准文号（国药准字H20052673，有效期至2010年12月27日），颁布了药品标准（编号为YBH40662005）。“注射用三磷酸腺苷二钠氯化镁”药品的主要成分在相关批准文件以及所含附件产品说明书、药品检验报告中记载为三磷酸腺苷二钠和氯化镁，规格为三磷酸腺苷二钠100mg、氯化镁32mg，性状为白色或类白色冻干块状物或粉末。2006年9月14日，特利尔分公司已经实际销售“注射用三磷酸腺苷二钠氯化镁”药品600支，单价为8元/支，价款4800元。2007年8月9日，特利尔分公司向蓬莱市为民诊所销售“注射用三磷酸腺苷二钠氯化镁”药品200支，价格为9元/支，价款1800元，上述药品均由泰盛公司生产。胡小泉为保全证据，于2007年10月17日申请广东省广州市公证处对广州中山医药有限公司销售的泰盛公司生产的涉案药品进行了公证，购得泰盛公司生产的“注射用三磷酸腺苷二钠氯化镁”一盒（10瓶），价款344元。胡小泉另于2007年10月15日，申请安徽省合肥市第二公证处对安徽省华嘉医药有限公司销售泰盛公司的涉案药品进行了公证保全，购得同样药品100支，价款3525元。从上述销售的“注射用三磷酸腺苷二钠氯化镁”药品包装盒内附带的成品检验报告书中显示，包装规格为三磷酸腺苷二钠100mg氯化镁32mg×10支×60盒，单次批号为1万支。本案证据中所涉及批号分别为0604171、0605191、0605192、0706271、0704241、0707221，共6个批次。在涉案药品的单盒外包装上，均显示了药品的规格和性状，与国家相关部门核发的说明书中所表明的信息一致，在盒内的药品说明书记载的成分中出现了“全部辅料名称为：碳酸氢钠和精氨酸”的记载，该信息在国家相关部门核发的说明书中未体现。泰盛公司生产的“注射用三磷酸腺苷二钠氯化镁”药品，另在标记为济南瑞强医药有限公司的宣传材料以及网站中进行了广告宣传。

胡小泉称其合法授权的企业生产的“注射用三磷酸腺苷二纳氯化镁”药品单

支批发价为12.36元，并提交了销售发票印证。胡小泉为诉讼支出诉讼代理费5万元。

特利尔分公司应诉后，在答辩期内向国家知识产权局专利复审委员会（以下简称专利复审委员会）提出了宣告涉案专利权无效的请求，并被受理。其在该程序中提供的部分无效宣告材料同时作为本案被诉侵权产品使用公知技术的抗辩材料。经查，国家药品监督管理局于2002年审核通过了吉林某药业公司关于“三磷酸腺苷二钠－氯化镁注射液”的《国家药品标准（WS－10001－（HD－0788）－2002)》，该标准及所附的药品说明书中，记载药品分别为三磷酸腺苷二钠灭菌水溶液（A液）与氯化镁灭菌水溶液（M液），分别配制，分别熔封，A液每2ml含三磷酸腺苷二钠100mg，M液每2ml含氯化镁32mg，使用前先将A液注入葡萄糖注射液，混匀，再加入等体积的M液，混匀滴注。另在1996年《第四军医大学学报》、1997年《外科杂志》中分别发表了关于ATP－$MgCl_2$复合液对于抑制烫伤大鼠氧自由基和肿瘤坏死因子的生成以及对家兔缺血后肝组织保护研究实验论文，论文中复合液配制比例接近于100:32。2002年出版的《肿瘤防治杂志》中发表了《ATP－$MgCl_2$联合介入化疗晚期癌疗效观察》论文，对比溶液A组中的ATP为100mg，$MgCl_2$为32mg，加注射用水100ml，并配合其他化疗药，进行了临床实验治疗。注射用冷冻干燥制品的原理、生产工艺、举例和质量控制，在特利尔分公司提交的《药剂学》第三版（人民卫生出版社1985年出版，2004年3月第3版第3次印刷）一书中有所介绍。

山东省济南市中级人民法院一审认为，本案争议的焦点有三：一是案件是否中止诉讼；二是泰盛公司生产、销售以及特利尔分公司销售的“注射用三磷酸腺苷二钠氯化镁”药品是否侵犯胡小泉的专利权；三是泰盛公司、特利尔分公司的责任承担。

关于案件是否中止诉讼的问题。《最高人民法院关于审理专利纠纷案件适用法律问题的若干规定》第十一条规定，人民法院受理的侵犯发明专利权纠纷案件或者经专利复审委员会审查维持专利权的侵犯实用新型、外观设计专利权纠纷案件，被告在答辩期间内请求宣告该项专利权无效的，人民法院可以不中止诉讼。就本案来说，胡小泉的专利为发明专利，在申请阶段已经过了实质审查，故本案不应中止诉讼。

关于泰盛公司生产、销售以及特利尔分公司销售的被诉侵权产品是否侵犯胡小泉的专利权。根据《中华人民共和国专利法》（2000年修正，以下简称专利法）第五十六条第一款的规定，发明专利权的保护范围以权利要求书的内容为准。胡小泉以其第二项独立权利要求作为涉案专利的保护范围，即一种注射用三磷酸腺苷二钠氯化镁冻干粉针剂，其特征是：由三磷酸腺苷二钠与氯化镁组成，二者的重量比为100毫克比32毫克。从上述权利要求内容看，涉案专利产品的必要技术特征包括：1. 注射用针剂的样态为冻干粉；2. 该针剂是一种三磷酸腺苷二钠氯化镁冻干粉；3. 该针剂组分中的三磷酸腺苷二钠与氯化镁的重量比为100毫克比32毫克。

被诉侵权产品“注射用三磷酸腺苷二钠氯化镁”，同样为注射用针剂，性状为白色或类白色冻干块状物或粉末，冻干粉的主要成分为三磷酸腺苷二钠和氯化镁，规格为三磷酸腺苷二钠100毫克、氯化镁32毫克，这些特征说明，被诉侵权产品与涉案专利产品的特征相同，落入涉案专利权保护范围。

对于特利尔分公司销售的产品说明书中出现的辅料碳酸氢钠和精氨酸的成分记载，法院注意到，该描述未明确出现在“注射用三磷酸腺苷二钠氯化镁”药品的审批文件以及呈报的说明书中，因此，上市销售的产品的成分中是否含有该辅料，特利尔分公司未能提供证据予以进一步证实。即使被诉侵权产品含有上述成分，但正如其说明书所表述的仅仅为辅料，而非主要成分，不影响该针剂中“三磷酸腺苷二钠氯化镁”的组分构成和重量比，与胡小泉的涉案专利产品仍为同一产品。故被告以其产品中辅料的存在，抗辩不侵权不能成立，不予支持。

被告另抗辩，被诉侵权产品系使用公知技术生产。从其举证看，2002年国家药品监督管理局审核通过的“三磷酸腺苷二钠－氯化镁注射液”为三磷酸腺苷二钠灭菌水溶液与氯化镁灭菌水溶液两种液体分别配制，分别熔封，虽在二者的重量比上与涉案专利相同，但该产品非单一产品，也非冻干粉针剂，与涉案专利产品不同；其他试验论文和临床研究中，同样仅仅涉及复合液的组成和重量配比；《药剂学》书籍中的注射用冷冻干燥制品的生产工艺等技术的介绍，也不能证明在胡小泉申请涉案专利前，涉案的这种专利产品或生产该产品的方法已经公知、公用。因此，该抗辩观点不能成立。

关于泰盛公司、特利尔分公司的侵权责任承担。基于前述分析，泰盛公司未经胡小泉许可，以生产经营为目的实施其专利，即生产、销售侵犯涉案专利权的产品，特利尔分公司未经许可，销售泰盛公司生产的侵权产品，两公司的行为均侵犯了胡小泉的涉案专利权，依法应当承担停止侵权等民事责任。胡小泉另以宣传材料和网页内容主张泰盛公司进行了许诺销售行为，但从标记的宣传主体看，并非泰盛公司，而且从查明的事实看，泰盛公司已经进行了侵权产品的销售行为，故，即使泰盛公司的许诺销售行为成立，也被实际销售行为所吸收。

胡小泉在发现泰盛公司涉嫌生产专利侵权产品后，分别在山东省济南市、广东省广州市、安徽省合肥市调查取证，胡小泉结合泰盛公司生产专利产品的成品检验报告书所记载的单批次1万支的数量和6个生产批次，并参照其正常许可的企业销售专利产品的批发价格，要求20万元的经济损失赔偿，但泰盛公司生产的药品数量与其实际销售的数量为不同的核算项目，二者并不必然具有一致性，且专利产品与侵权产品的销售差价，并不等同于胡小泉专利产品的利润或直接损失，故对胡小泉主张的计算方式不予采纳。泰盛公司自2005年12月底取得涉案产品的生产批件后，即实际从事了生产、销售行为，在胡小泉涉案专利获得授权后，仍持续进行侵权产品的生产和销售，对胡小泉的合法权益造成了较大的损害。法院综合考虑泰盛公司的生产规模、销售范围以及主观过错程度，并参考胡小泉合理支出的调查取证费用和诉讼代理费用等情况，一并酌定本案的赔偿数额。特利尔分公司销售的侵权产品系泰盛公司所生产，其产品来源明晰，胡小泉未主张该公司存在明知或应知侵权产品而仍销售的主观过错，故可以免除赔偿责任。

综上，泰盛公司、特利尔分公司未经许可，实施胡小泉涉案专利权的行为，侵犯了胡小泉的涉案专利权，依法应停止侵权，泰盛公司还应承担赔偿胡小泉经济损失的责任。依照《中华人民共和国专利法》第十一条第一款、第五十六条第一款、第五十七条第一款、第六十条、第六十三条第二款，《最高人民法院关于审理专利纠纷案件适用法律问题的若干规定》第二十一条、第二十二条之规定，山东省济南市中级人民法院于2008年6月24日作出（2008）济民三初字第4号民事判决，判决如下：一、山东特利尔营销策划有限公司医药分公司立即停止销售侵犯胡小泉“注射用三磷酸腺苷二钠氯化镁冻干粉针剂及其生产方法”（专利号为ZL200410024515.1）专利权的侵权产品；二、山西泰盛制药有限公司立即停止生产、销售侵犯胡小泉“注射用三磷酸腺苷二钠氯化镁冻干粉针剂及其生产方法”（专利号为ZL200410024515.1）专利权的侵权产品；三、山西泰盛制药有限公司于判决生效之日起10日内赔偿胡小泉经济损失20万元；四、驳回胡小泉的其他诉讼请求。案件受理费6050元，胡小泉负担1050元，泰盛公司负担5000元。

泰盛公司、特利尔分公司不服一审判决，向山东省高级人民法院提起上诉，请求撤销一审判决，驳回胡小泉的诉讼请求，理由为：1. 涉案专利申请日为2004

年7月21日，此前，已有三磷酸腺苷二钠和氯化镁混合使用，混合比例为100:32，形态为水溶液剂或干燥粉末剂；而将水溶液剂或干燥粉末剂制成冻干粉是公知的药剂学常识。因此，将三磷酸腺苷二钠和氯化镁按照100:32的重量比例混合制成冻干粉剂，是制药领域普通技术人员无需经过任何创造性的智力劳动即能联想到和实现的技术方案，属于公知技术。一审法院认定泰盛公司生产的“三磷酸腺苷二钠－氯化镁注射液”构成侵权错误。2. 泰盛公司在2003年12月已制造出被诉侵权产品并完成药品试验，有权生产、销售该产品。3. 特利尔分公司在一审中已就涉案专利向专利复审委员会提起专利无效宣告请求并被受理，一审法院应中止审理本案。

胡小泉辩称，一审判决认定事实正确，请求驳回上诉。

山东省高级人民法院在一审法院查明事实的基础上，另查明，2008年11月19日，二审审理期间，专利复审委员会作出第13268号无效宣告请求审查决定书（以下简称第13268号无效决定），宣告涉案专利权全部无效。

山东省高级人民法院二审认为，根据专利法第四十七条的规定，宣告无效的专利权视为自始即不存在。本案胡小泉要求保护的涉案专利权已被宣告无效，即该权利应视为自始不存在，胡小泉已丧失指控他人侵犯其专利权的权利基础。泰盛公司、特利尔分公司的上诉请求应予支持。依照《中华人民共和国专利法》第四十七条第一款、《中华人民共和国民事诉讼法》第一百五十三条第一款第（三）项之规定，山东省高级人民法院于2009年6月23日作出（2008）鲁民三终字第132号民事判决，判决如下：一、撤销济南市中级人民法院（2008）济民三初字第4号民事判决；二、驳回胡小泉的诉讼请求。一审案件受理费6050元、二审案件受理费4300元，由胡小泉承担。

胡小泉不服上述二审判决，向最高人民法院申请再审，请求撤销二审判决，维持一审判决，本案诉讼费用由泰盛公司和特利尔分公司负担。其主要理由为：1. 二审判决认定胡小泉丧失专利权缺乏证据证明。胡小泉收到第13268号无效决定后即向北京市第一中级人民法院提起行政诉讼且被受理。因此，该无效决定在法院生效判决未作出前尚未生效，不能作为定案依据。胡小泉并未丧失专利权。2. 专利法第四十七条第一款规定，宣告无效的专利权视为自始即不存在。本条款中宣告无效的专利权是指已经生效的决定或判决宣告无效的专利权。本案中第13268号无效决定尚未生效，二审判决不应适用专利法第四十七条第一款。泰盛公司和特利尔分公司共同答辩称：二审判决适用法律正确，应当维持。最高人民法院于2009年11月25日作出（2009）民申字第1135号民事裁定，指令本案由山东省高级人民法院再审。

山东省高级人民法院再审期间，胡小泉及泰盛公司、特利尔分公司均提供了北京市高级人民法院（2010）高行终字第285号行政判决书。胡小泉证明第13268号无效决定已被该生效判决撤销，涉案专利仍然有效。泰盛公司、特利尔分公司证明该判决要求专利复审委员会重新就涉案专利的有效性作出决定，并提交了专利复审委员会的受理通知书。

泰盛公司、特利尔分公司提供了《注射用三磷酸腺苷二钠氯化镁申报资料》第二部分复印件、《审查指南》第十章“关于化学领域发明专利申请审查的若干规定”、最高人民法院（2009）民提字第20号民事判决书复印件、《〈最高人民法院关于审理侵犯专利权纠纷案件应用法律若干问题的解释〉适用的若干问题》复印件、《药剂学》、《临床输血学》、《新编药物学》，用于证明被诉侵权产品与涉案专利权利要求2记载的必要技术特征明显不同，涉案专利权利要求2为封闭式组合物权利要求，其保护只含所述两种组分的组合物，被诉侵权产品含有两种辅料成分，并未落入涉案专利权保护范围，涉案专利仍然有可能被宣布无效。

经庭审质证，胡小泉对复印件证据的真实性有异议，《临床输血学》涉及的是血浆的应用，与涉案专利无关。对其他证据认为与本案没有关联关系。

山东省高级人民法院再审查明：2008年11月19日，专利复审委员会作出第13268号无效决定，宣告涉案专利权全部无效。胡小泉不服该决定，向北京市第一中级人民法院提起行政诉讼，该院于2009年12月23日作出（2009）一中行初字第1666号行政判决，维持了第13268号无效决定。胡小泉不服提起上诉，北京市高级人民法院于2010年10月27日作出（2010）高行终字第285号行政判决。该生效判决撤销了一审行政判决和第13268号无效决定，由专利复审委员会就涉案专利无效宣告请求重新作出决定。现涉案专利处于有效法律保护状态。

另查明，本案二审庭审中，泰盛公司、特利尔分公司放弃了被诉侵权产品不落入涉案专利保护范围的上诉理由，只坚持涉案专利是公知技术和其享有先用权的上诉理由。山东省高级人民法院再审庭审中，泰盛公司、特利尔分公司又放弃了先用权的抗辩，主张被诉侵权产品不落入涉案专利保护范围，是用公知技术生产的。

山东省高级人民法院再审查明的其他事实与原一审查明的事实一致。

山东省高级人民法院再审认为：（一）关于胡小泉是否就涉案发明享有专利

权问题。虽然专利复审委员会就涉案专利作出第13268号无效决定，但法院生效的行政判决最终撤销了该决定，因此，现涉案专利仍然有效，胡小泉就涉案发明仍享有专利权。（二）关于被诉侵权产品是否落入涉案专利保护范围问题。根据《审查指南》有关规定，封闭式组合物权利要求，其要求保护的组合物由所指出的组分组成，没有别的组分，即没有别的组分也是权利要求的技术特征之一。涉案专利权利要求2为“由三磷酸腺苷二钠与氯化镁组成，二者的重量比为100毫克比32毫克”，其保护的是三磷酸腺苷二钠与氯化镁组成和二者的重量比为100毫克比32毫克的组合物。而被诉侵权产品的组分也是三磷酸腺苷二钠和氯化镁，规格为三磷酸腺苷二钠100mg、氯化镁32mg。与涉案专利权利要求2的组分构成和重量比相同。至于泰盛公司、特利尔分公司的产品中增加了辅料碳酸氢钠和精氨酸，正如其说明书所表述的仅仅为辅料，而非主要成分。加入辅料是药物制备过程中的必备环节。碳酸氢钠为碱性化合物，是调节溶液pH值的常用辅料，精氨酸作为稳定剂也是制药行业一般技术人员可以联想到的。被诉侵权产品中发挥治疗作用的活性成分为三磷酸腺苷二钠和氯化镁，碳酸氢钠和精氨酸是药物制备工艺中的常用辅料，不是发挥药效的活性成分。涉案专利权利要求1关于冻干粉产品的制作方法中，也已经表明了需经过液态溶液混合，以及加入氢氧化钠调节pH值。因此，对涉案专利不能孤立地去看权利要求2。从涉案专利所有权利要求及说明书看，并不能排除有其他的辅料成分。因此，对涉案专利封闭式权利要求进行解释时，“不包括其他组分”不应理解为不包括辅料成分。综上，尽管被诉侵权产品中增加两种辅料，但该辅料不是被诉侵权产品的组分，也不是被诉侵权产品增加的技术特征，不影响该针剂中“三磷酸腺苷二钠氯化镁”的组分构成和重量比。且泰盛公司、特利尔分公司也没有证据证明被诉侵权产品加入辅料碳酸氢钠和精氨酸对涉案专利权利要求2的功能和效果有实质性改变。因此，泰盛公司、特利尔分公司主张加入两种辅料不落入涉案专利保护范围的抗辩理由不能成立。

另，泰盛公司、特利尔分公司主张被诉侵权产品是用公知技术生产的，但未提供充分有效的证据证明，该抗辩理由不能成立。

综上所述，本案经山东省高级人民法院审判委员会讨论认为，由于在再审阶段出现了北京市高级人民法院终审生效行政判决书这一新证据，导致案件事实发生根本改变，胡小泉的再审申请理由成立，应予支持。依照《中华人民共和国民事诉讼法》第一百五十三条第一款第（二）项的规定，山东省高级人民法院于

2011 年 5 月 10 日作出（2010）鲁民再字第 33 号民事判决，判决如下：一、撤销山东省高级人民法院（2008）鲁民三终字第 132 号民事判决；二、维持山东省济南市中级人民法院（2008）济民三初字第 4 号民事判决。二审案件受理费 8600 元，由泰盛公司承担 4300 元，特利尔分公司承担 4300 元。

泰盛公司和特利尔分公司不服山东省高级人民法院（2010）鲁民再字第 33 号民事判决（以下简称原再审判决），根据民事诉讼法第一百七十九条第一款第（二）项和第（六）项规定向本院申请再审，请求撤销原再审判决，改判驳回胡小泉的全部诉讼请求，全部诉讼费用由胡小泉负担。其在再审申请书中的共同申请再审理由有：1. 原再审判决对封闭式权利要求保护范围的解释与现行法律规定及实践相悖。根据 2006 年版《审查指南》规定，使用“由……组合”的方式对组合物的组分进行限定的权利要求，属于封闭式组合物权利要求，其“要求保护的组合物由所指出的组分组成，没有别的组分，但可以带有杂质，该杂质只允许以通常的含量存在”。根据《最高人民法院关于审理侵犯专利权纠纷案件应用法律若干问题的解释》起草者对该解释的说明可知，对于以封闭式权利要求表征的组合物专利，如果被诉侵权技术方案含有权利要求记载的组分之外的组分，则应当认为其未落入专利权的保护范围，而不应当以增加的技术特征不影响侵权判定为由认定落入保护范围。因此，就封闭式权利要求而言，只要被诉侵权产品中含有该权利要求记载的组分之外的其他组分，侵权指控就不能成立，至于其他组分是否为有效成分并不影响判定结论。原再审判决在将涉案专利权利要求 2 认定为封闭式权利要求后，随即认定该权利要求“不应理解为不包括辅料成分”，显然与上述法律规定和司法实践直接相悖。2. 原再审判决对涉案专利公开的技术内容等重要事实认定严重不清。原再审判决关于“加入辅料是药物制备过程中的必备环节”及“精氨酸作为稳定剂也是制药行业一般技术人员可以联想到的”的认定没有任何事实依据。《中药药剂学》一书公开的“双黄连粉针剂”除活性成分外，并没有添加辅料。原再审判决关于“从涉案专利所有权利要求和说明书看，并不能排除有其他的辅料成分”的认定与事实完全不符。涉案专利在制备过程中加入的氢氧化钠已经被完全中和，因此在冻干粉针剂中不含有氢氧化钠，即只有涉案专利权利要求 2 所限定的两种成分存在。此外，泰盛公司和特利尔分公司已经证明了加入精氨酸有助于涉案专利组合物稳定性的提高。而作为提出侵权主张的胡小泉，从来没有提供任何证据证明该改善并非实质性的，原再审判决将本该由胡小泉履行的举证责任转移至泰盛公司和特利尔分公司，显然违反了“谁主张、谁举证”这一基本原则。3. 被诉侵权产品未落入涉案专利权利要求2的保护范围。根据涉案专利说明书的记载，涉案专利权利要求2只含有三磷酸腺苷二钠和氯化镁两种组分。涉案专利权利要求2作为封闭式组合物权利要求，不含有除三磷酸腺苷二钠和氯化镁以外的其他组分属于其技术特征之一。被诉侵权产品含有精氨酸和碳酸氢钠，依据全面覆盖原则，并未落入涉案专利保护范围。

泰盛公司和特利尔分公司在本院再审开庭过程中及庭后提交的代理词中又补充了如下意见：1. 精氨酸作为稳定剂在被诉侵权产品中起到了明显延长有效期的作用。对于被诉侵权产品，碳酸氢钠系在生产过程中投药，由于冻干前溶液被调节至弱酸性或中性，碳酸氢纳被中和，故被诉侵权产品中含有三种组分：三磷酸腺苷二钠、氯化镁和精氨酸。山西省食品药品监督管理局针对被诉侵权产品向泰盛公司签发的《药品补充申请批件》显示被诉侵权产品的有效期为24个月，相对于专利产品18个月的有效期，延长了6个月，说明不同pH调节剂和精氨酸稳定剂的使用给产品的性能带来了实质性的改进，特别是精氨酸作为稳定剂在被诉侵权产品中起到了明显延长有效期的作用。胡小泉在本案中提交的罗明生等主编的《药剂辅料大全》列出的本领域的pH调节剂有69种之多，稳定剂有40余种，由此可知选择被诉侵权产品的pH调节剂和稳定剂并非易事。被诉侵权产品含有精氨酸，依据全面覆盖原则，并未落入涉案专利保护范围。2. 根据山西省食品药品监督管理局就被诉侵权产品于2005年4月7日盖章确认的《药品注册现场考核报告表》和《药品注册申请审查意见表》，在涉案专利申请公开日之前，泰盛公司已独立完成具有良好稳定性的被诉侵权产品的处方工艺并进行申报和批量生产，不存在仿制涉案专利的任何可能。3. 胡小泉关于涉案专利权利要求2仅对活性成分封闭、辅料因对药效没有影响而不属于药物组分的陈述不符合事实。首先，药物组合物专利申请审查实践表明，国家知识产权局历来认为活性成分和非活性成分（即所谓“辅料”，专利申请文件中更为常见的表述为“可药用载体”）同属该类组合物的组分。根据国家知识产权局授权的药物组合物专利中权利要求的撰写方式可知，全封闭式药物组合物专利被封闭的绝不仅仅是活性成分，辅料也可以作为被封闭的组分；只封闭有效成分的药物组合物权利要求的撰写与涉案专利权利要求2封闭所有组分的撰写方式并不相同。其次，仅从辅料（可药用载体）对制剂药效的影响这一技术角度看，也不能否定辅料为组合物组分。根据《药剂学》和《药物新剂型与新技术》可知，剂型是药物研究的重要组成部分，也是药物实现药效的唯一途径，“当一种新的原料药（即所谓活性成分）研制成功后，紧接着就要研究将它制成适宜于一定给药途径的剂型，以发挥最佳治疗效果”，“药物制剂的优劣除了取决于药物本身的性质和药理作用外，剂型的作用也非常重要”，“研究和开发新辅料对提高制剂整体水平、开发新剂型有重要意义”。而大多数情况下，辅料直接决定剂型的实现及药物的效果。尤其是一些新的剂型，如缓、控释剂型及靶向制剂，其释放速度的减慢及控制，以及药物的靶向性，均靠辅料实现。对于该类发明，辅料特征显然是实现发明的必要技术特征。此外，“药物制剂稳定性是制剂研究、生产中的一个重要问题”。综上，胡小泉关于辅料不是组分的主张不能成立。4. 本案应当根据法律规定严格限定封闭式组合物权利要求的解释。这涉及专利权人利益和公众利益的平衡问题。在相关法律法规对封闭式组合物权利要求的解释方法和保护范围有明确规定的情况下，严格限定涉案专利权利要求 2 的解释，才能凸显专利的划界作用，使社会公众能够预先判断行为的法律后果。而一旦将本属于封闭式的权利要求作开放式解释，则会模糊法律权利边界的确定性，势必损害社会公众的信赖利益，甚至引发司法实践中侵权判定的混乱。

被申请人胡小泉答辩称：1. 在专利侵权诉讼中，对封闭式权利要求的解释，不能纯粹依据《审查指南》关于组合物的开放式权利要求和封闭式权利要求的规定进行，还要考虑《中华人民共和国专利法实施细则》（以下简称专利法实施细则）和《审查指南》关于权利要求撰写的相关规定。原再审判决对封闭式权利要求保护范围的解释完全符合法律规定。根据专利法实施细则和《审查指南》的相关规定，独立权利要求应当从整体上反映发明或者实用新型的技术方案，记载解决技术问题的必要技术特征，清楚、简要地表述请求保护的范围；而必要技术特征的判定应当从所要解决的技术问题出发。因此，在撰写权利要求时，从发明所要解决的技术问题出发，本着清楚、简洁的原则，可以将本领域技术人员根据现有技术或者通过简单实验就能够确定的技术特征不加以限定，包括将其排除在封闭式权利要求之外；对于组合物产品专利技术方案，其封闭式权利要求所限定的是解决技术问题必不可少的必要技术特征，并不排除对解决技术问题没有实质性特点的技术特征。上述对封闭式权利要求的解释也符合专利法关于鼓励发明创造的立法目的。本案中，根据涉案专利所要解决的技术问题，对于药品制备过程中所使用的辅料，可以由公知常识通过简单实验确定，故不写入权利要求中。《最高人民法院关于审理侵犯专利权纠纷案件应用法律若干问题的解释》第七条第二款关于全面覆盖的侵权判定规则的规定中的技术特征应当理解为解决技术问题的必要技术特征。本案中，不能认为添加的是涉案专利记载的组分之外的其他组分，侵权就不成立，而需要根据添加组分所起到的具体作用进行分析。原再审判决认定被诉侵权产品中的碳酸氢钠和精氨酸属于不改变三磷酸腺苷二钠氯化镁冻干粉针剂活性的辅料，该辅料的存在并没有使被诉侵权产品与涉案专利技术方案相比产生实质性差异，在此基础上认定侵权完全符合现行法律的规定。2. 涉案专利权利要求 2 是根据国家知识产权局的审查通知书由典型的开放式写法修改为授权后的封闭式写法，由此也表明国家知识产权局对于封闭式或开放式权利要求的判定标准是按照活性成分的选择来界定的，并不考虑辅料。根据国家知识产权局针对涉案专利发出的第二次审查意见通知书可知，尽管审查员知道涉案专利说明书中存在关于辅料氢氧化钠的技术描述，但其认为由于不存在三磷酸腺苷二钠和氯化镁之外的活性成分，因此不允许采用半开放式权利要求的撰写方式，显然，国家知识产权局对于开放式或封闭式权利要求的判定是基于解决技术问题相关的活性成分而确定的，并不考虑辅料（非必要技术特征）的存在与否，其认为添加常规辅料并不能避开涉案专利。此外，根据专利复审委员会针对涉案专利作出的第 17228 号无效宣告请求审查决定书，涉案专利与现有技术的区别在于提供了一种“活性成分混合的冻干粉针剂”以及制备该针剂的工艺方法。在专利申请的实质审查和无效宣告程序中，审查员对于技术方案的评价都是结合发明所要解决的技术问题展开的。对于涉案专利，审查员则是围绕两种活性成分来进行审查的。对于辅料的选择，由于可以根据公知常识在辅料手册中选择，所以审查时均未作为评价专利性的条件而加以考虑。3. 辅料是生产药品制剂的必备材料，涉案专利技术方案中同样也有辅料存在。根据《中华人民共和国药品管理法》第一百零二条，辅料是指在生产药品和调配处方时所用的赋形剂和附加剂。因此，辅料不是活性成分，是指生产药品和调处配方时加入的辅助成分，而不是成品药中存在的成分。根据《药剂辅料大全》和《药用辅料应用技术》两本工具书，“药剂辅料是生产药物制剂的必备材料”，“药用辅料是构成各种药物制剂必不可少的组分”，这是本领域的基本常识。泰盛公司和特利尔分公司提交的有关“双黄连粉针剂”的证据不能说明其没有辅料，该针剂的制备中至少加入了水和调节 pH 值的辅料。涉案专利权利要求 2 保护的产品是由权利要求 1 所述方法获得的，涉案专利权利要求 1 明确指出使用氢氧化钠，且涉案专利说明书也指出“通过该生产工艺把三磷酸腺苷二钠和氯化镁两种主药制成混合溶液后装在同一玻璃瓶中制成冻干粉针剂”，因此，涉案专利权利要求 2 所保护的产品在制备过程中加入了辅料氢氧化钠和水。4. 被诉侵权产品添加了无关紧要的辅料，与涉案专利构成等同。本案被诉侵权产品以碳酸氢钠替代氢氧化钠，是常规手段的简单替代。根据《药用辅料应用技术》的记载，精氨酸作为药用辅料具有抗氧化的药物稳定效果是公知常识。被诉侵权产品说明书与不加两种辅料的山东北大高科华泰制药有限公司产品的说明书内容完全相同，二者的有效期均为一年半，可见加入两种辅料对于涉案专利权利要求2的功能和效果没有实质性改变。泰盛公司和特利尔分公司未提供证据证明精氨酸的增加使被诉侵权产品的稳定性相对于涉案专利具有实质性突破。被诉侵权产品与涉案专利所解决的技术问题、所采用的基本技术手段及所获得的效果与涉案专利完全一致，被诉侵权产品增加的两种辅料，与实现发明目的无关，没有带来积极效果，被诉侵权产品与涉案专利属于相同的药物。对于药物组合物专利，如果被诉侵权产品仅是增加一些专利技术方案中未提及的辅料成分，而该成分的加入对组合物的性质和效果未产生实质性的影响，则增加的技术特征并不是解决技术问题的必要技术特征，按照全面覆盖原则应构成侵权。

本院再审期间，申请再审人泰盛公司和特利尔分公司向本院提交了如下证据：1. 张兆旺主编、2003年1月出版的《中药药剂学》一书的封面、版权页和第285－286页“双黄连粉针剂”部分，用于证明并非所有粉针剂中必须具备辅料。2. 已授权的涉及不同类型的药物组合物权利要求的专利文件5份，用于证明封闭式药物组合物权利要求被封闭的不仅仅是活性成分，只封闭有效成分的权利要求的撰写方式与涉案专利权利要求2并不相同。3. 山西省食品药品监督管理局于2006年4月17日针对被诉侵权产品向泰盛公司签发的《药品补充申请批件》，用于证明被诉侵权产品注射用三磷酸腺苷二钠氯化镁加入精氨酸后，有效期延长至24个月。4.《药品注册现场考核报告表》及《药品注册申请审查意见表》，加盖山西省食品药品监督管理局印章，落款日期为2005年4月7日，用于证明被诉侵权产品样品在涉案专利授权日之前通过了试制和检验。5. 毕殿洲主编的《药剂学》和陆彬主编的《药物新剂型与新技术》，用于证明辅料可以直接决定剂型的实现及药物的效果。6. 山东省分析测试中心于2012年3月18日出具的关于被诉侵权产品的《检验报告》，用于证明精氨酸在被诉侵权产品中存在，且含量为8.67%。7. 专利号为200510042552.X、名称为“注射用三磷酸腺苷二钠固体组合物及其制备方法”的发明专利说明书，该专利权利要求1为药物组合物封闭式权利要求，与涉案专利权利要求2相同的是活性成分均为三磷酸腺苷二钠和氯化镁，不同的是该专利权利要求1被封闭的不仅仅是上述活性成分，还包括精氨酸和稳定剂等。其中证据 2 – 7 为泰盛公司和特利尔分公司于本院再审开庭后提交的补充证据。胡小泉对于上述证据 1、2、5 – 7 的真实性没有异议，不认可证据 3、4 的真实性。胡小泉在本院再审开庭后提交的补充书面质证意见中认为，证据 2 与本案没有关联性，其从未提出过所有“封闭式药物组合物权利要求封闭限定的仅为药物活性成分，不具备活性的辅料不属于审查指南所称的组分”，而且证据 2 中的专利文献不能用作解释涉案专利的依据；证据 5、6 不能证明泰盛公司和特利尔分公司的主张，控释、缓释制剂和靶向制剂等新辅料的产生可能会带来积极效果，但涉案专利剂型并不属于上述特殊剂型，且碳酸氢钠和精氨酸也不是新发明的辅料；证据 7 为一份专利，其申请日在涉案专利申请日之后，与本案没有关联性。

被申请人胡小泉向本院提交了如下证据：1. 国家知识产权局在涉案专利实质审查过程中发出的三次审查意见通知书、授予发明专利权通知书和胡小泉提交的相应意见陈述书，用于证明涉案专利权利要求 2 封闭的仅为活性成分。2. 罗明生等主编、四川科学技术出版社 1995 年出版的《药剂辅料大全》，用于证明辅料是药剂制备的必备材料。3. 上海医药工业研究院药物制剂部等编著、中国医药科技出版社 2002 年 7 月出版的《药用辅料应用技术》，用于证明辅料是药剂制备的必备材料。4.《中华人民共和国药典》（2010 年版一部），用于证明注射用双黄连冻干粉针剂的制备中含有氢氧化钠等辅料。5. 普通高中课程标准试验教科书《化学》，用于证明 pH 值为 4.5 – 7.0 时溶液中存在钠离子和氢氧根离子。6.《药品注册批件》，批件号为 2005S02162，落款日期为 2005 年 4 月 1 日，加盖有国家食品药品监督管理局药品注册专用章，用于证明山东北大高科华泰制药有限公司生产的注射用三磷酸腺苷二钠氯化镁的有效期为 18 个月，被诉侵权产品使用精氨酸并未延长其有效期。7. 泰盛公司被诉侵权药品申报材料摘页。8. 山东省蓬莱市公证处（2009）蓬证经字第 15 号公证书。证据 7 和证据 8 用于证明泰盛公司在申请被诉侵权药品批件时并未做过药品稳定性验证。9. 专利复审委员会针对涉案专利于 2011 年 9 月 7 日作出的第 17228 号无效宣告请求审查决定书，用于证明涉案专利权利要求的实质性特点是活性成分混合的冻干粉剂型。对于证据 1，泰盛公司和特利尔分公司认为，由于胡小泉在答复国家知识产权局第二次审查意见通知书时针对审查员的意见删除了“主要成分”的限定，表明其已经承认其申请文件中的冻干粉针剂确实仅是“由三磷酸腺苷二钠与氯化镁组成”，而非“主要成分由三磷酸腺苷二钠与氯化镁组成”。对其他证据的真实性，泰盛公司和特利尔分公司未提出异议。

本院再审查明，双方当事人对本案一审、二审及原再审法院审理查明的事实没有提出异议，本院予以确认。另查明：

（一）涉案专利的有关事实

涉案专利说明书中记载，涉案专利的技术方案为：“注射用三磷酸腺苷二钠氯化镁冻干粉针剂生产方法，其特征在于：它包括下列步骤：将三磷酸腺苷二钠与氯化镁按100:32的重量比用适量的溶媒溶解成混合溶液；用氢氧化钠溶液调整混合溶液的pH值到4.5－7.0；经微孔滤膜过滤；内毒素检验；灌装至玻璃瓶中；将盛装玻璃瓶中的药液冷冻干燥。”“该发明的优点是：通过该生产工艺把三磷酸腺苷二钠和氯化镁两种主药制成混合溶液后装在同一玻璃瓶中制成冻干粉针剂……”涉案专利权利要求1要求保护的药物组合物的制备方法与说明书的上述记载一致，也包括了加入氢氧化钠的步骤。

针对涉案专利申请，国家知识产权局在其发出的第二次审查意见通知书中指出：“《审查指南》第二部分第十章第3.2.1节中规定：‘主要’一词与封闭式的词连用时，其含义为开放式。开放式权利要求的含义是：还可以含有权利要求中所未指出的某些组分。原始说明书中记载的冻干粉针剂是由‘三磷酸腺苷二钠与氯化镁组成’，而且在原始说明书和权利要求书均没有记载‘还包含其他活性成分的冻干粉针剂’。因此申请人将说明书修改为‘主要成分由三磷酸腺苷二钠与氯化镁组成’，超出了原始说明书和权利要求书记载的范围，不符合专利法第33条的规定。不能被允许。……新修改的权利要求3为‘一种注射用三磷酸腺苷二钠氯化镁冻干粉针剂，主要成分由三磷酸腺苷二钠与氯化镁组成，二者的重量比为100毫克比32毫克’。同样，由于在原始说明书和权利要求书均没有记载‘还包含其它活性成分的冻干粉针剂’。因此，此修改超出了原始说明书和权利要求书记载的范围，不符合专利法第33条的规定。不能被允许。”针对第二次审查意见通知书，胡小泉放弃了上述被认为超范围的修改，将原权利要求3修改为，“一种注射用三磷酸腺苷二钠氯化镁冻干粉针剂，其特征是：由三磷酸腺苷二钠与氯化镁组成，二者的重量比为100毫克比32毫克”。在接到第三次审查意见通知书后，胡小泉将涉案专利申请中的原权利要求1和2合并，将原权利要求3作为修改后的权利要求2，最终获得授权。

以上事实，有已获得授权的涉案专利文件和胡小泉向本院提交的证据1在案佐证。

（二）被诉侵权产品的有关事实

根据一审法院查明的事实，被诉侵权产品盒内的药品说明书中记载："全部辅料名称为：碳酸氢钠和精氨酸。"

泰盛公司和特利尔分公司在本院再审开庭时主张，被诉侵权产品的成分除了三磷酸腺苷二钠、氯化镁之外，还有精氨酸，胡小泉对此表示没有异议。

以上事实，有本案一审判决书及本院再审开庭时当事人陈述在案佐证。

（三）相关法律和专业书籍中与辅料和氢氧化钠、碳酸氢钠、精氨酸有关的规定和记载

《中华人民共和国药品管理法》第一百零二条规定："辅料，是指生产药品和调配处方时所用的赋形剂和附加剂。"罗明生等主编、四川科学技术出版社 1995 年出版的《药剂辅料大全》一书的《前言》中记载："药剂辅料是生产药物制剂的必备材料。"该书第十五章第五节记载了常用的 69 种 pH 调节剂，其中包括涉案专利中使用的氢氧化钠和被诉侵权产品说明书中记载的碳酸氢钠。上海医药工业研究院药物制剂部等编著、中国医药科技出版社 2002 年 7 月出版的《药用辅料应用技术》一书的《序言》中记载："药物剂型都是由主药和辅料所组成。"该书第十四章记载了 46 种抗氧剂和抗氧增效剂，其中，"L－精氨酸"为第五类"氨基酸类"中的一种。

以上事实有胡小泉向本院提供的证据 2－4 在案佐证。

（四）已授权的不同类型的药物组合物权利要求

根据泰盛公司和特利尔分公司提交的已授权的药物组合物专利文件，辅料既可以作为开放式药物组合物权利要求的组分，也可以作为封闭式药物组合物权利要求的组分。

如，第 01807914.8 号发明专利的权利要求 1 为："一种包含氟伐他汀、HPMC 和包衣的药物组合物，其中所述包衣包含其含量足以掩盖斑驳变色的着色剂。"该权利要求为开放式权利要求，辅料着色剂为其明确的组分之一。

又如，第 03142013.3 号发明专利的权利要求 1 为：一种耐干热处理的速溶冻干纤维蛋白原制剂，由纤维蛋白原和稳定剂组成，其特征在于稳定剂由 L－精氨酸或其盐酸盐和山梨醇组成，制剂配比为：纤维蛋白原 0.5%－15%，L－精氨酸或其盐酸盐 0.1%－10%，山梨醇 0.1%－10%。该权利要求为封闭式权利要求，辅料稳定剂为其明确的组分之一。

再如，2007 年 12 月 19 日，国家知识产权局授予案外人山东爱特药物研究有

限公司第200510042552.X号发明专利，该专利名称为“注射用三磷酸腺苷二钠固体组合物及其制备方法”，权利要求1为：一种注射用三磷酸腺苷二钠固体组合物，由三磷酸腺苷二钠及药用载体组成，其特征在于所说的固体组合物由以下组分组成，以重量百分数计为：25.5－50.0wt%的三磷酸腺苷二钠；8.0－16.0wt%氯化镁，0.5－50.0wt%稳定剂，它选自甘露醇、山梨醇、葡萄糖、甘露糖、乳糖中的一种或几种的混合物；0.5－50.0wt%缓冲剂，它选自L－精氨酸、L－半胱氨酸、L－赖氨酸中的一种或几种的混合物；及4%以下的水，其中三磷酸腺苷二钠与氯化镁的重量比为100:32。该权利要求为封闭式权利要求，辅料稳定剂是其明确的组分之一。

以上事实有泰盛公司和特利尔分公司向本院提交的证据2、7在案佐证。

本院认为，本案的争议焦点在于：如何确定封闭式权利要求的保护范围？如何确定涉案专利权利要求2的保护范围？被诉侵权产品是否落入涉案专利权利要求2的保护范围？

（一）如何确定封闭式权利要求的保护范围

泰盛公司和特利尔分公司主张，涉案专利权利要求2采用了“由……组成”的撰写方式，原再审判决将涉案专利权利要求2认定为封闭式权利要求正确，但对封闭式权利要求保护范围的确定与现行法律规定及实践相悖。胡小泉则主张，对封闭式权利要求的解释，不能纯粹依据《审查指南》关于组合物的开放式权利要求和封闭式权利要求的规定进行。

对于封闭式权利要求及其解释规则，我国专利法及专利法实施细则没有明确规定，相关规定主要体现于国家知识产权局制定的部门规章《审查指南》之中。涉案专利的申请日为2004年7月21日，对涉案专利申请的审查适用2001年版《审查指南》的相关规定。

2001年版《审查指南》第二部分第十章“关于化学领域发明专利申请审查的若干规定”中第3.2.1节“开放式、封闭式及它们的使用要求”规定：

“组合物权利要求应当用组合物的组分或者组分和含量等组成特征来表征。组合物权利要求有开放式、封闭式及半开放式三种表达方式。开放式表示组合物中并不排除权利要求中未指出的组分；封闭式则表示组合物中仅包括所指出的组分而排除所有其他的组分；半开放式介于两者之间。这三种表达方式的保护范围不同。常用措词如下。

（1）开放式，例如‘含有’、‘包括’、‘包含’、‘基本含有’、‘本质上含有’等，这些都表示该组合物中还可以含有权利要求中所未指出的某些组分，即使其在含量上占较大的比例。

（2）封闭式，例如‘由……组成’、‘组成为’、‘余量为’等，这些都表示要求保护的组合物由所指出的组分组成，没有别的组分，但可以带有杂质，该杂质只允许以通常的含量存在。

（3）半开放式，即‘基本’一词与封闭式的词连用，例如‘基本上由……组成’、‘基本组成为’，采用这种方式表达的权利要求的保护范围介于开放式与封闭式之间。它使封闭式的权利要求只是向着这样一些未指出的组分开放，这些组分可以是任何含量，但必须是那些对所指出的组分的基本特性或者新的特性没有实质上影响的组分。

（4）‘主要’一词与封闭式的词连用时，即‘主要由……组成’、‘主要组成为’，其含义为开放式。”

关于上述内容，1993 年版《审查指南》亦作基本相同之规定。2006 年修订《审查指南》时，删除了第二部分第十章“关于化学领域发明专利申请审查的若干规定”中与半开放式权利要求相关的规定，并将原来半开放式权利要求的几种表达方式归入到开放式权利要求中，但对于封闭式权利要求的规定未作修改；同时在权利要求的一般性规定，即《审查指南》第二部分第二章第 3.3 节“权利要求的撰写规定”中，增加了开放式权利要求和封闭式权利要求的规定，即：“通常，开放式的权利要求宜采用‘包含’、‘包括’、‘主要由……组成’的表达方式，其解释为还可以含有该权利要求中没有述及的结构组成部分或方法步骤。封闭式的权利要求宜采用‘由……组成’的表达方式，其一般解释为不含有该权利要求所述以外的结构组成部分或方法步骤。”

从上述内容可以看出，对于开放式权利要求、封闭式权利要求的典型限定方式及其解释规则，《审查指南》的规定是一以贯之的。《审查指南》的相关规定既不存在与专利法、专利法实施细则相抵触的情形，亦符合国际通行做法。此外，通过长期的专利法实践，开放式权利要求与封闭式权利要求的撰写方式和解释规则业已为业界认识和接受。

《审查指南》之所以将权利要求划分为开放式和封闭式两种表达方式，并总结了这两种权利要求所使用的不同措词，是为了满足专利申请人申请专利时通过使用不同含义的措词界定专利权保护范围的现实需求。一般来说，在机械领域发明或者实用新型技术方案中增加一个结构技术特征，并不会破坏原技术方案的发

明目的，因此，机械领域发明或者实用新型专利申请文件中权利要求的撰写较多采用开放式表达方式，除非在要素省略发明等少数情况下可能采取封闭式表达方式，从而将被省略的要素排除在专利权保护范围之外。相反，由于化学组分的相互影响，在化学领域发明技术方案中增加一个组分，往往会影响原技术方案的发明目的的实现。因此，化学领域发明专利申请文件中权利要求的撰写有采用封闭式表达方式的较大需求。

根据《审查指南》中有关开放式、封闭式权利要求的具体规定可知，这两种权利要求由于使用措词的含义不同，其保护范围也不同，由此也决定了在实质审查中获得授权难度的不同。开放式权利要求的保护范围较大，但在实质审查中更容易受到有关“新颖性”、“创造性”或者“权利要求得不到说明书的支持”等方面的质疑，增加了获得授权的难度；与此相反，封闭式权利要求更容易通过实质审查获得授权，但其授权后的保护范围较相应的开放式权利要求小。

《审查指南》是国家知识产权局制定并公布、施行的部门规章，是国务院专利行政部门在专利授权、确权程序中对专利申请或者专利进行审查的依据，同时也是专利申请人或者专利权人撰写和修改专利申请文件或者专利文件的指引，更是社会公众理解授权专利权利要求的重要依据。专利申请人或者专利权人在撰写和修改专利申请文件之初，应当了解《审查指南》的相关规定，并根据《审查指南》的相关规定和其发明创造的实际情况选择适当的撰写方式。审查员在审查过程中也应当根据《审查指南》的相关规定对不同的权利要求予以区分和进行审查。

当专利权利要求被授权以后，在《审查指南》相关规定的指引下，社会公众将根据该规定和专利权利要求的用语来判断专利权的保护范围，进而决定采取何种经营策略。为维护社会公众的信赖，在专利侵权诉讼程序中确定专利权的保护范围时，一般应当尊重专利授权程序中适用的《审查指南》相关规定和专利权利要求的用语，即与专利授权程序采取一致的解释立场，除非上述相关规定违背了专利法和其他法律、行政法规的规定和精神。

如果专利权人在专利授权程序中出于各种原因未能恰当地选择权利要求的撰写方式，选择了保护范围相对较小的封闭式权利要求，从而导致其获得授权的权利要求没有其预想的保护范围大，那么，专利权人只能接受这种后果。也就是说，在授权以后的专利侵权诉讼程序中，如果专利权人主张其封闭式权利要求并未排除其他未限定的组成部分，该主张违背社会公众根据《审查指南》和权利要

求的用语对封闭式权利要求作出的解释，应当不予支持。更深层次的理由在于，在有充分的机会主张更宽保护范围的权利要求而没有这么做的专利权人与更为普遍的社会公众之间，应当由专利权人承担未能为其发明或者实用新型确定更有利的权利要求表达方式的代价。

综上，为了维护社会公众对专利权利要求保护范围的信赖，在专利侵权诉讼程序中确定专利权的保护范围时，对于封闭式权利要求，一般应当解释为不含有该权利要求所述以外的结构组成部分或者方法步骤。上述解释与自1993年以来的《审查指南》的明确规定和长期的专利法实践保持了一致，也是对社会公众基于相关规定业已形成的稳定预期的尊重，有利于维护权利要求解释规则的确定性和可预见性。此外，上述解释规则看似严格，但并不会对专利权人的利益造成损害，专利权人在申请专利时可以根据具体情况在开放式、封闭式、活性成分封闭、部分封闭等多种方式中选择恰当的撰写方式，从而获得恰当的保护范围。因此，上述解释规则能够合理平衡专利权人与社会公众的利益。

（二）如何确定涉案专利权利要求2的保护范围

根据专利法第五十六条第一款的规定，发明专利权的保护范围以权利要求的内容为准，说明书和附图可以用于解释权利要求。本案中，涉案专利属于化学领域的组合物专利，权利要求2采用了“由……组成”这一措辞对组合物的组分进行限定。参照2001年版《审查指南》第二部分第十章“关于化学领域发明专利申请审查的若干规定”中第3.2.1节的规定，涉案专利权利要求2属于组合物封闭式权利要求。在专利侵权诉讼程序中确定组合物封闭式权利要求的保护范围时，应当参照《审查指南》的相关规定，即，组合物封闭式权利要求表示要求保护的组合物仅由权利要求所限定的组分组成，没有别的组分，但可以带有杂质，该杂质只允许以通常的含量存在。因此，涉案专利权利要求2要求保护的注射用三磷酸腺苷二钠氯化镁冻干粉针剂中，仅由三磷酸腺苷二钠与氯化镁组成，除可能具有通常含量的杂质外，别无其他组分。

胡小泉辩称，涉案专利权利要求2要求保护的产品在制备过程中加入了辅料氢氧化钠和水，同样也有辅料存在。首先，涉案专利权利要求2作为独立权利要求，属于产品权利要求，其采取的封闭式限定，系针对产品的组成及其配比而言，与产品的制备过程中是否添加其他组分无关。其次，在生产药品过程中加入氢氧化钠，并不必然说明最终产物中也含有这一辅料。根据《药剂辅料大全》和《药用辅料应用技术》中的记载，药剂辅料是生产药物制剂的必备材料。根据

《中华人民共和国药品管理法》第一百零二条规定的药品辅料的定义，辅料是指生产药品和调配处方时所用的赋形剂和附加剂。涉案专利说明书和权利要求1中均记载了在药品制备的过程中“加入氢氧化钠”的步骤，因此，氢氧化钠应当属于在药品制备过程中加入的辅料，是辅料中的pH调节剂。根据化学领域的基本常识，向酸性溶液中加入氢氧化钠调节pH值至弱酸性或中性后，氢氧化钠必然将被中和，固体粉针剂中不会含有氢氧化钠。综上，本领域技术人员在阅读了涉案专利说明书及权利要求书后，也不会认为涉案专利权利要求2要求保护的产品中含有氢氧化钠。因此，胡小泉的相应辩称理由不能成立。

胡小泉在其针对再审申请书提交的答辩意见中还辩称，国家知识产权局对于封闭式或开放式权利要求的判定标准是按照活性成分的选择来界定的，并不考虑辅料的存在与否。因此，涉案专利权利要求2仅对活性成分封闭。然而经本院查明，根据国家知识产权局针对涉案专利发出的第二次审查意见通知书，涉案专利申请人在实质审查过程中曾试图将说明书和权利要求修改为“主要成分由三磷酸腺苷二钠与氯化镁组成”，但被认为不符合专利法第三十三条关于修改的规定，未能得到允许。涉案专利申请人亦未坚持，而是修改为目前授权后的权利要求。从修改过程以及授权的权利要求2的表述来看，涉案专利申请人最终并没有采取活性成分封闭的限定方式。在授权后的专利侵权诉讼中，涉案专利申请人主张应当将涉案专利权利要求2理解为活性成分封闭，与上述客观事实相悖，亦与禁止反悔原则相悖。此外，泰盛公司和特利尔分公司向本院提交的相关专利文件表明，国家知识产权局授权的开放式和封闭式药物组合物权利要求中均可以含有辅料，且封闭式药物组合物权利要求也不是仅仅对活性成分封闭。因此，胡小泉关于实质审查程序中国家知识产权局认为涉案专利权利要求2仅对活性成分封闭的辩称理由不能成立。

胡小泉另辩称，根据专利法实施细则和《审查指南》关于必要技术特征的规定以及涉案专利要解决的技术问题，辅料可以由公知常识通过简单实验确定，不属于必要技术特征，因此不必写入权利要求中。首先，2001年修订的专利法实施细则第二十一条第二款规定，“独立权利要求应当从整体上反映发明或者实用新型的技术方案，记载解决技术问题的必要技术特征”。2001年版《审查指南》第二部分第二章第3.1.2节规定：“必要技术特征是指，发明或者实用新型为解决其技术问题所不可缺少的技术特征，其总和足以构成发明或者实用新型的技术方案，使之区别于背景技术中所述的其他技术方案。”根据上述规定可知，必要技术特征的要求是为了保证独立权利要求能够完整地反映发明或者实用新型的技术方案而提出的，是对权利要求需要具备的技术特征提出的最低限度的要求。此外，辅料是否属于必要技术特征，还需要根据辅料的具体类型、含有该辅料的技术方案或者由该辅料和其他组分组成的技术方案及其背景技术作出具体分析和判断。最后，根据《最高人民法院关于审理侵犯专利权纠纷案件应用法律若干问题的解释》第七条的规定，人民法院判定被诉侵权技术方案是否落入专利权的保护范围，应当审查权利人主张的权利要求所记载的全部技术特征。可见，我国专利侵权判定采用全面覆盖原则，无需区分必要技术特征与非必要技术特征。最为关键的是，专利申请人在遵循专利法实施细则第二十一条第二款的要求下，即撰写的权利要求不缺少必要技术特征的情况下，还应当遵循《审查指南》关于权利要求撰写的明确规定。因此，胡小泉关于辅料属于非必要技术特征、不必写入权利要求的辩称理由不能成立。

综上，涉案专利权利要求 2 明确采用了《审查指南》规定的“由……组成”的封闭式表达方式，属于封闭式权利要求，其保护范围应当按照对封闭式权利要求的一般解释予以确定，即，涉案专利权利要求 2 要求保护的注射用三磷酸腺苷二钠氯化镁冻干粉针剂仅由三磷酸腺苷二钠与氯化镁组成，除可能具有通常含量的杂质外，别无其他组分。辅料并不属于杂质，辅料也在涉案专利权利要求 2 的排除范围之内。原再审判决认为涉案专利权利要求 2 不应理解为不包括辅料成分错误，本院予以纠正。

（三）被诉侵权产品是否落入涉案专利权利要求 2 的保护范围

本案中被诉侵权产品的有效成分为三磷酸腺苷二钠和氯化镁，该成分及其配比均与涉案专利权利要求 2 相同，但被诉侵权产品在制备过程中加入了两种辅料，即精氨酸和碳酸氢钠。其中，与涉案专利产品制备过程中加入的氢氧化钠类似，作为 pH 调节剂的碳酸氢钠在最终产物中被中和，但作为稳定剂的精氨酸仍然存在于最终产物中。对此，双方当事人亦认可被诉侵权产品中存在精氨酸。根据《药剂辅料大全》《药用辅料应用技术》的记载，医药领域中的辅料多种多样，精氨酸为其中的一种，一般用作药物制剂中的稳定剂。泰盛公司在制备被诉侵权产品的过程中按照一定的比例将精氨酸添加入药物制剂，精氨酸并非通常意义上的杂质。

根据《最高人民法院关于审理侵犯专利权纠纷案件应用法律若干问题的解释》第七条的规定，人民法院判定被诉侵权技术方案是否落入专利权的保护范围，应当审查权利人主张的权利要求所记载的全部技术特征。涉案专利权利要求2明确记载其要求保护的组合物发明由三磷酸腺苷二钠和氯化镁两种组分组成，因此，除了三磷酸腺苷二钠和氯化镁两种组分之外，其没有其他组分，但可以带有杂质，该杂质只允许以通常的含量存在。被诉侵权产品中添加了辅料精氨酸，无论这种辅料是否是现有技术中已知的常规辅料，其并非与三磷酸腺苷二钠和氯化镁相伴随的常规杂质。被诉侵权产品除了含有涉案专利权利要求2中的三磷酸腺苷二钠和氯化镁之外，还含有精氨酸。因此，被诉侵权产品未落入涉案专利权利要求2的保护范围。泰盛公司、特利尔分公司的行为未侵犯涉案专利权。原再审判决认定被诉侵权产品落入涉案专利权利要求2的保护范围错误，本院予以纠正。

胡小泉辩称，被诉侵权产品添加了无关紧要的辅料，与涉案专利构成等同。根据《最高人民法院关于审理侵犯专利权纠纷案件应用法律若干问题的解释》第七条和《最高人民法院关于审理专利纠纷案件适用法律问题的若干规定》第十七条的规定，被诉侵权技术方案包含与权利要求记载的全部技术特征相同或者等同的技术特征的，人民法院应当认定其落入专利权的保护范围；等同特征是指与所记载的技术特征以基本相同的手段，实现基本相同的功能，达到基本相同的效果，并且本领域的普通技术人员无需经过创造性劳动就能够联想到的特征。根据上述规定，**所谓等同，是指被诉侵权技术方案中的技术特征与专利权利要求中记载的对应技术特征之间的等同，而不是指被诉侵权技术方案与专利权利要求所要求保护的技术方案之间的整体等同；同时，等同原则的适用不允许忽略专利权利要求中记载的任何技术特征。之所以在专利侵权判定中发展出等同原则，是考虑到事实上不可能要求专利权人在撰写权利要求时能够预见到侵权者以后可能采取的所有侵权方式，因此对权利要求的文字所表达的保护范围作出适度扩展，将仅仅针对专利技术方案作出非实质性变动的情况认定为构成侵权，以保护专利权人的合法权益，维护整个专利制度的作用。然而，在权利要求中采用“由……组成”的封闭式表达方式，本身意味着专利权人通过其撰写，限定了专利权的保护范围，明确将其他未被限定的结构组成部分或者方法步骤排除在专利权保护范围之外。本案中，涉案专利权利要求2属于封闭式权利要求，其本身使用的措辞已经将三磷酸腺苷二钠和氯化镁之外的组分排除在专利权保护范围之外。如果通过等同原则，将专利权人明确排除的结构组成部分或者方法步骤重新纳入封闭式权利要求的保护范围，认定被诉侵权产品与权利要求2构成整体等同，既不符合适**

用等同原则的基本目的，亦不符合司法解释中有关技术特征等同的规定。因此，对于胡小泉关于等同的相关主张，本院不予支持。

综上，山东省高级人民法院作出的原再审判决和山东省济南市中级人民法院作出的一审判决认定泰盛公司和特利尔分公司侵犯了涉案专利权，认定事实与适用法律均有错误，依法应予撤销。依据《中华人民共和国专利法》第五十六条第一款、《中华人民共和国民事诉讼法》第一百八十六条第一款、第一百五十三条第一款第（二）项和第（三）项之规定，判决如下：

一、撤销山东省高级人民法院作出的（2010）鲁民再字第33号民事判决和山东省济南市中级人民法院作出的（2008）济民三初字第4号民事判决。

二、驳回胡小泉的诉讼请求。

本案一审案件受理费6050元、二审案件受理费4300元，由胡小泉负担。

本判决为终审判决。

审　判　长　金克胜
代理审判员　郎贵梅
代理审判员　杜微科
二〇一二年十二月二十日
书　记　员　张　博

18. 应用环境特征在方法专利侵权判断过程中的作用

——再审申请人华为技术有限公司与被申请人中兴通讯股份有限公司、杭州阿里巴巴广告有限公司侵害发明专利权纠纷案

【裁判要旨】

对于虽然并未作为技术特征写入权利要求，却是实施专利方法最为合理、常见和普遍的运行环境和操作模式，应当在涉及方法专利的侵权判断中予以考量。

【关键词】

发明专利　方法　侵权　应用环境

【案号】

最高人民法院（2015）民申字第2720号

【基本案情】

在再审申请人华为技术有限公司（以下简称华为公司）与被申请人中兴通讯股份有限公司（以下简称中兴公司）、杭州阿里巴巴广告有限公司（以下简称阿里巴巴公司）侵害发明专利权纠纷案中，华为公司是名称为“一种动态地址分配中防止IP地址欺骗的方法”的发明专利（即本案专利）的权利人。本案专利权利要求1描述了一种动态IP地址分配中防止IP地址欺骗的方法，即先行在合法用户地址表中添加用户终端的MAC地址和源IP地址信息，继而由用户终端向交换机发出ARP报文，交换机在合法用户地址表中查找是否有与信息相匹配项，若存在，即将发出该ARP报文中的源IP地址和源MAC地址加入ARP表，使得用户终端能够上网通信；否则，丢弃该ARP报文，该用户终端即不能上网通信，从而实现防止IP地址欺骗的发明目的。权利要求1中未对具体的网络应用环境进行限定。华为公司以中兴公司生产、阿里巴巴公司销售的型号为ZXR103952A的交换机（以下简称被诉侵权产品）使用的技术方案落入了本案专利权的保护范围为由，提起诉讼。杭州市中级人民法院一审认为，侵害方法发明专利的表现形式为使用了专利方法。鉴于华为公司不能证明中兴公司在生产被诉侵权产品时使用华为组网方式进行相应的技术开发和检测，或者被诉侵权产品的使用者根据华为组网方式使用该产品，而被诉侵权产品在本案专利文件中给出的组网方式下所呈现的技术方案与本案专利权利要求1不一致，故现有证据不能证明中兴公司使用了本案专利方法。遂判决驳回华为公司的诉讼请求。华为公司不服，提起上诉。华为公司认为，一审法院将权利要求1并未涉及的“开启DHCP中继的组网方式”作为其隐含技术特征予以解读，对华为组网方式予以排除，缩小了权利要求1的保护范围。浙江省高级人民法院二审判决驳回上诉、维持原判。华为公司仍不服，向最高人民法院申请再审。最高人民法院于2015年12月11日裁定驳回华为公司的再审申请。

【裁判意见】

最高人民法院审查认为：本案专利虽未将专利方法的具体网络应用环境作为技术特征写入权利要求1，但专利方法的实施不能与之相分离。因为本案专利方法正是为了防止在动态IP地址的申请和分配过程中所可能发生的IP地址欺骗行为，其间必然涉及DHCP服务器与用户终端之间的通信，具体运行时也就存在

DHCP 服务器与用户终端是否处于同一网段的两种情形。就本案专利而言，首先，对权利要求作体系化解读，从属权利要求所涉的用户终端在动态 IP 地址的申请和分配过程中与 DHCP 服务器之间的通信均通过 DHCP 中继进行，并通过交换机的转发处理，将分配给用户的 IP 地址和 MAC 地址写入合法用户地址表，这意味着权利要求书是在开启 DHCP 中继的情形下，给出了如何完成权利要求 1 所描述的防止 IP 地址欺骗的第一个步骤“在合法用户地址表中增加用户终端 MAC 地址、源 IP 地址信息”的相关启示。其次，根据本案专利的说明书记载，本案专利是为了解决在跨网段的实际网络应用环境下可能出现的 IP 地址欺骗问题，亦主张基于网络安全考量，将 DHCP 服务器设置于单独网段，与用户终端作跨网段设置。最后，本案专利的附图说明明确记载“图 1 为本发明的网络应用环境示意图”，亦即专利方法的实际组网应用情况，而该图 1 正是将 DHCP 客户端与 DHCP 服务器分置于两个子网，通过“具备 DHCP 中继功能的三层交换机”相连接。故综合上述内容，依据本领域普通技术人员的通常理解，应确认开启 DHCP 中继使得 DHCP 服务器实现为不在其网段的用户终端提供服务应是实施本案专利方法最为合理、最为常见和普遍的运行环境和操作模式，也是华为公司作为专利权人所预设的专利方法理想的网络应用环境。二审判决的相关认定并不存在对本案专利技术特征的增减，对此应予维持。

中华人民共和国最高人民法院民事裁定书

（2015）民申字第 2720 号

再审申请人（一审原告、二审上诉人）：华为技术有限公司。住所地：广东省深圳市龙岗区坂田华为总部办公楼。

法定代表人：孙亚芳，该公司董事长。

委托代理人：吴志坚，该公司员工。

委托代理人：王述慧，该公司员工。

被申请人（一审被告、二审被上诉人）：中兴通讯股份有限公司。住所地：广东省深圳市南山区高新技术产业园科技南路中兴通讯大厦。

法定代表人：侯为贵，该公司董事长。

委托代理人：曹建军，广东广和律师事务所律师。

委托代理人：何经纬，该公司员工。

一审被告：杭州阿里巴巴广告有限公司。住所地：浙江省杭州市滨江区网商路×号。

法定代表人：马云，该公司董事长。

委托代理人：乔春，北京市百瑞律师事务所律师。

委托代理人：张朝，北京市百瑞律师事务所律师。

再审申请人华为技术有限公司（以下简称华为公司）因与被申请人中兴通讯股份有限公司（以下简称中兴公司）、一审被告杭州阿里巴巴广告有限公司（以下简称阿里巴巴公司）侵害发明专利权纠纷一案，不服浙江省高级人民法院于2015年2月13日作出的（2014）浙知终字第161号民事判决，向本院申请再审。本院依法组成合议庭对本案进行了审查，本案现已审查终结。

华为公司申请再审称：1. 二审对涉案专利保护范围的解释以及判定被诉侵权产品采用的技术方案是否落入涉案专利权利要求1所确定的保护范围时，法律适用错误。本案涉案专利的保护范围，应当以涉案专利权利要求1明确记载的技术特征为基础，不应通过解释将涉案专利权利要求1未明确记载的技术特征“交换机开启DHCP中继”附加到涉案专利权利要求1中。二审判决一方面承认涉案专利权利要求1明确记载的特征中未包含“交换机开启DHCP中继”，另一方面又援引说明书和附图中的一部分内容来解释涉案专利权利要求1，达到将涉案专利权利要求1未明确记载的技术特征“交换机开启DHCP中继”附加到涉案专利权利要求1中以限缩保护范围的目的，适用法律错误。一审判决与二审判决在判定被诉侵权技术方案是否落入涉案专利权利要求1所确定的保护范围，审查的不是涉案专利权利要求1所记载的全部技术特征，而是涉案专利说明书中的一个具体实施例中的技术特征，属于适用法律错误。2. 二审在判定被诉侵权产品采用的技术方案没有落入涉案专利权利要求1所确定的保护范围的过程中，做出的基本事实认定缺乏证据证明。二审判决混淆了被诉侵权产品的跨广播域的三层报文传输功能与DHCP中继功能，导致二审判决在判定被诉侵权产品采用的技术方案没有落入涉案专利权利要求1所确定的保护范围的过程中，做出的基本事实认定缺乏证据证明。二审判决认定华为公司在检测方案中提供的组网方式不是被诉侵权产品正常使用时的组网方式，该认定缺乏证据证明。被诉侵权产品的用户手册中有多处内容都明确地告知用户组网中可以不开启被诉侵权产品的DHCP中继功能，尤其是用户手册中图18－5及其对应的文字，清楚地示出组网时可以不开启DH-CP中继，并基于信任数据库中IP和MAC地址的绑定关系检测ARP报文，这与华为公司的组网方式实质上相同，并且实现了涉案专利权利要求1保护的技术方案。二审判决错误认定了即使用户将被诉产品配置为华为公司的组网方式并使用，由此产生的法律责任与中兴公司无关，中兴公司不会在被诉侵权产品的研发或出厂测试过程中使用该方法。本案中，中兴公司具有积极诱导他人实施专利的行为，具有教唆、引诱他人实施涉案专利的故意，应当认定中兴公司生产、销售、许诺销售被诉侵权产品的行为构成侵权。二审判决认为中兴公司不会在被诉侵权产品的研发或出厂测试过程中使用该方法，该认定缺乏证据证明。综上，请求撤销一审、二审判决，再审本案，判令中兴公司立即停止制造、许诺销售、销售侵犯华为公司专利权（专利号 ZL0212××××.3）的 ZTE ZXR10 3952A 交换机产品，诉讼费由中兴公司承担。

中兴公司提交意见认为：1. 一审、二审判决没有将组网方式解释为权利要求应包含的技术特征，更没有将开启中继作为技术特征与涉案产品的技术特征进行比对。华为公司认为一审、二审判决将组网方式作为技术特征限缩了权利要求，是对一审、二审判决的误读。2. 华为公司在鉴定的检测过程中设计的组网方式不是正常使用涉案产品的组网方式，其调用相关命令对产品进行配置的方案更不是典型应用，所以，无论在研发过程中还是产品制造过程中，都不可能对那种应用进行测试，不能作为判决侵权的依据。华为公司认为中兴公司在产品的研发和测试过程中会用到华为在鉴定中设计的方案，没有事实依据。综上，一审、二审判决认定事实清楚，适用法律正确，请求驳回华为公司的再审请求。

阿里巴巴公司未提交意见。

在再审审查阶段，华为公司向本院提交了六份新证据，包括：最高人民法院（2011）民三提字第 1 号判决书、最高人民法院（2011）民提字第 64 号判决书、最高人民法院（2012）民提字第 3 号判决书、RFC2131 标准及其部分译文、最高人民法院（2013）民提字第 223 号判决书、《ZXR10 3900E 系列易维智能路由交换机用户手册（基本配置分册）》的部分内容，前五份证据拟证明一审、二审判决对涉案专利保护范围的解释有误，最后一份证据拟证明该用户手册图 8－4 示出的组网方案与华为公司的组网方式实质相同。

经质证，中兴公司认为，华为公司在再审阶段提交的证据不是《中华人民共和国民事诉讼法》规定的新证据，不应考虑。这四份判决书的案件争议焦点与本案不同，对本案没有参考意义。RFC2131 标准没有防止 IP 欺骗的内容，不能从中得出防 IP 地址欺骗所需要的组网方式和配置方案。关于《ZXR10 3900E 系列易维智能路由交换机用户手册（基本配置分册）》，该用户手册前言部分中没有涉及涉案产品型号，该证据与本案无关。

本院经审查认为，中兴公司对上述证据的真实性并无异议，应予确认，但华为公司提交的四份判决书所涉案件事实与本案争议事实并无直接关联，RFC2131的主要内容是介绍客户端如何通过服务器获取 IP 地址，并未记载防止 IP 欺骗的内容，从该文档不足以得到防 IP 地址欺骗所需要的组网方式和配置方案。关于《ZXR10 3900E 系列易维智能路由交换机用户手册（基本配置分册）》，该用户手册前言部分中没有记载涉案产品型号，该用户手册不适用于涉案产品，该证据与本案没有关联。综上，上述证据皆不能支持华为公司的相关主张。

本院认为，本案的主要争议焦点为：涉案被诉侵权技术方案是否落入了华为公司涉案专利权利要求 1 所确定的保护范围。

依据《中华人民共和国专利法》（以下简称专利法）第五十九条第一款之规定，发明专利权的保护范围以其权利要求的内容为准，说明书及附图可以用于解释权利要求的内容。权利要求的作用在于界定专利权的权利边界，说明书及附图主要用于清楚、完整地描述专利技术方案，使本领域技术人员能够理解和实施该专利。由于专利法不要求也不可能要求说明书列举实施发明的所有实施方式，因此，运用说明书及附图解释权利要求时，不应当以说明书及附图的例示性描述限制专利权的保护范围，否则，就会不合理地限制专利权的保护范围。

涉案专利为“一种动态地址分配中防止 IP 地址欺骗的方法”的发明专利，专利号为 ZL0212××××.3。专利权人为华为公司。该专利权利要求 1 为：一种动态 IP 地址分配中防止 IP 地址欺骗的方法，其特征在于包括：（1）在合法用户地址表中增加用户终端 MAC 地址、源 IP 地址信息；（2）用户终端向交换机发出 ARP 报文；（3）交换机对 ARP 报文中的源 MAC 地址和源 IP 地址进行检查，即在合法用户地址表中查找是否存在匹配项，如果存在，将用户终端发出的 ARP 报文的源 IP 地址和源 MAC 地址加入 ARP 表，从而使用户终端能够上网通信；否则，丢弃该报文。根据该权利要求 1 文字描述的内容来看，首先，涉案专利权利要求 1 并未记载“DHCP 中继是否开启”，且各特征均未隐含要求交换机开启 DHCP 中继，故权利要求 1 文字描述的内容并没有将防止 IP 地址欺骗的实施方法限定为交换机“开启 DHCP 中继”这一种情形。其次，根据涉案专利说明书记载的背景技术和掌握的现有技术来看，在使用 DHCP 服务器进行动态地址分配过程中，对于“是否开启 DHCP 中继”均是可能出现的情形，取决于 DHCP 服务器与用户终端是否处于同一网段。因此，涉案权利要求 1 并没有明确排除“未开启

DHCP 中继”的情况，且组网方式也可能存在未开启 DHCP 中继的情形，将涉案专利权的保护范围理解为说明书及附图中例示性描述的“开启 DHCP 中继”方式，将不合理地限制专利权的保护范围。一审判决中对“华为公司认为涉案专利权利要求 1 包括开启和未开启 DHCP 中继在内的所有组网方式缺乏依据；涉案专利说明书中均指向涉案专利是通过开启 DHCP 中继这种组网方式实施专利技术方案”的认定有所不妥，本院予以纠正。

涉案专利虽未将专利方法的具体网络应用环境作为技术特征写入权利要求 1，但专利方法的实施不能与之相分离。因为涉案专利方法正是为了防止在动态 IP 地址的申请和分配过程中所可能发生的 IP 地址欺骗行为，其间必然涉及 DHCP 服务器与用户终端之间的通信，具体运行时也就存在 DHCP 服务器与用户终端是否处于同一网段的两种情形。就涉案专利而言，首先，就权利要求作体系化解读，从属权利要求所涉的用户终端在动态 IP 地址的申请和分配过程中与 DHCP 服务器之间的通信均通过 DHCP 中继进行，并通过交换机的转发处理，将分配给用户的 IP 地址和 MAC 地址写入合法用户地址表，这也意味着权利要求书是在开启 DHCP 中继的情形下，给出了如何完成权利要求 1 所描述的防止 IP 地址欺骗的第一个步骤“在合法用户地址表中增加用户终端 MAC 地址、源 IP 地址信息”的相关启示。其次，根据涉案专利的说明书记载，“DHCP 动态分配是通过服务器和用户终端之间的 DHCP 报文交互完成的，而 DHCP 报文是广播报文，不能跨越网段，这样 DHCP 服务器只能为本网段的用户终端提供服务。但由于资源限制，不可能为每个网段都配置一台 DHCP 服务器，而且出于安全性考虑，DHCP 服务器通常都是处于一个单独的网段。这样就需要 DHCP 服务器可以为不在其网段的用户终端提供服务。而 DHCP 中继为 DHCP 广播报文提供网段间的转发功能，使得 DHCP 服务器实现为不在其网段的用户终端提供服务”。从说明书记载的该段文字来看，涉案专利即为了解决在上述跨网段的实际网络应用环境下可能出现的 IP 地址欺骗问题而提出，具有较强的针对性，涉案专利亦主张基于网络安全考量，将 DHCP 服务器设置于单独网段，与用户终端作跨网段设置。再者，涉案专利的附图说明明确记载“图 1 为本发明的网络应用环境示意图”，亦即涉案专利方法的实际组网应用情况，而该图 1 正是将 DHCP 客户端与 DHCP 服务器分置于两个子网，通过“具备 DHCP 中继功能的三层交换机”相连接。故综合上述内容，依据本领域普通技术人员的通常理解，应确认开启 DHCP 中继使得 DHCP 服务器实现为不在其网段的用户终端提供服务应是实施涉案专利方法最为合理、最为常见和普遍的运行环境和操作模式，也是华为公司作为专利权人所预设的涉案专利方法理想的网络应用环境。二审判决的事实认定并不存在对涉案专利技术特征的增减，并无不当，本院予以支持。

本案中，一审法院委托紫图鉴定中心进行技术鉴定和比对，紫图鉴定中心则委托泰尔实验室就被诉侵权产品进行检测。泰尔实验室依据华为公司和中兴公司的两种检测方案分别对被诉侵权产品进行了检测。紫图鉴定中心仅依据泰尔实验室按照华为公司检测方案作出的检测报告出具了鉴定意见书，得出涉案被诉侵权产品在华为公司的组网方式下所采用的技术方案与涉案专利方法相同的鉴定意见。对于该鉴定意见的效力问题，首先，泰尔实验室实际上系将被诉侵权产品在是否开启 DHCP 中继所形成的不同网络应用环境中进行检测，并不存在对涉案专利技术特征的增减，紫图鉴定中心未在鉴定意见中完整呈现不同的检测结果，以供一审法院作出全面判断，而仅选择依据华为公司的组网方式作出的检测结果得出被诉侵权产品的技术特征与涉案专利方法对应的技术特征相一致的鉴定比对意见，存有不妥。其次，按照华为公司的组网方式，并非直接拆封被诉侵权产品，通电即行检测，依据泰尔实验室检验报告的记载，系开启被诉侵权设备的 DHCP Snooping 以及 ARP 检查功能，未开启 DHCP 中继和 DHCP 服务器功能，并另行配置了服务器。该组网方式具有较大的特定性，因为测试时 DHCP 中继未开启，模拟的是 DHCP 服务器和用户终端处于同一网段的小型网络环境，在这样的小型网络中，对于本领域的普通技术人员而言，组网设置时选择开启交换机附带的 DHCP 服务器功能具有较大可能性。但华为公司的组网方式却将被诉侵权产品自带的服务器功能关闭，而又另行架设了一台服务器，将被诉产品仅作为一台纯粹的数据交换机使用。在此组网方式下，固然得出了被诉产品使用的防止 IP 地址欺骗的方法与涉案专利方法相同的结论，但却可能在一定程度上脱离了实际应用环境，与经济、高效、便捷的组网原则相背离。华为公司也未能证明在关闭被诉侵权产品的 DHCP 中继，开启自带的 DHCP 服务器功能的组网方式下，是否亦能重现专利方法。故凭该鉴定意见确不足以作出侵权判定。

因华为公司和中兴公司在审理过程中均认可，涉案被诉侵权产品在不同的组网方式下呈现不同的技术方案。在中兴公司的检测方案（开启 DHCP 中继组网方式）下，亦即在涉案专利所预设的理想的网络应用环境下，被诉侵权产品实现防止 IP 地址欺骗功能所采用的技术方案与涉案专利权利要求 1 记载的技术方案不同，不落入涉案专利权的保护范围。本院经审查对此亦予以确认。虽然依据紫图鉴定中心的鉴定意见认为，涉案被诉侵权设备在华为公司的组网方式下所采用的技术方案与涉案专利方法相同，但依据专利法第十一条第一款之规定，方法发明专利权被授予后，除该法另有规定的以外，任何单位或者个人未经专利权人许可，都不得为生产经营目的使用其专利方法以及使用、许诺销售、销售、进口依照该专利方法直接获得的产品。也就是说，专利方法未经许可被使用，方是专利权作为垄断权所具备的排他效力所禁止的行为。故本案需重点考量中兴公司是否必然应用华为公司的组网方式而实际使用涉案专利方法。

一、关于中兴公司在被诉侵权产品的研发或出厂检测过程中是否必然使用到涉案专利方法

依据中兴公司的用户手册记载，被诉侵权产品的缺省状态是不启动内置的DHCP 进程，防止 IP 地址欺骗所必需的 DHCP Snooping 功能亦未开启，被诉侵权产品的缺省状态并非被诉侵权产品在华为公司的组网方式下的被测状态。如前所述，华为公司的组网方式系通过调取相应命令进行系统配置以开启或关闭特定功能，及另行设置服务器等，创设了一个特殊的网络应用环境，从而使得被诉侵权产品可重现涉案专利方法。中兴公司制造被诉侵权产品是固定产品的物理架构，设置相应的功能模块，并将相对独立的软件命令固化其中，其对被诉侵权产品的研发和出厂检测，是确保载于用户手册中的产品功能得以正常应用。而实现相应的产品功能必然需要进行相应的模块配置，并调取相应的软件命令，但实现同一功能并不意味着技术方案的必然相同，由于组网方式理论上具有较为繁多的可能性，意味着中兴公司不可能也不会去穷尽试验所有理论上可能的排列组合方式，而应围绕用户手册揭示的产品配置方案和相应的软件命令进行有选择的检测。且就用户手册所揭示的产品配置方案而言，中兴公司用户手册第九章对于如何进行“DHCP 配置”作了具体介绍，其主要配置实例为：在为处于同一网络中的主机分配 IP 地址时，“如图 9-1 所示，R1 作为 DHCP 服务器使用，同时充当默认网关，主机通过 DHCP 动态获取 IP 地址”，以及“当 DHCP 客户机和服务器不在同一网络中时，如图 9-2 所示，R1 中启用 DHCP 中继功能，由一台单独的服务器10. 10. 2. 2 提供 DHCP 服务器的功能”。可见，中兴公司的用户手册中记载的有关“DHCP 配置”方案并未对华为公司的组网方式予以揭示。至于华为公司认为“中兴公司的用户手册 18. 3. 4 DAI 配置实例中示出了图 18-5 DAI 配置实例（用户手册第 18-8 页）。可见，该用户手册中所披露的 DAI 方案与涉案专利权利要求 1 保护的技术方案实质上相同，这一配置实例并未指导用户配置交换机开启

DHCP 中继。RFC2131 提到了 DHCP 客户端与 DHCP 服务器处于同一子网的情形，从 RFC2131 中可以毫无疑义地看出，当 DHCP 客户端与 DHCP 服务器在同一子网时，不需要 BOOTP 中继。由此看出，被诉侵权产品的用户手册明确地毫无疑义地告知用户可以将被诉侵权产品应用于 DHCP 客户端与 DHCP 服务器在同一子网的组网中，二审判决认为用户手册没有对华为公司的组网方式的内容进行介绍或启发，缺乏证据证明”。本院认为，从用户手册各章节的编写内容来看，图 18－5 DAI 配置实例是针对用户手册图 18－4（第 18－6 页）所描述的防中间人攻击原理的具体实例，该实例是适用于交换机下面的用户在同一广播域（即用户 A、B 在同一网段）的情形，在用户手册第 18.3 章节中并没有揭示或提到 DHCP 服务器与用户主机也位于同一网络（即 DHCP 服务器与用户主机 A、B 是在同一网段）。虽然图 18－5 DAI 配置实例并未明确指导用户配置交换机开启 DHCP 中继，但是关于“DHCP 配置”的具体内容则是在用户手册第九章进行介绍。如前所述，用户手册第 9.3 章节中描述了“当 DHCP 客户机和服务器不在同一网络中时，R1 中启用 DHCP 中继功能，由一台单独的服务器 10.10.2.2 提供 DHCP 服务器的功能”，这与图 18－5 DAI 配置实例中描述的单独配置一台 DHCP 服务器的内容相一致。由于在用户手册第 9.3 章节中已经对“DHCP 配置”部分进行具体介绍的情况下，在用户手册后续第十八章“安全性配置”部分中，可以省略关于 DHCP 配置的重复表述，以突出侧重点。因此，用户手册第 18.3.4 章节图 18－5 DAI 配置实例更适于理解为第九.3 章节中介绍的 DHCP 用户终端和服务器不在同一网络需开启 DHCP 中继的组网方式。假设按照华为公司提出的图 18－5 DAI 配置实例是表示 DHCP 服务器与主机位于同一网段的情形，那么在此情形下，将三层交换机使用于同网段且仅用于二层数据转发的组网方式，就与用户手册第九章中记载的 DHCP 配置方案（尤其是图 9－1 中所示的配置实例）明显不一致。因此，用户手册第 18.3.4 章节中描述的 DAI 配置实例尚不足以证明中兴公司的用户手册揭示了华为公司的组网方式。

对于华为公司提到用户手册第九章中引用的 RFC2131，本院认为，该文档主要介绍客户端如何通过服务器获取 IP 地址，用户手册第九章中记载的 DHCP 配置实例（如图 9－1 和图 9－2 所示的配置实例）并不与该文档中规定的内容相违背，且上述配置实例与华为公司的组网方式不同，故不足以证明被诉侵权产品的用户手册揭示了华为公司的组网方式。

故如前所述，中兴公司未在用户手册中对华为公司的组网方式予以揭示，而该组网方式本身亦具有一定特殊性的情况下，虽然被诉侵权产品在华为公司的组网方式下可重现涉案专利方法，但并不能推定中兴公司在产品的研发和出厂检测过程中必然会搭建该网络应用环境，并实际使用到涉案专利方法。

二、用户在购买被诉侵权产品后是否必然会使用涉案专利方法

首先，从被诉侵权产品的功能特性考量，其作为一款具有 DHCP 中继功能的三层智能以太网交换机，并非即插即用型的简易装置，根据产品用户手册（基本配置分册）记载，其具有大量的功能模块，包含丰富的软件命令，理论上可提供种类繁多的网络解决方案。用户购买被诉侵权产品后必然需要相关技术人员按实际所需，依据用户手册的指引调取相应功能模块的软件命令进行相应配置，从而形成特定的网络解决方案后，再行投入实际使用。用户手册的“使用和操作”章节中有关“用户可以根据所连接的网络选用适当的配置方式”的说明亦可与之相印证。况且，实现相同的功能亦不意味着必然采取相同的技术步骤和方法，如在泰尔实验室测试过程中，使用了两种不同的组网方式，虽然都涉及一些特定功能模块，但因调用的软件命令不同，对产品进行了不同的配置，在实现防止 IP 地址欺骗的技术目的时，即呈现了不同的技术步骤。故即使用户使用被诉侵权产品实现了防止 IP 地址欺骗功能，亦不能推定其必然使用了涉案专利方法。其次，就被诉侵权产品的实际用途而言，因其具有丰富的功能设置，与普通二层交换机具有明显的应用场景差异和价格差异，提供跨网段服务应系被诉侵权产品最为合理和普遍的使用方式，防止 IP 地址欺骗的功能仅是此类交换机所包含的极小功能节点，往往并非选购交换机当然考量的功能设置，用户购买此类交换机的首要目的一般在于多网段的网络建设应用，提供跨广播域的三层报文传输服务，其间必然涉及 IP 地址的动态分配，在 DHCP 服务器与用户终端不在同一网段的情形下，DHCP 中继的开启就不可或缺，若此时配置防 IP 地址欺骗功能，根据泰尔实验室的检测结果，其技术步骤即不落入涉案专利权的保护范围。至于华为公司主张当 DHCP 服务器和用户终端处于同一网段仍需购买三层交换机以实现局域网连接外部网络的问题，则可通过在网络出口架设三层路由器或者其他安全类网关设备予以实现，购买三层交换机并非唯一选择。再者，用户手册往往对用户使用产品的具体方式提供权威的指引，被诉侵权产品的用户手册在第九章“DHCP 配置”部分给出了 DHCP 用户终端和服务器不在同一网络需开启 DHCP 中继的组网方式，以及在为处于同一网络中的用户终端分配 IP 地址时，交换机作为 DHCP 服务器使用，同时充当默认网关的组网方式，而华为公司也未能证明中兴公司以其他方式

向用户提供以类似于华为公司组网方式进行产品配置或进行类似网络建设的启示，况且如前所述，华为公司的组网方式也不符合用户购买此类交换机的常规使用方式和路径。故凭现有证据尚不足以认定用户存在购买被诉侵权产品即会使用涉案专利方法的必然性。

综上，本院认为，华为公司提供的现有证据仅能证明在其主张的特定组网方式下，被诉侵权产品才会重现涉案专利方法，并不足以证明中兴公司实施了侵害其涉案发明专利权的行为，其申请再审理由不能成立，相应的再审请求缺乏事实和法律依据，本院不予支持。二审判决认定事实清楚，适用法律正确，依法应予维持。

综上，华为公司的再审申请不符合《中华人民共和国民事诉讼法》第二百条规定的情形。依照《中华人民共和国民事诉讼法》第二百零四条第一款之规定，裁定如下：

驳回华为技术有限公司的再审申请。

审　判　长　夏君丽
审　判　员　骆　电
代理审判员　曹　刚
二〇一五年十二月十一日
书　记　员　包　硕

19. 功能性特征除外情形的认定

——再审申请人深圳市华泽兴业科技有限公司与被申请人广州同明太阳能科技有限公司侵害实用新型专利权纠纷案

【裁判要旨】

对于包含特定功能、效果的技术特征，本领域普通技术人员仅通过阅读权利要求即可直接、明确地确定实现该功能或者效果的具体实施方式的，该技术特征不属于“功能性特征”。

【关键词】

实用新型专利　侵权　权利要求　功能性特征

【案号】

最高人民法院（2018）最高法民申1018号

【基本案情】

在再审申请人深圳市华泽兴业科技有限公司（以下简称华泽兴业公司）与被申请人广州同明太阳能科技有限公司（以下简称同明公司）侵害实用新型专利权纠纷案中，涉及专利号为201320102793.9、名称为“一种太阳能灯及其包装盒”的实用新型专利（即涉案专利）。同明公司认为，华泽兴业公司制造、销售、许诺销售的“多功能太阳能灯”侵犯涉案专利权，向广州知识产权法院（以下简称一审法院）提起诉讼。一审法院认为，本案中双方的主要争议在于被诉侵权产品是否包含与权利要求1中的“第一散热区”“第二散热区”相同或者等同的技术特征。“第一散热区”“第二散热区”均属于以散热功能表述的“功能性特征”，应当理解为通过设置散热孔或者与之等同的实施方式。被诉侵权产品未落入涉案专利权的保护范围，据此判决驳回同明公司的诉讼请求。同明公司不服，向广东省高级人民法院（以下简称二审法院）提起上诉。二审法院认为，权利要求1中的“散热区”与“防水区”不属于“功能性特征”，而属于对灯体内部进行区域划分的文字表述；被诉侵权产品落入涉案专利权的保护范围，据此判决撤销一审判决，判令华泽兴业公司承担侵权责任。华泽兴业公司不服，向最高人民法院申请再审。最高人民法院于2018年12月31日裁定驳回华泽兴业公司再审申请。

【裁判意见】

最高人民法院审查认为，关于权利要求1中的“第一散热区”“第二散热区”是否属于“功能性特征”。首先，“功能性特征”是一类性质较为特殊的技术特征。其以技术特征拟实现或者达到的功能、效果，而不是实现该功能、效果的具体技术手段来限定权利要求的保护范围，导致“功能性特征”的字面含义十分宽泛，涵盖了所有能够实现该功能、效果的具体实施方式，不论该实施方式是涉案专利申请日之前已有的，还是申请日之后新发现、发明的，也不论权利人在申请日是否知晓，又或者是否在说明书中公开。其次，在《专利审查指南》第二部分第二章中，虽然规定允许在权利要求中使用功能或者效果特征来限定发明，但与此同时，也针对此类技术特征作出了诸多限制性规定，要求“尽量避免使用”。相应地，如果在专利侵权诉讼中仍然按照权利要求解释的一般规则，将“功能性特征”的保护范围解释为包含实现该功能、效果的全部实施方式，将导致专利权的保护范围与专利的创新程度和公开内容不相匹配，不可避免地会给后续的改进和创新带来不应有的限制，给科学技术发展和经济社会进步带来负面影响。因此，《最高人民法院关于审理侵犯专利权纠纷案件应用法律若干问题的解释》（以下简称《解释》）第四条对于“功能性特征”的解释作出特别规定：“……应当结合说明书和附图描述的该功能或者效果的具体实施方式及其等同的实施方式，确定该技术特征的内容。”以使得专利权的保护范围与其创新程度和说明书、附图公开的内容相适应，维护社会公众与权利人的利益平衡，为后续改进和创新留下必要的空间。最后，由于“功能性特征”在专利侵权诉讼中的解释是一种限缩性解释，故争议技术特征是否属于“功能性特征”的认定对于专利权的保护范围具有重要影响。因此，在解释权利要求，确定专利权的保护范围时，通常需要首先认定争议技术特征是否属于“功能性特征”。对此，《最高人民法院关于审理侵犯专利权纠纷案件应用法律若干问题的解释（二）》第八条第一款进一步规定：“功能性特征，是指对于结构、组分、步骤、条件或其之间的关系等，通过其在发明创造中所起的功能或者效果进行限定的技术特征，但本领域普通技术人员仅通过阅读权利要求即可直接、明确地确定实现上述功能或者效果的具体实施方式的除外。”根据该规定，在认定争议技术特征是否属于“功能性特征”时，不仅需要考虑技术特征文字本身的含义，还需要将该技术特征纳入到权利要求限定的整体技术方案中进行理解。对于包含有特定功能、效果的技术特征，本领域普通技术人员仅通过阅读权利要求即可直接、明确地确定实现该功能或者效果的具体实施方式的，该技术特征不属于《解释》第四条规定的“功能性特征”。本案中，本领域普通技术人员结合第一散热区以及第二散热区本身的含义以及权利要求1的整体技术方案，即可直接、明确地确定所述特征的具体实施方式，所述特征不属于用功能或者效果来限定保护范围，应当根据《解释》第四条的规定进行限缩解释的情形。

中华人民共和国最高人民法院民事裁定书

（2018）最高法民申1018号

再审申请人（一审被告、二审被上诉人）：深圳市华泽兴业科技有限公司。住所地：广东省深圳市龙岗区横岗街道六约社区富发街8号B栋401。

法定代表人：高英杰，该公司执行董事。

委托诉讼代理人：李向东，北京恒都律师事务所律师。

委托诉讼代理人：杨清宇，北京恒都律师事务所实习律师。

被申请人（一审原告、二审上诉人）：广州同明太阳能科技有限公司。住所地：广东省广州市番禺区钟村街钟三村钟屏叉道侧五羊茶叶城 B220。

法定代表人：陈小珊，该公司总经理。

委托诉讼代理人：谌杰君，北京市盈科（广州）律师事务所律师。

委托诉讼代理人：张同宾，该公司技术经理。

再审申请人深圳市华泽兴业科技有限公司（以下简称华泽兴业公司）因与被申请人广州同明太阳能科技有限公司（以下简称同明公司）侵害实用新型专利权纠纷一案，不服广东省高级人民法院（2017）粤民终 1173 号民事判决，向本院申请再审。本院依法组成合议庭对本案进行了审查，现已审查终结。

华泽兴业公司申请再审称，（一）被诉侵权产品未落入权利要求 1 保护范围。权利要求 1 中的“第一散热区”“第二散热区”属于《最高人民法院关于审理侵犯专利权纠纷案件应用法律若干问题的解释》（以下简称《解释》）第四条规定的“以功能或者效果表述的技术特征”（以下简称“功能性特征”），应当根据涉案专利说明书的记载，理解为设置散热孔或者与之等同的实施方式。被诉侵权产品没有设置任何孔、条或间隙，与涉案专利说明书和附图所描述的实现散热功能的具体实施方式既不相同也不等同。因此，被诉侵权产品不包含“第一散热区”“第二散热区”，未落入涉案专利权的保护范围。二审法院认定“第一散热区”“第二散热区”不属于功能性特征，进而得出侵权的结论，认定事实错误。（二）二审法院对侵权赔偿数额的认定缺乏事实依据和法律依据。

本院认为，本案争议焦点问题是：（一）权利要求 1 中“第一散热区”“第二散热区”是否属于《解释》第四条规定的“功能性特征”；（二）被诉侵权产品是否落入权利要求 1 的保护范围；（三）二审法院确定的赔偿数额是否存在错误。

（一）权利要求 1 中“第一散热区”“第二散热区”是否属于《解释》第四条规定的“功能性特征”

华泽兴业公司认为，“第一散热区”“第二散热区”属于《解释》第四条规定的“功能性特征”，所述特征的含义应解释为说明书具体实施方式部分第 0032 段记载的“第一散热区和/或第二散热区上设置有散热孔”，以及与之等同的实施方式。本院对此不予支持，具体理由如下：

首先，《解释》第四条规定：“对于权利要求中以功能或者效果表述的技术特征，人民法院应当结合说明书和附图描述的该功能或者效果的具体实施方式及其等同的实施方式，确定该技术特征的内容。”上述规定中的“权利要求中以功能或者效果表述的技术特征”在司法实践中通常被称为“功能性特征”，是一类性质较为特殊的技术特征。其以技术特征拟实现或者达到的功能、效果，而不是实现该功能、效果的具体技术手段来限定权利要求的保护范围，导致“功能性特征”的字面含义十分宽泛，涵盖了所有能够实现该功能、效果的具体实施方式，不论该实施方式是涉案专利申请日之前已有的，还是申请日之后新发现、发明的，也不论权利人在申请日是否知晓，又或者是否在说明书中公开。其次，在《专利审查指南》第二部分第二章中，虽然规定允许在权利要求中使用功能或者效果特征来限定发明，但与此同时，也针对此类技术特征作出了诸多限制性规定，要求“尽量避免使用”。相应地，如果在专利侵权诉讼中仍然按照权利要求解释的一般规则，将“功能性特征”的保护范围解释为包含实现该功能、效果的全部实施方式，将导致专利权的保护范围与专利的创新程度和公开内容不相匹配，不可避免地会给后续的改进和创新带来不应有的限制，给科学技术发展和经济社会进步带来负面影响。因此，《解释》第四条对于“功能性特征”的解释作出特别规定：“……应当结合说明书和附图描述的该功能或者效果的具体实施方式及其等同的实施方式，确定该技术特征的内容。”以使得专利权的保护范围与其创新程度和说明书、附图公开的内容相适应，维护社会公众与权利人的利益平衡，为后续改进和创新留下必要的空间。

其次，由于“功能性特征”在专利侵权诉讼中的解释是一种限缩性解释，故争议技术特征是否属于“功能性特征”的认定对于专利权的保护范围具有重要影响。因此，在解释权利要求，确定专利权的保护范围时，通常需要首先认定争议技术特征是否属于“功能性特征”。对此，《最高人民法院关于审理侵犯专利权纠纷案件应用法律若干问题的解释（二）》（以下简称《解释（二）》）第八条第一款进一步规定：“功能性特征，是指对于结构、组分、步骤、条件或其之间的关系等，通过其在发明创造中所起的功能或者效果进行限定的技术特征，但本领域普通技术人员仅通过阅读权利要求即可直接、明确地确定实现上述功能或者效果的具体实施方式的除外。”根据该规定，在认定争议技术特征是否属于“功能性特征”时，不仅需要考虑技术特征文字本身的含义，还需要将该技术特征纳入到权利要求限定的整体技术方案中进行理解。对于包含有特定功能、效果的技术特征，本领域普通技术人员仅通过阅读权利要求即可直接、明确地确定实现该功能或者效果的具体实施方式的，该技术特征不属于《解释》第四条规定的“功能性特征”。本案中，权利要求 1 中有关“第一散热区”“第二散热区”的限定包括：“所述灯罩包括，第一散热区和第一防水区；所述灯体包括，与所述第一散热区对应的第二散热区，以及与第一防水区对应的第二防水区。”第一，从上述限定可知，第一散热区和第一防水区是对于灯罩空间的区域划分，第二散热区和第二防水区则是对于灯体空间的区域划分。在位置关系上，第一散热区和第二散热区对应设置，第一防水区和第二防水区对应设置。对于本领域技术人员而言，热辐射散热是最为常见的散热方式，灯体、灯罩中的特定区域可以通过热辐射等方式散热属于本领域的公知常识。因此，“第一散热区”“第二散热区”本质上是对涉案专利产品灯体、灯罩的特定部分的区域划分。第二，根据权利要求 1 限定的整体技术方案，太阳能灯包括散热板，该散热板位于灯罩和灯体之间，通过散热板上下表面上的防水圈，将灯罩和灯体扣合，使第一防水区和第二防水区相对密封连接。在灯罩空间内，被防水圈密封的区域为第一防水区，除去第一防水区的区域即为第一散热区。在灯体空间内，被防水圈密封的区域为第二防水区，除去第二防水区的区域即为第二散热区。综上，本领域普通技术人员结合第一散热区以及第二散热区本身的含义以及权利要求 1 的整体技术方案，即可直接、明确地确定所述特征的具体实施方式，所述特征不属于用功能或者效果来限定保护范围，导致保护范围过于宽泛，应当根据《解释》第四条的规定进行限缩解释的情形。因此，对于再审申请人有关第一散热区、第二散热区属于“功能性特征”的申请再审理由，本院不予支持。

最后，虽然“功能性特征”的解释是一种限缩性的解释，但是这种限缩也是适度的，需要与专利的创新程度和公开的内容相适应。过于限制“功能性特征”的保护范围，亦不利于保护发明创造。对此，《解释（二）》第八条第二款规定：“与说明书及附图记载的实现前款所称功能或者效果不可缺少的技术特征相比，被诉侵权技术方案的相应技术特征是以基本相同的手段，实现相同的功能，达到相同的效果，且本领域普通技术人员在被诉侵权行为发生时无需经过创造性劳动就能够联想到的，人民法院应当认定该相应技术特征与功能性特征相同或者等同。”根据上述规定，对于“功能性特征”的解释，应当根据说明书、附图中记载的实现该功能所“不可缺少”的技术特征作为依据，而不宜简单地将说明书、附图中与实现“功能性特征”的功能、效果有关的全部技术特征，均用于限定“功能性特征”的保护范围。由此，有利于鼓励专利权人主动公开与“功能性特征”的功能、效果有关的技术内容，丰富现有技术，便于社会公众更好地理解专利技术方案，亦可以让权利人无需顾虑由于公开的具体实施方式过于具体、细节，而导致“功能性特征”的保护范围受到不必要的限缩。综上，即使如再审申请人所主张的那样，将“第一散热区”“第二散热区”解释为“功能性特征”，在“结合说明书和附图描述的该功能或者效果的具体实施方式及其等同的实施方式，确定该技术特征的内容”时，亦应当分析说明书中记载的相关具体实施方式中的具体情形，以实现“散热”功能的必要技术特征来确定保护范围，不能将说明书中记载的与“散热”有关的所有技术特征，均用来确定“第一散热区”“第二散热区”的保护范围。本案中，涉案专利说明书记载了“第一散热区”“第二散热区”具有多种实现散热的具体实施方式，设置散热孔仅是涉案专利说明书公开的一种优选方式。本领域普通技术人员根据涉案专利说明书，能够理解即使不设置散热孔，仅通过特定区域本身的热辐射方式也足以实现散热，即“设置散热孔”并不是实现“散热”必不可少的技术特征。综上，对于华泽兴业公司有关权利要求1中“第一散热区”“第二散热区”应解释为“通过设置散热孔或者与之等同的实施方式”的主张，本院亦不予支持。

（二）关于被诉侵权产品是否落入权利要求1的保护范围

被诉侵权产品具有内置的散热板，散热板上具有防水圈，同时散热板有4mm宽度的边缘部分裸露于防水区之外，即散热板具有裸露于防水区之外的部分。灯罩和灯体扣合之后，裸露于防水区之外的散热板与灯罩、灯体围成一定区域，该区域实现了将散热板传导的热量进行散热的功能。被诉侵权产品中裸露于防水区之外的散热板分别与灯罩、灯体围成特定区域，与权利要求1限定的“第一散热区”“第二散热区”相对应。因此，被诉侵权产品具有权利要求1限定的“第一散热区”“第二散热区”。再审申请人有关被诉侵权产品未落入涉案专利权保护范围的主张不能成立。

（三）关于二审法院确定的赔偿数额是否存在错误

二审法院综合考虑了华泽兴业公司实施的侵权行为的性质、被诉侵权产品的成交数量，以及同明公司为制止侵权行为所支付的合理费用等因素，酌定华泽兴业公司赔偿同明公司经济损失和合理维权费用10万元。二审法院认定的侵权损害赔偿数额并无不当，本院予以支持。

综上，华泽兴业公司的再审申请不符合《中华人民共和国民事诉讼法》第二百条规定的情形。依照《中华人民共和国民事诉讼法》第二百零四条第一款，《最高人民法院关于适用〈中华人民共和国民事诉讼法〉的解释》第三百九十五条第二款规定，裁定如下：

驳回深圳市华泽兴业科技有限公司的再审申请。

审　判　长　王艳芳
审　判　员　毛立华
审　判　员　杜微科
二〇一八年十二月三十一日
法官助理　金　燕
技术调查官　张　琳
书　记　员　张栗萌

20. 对同时使用结构与功能限定的技术特征是否属于功能性特征的认定

——再审申请人临海市利农机械厂与被申请人陆杰，二审被上诉人吴茂法、李成任、张天海侵害实用新型专利权纠纷案

【裁判要旨】

如果技术特征中除功能或者效果的限定外，同时也限定了与该功能或者效果对应的结构特征，并且本领域技术人员仅通过阅读权利要求书，即可直接、明确地确定该结构特征的具体实现方式，并且该具体实现方式可以实现该功能或者效果的，则这种同时使用“结构”与“功能或者效果”限定的技术特征并不属于“功能性特征”。

【关键词】

实用新型专利　侵权　技术特征　功能性特征

【案号】

最高人民法院（2017）最高法民申1804号

【基本案情】

在再审申请人临海市利农机械厂（以下简称利农机械厂）与被申请人陆杰，二审被上诉人吴茂法、李成任、张天海侵害实用新型专利权纠纷案（以下简称“蔬菜水果分选装置”专利侵权纠纷案）中，涉及专利号为200920140482.5、名

称为“一种蔬菜水果分选装置”的实用新型专利（即涉案专利）。陆杰以利农机械厂、吴茂法、李成任、张天海制造、销售的被诉侵权产品侵犯涉案专利权为由，向海南省海口市中级人民法院（以下简称一审法院）提起诉讼。一审法院认为，被诉侵权产品没有落入涉案专利权保护范围，故判决驳回其诉讼请求。陆杰遂向海南省高级人民法院（以下简称二审法院）提起上诉。二审法院认为，被诉侵权产品与涉案专利虽存在差异，但差异部分构成等同，落入涉案专利权的保护范围，构成侵权。关于涉案专利中的链传动和被诉侵权产品中的蜗杆传动，二者都是常见的传动方式，传动方式的替换是以基本相同的手段，实现相同的功能，达到相同的效果，且本领域普通技术人员在被诉侵权行为发生时无需经过创造性劳动就能够联想到的，应认定为技术特征等同。故判决撤销一审判决，由利农机械厂承担侵权责任。利农机械厂不服，向最高人民法院申请再审。最高人民法院于2018年12月31日裁定驳回利农机械厂再审申请。

【裁判意见】

最高人民法院审查认为：关于本案争议的“功能或者效果表述的技术特征”的解释问题，《最高人民法院关于审理侵犯专利权纠纷案件应用法律若干问题的解释》（以下简称《解释》）第四条规定：“对于权利要求中以功能或者效果表述的技术特征，人民法院应当结合说明书和附图描述的该功能或者效果的具体实施方式及其等同的实施方式，确定该技术特征的内容。”关于上述规定中的“以功能或者效果表述的技术特征”，司法实践中通常以下简称为“功能性特征”。《最高人民法院关于审理侵犯专利权纠纷案件应用法律若干问题的解释（二）》（以下简称《解释（二）》）第八条第一款进一步规定：“功能性特征，是指对于结构、组分、步骤、条件或其之间的关系等，通过其在发明创造中所起的功能或者效果进行限定的技术特征，但本领域普通技术人员仅通过阅读权利要求即可直接、明确地确定实现上述功能或者效果的具体实施方式的除外。”根据上述《解释》第四条以及《解释（二）》第八条第一款的规定，如果技术特征中除功能或者效果的限定外，同时也限定了与该功能或者效果对应的结构特征，并且本领域技术人员仅通过阅读权利要求书，即可直接、明确地确定该结构特征的具体实现方式，并且该具体实现方式可以实现该功能或者效果的，则这种同时使用“结构”与“功能或者效果”限定的技术特征并不属于前述司法解释规定的“功能性特征”。本案中，“托轨”是涉案专利“一种蔬菜水果分选装置”的部件之一。虽然并无证据证明“托轨”属于本领域常用的技术术语，但本领域技术人员仅通过阅读权利要求书，即可直接、明确地确定“托轨”中的“轨”是结构特征，而“托”进一步限定了“轨”的功能。本领域技术人员熟悉“轨”的各种常规实现方式，通常情况下，结构特征“轨”本身就已经足以实现“托”的功能。本领域技术人员能够根据“托轨”在权利要求1技术方案中的具体情况，直接、明确地确定以适当结构的“轨”来实现“托轨”的功能。综上，本案中的“托轨”属于同时以产品结构及其功能限定的技术特征，并不属于《解释》第四条以及《解释（二）》第八条第一款规定的“功能性特征”。被诉侵权产品的梯形托轨落入了权利要求1限定的保护范围。

中华人民共和国最高人民法院民事裁定书

（2017）最高法民申1804号

再审申请人（一审被告、二审被上诉人）：临海市利农机械厂。住所地：浙江省临海市括苍镇钱徐村括苍东路。

经营者：吴晓明。

委托诉讼代理人：赵建刚，北京市一法律师事务所律师。

委托诉讼代理人：魏聪，北京市一法律师事务所实习律师。

被申请人（一审原告、二审上诉人）：陆杰。

二审被上诉人（一审被告）：吴茂法。

二审被上诉人（一审被告）：李成任。

二审被上诉人（一审被告）：张天海。

再审申请人临海市利农机械厂（以下简称利农机械厂）因与被申请人陆杰，二审被上诉人吴茂法、李成任、张天海侵害实用新型专利权纠纷一案，不服海南省高级人民法院（2017）琼民终28号民事判决，向本院申请再审。本院依法组成合议庭对本案进行了审查，现已审查终结。

利农机械厂申请再审称，（一）关于权利要求1中的技术特征“托轨（8）”。1.“托轨（8）”的含义为“起托起作用的轨”，权利要求1中并没有与其对应的具体实现方式，“托轨（8）”属于《最高人民法院关于审理侵犯专利权纠纷案件应用法律若干问题的解释》（以下简称《解释》）第四条规定的“以功能或者效果表述的技术特征”以及《最高人民法院关于审理侵犯专利权纠纷案件应用法律若干问题的解释（二）》（以下简称《解释（二）》）第八条第一款规定的“功能性特征”。应当结合涉案专利说明书和附图中描述的实现该功能或者效果的具体实施方式及其等同的实施方式，确定该技术特征的内容。2. 根据涉案专利的说明书和附图，只记载了“三角形托轨（8）”的具体实施方式。二审判决未能据此对“托轨（8）”进行解释和侵权判断，适用法律错误。3. 专利权人在申请涉案专利时，将其请求保护的托轨（8）限定为三角形而不是梯形，实质上是将梯形托轨排除在涉案专利权的保护范围之外。因此，不能将本专利的三角形托轨与被诉侵权产品的梯形托轨认定为等同侵权。（二）关于权利要求 1 中的技术特征“传动链轮 6”。1. “传动链轮 6”是机械传动领域的具体机械部件，不属于《解释（二）》第八条第一款规定的“功能性特征”。二审判决错误适用《解释（二）》第八条第二款的规定，认定被诉侵权产品的蜗杆传动与涉案专利的“传动链轮 6”构成等同侵权，适用法律错误。2. 权利要求 1 和说明书均记载采用“链传动方式”的传动链轮（6），表明专利权人明确将涉案专利权的保护范围限定为采用“链传动方式”的传动链轮（6）。被诉侵权产品采用“蜗杆传动方式”的传动轴，与涉案专利采用的“链传动方式”的传动链轮（6）不构成等同。3. 被诉侵权产品缺少涉案专利权利要求 1 中记载的“传动链轮 6”。（三）关于权利要求 1 中的传动轴和转动链轮的数量。被诉侵权产品虽然具有传动轴（4）和转动链轮（5），但是部件数量与权利要求 1 记载的数量不相同。二审判决将传动轴（4）和转动链轮（5）概括为“传动系统”，认定被诉侵权产品构成等同侵权，适用法律错误。（四）关于托轨安装方式。被诉侵权产品中的托轨位于机架两长边的内部，缺少权利要求 1 记载的技术特征“托轨（8）位于机架（1）的两长边的上方”，不构成侵权。综上，请求本院：撤销二审判决，驳回陆杰的全部诉讼请求，判决陆杰承担一、二审诉讼费用。

利农机械厂在申请再审期间，向本院提交了以下与本案争议焦点有关的证据：1.《机械传动设计手册》目录及部分章节复印件，电子工业出版社 2007 年出版。2.《机械传动装置设计手册》目录及部分章节复印件，机械工业出版社 1999 年出版。3.《机械基础（初级）》部分章节打印件，机械工业出版社 2006 年出版。4. 百度搜索中有关“托轨”“蜗轮蜗杆”“链轮”“铁轨”的网页打印件。利农机械厂主张：上述证据 1—3 用以证明蜗轮蜗杆传动、链传动（含链轮）为本领域的公知常识。证据 4 用以证明“托轨”并非本行业的公知常识，属于《解释》第四条规定的“以功能或者效果表述的技术特征”。

本院认为，本案争议焦点为：被诉侵权产品的技术方案是否落入本专利权利要求 1 的保护范围。

将被诉侵权产品的技术方案与本专利权利要求 1 记载的全部技术特征相比，再审申请人主张二者在托轨形状、传动方式、传动轴及转动链轮的数量，以及托轨的安装方式等方面不相同也不等同，不构成侵权。对于再审申请人主张的上述四个方面的区别，本院分别认定如下：

一、关于权利要求 1 中的“托轨”

《解释》第四条规定：“对于权利要求中以功能或者效果表述的技术特征，人民法院应当结合说明书和附图描述的该功能或者效果的具体实施方式及其等同的实施方式，确定该技术特征的内容。”关于上述规定中的“以功能或者效果表述的技术特征”，司法实践中通常以下简称为“功能性特征”。《解释（二）》第八条第一款进一步规定：“功能性特征，是指对于结构、组分、步骤、条件或其之间的关系等，通过其在发明创造中所起的功能或者效果进行限定的技术特征，但本领域普通技术人员仅通过阅读权利要求即可直接、明确地确定实现上述功能或者效果的具体实施方式的除外。”

本院认为，根据上述《解释》第四条以及《解释（二）》第八条第一款的规定，如果技术特征中除了功能或者效果的限定之外，同时也限定了与该功能或者效果对应的结构特征，并且本领域技术人员仅通过阅读权利要求书，即可直接、明确地确定该结构特征的具体实现方式，并且该具体实现方式可以实现该功能或者效果的，则这种同时使用“结构”与“功能或者效果”限定的技术特征并不属于前述司法解释规定的“功能性特征”。

本案中，“托轨”是涉案专利“一种蔬菜水果分选装置”的部件之一。虽然并无证据证明“托轨”属于本领域常用的技术术语，但本领域技术人员仅通过阅读权利要求书，即可直接、明确地确定“托轨”中的“轨”是结构特征，而“托”进一步限定了“轨”的功能。本领域技术人员熟悉“轨”的各种常规实现方式，通常情况下，结构特征“轨”本身就已经足以实现“托”的功能。本领域技术人员能够根据“托轨”在权利要求 1 技术方案中的具体情况，直接、明确地确定以适当结构的“轨”来实现“托轨”的功能。综上，“托轨”属于同时以产品结构及其功能限定的技术特征，不属于《解释》第四条以及《解释（二）》第八条第一款规定的“功能性特征”。被诉侵权产品的梯形托轨落入了权利要求 1 限定的保护范围。对于再审申请人有关应当依照《解释（二）》第八条第二款的规定，依据涉案专利说明书、附图中的具体实施方式，将“托轨”限缩解释为“三角形托轨”，被诉侵权产品的梯形托轨与之不相同也不等同的主张，本院不予支持。

二、关于权利要求 1 中的“传动链轮（6）”

《最高人民法院关于审理专利纠纷案件适用法律问题的若干规定》（以下简称

《规定》）第十七条规定："……专利权的保护范围应当以权利要求书中明确记载的必要技术特征所确定的范围为准，也包括与该必要技术特征相等同的特征所确定的范围。等同特征是指与所记载的技术特征以基本相同的手段，实现基本相同的功能，达到基本相同的效果，并且本领域的普通技术人员无需经过创造性劳动就能够联想到的特征。"① 本案中，涉案专利的传动系统包括电机、传动链轮、转动链轮、传动轴，权利要求1中的传动链轮是常用的机械部件，用于将电机产生的动力传导到传动轴，使传动轴、转动链轮转动。被诉侵权产品使用常规的蜗杆传动，同样是将电机产生的动力传导到传动轴，使传动轴、转动链轮转动。二者的功能、效果基本相同，二者的替换也不需要经过创造性劳动即能联想到。因此，二者属于《规定》第十七条规定的等同特征。

需要注意的是，《规定》第十七条规定的"等同特征"的认定，与《解释（二)》第八条第二款规定的"相应技术特征与功能性特征……等同"的认定是不同的。二者虽然都要求"以基本相同的手段"，并且"无需经过创造性劳动就能够联想到"，但也存在重要区别，包括以下两个方面：其一，适用对象和对比基础不同。《规定》第十七条规定的"等同特征"的适用对象更为宽泛，涉及的是除"功能性特征"之外的其他技术特征，对比的基础是权利要求记载的技术特征本身。而《解释（二)》第八条第二款的适用对象，是《解释》第四条、《解释（二)》第八条第一款规定的"功能性特征"，对比的基础是在说明书及附图中记载的，实现功能性特征的功能或者效果"不可缺少的技术特征"。其二，认定标准不同。关于《规定》第十七条规定的"等同特征"，应当以"实现基本相同的功能""达到基本相同的效果"作为认定标准；而《解释（二)》第八条第二款规定的"与功能性特征……等同"，则必须"实现相同的功能""达到相同的效果"，认定标准更为严格。本案中，二审法院并未认定涉案专利的"传动链轮"为"功能性特征"，但又以《解释（二)》第八条作为法律依据，认定被诉侵权产品的"蜗杆传动"与涉案专利中的"传动链轮"构成"技术特征等同"，

---

① 现行2015年《最高人民法院关于审理专利纠纷案件适用法律问题的若干规定》第十七条规定："专利法第五十九条第一款所称的'发明或者实用新型专利权的保护范围以其权利要求的内容为准，说明书及附图可以用于解释权利要求的内容'，是指专利权的保护范围应当以权利要求记载的全部技术特征所确定的范围为准，也包括与该技术特征相等同的特征所确定的范围。等同特征，是指与所记载的技术特征以基本相同的手段，实现基本相同的功能，达到基本相同的效果，并且本领域普通技术人员在被诉侵权行为发生时无需经过创造性劳动就能够联想到的特征。"

实质上是混淆了《规定》第十七条规定的“等同特征”和《解释（二）》第八条规定的“与功能性特征……等同”，适用法律有所不当，本院予以纠正。

三、关于传动轴、转动链轮的数量

《解释》第七条规定：“人民法院判定被诉侵权技术方案是否落入专利权的保护范围，应当审查权利人主张的权利要求所记载的全部技术特征。被诉侵权技术方案包含与权利要求记载的全部技术特征相同或者等同的技术特征的，人民法院应当认定其落入专利权的保护范围……”本案中，本专利权利要求1载明：“在机架（1）的一端装有传动轴（3），在传动轴（3）上装有两个转动链轮（5）……在机架（1）的另一端装有另一传动轴（4），在传动轴（4）上装有两个转动链轮（5）。”被诉侵权产品中，机架的两端同样都装有传动轴，每个传动轴上都装有两个转动链轮。虽然被诉侵权产品的传动轴以及相应的转动链轮的数量比本专利更多，但是多出的传动轴和转动链轮均属于额外增加的技术特征。被诉侵权技术方案已经包含与权利要求记载的传动轴、转动链轮相同或者等同的技术特征。

四、关于托轨的安装方式

本专利权利要求1限定“在机架（1）的两长边的上方装有能上下调动的托轨（8），托轨（8）托住圆管a伸出链板槽的长轴”。根据本专利权利要求1及附图，本领域技术人员均能理解托轨位置“在机架（1）的两长边的上方”指的是圆管a伸出链板槽的长轴的下方的机架边。被诉侵权产品的梯形托轨设置在圆管a伸出链板槽的长轴的下方位置，二者的功能、效果以及实现方式并无本质区别。再审申请人有关被诉侵权产品缺少权利要求1中的“托轨（8）位于机架（1）的两长边的上方”的主张，本院不予支持。

依照《中华人民共和国民事诉讼法》第二百零四条第一款，《最高人民法院关于适用〈中华人民共和国民事诉讼法〉的解释》第三百九十五条第二款规定，裁定如下：

驳回临海市利农机械厂的再审申请。

审　判　长　王艳芳
审　判　员　杜微科
审　判　员　毛立华
二〇一八年十二月三十一日
书　记　员　张栗萌

（二）侵权判定

1. 权利要求技术特征划分

21. 专利侵权判断中权利要求技术特征的划分标准

——再审申请人刘宗贵与被申请人台州市丰利莱塑胶有限公司侵害实用新型专利权纠纷案

【裁判要旨】

恰当划分专利权利要求的技术特征是进行侵权比对的基础。技术特征的划分应该结合发明的整体技术方案，考虑能够相对独立地实现一定技术功能并产生相对独立的技术效果的较小技术单元。

【关键词】

实用新型专利　侵权　权利要求　技术特征

【案号】

最高人民法院（2017）最高法民申 3802 号

【基本案情】

在再审申请人刘宗贵与被申请人台州市丰利莱塑胶有限公司（以下简称丰利莱公司）侵害实用新型专利权纠纷案中，刘宗贵系专利号为 ZL200510060680.7，名称为“可调节的婴幼儿座椅”的发明专利（即涉案专利）权利人。该专利权利要求 1 为：一种可调节的婴幼儿座椅，包括两根前腿和两根后腿，前腿与其所对应的后腿相绞接，且绞接处位于前腿和后腿的顶端，在每根前腿上均套有一个椅体座，椅体座可沿前腿上下滑动，在两个椅体座之间固连有横杆，椅体设置在横杆上，其特征在于，所述横杆的两端分别固连有调节座，所述调节座上设有若干卡槽；在椅体的靠背处设有一个能移动的调节拉杆，其上分别设有与上述调节座上的卡槽相卡配的销体；所述的调节拉杆呈U型，其两端分别套设有弹簧，在弹簧的外围套有孔径小于弹簧直径的套体。被诉侵权产品的争议技术特征为调节拉杆两端分别挂设有弹簧，弹簧挂设在销体上。浙江省台州市中级人民法院一审认为，与涉案专利技术特征相比，被诉侵权产品的上述特征减少了套体这一部件，且其采用的是弹簧的压缩原理，涉案专利相应技术特征使用的是弹簧的拉伸原理。弹簧的拉伸技术和压缩技术均是涉案专利申请日前公知的技术方案，涉案专利权利要求使用了弹簧的压缩技术，即为将弹簧的拉伸技术排除在涉案专利权的保护范围之外，故被诉侵权产品未落入涉案专利权利要求1的保护范围。遂判决驳回刘宗贵的诉讼请求。刘宗贵不服，提出上诉。浙江省高级人民法院二审认为，“套体”是实现涉案专利调节座椅所不可缺少的技术特征，被诉侵权产品缺少“套体”这一技术特征，不落入涉案专利权的保护范围。遂判决驳回上诉，维持原判。刘宗贵不服，向最高人民法院申请再审。最高人民法院于2017年12月20日作出裁定，指令浙江省高级人民法院再审本案。

【裁判意见】

最高人民法院审查认为：本案的关键在于恰当划分技术特征以便正确地进行技术特征比对。技术特征的划分应该结合发明的整体技术方案，考虑能够相对独立地实现一定技术功能并产生相对独立的技术效果的较小技术单元。如果划分技术特征时未恰当考虑该技术特征是否能够相对独立地实现一定技术功能并产生相对独立的技术效果，导致技术特征划分过细，则在侵权比对时容易因被诉侵权技术方案缺乏该技术特征而错误认定侵权不成立，不适当地限缩专利保护范围；如果未恰当考虑该技术特征是否系相对独立地实现一定技术功能和技术效果的较小技术单元，导致技术特征划分过宽，则在侵权比对时容易忽略某个必要技术特征而错误认定侵权成立，不适当地扩大专利保护范围。因此，恰当划分技术特征是进行侵权比对的基础。本案中，涉案专利权利要求1关于“其（调节拉杆）两端分别套设有弹簧，在弹簧的外围套有孔径小于弹簧直径的套体”的记载所实现的功能是：当需要调节椅体高度时，对调节拉杆产生回复力，使得销体和卡槽扣紧。可见，“套体”虽然是一个部件，但其功能和效果必须依赖于弹簧的配合才能实现，两者相互配合才能在整体技术方案中发挥作用。因此，在涉案专利权利要求1中，套体本身无法实现相对独立的功能，不宜作为一个独立的技术特征对待。在将涉案专利权利要求的技术特征与被诉侵权产品的相应技术特征进行比对时，应当将“其两端分别套设有弹簧，在弹簧的外围套设有孔径小于弹簧直径的套体”作为一个独立的技术特征进行比对，而不是将“套体”作为一个独立的技术特征进行比对。对比涉案专利权利要求1的上述技术特征与被诉侵权产品的相应特征，被诉侵权产品是通过在调节拉杆两端设置销轴并挂设弹簧的方式实现相应的功能，而涉案专利则是通过在调节拉杆两端设置套体并套装弹簧的方式实现相应功能。两者虽然不属于相同的技术特征，但是无论是利用弹簧的拉伸原理调节座椅，还是采用弹簧的压缩原理调节座椅，均是利用了弹簧具有回复力的基本性质，手段基本相同，实现利用其回复力使得销体和卡槽扣紧的功能，并且两者所能达到的效果基本相同。而且，采用弹簧拉伸还是压缩的方式对于本领域普通技术人员来说是容易联想到的。因此，两者属于等同技术特征。二审法院将涉案专利权利要求记载的“套体”作为单独的技术特征，在此基础上进行侵权比对，进而以被诉侵权产品缺少套体特征为由认定未落入涉案专利权保护范围，未考虑相关技术特征是否构成等同，技术特征划分和侵权比对均有失妥当，应予纠正。

中华人民共和国最高人民法院民事裁定书

（2017）最高法民申3802号

再审申请人（一审原告、二审上诉人）：刘宗贵，男，1969年5月17日出生，汉族，住浙江省玉环县××××。

委托诉讼代理人：张智平，男，1966年1月7日出生，汉族，台州市方圆专利事务所专利代理人，住浙江省玉环县××××。

被申请人（一审被告、二审被上诉人）：台州市丰利莱塑胶有限公司。住所地：浙江省温岭市大溪镇鸿达塑料工业园区。

法定代表人：张顺德，该公司执行董事。

委托诉讼代理人：严忠泽，上海沪慧律师事务所律师。

委托诉讼代理人：姜磊，上海沪慧律师事务所律师。

再审申请人刘宗贵因与被申请人台州市丰利莱塑胶有限公司（以下简称丰利莱公司）侵害实用新型专利权纠纷一案，不服浙江省高级人民法院（2017）浙民终32号民事判决，向本院申请再审。本院依法组成合议庭进行了审查，现已审查终结。

刘宗贵申请再审称：（一）采用压缩弹簧和采用拉伸弹簧属于等同特征。为了使调节拉杆复位，涉案专利采用压缩弹簧，被诉侵权产品采用拉伸弹簧，但弹簧采用拉伸技术与采用压缩技术均是公知的技术。同时，两者的功能和技术效果完全相同，均实现调节拉杆的复位，因此两者属于等同特征。(二）涉案专利中的“套体”可以与被诉侵权产品中的“销轴”相对应。在涉案专利中，套体用于对弹簧的上端部进行定位，在被诉侵权产品中，调节弹簧的上端挂设在调节拉杆中的一根销轴上，从而得到定位。本案符合《中华人民共和国民事诉讼法》第二百条第六项规定的情形，请求撤销一、二审判决，判决丰利莱公司构成专利侵权并赔偿经济损失，一审、二审、再审费用由丰利莱公司承担。

丰利莱公司提交意见称：(一）被诉侵权产品缺少涉案专利的多个技术特征，未落入涉案专利保护范围。涉案专利权利要求1共包含7个技术特征，被诉侵权产品的技术方案有三个技术特征与涉案专利权利要求1的相应技术特征不同，分别是技术特征3、6和7。关于技术特征3，被诉侵权产品的座椅椅体没有设置在椅体座之间的横杆上，而是设置在椅体座的另一根轴上。关于技术特征6和7所描述的结构，被诉侵权产品是弹簧一端挂设在调节拉杆末端的销体上，另一端挂设在调节座上，不具备涉案专利权利要求1所述的“孔径小于弹簧直径的套体”，弹簧也不是套设在调节拉杆两端。(二）采用压缩弹簧和采用拉伸弹簧并不属于等同特征。1. 弹簧的压缩和拉伸是两种完全不同的属性，必然导致在利用其不同属性时采用不同的手段。当利用弹簧的压缩属性时，其技术方案只能是使弹簧被压缩，并配套相应部件，这种技术方案和部件在利用弹簧拉伸属性的技术方案中无法使用。由于弹簧的压缩和拉伸属于两种截然不同的属性，当选择了应用压缩属性时，就意味着放弃了应用拉伸属性，两者在一个技术方案中不可能共存。2. 涉案专利技术方案中的套体不仅仅起到定位作用，还起到使弹簧压缩以及支承件的作用，是发明目的得以实现的必不可少的技术特征。被诉侵权产品中的弹簧既不是套设在调节拉杆两端，弹簧外也没有套体。3. 被诉侵权产品使调节拉杆复位的技术方案比涉案专利技术方案更为简单，不但使用的部件不同，其对部件的材料要求也不同，安全度更高。综上，刘宗贵的申请再审理由不能成立，应予驳回。

本院认为，根据再审申请人的申请再审理由及本案案情，本案在再审审查阶段的焦点问题是：被诉侵权产品是否具备与涉案专利权利要求1所述“其（调节拉杆）两端分别套设有弹簧，在弹簧的外围套有孔径小于弹簧直径的套体”相同或等同的技术特征。

本案中，根据涉案专利权利要求1的记载，调节拉杆两端分别套设有弹簧，在弹簧的外围套有孔径小于弹簧直径的套体。经二审法院查明，被诉侵权产品的调节拉杆两端分别通过销轴挂设有弹簧，但没有孔径小于弹簧直径的套体。二审法院认为，根据权利要求书的记载，涉案专利的调节拉杆上套设弹簧，且在弹簧的外面还套有孔径小于弹簧直径的套体，而被诉侵权产品系直接将弹簧两端分别挂设在调节拉杆和椅体上以达到实现椅体调节之目的，缺少权利要求记载的“套体”这一技术特征，应当认定被诉侵权产品未落入涉案专利权的保护范围。对此，本院认为，本案的关键在于恰当划分技术特征以便正确地进行技术特征比对。技术特征的划分应该结合发明的整体技术方案，考虑能够相对独立地实现一定技术功能并产生相对独立的技术效果的较小技术单元。如果划分技术特征时未恰当考虑该技术特征是否能够相对独立地实现一定技术功能并产生相对独立的技术效果，导致技术特征划分过细，则在侵权比对时容易因被诉侵权技术方案缺乏该技术特征而错误认定侵权不成立，不适当地限缩专利保护范围；如果未恰当考虑该技术特征是否系相对独立地实现一定技术功能和技术效果的较小技术单元，导致技术特征划分过宽，则在侵权比对时容易忽略某个必要技术特征而错误认定侵权成立，不适当地扩大专利保护范围。因此，恰当划分技术特征是进行侵权比对的基础。本案中，涉案专利权利要求 1 关于“其（调节拉杆）两端分别套设有弹簧，在弹簧的外围套有孔径小于弹簧直径的套体”的记载所实现的功能是：当需要调节椅体高度时，对调节拉杆产生回复力，使得销体和卡槽扣紧。可见，“套体”虽然是一个部件，但其功能和效果必须依赖于弹簧的配合才能实现，两者相互配合才能在整体技术方案中发挥作用。因此，在涉案专利权利要求 1 中，套体本身无法实现相对独立的功能，不宜作为一个独立的技术特征对待。在将涉案专利权利要求的技术特征与被诉侵权产品的相应技术特征进行比对时，应当将“其两端分别套设有弹簧，在弹簧的外围套设有孔径小于弹簧直径的套体”作为一个独立的技术特征进行比对，而不是将“套体”作为一个独立的技术特征进行比对。对比涉案专利权利要求 1 关于“其（调节拉杆）两端分别套设有弹簧，在弹簧的外围套有孔径小于弹簧直径的套体”的技术特征与被诉侵权产品的相应特征，被诉侵权产品是通过在调节拉杆两端设置销轴并挂设弹簧的方式实现相应的功能，而涉案专利则是通过在调节拉杆两端设置套体并套装弹簧的方式实现相应功能。两者虽然不属于相同的技术特征，但是无论是利用弹簧的拉伸原理调节座椅，还是采用弹簧的压缩原理调节座椅，均是利用了弹簧具有回复力的基本性质，手段基本相同，实现利用其回复力使得销体和卡槽扣紧的功能，并且两者所能达到的效果基本相同。而且，采用弹簧拉伸还是压缩的方式对于本领域普通技术人员来说是容易联想到的。因此，两者属于等同技术特征。二审法院将涉案专利权利要求记载的“套体”作为单独的技术特征，在此基础上进行侵权比对，进而以被诉侵权产品缺少套体特征为由认定未落入涉案专利权保护范围，未考虑相关技术特征是否构成等同，技术特征划分和侵权比对均有失妥当，应予纠正。在此基础上，对于被诉侵权产品是否最终落入涉案专利权利要求 1 的保护范围以及民事责任承担问题，应该重新进行审查认定。

依照《中华人民共和国民事诉讼法》第二百零四条，《最高人民法院关于适用〈中华人民共和国民事诉讼法〉的解释》第三百九十五条第一款规定，裁定如下：

一、指令浙江省高级人民法院再审本案；

二、再审期间，中止原判决的执行。

审 判 长 朱 理
审 判 员 毛立华
代理审判员 佟 姝
二〇一七年十二月二十日
书 记 员 焦 媛

22. 权利要求技术特征的划分方法

——再审申请人张强与被申请人烟台市栖霞大易工贸有限公司、被申请人魏二有侵犯专利权纠纷案

【裁判要旨】

划分权利要求的技术特征时，一般应把能够实现一种相对独立的技术功能的技术单元作为一个技术特征，不宜把实现不同技术功能的多个技术单元划定为一个技术特征。

【关键词】

技术特征　划分　相对独立的技术功能

【案号】

最高人民法院（2012）民申字第 137 号

【基本案情】

张强为“多功能程控拳击训练器”的实用新型专利（即本案专利）的权利人。本案专利权利要求1为：“一种用于拳击运动训练的多功能程控拳击训练器，该训练器包含五个靶标，测力传感器，指示灯，显示器，语音处理芯片和音乐芯片，及放音部件，一个折叠键盘，一个遥控器和遥控接收器，一个或者几个步进电机和相应的驱动，上述电路有一个单片机控制。”专利说明书记载：“在面板上有按头、胸、腹部位排列的五个靶位，在每个靶位内装有靶标。”烟台市栖霞大易工贸有限公司（以下简称大易工贸公司）的被诉侵权产品的对应技术特征为九个靶标，分别为左头击打部位、右头击打部位、左臂击打部位、右臂击打部位、左肋击打部位、右肋击打部位、腹部击打部位、左胯击打部位和右跨击打部位。张强以大易工贸公司构成侵权为由提起本案诉讼。山东省烟台市中级人民法院一审认为，本案专利权利要求1的技术特征“该训练器包含五个靶标”与被诉侵权产品对应的技术特征“九个靶标”不同，张强在申请专利时应当知道靶标的数量是可以变动的，但仍将靶标限定为五个，现又主张被诉侵权产品“九个靶标”的技术特征与其专利权利要求中“五个靶标”的技术特征等同，不予支持。遂判决驳回张强的诉讼请求。山东省高级人民法院二审维持一审判决。张强不服，向最高人民法院申请再审。2012年8月6日，最高人民法院裁定驳回其再审申请。

【裁判意见】

最高人民法院审查认为：本案专利和被诉侵权产品的靶标数量虽然不同，但是由于本案专利的每一个靶标在击打时单独发挥作用，因此不能将五个靶标作为一个技术特征来考虑，而应当将其分解为头部靶标、腹部靶标和腰部靶标来考虑。被诉侵权产品包含了头部靶标和腹部靶标，其胯部靶标与本案专利的腰部靶标在功能效果上是等同的，因此应当认定被诉侵权技术方案包含本案专利五个靶标的相同或等同技术特征。一审法院认为本案专利“五个靶标”的技术特征与被诉侵权产品“九个靶标”的技术特征不等同，适用法律错误。但因被诉侵权产品缺少本案专利的其他技术特征，未落入本案专利权保护范围。原审判决虽然在法律适用上存在不当之处，但判决结果正确。

中华人民共和国最高人民法院民事裁定书

（2012）民申字第137号

申请再审人（一审原告、二审上诉人）：张强，男，汉族，1961年12月4日出生，住山东省临邑县城区×路206号7号楼5单元402号。

被申请人（一审被告、二审被上诉人）：烟台市栖霞大易工贸有限公司。住所地：山东省栖霞市经济园969号。

法定代表人：李喜进，该公司董事长。

被申请人（一审被告、二审被上诉人）：魏二有，男，汉族，1960年8月24日出生，鲁东大学信息科学与工程学院教师，住山东省烟台市芝罘区×路184号60号楼3单元1号。

申请再审人张强因与被申请人烟台市栖霞大易工贸有限公司（以下简称大易工贸公司）、魏二有侵犯专利权纠纷一案，不服山东省高级人民法院（2011）鲁民三终字第160号民事判决，向本院申请再审。本院依法组成合议庭进行了审查，并于2012年4月6日公开询问，张强和大易工贸公司法定代表人李喜进到庭参加诉讼，魏二有经依法传唤未到庭。本案现已审查终结。

张强申请再审称：二审判决认定事实错误，适用法律不当。其主要理由如下：1. 二审法院将被诉侵权产品增加了升降功能作为不构成侵权的理由，属于适用法律错误。2. 关于音乐芯片。被诉侵权产品虽然没有音乐芯片，但是用存储器作为音源代替音乐芯片来实现语音功能，因此被诉侵权产品芯片内的存储器与涉案专利的音乐芯片和语音芯片属于等同物。3. 关于步进电机。涉案专利的步进电机属于附加技术特征，步进电机和被诉侵权产品的交流电机属于等同。4. 关于靶标。涉案专利五个靶标与被诉侵权产品的九个靶标属于等同。5. 关于外接键盘和按键。被诉侵权产品前期有外接PC机，后期有外接键盘，并且在配重箱后面都有一个按键作为输入设备。被诉侵权产品的外接键盘相当于涉案专利的遥控器和遥控接收器，其按键相当于涉案专利的折叠键盘。退一步而言，即使被诉侵权产品没有遥控器和遥控接收器，但由于上述技术特征是涉案专利的附加技术特征，被诉侵权产品故意省略上述特征，属于变劣侵权。此外，涉案专利有4项权利要求，二审法院认定涉案专利有3项权利要求属于认定事实错误。故请求撤销二审判决，依法提审本案。

大易工贸公司答辩称：1. 张强的再审申请不符合《中华人民共和国民事诉讼法》第一百七十九条的规定；2. 被诉侵权产品是大易工贸公司的专利产品，不构成侵权；3. 被诉侵权产品与涉案专利有本质区别，不构成侵权。

魏二有提供答辩意见称：二审判决认定事实清楚，适用法律正确。首先，张强自认被诉侵权产品不存在“遥控器和遥控接收器”以及“步进电机”，其认为上述技术特征属于从属权利要求和附加技术的抗辩不能成立。其次，张强承认被诉侵权产品缺少涉案专利必要技术特征“音乐芯片”，但其认为被诉侵权产品芯片内的存储器与“音乐芯片和语音芯片”等同的观点不成立。故请求驳回张强的再审申请。

本院审查查明，涉案专利权利要求 1 记载，涉案专利包含语音处理芯片、音乐芯片、放音部件。其说明书记载，语音系统可实时播报每次拳击的力度大小和伴奏音乐；语音系统有语音芯片、音乐芯片、音频功能输出极和喇叭构成，由单片机输出的寻址指令控制器实时参量（出拳的力度）的即时播报，而伴奏乐曲的选择和播放则是单片机在预置时根据键盘输入指令，寻址选通音乐芯片的某一曲目播放。双方当事人认可，被诉侵权产品具有语音处理芯片和放音部件，具备语音提示功能。

涉案专利权利要求 1 记载“该训练器包含五个靶标”，说明书记载“在面板上有按头、胸、腹部位排列的五个靶位，在每个靶位内装有靶标”。被诉侵权产品对应的技术特征为九个靶标，依照其产品说明书记载分为“左头击打部位、右头击打部位、左臂击打部位、右臂击打部位、左肋击打部位、右肋击打部位、腹部击打部位、左胯击打部位、右跨击打部位”。

本院认为，本案的争议焦点是被诉侵权产品是否落入涉案专利权保护范围。

1. 关于被诉侵权产品增加了升降功能是否是不构成侵权的理由。《最高人民法院关于审理专利纠纷案件应用法律若干问题的解释》第七条的规定，专利侵权判定适用全面覆盖原则，因此在侵权判断时，被诉侵权技术方案与涉案专利相比是否增加了技术特征无需考虑。被诉侵权技术方案包含涉案专利权利要求记载的全部相同或等同技术特征，即构成侵权；被诉侵权技术方案缺少涉案专利一个以上技术特征或者有一个以上技术特征与涉案专利不相同也不等同，即不构成侵权。二审法院将被诉侵权产品增加了升降功能作为不构成侵权的理由之一，属于适用法律不当。

2. 关于音乐芯片问题。张强认可被诉侵权产品没有音乐芯片，但认为被诉侵权产品的语音处理芯片与音乐芯片等同。从涉案专利权利要求 1 和说明书的记载可以看出，涉案专利的语音功能是通过语音处理芯片和放音部件实现的，音乐芯片的功能是用于播放伴奏音乐。被诉侵权产品有语音处理芯片，能实现语音提示功能，但不能实现播放伴奏音乐的功能。因此，被诉侵权产品缺少涉案专利音乐芯片的技术特征，张强的申请再审理由不成立。

3. 关于步进电机和交流电机问题。本案中，涉案专利步进电机的功能是控制靶标的位置和角度，而被诉侵权产品交流电机的功能是控制靶标的升降，使靶标调至适合训练者身高的高度，二者在功能效果上有所差别。但由于步进电机和交流电机都属于常规的驱动装置，仅在驱动方式和驱动精确度上有一定差别，步进电机的驱动控制比交流电机更为精确，且步进电机和交流电机的替换是本领域技术人员无需经过创造性劳动能够联想到的，因此本案中步进电机和交流电机是等同的。二审法院认为被诉侵权产品缺少了步进电机的技术特征属于适用法律不当。

4. 关于靶标问题。涉案专利和被诉侵权产品的靶标数量虽然不同，但是由于涉案专利的每一个靶标在击打时单独发挥作用，因此不能将五个靶标作为一个技术特征来考虑，应当将其分解为头部靶标、腹部靶标和腰部靶标来考虑。被诉侵权产品包含了头部靶标和腹部靶标，其胯部靶标与涉案专利的腰部靶标在功能效果上是等同的，因此应当认定被诉侵权技术方案包含涉案专利五个靶标的相同或等同技术特征。一审法院认为涉案专利“五个靶标”的技术特征与被诉侵权产品“九个靶标”的技术特征不等同属于适用法律错误，二审法院未予纠正亦属不当。

5. 关于外接键盘和按键问题。张强主张被诉侵权前期产品有外接 PC 机，后期产品有外接键盘，但未提供证据予以证明，一审法院现场勘验亦未发现上述部件。因此，张强不能证明被诉侵权产品有外接键盘，其关于被诉侵权产品的外接键盘相当于涉案专利遥控器和遥控接收器的主张不成立。根据《最高人民法院关于审理专利纠纷案件应用法律若干问题的解释》的相关规定，每一项权利要求都是一个完整的技术方案；《中华人民共和国专利法》第五十九条第一款规定的“权利要求”既包括“独立权利要求”，也包括“从属权利要求”。根据上述司法解释第七条确定的侵权判定原则，被诉侵权产品缺少一个以上技术特征即不构成侵权，因此张强关于被诉侵权产品属于省略遥控器和遥控接收器以及步进电机等附加技术特征的变劣侵权主张不成立。

被诉侵权产品与涉案专利相比对，缺少音乐芯片和遥控器及遥控接收器的技术特征，被诉侵权产品未落入涉案专利权保护范围，不构成侵权，因此二审判决结果正确。按键与折叠键盘是否构成等同对本案的侵权判断不产生影响，因此对按键与折叠键盘是否构成等同不再给予评述。

二审判决虽然存在法律适用不当之处，但是鉴于二审判决结果正确，张强的有关申请再审理由不足以改变二审判决结果，对其相关诉讼请求不予支持。

此外，一审中，张强选择以权利要求1作为保护范围，一、二审法院比对的也是涉案专利权利要求1记载的全部技术特征与被诉侵权产品技术特征，因此二审法院认定涉案专利有3项权利要求不会对判断被诉侵权产品是否落入涉案专利权的保护范围产生影响，张强有关申请再审理由不成立。

综上，张强的再审申请不符合《中华人民共和国民事诉讼法》第一百七十九条的规定。依照《中华人民共和国民事诉讼法》第一百八十一条第一款之规定，裁定如下：

驳回张强的再审申请。

审 判 长　王永昌
代理审判员　秦元明
代理审判员　李　剑
二〇一二年八月六日
书 记 员　周睿隽

2. 被诉侵权技术方案的查明

23. 专利侵权纠纷中被诉侵权技术方案的查明

——再审申请人江苏万高药业有限公司与被申请人成都优他制药有限责任公司、原审被告四川科伦医药贸易有限公司侵犯发明专利权纠纷案

【裁判要旨】

根据现有证据，能够查明被诉侵权产品的完整生产工艺，无需根据《最高人民法院关于民事诉讼证据的若干规定》第七十五条的规定，以生产工艺不完整为由推定被诉侵权产品的生产工艺与专利等同；即使认为被诉侵权人没有按照现有证据载明的生产工艺生产被诉侵权产品，也应当依法进行证据保全，譬如现场勘验、查封扣押生产记录等，而不是简单地进行推定。

【关键词】

技术方案查明　证据保全　现场勘验

【案号】

最高人民法院（2010）民提字第158号

【基本案情】

成都优他制药有限责任公司（以下简称优他公司）是名称为“藏药独一味软胶囊制剂及其制备方法”的发明专利（以下简称涉案专利）的专利权人。涉案专利权利要求1中关于独一味提取物的提取方法为：B1. 取独一味药材，粉碎成最粗粉；B2. 加水煎煮二次，第一次加10~30倍量的水，煎煮1~2小时，第二次加10~20倍量水，煎煮0.5~1.5小时；B3. 合并药液，滤过，滤液浓缩成稠膏；B4. 减压干燥，粉碎成细粉，过200目筛，备用。2007年2月7日，优他公司向四川省成都市中级人民法院提起诉讼称，江苏万高药业有限公司（以下简称万高公司）使用涉案专利制造和销售、四川科伦医药贸易有限公司（以下简称科伦公司）销售“独一味软胶囊”，侵犯了涉案专利权。一审法院根据优他公司的申请向国家食品药品监督管理局（以下简称国家药监局）调取了“独一味软胶囊”生产工艺的研究资料，载明被诉侵权产品中独一味提取物的提取方法为：b1. 取独一味药材1000g，粉碎；b2. 加10倍量水煎煮3次，每次1小时；b3. 合并煎液，滤过，滤液浓缩成相对密度为1.30的清膏；b4. 在80℃以下干燥，研成细粉备用。对于涉案专利B4与被诉侵权产品中b4的对比，一审法院认为，b4干燥后要求研成的细粉，应当是一个能满足软胶囊制剂要求的各种颗粒大小粉末的上位概念，并且包括了B4提出的过200目筛的细粉。由于b4仅有研成细粉的要求，其颗粒的均匀性效果上将不及B4提出的过200目筛的细粉，而B4中的过筛环节对最终细粉的粒度进行了质量控制，均一性效果更优，二者的细粉粒度不会存在本质上效果的不同。四川省成都市中级人民法院一审认定构成侵权。四川省高级人民法院二审认为，本案中涉案专利权利要求虽然是产品权利要求，但其中包含生产方法的技术特征，而对于药品生产企业而言，此类生产方法一般均处于他人难以获取的保密状态，因此，优他公司才在一审程序中申请法院从国家药监局调取了“独一味软胶囊”生产工艺的研究资料。由于上述证据中对于万高公司“独一味软胶囊”生产工艺的记载并不完整，没有明确记载其中的具体干燥和过筛方法，优他公司主张万高公司的技术方案侵犯其发明专利权，并在一、二审程序中多次要求万高公司提供其产品批生产记录及GMP申报材料等记载产品详细生产过程的资料，否则应当承担对其不利的法律责任。万高公司在举证期限内未提供上述证据以证明其在干燥和过筛程序中与涉案专利方案不同，根据《最高人民法院关于民事诉讼证据的若干规定》第七十五条的规定，推定被诉侵权产品 b4 与涉案专利 B4 属于等同特征。万高公司不服，向最高人民法院申请再审。最高人民法院提审本案后查明，根据《中华人民共和国药典》（2000 年版，一部）（以下简称《药典》）记载，细粉指能全部通过五号筛即 80 目筛，但含有能通过六号筛（即 100 目筛）不少于 95% 的粉末。万高公司在申请再审时提交了三份批生产记录，其记载的工艺过程包含了粉碎过 80 目筛的内容，并无过 200 目筛的步骤。

【裁判意见】

最高人民法院再审认为：本案中，一、二审法院均认定万高公司生产被诉侵权产品所使用的技术方案即为优他公司申请向国家药监局调取的“独一味软胶囊”生产工艺的研究资料所载明的技术方案，可以以该技术方案的特征与涉案专利权利要求 1 记载的相应技术特征进行比较。从该技术方案的内容看，对于独一味清膏干燥后研磨细度的要求，只有“研成细粉备用”的技术特征，没有“过 200 目筛”的技术特征，而根据《药典》的规定，“研成细粉”是指过 80 目筛的细粉，万高公司提交的批生产记录也进一步佐证该生产工艺在过 80 目筛后并无过 200 目筛的工艺步骤。可见该项工艺是完整的。虽然优他公司认为万高公司实际使用的方法是过 200 目筛，但并没有提供相应的证据予以证明，应认为被诉侵权产品缺少涉案专利权利要求 1 记载的“过 200 目筛”的技术特征。原审判决以调取的生产工艺不完整为由，根据《最高人民法院关于民事诉讼证据的若干规定》第七十五条的规定，简单推定“研成细粉”与“粉碎成细粉，过 200 目筛”等同，显然不妥。人民法院认定案件事实，应当首先根据现有证据进行。就本案来说，已经有一审法院调取的被诉侵权产品的生产工艺方法、万高公司提交的《药典》以及优他公司提交的涉案专利权利要求书和说明书等现有证据，根据这些证据记载的内容，完全可以认定调取的生产工艺中记载的“研成细粉备用”，是指过 80 目筛的细粉，而不是过 200 目筛的细粉，其工艺是完整的，根本不需要再根据《最高人民法院关于民事诉讼证据的若干规定》第七十五条的规定进行推定。退一步说，如果认为万高公司没有按照药品标准载明的生产工艺生产被诉侵权产品，也应当根据民事诉讼法和专利法有关证据保全的规定，依法进行证据保全，譬如现场勘验、查封扣押生产记录等，而不是简单地根据《最高人民法院关于民事诉讼证据的若干规定》第七十五条的规定进行推定。

中华人民共和国最高人民法院民事判决书

（2010）民提字第158号

申请再审人（一审被告、二审上诉人）：江苏万高药业有限公司，住所地江苏省海门经济技术开发区定海路688号。

法定代表人：李建新，董事长。

委托代理人：宁光，北京市天驰律师事务所律师。

委托代理人：文艳秋，女，江苏万高药业有限公司研发部职员，住天津市河东区晨×居7号楼1单元201号。

被申请人（一审原告、二审被上诉人）：成都优他制药有限责任公司，住所地四川省成都市锦江工业开发区金石路456号。

法定代表人：周先敏，总经理。

委托代理人：孙喜，北京市立方律师事务所律师。

委托代理人：李育飞，男，成都优他制药有限责任公司职员，住四川省成都市青羊区×路43号2栋1单元7楼14号。

原审被告：四川科伦医药贸易有限公司，住所地四川省成都市新都区大丰镇皇花村。

法定代表人：何岳，董事长。

申请再审人江苏万高药业有限公司（以下简称万高公司）因与被申请人成都优他制药有限责任公司（以下简称优他公司）、原审被告四川科伦医药贸易有限公司（以下简称科伦公司）侵犯发明专利权纠纷一案，不服四川省高级人民法院（2010）川民终字第63号民事判决，向本院申请再审。本院于2010年8月27日作出（2010）民申字第917号民事裁定，提审本案。本院依法组成合议庭于2010年10月15日公开开庭审理了本案。申请再审人万高公司的委托代理人宁光、文艳秋，被申请人优他公司的委托代理人孙喜、李育飞到庭参加诉讼，科伦公司经本院合法传唤，未到庭参加诉讼，但向本院提交了书面答辩意见。本案现已审理终结。

2007年2月7日，优他公司起诉至四川省成都市中级人民法院称，优他公司是名称为“藏药独一味软胶囊制剂及其制备方法”、专利号为200410031071.4的发明专利的专利权人。万高公司使用优他公司该专利方法制造、销售凯高牌“独一味软胶囊”，科伦公司销售该产品，均侵犯了优他公司的发明专利权。请求法院判令万高公司、科伦公司：1. 停止制造、销售药品批准文号为国药准字

Z20050221 的“独一味软胶囊”产品；2. 赔偿损失 120 万元；3. 承担因调查、制止侵权行为所支付的费用等共计 75060 元。

万高公司辩称，本公司生产的“独一味软胶囊”所采用的技术方案与专利权利要求保护的技术方案不相同也不等同，并没有落入专利权的保护范围，不构成侵权。优他公司请求的赔偿数额没有依据。对于专利许可合同中记载的许可费数额，不应作为本案赔偿数额的参考。优他公司诉讼请求中将“国药准字 Z20050221”作为诉讼标的物不合理，该标的物并不唯一确定。

科伦公司辩称，科伦公司于 2006 年间分别从四川三益医药有限责任公司、成都森科有限责任公司药品经营分公司购进了万高公司生产的凯高牌“独一味软胶囊”，科伦公司为合法销售行为，并未构成侵权。即使凯高牌“独一味软胶囊”是未经专利权人许可而制造并售出的产品，科伦公司不知情且经合法渠道购进该产品而进行销售，不应承担赔偿责任。

四川省成都市中级人民法院一审查明，优他公司于 2004 年 4 月 20 日向国家知识产权局申请名称为“藏药独一味软胶囊制剂及其制备方法”的发明专利，国家知识产权局于 2006 年 5 月 10 日以授权公告号为 CN1255100C 予以公告，专利号为 200410031071.4。其权利要求共有 16 项，其中权利要求 1 限定的技术方案中包含的提取方法 1 表征内容的保护范围可归纳为：A. 一种独一味的软胶囊制剂，原料组成为：独一味提取物 20～30 重量份，植物油 25～36 重量份，助悬剂 1～5 重量份；B. 其中的独一味提取物是由下述方法提取得到的：B1. 取独一味药材，粉碎成最粗粉；B2. 加水煎煮二次，第一次加 10～30 倍量的水，煎煮 1～2 小时，第二次加 10～20 倍量水，煎煮 0.5～1.5 小时；B3. 合并药液，滤过，滤液浓缩成稠膏；B4. 减压干燥，粉碎成细粉，过 200 目筛，备用。

本案审理期间，万高公司等作为请求人曾对涉案专利提出了无效宣告请求，经国家知识产权局专利复审委员会及北京市第一中级人民法院和北京市高级人民法院的行政诉讼审理，北京市高级人民法院作出的（2008）高行终字第 697 号、第 698 号终审判决，均维持了优他公司 200410031071.4 号发明专利权有效。

一审法院根据优他公司的申请向国家食品药品监督管理局（以下简称国家药监局）调取了药品批准文号“国药准字 Z20050221”药品注册批件的 YBZ08242005 标准（试行）及江苏晨牌药业有限公司（以下简称晨牌药业公司）报送的“独一味软胶囊”生产工艺的研究资料，载明的被诉产品的对应技术特征为：a. 独一味软胶囊制剂，由独一味提取物、玉米油和蜂蜡，按比例为独一味提取物4.03～4.06kg，玉米油5.81～5.85kg，蜂蜡242～244g组成，换算为与优他公司专利可进行对比的配比关系是：独一味提取物20.15～20.3重量份，玉米油29.05～29.25重量份，蜂蜡1.21～1.22重量份；b. 其中的独一味提取物是由下述方法提取得到的：b1. 取独一味药材1000g，粉碎；b2. 加10倍量水煎煮3次，每次1小时；b3. 合并煎液，滤过，滤液浓缩成相对密度为1.30的清膏；b4. 在80℃以下干燥，研成细粉备用。

一审审理过程中，优他公司申请对其向国家药监局调取的晨牌药业公司报送的“独一味软胶囊”生产工艺的研究资料，依照国家药监局药品批准文号“国药准字Z20050221”生产的“独一味软胶囊”产品的生产方法与优他公司200410031071.4号专利生产方法是否相同或等同进行司法鉴定。四川省成都市中级人民法院委托北京紫图知识产权司法鉴定中心（以下简称北京紫图中心）进行了司法鉴定。该中心作出的北京紫图〔2009〕知鉴字第007号鉴定报告结论是：基于被诉产品与优他公司权利要求1产品的剂型、组成及配比特征的a与A相同；在对其中独一味提取物制备方法的特征中，b1、b2与B1、B2等同，b3与B3相同，b4与B4等同，因此，二者整体技术方案等同。

科伦公司于2006年间分别从四川三益医药有限责任公司、成都森科有限责任公司药品经营分公司购进了万高公司生产的凯高牌“独一味软胶囊”进行销售。优他公司于2006年12月4日通过四川省成都市公证处公证购买了万高公司生产、科伦公司销售的“独一味软胶囊”产品。

2006年11月18日，优他公司与甘肃独一味生物制药有限责任公司（以下简称甘肃独一味公司）签订“专利实施许可合同”。约定优他公司将专利号为200410031071.4、名称为“藏药独一味软胶囊制剂及其制备方法”的发明专利许可给甘肃独一味公司实施，许可方式为普通实施许可，实施时间为5年即2006年11月20日至2011年11月19日，每年专利实施许可费为40万元。2008年9月10日，甘肃独一味公司支付给优他公司专利许可使用费40万元。

2007年1月18日，优他公司与北京太兆天元知识产权代理有限责任公司（以下简称北京天元公司）签订“协议书”约定，北京天元公司为优他公司就专利号为200410031071.4、名称为“藏药独一味软胶囊制剂及其制备方法”的发明专利进行维权诉讼（侵权人为万高公司）及其他代理事宜，一审程序代理费用72000元，二审程序代理费用2万元，无效宣告程序代理费45000元。优他公司已经支付北京天元公司代理费72000元。

优他公司为本案诉讼支付购买侵权产品费用184.20元，公证费共计2400元，信息查询费120元，律师代理费10万元等，共计金额102704.20元。

四川省成都市中级人民法院一审认为，本案争议的内容只涉及涉案专利的权利要求1。权利要求1是一项含有以制备方法表征的技术特征在内的产品权利要求。即，该权利要求保护的是一种由独一味提取物、植物油和助悬剂三种组分以所限定的比例范围组成的软胶囊制剂药物产品，并且其中的独一味提取物组分应当是由所限定的四种提取方法中的任意一种制备得到的。本案中原、被告三方争议焦点仅涉及该权利要求1中所列四种提取方法中的第1种方法，即被诉产品对涉案的优他公司200410031071.4号发明专利中含有提取方法I表征内容的权利要求1是否构成侵权。

具体分析鉴定结论中万高公司持有异议的技术特征，（1）b1与B1都是煎煮前先进行的粉碎，其差别是b1的“粉碎”实际上是一种可以包括最粗粉、粗粉、中粉等各种不同大小颗粒在内的上位概念要求。B1中的“粉碎成最粗粉”是在粉碎程度上对颗粒大小的一个具体下位要求。由于b1上位概念的“粉碎”要求中实际上必然包含了最粗粉在内，而研究资料中的“粗粉”也是专利说明书实验中已有过明确记载的一种具体形式，且二者都不会影响提取物浸膏粉的得粉率，即不会对独一味软胶囊制剂的剂型、组成及配比有实质性影响，但在生产操作中粗粉的效果则不及B1好。因此，b1应当是一种以基本相同的手段、实现基本相同的功能、达到基本相同的效果但生产操作的效果会变较差，并且无需创造性劳动就可由专利说明书直接得到的技术措施，应当属于是与B1等同的技术特征。（2）b2与B2都是对上步粉碎后的药材以水为提取溶媒加水煎煮，二者的差别是b2是煎煮3次，涉案专利的B2则是煎煮2次。通过专利说明书记载的煎煮1～3次对煎煮效果影响的实验表明，煎煮2次或3次除只影响生产成本外，二者的得粉率和木犀草素含量接近，不会对独一味软胶囊制剂的剂型、组成及配比有实质性影响。因此，b2应当属于是与涉案专利B2等同的技术特征。（3）b3与B3的差别是，b3是将滤液浓缩成相对密度为1.30的清膏，涉案专利的B3是滤液浓缩成稠膏。由水煎煮液中得到干燥的提取物成分，最后干燥前先除去煎煮液中的水进行浓缩，是中药制剂中的一种常规中间操作过程。由于目前对清膏和稠膏尚无规范的定义和标准，只是生产过程中的一种通俗叫法，通常是以密度或比重控制，密度高或比较黏稠的称稠膏，密度低或流动性好的则称清膏，但不同药材，浓缩到同一比重，会有不同的黏稠情况，根据情况常会笼统地以清膏、稠膏称呼，不会对独一味软胶囊制剂的剂型、组成及配比产生实质影响，因此，b3 的清膏和专利 B3 的稠膏并无本质的区别，二者应属于以基本相同的手段、实现基本相同的功能、达到基本相同的效果，且无需创造性劳动即可由专利说明书直接得到的技术措施的等同特征。（4）b4 与 B4 的差别是，b4 的干燥条件是 80℃以下，干燥后研成细粉备用；B4 的干燥条件是减压干燥，干燥后粉碎成过 200 目筛的细粉。其中涉及干燥的温度条件和干燥后的粉碎程度。首先，在干燥过程中降低操作温度以防止和避免有效成分的破坏和损失，是中药制剂常识。减压干燥的目的和效果，就是为了降低操作温度和提高干燥效率，这也是制药领域中的常识。对独一味水煎煮液进行减压干燥时，其操作温度必然低于水的 100℃常压沸点，且实际温度的降低程度可随减压程度的增加而加大。因此，b4 的 80℃以下的干燥温度范围与 B4 减压干燥的实际温度是基本重叠的。但是，b4 中并未明确所说的 80℃以下的温度是常压条件下的操作温度还是减压条件下的温度。如果是常压下的干燥温度，则其干燥效率将明显低于 B4 的减压干燥；如果同样也是减压干燥，则 b4 就与 B4 完全相同。其次，b4 干燥后要求研成的细粉，应当是一个能满足软胶囊制剂要求的各种颗粒大小粉末的上位概念，并且包括了 B4 提出的过 200 目筛的细粉。由于 b4 仅有研成细粉的要求，其颗粒的均匀性效果上将不及 B4 提出的过 200 目筛的细粉，而 B4 中的过筛环节对最终细粉的粒度进行了质量控制，均一性效果更优，二者的细粉粒度不会存在本质上效果的不同。因此，b4 与 B4 在干燥的温度及粉碎颗粒大小要求上的差异，同样不会对独一味软胶囊制剂的剂型、组成及配比有实质性影响，二者同样都应属于是以基本相同的手段、实现基本相同的功能、达到基本相同的效果但会使某些其它方面的效果变差，且无需创造性劳动即可由专利说明书直接得到的技术措施的等同特征。

根据北京市高级人民法院关于维持专利权有效的终审判决，优他公司专利提出的独一味软胶囊制剂是剂型、组成成分、配比均不同于现有硬胶囊制剂的一种产品，对独一味提取物成分的制备方法是在具体工艺条件上进行的优化选择，专利权人在授权和无效宣告程序中也没有对这些工艺条件的技术特征重新作出限缩性的修改或陈述。因此，对万高公司、科伦公司关于本案应适用禁止反悔原则的主张不予支持。万高公司以生产经营为目的，未经优他公司许可，制造、销售其发明专利产品；科伦公司销售了由万高公司制造、销售的产品，万高公司、科伦公司侵犯了优他公司的专利权，应承担停止侵权的民事责任。

优他公司举证证明其专利许可使用费每年为 40 万元，根据优他公司的专利类别、侵权人侵权的时间、侵权范围、优他公司为本案诉讼支出的费用等综合因素，万高公司应赔偿优他公司损失40万元以及为本案诉讼支出的合理费用75060元。关于优他公司要求科伦公司赔偿损失的主张，科伦公司举证证明其销售“独一味软胶囊”具有合法来源，同时优他公司、万高公司对其无异议，故对科伦公司的主张予以支持。科伦公司应停止销售万高公司制造的“独一味软胶囊”产品，但不承担赔偿责任。对优他公司提出科伦公司应承担赔偿责任的主张不予支持。据此作出（2007）成民初字第249号判决：1. 万高公司立即停止制造、销售使用优他公司享有的200410031071.4号发明专利权的“藏药独一味软胶囊制剂及其制备方法”来制造、销售药品批准文号为国药准字Z20050221的“独一味软胶囊”产品，且在未合法取得该专利权及专利使用权前及该专利权失效前不得使用该专利；2. 科伦公司在判决生效之日起，立即停止销售由万高公司制造、许诺销售使用优他公司享有的200410031071.4号发明专利权的“藏药独一味软胶囊制剂及其制备方法”制造、许诺销售的药品批准文号为国药准字Z20050221的“独一味软胶囊”产品；3. 万高公司在判决生效之日起赔偿优他公司经济损失40万元；4. 万高公司、科伦公司在判决生效之日起分别承担优他公司为制止侵权而支付的合理费用66720元、8340元；5. 如万高公司、科伦公司未按判决指定的期间履行上述赔偿义务，则应当按照《中华人民共和国民事诉讼法》第二百二十九条之规定，加倍支付迟延履行期间的债务利息；6. 驳回优他公司的其余诉讼请求。一审案件受理费16385元，其它诉讼费4915.50元，鉴定费10万元，共计121300.50元，由万高公司承担115300.50元，科伦公司承担1000元，优他公司承担5000元。

万高公司不服该判决，向四川省高级人民法院提起上诉。

四川省高级人民法院二审查明，国家药监局药品批准号国药准字Z20050221药品注册批件的YBZ08242005标准（试行）及晨牌药业公司报送的“独一味软胶囊”生产工艺的研究资料载明的被诉产品的对应技术特征为：a. 独一味软胶囊制剂，由独一味提取物、玉米油和蜂蜡，按比例为独一味提取物4.03、4.05或4.06kg，玉米油5.81～5.85kg，蜂蜡242、243或244g组成，而一审法院在认定本案事实时，表述为“按比例为独一味提取物4.03～4.06kg，玉米油5.81～5.85kg，蜂蜡242～244g组成”，应予纠正，除此之外，二审法院对一审判决查明的其它事实予以确认。

四川省高级人民法院二审认为，二审诉讼涉及的争议焦点为：

一、万高公司的被诉侵权产品是否落入涉案专利权的保护范围而构成侵权。

1. 被诉侵权产品的特征 a 与优他公司主张的涉案专利技术方案的特征 A（剂型、组成、配比特征）相同，对此万高公司在庭审中表示并无异议。2. 涉案专利技术方案的特征 B（包含 B1、B2、B3、B4 特征）为独一味提取方法特征。万高公司认为该专利的原始权利要求保护的是仅包含产品剂型、组成和配比的特征，没有对独一味提取物的提取方法进行任何限定，在该专利审查过程中，优他公司根据审查意见通知书对原权利要求进行了限缩性修改，增加了对独一味提取物提取方法的限定，并在后续的无效审查程序中主张该专利所述的独一味提取物的提取方法未被现有技术公开，由此得到的本发明中所述独一味提取物与现有技术如《中华人民共和国药典》（2000 年版，一部）中的独一味提取物并不等同，这说明优他公司已将《中华人民共和国药典》（2000 年版，一部）中的公知技术排除在涉案专利的保护范围之外，而万高公司独一味提取物的提取方法依据的就是 2000 年版药典一部中的公知技术，故根据禁止反悔原则，万高公司对独一味提取物的提取方法与涉案专利技术方案中的提取方法不构成等同。对此二审法院认为，应视为优他公司在专利授权和无效程序中放弃了仅包含药品剂型、组成和配比特征的技术方案。同时，通过比较可知，万高公司独一味提取物的提取方法与《中华人民共和国药典》（2000 年版，一部）中记载的提取方法并不相同，区别在于万高公司的提取方法增加了对煎煮加水比例的限定，并增加了将干燥所得物研成细粉的限定。可见被诉侵权产品的技术方案并不在优他公司在专利授权和无效程序中所放弃的技术方案范围内，故一审判决将被诉侵权产品的提取方法特征与涉案专利相应特征进行等同对比与禁止反悔原则并无冲突。对于万高公司认为一审判决违反禁止反悔原则的主张不予支持。3. 被诉侵权产品的特征 b1 与优他公司主张的涉案专利技术方案的特征 B1 都是煎煮前对药材进行粉碎，其差别为 b1 表述为“粉碎”，B1 中为“粉碎成最粗粉”。“粉碎”实际上是一种可以包括最粗粉、粗粉、中粉等各种不同大小颗粒在内的上位概念要求。B1 中的“粉碎成最粗粉”是在粉碎程度上对颗粒大小的一个最低要求。粉碎成“最粗粉”和“粗粉”都不会影响提取物浸膏粉的得粉率，即不会对独一味软胶囊制剂的剂型、组成及配比有实质性影响。因此，b1 与 B1 相比，属于一种以基本相同的手段、实现基本相同的功能、达到基本相同的效果，并且本领域普通技术人员无需创造性劳动就可联想到的技术措施，与 B1 为等同的技术特征。4. 被诉侵权产品的特征 b2 与优他公司主张的涉案专利技术方案的特征 B2 都是对上步粉碎后的药材以水为提取溶媒进行煎煮，二者的差别为 b2 中煎煮 3 次，B2 中煎煮 2 次。在涉案专利技术方案中，煎煮过程中的加水量、煎煮次数及煎煮时间等各技术参数间并不是孤立存在互不影响的，而是有相互关联并可以协同互补调整的，不应将其完全隔离开来分别一一对比。而且，上述技术特征的组合并不构成完整的技术方案，而仍然属于表明提取方法中煎煮工艺的技术特征，因此，对于万高公司认为一审没有进行技术特征的一一对比，而是对整体技术方案进行对比的主张不予支持。除煎煮次数不同外，b2 中的总加水量和总煎煮时间等其它相关联技术参数则都在专利特征 B2 的对应参数范围内。根据涉案专利说明书记载的煎煮 1 ~ 3 次对煎煮效果影响的实验表明，煎煮 2 次或 3 次除只影响生产成本外，二者的得粉率和木犀草素含量接近，不会对独一味软胶囊制剂的剂型、组成及配比有实质性影响。因此，b2 与 B2 相比，属于以基本相同的手段、实现基本相同的功能、达到基本相同的效果，并且本领域普通技术人员无需创造性劳动就可联想到的技术手段，与 B2 为等同的技术特征。5. 被诉侵权产品的特征 b3 与优他公司主张的涉案专利技术方案的特征 B3 都是对滤液进行浓缩的步骤，区别在于 b3 中表述为“将滤液浓缩成相对密度为 1.30 的清膏”，而 B3 中表述为“滤液浓缩成稠膏”。由水煎煮液中得到干燥的提取物成分，最后干燥前先除去煎煮液中的水进行浓缩，是中药制剂中的一种常规中间操作过程。由于目前对“清膏”和“稠膏”尚无规范的定义和标准，只是生产过程中的一种通俗叫法，通常是以密度或比重控制，密度高或比较黏稠的称稠膏，密度低或流动性好的则称清膏，但两种概念并无明确的区分界限。万高公司主张稠膏密度一般在 1.4 左右，与密度 1.3 的清膏不同。但在万高公司于二审提交的证据 2 第 279 页中却明确记载“稠膏的比重一般热测（80 ~ 90℃）为 1.30 ~ 1.35”，可见稠膏的密度也可以为 1.3，b3 的清膏和涉案专利特征 B3 的稠膏并无本质的区别，不会对独一味软胶囊制剂的剂型、组成及配比产生实质影响，二者属于以基本相同的手段、实现基本相同的功能、达到基本相同的效果，且无需创造性劳动即可联想到的技术措施，为等同特征。6. 被诉侵权产品的特征 b4 与优他公司主张的涉案专利技术方案的特征 B4 区别在于，b4 的干燥条件是 80℃以下，干燥后研成细粉；B4 的干燥条件是减压干燥，干燥后粉碎成细粉，过 200 目筛。其中涉及干燥的温度条件和干燥后粉碎程度要求。首先，在干燥过程中降低操作温度以防止和避免有效成分的破坏和损失，是中药制剂常识。减压干燥就是为了降低操作温度和提高干燥效率，这也是制药领域中的常识，药液的常压沸点一般为 100℃左右，减压后沸点必然低于 100℃，因此，减压干燥对温度的实质性要求就是干燥温度低于 100℃，b4 中 80℃以下的干燥温度范围实际落入了B4中减压干燥的干燥温度范围。另外，b4中并未明确所说的80℃以下干燥是常压条件下的操作还是减压条件下的操作。如果是常压下的干燥，则两者的操作设备会有所不同，但优他公司要求保护的涉案专利权利要求为产品权利要求，上述的设备区别并不会对产品的剂型、组成和配比造成实质性影响；如果同样也是减压干燥，则b4中的干燥方法就与B4完全相同。其次，b4干燥后要求研成细粉，并未明确表述有过筛步骤，但万高公司在二审庭审中表示，其在该生产过程中实际上确实存在过筛环节，但并非是过200目筛。二审法院认为，本案中涉案专利权利要求虽然是产品权利要求，但其中包含生产方法的技术特征，而对于药品生产企业而言，此类生产方法一般均处于他人难以获取的保密状态，因此，优他公司才在一审程序中申请法院从国家药监局调取了药品批准文号“国药准字Z20050221”药品注册批件的YBZ08242005标准（试行）及晨牌药业公司报送的“独一味软胶囊”生产工艺的研究资料，上述证据表明万高公司的相关技术方案与涉案专利技术方案确有相同和等同之处，但由于上述证据中对于万高公司“独一味软胶囊”生产工艺的记载并不完整，没有明确记载其中的具体干燥和过筛方法，优他公司主张万高公司的技术方案侵犯其发明专利权，并在一审及二审程序中多次要求万高公司提供其产品批生产记录及GMP申报材料等记载涉案药品详细生产过程的资料，否则应当承担对其不利的法律责任。万高公司在举证期限内未提供上述证据以证明其在干燥和过筛程序中与涉案专利方案不同。根据《最高人民法院关于民事诉讼证据的若干规定》第七十五条的规定，有证据证明一方当事人持有证据无正当理由拒不提供，如果对方当事人主张该证据的内容不利于证据持有人，可以推定该主张成立。因此，二审法院推定b4与B4属于等同特征。万高公司主张被诉侵权产品的技术方案中缺少涉案专利技术方案中的“减压”和“过200目筛”的特征。二审法院对此认为，“减压”是对“干燥”步骤的具体描述，经审查，被诉侵权产品的技术方案同样存在“干燥”和“过筛”两技术特征，故对万高公司的上述主张不予支持。

综上，一审判决对于被诉侵权产品的技术方案特征a与涉案专利技术方案的特征A为相同技术特征，被诉侵权产品的技术方案特征b1、b2、b3、b4与涉案专利的技术方案特征B1、B2、B3、B4分别构成等同特征，被诉侵权产品的技术方案落入了涉案专利的保护范围内并构成侵权的认定正确。

二、万高公司是否应当承担相应的民事责任。1. 由于万高公司侵犯优他公司涉案专利权事实成立，因此，应当立即停止侵权行为，而其具体侵权行为是制造、销售使用优他公司享有的发明名称为“藏药独一味软胶囊制剂及其制备方法”200410031071.4号发明专利制造的药品批准文号为国药准字Z20050221的“独一味软胶囊”产品的行为，因此，一审判决万高公司立即停止使用该专利的具体产品的制造、销售行为并无不当，故对万高公司提出一审判决主文第一项要求万高公司立即停止制造、销售带有国药准字Z20050221的独一味软胶囊产品的判决有误的主张不予支持。但一审判决主文第一项在表述上略有不妥，应修正为“江苏万高药业有限公司在本判决书生效之日起，立即停止对使用成都优他制药有限责任公司享有的专利号为ZL200410031071.4发明专利制造的药品批准文号为国药准字Z20050221的‘独一味软胶囊’产品的制造、销售行为”。2. 一审判决根据涉案专利权的类别、侵权人侵权的性质和情节、专利许可使用费数额、该专利许可的性质、范围、时间等因素，判决万高公司赔偿优他公司经济损失40万元是合理、合法的。对于万高公司提出的一审判决判赔金额过高的主张不予支持。一审判决认定事实清楚，适用法律正确，判决驳回上诉，维持原判。二审案件受理费16385元，由万高公司负担。

万高公司申请再审称，1. 涉案专利在申请授权和无效宣告请求审查过程中，被申请人为获得授权和维持专利权有效，对权利要求进行了限缩性修改，并在意见陈述中认为权利要求1中的方法特征是经大量工艺和验证试验后最终确定的工艺步骤，与现有技术的独一味提取物并不等同。因此，根据禁止反悔原则，被诉侵权产品不落入专利权的保护范围。被诉侵权产品的技术特征与涉案专利权利要求1第一种技术方案记载的相应技术特征既不相同，也不等同。（1）被诉侵权产品的技术特征为加水煎煮3次，而涉案专利的相应技术特征则是煎煮2次，工艺步骤明显不同。（2）被诉侵权产品技术特征是浓缩成清膏，而专利的相应技术特征则是浓缩为稠膏，两者在性状上有本质区别。（3）被诉侵权产品的技术特征选择在80℃下干燥，干燥在药典中有着明确的规定，是指常压下的干燥，其本身并不包括“减压”这一技术手段，与专利权利要求记载的“减压干燥”不构成等同。（4）“最粗粉”、“粗粉”、“中粉”、“细粉”、“极细粉”等粉末以及80目筛和200目筛等在药典中都有着明确规定，彼此之间有着明确的不同。被诉侵权产品的技术特征为“细粉”，即过五号筛（80目筛）的细粉，而涉案专利权利要求记载的相应技术特征为首先达到过五号筛（80目筛）的细粉标准，然后再过九号筛（200目筛），此时过200目筛后的粉末才是涉案专利技术方案要求的备用粉末，其在粉末性状上和过筛手段上与被诉侵权产品的技术特征完全不同，被诉侵权产品的技术特征缺少涉案专利权利要求 1 记载的“过 200 目筛”必要技术特征。北京紫图中心的鉴定报告结论错误，原一、二审判决采信该鉴定结论，并判决申请再审人构成侵权，显然不当。2. 药品的国药准字号与药品的工艺配方不具有唯一对应性，不因药品工艺配方的改变而改变，生产厂家对工艺配方调整后经过国家药监局批准，仍可用原来的国药准字号进行生产、销售。因此，原一、二审判决将申请再审人的药品国药准字号纳入禁止使用的范畴，没有事实依据和法律依据。请求本院依法撤销原一、二审判决，改判驳回优他公司的诉讼请求。

被申请人优他公司辩称，1. 本案不应当适用禁止反悔原则，虽然优他公司在申请专利过程中对权利要求 1 进行过修改，增加了“独一味提取物制备方法”特征，但在本案中优他公司对此并未反悔，在主张侵权时仍考虑了上述特征。并且上述方法特征原本就记载在原权利要求 5 中，优他公司并未对该方法特征作过限缩性修改和意见陈述。上述新增加的“独一味提取物制备方法”特征本身对于涉案专利的授权和无效宣告请求审查程序中被维持有效并没有产生实质性的作用，因此，该部分特征不应当成为适用禁止反悔原则的基础。2. 被诉侵权产品构成对涉案专利的等同侵权。（1）将独一味药材煎煮 2 次和 3 次，得粉率和木犀草素含量接近，构成等同。（2）本领域技术人员对于“清膏”、“稠膏”没有严格区分，可以替代使用，没有本质区别。（3）b4 中“80℃以下干燥”并未排除减压干燥的手段，即使认为被诉侵权产品是在常压下干燥，由于常压干燥和减压干燥都是本领域的已有技术手段，应当认定两者构成等同。（4）被诉侵权产品并不缺少“过 200 目筛”技术特征，b4 中的“研成细粉”与技术特征 B4 中的“粉碎成细粉，过 200 目筛”构成等同。被诉侵权产品的制备方法必然具备过筛的步骤，否则无从知道是否符合药典对“细粉”的规定。由于独一味提取物的颗粒越细，软胶囊的质量越稳定，本领域技术人员通常会将研成细粉的独一味提取物“过 200 目筛”。而且，“细粉”本身也含有大量能够通过 200 目筛的粉末，与过 200 目筛的粉末在效果上没有本质不同。由于万高公司没有尽到举证责任，导致一、二审法院只能根据本领域普通常识进行合理推断，应由万高公司承担不利的法律后果。3. 万高公司认为“一、二审法院作出了要求申请再审人立即停止制造、销售带有国药准字 Z20050221 的独一味软胶囊产品的判决”明显是对一、二审判决内容的故意曲解，该项判决主文只是禁止侵权产品使用该文号，并没有禁止不侵权产品使用该文号。

原审被告科伦公司称，科伦公司于 2006 年间分别从四川三益医药有限责任公司、成都森科有限公司药品经营分公司购进了由万高公司生产的凯高牌独一味软胶囊。根据当时的法规，两公司均提供了其合法有效的营业执照及企业药品经营质量管理规范认证证书等资料，也提供了万高公司有效的药品生产许可证以及新药证书等证明资料，科伦公司为合法销售行为，并未构成侵权。根据专利法第六十三条第二款的规定，科伦公司并不承担赔偿责任。

本院查明，原二审判决认定的事实基本属实。另查明以下事实：

（一）涉案专利授权公告文本说明书第12页“最佳提取条件的确定”一节记载：“取独一味提取物三份，每份1000g，加20倍水，分别煎煮1次、2次、3次，分别滤过，滤液浓缩，干燥……结果表明，煎煮2次和煎煮3次，得粉率和木犀草素含量接近，为降低生产成本，选择煎煮2次。”说明书第15页“实验例5浸膏粉细度的确定”一节记载：“减小粒度，增加分散媒黏度都可以有效地减小沉降速度，保证混悬液的稳定性。……试验结果表明过200目筛的细粉沉降比值最大，因此，将独一味提取物干粉碎成过200目筛的细粉，制成的软胶囊内容物混悬体系最稳定。”

在涉案专利申请授权的程序中，优他公司答复国家知识产权局专利局发出的《第一次审查意见通知书》所作的“意见陈述书”记载：“根据审查意见，申请人对原权利要求1进行了修改，增加了对独一味提取物的限定，具体是以说明书所述独一味提取物的四种制备方法加以限定”；“本发明所述独一味提取物的四种制备方法为发明人进行了大量的工艺筛选和验证试验后最终确定的工艺步骤，现有技术中并没有公开，由此得到的本发明中所述的独一味提取物与现有技术如《中华人民共和国药典》（2000年版，一部）中的独一味提取物并不等同。”

在万高公司等作为无效宣告请求人对涉案专利提出专利权无效宣告请求的审查过程中，优他公司在口头审理答辩词中称：“涉案专利对独一味提取物的粉碎度研究表明过200目筛的细粉沉降比值最大，制成的软胶囊内容物混悬体系最稳定”；“独一味软胶囊与独一味胶囊相比较有如下优点：……而在独一味软胶囊制备过程中，独一味提取物是最终粉碎成细粉，通过200目筛。”国家知识产权局专利复审委员会针对该专利权无效宣告请求作出的第11005号无效宣告请求审查决定（以下简称第11005号无效决定）认为：“制备方法I表征的权利要求1还包含了证据1和证据2没有公开的区别技术特征如将独一味药材‘粉碎成最粗粉’，加水‘煎煮二次’，第一次加‘10～30倍量水’，第二次加‘10～20倍量水’，将稠膏‘粉碎成细粉，过200目筛’，即在独一味提取物的制备过程中对具体工艺条件进行了优化选择，煎煮次数及加水量的选择提高了得粉率及有效成分木犀草素的含量，将稠膏粉碎成过200目筛的细粉更大大优化了沉降比，经过工艺优化使得专利产品产生了与现有剂型相比，服用剂量小、在肠胃道中崩解快、吸收快、显效快、生物利用度高、制剂稳定性强等有益效果。”据此，第11005号无效决定维持专利权有效。

（二）《中华人民共和国药典》（2000年版，一部）“凡例”记载，药筛分等如下，五号筛为80目筛，六号筛为100目筛，九号筛为200目筛；粉末分等如下，细粉指能全部通过五号筛，但含有能通过六号筛不少于95%的粉末。该药典记载的“独一味胶囊”的制法为，取独一味1000g，粉碎，加水煎煮三次，每次1小时，合并煎液，滤过，滤液浓缩成相对密度为1.30的清膏，在80℃以下干燥，加入适量的淀粉，制成颗粒，干燥，装入胶囊，制成1000粒，即得。

（三）万高公司在提出再审申请时提交了晨牌药业公司批生产记录，批号分别为021216、021220、021222。三份批生产记录记载的工艺过程包含：“……将浸膏平铺于烘盘中，于80℃干燥，粉碎过80目筛，取样化验，合格后制剂或入库……”；“装入80目筛，开动粉碎机，待运转正常后，在料斗中加入干浸膏进行粉碎”；“装上80目筛，开启旋转振动筛，待运转正常后，慢慢加入浸膏粉。过筛结束后，将浸膏粉装入内衬清洁干燥防静电布袋的容器内，附标签，标明品名、重量、批号、操作者等并记录。转入制胶囊工序。”

本院认为，本案争议的主要问题是：一、被诉侵权产品是否落入涉案专利权利要求1的保护范围；二、经二审法院修改的一审判决主文第一项是否具有法律依据。

关于争议问题一。人民法院在判断被诉侵权产品是否落入专利权保护范围时，应当将被诉侵权产品的技术特征与专利权利要求记载的全部技术特征进行对比。如果被诉侵权产品缺少权利要求记载的一个或者一个以上的技术特征，或者被诉侵权产品有一个或者一个以上的技术特征与权利要求记载的相应技术特征不相同也不等同，人民法院应当认定被诉侵权产品没有落入专利权的保护范围。

本案中，原一、二审法院均认定万高公司生产被诉侵权产品所使用的技术方案即为优他公司申请调取的国家药监局药品批准文号“国药准字Z20050221”药品注册批件的YBZ08242005标准（试行）及晨牌药业公司报送的“独一味软胶囊”生产工艺的研究资料所载明的技术方案，可以以该技术方案的特征与涉案专利权利要求1记载的相应技术特征进行比较。**从该技术方案的内容看，对于独一味清膏干燥后研磨细度的要求，只有“研成细粉备用”的技术特征，没有“过200目筛”的技术特征，而根据《中华人民共和国药典》（2000年版，一部）的**

规定，"研成细粉"是指过80目筛的细粉，万高公司提交的批生产记录也进一步佐证该生产工艺在过80目筛后并无过200目筛的工艺步骤。可见该项工艺是完整的。虽然优他公司认为万高公司实际使用的方法是过200目筛，但并没有提供相应的证据予以证明，应认为被诉侵权产品缺少涉案专利权利要求1记载的"过200目筛"的技术特征。原审判决以调取的生产工艺不完整为由，根据《最高人民法院关于民事诉讼证据规则的若干规定》第七十五条的规定，简单推定"研成细粉"与"粉碎成细粉，过200目筛"等同，显然不妥。**人民法院认定案件事实，应当首先根据现有证据进行。就本案来说，已经有一审法院调取的被诉侵权产品的生产工艺方法、万高公司提交的《中华人民共和国药典》（2000年版，一部）以及优他公司提交的涉案专利权利要求书和说明书等现有证据，根据这些证据记载的内容，完全可以认定调取的生产工艺中记载的"研成细粉备用"，是指过80目筛的细粉，而不是过200目筛的细粉，其工艺是完整的，根本不需要再根据《最高人民法院关于民事诉讼证据规则的若干规定》第七十五条的规定进行推定。退一步说，如果认为万高公司没有按照药品标准载明的生产工艺生产被诉侵权产品，也应当根据民事诉讼法和专利法有关证据保全的规定，依法进行证据保全，譬如现场勘验、查封扣押生产记录等，而不是简单地根据《最高人民法院关于民事诉讼证据规则的若干规定》第七十五条的规定进行推定。**原审判决一方面把从国家药监局调取的生产工艺认定为被诉侵权产品所使用的技术方案，但另一方面又对该技术方案中记载的与涉案专利权利要求1不同的技术特征不予认定，进行所谓的推定，似存在双重标准，难以令人信服。

此外，优他公司在涉案专利授权和无效宣告程序中作出的意见陈述强调"本发明所述独一味提取物的四种制备方法为发明人进行了大量的工艺筛选和验证试验后最终确定的工艺步骤，现有技术中并没有公开，由此得到的本发明中所述的独一味提取物与现有技术如《中华人民共和国药典》（2000年版，一部）中的独一味提取物并不等同"。优他公司还在涉案专利说明书第12页"最佳提取条件的确定"一节强调，煎煮2次与煎煮3次相比，可以降低生产成本，所以选择煎煮2次；在说明书第15～16页"实验例5浸膏粉细度的确定"一节强调，将独一味提取物粉碎成过200目筛的细粉，制成的软胶囊内容物混悬体系最稳定。因此，**根据《最高人民法院关于审理专利纠纷案件适用法律问题的若干规定》第十七条的规定，并参照《最高人民法院关于审理侵犯专利权纠纷案件应用法律若干问题的解释》第六条的规定，"煎煮2次"与"煎煮3次"、"粉碎成细粉，过200目筛"与"研成细粉"**

均不构成等同特征，后者均没有落入涉案专利权利要求 1 的保护范围。

至于“清膏”和“稠膏”，目前尚无规范的定义和检验标准，两种概念并无明确的区分界限；而减压干燥与 80℃常压干燥均为中药领域常规技术手段，效果没有实质不同，因此，原审判决认为被诉侵权产品特征 b3“浓缩成相对密度为 1.30 的清膏”与专利特征 B3“浓缩成稠膏”、被诉侵权产品特征 b4“80℃以下干燥”与专利特征 B4“减压干燥”构成等同特征，并无不当。

北京紫图中心作出的北京紫图〔2009〕知鉴字第 007 号鉴定报告将“煎煮 3 次”、“研成细粉”的技术特征分别认定为“煎煮 2 次”、“粉碎成细粉，过 200 目筛”的等同特征，结论错误。原审判决采信该鉴定报告，并据此判决万高公司侵犯优他公司专利权，显然不当。其实，对于缺少专利权利要求记载特征的被诉侵权产品、专利权人在专利授权和无效宣告程序中放弃的技术方案等情形，在人民法院司法实践中都已被排除在侵犯专利权之外，2009 年 12 月 28 日公布的《最高人民法院关于审理侵犯专利权纠纷案件应用法律若干问题的解释》也对此作了明确规定，因此，人民法院只需参照该解释第六条、第七条的规定，直接认定即可，完全属于法律适用问题，无需进行技术鉴定。由于被诉侵权产品缺少涉案专利“过 200 目筛”技术特征，且被诉侵权产品中“煎煮 3 次”不构成专利“煎煮 2 次”的等同特征，因此，被诉侵权产品没有落入涉案专利权的保护范围。二审判决对此认定错误，应予纠正。

关于争议问题二。药品批准文号是国家药品监督管理部门给予药品生产企业依照药品标准生产药品的许可，药品监管部门依据该企业的药品批准文号载明的药品注册标准检验、监督该企业的产品。如果生产企业的药品批准文号对应的产品系侵犯他人专利权的产品，为了禁止继续制造、销售侵犯他人专利权的药品，作为停止侵权的一项具体手段，人民法院可以判决侵权企业停止制造、销售带有该药品批准文号的侵权产品。本案中，二审判决修正的判决主文“江苏万高药业有限公司自本判决书生效之日起，立即停止对使用成都优他制药有限责任公司享有的专利号为 ZL200410031071.4 号发明专利制造的药品批准文号为国药准字 Z20050221 的‘独一味软胶囊’产品的制造、销售行为”，其含义正如优他公司所述，系指停止该药品批准文号对应的侵犯专利权药品的制造、销售行为，而不是指单纯停止该药品批准文号的使用行为，故该项修改的判决主文并无错误。万高公司将其理解为停止药品文号的使用，并据此认为该项判决主文没有法律依据的再审理由不能成立，本院不予支持。

鉴于万高公司被诉侵权产品没有落入涉案专利权的保护范围，故原一、二审判决认定万高公司生产、销售，科伦公司销售被诉侵权产品的行为构成侵犯优他公司专利权，并判令其承担侵权的民事责任，显属认定事实错误，适用法律不当，应予纠正。万高公司的主要再审理由成立，本院予以支持。依照《中华人民共和国专利法》（2000 年修改）第十一条第一款、第五十六条，《中华人民共和国民事诉讼法》第一百八十六条第一款、第一百五十三条第一款第（二）、（三）项之规定，判决如下：

一、撤销四川省成都市中级人民法院（2007）成民初字第 249 号民事判决和四川省高级人民法院（2010）川民终字第 63 号民事判决；

二、驳回成都优他制药有限责任公司的诉讼请求。

一审案件受理费 16385 元，其他诉讼费 4915.50 元，鉴定费 10 万元，二审案件受理费 16385 元，共计 137685.50 元，由成都优他制药有限责任公司负担。

本判决为终审判决。

审　判　长　王永昌
代理审判员　李　剑
代理审判员　罗　霞
二〇一〇年十一月二十四日
书　记　员　王　新

24. 药品制备方法发明专利侵权纠纷中举证责任的分配和被诉侵权技术方案的查明

——上诉人（美国）伊莱利利公司与被上诉人江苏豪森药业股份有限公司侵犯发明专利权纠纷案

【裁判要旨】

被诉侵权人对于新产品的制造方法承担倒置举证责任的条件，并在查明相关技术事实的情况下，认定被诉侵权药品制备方法的相关技术内容应由专利权人承担举证责任。此外，最高人民法院根据化学理论基本知识、专利说明书和杂志发表论文披露的技术内容、被诉侵权人补充的确证实验的结论等证据，认定鉴定结论关于被诉侵权技术方案中相关技术内容的推定具有事实基础，原审法院采信鉴定结论并无不当。

【关键词】

药品制备方法　新产品制造方法　举证责任

【案号】

最高人民法院（2009）民三终字第6号

【基本案情】

（美国）伊莱利利公司（以下简称伊莱利利公司）向江苏省高级人民法院提起本案诉讼称，其拥有抗癌药品吉西他滨及吉西他滨盐酸盐的三项中国发明专利权。江苏豪森药业股份有限公司（以下简称豪森公司）未经许可使用涉案专利方法制备了吉西他滨和吉西他滨盐酸盐并对该产品进行了促销，构成侵权。一审法院查明，伊莱利利公司的三项专利构成生产制备吉西他滨盐酸盐和吉西他滨的完整技术方案，专利一是"立体选择性糖基化方法"的方法发明专利，已经被宣告全部无效。专利二是"提纯和分离2'－脱氧－2，2'二氟核苷的方法"的方法发明专利。该专利说明书记载，"在含水酸中加入稀释的反应混合物而产生的酸性混合物，最好在适度搅拌下保持一段时间。在此保持期所发生的物理变化是过量的R″（被保护的或未被保护的胞嘧啶）溶于含水酸层中，而所需的β－核苷沉淀出来。这种沉淀是有选择性的，而不需要的α核苷则大部分留在有机层中"。专利三是"1－（2'－脱氧－2'，2'－二氟－D－呋喃核糖基）－4－氨基嘧啶－2－酮盐酸盐的制备方法"的方法发明专利。2001年5月18日，国家药品监督管理局向豪森公司核发了注射用盐酸吉西他滨新药证书及生产批件，申报的生产工艺名称为中试工艺。豪森公司涉案药品的申报材料中记载了各步反应的具体条件、装置、原料、温度以及时间和操作方法等，但对三次中试实验第八步反应产物即第九步反应起始物甲磺酸酯10α/10β的比例没有记载，第九步反应产物11α/11β记载为1.15∶1，为α异头物富集的核苷。一审法院委托对豪森公司的研制方法（即中试工艺）与伊莱利利公司三项专利所记载的方法是否相同进行了鉴定。鉴定结论为：专利二所提纯和分离的混合物是富含β异头物的核苷，根据豪森公司工艺步骤，经过打浆过滤等程序，得到的α、β之比为1.15∶1，为α富集，在处理前的混合物也应为α富集。因此，两方法所处理的关键混合物不同，两方案不同。一审法院关于鉴定结论的技术异议认为，虽然豪森公司的11α/11β中的α∶β为1.15∶1是在经过分离提纯后的核苷之比，而非SN2反应产物的直接比例。但从分离纯化过程来看，两者方法一致，豪森公司的11α/11β中的α:β为1.15:1是在经过分离提纯后的核苷之比，结合专利二说明书的相关表述内容可知，在分离纯化过程中，α核苷大多是被留在了溶液中而未能被提纯。在α核苷有更多损失的情况下，提纯所得的产物比仍然是α核苷富集，这说明在提纯前α核苷所占的比例应更大，豪森公司相关工艺步骤针对的是α异头物核苷富集的混合物，分离纯化不会产生相反的比例。因此，一审法院对技术鉴定报告关于被诉侵权技术与专利二不相同的技术比对结论予以了采信，并判决驳回伊莱利利公司的诉讼请求。伊莱利利公司上诉称，豪森公司应当依法记录关键步骤甲磺酸酯（10α/10β）的α、β比例，该比例是判断被诉侵权方法是否落入专利二、专利三保护范围的关键数据，鉴于豪森公司始终拒绝履行其举证责任，一审法院应当依法推定，一旦豪森公司披露该证据，将产生对豪森公司不利的后果。豪森公司有意拒绝提供其制备吉西他滨盐酸盐的真实方法及10α/10β的α、β比例等真实数据，一审法院以所谓“推定”取代豪森公司的举证责任，得出不构成侵权的结论是错误的。豪森公司答辩称，10α/10β的比例不是判断被诉侵权方法侵犯专利二和专利三的关键数据，因为只有在判断专利一的保护范围时才需要该比例，专利一被全部宣告无效，不再需要审理该比例。而且，该比例应当由伊莱利利公司承担举证责任。最高人民法院二审查明：（1）专利三说明书在背景技术中记载，1－（2’－脱氧－2’，2’－二氟－D－呋喃核糖基）－4－氨基嘧啶－2－酮盐酸盐（亦称为2’－脱氧－2’，2’－二氟胞苷盐酸盐或吉西他滨盐酸盐）是本领域中已知的一系列2’－脱氧－2’，2’－二氟核苷之一，在美国专利4526988和4808614中已公开并教导了这些化合物有抗病毒活性。欧洲专利申请公开184365称这些相同的二氟核苷剂有溶瘤细胞活性，吉西他滨盐酸正在进行临床评价以决定它用作治疗各种癌症，如胰腺癌的效果。吉西他滨的合成是一个多步方法。本发明提供一个更经济和效率更高的制备吉西他滨盐酸盐的方法。（2）豪森公司在一审中提交了包括其补充的确证实验在内的三份材料，申请法院在作鉴定中予以使用。补充材料一、二记载的实验结论为，中试工艺第九步反应原料是β富含物（α/β为1:1.05），产物是α富含物（α/β为1.12:1）。补充材料三记载，中试工艺共三种方法，均是在研制过程中使用过的工艺，1999年向国家SDA申报时选择了工艺一。（3）二审庭审中，双方当事人确认，吉西他滨盐酸盐的制备方法不是只有本案专利方法一种，可以用β异头物富集的核苷以外的其他物质制备吉西他滨盐酸盐。（4）根据中国医药工业杂志发表的《盐酸吉西他滨的合成》一文记载的内容，3α/3β、4α/4β与豪森公司中试工艺的第八步、第九步在反应条件、技术参数上基本一致。文章中的数据显示，相当于10α/10β的步骤的3α/3β是1∶1.01，β富集的糖，4α/4β比例大致为1.2∶1、1.28∶1，1.31∶1。最高人民法院于2010年12月3日判决驳回上诉，维持原判。

【裁判意见】

最高人民法院二审认为：1. 本案鉴定结论是在推定的基础上作出的，这种推定具有事实基础，原审判决采信鉴定结论并无不当。理由为：（1）同样的产物可以由不同的反应物通过不同的方法制得，但在反应条件和目标物及工艺路线确定时，推断另一个反应物是有可能的；（2）豪森公司中试工艺中的11α/11β的比例是1.15∶1，是经过分离纯化后的比例。由于豪森公司和伊莱利利公司采用的分离纯化的方法是一样的，结合专利二说明书记载的当用无机酸处理反应混合物时会减少α核苷的含量而增加β核苷的相对含量的内容，在工艺步骤分离纯化过程中，α核苷大多是留在溶液中而没有被提纯出来，在α核苷存在更多的损失的情况下，豪森公司提纯出来的产物应当是α富集，纯化前的混合物中α异头物富集的程度相对更高。而且伊莱利利公司也未提交证据证明分离纯化会使α/β的构型发生变化；（3）《盐酸吉西他滨的合成》一文中的相关数据在容忍的误差范围内印证了鉴定报告推论的正确性。此外，豪森公司在一审提交的补充材料一、二的数据也补强了其中试工艺第九步反应原料是β富含的糖，产物是α富含的核苷。2. 关于豪森公司第九步反应的起始物甲磺酸酯10α/10β的比例是否应当由豪森公司负举证责任。一审法院已经从江苏省药品监督管理局调取了豪森公司的相关申报材料，经与国家药品监督管理局的报批资料核对，两者的生产工艺名称、内容一致。豪森公司亦提供了相关的生产批件及对应的申报材料、生产工艺、补充材料等。比对的结果是不落入专利二、专利三的保护范围，故不能认为豪森公司没有提供其制备吉西他滨盐酸盐的方法。况且，根据专利法的规定，被诉侵权人对新产品的制造方法承担倒置举证责任是有条件的，即专利权人首先应当证明被诉侵权方法所生产的产品与涉案专利方法所生产的产品属于相同的产品；同时，还应当证明依据专利方法直接获得的产品是新产品。本案专利一的关键是合成反应物，β异头物富集的核苷是专利一直接获得的产品。专利二是对专利一得到的反应物进行纯化反应。专利三是对专利二所得到的纯化物进行脱保护的方法。伊莱利利公司起诉时提交了豪森公司生产的盐酸吉西他滨药品，但并没有证明豪森公司实际生产了β异头物富集的核苷，而且，在二审中双方均认可，并非只有β异头物富集的核苷可以制备得到盐酸吉西他滨，盐酸吉西他滨可以用β异头物富集的核苷以外的其他物质制备。因此，即使根据《中华人民共和国专利法》(1992 年修正) 第六十条第二款的规定，对合成步骤的举证责任也应当由伊莱利利公司负担，而不应当倒置由豪森公司承担。伊莱利利公司上诉主张豪森公司应当举证证明甲磺酸酯 10α/10β 的比例的理由，不予支持。

中华人民共和国最高人民法院民事判决书

(2009) 民三终字第 6 号

上诉人 (原审原告)：(美国) 伊莱利利公司 (ELI LILLY AND COMPANY)，住所地美利坚合众国印第安纳州印第安纳波利斯市。

法定代表人：沈建中，伊莱利利公司法务人员。

委托代理人：艾宏，北京市正见永申律师事务所律师。

委托代理人：林柏楠，北京市中咨律师事务所律师。

被上诉人 (原审被告)：江苏豪森药业股份有限公司，住所地中华人民共和国江苏省连云港市经济技术开发区。

法定代表人：岑均达，董事长。

委托代理人：蒋洪义，北京市联德律师事务所律师。

委托代理人：刘永全，北京市联德律师事务所律师。

上诉人 (美国) 伊莱利利公司 (以下简称伊莱利利公司) 与被上诉人江苏豪森药业股份有限公司 (以下简称豪森公司) 侵犯发明专利权纠纷一案，上诉人伊莱利利公司不服江苏省高级人民法院 (2001) 苏民三初字第 001 号民事判决，向本院提起上诉。本院以 (2002) 民三终字第 8 号民事裁定撤销原判，发回重审。江苏省高级人民法院重审后作出 (2003) 苏民三初字第 001 号民事判决。上诉人伊莱利利公司不服该重审判决，再次向本院提起上诉。本院受理后，依法组成合议庭，于 2009 年 8 月 11 日、2010 年 10 月 29 日不公开开庭审理了本案。伊莱利利公司的法定代表人奥琳·帕博及其委托代理人艾宏、林柏楠，豪森公司的法定代表人岑均达及其委托代理人蒋洪义、刘永全参加了第一次审理。伊莱利利公司的法定代表人沈建中及其委托代理人艾宏、林柏楠，豪森公司的法定代表人岑均达及其委托代理人刘永全参加了第二次审理。本案现已审理终结。

2001 年 4 月 13 日，伊莱利利公司向江苏省高级人民法院提起本案诉讼称，其拥有抗癌药品吉西他滨及吉西他滨盐酸盐的三项中国发明专利权。豪森公司未经许可，自 2000 年起使用涉案专利方法制备了吉西他滨和吉西他滨盐酸盐并对该产品进行了促销，构成专利侵权，应承担相应法律责任。请求判令：1. 豪森公司停止侵犯专利权的行为；2. 豪森公司赔偿其因侵权而遭受的经济损失人民币550万元；3. 豪森公司在《中国医药报》上公开赔礼道歉，消除不良影响；4. 豪森公司承担本案的诉讼费用；5. 豪森公司承担其诉讼损失，包括律师费、调查费和其他合理费用。

原审法院经审理查明，1. 1993年6月21日，伊莱利利公司向中华人民共和国国家专利局（以下简称国家专利局）提出"立体选择性糖基化方法"的方法发明专利（以下简称专利一）申请，于1998年6月20日获得授权，专利号为93109045.8。1995年11月1日，伊莱利利公司向国家专利局提出"提纯和分离2'－脱氧－2，2'二氟核苷的方法"的方法发明专利（以下简称专利二）申请，于1999年3月25日获得授权，专利号为95196272.8。1995年11月14日，伊莱利利公司向国家专利局提出"1－（2'－脱氧－2'，2'－二氟－D－呋喃核糖基）－4－氨基嘧啶－2－酮盐酸盐的制备方法"的方法发明专利（以下简称专利三）申请，于1999年9月4日获得授权，专利号为95196792.4。

上述三项专利构成生产制备吉西他滨盐酸盐和吉西他滨的完整技术方案。专利一是取得中间体β异头物富集的核苷的方法。该方法可简略表述为：由式（Ⅲ）化合物（即内半缩醛）反应生得式（Ⅱ）化合物（即核糖），再由式（Ⅱ）化合物反应生得式（Ⅰ）化合物（即β异头物富集的核苷）。其中由核糖反应生成核苷的步骤系该专利的保护范围。该专利说明书中有关于"－83℃至19℃"这一温度区间内α、β随着温度变化的比例表。专利二是提纯和分离富含β异头物核苷的混合物的方法。该专利说明书记载，"在含水酸中加入稀释的反应混合物而产生的酸性混合物，最好在适度搅拌下保持一段时间。在此保持期所发生的物理变化是过量的R″（被保护的或未被保护的胞嘧啶）溶于含水酸层中，而所需的β－核苷沉淀出来。这种沉淀是有选择性的，而不需要的α核苷则大部分留在有机层中"。专利三是制备吉西他滨盐酸盐的方法。

2007年2月28日，中华人民共和国国家知识产权局专利复审委员会作出第9525号无效宣告请求审查决定，宣告专利一的专利权全部无效。伊莱利利公司不服该无效宣告请求审查决定，向北京市第一中级人民法院提起行政诉讼。2008年11月6日，北京市高级人民法院作出（2008）高行终字第451号终审行政判决，维持了上述无效宣告请求审查决定。

2. 豪森公司于2000年3月28日向国家药品监督管理局申报注射用盐酸吉西

他滨新药临床研究，2000 年 6 月 21 日，国家药品监督管理局同意在北京肿瘤医院等四家单位进行临床研究。2000 年 11 月，豪森公司申请新药生产证书。2001 年 5 月 18 日，国家药品监督管理局核发了新药证书及生产批件，新药保护期至 2007 年 5 月 17 日，所申报的生产工艺名称为中试工艺。

豪森公司提供了 2001 年 5 月 18 日的新药证书、生产批件及与之相对应的向国家药品监督管理局申报材料（含生产工艺）一套，2002 年 3 月 29 日的新药补充申请批件及与之相对应的补充申报资料（含生产工艺）一套。原审法院依职权向江苏省药品监督管理局调取了豪森公司在该局备案的上述申报资料。原审法院经对豪森公司在江苏省药品监督管理局备案的申报资料与其向国家药品监督管理局的报批资料进行了核对，两者的生产工艺的名称、内容一致。

一审中伊莱利利公司明确其诉讼的对象是 2001 年 3 月前豪森公司生产和制备吉西他滨的方法（行为）。伊莱利利公司提交了豪森公司制造的注射用盐酸吉西他滨样品的照片及宣传资料，用以证明侵权行为的存在。

3. 原审法院经双方当事人同意，委托中华人民共和国科学技术部知识产权事务中心（以下简称知识产权事务中心）进行技术鉴定，并就鉴定资料进行了质证。鉴定资料确定为：伊莱利利公司的三项发明专利文献及豪森公司的中试工艺。鉴定委托事项最终确定为：豪森公司提交的研制方法与伊莱利利公司三项专利的独立权利要求所记载的方法是否相同。在原审法院派员到场的情况下，鉴定过程中，双方分别向鉴定专家组作了相关技术陈述，陈述内容均未超出此次鉴定资料的范围。知识产权事务中心出具的国科知鉴字（2005）45 号技术鉴定报告的结论为：（1）专利一的目的是选择性地制备 β 异头物富集的核苷，其反应物之一为 α 异头物富集的糖；根据豪森公司的工艺步骤，其得到的混合物中 α、β 之比为 1.15∶1，根据 SN2 反应机理，其反应物应为 β 异头富集的糖。因此两者方法的关键反应物不同，生产效果不同，两方案不同。（2）专利二所提纯和分离的混合物是富含 β 异头物的核苷，根据豪森公司工艺步骤，经过打浆过滤等程序，得到的 α、β 之比为 1.15∶1，为 α 富集，在处理前的混合物也应为 α 富集。因此，两方法所处理的关键混合物不同，两方案不同。（3）专利三与豪森公司生产方法在反应物与脱保护物质上均不同，两方案不相同。综上，豪森公司提交的研制方法与伊莱利利公司三项专利的独立权利要求所记载的方法不相同。

针对上述鉴定结论，伊莱利利公司质证认为：（一）程序性事宜。1. 本案存在两个鉴定报告。除此次知识产权事务中心的鉴定结论外，原（2001）苏民三初字第001号案有江苏省科技厅的鉴定报告。法院应当说明不采纳原鉴定报告及重新鉴定的理由，否则，再次鉴定违反证据规则。2. 此次鉴定过程中设定的当事人向专家陈述技术意见程序，允许豪森公司在诉讼程序外单独接触鉴定机构和鉴定专家，破坏了证据规则和程序规则。3. 出庭专家仅是鉴定专家组中的部分成员，致使伊莱利利公司无法对全部专家进行质询。4. 豪森公司未能证明其作为鉴定资料的制备工艺的真实性。（二）对技术意见。1. 关于被诉侵权技术与专利一的比对问题。首先，鉴定结论是专家的推论，豪森公司的鉴定资料中未显示反应物α、β之比。其次，专家的推论是不正确的。（1）豪森公司的反应物是由其第八步工艺制得，资料显示其反应温度为23℃至25℃，而据其披露在专利文献中的相关数据，在-83℃至19℃这一温度区间内，反应物α、β之比始终是α>β，且在19℃时仍是2∶1，专家推断在同为室温条件下的23℃至25℃时α、β之比却是后者大于前者；专家据以推论的α∶β为1.15∶1是在经过分离提纯后的比例，而不是SN2反应产物的直接比例。（2）在原（2001）苏民三初字第001号案的鉴定结论中，专家认为α、β之比是1∶1，而此次的专家又认为是β>α，假设豪森公司的工艺是真实的，为什么这一比例会在两次鉴定中不一样？2. 关于被诉侵权技术与专利二的比对问题。首先，资料中的α、β之比不是SN2反应的直接产物比例。其次，不能证明在分离纯化过程中α、β的溶解比例是一致的。3. 关于被诉侵权技术与专利三的比对问题。伊莱利利公司对此未发表意见。

针对上述鉴定结论，豪森公司的质证认为，此次鉴定程序合法，鉴定结论符合基本事实，对鉴定报告没有意见。

出庭专家就伊莱利利公司的技术质疑答复认为：（1）通过产物推断反应物是各国化学界通用的一种方法，鉴定专家可以通过产物推断出起始物。（2）伊莱利利公司的资料中未揭示在反应温度为23℃至25℃时α、β之比。（3）豪森公司资料中的α、β之比为1.15∶1虽不是SN2反应的直接产物比例，但一般说来，分离纯化不会使比例发生大的变化。在实际操作中，这一比例也会不一样，但不会产生相反的比例。在豪森公司所使用的溶剂中这一比例基本不变。根据伊莱利利公司专利二的第6页第2段，豪森公司在处理（分离纯化）前α的比例更大一些。

2005年12月13日的庭审后，豪森公司向原审法院提交书面意见认为：专利一的专利文献中关于“-83℃至19℃”间的α、β比例表所指产物是内半缩醛，而非专家推导的核糖。内半缩醛须经反应才能生成核糖，故两者不具有可比性。另，豪森公司提供了发表于2007年第4期《中国医药工业杂志》的《盐酸吉西他滨的合成》一文。该文记载："3α/3β"的产物比例为α∶β=1∶1.01，"4α/4β"的产物比例为α∶β=1.20∶1。豪森公司据此认为已有案外人采用与其工艺方法相同的方法所得到的结果与专家关于专利一的鉴定结论是一致的，故该鉴定结论正确。

2007年10月11日，原审法院再次组织当事人对鉴定结论进行补充质证。伊莱利利公司承认"-83℃至19℃"间的α、β比例表所指产物是内半缩醛，内半缩醛须经反应才能生成核糖。但其同时认为根据该比例表可以得出其所主张的结论。对于豪森公司提供的《盐酸吉西他滨的合成》一文，认为已超出举证期限，不能作为证据使用。同时伊莱利利公司还提出《中国医药工业杂志》主办方之一的上海医药工业研究院与豪森公司均系其另案指控专利侵权纠纷案中的共同被告，与豪森公司存在利害关系，故对文章本身的真实性提出质疑。

对此，出庭专家的技术意见为："-83℃至19℃"间的α、β比例表所指产物是内半缩醛，而非推导的核糖，内半缩醛须经反应才能生成核糖；核糖在"-83℃至19℃"的温度区间外α、β的比例是否按内半缩醛在同一温度区间内的比例规律进行变化无数据支持，内半缩醛在"-83℃至19℃"的温度区间α、β比例的变化规律只能作为预见和指引；《盐酸吉西他滨的合成》一文中"3α/3β"、"4α/4β"与豪森公司中试工艺的第八步、第九步在反应条件、技术参数上基本一致。

4. 1996年12月9日，卫生部药政管理局向法国礼来公司下发了进口药品审批结果通知单。该结果是：需进行质量标准复核；需进行临床验证60例/对。1997年6月23日，卫生部药政管理局给广州中山医大附院下发临床验证通知书，要求其对法国礼来公司申请进口的药品进行60例临床验证。1998年11月26日，国家药品监督管理局要求法国礼来公司对其要求药品行政保护的吉西他滨申请补充材料。1999年3月23日，国家药品监督管理局对法国礼来公司要求药品行政保护申请下发了受理通知书。2000年8月28日，国家药品监督管理局对法国礼来公司要求药品行政保护的申请作出不予保护的决定。1999年2月13日，国家药品监督管理局给法国礼来公司的注射用盐酸吉西他滨颁发进口药品注册证。2000年6月21日，国家药品监督管理局新药品种公告（第21号）中，将盐酸吉西他滨（原料）、注射用盐酸吉西他滨（粉针）作为第四类新药予以公告。2001年5月18日，国家药品监督管理局批准豪森公司生产的盐酸吉西他滨为新药并同意其生产。

原审法院认为，1. 根据《中华人民共和国专利法》（1992年修正）第六十条第二款关于"在发生侵权纠纷的时候，如果发明专利是一项新产品的制造方法，制造同样产品的单位或者个人应当提供其产品制造方法的证明"的规定，本案确定吉西他滨是否为新产品的法律意义在于，豪森公司是否应当对其制造吉西他滨的方法承担举证责任。就本案而言，目前并无证据显示在 1993 年 6 月 21 日伊莱利利公司提出涉案发明专利申请前，国内已有吉西他滨产品出现。故应当认定吉西他滨为新产品，豪森公司应承担其产品制造方法的证明责任。2. 因专利一已被宣告无效，不存在被诉侵权技术落入专利一保护范围的问题，不再考虑双方当事人围绕被诉侵权技术与专利一的鉴定结论所发表的相关意见及所举证据。关于被诉侵权技术与专利二、专利三的鉴定结论正确，应当作为本案的定案证据加以采信。具体理由为：（1）关于鉴定的程序性问题。①最高人民法院已以程序违法为由将（2001）苏民三初字第 001 号案发回重审，故该案中所作的鉴定结论因程序违法已不具备证据效力。法院决定另行进行技术鉴定符合民事诉讼证据规则的要求，不存在同时有两个技术鉴定报告的问题。②知识产权事务中心的鉴定规则中有关于“听取当事人意见，并询问当事人”的内容。具体结合本案情况，决定适用该规定内容，由双方当事人向鉴定专家组陈述技术意见并派员到场监督。且从双方当事人分别向鉴定专家组所作的相关技术陈述来看，陈述内容也均未超出此次鉴定资料的范围，故由当事人向鉴定专家组陈述技术意见的程序并不违反法律规定。③法律并未明确规定鉴定专家组的全体成员必须全部出庭接受当事人的质询。出庭专家系代表鉴定专家组到庭接受当事人的质询，其所发表的答复意见应视为鉴定专家组的意见而非其个人意见。且原审法院已要求鉴定机构通知鉴定专家组全体成员出庭，鉴定机构也已出具书函说明其他专家不能出庭的正当理由。故由鉴定专家组部分成员而非全体成员出庭接受当事人的质询，并不违反法律规定。④豪森公司自行提交的生产工艺与其在江苏省药品监督管理局备案申报资料及向国家药品监督管理局报批资料中的生产工艺内容相一致，原审法院确认豪森公司获得 2001 年 5 月 18 日的新药证书、生产批件所申报的生产工艺的真实性。（2）关于鉴定结论的技术异议。①专利二是提纯和分离 β 异头物核苷富集的混合物的方法。虽然豪森公司的 11α/11β 中的 α∶β 为 1. 15∶1 是在经过分离提纯后的核苷之比，而非 SN2 反应产物的直接比例。但从双方的分离纯化过程来看，两者方法一致。结合专利二说明书的相关表述内容可知，在分离纯化过程中，α 核苷大多是被留在了溶液中而未能被提纯。在 α 核苷有更多损失的情况下，提纯所得的产物比仍然是 α 核苷富集，这说明在提纯前 α 核苷所占的比例应更大，豪森公司相关工艺步骤针对的是 α 异头物核苷富集的混合物。分离纯化不会产生相反的比例。因此，技术鉴定报告关于被诉侵权技术与专利二不相同的技术比对结论正确，予以采信。豪森公司的中试工艺未落入专利二的保护范围。②伊莱利利公司对被诉侵权技术与专利三的比对未发表技术意见，应视为其同意技术鉴定报告的相关结论。故技术鉴定报告关于被诉侵权技术与专利三不相同的技术比对结论正确，予以采信。豪森公司的中试工艺未落入专利三的保护范围。

综上所述，原审法院依照《中华人民共和国专利法》（1992 年修正）第五十九条第一款、《中华人民共和国民事诉讼法》第一百二十八条之规定，判决：驳回伊莱利利公司的诉讼请求。一审案件受理费 37510 元，鉴定费 75000 元，由伊莱利利公司负担。

伊莱利利公司不服原审判决，向本院提起上诉称，原审法院认定事实和适用法律均有明显错误，请求本院查明事实，撤销原审判决，依法改判支持上诉人全部诉讼请求。主要理由是：1. 本案鉴定机构所做的鉴定报告没有事实依据，得出的结论错误。原审法院未能正确分析鉴定报告的可信性，反而以此为定案基础，导致本案事实认定错误。2. 根据国家食品药品监督管理局的规定，所有药品生产企业均须获得 GMP 证书，并持续使用良好的生产工艺。制药企业应对该工艺中的关键步骤进行标注描述和精确控制，从而保证药品质量的稳定。被上诉人作为一家药品生产企业，应依法持有生产吉西他滨的 GMP 证书。因此，被上诉人应当依法记录其生产工艺中的关键步骤即甲磺酸酯（10α/10β）的 α、β 比例。被上诉人没有理由不知道作为其关键中间体甲磺酸酯（10α/10β）在其制备工艺中特定的 α、β 比例。第九步反应起始物甲磺酸酯（10α/10β）的 α、β 比例是判断被诉侵权方法是否落入专利二、专利三保护范围的关键数据，本案被上诉人是在有意拒绝提供其制备吉西他滨盐酸盐的真实方法及 10α/10β 的 α、β 比例等真实数据。鉴于被上诉人始终拒绝履行其举证责任，原审法院应当依法推定，一旦被上诉人披露该证据，将产生对被上诉人不利的后果。原审法院始终未依法要求被上诉人披露其实际所用方法中该 α、β 的比例，在忽略此问题的基础上以所谓“推定”取代被上诉人的举证责任，得出不构成侵权的结论是错误的。3. 被上诉人使用了包含 12 个步骤的方法，采用昂贵的 SN2 反应路线，用以销毁超过一半的可直接用于制备抗癌药物的原料，以达到最大限度地生产杂质（α－吉西他滨盐酸盐）的目的。由于该方法的目标产物仍然是基本上纯的 β 异头物富集的抗癌药物，被上诉人这种不遗余力地“去其精华取其糟粕”的制备方法属于典型的改劣设计。4. 专利三是一种制备吉西他滨盐酸盐的方法。由于被上诉人从未披露其方法第八步甲磺酸酯的（10α/10β）α、β 的比例，致使原审法院根本不具备判定被诉侵权方法不侵犯专利三的事实基础。在本院2010年10月29日庭审中，上诉人主张，如果被上诉人实际操作中使用了其披露的生产工艺，因其采用氨气脱保护，构成与专利三的等同侵权。

被上诉人豪森公司答辩称，1. 原审法院对重审期间所做的鉴定结论予以采信正确。根据专利一限定的反应路线反推10α/10β的比例，不会对上诉人造成任何不利影响，应当作为定案依据。至于两份鉴定报告对10α/10β比例的不同认定是由于专利一技术方案自身的问题所致，不属于鉴定报告对事实的认定存在相互矛盾之处。专利一被无效的原因在于其权利要求得不到说明书的支持。在专利一限定的反应路线客观上不能实现的情况下，没有必要再审理10α/10β的比例问题。2. 被诉侵权方法第八步反应产物10α/10β的比例不是判断被诉侵权方法侵犯涉案专利二和专利三的关键数据。因为只有在判断专利一的保护范围时才需要该比例，专利一被全部宣告无效，故不再需要审理该比例。而且，该比例应当由上诉人承担举证责任。3. 豪森公司的生产工艺与专利二相比，反应产物以及处理前的反应混合物均不同，没有侵犯专利二。与专利三相比，反应物以及脱保护物质均不同，没有侵犯专利三。4. 豪森公司采用的被诉侵权方法不是改劣设计，而是具有自身的优点，更适合工业化生产。原审判决认定事实清楚，适用法律正确，审理程序合法，请求依法驳回上诉人的诉讼请求。豪森公司在本院庭审以及在庭后的代理意见中辩称，1. 被上诉人的被诉侵权制备方法仅是一种药品注册行为，属于专利侵权豁免的范畴，无需承担任何侵权责任。2. 盐酸吉西他滨不是新产品，被上诉人无需承担倒置的举证责任。3. 对于专利一、专利二涉及的产品，上诉人没有完成其应当承担的前置的举证责任，被上诉人无需承担倒置的举证责任。

上诉人伊莱利利公司在二审中提供了军事医学科学院毒物药物研究所郑志兵作出的《吉西他滨中间体10合成方法实验重复报告》（以下简称实验重复报告），该报告记载：严格按照吉西他滨生产中试工艺（1） –方法2的中间体10的合成方法，进行中间体10合成的实验重复，并采用HPLC方法对中间体10两种异构体α/β的含量进行测定，四次实验结果均为中间体8经还原和甲磺酰化后得到的是α取向优势的中间体10。上诉人伊莱利利公司据此主张，鉴定报告和原审判决认定的有关反应物是β异头物富集的糖的事实错误。

针对上述实验重复报告，豪森公司主张追究伊莱利利公司违反保密承诺，私自将其涉及商业秘密的中试工艺资料交由案外人进行实验的法律责任。对实验重复报告记载的内容，豪森公司认为，该实验与中试实验相比，规模非常小，中间体只有3克左右，而豪森公司的中试工艺的中间体是5公斤左右，两者的反应规模不同。另外，4次实验都对中间体9进行了纯度测定，根据HPLC图，最低纯度和最高纯度的误差过大。该报告得出的结论不应当采纳。

本院经审理查明，原审法院查明的事实基本属实。

本院另查明，1. 专利三说明书在背景技术中记载，1－（2’－脱氧－2’，2’－二氟－D－呋喃核糖基）－4－氨基嘧啶－2－酮盐酸盐（亦称为2’－脱氧－2’，2’－二氟胞苷盐酸盐或吉西他滨盐酸盐，参见式Ⅰ）是本领域中已知的一系列2’－脱氧－2’，2’－二氟核苷之一，在美国专利4526988和4808614中已公开并教导了这些化合物有抗病毒活性。欧洲专利申请公开184365称这些相同的二氟核苷剂有溶瘤细胞活性，吉西他滨盐酸正在进行临床评价以决定它用作治疗各种癌症，例如胰腺癌的效果。吉西他滨的合成是一个多步方法，例如，在美国专利5223608，在第10栏41行及以下，等等，它告知苯甲酰保护剂是“用强或中等强度的碱经水解除去”，它亦称“对每个保护基至少需要1摩尔当量的碱”。这个专利的实施例7和11称，为完成该脱保护，要使用无水氨的甲醇液，它导致生成在所用的有机溶剂中不溶的氯化铵，而必须用水处理除去。文献中也已公开吉西他滨盐酸盐的制备方法，美国专利5223608，在第11栏22行及以下，等等，和实施例8处使用热的异丙醇和浓盐酸生成吉西他滨盐酸盐晶体。本发明提供一个更经济和效率更高的制备吉西他滨盐酸盐的方法，它避免使用过量的碱和因水的存在而造成的产物损失。

2. 2002年1月25日，豪森公司在第一次一审中向法院提交了包括其补充的确证实验在内的三份材料，申请法院在作鉴定中予以使用。发回重审后，豪森公司将该补充材料一、二申请原审法院交由鉴定专家作为鉴定参考。补充材料一、二记载的实验结论为，中试工艺第九步反应原料（2－脱氧－2，2－二氟－d－呋喃糖－3，5－双苯甲酸酯－1－甲磺酸酯α/β）是β富含物（α/β为1∶1.05），产物（2’－脱氧－2’，2－二氟胞苷－3’，5－双苯甲酸酯α/β）是α富含物（α/β为1.12∶1）。补充材料三记载，中试工艺共三种方法，均是在研制过程中使用过的工艺，1999年向国家SDA申报时选择了工艺一，后来经过实验认为工艺三更适宜今后放大生产，自2000年10月开始，根据国家SDA改进工艺需补充材料的要求，用工艺三研制的盐酸吉西他滨分别进行了新工艺结构确证，三批稳定性研究实验、三批产品送江苏省药监所检验等研究工作。

在本院二审庭审中，双方当事人确认，吉西他滨盐酸盐的制备方法不是只有本案专利方法一种，可以用β异头物富集的核苷以外的其他物质制备吉西他滨盐酸盐。

本院认为，本案二审中当事人争议的主要问题是，被诉侵权制备方法是否落入专利二和专利三的保护范围、本案鉴定结论是否应当采信、10α/10β的比例是否应当由豪森公司负举证责任。

（一）被诉侵权制备方法是否落入专利二和专利三的保护范围

被诉侵权方法与专利二均是涉及用含水的无机酸处理反应混合物，专利二是一种提纯和分离富含β异头物的核苷的方法，独立权利要求1限定了其反应物是β异头物富集的核苷，而伊莱利利公司没有证据证明被诉侵权制备方法要求处理的反应物是β异头物富集的核苷。而且，在专利二的说明书中记载，“在含水酸中加入稀释的反应混合物而产生的酸性混合物最好在适度搅拌下保持一段时间，在此保持期所发生的物理变化是过量的R″溶于含水酸层中，而所需的β核苷沉淀出来，这种沉淀是有选择性的，而不需要的α核苷则大部分留在有机层中”。因此，若处理后的产物是富含α核苷时，处理前的反应混合物不仅富含α核苷，而且α核苷的含量应当更高。被诉侵权制备方法中试工艺中11α/11β的比例记载为1.15∶1，故处理前的反应物应当属于α核苷富集的混合物。被诉侵权制备方法进行提纯和分离的反应物并非专利二限定的β异头物富集的核苷，没有落入专利二的保护范围，原审判决对此认定并无不当。

专利三是制备吉西他滨盐酸盐的方法，它包括在不加入任何水的条件下，在甲醇或乙醇存在下用0.1－0.5摩尔当量的具有1－3个C1－C4烷基的有机胺将β－1－（2’－脱氧－2’，2’－二氟－3’，5’－二－O－苯甲酰基－D－呋喃核糖基）－4－氨基嘧啶－2－酮脱保护；用盐酸和一种选自丙酮、乙腈、四氢呋喃、丙酮、丁酮、异丁醇、仲丁醇和异丙醇的溶剂处理得到的溶液和回收生成的固体吉西他滨盐酸盐。专利三使用的是具有1－3个C1－C4烷基的有机胺，以催化量烷基胺脱保护，即有机胺脱保护。被诉侵权制备方法采用氨气进行脱保护。根据专利三说明书记载的内容，美国专利5223608已经公开了使用无水氨的甲醇液进行脱保护，使用氨气作为脱保护物质是专利三优先权日之前的现有技术，不应当将现有技术通过等同原则纳入专利三的保护范围。上诉人伊莱利利公司主张是等同的技术特征，并据此认为是等同侵权，落入专利三的保护范围的上诉理由，本院不予支持。

伊莱利利公司与豪森公司制备盐酸吉西他滨产品的前八步反应路线是相同的，区别在于伊莱利利公司在第八步反应获得10α/10β混合物后，先对该混合物进行纯化，以获得 α 异头物富集的核糖，纯化后进行后续制备过程。豪森公司是在第八步获得 10α/10β 的混合物后，对于其中的 10α 核糖没有进行分离纯化而是接着就进行第九步反应，以制备 β 核苷（11β），并未采用专利二及专利三的技术特征制备吉西他滨盐酸盐，上诉人伊莱利利公司以技术变劣为由主张专利侵权的理由，本院亦不予支持。

（二）关于鉴定结论应否采信的问题

本案中，被上诉人豪森公司已经提交了涉案药品的全套申报材料，该申报材料记载了各步反应的具体条件、装置、原料、温度以及时间和操作方法等。申报材料中，三次中试实验第八步 10α/10β 的比例没有记载，第九步 11α/11β 记载为 1. 15:1，为 α 异头物富集的核苷。豪森公司提交的生产工艺与原审法院在江苏省药品监督管理局以及国家药品监督管理局调查到的相关生产工艺内容相一致，原审法院对豪森公司提交的生产工艺予以认可，并无不当。上诉人伊莱利利公司主张豪森公司的中试工艺中没有记载 10α/10β 的比例，该比例的缺失不合理。豪森公司辩称没有披露该比例，本领域的技术人员仍可以再现其工艺，10α/10β 的比例不是生产过程中必须检测的参数，此辩称理由较为合理。伊莱利利公司在二审中提交的实验重复报告是其在原审判决后自行委托案外人作出的，使用的实验方法、用量、检验方法以及步骤等与中试工艺记载的技术特征存有差异，该证据不足以否定被诉侵权制备方法第九步反应的起始物甲磺酸酯 10α/10β 是 β 异头物富集的糖。对此证据，本院不予采纳。

上诉人伊莱利利公司认为专利一的表格例中 -83℃至 19℃的变化范围内，α/β 的比例仅从 4. 4:1 减小到 2. 0:1，变化很小。而中试工艺反应在 23 -25℃进行，生成甲磺酸酯 10α/10β 的比例为 1:1. 1。专利一 19℃与豪森中试工艺的 23℃同属于室温条件下，仅有 4℃之差，但两者所对应 α/β 的比例却发生了质的变化，主张鉴定结论错误。经审理，本案专利一的独立权利要求的概括除包含其说明书实施例公开的 11 个不能实施的情况外，还存在众多其他不能解决发明所要解决的技术问题的技术方案，因权利要求没有得到说明书的支持，专利一已经被宣告无效。由于专利一中 SN2 亲核反应反转构型在某些点不是主要的反应路线，如在 α 核糖与 β 核糖比例是 α > β 时，得到的 α 核苷与 β 核苷的比例也是 α > β，而不是预期的 β 核苷富集的混合物。因此，存在专利一 19℃所对应 α/β 的比例与被诉侵权制备方法的 23℃所对应的 α/β 的比例出现突变的可能。

本案鉴定结论是在推定的基础上作出的，这种推定具有事实基础，原审判决

采信鉴定结论并无不当。理由为：（1）同样的产物可以由不同的反应物通过不同的方法制得，但在反应条件和目标物及工艺路线确定时，推断另一个反应物是有可能的。（2）豪森公司中试工艺中的 11α/11β 的比例是1.15∶1，是经过分离纯化后的比例。由于豪森公司和伊莱利利公司采用的分离纯化的方法是一样的，结合专利二说明书记载的当用无机酸处理反应混合物时会减少 α 核苷的含量而增加 β 核苷的相对含量的内容，在工艺步骤分离纯化过程中，α 核苷大多是留在溶液中而没有被提纯出来，在 α 核苷存在更多的损失的情况下，豪森公司提纯出来的产物应当是 α 富集，纯化前的混合物中 α 异头物富集的程度相对更高。而且伊莱利利公司也未提交证据证明分离纯化会使 α/β 的构型发生变化。（3）根据中国医药工业杂志发表的《盐酸吉西他滨的合成》一文记载的内容，3α/3β、4α/4β 与豪森中试工艺的第八步、第九步在反应条件、技术参数上基本一致。文章中的数据显示，相当于 10α/10β 的步骤的 3α/3β 是 1∶1.01，β 富集的糖，4α/4β 比例大致为 1.2∶1、1.28∶1、1.31∶1，在容忍的误差范围内，印证了鉴定报告推论的正确。此外，豪森公司在原审提交的补充材料一、二的数据也补强了其中试工艺第九步反应原料是 β 富含的糖，产物是 α 富含的核苷。

（三）关于豪森公司第九步反应的起始物甲磺酸酯 10α/10β 的比例是否应当由豪森公司负举证责任的问题

原审法院已经从江苏省药品监督管理局调取了豪森公司的相关申报材料，经与国家药品监督管理局的报批资料核对，两者的生产工艺名称、内容一致。豪森公司亦提供了相关的生产批件及对应的申报材料、生产工艺、补充材料等。比对的结果是不落入专利二、专利三的保护范围，故不能认为豪森公司没有提供其制备吉西他滨盐酸盐的方法。况且，**根据专利法的规定，被诉侵权人对新产品的制造方法承担倒置举证责任是有条件的，即专利权人首先应当证明被诉侵权方法所生产的产品与涉案专利方法所生产的产品属于相同的产品；同时，还应当证明依据专利方法直接获得的产品是新产品。**本案专利一的关键是合成反应物，β 异头物富集的核苷是专利一直接获得的产品。专利二是对专利一得到的反应物进行纯化反应。专利三是对专利二所得到的纯化物进行脱保护的方法。上诉人伊莱利利公司提起本案诉讼时提交了豪森公司生产的盐酸吉西他滨药品，但并没有证明豪森公司实际生产了 β 异头物富集的核苷，而且，在二审中双方均认可，并非只有 β 异头物富集的核苷可以制备得到盐酸吉西他滨，盐酸吉西他滨可以用 β 异头物富集的核苷以外的其他物质制备。因此，即使根据《中华人民共和国专利法》

（1992 年修正）第六十条第二款的规定，对合成步骤的举证责任也应当由伊莱利利公司负担，而不应当倒置由豪森公司承担。伊莱利利公司上诉主张豪森公司应当举证证明甲磺酸酯 10α/10β 的比例的理由，本院不予支持。

综上，伊莱利利公司的上诉理由均不能成立，原判认定事实基本清楚，适用法律正确。依据《中华人民共和国民事诉讼法》第一百五十三条第一款第（一）项之规定，判决如下：

驳回上诉，维持原判。

一审案件受理费人民币 37510 元，鉴定费人民币 75000 元，由伊莱利利公司负担。

二审案件受理费人民币 50300 元，由伊莱利利公司负担。

本判决为终审判决。

审　判　长　王永昌
代理审判员　李　剑
代理审判员　罗　霞
二〇一〇年十二月三日
书　记　员　王　新

25. 新产品制造方法专利侵权纠纷中举证责任的分配及“新产品”的认定

——再审申请人石家庄制药集团欧意药业有限公司与被申请人张喜田，二审上诉人石家庄制药集团华盛制药有限公司、石药集团中奇制药技术（石家庄）有限公司，一审被告吉林省玉顺堂药业有限公司侵犯发明专利权纠纷案

【裁判要旨】

专利法第五十七条第二款规定：“专利侵权纠纷涉及新产品制造方法的发明专利的，制造同样产品的单位或者个人应当提供其产品制造方法不同于专利方法的证明。”根据该规定，在此类专利侵权纠纷中，由被诉侵权人承担证明其产品制造方法不同于

专利方法的举证责任，需满足一定的前提条件，即权利人能够证明依照专利方法制造的产品属于新产品，并且被诉侵权人制造的产品与依照专利方法制造的产品属于同样的产品；在认定一项方法专利是否属于新产品制造方法专利时，应当以依照该专利方法直接获得的产品为依据；所谓“依照专利方法直接获得的产品”，是指使用专利方法获得的原始产品，而不包括对该原始产品作进一步处理后获得的后续产品。

【关键词】

新产品制造方法　举证责任分配

【案号】

最高人民法院（2009）民提字第84号

【基本案情】

吉林省长春市中级人民法院一审认为，目前国内市场上只有原告生产的苯磺酸左旋氨氯地平及其片剂，以及石家庄制药集团欧意药业有限公司（以下简称欧意公司）生产的马来酸左旋氨氯地平及其片剂，而原告产品的上市时间早于欧意公司产品。原告的左旋氨氯地平产品于2001年5月被原国家经济贸易委员会认定为2001年度国家重点新产品，2001年6月被原国家经济贸易委员会评为“九五”国家技术创新优秀项目奖，被告虽然认为原告的产品不是新产品，但是未提供充分的证据反驳。因此，涉案专利应为新产品的制造方法专利。石药集团中奇制药技术（石家庄）有限公司（以下简称中奇公司）、石家庄制药集团华盛制药有限公司（以下简称华盛公司）、欧意公司未能证明其产品制造方法不同于涉案专利方法，应依法承担相应的侵权责任。吉林省高级人民法院二审对中奇公司等关于涉案专利不属于新产品制造方法专利的主张不予支持，维持了一审判决。欧意公司不服二审判决，向最高人民法院申请再审。最高人民法院在再审中明确了原告在涉及新产品制造方法专利的侵权纠纷中的举证责任和新产品的认定问题，判决驳回了张喜田的诉讼请求。

【裁判意见】

最高人民法院再审认为：依照涉案专利方法直接获得的产品是“结合一个DMSO－d_6的（S）－（－）－氨氯地平的D－酒石酸盐”，或“结合一个DMSO－d_6的（R）－（+）－氨氯地平的L－酒石酸盐”，其中前者即为制造左旋氨氯地平的中间产物，而非左旋氨氯地平本身；而后者即为制造右旋氨氯地平的中间产物，亦非右旋氨氯地平本身。由于在涉案专利的申请日之前，上述中间产物并未为国内外公众所知悉，可以认定依照涉案专利方法直接获得的产品是新产品，涉案专利属于新产品制造方法专利。虽然涉案专利是一项新产品制造方法专利，但要由被诉侵权人中奇公司、华盛公司、欧意公司承担证明其产品制造方法不同于专利方法的举证责任，还须由权利人张喜田证明被诉侵权人制造的产品与依照专利方法直接获得的产品属于同样的产品。张喜田提供的证据虽然能够证明华盛公司、欧意公司制造了马来酸左旋氨氯地平及其片剂，并且马来酸左旋氨氯地平的制造须以左旋氨氯地平为原料，但张喜田并没有提供证据证明华盛公司、欧意公司在制造马来酸左旋氨氯地平及其片剂时，也制造了“结合一个 DMSO－d_6 的（S）－（－）－氨氯地平的 D－酒石酸盐”中间产物，因此，张喜田提供的证据并不足以证明华盛公司、欧意公司制造的产品与依照涉案专利方法直接获得的产品属于同样的产品，本案不应由华盛公司、欧意公司承担证明其产品制造方法不同于专利方法的举证责任。

中华人民共和国最高人民法院民事判决书

（2009）民提字第 84 号

申请再审人（一审被告、二审上诉人）：石家庄制药集团欧意药业有限公司，住所地河北省石家庄市中山西路 276 号。

法定代表人：王瑞琦，董事长。

委托代理人：李红团，女，石家庄制药集团欧意药业有限公司法律顾问，住北京市海淀区×路 2 楼 909 号。

委托代理人：郭卫芹，女，石家庄制药集团欧意药业有限公司职员，住河北省石家庄市×园 34－2－401。

被申请人（一审原告、二审被上诉人）：张喜田，男，1947 年 6 月 21 日出生，汉族，住吉林省长春市×胡同 27－2 号。

委托代理人：雒义诚，吉林亿丰律师事务所律师。

委托代理人：侯绪军，男，济南舜源专利事务所有限公司专利代理人，住山东省济南市历城区×路 32 号 1 号楼 2 单元 601 号。

二审上诉人（一审被告）：石家庄制药集团华盛制药有限公司，住所地河北省石家庄市×路 276 号。

法定代表人：蔡东晨，董事长。

委托代理人：李红团，女，石家庄制药集团欧意药业有限公司法律顾问，住北京市海淀区×路2楼909号。

委托代理人：李国聪，男，石家庄制药集团欧意药业有限公司职员，住河北省石家庄市新华区×路2号。

二审上诉人（一审被告）：石药集团中奇制药技术（石家庄）有限公司，住所地河北省石家庄市×路368号。

法定代表人：蔡东晨，董事长。

委托代理人：李红团，女，石家庄制药集团欧意药业有限公司法律顾问，住北京市海淀区×路2楼909号。

一审被告：吉林省玉顺堂药业有限公司，住所地吉林省长春市珠江路417号。

法定代表人：孙明海，董事长。

申请再审人石家庄制药集团欧意药业有限公司（以下简称欧意公司）因与被申请人张喜田、二审上诉人石家庄制药集团华盛制药有限公司（以下简称华盛公司）、石药集团中奇制药技术（石家庄）有限公司（以下简称中奇公司）、一审被告吉林省玉顺堂药业有限公司（以下简称玉顺堂公司）侵犯发明专利权纠纷一案，不服吉林省高级人民法院2006年11月21日作出的（2006）吉民三终字第146号民事判决，向本院申请再审。本院于2009年6月17日作出（2009）民申字第2号民事裁定，提审本案。本院依法组成合议庭，于2010年5月5日公开开庭审理了本案。中奇公司、华盛公司、欧意公司的共同委托代理人李红团、欧意公司的委托代理人郭卫芹、华盛公司的委托代理人李国聪、张喜田及其委托代理人侯绪军到庭参加诉讼。经本院合法传唤，玉顺堂公司未到庭参加诉讼。本案现已审理终结。

2005年2月，张喜田起诉至吉林省长春市中级人民法院（以下简称一审法院）称，本人是专利号为00102701.8、名称为“氨氯地平对映体的拆分”发明专利的专利权人，该专利是制造左旋氨氯地平新产品的方法专利。马来酸左旋氨氯地平和马来酸左旋氨氯地平片新药由中奇公司研发，华盛公司生产了马来酸左旋氨氯地平（原料药），欧意公司生产了马来酸左旋氨氯地平片（终端产品，商品名“玄宁”），玉顺堂公司销售了侵权产品。请求判令：1. 中奇公司、华盛公司、欧意公司停止侵权行为并在全国性医药媒体上刊载马来酸左旋氨氯地平、马来酸左旋氨氯地平片侵权的声明；2. 玉顺堂公司停止销售侵权产品；3. 中奇公司、华盛公司、欧意公司和玉顺堂公司承担本案全部诉讼费用以及因本案发生的鉴定费、律师费和其他费用。

一审法院审理查明，2000年2月21日，张喜田申请了专利号为00102701.8、名称为“氨氯地平对映体的拆分”发明专利（以下简称涉案专利），2003年1月29日被授予专利权。涉案专利公开了制造左旋氨氯地平的方法，由左旋氨氯地平可进一步制得马来酸左旋氨氯地平、苯磺酸左旋氨氯地平等下游产品。2001年6月，案外人辉瑞研究与发展公司（以下简称辉瑞公司）被授予专利号为95192238.6、名称为“由阿罗地平的非对映体的酒石酸分离其对映体”发明专利权（以下简称238专利）。上述两项专利均为制造左旋氨氯地平的方法专利，在此之前，我国国内没有制造左旋氨氯地平的工业技术。

马来酸左旋氨氯地平和马来酸左旋氨氯地平片新药由中奇公司研发，马来酸左旋氨氯地平（原料药）由华盛公司生产，马来酸左旋氨氯地平片（终端产品，商品名“玄宁”）由欧意公司生产并销售，中奇公司、华盛公司、欧意公司同属石家庄制药集团，各自为独立法人。2004年，石家庄制药集团在其网站对“玄宁”进行了宣传。经查询国家食品药品监督管理局及其药品审评中心相关网页，国内生产的左旋氨氯地平产品为华盛公司、欧意公司生产的马来酸左旋氨氯地平及其片剂，以及张喜田生产的苯磺酸左旋氨氯地平及其片剂。

中奇公司、华盛公司、欧意公司向一审法院提交了公开号为CN1609102A、名称为“一种光学活性氨氯地平的拆分方法”发明专利申请公开说明书，用以证明其制造被诉侵权产品的方法与涉案专利方法不同。张喜田向一审法院提出鉴定申请，请求对该说明书中记载的氨氯地平拆分方法进行试验检验。一审法院委托法源司法科学证据鉴定中心（以下简称法源中心）进行鉴定，法源中心出具检验报告称：“在相同试验条件下，采用发明专利CN1609102A说明书中公开最充分，且对映体过量最高的实施例1中描述的氨氯地平药物生成方法进行试验，试验结果与说明中的表述在对映体过量方面存在重大差异，使用发明专利CN1609102A提供的化学方法，本试验不能达到拆分氨氯地平的目的。”

一审法院认为，1.《中华人民共和国专利法（第二次修正）》（以下简称《中华人民共和国专利法》）第五十七条第二款规定：“专利侵权纠纷涉及新产品制造方法的发明专利的，制造同样产品的单位或者个人应当提供其产品制造方法不同于专利方法的证明。”该规定中所称的“新产品”，是指在专利产品之前，国内市场上没有上市的产品。目前国内市场上只有原告生产的苯磺酸左旋氨氯地平及其片剂，以及欧意公司生产的马来酸左旋氨氯地平及其片剂，而原告产品的上市时间早于欧意公司产品。虽然辉瑞公司已在中国被授予238专利，但其产品尚未在中国上市。另外，原告的左旋氨氯地平产品于2001年5月被原国家经济贸易委员会认定为2001年度国家重点新产品，2001年6月被原国家经济贸易委员会评为“九五”国家技术创新优秀项目奖，被告虽然认为原告的产品不是新产品，但是未提供充分的证据反驳。因此，涉案专利应为新产品的制造方法专利。2. 左旋氨氯地平作为一种化合物，并不能直接供消费者消费，其必须与马来酸、苯磺酸等经成盐工艺成为马来酸左旋氨氯地平、苯磺酸左旋氨氯地平后，才真正成为产品，因此，涉案专利能够延及被告生产的马来酸左旋氨氯地平及其片剂。3. 根据《中华人民共和国专利法》第五十七条第二款的规定，中奇公司、华盛公司、欧意公司应当提供证据证明其制造马来酸左旋氨氯地平及其片剂的方法不同于涉案专利方法。经法源中心鉴定，中奇公司、华盛公司、欧意公司提供的专利方法不能实现拆分氨氯地平的目的。中奇公司、华盛公司、欧意公司未能证明其产品制造方法不同于涉案专利方法，应依法承担相应的侵权责任。4. 张喜田未能提供充分的证据证明玉顺堂公司的侵权事实存在。据此，一审法院依照《中华人民共和国专利法》第十一条、第五十七条第二款、第六十条之规定，判决：1. 中奇公司、华盛公司、欧意公司停止对涉案专利权的侵害行为。2. 对张喜田的其他诉讼请求不予支持。案件受理费1000元、鉴定费200000元，由中奇公司、华盛公司、欧意公司负担。

中奇公司、华盛公司、欧意公司不服该一审判决，向吉林省高级人民法院（以下简称二审法院）提起上诉。

二审法院审理查明，一审法院认定的事实属实。

二审法院认为，本案的争议焦点是：1. 涉案专利是否是新产品制造方法发明专利；2. 涉案专利权的保护范围是否延及中奇公司、华盛公司、欧意公司开发和生产的马来酸左旋氨氯地平及其片剂；3. 中奇公司、华盛公司、欧意公司开发和生产被诉侵权产品所使用的方法是否与涉案专利方法相同或等同；4. 一审法院委托鉴定的程序是否合法，鉴定结论是否正确，能否证明中奇公司、华盛公司、欧意公司侵权；5. 本案是否应中止审理；6. 中奇公司的研发行为是否构成侵权。

关于第一个焦点问题。根据国家食品药品监督管理局及其药品审评中心网页公布的有关“左旋氨氯地平”专利及法律状态的检索结果，目前国内市场上只有涉案专利实施企业吉林省天风制药有限责任公司（以下简称天风公司）生产的苯磺酸左旋氨氯地平及其片剂，以及欧意公司生产的马来酸左旋氨氯地平及其片剂，除此之外没有其他的左旋氨氯地平药品，辉瑞公司的左旋氨氯地平产品也未在中国上市。中奇公司、华盛公司、欧意公司没有提供证据证明在利用涉案专利方法生产左旋氨氯地平之前，国内市场上已有其他企业生产和销售同类药品。因此，中奇公司、华盛公司、欧意公司关于涉案专利不属于新产品制造方法专利的主张缺乏事实和法律根据，不予支持。

关于第二个焦点问题。左旋氨氯地平作为一种化合物，本身并不能成为直接供消费者消费的产品。涉案专利为左旋氨氯地平的拆分方法，依照该方法不能直接得到产品，而左旋氨氯地平化合物与马来酸、苯磺酸等经过成盐工艺成为马来酸左旋氨氯地平、苯磺酸左旋氨氯地平后，才真正成为产品，所以上述产品应为依照左旋氨氯地平的拆分方法直接获得的产品。涉案专利能够延及中奇公司、华盛公司、欧意公司生产的马来酸左旋氨氯地平及其片剂。

关于第三、四个焦点问题。二审法院在二审中组织各方当事人以及鉴定人员到庭对鉴定结论进行了质询。除程序问题外，中奇公司、华盛公司、欧意公司还认为鉴定结论不科学，仅依照专利文件分离不出左旋氨氯地平是正常的，除专利文献外，还有许多技术诀窍和控制方法是专利文献中没有记载的。法源中心的答复意见是：1. 法源中心具备药物方面的鉴定资质，中奇公司、华盛公司、欧意公司在一审时曾请求北京市司法局撤销鉴定结论，北京市司法局已书面答复异议不成立。2. 鉴定人员具备相应的资格和专业能力，鉴定程序合法，送检材料已经过鉴定部门检验，并且用辉瑞公司的专利方法已成功拆分出左旋氨氯地平，说明设备状态稳定，人员操作正确。3. 关于中奇公司、华盛公司、欧意公司提出的鉴定过程中仅使用40ml² – 丁酮的问题。法源中心解释为笔误，并出示了原始试验记录，证明当时加入的是60ml² – 丁酮。二审法院认为，1. 法源中心是司法部和最高人民法院认可并公布的具有法医、药理、药物学等鉴定资质的鉴定机构，具有对药物、药理进行鉴定的资格，相关鉴定人员均为药物学、药理学的专家，具备鉴定资格。2. 鉴定程序虽存在一些瑕疵，但为了减少当事人诉累，在不影响案件实体审理结果的前提下，可以在二审中采取措施对鉴定程序存在的问题进行补正，如果经过补正可以认定鉴定结论的合法性，则无需重新组织鉴定或发回重审，为此，二审法院组织各方当事人进行了调查和质疑：（1）关于一审法院委托鉴定时未通知中奇公司、华盛公司、欧意公司到庭。根据一审卷宗记载，中奇公司、华盛公司、欧意公司在第一次选择鉴定机构未果后，已给一审法院发函，明确表示不同意鉴定，并不是一审法院不通知其到庭。（2）关于送检材料。送检材料是张喜田购买的氨氯地平原料，由于该材料不是证据，不存在质证问题。送检材料虽未经双方确认，但鉴定部门为确保试验的公正性和科学性，已对送检材料进行了鉴定和确认，并且依照辉瑞公司的专利方法成功制得左旋氨氯地平。（3）关于申请回避问题。二审法院询问中奇公司、华盛公司、欧意公司是否申请鉴定人员回避，但中奇公司、华盛公司、欧意公司未提出具体的回避意见，仅认为属于程序瑕疵。3. 关于鉴定结论。中奇公司、华盛公司、欧意公司认为不同的试验、不同的人以及对搅拌速度、温度的控制等都可能对试验结果产生影响，但未说明究竟是什么原因导致不能实现氨氯地平的拆分，如何才能实现氨氯地平的拆分。鉴定人员都是本领域的专家，显然具备相应的专业知识和操作技能，其按中奇公司、华盛公司、欧意公司提供的专利方法不能实现拆分出左旋氨氯地平的目的，中奇公司、华盛公司、欧意公司未能提供充分的证据证明其产品制造方法不同于涉案专利方法，应承担举证不能的责任。

关于第五个焦点问题。虽然涉案专利已经被国家知识产权局专利复审委员会宣告部分无效，但该案的双方当事人均已提起行政诉讼。同时，欧意公司已经以张喜田和天风公司使用了与其相同的方法生产左旋氨氯地平原料药及成品药为由，向河北省石家庄市中级人民法院提起民事诉讼，这与中奇公司、华盛公司、欧意公司在本案中的诉讼主张相矛盾，因此本案不宜中止审理。

关于第六个焦点问题。由于中奇公司、华盛公司、欧意公司同属石家庄制药集团，中奇公司负责研发，华盛公司生产原料药，欧意公司生产成品药，在生产左旋氨氯地平原料药以及成品药的过程中三者缺一不可，因此对中奇公司不承担侵权责任的主张不予支持。

二审法院依照《中华人民共和国民事诉讼法》第一百五十三条第一款第（一）项之规定，判决：驳回上诉，维持原判。一、二审案件受理费4000元、鉴定费210000元，由中奇公司、华盛公司、欧意公司负担。

欧意公司不服该二审判决，向本院申请再审称，1. 法源中心出具的检验报告错误，一、二审法院采信该检验报告不当。2. 欧意公司提交了专利申请文件、备案工艺流程、生产记录等证据，用于证明其产品制造方法不同于涉案专利方法；欧意公司还提交了现场勘验申请，请求二审法院对被诉侵权产品的制造方法进行现场勘验，证明其依照自有方法能够制得左旋氨氯地平，但二审法院不予理睬，仅以法源中心出具的检验报告为依据，认定欧意公司依照自有方法不能制得左旋氨氯地平，认定事实错误。3. 依照涉案专利权利要求1记载的方法，得到的产品是“结合一个DMSO－d_6的（S）－（－）－氨氯地平的D－酒石酸盐”，或

“结合一个 DMSO－d_6 的（R）－（+）－氨氯地平的 L－酒石酸盐”，被诉侵权产品与上述产品不同，涉案专利也不属于新产品制造方法专利。二审法院错误地以产品是否上市作为“新产品”的认定标准，并且在张喜田尚未举证证明欧意公司也制造了上述产品的情况下，即要求欧意公司承担证明其产品制造方法不同于涉案专利方法的举证责任，认定事实与适用法律均存在错误。4. 欧意公司的产品制造方法与涉案专利方法存在重要差异，属于不同的技术方案。二审法院将涉案专利权的保护范围延及马来酸左旋氨氯地平及其片剂，亦属错误。请求本院：1. 撤销吉林省长春市中级人民法院（2005）长民三初字第 36 号民事判决以及吉林省高级人民法院（2006）吉民三终字第 146 号民事判决。2. 认定中奇公司、华盛公司、欧意公司不侵犯涉案专利权。3. 判令张喜田承担鉴定费用以及本案全部诉讼费用。

张喜田辩称，1. 法源中心是司法部和最高人民法院认可的具有药物、药理鉴定资质的鉴定机构，法源中心组织的鉴定人员都是本领域的专家，具备相应的专业知识和操作技能，因此，原审法院采信法源中心出具的检验报告并无不当。2. 依照涉案专利方法制得的左旋氨氯地平为新产品，欧意公司应当承担证明其产品制造方法不同于涉案专利方法的举证责任。经试验验证，依照欧意公司提供的专利方法无法制得左旋氨氯地平，因此，欧意公司应当承担举证不能的责任。3. 欧意公司有关其专利技术的实施需要技巧和诀窍的主张缺乏事实依据和科学根据。4. 中奇公司、华盛公司、欧意公司未经其许可，以生产经营为目的，研制、制造、销售马来酸左旋氨氯地平及其片剂，应承担侵权责任。

本院审理查明，一、二审法院认定的事实基本属实。

本院另查明以下事实：

（一）有关涉案专利的事实

涉案专利授权公告的权利要求 1 为：“1. 一种从混合物中分离出氨氯地平的（R）－（+）－和（S）－（－）－异构体的方法。其特征在于：包含下述反应，即在手性助剂六氘代二甲基亚砜（DMSO－d_6）或含 DMSO－d_6 的有机溶剂中，异构体的混合物同拆分手性试剂 D－或 L－酒石酸反应，结合一个 DMSO－d_6 的（S）－（－）－氨氯地平的 D－酒石酸盐，或结合一个 DMSO－d_6 的（R）－（+）－氨氯地平的 L－酒石酸盐而分别沉淀，其中氨氯地平与酒石酸的摩尔比约等于 0.25。”涉案专利的说明书记载：“拆分氨氯地平的过程是，在手性助剂六氘代二甲基亚砜（DMSO－d_6）或含 DMSO－d_6 的有机溶剂中分别溶解氨氯地平和酒石酸，然后搅拌混合，氨氯地平同 D－或 L－酒石酸反应，结合一个 DMSO－d_6 的（S）－（－）－氨氯地平的 D－酒石酸盐，或结合一个 DMSO－d_6 的（R）－（+）－氨氯地平的 L－酒石酸盐而分别沉淀，用于沉淀物的分离方法有过滤、离心分离或移注。沉淀物的进一步处理可以得到（R）－（+）－氨氯地平或（S）－（－）－氨氯地平。除去沉淀物后的母液可以用 0.25 当量相反极性的酒石酸（如首先用的是 L－酒石酸，现在则用 D－酒石酸）处理，相反极性的氨氯地平及其酒石酸和 DMSO－d_6 配合物可生成沉淀。……用于酒石酸盐重结晶的溶剂是醇类，例如：甲醇。”涉案专利的说明书实施例 5 中还记载了由（S）－（－）－氨氯地平制造苯磺酸（S）－（－）－氨氯地平的方法。涉案专利中所称的“（S）－（－）－氨氯地平”即为左旋氨氯地平，“（R）－（+）－氨氯地平”即为右旋氨氯地平。

（二）有关辉瑞公司 238 专利的事实

辉瑞公司于 1995 年 3 月 6 日申请 238 专利，2001 年 6 月 13 日被授予专利权，授权公告号为 CN1067055C。其说明书记载：“本发明提供了由其混合物中分离阿罗地平的（R）－（+）－及（S）－（－）－异构体的方法，其中包括将混合物与 L－或 D－酒石酸在含有足够量二甲基亚砜的有机溶剂中反应，分别将（R）－（+）－阿罗地平的 L－酒石酸盐的 DMSO 溶剂化物或（S）－（－）－阿罗地平的 D－酒石酸盐的 DMSO 溶剂化物沉淀。”“沉淀的 DMSO 溶剂化物可用几种方法进一步处理。由有机溶剂中重结晶可得到不含 DMSO 的阿罗地平酒石酸盐。可用碱进一步处理得到游离的对映体纯的阿罗地平异构体。”238 专利中所称的阿罗地平即为氨氯地平。

（三）有关欧意公司申请专利的事实

2003 年 12 月 5 日，欧意公司申请了专利号为 200310119335.7、名称为“一种光学活性氨氯地平的拆分方法”发明专利（以下简称 335 专利），该专利申请于 2005 年 4 月 27 日公开，公开号为 CN1069102A，2005 年 12 月 14 日被授予专利权。335 专利授权公告的权利要求 1 为：“一种（S）－（－）－氨氯地平的制造方法，其特征是将消旋氨氯地平和 L－（+）－酒石酸溶解于含有 2－丁酮的有机溶剂中，反应产生（S）－（－）－氨氯地平和 L－（+）酒石酸盐的沉淀，经过过滤或离心后，再采用乙醇、甲醇或异丙醇溶剂进行重结晶，得到上述固体，然后加入二氯甲烷，用氢氧化钠溶液中和，得到（S）－（－）－氨氯地平。”335 专利的说明书中记载：“氨氯地平是钙离子拮抗剂，临床用于治疗高血压和稳定型心绞痛。目前临床上应用的氨氯地平主要为消旋体……其药理活性主要成分是（S）－（－）－氨氯地平。”“另一对映体（R）－（＋）－氨氯地平具有治疗动脉粥样硬化的活性。……制备氨氯地平对映体的方法主要是拆分消旋氨氯地平。”335专利的说明书实施例1中记载了一种具体的（S）－（－）－氨氯地平的制造方法，包括如下步骤：“将5克（0.012mol）氨氯地平溶于40ml 2－丁酮中，加入溶有1.0克（0.0066mol）L－（＋）－酒石酸的60ml 2－丁酮溶液，室温搅拌反应1小时，析出沉淀，过滤，用少量2－丁酮洗涤，得2.1克固体。将母液蒸馏回收2－丁酮，将所得固体在乙醇中重结晶，得（S）－（－）－氨氯地平L－（＋）－酒石酸盐1.7克。在1.7克（S）－（－）－氨氯地平L－（＋）－酒石酸盐中，加入二氯甲烷18ml，2N氢氧化钠溶液10ml，搅拌反应30分钟，静置，分出有机层，加入适量无水碳酸钠干燥，过滤，用少量二氯甲烷洗涤滤饼，将滤液减压浓缩，加入适量正已烷，搅拌结晶，过滤，真空干燥过夜，得（S）－（－）－氨氯地平1.2克。利用手性组HPLC测定其对映体过量值（ee）为99.0%，收率48%。”

（四）有关法源中心出具检验报告的事实

法源中心出具的检验报告记载：“本次试验检验人在相同的条件下分别对发明专利CN1067055C实施例1、4、5、8和发明专利CN1609102A实施例1所描述的氨氯地平药物生成化学反应方法进行了重复试验，试验结果如下：1. 采用CN1067055C实施例1、4、5、8所描述氨氯地平药物生成方法，所得的试验结果与其说明书中表述一致，证明检验人试验能力与原料试剂的可靠性。2. 在相同试验条件下，采用发明专利CN1609102A说明书中公开最充分，且对映体过量最高的实施例1描述的氨氯地平药物生成方法进行试验，试验结果与其说明中的表述在对映体过量方面存在重大差异，使用该发明专利CN1609102A提供的化学方法，本试验不能达到拆分氨氯地平的目的。”检验报告中所称的发明专利CN1609102A即为欧意公司的335专利，发明专利CN1067055C即为辉瑞公司的238专利。法源中心的司法鉴定许可证载明，该中心的鉴定业务范围包括法医病理鉴定、法医临床鉴定、法医物证鉴定、法医毒物鉴定、文书司法鉴定、痕迹司法鉴定、司法会计鉴定、建筑工程司法鉴定、资产评估司法鉴定，但不包括知识产权司法鉴定。

2006年3月3日，法源中心出具技术鉴定费收费发票一张，发票载明的技术鉴定费金额为200000元。原审判决认定技术鉴定费为210000元有误。

（五）关于欧意公司提交的有关左旋氨氯地平制造方法的证据

本案一、二审中，欧意公司先后提交了335专利申请公开说明书以及授权公告的发明专利说明书、在国家食品药品监督管理局备案的工艺流程记录、生产记录、河北省石家庄市食品药品监督管理局出具的现场检查笔录、《马来酸左旋氨氯地平工艺规程SOP－MPP－W017（00）》等证据，用于证明其系使用自有方法制造左旋氨氯地平，并未使用涉案专利方法。将335专利申请公开说明书、备案工艺流程记录、生产记录以及《马来酸左旋氨氯地平工艺规程SOP－MPP－W017（00）》进行比较，虽然所述证据中记载的左旋氨氯地平制造方法在部分原料、用量、具体反应条件等方面有所差异，但均是以L－（＋）－酒石酸和2－丁酮为原料，对氨氯地平进行拆分以制得左旋氨氯地平。

（六）有关现场勘验的事实

本案二审中，中奇公司、华盛公司、欧意公司以实施335专利尚需一定的经验、技巧和诀窍为由，曾共同向二审法院提出现场勘验申请，请求二审法院组织各方当事人以及相关技术专家对被诉侵权产品的制造方法进行现场勘验，二审法院未进行现场勘验。本案再审期间，中奇公司、华盛公司、欧意公司以及张喜田均向本院提出现场勘验申请，请求本院对被诉侵权产品的制造方法进行现场勘验，验证依照欧意公司的335专利方法能否制得左旋氨氯地平。

2010年3月23日，本院审判人员、张喜田的委托代理人以及中奇公司、华盛公司、欧意公司的委托代理人共同到欧意公司的仓库，对欧意公司购买的试验原料进行现场取样，每种原料取四份样品，其中一份由张喜田的委托代理人带回检测，欧意公司留存一份，另外两份交由本院保存备查。取样后，在各方当事人在场并且无异议的情况下，本院审判人员将原料封存于该仓库的一个保险柜内。在本院指定的期限内，张喜田未对原料提出异议。

2010年4月10日至12日，本院审判人员、张喜田的委托代理人及其两名助理人员，以及中奇公司、华盛公司、欧意公司的委托代理人来到欧意公司进行现场试验。经核对原料封存情况完好并且各方当事人无异议后，欧意公司的三名工作人员依照335专利实施例1记载的原料和配比，分别进行了三组共九次氨氯地平拆分试验。试验中，工作人员将60ml 2－丁酮溶液陆续加入到氨氯地平溶液中，在34℃的水浴温度下进行搅拌反应。其后，工作人员将九次拆分试验获得的固体混合后，合并进行重结晶，获得试验最终产物。张喜田的委托代理人对试验获得的母液、沉淀物以及最终产物进行了现场取样，每份样品取样四份，由张喜田和欧意公司各持一份，本院留存2份备查。试验结束后，在各方当事人确认无误的情况下，本院对剩余原料再次予以封存。经欧意公司检测，现场试验获得的最终产物为左旋氨氯地平，纯度为99.7%，对映体含量值为99.4。

现场试验过程中，张喜田的委托代理人对欧意公司现场试验的有关步骤提出如下异议：1. 依照335专利的实施例1，应将溶有1克L－（+）－酒石酸的2－丁酮溶液60ml全部加入氨氯地平溶液后，室温搅拌反应1小时。但在试验过程中，工作人员是将60ml2－丁酮溶液陆续加入，并且在34℃的水浴温度下进行搅拌反应。2. 欧意公司将九次拆分试验获得的固体合并后，再进行后续的重结晶等步骤，而根据335专利的实施例1，应当对九次拆分试验获得的固体分别进行重结晶。据此，张喜田认为欧意公司采用的试验方法与335专利的实施例1不同，不能证明依照335专利可实现氨氯地平的拆分。经欧意公司与张喜田协商，欧意公司同意进行第二次试验，由三名工作人员分别进行氨氯地平拆分试验，并将拆分试验获得的固体分别进行重结晶。

2010年4月23日，本院审判人员、张喜田的委托代理人到欧意公司进行第二次试验。经检查，第一次试验后剩余原料封存情况完好，张喜田的委托代理人未提出异议。但张喜田的委托代理人以第一次试验时原料可能没有混匀，并且原料一直由欧意公司保管，第一次试验所用的原料与试验前的取样可能不一致为由，要求在进行第二次试验之前再次对原料取样检测。欧意公司认为，张喜田及其委托代理人要求对原料再次取样检测的目的是拖延诉讼，如果张喜田认为第一次试验所用的原料存在问题，可以将剩余原料带走检测，无需进行第二次试验；如果张喜田对试验原料予以认可，可以进行第二次试验。因双方无法协商一致，第二次试验未能进行。张喜田的委托代理人未将剩余原料带走检测。

本院认为，本案焦点在于：1. 原审法院对举证责任的分配是否正确；2. 欧意公司制造左旋氨氯地平的方法是否落入涉案专利权的保护范围；3. 法源中心出具的检验报告能否采信。

一、关于原审法院对举证责任的分配是否正确

《中华人民共和国专利法》第五十七条第二款规定："专利侵权纠纷涉及新产品制造方法的发明专利的，制造同样产品的单位或者个人应当提供其产品制造方法不同于专利方法的证明。"根据该规定，在此类专利侵权纠纷案件中，由被诉侵权人承担证明其产品制造方法不同于专利方法的举证责任，需满足一定的前提条件，即权利人能够证明依照专利方法制造的产品属于新产品，并且被诉侵权人

制造的产品与依照专利方法制造的产品属于同样的产品。

在认定一项方法专利是否属于新产品制造方法专利时，应当以依照该专利方法直接获得的产品为依据。所谓“依照专利方法直接获得的产品”，是指使用专利方法获得的原始产品，而不包括对该原始产品作进一步处理后获得的后续产品。根据涉案专利的权利要求 1，虽然其主题名称是“一种从混合物中分离出氨氯地平的（R）–（+）–和（S）–（–）–异构体的方法”，但从权利要求 1 记载的内容看，依照涉案专利方法直接获得的产品是“结合一个 DMSO – d_6 的（S）–（–）–氨氯地平的 D – 酒石酸盐”，或“结合一个 DMSO – d_6 的（R）–（+）–氨氯地平的 L – 酒石酸盐”，其中前者即为制造左旋氨氯地平的中间产物，而非左旋氨氯地平本身；而后者即为制造右旋氨氯地平的中间产物，亦非右旋氨氯地平本身。由于在涉案专利的申请日之前，上述中间产物并未为国内外公众所知悉，可以认定依照涉案专利方法直接获得的产品是新产品，涉案专利属于新产品制造方法专利。欧意公司虽提交了辉瑞公司的 238 专利，用于证明涉案专利不属于新产品制造方法专利，但由于 238 专利和涉案专利系分别使用不同的手性助剂 DMSO、DMSO – d_6 对氨氯地平进行拆分，在依照两项专利方法制造左旋氨氯地平或者右旋氨氯地平的过程中，形成的中间产物并不相同，因此，238 专利并未公开依照涉案专利方法直接获得的产品，不足以证明涉案专利不属于新产品制造方法专利。

虽然涉案专利是一项新产品制造方法专利，但要由被诉侵权人中奇公司、华盛公司、欧意公司承担证明其产品制造方法不同于专利方法的举证责任，还须由权利人张喜田证明被诉侵权人制造的产品与依照专利方法直接获得的产品属于同样的产品。如前所述，依照涉案专利权利要求 1 记载的方法，直接获得的产品是“结合一个 DMSO – d_6 的（S）–（–）–氨氯地平的 D – 酒石酸盐”，或“结合一个 DMSO – d_6 的（R）–（+）–氨氯地平的 L – 酒石酸盐”，张喜田提供的证据虽然能够证明华盛公司、欧意公司制造了马来酸左旋氨氯地平及其片剂，并且马来酸左旋氨氯地平的制造须以左旋氨氯地平为原料，但并没有提供证据证明华盛公司、欧意公司在制造马来酸左旋氨氯地平及其片剂时，也制造了“结合一个 DMSO – d_6 的（S）–（–）–氨氯地平的 D – 酒石酸盐”中间产物，因此，张喜田提供的证据并不足以证明华盛公司、欧意公司制造的产品与依照涉案专利方法直接获得的产品属于同样的产品，本案不应由华盛公司、欧意公司承担证明其产品制造方法不同于专利方法的举证责任。

原审法院认定涉案专利属于新产品制造方法专利，虽然结论正确，但将依照涉案专利方法直接获得的产品认定为左旋氨氯地平，明显有误。由于原审法院对依照涉案专利方法直接获得的产品认定错误，在张喜田没有提供充分的证据证明华盛公司、欧意公司制造的产品与依照涉案专利方法直接获得的产品属于同样的产品的情况下，即认定由华盛公司、欧意公司承担证明其产品制造方法不同于专利方法的举证责任，亦显然错误。

二、关于欧意公司制造左旋氨氯地平的方法是否落入涉案专利权的保护范围

在本案一、二审过程中，欧意公司先后提交了335专利申请公开说明书以及授权公告的发明专利说明书、在国家食品药品监督管理局备案的工艺流程记录、生产记录、《马来酸左旋氨氯地平工艺规程 SOP－MPP－W017（00）》等证据，用于证明其系使用自有方法制造左旋氨氯地平，并未使用涉案专利方法。张喜田主张依照上述证据中记载的左旋氨氯地平制造方法不能实现氨氯地平的拆分，无法制得高纯度的左旋氨氯地平，并提交了法源中心出具的检验报告。为了验证欧意公司依照自有方法能否制得左旋氨氯地平，本院根据中奇公司、华盛公司、欧意公司以及张喜田的请求，对欧意公司制造左旋氨氯地平的方法进行了现场勘验，由欧意公司依照335专利中记载的左旋氨氯地平制造方法进行现场试验。试验结果表明，欧意公司依照335专利中记载的方法，以2－丁酮以及L－（+）－酒石酸为原料实现了氨氯地平的拆分，制得了含量为99.7%，对映体含量值为99.4的左旋氨氯地平。张喜田对该试验结果当庭表示认可。

张喜田虽然对欧意公司现场试验中的有关试验步骤以及试验原料提出了异议，但这些异议均不能成立。1. 关于60ml 2－丁酮的加入方式以及反应温度。从查明的事实看，335专利权利要求1中与上述步骤对应的技术特征为“将消旋氨氯地平和L－（+）－酒石酸溶解于含有2－丁酮的有机溶剂中，反应生成……”实施例1中的对应技术特征为“加入溶有1.0克L－（+）－酒石酸的60ml 2－丁酮溶液，室温搅拌反应1小时”。上述技术特征均没有对2－丁酮的具体加入方式以及具体的反应温度进行限定，欧意公司在现场试验中将60ml 2－丁酮溶液陆续加入，并且由于试验当天气温较低，故在34℃的水浴温度下进行搅拌反应，并没有超出上述技术特征限定的范围，因此，张喜田的该项异议不能成立。2. 关于欧意公司现场试验时将九次拆分试验获得的固体合并进行重结晶。现场试验时，欧意公司确实是将九次拆分试验获得的固体合并进行重结晶，当张喜田的委托代理人提出异议后，欧意公司表示同意进行第二次现场试验，将拆分试验获得的固体分

别进行重结晶。但是，在剩余原料封存情况完好的情况下，张喜田又提出对试验原料进行重新检测的要求，致使第二次现场试验未能进行。其实，从查明的事实看，335 专利实施例 1 中与重结晶对应的技术特征是："将所得固体在乙醇中重结晶"，授权公告的权利要求 1 中对应的技术特征是"再采用乙醇、甲醇或异丙醇溶剂进行重结晶"。因此，欧意公司将九次拆分试验获得的固体合并进行重结晶，并没有超出上述技术特征限定的范围。而且根据本领域的常识，对于拆分试验获得的固体是合并进行重结晶还是分别进行重结晶，对于能否拆分出左旋氨氯地平并无影响，因此，张喜田的该项异议亦不能成立。3. 关于试验原料是否真实。庭审中，张喜田对欧意公司现场试验时使用的原料提出质疑，认为该原料与取样时的原料不同，并且其对现场试验中取得的沉淀物等样品进行检测后，结果与其自行完成的对比试验存在明显差异，故怀疑欧意公司在现场试验时系使用高纯度的左旋氨氯地平作为原料。为支持其主张，张喜田向本院提交了其自行完成的对比试验报告。事实上，在对欧意公司购买的试验原料进行取样后，即由本院审判人员在各方当事人在场并认可的情况下对原料就地进行了封存，张喜田的委托代理人对原料的取样以及封存并未提出异议。现场试验开始前，张喜田的委托代理人对原料封存情况以及试验现场、试验设备进行了检查，在其确认原料封存完好并且未提出异议的情况下，欧意公司才将原料拆封进行试验。试验过程中，张喜田的委托代理人及其两名助手对试验全过程进行了监督，张喜田的委托代理人在此期间并没有对原料的取用情况提出异议。现场试验结束后，在各方当事人均无异议的情况下，本院再次对剩余原料予以封存。综上，试验原料的取样、封存、使用以及再次封存等均是在各方当事人的共同监督下进行的，足以保证试验原料的客观、真实。张喜田仅仅依据其自行完成的对比试验报告，对试验原料的真实性提出质疑，其真实性与科学性均不足信。因此，张喜田就试验原料提出的异议亦不成立。

欧意公司的现场试验结果与欧意公司提交的备案工艺流程记录、生产记录、《马来酸左旋氨氯地平工艺规程 SOP－MPP－W017（00）》等证据相互印证，可以证明欧意公司使用 2－丁酮和 L－（+）－酒石酸为原料，能够实现对氨氯地平的拆分，制得左旋氨氯地平。与之相比较，涉案专利权利要求 1 系使用六氘代二甲基亚砜（DMSO－d_6）以及 D－酒石酸为原料，二者使用的原料既不相同也不等同，欧意公司制造左旋氨氯地平的方法没有落入涉案专利权的保护范围。庭审中，张喜田亦认为以 2－丁酮和 L－（+）－酒石酸为原料制造左旋氨氯地平的方法与涉案专利方法不同，只是认为依照该方法不可能制得左旋氨氯地平。但是，现场试验结果证明，使用该方法能够制得高纯度的左旋氨氯地平，因此，欧意公司关于依照自有方法制造左旋氨氯地平的抗辩理由成立。原审法院认定欧意公司依照自有方法不能制得左旋氨氯地平，并据此认定中奇公司、华盛公司、欧意公司侵犯了张喜田的涉案专利权，显然缺乏事实依据。

另需指出的是，**根据《中华人民共和国专利法》第十一条的规定，方法专利权的保护范围只能延及依照该专利方法直接获得的产品，即使用专利方法获得的原始产品，而不能延及对原始产品作进一步处理后获得的后续产品。**如前所述，实施涉案专利权利要求1限定的方法后，直接获得的是“结合一个DMSO－d_6的（S）－（－）－氨氯地平的D－酒石酸盐”，或“结合一个DMSO－d_6的（R）－（+）－氨氯地平的L－酒石酸盐”，华盛公司、欧意公司生产的马来酸左旋氨氯地平、马来酸左旋氨氯地平片以及左旋氨氯地平，均属于对上述产品作进一步处理后获得的后续产品，不属于依照涉案专利方法直接获得的产品。因此，涉案专利权的保护范围不能延及左旋氨氯地平、马来酸左旋氨氯地平及其片剂。“依照该专利方法直接获得的产品”的认定与该产品能否直接供消费者使用无关，一审法院以“左旋氨氯地平作为一种化合物，本身并不能成为直接供消费者消费的产品……涉案专利为左旋氨氯地平的拆分方法，依据该方法不能直接得到产品，而左旋氨氯地平化合物与马来酸、苯磺酸等经过成盐工艺成为马来酸左旋氨氯地平、苯磺酸左旋氨氯地平后，才真正成为产品”为由，将涉案专利权的保护范围延及华盛公司、欧意公司生产的马来酸左旋氨氯地平及其片剂，适用法律亦显然不当。

三、关于法源中心出具的检验报告能否采信

正如前述，欧意公司依照335专利方法已经成功制得左旋氨氯地平，现场试验结果足以证明法源中心出具的检验报告的结论是错误的。因此，欧意公司关于该检验报告不能采信的再审理由成立，本院予以支持。其实，**在进行化学试验时，操作人员的经验以及对操作技巧和诀窍的掌握程度均可能对试验结果产生实质性的影响。例如，在本案中，欧意公司在335专利的实施例1中仅以“将所得固体在乙醇中重结晶”对重结晶步骤进行了相对概括的描述，但在现场试验过程中，欧意公司的工作人员实际上对重结晶步骤进行了认真、细致的观察和操作。因此，虽然法源中心组织的鉴定人员依照335专利无法制得左旋氨氯地平，但并不足以据此认定欧意公司依照该专利方法亦无法制得左旋氨氯地平。**原审法院忽视了试验操作人员所掌握的经验、技巧以及诀窍对试验结果可能带来的实质影响，在欧意公司明确提出其在实施335专利时还拥有一定的经验、技巧和诀窍的情况下，对于欧意公司要求由其工作人员进行试验操作的请求置之不理，轻易采信法源中心的检验报告，以致造成错误判决。

综上，原审判决认定事实和适用法律均有错误，应予纠正。依照《中华人民共和国专利法》第十一条、第五十七条第二款，《中华人民共和国民事诉讼法》第一百八十六条第一款、第一百五十三条第一款第（二）、（三）项之规定，判决如下：

一、撤销吉林省高级人民法院（2006）吉民三终字第146号民事判决和吉林省长春市中级人民法院（2005）长民三初字第36号民事判决。

二、驳回张喜田的诉讼请求。

一审案件受理费1000元、二审案件受理费3000元、鉴定费200000元，共204000元，由张喜田负担。

本判决为终审判决。

审　判　长　王永昌
代理审判员　李　剑
代理审判员　罗　霞
二〇一〇年九月九日
书　记　员　王　新

26. 专利权人应承担方法专利中“新产品”的举证责任

——再审申请人义乌市贝格塑料制品有限公司、张海龙与被申请人上海艾尔贝包装科技发展有限公司，一审被告杭州阿里巴巴广告有限公司侵害发明专利权纠纷案

【裁判要旨】

专利权人主张适用新产品制造方法专利举证责任倒置时，应当对方法专利直接获得的产品为新产品承担举证责任。

【关键词】

发明专利　侵权　新产品　举证责任

【案号】

最高人民法院（2018）最高法民申4149号

【基本案情】

在再审申请人义乌市贝格塑料制品有限公司（以下简称贝格公司）、张海龙与被申请人上海艾尔贝包装科技发展有限公司（以下简称艾尔贝公司），一审被告杭州阿里巴巴广告有限公司（以下简称阿里巴巴公司）侵害发明专利权纠纷案中，艾尔贝公司系名称为“自粘膜止回空气包装材料C型袋及其制造方法”的发明专利（即涉案专利）的权利人，涉案专利的申请日为2005年7月29日。艾尔贝公司以贝格公司在阿里巴巴公司开设的网络平台上批发销售其生产的气柱袋产品侵害了涉案专利权为由，提起诉讼。其同时主张，贝格公司系一人有限责任公司，张海龙作为贝格公司的自然人股东，应与贝格公司承担连带责任，阿里巴巴公司未及时采取下架贝格公司的产品、删除、屏蔽、断开链接等必要措施，应当与贝格公司承担连带责任。上海知识产权法院一审认为，被诉侵权产品技术方案落入权利要求1－2的保护范围。权利要求3－5系方法专利，在贝格公司不能提供其产品制造方法区别于专利方法的情况下，应认定落入该方法专利保护范围，据此判决贝格公司构成对本专利的侵害，张海龙对上述债务承担连带责任。贝格公司、张海龙不服，提起上诉。上海市高级人民法院二审判决驳回上诉，维持原判。贝格公司、张海龙不服，向最高人民法院申请再审。最高人民法院于2018年12月25日裁定驳回贝格公司和张海龙的再审申请。

【裁判意见】

最高人民法院审查认为：新产品或者新产品的制造方法在专利申请日前不为国内外公众所知悉，制造同样产品的单位或者个人使用专利方法的可能性较大，而与制造相关的证据主要由被诉侵权人掌握，如果按照民事侵权“谁主张谁举证”的原则分配举证责任，则显失公平。因此，专利法才规定由被诉侵权人承担举证责任。但是，举证责任倒置属于民事侵权中“谁主张谁举证”一般原则的例外，对于权利人产品是否属于新产品仍然应当由权利人举证证明。权利人提交初步证据证明该产品属于专利法规定的新产品的，应当认定其已经尽到举证义务。上述初步证据应当能够证明涉案产品与专利申请日之前已有的同类产品相比，在产品的组分、结构或者其质量、性能、功能方面有明显区别。本案中，在艾尔贝公司未举证证明涉案专利产品属于新产品的情形下，不能直接推定涉案专利产品为新产品，并进而推定权利要求3－5为新产品的制造方法。

中华人民共和国最高人民法院民事裁定书

（2018）最高法民申4149号

再审申请人（一审被告、二审上诉人）：义乌市贝格塑料制品有限公司。住所地：浙江省义乌市佛堂镇大士路26号（义乌澳锦工艺品有限公司内）。

法定代表人：张海龙，该公司总经理。

委托诉讼代理人：谢兵，上海卓冉律师事务所律师。

委托诉讼代理人：张楠楠，上海卓冉律师事务所律师。

再审申请人（一审被告、二审上诉人）：张海龙。

委托诉讼代理人：谢兵，上海卓冉律师事务所律师。

委托诉讼代理人：张楠楠，上海卓冉律师事务所律师。

被申请人（一审原告、二审被上诉人）：上海艾尔贝包装科技发展有限公司。住所地：中国（上海）自由贸易试验区郭守敬路351号2号楼A612－12室。

法定代表人：戴立雄，该公司执行董事。

委托诉讼代理人：王文锋，上海海贝律师事务所律师。

一审被告：杭州阿里巴巴广告有限公司。住所地：浙江省杭州市滨江区网商路699号1号楼5楼。

法定代表人：戴珊，该公司执行董事兼总经理。

再审申请人义乌市贝格塑料制品有限公司（以下简称贝格公司）、张海龙因与被申请人上海艾尔贝包装科技发展有限公司（以下简称艾尔贝公司）、一审被告杭州阿里巴巴广告有限公司（以下简称阿里巴巴公司）侵害发明专利权纠纷一案，不服上海市高级人民法院（2018）沪民终8号民事判决，向本院申请再审。本院依法组成合议庭对本案进行了审查，现已审查终结。

贝格公司、张海龙申请再审称，（一）本案不能以艾尔贝公司指定的收货地作为侵权结果发生地，一审法院对本案无管辖权。（二）贝格公司、张海龙未侵害艾尔贝公司的专利权。1. 涉案专利权利要求保护的范围不清楚，“自粘膜”并非本领域专业术语，无法确定涉案专利的保护范围，没有证据证明被诉侵权产品包含了“自粘膜”这一技术特征。2. 二审法院认定被诉侵权产品落入涉案专利权利要求1

-5保护范围没有事实和法律依据。涉案专利的权利要求1为封闭式权利要求，而被诉侵权产品还包含有权利要求1以外的其他技术特征，因此不构成侵权。（三）一审法院举证责任分配错误。只有属于新产品制造方法的发明专利侵权才能适用举证责任倒置，涉案专利权利要求3-5不属于新产品的制造方法。（四）即使贝格公司、张海龙构成侵权，一审法院认定的赔偿数额也过高。贝格公司成立时间短，塑料薄膜行业利润低，而且一审法院支持的合理费用过高。（五）即使贝格公司构成侵权，张海龙也不应承担连带责任。贝格公司与张海龙的财产不存在混同。故请求提审本案，并撤销一审、二审判决，驳回艾尔贝公司的诉讼请求。

艾尔贝公司提交意见称，被诉侵权产品具备涉案专利的全部技术特征，两个内层塑料薄膜粘附在一起就是涉案专利的“自粘膜”技术特征。贝格公司和张海龙主张涉案专利不具有“自粘膜”技术特征，应当属于专利无效宣告审查的范畴，不应当属于侵权判断的范畴。因此，被诉侵权产品落入了涉案专利权利要求1-5的保护范围。故请求驳回贝格公司和张海龙的再审申请。

阿里巴巴公司提交意见称，（一）阿里巴巴公司属于网络服务提供者，未实施侵权行为，不应当承担侵权责任。（二）阿里巴巴公司在收到一审诉讼材料前，不知晓侵权信息的存在，不存在主观过错，也没有能力对所有的上架商品是否侵害他人专利权进行事前审查。（三）阿里巴巴公司已尽到注意义务，对信息发布者身份进行审核，明确要求用户承诺不得发布侵害他人知识产权的商品信息。收到艾尔贝公司的投诉后，阿里巴巴公司及时转达给被投诉人，并将反通知及时转送给投诉方，且涉案侵权商品信息已被删除，阿里巴巴公司不应当承担侵权责任。故请求驳回贝格公司和张海龙的再审申请。

本院认为，本案的争议焦点是：（一）一审法院是否具有管辖权；（二）一审法院举证责任分配是否错误；（三）被诉侵权产品是否落入涉案专利权保护范围；（四）一审认定的赔偿数额是否合法合理；（五）张海龙是否应承担连带赔偿责任。

（一）关于一审法院是否具有管辖权的问题

《中华人民共和国民事诉讼法》第一百二十七条规定：“人民法院受理案件后，当事人对管辖权有异议的，应当在提交答辩状期间提出……当事人未提出管辖异议，并应诉答辩的，视为受诉人民法院有管辖权，但违反级别管辖和专属管辖规定的除外。”本案一审期间，贝格公司和张海龙均出庭应诉且均未在提交答辩状期间提出管辖权异议，故贝格公司和张海龙关于一审法院没有管辖权的再审申请理由不能成立，本院不予支持。

（二）关于一审、二审法院举证责任分配是否错误的问题

《中华人民共和国专利法》（以下简称专利法）第六十一条第一款规定："专利侵权纠纷涉及新产品制造方法的发明专利的，制造同样产品的单位或者个人应当提供其产品制造方法不同于专利方法的证明。"依据上述规定，在涉及新产品制造方法的发明专利侵权纠纷中，被诉侵权人应当承担产品制造方法不同于专利方法的证明责任，亦即举证责任倒置。其中，根据法律和司法解释的相关规定，新产品应当是指在国内外第一次生产出的产品，该产品与专利申请日之前已有的同类产品相比，在产品的组分、结构或者质量、性能、功能方面有明显区别。产品或者制造产品的技术方案在专利申请日前为国内外公众所知悉的，应当认定该产品不属于专利法规定的新产品。

新产品或者新产品的制造方法在专利申请日前不为国内外公众所知悉，制造同样产品的单位或者个人使用专利方法的可能性较大，而与制造相关的证据主要由被诉侵权人掌握，如果按照民事侵权"谁主张谁举证"的原则分配举证责任，则显失公平。因此，专利法才规定由被诉侵权人承担举证责任。但是，举证责任倒置属于民事侵权中"谁主张谁举证"一般原则的例外，对于权利人产品是否属于新产品仍然应当由权利人举证证明。权利人提交初步证据证明该产品属于专利法规定的新产品的，应当认定其已经尽到举证义务。上述初步证据应当能够证明涉案产品与专利申请日之前已有的同类产品相比，在产品的组分、结构或者质量、性能、功能方面有明显区别。

二审法院认为，因依照权利要求 3 –5 专利方法获得的产品包含了权利要求 1 的全部技术特征及权利要求 2 的部分技术特征，而权利要求 1 已得到授权，在无相反证据的情况下，可以认定权利要求 3 –5 为新产品制造方法。亦即二审法院认为因权利要求 1 获得授权，所以权利要求 1 所限定的产品即为新产品。如前所述，不能因权利要求 1 获得授权即推定其所限定的产品即为新产品，而是应当由艾尔贝公司举证证明其产品属于新产品。在艾尔贝公司未举证证明涉案专利产品属于新产品的情形下，二审法院即直接推定涉案专利产品为新产品，并进而推定权利要求 3 –5 为新产品制造方法缺乏事实和法律依据，本院予以纠正。贝格公司和张海龙该项再审申请理由成立。

（三）关于被诉侵权产品是否落入涉案专利保护范围的问题

根据《专利审查指南》的规定，封闭式的权利要求一般为化学领域发明专利权利要求所采取的撰写方式，宜采用"由……组成"的表达方式，其一般解释为

不含有该权利要求所述以外的结构组成部分或方法步骤。涉案专利权利要求 1 使用的“其特征在于”措辞本身含义就应当理解为没有排除未指出的结构组成部分，因此二审法院认定权利要求 1 不属于封闭式权利要求并无不当。

在针对涉案专利的无效宣告请求审查程序中，艾尔贝公司为了证明自粘膜属于现有技术，具有自粘性的膜为本领域技术人员所熟知，提交了“编号为 GB10457－89、名称为‘聚乙烯自粘保鲜膜’的中国国家标准”。专利复审委员会所作的无效宣告决定认定：“具有自粘性的聚乙烯薄膜已是本专利申请日之前的公知常识，本领域技术人员能够实现本专利塑料薄膜 2a、2b 的‘自粘吸附的性能’。”被诉侵权产品的两个内层塑料薄膜在未充气状态下粘附在一起，具有相互吸附的自粘性能。故贝格公司和张海龙关于被诉侵权产品不具备自粘膜有关技术特征的主张不能成立。一审、二审法院认定被诉侵权产品落入涉案专利权利要求 1、2 的保护范围并无不当。

如前所述，一审、二审法院在未查明权利要求 3－5 是否属于制造新产品方法的情形下，即通过适用举证责任倒置的方式推定被诉侵权产品的制造方法落入权利要求 3－5 的保护范围，属于认定事实不清，适用法律错误，本院予以纠正。

（四）关于一审认定的赔偿数额是否合法合理的问题

专利法第六十五条规定：“侵犯专利权的赔偿数额按照权利人因被侵权所受到的实际损失确定；实际损失难以确定的，可以按照侵权人因侵权所获得的利益确定。权利人的损失或者侵权人获得的利益难以确定的，参照该专利许可使用费的倍数合理确定。赔偿数额还应当包括权利人为制止侵权行为所支付的合理开支。权利人的损失、侵权人获得的利益和专利许可使用费均难以确定的，人民法院可以根据专利权的类型、侵权行为的性质和情节等因素，确定给予一万元以上一百万元以下的赔偿。”《最高人民法院关于审理专利纠纷案件适用法律问题的若干规定》第二十一条规定：“权利人的损失或者侵权人获得的利益难以确定，有专利许可使用费可以参照的，人民法院可以根据专利权的类型、侵权行为的性质和情节、专利许可的性质、范围、时间等因素，参照该专利许可使用费的倍数合理确定赔偿数额；没有专利许可使用费可以参照或者专利许可使用费明显不合理的，人民法院可以根据专利权的类型、侵权行为的性质和情节等因素，依照专利法第六十五条第二款的规定确定赔偿数额。”

本案中，权利人的损失、侵权人获得的利益均难以确定，而且也无可参照的专利许可使用费，在此情形下，一审、二审法院根据涉案专利类型、侵权行为的性质、被诉侵权产品的销售价格以及其他侵权情节和后果等因素，酌情确定了贝格公司赔偿艾尔贝公司经济损失及合理费用10万元，并未超过法定赔偿额上限，符合专利法第六十五条和《最高人民法院关于审理专利纠纷案件适用法律问题的若干规定》第二十一条的规定。虽然一审、二审法院关于被诉侵权产品制造方法落入涉案权利要求3-5的保护范围的认定错误，但是考虑到被诉侵权产品落入涉案专利权利要求1、2的保护范围，上述赔偿额亦属合理，故本院予以维持。

（五）关于张海龙是否应承担连带赔偿责任的问题

《中华人民共和国公司法》第六十三条规定："一人有限责任公司的股东不能证明公司财产独立于股东自己的财产的，应当对公司债务承担连带责任。"本案中，张海龙虽主张不存在公司财产与其个人财产混同的情形，但其并未提交证据予以证明，故根据上述规定，应对公司债务承担连带责任。贝格公司和张海龙的相关再审申请理由不能成立，本院不予支持。

虽然贝格公司和张海龙的部分再审申请理由成立，但被诉侵权产品落入涉案专利权利要求1、2的保护范围，故二审判决关于贝格公司和张海龙构成侵权并应当承担连带赔偿责任的结论正确，对于二审判决的结果，本院予以维持。

依照《中华人民共和国民事诉讼法》第二百零四条第一款，《最高人民法院关于适用〈中华人民共和国民事诉讼法〉的解释》第三百九十五条第二款之规定，裁定如下：

驳回义乌市贝格塑料制品有限公司、张海龙的再审申请。

审 判 长 秦元明
审 判 员 李 嵘
审 判 员 马秀荣
二〇一八年十二月二十五日
法官助理 傅 蕾
书 记 员 张晨祎

27. 非新产品制造方法专利侵权纠纷中的事实推定

——再审申请人潍坊恒联浆纸有限公司与被申请人宜宾长毅浆粕有限责任公司、一审被告成都鑫瑞鑫塑料有限公司侵害发明专利权纠纷案

【裁判要旨】

在专利权人能够证明被诉侵权人制造了同样产品，经合理努力仍无法证明被诉侵权人确实使用了该专利方法的情况下，根据案件具体情况，结合已知事实及日常生活经验，能够认定该同样产品经由专利方法制造的可能性很大，被诉侵权人拒不配合法院调查收集证据或者保全证据的，可以推定被诉侵权人使用了该专利方法。

【关键词】

非新产品制造方法　事实推定

【案号】

最高人民法院（2013）民申字第309号

【基本案情】

宜宾长毅浆粕有限责任公司（以下简称宜宾长毅公司）是“木浆粕变性生产工艺”发明专利（即本案专利）的权利人。利用本案专利可生产粘胶木浆粕产品，但该产品并非新产品。2011年4月，宜宾长毅公司从成都鑫瑞鑫塑料有限公司（以下简称成都鑫瑞鑫公司）购买了标注为“潍坊恒联浆纸有限公司（以下简称潍坊恒联公司）”生产的粘胶木浆粕产品。2011年6月，宜宾长毅公司对上述粘胶木浆粕抽样进行检验，检验结果报告单载明该产品浆粕纤维种类为100%针叶木浆。据此，宜宾长毅公司以潍坊恒联公司、成都鑫瑞鑫公司侵害其本案方法专利权为由提起诉讼。四川省成都市中级人民法院一审认为，宜宾长毅公司提供的证据能够证明本案粘胶木浆粕产品系潍坊恒联公司生产和销售，潍坊恒联公司生产粘胶木浆粕的具体生产方法需通过其生产现场或原始生产记录等方法获得，而该证据在潍坊恒联公司实际控制之下，宜宾长毅公司无法获得，故本案非新产品粘胶木浆粕生产方法的举证责任应由潍坊恒联公司承担。潍坊恒联公司经法院释明后无正当理由拒不提供其本案粘胶木浆粕生产方法，构成举证妨碍，可推定宜宾长毅公司主张成立。遂判决潍坊恒联公司和成都鑫瑞鑫公司立即停止侵权行

为，潍坊恒联公司赔偿宜宾长毅公司经济损失50万元。潍坊恒联公司不服，提起上诉。四川省高级人民法院二审维持一审判决。潍坊恒联公司不服，向最高人民法院申请再审。最高人民法院于2013年7月17日裁定驳回潍坊恒联公司的再审申请。

【裁判意见】

最高人民法院审查认为：在专利权人能够证明被诉侵权人制造了同样产品，经合理努力仍无法证明被诉侵权人确实使用了该专利方法的情况下，根据案件具体情况，结合已知事实及日常生活经验，能够认定该同样产品经由专利方法制造的可能性很大，被诉侵权人拒不配合法院调查收集证据或者保全证据的，可以推定被诉侵权人使用了该专利方法。本案中，专利权人宜宾长毅公司提供了“潍坊恒联公司棉浆粕出门证”“潍坊恒联公司浆粕质量检验单”等一系列证据证明被诉侵权人潍坊恒联公司生产销售了被诉侵权产品，并且通过产品检验等方式证明了该产品是与本案专利方法生产的产品相同的粘胶木浆粕。对于该被诉侵权产品的制造方法，宜宾长毅公司提供了其所拍摄到的潍坊恒联公司的生产车间、相关机器设备以及原材料木浆板投放过程的视频资料。虽然这些证据不能形成完整的生产步骤和工艺参数，尚不足以证明潍坊恒联公司生产被诉侵权产品的制造方法，但是潍坊恒联公司在一审中认可该视频资料显示的是其公司的生产现场。一审法院根据宜宾长毅公司的证据保全申请，两次赴潍坊恒联公司进行调查取证：第一次取证中，潍坊恒联公司称其负责人不在，阻止法院进入生产现场；第二次取证中，该公司将法院带至棉浆粕生产现场而非上述视频资料所显示的生产现场。由于潍坊恒联公司不予配合，致使法院未能调取到被诉侵权产品制造方法证据。根据上述事实和日常生活经验，可以推断潍坊恒联公司侵权的可能性较大。原一、二审法院据此认定潍坊恒联公司被诉侵权产品的制造方法落入本案专利权保护范围，并无不当。

中华人民共和国最高人民法院民事裁定书

（2013）民申字第309号

再审申请人（一审被告、二审上诉人）：潍坊恒联浆纸有限公司。

法定代表人：李瑞丰，该公司总经理。

委托代理人：任坤善，山东万信律师事务所律师。

被申请人（一审原告、二审被上诉人）：宜宾长毅浆粕有限责任公司。

法定代表人：薛勤，该公司董事长。

委托代理人：张新，成都天嘉专利事务所专利代理人。

委托代理人：刘爱兵，该公司员工。

一审被告：成都鑫瑞鑫塑料有限公司。

法定代表人：向季，该公司董事长。

委托代理人：黄磊，四川显卓律师事务所律师。

再审申请人潍坊恒联浆纸有限公司（以下简称潍坊恒联公司）因与被申请人宜宾长毅浆粕有限责任公司（以下简称宜宾长毅公司）、一审被告成都鑫瑞鑫塑料有限公司（以下简称成都鑫瑞鑫公司）侵犯发明专利权纠纷一案，不服四川省高级人民法院（2012）川民终字第533号民事判决，向本院申请再审。本院依法组成合议庭，于2013年4月15日组织各方当事人进行询问。潍坊恒联公司的委托代理人任坤善、宜宾长毅公司的委托代理人张新和刘爱兵、一审被告成都鑫瑞鑫公司的委托代理人黄磊到庭参加询问。本案现已审查终结。

潍坊恒联公司申请再审称：再审申请人有新的证据可以证明其生产工艺与涉案专利不同，没有侵犯宜宾长毅公司的发明专利权。（一）潍坊恒联公司在2011年2月之前，已经拥有被诉侵权产品的生产技术，并与科研单位联合研发，边试验边生产，处于试生产阶段。（二）2012年3月9日，潍坊市科学技术情报研究所对潍坊恒联公司的上述研发成果作出“科技查新报告”，结论为“造纸级木浆蒸煮后，增加了一道碱抽提工序，经碱抽提工序的成品木浆，多戊糖含量可降至4%左右，甲纤含量达92%以上，反应性能250s以内。……在所查文献中未见相同报道”。据此，潍坊恒联公司向国家知识产权局提交了“一种改性木浆的生产工艺”的发明专利申请。2012年4月5日，“专利申请受理通知书”下发；2012年8月29日，“发明专利申请公布及实质审查阶段通知书”下发。该专利申请的权利要求书中所载工艺步骤为：1. 蒸煮；2. 碱抽提；3. 洗涤净化；4. 漂白；5. 酸处理；6. 抄浆。其与涉案专利的不同之处在于：1. 将造纸级木浆板直接投入蒸球，而不是先碱浸再进蒸球；2. 蒸煮液为碱和助剂，助剂为潍坊恒联公司所特有；3. 碱抽提是潍坊恒联公司的特有技术，涉案专利没有；4. 没有二次洗涤程序。另外，技术参数也有诸多不同之处。（三）宜宾长毅公司在一审中提交的潍坊恒联公司的生产线截图——从蒸球（蒸煮阶段）直接投喂木浆板，完全符合潍坊恒联公司上述专利申请文件中权利要求书所记载的步骤：首先是蒸煮，即直接将造纸级木浆板投喂到蒸球开始整个生产流程，这一特殊的投喂方式与涉案专利完全不同，没有经过分页、碱浸渍后再进蒸球这一程序。宜宾长毅公司提交证据证明了潍坊恒联公司的生产工艺没有完全落入涉案专利权利要求的保护范围，

一、二审判决认定事实错误。据此请求本院撤销一、二审判决，依法改判，驳回宜宾长毅公司的诉讼请求。

宜宾长毅公司提交意见认为：（一）潍坊恒联公司所谓“新证据”的主张，与其在一、二审中抗辩的其根本没有生产和销售过“粘胶用木浆粕”的理由矛盾，不应当采信。（二）潍坊恒联公司所提出的新证据，是在一、二审之前或者期间就形成的，不属于法律规定的“新的证据”，不应当采信。（三）潍坊恒联公司所提出的新证据，缺乏真实性和关联性，不应当采信。记载在潍坊恒联公司专利申请中的工艺形成时间为2012年4月，与其在2011年就采用木浆粕改性工艺来生产和销售“粘胶用木浆粕”产品的事实不符。如果潍坊恒联公司与案外人于2011年3月签订《技术开发合同》，根据产品工艺研发规律，不可能在2011年3月就已经有生产和销售行为产生。《专利申请受理通知书》无法证明专利申请是否具备专利性，即使最终获得授权也是在专利申请后，不能作为不侵权的抗辩理由。（四）潍坊恒联公司在再审申请中提交的《专利申请受理通知书》明显是其在一、二审审理期间故意组织的，并且也不能证明记载在该专利申请文件中的工艺是其2011年3月当时就已经采用的工艺。（五）一审中潍坊恒联公司主张其生产现场是生产棉浆粕，仅仅是添加5%左右的木浆板而已，显然与其在再审申请中的主张相矛盾。一、二审中潍坊恒联公司均未提交工艺记载，所提交的《生产现场工艺原始记录》也与其在再审申请中提交的专利申请文件记载的工艺技术不一致，说明其在2011年3月生产和销售的“粘胶用木浆粕”的工艺技术并不是2012年专利申请文件所记载的工艺技术。

再审申请中，为证明其生产方法与涉案专利不同，潍坊恒联公司提交了以下证据：

1. 潍坊恒联公司与山东轻工业学院于2011年2月28日签订的《技术开发协议书》复印件，载明双方共同研究开发以竹片制取化纤用浆粕以及改性竹浆（木浆）的工艺。

2. 潍坊恒联公司与山东轻工业学院于2011年3月1日签订的《技术开发合同书》复印件，载明有关竹片制化纤用浆粕及改性竹浆（木浆）项目的技术开发相关事宜。

3. 中国工商银行转账凭证复印件，载明2011年2月28日潍坊恒联公司向山东轻工业学院转款80000元，“用途”栏记载为“项目研发资金”。

4. 潍坊市科学技术情报研究所2012年3月9日针对“改性浆工艺技术优化”

项目出具的《科技查新报告》复印件，载明“本课题在蒸煮之后增加一道碱抽提工序，使改性木浆多戊糖含量降至4%左右，甲纤含量可达92%以上，反应性能250s以内的技术方法在所查文献中未见相同报道”。

5. 国家知识产权局于2012年4月5日发文的《专利申请受理通知书》复印件，载明申请人为潍坊恒联公司，申请专利为“一种改性木浆的生产工艺”。

6. 国家知识产权局于2012年8月29日发文的《发明专利申请公布及进入实质审查阶段通知书》复印件，载明潍坊恒联公司的“一种改性木浆的生产工艺”专利申请在专利公报上予以公布并进入实质审查阶段。

7. 潍坊恒联公司的“一种改性木浆的生产工艺”专利申请的权利要求书、说明书及说明书摘要。

8. 潍坊市寒亭区科学技术进步奖评审委员会2012年1月18日所颁发的《荣誉证书》复印件，记载：王永梅同志获潍坊市寒亭区科学技术进步奖二等奖，项目名称为“改性浆工艺技术优化”。

本院认为，本案争议焦点在于潍坊恒联公司生产涉案粘胶木浆粕产品的制造方法是否落入涉案专利权的保护范围。具体涉及以下问题：

（一）再审申请中潍坊恒联公司提交的证据是否符合“新的证据”之规定？该证据所记载的是否为涉案粘胶木浆粕产品的制造方法？

《最高人民法院关于适用〈中华人民共和国民事诉讼法〉审判监督程序若干问题的解释》第十条规定，审判监督程序中，申请人提交的下列证据之一属于足以推翻原判决、裁定，启动再审程序的“新的证据”：原审庭审结束前已客观存在庭审结束后新发现的证据；原审庭审结束前已经发现，但因客观原因无法取得或在规定的期限内不能提供的证据；原审庭审结束后原作出鉴定结论、勘验笔录者重新鉴定、勘验，推翻原结论的证据。当事人在原审中提供的主要证据，原审未予质证、认证，但足以推翻原判决、裁定的，应当视为新的证据。本案中，专利权人宜宾长毅公司于2011年3月向成都鑫瑞鑫公司购买潍坊恒联公司生产的粘胶木浆粕产品，并据此以潍坊恒联公司使用其拥有的“木浆粕变性生产工艺”发明专利生产销售粘胶木浆粕产品为由提起诉讼。本案二审庭审时间为2012年10月25日，审查潍坊恒联公司在本案再审申请阶段所提交的证据，形成和发现时间均在二审庭审之前，并且均是由潍坊恒联公司自主掌握，客观上可以随时提交的证据。但是，潍坊恒联公司在一、二审程序中未提交上述证据。因此，潍坊恒联公司在再审申请阶段提交的证据不属于“新的证据”，本院不予采信。另外，潍坊恒联公司在再审申请中所提交的证据，涉及完整技术方案的是其“一种改性木浆的生产工艺”专利申请的权利要求书、说明书及说明书摘要，该证据的形成时间晚于涉案粘胶木浆粕产品的销售时间2011年3月。因现无证据证明其所记载的工艺技术就是潍坊恒联公司生产涉案粘胶木浆粕产品所采用的制造方法，故对于潍坊恒联公司以该证据所记载的技术方案不同于涉案专利技术来主张其未侵犯宜宾长毅公司的发明专利权，本院不予支持。

（二）涉案粘胶木浆粕产品制造方法的举证责任如何分配？该制造方法是否落入涉案专利权的保护范围？

民事诉讼中，举证责任的分配一般采取“谁主张谁举证”的原则，而针对部分侵权行为的特殊性，则适用举证责任倒置的规则。对于产品制造方法发明专利侵权纠纷，如果涉及新产品制造方法，《中华人民共和国专利法》（以下简称专利法）第六十一条第一款及《最高人民法院关于民事诉讼证据的若干规定》（以下简称民事诉讼证据规定）第四条第一款第（一）项均规定由制造同样产品的被诉侵权人对其产品制造方法不同于专利方法承担举证责任。而对于非新产品制造方法发明专利侵权纠纷的举证责任分配，相关法律和司法解释均无具体规定。一般而言，对制造方法专利的使用表现在产品的制造过程中，产品制造过程涉及生产步骤和工艺参数，具体的流程和数据只能在生产现场或者查看生产记录才能得知。通常情况下，专利权人难以接近被诉侵权人的生产现场和生产记录以取得完整的制造方法证据，在产品制造方法证据完全掌握在被诉侵权人手中的情况下，如果不结合具体案情对侵权指控成立的可能性大小以及双方当事人的举证能力进行分析，只是简单地适用“谁主张谁举证”的一般原则，由专利权人来举证证明被诉侵权人生产同样产品的制造方法，显然不利于客观事实的查明，亦有违公平原则。民事诉讼证据规定第七条规定：“在法律没有具体规定，依本规定及其他司法解释无法确定举证责任承担时，人民法院可以根据公平原则和诚实信用原则，综合当事人举证能力等因素确定举证责任的承担。”凡是掌握证据的当事人均有责任提供证据以还原客观事实，举证责任的分配原则应当是在公平和诚实信用的基础上，确保最大限度地查明客观事实。具体到产品制造方法发明专利侵权纠纷，当使用专利方法获得的产品属于新产品时，专利法规定对被诉侵权人生产新产品的制造方法适用举证责任倒置规则。究其原因，是因为新产品在方法专利申请日前不为公众所知，经由专利方法制造的可能性较大，其制造方法的证据又处于被诉侵权人的实际控制之中，因此，应当由距离证据更近的被诉侵权人提供该证据证明针对自己的侵权指控不成立。当使用专利方法获得的产品不属于新产品时，意味着在方法专利申请日前，通过其他方法已经制造出同样的产品，因此，同样产品经由专利方法制造的可能性就没有新产品的大，如果也适用举证责任倒置规则，一律由被诉侵权人对其制造方法进行举证，就有可能被专利权人滥用来套取被诉侵权人的商业秘密，不利于对被诉侵权人商业秘密的保护，所以法律和司法解释没有规定适用举证责任倒置规则。但是，这类产品的制造方法往往只有被诉侵权人知道，专利权人很难举证，所以简单地适用“谁主张谁举证”的原则，一律由专利权人对被诉侵权人的制造方法进行举证，确有困难和不公，不利于案件事实的查明。为了既能查明案件事实，又能确保被诉侵权人的商业秘密不被泄露，平衡好专利权人和被诉侵权人的利益，根据审判实践，本院认为，在专利权人能够证明被诉侵权人制造了同样产品，经合理努力仍无法证明被诉侵权人确实使用了该专利方法，根据案件具体情况，结合已知事实及日常生活经验，能够认定该同样产品经由专利方法制造的可能性很大的，人民法院可以根据民事诉讼证据规定中的第七条规定，将举证责任分配给被诉侵权人，不再要求专利权人提供进一步的证据，而由被诉侵权人提供其制造方法不同于专利方法的证据。

本案涉及产品制造方法发明专利侵权纠纷，涉案粘胶木浆粕并非新产品。一审中，专利权人宜宾长毅公司提供了“潍坊恒联公司棉浆粕出门证”“潍坊恒联公司浆粕质量检验单”等一系列证据证明被诉侵权人潍坊恒联公司生产销售了涉案产品，并且通过产品检验等方式证明了涉案产品是与涉案专利方法生产的产品相同的粘胶木浆粕而非潍坊恒联公司辩称的粘胶棉浆粕。对于涉案产品的制造方法，宜宾长毅公司提供了其所拍摄到的潍坊恒联公司的生产车间、相关机器设备以及原材料木浆板投放过程的视频资料，虽然这些证据不能形成完整的生产步骤和工艺参数，尚不足以证明潍坊恒联公司生产涉案产品的制造方法，但是潍坊恒联公司在一审中认可该视频资料所显示的是其公司的生产现场。同时，一审法院根据宜宾长毅公司的证据保全申请，两次赴潍坊恒联公司进行调查取证：第一次取证中，潍坊恒联公司称其负责人不在，阻止法院进入生产现场；第二次取证中，该公司将法院带至棉浆粕生产现场而非上述视频资料所显示的生产现场。由此可见，宜宾长毅公司已经完成了涉案产品与涉案专利方法生产的产品相同的举证责任，在涉案产品制造方法证据由潍坊恒联公司掌握的情况下，积极提供生产现场视频资料，并申请法院进行证据保全，为证明涉案产品制造方法落入涉案方法专利权保护范围尽了合理努力。而潍坊恒联公司虽然否认其生产销售了涉案产品，同时主张涉案产品为粘胶棉浆粕，却没有提供有力的证据予以反驳。在一审法院对其掌握的制造方法证据进行保全时，亦不予配合，致使法院未能调取到涉案产品制造方法证据。根据上述事实和日常生活经验，可以推断潍坊恒联公司侵权的可能性较大，因此，原一、二审法院综合考虑双方当事人已经完成的举证情况、距离证据的远近等因素，将证明涉案产品制造方法的举证责任分配给潍坊恒联公司承担，并无不当。潍坊恒联公司应当并且也完全有能力提供证据证明涉案产品制造方法不同于专利方法以支持自己的不侵权主张，但是在一、二审法院释明后，其无正当理由拒不提供涉案产品制造方法证据。因潍坊恒联公司未完成举证义务，原一、二审法院认定其生产涉案粘胶木浆粕产品的制造方法落入涉案专利权保护范围，宜宾长毅公司的侵权指控成立，亦无不当。

另外，潍坊恒联公司主张宜宾长毅公司在一审中提交的生产线截图证明潍坊恒联公司的木浆板投喂方式与涉案专利不同，没有经过分页、碱浸渍后再进蒸球这一程序。对此，本院认为，宜宾长毅公司提交该生产线截图的目的，是证明潍坊恒联公司以木浆板为原料生产粘胶木浆粕而非其辩称的粘胶棉浆粕。该生产线截图只是涉案产品生产过程中的一个片段，从中难以看出涉案产品的制造方法是否包括分页、碱浸渍等步骤，无法判断涉案产品制造方法是否落入涉案专利权保护范围。原一、二审法院判令潍坊恒联公司承担举证责任，从保护其商业秘密考虑，其虽不用提供完整的制造方法证据，但是为了证明自己的不侵权主张，至少应该提供部分生产步骤或工艺参数证明涉案产品制造方法与涉案方法专利有一个技术特征不相同也不等同，或者其制造方法缺少涉案方法专利的一个技术特征，而潍坊恒联公司并未提供这方面证据，故本院对其主张不予支持。

综上，潍坊恒联公司的再审申请不符合《中华人民共和国民事诉讼法》第二百条第（一）项规定的情形。依照《中华人民共和国民事诉讼法》第二百零四条第一款之规定，裁定如下：

驳回潍坊恒联浆纸有限公司的再审申请。

审　判　长　王永昌

审　判　员　李　剑

代理审判员　吴　蓉

二〇一三年七月十七日

书　记　员　周睿隽

3. 相同侵权

28. 被诉侵权技术方案缺少权利要求技术特征的情况下不构成侵权

——再审申请人张镇与被申请人扬州金自豪鞋业有限公司、包头市同升祥鞋店侵犯实用新型专利权纠纷案

【裁判要旨】

在被诉侵权技术方案缺少权利要求书中记载的一个或一个以上技术特征的情况下，应当认定被诉侵权的技术方案没有落入专利权的保护范围。

【关键词】

缺少专利　技术特征　不落入保护范围

【案号】

最高人民法院（2011）民申字第630号

【基本案情】

张镇为“一体式勾心鞋跟”实用新型专利（即本案专利）的专利权人，本案专利权利要求1为：一种一体式勾心鞋跟，是由弧形勾心片与鞋跟立柱组成，其特征在于：弧形勾心片的右下端装有插头，并相互固定为一体，插到鞋跟立柱上端的孔内，鞋跟立柱的下端底部插入跟垫。张镇认为扬州金自豪鞋业有限公司（以下简称金自豪公司）生产、包头市同升祥鞋店（以下简称同升祥鞋店）销售的凯森牌女士高跟鞋的女士鞋底专用勾心使用了本案专利技术，遂提起诉讼，请求判令金自豪公司和同升祥鞋店承担侵权责任。内蒙古自治区包头市中级人民法院一审认为，金自豪公司生产、销售的凯森牌女士高跟鞋的鞋底来源于案外人肖厚柱，金自豪公司购买肖厚柱的鞋底产品并再加工生产和销售女士高跟鞋时，并不知道该鞋底是否为侵权产品，同升祥鞋店的行为也属于同种情形。因此，金自豪公司、同升祥鞋店生产、销售凯森牌女士高跟鞋的行为不属于侵犯专利权的行为。据此判决驳回张镇的

诉讼请求。张镇不服，提起上诉。内蒙古自治区高级人民法院二审认为，本案专利弧形勾心片与插头是通过特定方式连接成为一个整体，而被诉侵权产品的弧形勾心片与鞋跟立柱为一弯折并带有凹槽的整体结构，并不存在需要通过特定方式连接的特征，故被诉侵权产品的技术特征与本案专利权利要求1的必要技术特征既不相同也不等同。据此判决驳回上诉，维持一审判决。张镇不服，向最高人民法院申请再审，理由为被诉侵权产品所依据的肖厚柱的专利技术属于对本案专利技术的等同替换。最高人民法院于2011年7月27日裁定驳回了张镇的再审申请。

【裁判意见】

最高人民法院审查认为：将被诉侵权产品技术特征与本案专利技术特征进行对比，二者均为女士勾心鞋跟，均由弧形勾心片与鞋跟立柱组成。但是，本案专利的弧形勾心片的右下端装有插头，并相互固定为一体，插到鞋跟立柱上端的孔内，而被诉侵权产品的弧形勾心片与鞋跟立柱为一整块材料弯折形成的带有凹槽整体结构，不具有本案专利弧形勾心片与鞋跟立柱通过插头连接的技术特征。因此，被诉侵权产品未落入本案专利权的保护范围。金自豪公司生产、销售使用了被诉侵权产品的凯森牌女鞋的行为，以及同升祥鞋店销售凯森牌女鞋的行为，均不侵犯本案专利权。

中华人民共和国最高人民法院民事裁定书

（2011）民申字第630号

申请再审人（一审原告、二审上诉人）：张镇，男，汉族，1952年6月28日出生，住内蒙古包头市东河区×路36号。

被申请人（一审被告、二审被上诉人）：扬州金自豪鞋业有限公司。住所地：江苏省江都市经济技术开发区凯森路9号。

法定代表人：陈恒林，该公司董事长。

被申请人（一审被告、二审被上诉人）：包头市同升祥鞋店。住所地：内蒙古包头市东河区环城路劝业城。

负责人：吕挨乐，该鞋店业主。

申请再审人张镇因与被申请人扬州金自豪鞋业有限公司（以下简称金自豪公司）、包头市同升祥鞋店（以下简称同升祥鞋店）侵犯实用新型专利权纠纷一案，不服内蒙古自治区高级人民法院（2010）内民知终字第7号民事判决，向本院申请再审。本院依法组成合议庭对本案进行了审查，现已审查终结。

张镇申请再审称：被控侵权产品所依据的案外人肖厚柱的专利技术属于涉案专利技术的等同替换，2006 年 11 月 11 日，肖厚柱的专利已经被国家知识产权局宣布终止。张镇依据《中华人民共和国民事诉讼法》第一百七十九条第一款第（一）项、第（二）项和第（六）项的规定申请再审。

金自豪公司提交意见认为，其生产的凯森牌女士皮鞋所使用的专用勾心产品没有落入涉案专利权的保护范围，并且该专用勾心产品由案外人肖厚柱享有专利，现肖厚柱的专利由于未缴纳年费被终止，并非不符合专利法的相关规定而被宣告无效。金自豪公司为合法使用该专利。据此，请求驳回再审申请。

本院审查查明：案外人肖厚柱的“女士鞋底专用勾心”专利（专利号：200420098846.5）因未按规定缴纳或缴足第 3 年度年费和滞纳金，专利权于 2006 年 11 月 11 日终止。

本院认为：本案争议的焦点在于金自豪公司、同升祥鞋店是否侵犯了涉案专利权。

涉案专利“一体式勾心鞋跟”的权利要求 1 为：一种一体式勾心鞋跟，是由弧形勾心片与鞋跟立柱组成，其特征在于：弧形勾心片的右下端装有插头，并相互固定为一体，插到鞋跟立柱上端的孔内，鞋跟立柱的下端底部插入跟垫。二审庭审中，金自豪公司对张镇提供的从凯森牌女士高跟鞋中拆下的被控侵权产品实物予以认可，该实物产品所承载的技术特征为，一种女士高跟鞋勾心，其为一个弯折并带有凹槽弧形勾心片与鞋跟立柱的整体结构，在弧形勾心片前端和立柱底端各有一个圆孔。将被控侵权产品技术特征与涉案专利技术特征进行对比，二者均为女士勾心鞋跟，均由弧形勾心片与鞋跟立柱组成，但是涉案专利的弧形勾心片的右下端装有插头，并相互固定为一体，插到鞋跟立柱上端的孔内，而被控侵权产品的弧形勾心片与鞋跟立柱为一个弯折并带有凹槽的整体结构，不具有涉案专利弧形勾心片与鞋跟立柱通过插头连接的技术特征，因此被控侵权产品未落入涉案专利权的保护范围。金自豪公司生产、销售使用了被控侵权产品的凯森牌女鞋的行为，以及同升祥鞋店销售凯森牌女鞋的行为，均不侵犯涉案专利权。至于被控侵权产品是否使用了案外人肖厚柱的专利，以及该专利目前的效力状况对本案的侵权判定并不产生影响。

综上，张镇的再审申请不符合《中华人民共和国民事诉讼法》第一百七十九条规定的情形。依照《中华人民共和国民事诉讼法》第一百八十一条第一款的规定，裁定如下：

驳回张镇的再审申请。

审　判　长　王永昌
代理审判员　李　剑
代理审判员　宋淑华
二〇一一年七月二十七日
书　记　员　王　新

29. 改劣技术方案是否落入专利权的保护范围

——再审申请人张建华与被申请人沈阳直连高层供暖技术有限公司、二审上诉人沈阳高联高层供暖联网技术有限公司侵犯实用新型专利权纠纷案

【裁判要旨】

最高人民法院认为，人民法院判断被控侵权技术方案是否落入专利权保护范围时，应当将被控侵权技术方案的技术特征与专利权利要求记载的全部技术特征进行对比；若被控侵权技术方案缺少某专利技术特征而导致技术效果的变劣，则应认定被控侵权技术方案未落入专利权的保护范围。

【关键词】

变劣技术方案　全部技术特征　不落入保护范围

【案号】

最高人民法院（2009）民提字第83号

【基本案情】

沈阳直连高层供暖技术有限公司（以下简称直连公司）拥有“高层建筑无水箱直连供暖的排气断流装置”和“高层建筑无水箱直连供暖系统的阻旋器”两项实用新型专利的独占使用权。张建华曾在直连公司工作，参与断流器、阻旋器的安装维修，离开直连公司后随即成立沈阳高联高层供暖联网技术有限公司（以下简称高联公司）。2002年8月，直连公司以张建华、高联公司生产、销售的缓冲器和分气器侵犯其涉

案两项专利权为由，向辽宁省沈阳市中级人民法院提起诉讼。经对比，断流器专利与被控侵权的缓冲器技术特征有如下不同：被控侵权产品没有专利的环绕螺纹导向板；被控侵权产品的呼吸装置为逆止排气阀，只能呼气不能吸气。阻旋器专利与被控侵权的分气器技术特征的不同在于，被控侵权产品没有阻隔板和止旋板，但设有集气罩。沈阳市中级人民法院一审认为，断流器专利设有环绕螺纹导向板，使水流强化成膜流状态，实现气水分离。被控侵权的缓冲器由于缺少环绕螺纹导向板，不能强化膜流运动的形成，造成减压、减速的效果降低，相对断流器专利技术方案而言，是变劣的技术方案。断流器专利通过呼吸装置进行有规律的吸气和呼气，以保持系统内正常的大气压，并采用水封的方式实现系统密封，减轻系统氧蚀。被控侵权的缓冲器内设有逆止排气阀，因逆止排气阀只能呼气，不能吸气，在系统运行不平稳，尤其是缓冲器内压力小于大气压时，外部空气无法进入，在缓冲器内会形成真空，不但不能形成膜流运动，系统也将无法运行。逆止排气阀与断流器专利的呼吸装置相比，是变劣的技术特征。被控侵权的分气器没有止旋板，仅靠水流与回水管管壁摩擦阻旋的效果不如止旋板的阻旋效果好，同样是对阻旋器专利相应技术特征的变劣。由于专利技术已为社会公知，张建华又曾在直连公司工作，其很容易省略专利中的必要技术特征，而正是由于其省略了这些必要技术特征，导致被控侵权技术方案的性能、效果变劣，故被控侵权技术方案落入专利权保护范围，张建华和高联公司构成专利侵权。遂判令高联公司、张建华承担侵权责任。张建华不服一审判决，提出上诉。辽宁省高级人民法院二审认同一审法院有关被控侵权产品属于改劣方案并构成等同侵权的认定，遂判决驳回上诉，维持原判。张建华不服二审判决，向最高人民法院申请再审。最高人民法院于2009年7月24日裁定提审本案，并于2009年10月30日再审判决撤销原一、二审民事判决，驳回直连公司的诉讼请求。

【裁判意见】

最高人民法院再审审理认为：人民法院在判断被控侵权技术方案是否落入专利权保护范围时，应当将被控侵权技术方案的技术特征与专利权利要求记载的全部技术特征进行对比。如果被控侵权技术方案缺少专利权利要求记载的一个或者一个以上的技术特征，或者被控侵权技术方案有一个或者一个以上的技术特征与专利权利要求记载的相应技术特征不相同也不等同，人民法院应当认定被控侵权技术方案没有落入专利权的保护范围。被控侵权技术方案是否因缺少某专利技术特征而导致技术效果的变劣，不是专利侵权判定时应当考虑的因素。本案中，被控侵权技术方案因缺少专利一项以上的技术特征，未落入专利权的保护范围，张建华和高联公司不构成专利侵权。

中华人民共和国最高人民法院民事判决书

（2009）民提字第83号

申请再审人（一审被告）：张建华，男，1949年7月11日出生，汉族，住辽宁省沈阳市×路35号。

被申请人（一审原告、二审被上诉人）：沈阳直连高层供暖技术有限公司，住所地辽宁省沈阳市×路20号。

法定代表人：李绍彭，经理。

委托代理人：王勇，男，沈阳科威专利代理有限公司专利代理人，住辽宁省沈阳市×路13－2－243号。

二审上诉人（一审被告）：沈阳高联高层建筑供暖联网技术有限公司，住所地辽宁省沈阳市崇山中路35号。

法定代表人：张建华，经理。

申请再审人张建华因与被申请人沈阳直连高层供暖技术有限公司（以下简称直连公司）、二审上诉人沈阳高联高层供暖联网技术有限公司（以下简称高联公司）侵犯实用新型专利权纠纷一案，不服辽宁省高级人民法院（2003）辽民四终字第10号民事判决，向本院申请再审。本院于2009年7月24日作出（2008）民监字第200号民事裁定，提审本案。本院依法组成合议庭于2009年8月20日公开开庭审理了本案，申请再审人张建华、被申请人直连公司的法定代表人李绍彭及其委托代理人王勇、二审上诉人高联公司的法定代表人张建华到庭参加诉讼。本案现已审理终结。

2002年8月，直连公司起诉至辽宁省沈阳市中级人民法院称，张建华自2002年1月与直连公司解除雇佣关系后，自创高联公司，未经专利权人许可，擅自生产、销售专利产品，侵犯了直连公司的独占许可使用权，造成直连公司产品积压、市场份额减少，请求法院依法判令高联公司和张建华停止侵权、赔偿直连公司经济损失30万元，并在全国性暖通报刊上公开赔礼道歉、消除影响。高联公司和张建华辩称，判断一项技术是否侵权，主要依据是权利要求，如果被控侵权产品缺少或者改变其中一项必要技术特征，就不构成侵权。本案中，被控侵权产品缺少专利的必要技术特征，未落入专利权的保护范围。

辽宁省沈阳市中级人民法院一审查明，1997年12月15日，中国人民解放军总参谋部通信工程设计研究院向国家知识产权局申请名称为“高层建筑无水箱直连供暖的排气断流装置”的实用新型专利，授权公告日为1999年9月29日，专利号为97230200. X。其权利要求书记载：1. 一种高层建筑无水箱直连供暖的排气断流装置，其特征在于该装置的圆柱形上壳体和倒置的圆台下壳体相接，上壳体上边有方便可拆的呼吸室兼盖板；内设有环绕螺纹导向板的杯状水封罐，水封罐内悬置有下呼吸管，下呼吸管上部与呼吸室兼盖板的呼吸室连通，呼吸室兼盖板的呼吸室上部接有上呼吸管，上呼吸管上部接活动的万向弯头，杯状水封罐的上部内衬有圆桶调节阀；上壳体上部的左进水管和右进水管分别与上壳体的上部呈切线相接，其出水管与下壳体下部同心相连。2. 按照权利要求1所述的高层建筑无水箱直连供暖的排气断流装置，其特征在于调节阀是上部有翻边，上下有开口，中部开有4个呈“十”字对称分布圆孔的空心圆桶；这4个圆桶与杯状水封罐上的圆孔分布方式相同，分布在与进水管呈正交的位置。3. 按照权利要求1所述的高层建筑无水箱直连供暖的排气断流装置，其特征在于杯状水封罐为上开口，下有底板的密封容器。

1999年1月8日，中国人民解放军总参谋部通信工程设计研究院又向国家知识产权局申请名称为“高层建筑无水箱直连供暖系统的阻旋器”的实用新型专利，授权公告日为2000年1月19日，专利号为99222425. X。其权利要求书记载：1. 一种高层建筑无水箱直连供暖系统的阻旋器，与高层建筑无水箱直连供暖的排气断流装置相连，其特征是圆柱形上壳体和倒置的圆台下壳体相接，上壳体上边设有进水管和连通管的密封盖板，构成阻旋器的外护壳；内设有呈“十”字垂直排列的止悬板，止悬板上边托有一圆形阻隔板，均与延伸的进水管呈同一轴心设置；出水管与倒置的圆台下壳体下部同心相连。2. 按照权利要求1所述的高层建筑无水箱直连供暖系统的阻旋器，其特征是所说的阻隔板为圆形、方形、多边形；止旋板还可选用X形、米形。

1998年1月14日，中国人民解放军总参谋部通信工程设计研究院与沈阳市奉辽给水设备厂签订协议，约定沈阳市奉辽给水设备厂在东北地区享有97230200. X实用新型专利及另一发明专利的独占使用权，使用费为10万元，在技术实施过程中，双方均有权改进技术，成果归双方所有等。1998年12月30日，沈阳市奉辽给水设备厂与直连公司签订协议书，约定沈阳市奉辽给水设备厂享有的专利独占使用权及相应义务由直连公司享有和承担。2001年2月5日中国人民解放军总参谋部通信工程设计研究院与直连公司又签订补充协议，约定在1998年1月14日协议的基础上，直连公司再出资40万元，买断该专利的全国使用权。在一审审理过程中，中国人民解放军总参谋部通信工程设计研究院表示，同意由直连公司代替沈阳市奉辽给水设备厂享有专利使用权转让的一切权利与义务，并表示由直连公司对外进行诉讼，该院不再参与。

张建华于2000年9月到直连公司工作，担任电工，并领取工资及保密费，也参与断流器、阻旋器的安装、维修。2001年4月24日张建华向国家知识产权局申请名称为"高层供暖回水缓冲排气装置"的实用新型专利，2002年3月13日被授予专利权，专利号为01241334.8。张建华于2002年1月离开直连公司，随即成立了高联公司，并担任该公司的法定代表人。高联公司制造的缓冲器外壳由圆柱形上壳体和倒置的圆台下壳体组成，其水平回水管与缓冲器上部圆桶内壁按切线角度安装，缓冲器的上部设有逆止排气阀，高联公司制造的分气器外壳为圆柱形，内部设有一垂直集气罩，缓冲器的上部和分气器内集气罩顶部与排气连通管连接，分气器底部的出口通过法兰与回水干管相连。

对比直连公司断流器专利技术与高联公司生产的缓冲器，两者的相同点为：1. 外壳均为圆柱形上壳体和倒置的圆台下壳体相接；2. 进水管与之壳体上部呈切线相接；3. 上壳体上边有盖板及呼吸装置；4. 出水管与下壳体下部同心相连。不同点为：1. 高联公司生产的缓冲器没有环绕螺纹导向板；2. 高联公司生产的缓冲器的呼吸装置为逆止排气阀，只能呼气不能吸气。对比直连公司阻旋器专利技术与高联公司生产的分气器，两者的相同点为：1. 上壳体均为圆柱形；2. 上壳体上都设有进水管、连通管及密封盖板；3. 出水管与下壳体同心相连。不同点为：高联公司生产的分气器没有阻隔板和止旋板，但设有集气罩。

辽宁省沈阳市中级人民法院一审认为，直连公司依法享有"高层建筑无水箱直连供暖的排气断流装置"及"高层建筑无水箱直连供暖系统的阻旋器"实用新型专利的独占使用权。该专利保护范围以其权利要求的内容为准，说明书及附图可以用于解释权利要求。

该直连供暖技术是解决高层与低层直连供暖不设水箱的新技术，在原有低区供暖热网定压大小、运行参数、运行方式等不变的情况下，在高楼引入口增设一个增压泵，将低区网的供水加压，送至高层建筑散热器放热后，高压回水进入断流器促进膜流形成，进行减压断流，然后再进入阻旋器"复原"，使高压流体平稳过渡到低压流体，实现高低层建筑直连并网供暖。直连公司的断流器内设有较为复杂的呼吸装置，在系统运行不平稳时，通过呼吸装置进行有规律的吸气和呼气，以保持系统内正常的大气压，并采用水封的方式实现系统密封，减轻系统氧蚀，高联公司的缓冲器内设有逆止排气阀，其采用的是重力封，目的也是要实现系统密闭，减轻系统氧蚀。但由于逆止排气阀只能呼气，不能吸气，在系统运行不平稳，尤其是缓冲器内压力小于大气压时，外部空气无法进入，在缓冲器内会形成真空，不但不能形成膜流运动，系统也将无法运行。高联公司的逆止排气阀与直连公司断流器专利的呼吸装置相比，是变劣的技术特征，暖通领域普通技术人员通过阅读专利说明书无需经过创造性劳动就能够使该专利技术变形。

直连公司的断流器内还设有环绕螺纹导向板，其主要作用为使进入断流器的水流强化成膜流状态，实现气水分离。高联公司的缓冲器也是利用膜流运动原理，当带有一定速度和压力的水流从切线角度进入缓冲器后，水流受到缓冲器桶壁的阻挡，改变方向，沿桶壁形成离心旋转运动，且高联公司认为水流在重力作用下，下降到缓冲器锥体和下连回水管部分后，会加速离心旋转，水流靠与桶壁摩擦完成缓冲减速过程，同时部分完成气水分离，但由于高联公司的缓冲器没有环绕螺纹导向板，不能强化膜流运动的形成，减压、减速的效果降低，高联公司缓冲器的性能和效果均不如直连公司断流器专利技术优越，也是变劣的技术特征。

高联公司的分气器内没有阻隔板，但有集气罩，当水流进入分气器后，首先会碰撞到集气罩的顶部，受集气罩顶部的阻挡，水流势能自然消减。与直连公司阻旋器专利中阻隔板相比，都是以设置挡板的方式，通过阻挡水流，达到消减势能、降低流速的作用，两者以基本相同的手段，实现基本相同的功能，达到基本相同的效果，该领域的普通技术人员通过阅读专利说明书无需经过创造性劳动就能联想到，两者属于等同的技术特征。

高联公司的分气器没有止旋板，其认为靠水流与回水管管壁的摩擦即可达到阻旋作用，但仅靠摩擦阻力阻旋的效果不如直连公司阻旋器专利中止旋板的阻旋效果好。

综上，高联公司分气器中的集气罩属于与直连公司专利等同的技术特征，高联公司缓冲器中的逆止排气阀因其缺少环绕螺纹导向板和止旋板，使高联公司产品在性能、效果上均不如直连公司享有独占使用权的专利技术优越，是变劣的技术方案，由于专利技术已被社会公知，张建华又有在直连公司工作的经历，根据公知技术很容易作出对其中必要技术特征的省略，正是由于其省略了该必要技术特征，导致高联公司整个技术方案的性能、效果变劣。根据专利侵权判定的等同原则，高联公司制造、销售、许诺销售的缓冲器、分气器落入直连公司享有独占使用权的专利权保护范围。

高联公司未经专利权人的许可，为生产经营目的制造、销售、许诺销售侵权产品，侵犯了直连公司的独占使用权，应承担相应的法律责任。张建华与高联公司共同实施了侵权行为，应当承担连带侵权责任。

直连公司主张参照专利实施许可使用费要求张建华、高联公司赔偿其经济损失 30 万元，因直连公司与专利权人之间的许可性质为独占许可，并且是一次性买断 3 个专利的全国使用权，使用费相对较高，法院不予全部支持。在张建华、高联公司因侵权所获利益难以确定的情况下，法院根据专利权的类别，张建华、高联公司侵权的时间、范围，侵权的性质和情节等因素，确定赔偿数额。

关于高联公司提出的其是按照国家知识产权局授权的专利技术生产的，设计思想来源于“二次蒸发箱”原理一节，因国家知识产权局授予实用新型专利无须经过实质审查，且授权的标准与判断侵权的标准并不一致，获得专利权并不意味着不侵权。“二次蒸发箱”用于蒸汽供暖的凝水回收系统，高温、含压凝结水进入与大气隔绝的密闭的二次蒸发箱，在二次蒸发箱内产生二次蒸汽，达到二次利用蒸汽的目的，具有节能的作用，凝结水闭式满管返回锅炉。而高联公司的缓冲器和分气器是用于热水供暖系统，进入系统后水流呈无压、半管膜流状态，其用途、运行方式和条件、工作原理均与二次蒸发箱不同，对张建华关于其设计思想来源于二次蒸发箱原理的主张，一审法院不予支持。据此作出（2002）沈民（4）初字第 85 号判决：1. 高联公司、张建华立即停止制造、销售、许诺销售侵权产品缓冲器、分气器；2. 高联公司、张建华于本判决生效后三十日内在《暖通空调》杂志上向直连公司公开道歉，消除影响，内容须经法院审核；3. 高联公司、张建华于本判决生效后十日内赔偿直连公司经济损失 10 万元；4. 一审案件受理费 7010 元，诉讼保全费 2020 元，由高联公司和张建华负担。

高联公司不服该判决，向辽宁省高级人民法院提起上诉。

辽宁省高级人民法院二审查明的事实与一审查明的事实一致。

辽宁省高级人民法院二审认为，本案的争议焦点是，被控侵权产品与专利技术相比较，是改优还是改劣，被控侵权产品特征是否等同，是否落入专利权保护范围。应高联公司请求，二审法院委托科学技术部知识产权事务中心对被控侵权产品与专利产品必要技术特征是否等同进行了鉴定，根据鉴定结论可以认定，被控侵权产品与专利技术涉及的产品是相同产品，涉及的技术都是一种应用高层建筑无水箱供暖系统的排气断流和气水分离技术。鉴定结论认为被控侵权产品大部分特征与专利特征相同，与一审法院认定的相同特征一致。

1. 对于排气断流装置与缓冲器不同特征部分分析比较

（1）关于呼吸系统：鉴定认为被控侵权产品上部设有逆止排气阀，与专利上壳体上部有可拆卸的呼吸室兼盖板不属于“基本相同的手段”，不是“本领域的普通技术人员无须创造性劳动就能联想到的特征”。在功能方面，专利的呼吸室兼盖板具有呼气、吸气双向功能，并且采用的是水密封的方式实现系统密闭；而被控侵权产品采用的可自动开、闭的逆止排气阀只进行单项排气，不具备吸气功能，不与大气直接接触。因此不相同也不等同。二审法院认为，逆止排气阀在管道中的应用是本领域中的公知常识，且逆止排气阀具体结构属本领域普通技术人员不需要花费创造性劳动就可获得的。被控侵权产品对呼吸系统的改变，不足以对专利技术方案带来实质性的内容。

（2）关于螺纹导向板系统：鉴定认为，被控侵权产品与被上诉人专利相比较，不具有“杯状水封罐”“环绕螺纹导向板”“下呼吸管”“圆筒调节阀”等内部结构，缺少相对应的技术特征。但鉴定专家同时也认为，由于被控侵权产品缺少上述技术特征，所以没有产生使流体强化膜流状态和隔声等功能和效果。二审法院认为，当回水管沿切线方向流入专利排气断流装置，虽然自然会形成膜流状态下落，但是加上螺旋导向板后可以进一步强化膜流状态。二审法院认为，被控侵权产品缺少这一必要技术特征，并没有达到专利法意义上的改进和改良，因此，一审认定被控侵权产品改劣是正确的。

2. 对于专利阻旋器与被控侵权产品分气器的特征分析比较

鉴定认为：（1）分气器产品与专利都涉及一种高层建筑无水箱供暖系统的气水分离技术。（2）分气器产品圆柱形上壳体和倒置的圆台下壳体相接的技术特征与专利阻旋器技术特征相同。（3）分气器产品的上壳体上边为设有进水管和连通管的密封盖板，构成外壳的技术特征与专利阻旋器的技术特征相同。（4）分气器产品的技术方案与专利技术相比较，缺少“内设有成‘十’字直排列的止旋板”。（5）分气器产品中间设置一垂直集气罩技术特征与专利的止旋板上边托有一圆形阻隔板技术特征等同。（6）分气器产品出水管与倒置的圆台下壳体下部同心相连，与专利出水管与倒置的圆台下壳体下部同心相连的技术特征相同。二审法院认为，鉴定结论（4）依据不足，理由是，被控侵权产品虽然没有止旋板，但是它所对应的部位是集气罩下部的圆筒。从另一角度来看也能得出同样的结论，正如鉴定结论（5）所述专利止旋板上边托有一圆形阻隔板与分气器中间设有一垂直集气罩，两者特征都以设置挡板的方式，通过阻挡水流达到降低水流速度的目的，两者特征等同。由此可见，专利的止旋板上边托有一圆形阻隔板虽为两个技术特征，但分气器的集气罩亦应分为两个技术特征，后者很明显是一种改劣的方案。

二审审理期间，直连公司、高联公司分别向国家知识产权局专利复审委员会提出宣告对方专利无效的请求，专利复审委员会于2003年8月8日、12月29日作出无效宣告请求审查决定书，维持直连公司专利权有效，宣告高联专利权全部无效。综上所述，高联公司的被控侵权产品属于改劣方案，构成等同，并且落入专利权保护范围。高联公司主张被控侵权产品与专利不等同，没有落入专利权保护范围，两者发明点不同，被控侵权产品不是改劣而是更先进，不构成侵权的理由，没有证据支持，不予采纳。一审判决认定事实清楚，适用法律正确。判决驳回上诉，维持原判。二审案件受理费7010元，鉴定费20000元，由高联公司负担。

张建华申请再审称，被控侵权产品缺少若干专利技术特征，有的技术特征与专利技术特征既不相同也不等同。在鉴定结论已明确指出被控侵权产品未落入专利权保护范围的情况下，原二审判决仍以被控侵权产品系技术变劣为由认定专利侵权成立，属于适用法律错误。请求本院依法撤销原二审判决、改判驳回直连公司的诉讼请求。被申请人直连公司辩称，1. “高层建筑无水箱直连供暖的排气断流装置”专利中带有环绕螺纹导向板的水封式呼吸装置实质上是双向阀门，而被控侵权产品中的逆止排气阀是单向阀门，是常规的技术手段，在功能、效果上实现双向阀门一半的效果，将双向阀门改为单向阀门是本领域普通技术人员容易联想到的，故逆止排气阀是专利相应特征的等同特征。2. 被控侵权产品的集气罩罩壁相当于“高层建筑无水箱直连供暖系统的阻旋器”专利中的止旋板，两者的止旋作用虽有差别，但手段、功能、效果基本相同，属于相等同的特征。

本院再审查明，原一、二审判决认定的事实基本属实。

本院再审认为，**人民法院在判断被控侵权技术方案是否落入专利权保护范围时，应当将被诉侵权技术方案的技术特征与专利权利要求记载的全部技术特征进行对比。如果被控侵权技术方案缺少权利要求记载的一个或者一个以上的技术特征，或者被控侵权技术方案有一个或者一个以上的技术特征与权利要求记载的相应技术特征不相同也不等同，人民法院应当认定被控侵权技术方案没有落入专利权的保护范围。被控侵权技术方案是否因缺少某专利技术特征而导致技术功能或效果的变劣，不应考虑。**本案中，被控侵权技术方案缺少“高层建筑无水箱直连供暖的排气断流装置”专利中的“内设有环绕螺纹导向板的杯状水封罐”技术特征，也缺少“高层建筑无水箱直连供暖系统的阻旋器”专利中的“内设有成‘十’字直排列的止旋板”技术特征。此外，被控侵权技术方案中的“上壳体上部设有逆止排气阀”与“高层建筑无水箱直连供暖的排气断流装置”专利中的“上壳体上边有方便可拆的呼吸室兼盖板”相比，在手段、功能、效果上不属于《最高人民法院关于审理专利纠纷案件适用法律问题的若干规定》第十七条规定的“基本相同”，不构成等同特征。因此，被控侵权技术方案没有落入专利权的保护范围。原二审判决认定张建华、高联公司构成专利侵权，适用法律有误，应予纠正。依照《中华人民共和国民事诉讼法》第一百八十六条第一款、第一百五十三条第一款第（二）项以及《最高人民法院关于审理专利纠纷案件适用法律问题的若干规定》第十七条的规定，判决如下：

一、撤销辽宁省高级人民法院（2003）辽民四终字第10号民事判决和辽宁省沈阳市中级人民法院（2002）沈民（4）初字第85号民事判决；

二、驳回沈阳直连高层供暖技术有限公司的诉讼请求。

一审案件受理费7010元，保全费2020元，二审案件受理费7010元，鉴定费20000元，共计36040元，由沈阳直连高层供暖技术有限公司负担。

本判决为终审判决。

审　判　长　王永昌
代理审判员　李　剑
代理审判员　罗　霞
二〇〇九年十月三十日
书　记　员　王　新

30. 对保护范围明显不清楚的专利权的侵权主张不应支持

——再审申请人柏万清与被申请人成都难寻物品营销服务中心、被申请人上海添香实业有限公司侵害实用新型专利权纠纷案

【裁判要旨】

准确界定专利权的保护范围，是认定被诉侵权技术方案是否构成侵权的前提条

件，对于保护范围明显不清楚的专利权，不应认定被诉侵权技术方案构成侵权。

【关键词】

保护范围　清楚　侵权

【案号】

最高人民法院（2012）民申字第1544号

【基本案情】

柏万清是专利号为200420091540.7、名称为“防电磁污染服”实用新型专利（即本案专利）的专利权人。本案专利权利要求1的技术特征为：A. 一种防电磁污染服，包括上装和下装；B. 服装的面料里设有起屏蔽作用的金属网或膜；C. 起屏蔽作用的金属网或膜由导磁率高而无剩磁的金属细丝或者金属粉末构成。被诉侵权产品的技术特征是：a. 一种防电磁污染服上装；b. 服装的面料里设有起屏蔽作用的金属防护网；c. 起屏蔽作用的金属防护网由不锈钢金属纤维构成。一审法院认为，根据柏万清陈述，不锈钢并不一定是导磁率高而无剩磁的金属，其中铁的含量影响导磁率的高低，故在柏万清既未明确本案专利技术特征中导磁率高低的区分标准，又未证明被诉侵权产品所采用的不锈钢丝的导磁率已达到上述“高”限的情况下，柏万清关于技术特征C与c相同的主张不能成立，本案证据不足以证明被诉侵权产品落入其专利保护范围。柏万清不服，提起上诉。四川省高级人民法院二审维持一审判决。柏万清向最高人民法院申请再审。最高人民法院于2012年12月28日裁定驳回其再审申请。

【裁判意见】

最高人民法院审查认为：准确界定专利权的保护范围，是认定被诉侵权技术方案是否构成侵权的前提条件。如果结合本案专利说明书、本领域的公知常识以及相关现有技术等，仍然不能确定权利要求中技术术语的具体含义，无法准确确定专利权的保护范围，则无法将被诉侵权技术方案与之进行有意义的侵权对比。因此，对于保护范围明显不清楚的专利权，不应认定被诉侵权技术方案构成侵权。就“导磁率高”这一技术特征而言，首先，在本案专利说明书中，既没有记载导磁率在本案专利技术方案中是指相对磁导率还是绝对导磁率或者其他概念，也没有记载导磁率高的具体范围，亦没有记载包括磁场强度H等在内的计算导磁率的客观条件。本领域技术人员根据本案专利说明书，难以确定本案专利中所称的导磁率高的具体含义。其次，从柏万清提交的相关证据来看，虽能证明有些现有技术中确实采用了高磁导率、高导磁率等表述，但根据技术领域以及磁场强度的不同，所谓高导磁率的含义十分宽泛。柏万清提供的证据并不能证明在本案专利所属技术领域中，本领域技术人员对于高导磁率的含义或者范围有着相对统一的认识。最后，柏万清主张根据具体使用环境的不同，本领域技术人员可以确定具体的安全下限，从而确定所需的导磁率。该主张实际上是将能够实现防辐射目的的所有情形均纳入本案专利权的保护范围，保护范围过于宽泛，亦缺乏事实和法律依据。

中华人民共和国最高人民法院民事裁定书

（2012）民申字第1544号

申请再审人（一审原告、二审上诉人）：柏万清，男，汉族，1938年7月13日出生，住四川省广元市利州区×路57号C幢1单元4号。

委托代理人：刘俊仕，北京市新元律师事务所律师。

被申请人（一审被告、二审被上诉人）：成都难寻物品营销服务中心。住所地：四川省成都市金丝街45号金欣苑5－2－6号。

投资人：刘万军，该中心经理。

被申请人（一审被告、二审被上诉人）：上海添香实业有限公司。住所地：上海市江场西路518号添香大厦301室。

法定代表人：许如根，该公司董事长。

委托代理人：黎国栋，该公司员工。

委托代理人：俞炜，该公司员工。

申请再审人柏万清因与被申请人成都难寻物品营销服务中心（以下简称难寻中心）、二审被上诉人上海添香实业有限公司（以下简称添香公司）侵害实用新型专利权纠纷一案，不服四川省高级人民法院（2011）川民终字第391号民事判决，向本院申请再审。本院依法组成合议庭对本案进行了审查。2012年12月11日，本院对本案进行了询问，柏万清的委托代理人刘俊仕，添香公司的委托代理人黎国栋、俞炜到庭参加询问。本案现已审查终结。

柏万清申请再审称：1. 关于涉案专利权利要求1中的“导磁率高”的理解问题。(1) 解释权利要求时应当站在本领域普通技术人员立场上，结合工具书、教科书等公知文献以及本领域普通技术人员的通常理解进行解释。(2) 导磁率又称为磁导率，是国际标准的电磁学技术术语，包括相对磁导率与绝对磁导率。相对磁导率是磁体在某种均匀介质中的磁感应强度与在真空中磁感应强度之比值。绝对磁导率是在磁介质所在的磁场中某点的磁感应强度与磁场强度的比值。绝对磁导率更为常用，所以绝对磁导率在多数教科书与技术资料中以下简称为磁导率。（3）导磁率是磁感应强度与磁场强度之比值，是一个与磁感应强度和磁场强度都相关联的物理量。在特定的物理条件下，导磁率是可以描述、测量出的数值，可以有大小高低之分。（4）相关证据可以证明高导磁率是本领域普通技术人员公知的技术常识。国际标准单位意义上的高导磁率是国际公认的表达。相关现有技术中，从 80 高斯/奥斯特、1850 高斯/奥斯特到 34 × 104 高斯/奥斯特或者 83. 5 × 104 高斯/奥斯特，分别代表了高、很高、特高（极高）三个不同级别，但都属于高导磁率范围，都属于本领域普通技术人员理解的高导磁率范围内。（5）涉案专利权利要求 1 中限定了防电磁污染即防电磁辐射用途，高导磁率具有特定的具体环境，可以具体确定其含义。现实中，可以大致确定人们对各种辐射的防范需求。对于不同的防辐射环境需要，本领域普通技术人员可以先测定出辐射数值，然后选择能够实现防辐射目的的导磁率材料。涉案专利权利要求 1 中的“导磁率高”具有明确的含义。即首先确定出磁介质的导磁率数值的安全下限，然后高于这个下限数值的就是导磁率高。这个下限数值可以因使用环境不同而有所区别。2. 被诉侵权产品中的磁介质导磁率与剩磁可以通过司法鉴定查明。在当事人未申请司法鉴定的情况下，人民法院应当行使释明权。柏万清请求依法对被诉侵权产品进行司法鉴定。防范电磁辐射的产品应当无剩磁，或者有剩磁时进行退磁处理，直至无剩磁。因此，被诉侵权产品有明显的剩磁亦不合理。柏万清依据《中华人民共和国民事诉讼法》第一百七十九条第一款第（二）项、第（六）项之规定申请再审。

柏万清向本院提交了以下证据：1.《现代汉语词典》。2.《中国大百科全书（物理学）》。3.《静噪声滤波器用高导磁率铁粉 KIPMG207H 的磁性能》，发表于《上海钢研》2000 年第 1 期。4.《高磁通密度、高导磁率的新软磁材料》，发表于《电子技术》1991 年第 12 期。5.《特宽恒导磁材料的研制》，发表于《上海钢研》1979 年第 2 期。6.《用在静止气氛中冷却制造高导磁率含铜硅钢的工艺》，发表于《钢铁研究》1980 年 Z1 期。7.《特高初导磁率极低损耗非晶态合金的研制》，发表于《仪表材料》1985 年第 16 卷第 3 期。8.《人体防电磁辐射的安全限值》，发表于《环境技术》1999 年第 6 期。9.《批量生产的高磁导率铁氧体材料与磁芯》，发表于《磁性材料与器件》2002 年第 4 期。柏万清以上述证据 1、2 证明磁导率的含义，以证据3至9证明本领域中高磁导率系频繁使用的技术术语，本领域技术人员能够理解其含义。

添香公司提交意见认为，1. 被诉侵权产品没有落入涉案专利权的保护范围。2. 在涉案专利之前已有防辐射服技术，涉案专利不具有新颖性、创造性和实用性，添香公司实施现有技术，不属于侵权行为。3. 对柏万清提交的证据1至7的真实性没有异议，但认为不能支持柏万清的主张。

本院另查明，关于磁导率与导磁率的含义，证据1“磁导率”词条记载：“磁体在某种均匀介质中的磁感应强度与真空中磁感应强度的比值。也叫磁导系数或导磁率。”证据2“磁导率”词条记载：“表示物质磁性的一种磁学量，是物质中磁感应强度B与磁场强度H之比，μ=B/H。但通常使用物质的相对磁导率μr，其定义是物质的磁导率μ与真空的磁导率（或称磁常数）μ0之比，即μr=μ/μ0。”“B与H之比的磁导率表示物质受磁（化）场H作用时，其中磁场相对于H的增加（μr>1）或减少（μr<1）的程度。”在实际应用中，磁导率还因具体条件不同而分为多种，例如起始磁导率μi、微分磁导率μd、最大磁导率μm、复磁导率、张量磁导率等。该词条所示的“几种磁导率定义的示意图”显示磁导率并非常数。

关于高导磁率的含义，证据3中使用了“高导磁率铁粉”的表述。证据4中记载了“高导磁率的新软磁材料”“导磁率为硅钢片的20倍”等内容。证据5中记载了“在非常高的磁场下（如100Oe）仍具有相当高的磁导率值（≥80Gs/Oe）”等内容。证据6中记载了“制造高导磁率含铜硅钢的工艺”、“导磁率在10奥斯特时至少为1850高斯/奥斯特的生产工艺”等内容。证据7中有“极高的初始导磁率及较低的损耗，其最佳性能μ0.01可达34×104Gs/Oe，μm达83.5×104Gs/Oe”等内容。证据8中，记载了人体防电磁辐照的（较为客观的）安全限值，但其中并没有记载与导磁率有关的内容。证据9中记载了“高磁导率铁氧体材料与磁芯”、频率为1-200KHz下μ分别为14248至7549等内容。

本院认为，**准确界定专利权的保护范围，是认定被诉侵权技术方案是否构成侵权的前提条件。如果权利要求的撰写存在明显瑕疵，结合涉案专利说明书、本领域的公知常识以及相关现有技术等，仍然不能确定权利要求中技术术语的具体含义，无法准确确定专利权的保护范围的，则无法将被诉侵权技术方案与之进行有意义的侵权对比。因此，对于保护范围明显不清楚的专利权，不应认定被诉侵权技术方案构成侵权。**

关于涉案专利权利要求1中的技术特征“导磁率高”。首先，根据柏万清提供的证据，虽然磁导率有时也被称为导磁率，但磁导率有绝对磁导率与相对磁导率之分，根据具体条件的不同还涉及起始磁导率 μi、最大磁导率 μm 等概念。不同概念的含义不同，计算方式也不尽相同。磁导率并非常数，磁场强度 H 发生变化时，即可观察到磁导率的变化。但是在涉案专利说明书中，既没有记载导磁率在涉案专利技术方案中是指相对磁导率还是绝对磁导率或者其他概念，也没有记载导磁率高的具体范围，亦没有记载包括磁场强度 H 等在内的计算导磁率的客观条件。本领域技术人员根据涉案专利说明书，难以确定涉案专利中所称的导磁率高的具体含义。其次，从柏万清提交的相关证据来看，虽能证明有些现有技术中确实采用了高磁导率、高导磁率等表述，但根据技术领域以及磁场强度的不同，所谓高导磁率的含义十分宽泛，从 80 Gs/Oe 至 83.5×104 Gs/Oe 均被柏万清称为高导磁率。柏万清提供的证据并不能证明在涉案专利所属技术领域中，本领域技术人员对于高导磁率的含义或者范围有着相对统一的认识。最后，柏万清主张根据具体使用环境的不同，本领域技术人员可以确定具体的安全下限，从而确定所需的导磁率。该主张实际上是将能够实现防辐射目的的所有情形均纳入涉案专利权的保护范围，保护范围过于宽泛，亦缺乏事实和法律依据。

综上所述，根据涉案专利说明书以及柏万清提供的有关证据，本领域技术人员难以确定权利要求1中技术特征“导磁率高”的具体范围或者具体含义，不能准确确定权利要求1的保护范围，无法将被诉侵权产品与之进行有意义的侵权对比。因此，对被诉侵权产品的导磁率进行司法鉴定已无必要。二审判决认定柏万清未能举证证明被诉侵权产品落入涉案专利权的保护范围，并无不当。

综上，柏万清的再审申请不符合《中华人民共和国民事诉讼法》第一百七十九条的规定。依照《中华人民共和国民事诉讼法》第一百八十一条第一款之规定，裁定如下：

驳回柏万清的再审申请。

审 判 长 周 翔
代理审判员 罗 霞
代理审判员 杜微科
二〇一二年十二月二十八日
书 记 员 张 博

31. 封闭式权利要求的侵权判定

——再审申请人河北鑫宇焊业有限公司与被申请人宜昌猴王焊丝有限公司侵害发明专利权纠纷案

【裁判要旨】

对于封闭式权利要求这种特殊类型的权利要求，如果被诉侵权产品或者方法除具备权利要求明确记载的技术特征之外，还具备其他特征的，应当认定其未落入权利要求保护范围。

【关键词】

封闭式权利要求　侵权判定　具备其他技术特征

【案号】

最高人民法院（2013）民申字第1201号

【基本案情】

河北鑫宇焊业有限公司（以下简称鑫宇公司）系名称为"高强度结构钢用气体保护焊丝"发明专利（即本案专利）的独占许可使用权人。本案专利权利要求1为："一种高强度结构钢用气体保护焊丝，其特征在于：由下列重量百分比的元素：C：0.04－0.12、Mn：1.2－2.20、Si：0.40－0.90、Ti：0.03－0.20、V：0.03－0.06、B：0.002－0.006、S＜0.025、P＜0.025，余量为铁及其不可避免的杂质构成。"鑫宇公司以宜昌猴王焊丝有限公司（以下简称猴王公司）侵害本案专利权为由提起诉讼，请求法院判令猴王公司承担停止侵权、赔偿损失等责任。经鉴定，猴王公司生产的被诉侵权产品定量分析（含量百分比）如下：碳（C）0.085、硫（S）0.004、铬（Cr）0.080、铜（Cu）0.087、锰（Mn）1.69、镍（Ni）0.049、磷（P）0.009、硅（Si）0.69、钛（Ti）0.091、钒（V）0.031、铁（Fe）余量、硼（B）0.0028、铌（Nb）＜0.002。湖北省宜昌市中级人民法院一审认为，对于以封闭式权利要求表征的组合物专利，如果被诉侵权技术方案含有权利要求记载的组分之外的其他组分，则应认定其未落入专利权的保护范围。被诉侵权产品中镍的含量高达0.049%，应认定为猴王公司有意添加的组分。鑫宇公司在专利背景技术中指出加镍的种种弊端，不添加镍正是本案专利的特征。因此，被诉侵权产品未落入本案专利权的保护范围。据此判决驳回鑫宇公司的诉讼请求。鑫宇公司不服，提出上诉。湖北省高级人民法院二审判决驳回上诉，维持原判。鑫宇公司仍不服，向最高人民法院申请再审。最高人民法院于2013年9月15日裁定驳回鑫宇公司的再审申请。

【裁判意见】

最高人民法院审查认为：封闭式权利要求通过“由……组成”“余量为……”等表达方式的限定，表明其排除权利要求明确记载的技术特征之外的其他组分、结构或者步骤。本案专利权利要求1采用了“由……构成”“余量为铁及其不可避免的杂质构成”等措辞，表明权利人以明确的意思表示，对权利要求1请求保护的“高强度结构钢用气体保护焊丝”组分进行了穷尽式列举，权利要求1属于封闭式权利要求。根据全面覆盖原则，如果被诉侵权技术方案包含与权利要求记载的全部技术特征相同或者等同的技术特征，则构成侵权行为。即使被诉侵权技术方案还附加有其他技术特征，亦不影响侵权判断，仍应认定侵权行为成立。适用全面覆盖原则时，应当首先确定权利要求的保护范围。封闭式权利要求是一种特殊类型的权利要求，其以特定措辞或者表达，限定了其保护范围仅包括权利要求中明确记载的技术特征及其等同物，排除了其他组分、结构或者步骤。因此，对于封闭式权利要求，如果被诉侵权产品除具备权利要求明确记载的技术特征之外，还具备其他特征，应当认定被诉侵权产品未落入权利要求的保护范围。否则，会出现在授权确权程序中权利要求从严解释，权利人更容易避开现有技术获得授权；在侵权诉讼中从宽解释，覆盖更宽保护范围，权利人两头得利，法律适用前后脱节的情形。本案被诉侵权产品除具有权利要求1记载的全部组分之外，还含有铬、铜、镍三种组分，其中镍是本案专利说明书中明确指出需要排除的组分。因此，被诉侵权产品未落入本案专利权的保护范围。

中华人民共和国最高人民法院民事裁定书

（2013）民申字第1201号

再审申请人（一审原告、二审上诉人）：河北鑫宇焊业有限公司。

法定代表人：金秋生，该公司董事长。

委托代理人：余勇，河南见地律师事务所律师。

被申请人（一审被告、二审被上诉人）：宜昌猴王焊丝有限公司。

法定代表人：戴敦乐，该公司董事长。

再审申请人河北鑫宇焊业有限公司（以下简称鑫宇公司）因与被申请人宜昌猴王焊丝有限公司（以下简称猴王公司）侵害发明专利权纠纷一案，不服湖北省高级人民法院（2012）鄂民三终字第116号民事判决，向本院申请再审。本院依法组成合议庭对本案进行审查，现已审查终结。

鑫宇公司申请再审称：（一）猴王公司生产的焊丝包含涉案专利的全部特征，一、二审判决认定被诉侵权产品未落入涉案专利权的保护范围，认定事实错误。（二）是否构成专利侵权应当适用《最高人民法院关于审理侵犯专利权纠纷案件应用法律若干问题的解释》第七条的规定。二审判决适用《专利审查指南》（2010年）的相关规定错误。请求：本院依法再审，撤销一、二审判决，支持鑫宇公司的一审诉讼请求。

猴王公司提交意见认为：（一）涉案专利权利要求1属于封闭式权利要求，被诉侵权技术方案包含了权利要求记载的组分之外的其他组分，应当认定未落入涉案专利权的保护范围。（二）二审判决适用《专利审查指南》（2010年）的规定正确。

本院另查明，涉案专利说明书背景技术记载："该焊丝中含有高含量的贵重金属镍，因此使得其成本大大提高。"说明书发明内容记载："本发明……具有以下优点……不含有贵重的金属镍和钼，每吨的生产成本能够降低1000元以上。"

本院认为，封闭式权利要求与开放式权利要求是一组相对应的权利要求类型，关于二者的规定主要体现于《专利审查指南》（2006年）第二部分第十章、《专利审查指南》（2010年）第二部分第二、十章等相关规定之中。之所以区分封闭式权利要求与开放式权利要求，在于允许专利申请人通过特定形式的措辞或者表达，表明除权利要求明确列举的组分、结构或者步骤等技术特征之外，专利技术方案是否还进一步涵盖未明确列举的其他技术特征。其中，封闭式权利要求通过"由……组成""余量为……"等表达方式的限定，表明其排除权利要求明确记载的技术特征之外的其他组分、结构或者步骤。涉案专利权利要求1采用了"由……构成""余量为铁及其不可避免的杂质构成"等措辞，表明权利人以明确的意思表示，对权利要求1请求保护的"高强度结构钢用气体保护焊丝"组分进行了穷尽式列举，权利要求1属于封闭式权利要求。

《最高人民法院关于审理侵犯专利权纠纷案件应用法律若干问题的解释》第七条系有关专利侵权判断中技术特征全面覆盖原则的规定。根据全面覆盖原则，专利侵权行为的成立，以被诉侵权技术方案包含与权利要求记载的全部技术特征相同或者等同的技术特征为充分条件。即使被诉侵权技术方案还附加有其他技术特征的，亦不影响侵权判断，仍应认定侵权行为成立。在适用全面覆盖原则时，应当首先确定权利要求的保护范围。封闭式权利要求是一种特殊类型的权利要求，封闭式权利要求以特定措辞或者表达，限定了权利要求的保护范围仅包括权利要求中明确记载的技术特征及其等同物，排除了其他组分、结构或者步骤。因此，对于封闭式权利要求，如果被诉侵权产品除了具备权利要求明确记载的技术特征之外，还具备其他特征，应当认定其未落入权利要求的保护范围。否则，会出现在授权确权程序中权利要求从严解释，权利人更容易避开现有技术获得授权；侵权诉讼中从宽解释，覆盖更宽保护范围，权利人两头得利，法律适用前后脱节的情形。

《专利审查指南》(2006 年)、《专利审查指南》(2010 年) 中有关封闭式权利要求的规定，不存在与上位法相抵触的情形，并且已在专利审查实践中适用多年，形成了稳定的秩序和预期，已为业界所广泛认可和接受。因此，在侵权诉讼中可以参照适用。本案被诉侵权产品除具有权利要求 1 记载的全部组分之外，还含有铬、铜、镍三种组分，其中镍还是涉案专利说明书中明确指出需要排除的组分。因此，二审判决参照适用《专利审查指南》中有关封闭式权利要求的规定，认定被诉侵权产品未落入涉案专利权的保护范围正确。鑫宇公司有关二审判决认定事实错误、法律适用错误的申请再审理由不能成立。

综上，鑫宇公司的再审申请不符合《中华人民共和国民事诉讼法》第二百条的规定。依照《中华人民共和国民事诉讼法》第二百零四条第一款之规定，裁定如下：

驳回河北鑫宇焊业有限公司的再审申请。

审 判 长 周 翔
代理审判员 杜微科
代理审判员 郎贵梅
二〇一三年九月十五日
书 记 员 张 博

4. 等同侵权

32. 等同侵权案件的审理思路和技术对比分析方法

——再审申请人薛胜国与被申请人赵相民、赵章仁实用新型专利侵权纠纷案

【裁判要旨】

最高人民法院对适用等同原则时如何具体判断“三个基本相同”和“显而易见性”作了比较深入的分析。最高人民法院同时指出，专利权人在侵权诉讼程序中对其技术特征所作的解释如果未超出其权利要求书的记载范围，也与其专利说明书及附图相吻合时，可以按照其解释限定该技术特征。

【关键词】

等同原则　“三个基本相同”和“显而易见性”

【案号】

最高人民法院（2009）民申字第1562号

【基本案情】

2007年8月8日，薛胜国以赵相民、赵章仁为被告提起专利侵权诉讼。薛胜国的专利权利要求为：“用于粉条加工的揉面机，它包括：机架（1），设置在所述机架（1）上的驱动电机（2），其特征在于：在机架（1）上部设置有带有进、出料口（3、4）的料斗（5），和水平设置在该料斗（5）内的由所述驱动电机（2）驱动的输送搅龙（6）；在位于所述出料口（4）上方的机架（1）上并排设置有两个相通的U形揉面斗（7、8），其中一个U形揉面斗（7）的底部与所述出料口（4）相连通；在位于每个U形揉面斗（7、8）上方的机架（1）上分别设置有一揉面锤（9、10），所述两揉面锤（9、10）的支撑架（11）通过曲柄连杆机构（12）与驱动电机（2）的动力轴相连接。”河南省郑州市中级人民法院一审认为，被控侵权产品的技术特征与专利保护的必要技术特征并不相同，未落

入薛胜国专利权的保护范围，不构成侵权，遂判决驳回薛胜国的诉讼请求。薛胜国上诉后，河南省高级人民法院二审认为，一审判决认定部分技术相同或等同不当，但认定被控侵权产品未落入薛胜国专利权的保护范围从而不构成侵权正确，遂判决驳回上诉，维持原判。薛胜国仍不服，向最高人民法院申请再审。最高人民法院经听证审查，亦得出本案被申请人不构成专利侵权的结论，但具体理由不同于原审法院。最高人民法院于2009年11月26日裁定驳回薛胜国的再审申请。

【裁判意见】

最高人民法院审查认为：对于第5项对应技术特征，被控侵权产品只是在专利的基础上，将料斗相对于揉面斗上移，从而利用了面团自身的重力，但由于面团本身不易流动的属性，如果不利用输送搅龙挤压仅靠面团自身重力难以实现料斗中的面团输送到揉面斗的目的。反过来讲，如果仅靠面团自身重力即可以实现料斗中的面团自流到揉面斗中的目的，其就无需采用输送搅龙这一技术手段。因此，被控侵权产品实质上仍是利用输送搅龙挤压将面团通过出料口输送到揉面斗，与专利一样，两者都需要利用输送搅龙这一部件实现将面团由料斗挤压输送到揉面斗这一功能。可见，与专利的该项技术特征相比，被控侵权产品系采取基本相同的手段，实现基本相同的功能，达到基本相同的效果。而且物体由于自身的重力能够自上而下滑落是一种普通生活常识，因此，将料斗相对于揉面斗上移对于所属技术领域普通技术人员来讲，无需经过创造性劳动即可联想到。根据专利司法解释的有关规定，被控侵权产品的该项技术特征构成相应专利技术特征的等同特征。对于专利技术特征6，专利权人明确确认，两个揉面锤共用的一个支撑架通过曲柄连杆机构与驱动电机的动力轴相连接，动力驱动装置通过曲柄连杆机构带动两个揉面锤同向上下往复运动。专利权人对该技术特征的上述解释并未超出其权利要求书对相应技术内容的记载范围，也与其专利说明书附图所示的两个揉面锤、支撑架、曲柄连杆机构、驱动电机之间的相互位置和连接关系相吻合。因此，涉案薛胜国专利必要技术特征6可以限定为：在位于每个U形揉面斗上方的机架上分别设置有一揉面锤，所述两揉面锤共用的一个支撑架通过曲柄连杆机构与驱动电机的动力轴相连接，动力驱动装置通过曲柄连杆机构带动两个揉面锤同向上下往复运动。对第6项对应技术特征进行对比，专利的两揉面锤共用一个支撑架，并通过曲柄连杆机构和动力驱动装置带动两个揉面锤同向上下往复运动；被控侵权产品则是两揉面锤各有一支撑架，两个揉面锤的支撑架之间由杠杆连接，其中一个揉面锤的支撑架通过曲柄连杆机构和动力驱动装置使两个揉面锤反向上下往复运动。虽然两者均具有通过支撑架支撑揉面锤，动力驱动装置通过曲柄连杆机构带动揉面锤的支撑架上下运动的基本功能，但从二者揉面锤的工作原理和运动方式来看，显属采用了不同的技术手段，不应认为是采取了基本相同的手段；同时，由于被控侵权产品的动力驱动装置驱动的是一个揉面锤的支撑架，而专利的驱动装置驱动的是两个揉面锤的支撑架，被控侵权产品的这种设计更节省动能，可使用相对较小功率的驱动电机，而且，被控侵权产品利用杠杆原理使两个揉面锤反向上下往复运动也避免了专利的两个揉面锤共用一个支撑架时同向向上运动时所作的无用功。由此可见，二者在技术效果上亦有明显不同。此外，被控侵权产品的这种变换手段，对于本领域的普通技术人员而言，也并非无需经过创造性劳动就能够联想到。因此，二者该项对应技术特征既不相同也不等同。由于被控侵权产品与涉案薛胜国专利相比，至少有一项对应技术特征既不相同也不等同，被控侵权产品并未落入涉案薛胜国专利的保护范围。

中华人民共和国最高人民法院民事裁定书

（2009）民申字第1562号

申请再审人（一审原告、二审上诉人）：薛胜国，男，汉族，1966年5月4日生，住河南省汝州市×庄5组。

被申请人（一审被告、二审被上诉人）：赵相民，男，汉族，1988年3月25日生，住河南省汝州市×村4组，系赵章仁之子。

被申请人（一审被告、二审被上诉人）：赵章仁，男，汉族，1957年4月26日生，住河南省汝州市×村4组，系赵相民之父。

薛胜国诉赵相民、赵章仁实用新型专利侵权纠纷一案，河南省高级人民法院于2008年5月23日作出的（2008）豫法民三终字第22号民事判决，已经发生法律效力。2009年9月22日，薛胜国向本院申请再审。本院于2009年10月14日立案后，依法组成合议庭对本案进行了审查，并于2009年11月9日进行了听证，薛胜国和赵相民、赵章仁到庭参加诉讼。本案现已审查终结。

2007年8月8日，原告薛胜国以赵相民、赵章仁为被告，向河南省郑州市中级人民法院起诉称：薛胜国经过多年潜心研究，研制出一种用于粉条加工的揉面机。2005年8月29日向国家知识产权局申请专利，国家知识产权局受理审查后于2006年9月27日向薛胜国授予专利权，专利号：ZL200520031671.0。2006年10月，赵相民、赵章仁开始生产一种推盆机，所使用的技术与薛胜国的专利技术相同。赵相民、赵章仁未经授权许可使用薛胜国的专利技术，生产与薛胜国专利技术相同的产品，侵犯了薛胜国的专利权，给薛胜国造成巨大经济损失。请求依法判令赵相民、赵章仁停止侵权，赔偿经济损失 10000 元。

赵相民答辩称：赵相民于 2006 年初研制出一种推盆机，并于 2006 年底制作出一台样机，该机器的技术特征与薛胜国的专利技术特征不同。因此，赵相民的行为不构成侵权。请求驳回薛胜国的诉讼请求。

赵章仁答辩称：本案所涉及的推盆机是赵相民独自研制生产的，赵章仁没有参与，因此赵章仁没有侵犯薛胜国的专利权。请求驳回薛胜国的诉讼请求。

河南省郑州市中级人民法院一审审理查明：2005 年 8 月 29 日，薛胜国对一种“用于粉条加工的揉面机”向国家知识产权局申请实用新型专利，国家知识产权局于 2006 年 9 月 27 日授予薛胜国实用新型专利权，专利号 ZL200520031671.0。2007 年 8 月 16 日，薛胜国缴纳专利年费 90 元。该专利权利要求为：“用于粉条加工的揉面机，它包括：机架（1），设置在所述机架（1）上的驱动电机（2），其特征在于：在机架（1）上部设置有带有进、出料口（3、4）的料斗（5），和水平设置在该料斗（5）内的由所述驱动电机（2）驱动的输送搅龙（6）；在位于所述出料口（4）上方的机架（1）上并排设置有两个相通的 U 形揉面斗（7.8），其中一个 U 形揉面斗（7）的底部与所述出料口（4）相连通；在位于每个 U 形揉面斗（7.8）上方的机架（1）上分别设置有一揉面锤（9、10），所述两揉面锤（9、10）的支撑架（11）通过曲柄连杆机构（12）与驱动电机（2）的动力轴相连接。”

薛胜国于 2007 年 1 月 4 日向汝州市公证处申请保全证据，汝州市公证处工作人员于 2007 年 1 月 9 日同薛胜国的委托代理人王盘富、司机周运奇等人来到汝州市庙下乡洛界公路薛庄路口赵相民的门市房内，以 2950 元的价格购买推盆机一台，赵相民出具收据 1 张。汝州市公证处对推盆机拍摄照片 3 张，并对购买过程制作（2007）汝证民字第 6 号公证书予以确认。

前述公证保全的推盆机的技术特征为：1. 机架；2. 设置在机架上带有减速器的驱动电机；3. 机架上部设置有带有进、出料口的料斗；4. 水平设置在料斗内的输送搅龙，驱动电机通过减速器驱动输送搅龙；5. 所述出料口一侧下方的机架上并排设置有两个相通的 U 形揉面斗，其中一个 U 形揉面斗的上部与所述出料口相连通；6. 位于每个 U 形揉面斗上方的机架上分别设置有一揉面锤，所述两揉面锤的支撑架通过曲柄连杆机构与驱动电机上的动力轴相连接。

一审法院另查明：1. 赵章仁与赵相民系父子关系。庭审中，赵相民认可涉案推盆机是其独自制造并销售的，其父赵章仁并未参与制造销售。2. 薛胜国为本案专利支出检索费用2400元，公证费600元。

河南省郑州市中级人民法院一审认为：薛胜国依法享有名为“用于粉条加工的揉面机”的实用新型专利权，并按规定缴纳了专利年费，为有效专利，应受法律保护。任何单位和个人未经专利权人许可，都不得实施其专利，即不得为生产经营目的制造、使用、许诺销售、销售、进口其专利产品。

《中华人民共和国专利法》第五十六条第一款规定：“发明或者实用新型专利权的保护范围以其权利要求的内容为准，说明书及附图可以用于解释权利要求。”将本案公证保全的被控侵权产品的技术特征与涉案薛胜国专利的独立权利要求所保护的必要技术特征进行对比，第1、3项技术特征相同；第2、4项技术特征中，被控侵权产品比专利多了一个技术特征，即在驱动电机上加了一个减速器，驱动电机通过减速器驱动输送搅龙。

第5项技术特征，两者的两个U形揉面斗的位置不同。专利的两个U形揉面斗位于出料口的上方，其中一个揉面斗的底部与出料口相连通，面团到达出料口后由输送搅龙将其自下而上挤压到揉面斗中。而被控侵权产品的两个U形揉面斗位于出料口一侧的下方，面团到达出料口后自上而下掉至揉面斗中。薛胜国主张该项技术特征两者构成等同。在判定是否为等同特征时，应同时满足以下两个条件：1. 被控侵权物中的技术特征与专利权利要求中的相应技术特征相比，以基本相同的手段，实现基本相同的功能，产生了基本相同的效果。2. 对该专利所属领域普通技术人员来说，通过阅读专利权利要求书和说明书，无需经过创造性劳动就能够联想到的技术特征。通过对比，被控侵权产品的揉面斗只是进行了简单的上下移位，其实质上仍是通过出料口将面团输送到揉面斗，进行揉面功能。该部位移位对于所属技术领域普通技术人员来说，无需经过创造性劳动即可联想到。因此该项技术特征两者构成等同。

第6项技术特征，揉面锤支撑架与动力驱动系统的连动方式不同。专利是两个揉面锤支撑架通过曲柄连杆机构与驱动电机的动力轴相连接，动力驱动装置通过曲柄连杆机构带动两个揉面锤上下运动。而被控侵权产品的两个揉面锤两个支撑架之间是杠杆连接方式，其中一个揉面锤的支撑架通过曲柄连杆机构与驱动机上减速器的动力轴相连接，动力驱动装置通过曲柄连杆机构带动一个揉面锤的支撑架，该揉面锤支撑架通过杠杆运动使两个揉面锤呈相反方向运动。薛胜国主张该项技术特征两者亦构成等同。虽然两者达到的功能均是支撑揉面锤，带动揉面锤的支撑架上下运动，但两者的技术手段是不同的，且被控侵权产品的驱动装置驱动的是一个揉面锤的支撑架，而专利的驱动装置驱动的是两个揉面锤的支撑架，被控侵权产品的这种设计更节省动能。因此该项技术特征两者不构成等同。

综上，被控侵权产品的技术特征与专利保护的必要技术特征并不相同，未落入薛胜国专利权的保护范围，不构成侵权。薛胜国请求赵相民、赵章仁停止侵权并赔偿损失的理由不能成立，不予支持。依照《中华人民共和国专利法》第十一条第一款、第五十六条第一款和《中华人民共和国民事诉讼法》第六十四条第一款之规定，河南省郑州市中级人民法院于2007年11月13日作出（2007）郑民三初字第245号民事判决：驳回薛胜国的诉讼请求。一审案件受理费50元，由薛胜国负担。

薛胜国不服上述一审判决，向河南省高级人民法院提起上诉称：一审判决认定被控侵权产品的技术特征与薛胜国专利保护的必要技术特征不同，赵相民、赵章仁的行为不构成专利侵权显属错误。被控侵权产品与专利权利要求相比两者有相同和等同的技术特征。被控侵权产品第1、3项技术特征相同，第2、4、5、6项技术特征等同。1. 原审判决认定被控侵权产品第1、3项技术特征相同，第5项技术是等同正确，但其第2、4项技术特征也属于等同。被控侵权产品比专利技术多了一个技术特征，即在驱动电机上加了一个减速器，驱动电机通过减速器驱动输送搅龙。被控侵权产品的技术特征与专利权利要求中的相应技术特征相比，以基本相同的手段，实现基本相同的功能，达到基本相同的效果。所以第2、4项技术特征是等同特征。2. 被控侵权产品第6项技术特征也属于等同。薛胜国专利设计原理为两揉面锤通过曲柄杆机构带动两揉面锤做上下往复运动挤压让其排出一部分空气并且软硬均匀，薛胜国专利的核心是曲柄连杆机构带动两揉面锤做揉面运动，被控侵权产品的两揉面锤是两个支撑架，一个支撑架由曲柄连杆机构带动，另一个支撑架由前一个支撑架通过杠杆带动，两揉面锤分别由两支撑架带动做上下往复运动揉面，不难看出本项技术只是微做变动，纵观其特征也是由曲柄连杆机构带动两揉面锤做上下运动揉制淀粉团，所以第6项技术特征也是等同。本案中被控侵权产品只是在专利技术的基础上对局部增加了个别小部件，使其复杂化，其实质上仍是利用了薛胜国的专利技术，构成对专利权的侵权。请求二审法院撤销一审判决，依法公正判决。

赵相民、赵章仁未提交书面答辩状，在二审庭审时口头答辩称：赵相民、赵章仁生产的推盆机是自己研制的，已经取得了专利权，对薛胜国专利权并不构成侵权。请求二审法院驳回薛胜国的上诉，维持一审判决。

根据薛胜国的上诉和赵相民、赵章仁的答辩，二审法院确定本案二审争议焦点为：赵相民、赵章仁生产的推盆机是否构成对薛胜国“用于粉条加工的揉面机”实用新型专利权的侵权及民事责任如何承担。

河南省高级人民法院二审经审理查明的事实除与原审相同外，另查明：1. 被控侵权产品设置的机架与薛胜国专利技术所要求及附图设置的机架整体位置不同，薛胜国专利技术要求的机架上部为平行，被控侵权产品机架上部为梯形；被控侵权产品机架上部设置的料斗位置与薛胜国专利技术位置不同，薛胜国专利技术料斗通过料斗中的输送搅龙将面团挤压到U型揉面斗，被控侵权产品通过在机架上部设置的料斗通过输送搅龙将面团自流到在下部设置的料斗；被控侵权产品设置在揉面斗的两个揉面锤采用连杆结构分别上下作业，薛胜国专利技术要求的两个揉面锤同时上下作业。2. 二审中，赵相民提供赵章仁于2006年12月21日向国家知识产权局申请并于2008年1月9日获得授权的“用于粉条加工的揉面机”实用新型专利证书，其专利号为ZL200620175922.7。该实用新型的权利要求1为：“一种用于粉条加工的揉面机，包括机架、电机，在机架上部设置有带有进、出口的榨面斗，在榨面斗内设有搅龙，在机架上部还并列设有两个相通的揉面斗，所述榨面斗的出料口与所述一个揉面斗连通，所述电机与减速器连接，所述减速器的一个输出轴通过转动机构带动所述搅龙转动，其特征在于：还包括有滑杆、支杆、第一揉面锤和第二揉面锤，所述减速器还设置有第二输出轴，在所述减速器的第二输出轴与偏心轮连接，偏心轮通过曲轴与所述滑杆连接，在滑杆上设置有第一揉面锤，在所述支杆上铰接有连杆，在所述连杆的一端通过三连杆与所述滑杆活动连接，所述连杆的另一端通过三连杆与第二揉面锤活动连接。”经庭审质证，薛胜国对赵相民提供的实用新型专利无异议，但认为没有检索报告，该专利权不具法律效力，而且认为赵章仁的专利晚于薛胜国的专利申请，应保护其在先申请的专利权。3. 赵章仁专利权利要求必要技术特征与被控侵权产品相比多一项抽空机。

河南省高级人民法院二审认为：依照《中华人民共和国专利法》第四十二条规定：“发明专利权的期限为二十年，实用新型专利权和外观设计专利权的期限为十年，均自申请日起计算。”薛胜国于2005年8月29日向国家知识产权局申请“用于粉条加工的揉面机”实用新型专利，该局于2006年9月27日授予薛胜国实用新型专利权并公告，2007年8月16日薛胜国缴纳了专利年费，该专利为有效专利。

关于被控侵权产品是否落入薛胜国专利权利保护范围问题。《中华人民共和国专利法》第五十六条第一款规定："发明或者实用新型专利权的保护范围以其权利要求的内容为准，说明书及附图可以用于解释权利要求。"要判断被控侵权产品是否侵犯薛胜国的专利权，首先是要明确薛胜国专利权的保护范围，该专利权必要技术特征为：一种用于粉条加工的揉面机，它包括：机架（1）；设置在所述机架（1）上的驱动电机（2）。其特征在于：在机架（1）上部设置有带有进、出料口（3、4）的料斗（5），和水平设置在该料斗（5）内的由所述驱动电机（2）驱动的输送搅龙（6）；在位于所述出料口（4）上方的机架（1）上并排设置有两个相通的U形揉面斗（7、8），其中一个U形揉面斗（7）的底部与所述出料口（4）相连通；在位于每个U形揉面斗（7、8）上方的机架（1）上分别设置有一揉面锤（9、10），所述两揉面锤（9、10）的支撑架（11）通过曲柄连杆机构（12）与驱动电机（2）的动力轴相连接。然后将被控侵权产品技术特征与薛胜国专利权利要求记载的必要技术特征进行对比判断。薛胜国对一审判决认定的被控侵权产品技术特征未提出异议，该被控侵权产品技术特征为：1. 机架；2. 设置在机架上带有减速器的驱动电机；3. 机架上部设置有带有进、出料口的料斗；4. 水平设置在料斗内的输送搅龙，驱动电机通过减速器驱动输送搅龙；5. 所述出料口一侧下方的机架上并排设置有两个相通的U形揉面斗，其中一个U形揉面斗的上部与所述出料口相连通；6. 位于每个U形揉面斗上方的机架上分别设置有一揉面锤，每一揉面锤的支撑架之间由杠杆连接，其中一个揉面锤的支撑架通过曲柄连杆机构与驱动机上减速器的动力轴相连接。

关于被控侵权产品技术是否落入薛胜国专利权利要求保护范围。薛胜国上诉认为被控侵权产品第1、3项技术相同，第2、4、5、6项技术等同，而落入其专利权保护范围而构成侵权。赵相民、赵章仁抗辩认为被控侵权产品技术是其自己研制，不构成侵权。二审法院审理认为被控侵权产品与薛胜国专利技术不相同也不等同，理由为：

第一，被控侵权产品第1、3项技术与薛胜国专利权利技术特征第1、3项技术不相同。被控侵权产品技术要求第1项技术为机架，薛胜国专利技术要求第1项技术也为机架，虽然两者均设置机架，但机架所设计的技术特征要求不同，薛胜国专利要求及附图机架上部为平行，而被控侵权产品机架为梯形，平行设计与梯形设计两者为整机的功效起不同的作用，不具有相同的技术特征。被控侵权产品第3项技术特征是在机架上部设置有带有进、出料口的料斗；薛胜国专利技术要求第3项在机架上部设置有带有进、出料口的料斗，两者进出料斗的设计位置不同，被控侵权产品两个料斗设计在梯形的机架上，进料斗设计在机架梯形的上部，出料斗设计在梯形机架下部，作业面团从进料斗的输送搅龙自流到出料斗。薛胜国专利技术要求设计及附图在机架进出料斗为连通式，进料斗设计在机架上，出料斗设计在进料斗上部连通，作业通过输送搅龙将面团挤压到出料斗。故被控侵权产品与薛胜国专利技术要求虽均有机架和进出料斗，其技术名称相同，但技术特征并不相同，一审判决认定两者相同不当。

第二，被控侵权产品第5项技术与薛胜国专利权利必要技术特征不等同。被控侵权产品设计出料口一侧下方的机架上并排设置有两个相通的U形揉面斗，其中一个U形揉面斗的上部与所述出料口相连通。其出料斗设计的位置在机架的梯形的下部，作业原理由进料口的面团通过输送搅龙自流到出料斗。薛胜国专利技术要求及附图在出料口上方的机架上并排设置有两个相通的U形揉面斗，其中一个U形揉面斗的底部与所述出料口相连通。出料斗设计在进料斗的一侧，作业原理由进料斗的面团通过输送搅龙将面团挤压到进料斗内。故被控侵权产品与薛胜国专利技术要求虽均有进料斗和出料斗，其名称相同，但设计位置不同，技术特征不同，作业原理不同，不构成技术上的等同，一审判决认定两者等同不当。

第三，被控侵权产品第2、4、6项技术与薛胜国专利权利要求技术不等同。被控侵权产品第2项技术与薛胜国专利权利要求第2项技术均为驱动电机，但被控侵权产品是带有减速器的驱动电机，其作业原理明显不同。其机械设备驱动电机只是动力装置，不具有技术特征的独创性，不能作为技术特征的等同认定。被控侵权产品第4项技术通过减速器驱动输送搅龙，薛胜国专利技术要求驱动电机驱动输送搅龙，二者具有不同的作业原理，不能作为技术特征的等同认定。被控侵权产品第6项技术两个U形揉面斗设置两个揉面锤，薛胜国专利技术要求两个U形揉面斗设置两个揉面锤，但其两个揉面锤设置不同，被控侵权产品两个揉面锤之间由杠杆连接，另一个揉面锤的支撑架通过曲柄连杆机构与驱动机上减速器的动机轴相连接，其两个揉面锤作业原理为一上一下作业。薛胜国专利技术设置的两个揉面锤的作业原理为同时上下作业。二者具有不同技术特征和工作原理，不具有等同效果。

通过对薛胜国的涉案专利所确定的权利保护范围与被控侵权产品中对应的技术特征进行对比，赵相民生产的被控侵权产品技术特征与薛胜国专利权利要求的技术特征具有明显的不同，其技术特征亦构不成等同。因此，赵相民、赵章仁生产的被控侵权产品的技术特征未落入薛胜国专利权利保护范围，也非效果等同、手段基本相同的技术特征。薛胜国上诉认为第2、4、5、6项是等同特征，被控侵权产品只是在专利技术的基础上对局部增加了个别小部件，使其复杂化，其实质上仍是利用了薛胜国的专利技术的上诉理由不能成立，不予采纳。

综上，薛胜国上诉认为赵相民、赵章仁侵犯其专利权，应承担侵权责任，并无事实根据与法律依据，不予支持。一审判决认定部分技术相同或等同不当，但认定被控侵权产品技术未落入薛胜国专利权的保护范围，不构成侵权正确，予以维持。依照《中华人民共和国民事诉讼法》第一百五十三条第一款第一项、第一百五十八条第一款之规定，河南省高级人民法院于2008年5月23日作出（2008）豫法民三终字第22号民事判决：驳回上诉，维持原判。一、二审案件受理费各50元，均由薛胜国负担。

薛胜国不服上述二审判决，认为原判适用法律确有错误，依据《中华人民共和国民事诉讼法》第一百七十九条第一款第（六）项的规定向本院申请再审，请求：1. 提起审判监督程序对本案再行审理；2. 撤销二审判决；3. 本案全部诉讼费由被申请人负担。具体理由如下：涉案薛胜国专利和被控侵权产品的六项对应技术特征均构成相同或者等同，被申请人构成专利侵权，应当承担相应的侵权责任。其中，第1项技术特征，平行机架和梯形机架都是起支撑上部料斗作用，二者手段、功能、效果完全相同；第3、5项技术特征，进出料斗的位置不同，只是简单的上下位移，淀粉团的水分大约30%，与蒸馒头用的面团硬度一样，不是像水一样有流动性，二者都是把淀粉团从一个料斗送入到另一个料斗，其手段基本相同，功能和效果完全一致；第2、4项技术特征，两者都是动力源驱动，其手段功能和效果完全一致；第6项技术特征，被控侵权产品的两揉面锤是两个支撑架，一个支撑架由曲柄连杆机构带动，另一个支撑架由前一个支撑架通过杠杆带动，两揉面锤分别由两支撑架带动做上下往复运动揉面，从整体上看，被控侵权产品也是使用曲柄连杆机构、支撑架和揉面捶，并且多一个支撑架和杠杆连接部分，使其零部件增多、复杂、摩擦力增大，其功能仍是两揉面锤做上下运动揉制淀粉团，两者手段基本相同，功能完全一样，效果更差，本领域普通技术人员无需付出创造性劳动就能联想到，所以第6项技术特征也是等同特征。

赵相民、赵章仁未提交书面答辩状，在本院听证时口头答辩称，涉案薛胜国专利与被控侵权产品相比，二者机架不同，驱动电机不同，料斗和揉面斗相对位置不同，揉面锤运动方式不同。因此，被控侵权产品对涉案薛胜国专利不构成侵权。

本院经听证审查查明：原审法院审理查明的事实基本属实。另，双方当事人在本院听证时一致确认以下事实：被控侵权产品与涉案薛胜国专利独立权利要求记载的技术方案除以下几点不同以外，其他在结构和工作原理上均相同：（1）驱动电机不同。涉案薛胜国专利仅设有驱动电机，由驱动电机的动力轴输出动力；被控侵权产品则在驱动电机上增加了减速器，经减速器输出动力。（2）料斗和揉面斗相对位置不同。涉案薛胜国专利的两个U形揉面斗位于出料口的上方，其中一个揉面斗的底部与出料口相连通，面团在输送搅龙的作用下到达出料口后自下而上被挤压到揉面斗中；被控侵权产品的两个揉面斗位于出料口一侧的下方，面团到达出料口后在输送搅龙的挤压作用和自身重力的双重作用下自上而下进入揉面斗中。（3）揉面锤运动方式不同。涉案薛胜国专利是两个揉面锤共用的一个支撑架通过曲柄连杆机构与驱动电机的动力轴相连接，动力驱动装置通过曲柄连杆机构带动两个揉面锤同向上下往复运动；被控侵权产品的两个揉面锤各有一支撑架，两个支撑架之间是杠杆连接方式，其中一个揉面锤的支撑架通过曲柄连杆机构与驱动机上减速器的动力轴相连接，动力驱动装置通过曲柄连杆机构带动一个揉面锤的支撑架，该揉面锤支撑架通过杠杆运动使两个揉面锤反向上下往复运动。被控侵权产品两个揉面锤的运动方式，对驱动电机的功率要求较低，节省动能，也不存在专利的两个揉面锤同向向上运动时所做的无用功。

本院还查明：涉案薛胜国专利权利要求1中未对机架的结构作出具体限定，仅说明书附图中显示机架是长方体。对涉案薛胜国专利权利要求所记载的“两揉面锤的支撑架通过曲柄连杆机构与驱动电机的动力轴相连接”的技术内容，说明书中除两处重复了相同内容的文字说明之外，并无进一步的文字说明或限定，但附图所示两个揉面锤9、10共用一个支撑架11，两个揉面锤9、10分别位于该支撑架11的两端，与驱动电机2的动力轴相连接的曲柄连杆机构12与支撑架11的中部相连。涉案薛胜国专利说明书还记载：“本实用新型的优点在于采用了上述技术方案，将和面机中初步和好的面团放入该揉面机的料斗中，由所述输送搅龙将面团自出料口挤压到与之相连通的U形揉面斗，该U形揉面斗中的揉面锤在所述曲柄连杆机构带动下对面团进行揉面。随着进入该U形揉面斗中的面团增多，经揉面锤揉过的面团被挤压进入下一个U形揉面斗中继续揉和，经上述揉制出的面团不仅硬度一致，质量稳定，且自动化程度高，大大地提高了生产效率，节约了大量的人力资源。”被控侵权产品机架下部为长方体、上部一侧为梯形体，带有进、出料口的料斗置于该梯形体上方，两个揉面斗置于该梯形体一侧的下部长方体上方。

此外，二审法院查明的事实中有关赵章仁的专利权利要求必要技术特征与被控侵权产品相比多一项抽空机的认定有误，抽空机系赵章仁的专利权利要求 2 中记载的技术特征。赵章仁涉案实用新型专利说明书在背景技术部分所引证的现有技术即涉案薛胜国专利。

本院审查认为，本案当事人在申请再审中的争议焦点在于被控侵权产品是否落入涉案薛胜国专利权的保护范围。

本案被控侵权行为发生于 2007 年，应当适用自 2001 年 7 月 1 日起施行的《中华人民共和国专利法》。该法第五十六条第一款规定："发明或者实用新型专利权的保护范围以其权利要求的内容为准，说明书及附图可以用于解释权利要求。"自 2001 年 7 月 1 日起实施的《中华人民共和国专利法》第二十一条第二款规定："独立权利要求应当从整体上反映发明或者实用新型的技术方案，记载解决技术问题的必要技术特征。"同日起施行的《最高人民法院关于审理专利纠纷案件适用法律问题的若干规定》第十七条规定："专利法第五十六条第一款所称的'发明或者实用新型专利权的保护范围以其权利要求的内容为准，说明书及附图可以用于解释权利要求'，是指专利权的保护范围应当以权利要求书中明确记载的必要技术特征所确定的范围为准，也包括与该必要技术特征相等同的特征所确定的范围。等同特征是指与所记载的技术特征以基本相同的手段，实现基本相同的功能，达到基本相同的效果，并且本领域的普通技术人员无需经过创造性劳动就能够联想到的特征。"上述法律、行政法规和司法解释是专利侵权案件中进行技术对比判断的基本法律依据，本案亦不例外。

本案所涉及薛胜国的名称为"用于粉条加工的揉面机"的实用新型专利，根据其专利独立权利要求 1，其必要技术特征可以分解为：1. 机架；2. 设置在所述机架上的驱动电机；3. 在机架上部设置有带有进、出料口的料斗；4. 水平设置在该料斗内的由所述驱动电机驱动的输送搅龙；5. 在位于所述出料口上方的机架上并排设置有两个相通的 U 形揉面斗，其中一个 U 形揉面斗的底部与所述出料口相连通；6. 在位于每个 U 形揉面斗上方的机架上分别设置有一揉面锤，所述两揉面锤的支撑架通过曲柄连杆机构与驱动电机的动力轴相连接。对于专利技术特征 6，专利权人薛胜国在本院听证时明确确认，两个揉面锤共用的一个支撑架通过曲柄连杆机构与驱动电机的动力轴相连接，动力驱动装置通过曲柄连杆机构带动两个揉面锤同向上下往复运动。专利权人薛胜国对该技术特征的上述解释并未超出其权利要求书对相应技术内容的记载范围，也与其专利说明书附图所示的两个揉面锤、支撑架、曲柄连杆机构、驱动电机之间的相互位置和连接关系相吻合。因此，涉案薛胜国专利必要技术特征 6 可以限定为：在位于每个 U 形揉面斗上方的机架上分别设置有一揉面锤，所述两揉面锤共用的一个支撑架通过曲柄连杆机构与驱动电机的动力轴相连接，动力驱动装置通过曲柄连杆机构带动两个揉面锤同向上下往复运动。

薛胜国于 2007 年 1 月 9 日通过公证证据保全取得的赵相民制造并销售的被控侵权产品推盆机的相应技术特征可以分解为：1. 下部为长方体、上部一侧为梯形体的机架；2. 设置在机架上带有减速器的驱动电机；3. 机架上部设置有带有进、出料口的料斗；4. 水平设置在料斗内的输送搅龙，驱动电机通过减速器驱动输送搅龙；5. 所述出料口一侧下方的机架上并排设置有两个相通的 U 形揉面斗，其中一个 U 形揉面斗的上部与所述出料口相连通；6. 位于每个 U 形揉面斗上方分别设置有一揉面锤，每一揉面锤具有一支撑架，每一揉面锤的支撑架之间由杠杆连接，其中一个揉面锤的支撑架通过曲柄连杆机构与驱动电机上减速器的动力轴相连接，动力驱动装置通过曲柄连杆机构带动一个揉面锤的支撑架，该揉面锤支撑架通过杠杆运动使两个揉面锤反向上下往复运动。

通过将公证保全的被控侵权产品的技术特征与涉案薛胜国专利的必要技术特征进行比对分析，可以得出如下结论：

对于第 1 项对应技术特征，**涉案薛胜国专利独立权利要求中采用的是机架这一上位概念，并未对机架的具体结构进行限定，因此，不能直接以说明书附图中所显示的长方体机架用于限定权利要求记载的机架这一技术特征；被控侵权产品采用下部为长方体、上部一侧为梯形体的机架，系采用了一种特定结构的机架，而该特定结构的机架与权利要求记载的机架相比，前者属于下位概念，后者属于上位概念。因此，二者的该项对应技术特征应属相同。**二审法院认定涉案薛胜国专利的机架上部整体平行，不适当地限定了该技术特征；并且仅认定二者该技术特征不相同，未就是否等同作出明确认定，亦有不妥。

对于第 2、4 两项对应技术特征，**被控侵权产品只是在涉案薛胜国专利的驱动电机上增加了一个减速器，驱动电机通过减速器驱动输送搅龙。这属于在专利技术特征的基础上增加了一个具体技术特征。因此，二者的该两项对应技术特征仍应属相同。**二审法院以被控侵权产品系带有减速器的驱动电机，与专利作业原理不同，而认定不构成等同特征，错误适用了专利侵权技术对比判定方法。

对于第3项对应技术特征，涉案薛胜国专利和被控侵权产品均为在机架上部设置有带有进、出料口的料斗，二者该对应技术特征显属相同。二审法院对该项技术特征的认定明显有误，该项技术特征仅涉及“机架上部设置有带有进、出料口的料斗”，被控侵权产品和涉案薛胜国专利均只有一个料斗，不存在所谓的“进、出料斗”以及进、出料斗的相互位置关系的限定问题。

对于第5项对应技术特征，专利的两个U形揉面斗位于出料口的上方，其中一个揉面斗的底部与出料口相连通，面团在输送搅龙的作用下到达出料口后自下而上被挤压到揉面斗中；被控侵权产品的两个U形揉面斗位于出料口一侧的下方，面团到达出料口后在输送搅龙的挤压作用和自身重力的双重作用下自上而下进入揉面斗中。**通过对比，被控侵权产品和涉案薛胜国专利的两个U形揉面斗与料斗的相对位置不同，二者不构成相同技术特征。但是，被控侵权产品只是在专利的基础上，将料斗相对于揉面斗上移，从而利用了面团自身的重力，但由于面团本身不易流动的属性，如果不利用输送搅龙挤压仅靠面团自身重力难以实现料斗中的面团输送到揉面斗的目的，反过来讲，如果仅靠面团自身重力即可以实现料斗中的面团自流到揉面斗中的目的，其就无需采用输送搅龙这一技术手段，因此，被控侵权产品实质上仍是利用输送搅龙挤压将面团通过出料口输送到揉面斗，与专利一样，两者都需要利用输送搅龙这一部件实现将面团由料斗挤压输送到揉面斗的这一功能。可见，与专利的该项技术特征相比，被控侵权产品系采取基本相同的手段，实现基本相同的功能，达到基本相同的效果。而且物体由于自身的重力能够自上而下滑落是一种普通生活常识，因此，将料斗相对于揉面斗上移对于所属技术领域普通技术人员来讲，无需经过创造性劳动即可联想到。根据前述司法解释的规定，被控侵权产品的该项技术特征构成相应专利技术特征的等同特征。**二审法院仅以设计位置和作业原理不同而认定二者不构成等同特征并不正确，特别是将被控侵权产品的作业原理仅解释为自流到料斗而忽略了输送搅龙的作用，显属错误。

对于第6项对应技术特征，涉案薛胜国专利与被控侵权产品有两点不同。一是，专利的曲柄连杆机构与驱动电机的动力轴相连接；被控侵权产品的曲柄连杆机构与驱动电机上减速器的动力轴相连接。对此不同，如前述对第2、4两项对应技术特征的分析，被控侵权产品只是在专利技术特征的基础上增加了减速器这一具体技术特征，并不影响二者的该对应技术特征构成相同。二是，专利的两揉面锤共用一个支撑架，并通过曲柄连杆机构和动力驱动装置带动两个揉面锤同向上下往复运动；被控侵权产品则是两揉面锤各有一支撑架，两个揉面锤的支撑架之间由杠杆连接，其中一个揉面锤的支撑架通过曲柄连杆机构和动力驱动装置使两个揉面锤反向上下往复运动。**虽然两者均具有通过支撑架支撑揉面锤，动力驱动装置通过曲柄连杆机构带动揉面锤的支撑架上下运动的基本功能，但从二者揉面锤的工作原理和运动方式来看，显属采用了不同的技术手段，不应认为是采取了基本相同的手段；同时，由于被控侵权产品的动力驱动装置驱动的是一个揉面锤的支撑架，而专利的驱动装置驱动的是两个揉面锤的支撑架，被控侵权产品的这种设计更节省动能，可使用相对较小功率的驱动电机，而且，被控侵权产品利用杠杆原理使两个揉面锤反向上下往复运动也避免了专利的两个揉面锤共用一个支撑架同向向上运动时所做的无用功，由此可见，二者在技术效果上亦有明显不同；另外，被控侵权产品的这种变换手段，对于本领域的普通技术人员而言，也并非无需经过创造性劳动就能够联想到的特征，被申请人赵章仁在后申请并获得授权的ZL200620175922.7号“用于粉条加工的揉面机”实用新型专利与现有技术（即涉案薛胜国专利）相比的区别技术特征也在于此，在一定程度上这也可以印证该变换手段对于本领域的普通技术人员而言并非显而易见。因此，二者该项对应技术特征既不相同也不等同。**二审法院对此对应技术特征的认定基本正确。

根据上述分析对比，被控侵权产品与涉案薛胜国专利相比，至少有一项对应技术特征既不相同也不等同，因此，被控侵权产品并未落入涉案薛胜国专利的保护范围，被申请人赵相民并不构成对薛胜国专利权的侵犯。

此外，对于被申请人赵章仁而言，因薛胜国并未举证证明其亦实施了被控侵权行为，薛胜国对其提出的有关权利主张本身缺乏事实依据。

综上，申请再审人薛胜国的申请再审理由不能成立，其再审申请不符合《中华人民共和国民事诉讼法》第一百七十九条第一款规定的情形。依照《中华人民共和国民事诉讼法》第一百八十一条第一款之规定，裁定如下：

驳回薛胜国的再审申请。

审　判　长　郃中林

代理审判员　秦元明

代理审判员　郎贵梅

二〇〇九年十一月二十六日

书　记　员　张　博

33. 技术特征等同的认定

——再审申请人陕西竞业玻璃钢有限公司与被申请人永昌积水复合材料有限公司侵犯实用新型专利权纠纷案

【裁判要旨】

在判断被诉侵权产品的技术特征与专利技术特征是否等同时，不仅要考虑被诉侵权产品的技术特征是否属于本领域的普通技术人员无需经过创造性劳动就能够联想到的技术特征，还要考虑被诉侵权产品的技术特征与专利技术特征相比，是否属于基本相同的技术手段，实现基本相同的功能，达到基本相同的效果，只有以上两个方面的条件同时具备，才能够认定二者属于等同的技术特征。

【关键词】

技术特征　等同

【案号】

最高人民法院（2010）民申字第181号

【基本案情】

陕西竞业玻璃钢有限公司（以下简称竞业公司）系名称为“玻璃钢夹砂顶管”的实用新型专利（以下简称涉案专利）的专利权人。涉案专利的权利要求1为：“一种玻璃钢夹砂顶管，它由管头、管身以及管尾组成，管头和管尾管径一致，管尾连接部设有密封用套环，管头、管尾通过套环连接，其特征在于：所述的管头、管身以及管尾采用树脂基体，管身设有两维以上方向绕制的纤维层以及石英夹砂层，管头和管尾设有为两维以上方向绕制的纤维层，所述的套环紧密设置在管头或管尾外壁的凹台内。”2007年5月8日，竞业公司起诉请求判令永昌积水复合材料有限公司（以下简称永昌公司）承担侵权责任。广东省广州市中级人民法院一审认为，被诉侵权产品的技术特征“插口的管外径小于承口的管外径，有锥度”与涉案专利中的技术特征“管头和管尾管径一致”构成等同，被诉侵权产品落入涉案专利权的保护范围，遂判决永昌公司承担侵权责任。永昌公司不服一审判决，提起上诉。广东省高级人民法院二审认为，根据涉案专利的权利要求书、说明书以及附图，涉案专利“管头和管尾管径一致”是指管头和管尾的管内径一致、管头和管尾的管外径一致。被诉侵权产品的承口、插口分别对应于涉案专利中的管头和管尾，其中插口与承口的管内径一致，但插口的管外径小于承口的管外径，与涉案专利不同。并且正是基于该不同，导致两者所实现的功能、达到的技术效果均不相同，该技术特征亦非本领域的普通技术人员无需付出创造性劳动就能联想到的特征，故两者不构成等同，被诉侵权产品未落入涉案专利权的保护范围，不构成侵权。遂判决撤销一审判决，驳回竞业公司的诉讼请求。竞业公司不服二审判决，向最高人民法院申请再审。最高人民法院于2010年7月23日裁定驳回竞业公司的再审申请。

【裁判意见】

最高人民法院审查认为：被诉侵权产品中插口、承口的管内径虽然一致，但是二者的管外径并不一致，具体表现为承口管外径上设有用于安装钢套环的水平凹台，并且承口管外径与钢套环紧密配合；而插口管外径呈不规则台阶状。虽然现有技术《顶管施工技术》中已经公开了注浆减阻的工作原理以及注浆孔、台阶状管外径等技术特征，本领域的普通技术人员在顶管施工中为了实现注浆减阻的目的，能够在《顶管施工技术》所给出的技术启示下，显而易见地想到被诉侵权产品中的注浆孔以及插口管外径呈不规则台阶状等技术特征，无需付出创造性劳动。但是，由于被诉侵权产品中的插口管外径呈不规则台阶状，一方面导致插口管外径与钢套环之间并不能紧密配合，无法实现增强管道连接密封性的功能和效果；另一方面能够在管外径与钢套环之间形成供减阻砂浆通过的环形空间，使得从注浆孔中注入的减阻砂浆可以经由该环形空间均匀分布在管道周围，形成润滑套，实现减少管道外壁与土壤间的摩擦阻力，提高管道顶进效率的有益功能和效果。因此，被诉侵权产品中技术特征“插口管外径呈不规则台阶状”所实现的功能和效果，与权利要求1中“管头和管尾管径一致”所实现的功能和效果具有实质性的差异，二者不属于等同的技术特征，被诉侵权产品没有落入涉案专利权的保护范围。

中华人民共和国最高人民法院民事裁定书

（2010）民申字第181号

申请再审人（一审原告、二审被上诉人）：陕西竞业玻璃钢有限公司，住所地陕西省西安市长安南路三爻长延堡工业区1号。

法定代表人：李辉武，董事长。

委托代理人：刘芳，女，北京同立钧成知识产权代理有限公司专利代理人，住北京市朝阳区×里2号院8号楼2门501号。

委托代理人：司金峰，男，陕西竞业玻璃钢有限公司总经理，住陕西省西安市雁塔区×村1排3号。

被申请人（一审被告、二审上诉人）：永昌积水复合材料有限公司，住所地新疆维吾尔自治区米泉市振兴路。

法定代表人：周永清，董事长。

委托代理人：杨家睦，广东广大律师事务所律师。

委托代理人：周强，男，永昌积水复合材料有限公司执行总裁，住新疆维吾尔自治区乌鲁木齐市沙依巴克区×路10号7号楼1201号。

申请再审人陕西竞业玻璃钢有限公司（以下简称竞业公司）与被申请人永昌积水复合材料有限公司（以下简称永昌公司）侵犯实用新型专利权纠纷一案，广东省高级人民法院于2009年12月16日作出（2009）粤高法民三终字第289号民事判决，已经发生法律效力。2010年2月，竞业公司向本院申请再审。本院依法组成合议庭对本案进行了审查，现已审查终结。

竞业公司申请再审称，1. 原审法院认定被诉侵权产品的技术特征B’与涉案专利的技术特征B不相同也不等同，被诉侵权产品未落入涉案专利权的保护范围，不构成侵权，认定事实错误。《中华人民共和国城镇建设行业标准玻璃纤维增强塑料夹砂管（CJ/T3079－1998）》中公开了一定锥度的承口，锥度是由于生产制造中管道脱模而产生，并且锥度带来的管径差距仅为几毫米，而管道本身的管径为几千毫米，因此，被诉侵权产品中插口和承口的管内径一致，插口的管外径小于承口的管外径，有锥度，是与涉案专利的技术特征B等同的技术特征。2. 被诉侵权产品技术特征B’中的多级台阶，覆盖了涉案专利中的技术特征“凹台”；涉案专利在凹台上增加密封圈，使管头和管尾紧密地密封连接，被诉侵权产品通过在多级台阶上设置密封圈，使承口和插口紧密地密封连接，被诉侵权产品中有关密封连接的技术特征覆盖了涉案专利中相应的必要技术特征。3. 被诉侵权产品在插口位置处开有3个注浆孔，该技术特征属于公知的已有技术，本领域的普通技术人员在涉案专利的基础上组合已有技术，就能得到被诉侵权产品的全部技术方案，并且这种变化是显而易见的，不具有实质性特点和进步，被诉侵权产品仍然落入了涉案专利权的保护范围。4. 根据全面覆盖原则，在被诉侵权产品覆盖了涉案专利全部技术特征的情况下，即使被诉侵权产品增加了新的技术特征，使得被诉侵权产品的技术效果优于涉案专利技术，也仍然落入涉案专利权的保护范围，构成侵权。因此，原审法院认定“被诉侵权产品的技术特征 B’与涉案专利技术特征 B 不同，是由于被诉侵权产品中顶管插口位置处开有 3 个注浆孔，正是基于该不同，导致二者所实现的功能、达到的技术效果均不同，该技术特征并非本领域的普通技术人员无需经过创造性劳动就能联想到的技术特征，故两者不构成等同”，认定事实错误。请求本院：1. 撤销广东省高级人民法院（2009）粤高法民三终字第 289 号民事判决；2. 判令被申请人立即停止侵犯涉案专利权的行为；3. 判令被申请人赔偿经济损失 40 万元；4. 由被申请人承担本案一、二审和再审诉讼费用、鉴定费。

永昌公司辩称，1. 申请再审人以错误的方式比较涉案专利与被诉侵权产品，对比结论错误。将被诉侵权产品的技术特征 B’与涉案专利中的技术特征 B 比较，二者设计理念和设计目的不同，功能不同，技术效果不同，不是等同的技术特征。2. 被诉侵权产品中的技术特征与现有技术中公开的技术特征不同，不属于本领域的普通技术人员阅读权利要求书、说明书后，无需经过创造性劳动就能够联想到的技术特征。3. 被诉侵权产品在插口处设置坡形锥度，目的是确保砂浆的顺畅流出，形成足够的润滑层，减少管道在顶进过程中的阻力，不是由于生产工艺不精或者脱模需要而产生。4. 被诉侵权产品不具有涉案专利的技术特征 B，并且增加了多个技术特征改变了插口的结构，因此被诉侵权产品没有落入涉案专利权的保护范围。

广东省广州市中级人民法院（以下简称一审法院）查明，2000 年 7 月 21 日，竞业公司申请了专利号为 00243741.4，名称为“玻璃钢夹砂顶管”的实用新型专利（以下简称涉案专利），2001 年 5 月 2 日获得授权。授权公告的权利要求 1 为：“一种玻璃钢夹砂顶管，它由管头、管身以及管尾组成，管头和管尾管径一致，管尾连接部设有密封用套环，管头、管尾通过套环连接，其特征在于：所述的管头、管身以及管尾采用树脂基体，管身设有两维以上方向绕制的纤维层以及石英夹砂层，管头和管尾设有为两维以上方向绕制的纤维层，所述的套环紧密设置在管头或管尾外壁的凹台内。”

2007 年 5 月 10 日下午，根据竞业公司的证据保全申请，广东省湛江市公证处来到位于湛江市霞山区湖光路的霞山污水处理厂截污管道施工现场，对正在施工使用的玻璃钢夹砂顶管及现场情况进行拍摄，共拍得照片 19 张。

2007 年 5 月 8 日，竞业公司向一审法院起诉，请求判令：1. 永昌公司立即停止侵犯涉案专利权的行为；2. 永昌公司赔偿竞业公司损失 100 万元；3. 永昌公司向竞业公司公开道歉；4. 永昌公司承担本案诉讼费用。

在将被诉侵权产品与涉案专利技术进行比较的过程中，竞业公司向一审法院提出委托鉴定的申请，永昌公司无异议。2008 年 1 月 25 日，一审法院委托广东省专利信息中心知识产权司法鉴定所（以下简称司法鉴定所）对被诉侵权产品进行鉴定，鉴定的事项包括：一、就被诉侵权产品与涉案专利的形状、结构及其组合进行比对，看有何异同，特别是被诉侵权产品所采用的是几维缠绕，是否属于两维以上方向的绕制。二、被诉侵权产品所采用的技术是否属于已有技术。2008 年 7 月 15 日，司法鉴定所作出粤知司鉴所〔2008〕鉴字第 02 号《司法鉴定意见书》（下称《鉴定书》）。司法鉴定所认为，1. 涉案专利中的技术特征 A、C、D、E、F 分别与被诉侵权产品中的技术特征 A’、C’、D’、E’、F’ 相同。2. 被诉侵权产品的技术特征 B’“承口、插口和管身的内径一致，但是插口的管外径小于承口的管外径，有锥度”，与涉案专利的技术特征 B“管头和管尾管径一致”不同。3. 被诉侵权产品的技术特征 G’“钢套环只是固定设置在安装了密封圈的承口上方”，与涉案专利的技术特征 G“套环设置在管头或管尾外壁的凹台内”不同。4. 被诉侵权产品的全部技术特征分别在行业标准以及现有技术资料中公开。

司法鉴定所在鉴定期间，曾委托广东省建筑材料研究院于 2008 年 1 月 31 日赴湛江工地现场勘察并出具了现场勘察报告，现场勘察报告作为《鉴定书》的附件附后。

2009 年 1 月 12 日，一审法院组织司法鉴定所、竞业公司以及永昌公司到庭，由司法鉴定所对《鉴定书》的有关内容作出解释。（一）关于被诉侵权产品的“插口管外径小于承口的管外径，有锥度”，司法鉴定所认为，根据《鉴定书》附件 1 现场勘察报告，从报告中的图 1、插口部分的示意图以及承口部分的示意图来看，插口的管外径与承口的管外径相比略小，具体略小多少没有量。从插口部分的顶端至插口的尾巴量起来，与管身延长线之间有夹角，有锥度，锥度多少没有具体量，锥度的作用是减少插进去的摩擦力。竞业公司认为，1. 在现场勘察报告中，没有反映“有锥度”的文字，鉴定机构称“有锥度”与本案无关。2. 鉴定机构的依据仅是构造示意图，该图不是现场勘查的被诉侵权产品本身。3. 构造示意图没有任何地方给出尺寸，并且没有给出尺寸的基准。4. 构造示意图只给出部分示意图，不是全部示意图。5. 关于鉴定专家杜撰的小于几毫米，在现场勘察报告中没有反映；关于鉴定专家杜撰的锥度，所谓锥形的东西必须是有母线，所有母线都是渐进的变化线，任何圆锥体的表达都是由母线的夹角来表明的，但鉴定报告中没有母线也没有夹角。6. 关于插口的管外径小于承口的管外径，不是对被诉侵权产品的表述，勘察报告中没有记载。涉案专利管头和管尾管径一致，是指管头和管尾连接后，内外径一致。有关被诉侵权产品插口管外径小于承口管外径，有锥度，目的是减少顶进阻力的说法不符合事实。永昌公司认为，1. 针对司法鉴定所认为的被诉侵权产品中插口管外径小于承口管外径，有锥度，我方予以认可；现场勘察报告中描绘的插口部分示意图和承口部分示意图，与一审法院在湛江市园林局调取的永昌公司技术标书中的顶管接口示意图一致，说明鉴定机构绘制的图是准确的，清晰地显示出接口部分的构造关系；竞业公司认为勘验图中没有具体的尺寸，实际在永昌公司的技术标书中有明确的记载，勘察报告是准确的。2. 关于锥度的表示，鉴定机构的表述是准确的，永昌公司也认可插口的管外径小于承口的管外径，与涉案专利中管外径一致是不同的。3. 插口管外径小于承口管外径的锥度的功能是便于顶进，反映了锥度本身的设计功能，并非竞业公司所称的“误差”。4. 锥度除了使插口插入容易外，还对整个管子的顶进有减少摩擦阻力的作用。（二）关于“被诉侵权产品的钢套环只是固定设置在安装了密封圈的承口上方，与涉案专利不同”。对此司法鉴定所认为，涉案专利的钢套环可以在管头，也可以在管尾，都设置在凹台上；而被诉侵权产品的钢套环只能固定在承口上面，不能安装在插口上，因为插口的管外径小于承口，安装不牢固。竞业公司认为，涉案专利中钢套环可以安装在管头和管尾，而被诉侵权产品只能安装在管尾的凹台上，是其中的一个方案。永昌公司同意司法鉴定所的意见。

一审法院认为，《鉴定书》认为被诉侵权产品的技术特征 B’、G’ 与涉案专利权利要求 1 中的技术特征 B、G 不同，其余技术特征均相同。双方当事人对司法鉴定所认为相同的技术特征没有异议，但对司法鉴定所认为不同的两个技术特征有不同意见，竞业公司认为构成等同，永昌公司认为不相同也不等同。两个不同的技术特征是：1. 涉案专利的技术特征 B“管头和管尾管径一致”；被诉侵权产品的技术特征 B’“承口、插口和管身的内径一致，但插口的管外径小于承口的管外径，有锥度”。2. 涉案专利的技术特征 G“套环设置在管头或管尾外壁的凹台内”；被诉侵权产品技术特征 G’“钢套环只是固定设置在安装了密封圈的承口上方”。

关于被诉侵权产品的技术特征“插口的管外径小于承口的管外径，有锥度”。一审法院认为，该技术特征与涉案专利中的技术特征 B“管头和管尾管径一致”

构成等同。理由是：根据涉案专利的权利要求书、说明书以及附图，涉案专利管头和管尾管径一致是指管头和管尾的管内外径一致。从现场勘察报告的插口部分示意图、承口部分示意图可见，插口的管外径小于承口的管外径，有锥度，这与涉案专利对应的技术特征从字面看不相同，但其与涉案专利对应的技术特征相比，却是以基本相同的手段，实现基本相同的功能，达到基本相同的效果，并且是本领域的普通技术人员无需经过创造性劳动就能够联想到的特征。理由是：第一，两者的连接手段基本相同。根据涉案专利权利要求书、说明书以及附图，涉案专利是一种市政管道工程用顶管，尤其是一种施工方便、顶进效率高、管径较大、柔韧性好、强度高并且成本较低的玻璃钢夹砂顶管，是在不能采用大开挖方式铺设管道的情况下，采用预挖工作坑，在工作坑作业时，将管子一段一段在地下一定的深度位置向前顶进穿过而采用的顶管，这种管子的端部设有顶管部分，管子之间的连接通过顶管密封连接，即涉案专利所述的是一条夹砂顶管的管头与另一条夹砂顶管的管尾通过套环连接，顶管的密封连接是关键技术，涉案专利的连接手段是密封用套环。被诉侵权产品插口管外径小于承口管外径，有锥度，是由于被诉侵权产品插口与涉案专利的管头的设计不同，被诉侵权产品插口采用了多级台阶设计方案，包括斜坡台阶、支撑平台阶、橡胶槽台阶、注浆减阻环空间台阶，但最终被诉侵权产品连接的重要手段还是在承口部分有密封圈槽，在密封圈槽上安装有密封圈，承口上方固定装有钢套环。因此，两者在连接手段上基本相同。第二，由于被诉侵权产品要确保管外径尺寸误差在（0，+5）mm 范围，因此，两者采用的连接后插口管外径基本与承口管外径一致的手段也基本相同。第三，两者实现的功能、效果也基本相同。被诉侵权产品插口管外径小于承口管外径，有锥度，是因为在插口部分设有注浆减阻环空间台阶，当玻璃钢夹砂顶管在地下顶进时，通过在注浆减阻环空间台阶位置处开有内径为 30mm、沿管圆周 120 度均布的 3 个注浆孔向管外壁喷射砂浆，以减少管道与外周土壤间的摩擦阻力，大大提高顶进效率，减少土壤摩擦阻力过大而造成管道破裂、弯曲、偏位事故的发生。而根据涉案专利说明书，涉案专利顶管外表面光滑，顶进效率高，整个顶管重量轻，顶进过程中不会产生向下偏头事故，即使出现其他方向偏移，也容易纠正。可见，两者要实现的顶进功能、效率，防止管道破裂、弯曲、偏位事故发生的效果基本相同。由于永昌公司未能提供证据证明被诉侵权产品插口管外径由于设有注浆减阻环空间台阶，设有 3 个注浆孔向管外壁喷射砂浆，插口管外径因而要小于承口的管外径，这种变化相比涉案专利具有实质性的改进，因此，被诉侵权产品插口管外径小于承口管外径，有锥度的方案与涉案专利对应的管头和管尾管径一致的方案相比，两者实现的功能、效果也基本相同。第四，插口的管外径小于承口的管外径，有锥度的技术特征是本领域的普通技术人员无需经过创造性劳动就能够联想到的特征。根据涉案专利说明书以及附图，涉案专利所述的是一条夹砂顶管的管头与另一条夹砂顶管的管尾通过套环连接，结合《中华人民共和国城镇建设行业标准玻璃纤维增强塑料夹砂管（CJ/T3079－1998)》6.7.3表5及6.10.2.1a公开的顶管管材规格及一定锥度的承口和插口的产品标准，本领域的普通技术人员无需经过创造性劳动就能够联想到这种特征。因此，被诉侵权产品的技术特征B’与涉案专利的技术特征B构成等同。

关于被诉侵权产品钢套环只是固定设置在安装了密封圈的承口上方。一审法院认为，被诉侵权产品的该技术特征与涉案专利对应的技术特征“套环设置在管头或管尾外壁的凹台内”相同。理由是：套环固定设置在安装了密封圈的承口上方是涉案专利对应技术特征的其中一种技术方案，该技术方案仍落入该对应技术特征保护的范围。综上，被诉侵权产品落入涉案专利权的保护范围。

关于被诉侵权产品是否为现有技术。一审法院认为，《鉴定书》在对比被诉侵权产品与现有技术时，分别引用了《中华人民共和国城镇建设行业标准玻璃纤维增强塑料夹砂管（CJ/T3079－1998)》《玻璃钢夹砂管道》以及《顶管施工技术》中公开的技术内容，被诉侵权产品未使用一项已有的完整的技术方案。被诉侵权产品的技术特征虽然已分别被行业标准以及现有技术资料公开，但并不属于本领域的普通技术人员对已有技术显而易见地简单组合成的技术方案，永昌公司关于现有技术抗辩的理由不能成立。依照《中华人民共和国民法通则》第一百三十四条第一款第（一）（七）项，《中华人民共和国专利法》第十一条第一款、第五十六条第一款，《中华人民共和国专利法实施细则》第二条第二款，《最高人民法院关于审理专利纠纷案件适用法律问题的若干规定》第九条第一款第（四）项、第十七条、第二十一条、第二十二条以及《中华人民共和国民事诉讼法》第一百二十八条的规定，判决：一、永昌公司立即停止侵犯涉案专利权。二、永昌公司赔偿竞业公司经济损失及为制止侵权而支出的合理费用400000元。三、驳回竞业公司的其他诉讼请求。一审案件受理费13800元，由竞业公司负担4140元，永昌公司负担9660元。鉴定费45000元，由永昌公司负担。

永昌公司不服一审判决，向广东省高级人民法院（以下简称二审法院）提起上诉。

二审法院审理查明，一审法院认定的事实属实。

二审法院认为，被诉侵权产品的技术特征分别见于一个产品标准、两个公开文献中，并未使用一项已有的完整技术方案，也不属于本领域的普通技术人员对已有技术显而易见地简单组合成的技术方案，因此，永昌公司提出的现有技术抗辩不成立。

将被诉侵权产品的技术特征与涉案专利权利要求 1 的必要技术特征进行对比，被诉侵权产品的特征 A'、C'、D'、E'、F' 分别与涉案专利中的技术特征 A、C、D、E、F 相同，双方当事人对此没有异议。关于技术特征 G 和 G'。涉案专利技术特征 G“套环设置在管头或管尾外壁的凹台内”包括两种情况，一种是套环设置在管头的外壁凹台内，一种是套环设置在管尾的外壁凹台内；被诉侵权产品的套环固定设置在安装了密封圈的承口上方，属于涉案专利两种情况中的一种，故被诉侵权产品的技术特征 G' 与涉案专利的技术特征 G 属相同技术特征。关于技术特征 B 和 B'，涉案专利的特征 B 为“管头和管尾管径一致”，被诉侵权产品的特征 B' 为“承口、插口的内径一致，但插口的管外径小于承口的管外径，有锥度”。根据涉案专利的权利要求书、说明书以及附图，涉案专利“管头和管尾管径一致”是指：管头和管尾的管内径一致、管头和管尾的管外径一致。被诉侵权产品的承口、插口分别对应于涉案专利中的管头和管尾，其中插口与承口的管内径一致，与涉案专利相同，但插口的管外径小于承口的管外径，与涉案专利不同，故被诉侵权产品的技术特征 B' 与涉案专利权利要求 1 的技术特征 B 不同。

关于技术特征 B 与 B' 是否等同。二审法院认为，涉案专利的管头和管尾管外径一致，头尾相接套设于密封用套环中，所述套环紧密设置在管头、管尾外壁凹台内，由此实现顶管之间的密封连接。而根据现场勘察报告中的示意图，被诉侵权产品的插口与承口的管外径大小并不一致，其承口外壁与钢套环紧密接合，而插口外壁则采用多级台阶设计方案，使得插口管外径小于承口管外径，由此导致插口与承口相接套设于钢套环中后，插口外壁与钢套环之间并不直接紧密贴合，而是形成一个用于注浆减阻的空间，钢套环与插口之间通过插口端部的密封圈相互贴合。施工过程中，从顶管插口注浆减阻孔喷射出的砂浆，可借助上述注浆减阻空间流至管外，并均匀分布于顶管表面，在管外泥土和管壁之间形成润滑套，从而减少管道与外周土壤间的摩擦阻力，大大提高顶进效率，减少土壤摩擦阻力过大而造成管道破裂、弯曲、偏位情况的发生。被诉侵权产品的管头设计与涉案专利存在上述不同，并且正是基于该不同，导致两者所实现的功能、达到的技术效果均不相同，该技术特征亦非本领域的普通技术人员无需付出创造性劳动就能联想到的特征，故两者不构成等同，被诉侵权产品未落入涉案专利权的保护范围，不构成侵权。依照《中华人民共和国民事诉讼法》第一百五十三条第一款第（三）项、《中华人民共和国专利法》第五十六条第一款规定，判决：一、撤销广东省广州市中级人民法院（2007）穗中法民三初字第180号民事判决；二、驳回竞业公司的诉讼请求。本案一、二审诉讼费和鉴定费共计82600元，由竞业公司负担。

本院审查查明，二审法院认定的事实属实。

本院另查明，涉案专利的说明书中记载："在市政管道铺设工程中，现在一般有两种方式：一种是开敞式大开挖方式……另一种方式是当受到具体环境的限制，诸如建筑物等，而不能够采用大开挖方式铺设管道，只能预挖工作坑，在工作坑作业时，将管子一段一段在地下一定的深度位置向前顶进穿过，这种作业环境需要管子的端部设有顶管部分，管子之间的连接通过顶管密封连接。现有的顶管……端部密封连接结构不合理，出现渗漏。""本实用新型具有如下优点……端部连接结构合理，管道安装方便，密封性好。""本实用新型管头1和管尾3管径一致，本实用新型顶管的一段一段连接是通过套环4将管头1和管尾3连接在一起的。"涉案专利的说明书附图中公开了五个具体实施方式的结构图，所述结构图中管头和管尾的内外径均一致。

《鉴定书》所附的现场勘查报告记载："受广东省专利信息中心知识产权司法鉴定所委托，广东省建筑材料研究院工作人员于2008年1月31日赴湛江工地现场勘查。在现场听取委托方的情况介绍，对现场完好及破损的管材检查，然后分别在管的承口、插口以及管身取样。""该类产品为一种玻璃纤维增强塑料夹砂管，接头形式为'F'型钢承口顶管，俗称玻璃钢顶管，为非开挖顶进式施工用的管材产品。管体结构由承口（含钢套环）、管身、插口三部分组成。管材两端的承口、插口为管道施工的接头形式，利于施工和防水……在插口部分注浆减阻环台阶位置处开有内径为φ30mm的注浆孔3个，沿管圆周120°均布。管与管的连接采用顶进设备施工，将在插口安装好止水密封圈的顶入上节管材的承口中，再采取注浆的方式进行防水加固。"根据现场勘查报告中记载的接口部分示意图、承口部分示意图，被诉侵权产品的承口管外径呈水平状，其上安装有钢套环；插口管外径上设有密封圈槽以及注浆减阻环台阶，呈不规则台阶状。

本案再审期间，竞业公司向本院提交了1998年1月出版的《顶管施工技术》，该书第163页记载："注浆减摩是顶管中非常重要的一个环节，尤其是在长距离和曲线顶管中，它是顶管成功与否的一个极其重要的关键性的环节……顶管施工过程中，如果注入的润滑浆能在管子的外周形成一个比较完整的浆套，则其减摩效果将是十分令人满意的。"该书第165页的图14-2-1中公开了在钢套环下方的台阶状管壁上设置注浆孔，台阶状管壁与钢套环之间形成一定的空间。

被诉侵权产品是一种玻璃钢夹砂顶管，顶管的两端分别为插口和承口，插口的管壁上设有注浆孔。虽然被诉侵权产品的插口管内径与承口管内径一致，但二者的管外径并不一致，具体表现为：承口的管外径上设有水平的凹台，凹台上设有钢套环，承口管外径与钢套环紧密配合；插口管外径呈不规则的台阶状，将插口插入承口上设置的钢套环后，插口管外径与钢套环之间形成有供减阻砂浆通过的环形空间。

本院再查明，2007年5月18日，永昌公司由新疆永昌积水复合材料有限公司变更为永昌积水复合材料有限公司。

本院认为，根据申请再审人申请再审的理由、被申请人的答辩意见以及本案事实，本案焦点在于被诉侵权产品是否具有与权利要求1中的"管头和管尾管径一致"相同或等同的技术特征。

一、关于权利要求1中"管头和管尾管径一致"的具体含义。《中华人民共和国专利法（第二次修正）》第五十六条第一款规定："发明或者实用新型专利权的保护范围以其权利要求的内容为准，说明书及附图可以用于解释权利要求。"根据涉案专利的说明书和附图，权利要求1中的技术特征B"管头和管尾管径一致"，是指涉案专利所涉的玻璃钢夹砂顶管的管头、管尾管内径一致，并且管外径也一致。该技术特征具有使涉案专利的管头、管尾与钢套环之间紧密配合，连接结构合理、密封性好的功能和效果。

二、关于被诉侵权产品是否具有与"管头和管尾管径一致"相同或等同的技术特征。《最高人民法院关于审理专利纠纷案件适用法律问题的若干规定》第十七条第二款规定："等同特征是指与所记载的技术特征以基本相同的手段，实现基本相同的功能，达到基本相同的效果，并且本领域的普通技术人员无需经过创造性劳动就能够联想到的特征。"根据上述规定，**在判断被诉侵权产品的技术特征与专利技术特征是否等同时，不仅要考虑被诉侵权产品的技术特征是否属于本领域的普通技术人员无需经过创造性劳动就能够联想到的技术特征，还要考虑被**

诉侵权产品的技术特征与专利技术特征相比，是否属于基本相同的技术手段，实现基本相同的功能，达到基本相同的效果，只有以上两个方面的条件同时具备，才能够认定二者属于等同的技术特征。

被诉侵权产品中插口、承口的管内径虽然一致，但是二者的管外径并不一致，具体表现为承口管外径上设有用于安装钢套环的水平凹台，并且承口管外径与钢套环紧密配合；而插口管外径呈不规则台阶状。虽然《顶管施工技术》中已经公开了注浆减阻的工作原理以及注浆孔、台阶状管外径等技术特征，本领域的普通技术人员在顶管施工中为了实现注浆减阻的目的，能够在《顶管施工技术》所给出的技术启示下，显而易见地想到被诉侵权产品中的注浆孔以及插口管外径呈不规则台阶状等技术特征，无需付出创造性劳动。但是，由于被诉侵权产品中的插口管外径呈不规则台阶状，一方面导致插口管外径与钢套环之间并不能紧密配合，无法实现增强管道连接密封性的功能和效果；另一方面能够在管外径与钢套环之间形成供减阻砂浆通过的环形空间，使得从注浆孔中注入的减阻砂浆可以经由该环形空间均匀分布在管道周围，形成润滑套，实现减少管道外壁与土壤间的摩擦阻力，提高管道顶进效率的有益功能和效果。因此，被诉侵权产品中技术特征“插口管外径呈不规则台阶状”所实现的功能和效果，与权利要求 1 中“管头和管尾管径一致”所实现的功能和效果具有实质性的差异，二者不属于等同的技术特征，被诉侵权产品没有落入涉案专利权的保护范围。

综上所述，申请再审人竞业公司的再审申请不符合《中华人民共和国民事诉讼法》第一百七十九条规定的情形。依照《中华人民共和国民事诉讼法》第一百八十一条第一款的规定，裁定如下：

驳回陕西竞业玻璃钢有限公司的再审申请。

审　判　长　王永昌
代理审判员　李　剑
代理审判员　罗　霞
二〇一〇年七月二十三日
书　记　员　王　新

34. 采用与权利要求限定的技术手段相反的技术方案是否构成等同侵权

——再审申请人北京市捷瑞特弹性阻尼体技术研究中心与被申请人北京金自天和缓冲技术有限公司、王菡夏侵害实用新型专利权纠纷案

【裁判要旨】

被诉侵权技术方案的技术手段与权利要求明确限定的技术手段相反，技术效果亦相反，且不能实现发明目的的，不构成等同侵权。

【关键词】

技术手段　技术效果　等同侵权

【案号】

最高人民法院（2013）民申字第1146号

【基本案情】

北京市捷瑞特弹性阻尼体技术研究中心（以下简称捷瑞特中心）是名称为“快进慢出型弹性阻尼体缓冲器”的实用新型专利（即本案专利）的权利人。本案专利权利要求1为：“一种快进慢出型弹性阻尼体缓冲器，主要由套筒座，承接头，活塞，弹性阻尼体和密封装置组成，其特征在于：在承接头的内腔中装入弹性阻尼体将活塞与活塞杆相连接，装入承接头的内腔之中，将缸盖与承接头连接成一整体，沿活塞圆周部位设置有单向限流装置，压缩行程时单项限流装置打开，回复行程时单项限流装置关闭，活塞外径与内腔之间留有间隙。”本案专利说明书记载：“本实用新型的目的在于提供一种当缓冲器受到冲击载荷后，可迅速缓冲能吸收大部分撞击能量，然后缓慢稳定地回复，免予弹跳，保护设备并有效降低了噪音的一种快进慢出型弹性阻尼体缓冲器。为了实现上述目的，本实用新型通过以下技术方案来实现……沿活塞圆周部位设置有单向限流装置，压缩行程时单向限流装置打开，回复行程时单向限流装置关闭。由于采用了上述技术方案，本实用新型具有以下优点和效果……能承受较大的冲击载荷，承撞头快进慢出，外载荷撤销后自动回复，无需增设回弹装置，有效地保护了设备和降低了噪

声。”北京金自天和缓冲技术有限公司（以下简称金自天和公司）制造并销售了HM－1A型缓冲器弹性胶泥芯体，该产品在单向限流装置上采取了压缩行程时关闭、回复行程时打开的安装方式，实现了承撞头慢进快出的效果。捷瑞特中心认为，金自天和公司的被诉侵权产品落入本案专利权保护范围，王菡夏非法窃取捷瑞特中心的专利技术信息与金自天和公司合作生产被诉侵权产品，均构成侵权。遂提起诉讼，请求法院判令两被告停止侵权行为，连带赔偿其经济损失1000万元。北京市第一中级人民法院一审认为，被诉侵权产品没有本案专利的套筒座，且单向限流装置安装方式与本案专利相反，未落入本案专利权的保护范围；捷瑞特中心关于王菡夏共同侵犯本案专利权的主张，无事实和法律依据。据此判决驳回捷瑞特中心的诉讼请求。捷瑞特中心不服，提出上诉。北京市高级人民法院二审判决驳回上诉，维持一审判决。捷瑞特中心不服，向最高人民法院申请再审。最高人民法院于2013年11月18日裁定驳回捷瑞特中心的再审申请。

【裁判意见】

最高人民法院审查认为：从本案专利说明书的记载来看，本案专利的发明目的是提供一种快进慢出型的弹性阻尼体缓冲器。为实现这一发明目的，本案专利在单向限流装置上采取了压缩行程时打开、回复行程时关闭的安装方式，以达到承撞头快进慢出的效果。对此，本案专利权利要求1对单向限流装置的安装方式也作出了明确的限定。本案被诉侵权产品在单向限流装置上采取的是压缩行程时关闭、回复行程时打开的安装方式，实现的是承撞头慢进快出的效果。因此，本案被诉侵权产品在单向限流装置的安装方式上与本案专利权利要求1限定的安装方式既不相同，也不等同，没有落入本案专利权保护范围。

中华人民共和国最高人民法院民事裁定书

（2013）民申字第1146号

再审申请人（一审原告、二审上诉人）：北京市捷瑞特弹性阻尼体技术研究中心。

法定代表人：吴懿兵，该公司总经理。

委托代理人：宗世琳，北京市合川律师事务所律师。

委托代理人：张维锋，北京市合川律师事务所律师。

被申请人（一审被告、二审被上诉人）：北京金自天和缓冲技术有限公司。

法定代表人：张玉庆，该公司董事长。

委托代理人：宗晓斌，北京东方亿思知识产权代理有限责任公司专利代理人。

委托代理人：林强，北京市东权律师事务所律师。

被申请人（一审被告、二审被上诉人）：王菡夏（曾用名王函夏）。

委托代理人：宗晓斌，北京东方亿思知识产权代理有限责任公司专利代理人。

委托代理人：林强，北京市东权律师事务所律师。

再审申请人北京市捷瑞特弹性阻尼体技术研究中心（以下简称捷瑞特中心）因与被申请人北京金自天和缓冲技术有限公司（以下简称金自天和公司）、王菡夏侵害实用新型专利权纠纷一案，不服北京市高级人民法院（2010）高民终字第1867号民事判决，向本院申请再审。本院依法组成合议庭对本案进行了审查，现已审查终结。

捷瑞特中心申请再审称：1. 现有新证据能够证明金自天和公司一直在制造、销售被诉侵权产品以及销售获利情况。2. 二审判决后，工业和信息化部软件与集成电路促进中心知识产权司法鉴定所受黑龙江鼎升律师事务所委托，就金自天和公司制造、销售的HM－1A型缓冲器弹性胶泥芯体是否落入涉案专利权的保护范围进行的司法鉴定意见表明，金自天和公司制造、销售的HM－1A型弹性胶泥芯体落入到涉案专利权的保护范围。3. 一审、二审法院均没有履行调查收集证据的职责。捷瑞特中心因客观原因举证不能，依法向一审法院申请调查取证，但一审法院却以铁道部驻北京二七车辆厂验收室检验员不对外接受相关调查为由，对于本案被诉侵权产品是否为金自天和公司生产这一重要事实未能查清。二审审理期间，二审法院对此也没有依法予以调查收集。4. 二审判决对于捷瑞特中心提交的两张收条没有审查认定。综上，捷瑞特中心依照《中华人民共和国民事诉讼法》第二百条第一款第（一）项、第（五）项之规定申请再审，请求本院依法撤销二审判决。

被申请人金自天和公司提交意见称：1. 捷瑞特中心提交的新证据不属于民事诉讼法第二百条第（一）项规定的新证据，不能作为其申请再审的依据。2. 捷瑞特中心提交的司法鉴定意见是在二审判决之后形成并由其单方面提交的，且存在明显错误，所依据的鉴定材料也没有表明所指向的鉴定对象是由金自天和公司制造、销售的，故该鉴定意见不具有证明力。3. 捷瑞特中心关于一审、二审法院没有履行调查收集和审查认定证据职责的申请再审理由不能成立。一审法院对相关证据和事实已经进行了调查核实，一审、二审法院也已经审理查明了与捷瑞特中心提交的两张收条有关的事实。综上，金自天和公司请求本院依法驳回捷瑞特中心的再审申请。

本院经审查查明，涉案专利说明书记载："本实用新型的目的在于提供一种当缓冲器受到冲击载荷后，可迅速缓冲能吸收大部分撞击能量，然后缓慢稳定地回复，免予弹跳，保护了设备，有效降低了噪声的一种快进慢出型弹性阻尼体缓冲器。""为了实现上述目的，本实用新型是通过以下技术方案来实现的……沿活塞（3）圆周部位设置有单向限流装置（32），压缩行程时单向限流装置（32）打开，回复行程时单向限流装置（32）关闭。""由于采用了上述技术方案本实用新型具有以下优点和效果……2. 本实用新型能承受较大的冲击载荷，承撞头快进慢出，外载荷撤销后自动回复，无需增设回弹装置，有效地保护了设备和降低了噪声。"

本院认为：本案争议焦点是，被诉侵权产品是否系金自天和公司制造、销售；被诉侵权产品是否落入涉案专利权的保护范围；一审、二审法院是否履行了调查收集和审查认定证据的职责。

关于本案被诉侵权产品是否系金自天和公司制造、销售问题。捷瑞特中心称其提交的被诉侵权产品实物是从齐齐哈尔轨道交通装备有限责任公司技术中心（以下简称齐齐哈尔公司技术中心）取得，其提交的《收条》载明其中一只已经由齐齐哈尔轨道交通装备有限责任公司拆解。在一审庭审时，捷瑞特中心称编号为1234的产品实物为其自行拆解后提交给一审法院。本院认为，捷瑞特中心的上述主张表明，其在取证过程中并未对其取得的被诉侵权产品实物进行封存，且自行进行了拆解，在金自天和公司不认可该产品实物系其制造的情况下，按照谁主张谁举证的原则，捷瑞特中心有责任通过申请被诉侵权产品实物提供方出庭作证等方式进一步举证证明该产品实物的来源及原始状态。由于捷瑞特中心并未履行相应的举证责任，导致本案现有证据尚不足以证明被诉侵权产品实物系由金自天和公司制造，此不利后果依法应由捷瑞特中心承担。综上，捷瑞特中心关于本案被诉侵权产品系金自天和公司制造的申请再审理由不能成立，本院不予支持。

关于被诉侵权产品是否落入涉案专利权的保护范围问题。在一审庭审中，捷瑞特中心与金自天和公司共同确认被诉侵权产品没有涉案专利权利要求1中的套筒座和弹性阻尼体，被诉侵权产品的单向限流装置安装方式与涉案专利权利要求1的安装方式相反。在申请再审中，双方当事人的争议焦点在于被诉侵权产品与涉案专利权利要求1中的单向限流装置的安装方式是否构成等同。本院认为，从涉案专利说明书的记载来看，涉案专利的发明目的是提供一种快进慢出型的弹性阻尼体缓冲器。为实现这一发明目的，涉案专利在单向限流装置上采取了压缩行程时打开，回复行程时关闭的安装方式，以达到承撞头快进慢出的效果。对此，涉案专利权利要求 1 对单向限流装置的安装方式也作出了明确的限定。而本案被诉侵权产品在单向限流装置上采取的是压缩行程时关闭，回复行程时打开的安装方式，实现的是承撞头慢进快出的效果。因此，本案被诉侵权产品在单向限流装置的安装方式上与涉案专利权利要求 1 限定的安装方式既不相同，也不等同，没有落入涉案专利权的保护范围。捷瑞特中心关于二者构成等同的申请再审理由不能成立，本院不予支持。

关于一审、二审法院是否履行了调查收集和审查认定证据职责问题。本院认为，在本案一审过程中，一审法院应捷瑞特中心的申请，对其提交的有关证据复印件的真实性向有关人员进行了调查核实，故一审法院已经履行了调查收集证据的职责。对捷瑞特中心提供的两张《收条》，一审、二审法院在审理本案过程中也进行了审查，并陈述了是否采信的理由。因此，捷瑞特中心关于一审、二审法院没有履行调查收集和审查认定证据职责的申请再审理由不能成立，本院不予支持。

综上，捷瑞特中心的再审申请不符合《中华人民共和国民事诉讼法》第二百条第一款第（一）项、第（五）项规定的情形。依照《中华人民共和国民事诉讼法》第二百零四条第一款之规定，裁定如下：

驳回北京市捷瑞特弹性阻尼体技术研究中心的再审申请。

审　判　长　王永昌
代理审判员　秦元明
代理审判员　宋淑华
二〇一三年十一月十八日
书　记　员　周睿隽

35. 改变方法专利的步骤顺序是否构成等同侵权

——再审申请人浙江乐雪儿家居用品有限公司与被
申请人陈顺弟，一审被告、二审上诉人何建华，
第三人温士丹侵害发明专利权纠纷案

【裁判要旨】

方法专利的步骤顺序是否对专利权的保护范围起到限定作用，从而导致发生步骤顺序改变时限制等同原则的适用，关键在于所涉步骤是否必须以特定的顺序实施以及这种顺序改变是否会带来技术功能或者技术效果的实质性差异。

【关键词】

方法专利　步骤　等同侵权

【案号】

最高人民法院（2013）民提字第225号

【基本案情】

陈顺弟系"布塑热水袋的加工方法"发明专利（即本案专利）的权利人。本案专利权利要求1为："布塑热水袋的加工方法，布塑热水袋由袋体、袋口和袋塞所组成，所述的袋体有内层、外层和保温层，在袋体的边缘有黏合边，所述的袋塞是螺纹塞座和螺纹塞盖，螺纹塞座的外壁有复合层，螺纹塞盖有密封垫片，袋塞中的螺纹塞座是聚丙烯材料，复合层是聚氯乙烯材料，密封垫片是硅胶材料所制成，其特征在于：第一步：首先取内层、保温层以及外层材料；第二步：将内层、保温层、外层依次层叠，成为组合层；第三步：将两层组合层对应重叠，采用高频热合机按照热水袋的形状对两层组合层边缘进行高频热粘合；第四步：对高频热粘合的热水袋进行分只裁剪；第五步：取聚丙烯材料注塑螺纹塞座，再把螺纹塞座作为嵌件放入模具，另外取聚氯乙烯材料在螺纹塞座外二次注塑复合层；第六步：将有复合层的螺纹塞座安入袋口内，与内层接触，采用高频热合机对热水袋口部与螺纹塞座复合层进行热粘合；第七步：对热水袋袋体进行修边；第八步：取塑料材料注制螺纹塞盖；第九步：取硅胶材料注制密封垫片；第十

步：将密封垫片和螺纹塞盖互相装配后旋入螺纹塞座中；第十一步：充气试压检验，向热水袋充入压缩空气进行耐压试验；第十二步：包装。”本案专利说明书在第3页中明确记载步骤10和11可以调换。陈顺弟认为，浙江乐雪儿家居用品有限公司（以下简称乐雪儿公司）生产、销售，何建华销售和许诺销售的布塑热水袋侵犯了其本案专利权，遂提起诉讼。请求法院判令：何建华立即停止销售侵权产品，赔偿其经济损失50万元；乐雪儿公司立即停止制造、销售侵权产品，并赔偿经济损失100万元。乐雪儿公司辩称，其被诉侵权方法的步骤6、7和步骤8、10分别与本案专利权利要求1的步骤6、7和步骤10、11顺序相反，且这种步骤顺序的改变产生了不同的技术效果；同时，被诉侵权方法亦不包括本案专利权利要求1的步骤5、8、9，即加工螺纹塞座、螺纹塞盖和密封垫片的步骤，其生产的热水袋中的上述三个部件均为合法外购取得；上述外购部件的加工方法是注塑，其没有义务知晓该加工方法，故其行为不构成侵权。辽宁省沈阳市中级人民法院一审认为，被诉侵权方法的技术特征覆盖了本案专利权利要求的全部技术特征，乐雪儿公司的行为侵犯了本案专利权；何建华销售被诉侵权产品，未举证证明其合法来源，不能免除赔偿责任。据此判决何建华停止销售侵权产品，赔偿陈顺弟经济损失及合理费用1万元；乐雪儿公司停止侵权行为，赔偿陈顺弟经济损失及合理费用30万元；驳回陈顺弟其他诉讼请求。乐雪儿公司、何建华均不服，提出上诉。辽宁省高级人民法院二审认为，被诉侵权方法的步骤6、7和步骤8、10虽然分别与本案专利权利要求1的步骤6、7和步骤10、11顺序相反，但其技术特征和技术效果无实质区别，故被诉侵权方法落入本案专利权保护范围。鉴于陈顺弟在二审中放弃了对何建华的诉讼请求，遂判决撤销一审判决中针对何建华的判项内容。乐雪儿公司不服，向最高人民法院申请再审。最高人民法院裁定提审本案，并于2013年12月25日判决撤销原审判决，驳回陈顺弟的全部诉讼请求。

【裁判意见】

最高人民法院提审认为：方法发明专利的权利要求是包括有时间过程的活动。涉及产品制造方法的发明专利通常是通过方法步骤的组合以及一定的步骤顺序来实现的。方法专利的步骤顺序是否对专利权的保护范围起到限定作用，从而导致在步骤互换时限制等同原则的适用，关键要看这些步骤是否必须以特定的顺序实施以及这种互换是否会带来技术功能或者技术效果上的实质性差异。关于本案专利权利要求1步骤6、7是否与被诉侵权方法的步骤6、7构成等同的问题，从被诉侵权方法此前的加工步骤来看，其已在步骤4中对高频热粘合后的热水袋进行了裁剪，此时修边的主要目的是使热水袋美观，接近成品，其减少空间的作用非常有限，而且多余边角料的存在不会干扰塞座的粘合，对塞座粘合不会产生实质性影响。因而，这两个步骤的实施不具有先后顺序的唯一对应性，先修边还是先进行热粘合对于整个技术方案的实现没有实质性影响，这两个步骤的互换在技术功能和技术效果上也没有产生实质性的差异。故被诉侵权方法调换后的步骤与本案专利权利要求 1 的步骤 6、7 属于等同的技术特征。关于本案专利权利要求 1 的步骤 10、11 是否与被诉侵权方法的步骤 8、10 构成等同的问题。本案专利权利要求 1 的步骤 10 是将密封垫片和螺纹塞盖互相装配后旋入螺纹塞座中，步骤 11 为充气试压检验。被诉侵权方法采用的是先充气试压检验，后将密封垫片和螺纹塞盖互相装配后旋入螺纹塞座。对热水袋进行充气试压检验，需要通过热水袋的口部进行。按照本案专利权利要求 1 的步骤 10、11 进行操作，在进行充气试压检验前，必须要从螺纹塞座中旋下螺纹塞盖后方能进行。与被诉侵权方法所采取的先试压检验后再装配螺纹塞盖的步骤相比，这种操作步骤实质上是增加了充气试压检验的操作环节，导致操作时间延长，效率降低。故将步骤 10、11 调换后，确实产生了减少操作环节，节约时间，提高效率的技术效果。因此，这种步骤互换所产生的技术效果上的差异是实质性的，调换后的步骤与本案专利权利要求 1 的步骤 10、11 不构成等同技术特征。被诉侵权方法未落入本案专利权的保护范围。

中华人民共和国最高人民法院民事判决书

（2013）民提字第 225 号

再审申请人（一审被告、二审上诉人）：浙江乐雪儿家居用品有限公司。

法定代表人：周雯平，该公司执行董事。

委托代理人：杨颖，辽宁同泽律师事务所律师。

被申请人（一审原告、二审被上诉人）：陈顺弟。

委托代理人：董世博，浙江凯旺律师事务所律师。

一审被告、二审上诉人：何建华。

一审第三人：温士丹。

再审申请人浙江乐雪儿家居用品有限公司（以下简称乐雪儿公司）因与被申请人陈顺弟，一审被告、二审上诉人何建华，第三人温士丹侵害发明专利权纠纷一案，不服辽宁省高级人民法院（2011）辽民三终字第 27 号民事判决，向本院申请再审。本院于 2013 年 9 月 29 日作出（2013）民申字第 720 号民事裁定，提审本案。本院依法组成合议庭，于2013年11月29日公开开庭审理了本案。乐雪儿公司的委托代理人杨颖、陈顺弟的委托代理人董世博到庭参加诉讼。经本院合法传唤，何建华、温士丹未到庭参加诉讼。本案现已审理终结。

2010年9月17日，陈顺弟以乐雪儿公司生产、销售，何建华销售和许诺销售的布塑热水袋侵犯了其“布塑热水袋的加工方法”发明专利权为由，向辽宁省沈阳市中级人民法院（以下简称一审法院）提起诉讼，请求判令：1. 何建华立即停止销售侵权产品，乐雪儿公司立即停止制造、销售侵权产品，并销毁侵权产品及模具；2. 何建华赔偿陈顺弟经济损失50万元，乐雪儿公司赔偿陈顺弟经济损失100万元（含陈顺弟为制止侵权行为而支出的合理费用）；3. 由乐雪儿公司和何建华承担本案诉讼费用。

一审法院经审理查明：陈顺弟于2006年2月24日向国家知识产权局申请了一项名称为“布塑热水袋的加工方法”发明专利，2010年2月17日获得专利权，专利号为200610049700.5，该专利权至今有效。该专利权利要求为：布塑热水袋的加工方法，布塑热水袋由袋体、袋口和袋塞所组成，所述的袋体有内层、外层和保温层，在袋体的边缘有粘合边，所述的袋塞是螺纹塞座和螺纹塞盖，螺纹塞座的外壁有复合层，螺纹塞盖有密封垫片，袋塞中的螺纹塞座是聚丙烯材料，复合层是聚氯乙烯材料，密封垫片是硅胶材料所制成，其特征在于：第一步：首先取内层、保温层以及外层材料；第二步：将内层、保温层、外层依次层叠，成为组合层；第三步：将两层组合层对应重叠，采用高频热合机按照热水袋的形状对两层组合层边缘进行高频热粘合；第四步：对高频热粘合的热水袋进行分只裁剪；第五步：取聚丙烯材料注塑螺纹塞座，再把螺纹塞座作为嵌件放入模具，另外取聚氯乙烯材料在螺纹塞座外二次注塑复合层；第六步：将有复合层的螺纹塞座安入袋口内，与内层接触，采用高频热合机对热水袋口部与螺纹塞座复合层进行热粘合；第七步：对热水袋袋体进行修边；第八步：取塑料材料注制螺纹塞盖；第九步：取硅胶材料注制密封垫片；第十步：将密封垫片和螺纹塞盖互相装配后旋入螺纹塞座中；第十一步：充气试压检验，向热水袋充入压缩空气进行耐压试验；第十二步：包装。（为表述方便，以下对上述步骤用对应的阿拉伯数字表示）

2010年9月7日，陈顺弟的委托代理人张勇在辽宁省诚信公证处公证人员的监督下，在位于沈阳市大东区东顺城街17号的沈阳小商品大世界四楼，以普通消费者身份购买了“乐雪儿”牌时尚热水袋40个，其中大号热水袋1个，中号热水袋39个，并取得了加盖“沈阳市大东区任国良杂品批发部普通发票专用章”

及“沈阳市大东区任国良杂品批发部、沈阳小商品大世界市场4044床”印章的《辽宁省沈阳市小额剪贴发票》一张，带有“沈阳小商品大世界四楼4107、4044床任国良”字样的该店销售人员名片一张。发票上记载大号热水袋销售单价为15元，中号热水袋销售单价为5元。公证人员对公证取得的热水袋进行了拍照，并将大号热水袋1个、中号热水袋2个予以封存。上述公证取得的热水袋外包装袋标明了“乐雪儿”商标、台州市乐雪儿塑胶电器有限公司等信息。

2009年11月17日至2010年11月3日期间，陈顺弟的委托代理人分别在浙江省台州市，山东省烟台市、潍坊市，湖北省武汉市等地，对购买乐雪儿公司生产的布塑热水袋的行为进行了公证。2010年9月29日，陈顺弟在公证人员的监督下，对其登录网址为www. tzlxe. cn网站的过程进行了公证。该网站首页显著位置显示“浙江乐雪儿家居用品有限公司”，在“最新供应”项下显示有“供应布塑热水袋”并附实物照片。在该网站的“公司介绍”中显示“年营业额：人民币2000万元/年－3000万元/年”。

2010年9月28日，一审法院依陈顺弟申请，在乐雪儿公司对被诉侵权产品库存数量、加工方法、销售账册进行证据保全。乐雪儿公司向一审法院出示了其库房中的21箱布塑热水袋产品，但拒绝一审法院对其加工方法和销售账册进行证据保全。一审庭审中，乐雪儿公司确认保全样品均由其生产、销售，且全部样品均按照其提交法庭的“热水袋生产工艺说明”制造。乐雪儿公司自述被诉侵权方法第1－4步、第11步与涉案专利权利要求1的第1－4步、第12步相同，被诉侵权方法第6、7、8、10步分别与涉案专利权利要求1的第7、6、11、10步相同，被诉侵权方法不包括涉案专利权利要求1的第5、8、9步。乐雪儿公司就其销售账册拒绝举证。

另查明，何建华是地址在沈阳小商品大世界市场4044号摊位的沈阳市大东区任国良杂品批发部的经营者。第三人温士丹是地址在沈阳小商品大世界市场4107号摊位的沈阳市大东区永利来杂品批发部的经营者。任国良系4044和4107号两个摊位的业务员。乐雪儿公司前身为台州市乐雪儿塑胶电器有限公司，该公司于2010年3月23日变更企业名称为乐雪儿公司。

一审法院认为：1. 关于乐雪儿公司是否侵犯了陈顺弟的涉案专利权问题。乐雪儿公司主张涉案专利权利要求中的保温层是功能性描述，被诉侵权方法中在内层和外层之间夹放的是半片空心薄棉，不具备保温层的技术特征。一审法院认为，涉案专利权利要求并未对保温层的材质、大小进行限定，故对乐雪儿公司的上述抗辩不予支持。乐雪儿公司自认被诉侵权方法前4步及最后一步与涉案专利权利要求1中的前4步及最后一步相同，一审法院对此予以确认。乐雪儿公司主张被诉侵权方法第6、7、8、10步分别与涉案专利权利要求1的第7、6、11、10步的内容相同，但顺序不同，因而未落入涉案专利权保护范围。一审法院认为，对于上述四个步骤，按照被诉侵权方法的顺序与涉案专利权利要求的顺序进行加工，其技术特征及技术效果并无实质区别，故对乐雪儿公司的上述抗辩不予支持。乐雪儿公司主张被诉侵权方法不包括涉案专利权利要求1的第5、8、9步。经审查，涉案专利权利要求1的第5、8、9步分别是螺纹塞座、螺纹塞盖及密封垫片的加工方法。被诉侵权产品的上述三个部件与依照涉案专利方法直接获得的产品对应部件结构及材质相同。乐雪儿公司虽主张与上述三个部件相对应的产品组件系从外部购买，但对于购买的细节，乐雪儿公司自述是由其提供样品，由供货方按照样品的材质、结构生产，按照订货数量供货，至于样品来源及供货方的生产工艺方法乐雪儿公司拒绝说明和举证。一审法院认为，乐雪儿公司提交的购销合同签订时间晚于被诉侵权产品出厂时间，且乐雪儿公司未能证明其真实性及履行情况，对上述三个部件的加工方法亦未进行说明及举证，故对其关于被诉侵权方法缺少涉案专利权利要求1第5、8、9步的抗辩主张不予支持。乐雪儿公司主张被诉侵权方法来源于ZL200520015446.8号实用新型专利说明书中公布的具体实施方式，因此属于现有技术，但未能举证证明被诉侵权方法与该实用新型专利的相应技术特征相同或者无实质性差异，故对其现有技术抗辩的主张不予支持。综上，被诉侵权方法所具备的技术特征覆盖了涉案专利权利要求的全部必要技术特征。乐雪儿公司明知陈顺弟拥有涉案专利权，仍使用涉案专利方法进行生产，并销售依照涉案专利方法直接获得的产品，侵犯了涉案专利权，应承担停止侵权、赔偿损失的法律责任。2. 关于何建华是否侵犯了涉案专利权问题。何建华是4044号摊位的经营者，应对其业务员任国良购进和销售被诉侵权产品的行为承担法律责任。因何建华未能举证证明被诉侵权产品的合法来源，故不能免除赔偿责任。陈顺弟主张何建华实施了许诺销售被诉侵权产品的行为，因未提供证据证明，一审法院不予支持。3. 关于赔偿数额问题。鉴于陈顺弟未举证证明其实际损失或者侵权人侵权获利的具体数额，故一审法院综合考虑涉案专利权的类别、侵权人侵权的性质、情节、范围、时间以及陈顺弟为调查、制止侵权行为所支付的实际费用的合理性等因素，依法酌情确定本案的赔偿数额。

综上，一审法院于2010年12月17日作出（2010）沈中民四初字第389号民事判决，判令：1. 何建华于判决生效之日起立即停止销售涉案侵权产品；2. 何建华于判决生效后十日内赔偿陈顺弟经济损失及合理费用1万元；3. 乐雪儿公司于判决生效之日起立即停止侵权行为；4. 乐雪儿公司于判决生效后十日内赔偿陈顺弟经济损失及合理费用30万元；5. 驳回陈顺弟其他诉讼请求。

乐雪儿公司、何建华均不服一审判决，向辽宁省高级人民法院（以下简称二审法院）提出上诉。

二审法院经审理查明：一审法院除认定乐雪儿公司自述被诉侵权方法第1、2步与涉案专利权利要求的第1、2步相同不正确以外，认定的其他事实属实，二审法院予以确认。另查明，2010年4月28日，乐雪儿公司与案外人任金岩签订了《购销合同》，约定乐雪儿公司向任金岩采购热水袋盖子（含垫片）20000套、热水袋螺纹座20000套，交货时必须配套交，2010年5月10日之前交3000套（大小各1500套），2010年8月30日之前结清。该合同已实际履行完毕。又查明，2010年9月7日，陈顺弟的委托代理人张勇在沈阳市小商品大世界四楼购买“乐雪儿”牌热水袋的摊位为4107号。在二审法院审理期间，陈顺弟申请放弃对何建华的诉讼请求。

二审法院认为：一审法院要求乐雪儿公司对螺纹塞座、螺纹塞盖、垫片三个部件的加工方法承担举证责任不妥。乐雪儿公司自认被诉侵权产品中的螺纹塞座系由聚丙烯材料注塑而成，其复合层（聚氯乙烯材料）通过注塑成型在螺纹塞座的表面；螺纹塞盖、垫片分别为塑料材料、硅胶材料注制而成。因此，上述三个部件的加工方法与涉案专利权利要求1第5、8、9步相同。即使上述部件是由乐雪儿公司提供样品委托其他加工方进行加工，其亦应对该加工行为承担法律责任。因此，二审法院对乐雪儿公司提出的被诉侵权方法缺少涉案专利权利要求1第5、8、9步的上诉主张，不予支持。被诉侵权方法的第6、7步和第8、10步虽然分别与涉案专利权利要求1第6、7步和第10、11步步骤顺序不同，但其技术特征和技术效果无实质区别。涉案专利权利要求未对保温层的材质、大小进行限定，被诉侵权方法中的空心棉起到一定的保温作用，相当于涉案专利权利要求1中的保温层。因此，对乐雪儿公司提出的被诉侵权方法与涉案专利权利要求1的第6、7步及第10、11步的顺序相反，缺少涉案专利权利要求1记载的保温层的上诉主张，二审法院不予支持。乐雪儿公司提供的证明被诉侵权方法为现有技术的证明文件仅公布了被诉侵权方法的部分技术特征，而被诉侵权方法与涉案专利构成等同。因此，乐雪儿公司的现有技术抗辩不能成立。综上，被诉侵权方法所具备的技术特征覆盖了涉案专利的全部必要技术特征，乐雪儿公司的行为侵犯了涉案专利权。陈顺弟请求乐雪儿公司赔偿的数额中包括专利临时保护期使用费和侵权赔偿。陈顺弟并未提供证据证明其损失的数额或乐雪儿公司因侵权所获得的利益，一审法院根据涉案专利的类别、乐雪儿公司侵权的性质、情节、范围、时间及陈顺弟为调查、制止侵权行为所支付的实际费用的合理性等因素，确定乐雪儿公司赔偿陈顺弟经济损失及合理费用30万元，并无不当。综上，二审法院判决：1. 维持一审判决第三、四、五项；2. 撤销一审判决第一、二项。一审案件受理费18300元，由陈顺弟承担14500元，由乐雪儿公司承担3800元；二审案件受理费5850元，由乐雪儿公司承担5800元，陈顺弟承担50元。

乐雪儿公司不服二审判决，向本院申请再审称：（一）被诉侵权方法没有落入涉案专利权利要求1的保护范围，不构成侵权。1. 被诉侵权方法不包括涉案专利权利要求1的第5、8、9步，即加工螺纹塞座、螺纹塞盖和密封垫片的步骤。乐雪儿公司生产的热水袋中的上述三个部件均是合法外购取得，外购部件的加工方法是注塑。乐雪儿公司没有义务知晓样品的加工方法，一审、二审法院认定乐雪儿公司对上述三个部件的加工方法承担举证责任，并进一步推定乐雪儿公司采用了与涉案专利相同的方法，是错误的。2. 被诉侵权方法与涉案专利权利要求1的第6、7步和第10、11步的步骤顺序相反，这种步骤顺序的改变产生了不同的技术效果。第6、7步的改变可以节省后一加工工序中被加工产品所占用的空间，提高加工效率，并使产品能够直接进入检测工序。第10、11步的改变使得在充气前无需将塞盖安装好后再取下来进行充气检测，节省了时间，并保证了检测质量。由于涉案专利请求保护的是产品的加工方法，而方法权利要求的步骤本身和步骤之间的顺序均应对专利权的保护范围起到限定作用，且在涉案专利说明书中记载了将第10、11步互换的步骤顺序，根据捐献原则，该说明书中记载的另一步骤顺序不应当纳入涉案专利权的保护范围，故被诉侵权方法在步骤上的改变没有落入涉案专利权的保护范围。3. 被诉侵权方法中的空心棉软垫与涉案专利中记载的保温层不属于相同或等同的技术特征，一审法院扩大解释了该功能性限定技术特征的保护范围。从涉案专利说明书中关于保温层的描述和附图中公开的内容来看，该保温层位于外层和内层之间，其四个边缘与外层、内层完全连接，将外层和内层完全覆盖并隔离开，以达到提高保温性能，慢慢散热降温，延长使用时间以及克服灌入热水开始过烫现象。被诉侵权产品的外层和内层之间设有的薄空心棉软垫的用途是增加手持热水袋的舒适感，仅设置在外层和内层的中间部分，上下边缘与外层、内层相隔有一定的距离，未如涉案专利一样完全覆盖并将外层和内层隔开，因而不可能具有涉案专利保温层所产生的技术效果。（二）乐雪儿公司被许可使用的专利中所包含的产品和工艺方法构成现有技术，乐雪儿公司使用该方法生产销售被诉侵权产品不构成侵权。ZL200520015446.8 号实用新型专利的申请日为 2005 年 10 月 10 日，早于涉案专利申请日。该现有技术公开的产品与涉案专利权利要求所记载的产品相同，并明示公开了涉案专利权利要求 1 的第 3、5、6 步。由于布塑、PVC 热水袋是热水袋的常规品种，其他未明示公开的第 1、2、4、7－12 步均属于公知常识和惯用手段，特别是第 11 步中的充气检测，是热水袋产品的行业标准。（三）陈顺弟在一审时没有主张临时保护期使用费的赔偿，原二审判决认定 30 万元的赔偿数额中包括该费用，超出了陈顺弟的诉讼请求。此外，涉案专利授权日是 2010 年 2 月 17 日，陈顺弟提起本案诉讼的时间是 2010 年 9 月，而 2－9 月的大部分时间是热水袋的销售淡季，在销售量很小的情况下，一审法院判决乐雪儿公司赔偿 30 万元过高。综上，乐雪儿公司请求本院撤销一审、二审判决，改判驳回陈顺弟的诉讼请求或将本案发回重审。

陈顺弟辩称：1. 方法发明的步骤顺序是否对权利要求有限定作用，应当结合说明书和附图的记载来判定。如果说明书和附图明确记载不按照步骤顺序亦可达到发明所声称的技术效果，或者结合本领域技术人员的公知常识能够推导出即使不按照顺序或者某几步不按照顺序也能达到发明所声称的技术效果，则方法发明的步骤顺序不构成对权利要求的限制。涉案专利说明书记载的第 10、11 步的顺序可以调换的内容表明，该两个步骤可以不按照严格的顺序进行操作，涉案专利权利要求中步骤顺序的标号仅是为了叙述简洁和清晰的需要。捐献原则仅适用于只在说明书中描述而未记载在权利要求中的技术方案。本案中，权利要求 1 并未排除说明书中记载的技术方案，故捐献原则不适用于本案。涉案专利权利要求 1 的第 6、7 步和第 10、11 步的步骤顺序并未对权利要求 1 构成限定；且依据等同原则，将涉案专利的第 6、7 步互换和第 10、11 步互换后的技术特征与互换前没有实质区别，构成等同侵权。2. 乐雪儿公司提交的购销合同签订时间晚于被诉侵权产品出厂时间，且乐雪儿公司未能证明其真实性及履行情况。对涉案专利权利要求 1 第 5、8、9 步所涉及的三个部件的加工方法乐雪儿公司未进行说明及举证。此外，即使这些零部件来自第三方，但乐雪儿公司利用该零部件进行了进一步的制造，并将制造获得的侵权产品进行了使用和销售，也构成侵权。3. 被诉侵权产品的空心棉软垫具备涉案专利所描述的保温效果，与涉案专利的保温层为等同的技术特征。4. 乐雪儿公司用于主张现有技术抗辩的实用新型专利公开的是一种产品，而涉案专利是一种方法发明，因此除非该实用新型专利说明书中明确记载了产品的具体制造步骤，或者本领域技术人员能够毫无疑义地推导出具体制造步骤，否则从一个产品的结构是推导不出该产品的制造工艺的。乐雪儿公司在分析该实用新型专利产品的制造步骤中采用了大量没有其他证据佐证的个人推导及猜测。5. 陈顺弟在一审诉讼中提出了临时保护期使用费的赔偿，二审判决对于该项赔偿内容的认定没有超出陈顺弟的诉讼请求，赔偿数额也是合理的。综上，陈顺弟请求本院驳回乐雪儿公司的再审请求。

本院经审理查明：原一审、二审判决认定的事实基本属实。另查明，涉案专利说明书第 2 页记载："本热水袋的袋体由 3 层材料所构成，因为有了保温层，使袋中热量缓慢下降，开始时避免过热，保温时间长，提高了使用效果。"在该页具体实施方式部分记载："而内层 4 与外层 3 之间安装保温层 5，如人造保温棉等各种有关材料，提高热水袋保温性能，慢慢散热降温，延长使用时间，又克服灌入热水开始过烫现象。"第 3 页记载："第十步：将密封垫片 10 和螺纹塞盖 9 互相装配后旋入螺纹塞座 8 中；但也可以试压后旋入塞盖。第十一步：充气试压检验，向热水袋中充入压缩空气进行耐压试验；耐压试验的压力一般为 0. 5kg/cm，或者略大于该压力。"

乐雪儿公司承认被诉侵权产品中的螺纹塞座、螺纹塞盖、垫片的材质与涉案专利相应部件的材质相同，也是注塑成型；其中螺纹塞座虽是二次成型，但与涉案专利的加工方式不同，涉案专利是在两台机器上进行的二次注塑，但现在绝大多数是在同一台机器上完成的。乐雪儿公司提交的专利号为 ZL200520015446. 8 的"一种新型热水袋"的实用新型专利说明书载明，该专利的授权公告日为 2006 年 12 月 27 日。

本院认为：本案争议问题是，乐雪儿公司的现有技术抗辩是否成立；被诉侵权产品的加工方法是否落入涉案专利权的保护范围；原二审判决对于临时保护期使用费的赔偿认定是否超出了陈顺弟的诉讼请求；原一审、二审判决对于赔偿数额的认定是否显失公平。

一、关于乐雪儿公司的现有技术抗辩是否成立问题

《中华人民共和国专利法》（以下简称专利法）第六十二条规定："在专利侵权纠纷中，被控侵权人有证据证明其实施的技术或者设计属于现有技术或者现有设计的，不构成侵犯专利权。"专利法第二十二条第五款规定："本法所称现有技

术，是指申请日以前在国内外为公众所知的技术。”乐雪儿公司用于主张现有技术抗辩的ZL200520015446.8号实用新型专利的申请日虽早于涉案专利申请日，但授权公告日晚于涉案专利申请日，故不构成现有技术，但依法构成抵触申请。由于抵触申请能够破坏对比专利技术方案的新颖性，故在被诉侵权人以实施抵触申请中的技术方案主张其不构成专利侵权时，应该被允许，并可以参照现有技术抗辩的审查判断标准予以评判。ZL200520015446.8号实用新型专利是“一种新型热水袋”产品专利，从其权利要求书、说明书及附图来看，该专利仅公开了一种热水袋产品，并未公开这种热水袋产品的具体生产步骤。虽然热水袋加工过程中有一些步骤是常规步骤，但依照该专利公开的产品仅能确定大概的加工流程，并不能准确确定具体完整的加工步骤；且该专利也未公开塞座的材料组成和塞盖处有密封垫片等技术特征。乐雪儿公司虽主张未公开的技术特征是本领域的公知常识和惯用手段，但并未举证证明。因此，ZL200520015446.8号实用新型专利并未完全公开被诉侵权产品的加工方法，乐雪儿公司以此来主张现有技术抗辩不能成立，本院不予支持。

二、关于被诉侵权产品的加工方法是否落入涉案专利权的保护范围问题

乐雪儿公司与陈顺弟对于被诉侵权方法和涉案专利方法的争议主要集中在权利要求1第5、8、9步，第6、7步，第10、11步和保温层技术特征问题。

1. 关于第5、8、9步争议问题。乐雪儿公司主张被诉侵权产品的螺纹塞座、螺纹塞盖及垫片均是其提供样品委托案外人加工订购取得，乐雪儿公司没有义务对外购部件的加工方法承担举证责任，被诉侵权方法缺少涉案专利权利要求1的第5、8、9步。本院认为，乐雪儿公司认可外购部件的材质、结构与依照涉案专利权利要求1第5、8、9步的加工方法所直接获得的部件的材质、结构相同，并认可外购部件的加工工艺是注塑，且螺纹塞座也是二次注塑成型。由此，能够判定上述部件的加工方法与涉案专利权利要求1第5、8、9步的加工方法相同。虽然乐雪儿公司主张螺纹塞座绝大多数是在同一台机器上完成的，与涉案专利的加工方式不同，但涉案专利权利要求1的第5步并未限定二次注塑的加工方式，二次注塑是否在同一台机器上完成不构成对该步骤的限定条件，故乐雪儿公司的上述主张不能成立。据此，本争议的关键转为乐雪儿公司是否实施了第5、8、9步，即被诉侵权方法是否缺少第5、8、9步问题。本院认为，按照乐雪儿公司的陈述，上述部件虽不是其自行加工，但系其提供样品在案外人处定作的，也即这些部件是案外人按照乐雪儿公司的要求进行加工制作的，故乐雪儿公司对由此产

生的法律后果应当承担相应的法律责任。因此，乐雪儿公司主张被诉侵权方法缺少第 5、8、9 步，没有事实和法律依据，本院不予支持。

2. 关于步骤互换是否构成等同侵权问题。方法发明专利的权利要求是包括有时间过程的活动，如制造方法、使用方法、通讯方法、处理方法等权利要求。涉及产品制造方法的发明专利通常是通过方法步骤的组合以及一定的步骤顺序来实现的。方法专利的步骤顺序是否对专利权的保护范围起到限定作用，从而导致在步骤互换中限制等同原则的适用，关键要看这些步骤是否必须以特定的顺序实施以及这种互换是否会带来技术功能或者技术效果上的实质性差异。具体到本案中，涉案专利权利要求 1 的第 6 步是对热水袋口部与螺纹塞座复合层进行热粘合的步骤；第 7 步是对热水袋袋体进行修边的步骤。被诉侵权方法采取的步骤是先对热水袋袋体进行修边，而后对热水袋口部与螺纹塞座复合层进行热粘合。乐雪儿公司主张按此步骤加工可以节省后续步骤中被加工产品所占用的空间，利于快速加工和提高加工精度，并能够使产品直接进入检测工序。本院认为，从被诉侵权方法此前的加工步骤来看，其已在第 4 步中对高频热粘合后的热水袋进行了裁剪，此时修边的主要目的是使热水袋好看，接近成品，其减少空间的作用非常有限，而且多余边角料的存在不会干扰塞座的粘合，对塞座粘合不会产生实质性影响，因而这两个步骤的实施不具有先后顺序的唯一对应性，先修边还是先进行热粘合对于整个技术方案的实现没有实质性影响，且这两个步骤的互换在技术功能和技术效果上也没有产生实质性的差异，故被诉侵权方法调换后的步骤与涉案专利权利要求 1 的第 6、7 步属于相等同的技术特征。

涉案专利权利要求 1 的第 10 步是将密封垫片和螺纹塞盖互相装配后旋入螺纹塞座中；第 11 步是充气试压检验。被诉侵权方法采用的是先充气试压检验，后将密封垫片和螺纹塞盖互相装配后旋入螺纹塞座的步骤。乐雪儿公司主张这种步骤互换所带来的效果是，不需要将螺纹塞座安装好后再取下来进行充气检测，因而可以节省时间，保证检测质量。本院认为，对热水袋进行充气试压检验，需要通过热水袋的口部进行。按照涉案专利权利要求 1 的第 10、11 步的步骤进行操作，在进行充气试压检验前，必须要从螺纹塞座中旋下螺纹塞盖后方能进行，与被诉侵权方法所采取的先试压检验后再装配螺纹塞盖的步骤相比，这种操作步骤实质上是增加了充气试压检验的操作环节，导致操作时间延长，效率降低。故将第 10、11 步的步骤调换后，确实产生了如乐雪儿公司主张的减少操作环节、节约时间、提高效率的技术效果，因此这种步骤互换所产生的技术效果上的差异是实质性的，调换后的步骤与涉案专利权利要求1的第10、11步不构成等同技术特征。

陈顺弟主张，涉案专利说明书已经记载了步骤10、11的顺序可以调换，权利要求1并未排除说明书中记载的这一技术方案，因此调换步骤的技术方案应当纳入涉案专利权的保护范围，对本案不应适用捐献原则。本院认为，准确确定专利权的保护范围不仅是为专利权人提供有效法律保护的需要，也是尊重权利要求的公示和划界作用，维护社会公众信赖利益的需要。在权利要求解释中确立捐献原则，就是对专利的保护功能和公示功能进行利益衡量的产物。该规则的含义是，对于在专利说明书中记载而未反映在权利要求中的技术方案，不能包括在权利要求的保护范围之内。对于在说明书中披露而未写入权利要求的技术方案，如果不适用捐献原则，虽然对专利权人的保护是较为充分的，但这一方面会给专利申请人规避对较宽范围的权利要求的审查提供便利，另一方面会降低权利要求的划界作用，使专利权保护范围的确定成为一件过于灵活和不确定的事情，增加了公众预测专利权保护范围的难度，不利于专利公示作用的发挥以及公众利益的维护。因此，《最高人民法院关于审理侵犯专利权纠纷案件应用法律若干问题的解释》在第五条中规定："对于仅在说明书或者附图中描述而在权利要求中未记载的技术方案，权利人在侵犯专利权纠纷案件中将其纳入专利权保护范围的，人民法院不予支持。"该司法解释从2010年1月1日起施行，本案被诉侵权行为发生在2010年9月，故该解释的上述规定能够适用于本案。按照上述条文的规定，如果本领域技术人员通过阅读说明书可以理解披露但未要求保护的技术方案是被专利权人作为权利要求中技术特征的另一种选择而被特定化，则这种技术方案就视为捐献给社会。本案中的情形正是如此。涉案专利说明书在第3页中明确记载了第10、11步的顺序可以调换，而这一调换后的步骤并未体现在权利要求中，因此调换后的步骤不能纳入涉案专利权的保护范围，乐雪儿公司关于第10、11步的步骤调换方案应适用捐献原则的主张于法有据，本院予以支持。

3. 关于"空心棉软垫"与"保温层"是否构成等同问题。根据涉案专利权利要求1的记载，保温层属于功能性限定的技术特征。《最高人民法院关于审理侵犯专利权纠纷案件应用法律若干问题的解释》第四条规定："对于权利要求中以功能或者效果表述的技术特征，人民法院应当结合说明书和附图描述的该功能或者效果的具体实施方式及其等同的实施方式，确定该技术特征的内容。"依照涉案专利方法所生产的热水袋共计有三层，即内层、外层和保温层。根据涉案专利说明书中关于保温层的描述及附图中公开的内容来看，该保温层由人造保温棉等各种有关材料制作，位于内层和外层之间，将内层、外层完全覆盖并隔离开，可以达到如下技术效果：提高保温性能，慢慢散热降温，延长使用时间；克服灌入热水开始过烫现象。被诉侵权产品中的空心棉软垫，在宽度上与内层、外层同宽，并与内层、外层左右两侧边缘相连接；在长度上相当于内层、外层的一半。乐雪儿公司主张半块空心棉软垫的设置是为了增强手持热水袋的手感，不具有涉案专利保温层的功能和效果。本院认为，保温的主要原理是物理隔离减弱热对流和热传导。涉案专利设置保温层的目的就是通过控制内外层之间空气的热对流，阻断内外层之间因物理接触而产生的热传导来实现保温和防烫的效果。被诉侵权产品所设置的半块空心棉软垫在材质上与涉案专利保温层相同，在结构上也设置于内层和外层之间，在大小上虽然没有完全覆盖内层和外层，但其设置方式实质上起到了减弱热对流和热传导的作用，也能够实现保温和防烫的技术效果。虽然半块空心棉的保温和防烫效果与整块空心棉的效果会稍有差异，但本领域技术人员基于对保温原理的认识，能够判断二者的差异是非实质性的，因此“空心棉软垫”与“保温层”构成等同。此外，乐雪儿公司用于主张现有技术抗辩的ZL200520015446.8号实用新型专利的区别技术特征之一就是在内层和外层之间设置有保温层。乐雪儿公司一方面主张现有技术抗辩，另一方面又主张空心棉软垫不是保温层，这在逻辑上也是自相矛盾的。且从上述实用新型专利说明书的记载来看，该实用新型专利由三层组成，内层采用塑料制成，外层采用涤纶布制成，所以手感好，保温时间长，提高了使用效果。由此可见，热水袋产品的手感与其外层材质的使用是密切相关的，乐雪儿公司关于半块空心棉软垫的设置仅是用来增强手感的主张，缺乏事实依据，本院不予支持。

综上，被诉侵权产品的加工方法与涉案专利方法既不相同也不等同，没有落入涉案专利权的保护范围。

三、关于原一审、二审判决对于本案侵权赔偿的认定问题

乐雪儿公司主张二审判决对于临时保护期使用费的赔偿认定超出了陈顺弟的诉讼请求。对此，本院认为，专利法第十三条规定：“发明专利申请公布后，申请人可以要求实施其发明的单位或者个人支付适当的费用。”因此，临时保护期使用费是在发明专利申请公布后至专利权被授予前，实施该发明的单位或者个人应支付给专利权人的一种适当的经济补偿，其与未经专利权人许可实施其专利的侵权损害赔偿性质不同，故专利权人不能基于侵权损害赔偿的诉因来主张临时保护期使用费，而只能单独就此项费用提出主张。陈顺弟提起本案诉讼的案由是侵

害发明专利权纠纷，在一审审理中陈顺弟主张侵权损害赔偿数额中包括临时保护期使用费，对此，一审法院已在开庭审理中告知其不能在本案中主张该项费用，可另行起诉予以主张。由此可见，原一审判决所认定的赔偿数额中并不包括临时保护期使用费。二审法院在二审审理中认定一审法院判决的赔偿数额中包括临时保护期使用费，确有不妥，本院予以纠正。鉴于乐雪儿公司生产被诉侵权产品的方法没有侵犯涉案专利权，无需承担侵权责任，故对其提出的原一审、二审判决对于赔偿数额的认定显失公平的申请再审理由，本院不再予以评述。

综上，乐雪儿公司生产被诉侵权产品的方法没有侵犯涉案专利权，原一审、二审判决适用法律不当，判决结果错误，应予纠正。乐雪儿公司申请再审的主要理由成立，本院予以支持。依照《中华人民共和国专利法》第十一条第一款、第五十九条第一款，《中华人民共和国民事诉讼法》第二百零七条第一款、第一百七十条第一款第（二）项的规定，判决如下：

一、撤销辽宁省高级人民法院（2011）辽民三终字第27号民事判决和沈阳市中级人民法院（2010）沈中民四初字第389号民事判决；

二、驳回陈顺弟的诉讼请求。

本案一审案件受理费18300元、二审案件受理费5850元，由陈顺弟负担。

本判决为终审判决。

审 判 长 王永昌
审 判 员 李 剑
代理审判员 宋淑华
二〇一三年十二月二十五日
书 记 员 周睿隽

36. 封闭式权利要求侵权判定中等同原则的适用

——再审申请人山西振东泰盛制药有限公司、山东特利尔营销策划有限公司医药分公司与被申请人胡小泉侵犯发明专利权纠纷案

【裁判要旨】

最高人民法院指出，专利权人选择封闭式权利要求表明其明确将其他未被限定的

结构组成部分或者方法步骤排除在专利权保护范围之外，不宜再通过适用等同原则将其重新纳入保护范围。

【关键词】

封闭式权利要求　共同侵权

【案号】

最高人民法院（2012）民提字第10号

【基本案情】

胡小泉是名称为“注射用三磷酸腺苷二钠氯化镁冻干粉针剂及其生产方法”发明专利（即本案专利）的专利权人。本案专利权利要求2内容为：“一种注射用三磷酸腺苷二钠氯化镁冻干粉针剂，其特征是：由三磷酸腺苷二钠与氯化镁组成，二者的重量比为100毫克比32毫克。”在本案专利授权后，山西振东泰盛制药有限公司（原山西泰盛制药有限公司，以下简称泰盛公司）生产、许诺销售、销售了名称为“注射用三磷酸腺苷二钠氯化镁”的药品，山东特利尔营销策划有限公司医药分公司（以下简称特利尔分公司）销售了泰盛公司生产的上述药品。本案药品的主要成分为三磷酸腺苷二钠和氯化镁，规格为三磷酸腺苷二钠100mg、氯化镁32mg，性状为白色或类白色冻干块状物或粉末。在本案药品说明书记载的成分中出现了“全部辅料名称为：碳酸氢钠和精氨酸”的记载，该信息在国家相关部门核发的说明书中未体现。胡小泉以本案药品落入本案专利权利要求2的保护范围为由起诉，请求判令泰盛公司、特利尔分公司停止侵权、赔偿直接经济损失20万元和间接经济损失5万元等。特利尔分公司应诉后，在答辩期内向国家知识产权局专利复审委员会（以下简称专利复审委员会）提出了宣告本案专利权无效的请求，并被受理。山东省济南市中级人民法院一审认为，即使被诉侵权药品含有药品说明书中出现的辅料碳酸氢钠和精氨酸，但正如其说明书所表述的仅仅为辅料而非主要成分，被告以存在辅料为由提出的不侵权抗辩不能成立。据此判决二被告承担侵权责任。二被告不服，提起上诉。在二审期间，专利复审委员会作出第13268号无效宣告请求审查决定（以下简称第13268号决定），宣告本案专利权全部无效。山东省高级人民法院据此撤销一审判决，驳回胡小泉的诉讼请求。胡小泉以第13268号决定尚未生效为由向最高人民法院申请再审。最高人民法院裁定指令山东省高级人民法院再审本案。山东省高级人民法院再审查明第13268号决定被法院生效判决撤销。山东省高级人民法院再审认为，加入辅料是药物制备过程中的必备环节，碳酸氢钠和精氨酸是药物制备工艺中的常用辅料，不是发挥药效的活性成分，对本案专利封闭式权利要求进行解释时，“不包括其他组分”不应理解为不包括辅料成分，被诉侵权药品落入本案专利权保护范围，故判决撤销二审判决，维持一审判决。泰盛公司、特利尔分公司不服，向最高人民法院申请再审。最高人民法院裁定提审本案，并于2012年12月20日判决撤销原审判决，驳回胡小泉的诉讼请求。

【裁判意见】

最高人民法院认为：所谓等同，是指被诉侵权技术方案中的技术特征与专利权利要求中记载的对应技术特征之间的等同，而不是指被诉侵权技术方案与专利权利要求所要求保护的技术方案之间的整体等同。之所以在专利侵权判定中发展出等同原则，是考虑到事实上不可能要求专利权人在撰写权利要求时能够预见到侵权者以后可能采取的所有侵权方式，因此对权利要求的文字所表达的保护范围作出适度扩展，将仅仅针对专利技术方案作出非实质性变动的情况认定为构成侵权，以保护专利权人的合法权益，维护整个专利制度。然而，在权利要求中采用“由……组成”的封闭式表达方式，本身意味着专利权人通过其撰写，限定了专利权的保护范围，明确将其他未被限定的结构组成部分或者方法步骤排除在专利权保护范围之外。本案中，本案专利权利要求2属于封闭式权利要求，其本身使用的措辞已经将三磷酸腺苷二钠和氯化镁之外的组分排除在专利权保护范围之外。如果通过适用等同原则，将专利权人明确排除的结构组成部分或者方法步骤重新纳入封闭式权利要求的保护范围，认定被诉侵权产品与权利要求2构成整体等同，既不符合适用等同原则的基本目的，亦不符合有关技术特征等同的规定。

中华人民共和国最高人民法院民事判决书

（2012）民提字第10号①

---

① 参见案例17裁判文书。

37. 普通技术特征等同与功能性特征等同的区别

——再审申请人临海市利农机械厂与被申请人陆杰，二审被上诉人吴茂法、李成任、张天海侵害实用新型专利权纠纷案

【裁判要旨】

《最高人民法院关于审理专利纠纷案件适用法律问题的若干规定》第十七条规定的“等同特征”与《最高人民法院关于审理侵犯专利权纠纷案件应用法律若干问题的解释（二）》第八条第二款规定的“相应技术特征与功能性特征……等同”的认定在适用对象、对比基础以及认定标准方面存在重要区别，不可混淆。

【关键词】

实用新型专利　侵权　等同特征　功能性特征等同

【案号】

最高人民法院（2017）最高法民申1804号

【基本案情】

在再审申请人临海市利农机械厂（以下简称利农机械厂）与被申请人陆杰，二审被上诉人吴茂法、李成任、张天海侵害实用新型专利权纠纷案（以下简称“蔬菜水果分选装置”专利侵权纠纷案）中，涉及专利号为200920140482.5、名称为“一种蔬菜水果分选装置”的实用新型专利（即涉案专利）。陆杰以利农机械厂、吴茂法、李成任、张天海制造、销售的被诉侵权产品侵犯涉案专利权为由，向海南省海口市中级人民法院（以下简称一审法院）提起诉讼。一审法院认为，被诉侵权产品没有落入涉案专利权保护范围，故判决驳回其诉讼请求。陆杰遂向海南省高级人民法院（以下简称二审法院）提起上诉。二审法院认为，被诉侵权产品与涉案专利虽存在差异，但差异部分构成等同，落入涉案专利权的保护范围，构成侵权。关于涉案专利中的链传动和被诉侵权产品中的蜗杆传动，二者都是常见的传动方式，传动方式的替换是以基本相同的手段，实现相同的功能，达到相同的效果，且本领域普通技术人员在被诉侵权行为发生时无需经过创造性劳动就能够联想到的，应认定为技术特征等同。故判决撤销一审判决，由利农机

械厂承担侵权责任。利农机械厂不服，向最高人民法院申请再审。最高人民法院于2018年12月31日裁定驳回利农机械厂再审申请。

【裁判意见】

在前述“蔬菜水果分选装置”专利侵权纠纷案中，最高人民法院还明确了普通技术特征等同与功能性特征等同的区别。最高人民法院审查认为，《最高人民法院关于审理专利纠纷案件适用法律问题的若干规定》（以下简称《规定》）第十七条规定“发明或者实用新型专利权的保护范围以其权利要求的内容为准，说明书及附图可以用于解释权利要求的内容”，是指专利权的保护范围应当以权利要求记载的全部技术特征所确定的范围为准，也包括与该技术特征相等同的特征所确定的范围。等同特征是指与所记载的技术特征以基本相同的手段，实现基本相同的功能，达到基本相同的效果，并且本领域的普通技术人员无需经过创造性劳动就能够联想到的特征。”本案中，涉案专利的传动系统包括电机、传动链轮、转动链轮、传动轴，权利要求1中的传动链轮是常用的机械部件，用于将电机产生的动力传导到传动轴，使传动轴、转动链轮转动。被诉侵权产品使用常规的蜗杆传动，同样是将电机产生的动力传导到传动轴，使传动轴、转动链轮转动。二者的功能、效果基本相同，二者的替换也不需要经过创造性劳动即能联想到。因此，二者属于《规定》第十七条规定的“等同特征”。需要注意的是，《规定》第十七条规定的“等同特征”的认定，与《解释（二）》第八条第二款规定的“……相应技术特征与功能性特征……等同”的认定是不同的。二者虽然都要求“以基本相同的手段”，并且“无需经过创造性劳动就能够联想到”，但也存在重要区别，包括以下两个方面：其一，适用对象和对比基础不同。《规定》第十七条规定的“等同特征”的适用对象更为宽泛，涉及的是除“功能性特征”之外的其他技术特征，对比的基础是权利要求记载的技术特征本身。而《解释（二）》第八条第二款的适用对象，是《解释（二）》第八条第一款规定的“功能性特征”，对比的基础是在说明书及附图中记载的，实现功能性特征的功能或者效果“不可缺少的技术特征”。其二，认定标准不同。关于《规定》第十七条规定的“等同特征”，应当以“实现基本相同的功能”“达到基本相同的效果”作为认定标准；而《解释（二）》第八条第二款规定的“……与功能性特征……等同”，则必须“实现相同的功能”“达到相同的效果”，认定标准更为严格。本案中，二审法院并未认定涉案专利的“传动链轮”为“功能性特征”，但又以《解释（二）》第八条作为法律依据，认定被诉侵权产品的“蜗杆传动”与涉案专利中的“传动链轮”构成“技术特征等同”，实质上是混淆了《规定》第十七条规定的“等同特征”和《解释（二）》第八条规定的“……与功能性特征……等同”，适用法律有所不当，予以纠正。

中华人民共和国最高人民法院民事裁定书

（2017）最高法民申1804号①

5. 禁止反悔原则

38. 禁止反悔原则的适用

——再审申请人沈其衡与被申请人上海盛懋交通设施工程有限公司侵犯实用新型专利权纠纷案

【裁判要旨】

即使被控侵权人没有主张适用禁止反悔原则，人民法院也可以根据业已查明的事实，适用禁止反悔原则对等同范围予以必要限制。

【关键词】

禁止反悔原则　等同原则　专利权保护范围

【案号】

最高人民法院（2009）民申字第239号

【基本案情】

2000年12月18日，沈其衡向国家知识产权局申请了名称为“汽车地桩锁”的实用新型专利，2001年11月21日被授予专利权。涉案专利的权利要求1为：“一种汽车地桩锁，其特征在于：它由底座（1）、芯轴（2）、活动桩（3）和锁具（4）构成，所述底座（1）固定在地面上，所述活动桩（3）通过芯轴（2）

① 参见案例20裁判文书。

与座（1）相连，活动桩设有供锁具（4）插入的孔。”2003年3月19日，案外人川阳公司就涉案专利向国家知识产权局专利复审委员会提出无效宣告请求，专利复审委员会作出第6101号决定，宣告权利要求1无效，在权利要求2、3、4的基础上维持专利权有效。沈其衡不服该决定提起行政诉讼，其在起诉状中称：“活动桩设有供锁具插入的孔。该描述的含义是，锁具不是永久固定在孔中，而是根据使用状态呈现两种连接关系，即锁定时位于活动桩的孔中，打开时，从孔中取出，与活动桩的孔分离。”2005年4月15日，北京市高级人民法院作出（2005）高行终字第37号行政判决（以下简称第37号行政判决），撤销第6101号决定。2006年3月15日，专利复审委员会重新作出第8127号决定，维持涉案专利权有效。第8127号决定认定：“在锁闭地桩锁时，权利要求1的活动桩上所设置的孔可供锁具整体的插入以达到锁闭地桩锁的目的，开启地桩锁时，可将锁具全部取出，活动桩上也无需设置附加的固定装置来固定锁具，因而本专利相对于现有技术具有实质性特点和进步……具备创造性。”2006年9月26日，沈其衡向上海市第一中级人民法院起诉称，上海盛懋交通设施工程有限公司（以下简称盛懋公司）生产、销售的汽车车位锁落入涉案专利权的保护范围，请求判令盛懋公司停止侵权、赔偿损失。上海市第一中级人民法院认定，被控侵权产品的锁具是固定在底座上的，与权利要求1中的“活动桩设有供锁具插入的孔”不相同，根据禁止反悔原则，沈其衡不能以等同为由主张专利侵权成立，判决驳回沈其衡的诉讼请求。上海市高级人民法院二审维持了一审判决。2009年1月9日，沈其衡向最高人民法院申请再审。2009年8月18日，最高人民法院裁定驳回了沈其衡的再审申请。

【裁判意见】

最高人民法院审查认为：禁止反悔原则是对认定等同侵权的限制，为了维持专利权人与社会公众之间的利益平衡，不应对人民法院主动适用禁止反悔原则予以限制。因此，在认定是否构成等同侵权时，即使被控侵权人没有主张适用禁止反悔原则，人民法院也可以根据业已查明的事实，通过适用禁止反悔原则对等同范围予以必要的限制，以合理地确定专利权的保护范围。

中华人民共和国最高人民法院民事裁定书

（2009）民申字第239号

申请再审人（一审原告、二审上诉人）：沈其衡，男，1952年3月10日出生，汉族，住湖南省长沙市×区雨花路163号11栋102房。

委托代理人：李东辉，上海市一平律师事务所律师。

被申请人（一审被告、二审被上诉人）：上海盛懋交通设施工程有限公司，住所地上海市闵行区纪鹤路2号。

法定代表人：刘思金，总经理。

申请再审人沈其衡与被申请人上海盛懋交通设施工程有限公司（以下简称盛懋公司）侵犯实用新型专利权纠纷一案，上海市高级人民法院于2007年6月4日作出（2007）沪高民三（知）终字第51号民事判决（以下简称二审判决），已经发生法律效力。2009年1月9日，沈其衡向本院申请再审。本院依法组成合议庭对本案进行了审查，现已审查终结。

沈其衡申请再审称，1. 被控侵权产品的技术特征覆盖了涉案专利的全部必要技术特征，落入了涉案专利权的保护范围。申请再审人在无效程序及行政诉讼中并没有作出缩小专利保护范围的书面意见，二审判决以根本不存在的“禁止反悔”否定侵权事实，缺乏事实依据和法律依据。2. 只有在等同侵权判定时，方可以根据专利权人对权利要求进行的限制性陈述适用禁止反悔原则，本案中被控侵权产品的技术特征与涉案专利的必要技术特征完全相同，属于相同侵权而不是等同侵权，二审法院适用禁止反悔原则缺乏法律依据。3. 申请再审人在行政诉讼中对“活动桩设有供锁具插入的孔”所作的陈述，只是为了澄清、解释锁具与活动桩的两种连接关系，没有对独立权利要求进行狭义或狭窄的解释，也没有增加、减少或者变更独立权利要求的必要技术特征。申请再审人的有关解释并没有形成维持专利权有效的条件，对专利权的有效性没有起到作用，因此在本案中不存在适用禁止反悔原则的情形和条件。4. 本案中被申请人没有提供申请再审人在无效程序及专利行政诉讼程序中作出承诺、认可和放弃的任何证据，也没有提出以禁止反悔原则作为抗辩理由的主张，二审法院主动适用禁止反悔原则缺乏法律依据，也对申请再审人不公。请求撤销二审判决，支持申请再审人的一审诉讼请求，判令被申请人承担一、二审的诉讼费用。

被申请人盛懋公司辩称，1. 与涉案专利的权利要求1相比，被控侵权产品中锁具锁定的方式不同，权利要求1是用锁具将两个活动桩的顶端进行锁定，被控侵权产品是将右杆的底端与底座的右端进行锁定，被控侵权产品与专利产品有本质不同，不构成侵权。2. 专利权人在专利授权审查程序和无效宣告程序，以及随后的司法审查程序中对有关技术特征进行的说明，是解释权利要求的重要依据。申请再审人在其与案外人的纠纷中，曾在专利无效宣告请求程序以及随后进行的专利行政诉讼程序中对专利产品进行了说明和解释，这些说明和解释应当构成解释权利要求的重要依据。3. 被控侵权产品并未落入涉案专利权的保护范围，不构成侵权，一审法院只是依据申请再审人所做的解释和说明论证一审法院的结论，一审法院并未将禁止反悔原则作为断案的依据。

上海市第一中级人民法院（以下简称一审法院）审理查明，2000 年 12 月 18 日，沈其衡向国家知识产权局申请了专利号为 00263355. 8，名称为“汽车地桩锁”的实用新型专利（以下简称涉案专利），2001 年 11 月 21 日被授予专利权，专利权人为沈其衡。涉案专利的权利要求 1 为：“一种汽车地桩锁，其特征在于：它由底座（1）、芯轴（2）、活动桩（3）和锁具（4）构成，所述底座（1）固定在地面上，所述活动桩（3）通过芯轴（2）与座（1）相连，活动桩设有供锁具（4）插入的孔。”

2006 年 9 月 26 日，沈其衡起诉至一审法院称，其系涉案专利的专利权人，被申请人生产、销售的汽车车位锁的结构特征覆盖了涉案专利的必要技术特征，落入了涉案专利权的保护范围，被申请人的行为已构成侵权。请求判令盛懋公司停止侵权，赔偿经济损失 20 万元。

2003 年 3 月 19 日，案外人川阳公司就涉案专利向专利复审委员会提出无效宣告请求。专利复审委员会于 2004 年 3 月 22 日作出第 6101 号无效宣告请求审查决定，宣告涉案专利权利要求 1 无效，在权利要求 2、3、4 的基础上维持专利权有效。沈其衡不服该决定，向北京市第一中级人民法院提起行政诉讼，其在行政起诉状中对涉案专利权利要求 1 中的四个技术特征做了具体结构描述：“A. 底座，参见图 1，是一个呈一字形的零件，两端设有孔。B. 轴。C. 活动桩是一个呈一字形的零件，端部有孔。D. 关于锁具的描述：权利要求 1 记载，活动桩设有供锁具插入的孔。该描述的含义是，锁具不是永久固定在孔中，而是根据使用状态呈现两种连接关系，即锁定时位于活动桩的孔中，打开时，从孔中取出，与活动桩的孔分离。”2004 年 11 月 29 日，北京市第一中级人民法院以（2004）一中行初字第 754 号行政判决撤销第 6101 号决定，判令专利复审委员会重新就涉案专利作出无效宣告请求审查决定。专利复审委员会不服，向北京市高级人民法院提起上诉。2005 年 4 月 15 日，北京市高级人民法院以（2005）高行终字第 37 号行政判决驳回上诉，维持原判。2006 年 3 月 15 日，专利复审委员会重新作出第 8127 号无效宣告请求审查决定（以下简称第 8127 号决定），维持涉案专利权有效。决定认定：“在锁闭地桩锁时，权利要求 1 的活动桩上所设置的孔可供锁具整体的插入以达到锁闭地桩锁的目的，开启地桩锁时，可将锁具全部取出，活动桩上也无需设置附加的固定装置来固定锁具，因而本专利相对于现有技术具有实质性特点和进步，本领域技术人员在现有技术基础上不能达到本专利权利要求1所述结构的汽车地桩锁，因此权利要求1相对于附件1、2具备创造性。"

一审法院认为，发明或者实用新型专利权的保护范围以其权利要求的内容为准，说明书及附图可以用于解释权利要求。专利权人在专利权授权审查程序、专利权无效宣告审查程序和随后的司法审查程序中对有关技术特征进行的说明，以及专利复审委员会和相应司法审查中法院的认定，也是解释专利权利要求的重要依据。被控侵权产品系一种汽车地桩锁，该地桩锁的底座固定在地面上，中间有凹槽，底座右端有一固定的锁具，底座左端通过芯轴连接一个"∧"形活动杆，该活动杆左、右杆的上端连接，通过折叠，右杆可以嵌入左杆内，右杆的底端有一通孔，在底座右端锁具锁定的锁舌插入该孔内，使右杆与底座相连，从而构成三角形的装置。与权利要求1相比，盛懋公司认为被控侵权产品锁具的锁定方式不同，权利要求1是用锁具将两个活动桩的顶端进行锁定，而被控侵权产品是将"∧"形右杆底端与底座右端进行锁定。关于该技术特征，根据涉案专利的权利要求、北京市第一中级人民法院（2004）一中行初字第754号行政判决和北京市高级人民法院（2005）高行终字第37号行政判决、专利复审委员会作出的第8127号决定等文件，以及专利权人在相应程序中的陈述，权利要求1中记载的"活动桩设有供锁具插入的孔"的含义，是指"锁具不是永久固定在孔中，而是根据使用状态呈现两种连接关系，即锁定时位于活动桩的孔中，打开时，从孔中取出，与活动桩分离"。而被控侵权产品的锁具是固定在底座上的，在锁具锁定时锁舌插入"∧"形杆上的孔内，使右杆与底座相连。故被控侵权产品的该技术特征与"活动桩设有供锁具插入的孔"是不相同的。即使上述技术特征等同能够成立，由于沈其衡在向北京市第一中级人民法院提起行政诉讼的诉状中陈述，"活动桩设有供锁具插入的孔"的含义是："锁具不是永久固定在孔中，而是根据使用状态呈现两种连接关系，即锁定时位于活动桩的孔中，打开时，从孔中取出，与活动桩的孔分离"，沈其衡的该陈述也得到了北京市第一中级人民法院、北京市高级人民法院以及专利复审委员会的确认，从而认为涉案专利权利要求1有新颖性和创造性被维持有效，因此，根据禁止反悔原则，沈其衡亦不能以等同为由主张专利侵权成立。由于上述技术特征既不相同，也不能主张等同，故被控侵权产品的技术特征未覆盖权利要求1记载的全部技术特征，未落入涉案专利权的保护范围。2007 年 3 月 20 日，一审法院作出（2006）沪一中民五（知）初字第 281 号民事判决：沈其衡的诉讼请求不予支持。案件受理费人民币 5510 元由沈其衡负担。

沈其衡不服一审判决，向上海市高级人民法院（以下简称二审法院）提出上诉，请求撤销一审判决，支持其一审诉讼请求，由盛懋公司承担一、二审诉讼费用。其上诉理由主要是：1. 一审判决认定被控侵权产品“底端有一固定的锁具”与事实不符，被控侵权产品的锁具并不是“固定”在底座上，而是装在底座右端的通孔中，锁具与锁栓可以在该孔中前、后移动，其锁栓可插入或者退出活动杆的对应孔；被控侵权产品的锁具根本没有所谓的“锁舌”，而是与涉案专利一样，也是由锁头和锁栓一体构成，当锁闭地桩锁时，其锁栓直接插入活动杆的孔中，使活动杆与底座相连，退出时，锁栓从活动杆的孔相分离；被控侵权产品也不存在所谓“∧”形活动杆，一审判决认定“被控侵权产品在锁具锁定时锁舌插入‘∧’形杆上的孔内”明显错误；2. 本案并不存在专利权人“反悔”的情形，一审判决以“禁止反悔原则”为由剥夺专利权人主张等同侵权的权利也无法律依据。

二审法院审理查明，一审判决认定的事实属实，予以确认。

二审法院认为，尽管涉案权利要求 1 并未经过修改，但根据沈其衡在行政诉讼中的陈述、北京市第一中级人民法院、北京市高级人民法院在相应行政判决中的认定以及专利复审委员会重新作出的第 8127 号决定中的认定，均已经从锁具与活动桩的结构位置关系等方面对“活动桩设有供锁具插入的孔”技术特征进行了限定，因此，对“活动桩设有供锁具插入的孔”技术特征应作相应限制性的解释。另外，沈其衡在相关程序中的陈述不仅可以在相同侵权判定时用于解释权利要求，以确定是否存在相同侵权，而且还可以在等同侵权判定时根据沈其衡的限制性陈述适用禁止反悔原则，阻止等同侵权的认定。

发明或者实用新型专利权的保护范围以其权利要求的内容为准，说明书及附图可以用于解释权利要求。专利权人在专利权授权审查程序、专利权无效宣告审查程序和随后的司法审查程序中对有关技术特征进行的说明，以及专利复审委员会和相应法院的认定，也是解释专利权利要求的重要依据。经查，专利复审委员会第 8127 号决定中记载：“从本专利说明书可以看出，本专利的地桩锁所采用的锁具包括锁头和锁栓，整个锁具并不需要固定安装在地桩锁的其它部件上，锁闭时将锁具插入，开启时将锁具抽出。权利要求 1 包含有‘活动桩设有供锁具插入的孔’这一技术特征，本专利中涉及两种锁具，一种是在权利要求 2、3 中限定的包含锁头和锁栓的锁具；一种是在权利要求 4 中限定的包含挂锁和锁环的锁具。权利要求 2、3 所进一步限定的是锁头和锁栓为一体的锁具，不需要固定安装在地桩锁的其它部件上。使用时，活动桩上的孔可供锁具整体插入，然后将地桩锁锁闭，如果将地桩锁开启，由锁头和锁栓组成的锁具会全部从活动桩的孔中整体拔出，开启状态地桩锁不包含锁具的任何一部分，锁头和锁栓是不可分离的，锁具为一整体。……附件 1、2 中均没有公开‘活动桩设有供锁具插入的孔’这一技术特征，也没有给出这样的技术启示……本领域技术人员在现有技术基础上不能得到本专利权利要求 1 所述结构的汽车地桩锁，因此权利要求 1 相对于附件 1、2 具备专利法第 22 条第 3 款所规定的创造性。”由此，专利复审委员会维持涉案专利权有效。被控侵权产品的锁具是固定在底座上的，在锁具锁定时锁舌插入“∧”形杆上的孔内，使右杆与底座相连，故被控侵权产品的该技术特征与权利要求 1 中记载的“活动桩设有供锁具插入的孔”不相同，被控侵权产品的技术特征未覆盖权利要求 1 记载的全部技术特征。

所谓锁栓、锁舌，只是表述的不同而已，所指的是同一部件。被控侵权产品的锁具主要由锁头与锁栓（锁舌）两部分组成，该锁具整体嵌入底座一侧的孔内，固定在底座上。锁定地桩锁时，仅锁栓（锁舌）插入“∧”形杆上一侧的孔内，使其与底座相连。因此，使用地桩锁时，仅由锁栓（锁舌）作轴向移动，并非整个锁具位置的移动。锁栓（锁舌）仅作轴向移动的事实，并不能否定该锁具固定在底座上的事实。针对沈其衡有关被控侵权产品不存在所谓“∧”形活动杆的上诉理由，二审法院认为，被控侵权产品系由底座和活动杆组成，该活动杆由两截活动臂连接而成，锁定地桩锁时，该两截活动臂弯曲成“∧”形，与底座相连，由锁具将其锁定后构成稳定的三角形装置。因此，一审判决关于被控侵权产品“在锁具锁定时锁舌插入‘∧’形杆上的孔内”的认定，也无不当。

关于禁止反悔原则，二审法院认为，一审判决的有关表述是：“……即使上述技术特征等同能够成立……根据禁止反悔原则，原告亦不能以等同为由主张专利侵权成立”，根据上述表述以及一审判决的整体来看，一审判决只是表述了一种假设的存在及其法律后果，并不存在对本案适用等同原则，以及以“禁止反悔原则”来剥夺上诉人有关权利的情况。况且，法院在认定等同侵权时，也应该依职权根据案件事实审查是否适用禁止反悔原则，将等同侵权限定在恰当的范围内。

二审法院于 2007 年 6 月 4 日以（2007）沪高民三（知）终字第 51 号民事判决驳回上诉，维持原判。二审案件受理费人民币 5510 元，由上诉人沈其衡负担。

本院经审查查明，二审法院认定的事实基本属实。

本院另查明，被控侵权产品是一种汽车地桩锁，由底座、芯轴、锁具以及左、右两根活动杆组成。底座固定在地面上，锁具固定安装在底座右端的孔中。左、右活动杆的一端可活动地连接在一起，左活动杆的另一端通过芯轴固定在底座左端，右活动杆的另一端设有一供锁舌插入的孔，当锁具锁定时，锁舌插入右活动杆的孔中，左、右活动杆呈“∧”形被锁定在底座上。左活动杆的杆体上还设有凹槽，转动右活动杆可将右活动杆完全收纳在该槽中，此时左、右活动杆整体呈一字型结构，可以芯轴为中心在底座上转动。

关于涉案专利的锁具，说明书中有如下记载：“本实用新型……采用的锁具为多用途插栓式保险锁或普通挂锁，一旦锁具失灵或钥匙丢失，可以用电钻将锁芯钻开，重新置换一个锁具而不至于引起整个地桩锁的报废，因此，锁具通用性强。同时，为了防止他人偷配钥匙，可随时将锁具调换，提高了地桩锁的可靠性和使用寿命。”

北京市高级人民法院第37号判决中记载：“本专利权利要求1包含有‘活动桩设有供锁具插入的孔’这一技术特征。对于锁具，本专利权利要求2、3、4共涉及两种锁具，一种是在权利要求2、3中限定的包含锁头和锁栓的锁具；一种是在权利要求4中限定的包含挂锁和锁环的锁具。上述锁头和锁栓、挂锁和锁环均是一个不可分割的整体。专利复审委员会在第6101号决定中认为，附件1中的门形架与本专利的活动桩相对应，但在附件1的门形架上并没有供锁具插入的孔，其锁具是设置在锁板或者套管上的，而锁板上的孔D也不是放锁具的，而是供锁舌插入的，锁舌不等同于锁具。本专利由于采用将锁具插入活动桩设定的孔内，不需要其它的固定件将锁具与活动桩或者底座连接；而附件1公开的车位锁需要有紧固件将其固定在门形架或者套管上。由此可知，附件1的锁具与门形架或者套管的结构关系同本专利的锁具与活动桩的结构关系是不同的。因此，‘活动桩设有供锁具插入的孔’这一技术特征并未被附件1所公开，本专利权利要求1相对于附件1具有新颖性。”

针对涉案专利权利要求1的创造性，第8127号决定中有如下认定：“附件1、2均没有公开‘活动桩设有供锁具插入的孔’这一技术特征，也没有给出这样的技术启示。在锁闭地桩锁时，本专利权利要求1的活动桩上所设置的孔可供锁具整体地插入以达到锁闭地桩锁的目的，开启地桩锁时可将锁具全部取出，活动桩上也无需设置附加的固定装置来固定锁具，因此本专利相对于现有技术具有实质性特点和进步。”

本院认为，根据申请再审人申请再审的理由及其在询问当事人程序中的有关主张以及本案事实，本案焦点在于：1. 被控侵权产品是否具有与权利要求 1 中的“活动桩”相同或者等同的技术特征；2. 被控侵权产品是否具有与权利要求 1 中的“活动桩设有供锁具插入的孔”相同或者等同的技术特征；3. 二审法院适用禁止反悔原则是否存在错误。

一、关于被控侵权产品是否具有与权利要求 1 中的“活动桩”相同或者等同的技术特征

《中华人民共和国专利法》第五十六条第一款规定：“发明或者实用新型专利权的保护范围以其权利要求的内容为准，说明书及附图可以用于解释权利要求。”根据涉案专利的说明书及附图，涉案专利中的活动桩为可活动地固定在底座上的一字型零件，申请再审人在专利行政诉讼的起诉状中，亦认为活动桩的具体结构是“一个呈一字型的零件”。因此，权利要求 1 中的“活动桩”应当解释为可活动地固定在底座上的一字型零件。被控侵权产品包括两个一字型的活动杆，左活动杆的一端通过芯轴可转动地固定在底座上，右活动杆虽然没有直接连接在底座上，而是与左活动杆的另一端活动连接，但是转动右活动杆可将其完全纳入左活动杆的凹槽中，此时左、右活动杆整体呈一字形，并可以芯轴为中心在底座上转动。被控侵权产品中的左、右活动杆均为可活动地固定在底座上的一字形零件，与权利要求 1 中的“活动桩”属于相同的技术特征。

二、被控侵权产品是否具有与权利要求 1 中的“活动桩设有供锁具插入的孔”相同或者等同的技术特征

根据第 37 号行政判决以及第 8127 号决定中有关涉案专利新颖性、创造性的认定，涉案专利与现有技术的区别在于，涉案专利的锁具在锁定时是整体插入到活动桩上的孔中，开启时整体从活动桩上的孔中拔出，不需要其他的紧固件将锁具与活动桩或者底座连接；而现有技术仅有锁舌插入锁板上设置的孔中，并且需要有紧固件将车位锁固定。由于存在上述区别，第 8127 号决定认定现有技术没有公开权利要求 1 中的“活动桩设有供锁具插入的孔”，也没有给出这样的技术启示，因此，涉案专利相对于现有技术具有新颖性和创造性，涉案专利权被维持有效。结合涉案专利相对于现有技术的上述区别以及申请再审人在专利行政诉讼程序中对权利要求所做的解释，权利要求 1 中的“活动桩设有供锁具插入的孔”应当解释为：地桩锁的锁具不是永久固定在活动桩的孔中，锁具锁定时，锁具整

体位于活动桩上的孔中，锁具开启时，可将锁具从活动桩的孔中整体取出。涉案专利由于将锁具整体插入或者取出，使得锁具独立于活动桩以及底座，具有不需要其他紧固件将锁具与活动桩或者底座连接，易于更换锁具的技术效果。将被控侵权产品与权利要求1相比较，被控侵权产品的右活动杆上虽同样设有孔，但在锁具锁定时，仅锁具的锁舌伸入右活动杆上的孔中，锁具开启时，也只有锁舌从孔中退出，无论在开启还是锁定时，被控侵权产品的锁具始终固定在底座上。虽然被控侵权产品与涉案专利均实现了将活动桩（杆）固定在底座上的功能，但是，被控侵权产品中活动杆上的孔不能供锁具整体插入或取出，并且被控侵权产品中锁具被固定在底座上，也无法实现易于更换锁具的有益效果，因此，被控侵权产品与涉案专利采取的技术手段具有实质性的区别，被控侵权产品不具有与权利要求1中的“活动桩设有供锁具插入的孔”相同或等同的技术特征，没有落入涉案专利权的保护范围。

三、关于二审法院适用禁止反悔原则是否存在错误

禁止反悔原则是对认定等同侵权的限制。现行法律以及司法解释对人民法院是否可以主动适用等同原则未作规定，为了维持专利权人与被控侵权人以及社会公众之间的利益平衡，亦不应对人民法院主动适用禁止反悔原则予以限制。因此，在认定是否构成等同侵权时，即使被控侵权人没有主张适用禁止反悔原则，人民法院也可以根据业已查明的事实，通过适用禁止反悔原则对等同范围予以必要的限制，以合理地确定专利权的保护范围。因此，二审法院对禁止反悔原则的适用并无不当。

综上所述，二审判决虽有部分事实认定不当，但判决结果正确，应予维持。申请再审人沈其衡的再审申请不符合《中华人民共和国民事诉讼法》第一百七十九条规定的情形。依照《中华人民共和国民事诉讼法》第一百八十一条第一款的规定，裁定如下：

驳回沈其衡的再审申请。

审　判　长　王永昌
代理审判员　李　剑
代理审判员　罗　霞
二〇〇九年八月二十五日
书　记　员　王　新

39. 专利申请时已经明确排除的技术方案，不能以技术特征等同为由重新纳入专利权的保护范围

——再审申请人孙俊义与被申请人任丘市博成水暖器材有限公司、张泽辉、乔泰达侵害实用新型专利权纠纷案

【裁判要旨】

等同原则的适用需要兼顾专利权人和社会公众的利益，且须考虑专利申请与专利侵权时的技术发展水平，合理界定专利权的保护范围。

【关键词】

实用新型专利　侵权　保护范围　等同原则

【案号】

最高人民法院（2015）民申字第740号

【基本案情】

在本案中，孙俊义系名称为“防粘连自动排气阀”实用新型专利的权利人（即本案专利）。本案专利请求保护的防粘连自动排气阀包括壳体、浮球、阀座，壳体底部有进水口，进水口上有进水套，其特征之一在于进水套的上表面呈锥面。本案专利说明书同时载明，进水套的锥面与浮球为线接触，所以不会产生腐蚀，这样就防止了由于腐蚀造成的锈块粘连，避免了跑水事故的发生。孙俊义以任丘市博成水暖器材有限公司（以下简称博成公司）、张泽辉、乔泰达生产销售的“必安阁”排汽阀（以下简称被诉侵权产品）侵害本案专利权为由，提起诉讼。经对比，各方当事人对于被诉侵权产品的进水套上表面呈平面，且区别于本案专利上表面为锥面的技术特征均无异议。黑龙江省哈尔滨市中级人民法院一审认为，被诉侵权产品使用进水套的上表面呈平面、浮球中部凸沿落在进水套上的技术特征，与本案专利进水套的上表面呈锥面、浮球下部落在进水套上的技术特征构成等同，侵害了本案专利权。遂判决乔泰达赔偿孙俊义经济损失1万元，博成公司、张泽辉赔偿孙俊义经济损失49万元并对乔泰达承担连带赔偿责任。博成公司、张泽辉不服，提起

上诉。黑龙江省高级人民法院二审认为，本案专利将进水套上表面限定为“锥面”，显然认为进水套上表面呈“平面”无法达到其发明目的，或者“锥面”具有更先进的功能和效果，故“进水套上表面呈平面”这一常规手段应当被排除在本案专利的保护范围之外，被诉侵权产品并未落入本案专利权的保护范围，不构成专利侵权。孙俊义不服，向最高人民法院申请再审。最高人民法院于2015年11月12日裁定驳回了孙俊义的再审申请。

【裁判意见】

最高人民法院审查认为：判断被诉侵权产品“一体式盖母上表面呈平面”与本案专利“进水套上表面呈锥面”的技术特征是否等同，需考虑以下因素：首先，应考虑等同原则与专利权保护范围之间的关系，以及专利法律制度规定等同原则的必要性。一方面，在专利侵权判定中，等同原则是对专利权利要求字面保护范围的扩张，为专利权人提供了更为切实有效的法律保护，鼓励了技术创新；另一方面，专利制度本身又要确保专利权的保护范围具有足够的法律确定性和可预见性，不因等同原则的滥用而导致保护范围缺乏确定性而损害社会公众的利益。因此，等同原则的适用需要兼顾专利权人和社会公众的利益，既要保护专利权人在现有技术基础上作出的技术贡献，又要促进科学技术的进步。其次，等同原则的适用须考虑专利申请与专利侵权时的技术发展水平，防止对专利技术方案中的某些技术特征，以申请日后新出现的技术进行简单替换而规避侵权的发生，合理界定专利权的保护范围。本案中，专利的权利要求和说明书均明确记载和限定，进水套的上表面呈锥面。由于锥面和平面均为本案专利申请日前公知的技术方案，专利权人作出上述限定的目的，即为将平面排除在本案专利权的保护范围之外。因此，在进行侵权判定时，亦不能将技术特征“锥面”扩张到“平面”予以保护，否则将有损社会公众对专利权保护范围确定性和可预见性的信赖，并损害社会公众的利益，动摇专利制度的基石。据此，被诉侵权产品的技术特征与本案专利权利要求记载的技术特征相比，并未构成等同的技术特征，被诉侵权产品未落入本案专利权的保护范围。

中华人民共和国最高人民法院民事裁定书

（2015）民申字第740号

再审申请人（一审原告、二审被上诉人）：孙俊义，住吉林省长春市朝阳区东朝阳胡同×号。

被申请人（一审被告、二审上诉人）：任丘市博成水暖器材有限公司。住所地：河北省任丘市青塔乡陈王庄村北。

法定代表人：崔中良，该公司经理。

被申请人（一审被告、二审上诉人）：张泽辉，住河北省任丘市青塔乡陈王庄×号。

被申请人（一审被告）：乔泰达，住黑龙江省佳木斯市向阳区红光社区×组。

再审申请人孙俊义因与被申请人任丘市博成水暖器材有限公司（以下简称博成公司）、张泽辉、乔泰达侵害实用新型专利权纠纷一案，不服黑龙江省高级人民法院（2014）黑知终字第15号民事判决，向本院申请再审。本院依法组成合议庭对本案进行了审查，现已审查终结。

孙俊义申请再审称：（一）张泽辉和博成公司因以前侵害其商标权和专利权而了解其专利技术。本案被诉侵权产品为了恶意绕开"防粘连自动排汽阀"涉案专利技术将进水口处人为改劣成平面，进而实现防粘连的功能。因此，被诉侵权产品与涉案专利比对符合《中华人民共和国专利法》规定的"等同侵权"。（二）吉林省、辽宁省高级人民法院均认定被诉侵权行为成立。最高人民法院（2009）民申字第157号民事裁定就案外人对涉案专利"等同特征"侵权已经作出了指导性判决，最高人民法院（2014）民申字第1037号民事裁定也认定被诉侵权产品侵犯涉案专利权，销售者承担侵权责任。依据《中华人民共和国民事诉讼法》第二百条第六项的规定，请求本院依法撤销二审判决，维持一审判决，由博成公司、张泽辉、乔泰达承担一、二审诉讼费。

博成公司、张泽辉提交意见称：（一）其在生产被诉侵权产品前申请实用新型专利，并享有实用新型专利权，没有侵权故意。被诉侵权产品形状、结构与涉案专利不同，被诉侵权产品采用进水套上加一体式盖母，上表面是平面，一体式盖母四周开有六个圆形小孔。被诉侵权产品达到的功能及技术方法与涉案专利不同，被诉侵权产品采用开六个圆形小孔方式进水，目的在于缓冲进水、进气的流速、流量，使高压气流、水流不直接接触浮球，使浮球能更灵敏准确地开启和关闭，提高排气阀工作稳定性，避免暖气跑水。其在销售被诉侵权产品时宣传的是"自动排气，防止溢水，确保管路安全"，并未宣传被诉侵权产品防止粘连功能。（二）被诉侵权产品与涉案专利的技术特征不等同。首先，涉案专利权利要求写明"其特征在于进水套高于壳体底部，进水套上表面呈锥面，浮球落在进水套上，不与壳体接触"，说明书写明"浮球与锥面呈线性接触，所以不会产生腐蚀"。从上述内容看，锥面是涉案专利的亮点。因此，确定涉案专利权保护范围应当限定为“锥面”，不应当作扩大解释。其次，涉案专利权利要求限定为“上表面呈锥面”，说明权利人认为只有锥面才能达到其技术效果，被诉侵权产品进水套上表面呈平面，应当排除在涉案专利权保护范围之外。最后，被诉侵权产品所要达到的效果是缓冲水流、气流，提高浮球灵敏度、准确度，采用的方法是一体式盖母上加缓冲进水小孔方式。涉案专利采用一体式进水套（两侧开口很大），上表面呈锥面，是为了锥面与浮球实现线性接触。因此，被诉侵权产品一体式盖母上表面为平面与涉案专利进水套上表面呈锥面，二者采用的手段，实现的功能，达到的效果均不属于基本相同，不应当认定为等同。（三）我国并非实行判例法的国家，最高人民法院的民事裁定只对个案有效，与本案无关。（四）孙俊义在吉林省、辽宁省起诉的是销售商，并未起诉生产商，由于销售商举证的角度不同，法院才认定侵权。本案孙俊义起诉的是生产商，故本案二审判决更具有客观性。请求本院依法驳回孙俊义的再审申请。

本院认为，根据孙俊义的申请再审事由，博成公司、张泽辉的意见以及原审查明的事实，各方对被控侵权产品“一体式盖母进水套上表面为平面”，与涉案专利权利要求中“进水套的上表面呈锥面”这一技术特征不相同均无异议。本案争议焦点为：两者是否构成等同的技术特征，被诉侵权产品是否落入涉案专利权的保护范围。

《最高人民法院关于审理专利纠纷案件适用法律问题的若干规定》第十七条第二款①规定：“等同特征是指与所记载的技术特征以基本相同的手段，实现基本相同的功能，达到基本相同的效果，并且本领域的普通技术人员无需经过创造性劳动就能够联想到的特征。”本院认为，本案中判断被诉侵权产品“一体式盖母上表面呈平面”与涉案专利“进水套上表面呈锥面”的技术特征是否为等同技术特征需考虑以下因素：首先，应考虑等同原则与专利权保护范围之间的关系，以及专利法律制度规定等同原则的必要性。一方面，在专利侵权判定中，等同原则是对专利权利要求字面保护范围的扩张，是对专利权字面侵权的适当补充，等同原则的适用为专利权人提供了切实有效的法律保护，鼓励了技术创新；另一方面，专利制度本身又要确保专利权的保护范围具有足够的法律确定性和可预见性，不因滥用等同原则致使专利权保护范围缺乏确定性而损害社会公众的利益。因此，等同原则既是专利权保护中一项不可或缺的重要原则和制度，但同时又必

① 2015 年修正，本条款有所调整。

须对等同原则的适用施加必要限制，兼顾专利权人和社会公众的利益，既要保护专利权人在现有技术基础上作出的技术贡献，又要促进科学技术的进步。其次，等同原则的适用须考虑专利申请与专利侵权时技术的发展水平，防止对专利技术方案中某些技术特征以专利申请日后新出现的技术进行简单替换而规避侵权的情况，合理界定专利权的保护范围。本案中，涉案 ZL200320112523.2“防粘连自动排气阀”实用新型专利权利要求 1 和说明书均记载：进水套的上表面呈锥面。这表明，孙俊义在申请涉案专利时将其要求保护的技术方案限定为进水套的上表面呈锥面，不是平面，而锥面或平面均是涉案专利申请时，该领域普通技术人员普遍知晓的技术方案，因此，专利权人将权利要求中该技术特征限定为锥面是将平面排除在涉案专利权的保护范围之外。鉴于此，在侵权判定时，不能将技术特征“锥面”扩张到“平面”予以保护，否则将有损社会公众对专利权保护范围确定性和可预见性的信赖，从而损害社会公众的利益，动摇专利制度的基石。故本案中，被诉侵权产品的技术特征与涉案专利权利要求记载的技术特征相比，并未构成等同的技术特征，被诉侵权产品未落入涉案专利权保护范围。孙俊义该项申请再审理由不成立，本院不予支持。

关于张泽辉已经获得的实用新型专利是否影响本案专利侵权判断的问题。根据原审查明的事实，张泽辉于 2012 年 3 月 19 日申请，2012 年 10 月 3 日获得 ZL201220101743.4“一种长方形自动排气阀”实用新型专利权。张泽辉于 2012 年 5 月 2 日申请，2012 年 11 月 14 日获得 ZL201220190604.3“一种长方形偏嘴立式自动排气阀”实用新型专利权。上述专利的申请日均晚于涉案专利的申请日 2003 年 10 月 10 日和授权日 2004 年 11 月 3 日，且即便被诉侵权产品的技术特征与张泽辉的上述专利技术特征一致，但如果落入涉案专利权的保护范围，也构成专利侵权，因此张泽辉已经获得的实用新型专利并不影响本案专利侵权的判断。

关于孙俊义主张最高人民法院（2009）民申字第 157 号民事裁定已认定等同侵权的问题。本院认为，2001 年 6 月 22 日发布的《最高人民法院关于审理专利纠纷案件适用法律问题的若干规定》确立了专利侵权判定中的等同原则。等同原则的适用克服了专利权利要求在表达上的局限性，弥补了字面侵权的不足，实现了对专利权人的保护，但在实践中出现了等同原则适用过宽的倾向，不适当地扩张了专利权保护范围。2009 年 12 月 28 日发布的《最高人民法院关于审理侵犯专利权纠纷案件应用法律若干问题的解释》通过对捐献原则、禁止反悔原则以及全面覆盖原则的明确，结合等同原则的适用对专利权人的权利进行了一定程度的限制，使之与社会公众的利益之间形成了更好的平衡关系。同时，一方面，随着专利制度的进一步普及和发展，专利权人的专利文件撰写水平不断提高，专利行政部门对专利申请文件的撰写要求更为严格，等同原则对于撰写水平较低专利的保护作用在逐级减弱；另一方面，人民法院对等同原则的认识更为深刻，对等同原则的适用也更为严格和谨慎。故最高人民法院（2009）民申字第157号民事裁定对等同侵权的认定并不影响本案侵权是否成立的判定。

此外，最高人民法院（2014）民申字第1037号民事裁定并未对被诉侵权产品是否侵害涉案专利权作出认定。

综上，孙俊义的再审申请不符合《中华人民共和国民事诉讼法》第二百条第六项规定的情形。依照《中华人民共和国民事诉讼法》第二百零四条第一款的规定，裁定如下：

驳回孙俊义的再审申请。

审　判　长　周　翔
审　判　员　钱小红
代理审判员　郎贵梅
二〇一五年十一月十二日
书　记　员　张　博

40. 为克服权利要求不能得到说明书的支持的缺陷而修改权利要求可导致禁止反悔原则的适用

——再审申请人湖北午时药业股份有限公司与被申请人澳诺（中国）制药有限公司、原审被告王军社侵犯发明专利权纠纷案

【裁判要旨】

专利申请人进行的修改是针对国家知识产权局认为涉案专利申请公开文本权利要求保护范围过宽，在实质上得不到说明书支持的审查意见而进行的；被诉侵权产品的相应技术特征属于专利权人在专利授权程序中放弃的技术方案，不应当认为其与权利要求1中的技术特征等同而将其纳入专利权的保护范围。

【关键词】

禁止反悔原则　等同

【案号】

最高人民法院（2009）民提字第20号

【基本案情】

澳诺（中国）制药有限公司（以下简称澳诺公司）系名称为“一种防治钙质缺损的药物及其制备方法”发明专利（以下简称涉案专利）的被许可人。涉案专利权利要求1为：“一种防治钙质缺损的药物，其特征在于：它是由下述重量配比的原料制成的药剂：活性钙4－8份，葡萄糖酸锌0.1－0.4份，谷氨酰胺或谷氨酸0.8－1.2份。”涉案专利申请公开文本中，其独立权利要求为可溶性钙剂，可溶性钙剂包括葡萄糖酸钙、氯化钙、乳酸钙、碳酸钙或活性钙。国家知识产权局第一次审查意见通知书中，审查员认为，该权利要求书中使用的上位概念“可溶性钙剂”包括各种可溶性的含钙物质，它概括了一个较宽的保护范围，而申请人仅对其中的“葡萄糖酸钙”和“活性钙”提供了配制药物的实施例，对于其它的可溶性钙剂没有提供配方和效果实施例，所属技术领域的技术人员难于预见其它的可溶性钙剂按本发明进行配方是否也能在人体中发挥相同的作用，权利要求在实质上得不到说明书的支持，应当对其进行修改。申请人根据审查员的要求，对权利要求书进行了修改，将“可溶性钙剂”修改为“活性钙”。2006年11月25日，澳诺公司提起诉讼称，湖北午时药业股份有限公司（以下简称午时药业公司）生产、销售新钙特牌“葡萄糖酸钙锌口服溶液”，王军社销售该产品，侵犯了涉案专利权。经鉴定，午时药业公司产品含有葡萄糖酸钙，而涉案专利是活性钙。河北省石家庄市中级人民法院一审认为，只有为了使专利授权机关认定其专利申请具有新颖性或创造性而进行的修改或意见陈述，才产生禁止反悔的效果，并非专利申请过程中关于权利要求的所有修改或意见陈述都会导致禁止反悔原则的适用。本案专利权人将独立权利要求中的“可溶性钙剂”修改为“活性钙”，是为了使其权利要求得到说明书的支持，不产生禁止反悔的效果。被诉侵权产品与涉案专利构成等同。遂判决午时药业公司、王军社承担侵权责任。午时药业公司不服一审判决，提起上诉。河北省高级人民法院对一审判决中有关禁止反悔原则的认定予以认可，遂判决驳回上诉，维持一审判决。午时药业公司不服二审判决，向最高人民法院申请再审。最高人民法院提审本案后于2010年3月23日作出再审判决，撤销一、二审判决，驳回澳诺公司的诉讼请求。

【裁判意见】

最高人民法院再审认为：(1) 关于权利要求1中记载的“活性钙”是否包含“葡萄糖酸钙”的问题。涉案专利申请公开文本权利要求2以及说明书第2页明确记载，可溶性钙剂是“葡萄糖酸钙、氯化钙、乳酸钙、碳酸钙或活性钙”。可见，在专利申请公开文本中，葡萄糖酸钙与活性钙是并列的两种可溶性钙剂，葡萄糖酸钙并非活性钙的一种。此外，涉案专利申请公开文本说明书实施例1记载了以葡萄糖酸钙作为原料的技术方案，实施例2记载了以活性钙作为原料的技术方案，进一步说明了葡萄糖酸钙与活性钙是并列的特定钙原料，葡萄糖酸钙并非活性钙的一种。澳诺公司辩称，专利申请人在涉案专利的审批过程中，将“可溶性钙剂”修改为“活性钙”属于一种澄清性修改，修改后的活性钙包括了葡萄糖酸钙在内的所有组分钙。然而，从涉案专利审批文档中可以看出，专利申请人进行上述修改是针对国家知识产权局认为涉案专利申请公开文本权利要求中“可溶性钙剂”保护范围过宽，在实质上得不到说明书支持的审查意见而进行的，同时，专利申请人在修改时的意见陈述中，并未说明活性钙包括了葡萄糖酸钙，故澳诺公司认为涉案专利中的活性钙包含葡萄糖酸钙的主张不能成立。(2) 关于活性钙与葡萄糖酸钙是否等同的问题。专利权人在专利授权程序中对权利要求1所进行的修改，放弃了包含“葡萄糖酸钙”技术特征的技术方案。根据禁止反悔原则，专利申请人或者专利权人在专利授权或者无效宣告程序中，通过对权利要求、说明书的修改或者意见陈述而放弃的技术方案，在专利侵权纠纷中不能将其纳入专利权的保护范围。因此，涉案专利权的保护范围不应包括“葡萄糖酸钙”技术特征的技术方案。被诉侵权产品的相应技术特征为葡萄糖酸钙，属于专利权人在专利授权程序中放弃的技术方案，不应当认为其与权利要求1中记载的“活性钙”技术特征等同。原审判决对禁止反悔原则理解有误，将二者认定为等同特征不当。

中华人民共和国最高人民法院民事判决书

(2009) 民提字第20号

申请再审人（一审被告、二审上诉人）：湖北午时药业股份有限公司，住所地湖北省安陆市碧涢路137号。

法定代表人：程仁璋，董事长。

委托代理人：蒋洪义，北京市联德律师事务所律师。

委托代理人：刘永全，北京市联德律师事务所律师。

被申请人（一审原告、二审被上诉人）：澳诺（中国）制药有限公司，住所地河北省保定市翠园街1099号。

法定代表人：刘宏，董事长。

委托代理人：张辉，上海市方达律师事务所深圳分所律师。

委托代理人：曹津燕，女，北京泛华伟业知识产权代理有限公司专利代理人，住北京市海淀区×7号楼11号。

原审被告：王军社，男，1965年3月27日出生，汉族，保定市北市区鑫康大药房业主，住河北省保定市×街93号。

申请再审人湖北午时药业股份有限公司（以下简称午时药业公司）因与被申请人澳诺（中国）制药有限公司（以下简称澳诺公司）、原审被告王军社侵犯发明专利权纠纷一案，不服河北省高级人民法院（2007）冀民三终字第23号民事判决，向本院申请再审。本院于2008年12月25日作出（2008）民申字第458号民事裁定，提审本案。本院依法组成合议庭公开开庭审理了本案。午时药业公司的委托代理人蒋洪义、刘永全，澳诺公司的委托代理人张辉、曹津燕到庭参加诉讼，原审被告王军社经本院合法传唤未到庭。本案现已审理终结。

2006年11月25日，澳诺公司起诉至河北省石家庄市中级人民法院称，澳诺公司发现午时药业公司生产并在河北等地广泛销售其产品新钙特牌“葡萄糖酸钙锌口服溶液”，并在王军社经营的保定市北市区鑫康大药房公证购买了被诉侵权产品，午时药业公司和王军社侵犯其发明专利权，请求法院判令：1. 午时药业公司和王军社停止生产、销售新钙特牌“葡萄糖酸钙锌口服溶液”；2. 午时药业公司、王军社在《中国医药报》上刊登致歉声明；3. 午时药业公司和王军社赔偿澳诺公司经济损失1941371.44元，并承担本案律师代理费、诉讼费。

河北省石家庄市中级人民法院一审查明，1995年12月5日，孔彦平向国家专利局申请“一种防治钙质缺损的药物及其制备方法”发明专利，2000年12月15日，国家知识产权局授予其专利权，专利号为ZL95117811.3，授权公告日为2001年1月10日。该专利权利要求1为：“一种防治钙质缺损的药物，其特征在于：它是由下述重量配比的原料制成的药剂：活性钙4–8份，葡萄糖酸锌0.1–0.4份，谷氨酰胺或谷氨酸0.8–1.2份。”2006年4月3日，专利权人孔彦平与澳诺公司签订《专利实施许可合同书》，当时澳诺公司名称为澳诺制药有限公司，后在工商局变更为澳诺（中国）制药有限公司。该合同约定：孔彦平将涉案专利许可澳诺公司独占实施，授权期限同专利期限，无地域和使用方式限制，如发生第三方实施对本专利的侵权行为，由被许可方独立向侵权行为人提起诉讼，相关法律后果（利益或损失）均由被许可方承担。

2006年9月28日，经保定市第二公证处公证，澳诺公司在王军社经营的保定市北市区鑫康大药房购买了午时药业公司生产的新钙特牌“葡萄糖酸钙锌口服溶液”2盒。产品说明书载明的成分为：每10ml含葡萄糖酸钙600mg、葡萄糖酸锌30mg、盐酸赖氨酸100mg。国家食品药品监督管理局药品注册批件（批件号：2005S009711）中对该产品的规格也标明为：10ml：葡萄糖酸钙0.6g、葡萄糖酸锌0.03g和盐酸赖氨酸0.1g。

涉案专利申请公开文本中，其独立权利要求为可溶性钙剂，可溶性钙剂包括葡萄糖酸钙、氯化钙、乳酸钙、碳酸钙或活性钙。国家知识产权局第一次审查意见通知书中，审查员认为，该权利要求书中使用的上位概念“可溶性钙剂”包括各种可溶性的含钙物质，它概括了一个较宽的保护范围，而申请人仅对其中的“葡萄糖酸钙”和“活性钙”提供了配制药物的实施例，对于其它的可溶性钙剂没有提供配方和效果实施例，所属技术领域的技术人员难于预见其它的可溶性钙剂按本发明进行配方是否也能在人体中发挥相同的作用，权利要求在实质上得不到说明书的支持，应当对其进行修改。申请人根据审查员的要求，对权利要求书进行了修改，将“可溶性钙剂”修改为“活性钙”。

为判断午时药业公司生产的“葡萄糖酸钙锌口服溶液”技术特征是否落入澳诺公司所主张的专利权保护范围，一审法院委托了北京紫图知识产权鉴定中心进行了技术鉴定。该机构做出的鉴定报告认为：午时药业公司产品含有葡萄糖酸钙，而涉案专利是活性钙，活性钙与葡萄糖酸钙同样都是可食用的能被人体吸收的钙剂，作为补钙药剂的原料两者是等同的，可供任意选择的；午时药业公司产品为盐酸赖氨酸，涉案专利为谷氨酰胺或谷氨酸，盐酸赖氨酸与专利的谷氨酸是不同的氨基酸，具有不同的营养价值，但在防治钙质缺损的药物中两者是与钙剂配伍使用，且均实现促进钙吸收的功能和效果，所以二者等同；除上述特征等同外，午时药业公司产品与涉案专利两者用途相同，其余原料相同，均为葡萄糖酸锌，各种原料的用量比例相同。鉴定结论为：“湖北午时药业股份有限公司生产的‘新钙特牌’葡萄糖酸钙锌口服溶液药品与涉案专利的技术方案相等同。”

澳诺制药有限公司于2003年2月19日就“一种防止或治疗钙质缺损的口服溶液及其制备方法”，向国家知识产权局申请了发明专利，专利号为ZL03104587.1（以下简称587号专利）。其独立权利要求1为：一种防止或治疗钙质缺损的口服溶液，其特征在于它是由下述重量比计的配方和原料制成的制剂：可溶性钙剂4－9份，葡萄糖酸锌0.1－0.4份，盐酸赖氨酸0.8－1.2份。庭审中，午时药业公司认为，被诉侵权产品与587号专利相同，而该专利既然得到授权，说明是有创造性的，并不是涉案专利的等同替换。

河北省石家庄市中级人民法院一审认为，专利权人孔彦平享有的涉案专利权及其与澳诺公司签订的独占实施许可合同合法有效，应受法律保护。午时药业公司生产、销售的“葡萄糖酸钙锌口服溶液”，经委托鉴定机构鉴定，其产品的技术特征与澳诺公司主张的涉案专利构成等同，午时药业公司未经专利权人许可生产、销售上述产品，已构成侵权。

只有为了使专利授权机关认定其申请专利具有新颖性或创造性而进行的修改或意见陈述，才产生禁止反悔的效果，并非专利申请过程中关于权利要求的所有修改或意见陈述都会导致禁止反悔原则的适用。本案专利权人在专利申请过程中根据专利审查员的意见对权利要求书进行了修改，将独立权利要求中的“可溶性钙剂”修改为“活性钙”，并非是为了使其专利申请因此修改而具有新颖性或创造性，而是为了使其权利要求得到说明书的支持，故此修改不产生禁止反悔的效果。

只要被控侵权产品侵犯了他人在先专利，即构成侵权，午时药业公司辩称其产品特征与587号专利相同，不构成对涉案专利侵权的主张不能成立。

澳诺公司对其所主张的经济损失未能提供有力证据，故根据本案午时药业公司侵权情节、销售范围等具体情况，酌情确定午时药业公司赔偿澳诺公司经济损失的数额，并适当赔偿澳诺公司律师代理费。王军社系销售者，不知道销售的产品系侵权产品，且已提供了产品合法来源，澳诺公司对此并无异议，故王军社只承担停止侵权责任，不承担赔偿责任。午时药业公司侵权行为并未给澳诺公司造成商誉上的损害，故对其要求午时药业公司在报纸上致歉的请求不予支持。

河北省石家庄市中级人民法院于2007年3月6日作出（2006）石民五初字第00169号民事判决：1. 午时药业公司停止生产、销售“葡萄糖酸钙锌口服溶液”产品，并赔偿澳诺公司经济损失30万元，律师代理费1.5万元；2. 王军社停止销售午时药业公司生产的“葡萄糖酸钙锌口服溶液”产品；3. 驳回澳诺公司其他诉讼请求。案件受理费30015元，由午时药业公司负担11265元，澳诺公司负担18750元，鉴定费30000元，由午时药业公司负担。

午时药业公司不服一审判决，向河北省高级人民法院提起上诉。

河北省高级人民法院二审查明，双方当事人除对活性钙的概念提供一些学术文章和活性钙作为食品的国家标准外，均未提交其它新证据。

午时药业公司以587号专利文件为主要证据，抗辩澳诺公司的主张，故二审法院于2007年8月2日裁定中止本案审理，等待国家知识产权局专利复审委员会（以下简称专利复审委员会）对该专利的有效性作出最后决定。2006年11月13日，专利复审委员会作出《无效宣告请求受理通知书》，受理了午时药业公司此前提出的587号专利权的无效宣告请求，庭审时午时药业公司称已撤回申请。2006年8月25日，湖北福人药业公司又向专利复审委员会提出587号专利权的无效宣告请求，2007年9月25日，湖北福人药业公司向专利复审委员会提交了撤回宣告587号专利权无效请求的书面声明，专利复审委员会于2007年10月11日作出《无效宣告案件结案通知书》。但2007年9月11日，午时药业公司代理人以其个人名义对587号专利权再次提出无效宣告请求，2007年10月31日，专利复审委员会又作出《无效宣告请求受理通知书》。

河北省高级人民法院二审认为，考虑到湖北福人药业公司对澳诺公司587号专利权提出无效申请已有一段时间，拟等待专利复审委员会对该专利的有效性作出决定后再处理本案。但湖北福人药业公司不知何故撤回申请，午时药业公司也在此前申请无效后又撤回申请，现在又第二次以其委托代理人个人名义申请无效，午时药业公司对此行为不能作出合理解释，因为587号专利有效，对其主张有利，而其如此反复地申请却又撤回申请，明显会造成时间上的拖延和国家在行政、司法资源上的浪费。且国家药品监督管理局于2001年3月29日颁布的“葡萄糖酸钙锌口服液国家标准”（WS1－XG－008－2001）对药品的配比规格与587号专利的权利要求保护的内容基本相同。国家药品监督管理局于2002年11月6日发布的国药监安〔2002〕404号《关于公布第三批非处方药目录的通知》，该文件附件《第三批非处方药药品目录（二）》中明确载明了“葡萄糖酸钙锌口服液”的药物组成配比，该内容与587号专利技术方案也基本相同。国家知识产权局在国家标准及相关文件颁布后，仍对该专利授权明显不妥。

一审法院在依职权委托专业机构进行技术鉴定时，未通知当事人的行为，存在不妥之处，但并不构成鉴定程序违法，故该鉴定报告仍可作为本案定案的依据。对午时药业公司请求重新鉴定或补充鉴定的申请予以驳回。涉案专利的申请人对权利要求书进行的修改只是为了使其权利要求得到说明书的支持，并非因此而使其申请的专利具有了新颖性或创造性，故此修改不产生禁止反悔的效果。涉案专利在其说明书中对“葡萄糖酸钙”提供了配制药物的实施例，所属技术领域的技术人员对“葡萄糖酸钙”和“活性钙”按该发明进行配方均能在人体中发挥相同的作用是显而易见的，说明活性钙与葡萄糖酸钙在用作补钙药物的制药原料方面不存在实质性差别，两者可以等同替换。根据2000年4月10日国家药品监督管理局国药管安〔2000〕131号文件，即《关于公布呼吸系统用药和维生素及矿物质类药品地方标准品种再评价结果的通知》的附件《呼吸系统用药、维生素及矿物质类药品地方标准品种再评价结果》，直接载明了“锌钙特口服液”（澳诺公司产品）可以“用盐酸赖氨酸10g代替谷氨酸10g”。且本案一审法院委托专业机构所作鉴定结论，也认为“活性钙”与“葡萄糖酸钙”、“谷氨酸或谷氨酰胺”与“盐酸赖氨酸”均构成等同。故午时药业公司生产的产品落入澳诺公司独占许可使用的专利权的保护范围，构成侵权。

河北省高级人民法院于2007年12月17日作出（2007）冀民三终字第23号民事判决：驳回上诉，维持一审判决。二审案件受理费30015元，由午时药业公司负担。

午时药业公司申请再审称，1. 涉案专利权利要求1作为一项封闭式的组合物权利要求，已经用封闭式方式限定了其所包含的组分种类和范围，而被诉侵权产品则含有超出权利要求1封闭范围的其他多种组分，足以证明被诉侵权产品没有落入涉案专利权利要求1的保护范围。2. 专利权人在涉案专利的审批程序中，将使用葡萄糖酸钙作为钙质组分的组合物技术方案从公开的权利要求中予以删除，该行为对涉案专利产生禁止反悔的法律后果，一、二审判决认定使用葡萄糖酸钙作为钙质组分的被诉侵权产品落入涉案专利权利要求1的保护范围，明显违反禁止反悔原则。3. 由于涉案专利权利要求1所限定的“活性钙”组分与被诉侵权产品所使用的“葡萄糖酸钙”组分具有截然相反的水溶物理属性，所以在用作制备以水为溶解介质的口服溶液类药物的原料方面，两者具有本质区别，完全不属于可以等同替换的技术手段。4. 由于被申请人已在申请587号专利的过程中，通过对比试验证明，被诉侵权产品所使用的“盐酸赖氨酸”组分在用作补钙药物的制备原料方面，与涉案专利权利要求1所限定的“谷氨酰胺或谷氨酸”组分相比，在技术效果上具有显著区别，因此，无论从尊重客观事实的角度，还是从禁止被申请人反悔以体现公平合理原则的角度，在本案中均不应认定两组分构成等同。

澳诺公司辩称，1. 涉案专利权利要求1并非封闭式表达方式，并且无论权利要求1是否为封闭式表达方式，被诉侵权产品均落入其保护范围。2. 涉案专利在审批过程中并未针对新颖性和创造性进行修改，也没有明确放弃或者删除哪些内容，专利权人将“可溶性钙剂”修改为“活性钙”是一种澄清性修改，修改后的活性钙是指离子形式的钙，也称钙离子，属于具有生理活性的钙，包括了含葡萄糖酸钙在内的所有组分钙，该修改不适用禁止反悔原则。3. 并不否认“盐酸赖氨酸相对于谷氨酰胺或谷氨酸能够显著增加葡萄糖酸钙的溶解度和理化性质的稳定性”，但587号专利是在涉案专利的基础上的选择发明，二者是包容的关系，侵犯587号专利必然侵犯涉案专利。

本院经审查，原一、二审法院查明的事实属实。

本院再审认为，本案争议的主要问题是：（一）权利要求1是否为封闭式结构以及对于权利要求1中记载的“活性钙”应如何解释；（二）活性钙与葡萄糖酸钙是否等同；（三）谷氨酰胺或谷氨酸与盐酸赖氨酸是否等同。

（一）关于权利要求1是否为封闭式结构以及对于权利要求1中记载的“活性钙”应如何解释问题。专利权利要求1为组合物权利要求，采用了“由下述重量配比的原料制成的药剂”的表达方式。权利要求1的这种表达方式，并不属于国家知识产权局制定的《审查指南》（2006年版）第二部分第十章第4.2.1节所列举的“由……组成”、“组成为”等封闭式表达方式的形式。此外，从权利要求1与权利要求2的限定关系看，权利要求1也不是封闭式表达方式。从属于权利要求1的权利要求2限定了药剂为散剂或口服液。一般而言，从属权利要求是对独立权利要求的进一步限定而非扩张，在从属权利要求2进一步限定了权利要求1中的药剂可以是散剂或口服液的情况下，显然权利要求2还包括除了活性钙、葡萄糖酸锌、谷氨酰胺或谷氨酸之外的其他组分，说明权利要求1可以包括除了活性钙、葡萄糖酸锌、谷氨酰胺或谷氨酸之外的其他组分。因此，权利要求1应当理解为开放式表达方式的权利要求。

关于权利要求1中记载的“活性钙”是否包含了“葡萄糖酸钙”的问题。涉案专利申请公开文本权利要求2以及说明书第2页明确记载，可溶性钙剂是“葡萄糖酸钙、氯化钙、乳酸钙、碳酸钙或活性钙”。可见，在专利申请公开文本中，葡萄糖酸钙与活性钙是并列的两种可溶性钙剂，葡萄糖酸钙并非活性钙的一种。此外，涉案专利申请公开文本说明书实施例1记载了以葡萄糖酸钙作为原料的技术方案，实施例2记载了以活性钙作为原料的技术方案，进一步说明了葡萄糖酸钙与活性钙是并列的特定钙原料，葡萄糖酸钙并非活性钙的一种。澳诺公司辩称，专利申请人在涉案专利的审批过程中，将“可溶性钙剂”修改为“活性钙”

属于一种澄清性修改，修改后的活性钙包括了含葡萄糖酸钙在内的所有组分钙。然而，**从涉案专利审批文档中可以看出，专利申请人进行上述修改是针对国家知识产权局认为涉案专利申请公开文本权利要求中“可溶性钙剂”保护范围过宽，在实质上得不到说明书支持的审查意见而进行的，同时，专利申请人在修改时的意见陈述中，并未说明活性钙包括了葡萄糖酸钙，故被申请人认为涉案专利中的活性钙包含葡萄糖酸钙的主张不能成立。**

（二）关于活性钙与葡萄糖酸钙是否等同问题。正如上述问题（一）中对“活性钙”是否包含了“葡萄糖酸钙”所阐述的那样，专利权人在专利授权程序中对权利要求1所进行的修改，放弃了包含“葡萄糖酸钙”技术特征的技术方案。根据禁止反悔原则，**专利申请人或者专利权人在专利授权或者无效宣告程序中，通过对权利要求、说明书的修改或者意见陈述而放弃的技术方案，在专利侵权纠纷中不能将其纳入专利权的保护范围。因此，涉案专利权的保护范围不应包括“葡萄糖酸钙”技术特征的技术方案。**被诉侵权产品的相应技术特征为葡萄糖酸钙，属于专利权人在专利授权程序中放弃的技术方案，不应当认为其与权利要求1中记载的“活性钙”技术特征等同而将其纳入专利权的保护范围。原审判决对禁止反悔原则理解有误，将二者认定为等同特征不当。

（三）关于谷氨酰胺或谷氨酸与盐酸赖氨酸是否等同问题。587号专利权人在该专利审批过程中提供的《意见陈述》中称，在葡萄糖酸锌溶液中加入盐酸赖氨酸，与加入谷氨酰胺或谷氨酸的配方相比，前者使葡萄糖酸钙口服液在理化性质上有意料之外的效果，在葡萄糖酸钙的溶解度和稳定性等方面都有显著的进步，并提供了相应的实验数据证明其上述主张。国家知识产权局也据此申辩主张授予了587号专利权。由于587号专利的权利要求1与涉案专利权利要求1的主要区别，就在于将涉案专利权利要求1记载的“谷氨酸或谷氨酰胺”变更为“盐酸赖氨酸”，可见，从专利法意义上讲，“谷氨酸或谷氨酰胺”与“盐酸赖氨酸”这两个技术特征，对于制造葡萄糖酸锌溶液来说，二者存在着实质性差异。被诉侵权产品的相应技术特征为盐酸赖氨酸，与涉案专利权利要求1记载的“谷氨酸或谷氨酰胺”技术特征相比，二者不应当属于等同的技术特征。国家药品监督管理局国药管安〔2000〕131号《通知》附件中，虽然公布了可以“用盐酸赖氨酸10g代替谷氨酸10g”，但这只是国家采用的一种行政管理措施，并非专利法意义上的等同替换，不能据此就认为被诉侵权产品的盐酸赖氨酸技术特征与涉案专利权利要求1记载的“谷氨酸或谷氨酰胺”技术特征等同。

鉴于被诉侵权产品的“葡萄糖酸钙”和“盐酸赖氨酸”两项技术特征，与涉案专利权利要求1记载的相应技术特征“活性钙”和“谷氨酸或谷氨酰胺”既不相同也不等同，被诉侵权产品没有落入专利权的保护范围，因此，午时药业公司、王军社生产、销售被诉侵权产品的行为不构成侵犯专利权。原审判决适用法律不当，判决结果错误，应予纠正；申请再审人申请再审的主要理由成立，应予支持。依照《中华人民共和国民事诉讼法》第一百八十六条第一款、第一百五十三条第一款第二项的规定，判决如下：

一、撤销河北省石家庄市中级人民法院（2006）石民五初字第00169号民事判决和河北省高级人民法院（2007）冀民三终字第23号民事判决；

二、驳回澳诺（中国）制药有限公司的诉讼请求。

本案一、二审案件受理费共60030元，技术鉴定费30000元，由澳诺（中国）制药有限公司负担。

本判决为终审判决。

审　判　长　王永昌
代理审判员　李　剑
代理审判员　罗　霞
二〇一〇年三月二十三日
书　记　员　王　新

41. 专利权人在授权确权程序中的意见陈述可导致禁止反悔原则的适用

——再审申请人江苏万高药业有限公司与被申请人成都优他制药有限责任公司、原审被告四川科伦医药贸易有限公司侵犯发明专利权纠纷案

【裁判要旨】

根据专利权人在涉案专利授权和无效宣告程序中作出的意见陈述，以及涉案专利说明书中记载的有关不同工艺条件所具有的技术效果的比较分析，认定被诉侵权产品

中的相关技术特征与涉案专利中的对应技术特征不构成等同，被诉侵权产品没有落入涉案专利权利要求 1 的保护范围。

【关键词】

授权确权　意见陈述　禁止反悔

【案号】

最高人民法院（2010）民提字第 158 号

【基本案情】

成都优他制药有限责任公司（以下简称优他公司）是名称为“藏药独一味软胶囊制剂及其制备方法”的发明专利（以下简称涉案专利）的专利权人。涉案专利权利要求 1 中关于独一味提取物的提取方法为：B1. 取独一味药材，粉碎成最粗粉；B2. 加水煎煮二次，第一次加 10～30 倍量的水，煎煮 1～2 小时，第二次加 10～20 倍量水，煎煮 0.5～1.5 小时；B3. 合并药液，滤过，滤液浓缩成稠膏；B4. 减压干燥，粉碎成细粉，过 200 目筛，备用。2007 年 2 月 7 日，优他公司向四川省成都市中级人民法院提起诉讼称，江苏万高药业有限公司（以下简称万高公司）使用涉案专利制造和销售、四川科伦医药贸易有限公司（以下简称科伦公司）销售“独一味软胶囊”，侵犯了涉案专利权。四川省成都市中级人民法院在一审中根据优他公司的申请向国家食品药品监督管理局（以下简称国家药监局）调取了“独一味软胶囊”生产工艺的研究资料，载明被诉侵权产品中独一味提取物的提取方法为：b1. 取独一味药材 1000g，粉碎；b2. 加 10 倍量水煎煮 3 次，每次 1 小时；b3. 合并煎液，滤过，滤液浓缩成相对密度为 1.30 的清膏；b4. 在 80℃以下干燥，研成细粉备用。万高公司、科伦公司主张本案应适用禁止反悔原则，一审法院未予支持并认定构成侵权。万高公司不服，向四川省高级人民法院提起上诉。万高公司认为，涉案专利的原始权利要求仅包含产品剂型、组成和配比的特征，优他公司在涉案专利审查过程中对原始权利要求进行了限缩性修改，增加了对独一味提取物提取方法的限定，并在后续的无效审查程序中主张涉案专利所述的独一味提取物的提取方法未被现有技术公开，与现有技术如《中华人民共和国药典》（2000 年版，一部）（以下简称《药典》）中的独一味提取物并不等同，而万高公司独一味提取物的提取方法依据的就是《药典》中的现有技术，故根据禁止反悔原则，万高公司独一味提取物的提取方法与涉案专利技术方案中的提取方法不构成等同。二审法院认为，应视为优他公司在专利授权和无效程序中放弃了仅包含药品剂型、组成和配比特征的技术方案。同时，通过比较可知，万高公司独一味提取物的提取方法与《药典》中记载的提取方法并不相同，区别在于万高公司的提取方法增加了对煎煮加水比例的限定，并增加了将干燥所得物研成细粉的限定。可见被诉侵权产品的技术方案并不在优他公司在专利授权和无效程序中所放弃的技术方案范围内，故对于万高公司认为一审判决违反禁止反悔原则的主张不予支持，遂判决维持一审判决。万高公司不服，向最高人民法院申请再审。最高人民法院再审查明，涉案专利说明书第12页“最佳提取条件的确定”一节记载：“取独一味提取物三份，每份1000g，加20倍水，分别煎煮1次、2次、3次，分别滤过，滤液浓缩，干燥……结果表明，煎煮2次和煎煮3次，得粉率和木犀草素含量接近，为降低生产成本，选择煎煮2次。”说明书第15页“实验例5浸膏粉细度的确定”一节记载：“减小粒度，增加分散媒黏度都可以有效地减小沉降速度，保证混悬液的稳定性……试验结果表明过200目筛的细粉沉降比值最大，因此，将独一味提取物干粉碎成过200目筛的细粉，制成的软胶囊内容物混悬体系最稳定。”根据《药典》“凡例”记载，细粉指能全部通过五号筛即80目筛，但含有能通过六号筛（即100目筛）不少于95%的粉末。万高公司在申请再审时提交了三份批生产记录，其记载的工艺过程包含了粉碎过80目筛的内容，并无过200目筛的步骤。在涉案专利申请授权的程序中，优他公司作出的意见陈述书记载：“根据审查意见，申请人对原权利要求1进行了修改，增加了对独一味提取物的限定，具体是以说明书所述独一味提取物的四种制备方法加以限定”“本发明所述独一味提取物的四种制备方法为发明人进行了大量的工艺筛选和验证试验后最终确定的工艺步骤，现有技术中并没有公开，由此得到的本发明中所述的独一味提取物与现有技术如《中华人民共和国药典》（2000年版，一部）中的独一味提取物并不等同。”最高人民法院于2010年11月24日作出再审判决，撤销一、二审判决，驳回优他公司的诉讼请求。

【裁判意见】

最高人民法院再审认为：优他公司在涉案专利授权和无效宣告程序作出的意见陈述中强调“本发明所述独一味提取物的四种制备方法为发明人进行了大量的工艺筛选和验证试验后最终确定的工艺步骤，现有技术中并没有公开，由此得到的本发明中所述的独一味提取物与现有技术中的独一味提取物并不等同”。优他公司还在涉案专利说明书第12页“最佳提取条件的确定”一节强调，煎煮2次与煎煮3次相比，可以降低生产成本，所以选择煎煮2次；在说明书第15~16页“实验例5浸膏粉细度的确定”一节强调，将独一味提取物粉碎成过200目筛的细粉，制成的软胶囊内容物混悬体系最稳定。因此，根据《最高人民法院关于审理专利纠纷案件适用法律问题的若干规定》第十七条的规定，并参照《最高人民法院关于审理侵犯专利权纠纷案件应用法律若干问题的解释》第六条的规定，“煎煮2次”与“煎煮3次”、“粉碎成细粉，过200目筛”与“研成细粉”均不构成等同特征，被控侵权产品没有落入涉案专利权利要求1的保护范围。

中华人民共和国最高人民法院民事判决书

（2010）民提字第158号[①]

42. 部分权利要求被宣告无效情形下禁止反悔原则的适用

——再审申请人中誉电子（上海）有限公司与被申请人上海九鹰电子科技有限公司侵犯实用新型专利权纠纷案

【裁判要旨】

禁止反悔原则通常适用于专利权人通过修改或意见陈述而自我放弃技术方案的情形；若独立权利要求被宣告无效而在其从属权利要求的基础上维持专利权有效，且专利权人未曾作自我放弃，则不宜仅因此即对该从属权利要求适用禁止反悔原则并限制等同侵权原则的适用。

【关键词】

部分权利要求　宣告无效　禁止反悔

【案号】

最高人民法院（2011）民提字第306号

【基本案情】

本案专利是名称为“一种舵机”的实用新型专利（即本案专利），其权利要求1－3为：“1. 一种模型舵机，其特征在于，包括支架、电机、丝杆和滑块，所

---

① 参见案例23裁判文书。

述支架包括电机座和滑块座，所述电机设置于所述电机座内，在所述电机的一端设置有一主动齿轮，所述丝杆纵向穿过所述滑块座，在所述丝杆的一端设置有一从动齿轮，所述主动齿轮和所述从动齿轮相互啮合，所述滑块穿在所述丝杆上，并且所述滑块伸出所述滑块，在所述滑块底面设置有一电刷。2. 如权利要求 1 所述的舵机，其特征在于，在所述支架上，设置有固定到一舵机驱动电路板上的固定孔。3. 如权利要求 2 所述的舵机，其特征在于，在所述舵机驱动电路板上，印制有一条形的碳膜和银膜，所述支架通过其上的固定孔固定到所述舵机驱动电路板上，且所述滑块底面上的电刷与该碳膜和银膜相接触。”专利复审委员会于 2009 年 7 月 22 日作出第 13717 号无效宣告请求审查决定，宣告本案专利权利要求 1－2，4－6 无效，在权利要求 3 的基础上维持本案专利权有效。本案争议的被诉侵权产品技术特征 g 为：“在所述含有舵机驱动电路的电路板上，印制有一条形的碳膜和镀金铜条，且所述滑块底面上的电刷与该碳膜和镀金铜条相接触。”上海市第二中级人民法院一审认为，被诉侵权产品的技术方案是一项现有技术与公知常识的简单组合，上海九鹰电子科技有限公司（以下简称九鹰公司）的现有技术抗辩成立，其不构成侵犯本案专利权，遂判决驳回中誉电子（上海）有限公司（以下简称中誉公司）的诉讼请求。中誉公司上诉至上海市高级人民法院。二审法院认为，从属权利要求 3 被维持有效的原因在于，在权利要求 1 中增加了从属权利要求 2 和 3 记载的附加技术特征，这实质上是修改权利要求 1。因此，权利要求 3 的技术特征“在所述支架上，设置有固定到一舵机驱动电路板上的固定孔”以及“在所述舵机驱动电路板上，印制有一条形的碳膜和银膜，所述支架通过其上的固定孔固定到所述舵机驱动电路板上，且所述滑块底面上的电刷与该碳膜和银膜相接触”，属于为维持专利权有效而限制性修改权利要求 1 所增加的技术特征。本案专利技术方案将舵机驱动电路板上作为直线型电位器的导流条明确限定为“银膜”，该具体限定应视为专利权人放弃了除“银膜”外以其他导电材料作为导流条的技术方案。被诉侵权产品技术方案系采用镀金铜条作为导流条。依据禁止反悔原则，九鹰公司不构成等同侵权。另外，九鹰公司的现有技术抗辩成立。据此判决驳回上诉，维持原判。中誉公司向最高人民法院申请再审。最高人民法院裁定提审本案，并于 2012 年 4 月 12 日判决撤销原一、二审判决，判令九鹰公司赔偿中誉公司经济损失。

【裁判意见】

最高人民法院提审认为：一般情况下，只有对权利要求、说明书的修改或者意见陈述，才可能产生技术方案的放弃，进而导致禁止反悔原则的适用。本案中，独立权利要求1及其从属权利要求2均被宣告无效，在权利要求2的从属权利要求3的基础上维持本案专利有效。对权利要求3适用禁止反悔原则的前提在于，权利要求3是否仅仅因此构成对其所从属的权利要求1－2的限制性修改。独立权利要求被宣告无效，在其从属权利要求的基础上维持专利权有效，该从属权利要求即实际取代了原独立权利要求的地位。但是，该从属权利要求的内容或者所确定的保护范围并没有因为原独立权利要求的无效而改变。因为每一项权利要求都是单独的、完整的技术方案，其均应准确、完整地概括申请人在原始申请中要求的保护范围，而不论其是否以独立权利要求的形式出现。正基于此，每一项权利要求可以被单独地维持有效或宣告无效。每一项权利要求的效力应当被推定为独立于其他权利要求的效力。即使从属权利要求所从属的权利要求被宣告无效，该从属权利要求并不能因此被认为无效。所以不应当以从属权利要求所从属的权利要求被宣告无效而简单地认为该从属权利要求所确定的保护范围即受到限制。本案中，权利要求3中的“银膜”并没有被权利要求1－2所提及。而且中誉公司在专利授权和无效宣告程序中没有修改权利要求和说明书，在意见陈述中也没有放弃除“银膜”外其他导电材料作为导流条的技术方案。因此，不应当基于权利要求1－2被宣告无效，而认为对权利要求3的附加技术特征“银膜”不能再适用等同原则。

中华人民共和国最高人民法院民事判决书

（2011）民提字第306号

申请再审人（一审原告、二审上诉人）：中誉电子（上海）有限公司。住所地：上海市松江区九亭镇久富经济开发区盛龙路960号。

法定代表人：田瑜，该公司总经理。

委托代理人：薛琦，上海智岳信文律师事务所律师。

委托代理人：谢兵，上海智岳信文律师事务所律师。

被申请人（一审被告、二审被上诉人）：上海九鹰电子科技有限公司。住所地：上海市嘉定区马陆镇彭封路98号。

法定代表人：黄国川，该公司董事长。

委托代理人：丁华，上海市锦天城律师事务所律师。

委托代理人：赵国虹，女，汉族，1952年7月23日出生，北京卓言知识产权代理事务所专利代理人，住北京市海淀区×街3号九所1门403号。

申请再审人中誉电子（上海）有限公司（以下简称中誉公司）因与被申请人上海九鹰电子科技有限公司（以下简称九鹰公司）侵犯实用新型专利权纠纷一案，不服上海市高级人民法院（2010）沪高民三（知）终字第53号民事判决，向本院申请再审。本院于2011年8月1日作出（2011）民申字第397号民事裁定，提审本案。本院依法组成合议庭，于2011年10月26日公开开庭审理了本案。中誉公司的委托代理人薛琦、谢兵，九鹰公司的委托代理人丁华、赵国虹到庭参加诉讼。本案现已审理终结。

2009年8月，中誉公司向上海市第二中级人民法院提起诉讼称：专利权人田瑜、江文彦于2008年2月13日就“一种舵机”获得国家知识产权局实用新型专利的授权，专利号为ZL200720069025.2。2009年2月10日，中誉公司与专利权人签订《专利实施许可合同》，合同约定，中誉公司经专利权人授权享有独占使用该实用新型专利的权利，独占许可有效期至2017年4月17日。2009年2月，中誉公司在德国纽伦堡国际春季玩具展览会上发现九鹰公司正在该展会上宣传一种型号为“Free Spirit Micro NE R/C 210A”的航模，该航模中所用舵机落入专利权保护范围。中誉公司委托律师发函给九鹰公司，要求其立即停止侵权行为，九鹰公司置之不理。2009年6月，中誉公司发现九鹰公司在第六届上海航模展会上展出专利侵权产品，并以远低于专利产品成本的价格批量销售该产品。此外，九鹰公司还通过其公司网站、产品目录等多种途径对侵权产品进行宣传推广。九鹰公司未经权利人许可，擅自使用该实用新型专利并低价销售侵权产品，对侵权产品长时间地持续宣传，严重损害了中誉公司的合法权益。故请求法院判令九鹰公司：1. 立即停止销售侵权产品，回收全部侵权产品并予以销毁；2. 销毁全部侵权产品的模具、书面宣传材料并删除网站中侵权产品的信息；3. 赔偿中誉公司包括合理费用在内的经济损失500万元（合理费用包括律师费10万元，鉴定费2万元，公证费3000元，工商调查费95元）。

九鹰公司辩称，其产品所使用的技术与现有技术和公知常识相同或无实质性差异，不构成对“一种舵机”实用新型专利权的侵犯。请求法院驳回中誉公司的诉讼请求。

上海市第二中级人民法院一审查明，田瑜、江文彦是名称为“一种舵机”的实用新型专利权（以下简称涉案专利）的专利权人，专利号为ZL200720069025.2，申请日是2007年4月17日，授权公告日是2008年2月13日。涉案专利授权公告的权利要求1-3为：“1. 一种模型舵机，其特征在于，包括支架、电机、丝杆和滑块，所述支架包括电机座和滑块座，所述电机设置于所述电机座内，在所述电机的一端设置有一主动齿轮，所述丝杆纵向穿过所述滑块座，在所述丝杆的一端设置有一从动齿轮，所述主动齿轮和所述从动齿轮相互啮合，所述滑块穿在所述丝杆上，并且所述滑块伸出所述滑块，在所述滑块底面设置有一电刷。2. 如权利要求 1 所述的舵机，其特征在于，在所述支架上，设置有固定到一舵机驱动电路板上的固定孔。3. 如权利要求 2 所述的舵机，其特征在于，在所述舵机驱动电路板上，印制有一条形的碳膜和银膜，所述支架通过其上的固定孔固定到所述舵机驱动电路板上，且所述滑块底面上的电刷与该碳膜和银膜相接触。”

2009 年 2 月 10 日，田瑜、江文彦与中誉公司签订《专利实施许可合同》，授予中誉公司涉案专利在中国境内的独占实施许可权，该许可合同于 2009 年 3 月 24 日在国家知识产权局备案。九鹰公司于 2009 年 4 月 20 日就涉案专利向国家知识产权局专利复审委员会（以下简称专利复审委员会）提出无效宣告请求。专利复审委员会于 2009 年 7 月 22 日作出第 13717 号无效宣告请求审查决定（以下简称第 13717 号无效决定），宣告涉案专利的权利要求 1－2，4－6 无效，在权利要求 3 的基础上维持涉案专利权有效。专利权人田瑜、江文彦不服该决定，向北京市第一中级人民法院提起行政诉讼，该院于 2010 年 3 月 10 日作出（2009）一中知行初字第 2726 号行政判决，维持第 13717 号无效决定。

2009 年 6 月 6 日，中誉公司的代理人在公证人员的监督下在上海展览中心的九鹰公司展台处购买飞机模型一架，取得收据一张、名片三张、宣传资料两份，并对展台及所购模型拍摄了照片。上海市黄浦公证处根据中誉公司申请对上述证据保全过程进行了公证，并出具（2009）沪黄证经字第 4855 号公证书。2009 年 9 月 1 日，中誉公司的代理人在公证人员的监督下登录九鹰公司的网站（网址为 www. nineeagle. com），对该网站中公司简介、产品介绍、销售网络等有关中英文网页及链接图片进行保存和打印。上海市东方公证处根据中誉公司的申请对上述证据保全过程进行了公证，并出具（2009）沪东证经字第 9766 号公证书。2009 年 9 月 8 日，田瑜、江文彦委托上海市知识产权司法鉴定中心就九鹰公司制造、销售的电子遥控飞机中的航模舵机与涉案专利的技术特征是否相同或者等同进行鉴定。鉴定结论为，九鹰公司制造、销售的电子遥控飞机中的航模舵机与涉案专利的技术特征等同。

此外，根据九鹰公司的申请，一审法院于 2009 年 11 月 11 日委托科学技术部知识产权事务中心（以下简称知产事务中心）就九鹰公司生产、销售的航模舵机的技术特征与涉案专利的权利要求3的技术特征是否相同或等同，以及九鹰公司生产、销售的航模舵机的技术特征是否属于现有技术进行鉴定。知产事务中心于2010年3月16日出具的国科知鉴字［2010］09号《司法鉴定意见书》认为：1. 被诉侵权产品的技术特征a－f与涉案专利权利要求3所记载的技术特征A－F相同，被诉侵权产品的技术特征g与涉案专利权利要求3所记载的技术特征G等同。2. 被诉侵权产品技术特征a与现有技术方案（德国WES－Technik生产的"LS系列比例控制舵机"）的技术特征A′相同，均为"包括支架、电机、丝杆、滑块和含有舵机驱动电路的电路板"；现有技术方案技术特征B′仅能看出所述支架包括滑块座，未发现明显的电机座构造，也未发现所述含有舵机驱动电路的电路板上设置有固定孔，但这种支架在电路板上设置方式的区别属于所属技术领域惯用手段的直接置换，即被诉侵权产品技术特征b与现有技术方案的技术特征B′无实质性差异；被诉侵权产品技术特征c中，所述电机通过电机座设置在电路板上，而现有技术方案的技术特征C′中，所述电机直接设置在电路板上，这种电机设置方式的区别属于所属技术领域惯用手段的直接置换，即被诉侵权产品技术特征c与现有技术方案的技术特征C′无实质性差异；被诉侵权产品技术特征d与现有技术方案的技术特征D′相同，均为"所述丝杆纵向穿过所述滑块座，在所述丝杆的一端设置有一从动齿轮"；被诉侵权产品技术特征e与现有技术方案的技术特征E′相同，均为"所述主动齿轮和所述从动齿轮相互啮合"；被诉侵权产品的技术特征f包含"在所述滑块底面设置有一电刷"，而现有技术方案的技术特征F′虽未直接披露，但所属领域技术人员根据现有技术文件直接记载的内容和公知常识，可以很容易联想到，现有技术方案隐含了"在所述滑块底面设置有一电刷"的特征，因此被诉侵权产品技术特征f与现有技术方案的技术特征F′无实质性差异；被诉侵权产品技术特征g为"在所述含有舵机驱动电路的电路板上，印制有一条形的碳膜和镀金铜条，且所述滑块底面上的电刷与该碳膜和镀金铜条相接触"，而现有技术文件未直接记载该项技术特征，但隐含包含了直线型电位器，而这种直线型电位器的具体结构属于公知常识，因此被诉侵权产品技术特征g与公知常识无实质性差异，所属领域技术人员无需经过创造性劳动，就能够在现有技术方案隐含包含的直线型电位器中采用与公知常识无实质性差异的特定具体结构。

上海市第二中级人民法院一审认为，本案的争议焦点是九鹰公司的现有技术抗辩是否成立。首先，确定九鹰公司提供的现有技术是否属于相对于涉案专利的现有技术，即涉案专利申请日以前在国内外出版物上公开发表、在国内公开使用过或者以其他方式为公众所知的技术。九鹰公司提供的德国 WES – Technik 生产的“LS 系列比例控制舵机”在 2005 年第 4 期《航空模型》上已公开发表，早于涉案专利申请日期 2007 年 4 月 17 日，故九鹰公司可以据此进行现有技术抗辩。其次，对被诉侵权产品的技术特征与现有技术进行比较，应限于一项现有技术方案，可以结合所属领域技术人员公知的技术常识。根据知产事务中心《司法鉴定意见书》，被诉侵权产品的技术特征 a、d、e 分别与现有技术方案的技术特征 A′、D′、E′相同，被诉侵权产品的技术特征 b、c、f 分别与现有技术方案的技术特征 B′、C′、F′无实质性差异，被诉侵权产品的技术特征 g 与公知常识无实质性差异。一审法院认为，中誉公司关于知产事务中心鉴定程序违法、鉴定方法错误和鉴定结论含混的主张没有事实和法律依据，不予认可，对该《司法鉴定意见书》依法予以确认。被诉侵权产品的技术方案是一项现有技术与公知常识的简单组合，九鹰公司的现有技术抗辩成立，被诉侵权产品不构成对涉案专利权的侵犯。依照《中华人民共和国专利法》（2000 年修正）第五十六条第一款的规定判决：驳回中誉公司的诉讼请求。一审案件受理费 46800 元，诉讼保全费 5000 元，司法鉴定费 60000 元，三项费用共计 111800 元，由中誉公司负担。

中誉公司不服该一审判决，向上海市高级人民法院提起上诉。

上海市高级人民法院二审查明，一审判决认定的事实基本属实。另查明，北京市高级人民法院于 2010 年 7 月 23 日作出（2010）高行终字第 705 号行政判决，驳回上诉，维持原判。

上海市高级人民法院二审认为，涉案专利权利要求 1、2 被宣告无效，在权利要求 3 的基础上专利权被维持有效。从属权利要求 3 的保护范围由权利要求 3 附加的技术特征“在所述舵机驱动电路板上，印制有一条形的碳膜和银膜，所述支架通过其上的固定孔固定到所述舵机驱动电路板上，且所述滑块底面上的电刷与该碳膜和银膜相接触”、权利要求 3 所从属的权利要求 2 附加的技术特征“在所述支架上，设置有固定到一舵机驱动电路板上的固定孔”以及权利要求 2 所从属的权利要求 1 记载的全部技术特征共同限定。从属权利要求 3 被维持有效的原因在于，在权利要求 1 中增加了从属权利要求 2 以及从属权利要求 3 记载的附加技术特征，这实质上是修改权利要求 1，在权利要求 1 记载的技术方案中增加了从属权利要求 2 和 3 记载的附加技术特征。因此，在界定权利要求 3 保护范围的技术特征中，“在所述支架上，设置有固定到一舵机驱动电路板上的固定孔”与

“在所述舵机驱动电路板上，印制有一条形的碳膜和银膜，所述支架通过其上的固定孔固定到所述舵机驱动电路板上，且所述滑块底面上的电刷与该碳膜和银膜相接触”，属于为维持专利权有效限制性修改权利要求而增加的技术特征。由此，可以认定权利要求 3 中技术特征 G（在所述舵机驱动电路板上，印制有一条形的碳膜和银膜，且所述滑块底面上的电刷与该碳膜和银膜相接触）属于为维持专利权有效限制性修改权利要求而增加的技术特征。根据《最高人民法院关于审理侵犯专利权纠纷案件应用法律若干问题的解释》第六条的规定，专利权人在无效宣告程序中，通过对权利要求的修改而放弃的技术方案，权利人在侵犯专利权纠纷案件中又将其纳入专利权保护范围的，人民法院不予支持。本案中，涉案专利的技术特征 G 将舵机驱动电路板上作为直线型电位器的导流条明确限定为“银膜”，该具体的限定应视为专利权人放弃了除“银膜”外以其他导电材料作为导流条的技术方案。被诉侵权产品的技术特征 g 为“在所述含有舵机驱动电路的电路板上，印制有一条形碳膜和镀金铜条，且所述滑块底面上的电刷与该碳膜和镀金铜条相接触”，根据知产事务中心的鉴定意见，被诉侵权产品的技术特征 g 与涉案专利的技术特征 G 等同，知产事务中心的该项认定双方当事人均予认可，且无足以推翻该项认定的事实与理由，应予采信。尽管技术特征 g 与技术特征 G 等同，但依据禁止反悔原则，由于除“银膜”外以其他导电材料作为导流条的技术方案被视为专利权人放弃了的技术方案，因此，以技术特征 g 与技术特征 G 等同为由，认为被诉侵权产品构成等同侵权的结论不能成立。一审法院关于本案等同侵权成立的结论有误，应予纠正。

现有技术抗辩是比较被诉侵权产品技术方案与现有技术方案。是否能够确定 2005 年第 4 期《航空模型》杂志所刊载的 LS 系列比例控制舵机与涉案专利结构的一致性，并不是现有技术抗辩所要关注的问题，九鹰公司在一审提供的舵机样机也并非是本案一审认定现有技术抗辩成立所依据的现有技术，故中誉公司的此点上诉理由不能成立。

一份现有技术文件所披露的技术内容应以所属技术领域的技术人员从相应技术文件中能够获知的技术内容为准。该技术内容不仅包括技术文件明确记载的技术内容，而且包括可以从该技术文件中直接地、毫无疑问地确定的技术内容，这也就是知产事务中心《司法鉴定意见书》所说的现有技术文件“隐含”公开的技术内容。尽管从 2005 年第 4 期《航空模型》公开舵机的照片及相应文字描述中不能直接看到舵机滑块底面设置有一电刷，但知产事务中心的鉴定专家依据所属领域技术人员的知识与经验（包括所属领域技术人员的公知常识），认为所属领域技术人员依据《航空模型》公开舵机的照片及相应文字描述，可以获知《航空模型》公开了舵机中舵机滑块底面设置有一电刷，亦即《航空模型》公开的技术方案隐含有“在所述滑块底面设置有一电刷”的技术特征，从而进一步认定被诉侵权产品技术特征 f 与现有技术特征 F′无实质性差异，并无不当。同样，尽管从《航空模型》公开舵机的照片及相应文字描述中不能直接看到舵机驱动电路板上构成直线型电位器所需的导流条与电阻条，但知产事务中心的鉴定专家依据所属领域技术人员的知识与经验（包括所属领域技术人员的公知常识），认为所属领域技术人员依据《航空模型》公开舵机的照片及相应文字描述，可以获知《航空模型》公开的舵机中有一个直线型电位器，从而在事实上认定《航空模型》公开的舵机中，其驱动电路板上存在作为构成直线型电位器所需的导流条与电阻条，且滑块底面上的电刷与该电阻条和导流条相接触，亦即《航空模型》公开的技术方案隐含有“在所述含有舵机驱动电路的电路板上，印制有一条形电阻条和导流条，且所述滑块底面上的电刷与该电阻条和导流条相接触”的技术特征，并进一步认定被诉侵权产品的技术特征 g 与现有技术特征 G′无实质性差异，并无不当。中誉公司关于知产事务中心鉴定方法不尊重事实，不能以“隐含”推论为依据的相应上诉理由不能成立。

在知产事务中心《司法鉴定意见书》中，鉴定专家从所属领域技术人员的角度，依据 2005 年第 4 期《航空模型》公开舵机的照片及相应文字描述所披露的技术方案（包括不能直接看到，但所属领域技术人员根据其包括公知常识在内的知识与经验可以从照片及相应文字描述中直接地、毫无疑问地确定的技术内容），认定本案现有技术抗辩成立，但一审法院认为该《司法鉴定意见书》依据 2005 年第 4 期《航空模型》公开舵机的照片及相应文字描述所披露的技术方案与所属领域公知常识的简单组合，认定现有技术抗辩成立，这与《司法鉴定意见书》的实际认定理由不一致，应予纠正。

综上所述，中誉公司上诉请求与理由没有事实和法律依据，应予驳回。况且，即使中誉公司关于现有技术抗辩不成立的上诉理由能够成立，本案也因禁止反悔原则的适用，而不构成等同侵权，中誉公司关于本案被诉侵权产品构成专利侵权的主张，也不能成立，中誉公司的上诉请求，也应予以驳回。依照《最高人民法院关于审理侵犯专利权纠纷案件应用法律若干问题的解释》第六条、第十四条第一款，《中华人民共和国民事诉讼法》第一百五十三条第一款第（一）项、

第一百五十八条的规定判决：驳回上诉，维持原判。二审案件受理费 46800 元，由中誉公司负担。

中誉公司不服该二审判决，向本院申请再审称：（一）二审法院根据“禁止反悔原则”认定九鹰公司不构成等同侵权，属于适用法律错误。专利权人没有通过修改专利权利要求书放弃技术方案，也没有通过意见陈述放弃技术方案，且专利权人也没有在任何专利申请文件中表述过“在所述舵机驱动电路板上，只能用碳膜和银膜”。因此，中誉公司主张九鹰公司专利侵权，并未违反“禁止反悔原则”。退一步来说，即使专利权人曾放弃技术方案，也仅仅是放弃了除“碳膜和银膜直接印制在所述舵机驱动电路板上”以外的技术方案，并没有放弃涉案专利权利要求 3 所限定的技术方案以及与“银膜”等同的“镀金铜条”所限定的技术方案。（二）第 13717 号无效决定与知产事务中心《司法鉴定意见书》所依据的证据材料实质相同，唯一的区别是，前者所引证据包括《电位器基础及其应用》，而后者所引证据是《电位器基础及其应用》的英文版本《THE POTENT IOMETER HANDBOOK》，二者之间是一一对应的翻译关系。因此，第 13717 号无效决定认定涉案专利权利要求 3 有效，并被此后的行政判决维持。这证明涉案专利权利要求 3 相对于现有技术具备了新颖性和创造性；而原审法院却依据知产事务中心的鉴定结论认定与涉案专利权利要求 3 等同的被诉侵权技术方案构成现有技术，这即导致对同一法律事实存在两个相互矛盾的认定。九鹰公司在无效宣告程序中无法证明权利要求 3 无效的情况下，再用同样的证据来佐证现有技术抗辩，明显不能成立。中誉公司请求本院判令：1. 撤销原判；2. 九鹰公司停止生产、销售侵权产品，回收全部侵权产品并销毁；3. 九鹰公司赔偿中誉公司损失 500 万元；4. 九鹰公司承担本案一、二审诉讼费用。

被申请人九鹰公司辩称：（一）中誉公司已经在涉案专利无效宣告程序中通过意见陈述的方式将舵机驱动电路板上作为直线型电位器的导流条明确限定为“银膜”，专利复审委员会据此认为权利要求 3 具有创造性而作出了维持涉案专利权利要求 3 有效的决定，即涉案专利权人已经通过实质修改权利要求从而放弃了除“银膜”外以其他导电材料作为导流条的技术方案。此外，专利权人已经在说明书中明确将直线型电位器的导流条限定为“银膜”，从而使得涉案专利权利要求 3 获得授权，这一限定性表述与其在无效宣告程序中的表述一致，构成了涉案专利权利要求 3 具有创造性的基础。（二）涉案专利的无效宣告程序与本案二审法院作出的民事判决属不同的法律事实或法律关系，且依据的证据材料不同。二审法院认定九鹰公司现有技术抗辩成立，并无错误。知产事务中心的《司法鉴定意见书》鉴定程序合法，鉴定结论正确，应予采信。“隐含推论”的鉴定方法符合相关法律法规的规定。九鹰公司请求本院驳回中誉公司的再审申请。

本院经审理查明，原一、二审法院查明的事实基本属实。

本院提审认为，本案当事人争议的焦点问题有：（一）专利复审委员会决定在权利要求3的基础上维持涉案专利权有效，是否导致禁止反悔原则的适用。（二）九鹰公司的现有技术抗辩是否成立。

关于第一个焦点问题。**首先，禁止反悔原则的法理基础。诚实信用原则作为民法基本原则之一，要求民事主体信守承诺，不得损害善意第三人对其的合理信赖或正当期待，以衡平权利自由行使所可能带来的失衡。在专利授权实践中，专利申请人往往通过对权利要求或说明书的限缩以便快速获得授权，但在侵权诉讼中又试图通过等同侵权将已放弃的技术方案重新纳入专利权的保护范围。为确保专利权保护范围的安定性，维护社会公众的信赖利益，专利制度通过禁止反悔原则防止专利权人上述“两头得利”情形的发生。故此，专利权人在专利授权或者无效宣告程序中，通过对权利要求、说明书的修改或者意见陈述而放弃的技术方案，权利人在侵犯专利权纠纷案件中又将其纳入专利权保护范围的，人民法院不应支持。**

其次，禁止反悔原则的适用条件。一般情况下，只有权利要求、说明书修改或者意见陈述两种形式，才有可能产生技术方案的放弃，进而导致禁止反悔原则的适用。本案中，独立权利要求1及其从属权利要求2均被宣告无效，在权利要求2的从属权利要求3的基础上维持涉案专利有效。问题是，权利要求3是否仅仅因此构成对其所从属的权利要求1－2的限制性修改。**独立权利要求被宣告无效，在其从属权利要求的基础上维持专利权有效，该从属权利要求即实际取代了原独立权利要求的地位。但是，该从属权利要求的内容或者所确定的保护范围并没有因为原独立权利要求的无效而改变。因为，每一项权利要求都是单独的、完整的技术方案，每一项权利要求都应准确、完整地概括申请人在原始申请中各自要求的保护范围，而不论其是否以独立权利要求的形式出现。正基于此，每一项权利要求可以被单独地维持有效或宣告无效。每一项权利要求的效力应当被推定为独立于其他权利要求项的效力。即使从属权利要求所从属的权利要求被宣告无效，该从属权利要求并不能因此被认为无效。所以，不应当以从属权利要求所从属的权利要求被宣告无效而简单地认为该从属权利要求所确定的保护范围即受到**

限制。本案原二审判决认为，从属权利要求 3 被维持有效的原因在于，在权利要求 1 中增加了从属权利要求 2 以及从属权利要求 3 记载的附加技术特征，这实质上就是修改权利要求 1，该认定有所不当。

再次，放弃的认定标准。专利权保护范围是由权利要求包含的技术特征所限定的，故专利权保护范围的变化，亦体现为权利要求中技术特征的变化。在专利授权或无效宣告程序中，专利权人主动或应审查员的要求，可以通过增加技术特征对某权利要求所确定的保护范围进行限制，也可以通过意见陈述对某权利要求进行限缩性解释。禁止反悔原则适用于导致专利权保护范围缩小的修改或者陈述。亦即，由此所放弃的技术方案。该放弃，通常是专利权人通过修改或意见陈述进行的自我放弃。但是，若专利复审委员会认定独立权利要求无效、在其从属权利要求的基础上维持专利权有效，且专利权人未曾作上述自我放弃，则在判断是否构成禁止反悔原则中的“放弃”时，应充分注意专利权人未自我放弃的情形，严格把握放弃的认定条件。如果该从属权利要求中的附加技术特征未被该独立权利要求所概括，则因该附加技术特征没有原始的参照，故不能推定该附加技术特征之外的技术方案已被全部放弃。本案中，九鹰公司称，因为权利要求 1－2 被宣告无效，而权利要求 3 是对其进一步限定，故权利要求 1－2 与权利要求 3 之间的“领地”被推定已放弃。本院认为，**权利要求 3 中的“银膜”并没有被权利要求 1－2 所提及，而且，中誉公司在专利授权和无效宣告程序中没有修改权利要求和说明书，在意见陈述中也没有放弃除“银膜”外以其他导电材料作为导流条的技术方案。因此，不应当基于权利要求 1－2 被宣告无效，而认为权利要求 3 的附加技术特征“银膜”不能再适用等同原则。**

综上，专利复审委员会宣告涉案专利权利要求 1－2、4－6 无效，在权利要求 3 的基础上维持专利权有效，二审法院认为涉案专利权利要求 3 中的技术特征 G 实质是修改权利要求而增加的技术特征，该技术特征将导流条明确限定为银膜，应视为专利权人放弃了除“银膜”外以其他导电材料作为导流条的技术方案，从而认定被诉侵权产品不构成等同侵权，存在错误，应予纠正。

关于第二个焦点问题。将被诉侵权技术方案与 2005 年第 4 期《航空模型》杂志所刊载的 LS 系列比例控制舵机技术方案相比对，其区别在于：（1）所述支架包括电机座；（2）所述电机设置于所述电机座内；（3）所述滑块底面设置有一电刷；（4）在所述含有舵机驱动电路的电路板上，印制有一条形碳膜和镀金铜条，且所述滑块底面上的电刷与该碳膜和镀金铜条相接触。对于区别技术特征

(1) 和 (2)，虽然从现有技术中未看出电机座，但使用电机座来固定电机是本领域的惯用手段，故该两项技术特征与被诉侵权技术没有实质性差异。对于区别技术特征 (3)，现有技术虽然没有披露该技术特征，但在舵机的结构中，一般在滑块底部安装一个电刷作为电位器的滑动触点是本领域的惯用手段，且在《电位器基础及其应用》一书中也记载了一种具有电刷的电位器。因此，该项技术特征与被诉侵权技术没有实质性差异。对于区别技术特征 (4)，现有技术没有公开这一具体电路板结构。虽然《电位器基础及其应用》一书的图 2－7 (a) 公开了一种电位器结构，包括导流条、条形电阻元件、陶瓷基体，但从图片来看，导流条不能对应被诉侵权技术方案中的镀金铜条，且其电阻元件和导流条是固定在陶瓷基体上的。然而，被诉侵权产品没有独立的电位器，而是将碳膜和镀金铜条直接印制在驱动电路板上，其作用是提高舵机的集成度，简化舵机结构，从而减轻舵机重量，实现模型飞机的小型化。由此可见，该技术特征没有被现有技术公开，也不是本领域的普通技术人员基于公知常识能够从现有技术中直接或者毫无疑义得出的技术特征。因此，被诉侵权技术方案与现有技术方案具有实质性的不同，原二审判决依据知产事务中心的鉴定意见认定九鹰公司的现有技术抗辩成立，存在错误，应予纠正。

由于对被诉侵权技术方案与涉案专利的区别技术特征 g 与 G，双方当事人均认可属于等同的技术特征，且本案不适用禁止反悔原则，故被诉侵权技术方案已落入专利权的保护范围。又因九鹰公司的现有技术抗辩不能成立，故九鹰公司构成对涉案专利的侵犯，依法应当承担停止侵权的民事责任。因中誉公司未举证证明其所受损失以及九鹰公司因侵权所获利益，亦无专利许可费可以参照，故本院在综合考虑涉案专利系实用新型专利权、侵权行为持续时间有限、涉案专利在产品中的作用以及中誉公司为调查、制止侵权所支付的合理费用等因素的基础上，酌定本案的赔偿数额为20 万元。因中誉公司未举证证明被诉侵权产品的库存、生产专用模具以及书面、网站宣传材料等情况，故对其相关诉讼请求，不予支持。

综上所述，原二审判决认定九鹰公司不构成对涉案专利权的侵犯，适用法律错误，应予纠正。依照2000 年修正的《中华人民共和国专利法》第十一条第一款，《最高人民法院关于审理专利纠纷案件适用法律问题的若干规定》第二十一条、第二十二条以及《中华人民共和国民事诉讼法》第一百八十六条第一款，第一百五十三条第一款第 (二) 项的规定，判决如下：

一、撤销上海市高级人民法院 (2010) 沪高民三 (知) 终字第53 号民事判决和上海市第二中级人民法院（2009）沪二中民五（知）初字第167号民事判决；

二、上海九鹰电子科技有限公司于本判决送达之日起十五日内赔偿中誉电子（上海）有限公司经济损失20万元；

三、驳回中誉电子（上海）有限公司的其他诉讼请求。

如果未按本判决指定的期间履行给付金钱义务，应当依照《中华人民共和国民事诉讼法》第二百二十九条之规定，加倍支付迟延履行期间的债务利息。

一审案件受理费46800元，诉讼保全费5000元，司法鉴定费60000元，二审案件受理费人民币46800元，均由上海九鹰电子科技有限公司负担。

本判决为终审判决。

审 判 长　王永昌
代理审判员　李　剑
代理审判员　宋淑华
二〇一二年四月十二日
书 记 员　周睿隽

43. 适用禁止反悔原则的举证责任分配

——再审申请人浙江福瑞德化工有限公司与被申请人天津联力化工有限公司侵害发明专利权纠纷案

【裁判要旨】

修改后的权利要求增加了技术特征，被诉侵权人主张适用禁止反悔原则的，应举证证明权利人“限缩性修改”的具体情形以及是否因此导致放弃了被诉侵权技术方案。而权利人主张其修改或者陈述“未导致技术方案的放弃”，不适用禁止反悔原则的，则应由权利人就“限缩性修改被明确否定”承担举证责任。

【关键词】

发明专利　侵权　禁止反悔　举证责任

【案号】

最高人民法院（2018）最高法民再387号

【基本案情】

在再审申请人浙江福瑞德化工有限公司（以下简称福瑞德公司）与被申请人天津联力化工有限公司（以下简称联力公司）侵害发明专利权纠纷案中，联力公司系专利号为201010179572.2、名称为“放料装置”的发明专利（即涉案专利）的专利权人。联力公司以福瑞德公司实施的被诉侵权技术方案A侵犯涉案专利的权利要求1－3为由，向北京知识产权法院提起诉讼。北京知识产权法院一审认为，被诉侵权技术方案A采用的通过压力检测判断铝粉是否排空的技术手段，与权利要求1限定的“料位开关”属于等同技术特征，落入涉案专利权保护范围，故判决福瑞德公司承担侵权责任。福瑞德公司不服，提起上诉。北京市高级人民法院二审认为，关于权利要求1中的“料位开关”，福瑞德公司不能证明联力公司在无效宣告行政程序中的相关陈述对涉案专利权的有效性已经产生了实质性影响，因此，在本案中不适用禁止反悔原则。二审判决驳回上诉，维持原判。福瑞德公司不服，向最高人民法院申请再审。最高人民法院裁定提审本案，并于2018年12月29日判决撤销一、二审判决，驳回联力公司的诉讼请求。

【裁判意见】

最高人民法院再审认为：禁止反悔原则是对等同原则的必要限制，目的在于敦促当事人在诉讼活动中诚实守信，避免在行政授权确权程序和侵权诉讼中对权利要求作出不一致的解释，从而两头获利。通过适用禁止反悔原则对等同范围予以必要的限制，可以合理地确定专利权的保护范围，维持专利权人与被诉侵权人以及社会公众之间的利益平衡。在发明专利授权确权程序中，专利申请人有权依法提交意见陈述或修改权利要求。专利申请人在修改权利要求时增加新的技术特征，并主张修改后的技术方案是非显而易见的，是专利审查实践中的常见情形。虽然在权利要求中增加技术特征会进一步限定专利权的保护范围，导致权利要求的保护范围发生变化，但在没有其他证据证明权利人通过修改或者意见陈述“放弃”特定技术方案的情况下，不能仅仅由于在权利要求中增加技术特征，导致权利要求的保护范围进一步限缩，就认定权利人完全“放弃”了与该技术特征等同的其他所有技术特征，不能再就增加的技术特征主张适用等同原则。如此，会导致以增加技术特征的方式修改的权利要求的保护范围受到过度限制，被诉侵权人极易通过技术特征的修改、替换来规避侵权，导致权利人与社会公众的利益失衡。在权利人作出了限缩性修改或者陈述的情况下，在认定是否适用禁止反悔原则时，应当查明权利人是否通过“限缩性修改或者陈述”导致“放弃”了特定的技术方案，而不仅仅是考虑“限缩性修改或者陈述”是否对专利权的效力产生实质性影响。因此，被诉侵权人主张适用禁止反悔原则的，应举证证明权利人“限缩性修改或者陈述”的具体情形以及是否因此导致放弃了被诉侵权技术方案。而权利人主张“未导致技术方案的放弃”，不适用禁止反悔原则的，则应由权利人就“限缩性修改或者陈述被明确否定”承担举证责任。本案中，虽然权利人在实质审查过程中修改权利要求1时增加了“料位开关”，涉案专利权最终被维持有效。但在无效程序中，并无证据证明权利人通过上述修改以及意见陈述，放弃了对通过压力检测来确定是否排空铝粉的技术方案主张等同侵权。因此，对于福瑞德公司有关本案应适用禁止反悔原则，不能再认定“料位开关”与技术方案A中的压力检测构成等同的主张，不予支持。

中华人民共和国最高人民法院民事判决书

（2018）最高法民再387号

再审申请人（一审被告、二审上诉人）：浙江福瑞德化工有限公司。住所地：浙江省嘉兴市乍浦镇雅山西路1111号。

法定代表人：张海青，该公司执行董事。

委托诉讼代理人：陈文平，北京市金杜律师事务所律师。

委托诉讼代理人：毛琎，北京市金杜律师事务所律师。

被申请人（一审原告、二审被上诉人）：天津联力化工有限公司。住所地：天津市天津大港石化产业园区。

法定代表人：冯书辉，该公司执行董事兼经理。

委托诉讼代理人：李向东，北京恒都律师事务所律师。

委托诉讼代理人：唐雯，北京恒都律师事务所专利代理人。

再审申请人浙江福瑞德化工有限公司（以下简称福瑞德公司）因与被申请人天津联力化工有限公司（以下简称联力公司）侵害发明专利权纠纷一案，不服北京市高级人民法院（2017）京民终734号民事判决，向本院申请再审。本院于2018年9月21日作出（2018）最高法民申2821号民事裁定，提审本案。提审后，本院依法组成合议庭，指派刘萍作为技术调查官参与本案诉讼，于2018年11月19日公开开庭审理了本案。福瑞德公司的法定代表人张海青，委托诉讼代理人陈文平、毛琎，联力公司的委托诉讼代理人李向东、唐雯到庭参加诉讼。本案现已审理终结。

福瑞德公司申请再审称，（一）福瑞德公司未使用过技术方案A。福瑞德公司多次公证以及一审法院组织的现场勘验，均可证明福瑞德公司实际使用的是技术方案B。二审法院以技术方案A作为福瑞德公司实际使用的技术方案，认定构成专利侵权，缺乏事实依据。（二）技术方案A未侵犯涉案专利权。第一，在国家知识产权局专利复审委员会（以下简称专利复审委员会）作出的第35388号无效决定中，涉案专利与现有技术之间仅存在“料位开关”这一区别技术特征，专利复审委员会认定“料位开关”对于本领域普通技术人员来说并不是显而易见的，联力公司在口头审理中也同样认可“料位开关”不是显而易见的特征。根据禁止反悔原则，因技术方案A不具有“料位开关”，不应被认定为构成等同侵权。第二，联力公司在涉案专利申请阶段，对原权利要求1进行修改，在其中增加了技术特征“料位开关”，从而获得授权。根据禁止反悔原则的规定，对权利要求1的“料位开关”不应适用等同原则。第三，技术方案A中没有任何“料位开关”。福瑞德公司在一审庭审过程中曾明确表示，其实际使用的技术方案B是通过压力检测来判断铝粉是否排空，并没有证据表明技术方案A中也使用压力检测来判断铝粉是否排空。福瑞德公司的设备上仅具有传统的指针式压力表，由于涉案专利的权利要求1中同时具备“料位开关”和压力表，不能将二者认定为等同特征。第四，一、二审法院认定技术方案A中的拉杆通孔与权利要求1中的“拉杆套”构成等同特征错误。技术方案A中的拉杆通孔与权利要求1中的“拉杆套”结构差别明显。“拉杆套”是具有一定长度的圆筒状结构，而拉杆通孔在技术方案A中仅是由支架形成的容拉杆穿过的很短的环状结构，二者的功能和效果完全不同。涉案专利中的“拉杆套”具有足够的长度，可以避免因拉杆过细、过长出现不直或折断等情况，也可以阻止铝粉与拉杆直接接触，避免因铝粉本身的粘滞性导致拉杆无法自如地上、下运动。而技术方案A中的拉杆通孔为很短的环状结构，不具备上述功能和效果。权利要求1同时具备“拉杆套”和固定支架通孔，“拉杆套”与技术方案A的拉杆通孔不构成等同特征。第五，一、二审判决没有评述权利要求1中的技术特征“拉杆套一端固定于输料罐本体顶部之拉杆装配孔的位置”，不符合全面覆盖原则。（三）福瑞德公司在二审中提交了新证据1－12，其中证据1是一审提交过的证据；证据2－5用于证明福瑞德公司没有使用技术方案A；证据6－8用于证明技术方案A与涉案专利不相同也不等同；证据9用于证明二审程序中可以引入新证据来证明现有技术抗辩成立；证据10－12用于证明福瑞德公司的实际销售数量和利润情况。前述新证据对于查明案件基本事实有重大影响，应予接受。同时，联力公司超期提交且没有经过质证的利润表和损益表，一审法院予以接受，不符合《中华人民共和国民事诉讼法》（以下简称民事诉讼法）第六十五条的规定。前述证据未经过质证，一审法院将其作为三乙基铝单位利润的计算依据，程序违法。（四）一、二审判决关于赔偿数额计算错误。第一，福瑞德公司提交的税务机关出具的2013年11月至2015年10月利润表证明，两年内其总利润远小于原审判决确定的利润额。第二，福瑞德公司二审提交的安全生产许可证可以证明福瑞德公司的年产量不超过1500吨/年。第三，福瑞德公司提交的发票可以证明其两年的三乙基铝实际销售量为2996.196吨。（五）本案中没有证据显示技术方案A在起诉时仍在持续，故本案不属于可以延长诉讼时效的情形，二审法院关于诉讼时效的事实认定和法律适用均有错误。请求本院：撤销一、二审判决，改判福瑞德公司未构成侵权，驳回联力公司的全部诉讼请求，一、二审诉讼费用由联力公司承担。

联力公司提交答辩意见称，（一）福瑞德公司有关权利要求1中的“料位开关”应适用禁止反悔原则的主张不能成立。第一，专利权人在专利申请阶段将“料位开关”相关特征加入权利要求1中，并不是为了克服缺乏新颖性或创造性等实质性缺陷，而是避免与同日申请的另一项实用新型专利构成重复授权。第二，在第35388号无效决定中，专利复审委员会并非基于“料位开关”才作出维持涉案专利权有效的决定。福瑞德公司有关“涉案专利与现有技术之间仅存在料位开关这一区别技术特征”的主张也不能成立。同时，专利复审委员会认定“料位开关”是与无效决定中的证据1的区别技术特征，并且无效宣告请求人提供的证据中没有给出使用“料位开关”的技术启示。（二）涉案专利说明书中明确记载“料位开关”被用于判断物料是否彻底排空，而在已有技术中，“料位开关”包括通过压力检测料位的装置，并且在本领域中获得广泛使用。福瑞德公司也在庭审陈述中，承认其通过压力检测判断铝粉是否排空。福瑞德公司使用的技术手段是本领域普通技术人员根据实际需求选择的惯常设计，不需要创造性劳动即可以联想到，故与涉案专利中的“料位开关”构成等同特征。（三）技术方案A中的“固定支架”形成的通孔起到了定位拉杆，并保证拉杆在通孔中沿竖直方向上、下运动的作用，与权利要求1中的拉杆套构成等同特征。技术方案A中的固定支架以及所形成的通孔的厚度都明显大于其他固定支架，其功能与涉案专利中的拉杆套相同。（四）在二审中，福瑞德公司将拉杆套与输料罐本体之间的连接关系作为“拉杆套”技术特征的一部分，二审判决已经对连接关系相关技术特征进行了认定，并未遗漏技术特征。（五）二审法院以技术方案A作为福瑞德公司实际使用的技术方案的载体，具有充分的依据，事实认定正确。（六）福瑞德公司在二审阶段提交的证据不符合二审程序中新证据的相关要求，二审法院对这些证据不予接受符合相关法律规定。对于福瑞德公司提交的一审证据利润表和损益表，一审法院在2017年3月10日的庭审中已经组织进行了质证。（七）二审法院对于赔偿数额的认定准确。福瑞德公司在其网页上宣传其产能，并向一审法院提交《现场勘验给福瑞德公司造成损失估算》等一审证据，可以相互印证。在福瑞德公司没有提出充分反证的基础上，二审法院依据这些证据计算赔偿额正确。（八）关于诉讼时效。在联力公司提起本案诉讼之时，技术方案A为实际使用中的技术方案，被诉侵权行为仍处于持续状态。因此，联力公司的起诉没有超出法定诉讼时效。

联力公司向一审法院起诉，其诉讼请求为：1. 判令福瑞德公司立即停止使用侵犯专利号为201010179572.2、名称为“放料装置”发明专利（以下简称涉案专利）的“三乙基铝生产设备”（以下简称被诉侵权产品）；2. 判令福瑞德公司立即销毁被诉侵权产品；3. 判令福瑞德公司立即停止销售使用被诉侵权产品制造的三乙基铝；4. 判令福瑞德公司赔偿经济损失20万元。2016年12月12日，联力公司将其诉讼请求第4项变更为：“判令福瑞德公司赔偿经济损失880万元。”

北京知识产权法院（以下简称一审法院）一审查明：联力公司系涉案专利的专利权人。涉案专利的申请日为2010年5月21日，授权公告日为2011年11月30日。在本案中，联力公司以权利要求1－3为基础，主张福瑞德公司侵犯涉案专利权。

涉案专利的权利要求1－3为：

“1. 一种放料装置，包括输料罐本体，其特征在于，所述输料罐本体由中空输料腔（21a）和出料斗部（21b）构成，输料罐本体内腔中设置下料活塞单元（23），用于控制开闭输料罐本体的输料口（220）；所述下料活塞单元（23）由拉杆（231）、拉杆套（232）和活塞（233）构成，所述拉杆套（232）安装在输料罐本体的中空输料腔中；所述拉杆套（232）具有容拉杆沿竖直方向上、下自如拉动的拉杆套通孔（2320）；拉杆（231）穿装在拉杆套（232）中，拉杆的一端与第二动力源连接，拉杆的另一端装配活塞（233）；前述的放料装置，其中，所述出料斗部（21b）位于该中空输料腔下方；该拉杆套一端固定于输料罐本体顶部之拉杆装配孔（213）的位置，拉杆套通孔（2320）与输料罐本体的拉杆装配孔（213）保持同心；在放料装置输料罐本体的出料斗部（21b）安装料位开关。

2. 如权利要求1所述的放料装置，其特征在于，所述拉杆套（232）借由固定支架组安装在输料罐本体的中空输料腔中。

3. 如权利要求2所述的放料装置，其特征在于，所述下料活塞单元的活塞设置为圆台状，该活塞具有与下料斗部的圆锥内表面匹配结合的圆锥外表面，活塞的圆台锥度与下料斗部锥度相符合；活塞的第一底面（2331）面向输料口安装，活塞的第一底面为圆台较小直径的一面，活塞第一底面设置直径略小于输料罐本体的输料口直径；活塞的第二底面（2332）为圆台较大直径的一面。”

涉案专利说明书“背景技术”第［0006］段记载：“（现有技术）不能解决这样的问题：在铝粉投放时，由于铝粉自身粘滞的特性加之反应釜内通常存在微正压，使铝粉投放总有不畅的状况，带来投料困难，并且极易造成可燃气体外泄发生危险。”“发明内容”第［0119］段记载：“在放料装置输料罐本体的出料斗部（21b）上也安装料位开关（未图示），用于判断铝粉是否被彻底转移；料位开关又称物位开关，属于物位控制器，它能够精确地检测出被测物体在生产设备中的变化，是已有技术，不予赘述；所述料位开关包括但不限于音叉式、电容式，也可以是阻旋式或其他形式，当铝粉彻底排空后开关输出信号，可以使用现场信号，也可以使用远传信号。”

2014年2月14日，北京市紫峰律师事务所委托北京紫图知识产权司法鉴定中心，就其提供的福瑞德公司生产三乙基铝的相关技术信息是否“不为公众所知悉”进行了鉴定，鉴定的材料中包括福瑞德公司提供给案外人浙江省天正设计工程有限公司（以下简称天正公司）的固体铝粉加料装置，标题栏为“无锡蓝星石油化工工程设计公司”的三乙基铝装置项目下粉罐（总装配图），以及福瑞德公司三乙基铝岗位操作法。其中下粉罐总装配图所呈现的技术方案即被诉侵权技术方案A。该操作法记载，福瑞德公司于2010年5月10日发布该操作法，实施时间为2010年5月15日。

一审庭审过程中，一审法院对涉案专利权利要求1－3与技术方案A进行了侵权比对。

一审法院认定：（一）关于权利要求1。双方当事人均认可，除以下区别之外，技术方案A涵盖了权利要求1限定的其他技术特征：第一，技术方案A并未直接体现权利要求1限定的“拉杆的一端与第二动力源连接”；第二，技术方案A中的中空输料腔中存有固定支架，且固定支架中间有一个孔用以固定拉杆，而权利要求1限定的为拉杆穿装在“拉杆套”中；第三，技术方案A中并未直接体现权利要求1限定的“料位开关”。（二）关于权利要求2。双方当事人均认可，技术方案 A 中具有安装在输料罐本体的中空输料腔中的固定支架组。（三）关于权利要求 3。双方当事人均认可，除以下区别之外，技术方案 A 涵盖了权利要求 3 限定的附加技术特征：第一，权利要求 3 所限定的活塞为“圆台状”，其截面为四边形，而技术方案 A 中的活塞并非圆台状，其截面为六边形；第二，由于上述活塞形状不同，导致技术方案 A 中的第一底面及第二底面与权利要求 3 中限定的第一底面及第二底面的技术特征不同。

经联力公司申请，一审法院于 2016 年 6 月 23 日前往福瑞德公司进行了现场勘验，联力公司的原委托诉讼代理人沈斌，福瑞德公司的原委托诉讼代理人孙万军、张海青参与了勘验。经现场勘验，双方当事人均认可，福瑞德公司现场使用的放料装置（即被诉侵权技术方案 B）缺少权利要求 1－3 中的“下料活塞单元”等技术特征，未落入权利要求 1－3 的保护范围。

在勘验之前，一审法院于 2016 年 6 月 15 日组织联力公司和福瑞德公司就勘验问题进行了谈话。一审法院告知双方当事人，准备于 2016 年 6 月 16 日对福瑞德公司实际使用的设备进行现场勘验。福瑞德公司表示，由于铝粉等原料具有一定的危险性，必须事先对放料装置及反应釜进行排空等技术处理后，方可进行现场勘验。故一审法院将现场勘验的时间推迟至 2016 年 6 月 23 日。

在一审庭审过程中，福瑞德公司表示，其通过压力检测的方式来检测下粉罐中的铝粉是否排空。

福瑞德公司向一审法院提交了浙江省平湖市公证处出具的（2013）浙平证字第 1578 号公证书（以下简称第 1578 号公证书）、（2016）浙平证字第 289 号公证书（以下简称第 289 号公证书）。两公证书记载，公证人员于 2013 年 10 月 14 日和 2016 年 3 月 3 日，对福瑞德公司的三乙基铝生产线设备等周边现状进行了现场查看。两公证书显示，福瑞德公司的下粉罐外观无明显区别。

福瑞德公司于 2009 年 10 月 20 日与案外人张家港立派设备制造有限公司（卖方）签订《供货合同》，于 2010 年 1 月 6 日与案外人浙江工业设备安装公司签订《福瑞德公司 1500 吨/年三乙基铝工程安装合同》，并据此主张先用权抗辩。

为确定本案赔偿数额，联力公司提交了该公司 2009 年和 2010 年的《损益表》，2011 年《利润表》，以及在天津市滨海新区人民法院（2014）滨汉刑初字第 66 号刑事判决（以下简称第 66 号刑事判决）中引用的，由北京华德恒资产评估有限公司出具的《联力公司经济损失评估报告书》（以下简称评估报告）。该评估报告中的“技术权重分成”一节认为，铝粉投料装置在三乙基铝工艺技术中的分成率为10%。该评估报告的鉴定人邓卫新在（2014）滨汉刑初字第66号案的庭审过程中陈述，其并非该份评估报告的制作人，该份报告由未在评估报告书中签字的陈传知制作，其在报告作出后负责审核报告制作程序是否合法。第66号刑事判决并未将该评估报告作为定案根据。

一审法院认为：

（一）关于本案是否超过诉讼时效

联力公司主张福瑞德公司使用“下粉罐”的行为侵犯涉案专利权。至本案审理之时，该被诉侵权行为处于持续状态。故对于福瑞德公司关于联力公司提起本案诉讼超过二年诉讼时效的主张，一审法院不予支持。

（二）关于福瑞德公司的被诉侵权行为的载体

一审法院认为，首先，本案的立案时间与一审法院组织勘验的时间相距半年之多，福瑞德公司具备充分的时间，对其实际使用的设备进行适应性的修改以规避涉案专利权。其次，一审法院原定于2016年6月16日进行现场勘验，但实际勘验的时间推迟至2016年6月23日。在此期间，福瑞德公司亦有动机且具备充分的时间，对其实际使用的设备进行适应性的修改，以规避涉案专利权。而福瑞德公司并未对其进行排空等技术处理前后设备具备一致性提供任何证据。虽然福瑞德公司提交了第1578号公证书以及第289号公证书，用以证明其实际使用的放料装置与一审法院于2016年6月23日现场勘验时的设备具有同一性，但公证人员并未就福瑞德公司对设备的拆卸行为进行公证，故两公证书不能证明福瑞德公司进行排空等技术处理前后的设备具备一致性。在此基础上，一审法院考虑到组织各方当事人勘验的结果为技术方案B，且技术方案B并未落入涉案专利权利要求1-3的保护范围，故有理由怀疑技术方案B为福瑞德公司经过改动后而形成的技术方案。

同时，虽然福瑞德公司主张其并未按照技术方案A实际建造相应的设备，但福瑞德公司并未提交其以有别于技术方案A的方式，例如建造涉案侵权设备所需的前期设计、图纸、委托制造、委托安装等诸多准备工作的相关证据。技术方案A的载体为福瑞德公司提交给鉴定机构，用以鉴定的文件，文件来源于天正公司；加之福瑞德公司主张先用权抗辩的《供货合同》的附图上，亦标注有“天正公司”字样。因此，本案中应当以技术方案A作为福瑞德公司的被诉侵权行为的载体。

（三）关于被诉侵权行为是否落入涉案专利权利要求1-3的保护范围

1. 关于权利要求1

经审查，一审法院对前述技术方案A与权利要求1的侵权比对予以确认。

一审法院认为，第一，关于技术方案 A 是否具备权利要求 1 中的“拉杆的一端与第二动力源连接”（以下简称区别 1）。技术方案 A 的载体“下粉罐”设备图以及福瑞德公司“三乙基铝岗位操作法”为福瑞德公司提交给鉴定机构的鉴定文件，二者具有客观的关联性。根据“三乙基铝岗位操作法”的加铝粉操作记载，为保证“提起”“落下”等技术动作，本领域普通技术人员可以直接、毫无疑义地确定，技术方案 A 中必然存在“拉杆的一端与第二动力源连接”的技术特征。故技术方案 A 具有权利要求 1 中的“拉杆的一端与第二动力源连接”的技术特征。

第二，关于技术方案 A 是否具备权利要求 1 中的“拉杆套”（以下简称区别 2）。根据一审法院查明的事实，权利要求 1 中明确记载：“拉杆套具有容拉杆沿竖直方向上、下自如拉动的拉杆套通孔；拉杆穿装在拉杆套中。”从上述文字记载可知，本领域普通技术人员可以直接、毫无疑义地得知涉案专利中“拉杆套”的作用在于定位拉杆，并保证拉杆通过拉杆套通孔沿竖直方向上、下运动。而技术方案 A 的图示部分中，明显具有容纳拉杆的通孔。同时，根据福瑞德公司岗位操作法的记载，其下料罐中通过拉杆上、下运动带动活塞，用于控制开闭下料罐本体的输料口。可见其拉杆同样是沿竖直方向上、下运动的部件。即使如福瑞德公司所称，上述通孔为“固定支架”所形成的通孔，但其客观上具有定位拉杆并保证拉杆沿竖直方向上、下运动的作用。技术方案 A 中由固定支架形成的通孔与涉案专利权利要求 1 限定的“拉杆套”及拉杆套通孔等结构相比，二者均具有通孔，且拉杆通过通孔沿竖直方向上、下运动，二者的区别仅在于“拉杆套”的长短不同，且涉案专利中通过输料罐本体顶部的拉杆装配孔加强定位拉杆套，但二者技术手段所依赖的工作原理相同，且二者功能相同，效果基本相同。在福瑞德公司未提供任何其他相反证据的情况下，一审法院认定，本领域普通技术人员将涉案专利中的拉杆套结构替换为技术方案 A 中的相关结构，不需要创造性劳动就容易联想得到。因此，技术方案 A 中的上述结构与权利要求 1 中限定的拉杆套结构构成等同特征。

第三，关于技术方案 A 中是否具备权利要求 1 限定的“料位开关”（以下简称区别 3）。本案中，权利要求中对于“料位开关”的具体结构特征未进行具体的限制。涉案专利说明书第［0119］段记载，所述“料位开关”的功能在于检测输料罐本体中的铝粉是否被彻底转移，属于功能性特征。福瑞德公司在本案庭审过程中曾明确表示，其是通过压力检测判断铝粉是否已经排空，而压力检测的前提是其必然存在压力传感装置来感应压力信号。福瑞德公司采用的通过压力检测判断铝粉是否排空的技术手段，与涉案专利说明书第［0119］段列明的“音叉式、电容式或其他形式”的料位开关基本相同，且其功能、效果相同。虽然涉案专利权利要求1限定了料位开关安装“在放料装置输料罐本体的出料斗部”，而本案中并无直接证据证明福瑞德公司声称的压力检测的相应设备的安装部位，但在输料罐本体的出料斗部或其他部位设置料位开关，均属于本领域普通技术人员根据实际需求可以做出的惯常设计，不需要创造性劳动即可以联想得到，故二者构成等同特征。在此基础上，技术方案A中虽未直接体现料位开关的特征，但根据福瑞德公司的当庭陈述，可以认定技术方案A中具有与权利要求1中的“料位开关”相等同的技术特征。

据此，技术方案A已完整包含与权利要求1记载的全部技术特征相同或者等同的技术特征，落入权利要求1的保护范围。福瑞德公司的相关主张不能成立，一审法院不予支持。

2. 关于权利要求2和3

一审法院认为，基于与权利要求1相同的理由，技术方案A亦落入涉案专利权利要求2和3的保护范围。

（四）关于福瑞德公司的先用权抗辩是否成立

一审法院认为，有理由相信张海青自缪世茂处获得了涉及技术方案A的技术信息。在福瑞德公司未提供其独立研发，或通过其他合法渠道获得上述技术信息的情况下，有理由相信福瑞德公司据以主张先用权抗辩的技术方案是从缪世茂处获得。据此，福瑞德公司据以主张先用权抗辩的技术方案为通过抄袭等不正当手段获取，属于“非法获得”的技术。故福瑞德公司有关其可以在原有范围内继续使用下粉罐的主张，缺乏事实及法律依据，不予支持。

（五）关于侵权责任的认定

1. 关于停止侵权

对于联力公司请求判令福瑞德公司立即销毁被诉侵权产品的主张，应当予以支持。立即停止侵权的责任可以具体为销毁依据技术方案A制造的下粉罐。但是，产品专利权的保护范围仅限于不得为生产经营目的制造、使用、许诺销售、销售、进口其专利产品，并不延及依据专利产品制造的其他产品。故联力公司请求判令福瑞德公司立即停止销售使用被诉侵权产品制造的三乙基铝的请求，缺乏法律依据，一审法院不予支持。

2. 关于赔偿数额

本案中，联力公司主张依据2009年、2010年的三乙基铝产品的单位利润作为基础利润，确定其产品的单位利润为11000元/吨，具备相应的事实基础。在无其他相反证据的情况下，联力公司主张福瑞德公司三乙基铝的年生产量为4000吨，予以支持。联力公司依据评估报告中认定的涉案专利在生产三乙基铝产品过程中的贡献率10%，作为计算赔偿数额的基础，一审法院予以支持。据此，联力公司因被诉侵权行为所受损失应为11000元/吨×8000吨×10%，即880万元。

综上，一审法院判决：福瑞德公司立即销毁依据技术方案A制造的下粉罐；福瑞德公司赔偿联力公司经济损失880万元；驳回联力公司的其他诉讼请求。

福瑞德公司不服一审判决，向北京市高级人民法院（以下简称二审法院）提起上诉，请求依法撤销一审判决，改判福瑞德公司未构成侵权，驳回联力公司的全部诉讼请求。

二审期间，福瑞德公司补充提交了三乙基铝操作记录、交接班记录、灌装记录、三乙基铝岗位操作法、案外人北京中安质环认证中心出具的证明以及审核计划和审核报告、另案生效裁判文书、利润表、安全生产许可证、销售发票信息汇总等证据材料。联力公司认为上述材料均不属于法律规定的新证据，不予认可。

二审法院认为：

（一）关于联力公司的起诉是否超过诉讼时效

被诉侵权行为是福瑞德公司使用“下粉罐”侵犯了涉案专利权，而至本案审理之时，上述被诉侵权行为尚处于持续状态。判断是否属于超过二年诉讼时效的情形，并不以最终是否认定构成侵权为准，故无论福瑞德公司实施的是技术方案A还是技术方案B，只要被诉侵权行为是持续存在的，联力公司提起本案诉讼均未超过二年诉讼时效。

（二）关于福瑞德公司是否使用技术方案A生产被诉侵权产品

一审判决认定技术方案B未落入涉案专利权的保护范围，双方当事人均不持异议，二审法院予以确认。

福瑞德公司上诉主张其并未按照技术方案A实际建造相应的设备。但是其提交给鉴定机构用以鉴定的文件中，包括了载有技术方案A的图纸，该图纸系由案外人天正公司提供。福瑞德公司主张先用权抗辩的《供货合同》的附图上，亦标注有天正公司的字样。福瑞德公司并未提交有别于技术方案A的其他方式，例如建造涉案侵权设备所需的前期设计、图纸、委托制造、委托安装等诸多准备工作的相关证据。因此，一审法院认定技术方案A是福瑞德公司实际使用的技术方案，据以判断福瑞德公司的行为是否落入权利要求1—3的保护范围，有证据支持。

（三）技术方案A是否落入本专利权利要求1－3的保护范围

1. 技术方案A是否落入权利要求1的保护范围

关于区别1。技术方案A的载体“下粉罐”设备图及福瑞德公司“三乙基铝岗位操作法”均为福瑞德公司提交给鉴定机构的鉴定文件，二者具有客观的关联性。根据福瑞德公司“三乙基铝岗位操作法”的“加铝粉操作”部分记载，为保证“提起”“落下”等技术动作，本领域普通技术人员可以直接、毫无疑义地确定，技术方案A中必然存在“拉杆的一端与第二动力源连接”的技术特征。一审法院认定技术方案A涵盖了权利要求1中的技术特征“拉杆的一端与第二动力源连接”，并无不当。

关于区别2。二审法院认为，福瑞德公司不能证明联力公司在无效宣告行政程序中的相关陈述对涉案专利权的有效性已经产生了实质性的影响，因此，在本案中不适用禁止反悔原则。根据权利要求1的记载和岗位操作法的内容，技术方案A中由固定支架形成的通孔与权利要求1限定的拉杆套及拉杆套通孔等结构相比，二者均具有通孔，且拉杆通过通孔沿竖直方向上、下运动。二者的区别仅在于“拉杆套”的长短不同，且涉案专利中通过输料罐本体顶部的拉杆装配孔加强定位拉杆套，但二者技术手段所依赖的工作原理相同，且二者的功能相同，效果基本相同。因此，技术方案A中的上述结构与权利要求1中限定的拉杆套结构构成等同特征。

关于区别3。福瑞德公司不能证明联力公司在无效宣告行政程序中的相关陈述对涉案专利权的有效性已经产生了实质性的影响，因此，在本案中不适用禁止反悔原则。权利要求1中对于“料位开关”的具体结构特征未进行具体限制，根据涉案专利说明书第［0119］段的记载，所述“料位开关”的功能在于检测输料罐本体中的铝粉是否被彻底转移。福瑞德公司在一审庭审过程中，曾明确表示其是通过压力检测来判断铝粉是否已经排空，而压力检测的前提是必然存在感应压力信号的压力传感装置。福瑞德公司通过压力检测来判断铝粉是否排空，与涉案专利说明书记载的“音叉式、电容式或其他形式”的料位开关基本相同，且其功能、效果相同。虽然权利要求1限定了料位开关安装“在放料装置输料罐本体的出料斗部”，但在输料罐本体的出料斗部或其他部位设置料位开关，属于本领域普通技术人员根据实际需求可以作出的惯常设计，不需要创造性劳动即可以联想到，故二者构成等同特征。技术方案 A 中虽未直接体现“料位开关”的特征，但根据福瑞德公司一审庭审中的陈述，可以认定技术方案 A 中具有与“料位开关”相等同的技术特征。综上，技术方案 A 落入涉案专利权利要求 1 的保护范围。

2. 技术方案 A 是否落入权利要求 2、3 的保护范围

基于与权利要求 1 相同的理由，技术方案 A 亦落入权利要求 2、3 的保护范围。

（四）关于福瑞德公司的先用权抗辩是否成立

根据当事人提交的证据和第 66 号刑事判决查明的事实，有理由相信张海青自缪世茂处获得了涉及技术方案 A 的技术信息。在福瑞德公司未提供其独立研发，或通过其他合法渠道取得上述技术信息的情况下，一审法院认定福瑞德公司据以主张先用权抗辩的技术方案属于非法获得的技术，并无不当。

（五）一审判决关于侵权责任的认定是否适当

由于技术方案 A 落入涉案专利权利要求 1－3 的保护范围，福瑞德公司应当承担停止侵权及赔偿损失的民事责任。福瑞德公司主张先用权抗辩的证据中，显示福瑞德公司已委托案外人立派公司制造，并委托案外人浙江工业设备安装公司安装了下粉罐设备。一审法院认定福瑞德公司的侵权行为并未实际停止，判决福瑞德公司立即销毁依据技术方案 A 制造的下粉罐产品是适当的。

联力公司主张以 2009 年、2010 年的产品单位利润作为基础利润，确定其产品的单位利润为 11000 元/吨，该主张有证据支持。在无其他相反证据的情况下，一审法院认定其年生产能力为 4000 吨并无不当。联力公司主张以前述评估报告中认定的涉案专利在生产三乙基铝产品过程中的贡献率 10% 作为计算赔偿数额的基础，是适当的。因此，一审法院确定联力公司因被诉侵权行为所受损失为 880 万元有事实和法律依据。福瑞德公司二审提交的证据材料不属于新证据，二审法院不予采信。

综上所述，二审法院判决：驳回上诉，维持一审判决。

福瑞德公司向本院申请再审后，提交了以下 11 份新证据：

证据 1 专利复审委员会第 35388 号无效决定及口头审理记录表，以及专利权人在该案无效程序中的意见陈述。用于证明本案应适用禁止反悔原则。

证据 2 中的 1－1 是北京紫图［2014］知鉴字第 102 号鉴定意见书，1－2 是三乙基铝岗位操作法（2011－01－04 发布，2011－01－24 修改），1－3 是三乙基

铝岗位操作法（2011－01－04发布，2012－07－17修改），用于证明三乙基铝岗位操作法的版本差异。

证据3一审法院的谈话笔录，用于证明一审法院对联力公司超期举证的训诫是在一审判决之后。

证据4赔偿计算依据，用于证明联力公司依据的发票等证据系在一审法院第二次庭审之后才提交。

证据5－8及证据11是福瑞德公司提交的关于“料位开关”的证据。其中证据5是2005年出版的《汉英日消防技术词典》，证据6是1999年出版的《化工仪表及自动化》，证据7是2002年出版的《检测技术与仪表》，证据8是2009年出版的《传感技术与应用》，证据11是2016年8月出版的《传感器检测技术与仪表》。前述证据用于证明料位开关与压力表既不相同也不等同。

证据9京洲［2010］知鉴字第001号鉴定书，证据10是天津大港公安分局鉴定结论通知。证据9、10用于证明本案起诉超过诉讼时效。

联力公司对上述证据的质证意见为，1. 认可证据1的真实性、合法性和关联性，但不能证明应对“料位开关”技术特征适用禁止反悔原则。2. 不认可证据2中1－2和1－3的真实性。3. 认可证据3、4的真实性、合法性和关联性，但证据3是在2017年3月10日一审法院第二次开庭之前提交并经过当庭质证，符合举证规定，证据4不是一审法院作出判决的依据。4. 认可证据5至10的真实性、合法性和关联性。5. 认可证据11的真实性、合法性，但该证据的出版时间是2016年8月，晚于涉案专利的申请日，因而不认可其关联性。

结合联力公司的质证意见，本院对福瑞德公司再审期间向本院提交的证据1及证据3至10的真实性、合法性、关联性予以确认。

联力公司向本院提交3份新证据。证据1是1983年出版的《气力输送水泥译文集》；证据2是1992年出版的《冲天炉理论与应用》的部分节选。证据1、2用来证明联力公司通过压力检测来判断铝粉是否排空的技术手段与权利要求1中的“料位开关”构成等同特征。证据3是福瑞德公司在另案中补充提交的有关证据，用于证明福瑞德公司在二审及再审阶段提交的证据不具有真实性。

福瑞德公司对上述证据的质证意见为：不认可证据1的真实性、合法性和关联性及证明目的；认可证据2的真实性、合法性，不认可关联性及证明目的；认可证据3的真实性，但认为其中部分证据与本案无关，不能实现其证明目的。

结合福瑞德公司的质证意见，本院对联力公司提交的证据2、3的真实性予以确认。

本院认为，本案的争议焦点问题为：（一）技术方案 A 是否落入权利要求 1 的保护范围；（二）福瑞德公司有关权利要求 1 中的“料位开关”应适用禁止反悔原则的主张能否成立；（三）二审判决有关福瑞德公司应承担的赔偿责任的认定是否正确。

（一）关于技术方案 A 是否落入权利要求 1 的保护范围

《中华人民共和国专利法》第五十九条第一款规定：“发明或者实用新型专利权的保护范围以其权利要求的内容为准，说明书及附图可以用于解释权利要求的内容。”《最高人民法院关于审理侵犯专利权纠纷案件应用法律若干问题的解释》（以下简称《专利权纠纷解释》）第七条规定：“人民法院判定被诉侵权技术方案是否落入专利权的保护范围，应当审查权利人主张的权利要求所记载的全部技术特征。被诉侵权技术方案包含与权利要求记载的全部技术特征相同或者等同的技术特征的，人民法院应当认定其落入专利权的保护范围；被诉侵权技术方案的技术特征与权利要求记载的全部技术特征相比，缺少权利要求记载的一个以上的技术特征，或者有一个以上技术特征不相同也不等同的，人民法院应当认定其没有落入专利权的保护范围。”《最高人民法院关于审理专利纠纷案件适用法律问题的若干规定》第十七条规定：“专利法第五十九条第一款所称的‘发明或者实用新型专利权的保护范围以其权利要求的内容为准，说明书及附图可以用于解释权利要求的内容’，是指专利权的保护范围应当以权利要求记载的全部技术特征所确定的范围为准，也包括与该技术特征相等同的特征所确定的范围。等同特征，是指与所记载的技术特征以基本相同的手段，实现基本相同的功能，达到基本相同的效果，并且本领域普通技术人员在被诉侵权行为发生时无需经过创造性劳动就能够联想到的特征。”

本院认为，关于技术方案 A 是否落入涉案专利权利要求 1 的保护范围，关键在于技术方案 A 中是否具备与权利要求 1 中限定的“拉杆套”“该拉杆套一端固定于输料罐本体顶部之拉杆装配孔（213）的位置”相同或者等同的技术特征。

首先，涉案专利说明书“发明内容”第［0015］、［0018］至［0021］段记载：“拉杆套 232 借由固定支架组 234a、234b、234c 安装在输料罐本体的中空输料腔中”“拉杆套末端通过第二固定支架 234b 或第三固定支架 234c 定位”“第三固定支架 234c 设置在出料斗部位”“第二固定支架 234b 设置在第二氮气吹扫装置 27 之上的位置”“在拉杆套中部设置用于加强定位的第一固定支架”。在涉案专利说明书的“具体实施方式”第［0071］段中进一步记载：“拉杆套具有容拉杆沿竖直方向上、下自如拉动的拉杆套通孔2320，该拉杆套通孔与输料罐本体的拉杆装配孔213保持同心，以确保拉杆能在较狭小的孔径内自如伸拉。”说明书第［0074］段记载：“罐体深度与拉杆的粗细、拉杆护套的内径应相互匹配适应，以避免因拉杆过细、过长出现不直或折断等故障，因此在罐体的竖直尺寸较大(罐体比较深)，相对拉杆又比较细的情况下，本案又提供一种实施方式的下料活塞单元23。”说明书第［0083］段记载：“拉杆套的顶端固定于输料罐本体顶部，拉杆套末端通过第二固定支架234b或第三固定支架234c定位，除此以外，进一步地在拉杆套中部设置第一固定支架234a，加强定位，以确保拉杆套在输料罐本体中保持竖直不弯，且安全、稳固。”本院认为，根据说明书中的上述内容，除了权利要求1中的拉杆套之外，涉案专利中还设置有用于“加强定位”的第一固定支架，该固定支架上相应具有用于容纳拉杆套通过的通孔。对此，涉案专利权利要求2中进一步明确限定：“所述拉杆套借由固定支架组安装在输料罐本体的中空输料腔中。”综上，在涉案专利中，设置在拉杆套中部的第一固定支架，以及在其中设置的通孔，均与权利要求1中的拉杆套属于不同的技术特征。

其次，在技术方案A中虽然同样设置有拉杆，但并没有设置容纳拉杆的拉杆套。技术方案A的中空输料腔中的固定支架中间虽然设有容纳拉杆通过的支架通孔，但是该通孔与固定支架的高度和厚度基本相同，系用于容许拉杆通过。虽然该通孔客观上也可容纳拉杆沿竖直方向上、下运动，但与权利要求1中的拉杆套相比，技术方案A中的支架通孔的长度非常短，不可能起到“套”的作用。尤其是，该支架通孔也并没有如权利要求1限定的那样，“一端固定于输料罐本体顶部之拉杆装配孔（213）的位置”。综上，技术方案A中的支架通孔实质上对应于涉案专利中的第一固定支架上用于容纳拉杆套通过的通孔。技术方案A中的支架、支架通孔与权利要求1中的“拉杆套”相比，技术手段、功能和技术效果均具有实质性差异。尤其是，在涉案专利中明确区分了“拉杆套”和“第一固定支架”，且权利要求2中明确限定“所述拉杆套借由固定支架组安装在输料罐本体的中空输料腔中”的情况下，更不宜认定构成等同。综上，技术方案A中并不具有与权利要求1中的“拉杆套”“一端固定于输料罐本体顶部之拉杆装配孔（213）的位置”相同或者等同的技术特征。福瑞德公司有关技术方案A没有落入权利要求1的保护范围的申请再审理由成立。

在技术方案A没有落入权利要求1限定的保护范围的情况下，也没有落入从属权利要求 2、3 的保护范围。

（二）福瑞德公司有关权利要求 1 中的“料位开关”应适用禁止反悔原则的主张能否成立

《专利权纠纷解释》第六条规定：“专利申请人、专利权人在专利授权或者无效宣告程序中，通过对权利要求、说明书的修改或者意见陈述而放弃的技术方案，权利人在侵犯专利权纠纷案件中又将其纳入专利权保护范围的，人民法院不予支持。”上述规定在司法实践中通常被称为“禁止反悔原则”。禁止反悔原则是对等同原则的必要限制，目的在于敦促当事人在诉讼活动中诚实守信，避免当事人在行政授权确权程序和侵权民事诉讼中对权利要求作出不一致的解释，从而两头获利。通过适用禁止反悔原则对等同范围予以必要的限制，可以合理地确定专利权的保护范围，维持专利权人与被诉侵权人以及社会公众之间的利益平衡。

本案中，联力公司在涉案专利授权前，对权利要求 1 进行了修改，在其中增加了技术特征“料位开关”。福瑞德公司主张该修改方式导致涉案专利被维持有效，应适用禁止反悔原则，不能在侵权诉讼中再就“料位开关”适用等同原则。在本案中，即不应将技术方案 A 中用压力检测来判断铝粉是否已经排空的技术特征，认定为与“料位开关”等同的技术特征。

本院认为，首先，在发明专利授权确权程序中，专利申请人有权依法提交意见陈述或修改权利要求。专利申请人在修改权利要求时增加新的技术特征，并主张修改后的技术方案是非显而易见的，是专利审查实践中的常见情形。虽然在权利要求中增加技术特征会进一步限定专利权的保护范围，导致权利要求的保护范围发生变化，但在没有其他证据证明权利人通过修改或者意见陈述“放弃”特定技术方案的情况下，不能仅仅由于在权利要求中增加技术特征，导致权利要求的保护范围进一步限缩，就认定权利人完全“放弃”了与该技术特征等同的其他所有技术特征，不能再就增加的技术特征主张适用等同原则。如此，会导致以增加技术特征的方式修改的权利要求的保护范围受到过度限制，被诉侵权人极易通过技术特征的修改、替换来规避侵权，导致权利人与社会公众的利益失衡。这样既与禁止反悔原则的目的不符，也与专利法保护专利权人的合法权益，鼓励发明创造的立法目的不相适应。其次，关于禁止反悔原则的举证责任问题，《最高人民法院关于审理侵犯专利权纠纷案件应用法律若干问题的解释（二）》第十三条规定：“权利人证明专利申请人、专利权人在专利授权确权程序中对权利要求书、说明书及附图的限缩性修改或者陈述被明确否定的，人民法院应当认定该修改或者陈述未导致技术方案的放弃。”根据该规定，在权利人作出了限缩性修改或者陈述的情况下，在认定是否适用禁止反悔原则时，应当查明权利人是否通过“限缩性修改或者陈述”导致“放弃”了特定的技术方案，而不仅仅是考虑“限缩性修改或者陈述”是否对专利权的效力产生实质性影响。因此，被诉侵权人主张适用禁止反悔原则的，应举证证明权利人“限缩性修改或者陈述”的具体情形，以及是否权利人因此放弃了“被诉侵权技术方案”。而权利人主张“未导致技术方案的放弃”，不适用禁止反悔原则的，则应由权利人就“限缩性修改或者陈述被明确否定”承担举证责任。本案中，二审法院以“福瑞德公司不能证明联力公司在无效宣告行政程序中的相关陈述对涉案专利权的有效性已经产生了实质性的影响”为由，认为“在本案中不适用禁止反悔原则”，适用法律不甚妥当，本院予以纠正。

本案中，虽然权利人在实质审查过程中修改权利要求 1 时增加了“料位开关”，涉案专利权最终被维持有效。但在无效程序中，并无证据证明权利人通过上述修改以及意见陈述，放弃了对通过压力检测来确定是否排空铝粉的技术方案主张等同侵权。因此，对于福瑞德公司有关本案应适用禁止反悔原则，不能再认定“料位开关”与技术方案 A 中的压力检测构成等同的主张，本院不予支持。

鉴于在前述第一个焦点问题的基础上，本案已足以认定技术方案 A 未落入权利要求 1 的保护范围，故对于技术方案 A 中的压力检测是否与权利要求 1 中的“料位开关”构成等同特征，本院不再予以评述。

（三）关于二审判决有关福瑞德公司应承担的赔偿责任的认定是否正确

《中华人民共和国专利法》第六十五条规定：“侵犯专利权的赔偿数额按照权利人因被侵权所受到的实际损失确定；实际损失难以确定的，可以按照侵权人因侵权所获得的利益确定。权利人的损失或者侵权人获得的利益难以确定的，参照该专利许可使用费的倍数合理确定。赔偿数额还应当包括权利人为制止侵权行为所支付的合理开支。”《最高人民法院关于审理专利纠纷案件适用法律问题的若干规定》第二十条第一款规定：“专利法第六十五条规定的权利人因被侵权所受到的实际损失可以根据专利权人的专利产品因侵权所造成销售量减少的总数乘以每件专利产品的合理利润所得之积计算。权利人销售量减少的总数难以确定的，侵权产品在市场上销售的总数乘以每件专利产品的合理利润所得之积可以视为权利人因被侵权所受到的实际损失。”

本案中，技术方案 A 未构成专利侵权，福瑞德公司无需承担侵权赔偿责任。

但需要指出的是，涉案专利权利要求1为产品权利要求，保护的是“放料装置”，虽然权利要求1保护的产品可以用于三乙基铝的生产，但仅仅涉及其中的“放料”步骤。权利要求1保护的既不是三乙基铝生产方法，也不能延及实施该生产方法获得的最终产品三乙基铝。一、二审判决并未以被诉侵权产品“放料装置”本身的市场价值为依据，而是基于福瑞德公司使用被诉侵权产品“放料装置”，经过包括“放料”在内的等多个工序后才生产得到的三乙基铝来确定本案赔偿数额，有所不当，应予纠正。

关于技术方案B，鉴于双方当事人均认可其没有落入涉案专利权的保护范围，故本院对技术方案B不再予以评述。关于联力公司提起本案诉讼是否超过诉讼时效的问题，本院亦不再评述。

综上所述，一、二审判决有关福瑞德公司侵犯涉案专利权的认定有误，浙江福瑞德化工有限公司的部分再审申请理由成立。依照《中华人民共和国专利法》第五十九条第一款、第六十五条，《最高人民法院关于审理侵犯专利权纠纷案件应用法律若干问题的解释》第六条、第七条，《最高人民法院关于审理专利纠纷案件适用法律问题的若干规定》第十七条、第二十条第一款，《最高人民法院关于审理侵犯专利权纠纷案件应用法律若干问题的解释（二）》第十三条、《中华人民共和国民事诉讼法》第二百零七条第一款、第一百七十条第一款第（二）项的规定，判决如下：

一、撤销北京市高级人民法院（2017）京民终734号民事判决；

二、撤销北京知识产权法院（2015）京知民初字第1848号民事判决；

三、驳回天津联力化工有限公司的诉讼请求。

一审案件受理费73400元，二审案件受理费73400元，共计146800元，由天津联力化工有限公司负担。

本判决为终审判决。

审　判　长　王艳芳
审　判　员　杜微科
审　判　员　毛立华
二〇一八年十二月二十九日
技术调查官　刘　萍
法官助理　刘海珠
书　记　员　张栗萌

44. 专利侵权案件中适用禁止反悔原则的限制条件

——再审申请人曹桂兰、胡美玲、蒋莉、蒋浩天与被申请人重庆力帆汽车销售有限公司、重庆力帆乘用车有限公司、江苏骅盛车用电子股份有限公司，一审被告南京九华山汽车销售服务有限责任公司、力帆实业（集团）股份有限公司、杭州亚凡汽车有限公司侵害发明专利权纠纷案

【裁判要旨】

人民法院在专利侵权案件中适用禁止反悔原则时，判断权利人作出的意见陈述是否符合《最高人民法院关于审理侵犯专利权纠纷案件应用法律若干问题的解释（二）》第十三条规定的“明确否定”，应当对专利授权和确权阶段技术特征的审查进行客观全面地判断，着重考察权利人对技术方案作出的限缩性陈述是否最终被裁判者认可，是否由此导致专利申请得以授权或者专利权得以维持。

【关键词】

发明专利　侵权　禁止反悔　明确否定

【案号】

最高人民法院（2017）最高法民申1826号

【基本案情】

在本案中，蒋小平拥有第200710019425.7号“鲨鱼鳍式天线”发明专利（即涉案专利），其以重庆力帆汽车销售有限公司（以下简称力帆销售公司）等六被告未经许可擅自实施其专利为由提起诉讼。江苏省南京市中级人民法院一审认定被诉侵权产品落入涉案专利权的保护范围，判决停止侵权并赔偿损失。力帆销售公司等不服，向江苏省高级人民法院提起上诉。在二审审理中，蒋小平因病死亡，其法定继承人曹桂兰、胡美玲、蒋莉、蒋浩天参加诉讼。二审法院查明，在涉案专利的无效审查程序中，蒋小平提交给国家知识产权局专利复审委员会（以下简称专利复审委员会）的意见陈述书认可涉案专利权利要求与证据1 CN1841843A存在区别特征a、区别特征b和区别特征c。专利复审委员会在第25637号无效审查决定书中并没有

对区别特征 a 和 b 是否使得涉案专利具有创造性进行具体评价，而仅就区别特征 c 使得涉案专利具备创造性作出了认定，并在此基础上维持专利权有效。二审法院认为《最高人民法院关于审理侵犯专利权纠纷案件应用法律若干问题的解释（二）》第十三条规定的“明确否定”应当是指以明示的方式作出否定性意思表示，而不能是推定具有否定性意思表示。本案中，蒋小平就区别特征 a、b 所作限缩性意见陈述，涉及与专利创造性的实质性判断相关的内容，而专利复审委员会并没有对区别特征 a、b 是否使得涉案专利具有创造性作出明确评价，不符合“明确否定”的要求。本案应适用禁止反悔原则，对于专利权人在无效程序中已经放弃的技术方案，在侵权诉讼中不能再以等同特征纳入专利权的保护范围，因此，被诉侵权产品未落入涉案专利权的保护范围。遂判决撤销一审判决，驳回曹桂兰、胡美玲、蒋莉、蒋浩天的诉讼请求。曹桂兰、胡美玲、蒋莉、蒋浩天不服，向最高人民法院申请再审。最高人民法院查明，在涉案专利授权程序中，专利审查部门对蒋小平关于区别特征 a、b 的陈述意见不予认可。最高人民法院于 2017 年 12 月 22 日裁定指令江苏省高级人民法院再审本案。

【裁判意见】

最高人民法院审查认为：根据本案的相关事实，在授权程序中，国家知识产权局专利审查部门对蒋小平关于区别特征 a、b 的陈述意见不予认可，持明确否定意见，而且，涉案专利获得授权并非基于对区别特征 a、b 作出的限缩性陈述。在后续的无效审查程序中，专利复审委员会并未推翻实质审查阶段所持的否定意见，不能得出专利复审委员会认为通过连接元件来进行阻抗匹配不是本领域的惯用技术手段，不属于本领域的公知常识的结论，也不能得出“注塑嵌装”及“固定卡装”不是本领域常用的锁固方式，不属于本领域的公知常识的结论。在评价涉案专利具有创造性时，尽管无效决定将特征 a、b 作为区别特征予以了罗列，但特征 a、b 的存在并未影响专利复审委员会以现有技术存在相反的技术教导，本领域技术人员不存在结合特征 c“所述无线电接收天线为 AM/FM 共用天线”的动机，而使得涉案专利具有创造性的审查评判。由于专利权人作出的限缩性陈述在实质审查中已被明确否定，而无效审查程序并未推翻该认定得出相反的结论，在这种情况下，应当认定存在专利权人的限缩性陈述已被明确否定的事实。这与所作的限缩性陈述并未带来专利权的获得和专利权的维持的事实相符，与“禁止反悔”原则防止权利人“两头得利”的目的不相悖。因此，蒋小平关于区别特征 a、b 的意见陈述，不发生技术方案被放弃的法律效果。根据《最高人民法院关于审理侵犯专利权纠纷案件应用法律若干问题的解释（二）》第十三条的规定，本案侵权判定不应适用禁止反悔原则。

中华人民共和国最高人民法院民事裁定书

（2017）最高法民申1826号

再审申请人（一审原告、二审被上诉人）：曹桂兰，女，1958年2月6日出生，汉族，住江苏省泰州市高港区××××。

委托诉讼代理人：赵彦雄，北京市隆安律师事务所律师。

委托诉讼代理人：曲文丽，北京市隆安律师事务所实习律师。

再审申请人（一审原告、二审被上诉人）：胡美玲，女，1939年11月22日出生，汉族，住江苏省泰州市高港区××××。

委托诉讼代理人：赵彦雄，北京市隆安律师事务所律师。

委托诉讼代理人：任可，男，1983年9月21日出生，土家族，住广东省深圳市福田区××××。北京市隆安律师事务所专利代理人。

再审申请人（一审原告、二审被上诉人）：蒋莉，女，1983年11月28日出生，汉族，住江苏省南京市鼓楼区××××。

委托诉讼代理人：赵彦雄，北京市隆安律师事务所律师。

委托诉讼代理人：宋娇娇，北京市隆安律师事务所实习律师。

再审申请人（一审原告、二审被上诉人）：蒋浩天，男，1997年2月28日出生，汉族，住江苏省泰州市高港区××××。

委托诉讼代理人：赵彦雄，北京市隆安律师事务所律师。

委托诉讼代理人：蔡栋，江苏纵联律师事务所律师。

被申请人（一审被告、二审上诉人）：重庆力帆汽车销售有限公司。住所地：重庆市经济技术开发区经开园金开大道1539号。

法定代表人：尹喜地，该公司董事长。

委托诉讼代理人：孔繁文，北京市集佳律师事务所律师。

委托诉讼代理人：孙长龙，北京市集佳律师事务所律师。

被申请人（一审被告、二审上诉人）：重庆力帆乘用车有限公司。住所地：重庆市北部新区经开园金开大道1539号。

法定代表人：尹喜地，该公司董事长。

委托诉讼代理人：孔繁文，北京市集佳律师事务所律师。

委托诉讼代理人：刘磊，北京市集佳律师事务所律师。

被申请人（一审被告、二审上诉人）：江苏骅盛车用电子股份有限公司（原昆山骅盛电子有限公司）。住所地：江苏省昆山市张浦镇花苑路600号。

法定代表人：陈宏钦，该公司总经理。

委托诉讼代理人：苏军，江苏六典（上海）律师事务所律师。

委托诉讼代理人：张震，江苏六典律师事务所律师。

一审被告：南京九华山汽车销售服务有限责任公司。住所地：江苏省南京市秦淮区光卡路3号。

法定代表人：何婷婷，该公司董事长。

一审被告：力帆实业（集团）股份有限公司。住所地：重庆市沙坪坝区上桥张家湾60号。

法定代表人：尹明善，该公司董事长。

一审被告：杭州亚凡汽车有限公司。住所地：浙江省杭州市拱墅区康贤路39号B区4号楼。

法定代表人：潘建恩，该公司执行董事。

再审申请人曹桂兰、胡美玲、蒋莉、蒋浩天因与被申请人重庆力帆汽车销售有限公司（以下简称力帆销售公司）、重庆力帆乘用车有限公司（以下简称力帆乘用车公司）、江苏骅盛车用电子股份有限公司（以下简称骅盛公司）、一审被告南京九华山汽车销售服务有限责任公司、力帆实业（集团）股份有限公司、杭州亚凡汽车有限公司侵害发明专利权纠纷一案，不服江苏省高级人民法院作出的（2016）苏民终161号民事判决，向本院申请再审。本院依法组成合议庭并于2017年6月27日在本院对本案进行了询问。再审申请人曹桂兰的委托诉讼代理人赵彦雄、曲文丽，再审申请人胡美玲的委托诉讼代理人赵彦雄、任可，再审申请人蒋莉的委托诉讼代理人赵彦雄、宋娇娇，再审申请人蒋浩天的委托诉讼代理人赵彦雄、蔡栋以及被申请人力帆销售公司的委托诉讼代理人孔繁文、孙长龙，被申请人力帆乘用车公司的委托诉讼代理人孔繁文、刘磊到庭参加了询问。本案现已审查终结。

曹桂兰、胡美玲、蒋莉、蒋浩天向本院申请再审称，（一）蒋小平在涉案专利（名称为“鲨鱼鳍式天线”的发明专利，申请日为2007年1月23日，授权公告日为2012年5月23日，专利号为200710019425.7，专利权人为蒋小平，2015年4月7日，专利权人变更为蒋小平和泰州苏中天线集团有限公司）授权确权阶段作出的意见陈述，“相对于现有技术 CN1841843A 存在区别特征 a（天线信号输出端通过天线连接元件与天线放大器信号输入端相连，或者直接与同轴电缆匹配相连）和区别特征 b（所述无线电接收天线通过注塑嵌装或固定卡装在天线外壳内侧上部）”不属于技术方案的放弃，不应当适用“禁止反悔”原则。国家知识产权局专利复审委员会（以下简称专利复审委员会）作出的第 25637 号无效宣告请求审查决定书（以下简称无效决定）已明确否定了该陈述意见。二审判决对此存在事实认定的错误。（二）二审判决仅依据无效决定形式上没有明确否定蒋小平关于特征 a、b 的陈述，进而认定在确权程序存在“关于特征 a、b 技术方案的放弃”，适用“禁止反悔”原则过于机械和僵化，对《最高人民法院关于审理侵犯专利权纠纷案件应用法律若干问题的解释（二）》第十三条“明确否定”的认定标准存在法律适用的错误。（三）蒋小平的意见陈述不属于法律意义的“技术方案的放弃”，在侵权诉讼程序中不应适用“禁止反悔”原则。综上，请求本院撤销二审判决，维持一审判决，由被申请人承担本案诉讼费用。

被申请人力帆销售公司、力帆乘用车公司提交答辩意见称，（一）二审法院认定事实和适用法律正确。（二）蒋小平在专利无效程序中所作的陈述已经明确构成被诉技术方案的放弃，本案应当适用“禁止反悔”原则，被诉技术方案已被排除在涉案专利权保护范围之外。（三）被诉侵权产品并非采用天线连接元件，并非采用注塑嵌装、固定卡装，所使用的技术是蒋小平放弃的技术方案。（四）蒋小平针对特征 a、b 的陈述已被专利复审委员会明确承认，而非明确否定。（五）专利权人在实审程序中审查档案的引用与判断本案是否适用“禁止反悔”原则无关。综上，请求本院驳回再审申请人的再审申请。

被申请人骅盛公司提交书面意见认为，（一）本案被诉侵权使用的是现有技术，产品与台湾有吉电子企业有限公司授权公告号为 CN1841843A 的发明专利技术特征相同。（二）本案应当适用“禁止反悔”原则，二审法院事实认定以及法律适用正确，请求驳回再审申请人的再审申请。

本院查明如下事实。

一、涉案专利授权程序的相关事实

在涉案专利的实质审查程序中，国家知识产权局基于检索到的现有技术（CN1841843A）于 2010 年 9 月 29 日向蒋小平发出《第一次审查意见通知书》指出，涉案专利公开文本权利要求 1 相对于现有技术不具备新颖性、创造性的缺陷。审查意见认为，对于“天线信号输出端通过天线连接元件与天线放大器输入端相连接”这种情况下的技术方案，现有技术已公开“所述AM天线连接到AM放大电路231（相当于天线放大器），连接处必然为AM天线的信号输出端及放大电路231的信号输入端……，故不具备新颖性；与之并列的另一种情况是“天线信号输出端直接与同轴电缆匹配相连”，当天线接收到的无线电讯号足以实现较佳接收效果时则不需要连接至放大电路进行信号放大，此时直接连接至同轴电缆，这是本领域技术人员根据实际情况的需要而设定的，属于本领域的公知常识。同时还指出，权利要求2的附加技术特征是对无线电接收天线固定到天线外壳上的方式进行了限定，“注塑嵌装”及“固定卡装”都是本领域常用的锁固方式，属于本领域的公知常识。蒋小平于2010年12月10日提交了意见陈述书称，涉案专利与现有技术相比，在无线电接收天线以及天线信号输出连接方式等方面存在不同；同时，申请人将权利要求2、4并入权利要求1，并提交了经过修改的申请文件。

国家知识产权局于2011年12月23日发出《第二次审查意见通知书》指出，涉案专利权利要求1以及权利要求2－5不具备创造性。审查意见认为，权利要求1包含两个并列的技术方案，天线信号输出端通过天线连接元件与天线放大器信号输入端相连接；天线信号输出端直接与同轴电缆匹配连接。对于技术方案一与对比文件（CN1841843A）相比，区别在于天线信号输出端与天线放大器信号输入端之间通过天线连接元件相连，所述天线通过注塑嵌装或固定卡装在天线外壳内侧上部。然而，通过连接元件来进行阻抗匹配是本领域的惯用技术手段，属于本领域的公知常识。在该对比文件的基础上结合上述公知常识以获得该权利要求所要求保护的技术方案，对所属技术领域的技术人员来说是显而易见的，该权利要求所保护的技术方案不具备突出的实质性特点和显著的进步，因而不具备创造性。对于技术方案二，当天线接收到的无线电讯号足以实现较佳接收效果时，不需要连接至放大电路进行信号放大，此时直接连接至同轴电缆，这是本领域技术人员根据实际情况的需要而设定的，属于本领域的公知常识，这种情况下，该权利要求也不具备创造性。针对“无线电接收天线通过注塑嵌装或固定卡装在天线外壳内侧上部”的技术方案，审查意见认为，对比文件公开了AM天线配设于鱼鳍状外盖21内侧的顶部，相当于涉案专利天线外壳内侧上部设置有无线电接收天线，而且“注塑嵌装”及“固定卡装”也都是本领域常用的锁固方式，属于本领域的公知常识。对蒋小平主张涉案专利的信号输出连接方式与对比文件不同，以及在天线外壳内侧上部的安装方式为非公知的陈述意见，审查意见予以了否定。蒋小平在2012年1月9日针对《第二次审查意见通知书》的答复意见中，申请将“所述无线电接收天线为AM/FM共用天线”补充入权利要求1，主张该内容在原说明书和附图中均有记载并能毫无疑义地导出。2012年5月23日，涉案专利被授权公告。

二、涉案专利授权公告的权利要求1

一种鲨鱼鳍式天线，其特征在于具有天线外壳，天线外壳内侧上部设置有无线电接收天线，无线电接收天线一端设有天线信号输出端，天线信号输出端通过天线连接元件与天线放大器信号输入端相连接，或直接与同轴电缆匹配相连，天线外壳底部装有安装底板；

所述无线电接收天线通过注塑嵌装或固定卡装在天线外壳内侧上部；

在天线外壳内侧上部设置有无线电接收天线，所述无线电接收天线采用螺旋状弹簧天线或金属天线，增加了天线接收无线电信号的有效长度，实现360度全向性信号接收；

所述无线电接收天线为AM/FM共用天线。

三、有关涉案专利的确权程序

蒋小平在2014年9月18日无效程序意见陈述书中对于涉案争议的技术特征a、b的观点与授权阶段的答复意见一致。认为天线信号输出端通过天线连接元件与天线放大器信号输入端相连接并非惯用的技术手段，无线电接收天线通过注塑嵌装及固定卡装在天线外壳内侧上部的方式并未被公开。专利复审委员会于2015年4月7日作出的无效决定认定涉案专利具有创造性，其相关理由为，现有技术将AM天线和FM天线作分离式设计的技术手段与涉案专利特征c所述的无线电接收天线采用AM/FM共用天线的技术手段是相背离的。本领域技术人员面对现有技术存在的相反技术教导，在对比文件所公开的技术方案的基础上，无法获得将其与现有技术中使用AM/FM共用天线的技术手段相结合的技术启示，从而无法获得本专利权利要求1的技术方案。

本院认为，本案的焦点在于蒋小平对于技术特征a、b的陈述是否导致适用“禁止反悔”原则。

根据《最高人民法院关于审理侵犯专利权纠纷案件应用法律若干问题的解释(二)》第十三条的规定：“权利人证明专利申请人、专利权人在专利授权确权程序中对权利要求书、说明书及附图的限缩性修改或者陈述被明确否定的，人民法院应当认定该修改或者陈述未导致技术方案的放弃。”该条以是否存在“明确否定”作为“禁止反悔”原则适用的例外情形，当裁判者对权利人作出的意见陈述予以明确否定，不予认可时，则不导致技术方案的放弃，不适用禁止反悔。由于专利授权确权程序对于技术特征的认定存在连续性，权利人作出的陈述是否被“明确否定”，应当对专利授权和确权阶段技术特征的审查进行客观全面的判断，着重考察权利人对技术方案作出的限缩性陈述是否最终被裁判者认可，是否由此导致专利申请得以授权或者专利权得以维持。根据本案的上述相关事实，在授权程序中，国家知识产权局专利审查部门对蒋小平关于技术特征 a、b 的陈述意见不予认可，持明确否定意见，而且，涉案专利获得授权并非基于对特征 a、b 作出的限缩性陈述。在后续的无效审查程序中，专利复审委员会并未推翻实质审查阶段所持的否定意见，不能得出专利复审委员会认为通过连接元件来进行阻抗匹配不是本领域的惯用技术手段，不属于本领域的公知常识的结论，也不能得出“注塑嵌装”及“固定卡装”不是本领域常用的锁固方式，不属于本领域的公知常识的结论。在评价涉案专利具有创造性时，尽管无效决定将技术特征 a、b 作为区别特征予以了罗列，但技术特征 a、b 的存在并未影响专利复审委员会以现有技术存在相反的技术教导，本领域技术人员不存在结合特征 c“所述无线电接收天线为 AM/FM 共用天线”的动机，而使得涉案专利具有创造性的审查评判。由于专利权人作出的限缩性陈述在实质审查中已被明确否定，而无效审查程序并未推翻该认定得出相反的结论，在这种情况下，应当认定存在专利权人的限缩性陈述已被明确否定的事实。这与所作的限缩性陈述并未带来专利权的获得和专利权的维持的事实相符，与“禁止反悔”原则防止权利人“两头得利”的目的不相悖。因此，蒋小平关于特征 a、b 的意见陈述，不发生技术方案被放弃的法律效果。根据《最高人民法院关于审理侵犯专利权纠纷案件应用法律若干问题的解释(二)》第十三条的规定，本案侵权判定不应适用“禁止反悔”原则。本案二审法院脱离涉案专利获得授权的具体审查事实，忽略专利权人的意见陈述已在实质审查程序被“明确否定”的事实，割裂了审查程序中对技术特征认定的连续性，仅审查了确权程序的相关认定，认为对权利人的限缩性意见陈述并未明确评价，相当于“未予评述”，不符合司法解释规定的明确否定的要求，进而得出了适用“禁止反悔”原则的错误结论。二审法院适用法律和认定事实均有错误，本院予以纠正。曹桂兰、胡美玲、蒋莉、蒋浩天的再审申请符合《中华人民共和国民事诉讼法》第二百条第二项规定的情形，应予支持。

另外，本案当事人对临时保护期后续的使用、销售以及现有技术抗辩、合法来源抗辩、民事责任承担等问题均有争议，涉案专利公开文本与授权文本请求保护的范围并不一致，江苏省高级人民法院在本案再审中应当注意专利申请公布日与专利授权公告日请求保护的范围并不一致的事实，并在审理查明相关事实的基础上，依法作出判断。

依照《中华人民共和国民事诉讼法》第二百零四条、第二百零六条，《最高人民法院关于适用〈中华人民共和国民事诉讼法〉的解释》第三百九十五条第一款规定，裁定如下：

一、指令江苏省高级人民法院再审本案；

二、再审期间，中止原判决的执行。

审 判 长 周 翔

审 判 员 罗 霞

代理审判员 佟 姝

二〇一七年十二月二十二日

书 记 员 包 硕

（三）侵权行为的认定

45. 方法专利权的保护范围只能延及依照该专利方法直接获得的产品

——再审申请人石家庄制药集团欧意药业有限公司与被申请人张喜田，二审上诉人石家庄制药集团华盛制药有限公司、石药集团中奇制药技术（石家庄）有限公司，一审被告吉林省玉顺堂药业有限公司侵犯发明专利权纠纷案

【裁判要旨】

方法专利权的保护范围只能延及依照该专利方法直接获得的产品，即使用专利方法获得的原始产品，而不能延及对原始产品作进一步处理后获得的后续产品。

【关键词】

方法专利　保护范围　原始产品　后续产品

【案号】

最高人民法院（2009）民提字第84号

【基本案情】

2000年2月21日，张喜田申请了名称为“氨氯地平对映体的拆分”发明专利（以下简称涉案专利），2003年1月29日被授予专利权。涉案专利公开了制造左旋氨氯地平的方法，由左旋氨氯地平可进一步制得马来酸左旋氨氯地平、苯磺酸左旋氨氯地平等下游产品。马来酸左旋氨氯地平和马来酸左旋氨氯地平片新药由石药集团中奇制药技术（石家庄）有限公司（以下简称中奇公司）研发，马来酸左旋氨氯地平（原料药）由石家庄制药集团华盛制药有限公司（以下简称华盛公司）生产，马来酸左旋氨氯地平片（终端产品，商品名“玄宁”）和马来酸左旋氨氯地平（原料药）由石家庄制药集团欧意药业有限公司（以下简称欧意公司）生产并销售。经查询国家食品药品监督管理局及其药品审评中心相关网页，国内生产的左旋氨氯地平产品为华盛公司、欧意公司生产的马来酸左旋氨氯地平及其片剂，以及张喜田生产的苯磺酸左旋氨氯地平及其片剂。2005年2月，张喜田提起诉讼，请求判令中奇公司、华盛公司、欧意公司、吉林省玉顺堂药业有限公司（以下简称玉顺堂公司）承担侵犯涉案专利权责任。吉林省长春市中级人民法院一审认为，涉案专利能够延及被告生产的马来酸左旋氨氯地平及其片剂，判决中奇公司、华盛公司、欧意公司承担侵权责任。吉林省高级人民法院认为，左旋氨氯地平作为一种化合物，本身并不能成为直接供消费者消费的产品。涉案专利为左旋氨氯地平的拆分方法，依照该方法不能直接得到产品，而左旋氨氯地平化合物与马来酸、苯磺酸等经过成盐工艺成为马来酸左旋氨氯地平、苯磺酸左旋氨氯地平后，才真正成为产品，所以上述产品应为依照左旋氨氯地平的拆分方法直接获得的产品。涉案专利能够延及中奇公司、华盛公司、欧意公司生产的马来酸左旋氨氯地平及其片剂。遂判决维持一审判决。欧意公司不服二审判决，向最高人民法院申请再审。最高人民法院再审查明，涉案专利授权公告的权利要求1为：“一种从混合物中分离出氨氯地平的（R）－（+）－和（S）－（－）－异构体的方法。其特征在于：包含下述反应，即在手性助剂六氘代二甲基亚砜（DMSO－d_6）或含DMSO－d_6的有机溶剂中，异构体的混合物同拆分手性试剂D－或L－酒石酸反应，结合一个DMSO－d_6的（S）－（－）－氨氯地平的D－酒石酸盐，或结合一个DMSO－d_6的（R）－（+）－氨氯地平的L－酒石酸盐而分别沉淀，其中氨氯地平与酒石酸的摩尔比约等于0.25。”涉案专利的说明书记载：“拆分氨氯地平的过程是，在手性助剂六氘代二甲基亚砜（DMSO－d_6）或含DMSO－d_6的有机溶剂中分别溶解氨氯地平和酒石酸，然后搅拌混合，氨氯地平同D－或L－酒石酸反应，结合一个DMSO－d_6的（S）－（－）－氨氯地平的D－酒石酸盐，或结合一个DMSO－d_6的（R）－（+）－氨氯地平的L－酒石酸盐而分别沉淀，用于沉淀物的分离方法有过滤、离心分离或移注。沉淀物的进一步处理可以得到（R）－（+）－氨氯地平或（S）－（－）－氨氯地平。”涉案专利的说明书实施例5中还记载了由（S）－（－）－氨氯地平制造苯磺酸（S）－（－）－氨氯地平的方法。涉案专利中所称的“（S）－（－）－氨氯地平”即为左旋氨氯地平，“（R）－（+）－氨氯地平”即为右旋氨氯地平。最高人民法院于2010年9月9日作出再审判决，撤销一、二审判决，驳回张喜田的诉讼请求。

【裁判意见】

最高人民法院再审认为：根据涉案专利的权利要求1，虽然其主题名称是“一种从混合物中分离出氨氯地平的（R）－（+）－和（S）－（－）－异构体的方法”，但从权利要求1记载的内容看，依照涉案专利方法直接获得的产品是“结合一个DMSO－d_6的（S）－（－）－氨氯地平的D－酒石酸盐”，或“结合一个DMSO－d_6的（R）－（+）－氨氯地平的L－酒石酸盐”，其中前者即为制造左旋氨氯地平的中间产物，而非左旋氨氯地平本身；而后者即为制造右旋氨氯地平的中间产物，亦非右旋氨氯地平本身。根据专利法第十一条的规定，方法专利权的保护范围只能延及依照该专利方法直接获得的产品，即使用专利方法获得的原始产品，而不能延及对原始产品作进一步处理后获得的后续产品。华盛公司、欧意公司生产的马来酸左旋氨氯地平、马来酸左旋氨氯地平片以及左旋氨氯地平，均属于对实施涉案专利方法直接获得的产品作进一步处理后获得的后续产品，不属于依照涉案专利方法直接获得的产品。因此，涉案专利权的保护范围不能延及左旋氨氯地平、马来酸左旋氨氯地平及其片剂。

中华人民共和国最高人民法院民事判决书

（2009）民提字第84号①

---

① 参见案例25裁判文书。

46. 专利侵权案件中制造行为的认定

——再审申请人沈阳中铁安全设备有限责任公司与被申请人哈尔滨铁路局减速顶调速系统研究中心、宁波中铁安全设备制造有限公司及一审被告哈尔滨铁路局侵害实用新型专利权纠纷案

【裁判要旨】

被诉侵权人虽未直接制造被诉侵权产品，但根据其对他人制造行为的控制、最终成品上标注的被诉侵权人企业名称和专属产品型号等因素，可以推定被诉侵权人实施了制造行为。

【关键词】

实用新型专利　侵权　合法来源抗辩　制造

【案号】

最高人民法院（2017）最高法民再122号

【基本案情】

在再审申请人沈阳中铁安全设备有限责任公司（以下简称沈阳中铁公司）与被申请人哈尔滨铁路局减速顶调速系统研究中心（以下简称哈铁减速顶中心）、宁波中铁安全设备制造有限公司（以下简称宁波中铁公司）及一审被告哈尔滨铁路局侵害实用新型专利权纠纷案中，沈阳中铁公司主张兰州铁路局兰州北编组站安装的短型减速顶侵害了其享有的“短型减速顶”实用新型专利权（专利号为ZL02282495.2，即涉案专利），该侵权产品由哈铁减速顶中心与宁波中铁公司制造、销售，请求法院判令哈铁减速顶中心、哈尔滨铁路局、宁波中铁公司连带赔偿经济损失608万元。甘肃省兰州市中级人民法院一审认为，哈铁减速顶中心未经许可实施涉案专利，应承担侵权赔偿责任；关于其提出的合法来源抗辩，因哈铁减速顶中心作为铁路系统专门从事减速顶项目研究的科研单位，不可能不知道铁道用减速顶在国内的技术发展状况，涉案专利作为铁路减速顶领域内的优秀技术申请实用新型专利并获授权公告，应推定涉案专利已为业界公知，故哈铁减速顶中心不知所施工安装的减速顶产品为侵权产品的理由不能成立，其安装施工行

为为侵权行为，应承担相应侵权赔偿责任。遂判决哈铁减速顶中心和宁波中铁公司连带赔偿沈阳中铁公司经济损失4549200元。哈铁减速顶中心不服，提起上诉。甘肃省高级人民法院二审认为，一审法院推定涉案专利已为业界公知，哈铁减速顶中心应当知道，属适用法律不当；哈铁减速顶中心提供了购货合同和发票，且宁波中铁公司亦认可其生产被诉侵权产品，哈铁减速顶中心的合法来源抗辩成立。遂改判由宁波中铁公司赔偿沈阳中铁公司4549200元。沈阳中铁公司不服，向最高人民法院申请再审。主要理由为：哈铁减速顶中心向宁波中铁公司提供产品规格、技术特征、工艺要求、数量等加工要求后，宁波中铁公司进行加工制作，且被诉侵权产品上标注了哈铁减速顶中心的“TDJ”标识，因此，哈铁减速顶中心的行为属于制造行为，而非销售行为，其合法来源抗辩不能成立。最高人民法院裁定提审本案，并于2017年9月18日判决撤销二审判决，维持一审判决。

【裁判意见】

最高人民法院提审认为：本案中，哈铁减速顶中心先是与兰州铁路局签订减速顶设备买卖合同，约定哈铁减速顶中心作为卖方向兰州铁路局提供减速顶设备；其后，哈铁减速顶中心又与宁波中铁公司签订减速顶供货合同，约定由宁波中铁公司负责加工型号为“TDJ－205”的减速顶；然后，哈铁减速顶中心将宁波中铁公司加工完成的减速顶提供给兰州铁路局。综合本案事实，对哈铁减速顶中心相关行为的法律定性应当考察以下因素：第一，宁波中铁公司的加工生产行为完全受控于哈铁减速顶中心，哈铁减速顶中心在合同中为宁波中铁公司指定了减速顶的型号及各项技术指标，并约定哈铁减速顶中心有权对宁波中铁公司的加工生产行为进行检查、监督及提出整改要求；第二，宁波中铁公司在加工完成的减速顶产品上并不标注公司标识，而是交由哈铁减速顶中心标注其专属的“TDJ－205”型号及单位名称。哈铁减速顶中心虽没有在物理上实施制造行为，但基于其对宁波中铁公司制造行为的控制，以及最终成品标注哈铁减速顶中心专属的产品型号和单位名称这一事实，应当认定哈铁减速顶中心不仅是本案被诉侵权产品的销售者，同时也是制造者。因此，本案中哈铁减速顶中心的相关行为不符合专利法第七十条的规定，其合法来源抗辩不成立，应与宁波中铁公司向沈阳中铁公司承担连带赔偿责任。

中华人民共和国最高人民法院民事判决书

（2017）最高法民再122号

再审申请人（一审原告、二审被上诉人）：沈阳中铁安全设备有限责任公司。

住所地：辽宁省沈阳经济技术开发区开发北二十六号路5号。

法定代表人：杨恩久，该公司经理。

委托诉讼代理人：张华，甘肃惠普律师事务所律师。

委托诉讼代理人：王勇，沈阳科威专利代理有限责任公司专利代理人。

被申请人（一审被告、二审上诉人）：哈尔滨铁路局减速顶调速系统研究中心。住所地：黑龙江省哈尔滨市南岗区邮政街339号。

法定代表人：周际，该中心总经理。

委托诉讼代理人：高玉生，北京市尚公律师事务所律师。

委托诉讼代理人：侯煊，甘肃中天律师事务所律师。

被申请人（一审被告、二审被上诉人）：宁波中铁安全设备制造有限公司。住所地：浙江省余姚市扶贫开发区鸿运路。

法定代表人：黄志东，该公司总经理。

一审被告：哈尔滨铁路局。住所地：黑龙江省哈尔滨市南岗区西大直街51号。

法定代表人：王进喜，该局局长。

委托诉讼代理人：赵连祥，该局职工。

再审申请人沈阳中铁安全设备有限责任公司（以下简称沈阳中铁公司）因与被申请人哈尔滨铁路局减速顶调速系统研究中心（以下简称哈铁减速顶中心）、宁波中铁安全设备制造有限公司（以下简称宁波中铁公司）及一审被告哈尔滨铁路局侵害实用新型专利权纠纷一案，不服甘肃省高级人民法院（2014）甘民三终字第62号民事判决，向本院申请再审。本院于2016年6月30日作出（2016）最高法民申529号民事裁定，提审本案。本院依法组成合议庭，开庭审理了本案。再审申请人沈阳中铁公司的委托诉讼代理人张华、王勇，被申请人哈铁减速顶中心的委托诉讼代理人高玉生、侯煊，被申请人宁波中铁公司的法定代表人黄志东，一审被告哈尔滨铁路局的委托诉讼代理人赵连祥到庭参加诉讼。本案现已审理终结。

沈阳中铁公司申请再审称，二审法院对案件的部分基本事实认定不清，且适用法律错误。（一）二审法院认定哈铁减速顶中心销售被诉侵权产品是善意不知情的，进而改判其不承担连带赔偿责任，系认定事实不清，适用法律错误。1. 哈铁减速顶中心完全知晓沈阳中铁公司涉案“短型减速顶”实用新型专利（专利号为ZL02282495.2，以下简称本专利）的技术特征。沈阳中铁公司曾于2005年4

月 8 日将本专利的产品交哈铁减速顶中心进行检测，并取得涉及工艺、质量等多项指标全部合格的《检测报告》，哈铁减速顶中心称不知本专利的技术特征，与事实不符。此外，国家铁道部曾于 2008 年组织技术专家对沈阳中铁公司的本专利进行评审，当时，哈铁减速顶中心也委派了一名专家到场，并对本专利的新颖性、实用性给予了高度评价。2. 哈铁减速顶中心从宁波中铁公司处采购侵权产品，对侵权产品的技术特征是明知的。被诉侵权的短型减速顶产品是关系到铁路运输安全的专用产品，哈铁减速顶中心作为项目的中标方，对所提供产品的质量、构造、技术特征必须详尽了解，同时，还要对产品的技术安全、质量负责，包括提供产品现场安装、使用等方面的技术指导，以及提供售后维修、保养、更换等服务。因此，哈铁减速顶中心称不知道其所提供的短型减速顶产品的技术特征，违背客观事实。3. 哈铁减速顶中心与沈阳中铁公司均参加了兰州铁路局就兰州枢纽工程短型减速顶项目组织的招投标，对于双方各自产品的技术特征，哈铁减速顶中心是非常清楚的。（二）哈铁减速顶中心与宁波中铁公司签订的合同应属于承揽合同，哈铁减速顶中心应当承担侵权责任。短型减速顶产品不是一般的通用产品，是铁路专用技术产品，只能专业订购。哈铁减速顶中心向宁波中铁公司提供产品规格、技术特征、工艺要求、数量等加工要求后，宁波中铁公司才能进行加工制作。并且，被诉侵权的短型减速顶产品上标注了哈铁减速顶中心的“TDJ”标识。因此，哈铁减速顶中心与宁波中铁公司之间为加工定作的承揽合同关系，哈铁减速顶中心的行为属于制造行为，而非销售行为。综上，沈阳中铁公司依据《中华人民共和国民事诉讼法》第二百条第二项、第六项的规定申请再审，请求：1. 撤销二审判决；2. 维持一审判决；3. 判令哈铁减速顶中心、宁波中铁公司承担一审、二审诉讼费用。

哈铁减速顶中心辩称，被诉侵权产品是宁波中铁公司提供的，双方之间有供货合同，哈铁减速顶中心也支付了货款，根据《中华人民共和国专利法》（以下简称专利法）第七十条的规定，哈铁减速顶中心不应当承担赔偿责任。哈铁减速顶中心与兰州铁路局于 2010 年签订减速顶供货合同，但兰州铁路局两年后才要货，哈铁减速顶中心来不及组织生产才向宁波中铁公司购买。宁波中铁公司交付的减速顶产品与合同约定不一致，但其技术参数符合哈铁减速顶中心享有专利权的“TDJ－205”型号减速顶的技术参数，宁波中铁公司亦保证该产品系该公司法定代表人黄志东享有专利权的专利产品，哈铁减速顶中心才收货。虽然哈铁减速顶中心在被诉侵权产品上标注了“TDJ－205”型号及单位名称，但其不是制造商，不应承担赔偿责任。

宁波中铁公司辩称，其生产涉案减速顶产品的行为合法、正当，不构成对沈阳中铁公司的专利侵权。宁波中铁公司曾于 2003 年 10 月 2 日与沈阳中铁公司签订《联合开发短型减速顶协议书》，后双方又于 2004 年底签订《协议书》，约定宁波中铁公司 2005 年度生产 15000 台减速顶，由沈阳中铁公司负责销售。然而，沈阳中铁公司后来并未履约，未销售一台产品，导致宁波中铁公司生产的减速顶产品大量积压，为减少经济损失宁波中铁公司只能自行销售。因此，一方面，宁波中铁公司按照其与沈阳中铁公司的协议生产减速顶的行为合法、正当；另一方面，宁波中铁公司对其与沈阳中铁公司联合生产的减速顶进行销售的行为也合法、正当。

沈阳中铁公司向一审法院起诉请求：判令哈铁减速顶中心、哈尔滨铁路局、宁波中铁公司连带赔偿经济损失 608 万元，并承担本案诉讼费。一审法院认定事实：（一）关于本专利。本专利的申请日为 2002 年 11 月 6 日，公告授权日为 2003 年 12 月 3 日，专利权人为杨楠、杨志宏、杨恩久。2006 年 8 月 1 日，三专利权人共同决定用本专利技术出资入股经营沈阳中铁公司，经沈阳光辉资产评估事务所评估本专利价值为 307.95 万元，验资后进行了增资工商登记，但未在国家知识产权局进行专利权人变更登记。（二）关于被诉侵权产品。经法庭释明，哈铁减速顶中心申请，一审法院于 2014 年 7 月 22 日组织沈阳中铁公司与哈铁减速顶中心，在哈铁减速顶中心曾经施工过的兰州北编组站二场六道内，提取该道东端倒数第三个减速顶。（三）关于被诉侵权产品与本专利的比对。一审法院于 2014 年 7 月 28 日组织双方当事人在法庭对被诉侵权产品与本专利进行比对，认定两者的主要技术特征相同。（四）其他有关情况。兰州铁路局于 2010 年 9 月对在建铁路兰渝线兰州北站枢纽工程货车北环线及兰州北编组站各类工程减速顶项目进行施工招标，沈阳中铁公司与哈铁减速顶中心均参与投标，沈阳中铁公司未中标，哈铁减速顶中心中标并于 2011 年进行了供货、安装，且通过验收。后沈阳中铁公司在参与该枢纽工程建设的他项履约施工时，发现在建编组站安装的减速顶与其专利相同，查询得知该产品是哈铁减速顶中心中标施工，遂提起本案诉讼。另查明，哈铁减速顶中心是哈尔滨铁路局依法设立并领取营业执照的分支机构，财务独立核算。宁波中铁公司法定代表人黄志东因涉嫌犯罪被羁押，公司财产已被余姚市人民法院依法拍卖执行清算完毕，现无偿债能力。一审法院判决：1. 哈铁减速顶中心与宁波中铁公司连带赔偿沈阳中铁公司经济损失 4549200 元；2. 驳回沈阳中铁公司其他诉讼请求。案件受理费 54360 元，由哈铁减速顶中心与宁波中铁公司连带负担。

哈铁减速顶中心不服一审判决，上诉请求：撤销一审判决，驳回沈阳中铁公司的诉讼请求，一、二审诉讼费由沈阳中铁公司承担。二审法院认定事实与一审法院一致。二审法院认为，被诉侵权产品侵害了本专利权，一审法院根据沈阳中铁公司的请求按照其损失计算侵权赔偿数额，并无不当。但是，哈铁减速顶中心提供的其与宁波中铁公司签订的供货合同、购货发票等证据，能够证明哈铁减速顶中心销售的被诉侵权产品来源于宁波中铁公司，且宁波中铁公司对此一事实亦予以认可，因此，哈铁减速顶中心的合法来源抗辩成立，不应当承担赔偿责任。二审法院判决：1. 维持一审判决第二项，即“驳回沈阳中铁公司的其他诉讼请求”；2. 撤销一审判决第一项，即“哈铁减速顶中心与宁波中铁公司连带赔偿沈阳中铁公司经济损失 4549200 元”；3. 宁波中铁公司赔偿沈阳中铁公司经济损失 4549200 元，于判决生效之日起十日内付清。一审案件受理费 54360 元，由宁波中铁公司负担；二审案件受理费 43194 元，由沈阳中铁公司负担。

再审期间，宁波中铁公司向本院提交了两份新证据，证据一为黄志东（宁波中铁公司法定代表人）与沈阳中铁公司于 2003 年 10 月 2 日签订的《联合开发短型减速顶协议书》，证据二为宁波中铁公司与沈阳中铁公司签订的《协议书》（2005 年减速顶产品制造成本价格明细表定价）。宁波中铁公司提交该两份新证据用以证明其生产、销售被诉侵权减速顶产品的行为合法、正当。沈阳中铁公司对该两份证据发表质证意见：该两份协议的签订时间距本案纠纷发生已近十年，与本案没有关联；并且，《联合开发短型减速顶协议书》中明确约定，“乙方（黄志东）未经甲方（沈阳中铁公司）同意不得自行销售产品整机和零配件，如有违约，应按销售额的双倍向甲方支付违约金，并另外赔偿甲方技术培训费 30 万元，甲方有权终止协议”。

本院对宁波中铁公司在再审期间提交的两份证据认定如下：该两份证据仅能证明宁波中铁公司与沈阳中铁公司在 2003 年至 2005 年期间，就减速顶产品的开发、生产、销售存在过合作，不能证明宁波中铁公司在本案中提供给哈铁减速顶中心的被诉侵权产品，是当年与沈阳中铁公司合作但未销售的产品。

本院再审认为，根据沈阳中铁公司申请再审的事由、请求以及哈铁减速顶中心、宁波中铁公司的答辩意见，本案再审审理的争议焦点为：哈铁减速顶中心主张的合法来源抗辩是否成立，其应否承担赔偿责任。

专利法第七十条规定：“为生产经营目的使用、许诺销售或者销售不知道是未经专利权人许可而制造并售出的专利侵权产品，能证明该产品合法来源的，不承担赔偿责任。”本案中，哈铁减速顶中心先是与兰州铁路局签订减速顶设备买卖合同，约定哈铁减速顶中心作为卖方向兰州铁路局提供减速顶设备；其后，哈铁减速顶中心又与宁波中铁公司签订减速顶供货合同，约定由宁波中铁公司负责加工型号为“TDJ－205”的减速顶；然后，哈铁减速顶中心将宁波中铁公司加工完成的减速顶提供给兰州铁路局。综合本案事实，对哈铁减速顶中心相关行为的法律定性应当考察以下因素：第一，宁波中铁公司的加工生产行为完全受控于哈铁减速顶中心，哈铁减速顶中心在合同中为宁波中铁公司指定了减速顶的型号及各项技术指标，并约定哈铁减速顶中心有权对宁波中铁公司的加工生产行为进行检查、监督及提出整改要求；第二，宁波中铁公司在加工完成的减速顶产品上并不标注公司标识，而是交由哈铁减速顶中心标注其专属的“TDJ－205”型号及单位名称。哈铁减速顶中心虽没有在物理上实施制造行为，但基于其对宁波中铁公司制造行为的控制，以及最终成品标注哈铁减速顶中心专属的产品型号和单位名称这一事实，应当认定哈铁减速顶中心不仅是本案被诉侵权产品的销售者，同时也是制造者。因此，本案中哈铁减速顶中心的相关行为不符合专利法第七十条的规定，其合法来源抗辩不成立，应与宁波中铁公司就被诉侵权减速顶产品向沈阳中铁公司承担连带赔偿责任。

综上所述，沈阳中铁公司的再审理由成立，其再审请求应予支持。依照《中华人民共和国民事诉讼法》第二百零七条第一款、第一百七十条第一款第二项之规定，判决如下：

一、撤销甘肃省高级人民法院（2014）甘民三终字第62号民事判决；

二、维持甘肃省兰州市中级人民法院（2014）兰民三初字第7号民事判决。

一审案件受理费54360元，由哈尔滨铁路局减速顶调速系统研究中心和宁波中铁安全设备制造有限公司连带负担；二审案件受理费43194元，由哈尔滨铁路局减速顶调速系统研究中心负担。

本判决为终审判决。

审　判　长　王艳芳
审　判　员　杜微科
代理审判员　何　鹏
二〇一七年九月十八日
书　记　员　胡　凯

47. 侵权产品上标示的商标的权利人可以被合理地推定为侵权产品的制造者

——再审申请人广东雅洁五金有限公司与被申请人杨建忠、卢炳仙侵害外观设计专利权纠纷案

【裁判要旨】

侵权产品外包装上使用的注册商标的权利人有制造能力，且无相反证据证明侵权产品的实际制造者并非商标权人本人的情况下，可以合理地推定商标权人是侵权产品的制造者。

【关键词】

专利侵权　商标权　制造能力　制造者

【案号】

最高人民法院（2013）民提字第187号

【基本案情】

在再审申请人广东雅洁五金有限公司（以下简称雅洁公司）与被申请人杨建忠、卢炳仙侵害外观设计专利权纠纷案（以下简称“锁面组件”外观设计专利侵权案）中，曹湛斌为名称为“锁面组件（H87P-H135G）”的外观设计专利（即本案专利）的权利人。雅洁公司为本案专利的独占实施被许可人。2011年10月18日，雅洁公司的委托代理人通过公证程序，在卢炳仙处购得被诉侵权产品“吉固”门锁一把。被诉侵权产品与本案专利的外观无实质性差异。被诉侵权产品包装上标有“吉固+JIGU+图”注册商标，该商标的权利人为温州市鹿城区临江县昌隆五金加工厂的业主杨建忠。卢炳仙提交的发货清单传真件上记载有“温州市昌隆五金厂发货清单”字样，收货单位为“石家庄卢炳仙”，日期为“2009年7月4日”，所购货物共四种，合计金额3280元。卢炳仙提交的银行个人存款回单上载明的时间为“2009年6月4日15：16：32”，未显示付款人姓名和账号/卡号，交易金额6900元。雅洁公司以杨建忠和卢炳仙侵犯其外观设计专利权为由，提起诉讼。河北省石家庄市中级人民法院一审认为，杨建忠出售被诉侵权产品给

卢炳仙的时间为2009年7月4日，在本案专利授权公告日即2009年9月16日之前，故杨建忠的行为不构成侵权。卢炳仙在本案专利授权公告日以后销售被诉侵权产品的行为构成侵权。但现有证据不能证明卢炳仙知道或者应当知道其所售为侵权产品，且因上述产品有合法来源，故卢炳仙无需承担赔偿责任。据此判决卢炳仙停止侵权行为。雅洁公司不服，提起上诉。河北省高级人民法院二审判决驳回上诉、维持原判。雅洁公司仍不服，向最高人民法院申请再审。最高人民法院裁定提审本案，并于2014年6月30日判决撤销一、二审判决，改判杨建忠、卢炳仙立即停止侵权行为，分别赔偿雅洁公司经济损失5万元和2千元。

【裁判意见】

在前述“锁面组件”外观设计专利侵权案中，最高人民法院提审认为：侵权产品上标注有“吉固+JIGU+图”商标，杨建忠为商标权人。温州市鹿城区临江县昌隆五金加工厂由杨建忠注册成立，足以证明杨建忠有制造侵权产品的能力。在没有相反证据证明侵权产品的实际制造者并非杨建忠本人，且其从未对此提出任何异议的情况下，可以合理地推定杨建忠是侵权产品的制造者。

中华人民共和国最高人民法院民事判决书

（2013）民提字第187号

再审申请人（一审原告、二审上诉人）：广东雅洁五金有限公司。住所地：广东省佛山市南海区大沥长虹岭工业园长岗北路。

法定代表人：曹国基，该公司经理。

委托代理人：王树林，广东本宽律师事务所律师。

委托代理人：李伟波，广东本宽律师事务所律师。

被申请人（一审被告、二审被上诉人）：杨建忠，男，汉族，1965年1月30日出生，住浙江省温州市鹿城区临江镇×村1号。

被申请人（一审被告、二审被上诉人）：卢炳仙，男，汉族，1971年12月5日出生，河北省石家庄市长安佳家居五金商行业主，住黑龙江省抚远县抚远镇×居民委员会一组。

委托代理人：耿彦辉，河北世纪联合律师事务所律师。

再审申请人广东雅洁五金有限公司（以下简称雅洁公司）因与被申请人杨建忠、卢炳仙侵害外观设计专利权纠纷一案，不服河北省高级人民法院（2012）冀民三终字第108号民事判决，向本院申请再审。本院于2013年5月31日作出(2013)民申字第307号民事裁定，提审本案。本院依法组成合议庭，于2013年11月25日公开开庭审理了本案，雅洁公司委托代理人王树林，卢炳仙的委托代理人耿彦辉到庭参加诉讼，杨建忠经传票传唤无正当理由拒不到庭。本案现已审理终结。

2012年2月10日，雅洁公司以杨建忠和卢炳仙侵犯其外观设计专利权为由，向河北省石家庄市中级人民法院（以下简称一审法院）提起本案诉讼，请求法院判令：1. 各被告立即停止生产和销售专利侵权产品的违法行为，并立即销毁与侵权行为有关的被诉产品；2. 各被告连带赔偿雅洁公司经济损失人民币15万元(含雅洁公司为本案诉讼支付的合理调查费、律师服务费)。

杨建忠未答辩。

卢炳仙辩称：其是个体零售商，通过杨建忠的业务员介绍尝试购进涉案锁具，仅售出几把，发现销售不好，及时退货，这次雅洁公司购买的是当初剩下的样品。卢炳仙不具备专业知识，无从辨认涉案锁具是否构成侵权，所售涉案锁具有合法来源，根据专利法第七十条的规定，不应承担赔偿责任。请求驳回雅洁公司的诉讼请求。

一审法院审理查明：ZL200830046364.9号“锁面组件（H87P－H135G）”外观设计专利（以下简称涉案专利），申请日2008年4月16日，授权公告日2009年9月16日，专利权人曹湛斌。雅洁公司是涉案专利独占实施许可合同的被许可人，该合同有效期限为2009年10月22日至2015年7月1日。2011年10月18日，雅洁公司的委托代理人以普通顾客身份在石家庄市长安装饰材料和平路市场C区40号“佳家居五金商行”商铺购买包装盒上标有“吉固”字样的门锁一把，河北省石家庄市太行公证处对购买过程进行了公证，并对所购门锁进行了封存。将公证封存的门锁（被诉侵权产品）当庭开封，经比对与涉案专利外观设计无实质性差异，细节上的差异为：被诉侵权产品的面板下部装饰线为5条，涉案专利外观设计的面板下部装饰线为6条。被诉侵权产品包装上标有“吉固＋JIGU＋图”标识、“广东南海一固五金制品厂”、产品型号AZ1215－35SNN多功能。石家庄市长安佳家居五金商行业主卢炳仙2009年7月4日以单价41元从杨建忠处购进被诉侵权门锁20把。

一审法院审理认为：涉案外观设计专利权受法律保护。雅洁公司是涉案专利独占实施许可合同的被许可人。自外观设计专利权被授予后，任何单位或者个人未经专利权人许可，都不得实施其专利，即不得为生产经营目的制造、许诺销售、销售、进口其外观设计专利产品。外观设计专利权的保护范围以表示在图片或者照片中的该产品的外观设计为准，简要说明可以用于解释图片或者照片所表示的该产品的外观设计。被诉侵权门锁与涉案专利外观设计无实质性差异，是在相同的产品上采用与涉案外观设计专利近似的外观设计，落入涉案专利权的保护范围。外观设计专利权自授权公告之日起生效。杨建忠出售被诉侵权门锁给卢炳仙的日期为2009年7月4日，在涉案专利授权公告日2009年9月16日之前。雅洁公司未提供证明杨建忠在涉案专利授权公告日以后制造、销售被诉侵权门锁的证据，且雅洁公司取得专利独占实施许可的日期为2009年10月22日。对于雅洁公司对杨建忠的诉讼请求，不予支持。卢炳仙在涉案专利授权公告日以后销售被诉侵权门锁，构成侵权，因此应当停止销售侵权门锁。本案无证据证明卢炳仙知道或者应当知道所售产品涉及侵权，其所售产品有合法来源，卢炳仙依法不承担赔偿责任。雅洁公司提供的商标查询计算机网络信息，未经核实，不予采纳。雅洁公司提供的另案民事判决书，与本案无关。杨建忠经传票传唤，无正当理由拒不到庭，依法缺席判决。综上一审法院依据《中华人民共和国专利法》第十一条第二款、第四十条、第四十二条、第五十九条第二款、第七十条，《中华人民共和国民法通则》第一百一十八条，《中华人民共和国民事诉讼法》第一百三十条的规定，判决：卢炳仙立即停止销售侵犯涉案外观设计专利权的门锁；驳回雅洁公司的其他诉讼请求。案件受理费3300元，由雅洁公司负担2500元，卢炳仙负担800元。

雅洁公司不服一审判决，向河北省高级人民法院（以下简称二审法院）提出上诉，请求改判一审判决，支持其一审全部诉讼请求，具体理由为：1. 一审法院认定被诉侵权产品的购进时间在涉案专利授权公告日期之前属于认定事实错误。2. 一审判决没有认定杨建忠承担侵权责任属于认定事实不清、适用法律错误。3. 一审判决没有认定卢炳仙承担赔偿责任属于认定事实不清、适用法律错误。

杨建忠经二审法院合法传唤未到庭进行答辩。

卢炳仙辩称：1. 卢炳仙客观上不知道其售出的锁具系侵害专利权产品，无侵权过错。2. 卢炳仙有证据证明所售出的锁具有合法来源。3. 雅洁公司买走的产品是卢炳仙2009年试销的样品，已无存货，无新的侵权销售行为。4. 雅洁公司应对其主张的被诉侵权产品系2009年10月22日其取得专利独占实施许可之后新生产流通的侵权产品予以举证证明。综上，卢炳仙不应向雅洁公司承担赔偿责任。

二审法院经审理查明，一审判决查明的事实属实。

二审法院审理认为：关于被诉侵权产品的购进时间及合法来源问题。卢炳仙主张所销售的被诉侵权产品是从杨建忠处购进，并向法院提供了发货清单以及银行个人存款回单以证明其交易的真实性，其中发货清单用于证明购买涉案产品的时间。该发货清单虽然是传真件，但根据民事诉讼法的相关规定，传真件不同于复印件，其可以作为证据提交。而且，除了该发货清单，卢炳仙亦提交了银行个人存款回单予以佐证此交易的真实性。在该存款回单上所显示的收款人户名是杨建忠，账号亦为发货单上标明的杨建忠在交通银行的账户，付款时间是2009年6月4日，即付款一个月后杨建忠发货，付款金额是6900元，多于发货单上的应付金额。关于付款时间的问题，雅洁公司称先付款后发货与交易习惯不符，但其并未提交相应的证据予以反驳；关于付款金额比发货单金额多的问题，卢炳仙称该金额相对应的发货除了涉案的发货清单上所列货品，还有其他的发货。本案中，卢炳仙就涉案货物的购买时间已完成了初步的举证责任，在雅洁公司无反证推翻上述证据的情况下，卢炳仙不应当再承担进一步的举证责任，应当认定卢炳仙所出售的涉案产品为2009年7月4日从杨建忠处购进，其所售产品有合法来源，不应承担赔偿责任。雅洁公司对证据真实性、关联性有异议，应当提交相应的证据予以反驳，在无相反证据证明的情况下，对其关于购货时间及合法来源的上诉理由不予支持。

关于杨建忠是否承担赔偿责任的问题，如前所述，本案的涉案产品是2009年7月4日售出的，早于涉案专利的授权公告日2009年9月16日，故杨建忠的制造、销售行为不构成侵权，在本案中不应承担侵权赔偿责任。综上，二审法院判决：驳回上诉，维持原判。二审案件受理费3300元，由雅洁公司负担。

雅洁公司申请再审称：（一）一、二审判决认定被诉侵权产品购进时间为2009年7月4日，缺乏证据证明。1. 卢炳仙提供的发货清单只是传真件，没有原件可供核对，上面没有任何主体签名或盖章，而且也没有相应的购货合同予以佐证。另外，交通银行个人存款回单不但没有显示付款人的姓名，且付款金额与发货清单上的金额也不相符。存款回单显示的付款日期是2009年6月4日，而发货清单的发货日期是2009年7月4日，与一般的商业惯例不符。2. 即使发货清单是真实的，也只能说明2009年7月4日卢炳仙购进了20件侵权产品，并不能证明被诉侵权产品就是2009年7月4日购进的，更不能证明2009年7月4日后杨建忠与卢炳仙之间就没有其他交易记录。3. 被诉侵权产品及其包装上并没有任何有关产品的生产时间、批次等相关的标示记录，卢炳仙提交的有关进货记录与付款记录的内容并不能对应本案的被诉侵权产品。4. 本案中的供货单完全可以在诉讼中临时制作，再配合以前的付款记录来印证。因此，一审、二审法院认定被诉侵权产品购进于2009年7月4日存在错误。（二）为证明卢炳仙、杨建忠双方不只存在所谓2009年7月4日这一次交易，雅洁公司书面向二审法院申请调查收集卢炳仙与杨建忠于2009年6月4日至二审前在有关银行的全部交易记录，但二审法院对此未予调查收集。二审法院对雅洁公司因客观原因不能自行收集而书面申请法院调查收集的证据未进行调查收集，存在错误。综上，雅洁公司依据《中华人民共和国民事诉讼法》第二百条第（二）、（五）、（六）项的规定，向本院申请再审，请求撤销一审、二审判决，依法改判支持其一审诉讼请求，并由卢炳仙、杨建忠承担全部诉讼费用。

卢炳仙提交答辩意见认为：（一）卢炳仙客观上不知道其售出的涉案锁具系被诉侵权产品，其无主观过错；（二）卢炳仙有证据证明该售出的被诉侵权产品的合法来源；（三）雅洁公司公证购买的是卢炳仙2009年试销的被诉侵权产品中剩下的最后一件样品，再无存货，亦无新的被诉侵权销售行为；（四）雅洁公司应对其主张的被诉侵权产品系2009年10月22日取得专利独占实施许可之后新生产流通的侵权产品予以举证证明。请求依法驳回雅洁公司的再审申请。

杨建忠未提交答辩意见。

本院经审理查明：

曹湛斌在2008年4月16日向国家知识产权局申请了名称为“锁面组件（H87P－H135G）”的ZL200830046364.9号外观设计专利，2009年9月16日获得授权。2009年，雅洁公司与曹湛斌针对该专利权签订了独占实施许可合同，2009年10月30日在国家知识产权局对该合同进行了备案，该合同有效期限为2009年10月22日至2015年7月1日。

2011年10月18日，雅洁公司的委托代理人在河北省石家庄市长安“佳家居五金商行”商铺购得包装盒上标有“吉固”字样的门锁一把，售价75元。太行公证处对购买过程进行了公证，并对所购门锁进行了封存。将公证封存的门锁与涉案专利外观设计比对，无实质性差异。被诉侵权产品包装上标有“吉固＋JIGU＋图”商标标识、“广东南海一固五金制品厂”、产品型号AZ1215－35SNN多功能。

雅洁公司提交的证据“商标的详细信息”上载明杨建忠是“吉固＋JIGU＋

图”这一注册商标的专用权人，其住址为浙江省温州市鹿城区临江镇江南上村1号。该注册商标的申请日期是2008年5月22日，初审公告日为2010年3月27日，注册公告日为2010年6月28日。该注册商标相关信息经登录国家工商行政管理总局商标局网站查询核实后确认无误。雅洁公司还提交了盖有“温州市工商行政管理局鹿城分局档案室”印章的“个体工商户登记情况”表，其上记载的信息表明身份证号码为“3303××××××××××××”、姓名为“杨建忠”的个人注册了“温州市鹿城区临江县昌隆五金加工厂”，经营地址是“临江镇江南上村”。

河北省石家庄市长安佳家居五金商行业主卢炳仙提交的发货清单传真件上记载有“温州市昌隆五金厂发货清单”字样，收货单位为“石家庄卢炳仙”，所标注的日期为“2009年7月4日”，所购货物共四种，其中序号为4的货物的货名为“AZ1215－35SNN”、规格为“多功能”、单位为“件”，数量为“1”、单价为“41”，合计的金额为“3280”。发货清单底部还记载有如下内容：“户名：杨建忠 农行：6228××××××××××××　建行：4367××××××××××××　交行：6222××××××××××××　工行：6222××××××××××××　地址：临江江南工业区　电话：0577－×××××××××”；清单底部有“FROM FAX ON：2009.07.05 09：29”字样。卢炳仙提交的交通银行的个人存款回单上载明的时间为“2009年6月4日15：16：32”，付款人户名和付款人账号/卡号未显示，收款人账号/卡号为“6222××××××××××××”，交易金额为“CNY6，900.00”。

以上事实，有ZL200830046364.9号外观设计专利证书、外观设计专利图片或照片、简要说明，专利登记簿副本，广东省佛山市南海公证处（2011）佛南内民证字第12694号公证书，河北省石家庄市太行公证处（2011）冀石太证经字第1029号公证书及公证封存的门锁，卢炳仙购货清单及交通银行个人存款回单，以及当事人陈述在案佐证。

本院认为，各方当事人对于被诉侵权产品落入涉案外观设计专利权的保护范围没有异议，争议焦点在于：杨建忠是否是侵权产品的制造者；卢炳仙主张的合法来源抗辩是否成立；杨建忠和卢炳仙应分别承担何种法律责任；二审法院未依雅洁公司的申请调查收集相关交易记录是否存在错误。

（一）关于杨建忠是否是侵权产品的制造者

本案中，侵权产品上标注有“吉固＋JIGU＋图”这一商标，杨建忠是该注册商标的专用权人；雅洁公司提供了初步证据证明杨建忠注册了“温州市鹿城区临江县昌隆五金加工厂”，证明杨建忠有制造侵权产品的能力。在已经确认侵权产品外包装上所标注商标的专用权人杨建忠有能力制造侵权产品，且没有其他证据表明存在他人冒用该商标，或者杨建忠曾将该商标许可给他人使用等证明侵权产品的实际制造者并非杨建忠本人的情况下，可以合理推定杨建忠是侵权产品的制造者。此外，卢炳仙提供的合法来源的初步证据也显示是从“温州市昌隆五金厂”购买的侵权产品，且卢炳仙将购买侵权产品的货款付给了杨建忠。而且，在本案一审、二审及再审诉讼过程中，杨建忠经法院多次合法传唤，拒绝签收传票和相关法律文书，拒不到庭，对其是否是“吉固＋JIGU＋图”这一注册商标的专用权人、是否注册有“温州市鹿城区临江县昌隆五金加工厂”、是否实际生产了侵权产品并销售给卢炳仙，没有提出任何异议，其应该承担相应的法律后果。综上，本院根据现有证据认定杨建忠系本案侵权产品的制造者。

（二）关于卢炳仙主张的合法来源抗辩是否成立

专利法第十一条规定：“外观设计专利权被授予后，任何单位或者个人未经专利权人许可，都不得实施其专利，即不得为生产经营目的制造、许诺销售、销售、进口其外观设计专利产品。”根据该规定，销售者销售了未经专利权人的许可而制造的侵权产品，其销售行为是一种侵权行为。对于侵犯了专利权的销售者，应根据权利人的请求，承担停止侵权的民事责任。这种停止侵犯专利权的民事责任，是一种严格责任，不以侵权人的主观过错为要件。即不论侵权人主观上是故意还是过失，不论其是否知道或者应当知道专利权的存在，只要其实施了专利法规定的侵犯专利权的行为，即构成了侵犯专利权，就应当承担停止侵权的民事责任。至于侵犯了专利权的销售者是否应承担赔偿责任，鉴于专利法第七十条对于侵权产品的善意销售者提供了一种免予承担赔偿责任的抗辩权，即合法来源抗辩权，故需要根据案情判断是否符合该条规定之构成要件。

专利法第七十条规定：“为生产经营目的使用、许诺销售或者销售不知道是未经专利权人许可而制造并售出的专利侵权产品，能证明产品合法来源的，不承担赔偿责任。”根据该条规定，合法来源抗辩需要同时满足两个成立要件：一是侵权产品使用者、销售者的主观善意，二是侵权产品有合法来源。对于主观善意的成立要件，需要侵权产品使用者、销售者证明其不知道使用、许诺销售或者销售的是侵权产品，这是一种消极事实，根据消极事实的证明规则，一般应由权利人来证明侵权者知道或者应当知道其所使用、许诺销售或者销售的是侵权产品，从而否定合法来源抗辩的成立；若权利人无法证明侵权者知道或者应当知道，则一般可以推定侵权者不知道其使用、许诺销售或者销售的是侵权产品，从而认定该侵权产品使用者、销售者是善意的，第一个要件成立。对于第二个要件，即侵权产品有合法来源，应该完全由侵权产品使用者、销售者进行举证，证明侵权产品是从正规合法渠道、以正常合理价格从其直接的供货方购进的事实。这是因为，合法来源抗辩制度在免除了侵权产品善意使用者、销售者赔偿责任的同时，还是要保护权利人的合法权利。通过侵权产品使用者、销售者的举证，权利人可以继续追究供货方的侵权责任，从而追本溯源地找到侵权产品的源头——制造者，以利于从根本上解决侵权问题。

侵权产品的使用者、销售者与制造者所需承担的法律责任是不同的，所负担的举证责任亦不同。侵权产品的使用者、销售者的这种举证责任，并不因为发现了真正的制造者而得以免除或减轻。这是因为侵权产品的制造行为通常比较隐蔽，难以发现，权利人往往是通过市场上侵权产品的销售与使用行为才得以发现侵权行为；加之很多侵权商品流通环节多，经营行为也不规范，在侵权产品的制造者和被诉的使用者、销售者中间，可能还存在其他的侵权产品销售者，通过合法来源抗辩制度，有利于把所有的侵权销售环节全部查清，有利于全面解决侵权问题，并使权利人获得全面赔偿。当侵权产品的使用者、销售者是从制造者处直接购买了侵权产品，而没有其他的中间销售环节，通过事实和法律的认定，可以确认制造者生产并销售了侵权产品，那么被诉的使用者、销售者是否可以就此免除或减轻合法来源抗辩的举证责任呢？本院认为，侵权产品的使用者、销售者不能因此免除或减轻合法来源抗辩的举证责任。首先，合法来源抗辩是法律赋予善意的侵权产品使用者、销售者的一种权利，根据“谁主张、谁举证”的一般举证责任分配原则，侵权产品的使用者、销售者在行使合法来源抗辩权时，应负担举证责任，其应该举出合法获取侵权产品的证据，如购货发票或收据，以及付款凭证等。其次，对于这种特殊情况下侵权产品使用者、销售者的举证责任，也应该与存在多个中间销售环节时侵权产品使用者、销售者的举证责任相一致。最后，这样分配举证责任，既可以规范流通环节的市场秩序，也可以防止侵权产品使用者、销售者与他人串通，以提供虚假合法来源证据的方式逃避赔偿责任。因此，侵权产品使用者、销售者与制造者就各自的行为应分别承担责任，不能因查明或认定侵权产品的制造者就当然认为被诉的使用者、销售者合法来源抗辩成立，免除其赔偿责任；也不能因为制造者承担了侵权责任，就免除不符合合法来源抗辩要件的使用者、销售者的赔偿责任。

本院认为，对于侵权产品合法来源证据的审查应当从严把握，特别要注重对证据的真实性、证明力、与侵权产品的关联性、同一性的审查。本案中，卢炳仙主张其销售的侵权产品有合法来源，为此提供了发货清单和交通银行个人存款回单。但发货清单只是传真件，且其上没有任何主体签名或盖章，卢炳仙也未提交相应的购货合同予以佐证。交通银行个人存款回单不但没有显示付款人的姓名，且付款金额与发货清单上的金额也不相符。卢炳仙虽辩称该金额相对应的发货除了涉案发货清单上所列货品，还有其他的发货，但其并未就存在的其他货物及货款数额进行举证。因此，卢炳仙提供的证据并不能真实有效地证明其所销售的侵权产品的合法来源，其合法来源抗辩不成立。

（二）杨建忠和卢炳仙所应承担的法律责任

本案侵权产品及其包装上并没有任何有关产品的生产时间、批次等相关的标示记录；卢炳仙的合法来源抗辩不能成立，其提交的有关进货记录与付款记录的内容并不能对应本案的侵权产品。故此，原审判决关于本案侵权产品是于 2009 年 7 月 4 日从杨建忠处购进的认定有误，应予纠正。雅洁公司关于侵权产品不能被认定为早于本案外观设计专利申请日制造并销售的主张成立。杨建忠是侵权产品的制造者，其应承担停止制造、销售侵权产品并赔偿损失的民事责任。卢炳仙是侵权产品的销售者，其合法来源抗辩不成立，应承担停止销售侵权产品并赔偿损失的民事责任。

本案中，雅洁公司并未举证证明其因侵权所遭受的损失，也未提交涉案外观设计专利的许可及收费等证据，其请求法院适用法定赔偿方式决定各被告的赔偿数额。杨建忠制造、销售侵权产品的数量及侵权获利无法查清，卢炳仙销售侵权产品的数量及侵权获利亦无法查清，涉案外观设计专利的合理使用费又无从参考，因此本案应根据专利法第五十九条第二款的相关规定，适用法定赔偿方式确定赔偿数额。综合考虑杨建忠系侵权产品标注商标的专用权人，其开办相关企业有规模生产的能力，法院多次传唤但其拒不签收相关法律文件、拒不到庭等情节，卢炳仙经营的佳家居五金商行作为商铺的经营规模、侵权产品被公证购买时的售价等因素，以及涉案专利的权利类型，雅洁公司为本案诉讼支付的合理的调查费、律师服务费等，本院确定杨建忠赔偿雅洁公司经济损失人民币 5 万元，卢炳仙赔偿雅洁公司经济损失人民币 2000 元。

关于雅洁公司一审起诉时请求判令各被告销毁侵权产品一节，因其并未提供相关证据证明杨建忠仍存有已制造好但未售出的侵权产品；除了公证保全并已作为证据提交法院的一件侵权产品外，其也并未提交其他证据证明卢炳仙仍有其他尚未销售的侵权产品，故对于雅洁公司此项诉讼请求不予支持。

（四）关于二审法院是否应依雅洁公司的申请调查收集卢炳仙与杨建忠于2009年6月4日至二审前在有关银行的全部交易记录

本院认为，对于当事人及其诉讼代理人申请人民法院调查收集证据的内容，人民法院需要综合考虑当事人及其诉讼代理人提出申请的原因及申请调查收集的证据与案件的关系，审查决定是否予以调查收集。本案中，雅洁公司向法院申请调取的证据是卢炳仙与杨建忠于2009年6月4日至二审前在有关银行的全部交易记录，雅洁公司并未提供初步的证据证明卢炳仙与杨建忠于2009年6月4日至二审前在有关银行还存在其他交易记录；即使存在其他交易记录，在无其他证据佐证的情况下，也仅能证明卢炳仙与杨建忠之间还存在其他的经济往来关系，并不能凭此认定是购买侵权产品所支付的货款，即无法直接将该交易记录与侵权产品相关联。故此雅洁公司此项再审申请理由不成立，本院不予支持。

综上所述，雅洁公司的部分再审申请理由成立，本院予以支持。一审、二审判决认定事实不清，适用法律错误，应予撤销。依据《中华人民共和国民法通则》第一百一十八条，《中华人民共和国专利法》第十一条第二款、第五十九条第二款、第六十五条第二款、第七十条，《中华人民共和国民事诉讼法》第一百七十条第一款第（二）项、第二百零七条第一款之规定，判决：

一、撤销河北省石家庄市中级人民法院（2012）石民五初字第00059号民事判决；

二、撤销河北省高级人民法院（2012）冀民三终字第108号民事判决；

三、杨建忠立即停止制造、销售侵犯ZL200830046364.9号“锁面组件（H87P－H135G）”外观设计专利权的涉案门锁；

四、卢炳仙立即停止销售侵犯ZL200830046364.9号“锁面组件（H87P－H135G）”外观设计专利权的涉案门锁；

五、杨建忠于本判决生效之日起十日内赔偿广东雅洁五金有限公司因其侵权所造成的经济损失人民币50000元（包含广东雅洁五金有限公司为制止侵权行为所支付的合理开支）；

六、卢炳仙于本判决生效之日起十日内赔偿广东雅洁五金有限公司因其侵权所造成的经济损失人民币2000元（包含广东雅洁五金有限公司为制止侵权行为所支付的合理开支）；

七、驳回广东雅洁五金有限公司的其他诉讼请求。

一审案件受理费3300元，二审案件受理费3300元，共计6600元，由杨建忠负担4000元，卢炳仙负担600元，广东雅洁五金有限公司负担2000元。

如果未按本判决指定的期间履行给付金钱义务，应当依照《中华人民共和国民事诉讼法》第二百五十三条之规定，加倍支付迟延履行期间的债务利息。

本判决为终审判决。

审　判　长　周　翔
代理审判员　罗　霞
代理审判员　周云川
二〇一四年六月三十日
书　记　员　张　博

48. 专利法意义上的销售行为的认定

——再审申请人刘鸿彬与被申请人北京京联发数控科技有限公司、天威四川硅业有限责任公司侵害实用新型专利权纠纷案

【裁判要旨】

专利法意义上销售行为的认定，需要考虑专利法第十一条的立法目的，正确厘定销售行为与许诺销售行为之间的关系，充分保护专利权人利益。为此，销售行为的认定应当以销售合同成立为标准，而不应以合同生效、合同价款支付完成、标的物交付或者所有权转移为标准。

【关键词】

实用新型专利　侵权　销售行为　合同成立

【案号】

最高人民法院（2015）民申字第1070号

【基本案情】

在再审申请人刘鸿彬与被申请人北京京联发数控科技有限公司（以下简称京联发公司）、天威四川硅业有限责任公司（以下简称天威公司）侵害实用新型专

利权纠纷案中，刘鸿彬是名称为“硅棒锥度或外圆数控磨床”的实用新型专利（即本案专利）的权利人。本案专利的申请日为2008年12月31日，授权日为2009年10月21日。2009年4月10日，天威公司（买方）通过公开招投标与京联发公司（卖方）签订《加工设备购销合同》，其中涉及将本案被诉侵权产品硅芯磨锥机销售给天威公司。该合同还约定，买方支付合同总额90%的货款后，卖方同时向买方提供合同总价100%的商业发票；剩余合同总价的10%作为质保金，待合同设备初步验收合格，一年保证期满后1个月内支付。2009年10月16日，京联发公司向天威公司出具了合同总价全额的增值税专用发票。刘鸿彬以京联发公司生产制造并销售给天威公司的硅芯磨锥机与本案专利权利要求1的特征完全相同为由，提起诉讼。四川省成都市中级人民法院一审认为，被诉侵权产品落入本案专利权利要求1的保护范围，京联发公司未经刘鸿彬许可，以生产经营为目的，制造、销售了被诉侵权产品，侵害了本案专利权；天威公司公开招标的时间以及签订《加工设备购销合同》的时间均早于本案专利授权公告日，尽到了合理审查义务，且能够证明其使用的被诉侵权产品具有合法来源，不应承担赔偿责任。遂判决天威公司和京联发公司停止侵害，京联发公司赔偿刘鸿彬经济损失10万元。京联发公司不服，提起上诉。四川省高级人民法院二审认为，在实用新型专利授权公告日之前发生和实施与该专利相同技术方案的行为，不构成侵害专利权。遂撤销一审判决，驳回刘鸿彬的诉讼请求。刘鸿彬不服，向最高人民法院申请再审。最高人民法院于2015年8月28日裁定驳回刘鸿彬的再审申请。

【裁判意见】

最高人民法院审查认为：专利法意义上销售行为的认定，需要考虑《中华人民共和国专利法》（以下简称专利法）第十一条的立法目的，正确厘定销售行为与许诺销售行为之间的关系，充分保护专利权人利益。该条规定的立法目的在于清晰界定专利权的权利范围，划定专利权人与社会公众的权利界限，充分保护专利权人的利益。该条规定从行为类型入手，规定发明和实用新型专利的权利人拥有制造、使用、许诺销售、销售和进口五项权能，外观设计专利的权利人拥有制造、许诺销售、销售和进口四项权能。上述权能同时构成专利权人禁止权的范围，是认定侵权行为的重要尺度。为确保专利权权利范围的清晰性，增强可预见性并预防纠纷发生，销售权能或者说销售侵权行为的认定标准必须清晰明确、简单易行、可操作性强。同时，为充分保护专利权人的利益，销售行为的认定标准还应当尽可能实现许诺销售行为与销售行为之间的无缝衔接，以便覆盖对专利权人利益产生较大影响的有关交易环节和过程，从而更有效地制止销售侵权行为。关于销售行为是否完成，京联发公司主张应以合同成立或者生效为标准，刘鸿彬则主张以标的物所有权转移或者合同价款支付为标准。因此，对于销售行为的认定标准，至少存在四种选择：合同成立标准、合同生效标准、合同价款支付完成标准、标的物交付或者所有权转移标准。如果采用标的物交付或者所有权转移标准，则被诉侵权人自合同成立到标的物交付或者所有权转移之前的行为将不构成销售，此段行为将脱离专利权人的权利范围，过分缩小了专利权人的权利空间；而且，标的物交付或者所有权转移必须结合合同具体内容以及履行过程来判断，不仅使得认定标准复杂化，还大大增加了专利权人维权时的取证成本和证明难度。如果采用价款支付完成标准，则被诉侵权人自合同订立到合同价款支付完成之前的行为同样无法构成销售，脱离专利权人的权利范围，缩小了权利人的权利空间；而且，合同价款支付涉及合同履行过程，当事人在实践中可能采取分期支付、抵销、债务让与等多种方式履行合同，同样会导致认定标准复杂化，增加专利权人维权时的取证成本和证明难度。如果采用合同生效标准，则自合同成立到生效之前的行为同样无法构成销售，脱离专利权人的权利范围，缩小了权利人的权利空间；而且，合同生效是法律对合同效力评价的结果，合同是否发生效力并非完全取决于当事人的意愿，将其作为认定销售行为尤其是销售侵权产品的标准，与作为侵权责任基础的意志自由原则相悖。如果采用合同成立作为认定销售行为的判断标准，由于合同成立之前当事人以广告、商品展示等方式作出的销售商品的单方意思表示属于许诺销售行为，双方就销售商品的意思表示达成合意属于销售行为，则销售行为与许诺销售行为可以实现密切衔接，使得销售行为与许诺销售行为之间不存在专利权无法覆盖的空间，有利于充分保护专利权人的利益。同时，合同成立是双方当事人就销售商品的意思表示达成合意的事实状态，往往通过书面合同等材料体现出来，不需要进一步考察合同的具体条款和履行过程，专利权人获取证据和证明销售行为成立更为容易，取证成本和认定成本均较低。因此，销售行为的认定，一般应当以销售合同成立为标准。本案中，天威公司与京联发公司之间的《加工设备购销合同》签订于2009年4月10日，专利法意义上的销售行为在该日已经实施，早于本案专利授权公告日（2009年10月21日）。二审法院认定京联发公司销售被诉侵权产品的行为在本案专利授权公告日前已经完成，结论正确。

中华人民共和国最高人民法院民事裁定书

(2015) 民申字第1070号

再审申请人(一审原告、二审被上诉人):刘鸿彬,男,汉族,1953年8月25日出生,住四川省乐山市市中区柏杨路×号。

委托代理人:张新,住四川省成都市武侯区成科路×号×栋×单元×号小集体户,成都天嘉专利事务所专利代理人。

被申请人(一审被告、二审上诉人):北京京联发数控科技有限公司。住所地:北京市密云县经济开发区科技路×号。

法定代表人:秦建国,该公司总经理。

委托代理人:潘光钊,北京市亚东律师事务所律师。

被申请人(一审被告):天威四川硅业有限责任公司。住所地:四川省新津县工业园区B区。

法定代表人:刘淑娟,该公司董事长。

再审申请人刘鸿彬因与被申请人北京京联发数控科技有限公司(以下简称京联发公司)、天威四川硅业有限责任公司(以下简称天威公司)侵害实用新型专利权纠纷一案,不服四川省高级人民法院(2014)川知民终字第29号民事判决,向本院申请再审。本院依法组成合议庭对本案进行了审查,现已审查终结。

刘鸿彬申请再审称:二审法院认定事实错误,适用法律错误,二审判决超出当事人上诉请求范围,本案符合《中华人民共和国民事诉讼法》(以下简称民事诉讼法)第二百条第二项、第六项和第十一项的规定,请求撤销二审判决,维持一审判决,本案一、二审诉讼费用由京联发公司和天威公司承担。其主要理由为:(一)二审判决超出当事人的上诉请求。上诉案件的审理范围受上诉请求范围的限制,二审法院只能对上诉请求的有关事实和适用法律进行审查。本案一审法院判决天威公司立即停止使用侵犯ZL200820223950.0号“硅棒锥度或外圆数控磨床”实用新型专利权(以下简称本案专利)的产品的行为,天威公司对此并未提起上诉。在此情况下,二审法院径行改判,违反法定程序,应当予以纠正。(二)二审判决认定事实错误。京联发公司的销售行为在本案专利授权公告日前并未完成。京联发公司与天威公司于2009年4月10日签署《购销合同》,约定了支付完成的条件、设备的保证期、保证期内设备的更换和修理责任等。根据合同关于产品的质保期为交货验收合格后一年,天威公司在保证期满后 1 个月内支付给京联发公司合同总价 10% 的质保金的约定，该合同的实际履行完成日应为 2010 年 4 月 9 日。销售行为可以有一个持续过程，应该以标的物所有权转移或价款支付作为销售行为完成的时间节点。本案应当按照《中华人民共和国专利法》（以下简称专利法）第十一条的规定及交易习惯等确定销售行为的完成时间。因此，本案销售行为的完成之日应该是《购销合同》履行完成之日即 2010 年 4 月 9 日。二审法院关于销售行为只是买卖行为的一部分，是出卖人的单方行为，不能以标的物所有权是否转移或价款是否支付来确定销售时间的认定是错误的。（三）二审判决法律适用错误。二审法院认为，由于京联发公司向天威公司销售被诉侵权产品的行为不构成侵权，故天威公司通过合法途径购买并使用被诉侵权产品的行为亦不构成侵权，这一认定的逻辑与前提错误，缺乏法律依据。产品的使用行为与产品的制造、销售行为是可以分离的不同行为，不存在必然的逻辑关系。产品的来源合法，不等于使用侵权行为不成立。京联发公司的销售行为即使不侵权，天威公司在本案专利授权公告日之后继续使用侵权产品的行为也构成侵权行为。况且，京联发公司在本案专利授权公告日之后仍在持续侵权。

京联发公司答辩称：二审判决认定事实清楚，适用法律正确，审判程序合法，刘鸿彬的申请再审理由不能成立，应予驳回。其主要理由为：（一）京联发公司生产、销售被诉侵权产品的行为发生在本案专利授权公告日前。销售行为的完成应以合同成立或者合同生效为标准，而不能以标的物所有权转移或者价款支付为标准。（二）实用新型专利权自公告之日起生效，并非自申请之日起生效。专利申请日以后至授权公告日前，他人生产、销售与专利申请相同的产品不构成侵权。（三）由于京联发公司向天威公司销售被诉侵权产品的行为不构成侵权，天威公司通过合法途径向京联发公司购买并使用被诉侵权产品的行为当然亦不构成侵权。尽管天威公司未对一审判决提起上诉，二审法院在京联发公司上诉后撤销一审判决是正确的。

在本院询问过程中，刘鸿彬还主张，二审法院开庭当日，京联发公司在其官方网站上还继续对外进行侵权产品的宣传且有型号、产品实物照片。二审法院当时要求刘鸿彬以公证形式保存证据，但是当日中午登录该网站时已经没有上述宣传行为。

本院认为，综合再审申请人的申请再审理由、被申请人答辩及本案案情，本案在再审审查阶段的争议焦点为：二审判决认定被诉销售行为在本案专利授权公告日前已经完成是否正确；二审判决认定天威公司的使用行为不构成侵犯本案专利权是否正确；二审判决是否超出当事人的上诉请求。

（一）二审判决认定被诉销售行为在本案专利授权公告日前已经完成是否正确

专利法意义上销售行为的认定，需要考虑专利法第十一条的立法目的，正确厘定销售行为与许诺销售行为之间的关系，充分保护专利权人利益。专利法第十一条规定："发明和实用新型专利权被授予后，除本法另有规定的以外，任何单位或者个人未经专利权人许可，都不得实施其专利，即不得为生产经营目的制造、使用、许诺销售、销售、进口其专利产品，或者使用其专利方法以及使用、许诺销售、销售、进口依照该专利方法直接获得的产品。外观设计专利权被授予后，任何单位或者个人未经专利权人许可，都不得实施其专利，即不得为生产经营目的制造、许诺销售、销售、进口其外观设计专利产品。"该条规定的立法目的在于清晰界定专利权的权利范围，划定专利权人与社会公众的权利界限，充分保护专利权人的利益。该条从行为类型入手，规定发明和实用新型专利的权利人拥有制造、使用、许诺销售、销售和进口五项权能，外观设计专利的权利人拥有制造、许诺销售、销售和进口四项权能。上述权能同时构成专利权人禁止权的范围，是认定侵权行为的重要尺度。为确保专利权权利范围的清晰性，增强可预见性并预防纠纷发生，销售权能或者说销售侵权行为的认定标准必须清晰明确、简单易行、可操作性强。同时，为充分保护专利权人的利益，销售行为的认定标准还应当尽可能实现许诺销售行为与销售行为之间的无缝衔接，以便覆盖对专利权人利益产生较大影响的有关交易环节和过程，从而更有效地制止销售侵权行为。关于销售行为是否完成，京联发公司主张应以合同成立或者生效为标准，刘鸿彬则主张以标的物所有权转移或者合同价款支付为标准。因此，对于销售行为的认定标准，至少存在四种选择：合同成立标准、合同生效标准、合同价款支付完成标准、标的物交付或者所有权转移标准。如果采用标的物交付或者所有权转移标准，则被诉侵权人自合同成立到标的物交付或者所有权转移之前的行为将不构成销售，此段行为将脱离专利权人的权利范围，过分缩小了专利权人的权利空间；而且，标的物交付或者所有权转移必须结合合同具体内容以及履行过程来判断，不仅使得认定标准复杂化，还大大增加了专利权人维权时的取证成本和证明难度。如果采用价款支付完成标准，则被诉侵权人自合同订立到合同价款支付完成之前的行为同样无法构成销售，脱离专利权人的权利范围，缩小了权利人的权利空间；而且，合同价款支付涉及合同履行过程，当事人在实践中可能采取分期支付、抵销、债务让与等多种方式履行合同，同样会导致认定标准复杂化，增加专利权人维权时的取证成本和证明难度。如果采用合同生效标准，则自合同成立到生效之前的行为同样无法构成销售，脱离专利权人的权利范围，缩小了权利人的权利空间；而且，合同生效是法律对合同效力评价的结果，合同是否发生效力并非完全取决于当事人的意愿，将其作为认定销售行为尤其是销售侵权的标准，与作为侵权责任基础的意志自由原则相悖。如果采用合同成立作为认定销售行为的判断标准，由于合同成立之前当事人以广告、商品展示等方式作出的销售商品的单方意思表示属于许诺销售行为，双方就销售商品的意思表示达成合意属于销售行为，则销售行为与许诺销售行为可以实现密切衔接，使得销售行为与许诺销售行为之间不存在专利权无法覆盖的空间，有利于充分保护专利权人的利益。同时，合同成立是双方当事人就销售商品的意思表示达成合意的事实状态，往往通过书面合同等材料体现出来，不需要进一步考察合同的具体条款和履行过程，专利权人获取证据和证明销售行为成立更为容易，取证成本和认定成本均较低。因此，销售行为的认定，一般应当以销售合同成立为标准。本案中，天威公司与京联发公司之间的《购销合同》签订于2009年4月10日，专利法意义上的销售行为在该日已经实施，早于本案专利授权公告日（2009年10月21日）。二审法院认定京联发公司的被诉销售行为在本案专利授权公告日前已经完成，结论正确。刘鸿彬的相应申请再审理由不能成立，不予支持。

（二）二审判决认定天威公司的使用行为不构成侵犯本案专利权是否正确

对于侵犯实用新型专利权行为的认定，应当全面综合考虑专利法的相关规定，合理平衡实用新型专利权人与社会公众之间的利益。根据专利法第十一条的规定，实用新型专利被授予后，专利权人才能取得制止他人未经许可实施其专利的权利，即他人不得为生产经营目的制造、使用、许诺销售、销售、进口实用新型专利权人的专利产品。同时，根据专利法第四十条的规定，实用新型专利权和外观设计专利权自公告之日起生效。由此可见，专利权人对于他人在实用新型专利授权公告日前实施该专利的行为，并不享有请求他人停止实施的权利。他人在实用新型专利授权公告日前实施该发明，包括制造、使用、销售、许诺销售和进口实用新型专利产品，并不为专利法所禁止，相关实用新型专利产品不构成侵权产品。在此情况下，对于实用新型专利授权公告日前已经售出的产品的后续行为，包括使用、许诺销售和销售，也应得到允许。如果实用新型专利权人在授权公告日后可以禁止该专利授权公告日前已经售出的产品的后续行为，则相当于实用新型专利权的效力可以在授权公告日后延伸到授权公告日前的合法行为，不适当地扩大了专利法授予实用新型专利权人的权利范围，损害了社会公众应有的利益。本案中，京联发公司销售被诉侵权产品的行为在本案专利授权公告日前已经完成，该行为不为专利法所禁止。在此情况下，天威公司使用所购买的被诉侵权产品的行为也应得到允许。因此，天威公司后续的使用行为不侵犯本案实用新型专利权。刘鸿彬关于天威公司在本案专利授权公告日之后继续使用侵权产品的行为构成侵权行为的主张不能成立，不予支持。

（三）二审判决是否超出当事人的上诉请求

民事诉讼法第一百六十八条规定，第二审人民法院应当对上诉请求的有关事实和适用法律进行审查。据此，二审法院在审理上诉案件时，应当围绕当事人的上诉请求进行审理；当事人没有提出请求的，不予审理，但是一审判决违反法律禁止性规定，或者损害国家利益、社会公共利益、他人合法权益的除外。本案中，京联发公司针对一审判决提出了上诉，其上诉请求为撤销一审判决，驳回刘鸿彬的全部诉讼请求。二审法院围绕这一请求，对本案专利授权公告日之前京联发公司销售被诉侵权产品的行为是否已经完结，京联发公司生产、销售被诉侵权产品的行为是否构成侵权等事实和法律问题进行了审理。虽然天威公司并未对一审判决提出上诉，但是京联发公司与天威公司在诉讼利益上存在一致性，京联发公司的上诉请求必然涉及天威公司的利益。二审法院经过审理认为，京联发公司生产、销售被诉侵权产品的行为发生在本案专利的授权公告日之前，京联发公司生产、销售被诉侵权产品的行为不构成侵权，天威公司通过合法途径购买并使用被诉侵权产品的行为亦不构成侵权，京联发公司的上诉请求成立。由于京联发公司与天威公司在诉讼利益上存在一致性，且京联发公司的上诉请求事实上涉及了天威公司的利益，二审判决在认定京联发公司和天威公司的行为均不构成侵犯本案专利权的基础上，判决撤销一审判决，驳回刘鸿彬的诉讼请求，并未超出京联发公司的上诉请求。刘鸿彬关于二审法院超出当事人的上诉请求的申请再审理由不能成立，不予支持。

此外，关于刘鸿彬所称京联发公司在二审诉讼期间仍然继续实施侵犯本案专利权的行为的问题，鉴于刘鸿彬对此并未提供充分证据，且其在取得相关证据的情况下可另行提起诉讼，本院对该问题不再予以审查。

综上，刘鸿彬的再审申请不符合《中华人民共和国民事诉讼法》第二百条第二项、第六项和第十一项规定的情形。依照《中华人民共和国民事诉讼法》第二百零四条第一款之规定，裁定如下：

驳回刘鸿彬的再审申请。

审　判　长　周　翔
代理审判员　朱　理
代理审判员　吴　蓉
二〇一五年八月二十八日
书　记　员　胡　凯

49. 专利侵权中的共同侵权的认定

——再审申请人 SMC 株式会社与被申请人乐清市中气气动科技有限公司、倪天才侵害发明专利权纠纷案

【裁判要旨】

共同侵权应该具备以下要件：加害主体为两人或者两人以上；各加害人主观上具有共同意思；各加害人彼此的行为之间客观上存在相互利用、配合或者支持；各加害人行为造成的损害后果在其共同意思的范围内。

【关键词】

发明专利　侵权　共同侵权　共同意思

【案号】

最高人民法院（2018）最高法民再 199 号

【基本案情】

在再审申请人 SMC 株式会社与被申请人乐清市中气气动科技有限公司（以下简称中气公司）、倪天才侵害发明专利权纠纷案（以下简称“电磁阀”专利侵权纠纷案）中，SMC 株式会社系专利号为 ZL02130309.6、名称为“电磁阀用筒形线圈”的发明专利（即涉案专利）的权利人。倪天才系中气公司的法定代表人。SMC 株式会社先后两次向中气公司订购被诉侵权电磁阀产品，均按要求将货

款汇入户名为“倪天才”的银行账户。SMC株式会社以中气公司和倪天才共同制造、销售、许诺销售的电磁阀产品侵害其涉案专利权为由，提起诉讼。浙江省温州市中级人民法院一审认为，被诉侵权产品落入涉案专利权利要求1的保护范围，判令中气公司立即停止侵权，赔偿SMC株式会社经济损失（含合理开支）10万元，对SMC株式会社要求倪天才承担连带责任的诉讼请求不予支持。SMC株式会社不服，提起上诉。浙江省高级人民法院二审判决，驳回上诉，维持原判。SMC株式会社不服，向最高人民法院申请再审。最高人民法院查明：中气公司仅有两名股东倪天才和倪海雷，倪海雷系倪天才的妻弟。倪天才持有中气公司60%的股份，倪海雷持有剩余40%的股份。另查明：中气公司在其阿里巴巴网店的“新闻中心”栏内有标题为“SMC型电磁阀（SY5120－5LZD－01）批发”“SMC型电磁阀资料的详细介绍”“气动电磁阀的工作原理”等信息。SMC株式会社购买的本案被诉侵权产品包装上明确标有“SMC及图”商标。最高人民法院裁定提审本案，并于2018年6月29日判决撤销一、二审判决，中气公司、倪天才立即停止侵权，连带赔偿SMC株式会社经济损失20万元，合理费用126664.7元。

【裁判意见】

最高人民法院再审认为：根据《中华人民共和国侵权责任法》第八条的规定，共同侵权应该具备以下要件：加害主体为两人或者两人以上；各加害人主观上具有共同意思；各加害人彼此的行为之间客观上存在相互利用、配合或者支持；各加害人行为造成的损害后果在其共同意思的范围内。对于倪天才与中气公司是否构成共同侵权，最高人民法院分析认为：首先，倪天才与中气公司具有共同意志。倪天才系中气公司的法定代表人、控股股东、执行董事和经理，仅有的另一名股东与其存在姻亲关系，其对中气公司有着很强的控制权，其意志与中气公司的意志具有明显的共同性。其次，倪天才和中气公司理应知悉其被诉侵权产品可能侵犯SMC株式会社的本案专利权。中气公司在网络宣传中明确提及其批发SMC电磁阀，并详细介绍了SMC电磁阀工作原理、用途、结构以及选型原则和方法等，且被诉侵权产品上标注有“SMC及图”商标。作为中气公司的法定代表人，倪天才显然知晓SMC株式会社的相应产品及其技术内容，对其被诉侵权产品可能落入SMC株式会社本案专利权保护范围有着明确认知。在此情况下，倪天才和中气公司仍然实施了制造、销售和许诺销售被诉侵权产品的行为，可以认为其具有明显的共同侵权故意。最后，倪天才和中气公司客观上存在相互利用、配合或者支持的行为。倪天才以个人银行账户收取中气公司货款，中气公司对于倪天才的上述行为予以认可，两者共同完成了被诉侵权产品的销售和货款回收。可见，倪天才利用其对中气公司的控制权，实际与中气公司共同实施了制造、销售和许诺销售被诉侵权产品的行为。综上，SMC株式会社关于倪天才与中气公司构成共同侵权并应承担连带责任的主张成立。

中华人民共和国最高人民法院民事判决书

（2018）最高法民再199号

再审申请人（一审原告、二审上诉人）：SMC株式会社。住所地：日本国东京都千代田区外神田四丁目14番1号。

法定代表人：丸山胜德，该株式会社董事长。

委托诉讼代理人：黄剑国，上海市华诚律师事务所律师。

委托诉讼代理人：张玥，上海市华诚律师事务所律师。

被申请人（一审被告、二审被上诉人）：乐清市中气气动科技有限公司。住所地：中华人民共和国浙江省乐清市北白象镇万南村。

法定代表人：倪天才，该公司总经理。

委托诉讼代理人：吴振东，浙江越人律师事务所律师。

被申请人（一审被告、二审被上诉人）：倪天才。

委托诉讼代理人：吴振东，浙江越人律师事务所律师。

再审申请人SMC株式会社因与被申请人乐清市中气气动科技有限公司（以下简称中气公司）、倪天才侵害发明专利权纠纷一案，不服浙江省高级人民法院（2017）浙民终200号民事判决，向本院申请再审。本院于2018年3月22日作出（2018）最高法民申379号民事裁定，提审本案。本院依法组成合议庭，公开开庭审理了本案。SMC株式会社委托诉讼代理人黄剑国、张玥，中气公司、倪天才共同委托诉讼代理人吴振东到庭参加诉讼。本案现已审理终结。

SMC株式会社申请再审称，原审判决认定事实和适用法律均有错误，有新证据足以推翻原审判决，本案符合《中华人民共和国民事诉讼法》第二百条第一项、第二项、第六项规定的情形。请求本院撤销原审判决，支持其一审诉讼请求。其主要事实和理由为：（一）现有证据足以认定倪天才以个人银行账户收取中气公司货款的行为非正常履行法定代表人职务的行为，原审判决在事实认定方面存在明显错误。1. SMC株式会社在诉讼过程中提交了多份公证书证据，证明倪天才与中气公司于2015年11月11日和2016年2月29日两次销售侵权产品的事实。在上述两次交易过程中，倪天才均在中气公司具有公司账户，且依法应当使用公司账户收款的情况下，要求SMC株式会社将购买侵权产品所需的货款汇入其个人银行账户。因此，倪天才与中气公司系采取由中气公司对外宣传和接单、倪天才个人负责发货和收款的经营模式，共同对侵权产品进行许诺销售和销售。其中，倪天才提供个人银行账户的行为，并非作为法定代表人维持公司正常运转所需的经营活动，而是在客观上为中气公司实施侵权行为提供了便利、协助中气公司共同完成销售侵权产品的个人行为。2. 原审程序中，倪天才本人当庭承认其为了逃避税收，长期以个人银行账户收取原本属于公司营业收入的货款。在一审程序中，倪天才明确承认交易过程中提供法定代表人账户系为了避免税收，并表示公司实际经营过程中会存在不规范的地方。在二审程序中，倪天才再次作出类似陈述。3. 在法庭多次要求下，倪天才始终未能提交任何有效反证证明其已将原本属于公司营业收入的货款归还至公司账户。本案一审程序中，倪天才曾提交一份"入账通知书"证据，意在证明其将货款转回中气公司的事实。但是，倪天才没有提供该份证据的原件以供核对，且该"入账通知书"中显示的关键信息与倪天才用于收取货款的银行账户、收款金额和日期完全不同，不存在任何对应关系。在二审庭审过程中，合议庭曾反复询问倪天才是否已将收取的货款转回中气公司账户、有无证据予以证明，倪天才明确承认没有证据能够证明该事实。4. 企业法人对它的法定代表人和其他工作人员的经营活动承担民事责任，应当仅限于正当、合法、为实现公司正常运作而施行的经营行为。在现有证据和倪天才本人陈述均证明其逃避国家税收、谋取个人非法利益的行为同时违反多部法律的情况下，不应当再将该种违法行为认定为正当履行法定代表人职务的经营活动。（二）在倪天才的行为不构成职务行为的前提下，可确定倪天才与中气公司共同实施了专利侵权行为；且倪天才利用公司法人独立地位转移资产、逃避债务，故其应当与中气公司向SMC株式会社承担连带的赔偿责任。一、二审判决对此存在法律适用错误。1. 倪天才与中气公司主观上存在共同侵权的故意，客观上分工合作实施了侵权行为，构成共同侵权，应当承担连带责任。首先，SMC株式会社系世界著名的制造和销售气动、电动元件的跨国公司，其生产销售的SY系列电磁阀产品具有相当的市场占有率及品牌知名度。同时，SMC株式会社近年来在中气公司及倪天才所在的乐清市地区，曾就同一专利向当地多家电磁阀企业提起专利侵权诉讼，并获得胜诉的生效判决。中气公司作为同一地区、同样制造销售同类型电磁阀产品的专业生产加工企业，倪天才作为该公司的法定代表人和实际控制者，理应知晓其制造、销售的SY系列电磁阀产品同样会侵犯SMC株式会社的专利权。其次，现有证据表明，倪天才与中气公司完全系在实际知晓侵犯SMC株式会社涉案专利技术的情况下，故意共同实施仿冒专利产品、侵犯专利权利的侵权行为。根据SMC株式会社在一审中提交的公证书证据，中气公司及倪天才在其销售侵权产品的阿里巴巴企业认证店铺中明确使用“SMC型电磁阀”字样进行宣传。同时，在由倪天才作为网站负责人的中气公司官方网站上，载有对于SMC株式会社电磁阀产品工作原理和结构的详细介绍。倪天才与中气公司制造、销售的侵权电磁阀产品，不仅在产品标注及包装上直接使用申请人的注册商标“SMC及图”，标注“Made in Japan”字样，更是在外观、尺寸及内部结构方面均与专利产品完全一致。最后，倪天才与中气公司实际上系分工合作，共同完成了制造、销售、许诺销售侵权产品的侵权行为。根据《中华人民共和国侵权责任法》（以下简称侵权责任法）第八条、第九条第一款及《中华人民共和国民法总则》第一百七十八条的规定，倪天才与中气公司应当承担连带责任。2. 倪天才以个人银行账户代收公司货款直接破坏了公司独立承担侵权责任的财产基础，严重损害了公司债权人利益，应当对公司债务承担连带责任。中气公司有且仅有两名股东，即倪天才及倪海雷。其中，倪天才持有60%的股权，系中气公司的法定代表人及控股股东，而新证据证明倪海雷实际上系倪天才的妻弟，中气公司仅有的两名股东之间存在极其密切的姻亲关系。中气公司实际完全系由倪天才一人进行控制、作为其实施侵权行为的工具，并借以逃避承担侵权责任。倪天才使用个人银行账户收取公司营业收入占为己用的行为，直接导致中气公司的财产与倪天才的个人财产发生高度混同、无法区分，严重破坏了中气公司独立承担责任的物质基础，使其丧失了法人财产的独立性，失去了独立承担侵权责任的前提和基础。3. 倪天才作为公司股东，恶意转移公司主要收入，滥用法人独立地位和股东有限责任，逃避侵权责任，严重损害专利权人利益，根据《中华人民共和国公司法》（以下简称公司法）第二十条的规定理应对中气公司债务承担连带赔偿责任。（三）在司法实践中，已有多地法院就同类型案件判定法定代表人/股东与公司承担连带赔偿责任，本案原审判决作出相反认定，造成同案不同判的结果，损害了司法权威和统一。

中气公司、倪天才提交意见称，（一）SMC株式会社提交的原审庭审笔录，不产生新的事实，不属于新证据。SMC株式会社未明确指出原审判决认定的哪些具体事实缺乏证据证明。SMC株式会社主张中气公司、倪天才承担连带赔偿责任的依据仅仅是倪天才以个人账户收取了货款，在无其他证据的情况下，原审判决认定正确。（二）涉及本案的阿里巴巴店铺系由中气公司设立并经营，也按照阿里巴巴的规则设置了默认的支付宝付款方式。本案中，阿里巴巴的店铺、网站的所有者，均为中气公司，而倪天才是公司的法定代表人、股东，其对公司的经营活动，包括收取货款行为，是职务行为。公司法第二十条不适用于本案，倪天才收取货款的时间发生在损害赔偿的债权形成之前，倪天才没有实施损害公司债权人利益的行为。综上，SMC 株式会社的再审申请不符合《中华人民共和国民事诉讼法》第二百条第一、二、六项的规定，请求本院驳回其再审申请。

SMC 株式会社向浙江省温州市中级人民法院（一审法院）起诉，请求法院判令：1. 中气公司和倪天才停止制造、销售、许诺销售侵害专利号为 ZL02130309.6，名称为“电磁阀用筒形线圈”发明专利权（即涉案专利）的产品；2. 中气公司和倪天才连带赔偿 SMC 株式会社经济损失 100 万元（含合理费用 126664.7 元）；3. 本案诉讼费用由中气公司和倪天才承担。

一审法院认定如下主要事实：

SMC 株式会社成立于 1959 年 4 月 27 日，业务范围包括自动控制设备的制造、加工与销售等。涉案专利的申请日为 2002 年 8 月 12 日，公开日为 2003 年 3 月 26 日，授权公告日为 2006 年 12 月 6 日，年费缴纳至 2016 年 8 月 11 日。涉案专利的原专利权人为速睦喜股份有限公司，2013 年 1 月 29 日变更专利权人为 SMC 株式会社。SMC 株式会社以涉案专利权利要求 1 为权利依据。权利要求 1 为：一种电磁阀用筒形线圈，它是安装在电磁阀中，驱动流道切换用的阀构件的筒形线圈，其特征在于：具有在轴线方向上延伸的中心孔，且在外周上缠绕着线圈的非磁性体制的线圈骨架；磁性体外壳，它具有覆盖该线圈骨架侧面的侧壁部、形成在该侧壁部的一端并覆盖上述线圈骨架轴线方向上的一端面的端壁部；具有与上述线圈骨架的中心孔同轴地连接的中心孔，并在该线圈骨架的另一端面一侧上与上述磁性体外壳连接起来的环形磁性体板；以及可在上述线圈骨架及磁性体板的中心孔内自由移动地被收存的可动铁心，上述磁性体外壳的端壁部兼作固定铁心，在该端壁部上的覆盖上述线圈骨架的中心孔的部分上，具有用于直接吸住上述可动铁心的磁极面，把上述磁性体外壳的侧壁部与端壁部形成一体，作为整体具有均匀的厚度，同时该端壁部的磁极面、被直接吸在该磁极面上的上述可动磁心的端面是平坦的。

中气公司系经营范围包括气动元件、电磁阀、气缸、管接头、机械自动化设备研发、制造、加工、销售的有限责任公司，成立于 2012 年 2 月 15 日，注册资本 20 万元。

2015 年 11 月 11 日，SMC 株式会社代理人通过“阿里旺旺”聊天工具联系中气公司，向该公司订购型号为 SY3120－5LZD－M5、SY7120－5LZD－02、SY9120－

5LZD－03 的电磁阀共 26 只，依照该公司提供的账户将货款 2140 元汇入户名为“倪天才”的银行账户，并于 2015 年 11 月 16 日收到上述产品。2016 年 2 月 29 日，SMC 株式会社代理人通过“阿里旺旺”聊天工具向中气公司订购型号为 SY3120－5LZD－M5、SY3220－5LZD－C4、SY5120－5GE－01、SY5220－5G－01、SY5320－5MZE－C6、SY7120－5DD－02、SY7220－5LZ－02、SY7220－5GD－02、SY9120－5GD－C10、SY9320－5LZD－03 的电磁阀产品共计 86 只，依照该公司提供的账户将 9960 元货款汇入户名为“倪天才”的银行账户，并于 2016 年 3 月 3 日收到上述产品。

中气公司在其阿里巴巴网店的产品列表中列明型号为 SY3120－5LZD－M5、SY7120－5LZD－02、SY9120－5LZD－03、SY3220－5LZD－C4、SY5120－5GE－01、SY5220－5G－01、SY7120－5DD－02、SY7220－5LZ－02、SY7220－5GD－02、SY9120－5GD－C10、SY9320－5LZD－03 的电磁阀产品，并在公司风采栏目注明“乐清市中气气动科技有限公司是电磁阀 SY 系列……等产品专业生产加工的公司……”中气公司在其官方网站的产品列表中列明型号为 SY3120－5LZD－M5、SY9320－5LZD－03 的电磁阀产品，并在最新动态栏目注明“乐清市中气气动科技有限公司是 SY 电磁阀系列……等产品专业生产加工的公司……”

一审法院另查明，SMC 株式会社为本案及该院审理的（2016）浙 03 民初 492、（2016）浙 03 民初 493 号三案共支出律师服务费 340634 元、公证费 22000 元、公证购买被诉侵权产品费用 12100 元、翻译费 2760 元。

一审庭审中，各方当事人确认以 SMC 株式会社第一次公证购买的型号为 SY3120－5LZD－M5 的产品作为侵权比对对象。

一审法院认为，被诉侵权产品落入涉案专利权利要求 1 的保护范围。中气公司在其阿里巴巴网店及官方网站的产品列表中列明侵权产品，已构成许诺销售侵权产品。中气公司一审庭审比对时确认两次公证购买实物封存完好，且相应公证书显示的快递单号与该公司邮寄的快递单号一致，足以证明侵权产品系中气公司销售。中气公司的经营范围包括制造电磁阀，该公司在阿里巴巴网店及官方网站的介绍中也注明其生产 SY 系列电磁阀产品，足以认定侵权产品系其制造。一审法院对 SMC 株式会社要求中气公司停止制造、销售、许诺销售侵权产品并赔偿损失的诉讼请求予以支持。因 SMC 株式会社所受侵权损失以及中气公司的侵权获益均难以确定，SMC 株式会社也未提交证明涉案专利许可使用费的证据，该院依照《中华人民共和国专利法》第六十五条第二款之规定，考虑以下因素，确定中气公司应赔偿 SMC 株式会社经济损失及合理费用共 10 万元：1. 涉案专利系发明专利；2. 中气公司制造、销售、许诺销售侵权产品，且侵权时间较长；3. SMC 株式会社因侵害发明专利权纠纷起诉中气公司、倪天才共三案，该三案除权源类证据不同，其他证据均相同，且前期的调查取证等准备工作也存在重合，该院对 SMC 株式会社为三案支出的公证费、购买侵权产品费用、翻译费予以分摊后确定本案的上述费用为 12286 元，对 SMC 株式会社为本案支出的律师费合理部分酌定为 50000 元。

对于 SMC 株式会社主张倪天才与中气公司构成共同侵权，应承担连带责任。一审法院认为，共同侵权是指多个行为人主观上有侵权的意思联络，客观上进行分工协作或共同实施某一行为，各行为人各自实施的行为结合成为具有内在联系的侵权行为并导致损害结果的发生。SMC 株式会社提交的证据不能证明倪天才明知中气公司销售侵权产品而为其提供个人账户，或者倪天才与中气公司在主观上具有其他实施侵权行为的共同故意。该院对 SMC 株式会社要求倪天才承担连带责任的诉讼请求不予支持。

综上，一审法院依照《中华人民共和国专利法》第十一条第一款、第五十九条第一款、第六十五条第二款，《中华人民共和国侵权责任法》第二条、第十五条第一项、第六项，《中华人民共和国涉外民事关系法律适用法》第五十条，《中华人民共和国民事诉讼法》第二十八条、第六十四条，《最高人民法院关于审理侵犯专利权纠纷案件应用法律若干问题的解释》第七条，于 2017 年 2 月 10 日判决：一、中气公司立即停止制造、销售、许诺销售侵害“电磁阀用筒形线圈”发明专利权（专利号为 ZL02130309.6）的产品；二、中气公司于本判决生效之日起十日内赔偿 SMC 株式会社经济损失（含合理费用）10 万元；三、驳回 SMC 株式会社的其他诉讼请求。案件受理费 13800 元，由 SMC 株式会社负担 6210 元，中气公司负担 7590 元，财产保全申请费 5000 元，由 SMC 株式会社负担。

SMC 株式会社不服一审判决，向浙江省高级人民法院（二审法院）上诉请求：撤销一审判决第二项、第三项，改判支持其一审全部诉讼请求，并由中气公司、倪天才承担一、二审案件受理费。主要事实和理由为：1. 倪天才作为中气公司的法定代表人和实际控制者，其主观上应知晓中气公司实施的侵权行为；其作为中气公司网站的负责人在网站中对 SMC 株式会社生产电磁阀产品的工作原理和结构予以详细介绍证明其明确知晓涉案专利的全部技术特征；倪天才在明知中气公司生产侵权产品的情况下，仍以个人银行账户收取货款，应视为对中气公司的侵权行为提供了帮助，且该行为违反公司法的相关规定，属于滥用公司法人独立地位以逃避公司债务，因此倪天才与中气公司构成共同侵权，应当承担连带责任。2. 一审判决确定的赔偿金额过低，应当予以纠正。

中气公司和倪天才辩称，倪天才的涉案行为系履行其作为中气公司法定代表人的职务行为，不构成共同侵权，一审判决确定的赔偿金额合理，请求二审法院驳回 SMC 株式会社的上诉。

二审中，各方当事人均未提交新的证据。二审法院对一审查明的事实予以确认。

二审法院认为，本案争议焦点为：倪天才是否应与中气公司就损害赔偿承担连带责任；一审判决确定的赔偿金额是否合理。

关于争议焦点一，对于公司法定代表人或股东将公司作为侵权工具的情形或者滥用公司法人人格独立制度规避承担侵权责任的情形，可以依据共同侵权的规定和公司股东滥用公司法人独立地位的规定，判令公司法定代表人或股东与公司就侵权行为所致的损害赔偿承担连带责任。本案中，SMC 株式会社认为倪天才作为中气公司的法定代表人和股东，其具有共同侵权的故意，且其提供个人账户代收公司相应货款系帮助侵权和滥用公司法人人格独立制度，故应与中气公司就损害赔偿承担连带责任。二审法院认为，第一，侵权责任法第八条规定，二人以上共同实施侵权为，造成他人损害的，应当承担连带责任。对于共同侵权制度的立法宗旨而言，共同侵权行为应以行为人之间存在共同故意或者过失等意思关联为必要条件。本案中，实施侵权行为的主体为中气公司，倪天才作为法定代表人代表中气公司在阿里巴巴网站上销售侵权产品的行为以及其作为网站负责人对网站进行信息发布的行为均为其履行法定代表人职责的行为，不能证明其个人与中气公司具有共同的侵权故意。虽然倪天才在本案中提供个人银行账户代收中气公司货款，但由于其系中气公司的法定代表人，该行为亦应认定为职务行为，SMC 株式会社仅以此证明倪天才有共同侵权之故意或为中气公司的侵权行为提供帮助，证据不足。第二，根据法人人格否认制度的规定，如果股东与公司人格高度混同，例如财产、人员、业务等混同，或者股东对公司进行不正当支配和控制的情形，例如股东利用关联交易，非法隐匿、转移公司财产等，股东则应和公司承担连带责任。本案中，SMC 株式会社仅提交了中气公司股东兼法定代表人倪天才提供个人银行账户代收公司货款的证据，并无其他证据证明中气公司存在股东与公司人格高度混同或股东对公司存在不正当支配和控制的情形，故不能以此否定中气公司之独立人格，其就此提出的上诉理由不能成立，不予支持。

关于争议焦点二，因SMC株式会社未提交相关证据证明其因侵权所致的损失或中气公司的侵权获益或涉案专利的许可使用费，本案应适用法定赔偿方式确定赔偿数额。二审法院综合考虑以下因素后，认为一审法院确定10万元的赔偿数额较为合理：1. 涉案专利为发明专利，授权公告日为2006年12月6日；2. 中气公司成立于2012年，注册资本为20万元；3. SMC株式会社起诉倪天才与中气公司侵害其三项专利权的三案中涉及的侵权产品为同一型号的产品；4. SMC株式会社在本案中主张的合理费用为三个案件共同支出，应予分摊。

综上，二审法院认为SMC株式会社的上诉请求不能成立，应予驳回；一审判决认定事实清楚，适用法律正确，应予维持。依照《中华人民共和国民事诉讼法》第一百七十条第一款第一项的规定，判决如下：驳回上诉，维持原判。二审案件受理费12800元，由SMC株式会社负担。

SMC株式会社在再审审查阶段新提交了两组证据材料。其中第一组证据材料为原一、二审法院关于本案的庭审笔录，用以证明倪天才承认其提供个人银行账户收取货款是为了避免税收，并承认在公司经营中存在不规范之处。第二组证据材料为浙江省乐清市档案馆出具的倪天才与倪海丹的婚姻登记信息、浙江省乐清市公安局北白象派出所出具的倪海丹与倪海雷系姐弟关系的户籍信息、浙江省乐清市公安局乐成派出所出具的倪海丹、倪海雷人口信息，用以证明中气公司的两名股东系姻亲关系，该公司由倪天才个人实际操控和掌握。中气公司和倪天才对上述证据质证认为：第一组证据作为庭审笔录并不产生新的事实，不属于再审程序中“新的证据”；对第二组证据的真实性无异议，但认为该组证据亦不属于再审程序中“新的证据”，且与本案缺乏关联性，不能实现SMC株式会社的证明目的。

本院对上述证据认定如下：第一组证据系原审庭审笔录，并非再审程序中“新的证据”，但是庭审笔录系法院查明事实的当然依据，本院将在调查相关事实时综合考虑；第二组证据系SMC株式会社在原审庭审结束后才发现的证据，属于再审程序的“新的证据”，且与本案具有关联性，予以采纳。

中气公司、倪天才在再审开庭时新提交两份证据材料。其中第一份证据材料为对中气公司的专项审计报告，用以证明涉案货款实际系由中气公司收取。第二份证据材料为浙江省乐清市人民法院正在审理的SMC株式会社诉中气公司侵害商标权案件的证据目录和传票，用以证明侵害商标权案件涉及侵权部分证据与本案完全一致。SMC 株式会社对上述证据发表质证意见如下：对于第一份证据，对真实性、关联性不认可，中气公司、倪天才在原审庭审中明确表示没有证据证明以个人银行账户收取的货款已归还公司，现在又提交该证据，前后矛盾；该份证据在一审前已经形成，不属于“新的证据”；对于会计师事务所是否有资质不能确定；涉案两笔货款通过现金方式归还中气公司不符合惯例；审计报告中会计师的签名与后附会计师的资质证明不对应，有一人不符。对于第二份证据真实性认可，但侵害商标权案件中证明主观恶意的证据与本案中不同。

本院对上述证据认定如下：对于第一份证据，首先，就 2015 年 11 月和 2016 年 2 月两次以倪天才个人银行账户收取的销售被诉侵权产品的货款是否归还至中气公司账户这一事实，在一审时倪天才曾提交一份浙江省农村信用社的“入账通知书”，因没有原件且“入账通知书”账号、金额与前述两次收款的账户、金额不符，一审法院未予认可，二审开庭时，中气公司、倪天才明确表示没有证据证明以倪天才个人银行账户收取的货款已经归还到中气公司账户。在本院再审开庭时，中气公司、倪天才又提交该份证据，与前述一、二审中的陈述相互矛盾，且该审计报告中为现金入账，与一审时提交的浙江农村信用社“入账通知书”同样存在矛盾。其次，从审计报告形式看，会计师事务所是根据中气公司提供的材料发表审计意见，中气公司对会计资料的真实性、合法性和完整性负责。报告中的记账凭证均为中气公司自行制作，且凭证中“会计主管”“记账”“出纳”“审核”处均没有相应签字。涉及的两笔货款也均为现金入账，没有任何公司外部的证据加以佐证。而且，审计报告落款处会计师签名为“高江伟”“郑晓淼”，后附的会计师资质证明为“金益诗”“郑晓淼”，前后明显不一致。综上，审计报告的真实性存疑，本院对该份证据不予采纳。对于第二份证据，本院对其真实性予以认可。

根据上述证据，本院查明如下事实：中气公司仅有两名股东倪天才和倪海雷，倪海雷系倪天才的妻弟。倪天才持有中气公司 60% 的股份，倪海雷持有剩余 40% 的股份。

根据原审证据，本院另查明如下事实：本案一审过程中，审理法院要求倪天才提交证据，证明其已将原属中气公司营业收入的货款归还至公司账户。倪天才提交的“入账通知书”所显示的付款人账号、付款金额与其接收货款时的收款账号和收款金额均不同。

中气公司在其阿里巴巴网店的“新闻中心”栏内有标题为“SMC 电磁阀

(SY5120－5LZD－01) 批发”“SMC 电磁阀资料的详细介绍”“气动电磁阀的工作原理”等信息。其中,“SMC 电磁阀资料的详细介绍”一文较为详尽地介绍了 SMC 电磁阀的工作原理、用途、结构以及选型原则和方法。

SMC 株式会社购买的本案被诉侵权产品包装上明确标有“SMC 及图”商标。

本院再审认为,根据再审申请人的再审申请、被申请人答辩及本案案情,本案在再审审查阶段的争议焦点问题为:倪天才应否与中气公司就本案侵权损害赔偿承担连带责任;本案侵权民事责任的承担。

(一) 倪天才应否与中气公司就本案侵权损害赔偿承担连带责任

SMC 株式会社主张倪天才应与中气公司就本案损害赔偿承担连带责任,其主要依据有三个:一是倪天才与中气公司共同实施了侵犯本案专利权的行为,构成共同侵权;二是倪天才为中气公司的侵权行为提供帮助,构成帮助侵权;三是倪天才滥用公司法人独立地位和股东有限责任,严重损害公司债权人利益。对此,本院逐一分析如下:

第一,倪天才与中气公司是否构成共同侵权并因此承担连带责任

SMC 株式会社主张,倪天才与中气公司主观上存在共同侵权的故意,客观上分工合作实施了侵权行为,构成共同侵权,应当承担连带责任。侵权责任法第八条规定:“二人以上共同实施侵权行为,造成他人损害的,应当承担连带责任。”根据上述规定,共同侵权应该具备以下要件:加害主体为两人或者两人以上;各加害人主观上具有共同意思;各加害人彼此的行为之间客观上存在相互利用、配合或者支持;各加害人行为造成的损害后果在其共同意思的范围内。对于倪天才与中气公司是否构成共同侵权,本院分析如下:首先,倪天才与中气公司具有共同意志。倪天才系中气公司的法定代表人、控股股东、执行董事和经理,仅有的另一名股东与其存在姻亲关系,其对中气公司有着很强的控制权,其意志与中气公司的意志具有明显的共同性。其次,倪天才和中气公司理应知悉其被诉侵权产品可能侵犯 SMC 株式会社的本案专利权。中气公司在网络宣传中明确提及其批发 SMC 电磁阀,并详细介绍了 SMC 电磁阀工作原理、用途、结构以及选型原则和方法等,且被诉侵权产品上标注有“SMC 及图”商标。作为中气公司的法定代表人,倪天才显然知晓 SMC 株式会社的相应产品及其技术内容,对其被诉侵权产品可能落入 SMC 株式会社本案专利权保护范围有着明确认知。在此情况下,倪天才和中气公司仍然实施了制造、销售和许诺销售被诉侵权产品的行为,可以认为其具有明显的共同侵权故意。最后,倪天才

和中气公司客观上存在相互利用、配合或者支持的行为。倪天才以个人银行账户收取中气公司货款，中气公司对于倪天才的上述行为予以认可，两者共同完成了被诉侵权产品的销售和货款回收。可见，倪天才利用其对中气公司的控制权，实际与中气公司共同实施了制造、销售和许诺销售被诉侵权产品的行为。综上，SMC 株式会社关于倪天才与中气公司构成共同侵权并应承担连带责任的主张成立，本院予以支持。

第二，倪天才的行为是否构成帮助侵权并因此承担连带责任

SMC 株式会社主张，倪天才提供个人银行账户，帮助中气公司收取被诉侵权产品货款，构成帮助侵权。侵权责任法第九条第一款规定："教唆、帮助他人实施侵权行为的，应当与行为人承担连带责任。"对于该款所规定的帮助侵权在专利侵权领域的适用，本院结合《中华人民共和国专利法》（以下简称专利法）制定了相应的司法解释。《最高人民法院关于审理侵犯专利权纠纷案件应用法律若干问题的解释（二）》第二十一条第一款规定："明知有关产品系专门用于实施专利的材料、设备、零部件、中间物等，未经专利权人许可，为生产经营目的将该产品提供给他人实施了侵犯专利权的行为，权利人主张该提供者的行为属于侵权责任法第九条规定的帮助他人实施侵权行为的，人民法院应予支持。"根据上述司法解释的规定可知，专利法意义上的帮助侵权行为并非泛指任何形式的帮助行为，而是特指未经专利权人许可，为生产经营目的将侵权专用品提供给他人以实施侵犯专利权的行为。本案中，倪天才提供个人银行账户用以收取公司货款，该行为并非提供侵权专用品，不能构成专利法意义上的帮助侵权行为。因此，SMC 株式会社关于倪天才构成帮助侵权的主张不能成立，不予支持。

第三，倪天才是否构成滥用公司法人独立地位和股东有限责任并因此承担连带责任

SMC 株式会社还主张，倪天才滥用公司法人独立地位和股东有限责任，严重损害公司债权人利益，违反了公司法第二十条的规定，应当对侵权债务承担连带赔偿责任。公司法第二十条第一款规定："公司股东应当遵守法律、行政法规和公司章程，依法行使股东权利，不得滥用股东权利损害公司或者其他股东的利益；不得滥用公司法人独立地位和股东有限责任损害公司债权人的利益。"该条第三款规定："公司股东滥用公司法人独立地位和股东有限责任，逃避债务，严重损害公司债权人利益的，应当对公司债务承担连带责任。"根据上述规定，行

为人因构成滥用公司法人独立地位和股东有限责任并应承担连带赔偿责任，需要具备以下条件：行为人滥用公司法人独立地位和股东有限责任，包括对公司过度控制，造成公司财产与个人财产混同，致使公司形骸化；行为人的滥用行为严重损害了公司债权人的利益。本案中，虽然倪天才以个人银行账户收取公司货款，且无证据表明已经将相应货款归还中气公司，直接损害了公司利益，但SMC株式会社未提供证据证明中气公司、倪天才的滥用行为导致其没有履行任何债务的能力，从而导致SMC株式会社的债权无法实现。在这种情况下，倪天才的上述行为并不构成滥用公司法人独立地位和股东有限责任，严重损害公司债权人利益的情形，不违反公司法第二十条的规定。SMC株式会社的上述申请再审理由不能成立。

综上，结合再审审查阶段的新证据，SMC株式会社关于中气公司、倪天才构成共同侵权，应当对侵权债务承担连带赔偿责任的主张成立，应予支持。

（二）本案侵权民事责任的承担

由于本案被控侵权产品落入本案专利权利要求1的保护范围，且中气公司和倪天才构成共同侵权，根据SMC株式会社的诉讼请求，中气公司和倪天才应停止制造、销售、许诺销售被诉侵权产品，并连带赔偿SMC株式会社经济损失。关于赔偿损失及为制止侵权所支付的合理费用，因SMC株式会社未提交相关证据证明其因侵权所致的损失或中气公司、倪天才的侵权获益或涉案专利的许可使用费，本案应适用法定赔偿方式确定赔偿数额。关于制止侵权的合理费用问题，根据一、二审法院查明的事实，SMC株式会社为本案及相关联的另外两案共支出律师服务费340634元、公证费22000元、公证购买被诉侵权产品费用12100元、翻译费2760元。其中对于公证费22000元，经本院核实，应为24500元，一、二审法院对此认定有误。据此，SMC株式会社为三案共支出费用379994元。而一、二审法院确定赔偿损失数额为每案应赔偿经济损失及合理费用共100000元，三案共300000元，还不够弥补SMC株式会社为三案支出的实际费用。本院认为，在已经查明SMC株式会社支出的实际费用且本案案情及证据并未显示该实际支出的费用不合理或不必要的情况下，应予以支持，且合理费用与经济损失应分别计算。关于本案的经济损失，综合考虑涉案发明专利的创造高度、中气公司的经营规模、主观恶意、侵权时间等因素，确定中气公司、倪天才应赔偿SMC株式会社经济损失200000元。关于合理费用，已经查明的SMC株式会社支出的合理费用三案共379994元，分摊到本案为126664.7元。综上，中气公司、倪天才应赔偿

SMC 株式会社经济损失 200000 元，合理费用 126664.7 元。

综上，SMC 株式会社的申请再审理由成立，一、二审判决关于倪天才不应与中气公司就本案侵权损害赔偿承担连带责任的认定有误，损害赔偿数额认定过低，应予纠正。依照《中华人民共和国民事诉讼法》第二百零七条第一款、第一百七十条第一款第二项，《中华人民共和国专利法》第十一条第一款、第六十五条第二款的规定，判决如下：

一、撤销浙江省高级人民法院（2017）浙民终 200 号民事判决；

二、撤销浙江省温州市中级人民法院（2016）浙 03 民初 494 号民事判决；

三、乐清市中气气动科技有限公司、倪天才立即停止制造、销售、许诺销售侵害“电磁阀用筒形线圈”发明专利权（专利号为 ZL02130309.6）的产品；

四、乐清市中气气动科技有限公司、倪天才于本判决生效之日起十日内连带赔偿 SMC 株式会社经济损失 200000 元，合理费用 126664.7 元；

五、驳回 SMC 株式会社的其他诉讼请求。

一审案件受理费 13800 元，财产保全费 5000 元，二审案件受理费 12800 元，由 SMC 株式会社承担 6600 元，由乐清市中气气动科技有限公司、倪天才承担 25000 元。

如果未按判决指定的期间履行给付金钱义务，依照《中华人民共和国民事诉讼法》第二百五十三条规定，加倍支付迟延履行期间的债务利息。

本判决为终审判决。

审 判 长　朱　理
审 判 员　毛立华
审 判 员　佟　姝
二〇一八年六月二十九日
法官助理　张　博
书 记 员　刘方方

50. 专利侵权中的帮助侵权的认定

——再审申请人刘鸿彬与被申请人北京京联发数控科技有限公司、天威四川硅业有限责任公司侵害实用新型专利权纠纷案

【裁判要旨】

专利法意义上的帮助侵权行为并非泛指任何形式的帮助行为，而是特指未经专利权人许可，为生产经营目的将侵权专用品提供给他人以实施侵犯专利权的行为。

【关键词】

发明专利　侵权　帮助侵权　侵权专用品

【案号】

最高人民法院（2015）民申字第1070号

【基本案情】

在再审申请人刘鸿彬与被申请人北京京联发数控科技有限公司（以下简称京联发公司）、天威四川硅业有限责任公司（以下简称天威公司）侵害实用新型专利权纠纷案中，刘鸿彬是名称为“硅棒锥度或外圆数控磨床”的实用新型专利（即本案专利）的权利人。本案专利的申请日为2008年12月31日，授权日为2009年10月21日。2009年4月10日，天威公司（买方）通过公开招投标与京联发公司（卖方）签订《加工设备购销合同》，其中涉及将本案被诉侵权产品硅芯磨锥机销售给天威公司。该合同还约定，买方支付合同总额90%的货款后，卖方同时向买方提供合同总价100%的商业发票；剩余合同总价的10%作为质保金，待合同设备初步验收合格，一年保证期满后1个月内支付。2009年10月16日，京联发公司向天威公司出具了合同总价全额的增值税专用发票。刘鸿彬以京联发公司生产制造并销售给天威公司的硅芯磨锥机与本案专利权利要求1的特征完全相同为由，提起诉讼。四川省成都市中级人民法院一审认为，被诉侵权产品落入本案专利权利要求1的保护范围，京联发公司未经刘鸿彬许可，以生产经营为目的，制造、销售了被诉侵权产品，侵害了本案专利权；天威公司公开招标的时间以及签订《加工设备购销合同》的时间均早于本案专利授权公告日，尽到了合理

审查义务，且能够证明其使用的被诉侵权产品具有合法来源，不应承担赔偿责任。遂判决天威公司和京联发公司停止侵害，京联发公司赔偿刘鸿彬经济损失10万元。京联发公司不服，提起上诉。四川省高级人民法院二审认为，在实用新型专利授权公告日之前发生和实施与该专利相同技术方案的行为，不构成侵害专利权。遂撤销一审判决，驳回刘鸿彬的诉讼请求。刘鸿彬不服，向最高人民法院申请再审。最高人民法院于2015年8月28日裁定驳回刘鸿彬的再审申请。

【裁判意见】

在前述“电磁阀”专利侵权纠纷案中，最高人民法院还明确了帮助侵权在专利侵权领域的判断标准。最高人民法院再审认为，《中华人民共和国侵权责任法》第九条第一款规定：“教唆、帮助他人实施侵权行为的，应当与行为人承担连带责任。”对于该款所规定的帮助侵权在专利侵权领域的适用，最高人民法院结合《中华人民共和国专利法》制定了相应的司法解释。《最高人民法院关于审理侵犯专利权纠纷案件应用法律若干问题的解释（二）》第二十一条第一款规定：“明知有关产品系专门用于实施专利的材料、设备、零部件、中间物等，未经专利权人许可，为生产经营目的将该产品提供给他人实施了侵犯专利权的行为，权利人主张该提供者的行为属于侵权责任法第九条规定的帮助他人实施侵权行为的，人民法院应予支持。”根据上述司法解释的规定可知，专利法意义上的帮助侵权行为并非泛指任何形式的帮助行为，而是特指未经专利权人许可，为生产经营目的将侵权专用品提供给他人以实施侵犯专利权的行为。本案中，倪天才提供个人银行账户用以收取公司货款，该行为并非提供侵权专用品，不能构成专利法意义上的帮助侵权行为。

中华人民共和国最高人民法院民事裁定书

（2015）民申字第1070号①

① 参见案例48裁判文书。

51. 对原审诉讼期间仍在持续的专利侵权行为的处理

——再审申请人徐永伟与被申请人宁波市华拓太阳能科技有限公司侵犯发明专利权纠纷案

【裁判要旨】

当事人以侵权行为在原审诉讼期间仍在持续为由提出增加损害赔偿数额，属于对一审诉讼请求的增加，原告可就该行为另行起诉；原告为调查此期间的侵权行为而支出的费用，不在本案处理之列。

【关键词】

原审诉讼期间　持续侵权行为　损害赔偿

【案号】

最高人民法院（2011）民提字第64号

【基本案情】

徐永伟是“太阳能手电筒”发明专利（即本案专利）的权利人。本案专利权利要求1为：一种太阳能手电筒，其包括有手电筒的筒体、灯头、灯座、开关，灯头与筒体进行连接，筒体里内置有充电电池作为电源，同时手电筒上安装有控制电源断通的开关，筒体的外表面固定有太阳能电池板，太阳能电池板的输出与筒体内的充电电池进行并联连接，其特征在于所述的太阳能电池板与在外面的、保护太阳能电池板的、透明的罩盖组成可脱卸的部件，同时，筒体的表面开有配合的安装孔，罩盖的前部有前沿部分，与安装孔的前沿呈插接连接，罩盖的后端面上开有小孔，紧固有紧固件，紧固件与筒体的后部里表面进行配合固定，使该部件能够通过可脱卸的连接结构安装固定在筒体的外表面安装孔上。宁波市华拓太阳能科技有限公司（以下简称华拓公司）生产、销售被诉侵权的太阳能手电筒，并在其网站上和产品宣传册中进行许诺销售。徐永伟以华拓公司的行为构成专利侵权为由提起诉讼。浙江省宁波市中级人民法院一审认为华拓公司构成侵权，判决华拓公司立即停止侵权、赔偿徐永伟经济损失6万元（含徐永伟为调查、制止侵权支付的合理费用）。徐永伟、华拓公司均提起上诉。浙江省高级人民法院二审认为，本案专利的发明目的在于采用透明的罩盖对太阳能电池板进行保护，防止异物划伤损坏，延长使用寿命，并采用可脱卸式的安装结构，方便其拆换太阳能电池板。被诉侵权产品筒体后端盖经过高压冲压后固定在手电筒的筒体上，无法通过人力正常打开。因此，被诉侵权产品的筒体后端盖并不具备本案专利的“可脱卸的连接结构”这一必要技术特征，从而也使其太阳能电池板与透明罩盖之间无法进行脱卸和更换，也不具备本案专利的“太阳能电池板与在外面的、保护太阳能电池板的、透明的罩盖组成可脱卸的部件”这一必要技术特征。遂判决撤销一审判决、驳回徐永伟的诉讼请求。徐永伟向最高人民法院申请再审，最高人民法院裁定提审本案。再审过程中，徐永伟以华拓公司的侵权行为仍在继续为由，将其一审诉请的赔偿数额20万元调整为50万元。最高人民法院于2011年5月10日判决撤销二审判决，维持一审判决，华拓公司向徐永伟另支付制止侵权的合理费用3万元。

【裁判意见】

最高人民法院再审认为：徐永伟在再审中申请调整损失赔偿数额，其主要理由是被诉侵权行为在本案原审诉讼期间仍在继续，故属于对一审诉讼请求的增加。根据《最高人民法院关于适用〈中华人民共和国民事诉讼法〉若干问题的意见》第一百八十四条的规定，徐永伟可就原审诉讼期间华拓公司的实施行为另行起诉。徐永伟为调查此期间华拓公司实施行为而支出的公证费，不在本案处理之列。徐永伟为本案的申请再审、再审所支付的差旅、住宿、律师代理等费用并不针对华拓公司在原审诉讼期间的实施行为，属于因制止本案被诉侵权行为所支付的费用，结合具体案情，酌情确定该期间的合理费用为3万元。

中华人民共和国最高人民法院民事判决书

（2011）民提字第64号①

① 参见案例8裁判文书。

52. 对侵权行为人变更其原侵权技术方案后的新实施行为的处理

——四川省高级人民法院关于四川隆盛药业有限责任公司诉淮南市杰明生物医药研究所确认不侵犯专利权纠纷请示案

【裁判要旨】

行为人有时会对其产品或者方法中涉及侵权的相应技术或者设计内容作出一定变更并予以实施。此时，对于行为人的新的实施行为，是属于生效裁判的既判力范围而应当通过执行程序处理，还是可以作为诉讼标的提起新的诉讼，实践中常有争议。

在本案中，最高人民法院批复认为，如果行为人实质性变更了该产品或者方法中涉及侵权的相应技术或者设计内容的，有关实施变更后的技术或者设计的行为不属于原生效裁判的执行标的，不能为原生效裁决所拘束，其是否构成侵权应当另行提起诉讼加以认定。

【关键词】

变更　原生效裁判　执行标的

【案号】

最高人民法院（2009）民三他字第6号

【基本案情】

杰明研究所于2004年1月向安徽省合肥市中级人民法院起诉隆盛公司“亮菌口服液”（川卫药准字〔95〕011116号）生产方法侵犯了杰明研究所“亮菌糖浆的生产方法”专利，该院于2005年1月判决隆盛公司停止使用杰明研究所发明专利生产、销售“亮菌口服液”药品并赔偿经济损失。隆盛公司不服，提出上诉。安徽省高级人民法院二审维持一审判决。随后合肥市中级人民法院向国家食品药品监督管理局发出协助执行通知书，要求协助注销隆盛公司国药准字H51023188号“亮菌口服溶液”药品批文。国家食品药品监督管理局于2009年2月25日注销了隆盛公司的该药品批文。杰明研究所在互联网上发表“郑重声明”，并在成都地区扩散宣传，称隆盛公司现在生产、销售的“亮菌口服溶液”

侵犯了杰明研究所的“亮菌糖浆的生产方法”发明专利，并称要追究隆盛公司的法律责任。隆盛公司认为，其“亮菌口服液”与“亮菌口服溶液”是两个不同的品种，生产方法也不同，遂向四川省成都市中级人民法院起诉，请求确认其“亮菌口服溶液”的生产方法不侵犯杰明研究所的涉案专利权。四川省高级人民法院向最高人民法院请示，成都市中级人民法院受理的案件是否属于独立的诉讼。

【裁判意见】

最高人民法院批复认为，人民法院生效裁判确认特定产品或者方法构成侵犯他人专利权后，行为人实质性变更了该产品或者方法中涉及侵权的相应技术或者设计内容的，有关实施变更后的技术或者设计的行为，不属于原生效裁判的执行标的。行为人实施变更后的技术或者设计的行为是否仍构成对该专利权的侵犯，应当通过另行提起诉讼的方式予以认定。行为人拒不履行人民法院生效裁判确定的停止侵害的义务，继续其原侵权行为的，权利人除可以依法请求有关机关追究其拒不执行判决、裁定的法律责任外，也可以另行起诉追究其继续侵权行为的民事责任。

（2009）民三他字第6号

四川省高级人民法院：

你院川高法民三（2009）3号《关于四川隆盛药业有限责任公司诉淮南市杰明生物医药研究所确认不侵犯专利权纠纷一案的请示》收悉。经研究，答复如下：

一、人民法院生效裁判确认特定产品或者方法构成侵犯他人专利权后，行为人实质性变更了该产品或者方法中涉及侵权的相应技术或者设计内容的，有关实施变更后的技术或者设计的行为，不属于原生效裁判的执行标的。行为人实施变更后的技术或者设计的行为是否仍构成对该专利权的侵犯，应当通过另行提起诉讼予以认定。

二、行为人拒不履行人民法院生效裁判确定的停止侵害的义务，继续其原侵权行为的，权利人除可以依法请求有关机关追究其拒不执行判决、裁定的法律责任外，也可以另行起诉追究其继续侵权行为的民事责任。

三、关于四川隆盛药业有限责任公司国药准字H51023188号“亮菌口服溶液”药品批文被注销应当如何处理的问题，由于该批文被注销是国家食品药品监督管理局履行另一案件中人民法院协助执行通知书内容的结果，不属于本案审理范围。如果四川隆盛药业有限责任公司对有关执行行为有异议，可以依法通过执行异议程序解决。

请有关法院根据上述答复意见，依法稳妥处理好相关案件。

此复。

二〇〇九年七月二十四日

（四）侵权抗辩

1. 现有技术抗辩和抵触申请抗辩

53. 专利侵权判定中现有技术抗辩的适用

——再审申请人施特里克斯有限公司与被申请人宁波圣利达电气制造有限公司、华普超市有限公司侵犯专利权纠纷案

【裁判要旨】

公知技术抗辩的适用仅以被控侵权产品中被指控落入专利权保护范围的全部技术特征与已经公开的其他现有技术方案的相应技术特征是否相同或者等同为必要，不能因为被控侵权产品与专利权人的专利相同而排除公知技术抗辩原则的适用。

【关键词】

现有技术抗辩　专利权保护范围

【案号】

最高人民法院（2007）民三监字第51－1号

【基本案情】

施特里克斯有限公司因与再审被申请人宁波圣利达电气制造有限公司（一审被告、二审上诉人，以下简称圣利达公司）、华普超市有限公司（原审被告，以

下简称华普超市）侵犯专利权纠纷一案，不服北京市高级人民法院（2006）高民终字第571号民事判决，向本院申请再审。原审判决认定被控侵权热敏控制器属于公知技术，并进而认定再审被申请人圣利达公司的公知技术抗辩成立，其行为不构成侵犯专利权，施特里克斯公司不服上述认定。具体理由包括：（1）被控侵权热敏控制器的两个双金属片致动器在基本相同的温度下工作，而公知技术89208920.2号实用新型专利文献（以下简称8920专利文献）所公开的控温器并不必然在相同温度下工作；（2）被控侵权热敏控制器的双金属片致动器在正常煮水时不工作，而8920专利文献公开的控温器中的双金属片在正常煮水时工作；（3）被控侵权热敏控制器的两个双金属片致动器是隔开的，原审判决已经认定该特征与涉案专利权利要求1记载的相同，而8920专利文献公开的两个控温器的隔开位置是尽可能地靠近，与被控侵权热敏控制器及涉案专利均不相同；（4）被控侵权热敏控制器与涉案专利权利要求1记载的技术特征完全相同，构成字面侵权，不应适用公知技术抗辩原则。

【裁判意见】

相同侵权是否适用公知技术抗辩问题。公知技术抗辩的适用仅以被控侵权产品中被指控落入专利权保护范围的全部技术特征与已经公开的其他现有技术方案的相应技术特征是否相同或者等同为必要，不能因为被控侵权产品与专利权人的专利相同而排除公知技术抗辩原则的适用。何况从查明的事实看，被控侵权热敏控制器与涉案专利权利要求1记载的技术特征并不完全相同。因此，你公司认为在被控侵权热敏控制器与涉案专利相同的情况下不应适用公知技术抗辩，缺乏法律依据。

中华人民共和国最高人民法院驳回再审申请通知书

（2007）民三监字第51－1号

施特里克斯有限公司：

你公司因与再审被申请人宁波圣利达电气制造有限公司（一审被告、二审上诉人，以下简称圣利达公司）、华普超市有限公司（原审被告，以下简称华普超市）侵犯专利权纠纷一案，不服北京市高级人民法院（2006）高民终字第571号民事判决，向本院申请再审称：一、原审判决认定被控侵权热敏控制器属于公知技术，并进而认定再审被申请人圣利达公司的公知技术抗辩成立，其行为不构成侵犯专利权，属于认定事实错误，适用法律不当。具体理由包括：（一）被控侵权热敏控制器的两个双金属片致动器在基本相同的温度下工作，而公知技术

89208920.2 号实用新型专利文献（以下简称 8920 专利文献）所公开的控温器并不必然在相同温度下工作；（二）被控侵权热敏控制器的双金属片致动器在正常煮水时不工作，而 8920 专利文献公开的控温器中的双金属片在正常煮水时工作；（三）被控侵权热敏控制器的两个双金属片致动器是隔开的，原审判决已经认定该特征与涉案专利权利要求 1 记载的相同，而 8920 专利文献公开的两个控温器的隔开位置是尽可能地靠近，与被控侵权热敏控制器及涉案专利均不相同；（四）被控侵权热敏控制器与涉案专利权利要求 1 记载的技术特征完全相同，构成字面侵权，不应适用公知技术抗辩原则。二、你公司在起诉状中不但主张圣利达公司生产的热敏控制器侵犯了权利要求 1，而且也主张另一被告华普超市销售的电热水壶侵犯了权利要求 14 和 15，原审判决对后一诉讼请求没有审理属程序错误。因此，请求本院撤销原审判决，依法再审改判。

本院于 2007 年 12 月 26 日决定对本案进行调卷审查，并于 2008 年 3 月 19 日召集各方当事人对本案进行听证，经审查认为：

一、关于公知技术抗辩是否成立问题。这主要取决于你公司所提出的关于原审判决认定再审被申请人圣利达公司公知技术抗辩成立错误的四项具体理由是否成立。

关于理由（一）“基本相同的温度”。从 8920 专利说明书记载的内容看，“两只控温器（6）或（6）’放在底盘（2）的两个圆孔里”，清楚地表明了 8920 专利使用了两只控温器，它们就是（6）或（6）’；“控温器（6）去掉警报器就是（6）’”、“水沸后紧贴水壶底的控温器（6）中的双金属片动作（温度为 98 ± 3℃）”，则表明了控温器（6）或（6）’的致动温度都如说明书所述为 98 ± 3℃，根本没有两只控温器致动温度不同的记载；“电热水壶底盘上装有一只以上（2 只）控温器（6）或（6）’，当一只控温器（6）或（6）’烧坏后……，另一个控温器（6）或（6）’就可代替第一个控温器（6）或（6）’工作起到保险作用”，这清楚地表明了两只控温器的关系是互为替代的关系。而只有两只控温器致动温度设置成基本相同的情况下，才可能互为替代，两只控温器的互为替代作用也更进一步说明了两只控温器的致动温度应是基本相同的。在这点上，被控侵权热敏控制器与 8920 专利文献公开的控温器并无不同。你公司认为从 8920 专利文献中不能唯一、必然地推断出两只控温器的致动温度基本相同，甚至认为 8920 专利文献公开的只有一只控温器而不是两只控温器，被控侵权热敏控制器与 8920 专利文献公开的控温器不同，而与你公司的专利技术相同，与事实不符。

关于理由（二）“正常煮水不致动”。从查明的事实看，被控侵权热敏控制器为了防止水壶水煮干或在无水的过热情况下烧毁加热元件，从而设置了高于水沸点的双金属片致动温度，如140℃，因此在正常煮水时双金属片不致动。而8920专利文献公开的控温器中双金属片设置的致动温度为98±3℃，与水的沸点相同，故在正常煮水时会致动。但被控侵权热敏控制器与8920专利文献公开的控温器之间的上述区别仅在于双金属片具体致动温度的选择上，对于本领域技术人员来说，选择致动温度是100℃的双金属片也好，还是选择致动温度是140℃的双金属片也好，完全可以根据需要在现有技术中选择，不需付出创造性的劳动，8920专利文献公开的控温器和被控侵权热敏控制器均采用了双金属片致动技术手段，并达到了防止发热元件烧毁的技术效果，二者并无实质性的区别。尽管被控侵权热敏控制器的该技术特征与涉案专利的相应技术特征也相同，但将其与8920专利文献公开的控温器相比，二者属于等同的技术特征，仍属于公知技术的范畴。

关于理由（三）“隔开”。从被控侵权热敏控制器实物看，两只双金属片致动器是通过隔离筋隔开的，以防短路；两只双金属片致动器位于基本相同的位置，所感测到的是相同位置的温度。8920专利文献也公开了两只控温器，从该专利说明书及附图看，其所公开的两只控温器也是通过隔离筋相互隔开，以便使用中不会造成短路；两只控温器也位于基本相同的位置，感测到的是相同位置的温度。因此，被控侵权热敏控制器中两只双金属片致动器的“隔开”，与8920专利文献所公开的两只控温器之间的“隔开”是相同的，显然属于公知技术范畴。相反，涉案专利权利要求1虽然也记载有一对双金属片致动器相互“隔开”的技术特征，但“隔开”的目的并非仅仅是为了防止短路，而是要感测到不同位置的温度，以便实现防侧倾的技术效果。故被控侵权热敏控制器的此一技术特征与涉案专利权利要求1记载的“隔开”技术特征并不相同，也不等同，原审判决认定二者相同反而是不当的。

关于理由（四）“相同侵权是否适用公知技术抗辩问题”。**公知技术抗辩的适用仅以被控侵权产品中被指控落入专利权保护范围的全部技术特征与已经公开的其他现有技术方案的相应技术特征是否相同或者等同为必要，不能因为被控侵权产品与专利权人的专利相同而排除公知技术抗辩原则的适用。**何况从查明的事实看，被控侵权热敏控制器与涉案专利权利要求1记载的技术特征并不完全相同。因此，你公司认为在被控侵权热敏控制器与涉案专利相同的情况下不应适用公知技术抗辩，缺乏法律依据。

基于上述分析，你公司认为被控侵权热敏控制器不属于现有技术，原审判决认定再审被申请人公知技术抗辩成立错误的再审理由不能成立，本院不予支持。

二、关于原审判决没有审理浙江苏泊尔炊具股份有限公司（以下简称苏泊尔公司）生产、华普超市销售的电热水壶侵犯涉案专利权利要求14和15的诉讼请求是否属于程序错误问题。你公司在一审时确实提出了苏泊尔公司生产、华普超市销售的电热水壶还分别落入了涉案专利权利要求14和15两项权利要求的保护范围，构成侵权。但你公司在起诉状中已清楚地指出此项侵权指控仅针对苏泊尔公司生产、华普超市销售的电热水壶，并非针对圣利达公司生产的热敏控制器。鉴于圣利达公司只生产热敏控制器，你公司也仅指控圣利达公司生产的热敏控制器落入涉案专利权利要求1的保护范围，因此，原审法院即使没有审理你公司提出的苏泊尔公司生产、华普超市销售的电热水壶侵犯涉案专利权利要求14和15的诉讼请求，对于原审法院作出的圣利达公司生产的热敏控制器属于公知技术，不构成对涉案专利权利要求1的侵权的认定，也没有影响。另需指出的是，你公司在一审起诉时虽然指控苏泊尔公司生产、华普超市销售的电热水壶侵犯了你公司专利权利要求14和15，但在一审诉讼期间，你公司与苏泊尔公司已达成和解，撤销了对苏泊尔公司的侵权指控，故本案的主要侵权指控是针对圣利达公司生产的热敏控制器是否侵犯了涉案专利的权利要求1，未审理的也仅仅是华普超市销售的电热水壶是否侵犯你公司专利权利要求14和15的问题。然而，既然你公司已撤回对苏泊尔公司生产电热水壶的侵权起诉，那么就应该允许该公司生产的电热水壶在市场上流通。华普超市销售苏泊尔公司生产的电热水壶只是该公司生产的电热水壶在市场上流通的一个环节，你公司一方面允许苏泊尔公司生产你公司指控侵权的电热水壶，另一方面又禁止华普超市销售该公司生产的电热水壶，实属自相矛盾。这样的诉讼请求当然不会得到支持。原审法院即使未审理这一部分，对你公司的利益也无实质的影响。此外，你公司对一审法院漏审该项诉讼请求并未依法提出上诉，在二审中也未作为抗辩理由提出来，只是在再审听证中才提出这一问题，本院当然不会仅因此些微瑕疵而启动再审程序。

综上，本院认为，原审判决基本正确，你公司的再审申请不符合《中华人民共和国民事诉讼法》第一百七十九条规定的再审条件，予以驳回。

特此通知。

二〇〇八年四月九日

54. 产品说明书是否属于专利法意义上的公开出版物

——再审申请人蒂森克虏伯机场系统（中山）有限公司与被申请人中国国际海运集装箱（集团）股份有限公司、深圳中集天达空港设备有限公司、一审被告广州市白云国际机场股份有限公司侵害发明专利权纠纷案

【裁判要旨】

产品操作和维护说明书随产品销售而交付使用者，使用者及接触者均没有保密义务，且其能够为不特定公众所获取，属于专利法意义上的公开出版物。其中记载的技术方案，以交付给使用者的时间作为公开时间。

【关键词】

发明专利　侵权　产品说明书　出版物公开

【案号】

最高人民法院（2016）最高法民再179号

【基本案情】

在再审申请人蒂森克虏伯机场系统（中山）有限公司（以下简称蒂森中山公司）与被申请人中国国际海运集装箱（集团）股份有限公司（以下简称中集公司）、深圳中集天达空港设备有限公司（以下简称天达公司）、一审被告广州市白云国际机场股份有限公司（以下简称白云机场）侵害发明专利权纠纷案中，中集公司系名称为“登机桥辅助支撑装置和带有该装置的登机桥及其控制方法”的第200410004652.9号发明专利（即本案专利）的权利人，本案专利的申请日为2004年2月26日，授权公告日为2007年8月22日。授权时的专利权人是中集公司。2009年5月8日，本案发明专利权人变更为中集公司和天达公司。中集公司与天达公司以白云机场和蒂森中山公司未经许可擅自实施本案专利的技术方案侵害其专利权为由，提起诉讼。蒂森中山公司在一审诉讼过程中提出现有技术抗辩，并提交了蒂森克虏伯机场系统公司运营总监雷蒙德·K.斯特里特的证言及来源于该公司的佐证证言的附件作为支持其现有技术抗辩的证据。该证据记载，从2000年10月至2001年3月，蒂森克虏伯集团派往旧金山国际机场的现场小组

为消除晃动幅度过大的问题研究出一种技术解决方案，其中包括在登机桥的横梁/负重轮的两侧均安装一个液压稳定器，以增强登机桥的稳定性。这种方法被称为“悬臂梁设计”或“悬臂梁装置”。用户接受使用“悬臂梁设计”或“悬臂梁装置”的建议。随后便进行了生产和安装。《手册》的附录Y“液压稳定器”（以下简称附录Y）经更新后发布并交付用户。蒂森中山公司主张，附录Y证明其使用的为现有技术。广东省广州市中级人民法院一审认为，附录Y是一份由蒂森中山公司关联公司自行印制的非正规出版物。在蒂森中山公司不能证明其关联公司曾使用“悬臂梁装置”技术的情况下，一审法院难以确认该附录Y内容的真实性及其印制及交付给旧金山国际机场的时间。因蒂森中山公司不能证明“悬臂梁装置”技术于2000－2001年就已通过附录Y公开发表，故其现有技术抗辩不能成立。一审法院遂判决蒂森中山公司、白云机场立即停止侵权行为，蒂森中山公司赔偿中集公司与天达公司经济损失50万元并驳回中集公司与天达公司的其他诉讼请求。蒂森中山公司不服，提起上诉。广东省高级人民法院二审判决驳回上诉、维持原判。蒂森中山公司仍不服，向最高人民法院申请再审。最高人民法院裁定提审本案，并于2016年10月10日判决撤销一审、二审判决，驳回中集公司与天达公司的诉讼请求。

【裁判意见】

最高人民法院提审认为：蒂森中山公司在本案中主张现有技术抗辩，即因附录Y构成出版物公开，故其使用的是现有技术，不侵害本案专利权。专利法意义上的出版物是指记载有技术或设计内容的独立存在的传播载体，并且应当表明或者有其他证据证明其公开发表或出版的时间。附录Y虽是一份产品操作和维护说明书并随产品销售而交付使用者，但其使用者以及接触者均没有保密义务，也即附录Y是可公开的，且其能够为不特定公众通过复印的方式获取。由此可见，附录Y系独立存在的传播载体，鉴于其也记载了涉案专利技术的技术特征，其交付给旧金山国际机场的时间，即公开时间亦能确定，故其属于专利法意义上的出版物公开，蒂森中山公司据此主张现有技术抗辩，有事实和法律依据，应当予以支持。

中华人民共和国最高人民法院民事判决书

（2016）最高法民再179号

再审申请人（一审被告、二审上诉人）：蒂森克虏伯机场系统（中山）有限公司。住所地：广东省中山市火炬高科技产业开发区世纪大道侧。

法定代表人：Gerd－HermannKohl，该公司董事长。

委托诉讼代理人：翁莉，北京市路盛律师事务所律师。

委托诉讼代理人：谯荣德，北京市路盛律师事务所律师。

被申请人（一审原告、二审被上诉人）：中国国际海运集装箱（集团）股份有限公司。住所地：广东省深圳市南山蛇口工业区港湾大道2号中集研发中心8楼（办公）。

法定代表人：王宏，该公司董事长。

委托诉讼代理人：黄龙惠，该公司职员。

委托诉讼代理人：董巍，北京市磐华律师事务所律师。

被申请人（一审原告，二审被上诉人）：深圳中集天达空港设备有限公司。住所地：广东省深圳市南山区蛇口工业四路四号。

法定代表人：郑祖华，该公司董事长。

委托诉讼代理人：张肇红，该公司技术管理委员会主任。

委托诉讼代理人：李侬，北京市磐华律师事务所律师。

一审被告：广州市白云国际机场股份有限公司。住所地：广东省广州市白云国际机场南工作区自编一号。

法定代表人：刘建强，该公司董事长。

再审申请人蒂森克虏伯机场系统（中山）有限公司（以下简称蒂森中山公司）因与被申请人中国国际海运集装箱（集团）股份有限公司（以下简称中集公司）、深圳中集天达空港设备有限公司（以下简称天达公司）、一审被告广州市白云国际机场股份有限公司（以下简称白云机场）侵害发明专利权纠纷一案，不服广东省高级人民法院（2013）粤高法民三终字第38号民事判决，向本院申请再审。本院于2016年1月13日作出（2014）民申字第2104号民事裁定，提审本案。本院依法组成合议庭，于2016年6月15日公开开庭审理了本案。再审申请人蒂森中山公司的委托诉讼代理人翁莉、谯荣德，被申请人中集公司的委托诉讼代理人黄龙惠、董巍，天达公司的委托诉讼代理人张肇红、李侬到庭参加诉讼。经本院依法传唤，白云机场未到庭参加诉讼。本案现已审理终结。

蒂森中山公司申请再审称：二审法院认定附录Y“液压稳定器”的性质属于产品使用说明书，而非公开出版物，在涉案专利申请日前不能公开获取，与事实不符且适用法律错误。二审法院已查明安装了液压稳定器的登机桥于2001年交付给了旧金山国际机场，其技术方案通过使用公开，附录Y的相关内容能够通过公开渠道获得，在此基础上，公众便可以依据《公共记录法》获取它，即在2001年产品使用公开时起，附录Y即进入可为不特定公众获取的状态。因此，应认定附录Y于涉案专利申请日前已经处于公众可以获取的公开状态，即属于公开出版物，能够佐证蒂森中山公司有关现有技术抗辩的主张。一审、二审法院对于本案侵权赔偿责任的确定应考虑过错责任原则。蒂森中山公司在本案被诉侵权产品上使用的技术是现有技术，对于该使用行为蒂森中山公司没有过错，故不应承担任何民事侵权责任。综上，蒂森中山公司请求本院撤销一审、二审判决，依法改判支持其再审请求。

中集公司和天达公司辩称：（一）《机坪驱动旅客登机桥操作和维护手册》（以下简称《手册》）及附录Y不构成专利法意义上的公开出版物。1.《手册》及附录Y作为产品说明书随产品销售而附赠，不是独立存在的传播载体，其本身不能表明印刷时间，也只能向特定的购买者而非社会公众公开，且向购买者公开的时间取决于产品完成销售的时间，这是产品说明书与公开出版物的最大区别，故《手册》及附录Y只能作为使用公开证据，而非公开出版物。2.蒂森中山公司提供的依据《公共记录法》获取《手册》及附录Y的证据，不能证明在涉案专利申请日前《手册》及附录Y是公开的。3.本案现有证据不能证明《手册》及附录Y能够被一般公众轻易从旧金山国际机场获取。4.在有关涉案专利的复审无效程序及行政诉讼程序中，国际知识产权局专利复审委员会（以下简称专利复审委员会）和一审、二审法院均认定《手册》及附录Y不是公开出版物。（二）蒂森中山公司制造的被诉侵权产品落入了涉案专利权的保护范围，依法应承担相应的民事侵权责任。中集公司和天达公司在本案诉讼前已致函蒂森中山公司提示其侵权行为，且其作为同行业竞争者，在涉案专利申请日至本案起诉日期间，没有理由不知道涉案专利技术方案的存在，因此蒂森中山公司存在主观过错，其关于其没有过错，不应承担侵权责任的主张没有事实和法律依据。综上，中集公司和天达公司请求本院依法驳回蒂森中山公司的再审申请。

中集公司和天达公司向广东省广州市中级人民法院起诉请求：中集公司和天达公司是专利号为ZL200410004652.9“登机桥辅助支撑装置和带有该装置的登机桥及其控制方法”的发明专利权人，白云机场和蒂森中山公司未经合法许可，擅自实施了其发明专利，侵犯了其专利权。故请求一审法院判令：1.白云机场立即停止侵权行为，即立即停止使用侵权产品，并赔偿经济损失1元；2.蒂森中山公司立即停止侵权行为，即立即停止制造、销售、许诺销售侵权产品，立即停止使用侵权方法，销毁侵权产品的成品、半成品及相关制造模具和专用零配件，并赔偿中集公司和天达公司经济损失50万元；3. 案件诉讼费用由白云机场和蒂森中山公司承担。

一审法院经审理查明：ZL200410004652.9发明专利名称是“登机桥辅助支撑装置和带有该装置的登机桥及其控制方法”，申请日是2004年2月26日，授权公告日是2007年8月22日。授权时的专利权人是中集公司。2009年5月8日，该发明专利权人变更登记为中集公司和天达公司。

该发明的权利要求书内容如下：1. 一种登机桥辅助支撑装置，其特征在于，设置该登机桥的行走装置的行走横梁两端的下部，包括一伸缩调节装置、一支撑装置，该伸缩调节装置一端与该行走横梁连接，另一端与该支撑装置连接，该支撑装置可在地面与距地面一高度内移动，并可形成辅助支撑点，辅助支撑该行走横梁及其上部的登机桥结构。2－4（略）。5. 根据权利要求1所述的登机桥辅助支撑装置，其特征在于，该伸缩调节装置为一动力推杆，该动力推杆由一固定杆端和一活动杆端组成，其固定杆端与该行走横梁连接，活动杆端与该支撑装置连接。6. 根据权利要求5所述的登机桥辅助支撑装置，其特征在于，该支撑装置为一支撑座。7.（略）。8. 根据权利要求6所述的登机桥辅助支撑装置，其特征在于，该活动杆端与该支撑座通过一铰链连接。9. 根据权利要求5所述的登机桥辅助支撑装置，其特征在于，该动力推杆为伸缩油缸或电动推杆。10. 一种登机桥，包括：一通道，设置于该行走横梁上部，一端固定于机场登机入口处，另一端连接于飞机入舱口；一升降装置，设置于该通道与飞机入舱口连接的一端；一行走装置，设置有一行走横梁，其上设置有一由回转支撑、铰支座、铰支轴组成的支撑组件；一行走轮组，设置于该支撑组件下部，并可绕该回转支撑转动；一控制系统，用于控制行走装置的行走转向，以及升降装置的升降；其特征在于，还包括一辅助支撑装置，设置于该行走装置的行走横梁两端的下部，包括一伸缩调节装置、一支撑装置，该伸缩调节装置一端与该行走横梁连接，另一端与该支撑装置连接，该支撑装置可在地面与距地面一高度内移动，并可形成辅助支撑点，辅助支撑该行走横梁及其上部的登机桥结构。11、12（略）。13. 根据权利要求10所述的登机桥，其特征在于，该伸缩调节装置为一动力推杆，该动力推杆由一固定杆端和一活动杆端组成，其固定杆端与该行走横梁连接，活动杆端与该支撑装置连接。14. 根据权利要求13所述的登机桥，其特征在于，该支撑装置为一支撑座。15.（略）。16. 根据权利要求14所述的登记桥，其特征在于，该活动杆端与该支撑座通过一铰链连接。17. 根据权利要求13所述的登机桥，其特征在于，该动力推杆为伸缩油缸或电动推杆。18、19（略）。20. 一种应用权利要求10所述的登机桥的控制方法，其特征在于，该方法包括如下步骤：1）设置一行走装置，具有一行走横梁，其上设置有一由回转支撑、铰支座、铰支轴组成的支撑组件；一行走轮组，设置于该支撑组件下部，并可绕该回转支撑转动；用于带动登机桥行走；2）设置一通道，设置于该行走横梁上部，用于连通机场登机入口与飞机入舱口；3）设置一升降装置，用于升降该通道，使之与飞机入舱口连接；4）设置一控制系统，用于控制该行走装置的行走转向，以及升降装置的升降；5）设置一辅助支撑装置，安装于该行走装置的行走横梁两端的下部，包括一伸缩调节装置、一支撑装置，该伸缩调节装置一端与该行走横梁连接，另一端与该支撑装置连接，用于通过登机桥的控制系统控制调节该辅助支撑装置的伸缩调节装置，使该支撑装置可在地面与距地面一高度内移动，并支撑于地面上，形成辅助支撑点，辅助支撑该行走横梁及其上部的登机桥结构。21、22（略）。23. 根据权利要求20所述的登机桥的控制方法，其特征在于，在步骤5中，该辅助支撑装置的伸缩调节装置设置为动力推杆，该支撑装置设置为支撑座；并在登机桥行驶接机位后，通过控制系统控制动力推杆动作，以一定推力将该支撑座支撑在地面上，辅助支撑登机桥使之稳定；当登机桥需要再次行驶前，通过控制系统控制动力推杆再次动作，收回支撑在地面上的该支撑座。24－27（略）。

该发明的说明书在“发明内容”中称：本发明所要解决的技术问题在于提供一种登机桥辅助支撑装置……以提高登机桥的稳定性。

中集公司和天达公司主张以该发明专利权利要求书中第1、5、6、8、9、10、13、14、16、17、20、23项确定其专利权的保护范围。

2011年12月13日，一审法院组织双方当事人共同来到白云机场，对被诉侵权的第117号登机桥（外桥）进行现场勘验。白云机场和蒂森中山公司确认该登机桥是蒂森中山公司制造并销售给白云机场。蒂森中山公司称该登机桥行走横梁两侧所设装置名为“悬臂梁装置”。将被诉侵权的“悬臂梁装置”与涉案专利权利要求1、5、6、8、9中的登机桥辅助支撑装置进行比对，蒂森中山公司主要提出两点区别，1. 前者设置在行走横梁两端的外侧，后者设置在行走横梁两端的下部，前者对登机桥起到稳定作用，后者起辅助支撑作用，故两者不相同也不等同；2. 前者的活动杆端与支撑座通过球铰连接，后者是通过铰链连接，球铰可以在各个方向活动，而铰链只能在一个平面移动，故两者不相同也不等同。中集公司和天达公司认为，蒂森中山公司所述两者相对行走横梁的位置不同，原因仅在于蒂森中山公司对行走横梁的界定不同，两者均对登机桥起稳定作用，且球铰是铰链的一种，故前者落入后者保护范围。将被诉侵权的登机桥与涉案专利权利要求10、13、14、16、17中的登机桥进行比对，蒂森中山公司所提区别实质同上。将被诉侵权登机桥的控制方法与涉案专利权利要求20、23中登机桥的控制方法进行比对，两者相同。

蒂森中山公司主张被诉侵权技术使用的是现有技术，并提交了以下四组证据证明：

1. 蒂森克虏伯机场系统公司运营总监雷蒙德·K. 斯特里特的证言及来源于该公司的佐证证言的附件。雷蒙德·K. 斯特里特出庭作证称，1998年，蒂森克虏伯集团的一家成员公司蒂森电梯公司与旧金山国际机场签订一项合同（编号：5520. L），为旧金山国际机场提供机场A和G登机区域的旅客装载桥、饮用水系统和飞机进港系统。蒂森克虏伯机场系统公司作为转包商提供第5520. L号合同项下的旅客登机桥。其中两座旅客登机桥安装之后曾出现过登机桥晃动幅度过大的情况。从2000年10月至2001年3月，蒂森克虏伯集团派往旧金山国际机场的现场小组为消除晃动幅度过大的问题研究出一种技术解决方案，其中包括在登机桥的横梁/负重轮的两侧均安装一个液压稳定器，以增强登机桥的稳定性。这种方法被称为“悬臂梁设计”或“悬臂梁装置”。用户接受使用“悬臂梁设计”或“悬臂梁装置”的建议。随后便进行了生产和安装。《手册》的附录Y“液压稳定器”经更新后发布并交付用户。该公司没有与用户就有关附录Y签订任何保密协议，也未要求用户将“悬臂梁设计”或“悬臂梁装置”视为一项属于该公司的商业秘密。“悬臂梁设计”或“悬臂梁装置”自从在旧金山国际机场安装以来一直持续使用。装有“悬臂梁设计”或“悬臂梁装置”的登机桥对外开放，为公众所见并公开使用。“悬臂梁设计”或“悬臂梁装置”的基本机械结构、液压缸和对液压操作系统的修改自从2000年至2001年期间为旧金山国际机场旅客登机桥设计出来一直没有发生变化。

2. 旧金山国际机场雷蒙德·G. 克萨达的证言及来源于机场的佐证证言的附件。雷蒙德·G. 克萨达出庭作证称两座旅客登机桥在安装后曾出现晃动，蒂森克虏伯机场系统公司与其西班牙生产厂提出一个解决方案，即在登机桥的横梁/负重轮的两侧各安装一个液压稳定器，这种方法被称为“悬臂梁设计”或“悬臂梁装置”。机场接受了该解决方案。从2000年12月到2001年初，蒂森克虏伯机场系统公司提供并在问题登机桥上安装了悬臂梁装置。同时，该公司还向旧金山国际机场提供了《手册》的附录 Y“液压稳定器”，其未与旧金山国际机场签订涉及附录 Y 的保密协议，也未要求旧金山国际机场将悬臂梁装置作为其商业机密对待。悬臂梁装置自安装后一直持续使用，其基本的机械结构、液压缸和液压操作系统均未发生过实质性更改。带有悬臂梁装置的登机桥对外开放、公开使用并且为公众所见。

3. 蒂森克虏伯集团弗里特赫姆・沃彭贝尔格的证言及来源于蒂森亨舍尔机场系统有限公司的佐证证言的附件。弗里特赫姆・沃彭贝尔格一审出庭作证称，2000 年 10 月期间，在了解到蒂森克虏伯机场系统公司提供给旧金山国际机场的两架登机桥出现过度晃动后。其所在公司派往旧金山国际机场现场的同事制定了一个解决方案，即在桥体横梁/转向架的两侧加装液压稳定器。该方案被称为“悬臂梁设计”或“悬臂梁装置”。2001 年 3 月底之前，“悬臂梁设计”或“悬臂梁装置”由蒂森克虏伯机场系统公司制造并安装在旧金山国际机场的两架登机桥上。同时，该公司还向旧金山国际机场提交了更新版的《手册》的附录 Y“液压稳定器”，且没有就附件 Y 与旧金山国际机场签订保密协议，也没有要求旧金山国际机场将其视为商业秘密。自从“悬臂梁设计”或“悬臂梁装置”被安装在旧金山国际机场登机桥上后，就处于公开状态，且其基本机械结构、液压缸和对液压操作系统的改进一直保留最初的设计。

4. 道某的证言及附件。道某的书面证言称其于 2011 年 11 月 11 日，以加利福尼亚州（以下简称加州）公民的身份，根据该州的《公共记录法》，通过一封经隔夜邮件送达的信函，向旧金山国际机场要求获得蒂森克虏伯机场系统公司作为第 5520. L 号合同分包商提供给机场的《手册》的附录 Y“液压稳定器”，该操作和维护手册的封面页/标题页及附录清单。2011 年 11 月 22 日，在不承担保密义务，也未接到任何关于我所接收到的材料系机密材料或者应予保密的建议的情况下，接到了上述文件。在正式询问了凯某（此人系负责机场方面工作的旧金山市地方检察官助理，而且通常是由其负责机场方面的《公共记录法》相关程序处理）之后，卢赫在 2011 年 11 月 22 日的一封电子邮件中向其确认，她理解，至少自 2001 年 12 月 31 日起，公众就已经可以按照《公共记录法》所规定程序从机场获取上述文件，并且此等文件从未被列为机密文件或禁止公众获取。

蒂森中山公司认为，上述四组证据足以证明蒂森克虏伯集团早在 2000 - 2001 年就在旧金山国际机场的登机桥上公开使用了被诉侵权的“悬臂梁装置”技术，而蒂森克虏伯集团当时交付给机场的《手册》的附录Y“液压稳定器”也处于出版公开状态，故该技术构成涉案专利的现有技术。中集公司和天达公司认为，上述证据大部分来源于蒂森中山公司的关联公司或其客户公司，其真实性难以确认，且蒂森中山公司不能证明这些证据将本案被诉侵权的“悬臂梁装置”技术特征一一公开，故蒂森中山公司的现有技术抗辩不能成立。

蒂森中山公司同时以上述四组证据主张蒂森克虏伯集团对被诉侵权的“悬臂梁装置”技术享有先用权，其作为集团的一分子，也享有先用权。蒂森中山公司称，蒂森克虏伯集团的“悬臂梁装置”技术除最早在2000－2001年于旧金山国际机场使用外，还在2005年于蒙特利尔机场，以及本次诉讼的白云机场使用过。

中集公司和天达公司为本案支付公证费8700元。中集公司和天达公司明确要求法院酌情确定蒂森中山公司的赔偿数额。

另查明，蒂森中山公司于2006年3月28日登记成立，注册资本255万美元。本案一审过程中，蒂森中山公司于2011年10月21日及12月28日向专利复审委员会提出申请宣告中集公司和天达公司的涉案专利权无效。蒂森中山公司将其在本案中主张现有技术抗辩的四组证据也作为无效请求的证据予以提交。2012年8月10日，专利复审委员会作出第19135号无效宣告请求审查决定，维持中集公司和天达公司涉案专利权有效。

一审法院认为：中集公司和天达公司是涉案“登机桥辅助支撑装置和带有该装置的登机桥及其控制方法”专利权人，其专利权应受法律保护。本案中，中集公司和天达公司主张以权利要求1、5、6、8、9、10、13、14、16、17、20、23确定其专利权的保护范围。将被诉侵权产品和控制方法与涉案专利权利要求进行比对，前者落入后者的保护范围。

蒂森中山公司主张被诉侵权的“悬臂梁装置”是现有技术，即该技术在国外出版物上公开发表和在国外公开使用。由于涉案专利申请日是2004年2月26日，故应当适用2001年7月1日施行的《中华人民共和国专利法》认定该专利的现有技术，即涉案专利的现有技术是申请日前在国内外出版物上公开发表、在国内公开使用或以其他方式为公众所知的同样发明。显然，在国外公开使用并不符合上述现有技术的要求。关于在国外出版物上公开发表，蒂森中山公司提交了四组证据予以证明。一审法院认为，第一、三组证据是蒂森中山公司证明其关联公司于2000－2001年在旧金山国际机场使用“悬臂梁装置”技术的主要证据。由于这两组证据中的证人是蒂森中山公司关联公司的职员，证言附件也均来源于其关联公司内部保存的资料，故本身缺乏充分的证明力。至于第二组证据，由于旧金山国际机场与蒂森中山公司关联公司有长期合作关系，且来源于机场的五份附件未直接反映“悬臂梁装置”技术的内容，故该组证据未能对第一、三组证据提供足够的补充证明。所以，前三组证据不足以证明蒂森中山公司关联公司于2000－2001年在旧金山国际机场使用了“悬臂梁装置”技术。其次，《手册》的附录Y，是一份由蒂森中山公司关联公司自行印制的非正规出版物。在蒂森中山公司不能证明其关联公司曾使用“悬臂梁装置”技术的情况下，一审法院难以确认该附录Y内容的真实性及其印制及交付给旧金山国际机场的时间。关于第四组证据，虽能显示加州公民现在根据该州的《公共记录法》可以从旧金山国际机场获得附录Y，但不足以证明涉案专利申请日前也存在这种可行性。该组证据附件6虽称自2001年12月31日起公众就可以按照《公共记录法》获得附录Y，但由于电子邮件证据在产生及存储过程中的可靠性较低，在没有其他证据佐证的情况下，一审法院难以认定其真实性。综上，蒂森中山公司不能证明“悬臂梁装置”技术于2000－2001年就已通过附录Y公开发表，故其现有技术抗辩不能成立。

关于蒂森中山公司主张的先用权抗辩，因其是在涉案专利申请日之后成立，且表示其关联公司在涉案专利申请日前只在旧金山国际机场使用过“悬臂梁装置”技术，故其先用权抗辩不能成立。

蒂森中山公司未经许可，制造、销售与涉案专利相同的登机桥辅助支撑装置以及带有该辅助支撑装置的登机桥产品，使用与涉案专利相同的登机桥的控制方法，侵犯了中集公司和天达公司的涉案专利权。白云机场确认购入上述侵权产品，也构成侵权。因中集公司和天达公司未提交证据证明白云机场的使用行为存在主观恶意，且确认白云机场从蒂森中山公司合法购入侵权产品，故白云机场不承担赔偿责任。对于蒂森中山公司应承担的侵权赔偿责任问题，一审法院酌情予以确定。

综上，一审法院依照《中华人民共和国民法通则》第一百三十四条第一款第一项、第七项和第二款，《中华人民共和国专利法》第十一条第一款、第六十五条的规定，于2012年9月24日作出（2011）穗中法民三初字第107号民事判决：1. 白云机场于判决发生法律效力之日起立即停止使用侵犯涉案“登机桥辅助支撑装置和带有该装置的登机桥及其控制方法”专利权的产品；2. 蒂森中山公司于判决发生法律效力之日起立即停止制造、销售侵犯涉案“登机桥辅助支撑装置和带有该装置的登机桥及其控制方法”专利权的产品，立即停止使用侵犯涉案“登机桥辅助支撑装置和带有该装置的登机桥及其控制方法”专利权的方法，并于十日内销毁侵权产品的成品、半成品及专用生产模具和零配件；3. 蒂森中山公司于判决发生法律效力之日起十日内赔偿中集公司、天达公司经济损失 50 万元；4. 驳回中集公司、天达公司的其他诉讼请求。一审案件受理费 8800 元，由蒂森中山公司负担。

蒂森中山公司不服一审判决，向广东省高级人民法院提起上诉。请求依法撤销一审判决，将本案发回重审或者在二审法院查清事实基础上改判驳回中集公司、天达公司的全部诉讼请求。主要事实与理由：（一）被诉侵权产品和操作方法未落入涉案专利权保护范围。1. 一审判决对权利要求 1 中技术特征“辅助支撑装置设置于……和行走横梁两端的下部”作扩大解释缺乏依据。2. 一审判决忽略了专利审查档案中反映的权利要求 20 曾经被修改的事实，遗漏了被诉侵权装置在登机桥行驶过程中不能形成“辅助支撑点”，从而起不到辅助支撑作用的事实。3. 一审判决对球铰和铰链的技术内容的认定没有依据，被诉侵权产品的球铰技术特征没有落入涉案专利权的保护范围。（二）被诉侵权产品使用的是现有技术，因此不构成侵权。一审判决对现有技术抗辩适用法律和证据认定均存在错误。1. 现有技术抗辩属于对被诉侵权行为性质的认定，故应适用行为发生时的有效法律。本案被诉侵权行为发生在 2008 年修订的专利法实施之后，故一审判决中认为应适用修订前的专利法没有法律依据。2. 一审判决对现有技术抗辩相关证据认定错误。本案现有技术的公开方式包括使用公开和出版物公开，有关现有技术的证据已经形成完整的证据链，可以证明现有技术已经以出版及使用形式公开。2008 年修订的专利法将现有技术的范围扩大到域外使用公开和其他方式公开，本案正是符合这种情形的典型案例。为支持自己的主张，蒂森中山公司还补充提交如下证据：1. 凯某于 2013 年 3 月 12 日出具的证言，其作为派到旧金山国际机场的旧金山县和市地方检察官办公室的副地方检察官，证明 2004 年前包括附录 Y 在内的技术手册即可依加州《公共记录法》规定向公众披露。2. 维吉尼亚李于 2013 年 3 月 14 日出具的证言及相关附件，证明其根据加州《公共记录法》的规定，于 2013 年 3 月向旧金山国际机场请求获得完整的《手册》，同年 3 月 12 日接到了经旧金山市和地方检察官办公室提供的文件副本共三卷，未规定保密义务也未限制其使用和进一步披露。3. 雷蒙德·K. 斯特里特和雷蒙德·G. 克萨达的补充证言及相关附件各一份。内容与一审提供的第一组和第二组证据基本一致，目的是加强证据的可信度。4. 黄浦区公证处（2011）沪黄证经字第 9802 号公证书。公证旧金山国际机场官方网站部分网页，其中有旧金山国际机场委员会1998年4月7日会议记录，与蒂森电梯公司签订于1998年的第5520.L号合同，该项目是新国际机场综合枢纽的组成部分。5.黄浦区公证处（2011）沪黄证经字第10346号公证书。公证旧金山国际机场官方网站部分网页，其中有旧金山国际机场委员会2001年10月16日会议记录，旧金山国际机场委员会通过第5520.L号合同第4号修改等内容。6.黄浦区公证处（2013）沪黄证经字第2512号公证书及上海市卢湾公证处（2013）沪卢证经字第386号公证书，均为网页公证。涉及内容包括：蒂森·斯特恩斯公司（ThyssenStearnsInc.）于2002年12月23日更名为蒂森克虏伯机场系统公司（ThyssenkruppAirportSystems，Inc.），加州政府网站对《公共记录法》、地方检察官职责等的介绍；证人凯某、道某身份的官方记录等。（三）根据上述事实，蒂森中山公司依法享有先用权。（四）一审判决“销毁侵权产品的成品、半成品及专用生产模具和零配件”以及关于赔偿数额的确定，缺乏事实和法律依据。

二审法院经审理查明：（一）关于蒂森克虏伯集团与本案有关的成员公司相关情况。蒂森电梯公司（ThyssenElevatorCorporation），负责提供机场登机区域旅客装载桥、饮用水系统和飞机进港系统，后继实体为蒂森克虏伯电梯公司（ThyssenKruppElevatorCorporation）。蒂森克虏伯集团旅客登机桥生产部门有三家：位于美国的蒂森·斯特恩斯公司（ThyssenStearnsInc.），2002年12月23日更名为蒂森克虏伯机场系统公司（ThyssenKruppAirportSystems，Inc.）；位于西班牙的蒂森克虏伯机场系统有限公司（ThyssenKruppAirportSystems，S.A.）；位于中国的蒂森中山公司。

（二）关于旧金山国际机场1998年至2001年机场改造工程的相关情况。1998年，蒂森电梯公司与旧金山国际机场签订一项合同（编号：5520.L），为旧金山国际机场提供机场A和G登机区域的旅客装载桥、饮用水系统和飞机进港系统。蒂森·斯特恩斯公司作为转包商提供第5520.L号合同项下的旅客登机桥。旅客登机桥安装之后，2000年10月旧金山国际机场向蒂森克虏伯机场系统公司投诉位于G99A和G102A两门的两架登机桥晃动幅度过大。从2000年10月至2001年3月，蒂森克虏伯集团派往旧金山国际机场的现场小组为消除晃动幅度过大的问题研究出一种技术解决方案，其中包括在登机桥的横梁/负重轮的两侧均安装一个液压稳定器，以增强登机桥的稳定性。《手册》的附录Y“液压稳定器”经更新后发布并交付用户。蒂森·斯特恩斯公司没有与用户就有关附录Y“液压稳定器”签订任何保密协议，也未要求用户将“悬臂梁设计”或“悬臂梁装置”

视为一项商业秘密。装有“悬臂梁设计”或“悬臂梁装置”的登机桥对外开放，为公众所见并公开使用。“悬臂梁设计”或“悬臂梁装置”的基本机械结构、液压缸和对液压操作系统的修改自 2000 年至 2001 年期间为旧金山国际机场旅客登机桥设计出来后一直没有发生变化。2001 年初，蒂森克虏伯机场系统公司要求机场就悬臂梁装置发生的成本支付款项。2001 年 10 月，机场总监向机场委员会建议批准第 5520. L 号合同的第 4 号修订文件，附件涉及为 G99A 和 G102A 登机门提供液压稳定器金额 3 万美元。机场委员会批准了第 4 号修订文件，并授权机场总监按照委员会相关程序对工作进行验收并支付最后款项。

（三）关于被诉侵权产品与附录 Y“液压稳定器”技术特征的比对情况。附录 Y“液压稳定器”是蒂森·斯特恩斯公司《手册》的一部分，每一页左上角均标有蒂森·斯特恩斯公司的简称和标志。附录 Y“液压稳定器”的主要内容是液压稳定器的操作和预防性维护方法，附有电路原理图、液压原理图、横梁组件和轮架组件的结构图、附录清单等。经当庭比对，中集公司和天达公司确认，被诉侵权产品的技术特征与附录 Y“液压稳定器”的相应技术特征有以下区别：1. 被诉侵权产品的横梁比附录 Y“液压稳定器”的横梁宽；2. 被诉侵权产品支撑座形状是圆的，而附录 Y“液压稳定器”的支撑座形状是方的。同时确认，被诉侵权产品的其他技术特征与附录 Y“液压稳定器”的相应技术特征没有区别。

（四）关于附录 Y“液压稳定器”的相关内容是否可以通过公开渠道获得的相关情况。凯某（派到旧金山国际机场的旧金山县和市地方检察官办公室的副地方检察官）证明：她理解，蒂森·斯特恩斯公司于 2001 年向旧金山国际机场提供的名为《手册》，包括该手册的附录 Y“液压稳定器”在内，如果在 2001 年至 2004 年期间被公众索取，那么根据当时的加州《公共记录法》，该手册属于可公开的公共记录，因此会向请求获取该手册的公众公开。道某（美国加州公民）证明：2011 年 11 月 11 日，作为加州公民，我根据该州的《公共记录法》，通过一封经隔夜邮件送达的信函，向旧金山国际机场要求获得蒂森克虏伯机场系统公司作为第 5520. L 号合同分包商提供给机场的《手册》的附录 Y“液压稳定器”，该操作和维护手册的封面页/标题页及附录清单。2011 年 11 月 22 日，在不承担保密义务，也未接到任何关于我所接收到的材料系机密材料或者应予保密的建议的情况下，我接到了上述文件。维吉尼亚李（美国加州公证人）证明，其根据加州《公共记录法》的规定，于 2013 年 3 月 1 日向旧金山国际机场请求获得完整的《手册》，同年 3 月 12 日接到了经旧金山市和地方检察官办公室提供的文件副本共三卷，未规定保密义务也未限制其使用和进一步披露。

（五）关于被诉侵权产品的生产时间。2010 年 11 月 4 日，中集公司委托代理人孙建岐与公证员赵雷、工作人员严斯平来到白云机场，对位于停机坪内第 117 号登机桥的内外观进行拍摄。公证书所附照片的厂家铭牌显示生产时间是 2010 年。

（六）关于本案有关现有技术抗辩的证据在行政诉讼中的认定情况。蒂森中山公司不服专利复审委员会第 19135 号无效宣告请求审查决定，向北京市第一中级人民法院提起行政诉讼，同时将本案一审判决有关现有技术抗辩的四组证据提交该法院，证据组 1 – 3 结合欲证明附录 Y 是公开出版物。2013 年 5 月 15 日，该院作出（2013）一中知行初字第 133 号行政判决，维持专利复审委员会第 19135 号无效宣告请求审查决定。该判决认为，证据组 1 – 3 的结合并不能证明附录 Y 属于专利法意义上的出版物。

一审法院查明的其他事实属实，二审法院予以确认。

二审法院认为：（一）关于被诉侵权产品及控制方法是否落入涉案专利权保护范围问题。蒂森中山公司为证明被诉侵权产品与涉案专利权不相同，指出三点区别，二审法院逐一予以审查。1. 蒂森中山公司认为，被诉侵权产品的横梁比涉案专利的横梁宽。二审法院认为，在涉案专利的权利要求中，并未对行走横梁的宽度进行限定，任何宽度的行走横梁均落入涉案专利权利要求的行走横梁的字面保护范围。结合该专利所要解决的技术问题也可知，行走横梁的宽度并非解决该专利所要解决的技术问题的必要技术特征，因此被诉侵权产品的行走横梁落入涉案专利权的保护范围。2. 蒂森中山公司认为，由于权利要求 20 曾经被修改，被诉侵权装置在登机桥行驶过程中不能形成“辅助支撑点”，从而起不到辅助支撑的作用。经审查，权利要求 20 在实质审查过程中，由于对技术方案客观所产生的技术效果的描述语言不应放在权利要求中，因此删除了“使得登机桥在行驶过程中有一定幅度的侧摆时，该辅助支撑装置起作用，防止登机桥的摆动”的内容。但这一修改并未扩大或缩小专利权保护范围，无法据此得出“被诉侵权装置在登机桥行驶过程中不能形成辅助支撑点”的结论，因此二审法院对该项上诉理由无法支持。3. 蒂森中山公司认为，被诉侵权产品的球铰与涉案专利的铰链不同，一审判决认为“球铰是铰链的一种”没有事实依据。经二审法院审查，涉案专利权利要求 8 明确了活动杆端与支撑座通过一铰链连接。蒂森中山公司虽称被诉侵权产品使用的球铰与铰链不同，但是并没有提供相关证据。二审法院认为，两者并没有实质性区别，因此对该项理由不予支持。综上，被诉侵权产品及控制方法与涉案专利的全部技术特征相同，落入涉案专利权的保护范围。

（二）关于现有技术抗辩是否成立问题。二审法院认为，本案应适用2001年7月1日施行的《中华人民共和国专利法》确定现有技术的范围。关于本案的现有技术是出版物公开还是使用公开问题。经查，2001年初，蒂森·斯特恩斯公司为旧金山国际机场G99A和G102A两门的两架旅客登机桥安装了液压稳定器并实际使用。液压稳定器的相关内容记载于《手册》的附录Y“液压稳定器”中。根据上述事实，二审法院认为：1. 液压稳定器的技术方案已经通过使用公开。为登机桥安装的液压稳定器位于旧金山国际机场的公共区域，液压稳定器的技术方案已经处于任何不特定的公众都可以看到的状态。2. 附录Y“液压稳定器”的性质属于产品使用说明书，而非公开出版物。所谓出版，是指以有形形式复制并向公众发行的能够阅读或可看到的作品复制品。产品使用说明书是随产品销售的技术资料，其目的是供购买者在使用、维修时阅读，通常只向购买该产品的用户而非社会公众发放，不符合出版的特征，不宜认定为公开出版物。3. 产品使用说明书可以作为使用公开的证据之一。产品使用说明书是供购买者使用和维护产品的必备之物，一般情况下产品使用说明书并不单独流通，而是随着产品的销售行为被公众所知，其公开时间一般是产品的销售时间，因此可以作为使用公开的佐证。综上，液压稳定器的技术方案已经在国外通过使用公开，而非出版物公开。鉴于液压稳定器的技术方案在国外通过使用公开，根据修改前的专利法不属于现有技术，蒂森中山公司实施的技术不属于现有技术，因此侵犯了涉案专利权。

（三）关于先用权抗辩是否成立问题。《最高人民法院关于审理侵犯专利权纠纷案件应用法律若干问题的解释》第十五条第四款规定，先用权人在专利申请日后将其已经实施或做好实施必要准备的技术或设计转让或者许可他人实施，被诉侵权人主张该实施行为属于在原有范围内继续实施的，人民法院不予支持，但该技术或设计与原有企业一并转让或者承继的除外。因此，即使蒂森·斯特恩斯公司对2001年在旧金山国际机场安装的液压稳定器享有先用权，也不能超出原有的范围制造和使用。蒂森中山公司以获得他人许可为由，主张对被诉侵权产品享有先用权，但是因为许可方与被许可方并非同一民事主体，也不符合该技术与原有企业一并转让或者承继的情形，即使其获得许可的技术与被诉侵权产品相同，二审法院也依法不能支持其先用权主张。

（四）关于一审判决确定的民事责任承担方式以及赔偿数额是否合理问题。我国民法通则和侵权责任法均规定，承担侵权责任的主要方式包括停止侵害。根据不同侵权行为的特点，人民法院判决停止侵害的具体方式有所不同。在侵害专利权纠纷中，为了确保侵害行为不继续实施，法院判决要求侵权人销毁侵权产品的成品、半成品及专用生产模具和零配件是符合法律规定的。根据《中华人民共和国专利法》第六十五条第二款的规定，权利人的损失、侵权人获得的利益和专利许可使用费均难以确定的，人民法院可以根据专利权的类型、侵权行为的性质和情节等因素，确定给予一万元以上一百万元以下的赔偿。本案由于权利人的损失、侵权人获得的利益和专利许可使用费均难以确定，一审法院综合涉案专利权的类型、侵权行为的性质和情节等因素，在法定赔偿额内确定50万元的赔偿数额，并无不当。

综上，二审法院依照《中华人民共和国民事诉讼法》第一百七十条第一款第一项之规定，于2014年7月16日作出（2013）粤高法民三终字第38号民事判决：驳回上诉，维持原判。二审案件受理费8800元，由蒂森中山公司负担。

本院经审理查明，原一、二审法院查明的事实基本属实。

本院认为：本案争议问题是，蒂森中山公司的现有技术抗辩是否成立。

《最高人民法院关于审理侵犯专利权纠纷案件应用法律若干问题的解释（二）》第二十二条规定："对于被诉侵权人主张的现有技术抗辩或者现有设计抗辩，人民法院应当依照专利申请日时施行的专利法界定现有技术或者现有设计。"本案中，中集公司和天达公司主张的涉案专利申请日是2004年2月26日，故本案应适用2000年修正的《中华人民共和国专利法》界定现有技术。该法第二十二条规定，授予专利权的发明，应当具备新颖性。新颖性，是指在申请日以前没有同样的发明在国内外出版物上公开发表、在国内公开使用或者以其他方式为公众所知，也没有同样的发明由他人向国务院专利行政部门提出过申请并且记载在申请日以后公布的专利申请文件中。据此，涉案专利的现有技术是申请日前在国内外出版物上公开发表、在国内公开使用或以其他方式为公众所知的同样发明。蒂森中山公司主张，因附录Y构成出版物公开，故其使用的是现有技术，不侵犯涉案专利权。本院认为，专利法意义上的出版物是指记载有技术或设计内容的独立存在的传播载体，并且应当表明或者有其他证据证明其公开发表或出版的时间。从本案查明的事实来看，附录Y是符合上述含义的出版物，理由如下：

第一，对于本案被诉侵权产品和控制方法落入涉案专利权保护范围，附录Y记载了被诉侵权产品的技术特征的事实，各方当事人均无异议，因此附录Y记载了中集公司和天达公司主张的涉案专利权利要求的技术特征。

第二，蒂森中山公司提交的在案证据能够证明附录Y随着蒂森电梯公司与旧金山国际机场签订的编号为5520. L合同的履行，于2001年前后交付给旧金山国际机场，且蒂森·斯特恩斯公司没有就附录Y与旧金山国际机场签订保密协议，即附录Y不属于商业秘密，持有者不负有保密义务。

第三，凯某（派到旧金山国际机场的旧金山县和市地方检察官办公室的副地方检察官）证明，包括附录Y在内的《手册》，如果在2001年至2004年期间被公众索取，根据当时的加州《公共记录法》，该手册属于可公开的公共记录，因此会向请求获取该手册的公众公开。美国加州公民道某、美国加州公证人维某《公共记录法》，分别于2011年11月22日和2013年3月12日获得了附录Y的复印件。由此可见，附录Y可以通过公开渠道获得。

综上，附录Y虽是一份产品操作和维护说明书并随产品销售而交付使用者，但其使用者以及接触者均没有保密义务，也即附录Y是可公开的，且其能够为不特定公众通过复印的方式获取，由此可见，附录Y系独立存在的传播载体，鉴于其也记载了涉案专利技术的技术特征，其交付给旧金山国际机场的时间，即公开时间亦能确定，故其属于专利法意义上的出版物公开，蒂森中山公司据此主张现有技术抗辩，有事实和法律依据，本院予以支持。原审法院认为附录Y不属于出版物，系适用法律错误，本院予以纠正。

中集公司和天达公司认为，本案现有证据不能证明附录Y在涉案专利申请日前是公开的，且能为一般公众轻易从旧金山国际机场获取。本院认为，中集公司和天达公司没有提供证据佐证其主张，即本案没有证据证明附录Y在涉案专利申请日之前处于保密状态，且不能为不特定公众所获取，故其主张没有事实依据，本院不予支持。

2008年修正的《中华人民共和国专利法》第六十二条规定："在专利侵权纠纷中，被控侵权人有证据证明其实施的技术或者设计属于现有技术或者现有设计的，不构成侵犯专利权。"如前所述，蒂森中山公司有证据证明其实施的技术属于现有技术，故其制造、销售被诉侵权产品的行为不构成侵犯涉案专利权，亦无需承担侵权责任，原审法院判决其承担侵权责任没有事实和法律依据，本院予以纠正。

同理，白云机场购入被诉侵权产品并使用的行为亦未侵犯涉案专利权。原审法院认定其构成侵权无事实和法律依据，本院予以纠正。

综上所述，蒂森中山公司的申请再审理由有事实和法律依据，本院予以支持；原审裁判认定事实和适用法律错误，本院予以纠正。依照2000年修正的《中华人民共和国专利法》第二十二条、2008年修正的《中华人民共和国专利法》第六十二条、《中华人民共和国民事诉讼法》第二百零七条第一款、《最高人民法院关于适用〈中华人民共和国民事诉讼法〉的解释》第四百零七条第二款之规定，判决如下：

一、撤销广东省高级人民法院（2013）粤高法民三终字第38号民事判决；

二、撤销广东省广州市中级人民法院（2011）穗中法民三初字第107号民事判决；

三、驳回被申请人中国国际海运集装箱（集团）股份有限公司和深圳中集天达空港设备有限公司的诉讼请求。

一审、二审案件受理费各8800元，均由被申请人中国国际海运集装箱（集团）股份有限公司和深圳中集天达空港设备有限公司负担（本判决生效后七日内交纳）。

本判决为终审判决。

审 判 长 李 剑
代理审判员 宋淑华
代理审判员 吴 蓉
二〇一六年十月十日
书 记 员 周睿隽

55. 在现有技术的说明书引证其他现有技术的情况下，如何认定说明书公开的内容

——再审申请人慈溪市博生塑料制品有限公司与被申请人陈剑侵害实用新型专利权纠纷案

【裁判要旨】

专利权人主张本国优先权时，应当承担相应的举证责任和说明义务。未能提交与本国优先权主题相关的在先申请文件，亦未能证明本案专利与在先申请属于相同主题的发明创造，不能依据在先申请日享有本国优先权。

【关键词】

实用新型专利　侵权　本国优先权　举证责任

【案号】

最高人民法院（2015）民申字第188号

【基本案情】

在再审申请人慈溪市博生塑料制品有限公司（以下简称博生公司）与被申请人陈剑侵害实用新型专利权纠纷案中（以下简称“清洁工具”实用新型专利侵权案），陈剑系名称为“清洁工具”的实用新型专利（即本案专利）的权利人，本案专利的申请日为2011年6月24日。2013年6月20日，陈剑以博生公司未经许可，制造、销售、许诺销售的被诉侵权产品侵害本案专利权为由，提起诉讼。浙江省杭州市中级人民法院一审认为，被诉侵权产品未落入本案专利权的保护范围，据此判决驳回陈剑的诉讼请求。陈剑不服，提起上诉。在二审答辩过程中，博生公司除认为被诉侵权产品未落入本案专利权的保护范围外，还提出申请号为201120157568.6、名称为“用于手压式旋转拖的拖把底盘和脱水桶”的实用新型专利（以下简称在先申请专利）的申请日早于本案专利的申请日，构成本案专利的抵触申请。博生公司系依据在先申请专利制造被诉侵权产品，不构成对本案专利权的侵害。浙江省高级人民法院二审认为，被诉侵权产品落入本案专利权的保护范围，博生公司的抵触申请抗辩主张不能成立。遂判决撤销一审判决，判令博生公司立即停止侵权行为，并赔偿陈剑经济损失10万元。博生公司不服，向最高人民法院申请再审。最高人民法院于2015年12月2日裁定驳回博生公司的再审申请。

【裁判意见】

最高人民法院审查认为：本案专利能否享有本国优先权，对于在先申请专利能否构成抵触申请具有实质性影响。本案专利属于实用新型专利，对于其本国优先权的审查，参照《审查指南》的相关规定，审查员在初步审查过程中，仅审查前后两申请的主题是否明显不相关，并不审查二者的实质内容是否一致。在申请主题明显不相关时，即可发出未要求优先权通知书。本案中，国务院专利行政部门在本案专利授权前，并未对其能否享有本国优先权的问题进行实质审查。因此，应由专利权人就本案专利享有本国优先权承担举证责任和说明义务。在权利人未能提交与本国优先权有关的在先申请文件副本，且未能证明本案专利与在先申请属于相同主题的发明创造的，均不能享有本国优先权，也不得以优先权日作为本案专利的申请日。专利权人陈剑虽然提交了其他在先申请文件，但并未证明上述文件与本案专利属于相同主题的技术方案。因此，本案专利不能依据上述在先申请享有本国优先权，在先申请专利构成本案专利的抵触申请。

中华人民共和国最高人民法院民事裁定书

（2015）民申字第188号

再审申请人（一审被告、二审被上诉人）：慈溪市博生塑料制品有限公司。住所地：浙江省慈溪市龙山镇达蓬村。

法定代表人：黄春亚，该公司总经理。

委托代理人：严晓，杭州浙科专利事务所专利代理人。

委托代理人：王琦，浙江京衡律师事务所律师。

被申请人（一审原告、二审上诉人）：陈剑，汉族，住浙江省永康市龙山镇梅陇村红梅路×号。

委托代理人：邢志，上海市一平律师事务所律师。

再审申请人慈溪市博生塑料制品有限公司（以下简称博生公司）因与被申请人陈剑侵害实用新型专利权纠纷一案，不服浙江省高级人民法院（2014）浙知终字第26号民事判决，向本院申请再审。本院依法组成合议庭对本案进行审查。现已审查终结。

博生公司不服，向本院申请再审称：（一）二审判决认定被诉侵权产品落入专利号为201120233442.2，名称为“清洁工具”实用新型专利（以下简称涉案专利）的保护范围，认定事实错误，适用法律错误。1. 涉案专利中的变速驱动机构包括驱动机构和控制机构，驱动机构和控制机构均完整参与脱水和清洗两个工况。被诉侵权产品在脱水时，带动拖把头旋转的是“驱动机构”而不是“变速驱动机构”，与涉案专利不同（以下简称区别点），未落入涉案专利权的保护范围。2. “驱动机构”“控制机构”“变速驱动机构”是三个相互独立的概念，不能相互替换。在清洗时，被诉侵权产品中的“控制机构”和“驱动机构”是不可分割的整体，共同组成“变速驱动机构”。在脱水时，拖把杆从清洗桶中取出，在脱水篮中进行操作，“驱动机构”已经从“变速驱动机构”中拆分出来，作为独立设备带动拖把头旋转。“驱动机构”和“控制机构”分别发生作用，不能以“变速驱动机构”作为统称或者替代。二审判决认定“驱动机构”或“控制机构”可以用“变速驱动机构”统一指代，认定区别点不能成立，均有错误。（二）二审法院参照涉案专利说明书及附图，对权利要求1进行解释，适用法律错误。1. 只有对于权利要求书中非通用、难以理解，或者含义不确定的技术用语，才可以在不扩大或者缩小专利权保护范围的前提下进行解释。涉案专利权利要求1表述清楚、明确，根据其内容即可确定被诉侵权产品未落入涉案专利权的保护范围，无需参照说明书及附图进行解释。2. 即使根据涉案专利的说明书和附图，也不能认定被诉侵权产品在脱水时落入权利要求 1 的保护范围。3. 涉案专利说明书实施例 2 的技术方案未被权利要求 1 所覆盖，根据《最高人民法院关于审理侵犯专利权纠纷案件应用法律若干问题的解释》（以下简称侵犯专利司法解释）第五条规定："对于仅在说明书或者附图中描述而在权利要求中未记载的技术方案，权利人在侵犯专利权纠纷案件中将其纳入专利权保护范围的，人民法院不予支持"，不应将实施例 2 纳入涉案专利权的保护范围。二审法院以实施例 2 为依据解释权利要求 1，扩大了权利要求 1 的保护范围，适用法律错误。（三）二审判决对再审申请人提出的抵触申请抗辩不予支持错误。1. 申请号为 201120157568.6、名称为"用于手压式旋转拖的拖把底盘和脱水桶"实用新型专利（以下简称 568 专利）的申请日在涉案专利申请日之前，公开日在涉案专利申请日之后，构成涉案专利的抵触申请。涉案专利与 568 专利相比，除增加了拖把杆的具体结构外，其他技术特征完全相同。2. 568 专利中明确提及专利文献 CN201755206U（以下简称 206 专利），206 专利中的拖把杆结构应视为已被 568 专利公开。3. 再审申请人向二审法院提交了 17 份中国专利，足以证明涉案专利中的拖把杆结构是本领域的公知常识，涉案专利属于公知常识和抵触申请的结合。4. 抵触申请能够损害涉案专利的新颖性，并导致涉案专利不能获得授权，与现有技术性质相同。因此，再审申请人实施抵触申请的，不构成侵犯涉案专利权。二审法院应当参照适用现有技术抗辩的相关法律规定进行审理。博生公司请求本院：撤销二审判决，改判驳回被申请人的全部诉讼请求。

被申请人陈剑提交意见答辩称：（一）再审申请人主张的区别点不存在，二审判决认定被诉侵权产品落入涉案专利权的保护范围正确。涉案专利中的变速驱动机构是一个整体概念，包括驱动机构和控制机构，二者分别有多种设置方式。涉案专利在脱水时，变速驱动机构中的驱动机构工作，而减速机构不工作。而且，涉案专利未限定变速驱动机构的全部组件在脱水、清洗工况下均参与工作。因此，被诉侵权产品与涉案专利实施例 2 结构一致，落入涉案专利权的保护范围。（二）再审申请人有关抵触申请抗辩的主张不能成立。1. 568 专利中虽然提及 206 专利，但没有对其内容作任何记载，206 专利中的拖把杆结构不能被视为在 568 专利中公开。2. 即使 206 专利中的拖把杆结构视为在 568 专利中公开，被诉侵权产品与 568 专利、206 专利的结合仍有较大区别。首先，涉案专利权利要求 1 中限定"拖把杆包括内杆和外杆，内杆下端与拖把头相连；内、外杆间相互套接”，被诉侵权产品的拖把杆也是内、外杆套接，落入涉案专利权的保护范围。但206专利中的拖把杆不是“内、外杆结构”，也不是“套接”关系。因此，被诉侵权产品的拖把杆结构与206专利中的拖把杆结构不同。3. 再审申请人提交的17份专利文件公开的拖把杆结构各不相同，不能证明涉案专利中的拖把杆结构属于公知常识。4. 抵触申请抗辩应当以被诉侵权技术方案与抵触申请严格相同作为认定标准，不包括被诉侵权产品与抵触申请实质相同的情形。5. 关于被诉侵权人提出抵触申请抗辩的时机。首先，由于再审申请人在一审时没有提出抵触申请抗辩，故一审法院依据权利要求1确定涉案专利权的保护范围。再审申请人在二审提交相关证据并提出抵触申请抗辩，超过了举证期限，相关证据也不属于《中华人民共和国民事诉讼法》规定的“新证据”，不应予以考虑。其次，由于被申请人在二审中提出抵触申请抗辩，导致了一系列对再审申请人不利的后果。其一，关于抵触申请抗辩的争议未经一审法院审理，导致审级损失。其二，导致一审判决认定侵权所依据的权利要求可能发生变化，对侵权判定问题要重新审理。其三，导致二审程序拖延，权利人的合法权益不能得到及时维护。综上，在专利侵权诉讼中，对于被诉侵权人提出抵触申请抗辩的时机以及举证应当予以严格限制。

本院审查查明以下事实：

（一）与涉案专利优先权日有关的事实

涉案专利的申请日为2011年6月24日，其著录项目中记载的本国优先权日分别为2011年3月1日、2011年5月9日，涉及的两项在先申请分别为201120058332.7（以下简称332专利）、201120149125.2（以下简称125专利）。

为查明涉案专利能否享有本国优先权，经本院释明，被申请人向本院提交了332专利、206专利的副本。经本院审查，332专利、206专利的副本中没有记载涉案专利权利要求1的技术方案，被申请人对此没有异议。

（二）与568专利有关的事实

568专利的名称为“用于手压式旋转拖把的拖把底盘和脱水桶”，其申请日为2011年5月17日，授权公告日为2011年12月7日。其说明书背景技术中记载：“为达到旋转的目的，常采用的驱动方式分为两种：……另一种采用中国专利文献206专利公开的手压式旋转拖。”说明书具体实施方式中还记载：“拖把杆13具有206专利公开的结构。”

（三）与206专利有关的事实

206专利的名称为“手压式旋转拖把”，其说明书中公开了以下技术内容：

上拖把杆2、下拖把杆19以及连接杆9，连接杆9内的上端通过固定件6固定有旋转螺纹条8。旋转螺纹条8上设有内棘齿15，内棘齿15外套设有棘齿套16，棘齿套16固定在下拖把杆19上。连接杆9套设在上拖把杆2上，护套5套设在上拖把杆2与连接杆9的连接处。

（四）与再审申请人在二审中提出抵触申请抗辩有关的事实

根据二审笔录记载，再审申请人在二审第一次庭审时当庭提出抵触申请抗辩的主张，并提交了568专利作为证据。

本院认为，本案争议焦点为：（一）被诉侵权产品是否落入涉案专利权的保护范围。（二）被申请人有关抵触申请抗辩的主张能否成立。该项争议焦点具体涉及以下五个方面的问题：1. 568专利是否构成涉案专利的抵触申请。2. 涉案专利能否享有本国优先权。3. 如何认定568专利中公开的技术内容。4. 如何理解抵触申请抗辩的法律适用标准。5. 被诉侵权技术方案是否已被568专利公开。

（一）被诉侵权产品是否落入涉案专利权的保护范围

首先，准确认定专利权的保护范围是进行专利侵权判断的前提。《中华人民共和国专利法》第五十九条第一款规定"发明或者实用新型专利权的保护范围以其权利要求的内容为准，说明书及附图可以用于解释权利要求的内容"。本案中，双方当事人对于权利要求1中的"变速驱动机构""控制机构""驱动机构"的含义及相互关系有一定争议。在此情形下，二审法院结合涉案专利说明书、附图以及第20016号无效宣告请求审查决定（以下简称第20016号决定）的有关认定，对权利要求1中"变速驱动机构""控制机构""驱动机构"的含义进行解释，并无不当。再审申请人有关"涉案专利权利要求1表述清楚、明确，无需参照说明书及附图进行解释"的申请再审理由不能成立。

其次，根据涉案专利说明书、附图以及相关权利要求，涉案专利权利要求1中的"变速驱动机构"包括驱动机构和控制机构，是对二者的统称。第20016号决定亦认定："权利要求1中所述的'驱动机构是变速驱动机构'，即'驱动机构是变速驱动机构的一部分，驱动机构和控制机构共同构成变速驱动机构'。"因此，再审申请人有关二审判决将"驱动机构"和"控制机构"统称为"变速驱动机构"错误的申请再审理由不能成立。

再次，权利要求1中明确限定了在变速驱动机构的带动下，"拖把头在脱水时的第一旋转速度要大于清洗时的第二旋转速度"。权利要求1中并没有限定在脱水时，驱动机构与控制机构都要参与动作。因此，再审申请人有关被诉侵权产品在脱水时仅有驱动机构动作，控制机构不参与动作，被诉侵权产品具有区别点，没有落入权利要求1保护范围的申请再审理由不能成立。

最后，侵犯专利司法解释第五条规定："对于仅在说明书或者附图中描述而在权利要求中未记载的技术方案，权利人在侵犯专利权纠纷案件中将其纳入专利权保护范围的，人民法院不予支持。"上述规定中所称的"仅在说明书或者附图中描述而在权利要求中未记载的技术方案"，是指该技术方案仅仅记载在说明书或者附图中，但是没有被权利要求限定的保护范围所覆盖的情形。由于说明书、附图中记载有该技术方案，表明权利人在涉案专利申请日前已明知该技术方案存在。但在撰写权利要求时，权利人未将该技术方案主动纳入其撰写的权利要求限定的保护范围内，则通常意味着权利人无意通过涉案专利权对该技术方案予以保护。因此，对于专利权人在侵权诉讼中再行主张该技术方案落入涉案专利权的保护范围的，人民法院可不予支持。本案中，涉案专利说明书实施例2中的控制机构既包括拖把头上的卡台，也包括清洗头安装座中的卡座和减速装置等，其在清洗时可以使拖把头减速旋转，且旋转速度低于脱水时的旋转速度。因此，实施例2的技术方案实质上已被权利要求1的保护范围所覆盖，不属于侵犯专利司法解释第五条规定的情形。因此，对于再审申请人有关"实施例2的技术方案未在权利要求1中记载，不应将其纳入涉案专利权的保护范围"的申请再审理由，本院亦不予支持。

（二）再审申请人有关抵触申请抗辩的主张能否成立

该项争议焦点具体涉及以下五个方面的问题：1. 568专利是否构成涉案专利的抵触申请。2. 涉案专利能否享有本国优先权。3. 如何认定568专利中公开的技术内容。4. 如何理解抵触申请抗辩的法律适用标准。5. 被诉侵权技术方案是否已被568专利公开。

1. 关于568专利是否构成涉案专利的抵触申请

专利法第二十二条第二款规定："新颖性，是指该发明或者实用新型不属于现有技术；也没有任何单位或者个人就同样的发明或者实用新型在申请日以前向国务院专利行政部门提出过申请，并记载在申请日以后公布的专利申请文件或者公告的专利文件中。"上述规定中所称的"在申请日以前向国务院专利行政部门提出过申请……申请日以后公布的专利申请文件或者公告的专利文件"，通常被以下简称为"抵触申请"。

根据专利法第二十二条第二款的上述规定，在认定一项专利是否构成涉案专利抵触申请时，应当将该专利的申请日、公布日或者授权公告日与涉案专利的申请日进行比较。如果该专利的申请日在涉案专利的申请日之前，公布日或者授权公告日在涉案专利的申请日之后，则该专利可以构成涉案专利的抵触申请。本案中，568 专利的申请日 2011 年 5 月 17 日在涉案专利的申请日之前，授权公告日 2011 年 12 月 7 日在涉案专利的申请日之后，依法可以构成涉案专利的抵触申请。

2. 关于涉案专利能否享有本国优先权

首先，涉案专利说明书著录项目中记载有本国优先权日 2011 年 3 月 1 日、2011 年 5 月 9 日，以及与之对应的在先申请 125 专利、332 专利，表明涉案专利在申请时要求了本国优先权。

其次，关于本国优先权以及优先权日的法律效力，专利法第二十九条第二款规定："申请人自发明或者实用新型在中国第一次提出专利申请之日起十二个月内，又向国务院专利行政部门就相同主题提出专利申请的，可以享有优先权。"《专利法实施细则（2010 年修订）》（以下简称实施细则）第十一条规定："除专利法第二十八条和第四十二条规定的情形外，专利法所称申请日，有优先权的，指优先权日。"本案中，虽然被申请人未在诉讼中主张本国优先权，但根据前述法律、法规的规定，涉案专利能否享有本国优先权对于 568 专利能否构成涉案专利的抵触申请具有实质性影响，因此，本院经向当事人释明后，对涉案专利能否享有本国优先权进行审查。

再次，涉案专利属于实用新型专利，关于实用新型专利及其本国优先权的审查，专利法第四十条规定"实用新型和外观设计专利申请经初步审查没有发现驳回理由的，由国务院专利行政部门作出授予实用新型专利权或者外观设计专利权的决定"。审查指南第一部分第一章 6.2.2"本国优先权"规定："初步审查中，审查员只审查在后申请与在先申请的主题是否明显不相关，不审查在后申请与在先申请的实质内容是否一致。当其申请的主题明显不相关时，审查员应当发出视为未要求优先权通知书。"根据专利法及审查指南的上述规定，对于涉案专利能否享有优先权，国务院专利行政部门在授权前并未做实质审查，而是仅仅在初步审查中审查涉案专利是否与 332 专利、125 专利的主题"明显不相关"。因此，本案应当由权利人就涉案专利享有本国优先权承担举证责任和说明义务。权利人未能提交与本国优先权有关的在先申请副本，或者未能证明涉案专利与在先申请属于相同主题的发明创造的，涉案专利不能享有本国优先权，不得以优先权日作为涉案专利的申请日。本案中，虽然专利权人向本院提交了在先申请 332 专利、125 专利的副本，但其中没有记载与涉案专利属于相同主题的技术方案，专利权人对此亦无异议。因此，涉案专利不能享有本国优先权，568 专利可以构成涉案专利的抵触申请。

3. 关于 206 专利中的拖把杆结构是否应视为在 568 专利中公开

本案中，568 专利的说明书中先后两次引证了 206 专利。其一是在说明书背景技术中记载："为达到旋转的目的，常采用的驱动方式分为两种：……另一种采用中国专利文献 206 专利公开的手压式旋转拖"。其二是在说明书具体实施方式中记载："'拖把杆 13'具有 206 专利公开的结构"。关于在专利说明书中引证其他文件，实施细则第十七条规定："发明或者实用新型专利申请的说明书……应当包括下列内容：……（二）背景技术：写明对发明或者实用新型的理解、检索、审查有用的背景技术；有可能的，并引证反映这些背景技术的文件。"568 专利说明书中对 206 专利的引证，符合上述规定。

关于被引证文件 206 专利中相关内容是否应视为被 568 专利公开，本院认为，如果被引证文件本身构成涉案专利的现有技术，并且通过引证，被引证文件的相关内容构成引证其的专利技术方案的组成部分，则被引证文件的相关内容应视为已在引证其的专利中公开。本案中，206 专利的授权公告日早于涉案专利的申请日，构成涉案专利的现有技术。而且，568 专利不仅在说明书背景技术中引证了 206 专利，用于说明 206 专利公开的手压式旋转拖属于本领域"常采用的驱动方式"。568 专利还在其说明书具体实施方式中明确记载："拖把杆 13 具有 206 专利公开的结构。"因此，568 专利实质上采取的就是 206 专利中公开的拖把杆结构，206 专利中的拖把杆结构属于 568 专利技术方案的组成部分，应视为已被 568 专利公开，可以作为认定抵触申请抗辩的依据。二审判决认定"568 专利仅描述了'一种用于手压式旋转拖的脱水桶'，并未涉及拖把杆的具体技术结构和特征"，"涉案专利中有关拖把杆部分的技术特征显然未能在 568 专利中公开，故 568 专利并不能构成陈剑涉案专利权利要求 1 的抵触申请"，认定事实与适用法律不当，本院予以纠正。

4. 关于抵触申请抗辩的审查判断标准

关于被诉侵权人能否以其实施的技术属于抵触申请为由，主张不构成侵犯专利权，我国专利法及相关司法解释中并未明确规定。与之相关，我国专利法第六十二条规定："在专利侵权纠纷中，被控侵权人有证据证明其实施的技术或者设计属于现有技术或者现有设计的，不构成侵犯专利权。"侵犯专利司法解释第十四条规定："被诉落入专利权保护范围的全部技术特征，与一项现有技术方案中的相应技术特征相同或者无实质性差异的，人民法院应当认定被诉侵权人实施的技术属于专利法第六十二条规定的现有技术。”本院认为，专利法第六十二条规定现有技术抗辩的主要理由，在于专利权的保护范围不应覆盖现有技术，既包括被诉侵权技术方案与现有技术相同的情形，也包括被诉侵权技术方案相对于现有技术无实质性差异的情形。在这两种情形下，被诉侵权技术方案相对于现有技术不具有新颖性或者创造性，不应被授予专利权，自然也不应被纳入涉案专利权的保护范围。由于抵触申请与现有技术均可以用于评价涉案专利的新颖性。因此，如果被诉侵权技术方案已被抵触申请公开，则相较于抵触申请亦不应被授予专利权，相应地也不应被纳入涉案专利权的保护范围。因此，被诉侵权人以其实施的技术属于抵触申请为由，主张未侵犯涉案专利权的，人民法院可以参照适用专利法第六十二条、侵犯专利司法解释第十四条等有关现有技术抗辩的规定，对抵触申请抗辩进行认定。

需要指出的是，由于抵触申请与现有技术的含义和性质存在一定差异，故抵触申请抗辩的审查判断标准应与抵触申请的性质相适应，与现有技术抗辩的审查判断标准存在一定差异。根据专利法第二十二条第二款的规定，抵触申请的公开时间在涉案专利的申请日之后，不构成涉案专利的现有技术，故仅可以与涉案专利单独对比，评价其新颖性。与之不同的是，根据专利法第二十二条第二、三款的规定，现有技术既可以评价涉案专利权的新颖性，也可以与其他现有技术或者公知常识结合，评价涉案专利权的创造性。综上，抵触申请仅仅可以被用来单独评价涉案专利权的新颖性，既不可以与现有技术或者公知常识结合，更不可以用于评价涉案专利权的创造性。因此，只有在被诉侵权技术方案的各项技术特征均已被抵触申请单独、完整地公开，相对于抵触申请不具有新颖性时，才可以认定抵触申请抗辩成立。如果被诉侵权的技术方案相较于抵触申请存在差异并具有新颖性，或者被诉侵权人主张将抵触申请与现有技术或者公知常识结合后进行抗辩的，抵触申请抗辩均不能成立。

5. 关于被诉侵权产品的相应技术特征是否被 568 专利公开

将被诉侵权产品中的各项技术特征与 568 专利，以及视为在 568 专利中公开的 206 专利中的拖把杆结构（以下统称为 568 专利公开的技术内容）进行对比，其中没有公开被诉侵权产品中的技术特征“拖把杆包括内杆和外杆”“内外杆间相互套接”。因此，被诉侵权产品的技术方案并未被抵触申请单独、完整地公开，相对于抵触申请具有新颖性。因此，再审申请人的抵触申请抗辩主张不能成立。

再审申请人还主张，其提交的 17 份专利文件可以证明涉案专利中的拖把杆结构为本领域的公知常识，可结合 568 专利进行抵触申请抗辩。本院认为，再审申请人提交的17份专利文件本身并非公知常识，所述文件不足以证明涉案专利中的拖把杆结构为公知常识。再审申请人有关将568专利与公知常识结合后进行抵触申请抗辩的主张，与抵触申请的性质明显相悖，缺乏法律依据，故本院亦不予以支持。

综上，二审判决中有关568专利“未涉及拖把杆的具体技术结构和特征”，“568专利并不能构成陈剑涉案专利权利要求1的抵触申请”的认定有误，本院予以纠正。二审判决有关被诉侵权产品落入涉案专利权保护范围的结论正确，应予维持。因再审申请人有关抵触申请抗辩的主张不能成立，故对于被申请人有关被诉侵权人提出抵触申请抗辩的时机应受到限制的相关主张，本院不再予以评述。博生公司的再审申请不符合《中华人民共和国民事诉讼法》第二百条的规定。依照《中华人民共和国民事诉讼法》第二百零四条第一款之规定，本院裁定如下：

驳回慈溪市博生塑料制品有限公司的再审申请。

审　判　长　王艳芳
代理审判员　杜微科
代理审判员　佟　姝
二〇一五年十二月二日
书　记　员　孙思逸

56. 现有技术抗辩的比对方法与审查方式

——再审申请人盐城泽田机械有限公司与被申请人盐城市格瑞特机械有限公司侵犯实用新型专利权纠纷案

【裁判要旨】

审查现有技术抗辩时，比对方法是将被诉侵权技术方案与现有技术进行对比，在两者并非相同的情况下，审查时可以专利权利要求为参照，确定被诉侵权技术方案中被指控落入专利权保护范围的技术特征，并判断现有技术是否公开了与之相同或者等同的技术特征。

【关键词】

比对方法　现有技术抗辩　专利权利要求　被诉侵权技术方案

【案号】

最高人民法院（2012）民申字第18号

【基本案情】

盐城泽田机械有限公司（以下简称泽田公司）是名称为“液压摇臂裁断机直联式液压控制装置”的实用新型专利（即本案专利）的专利权人。2009年，盐城市格瑞特机械有限公司（以下简称格瑞特公司）生产并销售了与泽田公司相同的液压摇臂式裁断机，泽田公司遂向江苏省盐城市中级人民法院提起诉讼。因2004年3月案外人曾生产并销售四台F45型液压摇臂式裁断机（以下简称F45裁断机），格瑞特公司据此提出现有技术抗辩。一审法院认为，格瑞特公司的行为构成对泽田公司专利权的侵犯，格瑞特公司未能提供充分证据证明泽田公司的专利为现有技术，其关于现有技术的抗辩理由不能成立，遂判决格瑞特公司承担侵权责任。格瑞特公司不服，提起上诉。二审审理过程中，江苏省高级人民法院主持进行现场勘验，双方当事人对F45裁断机与本案专利进行了技术比对。对于F45液压摇臂式裁断机的液压控制装置，泽田公司认为该装置中电磁阀的形状及与油泵之间连接方向与本案专利附图及专利产品实物不同，其他技术特征相同。二审法院认为，本案专利权利要求1有关电磁阀的技术特征为“电磁阀的出口直接与有杆活塞的外端相联接，电磁阀与油泵之间通过方块法兰和联结管使之相联”，并未对电磁阀的形状和连接方向进行限定，电磁阀的形状和连接方向不属于本案专利保护范围。F45裁断机的液压控制装置中的电磁阀形状和连接方向虽与本案专利附图和专利产品实物不同，但符合本案专利权利要求1描述的全部技术特征，故格瑞特公司的现有技术抗辩成立。据此判决撤销一审判决，驳回泽田公司的诉讼请求。泽田公司不服，向最高人民法院申请再审。最高人民法院于2012年7月11日裁定驳回其再审申请。

【裁判意见】

最高人民法院审查认为：在专利侵权诉讼中设立现有技术抗辩制度的根本原因是，专利权的保护范围不应覆盖现有技术，以及相对于现有技术而言显而易见，构成等同的技术。在审查现有技术抗辩时，比较方法是将被诉侵权技术方案与现有技术进行对比，而不是将现有技术与专利技术方案进行对比。审查方式则是以专利权利要求为参照，确定被诉侵权技术方案中被指控落入专利权保护范围的技术特征，并判断现有技术是否公开了相同或者等同的技术特征。现有技术抗辩的成立，并不要求被诉侵权技术方案与现有技术完全相同，对于被诉侵权产品中与专利权保护范围无关的技术特征，在判断现有技术抗辩能否成立时应不予考虑。被诉侵权技术方案与专利技术方案是否相同或者等同，与现有技术抗辩能否成立亦无必然关联。因此，即使在被诉侵权技术方案与专利技术方案完全相同，但与现有技术有所差异的情况下，亦有可能认定现有技术抗辩成立。本案专利权利要求 1 限定了电磁阀的连接方式，但并未限定电磁阀的具体结构，故电磁阀的具体结构与本案专利权的保护范围无关，亦与现有技术抗辩能否成立无关。因此，认定现有技术抗辩是否成立的关键在于，确定现有技术中是否公开了与上述连接方式相同或者等同的技术特征，而无需考虑被诉侵权产品中电磁阀的具体结构是否被现有技术公开。由于现有技术中确已公开将电磁阀的出口与有杆活塞的外端直接相联接，故二审法院认定现有技术抗辩成立，并无不当。

中华人民共和国最高人民法院民事裁定书

（2012）民申字第 18 号

申请再审人（一审原告、二审上诉人）：盐城泽田机械有限公司。住所地：江苏省盐城市盐都区大冈镇工业园区。

法定代表人：丁桂祥，该公司总经理。

被申请人（一审被告、二审上诉人）：盐城市格瑞特机械有限公司。住所地：江苏省盐城市盐都区大冈镇凤凰路 8 号。

法定代表人：杨志斌，该公司经理。

委托代理人：杨学荣，该公司副总经理。

委托代理人：董建林，男，汉族，1968 年 11 月 11 日出生，住南京市建邺区×路 128 号 3 幢一单元 1002 室，南京纵横知识产权代理有限公司专利代理人。

申请再审人盐城泽田机械有限公司（以下简称泽田公司）与被申请人盐城市格瑞特机械有限公司（以下简称格瑞特公司）因侵犯实用新型专利权纠纷一案，不服江苏省高级人民法院（2009）苏民三终字第 0260 号民事判决，向本院申请再审。本院依法组成合议庭对本案进行了审查，现已审查终结。

泽田公司申请再审称：1. 关于 F45 型液压摇臂式裁断机（以下简称 F45 裁断机）与涉案两项专利是否相同，应当委托具有司法鉴定资质的权威部门进行判定，二审法院依据双方当事人陈述以及相关物证进行判断，认定事实错误。2. 被诉侵权产品具备涉案两项专利的全部技术特征，并与泽田公司的专利产品完全相同，而被诉侵权产品中的电磁阀等诸多技术特征与 F45 裁断机不同。因此，二审判决认定现有技术抗辩成立错误。3. 格瑞特公司提交的有关现有技术抗辩的证据不应采信。具体理由如下：（1）浙江奇伟鞋业有限公司（以下简称奇伟公司）出具的书面证词具有明显的改动痕迹，格瑞特公司具有篡改事实的动机和手段。（2）奇伟公司出具的销售发票系手写发票，与申请再审人调取的同期浙江省销售发票明显不同，发票复印件上无发票编码，并且没有向申请再审人出示过发票原件。因此，该发票系伪造。（3）F45 裁断机的铭牌标注方式与习惯标注方式不同，存在作假的可能。（4）奇伟公司与格瑞特公司在法院调查取证前进行过接触，同时格瑞特公司购买了奇伟公司的两台机械，双方存在利害关系。奇伟公司的负责人没有出庭接受质证，其证词不能作为认定事实的依据。因证人亦声称非专业人士不具有发现 F45 裁断机内部装置有没有变动的能力，故应委托专业司法鉴定机构评定。（5）经向温州市永裕机器制造有限公司（以下简称永裕公司）了解，永裕公司否认其生产过该类产品。4. 国家知识产权局专利复审委员会（以下简称专利复审委员会）已作出第 16612 号、17212 号无效宣告请求审查决定（以下分别简称第 16612 号、17212 号决定），维持涉案两项专利权有效，足以证明二审判决认定事实错误。请求撤销二审判决，维持一审判决。或者依法改判，发回重审。

格瑞特公司辩称：1. 泽田公司是意大利 ARES 公司在国内的唯一合作伙伴，泽田公司亦提供了 ARES 公司与永裕公司合作的合同文本，泽田公司系使用现有技术申请专利。2. 一审法院要求格瑞特公司就已使用多年的机器提供产品结构图纸以及产品说明书，实属强人所难。二审法院通过现场勘验，正确认定案件事实，判决结论正确。3. 第 16612 号、17212 号决定认定事实错误。

本院审查查明以下事实：

一、与第 16612 号、17212 号决定有关的事实

针对泽田公司“液压摇臂裁断机直联式液压控制装置”（以下简称“控制装置”）、“液压摇臂裁断机内置式可调液压缸”（以下简称“液压缸”）涉案两项专利，格瑞特公司于 2011 年 2 月 9 日向专利复审委员会提出无效宣告请求，理由是涉案两项专利不具有新颖性、创造性。格瑞特公司仅向专利复审委员会提交本案二审判决作为证据。

针对“控制装置”专利，第 16612 号决定认定：“反证 5（2009）苏民三终字第 0260 号民事裁定……虽然更正了证人石生林的身份，但是更正后的石生林与法院调查的主体‘永裕公司’无关，二者存在明显抵触。”“证据 1（即二审判决）中针对证人出庭作证环节和证人证言的认定存在明显瑕疵，因此，合议组对

证据1中记载的与该证人有关的法院查明的事实均无法予以认可，不予考虑。”“权利要求1中记载了：‘电磁阀的出口直接与有杆活塞的外端相联接，电磁阀与油泵之间通过方块法兰和联接管使之相联，方块法兰的侧面接有溢流阀’，上述技术特征已经清楚地描述、限定了电磁阀的连接关系，当然也表达了其连接方向的特征，上述特征属于专利权的保护范围，应当予以考虑。综上所述，请求人提交的证据1所证明的事实不清，无法据此评价本专利权利要求的新颖性和创造性。”专利复审委员会据此维持“控制装置”专利权有效。

针对“液压缸”专利，第17212号决定认定：“请求人未提交现有技术的直接证据。证据1中也没有具体记载F45裁断机的内置式可调液压缸的具体结构以及各组成部分分别对应于权利要求1的哪些技术特征，证据1无法反映现有技术公开的具体技术方案。在此基础上，本领域技术人员无法将请求人所主张的现有技术，即F45裁断机与本专利权利要求1请求保护的技术方案进行对比。”专利复审委员会据此维持“液压缸”专利权有效。

二、与一审法院现场勘验有关的事实

根据一审法院2009年9月11日制作的现场勘验笔录，一审法院对奇伟公司生产车间内的5台F45裁断机进行了现场勘验。所述五台机器均贴有永裕机器标牌、设备保养卡。其中10号机器的基脚螺丝尚固定在水泥地面上。经奇伟公司同意，格瑞特公司将该台机器借用，由一审法院监督将该台机器运出奇伟公司。一审法院现场拍摄照片31张。其中包括：1. 编号为0238676的发票原件照片，出具时间为2004年4月6日，名称为“液压摇臂式裁断机”，规格为“F45”，单价为16000元。其下方盖有永裕公司发票专用章。2. 编号为29的记账凭证原件照片，时间为2004年4月6日，内容为下料机4台，金额为64000元。3. 编号为00626861的支票存根原件照片，收款人为永裕机器，金额为64000元，用途为摇臂下料机4台。

三、与一审法院谈话笔录及奇伟公司证言有关的事实

根据一审法院于2009年9月11日制作的谈话笔录，一审法院在奇伟公司副总经理办公室对该公司副总经理石生林进行了询问。一审法院问：“本案中，被告格瑞特公司认为从你们公司购买的F45裁断机，已属于公知技术。因此，特向你方调查相关情况。”石回答：“当时我们一共进了至少十台，时间大概是2004年4月6日，实际上是3月就试用了，试用了一个月后开票了，机器上都有钢印时间。”问：“这张发票是否是你们公司开具的？”答：“是的，原件在我们会计这里，不能让你们带走。但你们可以拍照，复印。”问：“请石总看下2009年5月

的说明，是否是你公司出具的?”答:“下面的笔迹粗黑的是我写的。上面的笔迹不是我写的，内容属实。”问：“使用的F45机器，内部结构有无改动过?”答:“没有改动过，坏了都懒得修，也不会去改动。”问：“你们要想改内部的结构可以吗?”答:“应该不可以。”

2009年5月，奇伟公司出具书面证言称:“我公司于2004年4月购进永裕机械公司液压下料机‘F45’使用至今一直没有修理，效果很好，现转给盐城格瑞特机械公司，特此说明。”该证言下方盖有奇伟公司印章。

四、与F45裁断机的技术方案有关的事实

2010年1月18日，二审法院在泽田公司处制作谈话笔录一份，并拍摄照片若干。其中包括被诉侵权产品以及F45裁断机中使用的电磁阀照片。

关于涉案“控制装置”专利与F45裁断机的异同，泽田公司在二审中主张F45裁断机的电磁阀部件与专利技术的电磁阀部件不同。因专利技术中的特殊连接要求，故委托加工商特制的电磁阀。本院询问时，泽田公司再次明确专利技术中使用的电磁阀是特定的电磁阀，其对电磁阀的内部结构以及出口进行了改进，故可以将电磁阀的出口与有杆活塞的外端直接相联接，省略联接管。使用普通电磁阀无法实现上述目的。关于F45裁断机中使用的电磁阀，双方当事人确认其包括电磁铁、包含有阀芯及弹簧的圆柱体部分，以及包含有连接管路及阀芯的圆台部分。所述三个部分相互配合，共同实现改变油路的作用。圆台部分的出口直接与有杆活塞的外端相联接。

关于“液压缸”专利，双方当事人在一、二审中确认被诉侵权产品与专利技术方案一致，专利技术方案亦与F45裁断机中的液压缸一致。

本院认为，本案焦点在于：1. F45裁断机是否构成涉案两项专利的现有技术。2. 格瑞特公司有关现有技术抗辩的主张能否成立。

1. 关于F45裁断机是否构成涉案两项专利的现有技术

根据一审法院制作的现场勘验笔录，一审法院在奇伟公司保全了F45裁断机，机器铭牌上的生产日期在涉案两项专利的申请日之前。此外，奇伟公司亦提供了发票原件、支票存根原件以及记账凭证原件。上述证据与奇伟公司出具的证言以及一审法院制作的谈话笔录中的有关内容相互印证，足以证明F45裁断机已于涉案两项专利的申请日之前公开，构成现有技术。

2. 关于格瑞特公司有关现有技术抗辩的主张能否成立

在专利侵权诉讼中设立现有技术抗辩制度的根本原因，在于专利权的保护范围不应覆盖现有技术，以及相对于现有技术而言显而易见，构成等同的技术。除在无效程序中对专利权的法律效力进行审查外，通过在侵权诉讼中对被诉侵权人有关现有技术抗辩的主张进行审查，有利于及时化解纠纷，减少当事人诉累，实现公平与效率的统一。**在审查现有技术抗辩时，比较方法应是将被诉侵权技术方案与现有技术进行对比，而不是将现有技术与专利技术方案进行对比。审查方式则是以专利权利要求为参照，确定被诉侵权技术方案中被指控落入专利权保护范围的技术特征，并判断现有技术中是否公开了相同或者等同的技术特征。现有技术抗辩的成立，并不要求被诉侵权技术方案与现有技术完全相同，毫无区别，对于被诉侵权产品中与专利权保护范围无关的技术特征，在判断现有技术抗辩能否成立时应不予考虑。被诉侵权技术方案与专利技术方案是否相同或者等同，与现有技术抗辩能否成立亦无必然关联。因此，即使在被诉侵权技术方案与专利技术方案完全相同，但与现有技术有所差异的情况下，亦有可能认定现有技术抗辩成立。**

本案中，关于格瑞特公司的现有技术抗辩主张能否成立，双方当事人的争议主要在于：(1) 被诉侵权产品中电磁阀与有杆活塞的连接方式是否被现有技术公开；(2) 被诉侵权产品中电磁阀的具体结构是否被现有技术公开。根据涉案专利权利要求1，其中限定了电磁阀的连接方式，即“电磁阀的出口直接与有杆活塞的外端相联接”，但并未限定电磁阀的具体结构。因此，电磁阀的具体结构与涉案专利权的保护范围无关，亦与现有技术抗辩能否成立无关。由于被诉侵权产品中的电磁阀与有杆活塞亦采取同样的连接方式，因此，认定现有技术抗辩是否成立的关键，在于确定现有技术中是否公开了与上述连接方式相同或者等同的技术特征，而无需考虑被诉侵权产品中电磁阀的具体结构是否被现有技术公开。从本院查明的事实来看，尽管现有技术中公开的电磁阀包括三个部分，其具体结构与被诉侵权产品的电磁阀有着明显差异，但是现有技术中确已公开将电磁阀的出口与有杆活塞的外端直接相联接。因此，二审法院认定现有技术抗辩成立，并无不当。对于申请再审人有关被诉侵权产品的电磁阀具体结构与专利产品一致，与现有技术不一致，故现有技术抗辩不能成立的主张，本院不予支持。

无效程序与专利侵权诉讼中的现有技术抗辩制度各自独立，各自发挥其自身作用。二者相互协调、配合，有利于避免专利权的保护范围覆盖现有技术，侵入公共领域，从而更好地实现专利法保护和鼓励创新的立法目的。在无效程序中，系将专利技术方案与现有技术进行对比，审查现有技术是否公开了专利技术方案，即专利技术方案相对于现有技术是否具有新颖性、创造性。而在侵权诉讼中，现有技术抗辩的审查对象则在于被诉侵权技术方案与现有技术是否相同或等同，而不在于审查现有技术是否公开了专利技术方案。因此，二者的审查对象和法律适用均有差异。加之在本案中，格瑞特公司仅向专利复审委员会提交本案二审判决作为证据，并未将本案一、二审中的相关证据均提交给专利复审委员会。因此，专利复审委员会维持涉案两项专利权有效，与二审法院认定现有技术抗辩成立并不存在明显矛盾。对于泽田公司有关第16612号、17212号决定维持涉案两项专利权有效，足以证明二审判决认定事实错误的主张，本院不予支持。

综上，泽田公司的再审申请不符合《中华人民共和国民事诉讼法》第一百七十九条的规定。依照《中华人民共和国民事诉讼法》第一百八十一条第一款之规定，裁定如下：

驳回盐城泽田机械有限公司的再审申请。

审　判　长　金克胜
代理审判员　郎贵梅
代理审判员　杜微科
二〇一二年七月十一日
书　记　员　张　博

57. 认定现有技术抗辩时对实用新型专利的非形状、构造类技术特征原则上不予考虑

——再审申请人谭熙宁与被申请人镇江新区恒达硅胶有限公司侵害实用新型专利权和外观设计专利权纠纷案

【裁判要旨】

实用新型专利的保护对象是由形状、构造及其结合所构成的技术方案，故权利要求中非形状构造类技术特征对于该权利要求的新颖性和创造性不产生贡献。因此，在实用新型专利侵权案件中，现有技术抗辩的认定原则上不考虑现有技术是否公开了权利要求记载的非形状构造类技术特征。

【关键词】

实用新型专利　侵权　现有技术抗辩　非形状构造类技术特征

【案号】

最高人民法院（2017）最高法民申3712号

【基本案情】

在再审申请人谭熙宁与被申请人镇江新区恒达硅胶有限公司（以下简称恒达公司）侵害实用新型专利权和外观设计专利权纠纷案中，谭熙宁主张恒达公司制造、销售的产品侵害了其名为“一种矩形密封圈”的实用新型专利（ZL 201020117558.5，即涉案专利）与名为“橡胶密封圈（包覆聚四氟乙烯）”的外观设计专利（ZL201330402267.X），请求法院判令恒达公司停止侵权并赔偿损失50万元以及维权合理费用4万元。江苏省镇江市中级人民法院一审认为，被诉侵权产品侵害了谭熙宁享有的实用新型专利权与外观设计专利权，判决恒达公司停止侵权并赔偿损失与合理开支共30万元。恒达公司不服，提起上诉。江苏省高级人民法院二审认为，恒达公司上诉提出的现有技术抗辩和现有设计抗辩成立，故恒达公司不构成侵权，判决撤销一审判决，驳回谭熙宁的全部诉讼请求。谭熙宁不服，向最高人民法院申请再审，主要理由为：恒达公司在二审诉讼中提交的证据“管法兰用非金属聚四氟乙烯包覆垫片GB/T13404－2008”（以下简称管法兰国家标准），是用冷加工方法将聚四氟乙烯嵌入橡胶圈，两种材质是分离的，不是热压结合在一起，而涉案专利是将聚四氟乙烯与橡胶通过热压的方法有机地结合在一起，故现有技术管法兰国家标准未公开涉案专利权利要求1的技术方案。最高人民法院于2017年9月28日裁定驳回谭熙宁的再审申请。

【裁判意见】

最高人民法院审查认为：根据《中华人民共和国专利法》第二条第三款的规定，实用新型是对产品的形状、构造或者其结合所提出的适于实用的新的技术方案。据此可知，实用新型专利的保护对象是由形状、构造及其结合所构成的技术方案。实用新型专利权利要求中非形状构造类技术特征对于该实用新型专利权利要求的新颖性和创造性不能产生贡献。因此，审查针对该具有非形状构造类技术特征的实用新型专利权利要求所提出的现有技术抗辩时，原则上不考虑该现有技术是否公开了该非形状构造类技术特征。相反，如果考虑该非形状构造类技术特征，则会将已经全部公开了有关形状构造类技术特征的现有技术囊括在该具有非形状构造类技术特征的实用新型专利权利要求的保护范围之内，导致该实用新型专利权利要求的保护范围与其技术贡献不相适应。本案中，尽管涉案专利在其权利要求1中用“热压”限制聚四氟乙烯包裹层，但“热压”既不属于形状范畴，也不属于构造范畴，故不属于涉案专利的保护范围，因而管法兰国家标准未公开“热压”这一非形状构造类技术特征，不影响恒达公司根据该标准主张现有技术抗辩。

中华人民共和国最高人民法院民事裁定书

（2017）最高法民申3712号

再审申请人（一审原告、二审被上诉人）：谭熙宁，男，1942年1月1日出生，汉族，住江苏省南京市秦淮区。

委托诉讼代理人：张继忠，山东昶灏律师事务所律师。

被申请人（一审被告、二审上诉人）：镇江新区恒达硅胶有限公司。住所地：江苏省镇江新区姚桥镇兴隆村。

法定代表人：杨萍，该公司董事长。

再审申请人谭熙宁因与被申请人镇江新区恒达硅胶有限公司（以下简称恒达公司）侵害实用新型专利权和外观设计专利权纠纷一案，不服江苏省高级人民法院（2016）苏民终1079号民事判决，向本院申请再审。本院依法组成合议庭进行了审查，现已审查终结。

谭熙宁申请再审称：（一）原判决认定事实的主要证据是伪造的。恒达公司在二审诉讼中提交的证据国家标准是伪造的，该国家标准“管法兰用非金属聚四氟乙烯包覆垫片GB/T13404－2008”（以下简称管法兰国家标准）的原文是“聚四氟乙烯包裹层的厚度为0.5mm，嵌入物的厚度为2.0mm，顾客另有要求时由供需双方协商解决”。恒达公司对其进行篡改性使用：删除了“嵌入物的厚度为2.0mm”的表述；管法兰国家标准适用于管道法兰密封，本实用新型专利适用于罐式集装箱罐口密封，两者不能进行比较；管法兰国家标准是用冷加工方法将聚四氟乙烯嵌入橡胶圈，两种材质是分离的，不是热压结合在一起，本实用新型专利是将聚四氟乙烯与橡胶通过热压的方法有机地结合在一起，这正是本实用新型专利的发明创造点。（二）原判决认定事实的主要证据未经质证。恒达公司在二审诉讼中提交的证据《实用新型专利评价报告》与管法兰国家标准，均未经当庭质证。恒达公司向二审法院提交管法兰国家标准，谭熙宁是在二审判决中才看到该标准被篡改的情况，恒达公司在二审庭审中并未提及被篡改的内容。此外，恒达公司是在二审庭审后才向法院提交《实用新型专利评价报告》，该证据未经当庭质证。（三）二审法院违反法律规定，剥夺谭熙宁的辩论权利。二审判决认定事实的主要证据《实用新型专利评价报告》与管法兰国家标准，均未经谭熙宁当庭质证，谭熙宁的辩论权利被剥夺。综上，谭熙宁依据《中华人民共和国民事诉讼法》第二百条第三项、第四项、第九项之规定向本院申请再审，请求撤销二审判决，依法对本案再审。

本院审查查明，谭熙宁于2016年12月14日二审期间向二审法院提交材料《专利权评价报告破析》，并随附手写说明一份，其上记载："恒达提出专利权评价报告一事，唐律师已转告我知，并要我直接与您联系。兹将对于专利权评价报告的分析提供给您，以供参考。"谭熙宁在二审诉讼中委托的诉讼代理人唐琪于2016年12月19日向二审法院提交了针对二审新证据《实用新型专利评价报告》的《质证意见》。

本院经审查认为，根据谭熙宁申请再审的理由，本案再审审查的焦点问题为：1. 原判决认定事实的主要证据是否是伪造的；2. 原判决认定事实的主要证据是否未经质证；3. 二审法院是否违反法律规定剥夺谭熙宁的辩论权利。

关于第一个问题，原判决认定事实的主要证据是否是伪造的。谭熙宁称，恒达公司在二审诉讼中提交的证据管法兰国家标准被恒达公司篡改，是伪造的证据。本院认为，首先，二审法院是根据审理本案的需要对管法兰国家标准进行节选使用，属于不完全引用，管法兰国家标准这一证据本身并非是伪造的证据。其次，本实用新型专利的名称为"一种矩形密封圈"，其权利要求1的表述当中也并未出现"集装箱罐口"这一限制使用环境的技术特征，故本实用新型专利的保护范围并不限于集装箱领域。"集装箱罐口"的密封技术与管法兰的密封技术，在现有技术背景下均涉及橡胶、聚四氟乙烯等材料的运用，其所要追求的功能与效果是相同的，因而两者属于相同技术领域，管法兰国家标准可以在本案中作为现有技术。谭熙宁所称本实用新型与管法兰国家标准属于不同技术领域、不能进行比较的主张不能成立。最后，谭熙宁还称本实用新型专利是将聚四氟乙烯与橡胶通过热压的方法有机地结合在一起，而管法兰国家标准采用冷加工方法，未公开"热压"这一技术特征，因而被诉侵权产品的现有技术抗辩不能成立。对此，本院认为，根据《中华人民共和国专利法》第二条第三款的规定，实用新型是对产品的形状、构造或者其结合所提出的适于实用的新的技术方案。据此可知，实用新型专利的保护对象是由形状、构造及其结合所构成的技术方案。实用新型专利权利要求中非形状构造类技术特征对于该实用新型专利权利要求的新颖性和创造性不能产生贡献。因此，审查针对该具有非形状构造类技术特征的实用新型专利权利要求所提出的现有技术抗辩时，原则上不考虑该现有技术是否公开了该非形状构造类技术特征。相反，如果考虑该非形状构造类技术特征，则会将已经全部公开了有关形状构造类技术特征的现有技术囊括在该具有非形状构造类技术特征的实用新型专利权利要求的保护范围之内，导致该实用新型专利权利要求的保护范围与其技术贡献不相适应。本案中，尽管本实用新型专利在其权利要求 1 中用“热压”限制聚四氟乙烯包裹层，但“热压”既不属于形状范畴，也不属于构造范畴，故不属于本实用新型专利的保护范围，因而管法兰国家标准未公开“热压”这一非形状构造类技术特征，不影响恒达公司根据该标准主张现有技术抗辩。综上，谭熙宁该项申请再审理由不能成立。

关于第二个问题，原判决认定事实的主要证据是否未经质证。首先，关于证据管法兰国家标准，从谭熙宁申请再审的陈述和二审庭审笔录可知，该证据在二审诉讼中已经质证，谭熙宁是对二审判决引用该证据时未援引“嵌入物的厚度为 2. 0mm”一语有异议。其次，关于证据《实用新型专利评价报告》，根据本院审查查明的事实，谭熙宁及其二审委托诉讼代理人均在二审中对该证据发表过书面质证意见。当事人不能因其质证意见未被法院采纳，而否定证据已经经过质证的事实。因此，谭熙宁该项申请再审理由不能成立。

关于第三个问题，二审法院是否违反法律规定剥夺谭熙宁的辩论权利。谭熙宁该项申请再审理由与“主要证据未经质证”的理由相同，本院不予支持。

综上所述，谭熙宁的再审申请不符合《中华人民共和国民事诉讼法》第二百条的规定。依照《中华人民共和国民事诉讼法》第二百零四条第一款，《最高人民法院关于适用〈中华人民共和国民事诉讼法〉的解释》第三百九十五条第二款规定，裁定如下：

驳回谭熙宁的再审申请。

审 判 长 朱 理
审 判 员 毛立华
代理审判员 佟 姝
二〇一七年九月二十八日
法官助理 何 鹏
书 记 员 包 硕

58. 专利权人主张本国优先权时的举证责任和说明义务

——再审申请人慈溪市博生塑料制品有限公司与被申请人陈剑侵害实用新型专利权纠纷案

【裁判要旨】

专利权人主张本国优先权时，应当承担相应的举证责任和说明义务。未能提交与本国优先权主题相关的在先申请文件，亦未能证明本案专利与在先申请属于相同主题的发明创造，不能依据在先申请日享有本国优先权。

【关键词】

实用新型专利　侵权　本国优先权　举证责任

【案号】

最高人民法院（2015）民申字第188号

【基本案情】

在再审申请人慈溪市博生塑料制品有限公司（以下简称博生公司）与被申请人陈剑侵害实用新型专利权纠纷案中（以下简称“清洁工具”实用新型专利侵权案），陈剑系名称为“清洁工具”的实用新型专利（即本案专利）的权利人，本案专利的申请日为2011年6月24日。2013年6月20日，陈剑以博生公司未经许可，制造、销售、许诺销售的被诉侵权产品侵害本案专利权为由，提起诉讼。浙江省杭州市中级人民法院一审认为，被诉侵权产品未落入本案专利权的保护范围，据此判决驳回陈剑的诉讼请求。陈剑不服，提起上诉。在二审答辩过程中，博生公司除认为被诉侵权产品未落入本案专利权的保护范围外，还提出申请号为201120157568.6、名称为“用于手压式旋转拖的拖把底盘和脱水桶”的实用新型专利（以下简称在先申请专利）的申请日早于本案专利的申请日，构成本案专利的抵触申请。博生公司系依据在先申请专利制造被诉侵权产品，不构成对本案专利权的侵害。浙江省高级人民法院二审认为，被诉侵权产品落入本案专利权的保护范围，博生公司的抵触申请抗辩主张不能成立。遂判决撤销一审判决，判令博生公司立即停止侵权行为，并赔偿陈剑经济损失10万元。博生公司不服，向最高人民法院申请再审。最高人民法院于2015年12月2日裁定驳回博生公司的再审申请。

【裁判意见】

最高人民法院审查认为：本案专利能否享有本国优先权，对于在先申请专利能否构成抵触申请具有实质性影响。本案专利属于实用新型专利，对于其本国优先权的审查，参照《审查指南》的相关规定，审查员在初步审查过程中，仅审查前后两申请的主题是否明显不相关，并不审查二者的实质内容是否一致。在申请主题明显不相关时，即可发出未要求优先权通知书。本案中，国务院专利行政部门在本案专利授权前，并未对其能否享有本国优先权的问题进行实质审查。因此，应由专利权人就本案专利享有本国优先权承担举证责任和说明义务。在权利人未能提交与本国优先权有关的在先申请文件副本，且未能证明本案专利与在先申请属于相同主题的发明创造的，均不能享有本国优先权，也不得以优先权日作为本案专利的申请日。专利权人陈剑虽然提交了其他在先申请文件，但并未证明上述文件与本案专利属于相同主题的技术方案。因此，本案专利不能依据上述在先申请享有本国优先权，在先申请专利构成本案专利的抵触申请。

中华人民共和国最高人民法院民事裁定书

（2015）民申字第188号①

59. 在申请再审程序中以新的证据主张现有技术抗辩不应予以支持

——再审申请人唐山先锋印刷机械有限公司与被申请人天津长荣印刷设备股份有限公司、一审被告常州市恒鑫包装彩印有限公司侵害发明专利权纠纷案

【裁判要旨】

专利侵权案件中，被诉侵权人在申请再审程序中以新的证据主张现有技术抗辩，

① 参见案例55裁判文书。

表面上系以新证据为由申请再审，但实质上相当于另行提出新的现有技术抗辩。如允许被诉侵权人在申请再审程序中无限制地提出新的现有技术抗辩，与专利权人应当在一审法庭庭审辩论终结前固定其主张的权利要求相比，对专利权人显失公平，且构成对专利权人的诉讼突袭，亦将架空一、二审诉讼程序。

【关键词】

专利　侵权　申请再审程序　现有技术抗辩

【案号】

最高人民法院（2017）最高法民申768号

【基本案情】

在再审申请人唐山先锋印刷机械有限公司（以下简称先锋公司）与被申请人天津长荣印刷设备股份有限公司（以下简称长荣公司）、一审被告常州市恒鑫包装彩印有限公司（以下简称恒鑫公司）侵害发明专利权纠纷案中，2004年11月29日，长荣公司向国家知识产权局提出了名称为“一种一次走纸供多次压印工位的模压工艺及自动模切烫印机”的发明专利申请，该申请于2005年5月11日公开，并于2008年12月24日获得授权，专利号为ZL200410093700.6（即涉案专利）。长荣公司一审起诉先锋公司及恒鑫公司侵犯其涉案专利权。先锋公司在一审诉讼中提交授权公告号为CN2416050Y，专利号为00226345.9，名称为“烫金模切机”，授权公告日为2001年1月24日的专利文件，主张被诉侵权产品实施的技术属于现有技术。江苏省常州市中级人民法院一审认定先锋公司的现有技术抗辩不成立，判令先锋公司停止侵权并赔偿长荣公司经济损失。先锋公司不服，提起上诉。江苏省高级人民法院二审判决驳回上诉，维持原判。先锋公司不服，向最高人民法院申请再审，称其实施的技术属于现有技术，并提交了未曾在一、二审程序中提交过的公开号为CN1302730A，申请号为00134692.X，名称为“一种烫印模切联动机及其联动方法”，公开日为2001年7月11日的专利文件。最高人民法院于2017年3月29日裁定驳回先锋公司的再审申请。

【裁判意见】

最高人民法院审查认为：《中华人民共和国专利法》第六十二条规定，在专利侵权纠纷中，被诉侵权人有证据证明其实施的技术或者设计属于现有技术或者现有设计的，不构成侵犯专利权。本案中，先锋公司在一审、二审诉讼中提交授权公告号为CN2416050Y的专利文件，主张被诉侵权产品实施的技术属于现有技术。先锋公司现申请再审称其实施的技术属于现有技术，并提交了公开号为CN1302730A的另一份专利文件作为新证据。该证据是先锋公司在一审、二审阶段可以取得的，其在不同诉讼程序中以不同的证据主张现有技术抗辩，表面上系以新证据为由申请再审，但实质上相当于另行提出新的现有技术抗辩。根据《最高人民法院关于审理侵犯专利权纠纷案件应用法律若干问题的解释》第一条关于“人民法院应当根据权利人主张的权利要求，依据专利法第五十九条第一款的规定确定保护范围。权利人在一审法庭辩论终结前变更其主张的权利要求的，人民法院应当准许”之规定，专利权人应当在一审法庭庭审辩论终结前固定其权利要求。如允许先锋公司无限制地提出新的现有技术抗辩，与专利权人应当在一审法庭庭审辩论终结前固定其主张的权利要求相比，对专利权人显失公平，且构成对专利权人长荣公司的诉讼突击，亦将架空一审、二审的诉讼程序，不利于引导当事人在法定的一审、二审程序中解决纠纷，故对其相关主张不予支持。

中华人民共和国最高人民法院民事裁定书

（2017）最高法民申768号

再审申请人（一审被告、二审上诉人）：唐山先锋印刷机械有限公司。住所地：河北省唐山市玉田县无终街1618号（火车站路口西侧）。

法定代表人：付桂文，该公司总经理。

委托诉讼代理人：陈晓宇，瑞安市翔东知识产权代理事务所专利代理人。

委托诉讼代理人：林海，瑞安市翔东知识产权代理事务所专利代理人。

被申请人（一审原告、二审上诉人）：天津长荣印刷设备股份有限公司。住所地：天津新技术产业园区北辰科技工业园。

法定代表人：李莉，该公司董事长。

一审被告：常州市恒鑫包装彩印有限公司。住所地：江苏省常州市天宁区郑陆镇焦溪工业集中区。

法定代表人：张元兴，该公司董事长。

再审申请人唐山先锋印刷机械有限公司（以下简称先锋公司）因与被申请人天津长荣印刷设备股份有限公司（以下简称长荣公司）、一审被告常州市恒鑫包装彩印有限公司（以下简称恒鑫公司）侵害发明专利权纠纷一案，不服江苏省高级人民法院（2016）苏民终682号民事判决，向本院申请再审。本院依法组成合议庭进行了审查，现已审查终结。

先锋公司申请再审称：先锋公司在再审程序中提交的新证据足以推翻一审、二审的判决，请求撤销一审、二审判决，并依法改判，一审、二审、再审诉讼费用由长荣公司承担。其主要理由为：上述新证据为公开号为CN1302730A、公开日为2001年7月11日的中国发明专利申请公开说明书，先锋公司确认被控侵权产品与权利要求4的技术特征一一对应，将权利要求4与上述新证据进行比对，二者技术特征相同，先锋公司所使用的为现有技术，一审、二审判决认定错误。

本院认为，《中华人民共和国专利法》第六十二条规定，在专利侵权纠纷中，被控侵权人有证据证明其实施的技术或者设计属于现有技术或者现有设计的，不构成侵犯专利权。本案中，先锋公司在一审、二审阶段均主张其实施的技术为现有技术。在一审、二审诉讼中提交授权公告号为CN2416050Y，专利号为00226345.9，名称为“烫金模切机”，授权公告日为2001年1月24日的专利文件，主张被诉侵权产品实施的技术属于现有技术。先锋公司现申请再审称其实施的技术属于现有技术，并提交了公开号为CN1302730A，申请号为00134692.X，名称为“一种烫印模切联动机及其联动方法”，公开日为2001年7月11日的专利文件。

本院经审查认为，该证据是先锋公司在一审、二审阶段可以取得的，其在不同诉讼程序中以不同的证据主张现有技术抗辩，表面上系以新证据为由申请再审，但实质上相当于另行提出新的现有技术抗辩。根据《最高人民法院关于审理侵犯专利权纠纷案件应用法律若干问题的解释》第一条关于“人民法院应当根据权利人主张的权利要求，依据专利法第五十九条第一款的规定确定保护范围。权利人在一审法庭辩论终结前变更其主张的权利要求的，人民法院应当准许”之规定，专利权人应当在一审法庭庭审辩论终结前固定其权利要求。如允许先锋公司无限制地提出新的现有技术抗辩，与专利权人应当在一审法庭庭审辩论终结前固定其主张的权利要求相比，对专利权人显失公平，且构成对专利权人长荣公司的诉讼突击，亦将架空一审、二审的诉讼程序，不利于引导当事人在法定的一审、二审程序中解决纠纷，故对其相关主张不予支持。

依照《中华人民共和国民事诉讼法》第二百零四条第一款，《最高人民法院关于适用〈中华人民共和国民事诉讼法〉的解释》第三百九十五条第二款规定，裁定如下：

驳回唐山先锋印刷机械有限公司的再审申请。

审　判　长　王艳芳
代理审判员　董晓敏
代理审判员　杜微科
二〇一七年三月二十九日
书　记　员　崔心驰

60. 抵触申请抗辩的认定

——再审申请人慈溪市博生塑料制品有限公司与被申请人陈剑侵害实用新型专利权纠纷案

【裁判要旨】

被诉侵权人以其实施的技术方案属于抵触申请为由，主张不侵害专利权的，应当审查被诉侵权技术方案是否已被抵触申请完整公开。在该技术方案相对于抵触申请不具有新颖性时，抵触申请抗辩成立。

【关键词】

实用新型专利　侵权　抗辩　抵触申请

【案号】

最高人民法院（2015）民申字第188号

【基本案情】

在再审申请人慈溪市博生塑料制品有限公司（以下简称博生公司）与被申请人陈剑侵害实用新型专利权纠纷案中（以下简称“清洁工具”实用新型专利侵权案），陈剑系名称为“清洁工具”的实用新型专利（即本案专利）的权利人，本案专利的申请日为2011年6月24日。2013年6月20日，陈剑以博生公司未经许可，制造、销售、许诺销售的被诉侵权产品侵害本案专利权为由，提起诉讼。浙江省杭州市中级人民法院一审认为，被诉侵权产品未落入本案专利权的保护范围，据此判决驳回陈剑的诉讼请求。陈剑不服，提起上诉。在二审答辩过程中，博生公司除认为被诉侵权产品未落入本案专利权的保护范围外，还提出申请号为201120157568.6、名称为“用于手压式旋转拖的拖把底盘和脱水桶”的实用新型专利（以下简称在先申请专利）的申请日早于本案专利的申请日，构成本案专利的抵触申请。博生公司系依据在先申请专利制造被诉侵权产品，不构成对本案专利权的侵害。浙江省高级人民法院二审认为，被诉侵权产品落入本案专利权的保护范围，博生公司的抵触申请抗辩主张不能成立。遂判决撤销一审判决，判令博生公司立即停止侵权行为，并赔偿陈剑经济损失10万元。博生公司不服，向最高人民法院申请再审。最高人民法院于2015年12月2日裁定驳回博生公司的再审申请。

【裁判意见】

在前述“清洁工具”实用新型专利侵权案中，最高人民法院审查认为：如果被诉侵权技术方案已被抵触申请公开，则相较于抵触申请不应被授予专利权，也不应被纳入本案专利权的保护范围。因此，被诉侵权人以其实施的技术方案属于抵触申请为由，主张未侵害本案专利权的，人民法院可以参照有关现有技术抗辩的规定，对抵触申请抗辩能否成立进行审查。但是，由于抵触申请与现有技术的含义和性质存在一定差异，故抵触申请抗辩的审查判断标准应与抵触申请的性质相适应。即抵触申请仅可以被用来单独评价本案专利的新颖性，既不能与现有技术或者公知常识结合，更不能用于评价本案专利的创造性。且只有在被诉侵权技术方案的各项技术特征均已被抵触申请单独、完整地公开，相对于抵触申请不具有新颖性时，才能够认定抵触申请抗辩成立。本案中，在先申请专利没有公开被诉侵权产品中的“拖把杆包括内杆和外杆”“内外杆间相互套接”等技术特征，被诉侵权产品相对于抵触申请具有新颖性。此外，博生公司有关将在先申请专利与公知常识结合后进行抵触申请抗辩的主张，缺乏法律依据，其抵触申请抗辩不能成立。

中华人民共和国最高人民法院民事裁定书

（2015）民申字第188号①

---

① 参见案例55裁判文书。

2. 合法来源抗辩

61. 合法来源抗辩应当提供符合交易习惯的证据

——再审申请人宁波欧琳实业有限公司与被申请人宁波搏盛阀门管件有限公司，二审上诉人宁波欧琳厨具有限公司、宁波欧琳网络科技有限公司，二审被上诉人宁波市鄞州时蓉塑胶有限公司侵害外观设计专利权纠纷案

【裁判要旨】

一方当事人出具的有关其生产并提供被诉侵权产品给其他当事人的“声明”属于当事人陈述，在专利权人对该声明不予认可，且缺乏其他客观证据证明的情况下，应认定合法来源抗辩不能成立。

【关键词】

外观设计专利　侵权　合法来源抗辩　当事人陈述

【案号】

最高人民法院（2017）最高法民申1671号

【基本案情】

在再审申请人宁波欧琳实业有限公司（以下简称欧琳公司）与被申请人宁波搏盛阀门管件有限公司（以下简称搏盛公司），二审上诉人宁波欧琳厨具有限公司、宁波欧琳网络科技有限公司，二审被上诉人宁波市鄞州时蓉塑胶有限公司（以下简称时蓉公司）侵害外观设计专利权纠纷案中，涉及专利号为200930140537.8、名称为“开关（圆形双头-1）”外观设计专利（即涉案专利），搏盛公司系专利权人。搏盛公司向浙江省宁波市中级人民法院起诉，请求判令欧琳公司、宁波欧琳厨具有限公司、宁波欧琳网络科技有限公司承担停止侵权、赔偿损失的民事责任。一审法院根据欧琳公司申请，追加时蓉公司为本案被告参加诉讼。一审法院审理认为，被诉侵权产品并未落入涉案专利权的保护范围，故判

决驳回搏盛公司的诉讼请求。搏盛公司不服，提起上诉。浙江省高级人民法院二审认为，被诉侵权产品与涉案专利外观设计构成相近似的设计，落入涉案专利权的保护范围；欧琳公司等有关现有设计抗辩、合法来源抗辩的主张不能成立，故判决撤销一审判决，欧琳公司等承担停止侵权，赔偿损失等民事责任。欧琳公司不服，向最高人民法院申请再审，并提供了时蓉公司出具的“声明”，称被诉侵权产品系由时蓉公司生产并提供给欧琳公司，据此主张合法来源抗辩成立。最高人民法院于2017年9月28日裁定驳回欧琳公司的再审申请。

【裁判意见】

最高人民法院审查认为：被诉侵权人主张合法来源抗辩的，应当提供符合交易习惯的相关证据。本案中，欧琳公司并未提供符合交易习惯的相关证据以证明被诉侵权产品来自于时蓉公司，具有合法来源。首先，欧琳公司提交的“买卖总合同”以及“采购订单”不能相互印证，不足以证明被诉侵权产品源于时蓉公司。其次，时蓉公司出具的“产品清单”真实性难以确认。最后，关于时蓉公司出具的“声明”，声称被诉侵权产品系由时蓉公司生产并提供给欧琳公司。由于时蓉公司是一审法院根据欧琳公司申请，将其追加为本案被告，而搏盛公司在一、二审中均对此明确提出异议。时蓉公司作为被告之一，其出具的“声明”以及被诉侵权产品由其生产的主张均属于《中华人民共和国民事诉讼法》第六十三条规定的“当事人陈述”。时蓉公司的陈述是否被采信，对于欧琳公司在本案中承担何种侵权责任，以及搏盛公司能否获得充分的赔偿，均具有潜在的重大影响。然而经反复释明，时蓉公司以及欧琳公司始终未能提供充分的证据，证明被诉侵权产品系由时蓉公司生产并提供给欧琳公司。《最高人民法院关于民事诉讼证据的若干规定》第七十六条规定：“当事人对自己的主张，只有本人陈述而不能提出其他相关证据的，其主张不予支持。但对方当事人认可的除外。”由于搏盛公司对欧琳公司有关合法来源抗辩的主张不予认可，对时蓉公司有关其生产被诉侵权产品的主张亦不予认可，故对时蓉公司的陈述不予支持。综上，欧琳公司有关被诉侵权产品具有合法来源的主张不能成立。

中华人民共和国最高人民法院民事裁定书

（2017）最高法民申1671号

再审申请人（一审被告、二审被上诉人）：宁波欧琳实业有限公司。住所地：浙江省宁波市鄞州区投资创业中心祥和东路128号。

法定代表人：徐羽波，该公司总经理。

委托诉讼代理人：裴金华，杭州千克知识产权代理有限公司专利代理人。

委托诉讼代理人：张向飞，宁波鄞州盛飞专利代理事务所专利代理人。

被申请人（一审原告、二审上诉人）：宁波搏盛阀门管件有限公司。住所地：浙江省宁波市鄞州区姜山镇上何村。

法定代表人：岑迪峰，该公司总经理。

委托诉讼代理人：胡义康，北京大成（宁波）律师事务所律师。

二审上诉人（一审被告）：宁波欧琳厨具有限公司。住所地：浙江省宁波市鄞州区鄞州投资创业中心祥和东路128号。

法定代表人：徐剑光，该公司总经理。

二审上诉人（一审被告）：宁波欧琳网络科技有限公司。住所地：浙江省宁波市鄞州区祥和东路128号。

法定代表人：王思中，该公司总经理。

二审被上诉人（一审被告）：宁波市鄞州时蓉塑胶有限公司。住所地：浙江省宁波市鄞州区中河街道里段工业区。

法定代表人：施亚芬，该公司总经理。

再审申请人宁波欧琳实业有限公司（以下简称欧琳公司）因与被申请人宁波搏盛阀门管件有限公司（以下简称搏盛公司），二审上诉人宁波欧琳厨具有限公司、宁波欧琳网络科技有限公司，二审被上诉人宁波市鄞州时蓉塑胶有限公司（以下简称时蓉公司）侵害外观设计专利权纠纷一案，不服浙江省高级人民法院（2016）浙民终696号民事判决，向本院申请再审。本院依法组成合议庭对本案进行了审查，现已审查终结。

欧琳公司向本院申请再审称：

（一）二审判决认定被诉侵权产品落入涉案专利权的保护范围错误。1. 二审判决比对对象错误。被诉侵权产品是由多个配件组成的整体水槽，二审判决选取了开关和两个拉索，将三者组合后与涉案专利对比。在侵权比对时，应该将涉案专利与被诉侵权产品水槽中的开关进行对比。2. 二审判决关于一般消费者的认定错误。一般消费者购买开关时，会注意到开关的整体外形，也会注意包括开关下部各个部分的设计比例关系，而不仅仅关注开关安装后外露的较小部分。3. 二审判决关于涉案专利产品的设计空间及设计特征认定错误。被诉侵权产品与涉案专利在按键装饰图案、圆形凸台、圆柱形套管上均存在差异，二审判决认定其属于细微差别错误。开关按键、圆形面板、固定座以及套管的结构是开关类产品的惯常设计，其设计空间不大。涉案专利的检索报告显示，涉案专利未被现有设计公开的设计特征主要在于开关下部的形状结构，其下部两个分开的圆柱是涉案专利的设计要点所在。二审判决认定被诉侵权产品与涉案专利近似错误。4. 被诉侵权产品与涉案专利相比，至少具有如下区别：(1) 涉案专利两个按键顶面有多个明显的圆形凸起，而被诉侵权产品的按键顶面十分光滑；(2) 涉案专利开关中部较薄，长度占整个开关的20%以下，而被诉侵权产品开关中部较厚，占整体长度的60%以上；(3) 涉案专利下部为细长的圆柱形套管，其长度占整个开关的60%以上，而被诉侵权产品的下部则没有这一结构；(4) 涉案专利圆形面板上方存在台阶部（凸台），而被诉侵权产品并无此结构；(5) 涉案专利的中部固定座的厚度较小，约为按键长度的0.3倍，而被诉侵权产品的中部固定座的厚度较大，是其按键长度的2倍；(6) 涉案专利的设计风格苗条、细长，而被诉侵权产品的整体设计风格敦实、厚重，二者的主要部件设计风格迥异。上述区别均是明显的，占到开关整体结构的大部分，一般消费者能够分辨出二者的显著区别，二者不属于相同或相近似的外观设计。5. 即使将被诉侵权产品水槽中拆下的开关和两个拉索安装组合后与涉案专利进行对比，与涉案专利的所有区别特征都应当被考虑。被诉侵权产品中的拉索占到被诉侵权产品的很大比例，对整体视觉效果会造成显著影响。(二) 二审判决关于现有设计抗辩的事实认定错误，适用法律错误。1. 现有设计按键的形状为规则的圆形。被诉侵权产品与现有设计相比，差别在于现有设计的两个圆形的按键靠近并部分相切，相切的部分只有直径的1/6左右，相切的部分不容易被观察到，属于局部细微区别。二审判决认定现有设计抗辩不能成立错误。2. 被诉侵权产品与现有设计的区别为细微差别，两者整体相近似。3. 被诉侵权产品与现有设计更加近似，而与涉案专利整体视觉效果差别更大。4. 对于 (2016) 浙甬天证民字第3733号公证书（以下简称第3733号公证书）中的开关是否可以作为现有技术，二审判决没有明确认定。现有证据足以证明该产品可以作为现有设计。(三) 再审申请人合法来源抗辩的主张成立，二审判决的认定错误。1. 再审申请人使用的被诉侵权产品是从时蓉公司购买。再审申请人提供了与时蓉公司的“买卖总合同”以及采购订单，买卖合同及采购订单上明确写明产品名称为“拉丝弹跳台控”。2. 时蓉公司承认其生产被诉侵权产品，且能够承担侵权责任。(四) 二审判决认定再审申请人制造、销售、许诺销售被诉侵权产品缺乏证据证明。再审申请人不应当承担赔偿责任。1. 被诉侵权产品仅是水槽的配件，再审申请人已提供证据证明该配件来源于时蓉公司。本案没有证据证明再审申请人实施了制造被诉侵权产品的行为。2. 再审申请人仅是被诉侵权产品的使用者。被诉侵权产品的开关和拉索仅具有技术功能，根据《最高人民法院关于审理侵犯专利权纠纷案件应用法律若干问题的解释》第十二条第二款的规定，再审申请人将被诉侵权产品作为零部件使用，不属于销售行为，也不属于许诺销售行为。（五）二审判决再审申请人赔偿被申请人 8 万元，缺乏证据证明。请求本院：撤销二审判决，依法改判驳回被申请人的全部诉讼请求，一、二审及再审费用由被申请人承担。

本院认为，本案争议焦点为：（一）被诉侵权产品是否落入涉案专利权的保护范围？（二）再审申请人关于现有技术抗辩的主张能否成立？（三）再审申请人关于被诉侵权产品具有合法来源，其并未制造、销售、许诺销售被诉侵权产品的主张能否成立？（四）二审判决关于赔偿数额的认定是否正确？

一、关于被诉侵权产品是否落入涉案专利权的保护范围

《中华人民共和国专利法》（以下简称专利法）第五十九条第二款规定："外观设计专利权的保护范围以表示在图片或者照片中的该产品的外观设计为准，简要说明可以用于解释图片或者照片所表示的该产品的外观设计。"《最高人民法院关于审理侵犯专利权纠纷案件应用法律若干问题的解释》第十一条规定："人民法院认定外观设计是否相同或者近似时，应当根据授权外观设计、被诉侵权设计的设计特征，以外观设计的整体视觉效果进行综合判断；对于主要由技术功能决定的设计特征以及对整体视觉效果不产生影响的产品的材料、内部结构等特征，应当不予考虑。下列情形，通常对外观设计的整体视觉效果更具有影响：（一）产品正常使用时容易被直接观察到的部位相对于其他部位；（二）授权外观设计区别于现有设计的设计特征相对于授权外观设计的其他设计特征。被诉侵权设计与授权外观设计在整体视觉效果上无差异的，人民法院应当认定两者相同；在整体视觉效果上无实质性差异的，应当认定两者近似。"本案中，被诉侵权产品与涉案专利均为带有两个圆形按键的开关，其上部均有一个圆形面板，面板上方有两个高矮齐平、上宽下窄的圆柱形按键头，面板下方均有一个圆柱形、带有等分凸筋的固定座，固定座下方与两个按键头对应的位置处分别设有两个圆柱形套管。二者主要有以下区别：（1）涉案专利的按键头上有多个环形图案设计，被诉侵权产品上没有相应设计。（2）涉案专利按键头下方的面板上有两个圆形凸台，被诉侵权产品上没有相应设计。（3）被诉侵权产品的固定座相对更为厚实，固定座下方有圆柱形套管，涉案专利的固定座相对更为单薄，下方没有圆柱形套管。（4）被诉侵

权产品的固定座下方虽同样有两个圆柱形套管，但该套管可以从固定座上拆下，套管内有拉索。

本院认为，将涉案专利与被诉侵权产品相比较，二者整体形状基本近似，均包括圆形面板，面板上方有两个高度相同且上宽下窄的圆柱形按键头，面板下方均有固定座和两个圆柱形套管。而有关涉案专利的检索报告，以及再审申请人提交的第3733号公证书中，均没有公开在圆形面板上设置两个高度相同且上宽下窄的圆柱形按键头的设计特征。且在使用状态下，圆形面板及其上方的圆柱形按键头更容易被一般消费者观察到。因此，二者的相同点对整体视觉效果更具有显著影响。二者的区别主要位于面板下方，被诉侵权产品安装在水槽上后，所述区别在使用状态下难以被一般消费者观察到，故对整体视觉效果不具有显著影响。虽然被诉侵权产品的面板上并无圆形凸台，但该区别所占产品的整体比例较小，属于局部细微差别，对整体视觉效果不具有显著影响。综上，二审判决认定被诉侵权产品的设计与涉案专利相近似，落入涉案专利权的保护范围，并无不当。

二、再审申请人关于现有技术抗辩的主张能否成立

专利法第六十二条规定："在专利侵权纠纷中，被控侵权人有证据证明其实施的技术或者设计属于现有技术或者现有设计的，不构成侵犯专利权。"《最高人民法院关于审理侵犯专利权纠纷案件应用法律若干问题的解释》第十四条第二款规定："被诉侵权设计与一个现有设计相同或者无实质性差异的，人民法院应当认定被诉侵权人实施的设计属于专利法第六十二条规定的现有设计。"本案中，再审申请人主张第3733号公证书中的水槽及其"台控"照片构成涉案专利的现有设计。将该公证书中的有关照片与被诉侵权产品比较，照片中"台控"的按键头为两个相切的圆柱体，而被诉侵权为两个上宽下窄、各自独立的完整圆柱体，二者的视觉效果差异明显。因此，二审判决认定二者不属于相同或者近似的外观设计，并无不当。再审申请人有关现有技术抗辩的主张不能成立。

三、再审申请人关于被诉侵权产品具有合法来源，其并未制造、销售、许诺销售被诉侵权产品的主张是否成立

专利法第七十条规定："为生产经营目的使用、许诺销售或者销售不知道是未经专利权人许可而制造并售出的专利侵权产品，能证明该产品合法来源的，不承担赔偿责任。"《最高人民法院关于审理侵犯专利权纠纷案件应用法律若干问题的解释（二）》第二十五条规定："为生产经营目的的使用、许诺销售或者销售不知道是未经专利权人许可而制造并售出的专利侵权产品，且举证证明该产品合法来

源的，对于权利人请求停止上述使用、许诺销售、销售行为的主张，人民法院应予支持，但被诉侵权产品的使用者举证证明其已支付该产品的合理对价的除外。……合法来源，是指通过合法的销售渠道、通常的买卖合同等正常商业方式取得产品。对于合法来源，使用者、许诺销售者或者销售者应当提供符合交易习惯的相关证据。”本案中，再审申请人并未提供符合交易习惯的相关证据，以证明被诉侵权产品具有合法来源，具体理由如下：

首先，关于再审申请人在一审中提交的“买卖总合同”以及“采购订单”。“买卖总合同”中并无任何具体条款涉及本案被诉侵权产品。“采购订单”中虽有“水槽方形拉丝弹跳台控（B）”及其数量、单价的记载，但没有具体的日期，再审申请人也不能举证证明该“采购订单”与“买卖总合同”有关。因此，所述两份证据不能相互印证，不足以证明被诉侵权产品源于时蓉公司。其次，在二审庭审中，时蓉公司的委托诉讼代理人虽主张被诉侵权产品由时蓉公司生产，并提供给欧琳公司，但不能提供合同、发票、付款凭证等符合交易习惯的证据。再审申请人的委托诉讼代理人二审当庭陈述“时蓉公司的老板和我们老板关系很好，我回去核实”，但在此后，亦未能向二审法院举证证明相关情况。再次，再审申请人虽向本院提交了时蓉公司出具的“产品清单”，但该证据系由时蓉公司单方出具，缺乏相关证据佐证，其真实性难以确认，并不足以据此推翻二审判决有关“欧琳公司提供的证据并不能真实有效地证明侵权产品的合法来源”的认定。最后，本案中时蓉公司系案件当事人，是一审法院根据欧琳公司申请，将其追加为本案被告，而搏盛公司在一、二审中均对此明确提出异议。时蓉公司作为被告之一，其出具的“声明”以及被诉侵权产品由其生产的主张均属于《中华人民共和国民事诉讼法》第六十三条规定的“当事人陈述”。时蓉公司的陈述是否被本院采信，对于欧琳公司在本案中承担何种侵权责任，以及搏盛公司能否获得充分的赔偿，均具有潜在的重大影响。然而经本院以及二审法院反复释明，时蓉公司以及欧琳公司始终未能提供充分的证据，证明被诉侵权产品系由时蓉公司生产并提供给欧琳公司。《最高人民法院关于民事诉讼证据的若干规定》第七十六条规定“当事人对自己的主张，只有本人陈述而不能提出其他相关证据的，其主张不予支持。但对方当事人认可的除外。”由于搏盛公司对欧琳公司有关合法来源抗辩的主张不予认可，对时蓉公司有关其生产被诉侵权产品的主张亦不予认可，故本院对时蓉公司的陈述不予支持。综上，再审申请人有关被诉侵权产品具有合法来源，其未制造、销售、许诺销售被诉侵权产品的申请再审理由不能成立。

四、二审判决关于赔偿数额的认定是否正确

本案中，搏盛公司因侵权所遭受的损失以及欧琳公司等被告的侵权获利均无法查清，涉案外观设计专利的合理使用费亦无从参考，故二审法院根据专利法第六十五条第二款的相关规定，适用法定赔偿方式确定赔偿数额。二审法院综合考虑欧琳公司等被告的注册资本、经营规模、侵权产品的售价、侵权行为的性质、涉案专利权的类型，以及搏盛公司为本案诉讼支付的合理的调查费、律师费等因素，确定欧琳公司赔偿 8 万元，并无不当。欧琳公司有关二审判决的赔偿数额过高的申请再审理由不能成立。

综上，欧琳公司的再审申请不符合《中华人民共和国民事诉讼法》第二百条的规定。依照《中华人民共和国民事诉讼法》第二百零四条第一款之规定，裁定如下：

驳回宁波欧琳实业有限公司的再审申请。

审　判　长　王艳芳
审　判　员　杜微科
代理审判员　何　鹏
二〇一七年九月二十八日
书　记　员　胡　凯

62. 合法来源抗辩的举证责任和证明标准

——再审申请人广东雅洁五金有限公司与被申请人杨建忠、卢炳仙侵害外观设计专利权纠纷案

【裁判要旨】

侵权产品的使用者、销售者与制造者就各自的行为分别承担法律责任，不能因查明或认定了侵权产品的制造者就当然推定使用者、销售者的合法来源抗辩成立，免除其举证责任。也不能因为制造者已经承担了侵权责任，就免除合法来源抗辩不成立的使用者、销售者的赔偿责任。对于合法来源证据的审查应当从严把握，尤其要注重对证据的真实性、证明力、关联性、同一性的审查。

【关键词】

专利侵权　销售者　合法来源　证据审查

【案号】

最高人民法院（2013）民提字第187号

【基本案情】

在再审申请人广东雅洁五金有限公司（以下简称雅洁公司）与被申请人杨建忠、卢炳仙侵害外观设计专利权纠纷案（以下简称“锁面组件”外观设计专利侵权案）中，曹湛斌为名称为“锁面组件（H87P－H135G）”的外观设计专利（即本案专利）的权利人。雅洁公司为本案专利的独占实施被许可人。2011年10月18日，雅洁公司的委托代理人通过公证程序，在卢炳仙处购得被诉侵权产品“吉固”门锁一把。被诉侵权产品与本案专利的外观无实质性差异。被诉侵权产品包装上标有“吉固＋JIGU＋图”注册商标，该商标的权利人为温州市鹿城区临江县昌隆五金加工厂的业主杨建忠。卢炳仙提交的发货清单传真件上记载有“温州市昌隆五金厂发货清单”字样，收货单位为“石家庄卢炳仙”，日期为“2009年7月4日”，所购货物共四种，合计金额3280元。卢炳仙提交的银行个人存款回单上载明的时间为“2009年6月4日15：16：32”，未显示付款人姓名和账号/卡号，交易金额6900元。雅洁公司以杨建忠和卢炳仙侵犯其外观设计专利权为由，提起诉讼。河北省石家庄市中级人民法院一审认为，杨建忠出售被诉侵权产品给卢炳仙的时间为2009年7月4日，在本案专利授权公告日即2009年9月16日之前，故杨建忠的行为不构成侵权。卢炳仙在本案专利授权公告日以后销售被诉侵权产品的行为构成侵权。但现有证据不能证明卢炳仙知道或者应当知道其所售为侵权产品，且因上述产品有合法来源，故卢炳仙无需承担赔偿责任。据此判决卢炳仙停止侵权行为。雅洁公司不服，提起上诉。河北省高级人民法院二审判决驳回上诉、维持原判。雅洁公司仍不服，向最高人民法院申请再审。最高人民法院裁定提审本案，并于2014年6月30日判决撤销一审、二审判决，改判杨建忠、卢炳仙立即停止侵权行为，分别赔偿雅洁公司经济损失5万元和2千元。

【裁判意见】

最高人民法院提审认为：合法来源抗辩需要同时满足使用者、销售者无主观过错及被诉侵权产品具有合法来源两项条件。对于主观要件，需要被诉侵权产品的使用者、销售者证明其不知道使用、许诺销售或者销售的是侵权产品，作为一种消极事实，一般应由权利人举证证明被诉侵权者知道或者应当知道的主观状态。如权利人无法证明，则一般可以推定侵权者没有主观过错。对于被诉侵权产品是否有合法来源，应当由使用者、销售者举证证明被诉侵权产品具有合法的购货渠道、合理的价格和直接的供货方。侵权产品的使用者、销售者与制造者所需承担的法律责任是不同的，所负担的举证责任亦不同。侵权产品的使用者、销售者的这种举证责任，并不因为发现了真正的制造者而得以免除或减轻。当侵权产品的使用者、销售者是从制造者处直接购买产品，而没有其他的中间销售环节，通过事实和法律的认定，可以确认制造者生产并销售了侵权产品，使用者、销售者也不能因此免除或减轻合法来源抗辩的举证责任。首先，合法来源抗辩是法律赋予善意的侵权产品使用者、销售者的一种权利，根据“谁主张、谁举证”的举证责任分配原则，侵权产品的使用者、销售者在行使合法来源抗辩权时，应提供合法获取侵权产品的证据，如购货发票或收据以及付款凭证等。其次，对于这种特殊情况下侵权产品使用者、销售者的举证责任，也应该与存在多个中间销售环节时侵权产品使用者、销售者的举证责任相一致。最后，这种举证责任的分配方式，既可以规范流通环节的市场秩序，也可以防止侵权产品使用者、销售者与他人串通，以提供虚假合法来源证据的方式逃避赔偿责任。侵权产品的使用者、销售者与制造者应就各自的行为分别承担法律责任，不能因查明或认定了侵权产品的制造者就当然地推定使用者、销售者的合法来源抗辩成立，免除其赔偿责任；也不能因为制造者已经承担了侵权责任，就免除合法来源抗辩不成立的使用者、销售者的赔偿责任。对于合法来源抗辩证据的审查应当从严把握，尤其要注重对证据的真实性、证明力、关联性、同一性的审查。本案中，卢炳仙为证明其销售的被诉侵权产品有合法来源，提供了发货清单和个人存款回单。但发货清单为无签名或盖章的传真件，亦无相应的购货合同予以佐证。个人存款回单没有付款人姓名，且付款金额与发货清单不符。卢炳仙虽辩称该金额相对应的发货除了发货清单上所列货品，还有其他货物，但并未就此进行举证，其合法来源抗辩不能成立。

中华人民共和国最高人民法院民事判决书

（2013）民提字第187号①

---

① 参见案例47裁判文书。

63. 侵权警告函对销售商主观过错的证明作用

——再审申请人孙俊义与被申请人郑宁侵害实用新型专利权纠纷案

【裁判要旨】

当事人援引专利法第七十条的规定主张“合法来源”抗辩时，如果专利权人能够证明已经向销售商发出了明确记载有专利权和被诉侵权产品的基本情况、侵权比对结果及联系人等信息的警告函，且销售商已经收到该警告函的情况下，原则上可以推定销售商知道其销售的是专利侵权产品。

【关键词】

专利侵权　销售商　合法来源　警告函

【案号】

最高人民法院（2014）民申字第 1036 号

【基本案情】

在再审申请人孙俊义与被申请人郑宁侵害实用新型专利权纠纷案中，孙俊义是名称为“防粘连自动排气阀”的实用新型专利（即本案专利）的权利人。2013 年 6 月 28 日，长春市宽城锅炉排汽阀厂向个体工商户业主郑宁发出通知函，主要内容为：你店销售的“胜益”牌全自动排气阀已经侵犯了长春市宽城锅炉排汽阀厂“中权”牌排汽阀的专利权（专利号为 ZL200320112523.2，专利权人为孙俊义）。请你店立即停止销售，并与我厂联系，协商赔偿事宜，否则将向人民法院提起诉讼。落款处有“长春市宽城锅炉排汽阀厂打假办”公章和专利权人孙俊义的签章，并附有通讯地址、邮政编码、联系人及联系电话。2013 年 7 月，孙俊义从郑宁处购买到了被诉侵权产品即“胜益”牌排气阀，并以郑宁侵害其实用新型专利权为由提起诉讼。辽宁省沈阳市中级人民法院一审认为，被诉侵权产品的技术特征与本案专利的技术方案构成等同，落入本案专利权的保护范围。孙俊义虽然于 2013 年 6 月 28 日向郑宁邮寄了通知函，但通知函并未附有专利证书和其他必要的文件，不足以使郑宁认识到其销售的被诉侵权产品将构成侵害本案专利权。作为销售者，鉴于郑宁已经提供了专利侵权产品的合法来源，主观上并无过错，依法可免除赔偿责任。据此判决驳回孙俊义的诉讼请求。孙俊义不服，提出上诉。辽宁省高级人民法院二审判决驳回上诉、维持原判。孙俊义不服，向最高人民法院申请再审。最高人民法院于2014年12月13日裁定指令辽宁省高级人民法院再审本案。

【裁判意见】

最高人民法院审查认为：专利侵权行为的构成不以过错为要件。同时，考虑到侵权产品销售者进行侵权判断的实际困难，为维护正常的市场经营秩序和鼓励打击侵权源头，专利法第七十条对侵权产品销售者的赔偿责任作出了免责规定，即不知道是未经专利权人许可而制造并售出的专利侵权产品，能证明该产品合法来源的，不承担赔偿责任。判断销售者是否知道其销售的是专利侵权产品，应当结合案件事实进行综合判断。如销售者曾经销售过专利产品，或其购入被诉侵权产品的价格不合理地低于专利产品的市场价格等，均可以作为认定销售者知道其销售的是专利侵权产品的事实基础。如果上述情况均不存在，而仅仅是权利人向销售者发出过侵权警告函，则需要进一步对警告函中的具体内容予以审查。如果警告函中记载或包含有专利权（专利号、专利名称、专利权证书复印件等）和被诉侵权产品的基本情况、侵权比对结果及联系人信息等内容，在销售者也已经收到该警告函的情况下，原则上应当推定其知道销售的是专利侵权产品。

中华人民共和国最高人民法院民事裁定书

（2014）民申字第1036号

再审申请人（一审原告、二审上诉人）：孙俊义，长春市宽城锅炉排汽阀厂经营者，住吉林省长春市朝阳区×胡同8－1号。

被申请人（一审被告、二审被上诉人）：郑宁，沈阳市铁西区玉田海达水暖建材经销处业主，住山西省沁县故县镇×村623号。

再审申请人孙俊义因与被申请人郑宁侵害实用新型专利权纠纷一案，不服辽宁省高级人民法院（2013）辽民三终字第79号民事判决，向本院申请再审。本院依法组成合议庭对本案进行了审查，现已审查终结。

孙俊义申请再审称：郑宁收到孙俊义告知其销售的“胜益”牌排气阀为侵权产品的通知函后，仍然继续销售被诉侵权产品，应当承担赔偿责任。专利权人以通知函告知销售商侵权事实，为具有法律效力的告知方式。一、二审判决适用法律错误。请求本院撤销一、二审判决，判令郑宁承担赔偿责任。本案一、二审诉讼费由郑宁承担。

本院认为，本案争议焦点在于被诉侵权产品的销售者郑宁是否应当承担赔偿责任。

专利权是国家授予的一定期限内的独占性权利，其特点之一是以公开换保护，发明创造一旦被授予专利权，其技术方案就会向社会公开，据此可以推定公众对专利技术方案处于明知的主观状态。所以，专利侵权行为的构成不以过错为要件，只要行为人实施了《中华人民共和国专利法》（以下简称专利法）第十一条规定的行为（除专利法第六十九条规定的不视为侵犯专利权的行为以外），无论其对专利技术方案实际是否知晓，均认为其构成专利侵权。同时，考虑到侵权产品销售者进行侵权判断的实际困难，为维护正常的市场经营秩序和鼓励打击侵权源头，专利法第七十条对侵权产品销售者的赔偿责任作出了免责规定："为生产经营目的使用、许诺销售或者销售不知道是未经专利权人许可而制造并售出的专利侵权产品，能证明该产品合法来源的，不承担赔偿责任。"本案中，被诉侵权产品的销售者郑宁能够提供证据证明其所销售的"胜益"牌排气阀是从案外人苑克卿处购买，双方对此无异议。双方的争议集中在郑宁是否不知道其所销售的"胜益"牌排气阀是未经专利权人孙俊义许可而制造并售出的专利侵权产品。判断销售者对其销售的是未经专利权人许可而制造并售出的专利侵权产品是否知道，应当结合有关情况综合判断。比如销售者销售被诉侵权产品前销售过专利产品，或者销售者购进被诉侵权产品的价格不合理地低于专利产品市场价格等，均可以认定销售者知道其销售的是专利侵权产品。如果上述情况均不存在，仅仅是权利人向销售者发出了侵权警告函，则要对该警告函所记载的信息内容进行考察。如果该警告函记载或者附加了被诉侵权产品信息、专利权信息（专利号、专利名称、专利权证书复印件等）、侵权比对基本信息及联系人信息等，销售者收到该警告函，原则上应该推定其知道其销售的是专利侵权产品。2013 年 6 月 28 日，长春市宽城锅炉排汽阀厂向郑宁发出《通知函》称郑宁销售的"胜益"牌全自动排气阀已经侵犯了其"中权"牌排汽阀的专利权（专利权号为 ZL200320112523.2，专利权人为孙俊义），同时附有通讯地址、邮政编码、联系人及联系电话。对于该《通知函》能否使得郑宁在主观状态上知道其销售的是侵权产品，需要对《通知函》所记载的信息内容是否充分进行考察。二审判决认为权利人需要向郑宁提供认定侵权成立的法院判决或者行政处罚决定等才能构成郑宁在主观状态上对其销售的是侵权产品的“知道”，认定标准过高，应予纠正。

综上，孙俊义的再审申请符合《中华人民共和国民事诉讼法》第二百条第（六）项规定的情形。依照《中华人民共和国民事诉讼法》第二百零四条之规定，裁定如下：

指令辽宁省高级人民法院再审本案。

审　判　长　周　翔
代理审判员　吴　蓉
代理审判员　秦元明
二〇一四年十二月十三日
书　记　员　周睿隽

3. 先用权抗辩

64. 先用权抗辩的审查与认定（一）

——再审申请人江西银涛药业有限公司与被申请人陕西汉王药业有限公司、一审被告西安保赛医药有限公司侵犯专利权纠纷案

【裁判要旨】

先用权抗辩是否成立的关键在于被诉侵权人在专利申请日前是否已经实施专利或者为实施专利作好了技术或者物质上的必要准备；药品生产批件是药品监管的行政审批事项，是否取得药品生产批件对先用权抗辩是否成立不产生影响。

【关键词】

先用权抗辩　药品生产　批件

【案号】

最高人民法院（2011）民申字第1490号

【基本案情】

陕西汉王药业有限公司（以下简称汉王公司）是名称为“一种具有降压、降脂、定眩、定风作用的中药组合物及其制备方法和其用途”的发明专利（即本案专利）的专利权人。汉王公司发现江西银涛药业有限公司（以下简称银涛公司）生产、销售的“强力定眩胶囊”药品处方、工艺、剂型以及主治功能等与本案专利相同，遂提起本案诉讼，请求判令银涛公司承担侵权责任。经技术特征比对，“强力定眩胶囊”药品处方、制备方法和用途均落入本案专利权保护范围。银涛公司对此提出先用权抗辩，并提交了如下证据：一是江西省食品药品监督管理局于本案专利申请日前向其出具的“强力定眩胶囊”药品注册申请受理通知书以及银涛公司申请药品注册时所报送的《“强力定眩胶囊”申报资料项目》资料，该资料的药学研究资料部分记载了“强力定眩胶囊”的处方、制备方法、用途；二是江西省药检所《药品注册检验报告表》及附件，该报告表及附件显示银涛公司于本案专利申请日前生产了三批“强力定眩胶囊”样品供申请注册检验使用；三是《药品生产许可证》和《药品 GMP 证书》，表明其在申请注册“强力定眩胶囊”时即已具有“胶囊剂”生产线。陕西省西安市中级人民法院一审认为，证据一中的“药品注册申请受理通知书”中注明“本件不得作其他证明使用”，同时银涛公司不能证明其所有的“胶囊剂”生产线是为生产被诉侵权药品所购买，银涛公司先用权抗辩不成立，故判决银涛公司承担侵权责任。银涛公司不服，提起上诉。陕西省高级人民法院二审认为，银涛公司虽然在本案专利申请日前申请注册被诉侵权药品，但是能否获得批准有待审查。而且，银涛公司是在本案专利申请日之后才取得药品注册批件，获准生产被诉侵权药品。因此，银涛公司的主张不符合先用权抗辩的条件。遂判决驳回上诉，维持一审判决。银涛公司不服，向最高人民法院申请再审。最高人民法院于 2011 年 12 月 13 日作出裁定，指令陕西省高级人民法院再审本案。

【裁判意见】

最高人民法院审查认为：根据《最高人民法院关于审理侵犯专利权纠纷案件应用法律若干问题的解释》第十五条第二款的规定，先用权是否成立，关键在于被诉侵权人在专利申请日前是否已经实施专利或者为实施专利作好了技术或者物质上的必要准备。从银涛公司提交的主张先用权抗辩的证据来看，在本案专利的申请日前，银涛公司已经完成了生产被诉侵权产品的工艺文件，具备了相应的生产设备，应当认定银涛公司在本案专利申请日前为实施本案专利作好了制造、使用的必要准备。至于银涛公司何时取得“强力定眩胶囊”药品生产批件，是药品监管的行政审批事项，不能以是否取得药品生产批件来判断其是否作好了制造、使用的必要准备。

中华人民共和国最高人民法院民事裁定书

（2011）民申字第1490号

申请再审人（一审被告、二审上诉人）：江西银涛药业有限公司。住所地：江西省抚州市上顿渡临川大道36号。

法定代表人：张建荣，该公司总经理。

委托代理人：李后如，该公司副总经理。

委托代理人：戴锦良，广东胜伦律师事务所律师。

被申请人（一审原告、二审被上诉人）：陕西汉王药业有限公司。住所地：陕西省汉中市汉中经济开发区北区迎宾西路。

法定代表人：王政军，该公司董事长。

委托代理人：刘永全，北京市联德律师事务所律师。

委托代理人：罗笛，北京市大成律师事务所西安分所律师。

一审被告：西安保赛医药有限公司。住所地：陕西省西安市南二环东段1号东方广场2号楼2401室。

法定代表人：刘宗魁，该公司经理。

申请再审人江西银涛药业有限公司（以下简称银涛公司）因与被申请人陕西汉王药业有限公司（以下简称汉王公司）、一审被告西安保赛医药有限公司（以下简称保赛公司）侵犯专利权纠纷一案，不服陕西省高级人民法院（2011）陕民三终字第00021号民事判决，向本院申请再审。本院依法组成合议庭对本案进行了审查，2011年11月15日组织双方当事人进行询问，银涛公司法定代表人张建荣，委托代理人李后如、戴锦良，汉王公司委托代理人刘永全、罗笛到庭参加询问。保赛公司经本院合法传唤，未到庭参加询问。本案现已审查终结。

银涛公司向本院申请再审称：（一）银涛公司提交的证据足以证明银涛公司依法享有“先用权”，二审法院对银涛公司先用权抗辩不成立的认定错误。1. 在涉案专利申请日前，银涛公司已完成实施发明创造所必需的工艺文件，具有实施发明创造所必需的“胶囊剂”生产线。2. 在涉案专利申请日前，银涛公司已经生产出合格的被诉侵权药品用于稳定性试验、注册全检。3. 银涛公司在涉案专利申请日前，系通过自行研发获得被诉侵权药品全套生产技术，并生产出合格样品，而绝非抄袭、窃取或者以其他不正当手段从汉王公司获取。4. 银涛公司在涉案专利申请日前就已经具有“胶囊剂”药品生产线，专利申请日后，银涛公司并没有扩大胶囊剂的产能，对此，有《药品生产许可证》、《药品 GMP 证书》予以佐证。(二) 本案管辖错误。一审中的另一被告保赛公司从未实际经销被诉侵权药品，其在本案中的作用是制造管辖。银涛公司根据《中华人民共和国民事诉讼法》第一百七十九条第一款第（二）、(六)、(七) 项规定申请再审，请求依法撤销一、二审判决，判决驳回汉王公司诉讼请求。

本院认为：本案争议的焦点在于银涛公司的先用权抗辩是否成立。

涉案专利是“一种具有降压、降脂、定眩、定风作用的中药组合物及其制备方法和其用途”的发明专利，申请日为2005年9月27日，授权日为2007年3月14日，专利权人为汉王公司。一审庭审中，汉王公司请求以涉案专利权利要求1、6、23作为本案请求保护的范围。涉案专利权利要求书记载：1. 一种具有降脂、降压、定眩、定风作用的中药组合物，其特征在于制备该组合物所用药效成分的原材料组成按重量份为：天麻1365－4095份，杜仲1365－4095份、野菊3350－10050份、杜仲叶4195－12585份和川芎1675－5025份。6. 一种制备权利要求1－5任一项所述中药组合物的方法，包括如下步骤：取半量天麻粉碎成细粉，得天麻细粉；另取剩余的半量天麻粉碎成粗粉，用醇溶剂回流提取，合并过滤提取液，回收乙醇并浓缩成天麻浸膏；将醇提后的天麻残渣与杜仲、杜仲叶、野菊、川芎均匀混合，加水煮提，合并滤过煮提液，浓缩滤液，制得40－80℃时相对密度为1.15－1.5的混合稠膏；再将天麻细粉加入到天麻浸膏和混合稠膏中，混匀，加入适量药学上可接受的载体，按照常规制剂方法制备得到所需制剂。23. 权利要求1－5任一项所述的组合物在制备降脂、降压、定眩、定风药物中的应用。

本案中，双方当事人对被诉侵权的“强力定眩胶囊”药品处方、制备方法和用途落入涉案专利权保护范围没有争议，但是银涛公司提出先用权抗辩。《最高人民法院关于审理侵犯专利权纠纷案件应用法律若干问题的解释》第十五条第二款规定：“有下列情形之一的，人民法院应当认定属于专利法第六十九条第（二）项规定的已经作好制造、使用的必要准备：（一）已经完成实施发明创造所必需的主要技术图纸或者工艺文件；（二）已经制造或者购买实施发明创造所必需的主要设备或者原材料。”因此，**先用权是否成立关键在于被诉侵权人在专利申请日前是否已经实施专利或者为实施专利作好了技术或者物质上的必要准备**。银涛公司主张先用权抗辩的证据之一是2005年6月16日江西省食品药品监督管理局向其出具的“强力定眩胶囊”药品注册申请受理通知书以及银涛公司申请药品注册时所报送的《“强力定眩胶囊”申报资料项目》资料，该资料的药学研究资料部分记载了“强力定眩胶囊”的处方、制备方法、用途。银涛公司主张先用权抗辩的证据之二是江西省药检所《药品注册检验报告表》及附件，该报告表及附件显示银涛公司于2005年3月13日、15日、17日分别生产了三批“强力定眩胶囊”样品供申请注册检验使用。银涛公司主张先用权抗辩的证据之三是《药品生产许可证》和《药品GMP证书》，表明其在申请注册“强力定眩胶囊”时即具有“胶囊剂”生产线。由此可见，在涉案专利的申请日2006年9月27日前，银涛公司已经完成了生产“强力定眩胶囊”的工艺文件和设备，符合上述司法解释规定的“已经作好制造、使用的必要准备”的条件，应当认定银涛公司在涉案专利申请日前为实施涉案专利作好了制造、使用的必要准备。**至于银涛公司何时取得“强力定眩胶囊”药品生产批件，是药品监管的行政审批事项，不能以是否取得药品生产批件来判断其是否作好了制造、使用的必要准备。**二审判决错误认定银涛公司没有作好制造、使用的必要准备，应当予以纠正。

汉王公司和银涛公司均称，在二审阶段提出过“强力定眩胶囊”处方的合法来源问题，但二审法院对此没有进行审理，属于遗漏审判事项，应当予以纠正，对合法来源问题进行查明。

银涛公司还称，一审被告保赛公司从未实际经销被诉侵权药品，其在本案中的作用是制造管辖连接点，由于银涛公司在一审中没有提出管辖权异议，本院对其此项主张不予支持。

综上，银涛公司的再审申请符合《中华人民共和国民事诉讼法》第一百七十九条第一款第（二）、（六）项规定的情形。依照《中华人民共和国民事诉讼法》第一百八十一条、第一百八十五条的规定，裁定如下：

一、本案指令陕西省高级人民法院再审；

二、再审期间，中止原判决的执行。

院　长　王胜俊

二〇一一年十二月十三日

书记员　周睿隽

65. 先用权抗辩的审查与认定（二）

——再审申请人北京英特莱技术公司与被申请人深圳蓝盾公司北京分公司、北京蓝盾创展门业有限公司侵害发明专利权纠纷案

【裁判要旨】

现有证据能够证明，制造商在申请日前已经实施或已经为实施本案专利作好了技术或物质上的必要准备，且仅在原有范围内继续制造的，先用权抗辩成立。在制造商并非本案被告，但销售商能够证明被诉侵权产品的合法来源以及制造商享有先用权的情况下，销售商可以提出先用权抗辩。

【关键词】

发明专利　侵权　抗辩　先用权

【案号】

最高人民法院（2015）民申字第1255号

【基本案情】

在再审申请人北京英特莱技术公司（以下简称英特莱公司）与被申请人深圳蓝盾公司北京分公司（以下简称蓝盾北京分公司）、北京蓝盾创展门业有限公司（以下简称蓝盾创展公司）侵害发明专利权纠纷案中，英特莱公司是名称为“防火隔热卷帘用耐火纤维复合卷帘及其应用”的发明专利（即本案专利）的权利人。英特莱公司以蓝盾北京分公司、蓝盾创展公司制造的防火卷帘产品（以下简称被诉侵权产品）落入了本案专利权的保护范围，侵害本案专利权为由，提起诉讼。经比对，被诉侵权产品落入本案专利权保护范围。但蓝盾北京分公司、蓝盾创展公司主张，被诉侵权产品来源于案外人深圳市蓝盾实业有限公司（以下简称深圳蓝盾公司），且深圳蓝盾公司享有先用权，被诉侵权产品不构成对本案专利权的侵害。北京市第二中级人民法院一审认为，被诉侵权产品落入本案专利权的保护范围，但被诉侵权产品是从深圳蓝盾公司进货，蓝盾北京分公司和蓝盾创展公司不是被诉侵权产品的制造者。而深圳蓝盾公司在专利申请日前已经制造出相同产品，并且仅在原有范围内继续制造，依法享有先用权，蓝盾北京分公司和蓝

盾创展公司所提先用权抗辩理由成立。遂判决驳回英特莱公司的诉讼请求。英特莱公司不服，提出上诉。北京市高级人民法院二审判决驳回上诉、维持原判。英特莱公司仍不服，向最高人民法院申请再审。最高人民法院于2015年10月9日裁定驳回英特莱公司的再审申请。

【裁判意见】

最高人民法院审查认为：蓝盾北京分公司和蓝盾创展公司提供了深圳蓝盾公司研发与本案专利相同的防火卷帘产品的设计可行性报告、计划书、任务书、研制报告书、设计总结、相关研发会议纪要和技术人员的证人证言以及案外人提供研发产品原材料的证明，可以证明被诉侵权产品系深圳蓝盾公司自行研发。在已确认国家建设部门相关规范的修订导致全行业开展新产品研发和深圳蓝盾公司于本案专利申请日前已生产出相关产品这两项事实的前提下，本案相关证据已经形成较为完整的证据链，可以认定深圳蓝盾公司在申请日前为实施本案专利做好了制造的必要准备。此外，虽然享有先用权的主体应为制造商，但制造商并非本案被告。在销售商已经举证证明被诉侵权产品的合法来源，及制造商享有先用权的情况下，如果一味要求追加制造商为当事人或者驳回销售商的抗辩，不仅会增加当事人诉累，也与在制造商享有先用权的情况下，其生产的产品可以合法流通的立法宗旨相违背，故销售商可以在本案中提出先用权抗辩。

中华人民共和国最高人民法院民事裁定书

（2015）民申字第1255号

再审申请人（一审原告、二审上诉人）：北京英特莱技术公司。住所地：北京市海淀区甘家口街道建设部大院南配楼×室。

法定代表人：刘学锋，董事长。

委托代理人：李向东，北京恒都律师事务所律师。

委托代理人：金玮，北京恒都律师事务所律师。

被申请人（一审被告、二审被上诉人）：深圳市蓝盾实业有限公司北京分公司。住所地：北京市通州区台湖镇次一村东。

负责人：吕滋立，经理。

委托代理人：刘立国，北京市盈科律师事务所律师。

被申请人（一审被告、二审被上诉人）：北京蓝盾创展门业有限公司。住所地：北京市通州区台湖镇次一村村委会东1000米。

负责人：吕滋立，董事长。

委托代理人：滕勇，该公司工作人员。

委托代理人：刘立国，北京市盈科律师事务所律师。

再审申请人北京英特莱技术公司（以下简称英特莱公司）因与被申请人深圳市蓝盾实业有限公司北京分公司（以下简称蓝盾北京分公司）、北京蓝盾创展门业有限公司（以下简称蓝盾创展公司）侵害发明专利权纠纷一案，不服北京市高级人民法院（2014）高民（知）终字 3487 号民事判决，向本院申请再审。本院依法成立合议庭对本案进行了审查，现已审查终结。

英特莱公司申请再审称：（一）根据二审查明的事实以及二被申请人的自认，涉案产品的帘面均来自案外人青岛美康特种防护制品有限公司及北京宾辰工贸有限公司等，不是深圳市蓝盾实业有限公司（以下简称深圳蓝盾公司）“制造”的，深圳蓝盾公司不应享有先用权，二审判决关于深圳蓝盾公司在涉案专利申请日前已经制造出相同产品的认定，存在事实错误。（二）二审判决认定深圳蓝盾公司“在专利申请日前已经制造出相同产品、使用相同方法或者已经作好制造、使用的必要准备”的证据不足。首先，广东省公安厅消防局出具的关于深圳蓝盾公司申请事项的回函及关于北京市第二中级人民法院调查函的书面答复属于证人证言类的证明，当时的工作人员没有出庭作证，广东省公安厅消防局也没有提供工作记录、文档材料等进一步佐证证言内容，因此，仅依据回函与书面答复内容得出两次封样是针对同一样品的结论，缺乏依据。其次，即使假定两次封存样品为同一样品，也没有证据证明深圳蓝盾公司在先制造的是涉案专利产品。（三）被诉侵权产品不具有合法来源，二审判决认定深圳蓝盾公司享有先用权，无法律依据。综上，请求本院撤销二审判决，改判支持英特莱公司全部诉讼请求，判令蓝盾北京分公司、蓝盾创展公司承担本案一、二审诉讼费。

蓝盾北京分公司、蓝盾创展公司提交意见认为：（一）防火卷帘中使用的各层织布来自案外人青岛美康特种防护制品有限公司及北京宾辰工贸有限公司等，深圳蓝盾公司向其购买原材料织布后，将各层织布按对应层级摆放、埋入钢丝绳和缝制等。“帘面制造”系深圳蓝盾公司自行完成。（二）英特莱公司认为广东省公安消防局出具的书面说明是证人证言，属于对证据形式的错误理解，其理由不能成立。（三）英特莱公司认为“没有证据证明深圳蓝盾公司在先制造的是涉案专利产品”的主张与实际情况不符。被申请人在一审、二审当庭出示了检验报告原件第 7 页，明确记载国家固定灭火系统和耐火构件质量监督检测中心（以下简称国家固定灭火系统检测中心）检验员赵华利的亲笔签字（见 NO. 2001－0439 检验报告)。英特莱公司认为“检测样品中不含有钢丝绳”与证据证明的事实相矛盾。按照实际生产规律，检验报告的图纸并不能详尽表示产品的每个结构细节，因为钢丝绳不单独形成一层，其在帘布的具体位置需要具体计算才能确定。在文字已经说明的情况下，产品结构图可以不具体表现出钢丝绳。企业标准和检测人员的调查笔录都能证明检验样品具有钢丝绳结构。（四）英特莱公司认为被诉侵权产品不具有合法来源的主张缺乏依据。请求本院依法驳回英特莱公司的再审申请。

英特莱公司在本院再审审查中向本院提交北京务实知识产权发展中心出具的务实（2015）第 010 号关于“防火隔热卷帘用耐火纤维复合卷帘及其应用”发明专利侵权纠纷专家研讨会法律意见书，该法律意见书中对深圳蓝盾公司是否享有先用权，蓝盾北京分公司与蓝盾创展公司是否具有主张先用权的主体资格等与本案相关法律问题进行了研讨，拟证明国家固定灭火系统检测中心的主任赵华利不是检验报告的鉴定人，其出具的证言不具有证明力，二审判决对深圳蓝盾公司享有先用权的认定缺乏充分依据，蓝盾北京分公司与蓝盾创展公司不具有主张先用权抗辩的主体资格。英特莱公司另向本院提交了包括涉案专利所涉及的 7 份无效宣告请求审查决定，拟证明涉案专利权的稳定性。

蓝盾创展公司向本院提交了七份证据：青岛美康防火材料有限公司出具的证明，青岛美康防火材料有限公司的企业法人营业执照，青岛美康防火材料有限公司的试验报告，深圳蓝盾公司的检验报告，深圳鹏基龙安防股份有限公司的检验报告，北京宾辰工贸有限公司的试验报告，二审庭审笔录。前三份证据用于证明蓝盾北京分公司、蓝盾创展公司的防火卷帘部分检测报告中所使用帘面材料由青岛美康防火材料有限公司提供，青岛美康防火材料有限公司不生产防火卷帘成品帘布。第四份证据用于证明申请人主张的“检验样品中不含有钢丝绳”事实错误。第五份证据用于证明防火卷帘技术在广东的发展情况。第六份证据用于证明北京宾辰工贸有限公司后来做检验报告时所附的材料试验报告。第七份证据用于证明帘面与帘面材料的区别。

英特莱公司对蓝盾创展公司提交的上述证据未提交质证意见。

针对英特莱公司提交的务实（2015）第 010 号法律意见书，蓝盾北京分公司、蓝盾创展公司向本院提交了意见书和 2001－0439 号检验报告的副本，并指出检测报告第 7 页明确记载国家固定灭火系统检测中心检验员赵华利亲笔签字，其证言具有充分的证明力。蓝盾北京分公司、蓝盾创展公司认为该法律意见书中对本案事实的认定不客观、不全面，针对深圳蓝盾公司享有先用权的质疑理由没有事实依据，其观点和结论存在逻辑错误，不应被采纳。

本院认为，本案的争议焦点在于：（一）涉案被诉侵权防火卷帘帘面是否系案外人深圳蓝盾公司制造。（二）蓝盾北京分公司、蓝盾创展公司提出的先用权抗辩是否成立。

（一）关于涉案被诉侵权防火卷帘帘面是否系案外人深圳蓝盾公司制造的问题。

英特莱公司主张被诉侵权产品的帘面均来自青岛美康特种防护制品有限公司及北京宾辰工贸有限公司等案外人，不是深圳蓝盾公司“制造”的，深圳蓝盾公司不应当享有先用权。根据审查查明的事实，专利权人英特莱公司在一审庭审主张以涉案专利“防火隔热卷帘用耐火纤维复合卷帘及其应用”权利要求1作为涉案专利权的保护范围。该权利要求1记载的内容为，“一种防火隔热卷帘耐火纤维复合帘面，其中所说的帘面由多层耐火纤维制品复合缝制而成，其特征在于所说的帘面包括中间植有增强用耐高温的不锈钢丝或不锈钢丝绳的耐火纤维毯夹芯，由耐火纤维纱线织成的用于两面固定该夹芯的耐火纤维布以及位于其中的金属铝箔层”。涉案专利请求保护的是具有权利要求1限定的层数以及排列方式的防火隔热卷帘耐火纤维复合帘面。本案中，被诉侵权的防火隔热卷帘的帘面是由多层耐火纤维制品复合缝制而成，虽然铭牌上标注的制造者是蓝盾北京分公司和蓝盾创展公司，但蓝盾北京分公司与蓝盾创展公司在诉讼中提交的被诉侵权产品相关合同、运输单据、出库单、入库单等证据，可以证明深圳蓝盾公司向案外人等购买帘面原材料后，将各层耐火纤维布、耐火纤维毯夹芯按对应层级摆放、埋入钢丝绳进行缝制形成防火卷帘的帘面。尽管英特莱公司主张蓝盾北京分公司、蓝盾创展公司与案外人深圳蓝盾公司为关联企业，但其未提出充分证据证明涉案被诉侵权产品中的帘面系蓝盾北京分公司与蓝盾创展公司自行制造。二审认定被诉侵权产品系深圳蓝盾公司制造的事实，并无不当。

（二）关于蓝盾北京分公司与蓝盾创展公司提出的先用权抗辩是否成立。

本案中，蓝盾北京分公司与蓝盾创展公司认可被诉侵权防火卷帘产品已经落入英特莱公司涉案专利权保护范围，但主张深圳蓝盾公司在涉案专利申请日前已经制造了相同产品，并仅在原有范围内继续制造，据此提出深圳蓝盾公司享有先用权。

根据《中华人民共和国专利法》第六十九条，《最高人民法院关于审理侵犯专利权纠纷案件应用法律若干问题的解释》第十五条规定，判断先用权抗辩是否成立应当考察以下四个条件：先用权人是否在专利申请日前已经制造出相关产品、相关产品是否属于相同产品、先用技术是否系先用权人自行研发或以其他合法手段获得、先用权人是否在原有范围内继续制造。

1. 广东省公安厅消防局出具的关于深圳蓝盾公司申请事项的回函及北京市第二中级人民法院调查函的书面答复能否被采信。

《最高人民法院关于民事诉讼证据的若干规定》第七十七条第一项规定，国家机关、社会团体依职权制作的公文书证的证明力一般大于其他书证。广东省公安厅消防局作为国家机关出具的公文，国家固定灭火系统检测中心作为我国检测防火卷帘门的权威机构出具的检测报告，均具有较大的可信性。英特莱公司虽然不认可广东省公安厅消防局 2014 年 1 月 10 日出具的“关于北京市第二中级人民法院调查函的答复”及国家固定灭火系统检测中心出具的检测报告，但其并未提供有效反证，对于英特莱公司的相关主张，本院不予支持。

2. 关于深圳蓝盾公司在涉案专利申请日之前是否已经制造出相关产品的问题。

广东省公安厅消防局于 2014 年 1 月 10 日出具“关于北京市第二中级人民法院调查函的答复”，对一审法院提出的两次封样过程是否针对同一样品的调查问题进行了意见回复，确认广东省公安厅消防局于 1999 年 12 月 30 日和 2001 年 2 月 19 日两次出具的《消防产品检测委托书》中记载的“无机复合布质防火卷帘”产品样品之间具有同一性。涉案专利申请日为 2000 年 4 月 28 日，被诉侵权的防火卷帘产品的生产时间早于涉案专利申请日，故可以认定深圳蓝盾公司在涉案专利申请日之前已经制造出了相关的防火卷帘产品。

3. 关于相关产品是否属于相同产品的问题。

根据深圳蓝盾公司提交给国家固定灭火系统检测中心的涉案企业标准和涉案检验报告的附图等证据看，深圳蓝盾公司制造并送检的防火卷帘产品的帘面由耐火防火布、硅酸铝棉、耐火纤维毡、铝箔涂层和耐火防火布缝制而成，除不能清楚体现不锈钢丝绳所处的具体位置外，上述产品具备涉案专利权利要求 1 的全部必要技术特征。英特莱公司主张深圳蓝盾公司制造并送检的防火卷帘产品的帘面中缺少钢丝绳这一必要技术特征，不属于相同产品，但深圳蓝盾公司提交给国家固定灭火系统检测中心的企业标准（Q/LD003－2001）第 5.3.2 条载明“帘面中间应根据计算设计一定数量符合 GB8918 规定的钢丝绳，以承受卷帘纵向的拉力”。本案中，检验报告（NO. 2001 - 0439）系依据上述企业标准进行检验后所作，在检验报告第 1 页中明确记载检测项目包括第 5. 3 条，检验报告第 2 页第 5 栏中明确记载对检验报告的第 5. 3. 2 条项目进行检验，其检验结果为“符合标准要求”，而且，从检验报告第 6 页所显示的试验结束后卷帘回卷情况来看，在经过燃烧性能检验后帘布还可以完全卷起，表明帘面中应当有钢丝绳，否则燃烧后的帘布不可能卷起。同时，从一审法院的调查笔录看，国家固定灭火系统检测中心检测部工作人员证实，深圳蓝盾公司制造并送检的防火卷帘产品中应当有钢丝绳。此外，从涉案专利文件中可以看出，在帘面中加入不锈钢丝绳是为了起到产品的增强作用，而不锈钢丝绳的所处位置既不会妨碍技术功能的实现，也不会对技术效果带来影响，放置钢丝绳的不同位置，属于以基本相同的手段，实现基本相同的功能，达到基本相同的效果，并且本领域的普通技术人员无需经过创造性劳动就能够联想到的与涉案专利所记载的技术特征等同的特征。《中华人民共和国专利法》第六十九条规定的相同产品是指具有与涉案专利相同或等同的技术特征的产品。因此，一、二审法院认定深圳蓝盾公司提交给国家固定灭火系统检验中心检验的防火卷帘产品帘面与涉案专利属于相同产品具有事实依据。

4. 关于是否做好了必要准备的问题。

关于是否做好必要的制备。蓝盾北京分公司和蓝盾创展公司提交了深圳蓝盾公司研发与涉案专利相同的防火卷帘产品的设计可行性报告、计划书、任务书、研制报告书、设计总结、相关研发会议纪要和技术人员的证人证言以及案外人提供研发产品原材料的证明。国家建设部 1999 年发布的《中华人民共和国国家标准高层民用建筑设计防火规范 GB50045 - 95 1999 年局部修订条文》对防火卷帘应采用背火面温升作为耐火极限判定条件的规定，是各防火卷帘生产企业据此进行研发的背景。蓝盾北京分公司和蓝盾创展公司提供了深圳蓝盾公司研发与涉案专利相同的防火卷帘产品的设计可行性报告、计划书、任务书、研制报告书、设计总结、相关研发会议纪要和技术人员的证人证言以及案外人提供研发产品原材料的证明，可以证明被诉侵权产品系深圳蓝盾公司自行研发。英特莱公司不认可上述证据的真实性，但在已确认国家建设部相关规范的修订导致全行业开展新产品研发和深圳蓝盾公司于涉案专利申请日前已生产出相关产品这两项事实的前提下，蓝盾北京分公司和蓝盾创展公司关于深圳蓝盾公司自行研发的上述证据内容之间彼此印证，形成了较为完整的证据链，可以认定深圳蓝盾公司在涉案专利申请日前为实施涉案专利做好了制造的必要准备。一、二审法院认定在涉案专利申请日前深圳蓝盾公司自行完成研发被诉侵权产品使用的技术，并无不当。

5. 关于是否在原有范围内继续制造的问题。

根据审查查明的事实，深永信评报字〔2014〕第129号《关于深圳市蓝盾实业有限公司委托的机器设备资产评估报告书》中的资产清查评估明细表与《设备等固定资产明细表》《工具盘点表》中采购的设备相互印证，作为深圳蓝盾公司改制前的深圳市宝安区蓝盾消防器材厂，在1998年购置了缝纫机、切割机等设备。深圳市宝安区蓝盾消防器材厂的《设备等固定资产明细表》《工具盘点表》、深永信评报字〔2014〕第129号《关于深圳市蓝盾实业有限公司委托的机器设备资产评估报告书》，以及深圳市宝安区蓝盾消防器材厂1999年度签订的47份合同总金额为2078万元的防火门制造、安装合同，以及15份卷帘项目合同、1999年9月相关工资表及员工工资单，亦可证明深圳蓝盾公司在涉案专利申请日前生产钢质防火卷帘门时已经具备一定的生产规模和生产能力。深圳蓝盾公司在1999年前制造防火卷帘和钢质、木质门窗产品的产值较高，用工人员较多，产品销售区域较广。在1999年国家建设部出台新的防火规范促使各企业研发新产品的大背景下，新型的布质防火卷帘将替代传统的钢质防火卷帘成为防火卷帘产品的主要样态，在相关产品通过检验后，深圳蓝盾公司利用已有的缝纫机、切割机等设备和人力投入制造涉案布质防火卷帘，符合市场生产规律。一、二审法院认定深圳蓝盾公司制造涉案被诉侵权产品是在原有范围内继续制造具有事实和法律依据。

6. 主张先用权的主体资格问题。

本案中，制造商享有先用权，但制造商并非本案被告，提出抗辩的是制造商的交易对象、被诉侵权产品的销售商，在销售商提出合法来源，并就其提交的证据审查后能够认定制造商先用权成立的情况下，如果简单地要求追加制造商为当事人或者驳回销售商的抗辩，一方面会增加当事人诉累，另一方面也与享有先用权的制造商生产的产品可以合法流通相违背。本案中，被诉的侵权产品销售商可以主张制造商享有先用权。

基于上述事实和理由，二审法院认定本案被诉侵权产品系深圳蓝盾公司在其先用权范围内制造并销售的产品具有事实和法律依据。英特莱公司有关蓝盾北京分公司与蓝盾创展公司主张的先用权抗辩不能成立的再审理由缺乏事实和法律依据，本院不予支持。

综上，英特莱公司的再审申请不符合《中华人民共和国民事诉讼法》第二百条第二项、第六项规定的再审条件。依照《中华人民共和国民事诉讼法》第二百零四条的规定，裁定如下：

驳回北京英特莱技术公司的再审申请。

审 判 长 周 翔
审 判 员 钱小红
代理审判员 罗 霞
二〇一五年十月九日
书 记 员 张 博

4. 其他抗辩

66. 专利权人向他人提供专利图纸的行为是否构成默示许可

——再审申请人范俊杰与被申请人吉林市亿辰工贸有限公司侵害实用新型专利权纠纷案

【裁判要旨】

专利权人向他人提供本案专利图纸进行推广的行为，不当然地等同于许可他人实施其专利的意思表示。

【关键词】

实用新型　权利人　推广　默示许可

【案号】

最高人民法院（2013）民提字第223号

【基本案情】

在再审申请人范俊杰与被申请人吉林市亿辰工贸有限公司（以下简称亿辰公司）侵害实用新型专利权纠纷案中，范俊杰系名称为“棘齿防盗螺栓及紧固工具”的实用新型专利（即本案专利）的权利人。范俊杰自述，其于2006年曾将本案专利图纸及电子文件提供给吉林省公路勘测设计院（以下简称设计院），设计院在该图纸基础上完成了被诉侵权螺栓的设计图纸。亿辰公司根据需方吉林宏运公路工程股份有限公司（以下简称宏运公司）提供的设计图纸（来源于设计院）完成了被诉侵权螺栓的加工制作和销售，被诉侵权螺栓被实际使用于营梅高速公路01标段工程中。被诉侵权产品与本案专利权利要求1、权利要求3记载的技术特征相同。范俊杰以亿辰公司侵害本案专利权为由，提起诉讼。吉林省长春市中级人民法院一审认为，范俊杰提供图纸的行为不是权利人销售专利产品的行为，且本案专利及相应技术方案已经向社会公开，本领域普通技术人员通过阅读权利要求可以绘制出相应的图纸或制造产品，不能据此推断出范俊杰许可亿辰公司实施本案专利。据此判决亿辰公司停止侵权行为并赔偿范俊杰经济损失30万元。亿辰公司不服，提出上诉。吉林省高级人民法院二审认为，范俊杰作为本案专利的权利人，未按照法律规定对其专利技术加以保护，而是无偿将其提供给公路设计部门，且公路设计部门未将本案专利的权属问题披露给第三方，范俊杰的行为属于许可使用，亿辰公司未侵害本案专利权。遂判决撤销一审判决，驳回范俊杰的诉讼请求。范俊杰不服，向最高人民法院申请再审。最高人民法院裁定提审本案，并于2014年6月30日判决撤销二审判决，改判亿辰公司立即停止侵权行为并赔偿范俊杰经济损失20万元。

【裁判意见】

最高人民法院提审认为：根据专利法第十二条的规定，任何单位或者个人实施他人专利的，应当与专利权人订立实施许可合同，向专利权人支付专利使用费。被许可人无权允许合同以外的任何单位或者个人实施该专利。根据范俊杰和设计院的陈述，范俊杰确实曾向设计院提供本案专利图纸进行推广，设计院也是在该图纸的基础上制作了被诉侵权产品的图纸。但是，设计院本身并不实施专利产品的制造、销售和使用行为，范俊杰从未与设计院签订实施许可合同并主张支付使用费，故从范俊杰上述推广行为中，并不能得出其许可设计院实施本案专利的意思表示，更无法得出范俊杰许可设计方案的具体实施方宏运公司、亿辰公司实施本案专利的意思表示。宏运公司、亿辰公司如需实施本案专利的技术方案，仍需从专利权人或者经其许可的主体处购买专利产品，或者依法获得专利权人的许可。亿辰公司未经范俊杰的许可，销售落入本案专利权保护范围的被诉侵权产品，侵害了范俊杰的专利权，依法应当承担相应的民事责任。

中华人民共和国最高人民法院民事判决书

（2013）民提字第223号

再审申请人（一审原告、二审被上诉人）：范俊杰，住江苏省宝应县×路闻莺新村125幢406室。

委托代理人：于会影，吉林华盟律师事务所律师。

被申请人（一审被告、二审上诉人）：吉林市亿辰工贸有限公司。住所地：吉林省吉林市船营区青岛街25号物资中心一楼17号。

法定代表人：李长林，该公司经理。

委托代理人：毋晓东，吉林兰达律师事务所律师。

再审申请人范俊杰因与被申请人吉林市亿辰工贸有限公司（以下简称亿辰公司）侵害实用新型专利权纠纷一案，不服吉林省高级人民法院（2013）吉民三知终字第15号民事判决（以下简称二审判决），向本院申请再审。本院于2013年9月29日以（2013）民申字第1143号民事裁定提审本案后，依法组成合议庭，于2013年12月12日公开开庭审理了本案，范俊杰及其委托代理人于会影，亿辰公司的法定代表人李长林及委托代理人毋晓东到庭参加诉讼。本案现已审理终结。

2011年，范俊杰以吉林宏运公路工程股份有限公司（以下简称宏运公司）、亿辰公司、通化市永红贸易有限公司、永年县运昌紧固件制造有限公司为被告，向吉林省长春市中级人民法院提起诉讼。吉林省长春市中级人民法院于2011年9月5日作出（2011）长民三初字第110号民事判决。亿辰公司等不服，向吉林省高级人民法院提起上诉。吉林省高级人民法院于2012年6月14日作出（2012）吉民三知终字第14号民事裁定，撤销原判，发回原审法院重审。吉林省长春市中级人民法院重新审理期间，范俊杰申请撤回对宏运公司、通化市永红贸易有限公司、永年县云昌紧固件制造有限公司的诉讼，吉林省长春市中级人民法院裁定予以准许。

范俊杰诉称：范俊杰为“棘齿防盗螺栓及紧固工具”实用新型专利（专利号为ZL200520068682.6，以下简称涉案专利）的专利权人，其发现宏运公司承建的营城子到梅河口高速公路建设项目交通安全设施工程01标段施工过程中，亿辰公司擅自向宏运公司销售了侵犯涉案专利的产品。请求法院判令：1. 亿辰公司停止侵权行为；2. 亿辰公司赔偿其因侵犯专利权而造成的经济损失547360元人民币；3. 诉讼费、公证费、律师费由亿辰公司承担。

亿辰公司辩称：范俊杰已经同意他人使用涉案专利，权利已经用尽，按照《中华人民共和国专利法》（以下简称专利法）第六十九条第（一）项的规定，亿辰公司属于合法使用，不应承担责任。

吉林省长春市中级人民法院查明：2006 年 4 月 5 日，涉案专利获得授权，专利权人为范俊杰，专利权现在有效期内。本案中，范俊杰主张的权利范围为涉案专利权利要求 1－4，其具体内容是：1. 棘齿防盗螺栓，包括螺纹杆和圆头帽构成，其特征是在圆头帽上设有螺栓固定用棘齿，棘齿为三至六个，在圆头帽的圆内等分，等分的棘齿棱与相邻棘齿棱之间为在旋转方向具有相同斜度和相同方向的斜坡平面。2. 如权利要求 1 所述的棘齿防盗螺栓，其特征是圆头帽的圆内等分制备棘齿的部分是内凹的，并设有圆盖。3. 如权利要求 1 所述的棘齿防盗螺栓，其特征是所述棘齿斜坡平面向顺时针方向紧固旋转的方向伸展。4. 如权利要求 1 所述的棘齿防盗螺栓，其特征是圆头帽中心位置设有小孔。

宏运公司营梅高速公路交通工程 01 标段项目部作为需方与亿辰公司签订《营梅高速公路护栏螺栓供货合同书》（以下简称《供货合同》），约定由亿辰公司承担营梅高速公路交通工程 01 合同路护栏螺栓供货任务，包括三种螺栓（即被诉侵权产品），具体为：型号 M16＊35 的 35 万套、型号 M16＊45 的 6500 套、型号 M16＊180 的 6500 套，合同总价款 850500 元。《供货合同》约定亿辰公司按照宏运公司提供的设计图纸进行加工制作，要求供货产品符合设计标准。

《供货合同》签订后，亿辰公司按照合同约定的标准、规格、数量向宏运公司提供被诉侵权产品。宏运公司在营梅高速公路交通工程 01 标段工程中使用了亿辰公司提供的被诉侵权产品。

将亿辰公司按照《供货合同》销售给宏运公司的被诉侵权产品图纸与涉案专利权利要求相比对，确认被诉侵权产品与权利要求 1 和权利要求 3 记载的技术特征相同。

范俊杰为诉讼支出公证费和律师费共 26000 元。

吉林省长春市中级人民法院认为：通过当庭的比对和认定，可以确认被诉侵权产品的技术特征，已经完全落入涉案专利权利要求 1 和权利要求 3 的保护范围，构成侵权，亿辰公司应当依法承担相应的民事责任。

亿辰公司抗辩称，范俊杰将涉案专利的图纸提供给宏运公司，应认定范俊杰已经将专利产品销售给宏运公司，亿辰公司按照图纸销售产品不构成侵权。一审法院认为，范俊杰提供图纸的行为不是专利权人销售专利产品的行为。亿辰公司提供的证据及范俊杰的自认只能证明范俊杰向吉林省公路勘测设计院（以下简称设计院）提供相关图纸，无法证明范俊杰向设计院或者宏运公司销售过图纸，也无法证明范俊杰从提供图纸的行为中取得相应的报酬，且涉案专利及相应技术方案已经向社会公开，该领域一般技术人员通过阅读权利要求及技术方案可以绘出相应图纸或者制造出产品。宏运公司与亿辰公司签订供货合同，提供图纸也只是提供所需产品的技术标准、图样等，不能推断出宏运公司许可亿辰公司以侵权手段取得所需产品。因此，亿辰公司的抗辩不能成立。另外，亿辰公司明确表示不再将原一审、二审提供的用以证明其被诉侵权产品来源的证据材料在本案中作为证据使用，故亿辰公司认为其销售的被诉侵权产品来源于河北丽辉公司的说法因无证据支持，一审法院不予认定和支持。

由于范俊杰没有提供足够的证据证明其因本案侵权行为所受的实际损失和亿辰公司因侵权行为所获得的利益，故范俊杰的实际损失和亿辰公司获得利益均难以准确确定。综合考虑亿辰公司销售被诉侵权产品的数额（合同总价款 850500 元）、范俊杰提供的审计报告确定的产品利润、专利权类型、侵权行为性质和情节，确定本案的赔偿数额。范俊杰请求的合理费用和律师费等费用，因其提供支出的证明材料，可以部分保护。

据此，一审法院依据专利法第十一条、第五十九条、第六十五条、第七十条之规定，于 2012 年 12 月 3 日作出（2012）长民三重字第 6 号民事判决，判决：1. 亿辰公司停止侵犯范俊杰专利权的行为；2. 亿辰公司赔偿范俊杰因其侵犯专利权而造成的经济损失 300000 元人民币（包含范俊杰为维权所支付的合理费用）；3. 驳回范俊杰其他诉讼请求。案件受理费 6257 元，财产保全费 5000 元，两项合计 11257 元，由亿辰公司负担 8000 元，范俊杰负担 3257 元。

亿辰公司不服一审判决，向吉林省高级人民法院提起上诉称：现有证据足以证明范俊杰已经许可设计院将其享有专利权的产品，以图纸的形式对外公开进行设计，并要求将该产品用于营梅高速公路的护栏上，正是在这样的前提情况下，亿辰公司依据图纸为宏运公司提供被诉侵权产品，故本案属于专利法第六十九条第（一）项所规定的情形。

吉林省高级人民法院二审认为：根据专利法的规定，“任何单位或者个人实施他人专利的，应当与专利权人订立实施许可合同，向专利权人支付专利使用费。被许可人无权允许合同规定以外的任何单位或者个人实施该专利”。本案中，范俊杰作为涉案专利的权利人，应当知道上述法律规定。但范俊杰却将其专利技术提供给设计院，将其享有专利权的产品，以图纸的形式对外公开进行设计，并要求将该产品用于重点工程营梅高速公路的护栏上。因而，使得宏运公司作为营梅高速公路交通工程01标段的需方与亿辰公司签订《供货合同》，亿辰公司也依其合同约定的规格、数量及合同后附载明为设计院的图纸向宏运公司提供了被诉侵权产品。上述过程可以看出，范俊杰虽享有该项技术的专利权，但范俊杰并未依照法律规定对其专利技术加以保护，而是无偿地将其专利技术提供给公路设计部门，公路设计部门也未将其权利归属披露给第三方，因而，亿辰公司并无过错，范俊杰的行为属于许可使用行为，故亿辰公司并不构成侵权。据此，吉林省高级人民法院依据专利法第十二条之规定，于2013年4月10日作出（2013）吉民三知终字第15号民事判决：撤销一审判决，驳回范俊杰的全部诉讼请求。一、二审案件受理费12057元及财产保全费5000元均由范俊杰负担。

范俊杰申请再审称：二审法院将范俊杰向设计院提供专利图纸的行为认定为许可使用，从而认为亿辰公司免责是错误的。主要理由如下：1. 范俊杰将专利图纸提供给设计院是一种典型的商业推广行为，而非许可使用的行为。涉案专利及相应的技术方案已经向社会公开，该领域的一般技术人员通过阅读权利要求及技术方案即可以绘制出相应的图纸或制造出产品。如果将范俊杰的商业推广行为视为许可使用的话，那么所有的专利权都变成了一次性的权利，专利的推广与应用将会成为一件不可能的事情。2. 设计院仅是高速公路的设计部门而非招标部门，退一步讲，即使范俊杰许可设计院在设计中使用其专利，该种许可也不能扩大到亿辰公司的采购行为。3. 设计院将涉案专利设计应用到营梅高速公路交通工程中，宏运公司在中标承建该路段的工程后，与亿辰公司签订了《供货合同》，宏运公司按照《供货合同》约定提供图纸，只是提供所需产品的技术标准和图样等，并不是许可亿辰公司以侵权的手段提供所需产品。4. 亿辰公司在与宏运公司签订《供货合同》后，向他方采购的产品全面覆盖了涉案专利，已经构成侵权。5. 亿辰公司向第三方采购了侵权产品，但是不能提供该侵权产品的合法来源，其行为应当依据专利法第十一条、第五十九条、第六十五条、第七十条的规定，被认定为侵权行为并承担相应的赔偿责任。6. 二审法院适用专利法第十二条的规定判决本案，适用法律错误。本案中，设计院的设计行为不应当视为一种实施专利的行为，退一步讲，即使算是一种实施的行为，设计院也没有允许亿辰公司实施采购侵权产品的行为，即亿辰公司采购并销售侵权产品的行为没有法定的免责事由。范俊杰依据《中华人民共和国民事诉讼法》第二百条第（二）、（六）项的规定，请求撤销二审判决，再审本案。

亿辰公司提交意见认为：1. 亿辰公司于2010年初通过招标比价形式与作为营梅高速公路交通工程01标段需方的宏运公司签订《供货合同》，该合同明确载明产品名称、规格、型号、数量、单价等。其中第二条明确规定质量标准，要求按照需方提供的图纸进行加工制作，而该图纸系设计院向宏运公司提供的。范俊杰作为涉案专利权人，将其专利技术提供给设计院，将其享有专利权的产品，以图纸的形式对外公开进行设计，并要求将该产品用于重点工程营梅高速公路的护栏上。此行为已属于专利法第六十九条第（一）项规定的许可使用行为。同时，公路设计部门也未将该权利归属披露给第三方，亿辰公司作为善意第三人无义务查明该图纸是否侵犯他人专利权，其依据设计院提供的图纸进行采购的行为并无不当，亿辰公司并无过错，不构成侵权。2. 被诉侵权产品只是与涉案专利权利要求1、3技术特征相同，与权利要求2、4不同，并没有全部覆盖涉案专利权的全部独立权利要求，因此，被诉侵权产品没有落入涉案专利权的保护范围。

本院再审查明，一、二审法院查明事实基本属实。

另查明：在再审庭审中，亿辰公司对被诉侵权产品落入涉案专利权利要求1和权利要求3的保护范围没有异议。范俊杰陈述：2006年左右其曾将涉案专利的图纸及其电子文件提供给设计院，希望设计院在作相关设计时能采用其技术，但没有与设计院签订许可合同，也没有收取费用。此外，其曾就涉案专利向很多公路设计院进行过推广，这种推广行为是行业惯例。《供货合同》所附图纸的设计单位吉林省公路勘测设计院（现更名为吉林省交通规划设计院）接受本院调查，并作如下陈述：《供货合同》所附图纸是设计院于2009年3月在范俊杰提供的图纸电子文件的基础上针对营梅高速公路护栏螺栓而设计的。范俊杰在推广时并未告知其图纸涉及专利技术，也未要求支付费用，双方没有签订合同，设计院认为范俊杰此举的目的是推销产品。这种推广方式是行业惯例，也有其他类似技术人员向设计院推广过。设计院不知道涉及专利技术，否则不会在设计方案中采用。

亿辰公司主张被诉侵权产品是经张高峰介绍，从邯郸市丽辉五金紧固件制造有限公司（以下简称丽辉公司）处购买的，并提交了亿辰公司与丽辉公司签订的购销合同及亿辰公司法定代表人李长林与张高峰签订的订货合同。亿辰公司承认丽辉公司并未在工商部门登记设立。范俊杰不认可上述合同的真实性。在本案重审一审庭审中，经法庭多次询问和提示，亿辰公司均明确表示不再将原一审、二审提供的用以证明其产品来源的相关证据作为证据向法庭提供。

本院认为：

（一）关于被诉侵权产品是否落入涉案专利权的保护范围

《最高人民法院关于审理侵犯专利权纠纷案件应用法律若干问题的解释》（法释〔2009〕21号）第七条规定：“被诉侵权技术方案包含与权利要求记载的全部技术特征相同或者等同的技术特征的，人民法院应当认定其落入专利权的保护范围；被诉侵权技术方案的技术特征与权利要求记载的全部技术特征相比，缺少权利要求记载的一个以上的技术特征，或者有一个以上技术特征不相同也不等同的，人民法院应当认定其没有落入专利权的保护范围。”本案中，虽然被诉侵权产品并未具备涉案专利权利要求2和权利要求4的全部技术特征，但包含了涉案专利权利要求1和权利要求3的全部技术特征，且亿辰公司对此并无异议，故被诉侵权产品落入涉案专利权利要求1和权利要求3的保护范围，也即落入了涉案专利权的保护范围。亿辰公司关于被诉侵权产品与涉案专利权利要求2和权利要求4不同，因此没有全部覆盖涉案专利的全部权利要求，未落入涉案专利权保护范围的主张系对侵犯专利权判定规则的错误理解，该主张没有法律依据，不能成立。

（二）亿辰公司的行为是否侵害了涉案专利权

专利法第十二条规定：“任何单位或者个人实施他人专利的，应当与专利权人订立实施许可合同，向专利权人支付专利使用费。被许可人无权允许合同规定以外的任何单位或者个人实施该专利。”本案中，根据范俊杰和设计院的陈述，范俊杰确实曾向设计院提供涉案专利图纸进行推广，设计院也是在范俊杰所提供图纸的基础上作了《供货合同》所附图纸的设计，但由于设计院本身并不涉及专利产品的制造、销售和使用，范俊杰也未与设计院签订实施许可合同，未要求或者主张支付使用费，设计院甚至主张范俊杰从未告知涉及专利技术，因此从范俊杰的上述推广行为中并不能得出范俊杰许可设计院实施其专利的意思表示，更无法得出范俊杰许可设计方案的具体实施者宏运公司、亿辰公司实施涉案专利的意思表示。范俊杰和设计院均认为范俊杰的本意是希望设计院将其专利技术纳入到设计方案中，然后通过设计方案具体实施者购买其专利产品或者依法获得其实施许可而获利。设计方案的实施者宏运公司、亿辰公司等仍需从专利权人或者经其许可的主体处购买专利产品，或者依法获得专利权人的实施许可。二审法院将范俊杰向设计院提供专利图纸的行为认定为许可行为没有法律依据。二审判决认为范俊杰未依照专利法第十二条的规定对其专利技术加以保护，并依据该条款认定亿辰公司的行为不构成侵权，适用法律错误。

根据专利法第六十九条第（一）项的规定，专利产品或者依照专利方法直接获得的产品，由专利权人或者经其许可的单位、个人售出后，使用、许诺销售、销售、进口该产品的，不视为侵犯专利权。本案中，如前所述，范俊杰并未许可设计院及宏运公司实施涉案专利，亿辰公司也非从范俊杰或者经其许可的单位、个人处购买被诉侵权产品，故本案无法适用该条款。亿辰公司主张范俊杰将涉案专利的图纸提供给宏运公司，应属于范俊杰已经将专利产品销售给宏运公司，亿辰公司按照图纸销售产品不构成侵权，是对专利法第六十九条第（一）项规定的错误理解，其主张不能成立。

亿辰公司按照《供货合同》所附图纸的技术方案采购并向宏运公司提供了被诉侵权产品，由于所附图纸并未提示涉及专利技术，故亿辰公司可能并不知晓其购买、销售的产品落入涉案专利的保护范围。但是，根据专利法第十一条的规定，专利权被授予后，除另有规定的以外，任何单位或者个人未经专利权人许可，都不得实施其专利，即不得为生产经营目的制造、使用、许诺销售、销售、进口其专利产品。可见，除了法律另有规定的以外，其他任何未经许可的制造、销售专利产品的行为均构成对专利权的侵害。本案中，亿辰公司未经范俊杰的许可，销售了落入涉案专利权保护范围的被诉侵权产品，侵害了范俊杰的专利权，依法应当承担相应的民事责任。二审判决以亿辰公司没有过错为由认定其不构成侵权，适用法律错误。

（三）亿辰公司应当承担的民事责任

根据《中华人民共和国民法通则》第一百一十八条规定，专利权人的专利权受到侵害的，有权要求停止侵害，赔偿损失。亿辰公司的行为侵害了范俊杰的专利权，范俊杰请求判令亿辰公司停止侵权的诉讼请求应予支持。

专利法第七十条规定："为生产经营目的使用、许诺销售或者销售不知道是未经专利权人许可而制造并售出的专利侵权产品，能证明该产品合法来源的，不承担赔偿责任。"本案中，亿辰公司主张其产品购自丽辉公司，但是在本案一审过程中，亿辰公司明确表示不再将原一审、二审提供的用以证明其被诉侵权产品来源的证据材料在本案中作为证据使用，放弃了合法来源抗辩，不符合免除赔偿责任的要件，故亿辰公司应当承担赔偿责任。

专利法第六十五条规定："侵犯专利权的赔偿数额按照权利人因被侵权所受

到的实际损失确定；实际损失难以确定的，可以按照侵权人因侵权所获得的利益确定。权利人的损失或者侵权人获得的利益难以确定的，参照该专利许可使用费的倍数合理确定。赔偿数额还应当包括权利人为制止侵权行为所支付的合理开支。权利人的损失、侵权人获得的利益和专利许可使用费均难以确定的，人民法院可以根据专利权的类型、侵权行为的性质和情节等因素，确定给予一万元以上一百万元以下的赔偿。”本案中，范俊杰主张依据其自身专利产品的利润，乘以被诉侵权产品的数量确定赔偿数额，但其提交的扬州市派莱斯塑胶电器公司审计报告只是审计了防盗螺栓的利润，无法证明与涉案专利的直接关系，且也没有其他证据加以佐证，故只能作为参考，不能作为计算依据。虽然按照亿辰公司在庭审时陈述的进货价格，可以计算出其进货总价款与《供货合同》约定的价款之差，但这也仅是单方陈述，且亿辰公司还主张有其他支出，不能据此准确认定亿辰公司因侵权行为所获得的利益。因此，本院综合考虑亿辰公司销售被诉侵权产品的数量、购买和销售的合同价款差，范俊杰提供的审计报告确定的产品利润，范俊杰支出的合理费用和律师费，同时考虑范俊杰曾向设计院推广其专利技术的事实和亿辰公司按图采购等因素，确定亿辰公司的赔偿数额为人民币 20 万元（包括范俊杰为制止侵权行为所支付的合理开支）。

综上，范俊杰的再审理由成立，本院予以支持。二审判决适用法律错误，应予撤销。依据《中华人民共和国民法通则》第一百一十八条，《中华人民共和国专利法》第十一条、第六十五条、第七十条，《中华人民共和国民事诉讼法》第二百零七条、第一百七十条第（二）项之规定，判决如下：

一、撤销吉林省高级人民法院（2013）吉民三知终字第 15 号民事判决；

二、维持吉林省长春市中级人民法院（2012）长民三重字第 6 号民事判决第一项和第三项，即吉林市亿辰工贸有限公司停止侵犯范俊杰享有的专利号为 ZL200520068682.6、名称为“棘齿防盗螺栓及紧固工具”实用新型专利权的行为，驳回范俊杰其他诉讼请求；

三、变更吉林省长春市中级人民法院（2012）长民三重字第 6 号民事判决第二项为：吉林市亿辰工贸有限公司于本判决生效之日起十日内赔偿范俊杰经济损失人民币二十万元（含范俊杰为制止侵权行为所支付的合理开支）。

如果未按本判决指定的期间履行给付金钱义务，应当依照《中华人民共和国民事诉讼法》第二百五十三条之规定，加倍支付迟延履行期间的债务利息。

一、二审案件受理费 12057 元，财产保全费 5000 元，共计 17057 元，由范俊杰承担5000元，由亿辰公司承担12057元。

本判决为终审判决。

审 判 长 周 翔
代理审判员 周云川
代理审判员 郎贵梅
二〇一四年六月三十日
书 记 员 张 博

（五）侵权责任

67. 专利侵权损害赔偿数额的确定（一）

——上诉人华纪平、合肥安迪华进出口有限公司与被上诉人上海斯博汀贸易有限公司、如东县丰利机械厂有限公司、南通天龙塑业有限公司侵犯专利权纠纷案

【裁判要旨】

由于知识产权侵权损害的无形性、不确定性和因果关系的复杂性，侵权损害赔偿数额的确定在实际操作中比较困难和复杂，对有关赔偿确定因素的把握应重点考虑其合理性和成比例性。在确定知识产权侵权损害赔偿额时，可以考虑当事人的主观过错程度确定相应的赔偿责任，尤其是在需要酌定具体计算标准的情况下，应当考虑当事人的主观过错程度。

【关键词】

侵权　损害赔偿　主观过错

【案号】

最高人民法院（2007）民三终字第3号

【基本案情】

华纪平系授权公告日为1999年12月10日、名称为“哑铃套组手提箱”实用新

型专利的专利权人。华纪平和案外人于2001年5月14日投资设立合肥安迪华进出口有限公司（以下简称安迪华公司），华纪平任法定代表人。2003年1月18日，华纪平授予安迪华公司对涉案专利的“非独占性且不可转让的许可权”，约定许可使用费为每年500万元。2004年8月16日，华纪平将其在安迪华公司持有的股份全部转让给案外人并不再担任法定代表人。2005年10月，华纪平以上海斯博汀贸易有限公司（以下简称斯博汀公司）、如东县丰利机械厂有限公司（以下简称丰利公司）在南通海关出口的2160件哑铃套组手提箱侵犯其专利权为由，向南通海关申请扣押该批侵权产品，随即向江苏省高级人民法院申请诉前责令停止侵犯专利权行为、财产保全。随后，华纪平、安迪华公司向江苏省高级人民法院提起诉讼。江苏省高级人民法院一审认为，斯博汀公司和丰利公司共同侵犯了两原告的专利权，因两原告提供了斯博汀公司和丰利公司的侵权数量及专利产品的利润情况，故依法应以两原告的损失确定赔偿数额；根据涉案专利手提箱本身的价值及其在实现所包装的哑铃产品利润中所起的作用，结合双方当事人主张的利润率等因素，可以确定涉案专利手提箱的合理利润率为涉案哑铃产品销售价的15%。遂判决斯博汀公司和丰利公司立即停止侵害、销毁被扣押哑铃套组手提箱、连带赔偿两原告经济损失682129.56元以及为制止侵权而支出的合理费用2万元、律师代理费11万元和扣押哑铃套组手提箱所发生的实际仓储费用。华纪平、安迪华公司和斯博汀公司均提出上诉。最高人民法院于2009年6月11日判决驳回上诉，维持原判。

【裁判意见】

最高人民法院审理认为：在侵权产品销售数量可以确定的情况下，根据专利产品或者侵权产品的利润率，即可以计算出被侵权人的损失或者侵权人获得的利益，并以此来确定赔偿额；在有关产品的利润率难以准确计算时，人民法院可以酌定一个合理的利润率来计算。当然，如果当事人能够证明存在一个真实合理的按照产品件数计算的专利许可使用费时，也可以根据按件计费标准乘以侵权产品数量所得之积计算赔偿额，但是本案中所谓的专利许可使用费系按年度计费，并非按照产品数量计费，无法参照计算。另外，即使采用参照专利许可使用费的方法计算损害赔偿额，原告也必须负责证明专利许可使用费的真实性和合理性。本案中，涉案专利实施许可合同签订时专利权人系被许可人的股东和法定代表人，二者之间显然具有利害关系，虽然事后专利权人将其所有股份让与他人并且不再担任法定代表人，但仅据此并不能排除对该专利许可使用费的真实性和合理性的合理怀疑，况且原告也未能提供证据证明该专利许可使用费已经实际支付并依法缴纳了相应税款，故该专利许可使用费的真实性和合理性在本案中也不应当予以认定。本案各方当事人对原审法院酌定的合理利润率 15% 均有异议。二原告主张依其二审所举成本核算表的计算结果按 44% 的利润率来计算赔偿，但其在一审中曾主张 30% 的利润率，现所举证据也不属于一审庭审结束后新发现的证据，不能作为二审程序中的新的证据；即使可以接受该证据，由于有关内容系原告自行核算的结果，在没有其他证据佐证的情况下，不能仅凭加盖税务部门印章就认可其内容的真实性；另外，假设该利润率是真实的，也只是其出口的使用涉案专利包装箱的 20kg 杠铃组产品的整体利润率，并不能当然将出口整套产品的利润全部认为是涉案专利包装箱本身的利润。二侵权人关于应当根据使用专利包装箱和使用纸包装箱的产品差价来计算专利包装箱的价格并据此确定利润率的主张，虽然具有一定的合理性，但也并非绝对准确，基于特定的营销策略，专利产品与非专利产品之间的差价并不当然反映出专利的贡献作用。同时，在确定知识产权侵权损害赔偿额时，可以考虑当事人的主观过错程度确定相应的赔偿责任，尤其是在需要酌定具体计算标准的情况下，应当考虑当事人的主观过错程度。本案中斯博汀公司在与安迪华公司终止了使用涉案专利手提箱的哑铃产品的采购关系后，又向丰利公司采购同样产品，存在明显的主观过错，应当在赔偿额上有所体现。综合考虑，原审法院在当事人均不能准确举证证明相关专利产品或者侵权产品利润率的情况下，根据侵权人自认的使用涉案专利手提箱的哑铃产品的利润率，结合权利人当时主张的自己产品的利润率，同时考虑专利产品和侵权产品本身的价值和作为市场销售的哑铃产品的包装对整体产品销售利润的贡献作用，确定涉案专利包装箱的合理利润率为涉案哑铃产品销售价的 15%，虽然相对较高，但考虑到侵权人的主观过错明显，该酌定的利润率并无明显不妥，无须予以变更。

中华人民共和国最高人民法院民事判决书

(2007) 民三终字第 3 号

上诉人（原审原告）：华纪平，男，汉族，1952 年 12 月 7 日出生，合肥罗尔斯成功实业有限公司和合肥安迪健身用品有限责任公司董事长，住安徽省合肥市蜀山区 × 路 × 区 2 -201 号。

委托代理人：王拥军，安徽华洋邦乘律师事务所律师。

上诉人（原审原告）：合肥安迪华进出口有限公司，住所地安徽省合肥市益民街 28 号文采大厦 8 -9 层。

法定代表人：史泽星，董事长。

委托代理人：王拥军，安徽华洋邦乘律师事务所律师。

上诉人（原审被告）：上海斯博汀贸易有限公司（Shanghai Sportin Trading Co. Ltd），住所地上海市外高桥保税区加枫路28号2309室。

法定代表人：Merlevede Frederic，总经理。

委托代理人：游闽键，上海市协力律师事务所律师。

被上诉人（原审被告）：如东县丰利机械厂有限公司，住所地江苏省如东县丰利镇玉窑村。

法定代表人：刘祝如，董事长。

委托代理人：陆刚，上海市协力律师事务所北京分所律师（于2009年5月13日起解除委托）。

委托代理人：陈刚，上海市协力律师事务所北京分所律师（于2009年5月13日起接受委托）。

被上诉人（原审被告）：南通天龙塑业有限公司，住所地江苏省南通市掘港镇范堤南路5号。

法定代表人：李劲松，总经理。

原审原告华纪平、合肥安迪华进出口有限公司（以下简称安迪华公司）与原审被告上海斯博汀贸易有限公司（以下简称斯博汀公司）、如东县丰利机械厂有限公司（以下简称丰利公司）、南通天龙塑业有限公司（以下简称天龙公司）侵犯专利权纠纷一案，华纪平、安迪华公司和斯博汀公司均不服江苏省高级人民法院于2006年12月15日作出的（2005）苏民三初字第0006号民事判决，向本院提出上诉。本院受理本案后，依法组成合议庭，由民事审判第三庭副庭长孔祥俊担任审判长、审判员王永昌、代理审判员部中林参加评议，王新担任书记员，于2007年6月7日依法公开开庭审理了本案，上诉人华纪平和安迪华公司的共同委托代理人王拥军、上诉人斯博汀公司的委托代理人游闽键与被上诉人丰利公司的委托代理人陆刚到庭参加诉讼，被上诉人天龙公司经本院依法传唤未到庭参加诉讼。2009年5月12日，本院变更本案合议庭组成人员，由审判员部中林担任审判长，代理审判员秦元明、郎贵梅参加评议，张博担任书记员，于2009年5月20日依法再次公开开庭审理了本案，上诉人华纪平和安迪华公司的共同委托代理人王拥军、上诉人斯博汀公司的委托代理人游闽键与被上诉人丰利公司的委托代理人陈刚到庭参加诉讼，被上诉人天龙公司经本院依法传唤未到庭参加诉讼。审理中，当事人均未提出回避申请。本案现已审理终结。

原审原告华纪平、安迪华公司于2005年12月6日以斯博汀公司、丰利公司、天龙公司为共同被告向江苏省高级人民法院起诉称：华纪平系哑铃套组手提箱实用新型专利的专利权人。2000年10月20日，华纪平就该专利向我国海关总署进行备案。2001年7月12日，该专利经国家知识产权局专利局检索咨询中心检索反映，现有文献不影响本专利的新颖性、创造性。在取得专利权后，华纪平就开始对该专利实施生产，并与第一被告斯博汀公司及其法国股东有着长期的贸易往来。自2005年1月以来，斯博汀公司及其法国股东突然与原告中断本案所涉专利产品的贸易，但斯博汀公司的法国股东在欧洲市场仍源源不断地销售与原告专利相同的由第二、第三被告所提供的产品。由于三被告的侵权行为，导致原告专利产品的欧洲市场丧失殆尽，并给原告造成不可估量的经济损失，故请求法院判令：1. 三被告立即停止侵权行为，并在新闻媒体上公开赔礼道歉；2. 三被告共同连带赔偿原告经济损失2000万元人民币；3. 三被告赔偿原告前期费用34万元人民币（对扣留货物所发生的费用请求判至执行结束时止）和律师代理费50万元；4. 三被告承担本案的全部诉讼费用。一审庭审中，两原告又增加诉讼请求，要求销毁被控侵权产品。

原审被告斯博汀公司辩称：1. 斯博汀公司在中国境内从未生产、销售过涉案专利产品，原告未提供任何证据证明斯博汀公司存在专利侵权行为。2. 涉案专利不具备新颖性和创造性，被控侵权产品使用的技术属于公知技术。斯博汀公司已在答辩期内向国家知识产权局专利复审委员会请求宣告该专利无效，请求法院依法中止本案的审理。3. 斯博汀公司与南通海关扣押的所谓侵权产品无关，原告要求斯博汀公司共同连带赔偿损失2000万元人民币，无事实和法律依据。

原审被告丰利公司辩称：1. 涉案专利不符合专利法的规定，属于公知技术，且斯博汀公司已申请该专利无效，本案依法应中止审理。2. 原告指控丰利公司侵权无充分证据证明。3. 原告请求赔偿的数额于法无据。

原审被告天龙公司辩称：1. 天龙公司不存在侵权行为，也没有证据证明涉案被控侵权产品系天龙公司生产。2. 原告涉案专利无新颖性和创造性。3. 原告要求赔偿的数额无具体依据。

原审法院经审理查明：

1. 1999年3月8日，华纪平向国家专利局申请一项名称为“哑铃套组手提箱”的实用新型专利，该专利授权公告日为同年12月10日，专利号为ZL99205057. X。

2006年1月23日，斯博汀公司向国家知识产权局专利复审委员会请求宣告该专利权无效，专利复审委员会经审理于2006年9月20日作出第8676号无效宣告请求审查决定，维持专利权有效。目前，该专利仍处于合法有效状态。

该专利权利要求书载明：一种哑铃套组手提箱，包括箱底、箱盖，箱底与箱盖通过连接韧带相连，其特征在于：箱底上设有放置大哑铃片的大哑铃片槽和放置小哑铃片的小哑铃片槽；箱盖上设有放置哑铃杆的哑铃杆槽，哑铃杆槽相对于哑铃杆挡环的部位设有两个哑铃杆挡环槽，哑铃杆槽的两侧上沿有用于固定哑铃杆的锁紧凸起；箱盖上还设有四个放置哑铃杆两端螺帽的螺帽槽；螺帽槽中心部位设有圆形凸柱；圆形凸柱沿周向具有与螺帽内螺纹配合的局部外螺纹；箱底和箱盖上设有相应的提手，箱底和箱盖上还设有两个扣襻。

2. 2003年1月18日，安迪华公司通过与华纪平签订《专利技术实施许可合同》方式，取得在中国制造、使用、销售和出口涉案哑铃套组手提箱专利产品的“非独占性且不可转让的许可权”。同时，约定许可使用费为每年500万元人民币。合同第1.5条还约定，合同工厂是指生产合同产品的工厂，该工厂为合肥罗尔斯成功实业有限公司（以下简称罗尔斯公司）。合同第2.2条约定，许可方同意被许可方通过本合同指定的工厂罗尔斯公司生产、销售和出口产品。

2001年5月14日，安迪华公司由华纪平和安徽爱力商贸有限公司投资设立，华纪平任法定代表人。2004年8月16日，华纪平将其在安迪华公司持有的55%的股份全部转让给史泽星，安迪华公司的法定代表人亦变更为史泽星。

3. 2005年10月，华纪平以斯博汀公司、丰利公司在南通海关出口的2160件哑铃套组手提箱侵犯其专利权为由，向南通海关申请扣押该批侵权产品，并随即向江苏省高级人民法院申请诉前责令停止侵犯专利权行为、财产保全及提起诉讼。江苏省高级人民法院据此申请，于2005年11月6日作出（2005）苏禁字第0001号民事裁定，责令丰利公司停止销售和出运该2160件哑铃套组手提箱，并于2005年11月7日赴南通海关扣押了该批哑铃套组手提箱，同时提取其中一件作为侵权证据使用。2006年1月17日，江苏省高级人民法院将上述扣押的哑铃套组手提箱移至南通恒基物流经贸有限公司仓库扣押。

该批哑铃套组手提箱所附报关单及装箱单上记载，申报出口人为丰利公司，申报时间为2005年10月17日，采购者为斯博汀公司，运抵国为比利时；商品名称为“杠铃”，海关编码为“95069190”，同时在品名一栏标注有“7604327”字样，包装箱的体积为“1130×910×750”，价格为“13.75美元/件”等。

一审庭审中，将海关扣押的上述哑铃套组手提箱与涉案专利进行比对，该哑铃套组手提箱包括箱底、箱盖，箱底与箱盖通过连接韧带相连。箱底上设有放置大哑铃片的大哑铃片槽和放置小哑铃片的小哑铃片槽；箱盖上设有放置哑铃杆的哑铃杆槽，哑铃杆槽相对于哑铃杆挡环的部位设有两个哑铃杆挡环槽，哑铃杆槽的两侧上沿有用于固定哑铃杆的锁紧凸起；箱盖上还设有四个放置哑铃杆两端螺帽的螺帽槽；螺帽槽中心部位设有圆形凸柱；圆形凸柱沿周向具有与螺帽内螺纹配合的局部外螺纹；箱底和箱盖上设有相应的提手，箱底和箱盖上还设有两个扣襻。

华纪平、安迪华公司对上述比对无异议。斯博汀公司认为，涉案专利权利要求书中明确是放置大哑铃片或小哑铃片的，而被控侵权手提箱系空盒子，其中的凹槽看不出是否放置大哑铃片或小哑铃片，其他特征与涉案专利相同。丰利公司认为被控侵权手提箱采用的是圆弧形过渡，与涉案专利不同；同时，被控侵权手提箱箱盖上是不完全螺纹装置，而涉案专利是完全的螺纹装置，其他特征与涉案专利相同。

4. 丰利公司在一审庭审中明确承认海关扣押的哑铃套组手提箱由其生产制造，该哑铃套组手提箱系斯博汀公司以自己名义向丰利公司订购，丰利公司并不知晓斯博汀公司具体代理哪家境外公司。

1998 年 12 月 11 日，斯博汀公司与丰利公司签订的《一般购买规定》中载明：斯博汀公司是一家由 DECATHLON 集团（即迪卡侬公司）拥有的中国公司，可使用 DECATHLON 商标并委托不同提供服务方制造及装配若干货物；合同第 5 条约定，丰利公司交予斯博汀公司的货物应与其样品和规格指南上的特性相符，并保证无材料上、工艺上或其他任何明显的或潜在的质量问题；第 7 条约定：本一般购买规定并无期限，与双方目前及将来的商业关系同期有效，其条款规定适用于 SST（斯博汀公司）给供应商的每份购买单。该《一般购买规定》的附件《产品生产过程中的合法性承诺》还载明：丰利公司作为斯博汀公司的制造商或者加工商，双方之间在法律上是购销关系或者是加工承揽关系。

5. 2005 年，丰利公司通过南通海关出口编码为“95069190”、款号为“7604327”、规格为 20kg/件、品名为“杠铃”的商品共 1186 箱 42696 件。其中，2005 年 8 月 15 日和 8 月 16 日出口的两批杠铃的外包装箱体积为“1180 × 840 × 720”，标注的价格为 13. 59 美元/件，总量为 4320 件；其余 10 批共计 38376 件 20kg 杠铃的外包装箱体积均为“1130 ×910 ×750”，标注的价格为 14. 75 美元/件。

6. 两原告为本案诉讼，已经支付诉讼前停止侵犯专利权行为申请费1000元、公证费800元、律师代理费50万元。

7. 一审庭审中，斯博汀公司和丰利公司均明确放弃公知技术抗辩。

根据当事人的诉辩主张和上述事实，原审法院认为：

（一）关于本案是否应当中止审理

根据《最高人民法院关于审理专利纠纷案件适用法律问题的若干规定》，人民法院受理的侵犯实用新型专利权纠纷案件，被告虽在答辩期内请求宣告该项专利权无效，但若原告出具的检索报告未发现导致实用新型专利丧失新颖性、创造性的技术文献的，人民法院可以不中止诉讼。本案中，被告斯博汀公司虽在答辩期内对涉案实用新型专利提出宣告无效请求，但原告提供的国家知识产权局出具的检索报告并未发现存在影响涉案专利新颖性、创造性的技术文献，故对本案依法可以不中止审理。

（二）关于三被告是否实施了侵权行为

通过庭审比对，应当认定被控侵权手提箱包括了涉案专利的必要技术特征，落入了涉案专利的保护范围。从南通海关实际扣押的侵权产品来看，该被控侵权手提箱中放置有大、小哑铃片。故斯博汀公司关于被控侵权手提箱系空盒子，无法看出是否放置大小哑铃片，因此不落入涉案专利保护范围的抗辩不能成立。丰利公司主张被控侵权手提箱与涉案专利存在两处不同，即箱子的圆弧形过渡不同和不完全螺纹装置不同。根据我国专利法的规定，实用新型专利权的保护范围应以其权利要求的内容为准。而涉案实用新型专利权利要求书中并未披露箱子的具体过渡形式和螺纹的具体结构这两个技术特征，只是笼统地使用"手提箱"和"螺纹"这两个概念，无论被控侵权手提箱采用何种过渡形式（包括圆弧形过渡），所使用的是完全螺纹还是不完全螺纹，均落入涉案专利保护范围。

现有证据能够证明被控侵权哑铃套组手提箱系由斯博汀公司委托丰利公司进行加工生产，二者共同实施了制造和销售行为。首先，本案中斯博汀公司向丰利公司订购的哑铃套组手提箱不仅包括哑铃本身，而且还包括手提箱，手提箱和哑铃组合在一起构成一件完整的商品。而根据双方签订的《一般购买规定》第5条的约定，丰利公司提供的货物应当与斯博汀公司的样品和规格指南上的特性相符。该约定表明丰利公司必须根据斯博汀公司提供的样品和规格要求进行生产，产品具有特定性，而不是一般的种类物。其次，丰利公司实际生产的被控侵权哑铃套组手提箱上标贴的是订购人斯博汀公司的"DECATHLON"商标，而非生产商丰利公司的商标。若是一般的种类物购买关系，商品上标注的商标应为生产者的商标，而不是购买人的商标。再次，根据斯博汀公司与丰利公司签订的《一般购买规定》附件的约定，斯博汀公司与丰利公司之间“在法律上是购销关系或者是加工承揽关系”。而根据上述分析，因本案中被控侵权哑铃套组手提箱上所标贴的是斯博汀公司的商标，即作为斯博汀公司的商品出口，故双方之间并非单纯的购销关系。最后，斯博汀公司关于其系代理境外公司与丰利公司签订《一般购买规定》的辩称缺乏证据支持，不能成立。从斯博汀公司提供的 4 份《购买代理协议》来看，前 3 份代理协议的有效期均在 2004 年之前，而涉案被控侵权行为发生在 2005 年，二者缺乏关联性；第 4 份《购买代理协议》的有效期虽为 2004 年 12 月 31 日至 2007 年 12 月 31 日，但该《购买代理协议》的委托方系一家法国公司，而涉案被控侵权哑铃套组手提箱的运抵国为比利时，二者亦缺乏关联性。据此，斯博汀公司依据该 4 份代理协议主张其系境外公司代理人的抗辩不能成立。退一步讲，即使斯博汀公司与境外公司存在代理关系，但从合同实际履行情况来看，斯博汀公司均是以自己的名义向丰利公司订购被控侵权哑铃套组手提箱，且斯博汀公司庭审中认可货款亦由其支付给丰利公司，并没有证据证明斯博汀公司曾告知丰利公司其代理人身份，且丰利公司在庭审中明确表示其并不知晓斯博汀公司具体代理哪一家境外公司。故斯博汀公司援引合同法第四百零二条规定主张其不应当承担责任的抗辩理由，缺乏事实依据，不能成立。

综上所述，涉案被控侵权哑铃套组手提箱系由斯博汀公司委托丰利公司制造完成，双方之间属于法律规定的加工承揽关系，故应认定双方共同实施了侵犯两原告涉案专利权的行为，依法应当承担相应的民事责任。此外，两原告没有提供证据证明天龙公司实施了侵权行为，故其要求天龙公司承担侵权责任，缺乏事实和法律依据，不予支持。

（三）关于斯博汀公司和丰利公司应当承担的民事责任

斯博汀公司和丰利公司未经专利权人许可，擅自加工生产、销售与涉案专利技术特征相同的哑铃套组手提箱，共同侵犯了两原告的专利权。两原告要求斯博汀公司和丰利公司停止侵权、销毁侵权产品和赔偿损失的诉讼请求，应予支持。由于侵犯专利权不涉及权利人商誉等人身权利，而赔礼道歉一般适用于侵犯他人名誉权、商誉权等人身权利场合，故两原告要求被告承担赔礼道歉的民事责任缺乏法律依据，不予支持。

根据我国专利法和《最高人民法院关于审理专利纠纷案件适用法律问题的若

干规定》，侵犯专利权的赔偿数额，按照权利人因被侵权所受到的损失或者侵权人因侵权所获得的利益确定。其中，权利人因侵权受到的损失可以根据专利权人的专利产品因侵权所造成的销售量减少的总数乘以每件专利产品的合理利润所得之积计算；权利人销售量减少的总数难以确定的，侵权产品在市场上销售的总数乘以每件专利产品的合理利润所得之积可以视为权利人因被侵权所受到的损失。同时，人民法院还可以根据权利人的请求以及具体案情，将权利人因调查、制止侵权所支付的合理费用计算在赔偿数额范围之内。

本案中，因两原告提供了斯博汀公司和丰利公司的侵权数量及专利产品的利润情况，故依法应以两原告的损失确定赔偿数额。1. 关于侵权数量的认定。2005年，斯博汀公司和丰利公司共计出口销售款号为“7604327”的20kg哑铃42696件。丰利公司庭审中陈述，其生产并提供给斯博汀公司的款号为“7604327”的20kg哑铃包装只有纸盒包装和涉案手提箱包装两种，二者的体积相差不多。从南通海关扣押的哑铃套组手提箱所附报关单和装箱单来看，采用被控侵权手提箱包装的款号为“7604327”的20kg哑铃36件一箱的包装箱的体积为“1130×910×750”；而从海关调取的丰利公司和斯博汀公司2005年出口哑铃的报关单和装箱单上显示，款号为“7604327”的20kg哑铃的36件一箱的包装箱体积有两种，分别为“1130×910×750”和“1180×840×720”，其中体积为前者的共38376件，体积为后者的为4320件。由此可以认定，丰利公司和斯博汀公司2005年出口的包装箱体积为“1130×910×750”、款号为“7604327”的20kg哑铃采用的均应是与南通海关扣押哑铃所使用的手提箱一致的包装。因此，应当认定丰利公司和斯博汀公司2005年出口的使用涉案手提箱包装的20kg哑铃为38376件。2. 关于涉案专利产品合理利润的认定。两原告主张采用涉案手提箱包装的20kg哑铃产品的利润率为销售价格14.66美元/件的30%，而斯博汀公司主张销售该产品的利润率为10%左右，丰利公司主张其生产、销售该产品的利润率为10%以内。故即使按斯博汀公司和丰利公司的陈述，由丰利公司所生产的涉案产品经斯博汀公司销售给国外客户的利润总额也应当在20%左右。同时，根据涉案专利手提箱本身的价值及其在实现所包装的哑铃产品利润中所起的作用，结合双方当事人主张的利润率等因素，可以确定涉案专利手提箱的合理利润率为涉案哑铃产品销售价的15%。因此，按照原告的销售价格14.66美元/件计算，涉案专利手提箱的合理利润应为2.20美元/件。

据此，两原告因侵权所受损失应计算为：38376件（侵权数量）×2.20美元/件（专利产品的合理利润）=84427.20美元，按两原告起诉之日中国银行公布的外汇基准牌价汇率100美元：807.95元人民币计算，折合人民币682129.56元。对此损失，斯博汀公司和丰利公司应当承担连带赔偿责任。

两原告虽主张以双方专利实施许可合同约定的500万元专利许可使用费作为计算赔偿额的依据，但由于两原告之间在签订许可合同时具有利害关系，即华纪平系安迪华公司的股东和法定代表人，且安迪华公司提供的相关财务账册也反映该500万元许可使用费并没有实际支付，故不应当作为确定本案赔偿数额的依据。

关于两原告为制止侵权支付的合理费用。根据两原告提供的差旅费发票、两原告为制止侵权支出的调查费为2万多元，但斯博汀公司和丰利公司以该发票来源于案外人安迪健身用品公司以及有些发票上记载的餐费过高为由，对该证据的关联性不予认可。对此，因两原告为调查侵权行为客观上必然要支出一定的差旅费，但鉴于上述差旅费发票中记载的部分餐费高达上千元，明显不合理等因素，故不能完全按照票面记载的金额认定两原告的合理支出。在扣除有关不合理支出，并参照公务员差旅费报销标准，依法确定两原告在本案中支出的合理差旅费数额，与两原告已经实际支出的800元公证费相加，两项合计确定为2万元人民币。关于律师代理费，根据原告提供的安徽省律师服务收费标准计算，本案可以收取的律师代理费最高为21万元人民币。考虑到本案中两原告诉讼请求的赔偿额未得到全部支持，依法确定合理律师代理费为11万元。斯博汀公司和丰利公司对上述合理费用及律师代理费均应当予以赔偿。

综上，原审法院依照《中华人民共和国专利法》第十一条第一款、第五十六条第一款、第五十七条第一款、第六十条和《最高人民法院关于审理专利纠纷案件适用法律问题的若干规定》第九条、第二十条第二款、第二十二条之规定，判决如下：一、上海斯博汀贸易有限公司、如东县丰利机械厂有限公司立即停止生产、销售侵犯涉案ZL99205057.X号“哑铃套组手提箱”实用新型专利的产品，销毁被扣押哑铃套组手提箱；二、上海斯博汀贸易有限公司、如东县丰利机械厂有限公司于本判决生效后10日内连带赔偿华纪平、合肥安迪华进出口有限公司经济损失人民币682129.56元，以及为制止侵权而支出的公证费、差旅费等合理费用人民币2万元、律师代理费人民币11万元和扣押哑铃套组手提箱所发生的实际仓储费用；三、驳回华纪平、合肥安迪华进出口有限公司的其他诉讼请求。案件受理费110010元、其他诉讼费300元，诉前停止侵犯专利权行为申请费1000

元，财产保全费51720元，共计163030元，由华纪平、合肥安迪华进出口有限公司负担10000元，上海斯博汀贸易有限公司和如东县丰利机械厂有限公司负担153030元（华纪平、合肥安迪华进出口有限公司已预交的案件受理费不予退还，由上海斯博汀贸易有限公司和如东县丰利机械厂有限公司在支付赔偿款时一并给付）。

华纪平、安迪华公司不服一审判决，共同向本院提出上诉称，一审判决认定斯博汀公司和丰利公司实施了专利侵权行为的事实正确，但对有关赔偿损失标准和金额的认定没有依据，请求撤销原判第二、三项，依法改判。主要理由是：1. 本案应当依据专利许可使用费确定赔偿额。华纪平在本案诉讼前已将其对安迪华公司的股权转让他人并不再担任法定代表人，在本案诉讼时二者不具有任何利害关系。安迪华公司的财务账中已将该许可使用费500万元作为应付款做账登记，并在2006年2月向华纪平出具了2005年度的欠条，充分说明了华纪平和安迪华公司之间形成了债权债务关系。安迪华公司2004年度《公司年检报告书》所附的资产负债表中，由于安迪华公司是专利被许可人，专利本身不归安迪华公司所有，所以不能在无形资产项目中予以反映，而是笼统计入负债项下的其他应付款22502107.11元中。2. 一审判决仅依据斯博汀公司和丰利公司的侵权数量来计算损失数额错误。（1）安迪华公司与斯博汀公司就涉案专利产品自2004年11月开始业务往来，截至2005年6月，双方贸易额为1833224.33美元。而斯博汀公司和丰利公司自2005年8月至10月仅从南通海关出口的侵权产品就达到38376件，按每件14.66美元计算，共价值562592.16美元。按照一个年度计算，斯博汀公司从中国市场出口的该产品总量达2395816.49美元。这还没有包括其可能在其他时间通过其他海关出口该产品的情况。（2）斯博汀公司和丰利公司的侵权行为造成安迪华公司的产品失去了欧洲市场。华纪平、安迪华公司一审时请求法院查明的是2005年度斯博汀公司和丰利公司从南通海关出口侵权产品的情况，但实际上这一年度的出口产品数量仅是最初的开拓市场数量，不包括欧洲市场成熟后产品销量增加的情况。如果按照利润计算损失，至少应当按照上述一个年度的产品数量计算。（3）一审判决按照产品销售额15%的比例计算利润缺乏事实依据。本案应根据安迪华公司二审中提交的其生产同一产品的成本核算表计算利润损失，该材料已得到税务部门的确认，即44%的利润乘以一年的贸易额2395816.49美元，安迪华公司一年的利润损失为1054159.2556美元。安迪华公司2004年度《公司年检报告书》所附的损益表中产品销售收入和销售利润数额虽然较小，但因公司经营多种产品，不能因此否认专利产品的高利润率。斯博汀公司和丰利公司一审自认各自的利润在10%左右，加上产品出口后在后续流通环节的利润，被控侵权产品的利润率也会超过原告专利产品44%的利润率。(4)斯博汀公司在与安迪华公司发生正常贸易的同时又向丰利公司订购侵权产品，其实施侵权行为存在主观恶意，但一审判决没有体现对此种恶意行为予以制裁的倾向。3. 华纪平和安迪华公司从本案调查取证开始时即支付律师代理费用达人民币50万元，但一审法院仅要求斯博汀公司和丰利公司承担11万元有失公正。

斯博汀公司针对华纪平、安迪华公司的共同上诉未提交书面答辩状，在本院庭审以及在庭后提交的代理意见中辩称：1. 华纪平与安迪华公司之间的500万元许可使用费不能作为确定赔偿的依据。本案的被控侵权产品数量明确，利润也可以计算，不符合以专利许可使用费作为赔偿依据的前提——“被侵权人的损失或者侵权人获得的利益难以确定。”华纪平与安迪华公司签订许可实施合同时存在利害关系，且该合同没有按照专利法实施细则第十五条的规定办理备案登记，也没有证据表明该合同已实际履行。以本案专利的技术特点及技术价值同该产品的实际价值比较，结合安迪华公司的实际生产和销售情况，500万元的专利许可使用费明显偏高，不能作为确定赔偿额的依据。在安迪华公司2004年度《公司年检报告书》所附的资产负债表中，对该笔专利许可使用费也没有任何明确记载。2. 华纪平、安迪华公司在二审中提供的成本核算表不能作为认定赔偿的证据使用。该表不是在一审结束后新出现、新发现的证据，不属于新证据的范围，不能作为二审证据。该表虽然加盖骆岗税务所印章，但作为税务机关，未经审计，其无权对某项产品的利润出具证明，而且税务机关是否实际据此征税也不得而知。若该表需要作为证据使用，应由税务机关出庭接受各方当事人的质询。对于产品出口后后续流通环节产生的利润不能计算为因侵权所获得的利润，要看原告在国外是否具有专利。在安迪华公司2004年度《公司年检报告书》所附的损益表中，全年产品销售收入5614252.21元，产品销售利润只有196963.35元，根本不可能有高达44%的利润率。3. 根据本案的难易程度、所需要的时间以及法院最终认定的赔偿额，华纪平、安迪华公司与其委托代理人之间约定50万元的律师费明显偏高，不应获得支持。

丰利公司针对华纪平、安迪华公司的共同上诉亦未提交书面答辩状，在本院庭审以及在庭后提交的代理意见中辩称：1. 基本同意斯博汀公司的答辩意见。2. 丰利公司的行为不构成侵犯涉案专利权。一审法院忽略了华纪平故意回避其通过罗尔斯公司与斯博汀公司合作以及约定合作产品的知识产权归属这一事实。3. 一审法院采用推算的方法认定涉案产品的数量并据此确定本案侵权赔偿责任缺乏事实和法律依据。丰利公司和斯博汀公司2005年出口的款号为“7604327”的20公斤哑铃36件一箱的包装箱体积有两种，分别为1130×910×750的塑料箱和1180×840×720的纸箱。从出口产品的报关单上可以看出，两种体积的产品含包装每件重量都是21.7公斤，也就是说产品的包装重量都是1.7公斤。而根据一般物理知识，硬塑料的密度要高于纸板的密度，因此在重量相同的情况下，纸箱的体积要大于塑料箱的体积，据此可判断出1130×910×750较大规格的包装箱内的产品为带纸箱包装的哑铃，并非涉嫌侵权产品。

斯博汀公司亦不服一审判决，向本院提起上诉称，一审判决认定事实不清，请求撤销原判，依法改判。主要理由是：1. 一审判决认定侵权事实和侵权责任不清，斯博汀公司不构成侵犯涉案专利权。一审判决忽略了斯博汀公司对涉案产品权利的取得及华纪平与之的关系。本案案外人罗尔斯公司由华纪平投资成立并担任法定代表人，斯博汀公司在与丰利公司合作之前一直与罗尔斯公司合作涉案产品，并于2003年签订了数个协议。根据协议约定，斯博汀公司取得了涉案产品的知识产权，且华纪平对涉案专利的权利归属于斯博汀公司是明知和认可的。斯博汀公司之所以终止与安迪华公司的合作，既是因为华纪平频繁变更其公司身份而导致外国公司对其有疑虑，也是因为斯博汀公司本身享有全部合作产品的知识产权。2. 即使斯博汀公司构成侵权，一审有关斯博汀公司侵权责任的判定也显失公平。（1）一审判决过高地估计了涉案专利作为产品包装在整套产品中的价值，而且认定斯博汀公司和丰利公司出口涉案产品的数量为38376件，并以整套套组商品价格14.66美元的15%作为专利产品的利润率计算赔偿额，均是自行推断的结果。带有包装的产品的主要价值不会集中在产品包装上，涉案专利包装箱的作用从生产商经批发商和零售商到消费者手中其作用即已终结。加之涉案专利技术特点相对简单、技术含量较低，一审法院过分强调涉案包装箱的作用，有违日常生活的一般经验及价格价值相当的经济规律。在扣除管理、运输等各项成本后，斯博汀公司连同丰利公司对于涉案产品的实际利润率低于15%。另外，一审法院在涉案包装箱自身价格可以计算的情况下利用估算的方式计算赔偿数额有违法律规定。丰利公司使用被控侵权包装箱的产品出口价格14.75美元与其使用纸箱包装的产品出口价格13.59美元之差1.16美元即应为涉案被控侵权包装箱的价格，而一审法院认定每件涉案专利产品的利润2.2美元明显偏高。（2）原告一审主张的为制止侵权支付的合理费用明显超出合理范畴，一审判决认定制止侵权费用为2万元既未提供任何计算方法也缺乏依据。在原告主张的合理费用中一部分明显不合理，比如交通违章罚款，同一天在不同酒店的住宿费、出租车费用等，甚至还有购买香烟、酸奶、口香糖等票据。一审判决已确认华纪平、安迪华公司的部分支出过高，但仍确定2万元这一金额，与原告主张的20800元相比，不能反映出扣除了哪些不合理费用。（3）一审判决认定斯博汀公司和丰利公司承担超过90%的案件受理费，缺乏事实依据，也显失公平。原告的诉讼请求高达2084万元，而一审判决实际支持了不足100万元。作为原告应慎重行使诉权，并对其不当要求的后果承担法律责任。因此，应按照原告请求额与法院最终支持额之间的比例确定案件受理费的承担。

华纪平、安迪华公司针对斯博汀公司的上诉理由答辩称：1. 一审判决认定斯博汀公司与丰利公司构成侵犯涉案专利权正确，丰利公司亦未就此提起上诉。斯博汀公司据以主张权利的证据是2003年7月23日其与罗尔斯公司签订的《补充约定》，但在一审中，斯博汀公司仅提交了2003年8月4日其与罗尔斯公司签订的《一般购买规定》作为证据使用，也仅为了证明双方约定的包装物为纸箱，而非涉案专利产品。根据民事诉讼证据规则，该《补充约定》不属于新证据，应视为其放弃举证权利。从该《补充约定》的效力来看，罗尔斯公司并非本案当事人，其无权处置他人的权利，约定中涉及其处置他人权利的条款，由于既无事前授权，又无事后追认，因此对他人不产生任何法律效力。即使依据该《补充约定》，知识产权归属斯博汀公司的必须是斯博汀公司设计或者参与设计的产品，涉案专利早在1999年就获得授权，与该《补充约定》的有关权属约定无关。2. 一审判决仅依据斯博汀公司和丰利公司的侵权数量来计算赔偿，数额过低，本身显失公平（具体理由同上诉理由）。对于调查侵权行为支出的费用，交通罚款是因为在驾车调查本案时因为着急而违章产生的，出现同一天在不同酒店的住宿费、出租车费用等是由于要在工厂、码头等多个地点多人同时跟踪，购买香烟、酸奶、口香糖等是为了让夜间跟踪人员提神和补充营养。

丰利公司同意斯博汀公司的上诉意见和理由。

天龙公司在本院二审中经依法传唤未到庭参加诉讼，亦未提交任何意见。

华纪平、安迪华公司在二审中提供了二份新证据。第一份证据系由安迪华公司出具并加盖合肥市地方税务局包河分局骆岗税务所印章的《我公司出口产品20kg杠铃组（壹成套组）成本核算表》，用于证明安迪华公司专利产品的成本及利润，其中计算得出其出口的使用涉案专利包装箱的 20kg 杠铃组产品利润率为 44%。斯博汀公司和丰利公司对该证据的形式真实性没有异议，但认为该证据不能作为新的证据提交，而且对其合法性和内容真实性有异议。第二份证据是国家知识产权局专利复审委员会于 2007 年 8 月 14 日作出的第 10426 号无效宣告请求审查决定，用于证明涉案专利权仍然有效，斯博汀公司和丰利公司对其无异议。

斯博汀公司在二审中提供了三份新证据。第一份证据是斯博汀公司与罗尔斯公司 2003 年 7 月 23 日针对 2003 年 8 月 4 日签订的《一般购买规定》（系斯博汀公司一审证据）所签订的一份《补充约定》，用于证明涉案专利权应当属于斯博汀公司。第二份证据是《外商投资企业注册登记申请书》及其附件，用于证明华纪平与罗尔斯公司有利害关系。第三份证据是《无效宣告请求受理通知书》和《无效宣告请求书》及相关证据，用于证明斯博汀公司已就涉案专利再次提出无效宣告请求。华纪平、安迪华公司对上述三份证据的真实性无异议，但认为第一份证据不属于新的证据，且对其关联性亦有异议。

对于上述证据，经开庭质证，本院认证如下：对于斯博汀公司与罗尔斯公司 2003 年 7 月 23 日的《补充约定》，因涉及本案关键事实的认定，本院允许其作为二审程序中新的证据；对于华纪平、安迪华公司提交的成本核算表，本院将在判理部分综合予以认定；对于其他三份证据，当事人对其真实性和合法性均无异议，本院予以认可。

本院经审理查明：原审法院查明的事实属实。同时，根据本案一、二审证据，另查明：案外人罗尔斯公司系由安迪华公司与他人共同投资设立的外商投资企业，安迪华公司委派华纪平担任罗尔斯公司的法定代表人。2003 年 8 月 4 日，斯博汀公司与罗尔斯公司签订了《一般购买规定》。该《一般购买规定》第 4 条是关于“侵权”的约定，其中第 1 款约定：“SST（斯博汀公司）未提供技术参数的货物：供应商应确保其所售予 SST 且无 SST 特别设计的货物未侵犯中华人民共和国包括台湾及迪卡依从事零售业务的国家的商标、专利及外观设计方面的专有权利，并应就这点向 SST 作出保证……” 2003 年 7 月 23 日，斯博汀公司与罗尔斯公司针对 2003 年 8 月 4 日签订的《一般购买规定》又签订了一份《补充约定》。该《补充约定》第 1 条是关于“产品的销售及其工业产权”的约定，其中第 1 款约定：“凡双方同意经由 SST 设计或参与设计或对其设计进行修改或改进的产品，以及所有携带 DECATHLON 商标标识的产品，供应商保证只将其售予 SST 而不得售予其他任何公司，除非另有 SST 的书面指示……”第 2 款约定：“上述产品与其相关的图纸、设计、模具一经完成，其所载的知识产权、工业产权都将自动而完整地为SST所有，包括其经济权利，特别是代理权、再生产权、间接权利及与所设计产品相适应的修改权，该权利的享有范围适用于知识产权、工业产权整个保护期间及当前和将来的运作方式下全世界范围的生产和销售。”该《补充约定》第4条约定：“本补充约定所涉及的产品为：（1）迪卡侬9kg麻面哑铃组；（2）迪卡侬14kg电镀组；（3）迪卡侬20kg喷漆组。”

在一审庭审中，原告说明其起诉请求被告赔偿原告前期费用34万元中，包含南通海关扣留涉案侵权产品时所收取的案外人合肥安迪健身用品有限公司交纳的侵权货物担保金24万元和至本案判决执行结束时对扣留货物所发生的费用以及原告为制止侵权行为所支付的律师代理费以外的合理费用。一审中原告提交的为证明所付律师代理费以外的合理费用的票据金额总计20725.08元，主要是公路收费、加油费、飞机票、出租车费、餐饮费、住宿费等差旅费用和公证费，其中包括两次交通违章罚款各200元、购买香烟62元、口香糖6.3元。

2007年4月2日，斯博汀公司以涉案专利不具备创造性为由，再次向国家知识产权局专利复审委员会请求宣告该专利权无效，专利复审委员会经审理于2007年8月14日作出第10426号无效宣告请求审查决定，维持涉案专利权有效。之后，当事人均未提起诉讼，该决定已发生法律效力。

在本院第二次庭审中，各方当事人还确认了以下事实：1. 斯博汀公司与华纪平、安迪华公司均确认，斯博汀公司在向丰利公司订购涉案产品之前，先后向罗尔斯公司和安迪华公司订购涉案产品，其中斯博汀公司向安迪华公司下订单是在2004年11月至2005年1月间，安迪华公司最后向斯博汀公司供货是在2005年6月，双方合同金额为1833224.33美元，但斯博汀公司认为该合同金额既包括使用涉案专利包装箱的产品，也包括与涉案专利无关的产品等多种规格的产品；2003年7月23日的《补充约定》第4条中的“迪卡侬20kg喷漆组”就是指涉案专利产品（华纪平、安迪华公司的共同委托代理人庭后又寄交材料声明，该产品指迪卡侬自己设计的知识产权产品，并非指涉案专利产品）。2. 斯博汀公司和丰利公司均确认，对一审法院关于被控侵权产品与专利的技术特征对比结论无异议，对一审法院认定侵权产品数量38376件也不再提出异议，但对利润率的计算有异议。3. 华纪平、安迪华公司均确认，一审主张2000万元的赔偿是按照2003－2006年4年每年参照专利许可使用费500万元来计算的，但没有有关斯博汀公司在2005年7月以前和11月以后向丰利公司订购并由丰利公司出口涉案产品的证据，也没有丰利公司在2005年8－10月之间在南通海关以外向我国其他海关报关出口涉案产品的证据，只有2005年8－10月丰利公司通过南通海关报关出口涉案产品的证据，这些证据均来自于一审法院从南通海关调取的丰利公司2005年全年出口报关单。

本院认为，本案二审中当事人争议的主要问题是，涉案专利权的归属及是否因此影响本案的侵权定性；侵权损害赔偿数额的确定是否合法合理；本案原告为制止侵权行为所支付的合理费用的确定以及诉讼费用的负担。

（一）关于涉案专利权的归属及是否因此影响本案的侵权定性

本案当事人对于涉案专利权归属的争议涉及对斯博汀公司与罗尔斯公司于2003年8月4日签订的《一般购买规定》和2003年7月23日签订的《补充约定》的解释问题。对于这两份协议，当事人均认可其真实性，也不存在影响合同效力的情形，因此，应当认为是合法有效的合同。对于其中有关知识产权归属的约定，当事人对其理解有争议，根据合同法第一百二十五条的规定，应当按照合同所使用的词句、合同的有关条款、合同的目的、交易习惯以及诚实信用原则，确定其真实意思。该《一般购买规定》第4条第1款是关于斯博汀公司“未提供技术参数的货物”的侵权问题的约定，这说明双方合同项下产品并非均由斯博汀公司提供产品设计。该《补充约定》第1条第1款约定的目的在于罗尔斯公司必须将约定产品排他销售给斯博汀公司，该约定产品不仅包括由斯博汀公司设计或参与设计的产品，也包括使用DECATHLON商标标识的产品，结合第4条关于《补充约定》所涉的产品的列举，该约定所涉产品，不论是否属于斯博汀公司设计或参与设计的产品，也不论该条第（3）项约定的“迪卡侬20kg喷漆组”是否就是指使用涉案专利包装箱的产品，实际均应使用DECATHLON（迪卡侬）商标。结合《一般购买规定》第4条第1款和《补充约定》第1条第1款，《补充约定》第1条第2款关于“上述产品与其相关的图纸、设计、模具一经完成，其所载的知识产权、工业产权都将自动而完整地为SST所有”的约定中的“上述产品”，应当是指该条第1款中约定的由斯博汀公司设计或参与设计的产品，而并非指所有使用DECATHLON（迪卡侬）商标的产品。**事实上，一个产品上可能同时存在多种知识产权，而且可能有不同的知识产权权利人，尤其是在定牌加工的情况下，产品的专利权与商标权分属不同主体实属正常。对于既没有付出创造性劳动又不存在权利转让的对价或者权利继受的事实，仅凭个别词句的表面意思就想获得知识产权，既没有明确的法律依据，也不符合交易习惯以及诚实信用原则。**尤其是，本案中一个显而易见的事实是，涉案专利在1999年就已经获得授权，且至今专利证书上记载的专利权人仍是华纪平，而斯博汀公司与专利权人担任法定代表人的罗尔斯公司所签订的上述合同在后，在斯博汀公司不能举证证明其为了受让该专利权而付出相应的对价，亦未另行提起权属诉讼的情况下，不能得出涉案专利权应当属于斯博汀公司的结论。因此，本案中，华纪平系合法的专利权人，安迪华公司系合法的专利实施被许可人，华纪平和安迪华公司有权针对涉案专利权主张权利。

因涉案专利权归属明确且经两次无效宣告程序均维持有效，而各方当事人均认可原审法院有关被控侵权产品与涉案专利的技术对比结论，被控侵权人均已明确放弃现有技术抗辩，又不存在其他不侵权抗辩事由，故本院亦认定斯博汀公司和丰利公司构成对涉案专利权的侵犯。斯博汀公司的有关上诉理由不能成立，原审法院对此认定正确，应予维持。

（二）关于侵权损害赔偿数额的确定

依据2000年修正后的专利法第六十条的规定，侵犯专利权的赔偿数额，首先应当按照权利人因被侵权所受到的损失或者侵权人因侵权所获得的利益确定；只有在被侵权人的损失或者侵权人获得的利益难以确定时，才可以参照该专利许可使用费的倍数合理确定。本案中，华纪平、安迪华公司上诉主张应当参照专利许可使用费确定赔偿，但原审法院从南通海关调取的丰利公司2005年的出口报关单等证据清楚地表明，在原审法院2005年11月6日作出并执行诉前责令停止侵犯专利权行为的裁定之前，丰利公司仅在2005年8－10月间有出口涉案侵权产品的行为，各方当事人在二审中也确认根据上述证据丰利公司共计出口涉案侵权产品38376件，华纪平、安迪华公司并无任何证据证明斯博汀公司和丰利公司在2005年7月以前和11月以后有专利侵权行为的存在，也没有斯博汀公司和丰利公司在2005年8－10月之间在南通海关以外向我国其他海关报关出口涉案产品的证据，因此，本案中侵权时间和销售侵权产品的数量是确定的。华纪平、安迪华公司提出，斯博汀公司和丰利公司的侵权行为造成其失去了欧洲市场，这一主张既无确实的证据支持，也没有充分的理由说明。况且，市场的变化可能因多种因素造成，而对于已经发生的侵权行为，判令支付损害赔偿既能够弥补其实际的市场利益损失，判令停止侵害也有助于权利人恢复和开拓市场。华纪平、安迪华公司还提出，通过海关查明的侵权产品出口数量仅是最初的开拓市场数量，不包括市场成熟后产品销量增加的情况。对此，在人民法院判令停止侵害后，就足以制止侵权行为的继续，更不会出现侵权规模扩大的情况。事实上，本案中在2005

年11月原审法院作出并执行诉前责令停止侵犯专利权行为的裁定以后，就已不存在侵权行为继续的情况。

在侵权产品销售数量可以确定的情况下，根据专利产品或者侵权产品的利润率，即可以计算出被侵权人的损失或者侵权人获得的利益，并以此来确定赔偿额；在有关产品的利润率难以准确计算时，人民法院可以酌定一个合理的利润率来计算。当然，如果当事人能够证明存在一个真实合理的按照产品件数计算的专利许可使用费时，也可以根据按件计费标准乘以侵权产品数量所得之积计算赔偿额，但是本案中所谓的专利许可使用费系按年度计费，并非按照产品数量计费，无法参照计算。另外，即使采用参照专利许可使用费的方法计算损害赔偿额，原告也必须负责证明专利许可使用费的真实性和合理性。本案中，涉案专利实施许可合同签订时专利权人系被许可人的股东和法定代表人，二者之间显然具有利害关系，虽然事后专利权人将其所有股份让与他人并且不再担任法定代表人，但仅据此并不能排除对该专利许可使用费的真实性和合理性的合理怀疑，况且原告也未能提供证据证明该专利许可使用费已经实际支付并依法缴纳了相应税款，故该专利许可使用费的真实性和合理性在本案中也不应当予以认定。因此，华纪平、安迪华公司有关参照专利许可使用费确定赔偿额的上诉理由，本院不予支持。

本案原审法院根据侵权产品销售数量乘以酌定的专利产品的合理利润来计算本案赔偿额，并无不妥，但各方当事人对原审法院酌定的合理利润率15%均有异议。华纪平、安迪华公司上诉认为原审确定的利润率过低，主张依据其所举成本核算表的计算结果按44%的利润率来计算赔偿。对此，在原审法院已经就专利产品和侵权产品的利润率进行了审查而且原告也提出了30%的专利产品利润率的具体主张的情况下，华纪平、安迪华公司在二审中又提交该证据，并不属于一审庭审结束后新发现的证据，不能作为二审程序中的新的证据；同时，即使可以接受该证据，由于有关内容系安迪华公司自行核算的结果，在没有其他证据佐证的情况下，不能仅凭加盖税务部门印章就认可其内容的真实性；另外，假设该利润率是真实的，也只是其出口的使用涉案专利包装箱的20kg杠铃组产品的整体利润率，并不能当然将出口整套产品的利润全部认为是涉案专利包装箱本身的利润。斯博汀公司和丰利公司上诉认为原审确定的利润率过高，但均未能举出充分的证据支持其主张。其关于应当根据使用专利包装箱和使用纸包装箱的产品差价来计算专利包装箱的价格并据此确定利润率的主张，虽然具有一定的合理性，但也并非绝对准确，**基于特定的营销策略，专利产品与非专利产品之间的差价并不当然**

反映出专利的贡献作用。同时，在确定知识产权侵权损害赔偿额时，可以考虑当事人的主观过错程度确定相应的赔偿责任，尤其是在需要酌定具体计算标准的情况下，应当考虑当事人的主观过错程度。本案中斯博汀公司在与安迪华公司终止了使用涉案专利手提箱的哑铃产品的采购关系后，又向丰利公司采购同样产品，存在明显的主观过错，应当在赔偿额上有所体现。综合考虑，原审法院在当事人均不能准确举证证明相关专利产品或者侵权产品利润率的情况下，根据侵权人自认的使用涉案专利手提箱的哑铃产品的利润率，结合权利人当时主张的自己产品的利润率，同时考虑专利产品和侵权产品本身的价值和作为市场销售的哑铃产品的包装对整体产品销售利润的贡献作用，确定涉案专利包装箱的合理利润率为涉案哑铃产品销售价的15%，虽然相对较高，但考虑到侵权人的主观过错明显，该酌定的利润率并无明显不妥，本院无须予以变更，各上诉人有关利润率计算的上诉理由本院均不予支持。

（三）关于原告为制止侵权行为所支付的合理费用的确定以及诉讼费用的负担

根据《最高人民法院关于审理专利纠纷案件适用法律问题的若干规定》第二十二条的规定，在专利侵权案件中，根据权利人的请求以及具体案情，人民法院可以将权利人因调查、制止侵权所支付的合理费用计算在赔偿数额范围之内。**应当说，权利人为调查、制止侵权行为所支付的各种开支，只要是合理的，都可以纳入赔偿范围。**本案虽然原告在起诉时请求被告赔偿原告的前期费用和律师代理费，而且原审法院在判决主文中对此亦作为公证费、差旅费等合理费用，律师代理费和实际仓储费用等三项分别予以确定，但这些费用在本质上均属于因调查、制止侵权所支付的费用。在原告主张的所谓的前期费用34万元中，包含南通海关扣留涉案侵权产品时所收取的案外人合肥安迪健身用品有限公司交纳的侵权货物担保金24万元和至本案判决执行结束时对扣留货物所发生的费用，以及原告为制止侵权行为所支付的律师代理费以外的其他合理费用。其中，对于担保金和海关扣留货物所发生的费用，依照《中华人民共和国知识产权海关保护条例》的有关规定，知识产权权利人向海关提供的担保金用于赔偿可能因申请不当给收货人、发货人造成的损失以及支付货物由海关扣留后的仓储、保管和处置等费用；侵权嫌疑货物被认定为侵犯知识产权的，知识产权权利人可以将其支付的有关仓储、保管和处置等费用计入其为制止侵权行为所支付的合理开支。据此，在认定构成侵犯知识产权时，担保金中扣除权利人已经支付的海关扣留货物所发生的仓储、保管和处置等有关费用以外，将退还权利人。因此，保证金并不能当然作为当事人的损失予以计算，只有权利人支付的有关侵权货物仓储、保管和处置等费用可以计入其为制止侵权行为所支付的合理开支而获得赔偿。原审法院未支持原告有关保证金的主张但判令二侵权被告连带赔偿扣押哑铃套组手提箱所发生的实际仓储费用，实际上是将这些在一审判决时尚不能准确计算数额的仓储费用作为权利人为制止侵权行为所支付的合理开支的一部分来确定，于法有据，并无不当，当事人也均未对此提出上诉，本院应予确认。对于原告主张的差旅费和公证费等开支，斯博汀公司对其中部分开支的合理性有异议。其中，对于交通违章罚款和购买香烟、口香糖的开支，明显不合理，确实应当予以剔除，但这些费用总计不超过500元，在原审判决确定的2万元相关合理费用中，实际上已经排除了这些费用；对于高达上千元的餐费，原审法院亦认为不合理，在综合确定合理开支数额时实际上已经作出了相应考虑；对于购买一般的食品和饮料等，属于有关调查人员在开展调查活动时为维持一般人身体所需的正常开支，并非不合理开支；对于同一天在不同酒店发生的住宿费、出租车费，华纪平、安迪华公司有关系因多人多地同时开展侵权调查的解释合乎情理，并非明显不合理。**需要特别说明的是，为制止侵权行为所支付的合理开支并非必须要有票据一一予以证实，人民法院可以根据案件具体情况，在有票据证明的合理开支数额的基础上，考虑其他确实可能发生的支出因素，在原告主张的合理开支赔偿数额内，综合确定合理开支赔偿额**。就本案而言，对于原告主张的差旅费、公证费等合理开支数额，从其有关赔偿所谓的前期费用34万元的诉讼请求看，扣除担保金部分24万元，也并非仅限于原告有票据支持的20725.08元。因此，原审法院综合考虑各种因素，在律师代理费之外确定2万元的其他合理开支赔偿额，并无明显不妥，斯博汀公司的有关上诉请求，本院不予支持。对于原告主张应全额赔偿其已实际支付的50万元律师代理费，原审法院综合考虑安徽省律师服务收费标准和原告请求赔偿额的支持程度，确定11万元的赔偿额，相对比较合理，并非显失公平，各方当事人的有关上诉请求，并无充分的法律和事实依据，亦不予支持。

对于案件受理费的负担，斯博汀公司上诉中附带提出应按照原告请求额与法院支持额之间的比例确定。按照《最高人民法院关于适用〈诉讼费用交纳办法〉的通知》，2007年4月1日以前人民法院受理的诉讼案件，不适用《诉讼费用交纳办法》的规定。本案一、二审受理时间均在此之前，因此应当适用原《人民法院诉讼收费办法》的相关规定确定包括案件受理费在内的有关诉讼费用。但无论是原《人民法院诉讼收费办法》还是现行的《诉讼费用交纳办法》，**对于诉讼费用负担的原则是一致的，即由败诉的当事人负担；部分胜诉、部分败诉的，由人民法院根据案件的具体情况决定当事人各自负担的数额。尤其是在侵权案件中，不仅要考虑原告的诉讼请求额得到支持的比例，更要考虑原告主张的侵权行为本身是否成立，同时还可以考虑原告的其他诉讼请求得到支持的程度以及各自行使诉权的具体情况等因素。**本案原告的诉讼请求并未得到全部支持，属于部分胜诉、部分败诉的情形，原审判决确定由斯博汀公司和丰利公司负担主要的诉讼费用，正是对上述因素的综合考虑，实际上也是重点考虑了原告主张的侵权行为成立和被告有明显过错等因素，最终确定的诉讼费用的分担数额并无明显不妥。因此，斯博汀公司的有关上诉主张，不予支持。但对于二审案件受理费，因华纪平、安迪华公司和斯博汀公司的上诉主张均未能得到本院支持，依照原《人民法院诉讼收费办法》第二十条的规定，应当由上诉双方各半负担；丰利公司未提出上诉，无需负担二审案件受理费。

综上，华纪平、安迪华公司和斯博汀公司的上诉理由均不能成立，原判认定事实基本清楚，适用法律正确。依据《中华人民共和国民事诉讼法》第一百五十三条第一款第（一）项和原《人民法院诉讼收费办法》第二十条之规定，判决如下：

驳回上诉，维持原判。

一审案件受理费 110010 元和其他诉讼费 300 元、诉前停止侵犯专利权行为申请费 1000 元、财产保全费 51720 元，共计 163030 元，已由华纪平、合肥安迪华进出口有限公司预交，由华纪平、合肥安迪华进出口有限公司负担 10000 元，上海斯博汀贸易有限公司和如东县丰利机械厂有限公司负担 153030 元。二审案件受理费 110310 元，已分别由华纪平、合肥安迪华进出口有限公司和斯博汀公司预交（其中华纪平的由合肥安迪华进出口有限公司代交），由华纪平、合肥安迪华进出口有限公司负担 55155 元，上海斯博汀贸易有限公司负担 55155 元。

本判决为终审判决。

审　判　长　郃中林
代理审判员　秦元明
代理审判员　郎贵梅
二〇〇九年六月十一日
书　记　员　张　博

68. 专利侵权损害赔偿数额的确定（二）

——再审申请人无锡国威陶瓷电器有限公司、蒋国屏与被申请人常熟市林芝电热器件有限公司、苏宁易购集团股份有限公司侵害实用新型专利权纠纷案

【裁判要旨】

根据当事人的诉讼请求和案件事实，选择以侵权人因侵权获得的利益计算专利侵权损害赔偿数额时，对于多部件或者多专利的被诉侵权产品，原则上不宜简单采用侵权产品销售总金额乘以侵权产品利润率的方式计算侵权获利，而需要考虑涉案专利对于侵权产品利润的贡献度，以“侵权产品销售总金额×利润率×专利技术对产品价值的贡献度”的方法进行计算。对于专利技术对产品价值的贡献度，可以结合涉案专利对产品的重要性等因素酌定。在侵权行为可分的情况下，计算侵权损害赔偿时，如果既存在可以较为精确计算权利人损失或者侵权人获益的部分，又存在难以计算权利人损失或者侵权人获益的部分，可以对前者适用以权利人损失或者侵权人获益计算赔偿，对后者适用法定赔偿，以两者之和确定损害赔偿数额。

【关键词】

实用新型专利　侵权　损害赔偿　证据

【案号】

最高人民法院（2018）最高法民再111号

【基本案情】

在再审申请人无锡国威陶瓷电器有限公司（以下简称国威公司）、蒋国屏与被申请人常熟市林芝电热器件有限公司（以下简称林芝公司）、苏宁易购集团股份有限公司（以下简称苏宁公司）侵害实用新型专利权纠纷案中，蒋国屏系专利号为ZL200920230829.5、名称为“一种PTC发热器的导热铝管及PTC发热器”的实用新型专利（即涉案专利）的权利人。国威公司为涉案专利的独占实施被许可人。国威公司、蒋国屏以林芝公司生产、销售的空调PTC加热器侵害其涉案专利权为由，提起诉讼，要求停止侵权行为，赔偿其经济损失及合理支出共计1500万元。江苏省南京市中级人民法院一审认为，被诉侵权产品落入涉案专利权利要

求2的保护范围，判决林芝公司、苏宁公司停止侵权行为，酌定林芝公司赔偿国威公司、蒋国屏经济损失和合理开支共计100万元。国威公司、蒋国屏和林芝公司均不服，提起上诉。江苏省高级人民法院二审认为，被诉侵权产品缺少涉案专利权利要求2的隐含技术特征，不落入专利权利要求2的保护范围。遂判决撤销一审判决，驳回国威公司、蒋国屏的诉讼请求。国威公司、蒋国屏不服，向最高人民法院申请再审。最高人民法院裁定提审本案，并于2018年6月26日判决撤销二审判决，变更林芝公司赔偿国威公司、蒋国屏经济损失9377867元。

【裁判意见】

最高人民法院再审认为：第一，关于林芝公司因侵权所获利益的计算。首先，关于林芝公司侵权产品销售总金额的计算。国威公司、蒋国屏提交了林芝公司向广东美的制冷设备有限公司、海信（浙江）空调有限公司采购部、海信（山东）空调有限公司以及TCL空调事业部采购部的供货数量及金额的证据。1. 关于林芝公司向广东美的制冷设备有限公司、海信（浙江）空调有限公司采购部及TCL空调事业部采购部供货的证据。广东美的制冷设备有限公司和TCL空调事业部采购部出具的林芝公司供货证据虽记载了物料编码，但是仅凭该编码仍难以认定本案被诉侵权产品所占供货数量的比例。海信（浙江）空调有限公司采购部出具的证据仅记载了供货金额，同样难以认定本案被诉侵权产品在其中所占比例。因此，难以将该三份证据作为以侵权获利方法计算损害赔偿数额的基准依据。对于该三份证据，将按照法定赔偿方式确定损害赔偿数额。2. 关于林芝公司向海信（山东）空调有限公司供货的证据。海信（山东）空调有限公司不仅提供了林芝公司供货的九个型号产品的供货数量和金额证据，还提供了相关七个型号产品的实物证据，且明确表示所有九种型号在发热体的铝管结构上没有区别。在林芝公司并未提供相反证据的情况下，可以推定海信（山东）空调有限公司提供的关于林芝公司供货的产品数量和销售金额均属本案侵权产品的数量和销售金额。根据海信（山东）空调有限公司提供的证据，林芝公司2011年至2015年向海信平度、湖州、顺德、江门四个基地供应九种型号电加热器，其中平度基地和湖州基地供货金额合计125755180.53元（含税金），顺德基地和江门基地供货金额合计6688496.74元（不含税）。折算扣除相应增值税后，林芝公司向海信（山东）空调有限公司销售本案侵权产品的总销售金额（不含税）约为114371557元。其次，关于林芝公司销售侵权产品的利润率。综合考虑林芝公司主张的最高利润率和国威公司主张的最低利润率，酌定被诉侵权产品的利润率为15%。最后，关于本案专利对于侵权产品利润的贡献度。根据本案专利说明书对发明有益效果的记载，与本案专利要求2的技术方案相关的有益效果包括产品结构更加紧凑，各配件之间在经过压制后结合更牢固，提高热传导性能，减少配件松动造成的安全隐患，提高产品的可靠性和制作成本等。可见，本案专利对于林芝公司PTC发热器的市场吸引力起到了重要作用。同时，考虑到本案专利权利要求2技术方案实现上述有益效果的特征主要体现在导热铝管压制后在左右侧面形成的半圆形凹槽结构，而PTC发热器还包括其他部件，不宜将侵权产品的利润全部归因于本案专利。在林芝公司无正当理由拒不参加本案庭审的情况下，酌定本案专利对于林芝公司侵权产品利润的贡献度为50%。综合上述分析，对于林芝公司在向海信（山东）空调有限公司销售被诉侵权产品过程中因侵犯本案专利权获得的利润计算如下：114371557元×15%×50%=8577867元。第二，关于林芝公司向广东美的制冷设备有限公司、海信（浙江）空调有限公司采购部及TCL空调事业部采购部供货行为的损害赔偿计算。前已述及，由于现有证据不足以证明本案被诉侵权产品在林芝公司向上述三个单位销售总额中所占比例，针对林芝公司向上述三个单位的销售行为，其对国威公司、蒋国屏造成的损失，林芝公司因侵权获得的利益均难以确定，且无合理的专利许可使用费可供参照，最高人民法院将依照法定赔偿确定林芝公司向上述三个单位销售本案被诉侵权产品的损害赔偿数额。考虑到本案专利为实用新型专利，林芝公司从事被诉侵权产品的生产和销售，且规模较大，酌定林芝公司就其向广东美的制冷设备有限公司、海信（浙江）空调有限公司采购部及TCL空调事业部采购部的销售行为应赔偿本案专利权人国威公司和蒋国屏经济损失80万元。

中华人民共和国最高人民法院民事判决书

（2018）最高法民再111号

再审申请人（一审原告、二审上诉人）：无锡国威陶瓷电器有限公司。住所地：江苏省宜兴市丁蜀镇通蜀西路。

法定代表人：蒋国屏，该公司总经理。

再审申请人（一审原告、二审上诉人）：蒋国屏。

两再审申请人之共同委托诉讼代理人：柏尚春，南京苏高专利商标事务所专利代理人。

两再审申请人之共同委托诉讼代理人：康燕文，江苏苏高律师事务所律师。

被申请人（一审被告、二审上诉人）：常熟市林芝电热器件有限公司。住所地：江苏省常熟市经济技术开发区高新技术园通林路88号。

法定代表人：何正安，该公司董事长。

被申请人（一审被告、二审被上诉人）：苏宁易购集团股份有限公司（原苏宁云商集团股份有限公司）。住所地：江苏省南京市山西路8号金山大厦1－5层。

法定代表人：张近东，该公司董事长。

委托诉讼代理人：郑芳燕，女，该公司员工。

再审申请人无锡国威陶瓷电器有限公司（以下简称国威公司）、蒋国屏因与被申请人常熟市林芝电热器件有限公司（以下简称林芝公司）、被申请人苏宁易购集团股份有限公司（以下简称苏宁公司）侵害实用新型专利权纠纷一案，不服江苏省高级人民法院（2016）苏民终105号民事判决，向本院申请再审。本院于2017年12月21日作出（2017）最高法民申2638号民事裁定，提审本案。本院依法组成合议庭，指派王冬作为技术调查官参与本案诉讼活动，公开开庭审理了本案。蒋国屏本人，国威公司和蒋国屏共同委托诉讼代理人柏尚春、康燕文，苏宁公司委托诉讼代理人郑芳燕到庭参加诉讼。林芝公司经本院传票传唤，无正当理由拒不到庭，本院依法进行缺席审理。本案现已审理终结。

国威公司、蒋国屏申请再审称，二审判决认定事实不清，适用法律错误，本案符合《中华人民共和国民事诉讼法》第二百条第六项的规定，应予再审。其主要理由为：（一）二审判决关于“隐含技术特征”的引入违反全面覆盖原则，缩小了国威公司和蒋国屏本案专利权利要求2的保护范围，缺乏法律依据。（二）二审判决对本案专利权利要求2的解释错误。本案专利权利要求2“所述散热铝条（11）粘贴在发热芯（10）中导热铝管（1）的左右侧面上”中的“左右侧面”应为笔误，该权利要求的唯一解释应是所述散热铝条粘贴在发热芯中导热铝管的“上下表面上”。但是，上述解释并不以“专利权利要求2中的导热铝管上下表面需存在凹槽，且该凹槽作用是保证上下表面的宽度与散热铝条的宽度一致”为前提条件。在导热铝管的左右侧面和在上下表面设有凹槽的作用各不相同，两者之间并不存在必然联系。基于上述理由，国威公司、蒋国屏请求本院：1. 撤销江苏省高级人民法院（2016）苏民终105号民事判决；2. 改判林芝公司侵权成立并支持国威公司和蒋国屏的一审全部诉讼请求，即由林芝公司赔偿国威公司和蒋国屏经济损失及合理费用1500万元；3. 本案一、二审诉讼费用全部由林芝公司承担。

林芝公司提交意见称，国威公司、蒋国屏的申请再审理由不能成立，应予驳回。其主要理由是：（一）本案专利权利要求2具有上下表面存在凹槽的隐含技术特征。本案专利权利要求2中的“导热铝管（1）”与权利要求1中的“导热铝管（1）”采用了同一标识，两者完全相同，因此权利要求2与权利要求1之间实质上存在引用关系。结合本案专利说明书关于凹槽（4）的记载，可以确定权利要求2的“导热铝管（1）”具有上下表面的凹槽。同时，根据说明书关于该实用新型专利的优点的记载以及实施例，导热铝管的左右侧面与上下表面的凹槽必须同时存在，两者相互依托，权利要求2的“导热铝管（1）”具有上下表面的凹槽这一隐含技术特征。（二）本案专利权利要求2关于散热铝条粘贴在发热芯中导热铝管的“左右侧面上”并非笔误。根据说明书的记载，散热铝条粘贴在发热芯中导热铝管的上下表面只是一种优选方案，并非唯一方案。而且，本案并不存在散热铝条无法在一个半圆形的凹槽内进行粘贴的情形。散热铝条粘贴在与发热芯接触较大的面更有利于散热，粘贴在上下表面还是左右侧面需要根据导热铝管及其与发热芯接触面的位置确定。（三）本案被诉侵权产品并未落入本案专利权利要求2的保护范围。本案被诉侵权产品与权利要求2的多个技术特征既不相同也不等同。被诉侵权产品的导热铝管上下表面没有凹槽；其导热铝管的侧面凹槽并非半圆形且系压制前形成，与本案专利权利要求2的相应技术特征在工艺、效果等方面不同；其散热铝条并非粘接而是采用楔槽压紧固定，且散热铝条并非安装在导热铝管的左右侧面，其宽度也小于导热铝管的宽度。

国威公司、蒋国屏向江苏省南京市中级人民法院（一审法院）起诉，请求法院判令：1. 林芝公司立即停止侵权行为，销毁侵权产品；苏宁公司停止销售包含被诉侵权产品的空调整机；2. 林芝公司赔偿国威公司、蒋国屏经济损失及合理支出共计1500万元；3. 林芝公司承担案件全部诉讼费用。

一审法院认定如下主要事实：

（一）国威公司、蒋国屏的权利状况

蒋国屏于2009年9月8日向国家知识产权局申请了“一种PTC发热器的导热铝管及PTC发热器”的实用新型专利，2010年6月2日，国家知识产权局授予了其实用新型专利权，专利号为ZL200920230829.5（即本案专利）。2010年6月23日，蒋国屏与国威公司签订许可协议，授权国威公司独占实施本案专利，合同有效期至该专利期限届满日，同时约定，在第三方侵害其权利时，国威公司有权单独或者与蒋国屏共同行使诉讼权利等。

在一审中，林芝公司向国家知识产权局专利复审委员会提出无效宣告请求，国家知识产权局专利复审委员会于2014年10月9日作出第24085号无效宣告请求审查决定（以下简称第24085号决定），宣告本案专利权部分无效。维持有效的权利要求1为：一种PTC发热器的导热铝管，其导热铝管（1）有两端开口的空腔（2），其特征在于：所述导热铝管的上表面和下表面分别设有凹槽（4），铝管管壁（3）厚度为0mm－1.5mm。权利要求2为：一种PTC发热器，包含发热芯（10）和散热铝条（11），其特征在于：所述发热芯（10）由陶瓷PTC发热元件（5）、绝缘陶瓷片（6）、导电电极（7）和绝缘层（8）穿过导热铝管（1）的后腔后压制形成；所述散热铝条（11）粘贴在发热芯（10）中导热铝管（1）的左右侧面上；所述导热铝管（1）压制后在左侧面和右侧面上分别形成半圆形的凹槽（9）。国威公司、蒋国屏明确其要求保护的范围是无效审查后维持有效的权利要求2。

（二）林芝公司、苏宁公司情况及其被诉侵权行为

2013年10月18日，江苏省宜兴市公证处公证员袁俊欢、公证工作人员徐明显，会同国威公司、蒋国屏的委托代理人岳庆、吴杰来到位于江苏省南京市溧水区中大街上的苏宁电器卖场，代理人岳庆在该电器卖场提取了TCL空调、海信空调、美的空调各一台（包括室内机、室外机），并当场取得每台空调对应的江苏增值税专用发票联及抵扣联各三份，TCL空调总价为1699元，海信空调总价为2799元，美的空调总价为2299元。提货行为结束后，上述人员将所提的空调及发票带至宜兴市公证处，在公证处院内停车场由空调维修人员对所提的空调室内机进行拆卸，由公证员袁俊欢对拆出的PTC加热器密封并加贴公证处的封条。公证员袁俊欢对上述提货现场及所提货品及拆卸空调现场共拍摄照片36张。上述过程均在公证员袁俊欢、公证工作人员徐明显的现场监督下进行。江苏省宜兴市公证处出具了（2013）锡宜证经内字第2592号公证书一份。林芝公司确认公证购买的TCL等空调中的PTC发热器是其销售的产品。

将被诉侵权产品与本案专利进行对比。国威公司、蒋国屏认为，权利要求2中“所述散热铝条（11）粘贴在发热芯（10）中导热铝管（1）的左右侧面上”中的“左右侧面”系笔误，通过说明书及附图可以看出应为“上下侧面”。被诉侵权产品的左右侧面存在凹槽，被诉侵权产品有压制的过程，权利要求并未限定一定是左右压制才落入权利保护范围。同时，即使在压制之前左右侧面稍微有凹

陷，也不影响被诉侵权产品落入本案专利权的保护范围。左右侧面的凹槽是为了吸收压制过程中的多余的延伸，使产品结构更加紧凑，形状并不是很重要。被诉侵权产品也全部包含权利要求 2 的其他技术特征，落入本案专利权的保护范围。

林芝公司认为，1. 其不同意权利要求存在笔误的说法。本案专利权利保护范围应当以权利要求书为准，在权利要求书可以清晰表述意思的情况下，无需引用说明书和实施例进行解释。而且，说明书第 0008 段也明确写出了是“左右侧面”，说明书给出了一个优选的技术方案，附图显示的也是优选方案，所以国威公司、蒋国屏主张笔误的说法不能成立。2. 被诉侵权产品左右侧面上的凹槽是预先就形成的，铝管左右侧面距发热芯有明显间隙，上下表面中部与发热芯片相接触的部分略微隆起，由此可见，发热器压制位置应当是在铝管的四个角，其目的是为压紧铝管上下表面与发热芯，使之更加贴合，而不是为了形成半圆形凹槽，被诉侵权产品中凹槽所起的作用与本案专利中的半圆形凹槽作用是不一致的，被诉侵权产品中的凹槽与专利号为 200620034186.3 的实用新型专利文件披露的技术特征一致。3. 被诉侵权产品上并非是半圆形凹槽，且凹槽有 U 型、V 型、W 型等多种不同形状。因此，被诉侵权产品并未落入国威公司、蒋国屏所主张的本案专利权利要求 2 保护范围。

林芝公司当庭认可，铝管和铝管中的发热芯相互之间是紧密的，有压制的过程，但被诉侵权产品压制的是铝管的四个角。

双方当事人均认可，一审法院从林芝公司、TCL 空调器（中山）有限公司、海信（山东）空调有限公司证据保全时取证的 PTC 加热器和上述产品结构基本一致。

（三）林芝公司的抗辩情况

林芝公司认为，专利号为 200620034186.3 的实用新型专利文件披露了被诉侵权产品的技术特征，即被诉侵权产品的凹槽是预先形成的，本案产品使用的是现有技术，不构成侵权。同时，国威公司和蒋国屏在本案专利无效阶段为了维持本案专利的有效，强调凹槽经过压制是本案专利的技术特征，而本案被诉侵权产品不包括此技术特征。

国威公司和蒋国屏认为，首先，200620034186.3 号实用新型专利在第 24085 号决定中已经作出对比，有明确的结论维持本案专利权有效。其次，200620034186.3 号实用新型专利披露的“U”型槽没有经过压制，与本案专利经过压制形成的半圆形凹槽不一样。

（四）查明的其他情况

国威公司、蒋国屏主张，结合（1）一审法院至广东美的制冷设备有限公司所作的调查笔录、广东美的制冷设备有限公司出具的物料编码清单一份以及其与林芝公司之间的供货协议；（2）一审法院至TCL空调器（中山）有限公司所作的调查笔录、物料编码清单、合同复印件等；（3）海信（浙江）空调有限公司采购部出具的情况说明一份；（4）国威公司、蒋国屏代理人所作的调查笔录、授权委托书、调查令回复函、汇总表、（2015）扬邮证民内字第992号公证书及实物等，证实林芝公司销售被诉侵权产品达1.6亿元。林芝公司认为，两个物料编码清单中的产品型号与被诉侵权产品实物的产品型号不同，不能认为和本案产品结构一样；海信（浙江）空调有限公司出具说明的真实性、合法性、关联性均不能认可，且说明上也未说出供应的是何产品，与本案没有关联性；汇总表上仅签有刘忠凯、赵胜的名字，没有公司公章及法定代表人签字，对其三性也不予认可，同时汇总表上的产品是否落入专利权保护范围无法体现。

国威公司、蒋国屏还提供了宜兴市正大税务事务所出具的"关于对无锡国威陶瓷电器有限公司2014年度企业信息公示鉴证的报告"，国威公司、蒋国屏主张该报告证实国威公司生产的本案专利产品的利润率为30%以上，综合林芝公司的销售额，其诉请的赔偿数额合理。林芝公司对该报告的真实性、合法性、关联性均有异议。

苏宁公司为证明其销售的被诉侵权产品具有合法来源，提供了其采购本案TCL空调的合同及发票。因国威公司、蒋国屏和林芝公司对该组证据的真实性及证明目的予以认可，故对苏宁公司销售的被诉侵权产品有合法来源的事实予以确认。

一审法院认为：（一）关于本案专利权利要求2的解释。专利权利要求2中"所述散热铝条（11）粘贴在发热芯（10）中导热铝管（1）的左右侧面上"中的"左右侧面"为笔误，应为"上下表面"。（二）本案被诉侵权产品落入专利权利要求2的保护范围。本案被诉侵权产品上的凹槽在压制后进一步变形，必然吸收了压制过程中的铝管在宽度方向的延伸，从而使产品结构更加紧凑，体现了本案专利权利要求2的技术特征。被诉侵权产品左右侧面的凹槽是否属于严格意义上的半圆形凹槽，并不影响导热铝管实现夹紧发热元件以提高散热性能的创造性功能。因此，本案被诉侵权产品落入本案专利权利要求2的保护范围。（三）关于民事责任的承担。林芝公司应立即停止侵权行为，销毁侵权产品，苏宁公司应立即停止销售包含本案侵权产品的空调整机。因国威公司、蒋国屏提交的证据不能证明林芝公司销售的全部是被诉侵权产品，不能证明林芝公司所获得的利润，同时国威公司、蒋国屏提供的证据也不能证明其因林芝公司生产、销售侵权产品所受到的损失，故应根据国威公司、蒋国屏主张的赔偿范围、PTC 发热器产品一般的销售价格、利润率，林芝公司销售的时间、侵权行为的性质，国威公司、蒋国屏为制止侵权行为的合理开支等因素，确定具体的赔偿数额为 100 万元。综上，依照《中华人民共和国专利法》第十一条第一款、第五十九条第一款、第六十五条的规定，一审法院判决如下：一、林芝公司立即停止生产、销售侵害国威公司、蒋国屏本案专利权产品的行为，并立即销毁库存侵权产品；二、苏宁公司立即停止销售包含侵害本案专利权的空调整机的行为；三、林芝公司于判决生效后十日内赔偿国威公司、蒋国屏经济损失及合理费用共 100 万元；四、驳回国威公司、蒋国屏的其他诉讼请求。一审案件受理费 111800 元，由林芝公司负担。

国威公司、蒋国屏和林芝公司均不服，分别向江苏省高级人民法院（二审法院）提起上诉。国威公司、蒋国屏请求法院撤销一审判决第三项，改判为由林芝公司赔偿国威公司、蒋国屏经济损失及合理费用 1500 万元；由林芝公司承担一、二审诉讼费用。其主要事实与理由为：一审判决对侵权赔偿数额的确定理由极为简单，没有对涉及侵权产品的相关证据材料进行详细分析说明，对国威公司、蒋国屏提交的相关证据和据以提出的赔偿请求不采信、不支持，但没有给出令人信服的充分理由。

林芝公司请求法院撤销一审判决，改判驳回国威公司、蒋国屏的诉讼请求，并由国威公司、蒋国屏承担本案一、二审诉讼费用。其主要事实与理由为：（一）被诉侵权产品与本案专利存在诸多不同：1. 被诉侵权产品导热铝管上下表面没有如专利权利要求 1 中为抵消压制产生尺寸延伸的凹槽（4）。2. 被诉侵权产品没有本案专利权利要求 2 中所述的导热铝管（1）。3. 被诉侵权产品散热铝条通过钎焊或通过位于导热铝管上的楔槽固定在上下表面而非如专利权利要求 2 中所述的左右侧面。4. 被诉侵权产品的左右侧面的凹槽不是压制后形成的，是压紧前就已经形成，而且凹槽形状是倒“人”型槽、“U”型槽，与专利中的半圆形的凹槽相比，其形状形成时间、作用均不同。5. 专利权利要求 2 具有隐含的技术特征“导热铝管与散热铝条宽度一致”，而被诉侵权产品的导热铝管与散热铝条宽度不一致。（二）一审判决认定专利权利要求 2 中“散热铝条粘贴在导热铝管左右侧面”系笔误，认定事实错误。（三）一审判决对上下表面的凹槽及左右侧面的半圆形凹槽的作用分析与说明书记载不符，系事实认定错误。（四）一审判决将被诉侵权产品的“压紧”与权利要求2中的“压制”混为一谈是认定事实错误。（五）一审判决认为林芝公司提出现有技术抗辩，不符合事实。林芝公司在一审中引用无效决定书中的证据5是为了证明被诉侵权产品的U型凹槽不同于本案专利的半圆形凹槽，是不侵权抗辩。（六）本案专利的专利权人在无效宣告程序中，对本案专利权利要求进行了限缩解释，即强调本案专利的半圆形凹槽与现有技术中的U型槽的区别与优点，并被国家知识产权局专利复审委员会采纳。本案应当适用禁止反悔原则，对本案专利的半圆形凹槽作出与专利权人在无效程序中所陈述相一致的解释。按照这种解释，被诉侵权产品的U型凹槽与本案专利的半圆形凹槽这一技术特征不一致。

二审法院另查明：被诉侵权产品的导热铝管的上、下表面光滑，在上、下表面的左右两侧位置设有一对向内收口的飞边，从而使得导热铝管的横截面的上下部分形成一燕尾槽。两侧飞边夹紧散热铝条的边，从而使得散热铝条固定并贴紧在导热铝管的上、下表面。被诉侵权产品左右两侧的凹槽形状是倒“人”型槽、“U”型槽。散热铝条宽度窄于导热铝管的宽度。

国家知识产权局专利复审委员会于2014年10月9日作出第24085号决定。对于本案专利权利要求2中所记载的散热铝条粘贴在导热铝管的左右侧面的问题，该决定认为：“根据权利要求2目前的限定，导热铝管压制后左右侧面形成半圆形凹槽而不能形成一个平面，散热铝条无法在一个半圆形的凹槽内进行粘贴；即权利要求2的上述技术特征明显前后矛盾。本专利说明书中第0006段记载，PTC发热器的导热铝管上表面和下表面分别设有凹槽，第0007段记载导热铝管压制后在左侧面和右侧面上形成半圆型的凹槽，第0010段记载，铝管表面的凹槽和铝管发热芯侧面的半圆型凹槽抵消了铝管宽度方向的延伸，确保了压制后发热芯铝管的宽度与散热铝条的宽度一致。由此可见，左右侧面的半圆型凹槽是为了夹紧发热芯，铝管上下表面凹槽为了保证上下表面的宽度与散热铝条的宽度一致。基于此可知，散热铝条显然是应当粘贴在导热铝管的上下表面而非左右侧面。本专利说明书附图4也能够支持这一结论。即根据说明书的记载，权利要求2中明显矛盾的特征能够得以唯一、正确的理解，其应为‘散热铝条粘贴在发热芯中导热铝管的上下表面上’。由此能够明确权利要求2的保护范围，以下关于创造性的评述以此保护范围为准。”

二审法院认为：（一）关于本案专利权利要求的解释。国威公司、蒋国屏主张权利要求2中的“所述散热铝条（11）粘贴在发热芯（10）中导热铝管（1）的左右侧面上”中的“左右侧面”系笔误，应理解为“上下表面”。第24085号决定结合本案专利说明书的相关内容，认定“根据说明书的记载，权利要求2中明显矛盾的特征能够得以唯一、正确的理解，其应为‘散热铝条粘贴在发热芯中导热铝管的上下表面上’”。该认定应当作为本案权利要求2的解释依据。对权利要求中出现的歧义性内容作重新解释的依据，必须严格限于权利要求书、说明书及附图的范围之内。并且，在进行澄清或勘误式解释的论证过程中，那些被引用到的，出现在权利要求书、说明书及附图中并作为论证前提和中间条件的相关技术特征，应作为隐含技术特征，对澄清或勘误后的权利要求具有限定作用。本案中，第24085号决定在对权利要求2中有关散热铝条粘贴位置作出勘误式解释的过程中认为：“左右侧面的半圆型凹槽是为了夹紧发热芯，导热铝管上下表面凹槽为了保证上下表面的宽度与散热条宽度一致”，并作出认定：“基于此可知，散热铝条显然是应当粘贴在导热铝管的上下表面而非左右侧面”。因此，第24085号决定将本案专利权利要求2中有关散热铝条粘贴位置的文字描述“左右侧面”认定为笔误，并更正为“上下表面”前提条件是：专利权利要求2中的导热铝管上下表面需存在凹槽，且该凹槽作用是保证上下表面的宽度与散热铝条宽度一致。如果没有这个前提条件，则本案专利权利要求2中的“左右侧面”的笔误更正为“上下表面”将会缺乏论证依据。因此，虽然本案专利权利要求2中并未有“导热铝管的上表面和下表面分别设有凹槽”这一技术特征，但因在对权利要求2中的文字歧义进行勘误式解释的过程中，“导热铝管的上表面和下表面分别设有凹槽”及其作用是作为论证前提条件的，因而应作为权利要求2的隐含技术特征，需考虑该技术特征对权利要求2保护范围的限定作用。（二）关于被诉侵权产品与本案专利权利的技术比对。本案专利权利要求2中虽未直接限定导热铝管在上下表面存在凹槽，但因勘误式解释而必须考虑“导热铝管的上表面和下表面分别设有凹槽”这一技术特征的限定作用。由于被诉侵权产品的导热铝管上下表面并不存在凹槽，且由于本案专利中的该凹槽并非是可有可无的，而是具有“保证上下表面的宽度与散热条宽度一致”的作用，故被诉侵权产品因缺少本案专利权利要求2所隐含的技术特征：导热铝管上下表面亦存在凹槽，且该凹槽作用是保证上下表面的宽度与散热铝条宽度一致。因此，根据“全面覆盖原则”，被诉侵权产品不落入本案专利权利要求2的保护范围。综上，林芝公司制造、销售，苏宁公司销售被诉侵权产品的行为不构成侵害国威公司、蒋国屏的本案专利权，林芝公司、苏宁公司无需承担民事责任。依照《最高人民法院关于审理侵犯专利权纠纷案件应用法律若干问题的解释》第七条、《最高人民法院关于审理侵犯专利权纠纷案件应用法律若干问题的解释（二）》第四条、《中华人民共和国民事诉讼法》第一百七十条第一款第二项之规定，二审法院判决如下：一、撤销江苏省南京市中级人民法院（2013）宁知民初字第510号民事判决；二、驳回国威公司、蒋国屏的全部诉讼请求。一、二审案件受理费人民币各111800元，均由国威公司、蒋国屏负担。

本院再审审理查明：国威公司、蒋国屏于2013年11月20日向一审法院提起诉讼，其最初请求法院判令林芝公司、TCL空调器（中山）有限公司、苏宁公司共同赔偿其经济损失暂定为105万元。2014年5月29日，国威公司、蒋国屏撤回了针对TCL空调器（中山）有限公司的起诉。2015年8月28日，国威公司、蒋国屏将其诉讼请求变更为请求判令林芝公司赔偿其经济损失1500万元（含必要的调查取证费用）。一审过程中，根据一审法院签发的调查令，国威公司、蒋国屏的代理人前往海信（山东）空调有限公司调查，获取了海信（山东）空调有限公司出具的授权委托书、调查令回复函、汇总表、电加热样品等证据。其中，授权委托书加盖有海信（山东）空调有限公司印章，内容为委托刘忠凯、赵胜作为本案中海信（山东）空调有限公司的委托代理人，其权限包括代为提供证据或者材料。调查令回复函有刘忠凯、赵胜的签字，其主要内容为1407131、1396701、1422806、1466479、1496503、1496504、1498572、1819629、1340556九种型号陶瓷PTC电加热器由林芝公司供货，该九种型号在发热体的铝管结构上没有区别。汇总表综合了2011年至2015年林芝公司向海信平度、湖州、顺德、江门四个基地供应九种型号电加热器的数量和金额（其中，平度基地金额70494578.19元和湖州基地金额55260602.34元为含税金额，顺德基地金额6758667.99元和江门基地金额129828.75元为不含税金额），其总数量为558588件，总金额约为132643677元。此外，根据一审法院向广东美的制冷设备有限公司调取的物料编码及采购数量，林芝公司自2010年1月1日至2013年11月28日向广东美的制冷设备有限公司提供加热器共计302499件，金额共计4138570元（单价未注明是否含税）。根据海信（浙江）空调有限公司采购部出具的情况说明，林芝公司自2012年1月1日至2013年12月31日向海信（浙江）空调有限公司采购部供货金额为24374094元（含税）。根据一审法院向TCL空调事业部采购部调取的供货清单，林芝公司自2012年3月份开始向TCL空调事业部采购部供货，至2013年11月，供货总金额为843万元（含税）。但是，广东美的制冷设备有限公司、海信（浙江）空调有限公司采购部及TCL空调事业部采购部提供的前述证据，并未明确显示所涉供货金额全部是本案被诉侵权产品的供货金额。2014年6月19日一审庭审中，林芝公司表示其产品的利润率为10%－15%。根据江苏省宜兴市正大税务师事务所出具的《关于对无锡国威陶瓷电器有限公司2014年度企业信息公示鉴证的报告》所附企业产品销售利润测算表的记载，国威公司12种产品中，最低销售利润率为16.54%，最高销售利润率为32.04%。

2014年8月21日，国家知识产权局专利复审委员会针对林芝公司就本案专利提出的无效宣告请求进行口头审理。当日的口头审理记录表第5页记载了本案专利权人的如下陈述："证据5的凹槽与本专利的凹槽作用不一样，证据5凹槽的作用在证据5的权利要求3、4的U、W、V型槽的作用是固定元件，本专利的作用抵消铝管压制而宽度的延伸。证据5说明书第4页实施例2描述的是V型槽的形成，在压制之前V型槽就已经形成了。本专利的凹槽，导热铝管经过压制后才会形成凹槽，证据5在压制之前就有槽存在，本专利是在压制后才会形成左右侧面的凹槽。"在提交给国家知识产权局专利复审委员会的意见陈述书中，本案专利权人也做了类似内容的陈述。

2014年9月28日，国家知识产权局专利复审委员会作出第24085号决定，该决定第11页记载："证据5公开一种密封型正温度系数热敏电阻加热器，包括发热元件、电机端子4、容纳腔体1和翅片式散热片11，容纳腔体1和翅片式散热片为一体式结构，由铝型材整体加工而成，翅片式散热片位于容纳腔的外表面，发热元件位于容纳腔体1的空腔内。在容纳腔体的两个相对侧面上沿容纳腔体轴向设有'V'型槽，'V'型槽的底边向腔体内凹陷，'V'型槽所在的侧面与翅片式散热片所在的侧面相互垂直。通过塑性成形的方法，使用冲压模具沿着垂直于'V'型槽面的方向对容纳腔体进行加工，是容纳腔体向内部变形和收缩，并且力连续可调，以保证两金属电极板6与各个PTC热敏电阻8（即温度系数热敏电阻）的良好紧密的接触，并和容纳空腔体良好接触，从而充分提高传热效率，提高了发热性能。为均匀压紧容纳空腔体内的发热体，在容纳腔体的棱上排列有用于使容纳腔体向内凹陷的压紧槽，在加工时，用加紧工具挤压容纳腔体的棱，容纳腔体的棱是指矩形体的四条棱；'V'型槽还可以是'U'型槽。由此可见，证据5公开了PTC发热器的铝管两侧设置'U'型槽也即半圆形凹槽的特征。但是，在证据5中这一凹槽并非用来吸收压制过程中的铝管向宽度方向的延伸的。由于翅片式散热片与容纳腔体是一体式结构，因此无法实现从铲出有翅片式散热片的上下表面对容纳腔体进行压制的操作。因此，在证据5的结构中需要在铝管压制前就设置一个‘U’型槽来提供连续可调的压紧力，从而在发热元件传入容纳腔体后对‘U’型槽进行上下挤压令其提供一个上下的压紧力从而均匀压紧腔体内的发热元件。在本专利中，铝管左右侧面的半圆型凹槽在压制后形成，因此在将发热元件传入铝管中时可暂时不形成半圆形凹槽或者稍微凹陷即可，发热元件的传入从而更加顺畅和安全，不会被划伤；而在压制后形成半圆形凹槽后，铝管与发热元件之间的间隙更小，从而消除了配件松动的隐患；并且由于设置这一半圆形凹槽可以使得压制后铝管上下表面与散热条的宽度完全保持一致。这些技术效果都无法通过证据5的‘U’型槽结构来实现。由此可见，证据5的‘U’型槽不能相当于本专利的‘半圆形凹槽’。”

本案专利说明书第2页第0010段记载了本发明的有益效果，其中包括：本发明的技术方案使得产品结构更加紧凑；各配件之间在经过压制后结合更牢固，提高了热传导性能；铝管空腔内各配件与铝管侧面的内壁间配合间隙减小，消除了因外力、整机工作抖动等造成配件松动的安全隐患，提高了产品的可靠性；产品结构合理，制作简单，安装及维修都方便、使用安全等。

本院再审认为，根据再审申请人的申请再审理由及本案案情，本案在再审审理阶段的焦点问题是：二审判决关于本案专利权利要求2的解释是否正确；本案被诉侵权产品是否落入本案专利权利要求2的保护范围；本案侵权民事责任的承担。对此，分析如下：

（一）二审判决关于本案专利权利要求2的解释是否正确

这一问题包含两个相互联系的方面：一是本案权利要求2中散热铝条粘贴在发热芯中导热铝管的“左右侧面上”的记载是否属于可以纠正的明显错误；二是涉及权利要求2是否应该具有“导热铝管的上表面和下表面分别设有凹槽”这一隐含技术特征。

第一，关于本案权利要求2中散热铝条粘贴在发热芯中导热铝管的“左右侧面上”的记载是否属于可以纠正的明显错误。《最高人民法院关于审理侵犯专利权纠纷案件应用法律若干问题的解释（二）》第四条规定：“权利要求书、说明书及附图中的语法、文字、标点、图形、符号等存有歧义，但本领域普通技术人员通过阅读权利要求书、说明书及附图可以得出唯一理解的，人民法院应当根据该唯一理解予以认定。”参照这一规定，可以纠正的明显错误需要具备两个条件：一是本领域普通技术人员能够认识到专利申请文件的记载或者附图存在歧义或者错误；二是本领域普通技术人员通过阅读权利要求书、说明书及附图可以得出唯一理解以解决该歧义或者错误。本案中，国威公司、蒋国屏主张本案权利要求2中的“所述散热铝条（11）粘贴在发热芯（10）中导热铝管（1）的左右侧面上”中的“左右侧面”系笔误，应理解为“上下表面”。对于这一主张能否成立，本院分析如下：首先，根据权利要求2记载的技术方案，导热铝管压制后在左右侧面形成半圆形凹槽而不能形成一个平面。由于散热铝条的作用是将发热芯的热量传导出去，即便散热铝条能够在一个半圆形的凹槽内进行粘贴，这种粘贴方式明显不符合散热传导的基本原理，也无法很好地实现散热功能。因此，本领域普通技术人员可以认识到，散热铝条粘贴在导热铝管的左右侧面上存在错误。其次，本案专利说明书第0008段的记载进一步凸显了这一错误，并给出了解决错误的提示。本案专利说明书第0008段记载：“所述散热铝条粘贴在发热芯中导热铝管的左右侧面上……为了满足安装空间较小的分体空调器的安全要求，优选使用一排波纹状散热铝条分别粘贴于发热芯中导热铝管的上下表面上。”上述记载在已经述及散热铝条粘贴在“发热芯中导热铝管的左右侧面上”的基础上，却在优选方案中将散热铝条的粘贴位置表述为“发热芯中导热铝管的上下表面上”。这一记载不仅提示了权利要求2关于散热铝条的粘贴位置存在错误，还给出了正确的解决方法提示。最后，本案专利说明书第0021段及其附图进一步给出了解决错误的唯一答案。本案专利说明书第0021段记载：“图4所示的发热器是在发热芯10在设有凹槽的上、下表面上粘接与该表面宽度一致的波纹状散热条构成。”同时，附图4和附图6显示，散热铝条粘贴在发热芯中导热铝管的上下表面上。因此，散热铝条显然应当粘贴在导热铝管的上下表面而非左右侧面，本案专利权利要求2中的“所述散热铝条（11）粘贴在发热芯（10）中导热铝管（1）的左右侧面上”中的“左右侧面”确系“上下表面”的笔误，属于可以纠正的明显错误。

第二，涉及权利要求2是否应该具有“导热铝管的上表面和下表面分别设有凹槽，且该凹槽的作用是保证上下表面的宽度与散热铝条宽度一致”这一隐含技术特征。二审判决认为，将本案专利权利要求2中有关散热铝条粘贴位置的文字描述“左右侧面”认定为是“上下表面”笔误的前提条件是：专利权利要求2中的导热铝管上下表面需存在凹槽，且该凹槽的作用是保证上下表面的宽度与散热铝条宽度一致，如果没有这个前提条件，则本案专利权利要求2中的“左右侧面”的笔误更正为“上下表面”将会缺乏论证依据。因此，虽然本案专利权利要求2中并未有“导热铝管的上表面和下表面分别设有凹槽”这一技术特征，但应将其作为权利要求2的隐含技术特征，需考虑该技术特征对权利要求2保护范围的限定作用。本院认为，二审判决所谓的隐含技术特征，实际上是在解释权利要求技术特征的含义时，引入权利要求并未明确记载的、作为勘误前提条件的内容。由于引入权利要求没有明确记载的内容通常会进一步限缩权利要求的保护范围，因此在权利要求解释过程中，引入权利要求没有明确记载的内容应该特别慎重。具体到本案，其关键问题在于，将本案专利权利要求2中有关散热铝条粘贴位置的文字描述“左右侧面”认定为系“上下表面”的笔误并予以更正，是否以专利权利要求2中的“导热铝管上下表面需存在凹槽，且该凹槽的作用是保证上下表面的宽度与散热铝条宽度一致”为前提条件。首先，基于前述关于本案专利权利要求2中散热铝条粘贴在发热芯中导热铝管的“左右侧面上”的记载属于可以纠正的明显错误的论述，该明显错误的认定和纠正并不以专利权利要求2中的导热铝管上下表面存在凹槽为前提条件。其次，本案专利权利要求1中导热铝管上下表面的凹槽与权利要求2中导热铝管压制后在左右侧面上形成的半圆形凹槽各自具有不同作用，两者并无直接关联性。本案中，本案专利说明书中第0006段记载，PTC发热器的导热铝管上表面和下表面分别设有凹槽；第0007段记载导热铝管压制后在左侧面和右侧面上形成半圆形的凹槽；第0010段记载，铝管表面的凹槽和铝管发热芯侧面的半圆形凹槽抵消了铝管宽度方向的延伸，确保了压制后发热芯导热铝管的宽度与散热铝条的宽度一致。由此可见，导热铝管左右侧面的半圆形凹槽是为了夹紧发热芯，上下表面凹槽是为了保证压制后上下表面的宽度与散热条宽度一致。因此，导热铝管左右侧面的半圆形凹槽与铝管上下表面凹槽分别起到不同的作用，两者之间并无协同作用，两者均不以对方的存在为前提条件。最后，第24085号决定在纠正权利要求2的明显错误时并未以导热铝管上下表面存在凹槽为前提条件。第24085号决定在对权利要求2中有关散热铝条粘贴位置作出勘误式解释的过程中认为：“根据权利要求2目前的限定，导热铝管压制后左右侧面形成半圆形凹槽而不能形成一个平面，散热铝条无法在一个半圆形的凹槽内进行粘贴，即权利要求2的上述特征描述明显前后矛盾。”可见，第24085号决定认定权利要求2存在笔误的理由仅仅是“导热铝管压制后左右侧面形成半圆形凹槽而不能形成一个平面”，与导热铝管上下表面是否设置凹槽并无必然联系。因此，二审判决认定本案专利权利要求2隐含“导热铝管的上表面和下表面分别设有凹槽，且该凹槽的作用是保证上下表面的宽度与散热铝条宽度一致”这一技术特征，缺乏事实依据。

综上，二审判决关于本案专利权利要求 2 保护范围的认定错误。国威公司、蒋国屏的本项再审申请理由成立，应予支持。

（二）本案被诉侵权产品是否落入本案专利权利要求 2 的保护范围

本案专利权利要求 2 可以划分为如下技术特征：一种 PTC 发热器（特征 A），包含发热芯（特征 B）和散热铝条（特征 C）；所述发热芯由陶瓷 PTC 发热元件、绝缘陶瓷片、导电电极和绝缘层穿过导热铝管的后腔后压制形成（特征 D）；所述散热铝条粘贴在发热芯中导热铝管的左右侧面上（特征 E）；所述导热铝管压制后在左侧面和右侧面上分别形成半圆形的凹槽（特征 F）。

综合林芝公司在原审过程中提出的抗辩事由，其认为被诉侵权产品与本案专利权利要求 2 的技术特征存在如下区别：被诉侵权产品导热铝管上下表面没有凹槽，而本案专利权利要求 2 所述的导热铝管上下表面分别设有凹槽（区别特征一）；被诉侵权产品的散热铝条通过钎焊或者通过位于导热铝管上的楔槽固定在上下表面，而专利权利要求 2 中散热铝条粘贴在导热铝管的左右侧面（区别特征二）；被诉侵权产品的左右侧面的凹槽不是压制后形成的，是压紧前就已经形成，且凹槽形状是倒“人”型槽、“U”型槽，与本案专利权利要求 2 的半圆形凹槽相比，其形成时间、形状、作用均不同（区别特征三）；被诉侵权产品的导热铝管与散热铝条宽度不一致，本案专利权利要求 2 具有隐含的技术特征“导热铝管与散热铝条宽度一致”（区别特征四）。此外，林芝公司还主张，本案应当适用禁止反悔原则，专利权人在无效宣告程序中，对本案专利权利要求进行了限缩解释，即强调本案专利的半圆形凹槽与现有技术中的 U 型槽的区别与优点，并被国家知识产权局专利复审委员会采纳，被诉侵权产品的 U 型凹槽与本案专利的半圆形凹槽这一技术特征不一致。林芝公司所谓的区别特征一、二、四与本案专利权利要求 2 的解释有关；其所谓的区别特征三与其主张的禁止反悔原则存在密切关联。据此，本院分别分析如下：

第一，关于林芝公司所谓的区别特征一、四。林芝公司所谓的区别特征一“被诉侵权产品导热铝管上下表面没有凹槽”和区别特征四“被诉侵权产品的导热铝管与散热铝条宽度不一致”，均与二审判决引入的本案专利权利要求 2 的“隐含技术特征”有关。前已述及，二审判决认定本案专利权利要求 2 隐含“导热铝管的上表面和下表面分别设有凹槽，且该凹槽的作用是保证上下表面的宽度与散热铝条宽度一致”这一技术特征，缺乏事实依据。本案专利权利要求2并未隐含上述技术特征。因此，林芝公司所谓的区别特征一和四并非被诉侵权产品技术方案与本案权利要求2的区别。

第二，关于林芝公司所谓的区别特征二。林芝公司所谓的区别特征二“被诉侵权产品的散热铝条通过钎焊或者通过位于导热铝管上的楔槽固定在上下表面”与本案专利权利要求2的特征E“所述散热铝条粘贴在发热芯中导热铝管的左右侧面上”有关。前已述及，本案权利要求2“所述散热铝条粘贴在发热芯中导热铝管的左右侧面上”中的“左右侧面”确系“上下表面”的笔误，应修正为“上下表面”。因此，林芝公司所谓的区别特征仅在于被诉侵权产品的散热铝条的固定方式，即被诉侵权产品的散热铝条“通过钎焊或者通过位于导热铝管上的楔槽固定”在上下表面，而本案专利权利要求2的特征E中散热铝条是“粘贴”在导热铝管的上下表面。这一问题涉及本案专利权利要求2特征E中“粘贴”的解释。专利权利要求的解释必须从本领域技术人员的角度出发，结合说明书给出的信息进行整体理解。从说明书对本案专利权利的发明目的的描述可知，本专利的发明目的是提供一种成本更低、结构更加合理的PTC发热器的导热铝管及一种热传导性能更好，绝缘性能更优良的PTC发热器。为实现此目的，本领域技术人员可以理解，特征E中散热铝条“粘贴”在导热铝管的上下表面，是为了使发热芯和散热铝条充分贴合，以保证发热芯的热量能够通过散热铝条高效传导出去。因此，此处的“粘贴”，应理解为“贴合”，至于以何种方式实现发热芯和散热铝条之间的贴合，则并无严格限定，可以是焊接、楔槽固定，也可以是粘合剂等其他方式固定。可见，被诉侵权产品的“散热铝条通过钎焊或者通过位于导热铝管上的楔槽固定在上下表面”这一特征，与本案专利权利要求2的特征E“所述散热铝条粘贴在发热芯中导热铝管的上下表面”构成相同特征。

第三，关于林芝公司所谓的区别特征三及禁止反悔原则的适用问题。林芝公司所谓的区别特征三以及禁止反悔原则的适用与本案权利要求2的特征F“所述导热铝管压制后在左侧面和右侧面上分别形成半圆形的凹槽”有关。林芝公司主张，被诉侵权产品的左右侧面的凹槽在压紧前已经形成，并非压制后形成，且凹槽形状是倒“人”型槽或者“U”型槽，与本案专利权利要求2的半圆形凹槽相比，其形成时间、形状、作用均不同。首先，关于本案权利要求2的特征F的解释。根据本案专利说明书，“导热铝管压制后在左侧面和右侧面上分别形成半圆形的凹槽”的作用是抵消压制时导热铝管在宽度方向的延伸，保证导热铝管空腔内配件与铝管侧面的内壁间配合间隙减小，使产品结构更加紧凑。因此，特征 F 中的半圆形凹槽需要压制的过程，在压制过程中发生向内方向的形变，在压制后形成半圆形凹槽。至于在压制之前，导热铝管左右侧面是否存在凹槽以及凹槽的形状，本案权利要求 2 特征 F 并未作限定。其次，关于被诉侵权产品左右侧面凹槽的形成时间和作用。根据林芝公司在原审中的陈述，被诉侵权产品左右侧面凹槽预先形成，但是需要对导热铝管的四个角进行压制，压制后凹槽会有进一步变形，目的是压紧铝管上下表面与发热芯，使之更加贴合。可见，即便被诉侵权产品左右侧面凹槽预先形成，其仍存在压制过程，且压制过程中凹槽会发生向内形变，起到吸收压制过程中铝管宽度方向延伸的作用。这与本案权利要求 2 特征 F 中半圆形凹槽的作用相同。而且，本案权利要求 2 特征 F 对于导热铝管左右侧面在压制之前是否存在凹槽并未作限定。再次，关于被诉侵权产品左右侧面凹槽的形状。被诉侵权产品左右侧面凹槽的形状是倒“人”型槽或者“U”型槽。前已述及，本案权利要求 2 的特征 F 中导热铝管压制后在左右侧面上形成的“半圆形的凹槽”的主要作用是抵消压制时导热铝管在宽度方向的延伸，使产品结构更加紧凑。被诉侵权产品左右侧面的倒“人”型槽或者“U”型槽在压制过程中同样发生形变，吸收压制过程中铝管宽度方向延伸，使产品结构更加紧凑。可见，被诉侵权产品左右侧面的倒“人”型槽或者“U”型槽与特征 F 中的“半圆形的凹槽”具有相同的作用，实现相同的效果。同时，倒“人”型槽或者“U”型槽与半圆形凹槽均是以向内凹陷的方式吸收压制过程中铝管宽度方向延伸，在手段上基本相同，本领域普通技术人员无需经过创造性劳动就能够联想到。因此，被诉侵权产品具备与权利要求 2 特征 F“所述导热铝管压制后在左侧面和右侧面上分别形成半圆形的凹槽”相等同的特征。最后，关于林芝公司所谓的禁止反悔原则的适用问题。根据本院查明的事实，在本案专利无效宣告过程中，专利权人主张，本案专利的凹槽与证据 5 的凹槽的作用不同，证据 5 中“U”“W”“V”型槽的作用是固定元件，本案专利的半圆形凸槽作用是抵消铝管压制中在宽度方向的延伸；本案专利的凹槽是导热铝管经过压制后才形成，而证据 5 的 V 型槽在压制之前就已经形成。对于专利权人上述有关本案专利左右两侧凹槽与证据 5 的凹槽作用不同的主张，第 24085 号决定予以认可。对于专利权人上述有关本案专利的凹槽经过压制后才形成，而证据 5 的 V 型槽在压制之前就已经形成的主张，第 24085 号决定认为，由于证据 5 的方案无法实现从铲出有翅片式散热片的上下表面对容纳腔体进行压制的操作，证据 5 的结构中需要在铝管压制前就设置一个

“U”型槽来提供连续可调的压紧力，而本案专利在将发热元件传入铝管中时可暂时不形成半圆形凹槽或者稍微凹陷即可，铝管左右侧面的半圆形凹槽在压制后形成。可见，专利权人在专利无效宣告过程中虽然强调了本案专利导热铝管左右侧面的半圆形凹槽的作用和形成时间，但是并未完全排除导热铝管左右侧面在压制之前存在特定形状的凹槽。同时，第24085号决定明确肯定了本案专利导热铝管左右侧面在压制之前可以有稍微凹陷。因此，本案专利权人在无效宣告程序中的陈述未放弃导热铝管左右侧面在压制之前存在特定形状凹槽的技术方案，第24085号决定更进一步肯定了本案专利包括导热铝管左右侧面在压制之前存在特定形状凹槽的技术方案。本案专利权人在无效宣告程序中的陈述并未导致林芝公司所谓的导致禁止反悔的法律效果。

除上述事由外，林芝公司并未提出被诉侵权产品与本案专利权利要求2的其他区别，本院经审查认为被诉侵权产品具备本案权利要求2的其他技术特征。

综上，本案被诉侵权产品具备与本案专利权利要求2相同或者等同的技术特征，落入本案专利权利要求2的保护范围。

（三）本案侵权民事责任的承担

由于本案被诉侵权产品落入本案专利权利要求2的保护范围，根据国威公司、蒋国屏的诉讼请求，被申请人林芝公司和苏宁公司应承担相应的民事责任。关于具体民事责任的承担方式，结合国威公司、蒋国屏的诉讼请求，分析评判如下：

第一，关于停止侵害的诉讼请求。本案被诉侵权产品落入本案专利权利要求2的保护范围，林芝公司和苏宁公司应该承担停止侵害的民事责任。停止生产和销售侵权产品是停止侵害的必要措施之一，对于国威公司、蒋国屏请求判令林芝公司立即停止生产和销售被诉侵权产品，苏宁公司立即停止销售包含本案侵权产品的空调整机的诉讼请求，本院予以支持。如林芝公司现存有本案侵权产品，为防止该侵权产品进入销售渠道，应予销毁。对于国威公司、蒋国屏关于判令林芝公司销毁侵权产品的诉讼请求，本院予以支持。

第二，关于赔偿损失及为制止侵权所支付的合理费用的诉讼请求。国威公司、蒋国屏请求判令林芝公司赔偿经济损失及为制止侵权所支付的合理费用共计1500万元。国威公司、蒋国屏主张按照林芝公司因侵权所得的利益计算本案损害赔偿，其计算方法为：林芝公司侵权产品销售总金额169556341元乘以侵权产品利润率15%，得到侵权利润约为2543万元。据此，国威公司、蒋国屏认为其主张的赔偿数额是合理的。对此，本院分析如下：

首先，关于国威公司、蒋国屏主张的损害赔偿计算方法的合理性。1. 关于国威公司、蒋国屏主张的林芝公司侵权产品销售总金额。国威公司、蒋国屏主张的林芝公司侵权产品销售总金额为169556341元。该总金额包含了林芝公司向广东美的制冷设备有限公司、海信（浙江）空调有限公司采购部、海信（山东）空调有限公司以及TCL空调事业部采购部的供货金额，而广东美的制冷设备有限公司、海信（浙江）空调有限公司采购部及TCL空调事业部采购部提供的证据并未显示所涉供货金额全部是本案被诉侵权产品的供货金额。同时，该产品销售总金额既包含了含税金额（例如，海信平度基地和湖州基地的金额为含税金额），又包含了未含税金额（例如海信顺德基地和江门基地的金额为未含税金额）。因此，国威公司、蒋国屏主张的林芝公司侵权产品销售总金额并不准确。2. 关于国威公司、蒋国屏主张的损害赔偿计算方法。国威公司、蒋国屏主张以侵权产品销售总金额乘以侵权产品利润率作为损害赔偿计算方法。侵权产品销售总金额乘以侵权产品利润率得到的是侵权产品销售利润，该销售利润并不必然就是侵权行为人因侵权所得的利润。原因在于，被诉侵权产品的利润来源除了使用专利技术方案外，可能来自于其使用的其他专利或者其他部件。因此，需要考虑本案专利对于侵权产品利润的贡献度。鉴此，对于国威公司、蒋国屏主张的损害赔偿计算方法，本院将在剔除上述不合理因素影响的情况下予以考虑。

其次，关于林芝公司侵权产品销售总金额的计算。国威公司、蒋国屏提交了林芝公司向广东美的制冷设备有限公司、海信（浙江）空调有限公司采购部、海信（山东）空调有限公司以及TCL空调事业部采购部的供货数量及金额的证据。1. 关于林芝公司向广东美的制冷设备有限公司、海信（浙江）空调有限公司采购部及TCL空调事业部采购部供货的证据。广东美的制冷设备有限公司和TCL空调事业部采购部出具的林芝公司供货证据虽记载了物料编码，但是仅凭该编码仍难以认定本案被诉侵权产品所占供货数量的比例。海信（浙江）空调有限公司采购部出具的证据仅记载了供货金额，同样难以认定本案被诉侵权产品在其中所占比例。因此，本院难以将该三份证据作为以侵权获利方法计算损害赔偿数额的基准依据。对于该三份证据，本院将按照法定赔偿方式确定损害赔偿数额。2. 关于林芝公司向海信（山东）空调有限公司供货的证据。海信（山东）空调有限公司不仅提供了林芝公司供货的九个型号产品的供货数量和金额证据，还提供了相关七个型号产品的实物证据，且明确表示所有九种型号在发热体的铝管结构上没有区别。在林芝公司并未提供相反证据的情况下，本院推定海信（山东）空调有限公司提供的关于林芝公司供货的产品数量和销售金额均属本案侵权产品的数量和销售金额。根据海信（山东）空调有限公司提供的证据，林芝公司 2011 年至 2015 年向海信平度、湖州、顺德、江门四个基地供应九种型号电加热器，其中平度基地和湖州基地供货金额合计 125755180.53 元（含税金），顺德基地和江门基地供货金额合计 6688496.74 元（不含税）。由于海信（山东）空调有限公司提供的关于林芝公司供货产品的销售总金额既包含了海信平度基地和湖州基地的含税金额，又包含了海信顺德基地和江门基地的未含税金额，故应将海信平度基地和湖州基地的含税金额转换为未含税金额。根据《中华人民共和国增值税暂行条例》（2009 年 1 月 1 日施行）第二条的规定，作为生产加工企业，林芝公司应缴纳的增值税税率为 17%。折算扣除相应增值税后，林芝公司向海信（山东）空调有限公司销售本案侵权产品的总销售金额（不含税）约为 114371557 元。

再次，关于林芝公司销售侵权产品的利润率。林芝公司在本案一审庭审中表示其产品的利润率为 10% - 15%。根据江苏省宜兴市正大税务师事务所出具的《关于对无锡国威陶瓷电器有限公司 2014 年度企业信息公示鉴证的报告》，国威公司 12 种产品中，最低销售利润率为 16.54%，最高销售利润率为 32.04%。综合考虑林芝公司主张的最高利润率和国威公司主张的最低利润率，本院酌定被诉侵权产品的利润率为 15%。

最后，关于本案专利对于侵权产品利润的贡献度。根据本案专利说明书对发明有益效果的记载，与本案专利要求 2 的技术方案相关的有益效果包括产品结构更加紧凑，各配件之间在经过压制后结合更牢固，提高热传导性能，减少配件松动造成的安全隐患，提高产品的可靠性和制作成本等。可见，本案专利对于林芝公司 PTC 发热器的市场吸引力起到了重要作用。同时，考虑到本案专利权利要求 2 技术方案实现上述有益效果的特征主要体现在导热铝管压制后在左右侧面形成的半圆形凹槽结构，而 PTC 发热器还包括其他部件，不宜将侵权产品的利润全部归因于本案专利。在林芝公司无正当理由拒不参加本案庭审的情况下，本院酌定本案专利对于林芝公司侵权产品利润的贡献度为 50%。

综合上述分析，本院对于林芝公司在向海信（山东）空调有限公司销售被诉侵权产品过程中因侵犯本案专利权获得的利润计算如下：114371557 元 × 15% × 50% = 8577867 元。

第三，关于林芝公司向广东美的制冷设备有限公司、海信（浙江）空调有限公司采购部及 TCL 空调事业部采购部供货行为的损害赔偿计算。前已述及，由于现有证据不足以证明本案被诉侵权产品在林芝公司向上述三个单位销售总额中所占比例，针对林芝公司向上述三个单位的销售行为，其对国威公司、蒋国屏造成的损失、林芝公司因侵权获得的利益均难以确定，且无合理的专利许可使用费可供参照，本院将依照法定赔偿确定林芝公司向上述三个单位销售本案被诉侵权产品的损害赔偿数额。考虑到本案专利为实用新型专利，林芝公司从事被诉侵权产品的生产和销售，且规模较大，本院酌定林芝公司就其向广东美的制冷设备有限公司、海信（浙江）空调有限公司采购部及 TCL 空调事业部采购部的销售行为应赔偿本案专利权人国威公司和蒋国屏经济损失 80 万元。

第四，关于制止侵权的合理支出。在本案一审过程中，国威公司、蒋国屏为获取本案被诉侵权产品，公证购买了三台空调，其中 TCL 空调总价为 1699 元，海信空调总价为 2799 元，美的空调总价为 2299 元，合计 6797 元。除上述有相应发票证实的取证费用外，国威公司、蒋国屏对于其委托公证、委托调查取证、委托律师参与本案诉讼等支出的费用并未提供相应票据加以证明。尽管如此，考虑到本案实际情况，国威公司、蒋国屏委托公证、委托调查取证和委托律师参与本案诉讼有合理性和必要性。由于委托公证、调查取证和委托律师参与诉讼的行为已经发生，必然会发生相应支出，本院对于公证费用、调查取证费用及律师费将酌情予以支持。根据本案情况，本院酌定林芝公司应予赔偿本案专利权人为制止侵权的合理开支为 6 万元。

综上，二审判决关于本案专利权利要求 2 保护范围的解释有所不当，在此基础上认定被诉侵权产品不落入本案专利权利要求 2 的保护范围，裁判结果错误，应予纠正。一审判决认定林芝公司构成侵犯本案专利权的结论虽然正确，但在本案部分证据可以证明侵权人因侵权所获利益的情况下，运用法定赔偿确定损害赔偿数额，适用法律有误，应予纠正。依照《中华人民共和国民事诉讼法》第二百零七条第一款、第一百七十条第一款第二项，《中华人民共和国专利法》第十一条第一款、第五十九条第一款、第六十五条第一款的规定，判决如下：

一、撤销江苏省高级人民法院（2016）苏民终 105 号民事判决；

二、维持江苏省南京市中级人民法院（2013）宁知民初字第 510 号民事判决第一项、第二项和第四项；

三、变更江苏省南京市中级人民法院（2013）宁知民初字第 510 号民事判决第三项为“常熟市林芝电热器件有限公司于本判决生效后十日内赔偿无锡国威陶瓷电器有限公司、蒋国屏经济损失 9377867 元，为制止侵权行为所支付的合理开支60000元，共计9437867元”。

如果未按判决指定的期间履行给付金钱义务，应当依照《中华人民共和国民事诉讼法》第二百五十三条之规定，加倍支付迟延履行期间的债务利息。

一、二审诉讼费用各111800元，均由常熟市林芝电热器件有限公司负担。

本判决为终审判决。

审 判 长 朱 理
审 判 员 毛立华
审 判 员 佟 姝
二〇一八年六月二十六日
法官助理 张 博
书 记 员 刘方方

69. 专利权人与侵权人的事先约定可以作为确定专利侵权损害赔偿数额的依据

——再审申请人中山市隆成日用制品有限公司与被申请人湖北童霸儿童用品有限公司侵害实用新型专利权纠纷案

【裁判要旨】

侵权人与权利人就再次侵权的赔偿数额作出约定后再次侵权的，人民法院可直接适用该约定确定侵权损害赔偿数额。

【关键词】

再次侵权　赔偿数额　调解协议

【案号】

最高人民法院（2013）民提字第116号

【基本案情】

中山市隆成日用制品有限公司（以下简称隆成公司）系名称为“前轮定位装置”实用新型专利（即本案专利）的专利权人。2008年4月，隆成公司曾以湖北童霸儿童用品有限公司（以下简称童霸公司）侵犯本案专利为由提起诉讼。湖北省武汉市中级人民法院一审判决童霸公司停止侵权并赔偿损失。童霸公司不服，提起上诉。二审期间，经法院主持调解，双方达成调解协议并由湖北省高级人民法院制作了民事调解书，其主要内容为：童霸公司保证不再侵犯隆成公司的专利权，如发现一起侵犯隆成公司实用新型专利权的行为，自愿赔偿隆成公司100万元。后隆成公司发现童霸公司仍在从事侵害本案专利权的经营行为，遂于2011年5月再次向湖北省武汉市中级人民法院提起诉讼，请求法院判令童霸公司赔偿隆成公司100万元并承担诉讼费用。一审庭审中，经法院释明，隆成公司明确表示本案依据专利侵权起诉，不选择合同违约之诉，但请求法院对侵权赔偿数额按双方约定的标准计算。一审法院认为，根据合同法第一百二十二条的规定，侵权责任与违约责任竞合时，受损害方有选择权。隆成公司明确选择提起侵权之诉，应根据侵权责任法确定赔偿数额。若赔偿标准以前案民事调解书的约定为准，则与合同法的上述规定相冲突。因隆成公司主张侵权之诉，违约之诉无法纳入法庭调查和辩论的范围，法院无须对违约行为及违约责任作出判断，故不宜适用当事人约定的违约赔偿金。一审法院遂适用法定赔偿判决童霸公司赔偿隆成公司14万元。隆成公司不服，提出上诉。湖北省高级人民法院二审认为，侵权行为成立与否是本案双方当事人权利义务关系的基础，前案中被诉侵权童车产品的型号与本案中被诉侵权童车产品的型号不同，故调解协议约定的赔偿数额不能适用于本案。遂判决驳回上诉，维持一审判决。隆成公司仍不服，向最高人民法院申请再审。最高人民法院裁定提审本案，并于2013年12月7日判决撤销原一、二审判决，判令童霸公司赔偿隆成公司100万元。

【裁判意见】

最高人民法院提审认为：关于本案能否适用双方在前案调解协议中约定的赔偿数额确定方法。首先，本案中童霸公司应承担的民事责任不属于侵权责任与违约责任竞合之情形。合同法第一百二十二条所规定的违约责任与侵权责任发生竞合的前提是当事人双方之间存在基础交易合同关系，基于该交易合同关系，一方当事人的违约行为侵害了对方权益而产生侵权责任。因此，该规定中的违约行为是指对基础交易合同约定义务的违反，且该违约行为同时侵害了对方权益，而不是指对侵权行为发生之后当事人就如何承担赔偿责任所作约定的违反。前案调解协议不是隆成公司与童霸公司之间的基础交易合同，而是对侵权行为发生后如何承担侵权赔偿责任（包括计算方法和数额）的约定。因此，本案中童霸公司应承担的民事责任不属于合同法第一百二十二条规定的侵权责任与违约责任竞合的情形。其次，本案中童霸公司应承担的民事责任系侵权责任。前案调解协议的法律意义与效果不在于对童霸公司的合同交易义务作出约定，而在于对侵权责任如何承担作出约定。当事人双方将童霸公司将来侵权行为发生后的具体赔偿方法和数额写进调解协议，只是为了明确童霸公司再次侵权时其侵权责任应如何承担。最后，侵权责任法、专利法等法律并未禁止被侵权人与侵权人就侵权责任的方式、侵权赔偿数额等预先作出约定。这种约定的实质是，双方就未来发生侵权时权利人因被侵权所受到的损失或者侵权人因侵权所获得的利益，预先达成的一种简便的计算和确定方法。基于举证困难、诉讼耗时费力等因素的考虑，双方当事人在私法自治的范畴内完全可以对侵权赔偿数额作出约定。这种约定既包括侵权行为发生后的事后约定，也包括侵权行为发生前的事先约定。因此，本案适用调解协议中双方约定的赔偿数额确定方法，与专利法第六十五条的有关规定并不冲突。综上，本案可以适用前案调解协议中约定的赔偿数额确定方法。

中华人民共和国最高人民法院民事判决书

（2013）民提字第116号

再审申请人（一审原告、二审上诉人）：中山市隆成日用制品有限公司。

法定代表人：黄英源，该公司董事长。

委托代理人：邓清征，广东金剑时空律师事务所律师。

被申请人（一审被告、二审上诉人）：湖北童霸儿童用品有限公司。

法定代表人：吴家文，该公司董事长。

委托代理人：陈建华，该公司工作人员。

委托代理人：孙才华，北京盈科（武汉）律师事务所律师。

再审申请人中山市隆成日用制品有限公司（以下简称隆成公司）因与被申请人湖北童霸儿童用品有限公司（以下简称童霸公司）侵害实用新型专利权纠纷一案，不服湖北省高级人民法院（2012）鄂民三终字第86号民事判决，向本院申请再审。本院于2013年4月2日作出（2013）民申字第12号民事裁定，提审本案。本院依法组成合议庭，于2013年10月17日公开开庭审理了本案。隆成公司的委托代理人邓清征，童霸公司的委托代理人陈建华、孙才华到庭参加诉讼。本案现已审理终结。

2011年5月，隆成公司向武汉市中级人民法院提起诉讼称：其是专利号为ZL01242571.0，名称为“前轮定位装置”实用新型专利（以下简称涉案专利）的权利人。2008 年 4 月，隆成公司曾以童霸公司侵犯涉案专利为由向武汉市中级人民法院提起诉讼，法院以（2008）武知初字第 144 号民事判决书判决童霸公司停止侵权并赔偿损失。童霸公司不服上述判决而提起上诉。二审期间，经法院主持调解，双方达成调解协议并由湖北省高级人民法院制作了（2009）鄂民三终字第 42 号民事调解书，其主要内容为：童霸公司保证不再侵犯隆成公司的专利权，如发现一起侵犯隆成公司实用新型专利权的行为，自愿赔偿隆成公司人民币 100 万元。但童霸公司仍继续大规模地从事侵犯隆成公司涉案专利权的行为。（2009）中证内字第 5846 号公证书、（2010）中证内字第 938 号公证书，可证明童霸公司通过网络继续许诺销售，并实际生产、销售侵权产品。2009 年 10 月 23 日至 25 日，童霸公司参加中国进出口商品交易会，展出侵权产品并大量派发载有侵权产品图片的产品宣传册。2010 年 3 月，隆成公司通过湖北省汉川市公证处办理了相关侵权产品的购买公证。综上，隆成公司请求法院判令童霸公司赔偿其 100 万元并承担本案的诉讼费用。

童霸公司辩称：（2009）鄂民三终字第 42 号案件经湖北省高级人民法院调解结案后，隆成公司利用不正当手段到童霸公司取证。2011 年 3 月，隆成公司派外商连同公证人员到童霸公司购买被控侵权产品。童霸公司的业务员告知对方，没有被控侵权产品，与隆成公司存在侵权纠纷，需等隆成公司的专利失效后再进行生产。但对方坚持订货，称先拿几个样品回去，等专利失效后再大批量订货生产。因此，童霸公司的业务员就向对方提供了几个样品。此外，隆成公司请求赔偿 100 万元没有法律依据。

武汉市中级人民法院一审查明：

（一）涉案专利权概况

涉案专利的申请日为 2001 年 7 月 10 日，授权日为 2002 年 5 月 15 日，年费缴纳至 2011 年 7 月 10 日。涉案专利的原权利人为中山隆顺日用制品有限公司，2004 年 7 月 30 日，权利人变更为隆成公司。涉案专利权利要求书记载：1. 一种前轮定位装置，装设于婴儿车之前脚管末端，其特征在于，包括：垂直转轴，下端与前轮之轮轴结合，上端与该前脚管末端枢接并保持同轴转动的连接状态；及一控制前轮是否能够转向的卡掣机构，设置于前述垂直转轴上端与该前脚管末端之间。2. 如权利要求第 1 项所述之前轮定位装置，其特征在于：该前脚管末端具有一供该卡掣机构卡入后定位的定位孔。3. 如权利要求第 1 项所述之前轮定位装置，其特征在于，该卡掣机构包括：固定销及控制该固定销之升降或移动的升降机构。4. 如权利要求第3项所述之前轮定位装置，其特征在于，该升降机构为一对转盘，该转盘之间有一旋斜面，该转盘之一端与该固定销连接。5. 如权利要求第4项所述之前轮定位装置，其特征在于：该转盘之一侧设有便于旋转该转盘的把手。2008年8月11日，国家知识产权局专利复审委员会作出第12067号《无效宣告请求审查决定》，宣告涉案专利权利要求1－3项无效，在权利要求4、5的基础上维持涉案专利权继续有效。

（二）指控侵权情况

2009年10月16日，隆成公司的委托代理人徐畅在广东省中山市公证处，由公证员蔡国华、陈剑波监督，从互联网进入阿里巴巴网站（http：//china. alibaba. com/）页面，在该页面经搜索进入童霸公司网站（http：//chen980412. cn. alibaba. com/）并对该网站相关页面进行截屏，页面内容包括童霸公司简介和多种型号婴儿推车照片。广东省中山市公证处对上述过程出具了（2009）中证内字第5846号公证书。2010年2月24日，隆成公司委托代理人林雁英在广东省中山市公证处，由公证员蔡国华监督，从互联网进入童霸公司网站（http：//www. tongba888. cn/），浏览童霸公司简介及多种型号婴儿推车照片，并进行截屏。广东省中山市公证处对上述过程出具（2010）中证内字第938号公证书。上述两份公证书对童霸公司网站网页所作截屏，没有涉案被控侵权产品的内容。

2010年3月10日，湖北省汉川市公证处出具（2010）川证字第125号公证书，该公证书记载：公民林雁英称因工作需要，在童霸公司处购买了一箱童车，为防止争议，于2010年3月9日向湖北省汉川市公证处申请，对其从被告处取出童车的过程及箱内的童车拍照进行保全证据。当日，该公证处公证员蔡俊萍和公证工作人员徐娟与林雁英一起到童霸公司门前，林雁英从童霸公司处取出包装箱型号为TBT85－670#的童车一箱，该包装箱运至湖北省汉川市公证处开箱、拍照后封存。2010年3月9日，童霸公司向隆成公司出具由开票人陈利华签名的销售结算单一份，该结算单写明所售产品型号为TB86。

质证及庭审中，合议庭对湖北省汉川市公证处（2010）川证字第125号公证书封存的被控侵权童车进行了拆封，双方当事人对封存情况无异议。被控侵权童车的包装箱上显示型号为TBT85－670#，启封后包装箱内没有被控侵权童车的说明书或合格证等任何资料，童霸公司当庭表示童车型号以包装箱内童车实物为准。启封后，隆成公司经比对认为被控侵权产品完全落入了涉案专利权的保护范围，童霸公司认可隆成公司的比对意见。

（三）相关案件处理情况

2008 年 4 月 2 日，隆成公司以童霸公司侵害其涉案专利权为由，向武汉市中级人民法院提起民事诉讼。2009 年 6 月 16 日，武汉市中级人民法院作出（2008）武知初字第 144 号民事判决书，判决：1. 童霸公司立即停止制造、许诺销售、销售侵犯隆成公司“前轮定位装置”实用新型专利权的 B858C – B 型号手推车产品，并清除童霸公司网站与产品宣传册上关于该型号手推车产品的宣传内容；2. 童霸公司赔偿隆成公司 80000 元；3. 驳回隆成公司其他诉讼请求。童霸公司不服该判决，提起上诉。2009 年 9 月 2 日，湖北省高级人民法院以（2009）鄂民三终字第 42 号民事调解书调解结案，调解协议的内容为：1. 童霸公司于调解协议签字之日起立即停止制造、许诺销售、销售 B858C – B 型号童车产品，清除童霸公司网站上关于该型号童车产品的图片及产品宣传册中关于该型号童车产品的文字与图片介绍，并保证不再侵犯隆成公司的专利权。如发现一起侵犯隆成公司外观设计专利权的行为，童霸公司自愿赔偿人民币 50 万元，如发现一起侵犯隆成公司实用新型专利权的行为，童霸公司自愿赔偿人民币 100 万元。2. 童霸公司于调解协议签字之日起十日内赔偿隆成公司经济损失 55000 元，并支付隆成公司垫付的一审案件受理费 3300 元、证据保全费 30 元。3. 双方均放弃基于本案事实的其他诉讼请求。

（四）其他事实

一审庭审中，隆成公司明确本案依据专利侵权诉讼起诉，不选择合同违约之诉，但侵权赔偿数额请求按双方约定的违约金标准计算。

武汉市中级人民法院一审认为，本案争议焦点为：隆成公司是否享有涉案专利的专利权；童霸公司是否实施了侵权行为；如何确定童霸公司的民事责任。

（一）隆成公司是否享有涉案专利的专利权

“前轮定位装置”（专利号为 ZL01242571.0）实用新型专利的专利权人原系中山隆顺日用制品有限公司，2004 年 7 月 30 日变更为隆成公司。2008 年 8 月 11 日，国家知识产权局专利复审委员会作出第 12067 号《无效宣告请求审查决定》，宣告涉案专利权利要求 1 – 3 项无效，在权利要求 4、5 的基础上维持涉案专利权继续有效。涉案专利申请日是 2001 年 7 月 10 日，年费缴纳至 2011 年 7 月 10 日，本案公证证明的侵权时间为 2010 年 3 月 9 日，在涉案专利有效期内。因此，涉案专利的第 4、5 项权利要求在本案中受法律保护。

（二）童霸公司是否实施了侵权行为

湖北省汉川市公证处出具（2010）川证字第 125 号公证书证明，2010 年 3 月

9日公民林雁英从童霸公司处取出包装箱型号为TBT85－670#的童车一箱，当日童霸公司出具销售结算单一份，且质证及庭审中童霸公司称隆成公司曾带外商来购买被控侵权童车，承认隆成公司所指控的侵权童车由童霸公司销售。鉴于童霸公司的生产经营性质、生产能力，及对产品的宣传介绍，结合本案其他证据，一审法院认定童霸公司存在生产、销售被控侵权产品的行为。

关于隆成公司指控侵权产品的型号，（2010）川证字第125号公证书证明，林雁英从童霸公司处取出童车的包装箱型号为TBT85－670#，但童霸公司出具的销售结算单上写明型号为TB86，双方当事人为童车型号发生分歧。一审庭审中，启封勘验公证封存的被控侵权童车，包装箱内没有说明书或合格证等能够说明童车型号的资料，童霸公司当庭表示童车的型号以包装箱内的童车实物为准，一审法院将童车实物与童霸公司的产品宣传册比对，童车实物与宣传册上的TBT86型号产品一致，故认定侵权公证封存的童车型号为TBT86。

庭审中将涉案专利权利要求与被控侵权TBT86型号童车进行比对，TBT86型号童车的技术方案体现了涉案专利权利要求第4、5项所记载的全部必要技术特征，且童霸公司对被控侵权产品落入涉案专利权保护范围没有异议，也未提交证据证明其有法定的免责事由，因此，童霸公司生产、销售的TBT86型号童车侵害了隆成公司享有的涉案专利权，应依法承担相应民事责任。

关于隆成公司指控童霸公司许诺销售问题，隆成公司提交（2009）中证内字第5846号公证书、（2010）中证内字第938号公证书及光盘，中国进出口商品交易会《参展商名录》《产品宣传册》，用以证明童霸公司有许诺销售行为。经审查，上述两份公证书所作童霸公司网站网页截屏及《参展商目录》没有被控侵权童车内容，仅《产品宣传册》上有若干童车照片及简要文字介绍，无法对童车的形状、构造及其结合方式等技术特征与涉案专利的权利要求进行比对，因此，隆成公司关于童霸公司许诺销售被控侵权产品的主张，证据不足，不予支持。

（三）如何确定童霸公司的民事责任

隆成公司当庭明确本案系侵权之诉，要求童霸公司承担侵权赔偿责任，赔偿标准以双方在（2009）鄂民三终字第42号民事调解书中的约定为准。一审法院认为，侵权民事责任与违约民事责任的事实基础和法律基础不同，产生于不同的法律关系。《中华人民共和国合同法》（以下简称合同法）第一百二十二条规定，因当事人一方的违约行为，侵害对方人身、财产权益的，受损害方有权选择依照合同法要求其承担违约责任或者依照其他法律要求其承担侵权责任。本案中隆成公司既然明确选择对被控侵权行为提起侵权之诉，就应根据侵权责任法确定赔偿数额。隆成公司关于本案为侵权之诉，赔偿标准以（2009）鄂民三终字第42号民事调解书的约定为准，与合同法的上述规定相冲突，不予支持。本案中因隆成公司主张侵权之诉，导致童霸公司不能就违约之诉的违约事实及违约金是否过高提出抗辩，违约之诉也无法纳入法庭调查和辩论的范围。法院出具的调解书是对当事人已发生的行为所产生责任的约定，并不具有对将来未发生行为的责任进行预判及强制执行的效力，如发生调解书中当事人约定的于将来发生的违约情形，该违约条款仍需当事人按合同法的相关规定另行诉讼，并经人民法院确定违约的事实及区分违约情节后判定违约责任。本案中，在隆成公司未主张违约之诉的情况下，法院无须就当事人双方是否有违约行为及违约责任作出判断，故不宜简单适用当事人约定的违约赔偿金，本案赔偿数额仍应根据童霸公司侵权行为的性质，依据《中华人民共和国专利法》（以下简称专利法）关于法定赔偿的规定加以确定。童霸公司关于隆成公司主张赔偿100万元依据不足的抗辩理由成立。

隆成公司在本案中没有提交证据证明其实际损失或童霸公司的侵权获利，一审法院依法适用法定赔偿。考虑涉案专利权现已到期，前轮定位装置在被控侵权童车整车中属辅助部件之一，整车售价不高，销售数量无法确定，且隆成公司亦认可在国内市场无法购买到被控侵权童车等因素，同时结合童霸公司系再次侵权，一审法院确定在前案判赔数额的基础上适当加重对童霸公司的赔偿处罚力度。

综上，一审法院判决：1. 童霸公司赔偿隆成公司14万元；2. 驳回隆成公司的其他诉讼请求。案件受理费13800元，财产保全费5000元，共计18800元，由童霸公司负担。

隆成公司不服一审判决，向湖北省高级人民法院提起上诉，请求撤销一审判决，并依法改判。理由为：1. 一审法院未认定童霸公司的许诺销售行为，属于事实认定错误；2. 一审法院未适用（2009）鄂民三终字第42号民事调解书中双方约定的赔偿标准，属于适用法律错误。

童霸公司亦不服一审判决，向湖北省高级人民法院提起上诉，请求撤销一审判决，并依法改判。理由为：1. 一审法院关于童霸公司生产、销售被控侵权产品的事实认定，没有依据；2. 一审法院将产品宣传册上载明的TBT86型号的童车与公证购买的童车实物相比较，以此认定公证购买的童车就是TBT86型号，该认定不当；3. 一审法院判赔14万元不符合专利法规定；4. 一审法院判决童霸公司承担全部案件受理费有失公平。

湖北省高级人民法院二审查明，一审查明的事实属实，依法予以确认。另查明，2010 年 3 月 9 日，隆成公司为购买涉案 TBT86 型号童车产品支付 260 元。

湖北省高级人民法院二审认为，结合双方当事人上诉请求、理由，本案二审争议焦点为：童霸公司与隆成公司签订调解协议后是否实施了涉案侵权行为；如何确定童霸公司的民事责任。

（一）童霸公司与隆成公司签订调解协议后是否实施了涉案侵权行为

2009 年 9 月 2 日，涉案双方签订调解协议。调解协议签订后，隆成公司指控童霸公司存在的侵权事实或行为包括三个方面：一是 2009 年 10 月 23 日至 25 日，在中国进出口产品交易会上展出侵权产品并派发相关产品宣传册；二是通过网络许诺销售侵权产品；三是 2010 年 3 月再次对侵权行为进行调查取证，并通过公证处办理了被控侵权产品的实物公证。

隆成公司在一审中提交了 4 份证据用于证明童霸公司存在许诺销售行为，即（2009）中证内字第 5846 号公证书、（2010）中证内字第 938 号公证书、《参展商名录》《产品宣传册》。经查，上述两份公证书所作网页截屏没有被控侵权童车内容，且提交的网页图片本身不够清晰；《参展商名录》仅有童霸公司名称；《产品宣传册》仅有 TBT86 童车的一幅照片及简要文字介绍，且其来源不明、印刷时间不详。故一审对隆成公司指控的许诺销售行为不予认定，具有事实依据。

隆成公司在一审中提交的证据（2010）川证字第 125 号公证书及销售结算单，用于证明童霸公司存在生产、销售被控侵权产品行为。经查，（2010）川证字第 125 号公证书载明“取出童车一箱”，其包装箱外侧部显示“ITEM-NO. TBT85－670#”，外包装箱上未标明具体生产日期。同时，销售结算单上标明的一款品名为“TB86”，另一款则不清晰。一审将公证购买的童车与童霸公司产品宣传册的相关产品型号比对，实际与“TBT86”型号产品一致。据此，至少可以认定童霸公司在 2010 年 3 月 9 日提供给隆成公司的童车型号中有一款型号系 TBT86，但该款产品的具体生产时间并不明确。由于双方当事人达成调解协议的时间为 2009 年 9 月 2 日，故隆成公司提交的现有证据并不能证明童霸公司在签订调解协议之后实施了生产侵权行为。

虽然隆成公司公证购买的 TBT86 型号童车产品的具体生产时间并不明确，但隆成公司为此支付了 260 元的对价，且童霸公司出具了相应的销售结算单。同时，基于童霸公司之前在调解协议中的自愿保证，其对自身涉案行为应有较为明确的认知，故可认定童霸公司存在销售被控侵权产品的行为。

综上，童霸公司存在销售被控侵权产品的行为，但无证据证明其存在生产、许诺销售行为。一审法院认定公证封存的被控侵权童车型号为 TBT86，将其与涉案专利进行比对，并判定其落入涉案专利权保护范围，具有事实和法律依据。

（二）如何确定童霸公司的民事责任

双方当事人曾因专利侵权纠纷在人民法院的主持下达成调解协议，协议约定赔偿经济损失的条件是童霸公司存在新的侵权行为。因此，侵权行为成立与否是本案双方当事人权利义务关系的基础，而不能直接以调解协议的内容作为双方权利义务关系的基础。

2009 年 9 月 2 日，童霸公司与隆成公司在涉案专利侵权的前案中达成调解协议，该案的被控侵权童车产品型号为 B858C – B，协议约定“如发现一起侵犯隆成公司外观设计专利权的行为，童霸公司自愿赔偿人民币 50 万元，如发现一起侵犯隆成公司实用新型专利权的行为，童霸公司自愿赔偿人民币 100 万元”。就该协议内容而言，由于其具体针对的被控侵权产品型号为 B858C – B，而非本案被控侵权产品 TBT86，故在被控侵权产品型号不相同的情况下，前述调解协议中约定的赔偿数额不能适用于本案。并且，现有证据仅表明童霸公司存在销售侵权行为，因此，专利侵权赔偿数额的确定不能忽略本案的实际情况，特别是涉案专利部分在整车中的价值份额，以及被控侵权产品本身并未进入市场销售，不管是国内市场还是国外市场；而且，并无任何直接证据显示童霸公司存在隆成公司诉称的“仍然大规模、不间断地从事侵犯涉案专利权的行为”。故一审法院依据专利法第六十五条的规定酌定童霸公司赔偿隆成公司经济损失 14 万元，符合本案实际。隆成公司要求直接按照调解书的约定确定赔偿数额，其事实和法律依据不足，法院不予支持。

关于一审案件受理费的负担问题。《诉讼费用交纳办法》第二十九条规定，诉讼费用由败诉方负担，胜诉方自愿承担的除外。部分胜诉、部分败诉的，人民法院根据案件的具体情况决定当事人各自负担的诉讼费用数额。一审法院根据本案的具体情况，在认定童霸公司侵权事实成立的情况下，决定由童霸公司负担本案全部案件受理费，具有事实和法律依据。童霸公司关于一审法院判决其承担全部案件受理费有失公平的上诉理由不能成立。

综上，隆成公司的上诉请求及理由均不能成立，依法予以驳回。童霸公司关于其未在调解协议签订后再生产被控侵权产品的理由成立，一审法院对此认定有误，依法予以纠正；童霸公司的其他上诉请求及理由不能成立，依法予以驳回。

一审判决认定事实清楚，适用法律正确，实体处理并无不当，依法应予维持。二审法院判决：驳回上诉，维持原判。二审案件受理费13800元，由隆成公司负担11040元，童霸公司负担2760元。

隆成公司不服二审判决，向本院申请再审称：（一）二审法院认定事实错误。1. 童霸公司没有否认被控侵权产品系其生产的事实，二审法院对此认定错误。2. 童霸公司许诺销售被控侵权产品的事实清楚，二审法院对此认定错误。（二）二审法院适用法律错误。1. 二审法院未适用（2009）鄂民三终字第42号民事调解书约定的赔偿标准，属于适用法律错误。本案作为专利侵权纠纷，一审法院在认定民事赔偿责任的承担时，引用合同法第一百二十二条的规定，并认为按照（2009）鄂民三终字第42号民事调解书的约定来确定本案赔偿数额，与合同法的规定相冲突，因此不予支持。二审法院亦没有纠正一审法院的该项错误。专利法第六十五条规定的前三种赔偿数额确定方式，均依赖于诉讼中当事人单方提供的证据，而本案中的民事调解书是双方意思表示一致的司法确认。本案适用民事调解书确定赔偿责任，不会与专利法、合同法的规定发生冲突。2. 二审法院以本案被控侵权产品型号“TBT86”与调解书中所涉侵权产品型号“B858C－B”不同为由，否定调解书约定赔偿标准的适用，属于明显错误。相对于前案，只要有证据证明童霸公司再次实施了侵权行为，调解书约定赔偿的条件就已成就。隆成公司依据《中华人民共和国民事诉讼法》第二百条第二项、第六项的规定申请再审，请求本院依法撤销一审、二审判决，改判支持其一审提出的诉讼请求，并判决童霸公司承担本案诉讼费用。

童霸公司提交意见称：（一）二审法院认定事实清楚。1. 二审法院认定童霸公司没有实施生产被控侵权产品的行为，认定事实清楚。2. 二审法院认定童霸公司没有实施许诺销售被控侵权产品的行为，认定事实清楚。（二）二审法院适用法律正确。1. 人民法院有权依据合同法第一百二十二条规定的责任竞合的处理原则，判断本案应否采纳调解书确定的赔偿计算方法，二审法院适用法律正确。本案是隆成公司提起的侵权诉讼，应依侵权法规定的赔偿方式确定赔偿数额。当侵权责任与违约责任竞合时，隆成公司可选择侵权之诉或违约之诉进行维权，但其选择侵权之诉后，就不能再依据调解书提出违约赔偿请求。隆成公司要求按照调解书约定的赔偿数额计算方法确定本案赔偿责任，其实质就是在侵权诉讼中主张违约责任，违反了民事责任竞合的处理原则。2. 专利法没有就事先约定赔偿作出规定，一审、二审法院依据专利法第六十五条规定的法定赔偿方式确定赔偿数额，同时，在适用法定赔偿时考虑了童霸公司再次侵权的主观过错等因素，适当加重了对童霸公司的赔偿制裁力度，判决确定的赔偿数额合理适当，适用法律正确。3. 二审法院因本案被控侵权产品型号与调解书所涉侵权产品型号不同，进而认定调解书中约定的赔偿数额不能适用于本案，认定事实清楚，适用法律正确。

本院审理查明，原一、二审法院查明的事实基本属实，本院予以确认。

本院另查明：

（一）在先案件与民事调解书的情况

2008 年 4 月，隆成公司以童霸公司生产、销售的婴儿车侵犯隆成公司的专利权为由，向武汉市中级人民法院提起三个诉讼。

隆成公司诉童霸公司侵犯“婴儿车收合关节”外观设计（专利号为 ZL 02322197.6）一案，涉案侵权产品为 D900 型号婴儿车，武汉市中级人民法院作出（2008）武知初字第 143 号民事判决，认定侵权成立，判决童霸公司停止侵权并承担赔偿责任。宣判后，双方当事人均未上诉。

隆成公司诉童霸公司侵犯“婴儿车可单手收合结构”实用新型专利（专利号为 ZL00228933.4）一案，涉案侵权产品为 D900 型号婴儿车，武汉市中级人民法院作出（2008）武知初字第 142 号民事判决，认定侵权成立，判决童霸公司停止侵权并承担赔偿责任。童霸公司不服一审判决，向湖北省高级人民法院提起上诉。二审期间，当事人自愿达成调解协议，其主要内容为：1. 童霸公司于调解协议签字之日起立即停止制造、许诺销售、销售 D900 型号婴儿车产品，清除童霸公司网站上该型号婴儿车产品的图片及产品宣传册中对该型号产品的介绍，并保证不再侵犯隆成公司的专利权，如发现一起侵犯隆成公司外观设计专利权的行为，童霸公司自愿赔偿人民币 50 万元，如发现一起侵犯隆成公司实用新型专利权的行为，童霸公司自愿赔偿人民币 100 万元；2. 童霸公司于调解协议签字之日起十日内赔偿隆成公司经济损失 55000 元，并支付隆成公司垫付的一审案件受理费 3300 元、证据保全费 30 元；3. 双方均放弃基于本案事实的其他诉讼请求。湖北省高级人民法院对该调解协议进行审查确认后，于 2009 年 9 月 2 日制作（2009）鄂民三终字第 41 号民事调解书。

隆成公司诉童霸公司侵犯“前轮定位装置”实用新型专利（专利号为 ZL 01242571.0）一案，涉案侵权产品为 B858C－B 型号婴儿车，武汉市中级人民法院作出（2008）武知初字第 144 号民事判决，认定侵权成立，判决童霸公司停止侵权并承担赔偿责任。童霸公司不服一审判决，向湖北省高级人民法院提起上诉。二审期间，当事人自愿达成调解协议，除涉及的侵权婴儿车产品型号由 D900 变化为 B858C－B 外，其内容与（2009）鄂民三终字第 41 号民事调解书确认的调解协议的内容一致。湖北省高级人民法院对该调解协议进行审查确认后，于 2009 年 9 月 2 日制作（2009）鄂民三终字第 42 号民事调解书。

（二）调解协议解释的有关情况

就调解协议“如发现一起侵犯隆成公司实用新型专利权的行为，童霸公司自愿赔偿人民币 100 万元”这一约定，隆成公司在本院庭审中主张，“一起侵犯隆成公司实用新型专利权的行为”是指侵犯隆成公司一项实用新型专利权的行为，既不限于前案中特定型号的侵权产品，也不限于前案中所涉的实用新型专利权，若侵犯“几项”实用新型专利权，就构成“几起”侵权行为；童霸公司在提交给本院的书面答辩意见中主张，“一起侵犯隆成公司实用新型专利权的行为”，是针对前案特定型号侵权产品的有关侵权行为，后在本院庭审中主张，按调解协议的字面理解，有关侵权行为应不限于前案特定型号的侵权产品，案外其他产品如构成侵犯实用新型专利权，同样满足调解协议约定的条件。

本院认为，结合本案再审申请人的申请再审理由和被申请人的答辩意见，本案的争议焦点在于：童霸公司在调解协议签订后是否实施了制造、许诺销售被控侵权产品的行为；如何确定童霸公司的赔偿责任。

（一）童霸公司在调解协议签订后是否实施了制造被控侵权产品的行为

在一审程序中，隆成公司为证明童霸公司再次实施了制造被控侵权产品的行为，向法院提交了（2010）川证字第 125 号公证书、童霸公司出具的销售结算单以及公证封存的被控侵权产品。由于（2010）川证字第 125 号公证书与销售结算单仅能证明童霸公司销售被控侵权产品的时间为 2010 年 3 月 9 日，无法证明童霸公司制造被控侵权产品的时间，而一审庭审勘验结果亦不能证明童霸公司在调解协议签订之后实施了制造被控侵权产品的行为，故依据《中华人民共和国民事诉讼法》第六十四条第一款以及《最高人民法院关于民事诉讼证据的若干规定》第二条第一款、第二款的规定，二审法院关于无证据证明童霸公司在调解协议签订后实施制造被控侵权产品行为的认定，并无不当。隆成公司该项申请再审理由不能成立，本院不予支持。

（二）童霸公司在调解协议签订后是否实施了许诺销售被控侵权产品的行为

在一审程序中，隆成公司为证明童霸公司再次实施了许诺销售被控侵权产品的行为，向法院提交了（2009）中证内字第 5846 号公证书、（2010）中证内字第

938号公证书、《中国进出口商品交易会参展商名录》以及童霸公司的《产品宣传册》。

由于（2009）中证内字第5846号公证书、（2010）中证内字第938号公证书所作网页截屏没有本案被控侵权产品TBT86婴儿车的相关内容，《中国进出口商品交易会参展商名录》上仅列有童霸公司的名称、地址与联系方式，并无产品信息，故上述证据不能证明童霸公司实施了许诺销售被控侵权产品的行为。

关于证据《产品宣传册》，童霸公司在一审质证程序中对该份证据的真实性、合法性、关联性均无异议。据此，一审法院在庭审中将公证封存的婴儿车实物与《产品宣传册》上的婴儿车图片进行比对，从而确定了本案被控侵权产品为TBT86；但另一方面，一审法院又认为，"《产品宣传册》上仅有若干童车照片及简要文字介绍，无法对童车的形状、构造及其结合方式等技术特征与涉案专利的权利要求进行比对"，进而对童霸公司的许诺销售侵权行为不予认定，前后说理存在自相矛盾之处。就此问题，二审法院认为，"《产品宣传册》来源不明、印刷时间不详"，故对童霸公司的许诺销售侵权行为不予认定。本院认为：第一，由于一审法院已在庭审中将公证封存的婴儿车实物与《产品宣传册》上的婴儿车图片进行比对，并据此确定本案被控侵权产品为TBT86，故可以认定《产品宣传册》包含有被控侵权产品的销售推广信息；第二，童霸公司对《产品宣传册》的质证意见显示，其对《产品宣传册》的真实性、合法性、关联性均无异议，故"来源不明"的判理不能成立；第三，《产品宣传册》的印刷时间，对于本案认定童霸公司是否在调解协议签订后实施许诺销售被控侵权产品的行为，不具有法律意义，即使印刷时间在调解协议签订前，也不影响将调解协议签订后传播、散发《产品宣传册》的行为认定为许诺销售。因此，结合一审法院庭审中的勘验比对情况与童霸公司对《产品宣传册》的质证意见，可以认定童霸公司在调解协议签订后实施了许诺销售被控侵权产品的行为。隆成公司该项申请再审理由成立，应予支持。二审法院对此认定错误，本院予以纠正。

（三）如何确定童霸公司的赔偿责任

1. 关于双方在前案中达成的调解协议的效力

由于调解协议系双方自愿达成，其内容仅涉及私权处分，不涉及社会公共利益、第三人利益，也不存在法律规定的其他无效情形，且湖北省高级人民法院对调解协议进行审查确认后制作了民事调解书，故双方在前案中达成的调解协议合法有效。

2. 关于本案能否适用双方在调解协议中约定的赔偿数额确定方法

首先，本院认为，本案中童霸公司应承担的民事责任，不属于侵权责任与违约责任竞合之情形。合同法第一百二十二条所规定的侵权与违约责任的竞合，其法律要件是“因当事人一方的违约行为，侵害对方人身、财产权益”。就该规定来看，违约责任与侵权责任发生竞合的前提是当事人双方之间存在一种基础的交易合同关系。基于该交易合同关系，一方当事人违反合同约定的义务，该违约行为侵害了对方权益而产生侵权责任。因此，该规定中的违约行为应当是指对基础交易合同约定义务的违反，且该违约行为同时侵害了对方权益，而不是指对侵权行为发生之后当事人就如何承担赔偿责任所作约定的违反。合同法第一百二十二条中的违约行为与侵权行为是同一法律行为，而一方的侵权行为与侵权行为发生后双方对赔偿责任计算方式和数额的约定则是两个法律行为。就调解协议的内容来看，该协议并非隆成公司与童霸公司之间的基础交易合同，而是对侵权行为发生后如何承担侵权赔偿责任（包括计算方法和数额）的约定。因此，本案中童霸公司应承担的民事责任，不属于合同法第一百二十二条规定的侵权责任与违约责任竞合的情形。

其次，应当明确，本案中童霸公司应承担的民事责任系侵权责任。一方面，前已述及，隆成公司与童霸公司之间并不存在基础合同关系；另一方面，调解协议的法律意义与效果，不在于对童霸公司的合同交易义务作出约定，而在于对侵权责任如何承担作出约定。即使没有调解协议，童霸公司基于法律规定也同样负有不侵权的义务。当事人双方将童霸公司将来侵权行为发生后的具体赔偿方法和数额写进调解协议，只是为了便于进一步约定当童霸公司再次侵权时其侵权责任应如何承担。

最后，《中华人民共和国侵权责任法》《中华人民共和国专利法》等法律，并未禁止被侵权人与侵权人就侵权责任的方式、侵权赔偿数额等预先作出约定；这种约定的法律属性，可认定为双方就未来发生侵权时权利人因被侵权所受到的损失或者侵权人因侵权所获得的利益，预先达成的一种简便的计算和确定方法。本院认为，基于举证困难、诉讼耗时费力不经济等因素的考虑，双方当事人在私法自治的范畴内完全可以对侵权赔偿数额作出约定，这种约定既包括侵权行为发生后的事后约定，也包括侵权行为发生前的事先约定。因此，本案适用调解协议中双方约定的赔偿数额确定方法，与专利法第六十五条的有关规定并不冲突。值得注意的是，《最高人民法院关于审理著作权民事纠纷案件适用法律若干问题的解释》第二十五条第三款规定，双方当事人基于权利人的实际损失或者侵权人的违法所得，就赔偿数额达成协议的，法院应当准许。该规定即为法院对当事人就涉案侵权责任赔偿数额作出的“事后约定”的认可。

综上，本案可以适用隆成公司与童霸公司在调解协议中约定的赔偿数额确定方法。

3. 关于本案如何适用双方在调解协议中约定的赔偿数额确定方法

本案具体如何适用调解协议中约定的赔偿数额确定方法，取决于对调解协议中“如发现一起侵犯隆成公司实用新型专利权的行为，童霸公司自愿赔偿人民币100万元”这一约定内容的解释。根据本院查明的事实，（2009）鄂民三终字第41号民事调解书与（2009）鄂民三终字第42号民事调解书所涉案件均为侵害实用新型专利权案，但在调解协议中却同时包含童霸公司不得再侵害隆成公司外观设计与实用新型专利权的内容，结合隆成公司与童霸公司之间曾发生多起侵害专利权纠纷案件，以及本院庭审中双方当事人就这一问题发表的意见等相关情况，可以认定调解协议中关于童霸公司不得再实施侵权行为以及相应赔偿数额的约定为一揽子约定，即：第一，上述约定中的“一起侵权行为”，不限于前案中所涉特定型号的侵权婴儿车；第二，上述约定中的“一起侵权行为”，不限于前案中所涉的专利权；第三，上述约定中的“一起侵权行为”，是指侵害隆成公司一项专利权的行为。因此，童霸公司在本案中应当赔偿隆成公司100万元。隆成公司该项申请再审理由成立，应予支持。二审法院就童霸公司的赔偿责任如何确定这一问题适用法律错误，应予纠正。

综上所述，本院认为，二审判决认定童霸公司在调解协议签订后未实施许诺销售侵权行为，认定事实错误，应予纠正；二审判决酌定童霸公司赔偿隆成公司14万元，适用法律错误，应予纠正。依据《中华人民共和国专利法》第六十五条第一款，《中华人民共和国民事诉讼法》第二百零七条第一款、第一百七十条第一款第二项的规定，判决如下：

一、撤销湖北省高级人民法院（2012）鄂民三终字第86号民事判决和湖北省武汉市中级人民法院（2011）武知初字第467号民事判决；

二、湖北童霸儿童用品有限公司于本判决送达之日起十五日内赔偿中山市隆成日用制品有限公司经济损失100万元。

如果未按本判决指定的期间履行给付金钱义务，应当依照《中华人民共和国民事诉讼法》第二百五十三条之规定，加倍支付迟延履行期间的债务利息。

一审案件受理费13800元及财产保全费5000元，二审案件受理费13800元，均由湖北童霸儿童用品有限公司负担。

本判决为终审判决。

审　判　长　王　闯
代理审判员　朱　理
代理审判员　何　鹏
二〇一三年十二月七日
书　记　员　刘海珠

70. 同一被诉侵权产品侵害不同专利时，应当分别计算赔偿数额

——再审申请人山东金锣新福昌铝业有限公司与被申请人山东鼎锋门业有限公司侵害实用新型专利权纠纷案

【裁判要旨】

专利权人以实用新型专利和外观设计专利对同一被诉侵权产品提起侵权诉讼，属于两种不同性质的侵权行为，人民法院分别确定损害赔偿数额，并不属于重复计算。

【关键词】

实用新型专利　侵权　损害赔偿　重复计算

【案号】

最高人民法院（2018）最高法民申4148号

【基本案情】

在再审申请人山东金锣新福昌铝业有限公司（以下简称新福昌公司）与被申请人山东鼎锋门业有限公司（以下简称鼎锋公司）侵害实用新型专利权纠纷案中，鼎锋公司系专利号为ZL201520386212.8、名称为“一种自动感应门框架”的实用新型专利（即涉案专利）的专利权人，其以新福昌公司生产、销售的被诉侵权产品“自动门型材”构成侵权为由，提起诉讼。鼎锋公司就同一被诉侵权产品曾向山东省济南市中级人民法院提起外观设计专利侵权诉讼［案号为（2016）鲁01民初1649号，以下简称1649号案］。山东省济南市中级人民法院一审认为，被诉侵

权产品采用的技术方案包含了与涉案专利权利要求1记载的全部技术特征相同的技术特征，落入涉案专利权的保护范围；鼎锋公司就同一产品分别主张两个专利的赔偿，并不违反法律规定；综合考量涉案专利权的类型、侵权行为性质与情节、被诉侵权产品的销售价格、鼎锋公司为维权支付的合理费用等因素，酌定新福昌公司赔偿鼎锋公司经济损失及合理开支共30万元。据此判决新福昌公司停止侵权，赔偿鼎锋公司30万元。新福昌公司不服，提起上诉。山东省高级人民法院二审认为，鉴于外观设计专利与实用新型专利对于被诉侵权产品而言，贡献的分别是产品设计与产品技术两种不同的利润率，二者之间并不存在包含关系，故新福昌公司不因其已承担侵害外观设计专利权的赔偿责任即可免除本案侵害实用新型专利权的赔偿责任。据此判决驳回上诉，维持原判。新福昌公司不服，向最高人民法院申请再审。最高人民法院于2018年9月21日裁定驳回新福昌公司的再审申请。

【裁判意见】

最高人民法院审查认为：关于原判决确定的赔偿数额是否构成重复计算，1649号案与本案虽然涉及相同的被诉侵权产品，但1649号案所确定的赔偿数额（8万元，后在二审诉讼中调解为65000元）对应的是新福昌公司因被诉侵权产品所具有的外观而不正当占有鼎锋公司市场份额的非法获利，而本案二审判决确定的赔偿数额对应的是新福昌公司因被诉侵权产品所具有的形状、结构而不正当占有鼎锋公司市场份额的非法获利。新福昌公司存在两种性质不同的侵权行为，该两种行为对于被诉侵权产品最终非法获利具有不同的作用与不同的贡献率。因此，本案原判决根据《中华人民共和国专利法》第六十五条第二款的规定所确定的赔偿数额与1649号案不构成重复计算。

中华人民共和国最高人民法院民事裁定书

（2018）最高法民申4148号

再审申请人（一审被告、二审上诉人）：山东金锣新福昌铝业有限公司。住所地：山东省临沂市兰山区金锣工业园。

法定代表人：孙元良，该公司总经理。

委托诉讼代理人：刘明，山东舜翔律师事务所律师。

委托诉讼代理人：王建华，山东舜翔律师事务所律师。

被申请人（一审原告、二审被上诉人）：山东鼎锋门业有限公司。住所地：山东省济南市天桥区小鲁庄工业园一区18号。

法定代表人：吴继宾，该公司总经理。

再审申请人山东金锣新福昌铝业有限公司（以下简称新福昌公司）因与被申请人山东鼎锋门业有限公司（以下简称鼎锋公司）侵害实用新型专利权纠纷一案，不服山东省高级人民法院（2017）鲁民终1898号民事判决，向本院申请再审。本院依法组成合议庭进行了审查，现已审查终结。

新福昌公司申请再审称：（一）鼎锋公司公证购买的被诉侵权产品是组件，可以有多种不同于涉案专利技术方案的组装方式，不构成侵权。原判决依据鼎锋公司主张的组装方式便认定被诉侵权产品侵权，属于认定事实错误。具体来说，被诉侵权产品可以有以下四种组装方式（各部件的标注与涉案专利说明书相同）：

第一种：件2＋件3的组装方式。件2和件3通过件4、件5连接，但件5和件3为搭接，件1、件6为多余材料。

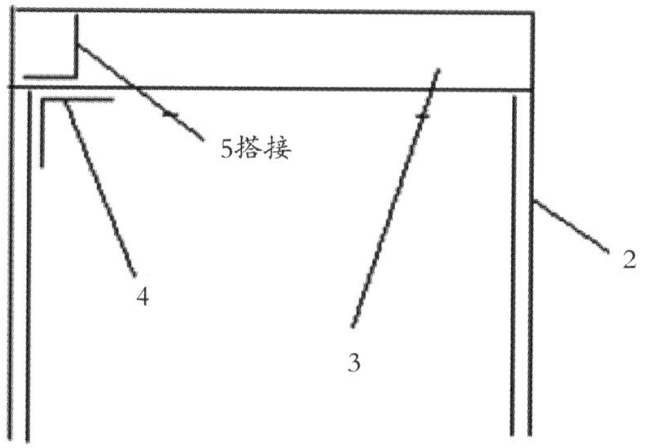

第二种：件2＋件3＋件1的组装方式。件2＋件3的组装方式与上述第一种方式相同，件1与件2通过件6连接，但件1作为门槛。

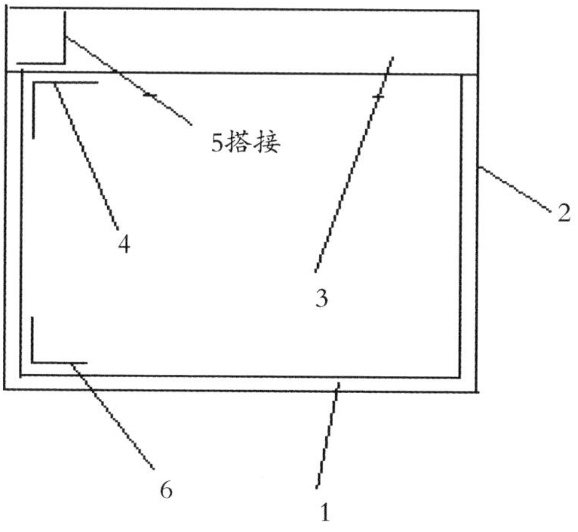

第三种：件2+件3的组装方式。件2和件3只通过件4连接，件1、件5、件6均为多余件。

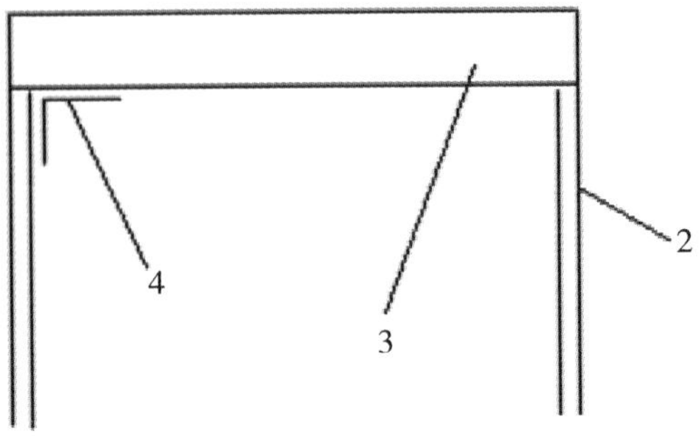

第四种：按照权利要求的方式组装，但件5和件3之间是搭接，无需固定，件1和件2皆通过膨胀螺钉与墙基固定，件6是多余件。

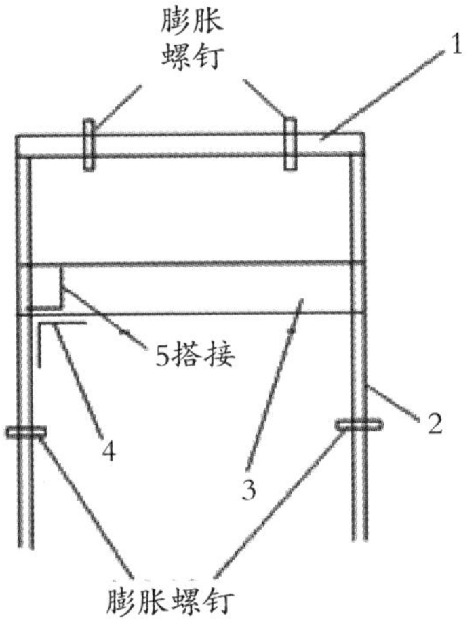

上述组装方式皆不同于涉案专利权利要求1的技术方案。

（二）本案为重复诉讼。鼎锋公司就同一被诉侵权产品曾于2016年8月5日向济南市中级人民法院提起外观设计专利侵权诉讼［案号为（2016）鲁01民初1649号，以下简称1649号案］和实用新型专利侵权诉讼［案号为（2016）鲁01民初1650号，以下简称1650号案］。在1650号案中，经法庭释明，鼎锋公司明确请求保护范围为涉案专利的权利要求1、2、3、4，后鼎锋公司撤诉。本案与1650号案的区别仅仅是鼎锋公司在本案中将请求保护范围改变为权利要求1、2。因此，本案与1650号案为重复诉讼。

（三）原判决错误适用法律，重复计算赔偿数额。就同一被诉侵权产品，在1649号案中，新福昌公司已向鼎锋公司赔偿8万元，本案虽为实用新型专利侵权纠纷，但本案的双方当事人与1649号案相同，侵权证据相同，是基于同一侵权事实引发的同一损害后果。因此，本案再判决新福昌公司承担赔偿责任构成重复赔偿，原判决适用法律错误。综上，新福昌公司依据《中华人民共和国民事诉讼法》第二百条第二项、第六项的规定申请再审，请求：1. 撤销本案一审、二审判决；2. 改判驳回鼎锋公司的诉讼请求或发回重审；3. 判令鼎锋公司承担本案一审、二审、再审的诉讼费用。

本院审查查明：（一）关于涉案专利的背景技术。涉案专利说明书记载："现有的自动感应门的安装和制作存在以下问题：由于事先所要安装的门洞大小不确定，通常传统的自动感应门都是在现场测量尺寸，然后再用不锈钢加工成型，整体的安装过程大部分时间都花费在加工成型阶段，使得安装过程时间很长。同时，传统的自动感应门都是用螺钉固定安装在预先在门洞上部装好的槽钢上，一旦门控机组损坏需要维修，就必须拆除螺钉才能将盖板取下，极不方便。而且，现阶段的自动感应门安装还是现场焊钢架，木工板找平，安装感应门机器，外包饰等步骤，不但用工量大，而且不美观。因此，目前急需一种现场安装便捷的新型自动感应门框架。"（二）关于涉案专利的发明内容。涉案专利说明书记载："本实用新型的目的在于克服现有技术中存在的缺点，提供一种自动感应门框架，该门框架现场安装实现了组装化，能有效缩短安装时间，且安装过程中不需要焊接，安装维护方便。"

本院经审查认为，根据新福昌公司申请再审的理由，本案再审审查的焦点问题为：1. 本案是否属于重复诉讼；2. 被诉侵权产品是否落入涉案专利权的保护范围；3. 原判决确定的赔偿数额是否构成重复计算。

关于第一个焦点问题，本案是否属于重复诉讼。鼎锋公司曾就本案被诉侵权产品提起过侵害外观设计专利权诉讼（即1649号案）与侵害实用新型专利权诉讼（即1650号案）。由于1649号案所依据的专利权是外观设计专利权，与本案所涉专利权基础不同，故不构成重复诉讼；而1650号案因鼎锋公司撤诉，故被诉侵权产品是否侵害涉案实用新型专利权并未经过人民法院审理，因此，鼎锋公司提起本案诉讼亦不构成对1650号案的重复诉讼。新福昌公司该项申请再审理由不能成立。

关于第二个焦点问题，被诉侵权产品是否落入涉案专利权的保护范围。新福昌公司申请再审称，被诉侵权产品是拆分组件，可以有多种组装方式，不一定按照鼎锋公司所主张的组装方式。对此，本院认为，新福昌公司所主张的四种组装方式均有悖常理：第一种组装方式不会用到购买的套装材料中的横门套与第三连接件，浪费材料；第二种组装方式将横门套用作门槛，有违常理，并且，还将横梁“搭接”在第二连接件之上，缺乏安全性；第三种组装方式不会用到购买的套装材料中的横门套与第二连接件、第三连接件，浪费材料；第四种组装方式不仅浪费了套装购买材料当中的第三连接件，而且将横门套与竖门套通过膨胀螺钉与墙基固定，需要另行购买膨胀螺钉，既不经济，也完全背离了被诉侵权产品本身安装便捷的目的与功能。综上，原审法院通过当庭侵权比对认定被诉侵权产品落入涉案专利权保护范围并无不当，新福昌公司该项申请再审理由不能成立。

关于第三个焦点问题，原判决确定的赔偿数额是否构成重复计算。本院认为，1649 号案与本案虽然涉及相同的被诉侵权产品，但 1649 号案所确定的赔偿数额（8 万元，后在二审诉讼中调解为 65000 元）对应的是新福昌公司因被诉侵权产品所具有的外观而不正当占有鼎锋公司市场份额的非法获利，而本案二审判决确定的赔偿数额对应的是新福昌公司因被诉侵权产品所具有的形状、结构而不正当占有鼎锋公司市场份额的非法获利。新福昌公司存在两种性质不同的侵权行为，该两种行为对于被诉侵权产品最终非法获利具有不同的作用与不同的贡献率。因此，本案原判决根据《中华人民共和国专利法》第六十五条第二款的规定所确定的赔偿数额与 1649 号案不构成重复计算，新福昌公司该项申请再审理由不能成立。

综上所述，新福昌公司的再审申请不符合《中华人民共和国民事诉讼法》第二百条的规定。依照《中华人民共和国民事诉讼法》第二百零四条第一款，《最高人民法院关于适用〈中华人民共和国民事诉讼法〉的解释》第三百九十五条第二款之规定，裁定如下：

驳回山东金锣新福昌铝业有限公司的再审申请。

审 判 长 朱　理
审 判 员 毛立华
审 判 员 佟　姝
二〇一八年九月二十一日
法官助理 何　鹏
书 记 员 刘方方

71. 为制止侵权行为所支付的合理开支的确定

——上诉人华纪平、合肥安迪华进出口有限公司与被上诉人上海斯博汀贸易有限公司、如东县丰利机械厂有限公司、南通天龙塑业有限公司侵犯专利权纠纷案

【裁判要旨】

权利人为调查、制止侵权行为所支付的各种开支，只要是合理的，都可以纳入赔偿范围。这种合理开支并非必须要有票据一一予以证实，人民法院可以根据案件具体情况，在有票据证明的合理开支数额的基础上，考虑其他确实可能发生的支出因素，在原告主张的合理开支赔偿数额内，综合确定合理开支赔偿额。

【关键词】

合理开支　赔偿范围

【案号】

最高人民法院（2007）民三终字第3号

【基本案情】

华纪平系授权公告日为1999年12月10日、名称为“哑铃套组手提箱”实用新型专利的专利权人。华纪平和案外人于2001年5月14日投资设立合肥安迪华进出口有限公司（以下简称安迪华公司），华纪平任法定代表人。2003年1月18日，华纪平授予安迪华公司对涉案专利的“非独占性且不可转让的许可权”，约定许可使用费为每年500万元。2004年8月16日，华纪平将其在安迪华公司持有的股份全部转让给案外人并不再担任法定代表人。2005年10月，华纪平以上海斯博汀贸易有限公司（以下简称斯博汀公司）、如东县丰利机械厂有限公司（以下简称丰利公司）在南通海关出口的2160件哑铃套组手提箱侵犯其专利权为由，向南通海关申请扣押该批侵权产品，随即向江苏省高级人民法院申请诉前责令停止侵犯专利权行为、财产保全。随后，华纪平、安迪华公司向江苏省高级人民法院提起诉讼。江苏省高级人民法院一审认为，斯博汀公司和丰利公司共同侵犯了两原告的专利权，因两原告提供了斯博汀公司和丰利公司的侵权数量及专利产品的利润情况，故依法应以两原告的损失确定赔偿数额；根据涉案专利手提箱本身的价值及其在实现所包装的哑铃

产品利润中所起的作用，结合双方当事人主张的利润率等因素，可以确定涉案专利手提箱的合理利润率为涉案哑铃产品销售价的15%。遂判决斯博汀公司和丰利公司立即停止侵害、销毁被扣押哑铃套组手提箱、连带赔偿两原告经济损失682129.56元以及为制止侵权而支出的合理费用2万元、律师代理费11万元和扣押哑铃套组手提箱所发生的实际仓储费用。华纪平、安迪华公司和斯博汀公司均提出上诉。最高人民法院于2009年6月11日判决驳回上诉，维持原判。

【裁判意见】

最高人民法院认为，权利人为调查、制止侵权行为所支付的各种开支，只要是合理的，都可以纳入赔偿范围。这种合理开支并非必须要有票据一一予以证实，人民法院可以根据案件具体情况，在有票据证明的合理开支数额的基础上，考虑其他确实可能发生的支出因素，在原告主张的合理开支赔偿数额内，综合确定合理开支赔偿额。本案中，对于权利人在调查侵权行为过程中因交通违章罚款和购买香烟、口香糖的开支，明显不合理，确实应当予以剔除；对于高达上千元的餐费，亦有不合理，在综合确定合理开支数额时应作出相应考虑；对于购买一般的食品和饮料等，属于有关调查人员在开展调查活动时为维持一般人身体所需的正常开支，并非不合理开支；对于同一天在不同酒店发生的住宿费、出租车费，权利人有关系因多人多地同时开展侵权调查的解释合乎情理，并非明显不合理。在原告作为合理开支主张的所谓的前期费用34万元中，主要包含南通海关扣留涉案侵权产品时所收取的案外人合肥安迪健身用品有限公司交纳的侵权货物担保金24万元和至本案判决执行结束时对扣留货物所发生的费用。依照《中华人民共和国知识产权海关保护条例》的有关规定，知识产权权利人向海关提供的担保金用于赔偿可能因申请不当给收货人、发货人造成的损失以及支付货物由海关扣留后的仓储、保管和处置等费用；侵权嫌疑货物被认定为侵犯知识产权的，知识产权权利人可以将其支付的有关仓储、保管和处置等费用计入其为制止侵权行为所支付的合理开支。据此，在认定构成侵犯知识产权时，担保金中扣除权利人已经支付的海关扣留货物所发生的仓储、保管和处置等有关费用以外，将退还权利人。因此，担保金并不能当然作为当事人的损失予以计算，只有权利人支付的有关侵权货物仓储、保管和处置等费用可以计入其为制止侵权行为所支付的合理开支而获得赔偿。

中华人民共和国最高人民法院民事判决书

（2007）民三终字第3号①

---

① 参见案例67裁判文书。

72. 在专利权临时保护期内制造、销售、进口的被诉侵权产品的后续使用、许诺销售、销售行为的民事责任

——再审申请人深圳市坑梓自来水有限公司与被申请人深圳市斯瑞曼精细化工有限公司、深圳市康泰蓝水处理设备有限公司侵犯发明专利权纠纷案

【裁判要旨】

在专利临时保护期内制造、销售、进口被诉专利侵权产品不为专利法禁止的情况下，后续的使用、许诺销售、销售该产品的行为，专利权人无权禁止；在销售者、使用者提供了合法来源的情况下，销售者、使用者不应承担支付适当费用的责任。

【关键词】

专利临时保护期　被诉侵权产品　合法来源

【案号】

最高人民法院（2011）民提字第259号

【基本案情】

深圳市斯瑞曼精细化工有限公司（以下简称斯瑞曼公司）于2006年1月19日向国家知识产权局申请了名称为“制备高纯度二氧化氯的方法和设备”的发明专利（即本案专利）。本案专利于2006年7月19日公开，2009年1月21日授权公告，授权的发明名称为“制备高纯度二氧化氯的设备”，专利权人为斯瑞曼公司。2008年10月20日，深圳市坑梓自来水有限公司（以下简称坑梓自来水公司）向深圳市康泰蓝水处理设备有限公司（以下简称康泰蓝公司）购买KTL－FSQ10000L康泰蓝二氧化氯发生器1套，随后投入使用。康泰蓝公司为该产品的正常运转提供维修、保养等技术支持。2009年3月16日，斯瑞曼公司提起诉讼，请求判令康泰蓝公司、坑梓自来水公司停止侵权，共同赔偿经济损失30万元并负担斯瑞曼公司维权的合理费用。广东省深圳市中级人民法院一审认为，在本案专利授权之前，康泰蓝公司、坑梓自来水公司实施本案专利技术的行为，不属于

专利侵权行为，权利人可以请求支付发明专利临时保护期使用费，但斯瑞曼公司没有相应诉讼请求，在一审法院已作适当释明的情况下，斯瑞曼公司仍坚持原请求，故在本案中对发明专利临时保护期使用费不予考虑，斯瑞曼公司可另案解决；康泰蓝公司、坑梓自来水公司在本案专利授权后未经许可继续实施本案专利属于侵权行为，应承担相应的侵权赔偿责任；考虑坑梓自来水公司自来水消毒、净化处理涉及社会公众利益，停止被诉侵权产品的使用将在某种程度上影响社会公益，故不判令停止使用，但康泰蓝公司、坑梓自来水公司应就该使用侵权行为向斯瑞曼公司作出赔偿。遂判决康泰蓝公司立即停止侵权行为，康泰蓝公司、坑梓自来水公司连带赔偿斯瑞曼公司经济损失8万元。康泰蓝公司、坑梓自来水公司均不服，提起上诉。广东省高级人民法院二审判决维持一审判决。坑梓自来水公司不服，向最高人民法院申请再审。最高人民法院提审本案后于2011年12月20日作出判决，撤销一、二审判决，驳回斯瑞曼公司的诉讼请求。

【裁判意见】

最高人民法院再审认为：专利法虽然规定了申请人可以要求在发明专利申请公布后至专利权授予之前（即专利临时保护期内）实施其发明的单位或者个人支付适当的费用，即享有请求给付发明专利临时保护期使用费的权利，但对于专利临时保护期内实施其发明的行为并不享有请求停止实施的权利。因此，在发明专利临时保护期内实施相关发明的，不属于专利法禁止的行为。在专利临时保护期内制造、销售、进口被诉专利侵权产品不为专利法禁止的情况下，其后续的使用、许诺销售、销售该产品的行为，即使未经专利权人许可，也应当得到允许。也就是说，专利权人无权禁止他人对专利临时保护期内制造、销售、进口的被诉专利侵权产品的后续使用、许诺销售、销售。当然，这并不否定专利权人根据专利法第十三条的规定行使要求实施其发明者支付适当费用的权利。对于在专利临时保护期内制造、销售、进口的被诉专利侵权产品，在销售者、使用者提供了合法来源的情况下，销售者、使用者不应承担支付适当费用的责任。这里的“合法来源”是指相关产品是通过正当、合法的商业渠道获得的，并不必然要求考虑销售者或者供应者在提供相关产品时是否符合相关行政管理规定。本案中，康泰蓝公司销售被诉专利侵权产品是在本案专利临时保护期内，不为专利法所禁止。在此情况下，后续的坑梓自来水公司使用所购买的被诉专利侵权产品的行为也应当得到允许。因此，坑梓自来水公司后续的使用行为不侵犯本案专利权。同理，康泰蓝公司在本案专利授权后为坑梓自来水公司使用被诉专利侵权产品提供售后服务也不侵犯本案专利权。

中华人民共和国最高人民法院民事判决书

（2011）民提字第259号

申请再审人（一审被告、二审上诉人）：深圳市坑梓自来水有限公司。住所地：广东省深圳市坪山新区坑梓新发街1号。

法定代表人：张凤宁，该公司总经理。

委托代理人：梅珊，女，汉族，1986年6月10日生，深圳市坪山自来水有限公司职员，住湖北省武汉市洪山区×路152－1号，现住深圳市南山区×小区17栋201。

委托代理人：林吉磷，男，汉族，1972年8月15日生，深圳市坪山自来水有限公司职员，住广东省深圳市龙岗区×路十一巷9号。

被申请人（一审原告、二审被上诉人）：深圳市斯瑞曼精细化工有限公司。住所地：广东省深圳市龙岗区坪地镇四方埔村马塘自然村确坜工业区临时厂房。

法定代表人：刘景华，该公司总经理。

委托代理人：潘中毅，男，汉族，1977年8月11日生，深圳汇智容达专利商标事务所专利代理人，住广东省深圳市宝安区龙华街道办×路二号。

被申请人（一审被告、二审上诉人）：深圳市康泰蓝水处理设备有限公司。住所地：广东省深圳市龙岗区坪山街道石井打狗坑工业区第五栋二楼东边。

法定代表人：郑旭昭，该公司总经理。

申请再审人深圳市坑梓自来水有限公司（以下简称坑梓自来水公司）因与被申请人深圳市斯瑞曼精细化工有限公司（以下简称斯瑞曼公司）、深圳市康泰蓝水处理设备有限公司（以下简称康泰蓝公司）侵犯发明专利权纠纷一案，不服广东省高级人民法院（2010）粤高法民三终字第444号民事判决，向本院申请再审。本院于2011年5月4日作出（2011）民申字第179号民事裁定，提审本案。本院依法组成合议庭，公开开庭审理了本案。坑梓自来水公司的委托代理人梅珊、林吉磷，斯瑞曼公司的委托代理人潘中毅到庭参加诉讼，康泰蓝公司经本院合法传唤，无正当理由未到庭。本案现已审理终结。

2009年3月16日，一审原告斯瑞曼公司起诉至广东省深圳市中级人民法院称：其拥有专利号为ZL200610033211.0、名称为“制备高纯度二氧化氯的设备”的发明专利（以下简称涉案发明专利），康泰蓝公司生产、销售和坑梓自来水公司使用的二氧化氯生产投加设备落入涉案发明专利保护范围。请求判令：1. 康泰蓝公司立即停止侵犯涉案发明专利权的生产、销售行为。2. 坑梓自来水公司立即停止侵犯涉案发明专利权的使用行为。3. 康泰蓝公司、坑梓自来水公司共同赔偿斯瑞曼公司因此造成的经济损失人民币 30 万元。4. 康泰蓝公司、坑梓自来水公司承担斯瑞曼公司维护自身利益所支出的合理费用。5. 康泰蓝公司、坑梓自来水公司承担本案的所有诉讼费用。在一审庭审中，斯瑞曼公司当庭请求增加判令康泰蓝公司立即停止侵犯涉案发明专利权的许诺销售行为的诉讼请求，并当庭明确本案中的被诉侵权产品的发生器型号是 KTL－FSQ10000L，计量器型号分别是 KTL－LSJ280L、KTL－LSNJ280L；明确在本案中要求判令康泰蓝公司、坑梓自来水公司赔偿其所支出公证费等共计 500 元。

被告康泰蓝公司答辩称：1. 原告专利产品在其申请日前已经公开销售，并且只是现有技术简单拼凑，缺乏专利性，斯瑞曼公司行为属于滥用专利权，请求中止审理本案。2. 涉案发明专利权利要求 1 缺乏必要技术特征，不能作为比对的基础。3. 被告产品不构成侵权。4. 被告产品所使用的为专利申请日前就已经存在的已有技术，不构成侵权。

被告坑梓自来水公司答辩称，其属于善意第三人，请求免除赔偿责任。

广东省深圳市中级人民法院一审查明：

（一）关于斯瑞曼公司请求保护的涉案发明专利

斯瑞曼公司于 2006 年 1 月 19 日向国家知识产权局申请了名称为“制备高纯度二氧化氯的方法和设备”的发明专利，该专利于 2006 年 7 月 19 日公开，2009 年 1 月 21 日授权公告，授权的发明名称为“制备高纯度二氧化氯的设备”，专利权人为斯瑞曼公司，专利号为 ZL200610033211.0。该专利最近一次年费缴纳时间为 2008 年 11 月 28 日。

斯瑞曼公司明确其在本案中以涉案发明专利权利要求 1 作为其专利权保护范围。所述权利要求 1 为：一种制备高纯度二氧化氯的设备，其特征在于：具有通过两路管道顺序连接的第一液体计量槽（1）和第一计量泵（3）、第二液体计量槽（2）和第二计量泵（4），该两路接文氏管加料器（8），然后至气液分离器（12）；文氏管加料器（8）的进口端与第一空气进口（7）连接；第一计量泵（3）和第二计量泵（4）与文氏管加料器（8）之间的管道上分别设有第一加热器（5）和第二加热器（6）。

（二）关于康泰蓝公司的被诉许诺销售行为

深圳市公证处（2009）深证字第 4204 号公证书、深圳市公证处（2009）深证字第28582号公证书显示，康泰蓝公司在其网站公司产品“康泰蓝二氧化氯制备投加工艺简介”中宣称，“化学制备二氧化氯，根据不同的原料和还原剂，有多种不同的生产工艺。我公司采用的是以氯酸钠和硫酸为原料，过氧化氢为还原剂的生产工艺，即R11法。该工艺的生产设备是我公司自主研发的产品，并获得国家专利局的专利证书（专利号为ZL200520139999.4）。”

2005年12月20日，项耀明向国家知识产权局申请了名称为“一种二氧化氯消毒装置”的实用新型专利，于2007年6月20日获得授权，专利权人为项耀明，共同专利权人为焦立国，专利号为ZL200520139999.4。2009年2月23日，国家知识产权局发出“手续合格通知书”，称根据云南省高级人民法院（2008）云高民三终字第101号民事判决，项耀明、焦立国将ZL200520139999.4号专利转让给南京国友环保科技有限公司的行为无效。准予申请人（专利权人）由南京国友环保科技有限公司变更为斯瑞曼公司。

（三）关于被诉侵权产品

2009年4月20日，一审法院应斯瑞曼公司申请，来到坑梓自来水公司，对该公司正在使用中的由康泰蓝公司生产的二氧化氯生产投加设备进行证据保全。庭审过程中，康泰蓝公司确认坑梓自来水公司的二氧化氯发生制备器系由其销售给坑梓自来水公司。

根据康泰蓝公司所提交的《购销合同》以及税务机关代开统一发票记账联，2008年10月20日，坑梓自来水公司与康泰蓝公司签订《购销合同》一份，坑梓自来水公司向康泰蓝公司购买KTL－FSQ10000L康泰蓝二氧化氯发生器1套，价款为26万元。康泰蓝公司已于2008年12月30日就上述产品销售款要求税务机关代开统一发票。在上述《购销合同》中，约定坑梓自来水公司分期向康泰蓝公司支付设备款项，康泰蓝公司为坑梓自来水公司提供安装、调试、维修、保养等技术支持及售后服务。

康泰蓝公司确认（2009）深中法民三初字第92号、（2009）深中法民三初字第93号、（2009）深中法民三初字第95号案件其销售给相关水厂的设备与本案设备为同一型号的相同产品，其技术特征完全一致。诉讼过程中，斯瑞曼公司、康泰蓝公司、坑梓自来水公司均同意选择深圳市横岗自来水有限公司下属荷坳水厂被诉侵权设备作技术比对。2009年11月17日，在一审法院组织下，斯瑞曼公司、康泰蓝公司、坑梓自来水公司来到现场对被诉侵权设备进行了察看及比对并各自提交了相应的书面意见。

（四）关于被诉侵权产品与涉案发明专利权利要求1的比对

将被诉侵权产品与涉案发明专利权利要求1进行比对。被诉侵权产品是一种制备高纯度二氧化氯的设备，具有通过两路管道顺序连接的第一液体计量槽和第一计量泵、第二液体计量槽和第二计量泵，第一空气进口与“喷射反应器”进口端相连。对此，双方当事人均不持异议。

庭审中，康泰蓝公司声称被诉侵权产品不具有“文氏管加料器”，相关部件为“喷射反应器”；不具有“第一加热器和第二加热器”，相关部件是“原料加温瓶”；被诉侵权产品的“原料加温瓶”没有连接在“计量泵”和“文氏管加热器”之间的管道上；被诉侵权产品没有“气液分离器”。

经过2009年11月17日对被诉侵权产品现场勘察、比对后，康泰蓝公司提交技术比对说明，认为被诉侵权产品与涉案发明专利的主要区别在于结构及连接关系上的区别以及设备实质操作流程的区别。被诉侵权产品没有“气液分离器”，被诉侵权产品“喷射反应器”之后出来的管路只有一条以及备份管路一条，该管路用于传送气液混合物直至反应器，管路及备份管路均向下伸入到反应器内液面以下。涉案发明专利技术方案中的文氏管加料器与气液分离器相连，出来的管路分两条，一条气体管路向上用于排气，一条液体管路向下与反应器相连；被诉侵权产品工作流程为：原料→混合→主反应器。按照涉案发明专利技术方案（权利要求1），其工作流程为：原料→混合→气液分离（气液分离后，气体从气体管路排出）→液体→主反应器。因此，康泰蓝公司认为，被诉侵权产品缺乏涉案发明专利权利要求1中的气液分离器这一必要技术特征。

关于“文氏管加料器”与“喷射反应器”。一审法院认为，根据涉案发明专利说明书第4页第6行–第10行的记载，以及二者在制备二氧化氯的设备中所处的位置及与其他装置的连接关系可知，“文氏管加料器”与“喷射反应器”均是对稀硫酸、氯化钠和过氧化氢的混合液以及热空气进行混合反应生成二氧化氯的装置。并且，康泰蓝公司所提交的其产品使用说明书中也明确提及文氏管。可见，“文氏管加料器”和“喷射反应器”只是对同一技术特征的不同文字表述，其实质是同一个装置。

关于“第一加热器和第二加热器”与“原料加温瓶”。一审法院认为，根据涉案发明专利说明书第4页第6行–第8行记载的内容，“第一加热器和第二加热器”是分别对稀硫酸、氯化钠和过氧化氢的混合液进行加热的装置，而被诉侵权产品的“原料加温瓶”也是对原料（即稀硫酸、氯化钠和过氧化氢的混合液）

进行加温（加热）的装置。所以，“原料加温瓶”与“第一加热器和第二加热器”同样只是对同一技术特征的不同文字表述，其实质是同一个装置。

关于“原料加温瓶”（“加热器”）的位置。一审法院认为，从证据保全所获照片以及现场察看可以看出，“原料加温瓶”（“加热器”）的位置明显是在“计量泵”和“文氏管加料器”之间的管道上。

关于“气液分离器”。一审法院认为，首先，从技术原理来看，被诉侵权产品必须连接气液分离装置对反应后的气体和液体进行分离。其次，从康泰蓝公司相关技术资料来看，被诉侵权产品使用了气液分离法。最后，从现场勘察被诉侵权产品实物来看，被诉侵权产品“喷射反应器”之后连接的“三通管道”与涉案发明专利中的“气液分离器”功能、作用并无不同。康泰蓝公司关于第一细管用于传送气液混合物，第二细管为备份管路的辩解，既没有相应实物证据支持，也有悖于技术常理，同时，与康泰蓝公司产品培训资料以及产品使用说明等也不能相互吻合。故一审法院对被诉侵权产品没有“气液分离器”之辩解不予采信。

康泰蓝公司、坑梓自来水公司还主张涉案发明专利技术在申请日前已经公开，一审法院经分析后认定该主张证据不足。

本案还存在以下定性问题：

首先，康泰蓝公司在网站上宣传其使用 ZL200520139999. 4 号专利技术的行为是否构成针对涉案发明专利的许诺销售侵权？

尽管康泰蓝公司在其网站公司产品“康泰蓝二氧化氯制备投加工艺简介”中作了如前所述的宣称，且 ZL200520139999. 4 号专利专利权人已经变更为斯瑞曼公司，但斯瑞曼公司在本案中请求保护的是 ZL200610033211. 0 号专利，从现有证据来看，ZL200520139999. 4 号专利与涉案发明专利并非完全一致，斯瑞曼公司没有证据证明康泰蓝公司所宣传相关产品技术特征落入涉案发明专利保护范围，故对于斯瑞曼公司以康泰蓝公司网站上述宣传指控康泰蓝公司构成针对涉案发明专利的许诺销售侵权，不予支持。

其次，本案康泰蓝公司、坑梓自来水公司的行为是否属于侵权以及属于何种性质的侵权行为？

根据现有证据以及一审查明事实，涉案发明专利于 2006 年 7 月 19 日公开，于 2009 年 1 月 21 日授权公告。2008 年 10 月 20 日，坑梓自来水公司与康泰蓝公司签订《购销合同》购买被诉侵权产品，康泰蓝公司已于 2008 年 12 月 30 日就上述产品销售款要求税务机关代开统一发票。上述被诉侵权产品一直被坑梓自来水公司使用，康泰蓝公司并为该被诉侵权产品的正常运转提供维修、保养等技术支持。由此可见，康泰蓝公司、坑梓自来水公司行为可以分为专利公开之后、授权之前的行为与专利授权之后的行为。康泰蓝公司制造、销售被诉侵权产品的行为主要发生在涉案发明专利公开之后、授权公告之前。坑梓自来水公司使用被诉侵权产品的行为以及康泰蓝公司为该使用行为提供维修、保养、技术支持的帮助行为从专利授权之前延续到专利授权之后。在涉案发明专利授权之前，康泰蓝公司、坑梓自来水公司实施涉案发明专利技术的行为，不属于专利侵权行为。权利人可以请求支付发明专利临时保护期使用费，但在本案中，斯瑞曼公司没有提出支付发明专利临时保护期使用费的诉讼请求，在一审法院已作适当释明的情况下，斯瑞曼公司仍坚持原请求，没有明确在本案中要求康泰蓝公司、坑梓自来水公司支付发明专利临时保护期使用费，故一审法院在本案中对发明专利临时保护期使用费不予考虑，斯瑞曼公司可另案解决。但是，一审法院亦注意到，自涉案发明专利公开之后、授权之前、授权之后直至本案诉讼，坑梓自来水公司一直持续使用被诉侵权产品，康泰蓝公司亦为该使用行为提供帮助，该帮助行为既是康泰蓝公司销售行为的延续，也是对被诉侵权产品使用的共同组成部分，康泰蓝公司、坑梓自来水公司在涉案发明专利授权后未经许可继续实施该专利属于专利侵权行为。本案斯瑞曼公司、康泰蓝公司、坑梓自来水公司均系深圳企业，均系与水处理设备制造、销售、使用相关企业，康泰蓝公司、坑梓自来水公司对涉案发明专利应有一定了解，在涉案发明专利授权后乃至于本案诉讼的整个过程，康泰蓝公司、坑梓自来水公司仍坚持使用被诉侵权产品，证明其并非善意使用人，应承担相应的侵权赔偿责任。考虑坑梓自来水公司自来水消毒、净化处理涉及社会公众利益，停止被诉侵权产品的使用将在某种程度上影响社会公益，故一审法院对于坑梓自来水公司已在使用中的被诉侵权产品不判令停止使用，但康泰蓝公司、坑梓自来水公司应就该使用侵权行为向斯瑞曼公司作出赔偿。

广东省深圳市中级人民法院一审认为：涉案发明专利系经国家知识产权局依法授权，且处于有效状态，应受到保护。康泰蓝公司、坑梓自来水公司未经许可相互配合使用侵犯涉案发明专利权的产品，构成了对斯瑞曼公司涉案发明专利权的侵犯，应承担相应的侵权赔偿责任。斯瑞曼公司要求康泰蓝公司立即停止制造、销售侵权产品的请求成立，予以支持。康泰蓝公司辩称涉案发明专利无效，其使用技术为公知技术，被诉侵权产品没有落入专利保护范围与本案事实不符，不予采信。斯瑞曼公司要求康泰蓝公司、坑梓自来水公司赔偿其损失人民币30

万元、维权费用500元，不予全额支持。根据涉案发明专利的类型、侵权行为情节、斯瑞曼公司维权所支出费用等酌定康泰蓝公司、坑梓自来水公司连带赔偿斯瑞曼公司经济损失人民币8万元。综上，依据《中华人民共和国民法通则》第一百三十条，《中华人民共和国专利法》（以下简称专利法）第十一条第一款、第五十六条第一款，《最高人民法院〈关于审理专利纠纷案件适用法律问题的若干规定〉》第二十一条、第二十二条，《中华人民共和国民事诉讼法》第六十四条第一款的规定，广东省深圳市中级人民法院于2010年1月6日作出（2009）深中法民三初字第94号民事判决：一、康泰蓝公司立即停止制造、销售侵犯涉案发明专利权的行为；二、康泰蓝公司、坑梓自来水公司于判决生效后十日内连带赔偿斯瑞曼公司经济损失人民币8万元；三、驳回斯瑞曼公司的其他诉讼请求。本案案件受理费人民币5800元，证据保全费30元，由康泰蓝公司、坑梓自来水公司共同负担。

康泰蓝公司、坑梓自来水公司均不服一审判决，向广东省高级人民法院提起上诉。

广东省高级人民法院经审查，一审法院查明的事实属实，予以确认。

广东省高级人民法院二审认为，本案争议焦点为，程序问题；被诉侵权产品是否落入涉案发明专利权利要求1的保护范围；坑梓自来水公司是否善意使用。

（一）关于程序的问题

《中华人民共和国民事诉讼法》第一百二十六条规定，原告增加诉讼请求，被告提出反诉，第三人提出与本案有关的诉讼请求，可以合并审理。《最高人民法院关于适用〈中华人民共和国民事诉讼法〉若干问题的意见》第一百五十六条规定，在案件受理后，法庭辩论结束前，原告增加诉讼请求，被告提出反诉，第三人提出与本案有关的诉讼请求，可以合并审理的，人民法院应当合并审理。根据上述法律及司法解释的规定，斯瑞曼公司在一审开庭时提出增加判令康泰蓝公司立即停止侵犯涉案发明专利权的许诺销售行为的诉讼请求，一审法院当庭准许并无不当。

（二）关于被诉侵权产品是否落入涉案发明专利权利要求1的保护范围的问题

康泰蓝公司上诉认为，被诉侵权产品的反应及气液分离过程主要发生在反应器中，无需再设置气液分离器，其并未实施涉案发明专利中的气液分离器、文氏管加料器，管线的连接方式也不同，一审判决将“三通管道”等同于“气液分离器”缺乏依据。

根据一审法院对康泰蓝公司生产、销售的被诉侵权产品进行现场勘察、比对的情况来看，被诉侵权产品为一种制备高纯度二氧化氯的设备，具有两个液体计量槽、两个计量泵、两个加热器、第一空气进口，第一空气进口与“喷射反应器”进口端相连，“喷射反应器”之后连接有反应器（发生器）。将被诉侵权产品与涉案发明专利进行比较，可知两者均需要通过气液分离的方法从反应后的气液混合物中分离出高纯度的二氧化氯，以达到对饮用水的消毒净化，确保水质达标的目的。被诉侵权产品系将原料在“喷射反应器”中进行反应后，传送气液混合物至反应器，对未充分反应的原料继续进行反应，同时将二氧化氯气体与残液相分离。涉案发明专利权利要求1则是将原料在文氏管加料器进行反应，再将反应后的气液混合物通过气液分离器进行分离，从而得到消毒所需的二氧化氯气体。也就是说，尽管被诉侵权产品没有设置单独的气液分离器分离气液混合物，但根据其产品的结构、连接关系和工作原理，其在反应器中实现的气液分离与涉案发明专利单独设置气液分离器进行分离，系以基本相同的手段，实现基本相同的功能，达到基本相同的效果，并且本领域的普通技术人员无需经过创造性劳动就能够联想到的特征。至于反应器还具备气液分离器所不具备的残余物料二次反应功能，则属于被诉侵权产品多于涉案发明专利的技术特征，对于判定是否构成侵权不产生影响。因此，康泰蓝公司以被诉侵权产品不具备本专利气液分离器的技术特征为由，认为其不侵犯涉案发明专利权不成立，不予支持。

（三）关于坑梓自来水公司是否善意使用的问题

专利法（2000年修改）第六十三条第二款规定，为生产经营目的使用或者销售不知道是未经专利权人许可而制造并售出的专利产品或者依照专利方法直接获得的产品，能证明其产品合法来源的，不承担赔偿责任。坑梓自来水公司与斯瑞曼公司均为从事水处理行业的企业法人，又同处同一行政区域即深圳市内，理应对同一区域、行业的技术、设备有所知晓。坑梓自来水公司被诉至一审法院后，已知道其使用的产品可能侵犯涉案发明专利权，也未停止使用被诉侵权产品，故坑梓自来水公司认为其通过合法的进货渠道、正常的买卖合同和合理的价格从康泰蓝公司购买被诉侵权产品，构成合法来源抗辩的理由不成立，不予支持。

综上，广东省高级人民法院于2010年11月15日作出（2010）粤高法民三终字第444号民事判决：驳回上诉，维持原判。本案二审案件受理费5800元，由康泰蓝公司、坑梓自来水公司各负担2900元。

坑梓自来水公司申请再审称：1. 一、二审判决认定事实的主要证据不足，且有新的证据足以推翻原判决。2007年11月27日，康泰蓝公司与项耀明、焦立国就ZL200520139999.4号专利签订《专利技术转让合同》，取得该专利的使用权。该新的证据表明坑梓自来水公司购买并使用康泰蓝公司合法的专利产品不构成侵权。2. 根据专利法第六十三条第二款规定，坑梓自来水公司购买和使用被诉侵权产品时，支付了合理对价，为善意使用人，在一审判决后主动停止了对被诉侵权产品的使用，不构成侵权。3. 一、二审法院均认定ZL200520139999.4号专利与涉案发明专利不一致，坑梓自来水公司使用的是康泰蓝公司根据ZL200520139999.4号专利制造的产品，对涉案发明专利不构成侵权。4. 一审法院违反《最高人民法院关于民事诉讼证据的若干规定》第三十四条第三款规定，允许斯瑞曼公司当庭增加诉讼请求。二审法院适用在后生效的《中华人民共和国民事诉讼法》第一百二十六条和《最高人民法院关于适用〈中华人民共和国民事诉讼法〉若干问题的意见》第一百五十六条规定，认定一审法院当庭准许并无不当，属于适用法律不当。坑梓自来水公司依据《中华人民共和国民事诉讼法》第一百七十九条第一款第（一）项、第（六）项的规定申请再审。

被申请人斯瑞曼公司辩称：1. 新的证据《专利技术转让合同》不具有真实性、合法性。康泰蓝公司成立于2007年12月24日，2007年11月27日尚不具有民事主体资格，无法签订《专利技术转让合同》，且无专利权转让登记文件证明该专利权转让生效。《专利技术转让合同》已经被云南省高级人民法院（2008）云高民三初字第101号民事判决认定为无效。2. 坑梓自来水公司认为自己使用的是ZL200520139999.4号专利，从而不侵犯涉案发明专利权的抗辩逻辑错误。3. 关于坑梓自来水公司在涉案发明专利临时保护期内向康泰蓝公司购买被诉侵权产品后，其后续使用包括专利授权后的使用行为是否构成侵权的问题。专利法第十一条第一款规定了发明和实用新型专利权人享有的禁用权，该禁用权针对制造、使用、许诺销售、销售、进口五种行为。五种禁止实施的行为相互独立，分别构成单一类型的侵权行为。此外，专利法对专利权的限制主要体现在专利法第十一条第一款“除本法另有规定的以外”的规定及第六十三条。其中，专利法第十一条第一款规定的“本法另有规定的”系指专利法第十四条和第四十八条至第五十条。本案中，坑梓自来水公司在涉案发明专利授权后使用被诉侵权产品的行为，显然已经满足专利法第十一条第一款规定的要件，不属于专利法第十四条和

第四十八条至第五十条规定的侵犯专利权的例外，也不属于专利法第六十三条第一款规定的不视为侵犯专利权的任何一项情形，应当构成侵权。此外，坑梓自来水公司并未提供其不知道所使用的设备是侵权产品的相关证明，也没有证明一审判决后即停止使用被诉侵权产品，且即使提交也不能对之前的使用行为免责；深圳市水务局城市供水水质报告显示坑梓自来水公司仍使用二氧化氯消毒设备；坑梓自来水公司购买被诉侵权产品时，康泰蓝公司尚未取得卫生许可批件，依法不得销售，坑梓自来水公司购买并使用无批准文件的被诉侵权产品，主观上明显存在恶意。因此，坑梓自来水公司的使用不符合专利法第六十三条第二款规定的“不知道”要件，不能免除赔偿责任。4. 关于专利法第十三条在本案中的适用问题。斯瑞曼公司在本案中选择追究坑梓自来水公司承担授权后的使用侵权责任，而未请求坑梓自来水公司支付发明专利临时保护期使用费，是对自身合法权利的适当处置，应当受到法律保护。斯瑞曼公司在本案中并未请求给付发明专利临时保护期使用费，因此本案不适用专利法第十三条。专利权人对临时保护期内实施其发明的行为虽然没有禁用权，但过了临时保护期进入到授权之后的使用行为也自当接受专利法第十一条第一款的约束。若以专利法第十三条为由认定坑梓自来水公司的被诉使用行为不构成侵权，将导致以下后果：其一，专利法第十一条第一款的条文将被改写，因为专利法没有任何对授权后的使用行为设置一个只要该使用行为开始于临时保护期即可不承担侵权责任的例外规定。其二，专利法第十三条将成为侵权责任的豁免条款，专利法第十一条第一款形同虚设。如果被诉使用侵权行为人都以专利法第十三条的规定为由，主张其使用行为开始于临时保护期从而不构成侵权，那么将极易出现这样一种情形：在申请人的发明专利申请公开后，甲即按该发明专利申请的记载开始大量制造、销售相应产品，乙从甲处购买该产品并开始使用，申请人的市场被抢占。在专利授权后，专利权人只能向甲、乙主张临时保护期的合理使用费，在费用金额上显然远低于侵权赔偿金，其投入到发明创造的成本不能得到有效回收。而由于乙的继续使用不是侵权行为，专利权人无权禁止，也无法与其签订专利实施许可合同，失去的市场也不能重新寻回。这种情形可以被大量、反复、没有任何限制地复制，专利权人的合法权益无疑会遭受极大损害。如此，专利法第十一条第一款对专利权人的保护即成空谈。至于坑梓自来水公司所称如果持续到专利授权以后的使用行为构成侵权，将对其不公平，完全系其对专利法的片面理解。5. 一、二审判决坑梓自来水公司承担侵权责任的基础是其未经专利权人许可，为生产经营目的使用专利产品，相应的赔偿系继续使用被诉侵权产品所支付的对价，具有专利许可费性质。6. 一审法院允许斯瑞曼公司当庭增加诉讼请求不构成程序违法，且该诉讼请求并未得到支持。《最高人民法院关于适用〈中华人民共和国民事诉讼法〉若干问题的意见》第一百五十六条规定是对《中华人民共和国民事诉讼法》第一百二十六条规定的具体补充与解释，《最高人民法院关于民事诉讼证据的若干规定》第三十四条第三款规定与该条规定冲突时，应适用该条规定。综上所述，坑梓自来水公司的申请再审理由不成立，二审判决适用法律并无不当，应予维持。

被申请人康泰蓝公司辩称：康泰蓝公司在筹备时，当时的法定代表人郑素华代表公司与ZL200520139999.4号专利的权利人项耀明、焦立国签订了《专利技术转让合同》，并支付了17万元转让价款。由于康泰蓝公司管理及负责人变更等原因，原审中未能提供该《专利技术转让合同》。二审结束后，公司股东在整理公司材料时偶然在郑素华手里发现了该《专利技术转让合同》。在ZL200520139999.4号专利权人变更之前，康泰蓝公司合法拥有该专利的使用权，不存在任何侵权行为。

本院再审查明，双方当事人对一、二审法院查明的涉案发明专利的公开日、授权公告日和被诉侵权产品的销售时间的事实没有提出异议，本院对该事实予以确认。另查明，一审判决载明，经一审法院释明，斯瑞曼公司在本案中没有提出支付发明专利临时保护期使用费的诉讼请求，故本案对发明专利临时保护期使用费不予考虑。本院再审开庭时，斯瑞曼公司对此予以认可。

本院再审认为：斯瑞曼公司在本案中没有提出支付发明专利临时保护期使用费的诉讼请求，因此，本案的主要争议焦点在于，坑梓自来水公司在涉案发明专利授权后使用其在涉案发明专利临时保护期内向康泰蓝公司购买的被诉专利侵权产品是否侵犯涉案发明专利权，康泰蓝公司在涉案发明专利授权后为坑梓自来水公司使用被诉专利侵权产品提供售后服务是否侵犯涉案发明专利权。

对于侵犯专利权行为的认定，应当全面综合考虑专利法的相关规定。根据本案被诉侵权行为时间，本案应当适用2000年修改的专利法。专利法第十一条第一款规定："发明和实用新型专利权被授予后，除本法另有规定的以外，任何单位或者个人未经专利权人许可，都不得实施其专利，即不得为生产经营目的制造、使用、许诺销售、销售、进口其专利产品，或者使用其专利方法以及使用、许诺销售、销售、进口依照该专利方法直接获得的产品。"第十三条规定："发明专利申请公布后，申请人可以要求实施其发明的单位或者个人支付适当的费用。"

第六十二条规定："侵犯专利权的诉讼时效为二年，自专利权人或者利害关系人得知或者应当得知侵权行为之日起计算。发明专利申请公布后至专利权授予前使用该发明未支付适当使用费的，专利权人要求支付使用费的诉讼时效为二年，自专利权人得知或者应当得知他人使用其发明之日起计算，但是，专利权人于专利权授予之日前即已得知或者应当得知的，自专利权授予之日起计算。"综合考虑上述规定，**专利法虽然规定了申请人可以要求在发明专利申请公布后至专利权授予之前（即专利临时保护期内）实施其发明的单位或者个人支付适当的费用，即享有请求给付发明专利临时保护期使用费的权利，但对于专利临时保护期内实施其发明的行为并不享有请求停止实施的权利。因此，在发明专利临时保护期内实施相关发明的，不属于专利法禁止的行为。在专利临时保护期内制造、销售、进口被诉专利侵权产品不为专利法禁止的情况下，其后续的使用、许诺销售、销售该产品的行为，即使未经专利权人许可，也应当得到允许。也就是说，专利权人无权禁止他人对专利临时保护期内制造、销售、进口的被诉专利侵权产品的后续使用、许诺销售、销售。当然，这并不否定专利权人根据专利法第十三条规定行使要求实施其发明者支付适当费用的权利。对于在专利临时保护期内制造、销售、进口的被诉专利侵权产品，在销售者、使用者提供了合法来源的情况下，销售者、使用者不应承担支付适当费用的责任。这里的"合法来源"是指相关产品是通过正当、合法的商业渠道获得的，并不必然要求考虑销售者或者供应者在提供相关产品时是否符合相关行政管理规定。**

本案中，康泰蓝公司销售被诉专利侵权产品是在涉案发明专利临时保护期内，该行为即使是在未取得卫生许可批件而不得销售的情况下，也不为专利法所禁止。在此情况下，后续的坑梓自来水公司使用所购买的被诉专利侵权产品的行为也应当得到允许。因此，坑梓自来水公司后续的使用行为不侵犯涉案发明专利权。同理，康泰蓝公司在涉案发明专利授权后为坑梓自来水公司使用被诉专利侵权产品提供售后服务也不侵犯涉案发明专利权。

鉴于本院已经认定坑梓自来水公司的后续使用行为不构成侵权，对于坑梓自来水公司以新的证据《专利技术转让合同》为由主张被诉专利侵权产品是使用ZL200520139999.4号专利生产的合法产品，不侵犯涉案发明专利权，不再评论。

根据《中华人民共和国民事诉讼法》第一百二十六条和《最高人民法院关于适用〈中华人民共和国民事诉讼法〉若干问题的意见》第一百五十六条规定，一审法院当庭允许斯瑞曼公司在开庭中增加诉讼请求并不违反法定程序，二审法院对此的认定不存在法律适用错误。

综上，依照《中华人民共和国民事诉讼法》第一百八十六条第一款、第一百五十三条第一款第（二）项以及《中华人民共和国专利法》第十一条第一款、第十三条、第六十二条的规定，判决如下：

一、撤销广东省高级人民法院（2010）粤高法民三终字第444号民事判决和深圳市中级人民法院（2009）深中法民三初字第94号民事判决。

二、驳回深圳市斯瑞曼精细化工有限公司的诉讼请求。

本案一审案件受理费5800元，证据保全费30元，二审案件受理费5800元，由深圳市斯瑞曼精细化工有限公司负担。

本判决为终审判决。

审　判　长　金克胜
代理审判员　郎贵梅
代理审判员　杜微科
二〇一一年十二月二十日
书　记　员　张　博

73. 专利权人错误申请海关扣留货物应承担赔偿责任

——再审申请人广州市兆鹰五金有限公司与被申请人黄冈艾格尔五金制造有限公司侵犯实用新型专利权纠纷案

【裁判要旨】

知识产权权利人错误申请海关扣留他人出口货物，他人实际交货时间因此违反合同约定，他人根据合同应支付的迟延交货违约金属于其经济损失。

【关键词】

海关扣押　赔偿责任

【案号】

最高人民法院（2010）民申字第1180号

【基本案情】

广州市兆鹰五金有限公司（以下简称兆鹰公司）为“一种水烟筒”的实用新型专利（以下简称涉案专利）的专利权人。黄冈艾格尔五金制造有限公司（以下简称艾格尔公司）与案外人签订一份销售水烟筒的合同，合同约定若艾格尔公司延期交货或不能交货，每天需按货柜总价值的1%进行赔偿。2009年5月7日，中华人民共和国黄石海关（以下简称黄石海关）依兆鹰公司的申请，对艾格尔公司生产、报关出口的被控侵权产品予以扣押，扣留艾格尔公司申报出口的锌合金制水烟筒5800个，货物总价为580510元。2009年5月26日，兆鹰公司以艾格尔公司侵犯涉案专利权为由提起诉讼。2009年6月5日，艾格尔公司提起反诉称，其生产的产品使用的是现有技术，没有落入涉案专利权的保护范围，兆鹰公司滥用专利权，启动海关保护程序，扣留艾格尔公司出口货物，致使其因延期交货而构成违约，造成直接经济损失203178元，故请求判令兆鹰公司赔偿其经济损失203178元并承担合理开支等。2009年6月3日，兆鹰公司支付集装箱超期借用费5336元。2009年6月5日，被扣留货柜装船离港。湖北省武汉市中级人民法院一审认为，艾格尔公司主张现有技术抗辩成立，兆鹰公司请求海关扣留被控侵权产品，造成艾格尔公司迟延交货，应当支付违约金203178元。虽然没有证据证明该违约金已实际支付，但有提单和扣款通知等证明损失存在的初步证据，该损失作为艾格尔公司的预期损失应当纳入赔偿范围。遂判决兆鹰公司赔偿艾格尔公司经济损失203178元。兆鹰公司不服一审判决，提起上诉。湖北省高级人民法院二审判决驳回上诉，维持一审判决。兆鹰公司向最高人民法院申请再审。最高人民法院于2010年10月29日裁定驳回其再审申请。

【裁判意见】

最高人民法院审查认为：参照《中华人民共和国知识产权海关保护条例》第二十九条第二款的规定，知识产权权利人请求海关扣留侵权嫌疑货物后，海关不能认定被扣留的侵权嫌疑货物侵犯知识产权权利人的知识产权，或者人民法院判定不侵犯知识产权权利人的知识产权的，知识产权权利人应当依法承担赔偿责任。该赔偿责任应当是因错误扣留而使对方受到的经济损失。兆鹰公司错误申请海关扣留艾格尔公司的出口货物，导致艾格尔公司实际交货时间违反合同约定。艾格尔公司与案外人的销售合同中已经协议约定了违约金，该迟延交货的损失属于艾格尔公司的经济损失。

中华人民共和国最高人民法院民事裁定书

(2010) 民申字第1180号

申请再审人（一审原告、反诉被告、二审上诉人）：广州市兆鹰五金有限公司，住所地广东省广州市白云区广州大道北618号9a01－9a07房。

法定代表人：赵陆滨，总经理。

委托代理人：潘峰，北京市世纪律师事务所律师。

委托代理人：汤茂盛，男，合肥诚兴知识产权代理有限公司专利代理人，住安徽省合肥市瑶海区×小区14栋405号。

被申请人（一审被告、反诉原告、二审被上诉人）：黄冈艾格尔五金制造有限公司，住所地湖北省黄冈市黄州区东门路176号。

法定代表人：沙迪克，董事长。

委托代理人：冯卫平，男，武汉天力专利事务所专利代理人，住湖北省武汉市武昌区石牌玲×号×栋×门×楼×号。

委托代理人：徐久珂，男，黄冈艾格尔五金制造有限公司副总经理，住河南省郑州市中原区×路×号院×号楼×号。

申请再审人广州市兆鹰五金有限公司（以下简称兆鹰公司）与被申请人黄冈艾格尔五金制造有限公司（以下简称艾格尔公司）侵犯实用新型专利权纠纷一案，湖北省高级人民法院于2010年4月21日作出的（2010）鄂民三终字第15号民事判决，已经发生法律效力。2010年8月，兆鹰公司向本院申请再审。本院依法组成合议庭对本案进行了审查，并于2010年10月11日询问当事人，兆鹰公司的委托代理人潘峰、汤茂盛，艾格尔公司的委托代理人冯卫平、徐久珂到庭参加询问。本案现已审查终结。

兆鹰公司申请再审称，1. 涉案专利吸烟孔为一个“空腔”，该空腔的横截面直径明显大于烟嘴接头的横截面直径，具备导通和容纳烟气的双重功能，在盛水容器与烟嘴接头之间形成了二级压力差，能够达到防止水被吸入的效果。现有技术“一种可调节吸烟浓度之水烟壶”的实用新型专利（以下简称洪淑美的专利）的吸烟孔没有形成“空腔”，仅仅是一个细长孔，该细长吸烟孔的截面直径仅仅是烟嘴接头截面直径的1/5，该吸烟孔只能用来导通烟气，不具有积存烟气的功能，在盛水容器与烟嘴接头之间不能形成二级压力差，达不到防止水被吸入的效果。被控侵权产品的吸烟孔直径较大，至少是烟嘴接头横截面面积的三倍，且通路沿球体和管体上下方向布置，可以容纳更多的烟气，在盛水容器与烟嘴接头之间形成了二级压力差，能够达到防止水被吸入的效果。被控侵权产品的吸烟孔具备导通和容纳烟气的双重功能，构成了涉案专利权利要求1中的空腔。因此，被控侵权产品使用的技术方案与现有技术公开的技术方案并不相同，而是与申请再审人的涉案专利相一致。原一、二审判决认定被控侵权产品烟筒下端与盛水容器的连接处没有形成空腔，而是一个吸烟孔，与现有技术公开的技术方案相同错误。2. 兆鹰公司赔偿因被扣留货物所受到的损失应当是艾格尔公司的实际损失，而不是间接或者预期损失。在被申请人无证据表明其主张的违约金需要支付或已经支付的情况下，原一、二审判决根据销售合同中约定的违约金，在艾格尔公司并未实际支付的情况下，判令兆鹰公司承担赔偿艾格尔公司的预期损失，不符合相关法律规定。请求撤销原一、二审判决，改判艾格尔公司生产的涉案水烟筒产品侵犯涉案专利，判令销毁涉嫌侵权的成品、半成品及生产模具并赔偿经济损失1000000元。

被申请人艾格尔公司称，1. 申请再审人所称的“二级压力差”以及“管道截面积发生变化”无论是作为技术特征还是技术效果或者目的，均没有记载在涉案专利的权利要求书和说明书中。2. 原一、二审法院对涉案专利“空腔”的解释符合法律规定。涉案专利中的空腔，其整体是环绕在烟管的四周，之所以不同于吸烟孔，是由于空腔大到了容纳烟管于其中，且其轮廓紧靠排烟阀。被控侵权产品的吸烟孔是位于烟管的一侧且从上至下一直贯通到底，不是涉案专利中的空腔，而是现有技术的吸烟孔。而且，被控侵权产品在盛水容器灌满水时很容易将水吸出。3. 现有技术没有限制吸烟孔的大小。在洪淑美的专利的说明书及其附图没有标明尺寸、比例的情况下，申请再审人主张“该细长吸烟孔的截面直径仅仅是烟嘴接头截面直径的1/5”不能成立。4. 申请再审人启动海关保护程序，扣留被申请人价值580510元的水烟筒及其出口货柜，致使被申请人延误交货构成合同违约，造成其直接经济损失203178元，损害了其商业信誉，应当承担赔偿责任。

原一、二审法院查明，兆鹰公司于2002年4月12日申请了名称为“一种水烟筒”的实用新型专利，授权公告日为2003年3月26日，专利号为ZL02226804.9，目前该专利仍然有效。该专利授权公告的权利要求如下：1. 一种水烟筒，包括烟筒和烟嘴，烟筒内设有一条烟管，其特征在于：所述的烟筒的上端连接有一个烟锅座，烟锅座上连接有一个烟锅，烟锅的底部设有多个小通孔，该小通孔与烟筒内的烟管相通；烟筒的下端连接有一个盛水容器，烟筒内的烟管伸入盛水容器中，烟筒的下端与盛水容器的连接处设有一个空腔；烟筒的下端还设有一个烟孔接头，该烟孔接头与空腔连通，烟嘴通过一个长软管与烟孔接头连接。2. 如权利要求 1 所述的水烟筒，其特征在于：所述的烟筒的下端还设有一个排烟阀，排烟阀与烟筒下端的空腔连通。3. 如权利要求 1 或 2 所述的水烟筒，其特征在于：所述的盛水容器为玻璃瓶。4. 如权利要求 3 所述的水烟筒，其特征在于：所述的烟筒的上端与烟锅座的连接处设有一个托盘。

2009 年 3 月 4 日，艾格尔公司与案外人 MOHAMAD – AL – NATSHEH 签订一份销售合同。合同约定，艾格尔公司向买方 MOHAMAD – AL – NATSHEH 出售水烟筒，数量为两个 40 尺高柜，第一个高柜于 2009 年 4 月 30 日之前装运，第二个于 2009 年 5 月 30 日之前装运，装运港为黄石；若艾格尔公司延期交货或不能交货，每天需按货柜总价值的 1% 进行赔偿。2009 年 5 月 7 日，中华人民共和国黄石海关（以下简称黄石海关）依兆鹰公司的申请，对艾格尔公司生产、报关出口的被控侵权产品予以扣押，黄石海关下达关知留字〔2009〕01 号《扣留凭单》，扣留艾格尔公司申报出口的锌合金制水烟筒 5800 个，货物总价为 580510 元，货柜号为 CBHU9818026。

2009 年 5 月 26 日，兆鹰公司向湖北省武汉市中级人民法院提起诉讼称，艾格尔公司多次侵犯兆鹰公司的涉案专利权，给其合法权益造成难以弥补的损失，请求判令：艾格尔公司销毁生产、销售侵犯兆鹰公司专利权的水烟筒；销毁涉嫌侵权的成品、半成品及生产模具；赔偿兆鹰公司经济损失 1000000 元。

2009 年 6 月 5 日，艾格尔公司提起反诉称，其生产的产品使用的是现有技术，没有落入涉案专利权的保护范围，不构成专利侵权，兆鹰公司滥用专利权，冒然启动海关保护程序，扣留艾格尔公司出口货物，致使其因延期交货而构成违约，造成直接经济损失 203178 元。请求判令：兆鹰公司赔偿艾格尔公司经济损失 203178 元；承担艾格尔公司因本案所支出的合理开支，包括调查费、差旅费、代理费共计 35000 元；承担本案本诉和反诉的诉讼费。

2009 年 6 月 3 日，兆鹰公司支付集装箱超期借用费 5336 元。2009 年 6 月 5 日，被扣留货柜装船离港。

艾格尔公司提供的现有技术是洪淑美的专利，其权利要求（申请专利范围）为：1. 一种可调节吸烟浓度之水烟壶，包括有：一盛水壶，为一具有开口之中空容器，用以盛水；一导烟管，其一端系插置于该开口，下缘设有延伸至盛水壶内之导杆，并自该导杆内设有一贯通至上端之进烟孔；一烟草置放容器，系端架于该导烟管上，具有一用以装填烟草之皿部，并于该皿部底部设有通孔；一接嘴，系接设于该导烟管上，且设有一贯通至该导烟管底端之吸烟孔；及一进气调节阀，系配置于该导烟管上，并设有一导通至该导烟管底端之进气孔，该进气调节阀系由一植设于该进气孔外侧之中空接头、一螺合于接头上之帽盖、一设置于帽盖内，用以封抵住进气孔之阻气元件以及一设置于接头内，常态将阻气元件顶离接头外之推顶弹簧所组成，其中该帽盖设有至少一个穿孔，让外界空气可自穿孔经由进气孔导入盛水壶内，并透过帽盖螺合于接头上的相对位置，改变阻气元件相对于通气孔的距离，进而调节空气流入进气孔内的单位时间量。2. 如申请专利范围第1项所述之可调节吸烟浓度之水烟壶，其中该接嘴更接设有一连接管，并于该连接管之另一端设有一供嘴巴含吸之吸嘴。3. 如申请专利范围第1项所述之可调节吸烟浓度之水烟壶，其中该导烟管底端之外缘更结合有一气密元件，用以提高烟管结合于开口之密合度。

一审法院依兆鹰公司的证据保全申请，在黄石海关提取了艾格尔公司申报出口、产品型号分别为SJB40－720、SJB40－271、SJB40－954的水烟筒各一个。一审庭审中，双方均认可被控侵权产品由烟锅、烟锅座、烟筒、烟管、烟嘴和盛水容器等部分组成，各部分的连接方式与涉案专利相同，但对烟筒下端是否设有一个空腔存在争议。艾格尔公司认为，被控侵权产品烟筒下端与盛水容器的连接处没有形成空腔，而是一个吸烟孔，与洪淑美的专利公开的技术方案相同。一审庭审中，兆鹰公司要求以权利要求1确定涉案专利权的保护范围。

一审法院认为，1. 艾格尔公司提供的洪淑美的专利构成涉案专利的现有技术。根据国家知识产权局专利复审委员会第8183号无效宣告请求审查决定（以下简称8183号无效决定），涉案专利与现有技术的不同之处在于现有技术未公开涉案专利权利要求1中要求保护的空腔，且双方当事人认可除空腔以外，被控侵权产品与涉案专利的技术特征一致，故在认定被控侵权产品是否属于现有技术时，只需比较空腔的技术特征即可。现场切开被控侵权产品的烟筒，其技术特征为：烟筒下端设有一接嘴和一进气调节阀，接嘴和进气调节阀分别设有一贯通至烟筒底端的吸烟孔和进气孔。经比对，被控侵权产品使用的技术方案与现有技术相同，艾格尔公司主张现有技术抗辩成立。2. 关于空腔技术特征的含义。涉案专利权利要求1未作明确界定，只记载了设置空腔的位置，以及在烟筒下端设有一个烟孔接头与空腔连通。但从涉案专利的创新点、说明书解释及权利要求2的限定中，可以判断涉案专利对空腔的技术要求。8183号无效决定认为，涉案专利设置空腔的具体尺寸可以根据水烟筒的不同而变化，不必进行限定，只要其大小满足在装满水的盛水容器的液面上方仍存在一定空间，达到防止将水直接吸入的技术效果即可。而依据涉案专利权利要求 2 载明的技术要求，在烟筒下端还设有一个排烟阀，也与空腔连通。根据涉案专利说明书中的解释，设置排烟阀的作用在于当盛水容器内的烟气浓度过大时，吸烟人可以拧松排烟阀，从烟嘴吹气将浓烟从排烟阀中排出。因此，为了调节烟气浓度的大小，涉案专利所设置的空腔必须起到连通烟孔接头与排烟阀的作用，从而达到吹烟的技术效果。结合涉案专利说明书附图，涉案专利所设置的空腔内部应为一中空结构。而被控侵权产品设置的是两条相互独立的吸烟孔和进气孔，在盛水容器装满水时，液面上方不可能存在一定空间，烟气在两孔之间不可能流动，无法实现上述技术效果。综上，被控侵权产品没有设置空腔，且洪淑美的专利对孔的直径大小未作任何限定，即使被控侵权产品设置的吸烟孔直径较大也不构成涉案专利要求保护的空腔。兆鹰公司主张被控侵权产品的吸烟孔直径较大，可以容纳更多的烟气，且在盛水容器与烟孔接头之间形成了二级压力差，能够达到防止水吸入的效果，构成了涉案专利权利要求 1 中的空腔，没有事实和法律依据，不予支持。3. 关于艾格尔公司是否有权主张经济损失 203178 元和合理费用 35000 元的问题。本案中，根据销售合同的约定，迟延交货应每天按照货物总价值的 1% 支付违约金。兆鹰公司请求海关扣留被控侵权产品，造成艾格尔公司迟延交货，应当支付违约金 203178 元。虽然没有证据证明该违约金已实际支付，但有提单和扣款通知等证明损失存在的初步证据，该损失作为艾格尔公司的预期损失应当纳入赔偿范围。因此，艾格尔公司主张赔偿经济损失 203178 元，予以支持。据此判决：兆鹰公司于一审判决生效后的 10 日内赔偿艾格尔公司经济损失 203178 元；驳回兆鹰公司的全部诉讼请求；驳回艾格尔公司的其他诉讼请求。一审本诉案件受理费 13800 元、反诉案件受理费 2436 元，均由兆鹰公司承担。

兆鹰公司不服一审判决，向湖北省高级人民法院提起上诉。

二审法院认为，1. 兆鹰公司在本案中选择以涉案专利权利要求 1 确定其专利权保护范围，故专利权利要求 1 记载的必要技术特征构成本案专利权的保护范围。设置排烟阀、将排烟阀与空腔连通以及达到可以吹烟的效果，仅是专利权利要求 2 所要求的技术特征和将达到的技术效果，并非权利要求 1 记载的技术特征和要达到的技术效果。一审法院根据专利权利要求 2 的记载，认定权利要求 1 中的空腔必须起到连通烟孔接头与排烟阀的作用，达到吹烟的技术效果，限制了涉案专利权的保护范围，应依法予以纠正。兆鹰公司主张一审法院以权利要求2附加的技术特征来限定权利要求1的保护范围，损害了专利权人的合法权利的上诉理由成立，予以支持。2. 关于空腔，专利权人兆鹰公司认为，涉案专利的空腔系在烟孔接头和盛水容器之间独立设置的区别于烟道的中空结构，该中空结构容积越大，其容纳的烟气越多，产生的技术效果越好。由此可见，涉案专利的空腔是区别于烟道的另一结构，空腔的作用在于容纳烟气，空腔的体积越大，防止将水吸入嘴中的效果越好。被控侵权产品相应的技术特征为，在烟孔接头和盛水容器之间贯通一条“上窄下宽”的吸烟孔，吸烟孔的截面积在接近盛水容器时逐渐变大，吸烟孔的主要作用是一个烟气的通道，而非兆鹰公司所称的独立设置且区别于烟道的中空结构。兆鹰公司在二审中也承认吸烟人使用被控侵权产品猛吸一口时，也能将水吸入嘴中。因此，不能将主要起烟气通道作用的吸烟孔等同于容纳烟气的空腔，被控侵权产品不具备涉案专利具有的空腔技术特征。兆鹰公司认为被控侵权产品的吸烟孔从烟孔接头到盛水容器之间截面积产生变化，烟气从烟孔接头到盛水容器之间形成压力差，能够达到防止将水吸入的效果。从力学原理而言，吸烟孔内压强相同，虽然由于吸烟孔从烟孔接头到盛水容器之间的截面积发生了变化，烟气在烟孔接头处和盛水容器处的压力略有差异，但此压力变化对吸烟人能否将水吸入嘴中影响不大。涉案专利达到防止将水吸入嘴中的技术效果，关键在于空腔容积的大小。吸烟孔截面积发生变化并不必然产生不将水吸入嘴中的效果。兆鹰公司主张被控侵权产品在烟道上设置有区别于烟道的“深孔”，并且从烟孔接头到盛水容器之间的烟道截面积产生变化，“深孔”的结构构成了涉案专利的空腔技术特征的上诉理由不能成立，不予支持。3. 8183号无效决定已认定，洪淑美的专利未公开涉案专利权利要求1中的空腔，根据洪淑美的专利所公开的内容，不能获知或毫无疑问地导出其记载的技术方案能够达到该空腔所能实现的技术效果。虽然洪淑美的专利的说明书附图显示其吸烟孔直径上下一致、吸烟孔直径小于软管接头烟嘴直径，被控侵权产品的吸烟孔直径“上窄下宽”、吸烟孔直径大于软管接头烟嘴直径，但洪淑美的专利的权利要求并未对吸烟孔的直径大小以及直径是否发生变化作出限定，仅在说明书附图中显示的技术特征不能纳入专利权的保护范围。因此，被控侵权产品的技术特征与洪淑美的专利技术相同，艾格尔公司公知技术抗辩成立。兆鹰公司认为洪淑美的专利的吸烟孔直径上下一致，被控侵权产品的技术与洪淑美的专利技术不相同的理由不能成立，不予支持。综上，被控侵权产品的技术特征未落入涉案专利权的保护范围。4. 兆鹰公司请求海关扣留被控侵权产品，造成艾格尔公司迟延交货达35天。根据销售合同的约定，艾格尔公司迟延交货应每天按照货物总价值的1%支付违约金，即应当支付违约金203178元。虽然艾格尔公司提交的证据尚不能证明该违约金已实际支付，但有销售合同和提单等证明损失存在的初步证据，该损失作为艾格尔公司的预期损失应当纳入赔偿范围，由兆鹰公司承担赔偿责任。兆鹰公司认为艾格尔公司未实际支付违约金从而不应承担赔偿责任的上诉理由不能成立，不予支持。一审判决对涉案专利权保护范围的确定有误，依法予以纠正，但实体处理正确，依法予以维持。据此判决：驳回上诉，维持原判。二审案件受理费16236元，由兆鹰公司负担。

本院审查查明，原一、二审法院审理查明的事实基本属实，本院予以确认。

本院认为，本案的主要焦点在于如何正确解释“空腔”这个技术特征的含义，进而认定是否与现有技术的相应技术特征相同或无实质性差异，准确判断是否落入涉案专利权的保护范围。

关于“空腔”技术特征的解释。说明书及附图、权利要求书的相关权利要求都是专利授权文件的组成部分，其与权利要求的关系最为密切，可用于澄清争议用语。对于本案涉及的“空腔”的含义，可以运用说明书及附图、权利要求书中的相关权利要求、专利审查档案进行解释。涉案权利要求1记载“烟筒的下端与盛水容器的连接处设有一个空腔”，专利权利要求2记载“排烟阀与空腔连通”，说明书明确标注了空腔的位置为8。据此，空腔应当解释为是在烟筒下端，盛水容器瓶口上方，并与烟孔接头连通。说明书记载排烟阀与烟筒下端的空腔连通，其作用在于盛水容器内烟气浓度过大时，可拧松排烟阀，从烟嘴处吹气，排出浓烟，因此，空腔的形状只能是环绕烟管四周的中空结构，且连通烟孔接头与排气阀。

被控侵权产品在烟管的两侧接嘴和进气调节阀处分别平行设置各自独立的贯通至烟筒底端的吸烟孔和进气孔，该通路从孔接头到烟筒底端的截面积由小到大。洪淑美的专利的相应技术特征是，接嘴有一贯通至导烟管底端的烟孔，该吸烟孔只能用来导通烟气，不具有积存烟气的功能，在盛水容器与烟嘴接头之间不能形成二级压力差，达不到防止水被吸入的效果。虽然洪淑美的专利说明书附图标示是一细长孔，但事实上该专利的权利要求对接嘴与吸烟孔的直径大小并没有限定。尽管被控侵权产品的吸烟孔直径比烟嘴接头的横截面大，但吸烟孔与接嘴截面积的比例并不能导出能够达到空腔所能实现的防止将水吸入嘴中的技术效果，从而证明其与现有技术有实质性差别。因此，被控侵权产品使用的技术方案与洪淑美的专利公开的技术方案无实质不同。二审判决关于现有技术抗辩成立的理由正确。兆鹰公司主张被控侵权产品与现有技术存在本质上不同的再审理由不予支持。

被控侵权产品的吸烟孔具有导烟作用，并没有积存大量烟气的作用，在烟筒下端与盛水容器的连接处不存在环绕烟管四周、连通烟孔接头与排气阀的中空结构，不能达到防止水被吸入的效果，被控侵权产品缺少空腔这一技术特征，原审判决认定未落入涉案专利权的保护范围正确。

关于原审判决赔偿损失的问题。**根据《中华人民共和国知识产权海关保护条例》第二十九条第二款的规定，知识产权权利人请求海关扣留侵权嫌疑货物后，海关不能认定被扣留的侵权嫌疑货物侵犯知识产权权利人的知识产权，或者人民法院判定不侵犯知识产权权利人的知识产权的，知识产权权利人应当依法承担赔偿责任。该赔偿责任应当是因错误扣留而使对方受到的经济损失。兆鹰公司错误申请海关扣留被申请人的出口货物，导致被申请人实际交货时间违反合同约定。被申请人与案外人的销售合同中已经协议约定了违约金，该迟延交货的损失属于被申请人的经济损失。**原审判决由兆鹰公司承担赔偿责任，并无不当。兆鹰公司关于应当赔偿实际损失的再审理由无法律依据，本院不予支持。

综上，申请再审人兆鹰公司的再审申请不符合《中华人民共和国民事诉讼法》第一百七十九条规定的情形。依照《中华人民共和国民事诉讼法》第一百八十一条第一款之规定，裁定如下：

驳回广州市兆鹰五金有限公司的再审申请。

审　判　长　王永昌
代理审判员　李　剑
代理审判员　罗　霞
二〇一〇年十月二十九日
书　记　员　王　新

（六）与技术标准有关的专利侵权问题

74. 专利被纳入国家、行业或地方标准时的侵权判断与处理

——关于朝阳兴诺公司按照建设部颁发的行业标准《复合载体夯扩桩设计规程》设计、施工而实施标准中专利的行为是否构成侵犯专利权问题请示案

【裁判要旨】

鉴于目前我国标准制定机关尚未建立有关标准中专利信息的公开披露及使用制度的实际情况，专利权人参与了标准的制定或者经其同意，将专利纳入国家、行业或者地方标准的，视为专利权人许可他人在实施标准的同时实施该专利，他人的有关实施行为不属于专利法第十一条所规定的侵犯专利权的行为；专利权人可以要求实施人支付一定的使用费，但支付的数额应明显低于正常的许可使用费；专利权人承诺放弃专利使用费的，依其承诺处理。

【关键词】

标准　专利　侵权

【案号】

最高人民法院（2008）民三他字第4号

【裁判意见】

鉴于目前我国标准制定机关尚未建立有关标准中专利信息的公开披露及使用制度的实际情况，专利权人参与了标准的制定或者经其同意，将专利纳入国家、行业或者地方标准的，视为专利权人许可他人在实施标准的同时实施该专利，他人的有关实施行为不属于专利法第十一条所规定的侵犯专利权的行为。专利权人可以要求实施人支付一定的使用费，但支付的数额应明显低于正常的许可使用费；专利权人承诺放弃专利使用费的，依其承诺处理。

（2008）民三他字第4号

辽宁省高级人民法院：

你院《关于季强、刘辉与朝阳市兴诺建筑工程有限公司专利侵权纠纷一案的请示》［（2007）辽民四知终字第126号］收悉。经研究，答复如下：

鉴于目前我国标准制定机关尚未建立有关标准中专利信息的公开披露及使用制度的实际情况，专利权人参与了标准的制定或者经其同意，将专利纳入国家、行业或者地方标准的，视为专利权人许可他人在实施标准的同时实施该专利，他人的有关实施行为不属于专利法第十一条所规定的侵犯专利权的行为。专利权人可以要求实施人支付一定的使用费，但支付的数额应明显低于正常的许可使用费；专利权人承诺放弃专利使用费的，依其承诺处理。

对于你院所请示的案件，请你院在查明有关案件事实，特别是涉案专利是否已被纳入争议标准的基础上，按照上述原则依法作出处理。

此复。

二〇〇八年七月八日

75. 实施包含专利技术的推荐性标准需取得专利权人的许可

——再审申请人张晶廷与被申请人衡水子牙河建筑工程有限公司以及一审被告、二审被上诉人衡水华泽工程勘测设计咨询有限公司侵害发明专利权纠纷案

【裁判要旨】

专利权人对纳入推荐性标准的专利技术履行了披露义务，他人在实施该标准时，应当取得专利权人的许可，并支付许可使用费。未经许可实施包含专利技术的推荐性标准，或拒绝支付许可使用费的，构成侵害标准所含专利权的行为。

【关键词】

发明　标准　披露　许可

【案号】

最高人民法院（2012）民提字第125号

【基本案情】

在再审申请人张晶廷与被申请人衡水子牙河建筑工程有限公司（以下简称子牙河公司）及一审被告、二审被上诉人衡水华泽工程勘测设计咨询有限公司（以下简称华泽公司）侵害发明专利权纠纷案中，张晶廷是名称为“预制复合承重墙结构的节点构造施工方法”发明专利（即本案专利）的权利人和CL建筑体系的发明人。张晶廷于2008年10月将本案专利技术许可石家庄开发区晶达建筑体系发展公司（以下简称晶达公司）使用。《CL结构设计规程》（以下简称2006年规程）、《CL结构构造图集》（以下简称CL图集）均为河北省工程建设标准，前言或编制说明部分记载上述规程或图集涉及专利，使用时需要取得授权许可，且同时标明了应识别出的专利技术方案名称。2008年7月25日，子牙河公司作为发包人与华泽公司就“和谐嘉园”部分住宅楼工程签订《建设工程设计合同》约定，设计人应按国家技术规范、标准、规程及发包人提出的设计要求，进行工程设计，相关标准图由发包人购买。华泽公司依据2006年规程完成了建筑施工图的设计。经公证程序证实，由子牙河公司承建的“和谐嘉园”小区的部分住宅楼使用了本案专利的技术方案。张晶廷以子牙河公司侵害本案专利权为由，提起诉讼。后华泽公司被追加为共同被告，但张晶廷同意华泽公司使用本案专利的技术方案并承诺不追究其侵权责任。河北省石家庄市中级人民法院一审认为，2006年规程及CL图集是地方标准，但明确表明2006年规程涉及专利，未经权利人允许不得使用。子牙河公司、华泽公司未经权利人许可使用本案专利技术，构成侵权行为。鉴于张晶廷放弃追究华泽公司的侵权责任，一审法院遂判决子牙河公司立即停止侵权行为并赔偿张晶廷经济损失80万元。子牙河公司不服，提起上诉。河北省高级人民法院二审认为，根据《最高人民法院关于朝阳兴诺公司按照建设部颁发的行业标准〈复合载体夯扩桩设计规程〉设计、施工而实施标准中专利的行为是否构成侵犯专利权问题的函》[（2008）民三他字第4号] 答复意见的精神，即专利权人参与了标准的制定或者经其同意，将专利纳入国家、行业或者地方标准的，视为专利权人许可他人在实施标准的同时实施该专利，他人的有关实施行为不属于专利法第十一条所规定的侵害专利权的行为。本案专利已经被纳入河北省地方标准，权利人参与了标准的制定，应视为张晶廷许可他人在实施标准的同时实施本案专利，子牙河公司的行为不构成侵权，但应当向张晶廷支付一定数额的专利使用费。二审法院据此判决撤销一审判决，改判子牙河公司支付张晶廷专利使用费10万元。张晶廷不服，向最高人民法院申请再审。最高人民法院裁定提审本案，并于2014年1月2日撤销二审判决及一审判决第一项，维持一审判决第三项，改判子牙河公司赔偿张晶廷经济损失40万元。

【裁判意见】

最高人民法院提审认为：2006年规程为推荐性标准，张晶廷履行了专利披露义务，且在2006年规程的前言部分，明确记载有识别的专利技术和专利权人的联系方式。因此，规程的实施者不能从中推断出，2006年规程包含专利技术或者专利权人向公众开放免费的专利使用许可的意图。实施该标准，应当取得专利权人的许可，并支付许可使用费。在未经专利权人的许可，并拒绝支付许可使用费的情况下，原则上，专利侵权救济不应当受到限制。本案也不存在权利人有意隐瞒专利权的存在，从而导致标准的实施者产生该技术为无需付费的公知技术的信赖，子牙河公司的行为侵害了本案专利权。二审法院援引的答复意见系针对个案，不应直接作为裁判案件的依据，二审法院据此认定不构成侵权属于适用法律错误。此外，由于设计单位根据专利技术完成设计图纸的行为不属于专利法第十一条规定的侵权行为，亦无证据证明华泽公司对子牙河公司实施了诱导或帮助等侵权行为，故华泽公司设计建筑施工图纸的行为不构成专利侵权。

中华人民共和国最高人民法院民事判决书

（2012）民提字第125号

再审申请人（一审原告、二审被上诉人）：张晶廷，石家庄晶达建筑体系有限公司董事长。

委托代理人：安斌，河北江源方舟律师事务所律师。

被申请人（一审被告、二审上诉人）：衡水子牙河建筑工程有限公司。

法定代表人：刘万发，该公司总经理。

委托代理人：郭志，北京市东卫律师事务所律师。

委托代理人：单体禹，北京市东卫律师事务所律师。

一审被告、二审被上诉人：衡水华泽工程勘测设计咨询有限公司。

法定代表人：霍宝良，该公司总经理。

委托代理人：刘帅，该公司职工。

再审申请人张晶廷因与被申请人衡水子牙河建筑工程有限公司（以下简称子牙河公司）以及一审被告、二审被上诉人衡水华泽工程勘测设计咨询有限公司（以下简称华泽公司）侵害发明专利权纠纷一案，不服河北省高级人民法院于2011年3月21日作出的（2011）冀民三终字第15号民事判决，向本院申请再审。本院于2012年6月28日作出（2012）民申字第490号民事裁定，提审本案。本院依法组成合议庭，分别于2012年9月13日、2013年4月9日公开开庭审理了本案。张晶廷及其委托代理人安斌，子牙河公司的法定代表人刘万发及其委托代理人郭志、单体禹，华泽公司的委托代理人刘帅到庭参加了第一次开庭审理，张晶廷的委托代理人安斌，子牙河公司的委托代理人郭志，华泽公司的委托代理人刘帅参加了第二次开庭审理。本案现已审理终结。

张晶廷于2009年6月起诉至河北省石家庄市中级人民法院称，其与石家庄晶达建筑体系有限公司（以下简称晶达公司）历时十多年，耗资2000多万元，研究成功了国家级重点科技成果"CL建筑体系"，该建筑体系被建设部发展促进中心评定为"全国建筑行业科技成果推广项目""国家康居示范工程选用部品与产品"；获中国技术市场协会颁发的"金桥奖"。国家有关部、委多次召开专门会议进行推广，河北、山西、山东、天津、内蒙古等多个省、市、自治区专门颁发了或批准适用《CL结构体系技术规程》。全国利用CL结构体系建造的住宅和在建的住宅已达几百万平方米。该建筑体系的主要发明专利是"预制复合承重墙结构的节点构造施工方法"。子牙河公司在承建的衡水市武邑县县城"和谐嘉园"小区5#、6#、7#、8#楼工程中，没有取得涉案专利权人的合法授权，采用的材料和施工方法侵害了涉案专利权。请求法院判令：子牙河公司停止侵权行为；赔偿张晶廷经济损失114.464万元。

子牙河公司辩称，1. 涉案专利的技术方案是建筑行业普遍使用且是河北省建设厅推广的现有技术。子牙河公司的被诉侵权施工行为不构成侵权。2. 子牙河公司是按照华泽公司设计的工程图纸建造的，子牙河公司不知道该设计图纸墙体构造技术是张晶廷已申请的专利。根据《中华人民共和国建筑法》第五十八条、第五十九条的规定，子牙河公司必须按工程设计图纸施工，否则必须承担法律责任，子牙河公司不具有侵权的主观过错。3. 华泽公司应当作为必要的共同诉讼主体参加本案诉讼，申请追加华泽公司为本案被告。

华泽公司在一审法院依法追加其作为本案被告参加诉讼后辩称，1. 其遵照河北省人民政府办公厅下达的有关积极宣传贯彻政府提倡的大力推广应用CL建筑体系，促进节能省地型建筑发展的工作精神，在 2007 年 4 月已得到了 CL 建筑体系专利权人张晶廷的授权许可，允许其应用 CL 建筑体系专利技术进行建筑项目的施工图设计。在本案纠纷发生后，也得到了张晶廷不予追究设计单位侵权责任的承诺。2. 华泽公司在对用户的服务过程中，本着对社会和用户负责的精神，积极宣传政府提出的各项节能政策，认真介绍 CL 建筑体系的优缺点，建议用户到正在使用 CL 建筑体系的建设现场进行参观了解。因该工艺施工难度较大、工程造价相对较高，一般用户都比较慎重。子牙河公司曾在涉案工程设计前到山东泰安、安平、武强等 CL 建筑体系施工现场进行认真观摩。最后子牙河公司认为该工艺比较好，并且能承受其造价并完成其施工，才委托华泽公司进行设计。3. 华泽公司设计所依照的《CL 结构设计规程》DB13（J）43 – 2006 前言部分明确表明，“该规程的某些内容可能涉及专利，经专利人同意，本规程的发布机构不承担识别与保护专利的责任”。因此，华泽公司并无侵权行为，不承担责任。

一审法院审理查明，张晶廷于 2006 年 1 月 17 日向国家知识产权局申请发明专利，名称为“预制复合承重墙结构的节点构造施工方法”，2008 年 9 月 3 日被授予专利权。授权公告的权利要求为：1. 一种预制复合承重墙结构的节点构造施工方法，其特征在于：承重墙采用预制的保温夹心网骨架，将这种由承重墙主受力钢筋形成的保温钢筋网骨架，延伸至梁、柱的外侧，使梁、柱形成带保温层的复合受力构件；以高压石膏板作为浇注混凝土的一侧永久模板，整体直接喷注或浇注形成柱、梁、墙板一体的三维结构，节点构造包括：在预制的夹心网骨架的搭接部位设置柱筋（8）和矩形框架箍筋（9），夹心网骨架的平网（5）搭接部位设置连接锚筋（7）、柱筋、箍筋、连接锚筋与预制夹心网骨架的钢筋连接形成整体受力结构。2. 根据权利要求 1 所述的预制复合承重墙结构的节点构造施工方法，其特征在于预制的夹心网骨架的搭接部位，连接锚筋（7）绑扎在夹心网骨架平网上。3. 根据权利要求 2 所述的预制复合承重墙结构的节点构造施工方法，其特征在于预制夹心网骨架在平网延伸端预留连接锚筋（13）或锚固网片（11）。4. 根据权利要求 1 所述的预制复合承重墙结构的节点构造施工方法，其特征在于预制的夹心网骨架是双层或三层钢丝平网（5）中间夹聚苯乙烯泡沫板（3）保温层，由立体交叉的钢丝桁条（4）将钢丝平网连接成为桁架预制而成。5. 根据权利要求 1 所述的预制复合承重墙结构的节点构造施工方法，其特征在于，在预制的夹心网骨架的搭接部位设置加强网片（10）与夹心网骨架绑扎。6. 根据权利要求 1 所述的预制复合承重墙结构的节点构造施工方法，其特征在于，在预制的夹心网骨架的墙角搭接部位设置加强角网（6）与夹心网骨架绑扎。7. 根据权利要求1所述的预制复合承重墙结构的节点构造施工方法，其特征在于，在预制的夹心网骨架的洞口部位设置U形锚筋（14）与夹心网骨架绑扎。8. 根据权利要求1所述的预制复合承重墙结构的节点构造施工方法，其特征在于，机车施工后楼盖混凝土浇注预留柱筋、锚筋，现场吊装预制夹心网骨架，就位后将夹心网骨架与箍筋、连接锚筋、加强网片或加强角网绑扎或焊接成为整体结构，安装墙、柱、梁模板，现场浇注梁、柱、网板承重墙，养护，施工下一楼盖板。9. 根据权利要求8所述的预制复合承重墙结构的节点构造施工方法，其特征在于所述夹心网骨架承重一侧浇注混凝土厚度为83－18cm，协同承重一侧预制混凝土厚度为3－5cm。涉案专利说明书记载：图1为双层夹心网骨架剪力墙结构图；图2为三层夹心网骨架剪力墙结构图，适用于多层结构所有剪力墙；图3为外墙保温转角节点构造图，主要用于对热桥敏感地区多层外墙大角等扭转力比较强的位置；图4为内墙保温转角节点构造图，主要用于楼（电）梯间等非外墙的连接，也可用于对热桥不敏感地区多层外墙大角位置；图5为外墙与室内侧扶壁柱节点构造图；图6为外墙与分户墙、楼梯间内墙节点构造图；图7为室内剪力墙相交连接的节点构造图；图8为内墙、外墙墙中柱节点构造图，主要用于室内分户墙、楼梯间墙或对热桥不敏感地区外墙墙中柱或梁下柱位置；图9为剪力墙拐角节点构造图，主要用于剪力墙阳角位置阴角构造与此近似；图10为小高层外墙与室内复合墙节点构造图；图11为小高层外墙与室内侧扶壁柱节点构造图；图12为多层外墙圈梁（横向边缘构件）节点构造图；图13为室内圈梁节点构造图，主要用于室内或对热桥不敏感地区剪力墙圈梁（横向边缘构件）；图14为外墙梁板节点构造图；图15为剪力墙端柱节点构造图；图16为剪力墙洞口节点构造图。

2008年6月14日，河北省建设厅批准的《CL结构构造图集》现为河北省工程建设标准设计，批准文号冀建质〔2008〕388号，统一编号：DBJT02－54－2008，图集号：J08G208，实施日期：2008年8月1日。该图集中包括张晶廷的专利技术，其编制说明记载，“CL结构体系系石家庄晶达建筑体系有限公司研发的一种完全自主知识产权的复合剪力墙结构体系，具有抗震性能好、保温层耐久性长、建筑工厂化、施工效率快、综合造价低等特点。为了贯彻执行国家和我省的墙体改革和节能政策，促进该技术的推广应用，编制本图集”。该图集的内容包括：CLQBI型复合剪力墙边缘构件构造详图……（第6－11页）、CLQBI型CL网架板节点详图……（第12页）、CLQBII型CL网架板节点详图……（第19

页）、CLQBIII、CLQBIV 型 CL 网架板节点详图……（第23 页）。

张晶廷系 CL 建筑体系的发明人、主研人以及晶达公司董事长。张晶廷于 2008 年 10 月将“预制复合承重墙结构的节点构造施工方法”许可晶达公司使用。

2009 年 6 月 19 日，河北省石家庄市太行公证处公证员前往衡水市武邑县县城“和谐嘉园”小区内的建设工地，对被诉正在使用“预制复合承重墙结构的节点构造施工发明专利”的在建楼房、场地以及放置在场地内的被诉侵权产品、正在使用该产品在建的施工楼层及其他相关场景进行现场拍照，制作了（2009）冀石太正经字第654 号、第655 号《公证书》。第654 号公证书图片 1、3、25 中的技术特征与涉案专利说明书附图 1 双层夹心网骨架剪力墙结构图，以及附图 5 外墙与室内侧扶壁柱节点构造图、附图 6 外墙与分户墙、楼梯间内墙节点构造图的技术特征相同。公证书图片 2、4、6、11、21、22 中的技术特征与涉案专利附图 5 外墙与室内侧扶壁柱节点构造图、附图 6 外墙与分户墙、楼梯间内墙节点构造图、附图 7 室内剪力墙相交连接的节点构造图的技术特征相同。公证书图片 5、13、14、16 中的技术特征与涉案专利说明书附图 1 双层夹心网骨架剪力墙结构图的技术特征相同。公证书图片 7、20 中的技术特征与涉案专利说明书附图 3 外墙保温转角节点构造图的技术特征相同。公证书图片 8 中的技术特征与涉案专利说明书附图 1 双层夹心网骨架剪力墙结构图、附图 16 剪力墙洞口节点构造图的技术特征相同。公证书图片 9、23 中的技术特征与涉案专利说明书附图 4 内墙保温转角节点构造图的技术特征相同。公证书图片 15 中的技术特征与涉案专利说明书附图 1 双层夹心网骨架剪力墙结构图、附图 2 三层夹心网骨架剪力墙结构图的技术特征相同。

2008 年 7 月 25 日，子牙河公司（发包人）与华泽公司（设计人）就“武邑县和谐嘉园 5#6#7#8#住宅楼”签订《建设工程设计合同》。合同约定，“设计人应按国家技术规范、标准、规程及发包人提出的设计要求，进行工程设计……（第六条 6. 2. 1）”，“设计人为本合同项目所采用的国家或地方标准图，由发包人自费向有关出版部门购买（第八条 8. 2）”。

华泽公司的建筑施工图设计所依据的是《CL 结构设计规程》DB13（J）43 - 2006。该规程前言部分记载：“本规程的某些内容可能涉及专利，经专利人同意，本规程的发布机构不承担识别与保护专利的责任”。

2010 年 4 月 22 日，张晶廷出具书面承诺称，在本案中仅限于同意华泽公司有权使用涉案专利，不要求华泽公司承担任何专利侵权责任。

一审法院认为，河北省建设厅公开发布的《CL结构设计规程》DB13（J）43－2006及J08G208《CL结构构造图集》系地方标准。本标准属公开有偿使用的技术，任何单位和个人未经权利人允许不得使用。子牙河公司施工现场公证取证的照片证明，子牙河公司承建的武邑县和谐嘉园5#6#7#8#住宅楼未经专利权人允许，采用了涉案专利技术，构成侵权行为。

子牙河公司在工程立项前是经过详细考察的，子牙河公司与华泽公司签订《建设工程设计合同》中约定，华泽公司按照子牙河公司提出的设计要求进行工程设计；且《CL结构设计规程》DB13（J）43－2006中的前言部分已明确表明该规程的某些内容可能涉及专利，经得到专利权人授权，方许可使用。但子牙河公司未得到张晶廷的许可，应当承担侵权责任。

子牙河公司的售楼宣传页上套印的图片是张晶廷的专利产品。《CL结构设计规程》DB13（J）43－2006是公开文献，子牙河公司作为建筑单位，其侵害涉案专利权是明知的。子牙河公司在看到“CL建筑体系”良好的经济和社会效益后，不是通过正当合法的手段向专利权人取得相关专利方法的使用权和专利产品，而是通过仿冒和私自使用等方法侵害张晶廷的专利权，应当承担侵权责任。

虽然张晶廷提交的计算赔偿的证据不被子牙河公司认可，但该公司认可建造的武邑县和谐嘉园5#6#7#8#住宅楼总建筑面积32704平方米，CL网架板用量16352平方米。因张晶廷的损失、子牙河公司所获得的利益和专利许可使用费均难以确定，根据涉案专利的类型、子牙河公司侵权行为的性质以及情节，并参考张晶廷专利的推广情况、知名度等因素，酌定赔偿张晶廷经济损失80万元。本案中张晶廷承诺不追究华泽公司的专利侵权责任，视为放弃自己的权利。

综上，张晶廷要求子牙河公司立即停止侵权行为、赔偿经济损失的诉讼请求，予以支持。但张晶廷所主张的赔偿经济损失证据不充分，不予全额支持，酌情确定赔偿数额。因子牙河公司的工程至今未完工，一直处于侵权状态，故一审法院依据《中华人民共和国民事诉讼法》（2007年修正）第一百一十九条①，《最高人民法院关于适用〈中华人民共和国民事诉讼法〉若干问题的意见》第五十八条②，《中华人民共和国专利法》第十一条第一款、第六十五条第二款，《最高人民法院关于审理侵犯专利权纠纷案件应用法律若干问题的解释》第十九条第

---

① 对应2012年8月新修订《民事诉讼法》第一百三十二条。

② 对应2015年1月新修订《最高人民法院关于适用〈中华人民共和国民事诉讼法〉的解释》第七十四条。

二款的规定，于2010年12月10日作出（2009）石民五初字第00163号判决：一、子牙河公司自判决生效之日起，立即停止侵害张晶廷发明专利权的行为；二、子牙河公司自判决生效之日起十日内，赔偿张晶廷经济损失80万元；三、驳回张晶廷其他诉讼请求。一审案件受理费15102元，由张晶廷负担3302元，子牙河公司负担11800元。

子牙河公司不服一审判决，向河北省高级人民法院提起上诉。其主要理由为：1. 涉案专利技术是早已为公众所知的现有技术，子牙河公司使用该技术方案，依法不构成侵权。2. 子牙河公司使用的墙体构造技术是依法受让而来，子牙河公司不知道该技术已被授予专利，故不构成侵权，不需承担侵权责任。3. 根据建筑法的规定，子牙河公司必须按照工程设计图纸施工，也是不得已的必须使用，无论按照法定义务，还是建筑行业标准，使用涉案技术不产生违法侵权行为。4. 张晶廷请求的赔偿数额，没有证据和法律依据，依法应予驳回。请求二审法院撤销一审判决，驳回张晶廷的诉讼请求。

张晶廷答辩称：子牙河公司诉称涉案专利技术属于公开的技术没有事实依据。子牙河公司并未否认使用了涉案专利技术。一审判决认定侵权以及确定的赔偿数额合法有据。请求二审法院驳回上诉，维持原判。

华泽公司答辩称：华泽公司于2007年4月已得到张晶廷的授权许可，允许使用其涉案专利进行建筑项目的施工图设计，在本案中也得到张晶廷不予追究设计单位侵权责任的承诺，其在本案中，不应承担任何责任。

二审法院另查明，河北省建设厅批准的《CL结构构造图集》，晶达公司为参编单位，张晶廷为参编人员之一。张晶廷对该图集为河北省工程建设地方标准没有异议。张晶廷在一审中主张的CL网架板损失数额为82.74万元，涉案专利许可使用费损失数额为33.9万元。

二审法院认为，本案中，子牙河公司虽以现有技术进行抗辩，但仅提交一份涉案专利申请日前发布实施的《CL结构工程施工质量验收标准》，其并非是一项完整的技术方案。“CL建筑体系”自1992年开始研发，先后取得多项专利，子牙河公司未能说明上述验收标准中涉及涉案专利的实质内容，且涉案专利是否符合专利法规定的授予条件，也不是本案审理的范围。子牙河公司关于涉案专利是公众所知的现有技术，以此主张不构成侵权的上诉理由，不予支持。关于子牙河公司按照工程设计图纸施工，是否构成侵权的问题。《最高人民法院关于朝阳兴诺公司按照建设部颁发的行业标准〈复合载体夯扩桩设计规程〉设计、施工而实施标准中专利的行为是否构成侵犯专利权问题的函》[（2008）民三他字第4号]中明确答复：“鉴于目前我国标准制定机关尚未建立有关标准中专利信息的公开披露及使用制度的实际情况，专利权人参与了标准的制定或者经其同意，将专利纳入国家、行业或者地方标准的，视为专利权人许可他人在实施标准的同时实施该专利，他人的有关实施行为不属于专利法第十一条所规定的侵害专利权的行为。专利权人可以要求实施人支付一定的使用费，但支付的数额应明显低于正常的许可使用费；专利权人承诺放弃专利使用费的，依其承诺处理。”本案中，涉案专利被纳入河北省地方标准，专利权人张晶廷参与了该标准的制定，故应视为专利权人张晶廷许可他人在实施标准的同时实施该专利，子牙河公司的有关实施行为不属于专利法第十一条所规定的侵害专利权的行为。一审法院认定子牙河公司按照已纳入专利权人参与制定的河北省地方标准的涉案专利进行施工，构成对张晶廷专利权的侵害，并判决子牙河公司赔偿张晶廷损失，适用法律不当，应予纠正。根据最高人民法院上述答复精神，在本案中，子牙河公司依法应支付张晶廷一定数额的专利使用费。因张晶廷涉案专利的正常许可使用费难以确定，二审法院根据最高人民法院上述答复精神，酌情确定子牙河公司应支付给张晶廷专利使用费10万元。综上，二审法院依照《中华人民共和国民事诉讼法》（2007年修正）第一百五十三条第一款第（二）项①之规定，于2011年3月21日作出（2011）冀民三终第15号民事判决，判决：一、撤销河北省石家庄市中级人民法院（2009）石民五初字第00163号民事判决；二、子牙河公司自判决生效之日起十日内，给付张晶廷专利使用费10万元；三、驳回张晶廷的其他诉讼请求。一审案件受理费15102元，由张晶廷负担10000元，子牙河公司负担5102元；二审案件受理费15102元，由张晶廷负担10000元，子牙河公司负担5102元。

张晶廷不服二审判决，向本院申请再审称，（一）二审判决认定事实不清，适用法律不当。本案不应当适用《最高人民法院关于朝阳兴诺公司按照建设部颁发的行业标准〈复合载体夯扩桩设计规程〉设计、施工而实施标准中专利的行为是否构成侵犯专利权问题的函》[（2008）民三他字第4号]。本案中，河北省建设厅发布的《CL结构设计规程》前言载明：本规程所涉及的专利技术为石家庄晶达建筑体系有限公司所有，使用授权许可，应与之联系。专利权人张晶廷参与

① 对应2012年8月新修订《民事诉讼法》第一百七十条第一款第（二）项，规定：“原判决、裁定认定事实错误或者适用法律错误的，以判决、裁定方式依法改判、撤销或者变更。”

了行业的设计规程、图集和验收规程等公开发行标准的制定，并不应视为其许可他人实施标准的同时实施该专利。同时，这些设计规程、图集也清楚地表明这些标准涉及专利，须取得相关授权。（二）二审判决损害了专利权人的合法权益，不利于知识产权的保护。专利权人历时十多年时间，耗资2000多万元研究成功了包括涉案专利在内的国家级重点科技成果“CL建筑体系”。该建筑体系被建设部科技发展促进中心评定为“全国建筑行业科技成果推广项目”等，国家有关部委多次召开专门会议进行推广。全国利用CL结构体系建造的住宅和在建的住宅已经达到几百万平方米。子牙河公司在工程立项前是经过详细考察的，也知道CL结构体系的优越性，并明确知道他人所享有的专利权。但是，子牙河公司在看到CL建筑体系良好的经济效益和社会效益后，不是通过正当合法的手段向专利权人取得相关专利的使用权和专利产品，而是通过仿冒和私自使用等方法非法使用涉案专利。子牙河公司利用涉案专利提高知名度和房屋售价，建造了几万平方米的房屋，取得非法效益的同时，造成专利权人各项经济损失共计110余万元。二审法院判令支付10万元，严重损害了张晶廷的合法权益，变相鼓励他人恶意侵害专利权。综上，请求本院撤销二审判决，依法改判。

子牙河公司辩称，（一）涉案专利权人已经在政府推广行为中利用专利技术获取了极大的竞争优势，又想获取正常的专利许可使用费，这是不公平的。二审法院适用（2008）民三他字第4号复函，并无不当。（二）子牙河公司在本案中严格遵守国家的法律规定，按图施工，在施工过程中没有任何侵权的故意和过失，缺乏构成侵权的主观要件。张晶廷和华泽公司有恶意串通，引诱子牙河公司侵权的故意。如果华泽公司及时向子牙河公司披露相关专利信息，子牙河公司肯定会选择其他设计以及施工方案，从而在保证质量的基础上有效降低成本。华泽公司没有尽到合理的提示和披露义务，应当在本案中承担大部分侵权责任。（三）子牙河公司使用的预制复合承重墙结构的构造施工方法为公知技术，不构成对涉案专利权利要求1所保护的技术方案的侵害。子牙河公司使用的CL网架板技术亦为公知技术，不构成对涉案专利权利要求4所保护的技术方案的侵害。此外，张晶廷诉请的经济损失是CL网架板的利润损失，其要求的CL网架板包括钢筋焊接网、保温板、斜插钢筋等要素，而由上述要素构成的技术方案是河北省工程建设标准DB13/T（J）26－2000《CL结构体系技术规程》和河北省工程建设标准DB13（J）43－2003《CL结构设计规程》公开的CL网架板的技术方案。因此，张晶廷在本案中诉请保护的产品与涉案专利技术无关。（四）张晶廷虽然为涉案专利的专利权人，但其已将涉案专利许可给晶达公司使用，一、二审法院在未能查明该专利许可使用性质的情况下，以张晶廷作为原告，诉讼主体不适格。（五）被诉的所有楼房的一楼均没有侵害其专利权，而且，CL网架板的用量以及销售价、利润等均存在扩大计算的情况。张晶廷在本案中所提出的损失的计算标准过高，适用比例过高。综上，二审法院认定不侵权正确，判决确定的赔偿数额尚能接受。请求驳回张晶廷的再审申请。

华泽公司辩称，涉案工程是子牙河公司进行现场观摩后自行决定的设计方案，华泽公司履行了告知义务。华泽公司获得了专利权人的许可，经营合法合规，不存在侵权行为。

子牙河公司在本案提审后，向本院提交了如下证据。

证据1：河北省建设厅于2000年12月12日发布并实施的河北省工程建设标准《CL结构体系技术规程》，DB13/T（J）26－2000（以下简称2000年规程）。证明涉案专利为公知技术。

证据2：河北省建设厅于2004年2月6日发布，2004年3月1日实施的河北省工程建设标准《CL结构设计规程》，DB13（J）43－2003（以下简称2003年规程）。证明涉案专利为公知技术。

证据3：河北省建设厅于2006年3月7日发布，2006年4月1日实施的河北省工程建设标准《CL结构设计规程》，DB13（J）43－2006（以下简称2006年规程）。证明涉案专利的保护范围不包括网架板技术，网架板技术在专利申请日之前的规程中已公开。

证据4：武邑县和谐嘉园5#6#7#8#住宅楼的建筑施工图。设计人为华泽公司，设计依据的主要规范为民用建筑设计通则、住宅建筑规范、屋面工程技术规范、建筑地面设计规范、建筑设计防火规范、居住建筑节能设计规范、建筑内部装修设计防火规范、CL结构设计规范DB13（J）43－2006。证明其施工行为是按图施工，根据建筑法第五十八条的规定，无法改变设计单位设计的图纸。

证据5：二审审理期间的庭审笔录。证明张晶廷承认网架板技术不包括在涉案专利的技术方案中。

张晶廷对子牙河公司提交证据的真实性无异议。关于证据1－3，张晶廷认为均是河北省建设厅为了实施张晶廷的专利技术而编制的CL结构体系设计规程和CL结构体系施工验收规程。涉及的专利为“预制复合承重墙结构的节点构造施工方法”“一种房屋建筑三维结构体系的施工方法”“一种房屋建筑三维结构体系及使用方法”。上述专利组成了CL建筑体系专有技术，专利权人均为张晶廷。涉案专利的发明核心是两面整体浇注混凝土，形成带保温层的复合受力构件，而2000年规程中的节点图是一面预制的保护层，完全不同于涉案专利。2000年规程中的网板夹心墙体直接进入梁、柱的混凝土截面内，也与涉案专利完全不同。2003年技术规程则是在2000年技术规程上作的改进。采用涉案专利的2006年规程是完全不同于2000年和2003年规程整体浇注复合受力构件的节点做法。涉案专利曾因案外人提起专利无效请求，经过国家知识产权局专利复审委员会的审查后，认定其具备新颖性、创造性，现涉案专利权仍属于有效状态。子牙河公司提出涉案专利为公知技术无事实依据。关于证据4，张晶廷认为该建筑施工设计图依据的就是纳入了涉案专利的2006年规程。足以证明被诉侵权施工方法落入涉案专利的保护范围。关于证据5，张晶廷认为并不能由此证明被诉侵权施工方法使用的网架板不是涉案专利保护的技术方案。2006年规程中的网架板的技术方案不同于以往的专利技术和建筑规程，是对在先网架板技术的连接方式的改进，该连接部位的节点构造和施工方法就是涉案专利要求保护的权利范围。

张晶廷向本院提交的证据有：

证据1：张晶廷与威海丰荟集团有限公司于2010年11月30日签订的《建设“节能省地”型住宅（CL建筑体系）部品生产基地专利技术转让合同》。证明CL建筑体系系列专利费与安装技术服务费合计443万元。

证据2：张晶廷与威海丰荟集团有限公司、荣成市丰荟住宅产业化开发有限公司于2011年8月8日签订的《合同主体变更协议》。证明CL建筑体系专利技术实施许可合同的甲方威海丰荟集团有限公司被荣成市丰荟住宅产业化开发有限公司取代，合同继续履行。

证据3：荣成市丰荟住宅产业化开发有限公司出具给张晶廷的发票，金额为443万元。

证据4：晶达公司与泰安市华新建材有限责任公司于2012年4月17日签订的《“CL建筑体系”技术转让（专利实施许可）合同》。证明专利权分期使用费总额为500万元。

证据5：泰安市华新建材有限责任公司出具给晶达公司的技术转让费发票，金额为400万元。

证据6：张晶廷与山东胜宏国际石油开发投资有限公司于2011年3月25日签订的《技术转让（专利实施许可）合同》。证明专利实施许可费分期使用费总额为398万元。

证据7：张晶廷、山东胜宏国际石油开发投资有限公司、山东光正节能科技有限公司于2011年6月9日签订的合同主体变更协议。证明CL建筑体系专利技术实施许可合同的甲方山东胜宏国际石油开发投资有限公司被山东光正节能科技有限公司取代，合同继续履行。

证据8：山东光正节能科技有限公司于2011年11月15日出具给张晶廷的技术转让费发票，金额为398万元。

上述证据4、证据6的合同涉及许可实施的专利名称为"预制复合承重墙结构的节点构造施工方法""一种房屋建筑三维结构体系的施工方法""一种房屋建筑三维结构体系及使用方法"。专利权人为张晶廷。证据1、证据4、证据6的合同约定，专利实施许可期限"截止到上述专利中最长一个专利的期限届满日"。

子牙河公司对张晶廷提交的证据的真实性不予认可，认为上述专利实施许可合同均没有履行备案登记手续，并且提供的发票中，付款单位不是许可合同的当事人。

本院对以上证据的认证意见为，子牙河公司提交的2000年规程和2003年规程早于涉案专利的申请日，属于在申请日前国内外出版物上公开发表过，在国内公开使用过或者以其他方式为公众所知的已有技术，可以作为本案现有技术抗辩的技术方案。张晶廷提交的证据1－8涉及三件专利技术转让合同，是有关计算本案赔偿数额的证据。专利权实施许可合同的生效和履行不以合同进行备案为前提，且发票的付款方与张晶廷提交的主体变更协议相对应，子牙河公司对上述证据的质证意见本院不予采纳。上述合同均签订在本案纠纷发生之后，标的是CL建筑体系系列专利，并非单独的一件涉案专利，且履行期间截止到2026年。本院对上述证据将结合张晶廷在一审中提交的CL网架板委托生产协议记载的技术转让费、CL结构体系相关产品购销合同记载的专利技术使用费、技术服务费等证据，在确定赔偿数额时酌情予以考虑。

本院再审查明，一、二审法院审理查明的事实基本属实。

本院另查明：

1. 关于2000年规程

河北省建设厅发布、实施的河北省工程建设标准DB13/T（J）26－2000《CL结构体系技术规程》，由石家庄开发区晶达建筑体系发展公司、北方设计研究院主编。该规程前言部分记载，"该规程是以国家现行的有关规范、标准与大量的实验研究成果为主要依据编制，体现了墙改与节能方面的政策，对设计、施工作出了规定。希望各有关单位在本规程的实施过程中注意积累资料，及时向编制单位提出意见或建议，以便今后修订时参考”。

该规程第 21 页“7 施工与验收部分”记载有 7. 1CL 网架的材料要求以及结构形式。7. 2CL 复合墙板的施工部分，记载有 CL 结构体系的施工工艺流程。第 31 页附录 B，记载有 CL 结构体系主要节点示意图。其中，标注为图 C1 – C10 的分别是 CL 复合墙板与基础连接做法、CL 复合墙板与边缘构件（暗柱）连接做法(外墙内保温）（仅用于抗震等级四级）、CL 复合墙板转角做法（用于外墙内保温)、CL 复合墙板与边缘构件（暗梁）连接做法（用于外墙外保温)、CL 复合墙板、CL 复合墙板转角做法、CL 复合墙板与边缘构件（暗柱）连接做法（外墙外保温)、CL 复合墙板转角做法（用于外墙外保温)、CL 复合墙板与边缘构件（暗梁）连接做法（用于外墙内保温)、CL 复合墙板与边缘构件（暗柱）连接做法(用于外墙内保温)。

2. 关于 2003 年规程

河北省建设厅发布、实施的河北省工程建设标准 DB13（J）43 – 2003《CL 结构设计规程》，由河北北方绿野建筑设计有限公司、北方设计研究院、石家庄开发区晶达建筑体系发展公司共同修订。该规程前言部分记载，该规程是对 2000 年规程进行的必要的补充和调整。主要内容是对 CL 结构的材料、设计理论、设计构造措施等分别作出了较为系统的规定。应识别出的专利为，“一种轻质承重偏夹心网板”“一种房屋建筑三维结构体系的施工方法”“一种房屋建筑三维结构体系及施工方法”。标明所涉及的专利技术为石家庄开发区晶达建筑体系发展公司所有，使用授权许可，应与之联系。还记载该公司具体地址和联系电话。该规程第 2 页“2. 1 主要术语”中记载，CL 墙板由两层冷拔光面钢丝焊接网用斜插钢丝（腹丝）焊接成空间骨架，中间夹以聚苯乙烯板形成 CL 网架板，内外两侧浇注混凝土后构成 CL 墙板。该规程第 26 页“6 构造措施”记载有 CL 墙板、连梁、小墙肢构造要求。图 6. 2. 1 为 CL 墙板构造。

3. 关于 2006 年规程

河北省建设厅发布、实施的河北省工程建设标准 DB13（J）43 – 2006《CL 结构设计规程》是华泽公司建筑设计施工图所依据规程。该规程前言部分记载“本规程是在作了大量实验工作和在青岛、邯郸、石家庄、邢台等地完成了近 100 万平方米住宅设计与施工的基础上，根据国家新的建筑节能要求，对 CL 结构设计规程 DB13（J）43－2003 进行了必要的补充和调整，其主要内容是对 CL 结构的材料、设计理论、设计构造措施等分别作了系统的规定”。同时还记载，“本规程所涉及的专利技术为石家庄晶达建筑体系有限公司（地址：石家庄市广安大街 18 号美东国际 D 座 1305，电话 0311－860××××4）所有，使用授权许可，应与之联系。应识别出的专利为：一种轻质承重偏夹心网板、一种房屋建筑三维结构体系的施工方法、一种房屋建筑三维结构体系及施工方法。编制单位：河北北方绿野建筑设计有限公司、北方设计研究院、石家庄晶达建筑体系有限公司”。

4. 关于 CL 建筑体系的情况

河北省人民政府办公厅于 2009 年 2 月 2 日转发《关于推广应用 CL 建筑体系促进节能省地型建筑发展实施意见的通知》[办字（2009）23 号] 记载，“CL 建筑体系是集建筑结构与保温隔热功能为一体的复合钢筋混凝土剪力墙结构体系，具有抗震性能好，节能效果完全满足现有标准要求，且保温与建筑同寿命，扩大使用面积，实现建筑工厂化生产，节约耕地等特点，建设部鉴定为综合技术达国际先进水平，列为全国建设行业科技成果推广项目。目前，我省及外省已建成 CL 体系住宅 600 多万平方米，取得了良好的示范带动作用”。衡水市人民政府办公室于 2009 年 5 月 1 日转发《关于大力推广应用 CL 建筑体系的实施意见的通知》，要求“自 2009 年 4 月 1 日起，我市新建居住建筑和公用建筑，要积极采用 CL 建筑体系，积极鼓励引导建设单位和开发商，采用 CL 建筑体系，2009 年完成 2－3 个住宅小区 20 万平方米的 CL 建筑体系推广应用示范工程的立项工作。同时及时总结经验和做法，以点带面，促进 CL 建筑体系在我市建筑中的应用，到 2011 年，我市新建建筑应用 CL 建筑体系的比重达到 50%。因此，要把推广应用工作落到实处”。同时，在人员培训中明确，“由市建设局负责组织设计、施工、监理等相关单位岗位操作人员的技术培训，通过参观、学习、熟悉 CL 建筑体系相关的技术文件，使推广应用工作达到安全、优质、文明、高效”。该通知还要求，“各级财政部门设立节能专项资金，对采用 CL 建筑体系的示范工程予以支持和奖励，各部门要对项目实施单位实行全程服务，减少办事环节，简化审批程序，减交城市配套费等措施，为推广应用 CL 建筑体系创造宽松的环境”。

本案再审庭审中，双方对和谐嘉园 5#－8#住宅楼总建筑面积为 32704 平方米，所有楼房的一楼均没有使用涉案专利无异议，确认侵权的总建筑面积为 25000 平方米。

本院再审认为，本案当事人的争议焦点为子牙河公司的被诉侵权施工行为是否侵害涉案专利权以及民事责任的承担。具体涉及以下问题：1. 张晶廷是否为本案的适格原告。2. 子牙河公司关于现有技术抗辩的理由能否成立；被诉侵权的CL网架板技术是否为公知技术。3. 子牙河公司实施被诉侵权施工方法时的主观状态、华泽公司是否应当承担责任。4. 二审判决适用法律是否存在错误。5. 张晶廷的诉讼请求是否应当支持。

1. 关于张晶廷是否为本案的适格原告

子牙河公司在本院再审审理中提出，张晶廷虽然为涉案专利的专利权人，但其已将涉案专利许可给晶达公司使用，张晶廷作为原告诉讼主体不适格。其理由为，如果张晶廷与晶达公司签订的是专利独占实施许可合同，则张晶廷无权实施涉案专利，不再享有专利实施权以及实施利益，晶达公司将成为本案的原告。一、二审判决仅将张晶廷作为原告，诉讼主体不适格。本院认为，对于2009年10月1日以前的被诉侵害专利权行为，适用修改前的专利法。根据《中华人民共和国专利法》（2000年修正）第五十七条①的规定，未经专利权人许可，实施其专利，即侵犯其专利权，引起纠纷的，由当事人协商解决；不愿协商或者协商不成的，专利权人或者利害关系人可以向人民法院起诉，也可以请求管理专利工作的部门处理。专利侵权诉讼的原告范围是专利权人或者利害关系人。《最高人民法院关于对诉前停止侵犯专利权行为适用法律问题的若干规定》第一条规定了利害关系人的范围，即包括专利实施许可合同中的被许可人、专利财产权利的合法继承人等。专利实施许可合同被许可人中，独占实施许可合同的被许可人可以单独向法院提出申请；排他实施许可合同的被许可人在专利权人不申请的情况下，

---

① 对应2008年12月新修正《专利法》第六十条、第六十一条，规定："未经专利权人许可，实施其专利，即侵犯其专利权，引起纠纷的，由当事人协商解决；不愿协商或者协商不成的，专利权人或者利害关系人可以向人民法院起诉，也可以请求管理专利工作的部门处理。管理专利工作的部门处理时，认定侵权行为成立的，可以责令侵权人立即停止侵权行为，当事人不服的，可以自收到处理通知之日起十五日内依照《中华人民共和国行政诉讼法》向人民法院起诉；侵权人期满不起诉又不停止侵权行为的，管理专利工作的部门可以申请人民法院强制执行。进行处理的管理专利工作的部门应当事人的请求，可以就侵犯专利权的赔偿数额进行调解；调解不成的，当事人可以依照《中华人民共和国民事诉讼法》向人民法院起诉。""专利侵权纠纷涉及新产品制造方法的发明专利的，制造同样产品的单位或者个人应当提供其产品制造方法不同于专利方法的证明。专利侵权纠纷涉及实用新型专利或者外观设计专利的，人民法院或者管理专利工作的部门可以要求专利权人或者利害关系人出具由国务院专利行政部门对相关实用新型或者外观设计进行检索、分析和评价后作出的专利权评价报告，作为审理、处理专利侵权纠纷的证据。"

可以提出申请。本案中，张晶廷为涉案专利的发明人、专利权人，与他人签订专利实施许可合同，并不影响其享有单独提起他人侵害专利权的诉权。子牙河公司未证明张晶廷与晶达公司签订了独占实施许可合同。退一步讲，即便晶达公司为涉案专利独占实施合同的被许可人，也仅在于晶达公司可以作为利害关系人提起侵害专利权之诉。本案亦不存在晶达公司不参加诉讼，争议的权利义务以及当事人之间的权利义务关系难以确定，晶达公司与张晶廷对涉案专利存在财产共有的法律关系等情形。因此，晶达公司并非为本案的必要原告，张晶廷作为涉案专利的专利权人提起本案诉讼，一、二审法院依据其起诉审理本案，并无不当。

2. 关于现有技术抗辩

子牙河公司在本案中主张现有技术抗辩，辩称其所使用的预制复合承重墙结构的节点构造施工方法以及网架板技术方案已经公开。如果认定侵权行为成立，也应当扣除网架板的利润。其理由为，2000 年规程作为涉案专利申请日之前的国内的公开出版物，公开了与涉案专利权利要求 1 相同的技术方案，其中有 CL 复合墙板节点构造施工方法的描述。2000 年规程第 31 页图 C. 7 和图 C. 8 与涉案专利权利要求 1 及说明书附图 3 的技术方案都是采用预制的网架板，延伸至梁、柱的外侧，整体直接喷注或浇注形成柱、梁、墙板一体的三维结构，在预制的网架板的搭接部位设置柱筋、矩形框架箍筋、连接锚筋等连接形成的整体受力结构。子牙河公司还辩称，其使用的 CL 网架板技术是现有公知技术的理由为，2000 年规程在公开了 CL 网架板的结构形式和 CL 复合墙板的示意图，对 CL 复合墙板的定义为，由两层钢丝网用斜插钢筋（腹丝）连接的空间骨架，中间夹以聚苯乙烯板形成 CL 网架，内外两侧浇注混凝土后构成 CL 复合墙板。2003 年规程中也定义了 CL 墙板，并公开了 CL 墙板构造的示意图。被诉侵权施工方法中使用到的部件名称无论是夹心网骨架还是 CL 网架板，都是将钢丝平网中间夹以聚苯乙烯板的保温层后，用钢丝桁条或者腹丝、斜插钢筋连接而成的。因此，网架板的技术方案与现有技术的相应技术特征无实质性差异。本院认为，现有技术抗辩作为被诉侵权人对抗专利权人侵权指控的不侵权抗辩，是 2008 年专利法修改新增加的一项制度，但专利权的保护范围不得包括现有技术是专利制度的基本内容。子牙河公司以现有技术抗辩，需要审查的是其施工使用的被诉侵权方法是否为涉案专利申请日之前的现有技术。如果子牙河公司举证证明被诉侵权施工方法与一项现有技术方案中的相应技术特征相同或者无实质性差异的，则应当认定子牙河公司实施的施工方法不侵害涉案专利权。

经审查，本案的被诉侵权方法已由公证员对施工楼层、场地及其他相关场景进行了现场拍照。公证书（655 号）照片 9 – 12 中，网架板是预制的，公证书（654 号）照片 5、13、14、16、19 中，夹心网骨架是双层的钢丝平网，中间是保温层，桁架是立体交叉的钢丝桁条连接的。公证书（654 号）照片 12、13、16、19、26 中，外墙等部位是在板两侧浇注混凝土形成复合墙体。进行外墙等部位的施工时，保温板的外侧存在混凝土层，且与墙板以及柱、梁一体成型。公证书（654 号）照片 14、16、18、19 以及公证书（655 号）照片 2、3、5、7、8、12 中，均有网架板在梁柱界面网架板钢筋处延伸，不同于主墙体部位的特征。公证书（654 号）照片 1 – 11 以及 21 – 24 和 17 中，标识在梁柱等夹心网骨架连接部位有附加连接锚筋。公证书（654 号）照片 1、2、6、17、21、24 中，现场吊装预制夹心网骨架，就位后将夹心网骨架与箍筋、连接锚筋以及加强网片捆扎成整体结构。公证书（654 号）照片 9、11、12、15、17、24 是安装墙柱以及梁模板的现场，公证书（654 号）照片 12、13、16、19 是浇注梁柱网板混凝土后，拆除模板，施工下一楼盖板。此外，墙身的受力以及保温骨架分别标注在建筑施工设计图纸的标准层平面图 MKZ1、MKZ3、MKZ2 的墙身大样中。该设计图纸中还标识出，所有外墙的翼柱、暗柱以及连梁均处于保温层内侧，且保温层外侧为混凝土。综上，被诉侵权方法使用的技术特征为：a. 承重墙采用预制的保温夹心网骨架；b. 保温夹心网骨架是由承重墙主受力钢筋形成的；c. 保温钢筋网骨架延伸至梁、柱的外侧，使梁、柱形成带保温层的复合受力构件；d. 浇注混凝土的一侧存在模板与梁、墙板一体的三维结构；e. 预制的夹心网骨架的搭接部位有柱筋和矩形框架箍筋；f. 夹心网骨架的平网搭接部位有连接锚筋、箍筋、柱筋与夹心网骨架的钢筋连接，形成整体受力结构。本院再审庭审中，子牙河公司认可被诉侵权施工方法使用的是整体直接喷注或浇注。

本院再审庭审中，张晶廷认为 2000 年规程对应的专利是其名称为“一种房屋建筑三维结构体系及施工方法”的发明专利，是单面浇注的技术。对此，子牙河公司未提出异议。该专利技术方案是由预制的墙板、楼板直接喷注或浇注混凝土的柱、梁、墙壁和楼板等，使之形成连成一体的三维整体结构，其特征是预制的墙板、楼板采用轻质承重夹心网板即网状钢筋砼组成，采用加强钢筋网状连接，构成这种结构的轻质承重夹心网板为偏夹心网板，网板一侧为保温层，另一侧为承重层，构成自承重墙板。自承重墙与内墙连接采用 T 形或十字网状钢筋砼暗梁连接，与楼板连接亦然。

2000年规程的施工方案是将预制的各种板运至施工现场后，根据设计进行拼装，在安装好墙板、楼板、楼梯、阳台等预制板的基础上，校正固定绑扎加强钢筋网，同时进行砼施工、喷注该楼层的十字梁、柱、T形梁、柱墙面和地面、顶面。剪力墙结构形式的墙板单面用模板喷注砼，另一面喷（抹）纤维砼，喷注从楼层底部开始，待墙板喷注到楼底面时，开始浇楼板上面砼，上面砼达到70%强度，再喷底面砼。

被诉侵权施工方法是将预制的保温夹心网骨架延伸至梁柱的外侧，形成的保温钢筋网骨架。该夹心网骨架是在墙的二层或三层立体交叉桁架受力，使得梁柱部位与梁柱受力钢筋结合为一体，形成带保温层的复合受力构件。墙体内主要受力钢筋与支撑带保温的钢网架与房屋的梁柱楼板整体施工。在公证保全中的照片中可以清楚看出网架板并非2000年规程中的两层网板的结构。子牙河公司以涉案专利说明书附图3公开的技术方案与2000年规程中CL结构体系主要节点示意图中披露的技术方案为依据，主张其使用的预制复合承重墙结构的构造施工方法属于现有技术，但其忽视了其他技术特征对涉案专利技术方案的限定。2000年规程的第31页的图C.7和图C.8并未完整披露被诉侵权施工方法。在专利权无效宣告程序中，无效请求人可以将几项现有技术组合起来请求宣告专利权不具备创造性，但在专利侵权案件中，被诉侵权人不能以几项现有技术方案进行组合来进行现有技术抗辩。子牙河公司关于其使用的预制复合承重墙结构的构造施工方法是现有技术，不构成对涉案专利中权利要求1所保护的技术方案的侵害的主张，不予支持。

子牙河公司辩称其使用的CL网架板技术为现有技术，不落入涉案专利权利要求4的保护范围。涉案专利权利要求4为，根据权利要求1所述的预制复合承重墙结构的节点构造施工方法，其特征在于预制的夹心网骨架是双层或三层钢丝平网（5）中间夹聚苯乙烯泡沫板（3）保温层，由立体交叉的钢丝桁条（4）将钢丝平网连接成为衍架预制而成。涉案专利权利要求4引用了权利要求1，属于整体浇注。尽管包括钢筋焊接网、保温板、斜插钢筋等要素的CL网架板的技术方案已经在2000年规程和2003年规程中公开，但具体的施工方法方式并不相同。被诉侵权施工方法是整体浇注，使用的网架板有三层钢筋网架，其是将钢丝平网连接成为桁架预制而成。这与2000年规程中将剪力墙结构形式的墙板单面用模板喷注砼，另外一面喷（抹）纤维砼的方法明显不同。子牙河公司所主张的CL网架板技术仅涉及被诉侵权施工方法的一个技术特征，并未构成被诉侵权施工方法的整体技术方案。子牙河公司关于其使用的网架板是现有技术，张晶廷在本案中诉请保护的网架板产品与涉案专利技术方案无关的主张，本院不予支持。

3. 子牙河公司实施被诉侵权施工方法时的主观状态以及华泽公司是否应当承担侵权责任

本案再审庭审中，华泽公司的答辩与其在一、二审中的辩称一致，认为，因CL建筑体系工艺施工难度较大，工程造价相对较高，其建议用户到正在使用CL建筑体系的建设工地现场参观学习了解。在进行涉案工程设计前，子牙河公司曾进行认真观摩，最后认为该工艺做法比较好，并且能够承受其造价并完成其施工，于是委托华泽公司采用该工艺进行设计。子牙河公司对华泽公司所称进行过观摩的事实认可，但认为华泽公司没有向其明确提及过建筑施工设计图纸中包含有涉案专利技术，没有提示其应当在获得专利权人的许可后按图施工，存在过错。本院再审庭审中，各方当事人对“和谐嘉园”小区其他几幢小高层并没有使用涉案专利方法，并无异议。本院认为，2006年规程为推荐性标准，子牙河公司作为建筑施工领域的经营者，有不选择该规程的权利。子牙河公司在对CL建筑体系工地施工现场进行市场观摩调查后，向华泽公司提出设计要求，且根据其与华泽公司签订的《建设工程设计合同》，华泽公司设计采用的标准是由子牙河公司自费向有关出版部门购买的。而且，华泽公司的设计施工图依据的2006年规程在前言部分明确记载了需要识别的专利技术以及专利权人的联系方式。此外，子牙河公司在和谐嘉园的售楼宣传材料中，载有CL复合剪力墙建筑结构户型的优点，并配合有与CL建筑体系网架板一致的图片。子牙河公司辩解其使用的是现有技术，但不论是2000年规程还是2003年规程，均记载有该技术规程包含有专利权的情形。子牙河公司关于被诉侵权施工方法中不存在张晶廷的专利权的辩解，本院难以支持。

专利法第十一条规定，发明和实用新型专利权被授予之后，除了该法另有规定的以外，任何单位或者个人未经专利权人许可，都不得实施其专利。该条款规定了五种具体的实施方式：制造、许诺销售、销售、使用和进口。这是实施专利行为的穷尽性的规定。设计单位设计实现专利技术的图纸的行为并不属于专利法第十一条规定的侵权行为。本案亦无证据证明华泽公司对子牙河公司存在诱导以及帮助等侵权行为。因此，本案中，华泽公司设计建筑施工图的行为，并不构成侵权。

本院再审审理中，子牙河公司最终拒绝张晶廷提出支付专利实施许可费的调解方案。因子牙河公司知道或应当知道华泽公司设计的施工方法中包含有涉案专利技术，在张晶廷进行了专利披露、子牙河公司能够识别专利并能够与张晶廷进行联系的情况下，未经张晶廷许可，使用涉案专利技术，且在发生纠纷后，在本案中拒绝向专利权人支付专利许可费。子牙河公司的行为，构成侵权。

4. 二审判决适用法律是否错误

张晶廷申请再审主张，二审法院适用（2008）民三他字第4号复函，存在错误。本院认为，上述复函是对个案的答复，不应作为裁判案件的直接依据予以援引。本案2006年规程为推荐性标准，张晶廷履行了专利披露义务，在被诉侵权施工方法所依据的2006年规程前言部分，明确记载有识别的专利技术和专利权人的联系方式。该规程的实施者不能从中推断出，2006年规程不包含专利技术或者专利权人向公众开放了免费的专利使用许可的意图。实施该标准，应当取得专利权人的许可，根据公平合理无歧视的原则，支付许可费。在未经专利权人许可使用，拒绝支付许可费的情况下，原则上，专利侵权救济不应当受到限制。本案不存在专利权人隐瞒专利的行为导致标准的实施者产生该技术为无需付费的公知技术的信赖。张晶廷的再审申请理由成立，本院予以支持。二审法院简单适用上述复函，进而认定本案不构成侵权，适用法律存在错误，应予纠正。

5. 张晶廷的诉讼请求是否应当支持

如前所述，子牙河公司的被诉侵权施工方法落入涉案专利权的保护范围，子牙河公司关于现有技术的抗辩不能成立，张晶廷关于请求判令子牙河公司停止侵权行为的诉讼请求，应当予以支持。张晶廷主张CL网架板的销售价为155元。CL网架板的生产成本为104.4元，故CL网架板的利润为每平方米50.6元。由于上述主张无其他证据佐证，故本院结合张晶廷在一审中提交的2007年与泰安华新建材有限责任公司CL网架板委托生产协议记载的CL网架板技术转让费、推广费为每平方米11元、2008年与河北辛建建设集团有限公司就CL结构体系相关产品购销合同中约定的CL结构体系专利使用费、技术服务费每平方米15元，张晶廷在本院申请再审阶段认可网架板的许可费每平方米11元，以及本院再审审理中，张晶廷提交的三份技术转让合同。同时考虑涉案专利在被诉侵权施工方法中对产品利润的影响，具体侵权行为所涉面积等因素，根据《中华人民共和国专利法》（2008年修正）第六十五条第二款的规定，酌定子牙河公司赔偿张晶廷经济损失40万元。

关于子牙河公司是否应当承担停止侵权的民事责任的问题。一审审理期间，被诉侵权的工程尚未完工，子牙河公司的被诉施工行为处于侵权状态，一审判决子牙河公司立即停止侵害涉案专利权的行为，并无不当。因被诉侵权的工程现已完工并交付使用，本院判决子牙河公司停止侵害涉案专利权的施工行为已无必要，故对张晶廷提出子牙河公司应承担停止侵权的民事责任，作出相应调整。

综上所述，本院认为，二审判决认定子牙河公司不构成对张晶廷专利权的侵害，适用法律错误，应予纠正。依据《中华人民共和国民事诉讼法》（2012 年修正）第二百零七条第一款、第一百七十条第一款第（二）项，《中华人民共和国专利法》（2000 年修正）第十一条第一款①、第五十七条，《中华人民共和国专利法》（2008 年修正）第六十五条第二款，《最高人民法院关于审理侵犯专利权纠纷案件应用法律若干问题的解释》第七条、第十九条的规定，判决如下：

一、撤销河北省高级人民法院（2011）冀民三终字第 15 号民事判决；

二、撤销河北省石家庄市中级人民法院（2009）石民五初字第 163 号民事判决第一项；

三、维持河北省石家庄市中级人民法院（2009）石民五初字第 163 号民事判决第三项；

四、变更河北省石家庄市中级人民法院（2009）石民五初字第 163 号民事判决第二项“被告衡水子牙河建筑工程有限公司自判决生效之日起十日内，赔偿原告张晶廷经济损失 80 万元”为“衡水子牙河建筑工程有限公司自本判决生效之日起十日内，赔偿张晶廷经济损失 40 万元”。

如果未按本判决指定的期间履行给付金钱义务，应当依照《中华人民共和国民事诉讼法》第二百五十三条之规定，加倍支付迟延履行期间的债务利息。

一审案件受理费 15102 元，由张晶廷负担 9816 元，子牙河公司负担 5286 元；二审案件受理费 15102 元，由张晶廷负担 9816 元，子牙河公司负担 5286 元。

本判决为终审判决。

审　判　长　金克胜
代理审判员　罗　霞
代理审判员　杜微科
二〇一四年一月二日
书　记　员　张　博

① 对应 2008 年新修正《专利法》第十一条第二款，规定：“外观设计专利权被授予后，任何单位或者个人未经专利权人许可，都不得实施其专利，即不得为生产经营目的制造、许诺销售、销售、进口其外观设计专利产品。”

76. 纳入标准的药品专利的许可使用是否适用“公平、合理、无歧视”原则

——再审申请人齐鲁制药有限公司与被申请人北京四环制药有限公司侵害专利权纠纷案

【裁判要旨】

涉及药品管理和注册的现行法律、行政法规没有要求药品专利权人在配合制定国家强制性药品标准时对药品专利的许可使用作出“公平、合理、无歧视”承诺。本案也没有证据证明涉案药品专利权人在与涉案专利有关的国家药品标准的制订过程中，针对涉案专利的许可使用作出过“公平、合理、无歧视”承诺，因此，涉案药品专利的许可使用不适用“公平、合理、无歧视”原则。

【关键词】

发明专利　侵权　药品专利　“公平、合理、无歧视”原则

【案号】

最高人民法院（2017）最高法民申4107号

【基本案情】

在再审申请人齐鲁制药有限公司（以下简称齐鲁公司）与被申请人北京四环制药有限公司（以下简称四环公司）侵害专利权纠纷案中，四环公司主张齐鲁公司生产、销售的马来酸桂哌齐特原料药产品及其注射液产品侵害了四环公司申请号为201110006357.7、名称为“一种安全性高的桂哌齐特药用组合物及其制备方法和其应用”的发明专利（以下简称357号专利）和注册号为200910176994.1、名称为“桂哌齐特氮氧化物、其制备方法和用途”的发明专利（以下简称994号专利）。呼和浩特市中级人民法院一审认为，根据国家食品药品监督管理总局批准的齐鲁公司YBH01582015马来酸桂哌齐特原料药标准及YBH01592015马来酸桂哌齐特注射液标准所记载有关内容均与994号专利权利要求1及357号专利权利要求1中所记载的相关内容一致。鉴于药品属于特殊的产品，必须严格按照其国家标准进行生产、符合国家标准的才可以上市，结合齐鲁公司的陈述、相关国

家标准及企业标准的记载以及四环公司当庭确认涉案专利的保护范围，齐鲁公司制造的马来酸桂哌齐特原料药产品、注射液产品均落入了357号专利的保护范围，制造的桂哌齐特氮氧化物产品落入了994号专利权利要求1的保护范围，利用其制造的桂哌齐特氮氧化物作为对照品落入了994号专利权利要求15的保护范围。齐鲁公司提出的现有技术及标准必要专利抗辩理由均不能成立，据此认定齐鲁公司构成侵权，并判决停止侵权。齐鲁公司不服，提起上诉。内蒙古自治区高级人民法院二审判决驳回上诉、维持原判。齐鲁公司不服，向最高人民法院申请再审。最高人民法院于2018年10月31日裁定驳回齐鲁公司的再审申请。

【裁判意见】

最高人民法院审查认为：《最高人民法院关于审理侵犯专利权纠纷案件应用法律若干问题的解释（二）》第二十四条第二款规定："推荐性国家、行业或者地方标准明示所涉必要专利的信息，专利权人、被诉侵权人协商该专利的实施许可条件时，专利权人故意违反其在标准制定中承诺的公平、合理、无歧视的许可义务，导致无法达成专利实施许可合同，且被诉侵权人在协商中无明显过错的，对于权利人请求停止标准实施行为的主张，人民法院一般不予支持。"根据该条款的规定，适用该条款应同时满足以下要件：（1）涉案专利所涉标准系推荐性标准；（2）专利权人在标准制定过程中作出"公平、合理、无歧视"的承诺；（3）被诉侵权人无明显过错。本案中，齐鲁公司在申报并获得国家食品药品监督管理总局向其发布的涉案药品注册标准过程中，国家食品药品监督管理总局药品审评中心向齐鲁公司发出《补充资料通知》，要求齐鲁公司"参考马来酸桂哌齐特原料药和注射液的最新国家标准，对已知杂质桂哌齐特氮氧化物进行研究，并订入质量标准"。经审查，上述《补充材料通知》中所称的"马来酸桂哌齐特原料药和注射液的最新国家标准"是在四环公司使用的马来酸桂哌齐特药品标准基础上修订而来，由国家药典委员会审定，由国家食品药品监督管理总局发布。涉案药品涉及的最新国家标准以及齐鲁公司申报获得的涉案药品注册标准均为国家强制性标准。涉及药品管理和注册的现行法律、行政法规没有要求药品专利权人在配合制定国家药品标准时，对药品专利的许可使用作出"公平、合理、无歧视"承诺，本案也没有证据证明四环公司在与涉案专利有关的国家药品标准的制订过程中，针对涉案专利的许可使用作出过"公平、合理、无歧视"承诺。综上，一、二审判决关于本案不适用"公平、合理、无歧视"原则的认定结论并无不当。

中华人民共和国最高人民法院民事裁定书

(2017)最高法民申4107号

再审申请人（一审被告、二审上诉人）：齐鲁制药有限公司。住所地：山东省济南市高新区新泺大街317号。

法定代表人：李伯涛，该公司董事长。

委托诉讼代理人：刘元霞，北京知元同创知识产权代理事务所专利代理人。

委托诉讼代理人：林蔚，北京达晓律师事务所律师。

被申请人（一审原告、二审上诉人）：北京四环制药有限公司。住所地：北京市通州区张家湾镇齐善庄村东。

法定代表人：郭维城，该公司董事长。

委托诉讼代理人：宋新月，北京市金杜律师事务所律师。

委托诉讼代理人：郝红，北京市鑫兴（济南）律师事务所律师。

再审申请人齐鲁制药有限公司（以下简称齐鲁公司）因与被申请人北京四环制药有限公司（以下简称四环公司）侵害发明专利权纠纷一案，不服内蒙古自治区高级人民法院（2017）内民终125号民事判决，向本院申请再审。本院依法组成合议庭进行了审查，现已审查终结。

齐鲁公司申请再审称：（一）四环公司是以马来酸桂哌齐特注射液产品的“许诺销售地”为案件连接点在一审法院提起侵权诉讼，一、二审法院管辖权仅限于涉及马来酸桂哌齐特注射液产品的侵权行为，对马来酸桂哌齐特原料药的制造、使用及桂哌齐特氮氧化物对照品的制造、使用的被诉侵权行为无权审理。（二）二审判决对四环公司请求保护的201110006357.7号“一种安全性高的桂哌齐特药用组合物及其制备方法和其应用”发明专利（以下简称357号专利）和200910176994.1号“桂哌齐特氮氧化物、其制备方法和用途”发明专利（以下简称994号专利。如无特别区分，两专利根据情况亦统一以下简称涉案专利）权利要求保护范围认定不清，未进行检测比对即判定被诉侵权产品落入涉案专利保护范围，显属错误。在与涉案专利有关的原研药上市已经超过四十年的背景下，对不保护活性成分的涉案专利权利要求的保护范围应当进行严格区分的认定。357号专利权利要求1的保护范围不包含氮氧化物为0的情况，四环公司也自认357号专利保护的药物组合物是指整个药品有效期内氮氧化物的含量都不超过0.5%的技术方案以及桂哌齐特有容易被氧化的特殊属性，一、二审判决未考虑上述情况。

一、二审判决未检测被诉侵权产品是否含有桂哌齐特氮氧化物，也未区分该氮氧化物是齐鲁公司制造的，还是由制造出的活性成分在存储过程氧化形成的，便径行认定侵权，系明显的事实认定错误。（三）一、二审判决对齐鲁公司主张的现有技术抗辩的审理存在程序违法、事实认定和适用法律错误。齐鲁公司在一、二审程序中均就被诉侵权产品主张适用现有技术抗辩，其中以200610103455.1号“马来酸桂哌齐特改进的制备方法”发明专利（以下简称455号专利）和200810093966.9号“马来酸桂哌齐特晶型及其制备方法”发明专利（以下简称966号专利）主张对357号专利适用现有技术抗辩，以国际公布号为W02008/139152A1的PCT申请针对994号专利适用现有技术抗辩，并就该专门性的事实问题申请鉴定。一审判决对齐鲁公司在举证期限内补充提交的现有技术证据未依法组织质证，特别是未听取齐鲁公司关于国际公布号为W02008/139152A1的PCT申请是否记载了桂哌齐特氮氧化物的意见，违反正当程序。一、二审判决均对现有技术抗辩的法律理解和适用存在错误。一审判决在评述现有技术抗辩时将现有技术与涉案专利权利要求而非被诉侵权产品进行比对。四环公司请求保护的是产品专利，但二审判决要求齐鲁公司自证被诉侵权产品使用了现有技术方法，而不是评述现有技术能否得到被诉侵权产品。此外，查明齐鲁公司生产被诉侵权产品所使用的现有技术B晶型是否含有桂哌齐特氮氧化物及其含量，是对357号专利正确适用现有技术抗辩原则的关键。一、二审法院拒绝对此进行鉴定，进而否定齐鲁公司的现有技术抗辩主张，属于事实认定和法律适用错误。桂哌齐特及其氮氧化物系存在几十年的固有组合物，实践中亦有多种现有技术可以得到被诉侵权产品，齐鲁公司使用966号专利、455号专利和上述PCT申请主张现有技术抗辩，应当成立。齐鲁公司有新的证据证明被诉侵权产品属于现有技术。（四）涉案专利系质量控制的标准专利，专利权人应当根据“公平、合理、无歧视”原则实施许可，法院依法不应判决停止实施涉案专利。国家食品药品监督管理总局于2015年批准给齐鲁公司的YBH01582015马来酸桂哌齐特原料药标准和YBH01592015马来酸桂哌齐特注射液标准并非齐鲁公司申请注册被诉侵权产品时的申报标准，而是根据四环公司参与制定的国家药品标准进行了相应的修改。涉案专利作为国家药品标准涉及的必要专利，四环公司应当根据国家标准化管理委员会、国家知识产权局联合发布的《国家标准涉及专利的管理规定（暂行）》第五条规定履行披露专利的义务。标准必要专利在禁令救济方面理应具有区别于普通专利的条件和门槛。二审判决以《最高人民法院关于审理侵犯专利权纠纷案件应用法律若干问题的解释（二）》

第二十四条规定不适用于强制性标准为由支持四环公司提出的停止实施涉案专利请求，属于适用法律错误。被纳入强制性标准中的涉案专利应当受到程度更高的限制，而且根据《国家标准涉及专利的管理规定（暂行）》第十五条规定，强制性标准涉及的专利，也可以参照适用“公平、合理、无歧视”原则。在利用现有技术能够制备被诉侵权产品以及齐鲁公司等多家国内企业取得国家药品监督管理部门批件的情况下，四环公司应当根据“公平、合理、无歧视”原则进行许可，依法不应支持其停止实施涉案专利的请求。此外，涉案专利仅仅是通过控制桂哌齐特氮氧化物含量实现其声称的提高“药物安全性”的质量控制专利，类似于产品跳转行为，也不应当给予专利权人责令停止实施的救济，否则会损害竞争，影响创新。（五）357 号专利和 994 号专利的实验数据不真实。北京知识产权法院目前已经作出判决认定 994 号专利实验数据不真实，撤销了专利复审委员会维持其有效的决定。齐鲁公司提供的新的证据也证明了 357 号专利存在实验数据不真实的情况。四环公司依赖编造的数据申请涉案专利，借此谋求市场独占地位，损害了齐鲁公司、其他生产该类药物的制药企业以及使用该专利药品的患者利益，本案应当进行再审。

四环公司提交意见称：（一）357 号专利与 994 号专利在技术上紧密关联，一、二审法院对本案有管辖权。（二）齐鲁公司主张的新的证据均为在一审、二审和涉案专利无效宣告程序中提交过的证据，不属于新的证据。（三）齐鲁公司当庭自认，其制造的马来酸桂哌齐特原料药、注射液产品落入了 357 号专利的保护范围，其制造、使用桂哌齐特氮氧化物并将其作为对照品落入了 994 号专利的保护范围。（四）齐鲁公司未能证明其实施的技术属于现有技术。齐鲁公司针对 357 号专利和 994 号专利提出的现有技术抗辩不成立。（五）齐鲁公司的鉴定申请属于专利权有效性的审理范畴，不属于法院受理范围。一、二审法院拒绝其鉴定申请，适用法律正确。（六）齐鲁公司的标准必要专利抗辩不成立。四环公司在涉案专利纳入国家药品标准过程中是被动的，没有选择余地，涉案专利作为强制性标准，是国家药监总局下属的药典委员会制定的，现行法规并没有要求专利权人在国家药品标准制定过程中向任何人作出“公平、合理、无歧视”承诺，四环公司也没有作出此类承诺，二审判决齐鲁公司停止侵权不存在法律适用错误。

齐鲁公司在申请再审程序中向本院提交了以下新的证据：

第一组证据，US3634411 专利说明书及其中文译文，用于证明桂哌齐特化合物是早已存在的化合物；357 号专利和 994 号专利无效宣告口头审理记录表，用于证明专利权人自认的涉案专利保护范围和桂哌齐特在储存过程中不可避免会产生杂质。

第二组证据，CN1631877A号发明专利申请公开说明书、CN101717382A号发明专利申请、CN101474147A号发明专利申请公布说明书、刘华祥等著《马来酸桂哌齐特的改进合成》、许晋星著《RP－HPLC法测定马来酸桂哌齐特片中有关物质的含量》、齐鲁公司重复前文方法的《鉴定报告》、SGS公司《分析报告》，用于证明齐鲁公司针对357号专利的现有技术抗辩成立，具体理由在于，根据上述7份证据记载的技术信息，不可避免地形成了994号专利保护的桂哌齐特氮氧化物；参照966号专利的实施例1－6制备马来酸桂哌齐特晶型并检测其中的有关物质和含量的《鉴定报告》，用于证明齐鲁公司针对966号专利的现有技术抗辩成立。

第三组证据，北京知识产权法院（2017）京73行初5365号行政判决，该判决认定994号专利杀虫活性实验数据不真实、公开不充分、不具有创造性，责令专利复审委员会针对994号专利重新作出审查决定；国家上海新药安全评价中心关于SD大鼠静脉注射给予马来酸桂哌齐特和桂哌齐特氮氧化合物四周恢复期四周重复给药毒性实验总结报告、江苏省药物安全性评价中心关于357号专利文件毒理实验数据的专家意见书，用于证明357号专利的实验数据不真实。

四环公司发表质证意见如下：

对于第一组证据，齐鲁公司在针对357号专利的无效决定已经作出后仍然在一审、二审程序中认可其制造的马来酸桂哌齐特原料药、注射液产品落入357号专利保护范围，而且一审法院保全证据也表明齐鲁公司的三个批号的原料药产品显示氮氧化物的含量不为零。考虑上述情况，第一组证据并不能推翻一、二审判决关于齐鲁公司制造的马来酸桂哌齐特原料药、注射液落入357号专利保护范围的认定。

对于第二组证据，其中的三份专利文件、两篇文章和SGS公司《分析报告》，在455号专利、357号专利无效宣告程序中提交过，参照966号专利的实施例1－6制备马来酸桂哌齐特晶型并检测其中的有关物质和含量的《鉴定报告》系齐鲁公司自己于2016年1月14日出具的报告，上述证据在本案一审期间已经被齐鲁公司发现并在专利无效宣告程序中使用，在本案中无理逾期提交，不属于新的证据，而且属于判断涉案专利有效性的材料，不属于本案侵权诉讼审理范围。

对于第三组证据，均属于证明涉案专利有效性的证据，不属于本案侵权诉讼审理范围。

本院经审查认为，本案有以下争议焦点：

（一）一、二审法院对本案是否具有管辖权

根据2017年修正的《中华人民共和国民事诉讼法》第二百条规定，管辖权错误不再属于人民法院应当再审的情形之一。齐鲁公司的相应申请再审理由，本院不予审查。

（二）齐鲁公司的行为是否侵害357号专利和994号专利

本案中，四环公司请求保护的两项专利为357号专利和994号专利。357号专利权利要求1保护如下技术方案：一种安全性高的药物组合物，所述药物组合物含有桂哌齐特或其药学上可接受的盐和含量不高于0.5%的式III（内容略）所示结构化合物，所述桂哌齐特或其药学上可接受的盐与式III化合物之间的重量比不低于500∶1。357号专利说明书有如下记载，“本发明进一步分离、纯化和表征了研究桂哌齐特相关物质的结构及其活性，得到惊人的发现，药理实验证实，桂哌齐特纯品不会引起动物的白细胞降低，引起白细胞降低或者影响粒细胞分化和形成的物质为式III所示结构的桂哌齐特氮氧化物”。“本发明通过深入研究，惊人发现，桂哌齐特氮氧化物在其含量不高于0.5%时，对动物白细胞数或粒细胞的形成和分化存在影响，但不显著；在其含量不高于0.2%时，则对动物白细胞数或粒细胞的形成和分化没有影响。”根据357号专利说明书，357号专利通过分离确认出氮氧化物杂质，确定采用无氧保护的技术手段降低杂质含量，确保安全性。994号专利权利要求1保护的技术方案为：一种桂哌齐特氮氧化物，具有式（I）所示结构（内容略）。994号专利权利要求15保护的技术方案为：权利要求1所述的桂哌齐特氮氧化物用作标准品或对照品的应用。994号专利利用氮氧化物这种纯化合物作为对照品来定量分析药物组合物中氮氧化物杂质的含量，是一种检测分析的技术。

本案中四环公司主张的被诉侵权行为是：齐鲁公司就其制造的马来酸桂哌齐特注射液产品向国家药品监督管理部门申报并获得审批，规格分别为2ml∶80mg和10ml∶320mg，其以该产品参加内蒙古自治区医疗机构药品器械网上集中采购平台的统一招标，均已通过资质审核并提供报价；齐鲁公司在呼和浩特市内的医院销售马来酸桂哌齐特注射液产品；齐鲁公司在制造马来酸桂哌齐特原料药和注射液产品的过程中，为保证质量，必须使用994号专利保护的桂哌齐特氮氧化物作为对照品进行检验。

在一、二审程序中，齐鲁公司对于其制造的马来酸桂哌齐特原料药、注射液产品落入了357号专利的保护范围，对于使用桂哌齐特氮氧化物作为对照品落入了994号专利权利要求15的保护范围均予以认可。根据国家食品药品监督管理总局批准的齐鲁公司YBH01582015马来酸桂哌齐特原料药标准及YBH01592015马来酸桂哌齐特注射液标准，齐鲁公司制造的马来酸桂哌齐特原料药中桂哌齐特氮氧化物的含量不超过0.05%，制造的马来酸桂哌齐特注射液中桂哌齐特氮氧化物的含量不超过0.15%，且氮氧化物的结构式与994号专利权利要求1及357号专利权利要求1中所记载的化合物的结构式一致。此外，上述标准中均记载了将桂哌齐特氮氧化物制作成对照品溶液的过程。鉴于药品属于特殊产品，药品生产企业必须严格按照国家药品监督管理部门批准的标准进行制造，符合该标准的药品才可以上市。综合考虑上述因素，应当认定，齐鲁公司制造的马来酸桂哌齐特原料药、注射液落入了357号专利的保护范围，制造的桂哌齐特氮氧化物落入了994号专利权利要求1的保护范围，利用其制造的桂哌齐特氮氧化物作为对照品落入了994号专利权利要求15的保护范围。齐鲁公司向本院提交的第一组证据不足以推翻上述认定。

齐鲁公司主张，一、二审判决未检测被诉侵权产品是否含有桂哌齐特氮氧化物，也未区分该氮氧化物是齐鲁公司制造的，还是由制造出的活性成分在存储过程氧化形成的，便径行认定侵权，存在事实认定错误。本院认为，被诉侵权产品是马来酸桂哌齐特药品，药品必须严格按照国家药品监督管理部门批准的药品注册标准进行生产，一、二审判决根据国家食品药品监督管理总局批准的齐鲁公司YBH01582015马来酸桂哌齐特原料药标准及YBH01592015马来酸桂哌齐特注射液标准认定被诉侵权产品的成分和含量，而且齐鲁公司在一、二审阶段亦未提交其生产的被诉侵权产品所含桂哌齐特氮氧化物含量为零的证据，其自行作出的检测报告显示被诉侵权产品所含桂哌齐特氮氧化物含量为0.001%。因此，一、二审法院未对被诉侵权产品的成分进行鉴定而认定其落入涉案专利保护范围，并无不当。齐鲁公司的相应申请再审理由不能成立。

此外，一审判决对齐鲁公司在举证期限内补充提交的现有技术证据组织四环公司进行书面质证，齐鲁公司仅以一审法院未听取其关于国际公布号为W02008/139152A1的PCT申请是否记载了桂哌齐特氮氧化物的意见为由主张违反正当程序，不能成立。齐鲁公司向本院提交的第三组证据用于证明357号专利和994号专利存在实验数据不真实而应当被宣告无效，该组证据不属于本案侵权诉讼审理范围，本院不予以审查。

（三）齐鲁公司的现有技术抗辩是否成立

《最高人民法院关于审理侵犯专利权纠纷案件应用法律若干问题的解释》第十四条第一款规定："被诉落入专利权保护范围的全部技术特征，与一项现有技术方案中的相应技术特征相同或者无实质性差异的，人民法院应当认定被诉侵权人实施的技术属于专利法第六十二条规定的现有技术。"

针对357号专利，齐鲁公司主张其依据455号"马来酸桂哌齐特改进的制备方法"发明专利制造了被诉侵权产品。一审判决在审查上述现有技术抗辩主张时认为，齐鲁公司所提的有关455号专利的鉴定申请针对357号专利是否将现有技术纳入保护范围，且未举证证明其是否实施了455号专利公开的制备工艺，故其鉴定申请实质上针对的为357号专利的有效性问题，不属于本案的审理范围。齐鲁公司以其向一审法院提交的《鉴定报告》为依据主张其实施455号专利制造出被诉侵权产品，一审法院查明，该《鉴定报告》记载了齐鲁公司参照455号专利实施例5的步骤五和步骤六的方法制备得到的晶型为966号专利中的B晶型，一审判决以该《鉴定报告》针对的实质上为357号专利的有效性问题为由对该证据的关联性不予认定。二审判决以该《鉴定报告》未记载实施455号专利整体技术方案为由认为，不足以认定齐鲁公司实施455号专利能够生产出被诉侵权产品的事实。经本院审查，455号专利实施例5共有六个步骤，前四步合成桂哌齐特，第五步成盐，第六步形成稳定晶型，在《鉴定报告》中，齐鲁公司直接采用其自行制备的桂哌齐特原料，未进行前四步，只是重复了步骤五和步骤六，即其主张的现有技术内容并不限于455号专利一项技术方案。因此，根据现有技术抗辩应当将被诉落入专利权保护范围的全部技术特征与一项现有技术方案中的相应技术特征进行比对的要求，二审判决认为齐鲁公司提交的《鉴定报告》不足以认定其实施455号专利能够制造出落入357号专利保护范围的被诉侵权产品，并无不当。

针对357号专利，齐鲁公司还以966号"马来酸桂哌齐特晶型及其制备方法"发明专利主张现有技术抗辩。一审判决在审查上述现有技术抗辩时，将966号专利与357号专利进行对比，该审查方法存在如齐鲁公司申请再审理由中主张的问题。二审判决认为，齐鲁公司亦主张其实施966号专利能够生产出落入357号专利保护范围的被诉侵权产品，但未能证明其实施该技术方案的事实，故其上述现有技术抗辩不能成立。本院认为，在966号专利本身没有公开关于氮氧化物及其含量的情况下，本领域技术人员根据966号专利无法获得被诉侵权产品，齐鲁公司向本院提交的第二组证据中的参照966号专利实施例1－6制备马来酸桂哌齐特晶型的《鉴定报告》也不能证明本领域技术人员根据966号专利可以获得被诉侵权产品。二审判决对于上述现有技术抗辩的审查方法有所不当，但其关于齐鲁公司上述现有技术抗辩不能成立的认定结论正确。

针对994号专利，齐鲁公司以国际公布号为W02008/139152A1的PCT申请主张现有技术抗辩。齐鲁公司主张在PCT申请文件中有关于氮氧化物结构描述的内容，本领域技术人员可以唯一地确定桂哌齐特氮氧化物的结构，该结构就是994号专利请求保护的桂哌齐特氮氧化物。经本院审查，齐鲁公司提交了上述PCT申请的部分中文译文，上述译文既未明确公开994号专利所保护的具有特定结构式的氮氧化物，也未明确公开桂哌齐特氮氧化物作为对照品的应用。因此，齐鲁公司的主张缺乏事实依据，二审判决认为上述现有技术抗辩不能成立，并无不当。

此外，齐鲁公司向本院提交的第二组证据中前7份证据用于证明其针对357号专利提出的现有技术抗辩成立。其中，前4份证据虽然均在357号专利申请日前公开，但是仅涉及马来酸桂哌齐特制备工艺的改进或者马来酸桂哌齐特注射液及其制备方法，均未公开氮氧化物，也没有涉及将氮氧化物作为目标杂质进行控制。许晋星著《RP－HPLC法测定马来酸桂哌齐特片中有关物质的含量》中测定的马来酸桂哌齐特的杂质主要是顺式异构体，未公开杂质中含有氮氧化物，齐鲁公司重复前文方法的《鉴定报告》、SGS公司《分析报告》都是涉案专利申请日后的实验报告，并非现有技术，也不能证明根据前文的记载可以获得被诉侵权产品。因此，齐鲁公司提供的新的证据不足以证明被诉侵权产品属于现有技术。

（四）涉案药品专利是否适用标准必要专利中的“公平、合理、无歧视”原则

《最高人民法院关于审理侵犯专利权纠纷案件应用法律若干问题的解释（二）》第二十四条第二款规定：“推荐性国家、行业或者地方标准明示所涉必要专利的信息，专利权人、被诉侵权人协商该专利的实施许可条件时，专利权人故意违反其在标准制定中承诺的公平、合理、无歧视的许可义务，导致无法达成专利实施许可合同，且被诉侵权人在协商中无明显过错的，对于权利人请求停止标

准实施行为的主张，人民法院一般不予支持。”根据该条款的规定，适用该条款应同时满足以下要件：1. 涉案专利所涉标准系推荐性标准；2. 专利权人在标准制定过程中作出“公平、合理、无歧视”的承诺；3. 被诉侵权人无明显过错。

本案中，经一审法院查明，齐鲁公司在申报并获得国家食品药品监督管理总局向其发布的涉案药品注册标准过程中，国家食品药品监督管理总局药品审评中心向齐鲁公司发出《补充资料通知》，要求齐鲁公司“参考马来酸桂哌齐特原料药和注射液的最新国家标准，对已知杂质桂哌齐特氮氧化物进行研究，并订入质量标准”。经本院审查，上述《补充材料通知》中所称的“马来酸桂哌齐特原料药和注射液的最新国家标准”是在四环公司使用的马来酸桂哌齐特药品标准基础上修订而来，由国家药典委员会审定，由国家食品药品监督管理总局发布。涉案药品涉及的最新国家标准以及齐鲁公司申报获得的涉案药品注册标准均为国家强制性标准。涉及药品管理和注册的现行法律、行政法规没有要求药品专利权人在配合制定国家药品标准时对药品专利的许可使用作出“公平、合理、无歧视”承诺，本案也没有证据证明四环公司在与涉案专利有关的国家药品标准的制订过程中针对涉案专利的许可使用作出过“公平、合理、无歧视”承诺。综上，一、二审判决关于本案不适用“公平、合理、无歧视”原则的认定结论并无不当，齐鲁公司的相应申请再审理由不能成立。

依照《中华人民共和国民事诉讼法》第二百零四条第一款、《最高人民法院关于适用〈中华人民共和国民事诉讼法〉的解释》第三百九十五条第二款规定，裁定如下：

驳回齐鲁制药有限公司的再审申请。

审 判 长 夏君丽
审 判 员 郎贵梅
审 判 员 马秀荣
二〇一八年十月三十一日
法官助理 李 丽
书 记 员 王沛泽

（七）外观设计专利侵权

1. 相同或者相近似产品的认定

77. 外观设计专利保护中产品类别的确定

——再审申请人弓箭国际与被申请人义乌市兰之韵玻璃工艺品厂侵犯外观设计专利权纠纷案

【裁判要旨】

确定外观设计专利产品类别，应以具有独立存在形态、可以单独销售的产品的用途为依据；外观设计专利的保护范围限于相同或者相近种类产品的外观设计。

【关键词】

外观设计侵权　产品用途　相同或相近种类产品

【案号】

最高人民法院（2012）民申字第41号

【基本案情】

弓箭国际拥有名称分别为“餐具用贴纸（柠檬）”和“餐具用贴纸（苹果）”的外观设计专利（前者以下简称涉案专利1，后者以下简称涉案专利2）。2009年3月18日，深圳市鑫辉达贸易有限公司（以下简称鑫辉达公司）申报出口一批厨房用玻璃水杯，因涉嫌侵犯弓箭国际多个外观设计专利权被海关扣留。其中19箱798个玻璃杯上贴有柠檬图案，该图案与涉案专利1的图案形状相近似；15箱630个玻璃杯上贴有苹果图案，该图案与涉案专利2的图案形状完全相同，不同之处仅在于其中苹果的颜色为绿色。该批玻璃杯系义乌市兰之韵玻璃工艺品厂（以下简称兰之韵厂）生产并销售给鑫辉达公司，该产品上的图案系油墨印刷形成。弓箭国际以兰之韵厂和鑫辉达公司的行为侵犯其涉案两个专利权为由，分别诉至浙江省宁波市中级人民法院。一审法院认为，两案中，被诉侵权产品的外观设计与涉案专利均相近似，兰之韵厂的行为侵犯了弓箭国际的外观设计专利权，应承担侵权责任。兰之韵厂不服，提起上诉。浙江省高级人民法院认为，根据外观设计专利的保护原则，被诉侵权产品与外观设计专利进行侵权比对判断的前提是，被诉侵权产品与外观设计专利应属相同或相近种类产品；两案中被诉侵权产品均为餐具，而涉案专利产品均为“餐具用贴纸”，两者属于不同种类的产品，无需比对即可认定不构成侵权。故在两案中均判决撤销一审判决，驳回弓箭国际的诉讼请求。弓箭国际不服，向最高人民法院申请再审。最高人民法院分别于2012年5月16日和2012年5月3日裁定驳回其再审申请。

【裁判意见】

最高人民法院审查认为：外观设计应当以产品为依托，不能脱离产品独立存在。因为外观设计专利必须附着在产品载体上，所以外观设计专利需要和产品一起保护。确定被诉侵权产品与外观设计专利产品是否属于相同或者相近的种类是判断被诉侵权设计是否落入外观设计专利权保护范围的前提。《最高人民法院关于审理侵犯专利权纠纷案件应用法律若干问题的解释》第九条规定：“人民法院应当根据外观设计产品的用途，认定产品种类是否相同或者相近。确定产品的用途，可以参考外观设计的简要说明、国际外观设计分类表、产品的功能以及产品销售、实际使用的情况等因素。”两案中，涉案专利产品均是“餐具用贴纸”，其用途是美化和装饰餐具，具有独立存在的产品形态，可以作为产品单独销售。被诉侵权产品均是杯子，其用途是存放饮料或食物等，虽然被诉侵权产品上印刷有与涉案外观设计相同或者相近似的图案，但该图案为油墨印刷而成，不能脱离杯子单独存在，不具有独立的产品形态，亦不能作为产品单独销售。被诉侵权产品和涉案专利产品用途不同，既不属于相同种类产品又不属于相近种类产品。因此，被诉侵权设计未落入涉案外观设计专利权保护范围，弓箭国际的申请再审理由不能成立。

中华人民共和国最高人民法院民事裁定书

（2012）民申字第41号

申请再审人（一审原告、二审被上诉人）：弓箭国际（ARC INTERNATIONAL）。住所地：法兰西共和国阿尔克市戴高乐将军大街41号。

法定代表人：吉佑姆·德·富基，该公司董事长。

委托代理人：杨凤全，北京市万慧达律师事务所律师。

委托代理人：赵燕涛，男，满族，1982年9月21日出生，北京万慧达知识产权代理有限公司职员，住河北省保定市新市区×路2号1栋1单元101室。

被申请人（一审被告、二审上诉人）：义乌市兰之韵玻璃工艺品厂。住所地：中华人民共和国浙江省义乌市义亭火车站旁的中转仓库。

法定代表人：傅兰兰，该厂总经理。

被申请人（一审被告）：深圳市鑫辉达贸易有限公司。住所地：中华人民共和国广东省深圳市宝安区龙华街道和平路南侧圳宝工业区宿舍楼A栋6楼608号。

法定代表人：罗金辉，该公司总经理。

申请再审人弓箭国际因与被申请人义乌市兰之韵玻璃工艺品厂（以下简称兰之韵厂）、深圳市鑫辉达贸易有限公司（以下简称鑫辉达公司）侵犯外观设计专利权纠纷一案，不服中华人民共和国浙江省高级人民法院作出的（2010）浙知终字第153号民事判决，向本院申请再审。本院受理后，依法组成合议庭对本案进行了审查。现已审查终结。

弓箭国际申请再审称，二审法院认定事实错误、适用法律不当，程序违法。其主要理由如下：（一）被申请人生产、销售的产品落入涉案外观设计专利权的保护范围。1. 涉案外观设计专利要求保护的贴纸产品必须与餐具相结合，其保护范围不应仅仅被解释为附着在餐具上的贴纸，还应当包括附着了该贴纸的餐具。判断产品种类是否相同或者相近的依据是产品的“用途”，不应当被理解为产品在技术功能上的用途，而应当理解为产品外观在视觉感受方面的用途。涉案外观设计专利“餐具用贴纸”与被诉侵权产品，即采用相同或者相似图案、色彩的餐具（玻璃杯），属于相同或者相近种类的产品。2. 外观设计专利的保护范围与形成产品外观的加工工艺无关。涉案专利产品的名称是“餐具用贴纸”，其载体并非只能是纸制材料，也可以是塑料膜、金属膜等，还可以是通过油漆、油墨、染料等形成的涂层。其结果都是将图案成形在餐具的表面上，其最终产品的整体外观视觉感受不会因为形成图案的加工工艺不同而不同。外观设计专利的保护应当关注被诉侵权产品的外观是否采用了专利所要求保护的产品的外观设计方案，而不应关注被诉侵权产品的外观是如何形成的。（二）兰之韵厂在二审提交的证据在一审庭审结束前就可以发现，但兰之韵厂并没有在一审庭审前提交，因此，上述证据不是新的证据，二审法院应不予采纳。故请求撤销二审判决，维持一审判决。

本院审查查明，法国弓箭玻璃器皿国际实业公司向中华人民共和国国家知识产权局申请了一种名称为“餐具用贴纸（柠檬）”外观的设计专利，于2005年5月11日获得授权并公告，专利号为ZL200430104787.3。2006年12月27日，上述专利权人变更为弓箭国际。该专利至今有效。2009年3月18日，鑫辉达公司向中华人民共和国宁波海关申报出口一批厨房用玻璃水杯，因涉嫌侵犯弓箭国际多个外观设计专利权，宁波海关于2009年3月24日扣留了该批玻璃杯，其中19箱798个玻璃杯上贴有柠檬图案，与弓箭国际上述外观设计专利相近似，该批玻璃杯系兰之韵厂所生产并销售给鑫辉达公司。二审法院于2011年1月7日组织当事人对兰之韵厂的生产现场进行了勘验，弓箭国际确认本案被诉侵权产品上的图案系通过油墨多次叠加印刷形成，并非使用贴纸一次性形成。

本院认为，外观设计应当以产品为依托，不能脱离产品独立存在。因为外观设计专利必须附着在产品载体上，所以外观设计专利需要和产品一并保护。《最高人民法院关于审理侵犯专利权纠纷案件应用法律若干问题的解释》第八条规定：“在与外观设计专利产品相同或者相近种类产品上，采用与授权外观设计相同或者近似外观设计的，人民法院应当认定被诉侵权设计落入专利法第五十九条第二款规定的外观设计专利权的保护范围。”可见，**确定被诉侵权产品与涉案外观设计专利产品是否属于相同或者相近的种类是判断被诉侵权设计是否落入外观设计专利权保护范围的前提**。上述司法解释第九条规定：“人民法院应当根据外观设计产品的用途，认定产品种类是否相同或者相近。确定产品的用途，可以参考外观设计的简要说明、国际外观设计分类表、产品的功能以及产品销售、实际使用的情况等因素。”**涉案专利产品是“餐具用贴纸（柠檬）”，其用途是美化和装饰餐具，具有独立存在的产品形态，可以作为产品单独销售。被诉侵权产品是玻璃杯，其用途是存放饮料或食物等。虽然被诉侵权产品上印刷有与涉案外观设计相近的图案，但该图案为油墨印刷而成，不能脱离玻璃杯单独存在，不具有独立的产品形态，也不能作为产品单独销售。被诉侵权产品和涉案专利产品用途不同，不属于相同种类产品，也不属于相近种类产品。**因此，被诉侵权产品的外观设计未落入涉案外观设计专利权的保护范围，弓箭国际的申请再审理由不成立。

二审法院采纳被申请人提交的相关证据并认定被诉侵权产品的图案系油墨印刷形成，并未影响案件的正确判决。鉴于二审判决结果正确，对弓箭国际的相关申请再审理由不予支持。

综上，弓箭国际的再审申请不符合《中华人民共和国民事诉讼法》第一百七十九条的规定。依照《中华人民共和国民事诉讼法》第一百八十一条第一款的规定，裁定如下：

驳回弓箭国际的再审申请。

审　判　长　金克胜
代理审判员　罗　霞
代理审判员　杜微科
二〇一二年五月十六日
书　记　员　张　博

中华人民共和国最高人民法院民事裁定书

（2012）民申字第54号

申请再审人（一审原告、二审被上诉人）：弓箭国际（ARC INTERNATIONAL）。住所地：法兰西共和国阿尔克市戴高乐将军大街41号。

法定代表人：吉佑姆·德·富基，该公司董事长。

委托代理人：杨凤全，北京市万慧达律师事务所律师。

委托代理人：赵燕涛，男，满族，1982年9月21日出生，北京万慧达知识产权代理有限公司职员，住河北省保定市新市区×路2号1栋1单元101号。

被申请人（一审被告、二审上诉人）：义乌市兰之韵玻璃工艺品厂。住所地：中华人民共和国浙江省义乌市义亭火车站旁的中转仓库。

法定代表人：傅兰兰，该厂总经理。

委托代理人：徐杰，男，汉族，1978年12月28日出生，义乌市徐杰商标事务所商标代理人，住中华人民共和国浙江省义乌市×路27幢2号501室。

委托代理人：朱利彬，男，汉族，1976年5月17日出生，义乌市兰之韵玻璃工艺品厂职员，住中华人民共和国浙江省义乌市×路A2号。

被申请人（一审被告）：深圳市鑫辉达贸易有限公司。住所地：中华人民共和国广东省深圳市宝安区龙华街道和平路南侧圳宝工业区宿舍楼A栋6楼608号。

法定代表人：罗金辉，该公司总经理。

申请再审人弓箭国际因与被申请人义乌市兰之韵玻璃工艺品厂（以下简称兰之韵厂）侵犯外观设计专利权纠纷一案，不服中华人民共和国浙江省高级人民法院（2010）浙知终字第152号民事判决，向本院申请再审。本院依法组成合议庭对本案进行了审查，现已审查终结。

弓箭国际申请再审称，二审法院认定事实错误、适用法律不当，程序违法。其主要理由如下：（一）被申请人生产、销售的产品落入涉案外观设计专利权的保护范围。1. 涉案外观设计专利要求保护的贴纸产品必须与餐具相结合，其保护范围不应仅仅被解释为附着在餐具上的贴纸，还应当包括附着了该贴纸的餐具。涉案外观设计专利“餐具用贴纸”与被诉侵权产品，即采用相同或者相似图案、色彩的餐具（玻璃杯）属于相同或者相近种类的产品。2. 外观设计专利的保护范围与形成产品外观的加工工艺无关。外观设计专利的保护应当关注被诉侵权产品的外观是否采用了专利所要求保护的产品的外观设计方案，而不应关注被诉侵权产品的外观是如何形成的。（二）二审判决存在程序违法情形。兰之韵厂二审提交了玻璃杯图案印刷技术光盘和三张印刷底片，拟证明被诉侵权产品上的图案系油墨印刷形成。上述证据在一审庭审结束前就可以发现，但兰之韵厂并没有在一审庭审前提交，因此兰之韵厂提交的上述证据不是新的证据，二审法院对上述证据应不予采纳。故请求撤销二审判决，维持一审判决。

本院审查查明，法国弓箭玻璃器皿国际实业公司向中华人民共和国国家知识产权局申请了一种名称为“餐具用贴纸（十四）”的外观设计专利，于2004年4月21日获得授权并公告，专利号为ZL200330100096.1。专利图形主视图显示：由多个无规则摆放的苹果组成，苹果的颜色呈淡黄绿色，法国弓箭玻璃器皿国际实业公司请求保护色彩。2006年12月27日，上述专利权人变更为弓箭国际，该权利至今有效。被诉侵权产品是印有相同形状图案的杯子，只是其中苹果的颜色为绿色。弓箭国际确认被诉侵权产品上的图案系油墨印刷形成。

本院认为，外观设计应当以产品为依托，不能脱离产品独立存在。因为外观设计专利必须附着在产品载体上，所以外观设计专利需要和产品一起保护。《最高人民法院关于审理侵犯专利权纠纷案件应用法律若干问题的解释》第八条规定：“在与外观设计专利产品相同或者相近种类产品上，采用与授权外观设计相同或者近似外观设计的，人民法院应当认定被诉侵权设计落入专利法第五十九条第二款规定的外观设计专利权的保护范围。”可见，**确定被诉侵权产品与涉案外观设计专利产品是否属于相同或者相近的种类是判断被诉侵权设计是否落入外观设计专利权保护范围的前提。**上述司法解释第九条规定：“人民法院应当根据外观设计产品的用途，认定产品种类是否相同或者相近。确定产品的用途，可以参考外观设计的简要说明、国际外观设计分类表、产品的功能以及产品销售、实际使用的情况等因素。”**涉案专利产品是“餐具用贴纸”，其用途是美化和装饰餐具，具有独立存在的产品形态，可以作为产品单独销售。被诉侵权产品是杯子，其用途是存放饮料或食物等，虽然被诉侵权产品上印刷有与涉案外观设计相同的图案，但该图案为油墨印刷而成，不能脱离杯子单独存在，不具有独立的产品形态，亦不能作为产品单独销售。被诉侵权产品和涉案专利产品用途不同，不属于相同种类产品也不属于相近种类产品。**因此，被诉侵权设计未落入涉案外观设计专利权保护范围，弓箭国际的申请再审理由不成立。

二审法院采纳被申请人提交的相关证据并认定被诉侵权产品的图案系油墨印刷形成并未影响案件的正确判决。鉴于二审判决结果正确，对弓箭国际的相关申请再审理由不予支持。

综上，弓箭国际的再审申请不符合《中华人民共和国民事诉讼法》第一百七十九条的规定。依照《中华人民共和国民事诉讼法》第一百八十一条第一款之规定，裁定如下：

驳回弓箭国际的再审申请。

审 判 长　王永昌
代理审判员　秦元明
代理审判员　李　剑
二〇一二年五月三日
书 记 员　周睿隽

78. 外观设计专利侵权判定中相同或相近种类产品的认定

——再审申请人福建省晋江市青阳维多利食品有限公司与被申请人漳州市越远食品有限公司，一审被告、二审被上诉人李欣彩侵害外观设计专利权纠纷案

【裁判要旨】

在外观设计专利侵权判定中，确定产品种类是否相同或相近的依据是产品是否具有相同或相近似的用途，产品销售、实际使用的情况可以作为认定用途的参考因素。

【关键词】

外观设计　相同或相近　种类产品

【案号】

最高人民法院（2013）民申字第1658号

【基本案情】

漳州市越远食品有限公司（以下简称越远食品有限公司）是名称为“工艺品（凤梨拼盘）”外观设计专利（即本案专利）的独占被许可人。越远食品有限公司在李欣彩经营的商店公证购买了名称为“旺来拼盘吸冻”的被诉侵权产品。福建省晋江市青阳维多利食品有限公司（以下简称维多利食品有限公司）确认被诉侵权产品由其生产、销售。被诉侵权产品的外形整体造型为承载在托盘上的凤梨，自上而下由三部分构成：顶层是朝上伸展的叶子；中间层是由若干颗粒捆扎而成的圆柱形果实，圆柱形果实的内部填充了具有可食用性的果冻；底层是带底座的托盘。销售时，顶层的装饰物、底层的托盘与中间层的圆柱形果实一同销售。根据产品实际使用情况，被诉侵权产品除供食用外，消费者购买后也可以将其作为贡品和摆设，达到装饰的效果。越远食品有限公司以李欣彩和维多利食品有限公司为被告提起诉讼，请求法院判令两被告立即停止侵害本案专利权的行为，赔偿经济损失8万元。福建省厦门市中级人民法院一审认为，本案被诉侵权产品为果冻，系可食用食品，而本案外观设计专利为“工艺品（凤梨拼盘）”，系装饰品，两者用途不同，产品功能不同，且在国际外观设计分类表中分别属不同的类别，故本案被诉侵权产品的外观设计未落入本案专利保护范围。据此判决驳回越远食品有限公司的全部诉讼请求。越远食品有限公司不服，提出上诉。福建省高级人民法院二审认为，在凤梨模型中注入可食用的材料并不影响其同时具有装饰的功能和用途，被诉侵权产品可以用作装饰陈列、摆放，故被诉侵权产品与本案专利产品属于相近种类产品。维多利食品有限公司在与本案专利相近的产品种类上使用与本案专利相近似的外观设计，构成侵权。遂判决维多利食品有限公司、李欣彩立即停止侵权行为，维多利食品有限公司赔偿越远食品有限公司2万元。维多利食品有限公司不服，向最高人民法院申请再审。最高人民法院于2013年9月26日驳回维多利食品有限公司的再审申请。

【裁判意见】

最高人民法院审查认为：外观设计不能脱离其产品而单独存在，但外观设计专利的保护客体并非产品本身，也并非脱离外观设计专利限定的产品类别抽象出来的设计方案。在确定外观设计专利权的保护范围时，产品的种类以及外观设计均是需要考虑的因素。如果在与外观设计专利产品相同或者相近种类产品上，被诉侵权产品采用了与授权外观设计相同或者近似的外观设计，则应当认定被诉侵权产品落入外观设计专利权的保护范围。确定产品种类相同或相近的依据是产品是否具有相同或相近似的用途，而产品销售、实际使用的情况是认定用途的参考因素。根据产品实际使用情况，被诉侵权产品除供食用外，消费者购买后也可以将其作为贡品和摆设，达到装饰的效果。尽管被诉侵权产品的果实中盛装了果冻，具有食用的功能，但由于其与本案专利产品具有相同的装饰用途，应认为被诉侵权产品与本案外观设计专利产品种类相近。维多利食品有限公司在与本案专利相近的产品种类上使用与本案专利相近似的外观设计，二审法院认定被诉侵权产品落入本案外观设计专利的保护范围，并无不当。

中华人民共和国最高人民法院民事裁定书

（2013）民申字第1658号

再审申请人（一审被告、二审被上诉人）：福建省晋江市青阳维多利食品有限公司。

法定代表人：林振升，该公司董事长。

委托代理人：刘志胜，福建协志律师事务所律师。

委托代理人：卜永法，福建协志律师事务所律师。

被申请人（一审原告、二审上诉人）：漳州市越远食品有限公司。

法定代表人：杨俊其，该公司总经理。

委托代理人：洪志文，福建文融律师事务所律师。

委托代理人：欧发达，福建文融律师事务所律师。

一审被告、二审被上诉人：李欣彩。

再审申请人福建省晋江市青阳维多利食品有限公司（以下简称维多利食品有限公司）因与被申请人漳州市越远食品有限公司（以下简称越远食品有限公司），一审被告、二审被上诉人李欣彩侵害外观设计专利权纠纷一案，不服福建省高级人民法院于2013年4月2日作出的（2013）闽民终字第65号民事判决，向本院申请再审。本院依法组成合议庭对本案进行了审查，现已审查终结。

维多利食品有限公司申请再审称：（一）涉案专利“工艺品（凤梨拼盘）”

（专利号 200630000974.6）与被诉侵权产品“旺来拼盘吸冻”分属两个不同的类别，不具有可比性。涉案专利是《国际外观设计分类表》第 11 类装饰类中的“11－02”，小装饰品、桌子、壁炉台和墙的装饰、花瓶和花盘，用途是装饰，功能是装点居室、美化环境。被诉侵权产品的名称为果冻，用途是食用，功能是作为一种甜品、零食，在《国际外观设计分类表》属于 01－99 其他杂类项。二者的售卖渠道不同，消费人群不同，且被诉侵权产品具有保质期。一审判决认定两者用途不同、产品功能不同，且在国际外观设计分类表中属于不同的类别，是正确的。但二审判决却认定被诉侵权产品也可以作为装饰陈列、摆放，进而认定是相近种类，存在严重错误。（二）被诉侵权产品与涉案专利产品的外观并不相似，涉案专利产品为规整的圆柱体，球状物整齐排列。被诉侵权产品为不规整的椭圆状，球状物是错落排列。（三）如果专利权人申请专利的保护范围包括食品的类别，根据《专利审查指南》的规定，对于多类别产品，多个分类号之间用分号分隔的规定，其可以将食品类别一并列入专利的保护范围，以分号分隔。但涉案专利只是列了“11－02”类别。二审判决将果冻列入涉案专利的保护范围，变相扩大了专利的保护范围，于法无据。而且，专利权人在明知涉案专利是装饰品，与食品没有关系的情况下，将涉案专利许可给被申请人，明显为了达到恶意诉讼需要。请求本院撤销二审判决，对本案进行再审。

越远食品有限公司提交意见称：被诉侵权产品与涉案专利产品用途相同，属于同类产品，而且被诉侵权产品外观与本专利产品的外观设计相近似。维多利食品有限公司的再审申请缺乏事实与法律依据，请求予以驳回。

本院认为，本案争议焦点为涉案外观设计专利“工艺品（凤梨拼盘）”（专利号 200630000974.6）与被诉侵权产品“旺来拼盘吸冻”的种类是否相近、外观设计是否近似；二审判决认定的涉案外观设计专利权的保护范围是否存在错误。

（一）关于产品种类是否相近的问题

《国际外观设计分类表》是专利管理部门对外观设计专利申请文件和文献资料进行管理的工具，仅是判断产品种类的参考因素之一，并不是作为确定产品种类的唯一依据。确定产品种类相同或相近的依据是产品是否具有相同或相近似的用途，而产品销售、实际使用的情况是认定用途的参考因素。根据一、二审法院查明的事实，被诉侵权产品的外形自上而下由三部分构成，顶层是叶子，叶子朝上伸展；中间层是由若干颗粒捆扎而成的圆柱形果实，圆柱形果实的内部填充了具有可食用性的果冻，每一粒果实大小一致，紧密排列；底层是带底座的托盘。销售时，顶层的装饰物、底层的托盘与中间层的圆柱形果实一同销售。被诉侵权产品通过三层组合，整体造型为承载在托盘上的凤梨。根据产品实际使用情况，被诉侵权产品除供食用外，消费者购买后也可以将其作为贡品和摆设，达到装饰的效果。尽管被诉侵权产品的果实中盛装了果冻，具有食用的功能，但由于其与涉案专利产品具有相同的装饰用途，根据《最高人民法院关于审理侵犯专利权纠纷案件应用法律若干问题的解释》第九条规定，被诉侵权产品与涉案外观设计专利产品种类相近。维多利食品有限公司就二审法院认定被诉侵权产品具有装饰用途错误的主张，与事实不符，其关于被诉侵权产品与涉案外观设计专利产品属于不同类别的理由，本院不予支持。

（二）关于外观设计是否相近似的问题

维多利食品有限公司主张被诉侵权产品为不规整的椭圆状，球状物也是错落排列，与涉案外观设计不相近似。由于构成圆柱形果实的每一粒的造型为不规整的椭圆状，当若干颗粒通过拼插形成圆柱形果实的中间层时，其所呈现的外观，与涉案专利的外观设计相比，一般消费者通过整体观察，上述的区别点仅属于局部细微差别，对整体视觉效果没有实质性影响。因此，维多利食品有限公司关于二者外观设计不相近似的理由，本院亦不予支持。

（三）关于外观设计专利权的保护范围

专利法第二条第四款规定，外观设计，是指对产品的形状、图案或者其结合以及色彩与形状、图案的结合所作出的富有美感并适于工业应用的新设计。该定义表明，外观设计不能脱离其产品而单独存在，但外观设计专利的保护客体并非产品本身，也并非脱离外观设计专利限定的产品类别抽象出来的设计方案。专利法第五十九条规定了外观设计专利权的保护范围以表示在图片或者照片中的该产品的外观设计为准。因此，在确定外观设计专利权的保护范围时，产品的种类以及外观设计均是需要考虑的因素，只有在相同或相近种类的产品外观设计之间才能进行相同或相似的比较判断。如果在与外观设计专利产品相同或者相近种类产品上，被诉侵权产品采用了与授权外观设计相同或者近似的外观设计的，则应当认定为落入了该外观设计专利权的保护范围。确定是否属于相同或相近种类产品的依据是产品是否具有相同或相近的用途，尽管涉案外观设计专利产品的类别是《国际外观设计分类表》第11类装饰类中的“11－02”，但并不意味着其他具有装饰用途的产品不属于涉案专利相近种类的产品。维多利食品有限公司在与涉案专利相近的产品种类上使用与涉案专利相近似的外观设计，根据《最高人民法院关于审理侵犯专利权纠纷案件应用法律若干问题的解释》第八条的规定，二审法院认定被诉侵权产品落入了涉案外观设计专利的保护范围，并无不当。维多利食品有限公司关于二审判决变相扩大了专利的保护范围的申请再审理由，本院不予支持。

此外，外观设计专利权人依照专利法第十一条的规定，对其所享有的外观设计专利产品拥有以生产经营目的制造、许诺销售、销售、进口该外观设计专利产品的权利。其将上述权利通过许可转让给被许可人，亦是其行使权利的方式。维多利食品有限公司关于专利权人将涉案外观设计专利许可给越远食品有限公司是为达到恶意诉讼的目的，无事实和法律依据，本院不予支持。

综上，维多利食品有限公司的再审申请不符合《中华人民共和国民事诉讼法》第二百条的规定。依照《中华人民共和国民事诉讼法》第二百零四条第一款的规定，裁定如下：

驳回福建省晋江市青阳维多利食品有限公司的再审申请。

审 判 长 周 翔
代理审判员 罗 霞
代理审判员 周云川
二〇一三年九月二十六日
书 记 员 张 博

2. 外观设计专利侵权判定

79. 外观设计近似性判断的主体、比对方法和比对对象

——上诉人本田技研工业株式会社与被上诉人石家庄双环汽车股份有限公司、石家庄双环汽车有限公司、石家庄双环新能源汽车有限公司侵害外观设计专利权纠纷案

【裁判要旨】

外观设计近似性的判断，应当基于一般消费者的知识水平和认知能力，根据外观设计的全部设计特征，以整体视觉效果进行综合判断。当专利保护的是产品整体的外

观设计时，不应当将产品整体予以拆分、改变原使用状态后进行比对。如果实物照片真实反映了被诉侵权产品的客观情况，可以使用照片中的被诉侵权产品与本案专利进行比对。

【关键词】

外观设计专利　侵权　判断主体　比对方法

【案号】

最高人民法院（2014）民三终字第8号

【基本案情】

在本案中，本田技研工业株式会社（以下简称本田株式会社）系名称为“汽车”的外观设计专利（即本案专利）的权利人。本田株式会社以石家庄双环汽车股份有限公司（以下简称双环股份公司）、石家庄双环汽车有限公司（以下简称双环有限公司）共同制造、销售“LAIBAO S－RV”汽车（以下简称被诉侵权产品）的行为侵害本案专利权为由，提起诉讼。河北省高级人民法院一审认为，被诉侵权产品未落入本案专利权的保护范围，遂判决驳回本田株式会社的诉讼请求。本田公司不服，提起上诉。本田公司认为，一审法院对于外观设计侵权判断的判断主体、比对方法、比对对象等，均存在错误。最高人民法院于2015年7月23日二审判决驳回上诉、维持原判。

【裁判意见】

最高人民法院二审认为：第一，关于判断主体。对外观设计近似性的判断，应当基于一般消费者的知识水平和认知能力，根据外观设计的全部设计特征，以整体视觉效果进行综合判断。一般消费者是指对相关设计状况具有常识性了解，且对不同外观设计之间在形状、图案、色彩上的差别具有分辨力的人，但其通常不会注意到形状、图案、色彩的微小变化。一般消费者是法律虚拟的一个概念，其所具有的“常识性了解”与一般的汽车发烧友并不一致。一审法院未将本田株式会社提交的各类媒体文章、汽车发烧友的评论等内容作为认定一般消费者认知的证据，并无不当之处。第二，关于比对方法。外观设计专利侵权的比对，应当以授权公告中的图片或者照片与被诉侵权产品的实物进行对比，判断两者的外观设计是否相同或近似。当实物照片真实反映了实物的客观情况，将照片中被诉侵权产品的外观与本案专利进行比对，亦是侵权案件中经常采用的方法。本田株式会社在提起本案诉讼时，并未向一审法院提交被诉侵权产品的实物，一审法院使用本田株式会社提交的、与实物并无明显视觉差异的图片进行比对的方法，并无不当之处。第三，关于比对对象。外观设计专利侵权判断采用整体观察、综合判断的标准，对比对象是产品在正常使用状态下的可视整体外观，不应当将产品整体予以拆分、改变原使用状态后，对部分外观设计进行对比。本田株式会社主张，在侵权对比过程中，不应考虑汽车顶部的行李架横杆、导流板、前后保险杠护板等选装件。但拆除上述选装件后，产品所呈现的是组装时的外观状态，而非一般消费者在购买后的正常使用状态。本田株式会社的上述主张，亦与其以整车外观设计为依据提起本案诉讼的事实基础不符。

中华人民共和国最高人民法院民事判决书

（2014）民三终字第8号

上诉人（原审原告）：本田技研工业株式会社。住所地：日本国东京都港区南青山2－1－1。

法定代表人：岩村哲夫，该公司代表取缔役。

委托代理人：雷鹏，北京市金杜律师事务所律师。

委托代理人：张梅，北京市金杜律师事务所律师。

被上诉人（原审被告）：石家庄双环汽车股份有限公司。住所地：中华人民共和国河北省石家庄市正定大街副×号。

法定代表人：刘林瑞，该公司董事长。

委托代理人：王苑祥，该公司知识产权部主任。

委托代理人：刘英昆，河北和融兴律师事务所律师。

被上诉人（原审被告）：石家庄双环汽车有限公司。住所地：中华人民共和国河北省石家庄市正定大街副×号。

法定代表人：赵志刚，该公司董事长。

委托代理人：王苑祥，石家庄双环汽车股份有限公司知识产权部主任。

委托代理人：刘英昆，河北和融兴律师事务所律师。

被上诉人（原审被告）：石家庄双环新能源汽车有限公司。住所地：中华人民共和国河北省石家庄市桥东区胜利北街×号。

法定代表人：赵志刚，该公司董事长。

委托代理人：马凯，该公司副总经理。

委托代理人：刘英昆，河北和融兴律师事务所律师。

本田技研工业株式会社（以下简称本田株式会社）因与石家庄双环汽车股份有限公司（以下简称双环股份公司）、石家庄双环汽车有限公司（以下简称双环有限公司）、石家庄双环新能源汽车有限公司（以下简称双环新能源公司）侵害外观设计专利权纠纷一案，中华人民共和国河北省高级人民法院（以下简称原审法院）于2014年2月19日作出的（2012）冀民三初字第2号民事判决。本田株式会社不服该判决向本院提起上诉。本院依法组成合议庭，公开开庭审理了本案。本田株式会社的委托代理人雷鹏、张梅，双环股份公司和双环有限公司的共同委托代理人王苑祥、刘英昆，双环新能源公司的委托代理人马凯、刘英昆到庭参加诉讼。本案现已审理终结。

本田株式会社于2013年4月25日向原审法院起诉称：其为专利号为ZL01319523.9、名称为“汽车”外观设计专利（以下简称涉案专利）的专利权人，双环股份公司、双环有限公司分工合作，共同制造、销售被诉侵权产品“LAIBAO S－RV”汽车（以下简称被诉侵权产品），应依法承担专利侵权连带赔偿责任。被诉侵权产品与涉案专利存在的细微差异对两外观设计产品的整体视觉效果没有显著影响，请求法院确认被诉侵权产品的外观设计落入涉案专利权的保护范围。本田株式会社依据双环股份公司、双环有限公司提交的《评估咨询报告书》及双环股份公司单方提供的《利润表》《来宝车销量统计》，主张双环股份公司、双环有限公司因侵权获得的利益为34857.04万元。双环股份公司为逃避侵权赔偿责任，恶意无偿转让双环有限公司全部股权。请求法院判令双环股份公司赔偿本田株式会社34857.04万元，并赔偿本田诉讼支出的费用；判令双环有限公司、双环新能源公司承担连带赔偿责任；判令各被告共同承担本案诉讼费用。

双环股份公司等三被告答辩称：1. 被诉侵权产品不侵犯涉案专利权。被诉侵权产品与涉案专利在一百余项部位存在差别。在整体外轮廓、前大灯、车头前保险杠等部位的整体视觉效果，足以使被诉侵权产品与涉案专利区别开来。对比客体是销售的被诉侵权产品的整体外观设计，不存在本田株式会社所称的必装件和选装件问题。2. 本田株式会社起诉时间是2013年4月，而所谓的被诉侵权行为早在2007年3月已经终止，涉案专利权已于2011年5月30日到期而失去保护。本田株式会社对双环有限公司、双环新能源公司提起侵权诉讼，已超过法定诉讼时效，其起诉应予驳回。3. 本田株式会社诉请赔偿34857.04万元没有事实和法律依据。汽车是由上万个部件构成，其销售价格和销售利润包括生产成本、管理成本、销售成本等诸多因素，产品的外观设计因素在整车的利润中所占的比例及具体的数额，本田株式会社未提交证据证明。4. 在涉案专利权保护到期之后，双环新能源公司才于2012年成立，因此不存在侵犯外观设计专利权的行为。本田株式会社关于股权转让问题的主张，也与本案非同一法律关系，其应依法通过另行起诉的程序予以解决。综上，请求法院驳回本田株式会社的诉讼请求。

原审法院审理查明：本田株式会社于2001年5月30日向中华人民共和国国家知识产权局（以下简称国家知识产权局）提交产品名称为“汽车”的外观设计专利申请，国家知识产权局于2002年2月13日授予本田株式会社涉案专利专利权。保护期限至2011年5月30日。

2003年9月12日，本田株式会社的委托代理人对双环股份公司的网页进行证据保全。针对双环股份公司首页，内容涉及“双环来宝S－RV全面介绍”“在线参观”“双环汽车新车新貌”“汽车图片”等信息，北京市公证处工作人员进行公证后，出具了（2003）京证经字第11496号《公证书》。

2003年9月18日至10月8日，本田株式会社的委托代理人多次向双环股份公司或其销售商发出警告信，要求双环股份公司立即停止生产、销售被诉侵权产品。双方经会谈并签署了会谈备忘录。双环股份公司在备忘录中称，该公司现在北京市场上调研的汽车不会进行经营性生产和销售，为了表示对本田株式会社的尊重，双环股份公司的定型产品资料于同年10月17日前通报本田株式会社，以征求对此产品的意见。随后，双环股份公司于10月15日将其公司生产的被诉侵权产品的定型设计方案传至本田株式会社。本田株式会社传真函告双环股份公司称，该定型方案仍然侵犯涉案专利权。

本田株式会社的委托代理人分别于2003年10月25日，11月1日在北京市亚运村汽车交易市场、丰台区北京旭阳恒兴经贸有限公司双环专卖店（以下简称旭阳恒兴公司）购买了车架号为LGWCA2G6032000161和NO.6032000242的两辆被诉侵权产品（以下简称涉案汽车1、涉案汽车2）。北京市公证处对购买过程予以公证，分别出具了（2003）京证经字第16526号《公证书》、（2003）京证经字第13393号《公证书》。

2003年11月24日，本田株式会社向中华人民共和国北京市高级人民法院起诉双环股份公司及旭阳恒兴公司，称双环股份公司生产、旭阳恒兴公司销售的被诉侵权产品侵犯了其所拥有的专利权，请求法院判令被告赔偿其经济损失1亿元，其中包含涉案专利ZL01319523.9号的赔偿数额为8000万元，并承担本田株式会社为此诉讼所支出的一切费用。同期，中华人民共和国河北省石家庄市中级人民法院受理了双环股份公司诉本田株式会社确认不侵犯专利权纠纷案。因发生管辖冲突，最高人民法院于2004年6月24日作出（2004）民三他字第4号《关于本田技研株式会社与石家庄双环汽车股份有限公司、北京旭阳恒兴经贸有限公司专利纠纷案件指定管辖的通知》，将北京市高级人民法院受理的上述案件中涉及ZL01319523.9号专利部分的纠纷，指定由石家庄市中级人民法院与该院审理的双环股份公司诉本田株式会社的确认不侵犯专利权纠纷合并审理。同时，石家庄市中级人民法院将其受理的案件中包含本田株式会社ZL01302609.7号、ZL01302610.0号外观设计专利（汽车保险杠部分）的纠纷移送至北京市高级人民法院审理。

2003年12月24日，双环股份公司、河北新凯汽车制造有限公司向中华人民共和国国家知识产权局专利复审委员会（以下简称专利复审委员会）提出涉案专利权无效宣告申请，专利复审委员会予以受理。石家庄市中级人民法院因涉案专利权的无效宣告请求审查程序正在进行，遂于2005年1月5日作出（2003）石民五初字第00131-1号民事裁定，裁定中止审理确认不侵犯专利权以及侵犯专利权纠纷。

2006年3月6日，专利复审委员会作出第8105号无效宣告请求审查决定（以下简称第8105号无效决定），宣告涉案专利权无效。本田株式会社不服第8105号无效决定，提起行政诉讼。中华人民共和国北京市第一中级人民法院于2006年12月25日作出（2006）一中行初字第779号行政判决，判决维持第8105号无效决定。本田株式会社不服该行政判决，向北京市高级人民法院提起上诉，该院审理后，于2007年9月28日作出（2007）高行终字第274号行政判决，驳回本田株式会社上诉，维持原判。嗣后，石家庄市中级人民法院于2009年7月6日作出（2003）石民五初字第00131号民事判决，驳回本田株式会社的诉讼请求，并由本田株式会社赔偿双环股份公司损失257.8989万元。本田株式会社不服，向原审法院提出上诉。在该院二审期间，因本田株式会社不服北京市高级人民法院（2007）高行终字第274号行政判决，向最高人民法院提出申请再审，最高人民法院于2010年2月4日作出（2008）行监字第43-1号行政裁定，裁定提审本案，再审期间中止原判决的执行。据此，原审法院于2010年4月28日作出（2009）冀民三终字第77-1号民事裁定，裁定中止审理确认不侵犯专利权以及侵犯专利权纠纷上诉案。

最高人民法院于2010年11月26日作出（2010）行提字第3号行政判决书，判决撤销（2007）高行终字第274号行政判决、撤销第8105号无效决定。原审法院据此于2011年3月22日作出（2009）冀民三终字第77号民事裁定，裁定撤销石家庄市中级人民法院（2003）石民五初字第00131号民事判决，案件发回该院重审。石家庄市中级人民法院审理确认不侵犯专利权以及侵犯专利权纠纷案期间，本田株式会社于2011年6月22日向该院提出撤诉申请。该院于当月30日作出（2011）石民五初字第00143号民事裁定，裁定准许本田株式会社撤回起诉。嗣后，本田株式会社将请求赔偿的数额增加到34857.04万元后，向原审法院提起本案诉讼。2011年9月9日，原审法院立案受理后，双环股份公司在答辩期内提出管辖异议，主张该纠纷应依法指定或移送石家庄市中级人民法院管辖，并与石家庄市中级人民法院受理的双环股份公司诉本田株式会社确认不侵犯专利权纠纷案合并审理。原审法院于2011年10月18日作出（2011）冀民三初字第1号民事裁定，裁定交由石家庄市中级人民法院审理。本田株式会社不服该裁定，向最高人民法院提出上诉。最高人民法院于2012年5月22日作出（2012）民三终字第1号民事裁定，裁定由原审法院将本案及石家庄市中级人民法院受理的双环股份公司诉本田株式会社确认不侵犯专利权纠纷案合并审理。因本案侵害涉案专利权纠纷的当事人与双环股份公司诉本田株式会社确认不侵犯专利权纠纷案的当事人有所不同，原审法院将两案分别进行立案，交由同一合议庭一并予以审理。

2013年4月1日，本田株式会社向原审法院提出追加双环有限公司、双环新能源公司为本案被告的申请。该院依法准许。在2013年8月5日一审开庭时，本田株式会社当庭明确其诉讼请求赔偿原告为此诉讼所支出的一切费用（包括但不限于律师费）为588.959532万元，并补交了诉讼费2.9448万元。本田株式会社未向原审法院提交被诉侵权产品的实物。

另查明，双环股份公司、双环有限公司于2007年2月底停止了被诉侵权产品的生产、销售。

还查明，双环股份公司于1994年3月3日成立后，同年10月31日与香港恒升贸易有限公司签署合资合同，成立了双环有限公司，双环股份公司将主要汽车经营性资产投入双环有限公司，占双环有限公司75%的股份，双环股份公司的双环系列汽车主体委托双环有限公司生产，其中包含被诉侵权产品。2012年6月23日，双环有限公司召开董事会，决定双环有限公司外方股东天洋（香港）有限公司所持有的25%的股权转由中方股东双环股份公司全部持有，双环股份公司持有双环有限公司100%股权。双环有限公司由外商投资企业性质转为内资企业性质，公司只有一名股东，公司类型也变为有限责任公司。8月22日，双环有限公司股东会决定，将双环股份公司持有双环有限公司的100%股权无偿转让给双环新能源公司。当日，双环股份公司与双环新能源公司签订《股权转让协议》，约定双环新能源公司无偿受让双环有限公司的股权，享有转让方的债权，清偿转让方应承担的债务。

原审法院审理认为，本案主要有以下焦点问题：

（一）本案是否已超过诉讼时效

原审法院认为，本田株式会社 2003 年 11 月 24 日提起侵害涉案专利权的诉讼，2011 年 6 月申请该案撤诉，同年 9 月提起本案诉讼，中间的时间间隔未超过法定两年的诉讼时效。其撤诉后再起诉的做法也不违反法律的规定。本田株式会社请求判决赔偿的数额虽与撤诉前的案件不同，但其新增加的请求数额与撤诉前案件的请求数额，属于基于同一侵权行为产生的同一债权关系。依据《最高人民法院关于审理民事案件适用诉讼时效制度若干问题的规定》第十一条关于“权利人对同一债权中的部分债权主张权利，诉讼时效中断的效力及于剩余债权，但权利人明确表示放弃剩余债权的情形除外”的规定，该新增加的赔偿数额并未超过诉讼时效。

双环股份公司、双环有限公司、双环新能源公司在诉讼时效的抗辩中还称，本案不存在被诉侵权行为“起诉时仍在继续”的事实，也不存在“专利有效期内”起诉的条件，本田株式会社的诉讼请求应予驳回。这两情节属于法院在实体认定中确定赔偿数额的时间段时考虑的因素，不属于诉讼时效审查的问题。且本案不属于《最高人民法院关于审理专利纠纷案件适用法律问题的若干规定》第二十三条“侵犯专利权的诉讼时效为二年，自专利权人或者利害关系人知道或者应当知道侵权行为之日起计算。权利人超过二年起诉的，如果侵权行为在起诉时仍在继续，在该项专利权有效期内，人民法院应当判决被告停止侵权行为，侵权损害赔偿数额应当自权利人向人民法院起诉之日起向前推算二年计算”规定的“权利人超过二年起诉”的情形。

（二）被诉侵权产品与涉案专利是否近似

本案应适用 2000 年修订的《中华人民共和国专利法》。考虑到本田株式会社未提交被控侵权产品的实物，仅提交了经过公证的被诉侵权产品的照片，双环股份公司等对该证据亦不持异议。因此，本案应当使用该照片与涉案专利产品相比对的做法来认定案件事实。对于一般消费者来说，主要从汽车的主视图、侧视图及后视图三个方向上对其所要购买的汽车进行观察。其他角度看到的被诉侵权产品不属于消费者平时容易注意的地方，不作为比对的范围。从整体上观察被诉侵权产品与外观设计图片，存在以下显著不同：1. 被诉侵权产品正视图的外形轮廓为一个（整体）梯形，两个倒车镜之间连线下方的梯形斜边与上方的梯形斜边衔接自然，没有显著的角度变化。而外观设计专利产品正视图的两侧倒车镜连线上下两部分明显呈不同的形状，下部呈矩形，上部呈梯形。2. 被诉侵权产品正视图两个倒车镜连线下方的车头高度与上方的前挡风玻璃高度之间的比例基本为2∶1，车头在视觉上明显厚重得多，特别是车头部位梯形斜边下部外张视觉明显。外观设计专利产品正视图的两侧倒车镜连线下方的车头高度，与倒车镜连线上方的前挡风玻璃比例基本为1∶1，上下两部分视觉上比较均匀，没有突出的视觉差异。3. 被诉侵权产品倒车镜的外侧边线与前大灯的外边线在一纵线上。外观设计专利产品正视图倒车镜的内侧边线与前大灯的外边线在一纵线上，表明两车体的视觉宽度存在明显差异。4. 被诉侵权产品与外观设计专利产品的后视图相比较，中腰线位置往上内收的幅度不同。被诉侵权产品的内收幅度要明显大于外观设计专利产品的内收幅度，使得两者的区别显而易见。

除此之外还存在以下明显区别：A. 正视图。被诉侵权产品前保险杠护板仅是一个矩形，没有下底线的延伸及护牙特征。其矩形的两个竖边明显粗于上下两个横边，该矩形框内是由 12 个长方形格子分成上下两排组成的图案。外观设计专利产品正视图中的保险杠护板为梯形结构，梯形中间为上下两块横向放置的平隔板，且梯形的下底线向两边延伸至车体的两个侧边，下底线上还有五个护牙；被诉侵权产品的前格栅由若干蜂窝状小菱形形状组成，外观设计专利产品的前格栅为三块横向放置的条板；被诉侵权产品发动机罩中央有一条纵线加强筋，外观设计专利产品发动机罩上则无加强筋；被诉侵权产品前大灯整体上呈三角形，外观设计专利产品前大灯呈菱形状的四边形。

B. 侧视图。被诉侵权产品侧视图的前保险杠明显向外凸出，发动机罩上看不见切分线，没有前后贯通的棱线（腰线），有后备胎，车后侧的棱部上下连贯的弧状组灯比较薄，倒车镜与前轮胎连线大约中间的位置上有一个小侧灯，顶部有行李架横杆，行李架后端处向外侧有一块导流板，且后车窗与棱部之间的边框宽度要比棱部尾灯的宽度宽大约 3 倍以上，后车门向后轮一侧的门线（含把手位置）在后轮胎的前侧，棱部尾灯的弧线大约从下端向上 2/5 处有明显向内折的角度，侧后窗靠棱部边框的斜度明显大于外观设计专利产品边框的斜度。而外观设计专利产品侧视图的保险杠没有明显外凸形态，发动机罩上的切分线明显可见，前大灯上端处、两侧门把手、车后窗底部之间有一条前后贯通的棱线（腰线），后侧棱部略显弧状的尾灯呈上窄下宽状，且该灯的宽度比后车窗与棱部之间的边框宽度还要宽大，后车门向后轮一侧的门线（含把手位置）接近后轮胎的中间位置，没有后备胎等其他特征，棱部弧状尾灯的外弧线比较平滑，没有明显的内折角度。

C. 后视图。从被诉侵权产品的后视图上看，最明显的特征是整体呈梯形，看不见倒车镜，上沿处有导流板，下沿处明显设置有保险杠，其长度大约在两个车轮之间，两棱处弧形尾灯各为一个整体，其下部各有两个明显的圆形灯。外观设计专利产品的后视图中腰线向上方向为梯形，向下方向略显倒梯形，能看见倒车镜，保险杠比较小，其长度与两后轮宽度基本相同，棱处弧形尾灯上明显看出6个长方形灯格。

本田株式会社在本案中提交的各类媒体刊登的文章、评论等资料，属于本田株式会社及各方人士根据各自不同的经济目的而进行的商业宣传，或者是汽车发烧友对于被诉侵权产品与本田汽车成品相比较后得出的专业评价。这些文章的作者不是判断外观设计是否相同或者近似中规定的“一般消费者”，比对的参照物是本田株式会社所生产的汽车成品，因此，这些证据不予采纳。本田株式会社提交的《关于本田技研株式会社诉石家庄双环汽车股份有限公司外观设计侵犯专利权纠纷案专家论证意见》，未经法定程序委托，属于本田株式会社单方召集有关专家论证后得出的意见，双环股份公司、双环有限公司、双环新能源公司又不予认可。该专家论证意见仅属于本田的单方陈述，不能作为鉴定结论使用。

综上，被诉侵权产品未落入涉案专利权保护范围。因此，双环股份公司也就不存在如何承担法律责任的问题。同样，双环有限公司、双环新能源公司也不应当承担法律责任。本田株式会社的诉讼请求不予支持。依照《中华人民共和国专利法》（2000年修订）第五十六条第二款，《最高人民法院关于审理侵犯专利权纠纷案件应用法律若干问题的解释》第十条、第十一条，《最高人民法院关于审理专利纠纷案件适用法律问题的若干规定》第二十三条之规定，判决驳回原告本田技研工业株式会社的诉讼请求。一审案件受理费181.41万元，由原告本田技研工业株式会社负担。

本田株式会社不服原审判决，向本院上诉称：（一）原审判决在近似判断上存在事实认定不清楚，法律适用错误。按照一般消费者的认知水平，被诉侵权产品的设计与涉案专利有诸多明显且容易被直接注意到的近似点，在整体视觉效果上无实质差异，与涉案专利近似。原审判决在认定被诉侵权产品与涉案专利是否近似方面存在如下四个错误。1. 比对对象选择错误。侵权比对应当围绕实物来进行，不应当围绕照片进行比对。原审判决将被诉侵权产品照片与外观设计专利产品的图片进行比对时，不是对图片所体现的产品立体外观进行比对，而是进行平面对平面的简单比对，比对方法存在错误。2. 原审判决从公证书中片面选取照片，扩大了视觉差异，容易给人误导。原审判决在对产品细部进行比对时所列举的差异，是由于简单二维比对或未考虑不配置选装件的情况导致的，不能成立，即便成立也仅为细微差异，对整体视觉效果没有显著影响。3. 原审判决对被诉侵权产品进行观察和比对时只提了多处需要仔细观察才能注意到的细微处的不同点，而没有提及任何一处近似点，更没有对容易直接观察到的近似点给整体视觉效果造成的影响进行任何必要的说明和应有的评价，适用法律存在错误。4. 被诉侵权产品的前、后保险杠和导流板等都是选装件，应当根据产品的特点和一般消费者的使用习惯，以未安装选装件的情况下的产品的外观设计进行比对。原审法院不考虑去除选装件的情况，而以安装了该选装件的产品作为对象进行对比，导致认定事实错误。而且，原审判决对前、后保险杠两个部位的近似性判定，与北京市高级人民法院以及最高人民法院的相关生效判决相冲突。5. 原审判决拒绝考量相关媒体报道的媒体评论，是对法条的曲解。相关媒体评论和大众的意见，作为“一般消费者”对被诉侵权产品与涉案专利是否近似的判断的证明，应当为外观设计专利侵权案件所参考。（二）在侵权责任和赔偿方面的认定存在错误。双环股份公司、双环有限公司共同制造和销售与涉案专利外观设计近似的被诉侵权产品，构成共同侵权，应当承担连带责任，共同赔偿本田株式会社遭受的侵权损失；双环新能源公司与双环股份公司实质是同一实体，因其无偿受让双环股份公司对双环有限公司全部股权，并同意承继双环股份公司全部债务，应对本案侵权赔偿承担连带责任。原审判决因错误认定被诉侵权产品与涉案专利外观设计不近似，对双环股份公司、双环有限公司和双环新能源公司的连带责任未予审查，亦存在错误。综上，本田株式会社请求本院依法撤销原审判决；改判支持本田株式会社全部诉讼请求；判决双环股份公司承担本案一、二审诉讼费用。

双环股份公司答辩认为：（一）原审判决对被诉侵权产品与涉案专利近似性的分析判断标准、比对重点以及判断主体、比对客体完全合法、正确，原审判决应当予以维持。1. 原审法院确定的比对客体是由本田株式会社提交并被双环股份公司所认可的被诉侵权产品图片，双方当事人均是依此进行近似性对比和陈述，本田株式会社又对此提出异议是自相矛盾的；照片作为外观设计侵权案件中的比对对象，是法院进行侵权比对通常采用的方式。双环股份公司所生产和销售的被诉侵权产品均是本田株式会社提交的证据21 和答辩人证据1 照片所展现的唯一的产品外观形态，是当事人双方共同确认的近似性比对对象，不存在本田株式会社上诉所称的选装件问题。2. 本田株式会社关于照片和实物存在误差的主张不成立。涉案专利本身也是图片，将被诉产品相对应部位的照片与之进行比对是正确的。3. 在涉案专利的无效审查及其之后的行政诉讼程序中，本田株式会社主张：涉案 SUV 类汽车的整体外形轮廓是定型的、惯常的，部件的结构及其配置才对整体视觉效果具有显著的影响；前大灯、雾灯、前护板、后组合灯、前格栅、后保险杠、后车顶部轮廓等的差别，是在除去惯常设计部分的情况下，一般消费者可以注意到的汽车前面、背面所存在的差别。因此，这也影响了本田株式会社涉案专利权的保护范围。最高人民法院（2010）行提字第 3 号行政判决也采信和确认了这一观点，据此判决涉案专利与在先外观设计不近似。但本田株式会社在本案侵权诉讼中，却又采取了相反的主张，将同样存在上述部位显著差别，而且远多于上述部位差别的被诉侵权产品认为构成侵权，显然是根据其不同的诉求利益，采取了自相矛盾的观点和双重标准。侵权诉讼中也应该坚持和无效程序中同样的比对原则和方法。4. 有关被诉侵权产品和本田产品近似性的媒体评论意见都出自本田株式会社的恶意散布和宣传炒作。媒体不是一般消费者，媒体报道并不代表一般消费者的评判，而且所有媒体报道评论均是以本田 CR－V 汽车产品作为评判参照物的，媒体报道中的比对参照物与本案不具关联性。（二）涉案专利与被诉侵权产品两者之间的部位和关系，除去要部之外，还存在众多的不同点。被诉侵权产品和涉案专利不近似的结论，已被专利复审委员会 2004 年 11 月 15 日第6562 号无效宣告请求审查决定所确认，该决定为生效法律文件。（三）关于前、后保险杠专利侵权纠纷案，该案与本案的被诉侵权产品、涉案专利均不相同，而且，该两产品均不展现本案被诉侵权产品的可视外观，对整车外观不产生影响，作为部件已获独立专利权保护后，不应将其权利范围扩展到整车，与本案不具关联性。（四）单就本田株式会社诉请赔偿额来说，该赔偿额以单台整车利润与生产销售总量乘积计算得出，其计算基础就是错误的。（五）双环有限公司是受委托生产被诉侵权产品，这种行为后果根据法律规定是由委托人承担，且本田株式会社的起诉也超过了诉讼时效。双环新能源公司是 2012 年才成立的公司，被诉侵权产品早在 2007 年已经终止生产了。双环新能源公司没有生产和销售。本田株式会社主张的股权变更不是专利法调整的范围。双环有限公司和双环新能源公司承担连带责任的请求不能成立。综上，原审判决认定事实清楚、证据充分、适用法律正确，请求本院依法驳回本田株式会社上诉，维持原判。

双环有限公司答辩称：同意双环股份公司关于双环有限公司受委托生产和销售被诉侵权产品依法不侵害涉案专利权的答辩意见，同时认为，（一）双环有限公司受双环股份公司委托生产和销售被诉侵权产品的起止时间为 2003 年 10 月到 2007 年 3 月。本田株式会社对答辩人的起诉已经超过法定诉讼时效。被诉侵权产品早在 2007 年 3 月已经停止生产销售，不存在“起诉时仍在继续”的法定情形，而且涉案专利已于 2011 年 5 月 30 日期限届满。因此，本田株式会社关于双环有限公司侵权的索赔请求没有事实法律依据，依法应予驳回。（二）双环有限公司是受双环股份公司委托生产销售被诉侵权产品，双环有限公司的代理行为是由双环股份公司承担民事责任。只有没有代理权、超越代理权或者代理权终止后的行为，未被委托人追认的，才承担民事责任。双环有限公司对受委托生产销售被诉侵权产品是否侵权并不是明知的，不存在过错。即使被诉侵权产品侵权，双环有限公司作为受托人也不应承担民事责任。本田株式会社对双环有限公司的诉讼请求不能成立。请求本院依法驳回本田株式会社上诉，维持原判。

双环新能源公司答辩称，同意双环股份公司关于双环有限公司受委托生产和销售被诉侵权产品不侵害涉案专利权的答辩意见，同时认为本田株式会社的起诉超过了法定诉讼时效，所谓侵权行为发生在 2007 年 3 月之前，双环新能源公司在 2012 年 6 月 20 日才经合法注册登记成立，既未生产又未销售被诉侵权产品，没有实施任何所谓的侵权行为。本田株式会社要求双环新能源公司承担损害赔偿连带责任无事实和法律依据。请求本院依法驳回本田株式会社上诉，维持原判。

在各方当事人参与下，本院开庭审理中，对被诉侵权产品进行了现场实物勘察。

经审理查明，原审法院查明的事实基本属实，本院予以确认。

本院另查明如下事实：

（一）涉案专利权无效审查的情况

专利复审委员会曾作出第 8105 号无效决定，宣告涉案专利权无效。第 8105 号无效决定认为，将涉案专利与日本国外观设计公报 JP1004783（以下简称证据 1）进行比较可以看出，两者的汽车各组成部分的形状以及相互之间的比例关系基本相同，整体视觉形状和设计风格基本相同。虽然涉案专利与证据 1 在外观上存在若干细微差别，但上述区别均属于局部的差别。根据整体观察、综合判断的原则，对于汽车的整体视觉形状和风格来说，属于较细微的差别，不足以使普通消费者产生明显不同的视觉效果而将两者认定为具有不同款式的产品，而两者的主体部分的相同之处却使普通消费者易于将两者混同。

针对第8105号无效决定以及维持第8105号无效决定的一、二审行政判决，本田株式会社在向本院的申请再审中称，涉案专利与证据1所公开的外观设计不相同，也不近似。主张涉案专利与证据1在前大灯、雾灯、前护板、后组合灯、格栅、后保险杠等方面存在差别，除去惯常设计部分，这些差别具有较强装饰效果，对整体视觉效果具有显著的影响。请求本院撤销原一、二审行政判决及第8105号无效决定，宣告涉案专利权有效。本田株式会社在专利行政纠纷中，曾强调涉案专利“车身较高、重心高，为细长的造型，而证据1重心低，属于车身较宽的造型”。

本院在（2010）行提字第3号行政判决中认定，涉案专利所示汽车的外观设计与证据1所示汽车的外观设计相比，在前大灯、雾灯、前护板、格栅、侧面车窗、后组合灯、后保险杠、车顶轮廓等装饰性较强部位均存在差别。特别是，涉案专利的汽车前大灯采用近似三角形的不规则四边形设计，配合带有小护牙的倒U形的前护板和中间带有横条的格栅；汽车侧面后车窗采用不规则四边形设计，且后窗玻璃与后组合灯之间由窗框所分离，配合车身上部与下部的平滑过渡；汽车后面采用后组合灯从车顶附近开始，一直延伸至后保险杠翘起部的“上窄下宽”的柱形灯设计，配合带有护牙的U形后保险杠，都比较突出、醒目，具有较强的视觉冲击力。显然，这些差别对于本案诉争类型汽车的一般消费者而言是显而易见的，足以使其将涉案专利图片所示汽车外观设计与证据1所示汽车外观设计的整体视觉效果区别开来。因此，上述差别对于涉案专利与证据1汽车外观设计的整体视觉效果具有显著的影响，二者不属于近似的外观设计。

（二）有关侵害保险杠外观设计专利纠纷的情况

1. 2001年2月1日，本田株式会社向国家知识产权局提出专利号为ZL01302610.0、ZL01302609.7，名称为“汽车保险杠”的外观设计专利申请。国家知识产权局分别于2001年11月28日和2001年10月3日公告授权。

2. 2006年3月29日，本田株式会社在ZL01302609.7号外观设计专利权的无效审查程序中陈述意见称，应该仅考虑后保险杠的可见面对视觉效果的影响，保险杠的背面对外观设计的近似性判断不具有影响。该案中的“产品”是“汽车用后保险杠”，其保护范围应基于“汽车用后保险杠”来确定，而不是“汽车”。

与双环股份公司提交的 Des. 422533 号美国专利文本中呈现的外观设计存在明显差异，不近似。

3. 在北京市第一中级人民法院审理的侵害 ZL01302610. 0 号、ZL01302609. 7 号外观设计专利权纠纷案件中，北京市公证处对本田株式会社购买涉案汽车的过程出具了公证书。经北京市第一中级人民法院对公证封存的涉案汽车 2 进行现场勘验，该车后保险杠处加装有一块双层倒梯形护板。公证书所附涉案汽车 1 的整车照片中，该车前保险杠处加装有前护板。涉案汽车 1 的前、后保险杠被拆除护板后，经公证封存，作为侵害 ZL01302610. 0 号、ZL01302609. 7 号外观设计专利权纠纷案件的被诉侵权产品。

北京市高级人民法院审理认为，关于 ZL01302610. 0 号即前保险杠外观设计专利。被诉侵权的前保险杠产品与 ZL01302610. 0 号专利相比，区别仅在于被诉侵权的前保险杠外观设计上的倒“U”形框上有两个小的凸起和凹陷，倒“U”形框与下护牙合围成的进风口上设有 5 个纵向条隔板，而涉案专利没有上述特征；二者锥形凸块的具体形状不同，即 ZL01302610. 0 号专利为近似半角锥状、被诉侵权的前保险杠产品的外观设计为近似半圆锥状。通过整体观察，两者在整体视觉效果无实质差异，属于近似的外观设计。关于 ZL01302609. 7 号即后保险杠外观设计专利。经勘验，可确定被诉侵权的后保险杠上的护板与后保险杠极易分离，不属于后保险杠产品的必要部件。与 ZL01302609. 7 号专利相比较，二者在锥形凸块的具体形状、侧面观察时的阶台形状和长条形杠在端处向后弯折处，呈现折线形状的明显程度及上述折线的可见数量等方面存在差异，但整体视觉效果上无实质差异，属于近似的外观设计。北京市高级人民法院判令双环股份公司、丹阳市卡威汽配有限公司（后变更为江苏卡威汽配有限公司，以下简称卡威公司）立即停止制造、销售侵犯 ZL01302610. 0 号、ZL01302609. 7 号专利权的前、后保险杠产品，旭阳恒兴公司立即停止销售侵犯 ZL01302610. 0 号、ZL01302609. 7 号专利权的保险杠产品；针对侵犯 ZL01302610. 0 号专利权的行为，双环股份公司、卡威公司连带赔偿本田株式会社经济损失 172 万元及其因制止侵权行为的合理开支 3 千元。针对侵犯 ZL01302609. 7 号专利权的行为，双环股份公司、卡威公司连带赔偿本田株式会社经济损失 172 万元及其因制止侵权行为的合理开支 3 千元。

本院认为，本案的争议焦点为，被上诉人生产、销售的被诉侵权产品是否落入了上诉人涉案专利权的保护范围，是否应承担侵权责任。具体涉及如下问题：

原审判决依据被诉侵权产品的照片与外观设计专利产品的图片进行二维比对，该对比方法是否错误；原审判决比对的被诉侵权产品是整体汽车的外观设计，比对对象是否错误；原审判决有关前、后保险杠部位的判定，与已经审结的侵害前、后保险杠外观设计专利权案件是否相冲突；原审判决没有采纳相关媒体评论和专家论证会对于外观设计专利侵权的结论，判断的主体是否错误；被诉侵权产品与涉案专利是否近似。

（一）关于比对方法是否错误

根据专利法的规定，外观设计专利权的保护范围以表示在图片或者照片中的该产品的外观设计为准。外观设计专利侵权的比对，应当以授权公告中表示该外观设计的图片或者照片与被诉侵权外观设计的实物进行对比，判断两者的外观设计是否相同或近似。当实物的照片真实反映了物体的客观情况，将照片中反映的外观设计与授权专利的图片或者照片中的外观设计进行比对，是授权确权或者侵权纠纷中，认定在先设计或者被诉侵权产品外观设计常用的操作方法。本案在原审审理过程中，法院所确定的对比客体是本田株式会社自行提交，并经双环股份公司认可的被诉侵权产品的照片，各方对提交的照片均无异议。被诉侵权产品是双环有限公司实际生产销售的产品。本田株式会社作为本案侵权之诉的原告，在提起本案诉讼时，亦未向原审法院提交实物。原审法院以本田株式会社提交的图片作为比对对象，审查是否与涉案专利相同或近似，并无不当之处。本田株式会社上诉称，其所提交的照片不能作为比对对象，照片是中心投影图，存在反映的产品外观与实际产品有“近大远小”的透视变形效应，导致了图片反映的外观设计已变形。二审庭审中，本院对被诉侵权产品进行了现场勘察。本田株式会社提交的照片反映的实物与现场勘验的结果对比，并不存在明显的视觉差异。本田株式会社上诉主张，原审法院比对对象存在错误的理由，本院不予支持。

（二）关于比对对象是否存在错误

外观设计专利侵权纠纷中用于对比判断的被诉侵权设计，是以生产、销售的被诉侵权产品为载体，见诸于一般消费者，被一般消费者所可视的外观设计。外观设计专利侵权判断采用的整体观察，综合判断的标准，也是指在产品正常使用状态下的可视整体外观，不应当将产品整体予以拆分、改变原使用状态后，对产品的部分外观设计进行对比。本案被诉侵权产品的外观设计是销售商销售其产品时，产品所呈现给一般消费者整体可视的外观设计，是在产品正常使用状态下的外观设计。尽管涉案专利的侧视图没有装后备胎，但在涉案专利的后视图中汽车标示装有后备胎。因此，可以推定涉案专利的保护范围包括车尾部装有后备胎的情形。本田株式会社主张被诉侵权产品安装的前、后保险杠护板，行李架横杆，导流板等涉案专利图片中不涉及的部件均为选装件，应当拆除上述选装件后与涉案专利进行比对，不应当将这些额外的设计特征纳入到被诉侵权产品的外观设计。本院认为，首先，本田株式会社并没有证据证明，销售的被诉侵权产品中不包括汽车顶部的行李架横杆、导流板、前后保险杠护板等所谓的选装件。其次，对上述所谓选装件的拆除会影响产品性能的正常使用。将导流板拆除后，会直接破坏其上连接的高位刹车灯，影响车辆的安全行驶。因此，将上述所谓的选装件进行拆除，不仅会改变产品销售时的外观形态，而且，所呈现的外观不是一般消费者在购买后，正常使用下所观察到的外观设计，而是在产品组装时呈现的外观状态。在进行外观设计专利侵权认定的比对时，应当将实际生产销售的汽车产品的整体作为比对对象，不应当将行李架横杆、导流板及前、后保险杠护板等设计特征进行拆除分解后再进行比对。本田株式会社关于原审法院将销售的整车作为被诉侵权产品进行比对，比对对象存在错误的上诉理由，本院不予支持。

（三）关于前、后保险杠的认定是否与在先判决存在冲突

本田株式会社作为专利权人曾对双环股份公司提起侵害其 ZL01302610.0 号、ZL01302609.7 号保险杠外观设计专利之诉。北京市高级人民法院作出（2010）高民终字第 1746 号、（2010）高民终字第 2556 号民事判决确认，双环股份公司制造、销售的前、后保险杠产品落入 ZL01302610.0 号、ZL01302609.7 号专利权保护范围，因此承担侵权责任。本案中，本田株式会社是以整车的外观设计专利提起诉讼，进行侵权比对时，应以被诉侵权产品销售、使用时的整体外观设计为观察比对对象。如前所述，不应将被诉侵权产品整车销售时已存在的前、后保险杠护板拆下后，再进行产品外观设计的整体比对。汽车保险杠作为整车的部件，在被诉侵害保险杠外观设计专利权时，可以以零部件单独销售时的状态进行侵权比对，故与本案的比对方法及对象均不矛盾，本田株式会社相关的上诉理由，本院不予支持。

（四）关于判断主体的认定

侵害外观设计专利权纠纷中的近似性判断，应当基于一般消费者的知识水平和认知能力，根据外观设计的全部设计特征，以外观设计的整体视觉效果进行综合判断。一般消费者是指对授权外观设计的相关设计状况具有常识性了解，并且对不同外观设计之间在形状、图案、色彩上的差别具有分辨力的人，但其通常不

会注意到形状、图案、色彩上的微小变化。一般消费者是法律虚拟的一个概念，其所具有的“常识性了解”与一般的汽车发烧友并不一致，而且，就本田株式会社所述广州日报、羊城晚报、京华时报等媒体报道来看，均是以本田汽车产品作为评判参照物，而不是以涉案专利。原审法院未将本田株式会社提交的各类媒体刊登的文章、评论、汽车发烧友的评论以及《关于本田技研株式会社诉石家庄双环汽车股份有限公司外观设计侵犯专利权纠纷案专家论证意见》作为一般消费者的认知进行判断，并不存在不当之处。

（五）关于被诉侵权产品以及涉案专利是否近似

运动型休闲车已经成为近年来消费市场流行的车型，基本外观造型轮廓是轿车和越野车的混合设计。被诉侵权产品与涉案专利作为运动型休闲类汽车，两者相同的设计特点有：梯形挡风玻璃、发动机盖的基本形状和大小；前大灯、雾灯和倒车镜的位置布局；车身的上部和下部的圆滑过渡；产品侧面采用三窗、两门的设计；侧面三个车窗的中间车窗呈一边近似直角、另一边为折线的不规则梯形，后车窗呈不规则的四边形；两车窗之间具有宽柱；产品后部从腰线向上方向大致为梯形，向下方向略显倒梯形；后厢门把手为横拉式，在中央横向带有层差阶梯感，其下方部分具有车牌凹部。认定外观设计是否相同或者近似，应当根据授权外观设计、被诉侵权设计的设计特征，以外观设计的整体视觉效果进行综合判断。在以一般消费者的角度对两者进行比较后，判断确定的区别设计特征是否对整体视觉效果具有显著的影响时，产品使用时容易看到的部位的设计变化相对于不容易看到或者看不到的部位的设计变化，通常对整体视觉效果更具有显著影响。本案中，汽车的机仓、座仓以及货仓的布局、前后保险杠以及汽车前脸、尾部和顶部均为容易被直接观察到的部位。对应涉案专利的相应部位，被诉侵权产品在机仓、座仓以及货仓的比例分配上存在区别。被诉侵权产品的后车门向后轮一侧含门把手位置，门线在后轮胎前侧。涉案专利相应的位置，后车门向后轮一侧含门把手位置，门线接近后轮胎中间。该区别在视觉上造成涉案专利的座仓、货仓集合在后车轮上部，三仓重心向后；而被诉侵权产品的座仓、货仓以后车轮为界，三仓重心分散。

本田株式会社在涉案专利权无效宣告请求审查程序中，其所主张并由最高人民法院（2010）行提字第3号行政判决所确认的，与对比设计存在显著外观差异的部位为：前大灯、雾灯、前护板、格栅、侧面车窗、后组合灯、后保险杠、车顶轮廓。正是基于上述设计特征，涉案专利在证据1基础上，对前大灯、雾灯、前护板、格栅、侧面车窗、后组合灯、后保险杠、车顶轮廓部位作出了新的设计，（2010）行提字第3号行政判决才权衡上述设计特征对整体视觉效果的影响，撤销了第8105号无效决定，维持了涉案专利权的有效性。根据《最高人民法院关于审理侵犯专利权纠纷案件应用法律若干问题的解释》第十一条第二款第二项的规定，授权外观设计区别于现有设计的设计特征相对于授权外观设计的其他设计特征，通常对外观设计的整体视觉效果更具有影响。因此，上述（2010）行提字第3号行政判决所认定存在显著的外观差异的部位在本案的侵权纠纷中亦应重点考虑。1. 在前大灯部位：被诉侵权产品前大灯呈细长单边三角形外部轮廓，两灯外边延至车身两侧边线，两灯内角呈约45度角，中央部位呈透视可见圆形大灯设计；涉案专利呈粗短双边不规则四边形设计，两灯外边与车身两侧边线间相距约1/4灯宽的空间距离，两灯内角呈约60度角，中央部位呈竖条半圆或椭圆图案设计。2. 在雾灯部位：被诉侵权产品的雾灯形状长宽呈橄榄球状，并加有黑宽边框似熊猫眼状，其配合中间加横条造型设计，两灯外边延至与两侧车身及前保险杠外侧边线重合后，转向侧后延伸。涉案专利的雾灯形状长宽呈长方形，无边框、中间无横条，两灯外边距两侧车身及前保险杠外侧边线存在约相同灯长的空间间距，整体造型较为短粗。3. 在前后护板部位：对应涉案专利的相应位置的设计，尤其是前保险杠位置，被诉侵权产品安装了黑色的前、后保险杠护板，两者存在明显区别。被诉侵权产品相应位置两侧较宽，中间部位的设计为内部矩形的加强支撑防撞机构，前保险杠护板在保险杠位置，通过其两侧及下底线与前保险杠之间的自然衔接延伸，护板凸出于车头之外，间接延伸至车体侧边，护板的两个竖边明显粗于上下两个横边。内延与护板的下部水平垂直，配合中间方格形格栅，正面中部显著部位呈粗犷、立体突出。加之雾灯两侧无“L”型提升设计，导致被诉侵权产品在该部位的设计有厚重、粗犷感。涉案专利的相应部位的设计为下宽上窄，整体呈梯形，中间有横条格栅，雾灯两侧有“L”型提升设计。该部位的设计有纤细感。此外，被诉侵权产品比涉案专利的后保险杠短粗。4. 在后组合灯部位：被诉侵权产品的相应位置呈圆弧状，内部的图案组成为可视的红白黄相间的圆形和椭圆，无区域分割，具有圆润感。涉案专利的相应位置呈方形菱柱状，并被数条横线分割成数个长方形和方形，有区域分割，具有机械感。5. 在车尾及其顶部：被诉侵权产品行李架后端处向外侧有导流板设计，增强了车体运动感。涉案专利自车顶至后窗为平滑过渡，无导流板设计。被诉侵权产品有高位刹车灯设计，涉案专利无此设计。6. 车顶轮廓：被诉侵权产品车顶有行李架并有两条横梁在中间部位横向连接；涉案专利车顶无行李架及横梁横向机构设计，而是呈四个竖条线图形；被诉侵权产品车顶整体长度明显长于涉案专利，整车修长和短粗的差异明显。7. 前格栅：被诉侵权产品在前格栅位置的设计呈细微交叉斜线，构成菱形蜂窝状，中央醒目位置设计有两圆环交叉标志图案设计。涉案专利的前格栅，有两块横向放置的条板，中央醒目位置设计有方形边框包围的“H”型标志图案设计。

除了上述区别，被诉侵权产品与涉案专利还存在的区别点：机盖部位，被诉侵权产品中间有醒目凸起竖条加强筋设计，将机盖划分成左右对称两区域，具有坚硬、抗冲击感。涉案专利为单一梯形平面设计，具有简洁、明快感。发动机罩中央部位，被诉侵权产品有纵线加强筋，涉案专利不存在该特征。倒车镜与前轮胎连线大约中间的部位，被诉侵权产品有一个小侧灯，涉案专利无此特征。

综上所述，由于被诉侵权产品的设计特征与涉案专利的设计特征在汽车三仓的比例分配及前大灯、雾灯、前护板、格栅、车顶轮廓等部位存在的不同设计特征及其组合后形成的视觉差异，对两者的整体外观产生了显著影响，足以使一般消费者将两者区别开来。因此，原审判决认定被诉侵权产品未落入涉案专利权保护范围，并无不当。

本院认为，因本案不存在侵权行为，故对本田株式会社要求双环股份公司、双环有限公司以及双环新能源公司承担侵权责任的上诉理由，不予支持。

综上，本田株式会社上诉理由不能成立。原审判决认定事实清楚，适用法律正确。依照《中华人民共和国民事诉讼法》第一百七十条第一款第（一）项之规定，判决如下：

驳回上诉，维持原判。

一审案件受理费181.41万元，由本田技研工业株式会社负担。二审案件受理费181.41万元，由本田技研工业株式会社负担。

本判决为终审判决。

审　判　长　周　翔
代理审判员　罗　霞
代理审判员　周云川
二〇一五年七月二十三日
书　记　员　张　博

80. 简要说明和使用状态参考图对外观设计专利保护范围的影响

——再审申请人北京华捷盛机电设备有限公司与被申请人鼎盛门控科技有限公司侵害外观设计专利权纠纷案

【裁判要旨】

外观设计的简要说明对于外观设计专利权的保护范围具有解释作用。在不考虑使用状态参考图对外观设计专利权保护范围的影响，会与外观设计的简要说明发生明显抵触的情况下，人民法院在确定外观设计专利权的保护范围时应当考虑使用状态参考图。

【关键词】

外观设计专利　侵权　使用状态参考图　简要说明

【案号】

最高人民法院（2018）最高法民再8号

【基本案情】

在本案中，北京华捷盛机电设备有限公司（以下简称华捷盛公司）系专利号为200930005896.2的“电动伸缩门（欧雷克斯豪华型Ⅰ）”的外观设计专利（即涉案专利）的独占实施被许可人。涉案专利包括7张图，其中图6、7为使用状态参考图。广州知识产权法院一审认为，由于华捷盛公司未能提供被诉侵权产品的实物进行比对，其提供的被诉侵权产品的图片亦仅能反映出从侧面观察的被诉侵权产品使用状态，未能全面、清晰地反映出被诉侵权产品的外观，无法将其与涉案专利图片的各视图进行比对。故华捷盛公司仅以被诉侵权产品的使用状态图主张深圳市鼎盛门控科技有限公司（以下简称鼎盛公司）构成侵权的依据不足，一审法院不予支持。遂判决驳回华捷盛公司的诉讼请求。华捷盛公司不服，提起上诉。广东省高级人民法院二审认为，参考图通常用于表示使用外观设计的产品的用途、使用方法或者使用场所等。因此，涉案外观设计专利的保护范围应当依据其主视图、后视图、左视图、右视图和立体图确定，涉案专利的使用状态参考图1和使用状态参考图2不属于确定其保护范围的依据。根据华捷盛公司提交的宣传图册和网页截屏图片证据，被诉侵权产品仅有主视图视角和左视图视角下的设计特征可见。仅以现有的被诉侵权图片与专利进行比对，无法得出被诉侵权产品与涉案专利外观设计相同或者近似的结论。据此判决：驳回上诉，维持原判。华捷盛公司不服，向最高人民法院申请再审。最高人民法院裁定提审并于2018年12月31日判决撤销一、二审判决，判令鼎盛公司承担侵权责任。

【裁判意见】

最高人民法院再审认为：首先，《专利审查指南》的相关规定虽然明确区分了“参考图”和“变化状态图”，并且规定“‘参考图’通常用于表明使用外观设计的产品的用途、使用方法或者使用场所等”。但是《专利审查指南》前述规定中的“等”“通常用于”亦表明，在特定情形下，“参考图”亦可能用于表示除“用途、使用方法或者使用场所”之外的其他内容。而且，《专利审查指南》的前述规定针对的是外观设计专利申请的初步审查，即使参考图不符合《专利审查指南》的相关规定，专利审查指南中并未对法律责任作出明确规定。《专利审查指南》第一部分第三章4.2.4“图片或者照片的缺陷”中，也没有就“参考图”的问题作出明确规定。综上，参照《专利审查指南》的前述规定，虽然一般应使用参考图“表明使用外观设计的产品的用途、使用方法或者使用场所等”，使用“变化状态图”表示外观设计专利产品的变化状态。但是，在侵权诉讼中也不宜仅以外观设计产品的图片、照片的名称为“参考图”为由，一概不考虑“参考图”对外观设计专利权的保护范围的影响。其次，关于简要说明。专利法第二十七条第一款规定：“申请外观设计专利的，应当提交请求书、该外观设计的图片或者照片以及对该外观设计的简要说明等文件。”专利法第五十九条规定：“……简要说明可以用于解释图片或者照片所表示的该产品的外观设计。”根据上述规定，简要说明是申请外观设计专利时必须提交的文件，简要说明对于外观设计专利权的保护范围具有解释作用。本案中，涉案专利的简要说明明确记载：“1. 本外观设计仰视图在正常状态及使用状态均不可见，故省略。2. 本外观设计俯视图在正常状态不可见，故省略。”表明涉案专利产品具有“正常状态”和“使用状态”两种不同的形态。而在涉案专利的全部7张图片中，主视图、后视图、左视图、右视图、立体图显示的是电动伸缩门在收缩状态下的外观设计，仅有状态参考图1、2显示电动伸缩门在展开状态下的外观设计。一般消费者结合简要说明，使用状态参考图1、2和其他图片，以及涉案专利名称中的“电动伸缩门”，可以清楚地理解涉案专利产品为状态可以变化的产品，使用状态参考图

1、2 表示的即为展开状态下的产品外观设计。因此，如果不考虑使用状态参考图 1、2 对涉案专利权保护范围的影响，会与涉案专利简要说明发生明显抵触。综上，在使用简要说明解释图片所表示的产品外观设计的基础上，在确定涉案专利权的保护范围时应当考虑使用状态参考图 1、2 中的内容。

中华人民共和国最高人民法院民事判决书
（2018）最高法民再 8 号

再审申请人（一审原告、二审上诉人）：北京华捷盛机电设备有限公司。住所地：北京市通州区马驹桥镇房辛店村委会南 200 米。

法定代表人：雷凤兰，该公司董事长。

委托诉讼代理人：潘宏孙，广西源慧律师事务所律师。

被申请人（一审被告、二审被上诉人）：深圳市鼎盛门控科技有限公司。住所地：广东省深圳市宝安区松岗街道碧头社区第二工业区 10 号第 13 栋 C 区。

法定代表人：刘智，该公司总经理。

再审申请人北京华捷盛机电设备有限公司（以下简称华捷盛公司）因与被申请人深圳市鼎盛门控科技有限公司（以下简称鼎盛公司）侵害外观设计专利权纠纷一案，不服广东省高级人民法院（2015）粤高法民三终字第 662 号民事判决，向本院申请再审。本院于 2017 年 9 月 21 日作出（2017）最高法民申 3421 号民事裁定提审本案。提审后，本院依法组成合议庭对本案进行审理，现已审理终结。

广州知识产权法院（以下简称一审法院）一审审理查明，案外人谢植亮于 2009 年 3 月 10 日向国家知识产权局申请专利号为 200930005896.2，名称为“电动伸缩门（欧雷克斯豪华型 I）”的外观设计专利（以下简称涉案专利），于 2010 年 2 月 3 日获得授权。该外观设计专利由门框机头、门框及门框之间的立柱组成。门框机头为一整体设计，呈长方体，门框机头上部有一正方形的显示屏，下端呈梯形（梯形两侧边为内弧形）的脚柱，脚柱下端有四对呈前后对称排列的脚轮；门框机头顶部并排排列两片单层弧形瓦，呈前高后低波浪形，弧形瓦前端由两根针尖状圆锥体支撑着每一单层弧形瓦前段，圆锥穿透该弧形瓦，两根圆锥与弧形瓦下端、门框机头顶部形成“口”状中空；门框呈长方体，门框顶部为一片单层弧形瓦及两根圆锥，外观形状与门框机头顶部弧形瓦与圆锥形状相同，门框下端为梯形（梯形两侧边为内弧形）的脚柱，脚柱下端有两对呈前后对称排列的脚轮；每排立柱下端有一对脚轮前后排列；每排立柱前部有一“V”形装饰条。

主视图

后视图

左视图

立体图

右视图

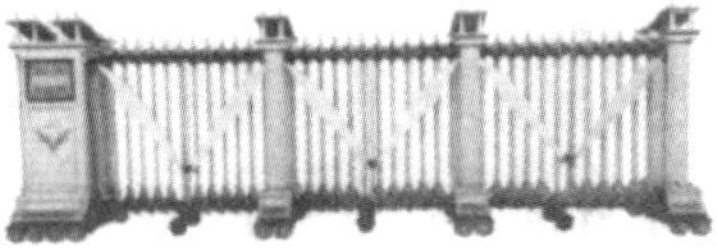

使用参考图1

使用参考图2

2010年2月18日，谢植亮与华捷盛公司签订《专利独占实施许可合同》，合同约定谢植亮将涉案专利以独占实施许可方式许可给华捷盛公司使用，每年的使用费为50万元整，合同有效期为8年。2015年3月31日，双方再次签订《专利独占实施许可合同》，合同约定谢植亮将涉案专利以独占实施许可方式许可给华捷盛公司使用，每年使用费为20万元整，合同有效期为3年。

2015年1月15日，华捷盛公司的委托代理人来到广东省广州市广州公证处，在该处公证人员的监督下，使用该处电脑登录了网址 http：//www. dingsheng-door. com，网站首页显示的名称为“深圳市鼎盛门控科技有限公司”。点击首页“产品展示”进入页面后，再点击“电动伸缩门系列”，出现型号为“领航4号LH－004”“领航1号（LH－001）”两款电动伸缩门的两张图片，显示的是两款门在展开状态下外观设计。广东省广州市广州公证处于2015年1月27日出具（2015）粤广州第009438号公证书对上述公证保全证据经过予以证明。华捷盛公司另提交了封面为“鼎盛门控”的宣传图册，上面显示了“领航4号LH-004”“领航1号（LH-001）”电动伸缩门在展开状态下的图片，其产品名称及外观设计与鼎盛公司网站页面上显示的内容基本一致。鼎盛公司确认公证书所载网页及宣传册为鼎盛公司所有，并辩称在收到华捷盛公司的起诉状副本后，已删除网站上的相关宣传信息。

2015年2月5日，华捷盛公司向一审法院提起诉讼称，鼎盛公司未经许可实施涉案专利，构成侵权。请求判令：1. 鼎盛公司立即停止制造、销售、许诺销售被诉侵权产品，销毁侵权的宣传册，删除侵权的宣传网页；2. 鼎盛公司赔偿华捷盛公司经济损失10万元及制止侵权的合理开支2万元；3. 鼎盛公司承担本案全部诉讼费用。

一审法院认为，关于鼎盛公司在其经营的网站及宣传册中展示被诉侵权产品图片，是否构成侵权的问题。首先，被诉侵权产品共有两款，即“领航4号LH-004”和“领航1号（LH-001）”电动伸缩门。由于被诉侵权产品与涉案专利产品属于同类产品，可以进行相似性比对。根据《中华人民共和国专利法》（以下简称专利法）第五十九条第二款、《最高人民法院关于审理侵犯专利权纠纷案件应用法律若干问题的解释》第十一条的规定，外观设计专利的保护范围以表示在图片或者照片中的该产品的外观设计为准。涉案专利由主视图、后视图、左视图、右视图、立体图以及两幅使用状态参考图构成。由于华捷盛公司未能提供被诉侵权产品的实物进行比对，其提供的被诉侵权产品的图片亦仅能反映出从侧面观察的被诉侵权产品使用状态，未能全面、清晰地反映出被诉侵权产品的外观，无法将其与涉案专利图片的各视图进行比对。故华捷盛公司仅以被诉侵权产品的使用状态图主张鼎盛公司构成侵权的依据不足，一审法院不予支持。

其次，被诉侵权产品“领航1号（LH-001）”电动伸缩门外观设计与涉案专利均包括驱动部、门排系统和门排主立柱，立柱表面都有罗马柱的垂直条纹设计，都有门头、踢脚、滚轮，整体形状基本相同。两者都是属于罗马风格的电动伸缩门。即使仅从使用状态参考图的角度与被诉侵权产品进行比较，亦存在以下区别：1. 涉案专利的门排上具有“V”字形门排加强系统，被诉侵权产品无此设计；2. 两者门排系统连接方式不同，涉案专利每个单元都由上下部和中部的伸缩网连接，而被诉侵权产品没有上下伸缩网的设计。由于上述区别点均位于伸缩门使用时的可见位置，且“V”字形门排加强系统处于瞩目位置，使得两者具有不同的整体视觉效果，故仅从使用状态参考图的角度比对，“领航1号（LH－001）”被诉侵权产品的外观设计与涉案专利既不相同也不相近似。

再次，将“领航4号LH－004”电动伸缩门与涉案专利比对，被诉侵权产品与涉案专利均具有“V”字形状的门排加强系统以及官帽状的门头，整体形状相同，主要区别点在于，被诉侵权产品在驱动部分与门排系统之间多设置了一个门排立柱框，驱动系统上的液晶显示屏中，被诉侵权产品显示的是四个字，而涉案专利显示的是类似“V”的图标。由于所述区别所占比例很小，并且属于细节部分，对产品的整体视觉效果影响不大。但是，即使在使用状态参考图角度下“领航4号LH－004”与涉案专利相近似，但仍不足以推定其整体外观与涉案专利相近似，落入涉案专利权的保护范围。

《中华人民共和国民事诉讼法》第六十四条第一款规定：“当事人对自己提出的主张，有责任提供证据。”《最高人民法院关于民事诉讼证据的若干规定》第二条规定：“当事人对自己提出的诉讼请求所依据的事实或者反驳对方诉讼请求所依据的事实有责任提供证据加以证明。没有证据或者证据不足以证明当事人的事实主张的，由负有举证责任的当事人承担不利后果。”在华捷盛公司未能提供充分的证据证明鼎盛公司构成侵权的情形下，一审法院对华捷盛公司的诉讼请求不予支持。一审法院据此判决：驳回华捷盛公司的诉讼请求。一审案件受理费2700元，由华捷盛公司负担。

华捷盛公司不服一审判决，向广东省高级人民法院（以下简称二审法院）提起上诉，请求撤销一审判决，支持其诉讼请求。

二审法院查明，一审法院查明事实属实。

二审法院认为，本案二审争议焦点为：现有证据能否证明被诉侵权产品落入涉案专利权保护范围。

依照《最高人民法院关于审理侵犯专利权纠纷案件应用法律若干问题的解释》第十条、第十一条的规定，人民法院应当以外观设计专利产品的一般消费者的知识水平和认知能力，判断外观设计是否相同或者相近似。人民法院认定外观设计是否相同或者相近似时，应当根据授权外观设计、被诉侵权设计的设计特征，以外观设计的整体视觉效果进行综合判断，被诉侵权设计与授权外观设计在整体视觉效果上无差异的，人民法院应当认定两者相同；在整体视觉效果上无实质性差异的，应当认定两者近似。同时，以下情况通常对外观设计的整体视觉效果更具有影响：（一）产品正常使用时容易被直接观察到的部位相对于其他部位；（二）授权外观设计区别于现有设计的设计特征相对于授权外观设计的其他设计特征。

判断被诉侵权产品的外观设计与涉案专利外观设计是否相同或相近似，首先应当确定涉案专利保护范围的依据。专利法第五十九条第二款规定："外观设计专利权的保护范围以表示在图片或者照片中的该产品的外观设计为准，简要说明可以用于解释图片或者照片所表示的该产品的外观设计"。本案中，授权公告的涉案外观设计专利包括主视图、后视图、左视图、右视图、立体图以及使用状态参考图1和使用状态参考图2，其简要说明记载："1. 本外观设计仰视图在正常状态及使用状态均不可见，故省略。2. 本外观设计俯视图在正常状态不可见，故省略。"对于参考图在外观设计专利文件中的作用，国家知识产权局颁布的《专利审查指南（2010）》第一部分第三章4.2节指出，参考图通常用于表示使用外观设计的产品的用途、使用方法或者使用场所等。因此，涉案外观设计专利的保护范围应当依据其主视图、后视图、左视图、右视图和立体图确定，涉案专利的使用状态参考图1和使用状态参考图2不属于确定其保护范围的依据。在此基础上，将被诉侵权产品的外观设计与由涉案专利的主视图、后视图、左视图、右视图和立体图进行比对，判断二者是否相同或相近似。

本案中，华捷盛公司以宣传图册和网页截屏图片作为证据，用于证明被诉侵权产品外观设计与涉案专利外观设计相近似。但是，上述宣传图册及网页截屏图片均以同一角度对被诉侵权产品进行展示。相对于涉案外观设计专利图片的视角，上述证据中被诉侵权产品仅有主视图视角和左视图视角下的设计特征可见。对于电动伸缩门产品而言，以一般消费者的知识水平和能力，既不能确定不可见部位的设计特征，也不能排除不可见部位具有的设计特征对整体视觉效果产生影响的可能性。因此，在涉案专利的外观设计系由主视图、后视图、左视图、右视图和立体图等多视角下的设计特征共同确定的情况下，仅以现有的被诉侵权图片与专利进行比对，无法得出被诉侵权产品与涉案专利外观设计相同或者近似的结论。更何况，即便单就被诉侵权图片呈现的主视图视角和左视图视角下的设计特征与专利进行比对，二者在"V"字形门排加强系统（领航1号LH-001）、伸缩网（领航1号LH-001）、门排立柱框（领航4号LH-004）、液晶显示屏（领航4号LH-004）等设计特征上仍然存在区别。而无论前述区别对整体视觉效果影响是否显著，如前所述，仅以现有的被诉侵权图片与专利进行比对，都不能认定被诉侵权产品与涉案专利外观设计相同或者近似。综上，现有证据无法证明被诉侵权产品落入涉案专利权保护范围。二审法院据此判决：驳回上诉，维持原判。二审案件受理费2700元，由华捷盛公司负担。

华捷盛公司申请再审称，（一）二审判决认定事实错误。1. 将“领航4号LH－004”号被诉侵权产品和涉案专利进行对比，可以看出两者的设计特点和门体具体部位的设计均相同，被诉侵权产品落入涉案专利权的保护范围。2. 从鼎盛公司在网页上发布的图片，可以清晰地观察、分辨出被诉侵权产品具有驱动部、门排系统、门排主立柱，其门排主立柱上端具有门头，下部具有踢脚，其门排加强系统的中心导向柱的下端以及踢脚的下端具有滚轮，所述六个特征与涉案专利均相同。因此，鼎盛公司的行为已经构成许诺销售侵权行为。3. 二审法院关于“在涉案专利的外观设计系由主视图、后视图、左视图、右视图和立体图等多视角下的设计特点共同确定的情况下，仅以现有的被诉侵权图片与涉案专利进行对比，无法得出被诉侵权产品与涉案专利外观设计相同或者近似的结论”的认定错误。对于电动伸缩门来说，从其后视图、左视图和右视图看到的设计基本上是一样的，对视觉产生影响的是主视图和立体图。鼎盛公司在其网站发布的图片清晰地反映出被诉侵权产品的主视图和立体图。通过这些图片完全可以进行比对，进而确定鼎盛公司的行为已经构成许诺销售侵权。（二）一、二审判决混淆了销售和许诺销售的行为，适用法律错误。许诺销售的特点即作出销售意愿的意思表示，这种意思表示可以是要约，也可以是要约邀请。只要作出销售侵权产品的意思表示，而且该被诉侵权产品落入专利权的保护范围，就构成专利侵权，而不要求被诉侵权人提供被诉侵权产品实物。鼎盛公司的行为属于许诺销售侵权，仅通过比对鼎盛公司发布的侵权图片，无须比对实物，就可判断被诉侵权产品落入涉案专利的保护范围。一审法院关于“由于不能提供实物进行比对，仅以被诉侵权产品的使用状态图主张构成侵权的依据不足”的认定错误。请求本院：撤销一、二审判决，判令鼎盛公司赔偿华捷盛公司经济损失10万元和制止侵权的合理开支2万元，一、二审诉讼费用由鼎盛公司承担。

本院再审查明，一、二审法院查明的事实属实。

本院另查明，涉案专利的简要说明记载：“1. 本外观设计仰视图在正常状态及使用状态均不可见，故省略。2. 本外观设计俯视图在正常状态不可见，故省略。”

本院认为，本案的焦点问题为：（一）如何确定涉案外观设计专利权的保护范围；（二）被诉侵权产品是否落入涉案专利权的保护范围；（三）被申请人应当承担何种侵权责任。

（一）如何确定涉案外观设计专利权的保护范围

首先，专利法第五十九条第二款规定："外观设计专利权的保护范围以表示在图片或者照片中的该产品的外观设计为准……"《中华人民共和国专利法实施细则》（以下简称专利法实施细则）第二十七条第二款规定："申请人应当就每件外观设计产品所需要保护的内容提交有关图片或者照片。"专利法及专利法实施细则中，没有对外观设计专利的"图片或者照片"的具体类型作出规定。但在《专利审查指南（2010）》第一部分第三章4.2"外观设计图片或者照片"中，规定："申请人可以提交参考图，参考图通常用于表明使用外观设计的产品的用途、使用方法或者使用场所等。必要时，申请人还应当提交该外观设计产品的展开图、剖视图、剖面图、放大图以及变化状态图。"本院认为，《专利审查指南（2010）》的上述规定虽然明确区分了"参考图"和"变化状态图"，并且规定"'参考图'通常用于表明使用外观设计的产品的用途、使用方法或者使用场所等"。但是《专利审查指南（2010）》前述规定中的"等""通常用于"亦表明，在特定情形下，"参考图"亦可能用于表示除"用途、使用方法或者使用场所"之外的其他内容。其次，《专利审查指南（2010）》的前述规定针对的是外观设计专利申请的初步审查，即使参考图不符合《专利审查指南（2010）》的相关规定，专利审查指南中并未对法律责任作出明确规定。《专利审查指南（2010）》第一部分第三章4.2.4"图片或者照片的缺陷"中，也没有就"参考图"的问题作出明确规定。综上，参照《专利审查指南（2010）》的前述规定，虽然一般应使用参考图"表明使用外观设计的产品的用途、使用方法或者使用场所等"，使用"变化状态图"表示外观设计专利产品的变化状态。但是，在侵权诉讼中也不宜仅以外观设计产品的图片、照片的名称为"参考图"为由，一概不考虑"参考图"对外观设计专利权的保护范围的影响。

其次，关于简要说明。专利法第二十七条规定："申请外观设计专利的，应当提交请求书、该外观设计的图片或者照片以及对该外观设计的简要说明等文件。"专利法第五十九条规定："……简要说明可以用于解释图片或者照片所表示的该产品的外观设计。"根据上述规定，简要说明是申请外观设计专利时必须提交的文件，简要说明对于外观设计专利权的保护范围具有解释作用。本案中，涉案专利的简要说明明确记载："1. 本外观设计仰视图在正常状态及使用状态均不可见，故省略。2. 本外观设计俯视图在正常状态不可见，故省略。”表明涉案专利产品具有“正常状态”和“使用状态”两种不同的形态。而在涉案专利的全部7张图片中，主视图、后视图、左视图、右视图、立体图显示的是电动伸缩门在收缩状态下的外观设计，仅有状态参考图1、2显示电动伸缩门在展开状态下的外观设计。一般消费者结合简要说明，使用状态参考图1、2和其他图片，以及涉案专利名称中的“电动伸缩门”，可以清楚地理解涉案专利产品为状态可以变化的产品，使用状态参考图1、2表示的即为展开状态下的产品外观设计。因此，如果不考虑使用状态参考图1、2对涉案专利权保护范围的影响，会与涉案专利简要说明发生明显抵触。综上，在使用简要说明解释图片所表示的产品外观设计的基础上，在确定涉案专利权的保护范围时应当考虑使用状态参考图1、2中的内容。

（二）关于被诉侵权产品是否落入涉案专利权的保护范围

本案中，再审申请人主张被申请人在网页图片、宣传册上展示“领航4号LH－004”和“领航1号（LH－001）”电动伸缩门两款被诉侵权产品，构成许诺销售行为，但未能提供被诉侵权产品实物作为证据。本院认为，《最高人民法院关于适用〈中华人民共和国民事诉讼法〉的解释》第一百零八条规定：“对负有举证证明责任的当事人提供的证据，人民法院经审查并结合相关事实，确信待证事实的存在具有高度可能性的，应当认定该事实存在。对一方当事人为反驳负有举证证明责任的当事人所主张事实而提供的证据，人民法院经审查并结合相关事实，认为待证事实真伪不明的，应当认定该事实不存在……”因此，根据前述规定，即使专利权人未能提供被诉侵权产品实物，但鉴于涉案专利为外观设计，如在专利权人已经举证证明被诉侵权产品构成侵权具有“高度可能性”，而被诉侵权人又没有提供反驳证据的情况下，人民法院亦可对是否构成许诺销售侵权作出认定。

1. 关于“领航4号LH－004”电动伸缩门

“领航4号LH－004”电动伸缩门与涉案外观设计均涉及电动伸缩门，属于相同类别的产品。华捷盛公司提交的公证书、宣传册中的图片为被诉侵权产品展开状态下的图片，显示了被诉侵权产品的正面和侧面设计，但并未公开被诉侵权产品收缩状态下的设计以及背面设计。本院认为，《最高人民法院关于民事诉讼证据的若干规定》第七条规定：“在法律没有具体规定，依本规定及其他司法解释无法确定举证责任承担时，人民法院可以根据公平原则和诚实信用原则，综合当事人举证能力等因素确定举证责任的承担。”第九条规定：“下列事实，当事人无需举证证明……（三）根据法律规定或者已知事实和日常生活经验法则，能推定出的另一事实……”本案中，涉案外观设计产品以及被诉侵权产品均为电动伸缩门，沿水平方向展开和收缩，正面视图与背面视图通常一致。一般消费者基于此类产品的特点，以及被诉侵权产品展开状态下的正面、侧面设计，能够合理推定被诉侵权产品的收缩状态和背面设计，且此种事实推定已经达到“具有高度可能性”的程度。在被诉侵权产品的完整设计方案或实物由被诉侵权人实际控制，专利权人难以获得的情况下，亦应当由被诉侵权人承担反驳专利权人主张的举证责任。在被诉侵权人没有提交相反证据的情况下，可以根据被诉侵权产品展开状态下的正面、侧面设计进行侵权比对。

将被诉侵权设计“领航4号LH－004”电动伸缩门的图片与涉案外观设计的主视图和立体图进行对比，两者的相同点在于：两者整体均是由门框机头、门框及门框间的门排组成；门框机头均呈长方体，在上部设有正方形的显示屏，门框机头下部前侧脚柱为梯形内弧斜面，脚柱下端为四个脚轮，门框机头顶部为并排两个单层弧形瓦，弧形瓦呈前高后低波浪形，弧形瓦前端由两根针尖状圆锥体支撑，圆锥体穿透该弧形瓦，两根圆锥与弧形瓦下端、门框机头顶部形成“口”状中空；门框均呈长方体，门框顶部为一片单层弧形瓦及两根圆锥，外观形状与门框机头顶部弧形瓦与圆锥形状相同，门框下部前侧脚柱为梯形内弧斜面，脚柱下端为两个脚轮；两者的门框机头与门框之间的门排以及两个门框之间的门排的下端中央均有一个脚轮并且前部有一“V”形装饰条。两者的主要区别点在于：被诉侵权产品在门框机头与门排间多设置了一个门排立柱框，两者门框机头的液晶显示屏显示的内容不同。上述两项区别在产品外观设计中的比例很小，均属于局部细微区别。综上，涉案专利与被诉侵权产品展开状态下的外观设计高度近似，在被申请人没有提供相反证据的情况下，足以认定被诉侵权产品与涉案外观设计相近似，落入涉案专利权保护范围。对于二审判决有关“仅以现有的被诉侵权图片与专利进行比对，都不能认定被诉侵权产品与涉案专利外观设计相同或者近似”的认定，本院予以纠正。

2. 关于“领航1号（LH－001）”电动伸缩门

将“领航1号（LH－001）”电动伸缩门的收缩状态与涉案外观设计的主视图和立体图进行对比，其主要区别点在于：涉案外观设计的门排上具有多个“V”形装饰条，而被诉侵权产品无此设计。由于上述区别点位于电动伸缩门使用时的正面显著位置，该显著区别使得两者具有不同的整体视觉效果。因此，“领航1

号（LH－001）”电动伸缩门的设计与涉案外观设计专利既不相同也不相近似，并未落入涉案外观设计专利权的保护范围内。

（三）关于鼎盛公司应当承担何种侵权责任

本案中，被申请人实施许诺销售行为，再审申请人并未举证证明该行为给其造成的实际损失，也未举证证明被申请人通过侵权行为获得的利益。综合考虑被诉侵权行为的性质、特点，对于华捷盛公司要求鼎盛公司赔偿经济损失的诉讼请求不予支持。关于合理支出，再审申请人并未就其主张的2万元提供足够的证据予以支持，但考虑到再审申请人委托律师参与本案诉讼，故对其主张的合理支出，本院酌情予以支持。

综上，一、二审判决认定鼎盛公司的“领航4号LH－004”电动伸缩门未侵害华捷盛公司涉案专利权，认定事实和适用法律有误，本院予以纠正。依照《中华人民共和国民事诉讼法》第一百七十条第一款第（二）项、第二百零七条第一款，《中华人民共和国专利法》第十一条第二款、第五十九条第二款、第六十五条之规定，判决如下：

一、撤销广东省高级人民法院（2015）粤高法民三终字第662号民事判决；

二、撤销广州知识产权法院（2015）粤知法专民初字第589号民事判决；

三、深圳市鼎盛门控科技有限公司立即停止许诺销售被诉侵权产品的侵权行为；

四、深圳市鼎盛门控科技有限公司赔偿北京华捷盛机电设备有限公司诉讼合理支出10000元。

如果未按本判决指定的期间履行给付金钱义务，应当依照《中华人民共和国民事诉讼法》第二百五十三条之规定，加倍支付迟延履行期间的债务利息。

一审案件受理费人民币2700元，二审案件受理费人民币2700元，由深圳市鼎盛门控科技有限公司负担2700元，北京华捷盛机电设备有限公司负担2700元。

本判决为终审判决。

审　判　长　王艳芳
审　判　员　毛立华
审　判　员　杜微科
二〇一八年十二月三十一日
技术调查官　贾彦飞
书　记　员　张栗萌

81. 进行外观设计专利侵权判断时如何确定专利权保护范围

——再审申请人兰溪市长城食品有限公司与被申请人陈纯彬、一审被告北京民生家乐商业管理有限公司侵害外观设计专利权纠纷案

【裁判要旨】

本案专利虽然仅仅保护形状设计而不包括图案，但形状和图案在外观设计上属于相互独立的设计要素，在形状之上增加图案并不必然对形状设计本身产生视觉影响。在二者的形状设计构成近似的情况下，包含图案的被诉侵权产品仍然落入本案专利的保护范围。

【关键词】

外观设计　保护范围　设计要素　视觉影响

【案号】

最高人民法院（2014）民申字第438号

【基本案情】

在再审申请人兰溪市长城食品有限公司（以下简称长城公司）与被申请人陈纯彬、一审被告北京民生家乐商业管理有限公司（以下简称民生公司）侵害外观设计专利权纠纷案中，陈纯彬系名称为“食品包装罐（1）”的外观设计专利（即本案专利）的权利人。根据授权公告的视图可见，本案专利的罐体截面近似椭圆形，有四个对称内凹；罐顶有一个椭圆形的罐盖和两个条状提手。本案专利为无图案的形状设计。陈纯彬以长城公司生产、民生公司销售的被诉侵权产品侵害本案专利权为由，提起诉讼。经对比，被诉侵权产品与本案专利均为食品包装罐，由罐体、罐盖、提手三部分组成，其中罐盖均为椭圆形，提手均为条状。二者的主要区别在于被诉侵权产品的罐体截面系具有八个对称内凹的近似椭圆形，本案专利的相同部位仅有四个对称内凹；被诉侵权产品包含图案，本案专利没有图案。浙江省金华市中级人民法院一审认为，外观设计专利侵权判断中，对比的范围应当限于专利权的保护范围，本案专利为单纯的形状设计专利，侵权对比的

范围亦应仅限于此。与本案专利相比，被诉侵权产品仅多了四个小的内凹，该不同点未导致视觉效果上的明显差异，被诉侵权产品落入本案专利权的保护范围。据此判决长城公司、民生公司立即停止侵权行为，长城公司赔偿陈纯彬经济损失5万元。长城公司不服，提起上诉。浙江省高级人民法院二审判决驳回上诉、维持原判。长城公司不服，向最高人民法院申请再审。最高人民法院于2014年7月15日裁定驳回长城公司的再审申请。

【裁判意见】

最高人民法院审查认为：根据专利法第五十九条第二款的规定，外观设计专利权的保护范围以表示在图片或者照片中的该产品的外观设计为准，简要说明可以用于解释图片或者照片所表示的该产品的外观设计。经与本案专利对比，被诉侵权产品和本案专利的整体形状均是由横截面的形状所决定，被诉侵权产品与本案专利在罐盖和提手部分设计基本相同，虽然被诉侵权产品增加的四个内凹使得罐体轮廓在整体视觉上产生一定的变化，但上述局部变化尚不构成实质性差异。此外，由本案专利授权公告的视图可见，其保护范围为产品形状而不包括图案设计。虽然被诉侵权产品的罐体有图案，但该额外增加的图案设计要素对整体视觉效果并不具有实质性或显著影响，被诉侵权产品落入本案专利权的保护范围。

中华人民共和国最高人民法院民事裁定书

（2014）民申字第438号

再审申请人（一审被告、二审上诉人）：兰溪市长城食品有限公司。住所地：浙江省兰溪市兰江街道上黄村。

法定代表人：赵富华，该公司总经理。

委托代理人：戴晓翔，浙江晓翔律师事务所律师。

被申请人（一审原告、二审被上诉人）：陈纯彬，住浙江省兰溪市×街道檀树村龙背99号。

委托代理人：王梨华，浙江永鼎律师事务所律师。

委托代理人：熊仙凤，浙江永鼎律师事务所实习律师。

一审被告：北京民生家乐商业管理有限公司。住所地：北京市顺义区南法信镇顺畅大道1号。

法定代表人：郑知求，该公司董事长。

再审申请人兰溪市长城食品有限公司（以下简称长城公司）因与被申请人陈纯彬、一审被告北京民生家乐商业管理有限公司侵害外观设计专利权纠纷一案，不服浙江省高级人民法院（2013）浙知终字第321号民事判决，向本院申请再审。本院依法组成合议庭对本案进行了审查，现已审查终结。

长城公司申请再审称：(一) 一、二审判决不应当适用“全部技术特征”原则。外观设计专利侵权的判定方法和原则不同于发明、实用新型专利，即使被诉侵权产品包括了专利的全部设计要素，如果因为增加设计要素导致整体视觉效果与涉案专利显著不同，也应当认定未落入专利权的保护范围。本案中，涉案外观设计专利是不带任何图案的单纯形状设计，不应涵盖所有“形状和图案结合”的产品。(二) 涉案专利的圆弧内凹罐体设计属于现有惯常设计。被诉侵权产品在形状上不同于涉案专利，又系形状与图案结合的设计，与单一形状要素构成的涉案外观设计专利具有显著不同的视觉效果，因此未落入专利权保护范围。依据《中华人民共和国民事诉讼法》第二百条的规定，请求撤销一、二审判决，再审本案。

本院审查查明，一、二审查明的事实基本属实。被诉侵权包装罐与涉案外观设计专利产品均为食品包装罐，二者属于同类产品。二者均由罐体、罐盖、提手三部分组成，其中罐盖均为椭圆形，提手均为条状。经过比对，二者的主要区别在于：1. 被诉侵权包装罐的罐体截面系具有八个对称内凹的近似椭圆形，涉案专利的罐体截面系具有四个对称内凹的近似椭圆形；2. 被诉侵权产品的罐体有图案，涉案专利的罐体没有图案。

本院认为，本案的焦点是被诉侵权设计是否落入涉案外观设计专利权的保护范围。即被诉侵权包装罐与涉案外观设计专利是否为相同或者近似设计以及被诉侵权产品的罐体有图案而涉案外观专利的图片没有图案对侵权判定是否构成影响。

(一) 关于被诉侵权包装罐与涉案外观设计专利是否为相同或者近似设计的问题

被诉侵权包装罐与涉案外观设计专利的横截面形状均为近似椭圆形，且相应的对称内凹均使得二者的罐体轮廓呈现一定的波浪状。与涉案外观设计相比对，虽然被诉侵权包装罐增加的四个内凹使得其罐体轮廓在整体视觉上产生一定的变化，但是根据一般消费者的知识水平和认知能力，上述局部变化尚不构成实质性差异，亦不足以使被诉侵权产品的形状与涉案专利区分开来。由于被诉侵权产品和涉案专利的整体形状均是由横截面形状决定的，同时被诉侵权产品的罐盖和提手部分设计与涉案专利亦基本相同，故被诉侵权包装罐的形状与涉案外观设计专利构成近似。

（二）关于被诉侵权产品的罐体有图案而涉案外观设计专利的图片没有图案对侵权判定是否构成影响的问题

《中华人民共和国专利法》第二条第四款规定："外观设计，是指对产品的形状、图案或者其结合以及色彩与形状、图案的结合所作出的富有美感并适于工业应用的新设计。"第五十九条第二款规定："外观设计专利权的保护范围以表示在图片或者照片中的该产品的外观设计为准，简要说明可以用于解释图片或者照片所表示的该产品的外观设计。"涉案专利图片表示的该产品的外观设计只有形状，没有图案。可见，涉案专利权的保护范围为产品形状设计，不包括图案设计。虽然被诉侵权产品的罐体有图案，涉案专利的罐体没有图案，但鉴于涉案专利权的保护范围为形状设计，且被诉侵权产品的罐体形状设计与涉案专利形状设计相近似，因此二审法院认定被诉侵权设计落入了涉案专利权的保护范围，并无不当。长城公司的再审申请理由不能成立，本院不予支持。

此外，因长城公司在一、二审期间并未主张现有技术抗辩，故对其在再审申请阶段提出的现有技术抗辩，本院不予评判。

综上，长城公司的再审申请不符合《中华人民共和国民事诉讼法》第二百条规定的情形。依照《中华人民共和国民事诉讼法》第二百零四条第一款之规定，裁定如下：

驳回兰溪市长城食品有限公司的再审申请。

审　判　长　李　剑
代理审判员　秦元明
代理审判员　吴　蓉
二〇一四年七月十五日
书　记　员　周睿隽

82. 设计特征的认定及对外观设计近似性判断的影响

——再审申请人浙江健龙卫浴有限公司与被申请人
高仪股份公司侵害外观设计专利权纠纷案

【裁判要旨】

设计特征体现了授权外观设计不同于现有设计的创新内容，也体现了设计人对现有设计的创造性贡献。如果被诉侵权产品未包含授权外观设计区别于现有设计的全部设计特征，一般可以推定二者不构成近似外观设计。设计特征的存在应由专利权人进行举证，允许第三人提供反证予以推翻，并由人民法院依法予以确定。

【关键词】

外观设计专利　侵权　设计特征　显著影响

【案号】

最高人民法院（2015）民提字第23号

【基本案情】

在再审申请人浙江健龙卫浴有限公司（以下简称健龙公司）与被申请人高仪股份公司（以下简称高仪公司）侵害外观设计专利权纠纷案中，高仪公司系“手持淋浴喷头（NO. A4284410X2）”外观设计专利（即本案专利）的权利人。高仪公司以健龙公司生产、销售和许诺销售的丽雅系列等卫浴产品（即被诉侵权产品）侵害本案专利权为由，提起诉讼。浙江省台州市中级人民法院一审认为，高仪公司主张喷头出水面设计为本案专利的设计要点，但本案专利授权公告的“简要说明”中对此并无体现，被诉侵权产品与本案专利虽在喷头的出水面上高度近似，但喷头头部周边设计、手柄设计存在差别，两者不构成近似。据此判决驳回高仪公司的诉讼请求。高仪公司不服，提起上诉。浙江省高级人民法院二审认为，跑道状的喷头出水面应作为本案专利区别于现有设计的设计特征予以重点考量，而被诉侵权产品正是采用了与之高度相似的出水面设计。此外，被诉侵权产品与本案专利在淋浴喷头的整体轮廓、喷头与把手的长度分割比例等方面均非常相似，应认定二者构成相近似的外观设计。据此判决撤销一审判决，判令健龙公司停止侵权行为，销毁库存侵权产品，赔偿高仪公司经济损失人民币10万元。健龙公司不服，向最高人民法院申请再审。最高人民法院裁定提审本案，并于2015年8月11日判决撤销二审判决，维持一审判决。

【裁判意见】

最高人民法院提审认为：外观设计专利制度的立法目的在于保护具有美感的创新性工业设计方案，一项外观设计应当具有区别于现有设计的可识别性创新设计才能获得专利授权，该创新设计即是授权外观设计的设计特征。由于设计特征的存在，一般消费者容易将授权外观设计区别于现有设计，因此，其对外观设计产品的整体视觉效果具有显著影响，如果被诉侵权产品未包含授权外观设计区别于现有设计的全部设计特征，一般可以推定被诉侵权产品与授权外观设计不近似。专利权人可能将设计特征记载在简要说明中，也可能会在专利授权确权或者侵权程序中对设计特征作出相应陈述。无论是专利权人举证证明的设计特征，还是通过授权确权有关审查文档记载确定的设计特征，如果第三人提出异议，都应当允许其提供反证予以推翻。人民法院在听取各方当事人质证意见的基础上，对证据进行充分审查，依法确定授权外观设计的设计特征。本案专利的设计特征有三点：一是喷头及其各面过渡的形状，二是喷头出水面形状，三是喷头宽度与手柄直径的比例。虽然被诉侵权产品采用了与本案专利高度近似的跑道状出水面，但在喷头及其各面过渡的形状这一设计特征上，二者在设计风格上呈现明显差异。二审判决仅重点考虑了本案专利跑道状出水面的设计特征，而对于其他设计特征，以及产品正常使用时容易被直接观察到的其他区别设计特征未予考虑，从而认定二者构成近似外观设计的结论是错误的。

中华人民共和国最高人民法院民事判决书

（2015）民提字第23号

再审申请人（一审被告、二审被上诉人）：浙江健龙卫浴有限公司。住所地：中华人民共和国浙江省玉环县科技工业园区（清港段）。

法定代表人：蔡贤良，该公司董事长。

委托代理人：郑才微，浙江常青藤律师事务所律师。

委托代理人：顾王建，北京科亿知识产权代理事务所（普通合伙）专利代理人，住中华人民共和国浙江省台州市黄岩区新前街道西苑村×号。

被申请人（一审原告、二审上诉人）：高仪股份公司（Grohe AG）。住所地：

德意志联邦共和国杜塞尔多夫菲尔特米勒广场15号。

诉讼代表人：雷纳·穆厄斯（Rainer Mues），该公司财务副总裁。

诉讼代表人：托马斯·齐格勒（Thomas Ziegler），该公司法律与专利部主任。

委托代理人：王珂，北京市万慧达律师事务所律师。

委托代理人：王蕊，北京市万慧达知识产权代理有限公司专利代理人，住中华人民共和国北京市丰台区北铁匠营×号。

再审申请人浙江健龙卫浴有限公司（以下简称健龙公司）因与被申请人高仪股份公司（以下简称高仪公司）侵害外观设计专利权纠纷一案，不服中华人民共和国浙江省高级人民法院（2013）浙知终字第255号民事判决，向本院申请再审。本院于2014年12月18日作出（2014）民申字第277号民事裁定，提审本案。提审后，本院依法组成合议庭，于2015年2月10日公开开庭审理本案，健龙公司委托代理人郑才微，高仪公司委托代理人王珂、王蕊到庭参加诉讼。本案现已审理终结。

2012年11月29日，高仪公司向中华人民共和国浙江省台州市中级人民法院（以下简称一审法院）提起诉讼称，健龙公司生产、销售和许诺销售的GL062、S8008等型号的丽雅系列卫浴产品，与其所有的“手持淋浴喷头（NO. A4284410X2）”（专利号ZL200930193487. X）外观设计专利产品相同或近似，侵犯了其专利权，请求法院判令健龙公司：1. 立即停止生产、销售、许诺销售侵犯ZL200930193487. X号外观设计专利权的商品；2. 销毁库存的侵权产品及专用于生产侵权产品的模具；3. 赔偿高仪公司经济损失20万元，其中包括高仪公司为制止侵权所支付的合理费用；4. 承担本案全部诉讼费用。

一审法院经审理查明：高仪公司系依德国法律成立并存续的公司，经营范围为研发、制造和销售洁具配件、附件和组件，水暖器材方面各类产品的贸易。2009年6月23日，高仪公司向中华人民共和国国家知识产权局（以下简称国家知识产权局）申请了名称为“手持淋浴喷头（NO. A4284410X2）”的外观设计专利，即本案涉案专利，并于2010年5月19日获得授权，专利号为ZL200930193487. X。现该外观设计专利合法有效。

健龙公司成立于1998年4月15日，注册资本为585万元，经营范围为卫生洁具、水暖管件、阀门、建筑及家具用金属配件、塑胶工艺品、照明灯具、电力电子元器件制造、货物进出口、技术进出口。

2012年9月19日，高仪公司委托柴益玲向中华人民共和国浙江省宁波市永欣公证处申请证据保全公证，该公证处对健龙公司在其公司网站（网站地址：www. gllon. com）上宣传一款丽雅系列 GL062 手持花洒产品的事实进行了记录，并出具了（2012）浙甬永证民字第 2298 号公证书。同月 28 日，高仪公司委托案外人陈迎慧向中华人民共和国北京市东方公证处申请证据保全公证。公证人员依申请与案外人毛清令来到位于浙江省玉环清港科技工业园区的健龙公司处，向健龙公司的工作人员购买了淋浴喷头十个，取得了编号为 0024942 的收款收据一张、宣传册两本及名片两张，并对上述取得物品进行了拍照记录和封存。

2012 年 12 月 3 日，根据高仪公司的证据保全申请，一审法院工作人员前往健龙公司处，对高仪公司指认的涉案产品进行了拍照记录。

涉案外观设计专利公告图片上的淋浴喷头包括喷头头部和手柄两部分，喷头头部呈扁椭圆体，正面看为圆角矩形，侧边呈圆弧状，下端平滑收缩过渡形成一体连接的手柄，相对于手柄，喷头头部向正面倾斜，喷头头部的正面设有长椭圆形区域，该区域内呈放射状分布出水孔。手柄下端为圆柱体，向与喷头连接处方向逐步收缩压扁呈扁椭圆体。经一审庭审比对，健龙公司被诉侵权产品与高仪公司涉案外观设计专利的相同之处为：二者属于同类产品，从整体上看，二者均是由喷头头部和手柄两个部分组成，被诉侵权产品头部出水面的形状与涉案专利相同，均表现为出水孔呈放射状分布在两端圆、中间长方形的区域内，边缘呈圆弧状。两者的不同之处为：1. 被诉侵权产品的喷头头部四周为斜面，从背面向出水口倾斜，而涉案专利主视图及左视图中显示其喷头头部四周为圆弧面；2. 被诉侵权产品头部的出水面与面板间仅由一根线条分隔，涉案专利头部的出水面与面板间由两条线条构成的带状分隔；3. 被诉侵权产品头部出水面的出水孔分布方式与涉案专利略有不同；4. 涉案专利的手柄上有长椭圆形的开关设计，被诉侵权产品没有；5. 涉案专利中头部与手柄的连接虽然有一定的斜角，但角度很小，几乎为直线形连接，被诉侵权产品头部与手柄的连接产生的斜角角度较大；6. 从涉案专利的仰视图看，手柄底部为圆形，被诉侵权产品仰视的底部为曲面扇形，涉案专利手柄下端为圆柱体，向与头部连接处方向逐步收缩压扁呈扁椭圆体，被诉侵权产品的手柄下端为扇面柱体，且向与喷头连接处过渡均为扇面柱体，过渡中的手柄中段有弧度的凸起；7. 被诉侵权产品的手柄底端有一条弧形的装饰线，将手柄底端与产品的背面连成一体，涉案专利的手柄底端没有这样的设计；8. 涉案专利头部和手柄的长度比例与被诉侵权产品有所差别，两者的头部与手柄的连接处弧面亦有差别。

一审法院认为，本案一方当事人高仪公司系德意志联邦共和国法人，本案为涉外民事诉讼。根据《中华人民共和国民事诉讼法》第二十一条第二款“对法人或者其他组织提起的民事诉讼，由被告住所地人民法院管辖”、第二百五十九条“在中华人民共和国领域内进行涉外民事诉讼，适用本编规定。本编没有规定的，适用本法其他有关规定”的规定，以及《中华人民共和国民法通则》第一百四十六条“侵权行为的损害赔偿，适用侵权行为地法律”的规定，健龙公司在其公司住所地制造并销售被诉侵权产品，其住所地在一审法院管辖范围内，庭审中双方当事人也一致同意由一审法院适用中国法律审理双方的侵权纠纷，故一审法院享有本案的管辖权，并适用中华人民共和国法律审理本案。

涉案外观设计专利在有效期限内，法律状态稳定，应受法律保护。本案争议焦点为健龙公司生产、销售及许诺销售的被诉侵权产品是否与涉案外观设计专利构成近似，是否侵害高仪公司涉案外观设计专利权。根据《最高人民法院关于审理侵犯专利权纠纷案件应用法律若干问题的解释》（以下简称专利侵权司法解释）第十条“人民法院应当以外观设计专利产品的一般消费者的知识水平和认知能力，判断外观设计是否相同或者近似。”以及第十一条“人民法院认定外观设计是否相同或者近似时，应当根据授权外观设计、被诉侵权设计的设计特征，以外观设计的整体视觉效果进行综合判断”之规定，结合庭审比对结果，涉案专利与被诉侵权产品虽然在喷头的出水面设计上存在高度近似，但在喷头头部周边设计、喷头头部周边与出水面的分隔方式、手柄整体形状及细节设计、手柄与头部的连接方式及大小长度比例上均存在差别。高仪公司认为头部出水孔呈放射状分布在两端圆、中间长方形的区域内，边缘呈圆弧状的设计为涉案专利的设计特征部分，被诉侵权产品的头部设计与其相同，便应认定构成对涉案外观设计专利权的侵害。但是，高仪公司涉案专利的设计特征部分是否为喷头头部出水处的设计并未能在其简要说明中予以体现，且根据一般消费者的知识水平和认知能力，淋浴喷头产品应包括头部和手柄两个主要部分，两者各自的设计特征以及两者的连接方式和比例大小，在产品使用时均容易被直接观察到，是构成淋浴喷头产品整体视觉效果的基础，赋予该类产品设计美感。因此，应认定被诉侵权产品与涉案外观设计专利在整体视觉效果上存在实质性差异，两者并不构成近似。综上，健龙公司生产、销售及许诺销售的被诉侵权产品的行为未侵害高仪公司涉案专利权，高仪公司的诉讼请求不符合法律的相关规定，一审法院不予支持。该院判决：驳回高仪公司的诉讼请求。案件受理费人民币 4300 元，由高仪公司承担。

高仪公司不服一审判决，向中华人民共和国浙江省高级人民法院（以下简称二审法院）提起上诉。

二审法院另查明，一审法院根据高仪公司的申请，系于2012年12月13日前往健龙公司进行证据保全，一审判决对保全日期的记载有误，应予纠正。

二审法院认为，本案二审争议焦点为被诉侵权产品采用的外观设计是否落入了高仪公司涉案专利权的保护范围，以及健龙公司可能承担的民事责任。

《中华人民共和国专利法》（以下简称专利法）第五十九条第二款规定，外观设计专利权的保护范围以表示在图片或者照片中的该产品的外观设计为准，简要说明可以用于解释图片或者照片所表示的该产品的外观设计。故在外观设计侵权比对中，一般不宜将被诉侵权产品与专利产品实物进行比对，否则实物产品的颜色配置、握持的手感等与比对无关的因素都可能对判断主体产生误导，进而影响侵权与否的判断。即使专利产品的外观系严格按照专利视图制作，仍应以被诉侵权产品实物与涉案专利视图进行比对，以作出侵权与否的最终判断。本案中，经比对，虽然一审判决归纳的被诉侵权设计与涉案专利设计的区别点大致存在，但侵权比对并非区别点的简单罗列和累加，而应严格秉承“整体观察、综合判断”的比对原则。对此，专利侵权司法解释第十一条规定，人民法院认定外观设计是否相同或者近似时，应当根据授权外观设计、被诉侵权设计的设计特征，以外观设计的整体视觉效果进行综合判断。授权外观设计区别于现有设计的设计特征相对于授权外观设计的其他设计特征，通常对外观设计的整体视觉效果更具有影响。被诉侵权设计与授权外观设计在整体视觉效果上无差异的，人民法院应当认定两者相同；在整体视觉效果上无实质性差异的，应当认定两者近似。本案中，首先，关于涉案专利的设计特征，该专利申请之时所适用的专利法并未要求外观设计专利的授权文本需附有简要说明，一项外观设计所具备的区别于其他外观设计的具有一定识别度的设计要点，即可确定为其设计特征，而非以是否在专利的简要说明中予以记载为确定设计特征的前提。就涉案专利而言，高仪公司明确其跑道状的出水面为专利的设计特征和视觉要部，而该部分确为涉案专利最具可识别度的设计，且占据了主要的视域面积，并能带来较为独特的设计美感；况且，二审法院在审理过程中明确要求健龙公司作进一步检索，确认在涉案专利申请日前，有无喷头出水面为跑道状的现有设计存在，健龙公司未能提供相应的现有设计以供比对。故涉案专利中跑道状的喷头出水面设计，应作为区别于现有设计的设计特征予以重点考量，而被诉侵权设计正是采用了与之高度相似的出水面设计，具备了涉案专利的该设计特征。其次，被诉侵权设计与涉案专利设计相比，在淋浴喷头的整体轮廓、喷头与把手的长度分割比例等方面均非常相似。最后，被诉侵权设计与涉案专利设计的主要区别在于前者缺乏后者在手柄位置具有的一类跑道状推钮设计。推钮固然可有不同的形状设计，但其在手柄上设置主要仍系基于功能性的设计，对产品的整体视觉效果并未产生显著影响。至于一审判决归纳的其他区别点，如喷头头部的周边设计及与出水面的分隔方式、手柄形状、手柄与头部的连接方式等存在的差别均较为细微，亦未能使被诉侵权设计与涉案专利设计在产品的整体视觉效果上产生实质性差异，综上，二审法院认定被诉侵权设计与涉案专利设计构成近似，落入了涉案外观设计专利权保护范围。因健龙公司对其实施了制造、许诺销售、销售被诉侵权产品的行为并无异议，故其应承担相应的侵权责任。

关于侵权责任的确定问题。按照专利法第六十五条之规定，因侵权人获益和权利人损害都没有证据证实，亦无合理专利许可使用费可供参照，本案按照法定赔偿方式确定赔偿数额。二审法院认为，综合考虑到涉案专利为外观设计专利，具有一定的设计美感，并有多次受司法保护记录；健龙公司的注册资本为人民币585万元，具有一定的生产规模和营销能力；健龙公司实施了制造、许诺销售、销售被诉侵权产品的行为；高仪公司为制止侵权支出了相应的维权费用等因素，酌情确定赔偿额为人民币10万元。健龙公司的库存产品亦应予以销毁，对高仪公司的该项诉请，予以支持。但因高仪公司并未证明健龙公司现持有被诉侵权产品的制造模具，故对高仪公司要求销毁健龙公司生产被诉侵权产品专用模具的诉请，不予支持。该院判决：一、撤销一审判决；二、健龙公司立即停止制造、许诺销售、销售侵害涉案外观设计专利权的产品的行为，并于二审判决送达之日即时销毁库存的侵权产品；三、健龙公司赔偿高仪公司经济损失（含高仪公司为制止侵权行为所支出的合理费用）人民币10万元；四、驳回高仪公司的其他诉讼请求。一、二审案件受理费各人民币4300元，均分别由健龙公司承担3225元，高仪公司承担1075元。

健龙公司不服二审判决，向本院申请再审称：（一）二审判决主要事实认定错误。1. 二审法院对涉案专利的设计特征和视觉要部归纳错误，并错误地认定被诉侵权设计与之高度相似。首先，二审法院认定涉案专利的设计特征和视觉要部为其跑道状的出水面，该出水面设计在涉案专利申请之前就被专利号为200630113512.5的外观设计专利所公开，属于现有设计。淋浴喷头产品包括头部与手柄两个部分，两部分各自的设计特征及其连接方式和比例大小，在产品使用时均容易被直接观察到，是构成淋浴喷头产品整体视觉效果的基础，并赋予该类产品设计美感。而喷头头部，由于其功能决定了其必然用于出水，一般不会引起消费者的特别注意，二审法院根据高仪公司的片面陈述，将之确定为设计特征与视觉要部，违反基本常识。其次，二审法院认定被诉侵权设计采用了与涉案专利高度相似的出水面设计，具备了涉案专利的该设计特征，事实上，涉案专利为跑道状的出水面，且为平面设计；而被诉侵权设计采用弧线设计，出水面与弧线并不处于同一平面。弧线设计是设计行业中的常用设计，并不能为任何人所垄断，更不能将涉案专利平面的跑道状出水面与被诉侵权设计的弧线构成的立体出水面混为一谈。2. 二审法院错误地认定被诉侵权设计与涉案专利近似。关于被诉侵权设计与涉案专利的区别，一审法院全面概括了二者在手柄形状、喷头头部的周边设计、出水面的分隔方式、手柄与头部的连接方式等八个方面的区别，足以使一般消费者迅速清楚地将二者区分开来。淋浴器喷头产品就整体而言，均是由手柄与喷头出水面构成，手柄的长度是基于一般人手掌宽度而定，而喷头出水面的长宽则建立在手柄的长度之上，二者本应保持适当的比例以维持基本的美感。二审法院认定“被诉侵权设计与涉案专利设计相比，在淋浴喷头的整体轮廓、喷头与把手的长度分割比例等方面均非常相似”，错误地将二者的整体构成及分割比例完全归之于涉案专利的特有设计。事实上，二者在整体轮廓、喷头与把手的长度分割比例等方面完全不同。3. 二审法院对被诉侵权设计与涉案专利设计的主要区别归纳错误。如前所述，被诉侵权设计与涉案专利的区别有八个方面之多，二审法院却错误认定两者的主要区别在于前者缺乏后者在手柄位置具有的一类跑道状推钮设计。同时，二审法院将手柄上的推钮归之于功能性设计的说法自相矛盾，如果推钮真的是功能性的设计，那么被诉侵权设计亦应当在手柄上设置推钮，事实上被诉侵权设计在手柄上根本就没有设置推钮。（二）二审法院适用法律错误。本案中，被诉侵权设计与涉案专利在整体视觉效果上存在实质性差异，在细节上存在显著差别，两者并不构成近似，二审法院判决健龙公司对高仪公司承担侵权赔偿责任错误。综上，健龙公司依据《中华人民共和国民事诉讼法》第二百条第（一）项、第（二）项、第（六）项的规定申请再审，请求本院撤销二审判决，驳回高仪公司的诉讼请求，判决高仪公司承担本案一、二审诉讼费用。

高仪公司提交意见认为：（一）健龙公司的再审申请理由不成立。1. 健龙公司以专业人员的视角对涉案专利和被诉侵权设计进行严格仔细的比对，但是对于淋浴喷头产品的一般消费者而言，其比对结果属于细微差别，不会对产品的整体视觉效果产生实质性差异。2. 专利号 200630113512.5 外观设计的淋浴喷头产品出水面部分为矩形出水面，与涉案专利既不相同也不近似，涉案专利出水面设计不属于现有设计。3. 涉案专利与被诉侵权设计出水面部分都是出水孔呈放射状分布在两端圆、中间长方形的区域内，边缘呈圆弧状，显然高度相似。从涉案专利左视图看，涉案专利出水面也并非是平面的。（二）被诉侵权设计落入涉案专利保护范围。1. 涉案专利设计要点为出水面部分，与被诉侵权设计出水面部分高度相似。高仪公司提交的二审证据以及涉案专利检索报告，能够证明该设计要点具有较高的新颖性。2. 对于使用淋浴喷头的一般消费者而言，其在正常使用被诉侵权设计产品和涉案专利产品时容易直接观察到的部位显然都是喷头头部出水部分，手柄部分要么手持要么挂在支架上使用，本案淋浴喷头出水面部分相对于其他部位对外观设计的整体视觉效果更具有影响，应当认定被诉侵权设计与涉案专利构成近似。（三）淋浴喷头设计空间很大，判断是否近似的尺度应当放宽。

健龙公司在本案再审审查阶段向本院提交了以下证据：

1. 一审庭审笔录复印件，拟证明高仪公司在一审时主张喷头头部、手柄及其连接方式均为涉案专利的区别设计特征。

2. 国家知识产权局网站 200630113512.5 号淋浴喷头外观设计专利视图打印件，拟证明涉案外观设计专利“跑道状出水面”为现有设计。

3. 针对涉案外观设计专利的第 17086 号无效宣告请求审查决定（以下简称第 17086 号决定）及高仪公司在该无效宣告程序中的意见陈述书复印件，拟证明高仪公司及国家知识产权局专利复审委员会（以下简称专利复审委员会）均认为喷头类产品的喷头、手柄及其连接方式的差别足以对整体视觉效果产生显著影响，可以区别出不同设计。

经质证，高仪公司对健龙公司提交的证据 1 的真实性、合法性没有异议，不认可其关联性，认为高仪公司主张的区别设计特征包括喷头、手柄和连接方式，涵盖了二审中主张的区别设计特征，在二审中对出水面区别设计特征的强调并没有否认一审中提到的区别设计特征。对证据 2 的真实性、合法性没有异议，不认可其关联性，认为证据 2 的出水面为矩形，与涉案专利的出水面不相同也不近似。对证据 3 真实性、合法性没有异议，不认可其关联性，认为高仪公司无效宣告程序意见陈述书中对于区别特征的陈述与其二审中的相关陈述并不矛盾，只是参照物不同，前者是针对无效宣告请求人提出的单个现有设计的区别进行的，后者是针对二审中提交的12份现有设计进行比对得出的。

高仪公司在本案再审审查阶段向本院提交了以下证据：

1. 中华人民共和国北京市方圆公证处出具的（2014）京方圆内经证字第14124号公证书，主要内容是对健龙公司相关网页的屏幕截屏，拟证明健龙公司在二审判决后继续生产、许诺销售被诉侵权产品。

2. 国家知识产权局专利检索咨询中心出具的外观设计检索报告（编号为GW10393），拟证明涉案专利具有较高的新颖性。

3. 涉案专利年费缴纳收据网络打印件，拟证明涉案专利合法有效。

经质证，健龙公司对高仪公司提交的证据1的真实性、合法性没有异议，不认可其关联性，认为该公证书上显示的产品图片与涉案专利不相同也不近似。对证据2的真实性、合法性没有异议，不认可其关联性，认为检索报告有可能会漏掉与涉案专利相同或相近似的专利。对证据3的真实性、合法性没有异议，不认可其关联性。

本院经审查认为，健龙公司和高仪公司提交的上述证据经查证属实，双方当事人对对方提交的证据的真实性、合法性均无异议，因此，对于上述证据，本院予以确认。至于上述证据是否能证明其拟证明事项，本院将在判理部分一并论述。

本院认为，本案的争议焦点在于被诉侵权产品外观设计是否落入涉案外观设计专利权的保护范围。

专利法第五十九条第二款规定："外观设计专利权的保护范围以表示在图片或者照片中的该产品的外观设计为准，简要说明可以用于解释图片或者照片所表示的该产品的外观设计。"专利侵权司法解释第八条规定："在与外观设计专利产品相同或者相近种类产品上，采用与授权外观设计相同或者近似的外观设计的，人民法院应当认定被诉侵权设计落入专利法第五十九条第二款规定的外观设计专利权的保护范围"；第十条规定："人民法院应当以外观设计专利产品的一般消费者的知识水平和认知能力，判断外观设计是否相同或者近似。"本案中，被诉侵权产品与涉案外观设计专利产品相同，均为淋浴喷头类产品，因此，本案的关键问题是对于一般消费者而言，被诉侵权产品外观设计与涉案授权外观设计是否相同或者近似，具体涉及以下四个问题：

一、关于涉案授权外观设计的设计特征

本院认为，外观设计专利制度的立法目的在于保护具有美感的创新性工业设计方案，一项外观设计应当具有区别于现有设计的可识别性创新设计才能获得专利授权，该创新设计即是授权外观设计的设计特征。通常情况下，外观设计的设计人都是以现有设计为基础进行创新。对于已有产品，获得专利权的外观设计一般会具有现有设计的部分内容，同时具有与现有设计不相同也不近似的设计内容，正是这部分设计内容使得该授权外观设计具有创新性，从而满足专利法第二十三条所规定的实质性授权条件：不属于现有设计也不存在抵触申请，并且与现有设计或者现有设计特征的组合相比具有明显区别。对于该部分设计内容的描述即构成授权外观设计的设计特征，其体现了授权外观设计不同于现有设计的创新内容，也体现了设计人对现有设计的创造性贡献。由于设计特征的存在，一般消费者容易将授权外观设计区别于现有设计，因此，其对外观设计产品的整体视觉效果具有显著影响，如果被诉侵权设计未包含授权外观设计区别于现有设计的全部设计特征，一般可以推定被诉侵权设计与授权外观设计不近似。

对于设计特征的认定，一般来说，专利权人可能将设计特征记载在简要说明中，也可能会在专利授权确权或者侵权程序中对设计特征作出相应陈述。根据“谁主张谁举证”的证据规则，专利权人应当对其所主张的设计特征进行举证。另外，授权确权程序的目的在于对外观设计是否具有专利性进行审查，因此，该过程中有关审查文档的相关记载对确定设计特征有着重要的参考意义。理想状态下，对外观设计专利的授权确权，应当是在对整个现有设计检索后的基础上确定对比设计来评判其专利性，但是，由于检索数据库的限制、无效宣告请求人检索能力的局限性等原因，授权确权程序中有关审查文档所确定的设计特征可能不是在穷尽整个现有设计的检索基础上得出的，因此，无论是专利权人举证证明的设计特征，还是通过授权确权有关审查文档记载确定的设计特征，如果第三人提出异议，都应当允许其提供反证予以推翻。人民法院在听取各方当事人质证意见的基础上，对证据进行充分审查，依法确定授权外观设计的设计特征。

本案中，专利权人高仪公司主张跑道状的出水面为涉案授权外观设计的设计特征，健龙公司对此不予认可。对此，本院认为，首先，涉案授权外观设计没有在简要说明中记载其设计特征，高仪公司在二审诉讼中提交了 12 份淋浴喷头产品的外观设计专利文件，其中 7 份记载的公告日早于涉案专利的申请日，其所附图片显示的外观设计均未采用跑道状的出水面。在针对涉案授权外观设计的无效宣告请求审查程序中，专利复审委员会作出第 17086 号决定，认定涉案授权外观设计与最接近的对比设计证据 1 相比：“从整体形状上看，与在先公开的设计相比，本专利喷头及其各面过渡的形状、喷头正面出水区域的设计以及喷头宽度与手柄直径的比例具有较大差别，上述差别均是一般消费者容易关注的设计内容”，即该决定认定喷头出水面形状的设计为涉案授权外观设计的设计特征之一。其次，健龙公司虽然不认可跑道状的出水面为涉案授权外观设计的设计特征，但是在本案一、二审诉讼中其均未提交相应证据证明跑道状的出水面为现有设计。本案再审审查阶段，健龙公司提交200630113512.5号淋浴喷头外观设计专利视图拟证明跑道状的出水面已被现有设计所公开，经审查，该外观设计专利公告日早于涉案授权外观设计申请日，可以作为涉案授权外观设计的现有设计，但是其主视图和使用状态参考图所显示的出水面两端呈矩形而非呈圆弧形，其出水面并非跑道状。因此，对于健龙公司关于跑道状出水面不是涉案授权外观设计的设计特征的再审申请理由，本院不予支持。

二、关于涉案授权外观设计产品正常使用时容易被直接观察到的部位

认定授权外观设计产品正常使用时容易被直接观察到的部位，应当以一般消费者的视角，根据产品用途，综合考虑产品的各种使用状态得出。本案中，首先，涉案授权外观设计是淋浴喷头产品外观设计，淋浴喷头产品由喷头、手柄构成，二者在整个产品结构中所占空间比例相差不大。淋浴喷头产品可以手持，也可以挂于墙上使用，在其正常使用状态下，对于一般消费者而言，喷头、手柄及其连接处均是容易被直接观察到的部位。其次，第17086号决定认定在先申请的设计证据2与涉案授权外观设计采用了同样的跑道状出水面，但是基于涉案授权外观设计的“喷头与手柄成一体，喷头及其与手柄连接的各面均为弧面且喷头前倾，此与在先申请的设计相比具有较大的差别，上述差别均是一般消费者容易关注的设计内容”，认定二者属于不相同且不相近似的外观设计。可见，淋浴喷头产品容易被直接观察到的部位并不仅限于其喷头头部出水面，在对淋浴喷头产品外观设计的整体视觉效果进行综合判断时，其喷头、手柄及其连接处均应作为容易被直接观察到的部位予以考虑。

三、关于涉案授权外观设计手柄上的推钮是否为功能性设计特征

本院认为，外观设计的功能性设计特征是指那些在外观设计产品的一般消费者看来，由产品所要实现的特定功能唯一决定而不考虑美学因素的特征。通常情况下，设计人在进行产品外观设计时，会同时考虑功能因素和美学因素。在实现产品功能的前提下，遵循人文规律和法则对产品外观进行改进，即产品必须首先实现其功能，其次还要在视觉上具有美感。具体到一项外观设计的某一特征，大

多数情况下均兼具功能性和装饰性，设计者会在能够实现特定功能的多种设计中选择一种其认为最具美感的设计，而仅由特定功能唯一决定的设计只有在少数特殊情况下存在。因此，外观设计的功能性设计特征包括两种：一是实现特定功能的唯一设计；二是实现特定功能的多种设计之一，但是该设计仅由所要实现的特定功能决定而与美学因素的考虑无关。对功能性设计特征的认定，不在于该设计是否因功能或技术条件的限制而不具有可选择性，而在于外观设计产品的一般消费者看来该设计是否仅仅由特定功能所决定，而不需要考虑该设计是否具有美感。一般而言，功能性设计特征对于外观设计的整体视觉效果不具有显著影响；而功能性与装饰性兼具的设计特征对整体视觉效果的影响需要考虑其装饰性的强弱，装饰性越强，对整体视觉效果的影响相对较大，反之则相对较小。

本案中，涉案授权外观设计与被诉侵权产品外观设计的区别之一在于后者缺乏前者在手柄位置上具有的一类跑道状推钮设计。推钮的功能是控制水流开关，是否设置推钮这一部件是由是否需要在淋浴喷头产品上实现控制水流开关的功能所决定的，但是，只要在淋浴喷头手柄位置设置推钮，该推钮的形状就可以有多种设计。当一般消费者看到淋浴喷头手柄上的推钮时，自然会关注其装饰性，考虑该推钮设计是否美观，而不是仅仅考虑该推钮是否能实现控制水流开关的功能。涉案授权外观设计的设计者选择将手柄位置的推钮设计为类跑道状，其目的也在于与其跑道状的出水面相协调，增加产品整体上的美感。因此，二审判决认定涉案授权外观设计中的推钮为功能性设计特征，适用法律错误，本院予以纠正。

四、关于被诉侵权产品外观设计与涉案授权外观设计是否构成相同或者近似

专利侵权司法解释第十一条规定，认定外观设计是否相同或者近似时，应当根据授权外观设计、被诉侵权设计的设计特征，以外观设计的整体视觉效果进行综合判断；对于主要由技术功能决定的设计特征，应当不予考虑。产品正常使用时容易被直接观察到的部位相对于其他部位、授权外观设计区别于现有设计的设计特征相对于授权外观设计的其他设计特征，通常对外观设计的整体视觉效果更具有影响。

本案中，被诉侵权产品外观设计与涉案授权外观设计相比，其出水孔分布在喷头正面跑道状的区域内，虽然出水孔的数量及其在出水面两端的分布与涉案授权外观设计存在些许差别，但是总体上，被诉侵权产品采用了与涉案授权外观设计高度近似的跑道状出水面设计。关于两者的区别设计特征，一审法院归纳了八

个方面，对此双方当事人均无异议。对于这些区别设计特征，首先，如前所述，第 17086 号决定认定涉案外观设计专利的设计特征有三点：一是喷头及其各面过渡的形状，二是喷头出水面形状，三是喷头宽度与手柄直径的比例。除喷头出水面形状这一设计特征之外，喷头及其各面过渡的形状、喷头宽度与手柄直径的比例等设计特征也对产品整体视觉效果产生显著影响。虽然被诉侵权产品外观设计采用了与涉案授权外观设计高度近似的跑道状出水面，但是，在喷头及其各面过渡的形状这一设计特征上，涉案授权外观设计的喷头、手柄及其连接各面均呈圆弧形过渡，而被诉侵权产品外观设计的喷头、手柄及其连接各面均为斜面过渡，从而使得二者在整体设计风格上呈现明显差异。另外，对于非设计特征之外的被诉侵权产品外观设计与涉案授权外观设计相比的区别设计特征，只要其足以使两者在整体视觉效果上产生明显差异，也应予以考虑。其次，淋浴喷头产品的喷头、手柄及其连接处均为其正常使用时容易被直接观察到的部位，在对整体视觉效果进行综合判断时，在上述部位上的设计均应予以重点考察。具体而言，涉案授权外观设计的手柄上设置有一类跑道状推钮，而被诉侵权产品无此设计，因该推钮并非功能性设计特征，推钮的有无这一区别设计特征会对产品的整体视觉效果产生影响；涉案授权外观设计的喷头与手柄连接产生的斜角角度较小，而被诉侵权产品的喷头与手柄连接产生的斜角角度较大，从而使得两者在左视图上呈现明显差异。正是由于被诉侵权产品外观设计未包含涉案授权外观设计的全部设计特征，以及被诉侵权产品外观设计与涉案授权外观设计在手柄、喷头与手柄连接处的设计等区别设计特征，使得两者在整体视觉效果上呈现明显差异，两者既不相同也不近似，被诉侵权产品外观设计未落入涉案外观设计专利权的保护范围。二审判决仅重点考虑了涉案授权外观设计跑道状出水面的设计特征，而对于涉案授权外观设计的其他设计特征，以及淋浴喷头产品正常使用时其他容易被直接观察到的部位上被诉侵权产品外观设计与涉案授权外观设计专利的区别设计特征未予考虑，认定两者构成近似，适用法律错误，本院予以纠正。

综上，健龙公司生产、许诺销售、销售的被诉侵权产品外观设计与高仪公司所有的涉案授权外观设计既不相同也不近似，未落入涉案外观设计专利权保护范围，健龙公司生产、许诺销售、销售被诉侵权产品的行为不构成对高仪公司涉案授观外观设计专利权的侵害。二审判决适用法律错误，本院依法应予纠正。依照《中华人民共和国专利法》第五十九条第二款、《最高人民法院关于审理侵犯专利权纠纷案件应用法律若干问题的解释》第八条、第十条、第十一条，以及《中华人民共和国民事诉讼法》第二百零七条第一款、第一百七十条第一款第（二）项之规定，判决如下：

一、撤销中华人民共和国浙江省高级人民法院（2013）浙知终字第255号民事判决；

二、维持中华人民共和国浙江省台州市中级人民法院（2012）浙台知民初字第573号民事判决。

一、二审案件受理费各人民币4300元，均由高仪股份公司承担。

本判决为终审判决。

审 判 长 周 翔
代理审判员 吴 蓉
代理审判员 宋淑华
二〇一五年八月十一日
书 记 员 周睿隽

83. 专利权区别于现有设计的设计特征对外观设计整体视觉效果的影响

——再审申请人中山市君豪家具有限公司与被申请人中山市南区佳艺工艺家具厂侵犯外观设计专利权纠纷案

【裁判要旨】

外观设计专利区别于现有设计的设计特征对于外观设计的整体视觉效果更具有显著影响；在被诉侵权设计采用了涉案外观设计专利的设计特征的前提下，装饰图案的简单替换不会影响两者整体视觉效果的近似。

【关键词】

设计特征　外观设计侵权　整体视觉效果

【案号】

最高人民法院（2011）民申字第1406号

【基本案情】

中山市南区佳艺工艺家具厂（以下简称佳艺家具厂）是名称为“三抽柜(蛋形)”的外观设计专利（即本案专利）独占许可使用权人。本案专利产品是一款三抽屉柜子，由柜顶、柜体和柜脚三个部分组成。从主视图看，柜体有三个抽屉上下依次排列，抽屉均呈长方形，中间有一个圆形拉手，每两个抽屉之间有一条状间隔，正面有一幅类似百合花状图案贯通三个抽屉。从俯视图看，柜顶呈椭圆状，边缘有围栏式的凸起，使柜顶呈一个盆状，盆中央是一幅与主视图类似的百合花状图案。从左视图看，柜体上设置有一个长条形八角装饰块，其内有一幅类似百合花形状图案。右视图与左视图对称。从后视图看，柜体左右两侧各有一饰条，中间位置为空白。从仰视图看，柜脚外形也呈椭圆形，在椭圆形中对称分布四只T形脚座。中山市君豪家具有限公司（以下简称君豪公司）生产、销售了具有三个抽屉的椭圆形柜子。2010年9月6日，佳艺家具厂提起诉讼，请求判令君豪公司承担侵权责任。广东省中山市中级人民法院一审认为，本案专利与被诉侵权产品均是有三个抽屉的椭圆形柜子，二者在柜顶、柜体和柜脚三个部分的外观形状相似，但在柜体表面花状图案、图案的表现形式以及外观形状与图形结合方面存在的差异使二者的整体视觉效果不同，因此被诉侵权产品与本案专利不相似，君豪公司生产、销售被诉侵权产品的行为不构成侵权。故判决驳回佳艺家具厂的诉讼请求。佳艺家具厂不服，提起上诉。广东省高级人民法院二审认为，四方形三抽柜和八边形装饰框与“蛋形”柜体按照特定方式结合、布局，是本案专利最显著的设计特征，在君豪公司未举证证明本案专利产品的形状为该类产品惯常设计的情况下，该特征对于整体视觉效果的影响更大，被诉侵权产品具备该特征。被诉侵权产品与本案专利在装饰图案方面的差异仅为局部的、细微的差异。因此，应当认定被诉侵权设计与本案专利设计构成近似。遂判决撤销一审判决，判令君豪公司承担侵权责任。君豪公司不服，向最高人民法院申请再审。最高人民法院于2011年11月22日裁定驳回了君豪公司的再审申请。

【裁判意见】

最高人民法院审查认为：被诉侵权产品与涉案外观设计专利产品均为蛋形三抽柜，二者在柜顶、柜体和柜脚三部分的外观形状基本相同。其主要的区别点是装饰图案不同：一是前者柜顶无装饰，后者柜顶有百合花装饰；二是后者以一枝飘逸、匀称遍布状百合花装饰的部分，前者均以一团簇状牡丹花装饰。结合本案的现有证据来看，四方形三抽柜和八边形装饰框与“蛋形”柜体的组合和布局是本案专利设计区别于现有设计的设计特征。因此，被诉侵权产品和本案专利产品的外观设计在柜体的整体形状、柜体各组成部分的形状以及布局方式上的基本相同，相比其他设计特征对于外观设计的整体视觉效果更具有影响。被诉侵权设计与本案专利设计虽然在装饰图案上存在差异，但二者均为花卉图案，图案的题材相同，在柜体的装饰布局上也基本相同，被诉侵权设计实质采用了本案专利设计的设计方案。以牡丹花图案替换本案专利设计的百合花图案，这种简单替换所导致的差异对于整体视觉效果的影响是局部的、细微的，以一般消费者的知识水平和认知能力来判断，该差异不足以将被诉侵权设计和本案专利设计区分开来，对于判断被诉侵权设计和本案专利设计在整体视觉效果上构成近似无实质性影响。

中华人民共和国最高人民法院民事裁定书

（2011）民申字第1406号

申请再审人（一审被告、二审被上诉人）：中山市君豪家具有限公司。住所地：广东省中山市神湾镇外沙村。

法定代表人：高文氢，该公司总经理。

委托代表人：魏永才，广东中亿律师事务所律师。

被申请人（一审原告、二审上诉人）：中山市南区佳艺工艺家具厂。住所地：广东省中山市南区曹边村牛巷工业区。

投资人：曾广英。

申请再审人中山市君豪家具有限公司（以下简称君豪公司）因与被申请人中山市南区佳艺工艺家具厂（以下简称佳艺家具厂）侵犯外观设计专利权纠纷一案，不服广东省高级人民法院（2011）粤高法民三终字第229号民事判决，向本院申请再审。本院依法组成合议庭对本案进行了审查，现已审查终结。

君豪公司申请再审称：1. 根据《中华人民共和国专利法》第二条第四款和第五十九条第二款的规定，外观设计中形状、图案、色彩均是外观设计的保护要素，从本案专利视图可以看出其外观设计包括形状、图案两个要素。若被诉侵权产品侵权，则与涉案专利产品的形状和图案均应相近似，才构成侵权。产品图案的对比主要从图案的题材、构图方法、表现方式及花样大小等方面观察，色彩的不同也可能使图案不同。如果题材相同，但其构图方法、表现方式、花样大小不相同，则对比的图案之间不相同也不相近似。2. 外观设计中产品的形状和图案对外观的保护同等重要，在侵权判断中具有相同的作用。从《中华人民共和国专利法》第二条关于外观设计的定义可知，外观设计的形状、图案、色彩三要素间没有等级效力的差别，每一种设计要素均对产品外观设计有同等重要的作用，因此在外观设计的保护中，每一种设计要素均应该同等保护，不能侧重于保护某一个单独的要素，这样就可能扩大或者缩小外观设计专利权的保护范围，违背法律规定。涉案专利设计由形状和图案构成，二者对涉案专利权的保护范围具有同等重要的作用，不能偏废任何一个要素，而二审法院主观地为当事人确定一个要素为显著的设计特征，在产品外观上占有更大比例的图案被认为是局部的、细微的差异，这种观点直接违背了专利法规定的基本原则和申请原则，损害公共利益，对被诉侵权人不利。3. 被诉侵权产品与涉案外观设计专利的外观明显不同，具有不同的美感和表达方式，其中图案要素在产品外观中所占面积比例较大并且比对图案明显不同，一般消费者不会混淆，因此二者不相同也不相近似，被诉侵权设计没有侵犯涉案外观设计专利权。综上，君豪公司依据《中华人民共和国民事诉讼法》第一百七十九条第一款第（二）项的规定申请再审，请求本院撤销二审判决，驳回佳艺家具厂的全部诉讼请求，并由其承担全部诉讼和保全费用。

佳艺家具厂提交意见认为，被诉侵权产品与涉案专利产品在整体形状、柜体各组成部分的形状以及布局方式等方面基本相同，只是在装饰图案上有差异，而产品的形状是本专利最显著的设计特征，对整体视觉效果影响较大，图案的差异仅是局部的、细微的，所以应当认定二者构成近似。二审判决认定事实清楚、适用法律正确，请求驳回君豪公司的再审申请。

本院认为：本案的争议焦点是，被诉侵权设计是否落入涉案专利权的保护范围。被诉侵权产品与涉案外观设计专利产品均为蛋形三抽柜，二者为同类产品。将被诉侵权设计与涉案专利设计相比对，二者在柜顶、柜体和柜脚部分的外观形状基本相同，主要的不同之处是装饰图案不同，除前者柜顶无装饰，后者柜顶有百合花装饰外，其余后者以一枝飘逸、匀称遍布状百合花装饰的部分，前者均以一团簇状牡丹花装饰。**涉案外观设计专利产品名称是“三抽柜（蛋形）”，从其产品名称和外观设计照片来看，四方形三抽柜和八边形装饰框与蛋形柜体的组合和布局是涉案专利设计区别于现有设计的设计特征，因此被诉侵权产品和涉案专利产品的外观设计在柜体的整体形状、柜体各组成部分的形状以及布局方式上的基本相同相比其他设计特征对于外观设计的整体视觉效果更具有影响。**

被诉侵权设计与涉案专利设计虽然在装饰图案上存在差异，但二者均为花卉图案，图案的题材相同，在柜体的装饰布局上也基本相同，因此被诉侵权设计以

牡丹花图案替换涉案专利设计的百合花图案的作法，实质是采用了涉案专利设计的设计方案，这种简单替换所导致的差异对于整体视觉效果的影响是局部的、细微的，以一般消费者的知识水平和认知能力来判断，该差异不足以将被诉侵权设计和涉案专利设计区分开来，故不属于实质性差异，对于判断被诉侵权设计与涉案专利设计在整体视觉效果上构成近似无实质性影响。

综上，被诉侵权设计与涉案专利设计相近似，落入了涉案专利权的保护范围。君豪公司制造、销售被诉侵权产品的行为侵犯了涉案专利权，应承担停止侵权、赔偿损失等法律责任。二审法院据此判决君豪公司停止侵权，并赔偿佳艺家具厂经济损失6万元是正确的，应予维持。君豪公司的再审申请没有事实根据，不符合《中华人民共和国民事诉讼法》第一百七十九条第一款第（二）项之规定，依照《中华人民共和国民事诉讼法》第一百八十一条第一款之规定，裁定如下：

驳回中山市君豪家具有限公司的再审申请。

审　判　长　王永昌
代理审判员　宋淑华
代理审判员　秦元明
二〇一一年十一月二十二日
书　记　员　周睿隽

84. 并非由产品功能唯一决定的设计特征应当在侵权判断中予以考虑

——再审申请人洛阳晨诺电气有限公司与被申请人天津威科真空开关有限公司、张春江，一审被告、二审被上诉人天津市智合电器有限公司侵害外观设计专利权纠纷案

【裁判要旨】

不是由产品功能唯一决定的设计特征，应当在判断外观设计是否相同或相近似时予以考虑。

【关键词】

外观设计　近似判断　产品功能　设计特征

【案号】

最高人民法院（2014）民提字第 193 号

【基本案情】

在再审申请人洛阳晨诺电气有限公司（以下简称晨诺公司）与被申请人天津威科真空开关有限公司（以下简称威科公司）、张春江、一审被告、二审被上诉人天津市智合电器有限公司（以下简称智合公司）侵害外观设计专利权纠纷案中，张春江系名称为“真空接触器（极柱式）”外观设计专利（即本案专利）的权利人。2011 年 9 月 15 日，张春江将本案专利的生产权转让给威科公司。威科公司、张春江以晨诺公司、智合公司生产、销售的真空接触器侵害本案专利权为由，提起诉讼。天津市第一中级人民法院一审认为，被诉侵权产品实施的为现有设计。据此判决驳回张春江、威科公司的诉讼请求。威科公司不服，提出上诉。天津市高级人民法院二审认为，对于极柱式接触器、断路器这类产品而言，对整体视觉效果更具影响的是极柱区和箱体的具体设计变化，被诉侵权产品与本案专利设计在极柱形状、极柱与箱体的连接方式方面无实质性差异。尽管二者的极柱在波纹的形状和数量方面不尽相同，但该区别属于细微差异，不足以对整体视觉效果产生显著影响。遂判决撤销一审判决，改判晨诺公司立即停止侵权行为，赔偿威科公司经济损失 20 万元。晨诺公司不服，向最高人民法院申请再审。最高人民法院裁定提审本案，并于 2014 年 12 月 20 日判决撤销二审判决，维持一审判决。

【裁判意见】

最高人民法院提审认为：判断被诉侵权产品是否与本案专利设计相同或者近似，须遵循整体观察、综合判断的原则。对于极柱式接触器、断路器这类产品而言，产品整体由等大极柱和类似立方体的箱体组成是惯常设计，且受其功能影响，极柱表面均有凸起的波纹。因此，被诉侵权产品与本案专利设计在上述方面的相同点不会对产品的整体视觉效果产生显著影响，对该类产品的整体视觉效果更具有影响的是极柱区和箱体的具体设计，这也是该类产品通常可以进行设计变化的部位。被诉侵权产品与本案专利设计虽然在导电端子的形状、位置、极柱与箱体通过连接板连接上相同，但在极柱与箱体的比例，极柱的形状，波纹的分布、疏密和形状，臂状结构的具体形状，箱体上部连接板的具体形状及与箱体的具体连接方式，箱体上孔洞的具体形状和位置以及箱体底部是否有底盘等方面均存在不同，这些具体设计上的差别，足以对二者的整体视觉效果产生显著影响，使该类外观设计产品的一般消费者可以将二者区别开来。虽然对于极柱式接触器、断路器这类产品而言，受其功能影响，极柱表面均会有凸起的波纹，但波纹的具体形状、疏密以及波纹在极柱表面的分布并不是由该类产品的功能所唯一决定的，故在判断该类产品的外观设计是否相同或者相近似时，对于波纹的具体设计变化也应予以考虑。被诉侵权产品与本案专利设计既不相同也不近似。

中华人民共和国最高人民法院民事判决书

（2014）民提字第193号

再审申请人（一审被告、二审被上诉人）：洛阳晨诺电气有限公司。住所地：河南省洛阳市洛龙区牡丹大道与张衡街东南角3号楼。

法定代表人：赵增杰，该公司董事长。

委托代理人：周锋卫，河南松盛永进律师事务所律师。

委托代理人：李峻玲，河南松盛永进律师事务所律师。

被申请人（一审原告、二审上诉人）：天津威科真空开关有限公司。住所地：天津市津南区（双港）长青科工贸园区温泉路1号。

法定代表人：徐肖环，该公司总经理。

委托代理人：刘冀湘，天津四方君汇律师事务所律师。

委托代理人：张冬阳，天津四方君汇律师事务所律师。

被申请人（一审原告）：张春江，天津威科真空开关有限公司副总经理。

委托代理人：刘冀湘，天津四方君汇律师事务所律师。

委托代理人：张冬阳，天津四方君汇律师事务所律师。

一审被告、二审被上诉人：天津市智合电器有限公司。住所地：天津市静海经济开发区北区。

法定代表人：杨秉臻，该公司总经理。

再审申请人洛阳晨诺电气有限公司（以下简称晨诺公司）因与被申请人天津威科真空开关有限公司（以下简称威科公司）、张春江、一审被告、二审被上诉人天津市智合电器有限公司（以下简称智合公司）侵害外观设计专利权纠纷一案，不服天津市高级人民法院（2013）津高民三终字第0017号民事判决，向本院申请再审。本院经审查后，于2014年7月17日作出（2014）民申字第10号民事裁定，提审本案。本院依法组成合议庭，于2014年11月14日公开开庭审理了本案。晨诺公司的委托代理人周锋卫、李峻玲，威科公司和张春江的委托代理人刘冀湘、张冬阳到庭参加诉讼。经本院合法传唤，智合公司未到庭参加诉讼。本案现已审理终结。

威科公司、张春江以晨诺公司生产、销售给智合公司用于经营和销售的真空接触器侵犯了其名称为“真空接触器（极柱式）”的外观设计专利权为由，向天津市第一中级人民法院提起诉讼，请求判令：1. 晨诺公司、智合公司立即停止侵权行为；2. 晨诺公司、智合公司赔偿威科公司、张春江经济损失50万元，赔偿为调查被诉侵权行为支出的费用及律师费38082.8元；3. 晨诺公司、智合公司对其侵权行为在天津日报上登报赔礼道歉、消除影响；4. 由晨诺公司、智合公司承担本案诉讼费用。

一审法院经审理查明：2009年4月28日，张春江向国家知识产权局提出“真空接触器（极柱式）”的外观设计专利申请，2010年2月3日获得授权，专利号为200930121299.6，该专利权至今合法有效。2011年9月15日，张春江与威科公司签订《外观设计专利产品生产权转让合同》，约定张春江向威科公司转让涉案专利的生产权，转让费50万元，张春江及威科公司均不得向第三方转让上述专利技术，合同有效期自2011年9月15日至2019年4月28日。

2012年3月16日，智合公司与晨诺公司签订《工业品买卖合同》，约定智合公司购买晨诺公司生产的型号为ZN3A－400/12－NS投切电容器专用高压真空接触器一台，价款为3200元。合同签订后，双方如约履行。

2012年4月12日，天津市北方公证处依威科公司的申请，指派公证员来到位于天津市静海县开发区北区六号路中央大道的智合公司处，对智合公司购买的高压永磁真空开关进行现场公证保全，使用相机对该设备进行了拍照，并于2012年4月17日作出（2012）津北方证经字第1787号公证书。

2012年4月17日、10月18日，天津市北方公证处依威科公司的申请，在天津市北方公证处的计算机上，对晨诺公司在其网站上销售、许诺销售被诉侵权产品的行为进行了公证保全，并分别于2012年4月18日、10月22日作出（2012）津北方证经字第1699号公证书和（2012）津北方证经字第5717号公证书。

另查，2011年10月至2012年8月，威科公司共向张春江支付转让费50万元。

庭审中，晨诺公司称涉案专利为现有设计，并提供2003年后的相关行业杂志予以证明。威科公司、张春江认为，晨诺公司提供的行业杂志上的产品为真空断路器，与涉案专利产品并不相同，对晨诺公司提供的证据不予认可。

一审法院认为：张春江系“真空接触器（极柱式)”外观设计专利权人，该专利权至今合法有效，应受法律保护。从张春江与威科公司签订的《外观设计专利产品生产权转让合同》可以确定，合同双方的真实意思为专利权许可使用而非专利权转让，且双方未在专利管理部门进行专利权人变更登记，因此上述合同为专利实施许可合同。张春江与威科公司作为涉案专利权人及被许可人，有权共同就侵害涉案专利权的行为提起诉讼。

涉案专利使用于真空接触器上，被诉侵权产品为高压永磁真空开关。从智合公司与晨诺公司签订的《工业品买卖合同》技术参数看，被诉侵权产品应为真空断路器。在《外观设计分类表》中，真空接触器与真空断路器为同类产品，且功能均用于通断电路。晨诺公司作为产品的生产、销售者，也将真空接触器与真空断路器作为同种商品对待。因此，真空接触器与真空断路器属于同种商品。涉案产品圆柱上的螺纹设计为实现技术功能所必需，从晨诺公司提供的行业杂志可见，在2003年已经存在与被诉侵权产品相同的设计，而张春江是在2009年提出涉案外观设计专利申请的，因此晨诺公司生产、销售、许诺销售的产品所实施的设计属于现有设计，晨诺公司的抗辩成立。

综上，一审法院于2013年1月31日作出（2012）一中民五初字第0060号民事判决，判决驳回张春江、威科公司的全部诉讼请求。案件受理费9181元，由张春江、威科公司共同负担。

威科公司不服一审判决，向天津市高级人民法院提出上诉，请求撤销一审判决，改判支持其在一审中提出的第1、2、4项诉讼请求。主要事实与理由是：1. 一审判决认定事实错误且逻辑关系混乱。一审判决中既根据发票将被诉侵权产品认定为高压永磁真空开关，又根据合同附件的技术参数将被诉侵权产品认定为真空断路器；既根据《外观设计分类表》认定真空接触器与真空断路器属于同类产品，又根据晨诺公司的经营行为认定二者为同种产品。上述认定无法确认被诉侵权产品到底是真空开关还是真空接触器或者真空断路器，也不能判断真空接触器与真空断路器是否系相同产品。2. 真空接触器与真空断路器不属于相同或者类似产品。按照一般的科学常识和专业知识，真空断路器与真空接触器在产品的功能、用途及适用产品标准等方面都完全不同，接触器产品统一采用GB/T14808－2001的国家推荐标准，断路器统一采用的是GB 1984－89国标，两者根本不属于相同或者类似产品，在实际应用中不可能相互替代或者混淆适用，否则将造成严重的安全事故。3. 被诉侵权产品应当为真空接触器。从威科公司提交的证据来看，无论是《工业品买卖合同》的约定、智合公司的陈述、销售发票记载的产品型号、被诉侵权产品适用的国家标准乃至晨诺公司官方网站上的记载，晨诺公司销售、许诺销售的产品无疑全部指向真空接触器，并非真空断路器。从另一个角度看，智合公司购买被诉侵权产品是为了用于专门设备上，具有特殊的产品用途，无论从科学的角度还是产品安全的角度，都不可能用真空断路器来代替真空接触器。因此，一审判决将被诉侵权产品认定为真空断路器是错误的。4. 一审判决适用法律错误。由于真空接触器与真空断路器不属于相同或者类似产品，因此晨诺公司提交的真空断路器产品外观设计并不构成相对于涉案专利的现有设计。

二审法院经审理查明：2012 年 8 月 2 日，晨诺公司作为无效宣告请求人，向国家知识产权局专利复审委员会（以下简称专利复审委员会）对涉案专利权提出无效宣告请求。专利复审委员会进行审查后，于 2013 年 7 月 23 日作出第 21116 号无效宣告请求审查决定（以下简称第 21116 号决定），维持涉案专利权有效。在该决定书第 2 页决定要点中载明：极柱式接触器、断路器这类产品通常均由极柱区和箱体组成，受其功能影响，极柱表面均具有凸起波纹，整体类似立方体形状是该类产品的箱体常见的形状，因此二者之间的相同点不会对产品的整体视觉效果产生显著影响，对该类产品的整体视觉效果影响最大的应当是极柱区和箱体的具体设计，这也是该类产品通常可以进行变化的部位。本专利与对比设计 1 至 6 所公开的产品设计内容的完整程度不同，且极柱区和箱体部分已公开的具体形状、主要设计细节明显不同，上述区别点已经使本专利与对比设计 1 至 6 公开的外观设计产生了明显不同的整体视觉效果。

在该决定书第 7 页第 25 行至第 29 行、第 8 页第 1 行、第 2 行载明：涉案专利产品整体由上部的极柱区和下部的箱体两部分组成。极柱区由三根并列的形状相同的圆柱形的极柱组成；每根极柱的顶部有矩形片状的连接端，上部圆周表面有间隔均匀的四圈凸起波纹，其下方的极柱中部有向外水平延伸的臂状进出线结构；各极柱的下部柱体直径略宽于上部。箱体整体形状成高度相对较高、厚度相对较小的长方体，从主视图和后视图可见底部有一薄型底盘，主视图中箱体正面右下方有一跑道形状的孔洞，左视图中箱体侧面右上角有一类似椭圆形结构的锁孔。

在该决定书第 9 页第 16 行至第 23 行载明：将本专利与对比设计 1 至 6 公开的现有设计分别进行对比，相同点在于：（1）产品整体由极柱区和箱体两部分组成；（2）各极柱整体成圆柱体，表面有凸起波纹；（3）箱体整体形状为立方体。不同点在于：（1）各极柱的具体形状不同，包括极柱沿高度方向各部分的直径变化，凸起波纹的形状、数量、间距、分布位置，顶部连接端和进出线结构的具体设计。（2）箱体设计不同，包括箱体的长宽高比例、相对于各极柱的尺寸比例、表面图案和开关、孔洞等具体设计。（3）公开的设计内容的完整程度不同，结合简要说明内容，本专利公开了除仰视图以外的其他各个投影面的设计内容；而现有设计均只公开了一幅立体图，未能充分公开产品的整体外观设计。

2013 年 7 月 12 日，张春江委托国家知识产权局专利检索咨询中心对与涉案专利相同或相近似的对比设计进行了检索。检索咨询中心于 2013 年 7 月 23 日出具《外观设计检索报告》，检索结论为未检索到与被比外观设计相同或者相近似的对比设计。该《外观设计检索报告》第 4 页第 30 行至第 34 行载明：根据检索到的对比设计可知，与真空接触器相同或相近似的产品中，一般都具有三个极柱和底部的箱体结构，因此对于一般消费者而言，会更加关注极柱和箱体的具体形状和结构的设计变化。根据整体观察、综合判断的原则，上述对比设计与被比设计在极柱和箱体的具体形状、结构和接线以及连接方式方面的差别足以对两者外观设计的整体视觉效果造成显著影响，因此被比设计与该对比设计既不相同也不相近似。

一审中，晨诺公司提交了 2003 年第 9 期《电气世界》、2008 年 1 月《输配电市场》、2008 年 4 月《输配电市场》公开的现有设计。二审法院将上述书面资料中已公开的现有设计与被诉侵权设计对比，两者的相同点在于：产品都是由极柱区与箱体组成，极柱区由三根等同的圆柱形极柱构成，极柱表面都有凸起的波纹，箱体的整体形状都呈立方体。两者的不同点在于：极柱顶端和中部的导电端子具体形状不同，极柱中部的接线结构不同；箱体具体设计方面，箱体的表面是否设置开关、孔洞以及表面图案均不相同。

将被诉侵权设计与涉案专利设计进行对比，两者的相同点是：1. 产品整体由极柱区和箱体两部分组成；2. 三根极柱外形相同，都呈圆柱体；3. 箱体整体形状为立方体。其中，极柱区和箱体具体设计的相同点在于：（1）三个极柱均呈圆柱状，表面有凸起波纹；（2）箱体正面偏右均有孔洞，箱体左侧均可见圆形锁孔；（3）接线结构的位置和具体形状相同，均在极柱的顶部和中部设有凸起的导电端子，导电端子均呈长方形，其上均有接线螺栓，且中部的导电端子均连接在极柱伸出的一段固定臂的凹槽内；（4）极柱与箱体的连接结构相同，都是极柱与箱体直接连接。两者不同点是：1. 被诉侵权设计的极柱上下等粗，且上下部分均有波纹；涉案专利设计的极柱下半部分略粗于上半部分，下半部分没有波纹。2. 被诉侵权设计箱体的高度略低于涉案专利设计。

根据晨诺公司提供的《关于极柱绝缘体波纹的说明》，涉案专利设计与被诉侵权设计的极柱均采用了通用的绝缘波纹设计，其主要功能是增加电弧爬电距离，从而阻断电弧避免闪络现象，保护高压电力设备。各方当事人对以上事实均无异议。

威科公司在一审中提交了其为制止侵权行为支付合理开支38082.8元的相关证据，包括律师代理费35000元，公证费3030元，冲印费52.8元。各方当事人对此均无异议。

二审法院认为：本案主要争议焦点是：1. 晨诺公司提出的现有设计抗辩是否成立；2. 被诉侵权设计是否落入涉案专利权的保护范围；3. 如果构成侵权，威科公司等应如何承担侵权责任。

（一）晨诺公司提出的现有设计抗辩是否成立

本案中，晨诺公司主张被诉侵权设计与2003年和2008年相关行业杂志中已经公开的现有设计相同，故被诉侵权设计属于现有设计，不构成侵权。根据二审法院查明的被诉侵权设计与现有设计对比的相关事实，由于此类产品均是由极柱区和箱体组成，且为了增加极柱的绝缘效果，极柱表面均设计有凸起波纹，箱体都呈立方体，因此该产品的一般消费者应更加关注极柱区和箱体的具体设计，以此来区分不同产品。根据二审法院对于被诉侵权设计与现有设计的对比情况，以该产品的一般消费者的眼光来看，被诉侵权设计与现有设计在极柱区和箱体的具体设计方面存在较多不同点，具有实质性差异，故被诉侵权设计不属于现有设计，晨诺公司的现有设计抗辩缺乏事实依据，二审法院不予支持。一审法院对此认定有误，应予纠正。

（二）被诉侵权设计是否落入涉案专利权的保护范围

1. 被诉侵权设计产品与涉案专利设计产品是否属于同类产品

判断被诉侵权设计是否落入涉案专利权的保护范围，应首先认定涉案专利产品与被诉侵权产品是否属于同类产品。《最高人民法院关于审理侵犯专利权纠纷案件应用法律若干问题的解释》第九条规定，人民法院应当根据外观设计产品的用途，认定产品种类是否相同或者近似。确定产品的用途，可以参考外观设计的简要说明、国际外观设计分类表、产品的功能以及产品销售、实际使用的情况等因素。本案中，涉案专利使用在真空接触器上，产品名称为真空接触器，在《外观设计分类表》中属于第13类发电、配电和变电的设备。虽然被诉侵权产品名称在产品合格证上标注为“高压永磁真空开关”，在晨诺公司与智合公司签订的《工业品买卖合同》中称为“投切电容器专用高压真空接触器”，但其在《外观设计分类表》中仍属于第13类发电、配电和变电的设备。此外，根据第21116号决定第7页第21行至第24行的记载：使用本专利外观设计的产品名称为“真空接触器（极柱式）”，证据1至证据3中的各指定对比图片标注的产品名称为真空断路器、永磁分段器、电容器组投切专用真空开关，以上产品均用于在电路中实现关合、开断、保护、控制作用，均属于配电和电力控制设备，属于相同种类产品，可以进行相同或相似的比较。据此，能够认定涉案专利产品与被诉侵权产品的用途相同，且在国际外观设计分类表中属于同一类，应认定两者为同类产品。

2. 被诉侵权设计与涉案专利设计是否相同或无实质性差异

极柱式接触器、断路器这类产品，通常均由三根表面具有凸起波纹的极柱与底部为立方体的箱体组成，对于该产品的一般消费者的整体视觉效果更具影响的应当是极柱区和箱体的具体设计变化。在综合判断时，应当根据该类产品的特点，权衡各部分对外观设计整体视觉效果的影响。《最高人民法院关于审理侵犯专利权纠纷案件应用法律若干问题的解释》第十一条第二款规定：“下列情形，通常对外观设计的整体视觉效果更具有影响：（一）产品正常使用时容易被直接观察到的部位相对于其他部位；（二）授权外观设计区别于现有设计的设计特征相对于授权外观设计的其他设计特征。”

根据前述查明事实部分中第21116号决定对于涉案专利设计与现有设计的比对情况，两者的不同点在于：（1）各极柱的具体形状不同，包括极柱沿高度方向各部分的直径变化，凸起波纹的形状、数量、间距、分布位置，顶部连接端和进出线结构的具体设计。（2）箱体设计不同，包括箱体的长宽高比例，相对于各极柱的尺寸比例，表面图案和开关，孔洞等具体设计。因此，可以认定涉案专利设计与现有设计在极柱的具体形状、接线结构、箱体具体设计以及连接方式方面存在较大的区别，根据整体观察、综合判断的原则，上述区别点足以对两者外观设计的整体视觉效果产生显著影响。

根据前述查明事实部分中对于被诉侵权设计与涉案专利设计的比对，两者在极柱区和箱体的具体设计上存在以下相同点：（1）各极柱呈圆柱状，表面均有凸起波纹。（2）接线结构位置及具体形状相同，都是在极柱的顶部和中部有凸起的导电端子，导电端子均呈长方形，均有接线螺栓，且中部的导电端子均连接在极柱伸出的一段固定臂的凹槽内。（3）箱体正面均无图案，且偏右部位均有孔洞；箱体侧面均可见圆形锁孔。（4）极柱与箱体的连接结构相同，都是极柱与箱体直接连接。由此可见，被诉侵权设计在极柱的形状、接线结构、箱体的孔洞、锁孔以及极柱与箱体的连接方式几个方面，主要利用了上述涉案专利设计与现有设计的区别点，因而与涉案专利设计产生了无实质性差异的整体视觉效果。

尽管被诉侵权设计的极柱在波纹的形状和数量方面与涉案专利设计不尽相同，但由于两者的极柱均呈圆柱形，且波纹分布均匀，在该产品的一般消费者看来都是带有均匀分布波纹的圆柱形极柱。虽然涉案专利设计的极柱下部没有波纹，但因极柱波纹受到防止放电造成闪络的功能影响，相对于极柱下半部分的波纹，一般消费者更为关注的是极柱上半部分两个接线的导电端子的波纹。按照整体观察、综合判断的原则，被诉侵权设计与涉案专利设计在极柱具体设计上的区别显然属于细微差异，不足以引起一般消费者的注意，使一般消费者对两者产生显著不同的整体视觉效果。至于被诉侵权设计与涉案专利设计在箱体高度方面存在的差异，因两者箱体的宽度和厚度均相似，均属于长方体箱体，且箱体表面在图案、开关、孔洞设计方面均相似，按照整体观察、综合判断的原则，这些相似点对于该产品的一般消费者的整体视觉效果足以产生显著影响，故两者箱体的具体设计在整体视觉效果上并无实质性差异。

综上，晨诺公司在与涉案专利设计产品的同类产品上，实施了与涉案专利设计近似的外观设计，落入了涉案专利权的保护范围。晨诺公司未经涉案专利权人许可，制造、销售、许诺销售被诉侵权产品的行为，侵害了张春江及威科公司依法享有的涉案专利权。

（三）关于本案侵权责任的承担

晨诺公司未经涉案专利权人许可，制造、销售、许诺销售被诉侵权产品的行为，侵害了张春江及威科公司依法享有的涉案专利权，应当承担停止侵权、赔偿损失的民事责任。本案中，威科公司损失情况及晨诺公司获利情况均难以确认，故二审法院将参考涉案专利权的类别及许可使用情况、晨诺公司的侵权情节以及威科公司为制止侵权支出的合理开支等因素，酌情确定赔偿数额。

鉴于智合公司购买被诉侵权产品是作为预付费计量箱产品的零部件，且至今未销售组装被诉侵权产品的预付费计量箱，以及智合公司从晨诺公司处购买被诉侵权产品是通过合法方式，亦不知道晨诺公司制造并销售的产品涉及侵权。根据

《中华人民共和国专利法》第十一条第二款的规定，外观设计专利权被授予后，任何单位或者个人未经专利权人许可，都不得实施其专利，即不得为生产经营目的制造、许诺销售、销售、进口其外观设计专利产品。智合公司虽然购买了被诉侵权产品，但不存在制造、许诺销售、销售被诉侵权产品的行为，故智合公司的行为并未侵害张春江及威科公司依法享有的涉案专利权。

综上，一审判决适用法律错误，应予改判。威科公司的部分上诉请求二审法院予以支持。依照《中华人民共和国民事诉讼法》第一百七十条第一款第（二）项，《中华人民共和国专利法》第十一条第二款、第五十九条第二款、第六十条、第六十五条的规定，二审法院判决：1. 撤销一审判决；2. 晨诺公司于判决生效之日起，立即停止制造、销售、许诺销售侵犯威科公司 ZL200930121299.6 号“真空接触器（极柱式）”外观设计专利权产品的行为；3. 晨诺公司于判决生效之日起十日内赔偿威科公司经济损失 20 万元（含合理开支 38082.8 元）；4. 驳回威科公司的其他上诉请求。一审、二审案件受理费各 9181 元，由晨诺公司负担 8000 元，威科公司负担 1181 元。

晨诺公司不服二审判决，向本院申请再审称：（一）二审判决作出后，晨诺公司在市场上取得了威科公司生产的涉案专利产品实物，该实物证据从未在法庭上出示，应当为新证据。将该实物证据与被诉侵权产品设计进行比对，二者不论是在设计特征还是在整体视觉效果上均存在巨大差异。具体差异为：1. 被诉侵权设计的极柱不仅是上下等大的圆柱形和上下均有波纹，且波纹与涉案专利设计相比是较密的，又宽又薄；涉案专利设计的极柱虽然也是圆柱形，但上下并不等大，为明显的锥形，只有上半部分有波纹还很疏，且又窄又厚。2. 二者极柱中间部位的接线柱造型不同，被诉侵权设计为螺丝备紧式，涉案专利设计是螺母备紧式。3. 二者的极柱与箱体接合部造型不同，被诉侵权设计为上窄下宽呈梯形，涉案专利设计则是单边立起呈躺倒的“L”形。4. 二者的侧视图整体形状不同，虽然被诉侵权设计的箱体是扁方形，涉案专利设计是窄高的立长方形，但却并不仅仅是二审判决认定的被诉侵权设计箱体略低的问题，而是二者从整体的极柱和箱体比例上来看根本不相同。根据实物对比，被诉侵权设计比涉案专利设计要大和宽得多，且上下比例、整体造型均有明显不同。（二）二审判决认定的以下基本事实没有证据支持，存在明显错误。1. 二审判决认定被诉侵权设计与涉案专利设计整体视觉效果上无实质差异，系相近设计，属认定事实错误。实际上，产品由极柱区和箱体组成是由产品的特性决定的，极柱上有波纹和箱体为立方体也是由产品功能决定的，这些共同点并不会对整体视觉效果产生显著影响。专利复审委员会第21116号决定也认为“对该类产品影响最大的应该是极柱区和箱体的具体设计，这是该类产品通常可以进行设计变化的部位”。综上，被诉侵权设计与涉案专利设计在极柱区和箱体的具体设计方面有很大不同，整体视觉效果完全不同。2. 二审判决认定被诉侵权设计不是现有设计是错误的。晨诺公司向原审法院提交了大量早在2003年即在国内公开刊物上所发表的、为公众所知的同类产品的外观设计，被诉侵权设计正是采用了这些刊物上公开发表的现有设计的设计特征，即位于同一水平面的三根等大极柱、上下均为等大的圆柱形、上下均有波纹。这些设计特征与涉案专利设计根本不同。专利复审委员会第21116号决定维持涉案专利权有效的理由也是认为涉案专利设计与现有设计在极柱区和箱体部分的设计细节明显不同，由此也可充分证明被诉侵权设计是与现有设计相同的设计，并不构成侵权。（三）二审法院审判人员在审理该案过程中有徇私舞弊等行为。综上，请求本院撤销二审判决，依法改判驳回威科公司、张春江的诉讼请求，并由威科公司、张春江承担本案全部诉讼费用。

威科公司、张春江提交意见称：（一）晨诺公司提交的所谓涉案专利产品实物不属于新证据，不能作为判断本案事实的依据。（二）被诉侵权设计与涉案专利设计构成近似，与现有设计不相同也不相近似，晨诺公司的现有设计抗辩不能成立。1. 被诉侵权设计与涉案专利设计的极柱的形状、数量、排列方式和箱体设计均为类似产品的通常设计，不会对产品的整体视觉效果产生显著影响。极柱上凸起波纹的设计数量属于功能性设计，在判断设计特征时不应予以考虑。因此，对该类产品的整体视觉效果影响最大的应当是极柱区和箱体的具体设计。2. 涉案专利设计产品的使用者不是一般的消费者，而是具有高压电器操作使用技能与资格的特殊群体，因此不能以普通消费者的眼光和能力来判断其与被诉侵权设计的差异。涉案专利设计产品在正常安装和使用状态下，除满足使用功能要求外，购买者会对不同产品的安装、操作部位进行观察和识别，选择适合便于安装在已有设备上的产品。因此，购买者会对诸如极柱顶部、极柱中部的接线端子、极柱与箱体的连接形式、箱体表面的具体设计施以特别的注意，这些部位也构成了涉案专利设计的特殊设计特征。3. 被诉侵权设计与现有设计不同，而在整体结构、连接结构、接线端子、接线位置、箱体孔洞以及底盘这些能够引起使用者注意的部位的设计与涉案专利设计均相同，因此与涉案专利设计构成近似。（三）二审法院审理程序合法。二审法院审判人员前往威科公司实地考察公证购买并封存在威科公司的被诉侵权产品，当场拆封并查看其外观设计，是依法履行职责，威科公司也从未与本案审判人员进行接触。晨诺公司所提证据不具有真实性，不能证明其主张。综上，请求本院依法驳回晨诺公司的再审请求。

本院经审理查明：原审法院查明的事实基本属实。另查明，被诉侵权设计极柱高度接近箱体高度的2倍，涉案专利设计极柱高度与箱体高度接近；被诉侵权设计各极柱整体为圆柱体，涉案专利设计各极柱沿高度方向各部分的直径逐渐变小，后视图所示极柱顶端为一圆形凸起；被诉侵权设计的各极柱上下部分均有形状一致的波纹凸起，涉案专利设计各极柱下部没有波纹；与涉案专利设计相比较，被诉侵权设计极柱上部凸起波纹数量多、波纹间距小、波纹上下尺寸较小；被诉侵权设计在箱体正面偏右上部有一圆形小孔，涉案专利设计在箱体正面右侧下部有一跑道形孔洞。被诉侵权设计在箱体右侧右上角有一圆形锁孔，涉案专利设计在左视图箱体侧面右上角有一类似椭圆形结构的锁孔。被诉侵权设计与涉案专利设计的极柱均通过下面的连接板与箱体连接，但被诉侵权设计的连接板在左右视图中为下宽上小的梯形，在主视图和后视图中则两端呈倒“L”形嵌入箱体中；涉案专利设计的连接板四边垂直、正面边缘向上翻转，在左视图中呈向极柱倾斜的“L”形，并直接放置在箱体上。被诉侵权设计位于极柱中部向外水平延伸的臂状结构整体较为短粗，涉案专利设计的臂状结构整体较为细长。涉案专利设计箱体下部有一薄型底盘，被诉侵权设计箱体下部没有底盘。

本院认为：本案争议焦点是，晨诺公司提交的实物产品是否具有证据效力；被诉侵权设计与涉案专利设计是否相近似；晨诺公司的现有设计抗辩是否成立；二审法院审判人员在审理本案过程中是否有徇私舞弊等行为。

一、关于晨诺公司提交的实物产品是否具有证据效力问题

晨诺公司在申请再审时主张其于本案二审结案后，在市场上购买到了威科公司生产的涉案专利产品实物，并将其作为新证据在法庭上出示。威科公司和张春江对于该实物产品均不认可其证据效力。本院认为，威科公司和张春江是以晨诺公司侵犯了其涉案外观设计专利权为由提起本案诉讼的，根据《中华人民共和国专利法》第五十九条第二款的规定，外观设计专利权的保护范围是以表示在图片或者照片中的该产品的外观设计为准，因此在判断被诉侵权设计是否落入涉案专利权的保护范围时，即应将被诉侵权设计与表示在照片中的涉案专利设计进行比对，而不是与涉案专利产品实物进行比对。据此，无论晨诺公司购买的产品实物是否系威科公司生产，也无论其是否与涉案专利设计外观一致，均不能作为认定

本案事实的证据使用。因此，对晨诺公司将该实物产品作为证据提交，本院不予采纳。

二、关于被诉侵权设计与涉案专利设计是否相近似问题

《最高人民法院关于审理侵犯专利权纠纷案件应用法律若干问题的解释》第十一条第一款规定："人民法院认定外观设计是否相同或者近似时，应当根据授权外观设计、被诉侵权设计的设计特征，以外观设计的整体视觉效果进行综合判断；对于主要由技术功能决定的设计特征以及对整体视觉效果不产生影响的产品的材料、内部结构等特征，应当不予考虑。"将被诉侵权设计与涉案专利设计进行比对，其相同点是：1. 产品整体由极柱区和箱体两部分组成；2. 极柱区均由三根并列、等大呈圆柱形的极柱组成，极柱表面均有凸起的波纹；3. 在极柱的顶端和中部均有凸起的呈长方形的导电端子，导电端子上均有接线螺栓，中部的导电端子均连接在极柱伸出的一段固定臂的凹槽内；4. 箱体整体形状均为立方体，箱体正面均无图案且有孔洞，箱体侧面均可见圆形锁孔；5. 极柱与箱体均通过连接板连接。不同点是：1. 被诉侵权设计极柱高度接近箱体高度的 2 倍，涉案专利设计极柱高度与箱体高度接近；2. 被诉侵权设计各极柱整体为圆柱体，涉案专利设计各极柱沿高度方向各部分的直径逐渐变小，后视图可见极柱顶端有一圆形凸起；3. 被诉侵权设计极柱上下均有波纹，涉案专利设计仅极柱上半部有波纹；4. 被诉侵权设计极柱上部凸起的波纹数量比涉案专利设计多、波纹间距小、波纹上下尺寸较小；5. 被诉侵权设计位于极柱中部向外水平延伸的臂状结构整体较为短粗，涉案专利设计的臂状结构整体较为细长；6. 被诉侵权设计的连接板在左右视图中均为下宽上小的梯形，在主视图和后视图中则两端均呈倒"L"形嵌入箱体中；而涉案专利设计的连接板四边垂直、正面边缘向上翻转，在左视图中呈向极柱倾斜的"L"形，并直接放置在箱体上；7. 被诉侵权设计在箱体正面偏右上部有一圆形小孔，涉案专利设计在箱体正面右侧下部有一跑道形孔洞；8. 被诉侵权设计在箱体右侧右上角有一圆形锁孔，涉案专利设计在左视图箱体侧面右上角有一类似椭圆形结构的锁孔；9. 涉案专利设计箱体下部有一薄型底盘，被诉侵权设计箱体下部没有底盘。

在确定被诉侵权设计与涉案专利设计的上述相同点与不同点后，判断被诉侵权设计是否与涉案专利设计相同或者相近似，须遵循整体观察、综合判断的原则。对于极柱式接触器、断路器这类产品而言，产品整体由等大极柱和类似立方体的箱体组成是惯常设计，且受其功能影响，极柱表面均有凸起的波纹。因此，

被诉侵权设计与涉案专利设计在上述方面的相同点不会对产品的整体视觉效果产生显著影响，对该类产品的整体视觉效果具有显著影响的应是极柱区和箱体的具体设计，这也是该类产品通常可以进行设计变化的部位。从本院查明的事实来看，被诉侵权设计与涉案专利设计虽然在导电端子的形状、位置、极柱与箱体通过连接板连接上相同，但在极柱与箱体的比例，极柱的形状，波纹的分布、疏密和形状，臂状结构的具体形状，箱体上部连接板的具体形状及与箱体的具体连接方式，箱体上孔洞的具体形状和位置以及箱体底部是否有底盘等方面均存在不同，这些具体设计上的差别，足以对两者的整体视觉效果产生显著影响，使该类外观设计产品的一般消费者可以将两者区别开来，因而被诉侵权设计与涉案专利设计既不相同也不相近似。

威科公司和张春江认为，涉案专利设计产品的使用者不是一般的消费者，而是具有高压电器操作使用技能与资格的特殊群体，因而会对诸如极柱顶部、极柱中部的接线端子、极柱与箱体的连接形式、箱体表面的具体设计施以特别的注意。本院认为，《最高人民法院关于审理侵犯专利权纠纷案件应用法律若干问题的解释》第十条规定："人民法院应当以外观设计专利产品的一般消费者的知识水平和认知能力，判断外观设计是否相同或者近似。"根据该规定，作为外观设计侵权判断主体的一般消费者，应对该类产品的外观设计及其常用设计手法具有常识性的了解，对于外观设计产品之间在形状、图案以及色彩上除微小变化之外的区别具有一定的分辨力，因而作为本案所涉外观设计产品的一般消费者，不仅能够注意到该类产品接线端子的具体形状、极柱与箱体的连接方式、箱体表面具体设计上的变化，也能够注意到极柱与箱体的比例，极柱的具体形状，波纹的分布、具体形状、疏密，有无底盘等方面的变化，并在整体观察的基础上，对两者是否相同或者近似作出综合判断。威科公司、张春江的上述主张系仅从该类产品的专业技术人员进行操作使用的角度对两者是否相同或者近似作出判断，在判断主体上没有从一般消费者的角度出发，在判断方式上没有遵循整体观察、综合判断的原则，故该判断结论不能成立。

威科公司、张春江认为，极柱上波纹的设计属于功能性设计，因此对于由此而带来的被诉侵权设计与涉案专利设计的区别，在判断两者是否相同或者近似时应该不予考虑。本院认为，对于极柱式接触器、断路器这类产品而言，受其功能影响，极柱表面均会有凸起的波纹，但是波纹的具体形状、疏密以及波纹在极柱表面的分布并不是由该类产品的功能所唯一决定的，故在判断该类产品是否相同或者相近似时，对于波纹的具体设计变化也应予以考虑，威科公司、张春江的上述主张不能成立。

三、关于晨诺公司的现有设计抗辩是否成立问题

根据本院前述分析，由于被诉侵权设计与涉案专利设计既不相同也不近似，没有落入涉案专利权的保护范围，因此本院对于晨诺公司有关现有设计抗辩的主张不再予以评述。

四、关于二审法院审判人员在审理本案过程中是否有徇私舞弊等行为问题

本院认为，晨诺公司在申请再审中没有提供二审法院审判人员在审理本案过程中有徇私舞弊等行为的确凿证据，且晨诺公司主张已就有关情况向职能部门进行了投诉，但至今并未向本院提交职能部门的认定结论，故对其该项申请再审理由本院不予支持。

综上，二审判决认定被诉侵权设计与涉案专利设计相近似，落入涉案专利权的保护范围，晨诺公司制造、销售、许诺销售被诉侵权产品的行为构成侵犯涉案专利权，系适用法律错误，依法应予撤销；一审判决认定晨诺公司没有侵犯涉案专利权正确，依法应予维持。晨诺公司的申请再审理由部分成立，本院予以支持。依照《中华人民共和国专利法》第五十九条第二款，《最高人民法院关于审理侵犯专利权纠纷案件应用法律若干问题的解释》第十条、第十一条第一款，《中华人民共和国民事诉讼法》第一百七十条第一款第（二）项、第二百零七条第一款之规定，判决如下：

一、撤销天津市高级人民法院（2013）津高民三终字第0017号民事判决；

二、维持天津市第一中级人民法院（2012）一中民五初字第0060号民事判决。

本案一审、二审案件受理费各9181元，由被申请人天津威科真空开关有限公司、张春江共同负担。

本判决为终审判决。

审　判　长　金克胜
代理审判员　宋淑华
代理审判员　吴　蓉
二〇一四年十二月二十日
书　记　员　周睿隽

85. 仅具有技术功能的零部件不构成外观设计专利侵权

——再审申请人欧介仁与被申请人泰州市金申家居用品有限公司侵害外观设计专利权纠纷案

【裁判要旨】

将侵犯外观设计专利权的产品作为零部件，制造另一产品并销售的，如零部件在另一产品中仅具有技术功能，该行为不构成侵权。

【关键词】

外观设计专利　侵权　零部件　技术功能

【案号】

最高人民法院（2017）最高法民申2649号

【基本案情】

在再审申请人欧介仁与被申请人泰州市金申家居用品有限公司（以下简称金申公司）侵害外观设计专利权纠纷案中，欧介仁主张金申公司制造、销售的移门产品侵害了其享有的名称为“铝型材（8）”、专利号为ZL201230029521.1的外观设计专利（即涉案专利），请求法院判令金申公司停止侵权并赔偿损失20万元。江苏省南京市中级人民法院一审认为，涉案移门产品在正常使用状态下无法与授权外观设计进行比对，消费者在购买涉案移门产品时也不可能对其进行破坏性拆解来观察被诉侵权设计铝型条的各个视图，从而影响其对涉案移门产品的购买需求，因此，金申公司销售、许诺销售涉案移门产品的行为未侵害涉案专利权，判决驳回欧介仁的诉讼请求。欧介仁不服，提起上诉。江苏省高级人民法院二审判决驳回上诉，维持原判。欧介仁不服，向最高人民法院申请再审。主要理由为：铝型材产品既具有连接型材及镶嵌固定玻璃的技术功能，又具有装饰功能，其横截面的设计特征兼具功能性与装饰性；在制造门、窗的过程中，由于连接型材、镶嵌固定玻璃，从而造成最能体现铝型材设计特征的横截面不能显示于外，但不能因此就认为这一制造过程仅利用了铝型材的技术功能，没有利用装饰功能。最高人民法院于2017年9月27日裁定驳回欧介仁的再审申请。

【裁判意见】

最高人民法院审查认为：涉案专利名称为“铝型材”，授权公告图片由主视图、左视图、右视图、俯视图组成。涉案专利的简要说明中记载，最能表明设计要点的图片为主视图。主视图显示的是铝型材的端面造型，呈两个相对的“个”字并通过一个反“C”字（开口朝左）相连。本案中，被诉侵权产品为金申公司在南京河西国际博览中心进行销售的玻璃移门。作为该玻璃移门的部件，铝型材与移门上的玻璃镶嵌为一体，在正常使用状态下无法观察到铝型材的端面，在该产品中仅具有技术功能。根据《最高人民法院关于审理侵犯专利权纠纷案件应用法律若干问题的解释》第十二条第二款关于“将侵犯外观设计专利权的产品作为零部件，制造另一产品并销售的，人民法院应当认定属于专利法第十一条规定的销售行为，但侵犯外观设计专利权的产品在该另一产品中仅具有技术功能的除外”的规定，金申公司将铝型材作为零部件制造玻璃移门并进行销售的行为，不构成侵权。

中华人民共和国最高人民法院民事裁定书

（2017）最高法民申 2649 号

再审申请人（一审原告、二审上诉人）：欧介仁，男，汉族，1971 年 5 月 25 日出生，住广东省饶平县××××。

委托诉讼代理人：李旭烽，河南科技通律师事务所律师。

委托诉讼代理人：高春利，河南闻禹律师事务所律师。

被申请人（一审被告、二审被上诉人）：泰州市金申家居用品有限公司。住所地：江苏省泰州市海陵区任景路 188 号。

法定代表人：王贵明，该公司执行董事。

再审申请人欧介仁因与被申请人泰州市金申家居用品有限公司（以下简称金申公司）侵害外观设计专利权纠纷一案，不服江苏省高级人民法院（2016）苏民终 171 号民事判决，向本院申请再审。本院依法组成合议庭进行了审查，现已审查终结。

欧介仁申请再审称：1. 二审法院认定的基本事实错误。二审法院认定金申公司只是对欧介仁享有专利权的“铝型材”外观设计专利（以下简称本专利）进行“使用”，而没有认定金申公司存在生产、销售行为，属于认定基本事实错误。

金申公司的工商登记资料显示其经营范围为：家具、移动门、建筑门窗的生产及销售，室内外装饰装潢。同时，二审判决还确认了金申公司提交的现有证据不能证明其销售的被诉侵权移门产品的来源。因此，在没有相反证据的情况下，应当推定金申公司生产并销售了被诉侵权移门产品及其组成零部件“铝型材”。2. 二审法院适用法律错误。二审法院认为，金申公司仅利用了铝型材的技术功能，其行为只能视为对涉案专利的“使用”，因未经外观设计专利权人许可的“使用”行为不构成侵权，故金申公司无需承担侵权责任。事实上，铝型材产品既具有连接型材及镶嵌固定玻璃的技术功能，又具有装饰功能，其横截面的设计特征兼具功能性与装饰性。在制造门、窗的过程中，由于连接型材、镶嵌固定玻璃，从而造成最能体现铝型材设计特征的横截面不能显示于外，但不能因此就认为这一制造过程仅利用了铝型材的技术功能，没有利用装饰功能。综上，欧介仁依据《中华人民共和国民事诉讼法》第二百条第（二）项、第（六）项的规定申请再审，请求：1. 撤销本案一审、二审判决；2. 改判金申公司赔偿欧介仁经济损失 20 万元；3. 判令金申公司承担全部诉讼费用。

本院经审查认为，根据欧介仁申请再审的理由，本案再审审查的焦点问题为：金申公司是否实施了侵害本专利的行为。

《中华人民共和国专利法》第五十九条第二款规定：外观设计专利权的保护范围以表示在图片或者照片中的该产品的外观设计为准，简要说明可以用于解释图片或者照片所表示的该产品的外观设计。根据已查明的事实，本专利名称为“铝型材”，授权公告图片由主视图、左视图、右视图、俯视图组成。本专利的简要说明中记载，最能表明设计要点的图片为主视图。主视图显示的是铝型材的端面造型，呈两个相对的“个”字并通过一个反“C”字（开口朝左）相连。本案中，被诉侵权产品为金申公司在南京河西国际博览中心进行销售的玻璃移门。作为该玻璃移门的部件，铝型材与移门上的玻璃镶嵌为一体，无法观察到铝型材的端面，在该产品中仅具有技术功能。根据《最高人民法院关于审理侵犯专利权纠纷案件应用法律若干问题的解释》第十二条第二款关于“将侵犯外观设计专利权的产品作为零部件，制造另一产品并销售的，人民法院应当认定属于专利法第十一条规定的销售行为，但侵犯外观设计专利权的产品在该另一产品中仅具有技术功能的除外”的规定，金申公司将铝型材作为零部件制造玻璃移门并进行销售的行为，不构成侵权，欧介仁的申请再审理由不能成立。

依照《中华人民共和国民事诉讼法》第二百零四条第一款，《最高人民法院关于适用〈中华人民共和国民事诉讼法〉的解释》第三百九十五条第二款规定，裁定如下：

驳回欧介仁的再审申请。

审　判　长　王艳芳
审　判　员　杜微科
代理审判员　何　鹏
二〇一七年九月二十七日
书　记　员　胡　凯

86. 依据部分视图推定被诉侵权产品设计特征的条件

——再审申请人北京华捷盛机电设备有限公司与被申请人鼎盛门控科技有限公司侵害外观设计专利权纠纷案

【裁判要旨】

专利权人未能提供被诉侵权产品实物，但权利人提供的证据能够证明被诉侵权产品的部分视图的，在无相反证据的情况下，人民法院可以基于该类产品的特点，合理推定被诉侵权产品其他视图中的设计特征。

【关键词】

外观设计专利　侵权　设计特征　事实推定

【案号】

最高人民法院（2018）最高法民再8号

【基本案情】

在本案中，北京华捷盛机电设备有限公司（以下简称华捷盛公司）系专利号为200930005896.2的“电动伸缩门（欧雷克斯豪华型Ⅰ）”的外观设计专利（即涉案专利）的独占实施被许可人。涉案专利包括7幅照片，其中照片6、7为使用状态参考图。广州知识产权法院一审认为，由于华捷盛公司未能提供被诉侵权产品的实物进行比对，其提供的被诉侵权产品的图片亦仅能反映出从侧面观察的被诉侵权产品使用状态，未能全面、清晰地反映出被诉侵权产品的外观，无法将其与涉案专利图片的各视图进行比对。故华捷盛公司仅以被诉侵权产品的使用状态图主张深圳市鼎盛门控科技有限公司（以下简称鼎盛公司）构成侵权的依据不足，一审法院不予支持。遂判决驳回华捷盛公司的诉讼请求。华捷盛公司不服，提起上诉。广东省高级人民法院二审认为，参考图通常用于表示使用外观设计的产品的用途、使用方法或者使用场所等。因此，涉案外观设计专利的保护范围应当依据其主视图、后视图、左视图、右视图和立体图确定，涉案专利的使用状态参考图1和使用状态参考图2不属于确定其保护范围的依据。根据华捷盛公司提交的宣传图册和网页截屏图片证据，被诉侵权产品仅有主视图视角和左视图视角下的设计特征可见。仅以现有的被诉侵权图片与专利进行比对，无法得出被诉侵权产品与涉案专利外观设计相同或者近似的结论。据此判决：驳回上诉，维持原判。华捷盛公司不服，向最高人民法院申请再审。最高人民法院裁定提审并于2018年12月31日判决撤销一、二审判决，判令鼎盛公司承担侵权责任。

【裁判意见】

在本案中，最高人民法院还就侵犯外观设计专利权纠纷中被诉侵权产品设计特征的推定问题进行了论述。最高人民法院再审认为：《最高人民法院关于适用〈中华人民共和国民事诉讼法〉的解释》第一百零八条第一款规定：对负有举证证明责任的当事人提供的证据，人民法院经审查并结合相关事实，确信待证事实的存在具有高度可能性的，应当认定该事实存在。对一方当事人为反驳负有举证证明责任的当事人所主张事实而提供的证据，人民法院经审查并结合相关事实，认为待证事实真伪不明的，应当认定该事实不存在。因此，即使专利权人未能提供被诉侵权产品实物，但在其已经举证证明被诉侵权产品构成侵权具有“高度可能性”，而被诉侵权人没有提供反驳证据的情况下，亦可对是否构成许诺销售侵权作出认定。被诉侵权产品与涉案外观设计产品均涉及电动伸缩门，属于相同类别的产品。在案证据为被诉侵权产品展开状态下的图片，显示了被诉侵权产品的正面和侧面设计，但并未公开被诉侵权产品收缩状态下的设计以及背面设计。由于涉案外观设计产品以及被诉侵权产品均为电动伸缩门，沿水平方向展开和收缩，正面视图与背面视图通常一致。一般消费者基于此类产品的特点，以及被诉侵权产品展开状态下的正面、侧面设计，能够合理推定被诉侵权产品的收缩状态和背面设计，且此种事实推定已经达到“具有高度可能性”的程度。在被诉侵权产品的完整设计方案或实物由被诉侵权人实际控制，专利权人难以获得的情况下，亦应当由被诉侵权人承担反驳专利权人主张的举证责任。在被诉侵权人没有提交相反证据的情况下，可以根据被诉侵权产品展开状态下的正面、侧面设计进行侵权比对。

中华人民共和国最高人民法院民事判决书

（2018）最高法民再8号①

3. 外观设计专利侵权抗辩

87. 现有设计抗辩的审查与判断

——再审申请人丹阳市盛美照明器材有限公司与被申请人童先平侵害外观设计专利权纠纷案

【裁判要旨】

在被诉侵权产品与本案专利相近似的情况下，如果被诉侵权产品采用了本案专利与现有设计相区别的设计特征，现有设计抗辩不能成立。

【关键词】

外观设计专利　侵权　抗辩　现有设计

【案号】

最高人民法院（2015）民申字第633号

【基本案情】

在再审申请人丹阳市盛美照明器材有限公司（以下简称盛美公司）与被申请人童先平侵害外观设计专利权纠纷案中，童先平为“LED路灯（JD－2006B）”外观设计专利（即本案专利）的权利人。童先平以盛美公司制造、销售以及许诺

① 参见案例80裁判文书。

销售被诉侵权产品的行为侵害本案专利权为由，提起诉讼。江苏省镇江市中级人民法院一审认为，被诉侵权产品与本案专利在整体视觉效果上无实质性差异，两者构成近似，盛美公司的现有设计抗辩主张不能成立，遂判令盛美公司立即停止侵权行为，并赔偿童先平经济损失58950元。盛美公司不服，提起上诉。江苏省高级人民法院二审判决驳回上诉、维持原判。盛美公司仍不服，向最高人民法院申请再审。最高人民法院于2015年10月23日裁定驳回盛美公司的再审申请。

【裁判意见】

最高人民法院审查认为：现有设计是指外观设计申请日前为国内外公众所知的设计。被诉侵权人有证据证明其实施的设计属于现有设计的，不构成侵害外观设计专利权。盛美公司对于被诉侵权产品与本案专利构成相近似的结论并无异议，但主张被诉侵权产品属于现有设计。通过对比可见，除产品尾部设计是否有螺钉固定外，本案专利与现有设计在正面整体轮廓、下灯盖侧面形状、灯槽、灯罩、内部反光板形状、上灯盖背部以及产品尾部接口处截面设计方面的区别设计特征，均体现在被诉侵权产品与现有设计的区别中，而正是这些区别设计特征的存在，使本案专利在整体视觉效果上明显区别于现有设计，也即这些区别设计特征是本案专利的创新之处，其相较于本案专利的其他设计特征而言，对于外观设计相同或近似的判断，在整体视觉效果上更具影响。在被诉侵权产品采用了本案专利与现有设计相区别的设计特征的情况下，被诉侵权产品与本案专利构成近似，与现有设计则存在实质性差异，盛美公司的现有设计抗辩不能成立。

中华人民共和国最高人民法院民事裁定书

（2015）民申字第633号

再审申请人（一审被告、二审上诉人）：丹阳市盛美照明器材有限公司。住所地：江苏省丹阳市界牌镇界西村芭山工业园。

法定代表人：施菊美，该公司董事长。

委托代理人：蒋海军，南京知识律师事务所律师。

委托代理人：吕妍婷，南京知识律师事务所实习律师。

被申请人（一审原告、二审上诉人）：童先平，男，汉族，1957年8月16日出生，住浙江省宁海县前童镇塔山村×组×号。

委托代理人：朱羿，浙江合创律师事务所律师。

再审申请人丹阳市盛美照明器材有限公司（以下简称盛美公司）因与被申请人童先平侵害外观设计专利权纠纷一案，不服江苏省高级人民法院（2014）苏知民终字第0184号民事判决，向本院申请再审。本院依法组成合议庭对本案进行了审查，现已审查终结。

盛美公司申请再审称：（一）二审判决错误适用整体观察、综合判断原则，将焦点仅放在设计要点的区别上，过于放大外观设计局部的区别，忽略了外观设计整体的视觉效果，割裂了外观设计对比判断的整体性、综合性，以至于本末倒置，从而得出盛美公司现有设计抗辩不成立的错误认定。（二）二审判决对外观设计实质相同的理解有误。二审判决书中对于被诉侵权设计与证据1第200930205635.5号“LED路灯（2）”外观设计专利所体现的现有设计的比较，忽视了“一般注意力”这一判断要素。一般消费者若施以一般注意力观察被诉侵权设计与现有设计，两者细微的差异对于外观设计整体视觉效果的影响并不显著，因此应得出被诉侵权设计与现有设计构成实质相同，被诉侵权设计属于现有设计的结论。（三）二审判决对于惯常设计以及惯常设计与功能性设计关系的认定错误。为了满足散热需要，LED系列路灯通常会在路灯灯头背部采用条状散热片设计，该设计特征在涉案专利申请日前即被6份专利文献公开，属于惯常设计。将某一设计要素整体置换为该类产品的惯常设计的相应设计要素，是产品的外观设计与现有设计被认定为实质相同的情形之一，在此情形下，产品的外观设计属于现有设计。被诉侵权设计与现有设计下灯壳的设计仅存在细微差别，上灯壳背部是整体置换的惯常设计，因此被诉侵权设计与现有设计构成实质相同。（四）二审判决对于路灯购买者以及外观设计要点的认定错误。路灯的使用者是路上的行人，行人作为一般消费者，在观察路灯外观时，因路灯离地面较高，无法近距离观察，只能观察到路灯的整体造型、下灯壳上的透明灯罩等，路灯内部的细微设计以及上灯壳上的散热格栅在路灯正常使用时，是不容易观察到的部位，因此不构成路灯产品外观设计要点。二审判决正因此两点判断错误，导致裁判错误。综上，请求撤销二审判决；赔偿给盛美公司造成的损失。

童先平提交意见称：涉案专利属于独有设计，不是现有设计，也并非现有设计特征的组合，依法应受到保护。被诉侵权产品与涉案专利具有相同的外观设计，盛美公司销售被诉侵权产品的行为构成侵权。

本院认为：本案争议焦点是，盛美公司的现有设计抗辩是否成立。

根据《中华人民共和国专利法》第二十三条第四款和第六十二条的规定，现有设计是指外观设计申请日前为国内外公众所知的设计。被诉侵权人有证据证明其实施的设计属于现有设计的，不构成侵犯专利权。本案中，盛美公司对于被诉侵权设计与涉案专利设计构成近似没有异议，但主张被诉侵权设计属于第200930205635.5号“LED路灯（2)”外观设计专利所体现的现有设计，因此不构成侵权。判断盛美公司的上述主张是否成立，需要将现有设计与涉案专利设计以及被诉侵权设计分别进行比对，并在此基础上分析被诉侵权设计是否属于现有设计，盛美公司的现有设计抗辩是否成立。

将涉案专利设计与证据1体现的现有设计相比较，二者的主要相同点是：均由上灯盖、下灯盖、灯罩、LED发光体灯座、反光罩组成，整体轮廓形状近似，从正面看均为前部呈圆弧形，后部逐渐内收呈窄梯形，从侧面看上灯盖前部呈圆弧形，背部较平直，上灯盖下边缘向外凸出，前端设有一锁扣与下灯盖连接，下灯盖前部设有一椭圆形灯槽，灯槽上罩有透明灯罩，灯罩内设有一反光板，中心位置设有一正方形LED灯头，产品尾部接口下边缘设有两个连接件与下灯盖相连，中间设有孔洞。二者的主要不同点在于：1. 下灯盖的侧面形状不同。涉案专利设计的下灯盖前部较薄，向后部逐渐增厚，至尾部弧形上收呈船形，而现有设计的下灯盖为薄片形。2. 灯槽、灯罩的形状以及内部反光板的形状不同。涉案专利设计的灯槽为较长的椭圆形，灯罩从侧面看呈向外凸出的弧形，而现有设计的灯槽为较短的椭圆形，侧面边缘略向外凸出，灯罩未凸出呈弧形。此外，涉案专利设计的反光板整体呈圆角矩形，并且前后边窄，左右边宽，而现有设计的反光板左右两边明显呈弧形，并且前后边宽，左右边窄。3. 正面整体轮廓略有差别。涉案专利设计前部弧形在最宽处延伸一段后两侧向中间内收呈窄梯形，而现有设计前部弧形在最宽处直接向后内收呈梯形，并且内收的角度比涉案专利设计要小。4. 上灯盖背部设计不同。涉案专利上灯盖背部设有若干片状散热格栅，而现有设计没有该设计。5. 尾部设计不同。现有设计产品尾部顶端设有四个固定螺钉，而涉案专利设计没有该设计，涉案专利设计尾部接口处截面为上窄下宽且上部两端呈圆弧形的大致梯形，截面中间设有椭圆形孔洞；现有设计尾部接口处截面为矩形，截面中间设有山洞形孔洞。

将被诉侵权设计与证据1体现的现有设计相比较，二者的主要相同点是：均由上灯盖、下灯盖、灯罩、LED发光体灯座、反光罩组成，整体轮廓形状近似，从正面看均为前部呈圆弧形，后部逐渐内收呈窄梯形，从侧面看上灯盖前部呈圆弧形，背部较平直，上灯盖下边缘向外凸出，前端设有一锁扣与下灯盖连接，下灯盖前部设有一椭圆形灯槽，灯槽上罩有透明灯罩，灯罩内设有一反光板，中心位置设有一正方形 LED 灯头，产品尾部接口下边缘设有两个连接件与下灯盖相连，中间设有孔洞，产品尾部顶端设有固定螺钉。二者的主要不同点在于：1. 下灯盖的侧面形状不同。被诉侵权设计下灯盖前部较薄，向后部逐渐增厚，至尾部弧形上收呈船形，而现有设计的下灯盖为薄片形。2. 灯槽、灯罩的形状以及内部反光板的形状不同。被诉侵权设计的灯槽为较长的椭圆形，灯罩从侧面看呈向外凸出的弧形，而现有设计的灯槽为较短的椭圆形，侧面边缘略向外凸出，灯罩未凸出呈弧形。此外，被诉侵权设计的反光板整体呈圆角矩形，并且前后边窄，左右边宽，而现有设计的反光板左右两边明显呈弧形，并且前后边宽，左右边窄。3. 正面整体轮廓略有差别。被诉侵权设计前部弧形在最宽处延伸一段后两侧向中间内收呈窄梯形，而现有设计前部弧形在最宽处直接向后内收呈梯形，并且内收的角度比被诉侵权设计要小。4. 上灯盖背部设计不同。被诉侵权设计上灯盖背部设有若干片状散热格栅，并有一长方形凹槽，而现有设计没有该设计。5. 尾部设计不同。现有设计尾部顶端设有四个固定螺钉，而被诉侵权设计设有两个固定螺钉；被诉侵权设计尾部接口处截面为上窄下宽且上部两端呈圆弧形的大致梯形，截面中间设有椭圆形孔洞，现有设计尾部接口处截面为矩形，截面中间设有山洞形孔洞。

从上述对比来看，除路灯产品尾部设计是否有螺钉固定外，涉案专利设计与现有设计在正面整体轮廓、下灯盖侧面形状、灯槽、灯罩、内部反光板形状、上灯盖背部以及产品尾部接口处截面设计方面的区别设计特征，均体现在被诉侵权设计与现有设计的区别中，而正是这些区别设计特征，使得涉案专利设计在整体视觉效果上明显区别于现有设计，也即这些区别设计特征是涉案专利的创新之处，其相较于涉案专利设计的其他设计特征，在外观设计相同或近似的整体视觉效果判断上更具有影响。因此，在被诉侵权设计采用了涉案专利设计与现有设计的主要区别设计特征情况下，被诉侵权设计在整体视觉效果上与涉案专利设计构成近似，与现有设计则存在实质性差异，二者既不相同也不近似，盛美公司关于被诉侵权设计属于现有设计的主张不能成立。

关于盛美公司认为二审判决过于放大外观设计的局部区别，没有遵循整体观察、综合判断的原则。本院认为，整体观察、综合判断的进行，离不开对涉案专利设计和被诉侵权设计以及现有设计特征的考虑，在这一考量过程中，涉案专利设计区别于现有设计的设计特征相对于涉案专利设计的其他设计特征在外观设计的整体视觉效果判断上更具有影响。二审判决在盛美公司对被诉侵权设计与涉案专利设计构成近似没有异议的基础上，认定被诉侵权设计与现有设计存在三方面的不同，并据此认定被诉侵权设计不属于现有设计，并未违反整体观察、综合判断的原则，盛美公司的该项申请再审理由不能成立。

盛美公司认为格栅设计属于功能性设计和惯常设计，在外观设计相同或近似判断中不应予以考虑。本院认为，在 LED 路灯产品上设计的格栅无疑具有散热功能，但在 LED 路灯上是否设计格栅以及如何设计格栅均是该类路灯产品设计可以选择和考量的设计特征，也即格栅的设计特征并不是由产品的功能所唯一决定的，因此在判断外观设计是否相同或近似时对该设计特征仍应予以考虑。此外，即使不将格栅设计作为被诉侵权设计与现有设计的区别设计特征予以考虑，被诉侵权设计与现有设计所存在的其他差别，仍使二者在整体视觉效果上具有实质性差异。同理，即使如盛美公司所述，在 LED 路灯上设置格栅属于惯常设计，但将该惯常设计与现有设计相结合，仍不能与被诉侵权设计构成相同或近似，且如上所述，在 LED 路灯上设置格栅并不是所有该类产品的必然选择，特别是在 LED 路灯上如何设计格栅（包括格栅的形状、疏密、位置等）均有一定的设计空间，因此盛美公司主张涉案专利的格栅设计属于 LED 路灯的惯常设计的主张没有事实和法律依据，本院不予支持。

盛美公司主张 LED 路灯的一般消费者是行人，在产品正常使用时，行人不会注意到其内部的细微设计以及上灯壳上的散热隔栅等设计。本院认为，《最高人民法院关于审理侵犯专利权纠纷案件应用法律若干问题的解释》第十条规定："人民法院应当以外观设计专利产品的一般消费者的知识水平和认知能力，判断外观设计是否相同或近似。"作为外观设计侵权判断主体的一般消费者，应当对该类产品的外观设计及其常用设计手法具有常识性的了解，对于外观设计产品之间在形状、图案以及色彩上除微小变化之外的区别具有一定的分辨力。据此，作为 LED 路灯产品的一般消费者，不仅能够注意到该类产品的整体造型和轮廓、下灯盖上的透明灯罩，也能够注意到产品背部的格栅、灯槽以及内部反光板的形状等，并在整体观察的基础上，对两者是否相同或者近似作出综合判断。因此，盛美公司关于 LED 路灯的一般消费者是行人，行人施以"一般注意力"，不会注意到 LED 路灯内部设计以及散热格栅等设计的申请再审理由不能成立。

综上，盛美公司的再审申请不符合《中华人民共和国民事诉讼法》第二百条第（六）项的规定，依照《中华人民共和国民事诉讼法》第二百零四条第一款之规定，裁定如下：

驳回丹阳市盛美照明器材有限公司的再审申请。

审　判　长　周　翔
审　判　员　朱　理
代理审判员　宋淑华
二〇一五年十月二十三日
书　记　员　周睿隽

（八）程序问题

1. 管　辖

88. 涉及同一事实的确认不侵犯专利权诉讼和专利侵权诉讼的管辖

——上诉人本田技研工业株式会社与被上诉人石家庄双环汽车股份有限公司侵犯外观设计专利权纠纷管辖权异议案

【裁判要旨】

不同法院受理的涉及同一事实的确认不侵犯专利权诉讼和专利侵权诉讼应当移送管辖合并审理；移送过程中，如涉及地域管辖，应按照立案时间的先后顺序，由后立案受理的法院将案件移送到先立案受理的法院审理；如涉及级别管辖，一般按“就高不就低”的原则由级别低的法院将其立案受理的案件移送到级别高的法院审理。

【关键词】

同一事实　确认不侵权　专利侵权　管辖

【案号】

最高人民法院（2012）民三终字第1号

【基本案情】

2003年11月24日，本田技研工业株式会社（以下简称本田株式会社）以石家庄双环汽车股份有限公司（以下简称双环公司）侵犯涉案外观设计专利权为由，向北京市高级人民法院（以下简称北京高院）提起侵权诉讼，诉讼标的额为0.8亿元。鉴于该案与河北省石家庄市中级人民法院（以下简称石家庄中院）于2003年10月16日立案受理的双环公司诉本田株式会社确认不侵犯涉案外观设计专利权案件基于同一事实，最高人民法院于2004年6月24日作出（2004）民三他字第4号通知，责成北京高院将该案移送石家庄中院，与该院此前受理的确认不侵权案件合并审理，并指出如涉及级别管辖问题，依照民事诉讼法等有关规定处理。2004年12月9日，河北省高级人民法院（以下简称河北高院）作出（2004）冀立民函字第43号通知，将上述侵权案件指定石家庄中院与其受理的双环公司诉本田株式会社确认不侵权案件合并审理。在上述两案一审期间，涉案外观设计专利权被宣告无效。二审期间，因最高人民法院以（2010）行提字第3号行政判决撤销了针对涉案外观设计专利的无效宣告请求审查决定，河北高院遂裁定撤销一审判决，发回重审。石家庄中院重审期间，本田株式会社提出撤回侵权起诉的申请，石家庄中院经审查裁定准许。2011年7月18日，本田株式会社根据双环公司提交的《石家庄双环汽车股份有限公司因专利侵权纠纷造成利润损失评估咨询报告书》，将诉讼标的额由0.8亿元增至3.4857亿元，以同一案件事实向河北高院提起本案诉讼，双环公司为此提出管辖权异议。河北高院一审审查认为，在涉案外观设计专利侵权案和确认不侵权案已由石家庄中院管辖的情况下，本田株式会社就侵权案件提出撤诉申请，被准许之后又以相同案件事实随即增加诉讼标的额，直接向河北高院提起诉讼，显然系有意规避民事诉讼法第三十九条规定的行为，对此不应支持。双环公司的管辖异议成立，予以支持。据此，河北高院裁定本案移送石家庄中院与其受理的确认不侵权案合并审理。本田株式会社不服，向最高人民法院提起上诉。最高人民法院于2012年5月22日作出二审裁定，指令河北高院审理本案。

【裁判意见】

最高人民法院审理认为：石家庄中院现审理的确认不侵权案与本案均涉及同一外观设计专利，属于涉及同一事实的确认不侵犯专利权诉讼和专利侵权诉讼，根据最高人民法院（2004）民三他字第4号通知第一条规定，为了避免同一事实的案件为不同法院重复审判，两案应当移送管辖合并审理。如何移送管辖，应当根据地域管辖和级别管辖的规定分别予以确定。如果属于地域管辖，则应按照上述通知第四条规定的精神，依照民事诉讼法第三十七条第二款和《最高人民法院关于在经济审判工作中严格执行〈中华人民共和国民事诉讼法〉的若干规定》第二条的规定，按照立案时间的先后顺序予以移送，即由后立案受理的法院移送到先立案受理的法院。如果属于级别管辖，则应当按照《最高人民法院关于审理民事级别管辖异议案件若干问题的规定》和《最高人民法院关于调整地方各级人民法院管辖第一审知识产权民事案件标准的通知》的规定，一般按"就高不就低"的原则予以移送，即级别低的法院应将其立案受理的案件移送到级别高的法院合并审理，而级别高的法院一般不能将其立案受理的案件移送到对该案没有管辖权的级别低的法院合并审理。本案涉及的是级别管辖权异议，按照本案的标的额和涉外性质，河北高院才有权作为本案的一审法院，石家庄中院无权管辖本案，故河北高院应当将石家庄中院现审理的确认不侵权案件提至该院，与其立案受理的本案合并审理，而不是将应当由自己审理的本案指定给没有管辖权的石家庄中院与其正在审理的确认不侵权案件合并审理。本案重审期间，本田株式会社就侵权案件提出撤诉申请，是对其诉权的合法处置。石家庄中院准许其撤诉后，本田株式会社根据双环公司提交的《石家庄双环汽车股份有限公司因专利侵权纠纷造成利润损失评估咨询报告书》，重新计算其损害赔偿请求额，并向河北高院提起本案诉讼，合法有据。

中华人民共和国最高人民法院民事裁定书

（2012）民三终字第1号

上诉人（一审原告）：本田技研工业株式会社。住所地：日本国东京都港区南青山2丁目1番1号。

法定代表人：浜田昭雄，该株式会社董事长。

委托代理人：张守志，北京市金杜律师事务所律师。

委托代理人：张梅，北京市金杜律师事务所律师。

被上诉人（一审被告）：石家庄双环汽车股份有限公司。住所地：中华人民共和国河北省石家庄市桥东区正定大街副8号。

法定代表人：赵志刚，该公司董事长。

委托代理人：王苑祥，该公司知识产权部主任。

委托代理人：刘英昆，河北和融兴律师事务所律师。

上诉人本田技研工业株式会社（以下简称本田株式会社）因与被上诉人石家庄双环汽车股份有限公司（以下简称双环公司）侵犯外观设计专利权纠纷管辖权异议一案，不服中华人民共和国河北省高级人民法院（以下简称河北高院）(2011）冀民三初字第1号民事裁定，向本院提起上诉。本院依法组成合议庭，于2012年2月20日公开开庭审理本案。本田株式会社委托代理人张守志、张梅，双环公司委托代理人王苑祥、刘英昆到庭参加诉讼。本案现已审理终结。

2011年7月18日，河北高院受理本田株式会社诉双环公司侵犯外观设计专利权纠纷一案，在该案提交答辩状期间，双环公司提出管辖权异议，请求将本案指定中华人民共和国河北省石家庄市中级人民法院（以下简称石家庄中院）与该院受理的确认不侵犯外观设计专利权纠纷案合并审理。

河北高院一审审理认为，2003年11月24日，本田株式会社曾就涉案外观设计专利在中华人民共和国北京市高级人民法院（以下简称北京高院）对双环公司提起侵犯外观设计专利权诉讼，鉴于该案与石家庄中院2003年10月16日受理的双环公司诉本田株式会社确认不侵犯外观设计专利权纠纷一案属于同一事实，中华人民共和国最高人民法院（以下简称最高法院）于2004年6月24日作出(2004）民三他字第4号通知，责成北京高院将该案移送石家庄中院，与此前该院受理的确认不侵权案合并审理。同时指出，如涉及级别管辖问题，由河北高院依照《中华人民共和国民事诉讼法》（以下简称民事诉讼法）等有关规定处理。为此，河北高院根据上述通知的要求及民事诉讼法第三十九条有关级别管辖的规定，于2004年12月9日作出（2004）冀立民函字第43号通知，将该侵权案指定石家庄中院与其受理的确认不侵权案合并审理。在上述两案管辖权已经确定的情况下，本田株式会社于2011年6月22日就侵权案件提出撤诉申请，石家庄中院裁定准许后，本田株式会社又就相同案件事实随即将诉讼标的额由0.8亿元增至3.4857亿元，直接向河北高院提起诉讼，显然系有意规避民事诉讼法第三十九条规定的行为，对此河北高院不予支持。双环公司的管辖权异议成立，河北高院予以支持。据此，河北高院裁定本案移送石家庄中院与其受理的确认不侵权案合并审理。

本田株式会社不服一审裁定，向本院提起上诉称，1. 根据本案的争议金额、重大影响及存在的适用法律上的普遍意义，本案一审级别管辖权属于河北高院。2. 在（2003）石民五初字第00131号案件中，一审管辖权依法本就属于河北高院，且河北高院（2005）冀立民函字第5号通知已经撤回了指定石家庄中院管辖的决定，该案的一审管辖权已收回至河北高院；本田株式会社撤诉后重新起诉，并增加诉讼请求金额，完全合法有据，不存在规避指定管辖的行为。因此，本案指定石家庄中院管辖的依据不足，仍应由河北高院继续审理。3. 石家庄中院存在偏袒双环公司的行为，不宜继续审理本案。4. 石家庄中院受理的确认不侵权之诉，应当移送河北高院与本案合并审理。本田株式会社据此请求：1. 撤销河北高院（2011）冀民三初字第1号民事裁定；2. 指定河北高院作为一审法院审理本案；3. 指定河北高院提审石家庄中院审理的（2011）石民五初字第00143号［发回重审前案号为（2003）石民五初字第00131号］双环公司诉本田株式会社确认不侵犯涉案外观设计专利权纠纷一案，与本案合并审理。

双环公司答辩称，1. 本田株式会社对已由最高法院和河北高院指定管辖并且已经进入审理程序的案件，撤诉后随即加大诉讼标的额，以相同的事实向指定管辖外的法院重新起诉，明显属于故意规避法律和生效法律文书的恶意诉讼，违反诚实信用原则和法律规定，不应该获得支持。2. 本案与双环公司2003年起诉本田株式会社的请求确认不侵犯涉案外观设计专利权一案是基于同一事实，而该案已经进入实体审理阶段，不存在另行变更管辖法院的任何法律程序及可能。本案只能指定或者移送石家庄中院，并与该院正在审理的确认不侵权案合并审理。3. 根据我国民事诉讼法的规定，中级人民法院管辖的一审民事案件包括重大涉外案件、最高法院确定管辖的案件等，本案属于上述案件范围，应由石家庄中院管辖。4. 本田株式会社上诉称石家庄中院偏袒双环公司完全是凭空臆想，没有任何事实依据。综上，本田株式会社的上诉理由不成立，应当驳回其上诉请求，维持原审裁定。

本院审理查明，2003年11月24日，本田株式会社曾就涉案外观设计专利在北京高院对双环公司提起专利侵权诉讼，诉讼标的额为8000万元。鉴于该案与石家庄中院2003年10月16日立案受理的双环公司诉本田株式会社确认不侵犯涉案外观设计专利权案件基于同一事实，本院于2004年6月24日作出（2004）民三他字第4号通知，责成北京高院将该案移送石家庄中院，与该院此前受理的确认不侵权案件合并审理，并指出如涉及级别管辖问题，依照民事诉讼法等有关规定处理。2004年12月9日，河北高院根据上述通知及民事诉讼法第三十九条规定，作出（2004）冀立民函字第43号通知，将上述侵权案件指定石家庄中院与其受理的双环公司诉本田株式会社确认不侵权案件合并审理。随后，本田株式会社向本院提出级别管辖权异议。本院认为上述侵权案件在国内和国际上都具有重大影响，要求河北高院作为一审案件受理。2005年2月2日，河北高院又作出

（2005）冀立民函字第5号通知，决定石家庄中院将上述侵权案件和确认不侵权案件一并移送河北高院合并审理，但是石家庄中院一直未予移送。在上述两案诉讼期间，双环公司于2003年12月24日对涉案外观设计专利提起无效宣告请求，国家知识产权局专利复审委员会作出第8105号无效宣告请求审查决定，宣告涉案外观设计专利权无效。2007年9月28日，北京高院作出（2007）高行终字第274号行政判决，维持该无效决定。据此，河北高院于2008年2月18日作出（2008）冀民三初字第1号函，认为影响上述确认不侵权案件提级管辖的情况已经不存在，再次将两案指定石家庄中院审理。石家庄中院经审理，于2009年7月6日作出（2003）石民五初字第00131号民事判决。本田株式会社不服该判决，上诉至河北高院。河北高院二审期间，本院于2010年11月26日作出（2010）行提字第3号行政判决，撤销针对涉案专利的第8105号无效宣告请求审查决定。河北高院遂于2011年3月22日作出（2009）冀民三终字第77号民事裁定，裁定撤销原判，发回重审。石家庄中院重审期间，本田株式会社于2011年6月22日向其提出撤回侵权起诉的申请，石家庄中院于2011年6月30日作出（2011）石民五初字第00143号民事裁定，准许本田株式会社撤回起诉。2011年7月18日，本田株式会社根据双环公司提交的《石家庄双环汽车股份有限公司因专利侵权纠纷造成利润损失评估咨询报告书》，将诉讼标的额由0.8亿元增至3.4857亿元，以同一案件事实又向河北高院提起本案诉讼。

本院认为，本案涉及以下三个焦点问题：（一）本案是否应由河北高院作为一审法院审理；（二）石家庄中院审理的双环公司诉本田株式会社确认不侵犯涉案外观设计专利权案件是否应当移送河北高院与本案合并审理；（三）本田株式会社是否存在恶意规避管辖的行为。

（一）本案是否应由河北高院作为一审法院审理

根据2010年发布的《最高人民法院关于调整地方各级人民法院管辖第一审知识产权民事案件标准的通知》第一条规定："高级人民法院管辖诉讼标的额在2亿元以上的第一审知识产权民事案件，以及诉讼标的额在1亿元以上且当事人一方住所地不在其辖区或者涉外、涉港澳台的第一审知识产权民事案件。"本案诉讼标的额达3.4857亿元，应当属于河北高院一审受案范围。河北高院将本案移送没有一审管辖权的石家庄中院审理不当。因此，对本田株式会社关于河北高院作为一审法院审理本案的上诉请求，本院予以支持。

（二）石家庄中院审理的双环公司诉本田株式会社确认不侵犯涉案外观设计专利权案件是否应当移送河北高院与本案合并审理

石家庄中院现审理的确认不侵权案与本案均涉及同一外观设计专利，属于涉及同一事实的确认不侵犯专利权诉讼和专利侵权诉讼，根据本院（2004）民三他字第4号通知第一条规定，为了避免同一事实的案件为不同法院重复审判，两案应当移送管辖合并审理。如何移送管辖，应当根据地域管辖和级别管辖的规定分别予以确定。如果属于地域管辖，则应按照本院上述通知第四条规定的精神，依照民事诉讼法第三十七条第二款和《最高人民法院关于在经济审判工作中严格执行〈中华人民共和国民事诉讼法〉的若干规定》第二条的规定，按照立案时间的先后顺序予以移送，即由后立案受理的法院移送到先立案受理的法院。如果属于级别管辖，则应当按照《最高人民法院关于审理民事级别管辖异议案件若干问题的规定》和《最高人民法院关于调整地方各级人民法院管辖第一审知识产权民事案件标准的通知》的规定，一般按“就高不就低”的原则予以移送，即级别低的法院应将其立案受理的案件移送到级别高的法院合并审理，而级别高的法院一般不能将其立案受理的案件移送到对该案没有管辖权的级别低的法院合并审理。本案涉及的是级别管辖权异议，按照本案的诉讼标的额和涉外性质，河北高院应当作为本案的一审法院，石家庄中院无权管辖本案，故河北高院应当将现石家庄中院审理的确认不侵权案件提至该院，与其立案受理的本案合并审理，而不是将应当由自己审理的本案指定给没有管辖权的石家庄中院与其正在审理的确认不侵权案件合并审理。

（三）本田株式会社是否存在恶意规避管辖的行为

本院（2004）民三他字第4号通知责成北京高院将其立案受理的本田株式会社诉双环公司侵犯涉案外观设计专利权一案移送石家庄中院与其受理的基于同一事实的确认不侵权案件合并审理，实际上解决的是上述案件的地域管辖问题。鉴于本田株式会社诉双环公司侵犯涉案外观设计专利权一案的标的额达8000万元和涉外性质，且移送前由北京高院一审，所以通知特别强调，级别管辖问题依照民事诉讼法等有关规定处理，并非双环公司所称的本院在级别管辖上也指定石家庄中院管辖。根据当时执行的《最高人民法院关于各高级人民法院受理第一审民事、经济纠纷案件问题的通知》，河北高院受理争议金额不低于3000万元以及争议金额不低于2000万元的涉外和涉港、澳、台第一审经济纠纷案件，显然上述专利侵权案件属于河北高院一审案件受案范围，对此河北高院在其（2004）冀立民函字第43号通知中也予以确认。但河北高院没有严格执行本院上述通知规定，仍以（2004）冀立民函字第43号通知将该专利侵权案件指定石家庄中院与其受理的确认不侵权案合并审理。本院根据本田株式会社提出的级别管辖权异议，基于该案在国内和国际上都具有重大影响，要求河北高院将该专利侵权案件作为一审案件受理。河北高院也确实进行了纠正，通知石家庄中院将上述两案移送河北高院合并审理，但此后又以涉案外观设计专利权被宣告无效，影响案件提级管辖的情况已经不存在为由，再次将两案指定石家庄中院合并审理。由此可见，上述两案本应由河北高院作为一审法院合并审理，该院将其指定石家庄中院合并审理自始即违反本院有关级别管辖的规定和对本案级别管辖的具体指导意见。在上述两案经石家庄中院一审完毕进入河北高院二审期间，本院撤销了宣告涉案外观设计专利权无效的决定，河北高院据此将上述两案发回石家庄中院重审。重审期间，本田株式会社就侵权案件提出撤诉申请，是对其诉权的合法处置。石家庄中院准许其撤诉后，本田株式会社根据双环公司提交的《石家庄双环汽车股份有限公司因专利侵权纠纷造成利润损失评估咨询报告书》，重新计算其损害赔偿请求额，并向河北高院提起本案诉讼，亦合法有据，并不存在如河北高院和双环公司所述的恶意规避管辖的行为。

至于本田株式会社提出的石家庄中院偏袒双环公司的上诉理由，因缺乏证据证明，本院不予支持。

此外，双环公司在二审庭审中提出，本田株式会社对其授权委托书提交的公证文件系公证人对法定代表人签名盖章行为的证明，而不是对授权委托书本身的证明，该授权委托书不具有法律效力。经审查，本田株式会社提交的授权委托书由其法定代表人签名并加盖公司印章，相应的公证文件中载明其法定代表人在公证人面前陈述该授权委托书确系其本人签名盖章，中华人民共和国驻日本国使馆就该公证文件的真实性进行了认证。由此可见，本田株式会社提交的授权委托书确系其法定代表人代表其公司签发，是其公司真实意思表示，相应的公证认证手续不存在违反法律规定的情形，该授权委托书真实有效，本院予以采信。

综上，本田株式会社认为本案应由河北高院作为一审法院审理，并应将石家庄中院审理的确认不侵权案件提至该院与本案合并审理的主要上诉理由成立，一审裁定适用法律不当，应当依法予以纠正。本院依照《中华人民共和国民事诉讼法》第一百五十三条第（三）项的规定，裁定如下：

一、撤销河北省高级人民法院（2011）冀民三初字第1号民事裁定；

二、本案由河北省高级人民法院审理。

本裁定为终审裁定。

审　判　长　王永昌
代理审判员　李　剑
代理审判员　秦元明
二〇一二年五月二十二日
书　记　员　周睿隽

89. 管辖权异议案件审查的法律标准

——上诉人苹果电子产品商贸（北京）有限公司、苹果电脑贸易（上海）有限公司、苹果贸易（上海）有限公司与被上诉人高通股份有限公司侵害发明专利权纠纷管辖权异议案

【裁判要旨】

在管辖权异议案件中，原则上只需审理与建立案件管辖连接点相关的事实。如果与建立管辖连接点相关的事实同时涉及案件实体争议内容的，只需审查案件初步证据是否能够证成一个可争辩的管辖连接点事实即可，一般不对案件实体争议内容作出明确认定。

【关键词】

管辖权异议　法律标准　管辖连接点　实体争议

【案号】

最高人民法院（2018）最高法民辖终77号

【基本案情】

在上诉人苹果电子产品商贸（北京）有限公司（以下简称苹果电子北京公司）、苹果电脑贸易（上海）有限公司（以下简称苹果电脑上海公司）、苹果贸易（上海）有限公司（以下简称苹果贸易上海公司）与被上诉人高通股份有限公司（以下简称高通公司）侵害发明专利权纠纷管辖权异议案中，高通公司系专

利号为 ZL200980118986. X、名称为“用于聚合和呈现与代理位置相关联的数据的方法和设备”的发明专利（即涉案专利）的专利权人，其以苹果电子北京公司、苹果电脑上海公司、苹果贸易上海公司共同实施进口、销售、许诺销售的侵权行为，侵犯了涉案专利权为由，向北京市高级人民法院提起诉讼。苹果电子北京公司、苹果电脑上海公司、苹果贸易上海公司在答辩期内提出管辖权异议，主要理由为高通公司针对不同被告主张了相互独立且不同的侵权行为并主张高额赔偿。北京市高级人民法院一审认为，苹果电子北京公司实施的被诉侵权行为发生在北京市，苹果贸易上海公司实施的被诉侵权行为虽未发生在北京市，但高通公司指控苹果电子北京公司为苹果贸易上海公司销售的被诉侵权产品提供技术服务，而苹果电脑上海公司系被诉侵权产品的总经销商并负责进口被诉侵权产品。本案的被诉侵权行为可以一并由北京市高级人民法院管辖。遂裁定驳回管辖权异议。苹果电子北京公司、苹果电脑上海公司、苹果贸易上海公司不服，提起上诉。最高人民法院于 2018 年 6 月 7 日裁定驳回上诉，维持原裁定。

【裁判意见】

最高人民法院二审认为：本案当事人的主要争议在于一审法院以高通公司主张的共同侵权行为为依据认定其具有本案管辖权是否正确。第一，关于管辖权异议案件审查的法律标准。管辖权异议案件解决的是受诉法院对案件有无管辖权的问题，并未进入案件的实体审理。因此，在管辖权异议阶段，原则上只需审查与建立案件管辖连接点相关的事实。如果与建立管辖连接点相关的事实同时涉及案件实体争议内容的，只需审查案件初步证据是否能够证成一个可争辩的管辖连接点事实即可，一般不对案件实体争议内容作出明确认定。具体到本案，苹果电子北京公司、苹果电脑上海公司、苹果贸易上海公司的被诉侵权行为是否可能构成共同侵权这一待证事实，是高通公司主张的与管辖连接点相关的事实，同时也涉及本案的侵权定性和民事责任划分，属于应在本案实体审理程序中最终确定的内容。在这种情况下，考虑到管辖权异议程序和实体审理程序不同的职能定位，在管辖权异议审理阶段，只需审查高通公司提供的三公司构成共同侵权的初步证据是否足以证成一个可争辩的共同侵权行为，至于是否最终构成共同侵权则应留待案件实体审理阶段解决。第二，关于高通公司提供的初步证据是否足以证成一个可争辩的共同侵权行为。首先，关于三公司各自的业务分工。根据本案现有证据，苹果电脑上海公司系被诉侵权产品的总经销商并负责进口被诉侵权产品，苹果电子北京公司和苹果贸易上海公司销售的被诉侵权产品均来自于苹果电脑上海公司。苹果电子北京公司和苹果贸易上海公司对于销售被诉侵权产品的区域有明确的分工，即苹果贸易上海公司负责在上海、江苏和浙江经营苹果专卖店，苹果电子北京公司负责在除上述地域之外的中国其他地区经营苹果专卖店。其次，关于被诉销售行为的关联性。根据高通公司一审提供的购买被诉侵权产品的公证书，高通公司向苹果电子北京公司和苹果贸易上海公司购买被诉侵权产品时，两公司出具的付款凭证上记载的银联商户号一致。虽然依据现有证据尚不能确定该银联商户号的具体主体，但至少可以证明两公司销售被诉侵权产品时所收款项的去向一致。再次，关于苹果中国官方网站与三上诉人的关联性。根据高通公司一审提供的证据，苹果电子北京公司为 www. apple. com/cn/网站的 ICP 备案主体，其应对网站内容负责。该网站为苹果中国官方网站，其在线销售和许诺销售被诉侵权产品，并提供技术支持信息。该网站还列明了中国境内苹果专卖店的名称、地址和联系方式，其中包括苹果贸易上海公司所属苹果专卖店的相关信息，且该网站也是苹果贸易上海公司的相关用户寻求技术支持信息的官方网站。最后，根据双方都认可的事实，三上诉人属于高层管理人员高度重合的关联公司。综合考虑上述证据和事实，可以初步证明，三上诉人具有构成共同侵权的可能性，即高通公司提供的三上诉人构成共同侵权的初步证据已经足以证成一个可争辩的共同侵权行为，至于最终是否构成共同侵权则有待通过实体审理确定。

中华人民共和国最高人民法院民事裁定书

（2018）最高法民辖终 77 号

上诉人（一审被告）：苹果电子产品商贸（北京）有限公司。住所地：中华人民共和国北京市东城区东长安街 1 号东方广场东方经贸城东一办公楼二十层 2，4，5，6 室。

法定代表人：麦克·约瑟夫·博德（Michael Joseph Boyd Jr.），该公司董事长。

委托诉讼代理人：杨璞，上海市方达律师事务所律师。

委托诉讼代理人：徐肇奇，上海市方达（北京）律师事务所律师。

上诉人（一审被告）：苹果电脑贸易（上海）有限公司。住所地：中华人民共和国（上海）自由贸易实验区马吉路 88 号 C 区 6 号楼全幢。

法定代表人：基恩·丹尼尔·勒沃夫（Gene Daniel Levoff），该公司董事长。

委托诉讼代理人：杨璞，上海市方达律师事务所律师。

委托诉讼代理人：孙牧然，上海市方达（北京）律师事务所实习律师。

上诉人（一审被告）：苹果贸易（上海）有限公司。住所地：中华人民共和国（上海）自由贸易实验区世纪大道8号上海国金中心汇丰银行大楼（即A座）6层部分610－13室。

法定代表人：麦克·约瑟夫·博德（Michael Joseph Boyd Jr.），该公司董事长。

委托诉讼代理人：杨璞，上海市方达律师事务所律师。

委托诉讼代理人：郭繁，上海市方达（北京）律师事务所律师。

被上诉人（一审原告）：高通股份有限公司（Qualcomm Incorporated）。住所地：美利坚合众国加利福尼亚州圣地亚哥摩尔豪斯大道5775号（5775 MOREHOUSE DRIVE，SAN DIEGO，CA，USA）。

法定代表人：罗伯特·贾尔斯（Robert Giles），该公司法务总监。

委托诉讼代理人：靳强，北京市联德律师事务所律师。

委托诉讼代理人：蒋洪义，北京市联德律师事务所律师。

上诉人苹果电子产品商贸（北京）有限公司（以下简称苹果电子北京公司）、苹果电脑贸易（上海）有限公司（以下简称苹果电脑上海公司）、苹果贸易（上海）有限公司（以下简称苹果贸易上海公司）因与被上诉人高通股份有限公司（以下简称高通公司）侵害发明专利权纠纷管辖权异议一案，不服北京市高级人民法院（2017）京民初143号民事裁定（以下简称一审裁定），向本院提起上诉。

苹果电子北京公司、苹果电脑上海公司、苹果贸易上海公司上诉称，一审法院认定事实不清、适用法律错误。三上诉人请求本院撤销一审裁定，根据情况对本案进行如下处理：如认定本案应由位于美国加利福尼亚州圣地亚哥市有管辖权的法院管辖，则请求驳回被上诉人高通公司的起诉；如认定中国法院对本案有管辖权，则请求裁定基于互相独立的被诉侵权行为将本案进行分案，分案后的案件应移送至相应中级人民法院审理。其主要事实和理由为：（一）本案应在确定案件管辖权之前进行分案。根据《中华人民共和国民事诉讼法》第五十二条的规定，涉及普通共同诉讼的合并审理以法院的允许和当事人的同意为前提。根据有关普通共同诉讼的司法实践，本案应首先进行分案，然后再确定管辖权。因此，一审裁定关于“侵权行为之间是否具有关联性属于实体审查的内容”的认定错误。（二）本案中相互独立的被诉侵权行为属于普通共同诉讼，在上诉人明确反对的情况下不应合并审理。高通公司的证据显示其针对不同的主体主张了三起互相独立的被诉侵权行为。被诉侵权行为1系关于苹果电子北京公司和苹果电脑上海公司在北京通过三里屯苹果专卖店销售涉案产品。高通公司提交的证据包括三份公证书，即（2017）京长安内经证字第36304号、第40630号和第43652号公证书，公证购买日期分别为2017年9月20日、2017年10月18日和2017年10月31日。在该三份公证书中，高通公司所购买的涉案产品包括iPhone 6s、iPhone 6s Plus、iPhone 7、iPhone 7 Plus、iPhone 8和iPhone 8 Plus。被诉侵权行为1中的涉案产品至少不包括iPad产品和iPhone X，且被诉侵权行为是销售上述涉案产品。被诉侵权行为1产生的纠纷应由北京知识产权法院（或上海知识产权法院）行使管辖权。被诉侵权行为2系关于苹果贸易上海公司和苹果电脑上海公司在上海通过南京东路苹果专卖店销售涉案产品。高通公司提交的证据包括两份公证书，即（2017）沪徐证经字第13833号和第16497号公证书，公证购买的日期分别为2017年9月19日和2017年10月31日。在该两份公证书中，高通公司购买的涉案产品包括iPhone 6s、iPhone 6s Plus、iPhone 7、iPhone 7 Plus、iPhone 8和iPhone 8 Plus。被诉侵权行为2中的涉案产品至少不包括iPad产品和iPhone X，且被诉侵权行为是销售上述涉案产品。一审法院对于被诉侵权行为2没有管辖权，该被诉侵权行为产生的纠纷应当移送至有管辖权的上海知识产权法院进行审理。被诉侵权行为3系关于苹果电子北京公司和苹果电脑上海公司通过苹果官方网站在线许诺销售涉案产品。高通公司提交的证据包括八份公证书，即（2017）京长安内经证字第36779号、第36780号、第36781号、第43653号、第43654号、第44537号、第44538号和第44539号公证书，相关网页公证日期为2017年9月21日、2017年10月31日和2017年11月6日。在该八份公证书中，高通公司仅在线浏览了包括iPhone 6s、iPhone 6s Plus、iPhone 7、iPhone 7 Plus、iPhone 8、iPhone 8 Plus、iPhone X、iPad、iPad Pro和iPad mini在内的涉案产品，而没有进行任何在线购买。被诉侵权行为3产生的纠纷应由北京知识产权法院（或上海知识产权法院）行使管辖权。此外，高通公司的证据还显示，在上海和北京分别进行购买时发票开具主体不同，这说明位于北京的苹果专卖店和位于上海的苹果专卖店由不同的主体所运营。具体来说，北京三里屯苹果专卖店由苹果电子北京公司运营，上海南京东路苹果专卖店由苹果贸易上海公司运营。即使一审裁定中关于苹果电子北京公司向苹果贸易上海公司销售的涉案产品提供技术支持的情况属实，也不足以使本案构成必要共同诉讼。无论苹果电子北京公司是否与发生在上海的被诉侵权行为2有关，作为苹果产品在上海、江苏和浙江地区的经销商，苹果贸易上海公司不构成在北京的被诉侵权行为1和网上的被诉侵权行为3的共同侵权人。因此，基于被诉侵权行为1和3而提起的针对苹果贸易上海公司的起诉应予驳回。（三）如果合并审理的问题未在管辖权异议阶段得到解决，将严重损害当事人的程序性和实体性权利。本案中，被诉侵权行为是否构成必要共同诉讼的问题关系到管辖权的认定，有必要在管辖权异议程序中予以审查。对本案进行分案后，由于住所地位于上海的苹果贸易上海公司未单独或共同在北京实施销售以及实施在线许诺销售，一审法院是否对其有管辖权以及分案后案件的损害赔偿数额是否满足相关高级人民法院的受理标准等问题均存疑。因此，如果不顾上诉人明确反对而将本案进行合并审理，一审法院就可以通过苹果电子北京公司的两项与苹果贸易上海公司无关的被诉侵权行为对苹果贸易上海公司建立管辖。一审法院对于损害赔偿数额低于1亿元人民币的纠纷无管辖权。由于本案高通公司所主张的1亿元人民币的损害赔偿是基于上述三组被诉侵权行为得出的总赔偿额，通过对本案普通共同诉讼的合并审理，一审法院实际上绕开了高级人民法院在级别管辖上对于损害赔偿数额的要求，将其管辖范围扩大至损害赔偿低于1亿元人民币的案件。（四）根据高通公司与美国苹果公司合同制造商之间的许可协议，被诉侵权产品已经获得了高通公司包括涉案专利在内的专利组合的许可，本案应受该许可协议中有关法院选择条款的约束，由位于美国加利福尼亚州圣地亚哥市具有管辖权的法院管辖。

高通公司答辩称，（一）上诉人之一苹果电子北京公司的住所地和被诉侵权行为发生地，均位于北京市高级人民法院辖区内，且本案属于诉讼标的额超过1亿元人民币的涉外案件，北京市高级人民法院对本案具有管辖权。（二）高通公司在本案中已经提供初步证据，足以证明其主张的所有侵权行为均为三上诉人苹果电子北京公司、苹果电脑上海公司、苹果贸易上海公司之间分工协作的共同侵权行为，因此，北京市高级人民法院对三上诉人均有管辖权。苹果电脑上海公司系本案所有被诉侵权产品在中国的进口商和总经销商，苹果电子北京公司和苹果贸易上海公司销售、许诺销售的被诉侵权产品均来源于苹果电脑上海公司。苹果电子北京公司和苹果贸易上海公司在销售被诉侵权产品时均由同一主体收取货款，且苹果电子北京公司至少以网站形式对苹果贸易上海公司经营的苹果专卖店进行宣传并提供技术支持，故两者的销售行为存在共同的意思联络，构成共同侵权，进而具有必要共同诉讼的关联性。此外，三上诉人相互之间系关联企业，均由同一团队进行管理运营，其被诉侵权行为存在统一策划和分工实施，虽形式上独立，但实质上高度关联。对这些高度关联的被诉侵权行为进行统一审理，有利于查明事实，节约司法资源，提高诉讼效率，并且便利当事人诉讼。（三）本案系因苹果电子北京公司和苹果电脑上海公司在北京市高级人民法院辖区内发生被诉侵权行为而诉至北京市高级人民法院，北京市高级人民法院对苹果电子北京公司和苹果电脑上海公司具有管辖权，则必然对本案具有管辖权。三上诉人的上诉状中并未包含北京市高级人民法院对本案不具有管辖权的理由，而仅涉及各个被诉侵权行为是否应当在本案中一并审理的问题。在高通公司提交的证据足以初步证明本案各上诉人存在共同侵权的情况下，是否最终构成共同侵权属于本案实体审理范畴。综上，高通公司请求本院驳回上诉，维持原裁定。

上诉人苹果电子北京公司、苹果电脑上海公司、苹果贸易上海公司于2018年3月27日提交代理意见，请求增加一项上诉请求，即本案应由位于美国加利福尼亚州圣地亚哥市有管辖权的法院审理，理由为高通公司与美国苹果公司合同制造商的许可协议中存在关于管辖的约定。围绕该项上诉请求，上诉人提供了6份新证据：证据1为（2018）京长安内经证字第10389号公证书及其节选中文译文，内容为高通公司在美国加利福尼亚州南部地区法院（以下简称南加州法院）起诉美国苹果公司的合同制造商案件的起诉状；证据2为高通公司在南加州法院起诉美国苹果公司的合同制造商案件的请求临时禁令动议及其节选中文译文；证据3为2017年8月18日，美国苹果公司在南加州法院起诉高通公司案件中高通公司要求禁诉令动议的庭审笔录及其节选中文译文，相关内容为高通公司律师埃文·切斯勒（Evan Chesler）的陈述；证据4为（2018）京长安内经证字第10390号公证书及其节选中文译文，相关内容为美国苹果公司在南加州法院起诉高通公司案件中，高通公司的答辩状和反诉状；证据5为（2018）京长安内经证字第10389号公证书及其节选中文译文，相关内容为美国苹果公司在南加州法院起诉高通公司案件中，高通公司关于支持其禁诉令动议的陈述；证据6为2017年8月18日，高通公司在南加州法院起诉美国苹果公司的合同制造商案件中，高通公司请求临时禁令动议的庭审笔录及其节选中文译文，相关内容为高通公司律师埃文·切斯勒（Evan Chesler）的陈述。上述6份新证据用以证明，本案被诉侵权产品是经过高通公司许可的产品；本案涉及高通公司与美国苹果公司合同制造商之间许可协议的有效性，应受高通公司与美国苹果公司合同制造商之间许可协议中有关法院选择条款的约束。因此，本案应由位于美国加利福尼亚州圣地亚哥市具有管辖权的法院管辖。

二审庭审中，高通公司明确表示同意本院对三上诉人关于本案应由位于美国加利福尼亚州圣地亚哥市有管辖权的法院审理的上诉请求进行审理。对于三上诉人提交的上述6份证据，高通公司认可其真实性和合法性，但对关联性有异议。高通公司认为，本案是侵权之诉，高通公司与美国苹果公司合同制造商之间的许可协议约定的管辖对本案没有约束力；本案侵权之诉的当事人与许可协议的当事人不同；上述证据不能证明涉案专利由高通公司许可给苹果公司，且是否经过许可是实体审理问题，与管辖无关。本院对上述6份证据的真实性、合法性予以认可，对关联性问题将结合案件争议焦点予以评述。

本案二审庭审结束后，三上诉人在提交庭后代理意见的同时，再次提交了11份新证据。本院认为，该11份新证据系二审庭审结束后提交，且三上诉人并未说明其延迟提交新证据具有正当理由，原则上应当不予采纳。而且，经本院审查，该11份新证据并不足以实质性削弱或者否定本案现有证据的证明力，根据现有证据足以对本案作出认定。鉴此，本院对上述11份新证据不予采纳。

本院经审查认为，根据上诉状、答辩状及本案案情，本案争议焦点问题是：北京市高级人民法院对本案是否具有管辖权。具体包括两个问题：一审法院以高通公司主张的共同侵权行为为依据认定其具有本案管辖权是否正确；高通公司与美国苹果公司相关制造商之间的许可协议对本案管辖权有无影响。

（一）一审法院以高通公司主张的共同侵权行为为依据认定其具有本案管辖权是否正确

本案中，一审法院以苹果电子北京公司的住所地在北京为由，同时考虑苹果电子北京公司、苹果电脑上海公司、苹果贸易上海公司之间被诉侵权行为的关联性，认定其对本案具有管辖权。三上诉人苹果电子北京公司、苹果电脑上海公司、苹果贸易上海公司则认为，本案存在三个相互独立的被诉侵权行为，属于普通共同诉讼，在其明确反对的情况下不应合并审理。高通公司答辩认为，现有证据足以初步证明其主张的所有侵权行为均为三上诉人苹果电子北京公司、苹果电脑上海公司、苹果贸易上海公司之间分工协作的共同侵权行为，至于是否最终构成共同侵权属于实体审理范畴。可见，本案当事人的主要争议在于一审法院以高通公司主张的共同侵权行为为依据认定其具有本案管辖权是否正确。对此，本院分析如下：

第一，关于管辖权异议审查的法律标准。为解决上述争议，首先需要确定管辖权异议案件审查的法律标准。管辖权异议案件解决的是受诉法院对案件有无管辖权的问题，并未进入案件的实体审理。因此，在管辖权异议阶段，原则上只需审理与建立案件管辖连接点相关的事实。如果与建立管辖连接点相关的事实同时涉及案件实体争议内容的，只需审查案件初步证据是否能够证成一个可争辩的管辖连接点事实即可，一般不对案件实体争议内容作出明确认定。具体到本案，三上诉人苹果电子北京公司、苹果电脑上海公司、苹果贸易上海公司的被诉侵权行为是否可能构成共同侵权这一待证事实，是高通公司主张的与管辖连接点相关的事实，同时也涉及本案的侵权定性和民事责任划分，属于应在本案实体审理程序中最终确定的内容。在这种情况下，考虑到管辖权异议程序和实体审理程序不同的职能定位，在管辖权异议审理阶段，只需审查高通公司提供的三上诉人构成共同侵权的初步证据是否足以证成一个可争辩的共同侵权行为，至于是否最终构成共同侵权则应留待案件实体审理阶段解决。

第二，关于高通公司提供的三上诉人构成共同侵权的初步证据是否足以证成一个可争辩的共同侵权行为。首先，关于三上诉人各自的业务分工。根据本案现有证据，苹果电脑上海公司系被诉侵权产品的总经销商并负责进口被诉侵权产品，苹果电子北京公司和苹果贸易上海公司销售的被诉侵权产品均来自于苹果电脑上海公司。苹果电子北京公司和苹果贸易上海公司对于销售被诉侵权产品的区域有明确的分工，即苹果贸易上海公司负责在上海、江苏和浙江经营苹果专卖店，苹果电子北京公司负责在除上述地域之外的中国其他地区经营苹果专卖店。其次，关于被诉销售行为的关联性。根据高通公司一审提供的购买被诉侵权产品的公证书，高通公司向苹果电子北京公司和苹果贸易上海公司购买被诉侵权产品时，两公司出具的付款凭证上记载的银联商户号一致。虽然依据现有证据尚不能确定该银联商户号的具体主体，但至少可以证明两公司销售被诉侵权产品时所收款项的去向一致。再次，关于苹果中国官方网站与三上诉人的关联性。根据高通公司一审提供的证据，苹果电子北京公司为 www. apple. com/cn/网站的 ICP 备案主体，其应对网站内容负责。该网站为苹果中国官方网站，其在线销售和许诺销售被诉侵权产品，并提供技术支持信息。该网站还列明了中国境内苹果专卖店的名称、地址和联系方式，其中包括苹果贸易上海公司所属苹果专卖店的相关信息，且该网站也是苹果贸易上海公司的相关用户寻求技术支持信息的官方网站。最后，根据双方都认可的事实，三上诉人属于高层管理人员高度重合的关联公司。综合考虑上述证据和事实，可以初步证明，苹果北京电子公司、苹果电脑上海公司和苹果贸易上海公司对于进口、销售、许诺销售被诉侵权产品有相应的职责分工，苹果电脑上海公司为被诉侵权产品的进口商和总经销商，苹果电子北京公司和苹果贸易上海公司销售被诉侵权产品时所收款项去向一致，三上诉人共用同一官方网站且高层管理人员高度重合。可见，本案现有证据能够初步证明，三上诉人具有构成共同侵权的可能性，即高通公司提供的三上诉人构成共同侵权的初步证据已经足以证成一个可争辩的共同侵权行为，至于最终是否构成共同侵权则有待通过实体审理阶段确定。

综上，一审法院以苹果电子北京公司的住所地在北京，同时考虑三上诉人之间被诉侵权行为的关联性，认定其对本案具有管辖权正确。三上诉人相关上诉理由不能成立，本院不予支持。

（二）高通公司与美国苹果公司相关制造商之间的许可协议对本案管辖权有无影响

三上诉人主张本案应受高通公司与美国苹果公司的合同制造商之间的许可协议中有关法院选择条款的约束，本案应由位于美国加利福尼亚州圣地亚哥市具有管辖权的法院管辖，并提供了六份新证据。对此，本院分析如下：

第一，关于案外许可协议的内容及其当事人。本案为高通公司起诉苹果电子北京公司、苹果电脑上海公司和苹果贸易上海公司在中国境内侵害专利权的纠纷，而高通公司与美国苹果公司相关制造商之间的许可协议双方为高通公司与美国苹果公司的相关合同制造商，两者在当事人及纠纷性质方面均不相同。因此，三上诉人提供的证据不足以证明上述许可协议中的法院选择条款应适用于本案。

第二，关于本案被诉侵权产品是否已经获得了高通公司许可。对于本案中被诉侵权产品是否已经获得了高通公司包括涉案专利在内的专利组合的许可，与本案管辖权确定并无直接关联，且是否获得许可属于侵权抗辩事由，应在实体审理阶段予以审查，不宜在管辖权异议阶段予以审理。

综上，高通公司与美国苹果公司相关制造商之间的许可协议对本案管辖权并无影响，三上诉人的上述主张不能成立，本院不予支持。

此外，三上诉人还提出了本案应该将不同被诉侵权行为进行分案审理以及分案后损害赔偿数额可能无法满足相关高级人民法院管辖标准等问题。前已述及，由于本案现有证据已经足以初步证明，三上诉人的行为具有构成共同侵权的可能性，三上诉人的相应主张缺乏充分的事实和法律基础，本院不予支持。

依照《中华人民共和国民事诉讼法》第一百七十条第一款第（一）项、第一百七十一条之规定，裁定如下：

驳回上诉，维持原裁定。

本裁定为终审裁定。

审　判　长　朱　理
审　判　员　毛立华
审　判　员　佟　姝
二〇一八年六月七日
法 官 助 理　张　博
书　记　员　刘方方

90. 被诉侵权产品的出口装船交货地可否认定为侵权行为地

——再审申请人山东凯赛生物科技材料有限公司与被申请人山东瀚霖生物技术有限公司、中国科学院微生物研究所以及原审被告山东凯赛生物技术有限公司、上海凯赛生物技术研发中心有限公司侵犯发明专利权纠纷管辖权异议案

【裁判要旨】

通过 FOB 和 CIF 价格条件出口销售被诉依照本案专利方法直接获得的产品，该产品的装船交货地属于销售行为实施地。

【关键词】

管辖　出口装船交货地　侵权行为地

【案号】

最高人民法院（2011）民申字第 1049 号

【基本案情】

中国科学院微生物研究所（以下简称中科院微生所）系 ZL95117436.3 号（微生物同步发酵生产长链 αω 二羟酸的方法）发明专利的专利权人，其与山东瀚霖生物技术有限公司（以下简称瀚霖技术公司）向山东省青岛市中级人民法院

起诉称，山东凯赛生物科技材料有限公司（以下简称凯赛材料公司）等被告侵犯其本案发明专利权，请求判令被诉侵权人停止侵权行为及赔偿损失。青岛市中级人民法院受理后，凯赛材料公司在答辩期内提出管辖权异议称，原告没有证明青岛海关所在地系侵权行为地，青岛市中级人民法院对本案没有管辖权。瀚霖技术公司辩称，凯赛材料公司等被告非法使用本案专利方法直接获得的二元酸产品，并通过 FOB 青岛及 CIF 青岛的价格条件从青岛出口销售，无论是 FOB 青岛还是 CIF 青岛的价格条件，均在青岛港装船交货。因此，青岛是凯赛材料公司销售二元酸产品的实施地，青岛市中级人民法院享有管辖权。青岛市中级人民法院一审认为，该院对本案有管辖权。凯赛材料公司提起上诉。山东省高级人民法院二审认为，一审法院作为被诉侵权产品销售地法院之一对本案享有管辖权。凯赛材料公司不服，向最高人民法院申请再审。最高人民法院于 2011 年 9 月 13 日裁定驳回了凯赛材料公司的再审申请。

【裁判意见】

最高人民法院审查认为：本案涉及专利方法发明，管辖地应当依照该专利方法直接获得的产品的使用、许诺销售、销售、进口等行为的实施地，以及上述侵权行为的侵权结果发生地确定。瀚霖技术公司与中国科学院微生物研究所是以凯赛材料公司和凯赛技术公司通过 FOB 青岛和 CIF 青岛的价格条件出口销售非法使用本案专利方法直接获得的二元酸产品为由，向青岛市中级人民法院提起本案诉讼。青岛港作为被诉依照本案专利方法直接获得产品的装船交货所在地，属于销售行为的实施地，青岛市中级人民法院依法对本案享有管辖权。

中华人民共和国最高人民法院民事裁定书

（2011）民申字第 1049 号

申请再审人（一审被告、二审上诉人）：山东凯赛生物科技材料有限公司，住所地山东省济宁高新科技开发区 327 国道南外环路东。

法定代表人：杜宜军，该公司董事长。

委托代理人：宋俊彦，北京市众泽律师事务所律师。

被申请人（一审原告、二审被上诉人）：山东瀚霖生物技术有限公司，住所地山东省莱阳市经济技术开发区峨嵋路 1 号。

法定代表人：曹务波，该公司董事长。

委托代理人：孙芳龙，山东文康律师事务所律师。

委托代理人：陈洁，山东文康律师事务所律师。

被申请人（一审原告、二审被上诉人）：中国科学院微生物研究所，住所地北京市朝阳区北辰西路一号3号。

原审被告：山东凯赛生物技术有限公司，住所地山东省济宁高新技术开发区327国道南外环路东。

原审被告：上海凯赛生物技术研发中心有限公司，住所地上海市张江高科技园区蔡伦路1690号5栋4楼。

申请再审人山东凯赛生物科技材料有限公司（以下简称凯赛材料公司）因与被申请人山东瀚霖生物技术有限公司（以下简称瀚霖技术公司）、中国科学院微生物研究所（以下简称中科院微生所）以及原审被告山东凯赛生物技术有限公司（以下简称凯赛技术公司）、上海凯赛生物技术研发中心有限公司侵犯发明专利权纠纷一案，山东省高级人民法院于2011年3月7日作出（2011）鲁民辖终字第22号民事裁定，已经发生法律效力。2011年7月，凯赛材料公司向本院申请再审。本院依法组成合议庭对本案进行了审查，本案现已审查终结。

凯赛材料公司申请再审称：1. 其与凯赛技术公司仅是通过青岛港口将生产的产品出口到国外再进行销售的，销售行为实施地在国外，青岛港作为产品运输过程中的停留地、中转地，并非销售行为的实施地。一、二审法院将出口行为认定为销售实施行为，适用法律错误。2. 上海市第二中级人民法院于2010年5月12日已受理关于本案所涉产品及相关专利的侵权纠纷案件，并已于2010年11月17日开庭审理。与本案相比，两案主要当事人相同，专利产品相同，属于基于同一法律事实而发生的纠纷，存在合并审理的法定事由。根据《中华人民共和国民事诉讼法》第一百七十九条第一款第（二）项、第（六）项之规定，请求本院撤销一、二审民事裁定；将案件移送至上海市第二中级人民法院审理。

瀚霖技术公司提交意见认为：1. 凯赛材料公司将产品出口就是具体实施销售行为，在买卖合同中，卖方承担的最主要义务就是交付货物，青岛港作为货物交付地，是履行合同主要义务的地点，青岛市是本案销售行为的实施地。而且，凯赛材料公司对于青岛港只是运输停留地，销售地在境外并无证据证明。2. 上海案件与本案当事人不同，主张侵犯的专利权不同，诉讼请求也不同，属于完全独立的案件，合并审理没有任何事实和法律依据。

本院认为，《最高人民法院关于审理专利纠纷案件适用法律问题的若干规定》第五条第二款规定：“侵权行为地包括：被控侵犯发明、实用新型专利权的产品的制造、使用、许诺销售、销售、进口等行为的实施地；专利方法使用行为的实施地，依照该专利方法直接获得的产品的使用、许诺销售、销售、进口等行为的实施地；外观设计专利产品的制造、销售、进口等行为的实施地；假冒他人专利的行为实施地。上述侵权行为的侵权结果发生地。”本案中，中科院微生所系ZL95117436.3号发明专利的专利权人。**瀚霖技术公司与中科院微生所是以凯赛材料公司和凯赛技术公司通过FOB青岛和CIF青岛出口销售非法使用涉案专利方法直接获得的二元酸产品为由，向山东省青岛市中级人民法院提起本案诉讼。青岛港作为被诉依照涉案专利方法直接获得产品的装船交货所在地，属于销售行为的实施地，青岛市中级人民法院依法对本案享有管辖权。**本案与上海市第二中级人民法院（2010）沪二中民五（知）初字第63号侵犯发明专利权纠纷，所针对的发明专利权不相同，涉及的当事人以及法律事实亦不相同，并不属于基于同一法律关系或者同一法律事实而发生的纠纷。一、二审法院认定本案不存在合并审理的法定事由，并无不当。

综上，申请再审人凯赛材料公司的再审申请不符合《中华人民共和国民事诉讼法》第一百七十九条规定的情形。依照《中华人民共和国民事诉讼法》第一百八十一条第一款之规定，裁定如下：

驳回山东凯赛生物科技材料有限公司的再审申请。

审　判　长　金克胜
代理审判员　罗　霞
代理审判员　朱　理
二〇一一年九月十三日
书　记　员　张　博

91. 网络环境下销售行为地的确定

——上诉人宁波奥克斯空调有限公司与被上诉人珠海格力电器股份有限公司、一审被告广州晶东贸易有限公司侵害实用新型专利权纠纷管辖权异议案

【裁判要旨】

在网络环境下，知识产权侵权案件中的销售行为地原则上包括不以网络购买者的

意志为转移的网络销售商主要经营地、被诉侵权产品储藏地、发货地或者查封扣押地等，但网络购买方可以随意选择的网络购物收货地通常不宜作为网络销售行为地。

【关键词】

实用新型专利　侵权　网络环境　销售行为地

【案号】

最高人民法院（2018）最高法民辖终93号

【基本案情】

在上诉人宁波奥克斯空调有限公司（以下简称奥克斯公司）与被上诉人珠海格力电器股份有限公司（以下简称格力公司）、一审被告广州晶东贸易有限公司（以下简称广州晶东公司）侵害实用新型专利权纠纷管辖权异议案（以下简称奥克斯空调专利侵权纠纷管辖权异议案）中，格力公司系专利号为200820047012.X、名称为“一种空调机的室内机”的实用新型专利（即涉案专利）的专利权人，其以奥克斯公司制造、销售、许诺销售，广州晶东公司销售的被诉侵权产品侵犯了涉案专利权为由，向广东省高级人民法院提起诉讼。格力公司提交了记录其网购13款被诉侵权产品的公证文书以及另外2款被诉侵权产品的销售发票。奥克斯公司在答辩期内提出管辖权异议。广东省高级人民法院一审认为，从公证文书记载的内容来看，格力公司网购的整个过程，无论是下单、发货还是收货，均发生在广东省地域范围内，故广东省是上述13款被诉侵权产品的销售地。至于另外2款被诉侵权产品，虽然格力公司没有公证其购买过程，但开票单位“广州晶东贸易有限公司”的住所地以及收款账户开户行均在广东境内，故广东省也是另外2款被诉侵权产品的销售地。因此，即使被诉侵权产品的制造地在浙江省，格力公司也有权选择向广东省高级人民法院提起本案诉讼。遂裁定驳回奥克斯公司的管辖权异议。奥克斯公司不服，提起上诉。最高人民法院于2018年4月28日裁定驳回上诉，维持原裁定。

【裁判意见】

最高人民法院二审认为：本案中，广州晶东公司的被诉侵权行为是通过网络销售本案15款被诉侵权产品。被诉侵权产品系通过网络进行销售，依据网络销售商的被诉销售行为地确定案件管辖权时，被诉销售行为地的认定既要有利于管辖的确定性、避免当事人随意制造管辖连接点，又要便利权利人维权。在网络环境下，《最高人民法院关于审理专利纠纷案件适用法律问题的若干规定》第五条规定的销售行为地原则上包括不以网络购买者的意志为转移的网络销售商主要经营地、被诉侵权产品储藏地、发货地或者查封扣押地等，但网络购买方可以随意选择的网络购物收货地通常不宜作为网络销售行为地。具体到本案，首先，关于附有出库单的9款被诉侵权产品的销售地。从格力公司提交的证明其网络购买涉案13款被诉侵权产品的公证书看，其（2017）粤珠横琴第8191、8192、8193、8194、9195、8196、8197、8198、8199号公证书附有被诉侵权产品出库单，且出库单上均记载有“佛山2号库”字样。该记载表明，上述9份公证书涉及的被诉侵权产品的储藏地均在广东省，并可合理推定被诉侵权产品的发货地在广东省。由于上述被诉侵权产品储藏地和发货地均在广东省，因此可以认定广东省为上述被诉侵权产品的销售地。其次，关于未附出库单的其他6款被诉侵权产品的销售地。除上述9款被诉侵权产品外，其他6款被诉侵权产品包括4款公证购买的被诉侵权产品及仅有购买发票的2款被诉侵权产品均未附出库单。本案现有证据虽不能直接证明该6款被诉侵权产品的储藏地或者发货地位于广东省，但根据该6款产品与前述9款产品的销售主体均为广州晶东公司、购买过程均为通过京东商城网络购买等事实，在没有相反证据的情况下，可以合理推定该6款产品的储藏地或者发货地亦位于广东省。可见，基于本案现有证据，可以认定未附出库单的6款被诉侵权产品的销售地亦位于广东省。由于本案15款被诉侵权产品的销售地均位于广东省，广东省高级人民法院可以依据广州晶东公司的被诉销售行为地获得针对广州晶东公司本案纠纷的管辖权。需要指出的是，一审裁定以格力公司网络购物的下单和收货行为地作为认定本案被诉侵权产品销售地的依据，适用法律有所不当，本院予以纠正。由于本案被诉侵权产品的储藏地或者发货地均位于广东省，广东省高级人民法院可以据此获得针对广州晶东公司的本案纠纷管辖权。因此，本案并非单纯依据网络购物收货地作为管辖依据的情形，与（2016）最高法民辖终107号裁定确立的规则并无冲突，一审裁定的上述错误并不影响本案纠纷管辖权的确定。

中华人民共和国最高人民法院民事裁定书

（2018）最高法民辖终93号

上诉人（一审被告）：宁波奥克斯空调有限公司。住所地：浙江省宁波市鄞州区姜山镇明光北路1166号。

法定代表人：冷泠，该公司总经理。

委托诉讼代理人：姚冠扬，北京市柳沈律师事务所律师。

委托诉讼代理人：邱军，北京柳沈（上海）律师事务所律师。

被上诉人（一审原告）：珠海格力电器股份有限公司。住所地：广东省珠海市前山金鸡西路。

法定代表人：董明珠，该公司董事长。

委托诉讼代理人：郑泓，北京市金杜（广州）律师事务所律师。

委托诉讼代理人：张浩森，北京市金杜（广州）律师事务所律师。

一审被告：广州晶东贸易有限公司。住所地：广东省广州市黄埔区九龙镇九龙工业园凤凰三横路89号1号库房301。

法定代表人：张雳。

上诉人宁波奥克斯空调有限公司（以下简称奥克斯公司）因与被上诉人珠海格力电器股份有限公司（以下简称格力公司）、一审被告广州晶东贸易有限公司（以下简称广州晶东公司）侵害实用新型专利权纠纷一案，不服广东省高级人民法院（2017）粤民初34号之一民事裁定（以下简称一审裁定），向本院提起上诉。

奥克斯公司上诉称，一审裁定认定事实和适用法律错误。其主要事实和理由为：（一）广东省不是被诉侵权产品的销售地。首先，从公证文书记载的内容来看，格力公司购买奥克斯空调的实际行为发生在网络销售平台京东商城，因此实际销售商是京东商城。格力公司并未提供运营该网络销售平台的公司的注册地或服务器所在地的证据，从现有证据无法确认销售商京东商城的管辖地。其次，格力公司“下单”行为不是销售行为之一，下单行为发生在广东省不能作为被诉侵权产品销售地的依据。下单仅是买的行为，而下单指令被记录在京东商城的服务器中从而形成一份有效的订单，即所谓的“接单”才是销售行为。因此，网络销售行为的开始应发生在服务器所在地。格力公司的现有证据并不能证明京东商城明确的服务器所在地。再次，格力公司的现有证据无法确定“发货”行为发生在广东省。公证书中并未记载货物的物流信息，无法知晓货物从何处发出。根据生活经验，货物应由京东商城发出，至于具体的发货地往往是不同的，至少在本案中并不明确。又次，虽然广州晶东公司开具了产品发票，但是广州晶东公司不应视为实际的销售者。格力公司通过网络平台下单购买产品，京东商城接单形成订单并提供产品，格力公司所订立的买卖合同的对方主体是京东商城，而非广州晶东公司。根据合同相对性原则，合同关系只能发生在特定的主体之间，只有合同的一方当事人才能够向另一方当事人基于合同提出请求或提起诉讼，而不能向与合同无关的第三人提出合同上的请求及诉讼。至于京东商城与广州晶东公司的关系，格力公司并未提出证据。但至少可以肯定的是，广州晶东公司是独立的法人，并非格力公司订立的买卖合同的相对方。广州晶东公司不是实际销售者，不是本案的适格被告。最后，由公证文书记载的内容仅能得知收货地在广东省，广东省高级人民法院关于“无论是下单、发货还是收货，均发生在广东省地域范围内”的事实认定错误。广东省仅是格力公司公证购买被诉侵权产品的收货地，不宜据此将广东省视为销售行为实施地。最高人民法院（2016）最高法民辖终107号裁定认定，在侵犯知识产权类案件中，如果原告通过网络购物的方式购买被诉侵权产品，在确定管辖权时，不宜适用《最高人民法院关于适用〈中华人民共和国民事诉讼法〉的解释》第二十条的规定，以收货地作为管辖连接点。该裁定所确立的规则同样适用于本案。相反，只要格力公司在京东商城进行下单、收货，就可以根据收货地址随意选择本案的管辖权，则违反管辖权的确定原则。（二）奥克斯公司与广州晶东公司不属于共同侵权。本案中格力公司起诉奥斯克公司的被诉侵权行为包括制造、销售和许诺销售，起诉广州晶东公司的被诉侵权行为包括销售，两被告的被诉侵权行为不同。这也说明奥克斯公司与广州晶东公司不存在直接关联，客观上不存在共同的被诉侵权行为，主观上不存在共同侵权的故意或意思联络。此外，公证书亦不能证明奥克斯公司与广州晶东公司存在共同侵权的故意或意思联络。因此，即便广东省高级人民法院在本案中对于广州晶东公司具有管辖权，亦不能由此获得对于奥克斯公司的管辖权。综上，奥克斯公司请求本院撤销一审裁定，将本案移送浙江省高级人民法院管辖。

格力公司答辩称，广东省高级人民法院对本案具有管辖权，本案不应移送浙江省高级人民法院管辖。（一）广东省高级人民法院作为被告住所地法院，对本案具有管辖权。首先，格力公司从京东商城公证购买了被诉侵权产品，京东商城作为网络平台，并非实际销售主体，实际的销售行为由网络平台上的店铺实施。其次，涉案公证书显示，广州晶东公司向格力公司开具被诉侵权产品的销售发票，并向格力公司实际交付被诉侵权产品。广州晶东公司作为被诉侵权产品的实际销售者，是本案的适格被告。广州晶东公司住所地在广东省，广东省高级人民法院作为被告住所地法院对本案具有管辖权。（二）广东省高级人民法院作为销售地法院，对本案具有管辖权。首先，广东省高级人民法院作为侵权行为的实施地法院，对本案具有管辖权。涉案公证书显示，广州晶东公司销售被诉侵权产品的行为属于侵权行为，并且所述侵权行为的实施地在广东省。其次，广东省高级人民法院作为被诉侵权行为的侵权结果发生地法院，对本案具有管辖权。最高人民法院（2016）最高法民辖终107号裁定所针对的是侵害商标权纠纷，本案是侵害专利权纠纷，在法律适用上不具有同一性。根据《最高人民法院关于审理专利纠纷案件适用法律问题的若干规定》第五条的规定，在侵害专利权纠纷案件中，被诉销售行为的结果发生地即被诉侵权产品的收货地人民法院应当具有管辖权。本案中，涉案公证书载明的收货地为广东省珠海市，广东省珠海市属于被诉销售行为的侵权结果发生地。最后，广东省高级人民法院作为销售地法院，对本案具有管辖权。本案中，格力公司以被诉侵权产品制造者奥克斯公司与销售者广州晶东公司为共同被告起诉，且广州晶东公司的销售地在广东省。根据《最高人民法院关于审理专利纠纷案件适用法律问题的若干规定》第六条的规定，广东省高级人民法院作为销售地法院，对本案具有管辖权。综上，格力公司请求本院驳回上诉，维持一审裁定。

本院经审查认为，本案焦点问题是，广东省高级人民法院对本案是否具有管辖权。

《最高人民法院关于审理专利纠纷案件适用法律问题的若干规定》第五条规定："因侵犯专利权行为提起的诉讼，由侵权行为地或者被告住所地人民法院管辖。侵权行为地包括：被诉侵犯发明、实用新型专利权的产品的制造、使用、许诺销售、销售、进口等行为的实施地；专利方法使用行为的实施地，依照该专利方法直接获得的产品的使用、许诺销售、销售、进口等行为的实施地；外观设计专利产品的制造、许诺销售、销售、进口等行为的实施地；假冒他人专利的行为实施地。上述侵权行为的侵权结果发生地。"本案中，各方当事人对于本案被诉侵权行为实施主体、侵权行为地、广东省高级人民法院可否依据侵权行为地或者被告住所地获得管辖权等问题均有争议。因此，上述焦点问题可以进一步分解为：广州晶东公司是否为本案被诉销售行为的实施主体；广东省高级人民法院可否依据侵权行为地或者被告住所地获得针对广州晶东公司的本案纠纷管辖权；本案被诉侵权产品的制造商和销售商作为共同被告是否构成必要共同诉讼。对此，本院分析如下：

（一）关于广州晶东公司是否为本案被诉销售行为的实施主体

本案中，格力公司提交了记录其通过京东商城购买13款被诉侵权产品的公证书及另外2款被诉侵权产品的销售发票，用以证明广州晶东公司实施了销售本案被诉侵权产品的行为。奥克斯公司主张，格力公司通过网络平台下单购买产品，京东商城接单形成订单并提供产品，上述网络销售行为的实施主体应为京东商城，并非广州晶东公司。对此，本院认为，第一，被诉销售行为的实施主体应该根据案件具体情况予以确定，在某些情形下，销售行为的实施主体可能并非唯一。通过网络平台销售被诉侵权产品时，销售发票记载的销售主体原则上可以认定为被诉销售行为的直接实施主体。本案中，为证明广州晶东公司的销售事实，格力公司提交了记录其网购 13 款被诉侵权产品的公证书，公证书中均有销售发票，另外 2 款被诉侵权产品虽没有公证书，但亦有销售发票。从全部 15 款被诉侵权产品的销售发票看，发票上不仅记载了被诉侵权产品的具体型号，还盖有“广州晶东贸易有限公司”的发票专用章，同时部分发票在左上角有“京东”标识，部分发票在收款人栏记载为“京东商城”。上述证据可以证明，广州晶东公司显然是上述 15 款被诉侵权产品的销售主体之一，是本案被诉网络销售行为的直接实施主体。第二，本案是专利侵权纠纷，并非产品买卖合同纠纷，判断被诉销售行为的实施主体时，原则上并不受合同相对性的限制。奥克斯公司关于本案被诉网络销售行为的实施主体不是广州晶东公司、广州晶东公司并非本案适格被告等上诉主张均不能成立，本院不予支持。

（二）关于广东省高级人民法院可否依据侵权行为地或者被告住所地获得单独针对广州晶东公司的本案纠纷管辖权

奥克斯公司主张，根据本案现有证据无法确定被诉侵权产品的发货地、广东省仅是被诉侵权产品的网络购物收货地，因此广东省高级人民法院不能以广州晶东公司的侵权行为地和被告住所地获得管辖权。对此，本院认为，第一，关于依据广州晶东公司的住所地确定管辖的问题。前已论及，广州晶东公司为涉案 15 款被诉侵权产品的网络销售商，其住所地位于广东。显然，广东省高级人民法院可以依据广州晶东公司的住所地获得针对广州晶东公司的本案纠纷管辖权。第二，关于依据广州晶东公司的侵权行为地确定管辖的问题。本案中，广州晶东公司的被诉侵权行为是通过网络销售本案 15 款被诉侵权产品。被诉侵权产品系通过网络进行销售，依据网络销售商的被诉销售行为地确定案件管辖权时，被诉销售行为地的认定既要有利于管辖的确定性、避免当事人随意制造管辖连接点，又要便利权利人维权。在网络环境下，《最高人民法院关于审理专利纠纷案件适用法律问题的若干规定》第五条规定的销售行为地原则上包括不以网络购买者的意志为转移的网络销售商主要经营地、被诉侵权产品储藏地、发货地或者查封扣押地等，但网络购买方可以随意选择的网络购物收货地通常不宜作为网络销售行为地。具体到本案，首先，关于附有出库单的 9 款被诉侵权产品的销售地。从格力公司提交的证明其网络购买涉案13款被诉侵权产品的公证书看，其（2017）粤珠横琴第8191、8192、8193、8194、9195、8196、8197、8198、8199号公证书附有被诉侵权产品出库单，且出库单上均记载有“佛山2号库”字样。该记载表明，上述9份公证书涉及的被诉侵权产品的储藏地均在广东省，并可合理推定被诉侵权产品的发货地在广东省。由于上述被诉侵权产品储藏地和发货地均在广东省，因此可以认定广东省为上述被诉侵权产品的销售地。其次，关于未附出库单的其他6款被诉侵权产品的销售地。除上述9款被诉侵权产品外，其他6款被诉侵权产品包括4款公证购买的被诉侵权产品及仅有购买发票的2款被诉侵权产品均未附出库单。本案现有证据虽不能直接证明该6款被诉侵权产品的储藏地或者发货地位于广东省，但根据该6款产品与前述9款产品的销售主体均为广州晶东公司、购买过程均为通过京东商城网络购买等事实，在没有相反证据的情况下，可以合理推定该6款产品的储藏地或者发货地亦位于广东省。可见，基于本案现有证据，可以认定未附出库单的6款被诉侵权产品的销售地亦位于广东省。由于本案15款被诉侵权产品的销售地均位于广东省，广东省高级人民法院可以依据广州晶东公司的被诉销售行为地获得针对广州晶东公司本案纠纷的管辖权。第三，关于本案是否属于以网络购物收货地作为侵权行为地确定管辖的问题。奥克斯公司主张，广东省仅是格力公司公证购买被诉侵权产品的收货地，根据最高人民法院（2016）最高法民辖终107号裁定确立的规则，不宜适用民事诉讼法司法解释第二十条规定，以网络购物收货地作为侵权行为地确定管辖。前已论及，依据本案现有证据，可以认定或者合理推定格力公司通过网络购买的15款被诉侵权产品的储藏地或者发货地均位于广东省。一审裁定关于“无论是下单、发货还是收货，均发生在广东省地域范围内”的事实认定并无明显错误。但需要指出的是，一审裁定以格力公司网络购物的下单和收货行为地作为认定本案被诉侵权产品销售地的依据，适用法律有所不当，本院予以纠正。由于本案被诉侵权产品的储藏地或者发货地均位于广东省，广东省高级人民法院可以据此获得针对广州晶东公司的本案纠纷管辖权。因此，本案并非单纯依据网络购物收货地作为管辖依据的情形，与本院（2016）最高法民辖终107号裁定确立的规则并无冲突，一审裁定的上述错误并不影响本案纠纷管辖权的确定。综上，广东省高级人民法院可以依据侵权行为地或者被告住所地获得针对广州晶东公司的本案纠纷管辖权。奥克斯公司关于无法确定本案被诉侵权产品的发货地、广东省仅是本案被诉侵权产品的网络购物收货地等相关上诉主张均不能成立，本院不予支持。

（三）本案被诉侵权产品的制造商和销售商作为共同被告是否构成必要共同诉讼

奥克斯公司主张，奥克斯公司与广州晶东公司不属于共同侵权，即便假定广东省高级人民法院在本案中对于广州晶东公司具有管辖权，亦不能由此获得对于奥克斯公司的管辖权。奥克斯公司的该上诉主张实质提出了格力公司将奥克斯公司与广州晶东公司作为本案共同被告是否构成必要共同诉讼的问题。本院已经阐明，广东省高级人民法院可以依据广州晶东公司的侵权行为地或者被告住所地获得单独针对广州晶东公司的本案纠纷管辖权。根据奥克斯公司的上诉主张，仍需要进一步阐明奥克斯公司与广州晶东公司作为共同被告是否构成必要共同诉讼。对此，本院分析如下：第一，在侵权纠纷领域，多个被诉行为人共同实施侵权行为时可以基于诉讼标的的同一性构成必要共同诉讼，但是必要共同诉讼的范围并不限于基于共同侵权形成的共同诉讼。在多个被诉行为人分别实施侵权行为造成同一损害时，仍可以基于诉讼标的的同一性以及防止判决冲突、保护当事人利益等政策原因构成必要共同诉讼。对于后一类必要共同诉讼，一旦原告选择在同一案件中对多个被告共同起诉，法院仍可以合并审理而无需征得被告的同意。当然，如果原告选择对多个被告分别起诉，法院并不必然需要在特定诉讼中追加其他关联主体参与诉讼。第二，在专利侵权案件中，如果专利权人将被诉侵权产品的制造商和销售商作为共同被告提起诉讼，该诉讼可以构成后一类必要共同诉讼。原因在于：首先，诉讼标的的同一性。专利权人将被诉侵权产品的制造商和销售商作为共同被告时，尽管制造商和销售商分别实施了不同的侵权行为，但是其侵权行为密切关联。被诉侵权产品制造商制造并售出被诉侵权产品后，下游销售商的销售行为属于制造商制造、销售行为的自然延伸。两者针对的被诉侵权产品相同，均以同一被诉侵权产品落入专利权保护范围为基础，且侵权结果部分重叠，从而形成了部分相同的诉讼标的。其次，防止裁判冲突的政策考虑。由于针对被诉侵权产品制造商和销售商的诉讼均以同一被诉侵权产品落入专利权保护范围为主要诉讼标的，将两者作为共同被告一并予以审理，可以有效防止或者减少裁判冲突的可能性。再次，经济效果的政策考虑。将针对被诉侵权产品制造商和销售商的诉讼作为必要共同诉讼一并予以审理，既可以避免专利权人分别起诉制造商和销售商时可能造成的双重得利，又可以适度减轻专利权人的维权成本、当事人的诉讼成本以及法院的审理成本。最后，这类必要共同诉讼具有法律依据。《最高人民法院关于审理专利纠纷案件适用法律问题的若干规定》第六条第一款规定，原告仅对侵权产品制造者提起诉讼，未起诉销售者，侵权产品制造地与销售地不一致的，制造地人民法院有管辖权；以制造者与销售者为共同被告起诉的，销售地人民法院有管辖权。这一规定事实上已经将针对制造者与销售者作为共同被告的诉讼作为后一类必要共同诉讼予以对待。本案中，奥克斯公司系被诉15款侵权产品的制造商，广州晶东公司系被诉15款侵权产品的销售商，格力公司将制造商奥克斯公司和销售商广州晶东公司一并作为共同被告，构成后一类必要共同诉讼。销售商广州晶东公司的被告住所地和销售地法院即广东省高级人民法院对本案具有管辖权。

依照《中华人民共和国民事诉讼法》第一百七十条第一款第（一）项、第一百七十一条之规定，裁定如下：

驳回上诉，维持原裁定。

本裁定为终审裁定。

审　判　长　朱　理
审　判　员　毛立华
审　判　员　佟　姝
二〇一八年四月二十八日
法 官 助 理　张　博
书　记　员　刘方方

92. 能否以销售者和制造者为共同被告在侵权产品销售地法院起诉

——上诉人宁波奥克斯空调有限公司与被上诉人珠海格力电器股份有限公司、一审被告广州晶东贸易有限公司侵害实用新型专利权纠纷管辖权异议案

【裁判要旨】

在专利侵权案件中，如果专利权人将被诉侵权产品的制造商和销售商作为共同被告提起诉讼，基于诉讼标的的同一性以及防止判决冲突、保护当事人利益等政策原因，该诉讼构成一种特殊的必要共同诉讼。

【关键词】

实用新型专利　侵权　共同被告　必要共同诉讼

【案号】

最高人民法院（2018）最高法民辖终93号

【基本案情】

在上诉人宁波奥克斯空调有限公司（以下简称奥克斯公司）与被上诉人珠海格力电器股份有限公司（以下简称格力公司）、一审被告广州晶东贸易有限公司（以下简称广州晶东公司）侵害实用新型专利权纠纷管辖权异议案（以下简称奥克斯空调专利侵权纠纷管辖权异议案）中，格力公司系专利号为200820047012.X、名称为“一种空调机的室内机”的实用新型专利（即涉案专利）的专利权人，其以奥克斯公司制造、销售、许诺销售，广州晶东公司销售的被诉侵权产品侵犯了涉案专利权为由，向广东省高级人民法院提起诉讼。格力公司提交了记录其网购13款被诉侵权产品的公证文书以及另外2款被诉侵权产品的销售发票。奥克斯公司在答辩期内提出管辖权异议。广东省高级人民法院一审认为，从公证文书记载的内容来看，格力公司网购的整个过程，无论是下单、发货还是收货，均发生在广东省地域范围内，故广东省是上述13款被诉侵权产品的销售地。至于另外2款被诉侵权产品，虽然格力公司没有公证其购买过程，但开票单位“广州晶东贸易有限公司”的住所地以及收款账户开户行均在广东境内，故广东省也是另外2款被诉侵权产品的销售地。因此，即使被诉侵权产品的制造地在浙江省，格力公司也有权选择向广东省高级人民法院提起本案诉讼。遂裁定驳回奥克斯公司的管辖权异议。奥克斯公司不服，提起上诉。最高人民法院于2018年4月28日裁定驳回上诉，维持原裁定。

【裁判意见】

在前述奥克斯空调专利侵权纠纷管辖权异议案中，最高人民法院还对被诉侵权产品的制造商和销售商作为共同被告是否构成必要共同诉讼作出明确解释。最高人民法院二审认为，第一，在侵权纠纷领域，多个被诉行为人共同实施侵权行为时可以基于诉讼标的的同一性构成必要共同诉讼，但是必要共同诉讼的范围并不限于基于共同侵权形成的共同诉讼。在多个被诉行为人分别实施侵权行为造成同一损害时，仍可以基于诉讼标的的同一性以及防止判决冲突、保护当事人利益等政策原因构成一种特殊的必要共同诉讼。对于该种必要共同诉讼，一旦原告选择在同一案件中对多个被告共同起诉，法院仍可以合并审理而无需征得被告的同意。当然，如果原告选择对多个被告分别起诉，法院并不必然需要在特定诉讼中追加其他关联主体参与诉讼。第二，在专利侵权案件中，如果专利权人将被诉侵权产品的制造商和销售商作为共同被告提起诉讼，该诉讼可以构成特殊的必要共同诉讼。原因在于：首先，诉讼标的的同一性。专利权人将被诉侵权产品的制造商和销售商作为共同被告时，尽管制造商和销售商分别实施了不同的侵权行为，但其侵权行为密切关联。被诉侵权产品制造商制造并售出被诉侵权产品后，下游销售商的销售行为属于制造商制造、销售行为的自然延伸。两者针对的被诉侵权产品相同，均以同一被诉侵权产品落入专利权保护范围为基础，且侵权结果部分重叠，从而形成了部分相同的诉讼标的。其次，防止裁判冲突的政策考虑。由于针对被诉侵权产品制造商和销售商的诉讼均以同一被诉侵权产品落入专利权保护范围为主要诉讼标的，将两者作为共同被告一并予以审理，可以有效防止或者减少裁判冲突的可能性。再次，经济效果的政策考虑。将针对被诉侵权产品制造商和销售商的诉讼作为必要共同诉讼一并予以审理，既可以避免专利权人分别起诉制造商和销售商时可能造成的双重得利，又可以适度减轻专利权人的维权成本、当事人的诉讼成本以及法院的审理成本。最后，这类必要共同诉讼具有法律依据。《最高人民法院关于审理专利纠纷案件适用法律问题的若干规定》第六条第一款的规定，事实上已经将针对制造者与销售者作为共同被告的诉讼作为一种特殊的必要共同诉讼予以对待。本案中，奥克斯公司系被诉 15 款侵权产品的制造商，广州晶东公司系被诉 15 款侵权产品的销售商，格力公司将制造商奥克斯公司和销售商广州晶东公司一并作为共同被告，构成特殊的必要共同诉讼。

中华人民共和国最高人民法院民事裁定书

（2018）最高法民辖终 93 号①

① 参见案例 91 裁判文书。

93. 发明专利权临时保护期使用费纠纷案件的管辖确定

——浙江杭州鑫富药业股份有限公司诉山东新发药业有限公司、上海爱兮缇国际贸易有限公司发明专利临时保护期使用费纠纷及侵犯发明专利权纠纷管辖权异议申请再审案

【裁判要旨】

最高人民法院（2008）民申字第81号民事裁定明确了发明专利临时保护期使用费纠纷的管辖确定原则。最高人民法院认为，发明专利临时保护期使用费纠纷虽然不属于一般意义上的侵犯专利权纠纷，但在本质上也是一类与专利有关的侵权纠纷，应当依据民事诉讼法第二十九条有关侵权诉讼的管辖确定原则来确定发明专利临时保护期使用费纠纷的管辖。发明专利临时保护期使用费纠纷在案件性质上与侵犯专利权纠纷最为类似，因此，在法律或者司法解释对这类案件的管辖作出特别规定之前，可以参照侵犯专利权纠纷的管辖规定确定管辖。对于被控侵权的实施行为跨越发明专利授权公告日前后的，其行为具有前后的连续性、一致性，从方便当事人诉讼出发，应当允许权利人一并就临时保护期使用费和侵犯专利权行为同时提出权利主张。

【关键词】

临时保护期使用费　管辖

【案号】

最高人民法院（2008）民申字第81号

【基本案情】

原告浙江杭州鑫富药业股份有限公司（以下简称鑫富公司）以山东新发药业有限公司（以下简称新发公司）、上海爱兮缇国际贸易有限公司（以下简称爱兮缇公司）为共同被告，于2007年12月3日向浙江省杭州市中级人民法院起诉称：鑫富公司系200510123566.4号“产D－泛解酸内酯水解酶的微生物及其制备D－泛解酸的方法”发明专利的专利权人。新发公司自原告申请专利后，未经原告许

可为生产经营目的使用上述专利方法生产了专利产品，爱兮缇公司销售了依照该专利方法直接获得的产品，造成鑫富公司经济损失。该专利的申请日为2005年11月22日，公布日为2006年6月28日，授权公告日为2007年11月28日。本案中鑫富公司据以确定管辖的主要证据是新发公司与爱兮缇公司于2007年3月26日签订的《销售合同》和鑫富公司与爱兮缇公司于2007年3月28日签订的《产品订货合同》。浙江省杭州市中级人民法院受理本案后，新发公司、爱兮缇公司在法定答辩期内提出管辖权异议。杭州市中级人民法院驳回山东新发药业有限公司、上海爱兮缇国际贸易有限公司对本案管辖权提出的异议。新发公司、爱兮缇公司均不服一审裁定，向浙江省高级人民法院提出上诉。浙江省高级人民法院二审驳回上诉，维持原裁定。新发公司向本院申请再审。

【裁判意见】

本案原告的诉讼请求既包括要求新发公司和爱兮缇公司支付发明专利申请公开后授权前的临时保护期实施专利技术的使用费，也包括要求新发公司支付专利授权后侵犯专利权行为的损害赔偿金以及承担停止侵权等民事责任。本案案由应当确定为发明专利临时保护期使用费纠纷及侵犯发明专利权纠纷。发明专利保护期使用费纠纷虽然不属于一般意义上的侵犯专利权纠纷，但在本质上也是一类与专利有关的侵权纠纷，是涉及专利权人对其发明专利技术在临时保护期所享有的收取使用费的权利的侵权纠纷。因此，应当依据民事诉讼法第二十九条有关侵权诉讼的管辖确定原则来确定发明专利保护期使用费纠纷的管辖。对于被控侵权的实施行为跨越发明专利授权公告日前后的，其行为具有前后的连续性、一致性。从方便当事人诉讼出发，应当允许权利人一并就临时保护期使用费和侵犯专利权行为同时提出权利主张。本案中，原告在发明专利临时保护期内的销售被控侵权产品的销售地，同时以制造者与销售者为共同被告，起诉销售者的销售行为和制造者在发明专利临时保护期内以及该专利授权以后的制造和销售行为，该销售地法院对全案具有管辖权。申请再审人的有关申请再审理由不能成立，本院不予支持。

中华人民共和国最高人民法院民事裁定书

（2008）民申字第81号

申请再审人（一审被告、二审上诉人）：新发药业有限公司，住所地：山东省东营市恳利县黄店村东（同兴分干西侧）。

法定代表人：李新发，该公司执行董事。

委托代理人：王云诚，琴岛律师事务所律师。

委托代理人：孙君，该公司法律室主任。

被申请人（一审原告、二审被上诉人）：浙江杭州鑫富药业股份有限公司，住所地：浙江省杭州市临安经济开发区。

法定代表人：过鑫富，该公司董事长。

委托代理人：王震宇，上海市邦信阳律师事务所律师。

原审被告：上海爱兮缇国际贸易有限公司，住所地：上海市卢湾区绍兴路17弄3－4号X5室。

法定代表人：龚彦伟，该公司执行董事。

委托代理人：盖乃明，男，汉族，1971年3月7日出生，新发药业有限公司法律顾问，住山东省东营市东营区东二路11号。

申请再审人山东新发药业有限公司（以下简称新发公司）因与被申请人浙江杭州鑫富药业股份有限公司（以下简称鑫富公司）、原审被告上海爱兮缇国际贸易有限公司（以下简称爱兮缇公司）发明专利临时保护期使用费纠纷及侵犯发明专利权纠纷管辖权异议一案，不服浙江省高级人民院2008年4月1日作出的（2008）浙民告终字第28号管辖权异议民事裁定书，向本院申请再审。本院依法组成合议庭对本案进行了审查，现已审查完毕。

申请再审人新发公司申请再审称：1. 爱兮缇公司的销售行为发生在鑫富公司的专利权授权公告之前，即专利临时保护期内，明显不构成侵权，所以本案不存在"侵权行为地"，二审法院将本案案由确定为"侵犯发明专利权纠纷"并适用《最高人民法院关于审理专利纠纷案件适用法律问题的若干规定》第六条，以"侵权行为地"中的"产品销售地"确定本案的管辖权是错误的。本案案由应当是《民事案件案由规定》第一百四十三条第（七）项"发明专利临时保护期使用费纠纷"，应当依照民事诉讼法第二十二条第二款的规定，由被告住所地法院审理。2. 依照本案专利权利要求书，其专利保护内容为D－泛解酸内酯水解酶的微生物的筛选方法以及在制备D－泛解酸中的用途。依照该专利方法直接获得的产品是筛选的丝状真菌，不是D－泛酸钙。二审法院未经基本审查，仅根据一份D－泛酸钙的产品订货合同，就认定"新发公司生产了被控侵权产品，爱兮缇公司销售该产品"，并以此确定案件管辖权，没有事实依据。3. 鑫富公司故意虚列案件当事人，制造管辖争议，争抢案件管辖权。鑫富公司向新发公司索赔人民币

7500万元，而向爱兮缇公司仅仅索赔人民币1万元，明显是虚列爱兮缇公司为案件当事人。鑫富公司作为D－泛酸钙的生产企业，本身不会在市场上购买和销售新发公司的D－泛酸钙。新发公司的D－泛酸钙原本也没有在浙江省范围内销售过。但是鑫富公司主动联系爱兮缇公司，并与其签订产品订货合同，诱导其将新发公司的D－泛酸钙销售到浙江临安，故意制造出新发公司的产品在浙江临安的销售事实。而且鑫富公司在其发明专利授权后，又要求爱兮缇公司修改产品订货合同签署的时间，以此争抢案件管辖权。4. 二审法院在管辖权异议程序中，对被控侵权产品是否是专利方法制造的产品以及是否存在侵权的可能性、是否存在所谓的侵权行为地没有进行审查是错误的。根据民事诉讼法第三十八条和第一百零八条之规定，法院应当对确定案件管辖权的证据的关联性、是否确实符合立案条件进行程序审查。在爱兮缇公司的销售行为发生在鑫富公司的专利权授权公告之前，不存在侵权可能性的事实清楚的前提下，二审法院应当并完全可以进行审查，不需要等案件进入实体审理程序。5. 一审法院违反法定程序。一审法院于2007年12月3日立案，原告于2007年12月4日就在网上发布了“重大诉讼公告”，而被告却是在2007年12月21日才收到起诉状副本。一审法院违反了民事诉讼法第一百一十三条关于“人民法院应当在立案之日起五日内将起诉状副本发送被告”的规定，并违反了对当事人一律平等的基本诉讼原则。

被申请人鑫富公司答辩称：1. 依据专利法第十三条和第四十二条之规定，获得授权的专利权人可以针对自专利申请日开始的任何侵犯其专利权的行为主张权利，包括提出支付使用费的诉讼请求。本案爱兮缇公司销售被控侵权产品的行为发生在2007年3月末4月初，处于专利有效期限内。所以，鑫富公司有权针对在本案专利申请日后新发公司的持续侵权行为和爱兮缇公司销售被控侵权产品的行为一并提起诉讼。一审法院以此确定案由为侵犯专利权纠纷，符合原《民事案件案由规定（试行)》《民事案件案由规定》和民事诉讼法的有关规定。2. 依据本案专利权利要求书和说明书，依照专利方法直接取得的产品虽然字面上是D－泛解酸，但由于D－泛解酸为D－泛酸的重要手性中间体，而D－泛酸又多以D－泛酸钙形式存在，故原审认定D－泛酸钙视为依据本案专利方法直接获得的产品有事实依据，D－泛酸钙应为被控侵权产品。新发公司生产销售了D－泛酸钙产品，爱兮缇公司销售了新发公司的D－泛酸钙产品，鑫富公司以新发公司和爱兮缇公司作为共同被告，起诉其侵犯本案专利，依据《最高人民法院关于审理专利纠纷案件适用法律问题的若干规定》之规定，销售地人民法院即杭州市中级人民法院享有管辖权。3. 鑫富公司在原审起诉时，只掌握了爱兮缇公司销售 200 公斤涉及金额人民币 44000 元的 D－泛酸钙产品的证据，此销售行为预计给鑫富公司造成损失约为人民币 1 万元，故向爱兮缇公司索赔人民币 1 万元。根据有关证据材料，新发公司的持续侵权行为已给鑫富公司造成了巨额的经济损失。鑫富公司根据《最高人民法院关于审理专利纠纷案件适用法律问题的若干规定》之规定，按起诉之日起向前推算二年的方式计算出损害赔偿数额，并以此向新发公司提出了人民币 7500 万元的索赔数额。因此，鑫富公司原审时的诉讼请求符合法律规定和客观事实。另外，鑫富公司与爱兮缇公司签订的订货合同是双方的真实意思表示，双方对该合同的法律效力均无异议，且目前该合同已履行完毕，并不存在鑫富公司以此争抢案件管辖权之事实。4. 本案目前尚处于程序审理阶段，本案专利的保护范围、新发公司的生产方法是否侵犯了鑫富公司的专利权等是本案实体审理阶段需要解决的问题。5. 新发公司在上诉和再审申请主张中变更了事实理由和请求，依法不应予以采信。

爱兮缇公司陈述意见称：1. 爱兮缇公司的销售行为发生在专利权公告授权之前，明显不构成侵权。本案的案由应是专利使用费纠纷，而非侵犯专利权纠纷。2. 本案不存在“侵权行为地”，二审法院依照“侵权行为地”中的“产品销售地”确定本案的管辖权是错误的。本案依法应由被告住所地法院审理。3. 二审法院依照爱兮缇公司销售 D－泛酸钙产品的行为确定案件的管辖权，明显超出鑫富公司的专利保护范围，没有事实依据。

经审查查明：原告鑫富公司以新发公司、爱兮缇公司为共同被告，于 2007 年 12 月 3 日向浙江省杭州市中级人民法院起诉称：鑫富公司系 200510123566.4 号“产 D－泛解酸内酯水解酶的微生物及其制备 D－泛解酸的方法”发明专利的专利权人。新发公司自原告申请专利后，未经原告许可为生产经营目的使用上述专利方法生产了专利产品，爱兮缇公司销售了依照该专利方法直接获得的产品，造成鑫富公司经济损失。故，请求判令新发公司和爱兮缇公司立即停止侵权并在《人民法院报》《证券时报》上刊登声明以消除负面影响以及承担有关诉讼费用，判令新发公司支付鑫富公司专利使用费用和赔偿损失人民币合计 7500 万元，爱兮缇公司对其中 1 万元的赔偿金与新发公司承担连带责任。鑫富公司起诉时提供了专利证书、新发公司与爱兮缇公司、爱兮缇公司与鑫富公司之间买卖 D－泛酸钙的合同等证据材料。

本案鑫富公司据以主张权利的专利权系其与江南大学共有的一种名为“产D-泛解酸内酯水解酶的微生物及其制备D-泛解酸的方法”发明专利。该专利的申请日为2005年11月22日，公布日为2006年6月28日，授权公告日为2007年11月28日，专利号为200510123566.4。江南大学于2007年11月28日致函鑫富公司，同意鑫富公司单独向新发公司提起专利侵权诉讼。

本案中鑫富公司据以确定管辖的主要证据是新发公司与爱兮缇公司于2007年3月26日签订的《销售合同》和鑫富公司与爱兮缇公司于2007年3月28日签订的《产品订货合同》。新发公司与爱兮缇公司之间的《销售合同》约定，新发公司向爱兮缇公司销售名称为D-泛酸钙、规格为USP28、数量为200公斤、总金额为人民币40000元的产品。鑫富公司与爱兮缇公司之间的《产品订货合同》约定，爱兮缇公司向鑫富公司销售名称为D-泛酸钙、规格为USP28、数量为200公斤、金额为人民币44000元的产品，交货时间是4月10日以前，交货地点及运输方式为：爱兮缇公司将货送到临安市锦城镇鑫富公司指定的仓库，运费由爱兮缇公司承担。上述合同签订后，各方均依约履行了该合同。当事人对两份合同的真实性以及实际履行行为没有异议。

浙江省杭州市中级人民法院受理本案后，新发公司、爱兮缇公司在法定答辩期内提出管辖权异议认为：1. 二被告住所地在山东省东营市或者上海市。2. 依照本案专利方法直接获得的产品为“D-泛解酸或微生物”而非被控侵权的“D-泛酸钙”产品，二被告并不存在生产、销售依照本案专利方法直接获得的产品的侵权行为。3. 原告提供的证据仅能证明爱兮缇公司可能对新发公司生产的“D-泛酸钙”产品存在买卖及销售行为，而不能证明新发公司制造、使用、销售了依照本案专利方法直接获得的“D-泛解酸或微生物”产品。故本案应当移送有管辖权的人民法院审理。

杭州市中级人民法院一审认为：从本案专利权利要求书及说明书来看，本案专利中的D-泛解酸是制造D-泛酸的重要手性中间体，而D-泛酸产品又多以D-泛酸钙形式存在，因此，D-泛酸钙应视为使用本案专利方法直接获得的产品。本案鑫富公司提供的购销合同等证据可以初步证明被告依照该专利方法直接获得的产品的销售行为发生在杭州市辖区内，故杭州市中级人民法院作为销售地法院对本案享有管辖权。该院依照《中华人民共和国民事诉讼法》第三十八条、《最高人民法院关于审理专利纠纷案件适用法律问题的若干规定》第五条、第六条之规定，于2008年1月14日裁定：驳回山东新发药业有限公司、上海爱兮缇国际贸易有限公司对本案管辖权提出的异议。

新发公司、爱兮缇公司均不服一审裁定，向浙江省高级人民法院提出上诉称：1. 本案专利的授权公告日为2007年11月28日，而鑫富公司与爱兮缇公司签订订货合同的时间是2007年3月28日，爱兮缇公司明显不构成侵权，因此销售行为地自然也不是“侵权行为地”，一审裁定以浙江临安是“侵权行为地”确定管辖权，明显属于认定事实和适用法律错误。2. 一审裁定认为D－泛酸钙应视为使用本案专利方法直接获得的产品，没有任何事实根据，以此确定本管辖权明显属于适用法律错误。鑫富公司答辩称：1. 本案专利是从申请日开始受到保护，新发公司和爱兮缇公司构成侵权。2. 根据本案专利说明书，新发公司生产、爱兮缇公司销售“D－泛酸钙”应被视为使用了本案专利。3. 本案一审法院根据销售地确定管辖权并无不当。

浙江省高级人民法院二审认为：根据鑫富公司的起诉及所提供的证据材料，新发公司生产了被控侵权产品，爱兮缇公司销售了该产品。根据民事诉讼法第二十九条及《最高人民法院关于审理专利纠纷案件适用法律问题的若干规定》第六条有关“……以制造者与销售者为共同被告起诉的，销售地人民法院有管辖权”的规定，本案鑫富公司提供的其与爱兮缇公司签订的订货合同明确约定交货地为杭州临安市，杭州市中级人民法院作为本案被控侵权产品的销售地法院依法享有管辖权。新发公司、爱兮缇公司上诉提出的有关被控侵权行为是否发生在鑫富公司专利的保护期内、D－泛酸钙与本案专利的关系及新发公司、爱兮缇公司是否构成侵权等问题有待于本案的实体审理，因此对于新发公司、爱兮缇公司的上诉理由，不予支持。该院依照《中华人民共和国民事诉讼法》第一百五十四条之规定，于2008年4月1日裁定：驳回上诉，维持原裁定。

本院经审查认为：**人民法院应当在准确确定案件案由的基础上依法确定案件的管辖。本案原告的诉讼请求既包括要求新发公司和爱兮缇公司支付发明专利申请公开后授权前的临时保护期实施专利技术的使用费，也包括要求新发公司支付专利授权后侵犯专利权行为的损害赔偿金以及承担停止侵权等民事责任。因此，本案案由应当确定为发明专利临时保护期使用费纠纷及侵犯发明专利权纠纷。**原审法院将本案案由仅确定为侵犯专利权纠纷有所不妥。

《最高人民法院关于审理专利纠纷案件适用法律问题的若干规定》第五条规定：“因侵犯专利权行为提起的诉讼，由侵权行为地或者被告住所地人民法院管辖。侵权行为地包括：被控侵犯发明、实用新型专利权的产品的制造、使用、许诺销售、销售、进口等行为的实施地；专利方法使用行为的实施地；依照该专利方法直接获得的产品的使用、许诺销售、销售、进口等行为的实施地；外观设计专利产品的制造、销售、进口等行为的实施地；假冒他人专利的行为实施地。上述侵权行为的侵权结果发生地。”第六条规定：“原告仅对侵权产品制造者提起诉讼，未起诉销售者，侵权产品制造地与销售地不一致的，制造地人民法院有管辖权；以制造者与销售者为共同被告起诉的，销售地人民法院有管辖权。”该司法解释依据民事诉讼法第二十九条的规定，进一步明确了一般意义上的侵犯专利权纠纷，即在专利授权后因他人擅自实施专利而引起的侵权纠纷的确定管辖的具体规则。

发明专利保护期使用费纠纷虽然不属于一般意义上的侵犯专利权纠纷，但在本质上也是一类与专利有关的侵权纠纷，是涉及专利权人对其发明专利技术在临时保护期所享有的收取使用费的权利的侵权纠纷。因此，应当依据民事诉讼法第二十九条有关侵权诉讼的管辖确定原则来确定发明专利保护期使用费纠纷的管辖。

专利法第十三条规定：“发明专利申请公布后，申请人可以要求实施其发明的单位或者个人支付适当的费用。”这里的“实施”与专利法第十一条所称的“实施”系同一概念，应当作出相同的解释，即制造、使用、许诺销售、销售、进口。任何人在发明专利临时保护期内以制造、使用、许诺销售、销售、进口等任何一种方式实施该发明的，专利权人都有权在该发明专利授权后提起诉讼要求实施人支付适当的使用费。**在发明专利临时保护期使用费纠纷中，除了权利人只能就使用费问题主张损害赔偿的民事责任而不能请求实施人承担停止侵权等其他民事责任以外，在其他问题上与一般意义上的侵犯专利权纠纷并无本质不同，发明专利临时保护期使用费纠纷在案件性质上与侵犯专利权纠纷最为类似。因此，在法律或者司法解释对发明专利保护期使用费纠纷的管辖作出特别规定之前，可以参照侵犯专利权纠纷的管辖规定确定发明专利保护期使用费纠纷的管辖。**

对于被控侵权的实施行为跨越发明专利授权公告日前后的，其行为具有前后的连续性、一致性。从方便当事人诉讼出发，应当允许权利人一并就临时保护期使用费和侵犯专利权行为同时提出权利主张。同时，《最高人民法院关于审理专利纠纷案件适用法律问题的若干规定》第六条关于“以制造者与销售者为共同被告起诉的，销售地人民法院有管辖权”的规定，本意在于权利人可以在被控侵权产品的销售地对该被控侵权产品制造者的全部制造以及销售被控侵权产品的行为主张权利，而并非在被控侵权产品的销售地仅能对制造者制造并销售给该销售者的那部分被控侵权产品的行为主张权利。本案中，原告在发明专利临时保护期内的销售被控侵权产品的销售地，同时以制造者与销售者为共同被告，起诉销售者的销售行为和制造者在发明专利临时保护期内以及该专利授权以后的制造和销售行为，该销售地法院对全案具有管辖权。申请再审人的有关申请再审理由不能成立，本院不予支持。被申请人的有关答辩理由基本成立，但其关于专利权人可以针对自专利申请日开始的他人的任何实施行为主张权利的理由并不准确；对于专利申请公开以前他人的实施行为，除非构成侵犯商业秘密，专利权人无权依据专利法主张权利。

对于被控侵权产品是否属于依照专利方法直接获得的产品的问题，属于实体审理中所要解决的问题，无需在管辖权异议的程序问题审理中予以解决。即使能够确认被控侵权产品不属于依照专利方法直接获得的产品，也应当通过实体裁判驳回原告的有关诉讼请求，而不能从程序上驳回原告的起诉。二审法院对此裁定理由正确，申请再审人的有关申请再审理由不能成立。

新发公司还提出，鑫富公司故意虚列案件当事人，制造管辖争议，争抢案件管辖权。这一主张既缺乏证据支持，理由也不充分，亦无据此改变案件管辖权的明确法律依据。鑫富公司对爱兮缇公司的索赔额明显低于对新发公司的索赔额，系原告对其诉讼请求的自由处分，而且鑫富公司已经说明系因二被告的侵权行为情节不同而请求不同的赔偿额。至于鑫富公司通过自行订购方式取得被控侵权产品，并非以侵害他人合法权益或者违反法律禁止性规定的方法取得，并未违反《最高人民法院关于民事诉讼证据的若干规定》第六十八条关于非法证据的规定。鑫富公司与爱兮缇公司签订的订货合同载明的事实可以作为确定案件管辖的事实依据。

此外，新发公司关于一审法院违反法定的起诉状副本送达期限的主张，亦不能成立。民事诉讼法第一百一十三条关于“人民法院应当在立案之日起五日内将起诉状副本发送被告”的规定，是指人民法院应当在立案之日起五日内向被告发出起诉状副本，而非在五日内送达至被告。由于案件管理流程的需要和当事人与法院的距离远近以及送达方式不同等客观原因，当事人不能同时收到有关诉讼文书实属正常，并不当然构成违反法定程序，也不当然构成对当事人的非平等对待。

综上，申请再审人新发公司的再审申请不符合《中华人民共和国民事诉讼法》第一百七十九条规定的情形。依照《中华人民共和国民事诉讼法》第一百八十一条第一款之规定，裁定如下：

驳回新发药业有限公司的再审申请。

审 判 长 王永昌
代理审判员 郃中林
代理审判员 李 剑
二〇〇八年七月二十二日
书 记 员 王 新

2. 证 据

94. 因诉争焦点变化而未能及时提交的证据属于“新的证据”

——再审申请人安斯泰来制药株式会社与被申请人成都力思特制药股份有限公司及一审被告张红兵侵害发明专利权纠纷案

【裁判要旨】

举证期限届满后，因诉争焦点发生变化，当事人为支持其主张而补充提交关键性证据，不审理该证据可能导致裁判明显不公的，应认定该证据属于“新的证据”。

【关键词】

新的证据 焦点变化

【案号】

最高人民法院（2013）民申字第261号

【基本案情】

安斯泰来制药株式会社是名称为“四氢苯并咪唑衍生物的制备方法”发明专利（即本案专利）的专利权人。该公司以成都力思特制药股份有限公司（以下简称力思特公司）擅自使用本案专利技术生产、销售和许诺销售盐酸雷莫司琼注射液，张红兵销售上述产品，共同侵犯专利权为由，提起诉讼。北京市第一中级人民法院两次开庭审理本案。在第一次开庭审理中，力思特公司主张其将外购的雷莫司琼原料进行拆分后再转化为盐酸雷莫司琼，该制备方法不同于本案专利方法，且其使用的雷莫司琼原料来源于案外人，并提供了在国家食品药品监督管理局备案的盐酸雷莫司琼注射液生产工艺等材料予以证明。安斯泰来制药株式会社认为，力思特公司提供的上述证据不能证明其实际使用的雷莫司琼原料确实来源于案外供应商，存在自产的可能；力思特公司生产的盐酸雷莫司琼与使用本案专利权利要求9的方法生产的产品完全一样，即使力思特公司的外购行为是真实的，其拆分行为也与案外供应商一起构成共同侵权。双方当时争议的焦点在于外购行为是否确实发生，以及力思特公司使用雷莫司琼原料进行拆分后转化为盐酸雷莫司琼的步骤是否包含在本案专利权利要求9中，并未涉及外购的雷莫司琼原料在数量上能否满足生产需要的问题。在第二次开庭审理中，安斯泰来制药株式会社通过计算指出，力思特公司要满足其销售的盐酸雷莫司琼和盐酸雷莫司琼注射液的生产，需要雷莫司琼的原料数量为2.8公斤，而力思特公司从案外供应商购买的雷莫司琼原料仅为1公斤左右，故主张力思特公司使用的雷莫司琼原料还存在其他来源，并提出力思特公司存在自产的可能。针对上述质疑，力思特公司在第二次开庭审理结束后提交了其外购雷莫司琼原料的2张发票的复印件（购买量分别为1公斤），并申请追加案外供应商为共同被告。北京市第一中级人民法院一审认定力思特公司构成侵权并判决承担赔偿损失等责任。力思特公司不服，提出上诉。在二审期间，力思特公司除提交上述2张发票的原件外，又提交了另外5张发票的原件以及相关付款凭证、进货检验报告等，用以证明其生产使用的雷莫司琼原料系外购。安斯泰来制药株式会社认为上述7张发票不属于二审“新的证据”，并对其真实性、关联性持异议。为审查核实上述证据的真实性，北京市高级人民法院到相关税务机关和供应商处进行调查。在力思特公司提交新的证据的基础上，该院二审判决撤销一审判决，改判驳回安斯泰来制药株式会社的诉讼请求。安斯泰来制药株式会社不服，向最高人民法院申请再审。其申请再审理由之一为，力思特公司在二审期间提交的一系列材料均在本案起诉前已经形成并一直为力思特公司控制和持有，不属于“新的证据”，不应采信。最高人民法院于2013年5月30日裁定驳回安斯泰来制药株式会社的再审申请。

【裁判意见】

最高人民法院审查认为：在诉讼过程中，双方当事人关注和争议的焦点往往会发生变化，而焦点的变化通常会影响当事人对证据材料本身价值的判断，并进而影响证据的提交。本案中，力思特公司首先提交了在国家食品药品监督管理局备案的材料以证明其使用的雷莫司琼原料系外购，在安斯泰来制药株式会社针对雷莫司琼原料的购买数量提出质疑后又补充提交发票予以回应和反驳。可见，力思特公司未及时提交发票与双方关注焦点的变化密切相关，在一审中未提交相关发票有正当理由。而且，在本案中，上述发票是认定力思特公司是否构成侵权的关键性证据，不审理该证据可能导致裁判明显不公。因此，对于安斯泰来制药株式会社提出的力思特公司在二审期间提交的发票等证据不属于“新的证据”的申请再审理由，不予支持。

中华人民共和国最高人民法院民事裁定书

(2013) 民申字第261号

再审申请人（一审原告，二审被上诉人）：安斯泰来制药株式会社（日本）。

法定代表人：森田拓，该公司知识产权部部长。

委托代理人：杨青，中原信达知识产权代理有限责任公司专利代理人。

委托代理人：吴立，中原信达知识产权代理有限责任公司专利代理人。

被申请人（一审被告，二审上诉人）：成都力思特制药股份有限公司。

法定代表人：黄绍渊，该公司董事长。

一审被告：张红兵。

再审申请人安斯泰来制药株式会社因与被申请人成都力思特制药股份有限公司（以下简称力思特公司）及一审被告张红兵侵犯发明专利权纠纷一案，不服北京市高级人民法院（2011）高民终字第1711号民事判决，向本院申请再审。本院依法组成合议庭对本案进行了审查，现已审查终结。

安斯泰来制药株式会社申请再审称：（一）二审法院采信力思特公司在二审期间提供的证据，违反诉讼程序，损害了安斯泰来制药株式会社的合法权利。力思特公司在二审期间提交的一系列材料（包括7张购买雷莫司琼原料的增值税发票以及相关付款凭证、进货检验报告等）均在本案起诉前已经形成并一直为力思特公司控制和持有，但力思特公司在一审期间对此有意隐瞒、拒不履行其举证责任。而且，上述材料不属于《中华人民共和国民事诉讼法》（以下简称民事诉讼法）和相关证据规则下的“新的证据”，不应被作为证据采信。（二）二审法院主动要求力思特公司进一步提交相关付款凭证等以对其所提交的发票进行证据补强，并主动调查核实力思特公司在二审期间违法提交的证据的真实性，违反民事诉讼法有关“谁主张，谁举证”的原则和程序公正原则。（三）力思特公司在二审期间提交的包含 7 张发票在内的一系列材料所记载的外购雷莫司琼原料的时间范围为 2007 年 4 月至 2008 年 12 月，但对于从 2006 年 1 月至 2007 年 3 月期间的雷莫司琼原料来源并没有任何相关材料说明。二审法院认定力思特公司在 2006 年至 2008 年三年间生产、销售盐酸雷莫司琼和盐酸雷莫司琼注射液所用的雷莫司琼原料均为外购的事实缺乏证据支持。安斯泰来制药株式会社依据 2007 年修改的民事诉讼法第一百七十九条第一款第（二）项和第二款①的规定申请再审。

被申请人力思特公司提交意见称：（一）力思特公司之所以在二审期间才提交上述材料是由于安斯泰来制药株式会社的侵权主张不够明确和立场摇摆所致。安斯泰来制药株式会社在一审诉讼开始时主张其涉案方法专利权的保护应延及产品，认为将雷莫司琼原料转化为盐酸雷莫司琼的过程构成侵权；后又认为涉案方法专利权的保护不延及产品，侵权依据是力思特公司使用的雷莫司琼原料来源不明。力思特公司在一审中以例证的方式提供了外购雷莫司琼原料的部分发票。当力思特公司证明雷莫司琼原料为外购后，安斯泰来制药株式会社又主张力思特公司外购雷莫司琼原料的数量不足。在此情形下，力思特公司才进一步提交外购发票。外购发票作为反驳证据，未超过举证期限。（二）安斯泰来制药株式会社提交的艾美仕市场研究公司出具的报告，存在严重瑕疵和举证瑕疵，不应作为定案依据。（三）涉案方法专利权的保护应不延及产品，将雷莫司琼原料转化为盐酸雷莫司琼的过程为常规方法，该转化过程本身不受涉案方法专利权的保护。（四）二审法院核实力思特公司提供的外购雷莫司琼原料证据的真实性，是对证据采取的核实行为，不属于主动调查证据。安斯泰来制药株式会社的再审申请缺乏事实和法律依据，请求予以驳回。

---

① 对应 2017 年修正的《中华人民共和国民事诉讼法》第二百条第（二）项、第（十三）项。

本院审查查明：一审法院分别于2009年10月23日、2010年5月24日两次公开开庭审理本案。在一审法院第一次公开开庭审理中，力思特公司主张其是将外购的雷莫司琼原料进行拆分后再转化为盐酸雷莫司琼，其制备方法不同于涉案专利的制备方法，且其使用的雷莫司琼原料来源于北京合成天地化学技术有限公司，并提供了其在国家食品药品监督管理局备案的盐酸雷莫司琼注射液的生产工艺等材料予以证明。安斯泰来制药株式会社认为，力思特公司提供的上述证据不能证明其实际使用的雷莫司琼原料确实来源于北京合成天地化学技术有限公司，存在自产的可能，且力思特公司生产的盐酸雷莫司琼与使用涉案专利权利要求9的方法生产的产品完全一样，即使力思特公司的外购行为是真实的，其拆分行为也与北京合成天地化学技术有限公司一起构成共同侵权。双方当时争议的焦点集中在外购行为是否确实发生上，以及力思特公司使用雷莫司琼原料进行拆分后转化为盐酸雷莫司琼的步骤是否包含在涉案专利权利要求9中，并未涉及外购的雷莫司琼原料在数量上是否能够满足生产需要的问题。在一审法院第二次公开开庭审理中，安斯泰来制药株式会社通过计算指出，力思特公司要满足其销售的盐酸雷莫司琼和盐酸雷莫司琼注射液的生产需要雷莫司琼原料的数量为2.8公斤，而从北京合成天地化学技术有限公司购买的雷莫司琼原料仅为1公斤左右，故主张力思特公司使用的雷莫司琼原料还存在其他来源，并提出自产的质疑。针对上述质疑，力思特公司在一审第二次开庭审理结束后提交了其外购雷莫司琼原料的2张发票的复印件（购买量分别为1公斤）和要求追加供应商为共同被告的申请。在二审期间，力思特公司除提交上述2张发票的原件外，又提交了另外5张发票的原件，用于证明其生产使用的雷莫司琼原料系外购。安斯泰来制药株式会社认为上述7张发票不属于二审新的证据，并对其真实性、关联性持异议。

本院认为，本案争议焦点在于：力思特公司在二审期间提交的发票等证据是否属于“新的证据”；二审法院主动要求力思特公司提交补强证据并依职权核实证据的行为是否违反程序；力思特公司在2006年1月至2007年3月期间用于组织生产所需的雷莫司琼原料的来源问题。

（一）力思特公司在二审期间提交的发票等证据是否属于“新的证据”

《最高人民法院关于民事诉讼证据的若干规定》第四十三条规定：“当事人举证期限届满后提供的证据不是新的证据的，人民法院不予采纳。当事人经人民法院准许延期举证，但因客观原因未能在准许的期限内提供，且不审理该证据可能导致裁判明显不公的，其提供的证据可视为新的证据。”在诉讼过程中，双方当事人关注和争议的焦点往往会发生变化，而焦点的变化通常会影响当事人对证据材料本身价值的判断，并进而影响证据的提交。本案中，力思特公司首先提交了在国家食品药品监督管理局备案的材料证明其使用的雷莫司琼原料系外购，在安斯泰来制药株式会社针对雷莫司琼原料的购买数量提出质疑后又提交发票予以回应和反驳。可见，力思特公司未及时提交发票与双方关注焦点的变化密切相关，在一审中未提交相关发票有正当理由。而且，在本案中，上述发票是认定力思特公司是否构成侵权的关键性证据，不审理该证据可能导致裁判明显不公。因此，对于安斯泰来制药株式会社提出的力思特公司在二审期间提交的发票等证据不属于“新的证据”的申请再审理由，本院不予支持。

（二）二审法院主动要求力思特公司提交补强证据并依职权核实证据的行为是否违反程序

二审法院审理本案适用 2007 年修改的民事诉讼法。该法第六十四条①规定：“当事人对自己提出的主张，有责任提供证据。当事人及其诉讼代理人因客观原因不能自行收集的证据，或者人民法院认为审理案件需要的证据，人民法院应当调查收集。人民法院应当按照法定程序，全面地、客观地审查核实证据。”第一百一十六条②规定：“审判人员必须认真审核诉讼材料，调查收集必要的证据。”根据上述规定，人民法院有审查核实证据的职权。本案中，力思特公司在二审期间自行提交 7 张发票以证明其使用的雷莫司琼原料系外购的主张，该 7 张发票并非二审法院主动调查收集的证据。二审法院要求力思特公司进一步提交相关付款凭证等证据，并到相关税务机关和公司进行调查，是为了核实力思特公司提交的发票的真实性，确认力思特公司以该发票主张的购销事实是否真实发生。人民法院为了审查核实当事人提供证据的真实性而收集必要的证据，属于行使民事诉讼法规定的职权，不违反“谁主张、谁举证”等程序要求。因此，对于安斯泰来制药株式会社提出的二审法院违反程序的相应申请再审理由，本院不予支持。

（三）关于力思特公司在 2006 年 1 月至 2007 年 3 月期间组织生产所使用的雷莫司琼原料的来源问题

安斯泰来制药株式会社主张力思特公司 2006 年 1 月至 2007 年 3 月存在侵

---

① 对应 2017 年修正的《中华人民共和国民事诉讼法》第六十四条。

② 对应 2017 年修正的《中华人民共和国民事诉讼法》第一百二十九条。

权行为的证据仅仅是艾美仕市场研究公司出具的报告复印件，该报告显示力思特公司在上述时间存在销售盐酸雷莫司琼注射液的行为，安斯泰来制药株式会社并没有提供力思特公司在这段时间存在侵权行为的直接证据。二审判决根据力思特公司提供的 7 张发票认定，力思特公司使用外购的雷莫司琼原料生产、销售盐酸雷莫司琼和盐酸雷莫司琼注射液未侵犯涉案专利权的上诉主张成立，安斯泰来制药株式会社所提力思特公司在 2006 年至 2008 年生产、销售盐酸雷莫司琼和盐酸雷莫司琼注射液构成侵犯涉案专利权且应承担民事责任的诉讼请求缺乏依据。二审判决的上述认定并无不当。安斯泰来制药株式会社关于二审判决认定力思特公司在 2006 年至 2008 年生产、销售盐酸雷莫司琼和盐酸雷莫司琼注射液所用的雷莫司琼原料均为外购的事实缺乏证据支持的申请再审理由不能成立。

综上，安斯泰来制药株式会社的再审申请不符合《中华人民共和国民事诉讼法》第二百条规定的情形。依照《中华人民共和国民事诉讼法》第二百零四条第一款之规定，裁定如下：

驳回安斯泰来制药株式会社的再审申请。

审 判 长　周　翔
代理审判员　郎贵梅
代理审判员　周云川
二〇一三年五月三十日
书 记 员　张　博

95. 人民法院依职权调查收集必要证据的正当性

——再审申请人安斯泰来制药株式会社与被申请人成都力思特制药股份有限公司及一审被告张红兵侵害发明专利权纠纷案

【裁判要旨】

人民法院为了审查核实当事人提供证据的真实性而收集必要的证据，属于行使民事诉讼法规定的职权，不违反法定程序。

【关键词】

依职权调查　证据

【案号】

最高人民法院（2013）民申字第261号

【基本案情】

安斯泰来制药株式会社是名称为“四氢苯并咪唑衍生物的制备方法”发明专利（即本案专利）的专利权人。该公司以成都力思特制药股份有限公司（以下简称力思特公司）擅自使用本案专利技术生产、销售和许诺销售盐酸雷莫司琼注射液，张红兵销售上述产品，共同侵犯专利权为由，提起诉讼。北京市第一中级人民法院两次开庭审理本案。在第一次开庭审理中，力思特公司主张其将外购的雷莫司琼原料进行拆分后再转化为盐酸雷莫司琼，该制备方法不同于本案专利方法，且其使用的雷莫司琼原料来源于案外人，并提供了在国家食品药品监督管理局备案的盐酸雷莫司琼注射液生产工艺等材料予以证明。安斯泰来制药株式会社认为，力思特公司提供的上述证据不能证明其实际使用的雷莫司琼原料确实来源于案外供应商，存在自产的可能；力思特公司生产的盐酸雷莫司琼与使用本案专利权利要求9的方法生产的产品完全一样，即使力思特公司的外购行为是真实的，其拆分行为也与案外供应商一起构成共同侵权。双方当时争议的焦点在于外购行为是否确实发生，以及力思特公司使用雷莫司琼原料进行拆分后转化为盐酸雷莫司琼的步骤是否包含在本案专利权利要求9中，并未涉及外购的雷莫司琼原料在数量上能否满足生产需要的问题。在第二次开庭审理中，安斯泰来制药株式会社通过计算指出，力思特公司要满足其销售的盐酸雷莫司琼和盐酸雷莫司琼注射液的生产，需要雷莫司琼的原料数量为2.8公斤，而力思特公司从案外供应商购买的雷莫司琼原料仅为1公斤左右，故主张力思特公司使用的雷莫司琼原料还存在其他来源，并提出力思特公司存在自产的可能。针对上述质疑，力思特公司在第二次开庭审理结束后提交了其外购雷莫司琼原料的2张发票的复印件（购买量分别为1公斤），并申请追加案外供应商为共同被告。北京市第一中级人民法院一审认定力思特公司构成侵权并判决承担赔偿损失等责任。力思特公司不服，提出上诉。在二审期间，力思特公司除提交上述2张发票的原件外，又提交了另外5张发票的原件以及相关付款凭证、进货检验报告等，用以证明其生产使用的雷莫司琼原料系外购。安斯泰来制药株式会社认为上述7张发票不属于二审“新的证据”，并对其真实性、关联性持异议。为审查核实上述证据的真实性，北京市高级人民法院到相关税务机关和供应商处进行调查。在力思特公司提交新的证据的基础上，该院二审判决撤销一审判决，改判驳回安斯泰来制药株式会社的诉讼请求。安斯泰来制药株式会社不服，向最高人民法院申请再审。其申请再审理由之一为，力思特公司在二审期间提交的一系列材料均在本案起诉前已经形成并一直为力思特公司控制和持有，不属于“新的证据”，不应采信。最高人民法院于 2013 年 5 月 30 日裁定驳回安斯泰来制药株式会社的再审申请。

【裁判意见】

最高人民法院审查认为：根据民事诉讼法的相关规定，当事人对自己提出的主张，有责任提供证据；当事人及其诉讼代理人因客观原因不能自行收集的证据，或者人民法院认为审理案件需要的证据，人民法院应当调查收集；人民法院应当按照法定程序，全面地、客观地审查核实证据。同时，民事诉讼法还要求审判人员必须认真审核诉讼材料，调查收集必要的证据。根据上述规定，人民法院有审查核实证据的职权。本案中，力思特公司在二审期间自行提交 7 张发票以证明其使用的雷莫司琼原料系外购的主张，该 7 张发票并非二审法院主动调查收集的证据。二审法院要求力思特公司进一步提交相关付款凭证等证据，并到相关税务机关和相关公司进行调查，是为了核实力思特公司提交的发票的真实性，确认力思特公司以该发票所欲证明的购销事实是否真实发生。人民法院为了审查核实当事人提供证据的真实性而收集必要的证据，属于行使民事诉讼法规定的职权，不违反“谁主张、谁举证”等程序要求。

中华人民共和国最高人民法院民事裁定书

（2013）民申字第 261 号①

---

① 参见案例 94 裁判文书。

3. 专利侵权民事诉讼中与专利权无效有关的问题

96. 生效行政判决对于专利权效力的认定应当作为侵权案件的审理依据

——再审申请人山东众合成源电力设备有限公司、华电莱州发电有限公司与被申请人深圳市博众节能工程技术有限公司侵害实用新型专利权纠纷案

【裁判要旨】

涉案专利已被生效行政判决认定应当被宣告无效，人民法院可以据此在民事诉讼中对是否构成专利侵权作出认定，而无需等待专利复审委员会作出新的决定。

【关键词】

实用新型专利　侵权　专利权效力　生效判决

【案号】

最高人民法院（2018）最高法民申4543号

【基本案情】

在再审申请人山东众合成源电力设备有限公司（以下简称众合公司）、华电莱州发电有限公司（以下简称莱电公司）与被申请人深圳市博众节能工程技术有限公司（以下简称博众公司）侵害实用新型专利权纠纷案中，涉及专利号为ZL201220064029.2、名称为“一种火力发电厂凝汽器真空维持系统”的实用新型专利（即涉案专利）。博众公司以莱电公司、众合公司侵犯涉案专利权为由，提起诉讼，并主张以权利要求1－3确定涉案专利权的保护范围。山东省济南市中级人民法院一审认为，被诉侵权产品的技术特征没有落入涉案专利权的保护范围，故驳回博众公司诉讼请求。博众公司不服，提起上诉。山东省高级人民法院二审认为，被诉侵权产品技术方案落入涉案专利权利要求1的保护范围，众合公司与莱电公司共同制造了被诉侵权产品，构成共同侵权，据此判决两公司承担侵权责任。莱

电公司、众合公司不服，向最高人民法院申请再审。最高人民法院审查查明，在本案一、二审诉讼期间，国家知识产权局专利复审委员会（以下简称专利复审委员会）作出第29410号无效宣告请求审查决定（以下简称第29410号决定），维持涉案专利权有效。案外人广东金信方正律师事务所不服，提起行政诉讼。北京知识产权法院一审认定涉案专利要求1不具有创造性，故判决撤销第29410号决定，专利复审委员会重新作出无效决定。在本案二审判决之后，北京市高级人民法院作出（2018）京行终1121号行政判决，维持北京知识产权法院一审行政判决。最高人民法院遂于2018年12月31日裁定指令山东省高级人民法院再审本案。

【裁判意见】

最高人民法院审查认为：二审法院将被诉侵权产品与涉案专利授权公告的权利要求1进行对比后，认定构成等同侵权，并判决被申请人承担侵权责任。但是，在二审判决之后，已有生效行政判决认定涉案专利权利要求1不具有创造性，不符合专利法第二十二条第三款的规定。虽然专利复审委员会尚未依据该判决重新作出新的无效决定，且在重新作出无效审查决定过程中，权利人还有可能对权利要求作出修改，但根据该生效行政判决中的有关认定，已经足以认定涉案专利授权公告的权利要求1应当被宣告无效，并可以据此在本案民事诉讼中对是否构成侵权作出认定，而无需等待专利复审委员会作出新的决定。由此，能够避免在专利复审委员会根据该生效行政判决重新作出无效决定前，专利权人即申请执行本案生效判决，出现专利法第四十七条第二款规定的“已经履行或者强制执行的专利侵权纠纷处理决定，以及已经履行的专利实施许可合同和专利权转让合同，不具有追溯力”的情形。

中华人民共和国最高人民法院民事裁定书

（2018）最高法民申4543号

再审申请人（一审被告、二审被上诉人）：山东众合成源电力设备有限公司。住所地：山东省济南市历下区经十路9777号鲁商国奥城国电山东电力有限公司办公楼八层801房屋。

法定代表人：周忠新，该公司执行董事。

再审申请人（一审被告、二审被上诉人）：华电莱州发电有限公司。住所地：山东省莱州市金城镇海北嘴村北。

法定代表人：黄鹏，该公司董事长。

二申请人共同委托诉讼代理人：王东栋，北京市大嘉律师事务所律师。

被申请人：（一审原告、二审上诉人）：深圳市博众节能工程技术有限公司。住所地：广东省深圳市南山区前海路丽湾国际大厦A座1522－1523室。

法定代表人：邹治平，该公司总经理。

委托诉讼代理人：孙大勇，北京大成（深圳）律师事务所律师。

委托诉讼代理人：冷雪敏，女，该公司法务经理。

再审申请人山东众合成源电力设备有限公司（以下简称众合公司）、华电莱州发电有限公司（以下简称莱电公司）因与被申请人深圳市博众节能工程技术有限公司（以下简称博众公司）侵害实用新型专利权纠纷一案，不服山东省高级人民法院（2017）鲁民终1290号民事判决，向本院申请再审。本院依法组成合议庭对本案进行了审查，现已审查终结。

莱电公司、众合公司申请再审称，（一）涉案专利系发电企业普遍使用的一种真空维持系统，系本领域技术人员掌握的常识性知识。北京市知识产权法院已作出（2016）京73行初4921号民事判决（以下简称4921号判决），认定涉案专利的权利要求1不具备创造性，并依法撤销了国家知识产权局专利复审委员会（以下简称专利复审委员会）作出的维持涉案专利权有效的行政决定。（二）二审判决认定事实错误。1. 众合公司并未实施侵权行为；2. 莱电公司对企业进行节能减排改造，将涉案专利申请日之前就已经运转的老旧设备的真空泵进行了更换，也不存在侵犯涉案专利权的行为；3. 二审法院将案外人郭建刚申请的实用新型专利作类比和所谓的参考，没有法律依据；4. 即使被诉侵权产品的真空泵调节方式与涉案专利的真空泵维持方式一致，由于两者的排气系统存在明显区别，被诉侵权产品未落入涉案专利权保护范围。请求本院：1. 撤销二审判决，提审本案；2. 改判驳回被申请人的全部诉讼请求；3. 由被申请人承担一、二审以及再审诉讼费用。

本院审查查明，专利复审委员会于2016年6月20日作出第29410号无效宣告请求审查决定（以下简称第29410号决定），维持涉案专利权有效。广东金信方正律师事务所不服该决定，向北京知识产权法院提起行政诉讼。北京知识产权法院于2017年12月20日作出4921号判决，认定涉案专利要求1不具有创造性，故判决撤销第29410号决定，判令专利复审委员会重新作出无效宣告审查决定。在本案二审判决之后，北京市高级人民法院（以下简称北京高院）于2018年5月17日作出（2018）京行终1121号行政判决（以下简称第1121号判决），维持第4921号判决。

本院经审查认为，《中华人民共和国专利法》（以下简称专利法）第四十七条第一款规定："宣告无效的专利权视为自始即不存在。"本案中，一审判决认定被诉侵权产品没有落入涉案专利权利要求1－3的保护范围。而二审法院将被诉侵权产品与涉案专利授权公告的权利要求1进行对比后，认定构成等同侵权，并判决被申请人承担侵权责任。但是，在二审判决之后，已有北京高院作出的第1121号生效行政判决，认定涉案专利权利要求1不具有创造性，不符合专利法第二十二条第三款规定。虽然专利复审委员会尚未依据第1121号判决重新作出新的无效决定，且在重新作出无效审查决定过程中，权利人还有可能对权利要求作出修改，但根据第1121号判决中的有关认定，已经足以认定涉案专利授权公告的权利要求1应当被宣告无效，并可以据此在本案民事诉讼中对是否构成侵权作出认定，而无需等待专利复审委员会作出新的决定。由此，能够避免在专利复审委员会根据第1121号判决重新作出无效决定前，专利权人即申请执行本案生效判决，出现专利法第四十七条第二款规定的"已经履行或者强制执行的专利侵权纠纷处理决定，以及已经履行的专利实施许可合同和专利权转让合同，不具有追溯力"的情形。因此，本案已有新的证据，足以证明二审判决认定侵权的基本事实发生了实质性变化。关于被诉侵权产品是否落入涉案专利授权公告的权利要求2、3的保护范围，请你院再审时一并作出认定。

综上，本案中出现的新证据，足以推翻二审判决的认定。山东众合成源电力设备有限公司、华电莱州发电有限公司的申请再审理由成立。依照《中华人民共和国民事诉讼法》第二百条第（一）项，第二百零四条第二款、第二百零六条之规定，裁定如下：

一、指令山东省高级人民法院对本案进行再审；

二、再审期间，中止原判决的执行。

审 判 长 王艳芳
审 判 员 杜微科
审 判 员 毛立华
二〇一八年十二月三十一日
法官助理 金 燕
书 记 员 张栗萌

97. 尚在执行程序中的判决是否可以因专利权被宣告无效而裁定终结执行

——天津市高级人民法院关于正在执行的判决是否因专利权被宣告无效而终结执行的请示案

【裁判要旨】

在生效的专利侵权判决的执行过程中专利权被宣告无效的，人民法院应当裁定终结执行；当事人认为原裁判有错误的，可以依照审判监督程序办理。

【关键词】

执行程序　专利权被宣告无效　终结执行

【案号】

最高人民法院（2009）民三他字第13号

【基本案情】

2008年4月，天津市高级人民法院对某专利侵权案作出终审判决，认定被告侵权成立并判令赔偿原告损失。同年6月，专利复审委员会宣告该专利全部无效，专利权人对此提起行政诉讼。同年9月，原告向天津市第一中级人民法院申请强制执行，被告以专利权已被宣告无效为由提出执行异议。同年12月，北京市第一中级人民法院判决维持了专利复审委员会的无效决定，当事人未上诉，该行政判决生效。但是，原告仍以专利法第四十七条有明确规定为由，坚持认为法院应强制执行。

【裁判意见】

最高人民法院批复认为，在认定专利侵权成立的裁判文书虽未被撤销，但该文书所认定的受侵害的专利权已被依法宣告无效的情况下，如果被告只能在通过审判监督程序撤销原侵权判决后，再申请终结执行，不仅浪费诉讼程序，还徒增当事人的诉讼成本，不利于及时定分止争。因此，从及时给予当事人司法救济的角度出发，可以对民事诉讼法规定的终结执行适当解释，以便执行法院在当事人以专利权已经全部无效为由申请终结执行时，直接裁定终结执行，不需等待原执行依据的撤销。同时，终结执行不影响原侵权判决的被告另行通过审判监督程序申请撤销原侵权判决。

(2009) 民三他字第13号

天津市高级人民法院：

你院津高法（2009）120号《关于专利权在判决后被宣告无效，正在执行的判决是否应终结执行的请示》收悉。经研究，答复如下：

当事人以发生法律效力的宣告专利权全部无效的决定为依据，申请终结执行专利权无效前人民法院作出但尚未执行或者尚未执行完毕的专利侵权的判决，人民法院经审查属实的，应当裁定终结执行。当事人认为原裁判有错误的，依照审判监督程序办理。

二〇〇九年七月二十三日

98. 专利法第四十七条第二款中专利权被宣告无效的时间点的确定

——再审申请人陕西东明农业科技有限公司与被申请人陕西秦丰农机（集团）有限公司侵害实用新型专利权纠纷案

【裁判要旨】

专利法第四十七条第二款中专利权被宣告无效的时间点应以无效宣告请求审查决定书载明的决定日为准。

【关键词】

宣告无效　时间点

【案号】

最高人民法院（2012）民提字第110号

【基本案情】

2004年2月6日，乔宏岳向国家知识产权局提出微型履带灵巧型农用机实用新型专利申请。2005 年 2 月 16 日，该专利申请被授权公告，专利号为 ZL200420041558.6（即本案专利）。2005 年 3 月 7 日，陕西秦丰农机（集团）有限公司（以下简称秦丰公司）与乔宏岳订立专利权转让合同，约定本案专利为秦丰公司所有。秦丰公司以陕西东明农业科技有限公司（以下简称东明公司）生产的 1YG－7.5 型遥控微耕机侵犯其本案专利权为由，向陕西省西安市中级人民法院起诉，请求判令东明公司停止侵权、消除影响并赔偿损失。因东明公司在答辩期内向国家知识产权局专利复审委员会（以下简称专利复审委员会）提出宣告本案专利权无效的请求，一审法院中止了本案审理。2008 年 9 月 27 日，专利复审委员会作出第 12379 号无效宣告请求审查决定，宣告本案专利部分无效，在权利要求 2、3 的基础上维持有效。一审法院恢复审理后认为，本案被诉侵权产品落入维持有效的本案专利权的保护范围，东明公司的行为构成侵权，故判令东明公司停止侵害并赔偿秦丰公司经济损失。东明公司不服，提起上诉。陕西省高级人民法院二审判决驳回上诉，维持原判。2011 年 3 月 9 日，应秦丰公司的强制执行申请，一审法院冻结了东明公司的存款。2011 年 3 月 16 日，一审法院完成了执行行为，并裁定终结本案的执行。2010 年 9 月 8 日，东明公司再次提出宣告本案专利无效的请求，专利复审委员会作出第 16225 号无效宣告请求审查决定（以下简称第 16225 号决定），宣告本案专利权全部无效。第 16225 号决定的决定日是 2011 年 3 月 15 日，发文日是 3 月 25 日，通过邮寄送达秦丰公司的时间为 2011 年 4 月 3 日。秦丰公司不服，提起行政诉讼。第 16225 号决定在行政诉讼程序中得到维持，已经发生法律效力。随后，东明公司向最高人民法院申请再审。最高人民法院裁定提审本案，并于 2012 年 11 月 20 日判决撤销原判，驳回秦丰公司的诉讼请求。

【裁判意见】

最高人民法院提审认为：专利法第四十七条第二款的立法目的在于实现公平与秩序的协调和平衡。一方面，赋予专利无效宣告请求审查决定对专利权被宣告无效后尚未执行或者履行完毕的专利侵权判决、调解书、专利侵权纠纷处理决定、专利实施许可合同、专利权转让合同等以追溯力，保障被指控的专利侵权人、专利被许可人以及被转让人的正当利益，防止专利权人借无效专利获得不当利益。另一方面，对于已经执行或者履行完毕的专利侵权判决、调解书、专利侵权纠纷处理决定、专利实施许可合同、专利权转让合同，专利无效宣告审查请求决定没有追溯力，维持已经形成并稳定化的社会秩序。由于宣告无效的专利权视为自始即不存在，以该专利权为基础的利益本不应由专利权人获得。因此，专利法第四十七条第二款的规定以专利无效宣告请求审查决定有追溯力为原则，以无追溯力为例外。基于上述原因，在确定宣告无效的时间点时，应该考虑如下因素：一是该时间点应有对世性，应是社会公众均可公开得知并明确知晓的；二是该时间点应有确定性，应是一个确定的时点，原则上不宜随当事人的具体情况或者其他人为因素发生变动；三是该时间点应是较早的具有法律意义的时间点，尽量增加无效宣告请求审查决定发挥追溯力的机会。本案中，第16225号决定涉及三个具有法律意义的时间点：决定日（2011年3月15日）；发文日（3月25日）；送达日（2011年4月3日）。决定日（2011年3月15日）是无效宣告请求决定的作出时间。决定日在无效宣告请求审查决定书上有明确记载，社会公众可以方便地获知。无效宣告请求决定一经作出即对专利复审委员会产生约束力，不得随意撤销或者变更。发文日（3月25日）是专利复审委员会向当事人发送无效宣告请求审查决定的时间，是送达过程的开始时间。该时间在无效宣告请求审查决定书上亦有明确记载。送达日（2011年4月3日）是当事人收到无效宣告请求审查决定的时间，是可提起行政诉讼期间的起算点。送达日无法在无效宣告请求审查决定书上载明，只能根据送达当事人的具体情况予以查明。无效宣告请求审查决定作出后，无论是发文日还是送达日均可能由于人为因素发生变动，有时大大迟于决定作出日。如果以发文日或者送达日作为专利权被宣告无效的时间点，则决定作出日至发文日或者送达日这一时间间隔可能被当事人利用，通过恶意加快或者拖延执行或履行来影响无效宣告请求审查决定的追溯力，从而获得有利于自己的追溯力结果。可见，无论是以无效宣告请求审查决定的发文日，还是送达日作为宣告专利权无效的时间点，均可能造成不合理的结果。相反，以无效宣告请求审查决定的决定日（作出日）作为确定专利权被宣告无效的时间点，不仅具有对世性和确定性，还可以在一定程度上增加无效宣告请求审查决定发挥追溯力的机会，实现结果公正。因此，宣告专利权无效的时间点应以无效宣告请求审查决定的决定日（作出日）为准。本案中，第16225号决定的决定日是2011年3月15日，原审判决执行完毕日是2011年3月16日，决定日早于执行完毕日，故本案不属于专利法第四十七条第二款规定的不具有追溯力的情形。

中华人民共和国最高人民法院民事判决书

（2012）民提字第110号

申请再审人（一审被告、二审上诉人）：陕西东明农业科技有限公司。住所地：陕西省咸阳市礼泉县烟霞开发区。

法定代表人：张荣辉，总经理。

委托代理人：李文超，陕西博硕律师事务所律师。

委托代理人：刘文，陕西博硕律师事务所律师。

被申请人（一审原告、二审被上诉人）：陕西秦丰农机（集团）有限公司。住所地：陕西省富平县车站大街东段×号。

法定代表人：郑海潮，董事长。

委托代理人：樊胜利，陕西法安律师事务所律师。

申请再审人陕西东明农业科技有限公司（以下简称东明公司）因与被申请人陕西秦丰农机（集团）有限公司（以下简称秦丰公司）侵害实用新型专利权纠纷一案，不服陕西省高级人民法院（2009）陕民三终字第52号民事判决，向本院申请再审。本院于2012年5月21日作出（2011）民申字第821－1号民事裁定，提审本案。本院依法组成合议庭，经过阅卷、调查和询问当事人，对本案进行了不开庭审理。申请再审人东明公司和被申请人秦丰公司均提交了书面意见。本案现已审理终结。

一审原告秦丰公司向陕西省西安市中级人民法院起诉称，其于2004年12月购买取得专利号为ZL200420041558.6的实用新型专利（以下简称本案专利）。2007年初在市场上发现一审被告东明公司生产的1YG－7.5型遥控微耕机侵犯本案专利权。秦丰公司向东明公司发出律师函，要求停止侵权，但东明公司未予停止，仍进行大量生产和销售，并在媒体上进行宣传。东明公司的产品已通过农业部推广鉴定，2007年已经具备生产3000台的能力，给秦丰公司造成巨大损害。请求法院判令一审被告东明公司：1. 立即停止侵权；2. 通过农业科技报、陕西电视台、华商报等媒体消除影响；3. 赔偿损失144万元；4. 承担本案诉讼费用。

一审被告东明公司辩称：1. 其已经在答辩期内向国家知识产权局专利复审委员会（以下简称专利复审委员会）提交了专利权无效宣告请求书，请求宣告本案专利权无效，本案应中止审理。2. 本案专利为公知技术，东明公司的产品未侵犯本案专利权。3. 东明公司的产品已取得专利权，不涉及侵权问题。故请求驳回秦丰公司的诉讼请求。

一审法院查明，2004年2月6日乔宏岳向国家知识产权局提出微型履带灵巧型农用机实用新型专利申请。2005年2月16日国家知识产权局公告授予乔宏岳微型履带灵巧型农用机实用新型专利，专利号为ZL200420041558.6。2005年3月7日秦丰公司与乔宏岳订立《专利权转让合同》，约定本案专利为秦丰公司所有，由秦丰公司交纳年费。2005年4月22日国家知识产权局对本案专利权转让进行了登记。该实用新型专利权利要求书记载：

1. 微型履带灵巧型农用机，它至少包括行走机构、发动机、变速箱组成，其特征是：在机架两侧有行走机构，行走机构是履带式机构，机架上固定有发动机、变速箱、离合器；变速箱和离合器与操作手柄连接；农用机最大高度选择在500－700mm。

2. 根据权利要求1所述的微型履带灵巧型农用机，其特征是：所述的履带行走机构是由一前一后两组抬车、一个驱动轮和一个张紧轮通过履带传动连接构成。

3. 根据权利要求1所述的微型履带灵巧型农用机，其特征是：所述的每组抬车由两个支重轮和一个抬车总承组成，抬车总承的两个底端通过轴承分别与两个支重轮相连，抬车总承的顶端通过轴承与机架相连。

4. 根据权利要求1所述的微型履带灵巧型农用机，其特征是：所述机架上有农业操作机构。

5. 根据权利要求4所述的微型履带灵巧型农用机，其特征是：所述的农业操作机构是旋耕机。

6. 根据权利要求4所述的微型履带灵巧型农用机，其特征是：所述的农业操作机构是农药喷洒装置。

东明公司在提交答辩状期间向专利复审委员会提出专利权无效宣告请求。由于秦丰公司未能出具由国务院专利行政部门作出的检索报告，一审法院中止了本案审理。2008年9月27日专利复审委员会作出第12379号无效宣告请求审查决定，宣告本案专利权利要求1、4、5、6无效，在权利要求2、3的基础上维持有效。该决定作出后，在规定的期间内各方均未提起行政诉讼。2008年12月，一审法院恢复审理。庭审中，东明公司认可其制造、销售的产品与秦丰公司本案专利权利要求书所记载的技术特征完全相同，但主张其是依据现有技术制造，提交了已超过保护期的ZL92223888.X号实用新型专利说明书、ZL93242720.0实用新型专利说明书作为证据，并申请对其制造的微耕机的履带行走机构是否依据现有技术制造进行司法鉴定。一审法院依法委托陕西西安知识产权司法鉴定中心进行鉴定，但被告未在规定的期间预交鉴定费用，致使鉴定工作无法进行。另查明，2004年12月6日秦丰公司与乔宏岳签订技术转让合同，约定由乔宏岳向秦丰公司转让一种微型履带灵巧型农用机技术，技术转让费为72万元。

一审法院认为，专利复审委员会第12379号无效宣告请求审查决定宣告本案专利权利要求1、4、5、6无效，在权利要求2、3的基础上维持本案专利有效，故本案专利的保护范围是：一种最大高度选择在500－700mm，在机架两侧有行走机构，行走机构是履带式机构，机架上固定有发动机、变速箱、离合器，变速箱和离合器与操作手柄连接的微型履带灵巧型农用机，其履带式行走机构是由一前一后两组抬车、一个驱动轮和一个张紧轮通过履带传动连接构成；每组抬车由两个支重轮和一个抬车总承组成，抬车总承的两个底端通过轴承分别与两个支重轮相连，抬车总承的顶端通过轴承与机架相连。本案中，东明公司认可其制造、销售的产品与秦丰公司本案专利技术特征完全相同，但主张是依据现有技术制造，并提交了已过保护期的ZL92223888.X号实用新型专利说明书和ZL93242720.0号实用新型专利说明书作为证据。由于东明公司的产品是否系依据该两份文献制造，需要东明公司进一步举证，东明公司也申请进行司法鉴定，但在指定的期限内未预交鉴定费用。因此，对东明公司主张其产品是根据自由公知技术制造的辩称理由不予采信。东明公司未经专利权人许可为生产经营目的制造、销售本案专利产品的行为，已构成侵权。秦丰公司请求东明公司停止侵权、赔偿损失，应予支持。秦丰公司请求东明公司在农业科技报、陕西电视台、华商报等媒体上消除影响，由于秦丰公司并未提供东明公司对其声誉造成负面影响的证据，对该项请求不予支持。至于损失赔偿数额，秦丰公司主张144万元是以2004年12月6日其与乔宏岳所签订技术转让合同约定的技术转让费72万元的2倍确定的，由于该技术转让合同的标的是技术秘密，而非专利许可，并且该技术秘密与本案专利保护范围也不相同。因此，对该主张不予采信。由于秦丰公司的损失与东明公司因侵权获得的利益均难以确定，考虑到本案专利系实用新型专利，东明公司的生产规模、侵权性质和情节等因素，酌情确定被告的赔偿数额为15万元。2009年6月5日，陕西省西安市中级人民法院作出（2008）西民四初字第18号民事判决，判决如下：一、东明公司于本判决生效后立即停止侵害秦丰公司ZL200420041558.6号实用新型专利权的制造、销售行为；二、东明公司于本判决生效后十日内赔偿秦丰公司损失15万元；三、驳回秦丰公司其余诉讼请求。案件受理费18760元，由秦丰公司负担15984元，东明公司负担2776元。

东明公司不服上述判决，向陕西省高级人民法院提起上诉称，一审法院对本案专利保护范围认定错误，认定侵权事实成立的依据不足。专利复审委员会已经宣告本案专利权利要求1、4、5、6无效，在权利要求2、3的基础上维持有效，因此专利保护范围应该是履带式行走机构，而不是一审判决认定的微型履带式农用机。东明公司仅认可所生产的履带式行走机构部分与本案专利技术特征相同，并非一审判决认定的制造、销售的产品与本案专利技术特征完全相同。东明公司提交的证据足以证明所生产的产品是依据现有技术自发研制，并未侵犯本案专利权。

二审法院审理查明，专利复审委员会第12379号无效宣告请求审查决定已经生效。2009年6月22日，陕西金之诚包装材料有限公司向专利复审委员会提出宣告本案专利权无效的请求。2010年1月21日，专利复审委员会作出第14443号无效宣告请求审查决定，在已生效的第12379号无效宣告审查决定维持有效的、授权公告的权利要求2、3的基础上维持本案专利权有效。2010年2月5日，秦丰公司向国家知识产权局专利局交纳费用1200元。其余事实与一审查明事实一致。

二审法院认为，一审判决以仍然有效的本案专利权利要求2、3记载的技术特征与该权利要求所引用的权利要求记载的技术特征共同确定本案专利权保护范围是正确的，东明公司对该专利权保护范围的上诉理由无事实和法律依据，不予支持。现有技术抗辩成立，要求所主张的现有技术非组合而成。东明公司提供的证据仅为一些简单组合的资料，未能阐明其为一套系统的现有技术，更不能证明东明公司依据该现有技术自发研制生产1YG－7.5型遥控微耕机的发明创新过程，现有技术抗辩不能成立。且东明公司在一审时认可其产品落入本案专利保护范围，二审中也无充分证据证明该产品与本案专利技术特征存在差异。因此，东明公司未经专利权人许可为生产经营目的制造、销售本案专利产品的行为构成侵权。原审判决认定事实清楚，适用法律正确。根据《中华人民共和国民事诉讼法》第一百五十三条第一款第（一）项之规定，陕西省高级人民法院于2010年11月3日作出（2009）陕民三终字第52号民事判决：驳回上诉，维持原判。一审案件受理费按一审判决执行，二审案件受理费3355.50元，由东明公司承担。

东明公司不服二审判决，向本院申请再审称，2011年3月25日，专利复审委员会作出第16225号无效宣告请求审查决定（以下简称第16225号决定），宣告秦丰公司的本案专利权全部无效。根据专利法第四十七条第一款的规定，宣告无效的专利权视为自始即不存在。因此，原一、二审判决认定东明公司构成专利侵权的前提已不存在。同时，宣告本案专利权无效的第16225号决定作出时，本案原一、二审判决并未执行完毕，第16225号决定对原一、二审判决具有追溯力。东明公司依据民事诉讼法第二百条第一款第（一）项的规定申请再审。

秦丰公司提交意见认为：1. 在第16225号决定作出之前，陕西省西安市中级人民法院已执行终结，并于2011年3月16日作出（2011）西执民字第38号民事裁定，终结本案二审判决的执行。因此，第16225号决定对本案原一、二审判决不具有追溯力。2. 第16225号决定是错误的，秦丰公司已经向北京市第一中级人民法院提起诉讼。原一、二审判决认定事实清楚，适用法律正确，请求驳回东明公司的再审申请。

本院审理查明，原审判决查明的事实属实。另查明，针对东明公司提出的宣告本案专利无效的请求，专利复审委员会作出第16225号决定，宣告本案专利权全部无效。第16225号决定的决定日是2011年3月15日，发文日是3月25日，通过邮寄送达秦丰公司的时间为2011年4月3日。秦丰公司不服第16225号决定，向北京市第一中级人民法院提起行政诉讼。2011年9月20日，北京市第一中级人民法院作出（2011）一中知行初字第2148号判决，维持了第16225号决定。由于未在法定期限内提出上诉，该判决已经发生法律效力。

2011年3月9日，应秦丰公司的强制执行申请，陕西省西安市中级人民法院冻结了东明公司在中国农业银行股份有限公司礼泉县支行账户内的存款155468.00元。2011年3月16日，陕西省西安市中级人民法院完成了执行行为，并作出（2011）西执民字第38号民事裁定，裁定终结本案一、二审判决的执行。由于办理财务手续的原因，3月17日秦丰公司才收到银行扣划的执行款。在本案再审审查阶段，双方当事人均认可以裁定作出日即3月16日为本案原审判决执行完毕时间。

本院认为，结合申请再审人的再审请求、被申请人的答辩以及本案案情，本案的焦点问题在于：宣告本案专利权无效的决定对于本案原审判决是否具有追溯力以及本案应如何处理。这一问题的关键在于本案专利权宣告无效的时间点以及本案原审判决已执行的时间点的确定。需要说明的是，本案被诉侵权行为发生在2008年修正的专利法施行之前，侵权判定和法律责任适用2000年修正的专利法；但是本案申请再审涉及的是专利权被宣告无效后对此前人民法院作出的判决的追溯力问题，由于本案专利权被宣告全部无效的无效宣告请求审查决定作出时间在

2008 年修正的专利法施行之后，此问题应适用 2008 年修正的专利法。

（一）关于判决已执行的时间点的确定

2008 年修正的专利法第四十七条第二款规定："宣告专利权无效的决定，对在宣告专利权无效前人民法院作出并已执行的专利侵权的判决、调解书，已经履行或者强制执行的专利侵权纠纷处理决定，以及已经履行的专利实施许可合同和专利权转让合同，不具有追溯力。但是因专利权人的恶意给他人造成的损失，应当给予赔偿。"所谓判决已执行是指判决所确定的执行内容已经执行完毕，判决确定的权利人的利益已经得到实现。判决已执行的时间点，一般应以判决所确定的执行内容执行完毕，且判决确定的权利人的利益得到实现的时间点为准。本案中，一审法院于 2011 年 3 月 16 日完成了全部执行行为，只是因为财务手续的原因才造成秦丰公司于次日收到执行款项，而本案双方当事人均认可以 2011 年 3 月 16 日作为本案原审判决执行完毕的时间，故可以 2011 年 3 月 16 日作为原审判决执行完毕的时间。

（二）关于宣告无效的时间点的确定

2008 年修正的专利法第四十七条第二款的立法目的在于实现公平与秩序的协调和平衡。一方面，赋予专利无效宣告请求审查决定对专利权被宣告无效后尚未执行或者履行完毕的专利侵权判决、调解书、专利侵权纠纷处理决定、专利实施许可合同、专利权转让合同等以追溯力，保障被指控的专利侵权人、专利被许可人以及被转让人的正当利益，防止专利权人借无效专利获得不当利益。另一方面，对于已经执行或者履行完毕的专利侵权判决、调解书、专利侵权纠纷处理决定、专利实施许可合同、专利权转让合同，专利无效宣告审查请求决定没有追溯力，维持已经形成并稳定化的社会秩序。由于宣告无效的专利权视为自始即不存在，以该专利权为基础的专利侵权判决、调解书、专利侵权纠纷处理决定、专利实施许可合同、专利权转让合同等所确定的利益本不应由专利权人获得。因此，专利法第四十七条第二款的规定以专利无效宣告请求审查决定有追溯力为原则，以无追溯力为例外。基于上述原因，在确定宣告无效的时间点时，应该考虑如下因素：一是该时间点应有对世性，应是社会公众均可公开得知并明确知晓的；二是该时间点应有确定性，应是一个确定的时点，原则上不宜随当事人的具体情况或者其他人为因素发生变动；三是该时间点应是较早的具有法律意义的时间点，尽量增加无效宣告请求审查决定发挥追溯力的机会。

本案中，第 16225 号决定涉及三个具有法律意义的时间点：决定日（2011 年

3 月 15 日)；发文日（3 月 25 日)；送达日（2011 年 4 月 3 日)。决定日（2011 年 3 月 15 日）是无效宣告请求决定的作出时间。决定日在无效宣告请求审查决定书上有明确记载，社会公众可以方便地获知。无效宣告请求决定一经作出即对专利复审委员会产生拘束力，不得随意撤销或者变更。发文日（3 月 25 日）是专利复审委员会向当事人发送无效宣告请求审查决定的时间，是送达过程的开始时间。该时间在无效宣告请求审查决定书上亦有明确记载。送达日（2011 年 4 月 3 日）是当事人收到无效宣告请求审查决定的时间，是可提起行政诉讼期间的起算点。送达日无法在无效宣告请求审查决定书上载明，只能根据送达当事人的具体情况予以查明。无效宣告请求审查决定作出后，无论是发文日还是送达日均可能由于人为因素发生变动，有时大大迟于决定作出日。如果以发文日或者送达日作为专利权被宣告无效的时间点，则决定作出日至发文日或者送达日这一时间间隔可能被当事人利用，通过恶意加快或者拖延执行或履行来影响无效宣告请求审查决定的追溯力，从而获得有利于自己的追溯力结果。可见，无论是以无效宣告请求审查决定的发文日，还是送达日作为宣告专利权无效的时间点，均可能造成不合理的结果。相反，以无效宣告请求审查决定的决定日（作出日）作为确定专利权被宣告无效的时间点，不仅具有对世性和确定性，还可以在一定程度上增加无效宣告请求审查决定发挥追溯力的机会，实现结果公正。因此，宣告专利权无效的时间点应以无效宣告请求审查决定的决定日（作出日）为准。

（三）本案应如何处理

本案中，宣告本案专利权无效的第 16225 号决定的决定日是 2011 年 3 月 15 日，该决定在行政诉讼程序中得到维持，并已确定发生法律效力。原一、二审判决执行完毕日是 2011 年 3 月 16 日。根据前述理由，本案专利权被宣告无效的时间点应为 2011 年 3 月 15 日。在该日之前，人民法院作出的专利侵权判决并未执行完毕，故本案不属于 2008 年修正的专利法第四十七条第二款规定的不具有追溯力的情形。由于出现了本案专利权被宣告无效这一新的事实和证据，原一、二审判决认定侵权成立的权利基础已不复存在，应予撤销。秦丰公司基于原一、二审判决的执行而获得的利益，应予返还。东明公司的相应申请再审理由成立，本院予以支持。秦丰公司关于原一、二审判决在第 16225 号决定作出之前已执行终结，第 16225 号决定对原一、二审判决不具有追溯力的抗辩理由不能成立，本院不予支持。

综上，在本案专利权被宣告无效前，原一、二审判决并未执行完毕，第

16225号决定对原一、二审判决具有追溯力。本案专利权已经被宣告全部无效，原一、二审判决已经丧失权利基础，应予撤销。秦丰公司的专利权已不复存在，其诉讼请求不能成立，应予驳回。依据《中华人民共和国专利法》第四十七条第一款、第二款，《中华人民共和国民事诉讼法》第一百八十六条第一款、第一百五十三条第一款第（三）项之规定，判决如下：

一、撤销陕西省高级人民法院（2009）陕民三终字第52号民事判决和陕西省西安市中级人民法院（2008）西民四初字第18号民事判决；

二、驳回陕西秦丰农机（集团）有限公司的诉讼请求。

一审案件受理费18760元，二审案件受理费3355.50元，均由陕西秦丰农机（集团）有限公司负担。

本判决为终审判决。

审 判 长 金克胜
代理审判员 朱 理
代理审判员 杜微科
二〇一二年十一月二十日
书 记 员 张 博

99. 对专利法第四十七条第二款中“追溯力”的理解

——再审申请人上海优周电子科技有限公司与被申请人深圳市精华隆安防设备有限公司侵害实用新型专利权纠纷案

【裁判要旨】

在专利权被宣告无效前，人民法院作出侵权认定的判决已经执行完毕，宣告专利权无效的决定对上述判决内容不具有追溯力。但专利权被宣告无效后，有关技术方案即进入公有领域，任何单位和个人均可自由实施，专利权人无权予以制止。

【关键词】

实用新型专利 侵权 专利权无效 溯及力

【案号】

最高人民法院（2016）最高法民再384号

【基本案情】

在再审申请人上海优周电子科技有限公司（以下简称优周公司）与被申请人深圳市精华隆安防设备有限公司（以下简称精华隆公司）侵害实用新型专利权纠纷案中，精华隆公司系专利号为200920131979.0、名称为“红外线探测器支架”的实用新型专利（即本案专利）的权利人。精华隆公司以优周公司生产的“带线拔插式安装支架”侵害本案专利权为由，提起诉讼。广东省深圳市中级人民法院一审认定优周公司的侵权行为成立，遂判决其停止侵权行为并赔偿精华隆公司经济损失5万元。优周公司不服，提起上诉。广东省高级人民法院二审判决驳回上诉、维持原判。二审判决作出后，优周公司于2015年6月10日向精华隆公司支付了经济赔偿5万元。其后，本案专利权于2015年8月13日被专利复审委员会宣告无效。优周公司遂针对二审判决，向最高人民法院申请再审，请求撤销一审、二审判决并由精华隆公司返还全部赔偿金。最高人民法院于2016年12月13日裁定维持二审判决，驳回优周公司的再审申请。

【裁判意见】

最高人民法院提审认为：因二审判决在涉案专利权被宣告无效之前已经执行，根据专利法第四十七条第二款之规定，无效决定对本案二审判决不具有追溯力，对优周公司的再审申请不应予以支持。但是，鉴于涉案专利权已经无效，该专利的技术方案已经进入社会公有领域，任何单位和个人实施该技术方案，即制造、使用、许诺销售、销售、进口涉案专利产品都不构成侵权，精华隆公司均无权予以制止。

中华人民共和国最高人民法院民事判决书

（2016）最高法民再384号

再审申请人（一审被告、二审上诉人）：上海优周电子科技有限公司。住所地：上海市浦东新区周浦镇沪南路4388号A栋403室。

法定代表人：何驰，该公司总经理。

委托诉讼代理人：郑雄，广东卓建律师事务所律师。

被申请人（一审原告、二审被上诉人）：深圳市精华隆安防设备有限公司。住所地：广东省深圳市宝安区观澜社区大和工业区33号一楼101，2－4楼。

法定代表人：廖水英，该公司经理。

委托诉讼代理人：柴吉峰，广东德而赛律师事务所律师。

再审申请人上海优周电子科技有限公司（以下简称优周公司）因与被申请人深圳市精华隆安防设备有限公司（以下简称精华隆公司）侵害实用新型专利权纠纷一案，不服广东省高级人民法院（2015）粤高法民三终字第79号民事判决，向本院申请再审。本院于2016年6月26日作出（2016）最高法民申576号民事裁定，提审本案。本院依法组成合议庭审理了本案。本案现已审理终结。

精华隆公司向一审法院起诉请求：（一）优周公司立即停止生产、销售侵害本案专利权的产品，销毁专用生产模具；（二）赔偿精华隆公司的经济损失及维权的合理费用合计人民币50万元；（三）本案诉讼费由优周公司承担。

一审法院经审理查明：2009年5月25日，精华隆公司向国家知识产权局申请了一种名称为“红外线探测器支架”的实用新型专利，并于2010年2月3日获得公告授权，专利号为ZL200920131979.0，专利权人为精华隆公司。一审法院当庭比对涉案专利技术特征与被诉侵权产品技术特征，被诉侵权产品落入本案专利权的保护范围。优周公司对此不持异议。

一审法院认为：本案属于侵害实用新型专利权纠纷。涉案专利权处于合法有效状态，依法应受到法律保护。被诉侵权产品技术特征与涉案专利一一对应，落入了本案专利权的保护范围，双方当事人均不持异议。本案争议的焦点有三：一是优周公司是否存在生产、销售被诉侵权产品行为的问题；二是优周公司现有技术的抗辩是否成立的问题；三是优周公司民事责任承担的问题。关于焦点一，精华隆公司通过公证程序购买到被诉侵权产品，优周公司当庭确认该侵权产品外包装盒上所记载的“图＋优周科技”以及公司名称、地址、电话、传真、网址等系优周公司信息，案外人张秀利当庭作证确认其销售了被诉侵权产品，并称该侵权产品来源于优周公司，精华隆公司网页公证书也证明张秀利系优周公司深圳销售商，故优周公司构成销售侵权。张秀利到庭作证称被诉侵权产品进货时间是2011年，而在一审法院于2012年2月16日作出的（2011）深中法知民初字第567号民事调解书中，优周公司承诺“立即停止生产、销售、许诺销售侵权”，精华隆公司未进一步举证证明本案被诉侵权产品是该民事调解书所涉及的侵权产品存货还是优周公司二次制造侵权产品，故精华隆公司指控优周公司实施了二次制造侵权，缺乏充分证据证明。关于焦点二，优周公司提交的《中国公开安全杂志》（节选），公开日早于涉案专利申请日，但该产品图片缺少涉案专利“倒角、插接部一端倒角、球头空间铰设方式”等技术特征，与涉案专利既不相同也不实质性近似，其现有技术抗辩不成立。关于焦点三，一审法院根据优周公司所实施的销售行为、主观状态等侵权情节，酌定优周公司赔偿精华隆公司损失以及合理费用人民币5万元，案件受理费全部由优周公司负担。一审法院判决：一、优周公司立即停止侵权行为；二、优周公司于判决生效之日起10日内赔偿精华隆公司经济损失及合理支出费用共计人民币5万元；三、驳回精华隆公司的其他诉讼请求。一审案件受理费人民币8800元，由优周公司负担。

优周公司不服一审判决，上诉请求：撤销一审判决，依法改判或发回重审；一、二审全部诉讼费用由精华隆公司承担。

二审法院对一审法院查明的事实予以确认。二审法院认为，本案争议焦点是：（一）在一审法院作出（2011）深中法知民初字第567号民事调解书后，优周公司是否继续实施了销售被诉侵权产品的行为。（二）优周公司所作的现有技术抗辩是否成立。

关于优周公司是否在调解书作出之后继续实施销售被诉侵权产品的问题。经查，根据一审法院于2012年2月16日作出的（2011）深中法知民初字第567号民事调解书，精华隆公司不再追究优周公司调解之日前生产、销售、许诺销售被诉侵权产品的行为。案外人张秀利在上述调解书作出后，于2012年2月27日成立了个体工商户深圳居安思销售部，自己担任经营者。优周公司在其网站上宣称张秀利是其公司深圳办事处的负责人，对于精华隆公司而言，张秀利经营的深圳居安思销售部销售被诉产品的行为应当视为优周公司的销售行为。二审法院认定优周公司在上述调解书作出后，继续实施了销售被诉侵权产品的行为。关于优周公司现有技术抗辩是否成立问题，二审法院认可一审法院的认定。二审法院判决：驳回上诉，维持原判。

优周公司申请再审称：涉案专利已经于2015年8月13日被国家知识产权局专利复审委员会宣告无效，故请求撤销一审、二审判决，返还赔偿金。

精华隆公司答辩称：根据《中华人民共和国专利法》第四十七条，涉案专利虽然被宣告无效，但对生效且已经执行的判决没有溯及力，故请求驳回优周公司的再审申请。

本院审理查明，涉案专利被宣告无效后，精华隆公司未提起行政诉讼，宣告无效决定已经发生法律效力，涉案专利权已经无效。二审法院于2015年4月10日作出判决，涉案专利被宣告无效决定日是2015年8月13日，而优周公司早在2015年6月10日就已经向精华隆公司支付了赔偿金以及合理开支5万元。

本院认为，因为二审判决在涉案专利权被宣告无效之前已经执行，根据《中华人民共和国专利法》第四十七条第二款之规定，无效决定对本案二审判决不具有追溯力，对优周公司的再审申请不应予以支持。但是，鉴于涉案专利权已经无效，该专利的技术方案已经进入社会公有领域，任何单位和个人实施该技术方案，即制造、使用、许诺销售、销售、进口涉案专利产品都不构成侵权，精华隆公司无权制止。

综上所述，优周公司的再审申请理由不成立。依照《中华人民共和国民事诉讼法》第二百零七条第一款、第一百七十条第一款第（一）项规定，判决如下：

维持广东省高级人民法院（2015）粤高法民三终字第79号民事判决；

本判决为终审判决。

审　判　长　周　翔
审　判　员　秦元明
代理审判员　佟　姝
二〇一六年十二月十三日
书　记　员　张　博

100. 宣告专利权无效的行政决定的追溯力

——再审申请人安吉县雪强竹木制品有限公司
与被申请人许赞有其他侵权纠纷案

【裁判要旨】

专利法（2000年修正）第四十七条第二款规定："宣告专利权无效的决定，对在宣告专利权无效前人民法院作出并已执行的专利侵权的判决、裁定，已经履行或者强制执行的专利侵权纠纷处理决定，以及已经履行的专利实施许可合同和专利权转让合同，不具有追溯力。但是因专利权人的恶意给他人造成的损失，应当给予赔偿。"人民法院在民事案件审理过程中，为保证审判工作的顺利进行，可能就诉讼程序方面的事项作出多个裁定，所有这些裁定并非都不受宣告专利权无效决定的影响。

在本案中，最高人民法院明确了专利法（2000年修正）第四十七条第二款所称的"裁定"的范围。

【关键词】

无效宣告　追溯力

【案号】

最高人民法院（2008）民申字第762号

【基本案情】

许赞有于2001年6月13日向国家知识产权局申请了名称为“地毯（竹）”的外观设计专利，2002年3月6日获得授权。2004年3月，杭州海关、上海海关根据许赞有的申请，以涉嫌侵犯涉案专利权为由扣留了安吉县雪强竹木制品有限公司（以下简称雪强公司）的出口产品集装箱。2004年4月2日，许赞有向浙江省杭州市中级人民法院提起诉讼，指控雪强公司侵犯涉案专利权，并申请法院查封扣留了上述集装箱的货物。同时许赞有要求雪强公司在上海、广州等地商品交易会期间将有关涉嫌侵犯涉案专利权的产品撤柜。2004年5月1日，雪强公司向国家知识产权局专利复审委员会提出宣告涉案专利权无效的请求。2005年8月18日，专利复审委员会作出第7432号无效宣告请求审查决定，宣告涉案专利权全部无效。2005年9月15日，雪强公司起诉至杭州市中级人民法院称，由于许赞有申请财产保全措施错误，造成重大经济损失和不良社会影响，请求判令许赞有赔偿损失、消除影响、赔礼道歉并承担本案的全部诉讼费用。杭州市中级人民法院一审认为，许赞有在涉案专利权被宣告无效前实施的申请海关扣留、法院查封以及要求雪强公司对涉嫌侵权产品撤柜等行为具备合法性，雪强公司在涉案专利权被宣告无效后，要求许赞有就实施上述行为对雪强公司所造成的损失进行赔偿并公开赔礼道歉的诉讼请求，依据不足，遂判决驳回雪强公司的诉讼请求。上诉后，浙江省高级人民法院二审认为，雪强公司未能证明许赞有实施上述行为时具有恶意，而上述行为在涉案专利权被宣告无效时均已完成，依照专利法第四十七条第二款的规定，宣告涉案专利权无效的决定对上述行为不具有追溯力，遂判决驳回雪强公司的上诉。雪强公司不服二审判决，向最高人民法院申请再审。最高人民法院于2009年3月24日作出裁定，指令浙江省高级人民法院再审本案。

【裁判意见】

最高人民法院审查认为，专利法（2000年修正）第四十七条第二款所称的“裁定”，是指涉及专利侵权的裁定，即人民法院经过审理作出认定专利侵权成立的生效裁判的，就该案作出并已执行的裁定，不包括裁判认定不构成专利侵权所涉及的有关裁定。由于涉案专利权被专利复审委员会宣告无效，审理法院据此作出雪强公司不构成侵犯专利权的判决，因此，审理法院在此前作出的有关财产保全的裁定，不属于专利法第四十七条第二款规定的“裁定”，宣告涉案专利权无效的决定对其具有溯及力。同理，宣告涉案专利权无效的决定对于许赞有申请海关采取扣留措施以及要求被诉侵权人撤展的行为也具有溯及力。专利权人依据专利权依法行使诉权以及申请采取相关措施，是法律赋予的权利。但是，专利权人在行使自己的权利时不得损害他人的合法权益。由于专利权的稳定性是相对的，任何人都可以通过宣告专利权无效程序对已授权的专利提出宣告无效的请求，专利权人应当知道自己的专利权存在被宣告无效的可能性。因此，专利权人在行使有关权利时，特别是申请财产保全、责令停止有关行为等有可能给被申请人直接造成损害的措施时，应谨慎注意，充分估计其中的诉讼风险。许赞有未尽注意义务，在没有最终确认雪强公司侵犯涉案专利权的情况下，即申请采取财产保全、责令停止有关行为等给雪强公司直接造成损害的措施，属于申请错误，构成侵权。

中华人民共和国最高人民法院民事裁定书

（2008）民申字第762号

申请再审人（一审原告、二审上诉人）：安吉县雪强竹木制品有限公司，住所地浙江省安吉县经济开发区灵峰村。

法定代表人：陈玉强，董事长。

委托代理人：唐银益，男，杭州中成专利事务所有限公司专利代理人，住浙江省杭州市萧山区城厢街道洄澜南苑116栋东单元601室。

被申请人（一审被告、二审被上诉人）：许赞有，男，1948年1月8日出生，回族，住江苏省连云港市海州区关庙巷5－4号楼一单元302室。

委托代理人：刘子阳，山东北极之星律师事务所律师。

安吉县雪强竹木制品有限公司（以下简称雪强公司）与许赞有其他侵权纠纷一案，浙江省高级人民法院于2007年8月16日作出（2007）浙民一终字第34号民事判决，已经发生法律效力。2008年5月10日，雪强公司向本院申请再审。本院依法组成合议庭对本案进行了审查，现已审查终结。

雪强公司申请再审称，1. 本案不应适用专利法第四十七条第二款，而应适用该条第一款，申请再审人有权依据民事诉讼法第九十六条和《知识产权海关保护条例》第二十九条规定，要求被申请人赔偿因申请财产保全和海关扣留错误给申请再审人造成的损失。2. 被申请人利用我国专利法对授予外观设计专利权不进行实质审查的制度，将一些国内生产、销售、使用多年的传统产品申请外观设计专利，然后利用海关扣留、司法诉讼等制度，侵害申请再审人的合法利益，其行为违反了民法通则第五条、第一百零六条规定，具有违法性，主观上也具有过错，并给申请再审人造成了损害后果。原审判决认定被申请人的行为系合法的维权行为，不构成对申请再审人的侵权，实属错误。3. 申请再审人在一审中提交的证据11，即国家知识产权局专利复审委员会第8053号无效宣告请求审查决定书，已宣告被申请人的另一项外观设计专利（专利号为ZL01327310.8）无效。而在被申请人迫使申请再审人从上海商交会和广州商交会上撤展所利用的外观设计专利中，就包含该外观设计专利。原审判决以证据11与本案无关联性而不予认定是错误的。4. 国家知识产权局专利复审委员会宣告被申请人涉案外观设计专利无效的事实依据，是1993年他人申请的一项相似的外观设计专利，并在1994年9月21日进行了授权公告。作为生产和销售竹产品的被申请人对此是清楚的，但仍在2001年申请了涉案外观设计专利，利用我国对外观设计专利不进行实质审查的制度，恶意取得专利权，进而打击申请再审人，其主观恶意明显。综上，原审判决认定事实和适用法律均有错误，请求本院依法予以撤销，支持申请再审人一审提出的诉讼请求，由被申请人承担本案的全部诉讼费用。

许赞有辩称，1. 被诉的财产保全行为是一审法院作出的已经生效且已执行的司法行为，属于专利法第四十七条第二款规定的情形，原审判决适用该款规定并无错误。《知识产权海关保护条例》不是本案司法纠纷应当适用的法律。民事诉讼法第九十六条只规定在申请财产保全错误的情况下承担一定的赔偿责任，但何为财产保全错误，最终应由实体法体现并体现在司法判决中。2. 相对于民法通则来说，专利法是特别法，应当适用专利法的规定而不应当适用民法通则的有关规定。即使适用民法通则的有关规定，被申请人的行为并不符合民事侵权行为的相关要件。3. 国家知识产权局专利复审委员会第8053号无效宣告请求审查决定书，涉及的是与本案系争专利无关的另一项专利，原审判决不予认定是正确的。4. 涉案专利在被宣告无效前，已经过多次专利无效审查和司法审查，其权利基础是非常牢固的，被申请人据此依法采取维权行为不存在任何瑕疵。此外，据以宣告涉案专利无效的对比文献是否合适存在较大争议，且申请再审人也是本领域中从业多年的企业，如果对比文献应当为被申请人明知并证明被申请人具有恶意的话，那么申请再审人及其他相关主体在此前的宣告无效和侵权诉讼程序中，早就应当援引该对比文献进行抗辩。因此，被申请人申请涉案外观设计专利不存在任何恶意。

本院经审查认为，**专利法第四十七条第二款规定：“宣告专利权无效的决定，对在宣告专利权无效前人民法院作出并已执行的专利侵权的判决、裁定……不具有追溯力。”显然，本款所说的“裁定”是指涉及专利侵权的裁定，即人民法院对于相关的专利侵权案件经过审理后作出认定侵权成立的生效裁判的，就该案作出并已执行的裁定，不包括裁判认定不构成专利侵权所涉及的有关裁定。**本案中，由于许赞有所拥有的涉案外观设计专利已经被国家知识产权局专利复审委员会宣告无效，一审法院据此作出雪强公司不构成侵犯专利权的判决，因此，一审法院在此前专利侵权案件中所作出的有关财产保全的裁定，不属于专利法第四十七条第二款规定的“裁定”，根据该条第一款规定，国家知识产权局专利复审委员会宣告有关专利权无效的决定对其具有溯及力。同理，不仅国家知识产权局专利复审委员会宣告涉案专利权无效决定对于财产保全裁定具有溯及力，而且对于许赞有此前申请海关扣留措施以及要求撤展的行为均具有溯及力。**专利权人依据国家专利行政部门授予的专利权依法行使诉权以及申请采取相关措施，是法律赋予的权利，但是，专利权人在行使自己的权利时不得损害他人的合法权益。由于专利权的稳定性是相对的，任何人都可以通过宣告专利权无效程序对已授予的专利提出宣告无效的请求，专利权人应当知道自己的专利存在被宣告无效的可能性，因此，专利权人在行使有关权利时，特别是申请财产保全、停止有关行为等有可能给被申请人直接造成损害的措施时，要谨慎注意，充分估计其中的诉讼风险。**本案中，许赞有所拥有的涉案外观设计专利虽经两次宣告无效程序而被维持，并且在另一专利侵权案件中获得胜诉，但是这并不等于该外观设计专利就不存在被宣告无效的可能性。许赞有对此未尽注意义务，在没有最终确认雪强公司侵犯其外观设计专利权的情况下，即申请采取财产保全、停止有关行为等给雪强公司直接造成损害的措施，应当属于申请错误，构成侵权。雪强公司依据民事诉讼法第九十六条、《知识产权海关保护条例》第二十九条以及民法通则第一百零六条的规定，请求判令许赞有赔偿因申请财产保全、停止有关行为等措施错误所造成的损失，应当依法予以支持。二审判决根据专利法第四十七条第二款规定，以许赞有的行为系合法的维权行为为由，作出维持一审驳回雪强公司诉讼请求的判决，属于适用法律错误。依照《中华人民共和国民事诉讼法》第一百七十九条第一款第（六）项、第一百八十一条、第一百八十五条的规定，裁定如下：

一、本案指令浙江省高级人民法院再审；

二、再审期间，中止原判决的执行。

院　　长　王胜俊

二〇〇九年三月二十四日

书 记 员　王　新

《最高人民法院知识产权要案典丛》编辑委员会

最高人民法院
知识产权要案典丛

ZUIGAO RENMIN FAYUAN
ZHISHI CHANQUAN YAOAN DIANCONG

· 专利卷 ·

| 下册 |

最高人民法院知识产权审判庭◎编

中国法制出版社
CHINA LEGAL PUBLISHING HOUSE

目 录

Contents

下 册

二、专利行政案件

(一) 权利要求解释

（二）权利要求应当以说明书为依据

3. 判断创造性时需考虑的其他因素

4. 医药化学领域的创造性判断

（十）外观设计专利授权确权案件

（十一）程序问题

1. 专利授权确权案件审理程序

2. 其他专利行政案件

二、专利行政案件

（一）权利要求解释

101. 权利要求解释方法在专利授权确权行政程序和侵权民事程序中的异同

——再审申请人精工爱普生株式会社与被申请人中华人民共和国国家知识产权局专利复审委员会、郑亚俐、佛山凯德利办公用品有限公司、深圳市易彩实业发展有限公司发明专利权无效行政纠纷案

【裁判要旨】

专利权利要求的解释方法在专利授权确权程序与专利民事侵权程序中既有根本的一致性，又在特殊场合下体现出一定的差异性，其差异突出体现在当事人意见陈述的作用上；在专利授权确权程序中，申请人在审查档案中的意见陈述原则上只能作为理解说明书以及权利要求书含义的参考，而不是决定性依据。

【关键词】

权利要求解释　授权确权程序　侵权民事诉讼

【案号】

最高人民法院（2010）知行字第53－1号

【基本案情】

精工爱普生株式会社（以下简称精工爱普生）是名称为“墨盒”的00131800.4号发明专利（即本案专利）的申请人和权利人。本案专利是99800780.3号发明专利申请的分案申请，而99800780.3号发明专利申请是进入中国国家阶段的国际申

请（PCT/JP99/02579）。该国际申请的申请日是1999年5月18日，其主张的最早优先权日是1998年5月18日，进入中国国家阶段后的公开日是2000年11月1日。该国际专利申请原文为日文，其内容可以参照该国际申请文件的中文译文，即99800780.3号发明专利申请的申请文件。99800780.3号发明专利申请公开文本的权利要求书和说明书中，均未出现“记忆装置”的用语。但在PCT/JP99/02579号国际专利申请文件的权利要求书中出现过“半導体記憶手段”的日文用语，在说明书中则分别出现过“半導体記憶手段”和“記憶手段”的用语，上述用语在99800780.3号发明专利申请公开文本中分别被翻译为“半导体存储装置”和“存储装置”。2000年10月30日，精工爱普生以分案方式提出本案专利申请。本案专利申请公开文本的权利要求书共计12项权利要求，其中权利要求6、7和8中出现了“记忆装置安装部分”的用语。此后，精工爱普生对本案专利申请进行了多次修改。第三次修改时，将原来的12项权利要求修改为66项权利要求。该次修改后的权利要求书的独立权利要求和部分从属权利要求中使用了“记忆装置”的用语，且在从属权利要求19、36、37中，“记忆装置”和“存储装置”的用语同时出现。第四次修改时，删除了原权利要求1-22、24、53以及66，并将剩余的权利要求重新编号为1-41，并对其中部分权利要求进行了修改，同时增加了新权利要求42。在此次修改中，精工爱普生将权利要求1（即第三次修改后的权利要求23）中的“记忆装置”修改为“存储装置”，对于其他独立权利要求则均保留了“记忆装置”的用语。对于重新编号后的权利要求8中的“记忆装置”，精工爱普生在意见陈述中作了如下说明：“申请人首先希望解释，该权利要求及其后的权利要求中所述的‘记忆装置’是指说明书及附图中记载的电路板及设置在其上的半导体存储装置。”针对本案专利权，佛山凯德利办公用品有限公司（以下简称凯德利公司）和深圳市易彩实业发展有限公司（以下简称易彩公司）分别向中华人民共和国国家知识产权局专利复审委员会（以下简称专利复审委员会）提出无效宣告请求。精工爱普生在无效宣告审查阶段再次修改其权利要求书，将原来的42项权利要求修改为40项权利要求。专利复审委员会于2008年4月15日作出第11291号无效宣告请求审查决定（以下简称第11291号决定），以精工爱普生有关记忆装置的修改以及其他修改均超出原说明书和权利要求书记载的范围，违反专利法第三十三条的规定为由，宣告本案专利全部无效。精工爱普生不服，提起行政诉讼。北京市第一中级人民法院一审判决维持第11291号决定。精工爱普生不服，提出上诉。北京市高级人民法院二审认为，“记忆装置”

系专利申请人新增加的内容，不符合专利法第三十三条的规定；关于“存储装置”的修改符合专利法第三十三条的规定；一审判决及第11291号决定部分事实认定错误，适用法律不当，应予撤销。遂判决撤销一审判决及第11291号决定，判令专利复审委员会重新作出审查决定。精工爱普生不服，向最高人民法院申请再审，主张其关于“记忆装置”的修改符合专利法第三十三条的规定。最高人民法院于2013年9月23日裁定驳回了精工爱普生的再审申请。

【裁判意见】

最高人民法院审查认为：在专利授权确权程序与专利民事侵权程序中，权利要求的解释方法既存在很强的一致性，又存在一定的差异性。其一致性至少体现在如下两个方面：一是，权利要求的解释属于文本解释的一种，无论是专利授权确权程序还是专利民事侵权程序中对权利要求的解释，均需遵循文本解释的一般规则；二是，无论是专利授权确权程序还是专利民事侵权程序中对权利要求的解释，均应遵循权利要求解释的一般规则。但是，由于专利授权确权程序与专利民事侵权程序中权利要求解释的目的不同，两者在特殊场合又存在一定的差异。在专利授权确权程序中，解释权利要求的目的在于通过明确权利要求的含义及其保护范围，对专利权利要求是否符合专利授权条件或者其效力如何作出判断。基于此目的，在解释权利要求用语的含义时，必须顾及专利法关于说明书应该充分公开发明的技术方案、权利要求书应当得到说明书支持、专利申请文件的修改不得超出原说明书和权利要求书记载的范围等法定要求。若说明书对该用语的含义未作特别界定，原则上应采本领域普通技术人员在阅读权利要求书、说明书和附图之后对该术语所能理解的通常含义，尽量避免利用说明书或者审查档案对该术语作不适当的限制，以便对权利要求是否符合授权条件和效力问题作出更清晰的结论，从而促使申请人修改和完善专利申请文件，提高专利授权确权质量。在专利民事侵权程序中，解释权利要求的目的在于通过明确权利要求的含义及其保护范围，对被诉侵权技术方案是否落入专利权保护范围作出认定。在这一程序中，如果专利保护范围字面含义界定过宽，出现权利要求得不到说明书支持、将现有技术包含在内或者专利审查档案对该术语的含义作出过限制解释因而可能导致适用禁止反悔原则等情形时，可以利用说明书、审查档案等对保护范围予以限制，从而对被诉侵权技术方案是否落入保护范围作出更客观公正的结论。因此，专利权利要求的解释方法在专利授权确权程序与专利民事侵权程序中既有根本的一致性，又在特殊场合下体现出一定的差异性。这种差异突出体现在当事人意见陈述的作用上。在专利授权确权程序中解释权利要求时，意见陈述书的作用在特定的场合下要受到专利法明文规定的限制。例如，我国专利法规定了说明书应当对发明作出清楚完整的说明、权利要求书应当得到说明书的支持、专利申请文件的修改不得超出原说明书和权利要求书记载的范围等法定要求。在审查某项专利或者专利申请是否符合上述法定要求时，当然应该以说明书或者原说明书和权利要求书为依据，当事人意见陈述不能也不应该起到决定作用。相反，如果将当事人的意见陈述作为判断某项专利或者专利申请是否符合上述法定要求的决定性依据，则无法促使专利申请人将相关内容尽量写入说明书，专利法的前述法定要求也将无法得到实现。因此，在专利授权确权程序中，申请人在审查档案中的意见陈述在通常情况下只能作为理解说明书以及权利要求书含义的参考，而不是决定性依据。而在专利民事侵权程序中解释权利要求的保护范围时，只要当事人在专利申请或者授权程序中通过意见陈述放弃了某个技术方案，一般情况下应该根据当事人的意见陈述对专利保护范围进行限缩解释。

中华人民共和国最高人民法院行政裁定书

（2010）知行字第53－1号

再审申请人（一审原告，二审上诉人）：精工爱普生株式会社。

法定代表人：碓井稔，董事长。

委托代理人：蒋洪义，北京市联德律师事务所律师。

委托代理人：刘永全，北京市联德律师事务所律师。

被申请人（一审被告，二审被上诉人）：中华人民共和国国家知识产权局专利复审委员会。

法定代表人：张茂于，副主任。

委托代理人：朱明雅，该委员会审查员。

委托代理人：张华，该委员会审查员。

被申请人（原审第三人）：郑亚俐。

委托代理人：陈俊由。

被申请人（原审第三人）：佛山凯德利办公用品有限公司。

法定代表人：赵锡彪，总经理。

被申请人（原审第三人）：深圳市易彩实业发展有限公司。

法定代表人：王子峰，董事长。

再审申请人精工爱普生株式会社（以下简称精工爱普生）因与被申请人中华人民共和国国家知识产权局专利复审委员会（以下简称专利复审委员会）、郑亚俐、佛山凯德利办公用品有限公司（以下简称凯德利公司）、深圳市易彩实业发展有限公司（以下简称易彩公司）发明专利权无效行政纠纷一案，不服中华人民共和国北京市高级人民法院（2009）高行终字第327号行政判决，向本院申请再审。本院依法组成合议庭对本案进行了审查，现已审查终结。

精工爱普生不服专利复审委员会第11291号无效宣告请求审查决定（以下简称第11291号决定），在法定期限内向中华人民共和国北京市第一中级人民法院起诉称，第11291号决定在审查程序和认定事实上存在严重错误，请求人民法院依法予以撤销。其主要理由是：1. 第11291号决定违反正当程序。2. 第11291号决定中相关认定背离客观事实。原告在实质审查阶段答复第一次审查意见通知书时已经将“存储装置”解释为“7（b）所示的‘半导体存储装置61’”，将“记忆装置”解释为“指说明书及附图中记载的电路板及设置在其上的半导体存储装置”。3. 第11291号决定对“存储装置”的解释与北京市高级人民法院相关判例中对功能性限定特征的解释标准相违背。4. 从属权利要求4和34中相关附加技术特征以及权利要求8的技术方案，均未超出原说明书公开的范围。

专利复审委员会答辩称：1. 关于审查程序。本案的审查程序符合《专利审查指南》第四部分第三章4.5节关于案件合并审理的规定。2. 关于专利法（2000年修正）（以下简称专利法）第三十三条。（1）应当以“原说明书和权利要求书记载的范围”作为认定申请人的修改是否符合专利法第三十三条规定的基础，申请人在意见陈述书中对权利要求所作的解释不能作为认定的事实依据；（2）《专利审查指南》第二部分第二章3.2.1节明确规定，“对于权利要求中所包含的功能性限定的技术特征，应当理解为覆盖了所有能够实现所述功能的实施方式”；（3）关于有关权利要求的具体意见，坚持决定中的相关意见。综上，第11291号决定认定事实清楚，适用法律法规正确，审理程序合法，请求人民法院维持该决定。

北京市第一中级人民法院一审查明：第11291号决定针对的专利是中华人民共和国国家知识产权局于2004年6月23日授权公告、名称为“墨盒”的00131800.4号发明专利（以下简称本专利）。本专利是99800780.3号发明专利申请的分案申请，其申请日为1999年5月18日，最早的优先权日为1998年5月18日，专利权人为精工爱普生。本专利授权公告的权利要求书包括42项权利要求。

针对本专利权，凯德利公司于2006年1月17日向专利复审委员会提出了无效宣告请求，其理由是本专利不符合专利法第二十二条第二款、第三款的规定，请求宣告本专利全部无效。

针对上述无效宣告请求，精工爱普生于 2006 年 3 月 1 日和 20 日两次提交了内容相同的意见陈述书，并对本专利权利要求书进行了修改，修改后的权利要求书如下：

“1. 一种装于喷墨打印设备的托架上的墨盒，用于通过一供墨针向喷墨打印设备的打印头供应墨水，该墨盒包括：

多个外壁；

一供墨口，用于接纳所述供墨针，形成于多个壁的第一个上；

一存储装置，由所述墨盒支承，存储关于墨水的信息；

一电路板，安装在与所述多个壁中的第一壁交叉的所述第二壁上，所述电路板位于所述供墨口的中线上；和多个接触点，形成在所述电路板的外露表面上，用于将所述存储装置连接到喷墨打印设备，所述触点形成多个列。

2. 根据权利要求 1 的墨盒，其中所述电路板位于所述供墨口附近设置于所述壳体的所述第二壁上。

3. 根据权利要求 1 的墨盒，其中所述电路板设置于与所述壳体的所述第一壁垂直的所述第二壁上。

4. 根据权利要求 1 的墨盒，其中所述电路板基本上为矩形，且所述电路板设置于基本上垂直于所述第一壁的所述第二壁上，所述第二壁的宽度比所述壳体的其他壁窄。

5. 根据权利要求 1 的墨盒，其中所述电路板设置成基本平行于垂直于所述壳体的所述第一壁的所述第二壁。

6. 根据权利要求 1 的墨盒，其中所述触点位于墨盒装于打印设备上或从其上拆下时的支点的相对位置。

7. 根据权利要求 1 的墨盒，其中所述电路板基本上为矩形并沿垂直方向对准。

8. 一种装于喷墨打印设备的托架上的墨盒，用于通过一供墨针向喷墨打印设备的打印头供应墨水，该墨盒包括：

多个外壁；

一供墨口，用于接纳所述供墨针，形成于多个壁的其中一个上；

一记忆装置，由所述墨盒支承，存储关于墨水的信息；

多个触点，用于将所述记忆装置连接到喷墨打印设备，所述触点形成多个列，所述列的其中之一比另外的列更靠近所述供墨口，最靠近所述供墨口的触点列比离所述供墨口最远的触点列长。

9. 根据权利要求8的墨盒，其中所述记忆设置于所述壳体上并位于所述供墨口的中线上。

10. 根据权利要求8的墨盒，其中所述记忆装置设置于其上的所述壁位于所述供墨口的附近。

11. 根据权利要求10的墨盒，其中所述记忆装置位于所述记忆装置设于其上的所述壳体的所述壁的中线上。

12. 一种具有一打印头的喷墨打印设备的墨盒，将墨水滴喷射于记录介质上，该墨盒包括：

一含墨水的壳体；

一供墨口，形成在所述壳体的一个壁上，用于将所述壳体内的墨水导向打印头；

一设置于所述壳体上的记忆装置，存储墨水的信息；

多个设于所述壳体上的端子，当墨盒安装于打印设备上时，至少其中之一个端子将所述记忆装置电连接到所述喷墨打印设备并且其中之一个端子电连接到打印设备的两个触点元件上；

其中所述接触打印设备的两触点元件的端子是表示安装在打印设备上的墨盒的存在的检测端子，且其中所述接触打印设备的两触点元件的端子位于所述供墨口的中线。

13. 根据权利要求12的墨盒，其中所述记忆装置包括一个基片，在所述基片的一个表面上设置有一个存储装置，在所述基片的另外面上设置有多个端子。

14. 根据权利要求12的墨盒，其中所述记忆装置包括一个基片，在所述基片的一个面上设置有一个存储装置，在与所述存储装置所在的面相同的面上设置所述多个端子。

15. 根据权利要求12的墨盒，其中所述存储装置由抗墨水材料模铸而成。

16. 根据权利要求12的墨盒，其中所述多个端子分组成至少一第一组和第二组。

17. 根据权利要求12的墨盒，其中所述接触打印设备的至少两触点元件的端子基本上位于墨盒宽度方向的中央。

18. 根据权利要求 12 的墨盒，其中所述接触打印设备的两触点元件的端子具有比其他端子大的面积。

19. 根据权利要求 12 的墨盒，其中所述接触打印设备的两触点元件的端子是接地电极。

20. 根据权利要求 12 的墨盒，其中当墨盒安装在打印设备上时所述多个端子以一个时间间隔与外部控制装置形成接合。

21. 根据权利要求 16 的墨盒，其中所述第一组和第二组端子沿墨盒装在打印设备上的方向以一个间隔设置。

22. 根据权利要求 16 的墨盒，其中所述第一组和第二组端子相对墨盒装在打印设备上的方向具有不同的高度。

23. 根据权利要求 12 的墨盒，其中所属记忆装置包括各具有不同功能的六个端子。

24. 根据权利要求 16 的墨盒，其中所述记忆装置还包括当墨水穿过两组端子附着时将所述第一组端子连接到第二组端子的导体元件。

25. 根据权利要求 12 的墨盒，其中所述多个端子的至少其中之一沿墨盒装在打印设备上的方向是垂直地呈矩形。

26. 根据权利要求 12 的墨盒，其中所述记忆装置包括一个接地垫元件，用于检查所述记忆装置的内容。

27. 根据权利要求 12 的墨盒，其中所述多个端子与所述记忆装置的边缘隔开。

28. 根据权利要求 12 的墨盒，其中所述记忆装置包括至少一个物理接触打印设备的一接触元件的端子。

29. 一种具有一打印头的喷墨打印设备的墨盒，该打印头向一记录介质上喷射墨水滴，该打印头具有一供墨针，并装在一活动托架上，该墨盒包括：

一壳体，其内含有墨水并构造成可拆下地装于打印头上，所述壳体具有一第一壁和一第二壁，该第二壁具有一第一上角和一第二上角；

一供墨口，形成在所述第一壁上用于接纳打印头的供墨针并从所述壳体向该打印头供应墨水；

一记忆装置，设置在所述壳体的一个壁上，存储墨水信息；

至少两个电触点，用于将记忆装置连接到喷墨打印设备上，各电触点距离供墨口一预定距离；

至少一个悬垂件，延伸超过所述记忆装置设置于那里的所述壳体的壁的一个平面，悬垂件位于第一上角和第二上角之间。

30. 根据权利要求 29 的墨盒，其中所述记忆装置设置于其上的所述壁垂直于所述供墨口形成于那里的所述壳体的一个壁。

31. 根据权利要求 29 的墨盒，其中所述记忆装置位于供墨口的中线上。

32. 根据权利要求 29 的墨盒，其中所述记忆装置基本上在沿所述壁的宽度的一个中央位置设置在所述供墨口附近的一个壁上。

33. 根据权利要求 29 的墨盒，其中所述记忆装置设置于所述壳体的一个侧壁上。

34. 根据权利要求 29 的墨盒，其中所述壳体基本上为矩形，所述记忆装置设置于所述壳体的一个侧壁上，该侧壁的宽度比所述壳体的其他侧壁窄。

35. 根据权利要求 29 的墨盒，其中所述记忆装置位于墨盒装于打印设备上或从其上拆下时的支点的相对位置上。

36. 根据权利要求 29 的墨盒，其中所述悬垂件形成在所述记忆装置的上部位置。

37. 根据权利要求 29 的墨盒，其中所述悬垂件沿垂直于所述记忆装置的一个平面的方向延伸超过壳体。

38. 根据权利要求 29 的墨盒，其中所述记忆装置、所述供墨口和所述悬垂件位于墨盒的同侧。

39. 根据权利要求 29 的墨盒，其中所述壳体的内部分成至少两个分开的室，所述悬垂件包括两个分开的凸起，该两凸起延伸超过沿所述记忆装置设置于其上的所述壁的宽度方向的两端部。

40. 一种装于喷墨打印设备的托架上的墨盒，用于通过一供墨针向喷墨打印设备的打印头供应墨水，该墨盒包括：

多个外壁；

一个供墨口，用于接纳所述供墨针，形成于多个壁的第一个上；

一存储装置，由所述墨盒支承，存储关于墨水的信息；

多个触点，形成在与所述多个壁中的第一壁交叉的所述多个壁的第二壁上，用于将所述存储装置连接到喷墨打印设备，所述触点形成多个列，并且位于所述多个列之一的中心的所述触点中的一个触点（60－2）位于供墨口的中线上。”

专利复审委员会于 2006 年 4 月 27 日针对上述无效宣告请求举行了口头审理。

针对本专利权，郑亚俐于2007年6月15日向专利复审委员会提出了无效宣告请求，其理由是本专利不符合专利法第三十三条和第二十六条第四款的规定，请求宣告本专利全部无效，并提交了本专利的分案原申请99800780.3的公开说明书作为证据。2007年7月3日，郑亚俐向专利复审委员会提交了意见陈述书，认为本专利授权权利要求还不具备专利法第二十二条第二款、第三款规定的新颖性和创造性，同时提交了相关证据。

针对本专利权，易彩公司于2007年10月31日以与凯德利公司完全相同的理由和证据向专利复审委员会提出了无效宣告请求。

针对上述无效宣告请求，精工爱普生于2007年9月18日提交了意见陈述书和权利要求书修改替换页，上述修改的权利要求书与其于2006年3月1日提交的权利要求书内容相同。针对郑亚俐的无效宣告请求，精工爱普生还提交了在本专利实质审查阶段答复第一次审查意见通知书时所提交的意见陈述书，以证明本专利在实质审查阶段所作的修改未超出原始公开的范围，符合专利法第三十三条的规定。

2008年3月25日，专利复审委员会举行了口头审理。

专利复审委员会认为：1. 本专利是99800780.3号发明专利申请的分案申请，而99800780.3号发明专利申请是进入中国国家阶段的国际申请（PCT/JP99/02579），即99800780.3号发明专利申请的申请文件相当于是PCT/JP99/02579号国际申请的中文翻译件。本专利权利要求1和40中的“存储装置”以及权利要求8、12和29中的“记忆装置”均由实质审查阶段修改而来。在申请日提交的PCT/JP99/02579号国际申请文件及99800780.3号发明专利申请的说明书和权利要求书中并没有“存储装置”和“记忆装置”的文字记载，而仅有“半导体存储装置”的文字记载。因此，判断本专利在实质审查阶段所进行的上述修改是否超范围的关键在于：“存储装置”和“记忆装置”是否属于可根据原说明书和权利要求书中记载的“半导体存储装置”直接且毫无疑义地确定的内容。“存储装置”是用于保存信息数据的装置，除半导体存储装置外，其还包括磁泡存储装置、铁电存储装置等多种不同的类型。根据原说明书第1页第29~32行的记载，本发明专利是为了解决拆装墨盒时由于托架与墨盒之间存在间隙使半导体存储装置接触不好，信号可能在不适当的时候充电或施加，数据无法读出或丢失的问题。因此，包括实施例在内的整个说明书都始终在围绕着上述问题描述发明，即包括实施例在内的整个说明书都始终是针对半导体存储装置来描述发明的。同样，原权利要求书要求保护的技术方案中亦针对的是半导体存储装置，原说明书和权利要求书中均不涉及其他类型的存储装置，也不能直接且毫无疑义地得出墨盒装有其他类型的存储装置。因此，“存储装置”并非确定无疑就是原说明书和权利要求书中记载的“半导体存储装置”，本领域技术人员并不能从原说明书和权利要求书记载的“半导体存储装置”直接且毫无疑义地确定出“存储装置”。同理，“记忆装置”也不能从原说明书和权利要求书记载的“半导体存储装置”直接且毫无疑义地确定。专利权人在实质审查程序中将“半导体存储装置”修改为“存储装置”或“记忆装置”超出了原说明书和权利要求书记载的范围。因此，独立权利要求 1、8、12、29 和 40 不符合专利法第三十三条的规定。原说明书的“这是因为，打印设备必须带到厂家，并且记录控制数据的存储装置必须更换”及“其中在一个墨盒上设置了半导体存储装置和连接到存储装置的一个电极”两部分内容均记载在背景技术部分中，且“这是因为，打印设备必须带到厂家，并且记录控制数据的存储装置必须更换”针对的是现有技术中的打印设备，“其中在一个墨盒上设置了半导体存储装置和连接到存储装置的一个电极”中的“存储装置”应当是“半导体存储装置”的以下简称，并非是指另外的技术特征。本专利是针对安装有半导体存储装置的墨盒作出的改进，针对的是“半导体存储装置”，而非“存储装置”和除“半导体存储装置”以外的其他存储装置。“记忆装置”本身并无“半导体存储装置”与“电路板”的组合这一含义。而且，根据本专利的权利要求书，权利要求 12 中记载的是“记忆装置”，其从属权利要求 13 和 14 才分别对“记忆装置”作出了限定，即“所述记忆装置包括一个基片，在所述基片的一个面上设置有一个存储装置，在与所述基片的另外面上设置有多个端子”、“所述记忆装置包括一个基片，在所述基片的一个面上设置有一个存储装置，在与所述存储装置所在的面相同的面上设置所述多个端子”。可见，“记忆装置”并非是指“‘半导体存储装置’与‘电路板’的组合”。由于上述独立权利要求中所包含的超出原说明书和权利要求书记载范围的技术特征“存储装置”或“记忆装置”同样也包含在相应的从属权利要求中，因此，相应的从属权利要求也不符合专利法第三十三条的规定。2. 从属权利要求 4 的附加技术特征“所述第二壁的宽度比所述壳体的其他壁窄”和从属权利要求 34 的附加技术特征“该侧壁的宽度比所述壳体的其他侧壁窄”既没有记载在原说明书和权利要求书中，也不能从原说明书和权利要求书中直接且毫无疑义地确定，因此也超出了原说明书和权利要求书记载的范围。3. 包含技术特征“最靠近所述供墨口的触点列比离所述供墨口最远的触点列长”的权利要求 8 的整体技术方案同样未记载在原说明书和权利要求书中。对于附图6和7所示的实施例，虽然电路板上最下一列的触点列比上一列触点列长，即最靠近所述供墨口的触点列比离所述供墨口最远的触点列长，但这是针对电路板设置在与供墨口所在底壁相垂直的侧壁上的墨盒，而权利要求8并未对供墨口、记忆装置及触点的相对位置作出任何限定，使得在实质审查程序中修改而来的该权利要求所限定的技术方案既涵盖了附图6和7所示的电路板和触点所在的壁与供墨口所在的壁相垂直的墨盒，也涵盖了电路板、触点与供墨口位于同一壁等情况的墨盒，但后者并未记载在原说明书和权利要求书中，也不能从原说明书和权利要求书中直接且毫无疑义地确定。因此，实质审查程序中对权利要求8的修改也超出了原说明书和权利要求书记载的范围。综上所述，权利要求1～40均不符合专利法第三十三条的规定。4. 鉴于本专利已不符合专利法第三十三条之规定，故对其他无效理由及证据不再进行评述。据此，专利复审委员会于2008年4月15日作出第11291号决定，宣告本专利全部无效。

北京市第一中级人民法院一审认为：1. 关于本专利权利要求1、8、12、29、40的修改是否符合专利法第三十三条的规定。本专利权利要求中修改而来的“存储装置”和“记忆装置”是清楚的术语，本领域技术人员公知“存储装置”不限于“半导体存储装置”，“记忆装置”也不等同于“电路板及设置在其上的半导体存储装置”。专利申请人在实质审查阶段将“半导体存储装置”修改为“存储装置”将保护范围扩大到所有类型的存储装置。“记忆装置”在原说明书和权利要求书中并未记载，本领域技术人员不能从原说明书和权利要求书中直接明确认定“记忆装置”为“电路板及设置在其上的半导体存储装置”。据此，第11291号决定认定本专利权利要求1、8、12、29、40不符合专利法第三十三条的规定并无不当。2. 关于本专利权利要求4、34、8的修改是否符合专利法第三十三条的规定。对于本专利权利要求4、34，附图6、26并不能直接地、毫无疑义地确定设置电路板、半导体存储装置的侧壁比其他壁都窄。对于本专利权利要求8，意见陈述书的解释用以限定权利要求于法无据，且附图6、7仅反映电路板、触点与供墨口位于不同壁的情形，对于电路板、触点和供墨口位于同一壁的墨盒并没有体现，也不能直接地、毫无疑义地确定这种结构的墨盒其触点列的长短布置。据此，第11291号决定对权利要求4、34、8的修改不符合专利法第三十三条的规定的认定并无不当。依据《中华人民共和国行政诉讼法》第五十四条第（一）项之规定，北京市第一中级人民法院于2008年12月20日作出（2008）一中行初字第1030号行政判决：维持专利复审委员会第11291号决定。一审案件受理费 100 元，由精工爱普生负担。

精工爱普生不服一审判决，向北京市高级人民法院提起上诉称：1. 根据专利权利要求解释中公认的“禁止反悔原则”，本案应当根据上诉人在实质审查阶段为了获得授权而对技术术语的解释来确定其含义，即将“存储装置”解释为“图 7（b）中所示的‘半导体存储装置 61’”，将“记忆装置”解释为“指说明书及附图中记载的电路板及设置在其上的半导体存储装置”。2. 第 11291 号决定对“存储装置”的解释观点与北京市高级人民法院相关判例中对功能性限定特征的解释标准相违背。3. 从属权利要求 4、34 中相关附加技术特征在原说明书附图 6（a）、附图 26 等图中均有反映，并未超出原始公开的范围。对于权利要求 8 的技术方案，上诉人在答复第一次审查意见通知书时进行了解释。因此，本专利符合专利法第三十三条的规定。

北京市高级人民法院查明的事实与一审法院一致。另查明：2002 年 11 月 8 日，国家知识产权局就本专利申请发出第一次审查意见通知书。针对该通知书，精工爱普生于 2003 年 5 月 9 日提交了意见陈述书，对原权利要求作出修改，将原权利要求 23 修改为新权利要求 1。针对审查员提出的“修改超范围”问题，精工爱普生在意见陈述书中第 2.2 项指出：“权利要求 23 涉及附图 6 和附图 7，申请人解释，‘存储装置’是指图 7（b）所示的‘半导体存储装置 61’”；在意见陈述书第 3.1 项指出：“申请人首先希望解释，该权利要求及其后的权利要求中所述的‘记忆装置’是指说明书及附图中记载的电路板及设置在其上的半导体存储装置。”

北京市高级人民法院认为：确定修改是否超范围的标准在于该修改是否“超出原说明书和权利要求书记载的范围”以及是否“超出原申请公开的范围”，即本领域普通技术人员在阅读了原说明书和权利要求书后，是否能够从该文件记载的内容中毫无疑义地确定所修改的内容。在判断修改是否超范围时，还要关注修改后的技术方案是否构成新的技术方案。此外，申请人在专利授权过程中的意见陈述可以作为其修改是否超范围的参考，但该意见陈述不能作为修改是否超范围的唯一判断依据。

（一）关于本专利权利要求 1、40 中“存储装置”的修改是否违反专利法第三十三条规定的问题

技术术语及特征的理解应当以本领域技术人员的角度，考虑该技术术语或特征所使用的特定语境。本案中，本专利权利要求 1、40 中“存储装置”和权利要求 8、12、29 中“记忆装置”均由实质审查阶段修改而来。本专利原始公开文本

中相关权利要求记载有“半导体存储装置”及“存储装置”的内容。本专利原说明书已经载明本专利所解决的技术问题在于“打印设备必须带到厂家，并且记录控制数据的存储装置必须更换”，而且背景技术也记载了“其中在一个墨盒上设置了半导体存储装置和连接到存储装置的一个电极”。此外，原说明书其他部分均使用“半导体存储装置”。本领域技术人员通过阅读原权利要求书及说明书是可以毫无疑义地确定本专利申请人在说明书中是在“半导体存储装置”意义上使用“存储装置”的。另外，无论是修改前还是修改后的技术方案，“存储装置”实际上是在“半导体存储装置”意义上使用，并未形成新的技术方案，本领域技术人员也不会将其理解为新的技术方案。本专利权利人在实质审查阶段答复通知书的意见陈述书中对“存储装置”作出明确限定，即对于“存储装置”，意见陈述书记载“申请人解释，‘存储装置’是指图7（b）所示的‘半导体存储装置61’”，且原说明书第1页倒数第2段记载“其中在一个墨盒上设置了半导体存储装置和连接到存储装置的一个电板”，表明“存储装置”为“半导体存储装置”的以下简称。

判断修改是否超范围的主体是本领域技术人员，他应当是具备专业知识背景的普通技术人员，能够理解所属领域的技术内容。“存储装置”虽然有其普遍的含义，不仅包括半导体存储装置，还包括磁泡存储装置、铁电存储装置等多种不同类型，但在本专利所属的特定打印机墨盒领域，在背景技术中已经明确其所指的为“半导体存储装置”的前提下，本领域技术人员不会将其理解为作为上位概念的“存储装置”。一审判决及第11291号决定关于“存储装置”的理解有误，予以纠正。精工爱普生关于“存储装置”的修改符合专利法第三十三条的规定的上诉主张有事实和法律依据，应予支持，专利复审委员会应当就此重新作出审查决定。

（二）关于本专利权利要求8、12、29中“记忆装置”的修改是否违反专利法第三十三条规定的问题

本专利“记忆装置”的修改虽然也是由实质审查阶段修改而来，但其不同于“存储装置”的修改。本专利原权利要求书及说明书中从未有“记忆装置”的记载，该术语系专利申请人新增加的内容。没有记载而新增加的内容不符合专利法第三十三条的规定。此外，虽然专利申请人在实质审查阶段答复通知书的意见陈述书中对“记忆装置”作出明确限定，但如上述认定，仅仅在意见陈述中作出说明不能作为允许修改的依据。据此，一审判决及第11291号决定关于“记忆装

置”在原说明书和权利要求书并未记载，本领域技术人员不能从原说明书和权利要求书中明确认定“记忆装置”为“电路板及设置在其上的半导体存储装置”的认定正确。精工爱普生关于“记忆装置”的修改符合专利法第三十三条的上诉主张不能成立，予以驳回。

鉴于认定本专利权利要求 8、12、29 不符合专利法第三十三条的规定，上述权利要求的从属权利要求也未克服上述缺陷，故本专利权利要求 8、12、29 及上述权利要求的从属权利要求均不符合专利法第三十三条之规定。专利复审委员会第 11291 号决定关于本专利权利要求 8、12、29 均不符合专利法第三十三条规定的认定是正确的，应予维持。

（三）关于本专利权利要求 4 中“所述第二壁的宽度比所述壳体的其他壁窄”是否符合专利法第三十三条规定的问题

本专利权利要求 4 中“所述第二壁的宽度比所述壳体的其他壁窄”，既没有记载在原权利要求书及说明书中，也不能由原权利要求书及说明书毫无疑义地得出，不符合专利法第三十三条的规定。说明书附图用于表示产品的形状、结构及位置关系，对于其他技术领域，说明书附图可以是电路图、化学结构式或反应方法过程的流程图。本案中，本专利说明书附图并非标准的机械制图，其所体现的仅仅是本专利技术方案的结构及位置关系，该附图并不能毫无疑义地确定“所述第二壁的宽度比所述壳体的其他壁窄”。专利复审委员会第 11291 号决定中关于本专利权利要求 4 不符合专利法第三十三条规定的认定是正确的。精工爱普生关于本专利说明书附图 6 能够反映本专利权利要求 4 中“所述第二壁的宽度比所述壳体的其他壁窄”的技术特征，符合专利法第三十三条规定的上诉主张不能成立。

综上所述，一审判决及第 11291 号决定部分事实认定错误，适用法律不当，应予撤销。北京市高级人民法院于 2009 年 10 月 13 日作出（2009）高行终字第 327 号行政判决，判决如下：一、撤销北京市第一中级人民法院（2008）一中行初字第 1030 号行政判决；二、撤销专利复审委员会第 11291 号决定；三、专利复审委员会重新就名称为“墨盒”、专利号为 00131800. 4 的发明专利权作出无效宣告请求审查决定。一审案件受理费 100 元，由专利复审委员会负担；二审案件受理费 100 元，由专利复审委员会负担。

精工爱普生不服二审判决，向本院申请再审，请求依法纠正二审判决关于本专利权利要求 8、12、29 中“记忆装置”的修改违反专利法第三十三条规定的结论，并在此基础上维持二审判决。其主要理由为：（一）专利法第三十三条并不禁止专利申请人通过修改专利申请文件而使修改文本在形式上不同于修改前的原始公开文本，所禁止的是专利申请人通过修改行为引入新的技术方案或技术内容。虽然本专利权利要求8、12和29中记载的“记忆装置”属于一个在原始公开文本中没有出现过而在实审程序修改中新提出的术语，但该术语所指称的技术方案却是在原说明书及附图中已有记载的“电路板及设置在其上的半导体存储装置”。精工爱普生在实审程序的修改中提出该新术语时，已在答复审查意见通知书的意见陈述书中将“记忆装置”所指代的技术方案明确限定为原始公开文本中已记载的技术方案。在判断对“记忆装置”这个术语的修改是否超出原权利要求书和说明书记载的范围时，不应当简单地以该术语本身是否在原权利要求书和说明书中有过记载作为判断基准，而应当以该术语所指代的技术方案是否超出原权利要求书和说明书所记载的技术方案的范围作为判断基准。权利要求8、12和29中的“记忆装置”虽然是在修改中引入的新术语，但并未通过引入新术语而请求保护一个在原权利要求书和说明书中没有记载过的新的技术方案。（二）权利要求8、12和29在修改中新增加的“记忆装置”术语的含义，应当按照精工爱普生在专利审查档案中对该术语所作的限制性解释来理解。就同一项专利权而言，无论在侵权程序还是在无效程序中，对权利要求的解释标准应当是统一的。侵权程序中关于专利审查档案可以用作解释权利要求的依据，这一原则同样应当适用于专利无效程序。“记忆装置”并非本领域现有技术中已经存在的通用术语，本领域技术人员无法从现有技术中直接获知该术语的字面含义。本专利的原权利要求书和说明书均未记载有该术语，本领域技术人员亦不能从本专利说明书中直接得到该术语在本专利中的含义。精工爱普生在实审程序的修改中引入该术语时，在答复审查员的书面意见陈述中明确限定了“记忆装置”这个新增术语的具体含义，即“电路板及设置在其上的半导体存储装置”。除了上述专利审查档案，客观上并不存在可以用来解释该术语的其他事实依据。如果在本案中排除上述专利审查档案对该术语的解释作用，则会使该术语陷入无从解释且其含义不可知的境地。因此，权利要求8、12和29中记载的“记忆装置”系指“电路板及设置在其上的半导体存储装置”。（三）在将权利要求8、12和29中记载的“记忆装置”解释为“电路板及设置在其上的半导体存储装置”的情况下，“记忆装置”这个术语所指代的技术方案已被记载在本专利的原始公开文本中，该项修改特征不存在修改超范围的情形。本领域技术人员能够从原始公开文本的图7（a）至图7（c）、说明书第5页第1段第4行记载的“半导体存储装置61可以安装在电路板

31 的后面”以及第 3 段第 1 行所记载的“在如以上所述安装了半导体存储装置 61 的电路板 31 上”等项内容中，毫无疑义地得出“记忆装置”这个术语所指代的是“电路板及设置在其上的半导体存储装置”，因而“记忆装置”这项修改特征实质上已记载在原始公开文本中。原始公开文本既记载了半导体存储装置和电路板这两个独立部件，也记载了将半导体存储装置安装在电路板上进行使用的技术方案。（四）第 11291 号决定依据本专利授权公告文本从属专利要求 13 和 14 对“记忆装置”所作的附加限定，认定“记忆装置”并非“半导体存储装置”与“电路板”的组合，与事实不符。根据本专利授权公告文本的独立权利要求 12 对“记忆装置”的有关记载内容，结合其从属权利要求 13 和 14 对“记忆装置”所作出的进一步限定，进行基本的逻辑分析之后，恰恰可以印证，独立权利要求 12 中记载的“记忆装置”，其含义就是指“电路板及设置在其上的半导体存储装置”。第 11291 号决定用以否定该含义的理由违反权利要求书的解读逻辑。（五）第 11291 号决定以及原审判决在没有确定“记忆装置”含义的情况下，仅因该术语在原权利要求书和说明书中未曾出现过就直接认定其存在修改超范围情形，缺乏事实基础和法律依据。第 11291 号决定及原审判决始终没有指出应当如何理解独立权利要求 8、12 和 29 中记载的“记忆装置”术语的含义，更没有结合该术语的含义来判断其指代的技术方案是否已被记载在原权利要求书和说明书中。依据第 11291 号决定和原审判决，“记忆装置”术语的含义是不明确的和未知的。（六）专利复审委员会在第 11291 号决定中适用 2006 年版《专利审查指南》作出审查结论，适用依据错误。本案争议的修改行为发生在 2002 年，应适用 2001 年版《专利审查指南》。2006 年版《专利审查指南》对专利法第三十三条规定了更加严格的审查标准，因此出现了第 11291 号决定的结论与实审程序中审查员的审查结论相互矛盾。精工爱普生的修改行为在实审程序中已经得到审查员认可，精工爱普生基于信赖该审查结论而产生的信赖利益在后续无效程序中应得到保障。

专利复审委员会提交意见认为，精工爱普生的再审申请缺乏事实依据和法律依据，请求予以驳回。其主要理由为：（一）最高人民法院已对第 11291 号决定的合法性进行了全面审查。针对第 11291 号决定，原审第三人在此之前已经向最高人民法院提出再审申请，最高人民法院亦已作出（2010）知行字第 53 号行政裁定，驳回了原审第三人的再审申请。该行政裁定主要针对第 11291 号决定关于专利法第三十三条的法律适用是否正确作出，根据行政诉讼法第五条的规定，最高人民法院已经对第 11291 号决定的合法性进行了全面审查，没有涉及的内容应当认为认可第11291号决定的认定。（二）本专利权利要求8、12和29中的“记忆装置”系由实质审查阶段修改而来。在申请日提交的PCT/JP99/02579号国际申请文件和作为母案的99800780.3号发明专利申请的说明书和权利要求书中均没有涉及“记忆装置”的任何文字记载。“记忆装置”的修改并非基于审查员要求作出的澄清式修改，而是意在调整专利权保护范围的主动修改。（三）精工爱普生将“记忆装置”解释为说明书及附图中记载的电路板及设置在其上的半导体存储装置，该种解释不符合权利要求保护范围解释的时机要求，且该解释方法无法律依据和事实依据。1. 权利要求保护范围的解释时机。权利要求保护范围的解释应该严格把握解释时机，以权利要求不清楚或者没有明确的唯一含义为前提。本领域对于“记忆装置”具有通常的理解，其含义明确，因此精工爱普生对“记忆装置”的解释不符合解释时机的要求。2. 权利要求保护范围的解释方法。对于权利要求中记载的技术术语，一般应当解释为申请日时所属技术领域中通常具有的含义。说明书、附图对该技术术语另有定义或者描述的，应当根据说明书、附图对该技术术语进行解释。同时，在解释权利要求时，不得以说明书、附图中的技术内容实质上修改权利要求。例如，不得以说明书及其附图中没有记载的、当事人在意见陈述中进行陈述的技术内容作为实质上修改权利要求保护范围的依据。本案专利权利要求所记载的“记忆装置”在申请日时所属技术领域中具有通常含义，并且说明书、附图对该技术术语没有专门定义或者描述，因此应当按照所属技术领域中的通常含义加以解释。精工爱普生将“记忆装置”解释为说明书及附图中记载的电路板及设置在其上的半导体存储装置，显然与所属技术领域中“记忆装置”的通常含义不符，并且说明书、附图对该技术术语没有专门定义或者描述，解释实质上修改了权利要求的保护范围，没有法律依据和事实依据。3. 专利法第三十三条与权利要求解释之间的法律逻辑。专利法第三十三条与权利要求解释法律规则之间存在明确的法律适用界限。对于专利法第三十三条的法律适用而言，应当将修改后的权利要求书和说明书作为一个整体，与原始专利申请文件进行比较，判断其修改是否违反先申请原则的立法宗旨，即是否使得专利申请人通过上述修改将修改后的技术方案获得较早的专利申请日。这一点显然与权利要求保护范围的解释具有明确界限。4. 关于法律依据问题。1993年3月10日公布的《专利审查指南》（1993）和2001年10月18日公布的《专利审查指南》（2001）均已废止。国家知识产权局《施行修订后审查指南的过渡办法》（2006）规定，2006年7月1日之前提出的专利申请和根据该申请授予的专利权，除另有规定的事项之外，自2006年7月1日起也适用修订后的《专利审查指南》（2006）的规定。因此，专利复审委员会在第11291号决定中适用2006年版《专利审查指南》正确。

郑亚俐提交意见认为，精工爱普生的再审申请缺乏事实依据和法律依据，请求予以驳回。其主要理由为：（一）专利法第三十三条的立法目的在于确保授权专利的合理性，防止将申请日后想到的内容增补后申请文件中，其修改的界限是修改内容必须在原申请中存在。（二）精工爱普生所谓的修改分为实体修改和形式修改两种类型缺乏依据，在修改中增加一个在原权利要求中没有出现、说明书中也没有予以定义的新名词显然超出了专利法第三十三条关于修改范围的限制。（三）专利申请过程中的意见陈述只起过程记录和提醒作用，不能作为确权程序中解释权利要求术语含义的依据。

本院审查查明：本专利是99800780.3号发明专利申请的分案申请，而99800780.3号发明专利申请是进入中国国家阶段的国际申请（PCT/JP99/02579）。该国际申请的申请日是1999年5月18日，其主张的最早优先权日是1998年5月18日，进入中国国家阶段后的公开日是2000年11月1日。99800780.3号发明专利申请的申请文件相当于是PCT/JP99/02579号国际申请的中文翻译件。因此，判断本专利的修改是否超出原申请文件记载范围的依据是精工爱普生原始提交的国际申请文件（PCT/JP99/02579）。该国际专利申请原文为日文，其内容可以参照该国际申请文件的中文译文，即99800780.3号发明专利申请的申请文件。99800780.3号发明专利申请公开文本的权利要求书共有75项权利要求，其中没有出现“记忆装置”的用语；在该专利申请公开文本的说明书中，亦未出现“记忆装置”的用语。但在PCT/JP99/02579号国际专利申请文件的权利要求书中出现过“半導体記憶手段”的日文用语，在说明书中则分别出现过“半導体記憶手段”和“記憶手段”的用语，上述用语在99800780.3号发明专利申请公开文本中分别被翻译为“半导体存储装置”和“存储装置”。

2000年10月30日，精工爱普生以99800780.3号发明专利申请为母案，提出了一项分案申请，即本专利申请。本专利申请公开文本的权利要求书共计12项权利要求，其中权利要求6、7和8中出现了“记忆装置安装部分”的用语。权利要求6记载：“如权利要求1所述的墨盒，还包括一形成在所述第一壁外表面上的记忆装置安装部分，所述记忆装置安装部分沿所述第一壁的宽度方向形成在大体中心的位置。”权利要求7记载：“如权利要求6所述的墨盒，其中所述记忆装置安装部分包括一形成在所述第一壁上的凹入部分。”权利要求8记载：“如权利要求6所述的墨盒，其中所述记忆装置安装部分设置在所述悬垂件的下游。”可见精工爱普生在分案申请时，对本专利申请进行了主动修改。

2000年12月26日，精工爱普生对本专利申请进行了第二次主动修改。该次修改仅针对说明书，且没有涉及“记忆装置”。2002年1月28日，精工爱普生对本专利申请进行了第三次主动修改，该次修改主要针对权利要求书，将原来的12项权利要求修改为66项权利要求。该次修改后的权利要求书中权利要求1、23、31、35、55和66为独立权利要求，均使用了“记忆装置”的用语，仅从属权利要求10、11、21、22、30、39~47、50、53中未直接出现“记忆装置”的用语；在从属权利要求19、36、37中，还同时出现了“存储装置”的用语。

2002年11月8日，国家知识产权局发出第一次审查意见通知书。2003年5月9日，针对该审查意见通知书，精工爱普生提交了意见陈述书。在该意见陈述中，精工爱普生对申请文件进行了第四次修改。本次修改在第三次修改的基础上，删除了原权利要求1~22、24、53以及66，并将剩余的权利要求重新编号为1~41，并对其中部分权利要求进行了修改，同时增加了新权利要求42。在此次修改中，精工爱普生将权利要求1（即第三次修改后的权利要求23）中的“记忆装置”修改为“存储装置”，对于其他独立权利要求则均保留了“记忆装置”的用语。对于重新编号后的权利要求8中的“记忆装置”，精工爱普生在上述意见陈述中作出了如下说明：“申请人首先希望解释，该权利要求及其后的权利要求中所述的‘记忆装置’是指说明书及附图中记载的电路板及设置在其上的半导体存储装置。”

2003年11月27日，国家知识产权局发出第二次审查意见通知书。针对第二次审查意见通知书，精工爱普生提交了第二次意见陈述书，并对申请文件进行了第五次修改。本次修改主要是将权利要求26~28的主题修改为墨盒；将申请文件中的“油墨”修改为“墨水”。在上述修改完成之后，本专利获得授权。

2006年1月17日，凯德利公司针对本专利提出无效宣告请求。2006年3月1日，精工爱普生针对上述无效宣告请求提出了意见陈述，对授权文本的权利要求进行了修改。主要修改内容是，将授权文本的权利要求17和19删除，并将该两项权利要求的附加技术特征加入到授权文本的权利要求12中。经过上述修改，原来的42项权利要求变为40项权利要求。此后，郑亚俐和易彩公司分别对本专利提出了无效宣告请求。在该两个无效宣告案件中，精工爱普生均对本专利的权利要求进行了修改，其修改方式与前述修改完全相同。

在本案听证过程中，为说明“记忆装置”的含义，精工爱普生和专利复审委员会分别提交了有关网络检索材料的网页打印件。精工爱普生提交的是其于2012年10月23日在“百度百科”中分别输入“记忆装置”和“存储装置”进行词条检索的检索结果网页打印件以及在“互动百科”中输入“记忆装置”所检索到的相应词条的网页打印件，用以证明“记忆装置”一语在我国大陆地区并非通用术语，不具有通常含义。专利复审委员会提交的是其于2012年10月24日通过网络检索到的我国台湾地区出版的“中华百科全书”中“电脑记忆系统”词条解释网页打印件、在“谷歌”搜索引擎的搜索框中输入“记忆装置”进行检索的检索结果打印件以及在“百度文库”中搜索到的日文《计算机日语词汇》相关网页的打印件，用以证明“记忆装置”在计算机领域是通用术语，与“存储装置”具有相同含义。双方当事人对于对方提交的网页打印件的真实性均无异议，但对关联性和证明目的有异议。对于精工爱普生提交的网页打印材料，专利复审委员会认为，“百度百科”是百度公司自己建立的，其内容以网友上传为主，很多常用词条尚未创建，在“百度百科”中未检索到“记忆装置”词条并不能证明该词条不是所属领域通用术语；而“互动百科”中对“记忆装置”词条的解释恰好可以证明“记忆装置”就是常用的存储器。对于专利复审委员会提交的网页打印件，精工爱普生认为，上述材料形成时间是2012年10月24日，不能证明本专利申请日时“记忆装置”一语的使用情况；同时，上述材料均非来自我国大陆地区，不能证明“记忆装置”在我国大陆地区的使用情况。本院认为，当事人对于上述证据材料的真实性无异议，且均有助于说明“记忆装置”一词的含义，本院予以采信。结合上述证据材料，本院查明如下事实：“百度百科”中目前并未收录“记忆装置”词条，但收录有“存储装置”词条，该词条的解释为：“用于存储信息的装置，通常是将信息数字化后再以利用电、磁或者光学等方式的媒体加以存储。常见的存储装置有：1. 利用电能方式存储信息的装置，如各式存储器，如RAM、ROM等；2. 利用磁能方式存储信息的装置，如硬盘、软盘、磁带、磁芯存储器、磁泡存储器、U盘；3. 利用光学方式存储信息的装置，如CD或DVD。”“互动百科”中收录有“记忆装置”词条，其解释为：“记忆装置是指固定不可擦的存储器，主要用来存储英文打字机中固化不变的信息。也有使用半导体存储器和磁性存储器的，它的容量大小则和存储内容的多少有关。……英文打字机的记忆体实际上就是我们平时所说的存储器。英文打字机中的存储器根据工作的原理，可以分为两类：固定不可擦的存储器……不固定存储信息，用来进行数据交换的存储器。”我国台湾地区出版的《中华百科全书》（1983年典藏版）收录有“电脑记忆系统”词条，该词条记载了如下内容：“一般电脑系统都用许多不同的装置来储存运作时所需要的指令和数据。这些存储装置和那些用来控制或管理所存资料的法则叫作电脑的记忆系统。一部电脑的记忆装置可分成下面三类：一、暂存记忆装置……二、主记忆体……三、辅助记忆体……”在“谷歌”搜索引擎的搜索框中键入“记忆装置”进行关键词搜索，得到的搜索结果中既有日文文献，又有中文文献，其中日文文献多为“记忆装置”，中文文献则为“维基百科”对“存储装置”的解释，其内容为：“常见的存储装置有：利用电能方式储存信息的装置如各式记忆体，如各式随机存取存储器（RAM）、只读存储器（ROM）等……”同时在“百度文库”的日文《计算机日语词汇》一文中，“記憶装置”的相应英文翻译为“storage”或者“memory”，即“存储”或者“记忆”。

我国专利法第一次修改时，《全国人大常委会关于修改〈中华人民共和国专利法〉的决定》（1992年9月4日通过）规定：“本决定自1993年1月1日起施行。本决定施行前提出的专利申请和根据该申请授予的专利权，适用修改以前的专利法的规定。但是，专利申请在本决定施行前尚未依照修改以前的专利法第三十九条、第四十条的规定公告的，该专利申请的批准和专利权的撤销、宣告无效的程序适用修改后的专利法第三十九条到第四十四条和第四十八条的规定。”专利法第二次修改时，全国人大常委会对于新旧法的衔接适用问题未作明文规定。国家知识产权局于2001年6月25日发布了《施行修改后专利法及其实施细则的过渡办法》（国家知识产权局公告第78号），其中规定：“2001年7月1日之后（含当日，下同）提出的专利申请和根据该申请授予的专利权，适用修改后的专利法及其实施细则的规定；2001年7月1日之前提出的专利申请和根据该申请授予的专利权，除另有规定的以外，自2001年7月1日起也适用修改后的专利法及其实施细则的规定。”2001年10月18日，国家知识产权局发布第十二号局长令，其中规定《专利审查指南》（2001）自公布之日起施行，1993年3月10日公布的审查指南及其后发布的审查指南公报同时废止。2006年5月24日，国家知识产权局发布了第38号令，其中规定修订后的《专利审查指南》（2006）自2006年7月1日起施行，2001年10月18日公布的《专利审查指南》（2001）同时废止。国家知识产权局发布的《施行修订后审查指南的过渡办法》（2006）规定，对于2006年7月1日之后（含当日）提出的专利申请和根据该申请授予的专利权，适用修订后的《专利审查指南》（2006）的规定；2006年7月1日之前提出的专利申请和根据该申请授予的专利权，除以下规定的事项之外，自2006年7月1日起也适用修订后的《专利审查指南》（2006）的规定。

针对北京市高级人民法院（2009）高行终字第327号行政判决，本案原审第三人郑亚俐曾向本院提出再审申请，其申请再审的主要理由是本专利权利要求1、40中关于“存储装置”的修改违反了专利法第三十三条的规定，二审判决关于“存储装置”的修改符合专利法第三十三条的规定的认定错误。经审查，本院认为郑亚俐的申请再审理由不能成立，本案关于“存储装置”的修改并未违反专利法第三十三条的规定。2011年11月25日，本院作出（2010）知行字第53号行政裁定，驳回了郑亚俐的再审申请。

本院审查认为，结合再审申请人的申请再审理由、被申请人的答辩和意见陈述及本案听证情况，本案的争议焦点在于：本案是否因本院曾针对原审第三人的再审申请作出过行政裁定而构成重复审查；本案被诉决定适用的法律依据是否正确；本案专利申请人是否可基于其修改在专利授权过程中得到审查员认可而享有信赖利益保护；专利授权确权程序中权利要求的解释时机与方法；本专利权利要求8、12、29中“记忆装置”的含义解释；本专利权利要求8、12、29中关于“记忆装置”的修改是否违反法律规定。

（一）关于本案是否因本院曾针对原审第三人的再审申请作出过行政裁定而构成重复审查

针对本案二审判决，原审第三人郑亚俐曾向本院提出再审申请，其主要理由是本专利权利要求1、40中关于“存储装置”的修改违反了相关法律的规定，二审判决关于“存储装置”的修改符合相关法律规定的认定错误。本院对该案进行审查后作出（2010）知行字第53号行政裁定，认定郑亚俐的再审申请理由不能成立，予以驳回。专利复审委员会认为，根据行政诉讼法第五条的规定，本院已经对第11291号决定的合法性进行了全面审查，对于没有涉及的内容，应认为本院认可第11291号决定的认定。

关于行政诉讼中人民法院对当事人申请再审案件的审查范围，我国行政诉讼法未作明确规定。根据《最高人民法院关于执行〈中华人民共和国行政诉讼法〉若干问题的解释》第九十七条的规定，人民法院审理行政案件，除依照行政诉讼法和本解释外，可以参照民事诉讼的有关规定。《最高人民法院关于适用〈中华人民共和国民事诉讼法〉审判监督程序若干问题的解释》第九条规定，人民法院对再审申请的审查，应当围绕再审事由是否成立进行。因此，关于行政诉讼中人民法院对当事人申请再审案件的审查范围问题，可以参照《最高人民法院关于适用〈中华人民共和国民事诉讼法〉审判监督程序若干问题的解释》第九条的规定。即，在行政诉讼中，人民法院对当事人再审申请的审查，亦应当围绕其再审事由是否成立进行；对于当事人再审事由未涉及的问题，人民法院一般不予审查。在（2010）知行字第53号案件中，再审申请人郑亚俐的申请再审理由主要是本专利权利要求1、40中关于“存储装置”的修改违反了相关法律的规定，二审判决关于“存储装置”的修改符合相关法律规定的认定错误。本院围绕这一再审事由是否成立进行审查并作出结论，并未涉及本案关于本专利权利要求8、12、29中“记忆装置”的修改是否符合相关法律规定的问题，本院亦未对上述问题予以审查并作出结论。专利复审委员会关于本院已经对第11291号决定的合法性进行了全面审查，没有涉及的内容应当认为认可第11291号决定的认定的主张，既与人民法院的审查实践不符，又缺乏法律依据，本院不予支持。因此，本案并不因原审第三人郑亚俐提出再审申请的（2010）知行字第53号案件而构成重复审查。

（二）关于本案被诉决定适用的法律依据是否正确

本案被诉第11291号决定的法律依据涉及本案所应适用的专利法、专利实施细则以及相应的《专利审查指南》。本院分析如下：

第一，关于本案实体法律问题应适用的专利法及其实施细则。本案争议的核心是精工爱普生对专利申请文件的修改行为是否超出了原申请记载的范围这一实体法律问题。我国立法法第八十四条规定，法律、行政法规、地方性法规、自治条例和单行条例、规章不溯及既往，但为了更好地保护公民、法人和其他组织的权利和利益而作的特别规定除外。该条确定了法不溯及既往这一基本法治原则。根据这一原则，法律施行后对其生效之前的行为一般不得溯及适用。就专利申请文件的修改而言，在提出专利申请时，专利申请人根据申请日时施行的法律对申请文件的修改已经有所预期和信赖。为保障专利申请人对申请提出时施行的法律的正当信赖，判断针对该专利申请文件的修改是否合法，无论在专利授权还是以后的确权程序中，原则上应适用专利申请日（有优先权的，应为优先权日）时施行的专利法及其实施细则。由于专利法及其实施细则不仅关涉专利权人和专利申请人的利益，还关涉社会公众的利益，更应坚持法不溯及既往原则，对于溯及既往的情况应该更加慎重。本专利原国际申请的申请日是1999年5月18日，最早优先权日是1998年5月18日，公开日是2000年11月1日。因此，本专利原申请的优先权日早于2000年修订的专利法施行日（2001年7月1日），在判断该专利申请文件的修改是否合乎法律规定时，应适用当时施行的 1992 年修订的专利法及其实施细则的规定。

第二，关于本案所应适用的《专利审查指南》版本。由于本专利申请文件的修改是否符合法律规定这一实体法律问题应适用 1992 年修订的专利法及其实施细则的规定，与此相适应，该实体法律问题应适用与 1992 年修订的专利法及其实施细则相配套的、在本专利申请日时施行的《专利审查指南》，即 1993 年 3 月 10 日公布的《专利审查指南》。虽然该《专利审查指南》已被国家知识产权局的相关规定所废止，但此种废止的法律意义在于该《专利审查指南》自废止之日起不再继续发生法律效力，对废止之日起发生的行为不再适用，并不意味着其在任何情况下均不应适用。对于该《专利审查指南》施行时的专利申请以及依据该申请授予的专利权，仍应适用。若适用本案专利申请日时尚不存在的 2001 年版或者 2006 年版《专利审查指南》，则违背法不溯及既往这一基本法治原则，损害专利申请人对生效法律的正当信赖。因此，专利复审委员会关于 1993 年版和 2001 年版《专利审查指南》均已废止因而不应再予适用的主张，缺乏法律依据。本案中，专利复审委员会援引 2006 年版《专利审查指南》的规定作出第 11291 号决定，其法律适用依据错误。

第三，关于适用 1993 年版《专利审查指南》对第 11291 号决定实体结果的影响。对比 1993 年版、2001 年版和 2006 年版《专利审查指南》可以发现，由于 1992 年以来不同时期的专利法对第三十三条的规定均未作修改，三部《专利审查指南》关于专利申请文件的修改是否超出原说明书和权利要求书记载的范围的规定并无本质差异。因此，专利复审委员会适用 2006 年版《专利审查指南》作出第 11291 号决定虽有不当，但对第 11291 号决定的实体结果并无实质影响。此外，考虑到本专利自无效宣告请求审查程序启动之日起至今已逾七年，尽快明确本专利的效力状态更为重要。鉴于此，尽管第 11291 号决定所适用的《专利审查指南》错误，但因该适用依据错误不影响该决定的实体结果且基于尽快明确本专利效力状态的迫切需要，本院将综合其他申请再审事由是否成立以及第 11291 号决定的实体结果正确与否对本案作出处理，而不单单基于第 11291 号决定适用的《专利审查指南》版本错误即决定本案进入再审程序。

（三）本案专利申请人是否可基于其修改在专利授权过程中得到审查员认可而享有信赖利益保护

根据 1992 年修订的专利法第三十三条的规定，申请人有权对发明专利申请文件进行修改，只要其修改不得超出原说明书和权利要求书记载的范围即可。同时1992年修订的专利法实施细则对修改的时机和方式作了规定。根据上述规定，是否对专利申请文件进行修改原则上是申请人的一项权利，只是该项权利的行使方式和范围受到专利法及其实施细则的限制。在主动修改的情况下，只要遵守专利法及其实施细则的相关规定，是否修改专利申请文件以及如何修改很大程度上由申请人自主决定。即使在被动修改的情况下，申请人对于如何修改仍有自主决定的权利。国家知识产权局依法行使对专利申请进行审查的职权，但并不负有也不可能负有保证专利授权正确无误的责任。申请人对其修改行为所造成的一切后果应自负其责。本案中，精工爱普生针对记忆装置的修改属于主动修改，并非应审查员的要求进行的被动修改，当然应该对其修改行为的后果自行负责。精工爱普生关于其修改行为在实审程序中已经得到审查员认可，其基于信赖该审查结论而产生的信赖利益在后续无效程序中应得到保障的主张没有法律依据，本院不予支持。

（四）关于应如何理解专利授权确权程序中权利要求的解释时机与方法

对此问题，本院分析如下：

第一，关于权利要求用语含义的解释时机。权利要求由语言文字表达形成，通过记载解决技术问题的必要技术特征的方式来描述和反映发明的技术方案，清楚、简要地表述请求保护的范围。任何语言只有置于特定语境中才能得到理解。同时，基于语言表达的局限性和文字篇幅的限制，权利要求不可能对发明所涉及的全部问题表述无遗，需要通过说明书对要求保护的技术方案的技术领域、背景技术、发明内容、附图及具体实施方式等加以说明。为此，专利法明确规定了权利要求书和说明书之间的关系，要求说明书应该充分公开发明的技术方案，使得所属技术领域的技术人员能够实现；权利要求书应当以说明书为依据，清楚、简要地限定要求专利保护的范围。在专利法的上述法定要求下，说明书记载的上述内容对于理解权利要求含义更是不可或缺，两者具有法律意义上的密切关联性。说明书的上述内容构成权利要求所处的语境或者上下文，只有结合说明书的记载，才能正确理解权利要求的含义。在这一意义上，说明书乃权利要求之母，不参考说明书及其附图，仅仅通过阅读权利要求书即可正确理解权利要求及其用语的含义，在通常情况下是不可能的。权利要求的解释就是理解和确定权利要求含义的过程。在这个过程中，必须结合说明书及其附图才能正确解释权利要求。专利复审委员会关于权利要求的解释应严格把握解释时机，以权利要求不清楚或者没有明确的唯一含义为前提的主张，既违背文本解释的逻辑，又不符合权利要求解释的实践，本院无法赞同。

第二，关于专利授权确权程序中权利要求用语含义的解释方法。精工爱普生主张，无论在专利侵权程序还是在授权确权程序中，对权利要求的解释标准应当是统一的；在专利授权确权程序中，专利审查档案中当事人的意见陈述可以用作解释权利要求的依据。专利复审委员会主张，在授权确权程序中解释权利要求用语的含义时，一般应当解释为申请日时所属技术领域中通常具有的含义；说明书、附图对该技术术语另有定义或者描述的，应当根据说明书、附图对该技术术语进行解释；说明书及其附图中没有定义或者描述的，不应根据当事人的意见陈述进行解释。郑亚俐则主张，专利申请过程中的意见陈述只起过程记录和提醒作用，不能作为授权确权程序中解释权利要求术语含义的依据。可见，各方争议的核心在于，在专利授权确权程序中，应当如何解释权利要求用语的含义以及能否利用当事人的意见陈述进行解释。对此分析如下：

首先，关于专利授权确权程序与专利民事侵权程序中权利要求解释方法的一致性与差异性。无论在专利授权确权程序还是在专利民事侵权程序中，客观上都需要明确权利要求的含义及其保护范围，因而需要对权利要求进行解释。在上述两个程序中，权利要求的解释方法既存在很强的一致性，又存在一定的差异性。其一致性至少体现在如下两个方面：一是，权利要求的解释属于文本解释的一种，无论是专利授权确权程序还是专利民事侵权程序中对权利要求的解释，均需遵循文本解释的一般规则；二是，无论是专利授权确权程序还是专利民事侵权程序中对权利要求的解释，均应遵循权利要求解释的一般规则。例如均应遵循专利说明书及附图、专利审查档案等内部证据优先、专利申请人自己的解释优先等解释规则。但是，由于专利授权确权程序与专利民事侵权程序中权利要求解释的目的不同，两者在特殊场合又存在一定的差异。在专利授权确权程序中，解释权利要求的目的在于通过明确权利要求的含义及其保护范围，对专利权利要求是否符合专利授权条件或者其效力如何作出判断。基于此目的，在解释权利要求用语的含义时，必须顾及专利法关于说明书应该充分公开发明的技术方案、权利要求书应当得到说明书支持、专利申请文件的修改不得超出原说明书和权利要求书记载的范围等法定要求。若说明书对该用语的含义未作特别界定，原则上应采本领域普通技术人员在阅读权利要求书、说明书和附图之后对该术语所能理解的通常含义，尽量避免利用说明书或者审查档案对该术语作不适当的限制，以便对权利要求是否符合授权条件和效力问题作出更清晰的结论，从而促使申请人修改和完善专利申请文件，提高专利授权确权质量。在专利民事侵权程序中，解释权利要求的目的在于通过明确权利要求的含义及其保护范围，对被诉侵权技术方案是否落入专利保护范围作出认定。在这一程序中，如果专利保护范围字面含义界定过宽，出现权利要求得不到说明书支持、将现有技术包含在内或者专利审查档案对该术语的含义作出过限制解释因而可能导致适用禁止反悔原则等情形时，可以利用说明书、审查档案等对保护范围予以限制，从而对被诉侵权技术方案是否落入保护范围作出更客观公正的结论。因此，专利权利要求的解释方法在专利授权确权程序与专利民事侵权程序中既有根本的一致性，又在特殊场合下体现出一定的差异性。当然，这种差异仅仅局限于个别场合，在通常情况下其解释方法和结果是一致的。

其次，关于专利授权确权程序与专利民事侵权程序中权利要求解释方法的具体差异。前述两个程序中权利要求解释方法的差异突出体现在当事人意见陈述的作用上。在专利授权确权程序中，意见陈述书是申请人与专利审查机关进行意见交换的重要形式，是专利审查档案的重要内容之一。尽管如此，在专利授权确权程序中解释权利要求时，意见陈述书的作用在特定的场合下要受到专利法明文规定的限制。例如，我国专利法规定了说明书应当对发明作出清楚完整的说明、权利要求书应当得到说明书的支持、专利申请文件的修改不得超出原说明书和权利要求书记载的范围等法定要求。在审查某项专利或者专利申请是否符合上述法定要求时，当然应该以说明书或者原说明书和权利要求书为依据，当事人意见陈述不能也不应该起到决定作用。相反，如果将当事人的意见陈述作为判断某项专利或者专利申请是否符合上述法定要求的决定性依据，则无法促使专利申请人将相关内容尽量写入说明书，专利法关于说明书应当对发明作出清楚完整的说明、权利要求书应当得到说明书的支持、专利申请文件的修改不得超出原说明书和权利要求书记载的范围等法定要求也将无法得到实现。因此，在专利授权确权程序中，申请人在审查档案中的意见陈述在通常情况下只能作为理解说明书以及权利要求书含义的参考，而不是决定性依据。而在专利民事侵权程序中解释权利要求的保护范围时，只要当事人在专利申请或者授权程序中通过意见陈述放弃了某个技术方案，一般情况下应该根据当事人的意见陈述对专利保护范围进行限缩解释。

最后，关于判断专利申请文件的修改是否超出原说明书和权利要求书记载的范围时当事人意见陈述的作用。根据1992年修订的专利法第三十三条的规定，对发明和实用新型专利申请文件的修改不得超出原说明书和权利要求书记载的范围。判断专利申请文件的修改是否符合这一规定，其基本依据是原说明书和权利要求书记载的范围。前已述及，在判断专利申请文件的修改是否超出原说明书和权利要求书记载的范围时，当事人的意见陈述在通常情况下只能作为理解说明书以及权利要求书含义的参考，而不是决定性依据。至于其参考价值的大小，则取决于该意见陈述的具体内容及其与说明书和权利要求书的关系。尤其需要注意的是，如果当事人意见陈述的内容超出了原说明书和权利要求书中记载的范围，则该意见陈述将完全丧失参考作用，不能参考该意见陈述对说明书或者权利要求书进行解释。

（五）关于本专利权利要求8、12、29中“记忆装置”的含义解释

确定本专利权利要求8、12、29中“记忆装置”的含义，是判断“记忆装置”的修改是否符合1992年修订的专利法第三十三条规定的基础和关键。对此分析如下：

第一，“记忆装置”在本专利所属技术领域的通常含义。首先，“记忆装置”在本案专利所属技术领域是否属于通用术语。我国台湾地区出版的《中华百科全书》的出版时间在本案申请日前，其对“电脑记忆系统”的解释对于确定本专利中“记忆装置”的含义具有重要参考价值。根据《中华百科全书》的解释，“记忆装置”与“存储装置”的含义基本相同。此外，虽然解释专利申请文件中术语的含义需要运用外部证据时，原则上只能参考申请日前的工具书、教科书等外部证据，但由于语言含义的形成是社会公众在持续使用中逐渐稳定化的过程，除非时间过于久远或者其他特殊原因，申请日后该术语的含义对于理解申请日前该术语的含义可以起到一定程度的佐证作用。尽管本案中“互动百科”对“记忆装置”词条的解释的形成时间尚未确定且很可能在本专利申请日后，但是一定程度上仍可以验证或者佐证结论的正确性。根据“互动百科”对“记忆装置”词条的解释，“记忆装置”在打印机领域属于通用术语，其含义与“存储装置”基本相同。这进一步佐证了《中华百科全书》的解释具有相当的可信性。其次，“记忆装置”在日文中的通常含义。尽管“百度文库”的日文《计算机日语词汇》的形成时间无法确定是否在本专利申请日前，但基于前述相同理由，该文仍可以起到一定程度的参考作用。加之本专利原申请文件系日文，更应重视日文文献的解释。根据《计算机日语词汇》的记载，日文“記憶装置”的相应英文翻译为

"storage"或者"memory"，即"存储"或者"记忆"。可见，在日文中，"记忆装置"的通常含义是"存储装置"。最后，本专利原申请文件关于"记忆装置"的记载。本专利原国际申请文件中出现过"半導体記憶手段"和"記憶手段"的日文用语，在申请公开文本中"記憶手段"被翻译为"存储装置"。可见，申请人在本专利申请日时亦认为"记忆手段"意为"存储装置"。因此，可以认为，在本专利所属技术领域，"记忆装置"一词的通常含义应为"存储装置"。

第二，本专利授权文本中对"记忆装置"和"存储装置"用语的使用情况。本专利原申请文件和授权文本的说明书中均无"记忆装置"的记载，但是本专利授权文本的权利要求书既使用了"记忆装置"的用语，又同时使用了"存储装置"的用语。其中，独立权利要求 1 和 40 均单独使用了"存储装置"的用语；独立权利要求 8 和 29 及该两个独立权利要求的从属权利要求均单独使用了"记忆装置"的用语；独立权利要求 12 单独使用了"记忆装置"的用语，但是其从属权利要求 13、14 和 15 均又使用了"存储装置"的用语；而且，在从属权利要求 13 和 14 中，"记忆装置"和"存储装置"在一句话中同时出现。在同一权利要求中甚至在同一句话中出现两个不同的术语，应认为申请人在修改过程中刻意对该两个术语进行区分，在无其他证据表明该两个术语具有相同含义的情况下，对该两个术语的含义原则上应作不同解释。因此，本专利授权文本中权利要求 8、12 和 29 中的"记忆装置"不应解释为与"存储装置"具有同一含义。可见，基于本专利授权文本权利要求的特定情况，对于本专利授权文本权利要求 8、12、29 中的"记忆装置"，已经不能根据其通常含义进行解释。

第三，精工爱普生的意见陈述对于确定本专利授权文本中"记忆装置"含义的作用。本案中，精工爱普生在意见陈述中指出，"记忆装置"是指说明书及附图中记载的电路板及设置在其上的半导体存储装置。关于精工爱普生在意见陈述中的这一解释对于确定"记忆装置"的含义的作用，分析如下：首先，前已述及，申请人的意见陈述在通常情况下可以作为理解说明书以及权利要求书含义的参考，而不是决定性依据，其参考价值的大小则取决于该意见陈述的具体内容及其与说明书和权利要求书的关系。其次，从该意见陈述的内容看，精工爱普生结合说明书和附图，将"记忆装置"这一抽象概念解释为"电路板及设置在其上的半导体存储装置"这一具体概念。"记忆装置"本身并无"电路板及设置在其上的半导体存储装置"的含义，这一解释在说明书中也找不到有说服力的根据。在这种情况下，不宜将精工爱普生的意见陈述作为确定"记忆装置"含义的决定性依据。最后，该意见陈述的内容与专利授权文本的权利要求书的记载存在不和谐之处。根据本专利授权文本独立权利要求 12 的记载，“记忆装置”与“设于所述壳体上的端子”是相互独立的，彼此之间不存在包含关系。而独立权利要求 12 的从属权利要求 13 和 14 中，“记忆装置”则不仅包括基片和存储装置，还包括设于基片上的端子。可见，如果采用精工爱普生在意见陈述中对“记忆装置”的解释，将记忆装置理解为说明书及附图中记载的电路板及设置在其上的半导体存储装置，该解释虽与独立权利要求 12 的记载可以相互契合，但与引用独立权利要求 12 的从属权利要求 13 和 14 形成冲突。因此，根据本案具体情况，不宜采用精工爱普生的意见陈述作为解释本专利授权文本中“记忆装置”含义的依据。

综上，本专利权利要求 8、12、29 中“记忆装置”既不能解释为存储装置，又不能解释为精工爱普生在意见陈述中所谓的“电路板及设置在其上的半导体存储装置”，本领域普通技术人员在客观上无法确定其含义。精工爱普生关于“记忆装置”应该根据其意见陈述对该术语所作的限制性解释来理解的申请再审理由不能成立，本院不予支持。

（六）关于本专利权利要求 8、12、29 中“记忆装置”的修改是否违反法律规定

1992 年修订的专利法第三十三条规定：“申请人可以对其专利申请文件进行修改，但是，对发明和实用新型专利申请文件的修改不得超出原说明书和权利要求书记载的范围，对外观设计专利申请文件的修改不得超出原图片或者照片表示的范围。”根据这一规定，本院分析如下：

第一，关于“修改不得超出原说明书和权利要求书记载的范围”的理解。“原说明书和权利要求书记载的范围”，应该从所属领域普通技术人员角度出发，以原说明书和权利要求书所公开的技术内容来确定。凡是原说明书和权利要求书已经披露的技术内容，都应理解为属于原说明书和权利要求书记载的范围。既要防止对记载的范围作过宽解释，乃至涵盖了申请人在原说明书和权利要求书中未公开的技术内容，又要防止对记载的范围作过窄解释，对申请人在原说明书和权利要求书中已披露的技术内容置之不顾。从这一角度出发，原说明书和权利要求书记载的范围应该包括如下内容：一是原说明书及其附图和权利要求书以文字或者图形等明确表达的内容；二是所属领域普通技术人员通过综合原说明书及其附图和权利要求书可以直接、明确推导出的内容。与上述内容相比，如果修改后的专利申请文件未引入新的技术内容，则可认定对该专利申请文件的修改未超出原

说明书和权利要求书记载的范围。

第二，关于本案“记忆装置”的修改是否违反专利法第三十三条的规定的具体判断。1992 年修订的专利法第三十三条所称的原说明书和权利要求书是指申请日提交的说明书和权利要求书。对于分案申请，根据 1992 年修订的专利法实施细则第四十三条的规定，是指申请日提交的原申请的说明书和权利要求书。对于国际申请，是指原始提交的国际申请的说明书、权利要求书及附图。本专利是 99800780.3 号发明专利申请的分案申请，99800780.3 号发明专利申请是进入中国国家阶段的国际申请（PCT/JP99/02579）。因此，判断本案“记忆装置”的修改是否违反 1992 年修订的专利法第三十三条的规定，应以 PCT/JP99/02579 号国际申请记载的内容为准。PCT/JP99/02579 号国际申请及其中文翻译件（99800780.3 号发明专利申请公开说明书）本身并无“记忆装置”的记载，只有半导体存储装置和存储装置的记载。在本专利申请过程中，精工爱普生在分案申请中通过主动修改的方式引入了“记忆装置”的这一新术语。这一新术语在专利说明书中并未作特别限定，其所指代的技术内容在原申请文件中无法确定，既不能理解为原申请文件中提及的存储装置，又不能理解为精工爱普生在意见陈述中所谓的“电路板及设置在其上的半导体存储装置”。可见，修改后授权文本中“记忆装置”的内容既非原申请文件明确表达的内容，又非本领域普通技术人员在阅读原申请文件后通过综合原说明书及其附图和权利要求书可以直接、明确推导出来的内容。因此，关于“记忆装置”的修改违反了 1992 年修订的专利法第三十三条的规定。精工爱普生的相应申请再审理由不能成立，本院不予支持。

综上，精工爱普生的再审申请不符合《中华人民共和国行政诉讼法》第六十三条第二款、《最高人民法院关于执行〈中华人民共和国行政诉讼法〉若干问题的解释》第七十二条规定的再审条件，依据《最高人民法院关于执行〈中华人民共和国行政诉讼法〉若干问题的解释》第七十四条的规定，裁定如下：

驳回精工爱普生株式会社的再审申请。

审 判 长　金克胜
代理审判员　朱　理
代理审判员　郎贵梅
二〇一三年九月二十三日
书 记 员　张　博

102. 权利要求解释的一般原则

——再审申请人李晓乐与被申请人国家知识产权局专利复审委员会，一审第三人、二审上诉人郭伟、沈阳天正输变电设备制造有限责任公司发明专利权无效行政纠纷案

【裁判要旨】

在专利授权确权程序中解释权利要求用语的含义时，必须顾及专利法关于说明书应该充分公开发明的技术方案、权利要求书应当得到说明书支持、专利申请文件的修改不得超出原说明书和权利要求书记载的范围等法定要求，基于权利要求的文字记载，结合对说明书的理解，对权利要求作出最广义的合理解释。

【关键词】

发明专利　无效程序　权利要求　解释

【案号】

最高人民法院（2014）行提字第17号

【基本案情】

在再审申请人李晓乐与被申请人国家知识产权局专利复审委员会（以下简称专利复审委员会），一审第三人、二审上诉人郭伟、沈阳天正输变电设备制造有限责任公司（以下简称沈阳天正公司）发明专利权无效行政纠纷案中，郭伟和沈阳天正公司为第03123304.X号、名称为“反射式萨格奈克干涉仪型全光纤电流互感器”的发明专利（即本案专利）的共同权利人。本案专利共有12项权利要求，独立权利要求1公开了一种反射式萨格奈克干涉仪型全光纤电流互感器，其特征之一在于：它至少由光电单元和光纤电流感应单元连接构成。权利要求1中没有关于反射膜的内容记载。权利要求10为权利要求1的从属权利要求，其进一步限定了光纤电流感应单元设在电流互感器的高压区，至少由λ/4波片，其中λ为光纤中传递的光信号的波长、感应光纤线圈和感应光纤线圈端面镀反射膜组成。2009年9月27日，李晓乐以本案专利不具有新颖性、创造性等为由，向专利复审委员会提出无效宣告请求。专利复审委员会于2010年4月22日作出第

14794号无效宣告请求审查决定（以下简称第14794号决定），维持本案专利权有效，并认定权利要求1中的“全光纤”应当是在光纤电流感应单元中由光纤端面镀反射膜作为反射体而构成的全光纤结构。李晓乐不服，提起行政诉讼。北京市第一中级人民法院一审维持第14794号决定。李晓乐、郭伟、沈阳天正公司均不服，提起上诉。北京市高级人民法院二审认为，虽然权利要求1没有记载由光纤端面镀反射膜作为反射体这一技术特征，而是在权利要求10中记载了该特征，但权利要求1所记载的技术特征应不包含使用镜子作为反射体的内容，即权利要求1中的全光纤应当是使用镜子以外的其他反射体进行反射的全光纤结构。专利复审委员会对相关技术特征的认定正确。遂判决驳回上诉、维持原判。李晓乐仍不服，向最高人民法院申请再审。最高人民法院裁定提审本案，并于2015年8月11日判决撤销一审、二审判决和第14794号决定，判令专利复审委员会重新作出审查决定。

【裁判意见】

最高人民法院提审认为：专利授权确权程序中，权利要求解释的目的在于通过明确权利要求的含义及其保护范围，对权利要求是否符合专利授权条件或者其效力如何作出判断。基于此目的，在解释权利要求用语的含义时，必须顾及专利法关于说明书应该充分公开发明的技术方案、权利要求书应当得到说明书支持、专利申请文件的修改不得超出原说明书和权利要求书记载的范围等法定要求。通常情况下，在专利授权确权程序中，对权利要求的解释采取最大合理解释原则，即基于权利要求的文字记载，结合对说明书的理解，对权利要求作出最广义的合理解释。如果说明书未对权利要求用语的含义作出特别界定，原则上应采取本领域普通技术人员在阅读权利要求书、说明书和附图之后对该术语所能理解的通常含义，尽量避免利用说明书或者审查档案对该术语作不适当的限制，以便对权利要求是否符合授权条件和效力问题作出更清晰的结论，从而促使申请人修改和完善专利申请文件，提高专利授权确权质量。本案中，本专利权利要求1中记载全光纤电流互感器至少由光电单元和光纤电流感应单元连接构成，并没有记载“反射膜”的技术特征，“反射膜”的技术特征出现在权利要求1的从属权利要求10的附加技术特征中。说明书中既没有将具有“反射膜”的技术方案作为背景技术描述，也没有用“反射膜”这一技术特征对权利要求1所述的“全光纤电流互感器”作出特别界定，说明书中的相关内容仅能说明本专利在对应于从属权利要求10的进一步的优选实施例中，采用了光纤端面镀反射膜的方式，并不是指本专利权利要求 1 中的“全光纤电流互感器”具有此处描述的特定含义。第 14794 号决定在对权利要求 1 中的“全光纤电流互感器”进行界定时，引入其从属权利要求的附加技术特征和说明书的内容对其进行限缩性解释，适用法律错误，应予纠正。

中华人民共和国最高人民法院行政判决书

（2014）行提字第 17 号

再审申请人（一审原告、二审上诉人）：李晓乐，男，汉族，1982 年 4 月 27 日出生，住湖南省岳阳市岳阳楼区学院路湖南理工学院东院生活区。

委托代理人：李辉，北京市金杜律师事务所专利代理人。

委托代理人：毛琎，北京市金杜律师事务所实习律师。

被申请人（一审被告、二审被上诉人）：国家知识产权局专利复审委员会。住所地：北京市海淀区北四环西路 9 号银谷大厦 × 层。

法定代表人：葛树，该委员会副主任。

委托代理人：周瞻瞻，该委员会审查员。

委托代理人：高桂莲，该委员会审查员。

一审第三人、二审上诉人：郭伟，住北京市海淀区中关村 × 楼 × 门 × 号。

委托代理人：涂萧恺，北京五月天专利商标代理有限公司专利代理人，住江西省九江市浔阳区滨江一支路 × 号 × 单元 × 室。

一审第三人、二审上诉人：沈阳天正输变电设备制造有限责任公司。住所地：辽宁省沈阳市铁西区北二中路 × 号。

法定代表人：孙国亮，该公司总经理。

委托代理人：涂萧恺，北京五月天专利商标代理有限公司专利代理人，住江西省九江市浔阳区滨江一支路 × 号 × 单元 × 室。

再审申请人李晓乐因与被申请人国家知识产权局专利复审委员会（以下简称专利复审委员会）以及一审第三人、二审上诉人郭伟、沈阳天正输变电设备制造有限责任公司（以下简称沈阳天正公司）发明专利权无效行政纠纷一案，不服北京市高级人民法院（2011）高行终字第 1106 号行政判决，向本院申请再审。本院于 2013 年 12 月 11 日作出（2013）知行字第 36 号行政裁定，提审本案。提审后，本院依法组成合议庭，于 2015 年 4 月 30 日公开开庭审理本案，李晓乐的委托代理人李辉、毛琎，专利复审委员会的委托代理人周瞻瞻、高桂莲，郭伟，沈阳天正公司法定代表人孙国亮，郭伟与沈阳天正公司共同的委托代理人涂萧恺到庭参加诉讼。本案现已审理终结。

一审法院审理查明，本专利系国家知识产权局于2006年4月19日授权公告的名称为“反射式萨格奈克干涉仪型全光纤电流互感器”的发明专利，申请日是2003年4月24日，专利号是03123304. X，专利权人为郭伟和沈阳天正公司，发明人为郭伟。

本专利授权公告时的权利要求书的具体内容如下：

“1. 一种反射式萨格奈克干涉仪型全光纤电流互感器，其特征在于：它至少由光电单元和光纤电流感应单元连接构成；其中，光电单元用于产生用于检测的光信号，光纤电流感应单元利用该光信号检测流过其光纤绕组缠绕的母线中的电流，并返回该光电单元将检测光信号输出；所述的光电单元至少由光源、单模光纤耦合器、保偏光纤消偏器、光纤偏振器、光相位调制器、振荡源、保偏光纤延迟线以及光电检测器连接构成；光源输出的光信号经过单模光纤耦合器正向传输给保偏光纤消偏器；离开保偏光纤消偏器的光信号进入光纤偏振器；光纤偏振器将该光信号等分为两个正交的线偏振光分别送给光相位调制器；该光相位调制器根据来自振荡源的调制信号对两个正交的线偏振光进行同步调制，然后经过保偏光纤延迟线输出给光纤电流感应单元；从光纤电流感应单元返回的光信号到达光纤偏振器产生萨格奈克干涉，该干涉光经过单模光纤耦合器反向传输给光电检测器；光电检测器将检测信号输出。

2. 根据权利要求1所述的反射式萨格奈克干涉仪型全光纤电流互感器，其特征在于：所述的振荡源产生的调制信号的振荡频率遵守如下的计算公式：

$f = 1/4\tau$

其中，τ 为保偏光纤延迟线的延迟时间。

3. 根据权利要求1所述的反射式萨格奈克干涉仪型全光纤电流互感器，其特征在于：所述的光纤偏振器和光相位调制器之间设有消偏头，该消偏头由保偏光纤构成，用于抑制交叉偏振耦合。

4. 根据权利要求1所述的反射式萨格奈克干涉仪型全光纤电流互感器，其特征在于：所述的光电单元还进一步设有由数字解调器、反馈控制电路和光相位调制器组成的闭环光相位调制电路，用于提高电流互感器信噪比和稳定性；其中，光电检测器连接数字解调器，用于经过该数字解调器输出检测结果，同时通过反馈控制电路将反馈控制信号传送给光相位调制器。

5. 根据权利要求 1 或 4 所述的反射式萨格奈克干涉仪型全光纤电流互感器，其特征在于：光电检测器依据如下的公式将检测的光强转换为电信号：

$$I = \frac{\arccos(\frac{2_{id}}{kI_s} - 1)}{4VN} - \varphi(t)$$

其中，id 为检测光强，I_s 为光源给出的光强，k 为整个光路的损耗，$\varphi(t) = \varphi_m \cos(\varphi_m t)$ 为光相位调制器的调制信号，V 为光纤的费尔德常数，N 为感应光纤线圈的匝数。

6. 根据权利要求 1 或 4 所述的反射式萨格奈克干涉仪型全光纤电流互感器，其特征在于：所述的数字解调器将光电检测信号解调后得到的信号电压满足如下的公式：

$V_{dm} \approx J_1(\varphi_m)(4VNI)$

其中，V_{dm}为信号电压，J_1 为一阶贝塞尔函数，V 为光纤的费尔德常数，N 为感应光纤线圈的匝数，I 为高压电流母线中的电流。

7. 根据权利要求 4 所述的反射式萨格奈克干涉仪型全光纤电流互感器，其特征在于：所述的数字解调器进一步连接有用于交流检测时滤除高频干扰的滤波器，且该滤波器为通频带为 1 ~ 10kHz 的带通滤波器。

8. 根据权利要求 4 所述的反射式萨格奈克干涉仪型全光纤电流互感器，其特征在于：所述的数字解调器进一步连接有用于直流检测的滤波器，且该滤波器为通频带为 0 ~ 10kHz 的低通滤波器。

9. 根据权利要求 7 或 8 所述的反射式萨格奈克干涉仪型全光纤电流互感器，其特征在于：所述的滤波器还进一步连接有对检测到的电流进行放大、校正，并输出准确的电流测量值的处理器。

10. 根据权利要求 1 所述的反射式萨格奈克干涉仪型全光纤电流互感器，其特征在于：所述的光纤电流感应单元设在电流互感器的高压区，至少由 λ/4 波片，其中 λ 为光纤中传递的光信号的波长、感应光纤线圈和感应光纤线圈端面镀反射膜组成；其中，λ/4 波片用于将来自保偏光纤延迟线的线偏振光转换为两个圆偏振光，该两个圆偏振光经过感应光纤线圈到达端面的反射膜，该反射膜将该两个圆偏振光信号全反射，并沿着感应光纤线圈反向传播。

11. 根据权利要求 10 所述的反射式萨格奈克干涉仪型全光纤电流互感器，其特征在于：所述的 λ/4 波片为宽带光纤波片。

12. 根据权利要求 10 所述的反射式萨格奈克干涉仪型全光纤电流互感器，其特征在于：所述的感应光纤线圈为超低双折射光纤或普通低双折射单模光纤或圆偏振保持光纤，该光纤围绕高压电流母线至少缠绕一匝。”

2009年9月27日，李晓乐以本专利不符合《中华人民共和国专利法》（以下简称专利法）第二十二条第二款、第三款，第二十六条第三款、第四款及《中华人民共和国专利法实施细则》（以下简称专利法实施细则）第二十条第一款的规定为由向专利复审委员会提出无效宣告请求，并提交了如下5份证据：

证据1：由J. Blake等人在*IEEE Transactions on Power Delivery*上发表的“In-Line Sagnac Interferometer Current Sensor”，第11卷，第1期，第116~121页，1996年1月，共6页复印件，及其中文译文；

证据2：WO02/075249A2号PCT国际申请文件，其公开日为2002年9月26日，及其中文译文；

证据3：李尔宁等人著，《光纤电流互感器的信号处理系统分析》，《仪器仪表学报》，第17卷，第4期，第433~436页，1996年8月，共4页复印件；

证据4：公开号为CN1383008A的中国发明专利申请公开说明书，其公开日为2002年12月4日；

证据5：杨春等人著，《一种光纤表面化学镀膜方法的研究》，《仪器仪表学报》，第20卷，第4期，第408~410页，1999年8月，共3页复印件。

李晓乐认为本专利权利要求1~3以及引用权利要求1的从属权利要求5和6的技术方案在证据1中全部公开，其相对于证据1不具备专利法第二十二条第二款规定的新颖性；权利要求1~3相对于证据1不具备专利法第二十二条第三款规定的创造性，权利要求4的附加技术特征是本领域技术人员的公知常识，权利要求4的附加技术特征也在证据2中公开；权利要求5、6的附加技术特征在证据1中公开；权利要求7~9的附加技术特征是本领域技术人员的公知常识，权利要求7~9的附加技术特征也在证据3中公开；权利要求10的附加技术特征中传感线圈端面镀反射膜是本领域惯用技术手段，并且该特征也被证据5公开，除此之外的附加技术特征都在证据1中公开；权利要求11的附加技术特征是本领域的惯用设计，此外也在证据4中公开；权利要求12的附加技术特征在证据1中公开，此外也是本领域的公知常识，因此所述权利要求4~12也不具备专利法第二十二条第三款规定的创造性；权利要求4、9的技术方案得不到说明书的支持，不符合专利法第二十六条第四款的规定；权利要求4、5、9的附加技术特征描述不清楚，导致其技术方案不清楚，不符合专利法实施细则第二十条第一款的规定，而且权利要求4、5、9涉及的技术方案相应地在说明书中公开不充分，不符合专利法第二十六条第三款的规定。

2010年1月6日，专利复审委员会进行了口头审理。在口头审理中，关于无效宣告请求的范围、证据和理由，李晓乐坚持其提出无效宣告请求时的意见。

2010年4月22日，专利复审委员会作出第14794号无效宣告请求审查决定（以下简称第14794号决定），维持本专利权有效。其中认定：

（一）关于请求人的主体资格

根据请求人李晓乐的身份证原件可以核实和确认其具有合法的主体资格。

（二）关于证据

证据1~5的公开日期均在本专利的申请日之前，因此其上记载的内容构成本专利的现有技术。证据1的英文第117页右侧栏第三行第四个单词“mirror”应译为“镜子”而非“镜面”，但证据1此处的内容是表示在传感区域端部实现了镜面反射，因此证据1和2的相关内容，应以请求人提交的译文内容为准。

（三）关于新颖性和创造性

1. 关于权利要求1的新颖性和创造性

本专利权利要求1请求保护一种反射式萨格奈克干涉仪型全光纤电流互感器，证据1公开了一种串联式萨格奈克干涉仪电流互感器，两者技术领域相同。证据1具体公开了如下内容：光源LED、50∶50单模耦合器、保偏光纤消偏器、光纤偏振器、消偏头、保偏光纤延迟线、调制器、振荡源（$f=1/4\tau$）、光电检测器（PD）以及锁相放大器构成了光电部分；而λ/4波片、单模光纤传感线圈和镜子构成了光纤电流感应部分，并且从图2中可以看出光电部分和光纤电流感应部分连接。根据图2结合相应文字部分的说明可以看出：光源输出的光信号经过单模光纤耦合器正向传输给保偏光纤消偏器；离开保偏光纤消偏器的光信号进入光纤偏振器；光纤偏振器将该光信号分为X轴和Y轴两个偏振光分别送给光相位调制器；该光相位调制器根据来自振荡源的调制信号对两个偏振光进行不同的调制，然后经过保偏光纤延迟线输出给光纤电流感应单元，光纤电流感应单元中的单模光纤传感线圈缠绕着载流导体，其端部连接有镜子，以镜面反射来反射光信号；从光纤电流感应单元返回的光信号到达光纤偏振器产生萨格奈克干涉，该干涉光经过单模光纤耦合器反向传输给光电检测器；光电检测器将检测信号输出。

将权利要求1请求保护的技术方案与证据1公开的内容相比，其区别在于：（1）本专利权利要求1中限定了电流互感器是全光纤的，而证据1中没有相应的文字表述；（2）本专利权利要求1中的光相位调制器对两个正交的线偏振光进行同步调制，而证据1中表述为“两个偏振态不同地被调制”。

关于区别特征（1），本专利说明书第7页第17～18行记载了“光纤电流感应单元设在电流互感器的高压区，由宽带光纤波片、感应光纤线圈和感应光纤线圈端面镀反射膜组成”，说明书第7页第24行至第8页第1行记载了“本发明采用光纤端面镀反射膜作为反射面，该反射膜通过将光纤端面进行研磨后再镀上反射膜，相比于传统的光纤端面研磨后与反射镜黏结所构成的反射体，本发明的反射膜具有抗热胀冷缩以及振动的特点并且其结构易于安装，可降低制造成本”，从本专利说明书的上述内容可以看出，本专利正是针对现有技术中使用与光纤端面粘接的反射镜作为反射体这种技术方案的缺陷进行的改进，因此应当认为本专利的技术方案明确排除了使用反射镜作为反射体的情况，本专利权利要求1中的“全光纤”应当是在光纤电流感应单元中由光纤端面镀反射膜作为反射体而构成的全光纤结构，而证据1的相应部分是由光纤端部的镜子作为反射体，与本专利中所限定的上述全光纤结构并不相同，证据1中作为非光纤部件的镜子需要和光纤粘接在一起，当发生机械振动时镜子与黏结剂的机械应力是不同的，再入射会受到扰动影响，而本专利在萨格奈克干涉仪的光纤端面镀膜作反射面比光纤端面黏结镜子构成反射体，具有抗热胀冷缩以及振动的特点，并且其结构易于安装，可降低制造成本。关于区别特征（2），虽然请求人坚持认为证据1中的不同的调制是指分别被调制，而在调制时间上，X轴线偏振光和Y轴线偏振光是同步的，但是由于X轴线偏振光和Y轴线偏振光的传播速度是不同的，而且证据1的其他部分内容也并没有表明X轴线偏振光和Y轴线偏振光会同步地在光纤中传输，因此，根据证据1中公开的内容不能认定这两个正交的线偏振光是同步调制的。

由于本专利权利要求1请求保护的技术方案与证据1相比具有上述区别特征（1）和（2），而尚无证据表明上述区别特征为所属技术领域的惯用手段的直接置换，因此该权利要求1相对于证据1具备新颖性，符合专利法第二十二条第二款的规定。此外，在没有证据表明上述区别特征为本领域的公知常识的基础上，该权利要求1的技术方案相对于证据1来说并不是显而易见的，具有突出的实质性特点和显著的进步，符合专利法第二十二条第三款有关创造性的规定。

2. 关于从属权利要求2、3、5、6的新颖性和权利要求2～12的创造性

从属权利要求2～12均直接或间接引用权利要求1，而请求人所用的其他证据2～5均是用于评价从属权利要求的附加技术特征，在独立权利要求1具备新颖

性和创造性的基础上，无论其从属权利要求的附加技术特征是否被证据 1 ~ 5 公开或是否为公知常识，在其作为引用基础的独立权利要求 1 具备新颖性和创造性的前提下，从属权利要求 2、3、5、6 具备新颖性，从属权利要求 2 ~ 12 分别相对于请求人主张的上述证据具备创造性。

（四）关于专利法第二十六条第三款、第四款和专利法实施细则第二十条第一款的问题

1. 关于权利要求 4 涉及的专利法第二十六条第三款、第四款和专利法实施细则第二十条第一款的问题

关于权利要求 4 附加技术特征部分限定的内容在本专利说明书文字部分的第 7 页第 6 ~ 16 行以及说明书第 10 页第 1 ~ 2 行具体记载了闭环光相位调制电路的组成部件，以及由其带来的技术效果、各部件的连接关系和处理信号的过程，对本领域技术人员来说，组成该闭环光相位调制电路的数字解调器、反馈控制电路和光相位调制器都是本领域的常用部件，在说明书给出了所述部件之间的连接关系以及处理信号的过程后，结合附图 1 的显示可以明确该闭环光相位调制电路中的数字解调器既负责输出检测结果，还负责将一部分反馈用的控制信号通过反馈控制电路传送给光相位调制器，通过补偿作用提高电流互感器的信噪比和稳定性，因此说明书中对于权利要求 4 涉及的这部分内容的描述是清楚的，符合专利法第二十六条第三款的规定。由于请求人主张权利要求 4 不符合专利法第二十六条第四款和专利法实施细则第二十条第一款的具体事实和主张权利要求 4 在说明书中相应部分内容不清楚的事实相同，因此在上述评价的基础上可知，请求人主张的权利要求 4 涉及专利法第二十六条第四款和专利法实施细则第二十条第一款的理由也不成立，专利复审委员会不予支持。

2. 关于权利要求 5 涉及的《专利法》第二十六条第三款和《专利法实施细则》第二十条第一款的问题

由证据 1 公开的公式Ⅱ通过数学变换可得到（以下简称为公式Ⅱ′），将公式Ⅰ和公式Ⅱ′进行比较可知，二者不同之处在于公式Ⅰ中的 k 和公式Ⅱ′中的（loss）以及二者的最后一项和，由于和为不同的变量函数，本领域技术人员可以将定义为，也可以将（loss）定义为常数 k，在没有其他证据证明的前提下，并不能根据公式Ⅱ′就判定公式Ⅰ错误，因此对请求人的上述主张不予支持。基于上述理由，本专利的权利要求 5 符合专利法实施细则第二十条第一款的规定，说明书中涉及权利要求 5 的技术方案是清楚的，符合专利法第二十六条第三款的规定。

3. 关于权利要求 9 涉及的专利法第二十六条第三款、第四款和专利法实施细则第二十条第一款的问题

对本领域技术人员来说，在检测到电流信号之后，对检测的信号通过处理器进行相应的校正、放大等处理过程是常用的技术手段，因此说明书中对于权利要求 9 涉及的这部分内容的描述是清楚的，符合专利法第二十六条第三款的规定，由于请求人主张权利要求 9 不符合专利法第二十六条第四款和专利法实施细则第二十条第一款的具体事实和主张权利要求 9 在说明书中相应部分内容不清楚的事实相同，因此在上述评价的基础上可知，请求人主张的权利要求 9 涉及专利法第二十六条第四款和专利法实施细则第二十条第一款的理由也不成立，应不予支持。

综上，专利复审委员会作出第 14794 号决定，维持本专利权有效。

李晓乐不服第 14794 号决定，在法定期限内向北京市第一中级人民法院（以下简称一审法院）提起行政诉讼，请求撤销第 14794 号决定，并责令专利复审委员会重新作出决定。

一审法院另查明：本专利说明书第 7 页第 6 ~ 9 行记载“上述光电单元还进一步设有由数字解调器、反馈控制电路和光相位调制器组成的闭环光相位调制电路，用于提高电流互感器信噪比和稳定性；其中，光电检测器连接数字解调器，用于经过该数字解调器输出检测结果，同时通过反馈控制电路将反馈控制信号传送给光相位调制器”。说明书第 7 页第 10 ~ 12 行记载了上述闭环光相位调制电路中的数字解调器解调后信号的电压形式，说明书第 10 页第 1 ~ 2 行亦同样描述了“数字解调器 15、反馈控制电路 14 和光相位调制器 7 组成了闭环光相位调制电路，使电流互感器具有更好的信噪比和稳定性”。

如下的专业文献 1 ~ 3 中出现了关于“全光纤电流互感器”的解释，以及作为一种典型的全光纤电流互感器而被描述的如证据 1 所示的串联式萨格奈克干涉仪型电流互感器：

文献 1：尚秋峰等著，《光学电流互感器及其在电力系统中的应用》，《华北电力大学学报》，第 28 卷第 2 期，2001 年 4 月。

文献 2：刘晔等著，《光纤电流互感器传感头的结构与原理》，《传感器技术》，2002 年第 11 期。

文献 3：李庆波等著，《全光纤及其他光学电流传感技术发展现状》，《传感器技术》，2002 年第 21 卷第 7 期。

一审法院认为：本案适用原专利法和原专利法实施细则，一审判决中所引用的条款均为原专利法和原专利法实施细则的条款。

一、本专利权利要求1是否具备专利法第二十二条第二款、第三款规定的新颖性和创造性

第14794号决定在评判本专利新颖性时，认定本专利的权利要求1与证据1公开的内容相比，存在两个区别技术特征：（1）本专利权利要求1中限定了电流互感器是全光纤的，而证据1中没有相应的文字表述；（2）本专利权利要求1中的光相位调制器对两个正交的线偏振光进行同步调制，而证据1中表述为“两个偏振态不同地被调制”。

对于区别技术特征（1），本专利权利要求1中的“全光纤电流互感器”，虽然目前还没有统一规范的定义，但也并不属于自定义的技术术语，其在光电技术领域具有通常的含义，即光传输部分以及感应部分均使用光纤或者采用光纤作为敏感元件。本专利权利要求1以及说明书中均没有明确本专利的“全光纤电流互感器”具有特定的含义，第14794号决定中引用的说明书的相关内容仅能说明本专利在对应于从属权利要求10的进一步的优选实施例中，采用了光纤端面镀反射膜的方式，并不是指明本专利中的“全光纤电流互感器”具有此处描述的特定含义。对于本专利权利要求1中涉及的“全光纤电流互感器”应该根据本领域具有的通常的含义来理解。根据上述的含义解释，可以理解，“全光纤电流互感器”并不要求电流互感器中的所有器件都是由光纤材料制成，关键要看电流敏感元件是否采用光纤。端面粘接镜子与光纤端面镀膜均起到的是镜面反射的作用，光纤端面黏结镜子虽然相比端面镀膜光传输的稳定性变差，但光仍然是在光纤中传输，不会导致电流互感器“全光纤”性质的改变。另外，一审法院查明的专业文献1～3中对于证据1所示的串联式萨格奈克干涉仪型电流互感器也是作为一种典型的全光纤电流互感器而被介绍的。证据1也并没有明确其中实现镜面反射的镜子一定就是黏结的镜子，本领域光纤端面的反射镜采用镀膜形式也是一种常用的手段，且没有任何证据表明只要光纤端面粘接镜子即会导致相应的电流互感器变为非“全光纤”。本领域技术人员根据证据1公开的内容可以直接地、毫无疑义地确定其所公开的光纤电流互感器也是全光纤电流互感器。据此，专利复审委员会对于上述区别技术特征（1）的认定存在错误，予以纠正。

对于区别技术特征（2），证据1仅提到“两路偏振光不同的被调制”，也即两路偏振光分别被调制，证据1没有明确具体的调制方式，可能是同步调制，也

可能是异步调制。根据证据 1 公开的内容，本领域技术人员不能直接地、毫无疑义地确定证据 1 公开的技术方案必然就是采用了同步调制，也即不能认为证据 1 隐含公开了“同步调制”的特征。另外，李晓乐提交的证据并不能证明本专利权利要求 1 的技术方案与证据 1 的传感器结构和工作原理完全相同，即使本专利与证据 1 的框图相同，也不能表明两者工作原理必然相同，且证据 1 能不能实现对 XY 轴同步调制与证据 1 是不是必然采用了同步调制是不同的概念。据此，李晓乐的上述诉讼理由缺乏事实依据，不予支持。

综上，本专利权利要求 1 相对于证据 1 具有区别技术特征（2），且没有证据表明该区别技术特征为本领域的公知常识，因此，本专利权利要求 1 具备新颖性和创造性。

二、本专利从属权利要求 2、3、5、6 是否具备专利法第二十二条规定的新颖性，权利要求 2 ~ 12 是否具备专利法第三款规定的创造性

在独立权利要求 1 具备新颖性和创造性的前提下，从属权利要求 2 ~ 12 自然也具备新颖性和创造性。因此，李晓乐的诉讼理由无事实和法律依据，不予支持。

三、本专利说明书是否符合专利法第二十六条第三款的规定，权利要求 4 是否符合专利法第二十六条第四款以及专利法实施细则第二十条第一款的规定

关于说明书中描述的“数字解调器输出检测结果，同时通过反馈控制电路将反馈控制信号传送给光相位调制器”本身即属于对闭环光相位调制电路中的信号处理过程的描述，因此对李晓乐认为专利复审委员会事实认定不清楚的诉讼主张不予认可。另外，对本领域技术人员来说，组成闭环光相位调制电路的数字解调器、反馈控制电路和光相位调制器均为本领域的常用部件，本领域技术人员对这些部件的功能和作用以及对闭环反馈控制电路的原理均是熟知的，其结合说明书附图 1 给出的框图、说明书公开的内容，能够很清楚地理解并实现本专利的闭环光相位调制电路。对于本领域技术人员公知的电路部件，本专利说明书可不对其具体的构成及对信号的具体处理细节进行详细描述。另外，本专利说明书中并没有明确说明要提供一种不同的闭环光相位调制电路，结合说明书的记载，本领域技术人员难以确定对应于权利要求 4 的闭环光相位调制电路一定是不同于现有技术的闭环光相位调制电路，在对应独立权利要求 1 的技术方案具备新颖性和创造性的基础上，从属权利要求 4 进一步限定的内容即使是现有技术的内容也是允许的。综上，说明书中对于权利要求 4 限定部分对应内容的描述是清楚的，符合专

利法第二十六条第三款关于说明书应公开充分的规定，相应的权利要求4也是清楚的，并能够得到说明书的支持，符合专利法第二十六条第四款以及专利法实施细则第二十条第一款的规定。

综上，一审法院判决：维持专利复审委员会第14794号决定。

李晓乐、郭伟、沈阳天正公司均不服一审判决，向北京市高级人民法院（以下简称二审法院）提起上诉。

二审法院查明事实与一审法院查明事实一致。

二审诉讼中，李晓乐为证明本专利权利要求中的技术特征“全光纤”和“同步调制”方式已经被证据1公开，补充提交了3份证据：1. 司法鉴定意见书；2.《高级光纤传感技术》一书第226～230页；3. *Reciprocal reflection interferometer for a fiber-optic Faraday Current sensor*（1994年9月发表于《应用光学》第33卷第25号的“用于光纤法拉第电流传感器的互译反射干涉仪”）一文及其第1和第2部分中文翻译复印件。

二审法院另查明，本专利说明书第7页第17～18行记载：“光纤电流感应单元设在电流互感器的高压区，由宽带光纤波片、感应光纤线圈和感应光纤线圈端面镀反射膜组成。”第7页第24行至第8页第1行记载：“本发明采用光纤端面镀反射膜作为反射面，该反射膜通过光纤端面进行研磨后再镀上反射膜，相比于传统的光纤端面研磨后与反射镜粘接所构成的反射体，本发明的反射膜具有抗热胀冷缩以及震动的特点并且其结构易于安装，可降低制造成本。”

一审判决事实查明部分提到的文献1《光学电流互感器及其在电力系统中的应用》、文献2《光纤电流互感器传感头的结构与原理》、文献3《全光纤及其他光学电流传感技术发展现状》未在一审庭审中进行质证。

李晓乐认可其曾经提出“全光纤”是指“在光线电流互感器中，光传输部分以及感应部分均使用光纤，即光始终在从光源开始到光电检测器结束的光纤中进行，而并非是指传感器中的所有器件都是由光纤材料制成的”的观点，并提出不存在所谓的“同步调制”。

二审法院认为，一审法院在查明部分列举的3份文献未经庭审质证，不应作为定案依据。但一审法院却将上述3份文献作为认定证据1中的串联式萨格奈克干涉仪型电流互感器是否是全光纤电流互感器的依据，对此予以纠正。

李晓乐在二审诉讼中补充提交的证据，不是专利复审委员会作出第14794号决定的依据，且其未能说明没有向专利复审委员会、一审法院提供的合理理由，故对李晓乐在二审诉讼中补充提交的证据不予采信。

本专利是全光纤电流互感器，其中的“全光纤”，根据李晓乐曾经的陈述可知，其也认可“全光纤”指光从光源开始到光电检测器结束始终在光纤中进行。证据1采用镜子作为反射原件，必然导致光从光源开始到光电检测器结束的过程中在通过镜子反射时没有在光纤中的情形。该情形不符合李晓乐上述有关“全光纤”的陈述。而且，根据本专利说明书的记载可知，本专利相比于现有技术的改进即在于不再使用反射镜作为反射体。因此，虽然权利要求1没有记载由光纤端面镀反射膜作为反射体这一技术特征，而是在权利要求10中记载了该特征，但权利要求1所记载的技术特征应不包含使用镜子作为反射体的内容，即权利要求1中的全光纤应当是使用镜子以外的其他反射体进行反射的全光纤结构。由此可见，本专利权利要求1所限定的“全光纤”与证据1的结构并不相同。一审法院在结合未经质证的3份文献的基础上就此所作认定有误，予以纠正。专利复审委员会对此所作认定正确，应予维持。郭伟和沈阳天正公司有关的上诉理由成立，予以支持。

就证据1是否公开了本专利中“同步调制”这一技术特征，证据1在文字上并没有明确表述调制器所做的调制是“同步调制”，李晓乐对此也予以认可。而证据1的附图2与本专利附图1相比，在调制信号上存在明显区别，不能证明李晓乐有关二者在工作过程、调制器结构、调制信号等方面相同的主张。由于证据1并未公开“同步调制”这一技术特征，且无证据证明该区别技术特征系公知常识或被其他相关现有技术文件所公开，因此李晓乐有关即便存在该区别技术特征，对于本领域技术人员而言也是显而易见的上诉理由不能成立。专利复审委员会和一审法院就此所作认定正确，李晓乐有关的上诉主张，依据不足，不予支持。

由于权利要求1具有新颖性和创造性，故李晓乐所提一审法院有关权利要求1的论断错误导致从属权利要求2～12不具有新颖性、创造性的上诉理由，亦不予支持。

本专利权利要求4的附加技术特征中记载了“闭环光相位调制电路”，说明书第7页、第10页以及说明书附图均记载或表明了闭环光相位调制电路的部件、连接关系及其处理信号的过程。而且，由于组成闭环光相位调制电路的各部件均为本领域的常用部件，在说明书及附图给出了各部件及其连接关系、处理信号过程的基础上，本领域技术人员能够清楚地知晓并实现本专利中的闭环光相位调制电路。因此，本专利说明书对于权利要求4所限定的“闭环光相位调制电路”的描述是清楚的，符合专利法第二十六条第三款的规定，相应的权利要求 4 也是清楚的，并能够得到说明书的支持，符合专利法第二十六条第四款以及专利法实施细则第二十条第一款的规定。

专利法第二十二条第三款中规定的创造性判断，所涉及的是本领域技术人员对于现有技术中技术启示的理解和运用。而专利法第二十六条第三款、第四款及专利法实施细则第二十条第一款的规定，所涉及的是本领域技术人员结合权利要求书、说明书对发明或实用新型所要求保护的技术方案的理解和实施。二者虽然均以本领域技术人员作为判断的主体，但前者是对与发明要解决的技术问题密切相关的特征相较于现有技术的显而易见性进行的判断，而后者是对权利要求、说明书内容的可实施性进行的判断，判断的对象和标准均不同。因此，李晓乐所称的专利复审委员会和一审法院对本领域普通技术人员认知水平及在公知常识的举证方面采取不同标准的上诉理由，于法无据，亦不予支持。

综上，二审法院在纠正一审判决有关证据和事实认定错误的情况下，判决：驳回上诉，维持原判。

李晓乐不服二审判决，向本院申请再审称：（一）二审法院对李晓乐在诉讼程序中补充的证据的处理方式，违反了《最高人民法院关于行政诉讼证据若干问题的规定》的相关规定。1. 李晓乐在诉讼程序中提供的证据，并非二审法院认定的“不是专利复审委员会作出第 14794 号决定的依据”，二审法院不应不予接受。2. 二审法院对于一审程序中未质证的技术常识性证据的处理方式错误。（二）一审法院结合技术常识性证据，对权利要求 1 中“全光纤电流互感器”的认定是正确的，二审法院不予考虑技术常识证据，错误认定了“全光纤电流互感器”这一技术特征的含义。（三）被诉决定以及二审判决对于“同步调制”的技术事实认定是错误的。据此，请求本院撤销专利复审委员会作出的第 14794 号决定，判令专利复审委员会承担本案全部诉讼费用。

专利复审委员会提交意见认为：（一）一审判决中涉及的李晓乐提交的三份补充证据并非公知常识性证据，其提交日期超出了举证期限，因此在被诉决定中对上述证据不予考虑。（二）关于权利要求 1 中认定的区别点：1. “全光纤电流互感器”并非所属领域中有确定含义的技术词语，采用说明书的解释并无不妥。专利权人在说明书中认定光纤端面粘接反射镜的互感器是现有技术，因此光纤电流互感器并不能等同于涉案专利的全光纤电流互感器。2. “不同的被调制”不能认定为同步调制。

郭伟、沈阳天正公司提交意见认为：（一）二审法院关于李晓乐在诉讼程序中补充新证据的处理方式，完全符合《最高人民法院关于行政诉讼证据若干问题的规定》。（二）对于涉案专利“全光纤电流互感器”的解释，被诉决定和二审判决完全正确。（三）对于“同步调制”的认定，被诉决定和二审判决完全正确。“同步调制”的定义是用两路或多路同步信号调制载波。

本院经审理查明，一、二审法院查明事实属实。

本院再审期间，李晓乐向本院提交了以下证据：

1.《PWM 变频调速及软开关电力变换技术》第 24～25 页复印件，机械工业出版社，2001 年 4 月出版；

2.《光电技术》第 141～142 页复印件，机械工业出版社，1992 年 5 月出版；

3.《集成电光调制理论与技术》第 30～33 页、第 40～45 页复印件，国防工业出版社，1995 年 5 月出版；

4.《光电子技术》第 46 页复印件，电子工业出版社，2002 年 5 月出版；

5.《光纤传感技术与应用》第 56～57 页、第 66～67 页复印件，国防工业出版社，2001 年 4 月出版；

6.《光电子技术》第 103 页复印件，重庆大学出版社，2000 年 7 月出版；

7.《现代传感技术》第 160～161 页复印件，东北大学出版社，2001 年 4 月出版；

8. 本专利申请的审查记录复印件。

其中，证据 1～7 拟证明本专利权利要求中“同步调制”的含义，以及第 14794 号决定中证据 1 图 2 所示技术方案中调制器调制方式与之相同。证据 8 拟证明本领域技术人员可以直接地并且毫无疑义地确定第 14794 号决定中证据 1 图 2 所示技术方案的光纤电流传感器是全光纤电流传感器。

经质证，专利复审委员会认为李晓乐提交的证据 1～7 均为公知常识性证据；认可证据 1、4、5、6、8 的真实性；不认可证据 2、3、7 的真实性，认为证据 2 的封面有手写的“TN201/17”文字标记而其原件没有，证据 3、7 与其原件的条形码不相符，但是认可证据 2、3、7 与其原件记载内容一致。郭伟和沈阳天正公司认为李晓乐所提交的证据超出举证期限，不应予以采信，故不予质证。郭伟认为证据 1、2、4、6 为公知常识性证据，沈阳天正公司对上述证据的真实性意见与专利复审委员会一致。

本院经审查认为，李晓乐提交的证据 1、4、5、6，经与原件核对无误，本院对其真实性予以确认；证据 2、3、7 封面手写标记、条形码与原件不符，对此，李晓乐当庭解释为原件复印完成后已归还图书馆，提供给法庭核对的原件为后来从图书馆借出的。经核对，证据 2、3、7 的内容与李晓乐当庭提交的原件内容一致，本院对其真实性予以确认；专利复审委员会和沈阳天正公司对证据 8 的真实性予以认可，本院对证据 8 的真实性予以确认。至于上述证据是否可以采信，本院将在判理部分予以评述。

另外，李晓乐向本院提交了其在本案一审诉讼中提交的证据。庭审中，各方当事人均认可上述证据在一审诉讼中未经庭审质证，专利复审委员会、郭伟、沈阳天正公司对李晓乐再次提交的上述证据不予认可。

本院认为，本案争议的焦点在于对李晓乐在行政诉讼中所提交证据的认定，以及对权利要求 1 中“全光纤电流互感器”和“同步调制”两个技术特征的解释。

（一）关于李晓乐在行政诉讼中提交的证据是否可以采信

本案再审期间，李晓乐向本院提交了 8 份证据，其中证据 1 ~ 7 均为本专利申请日之前公开出版的教科书，可以作为本专利的公知常识性证据，对此，专利复审委员会亦予以认可。证据 1 ~ 7 不是专利复审委员会作出第 14794 号决定的依据，但是根据其所载内容，可以更为客观、准确地确定本领域技术人员在涉案专利申请日之前应当具有的知识水平和认知能力，准确界定本案中涉及的相关技术术语的含义，因此，对于证据 1 ~ 7，本院予以采信。证据 8 是本专利授权阶段的相关审查文档，对于准确认定本专利技术方案具有重要意义，与本案具有关联性，本院予以采信。

一审判决事实查明部分列举的 3 份文献均为本专利申请日之前相关学术刊物上公开发表的文章，其中对“全光纤电流互感器”的结构、原理和应用等进行了一般性介绍。上述文献本身不属于公知常识性证据，不能直接用于证明本专利申请日之前本领域技术人员应当具有的知识水平和认知能力，但是其对于准确认定本专利所涉技术事实具有一定的参考和借鉴作用，与本案具有关联性。经庭审质证并查证属实后，一审法院认定本案相关技术事实可以参考上述文献，但是其未经庭审质证即将上述文献作为定案依据，明显不当，应予纠正。

（二）关于权利要求 1 中“全光纤电流互感器”的技术特征

第 14794 号决定认定权利要求 1 与对比文件证据 1 的区别技术特征有二，其一为：“权利要求 1 中限定的电流互感器是全光纤的，而证据 1 中没有相应的文字描述”，各方当事人对此均无异议。对于该区别技术特征，第 14794 号决定认为本专利说明书中记载了本专利以光纤端面镀反射膜为反射面，其相比于在光纤端面粘接反射镜的技术方案具有多种优点，据此认定“从本专利说明书的上述内容可以看出，本专利正是针对现有技术中使用与光纤端面粘接的反射镜作为反射体这种技术方案的缺陷进行的改进，因此应当认为本专利的技术方案明确排除了使用反射镜作为反射体的情况，本专利权利要求 1 中的‘全光纤’应当是在光纤电流感应单元中由光纤端面镀反射膜作为反射体而构成的全光纤结构，而证据 1 的相应部分是由光纤端部的镜子作为反射体，与本专利中所限定的上述全光纤结构并不相同。”即第 14794 号决定用说明书中关于“反射膜”的内容对权利要求 1 中“全光纤电流互感器”的含义进行解释。对此，本院认为，专利授权确权程序中，权利要求解释的目的在于通过明确权利要求的含义及其保护范围，对权利要求是否符合专利授权条件或者其效力如何作出判断。基于此目的，在解释权利要求用语的含义时，必须顾及专利法关于说明书应该充分公开发明的技术方案、权利要求书应当得到说明书支持、专利申请文件的修改不得超出原说明书和权利要求书记载的范围等法定要求。通常情况下，在专利授权确权程序中，对权利要求的解释采取最大合理解释原则，即基于权利要求的文字记载，结合对说明书的理解，对权利要求作出最广义的合理解释。如果说明书未对权利要求用语的含义作出特别界定，原则上应采取本领域普通技术人员在阅读权利要求书、说明书和附图之后对该术语所能理解的通常含义，尽量避免利用说明书或者审查档案对该术语作不适当的限制，以便对权利要求是否符合授权条件和效力问题作出更清晰的结论，从而促使申请人修改和完善专利申请文件，提高专利授权确权质量。本案中，本专利权利要求 1 中记载全光纤电流互感器至少由光电单元和光纤电流感应单元连接构成，并没有记载“反射膜”的技术特征，“反射膜”的技术特征出现在权利要求 1 的从属权利要求 10 的附加技术特征中。说明书中既没有将具有“反射膜”的技术方案作为背景技术描述，也没有用“反射膜”这一技术特征对权利要求 1 所述的“全光纤电流互感器”作出特别界定，说明书中的相关内容仅能说明本专利在对应于从属权利要求 10 的进一步的优选实施例中，采用了光纤端面镀反射膜的方式，并不是指本专利权利要求 1 中的“全光纤电流互感器”具有此处描述的特定含义。第 14794 号决定在对权利要求 1 中的“全光纤电流互感器”进行界定时，引入其从属权利要求的附加技术特征和说明书的内容对其进行限缩性解释，适用法律错误，本院予以纠正。

（三）关于权利要求 1 中“同步调制”的技术特征

第 14794 号决定认定权利要求 1 与对比文件证据 1 的区别技术特征二为：“权利要求 1 中的光相位调制器对两个正交的线偏振光进行同步调制，而证据 1 中表述为‘两个偏振态不同地被调制’”，各方当事人对此亦无异议。对于该区别技术特征，第 14794 号决定认为“虽然请求人坚持认为证据 1 中的不同的调制是指分别被调制，而在调制时间上，X 轴线偏振光和 Y 轴线偏振光是同步的，但是由于 X 轴线偏振光和 Y 轴线偏振光的传播速度是不同的，而且证据 1 的其他部分内容也并没有表明 X 轴线偏振光和 Y 轴线偏振光会同步地在光纤中传输，因此，根据证据 1 中公开的内容不能认定这两个正交的线偏振光是同步调制的”。对此，本院认为，本专利权利要求 1 记载“光纤偏振器将该光信号等分为两个正交的线偏振光分别送给光相位调制器；该光相位调制器根据来自振荡源的调制信号对两个正交的线偏振光进行同步调制”，此处所述“两个正交的线偏振光”即对比文件证据 1 中的 X 轴线偏振光和 Y 轴线偏振光。上述两个正交的线偏振光传播速度也是不同的，庭审中专利复审委员会对此予以认可。这两个传播速度不同的正交的线偏振光从光纤偏振器出来后送给光相位调制器，由来自振荡源的调制信号对其进行同步调制。而第 14794 号决定却以对比文件证据 1 中的 X 轴和 Y 轴线偏振光的传播速度不同为由认定该 X 轴和 Y 轴线偏振光“不同地被调制”并非本专利权利要求 1 所述的“同步调制”，明显不当，本院予以纠正。专利权人在本院再审阶段将本专利权利要求 1 中的“同步调制”解释为两路调制信号对 X、Y 光同时进行调制，而其所称的产生另一路调制信号的反馈控制电路在权利要求 1 中并无记载，而是作为权利要求 1 的从属权利要求 4 中的附加技术特征记载的，权利要求 1 中仅记载了一路来自振荡源的调制信号对两个正交的线偏振光进行同步调制。专利权人对“同步调制”的上述解释与权利要求 1 的记载明显不符，本院不予支持。

综上，专利复审委员会作出的第 14794 号决定关于区别技术特征（1）、（2）的相关认定错误，本院依法予以纠正。一、二审判决对第 14794 号决定予以维持错误，依法应予撤销。依据《中华人民共和国行政诉讼法》第七十条第（二）项、第八十九条第一款第（二）项、第三款，《最高人民法院关于执行〈中华人民共和国行政诉讼法〉若干问题的解释》第七十六条第一款、第七十八条之规定，判决如下：

一、撤销北京市高级人民法院（2011）高行终字第 1106 号行政判决和北京市第一中级人民法院（2010）一中行初字第 3093 号行政判决；

二、撤销国家知识产权局专利复审委员会第14794号无效宣告请求审查决定；

三、国家知识产权局专利复审委员会就李晓乐针对名称为“反射式萨格奈克干涉仪型全光纤电流互感器”的03123304.X号发明专利提出的无效宣告请求，重新作出无效宣告请求审查决定。

本案一、二审案件受理费各100元，均由国家知识产权局专利复审委员会负担。

本判决为终审判决。

审　判　长　周　翔
代理审判员　吴　蓉
代理审判员　宋淑华
二〇一五年八月十一日
书　记　员　周睿隽

103. 字面含义存在歧义的技术特征的解释

——申诉人辽宁般若网络科技有限公司与被申诉人国家知识产权局专利复审委员会、一审第三人中国惠普有限公司发明专利权无效行政纠纷案

【裁判要旨】

对于权利要求中字面含义存在歧义的技术特征的解释，应当结合说明书及附图中已经公开的内容，并符合本案专利的发明目的，且不得与本领域的公知常识相矛盾。

【关键词】

发明专利　无效程序　技术术语　解释

【案号】

最高人民法院（2013）行提字第17号

【基本案情】

在申诉人辽宁般若网络科技有限公司（以下简称般若公司）与被申诉人国家

知识产权局专利复审委员会（以下简称专利复审委员会）、一审第三人中国惠普有限公司（以下简称惠普公司）发明专利权无效行政纠纷案中，般若公司为第01106125.1号、名称为“容错阵列服务器”的发明专利（即本案专利）的权利人。本案专利权利要求1的技术特征b为：“键盘、鼠标、显示器、网卡和电源通过整体插头和整体插座连接。”本案专利说明书记载了如下内容：本发明的目的是提供一种一次插拔就可以完成键盘、鼠标、显示器、网卡和电源的连接，主板可以带电插拔、同一背板上可以插拔多个服务器的容错阵列服务器。它通过切换器实现光驱、软驱、键盘、显示器和鼠标的共用。2009年2月23日，惠普公司以权利要求1～8不具有创造性为由，向专利复审委员会提出无效宣告请求。专利复审委员会于2009年6月23日作出第13610号无效宣告请求审查决定（以下简称第13610号决定），宣告本案专利权全部无效。般若公司不服，提起行政诉讼。北京市第一中级人民法院一审判决维持第13610号决定。般若公司不服，提起上诉。北京市高级人民法院二审判决驳回上诉、维持原判。般若公司仍不服，向最高人民法院申请再审。其再审申请理由之一为，权利要求1的技术特征b限定了服务器与机箱的连接方式和内容。其中整体插头和整体插座连接，键盘、鼠标、显示器、网卡和电源为并列关系。第13610号决定认定权利要求1的特征b是“键盘、鼠标、显示器……连接电源”，与权利要求1的内容不符。最高人民法院裁定提审本案，并于2015年4月1日判决撤销第13610号决定及一审、二审判决，责令专利复审委员会重新作出审查决定。

【裁判意见】

最高人民法院提审认为：对于技术特征b，本案中有两种理解。专利复审委员会认为，电源是键盘、鼠标、显示器和网卡的连接对象。般若公司则认为，电源与键盘、鼠标、显示器、网卡为并列关系。因此，技术特征b的字面含义存在歧义。对于权利要求中该种技术特征的解释，应当结合说明书及其附图中的有关内容，符合本案专利的发明目的，且不得与本领域的公知常识相矛盾。首先，根据说明书中关于发明目的和技术效果的记载，本案专利通过一次性的热插拔，实现键盘、鼠标、显示器、网卡和电源的连接，通过切换器实现光驱、软驱、键盘、显示器和鼠标的共用。其次，本案专利的改进之一为通过设置集中容错电源，实现同时给容错阵列服务器供电，以避免传统电源在容错时一个服务器备用一个冗余电源的技术缺陷。因此，集中容错电源是为了给容错阵列服务器中各个服务器集中供电，而非仅仅为键盘、鼠标、显示器、网卡供电而设置。各个服务器是通过整体插头和整体插座的一次插拔，实现键盘、鼠标、显示器、网卡以及电源的连接和断开，而不仅仅是将键盘、鼠标、显示器、网卡与电源相连接。最后，在现有技术中，鼠标、键盘和网卡通常无需单独连接电源，而是通过接口的插拔同时实现电力以及信号的传输。因此，如果将技术特征 b 仅仅理解为通过整体插头和整体插座的连接，使得键盘、鼠标、显示器、网卡与电源相连接，既不能实现本案专利所要解决的“一次插拔”的发明目的，亦有悖于本领域的公知常识，般若公司关于技术特征 b 应理解为“电源与键盘、鼠标、显示器、网卡为并列关系，所述部件均通过整体插头和整体插座连接”的主张成立。

中华人民共和国最高人民法院行政判决书

（2013）行提字第 17 号

申诉人（一审原告、二审上诉人、原再审申请人）：辽宁般若网络科技有限公司。住所地：辽宁省沈阳市沈河区北京街×号。

法定代表人：刘峰，该公司董事长。

委托代理人：陈心光，辽宁维权律师事务所律师。

被申诉人（一审被告、二审被上诉人、原再审被申请人）：国家知识产权局专利复审委员会。住所地：北京市海淀区北四环西路×号银谷大厦×层。

法定代表人：张茂于，该委员会副主任。

委托代理人：乔凌云，该委员会审查员。

委托代理人：朱明雅，该委员会审查员。

原审第三人：中国惠普有限公司。住所地：北京市朝阳区建国路×号。

法定代表人：符标榜，该公司董事长。

委托代理人：游闵键，上海市协力律师事务所律师。

委托代理人：郑鸣捷，上海市协力律师事务所实习律师。

申诉人辽宁般若网络科技有限公司（以下简称般若公司）因与被申诉人国家知识产权局专利复审委员会（以下简称专利复审委员会）、一审第三人中国惠普有限公司（以下简称惠普公司）发明专利无效行政纠纷一案，不服北京市高级人民法院（2012）高行再终字第 293 号行政判决，向本院申诉。本院于 2013 年 4 月 7 日作出（2012）知行字第 73 号行政裁定，提审本案。提审后，本院依法组成合议庭，于 2013 年 11 月 6 日公开开庭审理了本案，申诉人般若公司的法定代表人刘峰，委托代理人陈心光，被申诉人的委托代理人乔凌云、朱明雅，一审第三人的委托代理人游闵键、郑鸣捷到庭参加审理，本案现已审理终结。

一、二审法院审理查明，本案涉及专利号为01106125.1，名称为“容错阵列服务器”的发明专利（以下简称涉案专利），专利权人是般若公司，申请日是2001年2月2日，授权公告日是2006年5月17日。授权公告的权利要求书共包括8项权利要求，其中权利要求1、2分别为：

“1. 一种容错阵列服务器，其特征在于服务器的整体插头（1）与机箱内背板上的整体插座（2）通过机箱上的滑道（12）进行带电插拔连接，键盘、鼠标、显示器、网卡和电源通过整体插头和整体插座连接，在机箱内有一背板，在同一背板上有若干个整体插座，可以同时带电插拔若干个服务器，且多台服务器通过切换器（3）共用一个光驱（4）和软驱（5）。

2. 根据权利要求1所述的容错阵列服务器，其特征在于所述的背板上设有软驱、光驱、电源和键盘/显示器/鼠标切换器接口，为多个服务器共用。”

2009年2月23日，惠普公司针对涉案专利向专利复审委员会提出无效宣告请求，并提交美国专利US6157534A作为对比文件3。惠普公司认为，涉案专利权利要求1~8相对于对比文件3不具有创造性，不符合《中华人民共和国专利法》（以下简称专利法）第二十二条第三款的规定。

2009年6月23日，专利复审委员会作出第13610号无效宣告请求审查决定（以下简称第13610号决定），宣告涉案专利权利要求1~8全部无效，其主要理由是：

涉案专利权利要求1可以划分为a~f共六个技术特征。其中技术特征b为“键盘、鼠标、显示器、网卡和电源通过整体插头和整体插座连接”。1. 对比文件3公开了一种数据服务器10，相当于涉案专利的容错阵列服务器，数据服务器10包括机柜18，多个可热置换的处理单元模块28，机柜18有四个背板，有16个插槽或隔室，各间隔适应于接收模块28，相当于权利要求1中的滑道。2. 每个处理单元28包括互连印刷电路板68，其与电连接器93相连，该电连接器适于与背板上的电连接器254a~254d连接，这两个不同位置的电连接器分别相当于权利要求1中的整体插头和整体插座，每个处理单元模块28通过四个背板热置换入或出服务器10，相当于权利要求1中的技术特征a和e。3. 控制站221、222在主板67上包括键盘、鼠标、VGA和IDE接口卡66，这两个控制站中一个为冗余控制站，共享一个共同的显示器、键盘、鼠标和光驱、软驱。即多个数据服务器共享一个共同的显示器、键盘、鼠标和光驱、软驱，所述共享是通过复用器实现的。

每个模块 28 包括一对以太网 I/O 适配器卡，用于插入主板 67。4. 由上述描述可知，互连印刷电路板 68 电连接至主板 67，同时互连印刷电路板 68 与电连接器 93 连接，电连接器 93 适于与背板的电连接器 254a ~ 254d 连接，显然对比文件 3 中显示器、键盘、鼠标和 CDROM 驱动器、以太网 I/O 适配器卡是通过电连接器 93 和电连接器 254a ~ 254d 连接电源的。5. 权利要求 1 与对比文件 3 区别在于：(1) 权利要求 1 中背板为一块，对比文件 3 中是 4 块背板（以下简称区别 1）；(2) 权利要求 1 中通过切换器实现光驱、软驱的共用，对比文件 3 中通过复用器及控制站实现光驱、软驱的共用（以下简称区别 2）。6. 对于区别 1，无论数量是一块还是四块，其作用是相同的，不足以给权利要求 1 的技术方案带来实质性影响。7. 对于区别 2，对比文件 3 是用复用器实现共用，与权利要求 1 中的切换器只是名称不同而已，二者作用相同。因此，区别 2 也不足以给权利要求 1 的技术方案带来实质性影响，权利要求 1 不具有创造性。

涉案专利权利要求 2 的附加技术特征为："所述的背板上设有软驱、光驱、电源和键盘/显示器/鼠标切换器接口，为多个服务器共用。"第 13610 号决定认为，对比文件 3 中光驱、软驱、鼠标、键盘、显示器能被复用器复用，必然包括复用器接口，这是可以毫无疑义确定的。而复用器独立于控制站，因而复用器接口必然位于背板上，这也是可以毫无疑义确定的。因此，权利要求 2 的附加技术特征已被对比文件 3 公开。

涉案专利权利要求 3 ~ 8 的附加技术特征或被对比文件 3 公开，或不会对各技术方案产生实质性影响，故均不具有创造性。

般若公司不服第 13610 号决定，向北京市第一中级人民法院提起行政诉讼。该院一审判决维持第 13610 号决定。

般若公司不服一审判决，向北京市高级人民法院提起上诉。该院二审判决驳回般若公司的上诉，维持一审判决。

般若公司不服二审判决，向本院申请再审。本院于 2011 年 12 月 15 日作出（2011）知行字第 32 号行政裁定，指令北京市高级人民法院再审本案。

2012 年 6 月 7 日，北京市高级人民法院作出（2012）高行再终字第 293 号行政判决。判决认为，本案焦点问题为涉案专利权利要求 1、权利要求 2 是否符合专利法第二十二条第三款有关创造性的规定。

（一）关于涉案专利权利要求 1 是否具有创造性

涉案专利权利要求 1 为一种容错阵列服务器。对比文件 3 公开了一种数据服务器10。权利要求1相对于对比文件3具有区别1、区别2，但所述区别均不足以给权利要求1的技术方案带来实质性的影响。因此，权利要求1相对于对比文件3不具有创造性。

般若公司认为，涉案专利权利要求1与对比文件3还存在如下区别：1. 涉案专利中的“整体插头”不同于对比文件3中的电连接器93（以下简称区别3）；涉案专利中的“整体插座”不同于对比文件3中的电连接器254a～254d（以下简称区别4）；2. 涉案专利中的“滑道”不同于对比文件3中的接收模块的隔间（以下简称区别5）。

再审判决认为，首先，根据涉案专利权利要求1的记载，键盘、鼠标、显示器、网卡和电源通过整体插头和位于背板上的整体插座可以进行带电插拔连接，权利要求1并没有限定键盘、鼠标、显示器等与整体插头、整体插座的连接关系，该技术特征要实现的技术效果是整体插头和整体插座完成一次性热插拔，实现键盘、鼠标、显示器、网卡和电源的连接。对比文件3公开了各处理单元28具有一印刷电路板，电连接器93与服务器互连印刷电路板68的背面连接，适应于从背板的多个电连接中相应的一个插入或拔除。由此可见，涉案专利权利要求1的整体插头与对比文件3中的电连接器93实现的功能是相同的，都是为了实现一次性热插拔连接。在此基础上，与电连接器93实现热插拔连接的电连接器254a～254d，与涉案专利中的整体插座实现相同的功能。虽然对比文件3中的鼠标、键盘、电源等位于主板上，但在涉案专利并没有限定键盘、鼠标、显示器等与整体插头、整体插座的连接关系的情况下，本领域技术人员在对比文件3的教导下，实现涉案专利整体插头和整体插座带电热插拔连接的技术方案，不需要付出创造性的劳动。其次，本领域技术人员在对比文件3公开的隔间的教导下，不需要付出创造性的劳动即可得到涉案专利中的滑道。

般若公司主张技术特征b未被对比文件3公开。再审判决认为，对比文件3公开了一种数据服务器10（相当于权利要求1中的容错阵列服务器）。其包括一个机柜18，多个可热置换的处理单元模块28，其中机柜18有四个背板301～304，有16个插槽或隔室，各间隔适应于接收模块28（相当于权利要求1中所述机箱上的滑道）。处理单元模块28包括一主板67，插有CPU、主存储器和I/O适配器卡，每个处理单元28包括一个互连印刷电路板68，电连接至主板67，同时互连印刷电路板68与一电连接器93（相当于权利要求1中的整体插头）连接，电连接器93适于与背板301～304的电连接器254a～254d（相当于权利要求1中的技术特征 d）连接，该处理单元模块 28 中有多达 14 个数据移动器 201～2014，还有两个控制站 221、222，每个处理单元模块 28 通过四个背板 301～304 热置换入或出服务器 10，控制站 221、222 在主板 67 上包括键盘、鼠标、VGA 和 IDE 接口卡 66，用于能够通过复用器 53 连接平板显示器 32，键盘 34，鼠标和 CDROM 驱动器 50。控制站 221、222 各包括一个软驱，控制站 221、222 可通过复用器 74 访问，这两个控制站 221、222 中的其中一个作为冗余控制站，因此两个控制站 221、222 共享一个共同的显示器 32、键盘 34、鼠标、CDROM 驱动器 50 和软驱，也即多个数据服务器通过复用器共享一个共同的显示器 32、键盘 34、鼠标、CDROM 驱动器 50 和软驱。每个模块 28 包括一对以太网 I/O 适配器卡（EI/O），用于插入主板 67。

由上述描述可知，互连印刷电路板 68 电连接至主板 67，同时互连印刷电路板 68 与一电连接器 93 连接，电连接器 93 适于与背板 301～304 的电连接器 254a～254d 连接。对比文件 3 中显示器 32，键盘 34，鼠标和 CDROM 驱动器 50、以太网 I/O 适配器卡是通过电连接器 93 和电连接器 254a～254d 连接电源的。因此，技术特征 b 已经被对比文件 3 公开。

（二）关于涉案专利权利要求 2 是否具有创造性

权利要求 2 是权利要求 1 的从属权利要求，其附加技术特征为“所述的背板上设有软驱、光驱、电源和键盘/显示器/鼠标切换器接口，为多个服务器共用”。

对比文件 3 中文译文第 7 页第 2 段公开了下列技术特征：“控制站 221、222 在主板 67 上包括键盘、鼠标、VGA 和 IDE 接口卡 66，用于能够通过复用器 53 连接平板显示器 32、键盘 34、鼠标、CDROM 驱动器 50，控制站 221、222 各包括一个软驱，控制站 221、222 可通过复用器 74 访问。这两个控制站 221、222 中的其中一个作为冗余控制站。”由此可以看出，对比文件 3 通过设置复用器，可以实现光驱、软驱、键盘、鼠标、显示器在多个处理单元之间的共享，其作用与涉案专利权利要求 2 中的切换器相同，而复用器要实现上述功能，则必然包含复用器接口。并且，由于复用器 53、74 是独立于控制站 221、222 的，那么复用器接口必然位于背板上。上述技术特征是可以从对比文件 3 中确定的技术特征。综上，对比文件 3 公开了涉案专利权利要求 2 所附加的技术特征，在权利要求 1 不具有创造性的基础上，权利要求 2 也不具有创造性。据此判决维持二审判决。

般若公司不服原再审判决，于 2012 年 6 月向本院申诉，其主要理由为：（一）权利要求 1 的技术特征 b 限定了服务器与机箱的连接方式和内容。其中整体插头和整体插座连接，键盘、鼠标、显示器、网卡和电源为并列关系。第13610号决定认定权利要求1的特征b是“键盘、鼠标、显示器……连接电源的”，与权利要求1的内容不符，不符合专利法第五十六条的规定，也不符合本领域的公知常识。（二）惠普公司没有对权利要求书的内容提出过异议，专利复审委员会并未就技术特征b的认定说明事实和理由，专利权人没有机会就此陈述意见，不符合《审查指南》第四部分有关“审查范围”与“听证原则”的规定。（三）惠普公司主张对比文件3公开了技术特征b，与事实不符。首先，对比文件3采用市场上有售的普通电脑主板，其键盘、鼠标和显示器一定是独立接口。其次，对比文件3中“通过复用器53连接显示器、键盘、鼠标和CDROM驱动器”，不是通过电连接器93与背板连接。再次，复用器53位于机柜前面，键盘、鼠标和显示器接口不可能通过电连接器93与背板连接。最后，技术特征b简化了外设接口，具有插拔方便、服务器简单等有益效果，代表了高密度、快速插拔的发展方向，具有创造性。（四）第13610号决定认定对比文件3“复用器必然包含复用器接口”“复用器接口必然位于背板上”，没有事实依据，也不符合本领域的常识。对比文件3中没有有关复用器接口的记载，也没有隐含公开复用器接口的位置，相关内容也不属于对比文件3隐含公开的内容。第13610号决定认定涉案专利权利要求1、2不具有创造性错误。（五）再审判决对权利要求1的保护范围、技术特征b是否被公开等关键争议未予审理，显失公平，不符合《中华人民共和国行政诉讼法》（以下简称行政诉讼法）第四条、第七条的规定。般若公司请求本院：1. 撤销原再审判决，依法改判撤销第13610号决定。2. 被申请人承担本案一、二审诉讼费用。

专利复审委员会提交意见认为：（一）对比文件3中的电连接器93、电连接器254a～254d分别等同于权利要求1中的整体插头、整体插座，二者的功能是相同的。故对比文件3公开了权利要求1中的技术特征b。（二）对比文件3中公开了复用器，其独立于控制站221、222，复用器接口必然位于背板上，是本领域技术人员容易想到的。因此，对比文件3公开了权利要求2的附加技术特征。（三）原再审判决对涉案专利权利要求的保护范围认定清楚，符合行政诉讼法、专利法的相关规定。

惠普公司提交意见认为：（一）般若公司对技术特征b的解释与涉案专利说明书中记载的技术方案矛盾。涉案专利通过机箱上的集中容错电源对8个服务器进行供电，服务器通过整体插头和整体插座与电源接口10连接以实现电连接。本发明的技术效果是通过减少服务器的电源个数，减小体积、降低成本，方便管理。因此，技术特征 b 所称的连接，是指电路连接，第 13610 号决定对技术特征 b 的认定正确。对比文件 3 公开了技术特征 b，权利要求 1 不具有创造性。（二）惠普公司在提出无效请求时，对技术特征 b 的解释与第 13610 号决定的解释是一致的，第 13610 号决定未违反听证原则。（三）对比文件 3 公开了复用器 53，相当于权利要求 2 中的切换器。控制站 221、222 的主板 67 要连接显示器 32、键盘 34、鼠标和 CDROM 驱动器 50，只能通过互连印刷电路板 68 连接至电连接器 93，再连接至背板 301 ~ 304 的电连接器 254a ~ 254d，继而通过复用器接口与复用器 53 相连接实现复用。关于复用器 53 的接口设置位置，并非权利要求 2 的创新点，并且可以按照需求设计，设置于机柜前面，或者为方便设置于背面，都是本领域的常规选择。因此，权利要求 2 不具有创造性。本院认为，原再审判决认定的事实基本属实。

本院另查明：

（一）涉案专利说明书中记载的有关技术内容

涉案专利说明书记载了以下技术内容："本发明的目的是提供一种一次插拔就可以完成键盘、鼠标、显示器、网卡和电源的连接，主板可以带电插拔、同一背板上可以插拔多个服务器的容错阵列服务器。它通过切换器实现光驱、软驱、键盘、显示器和鼠标的共用。

本发明的目的是这样实现的：容错阵列服务器的整体插头与机箱内背板上的整体插座通过机箱上的滑道进行带电插拔连接，键盘、鼠标、显示器、网卡和电源通过整体插头和整体插座连接。在机箱内有一背板，在同一背板上有若干个整体插座，可以同时带电插拔若干个服务器，且多台服务器通过切换器共用一个光驱和软驱。

本发明服务器主板上的整体插头通过机箱内的滑道，与背板上的整体插座可以进行带电插拔连接，完成一次性的热插拔，实现键盘、鼠标、显示器、网卡和电源的连接；在同一背板上有若干个整体插座，可以同时带电插拔若干个服务器，且通过切换器实现光驱、软驱、键盘、显示器和鼠标的共用，还可以通过电源接口进行集中供电，在主板上省去 PCI、ISA、VISA、AGP、并口 Parallel Port，使服务器更适应于互联网的专业需求，体积小，成本低。本发明还包括有一个集中容错电源，由该集中容错电源同时给容错阵列服务器供电，进行电源容错，避免了传统电源容错的一个服务器备用一个冗余电源进行容错。因此，本发明减小了体积，降低了成本，方便了管理。本发明若干个容错阵列服务器可以经机箱上的键盘/显示器/鼠标输入输出接口组成容错阵列服务器系统……综上所述，容错阵列服务器采用集群技术来代替价格昂贵的小型机，实现超级计算能力。

在机箱内有一背板，在该背板上有八个整体插座，可以同时带电插拔八个服务器，这八个服务器可以通过机箱上的切换器3共用一个光驱4和软驱5，在背板上设有软驱接口8、光驱接口9、电源接口10和K/V/M即键盘显示器鼠标切换器接口，为八个服务器共用。”

（二）对比文件3公开的有关技术内容

对比文件3说明书中记载了以下技术内容：“本发明涉及数据服务器，特别涉及适应于在一网络和一数据存储系统之间移动数据的数据服务器。数据服务器用于一存储系统，如在一个对称集成缓存磁盘阵列存储系统和一网络之间移动数据。

数据服务器10包括机柜18和多个可热置换的处理单元模块28。该处理单元模块中有多达14个数据移动器201～2014，而且该处理单元模块28中有多达两个是控制站221、222。处理单元模块28通过一本地总线，这里为以太网总线24全部互连。可热置换是指组件可以被移除和/或被替换，而无需中断系统的工作。配置模块28的目的是，在处理单元模块28从机柜18中移除时，没有电缆需要从模块28上物理地移除。

控制站221、222，主板67，如图所示包括键盘、鼠标、VGA和IDE接口卡66，用于能够通过复用器53连接平板显示器32，键盘34，鼠标和CDROM驱动器50。因此，控制站221、222可通过复用器访问。所以，两个控制站221、222共享一个共同的显示器32、键盘34、鼠标和CDROM驱动器50。这两个控制站221、222中的一个作为冗余控制站，这样如这两个控制站221、222中的一个故障，另一个仍然工作。

控制站221、222通过在每个控制站221、222和数据移动器201－2014内的服务器互连印刷电路板68，负责它们自身与数据移动器201－2014之间的通信互连。根据使用中应用，控制站221、222的特定功能不尽相同，但一般包括：管理单个数据移动器201－2014，电源管理和冷却（环境）管理。

每个处理单元模块28包括一个互连印刷电路板68，电连接（即插入）主板67。电路板68（即，背板30的副板）与电连接器93连接。电连接器93适应于与背板301～304电连接器254a～254d接合，并且电连接。

连接器93与服务器互连印刷电路板68的背面连接。连接器93的顶部适应于接收由在48伏特总线系统上的AC/DC转换器38提供的48伏特。连接器93的中间和底部97、99适应于通过背板301～304接收信号。

从第一以太网连接器270a连续弯向各连接器254a～254d的一对插头274、276，到达第二以太网连接器270b，由此提供本地以太网总线24a互连插入背板301的四个模块。条形导线262F、262R与HDM连接器254a～254d的插头272、274连接，插头272、274与安装在服务器互连印刷电路板68上的连接器93的对应紧合插头电连接。这样，模块28通过以太网总线24a（冗余以太网总线24b）在内部互连。”

（三）与第13610号决定有关的事实

在无效行政程序中，惠普公司除了主张涉案专利权利要求1～8相对于对比文件3不具有创造性外，还主张权利要求1～8不符合专利法实施细则第二十一条第二款的规定，以及权利要求1～8相对于对比文件1不具有新颖性，权利要求1相对于对比文件2不具有新颖性。

因第13610号决定认定权利要求1～8相对于对比文件3不具有创造性，故对其他无效理由未进行审查。

本院认为，本案焦点在于：1. 如何理解涉案专利权利要求1中技术特征b“键盘、鼠标、显示器、网卡和电源通过整体插头和整体插座连接”的含义。2. 对比文件3是否公开技术特征b，权利要求1相对于对比文件3是否具有创造性。3. 权利要求2～8是否具有创造性。

一、关于技术特征b的含义

权利要求1的技术特征b为：“键盘、鼠标、显示器、网卡和电源通过整体插头和整体插座连接。”对于技术特征b，本案中有两种理解。专利复审委员会认为，电源是键盘、鼠标、显示器和网卡的连接对象，即通过整体插头、整体插座，将键盘、鼠标、显示器和网卡与电源连接在一起。般若公司则认为，电源与键盘、鼠标、显示器、网卡为并列关系，所述部件均通过整体插头和整体插座连接。

本院认为，技术特征b中使用了“和……和……连接”的表述，其字面含义存在歧义，至少具有前述的两种解释方式。对于字面含义存在歧义的技术特征，应当结合说明书及其附图中的有关内容，对技术特征进行权利要求解释。对技术特征的解释应当符合涉案专利的发明目的，不得与本领域的公知常识相矛盾。

首先，根据说明书中有关涉案专利发明目的和技术效果的记载，本发明是要提供一种一次插拔就能完成键盘、鼠标、显示器、网卡和电源的连接的容错阵列服务器，其主板可以带电插拔，并通过切换器实现光驱、软驱、键盘、显示器和鼠标共用。涉案专利通过一次性的热插拔，实现键盘、鼠标、显示器、网卡和电源的连接，通过切换器实现光驱、软驱、键盘、显示器和鼠标的共用。

其次，本发明的改进之一，还包括设置一个集中容错电源，由该集中容错电源同时给容错阵列服务器供电，避免了传统电源在容错时，一个服务器备用一个冗余电源的技术缺陷。因此，涉案专利中的集中容错电源是为了给容错阵列服务器中各个服务器集中供电而设置的，而不是仅仅为键盘、鼠标、显示器、网卡供电而设置电源。各个服务器是通过整体插头和整体插座的一次插拔，实现键盘、鼠标、显示器、网卡以及电源的连接和断开，而不仅仅是将键盘、鼠标、显示器、网卡与电源相连接。

最后，在本领域中，鼠标、键盘和网卡通常无需单独连接电源，而是通过接口的插拔同时实现电力以及信号的传输。因此，如果将技术特征 b 仅仅理解为通过整体插头和整体插座的连接，使得键盘、鼠标、显示器、网卡与电源相连接，既不能实现涉案专利所要解决的“一次插拔”的发明目的，亦有悖于本领域的公知常识。

综上，般若公司有关技术特征 b 应理解为“电源与键盘、鼠标、显示器、网卡为并列关系，所述部件均通过整体插头和整体插座连接”的申请再审理由成立，第 13610 号决定对技术特征 b 的解释错误。一、二审判决以及原再审判决对此未予纠正，亦有错误。

二、关于对比文件 3 是否公开权利要求 1 的技术特征 b，权利要求 1 ~ 8 是否具有创造性

第 13610 号决定认为，对比文件 3 中的电连接器 93 和 254a ~ 254d，分别相当于权利要求 1 中的整体插头和整体插座，据此认定对比文件 3 公开了技术特征 b，权利要求 1 相对于对比文件 3 不具有创造性。

本院认为，准确认定现有技术公开的技术内容，是正确认定权利要求是否具有创造性的基础。现有技术公开的技术内容，既包括现有技术明确记载的技术内容，也包括本领域技术人员依据明确记载的技术内容，可以直接、毫无疑义地确定的技术内容。本案中，对比文件 3 并未公开技术特征 b，具体理由如下：

首先，关于涉案专利与对比文件 3 的整体结构。对比文件 3 中公开了一种数

据服务器10，数据服务器10包括多个可热置换的处理单元模块28。该处理单元模块28中有多达14个数据移动器201－2014，而且该处理单元模块28中有多达两个控制站221、222。说明书第5页还公开了底部对中的其中一个插槽可被配置成第15个数据移动器20，或者被配置成一个冗余的控制站22。因此，对比文件3涉及的是在一个数据服务器10中，可以对多个数据移动器和控制站进行热置换，各数据移动器和控制站本身并非服务器。因此，对比文件3与涉案专利的技术领域并不相同。

其次，关于对比文件3中的电连接器93以及254a～254d。对比文件3公开了每个处理单元模块28包括一个互连印刷电路板68，电连接主板67。电路板68与电连接器93连接。电连接器93适应于与背板301～304上的电连接器254a～254d接合，并且电连接。电连接器93的顶部适应于接收电源，中间和底部97、99适应于通过背板301～304接收信号。关于电连接器接收的信号，对比文件3明确记载："印刷电路板68具有一个Teradyne连接器93，是用于插入Teradyne HDM连接器254a～254d，该连接器与背板301～304相连。插头272、274与安装在印刷电路板68上的Teradyne连接器93的对应紧合插头电连接。这样，模块28通过以太网总线24a（或冗余的以太网总线24b）在内部互连。"因此，电连接器93和254a～254d接收的信号，是由以太网总线24传输的，各数据移动器与控制站之间的通信信号，对比文件3并未明确公开其接收的信号中还包括键盘、鼠标、显示和网卡的信号。本领域技术人员基于对比文件3明确公开的技术内容，也不能直接、毫无疑义地认为对比文件3公开了有关技术内容。

最后，对比文件3中虽然公开了复用器53，以及两个控制站221、222通过复用器53，共享一个共同的显示器32、键盘34、鼠标和CDROM驱动器50。但是在对比文件中，两个控制站的其中一个为冗余控制站，在另一个故障时才工作。这与涉案专利中各个服务器相对独立，共同组成集中容错服务器阵列，是不同的技术方案。而且，对比文件3中也没有公开复用器或者显示器32、键盘34、鼠标和CDROM驱动器50，是通过电连接器93和254a来实现连接的。本领域技术人员基于对比文件3明确公开的内容，也不能直接、毫无疑义地得到有关技术内容。原再审判决认定"对比文件3中显示器32、键盘34、鼠标和CDROM驱动器50、以太网I/O适配器卡，是通过电连接器93和电连接器254a～254d连接电源的"，认定事实错误，应予纠正。

综上，对比文件3中公开的是在一个数据服务器10内部，实现多个数据移动器 20 和 2 个控制站 22 的热置换，并且两个控制站的其中一个为冗余控制站，或者可以是数据移动器。对比文件 3 与涉案专利的技术领域并不相同。而且，对比文件 3 中的电连接器 93 和 254a～254d，虽然确实具有电连接的作用和接收信号的作用，但其接收的信号是由以太网总线 24a 传输的，在数据移动器与控制站之间的通信信号。对比文件 3 中并未公开电连接器 93 和 254a～254d 还可以起到连接显示器、鼠标、键盘、网卡的作用。本领域技术人员基于对比文件 3 明确公开的技术内容，不能直接、毫无疑义地获得有关技术内容，也不能获得相应的技术启示。因此，第 13610 号决定认定对比文件 3 公开了技术特征 b，权利要求 1 相对于对比文件 3 不具有创造性，认定事实错误，适用法律错误。般若公司有关对比文件 3 未公开技术特征 b 的申请再审理由成立。

三、关于权利要求 2～8 是否具有创造性

对比文件3 中并未公开复用器53 接口的设置方式，被诉决定及原再审判决认定"复用器接口必然位于背板上"，缺乏事实依据和法律依据，应予纠正。因此，对比文件 3 既未公开权利要求 1 中的技术特征 b，亦未公开权利要求 2 的附加技术特征，也没有给出相应的技术启示。权利要求 2 相对于对比文件 3 具有创造性。

因权利要求 1、2 相对于对比文件 3 均具有创造性，故其余从属于权利要求 1 或 2 的权利要求 3～8 亦具有创造性。

综上，本院认为，被诉决定对权利要求 1 中技术特征 b 的解释错误，其认定权利要求 1～8 不具有创造性，认定事实错误，适用法律错误，应予撤销。一、二审及原再审判决未予纠正，错误维持第 13610 号决定，亦有错误，应予撤销。因第 13610 号决定对权利要求 1－8 不符合专利法实施细则第二十一条第二款等其他无效理由未予审查，故本案应由专利复审委员会重新作出行政决定。本院依照《中华人民共和国行政诉讼法》第五十四条第（二）项、《最高人民法院关于执行〈中华人民共和国行政诉讼法〉若干问题的解释》第七十六条第一款、第七十八条之规定，判决如下：

一、撤销北京市第一中级人民法院（2009）一中行初字第 2215 号行政判决、北京市高级人民法院（2010）高行终字第 205 号行政判决和（2012）高行再终字第 293 号行政判决；

二、撤销国家知识产权局专利复审委员会第 13610 号无效宣告请求审查决定；

三、国家知识产权局专利复审委员会就名称为"容错阵列服务器"的

01106125.1 号发明专利重新作出无效宣告请求审查决定。

本案一、二审案件受理费人民币各 100 元，均由国家知识产权局专利复审委员会负担。

本判决为终审判决。

审 判 长 王艳芳
代理审判员 杜微科
代理审判员 佟 姝
二〇一五年四月一日
书 记 员 刘海珠

104. 在判断权利要求是否以说明书为依据时，如何考虑权利要求的撰写错误

——再审申请人洪亮与被申请人国家知识产权局专利复审委员会、宋章根实用新型专利权无效行政纠纷案

【裁判要旨】

权利要求中的撰写错误并不必然导致其得不到说明书支持；如果权利要求存在明显错误，本领域普通技术人员根据说明书和附图的相应记载能够确定其唯一的正确理解的，应根据修正后的理解确定权利要求所保护的技术方案，在此基础上再对该权利要求是否得到说明书的支持进行判断。

【关键词】

权利要求撰写错误　说明书支持

【案号】

最高人民法院（2011）行提字第 13 号

【基本案情】

洪亮是名称为“精密旋转补偿器”的实用新型专利（即本案专利）的专利权人，授权公告的权利要求书为：“1. 一种精密旋转补偿器，包括外套管、内管、压料法兰、延伸管和密封材料，内管与外套管之间装有柔性石墨填料，柔性石墨

填料的端面装有压料法兰，压料法兰与外套管一端的法兰之间由螺栓连接，外套管内凸环和内套管外凸环之间设有钢球；在所述的外套管的另一端与延伸管连接，两者之间留有间隙，其特征在于：所述的延伸管为与内套管内径相同的直管，两者同轴对应；所述的压料法兰的外侧与外套管的内侧为紧密配合。”本案专利说明书摘要和发明内容部分记载，“……在所述的外套管的另一端与延伸管连接，两者之间留有间隙……”但在具体实施方式部分则记载，“……外套管外侧是直通延伸管，与内管内径相等，延伸管与内管之间留有适当间隙（1～10mm）……”宋章根向国家知识产权局专利复审委员会（以下简称专利复审委员会）提出无效宣告请求。专利复审委员会作出第13091号无效宣告请求审查决定（以下简称第13091号决定），宣告本案专利权全部无效。洪亮不服，提起行政诉讼。北京市第一中级人民法院认为，本案专利权利要求1的技术方案不能从说明书公开的内容中毫无疑义地得出，本案专利的权利要求书没有得到说明书的支持，不符合专利法第二十六条第四款的规定。据此判决维持第13091号决定。洪亮不服，提起上诉。北京市高级人民法院判决驳回上诉，维持一审判决。洪亮向最高人民法院申请再审。最高人民法院裁定提审本案，并于2012年5月11日判决撤销原审判决和第13091号决定。

【裁判意见】

最高人民法院提审认为：由于语言表达的局限性以及撰写和代理水平的客观限制，权利要求书在撰写过程中难免出现用词不够严谨或者表达不够准确等缺陷。根据撰写缺陷的性质和程度不同，权利要求书中的撰写错误可以分为明显错误和非明显错误。所谓明显错误，是指对于本领域技术人员来说，根据所具有的普通技术知识在阅读权利要求后能够立即发现某一技术特征存在错误，同时该技术人员结合其具有的普通技术知识，阅读说明书及说明书附图的相关内容后能够立即确定其唯一的正确答案。在判断一项权利要求能否得到说明书的支持之前，首先需要确定权利要求所要保护的技术方案。对于权利要求中存在的明显错误，由于该错误的存在对本领域技术人员而言是如此“明显”，在阅读权利要求时能够立即发现其存在错误，同时更正该错误的答案也是如此“确定”，结合其普通技术知识和说明书能够立即得出其唯一的正确答案，所以本领域技术人员必然以该唯一的正确解释为基准理解技术方案，明显错误的存在并不会导致权利要求的边界模糊不清。在无效宣告请求的审查过程中，如果不对权利要求中的明显错误作出更正性理解，而是“将错就错”地径行因明显错误的存在而一概以不符合专利法第二十六条第四款的规定为由将专利宣告无效，将会造成专利法第二十六条第四款成为一种对撰写权利要求不当的惩罚，导致专利权人获得的利益与其对社会做出的贡献明显不相适应，有悖于专利法第二十六条第四款的立法宗旨。不仅不利于鼓励发明创造，保护发明创造者的利益，而且会降低发明人以“公开换保护”制度申请专利的积极性。无论是判断权利要求是否符合专利法第二十六条第四款的规定，还是判断权利要求中是否存在明显错误，判断主体都是本领域技术人员，而非一般的公众。由于本领域技术人员在阅读权利要求时能够立即发现该明显错误，并且能从说明书的整体及上下文立即看出其唯一的正确答案，此时，本领域技术人员在再现该发明或实用新型的技术方案时，不会教条地“照搬错误”，而是必然会在自行纠正该明显错误的基础上，理解发明创造的技术方案。尤其是对该明显错误的更正性理解，并不会导致权利要求的技术方案在内容上发生变化，进而损害社会公众的利益和权利要求的公示性、稳定性和权威性。如果对明显错误进行更正性理解后的权利要求所保护的技术方案，能够从说明书充分公开的内容得到或者概括得出，没有超出说明书公开的范围，则应当认定权利要求能得到说明书的支持，符合专利法第二十六条第四款的规定。由于本领域的技术人员能够清楚准确地得出唯一的正确解释，“两者之间留有间隙”是指内管和延伸管之间留有一定的间隙，这与说明书中公开的内容相一致。因此，本案专利权利要求1所要求保护的技术方案能从说明书公开的内容中得出，得到了说明书的支持，符合专利法第二十六条第四款的规定。

中华人民共和国最高人民法院行政判决书

（2011）行提字第13号

申请再审人（一审原告、二审上诉人）：洪亮，男，汉族，1964年12月27日出生，江苏省姜堰市贝特管件有限公司经理，住江苏省姜堰市姜堰镇古田新村×号楼×室。

委托代理人：张建成，男，汉族，1955年3月22日出生，济南舜源专利事务所有限公司职员，住山东省济南市历下区甸柳新村五区8号楼1单元401号。

委托代理人：侯绪军，男，汉族，1979年9月4日出生，济南舜源专利事务所有限公司职员，住山东省济南市历城区七里河路32号1号楼2单元601号。

被申请人（一审被告、二审被上诉人）：国家知识产权局专利复审委员会。住所地：北京市海淀区北四环西路9号银谷大厦。

法定代表人：张茂于，该委员会副主任。

委托代理人：吴佳，该委员会审查员。

委托代理人：毛琎，该委员会审查员。

原审第三人：宋章根，男，汉族，1962年8月2日出生，住江苏省宜兴市万石镇余境村坝头×号。

委托代理人：刘成群，男，汉族，1970年12月21日出生，南京天华专利代理有限责任公司专利代理人，住南京市江宁区秣陵街道书香名苑23幢301室。

委托代理人：孙喜，北京市立方律师事务所律师。

申请再审人洪亮因与被申请人国家知识产权局专利复审委员会（以下简称专利复审委员会）、原审第三人宋章根实用新型专利权无效行政纠纷一案，不服北京市高级人民法院（2010）高行终字第500号行政判决，向本院申请再审。本院于2011年7月6日作出（2011）知行字第4号行政裁定，提审本案。本院依法组成合议庭，于2011年9月8日公开开庭审理了本案。洪亮及其委托代理人张建成、侯绪军，专利复审委员会的委托代理人毛琎，宋章根及其委托代理人刘成群、孙喜到庭参加诉讼。本案现已审理终结。

原一、二审法院经审理查明：洪亮是200720128801.1号“精密旋转补偿器”实用新型专利（以下简称本专利）的专利权人，授权公告的权利要求书为：“1. 一种精密旋转补偿器，包括外套管、内管、压料法兰、延伸管和密封材料，内管（1）与外套管之间装有柔性石墨填料，柔性石墨填料的端面装有压料法兰，压料法兰与外套管一端的法兰之间由螺栓连接，外套管内凸环和内套管外凸环之间设有钢球；在所述的外套管的另一端与延伸管连接，两者之间留有间隙，其特征在于：所述的延伸管为与内套管内径相同的直管，两者同轴对应；所述的压料法兰的外侧与外套管的内侧为紧密配合。”在本专利说明书摘要和发明内容部分记载“……在所述的外套管的另一端与延伸管连接，两者之间留有间隙……”但在具体实施方式部分，记载：“……外套管外侧是直通延伸管5，与内管1内径相等，延伸管5与内管1之间留有适当间隙（1～10mm）……”

宋章根于2008年11月20日向专利复审委员会提出无效宣告请求，并提交了本专利授权公告文本等作为证据，主张本专利权利要求1相对于证据1和2的结合不具备创造性，不符合《中华人民共和国专利法（2000年修订）》（以下简称专利法）第二十二条第三款的规定、本专利说明书不符合专利法第二十六条第三款的要求及权利要求1的保护范围不清楚，不符合《中华人民共和国专利法实施细则（2002 年修订)》(以下简称专利法实施细则）第二十条第一款规定。

专利复审委员会于 2009 年 2 月 26 日对该无效宣告请求进行了口头审理，在口头审理过程中，宋章根将无效理由明确为：1. 本专利说明书不符合专利法第二十六条第三款的规定，说明书第 2 页第 2 段描述压料法兰与外套管内侧依靠“精密加工”实行紧密配合，本专利没有给出精密加工的手段，因此本领域技术人员无法实现压料法兰与外套管的紧密配合；2. 权利要求 1 第 1 行提到“内管”，第 5 行却描述为“内套管”，互相矛盾，另外权利要求书第 4 ~ 5 行“外套管的另一端与延伸管连接，两者之间留有间隙”，外套管与延伸管之间是固定的连接，不可能有间隙，与说明书矛盾，导致了权利要求 1 保护不清楚的问题，不符合专利法实施细则第二十条第一款的规定；3. 权利要求 1 相对于证据 1 和 2 的结合不具备创造性。在口头审理过程中，宋章根认为本专利外套管与延伸管之间是固定的连接，不可能有间隙，但权利要求 1 的文字表述为两者之间留有间隙，这种表述没有得到说明书的支持。专利复审委员会在口头审理过程中遂依职权引入专利法第二十六条第四款作为无效理由，双方当事人均未对此表示异议，洪亮同时要求于口头审理之后对专利法第二十六条第四款的理由进行书面答辩，专利复审委员会就该理由给予洪亮三个工作日的时间作为答辩期。

2009 年 3 月 20 日，专利复审委员会作出第 13091 号无效宣告请求审查决定(以下简称第 13091 号无效决定)，宣告本专利权全部无效。该决定认为：一、关于依职权引入的问题。根据《审查指南》第四部分第三章第 4. 1 节第（1）点规定，请求人提出的无效宣告理由明显与其提交的证据不相对应的，专利复审委员会可以告知其有关法律规定的含义，并允许其变更为相对应的无效宣告理由。由于宋章根提出的本专利不符合专利法实施细则第二十条第一款的无效宣告理由为权利要求与说明书矛盾，该无效宣告理由适用的法条应为专利法第二十六条第四款，专利复审委员会在将上述事实告知作为请求人的宋章根的情况系依职权引入专利法第二十六条第四款的无效理由。二、关于专利法第二十六条第四款的问题。本专利权利要求 1 中的技术特征“外套管的另一端与延伸管连接，两者之间留有间隙”与说明书中的相应描述不一致，说明书中记载的是“外套管外侧是直通延伸管 5……延伸管 5 与内管 1 之间留有适当间隙”，外套管和延伸管之间是固定连接的，不可能留有间隙，应该是延伸管 5 与内管 1 之间留有间隙，因此，该权利要求 1 的技术方案不能从说明书公开的内容得到或概括得出，从而得不到说明书的支持，不符合专利法第二十六条第四款的规定。

洪亮不服第13091号无效决定，向北京市第一中级人民法院提起诉讼。

北京市第一中级人民法院认为：专利复审委员会依职权引入专利法第二十六条第四款作为无效理由的做法并无不当。本专利权利要求1的技术方案不能从说明书公开的内容中毫无疑义地得出，本专利的权利要求书没有得到说明书的支持，不符合专利法第二十六条第四款的规定，洪亮对其所称的打字错误不能作出合理的解释。第13091号无效决定认定事实清楚、适用法律准确，审查程序合法，据此于2009年10月19日依照《中华人民共和国行政诉讼法》第五十四条第（一）项之规定，作出（2009）一中行初字第1356号行政判决：维持专利复审委员会作出的第13091号无效决定。一审案件受理费100元，由洪亮负担。

洪亮不服一审判决，向北京市高级人民法院提起上诉。

北京市高级人民法院二审认为：《审查指南》第四部分第三章第4.1节中规定，请求人提出的无效宣告理由明显与其提交的证据不相对应的，专利复审委员会可以告知其有关法律规定的含义，并允许其变更为相对应的无效宣告理由。在口头审理过程中，宋章根认为本专利外套管与延伸管之间是固定的连接，不可能有间隙，但权利要求1的文字表述为两者之间留有间隙，这种表述没有得到说明书的支持。宋章根提出的该无效理由明显属于专利法第二十六条第四款规定的内容，在此情况下，专利复审委员会依职权告知应当依据的法律条款并没有超出其行政职权范围。洪亮、宋章根对此均未表示异议，而且洪亮向专利复审委员会提出了给予书面答辩机会的要求，并在专利复审委员会规定的期限内提交了书面意见。因此，专利复审委员会在本案中的做法没有影响洪亮程序及实体上的权利，并无违法之处。

本专利权利要求1的技术特征部分的描述显示外套管和延伸管之间留有间隙，虽然在说明书的发明内容部分也有相同的表述，但在具体实施方式部分却记载为：外套管外侧是直通延伸管5……延伸管5与内管1之间留有适当间隙。由于外套管与延伸管之间是固定连接关系，故二者之间不可能留有间隙。因此，本专利权利要求1的技术方案不能从说明书公开的内容中毫无疑义地得出，本专利权利要求书没有得到说明书的支持，不符合专利法第二十六条第四款的规定。本专利在说明书的摘要和发明内容部分与权利要求书的表述既有一致的地方，也有不一致的地方，使本领域技术人员无法作出清楚、正确的判断，洪亮所称打字错误的解释过于牵强，其上诉主张不能成立。综上所述，洪亮的上诉理由缺乏事实和法律依据，其上诉请求不予支持。一审判决认定事实清楚，适用法律正确。据此依照《中华人民共和国行政诉讼法》第六十一条第（一）项之规定，判决：驳回上诉，维持原判。一、二审案件受理费各100元，由洪亮负担。

洪亮申请再审称：1. 被申请人依职权引入专利法第二十六条第四款于法无据，违背了请求原则，变相延长无效请求人的增加理由期限，违背了专利法实施细则第六十六条关于增加理由期限的规定，系超越职权的违法行为，严重侵害了申请再审人在无效宣告程序中的合法权利。2. 被申请人依职权引入新的理由后仅给予申请再审人三日的答复期限，明显违反了《审查指南》规定的答复期限为1个月的规定，违反法定程序，客观上限制了申请再审人充分表达陈述意见的权利。申请再审人作为行政相对人对于被申请人作出的依职权引入的行为只能且必须遵从，申请再审人的答辩行为是在行使申辩权，一审判决以该答辩视为了解并同意该行政行为、二审判决认为申请再审人没有异议并提交书面意见因此被申请人无违法之处的观点错误。3. 本领域的技术人员可以准确得出“间隙”是位于延伸管与内管之间，本领域技术人员对于间隙所在位置的理解与本专利说明书实施例的解释、说明书附图中的明确标示完全一致，应当认为权利要求1得到了说明书的实质性支持。4. 假设外套管和延伸管之间留有间隙的技术方案不能实施，也属于专利法第二十二条第四款的实用性问题，而不是专利法实施细则第二十条第一款或专利法第二十六条第四款的问题。5. 本专利权利要求1记载的“所属的外套管的另一端与延伸管连接，两者之间留有间隙”中的“两者”，属于可以依据专利文件准确判断的允许确认纠正的明显错误。第13091号无效决定拒绝对该权利要求中的明显错误予以正确解释违反了《审查指南》的规定。一、二审行政判决对明显错误的事实未予认定存在错误。本专利权利要求1得到了说明书支持。请求本院对本案予以改判：撤销原一、二审判决及第13091号无效决定，宣告本案专利权有效，原一、二审案件受理费由专利复审委员会负担。

专利复审委员会辩称：1. 根据《审查指南》第四部分第4.1节规定，依职权审查的情形不仅包括告知当事人变更明显与其提交的证据不相对应的无效理由和在正确理解法律规定的含义的基础上变更为相对应的无效理由，还包括专利权存在请求人未提及的缺陷而导致无法针对请求人提出的无效宣告请求进行审查时，专利复审委员会可以依职权针对专利权的上述缺陷引入相关无效宣告理由并进行审查。本案中，请求人提及的缺陷明显与其提交的无效理由不对应，合议组在口审当庭向双方当事人正确解读有关法律规定的含义，并就变更后的无效理由进行听证，符合《审查指南》的规定。2. 本专利权利要求1得不到说明书支持，不符合专利法第二十六条第四款的规定。3. 申请再审人对明显错误的解释属于对《审查指南》有关规定的误读，二审判决认定事实清楚，应当予以维持。

宋章根称：1. 专利复审委员会在第13091号无效决定中适用“依职权审查”，并没有违反“请求原则”，没有损害申请再审人的实体权益；引入专利法第二十六条第四款规定的无效理由，没有违反正当的审查程序，也没有违反“听证原则”。2. 第13091号无效决定认定权利要求1不符合专利法第二十六条第四款完全正确。申请再审人的再审理由不能成立。从权利要求1记载内容看，不能毫无疑义地认定“在所述的外套管的另一端与延伸管连接，两者之间留有间隙”中的“两者”存在撰写错误；即便如申请再审人所述存在撰写错误，也不能因此认为“两者”是指“延伸管与内管两者之间”，属于明显笔误，可以进行相应的修改。否则将严重损害权利要求的稳定性、权威性和公示性，最终违反专利法实施细则第六十八条和《审查指南》关于权利要求修改方式的规定。3. 即便申请再审人在提出专利申请时本意是要求保护延伸管与内管两者之间留有间隙或延伸管5与内管1之间留有适当间隙1～10mm的技术方案，并在撰写申请文件时出现了撰写错误，由于所述撰写错误并不属于明显错误或者明显笔误，而且本专利已经授权，也只能由申请再审人承担因此过失所带来的不利后果，而不能将这种不利后果转嫁给社会公众，只有这样才符合公平合理原则。

本院再审查明，原一、二审判决认定的事实基本属实。

本院再审认为，本案的焦点问题在于专利复审委员会作出第13091号无效决定是否存在程序违法以及本专利权利要求1是否得到了说明书的支持，符合专利法第二十六条第四款的规定。

（一）关于专利复审委员会依职权引入专利法第二十六条第四款是否违背“请求原则”和专利法实施细则第六十六条关于增加理由期限的规定

专利复审委员会在无效宣告程序中通常仅针对当事人提出的无效宣告请求的范围、理由和提交的证据进行审查，不承担全面审查专利有效性的义务，但在有些情形下，可以依职权进行审查。如果请求人提出的无效宣告理由明显与其提交的证据不相对应，专利复审委员会可以告知其有关法律规定的含义，并允许其变更为相对应的无效宣告理由或者在请求人未变更的情况下，依职权变更为相对应的无效宣告理由。本案中，宋章根作为无效宣告的请求人在提出无效宣告请求时的无效理由之一是本专利不符合专利法实施细则第二十条第一款的规定，该条款涉及权利要求本身保护范围是否清楚的问题，而宋章根提出的具体事实是权利要求书的内容与说明书公开的内容不一致，属于权利要求是否能得到说明书支持，涉及专利法第二十六条第四款的问题。鉴于请求人所提出的无效宣告理由与其提交的证据不相对应，专利复审委员会在口头审理当庭告知双方当事人有关法律规定的含义后，在无相反意见的情况下，依职权引入了专利法第二十六条第四款，并无不当。洪亮关于专利复审委员会违法进行依职权审查的主张，本院不予支持。

专利复审委员会在口头审理时已将依职权引入专利法第二十六条第四款的理由告知双方当事人，洪亮对此未表示异议，同时要求口头审理后对专利法第二十六条第四款进行书面答辩。上述事实已表明洪亮了解和同意专利复审委员会依职权引入专利法第二十六条第四款作为无效理由。专利法实施细则第六十六条规定“在专利复审委员会受理无效宣告请求后，请求人可以在提出无效宣告请求之日起1个月内增加理由或者补充证据。逾期增加理由或者补充证据的，专利复审委员会可以不予考虑。”该条款是对无效请求人增加理由或补充证据的约束，防止请求人进行突然袭击，专利复审委员会依职权引入新理由不受此限。况且，本案中专利复审委员会仅是在具体事实未发生变化的基础上，采用更为恰当的法律条款，依职权变更了无效理由，而不是引入新理由。因此，不属于专利法实施细则第六十六条规范的情形。专利复审委员会在口头审理后给予了当事人答辩期限，未对当事人的实体权利造成损害。洪亮申请再审关于专利复审委员会存在逾期引入无效理由以及变相延长无效请求人增加理由期限的主张，本院不予支持。

（二）关于答复期限是否违反法定程序

《审查指南》第四部分第四章第5.2节规定：合议组应当给予首次得知所述理由的对方当事人选择当庭口头答辩或者以后进行书面答辩的权利。《审查指南》在规定当事人进行书面答辩的机会时并没有限定书面答复的具体时间，旨在使专利复审委员会根据案件具体情况指定书面答复时间。本案专利复审委员会考虑到口头审理变更后的无效理由所依据的事实是宋章根在提出无效宣告请求时就已提出，并已随受理通知书转送洪亮，洪亮在法定期限内已得知宋章根提出无效宣告请求的事实依据是权利要求书的内容与说明书内容不一致，仅就法条变更给予三日的答复期限并不违反法定程序，没有限制洪亮充分表达陈述意见的权利。洪亮接受三日的答辩时间，并及时提交了书面答辩意见，表明其亦同意依职权引入行为，专利复审委员会的上述做法没有违反听证原则，对于洪亮就此提出的申请再审主张，本院不予支持。

（三）关于权利要求1是否符合专利法第二十六条第四款规定的问题

专利法第二十六条第四款规定，权利要求书应当以说明书为依据，说明要求专利保护的范围。判断本专利权利要求1是否得到了说明书的支持，即是否符合专利法第二十六条第四款的规定，首先需要正确理解专利法第二十六条第四款的立法宗旨。

1. 权利要求书的作用。专利法规定，发明或者实用新型专利权的保护范围以其权利要求的内容为准，说明书及附图可以用于解释权利要求的内容。权利要求书的作用在于界定专利权的保护范围。在授予专利权之前，该界限表明申请人请求获得保护的范围。如果该范围包括了已知的技术或者相对于已有技术而言显而易见的技术方案，则会因为违背专利法关于新颖性和创造性的规定，而被国家知识产权局驳回专利申请。在授予专利权后，该界限表明专利权依法受保护的范围。如果他人未经专利权人的许可而实施的技术方案落入权利要求的保护范围之内，则构成侵权行为。因此，权利要求既为专利权人提供了独占权的法律保护，又确保了公众享有使用已知技术的自由，使公众能够清楚知道实施什么样的行为会侵犯他人的专利权。无论对专利申请获得专利权，还是行使专利权而言，权利要求书的内容都至关重要。

2. 权利要求书与说明书的关系。权利要求书应当以说明书为依据，清楚、简要地限定要求专利保护的范围。之所以要求权利要求要得到说明书的支持，是由说明书与权利要求书的内在联系决定的。说明书是申请人必须向国家知识产权局提交的公开其发明或者实用新型的文件之一，专利法对专利说明书的基本要求是，说明书的撰写应该达到所属技术领域的技术人员能够实施发明的程度。为了对发明或者实用新型的技术方案作出清楚、完整的公开，使所属领域的技术人员能够实施该发明创造，说明书提供了大量的信息，包括技术领域、背景技术、发明内容、附图说明、具体实施方式等。这些信息是为了帮助理解和实施发明创造而撰写的，也是进行专利审查工作的基础。在专利权被授予后，特别是发生专利纠纷时，说明书可以用来解释权利要求书，因而有人称"说明书是权利要求的辞典"。而权利要求书则是对说明书记载的发明创造的实质和核心的"提炼总结"，是在说明书记载的内容的基础上，用构成发明或者实用新型技术方案的技术特征来定义专利权的保护范围。虽然作为界定专利权保护范围的载体，其详细程度不同于为公众提供实施发明或者实用新型所需要的具体技术信息的说明书，但权利要求书的内容不能与说明书的内容相互脱节，权利要求应当以说明书为依据，要得到说明书的支持。

3. 权利要求书以说明书为依据的具体含义。作为以"公开换保护"的专利制度，获得专利权的前提是申请人必须向公众充分公开其发明创造的内容，专利权人所获得的权利必须与向公众公开的内容相适应。这样才能实现有利于发明创造的推广利用、促进科学技术进步和创新的立法宗旨。权利要求书以说明书为依据就是要求权利要求所要求保护的技术方案应当是所属技术领域的技术人员能够从说明书充分公开的内容中得到或概括得出的技术方案，并且不得超出说明书公开的范围。权利要求书作为界定专利独占权的范围，是让公众能够清楚知道实施什么样的行为会侵犯他人的专利权的一种法律文件，必须达到每一项权利要求所要求保护的技术方案都应当是在说明书中被清楚、充分地公开过的程度。如果权利要求书中某一项或者多项权利要求所要求保护的技术方案是所属技术领域的技术人员不能从说明书中充分公开的内容得到或概括得出的技术方案，或权利要求所要求保护的技术方案超出了说明书公开的范围时，就应当认为权利要求没有以说明书为依据。

由此可见，权利要求概括的范围应当与说明书公开的内容相适应，不能过大也不能过小。如果权利要求概括的范围过大，把属于公众的已知技术或者申请人尚未完成的技术方案记载在了权利要求的保护范围之内，这种权利要求将会损害公共利益，该专利申请或者专利权可能会因此被驳回或者被宣告无效。反之，如果权利要求记载的范围过小，则意味着申请人在说明书中公开的某些技术方案没有纳入到权利要求书中受到保护，亦即该技术方案被捐献给了公众，他人可以无偿使用该技术方案。这对申请人而言可能是不公平的。因此，专利法第二十六条第四款的立法宗旨在于，权利要求的概括范围应当与说明书公开的范围相适应，该范围既不能宽到超出了发明公开的范围，也不应当窄到有损于申请人因公开其发明而应当获得的权益。

其次，权利要求书存在错误是否必然导致该权利要求不符合专利法第二十六条第四款的规定。

1. 权利要求中的撰写错误在所难免。权利要求的内容和表述应当清楚、简要。如何将说明书中公开的技术方案写入权利要求书中予以保护，对于发明人本人以及专利代理人而言，由于语言表达的局限性以及撰写和代理水平的客观限制，权利要求书在撰写过程中难免出现用词不够严谨或者表达不够准确等缺陷，为提高专利申请文件质量，便于公众理解运用发明创造，专利法规定了申请人可以对其专利申请文件进行修改。

2. 权利要求中的撰写错误并不必然导致该权利要求不符合专利法第二十六条

第四款的规定。

根据撰写缺陷的性质和程度不同，权利要求书中的撰写错误可以分为明显错误和非明显错误。所谓明显错误，是指这样的错误，即对于本领域技术人员来说，如果该技术人员根据所具有的普通技术知识在阅读权利要求后能够立即发现某一技术特征存在错误，同时，该技术人员结合其具有的普通技术知识，阅读说明书及说明书附图的相关内容后能够立即确定其唯一的正确答案。

权利要求书的作用在于界定专利权的保护范围，这种边界会随着专利权利要求中技术特征和技术术语含义的改变而发生变化。如果对本领域技术人员来说，权利要求中的技术特征和技术术语的含义是确定的，专利权人的私权与公有领域边界则是清晰的，公众知道实施什么样的行为会侵犯他人的专利权。反之，如果权利要求中的技术特征和技术术语的含义是模糊不清的，则对该技术特征和技术术语的不同理解势必会影响专利权的保护范围，损害权利要求的公示性、稳定性和权威性。

专利权的保护范围是界定在本领域技术人员对发明创造理解的范围之内。判断一项权利要求能否得到说明书的支持之前，首先需要确定权利要求所要保护的技术方案，对于权利要求中存在的明显错误，如上所述，由于该错误的存在对本领域技术人员而言是如此“明显”，即在阅读权利要求时能够立即发现其存在错误，同时，更正该错误的答案也是如此“确定”，结合其普通技术知识和说明书能够立即得出其唯一的正确答案，所以，本领域技术人员必然以该唯一的正确解释为基准理解技术方案，明显错误的存在并不会导致权利要求的边界模糊不清。这也是在专利授权之前专利申请人可以通过提交修改文本的方式对明显错误进行修正的原因。

然而，在审查实践中，常常出现明显错误未被审查员发现，而导致在授权公告的专利文件中也存在明显错误的现象，尤其是对于实用新型专利来说，我国实行初步审查制度，这种现象更加难以避免。**根据专利法、专利法实施细则，尤其是《审查指南》的规定，在专利授权之后，专利权人发现其授权公告文件中存在明显错误的情形时，是没有机会再通过提交修改文本的方式进行更正的。此时，在无效宣告请求的审查过程中，如果不对权利要求中的明显错误作出更正性理解，而是“将错就错”地径行因明显错误的存在而一概以不符合专利法第二十六条第四款的规定为由将专利宣告无效，将会造成专利法第二十六条第四款成为一种对撰写权利要求不当的惩罚，导致专利权人获得的利益与其对社会做出**

的贡献明显不相适应，有悖于专利法第二十六条第四款的立法宗旨。不仅不利于鼓励发明创造，保护发明创造者的利益，而且会降低发明人以“公开换保护”制度申请专利的积极性。更何况，权利要求书记载达到何种程度才够清楚，能起到划界的作用，与阅读者的水平有关。无论是判断权利要求是否符合专利法第二十六条第四款的规定，还是判断权利要求中是否存在明显错误，判断主体都是本领域技术人员，而非一般的公众。由于本领域技术人员在阅读权利要求时能够立即发现该明显错误，并且能从说明书的整体及上下文立即看出其唯一的正确答案，此时，本领域技术人员在再现该发明或实用新型的技术方案时，不会教条地“照搬错误”，而是必然会在自行纠正该明显错误的基础上，理解发明创造的技术方案。尤其是对该明显错误的更正性理解，并不会导致权利要求的技术方案在内容上发生变化，进而损害社会公众的利益和权利要求的公示性、稳定性和权威性。

因此，从保护发明创造专利权，鼓励发明创造的基本原则出发，一方面，应当允许对授权后的专利权利要求中存在的明显错误予以正确解释；另一方面，也要防止专利权人对这一解释的滥用。要准确界定明显错误，在合理保护专利权人利益的同时，维护社会公众的利益，以适应专利法促进科技进步与创新的立法本意。

如果对明显错误进行更正性理解后的权利要求所保护的技术方案，能够从说明书充分公开的内容得到或者概括得出，没有超出说明书公开的范围，则应当认定权利要求能得到说明书的支持，符合专利法第二十六条第四款的规定。

最后，本专利权利要求1是否符合专利法第二十六条第四款规定。

就本案而言，本专利是一种具有扭转装置的涉及热网管道的旋转补偿器，背景技术中记载，通过旋转补偿器的内外套管的旋转来吸收热网管道的轴向推力和位移量。解决现有旋转补偿器的同心度不精确，补偿器本身对横向管道位移的定位问题，同时也解决内压力和冲击力引起的填料外泄的问题。作为压力管道元件的旋转补偿器，产品需要符合焊缝检验、耐压实验以及气密实验等检验要求。焊缝、密封填料处应无渗漏现象。因此，所属领域技术人员知晓外套管和延伸管之间必须是无间隙连接，且不允许出现导致传输介质外泄。本专利权利要求1记载，“在所述的外套管的另一端与延伸管连接，两者之间留有间隙”，对于“两者之间留有间隙”的“两者”是何所指各方当事人各持己见。由于本专利权利要求1保护的补偿器包括外套管、内管、压料法兰、延伸管和密封材料，其中，外套管的一端经由法兰与内管相连接，另一端与延伸管连接。该旋转补偿器通过内外套管的旋转来吸收热网管道的轴向推力和位移量。因此，内管与外套管之间以及外套管与延伸管之间不可能既连接，又留有空隙，权利要求1中“两者之间留有间隙”的“两者”不可能是指外套管与延伸管，而只可能是内管与延伸管。这种解释也与本专利说明书公开的“外套管（4）外侧是直通延伸管5，与内管1内径相等，延伸管5与内管1之间留有适当间隙1～10mm”相一致，而且，说明书附图亦明确标注了相符的位置。因此，本领域技术人员基于其具有的普通技术知识，能够知道权利要求1的撰写存在错误，通过阅读说明书及附图可以直接地、毫无疑义地确定“两者之间留有间隙”的“两者”应当是指延伸管与内管，不会误认为是外套管与延伸管之间留有间隙。“两者之间”应当属于明显错误。尽管本专利的撰写有可能使得一般读者根据阅读习惯，误认为“两者之间”留有间隙是指所述的外套管与延伸管之间留有间隙，但是，对“两者之间”的“两者”的理解主体是本领域的技术人员，而非不具有本领域普通知识的一般读者。由于本领域的技术人员能够清楚准确地得出唯一的正确解释，“两者之间留有间隙”是指内管和延伸管之间留有一定的间隙，这与说明书中公开的内容相一致。因此，本专利权利要求1所要求保护的技术方案能从说明书公开的内容中得出，得到了说明书的支持，符合专利法第二十六条第四款规定，洪亮关于“两者之间”的撰写属于明显错误以及权利要求1能得到说明书支持的申请再审理由，本院予以支持。

综上，原一、二审判决脱离了本领域技术人员的认知水平，对本专利权利要求记载的技术特征机械地从文字表述上进行理解，没有结合本专利的具体情况，将理解技术方案的主体与本领域技术人员的知识水平割裂开来，错误地认定本专利权利要求1记载的两者之间留有间隙是指外套管与延伸管之间留有间隙，以致得出权利要求记载的内容与说明书记载的不一致，没有得到说明书的支持的结论，从而维持了专利复审委员会第13091号无效决定，适用法律有误，应予纠正。依照《中华人民共和国行政诉讼法》第五十四条第（二）项第2目、《最高人民法院关于执行〈中华人民共和国行政诉讼法〉若干问题的解释》第七十六条第一款、第七十八条的规定，判决如下：

一、撤销北京市高级人民法院（2010）高行终字第500号行政判决和北京市第一中级人民法院（2009）一中行初字第1356号行政判决；

二、撤销国家知识产权局专利复审委员会第13091号无效宣告请求审查决定。

原一审案件受理费100元，原二审案件受理费100元，共计200元，由国家知识产权局专利复审委员会负担。

本判决为终审判决。

审　判　长　金克胜
代理审判员　罗　霞
代理审判员　杜微科
二〇一二年五月十一日
书　记　员　张　博

105. 解释权利要求时应使权利要求的保护范围与说明书公开的范围相适应

——再审申请人东莞佳畅玩具有限公司、许楚华与被申请人新利达电池实业（德庆）有限公司、肇庆新利达电池实业有限公司及一审被告、二审上诉人国家知识产权局专利复审委员会和一审第三人、二审上诉人四会永利五金电池有限公司等实用新型专利权无效行政纠纷案

【裁判要旨】

利用说明书和附图解释权利要求时，应当以说明书为依据，使其保护范围与说明书公开的范围相适应。

【关键词】

权利要求解释　保护范围　说明书公开范围

【案号】

最高人民法院（2012）行提字第29号

【基本案情】

新利达电池实业（德庆）有限公司（以下简称新利达德庆公司）和肇庆新利达电池实业有限公司（以下简称肇庆新利达公司）是名称为“无水银碱性钮形电池”、授权公告日为2002年10月2日的01234722.1号实用新型专利（即本案

专利）的专利权人。本案专利权利要求1记载：“一种无水银碱性钮形电池，包括正极片、负极盖、负极锌膏、密封胶圈、正极外壳和隔膜，其特征在于，在电池负极片上电镀上一层铟或锡原料，并在锌膏中加入金属铟以代替水银。”专利说明书记载如下内容：“目前一般电芯电池，因内藏‘锌’这种原料，必须加入水银，防止‘锌’与其他原料或金属接触时，产生气体而膨胀……在负极片上进行了镀金，镀银、铜、锡、铟等试验，最后发现在负极片上镀铟或锡成功地控制了电池负极锌膏与负极片接触时产生的气体……本实用新型是在电池的负极片上镀上一层稀有金属铟或锡，镀上铟或锡后的负极片，可以防止‘锌’因与负极片接触时所产生的气体膨胀。……按照常规的生产工艺，将金属片制成负极片，电镀镍或铜，然后电镀上一层金属铟或锡。电镀方法是（1）可将金属片（铁片或不锈钢片）制成负极片，经电镀镍或铜后，再用滚镀的方法镀上一层金属铟或锡。(2）也可将金属片以卷状先镀上镍或铜等，再镀上一层铟或锡，铟或锡可镀在金属片两面之中的一面，然后再制成负极片……”针对本案专利，东莞佳畅玩具有限公司（以下简称东莞佳畅公司）等先后向国家知识产权局专利复审委员会（以下简称专利复审委员会）提出无效宣告请求。专利复审委员会于2008年6月19日作出第13560号无效宣告请求审查决定（以下简称第13560号决定），宣告本案专利全部无效。第13560号决定认为，本案专利权利要求1中的“电池负极片”是指“已电镀镍或铜的金属片”，而对比文件中对应公开的负极集电体（或负极外壳）的铜层与不锈钢层之间是层压结构。本案专利实际解决的技术问题是，避免了层压结构在冲压过程中发生错位，保证了良好的镀铟效果，从而防止漏液。在钮扣电池制造领域经常采用电镀工艺，且在电镀时，要在钢铁上镀铟或锡，最好预镀铜或镍。当面临层压结构容易发生错位这个技术问题时，本领域技术人员有动机改进该最接近的现有技术，利用钮扣电池制造领域常用的“电镀”方式，采用在不锈钢片上电镀镍层或铜层替代现有技术的层压结构，从而获得本案专利保护的技术方案，故权利要求1的技术方案是显而易见的。新利达德庆公司和肇庆新利达公司不服，提起行政诉讼。北京市第一中级人民法院一审认为，依据现有证据可以认定层压结构相对于电镀方式而言并不更容易导致漏液情况的产生，反而是电镀方式相比层压方式更容易产生漏液情况，专利复审委员会在第13560号决定中认定本案专利权利要求1不具有创造性所依据的前提条件不存在。据此判决撤销第13560号决定。专利复审委员会、东莞佳畅公司等不服一审判决，提起上诉。北京市高级人民法院二审判决驳回上诉，维持原判。东莞佳畅公司和许楚华向最高人民法院申请再审。最高人民法院裁定提审本案，并于2012年12月20日判决撤销原审判决，维持第13560号决定。

【裁判意见】

最高人民法院提审认为：本案专利权利要求1未对电池负极片的结构及成型方法进行具体的限定。根据通常的理解，电池负极片是指用作电池负极的片状物，其不仅覆盖了单层的片状物，也覆盖了多层的片状物；不仅覆盖通过电镀方式形成的多层片状物，也覆盖了通过诸如层压的其他方式形成的多层片状物。利用说明书和附图解释权利要求时，应当以说明书为依据，使其保护范围与说明书公开的范围相适应。首先，本案专利说明书背景技术部分记载："必须加入水银，防止'锌'与其他原料或金属接触时，产生气体而膨胀。"由此可见，本案专利的申请人从产生发明动机开始直到申请专利之时并未认识到层压结构的电池负极片与电镀结构的电池负极片孰优孰劣，而是认识到水银之所以能够防止漏液，是因为其能够在锌与其他原料或金属之间形成隔离，防止它们之间的接触。故其认为解决钮形电池无汞化问题旨在找到一种能够代替汞的材料，使其亦能够在锌与其他原料或金属之间形成隔离，而未认识到要对电池负极片本身的结构作出专门的改进。其次，本案专利说明书发明内容部分记载："在负极片上进行镀金，镀银、铜、锡、铟等实验，最后发现在负极片上镀铟或锡成功地控制了电池负极锌膏与负极片接触时产生的气体……"由此可见，本案专利的申请人在探索本案专利的过程中，所做的工作主要是探索在负极片上电镀哪种金属能够成功地控制电池负极锌膏和负极片的接触，而并未针对电池负极片本身的结构变化进行任何尝试性的探索。再次，本案专利说明书发明内容部分还记载："本实用新型是在电池的负极片上镀上一层稀有金属铟或锡，镀上铟或锡后的负极片，可以防止'锌'因与负极片接触时所产生的气体膨胀。"由此可见，本案专利的申请人认为在电池的负极片上镀上铟或锡，就可以防止锌与负极片接触而产生气体膨胀，就已经完成了其发明的任务，而没有认识到其已经完成的该项发明是否还有待进一步的改进，诸如要对电池负极片本身的结构作进一步的改进并为此付出创造性的劳动。最后，本案专利说明书发明内容部分还记载："电镀方法是（1）可将金属片（铁片或不锈钢片）制成负极片……（2）再镀上一层铟或锡……然后制成负极片。"由此可见，这里制成的负极片既可以是未镀镍或铜之前的金属裸片也可以是镀完铟或锡的最终产物。故本案专利的申请人即使在申请专利之时亦未想到要对负极片的概念加以区分以体现其针对电池负极片的结构作出过改进。本案专利并非是针对电池负极片的结构作出的改进，新利达德庆公司和肇庆新利达公司认为本案专利权利要求1的电池负极片特指是电镀结构的主张均没有事实和法律依据。

中华人民共和国最高人民法院行政判决书
（2012）行提字第29号

申请再审人（一审第三人、二审上诉人）：东莞佳畅玩具有限公司。住所地：广东省东莞市塘厦镇桥陇村。

法定代表人：胡斯诺，该公司总经理。

委托代理人：吴小灿，男，汉族，1962年1月14日出生，北京海虹嘉诚知识产权代理有限公司专利代理人，住湖南省长沙市天心区书院路书苑花园1栋305房。

申请再审人（一审第三人、二审上诉人）：许楚华，女，汉族，1964年7月6日出生，住广东省深圳市宝安区八区新安湖花园×栋×单元×。

委托代理人：吴小灿，男，汉族，1962年1月14日出生，北京海虹嘉诚知识产权代理有限公司专利代理人，住湖南省长沙市天心区书院路书苑花园1栋305房。

被申请人（一审原告、二审被上诉人）：新利达电池实业（德庆）有限公司。住所地：广东省肇庆市德庆县城朝阳西路108号。

法定代表人：何永基，该公司总经理。

委托代理人：蒋洪义，北京市联德律师事务所律师。

委托代理人：徐满霞，北京市联德律师事务所律师。

被申请人（一审原告、二审被上诉人）：肇庆新利达电池实业有限公司。住所地：广东省肇庆市鼎湖新城第十区创业路。

法定代表人：何永基，该公司总经理。

委托代理人：蒋洪义，北京市联德律师事务所律师。

委托代理人：徐满霞，北京市联德律师事务所律师。

一审被告、二审上诉人：国家知识产权局专利复审委员会。住所地：北京市海淀区北四环西路9号银谷大厦10－12层。

法定代表人：张茂于，该委员会副主任。

委托代理人：李熙，该委员会审查员。

委托代理人：张华，该委员会审查员。

一审第三人、二审上诉人：四会永利五金电池有限公司。住所地：广东省四会市新风路四巷17号。

法定代表人：许奕坛，该公司总经理。

委托代理人：江裕强，男，汉族，1983年1月27日出生，广州粤高专利商标代理有限公司职员，住广东省广州市越秀区越华路116号。

一审第三人、二审上诉人：简凤萍，女，汉族，1972年6月6日出生，住广东省四会市城中区城东居委会茶山×巷×号×。

委托代理人：江裕强，男，汉族，1983年1月27日出生，广州粤高专利商标代理有限公司职员，住广东省广州市越秀区越华路116号。

一审第三人、二审上诉人：松柏（广东）电池工业有限公司。住所地：广东省佛山市顺德区陈村镇佛陈公路绀村路段。

法定代表人：叶锦培，该公司董事长。

委托代理人：阎斌斌，女，汉族，1975年2月1日出生，张淑姬知识产权代理（北京）有限公司职员，住北京市海淀区志新北里16号院6楼3门403号。

委托代理人：刘孟斌，广东三环汇华律师事务所律师。

一审第三人、二审上诉人：符琼，女，汉族，1978年8月18日出生，住江西省抚州市广昌县盱江镇横塘塍×号×户。

委托代理人：阎斌斌，女，汉族，1975年2月1日出生，张淑姬知识产权代理（北京）有限公司职员，住北京市海淀区志新北里16号院6楼3门403号。

委托代理人：陈建芳，男，汉族，1980年11月8日出生，张淑姬知识产权代理（北京）有限公司职员，住北京市海淀区清华园1号生物科学与技术系。

申请再审人东莞佳畅玩具有限公司（以下简称东莞佳畅公司）、许楚华因与被申请人新利达电池实业（德庆）有限公司（以下简称新利达德庆公司）、肇庆新利达电池实业有限公司（以下简称肇庆新利达公司），一审被告、二审上诉人国家知识产权局专利复审委员会（以下简称专利复审委员会），一审第三人、二审上诉人四会永利五金电池有限公司（以下简称四会永利公司）、简凤萍、松柏（广东）电池工业有限公司（以下简称松柏广东公司）和符琼实用新型专利权无效行政纠纷一案，不服北京市高级人民法院（2011）高行终字第676号行政判决，向本院申请再审。本院于2012年10月26日作出（2012）知行字第42号行政裁定，提审本案。本院依法组成合议庭，于2012年12月5日公开开庭审理了本案，东莞佳畅公司、许楚华的委托代理人吴小灿，新利达德庆公司、肇庆新利达公司的委托代理人蒋洪义、徐满霞，专利复审委员会的委托代理人李熙、张华，四会永利公司、简凤萍的委托代理人江裕强，松柏广东公司的委托代理人阎斌斌、刘孟斌，符琼的委托代理人阎斌斌、陈建芳到庭参加诉讼。本案现已审理终结。

一、二审法院审理查明，涉案专利为 2002 年 10 月 2 日授权公告的 01234722.1 号实用新型专利，其名称为“无水银碱性钮形电池”，申请日为 2001 年 10 月 19 日，专利权人是何永基，2002 年 9 月 24 日变更为新利达电池实业有限公司，2006 年 4 月 7 日再次变更为新利达德庆公司、肇庆新利达公司。

涉案专利授权公告的权利要求书如下：

“1. 一种无水银碱性钮形电池，包括正极片、负极盖、负极锌膏、密封胶圈、正极外壳和隔膜，其特征在于，在电池负极片上电镀上一层铟或锡原料，并在锌膏中加入金属铟以代替水银。

2. 权利要求 1 所述的钮形电池，其特征在于所述负极盖由铁片或不锈钢片制成。

3. 权利要求 1 或 2 所述的钮形电池，其特征在于所述正极片为锰片。

4. 权利要求 1 或 2 所述的钮形电池，其特征在于所述正极片为氧化银片或氧化银锰混合片。”

针对涉案专利，松柏（顺德）电池工业有限公司（2003 年 6 月 4 日变更为松柏广东公司）和深圳市龙岗区横岗松柏企业一厂（已于 2008 年 12 月 15 日注销）于 2002 年 12 月 18 日、刘金洪于 2003 年 10 月 31 日、四会永利公司于 2003 年 12 月 31 日分别向专利复审委员会提出无效宣告请求。专利复审委员会对上述三个无效宣告请求进行合并审理，并于 2004 年 5 月 31 日作出第 6121 号无效宣告请求审查决定（以下简称第 6121 号决定），认定涉案专利权利要求 1 ~ 4 相对于证据 *HANDBOOK OF BATTERIES* 和公知常识的结合不具有创造性，进而宣告涉案专利权利要求 1 ~ 4 全部无效。

专利权人对第 6121 号决定不服，向北京市第一中级人民法院提起行政诉讼。北京市第一中级人民法院作出（2004）一中行初字第 794 号行政判决，判决维持第 6121 号决定。专利权人不服，向北京市高级人民法院提出上诉。北京市高级人民法院作出（2005）高行终字第 120 号行政判决，认为涉案专利中基片与镀层之间形成了一种特定的附着关系，这种结构关系不同于证据 *HANDBOOK OF BATTERIES* 中因压制而形成的两个压制层之间的特定接触关系，据此判决撤销一审判决和第 6121 号决定。

针对涉案专利，符琼于2004年4月5日向专利复审委员会提出无效宣告请求，其主要理由是涉案专利权利要求1-4相对于证据B1（JP特开平6-338327）、B2（EP0789407）、B3（JP特开平5-299093）、B4（JP特开平9-283150）中任意一篇不具有新颖性、创造性。

针对涉案专利，四会永利公司于2005年11月5日向专利复审委员会提出无效宣告请求，其主要理由是涉案专利权利要求1相对于证据C1（JP特开平10-50318）不具有新颖性，权利要求1-4相对于证据C1、C2（JP特开平8-203480）、C3（美国专利文件US5279905）、C4（CNl118610A）不具有创造性。

针对涉案专利，简凤萍于2006年3月10日向专利复审委员会提出无效宣告请求，其主要理由是涉案专利权利要求1相对于证据D1（JP特开平10-50318）不具有新颖性，权利要求1-4相对于证据D1、D2（JP特开平8-203480）、D3（美国专利文件US5279905）、D4（CNl118610A）不具有创造性。

针对涉案专利，许楚华于2006年8月17日向专利复审委员会提出无效宣告请求，其主要理由是涉案专利权利要求1相对于证据E1（JP特开平10-50318）不具有新颖性，权利要求1-4相对于证据E1、E2（JP特开平8-203480）、E3（美国专利文件US5279905）、E4（CNl118610A）不具有创造性。

针对涉案专利，松柏广东公司于2006年12月11日向专利复审委员会提出无效宣告请求，其主要理由是涉案专利权利要求1-4相对于证据F1（JP特开平6-338327）、F2（EP0789407）、F3（JP特开平5-299093）、F4（JP特开平9-283150）中任意一篇不具有新颖性、创造性。

专利复审委员会于2007年4月3日作出第9684号无效宣告请求审查决定（以下简称第9684号决定），认定涉案专利权利要求1中的负极片应当被理解为由金属片制成并且未电镀镍或铜的单层结构。在此基础上，第9684号决定认定涉案专利权利要求1-4相对于证据C2和证据C1的结合不具有创造性。

专利权人对第9684号决定不服，向北京市第一中级人民法院提起行政诉讼。北京市第一中级人民法院作出（2007）一中行初字第925号行政判决，判决维持第9684号决定。专利权人不服，向北京市高级人民法院提出上诉。北京市高级人民法院作出（2008）高行终字第78号行政判决，认为涉案专利权利要求1中的"电池负极片"是指"已电镀镍或铜的金属片"，据此判决撤销一审判决和第9684号决定。

针对涉案专利，东莞佳畅公司于2007年4月12日向专利复审委员会提出无效宣告请求，其主要理由是涉案专利权利要求 1～4 相对于证据 G1（JP 特开平 10－50318）不具有新颖性和创造性，权利要求 1～4 相对于 G1 和 G2（《微型电池》）的结合不具有创造性。

在二审法院将涉案专利权利要求 1 中的电池负极片解释为已电镀镍或铜的金属片的基础上，专利复审委员会于 2008 年 6 月 19 日作出第 13560 号无效宣告请求审查决定（以下简称第 13560 号决定）。

针对证据 B1（与 F1 是同一篇对比文件，即 JP 特开平 6－338327）、B2（与 F2 是同一篇对比文件，即 EP0789407）、B4（与 F4 是同一篇对比文件，即 JP 特开平 9－283150），第 13560 号决定主要认为，证据 B1 中披露了如下技术特征：该扣式碱性电池包括，正极合剂 6、负极集电体 1、凝胶状锌负极 2、密封圈 5、正极箱 7 和隔膜 3。另外，对于证据 B1 中负极集电体，实施例 1 中公开了在镍钢—不锈钢—铜 3 层材的铜面上被覆了铟。在证据 B1 中还公开了“将含有铝、铟、铋的锌合金粉……混合调制成凝胶状锌负极 2”。证据 B2、B4 披露的技术特征与证据 B1 基本相同，只是部件的术语有所不同。涉案专利权利要求 1 的技术方案与这些对比文件公开的内容相比，区别仅在于：涉案专利权利要求 1 中的“电池负极片”是指“已电镀镍或铜的金属片”，而这些对比文件中对应公开的负极集电体（或负极外壳）的铜层与不锈钢层之间是层压结构。对于权利要求 1 与这些对比文件的以上区别，双方当事人均予认可。基于上述区别技术特征，涉案专利实际解决的技术问题是：避免了层压结构在冲压过程中发生错位，保证了良好的镀铟效果，从而防止漏液。对于上述区别技术特征，首先，在钮扣电池制造领域经常采用电镀工艺；其次，在电镀时，要在钢铁上镀铟或锡，最好预镀铜或镍，例如，在符琼提交的补充证据 7～9 中就公开了上述公知常识，而且专利权人在 2007 年 3 月 16 日口头审理过程中也陈述过，本领域技术人员通常选择先预镀上铜再镀铟，这样效果更好。综合上述两点，在钮扣电池制造领域，当需要在负极集电体上电镀铟从而抑制氢气产生时，本领域的技术人员在面对层压结构的负极集电体容易错位从而导致漏液的技术问题，同时现有技术给出了“在镀铟之前，最好在钢铁上镀铜”的明确启示的情况下，很容易想到避开压制的方式而采用电镀的方式在不锈钢层上获得更平滑的铜表面，以防止漏液发生。也就是说，当面临层压结构容易发生错位这个技术问题时，本领域技术人员有动机改进该最接近的现有技术，利用钮扣电池制造领域常用的“电镀”方式，采用在不锈钢片上电镀镍层或铜层替代现有技术的层压结构，从而获得涉案专利保护的技术方案，权利要求1的技术方案是显而易见的。而且，涉案专利说明书中并未对电镀的具体方式和手段进行限定，也未在说明书中强调过涉案专利就是针对传统钮扣电池负极片层压结构造成的错位采取的改进措施；相反，在涉案专利说明书“实施方式1”中还提到：“按照常规的工艺，将金属片制成负极片，电镀镍或铜……”可见，涉案专利中在金属片上电镀镍或铜就是采用的本领域中常用的电镀工艺。因此，本领域技术人员在现有技术已经披露了“镍钢–不锈钢–铜3层材”的基础上，简单将镍或铜层由层压的方式改为电镀的方式，电镀在不锈钢片上无需付出创造性的劳动，而且权利要求1也没有产生预料不到的技术效果，因此权利要求1相对于这些对比文件不具有实质性特点和进步，不具有创造性。涉案专利权利要求2~4的附加技术特征要么被这些证据公开，要么属于本领域常用技术手段，故在权利要求1不具有创造性的情况下，权利要求2~4也不具有创造性。

针对证据C1（与D1、E1和G1是同一篇对比文件，即JP特开平10–50318），第13560号决定认为，证据C1披露了如下技术特征：该钮扣式碱性电池包括，正极合剂5、负极集电体1、凝胶状锌负极2、负极集电体和合成树脂填料之间的密封剂、正极外壳6和分离器3。另外，对于证据C1中负极集电体，在实施例1中公开了负极集电体成形镍—不锈钢—铜3层复合材，在权利要求1中公开了由镍—不锈钢—铜或镍—铁—铜3层结构构成的负极集电体的铜面电镀铟、锡等。在证据C1中还公开了在凝胶状锌负极中添加铟化合物、铋化合物等。涉案专利权利要求1的技术方案与证据C1公开的内容相比，区别仅在于：权利要求1中的“电池负极片”是指“已电镀镍或铜的金属片”，而证据C1对应公开的是“3层复合材”中的不锈钢层（或铁层）和铜层，在证据C1中并未具体写明不锈钢层（或铁层）与铜层之间是否采用电镀的方式制成。针对上述区别技术特征，合议组认为相对于该最接近的现有技术，涉案专利实际解决的技术问题是：采用在金属片上镀镍或铜的方式能保证后续良好的镀铟效果，从而防止漏液。对于上述区别技术特征，首先，在钮扣电池制造领域经常采用电镀工艺。其次，在电镀时，要在钢铁上镀铟或锡，最好预镀铜或镍。专利权人在2007年3月16日口头审理过程中也陈述过，本领域技术人员通常选择先预镀上铜再镀铟，这样效果更好。综合上述两点，在钮扣电池制造领域，当需要在负极集电体上电镀铟从而抑制氢气产生时，本领域的技术人员在面对传统的负极集电体容易导致漏液的技术问题，同时现有技术给出了“在镀铟之前，最好在钢铁上镀铜”的明确启示的情况下，很容易想到采用电镀的方式将铜层电镀到不锈钢层（或铁层）

上，从而获得更平滑的铜表面，以防止漏液发生。也就是说，当面临需要保证在铜层上良好的镀铟效果这个技术问题时，本领域技术人员有动机改进该最接近的现有技术，利用钮扣电池制造领域常用的“电镀”方式，采用在不锈钢片或铁片上电镀镍层或铜层的方式，获得涉案专利保护的技术方案，权利要求 1 的技术方案是显而易见的。而且，涉案专利说明书中并未对电镀的具体方式和手段进行限定，也未在说明书中强调过涉案专利就是针对传统钮扣电池负极片层压结构造成的错位采取的改进措施；相反，在涉案专利说明书“实施方式 1”中还提到：“按照常规的工艺，将金属片制成负极片，电镀镍或铜……”可见，涉案专利中在金属片上电镀镍或铜就是采用的本领域中常用的电镀工艺。因此，本领域技术人员在现有技术已经披露了“镍—不锈钢—铜 3 层复合材”的基础上，简单将镍或铜层电镀在不锈钢或铁片上无需付出创造性的劳动，而且权利要求 1 也没有产生预料不到的技术效果，因此权利要求 1 相对于证据 C1 不具有实质性特点和进步，不具有创造性。涉案专利权利要求 2 ~ 4 的附加技术特征要么被证据 C1 公开，要么属于本领域常用技术手段，故在权利要求 1 不具有创造性的情况下，权利要求 2 ~ 4 也不具有创造性。另外，第 13560 号决定还认定，涉案专利权利要求 1 ~ 4 相对于证据 C1 和 C2 的结合、C1 和 C3 的结合也都不具有创造性。

新利达德庆公司和肇庆新利达公司对第 13560 号决定不服，向北京市第一中级人民法院提起行政诉讼。

北京市第一中级人民法院在审理过程中委托工业和信息化部软件与集成电路促进中心知识产权司法鉴定所进行了鉴定，其鉴定事项为：1. 早期含汞电池所使用的“用薄钢板冲制而成，然后镀镍或镀金”的电池盖（电池负极部件），是否是引起电池漏液的因素之一；2. 使用由镍、不锈钢、铜复合轧制而成（即具有层压结构）的复合金属带制造的电池盖取代“用薄钢板冲制而成，然后镀镍或镀金”电池盖，是否是含汞电池克服漏液问题的一项有效手段。

针对这一鉴定事项，北京市第一中级人民法院向鉴定机构提供了如下三份鉴定材料：鉴定材料 1 为《微型电池》节选复印件，含封面、书名页、版权页、目录页、正文（P19 ~ P22，P37 ~ P42）；鉴定材料 2 为 *HANDBOOK OF BATTERIES*（《电池手册》）节选复印件，含封面、版权页、第二版说明页、正文、附件 1（部分译文）；鉴定材料 3 为《化学电源——电池原理及制造技术》节选复印件，含封面、正文。上述鉴定材料均为当事人在无效程序中提交的证据。

在上述鉴定材料所披露的信息的基础上，鉴定组得出如下鉴定结论：1. 早期含汞电池所使用的“用薄钢板冲制而成，然后镀镍或镀金”电池盖（电池负极部件），是引起电池泄漏的因素之一。2. 使用由镍、不锈钢、铜复合轧制而成（即具有层压结构）的复合金属带制造的电池盖取代“用薄钢板冲制而成，然后镀镍或镀金”电池盖，是含汞电池克服漏液问题的一项有效手段。

北京市第一中级人民法院于2010年12月21日作出（2009）一中知行初字第2300号行政判决，即本案的一审判决。该一审判决认为：判断专利复审委员会就涉案专利创造性的评述是否正确，其关键在于判断层压结构相对于电镀方式而言是否确实更容易导致漏液情况的产生。鉴于鉴定机构依据在先的三份公开出版物已认定，“1. 早期含汞电池所使用的‘用薄钢板冲制而成，然后镀镍或镀金’电池盖（电池负极部件），是引起电池泄漏的因素之一。2. 使用由镍、不锈钢、铜复合轧制而成（即具有层压结构）的复合金属带制造的电池盖取代‘用薄钢板冲制而成，然后镀镍或镀金’电池盖，是含汞电池克服漏液问题的一项有效手段”，因此，在无其他证据足以推翻这一结论的情况下，依据现有证据可以认定层压结构相对于电镀方式而言并不更容易导致漏液情况的产生，反而是电镀方式相比层压方式更容易产生漏液情况。由此可知，专利复审委员会在第13560号决定中认定涉案专利权利要求1不具有创造性所依据的前提条件不存在。据此判决撤销第13560号决定。

专利复审委员会、东莞佳畅公司、许楚华、简凤萍、四会永利公司、符琼、松柏广东公司不服一审判决，向北京市高级人民法院提出上诉。

北京市高级人民法院于2011年10月31日作出（2011）高行终字第676号行政判决，即本案的二审判决。该二审判决认为：本案中，专利复审委员会采用了多组对比文件评价涉案专利的创造性，涉及的判断思路基本相同。以证据B1为例，专利复审委员会认为涉案专利权利要求1的技术方案与证据B1所披露的内容相比，区别仅在于：权利要求1中的“电池负极片”是指“已电镀镍或铜的金属片”，而证据B1中对应公开的负极集电体的铜层与不锈钢层之间是层压结构。基于上述区别技术特征，涉案专利实际解决的技术问题是：避免了层压结构在冲压过程中发生错位，保证了良好的镀铟效果，从而防止漏液。鉴定机构依据在先的三份公开出版物出具的鉴定结论认定：1. 早期含汞电池所使用的“用薄钢板冲制而成，然后镀镍或镀金”电池盖（电池负极部件），是引起电池泄漏的因素之一。2. 使用由镍、不锈钢、铜复合轧制而成（即具有层压结构）的复合金属带制造的电池盖取代“用薄钢板冲制而成，然后镀镍或镀金”电池盖，是含汞电池克服漏液问题的一项有效手段。尽管上述内容涉及含汞电池所使用的技术，但是，无论是有汞电池还是无汞电池，现有技术中电池盖均可采用电镀及层压结构，因此，电池盖的结构并不因有汞还是无汞而有不同。故上述结论可以用于无汞电池技术领域之中。专利复审委员会及其他六个无效宣告请求人关于有汞电池的鉴定结论不能用于无汞电池创造性判断的上诉主张不能成立，本院不予支持。鉴于现有技术已经披露，针对解决漏液问题而言，使用层压结构的复合金属带制造的电池盖比镀镍或镀金的电池盖效果更好，而专利复审委员会在以证据 B1 作为最接近的对比文件与涉案专利权利要求 1 相比确定的区别技术特征所解决的技术问题是，避免了层压结构在冲压过程中发生错位，保证了良好的镀铟效果，从而防止漏液。专利复审委员会的上述认定与现有技术所披露的技术内容相矛盾。因此，上述区别技术特征所解决的技术效果并非避免了层压结构在冲压过程中发生错位，保证了良好的镀铟效果，从而防止漏液。专利复审委员会应当根据该区别技术特征，在充分考虑现有技术及涉案专利的发明目的的基础上，重新确定该区别技术特征所解决的技术问题。鉴于专利复审委员会对区别技术特征所解决的技术问题认定有误，直接影响到对涉案专利创造性的评述，一审判决撤销第 13560 号决定并无不妥。鉴于其他多组对比文件均与上述情形相同，基于同样的理由，对其他多组对比文件不再重复评述。据此判决驳回上诉，维持原判。

东莞佳畅公司和许楚华不服该二审判决，向本院申请再审称：1. 二审法院对涉案专利权利要求中电池负极片的解释错误。电池负极片是一个上位概念，泛指实现电池负极功能的片状物，不应将其解释为已镀镍或铜的金属片。即使按照二审法院的解释，涉案专利也不具有创造性，应当被宣告无效。2. 司法鉴定意见书与本案无关，不能作为裁判依据。3. 二审判决未对全部的无效理由进行审理，存在漏审。

新利达德庆公司和肇庆新利达公司答辩称：1. 针对含汞电池所作的鉴定结论完全可以用于本案。2. 涉案专利中的电池负极片特指是电镀结构，并且对方当事人对二审法院的解释是承认的。3. 现有技术中的电池负极片都是层压结构，涉案专利使用电镀结构来解决漏液问题是不容易想到的。4. 二审判决未针对相同情形作出重复评述不表明二审判决存在漏审。

专利复审委员会答辩称：1. 二审法院对涉案专利权利要求中电池负极片作出了错误的解释，专利复审委员会只能执行。但即使按照这种解释，涉案专利权利要求也不具有创造性，应当被宣告无效。2. 被诉无效决定基于多种理由均宣告涉案专利全部无效，二审判决仅凭其中一个理由错误就撤销被诉无效决定属于漏审，也有违程序公正。3. 针对有汞电池作出的鉴定结论不适用于本案的无汞电池。

四会永利公司和简凤萍答辩称：1. 二审判决错误地对涉案专利权利要求 1 进行了特别的解释，涉案专利不具有新颖性和创造性，应当被宣告无效。2. 本案也存在漏审问题。

松柏广东公司和符琼答辩称：1. 镀铜或镍是本领域公知常识。2. 司法鉴定的提出时间超出了举证期限，鉴定结论也与本案没有关联性。3. 涉案专利不具有创造性，应当被宣告无效。

本院审理查明，一、二审法院查明的事实基本属实。

本院另查明，涉案专利说明书记载如下内容："目前一般电芯电池，因内藏'锌'这种原料，必须加入水银，防止'锌'与其他原料或金属接触时，产生气体而膨胀……在负极片上进行了镀金，镀银、铜、锡、铟等试验，最后发现在负极片上镀铟或锡成功地控制了电池负极锌膏与负极片接触时产生的气体……本实用新型是在电池的负极片上镀上一层稀有金属铟或锡，镀上铟或锡后的负极片，可以防止'锌'因与负极片接触时所产生的气体膨胀。……按照常规的生产工艺，将金属片制成负极片，电镀镍或铜，然后电镀上一层金属铟或锡。电镀方法是（1）可将金属片（铁片或不锈钢片）制成负极片，经电镀镍或铜后，再用滚镀的方法镀上一层金属铟或锡。（2）也可将金属片以卷状先镀上镍或铜等，再镀上一层铟或锡，铟或锡可镀在金属片两面之中的一面，然后再制成负极片……"

本院庭审过程中，新利达德庆公司和肇庆新利达公司的专家证人王金良、曹国庆出庭作证，对电池领域的技术发展情况进行了说明，称含汞扣式电池的负极盖经历了从不锈钢电镀镍或金的镀层结构发展到镍—不锈钢—铜三层层压复合结构的变化，在解决无汞问题上，本领域技术人员很难想到弃用层压结构而恢复曾被淘汰的镀层结构，除了涉案专利外，其他扣式电池无汞化技术方案均未取得商品化。

本院认为，本案争议的焦点在于：1. 如何解释涉案专利权利要求 1 中"电池负极片"的含义；2. 涉案专利权利要求 1～4 是否具有创造性；3. 鉴定结论是否应当采信；4. 二审判决是否存在漏审。

（一）关于涉案专利权利要求 1 中"电池负极片"的含义

《中华人民共和国专利法》第五十六条第一款规定，发明或者实用新型专利权的保护范围以其权利要求的内容为准，说明书及附图可以用于解释权利要求。

本院认为，**涉案专利权利要求 1 未对电池负极片的结构及成型方法进行具体的限定。根据通常的理解，电池负极片是指用作电池负极的片状物，其不仅覆盖**

了单层的片状物，也覆盖了多层的片状物；不仅覆盖通过电镀方式形成的多层片状物，也覆盖了通过诸如层压的其他方式形成的多层片状物。利用说明书和附图解释权利要求时，应当以说明书为依据，使其保护范围与说明书公开的范围相适应。首先，涉案专利说明书背景技术部分记载："……必须加入水银，防止'锌'与其他原料或金属接触时，产生气体而膨胀。"由此可以看出，涉案专利的申请人从产生发明动机开始直到申请专利之时也未认识到层压结构的电池负极片与电镀结构的电池负极片孰优孰劣，而是认识到水银之所以能够防止漏液，是因为其能够在锌与其他原料或金属之间形成隔离，防止它们之间的接触。故其认为解决钮形电池无汞化问题旨在找到一种能够代替汞的材料，使其亦能够在锌与其他原料或金属之间形成隔离，而未认识到要对电池负极片本身的结构作出专门的改进。其次，涉案专利说明书发明内容部分记载："……在负极片上进行镀金，镀银、铜、锡、铟等实验，最后发现在负极片上镀铟或锡成功地控制了电池负极锌膏与负极片接触时产生的气体……"由此可见，涉案专利的申请人在探索涉案专利的过程中，所做的工作主要是探索在负极片上电镀哪种金属能够成功地控制电池负极锌膏和负极片的接触，而并未针对电池负极片本身的结构变化进行任何尝试性的探索。再次，涉案专利说明书发明内容部分还记载："本实用新型是在电池的负极片上镀上一层稀有金属铟或锡，镀上铟或锡后的负极片，可以防止'锌'因与负极片接触时所产生的气体膨胀。"由此可见，涉案专利的申请人认为在电池的负极片上镀上铟或锡，就可以防止锌与负极片接触而产生气体膨胀，就已经完成了其发明的任务，而没有认识到其已经完成的该项发明是否还有待进一步的改进，诸如要对电池负极片本身的结构作进一步的改进并为此付出创造性的劳动。最后，涉案专利说明书发明内容部分还记载："电镀方法是（1）可将金属片（铁片或不锈钢片）制成负极片……（2）……再镀上一层铟或锡……然后制成负极片。"由此可见，这里制成的负极片既可以是未镀镍或铜之前的金属裸片也可以是镀完铟或锡的最终产物。故涉案专利的申请人即使在申请专利之时亦未想到要对负极片的概念加以区分以体现其针对电池负极片的结构作出过改进。综上，涉案专利并非是针对电池负极片的结构作出的改进，新利达德庆公司和肇庆新利达公司认为涉案专利权利要求 1 的电池负极片特指是电镀结构的主张均没有事实和法律依据，一、二审判决及第 13560 号决定将涉案专利权利要求 1 中的电池负极片解释为特指已镀镍或铜的金属片不当，应当予以纠正。东莞佳畅公司、许楚华等主张的该项理由成立，本院予以支持。

（二）关于涉案专利权利要求1～4是否具有创造性

涉案专利权利要求1请求保护一种无水银碱性钮形电池。对比文件证据B1亦公开了一种不添加汞能抑制氢气发生的扣式碱性电池，该扣式碱性电池包括，正极合剂6、负极集电体1、凝胶状锌负极2、密封圈5、正极箱7和隔膜3。另外，证据B1中还公开在镍钢—不锈钢—铜3层材的铜面上电镀铟形成负极箱的负极集电体1，将含有铝、铟、铋的锌合金粉和其他材料调制成凝胶状锌负极2。由此可见，证据B1公开了涉案专利权利要求1的所有技术特征，涉案专利权利要求1相对于证据B1不仅不具有创造性，而且不具有新颖性。在涉案专利权利要求1不具有新颖性的情况下，权利要求2～4的附加技术特征要么被证据B1公开，要么属于本领域的常用技术手段，故亦不具有新颖性或创造性。此外，对比文件证据B2、B4和C1也公开了涉案专利权利要求1的所有技术特征，涉案专利权利要求1相对于这些证据也不具有新颖性。权利要求2～4的附加技术特征要么被这些证据公开，要么属于本领域的常用技术手段，故亦不具有新颖性或创造性。故涉案专利权利要求1～4应当被宣告无效，第13560号决定的结果正确，应当予以维持。由于涉案专利权利要求1覆盖了包括层压结构在内的电池负极片的现有技术，新利达德庆公司和肇庆新利达公司认为涉案专利采用电镀结构是不容易想到的主张不能成立，本院不予支持。东莞佳畅公司、许楚华等主张涉案专利应当被宣告无效的理由成立，本院予以支持。

（三）关于鉴定结论是否应当采信

鉴于涉案专利权利要求覆盖了包括层压结构在内的电池负极片的现有技术，确定层压结构是否优于电镀结构对本案的处理已无实际意义，鉴定结论与本案不具有关联性，故本院不予采信。东莞佳畅公司、许楚华等认为鉴定结论不应当予以采信的理由成立，本院予以支持。新利达德庆公司和肇庆新利达公司认为鉴定结论完全可以用于本案的抗辩理由不能成立，本院不予支持。一、二审判决采信该鉴定结论，属于认定事实错误，本院予以纠正。

（四）关于二审判决是否存在漏审

二审判决认为在涉案专利创造性判断中使用的多组对比文件具有基本相同的情形而未作重复评述，这并不表明二审判决未对其他对比文件进行评述。故东莞佳畅公司、许楚华等认为二审判决存在漏审的理由不能成立，本院不予支持。新利达德庆公司和肇庆新利达公司认为二审判决不存在漏审的理由成立，本院予以支持。

综上，一、二审判决认定事实不清，适用法律错误，应当予以撤销。第13560

号决定虽然在阐述理由上存在不当之处，但作出宣告涉案专利权利要求1～4无效的结果正确，应当予以维持。东莞佳畅公司、许楚华的主要申请再审理由成立，本院予以支持。根据《中华人民共和国行政诉讼法》第五十四条第（一）项和《最高人民法院关于执行〈中华人民共和国行政诉讼法〉若干问题的解释》第七十六条第一款、第七十八条之规定，判决如下：

一、撤销北京市高级人民法院（2011）高行终字第676号行政判决；

二、撤销北京市第一中级人民法院（2009）一中知行初字第2300号行政判决；

三、维持国家知识产权局专利复审委员会第13560号无效宣告请求审查决定。

本案一审案件的受理费和二审案件的受理费各100元由新利达电池实业（德庆）有限公司和肇庆新利达电池实业有限公司共同负担。

本判决为终审判决。

审　判　长　王永昌
代理审判员　秦元明
代理审判员　宋淑华
二〇一二年十二月二十日
书　记　员　周睿隽

106. 开放式与封闭式权利要求的区分适用于机械领域专利

——再审申请人北京世纪联保消防新技术有限公司与被申请人国家知识产权局专利复审委员会、二审第三人山西中远消防设备有限公司发明专利权无效行政纠纷案

【裁判要旨】

“含有”“包括”本身就具有并未排除未指出内容的含义，因而成为开放式专利权利要求的重要标志；开放式和封闭式权利要求的区分在包括化学、机械领域在内的全部技术领域有普遍适用性。

【关键词】

开放式权利要求　封闭式权利要求　机械领域

【案号】

最高人民法院（2012）行提字第20号

【基本案情】

北京世纪联保消防新技术有限公司（以下简称世纪联保公司）是名称为“脉冲超细干粉自动灭火装置”的发明专利（即本案专利）的权利人。本案专利属于机械领域发明专利，授权公告的权利要求1如下：“1. 脉冲超细干粉自动灭火装置，含有启动器和内装超细干粉灭火剂（冷气溶胶灭火剂）的壳体，其特征在于，它含有：壳体，它包括：外壳、装在外壳内的粒度在30μm以下的超细干粉灭火剂及壳体喷口密封用的铝膜；传导速度大于0.5米/秒的启动器，它包括：由燃点大于或等于135℃，并对火焰或温度敏感的热敏线和套在热敏线外的套管组成的启动组件，由靠螺母和贯穿着热敏线的穿孔螺栓紧压在壳体内侧的铝板、与热敏线接触的产气剂和扣压在铝板上用以包住产气剂的非金属薄膜共同组成的产气组件。”针对本案专利，山西中远消防设备有限公司（以下简称中远公司）提出无效宣告请求，并提交了附件1即中国第00200992.7号实用新型专利说明书作为对比文件。该对比文件中公开的灭火装置中有多孔件，而本案专利技术方案没有提及该部件。国家知识产权局专利复审委员会（以下简称专利复审委员会）认定本案专利权利要求1与附件1存在三个区别技术特征，但未将权利要求1缺少多孔件以及由多孔件上端与顶盖底部环形凸端配合形成的产气室作为区别技术特征。专利复审委员会认为，权利要求1~5相对于附件1不具有创造性；本案专利权利要求1中没有多孔件，相应地也就不具有附件1说明书中所述的多孔件的功能，缺失多孔件不能使权利要求1的技术方案具备创造性。2010年3月2日，专利复审委员会作出第14523号无效宣告请求审查决定（以下简称第14523号决定），宣告本案专利权全部无效。世纪联保公司不服，提起行政诉讼。北京市第一中级人民法院一审维持第14523号决定。世纪联保公司不服，提出上诉。北京市高级人民法院二审认为，虽然附件1的灭火器中还装有多孔件，本案专利权利要求1没有记载该部件，但是本案专利权利要求1属于开放式的权利要求，其并没有排除还可能包含除了其中明确限定的部件以外的部件，因此“多孔件”并不能构成本案专利权利要求1与附件1的区别技术特征。遂判决维持一审判决及第14523号决定。世纪联保公司仍不服，向最高人民法院申请再审。最高人民法院裁定提审本案，并于2013年2月26日判决维持原一、二审判决。

【裁判意见】

最高人民法院提审认为：2001年版《审查指南》仅在第二部分第十章“关于化学领域发明专利申请审查的若干规定”中第3.2.1节规定了开放式、封闭式及半开放式三种表达方式。开放式表示组合物中并不排除权利要求中未指出的组分，封闭式则表示组合物中仅包括所指出的组分而排除所有其他的组分，半开放式介于两者之间。这三种表达方式的保护范围不同。其中，“含有”“包括”为开放式表达方式的常用措辞。鉴于开放式和封闭式权利要求在其他领域也有普遍适用性，且半开放式权利要求保护范围的判断方法与开放式权利要求的判断方法在实际操作中相同，2006年版《审查指南》对此作了修改，删除了半开放式权利要求的相关规定，并将原来的半开放式权利要求的几种表达方式归入开放式权利要求中，同时将开放式权利要求和封闭式权利要求的规定移入权利要求的通用章节即第二部分第二章第3.3节“权利要求的撰写规定”中。虽然本案专利的审查应当适用2001年版《审查指南》，且根据该《审查指南》，开放式与封闭式权利要求的表达方式仅适用于化学领域发明专利，但是开放式、封闭式权利要求的常用措辞本身是对专利申请审查实践中不同类型权利要求常用措辞的总结，申请人应当考虑到了措辞本身的含义。根据《现代汉语词典（第5版)》，“包括”的含义为包含（或列举各部分，或着重指出某一部分)。本案专利权利要求1使用的“含有”“包括”措辞的本身含义就应当理解为没有排除未指出的结构组成部分。在此情况下，二审判决关于“本案专利权利要求1是一开放式的权利要求，其并没有排除还可能包含除了其中明确限定的部件以外的部件”的认定并无不妥。

中华人民共和国最高人民法院行政判决书

(2012) 行提字第20号

申请再审人（一审原告、二审上诉人)：北京世纪联保消防新技术有限公司。

法定代表人：周枫，该公司董事长。

委托代理人：于志红，北京金诚同达律师事务所律师。

被申请人（一审被告、二审被上诉人)：国家知识产权局专利复审委员会。

法定代表人：张茂于，该委员会副主任。

委托代理人：孙丽芳，该委员会审查员。

委托代理人：孙志敞，该委员会审查员。

二审第三人（一审第三人）：山西中远消防设备有限公司。

法定代表人：张妙莲，该公司董事长。

委托代理人：史乃德，该公司总经理。

委托代理人：岳嵘，该公司法律顾问。

申请再审人北京世纪联保消防新技术有限公司（以下简称世纪联保公司）因与被申请人国家知识产权局专利复审委员会（以下简称专利复审委员会）、二审第三人山西中远消防设备有限公司（以下简称中远公司）发明专利权无效行政纠纷一案，不服北京市高级人民法院（2011）高行终字第76号行政判决，向本院申请再审。本院于2011年12月9日作出（2011）知行字第97号行政裁定，提审本案。本院依法组成合议庭，公开开庭审理了本案。世纪联保公司的委托代理人于志红，专利复审委员会的委托代理人孙丽芳、孙志敞，中远公司的委托代理人史乃德、岳嵘到庭参加诉讼。本案现已审理终结。

世纪联保公司系02123866.9号、名称为“脉冲超细干粉自动灭火装置”的发明专利（以下简称本专利）的专利权人。2009年6月16日，中远公司针对本专利向专利复审委员会提出无效宣告请求。2010年3月2日，专利复审委员会作出第14523号无效宣告请求审查决定书（以下简称第14523号决定），宣告本专利权全部无效。世纪联保公司不服该决定，向北京市第一中级人民法院提起行政诉讼。

北京市第一中级人民法院认为，本专利权利要求1与附件1存在三个区别技术特征。世纪联保公司认为遗漏了区别技术特征：（4）附件1的灭火装置有多孔件，而本专利中没有该部件；（5）本专利权利要求1是热敏线和套在热敏线外的套管，而附件1相应地有一个凹槽和装在该凹槽中的两根导线。但区别技术特征（5）包含在第14523号决定认定的区别技术特征（3）中，而区别技术特征（4）所述“多孔件”并不能构成本专利权利要求1与附件1的区别技术特征，并不能体现两个技术方案的不同之处。对于区别技术特征（1），附件2中公开了粒度小于10μm的超细粉体灭火剂，本领域技术人员在附件1的基础上寻找高效灭火剂的过程中，容易由同样涉及灭火剂领域的附件2中获得粒度越小、比表面积越大、灭火效果越好的启示，容易想到选择粒度小的干粉灭火剂。对于区别技术特征（2），附件1由于有多孔件的存在，因此产生的是超音速气流或者是跨音速气流，但是由此并不能得出附件1中挡板冲破需要更大的冲击力。“挡板”是一个相对于“铝膜”更上位的概念，本领域技术人员可以根据实际需要选择具体的挡板。对于区别技术特征（3），热敏线的燃点大于或等于135℃这一技术特征已在现有技术中多次公开使用，本领域惯常使用的热敏线均符合上述特征，根据附件3、6、9～13公开的内容，本领域技术人员容易想到将惯常使用的燃点大于或等于135℃的热敏线或火敏线置于密闭空间中提高其传导速度，而用于自动灭火器。此外，尽管附件1中没有公开采用扣压在铝板上固定非金属薄膜的方式，但是这种固定方式是一种常见的固定方式，本身并没有给发明带来任何预料不到的技术效果。据此，本专利权利要求1不具备突出的实质性特点和显著的进步，不符合2000年修改、2001年7月施行的《中华人民共和国专利法》（以下简称专利法）第二十二条第三款的规定。在权利要求1不具备创造性的基础上，权利要求2～5不具备创造性。

综上，依照《中华人民共和国行政诉讼法》第五十四条第（一）项之规定，北京市第一中级人民法院作出（2010）一中知行初字第1729号行政判决（以下简称一审判决）：维持专利复审委员会作出的第14523号决定。

世纪联保公司不服一审判决，向北京市高级人民法院提出上诉，请求撤销一审判决及第14523号决定。其理由为：本专利符合专利法第二十二条第三款的规定，一审判决认定事实不清。1. 一审判决及第14523号决定均遗漏了另外两个区别技术特征：（4）附件1的灭火装置有多孔件，而本专利中没有该部件；（5）本专利权利要求1是热敏线和套在热敏线外的套管，而附件1相应地有一个凹槽和装在该凹槽中的两根导线。2. 附件1中公开的灭火装置包括多孔件，而在本专利中没有这一技术特征，这属于要素省略发明。3. 本专利中的技术特征"燃点大于或等于135℃"是对热敏线的限定，不是本专利的发明点，而是对可实现本专利目的的热敏线的选择性限定，说明本专利的热敏线的概念明确。4. 区别技术特征（5）可以看出本专利与附件1具有不同的组成要素和结构特征。5. 本专利公开超细干粉灭火剂粒度值，而附件1只是记载了"灭火剂"，属于上位概念。

专利复审委员会、中远公司服从一审判决。

二审法院经审理查明：本专利是于2008年1月9日授权公告的、名称为"脉冲超细干粉自动灭火装置"的发明专利，其专利号是02123866.9，申请日是2002年7月5日，专利权人是世纪联保公司，本专利授权公告的权利要求书如下：

"1. 脉冲超细干粉自动灭火装置，含有启动器和内装超细干粉灭火剂（冷气溶胶灭火剂）的壳体，其特征在于，它含有：壳体，它包括：外壳、装在外壳内的粒度在30μm以下的超细干粉灭火剂及壳体喷口密封用的铝膜；传导速度大于

0.5 米/秒的启动器，它包括：由燃点大于或等于 135℃，并对火焰或温度敏感的热敏线和套在热敏线外的套管组成的启动组件，由靠螺母和贯穿着热敏线的穿孔螺栓紧压在壳体内侧的铝板、与热敏线接触的产气剂和扣压在铝板上用以包住产气剂的非金属薄膜共同组成的产气组件。

2. 根据权利要求 1 所述的脉冲超细干粉自动灭火装置，其特征在于：所述的壳体是碗形、圆筒形、半球形、双球形、锥形或葫芦形中的任何一种。

3. 根据权利要求 1 所述的脉冲超细干粉自动灭火装置，其特征在于：所述的超细干粉灭火剂的粒度在 20μm 以下。

4. 根据权利要求 1 所述的脉冲超细干粉自动灭火装置，其特征在于：所述的产气剂粒度小于或等于 83μm。

5. 根据权利要求 1 所述的脉冲超细干粉自动灭火装置，其特征在于：所述的启动组件传导速度大于 0.5 米/秒，且制备过程安全。"

本专利说明书载明，目前的超声波气溶胶灭火装置是机械启动，常规压缩空气连续喷射的，它包括壳体、储气瓶、干粉灭火剂。灭火时，灭火剂是在储气钢瓶内压缩气体的压力作用下连续喷洒出干粉灭火的。其缺点是：灭火器本身就是一个压力容器，容易发生爆炸伤人事故；容易漏气，需定期检查，维修麻烦；灭火时间长，效率低。……本发明不是靠高压储气瓶中的气体压力喷洒超细干粉灭火剂灭火，而是采用安全、可靠、无毒无污染的烟火剂作为产气剂。使用时把它置于保护对象的上方或侧面，当有火灾灾情时，直接感受火焰，化学启动组件点燃并迅速传递，使启动器中的产气剂立即发生化学反应，产生大量气体，使外壳上的铝膜破裂，脉冲喷射超细干粉灭火剂，扑灭火焰。

本装置具有以下优点：

1. 安全可靠。它的动力源采用烟火剂，不含炸药等爆炸物和有毒物质，保证了生产、使用和运输时绝对安全。

2. 采用化学启动方式，在无人值守情况下，它直接感受火焰和温度，自发无源启动，不需要火灾探测报警设备和电源，避免误动作。

3. 不需要管网和高压储气罐，不存在耐压和气体泄漏问题，工程造价低，便于维护。

4. 实现脉冲高效灭火，集中导向式喷射，冲击力强，保护面积大，满足重、特大空间火灾扑救需要。

5. 无毒无腐蚀，不破坏大气臭氧层，符合环保要求。

2009年6月16日，中远公司针对本专利向专利复审委员会提出无效宣告请求，同时提交了附件1~13。

2009年7月16日，中远公司再次提交了请求书和附件1~13，并补充提交了附件14~16，其中：

附件1：中国第00200992.7号实用新型专利说明书，授权公告日为2001年1月24日。附件1公开了一种可分离式启动器的超跨音速灭火器，其特征在于顶盖是圆盘形，中央位置有一螺纹孔，孔中装入一个可分离式的启动器，顶盖底部有环形凸端，多孔件是一外凸圆弧曲面形状，其上端与环形凸端配合，壳体是弧形圆锥体，上端与顶盖和多孔件配合，下端由挡板封闭接合，壳体内充填以灭火剂。其中启动器上部是六角形体，下部连有一圆柱体，且有阳螺纹，下端又连有一圆柱体，上部六角形体有一凹槽，槽中装有2根导线通向圆柱体内，圆柱体内充填以产气剂。

附件2：中国第01138266.X号发明专利申请公开说明书，公开日为2002年7月3日。附件2公开了粒度小于10μm的超细粉体灭火剂，并且描述了粒度小于10μm的灭火剂具有比表面积大、流动性能好、不易吸潮结块、漂浮性好、灭火效果好、能全淹没灭火的优点。

附件3：中国第87216992U号实用新型专利申请说明书，授权公告日为1988年9月14日。附件3中公开了一种安全自爆干粉灭火弹，由外壳、干粉、连接撑管、密封塞、药管、抛散药和多通道复合引线的火敏自爆装置组成，其中多通道复合引线的火敏自爆装置由三股微型安全引线和三股合装在绝缘套管内的高燃速引线连接组成，其中露在弹体外的微型安全引线为火敏元件。

附件4：《特种超细粉体制备技术及应用》，李凤生著，国防工业出版社出版，2002年1月第1版第1次印刷，封面、出版信息页及第4~5页。附件4公开了通常需要将炸药超细化到5μm以下，以确保其起爆灵敏度和快速反应作用。

附件6：《兵器工业科学技术辞典——火工品与烟火技术》，《兵器工业科学技术辞典》编辑委员会编，国防工业出版社出版，1992年11月第1版第1次印刷，封面、出版信息页及第14~131页。附件6公开了由棉线包缠黑火药并浸涂硝化棉而成的棉线引线，直径有1.0~1.2mm和1.8~2.0mm两类，燃速为10~12.5mm/s，在密闭状态下可达0.3~1m/s，燃速均匀，作用可靠，有较好的防潮能力。附件6还公开了由数根棉线通过含有黏合剂的黑药浆后干燥而成的速燃引线。再在外面套牛皮纸制的引线管。在敞开条件下可以数厘米每秒的速率平稳燃烧，但在引线管内，由于沟槽效应，几乎瞬间燃烧。

附件9：“高温物体引燃能力的分析”，蒋慧灵，《消防科技》1998年11月第4期，第24~25页。附件9公开了棉线自燃点150℃。

附件10：“可燃物质的自燃点与燃点关系讨论”，胡福静，《劳动保护科学技术》2001年第2期，第54~55页。附件10公开了棉花自燃点150℃、燃点210℃。

附件11：“聚合物材料闪点、自燃点影响因素的研究”，王元宏等，《阻燃材料与技术》1989年第2期，第39~41、51页。附件11公开了尼龙的自燃点420℃。

附件12：“糖包的自燃原因及安全措施”，柴本贵，《消防科学与技术》1986年第4期，第24~26页。附件12公开了麻绒的燃点为107℃，自燃点为150℃，麻袋的燃点为150℃，自燃点为200℃。

附件13：“自燃——你知道吗？”，《山东消防》1994年第10期，第23~24页。附件13公开了赛璐珞的自燃点约为180℃。

2009年8月14日，世纪联保公司提交了意见陈述书和反证1。

反证1：专利复审委员会于2009年4月30日作出的第13327号无效宣告请求审查决定书。

2009年9月8日，专利复审委员会进行了口头审理。口头审理中：（1）中远公司放弃使用附件5、14~16。（2）中远公司确认以附件1~3、6、9~13结合评价权利要求1~3和5的创造性，使用附件1~4、6、9~13评价权利要求4的创造性。

2010年3月2日，专利复审委员会作出第14523号决定，认定：

（一）将本专利权利要求1与附件1进行对比可知，两者均是灭火器，主要包括启动器、灭火剂和壳体三个部分，两者的区别在于：（1）权利要求1中使用的是粒度为30μm以下的超细干粉灭火剂（冷气溶胶灭火剂），而附件1公开的是上位的灭火剂；（2）权利要求1中使用铝膜密封壳体喷口，而附件1公开的是挡板；（3）权利要求1的启动器中采用由燃点大于或等于135℃，并对火焰或温度敏感的热敏线和套在热敏线外的套管组成的启动组件，其传导速度大于0.5米/秒，并且，采用扣压在铝板上用以包住产气剂的非金属薄膜，而附件1中公开的是经凹槽的带有双股导线的点火头，并且没有公开圆柱体（赛璐珞）的具体固定方式。

首先，在口头审理时，世纪联保公司认可权利要求 1 中所述的“冷气溶胶灭火剂”与附件 2 中的“超细粉体干粉灭火剂”相同，而附件 2 中同时公开了粒度小于 10μm 的超细粉体灭火剂，并且教导了粒度小于 10μm 的灭火剂比表面积大、流动性好、不易吸潮结块、灭火效果好等优点，本领域技术人员在附件 1 的基础上寻找高效灭火剂的过程中，容易由同样涉及灭火剂领域的附件 2 中获得粒度越小、比表面积越大、灭火效果越好的启示。

其次，权利要求 1 中采用了铝膜密封壳体，而采用具体的铝膜材料代替相同功能的挡板是本领域技术人员容易想到的，亦未带来任何预料不到的技术效果。

最后，附件 3 中公开了一种名称为安全自爆干粉灭火弹的装置，其中露在弹体外的微型安全引线为火敏元件，可以安全地自动引爆。附件 9 中公开了易燃的棉线自燃点 150℃，附件 10 中表 1 公开了棉花自燃点 150℃、燃点 210℃，另外，通常可用于引线的可燃物，如尼龙、麻绒、麻袋和赛璐珞的自燃点和燃点在附件 11～13 中公开，数据显示均大于 135℃，由此可见，热敏线的燃点大于或等于 135℃这一技术特征已在现有技术中多次公开使用，本领域惯常使用的热敏线均符合上述特征，另外，在中远公司提交的附件 6 中公开了如下内容：棉线在敞开条件下可以数厘米每秒的速度平稳燃烧，但在引线管内，由于沟槽效应，几乎瞬间燃烧，另外，还具体公开了棉线引线在密闭状态下燃速可达 0.3～1m/s，可见，附件 6 公开了传导速度为 0.5 米/秒的热敏线，并可直接地、毫无疑义地推知，热敏线装在套管内可以极大地提高燃烧速度。也就是说，根据附件 3、6、9～13 公开的内容，本领域技术人员容易想到将惯常使用的燃点大于或等于 135℃的热敏线或火敏线置于密闭空间中提高其传导速度，而用于自动灭火器。此外，尽管附件 1 中没有公开采用扣压在铝板上固定非金属薄膜的方式，但是这种固定方式是一种常见的固定方式，本身并没有给发明带来任何预料不到的技术效果。

另外，附件 1 的灭火器中还装有多孔件，本专利权利要求 1 中没有限定该部件。根据附件 1 说明书的记载，多孔件的喷孔，可产生超音速气流或跨音速气流，扩大了灭火器气动力应用范围。专利复审委员会认为，权利要求 1 中没有多孔件，相应地也就不具有附件 1 说明书中所述的上述功能。如此缺失多孔件，并不能使权利要求 1 的技术方案具备创造性。

综上所述，本领域技术人员在附件 1 的基础上结合附件 2～3、6、9～13 中公开的常识性内容获得本专利权利要求 1 的技术方案是显而易见的，权利要求 1 不具备突出的实质性特点和显著的进步，不具备创造性。

（二）从属权利要求2的附加技术特征进一步限定了灭火装置的壳体是碗形、圆筒形、半球形、双球形、锥形或葫芦形中的任何一种。中远公司认为，壳体形状的限定没有解决新的技术问题，也没有产生新的技术效果，故从属权利要求2也不具备创造性。而世纪联保公司认为，上述形状是经试验研究出来的结果，比如倒三角形状就不好。对此，专利复审委员会认为，本领域技术人员基于其掌握的普通知识，可以根据需要来选择灭火器装置的形状，并且，根据说明书的描述，本领域技术人员也看不出权利要求2限定的这些壳体形状可以带来任何预料不到的技术效果，因此，在权利要求1不具备创造性的基础上，权利要求2同样不具备创造性。

（三）从属权利要求3的附加技术特征是所述超细干粉灭火剂的粒度在20μm以下。附件2已经公开了粒度小于10μm的超细粉体灭火剂，并且给出了灭火剂粒度越小、比表面积越大、灭火效果越好的技术启示，因此，在权利要求1不具备创造性的基础上，权利要求3相对于附件1、2、6和9~13的结合同样不具备创造性。

（四）从属权利要求4的附加技术特征是所述产气剂粒度小于或等于83μm，而附件4的第5页倒数第5~7行公开了通常需要将炸药超细化到5μm以下。本领域技术人员在制备产气剂时容易由附件4获得技术启示，将产气剂的粒度细化以增强其灵敏性，在引用的权利要求1不具备创造性的基础上，从属权利要求4相对于附件1、2、4、6和9~13的结合同样也不具备创造性。

（五）从属权利要求5是对权利要求1中的启动组件进行了制备过程安全的限定，然而本专利说明书既没有公开其制备手段，也没有证据显示其制备过程相对于例如附件1是安全的，因此，在权利要求1不具备创造性的基础上，权利要求5也没有创造性。

据此，专利复审委员会宣告本专利全部无效。

二审法院认为：本案的核心问题是本专利权利要求1是否符合专利法关于创造性的规定。发明的创造性，是指同申请日以前已有的技术相比，该发明具有突出的实质性特点和显著的进步。如果发明的技术方案相对于最接近的现有技术所存在的区别技术特征在现有的证据中存在启示或者是本领域的公知常识，则发明的技术方案相对于现有技术是显而易见的，不具有创造性。

本案中，本专利权利要求1与附件1存在如下区别技术特征：（1）权利要求1中使用的是粒度为30μm以下的超细干粉灭火剂（冷气溶胶灭火剂），而附件1

公开的是上位的灭火剂；（2）权利要求 1 中使用铝膜密封壳体喷口，而附件 1 公开的是挡板；（3）权利要求 1 的启动器中采用由燃点大于或等于 135℃，并对火焰或温度敏感的热敏线和套在热敏线外的套管组成的启动组件，其传导速度大于 0.5 米/秒，并且，采用扣压在铝板上用以包住产气剂的非金属薄膜，而附件 1 中公开的是经凹槽的带有双股导线的点火头，并且没有公开圆柱体（赛璐珞）的具体固定方式。

就区别技术特征（1）而言，本专利权利要求 1 中所述的“冷气溶胶灭火剂”与附件 2 中的“超细粉体干粉灭火剂”相同，世纪联保公司对此也予以认可。附件 2 中同时公开了粒度小于 10μm 的超细粉体灭火剂，并且教导了粒度小于 10μm 的灭火剂比表面积大、流动性好、不易吸潮结块、灭火效果好等优点，本领域技术人员在附件 1 的基础上，为寻找高效灭火剂，容易从同样涉及灭火剂领域的附件 2 中获得粒度越小、比表面积越大、灭火效果越好的启示。

就区别技术特征（2）而言，权利要求 1 中采用了铝膜密封壳体，而采用具体的铝膜材料代替相同功能的挡板是本领域技术人员容易想到的，亦未带来任何预料不到的技术效果。附件 1 由于有多孔件的存在，因此产生的是超音速气流或者是跨音速气流，但是由此并不能得出附件 1 中挡板冲破需要更大的冲击力。另外，“挡板”是一个相对于“铝膜”更上位的概念，本领域技术人员可以根据实际需要选择具体的挡板。

就区别技术特征（3）而言，附件 3 中公开了一种名称为安全自爆干粉灭火弹的装置，其中露在弹体外的微型安全引线为火敏元件，可以安全地自动引爆。附件 9 中公开了易燃的棉线自燃点 150℃，附件 10 中表 1 公开了棉花自燃点 150℃、燃点 210℃，另外，通常可用于引线的可燃物，如尼龙、麻绒、麻袋和赛璐珞的自燃点和燃点在附件 11～13 中公开，数据显示均大于 135℃，由此可见，热敏线的燃点大于 135℃这一技术特征已在现有技术中多次公开使用，而热敏线的燃点等于 135℃也未使本专利权利要求 1 带来任何预料不到的技术效果。附件 6 公开了传导速度为 0.5 米/秒的热敏线，并可直接地、毫无疑义地推知，热敏线装在套管内可以极大地提高燃烧速度。也就是说，根据附件 3、6、9～13 公开的内容，本领域技术人员容易想到将惯常使用的燃点大于或等于 135℃的热敏线或火敏线置于密闭空间中，提高其传导速度，而用于自动灭火器。此外，尽管附件 1 中没有公开采用扣压在铝板上固定非金属薄膜的方式，但是这种固定方式是一种常见的固定方式，本身并没有给发明带来任何预料不到的技术效果。

综上所述，本领域技术人员在附件1的基础上结合附件2~3、6、9~13中公开的常识性内容获得本专利权利要求1的技术方案是显而易见的，权利要求1不具备突出的实质性特点和显著的进步，不具备创造性。世纪联保公司关于本专利权利要求1具备创造性的上诉主张不能成立。

世纪联保公司主张第14523号决定遗漏了区别技术特征：（4）附件1的灭火装置有多孔件，而本专利中没有该部件；（5）本专利权利要求1是热敏线和套在热敏线外的套管，而附件1相应地有一个凹槽和装在该凹槽中的两根导线。上述区别技术特征（5）在第14523号决定认定的区别技术特征（3）中已经提及并加以阐述。就区别技术特征（4）而言，虽然附件1的灭火器中还装有多孔件，本专利权利要求1中没有限定该部件，但是本专利权利要求1是一开放式的权利要求，其并没有排除还可能包含除了其中明确限定的部件以外的部件，因此“多孔件”并不能构成本专利权利要求1与附件1的区别技术特征，而且事实上第14523号决定第8页第2段对即使考虑权利要求1中没有“多孔件”这一部件，其也不能使权利要求1具有创造性进行了评述。由于权利要求1中没有多孔件，相应地也就不具有附件1说明书中所述的上述功能，本专利不属于要素省略发明。如此缺失多孔件，并不能使权利要求1的技术方案具备创造性。世纪联保公司关于本专利权利要求1与附件1相比还有两个区别特征以及本专利属于要素省略发明的上诉主张不能成立。

鉴于世纪联保公司未就本专利权利要求2至5的创造性评述提出上诉，一审判决及第14523号决定关于本专利权利要求2至5的创造性评述并无不妥，二审法院予以认可。

综上，一审判决及第14523号决定认定事实清楚、适用法律正确、审理程序合法，应予维持。世纪联保公司的上诉理由不能成立，对其上诉请求，二审法院不予支持。依照《中华人民共和国行政诉讼法》第六十一条第（一）项之规定，北京市高级人民法院作出（2011）高行终字第76号行政判决（以下简称二审判决）：驳回上诉，维持原判。

世纪联保公司不服二审判决，申请再审称：1. 二审判决和第14523号决定对本专利权利要求1与附件1的区别技术特征认定错误。二审判决和第14523号决定认定本专利权利要求1与附件1具有如前所述的三项区别技术特征。二审判决认定，本专利权利要求1是一开放式的权利要求，多孔件并不能构成本专利权利要求1与附件1的区别技术特征。二审判决和第14523号决定没有认定本专利权利要求1与附件1的如下区别技术特征，即本专利权利要求1没有附件1中的多孔件，也就没有附件1中由多孔件上端与顶盖底部环形凸端配合形成的产气室。本专利的发明点就在于无产气室的内部结构。第14523号决定和二审判决对于区别技术特征的认定存在上述错误，直接导致创造性认定错误。2. 二审判决和第14523号决定在错误认定区别技术特征的基础上，使用多达7篇对比文件针对每个区别技术特征进行创造性判断，而没有从要求保护的发明整体对本领域技术人员是否显而易见和具有显著进步进行整体判断，不符合创造性评价的基本原则。本专利权利要求1的技术方案具有以下有益效果：（1）本专利权利要求1使用传导速度大于0.5米/秒、燃点大于或等于135℃，并对火焰或温度敏感的热敏线，增加了在周围温度大于或等于135℃时自燃的启动功能，对灾害的反应更灵敏；而现有技术中的自动灭火装置使用火敏启动，对灾害的反应迟缓。（2）本专利权利要求1采用无产气室的内部结构，与有产气室的灭火器相比，在灭火剂相等的情况下，体积变小，解决了小空间灭火设备匮乏问题；而附件1由于有多孔件，体积大，无法满足在狭小空间使用小型灭火器的需求。（3）本专利权利要求1采用粒度在30μm以下的超细干粉灭火剂，自重较轻，提高灭火速度，保证灭火效果。（4）本专利权利要求1为无产气室的灭火器，通过脉冲喷射超细干粉灭火剂、使用铝膜等技术手段可以更快地实现立即喷射；多一个产气室，灭火设备的启动时间就要慢6～8秒。附件1中的挡板有协助产气室憋气产生加速气流的作用，为必要部件，延长了灭火剂喷出时间，造成灭火时间延迟。3. 现有技术并未提供技术启示将附件2、3、6、9～13公开的技术与附件1相结合得到本专利权利要求1的技术方案。4. 在本专利权利要求1具有创造性的情形下，从属权利要求2～5具有创造性。5. 本专利具有的上述优点使本专利产品取得了商业成功。请求撤销一、二审判决和第14523号决定。

专利复审委员会答辩称：1. 本专利权利要求1为开放式权利要求，未限定排除多孔件的使用；本专利使用产气剂冲破挡板将溶胶灭火剂喷洒出，同样存在气体压力累积，形成一个相对大的产气室；附件1使用多孔件扩大了灭火器动力应用范围，本专利权利要求1省略该部件的使用，自然不存在该项功能，并不能因此使其技术方案具备创造性。2. 多孔件是附件1具有而本专利权利要求1不具有的技术特征，不应当作为区别技术特征，第14523号决定第8页第2段对本专利权利要求1不具备多孔件对其创造性的影响进行了评述。3. 世纪联保公司过分强调技术特征的整体性，忽视了本领域技术人员可以掌握的基本技能。如果发明的技术方案相对于最接近的现有技术所存在的区别技术特征在请求人所提供的证据中存在启示或者属于本领域的公知常识，应当认为发明的技术方案相对于现有技术是显而易见的，不具备创造性。对比文件的数量并不是判断权利要求是否具备创造性的条件。

中远公司答辩称：1. 世纪联保公司观点缺乏证据支持。世纪联保公司关于其申请保护的就是无产气室的内部结构，多一个产气室、灭火设备的启动时间就要慢6~8秒，挡板的存在延长了灭火剂喷出时间等观点无事实依据。附件3就是无产气室的灭火装置。灭火弹等通过爆炸产气做功的产品，其产气速度是以毫秒计算的，没有理由说启动时间要延后6~8秒。铝膜是挡板的一种，没有理由说挡板的存在延长了灭火剂的时间。2. 世纪联保公司称本专利解决了在狭小空间内使用灭火装置的技术问题，但本专利说明书并没有该说明。相反，本专利说明书称其优点是满足重、特大空间火灾扑救需要。3. 本专利权利要求书公布的技术参数和结构均已被证明是已有技术。

本院审理查明，二审法院查明的事实属实，本院予以确认。另查明：

中远公司在无效行政程序中向专利复审委员会提交的附件7为国家知识产权局于2007年3月9日针对本专利申请发出的《第二次审查意见通知书》，附件8为专利权人世纪联保公司于2007年4月1日针对《第二次审查意见通知书》提交的意见陈述书，世纪联保公司在无效行政程序中对附件7、8的真实性没有异议。附件8第2页载明："这就是我们的产气室，我们申请保护的就是无产气室的内部结构。"但是，本专利原始权利要求和说明书中并没有关于本专利针对无产气室的内部结构的记载，世纪联保公司在本院再审开庭审理时对此予以认可。

对于世纪联保公司在申请再审理由中主张的本专利权利要求1的有益效果，本院再审开庭时询问世纪联保公司有无证据证明，世纪联保公司表示是业内公认的或者本领域技术人员可以理解到的，没有其他证据。

附件2中公开了如下内容，"常用干粉平均粒度为40μm左右，这些普通干粉灭火剂粒度大、比表面积低、易吸潮，粒度不易做得很小，灭火效果虽然不错，但因其粒度大、易吸潮结块、弥散性差、灭火能力有限"，粒度小于10μm的超细粉体灭火剂"比表面积大、流动性好、不易吸潮结块、灭火效果好"。

第14523号决定第9页第2段载明："专利权人还认为，本专利没有产气室，与附件1的带有产气室的超跨音速灭火器在结构和各个技术特征的数值范围限定上具有本质区别。对此，合议组认为，根据附件 1 说明书的记载，专利权人所述的产气室意指由灭火器中的多孔件 3 与顶盖 2 之间的腔室。如上所述，该多孔件 3 用于产生超音速气流或跨音速气流，扩大了灭火器动力应用范围，本专利不使用多孔件 3，自然相应地不具备上述功能，减少灭火器装置中的功能并不能使权利要求 1 的技术方案具备创造性。因此，合议组不支持专利权人的上述观点。"

世纪联保公司在再审程序中向本院提交了以下补充证据用于证明本专利产品取得了商业上的成功：

1. 科学技术部于 2002 年 8 月向世纪联保公司颁发的证书，载明："你单位被批准为《国家科技成果重点推广计划》项目'脉冲超细干粉自动灭火装置'的技术依托单位，特颁此证。"

2. 2005 年 4 月 5 日发布的安徽省地方标准《脉冲超细干粉自动灭火装置设计、施工及验收规范》，世纪联保公司为参编部门之一。该标准前言载明："脉冲超细干粉自动灭火技术，体现了'快速响应、早期抑制、高效灭火'这一消防先进技术理念，是当今世界各国争相研制的前沿技术。除俄罗斯有类似产品和少量公布的资料外，其余发达国家尚未有同类产品和相关资料。"总则载明："超细干粉灭火剂的学名是冷气溶胶灭火剂。国际公认冷气溶胶灭火剂是哈龙替代产品，灭火效率是哈龙的 4 倍。""脉冲超细干粉自动灭火装置能实现无源自发启动。"

3. 北京市公共交通总公司《关于公交车辆统一安装 ZCM－3C 车用超细干粉自动灭火装置的通知》（公交办发〔2003〕778 号）载明，ZCM－3C 车用超细干粉自动灭火装置对解决汽车发动机机舱起火有显著效果。

4. 上海巴士实业（集团）股份有限公司《关于在五年及五年以上车龄的公交车上安装自动灭火装置的通知》（沪巴士业〔2005〕232 号），该通知要求集团范围内五年及五年以上车龄的公交车安装干粉自动灭火装置。

5. 江西省消防总队防火监督部《关于在建筑工程中采用两种新型灭火设施的通知》（赣消监〔2002〕15 号）。该通知载明："脉冲超细干粉自动灭火装置能在起火时自动将粒度在 10 微米以下的干粉灭火剂以脉冲方式喷射将火扑灭，是一种适用于工业领域的电缆设施、机电设备间、物资仓库、通信基础设施的自动灭火装置。"该通知要求该装置的设计和施工验收可参照安徽省地方标准《脉冲超细干粉自动灭火装置设计规范》执行。

6. 公安部于 2005 年 12 月 8 日发布的中华人民共和国公共安全行业标准《超

细干粉灭火剂》，世纪联保公司为参加起草单位之一。

专利复审委员会认为上述证据在无效行政程序中没有提交，希望本院不予采信。中远公司表示无法核实上述补充证据的真实性，不予认可。

本院再审认为：本案的争议焦点在于，1. 本专利权利要求1是否属于开放式权利要求。2. 第14523号决定和二审判决对于本专利与附件1在多孔件和产气室方面的区别技术特征的认定是否存在错误。3. 本专利相对于对比文件是否具有创造性，第14523号决定和二审判决对于本专利创造性的评价是否正确。

（一）本专利权利要求1是否属于开放式权利要求

2001年版《审查指南》仅在第二部分第十章“关于化学领域发明专利申请审查的若干规定”中第3.2.1节规定了开放式、封闭式及半开放式三种表达方式。开放式表示组合物中并不排除权利要求中未指出的组分，封闭式则表示组合物中仅包括所指出的组分而排除所有其他的组分，半开放式介于两者之间。这三种表达方式的保护范围不同。其中，“含有”“包括”为开放式表达方式的常用措辞。鉴于开放式和封闭式权利要求在其他领域也有普遍适用性，且半开放式权利要求保护范围的判断方法与开放式权利要求的判断方法在实际操作中相同，2006年版《审查指南》第二部分第十章“关于化学领域发明专利申请审查的若干规定”删除了半开放式权利要求的相关规定，并将原来的半开放式权利要求的几种表达方式归入开放式权利要求中，同时在权利要求的通用章节即第二部分第二章第3.3节“权利要求的撰写规定”中，增加了开放式权利要求和封闭式权利要求的规定，即，开放式的权利要求宜采用“包含”“包括”“主要由……组成”的表达方式，其解释为还可以含有该权利要求中没有述及的结构组成部分或方法步骤；封闭式的权利要求宜采用“由……组成”的表达方式，其一般解释为不含有该权利要求所述以外的结构组成部分或方法步骤。

本专利申请日为2002年7月5日，授权公告日为2008年1月9日。因此，本专利的审查应当适用2001年版《审查指南》。根据2001年版《审查指南》，开放式与封闭式、半开放式权利要求的表达方式仅适用于化学领域发明专利。但是，开放式、封闭式权利要求的常用措辞本身是对专利申请审查实践中不同类型权利要求常用措辞的总结，应当考虑到了措辞本身的含义。根据《现代汉语词典（第5版）》，包括是指，包含（或列举各部分，或着重指出某一部分）。本专利权利要求1使用的“含有”“包括”措辞的本身含义就应当理解为没有排除未指出的结构组成部分。在此情况下，二审判决关于“本专利权利要求1是一开放式的权利要求，其并没有排除还可能包含除了其中明确限定的部件以外的部件”的认定并无不妥。

（二）第 14523 号决定和二审判决对于本专利与附件 1 在多孔件和产气室方面的区别技术特征的认定是否存在错误

世纪联保公司主张，其申请保护的灭火装置就是无产气室的内部结构，本专利权利要求 1 与附件 1 的区别在于本专利权利要求 1 没有附件 1 中由多孔件上端与顶盖底部环形凸端配合形成的产气室，第 14523 号决定和二审判决均没有认定该区别技术特征，认定事实错误。

专利复审委员会根据本专利权利要求 1 使用的“含有”“包括”措辞的本身含义以及本专利没有将多孔件排除在保护范围之外的限定内容，在多孔件是附件 1 的技术特征而不是本专利权利要求 1 的技术特征的情况下，未将“多孔件”作为本专利权利要求 1 与附件 1 的区别技术特征，符合机械领域专利审查实践的常规做法，并无不妥。二审法院基于同样理由认定，本专利权利要求 1 是一开放式的权利要求，其并没有排除还可能包含除了其中明确限定的部件以外的部件，因此，多孔件并不能构成本专利权利要求 1 与附件 1 的区别技术特征。二审法院的相关认定并不存在错误。

世纪联保公司所述的产气室是指由附件 1 灭火器中的多孔件与顶盖底部环形凸端配合形成的腔室，本身并不是一个独立的部件；没有多孔件，就不会形成所谓的产气室。在多孔件不属于本专利权利要求 1 与附件 1 的区别技术特征的情况下，依附于多孔件而存在的所谓产气室自然也不属于本专利权利要求 1 与附件 1 的区别技术特征。二审法院未将产气室作为本专利权利要求 1 和附件 1 的区别技术特征并无不妥。需要指出的是，虽然未将产气室作为本专利权利要求 1 与附件 1 的区别技术特征，但并不意味着本专利权利要求 1 没有产气的功能，其通过包括产气剂在内的产气组件实现产气的功能。

（三）本专利相对于对比文件是否具有创造性

二审判决和第 14523 号决定认定本专利权利要求 1 与附件 1 存在如下区别技术特征：（1）权利要求 1 中使用的是粒度为 30μm 以下的超细干粉灭火剂（冷气溶胶灭火剂），而附件 1 公开的是上位的灭火剂；（2）权利要求 1 中使用铝膜密封壳体喷口，而附件 1 公开的是挡板；（3）权利要求 1 的启动器中采用由燃点大于或等于 135℃，并对火焰或温度敏感的热敏线和套在热敏线外的套管组成的启动组件，其传导速度大于 0.5 米/秒，并且，采用扣压在铝板上用以包住产气剂的非金属薄膜，而附件1中公开的是经凹槽的带有双股导线的点火头，并且没有公开圆柱体（赛璐珞）的具体固定方式。多孔件和产气室并不构成本专利权利要求1与附件1的区别技术特征，二审判决和第14523号决定对区别技术特征的上述认定并无不妥，本院予以认可。

就区别技术特征（1）而言，本专利权利要求1中所述的“冷气溶胶灭火剂”与附件2中的“超细粉体干粉灭火剂”相同，世纪联保公司对此也予以认可。附件2中公开了如下内容，“常用干粉平均粒度为40μm左右，这些普通干粉灭火剂粒度大、比表面积低、易吸潮，粒度不易做得很小，灭火效果虽然不错，但因其粒度大、易吸潮结块、弥散性差、灭火能力有限”，粒度小于10μm的超细粉体灭火剂“比表面积大、流动性好、不易吸潮结块、灭火效果好”。本领域技术人员在附件1的基础上，为寻找高效灭火剂，容易从同样涉及灭火剂领域的附件2中获得粒度越小、比表面积越大、灭火效果越好的启示。

就区别技术特征（2）而言，权利要求1中采用了铝膜密封壳体，而采用具体的铝膜材料代替相同功能的挡板是本领域技术人员容易想到的，亦未带来预料不到的技术效果。附件1由于有多孔件的存在，因此产生的是超音速或者跨音速气流，但是由此并不能得出附件1中冲破挡板需要更大的冲击力的结论。另外，“挡板”是一个相对于“铝膜”更上位的概念，本领域技术人员可以根据实际需要选择具体的挡板。

就区别技术特征（3）而言，附件3公开了一种名称为安全自爆干粉灭火弹的装置，其中露在弹体外的微型安全引线为火敏元件，可以安全地自动引爆。附件9公开了易燃的棉线自燃点150℃，附件10表1公开了棉花自燃点150℃、燃点210℃，另外，通常可用于引线的可燃物，如尼龙、麻绒、麻袋和赛璐珞的自燃点和燃点在附件11～13中公开，数据显示均大于135℃，由此可见，热敏线的燃点大于135℃这一技术特征已在现有技术中多次公开使用，而热敏线的燃点等于135℃也未使本专利权利要求1带来任何预料不到的技术效果。附件6公开了传导速度为0.5米/秒的热敏线，并可直接地、毫无疑义地推知，热敏线装在套管内可以极大地提高燃烧速度。也就是说，根据附件3、6、9～13公开的内容，本领域技术人员容易想到将惯常使用的燃点大于或等于135℃的热敏线或火敏线置于密闭空间中，提高其传导速度，而用于自动灭火器。此外，尽管附件1没有公开采用扣压在铝板上固定非金属薄膜的方式，但是这种固定方式是一种常见的固定方式，本身并没有给发明带来任何预料不到的技术效果。

2001年版《审查指南》第二部分第四章第3.3.4节对“辅助性审查基准”之一的“发明在商业上获得成功”作出如下规定：“当发明的产品在商业上获得成功时，如果这种成功是由于发明的技术特征直接导致的，则一方面反映了发明具有有益效果，同时也说明了发明是非显而易见的，因而这类发明具有突出的实质性特点和显著的进步，具备创造性。但是，如果商业上的成功是由于其他原因所致，例如由于销售技术的改进或者广告宣传造成的，则不能作为判断创造性的依据。”2006年版《审查指南》沿用了这一规定。世纪联保公司提供的关于商业成功的证据仅能证明本专利产品在商业上获得了成功，但不能证明这种成功是由于发明的技术特征直接导致的，其相应申请再审理由不能成立。

综上所述，本领域技术人员在附件1的基础上结合附件2、3、6、9~13中公开的内容获得本专利权利要求1的技术方案是显而易见的，权利要求1不具备突出的实质性特点和显著的进步，不具备创造性。

世纪联保公司主张，第14523号决定和二审判决遗漏了多孔件和产气室的区别技术特征。如前所述，第14523号决定和二审判决在区别技术特征的认定方面并不存在错误。世纪联保公司关于本专利权利要求1因相对附件1没有产气室而具备对灾害的反应更灵敏、可以满足在狭小空间使用小型灭火器的需求等有益效果的主张，不仅没有相应证据证明，而且在本专利原始说明书中没有记载；相反的是，本专利说明书明确记载本专利具有“满足重、特大空间火灾扑救需要”的优点。因此，本院对世纪联保公司的上述主张不予支持。

虽然多孔件和产气室并不构成本专利权利要求1与附件1的区别技术特征，但对于多孔件和产气室能否使本专利权利要求1相对于附件1具备创造性，第14523号决定分别在决定书第8页第2段和第9页第2段进行了评价。二审判决在第14页对此予以评述。本院认为，本专利权利要求1明确使用了“含有”“包括”的措辞，根据上述措辞的本身含义，本专利权利要求1属于开放式权利要求，还可以含有该权利要求中没有指出的结构组成部分；世纪联保公司主张本专利权利要求1相对于附件1省略了多孔件，该主张与本专利权利要求1本身的字面含义相悖，本专利原始权利要求书和说明书也没有关于本专利权利要求1相对于现有技术省略了多孔件的记载；即使将本专利权利要求1认定为其相对于附件1省略了多孔件，但本专利同时失去了多孔件本身具备的功能，且未带来预料不到的技术效果，本专利权利要求1并不因此而具备创造性。

根据2001年版《审查指南》关于创造性审查原则的相关规定，在评价发明是否具有创造性时，不仅要考虑发明技术解决方案本身，而且还要考虑发明要解决的技术问题和所产生的技术效果，将其作为一个整体看待；与新颖性“单独对比”的审查原则不同，审查创造性时，将一份或者多份对比文件中的不同的技术内容组合在一起进行评定。第14523号决定和二审判决在审查和判断本专利权利要求1的创造性时，将技术领域相同，所要解决的技术问题、技术效果或者用途最接近的附件1确定为最接近的现有技术，进而确定了本专利权利要求1与附件1的区别技术特征，在上述区别技术特征在附件2~3、6、9~13存在技术启示或者是本领域公知常识的情况下，认定本专利权利要求1不具备创造性，是将发明作为一个整体来看待，且遵循了创造性的审查原则和判断方法。世纪联保公司关于第14523号决定和二审判决在判断创造性时不符合创造性评价的基本原则的申请再审理由不能成立。

在本专利权利要求1不具备创造性的基础上，对于本专利权利要求2~5的创造性，第14523号决定和二审判决的认定并无不妥，本院予以认可。

综上，本专利权利要求1~5均不具备创造性，第14523号决定和二审判决认定事实清楚、适用法律正确、审理程序合法，应予维持。世纪联保公司的申请再审理由不能成立，不予支持。依照《中华人民共和国行政诉讼法》第五十四条第（一）项、第六十一条第（一）项，《最高人民法院关于执行〈中华人民共和国行政诉讼法〉若干问题的解释》第七十六条第一款之规定，判决如下：

维持北京市高级人民法院（2011）高行终字第76号行政判决。

一、二审案件受理费各100元，均由北京世纪联保消防新技术有限公司负担。

本判决为终审判决。

审　判　长　金克胜

代理审判员　郎贵梅

代理审判员　罗　霞

二〇一三年二月二十六日

书　记　员　张　博

107. 马库什权利要求的性质

——再审申请人国家知识产权局专利复审委员会与被申请人北京万生药业有限责任公司，一、二审第三人第一三共株式会社发明专利权无效行政纠纷案

【裁判要旨】

以马库什方式撰写的化合物权利要求应当被理解为一种概括性的技术方案，而不是众多化合物的集合。

【关键词】

发明专利　无效程序　马库什权利要求　性质

【案号】

最高人民法院（2016）最高法行再41号

【基本案情】

在再审申请人国家知识产权局专利复审委员会（以下简称专利复审委员会）与被申请人北京万生药业有限责任公司（以下简称万生公司）、一审第三人第一三共株式会社发明专利权无效行政纠纷案中，第一三共株式会社系名称为“用于治疗或预防高血压症的药物组合物的制备方法”、专利号为97126347.7的发明专利（即涉案专利）的权利人。涉案专利权利要求以马库什方式撰写。万生公司以涉案专利不具备创造性等为由向专利复审委员会提出无效宣告请求。2010年8月30日，第一三共株式会社对权利要求进行了修改，其中包括：删除了权利要求1中“或其可作药用的盐或酯”中的“或酯”两字；删除权利要求1中R^4定义下的“具有1至6个碳原子的烷基”；删除了权利要求1中R^5定义下除羧基和式$COOR^{5a}$外的其他技术方案。专利复审委员会在口头审理过程中告知第一三共株式会社，对于删除权利要求1中“或酯”的修改予以认可，但其余修改不符合专利法实施细则第六十八条的相关规定，该修改文本不予接受。第一三共株式会社和万生公司对此无异议。2011年1月14日，第一三共株式会社提交了修改后的权利要求书替换页，其中删除权利要求1中的“或酯”。专利复审委员会作出第

16266号无效宣告请求审查决定（以下简称第16266号决定），认为涉案专利权利要求1相比于证据1是非显而易见的，具有创造性，符合专利法第二十二条第三款的规定。遂在第一三共株式会社于2011年1月14日提交的修改文本的基础上，维持涉案专利权有效。万生公司不服，提起行政诉讼。北京市第一中级人民法院认为，专利复审委员会以不符合专利法实施细则第六十八条的规定对第一三共株式会社于2010年8月30日提交的修改文本不予接受，不存在法律适用错误。涉案专利权利要求1相对于证据1是非显而易见的，具备创造性。遂判决维持第16266号决定。万生公司不服，提起上诉。北京市高级人民法院二审认为，马库什权利要求属于并列技术方案的特殊类型，第一三共株式会社于2010年8月30日提交的修改文本缩小了涉案专利权的保护范围，符合专利法实施细则第六十八条第一款规定。涉案专利权利要求所涵盖的一个具体实施例的效果与现有技术的证据1中实施例329的技术效果相当，因此，涉案专利权利要求1未取得预料不到的技术效果，不具备创造性。遂判决撤销一审判决和第16266号决定，专利复审委员会重新作出决定。专利复审委员会不服，向最高人民法院申请再审。最高人民法院裁定提审本案，并于2017年12月20日判决撤销二审判决，维持一审判决。

【裁判意见】

最高人民法院提审认为：马库什权利要求是化学发明专利申请中一种特殊的权利要求撰写方式，即一项申请在一个权利要求中限定多个并列的可选择要素概括的权利要求。马库什权利要求撰写方式的产生是为了解决化学领域中多个取代基基团没有共同上位概念可概括的问题，其本身一直被视为结构式的表达方式，而非功能性的表达方式。马库什权利要求限定的是并列的可选要素而非权利要求，其所有可选择化合物具有共同性能和作用，并且具有共同的结构或者所有可选择要素属于该发明所属领域公认的同一化合物。虽然马库什权利要求的撰写方式特殊，但是也应当符合专利法和专利法实施细则关于单一性的规定。马库什权利要求具有极强的概括能力，一旦获得授权，专利权保护范围将涵盖所有具有相同结构、性能或作用的化合物，专利权人权益将得到最大化实现。而从本质而言，专利权是对某项权利的垄断，专利权人所享有的权利范围越大，社会公众所受的限制也就越多，因此，从公平角度出发，对马库什权利要求的解释应当从严。马库什权利要求不管包含多少变量和组合，都应该视为一种概括性的组合方案。选择一个变量应该生成一种具有相同效果的药物，即选择不同的分子式生成不同的药物，但是这些药物的药效不应该有太大差异，相互应当可以替代，而且可以预期所要达到的效果是相同的，这才符合当初创设马库什权利要求的目的。因此，马库什权利要求应当被视为马库什要素的集合，而不是众多化合物的集合，马库什要素只有在特定情况下才会表现为单个化合物，但通常而言，马库什要素应当理解为具有共同性能和作用的一类化合物。如果认定马库什权利要求所表述的化合物是众多化合物的集合，就明显与单一性要求不符，因此二审判决认为马库什权利要求属于并列技术方案不妥，应当予以纠正。

中华人民共和国最高人民法院行政判决书

（2016）最高法行再41号

再审申请人（一审被告、二审被上诉人）：国家知识产权局专利复审委员会。住所地：中华人民共和国北京市海淀区北四环西路9号银谷大厦10－12层。

法定代表人：葛树，该委员会副主任。

委托诉讼代理人：刘洪尊，该委员会审查员。

委托诉讼代理人：刘新蕾，该委员会审查员。

被申请人（一审原告、二审上诉人）：北京万生药业有限责任公司。住所地：中华人民共和国北京市通州区通州工业开发区广源东街8号。

法定代表人：黄河，该公司总经理。

委托诉讼代理人：黄泽雄，北京邦信阳专利商标代理有限公司专利代理人。

委托诉讼代理人：侯海燕，北京邦信阳专利商标代理有限公司专利代理人。

一审第三人：第一三共株式会社。住所地：日本国东京都中央区日本桥本町三丁目5番1号。

法定代表人：中山让治，代表取缔役社长。

委托诉讼代理人：陈文平，北京市金杜律师事务所律师。

委托诉讼代理人：毛琎，北京市金杜律师事务所律师。

再审申请人国家知识产权局专利复审委员会（以下简称专利复审委员会）因与被申请人北京万生药业有限责任公司（以下简称万生公司）、一、二审第三人第一三共株式会社发明专利权无效行政纠纷一案，不服中华人民共和国北京市高级人民法院（以下简称北京市高级人民法院）（2012）高行终字第833号行政判决，向本院申请再审。本院于2015年12月23日作出（2014）知行字第56号行政裁定，提审本案。本院依法组成合议庭，开庭审理了本案。专利复审委员会委托诉讼代理人刘洪尊、刘新蕾，万生药业委托诉讼代理人黄泽雄、侯海燕和第一三共株式会社委托诉讼代理人陈文平、毛琎到庭参加诉讼。本案现已审理终结。

第一三共株式会社系名称为“用于治疗或预防高血压症的药物组合物的制备方法”、专利号为97126347.7的发明专利（以下简称本专利）的权利人。2010年4月23日，万生公司针对本专利权向专利复审委员会提出无效宣告请求。2011年4月1日，专利复审委员会作出第16266号无效宣告请求审查决定（以下简称第16266号决定），维持本专利权全部有效。万生公司不服第16266号决定，向北京市第一中级人民法院提起行政诉讼。

一审法院经审理查明：本案涉及国家知识产权局于2003年9月24日授权公告、申请日为1992年2月21日、名称为“用于治疗或预防高血压症的药物组合物的制备方法”的第97126347.7号发明专利，专利权人为第一三共株式会社。本专利授权公告的权利要求书如下：

“1. 一种制备用于治疗或预防高血压的药物组合物的方法，该方法包括将抗高血压剂与药物上的可接受的载体或稀释剂混合，其中抗高血压剂为至少一种如下所示的式Ⅰ化合物或其可用作药用的盐或酯，

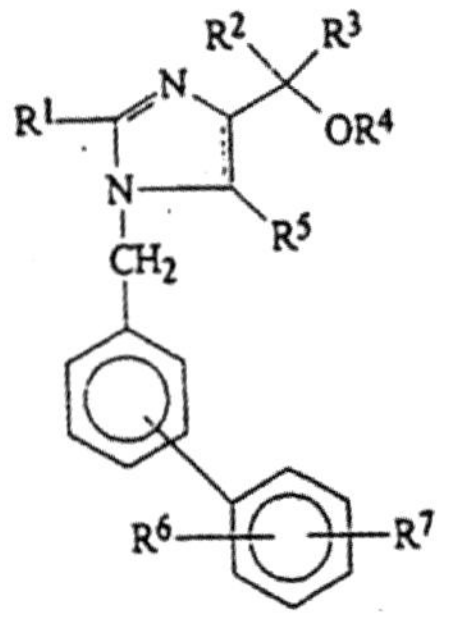

(I)

其中：

R^1代表具有1至6个碳原子的烷基；

R^2和R^3相同或不同，且各自代表具有1至6个碳原子的烷基；

R^4代表：

氢原子；或

具有1至6个碳原子的烷基；

R^5代表羧基、式$COOR^{5a}$基团或式$-CONR^8R^9$基团，其中R^8R^9相同或不同并各自代表：

氢原子；

含有1至6个碳原子的未被取代的烷基；

含有1至6个碳原子的被取代的烷基，该烷基被羧基取代或被其烷基部分含有1至6个碳原子的烷氧羰基取代；或

R^8和R^9一起代表含有2至6个碳原子的被取代的亚烷基，该亚烷基被一个其烷基部分含有1至6个碳原子的烷氧羰基取代；

以及其中的R^{5a}代表：

含有1至6个碳原子的烷基；

烷酰氧烷基，其中的烷酰基部分和烷基部分各自含有1至6个碳原子；

烷氧羰基氧烷基，其中的烷氧基部分和烷基部分各自含有1至6个碳原子；

（5－甲基－2－氧代－1，3－二氧杂环戊烯－4－基）甲基；或

2－苯并［c］呋喃酮基；

R^6代表氢原子；和

R^7代表羧基或四唑－5－基。"

本专利说明书记载：我们已经发现有限种类的1－（联苯基甲基）－咪唑－5－羧酸衍生物具有优良的AⅡ受体拮抗活性，由此可用作抗高血压药物并用于治疗和预防心脏疾病。为此，本专利发明目的之一是提供了一系列新的1－（联苯基甲基）－咪唑－5－羧酸衍生物。本专利说明书第107~108页记载了权利要求1所述式Ⅰ化合物的多个具体（试验）化合物的活性数据，其相对于现有技术的化合物A具有意外效果。

针对本专利权，万生公司于2010年4月23日向专利复审委员会提出无效宣告请求，其理由为本专利权利要求1不符合专利法第二十二条第三款、专利法第二十六条第四款和专利法实施细则第二十条第一款的规定。同时，提交了如下证据，其中：

证据1：第EP0324377A2号欧洲专利申请文件，公开日为1989年7月19日，复印件共271页，及该专利第1页、第2页倒数第2行至第15页倒数第1行的中文译文，译文共15页。其译文第15页记载：作为抗高血压活性最优选的是下列新化合物及其药物上可接受的盐。其中优选化合物的第2个化合物为证据1实施例329的化合物：2－丙基－1－〔［2'－（1H－四唑－5－基）联苯－4－基］甲基〕咪唑－4，5－二羧酸；第3个化合物为证据1实施例265C的化合物：2－丙基－4－五氟乙基－1－〔［2'－（1H－四唑－5－基）联苯－4－基］甲基〕咪唑－5－羧酸。证据1的中译文第4－8页对于证据1式Ⅰ化合物定义了R^1、

R^2、R^3、R^6、R^7、R^8的相关取代基的多种可选择要素，同时也定义了与R^1、R^2、R^3、R^6、R^7、R^8取代基相关的取代基R^{9-32}的多种可选要素。

2010年8月30日，第一三共株式会社针对该无效宣告请求陈述了意见，同时对其权利要求书进行了修改，其中包括：删除了权利要求1中“或其可作药用的盐或酯”中的“或酯”两字；删除权利要求1中R^4定义下的“具有1至6个碳原子的烷基”；删除了权利要求1中R^5定义下除羧基和式$COOR^{5a}$［其中R^{5a}为（5－甲基－2－氧代－1，3－二氧杂环戊烯－4－基）甲基］外的其他技术方案。

第一三共株式会社认为：在修改后的权利要求书中，已经删除了“或酯”的表述，涉及《中华人民共和国专利法》（以下简称专利法）第二十六条第四款、《中华人民共和国专利法实施细则》（以下简称专利法实施细则）第二十条第一款的无效请求理由已经不能成立。证据1没有公开万生公司所谓的“最接近的化合物”，本专利化合物咪唑4－位的取代基与证据1不相似、不接近，没有证据证明其具有相同或相似的效果。证据1没有教导本专利化合物具有显著优于证据1的抗高血压活性。

2011年1月12日，专利复审委员会进行了口头审理。在口头审理过程中确认了以下事实：

（1）专利复审委员会告知第一三共株式会社，对于其于2010年8月30日提交的修改文本，对于删除权利要求1中“或酯”的修改予以认可，但其余修改不符合专利法实施细则第六十八条的相关规定，该修改文本不予接受。第一三共株式会社和万生公司对此无异议。

第一三共株式会社明确表示只删除权利要求1中的“或酯”，庭后三天内提交修改文本。万生公司确认如果第一三共株式会社删除权利要求1中的“或酯”，则放弃专利法第二十六条第四款和专利法实施细则第二十条第一款的无效理由；否则坚持上述无效理由。

（2）万生公司承认其请求书中所述证据1的具体化合物或通式的定义都是从证据1的式Ⅰ化合物选择的，证据1中并无记载；此外，万生公司承认本案中没有证据证明请求书第5页所述的公知常识。

（3）第一三共株式会社认可本专利的发明目的或达到的技术效果记载在本专利说明书第2页第3段，万生公司对此无异议。

2011年1月14日，第一三共株式会社提交了意见陈述书和修改后的权利要求书替换页，其中删除权利要求1中的“或酯”。

2011年2月1日，专利复审委员会将上述文件转送给万生公司，要求其在指定期限内答复。万生公司在指定期限内没有提出异议。

2011年4月1日，专利复审委员会作出第16266号决定，认定：（一）审查基础。本决定所依据的文本是：第一三共株式会社于2011年1月14日提交的权利要求第1项，授权公告的说明书第1～195页及说明书摘要。（二）关于专利法第二十二条第三款。将权利要求1的式Ⅰ化合物与证据1的式Ⅰ化合物相比较，其区别在于，首先：本专利权利要求1中咪唑5位的R^5和咪唑4－位的R^2R^3（OR^4）这两项取代基所定义的取代基不同于证据1中可以在咪唑4－位和5位的R^7、R^8定义的取代基不同；其次，本专利的式Ⅰ化合物的R^1、R^6、R^7的定义范围、咪唑和苯环的连接CH_2数目、苯环上取代基的定义范围与证据1的通式Ⅰ化合物不同，证据1的式Ⅰ化合物涵盖了数量更庞大的化合物。

首先，根据证据1中公开的内容可以看出，证据1的式Ⅰ化合物不但包括了R^1、R^2、R^3、R^6、R^7、R^8所定义的多种取代基情况，而且与这些取代基有关的可选择取代基R^{9-32}定义了更多数量的证据1的式Ⅰ化合物。证据1中既没有公开本专利权利要求1中结构Ⅰ的化合物，也没有公开万生公司在请求书中所述的具体化合物，而且在咪唑4－位取代基的多种取代情况，即R^7和R^8定义的众多取代基选项中，甚至没有记载该通式化合物的咪唑4－位可以被羟基支链烷基或烷氧基支链烷基取代。其次，证据1中没有披露且万生公司也没有证据证明证据1的式Ⅰ化合物中咪唑4－位的烷基与烷氧基支链烷基或羟基支链烷基之间可以互相替代，更没有披露咪唑4－位的烷基与烷氧基支链烷基或羟基支链烷基之间可以互相替代之后的作用相同或相似，因此，本领域技术人员根据证据1公开的内容选择得到本专利权利要求1的技术方案需要花费创造性劳动，权利要求1相对于证据1并非显而易见的。最后，本专利中不但记载了所述式Ⅰ化合物的多个具体化合物的活性数据，而且证明本专利中化合物相比于背景技术中最接近的化合物A（参见本专利说明书第1页、第107页和第108页）相比具有意外效果，作为降血压药是有效的。而且，专利申请文件中通常无须提供该专利所有化合物与现有技术中的所有化合物进行对比的实验数据。如前所述，本领域技术人员不能从证据1的内容中得到本专利式Ⅰ化合物的技术启示。因此本专利相比于证据1具有创造性，符合专利法第二十二条第三款的规定。

基于同样的理由，万生公司提出的所谓证据1中R^1代表4－位连接的任意取代的苯基，其取代部位为5位上，R^{13}为4－唑基，R^2代表氢，R^3代表氢；R^6代表直链丙烷基；R^7代表支链丁烷基；R^8代表羧基时的化合物以及万生公司当庭提交的仅咪唑4－位取代基不同的具体化合物结构并不是证据1中公开的技术方案，万生公司也承认证据1并未公开上述通式和具体化合物，故这些化合物不能构成评价本专利创造性的最接近的现有技术方案。

而且，证据1的中译文第15页所公开的实施例329、265C化合物的结构与本专利权利要求1化合物相比，其区别在于证据1的实施例329、265C的化合物在咪唑4－位取代基分别为C_2F_5、COOH基团，而本专利权利要求1化合物中在咪唑4－位的取代基是指如定义所述的取代基R^2R^3（OR^4），即是羟基支链烷基或烷氧基支链烷基。然而，证据1中上述化合物咪唑环的4－位取代基C_2F_5、COOH与本专利定义的羟基支链烷基或烷氧基支链烷基不同，而且证据1甚至在定义咪唑4－位的多种取代基选项范围中没有记载该位置可选择羟基支链烷基或烷氧基支链烷基，证据1也没有披露所述咪唑4－位的取代基C_2F_5、COOH基团可以被羟基支链烷基或烷氧基支链烷基替代。由此可见，证据1中的上述内容没有给出咪唑4－位是羟基支链烷基或烷氧基支链烷基的启示。同时，万生公司没有提供证据证明现有技术中存在技术常识表明证据1中实施例329、265C的咪唑环4－位可以被本专利的羟基支链烷基或烷氧基支链烷基替代，也没有证明替代之后化合物具有所述的活性或作用。因此，本专利权利要求1相比于证据1是非显而易见的，具有创造性，符合专利法第二十二条第三款的规定。

综上所述，专利复审委员会作出第16266号审查决定，在第一三共株式会社于2011年1月14日提交的修改文本的基础上，维持本专利权有效。

另查明，在本专利授权程序中，国家知识产权局实审部门曾经认为本专利申请相对于本案的附件1具有极其相似的结构，并且都有抗高血压活性，不具备创造性，并要求本专利申请人提供实验数据。本专利申请人随后提供了本申请与附件1相比的实验数据，其中，申请人主张，将R^2分别是2－丙基的对比文件1的实施例251A、265A、265C、329和335的化合物与R^2分别是2－丙基的本申请实施例19和24的化合物相比较，对比文件1的化合物的ID50（其数值分别为0.04，0.02，0.1，0.031和1.7），比本专利的化合物的ID50（其数值分别为0.008和0.014）高出5，2.5，12.5，3.88，212.5倍和2.86，1.43，7.14，2.21，121.43倍，由此可见，本申请的化合物明显优于对比文件1的化合物。很显然，本申请的化合物含有在咪唑环的4－位上的叔丁醇基团显示出其所具有的令人惊异的活性。

本案二审审理期间，根据第一三共株式会社修改后的权利要求、本专利说明书表7所公开的部分实验化合物ID50数据、专利申请人向国家知识产权局实审部门提交的意见陈述书中记载的证据1实施例329 ID50数据，可以得出下列表格：

实验化合物	ID50	329 ID50	比329的效果
10	0.066	0.031	差
17	0.056		差
19	0.008		好
22	0.017		好
23	0.043		差
24	0.014		好
50	0.22		差
69	0.019		好

上述事实有第16266号决定、证据1、专利审查文档以及当事人陈述等证据在案佐证。

北京市第一中级人民法院认为，第16266号决定首页将无效宣告请求审查决定的类型确定为“维持专利权有效”仅能理解为是在第一三共株式会社于2011年1月14日提交的修改文本的基础上维持本专利权有效，而非是在本专利授权公告时的权利要求文本的基础上维持本专利权有效。第16266号决定并不存在认定事实错误。第一三共株式会社对该马库什权利要求中马库什要素的删除并不直接等同于并列技术方案的删除，不符合2002年修订的专利法实施细则第六十八条的规定。专利复审委员会对此以不符合上述规定而不予接受该修改文本并不存在法律适用错误。在专利无效的口头审理阶段，万生公司对于专利复审委员会不予接受该不属于并列技术方案的删除的文本也当庭表示同意。关于创造性判断，证据1并没有定义或记载万生公司所述的取代基R^1、R^{13}、R^2、R^3、R^6、R^7、R^8同时分别是“R^1代表4－位连接的任意取代的苯基，其取代部位为5位上，R^{13}为4－唑基，R^2代表氢，R^3代表氢，R^6代表直链丙烷基，R^7代表支链丁烷基，R^8代表羧基”的具体化合物。因此，万生公司所述该具体化合物的技术方案并未在证据1中公开，不能据此评述本专利权利要求1的创造性。相对于证据1的中译文第15页所涉及的优选化合物的第2个化合物（即证据1实施例329的化合物）与第3个化合物（即证据1实施例265C的化合物）而言，与本专利权利要求1相比，其区别在于实施例329、265C的化合物在咪唑4－位上的取代基分别为C_2F_5、COOH基团，而本专利权利要求1化合物在咪唑4－位上的取代基为权利要求1中所定义的R^2R^3（OR^4），二者明显不同，因此，证据1并未给出咪唑4－位上的取代基是羟基支链烷基或烷氧基支链烷基的技术启示。同时，万生公司也未提供现有技术的证据证明实施例329、265C的化合物在咪唑4－位上的取代基可以被羟基支链烷基或烷氧基支链烷基替代且替代之后具有相似的活性或作用。此外，根据说明书第2页相应记载内容并无法得出万生公司所述“AⅡ受体抑制活性与咪唑其他位置上的取代基关系不大”的结论。关于本专利权利要求1技术方案的技术效果，本专利说明书第107～108页已经记载了权利要求1所述式Ⅰ化合物的多个具体化合物的活性数据，其相对于现有技术的化合物A具有意外效果。因此，本专利权利要求1相对于证据1是非显而易见的，具备2001年施行的专利法第二十二条第三款规定的创造性。

综上，根据《中华人民共和国行政诉讼法》第五十四条第（一）项之规定，北京市第一中级人民法院判决：维持专利复审委员会作出的第16266号决定。

万生公司不服一审判决，向北京市高级人民法院提起上诉，请求撤销一审判决及第16266号决定，责令专利复审委员会重新作出审查决定。其理由为：1. 一审判决和第16266号决定中对无效宣告请求决定的类型认定错误，应当是宣告专利权部分无效，而不是维持专利权有效。2. 一审判决和第16266号决定认定证据1公开的具体化合物不能构成评价本专利创造性的最接近的现有技术方案，这一认定是错误的。3. 一审判决和第16266号决定认定，相对于证据1实施例329、265C化合物，本专利权利要求1具备创造性，这一认定是错误的。4. 专利复审委员会不允许第一三共株式会社对本专利权利要求1所作的部分修改属于适用法律不当。

专利复审委员会、第一三共株式会社服从一审判决。

二审法院认为，（一）关于第16266号决定首页是否存在认定事实错误的问题。本案中，第一三共株式会社经主动修改放弃了本专利授权公告时的部分技术方案，第16266号决定在其“决定的理由”之“审查基础”部分已经明确，该决定所依据的文本是第一三共株式会社于2011年1月14日提交的权利要求第1项，而非本专利授权公告时的权利要求文本。专利复审委员会在第16266号决定正文部分明确指出，其是在第一三共株式会社于2011年1月14日提交的修改文本的基础上维持本专利权有效的。因此，就整体而言，第16266号决定首页将无效宣告请求审查决定的类型确定为“维持专利权有效”应当理解为是在第一三共株式会社于2011年1月14日提交的修改文本的基础上维持本专利权有效，而非是在本专利授权公告时的权利要求文本的基础上维持本专利权有效。因此，第16266号决定并不存在认定事实错误。万生公司关于第16266号决定首页存在认定事实错误的上诉主张不能成立。当然，专利复审委员会可以进一步完善无效决定首页的形式，增加在修改文本的基础上维持专利权有效之内容，以减少当事人由此产生的误解。

（二）关于专利复审委员会不允许第一三共株式会社修改权利要求是否存在法律适用错误的问题。专利法实施细则第六十八条第一款规定，在无效宣告请求的审查过程中，发明或者实用新型专利的专利权人可以修改其权利要求书，但是不得扩大原专利的保护范围。本专利权利要求采用马库什权利要求的撰写方法。马库什权利要求是在一项权利要求中限定多个并列的可选择要素，具体而言，是指在一个权利要求中包括多个变量，每一个变量又包括多个不同选择项的以并列可选项的罗列为主要特征来表达权利要求保护范围的一种权利要求类型。因此，当马库什权利要求涉及化合物时，这些化合物之间是并列选择关系，每个化合物是一个独立的技术方案，该权利要求所概括的是多个技术方案的集合，各要素间都可以相互替代而达到相同的效果。既然认为马库什权利要求属于并列技术方案的特殊类型，而且这种删除缩小了专利权的保护范围，符合专利法实施细则第六十八条第一款规定，并未损害公众利益，即应当允许专利权人删除相关的选择项。但是，鉴于马库什权利要求授权时该权利要求所涵盖的化合物并非均被合成出来，因此，允许修改的界限在于不得使修改后的权利要求成为说明书中未载明的具体化合物，否则，就会使针对马库什权利要求的选择发明失去存在的基础。

一审法院及专利复审委员会均认为马库什权利要求中马库什要素的删除并不直接等同于并列技术方案的删除，不符合专利法实施细则第六十八条的规定，这一观点实际上认为授权后的马库什权利要求属于一个整体技术方案，不允许进行删除。众所周知，在专利文件撰写及专利审查过程中，无论专利申请人还是审查员，只能在特定范围内检索现有技术的内容。由于现有技术范围广泛，任何人均不可能检索到所有的现有技术。如果将授权后的马库什权利要求视为一个整体技术方案而不允许删除任一变量的任一选择项，那么专利权人获得的专利权势必难以抵挡他人提出的无效请求。专利权人无法预料专利申请日前是否存在某个落入专利保护范围的具体技术方案，那么其获得的专利非常容易被宣告无效，所谓马库什权利要求就失去其存在的意义。因此，无论在专利授权审查程序中，还是在无效程序中，均应当允许专利申请人或专利权人删除任一变量的任一选择项，这种删除属于技术方案的删除。

本案中，第一三共株式会社于2010年8月30日提交的修改文本对权利要求1进行了如下修改：（1）删除了权利要求1中“或其可作药用的盐或酯”中的“或酯”；（2）删除了权利要求1中R^4定义下的“具有1至6个碳原子的烷基”；（3）删除了权利要求1中R^5定义下除羧基和式$COOR^{5a}$［其中R^{5a}为（5-甲基-2-氧代-1，3-二氧杂环戊烯-4-基）甲基］外的其他定义。专利复审委员会不允许上述第（2）项和第（3）项修改有违专利法实施细则第六十八条的立法本意，虽有不妥，但是，鉴于第一三共株式会社并未提出异议，万生公司的权益也未受到损失，据此，万生公司关于第16266号决定违反专利法实施细则第六十八条应予撤销的上诉主张不能成立，不予支持。

（三）关于权利要求1是否具备创造性。专利法第二十二条第三款规定，创造性是指同申请日以前已有的技术相比，该发明有突出的实质性特点和显著的进步。众所周知，当马库什权利要求涉及化合物时，该权利要求往往涵盖成千上万的具体化合物，其保护范围较大，所涵盖的每个具体化合物与现有技术中结构相似的具体化合物相比，都应当具有预料不到的用途或者效果。当涉及不同范围的马库什权利要求创造性判断时，应当在不同范围的马库什权利要求范围内进行一定的筛选，选择尽可能相近的具体化合物进行技术效果的比较。只要在马库什权利要求所涵盖的具体实施例与现有技术中至少一个具体化合物的技术效果相比，不具有预料不到的用途或者效果，那么该马库什权利要求就不具备创造性。

本案中，将本专利实验化合物进行筛选，确定实施例10、17、19、22～24、50和69作为具体实施例，与结构上仅有一个取代基不同的证据1中实施例329进行ID50数据的比较，仅有四个实施例效果优于实施例329，而其他四个实施例却明显较差。这一比较结果说明，本专利权利要求所涵盖的一个具体实施例的效果与现有技术的证据1中实施例329的技术效果相当，因此，本专利权利要求1未取得预料不到的技术效果，不具备创造性。万生公司关于本专利权利要求1不具备创造性的上诉主张成立，本院予以支持。

鉴于第16266号决定仅就本专利权利要求1是否具备创造性进行判断并作出决定，并未就其他从属权利要求进行审查，专利复审委员会应当在本专利权利要求1不具备创造性的基础上继续对其他权利要求进行审查，重新作出决定。

综上，一审判决及第16266号决定认定事实不清，适用法律错误，应当予以撤销。万生公司的部分上诉主张成立，对其上诉请求应予支持。依据《中华人民共和国行政诉讼法》第六十一条第（三）项、最高人民法院《关于执行〈中华人民共和国行政诉讼法〉若干问题的解释》第七十条之规定，二审法院判决：

一、撤销中华人民共和国北京市第一中级人民法院（2011）一中知行初字第2403号行政判决；

二、撤销中华人民共和国国家知识产权局专利复审委员会作出的第16266号无效宣告请求审查决定；

三、中华人民共和国国家知识产权局专利复审委员会就专利号为97126347.7、名称为“用于治疗或预防高血压症的药物组合物的制备方法”的发明专利重新作出无效宣告请求审查决定。

一、二审案件受理费各人民币100元，均由中华人民共和国国家知识产权局专利复审委员会负担（均于本判决生效之日起七日内交纳）。

专利复审委员会申请再审称，（一）二审判决关于马库什权利要求法律属性的认定错误。1. 就通式化合物而言，以马库什方式撰写的化合物权利要求属于概括的技术方案，而不能简单地将其视为众多化合物的集合。2. 马库什通式中众多变量及其大量可选项的罗列表征并不能等同于马库什权利要求可以视同是明晰并列的具体化合物技术方案。3. 将马库什权利要求理解为清晰独立的具体化合物集合方案脱离了马库什化合物保护本意，专利申请人在申请当初以马库什方式撰写其权利要求的根本目的就在于最大限度地圈定类似化合物的范围，同时也会将其已经实施的核心化合物撰写为从属权利要求加以保护，二审判决孤立地理解马库什化合物作为权利要求书组成部分而非全部的事实。4. 马库什化合物本身多层级、树杈形衍生展开的客观事实并非具体化合物并列集合模型（类似容器内乒乓球的模型）能够准确表达的。（二）二审判决关于可删除马库什权利要求任一变量的任一选项、缩小范围就视为未损害公共利益以及允许修改的界限是不得出现说明书未记载的具体化合物的观点错误。1. 任一变量和任一选项的任意删除必然产生“全新”的“缩小”的中间保护范围，不符合专利法的相关规定。2. 目前无效程序中对修改后的权利要求数目没有限制，如果允许任意删除，专利权人可以通过删除不同层级、不同数量的可变量或可选项之后构建得到新的中间范围的马库什权利要求。3. 如果允许删除马库什通式的任一可变量的任一选项，则专利权人还可以增加所有在授权权利要求书中从未要求保护而在说明书提及的“具体化合物”作为新权利要求，这些新权利要求保护的具体化合物在说明书中可能仅仅是表格化合物，这将会严重影响公众对授权专利的信赖利益。4. 尽管删除可变量得到的一项中间范围的新权利要求相对于一项授权的马库什权利要求缩小了保护范围，但无效程序中新增加的中间范围的权利要求的数量可能远远超过原来的一项授权马库什权利要求，结果使专利权人经过无效程序，通过其新权利要求构建更加接近的新的现有技术，增加后续选择发明的难度，背离了缩小范围将有利于公众利益的设想。5. 授权阶段，专利权人虽然实施了有限的具体化合物，但是其借助于现代化学技术的发展，通过数据模拟等技术并基于现有技术要求保护了大量的类似化合物。允许任一变量的任一项修改实际上给出了马库什化合物可以此类专利申请撰写有一项权利要求就足矣的导向，其后可以在无效程序中通过修改得到许多范围不同的技术方案，或者得到某些具体化合物的技术方案。（三）二审判决关于涉案申请创造性的认定错误。1. 被诉决定并不存在选择不相近具体化合物的事实认定。第16266号决定有关其他不同范围的马库什化合物，是无效请求人在无效程序中反复强调的无效理由，属于无效程序中不得不予以回应认定的诉求。2. 在创造性的判断中，非显而易见性和预料不到的技术效果的判断应当有机统一。是否产生预料不到的技术效果不应当是创造性判断的单独因素，而应当通过发明实际解决的技术问题和技术启示的确定，蕴含于非显而易见性的判断过程中，或在非显而易见性的初步判断后，用作衡量发明人所做出的技术贡献与所获得的保护是否相称的辅助考虑因素。3. 证据1在咪唑4–位取代基为多种取代情况，甚至没有记载本专利通式化合物的咪唑4–位可以被“羟基支链烷基或烷氧基支链烷基”这一类上位类型取代基替代，由此可以看出证据1无论如何选择所述通式化合物的咪唑4–位的取代基，都没有动机选择本专利权利要求1的咪唑4–位的取代。证据1没有披露且请求人也没有证据证明证据1的式Ⅰ化合物中咪唑4–位烷基与羟基支链烷基或烷氧基支链烷基之间可以相互替代，更没有披露咪唑4–位烷基与羟基支链烷基或烷氧基支链烷基之间相互替代之后的作用相同或相似，权利要求第1项对于证据1是非显而易见的。（四）二审判决自行引入10、17、50和69化合物的效果数据，被诉决定和一审判决均未涉及，属于新事实，违反了行政诉讼法。故请求撤销二审判决，维持被诉决定。

万生公司答辩称：（一）二审判决关于马库什权利要求的修改方式认定正确。1. 马库什化合物权利要求应当理解为并列技术方案的集合，而非不可分割的整体技术方案，专利复审委员会不接受专利权人2010年8月30日提交修改文本的做法没有法律依据和实践基础。2. 司法实践中，对于以马库什方式撰写的通式化合物权利要求，当质疑其概括的范围过大而得不到说明书支持时或者当质疑其包括了一个现有技术中公开了的化合物而不具备新颖性时。3. 专利复审委员会允许删除“或酯”但不允许删除通式Ⅰ化合物中取代基 R^4 和 R^5 部分可以选基团的做法逻辑上自相矛盾。4. 在无效程序中缩小权利要求的保护范围是法律赋予专利权人的权利，专利权人并未因此而获得任何利益，这种权利不应当由于权利要求写成了马库什的形式而被剥夺。5. 从平衡专利权人及公众利益的角度，在无效程序中没有理由禁止删除权利要求中马库什通式化合物的并列可选择基团。6. 无效宣告决定基于错误的审查文本进行的裁判，有违程序公正，应当予以撤销。（二）本专利权利要求 1 不具备创造性。针对马库什权利要求的通式化合物而言，其最接近的现有技术应当是要求保护的化合物相比，结构上最为接近且效果最好的已知化合物。当马库什权利要求中所包含的所有并列技术方案、最起码是具体实施了的所有发明化合物（它们构成对马库什权利要求的支持基础）、相对于最接近的现有技术都取得了预料不到的用途和效果时，该马库什权利要求才能够被认为具有创造性。本案中，证据 1 的实施例 329 化合物和实施例 265C 化合物从结构上看均属于与本专利化合物接近的化合物。本专利马库什权利要求 1 的通式化合物除了包含本专利经过活性实验的 8 个实施例化合物及其等同替代方案或明显变形外，实际上还包括数量巨大的其他化合物，这些化合物的活性效果并没有在本专利文件中得到实验验证，因此不能证明其具有预料不到的效果。本专利概括得到的马库什权利要求 1 并不能够满足相对于证据 1 公开的最接近的现有技术化合物取得了预料不到的用途或效果。因此，本专利权利要求 1 不具有创造性。（三）专利复审委员会认为二审判决引入了不利于专利权人的新事实（即 10、17、50 和 69 化合物的效果数据），对此万生公司不认可。上述实施例化合物的效果数据是本专利授权说明书记载了的，万生公司在一审程序中提交的行政诉状以及一审审理过程中均提及和评述了上述实施例。在一审程序中，万生公司和专利复审委员会都认可并使用专利权人提交的单方实验数据来评价本专利的创造性。故请求驳回专利复审委员会的再审申请，维持二审判决。

第一三共株式会社提交意见称，（一）审查指南第二部分第十章规定，如果一项中申请在一个权利要求中限定多个并列的可选择要素，则构成马库什权利要求。基于上述定义可知，马库什权利要求中不同的取代基属于并列的可选择要素，因此，应当认定为并列的技术方案，允许在无效程序中进行删除。对于无效程序的修改原则，即是否超出原说明书的保护范围，应当严格把握，放置在无效程序中损害社会公众的利益。但对于无效程序的修改方式，并不应该过于严格和苛刻，只要不损害原权利要求的公示效果，在社会公众的可预见范围内，就应当得以允许。（二）二审判决关于本专利不具备创造性的认定错误。1. 二审判决无视本专利就是针对证据 1 进行的改进这一事实。2. 与证据 1 实施例 329 相比，效果变差的四个本发明化合物（实施例 10、17、23 和 50）中至少有三个不同的取代基，二审判决认定仅有一个取代基不同。3. 二审判决适用法律错误。根据审查指南第二部分第十章规定，结构上与已知化合物接近的化合物，必须要有预料不到的技术效果。马库什权利要求保护范围内所有化合物，与该化合物的所有“接近的化合物”相比较，而不是与现有技术的所有化合物相比较都有预料不到的技术效果。故请求依法提审本案并改判支持第一三共株式会社的诉讼请求。

本院认为，本案的争议焦点是：（一）以马库什方式撰写的化合物权利要求属于概括的技术方案还是众多化合物的集合；（二）在宣告无效阶段，权利人可以采取什么方式修改马库什权利要求；（三）本专利申请权利要求 1 是否具有创造性。

（一）关于以马库什方式撰写的化合物权利要求属于概括的技术方案还是众多化合物的集合的问题

专利法第三十一条第一款规定：“一件发明或者实用新型专利申请应当限于一项发明或者实用新型。属于一个总的发明构思的两项以上的发明或者实用新型，可以作为一件申请提出。”专利法实施细则第三十四条规定：“依照专利法第三十一条第一款规定，可以作为一件专利申请提出的属于一个总的发明构思的两项以上的发明或者实用新型，应当在技术上相互关联，包含一个或者多个相同或者相应的特定技术特征，其中特定技术特征是指每一项发明或者实用新型作为整体，对现有技术做出贡献的技术特征。”马库什权利要求是化学发明专利申请中一种特殊的权利要求撰写方式，即一项申请在一个权利要求中限定多个并列的可选择要素概括的权利要求。马库什权利要求撰写方式的产生是为了解决化学领域中多个取代基基团没有共同上位概念可概括的问题，其本身一直被视为结构式的表达方式，而非功能性的表达方式。马库什权利要求限定的是并列的可选要素而非权利要求，其所有可选择化合物具有共同性能和作用，并且具有共同的结构或者所有可选择要素属于该发明所属领域公认的同一化合物。虽然马库什权利要求的撰写方式特殊，但是也应当符合专利法和专利法实施细则关于单一性的规定。

马库什权利要求具有极强的概括能力，一旦获得授权，专利权保护范围将涵盖所有具有相同结构、性能或作用的化合物，专利权人权益将得到最大化实现。而从本质而言，专利权是对某项权利的垄断，专利权人所享有的权利范围越大，社会公众所受的限制也就越多，因此，从公平角度出发，对马库什权利要求的解释应当从严。马库什权利要求不管包含多少变量和组合，都应该视为一种概括性的组合方案。选择一个变量应该生成一种具有相同效果的药物，即选择不同的分子式生成不同的药物，但是这些药物的药效不应该有太大差异，相互应当可以替代，而且可以预期所要达到的效果是相同的，这才符合当初创设马库什权利要求的目的。因此，马库什权利要求应当被视为马库什要素的集合，而不是众多化合物的集合，马库什要素只有在特定情况下才会表现为单个化合物，但通常而言，马库什要素应当理解为具有共同性能和作用的一类化合物。如果认定马库什权利要求所表述的化合物是众多化合物的集合，就明显与单一性要求不符，因此二审判决认为马库什权利要求属于并列技术方案不妥，应当予以纠正。

（二）关于在无效宣告请求审查阶段，权利人可以采取什么方式修改马库什权利要求的问题

《专利审查指南》①（2010 年）规定无效宣告请求审查阶段，发明和实用新型专利文件的修改应仅限于权利要求书，其遵循的基本原则是：1. 不得改变原权利要求的主体名称；2. 与授权的权利要求相比，不得扩大原专利的保护范围；3. 不得超出原说明书和权利要求书中的技术特征；4. 一般不得增加未包含在授权权利要求书中的技术特征。但是，目前修改方式已经改为在满足上述修改原则的前提下，修改权利要求书的具体方式一般限于权利要求的删除、技术方案的删除、权利要求的进一步限定、明显错误的修正。权利要求进一步限定是指在权利要求中补入其他权利要求中记载的一个或者多个技术特征，以缩小保护范围。可见，在无效程序中，专利文件修改方式更加多样化。但是，化学领域发明专利申请审查存在诸多特殊问题，如化学发明是否能够实施需要借助于实验结果才能确认，有的化学产品需要借助于参数或者制备方法定义，已知化学产品新的性能和用途并不意味着结构或者组分的改变等。鉴于化学发明创造的特殊性，同时考虑到在马库什权利要求撰写之初，专利申请人为了获得最大的权利保护范围就有机会将所有结构方式尽可能写入一项权利要求，因此在无效阶段对马库什权利要求进行修

① 已被修改。

改必须给予严格限制，允许对马库什权利要求进行修改的原则应当是不能因为修改而产生新性能和作用的一类或单个化合物，但是同时也要充分考量个案因素。如果允许专利申请人或专利权人删除任一变量的任一选项，即使该删除使得权利要求保护范围缩小，不会损伤社会公众的权益，但是由于是否因此会产生新的权利保护范围存在不确定性，不但无法给予社会公众稳定的预期，也不利于维护专利确权制度稳定，因此二审法院相关认定明显不妥，本院予以纠正。

（三）关于马库什权利要求创造性判断的问题

马库什权利要求创造性判断应当遵循创造性判断的基本方法，即专利审查指南所规定的“三步法”。意料不到的技术效果是创造性判断的辅助因素，而且作为一种倒推的判断方法，具有特殊性，不具有普遍适用性。因此，只有在经过“三步法”审查和判断得不出是否是非显而易见时，才能根据具有意料不到的技术效果认定专利申请是否具有创造性，通常不宜跨过“三步法”直接适用具有意想不到的技术效果来判断专利申请是否具有创造性。

关于技术效果比对结果的问题，本案中，专利复审委员会在无效程序中并未将比文件 1 实施例 10、17、50 和 69 和本专利的实施例进行比对且就此作出认定，而二审直接进行比对并作出认定，明显超出了无效审查决定的审查范围，不符合行政诉讼法和相关司法解释的规定，本院予以纠正。

无效宣告请求人万生公司认为本专利权利要求 1 不具备创造性，并将证据 1 作为最接近的对比文件。专利复审委员会和一审法院在对本专利权利要求 1 的创造性进行判断时，严格遵循了“三步法”，认定权利要求 1 的式Ⅰ化合物和证据 1 的式Ⅰ化合物相比较具有两项区别技术特征，然后对两项区别技术特征的非显而易见性进行了分析，从而认定本专利权利要求 1 具有创造性并无不当，专利复审委员会的该项再审申请理由成立，本院予以支持。

综上，专利复审委员会的再审申请符合《中华人民共和国行政诉讼法》第九十一条规定的情形。依照《中华人民共和国行政诉讼法》第八十九条第二款和《最高人民法院关于执行〈中华人民共和国行政诉讼法〉若干问题的解释》第七十六条之规定，判决如下：

一、撤销中华人民共和国北京市高级人民法院（2012）高行终字第 833 号行政判决；

二、维持中华人民共和国北京市第一中级人民法院（2011）一中知行初字第 2403 号行政判决。

一、二审案件受理费各人民币100元，均由北京万生药业有限责任公司负担（均于本判决生效之日起七日内交纳）。

本判决为终审判决。

审 判 长 秦元明
审 判 员 李 嵘
审 判 员 马秀荣
二〇一七年十二月二十日
书 记 员 王 晨

108. 物质的医药用途专利权利要求的撰写要求

——再审申请人卡比斯特制药公司与被申请人中华人民共和国国家知识产权局专利复审委员会发明专利权无效行政纠纷案

【裁判要旨】

如果发明的实质及其对现有技术的改进在于物质的医药用途，申请专利权保护时，应当将权利要求撰写为制药方法类型权利要求，并以与制药相关的技术特征对权利要求的保护范围进行限定。

【关键词】

医药用途专利　权利要求

【案号】

最高人民法院（2012）知行字第75号

【基本案情】

卡比斯特制药公司（以下简称卡比斯特公司）于1999年9月24日向中华人民共和国国家知识产权局申请了名称为“抗生素的给药方法”的发明专利（即本案专利），并于2004年5月19日获得授权。授权公告的权利要求为：“1. 潜霉素在制备用于治疗有此需要的患者细菌感染而不产生骨骼肌毒性的药剂中的用途，其中用于所述治疗的剂量是3～75mg/kg的潜霉素，其中重复给予所述的剂量，其中所述的剂量间隔是每隔24小时一次至每48小时一次……”2008年6月4日，肖红针对本案专利向中华人民共和国国家知识产权局专利复审委员会（以下简称专利复审委员会）提出无效宣告请求。其提交的证据6公开了在2毫克/千克每24小时剂量下，潜霉素显示出有效治疗多种革兰氏阳性感染，在3毫克/千克每12小时的剂量下注意到偶发的副作用，并公开了潜霉素的抗菌机理。证据7公开了潜霉素可用于治疗细菌感染，患者单独用潜霉素与潜霉素加氨基糖苷类（庆大霉素或托普霉素）治疗相比，取得了类似的有利效果，还公开了潜霉素与阿米卡星的联合给药。证据8公开了制药学纯化的潜霉素或其盐可以配制为口服或非胃肠给药的制剂，用于治疗或预防细菌感染。2009年4月7日，专利复审委员会作出第13188号无效宣告请求审查决定（以下简称第13188号决定），宣告本案专利权全部无效。专利复审委员会认为，没有证据表明对潜霉素不产生骨骼肌毒性的副作用的进一步认识能使权利要求1保护的制药用途区别于证据6公开的已知制药用途。同时，本领域技术人员公知给药剂量、重复给药和时间间隔特征是医生在治疗过程中，针对患者进行选择和确定的信息，属于用药过程的信息，与制药过程无关，不能使权利要求1的制药用途区别于证据6公开的已知制药用途。权利要求1的制药用途与证据6、证据7或证据8公开的用途实质相同，不具备新颖性和创造性。卡比斯特公司不服，提起行政诉讼。卡比斯特公司主张，现有技术在潜霉素高剂量给药时产生骨骼肌毒性，本案专利“不产生骨骼肌毒性”使得潜霉素在针对严重革兰氏阳性菌感染的治疗中，具备了真正的用药安全性及工业实用性，进而具备了治疗用途和制药用途。“不产生骨骼肌毒性”是本案专利区别于现有技术的关键功能和效果特征，使得本案专利与现有技术的制药用途实质不同，具备新颖性、创造性。北京市第一中级人民法院和北京市高级人民法院先后判决维持第13188号决定。卡比斯特公司不服，向最高人民法院申请再审。最高人民法院于2013年11月19日裁定驳回卡比斯特公司的再审申请。

【裁判意见】

最高人民法院审查认为：在化学领域发明专利的申请中，制药用途权利要求是一类特殊的权利要求。当物质的医药用途以“用于治病”“用于诊断病”“作为药物的应用”等这样的权利要求申请专利，会因为属于我国专利法第二十五条第一款第（三）项“疾病的诊断和治疗方法”，而不能被授予专利权。但若该物质用于制造药品，则可依法授予专利权。由于药品及其制备方法均可依法授予专利权，故物质的医药用途发明以药品权利要求或者以“在制药中的应用”“在制备治疗某病的药物中的应用”等属于制药方法类型的用途权利要求申请专利的，则不属于专利法第二十五条第一款第（三）项规定的情形。为了保护发明人对现有技术的创新性贡献，实现专利法保护创新、鼓励发明创造的立法宗旨，在相当长时间的专利审查实践中，国务院专利行政部门均允许将那些发明实质在于药物新用途的发明创造，撰写成制药方法类型的权利要求来获得专利权，如“化合物X作为制备治Y病药的应用”或与此类似的形式。其实质上是针对物质的医药用途发明创造所作的特别规定，通过给医药用途发明创造提供必要的保护空间和制度激励，平衡社会公众与权利人的利益。经过多年的审查实践，已被普遍认可和接受。《专利审查指南》在关于化学领域发明专利申请审查的若干规定中明确，化学物质的用途发明是基于发现物质新的性能，利用此性能而作出的发明。无论是新物质还是已知物质，其性能是物质本身所固有的。用途发明的本质不在于物质本身，而在于物质性能的应用。因此，用途发明是一种方法发明，其权利要求属于方法类型。当发明的实质及其对现有技术的改进在于物质的医药用途，申请人在申请专利权保护时，应当按照《专利审查指南》的相关规定，将权利要求撰写为制药方法类型权利要求，并以与制药相关的技术特征，对权利要求的保护范围进行限定。

中华人民共和国最高人民法院行政裁定书

（2012）知行字第75号

再审申请人（一审原告、二审上诉人）：卡比斯特制药公司（CubistPharmaceuticals，Inc.）。

法定代表人：提莫西·J. 多罗斯（TimothyJ. Douros），该公司副总裁兼首席知识产权律师。

委托代理人：艾宏，北京市正见永申律师事务所律师。

委托代理人：许传淑，北京市正见永申律师事务所律师。

被申请人（一审被告、二审被上诉人）：中华人民共和国国家知识产权局专利复审委员会。

法定代表人：张茂于，该委员会副主任。

委托代理人：吴通义，该委员会审查员。

委托代理人：刘新蕾，该委员会审查员。

一审第三人：肖红。

委托代理人：黄泽雄，北京邦信阳专利商标代理有限公司专利代理人。

委托代理人：樊耀峰。

再审申请人卡比斯特制药公司（以下简称卡比斯特公司）因与被申请人中华人民共和国国家知识产权局专利复审委员会（以下简称专利复审委员会）发明专利权无效行政纠纷一案，不服北京市高级人民法院（2010）高行终字第547号行政判决，向本院申请再审。本院依法组成合议庭对本案进行了审查。2012年11月13日，本院对各方当事人进行了询问，卡比斯特公司的委托代理人艾宏、许传淑，专利复审委员会的委托代理人吴通义、刘新蕾，肖红的委托代理人黄泽雄、樊耀峰参加了此次询问。本案现已审查终结。

卡比斯特公司申请再审称，1. 第13188号无效宣告请求审查决定（以下简称第13188号决定）和一、二审判决认定“不产生骨骼肌毒性对制药用途权利要求不具有限定作用”，事实认定错误、适用法律错误。专利号为99812498.2、名称为“抗生素的给药方法”的发明专利（以下简称本专利）权利要求1具备新颖性、创造性。(1) 由于本专利“不产生骨骼肌毒性”，与现有技术是针对不同适应症的技术方案，并以此为基础将现有技术和本专利的制药用途划分为治疗轻度革兰氏阳性菌感染与严重革兰氏阳性菌感染。本专利是针对潜霉素的新的医药适应症，现有技术中的潜霉素并不能用于治疗这一新的适应症，现有技术和本专利的具体适应症完全不同，两者没有任何交叉重合。本专利新的适应症已经导致本专利与现有技术的制药用途实质不同。假设本案应当适用的是《审查指南》(2006年修订）的规定，根据该《审查指南》第二部分第十章5.4（1）有关物质医药用途新颖性审查的规定，本专利权利要求1也应当具备专利法第二十二条第二款规定的新颖性。但第13188号决定及一、二审判决却错误适用了该《审查指南》(2006年修订）第二部分第十章5.4（4）的规定，造成了误判。在权利要求1具备新颖性的情况下，对其进行直接或间接限定的从属权利要求2～8、10～15也具备新颖性。(2)“不产生骨骼肌毒性”是本专利对现有技术的贡献所在，是本专利区别于现有技术的关键功能和效果特征，使得本专利与现有技术的制药用途实质不同。现有技术在潜霉素高剂量给药时产生骨骼肌毒性，这种严重的致命毒性反应致使案外人（美国）伊莱利利公司被迫中止、主动放弃了在美国食品药品监督管理局的药物临床试验。本专利“不产生骨骼肌毒性”使得潜霉素在针对严重革兰氏阳性菌感染的治疗中，具备了真正的用药安全性及工业实用性，进而具备了治疗用途和制药用途。本专利所涉药品已通过美国食品药品监督管理局的批准，首次具备了真正可进入人体的潜霉素药品的制药用途。中华人民共和国国家食品药品监督管理总局（以下简称国家药监局）亦对进口药品注射用达托霉素核发证书，药品中文商品名为“克必信”。因此，现有技术公开的潜霉素的医药用途和本专利所要求保护的药品的制药用途，具有本质区别。一、二审判决将是否产生骨骼肌毒性仅仅看作是对药物副作用的认识，没有事实和法律依据。2. 第13188号决定和一、二审判决认定“给药剂量、重复给药和时间间隔特征属于医生用药过程的选择，对制药过程不产生限定作用”，认定事实错误。（1）制药过程不仅包括原料、单位剂量（药品规格）的确定、制备工艺及设备等，还包括药品的说明书、标签和包装的撰写以及印刷等药品出厂包装前的所有工序。本专利确定的给药剂量、重复给药、时间间隔等给药特征，直接影响到制药阶段生产的药品的单位剂量（即药品规格）和药品说明书、标签的撰写，对制药过程具有限定作用。在制药过程确定的药品说明书、标签又进一步决定了医生的处方用药行为。（2）第13188号决定和一、二审判决认定上述给药特征是体现在医生用药过程中对治疗方案的选择，不符合药品研发的一般规律，也不符合本案客观实际。在本专利申请日时，潜霉素还处在继续研发阶段，距离医生可以开处方的实际用药阶段还有很大距离，医生会严格按照说明书的给药剂量和时间间隔进行给药，并无自由选择的权利。3. 本专利权利要求1中潜霉素在制备治疗严重革兰氏阳性菌感染的药物中的用途是非显而易见的，取得了意料不到的“不产生骨骼肌毒性”的技术效果。证据6～8均没有披露本专利权利要求1限定的较低频率（每隔24小时至48小时一次）和较高浓度（3～75毫克/千克）的给药方案，现有技术也不存在这一技术方案的教导。第13188号决定和一、二审判决在评价本专利的创造性时，均未考虑采用本专利的技术方案制成的药品“克必信”已取得商业成功的事实，本专利权利要求1具备专利法第二十二条第三款规定的创造性。在权利要求1具备创造性的情况下，对其进行直接或间接限定的从属权利要求2～8，10～15相对于现有技术证据6或7或8或9，或两者的组合也具有创造性。4. 本专利申请日是1999年9月24日，应适用《审查指南》（1993年版）进行无效审查，只要本专利与现有技术存在区别技术特征，即应认定其具备新颖性。但是第13188号决定却适用了《审查指南》（2006年修订）中“关于物质医药用途权利要求新颖性审查标准”的相关规定，违反了“法不溯及既往”的规定，适用法律错误。综上，卡比斯特公司请求本院撤销一、二审判决和第13188号决定，对本案进行再审。

专利复审委员会提交意见认为，1. 本专利的给药方案也能用于治疗轻度革兰氏阳性菌引起的感染，本专利的适应症包括轻度革兰氏阳性菌引起的感染。2. 物质的制药用途实际上等同于药物的制备方法。本专利权利要求1中“不产生骨骼肌毒性”、给药剂量和时间间隔的限定，均未能使本专利权利要求1保护的制药用途区别于现有技术公开的已知制药用途。没有证据证明对潜霉素“不产生骨骼肌毒性”的副作用的进一步认识，能使本专利权利要求1～15保护的制药用途区别于现有技术公开的已知制药用途。3. 制药过程涉及药物的单位剂量，用药过程涉及给药剂量和时间间隔等。药物的给药剂量、时间间隔对药物制备本身不产生限定作用。本专利权利要求1中“不产生骨骼肌毒性”是通过改变给药方式带来的效果，并非产生于药物的制备过程。因此，本专利权利要求1～15不符合专利法第二十二条第二款、第三款的规定，不具备新颖性、创造性。4. 根据中华人民共和国国家知识产权局《关于施行修订后审查指南的过渡办法》的规定，第13188号决定适用《审查指南》（2006年修订）正确。

肖红提交意见认为，1. 本专利权利要求没有将潜霉素的制药用途限定为治疗严重革兰氏阳性菌引起的感染。从本专利说明书中，也不能得出专利权人试图将潜霉素的制药用途限定为治疗严重革兰氏阳性菌引起的感染。本专利没有发现潜霉素新的性能，也不是利用潜霉素新的性能做出的发明，不构成化学产品的用途发明。2. 现有技术公开了潜霉素可以治疗细菌感染的用途，也就公开了可以用于制备治疗细菌感染的药物。卡比斯特公司将专利法意义上的制药用途解释为制备满足药品监督行政管理部门要求的药品的用途，这必然会推导出，没有达到国家药监局批准制成为药物的产品只有“医药用途”而没有“制药用途”，通过国家药监局审批的药物是获得专利授权的必要条件的错误结论。显然，这种主张缺乏事实和法律依据，不能成立。3. 本专利技术方案是通过延长骨骼肌损害的修复时间，使得损害的骨骼肌可得以修复，降低骨骼肌毒性。本专利是采取合适的给药剂量和时间间隔来达到“不产生骨骼肌毒性”的治疗效果，这不能作为限定制药用途专利的技术特征。国家药监局在进行药品审批时希望降低潜霉素的副作用，达到临床用药的安全，但这不是制药用途专利获得授权的条件，对制药方法本身不具有实质性影响。本领域技术人员不能据此将本专利的制药用途与现有技术的制药用途区别开。4. 给药剂量、时间间隔通常与医生对治疗方案的选择密切相关，与药物及其制剂本身无必然联系。本专利保护的是制药用途，不涉及药品规格、说明书及标签的撰写内容。药品说明书的内容与包装、流通和存储要求一样，均是国家药监局对特定剂型和规格的药物进行的规范，专利法意义上的制药用途不限于该特定剂型和规格，不受这些内容和要求的限制。给药剂量、时间间隔以及所期望达到的效果，对于制药用途权利要求不具有限定作用。5. 卡比斯特公司未举证证明权利要求 1 与现有技术公开的潜霉素已知用途的作用机理、药理作用不同，也未证明给药剂量、时间间隔等对权利要求 1 具有限定作用。本专利是否取得商业成功，与权利要求 1 是否具备创造性无必然联系。因此，权利要求 1 及其从属权利要求相对于现有技术不具备新颖性、创造性。

一、二审审理查明：卡比斯特公司于 1999 年 9 月 24 日向中华人民共和国国家知识产权局申请了名称为“抗生素的给药方法”的发明专利，并于 2004 年 5 月 19 日获得授权，专利号为 99812498.2，要求 US60/101，828 和 US60/125，750 为优先权，优先权日分别为 1998 年 9 月 25 日和 1999 年 3 月 24 日。本专利授权公告的权利要求书为：

1. 潜霉素在制备用于治疗有此需要的患者细菌感染而不产生骨骼肌毒性的药剂中的用途，其中用于所述治疗的剂量是 3～75mg/kg 的潜霉素，其中重复给予所述的剂量，其中所述的剂量间隔是每隔 24 小时一次至每 48 小时一次。

2. 根据权利要求 1 所述的用途，其中所述的剂量间隔是每隔 24 小时给药一次。

3. 根据权利要求 1 所述的用途，其中所述的剂量是 3～12mg/kg。

4. 根据权利要求 1 所述的用途，其中所述的剂量是 10～25mg/kg。

5. 根据权利要求 1 所述的用途，进一步包括除潜霉素以外的抗生素的一种抗生素在制备用于治疗患者细菌感染的药剂中的用途。

6. 根据权利要求 5 所述的用途，其中所述的抗生素选自下列抗生素组成的组：青霉素类及相关药物、碳青霉烯类、头孢菌素类及相关药物、氨基糖苷类、杆菌肽、短杆菌肽、莫匹罗星、氯霉素、甲砜霉素、褐霉酸钠、林可霉素、氯林可霉素、大环内酯类、新生霉素、多粘菌素、利福霉素、大观霉素、四环素、万古霉素、替考拉宁、蜜柑霉素类、抗叶酸药包括磺胺类药、甲氧苄啶及其组合物和乙胺嘧啶、合成的抗菌药、硝基呋喃类、孟德拉胺、马尿酸乌洛托品、硝基咪唑类、喹诺酮类、氟喹诺酮类、异烟肼、乙胺丁醇、吡嗪酰胺、对氨基水杨酸（PAS）、环丝氨酸、卷曲霉素、乙硫异烟胺、丙硫异烟胺、氨苯硫脲和紫霉素。

7. 根据权利要求 5 所述的用途，其中所述的抗生素选自亚胺培南、阿米卡星、奈替米星、磷霉素、庆大霉素和替考拉宁组成的组。

8. 根据权利要求 5 所述的用途，其中所述的剂量是口服、皮下或静脉内剂量。

9. 根据权利要求 7 所述的用途，其中所述的剂量是 3 ~ 12mg/kg。

10. 根据权利要求 2 所述的用途，其中所述的剂量是 10 ~ 25mg/kg。

11. 根据权利要求 2 所述的用途，其中所述的剂量是 25 ~ 75mg/kg。

12. 根据权利要求 1 或 2 所述的用途，其中所述的剂量是口服、皮下或静脉内剂量。

13. 根据权利要求 1 或 2 所述的用途，其中将潜霉素给予 3 天至 6 个月。

14. 根据权利要求 1 或 2 所述的用途，其中将潜霉素给予 7 天至 28 天。

15. 根据权利要求 1 或 2 所述的用途，其中将潜霉素给予 7 天至 14 天。

2008 年 6 月 4 日，肖红针对本专利向专利复审委员会提出无效宣告请求。其提交的证据 6 为《玫瑰孢链霉菌及氟链红菌产生的脂肽抗生素》英文文献及其中文译文。证据 6 公开了在 2 毫克/千克每 24 小时剂量下，潜霉素显示出有效治疗多种革兰氏阳性感染，在 3 毫克/千克每 12 小时的剂量下注意到偶发的副作用，并公开了潜霉素的抗菌机理。证据 7 为《潜霉素——一种新的抗革兰氏阳性菌感染药物》英文文献及其中文译文，公开了潜霉素可用于治疗细菌感染，患者单独用潜霉素与潜霉素加氨基糖苷类（庆大霉素或托普霉素）治疗相比，取得了类似百分比的有利效果，还公开了潜霉素与阿米卡星的联合给药。证据 8 为名称“无水－和异构体－A－21978 环肽”的美国专利及其中文译文。公开了制药学纯化的 LY146032（即潜霉素）或其盐可以配制为口服或非胃肠给药的制剂，用于治疗或预防细菌感染。证据 9 为《潜霉素（LY146032）单独使用或同阿米卡星联合应用与万古霉素的血清细菌滴度和杀菌速率的体外研究》英文文献及其中文译文。公开了潜霉素单独以及与阿米卡星联合抗菌的试验，潜霉素与庆大霉素或头孢曲松的联用对抗粪肠球菌通常具有协同作用。

2008 年 11 月 10 日，专利复审委员会进行了口头审理。审理过程中，卡比斯特公司声明以本专利授权公告文本作为审查基础并声明删除权利要求 9。

2009 年 4 月 7 日，专利复审委员会作出第 13188 号决定，宣告本专利权全部无效。主要理由为，1. 关于权利要求 1 的新颖性。（1）由于没有证据表明对潜霉素不产生骨骼肌毒性的副作用的进一步认识能使权利要求 1 保护的制药用途区别于证据 6 公开的已知制药用途；同时，本领域技术人员公知给药剂量、重复给药和时间间隔特征是医生在治疗过程中，针对患者进行选择和确定的信息，属于用药过程的信息，与制药过程无关。因此，给药剂量、重复给药和时间间隔特征对药物本身不产生限定作用，不能使权利要求 1 的制药用途区别于证据 6 公开的已知制药用途，权利要求 1 的制药用途与证据 6 公开的用途实质相同，不具备新颖性。(2) 权利要求 1 与证据 7 或证据 8 相比，虽然进一步包括“其中用于所述治疗的剂量是 3～75mg/kg 的潜霉素，其中重复给予所述的剂量，其中所述的剂量间隔是每隔 24 小时一次至每 48 小时一次”的内容。但是，这些信息不能使权利要求 1 的制药用途中的药剂区别于证据 7 或证据 8 中公开的潜霉素药物制剂，不能使权利要求 1 的制药用途区别于证据 7 或证据 8 公开的已知用途。权利要求 1 的制药用途与证据 7 或证据 8 公开的用途实质相同，不具备新颖性。2. 关于创造性。阿米卡星和庆大霉素是氨基糖苷类抗生素，头孢曲松属于头孢菌素类及相关药物，权利要求 6 与证据 9 相比，区别仍在于权利要求 6 进一步包括了潜霉素的给药剂量和时间间隔的特征。由于给药剂量和时间间隔与制药过程无关，对药物本身没有限定作用，不能使权利要求 6 中将所述抗生素限定为选自氨基糖苷类和头孢菌素类及相关药物的技术方案（以下简称权利要求 6b）以及权利要求 7 中将所述抗生素限定为选自阿米卡星和庆大霉素的技术方案（以下简称权利要求 7b）区别于证据 9 的技术方案。因此，权利要求 6b 和 7b 相对于证据 9 缺乏新颖性，相对于证据 6 与证据 9 的结合显然更不具有突出的实质性特点和显著的进步，不具备创造性。权利要求 6 中将所述抗生素限定为选自除氨基糖苷类外和头孢菌素类及相关药物之外的其他抗生素的技术方案（以下简称权利要求 6c）和权利要求 7 中将所述抗生素限定为亚胺培南、奈替米星、磷霉素和替考拉宁的技术方案（以下简称权利要求 7c）与证据 9 相比，区别在于权利要求 6 进一步包括了潜霉素的给药剂量和时间间隔以及与潜霉素一起使用的抗生素的种类，由于给药剂量和时间间隔与制药过程无关，对药物本身没有限定作用，并且权利要求 6c 和 7c 中进一步限定的抗生素都是本领域已知用于治疗细菌感染的抗生素，本领域技术人员可以预见潜霉素与这些已知抗生素一起仍可用作治疗细菌感染的药物，且没有证据表明潜霉素与权利要求 6c 和 7c 中进一步限定的抗生素一起产生了意料不到的技术效果，故权利要求 6c 和 7c 的技术方案相对于证据 9 不具有突出的实质性特点和显著进步，相对于证据 6 与证据 9 的结合显然也不具备创造性。由于权利要求 8 不享受优先权，证据 7 构成其现有技术。权利要求 8 与证据 7 区别在于权利要求 8 进一步包括了潜霉素的给药剂量和时间间隔以及将潜霉素与其他抗生素一起制备成口服、皮下或静脉给药形式的特征。由于给药剂量和时间间隔与制药过程无关，对药物本身没有限定作用，而口服、皮下和静脉内给药形式是制药领域最惯用的给药形式，本领域技术人员在证据 7 的基础上，显然能够预见潜霉素与其他抗生素一起制成口服、皮下或静脉内给药制剂后仍可用于治疗细菌感染，并且根据说明书的记载，没有证据表明对口服、皮下或静脉给药形式的进一步限定产生了意料不到的技术效果，因此，权利要求 8 相对于证据 7 不具备创造性。权利要求 12 将引用权利要求 1 的技术方案［以下简称权利要求 12（1)］的给药剂量进一步限定为口服［以下简称权利要求 12（1a)］、皮下［以下简称权利要求 12（1b)］或静脉内［以下简称权利要求 12（1c)］剂量，权利要求 12 将引用权利要求 2 的技术方案［以下简称权利要求 12（2)］的给药剂量进一步限定为口服剂量［以下简称权利要求 12（2a)］、或者皮下［以下简称权利要求 12（2b)］或静脉内［以下简称权利要求 12（2c)］剂量，所述剂量分别隐含了对皮下、口服或静脉内给药剂型的限定。由于权利要求 12（1）不享受优先权，证据 6、证据 7 和证据 8 均构成其现有技术。证据 8 公开了潜霉素或其盐可以配制为口服或非胃肠给药的制剂用于治疗或预防细菌感染，在权利要求 1 相对于证据 8 不具备新颖性的情况下，权利要求 12（1a）的技术方案已被证据 8 公开，相对于证据 8 不具备新颖性，更不具备创造性；权利要求 12（1b）和 12（1c）的技术方案与证据 8 相比，除潜霉素的给药剂量和时间间隔外，区别在于其分别进一步限定了药剂是皮下、静脉内给药形式。由于给药剂量和时间间隔与制药过程无关，对药物本身没有限定作用，且皮下和静脉内给药都是常见的给药形式，本领域技术人员显然可以预见将潜霉素制成皮下、静脉内给药的形式可用于治疗细菌感染，且根据说明书的记载，没有证据表明对皮下和静脉内给药形式的进一步限定产生了意料不到的技术效果，因此，权利要求 12（1b）和 12（1c）相对于证据 8 不具有突出的实质性特点和显著进步，不具备创造性。故，权利要求 12（1）相对于证据 8 不具备创造性。基于上述权利要求 12（1）相对于证据 8 缺乏创造性的相同理由，权利要求 12（1）相对于证据 6 或证据 7 也不具有突出的实质性特点和显著进步，不具备创造性。权利要求 12（2a）和 12（2c）的技术方案基于证据 4 的优先权成立，证据 6 构成其现有技术。证据 6 公开了潜霉素作为抗生素可治疗细菌感染。权利要求 12（2a）和 12（2c）的技术方案与证据 6 相比，除潜霉素的给药剂量和时间间隔外，区别还在于其分别进一步限定了药剂是口服、静脉内给药形式。由于给药剂量和时间间隔与制药过程无关，对药物本身没有限定作用，并且口服、静脉内给药都是常见的给药形式，本领域技术人员显然可以预见将潜霉素制成口服、静脉内给药的形式可用于治疗细菌感染，且根据说明书的记载，没有证据表明对口服和静脉内给药形式的进一步限定产生了意料不到的技术效果，因此，权利要求12（2a）和12（2c）相对于证据6不具有突出的实质性特点和显著进步，不具备创造性。权利要求12（2b）的技术方案的优先权不成立，证据6、证据7和证据8均构成其现有技术。权利要求12（2b）分别与证据6、证据7或证据8相比，除潜霉素的给药剂量和时间间隔外，区别均在于其进一步限定了药剂是皮下给药形式。由于给药剂量和时间间隔与制药过程无关，对药物本身没有限定作用，皮下和静脉内给药都是常见的给药形式，本领域技术人员显然可以预见将潜霉素制成皮下给药的形式可用于治疗细菌感染，且说明书中没有证据表明对皮下给药形式的进一步限定产生了意料不到的技术效果，因此，权利要求12（2b）相对于证据6、证据7或证据8不具有突出的实质性特点和显著进步，不具备创造性。

卡比斯特公司以第13188号决定事实认定不清、适用法律错误为由，向北京市第一中级人民法院提起行政诉讼。一审法院以（2009）一中行初字第1847号行政判决维持了第13188号决定。关于权利要求1～5、6a、7a、10～11、13～15中限定的“不产生骨骼肌毒性”以及给药剂量、重复给药和时间间隔特征是否具有限定作用，一审法院认为，是否产生骨骼肌毒性是对药物副作用的认识，该认识并未使得上述权利要求所要求保护的用途与现有技术公开的已知用途实质上不同，卡比斯特公司也认可二者在适应症上是相同的，本领域的技术人员看不出，并且卡比斯特公司也不能够说明对制药用途采用“不产生骨骼肌毒性”的限定使其与现有技术公开的已知用途有何区别。因此，对卡比斯特公司关于“不产生骨骼肌毒性”对上述制药用途权利要求具有限定作用的主张不予支持。本专利上述权利要求中记载的给药剂量、重复给药和时间间隔特征与医生对治疗方案的选择有关，与药物和其制剂本身以及其制备方法均没有必然的联系，因此，所述特征仅仅体现在用药过程之中，对制药过程不具有限定作用，从而对制药用途权利要求的保护范围没有限定作用，不能使上述权利要求所要求保护的用途区别于现有技术公开的已知用途，第13188号决定认定权利要求1～5、6a、7a、10～11、13～15不具备新颖性，并无不当，并且专利复审委员会明显是在考虑了所述特征之后才作出上述权利要求不具备新颖性的认定，符合《审查指南》的相关规定。针对卡比斯特公司在一审诉讼中为支持其诉讼请求提交的（2008）高行终字第378号行政判决书，一审法院对于卡比斯特公司提交的证据（2008）高行终字第378号行政判决书认为，该案件与本案的具体情况不同，该判决不是评判专利复审委员会作出第13188号决定是否合法的依据。针对卡比斯特公司提出给药的药物研发过程是制药过程的延续，本专利的给药方式使得潜霉素的实际应用成为可能，给药特征应当具有限定作用的主张，一审法院肯定卡比斯特公司确实对现有技术作出了改进的同时，认定该改进为确定给药剂量、重复给药和时间间隔，即如何使用药物治疗疾病。仅体现在用药过程中，并没有体现在制药过程中，对于这种改进，制药用途权利要求并不能给予保护。

卡比斯特公司不服该一审判决，向北京市高级人民法院提起上诉。二审法院以（2010）高行终字第547号行政判决判令，驳回上诉，维持原判。二审法院主要认为：1. 关于新颖性。本专利权利要求中记载的给药剂量、重复给药和时间间隔特征与医生对治疗方案的选择有关，与药物和其制剂本身以及其制备方法均没有必然的联系。因此，所述特征仅体现在用药过程之中，对制药过程不具有限定作用，从而对制药用途权利要求的保护范围没有限定作用，不能使上述权利要求所要求保护的用途区别于现有技术公开的已知用途。专利复审委员会在考虑了所述特征之后，认定权利要求1～5、6a、7a、10～11、13～15不具备新颖性，符合《审查指南》的相关规定，并无不当。卡比斯特公司关于专利复审委员会及一审法院就本专利新颖性认定错误的上诉主张不能成立，不予支持。2. 关于本专利创造性的争议焦点仍然在于上述权利要求中限定的“不产生骨骼肌毒性”以及给药剂量、重复给药和时间间隔特征对其是否具有限定作用，从而能够使其所要求保护的技术方案具有创造性。如前所述，“不产生骨骼肌毒性”以及给药剂量、重复给药和时间间隔特征对制药用途权利要求没有限定作用，因此，不能够使其所要求保护的技术方案具备创造性。

卡比斯特公司向本院申请再审后，先后四次向本院提交了补充证据1～18，证据名称及证明目的如下：

补充证据1：《注射用达托霉素克必信国药准字J20100001的说明书》。用于证明：（1）潜霉素的单位剂量对药品规格进行了具体限定，也决定了药品说明书及标签的撰写；（2）潜霉素的给药剂量、时间间隔并不是用药过程中医生对治疗方案的选择结果，而是在研发、制药过程中已经事先为用药过程确定的信息。

补充证据2：（2012）京中信内经证字13685号公证书。内容为2008年德勤北美高科技成长最快500强名单。用于证明2008年卡比斯特公司排名德勤北美高科技成长最快企业第40位，获得巨大商业成功。

补充证据3：（2012）京中信内经证字13687号公证书。内容为CNN财富2010年成长最快的100强企业排名。用于证明2010年卡比斯特公司排名第31

位，获得巨大商业成功。

补充证据4：（2012）京中信内经证字13686号公证书。内容为卡比斯特公司2011年年度报告。用于证明卡比斯特公司最近5年的公司财务收入以及“克必信”药品的收入。

补充证据5：（2012）京中信内经证字13688号公证书。内容为《药物快报》2009年2月9日有关卡比斯特公司的报道。用于证明卡比斯特公司在2008年全年收入同比增长47%，是由于“克必信”药品的销售而带动的。

补充证据6：（2012）京中信内经证字14396号公证书。内容为美国联合通讯社2010年1月11日有关卡比斯特公司销售业绩的评论报道。用于证明卡比斯特公司2008年、2009年收入及其增长主要来自“克必信”药品的商业成功。

补充证据7：（2012）京中信内经证字13684号公证书。内容为路透通讯社2011年4月14日有关卡比斯特公司的报道。用于证明“克必信”药品的销售收入占据卡比斯特公司年收入的90%以上，在国际上的销售收入增长了30%。

补充证据8：（2012）京中信内经证字13683号公证书。内容为ZACKS证券投资分析2012年1月11日有关卡比斯特公司销售业绩的评论报道。用于证明卡比斯特公司2011年收入继续增长，主要来自“克必信”药品的商业成功。

补充证据9：（2012）京中信内经证字15180号公证书。内容为《美国医学新闻》2007年6月有关生物科技公司的百强榜，其中记载卡比斯特公司2004年至2006年的年收入以及年净收益、每股收益。用于证明“克必信”药品的商业成功。

补充证据10：（2012）京中信内经证字15178号公证书。内容为道琼斯新闻通讯社2008年5月7日有关卡比斯特公司“克必信”药品销售情况的分析报道。用于证明“克必信”药品的商业成功。

补充证据11：（2012）京中信内经证字15177号公证书。内容为《今日生物世界》于2007年3月23日有关卡比斯特公司对“克必信”药品在日本的市场开发和商业运作签订许可协议的报道。用于证明卡比斯特公司的商业成功。

补充证据12：（2012）京中信内经证字15179号公证书。内容为《美国商业资讯》2006年12月4日关于卡比斯特公司授权阿斯利康制药有限公司对“克必信”药品在中国进行开发和营销许可的报道。用于证明卡比斯特公司的商业成功。

补充证据13：阿斯利康制药有限公司2010年1月4日关于注射用达托霉素

国药准字 J20100001 的说明书、标签备案情况的承诺书。证明目的同证据 1。

补充证据 14：知识产权出版社 2004 年 4 月出版的《化学领域发明专利申请文件撰写与审查》。用于证明制药过程包括药品出厂前的所有步骤，例如药品说明书及标签的撰写和印刷等。

补充证据 15：国家药监局 2008 年 6 月 3 日发布的《关于印发化学药品技术标准等 5 个药品审评技术标准的通知》（国食药监注〔2008〕271 号）及其附件《化学药品技术标准》。用于证明药品的用法用量、剂型等特点是确定药品规格（单位剂量）的重要因素。

补充证据 16：国家药监局 2011 年 2 月 14 日发布的《药品生产质量管理规范（2010 年修订）》。用于证明药品生产质量管理的基本要求中包含了有关药物包装材料和标签的规定，进而证明制药过程必须包括药品说明书及标签的撰写和印刷等。

补充证据 17：国家药监局 2007 年《关于药品 GMP 认证检查评定标准》（国食药监安〔2007〕648 号）。用于证明药品良好生产规范认证检查项目中包括了药品标签、说明书，进而证明药品标签、说明书在制药过程中的重要性。

补充证据 18：人民卫生出版社 2001 年出版的《药理学》。用于证明药物副作用是指与治疗目的无关的作用，会给患者带来轻微的不舒适或者痛苦，本专利的骨骼肌毒性并非药物副作用。

专利复审委员会质证认为，补充证据 1～18 均系二审后提交的证据，没有在无效行政程序中提交，应当不予采纳。

肖红质证认为：首先，补充证据 1～18 不属于《最高人民法院关于适用〈中华人民共和国民事诉讼法〉审判监督程序若干问题的解释》第十条规定的“新的证据”，不能用于证明本专利的新颖性和创造性。其次，补充证据 1、13 是药品说明书，补充证据 15～17 是药品监督管理行政部门针对药品生产企业制定的规范性文件，补充证据 14、18 均是仅代表作者个人观点的书籍，且该观点与多年审查实践相冲突。以上补充证据均不能证明本专利“给药剂量、时间间隔”直接决定了药品说明书的撰写，更不能证明“给药剂量、时间间隔”对制药过程具有限定作用。不能证明本专利的新颖性和创造性。最后，符合国家药监局要求的新药以及成功开发了新的用药方法，都与认定本案涉及的制药用途权利要求是否具备新颖性、创造性无关。

肖红向本院提交了反证 1～4。证据名称及证明目的如下：

反证1、2：第8517号无效宣告请求审查决定以及该决定涉及的公告号为CN1044820A，名称为“胰岛素类似物”发明专利的公开文本。用于证明现有技术公开了某种物质可以用于治疗某种疾病，即公开了该物质的制药用途。本领域技术人员可以毫无疑义地确定该物质可以用于制备治疗该种疾病的药品。

反证3：公告号为CN102178725B，名称为“黄花草木犀总皂苷及其制备方法和医药用途”发明专利的公开文本。用于证明药效数据可以仅涉及细胞试验和动物实验，已授权专利中包括大量未获得药品监督管理行政部门批准的制药用途专利。

反证4：公告号为CN101189252B，名称为“抗生素107891、其因子A1和A2、可药用盐和组合物及其用途”发明专利的公开文本。用于证明药效数据可以仅涉及体外生物学活性实验和动物体内生物学活性实验。已授权专利中包括大量未获得药品监督管理行政部门批准的制药用途专利。

卡比斯特公司对于反证1～4的真实性予以认可，但认为与本案无关联性。

专利复审委员会对反证1～4未发表意见。

本院对申请再审阶段卡比斯特公司和肖红提交的证据认证意见如下：1. 关于卡比斯特公司提交的补充证据。补充证据3、4、7、8、16系二审庭审结束后形成的证据，参照《中华人民共和国民事诉讼法》第二百条第一款第（一）项以及《最高人民法院关于适用〈中华人民共和国民事诉讼法〉审判监督程序若干问题的解释》第十条第一款第（一）项的规定，本院予以采纳。补充证据1、2、5、6、9～15、17、18，均系二审庭审结束前已经形成的证据，卡比斯特公司无证据证明上述13份补充证据是因客观原因无法取得或者在规定的期限内不能在二审中提供，因此，人民法院一般不予采纳。但鉴于本专利专利权已被宣告全部无效，卡比斯特公司提交上述补充证据是用于证明本专利具备新颖性、创造性，如果依据该补充证据确实足以推翻第13188号决定和一、二审判决关于新颖性和创造性的认定，仅是由于提交证据的时间因素而被拒绝采纳，卡比斯特公司对其专利权将丧失最后的救济机会，这种结果对专利权人而言，显属不公。因此，本院对以上补充证据予以采纳。至于卡比斯特公司提交的补充证据能否支持其主张而予以采信，本院将结合本案的焦点问题，在后文具体评述。2. 因肖红提交的反证1～4均与本案无关联性，故本院不予采纳。

对于肖红在无效行政程序中提交的证据7《潜霉素——一种新的抗革兰氏阳性菌感染药物》，卡比斯特公司在本院于2012年11月13日进行的询问中提出，证据7中文译文第1页第2段记载的给药方案为“24小时给予3毫克/千克剂量的潜霉素”，第10页表8记载的治疗方案为“3毫克/千克，24小时”。但证据7的英文原文中从未出现过3毫克/24小时的给药方案。卡比斯特公司主张证据7的译文错误直接导致本专利的给药方案与现有技术披露的方案相同，误导了第13188号决定及一、二审法院对本专利新颖性的判断。

一、二审法院审理查明的事实属实，本院予以确认。本院另查明，证据7中文译文第一页第15行记载的“24小时给予3毫克/千克”，第10页表8记载的“3毫克/千克，24小时”，以及第12页表11记载的“3毫克/千克，24小时”，均系将英文12小时误译为“24小时”。此外，中文译文第12页表12中将英文3毫克/千克，12小时误译为“2毫克/千克，24小时”，中文译文第13页第8行“4毫克/千克”之后遗漏了“12小时”。

本院认为：本案争议焦点为本专利权利要求是否具备新颖性、创造性。具体涉及以下问题：1. 本专利权利要求1与现有技术公开的药物用途是否相同，“不产生骨骼肌毒性”是否对药物用途具有限定作用。2. 本专利权利要求1中的给药剂量、时间间隔是否对请求保护的制药用途权利要求具有限定作用。3. 第13188号决定对本专利新颖性、创造性的评价是否正确。4. 证据7的中文译文错误是否导致第13188号决定对本专利新颖性认定错误。5. 第13188号决定适用法律是否错误。

1. 本专利权利要求1与现有技术公开的药物用途是否相同，“不产生骨骼肌毒性”是否对药物用途具有限定作用。

首先，本专利授权公告的权利要求1为：“潜霉素在制备用于治疗有此需要的患者细菌感染而不产生骨骼肌毒性的药剂中的用途，其中用于所述治疗的剂量是3~75mg/kg的潜霉素，其中重复给予所述的剂量，其中所述的剂量间隔是每隔24小时一次至每48小时一次。”其中涉及药物用途的用语为“治疗有此需要的患者细菌感染而不产生骨骼肌毒性”。本专利说明书第1页第1段记载：“本发明涉及诸如潜霉素（daptomycin或译为达托霉素）这样的脂肽抗生素的给药的改进方法，这种抗生素对包括抗生素抗性菌株在内的革兰氏阳性菌具有有效的杀菌活性。本发明还提供了给予对包括抗生素抗性菌株在内的革兰氏阳性菌也具有有效的杀菌活性的奎奴普丁/达福普汀的改进方法。”本专利权利要求1仅限定潜霉素用于治疗细菌感染，并没有对所感染的细菌类型以及感染程度进行限定，在本专利说明书中，也没有公开本专利只适用于敏感菌的深度感染。相反，说明书中多处记载，“本发明的方法可以用于治疗患有由任意类型的革兰氏阳性菌导致或加重感染的细菌感染患者”“可以将本发明的方法用于体内任何器官或组织的革兰氏阳性菌感染。这些器官或组织包括但不限于骨骼肌、皮肤、血流、肾、心脏、肺和骨”“可以将本发明的方法用于治疗包括不同类型的革兰氏阳性菌或包括革兰氏阳性菌和革兰氏阴性菌的混合型感染”。显然，本专利在申请日时主张的保护范围针对的是潜霉素敏感菌感染的制药用途，包括了革兰氏阳性菌导致的任何感染，并非是卡比斯特公司申请再审所主张的严重的革兰氏阳性菌感染。

其次，“不产生骨骼肌毒性”不是患者在潜霉素施用之前呈现的症状，而是患者在施用潜霉素之后身体中某些指标发生变化的结果，体现的是药物本身是否具有毒副作用。例如，使用潜霉素后不产生骨骼肌毒性，其针对的是细菌感染，使用潜霉素后产生了骨骼肌毒性，其针对的也是细菌感染。就潜霉素本身的用途而言，二者并没有任何区别。卡比斯特公司主张，根据补充证据18《药理学》中有关副作用及不良反应的定义，现有技术在潜霉素高剂量给药时“产生骨骼肌毒性”，该毒性作用不等同于副作用，而是属于不良反应中的毒性反应，因此，本专利权利要求1中的“不产生骨骼肌毒性”对本专利请求保护的制药用途具有限定作用，区别于现有技术公开的已知用途。本院认为，从药理学上讲，副作用和毒性反应具有不同的含义，一般毒性反应较副作用的危害大，但两者均属于药物不良反应的范畴，在医学实践中通常被统称为药物的“毒副作用”。没有证据能够表明药物一旦具有毒性反应就没有临床应用的前景，本领域技术人员一旦发现药物的毒性反应就会停止对药物的研发。潜霉素具有一定的毒性作用并不排斥其成为一种抗菌药物进行研发。本专利“不产生骨骼肌毒性”仅是改善了潜霉素的不良反应，使得骨骼肌毒性降低，并没有改变潜霉素本身的治疗对象和适应症，更没有发现药物的新性能。本专利在撰写中采用“不产生骨骼肌毒性”的限定，没有使其与现有技术公开的已知用途产生区别，对药物用途本身不具有限定作用，对本专利权利要求并未产生限定作用。

最后，证据6《玫瑰孢链霉菌及氟链红菌产生的脂肽抗生素》公开了潜霉素可用于制备治疗细菌感染的药物，包括治疗轻度和深度革兰氏阳性菌感染的技术内容。证据6公开了“玫瑰孢链霉菌 NRRL1379 产生的 A21978C，是一种酸性的脂肽化合物（1）。环状缩酚肽（图 1a）含有 13 个氨基酸环化形成 10 个氨基酸环”。证据6还公开了“在 2 毫克/千克每 24 小时剂量下，潜霉素显示出有效治疗多种革兰氏阳性感染，在 3 毫克/千克每 12 小时的剂量下注意到偶发的副作用”“单独使用潜霉素的高浓度剂量对治疗心内膜炎是有效的”。除了证据 6 以外，现有技术证据 7 中也公开了“一天一次的给药频率使得潜霉素成为治疗严重革兰氏阳性菌的一个很好选择”“仅在高剂量给予潜霉素时才会出现可逆性的骨骼肌毒性”“潜霉素有望成为安全有效的一线药物抵抗多种的革兰氏阳性菌”等内容。可见，现有技术公开了潜霉素可用于治疗多种革兰氏阳性菌感染的医药用途的同时，还公开了在高剂量使用治疗深度感染时，会出现可逆性的骨骼肌毒性的技术内容。根据现有技术以及本专利记载的有关内容，本领域技术人员并不会认定“不产生骨骼肌毒性”与治疗革兰氏阳性菌的深度感染有直接的对应关系。无法根据本专利权利要求 1 限定的“不产生骨骼肌毒性”，就得出本专利涉及的是治疗严重革兰氏阳性菌感染的制药用途，与现有技术公开的潜霉素已知用途存在实质上不同的结论。

综上，卡比斯特公司关于本专利限定了“不产生骨骼肌毒性”，该限定致使本专利针对的是新的适应症，导致本专利与现有技术的制药用途实质不同的申请再审理由，本院不予支持。第 13188 号决定和一、二审判决并不存在错误认定本专利的制药用途和已知用途的事实。

2. 本专利权利要求 1 中给药剂量、时间间隔是否对请求保护的制药用途权利要求具有限定作用。

本院认为，在化学领域发明专利的申请中，制药用途权利要求是一类特殊的权利要求。当物质的医药用途以“用于治病”“用于诊断病”“作为药物的应用”等这样的权利要求申请专利，会因为属于我国专利法第二十五条第一款第（三）项“疾病的诊断和治疗方法”，而不能被授予专利权。但若该物质用于制造药品，则可依法授予专利权。由于药品及其制备方法均可依法授予专利权，因此，物质的医药用途发明以药品权利要求或者以“在制药中的应用”，“在制备治疗某病的药物中的应用”等属于制药方法类型的用途权利要求申请专利的，则不属于专利法第二十五条第一款第（三）项规定的情形。为了保护发明人对于现有技术的创新性贡献，实现专利法保护创新、鼓励发明创造的立法宗旨，在相当长时间的专利审查实践中，国务院专利行政管理机关均允许将那些发明实质在于药物新用途的发明创造，撰写成制药方法类型的权利要求来获得专利权，如“化合物 X 作为制备治 Y 病药的应用”或与此类似的形式。其实质上是针对物质的医药用途发明创造所作的特别规定，通过给医药用途发明创造提供必要的保护空间和制度激励，平衡社会公众与权利人的利益。经过多年的审查实践，已被普遍认可和接受。《审查指南》在关于化学领域发明专利申请审查的若干规定中明确，化学物质的用途发明是基于发现物质新的性能，利用此性能而作出的发明。无论是新物质还是已知物质，其性能是物质本身所固有的，用途发明的本质不在于物质本身，而在于物质性能的应用。因此，用途发明是一种方法发明，其权利要求属于方法类型。对此问题，《审查指南》（1993 年版）与历次修订的《审查指南》亦均作出了基本相同的规定。当发明的实质及其对现有技术的改进在于物质的医药用途，申请人在申请专利权保护时，应当按照《审查指南》的相关规定，将权利要求撰写为制药方法类型权利要求，并以与制药相关的技术特征，对权利要求的保护范围进行限定。

在实践中，给药对象、给药形式、给药剂量、时间间隔等是此类权利要求中经常出现的特征，而且，还存在并会不断出现形式和内容各异的其他特征。分析各个技术特征体现的是制药行为还是用药行为，以及新用途与已知用途是否实质不同，对判定所要求保护的技术方案与现有技术是否具备新颖性非常关键。由于这类权利要求约束的是制造某一用途药品的制造商的制造行为，所以，仍应从方法权利要求的角度来分析其技术特征。通常能直接对其起到限定作用的是原料、制备步骤和工艺条件、药物产品形态或成分以及设备等。对于仅涉及药物使用方法的特征，例如药物的给药剂量、时间间隔等，如果这些特征与制药方法之间并不存在直接关联，其实质上属于在实施制药方法并获得药物后，将药物施用于人体的具体用药方法，与制药方法没有直接、必然的关联性。这种仅体现于用药行为中的特征不是制药用途的技术特征，对权利要求请求保护的制药方法本身不具有限定作用。

本案中，卡比斯特公司提交补充证据 14、15、16、17 主张，制药过程不仅包括原料、单位剂量（药品规格）的确定、制备工艺及设备等，还包括药品的说明书、标签和包装的撰写和印刷等药品出厂包装前的所有工序。补充证据 14 为涉及化学领域专利申请文件撰写的书籍，是作者的学术观点，且与仅体现在用药行为中的特征不是制药用途的技术特征相悖，不能作为认定本专利具备新颖性、创造性的依据。补充证据 15 ~ 17 是国家药监局的文件，旨在规范药品生产企业的制药生产过程，亦不能以此作为认定本专利新颖性、创造性的依据。本院对上述证据均不予采信。

卡比斯特公司提交的补充证据 1、13 主张，本专利的给药剂量、时间间隔并不是用药过程中医生对治疗方案的选择结果，而是在研发、制药过程中为用药过程确定的信息，与制药过程紧密相关。正是制药过程确定的药品说明书、标签才对随后发生的医生用药的处方行为产生了限制。因此，本专利的给药剂量、时间间隔等特征对制药过程具有限定作用。本院认为，首先，药品作为一种与人体健康、生命直接相关的特殊商品，其技术创新和研发的投资回报可以通过专利制度获得保障。药品的安全性、有效性和质量可控性则是通过严格的行政审批管理制度来规制。国家对物质的医药用途相关专利制度不同于对药品的行政管理制度，二者规范的目的、对象以及具体内容都存在实质性的区别。专利法意义上的制药过程通常是指以特定步骤、工艺、条件、原料等制备特定药物本身的行为，并不包括药品的说明书、标签和包装的撰写等药品出厂包装前的工序。其次，单位剂量通常是指每一药物单位中所含药物量，该含量取决于配制药物时加入的药量。给药剂量是指每次或者每日的服药量，指药物的使用分量，可由药物的使用者自行决定，如一天两次或一天三次地给药。属于对药物的使用方法。临床实践中，若单位剂量的药物含量没有达到用药量，可通过服用多个单位剂量的药物实现，若药物含量大于用药剂量，则减量服用。本专利权利要求 1 中记载的所述治疗的剂量是 3～75 毫克/千克，并没有限定是单位剂量还是给药剂量。本专利说明书也没有记载该剂量对制药过程及制药用途种类具有影响。作为本领域的技术人员，对于本专利权利要求 1 中记载的所述治疗的剂量是 3～75 毫克/千克，通常理解为是每千克的活性成分为 3～75 毫克，所限定的是给药剂量。针对患者个体修改服用方式，选择服用的药物剂量，从而达到药品的最佳治疗效果是用药过程中使用药物治病的行为，给药剂量的改变并不必然影响药物的制备过程，导致药物含量的变化。同样，本专利通过时间间隔形成的给药方案是用药过程中如何使用该药物的方法特征，属于体现在用药过程，不体现在制药阶段的医学实践活动。该用药过程的特征与药物生产的制备本身并没有必然的联系，没有对潜霉素的制备方法产生改变，影响药物本身，对制药过程不具有限定作用，不能使该制药用途具备新颖性。卡比斯特公司依据补充证据 1、13，主张药物的使用行为包括在制药的过程中，给药剂量对制药用途的权利要求产生限定作用，本院不予支持。

综上，本专利的技术方案是在给药剂量和时间间隔上的一种改进，没有改变潜霉素的抗菌机理、抗菌谱以及杀菌活性，没有改变潜霉素治疗疾病的已知用途。卡比斯特公司有关“给药剂量、时间间隔”等给药特征体现于药品说明书、标签，对制药过程具有限定作用的主张，本院不予支持。第 13188 号决定以及一、二审判决关于本专利给药剂量、时间间隔等特征对制药用途权利要求没有限定作用的认定，并无不当。

3. 本专利权利要求是否具备新颖性、创造性。

证据 6 公开了潜霉素可用于制备治疗细菌感染的药物。证据 7 也公开了潜霉素作为治疗细菌感染的药物，患者单独用潜霉素与潜霉素加氨基糖苷类（庆大霉素或托普霉素）治疗相比，取得了类似百分比的有利效果，还公开了潜霉素与阿米卡星的联合给药。证据 8 还公开了制药学纯化的 LY146032（即潜霉素）或其盐可以配制为口服或非胃肠给药的制剂用于治疗或预防细菌感染。本专利权利要求 1 与证据 7 或 8 相比，针对的药物用途是相同的，区别仅在于本专利权利要求 1 进一步包括给药剂量、时间间隔等特征。如前所述，给药剂量、时间间隔等特征属于药物制备完成后用药过程的方法特征，对制药过程不具有限定作用，不能使权利要求 1 的制药用途区别于已知制药用途。虽然本专利权利要求 1 包括了给药剂量、时间间隔等特征，但这些属于给药方法的特征对制药过程不具有限定作用，不能使权利要求 1 的制药用途区别于已知制药用途，对权利要求 1 请求保护的药物制备方法不具有限定作用。第 13188 号决定和一、二审判决认定权利要求 1 不具备新颖性，并无不当。

对于其他从属权利要求的新颖性，卡比斯特公司并未提出具体的理由，而是认为因为权利要求 1 具备新颖性，故其他从属权利要求也具备新颖性。如前所述，权利要求 1 相对于证据 7 或 8，不具备新颖性，故卡比斯特公司有关从属权利要求 2～15 具备新颖性的主张，本院不予支持。

关于本专利权利要求是否具备创造性。本院认为，发明在商业上取得成功是创造性判断过程中需要考虑的因素。当发明在商业上获得成功时，如果这种成功是由于发明的技术特征直接导致的，则一方面反映了发明具有有益效果，同时也说明了发明是非显而易见的，因而这类发明具有突出的实质性特点和显著的进步，具备创造性。卡比斯特公司提交补充证据 2～12 用于证明本专利取得了商业上的成功。由于卡比斯特公司提交的上述证据仅能证明“克必信”药品已取得商业成功，但不能证明这种成功是由于发明的技术特征，即对权利要求有具体限定作用的、使其区别于现有技术的技术特征直接导致的，因此，不能证明本专利相对于现有技术具备创造性。本院对于补充证据 2～12 不予采信。第 13188 号决定和一、二审判决对本专利不具备创造性的评价，并无不当。

4. 证据 7 的翻译错误是否导致错误地评价了本专利新颖性。

经审查，在第 13188 号决定中，对于证据 7 的有关认定仅涉及潜霉素作为治疗细菌感染的药物部分以及联合用药的部分，即第2页第11～16行以及第11页第6～13行，并未引用存在错误的译文内容，而且，除证据7以外，该决定还引用了证据6、8、9评价本专利的新颖性和创造性。因此，证据7的译文错误并未导致本领域技术人员发生错误的理解。卡比斯特公司提出证据7的译文错误导致第13188号决定以及一、二审判决对本专利的新颖性评价错误的主张，与事实不符，本院不予支持。

5. 第13188号决定适用法律是否错误。

《中华人民共和国专利法》（1992年修正）第二十二条第二款规定，“新颖性，是指在申请日以前没有同样的发明或者实用新型在国内外出版物上公开发表过、在国内公开使用过或者以其他方式为公众所知，也没有同样的发明或者实用新型由他人向专利局提出过申请并且记载在申请日以后公布的专利申请文件中”①。不具备新颖性并不意味着现有技术以完全相同的方式公开了权利要求记载的技术特征。例如，如果权利要求所请求保护的技术方案与一项现有技术的区别仅仅是所属领域中常见手段的直接置换，则该发明同样也不具备新颖性。在化学领域发明专利申请中，给药对象、给药形式、给药剂量及时间间隔等与使用有关的特征是否对制药过程具有限定作用是新颖性审查时应当考虑的方面，虽然《审查指南》（2006年修订）对此规定了“仅是体现在用药过程中的区别特征，不能使该用途具备新颖性”，而之前的《审查指南》并无上述明确规定，但判断权利要求是否符合专利法第二十二条第二款，所需要考虑的因素和秉持的原则多年来均是一致的，并不存在矛盾和冲突的规定。第13188号决定认为，没有证据表明对潜霉素不产生骨骼肌毒性的副作用的进一步认识能使本发明制药用途请求保护的治疗用途区别于现有技术的已知用途，同时，给药剂量、时间间隔特征体现在用药过程中，与制药过程无关，对药物本身不产生限定作用，不能使本发明的制药用途区别于现有技术的已知用途，该决定所依据的理由符合专利法第二十二条第二款的规定，不存在损害申请人信赖利益的情形。卡比斯特公司关于第13188号决定存在错误引用规章的申请再审理由，本院不予支持。

综上所述，一、二审法院的判决认定事实清楚，适用法律正确，符合法定程序。再审申请人卡比斯特公司的再审申请不符合《中华人民共和国行政诉讼法》第六十三条第二款、《最高人民法院关于执行〈中华人民共和国行政诉讼法〉若

① 对应2008年修正的《中华人民共和国专利法》第三十二条第二款。

干问题的解释》第七十二条规定的再审条件，依据《最高人民法院关于执行〈中华人民共和国行政诉讼法〉若干问题的解释》第七十四条之规定，裁定如下：

驳回卡比斯特制药公司的再审申请。

审　判　长　金克胜
代理审判员　罗　霞
代理审判员　杜微科
二〇一三年十一月十九日
书　记　员　张　博

109. 不产生特定毒副作用的特征对医药用途专利是否具有限定作用

——再审申请人卡比斯特制药公司与被申请人中华人民共和国国家知识产权局专利复审委员会发明专利权无效行政纠纷案

【裁判要旨】

如果权利要求中不产生特定毒副作用的特征没有改变药物已知的治疗对象和适应症，也未发现药物的新性能，不足以与已知用途相区别，则其对权利要求请求保护的医药用途发明不具有限定作用。

【关键词】

不产生特定毒副作用特征　限定作用　医药用途专利

【案号】

最高人民法院（2012）知行字第75号

【基本案情】

卡比斯特制药公司（以下简称卡比斯特公司）于1999年9月24日向中华人民共和国国家知识产权局申请了名称为“抗生素的给药方法”的发明专利（即本案专利），并于2004年5月19日获得授权。授权公告的权利要求为：“1. 潜霉素在制备用于治疗有此需要的患者细菌感染而不产生骨骼肌毒性的药剂中的用途，其中用于所述治疗的剂量是3～75mg/kg的潜霉素，其中重复给予所述的剂量，其中所述的剂量间隔是每隔24时一次至每48小时一次……”2008年6月4日，肖红针对本案专利向国家知识产权局专利复审委员会（以下简称专利复审委员会）提出无效宣告请求。其提交的证据6公开了在2毫克/千克每24小时剂量下，潜霉素显示出有效治疗多种革兰氏阳性感染，在3毫克/千克每12小时的剂量下注意到偶发的副作用，并公开了潜霉素的抗菌机理。证据7公开了潜霉素可用于治疗细菌感染，患者单独用潜霉素与潜霉素加氨基糖苷类（庆大霉素或托普霉素）治疗相比，取得了类似的有利效果，还公开了潜霉素与阿米卡星的联合给药。证据8公开了制药学纯化的潜霉素或其盐可以配制为口服或非胃肠给药的制剂，用于治疗或预防细菌感染。2009年4月7日，专利复审委员会作出第13188号无效宣告请求审查决定（以下简称第13188号决定），宣告本案专利权全部无效。专利复审委员会认为，没有证据表明对潜霉素不产生骨骼肌毒性的副作用的进一步认识能使权利要求1保护的制药用途区别于证据6公开的已知制药用途。同时，本领域技术人员公知给药剂量、重复给药和时间间隔特征是医生在治疗过程中，针对患者进行选择和确定的信息，属于用药过程的信息，与制药过程无关，不能使权利要求1的制药用途区别于证据6公开的已知制药用途。权利要求1的制药用途与证据6、证据7或证据8公开的用途实质相同，不具备新颖性和创造性。卡比斯特公司不服，提起行政诉讼。卡比斯特公司主张，现有技术在潜霉素高剂量给药时产生骨骼肌毒性，本案专利“不产生骨骼肌毒性”使得潜霉素在针对严重革兰氏阳性菌感染的治疗中，具备了真正的用药安全性及工业实用性，进而具备了治疗用途和制药用途。“不产生骨骼肌毒性”是本案专利区别于现有技术的关键功能和效果特征，使得本案专利与现有技术的制药用途实质不同，具备新颖性、创造性。北京市第一中级人民法院和北京市高级人民法院先后判决维持第13188号决定。卡比斯特公司不服，向最高人民法院申请再审。最高人民法院于2013年11月19日裁定驳回卡比斯特公司的再审申请。

【裁判意见】

最高人民法院审查认为：“不产生骨骼肌毒性”不是患者在潜霉素施用之前呈现的症状，而是患者在施用潜霉素之后身体中某些指标发生变化的结果，体现的是药物本身是否具有毒副作用。本案专利“不产生骨骼肌毒性”仅是改善了潜霉素的不良反应，使得骨骼肌毒性降低，并没有改变潜霉素本身的治疗对象和适应症，更没有发现药物的新性能。使用潜霉素后不产生骨骼肌毒性，其针对的适应症是细菌感染，使用潜霉素后产生了骨骼肌毒性，其针对的适应症也是细菌感染。就潜霉素本身的用途而言，二者并没有任何区别。本专利在撰写中采用“不产生骨骼肌毒性”的限定，没有使其与现有技术公开的已知用途产生区别，对药物用途本身不具有限定作用，对本专利权利要求并未产生限定作用。

中华人民共和国最高人民法院行政裁定书

（2012）知行字第75号①

110. 给药特征对制药方法专利是否具有限定作用

——再审申请人卡比斯特制药公司与被申请人中华人民共和国国家知识产权局专利复审委员会发明专利权无效行政纠纷案

【裁判要旨】

用药过程的特征对药物制备过程的影响需要具体判断和分析；仅体现于用药行为中的特征不是制药用途的技术特征，对权利要求请求保护的制药方法本身不具有限定作用。

【关键词】

给药特征　限定作用　制药方法专利

【案号】

最高人民法院（2012）知行字第75号

【基本案情】

卡比斯特制药公司（以下简称卡比斯特公司）于1999年9月24日向中华人民共和国国家知识产权局申请了名称为“抗生素的给药方法”的发明专利（即本案专利），并于2004年5月19日获得授权。授权公告的权利要求为：“1. 潜霉素在制备用于治疗有此需要的患者细菌感染而不产生骨骼肌毒性的药剂中的用途，其中用于所述治疗的剂量是3~75mg/kg的潜霉素，其中重复给予所述的剂量，其中所述的

① 参见案例108裁判文书。

剂量间隔是每隔24小时一次至每48小时一次……”2008年6月4日，肖红针对本案专利向国家知识产权局专利复审委员会（以下简称专利复审委员会）提出无效宣告请求。其提交的证据6公开了在2毫克/千克每24小时剂量下，潜霉素显示出有效治疗多种革兰氏阳性感染，在3毫克/千克每12小时的剂量下注意到偶发的副作用，并公开了潜霉素的抗菌机理。证据7公开了潜霉素可用于治疗细菌感染，患者单独用潜霉素与潜霉素加氨基糖苷类（庆大霉素或托普霉素）治疗相比，取得了类似的有利效果，还公开了潜霉素与阿米卡星的联合给药。证据8公开了制药学纯化的潜霉素或其盐可以配制为口服或非胃肠给药的制剂，用于治疗或预防细菌感染。2009年4月7日，专利复审委员会作出第13188号无效宣告请求审查决定（以下简称第13188号决定），宣告本案专利权全部无效。专利复审委员会认为，没有证据表明对潜霉素不产生骨骼肌毒性的副作用的进一步认识能使权利要求1保护的制药用途区别于证据6公开的已知制药用途。同时，本领域技术人员公知给药剂量、重复给药和时间间隔特征是医生在治疗过程中，针对患者进行选择和确定的信息，属于用药过程的信息，与制药过程无关，不能使权利要求1的制药用途区别于证据6公开的已知制药用途。权利要求1的制药用途与证据6、证据7或证据8公开的用途实质相同，不具备新颖性和创造性。卡比斯特公司不服，提起行政诉讼。卡比斯特公司主张，现有技术在潜霉素高剂量给药时产生骨骼肌毒性，本案专利“不产生骨骼肌毒性”使得潜霉素在针对严重革兰氏阳性菌感染的治疗中，具备了真正的用药安全性及工业实用性，进而具备了治疗用途和制药用途。“不产生骨骼肌毒性”是本案专利区别于现有技术的关键功能和效果特征，使得本案专利与现有技术的制药用途实质不同，具备新颖性、创造性。北京市第一中级人民法院和北京市高级人民法院先后判决维持第13188号决定。卡比斯特公司不服，向最高人民法院申请再审。最高人民法院于2013年11月19日裁定驳回卡比斯特公司的再审申请。

【裁判意见】

最高人民法院审查认为：在实践中，给药对象、给药形式、给药剂量、时间间隔等是制药方法权利要求中经常出现的特征。分析各个技术特征体现的是制药行为还是用药行为，以及新用途与已知用途是否实质不同，对判定所要求保护的技术方案与现有技术相比是否具备新颖性非常关键。由于制药方法权利要求约束的是制造某一用途药品的制造商的制造行为，所以仍应从方法权利要求的角度来分析其技术特征。通常能直接对其起到限定作用的是原料、制备步骤和工艺条件、药物产品形态或成分以及设备等。专利法意义上的制药过程通常是指以特定步骤、工艺、条件、原料等制备特定药物本身的行为，并不包括药品的说明书、标签和包装的撰写等药品出厂包装前的工序。对于仅涉及药物使用方法的特征，例如药物的给药剂量、时间间隔等，如果这些特征与制药方法之间并不存在直接关联，其实质上属于在实施制药方法并获得药物后，将药物施用于人体的具体用药方法，与制药方法没有直接、必然的关联性。这种仅体现于用药行为中的特征不是制药用途的技术特征，对权利要求请求保护的制药方法本身不具有限定作用。给药剂量与单位剂量是不同的概念：单位剂量通常是指每一药物单位中所含药物量，该含量取决于配制药物时加入的药量；给药剂量是指每次或者每日的服药量，指药物的使用分量，可由药物的使用者自行决定，如一天两次或一天三次的给药，属于对药物的使用方法。临床实践中，若单位剂量的药物含量没有达到用药量，可通过服用多个单位剂量的药物实现，若药物含量大于用药剂量，则减量服用。本案专利权利要求 1 记载的所述治疗的剂量是 3 ~ 75 毫克/千克，并没有限定是单位剂量还是给药剂量。本案专利说明书也没有记载该剂量对制药过程及制药用途种类具有影响。作为本领域的技术人员，对于本案专利权利要求 1 中记载的所述治疗的剂量是 3 ~ 75 毫克/千克，通常理解为是每千克的活性成分为 3 ~ 75 毫克，所限定的是给药剂量。针对患者个体修改服用方式，选择服用的药物剂量，从而达到药品的最佳治疗效果是用药过程中使用药物治病的行为。给药剂量的改变并不必然影响药物的制备过程，导致药物含量的变化。同样，本案专利通过时间间隔形成的给药方案是用药过程中如何使用该药物的方法特征，属于体现在用药过程，不体现在制药阶段的医学实践活动。该用药过程的特征与药物生产的制备本身并没有必然的联系，没有对潜霉素的制备方法产生改变，从而影响药物本身，对制药过程不具有限定作用，不能使该制药用途具备新颖性。

中华人民共和国最高人民法院行政裁定书

（2012）知行字第 75 号①

① 参见案例 108 裁判文书。

（二）权利要求应当以说明书为依据

111. 权利要求是否以说明书为依据的认定（一）

——再审申请人（美国）伊莱利利公司与被申请人国家知识产权局专利复审委员会、哈尔滨誉衡药业有限公司、宁波市天衡制药有限公司、江苏豪森药业股份有限公司发明专利权无效行政纠纷案

【裁判要旨】

权利要求所要求保护的技术方案应当是所属技术领域的技术人员能够从说明书充分公开的内容中得到或概括得出的技术方案，并且不得超出说明书公开的范围；如果权利要求的概括使所属技术领域的技术人员有理由怀疑该上位概括或并列概括所包含的一种或多种下位概念或选择方式不能解决发明所要解决的技术问题，并达到相同的技术效果，则应当认为该权利要求没有得到说明书的支持。

【关键词】

以说明书为依据　权利要求　无效程序

【案号】

最高人民法院（2009）知行字第3号

【基本案情】

本案诉争专利是于1998年10月7日授权公告的名称为“立体选择性糖基化方法”的发明专利（以下简称本专利），专利权人为（美国）伊莱利利公司（以下简称伊莱利利公司），权利要求1保护的是一种β异头物富集的二氟核苷的制备方法，其限定的技术特征是：产物为式Ⅰ的β异头物富集的二氟核苷……本专利说明书记载：短语“异头物富集”单独或结合地表示异头物混合体其中特定异头物的比例大于1:1，并包括基本纯净的异头物。说明书给出58个实施例和3个表格例（包括46组数据），58个实施例均能够得到β异头物与α异头物之比大于1:1的核苷，表格例中有7组数据β异头物与α异头物之比小于1:1，4组数

据β异头物与α异头物之比等于1∶1，其他数据均能得到β异头物与α异头物之比大于1∶1的核苷。国家知识产权局专利复审委员会（以下简称专利复审委员会）对哈尔滨誉衡药业有限公司（以下简称誉衡公司）、宁波市天衡制药有限公司（以下简称天衡公司）、江苏豪森药业股份有限公司（以下简称豪森公司）等请求人就本专利提出的无效宣告请求，作出第9525号无效宣告请求审查决定（以下简称第9525号决定），宣告本专利权无效。第9525号决定认定，根据说明书的描述，影响所述立体选择性方法的因素较多，按照权利要求1的条件，尤其是在核碱过量程度和原料糖α异头物富集程度比较低的情况下，存在过多无法预见产物β异头物是否富集的情形，权利要求请求保护的是一个范围，所属领域技术人员要通过实验选择所有的非β异头物富集的实施方式、确定除实施例之外的技术方案能否实现，从各种反应条件的各种排列组合中筛选出能够实现权利要求1所要保护的技术方案需要进行大量的反复实验或者过度劳动，因此权利要求1不符合专利法第二十六条第四款的规定。伊莱利利公司不服第9525号决定，提起行政诉讼，请求撤销第9525号决定。其主要理由为：对说明书和实施例的教导应当被当作一个整体来理解，本专利权利要求的保护范围比说明书所公开的范围窄，因此权利要求的保护范围得到了说明书公开内容的充分支持；虽然说明书中表1和2中的七个实施例不能得到β异头物富集的产物，但是本领域技术人员会注意到说明书中大量实施例作为一个整体给出的暗示，不会仅仅注意实验中的一个或者某些数据；第9525号决定中采用的“大量的反复实验或者过度劳动”的认定理由没有在专利法和审查指南中规定，不是判断权利要求是否得到说明书支持的正确依据。北京市第一中级人民法院一审认为，首先，在评述本专利权利要求是否得到说明书支持时，专利复审委员会主要是从表格例中没有达到β异头物富集的几组数据出发进行判断，而没有全面考虑说明书中有关发明目的、技术方案的记载以及大量能够实现β异头物富集的实施例和表格例数据在评判本专利权利要求是否得到说明书支持时的作用，并将两者结合起来进行综合评判。其次，评价权利要求是否得到说明书支持应当以“权利要求书中的每一项权利要求所要求保护的技术方案应当是所属技术领域的技术人员能够从说明书充分公开的内容得到或概括得出的技术方案，并且不得超出说明书公开的范围”作为标准。而专利复审委员会在评述和决定要点中引入“如果所属技术领域的技术人员根据说明书的教导并考虑本领域普通技术知识，仍然需要进行大量的反复实验或者过度劳动才能确定权利要求概括的除实施例以外的技术方案能否实现”作为标准评判本专利权利要求是否得到说明书支持，其评判的出发点不符合专利法第二十六条第四款的规定，是不适当的。遂判决撤销第9525号决定、专利复审委员会就本专利重新作出无效宣告请求审查决定。专利复审委员会、誉衡公司、天衡公司、豪森公司均不服一审判决、提起上诉，北京市高级人民法院二审认为，本专利说明书中披露的11个实施例不能达到本专利制得β异头物富集的核苷的发明目的或发明效果，本专利所属技术领域的技术人员通过阅读本专利权利要求所得到的技术方案，不能得到本专利说明书的支持。遂判决撤销一审判决，维持第9525号决定。伊莱利利公司向最高人民法院申请再审，最高人民法院于2010年11月10日裁定驳回其再审申请。

【裁判意见】

本专利权利要求1保护的是一种β异头物富集的二氟核苷的制备方法，其限定的技术特征是：产物为式Ⅰ的β异头物富集的二氟核苷……专利权人在说明书的表格例中，有11组数据不能制备得到β异头物富集的二氟核苷。根据说明书的描述，影响所属立体选择性方法的因素较多，除了原料糖的离去基团、原料糖构型和核碱用量外，还包括温度和溶剂的选择。权利要求1概括的制备方法的各因素，即离去基团、核碱种类、核碱当量、反应温度、反应溶剂等的范围是十分宽泛的。本领域技术人员有合理的理由认为，除了11个不能实施的情况外，该权利要求1的概括还包含众多其他不能解决发明所要解决的技术问题的技术方案，所属技术领域的技术人员不容易从各种反应条件的排列组合中通过常规实验或者合理推测得出能够解决技术问题的技术方案，而是需要大量反复实验或过度劳动才能确定权利要求1的范围。因此，第9525号决定和二审判决据此认为本专利权利要求1没有得到说明书的支持，不符合专利法第二十六条第四款的规定，宣告专利权无效，并无不当。

中华人民共和国最高人民法院驳回再审申请通知书

（2009）知行字第3号

伊莱利利公司（Eli Lilly and Company）：

你公司因与被申请人国家知识产权局专利复审委员会（以下简称专利复审委员会）、哈尔滨誉衡药业有限公司（以下简称誉衡公司）、宁波市天衡制药有限公司（以下简称天衡公司）、江苏豪森药业股份有限公司（以下简称豪森公司）发明专利权无效行政纠纷一案，不服北京市高级人民法院2008年11月6日作出的

（2008）高行终字第451号行政判决，于2009年7月向本院申请再审。本院依法组成合议庭对本案进行了审查，现已审查终结。

你公司申请再审称，1. 二审判决认定本案专利说明书不支持权利要求的结论没有从58个实施例出发正面考虑说明书的支持问题，没有全面考虑附表中46组数据整体给出的启示，而是以其中的11个未成功的数据片面判断得出的结论，二审判决存在错误。2. 二审判决混淆了专利法第二十六条第三款关于说明书充分公开的审查标准和专利法第二十六条第四款关于说明书应当支持权利要求的评判标准，用充分公开的标准来审查本案专利，得出说明书没有支持权利要求的结论，属于适用法律错误。3. 二审判决在否定独立权利要求1的专利性后，没有对从属权利要求进行任何评判而作出维持无效决定的判决，违反了《最高人民法院关于执行〈中华人民共和国行政诉讼法〉若干问题的解释》第六十七条的规定。请求本院撤销二审判决，提审本案。

被申请人专利复审委员会称，第9525号无效决定全面考虑了本专利说明书记载的要解决的技术问题、采用的技术方案、公开的具体实施例和表格例。本案专利权利要求记载的技术方案没有得到说明书支持。

誉衡公司、豪森公司称，伊莱利利公司的申请再审理由不能成立。第9525号无效决定的认定并无不当。

本院经审查查明，本案诉争专利是于1998年10月7日授权公告的名称为“立体选择性糖基化方法”的发明专利（以下简称本专利），申请日是1993年6月21日，最早优先权日为1992年6月22日，专利权人为伊莱利利公司，专利号为93109045.8。其授权公告的权利要求如下：“1. 制备下式β异头物富集的核苷的方法，

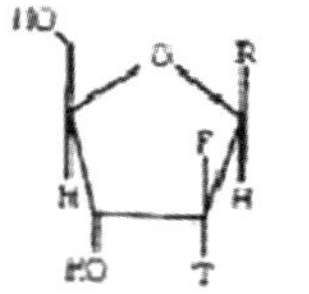

(I);

其中T为氟而R为选自如下基团的核碱：

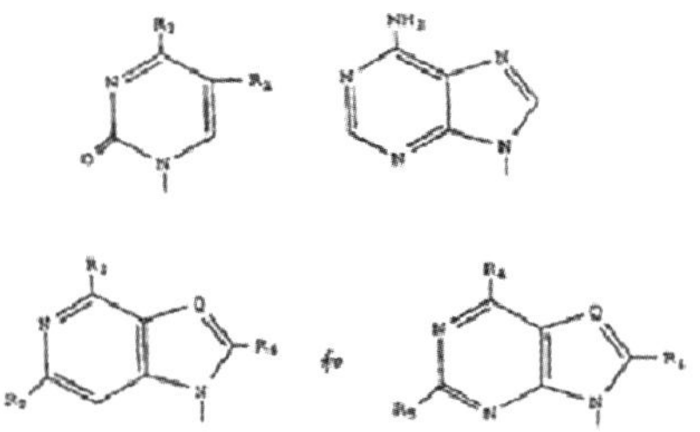

其中 R_1 选自氢，烷基，取代的烷基和卤素；R_2 选自羟基，卤素，叠氮基，伯胺基和仲胺基；R_4，R_5 和 R_6 独立地选自氢，$-OH$，$-NH_2$，N（烷基）W，卤素，烷氧基和硫代烷基；Q 选自 CH，CR_8 和 N；其中 R_8 选自卤素，甲酰氨基，硫代甲酰氨基，烷氧羰基和氰基，该方法包括用至少一摩尔当量的选自如下的核碱（R″）：

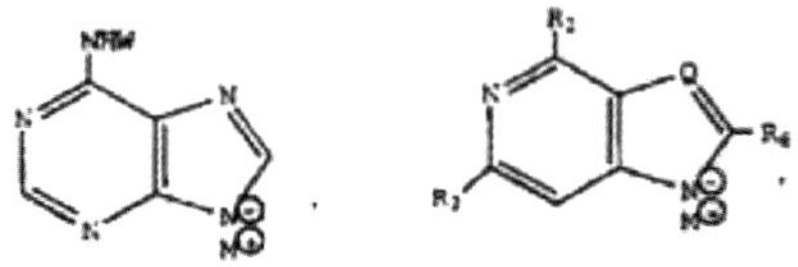

其中 R_1、R_2、R_4、R_5、R_6、Q 和 M + 如前定义；Z 为羟基保护基；W 为氨基保护基；任选地在一种适宜溶剂中进行 SN_2 亲核取代下式 α 异头物富集的糖的磺酰氧基（Y）；

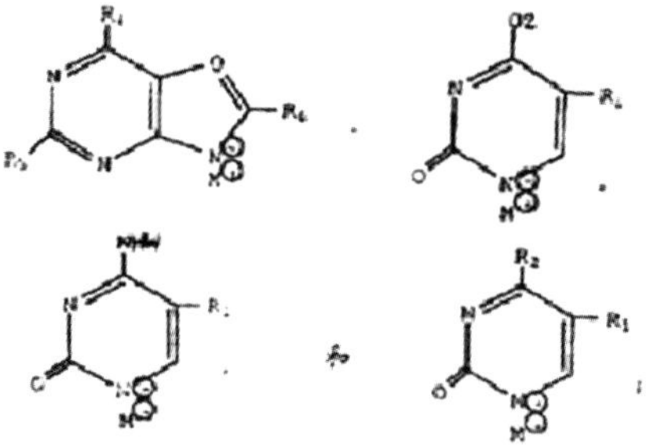

其中 X 独立地选自羟基保护基而 T 如前定义，其中，所述的 SN_2 取代反应是在 170 – 120℃ 的温度下进行的；

和将所述的式（Ⅱ）的化合物脱去保护以生成式（Ⅰ）的化合物。

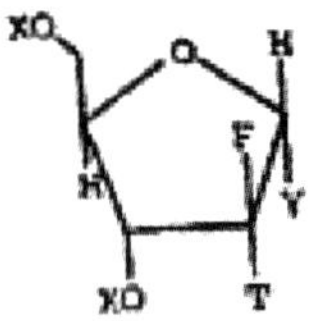

(II);

2. 权利要求 1 的方法，其中 R″选自

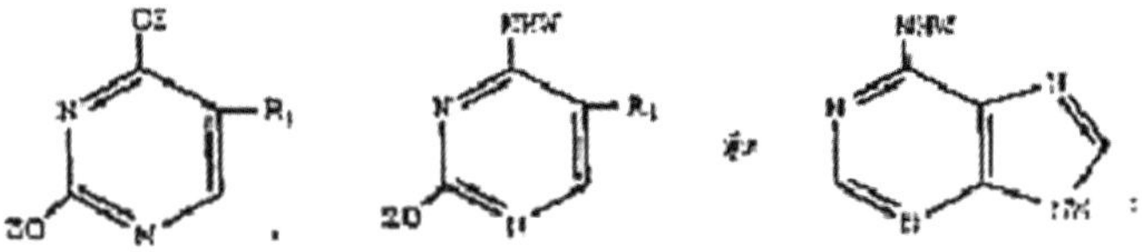

其中 R_1 选自氢，烷基，取代的烷基和卤素；Z 为羟基保护基；而 W 为氨基保护基；其中 Y 选自烷基磺酰氧基，芳基磺酰氧基，取代的烷基磺酰氧基和取代的芳基磺酰氧基；反应在糖浓度高于每单位体积溶剂为 20%（重量）的溶液中进行；其中溶剂为沸点高于 70℃ 的惰性溶剂。

3. 权利要求 1 的方法，其中 R″选自

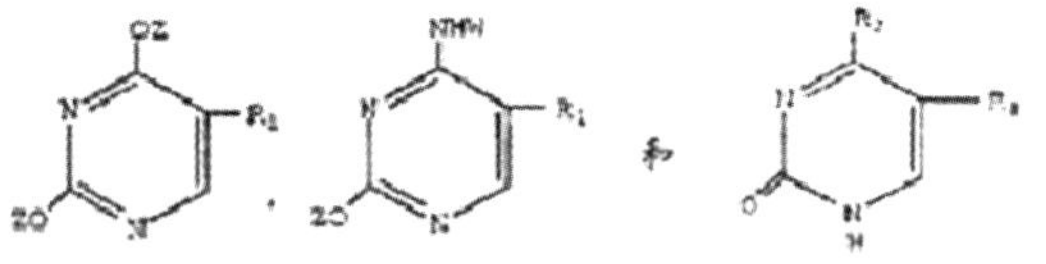

其中 R_1 选自氢，烷基，取代的烷基和卤素；R_2 选自羟基，卤素，叠氮基，伯胺基和仲氨基；Z 为羟基保护基而 W 为氨基保护基；其中 Y 选自三氟甲磺酰氧基，1，1，1－三氟乙磺酰氧基，八氟丁磺酰氧基和九氟丁磺酰氧基，其中 SN_2 取代反应在－120℃至 25℃的温度并在低冰点惰性溶剂中进行。

4. 权利要求 1 的方法，其中 R″选自

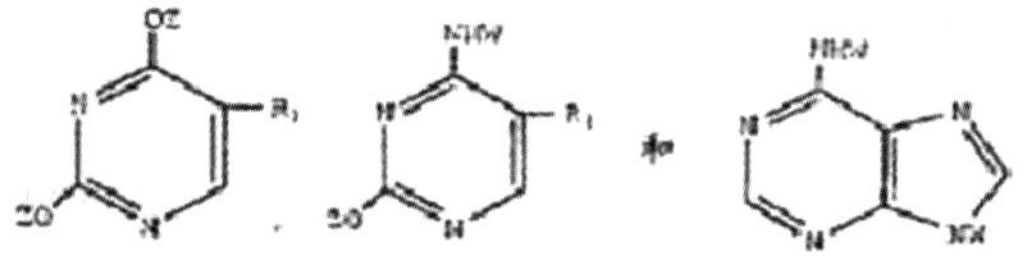

其中 R_1 选自氢，烷基，取代的烷基和卤素；Z 为羟基保护基而 W 为氨基保护基；Y 选自烷基磺酰氧基，芳基磺酰氧基，取代的烷基磺酰氧基和取代的芳基磺酰氧基；所述的反应在催化剂存在下进行。

5. 权利要求 4 的方法，其中催化剂选自基本上溶于溶剂，含有非亲核性阴离子的高度离子化盐。

6. 权利要求 4 或 5 的方法，其中溶剂选自极性、非亲核性溶剂。

7. 权利要求 1 的方法，其中 R″选自

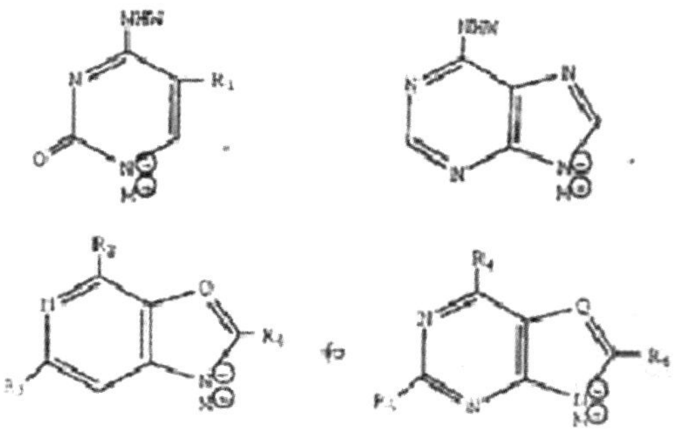

其中R_2选自羟基，卤素，叠氮基，伯胺基和仲胺基；R_4，R_5和R_6独立地选自氢，－OH，－NH_2，N（烷基）W，卤素，烷氧基，和硫代烷基；Q选自CH，CR_8和N；其中R_8选自卤素，甲酰氨基，硫代甲酰氨基，烷氧羰基，和氰基，Z为羟基保护基；W为氨基保护基；而M＋为阳离子；其中Y选自三氟甲磺酰氧基，1，1，1－三氟乙磺酰氧基，八氟丁磺酰氧基和九氟丁磺酰氧基；其中溶剂为冰点低于26℃的惰性溶剂。

8. 权利要求1的方法，在无溶剂存在下进行，其中R"选自

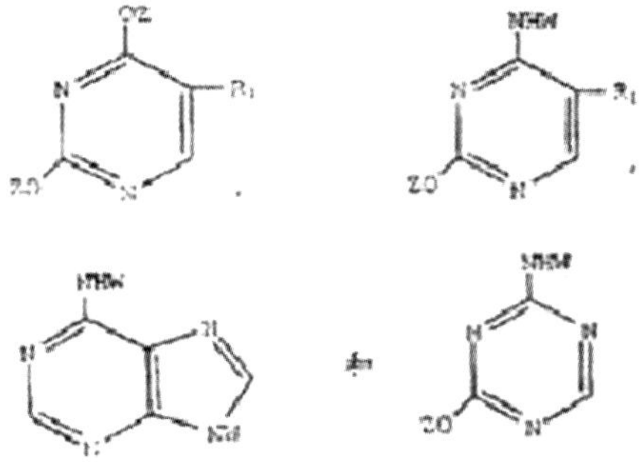

其中R_1选自氢，烷基，取代的烷基和卤素；Z为羟基保护基而W为氨基保护基；其中Y选自烷基磺酰氧基，芳基磺酰氧基，取代的烷基磺酰氧基和取代的芳基磺酰氧基。

9. 权利要求8的方法，其中反应温度为100℃至160℃。

10. 权利要求1的方法，其中选自

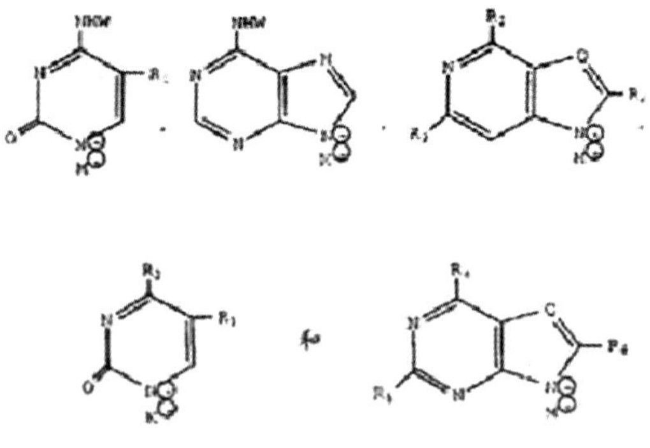

其中R_1选自氢，烷基，取代的烷基和卤素；R_2选自羟基，卤素，叠氮基，伯胺基和仲氨基；R_4，R_5和R_6独立地选自氢，－OH，－NH_2，N（烷基）W，卤素，烷氧基和硫代烷基；Q选自CH，CR_8和N；其中R_8选自卤素，甲酰氨基，硫代甲酰氨基，烷氧羰基，和氰基，Z为羟基保护基而W为氨基保护基；其中Y

选自烷基磺酰氧基，芳基磺酰氧基，取代的烷基磺酰氧基和取代的芳基磺酰氧基。

11. 根据权利要求 1 的方法，其中式（Ⅱ）化合物的羟基保护（X）为苯甲酰基。

12. 根据权利要求 1 的方法，其中式（Ⅱ）化合物的磺酰氧基（Y）为甲磺酰氧基。

13. 根据权利要求 2 的方法，其中式（Ⅱ）化合物的磺酰氧基（Y）为甲磺酰氧基。

14. 根据权利要求 4 的方法，其中式（Ⅱ）化合物的磺酰氧基（Y）为甲磺酰氧基。

15. 根据权利要求 5 的方法，其中式（Ⅱ）化合物的磺酰氧基（Y）为甲磺酰氧基。

16. 根据权利要求 6 的方法，其中式（Ⅱ）化合物的磺酰氧基（Y）为甲磺酰氧基。

17. 根据权利要求 8 的方法，其中式（Ⅱ）化合物的磺酰氧基（Y）为甲磺酰氧基。

18. 根据权利要求 9 的方法，其中式（Ⅱ）化合物的磺酰氧基（Y）为甲磺酰氧基。

19. 根据权利要求 10 的方法，其中式（Ⅱ）化合物的磺酰氧基（Y）为甲磺酰氧基。

20. 根据权利要求 1 的方法，其中式（Ⅱ）化合物的磺酰氧基（Y）为三氟甲磺酰氧基。”

本专利说明书记载：短语“异头物富集”单独或结合地表示异头物混合体其中特定异头物的比例大于 1∶1，并包括基本纯净的异头物。说明书给出 58 个实施例和 3 个表格例（包括 46 组数据），58 个实施例均能够得到 β 异头物与 α 异头物之比大于 1∶1 的核苷，表格例中有 7 组数据 β 异头物与 α 异头物之比小于1∶1，4 组数据 β 异头物与 α 异头物之比等于 1∶1，其他数据均能得到 β 异头物与 α 异头物之比大于 1∶1 的核苷。

2007 年 2 月 28 日，专利复审委员会针对北京浦洋恒丰科技发展有限公司(以下简称浦洋恒丰公司)、誉衡公司、天衡公司、豪森公司就本专利提出的无效宣告请求，作出第 9525 号无效宣告请求审查决定（以下简称第 9525 号决定），宣告本专利权无效。该决定认定：1. 根据说明书的描述，影响所述立体选择性方法的因素较多，按照权利要求 1 的条件，尤其是在核碱过量程度和原料糖 α 异头物富集程度比较低的情况下，存在过多无法预见产物 β 异头物是否富集的情形，权利要求请求保护的是一个范围，所属领域技术人员要通过实验选择所有的非 β 异头物富集的实施方式、确定除实施例之外的技术方案能否实现，从各种反应条件的各种排列组合中筛选出能够实现权利要求 1 所要保护的技术方案需要进行大量的反复实验或者过度劳动，因此权利要求 1 不符合专利法第二十六条第四款的规定。2. 反应条件优化的前提是在可以解决发明技术问题的技术方案中寻找优选方案。专利权人有权利要求保护优化的方案，但是相应的反应条件也应当按照说明书中制备得到该产物的反应条件进行适当概括。3. 权利要求 2～20 是权利要求 1 的从属权利要求，均没有进一步限定核碱的当量和原料糖 α 异头物富集程度以及在低核碱当量和原料糖 α 异头物富集程度较低的情况下如何选择其他反应条件，所属领域技术人员在权利要求 2～20 限定的条件内仍旧需要进行大量的反复实验或者过度劳动才能确定能否制备得到 β 异头物富集的二氟核苷。因此，权利要求 2～20 同样不符合专利法第二十六条第四款的规定。

第 9525 号决定作出后，浦洋恒丰公司于 2007 年 8 月 30 日提交书面声明，放弃作为第三人参加诉讼的权利，放弃与该案有关的诉讼权利和实体权利。

伊莱利利公司不服该决定提起行政诉讼称，1. 说明书清楚地记载了权利要求 1 的技术方案，说明书和实施例详细描述了要求保护的温度范围、溶剂、碱当量、离去基团，提供了 58 个实施例和 3 个表格总共 80 个具体实施方式来教导本领域技术人员如何优化反应条件，对说明书和实施例的教导应当被当作一个整体来理解。本专利权利要求的保护范围比说明书所公开的范围窄，因此权利要求的保护范围得到了说明书公开内容的充分支持。2. 第 9525 号决定中采用的“大量的反复实验或者过度劳动”的认定理由没有在专利法和审查指南中规定，不是判断权利要求是否得到说明书支持的正确依据，第 9525 号决定对专利法第二十六条第四款的理解存在重大错误。3. 本专利所有结果 α/β 核苷比对于现有技术中记载的 4∶1 的产率都有明显的改进，虽然说明书中表 1 和 2 中的七个实施例不能得到 β 异头物富集的产物，但是本领域技术人员会注意到说明书中大量实施例作为一个整体给出的暗示，不会仅仅注意实验中的一个或者某些数据。专利复审委员会对本专利说明书中的表格含义理解错误，其认为需要大量反复实验或者过度劳动才能选择出 β 异头物不富集的所有实施方式，并认为权利要求 1 的概括会损害公众利益均是错误的。请求撤销第 9525 号决定，并由专利复审委员会重新作出无效宣告请求审查决定。

北京市第一中级人民法院一审认为，专利法第二十六条第四款规定，权利要求书应当以说明书为依据。审查指南规定，权利要求书应当以说明书为依据，是指权利要求应当得到说明书的支持。权利要求书中的每一项权利要求所要求保护的技术方案应当是所属技术领域的技术人员能够从说明书充分公开的内容得到或概括得出的技术方案，并且不得超出说明书公开的范围。在判断权利要求是否得到说明书的支持时，应当考虑说明书的全部内容，而不是仅限于具体实施方式部分的内容。就本案而言，首先，本专利说明书给出了 3 个表格例包括 46 组数据，表格例应属于实施例的表现形式之一，其中记载的数据等同于实施例的数据，加上说明书中的 58 个实施例，说明书共给出 104 组数据。表格例中有 11 组数据 β 异头物与 α 异头物之比小于或等于1∶1，而其他 93 组数据均能得到 β 异头物与 α 异头物之比大于 1∶1 的核苷。在评述本专利权利要求是否得到说明书支持时，专利复审委员会主要是从表格例中没有达到 β 异头物富集的几组数据出发进行判断，而没有全面考虑说明书中有关发明目的、技术方案的记载以及大量能够实现 β 异头物富集的实施例和表格例数据在评判本专利权利要求是否得到说明书支持时的作用，并将两者结合起来进行综合评判。其次，评价权利要求是否得到说明书支持应当以“权利要求书中的每一项权利要求所要求保护的技术方案应当是所属技术领域的技术人员能够从说明书充分公开的内容得到或概括得出的技术方案，并且不得超出说明书公开的范围”作为标准。而专利复审委员会在评述和决定要点中引入“如果所属技术领域的技术人员根据说明书的教导并考虑本领域普通技术知识，仍然需要进行大量的反复实验或者过度劳动才能确定权利要求概括的除实施例以外的技术方案能否实现”作为标准评判本专利权利要求是否得到说明书支持，其评判的出发点不符合专利法第二十六条第四款的规定，是不适当的。综上，专利复审委员会认为本专利权利要求 1 得不到说明书支持的理由不充分，伊莱利利公司的起诉理由成立，予以支持。据此判决，撤销第 9525 号无效决定、专利复审委员会就本专利重新作出无效宣告请求审查决定。案件受理费 100 元，由专利复审委员会承担。

专利复审委员会、誉衡公司、天衡公司、豪森公司均不服一审判决，向北京市高级人民法院提起上诉，请求撤销一审判决，维持第 9525 号决定。

北京市高级人民法院二审认为，本案的核心问题在于说明书中存在该 11 个实施例是否说明本专利不符合专利法第二十六条第四款的规定。首先应当指出，权利要求书中的每一项权利要求所要求保护的技术方案应当是所属技术领域的技术人员能够从说明书充分公开的内容中得到或概括得出的技术方案，并且不得超出说明书公开的范围。如果说明书中公开的部分实施例或实施方式不能达到发明目的或发明效果却又被概括纳入权利要求的保护范围，并且删除该部分实施例或实施方式时权利要求的保护范围相应缩小，则应当认为该权利要求得不到说明书的支持。本案中，在本专利说明书公开的全部104个实施例中，11个实施例不能达到制得β异头物富集的核苷的发明目的或发明效果。而该11个实施例的反应原料、溶剂、温度、核碱的结构均落入权利要求1记载的技术特征的范围内，如果将该11个实施例去除，则本专利权利要求1的保护范围相应地缩小。因此，本专利权利要求1不符合专利法第二十六条第四款的规定。其次，权利要求的概括应当不超出说明书公开的范围，如果权利要求的概括包含申请人推测的内容，而其效果又难以预先确定和评价，则应当认为这种概括超出了说明书公开的范围。如果权利要求的概括使所属技术领域的技术人员有理由怀疑该上位概括或并列概括所包括的一种或多种下位概念或选择方式不能解决发明或实用新型所要解决的技术问题，并达到相同的技术效果，则应当认为该权利要求没有得到说明书的支持。在说明书中披露的部分实施例不能达到发明目的或发明效果的情况下，应当认为该权利要求没有得到说明书的支持。本专利说明书中披露的11个实施例不能达到本专利制得β异头物富集的核苷的发明目的或发明效果，本专利所属技术领域的技术人员通过阅读本专利权利要求所得到的技术方案，不能得到本专利说明书的支持，应当认为本专利权利要求1不符合专利法第二十六条第四款的规定。据此，有合理的依据认定本专利权利要求1没有得到说明书的支持，不符合专利法第二十六条第四款的规定，应当被宣告无效。专利复审委员会、誉衡公司、天衡公司、豪森公司的上诉主张成立，应予支持。

关于第9525号决定中将“所属领域技术人员从各种反应条件的各种排列组合中筛选出能够实现权利要求1所要保护的技术方案需要进行大量的反复实验或者过度劳动”作为对本专利权利要求是否得到说明书的支持的评判标准问题，权利要求允许概括的范围是本领域技术人员能够“合理预测”或者按照“常规试验容易确定”的范围。“合理预测”的范围应当理解为本领域技术人员根据说明书的记载，结合其所具有的普通技术知识，能够预见权利要求所保护的技术方案都能够实现。“常规试验容易确定”的范围应当理解为本领域技术人员根据说明书公开的实施方案，通过简单的常规试验即可实现权利要求的技术方案。而当超出此种“合理预测”或者“常规试验容易确定”的范围，即需要大量反复试验或者过度劳动才能实现的技术方案时，由于专利权人并未给出明确的、毫无疑义的指引，其效果难以预先合理判断，应当认为该权利要求没有得到说明书的支持。因此，专利复审委员会的认定标准不违反专利法第二十六条第四款的规定，并无不妥。据此判决，撤销一审判决、维持第9525号决定。二审案件受理费100元，由伊莱利利公司负担。

本院认为，1. **权利要求所要求保护的技术方案应当是所属技术领域的技术人员能够从说明书充分公开的内容中得到或概括得出的技术方案，并且不得超出说明书公开的范围。如果权利要求的概括使所属技术领域的技术人员有理由怀疑该上位概括或并列概括所包含的一种或多种下位概念或选择方式不能解决发明所要解决的技术问题，并达到相同的技术效果，则应当认为该权利要求没有得到说明书的支持。**本案权利要求1保护的是一种β异头物富集的二氟核苷的制备方法，其限定的技术特征是：产物为式（Ⅰ）的β异头物富集的二氟核苷；原料及其用量是至少一摩尔当量被保护的核碱（R″）1位是黄酰氧基、3和5位被保护的式（Ⅱ）的α异头物富集的糖；反应步骤是核碱R″SN2亲核取代α异头物富集的糖中的黄酰氧基，之后去保护；溶剂是任选的适宜溶剂、温度是170度－负120度。专利权人在说明书的表格例中，有11组数据不能制备得到β异头物富集的二氟核苷。根据说明书的描述，影响所属立体选择性方法的因素较多，除了原料糖的离去基团、原料糖构型和核碱用量外，还包括温度和溶剂的选择。权利要求1概括的制备方法的各因素，即离去基团、核碱种类、核碱当量、反应温度、反应溶剂等的范围是十分宽泛的。本领域技术人员有合理的理由认为，除了11个不能实施的情况外，该权利要求1的概括还包含众多其他不能解决发明所要解决的技术问题的技术方案，所属技术领域的技术人员不容易从各种反应条件的排列组合中通过常规实验或者合理推测得出能够解决技术问题的技术方案，而是需要大量反复实验或过度劳动才能确定权利要求1的范围。因此，无效决定和二审判决据此认为本专利权利要求1没有得到说明书的支持，不符合专利法第二十六条第四款的规定，宣告专利权无效，并无不当。2. 伊莱利利公司对第9525号决定不服，提起行政诉讼主张本案专利权利要求的保护范围得到了说明书公开内容的支持时仅针对权利要求1的技术方案，二审判决就此进行了审理，并不存在漏审从属权利要求，违反行政诉讼二审案件全面审查原则的情形。

综上所述，二审判决认定事实清楚，适用法律正确。你公司的再审申请不符合《中华人民共和国行政诉讼法》第六十三条第二款、《最高人民法院关于执行〈中华人民共和国行政诉讼法〉若干问题的解释》第七十二条规定的再审条件，依据《最高人民法院关于执行〈中华人民共和国行政诉讼法〉若干问题的解释》第七十四条的规定，予以驳回。

特此通知。

二〇一〇年十一月十日

112. 权利要求是否以说明书为依据的认定（二）

——再审申请人传感电子有限责任公司与被申请人国家知识产权局专利复审委员会、一审第三人宁波讯强电子科技有限公司发明专利权无效行政纠纷案

【裁判要旨】

权利人有权在说明书充分公开的具体实施方式等内容的基础上，通过合理概括的方式撰写权利要求，以获得适度的保护范围。权利要求限定的保护范围应当与涉案专利的技术贡献和说明书充分公开的范围相适应。

【关键词】

发明专利　无效程序　权利要求　以说明书为依据

【案号】

最高人民法院（2016）最高法行再19号

【基本案情】

在再审申请人传感电子有限责任公司（以下简称传感电子公司）与被申请人国家知识产权局专利复审委员会（以下简称专利复审委员会）、一审第三人宁波讯强电子科技有限公司（以下简称讯强公司）发明专利权无效行政纠纷案（以下简称“电子货品监视用标识器”发明专利权无效行政纠纷案）中，涉及专利号为97197519.1，名称为“具有低矫顽磁力特性的偏磁元件的磁力式电子货品监视用标识器”的发明专利（即涉案专利），其包括47项权利要求，传感电子公司为专

利权人。针对涉案专利，讯强公司以全部权利要求均未能以说明书为依据，不符合专利法第二十六条第四款的规定等为由，向专利复审委员会提出无效宣告请求。专利复审委员会作出第18161号无效宣告请求审查决定（以下简称被诉决定）。被诉决定认定：涉案专利权利要求1～4、6、7、9～12、14～18、20～26、29、30、34、35、37～42、44、46、47未能以说明书为依据，不符合专利法第二十六条第四款的规定，故宣告所述权利要求无效。讯强公司关于权利要求5、8、13、19、27、28、31～33、36、43、45未能以说明书为依据，不符合专利法第二十六条第四款规定的无效理由不能成立，故在所述权利要求的基础上维持专利权继续有效。讯强公司未就被诉决定提起行政诉讼。传感电子公司不服被诉决定，提起行政诉讼。北京市第一中级人民法院一审判决维持被诉决定。传感电子公司不服，提起上诉。北京市高级人民法院二审判决驳回上诉，维持原判。传感电子公司不服，向最高人民法院申请再审。最高人民法院裁定提审本案，并于2017年3月23日判决撤销一、二审判决；部分撤销被诉决定中有关权利要求5、8、13、19、27、28、32、36、43和45符合专利法第二十六条第四款规定，维持所述权利要求有效的认定，由专利复审委员会就所述权利要求是否符合专利法第二十六条第四款的规定重新作出审查决定。

【裁判意见】

最高人民法院提审认为：权利人有权在说明书充分公开的具体实施方式等内容的基础上，通过合理概括的方式撰写权利要求，以获得适度的保护范围而不仅仅限于具体实施方式本身，从而给发明创造提供必要、适度的激励。另一方面，权利要求限定的保护范围应当与涉案专利的技术贡献和说明书充分公开的范围相适应，以免过宽的保护范围阻碍科学技术的进步。“权利要求应当以说明书为依据”是维护权利人与社会公众的利益平衡，防止专利权侵蚀公有领域，为后续创新保留必要空间的重要制度保障。针对涉案专利的47项权利要求，分别作出如下认定：1. 关于权利要求1～4、6、7、9～12、14～18、20～26、29、30、37～42、44、46～47，其中均没有限定制作偏磁元件、磁致伸缩元件的具体材料，而是以材料或者标识器应当具有的某种或某几种特性及其参数范围来限定权利要求的保护范围。根据涉案专利说明书的记载，特定材料以及由其制作的标识器具有多种材料特性，仅仅在权利要求中限定某项或者某几项特定的特性及其参数范围，则限定的保护范围中不仅包括了涉案专利说明书中充分公开的实施例的技术方案，也包括了其他数目无法穷尽，由各种已知甚至未知的材料制作的偏磁元件以及标识器。而对于哪些具体材料可用于实施涉案专利技术方案，本领域技术人员基于涉案专利说明书充分公开的技术内容，涉案专利作出的技术贡献，以及现有技术的整体状况，难以作出合理的预测，而是必须通过大量的选择、实验验证甚至发现，才能确认在所述权利要求所限定的范围内的哪些具体材料能够，或者不能解决涉案专利所要解决的技术问题，实现涉案专利所要实现的技术效果。权利要求1～4、6、7、9～12、14～18、20～26、29、30、37～42、44、46～47的保护范围明显超出了涉案专利说明书充分公开的程度和涉案专利的技术贡献程度，未能以说明书为依据。2. 权利要求34、35限定的技术方案缺乏具体实施方式支持，不符合专利法第二十六条第四款的规定。3. 关于被诉决定维持有效的权利要求5、8、13、19、27、28、31、32、33、36、43和45。第一，权利要求5、8、13、19、27、28、36、43和45中没有限定制作偏磁元件、磁致伸缩元件的具体材料，而是以偏磁元件或者标识器具有的某种或某几种特性及其参数范围来限定权利要求的保护范围，未能以说明书为依据，不符合专利法第二十六条第四款的规定。第二，权利要求31、33均引用权利要求30，分别进一步限定了“偏磁元件由SB1材料形成”，以及“磁致伸缩元件由2628CoA材料形成”，能够得到说明书中充分公开的具体实施方式的支持。权利要求31、33符合专利法第二十六条第四款的规定。第三，涉案专利说明书中没有公开与权利要求32中限定的“Metglas 2628MB材料”对应的具体实施方式，本领域技术人员不能合理确认权利要求32限定的技术方案能够解决涉案专利所要解决的技术问题，实现所要实现的技术效果，故权利要求32未能以说明书为依据，不符合专利法第二十六条第四款的规定。

中华人民共和国最高人民法院行政判决书

（2016）最高法行再19号

再审申请人（一审原告、二审上诉人）：传感电子有限责任公司。住所地：美利坚合众国佛罗里达州博卡拉顿市交易中心4700号300室。

法定代表人：迈克尔・威廉姆・瑞恩，该公司总裁。

委托诉讼代理人：吴丽丽，中国国际贸易促进委员会专利商标事务所专利代理人。

委托诉讼代理人：王会卿，中国国际贸易促进委员会专利商标事务所专利代理人。

被申请人（一审被告、二审被上诉人）：国家知识产权局专利复审委员会。住所地：中华人民共和国北京市海淀区北四环西路9号银谷大厦10－12层。

法定代表人：葛树，该委员会副主任。

委托诉讼代理人：阮文，该委员会审查员。

委托诉讼代理人：万琦，该委员会审查员。

一审第三人：宁波讯强电子科技有限公司。住所地：中华人民共和国浙江省宁波市北仑明州西路505号。

法定代表人：李霖，该公司总经理。

委托诉讼代理人：郝传鑫，广州三环专利代理有限公司专利代理人。

再审申请人传感电子有限责任公司（以下简称传感电子公司）因与被申请人国家知识产权局专利复审委员会（以下简称专利复审委员会）、一审第三人宁波讯强电子科技有限公司（以下简称讯强公司）发明专利权无效行政纠纷一案，不服北京市高级人民法院（2013）高行终字第961号行政判决，向本院申请再审。本院于2015年12月18日作出（2014）知行字第96号行政裁定，提审本案。本院依法组成合议庭对本案进行了审理，现已审理终结。

本案涉及专利号为97197519.1，名称为“具有低矫顽磁力特性的偏磁元件的磁力式电子货品监视用标识器”发明专利（以下简称涉案专利），其优先权日为1996年8月28日，申请日为1997年8月21日，专利权人为传感电子公司。

2010年4月27日，讯强公司向专利复审委员会提出无效宣告请求，请求宣告涉案专利权全部无效。其理由为：1. 涉案专利各权利要求均不符合2001年修正的《中华人民共和国专利法》（以下简称专利法）第二十六条第三款、第四款的规定；2. 涉案专利各权利要求均不符合2001年修订的《中华人民共和国专利法实施细则》（以下简称专利法实施细则）第二十条第一款的规定；3. 涉案专利独立权利要求1、4、9、14、20、25、30、37不符合专利法实施细则第二十一条第二款的规定；4. 权利要求5～8、10～19、25～35的修改不符合专利法第三十三条的规定；5. 相对于证据4，权利要求1～3、20～24、37、42、44、46、47不符合专利法第二十二条第二款、第三款关于新颖性、创造性的规定；6. 相对于证据4、6的结合，权利要求1～4、20～25、37、42、44、46、47不符合专利法第二十二条第三款关于创造性的规定；7. 相对于证据4至6的结合，权利要求1～4、6、7、9、11、12、20～25、37、42、44、46、47不符合专利法第二十二条第三款关于创造性的规定。

涉案专利授权公告的权利要求1~46如下：

“1. 一种使用在磁力式电子货品监视系统中的标识器，包括：（a）一个非结晶型磁致伸缩元件；（b）一个配置在与所述磁致伸缩元件相邻接位置处的偏磁元件，其特征在于所述标识器有随退活化磁场变化的共振频率漂移特性，漂移梯度大于100Hz/Oe。

2. 一种如权利要求1所述的标识器，其特征在于所述的标识器的随退活化磁场变化的共振频率漂移特性的梯度大于200Hz/Oe。

3. 一种如权利要求2所述的标识器，其特征在于所述的标识器的随退活化磁场变化的共振频率漂移特性的梯度大于400Hz/Oe。

4. 一种使用在磁力式电子货品监视系统中的标识器，包括：

（a）一个非结晶型磁致伸缩元件；（b）一个配置在与所述磁致伸缩元件相邻接位置处的偏磁元件，其特征在于所述的偏磁元件由具有小于55 Oe的矫顽磁力Hc的半硬化磁性材料制成。

5. 一种如权利要求4所述的标识器，其特征在于所述偏磁元件具有AC退磁化磁场特性，当所述偏磁元件处于完全磁化状态并且暴露在具有峰值幅度为4 Oe的AC磁场Hms中时，所述偏磁元件的磁化水平至少保持在完全磁化水平的95%以上。

6. 一种如权利要求4所述的标识器，其特征在于所述偏磁元件由具有小于40 Oe的矫顽磁力Hc的半硬化磁性材料制成。

7. 一种如权利要求6所述的标识器，其特征在于所述偏磁元件由具有小于20 Oe的矫顽磁力Hc的半硬化磁性材料制成。

8. 一种如权利要求7所述的标识器，其特征在于所述偏磁元件具有AC退磁化磁场特性，当所述偏磁元件处于完全磁化状态并且暴露在具有峰值幅度为4 Oe的AC磁场Hms中时，所述偏磁元件的磁化水平至少保持在完全磁化水平的95%以上。

9. 一种使用在磁力式电子货品监视系统中的标识器，包括：（a）一个非结晶型磁致伸缩元件；（b）一个配置在与所述磁致伸缩元件相邻接位置处的偏磁元件，其特征在于所述偏磁元件由具有DC磁化磁场特性的半硬化磁性材料制成，使所述偏磁元件达到饱和所需要的DC磁场Ha小于350 Oe。

10. 一种如权利要求9所述的标识器，其特征在于所述偏磁元件具有AC退磁化磁场特性，当所述偏磁元件处于完全磁化状态并且暴露在具有峰值幅度为4 Oe

的 AC 磁场 Hms 中时，所述偏磁元件的磁化水平至少保持在完全磁化水平的 95%以上。

11. 一种如权利要求 10 所述的标识器，其特征在于所述的 DC 磁化特性使所述偏磁元件达到饱和所需要的 DC 磁场 Ha 小于 200 Oe。

12. 一种如权利要求 11 所述的标识器，其特征在于所述的 DC 磁化特性使所述偏磁元件达到饱和所需要的 DC 磁场 Ha 小于 150 Oe。

13. 一种如权利要求 12 所述的标识器，其特征在于所述的 DC 磁化特性使所述偏磁元件达到饱和所需要的 DC 磁场 Ha 小于 50 Oe。

14. 一种使用在磁力式电子货品监视系统中的标识器，包括：

（a）一个非结晶型磁致伸缩元件；（b）一个配置在与所述磁致伸缩元件相邻接位置处的偏磁元件，其特征在于所述偏磁元件由具有 AC 退磁化磁场特性的半硬化磁性材料制成，当将其峰值幅度小于 150 Oe 的 AC 退磁化磁场 Hmd 施加在处于完全磁化状态的偏磁元件上时，所述偏磁元件退磁化至不超过完全磁化水平的 5% 的水平。

15. 一种如权利要求 14 所述的标识器，其特征在于所述偏磁元件具有 AC 退磁化磁场特性，当所述偏磁元件处于完全磁化状态并且暴露在具有峰值幅度为 4 Oe 的 AC 磁场 Hms 中时，所述偏磁元件的磁化水平至少保持在完全磁化水平的 95% 以上。

16. 一种如权利要求 15 所述的标识器，其特征在于所述偏磁元件具有 AC 退磁化磁场特性，当所述偏磁元件处于完全磁化状态并且暴露在具有峰值幅度为 20 Oe 的 AC 磁场 Hms 中时，所述偏磁元件的磁化水平至少保持在完全磁化水平的 95% 以上。

17. 一种如权利要求 15 所述的标识器，其特征在于所述偏磁元件的 AC 退磁化磁场特性使得将其峰值幅度小于 100 Oe 的 AC 退磁化磁场 Hmd 施加在处于完全磁化状态的偏磁元件上时，所述偏磁元件退磁化至不超过完全磁化水平的 5% 的水平。

18. 一种如权利要求 17 所述的标识器，其特征在于所述偏磁元件的 AC 退磁化磁场特性使得所述偏磁元件处于完全磁化状态并且暴露在具有峰值幅度为 12 Oe 的 AC 磁场 Hmd 中时，所述偏磁元件的磁化水平至少保持在完全磁化水平的 95% 以上。

19. 一种如权利要求 15 所述的标识器，其特征在于所述偏磁元件的 AC 退磁化磁场特性使得将其峰值幅度小于30 Oe的AC退磁化磁场Hmd施加在处于完全磁化状态的偏磁元件上时，所述偏磁元件退磁化至不超过完全磁化水平的5%的水平。

20. 一种使用在磁力式电子货品监视系统中的标识器，包括：(a) 一个非结晶型磁致伸缩元件；(b) 一个配置在与所述磁致伸缩元件相邻接位置处的偏磁元件，其特征在于所述标识器的目标共振频率与所述电子货品监视用系统的操作频率相对应，所述标识器具有与退活化磁场相关的共振频率漂移特性，从而使得将所述标识器暴露在其峰值幅度为50 Oe以下的AC退活化磁场中时，所述标识器的共振频率相对于所述目标共振频率的漂移至少为1.5kHz。

21. 一种如权利要求20所述的标识器，其特征在于所述与退活化磁场相关的共振频率漂移特性使得将所述标识器暴露在其峰值幅度为50 Oe以下的AC退活化磁场中时，所述标识器的共振频率相对于所述目标共振频率的漂移至少为2kHz。

22. 一种如权利要求21所述的标识器，其特征在于所述与退活化磁场相关的共振频率漂移特性使得将所述标识器暴露在其峰值幅度为35 Oe以下的AC退活化磁场中时，所述标识器的共振频率相对于所述目标共振频率的漂移至少为2kHz。

23. 一种如权利要求21所述的标识器，其特征在于所述与退活化磁场相关的共振频率漂移特性使得将所述标识器暴露在其峰值幅度为35 Oe以下的AC退活化磁场中时，所述标识器的共振频率相对于所述目标共振频率的漂移至少为1kHz。

24. 一种如权利要求23所述的标识器，其特征在于所述与退活化磁场相关的共振频率漂移特性使得将所述标识器暴露在其峰值幅度为20 Oe以下的AC退活化磁场中时，所述标识器的共振频率相对于所述目标共振频率的漂移至少为1kHz。

25. 一种使用在可以按预定频率发出呈间歇式脉冲串的标识器问询信号的磁力式电子货品监视用系统中的标识器，这种标识器包括：(a) 一个非结晶型磁致伸缩元件；(b) 一个配置在与所述磁致伸缩元件相邻接位置处的偏磁元件，其特征在于所述标识器的随退活化磁场变化的输出信号特性使得将该标识器暴露在峰值幅度低于35 Oe的AC退活化磁场中时，由所述标识器产生的A1输出信号水平将降低所述标识器暴露在所述退磁化磁场之前时产生的A1输出信号水平的至少50%，其中的A1输出信号是由标识器在施加在标识器处的问询信号脉冲结束后1

毫秒时产生的信号。

26. 一种如权利要求25所述的标识器，其特征在于所述偏磁元件具有AC退磁化磁场特性，当所述偏磁元件处于完全磁化状态并且暴露在具有峰值幅度为4 Oe的AC磁场中时，所述偏磁元件的磁化水平至少保持在完全磁化水平的95%以上。

27. 一种如权利要求26所述的标识器，其特征在于所述标识器的随退活化磁场变化的输出信号特性使得将该标识器暴露在峰值幅度低于25 Oe的AC退活化磁场中时，由所述标识器产生的A1输出信号水平将降低所述标识器暴露在所述退磁化磁场之前时产生的A1输出信号水平的至少50%。

28. 一种如权利要求26所述的标识器，其特征在于所述标识器的随退活化磁场变化的输出信号特性使得将该标识器暴露在峰值幅度低于30 Oe的AC退活化磁场中时，由所述标识器产生的A1输出信号水平将降低所述标识器暴露在所述退磁化磁场之前时产生的A1输出信号水平的至少75%。

29. 一种使用在磁力式电子货品监视系统中的标识器，包括：（a）一个非结晶型磁致伸缩元件；（b）一个配置在与所述磁致伸缩元件相邻接位置处的偏磁元件，其特征在于所述偏磁元件由具有AC退磁化磁场特性的半硬化磁性材料制成，从而使所述偏磁元件在完全磁化且未设置在所述标识器中时暴露在具有一定峰值幅度的AC磁场中时，所述AC磁场将使所述的偏磁元件的磁化水平产生明显降低，而且当所述偏磁元件被完全磁化且配置在所述标识器中与所述磁致伸缩元件相邻近的位置处，并且使所述偏磁元件在暴露在具有一定峰值幅度的AC磁场中时，所述磁致伸缩元件使磁通由所述偏磁元件处偏移开，从而使所述偏磁元件的磁化基本上不会受到所述AC磁场的影响。

30. 一种如权利要求30所述的标识器，其特征在于所述偏磁元件由Metg1as 2605SB1材料形成。

31. 一种如权利要求31所述的标识器，其特征在于所述偏磁元件由Metglas 2628MB材料形成。

32. 一种如权利要求31所述的标识器，其特征在于所述非结晶型磁致伸缩元件由Metglas 2628CoA材料形成。

33. 一种如权利要求30所述的标识器，其特征在于所述偏磁元件由Vacozet材料形成。

34. 一种如权利要求34所述的标识器，其特征在于所述非结晶型磁致伸缩元件由 Metglas 2628CoA 材料形成。

35. 一种如权利要求 30 所述的标识器，其特征在于所述 AC 磁场的一定峰值幅度范围由 5 Oe 至 15 Oe。

36. 一种对使用在磁力式 EAS 系统中的 EAS 标识器实施活化和退活化用的方法，这种方法包括以下步骤：设置一个由一个非结晶型磁致伸缩元件和一个配置在与所述磁致伸缩元件相邻接位置处的偏磁元件构成的 EAS 标识器；磁化所述偏磁元件，使所述偏磁元件产生一个对所述磁致伸缩元件实施偏置的磁场，以便在所述 EAS 系统的运行频率下形成共振；通过将所述标识器暴露在其峰值幅度低于 150 Oe 的 AC 磁场中的方式，对所述 EAS 标识器实施退活化。

37. 一种如权利要求 37 所述的方法，其特征在于当所述标识器暴露在其峰值幅度等于或低于 4 Oe 的 AC 磁场中时，所述标识器的共振特性不会发生变化。

39. 一种如权利要求 38 所述的方法，其特征在于当所述标识器暴露在其峰值幅度等于或低于 20 Oe 的 AC 磁场中时，所述标识器的共振特性不会发生变化。

39. 一种如权利要求 38 所述的方法，其特征在于所述的退活化步骤是通过将所述标识器暴露在其峰值幅度低于 100 Oe 的 AC 磁场中的方式实施的。

40. 一种如权利要求 40 所述的方法，其特征在于当所述标识器暴露在其峰值幅度等于或低于 12 Oe 的 AC 磁场中时，所述标识器的共振特性不会发生变化。

41. 一种如权利要求 37 所述的方法，其特征在于所述的退活化步骤是通过将所述标识器暴露在其峰值幅度低于 30 Oe 的 AC 磁场中的方式实施的。

42. 一种如权利要求 42 所述的方法，其特征在于当所述标识器暴露在其峰值幅度等于或低于 4 Oe 的 AC 磁场中时，所述标识器的共振特性不会发生变化。

43. 一种如权利要求 37 所述的方法，其特征在于所述的退活化步骤是通过将所述标识器暴露在其峰值幅度低于 16 Oe 的 AC 磁场中的方式实施的。

44. 一种如权利要求 44 所述的方法，其特征在于当所述标识器暴露在其峰值幅度等于或低于 6 Oe 的 AC 磁场中时，所述标识器的共振特性不会发生变化。

45. 一种如权利要求 37 所述的方法，其特征在于所述的磁化步骤是在将所述偏磁元件安装在所述标识器中之后实施的。

46. 一种如权利要求 37 所述的方法，其特征在于所述的磁化步骤是在将所述偏磁元件安装在所述标识器中之前实施的。”

涉案专利说明书记载的背景技术为：

“在常规的磁力式 EAS 标识器中，偏磁元件是由诸如‘SemiVac 90’（以下简称S材料）等半硬化磁性材料构成的，这类材料可以由德国Hanau的Vacuumschmelze处购得。S材料的矫顽磁力大约为70至80 Oe。目前一般认为，偏磁元件的矫顽磁力至少要为60 Oe，以防止在标识器的储存、运输或装卸时所可能会出现的磁场作用下而使偏置磁铁意外地退磁化（进而使标识器退活化），S材料需要位于450 Oe或更高的DC磁场中以达到99%的磁化饱和，并且需要接近200 Oe的AC退磁化磁场实施95%的退磁化。

由于需要使用比较高的AC退活化磁场，所以产生AC退活化磁场的常规装置必须按脉冲方式运行，以减少能量损耗，并满足管理规章的限制。然而由于AC磁场仅仅是以脉冲形式产生的，所以就必须确保标识器在退活化磁场脉冲出现时在该装置附近。目前已知的确保在产生有脉冲时标识器在退活化装置附近的技术包括，响应装置操作者的人工输入而产生出脉冲的技术，以及将标识器检测电路设置在退磁化装置中的技术等等。前一种技术是将这一负担加在操作该退活化装置的操作者的身上，而且这两种技术均对部件有一定的限制，这会增大退活化装置的成本。而且，以脉冲形式产生退活化磁场时还会使发出磁场用的线圈变热，所以还需要使装置中的电子部件有较高的质量，进而使成本进一步增大。将足够强的退活化磁场施加在标识器上的困难，还会由于不断增加着的‘源标记（source tagging）’通用操作而增大，即在生产过程中，在生产工厂或分配站点对商品的包装过程中，将EAS标识器固定于货品之上。而且在某些场合下，标识器可能会被定位黏结在商业制品上难以，甚至不可能与常规的退磁化装置相接近的位置。”

涉案专利说明书记载的发明目的及发明概述为：

“本发明的一个目的就是提供一种可以通过施加其强度比对常规磁力式标识器实施退活化用的强度更低的退活化磁场的方式实施退活化的磁力式EAS标识器。

本发明的另一个目的就是提供一种可以通过连续方式而不是以脉冲形式产生的磁场实施退活化的磁力式EAS标识器。

本发明的还一个目的就是提供一种可以在标识器与退活化装置之间的距离比常规磁力式标识器与常规退活化装置之间的距离更大的条件下实施退活化的磁力式标识器。

本发明的再一个目的就是提供一种可以比常规磁力式标识器更容易实施退活化的磁力式标识器。

本发明的又一个目的就是提供一种可以使用其强度比活化常规磁力式标识器用的磁场强度更低的 DC 磁场实施活化的磁力式标识器。

根据本发明所提供的原理，磁力式标识器是使用具有相当低的矫顽磁力特性的控制元件构成的，而且当施加有水平相当低的磁场时，标识器的共振频率也可以产生相当急剧的漂移。因此，本发明可以降低由标识器退活化装置所产生的磁场水平，进而使得可以产生连续的退活化磁场。因此，本发明不再需要在退活化装置中配置标识器检测电路，也不再需要由退活化装置的操作者在需要被退活化的标识器位于该退活化装置附近时，人工触发退活化磁场脉冲。”

涉案专利说明书中“对附图的简要说明”的记载为：

“图 3 与图 2 相类似，为表示一种根据本发明构造的磁力式标识器的共振频率和输出信号振幅与施加在该标识器上的退磁化磁场强度之间变化关系用的示意性曲线图。

图 5 为表示磁化水平与所施加的 AC 退活化磁场强度之间变化关系用的示意性曲线图，该 AC 退磁化磁场是施加在根据本发明构造的、在这一实例中被用作为磁力式标识器中的偏磁元件的完全磁化元件上的。

在图 3 中，参考标号 24 表示的是一种根据本发明构成的、采用 MagnaDur 材料（以下简称 M 材料）制作偏磁元件的标识器的共振频率漂移特性曲线，该曲线随着所施加的退磁化磁场的变化而变化。曲线 26 表示的是一种根据本发明构成的标识器的输出信号特性曲线，该曲线也随着所施加的退磁化磁场的变化而变化。如曲线 26 所示的输出水平随曲线 24 上的相应点处所示的共振频率产生的问询信号的变化而变化。

如图 3 所示的特性曲线中的一个重要特点在于，大约为 60. 5KHz 的最大共振频率漂移可以在所施加的退磁化磁场强度低至大约 35 Oe 时获得，如图 3 所示的频率漂移特性曲线 24 中的突变或称急剧变化也是相当明显的：在其突变点处，曲线 24 的变化梯度超过 200Hz/Oe。与此不同，如图 2 所示的曲线 20 在任何一处的梯度均不超过大约 60Hz/Oe。曲线 20 的梯度在其所有的点处都远低于 100Hz/Oe。

图 4 和图 5 分别示出了制作本发明中的偏磁元件用的 M 材料的磁化特性曲线和退磁化特性曲线。

在图 4 中，参考标号 Mra 表示的是对材料实施饱和磁化时用的水平，参考标号 Ha 表示的是在材料中产生饱和磁化时所需要的 DC 磁场强度。

正如图 4 所示，如果将大约为 150 Oe 的 DC 磁化磁场施加在处于非磁化状态的 M 材料上时，将使该材料基本上完全磁化。与此相对应的是，要使 S 材料产生完全磁化，则需要水平为 450 Oe 或更高的 DC 磁场。

在图 5 中，参考标号 Mrs 表示的是达到 95% 的磁化饱和时的磁化水平，参考标号 Hms 表示的是当其施加在处于饱和状态的材料上时，不会使该材料退磁化至饱和状态的 95% 以下的 AC 磁场的水平。而且，参考标号 Mrd 表示的是形成 5% 的饱和磁化时的磁化水平，参考标号 Hmd 表示的是当其施加在处于饱和状态的材料上时，将使该材料退磁化至饱和状态的 5% 以下的 AC 磁场的水平。

正如图 5 所示，如果将一个由 M 材料制作的完全磁化偏磁元件放入 100 Oe 的 AC 退磁化磁场中，将退磁化至完全磁化的 5% 以下。而且，M 材料对于所施加的 AC 磁场为大约 20 Oe 或更低时具有一个“稳定”区域，这使得这种材料的磁化基本上不会受到所施加的、不高于 20 Oe 的 AC 磁场的影响。因此，配置有作为偏磁元件的 M 材料的标识器在环境磁场不超过 20 Oe 时，将不会产生比较大的意外退磁化。

根据本发明构造的磁力式标识器，由于其中的偏磁元件是用诸如 M 材料等具有相当低的矫顽磁力特性的材料制作的，所以可以用比在常规条件下所需要的强度低得多的 AC 退活化磁场实施退活化。这使得根据本发明构造的标识器可以在不非常靠近退活化装置的位置处实施退活化，而对于在先技术则必须要非常靠近退活化装置。因此，本发明实际上还提供了一种可以在比常规退活化装置低得多的水平下运行的退活化装置。由于退活化所需的水平比常规技术中的更低，所以可以使用速率更低的部件，并且可以连续地产生退活化磁场，而在常规的退活化装置中则必须采用脉冲型磁场。由于可以使用连续的、相当低的退活化磁场，所以不再需要在退活化装置中配置检测标识器是否出现的电路，以及供装置操作者触发退活化磁场脉冲用的电路。这可以降低与该退活化装置相关的成本，并且可以消除操作者触发脉冲退活化装置的工作。

而且，根据本发明构成的、由具有相当低的矫顽磁力特性的偏磁元件构成的标识器与使用 S 构成的偏磁元件的标识器相比，可以利用原有的退活化装置并可以更容易地实施退活化。

在根据本发明构造的第三实施例中，标识器 10 中的偏磁元件 16 是采用所谓的 Vacozet 合金（以下简称 V 材料）构成的。这种 V 材料的矫顽磁力为 22.7 Oe（在这儿采用的是 V 材料的参考数据）。

V材料的磁化特性示出在图9中，而且这种材料的退磁化特性示出在图10中。正如图9所示，大约为50 Oe的DC磁场足以使该材料基本上完全磁化。图10表明，如果将由V材料制作的，完全磁化的偏磁元件放置在大约30 Oe的AC退磁化磁场中，该元件将被退磁至完全磁化的5%以下。正如SB1材料那样，当这种V材料暴露在低水平的AC磁场中，比如说暴露在峰值幅度为6至15 Oe的AC磁场中时，它将具有一定的稳定性。但是当其暴露在峰值幅度为5 Oe或更低的AC磁场中时，这种材料的磁化将降低5%以下。

图11示出了采用V材料制作偏磁元件，采用2628CoA材料制作可激活型元件时的标识器的共振频率漂移特性曲线和输出信号幅度特性曲线。在图11中，曲线32表示的是使用V材料的标识器的共振频率漂移的特性曲线，该曲线随着所施加的退磁化磁场的强度变化而变化，曲线34表示的是该标识器的输出信号幅度的特性曲线。曲线32可以参考图中右侧处的标尺（千赫兹）进行说明，曲线34可以参考图中左侧处的标尺（微伏）进行说明。”

2012年2月29日，专利复审委员会作出第18161号无效宣告请求审查决定（以下简称被诉决定）。被诉决定认定：涉案专利权利要求1～4、6、7、9～12、14～18、20～26、29、30、34、35、37～42、44、46、47不能得到说明书的支持，不符合专利法第二十六条第四款的规定，故宣告所述权利要求无效。专利复审委员会在权利要求5、8、13、19、27、28、31～33、36、43、45的基础上维持专利权继续有效。

被诉决定认为，关于现有技术中存在的问题，以及本发明解决的技术问题或要得到的技术效果。根据涉案专利说明书背景技术中的记载，对于标识器的偏磁元件，现有技术中一般认为其矫顽磁力至少要为60 Oe，以防止偏置元件在标识器储存、运输或装卸期间可能会出现的磁场作用下意外退磁化，进而使标识器退活化，因此需要使用较高的AC退活化磁场，而在这种情况下为减少能量损耗以符合规章规定，AC退活化磁场的产生装置必须按脉冲方式运行。相应地，标识器必须确保在退活化磁场脉冲出现时在该装置附近。同时，背景技术中列举了一种现有偏磁元件材料S，并对该材料的磁学特性进行了描述，例如其矫顽磁力约为70至80 Oe，至少需要450 Oe的DC磁场才能达到99%的磁化饱和，需要约200 Oe的AC退磁化磁场才能实现95%的退磁化。被诉决定认为，现有技术中存在的问题是：为防止偏置元件在标识器储存、运输或装卸期间可能会出现的磁场作用下意外退磁化，通常要求偏磁元件的矫顽磁力至少为60 Oe，导致标识器需要较高的退活化磁场，其具体表现是 AC 退活化磁场必须为脉冲形式，标识器在退活化时必须在退活化场产生装置附近等。相应地，本发明所要解决的技术问题或要得到的技术效果是获得在常规操作期间不被意外退活化，同时退活化磁场小于利用 Hc≥60 Oe 的偏磁元件的常规标识器的标识器，而不只是单独地要去解决现有技术中使用到的某种偏磁元件材料的 DC 饱和磁场过高（≥450 Oe）或实现 95% 退磁化需要的 AC 退磁化磁场过大（约为 200 Oe）的问题。

关于涉案专利说明书中公开的三个实施例，被诉决定认为，三个实施例分别以 M 材料、SB1 材料和 V 材料作为偏磁元件材料。本领域技术人员根据以 SB1 为偏磁元件的实施例，能够获得退活化磁场小于常规标识器，且在常规操作环境下不会意外退活化的标识器，即能够解决本发明所要解决的技术问题并获得预期的技术效果。因此，以 SB1 为偏磁元件的实施例属于说明书中充分公开的内容。然而，涉案专利说明书中以 M 材料、V 材料为偏磁元件的实施例中，均存在偏磁材料特性与标识器特性相矛盾的描述，使得本领域技术人员无法确信这两个实施例能够解决本发明所要解决的技术问题和获得预期的技术效果，因此，这两个实施例不属于说明书中充分公开的内容。

关于权利要求 1 ~47 是否符合专利法第二十六条第四款的规定，被诉决定分别认定如下：

（一）关于权利要求 1 ~3

讯强公司认为，根据涉案专利说明书充分公开的内容，仅当所施加的退磁化磁场在特定区间时，标识器才具有共振频率漂移梯度大于 100Hz/Oe 的特性，且说明书中仅公开了共振频率漂移梯度约为 100Hz/Oe、200Hz/Oe、400Hz/Oe 的实施例，由此不能概括得出权利要求 1 的特征“所述标识器有随退活化磁场变化的共振频率漂移特性，漂移梯度大于 100Hz/Oe”，权利要求 1 得不到说明书支持；其从属权利要求 2 ~3 也因为存在相同问题而得不到说明书的支持。

传感电子公司认为，涉案专利的第一实施例中随退活化磁场变化的漂移部分所对应的退活化磁场的具体区间范围均不相同，这说明涉案专利可以在不同的“随退活化磁场变化”的区间都获得大于 100Hz/Oe 的漂移梯度，且涉案专利说明书中已公开了共振频率漂移梯度超过 100Hz/Oe、200Hz/Oe、400Hz/Oe 的多个实施例，由这些内容能够概括得到权利要求 1 限定的技术方案，权利要求 1 符合专利法第二十六条第四款的规定。

专利复审委员会认为，首先，涉案专利说明书中仅充分公开了以 SB1 制作标识器中偏磁元件的技术方案，其中 SB1 材料是矫顽磁力 Hc 约为 19 Oe 的半硬化材料，该材料在单独置于约 15 Oe 的 AC 磁场中将退磁化至完全磁化的约 70%，而当其与 2628CoA 合金材料一起形成标识器时，标识器在环境磁场不超过 15 Oe 时共振频率基本不变，同时该标识器在 20~25Oe 的 AC 退活化磁场区间内具有超过 100Hz/Oe 的共振频率漂移梯度。涉案专利权利要求 1 请求保护使用在磁力式电子货品监视系统中的标识器，该权利要求 1 中的特征“所述标识器有随退活化磁场变化的共振频率漂移特性，漂移梯度大于 100Hz/Oe”使得该权利要求 1 的保护范围覆盖了所有共振频率随退活化磁场变化的漂移梯度大于 100Hz/Oe 的标识器，其中包括例如以软磁材料制作标识器的偏磁元件的技术方案，以及利用 Hc 大于 60 Oe 且具有使标识器的共振频率随退活化磁场变化的漂移梯度大于 100Hz/Oe 的退磁特性的半硬化材料制作标识器的偏磁元件的技术方案。然而，涉案专利说明书中仅充分公开了一个以半硬化材料制作偏磁元件的技术方案，本领域技术人员基于涉案专利申请日之前的知识，无法预测利用软磁材料制作标识器的偏磁元件也能够确保标识器在暴露于常规操作期间可能出现的低水平磁场中时不会意外退活化，从而解决本发明所要解决的技术问题并获得预期的技术效果；此外，对于以 Hc 大于 60 Oe 且具有使标识器共振频率随退活化磁场变化的漂移梯度大于 100Hz/Oe 的退磁特性的半硬化材料制作标识器的偏磁元件的技术方案，尽管可能使标识器获得大于 100Hz/Oe 的共振频率漂移梯度，但其不能使标识器的退活化磁场低于采用 Hc≥60 Oe 的偏磁元件的常规标识器，解决不了本发明所要解决的降低退活化磁场技术问题。由此可见，该权利要求 1 限定的技术方案中不仅包含了专利权人推测、效果难以确定的内容，而且还覆盖了不能解决本发明所要解决的技术问题且难以达到预期技术效果的实施方式。因此，该权利要求 1 得不到说明书的支持，不符合专利法第二十六条第四款的规定。

其次，基于与权利要求 1 相似的理由可知，权利要求 2 和 3 的保护范围中同样既包含了专利权人推测、效果难以确定的内容，又覆盖了不能解决本发明所要解决的技术问题且达到预期技术效果的实施方式，该权利要求 2 和 3 得不到说明书的支持，不符合专利法第二十六条第四款的规定。由于权利要求 1~3 不符合专利法第二十六条第四款的规定，因此专利复审委员会不再对有关权利要求 1~3 的其他无效理由进行评述。

（二）关于权利要求4～8

讯强公司认为，涉案专利说明书未公开矫顽磁力在10～18 Oe和23～55 Oe区间的半硬化磁性材料同样可用于制作本发明的偏磁元件，因此权利要求4中的特征“偏磁元件由具有小于55 Oe的矫顽磁力Hc的半硬化磁性材料制成”不能从说明书充分公开的内容得到或概括得出；其从属权利要求5也存在同样问题，也不符合专利法第二十六条第四款的规定；权利要求6、7中的“偏磁元件由具有小于40 Oe的矫顽磁力Hc的半硬化磁性材料制成”“偏磁元件由具有小于20 Oe的矫顽磁力Hc的半硬化磁性材料制成”的概括也得不到说明书的支持，不符合专利法第二十六条第四款的规定。

传感电子公司认为，涉案专利说明书对半硬化材料的定义是针对一般情况的，广义来说半硬化材料可以具有小于10 Oe的矫顽磁力，涉案专利说明书已公开了矫顽磁力为11 Oe、20 Oe、19 Oe、22.7 Oe的多个实施例，本领域技术人员知晓如何调整偏磁元件的矫顽磁力至多个需要水平，因此基于说明书的多个实施例能够概括得出“偏磁元件由具有小于55 Oe的矫顽磁力Hc的半硬化磁性材料制成”。同理权利要求5～8的技术方案也能够从说明书的多个实施例中概括得出，符合专利法第二十六条第四款规定。

专利复审委员会认为，首先，涉案专利说明书充分公开了以SB1材料制作标识器的偏磁元件的技术方案，其中SB1材料具有19 Oe的矫顽磁力，能够使标识器具有超过100Hz/Oe的漂移梯度。涉案专利权利要求4中的特征“偏磁元件由具有小于55 Oe的矫顽磁力Hc的半硬化磁性材料制成”使得该权利要求4不仅包括利用Hc小于55 Oe且具有陡峭的退磁化曲线（例如使标识器具有大于100Hz/Oe的共振频率漂移梯度）而使其具有一定低场稳定性的半硬化材料制作标识器偏磁元件的技术方案，还包含了利用Hc小于55 Oe且退磁化曲线平缓的半硬化材料制作标识器偏磁元件的技术方案，显然，采用这种Hc小于55 Oe且退磁化曲线平缓的半硬化材料制作标识器的偏磁元件的技术方案虽然能够通过小于常规标识器的退活化磁场实现退活化，但难以确保在常规操作期间可能出现的低水平磁场下不发生意外退磁化，即，该技术方案不能解决本发明所要解决的技术问题且难以获得预期的技术效果。由此可见，该权利要求4的范围中覆盖了不能解决本发明所要解决的技术问题且难以达到预期技术效果的实施方式。因此，该权利要求4得不到说明书的支持，不符合专利法第二十六条第四款的规定。

其次，权利要求6是权利要求4的从属权利要求，其附加技术特征进一步限定“偏磁元件由具有小于40 Oe的矫顽磁力Hc的半硬化磁性材料制成”，权利要求7是权利要求6的从属权利要求，其附加技术特征进一步限定“偏磁元件由具有小于20 Oe的矫顽磁力Hc的半硬化磁性材料制成”，通过与关于权利要求4类似的分析可以得出，权利要求6和7限定的范围中均覆盖了不能解决本发明所要解决的技术问题且难以达到预期技术效果的实施方式，不符合专利法第二十六条第四款的规定。由于权利要求4、6～7不符合专利法第二十六条第四款的规定，专利复审委员会不再对有关权利要求4、6～7的其他无效理由进行评述。

最后，权利要求5是权利要求4的从属权利要求，其进一步限定了标识器中的偏磁元件由Hc小于55 Oe，且当处于完全磁化状态并暴露在峰值幅度为4 Oe的AC磁场时磁化水平至少保持在完全磁化水平的95%以上的半硬化材料制成，这使得该标识器在常规操作时可能出现的环境磁场中不会意外发生退活化。因此，结合上述分析可知，涉案专利说明书充分公开了SB1材料制作标识器的偏磁元件的技术方案，本领域技术人员基于说明书充分公开的内容可以合理预测利用权利要求5中限定的偏磁元件均能够使得标识器在小于常规标识器的退活化磁场中实现退活化，同时确保在常规操作时可能出现的环境磁场中不发生退活化，该权利要求5能够得到说明书的支持，符合专利法第二十六条第四款的规定。基于类似的理由，权利要求8也符合专利法第二十六条第四款的规定。

（三）关于权利要求9～13

讯强公司认为，权利要求9中的“偏磁元件由具有DC磁化磁场特性的半硬化磁性材料制成，使所述偏磁元件达到饱和所需要的DC磁场Ha小于350 Oe”不能从说明书充分公开的内容得到或概括得出。其从属权利要求10～13也存在同样问题，不符合专利法第二十六条第四款的规定。

传感电子公司认为，涉案专利说明书中公开了使偏磁元件达到饱和所需要的DC磁场强度小于150 Oe、50 Oe的实施例，且本领域技术人员知晓如何调整偏磁元件以在各种不同的磁化磁场水平下实现饱和，因此权利要求9符合专利法第二十六条第四款的规定。同理，其从属权利要求10～13也符合专利法第二十六条第四款的规定。

专利复审委员会认为，首先，涉案专利权利要求9中的特征“偏磁元件由具有DC磁化磁场特性的半硬化磁性材料制成，使所述偏磁元件达到饱和所需要的DC磁场Ha小于350 Oe”限定了标识器的偏磁元件可以采用任何一种Ha小于

350 Oe 的半硬化材料。然而，在涉案专利说明书充分公开的内容中，只记载了一种 Hc 在 70 至 80 Oe 之间的半硬化材料 SB1 的 Ha 约为 450 Oe，尽管磁性材料的饱和 DC 磁场通常是随着矫顽磁力 Hc 减小呈现减小趋势的，但是本领域技术人员仅根据说明书公开的上述内容，难以预测 Ha 小于 350 Oe 的半硬化材料所具有的矫顽磁力 Hc 必然小于 60 Oe，将其用于标识器的偏磁元件都能够使得标识器的退活化磁场小于采用 Hc 大于 60 Oe 的偏磁元件的常规标识器所需要的退活化磁场，该权利要求 9 限定的技术方案中显然包含了专利权人推测的内容，其效果又难以确定；另外，该权利要求 9 限定的范围中还包括了利用 Hc 小于 60 Oe 且退磁化曲线平缓的半硬化材料制作标识器的偏磁元件的技术方案，该方案虽然能够通过小于常规标识器的退活化磁场实现退活化，但难以确保在常规操作期间可能出现的低水平磁场下不发生意外退磁化，不能解决本发明所要解决的技术问题和获得预期的技术效果。由此可见，该权利要求 9 限定的技术方案中既包含了专利权人推测、效果难以确定的内容，又覆盖了不能解决本发明所要解决的技术问题且难以达到预期技术效果的实施方式。因此，该权利要求 9 概括过宽，得不到说明书的支持，不符合专利法第二十六条第四款的规定。

其次，权利要求 10 是权利要求 9 的从属权利要求，其进一步限定了“偏磁元件在完全磁化且暴露于具有峰值幅度为 4 Oe 的 AC 磁场中时磁化水平至少保持在完全磁化水平的 95% 以上”，而根据有关权利要求 9 的评述可以得出，权利要求 10 限定的技术方案中仍包含了专利权人推测且效果难以确定的内容，因此该权利要求 10 同样存在概括过宽的问题，得不到说明书的支持，不符合专利法第二十六条第四款的规定；权利要求 11 是权利要求 10 的从属权利要求，其进一步限定“使所述偏磁元件达到饱和所需要的 DC 磁场 Ha 小于 200 Oe”；权利要求 12 是权利要求 11 的从属权利要求，其进一步限定“使所述偏磁元件达到饱和所需要的 DC 磁场 Ha 小于 150 Oe”，同样依据关于权利要求 9 的评述可以得出，本领域技术人员仅仅根据说明书公开的上述内容难以预测 Ha 小于 200 Oe 和 150 Oe 的半硬化材料所具有的矫顽磁力 Hc 必然小于 60 Oe，将其用于标识器的偏磁元件都能够使得标识器的退活化磁场小于采用 Hc 大于 60 Oe 的偏磁元件的常规标识器所需要的退活化磁场，该权利要求 11 和 12 限定的技术方案中包含了专利权人推测且效果难以确定的内容，该权利要求 11 和 12 概括过宽，得不到说明书的支持，不符合专利法第二十六条第四款的规定。由于权利要求 9 ~ 12 不符合专利法第二十六条第四款的规定，因此专利复审委员会不再对有关权利要求 9 ~ 12 的其他无效理由进行评述。

最后，权利要求 13 是权利要求 12 的从属权利要求，其中限定了标识器中的偏磁元件由饱和 DC 磁场 Ha 小于 50 Oe 且当处于完全磁化状态并暴露在峰值幅度为 4 Oe 的 AC 磁场时磁化水平至少保持在完全磁化水平的 95% 以上的半硬化材料制成。本领域技术人员公知的是，磁性材料的饱和 DC 磁场 Ha 要大于或等于其矫顽磁力 Hc，由此可见，权利要求 13 限定的标识器中的偏磁元件的矫顽磁力 Hc 应小于 50 Oe，因此该标识器能够通过比利用 Hc 大于 60 Oe 的半硬化材料制作偏磁元件的常规标识器小的退活化磁场实现退活化，同时，权利要求 13 限定了偏磁元件在处于完全磁化状态并暴露在峰值幅度为 4 Oe 的 AC 磁场时磁化水平至少保持在完全磁化水平的 95% 以上，由涉案专利说明书中关于 SB1 作为偏磁元件的实施例可知（例如参见图 6），SB1 材料的偏磁元件在峰值幅度为 4 Oe 的 AC 退磁化磁场中时，磁化水平保持在完全磁化水平的 95% 以上，由此可以推知，该权利要求限定的标识器能够在常规操作期间可能出现的低水平磁场下不发生意外退磁化。由此可见，本领域技术人员基于说明书充分公开的内容可以合理预测权利要求 13 所覆盖的技术方案均能够解决本发明所要解决的技术问题，并获得预期的技术效果。因此，该权利要求 13 能够得到说明书的支持，符合专利法第二十六条第四款的规定。

（四）关于权利要求 14～19

讯强公司认为，权利要求 14 中的"偏磁元件由具有 AC 退磁化磁场特性的半硬化磁性材料制成，当将其峰值幅度小于 150 Oe 的 AC 退磁化磁场 Hmd 施加在处于完全磁化状态的偏磁元件上时，所述偏磁元件退磁化至不超过完全磁化水平的 5% 的水平"不能从说明书充分公开的内容得到或概括得出。其从属权利要求 15～19 也存在同样问题，不符合专利法第二十六条第四款的规定。

传感电子公司认为，涉案专利说明书的各个实施例公开了使用小于 100 Oe、30 Oe 的 AC 退磁化磁场，因此该权利要求 14 的技术方案得到了说明书各个实施例充分支持，符合专利法第二十六条第四款的规定。同理，其从属权利要求 15～19 也符合专利法第二十六条第四款的规定。

专利复审委员会认为，首先，涉案专利权利要求 14 中的特征"偏磁元件由具有 AC 退磁化磁场特性的半硬化磁性材料制成，当将其峰值幅度小于 150 Oe 的 AC 退磁化磁场 Hmd 施加在处于完全磁化状态的偏磁元件上时，所述偏磁元件退磁化至不超过完全磁化水平的 5% 的水平"限定了标识器的偏磁元件可以采用任何在峰值幅度小于 150 Oe 的 AC 退磁化磁场下退磁至不超过完全磁化水平的 5%的半硬化材料。然而，如前所述，在涉案专利说明书充分公开的内容中，只公开了在峰值幅度为 20～30 Oe 下实现 95%退磁且具有陡峭退磁化曲线而使标识器具有低场稳定性的半硬化材料制作标识器的偏磁元件的技术方案。另外在说明书中还记载了一种 Hc 在 70 至 80 Oe 之间且退磁化曲线较为平缓的半硬化材料 SB1，其实现95%退磁需要约200 Oe 的 AC 退磁化磁场。尽管磁性材料实现95%退磁所需要的 AC 退磁化磁场通常是随着矫顽磁力 Hc 减小而减小的，但是本领域技术人员仅仅根据说明书公开的上述内容，难以预测实现95%退磁所需 AC 退磁化磁场小于 150 Oe 的半硬化材料所具有的矫顽磁力 Hc 必然小于60 Oe，将其用于标识器的偏磁元件都能够使得标识器的退活化磁场小于采用 Hc 大于 60 Oe 的偏磁元件的常规标识器所需要的退活化磁场，即该权利要求 14 限定的技术方案中显然包含了专利权人推测且效果难以确定的内容。另外，权利要求 14 限定的范围中还包含利用 Hc 小于60 Oe 且退磁化曲线平缓的半硬化材料制作标识器的偏磁元件的技术方案，该技术方案虽然能够通过小于常规标识器的退活化磁场实现标识器的退活化，但难以确保在常规操作期间可能出现的低水平磁场下不发生意外退磁化，即不能解决本发明所要解决的技术问题和获得预期的技术效果。由此可见，权利要求 14 限定的技术方案中既包含了专利权人推测且效果难以确定的内容，又覆盖了不能解决本发明所要解决的技术问题且达到预期技术效果的实施方式，故权利要求 14 概括过宽，得不到说明书的支持，不符合专利法第二十六条第四款的规定。

其次，权利要求 15 是权利要求 14 的从属权利要求，其进一步限定“偏磁元件在处于完全磁化状态并暴露在峰值幅度为 4 Oe 的 AC 磁场时磁化水平至少保持在完全磁化水平的 95%以上”，权利要求 16 是权利要求 15 的从属权利要求，其进一步限定偏磁元件在处于完全磁化状态并暴露在峰值幅度为 20 Oe 的 AC 磁场时磁化水平至少保持在完全磁化水平的 95%以上，而通过与前面关于权利要求 14 相似的分析可以得出，权利要求 15 和 16 限定的技术方案中仍包含了专利权人推测且效果难以确定的内容，该权利要求 15 和 16 同样存在概括过宽的问题，得不到说明书的支持，不符合专利法第二十六条第四款的规定。

再次，权利要求 17 是权利要求 15 的从属权利要求，其进一步限定“偏磁元件 AC 退磁化磁场特性使得将其峰值幅度小于 100 Oe 的 AC 退磁化磁场 Hmd 施加在处于完全磁化状态的偏磁元件上时，所述偏磁元件退磁化至不超过完全磁化水平的5%的水平”，权利要求18是权利要求17的从属权利要求，其进一步限定偏磁元件的AC退磁化磁场特性使得所述偏磁元件处于完全磁化状态并且暴露在具有峰值幅度为12 Oe的AC磁场Hmd中时磁化水平至少保持在完全磁化水平的95%以上，而通过与前面关于权利要求14相似的分析可以得出，权利要求17和18限定的技术方案中仍包含了专利权人推测且效果难以确定的内容，该权利要求17和18同样存在概括过宽的问题，得不到说明书的支持，不符合专利法第二十六条第四款的规定。由于权利要求14～18不符合专利法第二十六条第四款的规定，因此专利复审委员会不再对有关权利要求14～18的其他无效理由进行评述。

最后，权利要求19是引用权利要求15的从属权利要求，其限定了标识器的偏磁元件可以采用任何在峰值幅度小于30 Oe的AC退磁化磁场下从完全磁化水平退磁至不超过完全磁化水平的5%且在峰值幅度为4 Oe的AC磁场下磁化水平至少保持在完全磁化水平的95%以上的半硬化材料制成。尽管涉案专利说明书充分公开了在峰值幅度约为30 Oe下实现95%退磁的半硬化材料制作标识器的偏磁元件的技术方案，能使标识器通过比常规标识器小的退活化磁场实现退活化，但是，由于磁性材料实现95%退磁所需要的AC退磁化磁场通常是随着矫顽磁力Hc减小而减小的，因此本领域技术人员可以合理预测利用在峰值幅度小于30 Oe的AC退磁化磁场下退磁至不超过完全磁化水平的5%的半硬化材料制作偏磁元件，也应当能够使标识器所需要的退活化磁场小于常规标识器，同时权利要求19限定了标识器中的偏磁元件在处于完全磁化状态并暴露在峰值幅度为4 Oe的AC磁场中时磁化水平至少保持在完全磁化水平的95%以上。由涉案专利说明书中关于SB1作为偏磁元件的实施例可知（例如参见图6），SB1材料的偏磁元件在峰值幅度为4 Oe的AC退磁化磁场中时，磁化水平保持在完全磁化水平的95%以上。由此可以推知，该权利要求限定的标识器能够在常规操作期间可能出现的低水平磁场下不发生意外退磁化。由此可见，本领域技术人员可以合理预测权利要求19所覆盖的技术方案均能够解决本发明所要解决的技术问题，并获得预期的技术效果。因此，权利要求19能够得到说明书的支持，符合专利法第二十六条第四款的规定。

（五）关于权利要求20～24

讯强公司认为，权利要求20中的“所述标识器具有与退活化磁场相关的共振频率漂移特性，从而使得将所述标识器暴露在峰值幅度为50 Oe以下的AC退活化磁场中时，所述标识器的共振频率相对于所述目标共振频率的漂移至少为1.5kHz”不能从说明书充分公开的内容得到或概括得出；其从属权利要求21～24也存在同样问题，不符合专利法第二十六条第四款的规定。

传感电子公司认为，涉案专利说明书的各个实施例公开了在30 Oe和35 Oe的AC退磁化磁场下标识器具有1.5kHz的频率漂移，因此该权利要求20的技术方案得到了说明书各个实施例充分支持，符合专利法第二十六条第四款的规定。同理，其从属权利要求21－24也符合专利法第二十六条第四款的规定。

专利复审委员会认为，首先，涉案专利权利要求20中的特征“所述标识器具有与退活化磁场相关的共振频率漂移特性，从而使得将所述标识器暴露在峰值幅度为50 Oe以下的AC退活化磁场中时，所述标识器的共振频率相对于所述目标共振频率的漂移至少为1.5kHz”覆盖了所有在峰值幅度小于50 Oe的AC退活化磁场中共振频率相对于目标共振频率漂移至少1.5kHz的标识器。然而，涉案专利说明书充分公开了利用SB1材料制作标识器偏磁元件的技术方案能够解决本发明所要解决的技术问题并获得预期的技术效果，其中该标识器的共振频率在30 Oe的AC退活化磁场中相对于目标共振频率漂移1.5kHz，同时说明书中还记载了一种现有技术中的标识器，其中以Hc为70～80 Oe且退磁化曲线较为平缓的半硬化材料S制作标识器的偏磁元件，该标识器的共振频率在50 Oe的AC退活化磁场中相对于目标共振频率漂移小于1.5kHz。尽管使标识器共振频率相对于目标共振频率漂移1.5kHz所需要的AC退活化磁场通常是随着标识器中偏磁元件的矫顽磁力减小而降低的，但是本领域技术人员仅根据说明书公开的上述内容，难以预测使得标识器共振频率相对于目标共振频率漂移1.5kHz所需要的AC退活化磁场小于50 Oe的偏磁材料所具有的矫顽磁力Hc必然小于60 Oe，将其用于标识器的偏磁元件都能够使得标识器的退活化磁场小于采用Hc大于60 Oe的偏磁元件的常规标识器所需要的退活化磁场。另外，该权利要求20还包含了利用软磁材料制作标识器的偏磁元件的技术方案，而在涉案专利申请日之前，基于本领域技术人员对软磁材料特性的了解（例如矫顽磁力低，极易退磁化），仅根据涉案专利说明书公开的内容无法预测利用软磁材料制作标识器的偏磁元件也能够解决本发明所要解决的技术问题并获得预期的技术效果。由此可见，该权利要求20限定的技术方案中包含了专利权人推测、效果难以确定的内容，得不到说明书的支持，不符合专利法第二十六条第四款的规定。

其次，权利要求21～24是直接或间接引用权利要求20的从属权利要求，其附加技术特征分别对标识器的共振频率漂移特性进行了限定。然而，这些权利要求所限定的范围中均覆盖了以软磁材料制作标识器的偏磁元件的技术方案，基于与前面相同的理由，本领域技术人员基于说明书充分公开的内容无法预测利用软磁材料制作标识器偏磁元件的技术方案也能够解决本发明所要解决的技术问题，并获得预期的技术效果，这些权利要求 21 ~ 24 限定的范围中包含了专利权人推测、效果难以确定的内容，得不到说明书的支持，不符合专利法第二十六条第四款的规定。

由于权利要求 20 ~ 24 不符合专利法第二十六条第四款的规定，因此专利复审委员会不再对有关权利要求 20 ~ 24 的其他无效理由进行评述。

（六）关于权利要求 25 ~ 29

讯强公司认为，权利要求 25 中的“所述标识器的随退活化磁场变化的输出信号特性使得将该标识器暴露在峰值幅度低于 35 Oe 的 AC 退活化磁场中时，由所述标识器产生的 A1 输出信号水平将降低所述标识器暴露在所述退磁化磁场之前时产生的 A1 输出信号水平的至少 50%，其中的 A1 输出信号是由标识器在施加在标识器处的问询信号脉冲结束后 1 毫秒时产生的信号”不能从说明书充分公开的内容得到或概括得出；其从属权利要求 26 ~ 29 也存在同样问题，不符合专利法第二十六条第四款的规定。

传感电子公司认为，权利要求 25 中的“在低于 35 Oe 的 AC 退活化磁场中降低 A1 输出信号水平的至少 50%”，是克服现有技术的技术偏见的教导，符合专利法第二十六条第四款规定。同理，权利要求 26 – 29 也符合专利法第二十六条第四款规定。

专利复审委员会认为，首先，涉案专利权利要求 25 中的特征“所述标识器的随退活化磁场变化的输出信号特性使得将该标识器暴露在峰值幅度低于 35 Oe 的 AC 退活化磁场中时，由所述标识器产生的 A1 输出信号水平将降低所述标识器暴露在所述退磁化磁场之前时产生的 A1 输出信号水平的至少 50%，其中的 A1 输出信号是由标识器在施加在标识器处的问询信号脉冲结束后 1 毫秒时产生的信号”覆盖了所有在峰值幅度小于 35 Oe 的 AC 退活化磁场中标识器的 A1 输出信号降低标识器暴露在退磁化磁场之前产生的 A1 输出信号水平的至少 50% 的标识器。涉案专利说明书充分公开了以 SB1 材料制作标识器的偏磁元件的技术方案，使得标识器通过比利用 Hc 大于 60 Oe 的偏磁元件的常规标识器小的退活化磁场实现退活化，其中 SB1 材料的矫顽磁力为 19 Oe，该标识器暴露于约 25 Oe 的 AC 退活化磁场中时 A1 输出信号水平将降低 50%，暴露于约 30 Oe 的 AC 退活化磁场中时 A1 输出信号水平将降低 75%。尽管使标识器的 A1 输出信号水平降低至少 50% 所需要的 AC 退磁化磁场通常是随着偏磁元件矫顽磁力减小而降低的，但是本领域技术人员仅根据说明书充分公开的上述内容仍难以预测使标识器的 A1 输出信号水平在低于 35 Oe 的 AC 退活化磁场中降低至少 50% 的偏磁元件的矫顽磁力 Hc 必然小于 60 Oe，将其用于标识器的偏磁元件能够使得标识器的退活化磁场小于采用 Hc 大于 60 Oe 的偏磁元件的常规标识器所需要的退活化磁场，该权利要求 25 限定的范围中包含了专利权人推测且效果难以确定的内容；并且，权利要求 25 限定的范围中还包含了低矫顽磁力（例如在 35 Oe 的 AC 退活化磁场中可实现完全退磁化）且退磁化曲线平缓的偏磁材料制作标识器偏磁元件的技术方案，其中由于偏磁元件矫顽磁力低且退磁曲线平缓，偏磁元件在暴露于低水平磁场中时容易发生退磁化，因此尽管这种技术方案能够通过小于常规标识器的退活化磁场实现退活化，但难以确保在常规操作期间可能出现的低水平磁场下不发生意外退磁化，同样不能解决本发明所要解决的技术问题和获得预期的技术效果。由此可见，该权利要求 25 限定的范围中既包含了专利权人推测且效果难以确定的内容，又覆盖了不能解决本发明所要解决的技术问题且达到预期技术效果的实施方式，得不到说明书的支持，不符合专利法第二十六条第四款的规定。

其次，权利要求 26 是权利要求 25 的从属权利要求，其进一步限定了“偏磁元件在完全磁化且暴露于具有峰值幅度为 4 Oe 的 AC 磁场中时磁化水平至少保持在完全磁化水平的 95% 以上”，而根据有关权利要求 25 的评述可以得出，权利要求 26 限定的范围中仍包含了专利权人推测且效果难以确定的内容，得不到说明书的支持，不符合专利法第二十六条第四款的规定。权利要求 29 是权利要求 26 的从属权利要求，其进一步限定“标识器的随退活化磁场变化的输出信号特性使得将该标识器暴露在峰值幅度低于 35 Oe 的 AC 退活化磁场中时，由所述标识器产生的 A1 输出信号水平将降低所述标识器暴露在所述退磁化磁场之前时产生的 A1 输出信号水平的至少 75%”。如前所述，在说明书充分公开的利用 SB1 材料制作偏磁元件的技术方案中，公开了该标识器在暴露于约 30 Oe 的 AC 退活化磁场中时，A1 输出信号水平将降低至少 75%，但是本领域技术人员由此仍难以预测使标识器的 A1 输出信号水平在低于 35 Oe 的 AC 退活化磁场中降低 75% 的偏磁元件的矫顽磁力 Hc 必然小于 60 Oe，将其用于标识器的偏磁元件能够使得标识器的退活化磁场小于采用 Hc 大于 60 Oe 的偏磁元件的常规标识器所需要的退活化磁场，该权利要求29限定的范围中包含了专利权人推测且效果难以确定的内容，得不到说明书的支持，不符合专利法第二十六条第四款的规定。由于权利要求25、26和29不符合专利法第二十六条第四款的规定，因此专利复审委员会不再对有关权利要求25、26和29的其他无效理由进行评述。

再次，权利要求27是权利要求26的从属权利要求，其限定了通过使标识器的A1输出信号水平在低于25 Oe的AC退活化磁场中降低至少50%且在峰值幅度为4 Oe的AC磁场下磁化水平至少保持在完全磁化水平的95%以上的偏磁材料制作偏磁元件的技术方案。涉案专利说明书公开了使标识器暴露于约25 Oe的AC退活化磁场中时A1输出信号水平将降低50%的技术方案使得标识器能够通过比利用Hc大于60 Oe的偏磁元件的常规标识器小的退活化磁场实现退活化，由于使标识器的A1输出信号水平降低至少50%所需要的AC退磁化磁场通常是随着偏磁元件矫顽磁力减小而降低的，因此本领域技术人员基于说明书充分公开的上述内容可以合理地预测使标识器的A1输出信号水平在低于25 Oe的AC退活化磁场中降低至少50%的偏磁材料制作偏磁元件的技术方案可以使标识器的退活化磁场低于Hc大于60 Oe的常规标识器所需要的退活化磁场，同时权利要求27限定了标识器中的偏磁元件在处于完全磁化状态并暴露在峰值幅度为4 Oe的AC磁场中时磁化水平至少保持在完全磁化水平的95%以上，由涉案专利说明书中关于SB1作为偏磁元件的实施例可知（例如参见图6），SB1材料的偏磁元件在峰值幅度为4 Oe的AC退磁化磁场中时，磁化水平保持在完全磁化水平的95%以上，由此可以推知，该权利要求限定的标识器能够在常规操作期间可能出现的低水平磁场下不发生意外退磁化。本领域技术人员可以合理预测权利要求27所覆盖的技术方案能够解决本发明所要解决的技术问题，并获得预期的技术效果，该权利要求27能够得到说明书的支持，符合专利法第二十六条第四款的规定。

最后，权利要求28是权利要求26的从属权利要求，其限定了通过使标识器的A1输出信号水平在低于30 Oe的AC退活化磁场中降低至少75%且在峰值幅度为4 Oe的AC磁场下磁化水平至少保持在完全磁化水平的95%以上的偏磁材料制作偏磁元件的技术方案，通过与前面类似的分析可以得出，该权利要求28能够得到说明书的支持，符合专利法第二十六条第四款的规定。

（七）关于权利要求30～36

讯强公司认为，权利要求30中未对“具有一定峰值幅度的AC磁场”和偏磁材料进行限定，使得该权利要求30得不到说明书的支持，不符合专利法第二十六条第四款的规定，其从属权利要求 31 ~ 35 也不符合专利法第二十六条第四款的规定；权利要求 36 中未对偏磁材料进行限定，也不符合专利法第二十六条第四款的规定。

传感电子公司认为，权利要求 30 的技术方案至少对应于使用 SB1 材料的实施例及使用 V 材料的实施例，因此，对于本领域技术人员而言，权利要求 30 的技术方案完全能够从说明书公开的内容概括得出，符合专利法第二十六条第四款的规定。

专利复审委员会认为，首先，权利要求 30 中限定了“偏磁元件由具有 AC 退磁化磁场特性的半硬化磁性材料制成，从而使所述偏磁元件在完全磁化且未设置在所述标识器中时暴露在具有一定峰值幅度的 AC 磁场中时，所述 AC 磁场将使所述的偏磁元件的磁化水平产生明显降低，而且当所述偏磁元件被完全磁化且配置在所述标识器中与所述磁致伸缩元件相邻近的位置处，并且使所述偏磁元件暴露在具有一定峰值幅度的 AC 磁场中时，所述磁致伸缩元件使磁通由所述偏磁元件处偏移开，从而使所述偏磁元件的磁化基本上不会受到所述 AC 磁场的影响”。涉案专利说明书充分公开了一种以 SB1 材料为偏磁材料的标识器，其中 SB1 的矫顽磁力 Hc 约为 19 Oe，单独置于约 15 Oe 的 AC 磁场中将退磁化至完全磁化的约 70%，当与 2628CoA 合金材料一起形成标识器时标识器在环境磁场不超过 15 Oe 时共振频率基本不变；并且，关于标识器中的磁屏蔽效应，本领域技术人员能够理解，标识器中的磁致伸缩元件通常为软磁材料，其磁导率高于通常为半硬化材料的偏磁元件，上述磁屏蔽作用是通过高磁导率的磁致伸缩元件中流过较多磁通（其与磁致伸缩元件和偏磁元件的磁导率等磁性差异有关）来实现的，这种作用如同电路中的旁路电路分流效应一样，从理论上讲采用磁屏蔽不能完全消除磁场的影响，并且随着高磁导率材料趋于饱和，其对磁通的分流效果降低，磁屏蔽效果降低，亦即，对于标识器而言，当退活化磁场较小时，磁致伸缩元件对退活化磁场的屏蔽效应较明显，直接作用于偏磁元件上的退活化磁场明显小于外部退活化磁场，随着退活化磁场进一步增大，磁致伸缩元件趋于饱和时，对退活化磁场的屏蔽作用逐渐减弱，对新增退活化磁场部分的分流能力下降，新增加的退活化磁场部分中直接作用于偏磁元件上的比例增大，偏磁元件开始产生退磁。而已知的是，标识器中磁致伸缩元件的饱和磁化磁场通常较小（远小于 60 Oe），因此，在涉案专利说明书的上述公开内容的基础上结合本领域的公知常识，本领域技术人员可以合理预测在完全磁化且未设在标识器中时，暴露于某 AC 磁场中时磁化水平产生明显降低，而当完全磁化且设在标识器中与磁致伸缩元件相邻处时暴露在相同 AC 磁场中时磁化水平基本不受 AC 磁场影响的偏磁元件单独设置时，会在远小于 60 Oe 的 AC 退磁化磁场中发生退磁化，其矫顽磁力应当小于 60 Oe，包括此偏磁元件的标识器能够通过比利用 Hc 大于 60 Oe 的偏磁材料的常规标识器小的退活化磁场实现退活化。但该权利要求 30 中同时也包含了利用 Hc 小于 60 Oe 且退磁化曲线平缓变化的半硬化材料制作偏磁元件的标识器，这种标识器能够通过小于常规标识器的退活化磁场实现退活化，但难以确保在常规操作期间可能出现的低水平磁场下不发生意外退磁化，即不能解决本发明所要解决的技术问题和获得预期的技术效果，权利要求 30 限定的范围中覆盖了不能解决本发明所要解决的技术问题且达到预期技术效果的实施方式。因此，权利要求 30 得不到说明书的支持，不符合专利法第二十六条第四款规定。

其次，权利要求 34 是权利要求 30 的从属权利要求，其进一步限定标识器中的偏磁元件由 V 材料形成。权利要求 35 是权利要求 34 的从属权利要求，其进一步限定标识器中的偏磁元件由 V 材料形成，非结晶型磁致伸缩元件由 Metglas 2628CoA 形成。它们所请求保护的技术方案对应于涉案专利说明书中公开的有关“V 材料”的实施例。如前面有关专利法第二十六条第三款的无效理由的评述中所述，涉案专利说明书中有关“V 材料”的实施例未充分公开，本领域技术人员无法确信利用 V 材料为偏磁元件、Metglas 2628CoA 为磁致伸缩元件的标识器能够解决本发明所要解决的技术问题，因此该权利要求 34 和 35 不能从说明书充分公开的内容中得出，得不到说明书的支持，不符合专利法第二十六条第四款规定。由于权利要求 30、34 和 35 不符合专利法第二十六条第四款的规定，因此专利复审委员会不再对有关权利要求的其他无效理由进行评述。

再次，权利要求 31 是权利要求 30 的从属权利要求，其进一步限定标识器中的偏磁元件由 SB1 材料形成，涉案专利说明书充分公开了一种以 SB1 材料为偏磁材料的标识器，其中 SB1 的矫顽磁力 Hc 约为 19 Oe，单独置于约 15 Oe 的 AC 磁场中将退磁化至完全磁化的约 70%，当与 2628CoA 合金材料一起形成标识器时标识器在环境磁场不超过 15 Oe 时共振频率基本不变。根据说明书充分公开的上述内容，本领域技术人员能够合理地预测利用 SB1 材料制作偏磁元件的标识器均能够解决本发明所要解决的技术问题并获得预期的技术效果，使得标识器实现退活化所需要的退活化磁场小于常规标识器，同时在常规操作期间可能出现的低水平磁场中不发生意外退活化。因此，该权利要求 31 得到了说明书的支持，符合专利法第二十六条第四款规定。同理，其从属权利要求 32 和 33 也符合专利法第二十六条第四款规定。

最后，权利要求 36 是权利要求 30 的从属权利要求，其进一步限定所述 AC 磁场的一定峰值幅度范围由 5 Oe 至 15 Oe。经过与权利要求 30 类似的分析可知，本领域技术人员可以合理预测在完全磁化且未设在标识器中时暴露于 5 Oe 至 15 Oe 的 AC 磁场中时，磁化水平产生明显降低，而当完全磁化且设在标识器中与磁致伸缩元件相邻处时暴露在相同 AC 磁场中时磁化水平基本不受 AC 磁场影响的偏磁元件单独设置时会在远小于 60 Oe 的 AC 退磁化磁场中发生退磁化，其矫顽磁力应当小于 60 Oe，因此采用该偏磁元件的标识器能够通过比常规标识器小的退活化磁场实现退活化。另外，由于该偏磁元件在置于标识器中时，在 5 Oe 至 15 Oe 的 AC 退活化磁场中其磁化基本不受 AC 磁场影响，因此可以预测采用该偏磁元件的标识器在小于 5 Oe 的 AC 退活化磁场中基本不发生退活化，能够在常规操作期间所可能出现的低水平磁场中不发生意外退活化。综上所述，根据说明书充分公开的内容，本领域技术人员能够合理预测权利要求 36 所限定的技术方案均能够解决本发明所要解决的技术问题，并获得预期的技术效果，该权利要求 36 得到了说明书的支持，符合专利法第二十六条第四款的规定。

（八）关于权利要求 37～47

讯强公司认为，权利要求 37 中的特征“将所述标识器暴露在其峰值幅度低于 150 Oe 的 AC 磁场中的方式，对所述 EAS 标识器实施退活化”没有以说明书为依据来限定 AC 退活化磁场强度的范围，不符合专利法第二十六条第四款的规定。同理，权利要求 42、44 中也未以说明书为依据来限定 AC 退活化磁场强度的范围，得不到说明书的支持。从属权利要求 38～41、43、45～47 因而也不符合专利法第二十六条第四款的规定。

传感电子公司认为，涉案专利说明书的各个实施例公开了使用小于 100 Oe、30 Oe 的 AC 退磁化磁场，因此该权利要求 37 的技术方案得到了说明书各个实施例的充分支持，符合专利法第二十六条第四款的规定。同理，其从属权利要求 38～47 也符合专利法第二十六条第四款的规定。

专利复审委员会认为，首先，涉案专利权利要求 37 请求保护一种对使用在磁力式 EAS 系统中的 EAS 标识器实施活化和退活化使用的方法，其中要提供由非结晶型磁致伸缩元件和配置在与磁致伸缩元件邻接处的偏磁元件构成的标识器，并且磁化偏磁元件，使得在 EAS 系统的运行频率下形成共振，然后通过将标识器暴露在峰值幅度低于 150 Oe 的 AC 磁场中的方式，对 EAS 标识器实施退活化。该权利要求 37 覆盖了所有提供在峰值幅度低于 150 Oe 的 AC 磁场中实现退活化的标识器的技术方案。涉案专利说明书中充分公开了一种利用 SB1 材料制作标识器偏磁元件的技术方案，能够使标识器的退活化磁场小于利用 Hc 大于 60 Oe 的偏磁材料的常规标识器，其中 SB1 的矫顽磁力 Hc 约为 19 Oe，标识器在约 50 Oe 的 AC 退磁化磁场下基本实现退活化。然而同时，说明书中记载了一种对利用矫顽磁力 Hc 为 70～80 Oe 的半硬化材料 S 为偏磁元件的标识器实施退活化的方法，其中指出为获得共振频率相对于标准操作频率的最大漂移（即实现标识器的完全退活化），需要施加 140～150 Oe 的 AC 退磁化磁场。本领域技术人员根据说明书公开的上述内容，难以预测低于 150 Oe 的 AC 退活化磁场必然小于使利用 Hc 大于 60 的偏磁材料的标识器所需要的退活化磁场，该权利要求 37 限定的技术方案中包含了专利权人推测且效果难以确定的内容。另外，该权利要求 37 限定的范围中还包含以软磁材料制作偏磁元件，以及以 Hc 小于 60 Oe 且退磁化曲线平缓的半硬化材料制作偏磁元件的技术方案，这些技术方案虽然能够通过小于常规标识器的退活化磁场实现标识器的退活化，但难以确保在常规操作期间可能出现的低水平磁场下不发生意外退磁化，不能解决本发明所要解决的技术问题和获得预期的技术效果。由此可见，该权利要求 37 限定的技术方案中既包含了专利权人推测、效果难以确定的内容，又覆盖了不能解决本发明所要解决的技术问题且达到预期技术效果的实施方式，因此，得不到说明书的支持，不符合专利法第二十六条第四款的规定。权利要求 38、39 是直接或间接引用权利要求 37 的从属权利要求，分别限定了标识器暴露在峰值幅度等于或低于 4 Oe 的 AC 磁场中，和暴露在峰值幅度等于或低于 20 Oe 的 AC 磁场中时共振特性不会发生变化。通过与前面关于权利要求 37 相似的分析可以得出，权利要求 38、39 限定的技术方案中仍包含了专利权人推测且效果难以确定的内容，得不到说明书的支持，不符合专利法第二十六条第四款的规定。

其次，权利要求 40 是引用权利要求 38 的从属权利要求，其限定了标识器暴露在峰值幅度等于或低于 4 Oe 的 AC 磁场中时共振特性不会发生变化，且标识器的退活化是在峰值幅度低于 100 Oe 的 AC 磁场中实现的。通过与前面关于权利要求 37 相似的分析可以得出，本领域技术人员根据说明书公开的上述内容，难以预测低于 100 Oe 的 AC 退活化磁场必然小于使利用 Hc 大于 60 Oe 的偏磁材料的标识器所需要的退活化磁场，权利要求 40 限定的技术方案中仍包含了专利权人推测且效果难以确定的内容，得不到说明书的支持，不符合专利法第二十六条第四款规定。

再次，权利要求 41 是引用权利要求 40 的从属权利要求，其限定了标识器暴露在峰值幅度等于或低于 12 Oe 的 AC 磁场中时共振特性不会发生变化。通过与前面关于权利要求 40 相似的分析可以得出，权利要求 41 限定的技术方案中仍包含了专利权人推测且效果难以确定的内容，得不到说明书的支持，不符合专利法第二十六条第四款的规定。

复次，权利要求 42 是权利要求 37 的从属权利要求，其进一步限定退活化步骤是通过将标识器暴露在其峰值幅度低于 30 Oe 的 AC 磁场中的方式实施的，因此该权利要求 42 覆盖了所有提供在峰值幅度低于 30 Oe 的 AC 磁场中实现退活化的标识器的技术方案，显然，在这种方案下实现退活化所需要的 AC 磁场必然小于常规标识器。然而该权利要求 42 限定的范围中还包含以软磁材料制作偏磁元件及以 Hc 小于 30 Oe 且退磁化曲线平缓的半硬化材料制作偏磁元件的技术方案，这些技术方案虽然能够通过小于常规标识器的退活化磁场实现标识器的退活化，但难以确保在常规操作期间可能出现的低水平磁场下不发生意外退磁化，即，不能解决本发明所要解决的技术问题和获得预期的技术效果。由此可见，该权利要求 42 限定的技术方案中覆盖了不能解决本发明所要解决的技术问题且达到预期技术效果的实施方式，因此，得不到说明书的支持，不符合专利法第二十六条第四款规定。基于类似的理由，引用权利要求 37 的从属权利要求 44、46、47 也不符合专利法第二十六条第四款规定。由于权利要求 37 ~42、44、46 ~47 不符合专利法第二十六条第四款的规定，因此专利复审委员会不再对有关权利要求 37 ~42、44、46 ~47 的其他无效理由进行评述。

最后，权利要求 43 是引用权利要求 42 的从属权利要求，其限定了退活化步骤是通过将标识器暴露在峰值幅度低于 30 Oe 的 AC 磁场中的方式实施的，且在峰值幅度为 4 Oe 的 AC 磁场下标识器的共振频率不发生变化。如前所述，标识器在峰值幅度低于 30 Oe 的 AC 磁场中实现退活化的技术方案实现退活化所需要的 AC 磁场必然小于常规标识器，同时权利要求 43 中限定了在峰值幅度为 4 Oe 的 AC 磁场中时标识器的共振频率不发生变化，由涉案专利说明书中关于 SB1 作为偏磁元件的实施例可知（例如参见图 6），SB1 材料的偏磁元件在峰值幅度为 4 Oe 的 AC 退磁化磁场中时，磁化水平保持在完全磁化水平的 95% 以上，标识器的共振频率基本不发生变化。由此可以推知，该权利要求限定的标识器能够在常规操作期间可能出现的低水平磁场下不发生意外退磁化。本领域技术人员可以合理预测权利要求 43 所覆盖的技术方案均能够解决本发明所要解决的技术问题，并获得预期的技术效果。因此，该权利要求 43 能够得到说明书的支持，符合专利法第二十六条第四款的规定。基于类似的理由，引用权利要求 44 的从属权利要求 45 也符合专利法第二十六条第四款的规定。

基于上述事实和理由，被诉决定宣告涉案专利权利要求 1~4、6、7、9~12、14~18、20~26、29、30、34、35、37~42、44、46~47 无效，在权利要求 5、8、13、19、27、28、31~33、36、43 和 45 的基础上维持涉案专利权有效。

传感电子公司不服被诉决定，向北京市第一中级人民法院提起行政诉讼，请求撤销被诉决定。

北京市第一中级人民法院一审认为，第一，涉案专利说明书中以 M 材料和 V 材料为偏磁元件的实施例中，均存在偏磁材料特性与标识器特性相矛盾的描述，使得本领域技术人员无法确信这两个实施例能够解决本发明所要解决的技术问题和获得预期的技术效果。被诉决定认为这两个实施例不属于说明书中充分公开的内容是正确的。

第二，涉案专利说明书中仅充分公开了以 SB1 制作偏磁元件的技术方案，其中 SB1 材料是矫顽磁力 Hc 约为 19 Oe 的半硬化材料，该材料单独置于约 15 Oe 的 AC 磁场中，将退磁化至完全磁化的约 70%。当其与 2628CoA 合金材料一起形成标识器时，标识器在环境磁场不超过 15 Oe 时，共振频率基本不变，同时该标识器在 20~25 Oe 的 AC 退活化磁场区间内具有超过 100Hz/Oe 的共振频率漂移梯度。涉案专利权利要求 1 的技术方案中，不仅包含了传感电子公司推测的效果难以确定的内容，而且还覆盖了不能解决本发明所要解决的技术问题，且难以达到预期技术效果的实施方式，故其得不到说明书的支持，不符合专利法第二十六条第四款规定。基于相似的理由，涉案专利权利要求 2、3 也不符合专利法第二十六条第四款规定。

第三，涉案专利权利要求 4 不仅包括利用 Hc 小于 55 Oe 且具有陡峭的退磁化曲线，而使其具有一定低场稳定性的半硬化材料制作偏磁元件的技术方案，还包含了利用 Hc 小于 55 Oe 且退磁化曲线平缓的半硬化材料制作偏磁元件的技术方案，而采用这种材料难以确保在常规操作期间可能出现的低水平磁场下不发生意外退磁化。因此，权利要求 4 的范围中覆盖了不能解决本发明所要解决的技术问题且难以达到预期技术效果的实施方式，其得不到说明书的支持，不符合专利法

第二十六条第四款的规定。基于相似的理由，涉案专利权利要求 6 和 7 也不符合专利法第二十六条第四款的规定。

第四，涉案专利权利要求 9 限定的技术方案中包含了传感电子公司推测的内容，其效果又难以确定。权利要求9 限定的范围中还包括了利用 Hc 小于60 Oe 且退磁化曲线平缓的半硬化材料制作偏磁元件的技术方案，该方案难以确保在常规操作期间可能出现的低水平磁场下不发生意外退磁化。因此，权利要求 9 因概括过宽得不到说明书的支持，不符合专利法第二十六条第四款的规定。基于相似的理由，涉案专利权利要求 10 ~ 12 也不符合专利法第二十六条第四款的规定。

第五，涉案专利权利要求 14 限定了标识器的偏磁元件可以采用任何在峰值幅度小于 150 Oe 的 AC 退磁化磁场下，退磁至不超过完全磁化水平的 5% 的半硬化材料。本领域技术人员根据说明书公开的内容，难以预测实现 95% 退磁所需 AC 退磁化磁场小于 150 Oe 的半硬化材料所具有的矫顽磁力 Hc 必然小于 60 Oe，将其用于标识器的偏磁元件都能够使得标识器的退活化磁场小于采用 Hc 大于 60 Oe 的偏磁元件的常规标识器所需要的退活化磁场，该权利要求 14 限定的技术方案中包含了传感电子公司推测且效果难以确定的内容。另外，权利要求 14 限定的范围中还包含利用 Hc 小于 60 Oe，且退磁化曲线平缓的半硬化材料制作偏磁元件的技术方案，该技术方案不能解决本发明所要解决的技术问题和获得预期的技术效果。因此，权利要求 14 因概括过宽得不到说明书的支持，不符合专利法第二十六条第四款的规定。基于相似的理由，涉案专利权利要求 15 ~ 18 也不符合专利法第二十六条第四款的规定。

第六，涉案专利权利要求 20 覆盖了所有在峰值幅度小于 50 Oe 的 AC 退活化磁场中，共振频率相对于目标共振频率漂移至少 1. 5kHz 的标识器。本领域技术人员根据说明书公开的内容，难以预测使得标识器共振频率相对于目标共振频率漂移 1. 5kHz 所需要的 AC 退活化磁场小于 50 Oe 的偏磁材料所具有的矫顽磁力 Hc 必然小于 60 Oe，将其用于标识器的偏磁元件都能够使得标识器的退活化磁场小于采用 Hc 大于 60 Oe 的偏磁元件的常规标识器所需要的退活化磁场。另外，权利要求 20 还包含了利用软磁材料制作标识器的偏磁元件的技术方案，而在涉案专利申请日之前，基于本领域技术人员对软磁材料特性的了解，仅根据涉案专利说明书公开的内容，无法预测利用软磁材料制作标识器的偏磁元件也能够解决本发明所要解决的技术问题并获得预期的技术效果。因此，权利要求 20 限定的技术方案中包含了传感电子公司推测、效果难以确定的内容，其得不到说明书的支持，不符合专利法第二十六条第四款的规定。基于相似的理由，涉案专利权利要求21～24也不符合专利法第二十六条第四款的规定。

第七，涉案专利权利要求25覆盖了所有在峰值幅度小于35 Oe的AC退活化磁场中，标识器的A1输出信号降低为标识器暴露在退磁化磁场之前产生的A1输出信号水平的至少50%的标识器。其中既包含了传感电子公司推测且效果难以确定的内容，又覆盖了不能解决本发明所要解决的技术问题且达到预期技术效果的实施方式，故其得不到说明书的支持，不符合专利法第二十六条第四款的规定。基于相似的理由，涉案专利权利要求26和29也不符合专利法第二十六条第四款的规定。

第八，关于权利要求30。在涉案专利说明书的公开内容的基础上，结合本领域的公知常识，本领域技术人员可以合理预测在完全磁化且未设在标识器中时，暴露于某AC磁场中时磁化水平产生明显降低，而当完全磁化且设在标识器中与磁致伸缩元件相邻处时，暴露在相同AC磁场中时磁化水平基本不受AC磁场影响的偏磁元件单独设置时，会在远小于60 Oe的AC退磁化磁场中发生退磁化，其矫顽磁力应当小于60 Oe。包括此偏磁元件的标识器能够通过比利用Hc大于60 Oe的偏磁材料的常规标识器小的退活化磁场实现退活化。但涉案专利权利要求30中包含了利用Hc小于60 Oe，且退磁化曲线平缓变化的半硬化材料制作偏磁元件的标识器，这种标识器难以确保在常规操作期间可能出现的低水平磁场下不发生意外退磁化。因此，涉案专利权利要求30限定的范围中覆盖了不能解决本发明所要解决的技术问题且达到预期技术效果的实施方式，其得不到说明书的支持，不符合专利法第二十六条第四款的规定。基于相似的理由，涉案专利权利要求34和35也不符合专利法第二十六条第四款的规定。

第九，涉案专利权利要求37覆盖了所有在峰值幅度低于150 Oe的AC磁场中实现退活化的标识器的技术方案。本领域技术人员根据说明书公开的内容，难以预测低于150 Oe的AC退活化磁场必然小于使利用Hc大于60的偏磁材料的标识器所需要的退活化磁场。另外，权利要求37限定的范围中还包含以软磁材料制作偏磁元件及以Hc小于60 Oe且退磁化曲线平缓的半硬化材料制作偏磁元件的技术方案，这些技术方案难以确保在常规操作期间可能出现的低水平磁场下不发生意外退磁化。因此，权利要求37限定的技术方案中既包含了传感电子公司推测、效果难以确定的内容，又覆盖了不能解决本发明所要解决的技术问题且达到预期技术效果的实施方式，故其得不到说明书的支持，不符合专利法第二十六条第四款的规定。基于相似的理由，涉案专利权利要求38～42、44、46、47也不符合专利法第二十六条第四款的规定。

综上，被诉决定认定事实清楚，适用法律正确，应予维持。北京市第一中级人民法院据此判决：维持被诉决定。一审案件受理费100元，由传感电子公司负担。

传感电子公司不服一审判决，向北京市高级人民法院提起上诉，请求撤销一审判决和被诉决定，判令专利复审委员会重新作出审查决定。传感电子公司的主要上诉理由为：涉案专利权利要求1～47均符合专利法第二十六条第四款的规定。一审法院和专利复审委员会对涉案专利各权利要求所要解决的技术问题或所要达到的技术效果认定错误，对说明书第一实施例和第三实施例未能充分公开本发明的认定错误，导致其错误认定涉案专利部分权利要求不符合专利法第二十六条第四款的规定。

专利复审委员会与讯强公司服从一审判决。

二审法院对一审法院查明的事实予以确认。

二审法院认为，专利法第二十六条第四款规定："权利要求书应当以说明书为依据，说明要求专利保护的范围。"权利要求书应当以说明书为依据，是指权利要求书中的每一项权利要求所要求保护的技术方案均应当是所属技术领域的技术人员能够从说明书充分公开的内容中得到或概括得出的技术方案，并且不得超出说明书公开的范围。如果权利要求所保护的范围超出了说明书所公开的范围，则该权利要求未以说明书为依据。基于新材料的选择形成的发明创造，权利要求的保护范围应当限于对该新材料或其明显等同替换材料的保护，即本领域技术人员根据权利要求的记载，应当能够确定该权利要求保护的对象正是该新材料或其明显等同替换材料。如果说明书仅仅是基于该新材料的选择来阐述其技术内容，而权利要求仅仅是记载了该新材料的部分属性或特征，而本领域技术人员通常认为仅仅依据权利要求中记载的这些属性或特征并不能直接推导出该新材料，还可能包括具备该属性或特征的其他材料，且本领域技术人员并不能确定该其他材料同样具备该新材料的全部功能时，表明权利要求所保护的基于新材料选择的发明超出了说明书所记载的新材料的范围，即此时通常可以认定权利要求保护的技术方案超出了说明书记载的范围，亦即权利要求未以说明书为依据。

本案中，从涉案专利说明书的记载来看，传感电子公司基于其对三种物质材料的选择，发现了其所选择的新材料在低场稳定性、漂移梯度、矫顽磁力等方面相对于现有技术具有一定的优势，具有更适宜使用于磁力式电子货品监视系统中的标识器的特性，故涉案专利说明书从低场稳定性、漂移梯度、矫顽磁力等方面限定了其选择的物质材料。本领域技术人员在阅读了涉案专利说明书后，可以清楚地认识到传感电子公司的技术贡献在于将其所选择的物质材料适用于磁力式电子货品监视系统中的标识器。但是，涉案专利权利要求1～4、6、7、9～12、14～18、20～26、29、30、34、35、37～42、44、46～47却未如说明书那样，从低场稳定性、漂移梯度、矫顽磁力等方面限定其选择的物质材料，而是选择了部分参数或指标来限定适用于磁力式电子货品监视系统中标识器的物质材料。显然，当传感电子公司在涉案专利权利要求中选择部分参数或指标来限定物质材料时，本领域技术人员有合理理由质疑仅具备其中部分参数或指标的物质材料可能并不限于传感电子公司在涉案专利说明书中所列举的三种物质材料，传感电子公司也并未提供有效证据证明具备涉案专利权利要求1～4、6、7、9～12、14～18、20～26、29、30、34、35、37～42、44、46～47中记载的部分参数或指标的物质材料仅仅限于其在涉案专利说明书中所列明的三种物质材料。而仅仅具备涉案专利说明书所列举的三种物质材料部分参数或指标的其他物质材料是否同样具备更适宜使用于磁力式电子货品监视系统中标识器的特性，却不是传感电子公司的技术贡献，涉案专利说明书也未予以记载。事实上，传感电子公司的技术贡献仅在于发现了涉案专利说明书所列举的三种物质材料具有更适宜使用于磁力式电子货品监视系统中的标识器的特性。因此，涉案专利权利要求在限定更适宜使用于磁力式电子货品监视系统中的标识器的物质材料时，可能包括了传感电子公司在说明书中公开的三种物质材料之外的物质材料，故其超出了涉案专利说明书的公开范围。在此基础上，一审法院及专利复审委员会认定涉案专利权利要求1～4、6、7、9～12、14～18、20～26、29、30、34、35、37～42、44、46～47未以说明书为依据是恰当的。传感电子公司有关涉案专利权利要求1～4、6、7、9～12、14～18、20～26、29、30、34、35、37～42、44、46～47符合专利法第二十六条第四款规定的上诉理由缺乏依据，二审法院不予支持。

此外，传感电子公司虽主张专利复审委员会错误认定涉案专利说明书所记载的第一实施例和第三实施例公开不充分，但如上所述，即便涉案专利说明书所记载的三个实施例不存在公开不充分的问题，其也仅仅是说明了传感电子公司所选择的三种物质材料具有更适宜使用于磁力式电子货品监视系统中的标识器的特性，并不能克服涉案专利权利要求未以说明书为依据的缺陷。

还应当指出的是，专利复审委员会基于涉案专利说明书记载的背景技术，指出现有技术中存在的问题，并在涉案专利说明书从低场稳定性、漂移梯度、矫顽磁力等方面限定其选择的物质材料的基础上，在被诉决定中认定涉案专利所要解决的技术问题或要得到的技术效果是获得在常规操作期间不被意外退活化，同时退活化磁场小于利用 Hc≥60 Oe 的偏磁元件的常规标识器的标识器，而不只是单独地要去解决现有技术中使用到的某种偏磁元件材料的 DC 饱和磁场过高（≥450 Oe），或实现 95% 退磁化需要的 AC 退磁化磁场过大（约为 200 Oe）的问题。应当说，专利复审委员会对涉案专利所要解决的技术问题的认定是正确的。如前所述，由于涉案专利权利要求并未以说明书为依据，故传感电子公司有关专利复审委员会对涉案专利所要解决的技术问题的认定错误，本案应当基于专利复审委员会在评价涉案专利创造性时所认定的涉案专利相对于现有技术的区别技术特征，来确定涉案专利所要解决的技术问题的主张缺乏依据，二审法院不予支持。

二审法院据此判决：驳回上诉，维持一审判决。一、二审案件受理费各 100 元，均由传感电子公司负担。

传感电子公司不服二审判决，向本院申请再审。具体理由如下：（一）涉案专利权利要求 1 ~ 47 可以分为八组，分别针对不同的发明目的，解决不同的技术问题，符合专利法第二十六条第四款的规定。1. 被诉决定和一、二审判决脱离权利要求的技术方案，认定所有权利要求共同解决唯一的技术问题，据此认定所有独立权利要求均没有以说明书为依据，认定事实不清，适用法律错误。被诉决定针对同一个权利要求，在认定创造性时认定了一个“技术问题”，而在判断是否符合专利法第二十六条第四款的规定时，又认定了不同的技术问题，法律适用错误。2. 被诉决定认定涉案专利各项权利要求相对于现有技术具有区别技术特征，具有创造性，说明各项权利要求相对于现有技术解决了各自要解决的技术问题，保护范围适当。3. 关于“技术问题”。《专利审查指南》（以下简称审查指南）仅在第二部分第四章第 3. 2. 1. 1 节对技术问题给出了定义，是指“对最接近的现有技术进行改进的技术任务”。因此，应当根据权利要求区别于现有技术的区别技术特征，参照说明书中的发明目的、发明希望解决的技术问题、技术效果，综合确定正确的技术问题。不能将涉案专利说明书背景技术中记载的现有技术的缺陷，等同于权利要求所要解决的技术问题。4. 涉案专利说明书中提到了多个发明目的，是各个独立权利要求分别解决的技术问题。因此，要结合各个权利要求的区别技术特征及其技术效果，确定各个权利要求对应的发明目的。一项权利要求只要能够解决一个技术问题，区别于现有技术，就符合专利法的规定。不能要求各项权利要求均解决相同的技术问题。5. 低场稳定性仅涉及部分权利要求，并非各项权利要求都要解决的技术问题。(1) 涉案专利中，公开了至少两种在低场稳定性方面进行的改进。改进之一是选择具备某种物理参数要求的材料作为偏磁元件，对应于从属权利要求 5、8、10、15、26。另一项改进是说明书第 14 页、第 15 页记载的有关标识器中偏磁元件的磁化处理方式的技术方案，专利权人没有对其要求专利权保护。(2) 根据各项独立权利要求的技术方案，能够制造出在正常使用环境下发挥功能的标识器，和存储、运输或者装卸环境下的低场稳定性没有关系。(二) 关于涉案专利的技术贡献及其与权利要求是否以说明书为依据的关系。1. 判断权利要求是否以说明书为依据时，应当判断权利要求的技术贡献特征，即使得发明具备新颖性和创造性的技术内容，并且还要考虑权利要求相对于现有技术解决的技术问题和技术效果，基于说明书整体，判断说明书的公开内容与权利要求的保护范围是否相匹配，权利要求的保护范围是否与其技术贡献相适应。2. 关于技术贡献，审查指南第一部分第四章第 2 节规定："对现有技术的贡献的技术信息是指在专利申请中明确披露的所有新颖的和非显而易见的技术信息。"在权利要求中，技术贡献是使得其具有新颖性和创造性的技术特征，即技术贡献特征。专利法第二十二条解决权利要求是否具有技术贡献特征，专利法第二十六条第四款解决技术贡献特征与其他技术特征共同限定的保护范围是否得到说明书公开的部分，尤其是与技术贡献特征相关部分的支持，使得权利要求的保护范围与专利对现有技术的贡献相匹配。3. 本发明各项权利要求对现有技术的贡献是如何根据特定的物理参数选择标准来选择磁性材料，并将该材料应用于标识器中的偏磁元件。专利复审委员会和一、二审法院错误地认为本发明涉及新材料的选择，认定事实不清。(三) 关于说明书充分公开与权利要求以说明书为依据的关系。1. 涉案专利各项独立权利要求均能够得到说明书的支持。本领域技术人员根据说明书相应部分充分公开的内容，能够得到并实施权利要求限定的技术方案，解决其相对于现有技术所要解决的技术问题，获得相应的技术效果。2. 说明书关于第一实施例、第三实施例的公开是充分的，即使不考虑这两个实施例，相关权利要求也能得到说明书的支持。二审判决对被诉决定和一审判决中有关第一实施例、第三实施例的认定未予纠正错误。3. 关于第一实施例。首先，虽然图 3 与图 5 都涉及 M 材料，但说明书中没有记载二者具有对应关系。图 3 与图 5 都是示意图，图 3 主要说明漂移梯度的变化，图 5 主要说明 AC 退磁场对 M 材料的影响，二者分别代表不同的特性，反映涉案专利在不同方面作出的改进。其次，随着加工工艺不同，相同材料的矫顽磁力可以不同。可以通过改变加工工艺，实现剩磁和矫顽磁力的组合。本领域技术人员能够理解利用矫顽磁力较小的 M 材料制作的偏磁元件具有图 5 所示的退磁化特性曲线。M 材料的矫顽磁力可以在 50 ~ 110 Oe 的较大范围内设置。图 3、图 5 中的矫顽磁力都在这个范围内，是可以实现的。4. 关于第三实施例。说明书中记载的 V 材料矫顽磁力 22.7 Oe 仅仅是参考数据，实际测量的样品的矫顽磁力可以不同。图 11 用于说明漂移梯度的变化，并不关注矫顽磁力。V 材料的矫顽磁力可以在 12 ~ 60 Oe 的范围内变化，因此，说明书中记载的矫顽磁力参考值与图 11 所示的测量值都是可以实现的。5. 被诉决定、一审判决对说明书第一实施例、第三实施例公开不充分的认定错误。在该认定与权利要求 1 ~ 47 是否符合专利法第二十六条第四款的规定密切相关的情况下，二审判决回避审理再审申请人的相关请求，违反法定程序。（四）关于本案的审理范围。对于再审审判监督程序，审理范围一般应该限于当事人申请的范围。专利复审委员会和讯强公司没有就被诉决定中维持有效的权利要求提出再审申请，故审理范围应当限于传感电子公司再审申请的请求范围。

被申请人专利复审委员会提交意见认为：（一）现有技术中存在的问题：为防止偏磁元件可能出现的磁场作用下意外退磁化，通常要求偏磁元件的矫顽磁力至少为 60 Oe，导致标识器需要较高的退活化磁场。（二）本发明所要解决的技术问题或要得到的技术效果是在常规操作期间，偏磁元件不被意外退活化，同时退活化磁场小于常规标识器。（三）在相关教科书中，矫顽磁力的概念均是在介绍磁滞回线时引入，本领域技术人员都知晓该数值应当是在直流退磁场下测量得到的结果。在我国国家标准 GB/T13888 - 2099/IEC 60404 - 7：1982 “在开磁路中测量磁性材料矫顽力的方法” 第 6.3 节 “矫顽力的测定” 中，介绍了施加的退磁场是直流磁场。（四）关于第二实施例，讯强公司在无效请求程序中并未对屏蔽效果和原理提出质疑。说明书以及附图 6、7 的描述没有存在明显的矛盾之处。（五）二审判决认定事实清楚、适用法律正确，程序合法。（六）关于本案的审理范围。对于再审审判监督程序，审理范围一般应该限于当事人申请的范围。专利复审委员会和讯强公司没有就被诉决定中维持有效的权利要求提出再审申请，故审理范围应当限于传感电子公司再审申请的请求范围。

一审第三人讯强公司提交意见认为：（一）关于技术问题。1. 被诉决定以及一、二审判决对涉案专利要解决的技术问题的认定正确。2. 被诉决定以及一、二审判决均认定所有权利要求至少应当解决技术问题“获得在常规操作期间不被意外退活化（即低场稳定性），同时退活化磁场小于常规标识器偏磁元件的退活化磁场 Hc≥60 Oe”，被诉决定没有认定所有权利要求解决同一个技术问题。3. 被诉决定以及一、二审判决根据说明书的背景技术以及相关描述，正确确定“在常规操作期间不被退活化”是所有权利要求必须解决的技术问题。如果不解决该技术问题，无法获得可以正常使用的合格产品。4. 传感电子公司错误认定说明书中描述的现有技术，错误认定涉案专利对现有技术的贡献，导致其对技术问题的认识错误。（二）关于技术贡献。被诉决定以及一、二审判决均认定涉案专利对现有技术的贡献在于材料的选择，没有认定其技术贡献为具体的材料。各独立权利要求对参数的限定超出了其对现有技术的贡献。（三）关于第一实施例、第三实施例是否充分公开及其对权利要求是否以说明书为依据的影响。1. 说明书及其附图中公开的各实施例的信息相互矛盾，这种矛盾会使得读者对各实施例能否实施产生合理的怀疑，被诉决定认定第一实施例、第三实施例公开不充分正确。2. 关于第一实施例所涉及的 M 材料。说明书附图 3、5 均涉及该材料，但是在图 3、5 中所示的矫顽磁力不一致。其中，图 3 所示的矫顽磁力远远小于 62 Oe，而图 5 中的矫顽磁力大于 62 Oe，二者相互矛盾。3. 关于第二实施例所涉及的 SB1 材料。在附图 6 中，退磁化所需的磁场强度为 30～35 Oe，并不是说明书中记载的 19 Oe。在附图 7 中，退磁化磁场超过 19 Oe 后，标签的频率基本没有变化，表明偏磁元件 SB1 没有退磁。附图 6、7 所示的矫顽磁力与说明书中记载的偏磁材料矫顽磁力为 19 Oe 明显矛盾。4. 关于第三实施例所涉及的 V 材料。说明书中记载其矫顽磁力为 22.7 Oe，而附图 11 所示的矫顽磁力为 18 Oe，二者明显矛盾。说明书中没有记载或暗示 V 材料的矫顽磁力是可以变化的，而是唯一地给出了 22.7 Oe 的数据。5. 再审申请人有关偏磁材料的矫顽磁力可以在一定范围内变化的主张不能成立。6. 矫顽磁力是偏磁材料的基本参数，三个实施例必须公开其使用的偏磁材料的矫顽磁力，使得读者相信该实施例真实可靠。再审申请人主张的偏磁材料的矫顽磁力范围覆盖了现有技术（60 Oe），无法支持其有关权利要求以说明书为依据的主张。7. 二审判决认为，即使认为第一实施例、第三实施例公开充分，相关权利要求也没有以说明书为依据。二审判决没有对第一实施例、第三实施例是否公开充分进行认定，没有违反法定程序。（四）关于涉案专利说明书第二实施例中记载的屏蔽技术的效果和原理。1. 该技术仅仅是专利权人自己声称的技术，没有其他专利或者科技文献印证，也没有确定的科学依据。专利权人没有解释为何可激活元件可以保护偏磁元件，直到交流退磁场峰值 15 Oe。2. 按照说明书记载的屏蔽技术，可以选择矫顽磁力小于 15 Oe 的偏磁材料，可以将低场稳定性保持到 15 Oe，进一步降低矫顽磁力。但是，三个实施例选择的材料的矫顽磁力均明显超过 15 Oe（分别是 20 Oe、19 Oe、22.7 Oe）。而且，第三人发明的软磁偏磁材料标签根本没有涉案专利所述的屏蔽效果。3. 在附图 7 中，在 AC 退磁场峰值大于 15 Oe 时，第二实施例没有出现急剧的退活化，而是保持到 20 Oe，与说明书记载的“退磁化磁场的水平超过 15 Oe 左右时，可激活元件的导磁性急剧降低，从而使退磁化磁场导致偏磁元件退磁”相互矛盾。4. 第二实施例中，15 Oe 以下的低场稳定性不是缘于所谓的屏蔽，而是采用了比 19 Oe 更高的矫顽磁力。权利要求 4 的保护范围包含了远低于 19 Oe 的矫顽磁力，不能得到说明书的支持。5. 涉案专利说明书记载的内容以及数据未能清楚地解释屏蔽技术的效果和原因，甚至存在自相矛盾之处。首先，本领域技术人员不会相信矫顽磁力为 11 Oe 的偏磁片可以在 15 Oe 的磁场下实现所谓的屏蔽效果。其次，第三实施例中没有任何有关屏蔽的具体实验数据。在图 11 中，在 15 Oe 的直流退磁场下，以 V 材料制作的标签已经基本被退磁，没有所谓的屏蔽效果，与说明书记载的内容不符。最后，在标签的存储和运输时，大量标签产生的退磁场是直流退磁场，而不是交流退磁场，因此，低场稳定性实际上是对直流退磁场的稳定性要求。综上，涉案专利对于所谓屏蔽技术的原因、如何选择新的材料来获得屏蔽的描述是模糊和不确定的，不应该获得有关屏蔽技术的保护。（五）本案的审理范围可以包括被诉决定维持有效的权利要求。

围绕当事人的再审请求，本院对有争议的事实查明并认定如下：

（一）关于矫顽磁力的含义

讯强公司向本院提交的 1982 年 11 月第二次印刷的《铁磁学》中记载：“如将磁场反向增加，则 I 沿 DE 下降，到 I = 0 时，此时的磁场强度称为矫顽磁力。”

（二）涉案专利说明书、附图中记载的有关内容

1. 关于以 M 材料制作偏磁元件的第一实施例

说明书第 8 页记载：“根据本发明构造的、与如上所述的图 1 中的标识器相类似的标识器中的偏磁元件 16，是采用具有非常低的矫顽磁力特性的、诸如所谓的 M 材料等合金材料制作的（它的矫顽磁力大约为 20 Oe），而不是采用具有比较高矫顽磁力特性的、诸如 S 等材料制作的。”

说明书第 9 页记载：“在图 3 中，参考标号 24 表示的是一种根据本发明构成

的、采用 M 材料制作偏磁元件的共振频率漂移特性曲线……如图 3 所示……最大共振频率漂移可以在所施加的退磁化磁场强度低至大约 35 Oe 时获得。”

说明书第 10 页记载：“由于其中的偏磁元件是用诸如 M 等的、具有相当低的矫顽磁力特性的材料制作的，所以可以用比在常规条件下所需要的强度低得多的 AC 退活化磁场实施退活化。这使得根据本发明构造的标识器可以在不非常靠近退活化装置的位置处实施退活化，而对于在先技术则是必须要非常靠近退活化装置的……由于退活化所需的水平比常规技术中的更低，所以可以使用速率更低的部件，并且可以连续地产生退活化磁场，而在常规的退活化装置中则必须采用脉冲型磁场。”

“根据本发明构成的、由具有相当低的矫顽磁力特性的偏磁元件构成的标识器与使用 S 材料构成的偏磁元件的标识器相比，可以利用原有的退活化装置并可以更容易地实施退活化。”

“由于可以用强度更低的磁场对标识器实施退活化，所以可以在标识器位于比在先技术中的标识器距退活化装置更远的位置处实施退活化。”

说明书附图 3、4、5 均涉及第一实施例。图 3 表示采用 M 材料制作偏磁元件的标识器的共振频率、输出信号振幅与施加在该标识器上的退磁化磁场强度之间的变化关系的示意图。附图 3 中显示，在退磁化磁场约为 35 Oe 时，可以获得最大共振频率漂移。讯强公司据此主张附图 3 所示 M 材料的矫顽磁力约为 35 Oe，与说明书中记载的“矫顽磁力大约为 20 Oe”相矛盾。

附图 4、5 分别示出了制作本发明中的偏磁元件用的 M 材料的磁化特性曲线和磁退化特性曲线。图 4 中，在磁场为 150 Oe 左右时，达到饱和磁化。图 5 中，在 AC 退磁化磁场为 50 Oe 时，仍有 90% 左右的磁化水平，只有在接近 100 Oe 时，才能够使 M 材料退磁化至饱和状态的 5% 以下。讯强公司主张附图 4、5 均与图 3 矛盾，并且与说明书中记载的 M 材料的矫顽磁力大约为 20 Oe 相矛盾。

2. 关于以 SB1 材料制作偏磁元件的第二实施例

说明书第 10 页记载：“在根据本发明构造的第二实施例中，偏磁元件 16 是采用具有比 M 材料更低的矫顽磁力特性的、在低于 20 Oe 的磁场中不具有稳定区域的材料制作的。”“偏磁元件 16 可以采用诸如 SB1 等的材料制作。”“经过这种退火处理后的材料的矫顽磁力大约为 19 Oe……正如图 6 所示，采用低至 15 Oe 的 AC 磁场即可以使退火处理后的 SB1 合金基本退磁化（退磁化至完全磁化的大约 70%）。”

说明书第 11 ~12 页记载："尽管 SB1 材料在低水平 AC 磁场中具有不稳定性，但本申请人发现，如果将这种材料作为偏磁元件配置在磁力式标识器中的与可激活型元件相接近的位置处，所制作出的标识器暴露在相当低的 AC 磁场中时将具有相当高的稳定性。""当将某一低水平（比如说为 5 Oe 至 15 Oe）的退磁化磁场施加在采用着 SB1 材料的标识器上时，标识器的特性，特别是其共振频率基本上不会出现变化，因而不会产生退磁化，尽管这一磁场在偏磁元件单独设置时会使其产生重大退磁化。不难理解，在所施加的此种退活化磁场水平下，这种磁场将耦合在可激活型元件和偏磁元件之间，从而使可激活型元件作为一个分流器，保护着 SB1 材料元件免受退磁化磁场的影响。当所施加的退磁化磁场水平超过 15 Oe左右时，可激活型元件的导磁性将急剧降低，从而使退磁化磁场导致偏磁元件的退磁。""由于可激活型元件提供的屏蔽作用，使得偏磁元件可以采用相当不稳定的材料制作。"

附图 6 表示磁化水平与 AC 退磁化磁场强度之间变化关系的示意性曲线图，该 AC 退磁化磁场施加在根据第二实施例构造的、作为偏磁元件的材料（SB1 材料）之上。在 AC 退磁化磁场为 19 Oe 时，退磁至饱和状态的 40% 左右；在 AC 退磁化磁场为 30 Oe 左右时，退磁至饱和状态的 5% 左右。在 AC 退磁化磁场为 45 Oe至 50 Oe 时，磁化水平逐渐趋于零。

图 7 表示根据第二实施例构造的标识器的共振频率和输出信号振幅与施加的磁场强度之间的变化关系示意性曲线图。在退磁化磁场为 40 Oe 至 50 Oe 时，共振频率趋于峰值，输出信号振幅趋于零。

3. 关于以 V 材料制作偏磁元件的第三实施例

说明书第 12 页记载，第三实施例中标识器 10 内的偏磁元件 16 是采用 V 材料构成的。这种 V 材料的矫顽磁力为 22.7 Oe（采用的是 V 的参考数据）。"图 10 表明，如果将由 V 材料制作的、完全磁化的偏磁元件放置在大约为 30 Oe 的退磁化磁场中，该元件将退磁至完全磁化的 5% 以下。正如 SB1 材料那样，当这种 V 材料暴露在低水平的 AC 磁场中，比如说暴露在峰值幅度为 6 Oe 至 15 Oe 的 AC 磁场中时，它将具有一定的稳定性。但是将其暴露在峰值幅度为 5 Oe 或更低的 AC 磁场中时，这种材料的磁化将降低 5% 以下。

说明书第 13 页记载："这种采用着 V 材料的标识器将具有一定的'屏蔽'效应，就像在有关 SB1 材料的实施例中所描述的那样。采用 V 材料的实施例将比采用 SB1 材料的实施例在施加有低水平的退磁化磁场时，具有更大的频率漂移，而且它还具有更急剧的频率漂移特性曲线……因此，施加幅度在 20 Oe 以下的退磁化磁场便可以对使用 V 材料的标识器实施有效的退活化。”

附图 9 表示磁化水平与施加的 DC 磁化磁场强度之间变化关系用的示意性曲线图，该 DC 磁化磁场是施加在根据本发明第三实施例构造的、作为偏磁元件的材料之上的。

图 10 表示磁化水平与所施加的 AC 退活化磁场强度之间变化关系用的示意性曲线图，该 AC 退磁化磁场是施加在第三实施例中被用作为偏磁元件的材料之上的。图 10 中显示，在 6 Oe 至 15 Oe 的 AC 磁场中，其磁化水平显著降低。在50 Oe的 AC 退磁化磁场中，磁化水平趋于零。

图 11 表示根据第三实施例构造的磁力式标识器的共振频率和输出信号振幅与所施加的退磁场强度之间变化关系用的示意性曲线图。图 11 中，在 DC 磁化磁场约 18 Oe 时，共振频率漂移特性曲线 32、标识器输出信号幅度特性曲线 34 均发生反转。讯强公司据此主张 V 材料的矫顽磁力约 18 Oe，与说明书记载的 22.7 Oe 不符。

4. 关于其他实施方式

涉案专利说明书第 13 页记载：“除了如上所述的 M 合金、V 合金和 SB1 合金之外，也可以采用其他的材料来制作这种偏磁元件 16，如果举例来说，这些材料包括具有如图 4、图 5、图 6、图 9 和图 10 所示的特性曲线的各种材料。”

（三）被诉决定中有关涉案专利是否符合专利法第二十六条第三款规定的认定

讯强公司认为涉案专利不符合专利法第二十六条第三款的规定，并向专利复审委员会提出了 15 个方面的具体理由。

被诉决定认为，首先，说明书第 11 页第 17 行至第 12 页第 12 行，以及附图 6、7 中记载了一种标识器，其以 SB1 材料为偏磁元件，2628CoA 合金材料作可激活型元件。本领域技术人员按照说明书公开的上述内容，能够实现该发明的技术方案，解决其技术问题，并且产生预期的技术效果，因此，涉案专利符合专利法第二十六条第三款的规定。

其次，关于讯强公司的理由（1）（2）（13）（15），均涉及以 M 材料作为偏磁元件的第一实施例。被诉决定认为，附图 3 中可以看出，偏磁元件在 35 Oe 的 AC 退活化磁场中基本退磁。而根据附图 5，该偏磁元件在 35 Oe 的退活化磁场中基本不退磁。“在说明书公开的以 M 材料为偏磁元件的实施例中，有关标识器性能的表述与有关偏磁元件性能的描述相矛盾，致使本领域技术人员无法确信该实施例能得到所声称的技术效果”。

最后，关于讯强公司的理由（4）（5）（6）（7）（8），均涉及以V材料作为偏磁元件的第三实施例。附图11中显示标识器中的V材料的矫顽磁力应当不大于18 Oe，但说明书中记载V材料的矫顽磁力为22.7 Oe，即说明书第三实施例中公开的有关标识器性能的描述与有关偏磁元件性能的描述存在矛盾之处。

但是，本领域技术人员依据说明书公开的以SB1为偏磁元件的实施例能够实现本发明，故被诉决定认为讯强公司关于第一实施例的理由（1）（2）（13）（15），以及关于第三实施例的理由（4）（5）（6）（7）（8）均不能成立，涉案专利符合专利法第二十六条第三款的规定。

本院认为，本案争议焦点为：（一）在认定涉案专利权利要求是否以说明书为依据时，如何理解涉案专利所要解决的技术问题？（二）涉案专利说明书中记载的第一实施例、第三实施例是否充分公开，对认定涉案专利权利要求是否以说明书为依据有何影响？（三）涉案专利权利要求是否以说明书为依据？

（一）在认定涉案专利权利要求是否以说明书为依据时，如何理解涉案专利所要解决的技术问题

专利法第二十六条第四款规定：“权利要求书应当以说明书为依据，说明要求专利保护的范围。”审查指南第二部分第二章第3.2.1规定：“权利要求书应当以说明书为依据，是指权利要求应当得到说明书的支持。权利要求书中的每一项权利要求所要求保护的技术方案应当是所属技术领域的技术人员能够从说明书充分公开的内容中得到或概括得出的技术方案，并且不得超出说明书公开的范围。权利要求通常由说明书记载的一个或者多个实施方式或实施例概括而成。权利要求的概括应当不超出说明书公开的范围。”根据专利法第二十六条第四款的规定并参照上述审查指南的规定，权利要求限定的保护范围应当与说明书充分公开的技术内容和涉案专利作出的技术贡献程度相适应。如果权利要求限定的保护范围过于宽泛，包括了无法解决涉案专利所要解决的技术问题，实现涉案专利所要实现的技术效果的技术方案，并且本领域技术人员根据说明书充分公开的内容以及现有技术的整体状况，仍然无法合理确定、排除该技术方案的，应当认定该权利要求未能“以说明书为依据”，不符合专利法第二十六条第四款的规定。因此，正确认定涉案专利所要解决的技术问题和所要实现的技术效果，对于认定涉案专利权利要求1～47是否以说明书为依据具有重要意义。

关于专利说明书的撰写，专利法实施细则第十七条第一款规定，“……说明

书应当包括下列内容……（二）背景技术：写明对发明或者实用新型的理解、检索、审查有用的背景技术；有可能的，并引证反映这些背景技术的文件；（三）发明内容：写明发明或者实用新型所要解决的技术问题以及解决其技术问题采用的技术方案，并对照现有技术写明发明或者实用新型的有益效果……（五）具体实施方式：详细写明申请人认为实现发明或者实用新型的优选方式……”根据上述规定，对于涉案专利所要解决的技术问题、实现的技术效果，以及具体实施方式等，说明书中均应当予以写明。人民法院可以结合说明书中记载的背景技术及其存在的缺陷，发明内容中记载的“发明目的”“所要解决的技术问题”“有益效果”，以及具体实施方式中与“技术问题”“有益效果”相关的内容等，对涉案专利所要解决的技术问题和实现的技术效果进行认定。

本案中，涉案专利说明书中记载的与技术问题、技术效果有关的内容主要包括以下四个方面：第一，关于涉案专利的背景技术。现有的电子货品监视系统（EAS）中的磁力式标识器包括可激活型磁致伸缩元件，以及用于提供偏置磁场的偏磁元件。为了防止存储、装卸、运输时可能会出现的磁场作用下的意外退磁化，一般认为偏磁元件的矫顽磁力至少要为 60 Oe，例如以矫顽磁力为 70 Oe 至 80 Oe 的 S 材料制作偏磁元件。由于 S 材料的磁化磁场要达到 450 Oe 或者更高，并使用比较高的 AC 退活化磁场（接近 200 Oe 实施 95% 的退磁化），故存在退活化磁场的常规装置必须以脉冲方式进行，以减少能量损耗，必须确保标识器在脉冲出现时在装置附近，容易导致线圈变热，增加装置成本等技术问题。从上述内容可以看出，磁力式标识器包括可激活型磁致伸缩元件和偏磁元件，以及使用具有较高矫顽磁力（70 Oe 至 80 Oe）的 S 材料制作偏磁元件等均属于涉案专利的背景技术，不是涉案专利的技术贡献所在。背景技术存在的技术缺陷本质上与用于制作偏磁元件的 S 材料的矫顽磁力、退磁化磁场强度较高等材料特性密切相关。本领域技术人员由此容易想到采用矫顽磁力较低的材料制作偏磁元件，以便于对标识器退活化，并且在常规操作（存储、装卸、运输）时不被意外退活化。此时，偏磁元件具体材料的选择显得至关重要。第二，关于涉案专利的发明目的。虽然涉案专利说明书第 3 页记载了 5 项发明目的，包括：“强度更低的退活化磁场”“以连续方式而不是以脉冲方式产生退活化磁场”“距离更大的条件下实施退活化”“更容易实施退活化”，以及“强度更低的 DC 磁场实施活化”，但上述 5 项发明目的实质上都与用于制作偏磁元件的材料本身的矫顽磁力、退活化磁场强度、活化磁场强度等材料特性密切相关。各项发明目的实质上是从不同角度，对标识器中偏磁元件的退活化或者活化的难易程度进行表述，并非各自完全独立。因此，对于传感电子公司有关涉案专利解决了多个技术问题的主张，本院不予支持。第三，关于涉案专利所要实现的技术效果。说明书第5页、第6页“发明目的和发明概述”中记载：“根据本发明的原理，磁力式标识器是使用具有相当低的矫顽磁力特性的控制元件构成的，而且当施加有水平相当低的磁场时，标识器的共振频率也可以产生相当急剧的漂移。因此，本发明可以降低由标识器退活化装置所产生的磁场水平，进而使得可以产生连续的退活化磁场。因此，本发明不再需要在退活化装置中配置标识器检测电路，也不再需要由退活化装置的操作者在需要被退活化的标识器位于该退活化装置附近时，人工触发退活化磁场脉冲”“由于本发明可以使用水平更低的退活化磁场……还可以进一步降低成本”，“对于这种根据本发明原理构造的、更容易退活化的标识器，还可以在标识器距离退活化装置相距一定距离时……实施退活化”。因此，涉案专利中有关有益效果的表述，也均是与标识器及其偏磁元件的退活化难易程度密切相关的。第四，关于涉案专利的具体实施方式。在说明书“具体实施方式”中，涉案专利公开了分别以M材料、SB1材料和V材料制作偏磁元件的3个具体实施例。其中说明书第10页第2段记载的有关第一实施例的有益效果中，记载了：“由于其中的偏磁元件使用诸如M材料等的、具有相当低的矫顽磁力特性的材料制作的，所以可以用比在常规条件下所需要的强度低得多的AC退活化磁场实施退活化”“可以在不非常靠近退活化装置的位置处实施退活化”“可以在比常规退活化装置低得多的水平下运行”“可以使用速率更低的部件”“并且可以连续地产生退活化磁场”“可以降低与该退活化装置相关的成本”等内容。上述内容，同样也与偏磁元件的退活化难易程度密切相关。

综上，综合考虑说明书中有关背景技术、发明目的、有益效果、具体实施方式等内容，本院认为，涉案专利相对于背景技术作出的改进主要在于以特定材料制作偏磁元件，以使得标识器更容易退活化，并且标识器不会因“存储、运输或装卸时所可能会出现的磁场作用”而意外退活化。因此，被诉决定将涉案专利解决的技术问题认定为“获得在常规操作期间不被意外退活化，同时退活化磁场小于利用Hc≥60 Oe（即背景技术中记载的“一般认为的偏磁元件的矫顽磁力”）的偏磁元件的标识器，而不只是单独地去解决现有技术中使用到的某种偏磁元件材料的DC饱和磁场过高（≥450 Oe），或实现95%退磁化需要的AC退磁化磁场过大（约为200 Oe）的问题”，并无不当。

传感电子公司认为，应当参照审查指南第四章第3.2.1.1节中有关“技术问题”的规定，根据权利要求与“最接近的现有技术”的区别技术特征，参照说明书中的相关内容综合确定技术问题。本院认为，专利法第二十六条第四款规定的“以说明书为依据”涉及的主要是权利要求书与说明书的相互关系问题，相应地，在适用该法律规定的过程中，应当以说明书本身记载的相关内容为基本依据来认定涉案专利要解决的技术问题和实现的技术效果。传感电子公司所援引的审查指南第四章第3.2.1.1节中有关“技术问题”的规定，是在判断权利要求是否具有创造性时，根据权利要求与“最接近的现有技术”的区别技术特征所重新确定的“实际解决的技术问题”。该“实际解决的技术问题”可能并不同于涉案专利要解决的技术问题，不能直接作为认定权利要求是否以说明书为依据的基础。具体理由如下：第一，参照审查指南第二部分第四章3.2.1.1节的规定，重新确定“实际解决的技术问题”的目的是为了在判断权利要求是否具有创造性的过程中，确定“现有技术整体上是否存在某种技术启示，即现有技术中是否给出将上述区别特征应用到该最接近的现有技术以解决其存在的技术问题（即“实际解决的技术问题”）的启示”。因此，确定“最接近的现有技术”“实际解决的技术问题”的目的与专利法第二十六条第四款的立法目的并不一致。第二，“实际解决的技术问题”是根据权利要求与“最接近的现有技术”的区别技术特征来认定的。审查指南第二部分第四章3.2.1.1节中列举了确定“最接近的现有技术”的不同方式，以及需要考虑的技术领域、公开的技术特征、技术效果、用途、功能等多种因素，故“最接近的现有技术”的认定是相对的、动态的，并与无效宣告请求人或者审查员的举证、检索情况密切相关。因此，权利要求与“最接近的现有技术”的区别技术特征，以及“实际解决的技术问题”都是相对的、动态的，会随着判断主体选择的“最接近的现有技术”改变而改变。“实际解决的技术问题”往往会不同于说明书中记载的专利要解决的技术问题。第三，在认定权利要求是否以说明书为依据时，并不以该权利要求具有或不具有创造性为前提。如果案件中并未同时涉及该权利要求是否具有“创造性”的争议，自然更不会涉及对“最接近的现有技术”“实际解决的技术问题”的认定。综上，本院对于传感电子公司的主张不予支持。

（二）关于涉案专利说明书中记载的第一实施例、第三实施例是否充分公开？对认定涉案专利权利要求是否以说明书为依据有何影响

参照审查指南第二部分第二章第3.2.1节的规定，权利要求通常由说明书记

载的一个或者多个实施例概括而成。在认定权利要求是否以说明书为依据时，应当以说明书中充分公开的技术内容为基础。对于说明书中未能充分公开的内容，由于该部分内容不能达到让本领域技术人员能够实现的程度，不宜将其作为认定权利要求是否以说明书为依据的基础。如果说明书中记载的具体实施方式的技术内容存在明显矛盾，使得本领域技术人员对该具体实施方式的真实性、客观性产生合理怀疑，无法合理确认该具体实施方式能够解决涉案专利所要解决的技术问题，实现涉案专利所要实现的技术效果的，应当认定该具体实施方式未能充分公开。

首先，关于使用M材料制作偏磁元件的第一实施例。根据说明书附图3，在退磁化磁场为35 Oe时，标识器可获得最大共振频率漂移。而根据附图5，将M材料制作的完全磁化的偏磁元件放入100 Oe的AC退磁化磁场中，将退磁化至完全磁化的5%以下。由于标识器的最大共振频率漂移与偏磁元件的退磁化程度密切相关，故附图3和附图5中公开的上述内容明显矛盾。在涉案专利说明书中没有就标识器与M材料本身的退磁化情况的明显矛盾作出合理说明的情况下，本领域技术人员会对第一实施例的真实性、客观性产生合理怀疑，难以确认第一实施例的技术方案能够解决涉案专利所要解决的技术问题，实现涉案专利所要实现的技术效果。因此，被诉决定认定第一实施例未能充分公开，不能作为认定权利要求1~47是否以说明书为依据的基础，并无不当。

其次，关于使用V材料制作偏磁元件的第三实施例。说明书第12页中记载："V材料的矫顽磁力为22.7 Oe。"但根据说明书附图11，当DC磁场大于18 Oe后，标识器的共振频率向标准共振频率漂移，意味着偏磁元件开始反向充磁。涉案专利说明书中虽然公开了"当施加有某一低水平的退磁化磁场，频率漂移和幅度特性曲线将保持有相当大的稳定性……采用V材料的标识器将具有一定的'屏蔽'效应"。但是，根据附图11，仅在DC磁场为10 Oe以下时，频率漂移和幅度特性曲线才是稳定的。而在10 Oe至14 Oe之间，频率漂移将有超过1.6KHz的显著变化，相应的漂移梯度将超过400Hz/Oe。因此，虽然涉案专利说明书中公开了当施加低水平的退磁化磁场（10 Oe以下）时，磁致伸缩元件的"屏蔽"效应会导致频率漂移和幅度特性曲线具有稳定性，但并没有公开在DC磁场为22.7 Oe或18 Oe时，磁致伸缩元件仍然具有"屏蔽"效应，进而实质性地影响以V材料制作的偏磁元件及标识器的退活化。综上，说明书第12页记载的矫顽磁力"22.7 Oe"与本领域技术人员从附图11中看到的信息（DC磁场大于18 Oe后，标识器的共振频率向标准共振频率漂移）明显矛盾，使得本领域技术人员对第三实施例的真实性、客观性会产生合理怀疑，无法合理确认第三实施例的技术方案能够解决涉案专利所要解决的技术问题，实现涉案专利所要实现的技术效果。因此，被诉决定认定第三实施例不能作为认定权利要求1～47是否以说明书为依据的基础，亦无不当。

最后，在涉案专利说明书中，并没有明确记载M材料、SB1材料或者V材料的矫顽磁力可以在一定范围内变化。相反，涉案专利说明书明确记载了对SB1材料以特定方式退活处理后，可获得矫顽磁力为19 Oe的材料，并将该材料用于制作偏磁元件。因此，对于传感电子公司有关“涉案专利中有关材料的矫顽磁力为参考值，可在一定范围内变化”的主张，本院不予支持。

综上，涉案专利说明书中记载的有关第一实施例、第三实施例的技术内容未能充分公开，不能作为认定权利要求1～47是否“以说明书为依据”的基础。被诉决定认定“以M材料和V材料为偏磁元件的实施例中均存在偏磁材料特性与标识器特性相矛盾的描述……这两个实施例不属于说明书中充分公开的内容”并无不当，传感电子的相关申请再审理由不能成立。

二审判决认为：“即便涉案专利说明书所记载的三个实施例不存在公开不充分的问题……并不能克服涉案专利权利要求未以说明书为依据的缺陷。”上述认定已经充分考虑了传感电子公司有关涉案专利说明书充分公开的上诉理由。因此，传感电子公司有关二审法院遗漏其上诉理由，违反法定程序的申请再审理由不能成立。

（三）关于权利要求1～47是否以说明书为依据，符合专利法第二十六条第四款的规定

根据专利法第一条的规定，在一定期限内授予专利权的目的在于鼓励发明创造，提高创新能力，促进科学技术进步和经济社会发展。在适用本案所涉及的专利法第二十六条第四款有关“权利要求应当以说明书为依据”的规定时，亦应当符合上述立法目的。一方面，权利人有权在说明书充分公开的具体实施方式等内容的基础上，通过合理概括的方式撰写权利要求，以获得适度的保护范围而不仅仅限于具体实施方式本身，从而给发明创造提供必要、适度的激励。另一方面，权利要求限定的保护范围应当与涉案专利的技术贡献和说明书充分公开的范围相适应，以免过宽的保护范围阻碍科学技术的进步。“权利要求应当以说明书为依据”是维护权利人与社会公众的利益平衡，防止专利权侵蚀公有领域，为后续创

新保留必要空间的重要制度保障。

本案中，涉案专利说明书中记载的三个实施例中，仅有第二实施例充分公开，故本院主要根据说明书中记载的第二实施例，以及说明书中记载的其他有关内容，对权利要求1～47是否以说明书为依据进行认定。根据说明书的记载，第二实施例的偏磁元件采用了在低于20 Oe的磁场中不具有稳定区域的SB1材料制作。经过特定退活处理后的SB1材料的矫顽磁力大约为19 Oe，采用低至15 Oe的AC磁场即可以基本退磁化至完全磁化的大约70%。尽管SB1材料在低水平AC磁场中不具有稳定性，但如果将该材料作为偏磁元件，配置在与采用2628CoA合金材料制作的可激活型元件相接近的位置处，由于可激活型元件作为分流器所提供的屏蔽作用，可以保护SB1材料制作的偏磁元件免受退磁化磁场的影响，标识器在相当低的AC磁场中也具有相当高的稳定性。而当退磁化磁场水平超过15 Oe左右时，可激活型元件的导磁性将急剧降低，从而使偏磁元件在退磁化磁场中退磁。当退磁化磁场的水平为20～30 Oe时，共振频率漂移特性曲线呈急剧变化，梯度将超过100Hz/Oe。当施加的退磁化磁场强度低于50 Oe时，将产生非常大的共振频率漂移（大于1.5KH_2），而且A1输出信号基本上已经被消除。综上，第二实施例作出的主要贡献在于以特定的材料SB1制作偏磁元件，以2628CoA合金材料作为可激活型元件，并且可激活型元件在较低磁场水平下具有屏蔽作用，使得标识器及其中的偏磁元件在较低的退磁化磁场中不被意外退磁化。而在比背景技术中的S材料更低的退磁化磁场强度（20至30 Oe）中，第二实施例的标识器很容易退磁化。由于在涉案专利说明书的背景技术中，已经记载了标识器、偏磁元件、可激活型元件，以及现有偏磁元件材料（S材料）存在的矫顽磁力较高、不易磁化和退活化等问题，故所述内容并非涉案专利的贡献所在。此外，涉案专利说明书中没有公开涉案专利的改进在于偏磁元件或者可激活型元件的材料选择标准等内容，因此，对于再审申请人有关涉案专利对现有技术的贡献是如何根据特定的物理参数选择标准来选择磁性材料的主张，本院不予支持。

基于上述认定，本院对权利要求1～47是否以说明书为依据分别认定如下：

1. 关于被诉决定宣告无效的权利要求1～4、6、7、9～12、14～18、20～26、29、30、34、35、37～42、44、46～47（以下统称宣告无效的权利要求）

首先，除权利要求34、35之外，宣告无效的权利要求1～4、6、7、9～12、14～18、20～26、29、30、37～42、44、46～47中均没有限定制作偏磁元件、磁致伸缩元件的具体材料，而是以材料或者标识器应当具有的某种或某几种特性及其参数范围来限定权利要求的保护范围。例如，在权利要求1~3中仅限定了标识器在退活化磁场中共振频率的“漂移梯度”，在权利要求4中则仅限定了偏磁元件的矫顽磁力小于55 Oe，在权利要求9中则仅限定了偏磁元件达到饱和时所需的磁化水平。本院认为，根据涉案专利说明书的记载，SB1材料、2628CoA合金以及由其制作的标识器具有多种材料特性，仅仅在权利要求中限定某项或者某几项特定的特性及其参数范围，则限定的保护范围中不仅包括了涉案专利第二实施例的技术方案，也包括了其他数目无法穷尽，由各种已知甚至未知的材料制作的偏磁元件以及标识器。而对于哪些具体材料可用于实施涉案专利技术方案，本领域技术人员基于涉案专利说明书充分公开的技术内容，涉案专利作出的技术贡献，以及现有技术的整体状况，难以作出合理的预测，而是必须通过大量的选择、实验验证甚至发现，才能确认在所述权利要求所限定的范围内的哪些具体材料能够或者不能解决涉案专利所要解决的技术问题，实现涉案专利所要实现的技术效果。而且，在权利要求1~3中仅限定了标识器在退活化磁场中共振频率的“漂移梯度”，在权利要求4中仅限定了偏磁元件的矫顽磁力小于55 Oe，在权利要求9中仅限定了偏磁元件达到饱和时所需的磁化水平等情况下，所述权利要求也不能解决涉案专利所要解决的技术问题，实现涉案专利所要实现的技术效果。综上，权利要求1~4、6、7、9~12、14~18、20~26、29、30、37~42、44、46~47的保护范围明显超出了涉案专利说明书充分公开的程度和涉案专利的技术贡献程度，未能以说明书为依据。被诉决定关于上述权利要求不符合专利法第二十六条第四款规定的认定正确。

其次，关于权利要求34、35。权利要求34引用权利要求30，限定了“偏磁元件以V材料形成”；权利要求35引用权利要求34，进一步限定了“磁致伸缩元件由2628CoA材料形成”。由于涉案专利说明书中有关V材料的第三实施例未能充分公开，故第三实施例不能作为认定权利要求34、35是否以说明书为依据的基础。在缺乏具体实施方式支持的情况下，被诉决定认定权利要求34、35不符合专利法第二十六条第四款的规定并无不当。

2. 关于被诉决定维持有效的权利要求5、8、13、19、27、28、31、32、33、36、43和45（以下统称维持有效的权利要求）

首先，关于本案的审理范围。《中华人民共和国行政诉讼法》（以下简称行政诉讼法）第六条规定：“人民法院审理行政案件，对行政行为是否合法进行审查。”根据该规定，人民法院可主要根据当事人提出的诉讼请求以及主张的事实和理由，对被诉决定的合法性进行审理，但并不以此为限。人民法院发现被诉决定存在违反法律规定的其他情形的，可以一并审查。本案中，专利复审委员会作出被诉决定，于权利要求 5、8、13、19、27、28、31、32、33、36、43 和 45 的基础上维持涉案专利权继续有效。虽然讯强公司没有提起行政诉讼，传感电子公司在起诉时也没有对被诉决定中维持上述权利要求有效的认定提出异议，但本院在对前述宣告无效的权利要求审理过程中，发现维持有效的权利要求中的大部分权利要求同样存在未能以说明书为依据的情形，不符合专利法第二十六条第四款的规定。本院认为，如果对被诉决定中有关维持有效的权利要求的错误认定部分不予纠正，则被错误维持有效的权利要求会使得专利权人仍然享有排他权，会对他人的合法权益和社会公共利益带来不应有的限制。而且，参照审查指南第四部分第三章有关无效宣告请求“一事不再理原则”的相关规定，其他人今后针对被错误维持有效的权利要求，以同样的理由再行主张其不符合专利法第二十六条第四款的规定时，专利复审委员会将基于本案被诉决定而“不予受理或者审理”。综上，为了监督专利复审委员会依法行政，避免错误维持有效的权利要求损害第三人的合法权益和社会公共利益，本院在充分听取各方当事人意见的基础上，根据行政诉讼法第六条的规定对维持有效的权利要求是否符合专利法第二十六条第四款的规定一并进行审理，并分别认定如下：

首先，关于权利要求 5、8、13、19、27、28、36、43 和 45。所述权利要求中没有限定制作偏磁元件、磁致伸缩元件的具体材料，而是以偏磁元件或者标识器具有的某种或某几种特性及其参数范围来限定权利要求的保护范围。基于与前述权利要求 1 ~ 4、6、7、9 ~ 12、14 ~ 18、20 ~ 26、29、30、37 ~ 42、44、46 ~ 47 相同的理由，本院认为权利要求 5、8、13、19、27、28、36、43 和 45 同样未能以说明书为依据，不符合专利法第二十六条第四款的规定。被诉决定错误认定所述权利要求符合专利法第二十六条第四款的规定，继而错误维持所述权利要求有效，认定事实和适用法律均有错误，应予撤销。

其次，关于权利要求 31、33。其中，权利要求 31 引用权利要求 30，权利要求 33 引用权利要求 31，两项权利要求基于涉案专利说明书中充分公开的第二实施例，在权利要求 30 的基础上分别进一步限定了“偏磁元件由 SB1 材料形成”，以及“磁致伸缩元件由 2628CoA 材料形成”。本院认为，权利要求 31、33 限定的保护范围与涉案专利的技术贡献和公开范围相适应，能够解决涉案专利所要解决的技术问题，实现涉案专利所要实现的技术效果，符合专利法第二十六条第四款的规定。被诉决定维持权利要求31、33有效的认定正确，应予维持。

再次，关于权利要求32。虽然其形式上引用权利要求31，但又限定了“偏磁元件由Metglas 2628MB材料形成”，故权利要求32实质上是以“Metglas 2628MB材料”替代了权利要求31中的“SB1材料”，与权利要求31构成并列的技术方案，不再是权利要求31的从属权利要求。由于涉案专利说明书中没有公开有关Metglas 2628MB材料的具体实施方式，本领域技术人员不能合理确认权利要求32限定的技术方案能够解决涉案专利所要解决的技术问题，实现所要实现的技术效果，故权利要求32未能以说明书为依据，不符合专利法第二十六条第四款的规定。被诉决定未能对权利要求32限定的技术方案进行具体分析，简单地以“其从属权利要求32……也符合专利法第二十六条第四款的规定”为由，错误维持权利要求32有效，认定事实和适用法律均有错误，应予撤销。

最后，传感电子公司认为，被诉决定认定涉案专利各项权利要求相对于现有技术具有区别技术特征，具有创造性，说明各项权利要求相对于现有技术解决了各自要解决的技术问题，保护范围适当，符合专利法第二十六条第四款的规定。本院认为，专利法第二十二条第三款、第二十六条第四款分别对创造性和权利要求应当以说明书为依据作出规定。因此，即使权利要求具备创造性，对于其中记载的包括区别技术特征在内的各项技术特征是否概括适当，以及权利要求限定的技术方案整体上是否概括适当，仍然需要专利法第二十六条第四款的规定来进行认定。尤其是，在权利要求相对于现有技术具备区别技术特征，且现有技术整体上未能给出技术启示的情况下，如果该区别特征概括得过于宽泛，未能以说明书为依据，则只能依据专利法第二十六条第四款的规定请求宣告该权利要求无效。专利法中有关创造性、权利要求以说明书为依据的规定分别从不同角度，对权利要求的合法性进行规范和调整，共同保障专利制度的运行符合立法目的。综上，创造性和以说明书为依据均属于权利要求应当满足的法律规定，应当分别进行认定，本院对于传感电子公司的主张不予支持。

关于本案的处理方式。行政诉讼法第七十条规定：“行政行为有下列情形之一的，人民法院判决撤销或者部分撤销，并可以判决被告重新作出行政行为……”根据该规定，在被诉决定中的各项认定属于可以区分的情况下，人民法院可以依法判决部分撤销被诉决定中的有关认定。本案中，被诉决定对权利要求1～47是否符合专利法的有关规定分别作出认定。由于每一项权利要求是一项独立的技术方案，其单独限定保护范围，也可以单独用于主张专利权的保护，或者单独被宣告无效，故被诉决定中关于各项权利要求的合法性的认定是可以区分的。此外，被诉决定中涉及专利法第二十二条第三款，第二十六条第三款、第四款，第三十三条等不同法律规定，被诉决定就相关权利要求是否符合所述法律规定也是分别作出认定，故被诉决定中关于各个法律规定的认定亦属于可以区分的情形。综上，本案可区分不同权利要求以及不同的法律规定，对被诉决定中的相关认定分别审理并作出认定，部分撤销被诉决定中认定错误的部分。由此可以避免不加区分地一并撤销被诉决定，使得已经由被诉决定宣告无效的权利要求又回复为有效状态，对既已稳定的权利义务关系和社会公众的合理信赖造成损害。由此也可避免不必要地增加专利复审委员会重新作出审查决定时的行政成本，避免循环诉讼。

综上，对于被诉决定中有关权利要求 1～47 是否以说明书为依据的认定，本院分为以下三种方式分别处理：第一，关于权利要求 1～4、6、7、9～12、14～18、20～26、29、30、34、35、37～42、44、46～47，被诉决定认定所述权利要求未能以说明书为依据，不符合专利法第二十六条第四款规定，宣告所述权利要求无效的认定正确，本院对于传感电子公司的相关申请再审理由不予支持。第二，关于权利要求 31、33，被诉决定认定该两项权利要求符合专利法第二十六条第四款规定，维持该两项权利要求有效的认定正确。第三，关于权利要求 5、8、13、19、27、28、32、36、43 和 45，被诉决定认定所述权利要求符合专利法第二十六条第四款规定，维持所述权利要求有效的认定错误，对被诉决定中的该部分认定应予部分撤销，由专利复审委员会针对所述权利要求是否符合专利法第二十六条第四款的规定另行作出审查决定。一审判决错误维持被诉决定，二审判决驳回上诉，均有错误，应予相应撤销。

依照《中华人民共和国专利法》第二十二条第三款、第二十六条第三款、第二十六条第四款，《中华人民共和国行政诉讼法》第六条、第七十条、第八十九条第一款第（二）项，《最高人民法院关于执行〈中华人民共和国行政诉讼法〉若干问题的解释》第七十六条第一款、第七十八条规定，本院判决如下：

一、部分撤销国家知识产权局专利复审委员会第 18161 号无效宣告请求审查决定中有关权利要求 5、8、13、19、27、28、32、36、43 和 45 符合专利法第二十六条第四款规定，维持所述权利要求有效的认定，由国家知识产权局专利复审委员会就所述权利要求是否符合专利法第二十六条第四款的规定重新作出审查决定；

二、撤销北京市第一中级人民法院（2012）一中知行初字第 2111 号行政判决；

三、撤销北京市高级人民法院（2013）高行终字第961号行政判决。

一审案件受理费100元，二审案件受理费100元，均由传感电子有限责任公司负担。

本判决为终审判决。

审 判 长　王艳芳
审 判 员　钱小红
代理审判员　杜微科
二〇一七年三月二十三日
书 记 员　崔心驰

113. 在认定权利要求是否以说明书为依据时，如何确定涉案专利所要解决的技术问题

——再审申请人传感电子有限责任公司与被申请人国家知识产权局专利复审委员会、一审第三人宁波讯强电子科技有限公司发明专利权无效行政纠纷案

【裁判要旨】

在认定权利要求是否以说明书为依据时，可以结合说明书中记载的背景技术及其存在的缺陷，发明内容中记载的“发明目的”“所要解决的技术问题”“有益效果”，以及具体实施方式中与“技术问题”“有益效果”相关的内容等，对涉案专利所要解决的技术问题和实现的技术效果进行认定。根据权利要求与“最接近的现有技术”的区别技术特征所重新确定的“实际解决的技术问题”可能不同于涉案专利所要解决的技术问题，不能直接作为认定权利要求是否以说明书为依据的基础。

【关键词】

发明专利　无效程序　权利要求以说明书为依据　技术问题

【案号】

最高人民法院（2016）最高法行再19号

【基本案情】

在再审申请人传感电子有限责任公司（以下简称传感电子公司）与被申请人国家知识产权局专利复审委员会（以下简称专利复审委员会）、一审第三人宁波讯强电子科技有限公司（以下简称讯强公司）发明专利权无效行政纠纷案（以下简称“电子货品监视用标识器”发明专利权无效行政纠纷案）中，涉及专利号为97197519.1、名称为“具有低矫顽磁力特性的偏磁元件的磁力式电子货品监视用标识器”的发明专利（即涉案专利），其包括47项权利要求，传感电子公司为专利权人。针对涉案专利，讯强公司以全部权利要求均未能以说明书为依据，不符合专利法第二十六条第四款的规定等为由，向专利复审委员会提出无效宣告请求。专利复审委员会作出第18161号无效宣告请求审查决定（以下简称被诉决定）。被诉决定认定：涉案专利权利要求1～4、6、7、9～12、14～18、20～26、29、30、34、35、37～42、44、46、47未能以说明书为依据，不符合专利法第二十六条第四款的规定，故宣告所述权利要求无效。讯强公司关于权利要求5、8、13、19、27、28、31～33、36、43、45未能以说明书为依据，不符合专利法第二十六条第四款规定的无效理由不能成立，故在所述权利要求的基础上维持专利权继续有效。讯强公司未就被诉决定提起行政诉讼。传感电子公司不服被诉决定，提起行政诉讼。北京市第一中级人民法院一审判决维持被诉决定。传感电子公司不服，提起上诉。北京市高级人民法院二审判决驳回上诉，维持原判。传感电子公司不服，向最高人民法院申请再审。最高人民法院裁定提审本案，并于2017年3月23日判决撤销一、二审判决；部分撤销被诉决定中有关权利要求5、8、13、19、27、28、32、36、43和45符合专利法第二十六条第四款规定，维持所述权利要求有效的认定，由专利复审委员会就所述权利要求是否符合专利法第二十六条第四款的规定重新作出审查决定。

【裁判意见】

在前述“电子货品监视用标识器”发明专利权无效行政纠纷案中，最高人民法院还针对在认定权利要求是否以说明书为依据时，如何认定涉案专利所要解决的技术问题进行了明确。最高人民法院提审认为：正确认定涉案专利所要解决的技术问题和所要实现的技术效果，对于认定涉案专利权利要求1～47是否以说明书为依据具有重要意义。根据专利法实施细则第十八条第一款有关专利说明书撰写作出的规定，对于涉案专利所要解决的技术问题、实现的技术效果，以及具体实施方式等，说明书中均应当予以写明。人民法院可以结合说明书中记载的背景技术及其存在的缺陷，发明内容中记载的“发明目的”“所要解决的技术问题”

“有益效果”，以及具体实施方式中与“技术问题”“有益效果”相关的内容等，对涉案专利所要解决的技术问题和实现的技术效果进行认定。综合考虑涉案专利说明书中有关背景技术、发明目的、有益效果、具体实施方式等内容，涉案专利相对于背景技术作出的改进主要在于以特定材料制作偏磁元件，以使得标识器更容易退活化，并且标识器不会因“存储、运输或装卸时所可能会出现的磁场作用”而意外退活化。针对传感电子公司有关“应根据权利要求与‘最接近的现有技术’的区别技术特征，参照说明书中的相关内容综合确定技术问题”的主张，最高人民法院认为，专利法第二十六条第四款规定的“以说明书为依据”涉及的主要是权利要求书与说明书的相互关系问题，相应地，在适用该法律规定的过程中，应当以说明书本身记载的相关内容为基本依据来认定涉案专利要解决的技术问题和实现的技术效果。虽然在判断权利要求是否具有创造性时，会根据权利要求与“最接近的现有技术”的区别技术特征所重新确定“实际解决的技术问题”。但是，该“实际解决的技术问题”可能并不同于涉案专利要解决的技术问题，不能直接作为认定权利要求是否以说明书为依据的基础。具体理由如下：第一，重新确定“实际解决的技术问题”的目的是在判断权利要求是否具有创造性的过程中，确定“现有技术整体上是否存在某种技术启示，即现有技术中是否给出将上述区别特征应用到该最接近的现有技术以解决其存在的技术问题（即“实际解决的技术问题”）的启示”。因此，确定“最接近的现有技术”“实际解决的技术问题”的目的与专利法第二十六条第四款的立法目的并不一致。第二，“最接近的现有技术”的认定是相对的、动态的，并与无效宣告请求人或者审查员的举证、检索情况密切相关。因此，权利要求与“最接近的现有技术”的区别技术特征，以及“实际解决的技术问题”都是相对的、动态的，会随着判断主体选择的“最接近的现有技术”改变而改变。“实际解决的技术问题”往往会不同于说明书中记载的专利要解决的技术问题。第三，在认定权利要求是否以说明书为依据时，并不以该权利要求具有或不具有创造性为前提。如果案件中并未同时涉及该权利要求是否具有“创造性”的争议，自然更不会涉及对“最接近的现有技术”“实际解决的技术问题”的认定。

中华人民共和国最高人民法院行政判决书

（2016）最高法行再19号[①]

① 参见案例112裁判文书。

114. 从属权利要求是否以说明书为依据的判断

——再审申请人朱福奶、翟佑华、马国奶与被申请人国家知识产权局专利复审委员会及一审第三人、二审上诉人河南全新液态起动设备有限公司发明专利权无效行政纠纷案

【裁判要旨】

对于形式上具有从属关系，实质上替换了独立权利要求中特定技术特征的从属权利要求，应当按照其限定的技术方案的实质内容来确定其保护范围，并在此基础上判断是否得到说明书的支持。

【关键词】

发明专利　无效程序　从属权利要求　说明书

【案号】

最高人民法院（2014）行提字第 32 号

【基本案情】

在再审申请人朱福奶、翟佑华、马国奶与被申请人国家知识产权局专利复审委员会（以下简称专利复审委员会）及一审第三人、二审上诉人河南全新液态起动设备有限公司（以下简称全新公司）发明专利权无效行政纠纷案中，朱福奶、翟佑华、马国奶系名称为“无刷自控电机软启动器”的第 03112809.2 号发明专利（即本案专利）的权利人。本案专利共有 5 项权利要求，其中，独立权利要求 1 请求保护一种无刷自控电机软启动器，包括电解液、电解液贮容器，处于电解液中可相对移动的静电极和动电极以及与其电气相连接的接线柱，接线柱与电机电枢连接，使静电极和动电极之间的电阻与电枢串接。其特征包括，动电极与静电极之间设有阻止动电极向静电极移动的弹性阻力装置；所述弹性阻力装置的阻力与动电极和静电极之间距离成反比，电解液贮容器上还设有排气阀和安全阀。权利要求 3 在权利要求 1 或 2 的基础上，进一步限定弹性阻力装置为拉簧，拉簧的一端固定在动电极上，另一端固定在环形凹腔的内环侧壁上。权利要求 5 在权利要求 3 的基础上，进一步限定所述排气阀为离心式排气阀，设置在靠近转轴位

置的端面上。针对本案专利，全新公司于2010年1月14日以权利要求书未得到说明书的支持等为由，向专利复审委员会提出无效宣告请求。专利复审委员会作出第15243号无效宣告请求审查决定（以下简称第15243号决定）认为，权利要求1中记载的是动、静电极之间设有弹性阻力装置，而根据说明书记载，动电极与静电极之间并未设置任何部件。因此，权利要求1没有得到说明书的支持。权利要求2~5直接或间接从属于权利要求1，其各自限定部分的内容并未克服权利要求1得不到说明书支持的缺陷，权利要求2~5也不符合专利法第二十六条第四款的规定，遂宣告本案专利权全部无效。朱福奶、翟佑华、马国奶不服第15243号决定，提起行政诉讼。北京市第一中级人民法院一审认为，本案专利权利要求1保护的范围是“动电极与静电极之间设有阻止动电极向静电极移动的弹性阻力装置。所述弹性阻力装置的阻力与动电极和静电极之间距离成反比”。说明书记载了“动电极与静电极之间设有阻止动电极向静电极移动的弹性阻力装置”，并对弹性阻力装置作用进行了清楚的说明。同时，在说明书具体实施方式二结构剖视图及具体实施方式一结构剖视图中，均可以清晰地看出为实现本案专利发明目的所设置的弹性阻力装置（弹簧、杠杆）。本案专利符合专利法第二十六条第四款的规定。遂判决撤销第15243号决定，并责令专利复审委员会重新作出审查决定。专利复审委员会、全新公司均不服，提起上诉。北京市高级人民法院二审认为，本领域技术人员在阅读说明书中有关“阻止动电极向静电极移动的弹性阻力装置”设置在动电极与凹腔内环侧壁之间的具体实施方式后，无法得出本案专利权利要求中记载有“动电极与静电极之间设有阻止动电极向静电极移动的弹性阻力装置”的技术方案。本案专利的权利要求未以说明书为依据来说明要求专利保护的技术方案。二审法院遂撤销一审判决，维持第15243号决定。朱福奶、翟佑华、马国奶不服，向最高人民法院申请再审。最高人民法院裁定提审本案，并于2015年7月1日判决撤销一审、二审判决，并责令专利复审委员会重新作出审查决定。

【裁判意见】

最高人民法院提审认为：第15243号决定及二审判决认定权利要求1、2、4没有得到说明书支持的结论是正确的。权利要求3虽然形式上是权利要求1的从属权利要求，但权利要求3替换了权利要求1中“动电极与静电极之间”的技术特征。对于这种形式上从属于某权利要求，但实质上替换了特定技术特征的权利要求，应当按照其限定的技术方案的实质内容来确定其保护范围，并在此基础上判断是否得到说明书的支持。本案专利说明书记载了环形凹腔外环侧壁上敷设一层薄铜皮构成静电极以及每块动电极与凹腔内环侧壁之间对称地设有一对拉簧。权利要求3限定的技术方案在说明书中有具体的实施例，得到了说明书的支持。权利要求5作为权利要求3的从属权利要求，进一步限定了排气阀为离心式排气阀，设置在靠近转轴位置的端面上。该技术方案同样得到了说明书的支持。第15243号决定以及二审判决以权利要求1没有得到说明书支持，进而直接认定其从属权利要求3和5得不到说明书支持，没有结合本案专利的具体情况，对权利要求3和5的具体技术方案作进一步分析，导致结论错误，对此应予纠正。

中华人民共和国最高人民法院行政判决书

（2014）行提字第32号

再审申请人（一审原告、二审被上诉人）：朱福奶，住浙江省乐清市柳市镇某村。

再审申请人（一审原告、二审被上诉人）：翟佑华，住河南省南阳市宛城区官庄镇油田泰山区×号楼×单元×室。

再审申请人（一审原告、二审被上诉人）：马国奶，住浙江省乐清市象阳镇某村。

委托代理人：吴继道，温州瓯越专利有限公司专利代理人，住浙江省温州市鹿城区绣山街道荣欣家园×幢×室。

被申请人（一审被告、二审上诉人）：国家知识产权局专利复审委员会。住所地：北京市海淀区北四环西路×号银谷大厦。

法定代表人：张茂于，副主任。

委托代理人：龙安，国家知识产权局专利复审委员会审查员。

委托代理人：曹铭书，国家知识产权局专利复审委员会审查员。

一审第三人、二审上诉人：河南全新机电设备有限公司（原河南全新液态起动设备有限公司）。住所地：河南省辉县市冀屯镇亮马台村。

法定代表人：王香民，该公司董事长。

委托代理人：杨国强，北京信慧永光知识产权代理有限责任公司专利代理人，住吉林省吉林市船营区有余胡同×号。

委托代理人：阎文君，北京信慧永光知识产权代理有限责任公司专利代理人，住北京市海淀区世纪城时雨园×号楼×号。

再审申请人朱福奶、翟佑华、马国奶因与被申请人国家知识产权局专利复审委员会（以下简称专利复审委员会）及一审第三人、二审上诉人河南全新液态起动设备有限公司（以下简称全新公司）发明专利权行政纠纷一案，不服北京市高级人民法院2013年12月18日作出的（2012）高行终字第1836号行政判决，向本院申请再审。本院于2014年9月12日作出（2014）知行字第54号行政裁定，提审本案。本院依法组成合议庭，于2015年2月3日公开开庭审理了本案。朱福奶、翟佑华、马国奶及其委托代理人吴继道，专利复审委员会的委托代理人龙安、曹铭书，全新公司的委托代理人杨国强、阎文君到庭参加诉讼。本案现已审理终结。

一、二审法院经审理查明：本专利系名称为“无刷自控电机软启动器”的发明专利，申请日为2003年2月2日，授权公告日为2006年3月8日，专利权人为朱福奶、翟佑华、马国奶，专利号为03112809.2号。本专利授权公告的权利要求为：

1. 一种无刷自控电机软启动器，包括电解液、电解液贮容器，处于电解液中可相对移动的静电极和动电极以及与其电气相连接的接线柱，接线柱与电机电枢连接，使静电极和动电极之间的电阻与电枢串接，其特征在于：所述电解液贮容器为环形容器，固定套设在电机转轴上，静电极（1）和动电极（2）相对地沿转轴径向放置，且相对于轴心，静电极（1）设置在动电极（2）的外侧，电解液贮容器内腔中还设有沿径向设置的导向杆（3），动电极（2）可滑动地安装在其上，动电极（2）与静电极（1）之间设有阻止动电极（2）向静电极（1）移动的弹性阻力装置；所述弹性阻力装置的阻力与动电极（2）和静电极（1）之间距离成反比，电解液贮容器上还设有排气阀（14）和安全阀（13）。

2. 根据权利要求1所述的无刷自控电机软启动器，其特征在于：所述电解液贮容器为一具有一定高度的圆环形构件，中心孔与电机转轴动配合，电解液贮容器沿圆周方向设有与电机转轴同心、截面为矩形的环形凹腔构成电解液贮腔，电解液贮腔的外环侧壁表面上固定设有一层导电金属构成静电极（1），导向杆（3）沿径向设置，两端分别固定在电解液贮腔内、外环两侧壁上，动电极（2）由矩形金属板构成，中心固定有惯性块（4），并钻设有通孔，导向杆（3）穿过所述通孔使动电极（2）可滑动地安装在其上。

3. 根据权利要求1或2所述的无刷自控电机软启动器，其特征在于：所述弹性阻力装置为拉簧（7），拉簧（7）的一端固定在动电极（2）上，另一端固定在环形凹腔的内环侧壁上。

4. 根据权利要求1或2所述的无刷自控电机软启动器，其特征在于：所述排气阀（14）为离心式排气阀，设置在靠近转轴位置的端面上。

5. 根据权利要求3所述的无刷自控电机软启动器，其特征在于：所述排气阀（14）为离心式排气阀，设置在靠近转轴位置的端面上。

针对本专利，全新公司于2010年1月14日向专利复审委员会提出无效宣告请求，并提交了相关证据，其明确无效理由为：本专利权利要求未得到说明书的支持，不具备创造性；不符合《中华人民共和国专利法实施细则》第二十条第一款的规定。

2010年8月22日，专利复审委员会经审查作出第15243号无效宣告请求审查决定（以下简称被诉决定），宣告本专利权全部无效。该被诉决定认为：权利要求1记载了动电极（2）与静电极（1）之间设有阻止动电极（2）向静电极（1）移动的弹性阻力装置。本申请的说明书（第3页第1段、图3）也记载了每块动电极（2）与凹腔内环侧壁之间对称地设有一对拉簧（7）。另外，根据说明书的记载（第2页倒数第4行）：环形凹腔外环侧壁上敷设一层薄铜皮构成静电极（1）。从说明书文字及附图中无法推知静电极（1）与动电极（2）之间设有弹性阻力装置。可见，权利要求1中记载的是动、静电极之间设有弹性阻力装置，而根据说明书记载，动电极（2）与静电极（1）之间并未设置任何部件。尽管说明书的“发明内容”部分记载了与权利要求1完全相同的内容，但“发明内容”中记载的技术方案仅是在形式上要求与权利要求所限定的相应技术方案表述一致，真正能够支持权利要求的内容应体现在“实施例中”。本专利说明书“具体实施方式”记载的动、静电极之间并未设置任何部件，这与权利要求1中动、静电极之间设有弹性阻力装置的方案不一致，因此，权利要求1没有得到说明书的支持，不符合《中华人民共和国专利法》（以下简称专利法）第二十六条第四款的规定。权利要求2～5直接或间接从属于权利要求1，其各自限定部分的内容并未克服上述权利要求1得不到说明书支持的缺陷，因此，权利要求2～5也不符合专利法第二十六条第四款的规定。鉴于已经得出关于权利要求1～5不符合第二十六条第四款规定的结论，故对全新公司的其他无效理由和证据不予评述。

朱福奶、翟佑华、马国奶不服被诉决定，向北京市第一中级人民法院提起诉讼。其主要理由为：1. 被诉决定关于动、静电极之间并未设置任何部件的事实认定错误。被诉决定认定："根据说明书记载，动电极（2）与静电极（1）之间并未设置任何部件""本专利说明书具体实施方式中的内容如上所述，其记载了动、静电极之间并未设置任何部件"。事实上本专利授权公告文本中记载了与其认定相反的技术方案。即："动电极与静电极之间设有阻止动电极向静电极移动的弹性阻力装置"，并介绍弹性阻力装置的作用是"动电极在离心力的作用下，克服弹性阻力装置的阻力向静电极靠近……当转速达到额定值时……完成启动过程"，对弹性阻力装置已经进行了清楚的说明。而说明书实施例部分记载的是一个等同替代方案，即对弹性阻力装置的具体位置稍加变化，所起作用完全相同，实施例中记载该技术方案是为了在解释权利要求1的保护范围时将等同替代方案概括进去，说明书发明内容部分的技术方案和实施例部分的技术方案在实际中通常分别使用，理论上也可以同时使用。可见，被诉决定对这两个技术方案之间关系的理解错误，造成事实认定错误。2. 被诉决定对"以说明书为依据"的理解为"真正能够支持权利要求的内容应当体现在实施例中"，存在错误。《审查指南》第二部分第二章第3.2.1节第10段明确规定："在判断权利要求是否得到说明书的支持时，应当考虑说明书的全部内容，而不是仅限于具体实施方式部分的内容"，即认为只要从说明书的全文能够概括得出权利要求即可。综上，被诉决定事实认定错误，法律适用不当。请求判决撤销被诉决定。

北京市第一中级人民法院认为，鉴于原告在一审法院庭审中明确表示仅坚持本专利符合专利法第二十六条第四款的理由，结合庭审中各方当事人的诉辩主张，本案争议的焦点问题仅限于本专利是否符合专利法第二十六条第四款的规定。本专利权利要求1保护的范围"……动电极（2）与静电极（1）之间设有阻止动电极（2）向静电极（1）移动的弹性阻力装置。所述弹性阻力装置的阻力与动电极（2）和静电极（1）之间距离成反比……"在本专利说明书中有如下文字记载："动电极与静电极之间设有阻止动电极向静电极移动的弹性阻力装置"，并说明了弹性阻力装置的作用是"动电极在离心力的作用下，克服弹性阻力装置的阻力向静电极靠近……当转速达到额定值时……完成启动过程"。上述文字内容对弹性阻力装置的作用已经进行了清楚的说明。同时，在本专利说明书所载明的具体实施方式二结构剖视图及具体实施方式一结构剖视图中，均可以清晰地看出为实现本专利发明目的所设置的弹性阻力装置（弹簧、杠杆）。本领域普通技术人员根据说明书载明的文字内容及说明书载明的具体实施方式一、二的结构剖视图，可以非常清晰地了解本专利的技术方案。因此，本专利符合专利法第二十六条第四款的规定。被诉决定认定事实不清，并导致结论错误，应予撤销。据此，北京市第一中级人民法院于2011年12月20日依照《中华人民共和国行政诉讼法》第五十四条第（二）项第1目的规定，作出（2011）一中知行初字第5号行政判决：一、撤销专利复审委员会作出的第15243号无效宣告请求审查决定；二、专利复审委员会于本判决生效之后针对第三人全新公司就专利号为第03112809.2号，名称为“无刷自控电机软启动器”的发明专利提出的无效宣告请求重新作出决定。一审案件受理费100元，由专利复审委员会负担。

专利复审委员会、全新公司不服一审判决，向北京市高级人民法院提起上诉。

北京市高级人民法院二审认为：本案应适用2001年7月1日实施的专利法进行审理。专利法第二十六条第四款规定：“权利要求书应当以说明书为依据，说明要求专利保护的范围。”如果说明书中“发明或实用新型的内容”部分虽然在形式上与权利要求的文字记载完全一致，但本领域技术人员仅凭权利要求的内容难以实施该权利要求所保护的技术方案，且权利要求记载的技术方案与说明书中的具体实施方式及其实施例不一致的，或者说本领域技术人员在阅读说明书中的具体实施方式及其实施例后，不能得出或概括得出权利要求记载的技术方案的，应当认定权利要求未以说明书为依据。本专利权利要求1明确记载：“1.……动电极（2）与静电极（1）之间设有阻止动电极（2）向静电极（1）移动的弹性阻力装置。所述弹性阻力装置的阻力与动电极（2）和静电极（1）之间距离成反比……”虽然本专利说明书中发明内容部分亦记载：“动电极与静电极之间设有阻止动电极向静电极移动的弹性阻力装置”，并说明了弹性阻力装置的作用是“动电极在离心力的作用下，克服弹性阻力装置的阻力向静电极靠近……当转速达到额定值时……完成启动过程”。但是，本专利说明书中给出的具体实施方式却是，所述“阻止动电极向静电极移动的弹性阻力装置”并未设置在“动电极与静电极之间”，而是设置在动电极与凹腔内环侧壁之间。显然，本领域技术人员在阅读本专利说明书中有关“阻止动电极向静电极移动的弹性阻力装置”设置在动电极与凹腔内环侧壁之间的具体实施方式后，无法得出本专利权利要求中记载有“动电极与静电极之间设有阻止动电极向静电极移动的弹性阻力装置”的技术方案。因此，本专利的权利要求未以说明书为依据来说明要求专利保护的技术方案。一审法院认定本专利的权利要求系以说明书为依据来说明要求专利保护的技术方案缺乏依据，专利复审委员会及全新公司有关本专利不符合专利法第二十六条第四款规定的上诉理由成立，予以支持。北京市高级人民法院依据《中华人民共和国行政诉讼法》第六十一条第（三）项、《最高人民法院关于执行〈中华人民共和国行政诉讼法〉若干问题的解释》第七十条之规定，判决：一、撤销北京市第一中级人民法院（2011）一中知行初字第5号行政判决；二、维持第15243号无效宣告请求审查决定。

朱福奶、翟佑华、马国奶申请再审称，二审判决将“动电极与静电极之间”片面单纯地理解为动电极（2）与静电极（1）两者的中间空间位置，认定事实缺乏证据证明，存在错误。本专利权利要求1的“之间”应理解为“动电极与静电极两者之间阻力作用关系”，满足“所述弹性阻力装置的阻力与动电极（2）和静电极（1）之间距离成反比 ”的阻力作用条件。专利说明书对此技术方案作出的说明是清楚的，本专利权利要求1~5均符合专利法第二十六条第四款的规定。首先，本专利权利要求1“动电极（2）与静电极（1）之间设置有阻止动电极（2）向静电极（1）移动的弹性阻力装置”的技术特征和“所述弹性阻力装置的阻力与动电极（2）和静电极（1）之间距离成反比 ”的技术特征是相互关联的，是动电极与静电极两者之间阻力作用关系的限定，同时以需满足“所述弹性阻力装置的阻力与动电极（2）和静电极（1）之间距离成反比 ”为条件。本专利说明书具体实施方式中“阻止动电极向静电极移动的弹性阻力装置”采用拉簧为弹性阻力装置设置在动电极与凹腔内环侧壁，其同样满足“所述弹性阻力装置的阻力与动电极（2）和静电极（1）之间距离成反比”的实施条件，其在动电极与凹腔内环侧壁设置弹性阻力装置（拉簧）的阻力作用关系亦发生在“动电极与静电极之间”。其次，本专利说明书说明了弹性阻力装置的作用是“动电极在离心力的作用下，克服弹性阻力装置的阻力向静电极靠近，转速越高则离心力越大，动电极与静电极越近，动电极与静电极之间的电阻越小，转速达到额定值时，动电极与静电极相贴，动电极与静电极之间的阻值为0，完成启动过程”，从发明内容的有益效果来看，“之间”的含义为两者之间阻力关系。再次，权利要求3对弹性阻力装置采用不同的方式及不同的安装位置的限定，可毫无疑义得出权利要求1中的“之间”不限于对“动电极与静电极”中间空间位置的限定，而是广义上的两者之间阻力关系的限定。从属权利要求3引用权利要求1，对权利要求1中的弹性阻力装置限定为拉簧，且将拉簧的安装位置限定在动电极与环形凹腔的内环侧壁上，由此也可知本专利权利要求1“在动电极（2）与静电极（1）之间设置有阻止动电极（2）向静电极（1）移动的弹性阻力装置”中的“之间”不能仅限定为“动电极与静电极的中间位置”，否则权利要求1与权利要求3明显矛盾，与逻辑不符。最后，本专利权利要求3限定的技术方案即是本专利说明书具体实施例中采用“弹性阻力装置为拉簧（7），拉簧（7）的一端固定在动电极（2）上，另一端固定在环形凹腔的内环侧壁上”这种技术方案，至少本专利从属权利要求3符合专利法第二十六条第四款的规定。据此，依据《中华人民共和国行政诉讼法》第六十二条和第六十三条，《最高人民法院关于执行〈中华人民共和国行政诉讼法〉若干问题的解释》第七十二条的规定，申请再审。请求撤销二审判决、撤销被诉决定，维持本案专利03112809.2有效；判决一、二审诉讼费用由被申请人承担。

专利复审委员会提交意见称，本专利权利要求1请求保护的是一种无刷自控电机软启动器，属于产品权利要求，通常应当用产品的结构特征来描述。对于动电极与静电极之间设有阻止动电极向静电极移动的弹性阻力装置中的之间的理解，应当参考产品类权利要求的撰写。本专利说明书记载的内容与权利要求1中动电极、静电极之间设有弹性阻力装置的方案不一致，权利要求1没有得到说明书的支持，不符合专利法第二十六条第四款的规定。由于权利要求2～5直接或者间接从属于权利要求1，其各自限定部分的内容并没有克服权利要求1得不到说明书支持的缺陷，同样不符合专利法第二十六条第四款的规定。

全新公司提交意见称，（一）二审判决以及被诉决定认定事实清楚，本专利权利要求1没有得到说明书的支持。首先，本专利权利要求1对动电极与静电极之间设有阻止动电极向静电极移动的弹性阻力装置的理解，应当是具体的空间位置关系，并非阻力作用关系。其次，再审申请人对于“之间”的理解是一种扩大化的解释，其目的是将说明书仅公开了弹性阻力装置是拉簧的技术方案的情况下，将弹性阻力装置为压簧的技术方案也纳入专利权的保护范围。而事实上，压簧方案在本专利的原始申请文件中已经记载在原始的权利要求4中，而在实质审查阶段，针对审查员对于压簧方案没有以说明书为依据的审查意见，再审申请人删除了原始权利要求4而最终获得了专利授权。再审申请人的这一删除应当视为放弃了压簧方案，其试图将压簧的方案纳入本专利的保护范围，违背了禁止反悔原则。最后，压簧的技术方案并未在说明书充分公开。本专利说明书以文字和附图的方式充分公开了拉簧方案，再审申请人要将压簧方案也纳入权利要求1的保护范围，其前提应当是压簧方案必须同样充分公开，而事实上，压簧的方案无法达到本专利声称所追求的电阻的连续变化。（二）本专利权利要求3是权利要求1的从属权利要求，从技术角度，权利要求3不可能与权利要求1合并，从法律角度，权利要求1的弹性阻力装置进一步限定为拉簧的技术方案未出现在说明书中，本领域技术人员也不可能从说明书中毫无疑义推想出来，故权利要求3得不到说明书的支持。两个技术特征的互相矛盾并非简单的撰写失误，而是再审申请人为了将压簧和拉簧均纳入其权利要求1的保护范围，获取更大的保护而有意为之。被诉决定和二审判决应当予以维持。

全新公司提交了附件1～3。附件1是第一次审查意见通知书正文以及意见陈述书，全新公司主张再审申请人同意审查员在通知书中所指出的“权利要求4没有以说明书为依据，不符合专利法第二十六条第四款的规定”而删除了权利要求4。附件2是再审申请人关于侵权纠纷案件中针对被诉侵权的技术方案所做的说明，全新公司主张在该说明中，再审申请人认可，压簧代替拉簧存在结构复杂，成本增加以及短接速度调试困难等缺点，且在专利审查程序放弃与此相关的权利要求是一种明智的选择。附件3为无效宣告程序意见陈述书，全新公司主张再审申请人承认本专利追求的是电阻的连续变化。

本院再审查明，原一、二审判决认定的事实基本属实。

本院另查明：

（一）本专利公开文本的权利要求4记载，“根据权利要求1或2所述的无刷自控电机软启动器，其特征在于：所述弹性阻力装置为压缩弹簧，压缩弹簧的一端固定在动电极（2）上，另一端固定在静电极（1）上”。针对审查员在通知书中所指出的“权利要求4没有以说明书为依据，不符合专利法第二十六条第四款的规定”，再审申请人从权利要求书中删除了公开文本中的权利要求4。

（二）无效审查程序中，全新公司提交的对比文件1是专利公告号为CN2368219Y，名称为一种交流异步电机用无刷变阻起动器的实用新型专利。公开了相对运动的静电极（固定电极18）和动电极（活动电极22），以及接线柱6与离心开关（3）的固定电极（18）用导线连接，电极后轴（11）中引出的导线与连接柱（6）连接，静电极与动电极之间的电阻与电枢串接。附图5中有相应标示。

全新公司提交的对比文件5是专利公告号为CN2113569U，名称为：“一种绕线式交流电动机离心开关式频敏起动器的实用新型专利。”公开了动电极与静电极之间设有阻止装置弹簧，所述弹簧的阻力与动电极与静电极之间距离成反比。

附图2中有相应标示。

涉案专利说明书记载的背景技术是公告号为CN2513282Y，名称为："无刷自控绕线式异步电动机的实用新型专利。"公开了动电极、连杆和惯性块组成的可动部件通过弹簧与机壳连在一起。

（三）全新公司提交的附件2中还记载，再审申请人主张的观点是：在侵权纠纷中，被告使用的是压簧，与其专利中公开的实施方式中的拉簧是等同物，但该等同物是一个"退步设计"或者是"迂回发明"。同时列举了本专利使用压簧的几大劣势，认为被告属于故意使用劣质技术方案，但仍然侵害了再审申请人的专利权。

（四）开庭中，各方的当事人均认可，弹性阻力装置是上位概念，包括了压缩弹簧和拉簧。

本院认为，本案的焦点问题在于本专利权利要求1~5是否得到了说明书的支持，符合专利法第二十六条第四款的规定。具体涉及如下问题。

（一）对于权利要求1中"动电极与静电极之间"的理解

再审申请人主张，弹性阻力装置不是单独的部件，而是装置，可以设置在位于动电极与静电极之中，也可以是在动电极与静电极之外的位置，包括"之中"和"之外"。权利要求1记载的限定技术特征"设有阻止动电极（2）向静电极（1）移动的"弹性阻力装置表明"之间"应当是对动电极与静电极两者之间阻力作用关系的限定。本院认为，本专利作为产品专利，其权利要求对产品的结构、部件以及结构与部件之间的关系应当进行明确的描述。本专利权利要求1中记载"……电解液贮容器内腔中还设有沿径向设置的导向杆（3），动电极（2）可滑动地安装在其上，动电极与静电极之间设有阻止动电极向静电极移动的弹性阻力装置；所述弹性阻力装置的阻力与动电极和静电极之间距离成反比，电解液贮容器上还设有排气阀和安全阀……"上述文字含义清楚明确。其不仅限定了弹性阻力装置的阻力与动静电极之间的距离是反比关系，而且也限定了具体的位置关系。弹性阻力装置作为具体的独立部件，该部件与动电极、静电极以及导向杆之间的位置关系在权利要求1作了清楚的限定，阻力装置所产生的阻力应当是该装置结构产生的。本专利权利要求1记载动电极与静电极两者之间设有的该弹性阻力装置，应当理解为是限定了该装置相对于动电极与静电极两个部件间所处的一种具体的位置关系，不应当理解为是阻力关系。对于再审申请人关于权利要求1所限定的"之间"还包括"之外""之间"应当理解为是动电极与静电极两者之间阻力作用关系的申请再审理由，本院不予支持。

（二）关于权利要求1、2、4是否得到说明书的支持

如上所述，权利要求1要求保护的是“动电极（2）与静电极（1）之间设有阻止动电极（2）向静电极（1）移动的弹性阻力装置；所述弹性阻力装置的阻力与动电极（2）和静电极（1）之间距离成反比”。由于权利要求1限定的“之间”指的是“之中”，但本专利说明书具体实施方式记载的动、静电极之间并未设置任何部件，所述“阻止动电极向静电极移动的弹性阻力装置”是设置在动电极与凹腔内环侧壁之间，即只公开了“之外”的情形。作为动电极与静电极“之中”设置的压簧的技术方案，在说明书文字及附图中均没有记载，且由于压簧的自身长度不能压缩为0，而根据本专利说明书的记载，本专利在实现过程中要使动电极与静电极相贴，动电极与静电极之间的阻值为0，才完成启动过程。当设置压簧的技术方案需要克服一定困难或缺陷时，说明书没有给出相关教导或指引的情况下，本领域技术人员并不明确其具体的实现方式。因此，被诉决定认定权利要求1没有得到说明书的支持正确。权利要求2、4直接或间接从属于权利要求1，其各自限定部分的内容并未克服上述权利要求1得不到说明书支持的缺陷，权利要求2、4也不符合专利法第二十六条第四款的规定。再审申请人关于被诉决定及二审判决认定权利要求1、2、4没有得到说明书的支持，不符合专利法第二十六条第四款的规定存在错误的理由，本院不予支持。

（三）关于权利要求3和5是否得到说明书的支持

经审查，权利要求3形式上是权利要求1的从属权利要求，其附加技术特征是“所述弹性阻力装置为拉簧，拉簧的一端固定在动电极上，另一端固定在环形凹腔的内环侧壁上”。然而该限定的特征与其所引用的权利要求1“动电极（2）与静电极（1）之间设有阻止动电极（2）向静电极（1）移动的弹性阻力装置”是相互矛盾的。事实上，权利要求3在进一步限定“所述弹性阻力装置为拉簧，拉簧的一端固定在动电极上，另一端固定在环形凹腔的内环侧壁上”的同时，替换了权利要求1所限定的“动电极（2）与静电极（1）之间”的技术特征。对于这种形式上从属于某权利要求，但实质上替换了特定技术特征的权利要求，应当按照其限定的技术方案的实质内容来确定其保护范围，并在此基础上判断是否得到说明书的支持。本专利说明书记载了环形凹腔外环侧壁上敷设一层薄铜皮构成静电极（1）以及每块动电极（2）与凹腔内环侧壁之间对称地设有一对拉簧（7），可见权利要求3限定的技术方案在本专利的说明书中有具体的实施例，得

到了说明书的支持。权利要求5作为权利要求3的从属权利要求，进一步限定了排气阀为离心式排气阀，设置在靠近转轴位置的端面上。该技术方案同样得到说明书的支持。被诉决定以及二审判决以权利要求1没有得到说明书支持进而直接认定其从属权利要求3、5得不到说明书支持，没有结合本专利的具体情况，对权利要求3和5的具体技术方案作进一步分析，导致结论错误，本院予以纠正。

综上，被诉决定和二审判决认定事实和适用法律部分有误，应予撤销。专利复审委员会应当重新作出专利无效宣告请求审查决定。一审判决虽然判决撤销被诉决定和判令专利复审委员会重新作出决定的结论正确，但理由不能成立，本院一并予以撤销。依照《中华人民共和国行政诉讼法》第八十九条第一款第（二）项，《最高人民法院关于执行〈中华人民共和国行政诉讼法〉若干问题的解释》第七十六条第一款、第七十八条的规定，判决如下：

一、撤销北京市第一中级人民法院（2011）一中知行初字第5号行政判决和北京市高级人民法院（2012）高行终字第1836号行政判决；

二、撤销国家知识产权局专利复审委员会第15243号无效宣告请求审查决定；

三、国家知识产权局专利复审委员会于本判决生效之后针对第三人河南全新液态起动设备有限公司就专利号为第03112809.2号，名称为“无刷自控电机软启动器”的发明专利提出的无效宣告请求重新作出决定。

一审案件受理费100元，二审案件受理费100元，共计200元，由国家知识产权局专利复审委员会负担。

本判决为终审判决。

审　判　长　周　翔
代理审判员　罗　霞
代理审判员　周云川
二〇一五年七月一日
书　记　员　张　博

115. 使用同源性加上来源和功能限定的生物序列权利要求是否以说明书为依据的判断

——再审申请人国家知识产权局专利复审委员会、诺维信公司与被申请人江苏博立生物制品有限公司发明专利权无效行政纠纷案

【裁判要旨】

对于保护主题为生物序列的权利要求是否得到说明书的支持，需要考虑其中的同源性、来源、功能等技术特征对该生物序列的限定作用。如果这些特征的限定导致包含于该权利要求中的生物序列极其有限，且根据专利说明书公开的内容能够预见到这些极其有限的序列均能实现发明目的，达到预期的技术效果，则权利要求能够得到说明书的支持。

【关键词】

发明专利　无效程序　同源性加上来源和功能限定　说明书支持

【案号】

最高人民法院（2016）最高法行再85号

【基本案情】

在再审申请人国家知识产权局专利复审委员会（以下简称专利复审委员会）、诺维信公司与被申请人江苏博立生物制品有限公司（以下简称博立公司）发明专利权无效行政纠纷案中，国家知识产权局于2006年6月28日授权公告名称为“热稳定的葡糖淀粉酶”的发明专利（即本案专利），专利号为98813338.5，申请日为1998年11月26日，专利权人为诺维信公司。本案专利与争议焦点相关的部分权利要求如下：“6. 一种具有葡糖淀粉酶活性的分离的酶，与SEQ ID NO:7中所示全长序列之间同源的程度至少为99%，并且具有由等电聚焦测定的低于3.5的等电点……10. 根据权利要求6～9任一项的分离的酶，所述的酶来源于丝状真菌Talaromyces属，其中丝状真菌是T. emersonii菌株。11. 权利要求10的酶，其中丝状真菌是T. emersonii CBS 793.97。12. 一种克隆的DNA序列，所述DNA

序列编码表现出葡糖淀粉酶活性的酶，该 DNA 序列包括：（a）在 SEQ ID NO: 33 中所示 DNA 序列的所述葡糖淀粉酶编码部分；（b）在 SEQ ID NO: 33 中第 649 ~ 2724 位中所示的 DNA 序列或其互补链……13. 权利要求 12 的 DNA 序列，其中所述的 DNA 序列来源于丝状真菌 Talaromyces 属，其中所述丝状真菌是 T. emersonii 的菌株。14. 权利要求 13 的 DNA 序列，其中所述丝状真菌是 T. emersonii CBS 793. 97……”2011 年 7 月 1 日，博立公司与案外人山东隆大生物工程有限公司以本案专利权利要求未得到说明书支持等为由，分别请求宣告本案专利的权利要求 1 ~28 无效。专利复审委员会针对该无效宣告请求，作出第 17956 号决定认为：在说明书已经证实了来源于 T. emersonii CBS 793. 97 的酶具有葡糖淀粉酶活性的基础上，本领域技术人员可以预计来源于 T. emersonii 菌株，且与 SEQ ID NO: 7 全长序列具有至少 99% 同源的多肽也具有葡糖淀粉酶的活性，因此，权利要求 10 和 11 能够得到说明书的支持；权利要求 13 和 14 中引用权利要求 12 的（a）和（b）的技术方案也能够得到说明书的支持。博立公司不服，提起行政诉讼。北京市第一中级人民法院一审认为，权利要求 10、11、13 和 14 虽然限定到了具体的菌株，但其中有关同源性和开放式的撰写方式使得被限定的氨基酸序列和 DNA 序列包括了可能产生各种变异的其他序列，在本专利说明书未给出充分实验数据支持的情况下，上述权利要求的概括显然超出了说明书的内容。一审法院遂判决撤销第 17956 号决定。专利复审委员会不服，提起上诉。北京市高级人民法院二审判决驳回上诉、维持原判。专利复审委员会和诺维信公司仍不服，向最高人民法院申请再审。最高人民法院裁定提审本案，并于 2016 年 12 月 30 日判决撤销一审、二审判决，维持第 17956 号决定。

【裁判意见】

最高人民法院提审认为：根据专利法第二十六条第四款规定，权利要求所要求保护的技术方案应当是所属技术领域的技术人员能够从说明书充分公开的内容中得到或概括得出的技术方案，并且不得超出说明书的范围。对于全长 591 个氨基酸的 SEQ ID NO: 7 而言，尽管与之具有 99% 以上同源性的序列仍有 5、6 个氨基酸位点的差异，但是，除了同源性特征之外，权利要求 10、11 进一步限定所述的酶来源于 T. emersonii 菌种和特定菌株 T. emersonii CBS 793. 97。本领域普通技术人员一般认为，种是生物分类的基本单位，在某些基本特征上，同一种中的个体彼此显示出高度的相似性。同一种真菌或同一株真菌编码其体内某种酶的基因序列一般是确定的，偶尔会存在极少数同源性极高的变体序列，相应地，由该基因编码的酶也是确定的或者极少数的。本案中，99%以上同源性与菌种或者菌株来源的双重限定已经使得权利要求10和11的保护范围限缩至极其有限的酶，何况权利要求10和11还包括权利要求6所限定的酶的等电点和具有葡糖淀粉酶活性的功能。因此，在说明书实施例1～4已经证实了上述SEQ ID NO:7具有葡糖淀粉酶活性的情况下，权利要求10和11的保护范围能够得到说明书的支持。权利要求13和14中引用权利要求12（a）（b）的技术方案也能够得到说明书的支持。

中华人民共和国最高人民法院行政判决书

（2016）最高法行再85号

再审申请人（一审被告、二审上诉人）：国家知识产权局专利复审委员会。住所地：中华人民共和国北京市海淀区北四环西路9号银谷大厦10－12层。

法定代表人：葛树，该委员会副主任。

委托诉讼代理人：吴文英，该委员会审查员。

委托诉讼代理人：程强，该委员会审查员。

再审申请人（一审第三人、二审上诉人）：诺维信公司。住所地：丹麦王国克洛斯霍伊路36号，鲍斯韦。

法定代表人：延斯·阿斯比约恩·安德松，该公司高级知识产权经理。

法定代表人：吴文平，该公司研发总监。

委托诉讼代理人：封新琴，北京坤瑞律师事务所律师。

委托诉讼代理人：费宁，北京汇仲律师事务所律师。

被申请人（一审原告、二审被上诉人）：江苏博立生物制品有限公司。住所地：中华人民共和国江苏省姜堰市经济开发区扬州路93号。

法定代表人：郭鸿飞，该公司董事长。

委托诉讼代理人：宁光，北京天驰君泰律师事务所律师。

委托诉讼代理人：李中奎，北京天平专利商标代理有限公司专利代理人。

再审申请人国家知识产权局专利复审委员会（以下简称专利复审委员会）、诺维信公司因与被申请人江苏博立生物制品有限公司（以下简称博立公司）发明专利权无效行政纠纷一案，不服北京市高级人民法院（2014）高行（知）终字第3524号行政判决，向本院申请再审。本院于2016年6月2日作出（2015）知行字第177号行政裁定，提审本案。本院依法组成合议庭，于2016年10月9日公开开庭审理了本案。专利复审委员会的委托诉讼代理人吴文英、程强，诺维信公司的法定代表人延斯·阿斯比约恩·安德松、吴文平及其委托诉讼代理人封新琴、费宁，博立公司的委托诉讼代理人宁光、李中奎到庭参加诉讼。本案现已审理终结。

本案涉及国家知识产权局于2006年6月28日授权公告的名称为“热稳定的葡糖淀粉酶”的发明专利（以下简称本专利），其专利号为98813338.5，申请日为1998年11月26日，专利权人为诺维信公司。专利复审委员会针对本专利作出第17956号无效宣告请求审查决定（以下简称第17956号决定），第17956号决定经过一审、二审和再审程序的审查。在再审程序中，双方当事人的争议焦点为诺维信公司修改后的权利要求10、11和权利要求13、14引用权利要求12（a）（b）的技术方案（有时统称争议权利要求）是否得到说明书支持以及是否具备创造性。对于无效审查程序和一、二审程序中当事人争议的其他问题，本院不再予以阐述。

一、二审法院经审理查明：

2011年7月1日，博立公司和山东隆大生物工程有限公司分别请求宣告本专利授权公告时的权利要求1～28无效，其主张的无效理由、事实和范围均相同，包括本专利违反《中华人民共和国专利法》（以下简称专利法）第三十三条、第二十六条第四款、第二十六条第三款、第二十二条第三款和《中华人民共和国专利法实施细则》（以下简称专利法实施细则）第二十条第一款。在无效审查程序中，诺维信公司于2011年11月10日提交了经修改的权利要求书。专利复审委员会在此基础上作出第17956号决定。本专利与本案争议焦点相关的部分权利要求如下：

“1. 一种具有葡糖淀粉酶活性的分离的酶，所述的酶包含SEQ ID NO:7的全长序列。

2. 权利要求1的酶，所述的酶在70°C下在50mMNaOAc、0.2AGU/ml、pH4.5中具有至少100分钟的T1/2（半衰期）。

3. 根据权利要求1或2的酶，所述的酶具有100～140分钟的T1/2。

……

6. 一种具有葡糖淀粉酶活性的分离的酶，与SEQ ID NO:7中所示全长序列之间同源的程度至少为99%，并且具有由等电聚焦测定的低于3.5的等电点。

……

10. 根据权利要求 6～9 任一项的分离的酶，所述的酶来源于丝状真菌 Talaromyces 属，其中丝状真菌是 T. emersonii 菌株。

11. 权利要求 10 的酶，其中丝状真菌是 T. emersonii CBS 793. 97。

12. 一种克隆的 DNA 序列，所述 DNA 序列编码表现出葡糖淀粉酶活性的酶，该 DNA 序列包括：

（a）在 SEQ ID NO: 33 中所示 DNA 序列的所述葡糖淀粉酶编码部分；

（b）在 SEQ ID NO: 33 中第 649～2724 位中所示的 DNA 序列或其互补链；或

（d）在中等严格性的条件下，与包括 SEQ ID NO: 33 中第 649～2724 位中所示序列的双链 DNA 探针杂交的 DNA 序列；

（e）一种 DNA 序列，其中由于遗传密码的简并性，该 DNA 序列与（b）的序列不杂交；

（f）但编码却与由这些 DNA 序列之任一编码的多肽具有完全相同的氨基酸序列的多肽。

13. 权利要求 12 的 DNA 序列，其中所述的 DNA 序列来源于丝状真菌 Talaromyces 属，其中所述丝状真菌是 T. emersonii 的菌株。

14. 权利要求 13 的 DNA 序列，其中所述丝状真菌是 T. emersonii CBS 793. 97。

……”

博立公司向专利复审委员会提交了证据 1－3，其中证据 1 为美国专利 US4587215 号公开文本，公开日为 1986 年 5 月 6 日。诺维信公司认可证据 1 的真实性、合法性和关联性，专利复审委员会对此予以确认。博立公司未提供证据 2、3 的原件以及证明其真实性的其他证据，而诺维信公司对其真实性有异议，专利复审委员会对其真实性不予认可。

诺维信公司向专利复委员会提交了如下反证：

反证 1：《蛋白质的结构与功能》，［奥］阿波特·莱特著，高等教育出版社出版，1982 年 1 月第 1 版第 1 次印刷，封面页、出版信息页、目录第 1 页和第 180 页，复印件共 3 页；

反证 2：IUBMB 酶命名 EC3. 3. 1. 3 及其相关部分的中文译文，复印件共 4 页；

反证 3：IUBMB 酶命名 EC3. 3. 1. 4 及其相关部分的中文译文，复印件共 4 页；

反证 4：答复第二次审查意见通知书的意见陈述书及其附件 1 和 2，复印件共 8 页；

反证5：高等学校教材《生物化学》上册，沈同、王镜岩主编，高等教育出版社出版，1990年12月第2版，1996年4月第6次印刷，封面页、扉页、出版信息页以及第116～127页，复印件共15页；

反证6：《酶学》，邹国林、朱汝璠编著，武汉大学出版社出版，1997年1月第1版，第316页。

博立公司认可反证1～6的真实性，对关联性有异议。专利复审委员会认为，反证1证明一些氨基酸取代尤其是保守性取代不改变蛋白质的活性，从而辅助证明99%同源性限定的技术方案能够得到说明书的支持；反证2是本发明酶的分类，反证3和6证明证据2公开的酶与本发明的酶不相同，反证4证明权利要求22的“特种糖浆”是清楚的，反证5证明测序存在误差和“标准方法”的含义，都是与本发明相关联的，专利复审委员会认可其真实性、合法性和关联性。

针对诺维信公司在2011年11月10日提交的修改后的权利要求书，第17956号决定认为：

（一）关于专利法第二十六条第四款

专利法第二十六条第四款规定，权利要求书应当以说明书为依据，说明要求专利保护的范围。

根据该款规定，权利要求所要求保护的技术方案应当是所属技术领域的技术人员能够从说明书充分公开的内容中得到或概括得出的技术方案，并且不得超出说明书的范围。如果权利要求的概括包含申请人推测的内容，而其效果又难于预先确定和评价，应当认为这种概括超出了说明书公开的范围。如果权利要求的概括使所属技术领域的技术人员有理由怀疑该上位概念所包含的一种或多种下位概念或选择方式不能解决发明或者实用新型的技术问题，并达到相同的技术效果，则应当认为该权利要求没有得到说明书的支持。

如果权利要求中限定的功能是以说明书实施例中记载的特定方式完成的，而说明书中仅以含糊的方式描述了其他替代方式也可能适用，但对所属技术领域的技术人员来说，并不清楚这些具体替代方式是什么，则权利要求中的功能性限定也是不允许的。

1. 权利要求1中的“包含”是开放式用语，意味着可在SEQ ID NO:7序列一端或两端添加任意数目和任意类型的氨基酸残基，因而使得该分离的蛋白包括了大量的氨基酸序列，所属技术领域的技术人员难以预见在SEQ ID NO:7序列一端或两端添加任意数目和任意类型的氨基酸残基的多肽也能具有葡糖淀粉酶的活性。这是因为：首先，在氨基酸序列一端或两端添加氨基酸可能使多肽序列发生变化，从而导致多肽的活性或功能丧失或改变；其次，由于所添加的氨基酸残基可以是任意数目和任意类型的，大量氨基酸的添加会使多肽的长度大幅延长，其空间结构和结构域很可能会随之发生改变，在添加序列长度远远超过原序列长度时，甚至可能会使目的多肽结构域不能暴露在分子空间结构的表面，从而使原序列丧失功能；最后，因序列添加而出现的氨基酸残基可能会与原多肽结构域的氨基酸形成其他相互作用如盐键、氢键、二硫键等从而导致多肽结构域改变或被破坏，甚至功能丧失。因此，权利要求 1 得不到说明书的支持。同理，权利要求 12 及权利要求 1 的从属权利要求 2 ~5 也不符合专利法第二十六条第四款的规定。

权利要求 6 涉及用同源性加功能限定的技术方案，所属技术领域的技术人员难以预见除本申请说明书实施例部分公开的如 SEQ ID NO: 7 所示的多肽和 SEQ ID NO: 34 编码的多肽以外的多肽都具有葡糖淀粉酶的活性，所以这些技术方案包含诺维信公司推测的内容，而其效果又难于预先确定和评价，这种概括超出了说明书公开的范围。虽然诺维信公司认为本专利已经给出了序列及其功能，同源性限定为公知规律，但作为蛋白质一级结构的氨基酸序列是其空间结构的基础，而蛋白质的空间结构又是其功能的基础，同源性较高的蛋白质是否具有相似的空间结构和相似的功能，主要取决于那些在维系其空间结构以及功能、活性中起关键作用的氨基酸残基的差异，以及这些差异是否足以改变其空间构象和相应的生物学功能及活性，如果蛋白质氨基酸序列中的一些甚至一个起关键作用的氨基酸改变，就会导致蛋白质空间结构与生物学活性或功能的巨大变化，所以，所属技术领域人员无法确定该序列加上同源性限定的该范围包含的所有多肽（例如不同来源的）都能实现本发明的目的。必须要有一定的实验证据来证实具有这些技术方案中所限定的同源性的具体序列确实能实现本发明的目的，而说明书中缺乏相应的实验证据予以证实，本领域技术人员不清楚该同源性范围内除实施例以外的具体哪些多肽能实现本发明的目的，因此，权利要求 6 涉及同源性的技术方案得不到说明书的支持。权利要求 6 的从属权利要求 7 ~9 仅进一步限定了所述酶的活性，也未能克服权利要求 6 得不到说明书支持的缺陷，不符合专利法第二十六条第四款的规定。同理，权利要求 15 ~25、27 ~29 中引用权利要求 1 ~9 和 12 的技术方案也不符合专利法第二十六条第四款的规定。

2. 从属权利要求 10 进一步限定所述的酶分离自 Talaromyces emersonii（以下简称 T. emersonii）菌株，权利要求 11 限定酶分离自 T. emersonii CBS 793. 97，

T. emersonii 菌株与 T. emersonii CBS 793. 97 属于同一种菌株，而本领域通常认为同一种个体中，某种具体功能的活性基因在基因组层次上一般仅具有一种序列，或者其所具有的同源性极高的变体序列也会具有所述功能，但如果物种来源在进化地位上差异比较大时，很可能会有即使同源性高的序列，也不具有所述功能的情况存在，因此在说明书已经证实了来源于 T. emersonii CBS 793. 97 的酶具有葡糖淀粉酶活性的基础上，本领域技术人员可以预计来源于 T. emersonii 菌株，且与 SEQ ID NO: 7 全长序列具有至少 99% 同源的多肽也具有葡糖淀粉酶的活性，因此，权利要求 10 和 11 能够得到说明书的支持，符合专利法第二十六条第四款的规定。同理，权利要求 15 ~25、27 ~29 中引用权利要求 10、11 的技术方案也符合专利法第二十六条第四款的规定。

3. 从属权利要求 13 进一步限定权利要求 12 的 DNA 序列分离自 T. emersonii 菌株，权利要求 14 限定权利要求 13 的 DNA 序列分离自 T. emersonii CBS 793. 97。因此，权利要求 13 和 14 的技术方案根据权利要求 12 可分为三组，即：（i）引用权利要求 12 的（a）和（b）的技术方案；（ii）引用权利要求 12 的（d）和（e）的技术方案；和（iii）引用权利要求 12 的（f）的技术方案。

对于（i），T. emersonii 菌株与 T. emersonii CBS 793. 97 属于同一种菌株，而本领域通常认为同一种个体中，某种具体功能的活性基因在基因组层次上一般仅具有一种序列。在说明书已经证实了来源于 T. emersonii CBS 793. 97 的 SEQ ID NO: 33 所示 DNA 序列的编码部分（或第 649 ~2724 位）编码的酶具有葡糖淀粉酶活性的基础上，已知 DNA 序列的互补链与 DNA 序列本身一样也能编码相同的多肽，以及在已知氨基酸序列的基础上，SEQ ID NO: 33 的编码部分也是可以毫无疑义地直接确定，本领域技术人员可以预计来源于 T. emersonii 菌株，SEQ ID NO: 33 所示 DNA 序列的编码部分（或第 649 ~2724 位及其互补链）编码的酶也具有葡糖淀粉酶的活性，因此权利要求 13 和 14 中引用权利要求 12 的（a）和（b）的技术方案能够得到说明书的支持，符合专利法第二十六条第四款的规定。

对于（ii），权利要求 13 和 14 中引用权利要求 12 的（d）和（e）的技术方案不符合专利法第二十六条第四款的规定。

对于（iii），因其不符合专利法实施细则第二十条第一款的规定，因此在此不再评述。

权利要求 15 ~25、27 ~29 中引用权利要求 13 和 14 并间接引用权利要求 12（d）和（e）的技术方案也不符合专利法第二十六条第四款的规定。

（二）关于专利法第二十二条第三款

专利法第二十二条第三款规定，创造性是指同申请日前已有的技术相比，该发明有突出的实质性特点和显著的进步。

证据1（即公开日为1986年5月6日的美国专利US4587215号公开文本）公开了一种来自嗜热踝节菌的热稳定性淀粉葡糖苷酶，其分子量分别测量为133000和45000，而本专利中要求保护的葡糖淀粉酶的分子量为约70000。因此，本专利获得的葡糖淀粉酶与证据1中公开的淀粉葡糖苷酶完全不同。本领域技术人员无法简单地通过对证据1中公开的淀粉葡糖苷酶进行测序来获得本专利的葡糖淀粉酶。而且，本专利要求保护的葡糖淀粉酶与证据1中分离的葡糖淀粉酶相比具有增加的热稳定性，证据1无法破坏权利要求10和11的创造性。同理，权利要求26、权利要求13和14引用权利要求12（a）和（b）的技术方案、权利要求15～25、27～29中引用权利要求10和11的技术方案以及权利要求15～25、27～29中引用权利要求13和14，并由此间接引用权利要求12（a）和（b）的技术方案具备创造性。如前所述，证据2和3，专利复审委员会不予考虑。

综合全部无效理由，第17956号决定宣告权利要求1～9、12，权利要求13和14中引用权利要求12（d）（e）和（f）的技术方案，权利要求15～25、27～29中引用权利要求1～9、12的技术方案，以及权利要求15～25、27～29中引用权利要求13和14，并由此间接引用权利要求12（d）（e）和（f）的技术方案无效，在权利要求10、11和26、权利要求13和14引用权利要求12（a）和（b）的技术方案、权利要求15～25、27～29中引用权利要求10、11的技术方案，以及权利要求15～25、27～29中引用权利要求13和14，并由此间接引用权利要求12（a）和（b）的技术方案的基础上继续维持本专利有效。

博立公司不服第17956号决定，向北京市第一中级人民法院（以下简称一审法院）提起行政诉讼，其起诉理由主要包括：（一）权利要求10和11得不到说明书的支持。本专利权利要求本身以功能进行限定，即其保护的酶相对于现有的酶，可以在较热的环境下保持稳定地将淀粉转化为葡萄糖的活性。但根据生物学领域的常识可知，一个氨基酸序列中的一个或数个氨基酸发生改变，其能否具备原有活性，是无法预知的。尤其是这种改变如果发生在蛋白质的保守区，则一个氨基酸残基的改变，都可能造成该蛋白质原有活性的丧失。本案中修改后权利要求6中限定的SEQ ID NO:7序列包含了591个氨基酸，且未限定其保守区，而99%的同源性限定说明其中可以允许有5～6个氨基酸发生变化，但发生变化后的氨基酸序列能否保持其原有活性，本专利说明书缺乏充分的描述，该权利要求中99%同源性的限定方式得不到说明书的充分支持。权利要求10和11是权利要求6的从属权利要求，除限定99%同源性外还限定了具体的菌株和保藏号，但本领域技术人员根据其说明书记载的内容无法预期来源于保藏菌株且与SEQ ID NO:7中所示全长序列之间同源程度至少为99%的多肽仍然能够具备本专利所保护酶的活性。此外，权利要求10和11不符合《专利审查指南》和国家知识产权局执行的《审查指南规程（实质审查分册）》对于氨基酸序列专利文献指定方式的严格规定。（二）权利要求13、14引用权利要求12（a）和（b）序列的技术方案得不到说明书的支持。首先，本专利修改后的权利要求12是开放式的描述方式，其所保护的DNA序列（i）是包括（a）和（b）DNA序列在内一系列的序列而非只是（a）和（b）序列本身，第17956号决定在评述修改后权利要求13、14时，将权利要求12分成了（i）（ii）和（iii）三个部分，明显是对权利要求12技术特征的错误解释，剔除了该权利要求中得不到说明书支持的部分。其次，虽然权利要求13和14限定到了具体的T. emersonii菌种和保藏号，但本领域技术人员无法合理预期包括（a）和（b）的DNA序列在内的核苷酸序列是否都能表达本发明的酶，因此得不到说明书的支持。权利要求15～29同样得不到说明书的支持。综上，请求撤销第17956号决定。

专利复审委员会辩称：（一）权利要求10、11不仅限定了同源性99%和功能，同时也限定了来源于什么菌株，在本专利说明书已经证实来源于T. emersonii CBS 793.97的SEQ ID NO:7序列具有葡糖淀粉酶活性的基础上，本领域技术人员可以预计来源于T. emersonii菌株，且与SEQ ID NO:7全长序列具有至少99%同源的多肽也具有葡糖淀粉酶的活性。（二）尽管权利要求12中“包括”表示其可在（a）（b）等序列两端任意添加核苷酸，可权利要求13和14对权利要求12作出了进一步的限定，即其限定了来源的菌株。具体地说，就是限定了（a）（b）等序列两端任意添加核苷酸的DNA序列来源于什么菌株。因此，正如第17956号决定所述，权利要求13和14中引用权利要求12的（a）和（b）的技术方案能够得到说明书的支持。而第17956号决定中对于权利要求12可分成（i）（ii）和（iii）三个技术方案的评价方式也是符合该权利要求特征的方式，并不存在错误。综上，第17956号决定认定事实清楚，适用法律正确，审理程序合法，审查结论正确，请求判决维持该决定。

诺维信公司述称：（一）本专利修改后的权利要求10、11能够得到说明书的支持。本专利说明书的实施例2可以证明SEQ ID NO:7序列具有本专利所述的热稳定性、比活性和半衰期特征，实施例8、9、11和12证明了SEQ ID NO:34序列所示多肽亦具有上述同样的特性。因此，本专利说明书给出了与SEQ ID NO:7具有99%同源性的氨基酸序列也可以具有同样活性的实验证据。SEQ ID NO:34序列与SEQ ID NO:7序列相比，其仅在97、98和475位的三个氨基酸不同，符合本专利中“99%同源性”限定中不能有超过6个氨基酸取代的内容。说明书已经证实来源于保藏号为T. emersonii CBS 793.97的菌株具有葡糖淀粉酶的活性，本领域技术人员在此基础上完全可以预期来源于同样的菌株且与SEQ ID NO:7序列具有至少99%同源的氨基酸序列也具有同样的活性。（二）本专利修改后的权利要求13和14引用了修改后权利要求12（a）和（b）的技术方案，该技术方案是修改后权利要求10和11所限定酶的DNA序列，基于与上述第（一）点同样的理由，在本专利说明书公开了来源于T. emersonii CBS 793.97的菌株具有葡糖淀粉酶的活性且给出了相应实验数据的情况下，权利要求13和14所限定的DNA序列同样可以得到说明书的支持。

博立公司向一审法院提交了如下证据：

证据4：来源于“www. cnki. com. cn”网站的《科学家发现人和黑猩猩基因功能区差异只有百分之零点七五》一文打印件，用于证明生物序列小于1%的差别，就可能产生生物物种的差别。

证据5：《病理生理学——疾病的机制与防治基础》，欧阳静萍、董传仁主编，武汉大学出版社出版，2004年3月第1版，2010年10月第3次印刷，第139~154页复印件。该证据第141页倒数第2段第9行记载：“一旦基因发生突变，其产物亦随之改变，遗传性状也就会跟着发生相应的变化，因为蛋白质是在基因携带的遗传信息控制下合成的。例如，人类镰状细胞贫血症，正常人的红细胞呈双凹圆盘状，而患者的细胞在缺氧时呈镰刀状，这是因为P珠蛋白第6位氨基酸—谷氨酸突变为缬氨酸，导致了蛋白质理化性质的变化。”

证据6：《临床生理学》，杨凌、周凤鸣主编，科学出版社出版，2010年9月第1版，2010年9月第1次印刷，第129~134页复印件。

博立公司提交以上证据用于证明DNA序列中某个碱基对的改变或者氨基酸序列中某个氨基酸的改变，都可能造成整个DNA序列或氨基酸序列功能的改变或丧失，本专利权利要求10、11中涉及的99%同源性的限定内容仍旧包括了大量氨基酸残基的改变，得不到说明书的有效支持。

诺维信公司向一审法院提交了如下反证：

反证7：《基因组学：核心实验方法》，斯塔基等著，于军主译，科学出版社出版，2012 年 3 月第 1 版，2012 年 3 月第 1 次印刷，第 172 页、第 173 页复印件。

反证 8：《微生物学》，杨颐康主编，高等教育出版社出版，1986 年 5 月第 1 版，1997 年 7 月第 12 次印刷，第 256 页、第 257 页复印件。

一审庭审过程中，博立公司及专利复审委员会表示不认可本专利附图 6 中标有的星号 * 氨基酸就是本专利所限定酶中起到生物活性的保守氨基酸。

庭审结束后，博立公司提交了证据 7 即《微生物学》（周长林主编，中国医药科技出版社出版）第 308 ~ 311 页复印件。其第 309 页倒数第 3 段记载："虽然生产菌种来自一个性状优良的微生物个体，但随着其后的传代培养，使用时的生产菌种是由众多的微生物个体组成，其中有许多是已发生了变异的个体。"该页倒数第 1 行记载："但是对于一个产量较高的生产菌种而言，出现负变异的几率更高些。"

在庭审结束后，诺维信公司提交了反证 9 即由国家知识产权局专利检索咨询中心出具的编号为 G1210241 和 G120242 的两份《检索报告》，其检索结论为：1. 根据委托要求，检索出具有与下述氨基酸序列 99% 以上同一性（同源性），并且来源于 T. emersonii 菌株的氨基酸序列的文献 14 篇。其中，专利文献 12 篇（不包括同族专利），非专利文献 2 篇。2. 与委托人（即诺维信公司）提供的氨基酸序列具有至少 99% 同一性（同源性）并且来源于 T. emersonii 菌株的氨基酸序列在检索到的对比文件中均被描述为葡糖淀粉酶。用于证明检索到的来源于 T. emersonii 菌种的所有与 SEQ ID NO: 7 具有 99% 以上同源性的蛋白质都具有葡糖淀粉酶活性。

一审法院经审理认为：

（一）关于本案法律适用

本专利的申请日在 2009 年 10 月 1 日之前，依据《中华人民共和国立法法》第八十四条规定，并参照国家知识产权局制定的《施行修改后的专利法的过渡办法》的规定，本案应适用 2001 年施行的专利法的相关规定进行审理。

（二）关于本专利修改后权利要求 10 和 11、权利要求 13 和 14 引用权利要求 12（a）和（b）的技术方案是否符合专利法第二十六条第四款的规定

本专利修改后权利要求 6 的 SEQ ID NO: 7 为氨基酸序列，由 591 个氨基酸构成。本专利说明书中未对上述序列中起到可以在较热环境下仍能够稳定地将淀粉

转化为葡萄糖作用的保守氨基酸进行具体限定。该权利要求中“与全长序列之间同源程度至少为99%”的限定内容包括了在5－6个位置上的氨基酸可发生改变的情况。该种改变如果发生在SEQ ID NO:7序列中对维持该序列生物特定活性起到关键位置的氨基酸上，则有可能造成该序列所构成蛋白质空间作用的改变，并进而丧失其特定的生物活性或功能。本专利说明书未对与SEQ ID NO:7序列同源性为99%的其他氨基酸序列能否保持在较热环境下仍能稳定地将淀粉转化为葡萄糖的功能给出充足的实验数据，因此权利要求6中有关同源性限定的内容得不到说明书的支持。本专利修改后的权利要求10限定SEQ ID NO:7序列来源的具体菌属和菌株，权利要求11限定了具体菌株的国际保藏号。因权利要求10、11从属于权利要求6，故权利要求10、11也包含了权利要求6中有关同源性的限定内容。本专利说明书未对上述序列中起到维持该序列特定生物活性的保守氨基酸进行限定，因此，权利要求10、11中引用权利要求6中有关同源性限定的内容使得权利要求10、11仍然包含了在SEQ ID NO:7序列中任何位置的氨基酸可以发生5～6个氨基酸变化的情况，即，权利要求10、11虽然限定到了具体的菌株及其保藏号，但仍包括了大量相对于SEQ ID NO:7序列而发生取代、添加或缺失一个或几个氨基酸而发生变化的其他氨基酸序列，而氨基酸序列中发生的相关变化，尤其是起到保守氨基酸作用的变化，都可能会导致原有氨基酸序列特定功能的丧失。因此，权利要求10、11虽然限定到了具体的菌株及其保藏号，仍未克服其引用的权利要求6中的同源性限定得不到说明书支持的缺陷，同样不符合专利法第二十六条第四款的相关规定。

本专利修改后权利要求12中出现了“包括”，因此，该权利要求属于开放式权利要求。在该权利要求涉及的SEQ ID NO:33（或者该序列中第649～2724位所示的DNA序列或其互补链）的一端或两端还可以添加任意数目和种类的核苷酸，而添加其他的核苷酸序列后该序列是否仍能够实现本发明所述的“在较热环境下仍能稳定地将淀粉转化为葡萄糖”的特定生物活性，本专利说明书未给出实验数据予以支持。因此，修改后的权利要求12不能得到说明书的支持，不符合专利法第二十六条第四款的规定，第17956号决定中关于权利要求12的相关评述正确。

本专利修改后的权利要求13、14引用权利要求12，限定了包括SEQ ID NO:33的序列（或包括该序列第649～2724位所示的DNA序列或者其互补链）所来源的特定菌株及其保藏号。虽然SEQ ID NO:33（及其第649～2724位所示序列或者其互补链）中的核苷酸排列顺序和核苷酸种类是特定的，但权利要求13、14

仍旧涉及了其引用的权利要求12中有关“包括”的限定方式，即，权利要求13、14亦属于开放式的权利要求，在该权利要求涉及的SEQ ID NO:33（及其第649～2724位所示序列或者其互补链）的一端或两端，仍可添加其他数量或种类的核苷酸分子，而在添加其他不同种类或数量的核苷酸分子后，权利要求13、14所引用的权利要求12中的上述序列能否维持原特定生物活性，本专利说明书未给出任何实验数据。此外，虽然权利要求13、14限定其序列来源于T. emersonii CBS 793.97菌株，但该菌株的遗传物质，即该菌株的DNA全长序列除含有权利要求12中的SEQ ID NO:33（及其第649～2724位所示序列或者其互补链）的特定序列之外，还含有其他核苷酸序列，而截取自该菌株全部DNA序列中的一段含有SEQ ID NO:33（及其第649～2724位所示序列或者其互补链）的核苷酸序列片段所编码的酶是否都能保持原特定生物活性，本专利说明书亦未给出相应实验数据。此外，权利要求13、14虽然限定到了具体的菌株及保藏号，但根据本案在案的《微生物学》等证据的记载可知，某一特定菌株可能因各种原因（如保藏、运输等）而发生各种形式的变异，即其遗传物质中的某些碱基对或由基因表达的某些特定氨基酸可能发生变化，从而造成该菌株原有功能的改变或丧失，且生产用途较多的菌株更有可能发生变异。因此，权利要求10、11、13和14虽然限定到了具体的菌株，但上述权利要求中有关同源性和开放式的撰写方式使得被限定的氨基酸序列和DNA序列包括了可能产生各种变异的其他序列，在本说明书未给出充分实验数据支持的情况下，权利要求10、11、13和14的概括显然超出了说明书的内容，不符合专利法第二十六条第四款的规定。

本专利修改后的权利要求15～25、27～29引用权利要求10、11的技术方案，修改后的权利要求15～25、27～29引用权利要求13和14，并由此间接引用权利要求12（a）和（b）的技术方案均是葡糖淀粉酶的具体使用步骤和用途，其均未克服权利要求10和11、权利要求13和14引用权利要求12（a）和（b）中的技术方案得不到说明书支持的缺陷，因此上述权利要求同样不符合专利法第二十六条第四款的规定。

另外，本专利的保护主题为“热稳定的葡糖淀粉酶”，因此在评述本专利权利要求是否得到说明书支持的问题时，“热稳定”这一本专利的发明点显然是评述过程中应当予以考虑的因素，即权利要求中所要保护的酶是否具备“热稳定”这一生物活性属于应当考察的因素。如在评价过程中忽略“热稳定”这一因素，则本专利相对于说明书中所列举的现有技术而言，将失去其发明的意义，也偏离本专利的保护主题。在说明书未给出有关热稳定性的实验数据的情况下，上述权利要求也会因此得不到说明书的支持。

对于诺维信公司提交的《基因组学：核心实验方法》一书中有关“序列同源性”的相关记载，一审法院认为：该书中所记载的有关“序列同源性就是功能推断的基础”等内容涉及的是利用未知蛋白质的序列推断其功能的方法的简要介绍，而本案中涉及的是权利要求书是否得到说明书支持的问题。虽然按照该书中的记载，同源性较高的蛋白质可能是同一祖先进化的并保留有相似功能的能力，但也记载有“具有高度序列相似性的蛋白质也未必是保守的同源序列”的内容。具体到本案中，在本专利说明书未限定其保守氨基酸的情况下，权利要求 6、10 和 11 中的同源性限定仍旧包含了大量的其他序列，这些序列很可能包括无法执行原特定功能的旁系同源序列。因此，诺维信公司提交的上述证据不能支持其权利要求 6、10 和 11 能够得到说明书支持的主张。

对于诺维信公司提交的《微生物学》一书有关细菌分类和菌株定义的内容，一审法院认为，该证据可以证明“菌株”为微生物中的极低层次分类单位，但是，权利要求 10、11 中的同源性限定方式和权利要求 13、14 中开放式的限定方式使得上述权利要求仍旧包含了数量巨大的其他氨基酸序列或 DNA 序列，上述序列能否执行原 SEQ ID NO: 7 序列和权利要求 12 中（a）（b）序列所具有的特定功能，本领域技术人员从本专利说明书中的相关记载中无法得到合理的预测。因此，诺维信公司提交的该份证据不能支持其权利要求 10、11、13 和 14 能够得到说明书支持的主张。

对于诺维信公司在庭后提交的两份《检索报告》，一审法院认为，首先，虽然上述《检索报告》中检索到 12 篇非同族专利和 2 篇非专利文献，且上述文献中对于与 SEQ ID NO: 7 序列具有 99% 以上同源性且来源于 T. emersonii 菌株的氨基酸序列均被称为“葡糖淀粉酶”，但其检索出的 12 篇非同族专利文献均只提供了专利文献的首页，未显示具体的权利要求书和说明书，因此无法证明上述专利文献中出现的序列是 SEQ ID NO: 7 的同源序列或是该序列本身。其次，即使《检索报告》中 14 篇文献中出现的序列均为来源于 T. emersonii 菌株的 SEQ ID NO: 7 的同源序列，且其名称为“葡糖淀粉酶”，但上述序列是否能够真正实现上述功能，从《检索报告》本身无法直接得知，更无法得知上述酶是否具有本专利的热稳定特性，亦无法得知上述序列是否仅是 12 篇非同族专利文献对于本专利内容的引述。最后，虽然《检索报告》中检索到 14 篇文献，但与权利要求 10、11、

13 和 14 所包含的数量巨大的其他序列相比，其数量仍过低，且《检索报告》中的内容未记载于本专利说明书中，不能直接作为支持权利要求的相关依据。因此，诺维信公司庭后提交的《检索报告》亦不能证明权利要求 10、11、13 和 14 符合专利法第二十六条第四款的规定。

（三）关于本专利创造性的有关问题

博立公司主张第 17956 号决定中讨论本专利权利要求相对于证据 1 是否具备创造性的问题时涉及了热稳定性这一本专利关键的发明点，在讨论权利要求是否得到说明书支持时却又忽略这一因素，属于自相矛盾的评价方式。根据本专利发明背景等内容的记载，本专利相对于现有的葡糖淀粉酶的发明点在于本专利的葡糖淀粉酶具有更好的热稳定性，这一特性是判断本专利是否符合专利法相关规定时均应考量的相关因素。因此，博立公司的上述诉讼理由成立。

综上，一审法院于 2013 年 12 月 20 日作出（2012）一中知行初字第 2721 号行政判决：一、撤销第 17956 号决定；二、专利复审委员会就博立公司针对本专利所提出的无效宣告请求重新作出审查决定。

专利复审委员会不服一审判决，向北京市高级人民法院（以下简称二审法院）提起上诉，请求撤销一审判决，维持第 17956 号决定，主要理由有：（一）权利要求 10 和 11 对分离的酶是有限定作用的，其所要求保护的酶来源于 T. emersonii 菌种和 T. emersonii CBS 793. 97 菌株，并不是任意的五六个氨基酸的变化，限定了来源于 T. emersonii 菌种后，其氨基酸突变并不是任意的，而是有限的，即同时满足来源于 T. emersonii 菌种，并与 SEQ ID NO: 7 所示序列之间同源的程度至少为 99% 的序列范围是很小的，因此，权利要求 10 和 11 能够得到说明书的支持。（二）权利要求 13、14 虽然是开放的权利要求，但其要求保护的 DNA 序列必须来源于 T. emersonii 菌种或具体的 T. emersonii CBS 793. 97 菌株，因此，权利要求 13 和 14 引用权利要求 12（a）和（b）的技术方案也能够得到说明书的支持，相应的技术方案也公开充分。

诺维信公司不服一审判决，向二审法院提起上诉，请求撤销一审判决，主要理由有：（一）一审判决错误地适用 2001 年施行的专利法及 2010 年版《专利审查指南》，错误地确定了本领域技术人员的知识水平，忽略说明书和本领域公知常识的指导而错误地评价权利要求的支持问题。（二）本专利权利要求 10 得到了说明书的支持。本专利权利要求 10 是通过结构特征和来源特征二者来限定要求保护的酶，因此，权利要求 10 与权利要求 6 相比，权利要求的范围得到了进一步限定，而且，由国家知识产权局专利检索咨询中心进行的检索发现所有与 SEQ ID NO:7 具有 99% 氨基酸序列同源性且来源于 T. emersonii 的蛋白均具有葡糖淀粉酶活性，因此，权利要求 10 得到说明书支持。（三）本专利权利要求 11 得到了说明书的支持。权利要求 11 中的 T. emersonii CBS 793. 97 是在专利程序下进行保藏的菌株，涉及自菌株分离的葡糖淀粉酶，而非菌株本身，一旦将酶分离和测序，它的氨基酸序列自己不会改变；没有科学报告说保藏株中的某些碱基对或氨基酸可能因保藏、运输等原因而改变，因此，权利要求 11 得到说明书的支持。（四）基于与上述相同的理由，权利要求 13、14 也得到说明书的支持。

博立公司服从一审判决。

二审法院经审理认为：本专利申请日为 1998 年 11 月 26 日，最早的优先权日为 1997 年 11 月 26 日，均早于 2001 年施行的专利法，因此，在判断本专利是否符合专利法第二十六条第四款的规定时，应当适用当时施行的 1992 年修正的专利法及其实施细则的规定。本案中，一审法院援引 2001 年施行的专利法及其实施细则的规定，属于适用法律错误。但是，2001 年施行的专利法与 1992 年修正的专利法在专利法第二十六条第四款规定方面并无区别，因此，一审法院适用法律错误并不影响本案的实体结果。一审法院参考适用 2006 年版或 2010 年版《专利审查指南》的规定，同样属于法律适用依据错误，但对比得知，不同版本的《专利审查指南》关于权利要求是否得到说明书支持的规定并无本质差异，故一审法院适用 2010 年版《专利审查指南》虽有不当，但对判决无实质影响。

本案的核心问题在于本专利修改后权利要求 10 和 11、权利要求 13 和 14 引用权利要求 12（a）和（b）的技术方案是否符合专利法第二十六条第四款的规定。

本专利说明书未对权利要求 6 中的由 591 个氨基酸构成的 SEQ ID NO:7 序列中维持该序列特定生物活性的保守氨基酸进行限定，未对与 SEQ ID NO:7 序列同源性为 99% 的其他氨基酸序列能否保持在较热环境下仍能稳定地将淀粉转化为葡萄糖的功能给出充足的实验数据，因此权利要求 6 中有关同源性限定的内容得不到说明书的支持。本专利修改后的权利要求 10 限定 SEQ ID NO:7 序列来源的具体菌属和菌株，权利要求 11 限定了具体菌株的国际保藏号。因权利要求 10、11 从属于权利要求 6，故权利要求 10、11 也包含了权利要求 6 中有关同源性 99% 限定的内容。本领域技术人员无法得知，在该序列库中，哪些序列具备葡糖淀粉酶活性，哪些序列不具备葡糖淀粉酶活性。专利复审委员会及诺维信公司均未提交证据证明 T. emersonii 菌的所有个体都是具备葡糖淀粉酶活性的，也就不能因为其限定为 T. emersonii 菌来源，就必然会具备葡糖淀粉酶活性。因此，来源于 T. emersonii 菌的不同菌株，与 SEQ ID NO: 7 序列同源性达到 99% 的序列是一个数目庞大的序列库，本领域技术人员不经过创造性劳动，则无法判断哪些序列具备葡糖淀粉酶活性，本领域技术人员需要通过过度劳动才能确定哪些氨基酸是起到特定生物活性的保守氨基酸。权利要求 10、11 仍未克服其引用的权利要求 6 中的同源性限定得不到说明书支持的缺陷，同样不符合专利法第二十六条第四款的相关规定。

关于本专利修改后权利要求 13、14 引用权利要求 12（a）和（b）的技术方案能否得到说明书支持的问题，二审法院同意一审法院的意见。

综上，二审法院于 2015 年 1 月 26 日作出（2014）高行（知）终字第 3524 号行政判决：驳回上诉，维持一审判决。

专利复审委员会不服二审判决，向本院申请再审称：（一）二审判决错误理解专利法第二十六条第四款，未从本领域技术人员的基础上阅读、理解本专利说明书的全部内容，认为可以要求保护的仅限于有实验数据的实施例，没有实验数据就得不到说明书的支持，这种判断方法是错误的。（二）本专利权利要求 10、11 得到了说明书的支持。本专利的权利要求 10、11 将要求保护的酶的来源分别限定到了菌种 T. emersonii 和具体的菌株即 T. emersonii CBS 793. 97 后，其氨基酸的突变并不是任意的，而仅是来源于 T. emersonii 菌种的天然存在的突变体。即，同时满足于 T. emersonii 菌种且与 SEQ ID NO: 7 中所示序列之间同源的程度至少为 99% 的序列范围是很小的。而且，T. emersonii 是一种已知的嗜热真菌，其分离的酶即具有本发明所述的热稳定性。因此，虽然说明书未对 SEQ ID NO: 7 序列中起到可在较热环境下仍能够稳定地将淀粉转化为葡萄糖作用的保守氨基酸进行具体限定，但基于上述理由，在说明书已经证实了来源于 T. emersonii CBS 793. 97 的酶具有葡糖淀粉酶活性的基础上，本领域技术人员可以预计来源于 T. emersonii 菌种，且与 SEQ ID NO: 7 全长序列具有至少 99% 同源的多肽也具有葡糖淀粉酶的活性，权利要求 10 和 11 能够得到说明书的支持。（三）本专利权利要求 13、14 引用权利要求 12（a）（b）的技术方案得到了说明书的支持。权利要求 13、14 虽然是开放式权利要求，但其要求保护的 DNA 序列必须来源于 T. emersonii 菌种或具体的 T. emersonii CBS 793. 97 菌株，即在 SEQ ID NO: 33 序列（及其第 649 ~ 2724 位所示序列或者其互补链）的一端或两端的序列并非任意的，而是

T. emersonii 菌种所固有的。虽然一般真菌的基因组通常含有上百万个碱基对，但本领域普通技术人员通常认为在同一种个体中，某种具体功能的活性基因在基因组层次上一般仅具有一种序列。在说明书已经证实了来源于 T. emersonii CBS 793. 97 的 SEQ ID NO: 33 所示 DNA 序列的编码部分（或第 649～2724 位）编码的酶具有葡糖淀粉酶活性的基础上，已知 DNA 序列的互补链与 DNA 序列本身一样也能编码相同的多肽，以及在已知氨基酸序列的基础上，SEQ ID NO: 33 的编码部分也是可以毫无疑义地直接确定，本领域技术人员可以预计来源于 T. emersonii 菌种的 SEQ ID NO: 33 所示 DNA 序列的编码部分（或第 649～2724 位及其互补链）编码的酶也具有葡糖淀粉酶的活性。因此权利要求 13 和 14 中引用权利要求 12 的（a）和（b）的技术方案能够得到说明书的支持。请求撤销一、二审判决，维持第 17956 号决定。

诺维信公司不服二审判决，向本院申请再审称：（一）二审判决错误分配举证责任，诺维信公司已经提交充分证据证明了 99% 同源性的葡糖淀粉酶的范围的有效性，证明本专利权利要求得到说明书的充分支持，二审判决在未要求博立公司提供反证的情况下，要求诺维信公司穷举所有实施例并以证据不足为由撤销第 17956 号决定错误。（二）本专利修改后的权利要求 10、11 得到了说明书的支持。修改后的权利要求 10 已经限定了酶的来源，即来源于“埃默森篮状菌”（T. emersonii）这一菌种，而“种”是最低的生物分类单位，现有技术已知，同一种内的个体间具有高度相似性和稳定性，且权利要求 11 进一步将“种”限定到了保藏号为 CBS 793. 97 的菌株，因此，权利要求 10 和 11 进行上述限定后，能够同时满足与 SEQ ID NO: 7 具有 99% 同源的序列并非像二审判决认定的“数目庞大”，诺维信公司通过权威机构检索时也仅检索到几条符合上述限定的序列。诺维信公司提交的证据及本专利说明书中实施例提供的就是来源于具体菌株即 T. emersonii CBS 793. 97 的实验数据，因此，本领域技术人员基于上述证据及公知常识，可以合理预测并得出“T. emersonii 菌的所有个体都是具备葡糖淀粉酶活性”的结论。而且，本专利说明书中给出了本领域常用的、鉴定对酶活性重要的保守区域的序列比对方法，说明书附图 6 中也明确以“ * ”表示了序列对比中相同的氨基酸残基，因此，本领域技术人员通过本专利说明书的记载，或通过现有技术已公开的方法，无需付出过度劳动就能鉴定出与葡糖淀粉酶活性和稳定性密切相关的保守序列。（三）本专利修改后的权利要求 13、14 得到了说明书的支持。相对于权利要求 12，权利要求 13 和 14 的 DNA 序列至少需要满足两个条件：

一是编码具有葡糖淀粉酶活性的酶；二是来源于权利要求所述的 T. emersonii 或 T. emersonii CBS 793.97。这两个限定决定了权利要求 13 和 14 的 DNA 序列不可能在两端任意添加其他序列。因此，权利要求 13 在用 T. emersonii 限定来源后，在 SEQ ID NO: 33 中第 649～2724 位中所示的 DNA 序列两端的序列是固定的，其能够编码具有葡糖淀粉酶活性的酶是完全可以预期的；而权利要求 14 在用 T. emersonii CBS 793.97 限定来源后，其编码的蛋白质经实施例验证具有葡糖淀粉酶活性，即本专利说明书已经对权利要求 14 的技术方案提供了实验证据。(四) 第 17956 号决定在评价本专利创造性时所称的本专利要求保护的葡糖淀粉酶与证据 1 中分离的葡糖淀粉酶相比具有的“增加的热稳定性”仅是作为附加的优选特征对本专利独立权利要求的进一步限定。本专利争议权利要求保护的主题是产品，其结构足以使其具备创造性，判断争议权利要求是否得到说明书的支持不应考虑增加的热稳定性。综上，请求撤销一、二审判决，维持第 17956 号决定。

博立公司辩称：(一) 第 17956 号决定突破现行法规即 2010 年版《专利审查指南》和国家知识产权局执行的《审查指南规程（实质审查分册)》对于生物序列权利要求的审查标准，引入同源百分比的认定标准，缺乏客观依据，导致从业人员无所适从。当前我国专利代理和专利审查从业人员认为，生物序列的保护不应当使用同源百分比的方式进行限定，必须要以实验数据加以验证并要符合合理预期。(二) 对于生物序列发明来说，保守区一旦发生变化，必然导致功能的改变或丧失，在专利权人未测定序列保守区的情况下，给予其无法预测的保护范围，明显与其技术贡献不相匹配。本专利说明书附图 6 中的表述为“相同的氨基酸残基用星号 * 表示”，说明仅仅是两个氨基酸序列对比出来的相同的氨基酸残基而已，不能证明附图 6 中以星号 * 表示的氨基酸残基是测出的保守氨基酸。(三) 本专利权利要求包括了“具备所述序列的酶具备热稳定性”这一隐含技术特征，专利复审委员会在评价权利要求是否得到说明书支持时未考虑这一特征，明显违反了权利要求的保护范围应当唯一确定的基本原则。(四) SEQ ID NO: 33 并非对 T. emersonii CBS 793.97 的测定结果，本专利说明书并未证实在 T. emersonii CBS 793.97 中存在 SEQ ID NO: 33。根据本专利说明书实施例 1－4 的记载，T. emersonii CBS 793.97 中的葡糖淀粉酶序列为蛋白质 SEQ ID NO: 7，由 591 个氨基酸残基组成。根据本专利说明书实施例 5～12，通过生物工程技术手段，从工程菌中测出了基因序列 SEQ ID NO: 33 并推测得出蛋白质序列 SEQ ID NO: 34，由 618 个氨基酸残基组成。SEQ ID NO: 34 与 SEQ ID NO: 7 长度不同，且多个位点不同。（五）第 17956 号决定关于“同一种个体中，某种具体功能的活性基因在基因层次上一般仅具有一种序列”的认定没有任何依据。（六）本专利权利要求 10、11 不能得到说明书的支持。诺维信公司没有提供 T. emersonii 的分类学依据，也没有提供证据证明，具有热稳定的葡糖淀粉酶是 T. emersonii 的共性，而本专利的发明点在于一种具有在高温下保持热稳定性生物活性的葡糖淀粉酶，因此，本专利权利要求 10、11 虽然限定了来自同一菌株且与 SEQ ID NO: 7 具有 99% 同源的酶，但这个范围包括了可以改变或缺失保守区氨基酸但同样具有 99% 同源的酶。在本专利说明书没有相应的实施例及实验数据充分说明的情况下，在没有进行保守区测序和排除等试验数据和实施例支持的前提下，本领域技术人员是不能预见与 SEQ ID NO: 7 具有所述 99% 同源性的分子也具有与其相同的功能活性，包括具有分解淀粉的生物活性和具有热稳定的生物活性，即本专利权利要求 10、11 不能得到说明书的支持。（七）本专利权利要求 13、14 引用权利要求 12 的（a）（b）技术方案得不到说明书的支持。在（a）（b）序列两端延伸其他核苷酸后，是否仍然能够实施本发明，无法进行合理预期，且权利要求 13、14 没有限定序列的同源性，其不能实现本专利技术效果的概率比权利要求 10、11 更大。在权利要求 10、11 得不到说明书支持的情况下，权利要求 13、14 同样也得不到说明书的支持。综上，二审判决认定事实清楚，适用法律正确，应予维持。

本院经审理查明，一、二审法院查明的事实基本属实。

诺维信公司在再审审查程序中主张，其在二审举证期限内提交的反证 11 ~ 13 是证明埃默森篮状菌个体之间生物特征高度相似性、葡糖淀粉酶的高度保守性的关键书证，与案件事实之间有明确的证明关系且经过质证，但二审法院并未评述。专利复审委员会表示，上述反证虽未在无效审查程序中提供，但是与其作出第 17956 号决定的理由可以相互佐证。诺维信公司还提交了本专利在其他主要国家授权情况以及《（英汉）医学分子生物学词典》（方德福编著，北京医科大学、中国协和医科大学联合出版，1996 年 7 月第一版）中所载“看家基因”的解释作为参考。在向一审法院提交反证 7 ~ 9 的基础上，诺维信公司又向二审法院提交了如下反证 10 ~ 13：

反证 10：《蛋白质》杂志，1997 年第 29 卷第 3 期，第 334 ~ 347 页关于“葡萄糖淀粉酶结构、功能和进化的关系”的记载，用于证明本领域技术人员的水平。

反证11：*Antomic van Leeuwenhoek* 31（1965）262～276中关于“篮状菌属和嗜热子囊菌属中的嗜热种”的记载，用于证明T. emersonii菌种是嗜热菌，生存环境极其相似，生物特征极其相似。

反证12：《真菌淀粉分解酶的进化》第7卷，2012年第11期，关于“来自85个真菌株的淀粉分解酶之间的种系发展基因组学关系”的记载，用于证明葡糖淀粉酶在真菌中的进化是保守的。

反证13：《生物化学》第2版下册，高等学校教材，第404～409页，用于证明真核生物蛋白翻译的起始和终止。

专利复审委员会和博立公司对诺维信公司提交的反证7～13的真实性未提出异议。

在向一审法院提交证据4～7的基础上，博立公司又向本院提交了如下证据8～12：

证据8：国家知识产权局《审查操作规程》的相关规定，用于证明本专利因没有列举相应的衍生序列而使权利要求得不到说明书的支持，本专利使用同源百分比限定不符合该规程规定。相关规定主要有：“用同源性、同一性、取代、缺失或添加，或者杂交方式限定的生物序列产品权利要求中，如果没有功能性限定，则应当指出该权利要求得不到说明书的支持。”“序列结构的差异，会导致功能的改变或缺失。因此，对于一种基因或蛋白质来说，要确定除了本身之外，是否还存在衍生序列能够具有相同功能，需要相应证据支持。如果说明书中没有列举相应的衍生序列，则请求保护的基因或蛋白质的权利要求得不到说明书的支持。”

证据9：永新专利商标代理有限公司王健著《浅议生物技术发明专利申请中的百分比相同性限定》一文和国家知识产权局专利局专利审查协作中心审查员冯晓亮著《探讨涉及生物序列、微生物的权利要求的保护范围》一文，用于证明生物序列的保护不应当使用同源百分比的方式进行限定。

证据10～12：本专利说明书、本专利无效宣告程序中诺维信公司分别于2011年8月16日、2011年10月31日提交的意见陈述书、第17956号决定，用于证明诺维信公司在其专利文件中以热稳定的活性作为本专利唯一发明点，分解淀粉的活性并非本专利的发明点。本专利说明书第1页、第2页有如下记载：“本发明涉及一种适合于例如淀粉转化（例如由淀粉生产葡萄糖）的热稳定的葡糖淀粉酶……就葡糖淀粉酶的商业用途而言，在高果糖玉米糖浆的生产中存在的主要问题之一为葡糖淀粉酶的热稳定性差……与诸如黑色曲霉葡糖淀粉酶之类的现有技术中的葡糖淀粉酶相比，分离的葡糖淀粉酶具有非常高的热稳定性。正如以下实施例2中所述的那样，测定70℃（pH4.5）下T1/2（半衰期）约为120分钟。正如实施例12中所述的那样，测定在酵母中表达的重组T. emersonii葡糖淀粉酶约为110分钟。”2011年8月16日意见陈述书第5页有如下记载：“修改后的权利要求1和证据1之间的差异至少在于：本专利要求保护的酶包含SEQ ID NO:7的全长序列，正如请求人已经承认的。此外，证据1中的酶是自与修改后的本专利权利要求1的酶的来源完全不同的物种分离的。证据1根本没有提供‘能够自另一种物种分离得到热稳定的葡糖淀粉酶’的合理预期，更不用说分离自具体的T. emersonii种菌了。”2011年8月16日意见陈述书第6页和2011年10月31日意见陈述书第6页有如下记载：“本专利要求保护的葡糖淀粉酶提供了与现有技术如证据1相比显著且出乎意料的热稳定性改进。”

博立公司在再审开庭审理后还向本院提交了其无效宣告请求理由及诺维信公司的意见陈述、其不服第17956号决定提交的行政起诉状及诺维信公司的答复、诺维信公司不服第17956号决定提交的行政起诉状、诺维信公司针对其提起的侵害本专利纠纷的一、二审判决书及诺维信公司的二审答辩状等补充证据，以上述补充证据中的部分内容证明热稳定性是本专利的核心发明点。经本院审查，上述补充证据中的部分内容均是建立在证据10~12中有关热稳定性的内容的基础上，本院对上述补充证据中的部分内容不再赘述。

专利复审委员会和诺维信公司对博立公司提供的证据4~12的真实性未提出异议。

上述证据，诺维信公司提交的反证10~13，可以作为其相关主张的补充说明。博立公司提交的证据8~12中，除证据9系两篇文章外，其余均为《审查操作规程》、本专利说明书、意见陈述书等。本院将结合争议焦点的认定对上述证据及相关主张作出评述。

本院经审理认为：本专利申请日为1998年11月26日，本案应当适用1992年修正的专利法。本案争议焦点在于：本专利权利要求10、11和权利要求13、14引用权利要求12（a）和（b）的技术方案是否符合专利法第二十六条第四款及第二十二条第三款的规定。

（一）关于专利法第二十六条第四款

专利法第二十六条第四款规定，权利要求书应当以说明书为依据，说明要求专利保护的范围。

根据该款规定，权利要求所要求保护的技术方案应当是所属技术领域的技术人员能够从说明书充分公开的内容中得到或概括得出的技术方案，并且不得超出说明书的范围。如果权利要求的概括包含申请人推测的内容，而其效果又难于预先确定和评价，应当认为这种概括超出了说明书公开的范围。如果权利要求的概括使所属技术领域的技术人员有理由怀疑该上位概念所包含的一种或多种下位概念或选择方式不能解决发明或者实用新型的技术问题，并达到相同的技术效果，则应当认为该权利要求没有得到说明书的支持。

权利要求 10 是权利要求 6 的从属权利要求，权利要求 11 是权利要求 10 的从属权利要求。权利要求 6 内容如下："一种具有葡糖淀粉酶活性的分离的酶，与 SEQ ID NO:7 中所示全长序列之间同源的程度至少为 99%，并且具有由等电聚焦测定的低于 3.5 的等电点。"权利要求 10 内容如下："根据权利要求 6～9 任一项的分离的酶，所述的酶来源于丝状真菌 Talaromyces 属，其中丝状真菌是 T. emersonii 菌株。"权利要求 11 内容如下："权利要求 10 的酶，其中丝状真菌是 T. emersonii CBS 793.97。"对于全长 591 个氨基酸的 SEQ ID NO:7 而言，尽管与之具有 99% 以上同源性的序列仍有五六个氨基酸位点的差异，但是，除了同源性特征之外，从属权利要求 10 还进一步限定所述的酶来源于 T. emersonii 菌种，权利要求 11 甚至进一步限定所述酶来源于特定的菌株即 T. emersonii CBS 793.97。根据诺维信公司提交的反证 8 即《微生物学》第 256－257 页的相关记载："种（species）是生物界客观存在的独立单位，也是生物分类中的基本单位。细菌的种起源于一个单细胞，在遗传上是相同的细胞群体或克隆（clone）。通常在某些基本特征上，这个群体中的个体彼此显示出高度的相似性，而与另一种的个体在许多独立的特征方面又表现不同。"本领域普通技术人员一般认为，种是生物分类的基本单位，在某些基本特征上，同一种中的个体彼此显示出高度的相似性。同一种真菌或同一株真菌编码其体内某种酶的基因序列一般是确定的，偶尔会存在极少数同源性极高的变体序列，相应地，由该基因编码的酶也是确定的或者极少数的。本案中，99% 以上同源性与菌种或者菌株来源的双重限定已经使得权利要求 10 和 11 的保护范围限缩至极其有限的酶，何况权利要求 10 和 11 还包括权利要求 6 所限定的酶的等电点和具有葡糖淀粉酶活性的功能。因此，在说明书实施例 1～4 已经证实了上述 SEQ ID NO:7 具有葡糖淀粉酶活性的情况下，权利要求 10 和 11 的保护范围能够得到说明书的支持，符合专利法第二十六条第四款的规定。

权利要求 12 的（a）和（b）技术方案内容如下："一种克隆的 DNA 序列，所述 DNA 序列编码表现出葡糖淀粉酶活性的酶，该 DNA 序列包括：（a）在 SEQ ID NO: 33 中所示 DNA 序列的所述葡糖淀粉酶编码部分；（b）在 SEQ ID NO: 33 中第 649～2724 位中所示的 DNA 序列或其互补链。"权利要求 13 的内容如下："权利要求 12 的 DNA 序列，其中所述的 DNA 序列来源于丝状真菌 Talaromyces 属，其中所述丝状真菌是 T. emersonii 的菌株。"权利要求 14 的内容如下："权利要求 13 的 DNA 序列，其中所述丝状真菌是 T. emersonii CBS 793. 97。"权利要求 13 进一步限定权利要求 12 的 DNA 序列来源于 T. emersonii 菌种，权利要求 14 进一步限定权利要求 13 的 DNA 序列来源于特定菌株即 T. emersonii CBS 793. 97。尽管权利要求 13 和 14 引用了使用"包括"措辞的权利要求 12，使得其所保护的 DNA 序列不限于"在 SEQ ID NO: 33 中所示 DNA 序列的所述葡糖淀粉酶编码部分"即序列（a）或"在 SEQ ID NO: 33 中第 649～2724 位中所示的 DNA 序列或其互补链"即序列（b）本身，还包括分别在这两种序列的一端或两端进行延伸而形成的 DNA 序列。但是，权利要求 13 和 14 包含有功能性特征"编码表现出葡糖淀粉酶活性的酶"，在序列（a）或（b）无限延伸之后已不具备该功能的 DNA 序列并未包含于权利要求 13 和 14 的保护范围之内。而且，权利要求 13 和 14 还分别限定了所述 DNA 序列来源于 T. emersonii 菌种和特定菌株 T. emersonii CBS 793. 97，而能够从 T. emersonii 菌种甚至特定菌株 T. emersonii CBS 793. 97 中得到的包含序列（a）或序列（b）的 DNA 序列也是确定的和极少数的。因此，权利要求 13 和 14 中引用权利要求 12（a）（b）的技术方案能够得到说明书的支持，符合专利法第二十六条第四款的规定。

关于生物序列发明的限定方式问题。博立公司在申请再审程序中主张，不应当使用同源百分比限定生物序列发明，否则违背了 2010 年版《专利审查指南》和国家知识产权局执行的《审查操作规程（实质审查分册）》对于生物序列权利要求的规定；博立公司在再审程序中则主张，生物序列产品权利要求可以使用序列同源性的限定方式，但应当列出相应的衍生序列，才能得到说明书的支持。本院认为，本专利申请日为 1998 年 11 月 26 日，当时实施的 1993 年版《专利审查指南》并没有关于生物技术领域发明的权利要求书的规定。即使如博立公司主张，应参考 2010 年版《专利审查指南》等相关规定，本院亦认为，2010 年版《专利审查指南》第二部分第十章第 9. 3. 1 条规定："对于涉及基因、载体、重组载体、转化体、多肽或蛋白质、融合细胞和单克隆抗体等的发明，其权利要求可按下面所述进行描述。”第9.3.1.1条第（1）至（5）项对基因发明规定了五种具体描述方式，并在第（6）项规定：“当无法使用前述五种方式进行描述时，通过限定所述基因的功能、理化特性、起源或来源、产生所述基因的方法等描述基因才可能是允许的。”上述规定并没有排除生物序列发明使用同源性限定的描述方式。博立公司提交的证据8即《审查操作规程》的相关规定针对的是使用序列同源性加上功能限定的生物序列产品权利要求，此类权利要求得到说明书支持的要求是说明书中列举了相应的衍生序列，但是，本案争议权利要求在引用的独立权利要求的基础上增加了来源限定，并非规程所说的序列同源性加上功能限定的方式，因此，其得到说明书的支持并不必然要求说明书列举相应的衍生序列。博立公司提交的证据9是两篇研究文章，其相关内容虽然表明，对于使用序列同源性限定的生物序列产品权利要求，审查意见一般为，生物分子的微小改变可能导致分子空间结构的改变，进而导致其功能发生变化，本领域技术人员不能预见与相关具体序列具有百分比相同性的生物序列也具有相同的功能活性，但两篇文章均没有考虑本案争议权利要求在增加了来源限定后如何评价其是否得到说明书支持的问题。因此，对于本案争议权利要求采用了同源性加上功能和来源的限定方式后是否得到说明书的支持的问题，仍然应当依据专利法第二十六条第四款规定进行判断。本专利争议权利要求保护的酶及其编码DNA序列均来源于T. emersonii菌种甚至特定菌株T. emersonii CBS 793.97，并未跨越不同物种，因此，博立公司根据其证据4即《科学家发现人和黑猩猩基因功能区差异只有百分之零点七五》一文，以人与大猩猩两个不同物种为例提出的反驳主张不能成立。博立公司以其证据5和6主张，生物序列的一个位点发生突变，就可能会导致生物序列功能的改变甚至丧失，但是，本专利争议权利要求不仅具有同源性限定，还有来源和功能限定，而证据5和6所载内容并未考虑基因的来源和功能，博立公司的相应主张不能成立。博立公司证据7所载内容虽然说明同一菌种会发生变异，但本专利争议权利要求在具有来源限定的同时还有同源性和功能限定，证据7也不能推翻本专利争议权利要求得到说明书支持的认定。

关于本专利未测定保守区、其保护范围是否得到说明书支持的问题。博立公司主张，专利权人未测定保守区，本领域技术人员不能预见争议权利要求限定的序列是否具备相同的功能活性。本院认为，如果权利要求10和11没有进一步限定所述酶的菌种或者菌株来源以及酶的功能，则其保护范围将扩展至任意与SEQ ID NO:7具有99%以上同源性的酶序列，本领域技术人员无法得知上述众多的酶序列是否都具备葡糖淀粉酶活性。然而，在权利要求 10 和 11 进一步限定所述葡糖淀粉酶来源于 T. emersonii 菌种甚至特定菌株 T. emersonii CBS 793. 97 的情况下，其保护范围只是极其有限的序列（例如同工酶的情形），甚至更可能仅仅是 SEQ ID NO: 7 本身，因此采用同源性加上功能和来源限定的权利要求 10、11 已经得到说明书的支持，无需再测定保守区并根据是否具备保守区来判断是否具备相同的功能活性。博立公司提供的证据 7 的相关记载也不足以表明本案应当测出 SEQ ID NO: 7 的保守区或保守氨基酸位点，其相应主张不能成立。

关于热稳定性是否应当予以考虑的问题。博立公司主张，本专利权利要求包括了“具备所述序列的酶具备热稳定性”这一隐含技术特征，热稳定性是本专利唯一的发明点，专利复审委员会在评价权利要求是否得到说明书支持时未考虑这一特征。本院认为，本专利说明书第 2 页记载，“以 T1/2（半衰期）测量本发明的热稳定性”，“与诸如黑色曲霉葡糖淀粉酶之类的现有技术中的葡糖淀粉酶相比，分离的葡糖淀粉酶具有非常高的热稳定性。正如以下实施例 2 中所述的那样，测定 70℃（pH4. 5）下 T1/2（半衰期）约为 120 分钟。正如实施例 12 中所述的那样，测定在酵母中表达的重组 T. emersonii 葡糖淀粉酶约为 110 分钟”。本专利权利要求 1 没有限定要求保护的酶的热稳定性，本专利权利要求 2 作为权利要求 1 的从属权利要求，限定了要求保护的酶的热稳定性，即，在 70°C 下在 50mMNaOAc、0. 2AGU/ml、pH4. 5 中具有至少 100 分钟的 T1/2（半衰期），而根据本专利说明书第 4 页的记载，在同样条件下测定的由黑色曲霉 HowB112 菌株生产的 T. emersonii 葡糖淀粉酶的 T1/2 为 20 分钟。上述内容和博立公司提交的证据 10～12 能够证明热稳定性可分为普通的热稳定性和非常高的热稳定性。由此可见，虽然本专利发明名称为“热稳定的葡糖淀粉酶”，本专利说明书及诺维信公司意见陈述书也多次出现“热稳定的葡糖淀粉酶”，但所述热稳定并未明确指明系本专利权利要求 2 限定的非常高的热稳定性，还是普通的热稳定性。根据诺维信公司提交的反证 11，T. emersonii 菌种是嗜热菌种，来自于嗜热菌种的酶一般都具有热稳定性，这是本领域技术人员可以预期的；而且，权利要求的保护范围以其权利要求的内容为准，本专利争议权利要求没有对热稳定性进行明确限定，因此，专利复审委员会在评价本专利权利要求是否得到说明书支持时未对热稳定性予以特别考虑并无不当。

针对基因序列 SEQ ID NO: 33、蛋白质序列 SEQ ID NO: 34 和 SEQ ID NO: 7 之间的关系，博立公司主张，SEQ ID NO: 7 与 SEQ ID NO: 34 长度及个别位点不一

致，本专利说明书并未证实在 T. emersonii CBS 793.97 中存在 SEQ ID NO:33。对此，本院认为，本专利说明书实施例 1～4 中先测出 T. emersonii CBS 793.97 中的葡糖淀粉酶序列为蛋白质序列 SEQ ID NO:7，然后在本专利说明书实施例 5～12 中，采用本领域常规技术手段对 T. emersonii 葡糖淀粉酶基因进行克隆和测序，得到 SEQ ID NO:33，并由其推导出蛋白质序列 SEQ ID NO:34。由于 SEQ ID NO:7 是成熟氨基酸序列，而 SEQ ID NO:34 是由 SEQ ID NO:33 所推导的非成熟氨基酸序列，两者长度必然不同；而对于 SEQ ID NO:7 和 SEQ ID NO:34 成熟部分个别位点的不同，一种可能是埃默森篮状菌基因组确实存在有细微差异的葡糖淀粉酶基因，从而导致在实施例 1～4 和实施例 5～12 中分别测得不同序列的酶；另一种可能是测序时出现的误差。但是，三个位点的差异在 99% 的范围内，且本专利说明书实施例已显示二者均具有葡糖淀粉酶活性。在此情况下，专利复审委员会认定争议权利要求得到说明书的支持并无不当。

（二）关于专利法第二十二条第三款

根据专利法第二十二条第三款规定，创造性，是指与现有技术相比，该发明具有突出的实质性特点和显著的进步。

证据 1（即公开日为 1986 年 5 月 6 日的美国专利 US4587215 号公开文本）公开了一种来自嗜热踝节菌的热稳定性淀粉葡糖苷酶，其分子量分别测量为 133000 和 45000，而本专利中要求保护的葡糖淀粉酶来自于埃默森篮状菌，其分子量为约 70000。本专利获得的葡糖淀粉酶与证据 1 中公开的淀粉葡糖苷酶完全不同。本领域技术人员无法简单地通过对证据 1 中公开的淀粉葡糖苷酶进行测序来获得本专利的葡糖淀粉酶。证据 1 无法破坏权利要求 10 和 11 的创造性。同理，权利要求 13 和 14 引用权利要求 12（a）和（b）的技术方案也具备创造性。

在评价创造性时应当根据本专利与最接近的对比文件即证据 1 的区别来确定本专利实际解决的技术问题。本专利与证据 1 相比，其实际解决的技术问题首先是提供一种不同来源、不同分子量的葡糖淀粉酶，证据 1 本身没有给出解决该技术问题的启示。尽管诺维信公司强调本专利保护的酶与现有技术相比具有“非常高的热稳定性”或者如第 17956 号决定所称的“增加的热稳定性”，但评价本专利创造性时无论是否考虑“增加的热稳定性”，均不会影响第 17956 号决定关于本专利争议权利要求具备创造性的结论。

综上，一、二审判决认定事实和适用法律存在错误，第 17956 号决定的结论并无不当。依据《中华人民共和国行政诉讼法》第六十九条、第八十九条第一款第（二）项和《最高人民法院关于执行〈中华人民共和国行政诉讼法〉若干问题的解释》第七十六条第一款、第七十八条之规定，判决如下：

一、撤销北京市第一中级人民法院（2012）一中知行初字第2721号行政判决；

二、撤销北京市高级人民法院（2014）高行（知）终字第3524号行政判决；

三、维持国家知识产权局专利复审委员会第17956号无效宣告请求审查决定。

一、二审案件受理费共200元，由江苏博立生物制品有限公司负担。

本判决为终审判决。

审 判 长 夏君丽

审 判 员 郎贵梅

审 判 员 曹 刚

二〇一六年十二月三十日

书 记 员 包 硕

116. 权利要求是否以说明书为依据与创造性的关系

——再审申请人传感电子有限责任公司与被申请人国家知识产权局专利复审委员会、一审第三人宁波讯强电子科技有限公司发明专利权无效行政纠纷案

【裁判要旨】

即使权利要求具备创造性，对于其中记载的包括区别技术特征在内的各项技术特征是否概括适当，以及权利要求限定的技术方案整体上是否概括适当，仍然需要根据专利法第二十六条第四款的规定进行认定。

【关键词】

发明专利　无效程序　权利要求以说明书为依据　创造性

【案号】

最高人民法院（2016）最高法行再19号

【基本案情】

在再审申请人传感电子有限责任公司（以下简称传感电子公司）与被申请人国家知识产权局专利复审委员会（以下简称专利复审委员会）、一审第三人宁波讯强电子科技有限公司（以下简称讯强公司）发明专利权无效行政纠纷案（以下简称“电子货品监视用标识器”发明专利权无效行政纠纷案）中，涉及专利号为97197519.1、名称为“具有低矫顽磁力特性的偏磁元件的磁力式电子货品监视用标识器”的发明专利（即涉案专利），其包括47项权利要求，传感电子公司为专利权人。针对涉案专利，讯强公司以全部权利要求均未能以说明书为依据，不符合专利法第二十六条第四款的规定等为由，向专利复审委员会提出无效宣告请求。专利复审委员会作出第18161号无效宣告请求审查决定（以下简称被诉决定）。被诉决定认定：涉案专利权利要求1～4、6、7、9～12、14～18、20～26、29、30、34、35、37～42、44、46、47未能以说明书为依据，不符合专利法第二十六条第四款的规定，故宣告所述权利要求无效。讯强公司关于权利要求5、8、13、19、27、28、31～33、36、43、45未能以说明书为依据，不符合专利法第二十六条第四款规定的无效理由不能成立，故在所述权利要求的基础上维持专利权继续有效。讯强公司未就被诉决定提起行政诉讼。传感电子公司不服被诉决定，提起行政诉讼。北京市第一中级人民法院一审判决维持被诉决定。传感电子公司不服，提起上诉。北京市高级人民法院二审判决驳回上诉，维持原判。传感电子公司不服，向最高人民法院申请再审。最高人民法院裁定提审本案，并于2017年3月23日判决撤销一、二审判决；部分撤销被诉决定中有关权利要求5、8、13、19、27、28、32、36、43和45符合专利法第二十六条第四款规定，维持所述权利要求有效的认定，由专利复审委员会就所述权利要求是否符合专利法第二十六条第四款的规定重新作出审查决定。

【裁判意见】

在前述“电子货品监视用标识器”发明专利权无效行政纠纷案中，最高人民法院还就权利要求是否以说明书为依据与权利要求的创造性的关系问题作出了认定。最高人民法院提审认为：专利法第二十二条第三款、第二十六条第四款分别对创造性和权利要求应当以说明书为依据作出规定。因此，即使权利要求具备创造性，对于其中记载的包括区别技术特征在内的各项技术特征是否概括适当，以及权利要求限定的技术方案整体上是否概括适当，仍然需要根据专利法第二十六条第四款的规定进行认定。在权利要求相对于现有技术具备区别技术特征，且现有技术整体上未能给出技术启示的情况下，如果该区别特征概括得过于宽泛，未能以说明书为依据，则只能依据专利法第二十六条第四款的规定请求宣告该权利要求无效。专利法中有关创造性、权利要求以说明书为依据的规定分别从不同角度，对权利要求的合法性进行规范和调整，共同保障专利制度的运行符合立法目的。综上，创造性和以说明书为依据均属于权利要求应当满足的法律规定，应当分别进行认定。

中华人民共和国最高人民法院行政判决书

（2016）最高法行再19号①

（三）独立权利要求缺少必要技术特征

117. 在确定独立权利要求是否记载必要技术特征时，如何考虑权利要求中记载的功能性技术特征

——再审申请人（瑞士）埃利康亚洲股份公司与被申请人中华人民共和国国家知识产权局专利复审委员会及一审第三人刘夏阳、怡峰工业设备（深圳）有限公司发明专利无效行政纠纷案

【裁判要旨】

独立权利要求记载了解决技术问题的必要技术特征的，即使其为功能性技术特征，亦应当认定其符合专利法实施细则第二十一条第二款的规定，不宜再以独立权利要求中没有记载实现功能的具体结构或者方式为由，认定其缺少必要技术特征。

【关键词】

发明　权利要求　技术特征　功能性

① 参见案例112裁判文书。

【案号】

最高人民法院（2014）行提字第13号

【基本案情】

在再审申请人（瑞士）埃利康亚洲股份公司（以下简称埃利康公司）与被申请人中华人民共和国国家知识产权局专利复审委员会（以下简称专利复审委员会）、一审第三人刘夏阳、怡峰工业设备（深圳）有限公司（以下简称怡峰公司）发明专利权无效行政纠纷案（以下简称“机动车托架”发明专利无效案）中，埃利康公司系名称为“自动的机械停车场中用于机动车水平传送的托架”发明专利（即本案专利）的权利人。本案专利共有15项权利要求，其中独立权利要求1为：“在轮子（3）上自行走的托架……一个部分还具有一对装置（58），装置（58）可对称地垂直于该托架纵轴线移动并被构造用来支承、定中心、停止移动及抬升该机动车的一个轴的两个车轮，而另一部分具有一对装置（59），装置（59）可对称地垂直于该托架纵轴线移动并被构造用来支承、定中心、停止移动及抬升该机动车第二轴的两个车轮……”本案专利说明书部分有如下记载：“关于已知的托架及附属系统……这些中没有一个令人满意地解决了涉及以下诸方面的所有问题：机动车的可靠传送（以下简称可靠传送），传送的速度（以下简称传送速度），减小传送及停泊机动车所需的空间（以下简称减小空间），和减小用于传送及停泊机动车的托架及相关系统的综合成本（以下简称减小成本）。因此，本发明的目的是以这样一种方法来解决所有这些问题：提供一种托架，是区别特性的总和的革新，该托架在实现其功能及克服现有技术的局限上是最佳的。”“……本发明具有上面指出的所有最佳的特性，并且当与列举过的所有已知发明比较时是优越的。”针对本案专利，刘夏阳、怡峰公司先后于2009年2月9日、2009年5月4日及2009年7月24日分三次提出无效宣告请求，理由之一为权利要求1～15缺少必要技术特征，不符合专利法实施细则第二十一条第二款①的规定。专利复审委员会对上述无效宣告请求进行合案审理后认为，权利要求1～3，引用权利要求1－3中任一项的权利要求5、6，以及权利要求7～15缺少必要技术特征，故作出本案涉及的第14538号决定，宣告上述权利要求无效。在认定权利要求1及有关从属权利要求缺少必要技术特征并宣告其无效的基础上，专利复审委员会进一步审查了权利要求4、权利要求5或6直接或间接引用权利

① 对应2010年1月修正的《中华人民共和国专利法实施细则》第二十条第二款。

要求4的技术方案是否符合专利法第二十六条第四款的规定，并认为上述权利要求符合专利法第二十六条第四款的规定。埃利康公司不服，提起行政诉讼，北京市第一中级人民法院及北京市高级人民法院先后判决维持第14538号决定。埃利康公司不服，向最高人民法院申请再审。最高人民法院裁定提审本案，并于2014年12月18日判决撤销第14538号决定及一审、二审判决，责令专利复审委员会重新作出审查决定。

【裁判意见】

在本案中，最高人民法院提审认为：在权利要求中使用功能性技术特征，不为法律法规所禁止。在"无法用结构特征来限定，或者用结构特征限定不如用功能或效果特征来限定更为恰当"等情形下，亦有必要允许使用功能性技术特征进行限定。在认定独立权利要求是否缺少必要技术特征时，关键在于独立权利要求中是否记载了解决技术问题的必要技术特征，即必要技术特征的有无问题。对于必要技术特征概括得是否适当，以及能否得到说明书的支持，应当另行依据专利法第二十六条第四款进行审查判断。独立权利要求中记载了解决技术问题的必要技术特征的，即使其为功能性技术特征，亦应当认定其符合专利法实施细则第二十一条第二款的规定，不宜再以独立权利要求中没有记载实现该功能的具体结构或者方式为由，认定其缺少必要技术特征。

中华人民共和国最高人民法院行政判决书

（2014）行提字第13号

再审申请人（一审原告、二审上诉人）：（瑞士）埃利康亚洲股份公司。住所地：瑞士联邦卢加诺特塞雷特街40号。

法定代表人：乔瓦尼·瓦利，该公司总监。

委托代理人：陈敬，北京市通商律师事务所律师。

委托代理人：陆兆文，北京市通商律师事务所律师。

被申请人（一审被告、二审被上诉人）：中华人民共和国国家知识产权局专利复审委员会。住所地：中华人民共和国北京市海淀区北四环西路9号银谷大厦10－12层。

法定代表人：张茂于，该委员会副主任。

委托代理人：刘犟，该委员会审查员。

委托代理人：刘新蕾，该委员会审查员。

一审第三人：刘夏阳，住中华人民共和国福建省泉州市丰泽区×路×号。

委托代理人：徐国文，北京安博达知识产权代理有限公司专利代理人，住中华人民共和国北京市海淀区晴冬园2楼1805号。

一审第三人：怡峰工业设备（深圳）有限公司。住所地：中华人民共和国广东省深圳市龙岗区龙岗龙西村高新技术产业园怡丰工业A区。

法定代表人：吴文岱，该公司董事长。

委托代理人：徐国文，北京安博达知识产权代理有限公司专利代理人，住中华人民共和国北京市海淀区晴冬园2楼1805号。

再审申请人（瑞士）埃利康亚洲股份公司（以下简称埃利康公司）因与被申请人中华人民共和国国家知识产权局专利复审委员会（以下简称专利复审委员会）及一审第三人刘夏阳、怡峰工业设备（深圳）有限公司（以下简称怡峰公司）发明专利无效行政纠纷一案，不服北京市高级人民法院（2011）高行终字第531号行政判决，向本院申请再审。本院于2013年12月13日作出（2013）知行字第50号行政裁定，提审本案。本院依法组成合议庭，于2014年5月7日公开开庭审理了本案，埃利康公司的委托代理人陈敬、陆兆文，专利复审委员会的委托代理人刘翚、刘新蕾，一审第三人刘夏阳、怡峰公司共同委托的代理人徐国文到庭参加诉讼。本案现已审理终结。

北京市第一中级人民法院一审查明：本案涉及专利号为02803734.0，名称为“自动的机械停车场中用于机动车水平传送的托架”发明专利（以下简称涉案专利）。专利权人为埃利康公司。涉案专利授权公告的权利要求1～15为：

“1. 在轮子（3）上自行走的托架，该托架用于在沿托架纵轴线排列成一线的各分区之间通过抬升两个或多个车轮（22，22’，23，23’）而在单层或多层自动的机械停车场中水平地传送机动车，该停车场包括机动车的入口、出口、停车及操纵的多个固定的和/或可移动的分区，该托架包括：该机动车的任一个或者两个轴的车轮（22，22’，23，23’）的一对或两对支承装置（58，59），这些装置可对称地及垂直于该托架的该纵轴线移动并被构造成通过该车轮的水平运动来完成一定中心动作，该水平运动根据车辆的各对车轮的内侧轮距的测量值而变化，导致该车辆的纵轴线与该托架的纵轴线重合；所述支承装置（58，59）还被构成用来停止移动和从所述车轮（22，22’，23，23’）的下面进行抬升，所述自行走的托架（3）的特征在于：它是借助于垂直于该托架纵轴线的水平轴线的铰链（2）而连接的，以允许该托架（3）的两部分之间相对转动，在该铰链（2）

的每侧各有一个部分，一个部分至少具有4个支承轮子（3）而另一个部分至少具有2个支承轮子（3），一个部分还具有一对装置（58），装置（58）可对称地垂直于该托架纵轴线移动并被构造用来支承、定中心、停止移动及抬升该机动车的一个轴的两个车轮，而另一部分具有一对装置（59），装置（59）可对称地垂直于该托架纵轴线移动并被构造用来支承、定中心、停止移动及抬升该机动车第二轴的两个车轮，这些对装置（58及59）以这样一种方法来成形和定位：不论机动车的轴距如何都能同时地支承该机动车的4个车轮（22，22’，23，23’）。

2. 根据权利要求1所述的托架，其特征在于：被构造用于支承该机动车两个轴的车轮（22，22’，23，23’）的每一对装置（58，59）由两个相向的框架组成，该两个相向的框架被构造用来对称地及垂直于该托架纵轴线平移运动，这些框架的特征在于：每个框架具有定中心杆（18，18’），定中心杆（18，18’）平行于该托架纵向轴线以与该机动车轮胎的侧壁接合并把它侧向推出；以及还具有金属支承（19，19’），金属支承（19，19’）在该定中心杆下面并垂直于该杆进行连接，以便当推动该轮胎时使它们自己定位在该机动车轮胎下面，和当垂直地移动轮胎时从下面与轮胎接合并且抬升它。

3. 根据权利要求2所述的托架，其特征在于：每个定中心杆（18，18’）装有一个或多个传感器，该传感器以接触所述杆的外表面的方式或以紧密接近该外表面的方式来检测该机动车车轮的存在。

4. 根据权利要求3所述的托架，其特征在于：用于检测该机动车车轮存在的该传感器包括施加在每个定中心杆（18，18’）表面上的可变电阻导电橡胶的压敏带（21，21’），定中心杆与该机动车轮胎进入接触并且压敏带（21，21’）以这样一种方法连接于一电控线路，即当与该机动车一个轴的各车轮相关的每对相向框架（58，59）的两个压敏带（21，21’）同时被压缩时，这个电路自动地关断而平移运动被停止，此时该机动车这个轴的两个车轮距该托架纵轴线等距离。

5. 根据前述权利要求中任一项所述的托架，其特征在于：用于支承该机动车车轮（22，22’，23，23’）的各对装置（58，59）的垂直平移运动受到相同的轴向凸轮（16）的转动的同时作用，每个轴向凸轮（16）绕一轴线转动，该轴线是垂直的并与该托架的纵轴线相交。

6. 根据权利要求5所述的托架，其特征在于：每一个单独的凸轮（16）具有两个相同的平滑螺旋表面，该螺旋表面以这样一种方法绕凸轮的轴线彼此相对转过180°，即支承该机动车车轮的该装置（58，59）的垂直平移运动系统（8，9，

17）能够作用于螺旋表面并在它们上面垂直移动，相对于垂直平面对称地通过该托架纵轴线，以便在该车辆已定中心之后，稳定住相对于该机动车质量的所述轴线的剩余偏心量。

7. 根据权利要求 1 所述的托架，其特征在于：它装备有用于限制要被传送的该机动车的质量的一系统，该系统包括一机械摩擦离合器，当由通过测力夹紧调节的一个或多个弹簧（42）的压缩施加在摩擦环（40）上的压力有变化时，该机械的摩擦离合器决定了可传送至抬升系统的最大扭矩。

8. 根据权利要求 1 所述的托架，其特征在于：它装备有一系统，该系统用于在传送期间连续地感测该托架在其纵轴线方向上的平移位置，该系统包括一绳（45），绳（45）连接于该托架，该托架经过合适的滚子（46）转动电子系统（47）的轴，电子系统（47）是不动的并且不连接于移动的托架，而该托架通过把该轴的转动与该绳的直线运动相联系，就可知道任何瞬间该托架在其纵向平移中的位置。

9. 根据权利要求 1 所述的托架，其特征在于：它装备有一系统，该系统在传送期间用于连续地感测该托架在其纵轴线方向上的平移位置，该系统包括一个或多个电子系统，该电子系统安装在该托架上，并且每个系统具有一信号发射器和一信号接收器，该信号被定向成朝着一预定的反射表面，以这样一种方法测量从该接收器至该反射表面的瞬时距离，即能够在任何瞬间知道该托架在其纵向平移中的位置。

10. 根据权利要求 1 所述的托架，其特征在于：它装备有用于检测一机动车是否存在于该托架上的一系统，该系统包括一个或多个电子系统（38），每个系统（38）装备有信号发射器及信号接收器，该信号瞄准可能被放置在托架上的机动车的质量，以便确定：在一区域内距该信号发射系统一预定距离处的、与已发射的信号相干涉的质量是存在或不存在。

11. 根据权利要求 1 所述的托架，其特征在于：它装备有一系统，该系统用于感测相对于所述车辆一个轴的机动车的前部长度及后部长度，该系统包括足够数量的电子系统（36，37），每个该电子系统装备有朝向可能被放置在托架上的该机动车的质量合适地垂直瞄准的信号的发射器及接收器，以便确定：在一区域内距该信号发射系统一预定距离处的、与已发射的信号相干涉的质量是存在或不存在。

12. 根据权利要求 1 所述的托架，其特征在于：每个入口分区装备有一系统，该系统在用户对机动车定位期间用于感测该机动车纵轴线与该托架纵轴线超出的失准量，该系统包括一个或多个电子系统（33），每个该电子系统（33）装备有信号发射器及信号接收器，这些信号相对彼此在一高度和一距离处是对称地及平行于该托架纵轴线瞄准的，如此以便可确定：可能自定位于距该托架纵轴线一确定距离处的机动车的任何轮胎是存在或不存在。

13. 有关根据权利要求 8 所述的托架的控制器，该控制器用于在一自动的机械停车场中存放和集中机动车，其特征在于：随着感测相对于机动车一个轴的该机动车的前部长度及后部长度和感测该托架的平移位置而变的，该托架这样使该机动车在一位置上停止及存放以优化涉及停车分区长度的该机动车长度。

14. 有关根据权利要求 10 所述的托架的控制器，该控制器用于在一自动的机械停车场中存放或集中机动车，其特征在于：当检测到一机动车的存在及该托架是在一停车分区中时，在存放一机动车时，支承该机动车的两个或多个车轮的装置的下降被该控制器中断，和在存储器中存储为这样：使得在所述停车分区中的下一个操作只能是一机动车的集中；而类似地在集中一机动车时，支承该机动车的两个或多个车轮的装置的抬升被该控制器中断，在存储器中存储为这样：使得在所述停车分区中的下一个操作只能是一机动车的存放。

15. 有关根据权利要求 12 所述的托架的控制器，该控制器使用户容易进入该入口分区，其特征在于：随着该机动车纵轴线相对于该托架纵轴线的失准量和该机动车平移位置而变动，为用户给出了有关该机动车驾驶的照亮的符号指示。”

针对涉案专利，刘夏阳（以下简称第一请求人）于 2009 年 2 月 9 日向专利复审委员会提出无效宣告请求（以下简称第一无效请求），理由是涉案专利权利要求 1 ~ 15 不符合 2002 年修订的《中华人民共和国专利法实施细则》（以下简称实施细则）第二十一条第二款①的规定。

2009 年 5 月 4 日，怡峰公司（以下简称第二请求人）亦针对涉案专利提出无效宣告请求（以下简称第二无效请求），理由是涉案专利不符合 2001 年修正的《中华人民共和国专利法》（以下简称专利法）第二十二条第二款、第三款②和实

---

① 对应 2010 年修正的《中华人民共和国专利法实施细则》第二十条第二款。

② 对应 2008 年修正的《中华人民共和国专利法》第二十二条第二款、第三款，规定：“新颖性，是指该发明或者实用新型不属于现有技术；也没有任何单位或者个人就同样的发明或者实用新型在申请日以前向国务院专利行政部门提出过申请，并记载在申请日以后公布的专利申请文件或者公告的专利文件中。创造性，是指与现有技术相比，该发明具有突出的实质性特点和显著的进步，该实用新型具有实质性特点和进步。”

施细则第二十一条第二款的规定。

2009年7月24日，刘夏阳再次提出无效宣告请求（以下简称第三无效请求），理由是涉案专利不符合专利法第二十二条第二款、第三款，第三十三条，第二十六条第三款、第四款，以及实施细则第二十条第一款①的规定。

第一、二无效请求中，关于实施细则第二十一条第二款的无效理由为：（一）权利要求1缺少机械和电控两大类技术特征，其中关于电控的技术特征分别记载在权利要求9～15中，权利要求1中的机械部分特征只有支承装置（58、59）、铰链（2）和轮子（3），权利要求中既缺少部件，又缺少部件间的连接关系，支承装置（58）是被动的，需要主动件支承。权利要求2～4解决托架的平移问题，权利要求5和6解决托架的垂直运动问题。因此，权利要求2～6中的技术特征均是必要技术特征。（二）权利要求7、8的附加技术特征为必要技术特征，权利要求1缺少该必要技术特征。

专利复审委员会对第一、二、三无效请求进行合案审理，于2010年3月9日分别作出第14538、14542、14543号无效宣告请求审查决定，本案涉及第14538号决定（以下简称被诉决定）。被诉决定认为，权利要求1～3，引用权利要求1～3中任一项的权利要求5、6，以及权利要求7～15缺少必要技术特征，不符合实施细则第二十一条第二款的规定，故宣告所述权利要求无效。关于权利要求1，被诉决定认为："由权利要求1的记载可以看出，权利要求1的技术方案中采用了能同时完成支承、定中心、停止移动及抬升机动车的支承装置（58，59），该功能能够解决本发明所要解决的加快传送机动车速度和降低托架成本的技术问题。因此，在权利要求1中应记载完整的技术方案以解决该技术问题。但权利要求1中并没有详细描述支承装置（58，59）的结构以及如何通过该装置同时完成支承、定中心、停止移动和抬升机动车的功能。权利要求1虽然记载了"并被构造成通过该车轮的水平运动来完成一定中心动作，该水平运动根据车辆的各对车轮的内侧轮距的测量值而变化，导致该车辆的纵轴线与该托架的纵轴线重合"，但根据所述内容，仅表述了通过水平运动完成定中心的目的，本领域技术人员不能得知该装置是如何通过车轮的水平运动来进行定中心的。也就是说，根据权利要求1的表述，不能实现同时完成支承、定中心、停止移动和抬升机动车的功能。权利要求1缺少有关支承装置（58，59）的结构以及通过该装置同时完成支承、

① 对应2010年修正的《中华人民共和国专利法实施细则》第十九条第一款，规定："权利要求书应当记载发明或者实用新型的技术特征。"

定中心、停止移动和抬升机动车功能的方式的技术特征。”

在宣告权利要求1~3无效的基础上，专利复审委员会针对权利要求4，权利要求5和6直接或间接引用权利要求4的技术方案，审查了所述权利要求是否符合专利法第二十六条第四款的无效理由，并认定该无效理由不能成立。

埃利康公司不服被诉决定，向北京市第一中级人民法院提起行政诉讼。北京市第一中级人民法院作出（2010）一中知行初字第2635号行政判决，驳回埃利康公司的诉讼请求。案件受理费100元，由埃利康公司负担。

埃利康公司不服一审判决，向北京市高级人民法院提起上诉。

北京市高级人民法院二审认为：（一）关于权利要求1是否缺少必要技术特征。涉案专利权利要求1的技术方案中采用了能同时完成支承、定中心、停止移动及抬升机动车的支承装置（58，59），该功能能够解决涉案专利所要解决的加快传送机动车速度和降低托架成本的技术问题，因此，在权利要求1中应记载完整的技术方案以解决该技术问题。但是，权利要求1中并没有详细描述支承装置（58，59）的结构以及如何通过该装置实现同时完成支承、定中心、停止移动和抬升机动车的功能，本领域技术人员也无法得知该装置是如何通过车轮的水平运动来进行定中心的。以定中心为例，支承装置水平运动到何种程度停止，如何实现对车辆各对车轮的内侧轮距的测量值的变化进行测量，本领域技术人员并不清楚。因此，涉案专利的独立权利要求1缺少有关支承装置（58，59）的结构，以及通过该装置同时完成支承、定中心、停止移动和抬升机动车功能的方式的技术特征。一审法院及专利复审委员会关于权利要求1缺少必要技术特征的认定正确。埃利康公司关于权利要求1不缺少必要技术特征的上诉主张不能成立。（二）一审法院及专利复审委员会关于其他从属权利要求缺少必要技术特征的认定正确。据此判决驳回上诉，维持一审判决。二审案件受理费100元，由埃利康公司负担。

埃利康公司不服二审判决，向本院申请再审称：（一）被诉决定、二审判决认定权利要求1缺少必要技术特征，不符合实施细则第二十一条第二款的规定，认定事实错误，适用法律错误。1. 关于涉案专利所要解决的技术问题。被诉决定、二审判决仅考虑独立权利要求的内容，未结合涉案专利说明书中记载的背景技术，对涉案专利所要解决的技术问题认定错误。根据涉案专利说明书，涉案专利所要解决的技术问题为“机动车的可靠性，传送的速度，减小传送及停泊机动车所需的空间，减小用于传送及停泊机动车托架及相关系统的综合成本”。

被诉决定和二审判决对涉案专利所要解决的技术问题认定错误。2. 涉案专利是在第 EP430892 号欧洲专利（以下简称 EP430892）的基础上完成的改进发明。EP430892 是涉案专利最接近的现有技术。EP430892 无法对前后车轮轴距不同的机动车实现定中心及停止移动的功能，并且其实现定中心及停止移动功能的装置与支承、抬升机动车的装置是分离的。EP430892 具有传送速度慢、成本高的缺点。涉案专利主要在以下两方面对 EP430892 进行改进：一是设置了能够实现对前后车轮轴距不同的机动车进行定中心功能的装置；二是在前述定中心装置上，一并设置了实现支承、抬升功能的结构。涉案专利可以实现加快传送机动车速度和降低托架成本的功能，一并实现支承、定中心、停止移动和抬升机动车功能的支承装置是涉案专利的必要技术特征。3. 权利要求 1 并未缺少必要技术特征。在判断权利要求 1 是否缺少必要技术特征时，应当考虑说明书中记载的背景技术 EP430892。机动车的前后轮轴距不同时，EP430892 存在对中失灵的现象，传送机动车的可靠性降低，传送速度降低，综合成本提高，传送及停泊机动车的空间增大。涉案专利在 EP430892 的基础上作出了改进，设置了可以对前后轮轴距不同的机动车准确定中心的支承装置，采用了将定中心装置与支承、抬升装置集成为一体的结构，因此，权利要求 1 不缺少必要技术特征。（二）实施细则第二十一条第二款与专利法第二十六条第四款均为专利无效理由，前者仅适用于独立权利要求，后者适用于所有的权利要求。如果独立权利要求没有记载与专利所要解决的技术问题对应的必要技术特征，则独立权利要求既不符合实施细则第二十一条第二款的规定，也不符合专利法第二十六条第四款的规定。针对权利要求 1 中的功能性技术特征，被诉决定一方面认定权利要求 1 缺少必要技术特征，另一方面又认定涉案专利符合专利法第二十六条第四款的规定，明显矛盾，法律适用错误。（三）权利要求 1 使用功能性技术特征进行限定，并不缺少必要技术特征。根据《专利审查指南》第二部分第二章的规定，允许在权利要求中使用功能性技术特征来限定保护范围。权利要求 1 中以功能性技术特征“被构造用来支承、定中心、停止移动及抬升该机动车的一个轴的两个车轮”进行限定，被诉决定以权利要求 1 中使用功能性技术特征为由，认定权利要求 1 缺少必要技术特征，适用法律错误。被诉决定的认定架空了功能性技术特征的制度设计，意味着所有使用功能性技术特征的权利要求都面临着缺少必要技术特征的问题，导致权利要求被宣告无效。本领域技术人员结合说明书、附图以及本领域的现有技术，可明确得知支承装置的具体结构，以及实现其功能的方式。被诉决定中有关专利法第二十六条第四款的认定，已有相关认定。因此，权利要求 1 并不缺少必要技术特征。（四）相关从属权利要求不缺少必要技术特征。1. 实施细则第二十一条第二款仅规定独立权利要求应当“记载必要技术特征”，并没有对从属权利要求作类似规定。被诉决定、二审判决认定涉案专利有关从属权利要求缺少必要技术特征，适用法律错误。2. 权利要求 2、3 不缺少必要技术特征。3. 权利要求 4 的附加技术特征“压敏带”并非必要技术特征。4. 在权利要求 1、2、3 不缺少必要技术特征的情况下，其他从属权利要求均不缺少必要技术特征。（五）被诉决定违反法定程序。被诉决定认定涉案专利不符合实施细则第二十一条第二款的理由，与无效请求人提出的事实依据不符。专利复审委员会违反了《专利审查指南》中有关请求原则和依职权审查的规定。综上，二审判决认定事实错误、适用法律错误、违反法定程序，根据《中华人民共和国行政诉讼法》第六十二条①及《最高人民法院关于执行〈中华人民共和国行政诉讼法〉若干问题的解释》第七十二条第（一）项、第（二）项、第（三）项的规定，请求本院再审撤销被诉决定以及一、二审判决。

专利复审委员会提交意见认为：（一）权利要求 1 缺少必要技术特征。1. 本发明利用同一托架，既能够实现定中心，也能够实现停止移动、支承和抬升车轮的功能。根据涉案专利说明书的记载，支承装置两侧的定中心杆分别接触到车辆的左右两侧轮胎，是完成定中心的关键步骤。权利要求 1 既没有记载支承装置的具体结构，也没有记载如何通过该装置同时完成支承、定中心、停止移动和抬升机动车的功能，缺少必要技术特征。2. 虽然权利要求 1 记载了“并被构造成通过该车轮的水平运动来完成一定中心动作，该水平运动根据车辆的各对车轮的内侧轮距的测量值而变化，导致该车辆的纵轴线与该托架的纵轴线重合”，上述技术特征仅仅说明了通过水平运动完成定中心的功能。根据权利要求 1 记载的内容，本领域技术人员不能得知该装置如何通过车轮的水平运动进行定中心。（二）专利复审委员会对请求人的无效宣告请求进行归纳，未违反请求原则。

一审第三人刘夏阳、怡峰公司提交意见认为：（一）权利要求 1 的主题为“在轮子上自行走的托架”，权利要求 1 中限定了“可对称地垂直于该托架纵轴线移动并被构造用来支承、定中心、停止移动及抬升该机动车的一个轴的支承装

---

① 对应 2017 年修正的《中华人民共和国行政诉讼法》第九十条，规定：“当事人对已经发生法律效力的判决、裁定，认为确有错误的，可以向上一级人民法院申请再审，但判决、裁定不停止执行。”

置”，因此，“自行走”和实现支承装置的四个功能（支承、定中心、停止移动及抬升）是权利要求1必须解决的技术问题。（二）权利要求1与涉案专利说明书记载的技术方案不具有关联性，权利要求1不能解决涉案专利所要解决的技术问题。（三）与EP430892相比，第三人在无效程序中提交的US2840248号美国专利是最接近的现有技术。（四）对专利复审委员会的意见予以认可。

本院审查查明，二审判决认定的事实属实。

本院另查明以下事实：

（一）涉案专利说明书中的有关内容

说明书中记载：“关于已知的托架及附属系统，下面列举了更值得注意的现有技术：EP430892，EP236278……US2890802。这些中没有一个令人满意地解决了涉及以下诸方面的所有问题：机动车的可靠传送（以下简称可靠传送），传送的速度（以下简称传送速度），减小传送及停泊机动车所需的空间（以下简称减小空间），和减小用于传送及停泊机动车的托架及相关系统的综合成本（以下简称减小成本）。因此，本发明的目的是以这样一种方法来解决所有这些问题：提供一种托架，是区别特性的总和的革新，该托架在实现其功能及克服现有技术的局限上是最佳的。”“……本发明具有上面指出的所有最佳的特性，并且当与列举过的所有已知发明比较时是优越的。”

说明书第1页第27行至第3页第14行记载了涉案专利在可靠传送、传送速度、减小空间、减小成本四个方面所作的改进。

关于说明书记载的EP430892等11篇现有技术，说明书及附图中没有记载其具体的技术内容，但记载了与EP430892相比，涉案专利具有更高可靠性、较快传送、使停车分区变得较短和高度变低、综合成本较低等有益效果。

（二）被诉决定中有关专利法第二十六条第四款的认定

被诉决定认定涉案专利权利要求1~3、权利要求5或6直接或间接引用权利要求1~3的技术方案，以及权利要求7~15缺少必要技术特征，应被宣告无效。在此基础上，专利复审委员会针对权利要求4、权利要求5或6直接或间接引用权利要求4的技术方案，审查了其是否符合专利法第二十六条第四款规定的无效理由。

被诉决定认为该无效理由不能成立，具体理由为：“对于权利要求1中所述的定中心的方式‘装置（58或59）……被构造用来支承、定中心、停止移动及抬升机动车的一个轴的两个车轮’”，“权利要求1虽然使用了功能性限定的技术特征，但是本领域技术人员根据说明书、附图及本领域的公知常识，能够确定合适的实施方式。”

本院认为，本案焦点问题为：（一）被诉决定、二审判决对涉案专利所要解决的技术问题的认定是否正确。（二）被诉决定中有关实施细则第二十一条第二款的认定，是否与其有关专利法第二十六条第四款的认定相矛盾。（三）被诉决定、二审判决中有关功能性技术特征的认定是否正确。（四）实施细则第二十一条第二款是否适用于从属权利要求。（五）被诉决定是否存在程序违法的情形。

一、关于被诉决定和二审判决对涉案专利所要解决的技术问题的认定是否正确

被诉决定、二审判决认为，涉案专利权利要求 1 中采用了能同时完成支承、定中心、停止移动及抬升机动车的支承装置（58，59），故涉案专利所要解决的技术问题为加快传送机动车速度和降低托架成本。本院认为，上述认定缺乏事实依据，适用法律错误，具体理由如下：

首先，实施细则第二十一条第二款规定：“独立权利要求应当从整体上反映发明或者实用新型的技术内容，记载解决技术问题的必要技术特征。”根据上述规定，独立权利要求中记载的必要技术特征应当与发明或者实用新型专利所要解决的技术问题相对应。正确认定实施细则第二十一条第二款所称的“技术问题”，是判断独立权利要求是否缺少必要技术特征的基础。

其次，在一项专利或者专利申请中，权利要求书与说明书是最为重要的两个部分，二者相互依存，形成紧密联系的有机整体。其中，权利要求书应当以说明书为依据，清楚、简要地限定专利权的保护范围；说明书应当为权利要求书提供支持，充分公开权利要求限定的技术方案，并可以用于解释权利要求的内容。实施细则第二十一条第二款的规定，旨在进一步规范说明书与权利要求书中保护范围最大的权利要求——独立权利要求的对应关系，使得独立权利要求限定的技术方案能够与说明书中记载的内容，尤其是背景技术、技术问题、有益效果等内容相适应。因此，实施细则第二十一条第二款所称的“技术问题”，是指专利说明书中记载的专利所要解决的技术问题，是专利申请人根据其对说明书中记载的背景技术的主观认识，在说明书中主观声称的其要解决的技术问题。考虑到说明书中的背景技术、技术问题、有益效果相互关联，相互印证，分别从不同角度对专利所要解决的技术问题进行说明。因此，在认定专利所要解决的技术问题时，应当以说明书中记载的技术问题为基本依据，并综合考虑说明书中有关背景技术及其存在的技术缺陷、涉案专利相对于背景技术取得的有益效果等内容。独立权利

要求中记载的技术特征本身，并非认定专利所要解决的技术问题的依据。因此，对于一审第三人有关依据权利要求 1 中记载的技术特征，权利要求 1 解决的技术问题是“自行走”和实现支承装置的四个功能（支承、定中心、停止移动及抬升）的主张，本院不予支持。

再次，实施细则第二十一条第二款所称的“技术问题”，不同于在判断权利要求是否具有创造性时，根据权利要求与最接近的现有技术的区别技术特征，重新确定的专利实际解决的技术问题。其理由是：其一，在判断权利要求是否具有创造性时，重新确定技术问题的目的，是为了规范自由裁量权的行使，使得对现有技术中是否存在技术启示的认定更为客观，对专利是否具有创造性的认定更为客观。该目的与实施细则第二十一条第二款的立法目的存在本质区别。其二，在判断创造性时，随着与权利要求进行对比的最接近的现有技术不同，认定的区别技术特征往往也会有所差异，重新确定的技术问题也会随之改变。因此，重新确定的技术问题是动态的、相对的，并且通常不同于说明书中记载的专利所要解决的技术问题。因此，在认定权利要求是否缺少必要技术特征时，不能以重新确定的技术问题为基础。一审第三人有关 US2840248 号美国专利是最接近的现有技术的主张，与认定涉案专利所要解决的技术问题没有关联。

最后，专利权的保护范围应当与其创新程度相适应。在某些情况下，一项专利技术方案可以针对多项背景技术，从不同角度、不同方面分别进行技术改进，解决多个技术问题。这样的专利技术方案作出了较多的创新，理应予以充分保护和鼓励。专利权的保护范围与其独立权利要求中记载的技术特征的多寡密切相关。记载的技术特征越多，保护范围越窄；技术特征越少，保护范围越宽。因此，在专利所要解决的各个技术问题彼此相对独立，解决各个技术问题的技术特征彼此也相对独立的情况下，独立权利要求中记载了解决一个或者部分技术问题的必要技术特征的，即可认定其符合实施细则第二十一条第二款的规定，不应再要求其记载解决各个技术问题的所有技术特征。否则，会导致独立权利要求中记载的技术特征过多，保护范围被过分限制，与其创新程度不相适应，悖离专利法“鼓励发明创造”的立法目的。但是，对于说明书中明确记载专利技术方案能够同时解决多个技术问题的，表明专利申请人已明示专利技术方案需要在多个方面同时作出技术改进。能够同时解决多个技术问题本身，构成专利技术方案的重要有益效果，会对专利授权、确权以及授权后的保护产生实质性的影响。因此，说明书中明确记载专利技术方案能够同时解决多个技术问题的，独立权利要求中应当记载能够同时解决各个技术问题的必要技术特征。

本案中，关于涉案专利所要解决的技术问题，涉案专利说明书中列举了EP430892 等 11 篇现有技术，针对这些现有技术，说明书中明确记载其解决的技术问题为："这些中没有一个令人满意地解决了涉及以下诸方面的所有问题：机动车的可靠传送，传送的速度，减小传送及停泊机动车所需的空间，和减小用于传送及停泊机动车的托架及相关系统的综合成本。"关于涉案专利的有益效果，说明书中相应地声称："本发明具有上面指出的所有最佳的特性，并且当与列举过的所有已知发明比较时是优越的。"针对背景技术 EP430892，说明书中亦记载涉案专利与 EP430892 相比，具有更高可靠性、较快传送、使停车分区变得较短和高度变低、综合成本较低等有益效果。说明书中记载的技术问题与有益效果相互呼应，彼此印证，并无矛盾之处。因此，根据涉案专利说明书中记载的技术问题、背景技术以及有益效果，涉案专利要同时解决可靠传送、传送速度、减小空间、减小成本四个方面的技术问题。独立权利要求 1 中应当记载能够同时解决上述四个方面的技术问题的必要技术特征。

被诉决定、二审判决未能以涉案专利说明书记载的内容为依据，而是依据权利要求 1 中记载的技术特征，以"采用了能同时完成支承、定中心、停止移动及抬升机动车的支承装置（58，59）"为由，认定涉案专利所要解决的技术问题为加快传送机动车速度和降低托架成本，认定事实与适用法律均有错误。埃利康公司的相关申请再审理由成立。专利复审委员会应在正确认定涉案专利所要解决的技术问题的基础上，重新对权利要求 1 是否缺少必要技术特征进行审查，重新作出审查决定。

二、被诉决定中有关实施细则第二十一条第二款的认定是否与其有关专利法第二十六条第四款的认定相矛盾

首先，专利法第二十六条第四款与实施细则第二十一条第二款均涉及权利要求书与说明书的对应关系。专利法第二十六条第四款规定："权利要求书应当以说明书为依据，说明要求专利保护的范围。"根据该规定，权利要求的概括应当适当，得到说明书的支持，使得权利要求的保护范围与说明书公开的内容相适应。与实施细则第二十一条第二款仅适用于独立权利要求缺少必要技术特征的情形所不同，专利法第二十六条第四款的适用范围更为宽泛。其不仅适用于独立权利要求，也适用于从属权利要求。不仅适用于权利要求中记载的技术特征（例如功能性技术特征）的范围过宽，技术特征本身不能得到说明书支持的情形，也适

用于独立或者从属权利要求缺少技术特征，使得权利要求限定的技术方案不能解决专利所要解决的技术问题，权利要求整体上不能得到说明书支持的情形。因此，独立权利要求缺少必要技术特征，不符合实施细则第二十一条第二款的规定的，一般也不能得到说明书的支持，不符合专利法第二十六条第四款的规定。

本案中，被诉决定一方面认定权利要求 1 中“并没有详细描述支承装置（58，59）的结构以及如何通过该装置同时完成支承、定中心、停止移动和抬升机动车的方式……本领域技术人员不能得知该装置是如何通过车轮的水平运动来进行定中心的”，据此认定权利要求 1 缺少必要技术特征。另一方面又认定“权利要求 1 虽然使用了功能性限定的技术特征，但是本领域技术人员根据说明书、说明书附图及本领域的公知常识，能够确定合适的实施方式”，据此认定权利要求 4 等符合专利法第二十六条第四款的规定。被诉决定中有关权利要求 1 缺少必要技术特征的认定，与其有关涉案专利符合专利法第二十六条第四款的理由和结论相互矛盾，适用法律错误。埃利康公司的相关申请再审理由成立。专利复审委员会在重新作出审查决定时，应当重新对权利要求 1 是否符合实施细则第二十一条第二款、专利法第二十六条第四款的规定分别进行审查，避免再次出现矛盾的情形。

三、被诉决定、二审判决中有关功能性技术特征的认定是否正确

关于支承装置（58，59），权利要求 1 以其实现的功能“被构造用来支承、定中心、停止移动及抬升”，通过功能性技术特征对权利要求 1 的保护范围进行限定。本院认为，被诉决定、二审判决以权利要求 1 未能记载实现该功能的具体结构或者具体实现方式为由，认定其缺少必要技术特征，适用法律错误，具体理由如下：

首先，在权利要求中使用功能性技术特征，不为法律法规所禁止。《专利审查指南》第二部分第二章规定：“在某一技术特征无法用结构特征来限定，或者技术特征用结构特征限定不如用功能或效果特征来限定更为恰当，而且该功能或者效果能通过说明书中规定的实验，或者操作，或者所属技术领域的惯用手段直接和肯定地验证的情况下，使用功能或者效果特征来限定发明才可能是允许的。”“对于含有功能性限定的特征的权利要求，应当审查该功能性限定是否得到说明书的支持。”《专利审查指南》的上述规定未与上位法相抵触，并在国务院专利行政部门的审查实践中得到长期、广泛的适用，人民法院可以参照适用。参照上述规定，虽然功能性技术特征受到较为严格的限制，但并不为法律、法规所完全禁

止。在“无法用结构特征来限定，或者用结构特征限定不如用功能或效果特征来限定更为恰当”等情形下，亦有必要允许使用功能性技术特征进行限定。然而，基于被诉决定、二审判决中有关功能性技术特征的认定，对于所有使用功能性技术特征的独立权利要求，都能够以其没有详细描述实现该功能的具体结构或者具体方式为由，认定其缺少必要技术特征，由此将导致在独立权利要求中完全排除功能性技术特征的使用。被诉决定、二审判决的认定与《专利审查指南》的前述规定相冲突，适用法律错误。

其次，在认定独立权利要求是否缺少必要技术特征时，关键在于独立权利要求中是否记载了解决技术问题的必要技术特征，即必要技术特征的有无问题。必要技术特征概括得是否适当，是否得到说明书的支持，应当另行依据专利法第二十六条第四款进行审查。根据专利法第二十六条第四款的规定，权利人在撰写权利要求书时，可以对具体实施方式中的技术特征进行概括，例如上位概括或者功能性概括，以获得较具体实施方式更为宽泛的保护范围。当然，权利人概括的技术特征应当能够得到说明书的支持，符合专利法第二十六条第四款的规定。《专利审查指南》亦规定：“对于含有功能性限定的特征的权利要求，应当审查该功能性限定是否得到说明书的支持。”因此，对于说明书中记载的解决技术问题的结构特征、实现方式等，权利人可以进行功能性概括，以功能性技术特征对独立权利要求的保护范围进行限定。独立权利要求中记载了解决技术问题的必要技术特征的，即使其为功能性技术特征，亦应当认定其符合实施细则第二十一条第二款的规定，不宜再以独立权利要求中没有记载实现功能的具体结构或者方式为由，认定其缺少必要技术特征。专利复审委员会认为该功能性技术特征概括不适当，不能得到说明书的支持，有必要在独立权利要求中进一步限定实现功能的具体结构或者实现方式的，应当另行依据专利法第二十六条第四款进行审查。被诉决定、二审判决以权利要求 1 未能记载实现该功能的具体结构或者具体实现方式为由，认定其缺少必要技术特征，适用法律错误。埃利康公司的相关申请再审理由成立。

四、关于实施细则第二十一条第二款是否适用于从属权利要求

埃利康公司认为，实施细则第二十一条第二款仅适用于独立权利要求，被诉决定和二审判决认定有关从属权利要求缺少必要技术特征，适用法律错误。

本院认为，实施细则第二十一条第二款规定：“独立权利要求应当……记载解决技术问题的必要技术特征。”因此，实施细则第二十一条第二款仅适用于独

立权利要求，不能直接适用于从属权利要求。但是，根据专利法第四十七条第一款的规定，“宣告无效的专利权视为自始即不存在”。因此，如果独立权利要求被宣告无效，该独立权利要求应视为自始即不存在，直接从属于该独立权利要求的从属权利要求将成为新的独立权利要求，其同样应当记载解决技术问题的必要技术特征，符合实施细则第二十一条第二款的规定。本案中，被诉决定在宣告权利要求1无效的情况下，继续对有关从属权利要求是否缺少必要技术特征进行审查，适用法律并无不当。因此，埃利康公司的主张不能成立。

五、关于被诉决定是否违反法定程序

埃利康公司认为，被诉决定违反《专利审查指南》中有关请求原则和依职权审查的规定，程序违法。

本院认为，在无效行政程序中，第一、二请求人主张权利要求1缺少机械和电控两大类技术特征，既缺少部件，也缺少部件间的连接关系；权利要求2～15中的技术特征均为必要技术特征。基于上述理由，专利复审委员会作出被诉决定，认定权利要求1及相关从属权利要求缺少必要技术特征，其审查范围没有超出请求人主张的范围，不存在违反《专利审查指南》中有关请求原则和依职权审查的规定的情形。因此，埃利康公司的主张不能成立。

综上所述，被诉决定认定事实、适用法律均有错误，应予撤销。专利复审委员会应当重新对涉案专利作出无效审查决定。一、二审判决错误维持被诉决定，应当相应予以撤销。依照《中华人民共和国行政诉讼法》第五十四条第（二）项①、《最高人民法院关于执行〈中华人民共和国行政诉讼法〉若干问题的解释》第七十六条第一款、第七十八条之规定，判决如下：

一、撤销中华人民共和国北京市高级人民法院（2011）高行终字第531号行政判决和中华人民共和国北京市第一中级人民法院（2010）一中知行初字第2635号行政判决；

二、撤销中华人民共和国国家知识产权局专利复审委员会第14538号无效宣告请求审查决定；

三、中华人民共和国国家知识产权局专利复审委员会就名称为“自动的机械

① 对应2017年修正的《中华人民共和国行政诉讼法》第七十条，规定：“行政行为有下列情形之一的，人民法院判决撤销或者部分撤销，并可以判决被告重新作出行政行为：（一）主要证据不足的；（二）适用法律、法规错误的；（三）违反法定程序的；（四）超越职权的；（五）滥用职权的；（六）明显不当的。”

停车场中用于机动车水平传送的托架”的02803734.0号发明专利重新作出无效宣告请求审查决定。

本案一、二审案件受理费人民币各100元，均由中华人民共和国国家知识产权局专利复审委员会负担。

本判决为终审判决。

审　判　长　周　翔
代理审判员　杜微科
代理审判员　罗　霞
二〇一四年十二月十八日
书　记　员　张　博

118. 在确定独立权利要求是否记载必要技术特征时，如何认定专利法实施细则第二十一条第二款中的“技术问题”

——再审申请人（瑞士）埃利康亚洲股份公司与被申请人中华人民共和国国家知识产权局专利复审委员会及一审第三人刘夏阳、怡峰工业设备（深圳）有限公司发明专利无效行政纠纷案

【裁判要旨】

专利法实施细则第二十一条第二款所称的“技术问题”，是指说明书中记载的专利所要解决的技术问题，是申请人根据其对说明书中记载的背景技术的主观认识，在说明书中声称其要解决的技术问题。当说明书中明确记载本案专利能够解决多个技术问题时，独立权利要求中应当记载能够同时解决上述技术问题的全部必要技术特征。

【关键词】

发明　说明书　技术问题　技术特征

【案号】

最高人民法院（2014）行提字第13号

【基本案情】

在再审申请人（瑞士）埃利康亚洲股份公司（以下简称埃利康公司）与被申请人中华人民共和国国家知识产权局专利复审委员会（以下简称专利复审委员会）、一审第三人刘夏阳、怡峰工业设备（深圳）有限公司（以下简称怡峰公司）发明专利权无效行政纠纷案（以下简称“机动车托架”发明专利无效案）中，埃利康公司系名称为“自动的机械停车场中用于机动车水平传送的托架”发明专利（即本案专利）的权利人。本案专利共有15项权利要求，其中独立权利要求1为：“在轮子（3）上自行走的托架……一个部分还具有一对装置（58），装置（58）可对称地垂直于该托架纵轴线移动并被构造用来支承、定中心、停止移动及抬升该机动车的一个轴的两个车轮，而另一部分具有一对装置（59），装置（59）可对称地垂直于该托架纵轴线移动并被构造用来支承、定中心、停止移动及抬升该机动车第二轴的两个车轮……”本案专利说明书部分有如下记载：“关于已知的托架及附属系统……这些中没有一个令人满意地解决了涉及以下诸方面的所有问题：机动车的可靠传送（以下简称可靠传送），传送的速度（以下简称传送速度），减小传送及停泊机动车所需的空间（以下简称减小空间），和减小用于传送及停泊机动车的托架及相关系统的综合成本（以下简称减小成本）。因此，本发明的目的是以这样一种方法来解决所有这些问题：提供一种托架，是区别特性的总和的革新，该托架在实现其功能及克服现有技术的局限上是最佳的。”“……本发明具有上面指出的所有最佳的特性，并且当与列举过的所有已知发明比较时是优越的。”针对本案专利，刘夏阳、怡峰公司先后于2009年2月9日、2009年5月4日及2009年7月24日分三次提出无效宣告请求，理由之一为权利要求1~15缺少必要技术特征，不符合专利法实施细则第二十一条第二款①的规定。专利复审委员会对上述无效宣告请求进行合案审理后认为，权利要求1~3，引用权利要求1~3中任一项的权利要求5、6，以及权利要求7~15缺少必要技术特征，故作出本案涉及的第14538号决定，宣告上述权利要求无效。在认定权利要求1及有关从属权利要求缺少必要技术特征并宣告其无效的基础上，专利复审委员会进一步审查了权利要求4、权利要求5或6直接或间接引用权利要求4的技术方案是否符合专利法第二十六条第四款的规定，并认为上述权利要求符合专利法第二十六条第四款的规定。埃利康公司不服，提起行政诉讼，北京

① 对应2010年1月修正的《专利法实施细则》第二十条第二款。

市第一中级人民法院及北京市高级人民法院先后判决维持第14538号决定。埃利康公司不服，向最高人民法院申请再审。最高人民法院裁定提审本案，并于2014年12月18日判决撤销第14538号决定及一审、二审判决，责令专利复审委员会重新作出审查决定。

【裁判意见】

在前述“机动车托架”发明专利无效案中，最高人民法院提审认为：首先，独立权利要求中记载的必要技术特征应当与发明或者实用新型专利所要解决的技术问题相对应。正确认定专利法实施细则第二十一条第二款所称的“技术问题”，是判断独立权利要求是否缺少必要技术特征的基础。其次，专利法实施细则第二十一条第二款的规定，旨在进一步规范说明书与独立权利要求之间的对应关系。在确定专利所要解决的技术问题时，应当以说明书中记载的技术问题为基本依据，并综合考虑说明书中有关背景技术及其存在的技术缺陷、本案专利相对于背景技术取得的有益效果等内容。独立权利要求中记载的技术特征本身，并非认定专利所要解决的技术问题的依据。再次，专利法实施细则第二十一条第二款所称的“技术问题”，不同于判断权利要求是否具有创造性时，根据区别技术特征重新确定的专利实际要解决的技术问题。在认定权利要求是否缺少必要技术特征时，也不能以重新确定的技术问题为基础。最后，专利权的保护范围应当与其创新程度相适应。在专利所要解决的各个技术问题以及解决技术问题的技术特征均彼此相对独立的情况下，独立权利要求中记载了解决一个或者部分技术问题的必要技术特征的，即可认定其符合专利法实施细则第二十一条第二款的规定。但是，说明书中明确记载专利技术方案能够同时解决多个技术问题的，独立权利要求中应当记载能够同时解决各个技术问题的全部必要技术特征。根据说明书的记载，本案专利要同时解决可靠传送、传送速度、减小空间、减小成本四方面的技术问题。独立权利要求1中应当记载能够同时解决上述技术问题的全部必要技术特征。第14538号决定和一审、二审判决依据权利要求1中记载的技术特征，认定本案专利所要解决的技术问题仅为传送速度和减小成本，认定事实与适用法律均有错误。

中华人民共和国最高人民法院行政判决书

（2014）行提字第13号[①]

---

① 参见案例117裁判文书。

119.“独立权利要求缺少必要技术特征”与“权利要求书应当以说明书为依据”的关系

——再审申请人（瑞士）埃利康亚洲股份公司与被申请人中华人民共和国国家知识产权局专利复审委员会及一审第三人刘夏阳、怡峰工业设备（深圳）有限公司发明专利无效行政纠纷案

【裁判要旨】

独立权利要求缺少必要技术特征，不符合专利法实施细则第二十一条第二款①规定的，一般也不能得到说明书的支持，不符合专利法第二十六条第四款的规定。

【关键词】

发明　权利要求　技术特征　说明书

【案号】

最高人民法院（2014）行提字第13号

【基本案情】

在再审申请人（瑞士）埃利康亚洲股份公司（以下简称埃利康公司）与被申请人中华人民共和国国家知识产权局专利复审委员会（以下简称专利复审委员会）、一审第三人刘夏阳、怡峰工业设备（深圳）有限公司（以下简称怡峰公司）发明专利权无效行政纠纷案（以下简称“机动车托架”发明专利无效案）中，埃利康公司系名称为“自动的机械停车场中用于机动车水平传送的托架”发明专利（即本案专利）的权利人。本案专利共有15项权利要求，其中独立权利要求1为：“在轮子（3）上自行走的托架……一个部分还具有一对装置（58），装置（58）可对称地垂直于该托架纵轴线移动并被构造用来支承、定中心、停止移动及抬升该机动车的一个轴的两个车轮，而另一部分具有一对装置（59），装置（59）可对称地垂直于该托架纵轴线移动并被构造用来支承、定中心、停止移

① 对应2010年修正的《中华人民共和国专利法实施细则》第二十条第二款。

动及抬升该机动车第二轴的两个车轮……”本案专利说明书部分有如下记载：“关于已知的托架及附属系统……这些中没有一个令人满意地解决了涉及以下诸方面的所有问题：机动车的可靠传送（以下简称可靠传送），传送的速度（以下简称传送速度），减小传送及停泊机动车所需的空间（以下简称减小空间），和减小用于传送及停泊机动车的托架及相关系统的综合成本（以下简称减小成本）。因此，本发明的目的是以这样一种方法来解决所有这些问题：提供一种托架，是区别特性的总和的革新，该托架在实现其功能及克服现有技术的局限上是最佳的。”“……本发明具有上面指出的所有最佳的特性，并且当与列举过的所有已知发明比较时是优越的。”针对本案专利，刘夏阳、怡峰公司先后于2009年2月9日、2009年5月4日及2009年7月24日分三次提出无效宣告请求，理由之一为权利要求1~15缺少必要技术特征，不符合专利法实施细则第二十一条第二款①的规定。专利复审委员会对上述无效宣告请求进行合案审理后认为，权利要求1~3，引用权利要求1~3中任一项的权利要求5、6，以及权利要求7~15缺少必要技术特征，故作出本案涉及的第14538号决定，宣告上述权利要求无效。在认定权利要求1及有关从属权利要求缺少必要技术特征并宣告其无效的基础上，专利复审委员会进一步审查了权利要求4、权利要求5或6直接或间接引用权利要求4的技术方案是否符合专利法第二十六条第四款的规定，并认为上述权利要求符合专利法第二十六条第四款的规定。埃利康公司不服，提起行政诉讼，北京市第一中级人民法院及北京市高级人民法院先后判决维持第14538号决定。埃利康公司不服，向最高人民法院申请再审。最高人民法院裁定提审本案，并于2014年12月18日判决撤销第14538号决定及一审、二审判决，责令专利复审委员会重新作出审查决定。

【裁判意见】

最高人民法院提审认为：专利法第二十六条第四款与专利法实施细则第二十一条第二款均涉及权利要求书与说明书的对应关系。专利法实施细则第二十一条第二款仅适用于独立权利要求缺少必要技术特征的情形，专利法第二十六条第四款的适用范围更为宽泛。不仅适用于独立权利要求，也适用于从属权利要求。不仅适用于权利要求中记载的技术特征的范围过宽，技术特征本身不能得到说明书支持的情形，也适用于权利要求缺少技术特征，使得其所限定的技术方案不能解决专利所要解决的技术问题，使权利要求整体上不能得到说明书支持的情形。因

---

① 对应2010年修正的《中华人民共和国专利法实施细则》第二十条第二款。

此，独立权利要求缺少必要技术特征，不符合专利法实施细则第二十一条第二款的规定的，一般也不能得到说明书的支持，不符合专利法第二十六条第四款的规定。第14538号决定一方面认定权利要求1中没有详细描述支承装置（58，59）的结构以及如何通过该装置同时完成支承、定中心、停止移动和抬升机动车的方式，本领域技术人员不能得知该装置是如何通过车轮的水平运动来进行定中心的，据此认定权利要求1缺少必要技术特征。另一方面，又认定权利要求1虽然使用了功能性限定的技术特征，但本领域技术人员根据说明书、说明书附图及本领域的公知常识，能够确定合适的实施方式，据此认定权利要求4等符合专利法第二十六条第四款的规定。上述认定在理由及结论上相互矛盾，缺乏法律依据。

中华人民共和国最高人民法院行政判决书

（2014）行提字第13号①

（四）说明书充分公开

120. 说明书是否充分公开的认定

——再审申请人斯托布利—法韦日公司与被申请人常熟纺织机械厂有限公司一审被告、二审被上诉人国家知识产权局专利复审委员会专利权无效行政纠纷案

【裁判要旨】

判断专利说明书是否清楚、完整，应当以本领域技术人员是否理解技术方案并能够实现作为判断标准。如果本领域技术人员在阅读说明书公开的内容时，即能理解、发现并更正其错误，且该理解和更正并不会导致权利要求的技术方案发生变化，则应当允许对专利说明书中存在的错误予以更正理解。

① 参见案例117裁判文书。

【关键词】

发明　无效程序　说明书　清楚完整

【案号】

最高人民法院（2016）最高法行再95号

【基本案情】

在再审申请人斯托布利—法韦日公司（以下简称斯托布利公司）与被申请人常熟纺织机械厂有限公司（以下简称常熟纺织公司），一审被告、二审被上诉人国家知识产权局专利复审委员会（以下简称专利复审委员会）发明专利权无效行政纠纷案中，斯托布利公司系第97123475.2号名称为“旋转多臂机构以及装备此类多臂机构的织机”的发明专利（即本专利）的权利人。2010年8月27日，常熟纺织公司针对本专利权向专利复审委员会提出无效宣告请求。专利复审委员会于2011年11月8日作出第17563号无效宣告请求审查决定（以下简称第17563号决定），认为常熟纺织公司所提出的5点不清楚之处，本领域技术人员根据说明书上下文的记载和附图能够清楚理解。本专利说明书已对本发明的技术内容作出了清楚、完整的说明，本领域技术人员基于说明书中描述的内容能够实现本发明，故本专利权利要求1~5所要求保护的技术方案已在说明书中得以充分公开。据此维持本专利有效。常熟纺织公司不服，提起行政诉讼。北京市第一中级人民法院一审认为，说明书对技术内容是否作出清楚、完整的说明，应从说明书全文和附图整体上把握。常熟纺织公司指出的5点不清楚之处并没有事实依据。据此判决维持第17563号决定。常熟纺织公司不服，提出上诉。北京市高级人民法院二审认为，本专利说明书撰写存在多处严重错误，所描述的技术方案不清楚，也不完整，所属技术领域的技术人员需要过度劳动或需要进行大量纠错行为才能再现专利技术方案。由于本专利说明书存在严重错误，导致权利要求所要求保护的技术方案未在说明书中得以充分公开。据此判决撤销一审判决和第17563号决定并责令专利复审委员会重新作出审查决定。斯托布利公司不服，向最高人民法院申请再审。最高人民法院裁定提审本案，并于2017年6月28日判决撤销二审判决，维持一审判决。

【裁判意见】

最高人民法院提审认为：本专利说明书确有部分语句不清楚或者标记错误，但这些不清楚之处更多是对本专利的背景技术、现有技术所进行的描述。由于本领域技术人员在阅读本专利说明书公开的内容时，即能理解说明书不清楚之处的相关技术含义，看出其存在的错误，且在再现本发明的技术方案时，可以在自行理解和纠正的基础上实现发明创造的技术方案。因此，不宜以错误多少或者是否严重作为判断标准，而应当以本领域技术人员是否理解技术方案并能够实现作为判断标准。说明书记载达到何种程度才算清楚、完整，与阅读者的水平有关。无论是判断专利说明书是否清楚、完整，还是判断说明书中是否存在错误，判断主体都是本领域技术人员，而非一般的公众。如果本领域技术人员在阅读说明书公开的内容时，即能理解、发现并更正其错误，尤其是该理解和更正并不会导致权利要求的技术方案发生变化，进而损害权利要求的公示性和稳定性的情况下，若不对说明书的不清楚之处及标记错误作出更正性理解，将会导致专利权人获得的利益与其对社会作出的贡献明显不相适应。从保护发明创造，鼓励发明创造的基本原则出发，一方面应当允许对授权后的专利说明书中存在的错误予以更正理解；另一方面，也要防止专利权人滥用这一规则。要准确界定错误，在合理保护专利权人利益和维护社会公众利益之间进行利益平衡，以契合专利法鼓励发明创造、促进科技进步与经济社会发展的立法本意。

中华人民共和国最高人民法院行政判决书

（2016）最高法行再95号

再审申请人（一审第三人、二审第三人）：斯托布利—法韦日公司。住所地：法兰西共和国法韦日市罗伯特·斯托布利广场。

法定代表人：克劳德·戴格斯，该公司技术开发和保护经理。

委托诉讼代理人：彭久云，北京市柳沈律师事务所律师。

委托诉讼代理人：姚冠扬，北京市柳沈律师事务所律师。

被申请人（一审原告、二审上诉人）：常熟纺织机械厂有限公司。住所地：中华人民共和国江苏省常熟市××××。

法定代表人：彭晓虹，该公司董事长。

委托诉讼代理人：毕艳红，北京金言诚信知识产权代理有限公司专利代理人。

一审被告、二审被上诉人：国家知识产权局专利复审委员会。住所地：中华人民共和国北京市海淀区××××。

法定代表人：葛树，该委员会副主任。

委托诉讼代理人：岑艳，该委员会审查员。

委托诉讼代理人：王潇，该委员会审查员。

再审申请人斯托布利—法韦日公司（以下简称斯托布利公司）因与被申请人常熟纺织机械厂有限公司（以下简称常熟纺织公司），一审被告、二审被上诉人国家知识产权局专利复审委员会（以下简称专利复审委员会）专利权无效行政纠纷一案，不服北京市高级人民法院（2013）高行终字990号行政判决，向本院申请再审。本院于2016年6月29日作出（2016）最高法行申321号行政裁定，提审本案。本院依法组成合议庭进行审理，现已审理终结。

斯托布利公司向本院申请再审称，（一）二审判决在理解2000年修正的《中华人民共和国专利法》（以下简称专利法）第二十六条第三款方面存在错误。对于专利法第二十六条第三款，不能机械地从字面上理解其含义。而是需要从所属领域技术人员的角度出发，根据说明书的文字部分和附图的结合来判断说明书是否对技术方案作出清楚、完整的说明，以及本领域技术人员能否实现权利要求保护的发明。不能因为只要说明书文字部分存在不清楚、不完整的内容，就断定说明书不清楚、不完整。二审判决中提到三个概念“个别错误”“过度劳动”和“大量纠错行为”，这三个概念不属于专利法的概念。（二）二审判决在认定事实、适用法律上均存在明显错误。本案涉案专利为第97123475.2号“旋转多臂机构以及装备此类多臂机构的织机”发明专利（以下简称本专利）。本专利说明书符合专利法第二十六条第三款的规定，权利要求1~5符合专利法第二十六条第四款的规定。对于所谓说明书不清楚的（a）~（e）五点，这些都属于文字错误，本领域技术人员结合说明书全文和附图不需要创造性劳动就能够理解相应的技术内容，不会使得本领域技术人员不能够实现权利要求的发明。本领域技术人员在理解这些技术内容的过程中并未做“过度劳动”，也不需要“大量纠错行为”。对于（a）点，专利复审委员会对于“放松”所做的解释并不是纠正性的解释，而是与本专利说明书的描述完全一致，不存在任何差异，而且本领域技术人员参照说明书和附图完全能够理解其含义；对于（b）点，本专利的说明书附图不存在错误，而只是说明书的附图标记描述上存在明显的文字错误，对于该明显文字错误，本领域技术人员仅仅通过阅读说明书即可确定错误之处，不需要花费过度劳动，也不会对传动关系产生错误认识；对于（c）点，本领域技术人员结合上下文完全能够清楚地理解“没有踏踪盘时”的含义，不会产生任何误解；对于（d）点，本专利的说明书上下文对于图1和图3的说明以及转臂11的位置描述非常清楚，本领域技术人员根据这一内容不会产生误认；对于（e）点，本领域技术人员根据说明书上下文和附图完全能够理解转臂11和锤式运动的操作方式，不会出现难以理解技术方案的情形。综上，本专利说明书已经对技术内容作出清楚、完整的说明，使得本领域技术人员能够实现权利要求保护的发明。二审判决认定事实、适用法律存在错误。斯托布利公司请求本院依法再审本案，并判决撤销二审判决，维持专利复审委员会作出的第17563号专利无效审查决定（以下简称第17563号决定）。

常熟纺织公司辩称，（一）二审判决适用法律正确。二审判决认定本专利说明书是否公开充分的最终标准仍然是专利法第二十六条第三款所规定的标准，即说明书应当对发明或者实用新型作出清楚、完整的说明，以所属技术领域的技术人员能够实现。二审判决虽然提及“过度劳动”以及“多次纠错”，均是为了说明本专利说明书未作出清楚、完整的说明从而无法实现。因此，二审判决适用法律正确，斯托布利公司关于二审判决适用法律错误的主张不成立。（二）二审判决认定事实正确。本专利说明书所存在的（a）~（e）五处缺陷不属于明显笔误，也不是本领域技术人员通过阅读本专利说明书上下文及说明书附图即可理解并实现的。专利权人有义务将专利文件公开至本领域技术人员能够实现的程度，否则以公开换保护将失去专利本身所肩负的推动技术创新与发展的意义与使命。本专利说明书并未对权利要求保护的技术方案作出清楚、完整的说明，导致所属技术领域的技术人员依据本专利说明书包括附图的记载不能够实现本发明。综上，常熟纺织公司认为二审判决认定事实清楚，适用法律正确，请求本院予以维持。

专利复审委员会述称，本专利说明书已对本发明的技术内容作出了清楚、完整的说明，本领域技术人员基于说明书中描述的内容能够实现本发明，在此基础上，本领域技术人员也能够从本专利说明书公开的内容中得到本专利权利要求所要求保护的技术方案，因此，本专利说明书符合专利法第二十六条第三款的规定，本专利权利要求1~5符合专利法第二十六条第四款的规定。综上，专利复审委员会认为，第17563号决定认定事实清楚、适用法律正确、审理程序合法，请求本院予以维持。

本案涉及国家知识产权局于2000年10月11日授权公告的名称为“旋转多臂机构以及装备此类多臂机构的织机”的发明专利（即本专利）。其专利号为97123475.2号，申请日为1997年12月30日，优先权日为1996年12月31日，专利权人为斯托布利公司。在再审程序中，双方当事人的争议焦点为本专利是否符合专利法第二十六条第三款、第四款的规定。以下对本专利内容、专利复审委员会针对本专利作出的第17563号决定和一、二审判决情况的介绍将围绕上述争议焦点展开。

常熟纺织公司向北京市第一中级人民法院（以下简称一审法院）起诉请求：撤销第17563号决定。

一审法院认定事实：第97123475.2号“旋转多臂机构以及装备此类多臂机构的织机”的发明专利授权公告时的权利要求书如下：

“1. 一种织机用旋转多臂机构，包括在每页综片的水平位置，连接到综框（6）并且与所述多臂机构主轴（1）上间隙地安装的驱动元件（2）相连的摆动部件（4），可移动连接元件（8）靠在盘片（3）上，盘片（3）固连在驱动元件上，这个运动机构采取弹性装置将所述盘片与驱动盘（7）有效地角连接，驱动盘（7）和主轴固连在一起，两个绞支转臂（11），在一方面受读取装置（16，16′，16″）作用，另一方面受弹性装置（13）的作用，该弹性装置有助于所述转臂上的掣子（17）与所述盘片两个结合表面（18，19）相互啮合，其特征在于：当所述转臂与所述结合表面啮合时，一个所述转臂位于所述读取装置的一个驱动元件的作用范围之外。

2. 根据权利要求1的一个旋转多臂机构，其特征在于，所述盘片（3）有形成第一个结合表面（18）的径向延伸区，这第一个结合表面与所述轴（1）旋转轴线的距离（D_1）大于第二个结合表面（19）与该轴线（XX’）的距离（D_2），第二个结合表面在所述盘片上与上述第一个结合表面完全相反。

3. 根据权利要求2的一个旋转多臂机构，其特征在于，所述第一结合表面（18）是盘片（3）的一个消极的结合表面，此时第二个结合表面（19）是积极的结合表面，或是由所述盘片所控制。

4. 根据权利要求1的一个旋转多臂机构，其特征在于，所述每一个绞支转臂（11）上的掣子（17）具有一个外支承表面（20）和一个内支承表面（21），该支承表面具有不同的角顶（α，β）。

5. 一个织机，它装备有根据权利要求1所述的一个旋转多臂机构。”

针对本专利，常熟纺织公司于2010年8月27日向国家知识产权局专利复审委员会提出无效宣告请求，请求宣告本专利全部无效。

2011年11月8日，专利复审委员会作出第17563号决定，该决定对专利法

第二十六条第三款、第四款认定如下：

常熟纺织公司认为：本专利说明书中对本发明技术内容未作出清楚的说明，以致所属技术领域的技术人员不能实现本发明，不符合专利法第二十六条第三款的规定。本专利权利要求1~5也不符合专利法第二十六条第四款的规定。

专利复审委员会认为：对于常熟纺织公司指出的不清楚之处的（a）点，从本专利说明书第5页第2段、第3段可知，绞支转臂11由于弹簧13的作用而靠在相应的止动块14上，掣子8的控制由绞支转臂11来完成。结合图1的右侧可见，弹簧13为绞支转臂11提供一个大体竖直向上的拉力，由此使得绞支转臂11的掣子17能够与掣子8相互作用，致使掣子8的末端棘爪8a与凹槽7a分隔开一定距离。掣子8的末端棘爪8a还可与凹槽7a相啮合，这一啮合是通过本专利说明书第6页第3段中的操作实现的，即，通过弹簧10的作用使掣子8的棘爪8a伸入凹槽7a中。因此，根据说明书的上述记载并且结合图1可以清楚地理解技术特征“弹簧10持续地作用于棘爪8a，使之从掣子8向轴1放松”是描述上述啮合操作的过程，弹簧10向掣子8的棘爪8a提供拉力，使棘爪8a朝向轴1运动靠近。因此，本领域技术人员能够清楚理解上述技术内容的含义。

对于（b）点，根据本专利说明书第5页第14~15行所述，“凸缘16’由环绕固定销轴12的一个转臂11往复驱动”，在该句之后，进一步具体地说明：“例如通过一个没有在此描述的凸轮机构”，此外，说明书还公开了凸缘16’的其他类似驱动方式。结合图1可知，上述技术内容中的“转臂11”并不是指绞支转臂11，而是另一个转臂，虽然该转臂没有在图1中明确地使用附图标记标识出来，但是根据图1所示，本领域技术人员可以确定，该转臂即指与凸缘16’一体形成的转臂。这里，“转臂11”的“11”属于明显标记错误。而说明书第6页所述的两个技术特征都是指图1中右侧的绞支转臂11，本领域技术人员根据说明书第6页第3段并结合图1可知，上述两个技术特征都表示踏踪盘16通过右侧的绞支转臂11上的驱动杆15而驱动右侧的绞支转臂11这一操作过程。因此，说明书中上述第5页和第6页的描述并不矛盾，本领域技术人员能够清楚理解它们的技术含义。

对于（c）点，在说明书第6页第4~7行“在读取装置中没有踏踪盘时”的下文还记载有“每个盘片1的停顿时刻面对掣子17，弹簧13驱动这些掣子与凹槽形状结合表面19相互作用”。本领域技术人员根据本专利说明书的记载能够清楚地理解织机中不可能没有踏踪盘，因为根据说明书第6页第10行的描述，转臂

11 是在踏踪盘 16 的作用下克服相对应的弹簧 13 的作用力反向动作的，所以转臂 11 必须在踏踪盘 16 的作用下才能产生作用。同时，说明书中也没有记载关于踏踪盘从织机上拆卸下来的技术内容。而根据说明书上下文的记载，尤其是说明书第 6 页第 4 行中“在读取装置中没有踏踪盘时”接下来的有关“盘片 3 对应于转臂 11 的积极的结合作用”的记载可知，所谓的“没有踏踪盘时”表示的是“踏踪盘没有施加作用时”，正是由于踏踪盘没有对转臂 11 施加作用，所以掣子 17 才会在弹簧 13 的作用下与盘片的表面 19 相互作用，从而使盘片停顿。因此，本领域技术人员结合说明书上下文的描述，能够清楚理解“没有踏踪盘时”的技术含义。

对于（d）点，由说明书第 7 页的上下文，尤其是第 7 页第 2 段、第 3 段中“作用原理如下：在图 1 位置，如有必要”“另一个方面，如没有必要”的表述可知，第 7 页第 2 段、第 3 段记载的内容都是“在图 1 位置”的情况下掣子 17 与凹槽 19 脱离或啮合时踏踪盘 16 的作用原理，这两段说明文字针对“在图 l 位置”，显然是对图 1 所示的技术内容的说明，而不是对图 3 的说明，对图 3 的说明是从第 7 页第 5 段开始的，在文字上采用“在图 3 中，盘片 3 的位置是它在图 1 中旋转 180°后的位置”来明显地指出。说明书第 7 页第 3 段中采用的“在图 3 右侧的转臂 11”中“图 3 右侧”仅仅是对相对方位的描述，因为图 3 与图 1 的区别主要在于盘片 3 进行了 180°旋转，而转臂 11 的相对位置并未发生变化，因此本领域技术人员不会仅因为使用“图 3 左侧或右侧”等表示方位的字眼就认为这两段文字是对图 3 的说明。而将说明书第 7 页第10～13 行的记载与图 1 相对应，就可以理解所述记载的技术含义，因此所述记载没有不清楚之处。

对于（e）点，一方面，如图 3 所示，位于图 3 右侧的转臂 11 与结合表面 18 接触并受其作用绕销轴 12 旋转，因此，本领域技术人员能够理解该转臂 11 会在盘片 3 旋转时受到盘片 3 的作用而被驱动绕销轴 12 向外旋转；另一方面，说明书第 7 页倒数第 6 行至第 8 页第 1 行记载的内容是图 3 右侧的转臂 11 超出了踏踪盘 16 的作用范围，那么踏综盘 16 向右侧的转臂 11 倾斜时即使产生“锤式运动”，该锤式运动也不会作用于该转臂 11 上。根据说明书上下文的内容来理解，该段中“由于这个运动才使得转臂 11 中的一个和驱动元件 16 相接触”仅是对锤式运动的作用的一般性解释说明，该段中“如上，如果没有必要……”的表述表明本段记载的情形与第 7 页第 3 段对图 1 的描述类似。因此，本领域技术人员根据说明书上下文的记载和图 3 能够清楚理解上述描述的技术含义。

综上所述，本专利说明书已对本发明的技术内容作出了清楚、完整的说明，本领域技术人员基于说明书中描述的内容能够实现本发明，在此基础上，本领域技术人员也能够从本专利说明书公开的内容中得到本专利权利要求所要求保护的技术方案，因此本专利说明书符合专利法第二十六条第三款的规定，本专利权利要求1~5符合专利法第二十六条第四款的规定。

此外，专利复审委员会还就本专利是否符合专利法第二十二条第三款、第三十三条、2002年修订的《中华人民共和国专利法实施细则》（以下简称专利法实施细则）第二十一条第二款等条款进行了认定。

综上，专利复审委员会作出第17563号决定，维持本专利有效。

一审法院认为，本案应适用2000年修正的专利法进行审理。说明书对技术内容是否作出清楚、完整的说明，应从说明书全文和附图整体上把握。关于（a）点，说明书第5页第7行提到“弹簧10持续地作用于棘爪8a，使之从掣子8向轴1放松”，结合上下文及附图来看，本领域技术人员可以清楚得知这句话指的是棘爪8a与凹槽7a啮合，从而靠向轴1的过程；关于（b）点，说明书第5页第14~15行记载“踏踪盘16安装在凸缘16’上，凸缘16’由环绕固定销轴12的一个转臂11往复驱动”，尽管此处的转臂具有与两绞支转臂相同的附图标记11，但本领域技术人员仍能清楚得知该可表现为例如凸轮机构形式的转臂明显与说明书第6页第10~11行、第14~16行由踏踪盘施加作用力的转臂非同一部件，故前后记载并不矛盾；关于（c）点，本领域技术人员结合上下文，能够清楚理解“没有踏踪盘”应是指“没有踏踪盘施加作用”；关于（d）点，本领域技术人员不会因为转臂使用“图3左侧或右侧”这一方位描述就认为第5~14行没有必要退出的过程是针对图3而言，故所述记载并不存在不清楚之处。关于（e）点，说明书第7页最后一段前半部分即“在图3中，盘片3的位置是它在图1中旋转180°后的位置。在此位置，位于图3右侧的转臂11将被驱动沿三角防线环绕销轴12向外运动，因此它超出了踏踪盘16的作用范围”，其表述的含义与附图3描绘一致，清楚易懂，即右侧转臂绕销轴向外运动后，该转臂的杆向盘片方向运动，脱离踏踪盘的作用范围；对于后半部分，该部分描述了如何使右侧转臂与驱动元件接触的过程，本领域技术人员对此能有清楚地理解。综上，常熟纺织公司关于说明书公开不清楚，不符合专利法第二十六条第三款、第四款规定的主张不予支持。同时，一审法院还结合专利法第二十二条第三款、第三十三条、专利法实施细则第二十一条第二款的规定，对第17563号决定作出审理。

综上，一审法院依照修改前的《中华人民共和国行政诉讼法》第五十四条第（一）项之规定，判决：维持专利复审委员会作出的第17563号决定。案件受理费100元，由常熟纺织公司负担。

常熟纺织公司不服一审判决，向北京市高级人民法院（以下简称二审法院）上诉请求：撤销一审判决及第17563号决定，判令专利复审委员会重新作出决定。

二审法院认为，关于专利法第二十六条第三款、第四款。根据专利法第二十六条第三款、第四款的规定，说明书应当准确地表达发明或者实用新型的主题及其具体技术方案、效果等内容，使所属技术领域的技术人员按照说明书记载的内容，不需要创造性的劳动，就能够再现该发明或实用新型的技术方案，达到其发明目的。对于专利撰写过程中存在的错误，如果仅有个别错误，所属技术领域的技术人员根据其自身具备的专业知识水平，结合说明书的内容，可以直接、毫无疑义地确定该个别错误属于明显的笔误的，可以认为该专利符合专利法第二十六条第三款的规定。但是，如果错误较多，使所属技术领域的技术人员需要过度劳动或需要进行大量纠错行为才能再现专利技术方案的，说明该专利说明书撰写存在严重错误，不符合专利法第二十六条第三款的规定。在专利说明书不符合专利法第二十六条第三款规定的情况下，该专利权利要求一般也不符合专利法第二十六条第四款的规定。

常熟纺织公司认为：本专利说明书中对本发明技术内容未作出清楚的说明，以致所属技术领域的技术人员不能实现本发明，不符合专利法第二十六条第三款的规定。说明书不清楚之处具体有（a）～（e）五点。根据对本专利不符合专利法第二十六条第三款的理由的论述，所属技术领域的技术人员也无法从本专利说明书公开的内容中得到或概括得出本专利权利要求所要求保护的技术方案。因此，本专利权利要求1～5也不符合专利法第二十六条第四款的规定。

关于（a）点，说明书第5页第7行载明：“弹簧10持续地作用于棘爪8a，使之从掣子8向轴1放松”。常熟纺织公司认为，本专利技术人员无法理解“放松”是什么意思。对此，专利复审委员会认为，结合上下文及附图来看，本领域技术人员可以清楚得知“弹簧10持续地作用于棘爪8a，使之从掣子8向轴1放松”指的是棘爪8a与凹槽7a啮合，从而靠向轴1的过程。由此可知，专利复审委员会将“放松”纠正解释为“弹簧13为绞支转臂11提供一个大体竖直向上的拉力，由此使得绞支转臂11的掣子17能够与掣子8相互作用，致使掣子8的末端棘爪 8a 与凹槽 7a 分隔开一定距离。掣子 8 的末端棘爪 8a 还可与凹槽 7a 相啮合，这一啮合是通过弹簧 10 的作用使掣子 8 的棘爪 8a 伸入凹槽 7a 中。因此，'放松'是描述上述啮合操作的过程。"虽然专利复审委员会的纠正解释正确地描述了说明书上述内容的工作机理，但是，不容否认的是，客观上专利复审委员会的解释与说明书的上述描述存在明显差异。

关于（b）点，说明书第 5 页第 14～15 行记载"踏踪盘 16 安装在凸缘 16'上，凸缘 16'由环绕固定销轴 12 的一个转臂 11 往复驱动"。常熟纺织公司认为，以上描述与后文所述的"一个转臂 11 在踏综盘 16 的作用下…反向运动"与"如果驱动元件 16 将踏综盘施加的作用力传递到与之相应右侧的转臂 11 上的驱动杆 15 上去"对机构传动方式的描述自相矛盾。对此，专利复审委员会认为，上述技术内容中的"转臂 11"并不是指绞支转臂 11，而是另一个转臂，虽然该转臂没有在图 1 中明确地使用附图标记标识出来，但是根据图 1 所示，本领域技术人员可以确定，该转臂即指与凸缘 16'一体形成的转臂。这里，"转臂 11"的"11"属于明显标记错误。由此可知，专利复审委员会通过上下文分析纠正了本专利说明书存在的错误。然而，说明书附图标记应当与说明书中文字描述一致，这是对说明书的基本要求。如果说明书附图存在错误，必然导致所属领域的普通技术人员作出错误的认识，进而需要花费过度的劳动才能确定错误之处。况且，从附图可知，凸缘 16'通过踏踪盘 16 与绞支转臂 11 接触，说明书的上述描述会导致所属领域的普通技术人员将三者的传动关系产生错误认识。

关于（c）点，说明书载明："在读取装置中没有踏综盘时，每个盘片 1 的停顿时刻面对掣子 17，弹簧 13 驱动这些掣子与凹槽形状结合表面 19 相互作用，表面 19 具有使盘片 12 生硬地停止的相应效果并与偏心齿轮 2 和连杆 4 相互作用。"常熟纺织公司认为，这里的"读取装置中没有踏综盘时"是一种具有歧义的说法。所属技术领域的技术人员无法理解对技术方案的上述描述，本专利的织机在"没有踏综盘时"是无法对其中的综框进行操作的。对此，专利复审委员会认为，本领域技术人员结合上下文，能够清楚理解"没有踏踪盘"应是指"没有踏踪盘施加作用"。专利复审委员会的解释虽然正确，但是，所属技术领域的技术人员在理解"读取装置中没有踏综盘时"，容易产生误解，需要根据说明书上下文进行理解。

关于（d）点，说明书有如下记载："如没有必要，使在图 3 右侧的转臂 11 上的掣子 17 与凹槽脱离，踏综盘 16 就在控制元件 16" 作用下向图 3 左侧转臂 11

倾斜，由于它超出踏综盘16的作用范围，在踏综盘16和图3左侧的转臂11之间就没有冲击，因此也就无噪音产生。”常熟纺织公司认为，在图3中所显示的技术内容与上述记载明显不同。因此，上述说明书中所出现的相互矛盾的技术内容使本领域技术人员对本专利的技术方案从整体上无法理解。对此，专利复审委员会认为，该部分记载的内容都是“在图1位置”的情况下掣子17与凹槽19脱离或啮合时踏踪盘16的作用原理，这两段说明文字针对“在图1位置”，显然是对图1所示的技术内容的说明，而不是对图3的说明，本领域技术人员不会因为转臂使用“图3左侧或右侧”这一方位描述就认为第5～14行没有必要退出的过程是针对图3而言，故所述记载并不存在不清楚之处。然而，由于说明书第7页第3段涉及附图时均记载为“附图3”，因此，对所属技术领域普通技术人员而言，阅读说明书该段内容时必然会根据图3记载的内容进行理解，从而产生误认，需要根据上下文及附图1、3以及本专利权利要求所记载的技术方案才能认定此处的“附图3”应为“附图1”。

关于（e）点，说明书第7页第5段及第8页第1段载明：“在图3中，盘片3的位置是它在图1中旋转180°后的位置。在此位置，位于图3右侧的转臂11将被驱动沿三角方向环绕销轴12向外运动，因此，它超出踏综盘16的作用范围。如上，如果没有必要作用在图3左侧的转臂11，踏综盘16向位于图3右侧的转臂11倾斜，上面安装着踏综盘的凸缘16′就会传递给它往复或者锤式运动，由于这个运动才使得转臂11中的一个和驱动元件16相接触。”常熟纺织公司认为：本领域技术人员无法理解上述对技术方案的描述。对此，专利复审委员会认为，说明书此部分表述的含义与附图3描绘一致，并且描述了如何使右侧转臂与驱动元件接触的过程，本领域技术人员对此能有清楚的理解。然而，所属技术领域普通技术人员难以理解“沿三角方向环绕销轴12向外运动”中的“三角方向”是何含义，而根据附图3方能理解转臂11实际上是环绕销轴12作圆周运动；此外，“如果没有必要作用在图3左侧的转臂11，踏综盘16向位于图3右侧的转臂11倾斜，上面安装着踏综盘的凸缘16′就会传递给它往复或者锤式运动，由于这个运动才使得转臂11中的一个和驱动元件16相接触”的记载与对应的附图3的内容并不相同，在图3中“右侧的转臂11”已经“超出踏踪盘16的作用范围”。由此可见，所属技术领域普通技术人员在阅读说明书及附图3的内容时会出现难以理解所述技术方案的情形。

本专利说明书实施例部分多处存在严重的错误，这说明本专利说明书撰写质量存在严重问题，所描述的技术方案不清楚，也不完整，所属技术领域的技术人员需要过度劳动或需要进行大量纠错行为才能再现专利技术方案，因此，本专利不符合专利法第二十六条第三款的规定，应当被宣告无效。由于本专利说明书存在严重错误，导致权利要求所要求保护的技术方案未在说明书中得以充分公开，因此，本专利权利要求也不符合专利法第二十六条第四款的规定，应当被宣告无效。

同时，二审法院还结合专利法第三十三条、专利法实施细则第二十一条第二款等规定，对一审判决及第 17563 号决定作出审理。

综上，二审法院认为，一审判决及第 17563 号决定事实认定不清，适用法律错误，依据修改前的《中华人民共和国行政诉讼法》第六十一条第（三）项、《最高人民法院关于执行〈中华人民共和国行政诉讼法〉若干问题的解释》第七十条之规定，判决：一、撤销一审判决和第 17563 号决定。二、专利复审委员会就专利号为 97123475. 2、名称为“旋转多臂机构以及装备此类多臂机构的织机”的发明专利权重新作出无效宣告请求审查决定。一、二审案件受理费各 100 元，均由专利复审委员会负担。

专利法第二十六条第三款规定：“说明书应当对发明或者实用新型作出清楚、完整的说明，以所属技术领域的技术人员能够实现为准；必要的时候，应当有附图。摘要应当简要说明发明或者实用新型的技术要点。”第四款规定：“权利要求书应当以说明书为依据，说明要求专利保护的范围。”

说明书是申请人必须向国家知识产权局提交的公开其发明或者实用新型的文件之一，提供了包括技术领域、背景技术、发明内容、附图、具体实施方式等信息。说明书应当清楚地记载发明或者实用新型的技术方案，详细地描述实现发明或者实用新型的具体实施方式，完整地公开对于理解和实现发明或者实用新型必不可少的技术内容，达到所属技术领域的技术人员能够实现该发明或者实用新型的程度。但对于说明书的理解，不能机械地从字面上理解其含义，而需要从所属领域技术人员的角度出发，结合说明书的文字和附图来判断说明书是否对技术方案作出清楚、完整的说明，以及本领域技术人员能否实现本发明。

本案中，常熟纺织公司列举了本专利说明书中存在的（a）～（e）五点不清楚的地方，并据此主张本专利说明书未对本发明技术内容作出清楚、完整的说明，以致所属技术领域的技术人员不能实现本发明，不符合专利法第二十六条第三款的规定。由于本领域技术人员无法从本专利说明书公开的内容中得到或概括得出本专利权利要求所要求保护的技术方案，因此，本专利权利要求1～5也不符合专利法第二十六条第四款的规定。

对此，本院逐一分析如下：

1. 关于（a）点，本专利说明书第5页第7行载明："弹簧10持续地作用于棘爪8a，使之从掣子8向轴1放松。"常熟纺织公司认为，本专利技术人员无法理解"放松"是什么意思。

本专利说明书第6页第3段第2～3行描述："由弹簧10作用的掣子8将使它的棘爪8a伸入与之对应驱动盘7的两个凹槽7a中的一个里"；本专利说明书第7页第2段第3行描述："掣子8上的棘爪8a由弹簧10作用向凹槽7a运动。"本领域技术人员结合上下文进行理解后，能够理解所谓"放松"描述的是上述啮合操作的过程。而且，从说明书第5页第2、3段得知，掣子8一端受到转臂11的作用，另一端的棘爪8a端还受弹簧10持续地施加作用。当转臂11的作用力卸下后，掣子8不再同时受两个方向的力，此时，掣子8只能在弹簧10的作用下朝向凹槽7a的方向啮合，即变化为一种放松状态。凹槽7a与轴1相对于掣子8来说处于相同的方向。那么，如图1所示，掣子8必然朝向轴1运动，也即朝向轴1放松。因此，虽然"放松"一词存在不清楚之处，但本领域技术人员根据本专利说明书的文字并结合附图1，可以对技术方案得到清楚、完整的理解。

2. 关于（b）点，本专利说明书第5页第14～15行记载"踏踪盘16安装在凸缘16′上，凸缘16′由环绕固定销轴12的一个转臂11往复驱动"。常熟纺织公司认为，以上描述与后文所述的"一个转臂11在踏综盘16的作用下……反向运动""如果驱动元件16将踏综盘施加的作用力传递到与之相应右侧的转臂11上的驱动杆15上去"对机构传动方式的描述自相矛盾。

本专利说明书第5页第14～15行记载"踏踪盘16安装在凸缘16′上，凸缘16′由环绕固定销轴12的一个转臂11往复驱动"，其后还记载"例如通过一个没有在此描述的凸轮机构"，结合图1可以看到，上述技术内容中的"转臂11"并不是指绞支转臂11，而是指销轴12上安装的与凸缘16′一体形成的转臂。这里，"转臂11"的"11"属于明显标记错误。而且，本领域技术人员通过阅读本专利说明书第5页第9～12行已经对转臂11的位置、自身结构等有了一定的了解，再通过阅读说明书第6页第3段，并结合图1可知凸缘16′与转臂11的位置及其相互关系。因此，虽然本专利说明书存在标记错误，但本领域技术人员通过阅读说明书上下文并结合附图，能够清楚地认识到这个错误，并更正其错误。

3. 关于（c）点，本专利说明书第6页第4~7行记载“在读取装置中没有踏综盘时，每个盘片1的停顿时刻面对掣子17，弹簧13驱动这些掣子与凹槽形状结合表面19相互作用，表面19具有使盘片12生硬地停止的相应效果并与偏心齿轮2和连杆4相互作用”。常熟纺织公司认为，这里的“读取装置中没有踏综盘时”是一种具有歧义的说法。所属技术领域的技术人员无法理解对技术方案的上述描述，本专利的织机在“没有踏综盘时”是无法对其中的综框进行操作的。

本专利说明书第6页第2段介绍了盘片3对应于转臂11“积极的”结合作用，第3、4段介绍了盘片3对应于转臂11“消极的”停顿作用。积极结合与消极停顿两个过程是交替顺序进行的，根据本专利说明书第6页第10~11行的描述，“另一方面，转臂11是在踏踪盘16的作用下克服相对应的弹簧13的作用力反向作用的”，既然消极停顿中体现了踏踪盘的作用，则在积极结合阶段，转臂11也必须在踏踪盘16的作用下才能产生作用。因此，本领域技术人员根据本专利说明书上下文的记载，能够理解所谓的“没有踏踪盘时”表示的是“踏踪盘没有施加作用时”。只有踏踪盘16没有对转臂11施加作用时，掣子17才会在弹簧13的作用下与盘片3的表面19相互作用，从而使盘片停顿。因此，虽然说明书记载“没有踏踪盘时”存在不清楚之处，但本领域技术人员结合本专利说明书上下文的记载及其附图，能够清楚理解“没有踏踪盘时”表示的是“踏踪盘没有施加作用时”的技术含义。

4. 关于（d）点，本专利说明书第7页第10~13行记载“如没有必要，使在图3右侧的转臂11上的掣子17与凹槽19脱离，踏踪盘16就在控制元件16" 作用下向图3左侧转臂11倾斜，由于它超出踏踪盘16的作用范围，在踏踪盘16和图3左侧的转臂11之间就没有冲击，因此也就无噪音产生”。常熟纺织公司认为，在图3中所显示的技术内容与上述记载明显不同，上述互相矛盾的记载使得所属技术领域的技术人员无法理解本发明。

从本专利说明书第7页来看，第2段有“在图1位置……”、第5段中有“在图3中……”的表述，根据汉语的常用语法，第2、3、4段按常理是围绕图1进行解释的；从具体内容来看，第7页第2、3段记载的内容是掣子17与凹槽19脱离或啮合时踏踪盘16的作用原理，这两段说明文字描述的显然是对图1所示的技术内容的说明；而且，图1与图3的区别仅仅是盘片旋转了180°，转臂11在图3和图1中的位置相同，因此本领域技术人员不会因为转臂使用“图3左侧或右侧”这一方位描述就认为这两段文字是针对图3而言。故虽然本专利说明书存在附图标记错误，但本领域技术人员通过阅读说明书上下文并结合附图，能够清楚地认识到这个错误，并理解本发明。

5. 关于（e）点，本专利说明书第 7 页倒数第 6 行至第 8 页第 1 行中记载“在图 3 中，盘片 3 的位置是它在图 1 中旋转 180°后的位置。在此位置，位于图 3 右侧的转臂 11 将被驱动沿三角方向环绕销轴 12 向外运动，因此它超出踏综盘 16 的作用范围。如上，如果没有必要作用在图 3 左侧的转臂 11，踏综盘 16 向位于图 3 右侧的转臂 11 倾斜，上面安装着踏综盘的凸缘 16′就会传递给它往复或者“锤式”运动，由于这个运动才使得转臂 11 中的一个和驱动元件 16 相接触”。常熟纺织公司认为，所属技术领域的技术人员无法理解上述技术方案的内容。

对于本专利说明书中“转臂 11 将被驱动沿三角方向环绕销轴 12 向外运动”，转臂 11 由于是安装在销轴 12 上的，转臂 11 只能以销轴 12 为圆心做圆周运动，该圆周运动可以是离开盘片 3 的也可以是朝向盘片 3 的。因此，本领域技术人员能够理解该转臂 11 会在盘片 3 旋转时受到盘片 3 的作用而被驱动绕销轴 12 向外旋转。本专利说明书第 7 页倒数第 6 行至第 8 页第 1 行记载的内容是图 3 右侧的转臂 11 超出了踏踪盘 16 的作用范围，那么踏踪盘 16 向右侧的转臂 11 倾斜时即使产生“锤式运动”，该锤式运动也不会作用于该转臂 11 上。根据本专利说明书上下文的内容来理解，该段中“由于这个运动才使得转臂 11 中的一个和驱动元件 16 相接触”仅是对锤式运动作用的一般性解释说明。因此，本领域技术人员根据说明书的记载和图 3 能够清楚理解上述技术方案描述的技术含义。

综上，本专利说明书确有部分语句不清楚或者标记错误，但这些不清楚之处更多是对本专利的背景技术、现有技术所进行的描述。由于本领域技术人员在阅读本专利说明书公开的内容时，即能理解说明书不清楚之处的相关技术含义，看出其存在的错误，且在再现本发明的技术方案时，可以在自行理解和纠正的基础上实现发明创造的技术方案。因此，不宜以错误多少或者是否严重作为判断标准，而应当以本领域技术人员是否理解技术方案并能够实现作为判断标准。

本院认为，说明书记载达到何种程度才算清楚、完整，与阅读者的水平有关。无论是判断专利说明书是否清楚、完整，还是判断说明书中是否存在错误，判断主体都是本领域技术人员，而非一般的公众。如果本领域技术人员在阅读说明书公开的内容时，即能理解、发现并更正其错误，尤其是该理解和更正并不会导致权利要求的技术方案发生变化，进而损害权利要求的公示性和稳定性的情况下，若不对说明书的不清楚之处及标记错误作出更正性理解，将会导致专利权人获得的利益与其对社会做出的贡献明显不相适应。从保护发明创造，鼓励发明创造的基本原则出发，一方面应当允许对授权后的专利说明书中存在的错误予以更正理解；另一方面，也要防止专利权人滥用这一规则。要准确界定错误，在合理保护专利权人利益和维护社会公众利益之间进行利益平衡，以契合专利法鼓励发明创造、促进科技进步与经济社会发展的立法本意。

由于本专利说明书已对本发明的技术内容作出了清楚、完整的说明，在此基础上，本领域技术人员也能够从本专利说明书公开的内容中得到本专利权利要求保护的技术方案，因此，权利要求 1 ~5 符合专利法第二十六条第四款的规定。

综上所述，本专利符合专利法第二十六条第三款、第四款的规定。二审判决撤销专利复审委第 17563 号决定，适用法律错误，依法应予撤销。斯托布利公司所提再审申请理由成立。依照 2000 年修正的《中华人民共和国专利法》第二十六条第三款、第四款，《中华人民共和国行政诉讼法》第八十九条第一款第（二）项和《最高人民法院关于执行〈中华人民共和国行政诉讼法〉若干问题的解释》第七十六条第一款、第七十八条之规定，判决如下：

一、撤销北京市高级人民法院（2013）高行终字 990 号行政判决；

二、维持北京市第一中级人民法院（2012）一中知行初字第 1704 号行政判决。

本案一审案件受理费和二审案件受理费各 100 元，均由常熟纺织机械厂有限公司负担。

本判决为终审判决。

审 判 长 夏君丽

审 判 员 曹 刚

代理审判员 傅 蕾

二〇一七年六月二十八日

书 记 员 包 硕

121. 确定发明所要解决的技术问题与判断说明书是否充分公开之间的关系

——再审申请人国家知识产权局专利复审委员会与被申请人王伟耀，一审第三人、二审上诉人福田雷沃国际重工股份有限公司实用新型专利权无效行政纠纷案

【裁判要旨】

技术方案的再现与是否解决了技术问题、产生了技术效果的评价之间，存在着先后顺序上的逻辑关系，应首先确认本领域技术人员根据说明书公开的内容是否能够实现该技术方案，然后再确认是否解决了技术问题、产生了技术效果。

【关键词】

发明　无效程序　充分公开　技术问题

【案号】

最高人民法院（2013）知行字第92号

【基本案情】

在本案中，王伟耀系名称为“全喂入联合收割机的脱粒与分离装置”的实用新型专利（即本案专利）的权利人。2011年9月30日，福田雷沃国际重工股份有限公司（以下简称福田雷沃公司）针对本案专利向国家知识产权局专利复审委员会（以下简称专利复审委员会）提出无效宣告请求。在口头审理过程中，福田雷沃公司明确其无效理由为权利要求1～4相对于对比文件2结合公知常识不具备创造性，放弃对比文件3、5、6、7分别结合公知常识评价创造性的理由。其后，专利复审委员会决定对权利要求1相对于对比文件2、3和公知常识的结合是否具备创造性进行依职权审查，并发出无效宣告请求审查通知书。王伟耀对专利复审委员会依职权审查的内容提出异议。专利复审委员会于2012年7月4日作出第18967号无效宣告请求审查决定（以下简称第18967号决定），以权利要求1～4相对于对比文件2、3及公知常识的结合不具有创造性为由，宣告本案专利权全部无效。王伟耀不服，提起行政诉讼。北京市第一中级人民法院一审认为，专利

复审委员会依职权审查的情形应当是明确而特定的，原则上限于《审查指南》的明确规定，不能对依职权审查原则作任意的扩大解释。福田雷沃公司在口头审理过程中已经明确放弃对比文件3结合公知常识评价本案专利创造性的理由，专利复审委员会依职权引入权利要求1～4相对于对比文件2、3及公知常识的结合不具备创造性的理由没有法律依据。据此判决撤销第18967号决定并责令专利复审委员会重新作出审查决定。专利复审委员会不服，提出上诉。北京市高级人民法院二审判决驳回上诉、维持原判。专利复审委员会仍不服，向最高人民法院申请再审。最高人民法院于2014年5月21日裁定驳回专利复审委员会的再审申请。

【裁判意见】

在本案中，最高人民法院还对判断说明书是否充分公开与实现技术方案和解决技术问题之间的关系表明了态度。最高人民法院提审认为：本案专利说明书应对权利要求所限定的发明内容进行清楚、完整的说明，以本领域技术人员根据说明书公开的内容能够实现为准。而“能够实现”，参照《审查指南》的规定，是指本领域技术人员根据说明书公开的内容，能够实现发明的技术方案，解决其技术问题，并且产生预期的技术效果。也就是说，必须是能够实现技术方案、解决技术问题、产生预期效果三者同时满足，才符合专利法第二十六条第三款的规定。可见，在判断是否符合专利法第二十六条第三款的规定时，需要考虑发明所要解决的技术问题，如果说明书给出了技术手段，但本领域技术人员采用该手段不能解决发明所要解决的技术问题，同样不符合专利法第二十六条第三款的规定。但需要考虑发明解决的技术问题并不意味须首先考虑发明所需解决的技术问题，如果一个发明的技术方案本身都无法实现，显然已经不符合专利法第二十六条第三款的规定，这时候再考虑发明要解决的技术问题已经没有实际意义。因此，技术方案的再现和是否解决了技术问题、产生了技术效果的评价之间，存在着先后顺序上的逻辑关系，应首先确认本领域技术人员根据说明书公开的内容是否能够实现该技术方案，然后再确认是否解决了技术问题、产生了技术效果，在不对技术方案本身是否可以实现作出确认的前提下，其与现有技术相比是否能够解决相应的技术问题，并实现有益的技术效果均无从谈起。本案中，二审法院实际并没有考虑本案专利权利要求限定的技术方案的可实现性，而是首先考虑发明要解决的技术问题，进而考虑与要解决的技术问题相关的化学物理性能参数，该审理思路不当，对此应当予以纠正。

中华人民共和国最高人民法院行政裁定书

（2013）知行字第92号

再审申请人（一审被告、二审上诉人）：国家知识产权局专利复审委员会。住所地：北京市海淀区北四环西路9号银谷大厦10－12层。

法定代表人：张茂于，该委员会副主任。

委托代理人：何博，该委员会审查员。

委托代理人：房宝盛，该委员会审查员。

被申请人（一审原告、二审被上诉人）：王伟耀，住江苏省丹阳市埤城×村后西沟荡×号。

委托代理人：毕艳红，北京金言诚信知识产权代理有限公司专利代理人，住北京市海淀区西土城路6号国家知识产权局。

一审第三人、二审上诉人：福田雷沃国际重工股份有限公司。住所地：山东省潍坊市坊子区北海南路192号。

法定代表人：王桂民，该公司总经理。

委托代理人：叶万东，北京工信联合知识产权代理事务所（普通合伙）专利代理人，住北京市朝阳区北湖甲1号森嘉公司。

委托代理人：郭一斐，北京工信联合知识产权代理事务所（普通合伙）专利代理人，住内蒙古包头市昆都仑区×街二十六号街坊2栋20号。

再审申请人国家知识产权局专利复审委员会（以下简称专利复审委员会）因与被申请人王伟耀，一审第三人、二审上诉人福田雷沃国际重工股份有限公司（以下简称福田雷沃公司）实用新型专利权无效行政纠纷一案，不服北京市高级人民法院（2013）高行终字第530号行政判决，向本院申请再审。本院依法组成合议庭对本案进行审查，现已审查终结。

专利复审委员会申请再审称：（一）无效宣告请求书第6～10页记载："将权利要求1～4分割为技术特征A－L""本专利权利要求1～4与对比文件3与公知常识的结合相比不具有创造性……对比文件3没有公开本专利权利要求1中的技术特征F、G……如6.0.2、6.0.4中所述，权利要求1中的区别技术特征F、G属于公知常识，且被对比文件1、对比文件2、对比文件4、对比文件5、6、7、8公开，因此权利要求1、3、4不具有创造性。"可见，福田雷沃公司曾经提出过本专利权利要求1相对于对比文件3、对比文件2和公知常识的结合不具备创造性（以下简称诉争无效理由）的主张。福田雷沃公司在口头审理时放弃对比文件3结合公知常识评价本专利创造性的理由，其实放弃了曾经提出过的包括诉争无效理由在内的具体理由。《审查指南》① 只是规定“对于请求人放弃的无效宣告理由和证据，专利复审委员会通常不再查证”，“通常”一词显然仅仅是一种总括性的描述，而非“绝对”之意，并不排除专利复审委员会可以针对请求人放弃的无效宣告理由和证据进行查证或者审查的可能性。《审查指南》第四部分第三章第4.1节规定的三种常见的“可以”依职权进行审查的情形，应当被理解为仅仅是对依职权审查情形的列举，而非对依职权审查情形的限制。规定依职权审查原则的主要意义在于，从机制上实现对不当授权的专利进行法律救济，使得专利复审委员会能够基于其公信力和专业能力，宣告不当授权的专利权无效，防止社会公众利益受到损害。本案中，尽管福田雷沃公司在口头审理过程中明确放弃了诉争无效理由，但专利复审委员会根据已经进行的审查工作，完全能够判断出本专利权利要求1相对于对比文件3、对比文件2和公知常识的结合不具备创造性。在这种情况下，专利复审委员会按照依职权审查原则进行审查，并按照听证原则发出《无效宣告请求审查通知书》，进而宣告不符合专利授权实质条件的本专利无效，符合法律规定，程序并无不当。（二）根据《中华人民共和国专利法实施细则》（以下简称专利法实施细则）第七十二条第二款的规定，专利复审委员会可以依职权审查请求人撤回或者视为撤回的请求。放弃部分无效理由当然就是撤回了部分无效宣告请求。该规定应当适用于包括请求人部分放弃无效宣告请求理由和证据的情形，否则将出现全部放弃可以依职权审查而部分放弃却不可以依职权审查的不合理逻辑。本案中，专利复审委员会在口头审理查明的事实基础上，依职权对请求人放弃的理由和证据进行审查，符合专利法实施细则的规定。（三）一、二审法院判决撤销被诉决定会产生不利的社会影响。暂时有效的本案专利权很快也会被再次宣告无效，其实质上是在耗费行政和司法资源。综上，请求撤销一、二审判决，维持被诉决定。

福田雷沃公司提交意见称：（一）本案应当适用《审查指南》2010年版，二审法院适用《审查指南》2006年版，适用法律错误。（二）专利复审委员会依职权审查行为不应当受到《审查指南》关于依职权审查具体情形的限制。本案中，福田雷沃公司已经在请求书中提出本专利权利要求1～4相对于对比文件2与公知

① 对应2014年修订的《专利审查指南》。

常识的结合不具有创造性的理由，但是在公知常识的举证过程中将对比文件 3 作为公知常识性证据使用。专利复审委员会认为，对比文件 3 应当为最接近的对比文件，并在此基础上结合对比文件 2 来评价创造性。二者相比，其请求无效的理由没有变更，使用的证据也没有变更。显然无效决定并没有实质上引入新的无效理由和证据，只是对请求人福田雷沃公司无效理由依据的修正。综上，请求撤销一、二审判决，维持被诉决定。

王伟耀提交意见称：福田雷沃公司未提出过诉争无效理由，该理由是专利复审委员会依职权引入的。专利复审委员会的做法超越了法定职权。本案不能适用专利法实施细则第七十二条第二款的规定。

本院认为，本案的争议焦点在于专利复审委员会以诉争无效理由宣告本专利权无效是否符合法律规定。具体包括以下几个问题：

（一）福田雷沃公司是否曾提出过诉争无效理由

经查，福田雷沃公司提交的无效宣告请求书明确记载其无效宣告请求理由包括本专利与对比文件 2 和公知常识的结合相比不具有创造性，以及本专利与对比文件 3 和公知常识的结合相比不具有创造性等，并未提出本专利与对比文件 3、对比文件 2 和公知常识的结合相比不具有创造性的理由。虽然无效宣告请求书中提到“对比文件 3 没有公开本专利权利要求 1 中的技术特征 F、G……如 6.0.2、6.0.4 中所述，权利要求 1 中的区别技术特征 F、G 属于公知常识，且被对比文件 1、对比文件 2、对比文件 4、对比文件 5、6、7、8 公开，因此权利要求 1、3、4 不具有创造性”，但该具体内容是置于“本专利权利要求 1～4 与对比文件 3 与公知常识的结合相比不具有创造性”的请求项下，且在口头审理过程中，福田雷沃公司也只是坚持本专利相对于对比文件 2 和公知常识的结合不具备创造性的无效理由，放弃对比文件 3 结合公知常识评价创造性的理由，并未涉及诉争无效理由。可见，福田雷沃公司自始至终并未提出过本专利相对于对比文件 3、对比文件 2 和公知常识的结合不具有创造性的无效宣告请求理由，其在口头审理中放弃的是其曾主张的本专利相对于对比文件 3 和公知常识的结合不具有创造性的无效理由。因此，专利复审委员会关于福田雷沃公司曾经提出过诉争无效理由，并在此基础上主张可以依职权审查福田雷沃公司放弃过的无效宣告请求理由的申请再审理由不能成立。

（二）关于专利法实施细则第七十二条第二款

专利法实施细则第七十二条第二款规定：“专利复审委员会作出决定之前，无效宣告请求人撤回其请求或者其无效宣告请求被视为撤回的，无效宣告请求审查程序终止。但是，专利复审委员会认为根据已进行的审查工作能够作出宣告专利权无效或者部分无效的决定的，不终止审查程序。”该规定适用于无效宣告请求人撤回其请求或者其无效宣告请求被视为撤回的情形。本案中，福田雷沃公司并未撤回其请求，也不存在其无效宣告请求被视为撤回的情况。即使如专利复审委员会所主张的该规定适用于请求人主动放弃部分无效宣告理由和证据的情形，但如前所述，福田雷沃公司并未提出过诉争无效宣告理由，不存在放弃的事实。故专利复审委员会关于在请求人部分放弃无效宣告理由、证据的情况下，其可以依据专利法实施细则第七十二条第二款的规定依职权进行审查的主张没有事实依据，本院不予支持。

（三）专利复审委员会主动引入诉争无效宣告理由是否符合法律规定

《中华人民共和国专利法》第四十五条规定：“自国务院专利行政部门公告授予专利权之日起，任何单位或者个人认为该专利权的授予不符合本法有关规定的，可以请求专利复审委员会宣告该专利权无效。”可见，无效宣告审查程序是基于请求人的请求而启动。请求原则作为无效宣告审查程序的基本原则，不仅要求无效宣告审查程序必须由请求人启动，而且在无效宣告审查程序中，通常仅针对当事人提交的无效宣告请求的范围、理由和提交的证据进行审查，专利复审委员会不承担全面审查专利有效性的义务。请求原则还意味着请求人有权处分自己的请求，可以放弃全部或者部分无效宣告理由及证据。对于请求人放弃的无效宣告理由和证据，在没有法律依据的情况下，通常专利复审委员会不应再作审查。《审查指南》规定了依职权审查原则，并对专利复审委员会可以依职权审查的具体情形作了列举规定。这些依职权审查的情形是请求原则的例外，一方面赋予专利复审委员会依职权审查的职权，给予公众相应的预期，另一方面也限定了专利复审委员会可以依职权审查情形的范围。专利复审委员会关于《审查指南》的规定仅是“对依职权审查情形的列举而非对依职权审查情形的限制”的主张没有法律依据。

本案中，福田雷沃公司并未提出过本专利相对于对比文件 3、对比文件 2 和公知常识的结合不具有创造性的无效宣告理由，且在口头审理中明确放弃对比文件 3 结合公知常识评价本专利创造性的无效宣告理由。在请求人未提出且明确放弃对比文件 3 的情形下，专利复审委员会主动引入请求人放弃的证据并引入请求人未提出的证据组合方式，这种做法并不属于《审查指南》规定的可以依职权审查的范围。专利复审委员会主动引入诉争无效宣告理由进行审查并据此宣告本专利无效，缺乏相应的法律依据。至于听证原则是在符合请求原则或者依职权审查原则之下的程序要求，不能因给予当事人陈述意见的机会就使得本没有法律依据的主动审查行为合法化。

综上，专利复审委员会的再审申请不符合《中华人民共和国行政诉讼法》第六十三条第二款①、《最高人民法院关于执行〈中华人民共和国行政诉讼法〉若干问题的解释》第七十二条规定的条件，依据《最高人民法院关于执行〈中华人民共和国行政诉讼法〉若干问题的解释》第七十四条之规定，裁定如下：

驳回国家知识产权局专利复审委员会的再审申请。

审 判 长 周 翔
代理审判员 周云川
代理审判员 罗 霞
二〇一四年五月二十一日
书 记 员 张 博

122. 化学领域产品发明说明书是否充分公开的认定（一）

——再审申请人国家知识产权局专利复审委员会、北京嘉林药业股份有限公司与被申请人沃尼尔·朗伯有限责任公司、一审第三人张楚发明专利权无效行政纠纷案

【裁判要旨】

化学领域产品发明的专利说明书中应当记载化学产品的确认、制备和用途。

【关键词】

发明专利　化学产品　无效程序　充分公开

① 对应2017年修正的《中华人民共和国行政诉讼法》第九十二条第二款，规定："最高人民法院对地方各级人民法院已经发生法律效力的判决、裁定，上级人民法院对下级人民法院已经发生法律效力的判决、裁定，发现有本法第九十一条规定情形之一，或者发现调解违反自愿原则或者调解书内容违法的，有权提审或者指令下级人民法院再审。"

【案号】

最高人民法院（2014）行提字第8号

【基本案情】

在本案中，1996年7月8日，沃尼尔·朗伯有限责任公司（以下简称沃尼尔·朗伯公司）申请了名称为“结晶［R－（R＊，R＊）］－2－（4－氟苯基）－β，δ－二羟基－5－（1－甲基乙基）－3－苯基－4－［（苯氨基）羰基］－1H－吡咯－1－庚酸半钙盐”发明专利（即本案专利），2002年7月10日获得授权，专利号为96195564.3。本案专利权利要求1的主题为含1－8摩尔水的Ⅰ型结晶阿托伐他汀水合物，特征部分用X－射线粉末衍射图（XPRD）予以限定。针对本案专利，北京嘉林药业股份有限公司（以下简称嘉林公司）、张楚分别向中华人民共和国国家知识产权局专利复审委员会（以下简称专利复审委员会）提起无效宣告请求，专利复审委员会合并审理后于2009年6月17日作出第13582号无效宣告请求审查决定（以下简称第13582号决定），以本案专利不符合专利法第二十六条第三款规定为由，宣告本案专利权全部无效。主要理由为：1. 说明书中没有提供任何定性或定量的数据证明其得到的Ⅰ型结晶阿托伐他汀水合物中确实包含1～8摩尔（优选3摩尔）水；而且，从其制备方法的步骤，以及用于表征产品晶型的XPRD数据及谱图中也无法确切地推知其产品中水含量为1～8摩尔（或3摩尔）。因此，本领域技术人员根据说明书公开的内容无法确认权利要求中保护的产品。2. 本领域技术人员根据本案专利说明书的内容无法确信如何才能制备得到本案专利保护的含1～8摩尔水（优选3摩尔）的Ⅰ型结晶阿托伐他汀水合物。沃尼尔·朗伯公司不服，提起行政诉讼。北京市第一中级人民法院一审判决维持第13582号决定。沃尼尔·朗伯公司不服，提起上诉。北京市高级人民法院二审认为，本发明要解决的技术问题是要获得阿托伐他汀的结晶形式，具体是Ⅰ型结晶阿托伐他汀，用以克服“无定型阿托伐他汀不适合大规模生产中的过滤和干燥”的技术问题。由于专利复审委员会并没有确定本发明所要解决的技术问题，也没有明确哪些参数是“与要解决的技术问题相关的化学物理性能参数”。因此，专利复审委员会在未对本发明要解决的技术问题进行整体考虑的情况下，作出本案专利不符合专利法第二十六条第三款规定的相关认定显属不当。遂判决撤销一审判决和第13582号决定，并责令专利复审委员会重新作出决定。专利复审委员会、嘉林公司均不服，向最高人民法院申请再审。最高人民法院裁定提审本案，并于2015年4月16日判决撤销二审判决，维持一审判决。

【裁判意见】

最高人民法院提审认为：本发明涉及Ⅰ型结晶阿托伐他汀及其水合物，为典型的化学领域产品发明，而化学领域发明专利相比于其他领域具有特殊性，即化学领域属于实验性科学领域，影响发明结果的因素是多方面、相互交叉且错综复杂的。由于化学领域发明专利的这些特性，化学产品发明的专利说明书中应当记载化学产品的确认、制备和用途。具体而言，当发明是一种化合物时，说明书中应当说明该化合物的化学结构及与发明要解决的技术问题相关的化学、物理性能参数，使本领域技术人员能确认该化合物。化学产品的确认是指本领域技术人员应能够根据说明书中公开的内容清楚地确认权利要求所保护的化学产品。本案专利请求保护的Ⅰ型结晶阿托伐他汀水合物中的水含量是该产品发明的组成部分和结构特征，说明书中应当有定性或者定量的数据使本领域技术人员相信本案专利请求保护的Ⅰ型结晶阿托伐他汀水合物中确实含有1到8摩尔水，优选3摩尔水。也就是说，含水量的确认作为证明本案专利产品实际存在状态的证据，属于本案专利产品确认中必不可少的重要内容。沃尼尔·朗伯公司认可本案专利说明书中未测定得到的Ⅰ型结晶阿托伐他汀含有多少水，也认可通过本案专利说明书公开的图谱本身不能确定对应的化合物中水的含量，在说明书仅有声称性结论的情况下，本领域技术人员无法确认本案专利请求保护的Ⅰ型结晶阿托伐他汀水合物确实含有1到8摩尔水，优选3摩尔水。说明书中还应当至少公开一种制备方法，使本领域技术人员能够实施。由于本案专利说明书中没有对请求保护的Ⅰ型结晶阿托伐他汀水合物中的水进行清楚、完整的说明，本领域技术人员无论是根据本案专利说明书中的一般性记载，还是根据其中具体的实施例，均无法确信可以受控地制备得到本案专利请求保护的含1~8摩尔水（优选3摩尔）的Ⅰ型结晶阿托伐他汀水合物。从化学产品确认和制备的角度，本案专利说明书不符合专利法第二十六条第三款的规定。

中华人民共和国最高人民法院行政判决书

（2014）行提字第8号

再审申请人（一审被告、二审被上诉人）：中华人民共和国国家知识产权局专利复审委员会。住所地：中华人民共和国北京市海淀区北四环西路9号银谷大厦×层。

法定代表人：葛树，该委员会副主任。

委托代理人：王晓东，该委员会审查员。

委托代理人：潘骏，该委员会审查员。

再审申请人（一审第三人）：北京嘉林药业股份有限公司。住所地：中华人民共和国北京市朝阳区东直门外大山子酒仙桥路×号。

法定代表人：张湧，该公司董事长。

委托代理人：黄泽雄，北京邦信阳专利商标代理有限公司专利代理人，住中华人民共和国北京市海淀区马甸冠城南园×楼×层。

委托代理人：樊耀峰，北京邦信阳专利商标代理有限公司职员，住中华人民共和国北京市海淀区西土城路×号。

被申请人（一审原告、二审上诉人）：沃尼尔·朗伯有限责任公司（WARNER－LAMBERT COMPANY LLC）。住所地：美利坚合众国纽约州纽约东42街235号（235E. 42nd ST，New York，NY 10017，U. S. A.）。

法定代表人：J. 迈克尔·迪克森，该公司法律顾问。

委托代理人：龙传红，中国国际贸易促进委员会专利商标事务所专利代理人，住中华人民共和国北京市海淀区皂君庙×号×号楼×门×号。

委托代理人：林森，中国专利代理（香港）有限责任公司专利代理人。

一审第三人：张楚，住中华人民共和国北京市海淀区文慧园×号楼×号。

委托代理人：缪仁康，北京市大嘉律师事务所律师。

再审申请人中华人民共和国国家知识产权局专利复审委员会（以下简称专利复审委员会）、北京嘉林药业股份有限公司（以下简称嘉林公司）因与被申请人沃尼尔·朗伯有限责任公司（以下简称沃尼尔·朗伯公司）、一审第三人张楚发明专利权无效行政纠纷一案，不服北京市高级人民法院作出的（2010）高行终字第1489号行政判决，向本院申请再审。本院于2013年12月11日作出（2013）知行字第16号行政裁定，提审本案。本院依法组成合议庭，于2014年10月20日公开开庭审理了本案。专利复审委员会的委托代理人王晓东、潘骏，嘉林公司的委托代理人黄泽雄、樊耀峰，沃尼尔·朗伯公司的委托代理人龙传红、林森，张楚的委托代理人缪仁康到庭参加诉讼。本案现已审理终结。

北京市第一中级人民法院一审查明：

1996年7月8日，沃尼尔·朗伯公司申请了名称为“结晶［R－（R＊，R＊）］－2－（4－氟苯基）－β，δ－二羟基－5－（1－甲基乙基）－3－苯基－4－［（苯氨基）羰基］－1H－吡咯－1－庚酸半钙盐”发明专利（即本专利），2002年

7月10日获得授权，专利号为96195564.3，本专利优先权日为1995年7月17日。

本专利权利要求为：1. 含1～8摩尔水的Ⅰ型结晶阿托伐他汀水合物，其特征在于，有以下研磨2分钟后测量的根据2θ、d－面间距和大于20%的相对强度表示的X－射线粉末衍射图，使用Cukα射线测量：

2θ	d	研磨2分钟样品的相对强度（>20%）
9.150	9.6565	42.60
9.470	9.3311	41.94
10.266	8.6098	55.67
10.560	8.3705	29.33
11.853	7.4601	41.74
12.195	7.2518	24.62
17.075	5.1887	60.12
19.485	4.5520	73.59
21.626	4.1059	100.00
21.960	4.0442	49.44
22.748	3.9059	45.85
23.335	3.8088	44.72
23.734	3.7457	63.04
24.438	3.6394	21.10
28.915	3.0853	23.42
29.234	3.0524	23.36

2. 权利要求1的Ⅰ型结晶阿托伐他汀水合物，其特征在于，有以下固态13C核磁共振谱，其中化学位移以ppm表示：

规定（7KHz）	化学位移
C12或C25	182.8
C12或C25	178.4
C16	166.7（宽）和159.3

芳族碳

C2－C5，C13－C18，C19－C24，C27－C32	137.0
	134.9

	131.1
	129.5
	127.6
	123.5
	120.9
	118.2
	113.8
C8，C10	73.1
	70.5
	68.1
	64.9
亚甲基碳	
C6，C7，C9，C11	47.4
	41.9
	40.2
C33	26.4
	25.2
C34	21.3

3. 根据权利要求1的Ⅰ型结晶阿托伐他汀水合物，其中Ⅰ型结晶阿托伐他汀水合物为三水合物。4. 一种片剂形式的药物组合物，它含有与至少一种药物上可以接受的赋形剂、稀释剂或载体混合的权利要求1~3任一要求的Ⅰ型结晶阿托伐他汀水合物。5. 一种胶囊形式的药物组合物，它含有与至少一种药物上可以接受的赋形剂、稀释剂或载体混合的权利要求1~3任一要求的Ⅰ型结晶阿托伐他汀水合物。6. 一种粉剂形式的药物组合物，它含有与至少一种药物上可以接受的赋形剂、稀释剂或载体混合的权利要求1~3任一要求的Ⅰ型结晶阿托伐他汀水合物。7. 一种锭剂形式的药物组合物，它含有与至少一种药物上可以接受的赋形剂、稀释剂或载体混合的权利要求1~3任一要求的Ⅰ型结晶阿托伐他汀水合物。8. 一种栓剂形式的药物组合物，它含有与至少一种药物上可以接受的赋形剂、稀释剂或载体混合的权利要求1~3任一要求的Ⅰ型结晶阿托伐他汀水合物。9. 一种滞留灌肠剂形式的药物组合物，它含有与至少一种药物上可以接受的赋形剂、稀

释剂或载体混合的权利要求1～3任一要求的Ⅰ型结晶阿托伐他汀水合物。10. 一种制备含1～8摩尔水的Ⅰ型结晶阿托伐他汀水合物的方法，该法包括：步骤（a）用钙盐处理［R－（R*，R*）］－2－（4－氟苯基）－β，δ－二羟基－5－（1－甲基乙基）－3－苯基－4－［（苯氨基）羰基］－1H－吡咯－1－庚酸的碱性盐水溶液；以及步骤（b）分离Ⅰ型结晶阿托伐他汀水合物。11. 根据权利要求10的方法，其中步骤（a）将Ⅰ型结晶阿托伐他汀的晶种在用钙盐处理［R－（R*，R*）］－2－（4－氟苯基）－β，δ－二羟基－5－（1－甲基乙基）－3－苯基－4－［（苯氨基）羰基］－1H－吡咯－1－庚酸的碱性盐水溶液过程中或过程后加入。12. 根据权利要求10的方法，其中步骤（a）水溶液含有羟基共溶剂和甲基叔丁基醚。13. 根据权利要求12的方法，其中步骤（a）羟基共溶剂为甲醇。14. 根据权利要求10的方法，其中步骤（a）钙盐为乙酸钙。15. 根据权利要求10的方法，其中步骤（b）Ⅰ型结晶阿托伐他汀水合物进一步干燥。16. 根据权利要求15的方法，其中步骤（b）Ⅰ型结晶阿托伐他汀水合物在减压下进一步干燥。17. 根据权利要求10的方法，其中步骤（a）碱性盐选自碱金属盐、铵盐和胺盐。18. 根据权利要求17的方法，其中步骤（a）碱性盐为钠盐。19. 根据权利要求10的方法，其中使用2摩尔碱性盐比1摩尔钙盐。20. 一种制备1－8摩尔水的Ⅰ型结晶阿托伐他汀水合物的方法，该法包括：步骤（a）将无定型阿托伐他汀和Ⅰ型结晶阿托伐他汀的混合物悬浮在含有共溶剂的水中；以及步骤（b）分离Ⅰ型结晶阿托伐他汀水合物。21. 根据权利要求20的方法，其中步骤（a）共溶剂选自甲醇、乙醇、2－丙醇和丙酮。22. 根据权利要求21的方法，其中步骤（a）共溶剂为甲醇。23. 根据权利要求20的方法，其中步骤（b）Ⅰ型结晶阿托伐他汀水合物进一步干燥。24. 根据权利要求23的方法，其中步骤（b）Ⅰ型结晶阿托伐他汀水合物在减压下进一步干燥。

本专利说明书第15页载明：“本发明的Ⅰ型、Ⅱ型、Ⅳ型结晶阿托伐他汀可以无水形式以及水合形式存在。通常，水合形式与非水合形式是等价的，包括在本发明的范围内。Ⅰ型结晶阿托伐他汀含有约1至8摩尔水。优选的是，Ⅰ型结晶阿托伐他汀含有3摩尔水。”“本发明提供了制备Ⅰ型结晶阿托伐他汀水合物的方法，该方法包括一种制备Ⅰ型结晶阿托伐他汀水合物的方法，该法包括：步骤（a），用钙盐处理结晶［R－（R*，R*）］－2－（4－氟苯基）－β，δ－二羟基－5－（1－甲基乙基）－3－苯基－4－［（苯氨基）羰基］－1H－吡咯－1－庚酸的碱性盐水溶液；步骤（b），分离Ⅰ型结晶阿托伐他汀水合物。”

本专利说明书第17页载明:“例如,当原料为Ⅰ型结晶阿托伐他汀时,可通过将固体溶于甲醇中,随后使Ⅳ型结晶沉淀来制得所需的Ⅳ型结晶阿托伐他汀。”

本专利说明书第19页至第20页载明:“实施例1,[R-(R*,R*)]-2-(4-氟苯基)-β,δ-二羟基-5-(1-甲基乙基)-3-苯基-4-[(苯氨基)羰基]-1H-吡咯-1-庚酸半钙盐(Ⅰ型阿托伐他汀)。方法A,在48-58℃下,将(2R-反)-5-(4-氟苯基)-2-(1-甲基乙基)-N,4-二苯基-1-[2-(四氢-4-羟基-6-氧代-2H-吡喃-2-基)乙基]-1H-吡咯-3-羧酰胺(阿托伐他汀内脂)(US 5273995)(75公斤)、甲基叔丁基醚(MTBE)(308公斤)和甲醇(190升)的混合物与氢氧化钠水溶液(5.72公斤氢氧化钠在950升水中)反应40~60分钟,生成开环的钠盐。冷却到25~35℃后,废弃有机层,用MTBE(230公斤)再次萃取水层。废弃有机层,并将MTBE饱和的钠盐水溶液加热到47~52℃。将乙酸钙半水合物(11.94公斤)溶于水(410升)的溶液在至少30分钟内加到该溶液中,在加入乙酸钙溶液后不久,用Ⅰ型结晶阿托伐他汀的浆液(1.1公斤阿托伐他汀在11升水和5升甲醇中)给混合物加晶种。然后将混合物在51~57℃下加热至少10分钟,再冷却到15~40℃。过滤混合物,用水(300升)和甲醇(150升)的溶液,然后用水(450升)洗涤。将固体在60~70℃、真空下干燥3~4天,得到Ⅰ型结晶阿托伐他汀(72.2公斤)。方法B,将无定形阿托伐他汀(9克)和Ⅰ型结晶阿托伐他汀(1克)在约40℃下,在水(170毫升)和甲醇(30毫升)的混合物中搅拌17小时。过滤混合物,用水洗涤,在70℃、减压下干燥,得到Ⅰ型结晶阿托伐他汀(9.7克)。”

本专利说明书第20页至第21页载明:“实施例3,[R-(R*,R*)]-2-(4-氟苯基)-β,δ-二羟基-5-(1-甲基乙基)-3-苯基-4-[(苯氨基)羰基]-1H-吡咯-1-庚酸半钙盐(Ⅳ型阿托伐他汀)在50~55℃下,将(2R-反)-5-(4-氟苯基)-2-(1-甲基乙基)-N,4-二苯基-1-[2-(四氢-4-羟基-6-氧代-2H-吡喃-2-基)乙基]-1H-吡咯-3-羧酰胺(阿托伐他汀内酯)(US 5273995)(12公斤)、MTBE(50公斤)和甲醇(30升)的混合物与氢氧化钠水溶液(1.83公斤氢氧化钠于150升水中)反应30~45分钟,生成开环的钠盐。冷至20~25℃后,废弃有机层,并用MTBE(37公斤)再次萃取水层。废弃水层,并将钠盐的水溶液加热到70~80℃,并用蒸馏法除去残留的MTBE。然后将溶液冷至60~70℃。将乙酸钙半水合物(1.91公斤)溶于水/甲醇(72升水+16升甲醇)中的溶液加到该溶液中。在乙酸钙溶液加入后不久，用Ⅰ型结晶阿托伐他汀（180克）给混合物加晶种。将混合物在65～75℃下加热至少5分钟，然后冷至50～55℃。过滤混合物，并在55～65℃下浆化在甲醇（约200升）中，然后冷至25～30℃并过滤。将固体在66～70℃、真空下干燥，得到Ⅳ型结晶阿托伐他汀（分离出约3公斤）。”

嘉林公司作为无效请求人之一，就本专利权效力向专利复审委员会提起无效请求，其中包括如下理由：1. 本专利权利要求保护含1～8摩尔水的Ⅰ型结晶阿托伐他汀水合物，其中包括8种Ⅰ型结晶，但是说明书没有验证这8种Ⅰ型结晶阿托伐他汀水合物具有相同的XPRD和13CNMR；2. 无论基于说明书的一般性公开还是基于实施例的公开，本领域技术人员都难以制备得到含1～8摩尔水的Ⅰ型结晶阿托伐他汀水合物。

2009年6月17日，专利复审委员会针对嘉林公司对本专利所提出的无效宣告请求，作出第13582号无效宣告请求审查决定（以下简称第13582号决定），其中认定如下：《中华人民共和国专利法》（以下简称专利法）第二十六条第三款规定：说明书应当对发明作出清楚、完整的说明，以所属技术领域的技术人员能够实现为准。对于化学产品发明而言，本领域技术人员能够实现是指，本领域技术人员根据说明书中公开的内容就能够确认并制备得到所述化学产品，同时能实现其一种或多种用途和/或达到相应的使用效果。具体而言，当所述化学产品为化合物晶体时，一方面，说明书中不仅应当说明所述化合物晶体的物质组成和晶体结构，而且应当记载能够证明所述晶体的物质组成和微观结构的相应的物理化学参数（如定性或定量数据和谱图）；另一方面，说明书中还应当记载所述化合物晶体的至少一种制备方法，使本领域技术人员能够实施。反之，若本领域技术人员根据说明书公开的制备方法不能确认所述化合物晶体的物质组成或者微观结构，或者依据说明书公开的制备方法不能确信是否能够得到所述化合物晶体，则说明书对于所述化合物晶体的公开未达到本领域技术人员能够实现的程度。

就本案而言，权利要求1～3要求保护一种含1～8摩尔水的Ⅰ型结晶阿托伐他汀水合物，其通过两种表征方式对所述结晶水合物进行了定义：一是组成，即，含1～8摩尔（或3摩尔）水的阿托伐他汀水合物；二是表征其微观结构的XPRD和13CNMR数据。嘉林公司认为，说明书中未充分公开本专利权利要求中含1～8摩尔水的Ⅰ型结晶阿托伐他汀水合物。理由在于：权利要求保护含1～8摩尔水的Ⅰ型结晶阿托伐他汀水合物，其中包括8种Ⅰ型结晶，但说明书没有验证这8种Ⅰ型结晶水合物具有相同的XPRD和13CNMR数据；无论基于说明书的一般性公开还是基于实施例公开，本领域技术人员都难以制备得到含有1~8摩尔水的Ⅰ型结晶阿托伐他汀水合物。对此，沃尼尔·朗伯公司认为，说明书公开了本专利含1~8摩尔水的Ⅰ型结晶阿托伐他汀水合物的结构及其解析数据，也公开了其制备方法、制备实施例及其有益效果。反证9，1982年的公开出版物证明，水合物晶体中的水可以以结晶水的形式存在，也可以不以结晶水的形式存在。本专利属于后者，因此，本专利符合专利法第二十六条第三款的规定。

双方当事人主要争议点在于，一是含有不同摩尔水的同一化合物的水合物，其XPRD和13CNMR是否相同。二是根据本专利说明书公开的内容是否能够确认并制备得到所述含1~8摩尔水的Ⅰ型结晶阿托伐他汀水合物。关于争议点一，嘉林公司认为，含有不同结晶水的结晶水合物必然具有不同的XPRD，而沃尼尔·朗伯公司以反证9为据，主张水合物中，水可以以结晶水的形式存在，也可以不以结晶水形式存在。专利复审委员会查明，反证9中译文第1~3行公开了以下内容："与咖啡因、茶叶碱和巯基嘌呤的行为不同，溶剂化与非溶剂化的晶体形式的头孢来星（15）和头孢氨苄（16）的X射线粉末衍射图几乎是完全相同的（Pfeiffer等人，1970年）。"也就是说，反证9证实，对于头孢来星、头孢氨苄而言，溶剂化与非溶剂化的晶体会具有几乎完全相同的XPRD，但对于咖啡因、茶叶碱和巯基嘌呤来说并非如此。由此可见，一方面，本领域中，并非所有物质的水合物中的水都会在晶胞中占位而产生不同的XPRD；另一方面，对于某种物质来说，其水合物中的水到底会不会占位，水的存在或者含水量的多少是否会影响其XPRD，在本领域中并没有统一的教导。关于争议点二，专利复审委员会查明，对于本专利保护的1~8摩尔水的Ⅰ型结晶阿托伐他汀水合物，说明书公开了如下相关内容：说明书第2页最后一段至第4页第8行、第9页表1、第12页表4公开了Ⅰ型结晶阿托伐他汀水合物XPRD和13CNMR数据。说明书第15页第15~19行提到：本专利的Ⅰ型结晶阿托伐他汀可以以无水形式以及水合形式存在。通常，水合形式与非水合形式是等价的，包括在本专利的范围内。Ⅰ型结晶阿托伐他汀含有约1至8摩尔水，优选3摩尔水。说明书第15页第20行至第16页给出了制备Ⅰ型结晶阿托伐他汀水合物的一般性方法，说明书第19~20页实施例1的方法A描述了以钠盐水溶液为原料，通过加入乙酸钙水溶液和Ⅰ型结晶的晶种进行处理制备Ⅰ型结晶的方法。方法B描述了以无定形溶液和Ⅰ型结晶阿托伐他汀混合物为原料制备Ⅰ型结晶的方法。以上可知，1. 沃尼尔·朗伯公司关于阿托伐他汀水合形式与非水合形式等价问题仅限于其陈述。也即，其主张了水的存在不会影响到晶体的 XPRD，却没有提供任何证据加以证明。根据前述查明情况，对于某种物质来说，其水合物的水到底会不会占位，水的存在或者含水量的多寡是否会影响其 XPRD，在本领域中没有统一教导。本领域技术人员根据其常识无法预期到阿托伐他汀到底属于“水不占位，不影响晶体的 XPRD”的物质，还是属于“水会占位，会影响晶体的 XPRD”的物质。在此情况下，说明书中应当提供充分的证据证明对于含有不同摩尔水的阿托伐他汀水合物来说其是否具有相同的 XPRD。在说明书中仅有声称性的结论，没有相应证据的情况下，本领域技术人员无法确信含 1～8 摩尔水的阿托伐他汀水合物具有相同的 XPRD。2. 权利要求 1～3 保护的结晶产品是通过其组成（阿托伐他汀，水含量）和微观结构（XPRD 和 13CNMR）共同定义的，水含量是其产品组成中必不可少的一部分，但是，说明书中仅声称其水含量为 1～8 摩尔，优选 3 摩尔，但没有提供任何定性或定量的数据证明其得到的Ⅰ型结晶阿托伐他汀水合物中确实包含 1～8 摩尔（优选 3 摩尔）水，即使是最具体的实施例 1 也没有对产品中的水含量进行测定；而且，从其制备方法的步骤，以及用于表征产品晶型的 XPRD 和 13CNMR 数据及谱图中也无法确切地推知其产品中必然含有水，更无法推知其中的水含量为 1～8 摩尔（或 3 摩尔）。因此，本领域技术人员根据说明书公开的内容无法确认权利要求中保护的产品。3. 就含 1～8 摩尔水的阿托伐他汀水合物的制备而言，说明书公开了其一般性的制备方法，即，包括步骤（a），用钙盐处理结晶［R－（R*，R*）］－2－（4－氟苯基）－β，δ－二羟基－5－（1－甲基乙基）－3－苯基－4－［（苯氨基）羰基］－1H－吡咯－1－庚酸的碱性盐水溶液；步骤（b），分离Ⅰ型结晶阿托伐他汀水合物。然而，比较本专利实施例 1 的方法 A 和实施例 3 可见，二者均包含步骤（a）和（b），但是，前者得到含有 1～8 摩尔水的Ⅰ型结晶，而后者却得到Ⅳ型结晶，因此，仅由该一般方法无法确切地得到含 1～8 摩尔水的阿托伐他汀水合物。说明书第 16 页对所述一般性方法进行了细化，并在实施例 1 的方法 A 中给出了具体的方案，但是，由于实施例 1 中仅声称其得到了Ⅰ型结晶阿托伐他汀，未检测其产品的水含量，因此，由该实施例 1 无法确信所述方法是否必然会得到含 1～8 摩尔水的阿托伐他汀水合物。因此，本领域技术人员无论是根据说明书给出的一般性方法，还是根据具体实施例，均无法确信如何才能受控地制备得到本专利保护的含 1～8 摩尔水（优选 3 摩尔）的Ⅰ型结晶阿托伐他汀水合物。综上，专利复审委员会认为，说明书对权利要求 1～3 中保护的结晶产品的公开，未达到本领域技术人员能够实现的程度，不符合专利法第二十六条第三款的规定。在此基础上，保护包含权利要求 1 ~3 所含 1 ~8 摩尔水的Ⅰ型结晶阿托伐他汀水合物的药物组合物的权利要求 4 ~9、保护权利要求 1 ~3 所述含 1 ~8 摩尔水的Ⅰ型结晶阿托伐他汀水合物的制备方法的权利要求 10 ~24 也不符合专利法第二十六条第三款的规定。

沃尼尔·朗伯公司认为通常实施例是优选实施方案，因此，实施例 1 的方法 A 中得到的产品水含量应为 3 摩尔。对此，专利复审委员会认为此仍为沃尼尔·朗伯公司缺少证据证明的主张。

综上，专利复审委员会宣告本专利全部无效。

沃尼尔·朗伯公司不服该决定，向北京市第一中级人民法院提起诉讼，请求撤销专利复审委员会作出的第 13582 号决定。

北京市第一中级人民法院认为本案争议问题在于：

1. 本专利含有不同摩尔水的Ⅰ型结晶阿托伐他汀水合物，其 XPRD 是否相同。

沃尼尔·朗伯公司认可对于某种物质来说，其水合物中的水到底会不会占位，水的存在或者含水量的多少是否会影响其 XPRD，在本领域中并没有统一的教导。沃尼尔·朗伯公司提出本专利说明书第 15 页载明，本专利的Ⅰ型、Ⅱ型、Ⅳ型结晶阿托伐他汀可以无水形式以及水合形式存在。通常，水合形式与非水合形式是等价的。该记载表明本专利的结晶水不会影响晶体的 XPRD。专利复审委员会认为说明书该记载仅为声称，缺乏证据来证明该结论，因此本领域技术人员无法确信含 1 ~8 摩尔水的阿托伐他汀水合物具有相同的 XPRD。嘉林公司认为说明书中“通常，水合形式与非水合形式是等价的”缺乏证据的证明。嘉林公司及张楚均与专利复审委员会意见相同。

2. 根据本专利说明书公开的内容是否能够确认得到的Ⅰ型结晶阿托伐他汀水合物中含有 1 ~8 摩尔水。

沃尼尔·朗伯公司认可说明书中未测定得到的Ⅰ型结晶阿托伐他汀含有多少水，也认可通过说明书公开的图谱本身不能确定对应的化合物水的含量。但沃尼尔·朗伯公司提出，确认产品中含水的摩尔数是容易的。因为测定化合物含水的方法是本领域公知常识，例如费休氏水分测定法。专利复审委员会认为即使测定水分的方法本身是公知的，但由于其测定的样品是不确定的，因此其主张的公知常识理由与本案无关。嘉林公司认为费休氏水分测定法只能测定总水分含量并不能测定水合物中结晶水量，即无法通过该方法确定实施例 1 中得到的Ⅰ型结晶阿托伐他汀的含水量。

3. 根据本专利说明书公开的内容是否能够制备含有1～8摩尔水的Ⅰ型结晶阿托伐他汀水合物。

沃尼尔·朗伯公司提出：本专利说明书公开了一个制备本专利Ⅰ型结晶阿托伐他汀水合物的实施例，即实施例1方法A。虽然实施例1方法A没有明确其所得到的产品中含有3摩尔水，但说明书第15页载明“Ⅰ型结晶阿托伐他汀含有1～8摩尔水。优选的是，Ⅰ型结晶阿托伐他汀含有3摩尔水”。即优选方案为含有3摩尔水的Ⅰ型结晶阿托伐他汀，本专利在1996年申请时适用的是1993年版《中华人民共和国专利法实施细则》（以下简称专利法实施细则），该细则第十八条第一款第（八）项规定“详细描述申请人认为实现发明或者实用新型的最好方式，在适当的情况下，应当举例说明；有附图的，应当对照附图”。其中“应当举例说明”，属于强制性规范，由此推知本专利说明书中实施例1方法A系对应于说明书第15页记载的含3摩尔水的优选方案，也即是否含水，含几个水的方案已被实质性公开。专利复审委员会予以反对，其认为，首先，本案应适用2001年版专利法实施细则。其次，“应当举例说明”一语并非强制性规范，而是倡导性规范，原因在于即使未按该规定书写说明书，其专利也不会因此被驳回，或被宣告无效。所以不存在实施例1定对应于优选方案的逻辑，也不能由此确定本专利说明书实施例1方法A中得到的产品就是优选方案中所称的含3摩尔水的产品。

沃尼尔·朗伯公司还提出：说明书第17页中已经明确说明“当原料为Ⅰ型结晶阿托伐他汀时，可通过将固体溶于甲醇中，随后使Ⅳ型结晶沉淀来制得所需的Ⅳ型结晶阿托伐他汀”。说明书的实施例3中，先通过与实施例1相同的方法获得了Ⅰ型结晶阿托伐他汀，随后用甲醇进行晶型转换，最后得到Ⅳ型结晶。因此第13582号决定中认定的“所属技术领域技术人员无论根据说明书给出的一般性方法，还是根据具体实施例，均无法确信如何才能受控地制备得到本专利保护的含1～8摩尔水（优选3摩尔）的Ⅰ型结晶阿托伐他汀水合物”的事实没有依据。专利复审委员会坚持第13582号决定的第25页最后一段至第26页第一段的意见。

北京市第一中级人民法院一审认为：本专利权利要求1～3保护含1～8摩尔水的Ⅰ型结晶阿托伐他汀水合物，该水合物通过水的组成和微观结构共同定义。首先，就水合物的微观结构方面，含1～8摩尔水的Ⅰ型结晶阿托伐他汀水合物是否具有相同的 XPRD，由于现有技术并无统一教导，而说明书中又仅有声称性结论“通常，水合形式与非水合形式是等价的”，缺乏实验予以证实。因此就目前的证据而言，不能认为含 1 ~8 摩尔水的Ⅰ型结晶阿托伐他汀水合物具有相同的 XPRD。其次，根据说明书的记述情况，所述Ⅰ型结晶阿托伐他汀是否含水并不确定，用“费休氏水测定法”测定得到“总含量水”，包括可能是结晶水和/或多种形式的非结晶水之和，无法确定确系与化合物分子结合的比较稳定的结晶水，Ⅰ型结晶阿托伐他汀是否含有 1 ~8 摩尔水仍不得而知。同时，就化合物确认方面而言，说明书未对得到的化学产品的组成之一水的含量进行确认，无论测定化合物含水量的方法是否在申请日前已经公知，都不能改变说明书应当公开而未予公开的事实。最后，关于化合物制备方面，可从具体实施例和一般性方法两个方面看。其一，从实施例 1 方法 A 看，属于与权利要求 1 ~3 对应的唯一具体制备方法，该方法中未检测其产品含水量，即无法确信实施该方法能够制备得到含 1 ~8 摩尔水的Ⅰ型结晶阿托伐他汀水合物。同时无论是 1993 年版还是 2001 年版专利法实施细则，其第十八条的规定均属于倡导性规范，而非强制性规范，即使未按该项规定撰写说明书并不因此导致本专利被驳回或被宣告无效，该项规定不是用以判定一项专利是否应予驳回或被宣告无效的法律依据。沃尼尔·朗伯公司关于设定优选方案必定对应于其实施例 1 方法 A，并推导得出含有 3 摩尔水的技术方案已被公开的主张不能成立，其理由是：1. 该设定与推论缺乏事实依据和法律依据，不能令人信服。2. 该设定与推论违背逻辑常理，根据说明书的记述情况，以实施例 1 方法 A 获得的Ⅰ型结晶阿托伐他汀没有明确是否含水，以及含几摩尔水等问题，该问题尚处于不确定状态，由此不能唯一导出用实施例 1 方法 A 获得的就是优选含有 3 摩尔水的Ⅰ型结晶阿托伐他汀的结论。3. 上述主张的提出者系沃尼尔·朗伯公司，且对沃尼尔·朗伯公司有利，理当由沃尼尔·朗伯公司承担举证证明责任。沃尼尔·朗伯公司提出应由专利复审委员会举证证明不含 3 摩尔水的事实违背证明规则。其二，沃尼尔·朗伯公司主张的“实施例 3 中的Ⅳ型结晶阿托伐他汀是先用与实施例 1 方法 A 相同的方法得到Ⅰ型结晶，随后通过将这一Ⅰ型结晶于甲醇中进行晶型转变，获得了Ⅳ型结晶”缺乏事实依据。

综上所述，本专利说明书既未对得到的化合物的含水量进行确认，也未对含 1 ~8 摩尔水的Ⅰ型结晶阿托伐他汀水合物具有相同的 XPRD 进行实验验证，因此说明书对权利要求 1 ~3 中保护的结晶产品的公开，未达到本领域技术人员能够实现的程度，不符合专利法第二十六条第三款的规定。在此基础上，保护包含权利要求1～3所含1～8摩尔水的Ⅰ型结晶阿托伐他汀水合物的药物组合物的权利要求4～9、保护权利要求1～3所述含1～8摩尔水的Ⅰ型结晶阿托伐他汀水合物的制备方法的权利要求10～24也不符合专利法第二十六条第三款的规定。北京市第一中级人民法院依照《中华人民共和国行政诉讼法》第五十四条第（一）项之规定，判决：维持第13582号决定。

沃尼尔·朗伯公司不服一审判决，向北京市高级人民法院提起上诉称：（一）二审提交的由天津大学化工学院龚俊波副教授完成的《阿托伐他汀钙结晶的制备与鉴定实验报告》，可以证明能制备得到权利要求3保护的Ⅰ型结晶阿托伐他汀三水合物。（二）一审判决及第13582号决定在判断公开充分时，均没有从本发明要解决的技术问题出发，造成认定事实错误。1. 审查指南第二部分第十章第3.1节规定：要求保护的发明为化学产品本身的，说明书应当记载化学产品的确认、化学产品的制备以及化学产品的用途；对于化合物发明，说明书中应当说明该化合物的化学名称及结构式或者分子式……；并应当记载与发明要解决的技术问题相关的化学、物理性能参数，使要求保护的化合物能被清楚地确认。因此，只要说明书提供了“与发明要解决的技术问题相关”的化学、物理性能参数，即满足了化学领域的公开充分。2. 本专利说明书明确指出本发明要解决的技术问题是：本发明涉及新型的结晶形式阿托伐他汀。本专利权利要求3保护的是具有权利要求1所述XPRD的Ⅰ型结晶阿托伐他汀三水合物。作为本领域技术人员应当理解权利要求3所保护的Ⅰ型结晶阿托伐他汀中所含的水分（3摩尔水），不是发明人在制备Ⅰ型结晶之前预先设想的，而是在制备得到该Ⅰ型结晶后通过分析测试才确定的。换言之，无论制备得到的该Ⅰ型结晶阿托伐他汀中是否含有水分或其他溶剂，都不会影响发明人制备得到要解决的技术问题的技术方案Ⅰ型结晶阿托伐他汀的结果。因此，一审判决和第13582号决定都错误地、不适当地考虑了结晶阿托伐他汀的含水量，并得出了本发明公开不充分的错误结论。（三）关于权利要求3保护的Ⅰ型结晶阿托伐他汀三水合物的确认。1. 专利复审委员会在第13582号决定中对“化合物产品的确认”提出了比审查指南更苛刻的要求。审查指南并没有提出“化学产品发明的结构和组成都必须借助试验数据来证明”，为实现本发明的有利于“大规模生产中的过滤和干燥”的目的，发明人只需要制备结晶就可以了。专利复审委员会要求说明书必须以数据、图谱或根据制备步骤严格证明发明人所得到的Ⅰ型结晶阿托伐他汀是含3摩尔水的三水化合物超出审查指南对化合物确认的要求。2. 本专利说明书对权利要求3保护的Ⅰ型结晶阿托伐他汀三水合物的公开满足了审查指南对化合物产品确认的要求。（四）关于权利要求3保护的Ⅰ型结晶阿托伐他汀三水合物的制备。1. 专利复审委员会第13582号决定及一审判决没有认定实施例1的方法A和实施例3之间的实质性区别，导致事实认定错误。2. 专利复审委员会第13582号决定对“化合物产品的制备”提出了比审查指南的规定更苛刻的要求。3. 本专利说明书对于权利要求3保护的Ⅰ型结晶阿托伐他汀三水合物的公开满足了审查指南关于化合物产品制备的规定。（五）专利复审委员会第13582号决定把“说明书中应当提供证据证明对于含有1~8摩尔水的结晶阿托伐他汀水合物都具有相同的XPRD”作为满足专利法第二十六条第三款充分公开的要求在法律上适用是错误的。

专利复审委员会、嘉林公司及张楚服从一审判决。

北京市高级人民法院二审查明：一审法院查明事实清楚，对此予以确认。在二审法院审理过程中，沃尼尔·朗伯公司提交了天津大学完成的《阿托伐他汀钙结晶的制备与鉴定实验报告》（以下简称天津大学实验报告），用以说明本领域技术人员可以根据说明书的记载实现本发明。该报告的完成人为龚俊波副教授，完成时间为2011年10月20日，完成单位为天津大学化工学院。龚俊波副教授出庭接受了询问。龚俊波副教授在接受询问时称：通过重复本专利实施例1的方法A制备出Ⅰ型结晶阿托伐他汀，从全谱对照可以表明其是什么晶型；本实验未对Ⅰ型结晶阿托伐他汀的含水量进行测定；该实验大概含有3.3摩尔水，但对其具体存在形式还需要进一步的实验等。

二审法院另查明：本专利说明书第1页载明：本发明涉及新型的结晶形式阿托伐他汀。第2页载明：上述美国专利中的方法公开了无定型阿托伐他汀，它不适合大规模生产中的过滤和干燥；我们现在吃惊地和意想不到地发现，阿托伐他汀可以结晶形式来制备，因此，本发明提供称为Ⅰ型新型结晶形式的阿托伐他汀。Ⅰ型阿托伐他汀由比以前的无定型产品更小的颗粒和更均匀的粒度分布的阿托伐他汀组成，它具有更有利于过滤和干燥的特性。此外，Ⅰ型阿托伐他汀比无定型产品更纯和更稳定。

针对本专利，张楚于2007年8月8日向专利复审委员会提出无效宣告请求，其理由是本专利权利要求1~3、10~24不具备新颖性，权利要求1~9不具备创造性。专利复审委员会受理了张楚提出的无效宣告请求，并与嘉林公司提出的无效宣告请求合并进行审理。

北京市高级人民法院二审认为：根据专利法第二十六条第三款，审查指南第二部分第二章第2.1节、第二部分第十章第3.1节、第二部分第二章第2.2.4节以及第二部分第四章第3.2.1.1节的相关规定，判断一项发明是否满足关于公开充分的要求，应包括确定该发明要解决的技术问题。本案中，本专利说明书载明：本发明涉及新型的结晶形式阿托伐他汀；在公开的美国专利中公开了无定型阿托伐他汀不适合大规模生产中的过滤和干燥；本发明提供称为Ⅰ型新型结晶形式的阿托伐他汀，Ⅰ型阿托伐他汀由比以前的无定型产品更小的颗粒和更均匀的粒度分布的阿托伐他汀组成，它具有更有利于过滤和干燥的特性。Ⅰ型阿托伐他汀比无定型产品更纯和更稳定。因此，本发明要解决的技术问题是要获得阿托伐他汀的结晶形式，具体是Ⅰ型结晶阿托伐他汀，用以克服“无定型阿托伐他汀不适合大规模生产中的过滤和干燥”的技术问题。

专利复审委员会在第13582号决定中认为“水含量是其产品组成中必不可少的一部分”并以说明书中没有提供任何定性或定量的数据证明得到的Ⅰ型结晶确实包含1~8摩尔（优选3摩尔）水为由，得出专利说明书没有满足充分公开要求的结论。但是，由于专利复审委员会并没有确定本发明要解决的技术问题，也没有明确哪些参数是“与要解决的技术问题相关的化学物理性能参数”。因此，专利复审委员会在未对本发明要解决的技术问题进行整体考虑的情况下，作出本专利公开不充分、本专利权利要求3不符合专利法第二十六条第三款规定的相关认定显属不当。沃尼尔·朗伯公司的相关上诉理由成立，对此予以支持。

综上，一审法院关于本专利权利要求3不符合专利法第二十六条第三款规定的相关认定有误，二审法院予以纠正。依据《中华人民共和国行政诉讼法》第六十一条第（三）项，《最高人民法院关于执行〈中华人民共和国行政诉讼法〉若干问题的解释》第七十条之规定，二审法院判决：一、撤销（2009）一中知行初字第2710号行政判决；二、撤销第13582号决定；三、由专利复审委员会重新就涉案专利作出无效审查决定。一、二审案件受理费各人民币100元，均由专利复审委员会负担。

专利复审委员会不服上述二审判决，向本院申请再审称：

（一）二审判决对于专利法第二十六条第三款的理解与判断方式有误，导致结论错误。1. 对专利法第二十六条第三款所称“发明”的理解有误，导致判断客体的认识错误。首先，根据专利法第二条的规定，专利法第二十六条第三款指向的客体，应当是作为公示其权利范围的权利要求的技术方案。二审判决在分析本专利是否符合专利法第二十六条第三款规定时，并没有分析本专利权利要求的技术方案是什么。其次，二审判决实际是以“Ⅰ型结晶阿托伐他汀”作为本案所述的发明客体，而这与本专利权利要求1～3中“含1～8摩尔（优选3摩尔）水的Ⅰ型结晶阿托伐他汀水合物”存在显著差异。2. 二审判决对专利法第二十六条第三款所称“清楚、完整”的理解有误。本专利权利要求1～3的文字部分已经清楚地表明了其保护的主题为含有特定量水的Ⅰ型结晶阿托伐他汀水合物，其中水含量的确认对于明确理解和实现本专利而言是不可缺少的技术内容之一。本领域技术人员并不能从现有技术中直接得到权利要求1～3所定义的水含量范围内的产品均会具有如其所定义的XPRD数据的结论，专利权人负有在说明书中对其进行清楚、完整说明的义务。此外，化合物充分公开的首要条件应当是本领域技术人员在说明书公开内容的基础上能够明晰其结构，并确认该结构产品的存在，这是专利法第二十六条第三款所述清楚、完整规定在化合物发明中的直接要求。然而，本专利仅于说明书中声称“Ⅰ型结晶阿托伐他汀含有约1至8摩尔水，优选的是，Ⅰ型阿托伐他汀含有3摩尔水”，除此之外并未测定并记载实施例所获产品的水含量。因此，本领域技术人员据此并不能确认本专利在申请日之前确实已经获得了权利要求所保护的具有特定水含量的产品。3. 二审判决对审查指南所述“解决其技术问题”的理解有误，导致判断逻辑和方法错误。实现发明或者实用新型的技术方案，解决其技术问题，并且产生预期的技术效果三者是存在严密的内在逻辑的。首先，讨论某技术方案能否解决其技术问题，必然以确定该技术方案是什么为前提。其次，某发明是否解决了其技术问题固然跟该发明技术方案采用的技术手段所能达到的客观效果相关，但通过技术方案来解决发明声称要解决的技术问题，其隐含的前提必须是确实已经获得并且能够实现这样的技术方案。可以说，化学产品的确认和制备是“解决其技术问题”的最低层次要求。在制备和确认层面不满足充分公开要求的情形下，第13582号决定也无需进一步讨论效果层面的技术问题是否得以解决。综上，二审判决在有关专利法第二十六条第三款的理解，以及判断的客体、逻辑顺序和方式方法方面存在错误，导致得出错误的结论。

（二）关于含水量测定数据的地位。1. 含水量并不是直接表征权利要求1～3产品性质与功能的性能参数，作为水合物中的产品要素，其是产品的组成和结构特征。因此含水量测定数据作为证明产品实际存在状态的证据，属于产品确认中必不可少的重要内容。2. 权利要求1～3定义的结晶水合物在不同的水含量下显示相同的XPRD，说明书声称，对于阿托伐他汀而言，水合形式与非水合形式等价，即水的存在不影响晶体的XPRD。然而，本领域对于特定化合物的水合物而言，其中水属于进入晶格的占位水还是不进入晶格的通道水并没有统一的教导。因此，对于阿托伐他汀这种特定的化合物，以及对于Ⅰ型结晶这种特定的晶型而言，在没有现有技术可以参考，且说明书也未给出任何合乎逻辑的理论分析进行阐释的情形下，其水合物属于哪种类型，本领域技术人员根本无从判断，即本领域技术人员无法确认权利要求1～3的技术方案是否实际存在并且能够实现。专利权人既然在说明书中提出了水合形式与非水合形式等价的主张并且在权利要求中要求保护水含量可在特定的1～8摩尔范围内变化但产品XPRD数据不变的技术方案，则应当对其主张承担相应的举证责任，并承担举证不能的不利后果。3. 确认权利要求1～3产品中的结合水属于占位水还是通道水，以及具体的水含量，对于分析和确定发明效果层面的技术问题是否能够得以解决也是至关重要的。本领域技术人员知晓，对于目的在于制药用途的某种活性成分的特定形式而言，若其本身不满足最终制成药品的定量及稳定性要求而难以在药物制剂中运用，那么讨论该形式在制备过程中是否利于过滤和干燥是没有意义的。具体到本专利，对于结晶水合物中水的存在形式，进入晶格的占位水，由于晶格本身的稳定性，应当是相对稳定的。然而，通道水合物对于制备过程中可能变化的环境条件耐受程度较低，从而影响到药物制剂制备过程中活性成分的准确定量。因此，在本专利说明书未证明权利要求1～3产品所属类型，且未对其是否真正能够最终用于制备药物作出清楚、完整说明的情形下，本领域技术人员无法判断权利要求1～3的产品是否能够实现用于制备药物制剂这一根本目的。

（三）关于本案的社会影响。本专利在欧洲、日本和美国都有同族专利，这些同族专利在授权之后一直纷争不断。其中，欧洲和日本的同族专利已经被撤销或无效。此外，本案结论涉及重大国家经济利益和公共健康，并对我国目前有关医药领域专利法第二十六条第三款的审查标准的把握与运用具有很强的指导意义，案件辐射效应巨大。

综上，专利复审委员会请求本院依法再审并撤销二审判决，维持第13582号决定。

嘉林公司不服上述二审判决，向本院申请再审称：

（一）二审判决认定事实和适用法律存在错误。1. 在判断发明是否能够解决技术问题之前，必须要考虑说明书是否清楚完整地说明了发明是什么、在技术上是否能够实现的问题。本案各方当事人的争议焦点在于本专利权利要求所限定的产品的确认及其可获得性，而二审判决根本未对这一问题发表任何意见，而径直要求专利复审委员会分析哪些“化学物理性能参数”与解决“过滤和干燥”的技术问题相关，再从权利要求限定的多个必要技术特征中仅挑选出满足“过滤和干燥”需要的那些化学物理性能参数，并进而判断这些所需的化学物理性能参数是否得到清楚、完整的说明，其作法明显不当。2. 二审判决对“发明”的认定错误。本专利权利要求1所限定产品中的水是其必要组成成分，而X射线粉末衍射数据特征则从另一角度表征了该产品的晶型结构，两者都是权利要求的必要技术特征，都需要在说明书中给予清楚、完整的说明。3. 二审判决对“要解决的技术问题”认定错误。就本专利权利要求1～3所限定的产品发明而言，结合说明书的内容，满足严格药物要求和规格配方、具有更好制造和存储稳定性属于其首要且必须要解决的技术问题，而不仅限于获取一般意义上晶体相对于无定型而言具有的普遍共性——便于过滤及干燥。4. 对于晶型发明而言，其必然要解决的技术问题是发明产物水含量稳定和储存稳定，以便于配药定量，满足药物制剂对规格配方的严格要求。因此，含水量及其存在形式不仅仅是在字面上属于本专利权利要求1～3技术方案的技术特征，而且还是与其技术方案要解决的技术问题直接、必然相关的不可忽略的必要技术特征之一。所以，从发明所要解决的技术问题的角度，在确定发明是什么，以及发明所要解决的技术问题的过程中，也不应忽略水含量及其形态特征。

（二）本专利说明书公开不充分，不符合专利法第二十六条第三款的规定。1. 本专利说明书未公开能够用于确认产品中含水量及稳定存在形式的测定数据或图谱。含水量及稳定存在形式是本专利权利要求1～3定义的Ⅰ型结晶阿托伐他汀水合物中与发明所要解决的技术问题直接相关的必要技术特征，它是产品的组成和晶体结构要素之一。因此，提供含水量及稳定存在形式测定数据属于产品确认中必不可少的重要内容，是与权利要求1～3所主张的保护范围相适应的、专利权人所应尽的基本公开义务。本领域技术人员在本专利说明书所公开内容的基础上，并不能清楚地确认本专利实际获得了权利要求1～3所保护的、具有特定水含量和存在形式的晶体产品，更无法进一步确定其中所述的水是否会对技术问题的解决造成影响，以及造成多大的影响。此外，在现有技术没有教导，且说明书也未给出任何合乎逻辑的理论分析的情形下，本领域技术人员根本无法确认权利要求1～3记载的同一套衍射特征是否真实地代表了有不同水含量的Ⅰ型结晶阿托伐他汀的衍射特征。2. 本领域技术人员在说明书公开内容的基础上，并不能制备得到权利要求1～3所保护的产品。首先，本领域技术人员无法实施本专利说明书实施例1的内容。实施例1中，无论方法A还是方法B中都使用了Ⅰ型结晶阿托伐他汀晶种，但本专利说明书并未提供获得所述晶种的实施方式，也未说明所述晶种的来源。因此在无法获得晶种的情形下，本领域技术人员并不能重现实施例1的操作方案。其次，根据本专利说明书的一般性描述，本领域技术人员无法确认在不加晶种的情形下必然能够获得权利要求1～3所限定的产品。

综上，嘉林公司请求本院依法再审本案，并判决撤销二审判决，维持第13582号决定。

沃尼尔·朗伯公司提交意见称：（一）关于本发明要解决的技术问题和说明书充分公开的关系。判断一件化合物专利是否满足专利法第二十六条第三款关于公开充分的要求，确定发明要解决的技术问题是基础和关键，首先应当先从现有技术出发了解发明希望解决的技术问题是什么，然后才能判断对于发明要解决的技术问题而言，哪些信息是必不可少的，是说明书应当充分公开的，而哪些信息与发明要解决的技术问题无关，因此不必在说明书中详细描述。本发明要解决的技术问题是“获得Ⅰ型结晶形式的阿托伐他汀”，用以克服“无定型阿托伐他汀不适合大规模生产中的过滤和干燥”的不利性质。第13582号决定中没有考虑“本发明解决的技术问题”这一基础和关键问题，也没有考虑哪些参数是“与要解决的技术问题相关的化学物理性能参数”，错误地考虑和讨论Ⅰ型结晶阿托伐他汀的水含量，最终得出了本发明公开不充分的错误结论。二审判决对专利复审委员会的上述错误进行纠正，认定事实清楚，适用法律正确，应当予以维持。（二）本专利说明书对权利要求1～3的技术方案的公开满足了专利法和审查指南规定的“能够实现”的要求。本领域技术人员根据本专利说明书的教导，并结合其掌握的本领域一般知识和技能，能够很容易地从说明书实施例公开的反应条件范围内选择具体的反应条件，至多经过少许尝试和对这些条件的合理调整，就可以获得含有1～8摩尔水（优选3摩尔水）的Ⅰ型结晶阿托伐他汀水合物。（三）关于Ⅰ型结晶阿托伐他汀水合物中水含量的确认。首先，本专利说明书的公开满足了审查指南关于化合物确认的两个层次的要求，专利复审委员会要求本专利说明书必须以实验数据证明晶体的水含量，并且以原始实验数据、图谱或根据制备步骤严格证明发明人所得到的Ⅰ型结晶阿托伐他汀含有1～8摩尔水，优选含有3摩尔水，这些要求超出了审查指南的规定，缺乏依据。其次，虽然本专利说明书实施例中没有记载所获得的Ⅰ型结晶阿托伐他汀的水含量，但是本领域技术人员在阅读本专利权利要求书和说明书的整体内容之后，能够理解并相信专利权人在申请日前已经制备得到了Ⅰ型结晶阿托伐他汀三水合物。对于说明书第15页倒数第4段中明确记载的“Ⅰ型阿托伐他汀含有约1~8摩尔水。优选的是，Ⅰ型阿托伐他汀含有3摩尔水”，本领域技术人员会理解，水含量并非是在制备得到结晶形式的阿托伐他汀之前预先设想的，而必然是在制备得到该Ⅰ型结晶后才测量得到的，即发明人对所获得的Ⅰ型结晶阿托伐他汀进行了水含量测定，而这里记载的水含量就是根据实验数据概括得出的结果。（四）本专利权利要求限定的“Ⅰ型结晶阿托伐他汀水合物”中的“水”应被理解为广义的结晶水，可以包括占位水和通道水。在本专利的优先权日之前，本领域技术人员就熟知通道水合物具有在获得或失去一定量的水的同时保持相同的晶体结构的性质。由于本专利说明书中已经明确记载了Ⅰ型结晶阿托伐他汀的特征：即其具有区别于无定型阿托伐他汀和本专利中的其他阿托伐他汀晶型的标志性XPRD特征峰并且含有约1至8摩尔水，且优选3摩尔水，本领域技术人员据此能够意识到，本专利这种被称为“Ⅰ型结晶”的新型晶体应该是一种通道水合物，即其中的水含量可在一定范围内变化而不导致该晶体的XPRD特征峰发生改变。此外，含有1~8摩尔水的Ⅰ型结晶阿托伐他汀水合物是否都具有相同的XPRD，不属于说明书充分公开的问题，而属于权利要求是否得到说明书支持的问题。（五）关于本案的社会影响。本案虽然涉及销量全球领先的药品，但是药品的销量和本专利说明书是否满足充分公开的要求无关，专利复审委员会在再审程序中强调这个理由缺乏法律依据。综上，沃尼尔·朗伯公司认为二审判决认定事实清楚、适用法律正确，请求本院依法驳回两再审申请人的再审申请。

第三人张楚陈述意见称：同意本案两再审申请人的意见。

沃尼尔·朗伯公司在二审程序中提交了天津大学实验报告，该报告涉及两项实验。1. 根据本专利实施例1方法A制备阿托伐他汀钙Ⅰ型结晶三水合物；2. 根据本专利说明书第16页第6到14行的记载未使用晶种的情况下制备阿托伐他汀钙Ⅰ型结晶三水合物。两项实验的结论均制备出了阿托伐他汀钙Ⅰ型结晶三水合物。嘉林公司在再审开庭时认为沃尼尔·朗伯公司在二审开庭时才提交该证据，在毫无准备的情况下，其未对报告完成人龚俊波副教授进行充分的质询。为进一步查清事实，经当事人同意，本院安排嘉林公司对龚俊波副教授进行了书面质询，龚俊波副教授进行了书面回复。专利复审委员会和嘉林公司对该份证据的主要质证意见为：1. 报告完成单位天津大学化工学院和完成人龚俊波副教授不具有技术和法律同一性鉴定的主体资格。2. 该证据属于行政诉讼程序不应考虑的新证据。3. 该证据实验1部分采用加入晶种的方案，而本专利并未披露晶种来源及其获得方法；该份证据实验中对于结晶关键步骤的操作条件的选择已经远远超出本专利说明书给予本领域技术人员的教导。涉案专利实施例1方法A在加入晶种之后，记载为“将混合物在51～57℃下加热至少10分钟，再冷却到15～40℃”。天津大学实验报告实验1相应的加热时间为“17小时”，与“至少10分钟”根本不在同一数量级。并且，本专利并没有说明从51～57℃冷却到15～40℃需要特别的控制，按照本领域技术人员的一般理解，即应当为静置冷却或自然冷却。然而，天津大学实验报告实验1从53℃左右冷却到室温却用了长达10个小时，这显然是采用了特别控制手段的特殊冷却方式，时间也大大地延长。天津大学实验报告实验2中将混合物在52～57℃“搅拌过夜”（一般理解为12～17小时），浆液从52～57℃冷却到室温用了长达10小时。如上所述，这与本专利说明书实施例1方法A中记载的“至少10分钟”和“冷却”同样相去甚远。4. 该份证据的实验2部分不能证明其获得了本专利权利要求3所限定的Ⅰ型结晶阿托伐他汀钙三水合物。

在本院再审审查的过程中，嘉林公司提交了北京国威知识产权司法鉴定中心出具的《司法鉴定意见书》（北京国威［2013］知司鉴字第11号，以下简称司法鉴定意见书），以证明本专利公开不充分，按照本专利说明书公开的反应结晶实验方案不能得到含1～8摩尔水的Ⅰ型结晶阿托伐他汀水合物；沃尼尔·朗伯公司二审提交的天津大学实验报告中实验2的方案超出了本专利说明书公开的范围，且实验2的产物与本专利所述的含1～8摩尔水的Ⅰ型结晶阿托伐他汀水合物不同。在本院再审申请审查的听证程序中，鉴定人员和检测人员均出庭发表意见并接受了各方当事人的质询。沃尼尔·朗伯公司对该份司法鉴定意见书的主要质证意见为：1. 司法鉴定意见书不满足行政诉讼法及相关司法解释对提交证据的相关规定，不应当予以考虑。2. 司法鉴定意见书的鉴定事项在第13582号决定中并不涉及，与本案没有关联性，不应当予以考虑。3. 司法鉴定意见书的鉴定实验方案设计违背本领域技术人员常识，不应被采信。（1）鉴定事项中反应结晶实验方案的设计违背本领域的常识。对于反应结晶的时间，司法鉴定意见书仅仅参考本专利说明书实施例1的方法A中的“加热至少10分钟”的内容，就断定“根据常识可以认定加热时间为大于10分钟，一般不超过1小时，因此，确定加热时间为15分钟～60分钟”；对于冷却方式，司法鉴定意见书为“采用自然冷却法给混合物降温”，理由是“说明书对于冷却没有特别指明，本领域技术人员默认为是自然冷却”。但是，鉴定人在此并没有站在本领域技术人员的角度，忽略了本专利说明书实施例1的方法A是一个反应物总量超过1300升的大规模的工业方法，而鉴定人进行的是在以上工业规模的基础上缩小1万倍以后的反应物总量约125毫升的小规模实验这一重要的区别。由于规模的区别，即使两个实验都采用“自然冷却”的降温方式，本领域技术人员也能想到其降温速度会相差巨大。而对于从溶液中结晶制备化合物晶体的方法而言，降温速度是能否成功制备化合物结晶的一个重要因素。此外，根据本专利说明书第16页第2段第7行对反应结晶法的一般性教导，本领域技术人员能够知道，反应结晶法的晶化步骤优选在升温下进行，如45～60℃，优选47～52℃下进行。按照鉴定人设计的实验方案，反应物在40℃以上的高温，仅维持了不到1小时的时间，这样短的时间显然不足以完成晶体的成核和生长。根据公知常识，本领域技术人员都知道，为了从溶液中制备形成晶体，通常要对溶液体系进行缓慢冷却和长时间的等待。可见，鉴定人设计的实验方案，根本没有模拟本专利实施例1方法A的温度曲线，其反应物体系的冷却速度过快、晶体形成过程过短。这样的操作方法，没有尊重晶体形成的客观规律，因此不能得到Ⅰ型结晶阿托伐他汀是很自然的事情。（2）司法鉴定意见书认为天津大学实验报告实验2的实验产物与本专利权利要求1所限定的含1～8摩尔水的Ⅰ型结晶阿托伐他汀水合物不同，该结论不应予以采信。专利复审委员会和张楚对该司法鉴定意见书没有异议。

嘉林公司在本院再审申请审查程序中还提交了以下证据：证据1：《中华人民共和国药典》节选，国家药典委员会编，2010年版；证据2：《中国药品检验标准操作规范》节选，中国医药科技出版社，2010年版；证据3：《化工商品检验手册》节选，化学工业出版社，1996年版；证据4：《化工辞典》节选，化学工业出版社，2000年版；证据5：《实用药学辞典》节选，天津科学技术出版社，1991年版；证据6：《化学辞典》节选，化学工业出版社，2004年版。上述证据均涉及公知常识，证据1～3用于证明卡尔—费休法不是用于测定结晶水的专属方法，其不能区分结晶水还是吸附水，区分结晶水和吸附水，本领域通常使用热重分析法；证据4到6用于证明三水合物是指含有三个结晶水的物质。经质证，专利复审委员会、沃尼尔·朗伯公司及张楚对上述证据的真实性均无异议。沃尼尔·朗伯公司认为上述证据1到3出版日期均在本专利优先权日之后，不能用于证明本专利优先权日之前本领域的公知常识。对证据4到6，沃尼尔·朗伯公司认为可以作为公知常识性证据使用，并认可证据 4 和 6 中对结晶水和水合物的定义，即结晶水是指晶体水合物组成中的水。以分子形式存在于晶体结构中；水合物是指一种化合物或单质和水分子结合组成的固体物质，水分子的组成一定或在一个范围内变动。

在本院再审申请审查及再审程序中，沃尼尔·朗伯公司提交下列证据：证据 1 为二审补充上诉理由，证据 2 和 3 为二审庭审笔录，证据 4 为一审中已提交的《中华人民共和国药典 1990 年版 二部 药典注释》，化学工业出版社，1993 年 2 月。上述四份证据不属于新证据，本院不再组织质证。证据 5 为《化学工程手册》第 2 卷，9 ~ 108 和 9 ~ 109 页，化学工业出版社，1989 年 10 月；证据 6 为 J. W. Mullin 著，《Crystallization》，Fourth Edition，392 ~ 393 页，2001 年版，2004 年重印。证据 5 ~ 6 用于证明本领域技术人员公知在结晶过程中，尤其是在不使用晶种的情况下，为了控制最终结晶的颗粒大小，结晶的冷却过程应该是缓慢的和受控的，不可能是自然冷却。证据 7 为麻省理工学院 Allan S. Myerson 教授证言及其附件与中文译文；证据 8 为 Karen S. Gushurst 证言及实验报告与中文译文。证据 7 和 8 通过聘请第三方专家 Karen S. Gushurst 等进行的补充实验和 Allan S. Myerson 教授的解读，证明本领域技术人员通过涉案专利说明书记载的内容能够制备得到本专利权利要求保护的产品，本专利说明书符合专利法第二十六条第三款的规定。证据 9 为《化工百科全书》第 8 卷节选，化学工业出版社，1994 年 9 月，用于证明嘉林公司司法鉴定意见书中鉴定人设计的实验方案违背本领域的公知常识，没有模拟本专利实施例 1 方法 A 的降温曲线。证据 10 为美国药典 USP23 NF18，1995 年；证据 11 为美国药典 USP24 NF19，2000 年；证据 12 为 Harry G. Brittain，X-ray Diffraction III：Pharmaceutical Applications of X-ray Powder Diffraction，Spectroscopy，第 16 卷第 7 期，14 ~ 16、18 页，2001 年 7 月。证据 10 和 11 通过美国药典 1995 版到 2000 版的变化说明衍射峰的相对强度对于晶型的鉴别并不重要，证据 12 解释证据 10 和 11 的美国药典变化的原因。证据 13 为 Dana W. Mayo 等著，《Microscale Techniques for the Organic Laboratory》，132 ~ 133 页，John Wiley & Sons，1991 年；证据 14 为 Avery Adrian Morton 著，《Laboratory Technique in Organic Chemistry》，154 ~ 155 页，McGraw-Hill Book Company，1938 年；证据 15 为 Arnold Weissberger 编，《Technique of Organic Chemistry》，Volume III，Second Edition，Part I，Separation and Purification，395 ~ 397、478 ~ 485 和 520 ~ 521 页，Interscience Publishers，1956 年。证据 13 ~ 15 证明了结晶过程通常是一个缓慢的过程，需要耐心和坚持；缓慢冷却、加晶种和在结晶容器的内壁刮、擦都能诱发结晶，这些手段属于制备结晶化合物的常规试验技能。证据 16 为 PCT/US96/11368 号国际申请的国际公开文本，公开号 WO 97/03959，为本专利的国际公开文本。证据 17 为 Stephen R. Byrn 著，《Solid-State Chemistry of Drugs》，169～171 和186～188 页，Academic Press，1982 年；证据18 为 Stephen R. Byrn 著，《Solid-State Chemistry of Drugs》，6～11 页，Academic Press，1982 年；证据 19 为 Ralph R. Pfeiffer 等，Crystal Pseudopolymorphism of Cephaloglycin and Cephalexin，Journal of Pharmaceutical Sciences，第 59 卷第 12 期，1809～1814 页，1970 年 12 月。证据 17～19 说明本领域公知，存在被称为“晶体假多形”（即通道水合物）的现象，其中的水含量可在一定范围内变化而不导致该晶体的 XPRD 图谱发生改变。证据20 为 Anthony R. West 著，《Solid State Chemistry and its Applications》，166～167 和 178～179 页，John Wiley & Sons，1984 年，1990 年 9 月重印，说明在本专利的优先权日之前，本领域技术人员就已经普遍了解 XPRD 衍射峰的相对强度对于晶型的判断并不起任何关键作用。证据 21 为 George H. Stout 等著，《X-ray structure Determination – A Practical Guide》，Second Edition，74～75 页，John Wiley & Sons，1989 年，说明嘉林公司司法鉴定意见书的实验设计不符合本领域的常识。证据 22 为吕扬等主编，《晶型药物》，94～98 页和 104～106 页，人民卫生出版社，2009 年 10 月，在该书中介绍了同一化合物的不同水合物晶体具有几乎相同的 XPRD 图谱的现象。证据 23 为周公度著，《晶体结构测定》，237～239 页，科学出版社，1981 年 1 月，用于证明由于 XPRD 的强度误差变化太大，不能作为鉴定晶体结构的主要依据。

对上述沃尼尔·朗伯公司提交的证据，专利复审委员会对部分证据质证认为：证据 11、12 公开日晚于本专利申请日和最早优先权日，在判断本申请是否公开充分时不应考虑。证据 7、8 是外籍人士的证人证言及其附件，证人没有出庭接受质证，是单方委托进行的实验，不能单独作为定案的依据。对照本专利说明书，证据 7、8 的实验充实了很多的技术细节，无法证明本领域技术人员可以在不使用晶种的情况下获得结晶。对证据 9，认可真实性，但无法证明通道水不会影响结晶结构，反而可以证明结晶过程的影响因素众多。对证据 10～12，认可真实性，但不能证明衍射峰强度对晶体结构的确认不重要。对证据 13 到 15，认可真实性，但无法证明本领域技术人员通过简单的刮和擦等步骤即可以在不使用晶种的情况下获得晶体。证据 16 是本专利的国际公开文本，认可其真实性。

对上述沃尼尔·朗伯公司提交的证据，嘉林公司质证认为：对证据5的真实性认可；证据6为2001年版，在涉案专利申请日之后。证据5和6内容与本案没有关联性，无法证明本领域技术人员根据本专利说明书所述“冷却”会自然理解为是受控冷却。证据7~22不属于行政诉讼法意义上的“新的证据”。证据7、8为证人证言和实验报告，由于没有出具报告日期，也没有居民身份证复印件等证明证人身份的文件，更没有证明其相关学术背景的证明文件，证人和实验完成人没有出庭接受质询，Aptuit/SSCI不具有中华人民共和国认可的司法鉴定资质，公证认证手续文件存在缺陷，对证据7和8的真实性不予认可。证据7关于“同一晶型的衍射峰相对强度可以显著不同”的推论是错误的。证据7关于“无定型固体在浆液中冷却或保持于最终温度的过程可以转化为结晶固体”的推论是错误的。证据8的实验A并非重复实施例1方法B，而是与实施例1方法B存在诸多不同。证据8的实验B并非重复专利说明书第16页第22~25行的无定型阿托伐他汀的工艺，而是与上述内容存在诸多不同。证据8的实验C是基于不同溶剂体积的冷却速率实验，并不能证明实施例1方法A需要10小时以上自然冷却。证据8的实验D是1000L反应容器RV104的冷却实验，并不能证明实施例1方法A需要自然冷却10小时以上。证据8的实验E并非重复实施例1方法A，并且与实施例1方法A存在诸多不同。证据9、13~15并不能证明本领域技术人员不需要付出创造性劳动就可以获得加热搅拌时间以及冷却条件这两个对本专利的结晶过程非常重要的操作参数；也不能证明本领域技术人员不需要付出创造性劳动就可以获得本专利的Ⅰ型结晶阿托伐他汀的晶种。证据10~12仅仅表明美国药典删除了关于XPRD衍射峰的相对强度变化至多为20%的规定，并不能证明对于鉴别晶体种类不需要考虑XPRD衍射峰的相对强度。证据18复印件中并没有显示国家图书馆的馆藏证明，不认可其真实性。证据17、18、19提及的“晶体的假多形现象导致脱溶剂化物与溶剂化物具有相似的X射线粉末衍射图”仅仅是针对特定化合物——头孢氨苄、头孢氨星而言得出的推论，该推论并不适用于阿托伐他汀钙。证据20已经表明，X射线粉末衍射图的衍射峰强度可以半定量地测量，只是最多允许有20%以内的变化。对于同一化合物的不同水合物晶体，这些衍射峰强度的变化是判断待测样品究竟属于几水合物晶体的重要依据，这也是申请人自己把衍射峰相对强度作为必要的技术特征记载在权利要求1中的原因。证据21并没有清楚地描述普通尺寸的实验室容器究竟是多大。通常的实验室容器的体积从几毫升到几升都是有的。如果不限定具体尺寸，证据21的表述根本没有参考价值。证据 22 是吕扬教授主编的书籍，其中存在这样的描述：磷酸氯喹的一水合物和二水合物的理论粉末衍射图谱相似。该描述针对的是特定的化合物——磷酸氯喹，不能适用于与磷酸氯喹的化学结构相差很大的阿托伐他汀钙。证据 23 不满足对证据真实性和关联性的要求，请求不予采信。

对上述嘉林公司提交的司法鉴定意见书和证据 1 到 6 及沃尼尔·朗伯公司提交的天津大学实验报告和证据 5 到 23，本院综合认证如下：

一、关于实验性证据。专利法第二十六条第三款要求本领域技术人员在专利申请日之前就可以根据说明书充分公开的内容实现发明，而在申请日后补充的实验性证据一般以事后验证的方式来证明说明书达到了上述要求。本院认为，在专利申请日后提交的用于证明说明书充分公开的实验性证据，如果可以证明以本领域技术人员在申请日前的知识水平和认知能力，通过说明书公开的内容可以实现该发明，那么该实验性证据应当予以考虑，不宜仅仅因为该证据是申请日后提交而不予接受。在考虑实验性证据是否采纳的时候应严格审查时间和主体两个条件。首先，实验性证据涉及的实验条件、方法等在时间上应该是申请日或优先权日前本领域技术人员通过阅读说明书直接得到或容易想到的；其次，在主体上，应立足于本领域技术人员的知识水平和认知能力。本案中，沃尼尔·朗伯公司和嘉林公司均提交了这方面的证据，其中天津大学实验报告为沃尼尔·朗伯公司单方委托进行的实验，在二审开庭时提交给法庭。为反驳该证据，嘉林公司在申请再审时单方委托北京国威知识产权司法鉴定中心出具司法鉴定书，对天津大学实验报告的实验条件和结果提出质疑。沃尼尔·朗伯公司在再审程序中又提交证据 7 和 8，进一步证明本领域技术人员根据本专利说明书公开的内容可以实现本发明。对于上述几份证据能否证明根据本专利说明书公开的内容可以或不可以制备出本专利请求保护的 I 型结晶阿托伐他汀水合物，本院具体分析如下：

首先，关于天津大学实验报告和司法鉴定意见书，双方争议在于实验条件和方法是否与专利文件相符，主要涉及加热时间和冷却方式。关于加热时间，本专利实施例 1 方法 A 在加入晶种之后，记载为“将混合物在 51 ~ 57℃下加热至少 10 分钟，再冷却到 15 ~ 40℃”。天津大学实验报告实验 1 相应的加热时间为“17 小时”，实验 2 为在 52 ~ 57℃ “搅拌过夜”；司法鉴定意见书鉴定事项中加热时间为 15 ~ 60 分钟。天津大学实验报告中实验 1 选择加热 17 小时，已经远远超出了本专利说明书中加热至少 10 分钟的数量级；实验 2 为搅拌过夜，首先时间不确定，其次按照一般理解，过夜也应该至少为 8 小时，同样和本专利说明书记载的加热至少10分钟相去甚远。沃尼尔·朗伯公司对此的解释主要是：由于实验规模的不同，本专利说明书方法A属于大规模的工业方法，反应物超过1300升，虽然只是加热至少十分钟，但本领域技术人员会想到，在停止加热后进行自然冷却时，温度下降会非常缓慢，反应体系将在40℃以上维持相当长的时间；本专利说明书中存在晶化步骤优选在升温下进行的教导。基于以上信息，本领域技术人员会想到使反应物在较高的温度下保持较长的时间，以便更好地完成结晶。对此，本院认为，确实实验规模的不同可能会影响到降温速度，基于本专利说明书的教导，本领域技术人员也会想到升温有助于完成结晶，但从说明书中的大规模缩小到实验室规模后，要延长加热多长时间才能得到本专利请求保护的Ⅰ型结晶阿托伐他汀水合物，并不是本领域技术人员在本专利优先权日之前从说明书中容易想到的。关于冷却方式的问题，本专利说明书中只是说冷却到15～40℃，天津大学实验报告中从53℃左右冷却到室温是10个小时，显然该过程是受控冷却，司法鉴定意见书中采用自然冷却法降温，理由是本专利说明书对于冷却没有特别指明，本领域技术人员默认为是自然冷却。沃尼尔·朗伯公司认为根据本领域教科书的记载，结晶工艺中为了得到颗粒度好的晶体，通常不会选择自然冷却，而是要受控冷却。对此，本院认为，根据沃尼尔·朗伯公司提供的证据5、9、13、15和21，可以证明为了更好地获得结晶，冷却应该是受控的，但具体针对Ⅰ型结晶阿托伐他汀如何具体控制降温速度，冷却到室温需要多长时间才能制备出Ⅰ型结晶阿托伐他汀水合物，并不是本领域技术人员在本专利优先权日之前从说明书中容易想到的。而且，上述加热和冷却时间均涉及从本专利说明书中的大规模缩小到实验室规模后如何具体确定实验条件的问题，这也从侧面证明结晶需要受到多种因素的影响，规模大小的变化也会导致结晶条件的相应变化，从大规模缩小到实验室规模无疑进一步加大了本领域技术人员从本专利说明书中获取实验信息以选择具体实验条件的难度，从本案现有证据看仍不足以证明天津大学实验报告中选择的加热和冷却时间是本领域技术人员在本专利优先权日之前从说明书中容易想到的。此外，天津大学实验报告的实验1是加晶种的方案，本专利说明书并没有披露晶种的来源和获得方法，本领域技术人员据此无法制备得到权利要求所保护的产品。综上，天津大学实验报告不能用于证明本领域技术人员根据本专利说明书公开的内容是否可以实现本发明，本院对该证据不予采纳。鉴于此，双方的另一个焦点问题，即天津大学实验报告实验2部分是否获得了符合本专利权利要求所限定的Ⅰ型结晶阿托伐他汀三水合物及与此相关的沃尼尔·朗伯公司提交的证据10～12、20和23，本院不再予以评述。

其次，对于沃尼尔·朗伯公司提交的证据7和8。证据7为专家证言，证据8为实验完成人证言和实验报告，两者共同用于证明本领域技术人员根据本专利说明书公开的内容可以实现本发明。本院认为，首先，证据7、8中出具证言的专家和实验完成人为外国人，证据8中实验报告为在国外进行的实验，此两份证据都需要履行相应的公证认证手续。而沃尼尔·朗伯公司提交的公证认证文件并没有对专家和实验完成人的资质和实验的过程进行公证认证，而证人资质和实验过程的真实性、合法性直接决定着实验结论能否被采纳。其次，证据7为本领域专家的证言，不能证明本领域技术人员的认知；证据8的相关实验中有些具体的实验条件和细节在本专利说明书中并不存在，沃尼尔·朗伯公司并没有充分的证据证明本领域技术人员在本专利优先权日之前运用其当时的知识能力和水平根据说明书公开的内容就可以实现本发明，制备得到权利要求保护的产品。综上，本院对沃尼尔·朗伯公司提交的证据7和8不予采纳。

二、关于公知常识性证据。除了上述实验性证据之外，各方当事人提交的其他证据为公知常识性证据，对于可以证明本专利优先权日之前本领域公知常识的证据，本院予以考虑。关于嘉林公司提交的证据1到6，均为公知常识性证据。其中证据1到3公开日期在本专利优先权日之后，不能用于证明本专利优先权日之前的公知常识，因此对证据1到3本院不予采纳。对于证据4到6，由于沃尼尔·朗伯公司认可，其他当事人也没有不同意见，本院对证据4到6予以采纳，其可以证明本专利Ⅰ型结晶阿托伐他汀水合物中所含水的性质应为结晶水，不是吸附水。对于沃尼尔·朗伯公司提交的有关公知常识证据。其中证据5、9、13、21，本院在前一部分论述冷却方式时已经予以考虑。证据6为2001年版，在本专利优先权日之后，本院不予采纳。证据10到12、20和23涉及天津大学实验报告实验2部分是否获得了符合本专利权利要求所限定的Ⅰ型结晶阿托伐他汀三水合物，本院不再评述。证据14、15无法证明本领域技术人员通过简单的刮和擦等步骤即可以在不使用晶种的情况下获得晶体，本院不予采纳。证据16为本专利国际公开文本，本院予以确认。证据17到19和22用于证明本领域公知，存在被称为“晶体假多形”（即通道水合物）的现象，其中的水含量可在一定范围内变化而不导致该晶体的XPRD图谱发生改变。本院认为，证据17～19和22并不能证明本专利要求保护的Ⅰ型结晶阿托伐他汀水合物存在“晶体假多形”现象，本案中也没有证据证明阿托伐他汀水合物中的水是通道水，本领域技术人员根据本专利说明书公开的内容，结合证据 17 到 19 和 22，仍然无法确认含有 1 到 8 摩尔水的Ⅰ型结晶阿托伐他汀水合物具有完全相同的 XPRD，故本院对证据 17 到 19 和 22 不予采纳。

本院审理查明，一、二审法院查明的事实属实，本院予以确认。本院另查明：本专利说明书第 2 页有如下表述："钙盐是希望的，因为它能使阿托伐他汀很容易配制成如口服用的片剂、胶囊、锭剂、粉剂等。此外，仍有需要制备纯的和结晶形式的阿托伐他汀，以便能制备满足严格的药物要求和规格的配方。此外，生产阿托伐他汀的方法需要是一种适合于大规模生产的方法。另外，希望产物为易于过滤和干燥的形式。最后，在经济上希望产品是长期稳定的，从而不需要特殊的贮存条件。在上述美国专利中的方法公开了无定型阿托伐他汀，它不适合大规模生产中的过滤和干燥，还必须使它免受热、光、氧和水汽的作用……Ⅰ型阿托伐他汀由比以前的无定型产品更小的颗粒和更均匀的粒度分布的阿托伐他汀组成，它具有更有利过滤和干燥的特性。此外，Ⅰ型阿托伐他汀比无定型产品更纯和更稳定。"

本院认为，本案的争议焦点问题是：关于确定发明所要解决的技术问题与专利法第二十六条第三款的判断之间的关系；关于本专利是否符合专利法第二十六条第三款规定的问题。

一、关于确定发明所要解决的技术问题与专利法第二十六条第三款的判断之间的关系

本专利优先权日为 1995 年 7 月 17 日，因此，本案应适用 1992 年修正的专利法，该法第二十六条第三款规定："说明书应当对发明或者实用新型作出清楚、完整的说明，以所属技术领域的技术人员能够实现为准。"根据该条规定，"作出清楚、完整的说明"和"能够实现"的对象是发明或实用新型，因此应该首先明确发明或实用新型是什么，然后看说明书是否对该发明或实用新型作出了清楚、完整的说明，所属技术领域的技术人员根据说明书的内容是否能够实现该发明或实用新型。根据本专利授权公告的权利要求书的内容，本专利请求保护的主题是"含 1～8 摩尔水的Ⅰ型结晶阿托伐他汀水合物"。本领域技术人员可以理解，对于以某种形式的水合物作为发明主题的化学产品发明而言，其中的水含量应当是该产品发明的组成部分和结构特征。具体而言，本专利权利要求 1 到 3 对本发明从两方面进行了限定：一是组成，即含 1～8 摩尔水（优选 3 摩尔）的Ⅰ型结晶阿托伐他汀水合物；二是从微观结构而言，该水合物具有权利要求所定义的 XPRD 和 13CNMR 数据。本专利说明书应对上述权利要求所限定的发明内容进行

清楚、完整的说明，以本领域技术人员根据说明书公开的内容能够实现为准。而“能够实现”，参照审查指南的规定，是指本领域技术人员根据说明书公开的内容，能够实现发明的技术方案，解决其技术问题，并且产生预期的技术效果。也就是说，必须是能够实现技术方案，解决技术问题，产生预期效果三者同时满足，才符合专利法第二十六条第三款的规定。可见，在判断是否符合专利法第二十六条第三款的规定时，需要考虑发明解决的技术问题，如果说明书给出了技术手段，但本领域技术人员采用该手段不能解决发明所要解决的技术问题，同样不符合专利法第二十六条第三款的规定。但需要考虑发明解决的技术问题不意味着首先且必须考虑发明解决的技术问题，如果一个发明的技术方案本身都无法实现，显然已经不符合专利法第二十六条第三款的规定，这时候再考虑发明要解决的技术问题已经没有实际意义。因此，技术方案的再现和是否解决了技术问题、产生了技术效果的评价之间，存在着先后顺序上的逻辑关系，应首先确认本领域技术人员根据说明书公开的内容是否能够实现该技术方案，然后再确认是否解决了技术问题、产生了技术效果，在不对技术方案本身是否可以实现作出确认的前提下，其与现有技术相比是否能够解决相应的技术问题，并实现有益的技术效果均无从谈起。本案中，二审法院实际并没有考虑本专利权利要求限定的技术方案的可实现性，而是首先考虑发明要解决的技术问题，进而考虑与要解决的技术问题相关的化学物理性能参数，该审理思路不当，本院予以纠正。

二、关于本专利是否符合专利法第二十六条第三款规定的问题

本发明涉及Ⅰ型结晶阿托伐他汀及其水合物，为典型的化学领域产品发明，而化学领域发明专利相比于其他领域有一些特殊性，化学领域属于实验性科学领域，影响发明结果的因素是多方面、相互交叉且错综复杂的。比如在多数情况下，化学领域发明能否实施往往难以预测，需要加以验证才能够确认，还有的化学产品发明需要借助一些定性或者定量的数据和谱图才能够清楚地确认。由于化学领域发明专利的这些特性，化学产品发明的专利说明书中应当记载化学产品的确认、制备和用途。具体而言，当发明是一种化合物时，说明书中应当说明该化合物的化学结构及与发明要解决的技术问题相关的化学、物理性能参数，使本领域技术人员能确认该化合物。同时，说明书中还应当至少公开一种制备方法，使本领域技术人员能够实施。本专利权利要求是通过描述产品的组成，即含1～8摩尔（优选3摩尔）水的Ⅰ型结晶阿托伐他汀水合物，以及产品的微观结构，即该水合物具有权利要求所定义的XPRD和13CNMR数据，这两方面内容对请求保

护的Ⅰ型结晶阿托伐他汀水合物进行了限定。各方当事人争议在于：一是含有不同摩尔水的同一化合物的水合物，其 XPRD 是否相同。二是根据本专利说明书公开的内容是否能够确认并制备得到所述含 1～8 摩尔水的Ⅰ型结晶阿托伐他汀水合物。本院逐一分析如下：

1. 关于含有不同摩尔水的Ⅰ型结晶阿托伐他汀水合物，其 XPRD 是否相同的问题。沃尼尔·朗伯公司主张本专利请求保护的Ⅰ型结晶阿托伐他汀水合物中水的性质为通道水，在特定的 1～8 摩尔范围内变化，不会对 XPRD 产生影响。对此，本院认为，现有证据表明本领域对于某种物质的水合物中的水到底会不会占位，水的存在或含水量的多寡是否会影响到其 XPRD 并不存在统一的教导，沃尼尔·朗伯公司应对其上述主张提供证据予以证明。本专利说明书中仅是声称本专利中无水形式和水合形式是等价的，但Ⅰ型结晶阿托伐他汀水合物中的水到底属于“水不占位，不影响晶体的 XPRD”的物质，还是属于“水会占位，会影响晶体的 XPRD”的物质，沃尼尔·朗伯公司并没有证据证明。退一步而言，即使如沃尼尔·朗伯公司主张的通道水在水合物中不占位，不影响晶体的 XPRD，沃尼尔·朗伯公司也没有证据证明本专利权利要求所限定的Ⅰ型结晶阿托伐他汀水合物中的水属于通道水。在此前提下，本领域技术人员并不能从本专利说明书中确认含有不同摩尔水的Ⅰ型结晶阿托伐他汀水合物具有相同的 XPRD。关于这一问题的性质是否属于专利法第二十六条第三款的问题，本院认为，专利法第二十六条第三款是对说明书提出的要求，说明书要对发明作出清楚、完整的说明，使本领域技术人员可以实现。本发明限定了含有 1 到 8 摩尔水的Ⅰ型结晶阿托伐他汀水合物具有相同的 XPRD，本专利说明书中对此应该充分公开，使本领域技术人员可以确认。故这一问题属于专利法第二十六条第三款的适用范围。

2. 关于化学产品的确认。本专利请求保护的是Ⅰ型结晶阿托伐他汀水合物，本专利说明书已经公开了该水合物的 XPRD 和 13CNMR 数据，各方当事人的主要争议在于该水合物中水含量的确认应该如何理解。对此，本院认为，首先，化学产品的确认是指本领域技术人员应能够根据说明书中公开的内容清楚地确认权利要求所保护的化学产品。本专利请求保护的Ⅰ型结晶阿托伐他汀水合物中的水含量是该产品发明的组成部分和结构特征，说明书中应该有定性或者定量的数据使本领域技术人员相信本专利请求保护的Ⅰ型结晶阿托伐他汀水合物中确实含有 1 到 8 摩尔水，优选 3 摩尔水。也就是说含水量的确认作为证明本专利产品实际存在状态的证据，属于本专利产品确认中必不可少的重要内容。沃尼尔·朗伯公司认可本专利说明书中未测定得到的Ⅰ型结晶阿托伐他汀含有多少水，也认可通过本专利说明书公开的图谱本身不能确定对应的化合物中水的含量，在说明书仅有声称性结论的情况下，本领域技术人员无法确认本专利请求保护的Ⅰ型结晶阿托伐他汀水合物确实含有1到8摩尔水，优选3摩尔水。其次，根据上述嘉林公司提交的证据4和6中对结晶水和水合物的定义，本专利请求保护的Ⅰ型结晶阿托伐他汀水合物中所含水的性质应为结晶水，不是吸附水。但结晶水中还包括了通道水和进入晶格的占位水等，这些不同存在形式的水与晶体结合的紧密程度是不同的，直接决定着这些水分子在晶体中存在的稳定性。根据本院查明的本专利说明书的相关记载，满足严格药物要求和规格、具有更好的存储稳定性同样属于本发明必须要解决的技术问题，而水合物中含水量和水的存在形式直接影响到上述技术问题的解决。目前没有证据证明本专利请求保护的Ⅰ型结晶阿托伐他汀水合物中水的具体存在形式，本领域技术人员根据本专利说明书的内容无法确认本专利请求保护的Ⅰ型结晶阿托伐他汀水合物是否可以解决上述技术问题。综上，水含量的确认对于确认本专利产品而言是必不可少的，与本发明要解决的技术问题也密切相关，由于本专利说明书并未对此进行清楚和完整的说明，故不符合专利法第二十六条第三款的规定。

3. 关于化学产品的制备。由于本专利说明书中没有对本专利请求保护的Ⅰ型结晶阿托伐他汀水合物中的水进行清楚、完整的说明，本领域技术人员无论是根据本专利说明书中的一般性记载，还是根据其中具体的实施例，均无法确信可以受控地制备得到本专利请求保护的含1～8摩尔水（优选3摩尔）的Ⅰ型结晶阿托伐他汀水合物。从化学产品制备的角度，本专利说明书亦不符合专利法第二十六条第三款的规定。

沃尼尔·朗伯公司在二审中提交天津大学实验报告和在再审中提交证据7、8均用于证明本领域技术人员根据本专利说明书公开的内容能够制备得到本专利请求保护的产品。但如上所述，本专利说明书没有对Ⅰ型结晶阿托伐他汀水合物中的水进行清楚、完整的说明，说明书从根本上已经不符合专利法第二十六条第三款的规定，即使沃尼尔·朗伯公司提交的上述实验性证据中最终得到的产品经测量确实为Ⅰ型结晶阿托伐他汀三水合物，也不能改变本专利不符合专利法第二十六条第三款的规定的客观事实。换言之，对于化学产品发明，说明书中没有记载化学产品的确认的，不属于已达到清楚、完整说明的要求，不符合专利法第二十六条第三款的规定。上述实验性证据只能证明化学产品能否制备得到，不能用于证明化学产品的确认，沃尼尔·朗伯公司在二审中提交的天津大学实验报告和在再审中提交的证据7、8，在这个意义上也应该不予以采纳。

综上，本专利说明书不符合专利法第二十六条第三款的规定，二审判决撤销专利复审委员会第13582号决定，适用法律错误，依法应予撤销。依据《中华人民共和国行政诉讼法》第五十四条第（一）项、第六十一条第（二）项和《最高人民法院关于执行〈中华人民共和国行政诉讼法〉若干问题的解释》第七十六条第一款、第七十八条之规定，判决如下：

一、撤销中华人民共和国北京市高级人民法院（2010）高行终字第1489号行政判决；

二、维持中华人民共和国北京市第一中级人民法院（2009）一中知行初字第2710号行政判决。

本案一审案件受理费和二审案件受理费各100元，均由沃尼尔·朗伯有限责任公司负担。

本判决为终审判决。

审 判 长 周 翔
代理审判员 罗 霞
代理审判员 周云川
二〇一五年四月十六日
书 记 员 张 博

123. 化学领域产品发明说明书是否充分公开的认定（二）

——再审申请人田边三菱制药株式会社与被申请人国家知识产权局专利复审委员会发明专利申请驳回复审行政纠纷案

【裁判要旨】

对于化学产品的专利申请，应当完整公开该产品的用途和/或使用效果。如果所属技术领域的技术人员无法根据现有技术预测发明能够实现所述用途和/或使用效果，则说明书中还应当记载对于本领域技术人员来说，足以证明发明的技术方案可以实现所述用途和/或达到预期效果的定性或定量实验数据。

【关键词】

发明专利　复审程序化学产品　充分公开

【案号】

最高人民法院（2015）知行字第352号

【基本案情】

在本案中，2012年11月29日，国家知识产权局专利复审委员会（以下简称专利复审委员会）针对田边三菱制药株式会社（以下简称田边株式会社）申请号为200480022007.8、名称为“新颖化合物”的发明专利申请（即本案申请）作出第47530号复审请求审查决定（以下简称第47530号决定），认为：本案申请权利要求1~6请求保护式（I）（略）化合物或其医药上可接受的盐，权利要求7请求保护医药组合物，权利要求8和9请求保护式（I）化合物的制备方法。根据说明书的记载，本案申请的目的是提供具有钠依赖性葡萄糖转运体（SGLT）抑制活性的化合物，所述SGLT抑制剂通过降低糖尿病患者的血糖水平而预防糖尿病及糖尿病并发症如糖尿病视网膜病变、糖尿病神经病变、糖尿病肾病以及延迟性伤口愈合的发病与进程。本案申请说明书记载了大量式（I）化合物的苯环上连有噻吩基甲基和1－β－D－吡喃葡萄糖基的具体化合物的制备实施例。但是，说明书没有给出式（I）化合物对钠依赖性葡萄糖转运体（SGLT）的抑制活性数据或其降低血糖的效果数据，也未给出任何实验室试验（包括动物试验）或者临床试验的定性或者定量数据证明本案申请式（I）化合物具有所述生物活性及医药用途，仅仅在发明内容部分断言式地描述式（I）化合物具有上述活性和相关医药用途。在此基础上，所属领域技术人员难以从中得出式（I）化合物具有上述活性和相关医药用途的结论，进而无法确信本案申请请求保护的化合物具有其声称的预防糖尿病及糖尿病并发症的效果。本案申请说明书公开不清楚、不完整，不符合专利法第二十六条第三款的规定。在此基础上，专利复审委员会维持国家知识产权局原审查部门对本案申请作出的驳回决定。田边株式会社不服，提起行政诉讼。北京市第一中级人民法院一审判决维持第47530号决定。田边株式会社不服，提起上诉。北京市高级人民法院二审认为，对于新化合物产品及其制备方法权利要求，不能仅仅因为说明书没有充分公开新化合物能够取得某种治疗效果或具体用途的实验数据就认定说明书公开不充分。虽然在判断创造性和实用性时有可能需要考虑化合物能够取得的治疗效果或具体用途，但这与说明书充分公开是不同的问题，应分别判断。说明书没有充分公开实验数据支持发明人声称的治疗效果或具体用途是否会导致其不具备创造性或者实用性，应当根据法律对创造性或者实用性的相关规定进行判断。如果本案申请权利要求 1 仅仅要求保护式（I）化合物这种物质本身，从充分公开的角度来看，不需要说明书充分公开该化合物是否能够取得某种治疗效果。但是，本案申请对（I）化合物在医药上可接受的盐公开不充分。二审法院遂以此为由，判决驳回上诉、维持原判。田边株式会社仍不服，向最高人民法院申请再审。最高人民法院于 2016 年 2 月 26 日裁定驳回田边株式会社的再审申请。

【裁判意见】

最高人民法院审查认为：首先，发明专利权作为一种工业产权，应当具备产业上的利用价值，对于尚不确定其具有何种技术意义或者无积极效果的发明创造不应予以保护。其次，一项发明的技术方案是否具备产业的利用价值，需要根据说明书公开的内容并结合现有技术状况来判断，即专利说明书是判断发明创造是否实质上被完成以及是否应给予专利保护的关键，因此，说明书应当记载发明创造是否具备产业价值、是否已实质上完成的技术信息。基于此，《专利审查指南》第二部分第十章“关于化学领域发明专利申请审查的若干规定”第 3.1 节“化学产品发明的充分公开”部分有如下规定：“要求保护的发明为化学产品本身的，说明书中应当记载化学产品的确认、化学产品的制备以及化学产品的用途”、“对于化学产品发明，应当完整地公开该产品的用途和/或使用效果，即使是结构首创的化合物，也应当至少记载一种用途”、“如果所属技术领域的技术人员无法根据现有技术预测发明能够实现所述用途和/或使用效果，则说明书中还应当记载对于本领域技术人员来说，足以证明发明的技术方案可以实现所述用途和/或达到预期效果的定性或定量实验数据。”上述关于化学产品发明充分公开的判断标准符合我国专利法第二十六条第三款的规定，也为我国专利审查实践所长期遵循。最后，对于化学领域的发明创造，要求公开其用途和效果是该领域发明创造的特点决定的。在多数情况下，化学发明能否实施以及具备何种用途或效果往往难以预测，必须借助于实验结果加以证实才能得到确认。因此，在本领域技术人员根据现有技术不能预测新的化合物具备说明书所述用途和/或使用效果的情况下，专利申请说明书应当记载该化合物可以实现所述用途和/或达到预期效果的定性或定量实验数据。

中华人民共和国最高人民法院行政裁定书

(2015) 知行字第352号

再审申请人(一审原告、二审上诉人):田边三菱制药株式会社。住所地:日本国大阪市中央区道修町3-2-10。

法定代表人:三津家正之,该株式会社董事长兼总经理。

委托代理人:陈文平,北京市金杜律师事务所律师。

委托代理人:黄海波,北京市金杜律师事务所律师。

被申请人(一审被告、二审被上诉人):国家知识产权局专利复审委员会。住所地:中华人民共和国北京市海淀区北四环西路9号银谷大厦10-12层。

法定代表人:葛树,该委员会副主任。

委托代理人:尹俊亭,该委员会审查员。

委托代理人:潘骏,该委员会审查员。

再审申请人田边三菱制药株式会社(以下简称田边株式会社)因与被申请人国家知识产权局专利复审委员会(以下简称专利复审委员会)发明专利申请驳回复审行政纠纷一案,不服北京市高级人民法院(2013)高行终字第2364号行政判决,向本院申请再审。本院依法组成合议庭审查本案,现已审查终结。

田边株式会社申请再审称:(一)专利复审委员会针对申请号为200480022007.8、名称为“新颖化合物”的发明专利申请(以下简称本申请)作出的第47530号复审请求审查决定(以下简称被诉决定)认定本申请要求保护的式(I)化合物在说明书中公开不充分,二审判决在纠正上述错误认定的同时维持被诉决定是错误的。本申请要求保护式(I)化合物或其医药上可接受的盐。被诉决定和一审判决以本申请说明书没有记载实验数据证明式(I)化合物具有相关的生物活性及医药用途为由,认定说明书没有充分公开要求保护的发明。二审判决认定,新化合物是否能够取得某种治疗效果或某种具体用途,不属于新化合物及其制备方法权利要求需要解决的技术问题和需要实现的技术效果,即使说明书中没有充分公开新化合物能够取得某种治疗效果或者某种具体用途的实验数据等信息,也不能据此认为上述权利要求所对应的说明书公开不充分。二审判决据此认为,对于本申请权利要求1中仅仅涉及式(I)化合物这种物质本身的技术方案,从说明书充分公开的角度来看,要求说明书充分公开该化合物是否能够取得某种治疗效果是错误的。因此,二审判决实际上认定了被诉决定和一审判决在本申请权利要求

1 涉及式（I）化合物本身的技术方案方面的事实认定和/或法律适用是错误的。本案中，田边株式会社作为专利申请人本应有修改权利要求保留不存在驳回理由的技术方案的机会，专利申请人根据专利复审委员会的复审意见修改权利要求来克服驳回理由也是专利复审中的常规做法，然而，被诉决定的错误导致田边株式会社失去通过修改权利要求来克服驳回理由的机会。在此情况下，二审法院应该撤销被诉决定，恢复田边株式会社修改权利要求的机会。（二）二审判决认为本申请权利要求 1 中“式（I）化合物在医药上可接受的盐”的技术方案公开不充分是错误的。二审判决认为，在权利要求书没有具体限定“医药上可接受”是什么具体医药用途的情况下，本领域技术人员会认为“式（I）化合物在医药上可接受的盐”的具体医药用途为本申请说明书中发明人声称的治疗效果，即具有对钠依赖性葡萄糖转运体（SGLT）的抑制活性及相应医药用途。二审判决对于“医药上可接受的盐”的上述理解是错误的。本领域中对于盐是否医药上可接受的判断标准在于成盐试剂不干扰正常代谢或生理过程，也就是无毒性。因此，一种盐在医药上可接受并不意味着这种盐能够使得化合物具有某种医药用途或治疗效果。本申请权利要求 1 中“式（I）化合物在医药上可接受的盐”这一技术方案只不过是在“式（I）化合物”的基础上扩展到它们的医药上可接受的盐，即对机体无毒性、不干扰正常代谢或者生理过程的盐。对于化学结构中存在酸性或碱性官能团的化合物，通过常规的酸碱反应即可成盐。在化学药物领域发明专利的审查实践中，一般认为只要化合物被充分公开或能够得到说明书的支持，其一般概念的盐就被充分公开或能够得到说明书的支持。专利复审委员会在涉及化合物发明的充分公开问题上从来没有将化合物与其医药上可接受的盐区别对待过。二审判决在认定本申请请求保护的式（I）化合物已经在说明书中充分公开的情况下，应当认定式（I）化合物在医药上可接受的盐也已经充分公开。（三）针对请求保护与式（I）化合物结构非常接近的式（IA）化合物或其医药上可接受的盐的分案申请，专利复审委员会作出的第 67557 号复审请求审查决定（以下简称第 67557 号决定）已经认定该分案申请说明书充分公开了式（IA）化合物及其医药上可接受的盐，本案也应当认定本申请说明书充分公开了式（I）化合物及其医药上可接受的盐。需要说明的是，该分案申请被视为撤回并不意味着申请人同意专利复审委员会关于该分案申请不符合创造性规定的审查意见，其结果与本案无关。综上，二审判决认定事实不清，适用法律错误。请求撤销被诉决定和一、二审判决。

专利复审委员会提交意见称：(一) 本申请权利要求 1 要求保护式 (I) 化合物或其医药上可接受的盐，由于本申请说明书未能对权利要求 1 要求保护的医药上可接受的盐作出清楚、完整的说明，不符合《中华人民共和国专利法》(以下简称专利法) 第二十六条第三款的规定，而田边株式会社也没有通过修改权利要求的技术方案等方式来克服该缺陷，因此，被诉决定从整体上驳回本申请的所有权利要求并无不当。(二) 第 67557 号决定针对的分案申请与本申请说明书的内容并不相同，所要求保护的化合物与本申请也不相同，且其依据的关键现有技术即专利文献 WO01/68660 也未出现在本案审理过程中，因此，第 67557 号决定的相关理由和结论并不适用于本案。此外，第 67557 号决定针对的分案申请，由于申请人未答复专利复审委员会以 WO01/68660 的中国同族专利申请 CN1418219A 作为对比文件而提出的其权利要求不符合专利法关于创造性规定的审查意见通知书，该分案申请已经被视为撤回。

本院认为，本案的争议焦点在于：1. 新化合物的充分公开是否要求说明书必须记载并验证其具备至少一种用途或效果；2. 本申请说明书是否充分公开了权利要求 1 所要求保护的技术方案；3. 第 67557 号决定对本案的影响。

关于焦点 1。二审判决认为："对于新化合物产品及其制备方法权利要求，不能仅仅因为说明书没有充分公开新化合物能够取得某种治疗效果或具体用途的实验数据就认定说明书公开不充分。虽然在判断创造性和实用性时有可能需要考虑化合物能够取得的治疗效果或具体用途，但这与说明书充分公开是不同的问题，应分别判断。说明书没有充分公开实验数据支持发明人声称的治疗效果或具体用途是否会导致其不具备创造性或者实用性，应当根据法律对创造性或者实用性的相关规定进行判断。"本院认为：首先，发明专利权作为一种工业产权，应当具备产业上的利用价值，对于尚不确定其具有何种技术意义或者无积极效果的发明创造不应予以保护。其次，一项发明的技术方案是否具备产业的利用价值，需要根据说明书公开的内容并结合现有技术状况来判断，即专利说明书是判断发明创造是否实质上被完成以及是否应给予专利保护的关键，因此，说明书应当记载发明创造是否具备产业价值、是否被实质上完成的技术信息。基于此，《专利审查指南》第二部分第十章"关于化学领域发明专利申请审查的若干规定"第 3.1 节"化学产品发明的充分公开"部分有如下规定："要求保护的发明为化学产品本身的，说明书中应当记载化学产品的确认、化学产品的制备以及化学产品的用途"，"对于化学产品发明，应当完整地公开该产品的用途和/或使用效果，即使是结构首创的化合物，也应当至少记载一种用途”，“如果所属技术领域的技术人员无法根据现有技术预测发明能够实现所述用途和/或使用效果，则说明书中还应当记载对于本领域技术人员来说，足以证明发明的技术方案可以实现所述用途和/或达到预期效果的定性或定量实验数据。”上述关于化学产品发明充分公开的判断标准符合我国专利法第二十六条第三款的规定，也为我国专利审查实践所长期遵循。最后，对于化学领域的发明创造，要求公开其用途和效果是该领域发明创造的特点决定的。在多数情况下，化学发明能否实施以及具备何种用途或效果往往难以预测，必须借助于实验结果加以证实才能得到确认。因此，本院认为，在本领域技术人员根据现有技术不能预测新的化合物具备说明书所述用途和/或使用效果的情况下，专利申请说明书应当记载该化合物可以实现所述用途和/或达到预期效果的定性或定量实验数据。

关于焦点 2。本申请权利要求 1 要求保护式（I）化合物或其医药上可接受的盐。根据说明书的记载，本申请的目的是提供具有钠依赖性葡萄糖转运体（SGLT）抑制活性的化合物，所述 SGLT 抑制剂通过降低糖尿病患者的血糖水平而预防糖尿病及糖尿病并发症如糖尿病视网膜病变、糖尿病神经病变、糖尿病肾病以及延迟性伤口愈合的发病与进程。本申请说明书记载了大量式（I）化合物的苯环上连有噻吩基甲基和 1－β－D－吡喃葡萄糖基的具体化合物的制备实施例。但是，说明书没有给出式（I）化合物对 SGLT 的抑制活性数据或其降低血糖的效果数据，也未给出任何定性或者定量数据证明式（I）化合物具有所述生物活性及医药用途，仅仅在发明内容部分断言式地描述式（I）化合物具有上述活性和相关医药用途。田边株式会社虽然列举了诸多具有 SGLT 抑制活性的现有技术，但是，上述现有技术中的化合物均与式（I）化合物的结构存在一定差异，如 B 环不是噻吩环或者连接基不同或者取代位点有差异等，因此，并不能由此得出只要 B 环为噻吩环、Y 为 CH_2、A 环与葡萄糖的连接部分为单键的化合物均具有 SGLT 抑制活性的明确的构效关系结论，也不能根据若干已知为 SGLT 抑制剂的化合物具有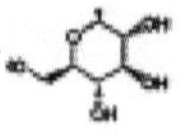结构，就认为本领域技术人员能够理解具有上述结构的化合物都具有 SGLT 抑制活性且 A 环－Y－B 环的结构只是影响稳定性及活性程度而不会使活性消失。综上，本领域技术人员难以根据本申请说明书和现有技术得出式（I）化合物及其医药上可接受的盐具有上述活性和相关医药用途的结论。二审判决未考虑被诉决定对现有技术的分析而作出如下认定：“如果本申请权利要求 1

仅仅要求保护式（I）化合物这种物质本身，则从说明书充分公开的角度来看，不需要说明书充分公开该化合物是否能够取得某种治疗效果”，该认定不符合前述化学产品发明充分公开的相关规定和判断标准，本院予以纠正。

此外，“医药上可接受的盐”是化学医药领域专利文件中的惯常用语，其本意并非表明该盐具有某种医药用途，也不意味着未加相应医药用途限定的所述化合物不需具备相应医药用途，而是表明在相应化合物具备医药用途的基础上，其所形成的盐既保留了所述化合物本身的医药用途，同时该盐又适于医药应用。在化合物本身被说明书充分公开的情况下，一般认为说明书对其一般概念的盐的公开也是充分的。二审判决将“在医药上可接受的盐”理解为“具有医药用途的盐”，将式（I）化合物理解为不具备医药用途，从而将式（I）化合物与其医药上可接受的盐充分公开的判断标准区别对待，存在错误，本院予以纠正。

关于焦点3。第67557号决定针对的分案申请要求保护的式（IA）化合物与本申请要求保护的式（I）化合物虽然均包含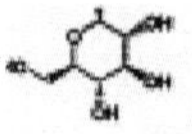结构，但二者整体结构并不相同。在第67557号决定针对的分案申请中，式（IA）化合物在对应于本申请式（I）化合物的A环和B环位置均为苯环，第67557号决定中无效请求人提交的专利文献WO01/68660公开的化合物中对应本申请式（I）化合物的A环和B环位置同样均为苯环，式（IA）化合物与WO01/68660公开的化合物的区别仅在于葡萄糖基与A环苯基的连接基团不同，前者为氮原子，后者为氧原子。而本申请式（I）化合物与式（IA）化合物、WO01/68660公开的化合物的区别不仅体现在葡萄糖基与A环苯基的连接基团不相同，还体现在B环与后两者也不相同，本申请式（I）化合物中B环是噻吩环而不是苯环，且噻吩环本身具有与苯环不同的物理化学性质。因此，即便可以根据第67557号决定中附件8（C. W. THORNBER, Chem. Soc. Rev.，8，563，1979年，18页）认定葡萄糖基与A环苯基的连接基团为O、S、CH_2或NH时均不会改变整个化合物的活性，但在B环的苯基被噻吩基替换后所形成的化合物的活性却是难以预见的，本领域技术人员根据现有技术无法预见到本申请式（I）化合物同样具有SGLT抑制活性。因此，第67557号决定的相关认定并不能推翻被诉决定对于本申请要求保护的式（I）化合物及其医药上可接受的盐未被说明书充分公开的认定。

综上，被诉决定认定事实清楚，适用法律正确，二审判决中的部分理由虽然存在错误，但判决结果正确。田边株式会社的再审申请不符合《中华人民共和国行政诉讼法》第九十一条规定的情形。依照《最高人民法院关于执行〈中华人民共和国行政诉讼法〉若干问题的解释》第七十四条之规定，裁定如下：

驳回田边三菱制药株式会社的再审申请。

审 判 长 周 翔
代理审判员 郎贵梅
代理审判员 罗 霞
二〇一六年二月二十六日
书 记 员 张 博

124. 申请日后补交的实验证据是否可以用于证明说明书充分公开

——再审申请人国家知识产权局专利复审委员会、北京嘉林药业股份有限公司与被申请人沃尼尔·朗伯有限责任公司、一审第三人张楚发明专利权无效行政纠纷案

【裁判要旨】

在申请日后提交的用于证明说明书充分公开的实验性证据，如果可以证明以本领域技术人员在申请日前的知识水平和认知能力，通过说明书公开的内容可以实现该发明，那么该实验性证据应当予以考虑，不能仅仅因为该证据是申请日后提交而不予接受。

【关键词】

发明专利　无效程序　申请日　实验性证据

【案号】

最高人民法院（2014）行提字第8号

【基本案情】

在本案中，1996年7月8日，沃尼尔·朗伯有限责任公司（以下简称沃尼尔·朗伯公司）申请了名称为“结晶［R－（R＊，R＊）］－2－（4－氟苯基）－β，δ－二羟基－5－（1－甲基乙基）－3－苯基－4－［（苯氨基）羰基］－1H－吡

咯－1－庚酸半钙盐”发明专利（即本案专利），2002年7月10日获得授权，专利号为96195564.3。本案专利权利要求1的主题为含1－8摩尔水的Ⅰ型结晶阿托伐他汀水合物，特征部分用X－射线粉末衍射图（XPRD）予以限定。针对本案专利，北京嘉林药业股份有限公司（以下简称嘉林公司）、张楚分别向中华人民共和国国家知识产权局专利复审委员会（以下简称专利复审委员会）提起无效宣告请求，专利复审委员会合并审理后于2009年6月17日作出第13582号无效宣告请求审查决定（以下简称第13582号决定），以本案专利不符合专利法第二十六条第三款规定为由，宣告本案专利权全部无效。主要理由为：1. 说明书中没有提供任何定性或定量的数据证明其得到的Ⅰ型结晶阿托伐他汀水合物中确实包含1~8摩尔（优选3摩尔）水；而且，从其制备方法的步骤，以及用于表征产品晶型的XPRD数据及谱图中也无法确切地推知其产品中水含量为1~8摩尔（或3摩尔）。因此，本领域技术人员根据说明书公开的内容无法确认权利要求中保护的产品。2. 本领域技术人员根据本案专利说明书的内容无法确信如何才能制备得到本案专利保护的含1~8摩尔水（优选3摩尔）的Ⅰ型结晶阿托伐他汀水合物。沃尼尔·朗伯公司不服，提起行政诉讼。北京市第一中级人民法院一审判决维持第13582号决定。沃尼尔·朗伯公司不服，提起上诉。北京市高级人民法院二审认为，本发明要解决的技术问题是要获得阿托伐他汀的结晶形式，具体是Ⅰ型结晶阿托伐他汀，用以克服“无定型阿托伐他汀不适合大规模生产中的过滤和干燥”的技术问题。由于专利复审委员会并没有确定本发明所要解决的技术问题，也没有明确哪些参数是“与要解决的技术问题相关的化学物理性能参数”。因此，专利复审委员会在未对本发明要解决的技术问题进行整体考虑的情况下，作出本案专利不符合专利法第二十六条第三款规定的相关认定显属不当。遂判决撤销一审判决和第13582号决定，并责令专利复审委员会重新作出决定。专利复审委员会、嘉林公司均不服，向最高人民法院申请再审。最高人民法院裁定提审本案，并于2015年4月16日判决撤销二审判决，维持一审判决。

【裁判意见】

在前述“阿托伐他汀”发明专利权无效案中，沃尼尔·朗伯公司和嘉林公司均提交了实验性证据用以证明本领域技术人员根据说明书的内容是否可以实现本案专利。最高人民法院提审认为：专利法第二十六条第三款要求，本领域技术人员在专利申请日之前就可以根据说明书充分公开的内容实现发明，而在申请日后补充的实验性证据，一般以事后验证的方式来证明说明书达到了上述要求。在专利申请日后提交的用于证明说明书充分公开的实验性证据，如果可以证明以本领域技术人员在申请日前的知识水平和认知能力，通过说明书公开的内容可以实现该发明，那么该实验性证据应当予以考虑，不应仅仅因为该证据是申请日后提交而不予接受。在考虑实验性证据是否采纳的时候应严格审查时间和主体两个条件。首先，实验性证据涉及的实验条件、方法等在时间上应该是申请日或优先权日前本领域技术人员通过阅读说明书能够直接得到或容易想到的；其次，在主体上，应立足于本领域技术人员的知识水平和认知能力。沃尼尔·朗伯公司和嘉林公司提交的实验性证据均无法达到上述要求，故对此不予采纳。

中华人民共和国最高人民法院行政判决书

（2014）行提字第 8 号①

（五）禁止重复授权

125. 禁止重复授权原则的理解以及专利法上“同样的发明创造”的认定

——再审申请人舒学章、国家知识产权局专利复审委员会与被申请人济宁无压锅炉厂发明专利无效纠纷案

【裁判要旨】

在本案明确了对专利法上的禁止重复授权原则的理解和相关行政操作的合法性，同时也澄清了专利法上“同样的发明创造”的概念的内涵。本案的焦点在于原中国专利局于 1995 年 9 月 28 日发布的《审查指南公报》第 6 号所确立的允许同一申请人就同样的发明创造既申请实用新型专利又申请发明专利的相关行政操作是否符合专利法上的禁止重复授权原则，这也涉及我国专利局过去依此授予的数千件专利的有效性

① 参见案例 122 裁判文书。

问题。最高人法院认为，专利法所称的同样的发明创造是指保护范围相同的专利申请或者专利，在判断方法上应当仅就各自请求保护的内容进行比较即可，本案涉案两个专利不属于同样的发明创造；专利法上的禁止重复授权是指同样的发明创造不能有两项或者两项以上的处于有效状态的专利权同时存在，而不是指同样的发明创造只能被授予一次专利权，有关的行政操作并不违背当时以及现行的有关禁止重复授权的立法精神。

【关键词】

禁止同样授权　同样的发明创造

【案号】

最高人民法院（2007）行提字第4号

【基本案情】

舒学章于1992年2月22日申请了“一种高效节能双层炉排反烧锅炉”发明专利，该发明专利的颁证日为1999年8月14日，授权公告日为1999年10月13日，专利号为92106401.2。授权公告的权利要求书为：“一种立式或卧式双层炉排平面波浪型反烧炉排锅炉，其特征是上层水管反烧炉排是平面波浪型布置。”针对该发明专利，济宁无压锅炉厂于2000年12月22日向国家知识产权局专利复审委员会（以下简称专利复审委员会）提出无效宣告请求，其理由是本发明专利不符合修改前的专利法实施细则第十二条第一款的规定，所提交的对比文件为1992年2月26日公告的公告号为CN2097376U的实用新型专利申请说明书，专利申请号为91211222.0，设计人、申请人均为舒学章。该实用新型专利的申请日为1991年2月7日，颁证日为1992年6月17日，授权公告日为1992年9月30日，其公告的权利要求书内容为：“1. 一种主要由反烧炉排〔2〕、正烧炉排〔1〕和炉体〔3〕构成的高效节能双层炉排反烧锅炉，本实用新型的特征在于正烧炉排〔1〕和反烧炉排〔2〕的各个炉条是间隔的一上、一下分两层构成波浪形排列。”该实用新型专利的权利期限届满前，专利权人请求了续展，该专利权至1999年2月8日由于有效期届满而终止。专利复审委员会受理了上述请求后即通知无效被请求人舒学章在指定期限内答复。专利复审委员会于2001年3月26日作出第3209号无效宣告请求审查决定，维持92106401.2号发明专利权有效。该决定认为，本案所涉的第92106401.2号发明专利在授权时，91211222.0号实用新型专利权已经终止，故不存在所述实用新型专利权和本发明专利权共同存在的情况。因此，本发明专利权的授予不违反修改前的专利法实施细则第十二条第一款的规定，济宁无压锅炉厂请求宣告本发明专利权无效的理由不成立。济宁无压锅炉厂不服专利复审委员会第3209号无效宣告请求审查决定，在法定期限内向北京市第一中级人民法院提起诉讼。北京市第一中级人民法院维持国家知识产权局专利复审委员会第3209号无效宣告请求审查决定。济宁无压锅炉厂不服一审判决，在法定期限内向北京市高级人民法院提起上诉。北京市高级人民法院于2002年4月22日以（2002）高民终字第33号行政判决书判决：一、撤销北京市第一中级人民法院（2001）一中知初字第195号行政判决书；二、撤销国家知识产权局专利复审委员会作出的第3209号无效宣告请求审查决定。专利复审委员会亦不服二审判决，于2002年8月2日向本院申请再审。

【裁判意见】

禁止重复授权的目的在于防止对于同样的发明创造有两项或者两项以上的专利权同时存在而导致专利权之间的冲突或者不必要的重叠，只要两项专利申请或者专利要求保护的内容不同，即可以达到防止重复授权的目的。因此，1992年专利法实施细则第十二条第一款和现行专利法实施细则第十三条第一款所称的同样的发明创造，应当是指保护范围相同的专利申请或者专利；在判断方法上，应当仅就各自请求保护的内容进行比较即可。对于发明和实用新型而言，应当将两件发明或者实用新型专利申请或专利的权利要求书的内容进行比较，而不是将权利要求书与专利申请或专利文件的全部内容进行比较。被比对的两项权利要求所要求保护的范围相同的，应当认为是同样的发明创造；要求保护的范围不同的，不论二者的说明书内容是否相同，均不属于同样的发明创造。对于一个专利申请或者专利要求保护的范围完全落入并小于另一专利申请要求保护的范围的情形，即权利要求保护范围部分重叠的，也不能认为属于同样的发明创造而依据禁止重复授权原则拒绝授予其中一项申请以专利权，而是应当根据对新颖性、创造性等其他专利授权条件的审查来决定是否授予专利权。根据涉案两个专利的权利要求，结合各自的说明书及附图，可以看出，两个专利所要求保护的技术方案均涉及一种由反烧炉排（上层炉排）、正烧炉排（下层炉排）和炉体构成的双层炉排反烧锅炉，二者只是在对上下层炉排结构的限定上有所不同。发明专利要求保护的是上层炉排为平面波浪形排列的双层炉排反烧锅炉；实用新型专利要求保护的是上下层炉排均为波浪形排列的双层炉排反烧锅炉。按照前述权利要求的解释方法，在该发明专利权利要求并未对下层炉排的具体结构作出特别限定的情况下，不能仅依据说明书附图中有关下层炉排的表示来限定其具体结构，该发明专利的下层炉排不排除也可以是平面波浪形排列的炉排。由此可见，本案中发明专利在保护范围上不仅包含了实用新型专利，而且大于实用新型专利的保护范围。相对而言，可以将实用新型专利看作是发明专利的一种具体实施方式，实用新型专利在保护范围上完全落入了发明专利的保护范围之内，并且小于发明专利的保护范围。按照前述关于同样的发明创造的判断原则和方法，涉案两个专利的保护范围并不相同，二者不属于同样的发明创造。1992 年专利法实施细则第十二条第一款和现行 2001 年专利法实施细则第十三条第一款规定的“同样的发明创造只能被授予一项专利”，可以理解为是指同样的发明创造不能有两项或者两项以上的处于有效状态的专利权同时存在；在现行的制度安排下，同一申请人就同样的发明创造既申请实用新型专利又申请发明专利的，只要两项专利权不同时存在，就不违反禁止重复授权原则。

中华人民共和国最高人民法院行政判决书

(2007) 行提字第 4 号

再审申请人（原审第三人）：舒学章，男，1930 年 1 月 8 日生，汉族，山东省济南市汽配厂退休职工，住所地：山东省济南市历城区甸柳庄×号。

委托代理人：王悌，男，1938 年 6 月 8 日生，汉族，山东省济南市经济技术开发公司退休高级工程师，住所地：山东省济南市市中区机床一厂宿舍 18 楼 207 号。

再审申请人（一审被告、二审被上诉人）：国家知识产权局专利复审委员会，住所地：北京市海淀区北四环西路 9 号银谷大厦 10－12 层。

法定代表人：廖涛，该委员会副主任。

委托代理人：高雪，该委员会审查员。

委托代理人：耿博，该委员会审查员。

再审被申请人（一审原告、二审上诉人）：济宁无压锅炉厂，住所地：山东省济宁市吴泰闸路 42 号。

法定代表人：汪和忠，该厂厂长。

委托代理人：冯永革，山东文思达律师事务所律师。

再审申请人舒学章、国家知识产权局专利复审委员会（以下简称专利复审委员会）因与再审被申请人济宁无压锅炉厂发明专利权无效纠纷一案，不服北京市高级人民法院于 2002 年 4 月 22 日作出的（2002）高民终字第 33 号行政判决书以及2003年12月17日和2003年12月18日分别针对舒学章和专利复审委员会的再审申请作出的（2003）高行监字第8号驳回再审申请通知书，向本院申请再审。2007年8月9日，本院以（2004）行监字第95－1号行政裁定，决定对本案进行提审。本院依法组成合议庭，由民事审判第三庭庭长蒋志培担任审判长，审判员王永昌、代理审判员部中林参加评议，王新担任书记员。2007年9月6日，公开开庭审理了本案。舒学章及其委托代理人王悌，专利复审委员会的委托代理人高雪、耿博，济宁无压锅炉厂委托代理人冯永革到庭参加诉讼。本案现已审理终结。

北京市高级人民法院经审理查明：舒学章于1992年2月22日申请了“一种高效节能双层炉排反烧锅炉”发明专利，该发明专利的颁证日为1999年8月14日，授权公告日为1999年10月13日，专利号为92106401.2。授权公告的权利要求书为：“一种立式或卧式双层炉排平面波浪型反烧炉排锅炉，其特征是上层水管反烧炉排是平面波浪型布置。”

针对该发明专利，济宁无压锅炉厂于2000年12月22日向专利复审委员会提出无效宣告请求，其理由是本发明专利不符合修改前的专利法实施细则第十二条第一款的规定，所提交的对比文件为1992年2月26日公告的公告号为CN2097376U的实用新型专利申请说明书，专利申请号为91211222.0，设计人、申请人均为舒学章。该实用新型专利的申请日为1991年2月7日，颁证日为1992年6月17日，授权公告日为1992年9月30日，其公告的权利要求书内容为：“1. 一种主要由反烧炉排〔2〕、正烧炉排〔1〕和炉体〔3〕构成的高效节能双层炉排反烧锅炉，本实用新型的特征在于正烧炉排〔1〕和反烧炉排〔2〕的各个炉条是间隔的一上、一下分两层构成波浪形排列。”该实用新型专利的权利期限届满前，专利权人请求了续展，该专利权至1999年2月8日由于有效期届满而终止。

专利复审委员会受理了上述请求后即通知无效被请求人舒学章在指定期限内答复。舒学章认为本发明专利的申请日在实用新型专利公开日之前，本发明专利的颁证日及授权公告日均是在实用新型专利8年有效期限届满、权利终止之后，不存在两个相同专利同时有效的问题。后济宁无压锅炉厂进一步补充陈述了意见，认为其提供附件所涉的实用新型专利和本发明专利是相同主题的发明创造。

专利复审委员会于2001年3月26日作出第3209号无效宣告请求审查决定，维持92106401.2号发明专利权有效。该决定认为，本案所涉的第92106401.2号发明专利在授权时，91211222.0号实用新型专利权已经终止，故不存在所述实用新型专利权和本发明专利权共同存在的情况。因此，本发明专利权的授予不违反修改前的专利法实施细则第十二条第一款的规定，济宁无压锅炉厂请求宣告本发明专利权无效的理由不成立。

以上事实有91211222.0号实用新型专利申请文件、92106401.2号发明专利申请文件、专利复审委员会第3209号无效宣告请求审查决定书、各方当事人认可的检索材料及当庭陈述等证据在案佐证。

济宁无压锅炉厂不服专利复审委员会第3209号无效宣告请求审查决定，在法定期限内向北京市第一中级人民法院提起诉讼。

北京市第一中级人民法院经审理认为：原告济宁无压锅炉厂请求宣告本案所涉发明专利无效的理由是本发明专利不符合修改前的专利法实施细则第十二条第一款的规定，所提交的附件是公告号为CN2097376U的实用新型专利申请说明书。从独立权利要求书所载明的内容来看，第三人舒学章在后申请的发明专利的必要技术特征只涉及上层炉排的技术特征，而其在先申请并被授权的实用新型专利的必要技术特征涉及上、下两层炉排的技术特征。发明专利技术特征包含在实用新型专利技术特征中，故舒学章的发明专利与实用新型专利属于相同的发明主题，是同样的发明创造。

我国专利法及其实施细则均没有禁止申请人同时或先后就同样的发明创造分别提出发明申请和实用新型申请。由于发明申请和实用新型申请的法定审查程序不同，相对而言，实用新型授权快，审查周期短，申请人可以更快更早地获得专利保护，因此有些申请人采用了同时或先后递交两种专利申请的方式。修改前的专利法实施细则第十二条第一款的规定正是为了避免对同样的发明创造予以重复授权的情况出现而制定的。该条规定："就同样的发明创造只能被授予一项专利"，应理解为同样的发明创造不能同时有两项或者两项以上处于有效状态的授权专利存在，否则即构成法律所禁止的重复授权。本案所涉92106401.2号发明专利与91211222.0号实用新型专利在保护期上有间断，没有同时存在，故不属于重复授权的情况。

针对实际中发生的有关情况，原中国专利局《审查指南公报》第6号对修改前专利法实施细则第十二条第一款的适用进行了具体规定。由于本案所涉发明专利在授权时，已授权的实用新型专利权的期限经续展后已经届满，不存在权利人选择的问题，因此发明专利权的授予并不违反上述规定及修改前专利法实施细则

第十二条第一款的规定。

综上，专利复审委员会作出的第3209号无效宣告请求审查决定事实清楚，适用法律正确，程序合法，应予维持。北京市第一中级人民法院依照《中华人民共和国行政诉讼法》第五十四条第（一）项之规定，于2001年9月17日以（2001）一中知初字第195号行政判决书判决：维持国家知识产权局专利复审委员会第3209号无效宣告请求审查决定。案件受理费1000元，由济宁无压锅炉厂负担。

济宁无压锅炉厂不服一审判决，在法定期限内向北京市高级人民法院提起上诉。其上诉理由为：一审判决对修改前的专利法实施细则第十二条第一款的理解是错误的；一审判决引用原中国专利局《审查指南公报》第6号规定，认为“由于本案所涉发明专利在授权时，已授权的实用新型专利权的期限经续展后已经届满，不存在权利人的选择问题”是错误的。本案的问题是，国家知识产权局专利局在对92106401.2号发明专利审查过程中，应发现该申请不符合原专利法实施细则第十二条第一款规定，进而通知权利人进行选择，由于其错误没有检索到91211222.0号实用新型专利文献，造成权利人没有选择，导致92106401.2号发明专利授权，形成重复授权，这显然对社会公众来说是不公平的。故请求依法撤销一审判决及专利复审委员会第3209号无效宣告请求审查决定。

专利复审委员会、舒学章服从一审判决。

北京市高级人民法院经审理认为：1992年专利法实施细则第十二条第一款规定，同样的发明创造只能被授予一项专利。同样的发明创造是指技术领域、所要解决的技术问题和技术方案实质上相同的发明创造，授予一项专利是指授予一项发明专利或者实用新型专利。本案中，舒学章在先申请并被授权的实用新型专利与其在后申请的发明专利符合上述相同主题的发明或者实用新型的定义，故一审判决认定舒学章的发明专利与实用新型专利属于相同主题的发明创造是正确的。

重复授权是指同样的发明创造被授予两次专利权，基于同样的发明创造的两项专利权同时存在并不是构成重复授权的必要条件。一审判决中确认的“只要基于同样的发明创造的两项有效专利权不同时存在，即不构成重复授权”于法无据，且有悖于立法本意。我国专利制度的建立，不仅是为了保护专利权人的合法权益，同时也要保护社会公众的利益。一项专利一旦权利终止，从终止日起就进入了公有领域，任何人都可以对该公有技术加以利用。本案中，舒学章在先申请并被授权的91211222.0号实用新型专利已于1999年2月8日因权利期限届满而终止，该专利技术遂已进入公有领域。舒学章在后申请的92106401.2号发明专利因与91211222.0号实用新型专利系相同主题的发明创造，故在该发明专利于1999年10月13日被授权公告时，相当于把已进入公有领域的技术又赋予了专利权人以专利权，应属重复授权，违反了专利法实施细则中关于同样的发明创造只能被授予一项专利的规定。对济宁无压锅炉厂关于92106401.2号发明专利的授权违反1992年专利法实施细则第十二条第一款的规定，请求撤销专利复审委员会第3209号无效宣告请求审查决定的上诉请求，应予支持。

综上，专利复审委员会所作出的第3209号无效宣告请求审查决定及一审法院作出的行政判决，认定事实清楚，但适用法律错误，应予撤销。依照《中华人民共和国行政诉讼法》第六十一条第一款第（二）项之规定，北京市高级人民法院于2002年4月22日以（2002）高民终字第33号行政判决书判决：一、撤销北京市第一中级人民法院（2001）一中知初字第195号行政判决书；二、撤销国家知识产权局专利复审委员会作出的第3209号无效宣告请求审查决定。一审案件受理费和二审案件受理费各1000元，由国家知识产权局专利复审委员会负担。

舒学章不服二审判决，于2002年5月13日向北京市高级人民法院申请再审。主要理由是：舒学章的实用新型专利与发明专利不是同样的发明创造，两个专利在技术方案、所要解决的技术问题方面存在实质不同，原一、二审认定是同一专利，在认定事实上存在错误，应予撤销。

专利复审委员会亦不服二审判决，于2002年8月2日向本院申请再审。主要理由是：1. 舒学章的实用新型专利与发明专利因权利要求书不同，所要保护的不是同样的发明创造。2. 本案发明专利在授权时，已授权的实用新型专利权的期限经续展后已经届满，不存在权利人选择的问题，因此发明专利权的授予并不违反专利法实施细则的有关规定。对该再审申请，本院于2002年12月6日以（2002）行监字第76号函转北京市高级人民法院复查处理。

北京市高级人民法院经复查认为：从舒学章的发明专利与实用新型专利权利要求书所载明的内容来看，舒学章在后申请的发明专利的必要技术特征只涉及上层炉排的技术特征，而舒学章在先申请并被授予的实用新型专利的必要技术特征涉及上、下两层炉排的技术特征。舒学章发明专利技术特征包含在实用新型专利技术特征中，故一、二审判决有关舒学章的发明专利与实用新型专利属于相同的发明主题，是同样的发明创造的认定正确。一审判决后，舒学章和专利复审委员会对一审相关事实的认定并未提出上诉，在二审庭审时法庭询问舒学章其发明专利与实用新型专利是否为同一发明创造，舒学章明确表示：实际上是同一专利。现舒学章和专利复审委员会未能提供两个专利在技术方案、所要解决技术问题方面存在实质不同的充分证据，故有关舒学章的实用新型专利与发明专利不是同一发明创造的再审申请理由不成立。本案舒学章的实用新型专利于1999年2月8日因权利期限届满而终止时，该专利技术遂已进入公有领域。舒学章在后申请的发明专利因与该实用新型专利系相同主题的发明创造，故在该发明专利于1999年10月13日被授权公告时，相当于把已进入公有领域的技术又赋予了专利权人以专利权。因此，原判认定本案发明专利属于重复授权正确，专利复审委员会关于其审查决定未违反专利法实施细则相关规定的再审申请理由无充分证据支持。综上，原判在认定事实及适用法律方面并无不当，有关再审申请不符合法律规定的再审条件。该院于2003年12月17日和18日分别针对舒学章和国家知识产权局专利复审委员会作出（2003）高行监字第8号驳回再审申请通知书，驳回各自的再审申请。

舒学章与专利复审委员会均不服二审判决和北京市高级人民法院（2003）高行监字第8号驳回再审申请通知书，分别于2004年6月1日和2006年3月29日向本院申请再审，认为二审判决认定事实和适用法律均有错误，请求撤销本案二审判决，维持一审判决和专利复审委员会第3209号无效宣告请求审查决定。

舒学章申请再审主要理由是：1. 本案所涉实用新型专利与发明专利不是同样的发明创造。（1）两个专利虽属同一技术领域，但两个专利的权利要求、说明书、发明目的和解决问题的技术方案截然不同，采用的技术手段完全不一样。该实用新型专利的技术特征为反烧炉排和正烧炉排均为波浪形排列，强调“和”而非“或者”的关系。而发明专利的技术特征只写明了反烧炉排为平面波浪形排列，其不包含在实用新型专利的技术特征中。也就是说，只有在实用新型专利的技术特征是正烧炉排或者反烧炉排为波浪形，并且未进行“平面”限定的情况下，才包含了发明专利的技术特征。发明专利的核心部分是波浪形炉排。就反烧锅炉来讲，波浪形炉排在反烧锅炉中可以提出三个截然不同的技术方案，一是上层炉排是波浪形，二是下层炉排是波浪形，三是上下层炉排都是波浪形。（2）根据《专利审查指南》的规定，对同样的发明创造应以“实质上相同，预期效果相同”作为判断依据，二审判决仅以“实质上相同”就认定两个专利是同样的发明创造，忽略了“预期效果相同”的判断标准。实用新型专利的技术方案不具有创造性，是一个错误的、报废的技术方案，至今无一例使用；发明专利的技术方案只用了一个必要技术特征“反烧炉排为平面波浪形布置”即达到了提高燃烧强度的预期效果。通过对两个专利的权利要求书、说明书、附图等对比分析，可以明显地判断出二者的预期效果是完全不同的，不是同样的发明创造。(3) 当事人在庭上的陈述和书记员的记录难免会有失误，不能断章取义抓住一句庭审笔录作为判案的依据，更不能套用侵权诉讼中的“禁止反悔原则”。二审庭审记录中舒学章自述“实际上是同一专利……”，原意是“二专利的关键实质部分是相同的”，发明专利只是消除了漏风的错误，改进了效果。(4) 济宁无压锅炉厂的无效请求理由是两个专利属于“相同的主题”，而现行专利法实施细则第十三条第一款规定“同样的发明创造只能被授予一项专利”，显然“相同的主题”与“同样的发明创造”并非同一概念。因此，专利复审委员会不应当受理该无效请求。2. 本案发明专利授权不属于重复授权。(1) 二审判决认定实用新型专利到期即进入公有领域于法无据。本案即使把舒学章的两个专利归为同样的发明创造，实用新型专利在发明专利申请日前并没有公开，在发明专利申请日时不是公有技术，在实用新型专利到期时，该技术方案在发明专利授权前仍处于临时保护期，不能说已经进入公有领域。(2) 是否重复授权应以专利法所规定的新颖性为判断标准。我国法律不限制同一发明人就同样的发明创造提出实用新型和发明两份申请，也没有限制在不同时段上对两份申请分别授权，但为了避免出现重复授权，依据《专利审查指南》的有关规定，当选择发明专利时，应放弃已经授权的实用新型专利，也就是在不同时段上先后进行了两次授权，使权利不重叠，不同时存在，这是我国的一贯作法。本案发明专利授权时，实用新型专利已经到期，不存在需要选择放弃的问题，更不存在两个专利同时存在的问题。(3) 原中国专利局《专利审查指南》和《审查指南公报》对修改前的专利法实施细则第十二条第一款的规定都作了正式合法的解释，二审法院不能以学术争论观点作为判案依据。

专利复审委员会申请再审的主要理由是：1. 二审判决关于同样的发明创造的认定有严重的基本原则和概念错误。认定是否是同样的发明创造，应当是对权利要求书所要求保护的发明创造进行比较，而不是对两份申请的说明书所记载的发明创造进行比较。不能在进行权利要求的对比中带有在判断新颖性时上位概念和下位概念的思维。涉案发明专利权利要求仅限定了上层水管反烧炉排是平面波浪形布置，而对下层炉排未作限定，而在先实用新型专利对正烧炉排和反烧炉排都做出了一上一下波浪形的限定。此外，发明专利的权利要求还有“立式或卧式”的限定，而实用新型对此没有限定。二者采用的技术手段不同，其技术效果也不相同，涉案两个专利的权利要求请求保护的是不同的技术方案。一、二审法院对此的认定均有错误，专利复审委员会虽然不同意一审判决的这种认定，但由于判决结果维持了3209号决定，且该决定并未涉及该问题，因此专利复审委员会没有提出上诉。2. 二审判决对于“公有领域”、“公有技术”等基本概念的理解错误。所谓“公有领域”、“公有技术”，实际上都应当是专利法意义上的现有技术的概念，而这一概念的基点是以申请日为界限。本案二审判决把在先的实用新型专利终止时的公有技术认定为发明申请的现有技术，而没有考虑发明申请日的最基本因素，故此才会得出发明授权是把已进入公有领域的技术又赋予专利权的错误结论。这种结论与我国以及世界各国判断专利申请的现有技术的原则相悖。3. 二审判决关于禁止重复授权原则的理解存在严重错误。我国专利法及其实施细则均没有禁止同一申请人同时或先后就同样的发明创造分别提出发明申请和实用新型申请。原中国专利局1995年9月28日发布的《审查指南公报》第6号的规定坚持了禁止重复授权的原则，符合我国实际需要，符合立法本意。本案由于发明专利授权时，已授权的实用新型专利权的期限经续展后届满，不存在选择的问题，因此发明专利权的授予不违反原专利法实施细则第十二条第一款的规定。解决重复授权的方式并不是当然地将授权在后的专利宣告无效，也就是说先后两次的授权行为并不是构成重复授权的充分必要条件；解决重复授权的方式是放弃其中的一项专利权，也就是说构成重复授权的标准是有效专利的共同存在。4. 该终审判决如不撤销势必将带来严重后果。中国专利局立足国情，自《审查指南公报》第6号以来一直在按照这种精神处理同一申请人同时或先后就同样的发明创造进行重复申请的情况。这种处理方式既解决了专利权人的合法权益尽早得到保护的问题，又保证了社会公众的利益不受侵害。按照该公报处理的案件数以千计，如果按本案二审判决的逻辑，那些按照《审查指南公报》第6号放弃了在先的实用新型专利权和取得在后申请的发明专利权的专利权人，将全都面临着发明专利权要被自己已放弃的在先的实用新型无效掉的危险。由于《审查指南公报》第6号在2000年伴随专利法修改而对《专利审查指南》的修订时已被采纳，它已成为发明专利实质审查部门必须遵守的规定，还会有更多的类似本案情况的发明申请不断地被授权。

济宁无压锅炉厂答辩称，二审判决认定事实清楚，适用法律正确，再审申请不符合法定条件，应予驳回。主要理由是：1. 涉案发明专利与实用新型专利是同样的发明创造。同样的发明创造是指它们的技术领域和目的实质上相同，所采用的技术解决手段实质上相同，并且能够产生实质上相同的客观效果。(1) 两专利的所属技术领域，均涉及一种双层炉排反烧锅炉。(2) 两专利的发明目的，均是克服现有技术中反烧炉排通风透气性差、燃烧强度低的缺点，提供一种通风性好、燃烧效率高、不冒黑烟的节能双层炉排反烧锅炉。(3) 两专利的发明效果，均是增大了通风间隙，提高了燃烧强度。(4) 两专利所采用的技术解决手段，通过对两专利的权利要求进行比较并结合说明书和附图，可以看出：发明专利权利要求书前序部分虽未明确写出必要技术特征，但对于反烧锅炉，不论卧式、立式，其反烧炉排、正烧炉排和炉体均是现有技术所共有的必要技术特征；两专利权利要求书特征部分虽然叙述方式不完全相同，但描述的结构实质上相同，两专利的区别技术特征相同。对此，再审申请人舒学章在申请再审听证时也明确表示"上层炉排即反烧炉排采用水管炉条，下层炉排即反烧炉排为铸铁炉条，发明专利反烧炉排与实用新型专利反烧炉排的结构是完全一致的"。对于双层炉排反烧锅炉来说，其主燃机制是反烧炉排上反烧机制，即反烧炉排的技术特征是其实质性特征，由此理解，两专利的必要技术特征是相同的。而且发明专利的必要技术特征是取自实用新型专利，但又具有比实用新型专利宽得多的保护范围，这显然是不适当的。此外，本案一审判决认定两专利是同样的发明创造，再审申请人舒学章对该事实认定并未上诉，而且在二审庭审调查时还明确表示"我认为实际上是同一专利"，其陈述构成自认。2. 本案发明专利的授予属于重复授权。(1) 禁止重复授权原则是指在任何时候，对于一项发明创造只能授予一项专利权。"只能被授予一项专利"意味着专利局对同样的发明创造授权的具体行政行为只能作出一次。本案专利局对于一项发明创造先后两次授予专利权，属于重复授权。(2) 把已进入公有领域的技术又赋予了专利权人以专利权，对公众显然不公。本案实用新型专利于 1999 年 2 月 8 日因权利期限届满而终止后，该专利技术即进入公有领域。(3) 如果将禁止重复授权理解为"同样的发明创造不能同时有两项或者两项以上处于有效状态的授权专利存在"，将导致如下法律问题：首先，不合理地延长专利独占权时间，超越和规避专利法规定的保护期限，违反了专利法第一条所规定的立法宗旨。其次，削弱了我国专利法规定的本国优先权制度。本国优先权制度的主要功能之一就是为申请人选择是申请发明专利还是申请实用新型专利而设立的。申请人出于利益的考虑，总想兼顾两者的优点，但他只能选择其一，申请人并不能兼收发明和实用新型两者的优点。按照现行《专利审查指南》关于同一申请人既申请实用新型专利又申请发明专利的处理规定，申请人依据该规定会得到比本国优先权更多的好处，就不会利用本国优先权制度进行发明或者实用新型申请选择转换，使得本国优先权制度名存实亡。（4）本案发明专利重复授权的原因系专利局审查错误造成的。在对本案发明专利进行实质审查时，专利局由于工作失误没有检索到已经授权的涉案实用新型专利文献，没有通知当事人进行选择，导致重复授权，对社会公众是不公平的。3. 舒学章再审申请的提出已经超过行政诉讼法司法解释规定的 2 年期限。舒学章签收二审判决书的时间是 2002 年 4 月 28 日，其再审申请书打印时间为 2004 年 6 月 1 日，显然超过上述时间规定，其再审申请应予驳回。

对于舒学章在本案再审中提出济宁无压锅炉厂是以“相同主题的发明创造”提出无效宣告请求，专利复审委员会不应当受理本案无效宣告请求的问题，济宁无压锅炉厂答辩称，请求人陈述过程中的用词存在问题不能认为没有依据法律；专利复审委员会在本院庭审中亦说明，请求人是根据原专利法实施细则第十二条第一款的规定提出无效请求的，不能因为请求人的个别用词不准确而不予受理。

本院经审理查明：原审审理查明的事实属实。另查明：本案 92106401.2 号发明专利说明书记载：“本发明提供了一种高强燃烧的双层炉排反烧锅炉。目前已被广泛推广的双层炉排反烧锅炉，存在以下三缺陷：1. 燃烧强度低，出力低，造成纲才〔钢材〕浪费。2. 上层水管炉排通风透气性差，燃烧强度低，迫使在下层炉排上补添生煤，造成冒黑烟。3. 上层炉排水管易发生结垢、堵管、烧损事故。造成这些缺陷的主要原因，是由于上层平面水管炉排的间隙，要以不自由漏落生煤的间隙为最大间隙。这个平面极限通风间隙，使得该炉具有以上的固有缺陷。”“本发明是根据堆煤力学原理，上层水管炉排设计为平面波浪形，以较大的斜面间隙代替平面间隙，使自由漏落生煤量与平面间隙相当，但却加大了通风间隙，从而提高了上层炉排反烧的燃烧强度。”说明书还结合以立式双层炉排反烧锅炉为例的附图，对于采用上层平面波浪型水管炉排结构的燃烧机理予以说明。说明书并未对下层炉排的具体结构作出任何限定或者说明，但在说明书的唯一附图中显示的双层炉排的结构是，上层为平面波浪型水管炉排，下层则为平面一字排开的炉条。

本案济宁无压锅炉厂提出无效宣告请求的理由是本案发明专利不符合原专利法实施细则第十二条第一款的规定，但其在 2001 年 1 月 19 日和 3 月 8 日两次意见陈述中均认为，本案所涉发明专利与实用新型专利属于相同主题的发明创造。舒学章向北京市高级人民法院申请再审的时间是 2002 年 5 月 13 日。北京市高级人民法院于2003年1月14日正式立案审查。济宁无压锅炉厂所提舒学章申请再审时间超出法定的2年期限，与事实不符。

还查明：20世纪90年代中期，原中国专利局的发明专利申请待审案积压严重，相当数量发明专利申请需要等待七、八年甚至更长的时间才能得到授权。由于对发明专利申请实行早期公开延迟审查制，实质审查周期相对较长，只申请发明专利不利于发明创造尽快得到保护。而实用新型专利的法律稳定性虽然较差，但是对其申请实行初步审查制，审查周期短、授权快。因此，不少申请人采取了同时或者先后递交发明和实用新型两种类型的专利申请的方式，以期先获得实用新型专利的快速授权和保护；同时，那些发明创造技术创新水平较高的，也不影响其获得发明专利的保护。由于专利法及其实施细则并没有明文禁止同一申请人就同样的发明创造提出两份申请，基于当时的申请积压状况，为鼓励和及时保护发明创造，原中国专利局于1995年9月28日发布了《审查指南公报》第6号，对1992年专利法实施细则第十二条第一款的具体适用作出了规定，首次明确了对同一申请人就同样的发明创造既申请实用新型专利又申请发明专利的处理原则。即在对专利申请或者无效宣告请求的审查过程中，发现同一申请人就同样的发明创造既申请实用新型专利又申请发明专利，且两件申请均符合授予专利权的其他条件时，应通知申请人在二者之间任择其一；如果申请人书面声明放弃其在先获得的实用新型专利权的，则可以对发明专利申请予以授权或者维持该发明专利权有效。有关的基本处理原则也被2001年和2006年发布的《专利审查指南》所采纳。

本院经审理认为，本案讼争主要涉及以下两个问题：一是，本案中92106401.2号发明专利与91211222.0号实用新型专利是否属于同样的发明创造；二是，如果涉案两个专利属于同样的发明创造，本案发明专利的授权是否违反了禁止重复授权原则，即在同一申请人就同样的发明创造既申请实用新型专利又申请发明专利时，如何理解和适用专利法上的禁止重复授权原则。

（一）关于涉案两个专利是否属于同样的发明创造

涉案发明专利与实用新型专利是否属于1992年专利法实施细则第十二条第一款规定的同样的发明创造，是本案应否适用禁止重复授权原则的事实基础。

1992年专利法实施细则第十二条第一款和现行专利法实施细则第十三条第一款均规定了禁止重复授权原则，即“同样的发明创造只能被授予一项专利”。**禁止重复授权的目的在于防止对于同样的发明创造有两项或者两项以上的专利权同**

时存在而导致专利权之间的冲突或者不必要的重叠，只要两项专利申请或者专利要求保护的内容不同，即可以达到防止重复授权的目的。因此，1992 年专利法实施细则第十二条第一款和现行专利法实施细则第十三条第一款所称的同样的发明创造，应当是指保护范围相同的专利申请或者专利；在判断方法上，应当仅就各自请求保护的内容进行比较即可。对于发明和实用新型而言，应当将两件发明或者实用新型专利申请或专利的权利要求书的内容进行比较，而不是将权利要求书与专利申请或专利文件的全部内容进行比较。被比对的两项权利要求所要求保护的范围相同的，应当认为是同样的发明创造；要求保护的范围不同的，不论二者的说明书内容是否相同，均不属于同样的发明创造。对于一个专利申请或者专利要求保护的范围完全落入并小于另一专利申请要求保护的范围的情形，即权利要求保护范围部分重叠的，也不能认为属于同样的发明创造而依据禁止重复授权原则拒绝授予其中一项申请以专利权，而是应当根据对新颖性、创造性等其他专利授权条件的审查来决定是否授予专利权。《审查指南公报》第 6 号以及之后的《专利审查指南》对于同样的发明创造的概念界定和判断方法逐渐清晰，现行《专利审查指南》的相关规定更加明确。

就本案而言，涉案两个专利分别只有一项权利要求。按照前述的判断方法，应当通过对这两项权利要求所确定的保护范围的比较来判断两个专利是否属于同样的发明创造。对于发明或者实用新型专利权的保护范围的确定，按照我国专利法的规定，应当以其权利要求的内容为准，说明书及附图可以用于解释权利要求。在使用说明书及附图解释权利要求时，不应当将仅反映在说明书及附图中而未记载在权利要求书中的技术特征读入到权利要求之中，用于限制专利权的保护范围；也不能直接以仅在说明书附图中所反映出的具体结构来限定权利要求中相应技术特征的含义。

本案发明专利权利要求为："一种立式或卧式双层炉排平面波浪型反烧炉排锅炉，其特征是上层水管反烧炉排是平面波浪形布置。"涉案实用新型专利权利要求为："1. 一种主要由反烧炉排〔2〕、正烧炉排〔1〕和炉体〔3〕构成的高效节能双层炉排反烧锅炉，本实用新型的特征在于正烧炉排〔1〕和反烧炉排〔2〕的各个炉条是间隔的一上、一下分两层构成波浪形排列。"发明专利不论在其权利要求书还是在说明书中，均并未对下层炉排的具体结构作出特别的限定或者说明，只是在说明书中唯一一个附图中显示的下层炉排是平面一字排开的炉条。

根据涉案两个专利的权利要求，结合各自的说明书及附图，可以看出，两个专利所要求保护的技术方案均涉及一种由反烧炉排（上层炉排）、正烧炉排（下层炉排）和炉体构成的双层炉排反烧锅炉，二者只是在对上下层炉排结构的限定上有所不同。发明专利要求保护的是上层炉排为平面波浪形排列的双层炉排反烧锅炉；实用新型专利要求保护的是上下层炉排均为波浪形排列的双层炉排反烧锅炉。按照前述权利要求的解释方法，在该发明专利权利要求并未对下层炉排的具体结构作出特别限定的情况下，不能仅依据说明书附图中有关下层炉排的表示来限定其具体结构，该发明专利的下层炉排不排除也可以是平面波浪形排列的炉排。由此可见，本案中发明专利在保护范围上不仅包含了实用新型专利，而且大于实用新型专利的保护范围。相对而言，可以将实用新型专利看作是发明专利的一种具体实施方式，实用新型专利在保护范围上完全落入了发明专利的保护范围之内，并且小于发明专利的保护范围。按照前述关于同样的发明创造的判断原则和方法，涉案两个专利的保护范围并不相同，二者不属于同样的发明创造。

需要指出的是，同样的发明创造与相同主题的发明创造是两个不同的概念，本案中无效请求人和一、二审法院均混淆使用了这两个概念。我国专利法在禁止重复授权问题上使用“同样的发明创造”的概念，在优先权问题上使用了“相同主题”的发明创造的概念。应当说，就发明和实用新型而言，这两个概念在本质上都是指比对对象之间在技术领域、所解决的技术问题、技术方案和预期效果上相同。《专利审查指南》对有关概念的界定在不同时期的文字表述上略有不同，实质上均体现了这一基本含义。但是基于不同的立法目的和操作需要，两个概念分别具有不同的法律意义，各自的对比判断方式因比对对象不同而有所不同，不能混同或者替换使用。优先权制度的目的在于为同一申请人的国际或国内专利申请提供便利，将在优先权期限内提出的相同主题的在后申请看作在首次申请的申请日提出。在判断方式上，“相同主题”的发明或者实用新型是以在后申请的权利要求所要求保护的技术方案与首次申请中的全部内容（包括权利要求书和说明书）进行对比。这与新颖性的判断方式基本相同，但与同样的发明创造仅就权利要求书进行比对的方式明显不同。

本案中，济宁无压锅炉厂的无效理由是本案发明专利不符合1992年专利法实施细则第十二条第一款的规定，但其在专利复审委员会审查程序中陈述意见时却认为本案所涉两个专利属于相同主题的发明创造，这属于概念不清。一审法院对此认为，“从独立权利要求书所载明的内容来看，第三人舒学章在后申请的发明专利的必要技术特征只涉及上层炉排的技术特征，而其在先申请并被授权的实用新型专利的必要技术特征涉及上、下两层炉排的技术特征。发明专利技术特征包含在实用新型专利技术特征中，故舒学章的发明专利与实用新型专利属于相同的发明主题，是同样的发明创造”。一审法院关于“发明专利技术特征包含在实用新型专利技术特征中”的表述，本身语义不清，甚至错误，不能因为有共同的技术特征就认定技术特征之间有包含关系，而应当是对要求保护的技术方案之间有无包含关系作出认定。同时，以两个专利属于相同的发明主题进而认定二者属于同样的发明创造，属于概念混淆。而且，“相同的发明主题”本身不是一个规范用语，应当是指“相同主题”的发明创造。二审法院对此认为，“同样的发明创造是指技术领域、所要解决的技术问题和技术方案实质上相同的发明创造……。”同时又认为，“舒学章在先申请并被授权的实用新型专利与其在后申请的发明专利符合上述相同主题的发明或者实用新型的定义，故原审判决认定舒学章的发明专利与实用新型专利属于相同主题的发明创造是正确的”；“舒学章在后申请的92106401.2号发明专利因与91211222.0号实用新型专利系相同主题的发明创造……。”该院复查驳回再审申请的有关理由与一审法院相同。可见，二审法院也未对同样的发明创造与相同主题的发明创造的概念作出严格区分，亦属概念混淆。

本案无效请求人和一、二审法院虽然均混淆了同样的发明创造与相同主题的发明创造的概念，但实质上均认为涉案两个专利属于同样的发明创造。专利复审委员会第3209号无效宣告请求审查决定虽然没有明确认定涉案两个专利属于同样的发明创造，但其结论却是两个专利并非共同存在，不违反禁止重复授权的法律规定。其逻辑起点实际上也是认可两个专利属于同样的发明创造。否则，就无需判定是否违反禁止重复授权规定的问题。根据以上分析，通过对涉案两个专利的权利要求的比对，涉案两个专利并不属于同样的发明创造，无效请求人济宁无压锅炉厂的有关主张不能成立，一、二审法院的有关认定有误；专利复审委员会和舒学章在本案再审中提出的涉案两个专利不属于同样的发明创造的意见应予支持，有关申请再审理由基本成立。

此外，当事人对判决未提出上诉不表明其对该判决认定的事实以及有关判理的当然认可。本案不能以当事人对一审判决有关涉案两个专利属于同样的发明创造的认定未提出上诉而推定当事人对该认定的承认。同时，对专利权保护范围的确定涉及对经法定程序形成的专利权利要求书和说明书的解释和运用，不仅包括事实认定，也涉及法律适用问题。有关的事实认定和法律适用必须依据具有法律效力的专利文件，而不能仅以专利权人事后的个别言辞或者误解作为认定事实的依据。当然，这并不影响专利权人在行使权利时主动放弃其部分或全部权利内容。本案中舒学章在二审庭审中有关涉案两个专利“实际上是同一专利”的表述与其上诉主张明显矛盾，不能构成有效自认，其表述也不能改变专利权保护范围的客观状态。因此，济宁无压锅炉厂有关舒学章对涉案两个专利属于同样的发明创造构成自认的答辩意见不能成立，二审法院复查驳回再审申请的有关理由亦欠妥当。

（二）关于禁止重复授权原则的理解

本案涉案两个专利本不属于同样的发明创造，即不存在适用禁止重复授权原则的前提事实。但同一申请人就同样的发明创造既申请实用新型专利又申请发明专利的做法是否符合专利法上的禁止重复授权原则，始终是本案当事人争议的焦点之一，一、二审判决对此也各执一词，引起了社会上的普遍关注。

本案一审判决认为，禁止重复授权应理解为，“同样的发明创造不能同时有两项或两项以上处于有效状态的授权专利存在”。二审判决认为，“重复授权是指同样的发明创造被授予两次专利权，基于同样的发明创造的两项专利权同时存在并不是构成重复授权的必要条件”。二审判决实际上是认为同样的发明创造只能被授予一次专利权。

1992 年专利法实施细则第十二条第一款和现行 2001 年专利法实施细则第十三条第一款规定的“同样的发明创造只能被授予一项专利”，可以理解为是指同样的发明创造不能有两项或者两项以上的处于有效状态的专利权同时存在；在现行的制度安排下，同一申请人就同样的发明创造既申请实用新型专利又申请发明专利的，只要两项专利权不同时存在，就不违反禁止重复授权原则。首先，《专利审查指南》允许同一申请人同时或先后就同样的发明创造既申请实用新型专利又申请发明专利，这种作法的形成有其历史原因，虽不尽完善，但客观上有利于申请人选择对其发明创造最为有利的保护方式。其次，专利法关于先申请原则和新颖性判断中的抵触申请制度的规定，可以解决不同申请人就同样的发明创造分别提出专利申请的冲突问题。但对同一申请人就同样的发明创造分别提出实用新型和发明专利申请的情形未作规定，立法上为同一申请人保留了一个比较宽松和方便的专利申请选择途径。应当说，《专利审查指南》对于禁止重复授权原则的解释和国务院专利行政部门过去十多年来的有关作法，未违背专利法的基本立法精神，未造成专利权人和社会公众利益的重大失衡。相反，这有利于鼓励发明人尽早公开有关发明创造，有利于及时保护有关发明创造，有利于他人避免重复研究和在此基础上及时进行改进创新。再次，这种作法在我国已经实际执行了十多年，如果简单地否定其合法性和合理性，涉及众多的相关专利的效力，显然不利于对已有的专利或者专利申请的保护。

此外，如果把重复授权理解为是指同样的发明创造被授予两次专利权，也会造成专利审查与授权的实践操作困难。如在一项发明专利申请提出后公布前的时间段内，他人若就同样的发明创造提出实用新型专利申请并获得授权，此时，如果简单地认为同样的发明创造只能被授予一次专利权，则该发明专利申请就不能被授权，这显然违背了专利授予的先申请原则；如果必须将实用新型专利无效后再授予发明专利权，也会造成实际操作上的困难。

允许同一申请人就同样的发明创造既申请实用新型专利又申请发明专利的作法也存在一些有待完善的问题。如按照《审查指南公报》第6号的规定，沿用在后申请本身的申请日计算专利保护期，将可能导致对同一技术的专利保护期限变相延长。又如现行《专利审查指南》要求前一专利权自申请日起予以放弃，该专利权视为自始不存在，这在实际上产生了相当于前一专利权被无效的后果，将导致曾依据被放弃的专利权而行使权利行为的法律效力的确认等复杂问题，可能会造成当事人的诉累和权利保护上的实际困难。这些问题，应当通过修改有关规定和进一步明确有关规则加以解决。

在多数情况下专利权的终止会导致该技术进入公有领域，但作为一种排他权的专利权，其终止仅表明权利人不能再就该技术向他人行使该专利权，并不表示在该技术上已经不存在任何其他权利，不能得出一项专利权一旦终止有关技术就进入了公有领域的结论。如从属专利在期限届满前的终止并不意味着从属专利技术就当然进入公有领域，如果基本专利仍然有效存在，他人仍然不能自由实施该从属专利技术。在允许同一申请人对同样的发明创造既申请实用新型专利又申请发明专利的情况下，申请人应审查要求放弃一项在先的实用新型专利权时，该发明专利申请处于临时保护期，也不能认为有关技术已经进入公有领域。因此，二审判决关于“一项专利一旦权利终止，从终止日起就进入了公有领域，任何人都可以对该公有技术加以利用”的结论，过于武断。即使本案两个专利属于同样的发明创造，则情况亦与前述分析的情形类似，只是在本案发明专利授权时，实用新型专利已经过期，按照当时的《审查指南公报》第6号的操作规定，不存在由申请人选择放弃实用新型专利的可能和必要，但该发明专利申请在实用新型专利过期前已经处于临时保护期，不能认为有关技术已经进入公有领域。

造成本案实用新型专利过期后发明专利申请才授权的主要原因在于对专利申请的审查周期过长。从这一点上看，也不宜让申请人承担由于专利局的审查原因而造成的不利后果。同时，这也不会对社会公众造成不公。任何理性的市场经营者不仅应当认识到某一项专利权的终止并不当然意味着其可以自由使用所涉及的专利技术，而且应当能够注意到本领域所有已经公开的专利文件，而不能仅关注某一份文件即下结论并据此鲁莽行事。

专利申请人确实可以利用本国优先权制度在优先权期限内实现发明和实用新型专利申请的转换，这与允许同一申请人就同样的发明创造既申请实用新型专利又申请发明专利的作法在功能上存在一定的重合，但二者所针对的问题和功能并不完全相同，如前所述在判断方式上的比对对象不同，其他一些具体条件的操作也不同，相互不能够完全替代。优先权制度主要解决在后申请使用在先申请的申请日问题，即将判断在后申请的新颖性和创造性的时间标准提前。当申请人要求本国优先权时，作为本国优先权基础的中国首次申请，自中国在后申请提出之日起即被视为撤回。此外，优先权制度有优先权期间的限制以及在申请时即应提出要求优先权的书面声明的手续要求。

允许同一申请人就同样的发明创造既申请实用新型专利又申请发明专利，主要是考虑为发明创造提供及时的专利保护。两份申请可以具有各自不同的判断新颖性和创造性的申请日；不存在前一申请被自动视为撤回的问题，而是由申请人或专利权人选择放弃其一；在后申请的提出时间以在先申请未公开为限；尚未规定申请人的声明义务。根据上述分析，济宁无压锅炉厂提出将重复授权理解为“同样发明创造不能同时有两项或者两项以上处于有效状态的授权专利存在”将会削弱我国专利法规定的本国优先权制度的主张，理由并不充分。申请人可以自由选择其认为最为有利的制度或者作法，不能因为有本国优先权制度的存在，而否定允许同一申请人就同样的发明创造既申请实用新型专利又申请发明专利这一作法存在的意义。

综上所述，本案92106401.2号发明专利与作为对比文件的91211222.0号实用新型专利并不属于同样的发明创造；专利法上的禁止重复授权，是指同样的发明创造不能有两项或者两项以上的处于有效状态的专利权同时存在，而不是指同样的发明创造只能被授予一次专利权。本案原审认定事实和适用法律均有错误，原判依法应予撤销。故此，依据《中华人民共和国行政诉讼法》第五十四条第（一）项、第六十一条第（三）项、第六十三条第二款和《最高人民法院关于执行〈中华人民共和国行政诉讼法〉若干问题的解释》第七十六条第一款、第七十八条之规定，判决如下：

一、撤销北京市高级人民法院（2002）高民终字第33号行政判决；

二、维持北京市第一中级人民法院（2001）一中知初字第195号行政判决和国家知识产权局专利复审委员会第3209号无效宣告请求审查决定。

本案一审案件受理费和二审案件受理费各1000元，均由济宁无压锅炉厂负担。

本判决为终审判决。

审 判 长 蒋志培

审 判 员 王永昌

代理审判员 郃中林

二〇〇八年七月十四日

书 记 员 王 新

126. 外观设计专利重复授权的认定

——再审申请人国家知识产权局专利复审委员会与被申请人科万商标投资有限公司、佛山市顺德区信达染整机械有限公司外观设计专利无效纠纷系列案

【裁判要旨】

专利法实施细则第十三条第一款系关于禁止重复授权的规定，就外观设计而言，为防止外观设计专利权之间的相互冲突，无论是相同的外观设计，还是相近似的外观设计，也不论是否为同一申请人，均应按照上述行政法规的规定授予一项专利权；被宣告无效的专利自始即不存在，不应当再将其作为判断是否重复授权的对比文件；每个单元的外观设计均相同，所不同的只是单元数量的简单增加或者减少，属于相近似的外观设计。

【关键词】

外观设计专利 重复授权

【案号】

最高人民法院（2008）行提字第4号

【基本案情】

名称为“染色机（J）”“染色机（K）”“染色机（L）”“染色机（M）”“染色机（N）”外观设计专利由科万商标投资有限公司（以下简称科万公司）于2002年8月6日向中华人民共和国国家知识产权局提出申请，专利号分别为02333397.9、02333398.7、02333399.5、02333400.2.02333501.7。其中，“染色机（M）”于2003年2月5日被授权公告，“染色机（J）”“染色机（K）”“染色机（L）”“染色机（N）”于2003年3月26日被授权公告。2005年2月18日，佛山市顺德区信达染整机械有限公司（以下简称信达公司）以上述五项外观设计专利不符合专利法第二十三条和专利法实施细则第十三条第一款的规定为由，向中华人民共和国国家知识产权局专利复审委员会（以下简称专利复审委）提出无效宣告请求，并提交了五份对比文件，用以证明上述五项专利的授权不符合专利法实施细则第十三条第一款的规定。该五份对比文件分别为科万公司的上述第02333397.9号“染色机（J）”（见附图1）、第02333398.7号“染色机（K）”（见附图2）、第02333399.5号“染色机（L）”（即本专利）、第02333400.2号“染色机（M）”（见附图4）、第02333501.7号“染色机（N）”（见附图5）外观设计专利。同年11月23日，科万公司向专利复审委提交书面声明，表示对于上述五项专利均不放弃。2005年12月12日，专利复审委作出第7860号无效宣告请求审查决定（以下简称第7860号决定），认定：信达公司提供的专利权人为科万公司的第02333398.7号“染色机（K）”外观设计专利，是与本专利相同专利权人于同日申请的中国外观设计专利，而且该专利与本专利属于同样的外观设计，则本专利的授权不符合专利法实施细则第十三条第一款的规定。据此，专利复审委员会宣告本专利无效。科万公司不服专利复审委第7860号决定，于2006年4月11日向北京市高级人民法院提起诉讼，北京市第一中级人民法院判决维持专利复审委第7860号决定。科万公司不服该一审判决，向北京市高级人民法院提起上诉。北京市高级人民法院判决：1. 撤销一审判决；2. 撤销专利复审委第7860号决定；3. 维持名称为“染色机（L）”、专利号为02333399.5的外观设计专利权有效。专利复审委不服该二审判决，向本院申请再审。

【裁判意见】

专利法实施细则第十三条第一款系关于禁止重复授权的规定，即同样的发明创造只能被授予一项专利。就外观设计而言，为防止外观设计专利权之间的相互冲突，无论是相同的外观设计，还是相近似的外观设计，也不论是否为同一申请人，均应按照上述行政法规的规定授予一项专利权。专利复审委第7860号决定依据专利法实施细则及审查指南的相关规定，将同样的外观设计解释为两项外观设计相同或者相近似，并无不当。任何人认为属于同一专利权人的具有相同申请日的两项专利权不符合专利法实施细则第十三条第一款规定的，可以请求专利复审委宣告其中一项专利权无效。专利权人可以通过选择放弃另一项专利权来维持被请求宣告无效的专利权有效。因此，若本案外观设计专利与科万公司拥有的其他四项外观设计专利均为相近似的外观设计，则应当至少维持一项外观设计专利有效，而非将该五项外观设计专利全部宣告无效。而且，被宣告无效的专利自始即不存在，不应当再将其作为判断是否重复授权的对比文件。专利复审委将已经因重复授权被宣告无效的外观设计专利又作为宣告另一项外观设计专利无效的对比文件，于法不合。因此，专利复审委宣告本案专利以及其他四项外观设计专利无效的决定均违反了专利法第四十七条第一款以及专利法实施细则第十三条第一款的规定。但是，被专利复审委第7857号决定维持有效的“染色机（A）”外观设计专利与本案专利以及其他四项外观设计专利相比较，每个单元的外观设计均相同，所不同的只是单元数量的简单增加或者减少，并且为惯常的排列顺序，故上述外观设计应属于相近似的外观设计。亦即，就染色机（A）外观设计专利而言，本案专利以及其他四项外观设计专利均构成重复授权，故专利复审委决定宣告本案专利以及其他四项外观设计专利无效，在实体处理上并无不当。鉴于此，本院不再撤销专利复审委第7860号决定，亦不再判令专利复审委重新作出决定。

中华人民共和国最高人民法院行政判决书

（2008）行提字第4号

再审申请人（一审被告、二审被上诉人）：中华人民共和国国家知识产权局专利复审委员会，住所地：中华人民共和国北京市海淀区北四环西路9号银谷大厦10—12层。

法定代表人：廖涛，该委员会副主任。

委托代理人：王伟艳，该委员会审查员。

委托代理人：田华，该委员会审查员。

再审被申请人（一审原告、二审上诉人）：科万商标投资有限公司（FALMER INVESTMENTS LTD.），住所地：英属维尔京群岛托士拉岛路镇威克汉岛I欧玛荷吉大楼3层（3rd Floor，Omar Hodge Building，Wickhams Cay I，Road Town，Tortola，British Virgin Islands）。

法定代表人：李绮莲，该公司总经理。

委托代理人：王雄杰，深圳市雄杰专利商标代理有限公司专利代理人。

委托代理人：徐静，广东东方金源律师事务所律师。

原审第三人：佛山市顺德区信达染整机械有限公司，住所地：中华人民共和国广东省佛山市顺德区伦教街道北海工业区建业路北7号。

法定代表人：边进良，该公司董事长。

委托代理人：林建军，北京金之桥知识产权代理有限公司专利代理人。

委托代理人：朱黎光，北京金之桥知识产权代理有限公司专利代理人。

再审申请人中华人民共和国国家知识产权局专利复审委员会（以下简称专利复审委）因与再审被申请人科万商标投资有限公司（以下简称科万公司）、原审第三人佛山市顺德区信达染整机械有限公司（以下简称信达公司）专利无效行政纠纷一案，不服北京市高级人民法院（2006）高行终字第469号行政判决，向本院申请再审。本院以（2008）行监字第146号行政裁定提审本案，本院依法组成合议庭公开开庭审理了本案。专利复审委的委托代理人王伟艳、田华，科万公司的委托代理人徐静，信达公司的委托代理人朱黎光到庭参加了诉讼。本案现已审理终结。

原审法院查明：名称为“染色机（J）”“染色机（K）”“染色机（L）”“染色机（M）”“染色机（N）”外观设计专利由科万公司于2002年8月6日向中华人民共和国国家知识产权局提出申请，专利号分别为02333397.9、02333398.7、02333399.5、02333400.2.02333501.7。其中，“染色机（M）”于2003年2月5日被授权公告，“染色机（J）”“染色机（K）”“染色机（L）”“染色机（N）”于2003年3月26日被授权公告。本案涉及名称为“染色机（L）”外观设计（即本专利）的专利公报包括7幅视图，即主视图、仰视图、俯视图、后视图、立体图、左视图、右视图（见附图3）。

2005年2月18日，信达公司以上述五项外观设计专利不符合专利法第二十三条和专利法实施细则第十三条第一款的规定为由，向专利复审委提出无效宣告请求，并提交了五份对比文件，用以证明上述五项专利的授权不符合专利法实施细则第十三条第一款的规定。该五份对比文件分别为科万公司的上述第02333397.9号“染色机（J）”（见附图1）、第02333398.7号“染色机（K）”（见附图2）、第02333399.5号“染色机（L）”（即本专利）、第02333400.2号“染色机（M）”（见附图4）、第02333501.7号“染色机（N）”（见附图5）外观设计专利。

2005年11月16日，专利复审委进行了口头审理。在审理过程中，专利复审委询问科万公司称：鉴于涉案五项专利均处于无效程序，在本专利与其他四项外观设计专利被认定为相同或相近似导致重复授权有可能被宣告无效的情况下，是否选择放弃其中一项或多项专利权。科万公司声明不放弃任何一项专利权。同年11月23日，科万公司向专利复审委提交书面声明，表示对于上述五项专利均不放弃。

2005年12月12日，专利复审委作出第7860号无效宣告请求审查决定（以下简称第7860号决定），认定：信达公司提供的专利权人为科万公司的第02333398.7号“染色机（K）”外观设计专利，是与本专利相同专利权人于同日申请的中国外观设计专利，而且该专利与本专利属于同样的外观设计，则本专利的授权不符合专利法实施细则第十三条第一款的规定。据此，专利复审委员会宣告本专利无效。

同日，专利复审委还分别做出第7858、7859、7861、7862号无效宣告请求审查决定（以下分别简称第7858、7859、7861、7862号决定），分别宣告专利权人同为科万公司的第02333397.9号“染色机（J）”、第02333398.7号“染色机（K）”、第02333400.2号“染色机（M）”、第02333501.7号“染色机（N）”外观设计专利无效。用以宣告上述外观设计专利权无效的对比文件依次为科万公司的第02333398.7号“染色机（K）”、第02333397.9号“染色机（J）”、第02333501.7号“染色机（N）”、第02333400.2号“染色机（M）”。上述决定宣告涉案外观设计专利无效的理由均为授权不符合专利法实施细则第十三条第一款的规定。

科万公司不服专利复审委第7860号决定，于2006年4月11日向北京市第一中级人民法院提起诉讼，认为专利复审委没有告知其本专利与哪一件外观设计构成重复授权、本专利与对比的外观设计不相近似、同样的外观设计仅指相同的外观设计，请求法院撤销第7860号决定，维持本专利有效。

北京市第一中级人民法院一审认为：专利法实施细则第十三条第一款规定，

同样的发明创造只能被授予一项专利。《审查指南》第一部分第三章第 4. 5. 1 节规定，同样的外观设计是指两项外观设计相同或者相近似。这一规定是完全符合专利法实施细则第十三条第一款的立法目的。科万公司关于同样的外观设计只是指相同的外观设计的主张，是对专利法的曲解，不符合上述立法宗旨。根据染色机类产品的使用情况，对这类产品外观的相同、相近似判断，应采取整体观察对比的方法。本专利与对比的外观设计属于相近似的外观设计。根据口头审理的记录，专利复审委已经告知了科万公司可能存在重复授权的有关专利的范围，即科万公司处于无效程序中的五项专利，并允许科万公司进行选择，其告知是清楚、适当的，符合专利法实施细则关于同样的发明创造只能被授予一项专利的立法宗旨和目的。同时，专利复审委还给予了科万公司充分的时间进行选择。在此情况下，科万公司对其拥有的五项外观设计专利权所面临的被宣告无效的风险是清楚的，其完全可以根据需要进行选择。但是，科万公司在合理的时间内仍然坚持不放弃其中任何一项权利，在此情况下，专利复审委既没有权利也不能为其进行选择，故由此导致的法律后果只能由科万公司自行承担。科万公司认为专利复审委没有告知其本专利与哪一件外观设计构成重复授权，其对专利复审委的要求过于苛刻，本院对其主张不予支持。此外，专利复审委以涉案专利不符合专利法实施细则第十三条第一款的规定作出的无效决定均是在 2005 年 12 月 12 日作出的，即同时宣告了科万公司的多项专利权无效，所以不存在其利用被宣告无效的专利来宣告本专利无效的情形。判决维持专利复审委第 7860 号决定。

科万公司不服该一审判决，向北京市高级人民法院提起上诉。主要的上诉理由有：1. 第 7860 号决定的作出违反程序。专利复审委认为本专利与第 02333398. 7 号外观设计专利构成重复授权，对此，专利复审委应告知科万公司，以便当事人作出相应的选择。但其并未履行告知职责；2. 第 7860 号决定适用法律错误。专利法及其实施细则均未规定同一人同日申请的关联设计属于重复授权，《审查指南》关于“同样的外观设计是指相同或者相近似的外观设计”的规定没有法律依据，本案不属于重复授权。故请求法院撤销一审判决及专利复审委第 7860 号决定。

北京市高级人民法院二审认为，专利法第九条第二款规定：“两个以上的申请人分别就同样的发明创造申请专利的，专利权授予最先申请的人。”该条规定了先申请原则，即不同主体先后申请同样的发明创造只能授予在先申请的人。专利法实施细则第十三条第一款规定：“同样的发明创造只能被授予一项专利。”该款规定了禁止重复授权的原则，即不仅不同主体不得重复授权，而且同一主体也不能重复授权。《审查指南》第一部分第三章第4.5.1节规定："同样的外观设计是指两项外观设计相同或者相近似。"根据《审查指南》上述规定，无论不同主体还是同一主体，先后或同日就相同产品申请两件以上相同或者相近似的外观设计均属于重复授权。

本案中，科万公司于同日就相同产品申请了五项相近似的外观设计。依据专利法第三十一条第二款关于单一性的规定，科万公司的五项外观设计申请因不符合单一性的规定而不能作为一项专利申请，只能作为五项不同的外观设计申请。但是，专利复审委和一审法院又依据专利法实施细则第十三条第一款和《审查指南》的规定，认为科万公司的五项相近似的外观设计专利构成重复授权，并宣告全部五项专利无效。这一做法显失公平。对于申请人作出的发明创造，只要符合相关法律规定且没有侵犯国家利益、社会公共利益及他人的合法权益，应当予以保护。实践中，申请人一方面为了扩大其外观设计专利的保护范围，防止他人仿冒其外观设计，另一方面为适应不同消费者的需求，提高其竞争优势，往往在同日就相同产品申请两个或两个以上相近似的外观设计。这种做法不为法律所禁止，也未侵犯国家利益、社会公共利益及他人的合法权益，符合专利法及其实施细则关于鼓励发明创造、促进科技创新和进步的立法本意，应当予以认可。

对于外观设计而言，《审查指南》规定"同样的外观设计是指两项外观设计相同或者相近似"。当不同主体就同一产品申请两项以上相近似的外观设计，以及同一主体先后就同一产品申请两项以上相近似的外观设计时，《审查指南》的上述规定并无不妥。但是同一主体就相同产品同日申请了两项以上相近似的外观设计时，则《审查指南》的上述规定明显与专利法及其实施细则的立法本意不符。这种情况下，"同样的外观设计"仅应解释为外观设计相同，而不应包括相近似的情况。专利复审委依据专利法实施细则第十三条关于重复授权的规定宣告本专利无效，属于理解和适用法律错误，一审判决维持无效决定，亦属不当。科万公司关于本专利与其他四项相近似的外观设计不属于重复授权的上诉主张，于法有据。因此，二审法院认为科万公司的上诉理由成立，专利复审委第7860号决定适用法律错误，应予撤销。一审判决适用法律错误，应予改判。据此，二审法院判决：1. 撤销一审判决；2. 撤销专利复审委第7860号决定；3. 维持名称为"染色机（L）"、专利号为02333399.5的外观设计专利权有效。

专利复审委不服该二审判决，向本院申请再审称：1. 争议专利共有六件，它们均为相近似的外观设计，专利复审委作出决定维持其中一件有效，宣告其他五件无效，适当地保护了专利权人的利益。2. 专利法实施细则第十三条第一款所规定的“同样的发明创造”，就外观设计来说，既包括相同的外观设计也包括相近似的外观设计，不能因申请人的不同而对同一法律术语作出不同的解释。二审判决实际上通过判决引入了关联外观设计制度，是对现有法律的突破，违背了“有法必依”的原则，不利于执法的稳定性，也侵害了社会公众的合法权益。3. 二审判决直接判决维持本专利权有效，是司法权代为行使行政权，导致了专利复审委执行判决困难，也有损当事人的诉权。请求本院撤销二审判决、维持一审判决和专利复审委第 7860 号决定。

科万公司答辩称：1. 专利复审委虽然在口头审理中告知科万公司涉案专利在被认定相同或者相近似的情况下存在重复授权问题，并要求科万公司进行选择，但由于本案涉及五份专利文件的对比，在专利复审委未告知哪些专利文件表示的外观设计是相同或相近似的情况下，科万公司无法进行选择。专利复审委以科万公司没有选择为由宣告五项专利全部无效，显失公平；2. 专利复审委以被宣告无效的外观设计专利作为对比文件重复进行相互对比，该比对方法错误。专利复审委的再审理由不能成立。

信达公司同意专利复审委的陈述。

本院经审理查明，原审判决认定的事实属实。

本院另查明：科万公司于 2002 年 7 月 19 日申请了名称为“染色机（A）”（见附图6）的外观设计专利，并被授予专利权。该专利与科万公司2002 年8 月6 日申请的“染色机（J）”“染色机（K）”“染色机（L）”“染色机（M）”“染色机（N）”等五项外观设计专利相比，整体区别仅在于染色机前表面由方窗和圆窗组成的单元数量不同，其余外观基本相同。

2005 年2 月 18 日，信达公司针对上述六项专利分别向专利复审委提出无效宣告请求。专利复审委针对上述六件无效宣告请求进行了合案审理。在口头审理中，合议组询问专利权人，由于上述专利均处于无效宣告程序，在争议专利之外观设计被认定相同或相近似导致重复授权有可能被宣告无效的情况下，是否选择放弃其中一项或多项，专利权人明确声明不放弃任何一项专利权。同年 11 月 23 日，科万公司向专利复审委提交书面声明，表示对于上述六项专利权均不放弃。2005 年 12 月 12 日，专利复审委针对上述六件无效宣告请求作出了第 7857、7858、7859、7860、7861、7862 号决定，其中第 7857 号决定维持了“染色机

(A)”外观设计专利有效。

本院认为，本案争议的焦点问题有：1. 对同一申请人于同一日申请的两项以上的相近似的外观设计授予专利权，是否违反专利法实施细则第十三条第一款关于禁止重复授权的规定；2. 人民法院直接判决宣告专利权的效力是否有法律依据。

（一）对同一申请人于同一日申请的两项以上的相近似的外观设计授予专利权，是否违反专利法实施细则第十三条第一款关于禁止重复授权的规定

专利法实施细则第十三条第一款系关于禁止重复授权的规定，即：同样的发明创造只能被授予一项专利。就外观设计而言，为防止外观设计专利权之间的相互冲突，无论是相同的外观设计，还是相近似的外观设计，也不论是否为同一申请人，均应按照上述行政法规的规定授予一项专利权。在本案中，二审判决关于同一主体同日就相同产品申请两项以上近似的外观设计不适用专利法实施细则第十三条的认定，没有现行法律的依据。专利复审委第 7860 号决定依据专利法实施细则及审查指南的相关规定，将同样的外观设计解释为两项外观设计相同或者相近似，并无不当。

根据《审查指南》的相关规定，任何人认为属于同一专利权人的具有相同申请日的两项专利权不符合专利法实施细则第十三条第一款规定的，可以请求专利复审委宣告其中一项专利权无效。**专利权人可以通过选择放弃另一项专利权来维持被请求宣告无效的专利权有效。因此，若本案外观设计专利与科万公司拥有的其他四项外观设计专利均为相近似的外观设计，则应当至少维持一项外观设计专利有效，而非将该五项外观设计专利全部宣告无效。而且，被宣告无效的专利自始即不存在，不应当再将其作为判断是否重复授权的对比文件。**专利复审委将已经因重复授权被宣告无效的外观设计专利又作为宣告另一项外观设计专利无效的对比文件，于法不合。因此，专利复审委宣告本案专利以及其他四项外观设计专利无效的决定均违反了专利法第四十七条第一款以及专利法实施细则第十三条第一款的规定。

但是，被专利复审委第 7857 号决定维持有效的“染色机（A）”外观设计专利与本案专利以及其他四项外观设计专利相比较，每个单元的外观设计均相同，所不同的只是单元数量的简单增加或者减少，并且为惯常的排列顺序，故上述外观设计应属于相近似的外观设计。亦即，就染色机（A）外观设计专利而言，本案专利以及其他四项外观设计专利均构成重复授权，故专利复审委决定宣告本案专利以及其他四项外观设计专利无效，在实体处理上并无不当。鉴于此，本院不

再撤销专利复审委第7860号决定，亦不再判令专利复审委重新作出决定。

（二）人民法院直接判决宣告专利权效力是否具有法律依据

根据行政诉讼法的有关规定，人民法院审理专利无效行政纠纷案件，应当对被诉行政决定的合法性进行审查，虽然在审查中可以对所争议专利权是否符合专利法规定的专利授权实质条件等问题作出判断，但不宜在判决主文中直接表述专利权的效力。原二审判决直接维持本案争议专利有效不当。

综上，专利复审委申请再审的主要理由成立。依照《中华人民共和国行政诉讼法》第五十四条第（一）项、第六十一条第（二）项、第六十三条第二款和《最高人民法院关于执行〈中华人民共和国行政诉讼法〉若干问题的解释》第七十六条第一款、第七十八条之规定，判决如下：

一、撤销北京市高级人民法院（2006）高行终字第469号行政判决；

二、维持北京市第一中级人民法院（2006）一中行初字第540号行政判决。

本案一、二审案件受理费共2000元，由科万公司和专利复审委分别承担1000元。

本判决为终审判决。

审　判　长　王永昌
代理审判员　王艳芳
代理审判员　李　剑
二〇〇八年十二月二十五日
书　记　员　王　新

中华人民共和国最高人民法院行政判决书

（2008）行提字第5号

再审申请人（一审被告、二审被上诉人）：中华人民共和国国家知识产权局专利复审委员会，住所地：中华人民共和国北京市海淀区北四环西路9号银谷大厦10—12层。

法定代表人：廖涛，该委员会副主任。

委托代理人：王伟艳，该委员会审查员。

委托代理人：田华，该委员会审查员。

再审被申请人（一审原告、二审上诉人）：科万商标投资有限公司（FALMER INVESTMENTS LTD.），住所地：英属维尔京群岛托士拉岛路镇威克汉岛I欧玛荷吉大楼3层（3rd Floor，Omar Hodge Building，Wickhams CayI，Road Town，Tortola，British Virgin Islands）。

法定代表人：李绮莲，该公司总经理。

委托代理人：王雄杰，深圳市雄杰专利商标代理有限公司专利代理人。

委托代理人：徐静，广东东方金源律师事务所律师。

原审第三人：佛山市顺德区信达染整机械有限公司，住所地：中华人民共和国广东省佛山市顺德区伦教街道北海工业区建业路北7号。

法定代表人：边进良，该公司董事长。

委托代理人：林建军，北京金之桥知识产权代理有限公司专利代理人。

委托代理人：朱黎光，北京金之桥知识产权代理有限公司专利代理人。

再审申请人中华人民共和国国家知识产权局专利复审委员会（以下简称专利复审委）因与再审被申请人科万商标投资有限公司（以下简称科万公司）、原审第三人佛山市顺德区信达染整机械有限公司（以下简称信达公司）专利无效行政纠纷一案，不服北京市高级人民法院（2006）高行终字第464号行政判决，向本院申请再审。本院以（2008）行监字第141号行政裁定提审本案，本院依法组成合议庭公开开庭审理了本案。专利复审委的委托代理人王伟艳、田华，科万公司的委托代理人徐静，信达公司的委托代理人朱黎光到庭参加了诉讼。本案现已审理终结。

原审法院查明：名称为“染色机（J）”“染色机（K）”“染色机（L）”“染色机（M）”“染色机（N）”外观设计专利由科万公司于2002年8月6日向中华人民共和国国家知识产权局提出申请，专利号分别为02333397.9、02333398.7、02333399.5、02333400.2.02333501.7。其中，“染色机（M）”于2003年2月5日被授权公告，“染色机（J）”“染色机（K）”“染色机（L）”“染色机（N）”于2003年3月26日被授权公告。本案涉及名称为“染色机（J）”外观设计（即本专利）的专利公报包括7幅视图，即主视图、仰视图、俯视图、后视图、立体图、左视图、右视图（见附图1）。

2005年2月18日，信达公司以上述五项外观设计专利不符合专利法第二十三条和专利法实施细则第十三条第一款的规定为由，向专利复审委提出无效宣告请求，并提交了五份对比文件，用以证明上述五项专利的授权不符合专利法实施细则第十三条第一款的规定。该五份对比文件分别为科万公司的上述第02333397.9号“染色机（J）”（即本专利）、第02333398.7号“染色机（K）”

(见附图 2)、第 02333399.5 号“染色机（L)” （见附图 3)、第 02333400.2 号“染色机（M)”（见附图 4)、第 02333501.7 号“染色机（N)”（见附图 5）外观设计专利。

2005 年 11 月 16 日，专利复审委进行了口头审理。在审理过程中，专利复审委询问科万公司称：鉴于涉案五项专利均处于无效程序，在本专利与其他四项外观设计专利被认定为相同或相近似导致重复授权有可能被宣告无效的情况下，是否选择放弃其中一项或多项专利权。科万公司声明不放弃任何一项专利权。同年 11 月 23 日，科万公司向专利复审委提交书面声明，表示对于上述五项专利均不放弃。

2005 年 12 月 12 日，专利复审委作出第 7858 号无效宣告请求审查决定（以下简称第 7858 号决定)，认定：信达公司提供的专利权人为科万公司的第 02333398.7 号“染色机（K)” 外观设计专利，是与本专利相同专利权人于同日申请的中国外观设计专利，而且该专利与本专利属于同样的外观设计，则本专利的授权不符合专利法实施细则第十三条第一款的规定。据此，专利复审委宣告本专利无效。

同日，专利复审委还分别作出第 7859、7860、7861、7862 号无效宣告请求审查决定（以下分别简称第 7859、7860、7861、7862 号决定)。分别宣告专利权人同为科万公司的第 02333398.7 号“染色机（K)”、第 02333399.5 号“染色机（L)”、第 02333400.2 号“染色机（M)”、第 02333501.7 号“染色机（N)” 外观设计专利无效。用以宣告上述外观设计专利无效的对比文件依次为科万公司的第 02333397.9 号“染色机（J)”、第 02333398.7 号“染色机（K)”、第 02333501.7 号“染色机（N)”、第 02333400.2 号“染色机（M)”。上述决定宣告涉案外观设计专利无效的理由均为授权不符合专利法实施细则第十三条第一款的规定。

科万公司不服专利复审委第 7858 号决定，于 2006 年 4 月 11 日向北京市第一中级人民法院提起诉讼，认为专利复审委没有告知其本专利与哪一件外观设计构成重复授权、本专利与对比的外观设计不相近似、同样的外观设计仅指相同的外观设计，请求法院撤销第 7858 号决定，维持本专利有效。

北京市第一中级人民法院一审认为：专利法实施细则第十三条第一款规定，同样的发明创造只能被授予一项专利。《审查指南》第一部分第三章第 4.5.1 节规定，同样的外观设计是指两项外观设计相同或者相近似。这一规定是完全符合专利法实施细则第十三条第一款的立法目的。科万公司关于同样的外观设计只是指相同的外观设计的主张，是对专利法的曲解，不符合上述立法宗旨。根据染色机类产品的使用情况，对这类产品外观的相同、相近似判断，应采取整体观察对比的方法。本专利与对比的外观设计属于相近似的外观设计。根据口头审理的记录，专利复审委已经告知了科万公司可能存在重复授权的有关专利的范围，即科万公司处于无效程序中的五项专利，并允许科万公司进行选择，其告知是清楚、适当的，符合专利法实施细则关于同样的发明创造只能被授予一项专利的立法宗旨和目的。同时，专利复审委还给予了科万公司充分的时间进行选择。在此情况下，科万公司对其拥有的五项外观设计专利权所面临的被宣告无效的风险是清楚的，其完全可以根据需要进行选择。但是，科万公司在合理的时间内仍然坚持不放弃其中任何一项权利，在此情况下，专利复审委既没有权利也不能为其进行选择，故由此导致的法律后果只能由科万公司自行承担。科万公司认为专利复审委没有告知其本专利与哪一件外观设计构成重复授权，其对专利复审委的要求过于苛刻，本院对其主张不予支持。此外，专利复审委以涉案专利不符合专利法实施细则第十三条第一款的规定作出的无效决定均是在2005年12月12日作出的，即同时宣告了科万公司的多项专利权无效，所以不存在其利用被宣告无效的专利来宣告本专利无效的情形。判决维持专利复审委第7858号决定。

科万公司不服该一审判决，向北京市高级人民法院提起上诉。主要的上诉理由有：1. 第7858号决定的作出违反程序。专利复审委认为本专利与第02333398.7号外观设计专利构成重复授权，对此，专利复审委应告知科万公司，以便当事人作出相应的选择。但其并未履行告知职责；2. 第7858号决定适用法律错误。专利法及其实施细则均未规定同一人同日申请的关联设计属于重复授权，《审查指南》关于“同样的外观设计是指相同或者相近似的外观设计”的规定没有法律依据，本案不属于重复授权。故请求法院撤销一审判决及专利复审委第7858号决定。

北京市高级人民法院二审认为，专利法第九条第二款规定：“两个以上的申请人分别就同样的发明创造申请专利的，专利权授予最先申请的人。”该条规定了先申请原则，即不同主体先后申请同样的发明创造只能授予在先申请的人。专利法实施细则第十三条第一款规定：“同样的发明创造只能被授予一项专利。”该款规定了禁止重复授权的原则，即不仅不同主体不得重复授权，而且同一主体也不能重复授权。《审查指南》第一部分第三章第4.5.1节规定：“同样的外观设计是指两项外观设计相同或者相近似。”根据《审查指南》上述规定，无论不同主体还是同一主体，先后或同日就相同产品申请两件以上相同或者相近似的外观设计均属于重复授权。

本案中，科万公司于同日就相同产品申请了五项相近似的外观设计。依据专利法第三十一条第二款关于单一性的规定，科万公司的五项外观设计申请因不符合单一性的规定而不能作为一项专利申请，只能作为五项不同的外观设计申请。但是，专利复审委和一审法院又依据专利法实施细则第十三条第一款和《审查指南》的规定，认为科万公司的五项相近似的外观设计专利构成重复授权，并宣告全部五项专利无效。这一做法显失公平。对于申请人作出的发明创造，只要符合相关法律规定且没有侵犯国家利益、社会公共利益及他人的合法权益，应当予以保护。实践中，申请人一方面为了扩大其外观设计专利的保护范围，防止他人仿冒其外观设计，另一方面为适应不同消费者的需求，提高其竞争优势，往往在同日就相同产品申请两个或两个以上相近似的外观设计。这种做法不为法律所禁止，也未侵犯国家利益、社会公共利益及他人的合法权益，符合专利法及其实施细则关于鼓励发明创造、促进科技创新和进步的立法本意，应当予以认可。

对于外观设计而言，《审查指南》规定“同样的外观设计是指两项外观设计相同或者相近似”。当不同主体就同一产品申请两项以上相近似的外观设计，以及同一主体先后就同一产品申请两项以上相近似的外观设计时，《审查指南》的上述规定并无不妥。但是同一主体就相同产品同日申请了两项以上相近似的外观设计时，则《审查指南》的上述规定明显与专利法及其实施细则的立法本意不符。这种情况下，“同样的外观设计”仅应解释为外观设计相同，而不应包括相近似的情况。专利复审委依据专利法实施细则第十三条关于重复授权的规定宣告本专利无效，属于理解和适用法律错误，一审判决维持无效决定，亦属不当。科万公司关于本专利与其他四项相近似的外观设计不属于重复授权的上诉主张，于法有据。因此，二审法院认为科万公司的上诉理由成立，专利复审委第 7858 号决定适用法律错误，应予撤销。一审判决适用法律错误，应予改判。据此，二审法院判决：1. 撤销一审判决；2. 撤销专利复审委第 7858 号决定；3. 维持名称为“染色机（J）”、专利号为 02333397.9 的外观设计专利权有效。

专利复审委不服该二审判决，向本院申请再审称：1. 争议专利共有六件，它们均为相近似的外观设计，专利复审委作出决定维持其中一件有效，宣告其他五件无效，适当地保护了专利权人的利益。2. 专利法实施细则第十三条第一款所规定的“同样的发明创造”，就外观设计来说，既包括相同的外观设计也包括相近似的外观设计，不能因申请人的不同而对同一法律术语作出不同的解释。二审判决实际上通过判决引入了关联外观设计制度，是对现有法律的突破，违背了“有法必依”的原则，不利于执法的稳定性，也侵害了社会公众的合法权益。3. 二审判决直接判决维持本专利权有效，是司法权代为行使行政权，导致了专利复审委执行判决困难，也有损当事人的诉权。请求本院撤销二审判决、维持一审判决和专利复审委第 7858 号决定。

科万公司答辩称：1. 专利复审委虽然在口头审理中告知科万公司涉案专利在被认定相同或者相近似的情况下存在重复授权问题，并要求科万公司进行选择，但由于本案涉及五份专利文件的对比，在专利复审委未告知哪些专利文件表示的外观设计是相同或相近似的情况下，科万公司无法进行选择。专利复审委以科万公司没有选择为由宣告五项专利全部无效，显失公平；2. 专利复审委以被宣告无效的外观设计专利作为对比文件重复进行相互对比，该比对方法错误。专利复审委的再审理由不能成立。

信达公司同意专利复审委的陈述。

本院经审理查明，原审判决认定的事实属实。

本院另查明：科万公司于 2002 年 7 月 19 日申请了名称为“染色机（A）”（见附图6）的外观设计专利，并被授予专利权。该专利与科万公司2002 年8 月6 日申请的“染色机（J）”“染色机（K）”“染色机（L）”“染色机（M）”“染色机（N）”等五项外观设计专利相比，整体区别仅在于染色机前表面由方窗和圆窗组成的单元数量不同，其余外观基本相同。

2005 年 2 月 18 日，信达公司针对上述六项专利分别向专利复审委提出无效宣告请求。专利复审委针对上述六件无效宣告请求进行了合案审理。在口头审理中，合议组询问专利权人，由于上述专利均处于无效宣告程序，在争议专利之外观设计被认定相同或相近似导致重复授权有可能被宣告无效的情况下，是否选择放弃其中一项或多项，专利权人明确声明不放弃任何一项专利权。同年 11 月 23 日，科万公司向专利复审委提交书面声明，表示对于上述六项专利权均不放弃。2005 年 12 月 12 日，专利复审委针对上述六件无效宣告请求作出了第 7857、7858、7859、7860、7861、7862 号决定，其中第 7857 号决定维持了“染色机（A）”外观设计专利有效。

本院认为，本案争议的焦点问题有：1. 对同一申请人于同一日申请的两项以上的相近似的外观设计授予专利权，是否违反专利法实施细则第十三条第一款关于禁止重复授权的规定；2. 人民法院直接判决宣告专利权的效力是否有法律依据。

（一）对同一申请人于同一日申请的两项以上的相近似的外观设计授予专利权，是否违反专利法实施细则第十三条第一款关于禁止重复授权的规定

专利法实施细则第十三条第一款系关于禁止重复授权的规定，即：同样的发明创造只能被授予一项专利。就外观设计而言，为防止外观设计专利权之间的相互冲突，无论是相同的外观设计，还是相近似的外观设计，也不论是否为同一申请人，均应按照上述行政法规的规定授予一项专利权。在本案中，二审判决关于同一主体同日就相同产品申请两项以上近似的外观设计不适用专利法实施细则第十三条的认定，没有现行法律的依据。专利复审委第 7858 号决定依据专利法实施细则及审查指南的相关规定，将同样的外观设计解释为两项外观设计相同或者相近似，并无不当。

根据《审查指南》的相关规定，任何人认为属于同一专利权人的具有相同申请日的两项专利权不符合专利法实施细则第十三条第一款规定的，可以请求专利复审委宣告其中一项专利权无效。**专利权人可以通过选择放弃另一项专利权来维持被请求宣告无效的专利权有效。因此，若本案外观设计专利与科万公司拥有的其他四项外观设计专利均为相近似的外观设计，则应当至少维持一项外观设计专利有效，而非将该五项外观设计专利全部宣告无效。而且，被宣告无效的专利自始即不存在，不应当再将其作为判断是否重复授权的对比文件。**专利复审委将已经因重复授权被宣告无效的外观设计专利又作为宣告另一项外观设计专利无效的对比文件，于法不合。因此，专利复审委宣告本案专利以及其他四项外观设计专利无效的决定均违反了专利法第四十七条第一款以及专利法实施细则第十三条第一款的规定。

但是，被专利复审委第 7857 号决定维持有效的“染色机（A）”外观设计专利与本案专利以及其他四项外观设计专利相比较，每个单元的外观设计均相同，所不同的只是单元数量的简单增加或者减少，并且为惯常的排列顺序，故上述外观设计应属于相近似的外观设计。亦即，就染色机（A）外观设计专利而言，本案专利以及其他四项外观设计专利均构成重复授权，故专利复审委决定宣告本案专利以及其他四项外观设计专利无效，在实体处理上并无不当。鉴于此，本院不再撤销专利复审委第 7858 号决定，亦不再判令专利复审委重新作出决定。

（二）人民法院直接判决宣告专利权效力是否具有法律依据

根据行政诉讼法的有关规定，人民法院审理专利无效行政纠纷案件，应当对被诉行政决定的合法性进行审查，虽然在审查中可以对所争议专利权是否符合专利法规定的专利授权实质条件等问题作出判断，但不宜在判决主文中直接表述专利权的效力。原二审判决直接维持本案争议专利有效不当。

综上，专利复审委申请再审的主要理由成立。依照《中华人民共和国行政诉讼法》第五十四条第（一）项、第六十一条第（二）项、第六十三条第二款和《最高人民法院关于执行〈中华人民共和国行政诉讼法〉若干问题的解释》第七十六条第一款、第七十八条之规定，判决如下：

一、撤销北京市高级人民法院（2006）高行终字第464号行政判决；

二、维持北京市第一中级人民法院（2006）一中行初字第509号行政判决。

本案一、二审案件受理费共2000元，由科万公司和专利复审委分别承担1000元。

本判决为终审判决。

审　判　长　王永昌
代理审判员　王艳芳
代理审判员　李　剑
二〇〇八年十二月二十五日
书　记　员　王　新

中华人民共和国最高人民法院行政判决书

（2008）行提字第6号

再审申请人（一审被告、二审被上诉人）：中华人民共和国国家知识产权局专利复审委员会，住所地：中华人民共和国北京市海淀区北四环西路9号银谷大厦10-12层。

法定代表人：廖涛，该委员会副主任。

委托代理人：王伟艳，该委员会审查员。

委托代理人：田华，该委员会审查员。

再审被申请人（一审原告、二审上诉人）：科万商标投资有限公司（FALMER INVESTMENTS LTD.），住所地：英属维尔京群岛托士拉岛路镇威克汉岛I欧玛荷吉大楼3层（3rd Floor，Omar Hodge Building，Wickhams CayI，Road Town，

Tortola，British Virgin Islands)。

法定代表人：李绮莲，该公司总经理。

委托代理人：王雄杰，深圳市雄杰专利商标代理有限公司专利代理人。

委托代理人：徐静，广东东方金源律师事务所律师。

原审第三人：佛山市顺德区信达染整机械有限公司，住所地：中华人民共和国广东省佛山市顺德区伦教街道北海工业区建业路北7号。

法定代表人：边进良，该公司董事长。

委托代理人：林建军，北京金之桥知识产权代理有限公司专利代理人。

委托代理人：朱黎光，北京金之桥知识产权代理有限公司专利代理人。

再审申请人中华人民共和国国家知识产权局专利复审委员会（以下简称专利复审委）因与再审被申请人科万商标投资有限公司（以下简称科万公司）、原审第三人佛山市顺德区信达染整机械有限公司（以下简称信达公司）专利无效行政纠纷一案，不服北京市高级人民法院（2006）高行终字第470号行政判决，向本院申请再审。本院以（2008）行监字第142号行政裁定提审本案，本院依法组成合议庭公开开庭审理了本案。专利复审委的委托代理人王伟艳、田华，科万公司的委托代理人徐静，信达公司的委托代理人朱黎光到庭参加了诉讼。本案现已审理终结。

原审法院查明：名称为“染色机（J）”“染色机（K）”“染色机（L）”“染色机（M）”“染色机（N）”外观设计专利由科万公司于2002年8月6日向中华人民共和国国家知识产权局提出申请，专利号分别为02333397.9、02333398.7、02333399.5、02333400.2、02333501.7。其中，“染色机（M）”于2003年2月5日被授权公告，“染色机（J）”“染色机（K）”“染色机（L）”“染色机（N）”于2003年3月26日被授权公告。本案涉及名称为“染色机（K）”外观设计（即本专利）的专利公报包括7幅视图，即主视图、仰视图、俯视图、后视图、立体图、左视图、右视图（见附图2）。

2005年2月18日，信达公司以上述五项外观设计专利不符合专利法第二十三条和专利法实施细则第十三条第一款的规定为由，向专利复审委提出无效宣告请求，并提交了五份对比文件，用以证明上述五项专利的授权不符合专利法实施细则第十三条第一款的规定。该五份对比文件分别为科万公司的上述第02333397.9号“染色机（J）”（见附图1）、第02333398.7号“染色机（K）”（即本专利）、第02333399.5号“染色机（L）”（见附图3）、第02333400.2号

“染色机（M）”（见附图4）、第02333501.7号“染色机（N）”（见附图5）外观设计专利。

2005年11月16日，专利复审委进行了口头审理。在审理过程中，专利复审委询问科万公司称：鉴于涉案五项专利均处于无效程序，在本专利与其他四项外观设计专利被认定为相同或相近似导致重复授权有可能被宣告无效的情况下，是否选择放弃其中一项或多项专利权。科万公司声明不放弃任何一项专利权。同年11月23日，科万公司向专利复审委提交书面声明，表示对于上述五项专利均不放弃。

2005年12月12日，专利复审委作出第7859号无效宣告请求审查决定（以下简称第7859号决定），认定：信达公司提供的专利权人为科万公司的第02333397.9号“染色机（J）”外观设计专利，是与本专利相同专利权人于同日申请的中国外观设计专利，而且该专利与本专利属于同样的外观设计，则本专利的授权不符合专利法实施细则第十三条第一款的规定。据此，专利复审委宣告本专利无效。

同日，专利复审委还分别作出第7858、7860、7861、7862号无效宣告请求审查决定（以下分别简称第7858、7860、7861、7862号决定），分别宣告专利权人同为科万公司的第02333397.9号“染色机（J）”、第02333399.5号“染色机（L）”、第02333400.2号“染色机（M）”、第02333501.7号“染色机（N）”外观设计专利无效。用以宣告上述外观设计专利权无效的对比文件依次为科万公司的第02333398.7号“染色机（K）”、第02333398.7号“染色机（K）”、第02333501.7号“染色机（N）”、第02333400.2号“染色机（M）”。上述决定宣告涉案外观设计专利无效的理由均为授权不符合专利法实施细则第十三条第一款的规定。

科万公司不服专利复审委第7859号决定，于2006年4月11日向北京市第一中级人民法院提起诉讼，认为专利复审委没有告知其本专利与哪一件外观设计构成重复授权、本专利与对比的外观设计不相近似、同样的外观设计仅指相同的外观设计，请求法院撤销第7859号决定，维持本专利有效。

北京市第一中级人民法院一审认为：专利法实施细则第十三条第一款规定，同样的发明创造只能被授予一项专利。《审查指南》第一部分第三章第4.5.1节规定，同样的外观设计是指两项外观设计相同或者相近似。这一规定是完全符合专利法实施细则第十三条第一款的立法目的。科万公司关于同样的外观设计只是指相同的外观设计的主张，是对专利法的曲解，不符合上述立法宗旨。根据染色机类产品的使用情况，对这类产品外观的相同、相近似判断，应采取整体观察对比的方法。本专利与对比的外观设计属于相近似的外观设计。根据口头审理的记录，专利复审委已经告知了科万公司可能存在重复授权的有关专利的范围，即科万公司处于无效程序中的五项专利，并允许科万公司进行选择，其告知是清楚、适当的，符合专利法实施细则关于同样的发明创造只能被授予一项专利的立法宗旨和目的。同时，专利复审委还给予了科万公司充分的时间进行选择。在此情况下，科万公司对其拥有的五项外观设计专利权所面临的被宣告无效的风险是清楚的，其完全可以根据需要进行选择。但是，科万公司在合理的时间内仍然坚持不放弃其中任何一项权利，在此情况下，专利复审委既没有权利也不能为其进行选择，故由此导致的法律后果只能由科万公司自行承担。科万公司认为专利复审委没有告知其本专利与哪一件外观设计构成重复授权，其对专利复审委的要求过于苛刻，本院对其主张不予支持。此外，专利复审委以涉案专利不符合专利法实施细则第十三条第一款的规定作出的无效决定均是在 2005 年 12 月 12 日作出的，即同时宣告了科万公司的多项专利权无效，所以不存在其利用被宣告无效的专利来宣告本专利无效的情形。判决维持专利复审委第 7859 号决定。

科万公司不服该一审判决，向北京市高级人民法院提起上诉。主要的上诉理由有：1. 第 7859 号决定的作出违反程序。专利复审委认为本专利与第 02333397.9 号外观设计专利构成重复授权，对此，专利复审委应告知科万公司，以便当事人作出相应的选择。但其并未履行告知职责；2. 第 7859 号决定适用法律错误。专利法及其实施细则均未规定同一人同日申请的关联设计属于重复授权，《审查指南》关于“同样的外观设计是指相同或者相近似的外观设计”的规定没有法律依据，本案不属于重复授权。故请求法院撤销一审判决及专利复审委第 7859 号决定。

北京市高级人民法院二审认为，专利法第九条第二款规定：“两个以上的申请人分别就同样的发明创造申请专利的，专利权授予最先申请的人。”该条规定了先申请原则，即不同主体先后申请同样的发明创造只能授予在先申请的人。专利法实施细则第十三条第一款规定：“同样的发明创造只能被授予一项专利。”该款规定了禁止重复授权的原则，即不仅不同主体不得重复授权，而且同一主体也不能重复授权。《审查指南》第一部分第三章第 4.5.1 节规定：“同样的外观设计是指两项外观设计相同或者相近似。”根据《审查指南》上述规定，无论不同主体还是同一主体，先后或同日就相同产品申请两件以上相同或者相近似的外观设计均属于重复授权。

本案中，科万公司于同日就相同产品申请了五项相近似的外观设计。依据专利法第三十一条第二款关于单一性的规定，科万公司的五项外观设计申请因不符合单一性的规定而不能作为一项专利申请，只能作为五项不同的外观设计申请。但是，专利复审委和一审法院又依据专利法实施细则第十三条第一款和《审查指南》的规定，认为科万公司的五项相近似的外观设计专利构成重复授权，并宣告全部五项专利无效。这一做法显失公平。对于申请人作出的发明创造，只要符合相关法律规定且没有侵犯国家利益、社会公共利益及他人的合法权益，应当予以保护。实践中，申请人一方面为了扩大其外观设计专利的保护范围，防止他人仿冒其外观设计，另一方面为适应不同消费者的需求，提高其竞争优势，往往在同日就相同产品申请两个或两个以上相近似的外观设计。这种做法不为法律所禁止，也未侵犯国家利益、社会公共利益及他人的合法权益，符合专利法及其实施细则关于鼓励发明创造、促进科技创新和进步的立法本意，应当予以认可。

对于外观设计而言，《审查指南》规定“同样的外观设计是指两项外观设计相同或者相近似”。当不同主体就同一产品申请两项以上相近似的外观设计，以及同一主体先后就同一产品申请两项以上相近似的外观设计时，《审查指南》的上述规定并无不妥。但是同一主体就相同产品同日申请了两项以上相近似的外观设计时，则《审查指南》的上述规定明显与专利法及其实施细则的立法本意不符。这种情况下，“同样的外观设计”仅应解释为外观设计相同，而不应包括相近似的情况。专利复审委依据专利法实施细则第十三条关于重复授权的规定宣告本专利无效，属于理解和适用法律错误，一审判决维持无效决定，亦属不当。科万公司关于本专利与其他四项相近似的外观设计不属于重复授权的上诉主张，于法有据。因此，二审法院认为科万公司的上诉理由成立，专利复审委第 7859 号决定适用法律错误，应予撤销。一审判决适用法律错误，应予改判。据此，二审法院判决：1. 撤销一审判决；2. 撤销专利复审委第 7859 号决定；3. 维持名称为“染色机（K）”、专利号为 02333398. 7 的外观设计专利权有效。

专利复审委不服该二审判决，向本院申请再审称：1. 争议专利共有六件，它们均为相近似的外观设计，专利复审委作出决定维持其中一件有效，宣告其他五件无效，适当地保护了专利权人的利益。2. 专利法实施细则第十三条第一款所规定的“同样的发明创造”，就外观设计来说，既包括相同的外观设计也包括相近似的外观设计，不能因申请人的不同而对同一法律术语作出不同的解释。二审判决实际上通过判决引入了关联外观设计制度，是对现有法律的突破，违背了“有法必依”的原则，不利于执法的稳定性，也侵害了社会公众的合法权益。3. 二审判决直接判决维持本专利权有效，是司法权代为行使行政权，导致了专利复审委执行判决困难，也有损当事人的诉权。请求本院撤销二审判决、维持一审判决和专利复审委第7859号决定。

科万公司答辩称：1. 专利复审委虽然在口头审理中告知科万公司涉案专利在被认定相同或者相近似的情况下存在重复授权问题，并要求科万公司进行选择，但由于本案涉及五份专利文件的对比，在专利复审委未告知哪些专利文件表示的外观设计是相同或相近似的情况下，科万公司无法进行选择。专利复审委以科万公司没有选择为由宣告五项专利全部无效，显失公平。2. 专利复审委以被宣告无效的外观设计专利作为对比文件重复进行相互对比，该比对方法错误。专利复审委的再审理由不能成立。

信达公司同意专利复审委的陈述。

本院经审理查明，原审判决认定的事实属实。

本院另查明：科万公司于2002年7月19日申请了名称为“染色机（A）”（见附图6）的外观设计专利，并被授予专利权。该专利与科万公司2002年8月6日申请的“染色机（J）”“染色机（K）”“染色机（L）”“染色机（M）”“染色机（N）”等五项外观设计专利相比，整体区别仅在于染色机前表面由方窗和圆窗组成的单元数量不同，其余外观基本相同。

2005年2月18日，信达公司针对上述六项专利分别向专利复审委提出无效宣告请求。专利复审委针对上述六件无效宣告请求进行了合案审理。在口头审理中，合议组询问专利权人，由于上述专利均处于无效宣告程序，在争议专利之外观设计被认定相同或相近似导致重复授权有可能被宣告无效的情况下，是否选择放弃其中一项或多项，专利权人明确声明不放弃任何一项专利权。同年11月23日，科万公司向专利复审委提交书面声明，表示对于上述六项专利权均不放弃。2005年12月12日，专利复审委针对上述六件无效宣告请求作出了第7857、7858、7859、7860、7861、7862号决定，其中第7857号决定维持了“染色机（A）”外观设计专利有效。

本院认为，本案争议的焦点问题有：1. 对同一申请人于同一日申请的两项以上的相近似的外观设计授予专利权，是否违反专利法实施细则第十三条第一款关于禁止重复授权的规定；2. 人民法院直接判决宣告专利权的效力是否有法律依据。

（一）对同一申请人于同一日申请的两项以上的相近似的外观设计授予专利权，是否违反专利法实施细则第十三条第一款关于禁止重复授权的规定

专利法实施细则第十三条第一款系关于禁止重复授权的规定，即：同样的发明创造只能被授予一项专利。就外观设计而言，为防止外观设计专利权之间的相互冲突，无论是相同的外观设计，还是相近似的外观设计，也不论是否为同一申请人，均应按照上述行政法规的规定授予一项专利权。在本案中，二审判决关于同一主体同日就相同产品申请两项以上近似的外观设计不适用专利法实施细则第十三条的认定，没有现行法律的依据。专利复审委第7859号决定依据专利法实施细则及审查指南的相关规定，将同样的外观设计解释为两项外观设计相同或者相近似，并无不当。

根据《审查指南》的相关规定，任何人认为属于同一专利权人的具有相同申请日的两项专利权不符合专利法实施细则第十三条第一款规定的，可以请求专利复审委宣告其中一项专利权无效。**专利权人可以通过选择放弃另一项专利权来维持被请求宣告无效的专利权有效。因此，若本案外观设计专利与科万公司拥有的其他四项外观设计专利均为相近似的外观设计，则应当至少维持一项外观设计专利有效，而非将该五项外观设计专利全部宣告无效。而且，被宣告无效的专利自始即不存在，不应当再将其作为判断是否重复授权的对比文件。**专利复审委将已经因重复授权被宣告无效的外观设计专利又作为宣告另一项外观设计专利无效的对比文件，于法不合。因此，专利复审委宣告本案专利以及其他四项外观设计专利无效的决定均违反了专利法第四十七条第一款以及专利法实施细则第十三条第一款的规定。

但是，被专利复审委第7857号决定维持有效的“染色机（A）”外观设计专利与本案专利以及其他四项外观设计专利相比较，每个单元的外观设计均相同，所不同的只是单元数量的简单增加或者减少，并且为惯常的排列顺序，故上述外观设计应属于相近似的外观设计。亦即，就染色机（A）外观设计专利而言，本案专利以及其他四项外观设计专利均构成重复授权，故专利复审委决定宣告本案专利以及其他四项外观设计专利无效，在实体处理上并无不当。鉴于此，本院不再撤销专利复审委第7859号决定，亦不再判令专利复审委重新作出决定。

（二）人民法院直接判决宣告专利权效力是否具有法律依据

根据行政诉讼法的有关规定，人民法院审理专利无效行政纠纷案件，应当对

被诉行政决定的合法性进行审查，虽然在审查中可以对所争议专利权是否符合专利法规定的专利授权实质条件等问题作出判断，但不宜在判决主文中直接表述专利权的效力。原二审判决直接维持本案争议专利有效不当。

综上，专利复审委申请再审的主要理由成立。依照《中华人民共和国行政诉讼法》第五十四条第（一）项、第六十一条第（二）项、第六十三条第二款和《最高人民法院关于执行〈中华人民共和国行政诉讼法〉若干问题的解释》第七十六条第一款、第七十八条之规定，判决如下：

一、撤销北京市高级人民法院（2006）高行终字第470号行政判决；

二、维持北京市第一中级人民法院（2006）一中行初字第539号行政判决。

本案一、二审案件受理费共2000元，由科万公司和专利复审委分别承担1000元。

本判决为终审判决。

审　判　长　王永昌
代理审判员　王艳芳
代理审判员　李　剑
二〇〇八年十二月二十五日
书　记　员　王　新

中华人民共和国最高人民法院行政判决书

（2008）行提字第7号

再审申请人（一审被告、二审被上诉人）：中华人民共和国国家知识产权局专利复审委员会，住所地：中华人民共和国北京市海淀区北四环西路9号银谷大厦10－12层。

法定代表人：廖涛，该委员会副主任。

委托代理人：王伟艳，该委员会审查员。

委托代理人：田华，该委员会审查员。

再审被申请人（一审原告、二审上诉人）：科万商标投资有限公司（FALMER INVESTMENTS LTD.），住所地：英属维尔京群岛托士拉岛路镇威克汉岛I欧玛荷吉大楼3层（3rd Floor, Omar Hodge Building, Wickhams Cay I, Road Town, Tortola, British Virgin Islands）。

法定代表人：李绮莲，该公司总经理。

委托代理人：王雄杰，深圳市雄杰专利商标代理有限公司专利代理人。

委托代理人：徐静，广东东方金源律师事务所律师。

原审第三人：佛山市顺德区信达染整机械有限公司，住所地：中华人民共和国广东省佛山市顺德区伦教街道北海工业区建业路北7号。

法定代表人：边进良，该公司董事长。

委托代理人：林建军，北京金之桥知识产权代理有限公司专利代理人。

委托代理人：朱黎光，北京金之桥知识产权代理有限公司专利代理人。

再审申请人中华人民共和国国家知识产权局专利复审委员会（以下简称专利复审委）因与再审被申请人科万商标投资有限公司（以下简称科万公司）、原审第三人佛山市顺德区信达染整机械有限公司（以下简称信达公司）专利无效行政纠纷一案，不服北京市高级人民法院（2006）高行终字第465号行政判决，向本院申请再审。本院以（2008）行监字第145号行政裁定提审本案，本院依法组成合议庭公开开庭审理了本案。专利复审委的委托代理人王伟艳、田华，科万公司的委托代理人徐静，信达公司的委托代理人朱黎光到庭参加了诉讼。本案现已审理终结。

原审法院查明：名称为“染色机（J）”“染色机（K）”“染色机（L）”“染色机（M）”“染色机（N）”外观设计专利由科万公司于2002年8月6日向中华人民共和国国家知识产权局提出申请，专利号分别为02333397.9、02333398.7、02333399.5、02333400.2、02333501.7。其中，“染色机（M）”于2003年2月5日被授权公告，“染色机（J）”“染色机（K）”“染色机（L）”“染色机（N）”于2003年3月26日被授权公告。本案涉及名称为“染色机（N）”外观设计（即本专利）的专利公报包括7幅视图，即主视图、仰视图、俯视图、后视图、立体图、左视图、右视图（见附图5）。

2005年2月18日，信达公司以上述五项外观设计专利不符合专利法第二十三条和专利法实施细则第十三条第一款的规定为由，向专利复审委提出无效宣告请求，并提交了五份对比文件，用以证明上述五项专利的授权不符合专利法实施细则第十三条第一款的规定。该五份对比文件分别为科万公司的上述第02333397.9号“染色机（J）”（见附图1）、第02333398.7号“染色机（K）”（见附图2）、第02333399.5号“染色机（L）”（见附图3）、第02333400.2号“染色机（M）”（见附图4）、第02333501.7号“染色机（N）”（即本专利）外观设计专利。

2005 年 11 月 16 日，专利复审委进行了口头审理。在审理过程中，专利复审委询问科万公司称：鉴于涉案五项专利均处于无效程序，在本专利与其他四项外观设计专利被认定为相同或相近似导致重复授权有可能被宣告无效的情况下，是否选择放弃其中一项或多项专利权。科万公司声明不放弃任何一项专利权。同年 11 月 23 日，科万公司向专利复审委提交书面声明，表示对于上述五项专利均不放弃。

2005 年 12 月 12 日，专利复审委作出第 7862 号无效宣告请求审查决定（以下简称第 7862 号决定），认定：信达公司提供的专利权人为科万公司的第 02333400. 2 号“染色机（M)”外观设计专利，是与本专利相同专利权人于同日申请的中国外观设计专利，而且该专利与本专利属于同样的外观设计，则本专利的授权不符合专利法实施细则第十三条第一款的规定。据此，专利复审委宣告本专利无效。

同日，专利复审委还作出第 7858、7859、7860、7861 号无效宣告请求审查决定（以下分别简称第 7858、7859、7860、7861 号决定)。分别宣告专利权人同为科万公司的第 02333397. 9 号“染色机（J)、第 02333398. 7 号“染色机（K)”、第 02333399. 5 号“染色机（L)、第 02333400. 2 号“染色机（M)”外观设计专利无效。用以宣告上述外观设计专利权无效的对比文件依次为科万公司的第 02333398. 7 号“染色机（K)”、第 02333397. 9 号“染色机（J)”、第 02333398. 7 号“染色机（K)”、第 02333501. 7 号“染色机（N)”。上述决定宣告涉案外观设计专利无效的理由均为授权不符合专利法实施细则第十三条第一款的规定。

科万公司不服专利复审委第 7862 号决定，于 2006 年 4 月 11 日向北京市第一中级人民法院提起诉讼，认为专利复审委没有告知其本专利与哪一件外观设计构成重复授权、本专利与对比的外观设计不相近似、同样的外观设计仅指相同的外观设计，请求法院撤销第 7862 号决定，维持本专利有效。

北京市第一中级人民法院一审认为：专利法实施细则第十三条第一款规定，同样的发明创造只能被授予一项专利。《审查指南》第一部分第三章第 4. 5. 1 节规定，同样的外观设计是指两项外观设计相同或者相近似。这一规定是完全符合专利法实施细则第十三条第一款的立法目的。科万公司关于同样的外观设计只是指相同的外观设计的主张，是对专利法的曲解，不符合上述立法宗旨。根据染色机类产品的使用情况，对这类产品外观的相同、相近似判断，应采取整体观察对比的方法。本专利与对比的外观设计属于相近似的外观设计。根据口头审理的记录，专利复审委已经告知了科万公司可能存在重复授权的有关专利的范围，即科万公司处于无效程序中的五项专利，并允许科万公司进行选择，其告知是清楚、适当的，符合专利法实施细则关于同样的发明创造只能被授予一项专利的立法宗旨和目的。同时，专利复审委还给予了科万公司充分的时间进行选择。在此情况下，科万公司对其拥有的五项外观设计专利权所面临的被宣告无效的风险是清楚的，其完全可以根据需要进行选择。但是，科万公司在合理的时间内仍然坚持不放弃其中任何一项权利，在此情况下，专利复审委既没有权利也不能为其进行选择，故由此导致的法律后果只能由科万公司自行承担。科万公司认为专利复审委没有告知其本专利与哪一件外观设计构成重复授权，其对专利复审委的要求过于苛刻，本院对其主张不予支持。此外，专利复审委以涉案专利不符合专利法实施细则第十三条第一款的规定作出的无效决定均是在 2005 年 12 月 12 日作出的，即同时宣告了科万公司的多项专利权无效，所以不存在其利用被宣告无效的专利来宣告本专利无效的情形。判决维持专利复审委第 7862 号决定。

科万公司不服该一审判决，向北京市高级人民法院提起上诉。主要的上诉理由有：1. 第 7862 号决定的作出违反程序。专利复审委认为本专利与第 02333400.2 号外观设计专利构成重复授权，对此，专利复审委应告知科万公司，以便当事人作出相应的选择。但其并未履行告知职责；2. 第 7862 号决定适用法律错误。专利法及其实施细则均未规定同一人同日申请的关联设计属于重复授权，《审查指南》关于“同样的外观设计是指相同或者相近似的外观设计”的规定没有法律依据，本案不属于重复授权。故请求法院撤销一审判决及专利复审委第 7862 号决定。

北京市高级人民法院二审认为，专利法第九条第二款规定：“两个以上的申请人分别就同样的发明创造申请专利的，专利权授予最先申请的人。”该条规定了先申请原则，即不同主体先后申请同样的发明创造只能授予在先申请的人。专利法实施细则第十三条第一款规定：“同样的发明创造只能被授予一项专利。”该款规定了禁止重复授权的原则，即不仅不同主体不得重复授权，而且同一主体也不能重复授权。《审查指南》第一部分第三章第 4.5.1 节规定：“同样的外观设计是指两项外观设计相同或者相近似。”根据《审查指南》上述规定，无论不同主体还是同一主体，先后或同日就相同产品申请两件以上相同或者相近似的外观设计均属于重复授权。

本案中，科万公司于同日就相同产品申请了五项相近似的外观设计。依据专利法第三十一条第二款关于单一性的规定，科万公司的五项外观设计申请因不符合单一性的规定而不能作为一项专利申请，只能作为五项不同的外观设计申请。但是，专利复审委和一审法院又依据专利法实施细则第十三条第一款和《审查指南》的规定，认为科万公司的五项相近似的外观设计专利构成重复授权，并宣告全部五项专利无效。这一做法显失公平。对于申请人作出的发明创造，只要符合相关法律规定且没有侵犯国家利益、社会公共利益及他人的合法权益，应当予以保护。实践中，申请人一方面为了扩大其外观设计专利的保护范围，防止他人仿冒其外观设计，另一方面为适应不同消费者的需求，提高其竞争优势，往往在同日就相同产品申请两个或两个以上相近似的外观设计。这种做法不为法律所禁止，也未侵犯国家利益、社会公共利益及他人的合法权益，符合专利法及其实施细则关于鼓励发明创造、促进科技创新和进步的立法本意，应当予以认可。

对于外观设计而言，《审查指南》规定“同样的外观设计是指两项外观设计相同或者相近似”。当不同主体就同一产品申请两项以上相近似的外观设计，以及同一主体先后就同一产品申请两项以上相近似的外观设计时，《审查指南》的上述规定并无不妥。但是同一主体就相同产品同日申请了两项以上相近似的外观设计时，则《审查指南》的上述规定明显与专利法及其实施细则的立法本意不符。这种情况下，“同样的外观设计”仅应解释为外观设计相同，而不应包括相近似的情况。专利复审委依据专利法实施细则第十三条关于重复授权的规定宣告本专利无效，属于理解和适用法律错误，一审判决维持无效决定，亦属不当。科万公司关于本专利与其他四项相近似的外观设计不属于重复授权的上诉主张，于法有据。因此，二审法院认为科万公司的上诉理由成立，专利复审委第7862号决定适用法律错误，应予撤销。一审判决适用法律错误，应予改判。据此，二审法院判决：1. 撤销一审判决；2. 撤销专利复审委第7862号决定；3. 维持名称为“染色机（N）”、专利号为02333501.7的外观设计专利权有效。

专利复审委不服该二审判决，向本院申请再审称：1. 争议专利共有六件，它们均为相近似的外观设计，专利复审委作出决定维持其中一件有效，宣告其他五件无效，适当地保护了专利权人的利益。2. 专利法实施细则第十三条第一款所规定的“同样的发明创造”，就外观设计来说，既包括相同的外观设计也包括相近似的外观设计，不能因申请人的不同而对同一法律术语作出不同的解释。二审判决实际上通过判决引入了关联外观设计制度，是对现有法律的突破，违背了“有法必依”的原则，不利于执法的稳定性，也侵害了社会公众的合法权益。3. 二审判决直接判决维持本专利权有效，是司法权代为行使行政权，导致了专利复审委执行判决困难，也有损当事人的诉权。请求本院撤销二审判决、维持一审判决和专利复审委第7862号决定。

科万公司答辩称：1. 专利复审委虽然在口头审理中告知科万公司涉案专利在被认定相同或者相近似的情况下存在重复授权问题，并要求科万公司进行选择，但由于本案涉及五份专利文件的对比，在专利复审委未告知哪些专利文件表示的外观设计是相同或相近似的情况下，科万公司无法进行选择。专利复审委以科万公司没有选择为由宣告五项专利全部无效，显失公平；2. 专利复审委以被宣告无效的外观设计专利作为对比文件重复进行相互对比，该比对方法错误。专利复审委的再审理由不能成立。

信达公司同意专利复审委的陈述。

本院经审理查明，原审判决认定的事实属实。

本院另查明：科万公司于2002年7月19日申请了名称为“染色机（A）”（见附图6）的外观设计专利，并被授予专利权。该专利与科万公司2002年8月6日申请的“染色机（J）”“染色机（K）”“染色机（L）”“染色机（M）”“染色机（N）”等五项外观设计专利相比，整体区别仅在于染色机前表面由方窗和圆窗组成的单元数量不同，其余外观基本相同。

2005年2月18日，信达公司针对上述六项专利分别向专利复审委提出无效宣告请求。专利复审委针对上述六件无效宣告请求进行了合案审理。在口头审理中，合议组询问专利权人，由于上述专利均处于无效宣告程序，在争议专利之外观设计被认定相同或相近似导致重复授权有可能被宣告无效的情况下，是否选择放弃其中一项或多项，专利权人明确声明不放弃任何一项专利权。同年11月23日，科万公司向专利复审委提交书面声明，表示对于上述六项专利权均不放弃。2005年12月12日，专利复审委针对上述六件无效宣告请求作出了第7857、7858、7859、7860、7861、7862号决定，其中第7857号决定维持了“染色机（A）”外观设计专利有效。

本院认为，本案争议的焦点问题有：1. 对同一申请人于同一日申请的两项以上的相近似的外观设计授予专利权，是否违反专利法实施细则第十三条第一款关于禁止重复授权的规定；2. 人民法院直接判决宣告专利权的效力是否有法律依据。

（一）对同一申请人于同一日申请的两项以上的相近似的外观设计授予专利权，是否违反专利法实施细则第十三条第一款关于禁止重复授权的规定

专利法实施细则第十三条第一款系关于禁止重复授权的规定，即：同样的发明创造只能被授予一项专利。就外观设计而言，为防止外观设计专利权之间的相互冲突，无论是相同的外观设计，还是相近似的外观设计，也不论是否为同一申请人，均应按照上述行政法规的规定授予一项专利权。在本案中，二审判决关于同一主体同日就相同产品申请两项以上近似的外观设计不适用专利法实施细则第十三条的认定，没有现行法律的依据。专利复审委第 7862 号决定依据专利法实施细则及审查指南的相关规定，将同样的外观设计解释为两项外观设计相同或者相近似，并无不当。

根据《审查指南》的相关规定，任何人认为属于同一专利权人的具有相同申请日的两项专利权不符合专利法实施细则第十三条第一款规定的，可以请求专利复审委宣告其中一项专利权无效。**专利权人可以通过选择放弃另一项专利权来维持被请求宣告无效的专利权有效。因此，若本案外观设计专利与科万公司拥有的其他四项外观设计专利均为相近似的外观设计，则应当至少维持一项外观设计专利有效，而非将该五项外观设计专利全部宣告无效。而且，被宣告无效的专利自始即不存在，不应当再将其作为判断是否重复授权的对比文件。**专利复审委将已经因重复授权被宣告无效的外观设计专利又作为宣告另一项外观设计专利无效的对比文件，于法不合。因此，专利复审委宣告本案专利以及其他四项外观设计专利无效的决定均违反了专利法第四十七条第一款以及专利法实施细则第十三条第一款的规定。

但是，被专利复审委第 7857 号决定维持有效的“染色机（A）”外观设计专利与本案专利以及其他四项外观设计专利相比较，每个单元的外观设计均相同，所不同的只是单元数量的简单增加或者减少，并且为惯常的排列顺序，故上述外观设计应属于相近似的外观设计。亦即，就染色机（A）外观设计专利而言，本案专利以及其他四项外观设计专利均构成重复授权，故专利复审委决定宣告本案专利以及其他四项外观设计专利无效，在实体处理上并无不当。鉴于此，本院不再撤销专利复审委第 7862 号决定，亦不再判令专利复审委重新作出决定。

（二）人民法院直接判决宣告专利权效力是否具有法律依据

根据行政诉讼法的有关规定，人民法院审理专利无效行政纠纷案件，应当对被诉行政决定的合法性进行审查，虽然在审查中可以对所争议专利权是否符合专

利法规定的专利授权实质条件等问题作出判断，但不宜在判决主文中直接表述专利权的效力。原二审判决直接维持本案争议专利有效不当。

综上，专利复审委申请再审的主要理由成立。依照《中华人民共和国行政诉讼法》第五十四条第（一）项、第六十一条第（二）项、第六十三条第二款和《最高人民法院关于执行〈中华人民共和国行政诉讼法〉若干问题的解释》第七十六条第一款、第七十八条之规定，判决如下：

一、撤销北京市高级人民法院（2006）高行终字第465号行政判决；

二、维持北京市第一中级人民法院（2006）一中行初字第525号行政判决。

本案一、二审案件受理费共2000元，由科万公司和专利复审委分别承担1000元。

本判决为终审判决。

审 判 长 王永昌
代理审判员 王艳芳
代理审判员 李 剑
二〇〇八年十二月二十五日
书 记 员 王 新

中华人民共和国最高人民法院行政判决书

（2008）行提字第8号

再审申请人（一审被告、二审被上诉人）：中华人民共和国国家知识产权局专利复审委员会，住所地：中华人民共和国北京市海淀区北四环西路9号银谷大厦10-12层。

法定代表人：廖涛，该委员会副主任。

委托代理人：王伟艳，该委员会审查员。

委托代理人：田华，该委员会审查员。

再审被申请人（一审原告、二审上诉人）：科万商标投资有限公司（FALMER INVESTMENTS LTD.），住所地：英属维尔京群岛托士拉岛路镇威克汉岛I欧玛荷吉大楼3层（3rd Floor，Omar Hodge Building，Wickhams CayI，Road Town，Tortola，British Virgin Islands）。

法定代表人：李绮莲，该公司总经理。

委托代理人：王雄杰，深圳市雄杰专利商标代理有限公司专利代理人。

委托代理人：徐静，广东东方金源律师事务所律师。

原审第三人：佛山市顺德区信达染整机械有限公司，住所地：中华人民共和国广东省佛山市顺德区伦教街道北海工业区建业路北7号。

法定代表人：边进良，该公司董事长。

委托代理人：林建军，北京金之桥知识产权代理有限公司专利代理人。

委托代理人：朱黎光，北京金之桥知识产权代理有限公司专利代理人。

再审申请人中华人民共和国国家知识产权局专利复审委员会（以下简称专利复审委）因与再审被申请人科万商标投资有限公司（以下简称科万公司）、原审第三人佛山市顺德区信达染整机械有限公司（以下简称信达公司）专利无效行政纠纷一案，不服北京市高级人民法院（2006）高行终字第467号行政判决，向本院申请再审。本院以（2008）行监字第140号行政裁定提审本案，本院依法组成合议庭公开开庭审理了本案。专利复审委的委托代理人王伟艳、田华，科万公司的委托代理人徐静，信达公司的委托代理人朱黎光到庭参加了诉讼。本案现已审理终结。

原审法院查明：名称为“染色机（J）”“染色机（K）”“染色机（L）”“染色机（M）”“染色机（N）”外观设计专利由科万公司于2002年8月6日向中华人民共和国国家知识产权局提出申请，专利号分别为02333397.9、02333398.7、02333399.5、02333400.2、02333501.7。其中，“染色机（M）”于2003年2月5日被授权公告，“染色机（J）”“染色机（K）”“染色机（L）”“染色机（N）”于2003年3月26日被授权公告。本案涉及名称为“染色机（M）”外观设计（即本专利）的专利公报包括7幅视图，即主视图、仰视图、俯视图、后视图、立体图、左视图、右视图（见附图4）。

2005年2月18日，信达公司以上述五项外观设计专利不符合专利法第二十三条和专利法实施细则第十三条第一款的规定为由，向专利复审委提出无效宣告请求，并提交了五份对比文件，用以证明上述五项专利的授权不符合专利法实施细则第十三条第一款的规定。该五份对比文件分别为科万公司的上述第02333397.9号“染色机（J）”（见附图1）、第02333398.7号“染色机（K）”（见附图2）、第02333399.5号“染色机（L）”（见附图3）、第02333400.2号“染色机（M）”（即本专利）、第02333501.7号“染色机（N）”（见附图5）外观设计专利。

2005年11月16日，专利复审委进行了口头审理。在审理过程中，专利复审委询问科万公司称：鉴于涉案五项专利均处于无效程序，在本专利与其他四项外观设计专利被认定为相同或相近似导致重复授权有可能被宣告无效的情况下，是否选择放弃其中一项或多项专利权。科万公司声明不放弃任何一项专利权。同年11月23日，科万公司向专利复审委提交书面声明，表示对于上述五项专利均不放弃。

2005年12月12日，专利复审委作出第7861号无效宣告请求审查决定（以下简称第7861号决定），认定：信达公司提供的专利权人为科万公司的第02333501.7号“染色机（N）”外观设计专利，是与本专利相同专利权人于同日申请的中国外观设计专利，而且该专利与本专利属于同样的外观设计，则本专利的授权不符合专利法实施细则第十三条第一款的规定。据此，专利复审委宣告本专利无效。

同日，专利复审委还分别作出第7858、7859、7860、7862号无效宣告请求审查决定（以下分别简称第7858、7859、7860、7862号决定）。分别宣告专利权人同为科万公司的第02333397.9号“染色机（J）”、第02333398.7号“染色机（K）”、第02333399.5号“染色机（L）”、第02333501.7号“染色机（N）”外观设计专利无效。用以宣告上述外观设计专利权无效的对比文件依次为科万公司的第02333398.7号“染色机（K）”、第02333397.9号“染色机（J）”、第02333398.7号“染色机（K）”、第02333400.2号“染色机（M）”。上述决定宣告涉案外观设计专利无效的理由均为授权不符合专利法实施细则第十三条第一款的规定。

科万公司不服专利复审委第7861号决定，于2006年4月11日向北京市第一中级人民法院提起诉讼，认为专利复审委没有告知其本专利与哪一件外观设计构成重复授权、本专利与对比的外观设计不相近似、同样的外观设计仅指相同的外观设计，请求法院撤销第7861号决定，维持本专利有效。

北京市第一中级人民法院一审认为：专利法实施细则第十三条第一款规定，同样的发明创造只能被授予一项专利。《审查指南》第一部分第三章第4.5.1节规定，同样的外观设计是指两项外观设计相同或者相近似。这一规定是完全符合专利法实施细则第十三条第一款的立法目的。科万公司关于同样的外观设计只是指相同的外观设计的主张，是对专利法的曲解，不符合上述立法宗旨。根据染色机类产品的使用情况，对这类产品外观的相同、相近似判断，应采取整体观察对比的方法。本专利与对比的外观设计属于相近似的外观设计。根据口头审理的记录，专利复审委已经告知了科万公司可能存在重复授权的有关专利的范围，即科万公司处于无效程序中的五项专利，并允许科万公司进行选择，其告知是清楚、适当的，符合专利法实施细则关于同样的发明创造只能被授予一项专利的立法宗旨和目的。同时，专利复审委还给予了科万公司充分的时间进行选择。在此情况下，科万公司对其拥有的五项外观设计专利权所面临的被宣告无效的风险是清楚的，其完全可以根据需要进行选择。但是，科万公司在合理的时间内仍然坚持不放弃其中任何一项权利，在此情况下，专利复审委既没有权利也不能为其进行选择，故由此导致的法律后果只能由科万公司自行承担。科万公司认为专利复审委没有告知其本专利与哪一件外观设计构成重复授权，其对专利复审委的要求过于苛刻，本院对其主张不予支持。此外，专利复审委以涉案专利不符合专利法实施细则第十三条第一款的规定作出的无效决定均是在 2005 年 12 月 12 日作出的，即同时宣告了科万公司的多项专利权无效，所以不存在其利用被宣告无效的专利来宣告本专利无效的情形。判决维持专利复审委第 7861 号决定。

科万公司不服该一审判决，向北京市高级人民法院提起上诉。主要的上诉理由有：1. 第 7861 号决定的作出违反程序。专利复审委认为本专利与第 02333501.7 号外观设计专利构成重复授权，对此，专利复审委应告知科万公司，以便当事人作出相应的选择。但其并未履行告知职责；2. 第 7861 号决定适用法律错误。专利法及其实施细则均未规定同一人同日申请的关联设计属于重复授权，《审查指南》关于“同样的外观设计是指相同或者相近似的外观设计”的规定没有法律依据，本案不属于重复授权。故请求法院撤销一审判决及专利复审委第 7861 号决定。

北京市高级人民法院二审认为，专利法第九条第二款规定：“两个以上的申请人分别就同样的发明创造申请专利的，专利权授予最先申请的人。”该条规定了先申请原则，即不同主体先后申请同样的发明创造只能授予在先申请的人。专利法实施细则第十三条第一款规定：“同样的发明创造只能被授予一项专利。”该款规定了禁止重复授权的原则，即不仅不同主体不得重复授权，而且同一主体也不能重复授权。《审查指南》第一部分第三章第 4.5.1 节规定：“同样的外观设计是指两项外观设计相同或者相近似。”根据《审查指南》上述规定，无论不同主体还是同一主体，先后或同日就相同产品申请两件以上相同或者相近似的外观设计均属于重复授权。

本案中，科万公司于同日就相同产品申请了五项相近似的外观设计。依据专利法第三十一条第二款关于单一性的规定，科万公司的五项外观设计申请因不符合单一性的规定而不能作为一项专利申请，只能作为五项不同的外观设计申请。但是，专利复审委和一审法院又依据专利法实施细则第十三条第一款和《审查指南》的规定，认为科万公司的五项相近似的外观设计专利构成重复授权，并宣告全部五项专利无效。这一做法显失公平。对于申请人作出的发明创造，只要符合相关法律规定且没有侵犯国家利益、社会公共利益及他人的合法权益，应当予以保护。实践中，申请人一方面为了扩大其外观设计专利的保护范围，防止他人仿冒其外观设计，另一方面为适应不同消费者的需求，提高其竞争优势，往往在同日就相同产品申请两个或两个以上相近似的外观设计。这种做法不为法律所禁止，也未侵犯国家利益、社会公共利益及他人的合法权益，符合专利法及其实施细则关于鼓励发明创造、促进科技创新和进步的立法本意，应当予以认可。

对于外观设计而言，《审查指南》规定"同样的外观设计是指两项外观设计相同或者相近似"。当不同主体就同一产品申请两项以上相近似的外观设计，以及同一主体先后就同一产品申请两项以上相近似的外观设计时，《审查指南》的上述规定并无不妥。但是同一主体就相同产品同日申请了两项以上相近似的外观设计时，则《审查指南》的上述规定明显与专利法及其实施细则的立法本意不符。这种情况下，"同样的外观设计"仅应解释为外观设计相同，而不应包括相近似的情况。专利复审委依据专利法实施细则第十三条关于重复授权的规定宣告本专利无效，属于理解和适用法律错误，一审判决维持无效决定，亦属不当。科万公司关于本专利与其他四项相近似的外观设计不属于重复授权的上诉主张，于法有据。因此，二审法院认为科万公司的上诉理由成立，专利复审委第7861号决定适用法律错误，应予撤销。一审判决适用法律错误，应予改判。据此，二审法院判决：1. 撤销一审判决；2. 撤销专利复审委第7861号决定；3. 维持名称为"染色机（M）"、专利号为02333400.2的外观设计专利权有效。

专利复审委不服该二审判决，向本院申请再审称：1. 争议专利共有六件，它们均为相近似的外观设计，专利复审委作出决定维持其中一件有效，宣告其他五件无效，适当地保护了专利权人的利益。2. 专利法实施细则第十三条第一款所规定的"同样的发明创造"，就外观设计来说，既包括相同的外观设计也包括相近似的外观设计，不能因申请人的不同而对同一法律术语作出不同的解释。二审判决实际上通过判决引入了关联外观设计制度，是对现有法律的突破，违背了"有法必依"的原则，不利于执法的稳定性，也侵害了社会公众的合法权益。3. 二审判决直接判决维持本专利权有效，是司法权代为行使行政权，导致了专利复审委执行判决困难，也有损当事人的诉权。请求本院撤销二审判决、维持一审判决和专利复审委第7861号决定。

科万公司答辩称：1. 专利复审委虽然在口头审理中告知科万公司涉案专利在被认定相同或者相近似的情况下存在重复授权问题，并要求科万公司进行选择，但由于本案涉及五份专利文件的对比，在专利复审委未告知哪些专利文件表示的外观设计是相同或相近似的情况下，科万公司无法进行选择。专利复审委以科万公司没有选择为由宣告五项专利全部无效，显失公平；2. 专利复审委以被宣告无效的外观设计专利作为对比文件重复进行相互对比，该比对方法错误。专利复审委的再审理由不能成立。

信达公司同意专利复审委的陈述。

本院经审理查明，原审判决认定的事实属实。

本院另查明：科万公司于2002年7月19日申请了名称为“染色机（A）”（见附图6）的外观设计专利，并被授予专利权。该专利与科万公司2002年8月6日申请的“染色机（J）”“染色机（K）”“染色机（L）”“染色机（M）”“染色机（N）”等五项外观设计专利相比，整体区别仅在于染色机前表面由方窗和圆窗组成的单元数量不同，其余外观基本相同。

2005年2月18日，信达公司针对上述六项专利分别向专利复审委提出无效宣告请求。专利复审委针对上述六件无效宣告请求进行了合案审理。在口头审理中，合议组询问专利权人，由于上述专利均处于无效宣告程序，在争议专利之外观设计被认定相同或相近似导致重复授权有可能被宣告无效的情况下，是否选择放弃其中一项或多项，专利权人明确声明不放弃任何一项专利权。同年11月23日，科万公司向专利复审委提交书面声明，表示对于上述六项专利权均不放弃。2005年12月12日，专利复审委针对上述六件无效宣告请求作出了第7857、7858、7859、7860、7861、7862号决定，其中第7857号决定维持了“染色机（A）”外观设计专利有效。

本院认为，本案争议的焦点问题有：1. 对同一申请人于同一日申请的两项以上的相近似的外观设计授予专利权，是否违反专利法实施细则第十三条第一款关于禁止重复授权的规定；2. 人民法院直接判决宣告专利权的效力是否有法律依据。

（一）对同一申请人于同一日申请的两项以上的相近似的外观设计授予专利权，是否违反专利法实施细则第十三条第一款关于禁止重复授权的规定

专利法实施细则第十三条第一款系关于禁止重复授权的规定，即：同样的发

明创造只能被授予一项专利。就外观设计而言，为防止外观设计专利权之间的相互冲突，无论是相同的外观设计，还是相近似的外观设计，也不论是否为同一申请人，均应按照上述行政法规的规定授予一项专利权。在本案中，二审判决关于同一主体同日就相同产品申请两项以上近似的外观设计不适用专利法实施细则第十三条的认定，没有现行法律的依据。专利复审委第7861号决定依据专利法实施细则及审查指南的相关规定，将同样的外观设计解释为两项外观设计相同或者相近似，并无不当。

根据《审查指南》的相关规定，任何人认为属于同一专利权人的具有相同申请日的两项专利权不符合专利法实施细则第十三条第一款规定的，可以请求专利复审委宣告其中一项专利权无效。**专利权人可以通过选择放弃另一项专利权来维持被请求宣告无效的专利权有效。因此，若本案外观设计专利与科万公司拥有的其他四项外观设计专利均为相近似的外观设计，则应当至少维持一项外观设计专利有效，而非将该五项外观设计专利全部宣告无效。而且，被宣告无效的专利自始即不存在，不应当再将其作为判断是否重复授权的对比文件。**专利复审委将已经因重复授权被宣告无效的外观设计专利又作为宣告另一项外观设计专利无效的对比文件，于法不合。因此，专利复审委宣告本案专利以及其他四项外观设计专利无效的决定均违反了专利法第四十七条第一款以及专利法实施细则第十三条第一款的规定。

但是，被专利复审委第7857号决定维持有效的“染色机（A）”外观设计专利与本案专利以及其他四项外观设计专利相比较，每个单元的外观设计均相同，所不同的只是单元数量的简单增加或者减少，并且为惯常的排列顺序，故上述外观设计应属于相近似的外观设计。亦即，就染色机（A）外观设计专利而言，本案专利以及其他四项外观设计专利均构成重复授权，故专利复审委决定宣告本案专利以及其他四项外观设计专利无效，在实体处理上并无不当。鉴于此，本院不再撤销专利复审委第7861号决定，亦不再判令专利复审委重新作出决定。

（二）人民法院直接判决宣告专利权效力是否具有法律依据

根据行政诉讼法的有关规定，人民法院审理专利无效行政纠纷案件，应当对被诉行政决定的合法性进行审查，虽然在审查中可以对所争议专利权是否符合专利法规定的专利授权实质条件等问题作出判断，但不宜在判决主文中直接表述专利权的效力。原二审判决直接维持本案争议专利有效不当。

综上，专利复审委申请再审的主要理由成立。依照《中华人民共和国行政诉讼法》第五十四条第（一）项、第六十一条第（二）项、第六十三条第二款和《最高人民法院关于执行〈中华人民共和国行政诉讼法〉若干问题的解释》第七十六条第一款、第七十八条之规定，判决如下：

一、撤销北京市高级人民法院（2006）高行终字第467号行政判决；

二、维持北京市第一中级人民法院（2006）一中行初字第524号行政判决。

本案一、二审案件受理费共2000元，由科万公司和专利复审委分别承担1000元。

本判决为终审判决。

审 判 长 王永昌

代理审判员 王艳芳

代理审判员 李 剑

二〇〇八年十二月二十五日

书 记 员 王 新

（六）新颖性

1. 现有技术和现有设计

127. 企业标准备案是否构成专利法意义上的公开以及法院能否对专利确权行政案件行使司法变更权

——再审申请人如皋市爱吉科纺织机械有限公司与被申请人国家知识产权局专利复审委员会、第三人王玉山实用新型专利无效纠纷案

【裁判要旨】

企业标准的备案并不意味着标准的具体内容要向社会公开发布，备案也不意味着公众可以自由查阅和获得，企业标准并不因备案行为本身而构成专利法意义上的公

开；在现行的行政诉讼法律框架下，法院在判决主文中直接对涉案专利权的效力作出宣告判决，缺乏充分的法律依据。

【关键词】

企业标准备案　专利法意义公开　司法变更权

【案号】

最高人民法院（2007）行提字第3号

【基本案情】

如皋市爱吉科纺织机械有限公司（以下简称爱吉科公司）以本专利权的授予不符合专利法第二十二条的规定为由，于2001年4月4日向国家知识产权局专利复审委员会（以下简称专利复审委员会）提出无效宣告请求，认为本专利的技术方案在其申请日前已由公开出版的SSM公司的产品说明书所公开，其专利产品亦于申请日前在国内公开销售使用，权利要求1－10不具有新颖性和创造性。专利复审委员会依据专利法第二十二条第三款的规定，于2003年3月26日作出第4988号无效宣告请求审查决定（以下简称第4988号决定），宣告98248629.4号实用新型专利权的权利要求1－9无效，维持权利要求10有效。决定的主要理由是：证据5是企业内部标准，不是公开出版物，即没有处于公众中任何人想得知就能得知的状态。爱吉科公司不服专利复审委员会第4988号决定，在法定期限内向北京市第一中级人民法院提起诉讼。北京市第一中级人民法院经审理认为：爱吉科公司提交的证据5江苏昌升集团如皋市纺织机械制造厂《AJQ型系列吹吸清洁机》的企业标准－Q/320682KC01－1998确已在如皋市技术监督局进行了备案，在爱吉科公司提交的该复印件上也有如皋标准备案注册章，但证据5不能证明该企业标准在如皋市技术监督局进行备案的时间以及该时间系在本专利申请日之前，故不足以证明证据5所载明的内容在本专利申请日前已为公众所得知或处于公众可得知的状态，故专利复审委员会对证据5不予采信是正确的。判决：维持被告国家知识产权局专利复审委员会作出的第4988号无效宣告请求审查决定。爱吉科公司不服一审判决，在法定期限内向北京市高级人民法院提出上诉。北京市高级人民法院经审理认为：根据标准化法及其实施条例的有关规定，企业生产的产品，没有国家标准、行业标准和地方标准的，应当制定相应的企业标准，作为组织生产、销售和监督检查的依据；企业生产执行国家标准、行业标准、地方标准或企业标准，应当在其产品或者说明书、包装物上标注所执行标准的代号、编号、名称。企业的产品标准须在规定的时间内，按规定的要求报当地政府标准化行政主管部门和有关行政主管部门备案。因此，作为交货依据的企业标准在规定的时间、规定的部门备案本身就意味着公众可以根据该标准备案的时间、通过相关的部门获知该企业标准的备案信息。根据《江苏省标准监督管理办法》的有关规定，企业产品标准应当在发布后30日内，按照规定报当地标准化行政主管部门和有关行政主管部门备案。而前述企业标准的发布时间是1998年7月1日，故可以推定其备案时间至迟为1998年7月31日，在本专利申请日之前。故证据5可以作为评判本专利新颖性的对比文件。由于该证据已经公开了本专利权利要求10的全部技术特征，因此，本专利不具备新颖性。专利复审委员会不服二审判决，向本院提出再审申请。

【裁判意见】

根据标准化法及其实施条例的规定，对于企业标准，由企业组织制定，并按省、自治区、直辖市人民政府的规定备案，按照原国家技术监督局1990年7月23日发布的第12号令关于标准化法条文的解释，企业标准要求“备案”的含义是指，负责制定标准的单位在规定的时间内按规定的要求向规定的部门备案；内部适用的企业标准可以不公开，也不要求备案；如果企业标准作为交货依据，则必须备案，同时该标准也是监督检查的依据。按照原国家技术监督局1990年8月24日第13号令发布的《企业标准化管理办法》的有关规定，企业产品标准应在发布后30日内办理备案，一般按企业的隶属关系报当地政府标准化行政主管部门和有关行政主管部门备案。前述法律、行政法规和部门规章以及江苏省的地方政府规章虽然规定了企业标准特别是企业产品标准的发布、备案和公告制度，但均未对备案的企业标准对外公开的具体内容作出明确规定或者限制。但这并不意味着备案的企业标准当然会被备案管理机关予以全部公开，从而构成专利法意义上的公开。企业标准作为一种技术要求，构成企业的科技成果，虽并非必然但绝不排除可以包含企业的技术秘密。国家机关对在执法活动中获得的他人的技术秘密也依法负有保密义务。对于备案的企业标准，备案管理机关以及其他有机会接触该企业标准的执法机关（如解决产品质量争议的执法机关）和检验、鉴定机构等中介组织，应当注意到其中可能包含企业的技术秘密，应当依法予以保护，除非具有明确的法律依据，不得擅自予以公开。经本院向国家标准化委员会咨询了解，企业标准的发布实质上是指企业标准在制定完成后在企业内部发布实施，不同于国家标准、行业标准、地方标准的向社会发布，企业标准是否向社会公开发布属于企业自主行为；对于备案的企业标准，备案管理机关一般只公告标准的代号、编号、名称和备案企业名称，并不公告标准的具体内容。结合现有法律规定和实践操作情况，企业标准的备案并不意味着标准的具体内容要向社会公开发布，企业标准的备案也不意味着公众中任何人即可以自由查阅和获得，企业标准并不因备案行为本身而构成专利法意义上的公开。

中华人民共和国最高人民法院行政裁定书

(2007) 行提字第3号

再审申请人（一审被告、二审被上诉人）：国家知识产权局专利复审委员会，住所地：北京市海淀区北四环西路9号银谷大厦10－12层。

法定代表人：廖涛，该委员会副主任。

委托代理人：程强，该委员会审查员。

委托代理人：徐洁玲，该委员会审查员。

再审被申请人（一审原告、二审上诉人）：如皋市爱吉科纺织机械有限公司，住所地：江苏省如皋市丁堰镇丁新路138号。

法定代表人：娄建国，该公司董事长。

委托代理人：邵伟，永新专利商标代理有限公司专利代理人。

委托代理人：贾庆忠，永新专利商标代理有限公司专利代理人。

原审第三人：王玉山，男，1948年6月5日出生，汉族，住所地：山西省榆次市经纬路×号×区×号。

再审申请人国家知识产权局专利复审委员会（以下简称专利复审委员会）因与再审被申请人如皋市爱吉科纺织机械有限公司（以下简称爱吉科公司）、原审第三人王玉山实用新型专利无效行政纠纷一案，不服北京市高级人民法院于2004年9月29日作出的（2004）高行终字第95号行政判决，于2005年2月2日向本院申请再审。2007年4月30日，本院以（2005）行监字第20－1号行政裁定，决定对本案进行提审。本院依法组成合议庭，由民事审判第三庭庭长蒋志培担任审判长，审判员王永昌、代理审判员郃中林参加评议，王新担任书记员。2007年9月6日，公开开庭审理了本案。专利复审委员会委托代理人程强、徐洁玲，爱吉科公司委托代理人邵伟、贾庆忠到庭参加诉讼。原审第三人王玉山经本院依法传唤，无正当理由拒不到庭，本院依法缺席审理。本案现已审理终结。

北京市高级人民法院经审理查明：本案涉及原中国专利局授予的名称为“清洁器吸棉管废棉截留装置”的第98248629.4号实用新型专利（以下简称本专

利)，专利权人为王玉山，其申请日为 1998 年 11 月 9 日，授权公告日为 1999 年 10 月 13 日。

本专利的权利要求书为："1. 一种清洁器吸棉管废棉截留装置，其特征在于由箱体（1）、滤网（2）、滤网架（3）和箱门（4）组成，箱体（1）内设置滤网（2），滤网（2）装于滤网架（3）上，且通过滤网架（3）与箱体（1）内壁相连，将箱体内腔分为两部分（13）、（14），箱体（1）侧壁上装有可开关的箱门（4），箱体（1）上、下端设有圆柱形端口（11）、（12）。2. 如权利要求 1 所述的清洁器吸棉管废棉截留装置，其特征在于滤网（2）水平置于箱体（1）内，将箱体内腔分为上、下两部分（13）、（14）。3. 如权利要求 1 所述清洁器吸棉管废棉截留装置，其特征在于滤网（2）斜置于箱体（1）内，将箱体内腔分为斜上、下两部分（13）、（14）。4. 如权利要求 1 所述清洁器吸棉管废棉截留装置，其特征在于滤网（2）制成圆筒状，置于箱体（1）内中央，将箱体内腔分为内、外两部分（13）、（14）。5. 如权利要求 1 所述清洁器吸棉管废棉截留装置，其特征在于箱体（1）制成正方体、长方体、圆柱体、半圆柱体或其他几何形状。6. 如权利要求 1 所述清洁器吸棉管废棉截留装置，其特征在于箱体（1）采用钢板等金属材料或塑料、玻璃钢等非金属材料制成。7. 如权利要求 1 所述清洁器吸棉管废棉截留装置，其特征在于滤网（2）采用不锈钢、铜等金属材料或尼龙等非金属材料制成。8. 如权利要求 1 所述清洁器吸棉管废棉截留装置，其特征在于箱门（4）采用有机玻璃或者其他可透视材料制成。9. 如权利要求 1 所述的清洁器吸棉管废棉截留装置，其特征在于滤网（2）采用 30～80 目。10. 如权利要求 1 所述清洁器吸棉管废棉截留装置，其特征在于该装置通过其上、下圆柱形端口（11）、（12）与清洁器吸棉管（5）相连。"

本专利的说明书载明：目前，废棉过滤收集装置与机械取棉机构同置于 2.3 米高空与主机风箱用软管相连，构成一完整的废棉过滤集棉系统，其结构庞大，机械动作复杂，故障率高，使用维护不安全，不方便，收集效果不好，不利于管理，因借用主机风箱取棉，造成风量损失，影响主机使用效果。本实用新型的目的在于提供一种装于清洁器吸棉管上的废棉截留装置，它与主机脱离，取消了庞大而复杂的机械取棉机构，使之与清洁器自成工作体系，达到并提高了过滤集棉的效果，而对主机风量无任何影响，由于简化了机械结构，因此减少了机械故障，降低制造成本，实现操作安全、方便可靠，易管理。

爱吉科公司以本专利权的授予不符合专利法第二十二条的规定为由，于 2001

年4月4日向专利复审委员会提出无效宣告请求，认为本专利的技术方案在其申请日前已由公开出版的SSM公司的产品说明书所公开，其专利产品亦于申请日前在国内公开销售使用，权利要求1~10不具有新颖性和创造性。爱吉科公司同时提交了相关证据但未提交其原件，其在专利复审委员会进行无效宣告审查口头审理过程中也未使用该证据进行答辩。因此，专利复审委员会未对该证据进行评述。

爱吉科公司于2001年5月8日提交了意见陈述书，并补充提交了包括证据5（复印件，共10页）、证据7和证据9等在内的20份证据。在意见陈述书中，爱吉科公司认为本专利的技术方案在申请日前已被使用公开，不具备新颖性和创造性。

证据5是江苏昌升集团如皋市纺织机械制造厂于1998年7月1日发布，7月10日实施的《AJQ型系列吹吸清洁机》的企业标准－Q/320682KC01－1998。该标准记载了有关AJQ－Ⅱ型吹吸清洁机的技术参数和附图，其附图2与本专利权利要求10相同。该企业标准已在如皋市技术监督局进行了备案，在爱吉科公司提交的该复印件上有“如皋标准备案注册”章，并注明“867号－1998－J及2001年7月”字样，爱吉科公司在口头审理时提交了原件。

证据7是美国专利说明书US4，042，998，公开日期为1977年8月23日，其公开了一种纺织机械清洁装置，用来清除纺织机周围的废棉。该说明书附图7记载了在没有中央真空抽吸系统的情况下采用手动清除废棉时的废棉截留装置的结构，该废棉截留装置由箱体28、滤网47、滤网架（未标注）和箱门48组成，箱体28内设置滤网47，滤网47装于滤网架上，并通过滤网架与箱体内壁相连，将箱体28的内腔分为两部分；箱体28的侧壁上装有可开关的箱门48，箱体28左端设有与弯管45相连的端口，弯管45与软管46相连，从图上可以看出，软管46是吸棉管，箱体28右端直接与吹风设备（内有马达22）相连，为了让风通过并实现吸棉功能，箱体28右端必然设有端口。

证据9是美国专利说明书US2，431，726，公开日期为1947年12月2日，其公开了一种纺织机风力收集废棉和空气调节装置。该说明书第3栏第21~52行载明：参考图1和2，多个纺织机架1分别配有相应的吸风管2，每个吸风管又有多个带有一系列开口4的支管3。吸风管2沿每个机架1的整个长度延伸，并最好设置在线轴架C的下方。开口4位于机架上线纱断头易发生的地方，即进线的外端或送线辊R与绕线筒B之间。一分离的开口4提供在每一线S的路径下方。这样，当线断裂时，断头及分裂部分通过相应的开口被吸入所述吸风管2。由于在断头发生的部位易产生较多的废屑，多个开口也可以有效地清除这些废屑。断头和废屑物进入流动的空气，通过吸风管 2 进入过滤箱 5a，在过滤箱内被滤网 5 收集，过滤后的空气进入普通吸风管 6……该说明书第 4 栏第 10～21 行还载明：可以〔在〕吸风管 6 上，在位于过滤箱 5a 和风扇 7 之间的位置加入一通用过滤箱。从该说明书附图 1 还可以看出，上述结构均设置在一整体机构内部。

专利复审委员会依据专利法第二十二条第三款的规定，于 2003 年 3 月 26 日作出第 4988 号无效宣告请求审查决定，宣告 98248629.4 号实用新型专利权的权利要求 1～9 无效，维持权利要求 10 有效。决定的主要理由是：证据 5 是企业内部标准，不是公开出版物，即没有处于公众中任何人想得知就能得知的状态。在证据 7～20 中，证据 7 是最相关的对比文件，根据该证据，本专利权利要求 1～9 不具备创造性，不符合专利法第二十二条第三款的规定。证据 7 中的截留装置只有一端与吸棉管相连，另一端与吹风设备相连，证据 8～20 也没有任何一项现有技术的方案公开了截留装置的两端都与吸棉管相连这样的结构特征。权利要求 10 的技术方案将截留装置与主机脱离，从而取消了庞大而复杂的机械取棉机构，在不影响主机风量的前提下，降低了截留装置的制造成本，使得操作更加安全、方便，这一技术特征的引入对本领域技术人员而言是不容易想到的，且其技术效果是意想不到的。因此，本专利权利要求 10 具有实质性特点和进步，符合专利法第二十二条第三款的规定。

以上事实有 98248629.4 号实用新型专利权利要求书和说明书、专利复审委员会第 4988 号无效宣告请求审查决定书、吹吸清洁机购销合同和发票、如皋市纺织机械制造厂《AJQ 型系列吹吸清洁机》的企业标准、美国专利说明书 US4，042，998、美国专利说明书 US2，431，726 及当事人陈述等证据在案佐证。

爱吉科公司不服专利复审委员会第 4988 号决定，在法定期限内向北京市第一中级人民法院提起诉讼。

北京市第一中级人民法院经审理认为：爱吉科公司提交的证据 5 江苏昌升集团如皋市纺织机械制造厂《AJQ 型系列吹吸清洁机》的企业标准 - Q/320682KC01 - 1998 确已在如皋市技术监督局进行了备案，在爱吉科公司提交的该复印件上也有如皋标准备案注册章，但证据 5 不能证明该企业标准在如皋市技术监督局进行备案的时间以及该时间系在本专利申请日之前，故不足以证明证据 5 所载明的内容在本专利申请日前已为公众所得知或处于公众可得知的状态，故专利复审委员会对证据 5 不予采信是正确的。从本专利的说明书及权利要求 10 可以得出，本专利对现有技术的贡献在于对原废棉过滤收集装置与机械取棉机构同置于2.3米高空与主机风箱用软管相连，构成一完整的结构庞大的废棉过滤集棉系统进行了改进，将废棉截留装置与主机脱离，安装于吸棉管上，取消了庞大而复杂的机械取棉机构，简化了机械结构，达到并提高了过滤集棉的效果，而对主机风量无任何影响，减少了机械故障，降低制造成本，实现操作安全、方便可靠，易管理。证据7和证据9都是纺织清洁器废棉收集装置，属于与本专利相同和相近的技术领域，可以用于评价本专利。证据7公开的截留装置只有一端与吸棉管相连，另一端与吹风设备相连，没有给出任何将截留装置安装在吸棉管上的启示。证据9公开的废棉截留装置是安装于某个机构之中的，其吸风管2是安装在纺纱机架上，其发明目的是更好地清除机架上纱线的断头及废屑，与本发明的目的不同。本领域的普通技术人员在证据7和证据9的启示下，不经过创造性劳动，是不能得到本专利权利要求10的技术方案的，故本专利权利要求10符合专利法二十二条第三款的规定，具有创造性。专利复审委员会对此认定是正确的。综上，专利复审委员会作出的第4988号决定证据充分，适用法律正确，程序合法，应予维持。爱吉科公司的起诉理由均不能成立，其诉讼请求不予支持。该院依照《中华人民共和国行政诉讼法》第五十四条第（一）项之规定，于2003年11月28日以（2003）一中行初字第522号行政判决书判决：维持被告国家知识产权局专利复审委员会作出的第4988号无效宣告请求审查决定。案件受理费1000元，由爱吉科公司负担（已交纳）。

爱吉科公司不服一审判决，在法定期限内向北京市高级人民法院提出上诉。

北京市高级人民法院经审理认为：根据专利法的规定，授予专利权的实用新型专利应当具备新颖性。本案中各方当事人对爱吉科公司提交的证据5即《AJQ型系列吹吸清洁机》企业标准中所记载的有关AJQ－Ⅱ型吹吸清洁机的附图2所公开的技术方案与本专利权利要求10相同这一事实不持异议，各方争议的焦点在于该企业标准在如皋市技术监督局备案的事实是否意味着其中所记载的技术方案已公开以及如何确认公开时间。根据标准化法及其实施条例的有关规定，企业生产的产品，没有国家标准、行业标准和地方标准的，应当制定相应的企业标准，作为组织生产、销售和监督检查的依据；企业生产执行国家标准、行业标准、地方标准或企业标准，应当在其产品或者说明书、包装物上标注所执行标准的代号、编号、名称。企业的产品标准须在规定的时间内，按规定的要求报当地政府标准化行政主管部门和有关行政主管部门备案。因此，作为交货依据的企业标准在规定的时间、规定的部门备案本身就意味着公众可以根据该标准备案的时间、通过相关的部门获知该企业标准的备案信息。本案所涉及的企业标准系江苏昌升集团如皋市纺织机械制造厂在如皋市技术监督局备案的企业标准。根据《江苏省标准监督管理办法》的有关规定，企业产品标准应当在发布后30日内，按照规定报当地标准化行政主管部门和有关行政主管部门备案。而前述企业标准的发布时间是1998年7月1日，故可以推定其备案时间至迟为1998年7月31日，在本专利申请日之前。故证据5可以作为评判本专利新颖性的对比文件。由于该证据已经公开了本专利权利要求10的全部技术特征，因此，本专利不具备新颖性。一审判决关于证据5不能证明其所示企业标准在如皋市技术监督局的备案时间的认定是错误的，应予纠正。专利复审委员会第4988号无效宣告请求审查决定关于证据5是企业内部标准，不是公开出版物的认定是错误的，也应予以纠正。爱吉科公司关于证据5所示企业标准已在本专利申请日前备案并能够为公众所知的上诉理由成立，予以支持。鉴于本专利不具备新颖性，对爱吉科公司关于本专利不具备创造性的上诉理由不再予以评判。综上，一审判决和专利复审委员会作出的第4988号无效决定，认定事实有误，予以纠正。该院依照《中华人民共和国行政诉讼法》第六十一条第（三）项、《最高人民法院关于执行〈中华人民共和国行政诉讼法〉若干问题的解释》第七十条之规定，于2004年9月29日以（2004）高行终字第95号行政判决书判决：一、撤销北京市第一中级人民法院（2003）一中行初字第522号行政判决；二、撤销国家知识产权局专利复审委员会作出的第4988号无效宣告请求审查决定；三、第98248629.4号“清洁器吸棉管废棉截留装置”实用新型专利权无效。一、二审案件受理费各1000元，由国家知识产权局专利复审委员会负担（于判决生效之日起7日内交纳）。

专利复审委员会不服二审判决，向本院提出再审申请称，二审判决认定事实和适用法律均有错误，将对今后一系列涉及企业标准的专利案件造成影响，请求依法撤销本案二审判决，维持一审判决。主要理由是：1. 二审判决认定企业标准是公开的既无法律依据也无事实依据。（1）企业标准备案是为了接受技术质量部门的监督和检查，一些地方性法规、规章不允许备案部门泄露、扩散企业标准的内容或者文本。还有一些地方性法规、规章虽然没有直接的文字规定，但是从其内容可以毫无疑义地推知备案部门负有保密义务。还有极个别的地方性法规、规章既没有明文规定备案部门对企业标准负有保密义务，而且从其条文的内容也无法推知上述内容，但这也并不表明企业标准备案便构成专利法意义上的公开。（2）企业标准在企业内部适用，其中的部分内容，特别是其中的技术解决方案很可能属于企业的技术秘密。备案部门应当意识到企业标准可能包含技术秘密，应当受到法律保护。许多法律、行政法规和规章中都有关于保护企业技术秘密的规范。(3) 企业标准能为公众查阅并无明确法律依据。企业标准备案后成为标准档案，公众不能随意查阅。《中华人民共和国档案法实施办法》第二十六条规定："利用、公布档案，不得违反国家有关知识产权保护的法律规定。"根据《标准档案管理办法》的有关规定，对于备案的企业标准，公众并不是想查阅就能查阅的。(4) 法律已经在买方的知情权、质量监督权和卖方的保守技术秘密权之间小心翼翼地建立了平衡。如果发生产品质量纠纷，无论采取何种方式解决，都需要委托法定的或约定的质量检验机构进行检验并以检验机构的检验数据为准。检验机构作为中介机构，即使能够获得企业标准全文，根据法律的规定，仍然负有保密义务。即使备案的企业标准没有公开，但公众仍然可以对企业产品质量是否符合企业标准进行监督，但监督产品质量或者处理产品质量争议并不是以公开或者向买方提供企业标准为前提。(5) 本案二审判决意见与在先生效判决的意见截然相反。在藁城市袜不湿垫业有限公司诉专利复审委员会专利无效行政纠纷案中，北京市第一中级人民法院认为，企业标准的发布及备案并不能视为专利法意义上的公开；北京市高级人民法院二审判决维持原判。(6) 企业标准中含有技术秘密，应当受到知识产权保护。1990 年 8 月 24 日颁布并实施的《企业标准化管理办法》第二十三条规定："企业标准属于科技成果"。2. 二审判决对证据 5 的评价违反了行政诉讼法第五条的规定。无效请求程序中，无效请求人是用证据 5 结合证据 4 证明使用公开，并未提出过证据 5 破坏权利要求 10 新颖性的理由。第 4988 号决定既未对证据 5 本身的真实性予以评价，也未对证据 5 中公开〔记载〕的技术内容与本专利权利要求 10 的技术方案按照专利法、专利法实施细则以及审查指南的相关规定进行评价，证据 5 中公开〔记载〕的技术内容并不是具体行政行为的依据。二审法院根据证据 5 直接宣告权利要求 10 无效，已经超出了司法审查的范围。退一步而言，即使买受方能够得知标准的相关内容，但对于销售产品的质量依据的技术指标与作为生产依据备案的企业标准内容上会有很大的不同，并不表明买受方能够从证据 5 中得知备案标准中与本专利权利要求 10 的技术方案相关的内容。而且，二审判决根据《江苏省标准监督管理办法》对公开日期进一步的推定也缺乏事实根据。3. 二审判决直接判决本专利无效没有法律依据。对于专利无效纠纷案件的判决方式不能超越行政诉讼法及其司法解释的规定。维持专利权有效或者宣告专利权无效是法律赋予专利复审委员会的专有职权。二审法院的这种判决方式也导致专利复审委员会执行判决时在登记和公告环节上的实际操作困难。

爱吉科公司答辩称，二审判决认定事实清楚，适用法律正确，应予维持。主要理由是：1. 备案的企业标准属于公开出版物。（1）证据 5 不是企业内部标准，二审判决中对此认定正确。根据标准化法规定，企业在没有国家标准和行业标准的情况下应该制定企业标准，并应报有关部门备案；在已有国家标准和行业标准的情况下，国家鼓励企业制定更加严格的企业标准。本案企业标准是在既没有国家标准也没有行业标准的前提下制定的，这种经过备案并强制企业制定的企业标准依法应该发布公告，并在产品的包装或说明书上标注。（2）证据 5 不符合商业秘密的构成要件。企业标准的制定是企业的一种义务，作为企业组织生产销售的依据，具有强制性，与商业秘密是不同的范畴。已经备案的企业标准不具有秘密性。证据 5 上没有任何一种保密标记，表明备案人和备案机关都没有采取任何保密措施。（3）制定的企业标准要让购买者知道，作为其验收货物的依据。因此，企业标准不是仅在企业内部使用，而且要让企业产品的购买者知悉。作为购买者，销售者把标准告知之后，并不存在保密义务。（4）二审判决对证据 5 的公开日期的认定正确。如皋市质量技术监督局也证明该标准是在 1998 年 7 月 4 日进行了备案。2. 证据 5 具有真实性且其附图 2 公开了权利要求 10 的技术特征。（1）专利复审委员会在一、二审中从未对证据 5 的真实性提出异议。第三人虽然对证据 5 的真实性有疑问，但并未提供任何相关证据。（2）证据 5 附图清楚地表示出吸棉箱“上下圆柱形端口与清洁器吸棉管相连”的结构，公开了权利要求 10 的技术特征。3. 二审法院直接判定本专利无效并无不妥。对专利无效案件的司法复审，依法实行全面审查原则，法院应当有权对专利权是否有效作出认定。这有利于解决纠纷，维护当事人利益，维护司法判决的权威性，也符合司法救济的效益原则。4. 本专利权利要求 10 不具有创造性。二审法院根据证据 5 认定权利要求 10 无效是正确的。即使抛开证据 5，本专利权利要求 10 也是现有装置的使用方式，无效程序证据 9 已公开了这种使用方式，是显而易见的，不具有创造性。

原审第三人王玉山在本院再审中经依法传唤未到庭参加诉讼，但其曾在本院对本案再审申请复查时举行的听证中陈述意见称：1. 企业标准备案不等于公开。内部发布和外部发布是两个不同的概念，是两种不同的法律状态。内部发布是为了让员工知道企业的产品信息，而对外发布不是义务。江苏省的规定虽然没有明确规定备案部门有保密义务，但也没有说备案信息可以供任何人查阅。二审判决推定公开没有事实依据。2. 对证据5的真实性有异议。二审判决“本案中各方当事人对爱吉科公司提交的证据5即《AJQ型系列吹吸清洁机》企业标准中所记载的有关AJQ－Ⅱ型吹吸清洁机的附图2所公开的技术方案与本专利权利要求10相同这一事实不持异议”，与事实不符。而且证据5没有公开权利要求10的技术特征。

本院经审理查明：原审法院查明的事实基本属实。另查明：根据第4988号无效宣告请求审查决定的记载，无效请求人爱吉科公司在无效宣告审查程序中对证据5的使用方式如下：1. 请求人于2001年5月8日提交的意见陈述中指出：(1)“早在本专利申请日之前，如皋纺织机械厂就开始在国内大量生产、公开销售AJQ－Ⅱ型吹吸清洁机（见证据4），AJQ－Ⅱ型吹吸清洁机的吸棉箱结构（见证据5、6）为……由上述分析可见，AJQ－Ⅱ型吹吸清洁机的吸棉箱已公开了权利要求1的全部技术特征，权利要求1丧失了新颖性，更没有创造性。”(2)“权利要求10的附加技术特征‘该装置通过其上、下圆柱形端口与清洁器吸棉管相连’是该装置使用时的必然状态，且与AJQ－Ⅱ型的连接方式完全相同，因此权利要求10当然无新颖性可言，更没有创造性。”(3)“请求人还认为，本专利技术方案已由在申请日前公开发表的出版物所公开，不具备新颖性和创造性……”请求人在此无效理由中并未使用证据5。2. 在口头审理结束后，请求人于2003年1月17日提交的意见陈述中指出：“证据5为如皋纺织机械厂1998年7月1日发布的Q/320682KC01－1998号企业标准，是企业〔为〕技术手册的一种，属于公开出版物并经国家质量技术监督管理机关备案。该标准第8页公开了型号为AJQ－Ⅱ型吹吸清洁机的结构……因此，权利要求1的技术特征d也已经由证据5所公开，在证据7第二实施例和证据5相结合的基础上，权利要求1的技术方案对本领域技术人员来说是显而易见的，权利要求1不具备创造性。请求人提供的证据8也公开了权利要求1的全部技术特征，特别是证据8与证据7、证据9、证据5结合的基础上，权利要求1也不具备创造性。”在本院庭审中，爱吉科公司对于该决定的上述记载并无异议。

第4988号无效宣告请求审查决定还记载，被请求人王玉山对证据5的真实性提出了4点怀疑，认为不能作为证据使用。该决定在决定理由中，对证据5的真实性未作出明确评价，指出证据5是企业内部标准，不是公开出版物。但也指出，“依据证据5不能确认证据4中的AJQ－Ⅱ型吹吸清洁机的结构”。

爱吉科公司在二审法院审理期间，向法庭提交了南通市如皋质量技术监督局

（即前述之如皋市质量技术监督局）2004 年 3 月 16 日出具的证明，证明该企业标准于 1998 年 7 月 4 日在该局备案。应本院有关说明证据 5 形成过程的要求，爱吉科公司代理人于 2007 年 3 月 30 日向本院来函说明："江苏昌升集团如皋纺织机械制造厂是位于江苏省如皋市的一家工厂，2000 年因企业改制，该厂变更为如皋市爱吉科纺织机械有限公司，即本案被申请人。该工厂按照标准化法和《江苏省标准监督管理办法》的规定，于 1998 年 7 月 1 日制定并发布了这份强制性企业标准，并按照上述法律的规定，于 1998 年 7 月 4 日将该标准一式两份提交给了如皋市技术监督局备案登记。如皋市技术监督局于当日为其办理了备案登记手续，并在该厂提交的企业标准上加盖了标准备案专用章，一份留存在技术监督局备查，一份交给该工厂。本案证据 5 就是技术监督局备案并盖章后交给该厂的企业标准。"

本院经审理认为，本案涉及的主要问题是：企业标准备案是否当然构成专利法意义上的公开；二审判决是否超出了无效审查决定的审查范围；法院直接判决宣告专利权的效力是否具有法律依据。

（一）关于企业标准备案是否当然构成专利法意义上的公开

关于企业标准的备案是否当然构成专利法意义上的公开，一般涉及是否构成专利法上的出版物公开。对此问题，要从我国对于企业标准备案管理制度的有关规定和实践操作两个层面入手，审查企业标准在备案后是否处于公众中的任何人想要得知就能够得知的状态。

所谓"标准"，是对重复性事物和概念所作的统一规定。标准化法意义上的标准，就是一些需要统一的技术要求。纳入标准内容的技术要求，不可避免地会涉及相关的技术信息，包括可能涵盖专利和技术秘密等技术内容。不能简单地认为有关技术信息被纳入标准，就已经当然公开并且进入公有领域。

根据我国标准化法及其实施条例的规定，企业生产的产品没有国家标准、行业标准和地方标准的，应当制定相应的企业标准，作为组织生产的依据。对已有国家标准、行业标准或者地方标准的，鼓励企业制定严于国家标准、行业标准或者地方标准要求的企业标准，在企业内部适用。

根据标准化法实施条例的有关规定，对于国家标准、行业标准和地方标准，由主管部门编制计划，组织草拟，统一审批、编号、发布。这些标准作为民用标准，一般会是全文发布，发布之后，社会公众即可从公开渠道获得。据此可以认为，国家标准、行业标准和地方标准作为民用标准一旦发布，有关内容即构成专利法意义上的公开。当然，一些特殊的标准如国家药品标准，在发布时并不一定

会向社会公开标准的全部内容。这种标准中未公开发布的内容，则不构成专利法意义上的公开。

根据标准化法及其实施条例的规定，对于企业标准，由企业组织制定，并按省、自治区、直辖市人民政府的规定备案，企业的产品标准必须报当地政府标准化行政主管部门和有关行政主管部门备案。按照原国家技术监督局1990年7月23日发布的第12号令关于标准化法条文的解释，企业标准要求“备案”的含义是指，负责制定标准的单位在规定的时间内按规定的要求向规定的部门备案；内部适用的企业标准可以不公开，也不要求备案；如果企业标准作为交货依据，则必须备案，同时该标准也是监督检查的依据。按照原国家技术监督局1990年8月24日第13号令发布的《企业标准化管理办法》的有关规定，企业产品标准应在发布后30日内办理备案，一般按企业的隶属关系报当地政府标准化行政主管部门和有关行政主管部门备案。本案当事人所争议的企业标准系在江苏省南通市如皋质量技术监督局备案，依法还应当适用江苏省人民政府于1997年3月9日发布并施行的《江苏省标准监督管理办法》。该办法第十五条规定：“企业产品标准应当在发布后30日内，按照规定报当地标准化行政主管部门和有关行政主管部门备案，并在‘企业产品执行标准证书’上登记。经备案登记的企业产品标准为有效标准。标准化行政主管部门对备案的企业产品标准统一发布公告。”

前述法律、行政法规和部门规章以及江苏省的地方政府规章虽然规定了企业标准特别是企业产品标准的发布、备案和公告制度，但均未对备案的企业标准对外公开的具体内容作出明确规定或者限制。但这并不意味着备案的企业标准当然会被备案管理机关予以全部公开，从而构成专利法意义上的公开。企业标准作为一种技术要求，构成企业的科技成果，虽并非必然但绝不排除可以包含企业的技术秘密。国家机关对在执法活动中获得的他人的技术秘密也依法负有保密义务。对于备案的企业标准，备案管理机关以及其他有机会接触该企业标准的执法机关（如解决产品质量争议的执法机关）和检验、鉴定机构等中介组织，应当注意到其中可能包含企业的技术秘密，应当依法予以保护，除非具有明确的法律依据，不得擅自予以公开。

鉴于目前我国对于企业标准管理的法律规范现状，对于本案的这一争议问题还需要进一步考察对有关企业标准备案管理的实践操作情况。关于企业标准的发布和备案管理问题，经本院向国家标准化委员会咨询了解，企业标准的发布实质上是指企业标准在制定完成后在企业内部发布实施，不同于国家标准、行业标准、地方标准的向社会发布，企业标准是否向社会公开发布属于企业自主行为；对于备案的企业标准，备案管理机关一般只公告标准的代号、编号、名称和备案企业名称，并不公告标准的具体内容。

企业标准备案后成为标准档案。关于企业标准档案管理制度，原国家技术监督局1991年10月28日发布的第25号令《标准档案管理办法》第十六条规定："管理标准档案的机构，应当建立健全标准档案借阅制度。标准档案一般不外借。特殊情况需要外借时，应当经主管领导批准，并限期归还。"同时，经本院向国家标准化委员会咨询了解，公众能够向管理标准档案的机构借阅的标准只能是国家标准、行业标准、地方标准、国际标准等，不包括企业标准；除了法院等特定执法机关，企业标准备案管理部门一般也不对外提供对备案企业标准具体内容的查询服务。

根据上述情况和分析，本院认为，结合现有法律规定和实践操作情况，企业标准的备案并不意味着标准的具体内容要向社会公开发布，企业标准的备案也不意味着公众中任何人即可以自由查阅和获得，企业标准并不因备案行为本身而构成专利法意义上的公开。本案中无效请求人并无证据证明争议企业标准的全部内容已经实际由备案管理机关对外公告。其在二审期间提交的南通市如皋质量技术监督局2004年3月16日出具的证明本身不能作为新的证据在本案中使用，但即使认可该证据的使用，也只能证明该企业标准的具体备案时间，而不能证明该企业标准的具体内容已经实际对外公告。而且，其所提交的证据5实际上是其自己提交备案并经备案管理机关加盖标准备案专用章后退还于其的企业标准，并非能够代表社会公众的第三人从公开渠道自由取得，因此，不能用于证明该企业标准已经处于社会公众中任何人想要得知就能够得知的状态。

此外，对于企业标准是否因产品销售等交易行为而导致被公开，属于专利法上的使用公开问题。根据标准化法及其实施条例的规定，制定企业标准的目的在于，在企业生产的产品没有国家标准、行业标准和地方标准时作为组织生产的依据。也就是说，除合同另有规定的外，企业产品标准应当是交货所依据的标准，当然也是监督检查所依据的标准。标准化法实施条例第二十四条规定："企业生产执行国家标准、行业标准、地方标准或企业标准，应当在产品或其说明书、包装物上标注所执行标准的代号、编号、名称。"这一规定属于行政管理措施，目的在于便于执法机关监督检查和便于解决产品质量纠纷，社会公众据此只能获知有关产品所执行的标准代号、编号、名称，并不能据此当然获知标准的具体内容。法律既不要求将企业产品标准具体内容向社会公开，也未强制要求向交易相对人公开，交易相对人能否获知企业产品标准的具体内容取决于当事人的约定和实际的履约行为。即使交易相对人获知了企业产品标准，包括在解决有关争议的执法程序中获知，其对标准中包含的有关技术秘密也依法负有相应的保密义务。因此，有关企业标准是否因产品买卖等交易行为导致为交易相对人所知进而导致构成专利法上的使用公开，当事人首先必须提供证据证明已经实际为他人所知，其次至少还要证明知悉该企业标准内容的人并不负有任何法定或者约定的保密义务。显然，本案中无效请求人并未完成此种举证责任。

综上，本案中证据 5 所涉企业标准的具体内容并未构成专利法意义上的公开，不能作为评价本专利新颖性和创造性的依据。二审法院关于“作为交货依据的企业标准在规定的时间、规定的部门备案本身就意味着公众可以根据该标准备案的时间、通过相关的部门获知该企业标准的备案信息”的认定，既无明确的法律依据，也与主管部门的实践操作不符，属于认定事实错误。二审法院在此基础上所作关于本专利丧失新颖性的判断亦属错误。爱吉科公司有关本专利丧失新颖性的理由不能成立，专利复审委员会的此点申请再审理由成立。

鉴于证据 5 不能用于评价本专利的新颖性，对于证据 5 附图 2 所记载的技术方案是否与本专利权利要求 10 相同，已无需再行审查。

至于专利复审委员会所提二审法院直接根据《江苏省标准监督管理办法》推定备案企业标准的公开日期缺乏事实依据的问题。假设无效请求人已经单独就证据 5 提出丧失新颖性的请求，而证据 5 本身的真实性可以认定且能够认定企业标准备案即构成专利法意义上的公开，则二审法院在无效请求人并无其他证据能够证明准确公开日期的情况下，作出这样的推定并无不可。专利复审委员会的此点申请再审理由不能成立，一审法院关于证据 5 的备案时间不能确定的认定亦属有误。

（二）二审判决是否超出了无效审查决定的审查范围

如上所述，企业标准备案不构成专利法意义上的公开，因此证据 5 不能用于评价本专利的新颖性，专利复审委员会和一、二审法院均无需对此进行审查，本院对此亦本应不予审查。但鉴于专利复审委员会在证据 5 的使用问题上同时以二审法院对被诉具体行政行为的审查超越了合法性审查范围为由申请再审，本院对此一并作出评价。

根据本院查明的事实，在无效请求人有关新颖性的无效理由中，对证据 5 是和其他证据结合使用以证明使用公开的，并非用于证明出版物公开；将证据 5 作为出版物公开的主张是在有关创造性的无效理由中提出的，而且也是与其他证据结合起来使用。专利复审委员会对于证据 5 也是在将其与其他证据结合是否构成使用公开的问题上进行了评价。从无效请求人在专利复审委员会无效宣告审查程序中的意见陈述和证据使用目的看，应当认为无效请求人在无效宣告审查程序中并未明确单独依据证据 5 提出本专利权利要求 10 不具备新颖性的无效理由。在无效请求人未明确主张、专利复审委员会也未就此予以审查认定的情况下，二审判决以各方当事人对证据 5 记载的有关技术方案与本专利权利要求 10 相同这一事实不持异议为由，直接依据证据 5 对本专利新颖性予以审查认定，超出了无效审查决定的审查范围，违反了行政诉讼中的合法性审查原则。专利复审委员会的有关申请再审理由成立。

（三）法院直接判决宣告专利权的效力是否具有法律依据

现行专利法第四十六条第二款规定："对专利复审委员会宣告专利权无效或者维持专利权的决定不服的，可以自收到通知之日起三个月内向人民法院起诉。人民法院应当通知无效宣告请求程序的对方当事人作为第三人参加诉讼。"据此规定，人民法院对这类案件作为行政案件受理并依据行政诉讼程序进行审理。

根据我国行政诉讼法的规定，即使专利复审委员会的决定错误，法院也不能直接予以变更，只能判决撤销或者一并要求重作决定。在判决主文中直接对涉案专利权的效力作出宣告判决，超出了行政诉讼法及其司法解释有关裁判方式的规定，缺乏充分的法律依据。在现行的行政诉讼法律框架下，人民法院审理专利无效纠纷案件，应当依法按照合法性审查原则，对所争议专利权是否符合专利法规定的专利授权实质性条件等问题作出判断。但对于宣告专利权有效性问题，仍应遵循现行法律规定的裁判方式进行。专利复审委员会有关本案二审法院直接判决本专利无效缺乏法律依据的申请再审理由，应予支持。

本案无效请求人在专利复审委员会无效宣告审查程序、行政诉讼程序和本院再审程序中均主张本专利不具备创造性，专利复审委员会和一审法院均对该无效理由进行了审查并认为本专利具备创造性；二审法院则因认定本专利不具备新颖性而未就其创造性问题作出评判。二审法院的这种处理方式本无明显不妥，但在本院已经认定二审法院有关本专利新颖性认定有误的情况下，二审判决即属于《最高人民法院关于执行〈中华人民共和国行政诉讼法〉若干问题的解释》第八十条第（五）项有关审理再审案件中发现生效裁判"对与本案有关的诉讼请求未予裁判的"的情形，依法应当由作出生效裁判的法院重新审理。

综上所述，本案当事人所争议的企业标准备案本身并不构成专利法意义上的公开，本案二审判决对此认定事实错误；在无效请求人未明确单独以涉案企业标准备案为由主张本专利丧失新颖性、专利复审委员会也未就此予以审查并作出决定的情况下，二审判决对此直接予以审查认定，超出了行政诉讼司法审查范围，属于违反法定程序。同时，二审判决在认定本专利丧失新颖性的基础上未审查专利的创造性，在本院认定本专利具备新颖性的情况下，应当由二审法院继续对创造性问题作出审查判断。依据《中华人民共和国行政诉讼法》第六十三条第二款和《最高人民法院关于执行〈中华人民共和国行政诉讼法〉若干问题的解释》第七十六条第一款、第七十八条和第八十条第（五）项之规定，裁定如下：

一、撤销北京市高级人民法院（2004）高行终字第95号行政判决；

二、本案发回北京市高级人民法院重审。

审 判 长 蒋志培
审 判 员 王永昌
代理审判员 郃中林
二〇〇八年五月二十日
书 记 员 王 新

128. 现有技术公开内容的认定标准

——再审申请人基因技术股份有限公司与被申请人国家知识产权局专利复审委员会发明专利驳回复审行政纠纷案

【裁判要旨】

在涉及化合物专利是否具有新颖性的判断过程中，对于现有技术文献是否已公开了该化合物，应以所属领域的普通技术人员根据该文献的启示，能否制造或分离出该化合物为标准。

【关键词】

发明专利　复审程序　新颖性　化合物

【案号】

最高人民法院（2015）知行字第356号

【基本案情】

在基因技术股份有限公司（以下简称基因公司）与国家知识产权局专利复审委员会（以下简称专利复审委员会）发明专利驳回复审行政纠纷案中，基因公司是名称为“用离子交换层析纯化蛋白质”发明专利申请（即本案申请）的申请人。经实质审查，国家知识产权局原审查部门以本案申请不具备新颖性等为由，对本案申请予以驳回。驳回决定所针对的权利要求1为：“一种包含抗－HER2抗体和一种或多种其酸性变体的组合物，其特征在于，该酸性变体的量少于25%，该组合物还包含药物学上可接受的载体，该抗－HER2抗体是humMAb4D5－8，其轻链氨基酸序列是SEQ ID NO:1而重链氨基酸序列是SEQ ID NO:2，其中所述酸性变体主要是抗HER2抗体的一个或多个天冬酰胺残基已被脱酰胺的脱酰胺变体，且所述脱酰胺变体在humMAb4D5－8的任一或两个VL区的CDR1中的Asn30被转换为天冬氨酸。”基因公司不服，向专利复审委员会提出复审请求。专利复审委员会认为，对比文件1（WO9704801A1，公开日为1997年2月13日）公开了一系列包含抗－HER2的全长人源化抗体humMAb4D5－8的液体制剂及其稳定性测试结果。根据对比文件公开的内容，本领域技术人员可推断出上述液体制剂中除非变性蛋白以外，还含有酸性变体Asp30（尤其是在pH为6.0的情况下，如附图6、7），且该酸性变体的量应小于18%，在降解后最多达到28%。而humMAb4D5－8作为一种已知的常用抗体，其轻链和重链氨基酸序列都是已知的添加其序列特征并不会使其结构发生变化。可见，对比文件1已经隐含公开了权利要求1的组合物技术方案，权利要求1所要求保护的技术方案相对于对比文件1不具有新颖性。据此，专利复审委员会于2010年3月8日作出第36975号复审请求审查决定（以下简称第36975号决定），维持国家知识产权局原审查部门对本案申请作出的驳回决定。基因公司不服，提起行政诉讼。北京市第一中级人民法院一审判决维持第36975号决定。基因公司不服，提起上诉。在二审诉讼过程中，基因公司认可对比文件1实施例中所涉及的抗体就是本案申请所要保护的抗体，仅主张该抗体在本案申请优先权日之前并未公开，公众无法获得，故本案申请符合专利法关于新颖性的要求。北京市高级人民法院二审判决驳回上诉、维持原判。基因公司仍不服，向最高人民法院申请再审。最高人民法院于2016年6月29日裁定驳回基因公司的再审申请。

【裁判意见】

最高人民法院审查认为：判断现有技术文献是否已公开了某化合物，应以所属领域的普通技术人员从该文献的启示能否制造或分离出该化合物为准。本案中，基因公司已经认可对比文件1实施例中所使用的抗体即是本案申请中的纯化抗体，即应推定本案申请不具有新颖性。基因公司主张对比文件1披露的技术结果公众无法获得，即所属领域的普通技术人员不能制造或分离出该产品，其应进一步举证证明。在二审法院指定的举证期限内，基因公司所提交的证据，仅能证明在本申请优先权日之前，其对使用本案申请说明书的纯化方法制备本案申请产品采取了保密措施，尚不能证明对比文件1提及的产品公众无法获得。二审法院据此认为基因公司并未完成举证责任，进而认定本案申请相对于对比文件1不具有新颖性，并无不当。

中华人民共和国最高人民法院行政裁定书

（2015）知行字第356号

再审申请人（一审原告、二审上诉人）：基因技术股份有限公司。住所地：美利坚合众国加利福尼亚州旧金山市DNA大道1号。

授权代表：肖恩·A. 约翰斯顿，该公司高级副总裁兼法律总顾问。

委托代理人：张红春，北京市柳沈律师事务所律师。

委托代理人：封新琴，北京市柳沈律师事务所律师。

被申请人（一审被告、二审被上诉人）：国家知识产权局专利复审委员会。住所地：中华人民共和国北京市海淀区北四环西路9号银谷大厦10－12层。

法定代表人：葛树，该委员会副主任。

再审申请人基因技术股份有限公司（以下简称基因公司）因与国家知识产权局专利复审委员会（以下简称专利复审委员会）发明专利驳回复审行政纠纷一案，不服北京市高级人民法院（2013）高行终字第735号行政判决，向本院申请再审。本院依法组成合议庭对本案进行了审查，现已审查终结。

基因公司申请再审称：（一）本申请应适用1993年的专利审查指南。该指南规定：对于要求保护的化合物的专利申请，如果在一篇现有技术文献里已经提到所述化合物，所属领域的普通技术人员从该文献的启示能制造或能分离所述化合物，则该化合物缺乏新颖性。这里所谓“提到”的含义是：i）化学名称、ii）分子式（或结构式）、iii）理化参数和/或iv）一种制备方法（制备方法中也包括原料）有明确的定义。一篇现有技术文献，如果只公开化合物的上述i）－iv）的部分内容，所属领域的普通技术人员不能从这篇文献中或公知的常识中理解到如何得到所述化合物，则这篇文献不能用来破坏发明化合物的新颖性。从1993年审查指南可知，一篇不适格的现有技术文献是不能破坏化合物发明或涉及其他物质发明的新颖性的。（二）对比文件1的附图5中提到的天然蛋白82%在本申请的申请日前无法得到，因此对比文件1的附图5不是适格的现有技术文献。对比文件1既没有在附图5中公开"82%天然蛋白"，也没有公开所述"82%天然蛋白"所含任何变体的类型或含量，更未公开怎样制备该产品。二审中提供的新证据1－5说明对比文件1中制备的"82%天然蛋白"的方法在本申请的申请日以前没有公开。（三）举证责任应由专利复审委员会承担。请求本院再审本案。

本院认为：1992年修正及2000年修正的《中华人民共和国专利法》（以下简称专利法）第二十二条第二款均规定，新颖性，是指在申请日以前没有同样的发明或者实用新型在国内外出版物上公开发表过、在国内公开使用过或者以其他方式为公众所知，也没有同样的发明或者实用新型由他人向国务院专利行政部门提出过申请并且记载在申请日以后公布的专利申请文件中。

1993年审查指南与2006年审查指南在化合物新颖性上的文字表述虽有不同，但1992年修正及2000年修正的专利法有关新颖性的规定、1993年审查指南与2006年审查指南有关现有技术的规定均未发生变化。根据1992年修正及2000年修正的专利法第二十二条第二款的规定判断权利要求是否具有新颖性的原则和标准亦未发生变化。对于现有技术文献是否已公开了某化合物，均是以所属领域的普通技术人员从该文献的启示能否制造或分离出该化合物为准。基因公司关于一审、二审判决引用审查指南有误的申请再审理由，不能成立。

本案中，申请人已经认可对比文件1实施例中所使用的抗体即是本申请中的纯化抗体，即应推定本申请不具有新颖性。申请人主张对比文件1披露的技术结果公众无法获得，即所属领域的普通技术人员不能制造或分离出该产品，其应进一步举证证明。在二审法院指定的举证期限内，基因公司所提交的证据，仅能证明在本申请优先权日之前，其对使用本申请说明书的纯化方法制备本申请产品采取了保密措施，尚不能证明对比文件1提及的产品公众无法获得。二审法院据此认为申请人的举证责任并未尽到，进而认定本申请相对于对比文件1不具有新颖性，并无不当。

基因公司关于证明无法获得的举证责任应由专利复审委员会承担的再审申请理由于法无据，本院不予采信。

综上，基因公司的再审申请不符合《中华人民共和国行政诉讼法》第九十一条规定的情形，依照《最高人民法院关于执行〈中华人民共和国行政诉讼法〉若干问题的解释》第七十四条之规定，裁定如下：

驳回基因技术股份有限公司的再审申请。

审 判 长 周 翔
审 判 员 秦元明
代理审判员 马秀荣
二〇一六年六月二十九日
书 记 员 王 晨

129. 电子证据真实性和证明力的认定

——再审申请人董健飞与被申请人吴树祥，一审被告、二审上诉人国家知识产权局专利复审委员会外观设计专利权无效行政纠纷案

【裁判要旨】

在审查判断以公证书形式固定的互联网站网页发布时间的真实性与证明力时，应考虑公证书的制作过程，网页及其发布时间的形成过程，管理该网页的网站资质和信用状况、经营管理状况、所采用的技术手段等相关因素，结合案件其他证据进行综合判断。

【关键词】

外观设计专利　无效程序　电子证据　证明力

【案号】

最高人民法院（2015）知行字第61号

【基本案情】

在本案中，董健飞系名称为“水晶烫钻模（5）”的外观设计专利（即本案专利）的权利人。吴树祥针对本案专利提出无效宣告请求，并提交了附件1即世界工厂网互联网网站公证打印页及附件2即世界工厂网网站运营商出具的关于网页发布情况的复函作为证据，主张本案专利在申请日前已经通过互联网方式公开。国家知识产权局专利复审委员会（以下简称专利复审委员会）认为，互联网中的网页信息具有可编辑性，现有证据既不能证明公证下载的网页首次生成时具

有的内容，又不能排除该网页在被下载之前已经过修改的可能性，不足以证明相关网页上的图片在本案专利申请日之前公开发布。据此，专利复审委员会作出第20444号无效宣告请求审查决定（以下简称第20444号决定），维持本案专利权有效。吴树祥不服，提起行政诉讼。北京市第一中级人民法院一审认为，世界工厂网系案外人经营的网站，虽然该网站的信息由企业自行发布，但网站上载明的发布该信息的时间在通常情况下由计算机服务器自动生成，信息发布人难以对该发布时间进行更改，可以证明相关网页上的图片在本案专利申请日之前公开发布。遂判决撤销第20444号决定。专利复审委员会和董健飞均不服，提起上诉。北京市高级人民法院二审判决驳回上诉、维持原判。董健飞不服，向最高人民法院申请再审。最高人民法院于2015年10月29日裁定驳回董健飞的再审申请。

【裁判意见】

最高人民法院审查认为：在审查判断以公证书形式固定的互联网站网页发布时间的真实性与证明力时，应综合考虑相关公证书的制作过程、该网页及其发布时间的形成过程，管理该网页的网站资质和信用状况、经营管理状况、所采用的技术手段等相关因素，结合案件其他证据，对该公证书及所附网页发布时间的真实性和证明力作出明确判断。在审查证据的基础上，如果确信现有证据能够证明待证事实的存在具有高度可能性，对方当事人对相应证据的质疑或者提供的反证不足以实质削弱相关证据的证明力，不能影响相关证据的证明力达到高度盖然性的证明标准的，应该认定待证事实存在。本案中，附件1显示，以非注册的普通用户身份登录“世界工厂网”，可以看到第7页显示的烫钻模具图片发布时间为2010年8月16日，第10页显示的烫钻模具图片发布时间为2010年3月8日，均早于本案专利申请日（2010年9月7日）。“世界工厂网”系规模较大、知名度较高的电子商务平台，具有较高的信用和较好的管理手段。在此情况下，除非存在人为删改的情况，该网站上网页图片显示的发布时间与其真实的发布时间通常一致。董健飞提交的反证并未实质性削弱附件1的证明力。原审法院认定附件1以公证书形式固定的互联网网站图片在本案专利申请日前已经公开，并无不当。

中华人民共和国最高人民法院行政裁定书

（2015）知行字第61号

再审申请人（一审第三人、二审上诉人）：董健飞，住浙江省兰溪市兰江街道下龙滩邨×幢×单元×号。

被申请人（一审原告、二审被上诉人）：吴树祥，住浙江省兰溪市云山街道云山新邨×号×幢×室。

委托代理人：罗云，浙江天册律师事务所律师。

委托代理人：姚小娟，浙江天册律师事务所律师。

一审被告、二审上诉人：国家知识产权局专利复审委员会。住所地：北京市海淀区北四环西路9号银谷大厦10－12层。

法定代表人：葛树，该委员会副主任。

再审申请人董健飞因与被申请人吴树祥、一审被告、二审上诉人国家知识产权局专利复审委员会（以下简称专利复审委员会）外观设计专利权无效行政纠纷一案，不服北京市高级人民法院（2014）高行终字第1408号行政判决，向本院申请再审。本院依法组成合议庭对本案进行了审查，现已审查终结。

董健飞申请再审称：一、二审判决认定事实和适用优势证据规则错误，请求撤销一、二审判决，维持专利复审委员会第20444号无效宣告请求审查决定（以下简称第20444号决定）。其主要理由为：（一）一、二审法院依据吴树祥提交的附件1浙江省金华市正信公证处（2012）浙金正证民字第2461号公证书（以下简称第2461号公证书）第7页显示的图片及图片下方发布时间，径直认定该图片于2010年8月16日发布，违背论坛类网站广告图片具有编辑或修改可能性的技术常识，认定事实错误。在论坛类网站上，类似于对图片进行替换式修改而保留原来文字的编辑在技术上可以现实，图片发布者是否存在编辑或修改权限取决于网站经营者对发布者修改权限的设置。附件2“世界工厂网”运营者上海西芝信息技术有限公司复函指出，图片创建时间是指用户上传到网站服务器时间，图片创建后是否对外发布是由用户自行决定。创建时间不等于发布时间，图片是否需要发布、何时发布取决于实际经营需要，受到特定用户控制。附件1不能证明该网页首次生成时的具体内容。（二）一、二审法院将特定用户控制的网络存储空间内可选择是否保密的图片直接认定为非保密公开图片，认定事实错误。附件3浙江省金华市正信公证处（2012）浙金正证民字第2527号公证书（以下简称第2527号公证书）第17页涉及的三张图片在公证日显示的发布时间并不一定是该图片实际发布时间。阿里巴巴网站提供存储空间供特定用户对自己的图片进行存储，用户在存储空间的“我的相册”文件夹中存储了涉案图片，其中“我的相册”共有3组相册集，第一组写有“2012年1月10日不公开”，另两组写着“2009年12月31日公开”，充分说明网站经营者赋予用户可以自行决定“我的相册”内图片是否公开以及何时公开。因此，不能以公证日图片的公开状态径直推定公证日前的公开状态，且该图片也存在被编辑和被修改的可能性。（三）一、二审法院错误适用优势证据规则。宣告专利权无效需要由无效宣告请求人提出充分证据来支持其主张，不需要专利权人提出反证，举证责任未转移给专利权人。董健飞提供的浙江省杭州市西湖公证处（2014）浙杭西证民字第15901号公证书（以下简称第15901号公证书）不仅提供了涉案“世界工厂网”存在发布者对图片进行替换式修改的实际情况，亦提供了其他网站也存在图片发布者在图片发布后对图片修改或编辑的实际情况。论坛类网站广告图片具有可编辑和可修改的可能性属于技术常识，现阶段不需要提供证据证明。二审法院以专利复审委员会、董健飞未提供反证为由认定相关图片在本案专利申请日前已经公开，属于认定事实错误。

吴树祥提交意见称：一、二审判决认定事实清楚，适用法律正确，程序合法，董健飞的申请再审理由不能成立，依法应予驳回。其主要理由为：（一）附件1与附件2结合，可以证明涉案外观设计在专利申请日之前已经被公开。证据1系与吴树祥无利害关系的网络交易平台公证书，吴树祥作为网络用户根本不可能修改网站上图片的发布时间。图片的发布时间均是系统自动生成，存于网站官方数据库，网站用户根本无法修改。作为“世界工厂网”的注册用户，其可以修改已经发布的图片，但是修改以后图片的显示时间是最后一次修改时间。“世界工厂网”是专业电子商务平台，国内有超过50万家实体生产厂家和600多万贸易商加入该网站。作为具有如此影响力和公信力的网站，其网站数据必然具有很高的可信度。相比“世界工厂网”，吴树祥根本没有任何能力可以篡改网站上的数据信息。（二）附件3表明，通过普通公众身份与注册用户身份进入阿里巴巴网站，均能看到同一图片，且该图片的发布时间早于本案专利申请日，足以证明本案专利在申请日之前已经被公开。附件3和吴树祥在一审中提交的补强证据浙江省杭州市钱塘公证处（2013）浙杭钱证内字第4119号公证书结合，可以证明公证人先后两次以阿里巴巴注册用户的身份访问后台，均可以看到相同的图片，该图片具有相同的图片发布时间、图片ID号等。根据该补强证据，公证人再次以普通公众的身份访问阿里巴巴网站，访问同一图片，虽然没有显示时间，但其显示的图片属性、ID号码、图片名称等信息，均与此前以阿里巴巴注册用户的身份访问后台时所看到的图片属性、ID号码、图片名称、图片等完全一一对应。即便不考虑该补强证据，附件4阿里巴巴网站运营者杭州阿里巴巴广告有限公司的复函与附件3结合，也可以证明阿里巴巴网站上的涉案图片早在本案专利申请日之前已经发布。（三）董健飞在本案二审过程中提交的第15901号公证书不属于二审的新证据，不应采纳，且该证据不能达到其证明目的。首先，关于“世界工厂网”。该公证书对不利于董健飞的部分内容未进行公证，明显属于断章取义。经过实际注册、多次试验可知，在重新替换该网站上的原有图片后，再以公众身份点击更换后图片的“属性”，发现“属性”中有“day_20140612”字符，该字符表明在2014年6月12日对图片进行了最新的编辑。如果是6月13日更换图片，其“属性”相应更替为“day_20140613”字符。该事实证明，只要对网站上的图片进行编辑，其图片属性的显示即为最后一次编辑时间。“世界工厂网”已经完全改版，其网站数据和内容设置已经完全变化。第15901号公证书无法证明网站变更之前的事实。其次，关于“小鱼网（福州）”。第15901号公证书第220页显示，更新后图片的“属性”地址栏显示“20140612”字符，可见，该图片的发布时间为2014年6月12日，也即公证当日。因此，对该网站的图片通过编辑更新后，保留的是最新一次编辑的图片信息。再次，关于“淘宝网”。“淘宝网”是网络在线交易平台，商品交易过程在淘宝网均有记录且公众可查询。“世界工厂网”“中国贸易网”“阿里巴巴”网站均是产品展示平台，通过展示图片来吸引客户，不是完成在线交易。两者明显不是同类型的网站，其网站设置和网站的相关数据均不相同，不具有可比性。图片更改前，通过公众途径访问淘宝网看到的图片网址与更改后的图片网址不相同，证明并非同一图片。淘宝网的宝贝编辑需要淘宝网审核，而第15901号公证书在公证过程中仅是对宝贝进行了编辑，未通过淘宝网的审核，公证内容断章取义。最后，以普通公众身份登录“世界工厂网”“小鱼网（福州）”“淘宝网”，均无法看到图片的发布时间，只有通过注册用户登录后台才能显示发布时间。这与附件1中普通公众登录相关网站即可看到图片发布时间完全不同。（四）董健飞关于特定用户在其控制的网络存储空间内可选择设置不公开涉案图片，从而使相关公众无法看到涉案图片，这一主张不符合正常逻辑。作为以营利为目的的市场经营主体，在“世界工厂网”和“阿里巴巴”等网络交易平台上发布相关产品图片的目的是进行产品宣传，进而达到吸引客户、促成交易合作的目的。如果该市场经营主体仅将产品图片进行发布，却设置为“不公开”状态，相关公众无法看到其产品图片，那么其根本不需要注册为网络平台用户，更不需要上传图片。

本院审查查明，二审过程中，董健飞向二审法院提交了浙江省杭州市西湖公证处出具的第15901号公证书，用以证明涉案“世界工厂网”等网站存在发布者可以对图片进行替换式修改，且修改后网页的发布时间一栏未发生变化。第

15901 号公证书显示的“世界工厂网”网页设计与附件 1 即第 2461 号公证书显示的“世界工厂网”网页设计明显不同，且第 15901 号公证书显示，以非注册的普通用户身份登录时，网页图片下没有显示发布时间。因此，第 15901 号公证书显示的公证行为发生时，“世界工厂网”已经进行了改版。第 15901 号公证书显示，以注册用户及密码登录“世界工厂网”，点击“我的工厂”进入“杭州知识产权代理有限公司”页面，可以找到标题栏为“商标转让”、发布时间栏为“2014 年 2 月 10 日”、状态栏为空白的产品图片。替换该图片后，发布时间栏仍为“2014 年 2 月 10 日”，但状态栏变更为“已重发”。该公证书同时显示，以注册用户及密码登录“阿里巴巴”网站，点击“我的阿里”进入“杭州知桥雅阁有限公司”页面，点击“管理相册”，找到“我的相册”，通过编辑相册将“公开”状态改为“不公开”。然后以非注册的普通用户身份登录时，则在“杭州知识产权代理有限公司”网页的“公司相册”中看不到“我的相册”文件。

本院认为，本案在再审审查阶段的争议焦点问题是：一、二审法院认定涉案网站图片所示的外观设计在本案专利申请日前已经公开是否正确。

《最高人民法院关于行政诉讼证据若干问题的规定》第五十四条规定：“法庭应当对经过庭审质证的证据和无需质证的证据进行逐一审查和对全部证据综合审查，遵循法官职业道德，运用逻辑推理和生活经验，进行全面、客观和公正地分析判断，确定证据材料与案件事实之间的证明关系，排除不具有关联性的证据材料，准确认定案件事实。”上述司法解释第六十四条规定：“以有形载体固定或者显示的电子数据交换、电子邮件以及其他数据资料，其制作情况和真实性经对方当事人确认，或者以公证等其他有效方式予以证明的，与原件具有同等的证明效力。”根据上述规定，本院认为，在审查判断以公证书形式固定的互联网站网页发布时间的真实性与证明力时，应综合考虑相关公证书的制作过程、该网页及其发布时间的形成过程，管理该网页的网站资质和信用状况、经营管理状况、所采用的技术手段等相关因素，结合案件其他证据，对该公证书及所附网页发布时间的真实性和证明力作出明确判断。在审查证据的基础上，如果确信现有证据能够证明待证事实的存在具有高度可能性，对方当事人对相应证据的质疑或者提供的反证不足以实质削弱相关证据的证明力，不能影响相关证据的证明力达到高度盖然性的证明标准的，应该认定待证事实存在。本案中，附件 1 即第 2461 号公证书显示，以非注册的普通用户身份登录“世界工厂网”，可以看到第 7 页显示的烫钻模具图片发布时间为 2010 年 8 月 16 日，第 10 页显示的烫钻模具图片发布时间为2010年3月8日，均早于本案专利申请日（2010年9月7日）。“世界工厂网”系规模较大、知名度较高的电子商务平台，具有较高的信用和较好的管理手段。在此情况下，除非存在人为删改的情况，该网站上网页图片显示的发布时间与其真实的发布时间通常一致。董健飞提交了第15901号公证书作为反证，欲以证明“世界工厂网”存在发布者可以对图片进行替换式修改，且修改后网页的发布时间一栏未发生变化。但是，第15901号公证书显示，当“世界工厂网”注册用户替换相关图片后，图片的状态栏显示为“已重发”，而附件1即第2461号公证书第7页和第10页的图片并未显示重发的迹象。同时，第15901号公证书显示的公证行为发生时，“世界工厂网”已经改版，难以反映附件1即第2461号公证书显示的公证行为发生时“世界工厂网”的实际状态。因此，董健飞提交的第15901号公证书并未实质性削弱附件1的证明力。在附件1公证书及所附网页发布时间的真实性和证明力可以确信，而董健飞提交的第15901号公证书并未实质性削弱附件1证明力的情况下，一、二审法院认定附件1以公证书形式固定的互联网网站图片在本案专利申请日前已经公开，并无不当。董健飞关于一、二审判决认定事实及适用优势证据规则错误的再审申请理由不能成立。

鉴于附件1已经足以证明涉案网站图片所示的外观设计在本案专利申请日前已经公开，对于附件3的真实性和证明力问题，本院无需再作进一步评述。

综上，董健飞的再审申请不符合《中华人民共和国行政诉讼法》第九十一条规定的再审情形。根据《最高人民法院关于执行〈中华人民共和国行政诉讼法〉若干问题的解释》第七十四条之规定，裁定如下：

驳回董健飞的再审申请。

审 判 长 李 剑
审 判 员 朱 理
代理审判员 吴 蓉
二〇一五年十月二十九日
书 记 员 周睿隽

2. 技术特征的公开

130. 权利要求的技术特征被对比文件公开的认定标准

——再审申请人国家知识产权局专利复审委员会与被申请人北京市捷瑞特弹性阻尼体技术研究中心、第三人北京金自天和缓冲技术有限公司实用新型专利权无效行政纠纷案

【裁判要旨】

最高人民法院指出，权利要求的技术特征被对比文件公开，不仅要求该对比文件中包含有相应的技术特征，还要求该相应的技术特征在对比文件中所起的作用与权利要求中的技术特征所起的作用实质相同。

【关键词】

技术特征　对比文件公开　作用实质相同

【案号】

最高人民法院（2012）知行字第3号

【基本案情】

北京市捷瑞特弹性阻尼体技术研究中心（以下简称捷瑞特中心）拥有一项名称为“快进慢出型弹性阻尼体缓冲器”的实用新型专利（即本案专利）。本案专利权利要求1是：“一种快进慢出型弹性阻尼体缓冲器，主要由套筒座（1），承撞头（2），活塞（3），弹性阻尼体（4）和密封装置（5）组成，其特征在于：在承撞头（2）的内腔（22）中装入弹性阻尼体（4），将活塞（3）与活塞杆（31）相连接，装入承撞头（2）的内腔（22）之中，将缸盖（21）与承撞头（2）连接成一整体，沿活塞（3）圆周部位设置有单向限流装置（32），压缩行程时单项限流装置（32）打开，回复行程时单项限流装置（32）关闭，活塞（3）外径与内腔（22）之间留有间隙。”北京金自天和缓冲技术有限公司（以下简称金自天和公司）向国家知识产权局专利复审委员会（以下简称专利复审委员

会）请求宣告本案专利权无效。2010 年 3 月 18 日，专利复审委作出第 14603 号无效宣告请求审查决定（以下简称第 14603 号决定），宣告本案专利权全部无效。该决定认定，证据 1 公开了两种弹性胶泥缓冲器，其中图 1（a）为带单向阀的方案，图 1（b）为带高压室的方案。图 1（a）中示出该弹性胶泥缓冲器具有套筒座、壳体（相当于本案专利的承接头）、活塞、弹性胶泥和密封圈，壳体和内腔中装入弹性胶泥，活塞和活塞杆相连接，装入壳体的内腔之中，将缸盖与壳体连接成一整体，活塞外径与内腔之间留有间隙。图 1（a）中未示出该单向阀的设置位置。证据 1 的文字部分记载两种缓冲器结构方案的主要区别是：活塞杆压缩后返回到初始位置的原理不同。第一种结构方案中［图 1（a）］采用单向阀；第二种结构方案中［图 1（b）］预设高压室。专利复审委员会认为，图 1（b）的缓冲器回程依靠高压室，高压室的作用是增加因承接头受撞击时的活塞杆进入弹性胶泥腔内通过压缩弹性胶泥而产生的反力，该反力使得活塞回程；图 1（a）所述带单向阀的缓冲器其活塞杆回程依靠单向阀，其单向阀设置位置是安装在活塞圆周部位上，活塞杆压缩时单向阀关闭，活塞杆回程时单向阀打开，以促进弹性胶泥的流动。因此，证据 1 隐含公开了沿活塞圆周部位设置有单向限流装置的技术特征。本案专利权利要求 1 与证据 1 的区别在于：压缩行程时单向限流装置打开，回复行程时单向限流装置关闭。其所要实际解决的技术问题是，通过活塞上的限流装置与活塞外径和内腔之间留有的间隙的配合实现缓冲器的快进慢出。而本领域技术人员容易想到将单向限流装置反装来实现缓冲器的快进慢出。故在证据 1 的基础上结合本领域技术人员的常规设计，得到本案专利权利要求 1 的技术方案是显而易见的，该权利要求 1 不具备创造性。捷瑞特中心不服，提起行政诉讼。北京市第一中级人民法院一审认为，单向阀的形状和位置这一技术特征不能够从证据 1 附图中直接地、毫无疑义地确定，证据 1 文字部分也没有记载单向阀的形状和位置，第 14603 号决定关于隐含公开的认定结论系从证据 1 附图中推测得出，缺乏事实依据，据此判决撤销第 14603 号决定，由专利复审委员会重新作出决定。专利复审委员会和金自天和公司均不服，提出上诉。北京市高级人民法院二审判决驳回上诉，维持原判。专利复审委员会不服，向最高人民法院申请再审。最高人民法院于 2012 年 4 月 20 日裁定驳回其再审申请。

【裁判意见】

最高人民法院审查认为：引用对比文件判断发明或者实用新型的创造性时，应当以对比文件公开的技术内容为准；该技术内容不仅包括明确记载在对比文件中的内容，而且包括对于所属技术领域的技术人员来说，隐含的且可直接地、毫无疑义地确定的技术内容。认定权利要求中的技术特征被对比文件公开，不仅要求该对比文件中包含有相应的技术特征，还要求该相应的技术特征在对比文件中所起的作用和该技术特征在权利要求中所起的作用相同。相应的技术特征在对比文件中所起的作用是指该相应的技术特征在对比文件公开的技术方案中实际所起的作用，而不是该相应的技术特征客观上可具有的作用的全集。本案专利系一种快进慢出型弹性阻尼体缓冲器，其单向阀在本案专利中的作用就是调节缓冲器内腔内填充的弹性阻尼体的流量。在压缩行程时，由于单向阀打开，阻尼体的流量增大，从而减小阻尼力；在回复行程时，由于单向阀关闭，阻尼体的流量减小，从而增加阻尼力，通过单向阀的这种调节作用，实现承撞头的快进慢出，达到保护设备和降低噪音的目的。证据1的附图1（a）没有公开单向阀的具体形状和位置，从证据1文字部分的表述内容来看，图1（a）中单向阀的作用是使压缩后的活塞杆返回到初始位置。由此可见，证据1中单向阀的作用不同于本案专利权利要求1中单向限流装置的作用，故本案专利权利要求1中“沿活塞圆周部位设置有单向限流装置”的技术特征，并不能从证据1中直接地、毫无疑义地确定。专利复审委员会认定证据1隐含公开了沿活塞圆周部位设置有单向限流装置的技术特征，没有事实依据。

中华人民共和国最高人民法院行政裁定书

（2012）知行字第3号

申请再审人（一审被告、二审上诉人）：国家知识产权局专利复审委员会。住所地：北京市海淀区北四环西路9号银谷大厦10－12层。

法定代表人：张茂于，该委员会副主任。

委托代理人：张琪，该委员会审查员。

委托代理人：朱茜，该委员会审查员。

被申请人（一审原告、二审被上诉人）：北京市捷瑞特弹性阻尼体技术研究中心。住所地：北京市丰台区科学城恒富中街2号院1号楼（园区）。

法定代表人：吴懿兵，该公司总经理。

委托代理人：赵锐，北京高文律师事务所律师。

委托代理人：张维锋，北京市合川律师事务所律师。

一审第三人、二审上诉人：北京金自天和缓冲技术有限公司。住所地：北京市丰台区西四环南路72号（园区）。

法定代表人：张玉庆，该公司董事长。

委托代理人：柳春雷，女，汉族，1975年4月8日出生，北京东方亿思知识产权代理有限责任公司专利代理人，住北京市朝阳区八里庄西里59号楼2708号。

委托代理人：宗晓斌，男，1978年6月23日出生，北京东方亿思知识产权代理有限责任公司专利代理人，住北京市东城区中华路4号。

申请再审人国家知识产权局专利复审委员会（以下简称专利复审委员会）因与被申请人北京市捷瑞特弹性阻尼体技术研究中心（以下简称捷瑞特中心）、一审第三人、二审上诉人北京金自天和缓冲技术有限公司（以下简称金自天和公司）实用新型专利权无效行政纠纷一案，不服北京市高级人民法院（2011）高行终字第213号行政判决，向本院申请再审。本院依法组成合议庭对本案进行了审查，现已审查终结。

专利复审委员会申请再审称：第14603号无效宣告请求审查决定（以下简称第14603号决定）认定“证据1隐含公开了沿活塞圆周部位设置有单向限流装置”，并非仅仅基于证据1图1（a）所示内容以及文字部分记载的“图1（a）所示为带单向阀的缓冲器”作出的，而是结合证据1中相关的文字内容“2种（带单向阀的缓冲器和带高压室的缓冲器）缓冲器结构方案的主要区别是，活塞杆压缩后返回到初始位置的原理不同。第一种结构方案中［图1（a）］为此采用单向阀；第二种结构方案中［图1（b）］为此预设高压室”“研制的加料设备可给缓冲器填装弹性胶泥材料，使其达到给定的初始压力”作出的，二审判决仅仅考虑了第14603号决定中引用的部分证据1的文字内容，就作出第14603号决定关于“证据1隐含公开了沿活塞圆周部位设置有单向限流装置的技术特征，缺乏事实依据”的认定，显然是不妥的。实际上，弹性胶泥缓冲器在装配时，均需要通过设置在缓冲器壁上的单向阀以及相应的加料设备来预先填装具有一定初始压力的弹性胶泥材料。证据1图1（a）和图1（b）所示的两种不同的弹性胶泥缓冲器中均存在用来填装弹性胶泥所需的单向阀。因此，证据1图1（a）的缓冲器中为了“使活塞杆压缩后返回到初始位置”而专门设置的单向阀显然不是设置在缓冲器壁上用于填充弹性胶泥的单向阀，而是另外设置的单向阀。本领域技术人员根据证据1公开的内容，可以直接地、毫无疑义地确定证据1图1（a）中的单向阀只能设置在活塞上，即证据1隐含公开了“沿活塞圆周部位设置有单向限流装置”。在一审和二审期间，捷瑞特中心均主张证据1中记载的“使活塞杆压缩后返回到初始位置”的过程中起作用的单向阀就是设置在缓冲器壁上的用来预先填充弹性胶泥的单向阀，一审法院和二审法院均认可了上述观点，并据此撤销了第14603号无效决定，但捷瑞特中心的观点是不正确的。综上，专利复审委员会请求本院撤销二审判决，维持第14603号决定。

捷瑞特中心提交意见认为：证据1图1（a）缓冲器结构方案中的单向阀是设置在缓冲器壳体上的，其作用是给壳体内的弹性胶泥充压，使其达到给定的初始压力。捷瑞特中心提交的弹性胶泥缓冲器实物证明，在壳体上设置单向阀是本技术领域的惯用技术；《城市轨道车用弹性胶泥缓冲器及其应用》一文所载的图1中的充料阀即为单向阀，位置正在壳体上。本专利权利要求1中的单向阀设置在“沿活塞圆周部位”，作用是实现活塞杆的“快进慢出”。因此，本专利权利要求1中的单向阀与证据1公开的单向阀相比，位置、作用均不相同，专利复审委员会关于证据1“隐含公开了沿活塞圆周部位设置有单向限流装置”的认定是错误的。

金自天和公司提交意见认为：虽然证据1的附图1（a）带单向阀的方案没有示出单向阀以及单向阀的具体位置，但证据1明确记载“图1（a）和图1（b）两种缓冲器结构方案的主要区别是，活塞杆压缩后返回到初始位置的原理不同。图1（a）中为此采用单向阀，图1（b）为此预设高压室”。故图1（a）中的缓冲器的单向阀应该是图1（b）中所不具有的，并且其功能等同于高压室的功能。为实现上述高压室所实现的功能并为使活塞杆压缩后返回到初始位置，则所述单向阀应该并且也只能设置在活塞的圆周部位上。因此二审判决认定事实错误，适用法律不当，请求撤销二审判决，维持第14603号决定。

本院认为：本案争议的焦点问题是，证据1是否公开了本专利权利要求1中的技术特征“沿活塞圆周部位设置有单向限流装置”，这涉及本专利的创造性评判问题。

《专利审查指南》第二部分第三章第2.3节规定，**引用对比文件判断发明或者实用新型的新颖性和创造性等时，应当以对比文件公开的技术内容为准；该技术内容不仅包括明确记载在对比文件中的内容，而且包括对于所属技术领域的技术人员来说，隐含的且可直接地、毫无疑义地确定的技术内容。但是，不得随意将对比文件的内容扩大或缩小。**本专利系一种快进慢出型弹性阻尼体缓冲器，根据本专利权利要求书和说明书的记载，单向限流装置（单向阀）在本专利中的作用就是调节缓冲器内腔内填充的弹性阻尼体的流量。在压缩行程（正行程）时，由于单向阀打开，阻尼体的流量增大，从而减小阻尼力；在回复行程（反行程）时，由于单向阀关闭，阻尼体的流量减小，从而增加阻尼力，通过单向阀的这种调节作用，实现承撞头的快进慢出，达到保护设备和降低噪音的目的。证据1公开了一种带单向阀的弹性胶泥缓冲器，其附图1（a）没有公开单向阀的具体形状和设置位置，其文字部分的表述内容是：图1（a）所示为带单向阀的方案。2种缓冲器结构方案的主要区别是，活塞杆压缩后返回到初始位置的原理不同。第一种结构方案中［图1（a）］为此采用单向阀；第二种结构方案中［图1（b）］为此预设高压室。研制的加料设备可给缓冲器填装弹性胶泥材料，使其达到给定的初始压力。由此可见，在证据1公开的技术方案中，单向阀的作用是使压缩后的活塞杆返回到初始位置。

由于证据1中单向阀的作用不同于本专利权利要求1中单向限流装置的作用，故本专利权利要求1中"沿活塞圆周部位设置有单向限流装置"的技术特征，并不能从证据1中直接地、毫无疑义地确定。专利复审委员会在其决定中认定证据1隐含公开了沿活塞圆周部位设置有单向限流装置的技术特征，没有事实依据，一审法院据此判决撤销第14603号决定，并要求专利复审委员会重新作出决定；二审法院判决予以维持，是正确的。

综上，专利复审委员会的再审申请不符合《中华人民共和国行政诉讼法》第六十三条第二款、《最高人民法院关于执行〈中华人民共和国行政诉讼法〉若干问题的解释》第七十二条规定的再审条件，依照《最高人民法院关于执行〈中华人民共和国行政诉讼法〉若干问题的解释》第七十四条之规定，裁定如下：

驳回国家知识产权局专利复审委员会的再审申请。

审　判　长　王永昌
代理审判员　宋淑华
代理审判员　李　剑
二〇一二年四月二十日
书　记　员　周睿隽

131. 确定对比文件公开的内容时可结合其结构特点及公知常识

——再审申请人镇江市营房塑电有限公司与被申请人广东科进尼龙管道制品有限公司，一审被告、二审被上诉人国家知识产权局专利复审委员会实用新型专利权无效行政纠纷案

【裁判要旨】

对比文件中仅公开产品的结构图形但没有文字描述的，可以结合其结构特点和本领域技术人员的公知常识确定其含义。

【关键词】

对比文件公开　产品结构图形　公知常识

【案号】

最高人民法院（2012）行提字第25号

【基本案情】

2005年9月28日，国家知识产权局授权公告了名称为“一种带法兰的铸型尼龙管道”实用新型专利权（即本案专利），专利权人为广东科进尼龙管道制品有限公司（以下简称广东科进公司）。本案专利共有7项权利要求，其中权利要求1记载有“法兰（1）和直管（2）为一体式”的技术特征。2009年4月10日，镇江市营房塑电有限公司（以下简称镇江营房塑电公司）以本案专利不具有创造性为由，向国家知识产权局专利复审委员会（以下简称专利复审委员会）提出无效宣告请求，并提交了名称为“直管”的外观设计专利（对比文件1）。该对比文件公开了“直管与圆柱形凸起一体成型”的特征。专利复审委员会作出第15012号无效宣告请求审查决定（以下简称第15012号决定），宣告本案专利相关权利要求无效。该决定认为，对比文件1公开了“直管与两端有圆柱形凸起一体成型”的特征，本领域技术人员在对比文件1的基础上容易想到将直管与法兰一体成型，从而得到法兰与直管一体式的技术方案。广东科进公司不服，提起行政诉讼。北京市第一中级人民法院一审认为，对比文件1的主视图只能看到直管以

及其两端圆柱形凸起，不能直接地、毫无疑义地确定该圆柱形凸起为法兰或其他管道连接部件，亦不存在将直管和法兰铸为一体式的技术启示。遂判决撤销专利复审委员会第15012号决定，责令其重新作出审查决定。镇江营房塑电公司不服，提起上诉。北京市高级人民法院二审判决驳回上诉，维持原判。镇江营房塑电公司向最高人民法院申请再审。最高人民法院裁定提审本案，并于2012年11月30日判决撤销原审判决，维持专利复审委员会第15012号决定。

【裁判意见】

最高人民法院提审认为：法兰是英文flange的音译，其汉语意译就是凸缘，是结构或机械零件上垂直于零件轴线突出的边缘，可用于管件或设备之间的相互连接。法兰之间的连接可通过螺栓连接、焊接、黏结、卡夹连接等多种方式实现。因此，采用螺栓连接的法兰仅是各种不同法兰连接类型中的一种形式，也存在如下情况，即法兰作为成品时不带有螺栓孔，而是在安装过程中与其连接的另外法兰进行配钻制孔。广东科进公司仅以对比文件1的圆柱形凸起上缺少螺栓孔而认定其不是法兰的主张缺乏事实依据，不予支持。虽然对比文件1没有明确说明该圆柱形凸起为法兰，但结合其结构特点和本领域技术人员的公知常识，该圆柱形凸起实际是起到法兰的作用。原审判决关于从对比文件1中的主视图来看，直管两端的圆柱形凸起不能直接地、毫无疑义地确定为法兰或其他管道连接部件的认定存在错误，应予纠正。

中华人民共和国最高人民法院行政判决书

（2012）行提字第25号

申请再审人（一审第三人、二审上诉人）：镇江市营房塑电有限公司。住所地：江苏省扬中市三茅镇营房村。

法定代表人：杨峻，该公司副总经理。

委托代理人：程化铭，江苏圣典律师事务所律师。

被申请人（一审原告、二审被上诉人）：广东科进尼龙管道制品有限公司。住所地：广东省潮州市枫溪长美瓜园东路8号。

法定代表人：邱玉佩，该公司董事长。

委托代理人：陈卫，男，汉族，1973年11月1日出生，广州粤高专利商标代理有限公司专利代理人，住广东省广州市越秀区农林下路72号。

委托代理人：林瑞云，该公司职员。

一审被告、二审上诉人：国家知识产权局专利复审委员会。住所地：北京市海淀区北四环西路9号银谷大厦10-12层。

法定代表人：张茂于，该委员会副主任。

委托代理人：刘新蕾，该委员会审查员。

委托代理人：何伦健，该委员会审查员。

申请再审人镇江市营房塑电有限公司（以下简称镇江营房塑电公司）因与被申请人广东科进尼龙管道制品有限公司（以下简称广东科进公司）、一审被告、二审被上诉人国家知识产权局专利复审委员会（以下简称专利复审委员会）实用新型专利权无效行政纠纷一案，不服北京市高级人民法院（2011）高行终字第31号行政判决，向本院申请再审。本院于2012年9月21日作出（2012）知行字第44号行政裁定，提审本案。本院依法组成由王永昌担任审判长，代理审判员李剑、宋淑华参加评议的合议庭进行审理，书记员由周睿隽担任，于2012年10月31日公开开庭审理了本案。镇江营房塑电公司的法定代表人杨峻、委托代理人程化铭，广东科进公司的委托代理人陈卫、林瑞云和一审被告、二审被上诉人专利复审委员会的委托代理人刘新蕾、何伦健到庭参加诉讼。本案现已审理终结。

北京市第一中级人民法院一审查明：本专利涉及国家知识产权局于2005年9月28日授权公告的名称为“一种带法兰的铸型尼龙管道”的03274825.6号实用新型专利权，其申请日为2003年9月28日，专利权人为广东科进公司。本专利授权公告的权利要求书如下：

“1. 一种带法兰的铸性尼龙管道，包括法兰（1）和直管（2），其特征在于法兰（1）和直管（2）为一体式，且法兰面上有圆柱形台面（11），所述圆柱形台面设有若干条沟槽（12）。

2. 按权利要求1所述的带法兰的铸型尼龙管道，其特征在于法兰面上圆柱形台面设有若干条‘V’形沟槽（12），其底部形成夹角。

3. 按权利要求2所述的带法兰的铸型尼龙管道，其特征在于‘V’形沟槽，其底部形成的夹角为60~120度。

4. 按权利要求2所述的带法兰的铸型尼龙管道，其特征在于‘V’形沟槽，其底部形成的夹角为90度。

5. 按权利要求1所述的带法兰的铸型尼龙管道，其特征在于法兰面上圆柱形台面上沟槽（12）之间有间隔，并在间隔上设有环状突起（13），而另一端法兰面上相对应位置上设有相适配的凹位（14）。

6. 按权利要求1所述的带法兰的铸型尼龙管道，其特征在于其中一端法兰面上的圆柱形台面周边设有环状结构（15），其内径与另一端法兰圆柱形台面的外径相适配，并且所述环状结构（15）的高度大于密封垫圈的厚度。

7. 按权利要求1至6其中任一项所述的带法兰的铸型尼龙管道，其特征在于管道与法兰面连接处设有‘L’形加强筋（21）。”

本专利说明书相关内容为：“直管或管件与法兰一次成型，不但制作简便，具有良好的耐腐性和耐磨性，而且能够提高强度和抗压能力，消除膨胀或收缩产生的内力，大大提高管道的抗疲劳能力和使用寿命。”

专利复审委员会于2007年4月17日作出第9751号无效宣告请求审查决定书。宣告本专利权利要求1和从属权利要求7引用权利要求1的技术方案无效，维持本专利权利要求2至6以及权利要求7引用权利要求2至6的技术方案有效。2009年4月10日，镇江营房塑电公司就本专利向专利复审委员会提出无效宣告请求，其无效理由为本专利的权利要求2至4、权利要求7不符合《中华人民共和国专利法》第二十二条第三款的规定。在其所提交的相关证据中：

附件1为名称“直管”的外观设计专利（即对比文件1），授权公告日为2001年10月17日，授权公告号为CN3205299D。

附件2为化学工业部部标准《管法兰》首页、《管件、连接件及管道的法兰紧密面》第23至27页复印件共6页（即对比文件2），其中公开了法兰的圆柱形台面上有若干“V”形沟槽。

专利复审委员会经审查于2010年6月10日作出第15012号决定。专利复审委员会在该决定中认定：1. 关于权利要求2的创造性。对比文件1已经公开了权利要求2中的直管和一次成型的铸型尼龙管道这些特征，由于对比文件1中的直管的两端有圆柱形凸起，则对比文件1公开了直管与两端有圆柱形凸起一体成型这个特征。权利要求2与对比文件1相比，区别特征在于：（1）权利要求2是法兰与直管为一体式，而对比文件1是圆柱形凸起与直管为一体式；（2）权利要求2所述圆柱形台面设有若干条“V”形沟槽，其底部形成夹角。关于区别特征1，根据本专利说明书记载，本专利的目的是提供一种法兰与管道一次成型的铸型尼龙管道，采用铸型尼龙管道可以耐磨、耐腐蚀，直管与法兰一次成型可以解决法兰在连接处容易发生爆裂、泄漏等现象的问题。对比文件1公开了直管与两端有圆柱形凸起一体成型这个特征，从本领域技术人员的角度看，直管两端的圆柱形凸起的作用一般是用于连接管道或封头，即对比文件1客观上已经公开了“直管与用于管道连接的连接件一体成型”这个特征，其作用是能够防止直管与连接件在连接处泄漏，而权利要求1中法兰的作用也是用于连接管道或筒体或封头，因此本领域技术人员在对比文件1公开的“直管与圆柱形凸起一体成型”的基础上容易想到将直管与法兰一体成型，从而得到法兰与直管一体式的技术方案。关于区别特征2，对比文件2公开了一种“管件、连接件及管道的法兰紧密面”，在图1的法兰中，法兰圆柱形台面上设置有三个“V”形沟槽，因此该区别特征已经被对比文件2所公开。对比文件2中法兰圆柱形台面上的“V”形沟槽所起的作用与其在权利要求2中所起作用相同，都是用于增大摩擦防止密封垫圈脱位、加强密封性能。因此，将对比文件1和2结合得到权利要求2所保护的技术方案对本领域技术人员来说是显而易见的，权利要求2所要求保护的技术方案不具有实质性特点和进步，不具有创造性。2. 权利要求3和4的创造性。权利要求3和4是权利要求2的从属权利要求，它们分别具体限定“V”形沟槽的夹角为60－120度和90度。由于对比文件2的法兰中已经公开了“V”形沟槽的角度为90度，所以权利要求3和4的附加技术特征已经被对比文件2所公开，权利要求3和4不具有创造性。3. 权利要求7的创造性。对于本领域技术人员而言，在管道的连接处设置加强筋是本领域常用的技术手段，故权利要求7不具有创造性。综上，专利复审委员会作出第15012号决定，宣告本专利权利要求2至4无效，权利要求7引用权利要求2至4的技术方案无效，维持权利要求5和6以及权利要求7引用权利要求5和6的技术方案有效。

广东科进公司不服该决定并提起诉讼称：对比文件1系名称为“直管”的外观设计专利。从其附图中不能直接、毫无异议地确定在直管两端的凸起为管道用连接件，以及管道和法兰为一体式结构。对比文件2虽然公开了“V”形沟槽结构，但对比文件1和2不具备结合的技术启示。专利复审委员会认定事实和适用法律均有错误，请求法院判令撤销第15012号决定。

专利复审委员会答辩坚持第15012号决定认定的事实和理由，广东科进公司的诉讼理由不能成立，请求法院驳回其诉讼请求，维持专利复审委员会的第15012号决定。

第三人镇江营房塑电公司同意专利复审委员会在第15012号决定中认定的事实和理由，请求驳回广东科进公司的诉讼请求。

北京市第一中级人民法院一审认为：对比文件1中的主视图只能看到直管以及其两端圆柱形凸起，不能直接地、毫无疑义地确定该圆柱形凸起为法兰或其他管道连接部件，亦不存在将直管和法兰铸为一体式的技术启示。虽然对比文件2公开了管道连接部分有“V”形沟槽的技术内容，但即便对比文件1和2相结合，亦未公开本专利权利要求2中“直管和法兰为一体式”这一区别技术特征。该区别技术特征的技术效果恰恰在于实现本专利的发明目的之一，即制作简便，具有良好的耐腐性和耐磨性，而且能够提高强度和抗压能力，消除膨胀或收缩产生的内力，大大提高管道的抗疲劳能力和使用寿命。因此该院认为本专利权利要求2具有创造性，其从属权利要求3、4以及权利要求7引用权利要求2至4时亦具有创造性。综上，该院作出（2010）一中知行初字第3085号行政判决：撤销专利复审委员会作出的第15012号无效宣告请求审查决定；专利复审委员会针对镇江营房塑电公司就名称为“一种带法兰的铸型尼龙管道”的03274825.6号实用新型专利提出的无效宣告请求重新作出审查决定。

一审判决后，专利复审委员会与镇江营房塑电公司均不服，向北京市高级人民法院提起上诉，请求撤销一审判决并维持第15012号决定。专利复审委员会的主要上诉理由为：对比文件1中的主视图能够直接地、毫无疑义地确定，其已经公开该直管两端有圆柱形凸起；本领域技术人员在对比文件1公开“直管与圆柱形凸起一体成型”的基础上容易想到将直管与法兰一体成型，从而得到直管与法兰为一体式的技术方案。镇江营房塑电公司的主要上诉理由为：对比文件1中的视图直接地、毫无疑义地公开了直管与法兰为一体式，直管的两端就是法兰，专利复审委员会、一审法院及北京市高级人民法院的生效判决已经确认了该事实，广东科进公司也曾认可该事实。

北京市高级人民法院经二审审理认定北京市第一中级人民法院查明的事实基本属实。另查明：

在二审诉讼中，镇江营房塑电公司提交了四份新的证据材料：

新证据材料一：北京市第一中级人民法院（2007）一中行初字第779号行政判决书；

新证据材料二：北京市高级人民法院（2008）高行终字第407号行政判决书；

新证据材料三：专利复审委员会第9291号无效宣告请求审查决定书（以下简称第9291号决定）、潮安县科技尼龙制品厂2006年7月4日向专利复审委员会提交的意见陈述书、潮安县科技尼龙制品厂变更为广东科进尼龙管道制品有限公司的《核准企业变更登记通知书》及广东科进公司针对第9291号决定的起诉状；

新证据材料四：北京市第一中级人民法院（2007）一中行初字第1176号行政判决书和北京市高级人民法院（2008）高行终字第214号行政判决书。

上述新证据材料三、四涉及的被请求宣告无效的专利即为本案对比文件1中记载的专利。其中第9291号决定、北京市第一中级人民法院（2007）一中行初字第1176号行政判决书和北京市高级人民法院（2008）高行终字第214号行政判决书均记载对比文件1与该案附件的区别在于：1. 对比文件1的法兰上没有小圆孔，而附件的法兰靠近边缘的位置有数个小圆孔；2. 对比文件1的法兰面中部有一略微凸起的环状台面，而附件的法兰面为一个平面，没有凸起台面。北京市高级人民法院（2008）高行终字第214号行政判决书记载，对于上述第1点区别，附件中的圆盘状法兰上具有数个小圆孔，从其使用状态图可知这些小圆孔是连接管道时供螺丝穿过的，是由管道的连接功能唯一限定的特定形状，对比文件1的直管明显省略了这种小圆孔，不能认为这种功能性结构的省略会对外观设计产品的整体视觉效果产生显著影响；对于上述第2点区别，对比文件1位于圆盘状法兰上的环状台面仅仅是略微有些凸起，这种差异不足以对产品的整体视觉效果产生显著影响。

镇江营房塑电公司认为，上述证据材料证明对比文件1直接地、毫无疑义地公开了直管与法兰为一体式，直管的两端就是法兰。专利复审委员会对此不持异议，广东科进公司对其真实性未持异议，但认为上述证据材料不能证明镇江营房塑电公司的主张。对此二审法院认定，上述新证据材料一、二的内容已为一审判决所认定，故二审法院不作为二审新证据采纳。上述新证据三、四虽然不属于法定新证据的情形，但鉴于其与本案具有较强的关联性，且各方当事人对其真实性均无异议，故二审法院予以采信。上述证据可以证明，广东科进公司在涉及本案对比文件1的无效审查行政及诉讼程序中，明确表示对比文件1中直管的两端就是法兰。

北京市高级人民法院二审认为：对比文件1中的主视图只能看到直管以及其两端点圆柱形凸起，不能直接地、毫无疑义地确定该圆柱形凸起为法兰或其他管道连接部件，亦不存在将直管和法兰铸为一体式的技术启示。虽然镇江营房塑电公司二审新提交的证据表明，广东科进公司作为对比文件1中外观设计的专利权人，在该外观设计专利的无效审查程序中多次陈述直管两端的圆柱形凸起系法兰，但外观设计专利权的保护范围以表示在授权公告图片或者照片中的该产品的外观设计为准，专利权人在授权后的陈述一般不得作为确定外观设计专利权保护范围的依据，故从本案对比文件 1 中的主视图来看，直管两端的圆柱形凸起不能直接地、毫无疑义地确定为法兰或其他管道连接部件。虽然对比文件 2 公开了管道连接部分有“V”形沟槽的技术内容，但即便对比文件 1 和 2 相结合，亦未公开本专利权利要求 2 中“直管和法兰为一体式”这一区别技术特征，而该区别技术特征对于实现本专利的发明目的有重要意义。因此，一审法院认为本专利权利要求 2 具有创造性，其从属权利要求 3、4 以及权利要求 7 引用权利要求 2 至 4 时亦具有创造性是恰当的，专利复审委员会与镇江营房塑电公司的上诉理由依据不足，该法院不予支持。据此，北京市高级人民法院作出（2011）高行终字第 31 号行政判决，判决驳回上诉，维持原判。

镇江营房塑电公司不服北京市高级人民法院（2011）高行终字第 31 号行政判决，向本院申请再审称：本案对比文件 1 是外观设计专利文件，该专利已经被宣告无效，在该专利无效宣告程序中，对于对比文件 1 附图中直管两端的部件，专利权人广东科进公司、专利复审委员会、北京一中院和北京高院均认为是法兰。但在本案审理中，一审、二审法院均认为对比文件 1 中的主视图只能看到直管以及其两端点圆柱形凸起，不能直接地、毫无疑义地确定该圆柱形凸起为法兰或其他管道连接部件。针对同一事实，作出完全相反的认定，属于认定事实错误。请求撤销一、二审判决，维持专利复审委员会第 15012 号决定。

广东科进公司答辩称：1. 对比文件 1 为外观设计专利，附图中只有直接地、毫无疑义地确定的技术特征才是公开的内容。根据法兰的定义可知，法兰是管件端部的圆盘，其上均匀分布螺栓孔。对比文件 1 的附图中没有显示螺栓孔，也没有相应的文字说明，故该圆柱形凸起不是法兰。2. 专利权人在第 9291 号决定和第 9751 号决定所涉及的行政程序和诉讼程序中将对比文件 1 中的“直管两端的圆柱形凸起”错误表述为“法兰”是由于对法兰概念认识不清所导致，不应作为确定对比文件 1 保护范围的依据。

专利复审委员会则认为：从对比文件 1 的主视图中可以直接地、毫无疑义地看出直管有圆柱形凸起，在圆柱形中间有一道环形凸起。在对比文件 1 的简要说明中明确其采用的是 MC 尼龙材料一次性铸造成型，因此对比文件 1 客观上公开了直管与两端有圆柱形凸起一体成型的特点。本领域技术人员在阅读对比文件 1 后完全能够获得“将直管与两端有圆柱形凸起一体成型”的技术启示。在此基础上，本领域技术人员容易想到将管道与同样是用于管道连接的法兰一体成型，从而得到权利要求所要保护的技术方案。

本院再审查明事实与一、二审判决认定事实基本一致。

本院认为，本案的焦点问题在于：原审判决对“从对比文件 1 中的主视图来看，直管两端的圆柱形凸起不能直接地、毫无疑义地确定为法兰或其他管道连接部件”的认定是否存在错误；对比文件 1 是否给出了法兰与管件一体成型的技术启示。

一、关于原审判决中的事实认定问题

本院认为，**首先，法兰是英文 flange 的音译，其汉语意译就是凸缘，是结构或机械零件上垂直于零件轴线突出的边缘，可用于管件或设备之间的相互连接。法兰之间的连接可通过螺栓连接、焊接、黏结、卡夹连接等多种方式实现。因此，采用螺栓连接的法兰仅是各种不同法兰连接类型中的一种形式，也存在如下情况，即法兰作为成品时不带有螺栓孔，而是在安装过程中与其连接的另外法兰进行配钻制孔。广东科进公司仅以对比文件 1 的圆柱形凸起上缺少螺栓孔而认定其不是法兰的主张缺乏事实依据，本院不予支持。**其次，宣告本专利权利要求 1 无效的第 9751 号决定认定对比文件 1 的圆柱形凸起为法兰，专利权人对此没有异议，并且该决定为北京市第一中级人民法院（2007）一中行初字第 779 号行政判决书和北京市高级人民法院（2008）高行终字第 407 号行政判决书所维持，现已生效。在宣告本案对比文件 1 无效的第 9291 号决定中，认定该对比文件 1 的附图中直管端部的圆柱形凸起为法兰，专利权人对此亦无异议，并且该决定为北京市第一中级人民法院（2007）一中行初字第 1176 号行政判决书和北京市高级人民法院（2008）高行终字第 214 号行政判决书所维持，现已生效。而本案一、二审认为对比文件 1 的主视图只能看到直管及其两端圆柱形凸起，不能直接地、毫无疑义地确定该圆柱形凸起为法兰或其他管道连接部件，该事实认定与在先决定和判决存在冲突。根据《最高人民法院关于行政诉讼证据若干问题的规定》第六十五条之规定，在一般情况下，已经被当事人认可并且在先裁判文书已经确定的事实可以为在后裁判文书所采用，并且通常不应作出相反认定。尽管广东科进公司于申请再审阶段主张其在过去一直认为两端是法兰，但随着认识的深入才认为不是法兰。本院认为，广东科进公司的上述主张也在另一方面表明了本领域技术人员对圆柱形凸起是法兰的普遍认识。对比文件 1 为一种管道设备，必然和其他管道配合才可以起到分配液体的作用，其两端必然是一个连接部件。综上，**虽然对比文件 1 没有明确说明该圆柱形凸起为法兰，但结合其结构特点和本领域技术人员的公知常识，该圆柱形凸起实际是起到法兰的作用。原审判决对“从对比文件 1**

中的主视图来看，直管两端的圆柱形凸起不能直接地、毫无疑义地确定为法兰或其他管道连接部件”的认定存在错误，应予纠正。

二、关于对比文件1是否给出了法兰与管件一体成型的技术启示问题

按照本专利说明书的记载，本专利的目的在于提供一种法兰与管道一体成型的铸型尼龙管道，可以解决法兰在连接处容易发生爆裂、泄露等现象的技术问题。对比文件1于其简要说明中公开了“MC尼龙材料一次性铸造成型”的技术特征。从本领域技术人员的角度来看，直管两端的圆柱形凸起的作用一般是用于连接管道或封头，防止直管与连接件在连接处泄露，因此对比文件1已经公开了“直管与用于管道连接的连接件一体成型”的技术特征。所以，本领域技术人员在对比文件1公开的直管与圆柱形凸起一体成型的基础上，容易想到将直管与法兰一体成型，从而得到法兰与直管一体式的技术方案。原审判决认为对比文件1主视图中的直管两端的圆柱形凸起不能直接地、毫无疑义地确定为法兰或其他管道连接部件，进而认为未给出法兰与管件一体成型的技术启示的认定依据不足，应予纠正。

综上，原一、二审判决认定事实不清，适用法律错误，依法应予撤销。依据《中华人民共和国行政诉讼法》第五十四条第（一）项、第六十一条第（二）项和《最高人民法院关于执行〈中华人民共和国行政诉讼法〉若干问题的解释》第七十六条第一款、第七十八条之规定，判决如下：

一、撤销北京市高级人民法院（2011）高行终字第31号行政判决和北京市第一中级人民法院（2010）一中知行初字第3085号行政判决；

二、维持国家知识产权局专利复审委员会第15012号无效宣告请求审查决定。

本案一审、二审案件受理费各人民币100元，均由广东科进尼龙管道制品有限公司负担。

本判决为终审判决。

审　判　长　王永昌
代理审判员　李　剑
代理审判员　宋淑华
二〇一二年十一月三十日
书　记　员　周睿隽

（七）创造性

1. 区别技术特征和实际解决的技术问题

132. 区别技术特征的认定应当以记载在权利要求中的技术特征为基础

——再审申请人北京亚东生物制药有限公司与被申请人国家知识产权局专利复审委员会、一审第三人山东华洋制药有限公司发明专利权无效行政纠纷案

【裁判要旨】

认定权利要求与最接近现有技术之间的区别技术特征，应当以权利要求记载的技术特征为准，并将其与最接近的现有技术公开的技术特征进行逐一对比。未记载在权利要求中的技术特征不能作为对比的基础，当然也不能构成区别技术特征。

【关键词】

发明　权利要求　现有技术　区别技术特征

【案号】

最高人民法院（2013）知行字第 77 号

【基本案情】

在本案中，北京亚东生物制药有限公司（以下简称亚东制药公司）是名称为“治疗乳腺增生性疾病的药物组合物及其制备方法”发明专利的权利人。本案专利权利要求 1 通过重量份的方式限定了药物组合物的原料药构成及制备方法，但权利要求及说明书中未记载丹酚酸 B 的功能、效果等内容。2010 年 3 月 10 日，山东华洋制药有限公司（以下简称华洋公司）针对本案专利向国家知识产权局专利复审委员会（以下简称专利复审委员会）提出无效宣告请求，并提交了证据 1、

证据3作为对比文件。权利要求1与证据1相比，中药组分和配比相同，区别在于二者的剂型不同，且本案专利省略了减压干燥步骤。此外，证据1还记载了按照药典标准生产的乳块消片产品总有效率为89.32%。证据3公开了颗粒剂的两种制法。亚东制药公司提交了反证3和反证4，反证3的发表时间晚于本案专利的申请日，其以丹酚酸B为指标，比较了减压干燥、喷雾干燥两种干燥方式制备的乳块消片提取物的含量差异，结论为喷雾干燥制备的乳块消片中提取物丹酚酸B的含量比较高。反证4记载了北京中医药大学药厂生产的乳块消片的总有效率为86%。专利复审委员会于2010年10月15日作出第15409号无效宣告请求审查决定（以下简称第15409号决定），宣告本案专利权全部无效。亚东制药公司不服，提起行政诉讼。北京市第一中级人民法院一审认为，第15409号决定夸大了本领域技术人员对本案专利技术效果的预期能力，权利要求1－3具备创造性。据此判决撤销第15409号决定并责令专利复审委员会重新作出审查决定。专利复审委员会不服，提起上诉。北京市高级人民法院二审认为，本案专利仅是对已知药物常规剂型的转换，且省略减压干燥步骤所带来的技术效果的改变是本领域技术人员可以预料的。遂判决撤销一审判决，维持第15409号决定。亚东制药公司不服，向最高人民法院申请再审。最高人民法院于2014年10月17日裁定驳回亚东制药公司的再审申请。

【裁判意见】

最高人民法院审查认为：认定权利要求与最接近现有技术之间的区别技术特征，应当以权利要求记载的技术特征为准，未记载在权利要求中的技术特征不能作为对比的基础，也不能构成区别技术特征。本案专利权利要求1限定的是原料药的组分、配比、制备方法，并未限定最终制备形成的药物组合物产品的活性成分及含量。丹酚酸B的功能、效果等技术内容也未记载在本案专利权利要求书及说明书中。因此，在阅读本案专利权利要求书和说明书后，本领域的技术人员无法得知请求保护的技术方案是提高丹酚酸B的提取物含量，以及其含量与本案专利要解决的技术问题有何关联。亚东制药公司关于丹酚酸B的含量构成权利要求1与现有技术的区别技术特征的主张，缺乏事实与法律依据。

中华人民共和国最高人民法院行政裁定书

（2013）知行字第77号

再审申请人（一审原告、二审被上诉人）：北京亚东生物制药有限公司。住所地：北京市昌平区科技园区振兴路8号。

法定代表人：赵敏姿，该公司董事长。

委托代理人：郗丽卓，该公司职员。

委托代理人：刘伟，该公司职员。

被申请人（一审被告、二审上诉人）：国家知识产权局专利复审委员会。住所地：北京市海淀区北四环西路9号银谷大厦10－12层。

法定代表人：张茂于，该委员会副主任。

委托代理人：郭婷，该委员会审查员。

委托代理人：郭鹏鹏，该委员会审查员。

一审第三人：山东华洋制药有限公司。住所地：山东省淄博市双凤科技工业园。

法定代表人：马孜彤，该公司董事长。

再审申请人北京亚东生物制药有限公司（以下简称亚东制药公司）因与被申请人国家知识产权局专利复审委员会（以下简称专利复审委）、一审第三人山东华洋制药有限公司（以下简称华洋公司）发明专利权无效行政纠纷一案，不服北京市高级人民法院（以下简称二审法院）2013年2月21日作出的（2011）高行终字第1704号行政判决（以下简称二审判决），向本院提出再审申请。本院依法组成合议庭对本案进行了审查。现已审查终结。

亚东制药公司向本院申请再审称：（一）二审判决和专利复审委第15409号无效宣告请求审查决定（以下简称第15409号决定）事实认定不清，法律适用错误。1. 第15409号决定对区别特征的认定错误。该决定认为，“治疗乳腺增生性疾病的药物组合物及其制备方法”发明专利（以下简称本专利）权利要求1与证据1相比，活性成分及其配比相同，不同仅在于制备步骤以及制剂中选用的辅料。但在中药领域，中药产品的原料与中药产品的活性成分是不同的概念。中药原料虽相同，但用不同的制备方法处理后，最终产品中的活性成分千差万别。本专利产品系经过权利要求1限定的方法制备，与证据1相比，活性成分丹酚酸B的含量已经产生了显著变化，从而导致最终的产品有效率显著变化。因此，本专利产品与证据1相比，不仅是制备方法和剂型的改变，而是两者的产品组成发生了显著变化，从而才带来临床疗效上的显著进步。2. 第15409号决定对本专利实际解决的技术问题的认定存在错误。本专利的精髓在于通过改变制剂工艺来改变药物中特定活性成分的比例，如省去减压干燥后丹酚酸B的含量会明显提高，从而获得在临床疗效上明显优于现有技术的新产品。本专利解决的技术问题并非第15409号决定认定的改变产品剂型。省去减压干燥步骤正是本专利创新所在，使得本专利产品完全不同于证据1的产品，并使其临床疗效优于证据1的产品，并由此导致了制剂步骤（3）有所不同。3. 第15409号决定对于本专利技术效果的认定存在错误。第15409号决定错误认定“本专利获得的包括总有效率在内的技术效果是可以预期的，本专利制备方法中不含减压干燥步骤所获得技术效果是因为方法本身的特点所导致的最终的效果改变，是本领域技术人员可以预料的”。首先，重要的活性成分会由于制备方法的不同而千差万别，在药物活性成分与现有技术存在本质区别的情况下，不可能预见其临床疗效。本专利良好的临床有效率是经过多年反复研究，获得意外效果，并非本领域技术人员所能预料。其次，本专利制备方法中省去减压干燥步骤，同样是经过多年的研究探索而获得的结果。通过省去减压干燥步骤从而提高丹酚酸B的含量，获得预料之外的临床疗效，是本专利的创造性之一。本专利申请日之前，该领域并不存在减压干燥步骤与丹酚酸B含量存在关联的技术启示的证据，也没有本领域技术人员可以认定丹酚酸B的含量与乳块消片临床效果存在关联的证据，更没有省去减压干燥即可以导致本专利产品的疗效发生显著改变的证据。本领域技术人员对于减压干燥步骤能够减低丹酚酸B含量这一特点是不清楚的，不存在能够预测本专利的技术效果的情况。第15409号决定得出的结论，是在看到专利权人提交的申请日之后的反证3后得出的事后之明。4. 第15409号决定对权利要求1在临床疗效上优于证据1的事实没有作出认定。本专利申请日前，制药企业必须按照2000年版药典标准生产，该药典标准就是证据1。无效请求人在口头审理中也明确认可证据1即为本专利说明书实验例3中的阳性对照药乳块消片。本专利说明书实验例3临床疗效观察实验即证明了权利要求1的药物优于证据1的药物。从实验例3可以看出，权利要求1的药物总有效率为95.70%，而阳性对照药即证据1的药物总有效率为89.32%，本专利权利要求1的药物在临床疗效上明显优于证据1的药物。作为一组证据链，反证4、7用于佐证本专利与证据1的总有效率的比较结果，效果相互印证，并且在口头审理中请求人亦认可与证据1技术的总有效率比较的结果。临床总有效率是一种客观事实，其检测方法在行业内有同行的标准，因此，反证4、7进一步佐证本专利权利要求1在临床疗效上优于证据1。第15409号决定认为没有记载检测方法而无法进行有效率数据的比较，缺乏依据。（二）本专利的权利要求1~3均为独立权利要求。第15409号决定认定本专利权利要求1、

2、3 均不具备创造性，北京市第一中级人民法院（以下简称一审法院）认定均有创造性。二审法院仅评价了权利要求 1 的创造性，没有评价权利要求 2、3，存在漏审。乳腺增生和乳腺炎是两种泾渭分明的疾病，其病因、病机及病理都存在明显的差别，治疗方法也完全不同。证据 1 公开的肝气郁结、气滞血瘀，与证据 12 公开的疏肝、祛瘀、散结虽然字义相近，但其治疗相应疾病时所表述的内涵是截然不同的。公知常识并没有教导同样的方法可以治疗这两个疾病。即便是疾病的治疗方法相同，也没有证据证明同样的药物可以同时治疗这两个疾病。综上，亚东制药公司请求本院撤销二审判决和第 15409 号决定，对本案进行再审。

专利复审委提交书面意见认为：（一）第 15409 号决定所称的活性成分及其活性成分配比相同，指的是中药材起始原料，是为了区别于惰性辅料所采用的统称。本专利权利要求 1 与证据 1 相比，中药材起始原料及其配比特征相同，剂型不同，前者是颗粒剂，后者是片剂。本专利直接制成颗粒后干燥，证据 1 是先干燥制粒，再干燥压片。虽然制剂步骤（3）有所不同，但该制剂步骤（3）的区别是由特定剂型本身的制备特点带来的。因此，第 15409 号决定将剂型不同和制剂步骤不同归为一类区别特征，并基于该区别特征带来的技术效果来确定本发明实际解决的技术问题为改换剂型是正确的。（二）证据 1 结合证据 3 药典中公开的颗粒剂制法，必然会带来本专利颗粒剂的效果。在结合技术启示明确，发明如此显而易见的情况下，获得的技术效果是唯一的，实际上已无须再进行技术效果的对比。（三）与权利要求 1 同理，权利要求 2 相对于证据 1 不具备创造性。（四）亚东制药公司引用的《中医外科学》在辨证论治之前记载有“乳痈治疗当以消为贵”。本专利中的橘叶、丹参分别具有疏肝以及活血祛瘀、排脓、止痛的功效，从其功效可以判断可用于乳痈。二审判决认定事实清楚、适用法律法规正确、审理程序合法，请求驳回亚东制药公司的再审请求，维持二审判决以及第 15409 号决定。

一、二审法院审理查明：亚东制药公司于 2005 年 1 月 11 日向国家知识产权局申请了名称为“治疗乳腺增生性疾病的药物组合物及其制备方法”的发明专利，并于 2009 年 4 月 1 日获得授权，专利号为 200510000429. 1。本专利授权公告的权利要求书如下：“1. 一种治疗乳腺增生性疾病的药物组合物，由以下重量份的原料药制成：橘叶 412. 5g、丹参 412. 5g、皂角刺 275g、王不留行 275g、川楝子 275g、地龙 275g；其制备方法如下：（1）将橘叶、丹参、皂角刺、川楝子加水煎煮二次，每次煎煮 1 小时，合并煎液，滤过，滤液浓缩至相对密度为 1. 28，温度为85℃，放冷，将所得浓缩液备用；（2）地龙和王不留行用70%乙醇回流提取二次，第一次提取2小时，第二次提取1小时，滤过，合并滤液，将所得滤液备用；（3）将步骤（1）所得的浓缩液和步骤（2）所得的滤液合并，调整乙醇量达70%，搅拌均匀，静置，回收乙醇并浓缩成稠膏，加入蔗糖500g与淀粉、糊精适量，混匀，制成颗粒，干燥即得。2. 权利要求1所述药物组合物在制备治疗乳腺增生、乳房胀痛疾病药物中的用途。3. 如权利要求1所述的药物组合物在制备具有抗炎作用药物中的应用。”

2010年3月10日，华洋公司针对本专利向专利复审委提出无效宣告请求，并提交如下证据：

证据1：《中华人民共和国药典（2000年版一部）》，化学工业出版社，2000年1月第1版。其公开了“乳块消片”的功能主治为舒肝理气、活血化瘀、消散乳块，用于肝气郁结、气滞血瘀、乳腺增生、乳房胀痛。处方为：橘叶825g、丹参825g、皂角刺550g、王不留行550g、川楝子550个、地龙550g。制法为：以上六味，除地龙、王不留行外，其余橘叶等四味加水煎煮二次，每次1小时，合并煎液，滤过，滤液浓缩至相对密度为1.25～1.30（85℃），放冷，备用；地龙、王不留行用70%乙醇回流提取二次，第一次2小时，第二次1小时，滤过，合并滤液，加入上述浓缩液中，调整乙醇量达70%，搅拌均匀，静置，回收乙醇并浓缩至稠膏状，减压干燥成干浸膏，粉碎，加辅料适量，混匀，制成颗粒，干燥，压制成1000片，包糖衣，即得。

证据2：《中药制药工艺技术解析》，人民卫生出版社，2003年12月第1版。其公开了制备不同类型颗粒时，应如何处理与选择原料及辅料的内容。

证据3：《中华人民共和国药典（2000年版一部）》附录7，化学工业出版社，2000年1月第1版。其记载：“除另有规定外，药材应按各该品种项下规定的方法进行提取、纯化、浓缩至规定相对密度的清膏，喷雾制粒或喷雾干燥，制成细粉，加适量的辅料，混匀，制成颗粒；或加适量的辅料或药材细粉，混匀，制成颗粒，干燥。”

2010年6月29日，亚东制药公司在无效行政程序中提交如下反证：

反证1：《中药有效部位及成分提取工艺和检测方法》，中国中医药出版社，2007年7月第1版。

反证2：《外科学》，人民卫生出版社，2002年1月第5版。用于证明证据1没有公开权利要求3关于药物组合物在制备抗炎药物中的用途。

反证3:《干燥方式对乳块消片提取物中丹酚酸B含量的影响》，刊载于《中国实验方剂学杂志》第15卷第4期，2009年4月出版。

反证4:（2010）京方圆内经证字第13815号公证书，公证时间为2010年6月4日。内容为北京中医药大学药厂生产的乳块消片的总有效率达86%，来源为该药厂的网站。用于证明证据1的临床有效率低于本发明。

反证5:《中药鉴定学》，中国中医药出版社，2003年1月第1版。用于证明省略减压干燥带来的技术效果。反证1、5说明地龙含酶类，对温度敏感。

反证6:《药品注册管理法规文件汇编》，中国医药科技出版社，2003年3月第1版。用于证明乳块消片必须按照国家标准生产，说明书中的阳性对照药就是证据1中的药物。结合本专利说明书实验例1、3，用于证明本专利的效果优于证据1。

反证7:《中华人民共和国药典（2005年版一部)》，化学工业出版社，2005年1月第1版。反证3采用反证7的标准，用于证明不同干燥方式对药物效果的影响。

2010年10月15日，专利复审委作出第15409号决定，宣告本专利权全部无效。

第15409号决定认为，(一）反证7记载的印刷时间为2005年1月，在无其他证据证明其实际公开日的情况下，可推定其公开日为2005年1月31日，晚于本专利申请日2005年1月11日。因此，反证7不属于申请日前的公知常识证据，不予接受。虽然反证3、4的公开日在本专利申请日后，但二者分别用于证明不同干燥方式对乳块消片提取物中丹酚酸B含量的影响，以及用于证明本专利颗粒剂的效果优于片剂。其并非用于证明现有技术，而是具有对比试验的性质，可以作为本案反证使用。(二）将本专利权利要求1与证据1相比，二者所公开药物的功能主治相同，组成成分相同，各组分配比相同，主要制备步骤相同，区别仅在于：1. 二者的剂型不同，由此导致制剂步骤（3）有所不同。本专利权利要求1在制备颗粒剂的过程中，在加入辅料之前省去了“减压干燥成干浸膏，粉碎”的步骤，并具体规定了加入的辅料为蔗糖500g以及淀粉和糊精适量。2. 与证据1规定的相对密度为1.25～1.30相比，本专利权利要求1将密度进一步限定为1.28。关于区别特征1，将某种处方已知的药物改换剂型，是本领域技术人员的常规做法。本专利权利要求1所采用的颗粒剂制法是本领域公知的常规制法，例如在记载有证据1所述药物的《药典》的附录部分（参见证据3)，就公开了颗粒剂的两种制法，本专利采用了后一种常规制法。因此，为将证据 1 的药物改制成颗粒剂剂型，本领域技术人员很容易想到在证据 1 的药物处方的基础上，选用颗粒剂常用辅料，并采用本领域公知的常规制法来制备颗粒剂。而且，本专利中选择的蔗糖、淀粉和糊精均为本领域公知的颗粒剂常用辅料（参见证据2），用量也是常规的。关于区别特征 2，证据 1 已经给出了相关浓缩液的相对密度的范围，本专利选择了其中的具体值，这种选择是常规的，本专利说明书中也未记载这种选择带来了任何意料不到的技术效果。（三）关于本专利是否取得了意想不到的技术效果。本专利与反证 4 比较，反证 4 中未公开测定乳块消片总有效率的测定方法，在无法确知该方法与本专利方法是否相同的情况下，不能直接进行实验结果的比较。此外，反证 4 中指出该药物执行反证 7 的标准，但由于反证 7 因举证时限问题不予接受，使得证据链不完整，导致无法明确说明反证 4 中的各药物成分的含量和制法。本专利在证据 1 公开的活性成分及配比的基础上，选用本领域常用辅料，采用本领域常规制法制成颗粒剂，获得的包括总有效率在内的技术效果是可以预期的，并非无法预料。由于减压干燥步骤中的高温等因素会造成本专利药物中活性成分的损失，而常规颗粒剂制法不含减压干燥步骤，这种方法本身的特点所导致的最终的效果改变是本领域技术人员可以预料的。本专利与证据 1 的区别并非在于用喷雾干燥替换减压干燥。因此，反证 3 不能证明本专利相对于证据 1 具有意料不到的技术效果，具备创造性。综上所述，本专利权利要求 1 相对于证据 1 和公知常识的结合是显而易见的，并且所获得的技术效果也是可以预料的，本专利权利要求 1 不具备突出的实质性特点和显著的进步，不具备创造性。（四）本专利权利要求 2 保护权利要求 1 所述药物组合物在制备治疗乳腺增生、乳房胀痛疾病药物中的用途，该用途在证据 1 中已经公开。因此，基于与评述权利要求 1 相同的理由，权利要求 2 也不具备突出的实质性特点和显著的进步，不具备创造性。（五）本专利权利要求 3 是关于权利要求 1 所述的药物组合物在制备具有抗炎作用药物中的应用。乳腺炎属于炎症中的一种。反证 2 中虽然将乳腺炎和乳腺增生归为不同的乳房疾病类型，但在中医领域，对于乳腺炎的治疗手段也包括疏肝、祛瘀、散结等，与证据 1 中公开的技术内容相同。结合对权利要求 1 的评述可知，权利要求 3 相对于证据 1 和公知常识的结合也不具备突出的实质性特点和显著的进步，不具备创造性。

亚东制药公司向一审法院提起行政诉讼，请求撤销第 15409 号决定。

一审法院认为，反证 7 相对于反证 3、4 而言，属于所属技术领域中的公知常识性证据，应予以采纳。专利复审委对反证7不予接受存在错误，应予以纠正。证据1及证据3并没有提供省略“减压干燥成干浸膏，粉碎”工艺的教导或启示，本专利权利要求1具有突出的实质性特点。第15409号决定对于本专利技术效果的可预期性的认定脱离或夸大了本领域技术人员的预期能力。本专利颗粒剂的总有效率为95.70%，证据1中片剂的总有效率为89.32%，本专利权利要求1具有“显著进步”。在本专利权利要求1相对于证据1具备创造性的前提下，本专利权利要求2、3相对于证据1也具备创造性。第15409号决定依据的主要证据不足，应当依法予以撤销。据此，一审法院以（2011）一中知行初字第675号行政判决判令：撤销第15409号决定；专利复审委重新作出无效宣告请求审查决定。

专利复审委不服一审判决向二审法院提起上诉，请求撤销一审判决，维持第15409号决定。

华洋公司亦不服一审判决向二审法院提起上诉，后于二审期间书面申请撤回上诉，二审法院准许了华洋公司关于撤回上诉的申请。

二审法院认为，1. 反证7为药典，药典的属性表明其中载明的技术内容属于本领域的公知常识，即使反证7的公开日晚于本专利申请日，也不能机械地认为药典中记载的技术内容不是公知常识。公知常识性证据或用于完善证据法定形式的公证书、原件等证据，可以在口头审理辩论终结前补充。专利复审委对反证7不予采信错误。2. 本专利是将证据1中的片剂改换成了颗粒剂，将某种处方已知的药物由某常规剂型改换成另一种常规剂型，是本领域技术人员的常见做法。而且，本专利的颗粒剂制法也是证据3《药典》中两种常规颗粒剂制法中的一种，之所以相对于证据1省去了“减压干燥成干浸膏，粉碎”的步骤，是因为其采用了颗粒剂的常规制法。第15409号决定认为本专利权利要求1相对于证据1和证据3的结合是显而易见，有事实和法律依据。3. 本领域技术人员知晓干燥步骤中的高温等因素会造成本专利药物中活性成分的损失，而且药典中的常规颗粒剂制法之一本身就不含减压干燥步骤，省略减压干燥步骤所导致的最终效果的改变是本领域技术人员可以预料的。本专利权利要求1并没有取得意料不到的技术效果。据此，二审法院以（2011）高行终字第1704号行政判决判令：撤销（2011）一中知行初字第675号行政判决；维持第15409号决定。

一、二审法院审理查明的事实基本属实，本院予以确认。

本院认为，本案争议的焦点问题为，第15409号决定对于区别技术特征、发明实际解决的技术问题以及技术效果的认定是否存在错误，本专利是否具备创造性。

（一）第15409号决定对区别技术特征的认定是否存在错误

亚东制药公司申请再审称本专利与证据1相比，本专利提取的丹酚酸B的含量不同，故药物活性成分与现有技术存在本质区别。本院认为，认定权利要求与最接近现有技术之间的区别技术特征，应当以权利要求记载的技术特征为准，将权利要求中记载的技术特征与最接近的现有技术公开的技术特征进行逐一对比，未记载在权利要求中的技术特征不能作为对比的基础，因此，也不可能构成区别技术特征。将本专利权利要求1与证据1公开的技术内容进行对比，二者的中药组分和配比相同，区别在于本专利省略了减压干燥步骤，并在证据1记载的滤液浓缩1.25~1.30的相对密度范围内限定了1.28的相对密度。因此，第15409号决定对区别技术特征的认定并无不当，且在一审庭审中，亚东制药公司也曾对第15409号决定认定的本专利权利要求1与证据1存在上述区别技术特征明确表示不持异议。亚东制药公司以本专利提取的药物活性成分不同为由，强调本专利与现有技术的区别在于产品活性成分的组成不同。本院认为，影响中药原料中活性成分含量的因素较多，如药材的产地、气候、土壤等自然环境以及采集时间、工艺条件等，但在中药原料的组分和配比相同，且提取条件相同、提取溶剂相同的情况下，提取的活性成分一般不会出现实质性的不同。虽然第15409号决定将中药组分表述为活性成分，认定本专利权利要求1与证据1的活性成分以及活性配比相同，存在用语不够严谨的瑕疵，但对区别技术特征的认定并不存在错误。

亚东制药公司主张，本专利中的丹酚酸B的含量构成权利要求1与现有技术的区别技术特征。对此，本院认为，本专利权利要求1限定的是原料药的组分、配比、制备方法，并未限定最终制备形成的药物组合物产品的活性成分及含量。而且，本专利权利要求以及说明书中，也未记载丹酚酸B的功能、效果等技术内容。因此，在阅读本专利权利要求和说明书后，本领域的技术人员无法得知请求保护的技术方案是提高丹酚酸B的提取物含量，以及该含量与本专利解决的技术问题有关联。因此，亚东制药公司以丹酚酸B的含量作为区别技术特征，主张第15409号决定以及二审判决认定区别技术特征错误的申请再审理由，本院不予支持。

（二）关于本专利实际解决的技术问题

在采用“三步法”判断权利要求是否具备创造性时，确定权利要求保护的发明实际要解决的技术问题是判断该发明相对于现有技术是否具有显而易见的基础和前提。在创造性的判断中，通常情况下，确定发明实际解决的技术问题，要在发明相对于最接近的现有技术存在的区别技术特征的基础上，由本领域技术人员在阅读本专利说明书后，根据该区别技术特征在权利要求请求保护的技术方案中所产生的作用、功能或者技术效果等来确定。亚东制药公司主张本专利实际解决的技术问题是提高丹酚酸 B 的含量，并非改变剂型。如前所述，本专利权利要求中并没有记载药物组合物中丹酚酸 B 的含量，也没有记载用于提高丹酚酸 B 的具体技术手段，更没有记载丹酚酸 B 含量与疗效之间的因果关系。本领域技术人员在阅读本专利说明书后，无法得知本发明要解决的技术问题与提高丹酚酸 B 的含量有何关联。亚东制药公司关于本专利实际解决的技术问题是改变药物特定活性成分比例的申请再审理由，无事实依据，本院不予支持。二审判决以及第 15409 号决定对本发明实际解决的技术问题的认定，并无不当。

（三）关于对本专利技术效果的认定

作为公开换保护的专利制度，对专利权的保护应当与发明人相对于申请日前的现有技术所做出的技术贡献相称，其技术贡献应当充分公开，并记载在说明书中。未记载在说明书中的技术贡献不能作为要求获得专利权保护的基础。申请日提交的专利申请文件是确定专利申请能否得到授权的基础。对于专利权人在申请日之后提交技术文献，用于证明未在专利说明书中记载的技术内容，如该技术内容不属于专利申请日之前的公知常识，或不是用于证明本领域技术人员的知识水平与认知能力的，一般不应作为判断能否获得专利权的依据。

反证 3 是一篇发表于本专利申请日之后的论文，其以丹酚酸 B 为指标，比较了减压干燥、喷雾干燥两种干燥方式制备的乳块消片提取物的含量差异，结论为，喷雾干燥制备的乳块消片中提取物丹酚酸 B 的含量比较高。在本案中，反证 3 虽然一定程度上解释了制备工艺与丹酚酸 B 含量之间的关系，但其系本专利申请日之后公开的技术文献，所述技术内容并非本领域技术人员在本专利申请日前所具有的知识水平与认知能力。故不应当以反证 3 记载的内容作为判断本专利技术效果的基础。在本专利说明书没有记载提高丹酚酸 B 含量及其技术效果的情况下，也不应当将反证 3 作为对比实验数据使用。退一步而言，即便考虑反证 3 的有关内容，由于亚东制药公司主张的本专利的技术效果表现在丹酚酸 B 含量的提高可以有效改善乳块消片临床效果一节未记载在专利申请文件中，并且，本专利与证据 1 的区别并非在于用喷雾干燥替换减压干燥，因此反证 3 所证明的内容也与判断本专利是否具备创造性缺乏直接关联。亚东制药公司有关提高丹酚酸 B 的含量使本专利具备创造性的申请再审理由，本院不予支持。

发明的技术效果是判断创造性的重要因素。如果发明相对于现有技术所产生的技术效果在质或量上发生明显变化，超出了本领域技术人员的合理预期，可以认定发明具有预料不到的技术效果。在认定是否存在预料不到的技术效果时，应当综合考虑发明所属技术领域的特点尤其是技术效果的可预见性、现有技术中存在的技术启示等因素。通常，现有技术中给出的技术启示越明确，技术效果的可预见性就越高。本案中，片剂和颗粒剂均为中药领域常见剂型，该领域对两种制备方法以及所带来的技术效果的可预见性方面的研究较为充分。在对技术效果存在合理的预期的情况下，面对本专利实际要解决的剂型改变的技术问题时，本领域技术人员容易想到结合证据 3 药典公开的将中药提取物制成颗粒剂的常规制法。如焦点 1 所述，活性成分与制备方法有关，在提取条件相同的情况下，一般不会导致提取物存在根本性的区别。由于常规颗粒剂制法的两种具体方法均不含减压干燥步骤，本领域技术人员对本专利所采用的颗粒剂的常规制法有利于保持药物活性、产品易于崩解、药物溶出度和生物利用度好具有普遍的预期，由此提高药物有效率也是在合理预期之内的。因此，对该技术效果的预期是基于证据 1 的处方与常规颗粒剂制法结合后获得的技术方案所带来的。在现有技术整体上存在明确的技术启示的情况下，由制备方法所必然产生的技术效果并未超出本领域技术人员的合理预期。由于本专利权利要求 1 是在现有技术上使用了已知的技术手段，并且产生的技术效果是可以预料到的，因此，第 15409 号决定和二审判决认定本专利相对于证据 1 和证据 3 的结合是显而易见的，并无不当。

亚东制药公司以本专利说明书实验例 3 记载的药物的总有效率为 95.70%，明显优于证据 1 中按照药典标准生产的乳块消片产品总有效率 89.32% 为由，主张本专利具有预料不到的技术效果。本院认为，首先，就本专利说明书实验例 3 而言，不论是否应当采纳反证 7，在反证 4 没有公开包括患者病情程度、每日服用剂量、疗效评定标准等总有效率的具体测定方法的情况下，无法认定反证 4 所记载的总有效率与本专利的总有效率是在等效等量情况下，以同一种测定方法做出的。因此，所得出的对比实验结果数据不能证明是否具有临床疗效上的显著进步。其次，退一步讲，即便认可上述的对比实验数据，由于本专利制备颗粒剂时省去了减压干燥步骤，此时减压干燥步骤对药物活性成分的影响也相应减少，本领域技术人员能够合理预期，省略减压干燥步骤将会使药物的整体有效率有所提高。也就是说，本专利临床疗效优于最接近现有技术证据 1 的 95.70% 的总有效率是本专利限定的制备方法本身的特点导致的。同时，专利权人并未举证证明其超出了本领域技术人员的合理预期。因此，该效果的改变是本领域技术人员可以合理预料的，并不能得出本专利具有预料不到的技术效果的结论。亚东制药公司关于二审判决对本专利技术效果的认定存在错误的主张，本院不予支持。

（四）权利要求 2、3 是否具备创造性

本专利的权利要求 2 为，“权利要求 1 所述药物组合物在制备治疗乳腺增生、乳房胀痛疾病药物中的用途。”在证据 1 已经公开该已知中药配方可治疗乳腺增生的情况下，由于权利要求 2 限定的用途是使用已知材料的已知性质，因此，该用途发明不具备创造性。亚东制药公司在一审庭审中确认，在本专利权利要求 1 不具备创造性的前提下，本专利权利要求 2 也不具备创造性。二审法院对权利要求 2 并不存在漏审的情况。

本专利权利要求 3 为，“如权利要求 1 所述的药物组合物在制备具有抗炎作用药物中的应用。”证据 1 在功能与主治中记载，疏肝理气、活血化瘀，消散乳块，用于肝气郁结，气滞血瘀，乳腺增生、乳房胀痛。尽管从西医角度而言，乳痈即乳腺炎与证据 1 公开的乳腺增生、乳房胀痛的发病机理和治疗方法存在差别，但从中医学的角度而言，两者的病因及治疗方法均存在一定的联系。亚东制药公司提交的申请日之前的公知常识性证据《中医外科学》中，关于乳痈，记载有，“患于乳房部的痰，称谓乳痈，相当于现代医学的急性乳腺炎。古代文献中有称谓吹妳、拓乳、吹乳、乳毒、乳疯等，临床一般又分为外吹乳痈、内吹乳痈以及非哺乳期乳痈”。记载的治疗方法分“内治法、外治法”，包括“疏肝解郁、祛瘀散结”等。记载的发病原因为“肝气不舒、厥阴之气失于疏泄，导致气血凝滞，乳络阻塞而发生痈肿”等。这与肝气郁结、气滞血瘀引起的乳腺增生、乳房胀痛的发病原因基本相同。在证据 1 公开了该已知中药配方可以治疗乳腺增生、乳房胀痛的情况下，基于乳痈与乳腺增生、乳房胀痛在病因和治疗方法上的相关性，对于本领域技术人员而言，将权利要求 1 所述的药物组合物用于制备治疗乳腺炎等具有抗炎作用的药物是显而易见的。尽管二审判决对权利要求 3 的创造性未予评述确有不当，但鉴于其维持第 15409 号决定、认定本专利不具备创造性的结论正确，故本院予以维持。

综上，亚东制药公司的再审申请不符合《中华人民共和国行政诉讼法》第六十三条第二款①、《最高人民法院关于执行〈中华人民共和国行政诉讼法〉若干

① 对应 2014 年修正的《中华人民共和国行政诉讼法》第九十二条第二款，规定：“最高人民法院对地方各级人民法院已经发生法律效力的判决、裁定，上级人民法院对下级人民法院已经发生法律效力的判决、裁定，发现有本法第九十一条规定情形之一，或者发现调解违反自愿原则或者调解书内容违法的，有权提审或者指令下级人民法院再审。”

问题的解释》第七十二条规定的再审条件，依据《最高人民法院关于执行〈中华人民共和国行政诉讼法〉若干问题的解释》第七十四条之规定，裁定如下：

驳回北京亚东生物制药有限公司的再审申请。

审 判 长 周 翔
代理审判员 罗 霞
代理审判员 杜微科
二〇一四年十月十七日
书 记 员 张 博

133. 创造性判断应当考虑区别技术特征的功能和技术效果

——再审申请人施特里克斯有限公司与被申请人国家知识产权局专利复审委员会发明专利申请驳回复审行政纠纷案

【裁判要旨】

如果说明书中明确记载了区别技术特征同时具有多个方面的功能和技术效果，那么在确定权利要求限定的技术方案实际解决的技术问题，以及其他对比文件是否公开该区别技术特征，现有技术整体上是否给出技术启示时，应当综合考虑该区别技术特征实际具有的所有功能和技术效果。

【关键词】

发明专利 驳回复审程序 创造性 区别技术特征

【案号】

最高人民法院（2018）最高法行再131号

【基本案情】

在本案中，涉及申请号为200610135704.5、名称为“用于液体加热容器的加热器”的发明专利申请（即本申请），申请人为施特里克斯有限公司（以下简称施特里克斯公司）。2011年9月26日，国家知识产权局实质审查部门驳回本申请，理由是：权利要求1—10相对于对比文件1、对比文件5以及公知常识的结合不具备创造性。施特里克斯公司不服，提出复审请求，并在复审程序中对权利要求进行了修改。针对修改后的权利要求1、5，国家知识产权局专利复审委员会（以下简称专利复审委员会）第66095号复审请求审查决定（以下简称被诉决定）认为，根据壁体的设置方式，权利要求1包含两个并列的技术方案，即“壁体作为单独的一部分附设到所述基板上而设置”，以及“壁体作为单独的一部分通过在基板面对液体的上侧形成沟槽而设置”。权利要求1相对于对比文件1实际解决的技术问题是：防止检测区域内的热传感器受到周围加热元件的影响，根据用途限定了加热方式。被诉决定认为，权利要求1、5不具有创造性，故维持驳回决定。施特里克斯公司不服，向北京市第一中级人民法院提起行政诉讼，该院一审判决驳回其诉讼请求。施特里克斯公司上诉后，北京市高级人民法院二审认为，权利要求1、5要解决的主要技术问题是，隔离检测区域和热扩散区域，防止检测区域内的热传感器受到周围加热元件的影响。二审法院认为，权利要求1、5均不具备创造性，故判决驳回上诉，维持原判。施特里克斯公司不服，向最高人民法院申请再审。最高人民法院裁定提审，并于2018年12月30日判决认为权利要求1A不具有创造性，被诉决定认定正确。但由于权利要求1B以及权利要求5A、5B具有创造性，被诉决定认定错误，故判决撤销被诉决定以及一、二审判决，判令专利复审委员会重新作出复审决定。

【裁判意见】

在本案中，最高人民法院还指出创造性判断应当综合考虑区别技术特征实际具有的所有功能和技术效果。最高人民法院再审认为，以一项技术特征同时实现多个方面的功能或者技术效果，是技术创新的重要方式之一。因此，如果说明书中明确记载了区别技术特征同时具有多个方面的功能和技术效果，那么在确定权利要求限定的技术方案实际解决的技术问题，以及其他对比文件是否公开该区别技术特征，现有技术整体上是否给出技术启示时，应当综合考虑该区别技术特征实际具有的所有功能和技术效果。专利复审委员会有关“当区别技术特征能够带来多个互不关联的技术效果时，被诉决定选择了与本申请声称所要解决的技术问题相关联的技术效果来认定实际解决的技术问题并无不当”的主张，割裂了区别技术特征与其实现的各个功能、技术效果之间的有机联系，亦与涉案专利实际作出的技术贡献和公开的技术内容明显不符。本案中，将权利要求1B与对比文件1相比，权利要求1B中明确限定了区别技术特征1B“壁体通过在基板（2）面对液体的上侧形成沟槽而设置”，因此，除了屏蔽热辐射的作用之外，区别技术特征 1B 还具有说明书中记载的“在使用中将充满正被加热的液体……进一步增强检测区域与加热元件的热绝缘以及检测区域与液体之间的热连接”，更加准确地测量温度的功能和技术效果。但在权利要求 1B 没有限定与“定位装置”或“定位”有关的技术特征的情况下，对于施特里克斯公司有关“壁体”还具有“定位”的功能和技术效果的主张，不予支持。综上，在认定权利要求 1B 实际解决的技术问题时，应当综合考虑上述壁体具有的热屏蔽作用，以及“进一步增强检测区域与加热元件的热绝缘以及检测区域与液体之间的热连接”的作用，相应认定权利要求 1B 实际解决的技术问题。本案中，对比文件 1、5 均未公开区别技术特征 1B，也没有给出技术启示。因此，施特里克斯公司有关权利要求 1B 具有创造性的申请再审理由成立。

中华人民共和国最高人民法院行政判决书

（2018）最高法行再 131 号

再审申请人（一审原告、二审上诉人）：施特里克斯有限公司（Strix Limited）。住所地：英属马恩岛 IM9 2RG 罗纳德斯威费里斯特大厦。

法定代表人：安德鲁·贺文斯（Andrew Hewins），该公司知识产权与认证部经理。

委托诉讼代理人：董巍，北京市磐华律师事务所律师。

委托诉讼代理人：刘明霞，北京市磐华律师事务所律师。

被申请人（一审被告、二审被上诉人）：国家知识产权局专利复审委员会。住所地：中华人民共和国北京市海淀区北四环西路 9 号银谷大厦 10 - 12 层。

法定代表人：葛树，该委员会副主任。

委托诉讼代理人：王潇，该委员会审查员。

再审申请人施特里克斯有限公司（以下简称施特里克斯公司）因与国家知识产权局专利复审委员会（以下简称专利复审委员会）发明专利申请驳回复审行政纠纷一案，不服北京市高级人民法院作出的（2017）京行终 600 号行政判决，向本院申请再审。本院于 2018 年 6 月 29 日作出（2018）最高法行申 852 号行政裁定，提审本案。提审后，本院依法组成合议庭对本案进行审理，现已审理终结。北京市第一中级人民法院（以下简称一审法院）一审审理查明：

本案涉及申请号为 200610135704.5，名称为“用于液体加热容器的加热器”的发明专利申请（以下简称本申请）。本申请的申请人为施特里克斯公司，申请日为

2006年9月8日，优先权日为2005年9月9日，公开日为2007年3月14日。

2011年9月26日，国家知识产权局实质审查部门驳回本申请，理由是：权利要求1~10相对于对比文件1、对比文件5以及公知常识的结合不具备创造性，不符合2000年修正的《中华人民共和国专利法》（以下简称专利法）第二十二条第三款的规定。驳回决定中引用的对比文件为：

1. 专利号为FR2810526A1的法国专利申请（以下简称对比文件1），其公开日为2001年12月28日。对比文件1公开了一种家用特别是用于油炸的加热器，包括：底板4，与底板4良好热接触的主热扩散部分5，与主热扩散部分5良好热接触的加热元件6，以及用于容纳温控装置10上的热传感器的检测区域。其中，该检测区域与主热扩散部分5不直接连接，并至少被沟槽12所形成的壁体包围，该壁体由主热扩散部分5面向沟槽12的壁面所形成。而且，对比文件1也同样是热传感器被设置为经过加热器测量容器中液体的温度。

2. 专利号为US4714822的美国专利（以下简称对比文件5），其授权公告日为1987年12月22日。对比文件5公开了一种可自动控制平底锅加热的炊具，包括：加热平板1，下部为螺旋沟槽7的铸铁板3，沟槽7内有加热件9，中间区域11无加热件，固定在加热平板1上的支撑套管13内套有引导套管13a，套管13底部有横档17，横档17上装有与盖21相抵的弹簧19，弹簧19内装有与盖21接触的温度传感器23。温度传感器23通过双层壁26与加热平板隔热，以测量平底锅底部的温度。

施特里克斯公司对驳回决定不服，于2012年1月11日向专利复审委员会提出复审请求。

2012年2月14日，施特里克斯公司提交了修改后的权利要求书。

2014年3月5日，专利复审委员会向施特里克斯公司发出复审通知书。

2014年4月16日，施特里克斯公司提交了意见陈述书，同时再次提交了权利要求书的修改替换文本。

修改后的权利要求书如下：

“1. 一种包括底板下加热器的水加热容器，包括基板（2）、附设在基板（2）下侧并与基板（2）下侧良好热接触的主热扩散板（4）、与主热扩散板（4）良好热接触的加热元件（6）和用于容纳热传感器的检测区域（8），其中所述检测区域（8）与主热扩散板（4）不直接连接并至少被设置在主热扩散板与检测区域之间的一壁体部分地包围，以及其中该壁体作为单独的一部分附设到所述基板上或者通过在基板（2）面对液体的上侧形成沟槽而设置，且其中所述热传感器设置为经过加热器测量在容器中的水的温度，以用来将水加热到或保持其温度低于沸腾温度。

2. 如权利要求 1 所述的水加热容器，其中第二热扩散部（14）设置在所述热传感器和所述基板（2）之间。

3. 如权利要求 1 所述的水加热容器，其中所述第二热扩散部（14）其有与所述主热扩散板（4）相似的特性。

4. 如前述任一权利要求所述的水加热容器，其中所述第二热扩散部（14）是铝制的。

5. 一种包括底板下加热器的水加热容器，包括基板（2）、附设在基板（2）下侧并与基板（2）下侧良好热接触的主热扩散板（4）、与主热扩散板（4）良好热接触的加热元件（6）和用于容纳热传感器的检测区域（5），其中所述检测区域（8）包括附设在基板（2）下侧的单独的第二扩散部（14）和用于为所述第二扩散部（14）定位的一个或多个定位装置，所述定位装置包括至少部分包围所述检测区城（8）的连续壁体（12），其中该壁体作为单独的一部分附设到所述基板上或者通过在基板（2）面对液体的上侧形成沟槽而设置，且其中所述热传感器设置为经过加热器测量在容器中的水的温度，以用来将水加热到或保持其温度低于沸腾温度。

6. 如权利要求 5 所述的水加热容器，其中所述定位装置包括完全包围所述检测区域（8）的连续壁体（12）。

7. 如权利要求 1 或 5 所述的水加热容器，其中所述加热元件（6）包括带有护套的电阻元件。

8. 如权利要求 1 或 5 所述的水加热容器，其中所述检测区域（8）定位在所述基板（2）的大致中心。”

2014 年 5 月 7 日，专利复审委员会作出第 66095 号复审请求审查决定（以下简称被诉决定），认定：

一、关于审查文本

被诉决定以施特里克斯公司于 2014 年 4 月 16 日提交的权利要求 1 ~ 8，2010 年 9 月 26 日提交的说明书第 1 ~ 30 段，申请日提交的说明书附图 1 ~ 4、说明书摘要、摘要附图为审查基础。

二、关于创造性

权利要求 1 请求保护一种底板下加热器的水加热容器。对比文件 1 公开了一种家用特别是用于油炸的加热器，其中具体公开了：底板4（相当于本申请的基板）、与底板4良好热接触的主热扩散部分5、与热扩散部分5良好热接触的加热元件6，以及用于容纳温控装置10上的热传感器的检测区域。其中，该检测区域与主热扩散部分5不直接连接，并至少被沟槽12所形成的壁体包围，该壁体由主热扩散部分5面向沟槽12的壁面所形成。而且，对比文件1也同样是热传感器设置为经过加热器测量容器中液体的温度。因此，权利要求1与对比文件1相比，区别技术特征为：1. 权利要求1中的壁体作为单独的一部分附设到所述基板上，或者通过在基板面对液体的上侧形成沟槽而设置；2. 权利要求1中的容器用于将水加热到或保持其温度低于沸腾温度。

根据壁体的设置方式，权利要求1包含两个并列的技术方案，即“壁体作为单独的一部分附设到所述基板上而设置”，以及“壁体作为单独的一部分通过在基板面对液体的上侧形成沟槽而设置”。基于该区别技术特征可以确定，权利要求1相对于对比文件1实际解决的技术问题是：防止检测区域内的热传感器受到周围加热元件的影响，根据用途限定了加热方式。

对比文件5公开了一种可自动控制平底锅加热的炊具，其中具体公开了：该炊具是一块加热平板1，其包括下部为螺旋沟槽7的铸铁板3，沟槽7内有加热件9，中间区域11无加热件，固定在加热平板1上的支撑套管13内套有引导套管13a，套管13底部有横档17，横档17上装有与盖21相抵的弹簧19，弹簧19内装有与盖21接触的温度传感器23，温度传感器23通过双层壁26与加热平板隔热以测量平底锅底部的温度。即，对比文件5中的中间区域11为温度检测区域，其与铸铁板3不直接相连，中间区域11被双层壁26包围，双层壁26作为单独的一部分附设到铸铁板3上。并且，该炊具用于电加热至少是部分液体的材质，并以以下方式确定温度值：当在升温曲线拐点处关闭电源时，供给加热平板1的热量等于或略大于液体到达沸点需要的热量，避免过煮（即将液体加热到或保持其温度低于沸腾温度）。

被诉决定认为：对于区别技术特征2，对比文件5已经公开了将液体加热到或保持其温度低于沸腾温度，而水是最常用的受加热液体，属于本领域的公知常识。对于权利要求1中的“该壁体作为单独的一部分附设到所述基板上”的技术方案，该区别技术特征已经被对比文件5公开，双层壁26在对比文件5所起的作用与权利要求1中的壁体作用相同，均为利用单独的壁体防止热传感器受到加热元件的影响，也即对比文件5给出了将该技术特征结合到对比文件1，以解决其技术问题的启示。因此，在对比文件 1 的基础上结合对比文件 5 和本领域的公知常识以得到该技术方案，对所属领域技术人员而言是显而易见的，权利要求 1 的上述技术方案不具备专利法第二十二条第三款规定的创造性。

对于权利要求 1 中的“该壁体通过在基板面对液体的上侧形成沟槽而设置”的技术方案，其仅是前一技术方案的一种变形，在对比文件 5 公开的用于防止热传感器受到加热元件的影响的双层壁 26 的基础上，本领域技术人员出于加工更容易等目的，很容易想到在基板上形成包围检测区域的沟槽，以防止热传感器受到加热元件的影响。因此，该技术方案同样不具备创造性。综上，权利要求 1 不具备创造性。

从属权利要求 2 ~ 4 的附加技术特征均被对比文件 1 公开，在其引用的权利要求不具备创造性的情况下，权利要求 2 ~ 4 也不具备创造性。

权利要求 5 请求保护一种包括底板下加热器的水加热容器。对比文件 1 公开了一种家用特别是用于油炸的加热器，其中具体公开了：底板 4（相当于本申请的基板），与底板 4 良好热接触的主要热扩散部分 5，与该热扩散部分 5 良好热接触的加热元件 6，以及用于容纳温控装置 10 上的热传感器的检测区域。其中，该检测区域包括单独的第二热扩散部分 11，沟槽 12 为两个热扩散部分进行定位，而且对比文件 1 也同样是热传感器设置为经过加热器测量容器中液体的温度。因此，权利要求 5 与对比文件 1 相比，其区别特征为：1. 权利要求 5 中的定位装置包括至少部分包围检测区域的连续壁体，该壁体作为单独的一部分附设到所述基板上，或者通过在基板面对液体的上侧形成沟槽而设置；2. 权利要求 1 中的容器用于将水加热到或保持其温度低于沸腾温度。

根据壁体的设置方式，权利要求 5 包含两个并列的技术方案。基于上述区别技术特征可以确定，权利要求 5 相对于对比文件 1 实际解决的技术问题是：防止检测区域内的热传感器受到周围加热元件的影响，根据用途限定了加热方式。

基于前述有关对比文件 5 公开内容的认定和对区别技术特征 2 的评述，被诉决定认为：对于权利要求 5 中的“该壁体作为单独的一部分附设到所述基板上”的技术方案，区别技术特征已经被对比文件 5 公开，双层壁 26 在对比文件 5 所起的作用与权利要求 5 中的壁体作用相同，均为利用单独的壁体防止热传感器受到加热元件的影响，也即对比文件 5 给出了将该技术特征结合到对比文件 1，以解决其技术问题的启示。在对比文件 1 的基础上结合对比文件 5 和公知常识，得到该技术方案对所属领域技术人员而言是显而易见的，权利要求 5 的上述技术方案不具备创造性。

对于权利要求5中的“该壁体通过在基板面对液体的上侧形成沟槽而设置”的技术方案，其仅是前一技术方案的一种变形，在对比文件5公开的用于防止热传感器受到加热元件的影响的双层壁26的基础上，本领域技术人员出于加工更容易等目的，很容易想到在基板上形成包围检测区域的沟槽以防止热传感器受到加热元件的影响，因此，该技术方案同样不具备创造性。综上，权利要求5不具备创造性。

从属权利要求6、8的附加技术特征被对比文件5公开；从属权利要求7的附加技术特征被对比文件1公开。在引用的权利要求不具备创造性的情况下，权利要求6、7、8也不具备创造性。

综上，专利复审委员会作出被诉决定：维持国家知识产权局于2011年9月26日对本申请作出的驳回决定。

施特里克斯公司不服被诉决定，向一审提起本案行政诉讼。

一审法院认为：

本申请权利要求1请求保护一种底板下加热器的水加热容器。对比文件1公开了一种家用特别是用于油炸的加热器。权利要求1相对于对比文件1的区别技术特征为：1. 权利要求1中的壁体作为单独的一部分附设到所述基板上，或者通过在基板面对液体的上侧形成沟槽而设置；2. 权利要求1中的容器用于将水加热到或保持其温度低于沸腾温度。基于上述区别技术特征，权利要求1相对于对比文件1要解决的技术问题是：通过隔离检测区域和热扩散区域，防止检测区域内的热传感器受到周围加热元件的影响。

针对上述区别技术特征1，对比文件5公开了一种可自动控制平底锅加热的炊具，该炊具可在对至少部分为液体的食材进行电加热时，当温度升至期望值时自动关闭电源，防止沸溢。其中，对比文件5的温度传感器23通过双层壁26与加热平板隔离，防止热传感器受到加热元件的影响，以精确测量平底锅底部的温度。这里的双层壁26相当于权利要求1中的壁体，且二者所起的作用相同。在对比文件5公开的双层壁26的基础上，本领域技术人员容易想到通过在基板上形成包围检测区域的沟槽以防止热传感器受到加热元件的影响，这并不需要付出创造性劳动。因此，区别技术特征1已被对比文件5公开。至于区别技术特征2，将水加热到沸腾温度或使其温度低于沸腾温度是本领域的公知常识。由于本申请与对比文件1、5均属于厨房电器，且都采用电加热的方式，属于相同的技术领域，本领域技术人员在对比文件 1 的基础上，容易想到结合对比文件 5 和本领域公知常识，得到权利要求 1 的技术方案。因此，权利要求 1 不具备专利法第二十二条第三款规定的创造性。

权利要求 2、3、4 的附加技术特征均已被对比文件 1 公开，在其引用的权利要求不具备创造性的情况下，权利要求 2、3、4 也不具备创造性。

独立权利要求 5 请求保护一种包括底板下加热器的水加热容器。对比文件 1 公开了一种家用特别是用于油炸的加热器。权利要求 5 相对于对比文件 1 的区别技术特征为：1. 权利要求 5 中的定位装置包括至少部分包围检测区域的连续壁体，该壁体作为单独的一部分附设到所述基板上，或者通过在基板面对液体的上侧形成沟槽而设置；2. 权利要求 1 中的容器用于将水加热到或保持其温度低于沸腾温度。基于上述区别技术特征，权利要求 5 相对于对比文件 1 要解决的技术问题是：通过隔离检测区域和热扩散区域，防止检测区域内的热传感器受到周围加热元件的影响。基于与权利要求 1 相同的理由，本领域技术人员在对比文件 1 的基础上，容易想到结合对比文件 5 和本领域的公知常识，得到权利要求 5 的技术方案。因此，权利要求 5 不具备创造性。

权利要求 6、8 的附加技术特征被对比文件 5 公开，权利要求 7 的附加技术特征被对比文件 1 公开，在所述权利要求引用的权利要求不具备创造性的情况下，权利要求 6、7、8 也不具备创造性。综上，一审法院据此判决：驳回施特里克斯公司的诉讼请求。一审诉讼费用由施特里克斯公司承担。

施特里克斯公司不服一审判决，向北京市高级人民法院（以下简称二审法院）提出上诉，请求撤销一审判决和被诉决定，其主要上诉理由是：（一）权利要求 1 相对于对比文件 1、5 以及本领域的公知常识的结合具备创造性；（二）权利要求 5 相对于对比文件 1、5 及本领域公知常识的结合具备创造性；（三）在权利要求 1、5 具备创造性的情况下，权利要求 2～4、6～8 也具备创造性。

专利复审委员会服从一审判决。

二审法院对一审法院查明的事实予以确认。二审法院认为：

专利法第二十二条第三款规定：“创造性，是指同申请日以前已有的技术相比，该发明有突出的实质性特点和显著的进步，该实用新型有实质性特点和进步。”①

---

① 现行《中华人民共和国专利法》第二十二条第三款规定：“创造性，是指与现有技术相比，该发明具有突出的实质性特点和显著的进步，该实用新型具有实质性特点和进步。”

本申请权利要求 1 请求保护一种底板下加热器的水加热容器。对比文件 1 公开了一种家用特别是用于油炸的加热器，对比文件 5 公开了一种可自动控制平底锅加热的炊具。对于一审判决认定的权利要求 1 与对比文件 1 的区别技术特征，以及权利要求 5 与对比文件 1 的区别技术特征，施特里克斯公司均不持异议，二审法院经审查予以确认。权利要求 1 与对比文件 1 的区别技术特征为：1. 权利要求 1 中的壁体作为单独的一部分附设到所述基板上或者通过在基板面对液体的上侧形成沟槽而设置；2. 权利要求 1 中的容器用于将水加热到或保持其温度低于沸腾温度。权利要求 5 与对比文件 1 的区别技术特征：1. 权利要求 5 中的定位装置包括至少部分包围检测区域的连续壁体，该壁体作为单独的一部分附设到所述基板上或者通过在基板面对液体的上侧形成沟槽而设置；2. 权利要求 1 中的容器用于将水加热到或保持其温度低于沸腾温度。

经审理，将水加热到沸腾温度或保持其温度低于沸腾温度是权利要求 1 与对比文件 1 的区别技术特征 2，也是权利要求 5 与对比文件 1 的区别技术特征 2。但是，将水加热到沸腾温度或保持其温度低于沸腾温度属于日常生活中的常见需求，也是煮茶、煮咖啡等行业的常规技术手段，属于本领域的公知常识。

结合本申请的背景技术和发明目的，权利要求 1、5 要解决的主要技术问题是，隔离检测区域和热扩散区域，防止检测区域内的热传感器受到周围加热元件的影响。对比文件 5 的温度传感器 23 通过双层壁 26 与加热平板隔离，防止热传感器受到加热元件的影响，以精确测量平底锅底部的温度。这里的双层壁 26 相当于权利要求 1 中的壁体，且二者所起的作用相同。本申请与对比文件 1、5 均属于厨房电器，且都采用电加热的方式，属于相同的技术领域。在此基础上，本领域技术人员容易想到通过在基板上形成包围检测区域的沟槽，以防止热传感器受到加热元件的影响。隔离检测区域和热扩散区域之后，本申请和对比文件 1 的技术方案均可以比较准确地测量容器内液体的温度。虽然对比文件 1、5 均未公开壁体的定位功能，而本申请权利要求 1、5 均描述了扩散部的定位功能或定位装置，但在制造过程中对散热部位进行定位属于本领域常规技术手段，本领域技术人员亦不难设计出其他的定位方法。本领域技术人员在对比文件 1 的基础上，容易想到结合对比文件 5 和本领域的公知常识，得到权利要求 5 的技术方案。同理，本领域技术人员在对比文件 1 的基础上，也容易想到结合对比文件 5 和本领域的公知常识，得到权利要求 1 的技术方案。因此，权利要求 1、5 均不具备创造性。

权利要求 2 ~4 均为权利要求 1 的从属权利要求，其附加的技术特征均被对比文件1公开，在其引用的权利要求不具备创造性的情况下，权利要求2、3、4也不具备创造性。

权利要求6～8均为权利要求5的从属权利要求。其中权利要求6、8的附加技术特征被对比文件5公开，权利要求7的附加技术特征被对比文件1公开，在其引用的权利要求不具备创造性的情况下，权利要求6、7、8也不具备创造性。

综上，二审法院据此判决：驳回上诉，维持原判。一、二审案件受理费各100元，均由施特里克斯公司负担。

施特里克斯公司向本院申请再审称：（一）本申请独立权利要求1、5均包括两个并列的技术方案（以下分别称为技术方案“1A”“1B”“5A”和“5B”），应当分别对其创造性进行认定。其中，对于涉及“沟槽”的权利要求1B和5B，二审判决未能认识到本申请中的“沟槽”同时具有热屏蔽、定位和热连接多个方面的作用，割裂地进行分析，把所谓的“公知常识”直接简单地进行叠加，得出错误结论。二审判决错误认定对比文件5公开的双壁辐射屏26相当于本申请中单独的“壁体”，未注意到不同的并列技术方案可以具有不同的创造性高度，错误认定涉及“沟槽”的权利要求1B和5B也不具备创造性。（二）被诉决定认定事实错误。1. 对比文件1中的沟槽12是两个热扩散板之间的环形间隔，没有任何实体结构，不能起到定位作用，也不会容纳待加热的液体，被诉决定认定“沟槽12为两个扩散部分进行定位”错误。2. 本申请中的“沟槽”是在基板的液体侧形成的能够容纳液体的环形凹陷结构，其在基板的另一侧体现为环状壁12，其具有实体结构，可以用于定位热扩散板14。由此，被诉决定对独立权利要求的区别技术特征认定错误。3. 被诉决定错误认定对比文件5公开了独立权利要求1和5中关于液体加热温度的区别技术特征。4. 被诉决定错误认定对比文件5中的双壁辐射屏26相当于本申请中的壁体。对比文件5中的双壁辐射屏26设置在炊具上而不是待加热的锅具上，不能准确测量锅具内物体的温度，炊具中也没有第二扩散部分，不存在定位的问题。请求本院：1. 撤销一、二审判决。2. 撤销被诉决定，判令被申请人重新作出复审决定。3. 判令被申请人承担一、二审诉讼费用。

专利复审委员会提交意见称：（一）对于权利要求1、5中的两个并列技术方案的创造性，被诉决定分别作出了认定。两种并列方案是本领域技术人员容易想到的简单变形，均不具有创造性。（二）虽然本申请中的“沟槽”具有多个功能，但是根据《专利审查指南》的规定，当区别技术特征能够带来多个互不关联的技术效果时，被诉决定选择与本申请要解决的技术问题相关联的技术效果，认定实际解决的技术问题，并无不当。（三）对比文件1中的沟槽12能够一定程度上起到防止热传感器受到周围加热元件影响的作用。对比文件5公开了本申请中的“壁体”。至于壁体是单独设置还是与基板一体成型，均是容易想到的。（四）对比文件1、5均公开了“将水加热到或保持其温度低于沸腾温度”。

本院再审查明，一、二审法院查明的事实基本属实。

本院另查明以下事实：

被诉决定以申请人于2010年9月26日提交的说明书第1～30段作为审查文本。该说明书中记载了以下内容：“本发明的一个目标就是对此进行改进……其中所述检测区域与所述扩散部分不直接连接，并至少被壁体部分地包围。”“仅仅具有不与主扩散部分连接的独立‘岛’状扩散部分将会导致很大的制造困难，因为两个扩散部分的材料在焊接时需要定位和保持在合适的位置。但是，部分或全部包围检测区域的壁体可使检测区域中的第二扩散部分在焊接时保持在合适的位置”“所述壁体可附设到基板上，例如通过钎焊、熔焊或铜焊等等，但在特别优选的实施例中，该壁体是通过在基板面对液体的上侧形成沟槽而设置。这不仅使得加热器的制造方便和不需要分开的部分，而且申请人也已经意识到，由于该沟槽在使用中将充满正被加热的液体，因此它将进一步增强检测区域与加热元件的热绝缘以及检测区域与液体之间的热连接”“检测区域基座14中的中央扩散部分14的温度，也就是所述热传感器检测到的温度将主要受容器中水温的影响，因为经过薄的不锈钢基板2有比较短的导热路径。在检测基座14和主扩散板4之间没有直接连接，而且实际上沟槽10中的水以及壁12都起到热屏障的作用。这就意味着，靠着凹槽16安置的传感器可以精确地测量所述水温”“单独的环状圆环部件18最初就焊接在基板2的下侧，从而起到与第一实施例中环状壁12相同的作用，也就是在制造时为中心铝盘14定位，并同样在中心铝盘14和主扩散板4之间起到热屏障作用。”

对比文件1为“用于液体加热式家用电器的加热容器”，其中公开了“散热板11和热量分配板5也可以采用与内胆2组装在一起的同一块板子，与内胆2组装后形成一个环形沟槽12”。

对比文件5为“具有自动控制盛有食材的锅的加热的装置的炊具”，其中公开了以下技术特征：“螺旋弹簧19按压触帽21，向上推触帽21使其接触置于其上的烹饪容器（锅）的底部。弹簧19内是与帽21的底侧接触的温度传感器23。温度传感器23很大程度上由双壁辐射屏26遮挡，保护其不受来自热板的热辐射。

放置在热板 1 上的锅用其底部按压帽 21，向下推帽 21 至热板的带凸缘的上侧 27 的平面中。如此，在锅底与温度传感器 23 之间建立起良好的热接触。”

本院认为，本案的焦点问题在于：权利要求 1、5 是否具有专利法第二十二条第三款规定的创造性。

一、关于权利要求 1 的创造性

权利要求 1 中以“或者”的方式，限定了两个并列的技术方案权利要求 1A、权利要求 1B。二者的区别在于“壁体”的设置方式不同，其中权利要求 1A 中“壁体”的设置方式为：“该壁体作为单独的一部分附设到所述基板上”；权利要求 1B 中“壁体”的设置方式为“通过在基板（2）面对液体的上侧形成沟槽而设置”。因此，包括两个并列技术方案的权利要求 1 与对比文件 1 的区别技术特征为：1. 权利要求 1 中的壁体作为单独的一部分附设到所述基板上（以下简称区别技术特征 1A），或者通过在基板面对液体的上侧形成沟槽而设置（以下简称区别技术特征 1B）；2. 权利要求 1 中的容器用于将水加热到或保持其温度低于沸腾温度（以下简称区别技术特征 2）。

本院认为，对于同一项权利要求中以“或者”等方式限定的多个并列的技术方案，如果其保护范围相互独立，则应当对其创造性分别作出认定。因此，对于权利要求 1A、权利要求 1B 的创造性，本院分别认定如下：

（一）关于权利要求 1A 的创造性

首先，关于区别技术特征 1A。在认定权利要求的创造性时，区别技术特征的功能和技术效果是认定该权利要求实际解决的技术问题的根本依据。在认定其功能和技术效果时，应注意权利要求限定的技术方案是否与说明书中记载的具有特定功能、技术效果的技术方案具有对应性。如果二者存在实质性差异，则需要根据权利要求限定的技术方案的具体情形，相应确定区别技术特征能够实现的功能、技术效果。本案中，尽管本申请说明书中记载了本申请中的壁体可以实现多种功能，包括：（一）作为“定位”装置，用于“使检测区域中的第二扩散部分在焊接时保持在合适的位置”；（二）“起到热屏障的作用”，以使得温度的测量更为准确；（三）“在使用中将充满正被加热的液体，因此它将进一步增强检测区域与加热元件的热绝缘以及检测区域与液体之间的热连接”。但根据涉案专利说明书的记载，本申请包括多个并列的具体实施方式，分别表现为不同的技术方案，相应地具有不同的功能和技术效果。在本申请中，壁体的定位功能均是与检测区域中的“第二扩散部分”相对应的。在权利要求 1A 中并未明确限定“第二扩散部分”或与“定位”有关的技术特征的情况下，不能认定权利要求 1A 中的“壁体”具有“定位”的功能和技术效果。同样，关于说明书中记载的“进一步增强检测区域与加热元件的热绝缘以及检测区域与液体之间的热连接”，亦是通过在基板面对液体的上侧形成“沟槽”而实现的。在技术方案 1A 中并未限定壁体为“沟槽”的情况下，亦不能认定权利要求 1A 的“壁体”具有增强热连接的功能和技术效果。综上，权利要求 1A 中的区别技术特征 1A 仅起到热屏障的作用，并不具有说明书中记载的“定位”以及“进一步增强检测区域与加热元件的热绝缘以及检测区域与液体之间的热连接”的功能和技术效果。应据此认定权利要求 1A 实际解决的技术问题。

在对比文件 5 中，双壁辐射屏 26 为单独的一部分，设置在热传感器 23 与加热元件 27 之间，具有热屏障的技术效果。本领域技术人员根据双壁辐射屏 26 的设置位置及其实现的功能和技术效果，能够很容易想到将其与对比文件 1 结合，在散热板 11 和热量分配板 5 之间设置壁体并起到热屏障的功能和技术效果，同样能够解决权利要求 1A 实际解决的技术问题。因此，被诉决定以及一、二审判决认定对比文件 5 公开了权利要求 1A 的区别技术特征 1A，并无不当。

其次，关于区别技术特征 2。对比文件 5 公开了将液体加热到或保持其温度低于沸腾温度。由于水是最常见的液体，其沸腾温度也属于本领域的公知常识。故对比文件 5 已经给出了相应的技术启示，被诉决定的相关认定并无不当。综上，现有技术整体上已经给出了区别技术特征 1A 以及区别技术特征 2 的技术启示。再审申请人关于权利要求 1A 具有创造性的主张不能成立。

（二）关于权利要求 1B 的创造性

本院认为，以一项技术特征同时实现多个方面的功能或者技术效果，是技术创新的重要方式之一。因此，如果说明书中明确记载了区别技术特征同时具有多个方面的功能和技术效果，那么在确定权利要求限定的技术方案实际解决的技术问题，以及其他对比文件是否公开该区别技术特征，现有技术整体上是否给出技术启示时，应当综合考虑该区别技术特征实际具有的所有功能和技术效果。专利复审委员会有关“当区别技术特征能够带来多个互不关联的技术效果时，被诉决定选择了与本申请声称所要解决的技术问题相关联的技术效果来认定实际解决的技术问题并无不当”的主张，割裂了区别技术特征与其实现的各个功能、技术效果之间的有机联系，亦与涉案专利实际作出的技术贡献和公开的技术内容明显不符，实属断章取义，既不符合事实，也没有相应的法律依据，本院不予支持。

本案中，将权利要求1B与对比文件1相比，权利要求1B中明确限定了区别技术特征1B“壁体通过在基板（2）面对液体的上侧形成沟槽而设置”，因此，除了屏蔽热辐射的作用之外，区别技术特征1B还具有说明书中记载的“在使用中将充满正被加热的液体……进一步增强检测区域与加热元件的热绝缘以及检测区域与液体之间的热连接”，更加准确地测量温度的功能和技术效果。在权利要求1B没有限定与“定位装置”或“定位”有关的技术特征的情况下，对于再审申请人有关“壁体”还具有“定位”的功能和技术效果的主张，本院不予支持。综上，在认定权利要求1B实际解决的技术问题时，应当综合考虑上述壁体具有的热屏蔽作用，以及“进一步增强检测区域与加热元件的热绝缘以及检测区域与液体之间的热连接”的作用，相应认定权利要求1B实际解决的技术问题。在两个并列的技术方案权利要求1A、1B存在实质性差异，具有不同的功能和技术效果的情况下，专利复审委员会以及一、二审判决未加区分，笼统认定权利要求1实际解决的技术问题是“通过隔离检测区域和热扩散区域，防止检测区域内的热传感器受到周围加热元件的影响”，认定错误，应予纠正。本案中，不论是对比文件1中的沟槽12，还是对比文件5中的双壁辐射屏26，虽然都能够起到热屏障作用，但是均不能像权利要求5B中的沟槽那样，容纳水等被加热液体，“进一步增强检测区域与加热元件的热绝缘以及检测区域与液体之间的热连接”，更加精确地测量温度。由于对比文件1、5均未公开区别技术特征1B，也没有给出通过设置沟槽来容纳被加热液体，在热屏障的同时还能够增强被加热液体和检测区域的热连接，从两个方面来提高测量精确程度的技术启示，也没有证据证明区别技术特征1B为本领域的公知常识。因此，再审申请人有关权利要求1B具有创造性的申请再审理由成立。被诉决定以及一、二审判决未对权利要求1A、1B加以区分，一认定权利要求1B不具有创造性，认定错误，应予纠正。

二、关于权利要求5的创造性

权利要求5中记载：“所述检测区域（8）包括附设在基板（2）下侧的单独的第二扩散部（14）和用于为所述第二扩散部（14）定位的一个或多个定位装置，所述定位装置包括至少部分包围所述检测区城（8）的连续壁体（12），其中该壁体作为单独的一部分附设到所述基板上或者通过在基板（2）面对液体的上侧形成沟槽而设置，且其中所述热传感器设置为经过加热器测量在容器中的水的温度，以用来将水加热到或保持其温度低于沸腾温度。”根据上述内容，权利要求5中包括两个并列技术方案5A、5B，二者均明确限定了“所述定位装置包括至少部分包围所述检测区城（8）的连续壁体（12）"，二者区别在于"连续壁体"的设置方式不同。其中，权利要求5A对"壁体"的设置方式为"所述检测区域（8）包括附设在基板（2）下侧的单独的第二扩散部（14）和用于为所述第二扩散部（14）定位的一个或多个定位装置，所述定位装置包括至少部分包围所述检测区城（8）的连续壁体（12），其中该壁体作为单独的一部分附设到所述基板上（以下简称区别技术特征5A）"；权利要求5B对于"壁体"的设置方式为"所述定位装置包括至少部分包围所述检测区城（8）的连续壁体（12），其中该壁体……通过在基板（2）面对液体的上侧形成沟槽而设置（以下简称区别技术特征5B）"。对于权利要求5A、5B的创造性，本院分别认定如下：

（一）权利要求5A的创造性

根据本申请说明书的记载，在权利要求5A明确限定了"定位装置"的情况下，权利要求5A中的"连续壁体，该壁体作为单独的一部分附设到所述基板上"同时具有以下两方面的功能和有益效果：一是作为定位装置，用于"使检测区域中的第二扩散部分在焊接时保持在合适的位置"；二是"起到热屏障的作用""防止检测区域内的热传感器受到周围加热元件的影响"，使得温度测量更为准确。

对比文件1中公开了散热板11和热量分配板5采用与内胆2组装在一起的同一块板子，散热板11和热量分配板5之间设置环形沟槽12。但在对比文件1中，并未公开沟槽12可以用于在制造过程中将散热板11或热量分配板5保持在合适的位置，以便于安装制造。事实上，对比文件1实质上相当于本申请说明书中记载的"具有不与主扩散部分连接的独立'岛'状扩散部分"的技术方案，本申请说明书中明确记载该技术方案存在"将会导致很大的制造困难，因为两个扩散部分的材料在焊接时需要定位和保持在合适的位置"的技术缺陷。因此，对比文件1恰恰是本申请认为存在技术缺陷，需要加以改进的对象。综上，对比文件1中的"环状沟槽12"虽然可以起到热屏障作用，但并不具有"使检测区域中的第二扩散部分在焊接时保持在合适的位置"的定位作用。因此，对比文件1没有公开区别技术特征5A中的"用于为所述第二扩散部（14）定位的一个或多个定位装置"。被诉决定认定对比文件1中"沟槽12为两个热扩散部位进行定位"，没有事实依据，应予纠正。在权利要求5A明确限定了"定位装置"，以及"定位装置包括至少部分包围检测区域的连续壁体"的情况下，被诉决定未能认定权利要求5A中的区别技术特征5A的"定位"作用，仅仅基于壁体的热屏障作用，笼统认定权利要求 5 相对于对比文件 1 实际解决的技术问题仅仅是“防止检测区域内的热传感器受到周围加热元件的影响，根据用途限定了加热方式”，没有事实和法律依据，应予纠正。

对比文件 5 公开了一种“具有自动控制盛有食材的锅的加热的装置的炊具”，其中虽设置有“双壁辐射屏 26”，可以保护温度传感器 23 不受来自热板的热辐射，起到热屏障的作用。但是在对比文件 5 中，传感器 23 的上方为“触帽 21”，其检测的方式为“在锅底与温度传感器 23 之间建立起良好的热接触”，故对比文件 5 中并不具有与本申请中的“第二扩散部”对应的结构，自然不存在本申请中的“第二扩散部分在焊接时保持在合适的位置”的“定位”问题，当然也不能实现定位的功能和技术效果。对比文件 1、5 均没有公开区别技术特征 5A，也没有公开相应的技术启示，本案证据也不足以证明区别技术特征 5A 属于本领域的公知常识。因此，本领域技术人员依据对比文件 1、5 公开的信息以及本领域的公知常识，并不能显而易见地得到技术方案 5A 的技术方案。被诉决定以及一、二审判决认定权利要求 5A 不具有创造性，认定事实和适用法律均有错误，应予纠正。

（二）关于权利要求 5B 的创造性

权利要求 5B 的区别技术特征 5B 中记载：“连续壁体，该壁体通过在基板（2）面对液体的上侧形成沟槽而设置。”除了具有前述区别技术特征 5A 的两个方面的功能和有益效果外，区别技术特征 5B 中的“凹槽”还能够“在使用中将充满正被加热的液体，因此它将进一步增强检测区域与加热元件的热绝缘以及检测区域与液体之间的热连接”。因此，区别技术特征 5B 能够同时实现三个方面的功能和效果，应当据此认定权利要求 5B 实际解决的技术问题。被诉决定未区分区别技术特征 5A、5B，笼统认定权利要求 5 实际解决的技术问题为“通过隔离检测区域和热扩散区域，防止检测区域内的热传感器受到周围加热元件的影响”，与事实不符，应予纠正。

如前所述，对比文件 5 虽设置有“双壁辐射屏 26”，可以起到热屏障的作用。但是在对比文件 5 中，并不具有本申请中的“第二扩散部”，自然不存在本申请中的“第二扩散部分在焊接时保持在合适的位置”的“定位”问题。对比文件 5 中的“双壁辐射屏 26”也不能实现定位的功能和技术效果。而且，对比文件 5 中的双壁辐射屏 26 的结构和设置位置均与权利要求 5B 中的“沟槽”存在明显区别，也不存在容纳被加热的液体的可能，无法实现本申请中“沟槽”所具有的

“在使用中将充满正被加热的液体……进一步增强检测区域与加热元件的热绝缘以及检测区域与液体之间的热连接”的功能和技术效果。综上，对比文件5没有公开区别技术特征5B，也没有给出有关的技术启示。本案证据也不足以证明区别技术特征5B属于本领域的公知常识。权利要求5B相对于对比文件1、5和本领域公知常识的结合具有创造性。再审申请人有关权利要求5具有创造性的申请再审理由成立。被诉决定以及一、二审判决认定权利要求5不具有创造性，认定事实和适用法律均有错误，应予纠正。综上，被诉决定中有关权利要求1中技术方案1A不具备创造性的认定正确，但有关权利要求1中技术方案1B和权利要求5不具备创造性的认定错误。一审判决维持被诉决定，二审判决驳回上诉，认定事实和适用法律均有错误，应予相应撤销。

根据《中华人民共和国行政诉讼法》第八十九条第一款第（二）项，《最高人民法院关于适用〈中华人民共和国行政诉讼法〉的解释》第一百一十九条第一款、第一百二十二条的规定，判决如下：

一、撤销北京市高级人民法院（2017）京行终第600号行政判决；

二、撤销北京市第一中级人民法院（2014）一中行（知）初字第10267号行政判决；

三、撤销国家知识产权局专利复审委员会第66095号复审请求审查决定；

四、国家知识产权局专利复审委员会就申请号为200610135704.5的发明专利申请重新作出复审请求审查决定。

一、二审案件受理费各100元，均由国家知识产权局专利复审委员会负担。

本判决为终审判决。

审　判　长　王艳芳
审　判　员　毛立华
审　判　员　杜微科
二〇一八年十二月三十日
法官助理　金　燕
书　记　员　张栗萌

134. 开放式权利要求的区别技术特征的认定

——再审申请人北京世纪联保消防新技术有限公司与被申请人国家知识产权局专利复审委员会、二审第三人山西中远消防设备有限公司发明专利权无效行政纠纷案

【裁判要旨】

认定开放式权利要求相对于对比文件的区别技术特征时，如果对比文件的某个技术特征在该开放式权利要求中未明确提及，一般不将缺少该技术特征作为开放式权利要求相对于对比文件的区别技术特征。

【关键词】

开放式权利要求

【案号】

最高人民法院（2012）行提字第20号

【基本案情】

北京世纪联保消防新技术有限公司（以下简称世纪联保公司）是名称为“脉冲超细干粉自动灭火装置”的发明专利（即本案专利）的权利人。本案专利属于机械领域发明专利，授权公告的权利要求1如下：“脉冲超细干粉自动灭火装置，含有启动器和内装超细干粉灭火剂（冷气溶胶灭火剂）的壳体，其特征在于，它含有：壳体，它包括：外壳、装在外壳内的粒度在30μm以下的超细干粉灭火剂及壳体喷口密封用的铝膜；传导速度大于0.5米/秒的启动器，它包括：由燃点大于或等于135℃、并对火焰或温度敏感的热敏线和套在热敏线外的套管组成的启动组件，由靠螺母和贯穿着热敏线的穿孔螺栓紧压在壳体内侧的铝板、与热敏线接触的产气剂和扣压在铝板上用以包住产气剂的非金属薄膜共同组成的产气组件。”针对本案专利，山西中远消防设备有限公司（以下简称中远公司）提出无效宣告请求，并提交了附件1即中国第00200992.7号实用新型专利说明书作为对比文件。该对比文件中公开的灭火装置中有多孔件，而本案专利技术方案没有提及该部件。国家知识产权局专利复审委员会（以下简称专利复审委员会）认定本案专利权利要求1与附件1

存在三个区别技术特征，但未将权利要求1缺少多孔件以及由多孔件上端与顶盖底部环形凸端配合形成的产气室作为区别技术特征。专利复审委员会认为，权利要求1-5相对于附件1不具有创造性；本案专利权利要求1中没有多孔件，相应地也就不具有附件1说明书中所述的多孔件的功能，缺失多孔件不能使权利要求1的技术方案具备创造性。2010年3月2日，专利复审委员会作出第14523号无效宣告请求审查决定（以下简称第14523号决定），宣告本案专利权全部无效。世纪联保公司不服，提起行政诉讼。北京市第一中级人民法院一审维持第14523号决定。世纪联保公司不服，提出上诉。北京市高级人民法院二审认为，虽然附件1的灭火器中还装有多孔件，本案专利权利要求1没有记载该部件，但是本案专利权利要求1属于开放式的权利要求，其并没有排除还可能包含除了其中明确限定的部件以外的部件，因此"多孔件"并不能构成本案专利权利要求1与附件1的区别技术特征。遂判决维持一审判决及第14523号决定。世纪联保公司仍不服，向最高人民法院申请再审。最高人民法院裁定提审本案，并于2013年2月26日判决维持原一、二审判决。

【裁判意见】

最高人民法院提审认为：专利复审委员会根据本案专利权利要求1使用的"含有""包括"措辞的本身含义以及本案专利没有将多孔件排除在保护范围之外的限定内容，在多孔件是附件1的技术特征而不是本案专利权利要求1的技术特征的情况下，未将"多孔件"作为本案专利权利要求1与附件1的区别技术特征，符合机械领域专利审查实践的常规做法，并无不妥。二审法院基于同样理由认定本案专利权利要求1是开放式权利要求，其并未排除还可能包含除明确限定的部件以外的部件，多孔件并不能构成本案专利权利要求1与附件1的区别技术特征。二审法院的相关认定并不存在错误。世纪联保公司所述的产气室是指由附件1灭火器中的多孔件与顶盖底部环形凸端配合形成的腔室，本身并不是一个独立的部件；没有多孔件，就不会形成所谓的产气室。在多孔件不属于本案专利权利要求1与附件1的区别技术特征的情况下，依附于多孔件而存在的所谓产气室自然也不属于本案专利权利要求1与附件1的区别技术特征。

中华人民共和国最高人民法院行政判决书

（2012）行提字第20号①

① 参见案例106裁判文书。

135. 区别技术特征能够实现的功能和技术效果的认定

——再审申请人施特里克斯有限公司与被申请人国家知识产权局专利复审委员会发明专利申请驳回复审行政纠纷案

【裁判要旨】

在认定权利要求的创造性时，区别技术特征的功能和技术效果是认定该权利要求实际解决的技术问题的根本依据。在认定其功能和技术效果时，应注意权利要求限定的技术方案是否与说明书中记载的具有特定功能、技术效果的技术方案具有对应性。如果二者存在实质性差异，则需要根据权利要求限定的技术方案的具体情形，相应确定区别技术特征能够实现的功能、技术效果。

【关键词】

发明专利　驳回复审程序　技术问题　区别技术特征

【案号】

最高人民法院（2018）最高法行再131号

【基本案情】

在本案中，涉及申请号为200610135704.5、名称为“用于液体加热容器的加热器”的发明专利申请（即本申请），申请人为施特里克斯有限公司（以下简称施特里克斯公司）。2011年9月26日，国家知识产权局实质审查部门驳回本申请，理由是：权利要求1～10相对于对比文件1、对比文件5以及公知常识的结合不具备创造性。施特里克斯公司不服，提出复审请求，并在复审程序中对权利要求进行了修改。针对修改后的权利要求1、5，国家知识产权局专利复审委员会（以下简称专利复审委员会）第66095号复审请求审查决定（以下简称被诉决定）认为，根据壁体的设置方式，权利要求1包含两个并列的技术方案，即“壁体作为单独的一部分附设到所述基板上而设置”，以及“壁体作为单独的一部分通过在基板面对液体的上侧形成沟槽而设置”。权利要求1相对于对比文件1实际解决的技术问题是：防止检测区域内的热传感器受到周围加热元件的影响，根据用途限定了加热方式。被诉决定认为，权利要求1、5不具有创造性，故维持驳回决定。施特里克斯公司不服，向北京市第一中级人民法院提起行政诉讼，该院一审判决驳回其诉讼请求。施特里克斯公司上诉后，北京市高级人民法院二审认为，权利要求1、5要解决的主要技术问题是，隔离检测区域和热扩散区域，防止检测区域内的热传感器受到周围加热元件的影响。二审法院认为，权利要求1、5均不具备创造性，故判决驳回上诉，维持原判。施特里克斯公司不服，向最高人民法院申请再审。最高人民法院裁定提审，并于2018年12月30日判决认为权利要求1A不具有创造性，被诉决定认定正确。但由于权利要求1B以及权利要求5A、5B具有创造性，被诉决定认定错误，故判决撤销被诉决定以及一、二审判决，判令专利复审委员会重新作出复审决定。

【裁判意见】

在前述“加热器”发明专利驳回复审案中，最高人民法院还就区别技术特征能够实现的功能和技术效果的认定进行了论述。最高人民法院再审认为，在认定权利要求的创造性时，区别技术特征的功能和技术效果是认定该权利要求实际解决的技术问题的根本依据。在认定其功能和技术效果时，应注意权利要求限定的技术方案是否与说明书中记载的具有特定功能、技术效果的技术方案具有对应性。如果二者存在实质性差异，则需要根据权利要求限定的技术方案的具体情形，相应确定区别技术特征能够实现的功能、技术效果。本案中，尽管本申请说明书中记载了本申请中的壁体可以实现多种功能，包括：(一）作为“定位”装置，用于“使检测区域中的第二扩散部分在焊接时保持在合适的位置”；(二）“起到热屏障的作用”，以使得温度的测量更为准确；(三）“在使用中将充满正被加热的液体，因此它将进一步增强检测区域与加热元件的热绝缘以及检测区域与液体之间的热连接。”但根据涉案专利说明书的记载，本申请包括多个并列的具体实施方式，分别表现为不同的技术方案，相应地具有不同的功能和技术效果。在本申请中，壁体的定位功能均是与检测区域中的“第二扩散部分”相对应的。在权利要求1A中并未明确限定“第二扩散部分”或与“定位”有关的技术特征的情况下，不能认定权利要求1A中的“壁体”具有“定位”的功能和技术效果。同样，关于说明书中记载的“进一步增强检测区域与加热元件的热绝缘以及检测区域与液体之间的热连接”，亦是通过在基板面对液体的上侧形成“沟槽”而实现的。在技术方案1A中并未限定壁体为“沟槽”的情况下，亦不能认定权利要求1A的“壁体”具有增强热连接的功能和技术效果。综上，权利要求1A中的区别技术特征1A仅起到热屏障的作用，并不具有说明书中记载的“定位”以及“进一步增强检测区域与加热元件的热绝缘以及检测区域与液体之间的热连接”的功能和技术效果。应据此认定权利要求 1A 实际解决的技术问题。

中华人民共和国最高人民法院行政判决书

（2018）最高法行再 131 号①

136. 发明实际解决的技术问题的确定

——再审申请人北京亚东生物制药有限公司与被申请人国家知识产权局专利复审委员会、一审第三人山东华洋制药有限公司发明专利权无效行政纠纷案

【裁判要旨】

在创造性判断中，确定发明实际解决的技术问题，通常要在发明相对于最接近的现有技术存在的区别技术特征的基础上，由本领域技术人员在阅读本案专利说明书后，根据该区别技术特征在权利要求请求保护的技术方案中所产生的作用、功能或者技术效果等来确定。

【关键词】

发明　创造性　技术问题　区别特征

【案号】

最高人民法院（2013）知行字第 77 号

【基本案情】

在本案中，北京亚东生物制药有限公司（以下简称亚东制药公司）是名称为“治疗乳腺增生性疾病的药物组合物及其制备方法”发明专利的权利人。本案专利权利要求 1 通过重量份的方式限定了药物组合物的原料药构成及制备方法，但权利要求及说明书中未记载丹酚酸 B 的功能、效果等内容。2010 年 3 月 10 日，山东华洋制药有限公司（以下简称华洋公司）针对本案专利向国家知识产权局专利复审委

① 参见案例 133 裁判文书。

员会（以下简称专利复审委员会）提出无效宣告请求，并提交了证据1、证据3作为对比文件。权利要求1与证据1相比，中药组分和配比相同，区别在于二者的剂型不同，且本案专利省略了减压干燥步骤。此外，证据1还记载了按照药典标准生产的乳块消片产品总有效率为89.32%。证据3公开了颗粒剂的两种制法。亚东制药公司提交了反证3和反证4，反证3的发表时间晚于本案专利的申请日，其以丹酚酸B为指标，比较了减压干燥、喷雾干燥两种干燥方式制备的乳块消片提取物的含量差异，结论为喷雾干燥制备的乳块消片中提取物丹酚酸B的含量比较高。反证4记载了北京中医药大学药厂生产的乳块消片的总有效率为86%。专利复审委员会于2010年10月15日作出第15409号无效宣告请求审查决定（以下简称第15409号决定），宣告本案专利权全部无效。亚东制药公司不服，提起行政诉讼。北京市第一中级人民法院一审认为，第15409号决定夸大了本领域技术人员对本案专利技术效果的预期能力，权利要求1－3具备创造性。据此判决撤销第15409号决定并责令专利复审委员会重新作出审查决定。专利复审委员会不服，提起上诉。北京市高级人民法院二审认为，本案专利仅是对已知药物常规剂型的转换，且省略减压干燥步骤所带来的技术效果的改变是本领域技术人员可以预料的。遂判决撤销一审判决，维持第15409号决定。亚东制药公司不服，向最高人民法院申请再审。最高人民法院于2014年10月17日裁定驳回亚东制药公司的再审申请。

【裁判意见】

在本案中，最高人民法院审查认为：在采用“三步法”判断权利要求是否具备创造性时，确定权利要求保护的发明实际要解决的技术问题是判断该发明相对于现有技术是否显而易见的基础和前提。亚东制药公司主张本案专利实际要解决的技术问题是提高丹酚酸B的含量，并非改变剂型。然而，本案专利权利要求书中并没有记载药物组合物中丹酚酸B的含量，也没有记载用于提高丹酚酸B的具体技术手段，更没有记载丹酚酸B的含量与疗效之间的因果关系。本领域技术人员在阅读说明书后，无法得知本发明要解决的技术问题与提高丹酚酸B的含量有何关联，更无法得出本案专利实际要解决的技术问题是改变药物特定活性成分比例的结论。

中华人民共和国最高人民法院行政裁定书

（2013）知行字第77号①

① 参见案例132裁判文书。

137. 背景技术不能用于确定发明实际解决的技术问题

——再审申请人深圳市理邦精密仪器股份有限公司与被申请人国家知识产权局专利复审委员会，一审第三人、二审上诉人深圳迈瑞生物医疗电子股份有限公司发明专利权无效行政纠纷案

【裁判要旨】

发明实际所要解决的技术问题的确定，是通过与最接近的现有技术比较得出的，而非以其背景技术的记载为依据。

【关键词】

发明　技术问题　现有技术　背景技术

【案号】

最高人民法院（2014）知行字第6号

【基本案情】

在本案中，深圳迈瑞生物医疗电子股份有限公司（以下简称迈瑞公司）系名称为“一种便携超声诊断仪”的发明专利（即本案专利）的权利人。本案专利权利要求1限定了电源板竖直设置于主机架一侧，主板与探头板竖直设置于主机架另一侧。根据说明书的记载，本案专利权利要求1所要实际解决的技术问题是在便携超声诊断仪中减小电源板对探头板的干扰以及避免机器重心的偏差。说明书的背景技术部分同时记载，现有的便携式超声诊断系统中的架构方案为主板和探头板竖直分置于机器的两侧，电源板和探头板紧挨在一起。2011年7月4日，深圳市理邦精密仪器股份有限公司（以下简称理邦公司）针对本案专利向国家知识产权局专利复审委员会（以下简称专利复审委员会）提出无效宣告请求，并提交了证据1（US6561979B1）作为对比文件。证据1公开了一种便携式超声诊断仪，其中：信号处理板432、发射/接收板430竖直安装于金属结构402内，电源板426竖直安装于金属结构402后下部。理邦公司同时提交了证据2和证据11作为公知常识性证据。证据2公开了电子设备防干扰的

控制策略、原理和技术，并具体公开了将相互易干扰的设备尽量安排得距离远一些、将其分别放置使之各自隔离以便实现防止干扰的相关技术手段。证据11记载了超声诊断设备的结构设计依据要考虑到整体轻便。2011年12月21日，专利复审委员会作出第17842号无效宣告请求审查决定（以下简称第17842号决定），维持本案专利权有效。理邦公司不服，提起行政诉讼。北京市第一中级人民法院一审认为，权利要求1相对于证据1与公知常识的结合对本领域技术人员来说是显而易见的，不具有突出的实质性特点和显著的进步。据此判决撤销第17842号决定，责令专利复审委员会重新作出审查决定。迈瑞公司、专利复审委员会均不服，提出上诉。北京市高级人民法院二审认为，如何根据证据2及证据11所公开的基本原理，将其运用到本案专利所要解决的技术问题中从而实现其技术效果，需要本领域技术人员付出创造性的劳动。权利要求1相对于证据1与公知常识的结合具备创造性。遂判决撤销一审判决，维持第17842号决定。理邦公司不服，向最高人民法院申请再审。最高人民法院于2014年7月16日裁定驳回理邦公司的再审申请。

【裁判意见】

最高人民法院审查认为：判断要求保护的发明是否具有创造性，就是要判断对本领域技术人员来说，该发明相对于现有技术是否显而易见。在这一判断过程中，要确定现有技术整体上是否存在某种启示，以促使本领域技术人员在面对所述技术问题时，有动机改进最接近的现有技术并获得要求保护的发明。权利要求1实际要解决的技术问题是，在便携超声诊断仪中减小电源板对探头板的干扰以及避免机器重心的偏差。证据1中防止各组件之间的电磁干扰主要是通过设置封闭的屏蔽隔室的技术手段来实现的。证据2公开了电子设备防干扰控制的空间分离方法、元器件布局技术；证据11记载了超声诊断设备的结构设计要尽量做到外形美观、整体轻便。证据2和证据11并没有具体披露本案专利所要实际解决的技术问题的具体技术手段。本案专利虽然在背景技术部分记载了现有CRT显示器的超声诊断系统的主板、探头板、电源板是放置在机架两侧的，理邦公司也据此主张对于采用CRT显示器的超声诊断仪而言，将电路板布置在CRT显示器两侧是常规技术手段，本案专利实际要解决的技术问题仅在于到底哪块电路板放置在哪一侧，这对于本领域技术人员而言是显而易见的。但发明实际要解决的技术问题，是指为获得更好的技术效果而需对最接近的现有技术进行改进的技术任务。该技术问题的确定，是将其与最接近的现有技术相比较而得出的，而非以其背景技术的记载为依据。权利要求1对本领域技术人员而言并非显而易见，实现本案专利的技术效果需要本领域技术人员付出创造性劳动。

中华人民共和国最高人民法院行政裁定书

（2014）知行字第6号

再审申请人（一审原告、二审被上诉人）：深圳市理邦精密仪器股份有限公司。住所地：广东省深圳市南山区蛇口南海大道1019号南山医疗器械园B栋三楼。

法定代表人：张浩，该公司董事长。

委托代理人：酆迅，北京市金杜律师事务所律师。

委托代理人：毛琎，北京市金杜律师事务所实习律师。

被申请人（一审被告、二审上诉人）：国家知识产权局专利复审委员会。住所地：北京市海淀区北四环西路9号银谷大厦10－12层。

法定代表人：张茂于，该委员会副主任。

委托代理人：周小祥，该委员会审查员。

委托代理人：王伟艳，该委员会审查员。

一审第三人、二审上诉人：深圳迈瑞生物医疗电子股份有限公司。住所地：广东省深圳市南山区高新技术产业园区科技南十二路迈瑞大厦1－4层。

法定代表人：徐航，该公司董事长。

委托代理人：刘永全，北京市联德律师事务所律师。

委托代理人：胡洪，男，汉族，1984年8月28日出生，北京市联德律师事务所律师助理，住北京市海淀区颐和园路5号06级法学院研究生集体宿舍。

再审申请人深圳市理邦精密仪器股份有限公司（以下简称理邦公司）因与被申请人国家知识产权局专利复审委员会（以下简称专利复审委员会），一审第三人、二审上诉人深圳迈瑞生物医疗电子股份有限公司（以下简称迈瑞公司）发明专利权无效行政纠纷一案，不服北京市高级人民法院（2013）高行终字第669号行政判决，向本院申请再审。本院依法组成合议庭对本案进行了审查，现已审查终结。

理邦公司申请再审称：二审判决关于本专利具有创造性的认定错误，本专利相较于证据1的区别特征①是显而易见的。1. 本专利在显示器的选取上相较于证据1的实施例是变劣的技术方案。2. 如果将证据1具体实施例的LCD显示器更换成CRT显示器，则将主板、探头板、电源板从机架后部移动到机架两侧是本领域的常规技术手段。本专利在背景技术部分也记载了对现有CRT显示器的超声诊断系统而言，主板、探头板、电源板是放置在机架两侧的，本专利对现有技术的改进仅在于到底哪块电路板放置在哪一侧。3. 现有技术以及公知常识给出了足够的启示将电源板设置在机架一侧，将主板和探头板设置在机架的另一侧。第17842号无效宣告请求审查决定（以下简称第17842号决定）中认定的区别特征①根本无法给本专利带来创造性。4. 本专利不具备发明专利所要求的创造性高度。根据本专利背景技术的记载，现有技术存在的电源板对其他电路板的干扰以及重心不平衡这两个技术问题的发现和解决，对本领域技术人员而言均是显而易见的，无需付出创造性劳动。综上，理邦公司请求本院撤销二审判决和第17842号决定，判令专利复审委员会重新作出无效宣告请求审查决定，并承担本案全部诉讼费用。

专利复审委员会提交意见称：证据2和证据11仅给出了相应原理，由该原理到本专利的具体设计跨度较大，需要付出创造性劳动。一方面，即使证据2和证据11给出了相应启示，但证据1中并不存在重力失衡和处于隔室中的高压电源板426对信号处理板432、发射/接收板428的电磁干扰问题，本领域技术人员无法将证据2和证据11中的启示与证据1结合而得到本专利，即便对证据1进行诸多改进而得到本专利中的技术方案，也是“事后诸葛亮”。另一方面，虽然证据2给出了便携超声诊断仪设计的原理性内容，但若仅凭该原理，在未给出任何具体手段的前提下，本领域技术人员在证据1所公开的具体结构的基础上，在不付出创造性劳动的情况下，无从想到对证据1所公开的具体结构进行何种改造而得到如本专利权利要求1具有具体结构的便携超声诊断仪，即便考虑到证据2所公开的原理，从原理转化为具体手段的应用仍缺少相应的技术启示。综上，专利复审委员会认为二审判决认定事实清楚、适用法律正确、审理程序合法，请求本院依法驳回理邦公司的再审申请。

迈瑞公司提交意见称：1. 理邦公司关于本专利属于变劣技术的主张存在明显错误，不能成立。尽管LCD显示器在显示效果方面优于CRT显示器，但其制造成本高，实际上二者属于不同档次的产品，有不同的客户群。正因如此，相对于使用LCD显示器的超声诊断仪而言，使用CRT显示器的超声诊断仪需要采用不同的技术手段来保证稳定的超声诊断效果。因此不能因LCD显示器比CRT显示器先进，就否定本专利的创造性。2. 理邦公司用以评价本专利创造性的最接近的对比文件是证据 1，在此情况下，理邦公司不能再以本专利的背景技术来评价本专利的创造性，这也超出了无效请求的范围。3. 本专利相较于理邦公司提出的证据组合方式显然具有创造性。证据 1 与本专利存在较大差异，本领域技术人员不经过创造性劳动，很难以证据 1 为基础研发获得本专利的技术方案。证据 1 和本专利采用的显示器不同，本领域技术人员无法从证据 1 获得有关的技术启示。为了实现同样的供电和屏蔽效果，证据 1 采用了更为复杂的结构。公知常识性证据给出的指导是非常模糊和原理性的，从公知常识出发，不仅无法得到本专利的技术方案，反而可能得到与本专利设计内容不一致的技术方案。理邦公司所谓的常规技术手段没有证据支持，其对本专利创造性的评价属于“事后诸葛亮”。

本院认为：本案争议问题是，本专利权利要求 1 是否具有创造性。

根据《中华人民共和国专利法》（以下简称专利法）第二十二条第一款的规定，申请专利的发明和实用新型具备创造性是授予其专利权的必要条件之一。判断要求保护的发明是否具有创造性，就是要判断对本领域技术人员来说，该发明相对于现有技术是否显而易见。在这一判断过程中，要确定现有技术整体上是否存在某种启示，以促使本领域技术人员在面对所述技术问题时，有动机改进最接近的现有技术并获得要求保护的发明。如果现有技术不存在这种技术启示，则发明是非显然易见的，即具有创造性。本案中，本专利权利要求 1 请求保护一种便携超声诊断仪，而证据 1 公开了一种便携式超声诊断仪。根据证据 1 公开的具体内容，本专利权利要求 1 相对于证据 1 的区别特征①是：本专利权利要求 1 限定了电源板竖直设置于所述主机架的一侧，主板与探头板竖直设置于主机架的另一侧；而证据 1 中，信号处理板 432、发射/接收板 430 竖直安装于金属结构 402 内，电源板 426 竖直安装于金属结构 402 后下部。由区别特征①可知，本专利权利要求 1 实际要解决的技术问题是，在便携超声诊断仪中减小电源板对探头板的干扰以及避免机器重心的偏差。证据 1 中防止各组件之间的电磁干扰主要是通过设置封闭的屏蔽隔室的技术手段来实现的。证据 2 公开了电子设备防干扰控制的空间分离方法、元器件布局技术；证据 11 记载了超声诊断设备的结构设计要尽量做到外形美观、整体轻便。证据 2 和证据 11 所记载的上述内容，并没有具体披露本专利相对于证据 1 的区别特征①所要实际解决的技术问题的具体技术手段，也即现有技术没有给出将区别特征①应用到证据 1 以实现本专利实际要解决的技术问题的技术启示。因此，本专利权利要求 1 对本领域技术人员来讲并非显而易见，实现本专利的技术效果需要本领域技术人员付出创造性劳动。

理邦公司主张，根据本专利说明书关于背景技术的记载可知，对于采用 CRT 显示器的超声诊断仪而言，将电路板布置在 CRT 显示器两侧是常规技术手段，本专利实际要解决的技术问题只是三块电路板在两侧如何具体摆放的问题，这对本领域技术人员而言是显而易见的。本院认为，发明实际解决的技术问题，是指为获得更好的技术效果而需对最接近的现有技术进行改进的技术任务。发明实际解决的技术问题的确定，是将其与最接近的现有技术相比较而得出的，而不是以其背景技术的记载为依据，因此理邦公司的上述主张不能成立。

理邦公司主张，如果将证据 1 具体实施例的 LCD 显示器更换成 CRT 显示器，则将主板、探头板、电源板从机架后部移动到机架两侧是本领域常规技术手段。本院认为，理邦公司的这一主张并没有考虑到在便携超声诊断仪技术领域中，关于电源板与主板、探头板的设置方式并非本专利权利要求 1 中所公开的唯一方式，因此，如何将主板、探头板、电源板从机架后部移动到机架两侧并非本领域常规技术手段，理邦公司的上述主张属于“事后诸葛亮”，并没有相应的证据予以佐证，本院对此不予支持。

理邦公司主张，本专利不具备发明专利所应具有的创造性高度，并提交了一份由深圳市医疗器械检测中心出具的检测报告，说明在本专利申请日前其生产的超声诊断仪的电路板即设置在 CRT 显示器的两侧，其中一侧是电源板，另一侧是主板和探头板，故本专利的技术方案在申请日前就是常规技术手段，不应被授予专利权。本院认为，对于发明专利申请创造性的评价应当以专利法第二十二条第三款①的规定为依据。判断发明是否具有突出的实质性特点，就是要判断对本领域技术人员而言，该发明相对于现有技术是否显而易见；评价发明是否具有显著的进步，主要应当考虑该发明是否具有有益的技术效果。具体到本案，如上所述，现有技术整体上并不存在促使本领域技术人员通过改进证据 1 而获得本专利的技术启示。因此，本专利权利要求 1 具有突出的实质性特点；同时，本专利与现有技术相比，亦具有减小电源板对探头板的干扰以及避免机器重心偏差的有益技术效果，故本专利符合发明专利的授权标准，理邦公司的上述主张不能成立。至于理邦公司在申请再审时所举证据，因其在向专利复审

---

① 对应 2008 年修正的《中华人民共和国专利法》第二十二条第三款，规定：“创造性，是指与现有技术相比，该发明具有突出的实质性特点和显著的进步，该实用新型具有实质性特点和进步。”

委员会提出无效宣告请求时并未提交，专利复审委员会也没有依据该证据来评价本专利的创造性，且该证据亦不属于补强证据，故本院对其真实性、合法性和关联性不再评价。

理邦公司主张，本专利相对于证据1的实施例，在显示器的选取上属于变劣的技术方案。本院认为，对于一项技术方案创造性的评价，需要以专利法第二十二条的规定为依据，在进行判断时，不仅要考虑发明的技术方案本身，还要考虑发明所属的技术领域、所解决的技术问题和所产生的技术效果，将发明作为一个整体看待。具体到本案，虽然LCD显示器在显示效果方面优于CRT显示器，但并不能据此认为对使用CRT显示器的超声诊断仪的技术改进就不具有创造性，而是需要看本专利的技术方案在整体上相对于现有技术是否具有突出的实质性特点和显著的进步。理邦公司仅从本专利在显示器的选取上来评价其创造性，没有事实和法律依据，本院不予支持。

综上，理邦公司的再审申请不符合《中华人民共和国行政诉讼法》第六十三条第二款①、《最高人民法院关于执行〈中华人民共和国行政诉讼法〉若干问题的解释》第七十二条规定的再审条件。依照《最高人民法院关于执行〈中华人民共和国行政诉讼法〉若干问题的解释》第七十四条之规定，裁定如下：

驳回深圳市理邦精密仪器股份有限公司的再审申请。

审　判　长　李　剑
代理审判员　宋淑华
代理审判员　秦元明
二〇一四年七月十六日
书　记　员　周睿隽

---

① 对应2017年修正的《中华人民共和国行政诉讼法》第九十二条第二款，规定："最高人民法院对地方各级人民法院已经发生法律效力的判决、裁定，上级人民法院对下级人民法院已经发生法律效力的判决、裁定，发现有本法第九十一条规定情形之一，或者发现调解违反自愿原则或者调解书内容违法的，有权提审或者指令下级人民法院再审。"

138. 未对实际解决的技术问题作出认定并不必然影响创造性的判断

——再审申请人埃意（廊坊）电子工程有限公司与被申请人王贺、姚鹏、国家知识产权局专利复审委员会实用新型专利无效行政纠纷案

【裁判要旨】

在正确认定区别技术特征的基础上，即使被诉决定或一审法院对涉案专利实际解决的技术问题未作认定，或者认定错误，亦不必然影响二审法院对权利要求是否具有创造性作出正确的认定。

【关键词】

实用新型专利　无效程序　技术问题　创造性

【案号】

最高人民法院（2018）最高法行再33号

【基本案情】

在本案中，王贺系专利号为200920095008.5、名称为"处于坐垫下表面或座椅骨架上的压力型安全带提醒传感器"的实用新型专利（即涉案专利）的专利权人。针对王贺修改后的权利要求书，即授权公告文本中的原权利要求2~7，国家知识产权局专利复审委员会（以下简称专利复审委员会）作出第24570号无效宣告请求审查决定（以下简称被诉决定）。该决定认为，原权利要求2与证据2附图2、附图3中的技术方案相比，具有4个区别技术特征。在证据2的图2或图3公开的实施例的基础上，结合证据5或公知常识，能够显而易见地得到涉案专利原权利要求2保护的技术方案。因此，原权利要求2不具备专利法第二十二条第三款规定的创造性。在其引用的权利要求不具备创造性的情况下，权利要求3~7均不具备专利法第二十二条第三款规定的创造性。王贺、姚鹏不服，提起行政诉讼。北京知识产权法院对被诉决定认定的区别技术特征予以确认，并认为原权利要求2区别技术特征3、3'实际解决的技术问题是提供一种新的能够解决传感器

内外部压力平衡问题的技术方案。经审理，对于王贺、姚鹏关于涉案专利具有创造性的主张不予支持，判决驳回其诉讼请求。王贺、姚鹏不服，提起上诉。北京市高级人民法院二审认为，传感器单元的技术效果是“测量”汽车座椅上的载荷，故涉案专利实际解决的技术问题既非专利权人声称的“排气通气”，亦非一审法院归纳总结的“保持平衡”，而是“识别最低荷载”。一审法院在已确认专利复审委员会未认定实际解决的技术问题的同时，对专利复审委员会违反《专利审查指南》的作法进行了弥补，将涉案专利解决的技术问题归纳为“保持平衡”，既不符合涉案专利解决技术问题的实际，又给专利权人带来了审级损失，应予纠正。据此判决撤销一审判决以及被诉决定。埃意（廊坊）电子工程有限公司（以下简称埃意公司）不服，向最高人民法院申请再审。最高人民法院裁定提审，并于2018年12月31日判决撤销二审判决，维持一审判决和被诉决定。

【裁判意见】

最高人民法院再审认为：人民法院参照适用《专利审查指南》的规定来适用“三步法”，有利于对权利要求是否具有专利法第二十二条第三款规定的创造性作出客观、准确的认定。对于“三步法”的适用，包括“三步法”中每一个步骤的适用，都应当立足并服务于认定权利要求是否显而易见，是否具有创造性这个根本目标。因此，在正确认定区别技术特征的基础上，即使被诉决定或一审法院对“第二步”中的实际解决的技术问题未作认定，或者认定错误，亦不必然影响对权利要求是否具有创造性作出正确的认定。本案中，当事人争议的焦点在于原权利要求2是否具有创造性。二审法院并未对原权利要求2的创造性作出实体认定，而是以一审法院在“三步法”的第二步中认定的实际解决的技术问题存在错误，被诉决定未认定实际解决的技术问题，以及避免审级损失为由，即判决撤销被诉决定和一审判决，不利于行政争议的实质性解决，徒增当事人诉累，应予纠正。

中华人民共和国最高人民法院行政判决书

（2018）最高法行再33号

再审申请人（一审第三人、二审第三人）：埃意（廊坊）电子工程有限公司。住所地：河北省廊坊市廊坊经济技术开发区百合道15号。

法定代表人：Hans-Joachim Sommer（夏瀚思），该公司总经理。

委托诉讼代理人：彭久云，北京市柳沈律师事务所律师。

委托诉讼代理人：姚冠扬，北京市柳沈律师事务所律师。

被申请人（一审原告、二审上诉人）：王贺。

被申请人（一审原告、二审上诉人）：姚鹏。

被申请人（一审被告、二审被上诉人）：国家知识产权局专利复审委员会。住所地：北京市海淀区北四环西路9号银谷大厦。

法定代表人：葛树，该委员会副主任。

再审申请人埃意（廊坊）电子工程有限公司（以下简称埃意公司）因与被申请人王贺、姚鹏、国家知识产权局专利复审委员会（以下简称专利复审委员会）实用新型专利无效行政纠纷一案，不服北京市高级人民法院（2015）高行（知）终字第3065号行政判决，向本院申请再审。本院于2017年12月1日作出（2017）最高法行申7921号裁定，提审本案。提审后，本院依法组成合议庭对本案进行了审理，现已审理终结。

埃意公司向本院申请再审称，（一）二审判决在适用创造性判断“三步法”相关规定时存在明显错误。《专利审查指南》规定，对技术问题的理解不能脱离说明书所记载的内容。二审判决对于“技术问题”的认定方式存在明显错误，其认定的“技术效果”的来源、方法逻辑矛盾，没有遵循《专利审查指南》的规定。二审判决对实际解决的技术问题的认定超出涉案专利说明书记载的内容。（二）二审判决错误地认定了涉案专利实际解决的技术问题。通孔在涉案专利中所具有的唯一功能是“排气通气”，二审判决认定的“识别最低载荷”与该通孔无关。首先，“识别最低载荷”根本没有记载在涉案专利说明书中。其次，涉案专利的“通孔”不能起到“识别最低载荷”的功能。再次，二审判决认定的“传感器的各个传感单元可以重复测量”与“最低载荷”无关，更与“识别最低载荷”无关。最后，二审判决认为本领域技术人员基于涉案专利的发明主题、发明目的，以及说明书对传感单元结构、具体实施方式的记载，可以理解涉案专利实际解决的技术问题是“识别最低载荷”，与涉案专利说明书不符，没有事实依据。

王贺、姚鹏提交意见认为，（一）二审判决对原权利要求2实际解决的技术问题认定正确。根据区别技术特征3、3’，其包括两个方面，一是压力传感器，二是在塑料薄膜层上的通孔。基于区别技术特征所能达到的技术效果，本专利实际解决的技术问题是“提供一种能识别汽车座椅最低载荷的压力传感器”。（二）被诉决定没有确定实际解决的技术问题，径行对原权利要求2的创造性作出认定，不符合《专利审查指南》的规定。

本案涉及专利号为200920095008.5，名称为“处于坐垫下表面或座椅骨架上的压力型安全带提醒传感器”实用新型专利（以下简称涉案专利），其申请日为2009年12月23日。

涉案专利授权公告的权利要求1~7如下：

“1. 位于坐垫下表面或座椅骨架上的压力型安全带提醒传感器，其特征在于：压力传感器主要载体（11）由双层塑料薄膜层（6，8）和夹在塑料薄膜层（6，8）之间的带有胶质材料的中间层（7）复合而成，或因需要传感器主要载体（11）可外加纺织物保护材料；塑料薄膜层（6，8）在复合层之间的层面上有印刷电路（4，5），带有胶质材料的中间层（7）起胶合双层塑料薄膜层（6，8）及隔绝印刷电路（4，5）作用。

2. 根据权利要求1所述的位于坐垫下表面或座椅骨架上的压力型安全带提醒传感器，其特征是：在带有胶质材料的中间层（7）上相应于印刷电路（4，5）的区域设置有中间层的通孔（3），在带有胶质材料的中间层（7）和塑料薄膜层（6，8）上还分别开有中间层通道（1）和塑料薄膜层通孔（2），所述的传感器主要载体（11）、印刷电路（4，5）、设置在所述中间层上的通孔（3）和通道（1）以及设置在塑料薄膜层（6，8）上的通孔（2）共同构成了压力传感器的传感单元。

3. 根据权利要求2所述的位于坐垫下表面或座椅骨架上的压力型安全带提醒传感器，其特征是：在传感单元区域，双层塑料薄膜层（6，8）在一定座椅载荷作用下相接触，没有座椅载荷作用时相分开；不同重量的载荷改变双层塑料薄膜层（6，8）接触程度，相应的上下层印刷电路（4，5）相接触过程中当有电流通过时所产生的接触电阻值将因而改变。

4. 根据权利要求3所述的位于坐垫下表面或座椅骨架上的压力型安全带提醒传感器，其特征是：压力传感器具有多个传感单元，各个传感单元能够重复测量汽车座椅上的载荷；压力传感器末端带有或不带电阻元件，压力传感器末端通过接头与电线连接并在此区域用塑胶密封块（13）密封，在该塑胶密封块（13）中可以包含前述的电阻元件或带测量信号前处理电路板；压力传感器的接插件（12）与座椅或车辆线束总成相连。

5. 根据权利要求4所述的位于坐垫下表面或座椅骨架上的压力型安全带提醒传感器，其特征是：压力传感器把汽车座椅上的载荷压力及其变换值转换成输出电流/电阻及其变化值，并将信号传输到整车相关控制系统进行检测及处理。

6. 根据权利要求5所述的位于坐垫下表面或座椅骨架上的压力型安全带提醒传感器，其特征是：所述压力传感器设置在座椅泡沫坐垫（9）的下表面（10），或通过传感器安装载体（15）设置在坐垫骨架（14）的上（或）下支撑表面。

7. 根据权利要求6所述的位于坐垫下表面或座椅骨架上的压力型安全带提醒传感器，其特征是：所述压力传感器通过胶带粘到泡沫坐垫下表面（10）上，或者通过将压力传感器放到传感器安装载体（15）上，再将传感器安装载体（15）机械固定在坐垫骨架（14）上；根据坐垫骨架（14）的设计形式，传感器安装载体（15）可固定在其上（或）下支撑表面。"

2013年9月22日，埃意公司根据其在无效行政程序中提交的有关证据，以涉案专利权利要求1相对于证据1不符合《中华人民共和国专利法》（以下简称专利法）第二十二条第二款的规定，说明书不符合专利法第二十六条第三款的规定为由，向专利复审委员会提出无效宣告请求。2013年10月22日，埃意公司又提交补充意见，认为权利要求2~7不清楚，不符合专利法第二十六条第四款的规定；权利要求1~3相对于证据2不符合专利法第二十二条第二款的规定；权利要求1相对于证据3或4不符合专利法第二十二条第二款的规定；权利要求3~7相对于证据2和证据3或者证据5或者本领域的公知常识的结合不符合专利法第二十二条第三款的规定；权利要求2~3相对于证据3和证据2的结合或者证据4和证据2的结合不符合专利法第二十二条第三款的规定。

埃意公司在无效行政程序中提交的证据2是公开日期为1981年2月3日的US4249044号美国专利文献及其部分中文译文。证据2公开了一种薄膜开关（参见其中文译文及图113），其包括柔性基板10和第二柔性基板40，间隔件12具有一系列间隔开的开口14，间隔件12通过黏合层16固定至基板10，并且通过第二黏合层18固定至柔性透明薄膜20，第一银导体22以印刷或者其他方式涂覆至基板10上，在薄膜20下侧形成银导体26，每个导体22上可以设有形成在其上的点30，对齐或对准形成在导体26上的类似的导电点32。对于气压的变化来说，每个空间14通过形成在黏合层18中的小排气通道而连接至具有一定长度的共用的弯折排气通道。每个空间14的单独引入通道标示为36，这些通道的每个连接至主排气通道38。通道38终止于薄膜20的边缘39，使得其实际上被排气至空气。排气通道提供开关内部与外部之间的压力平衡。在该开关的操作中，当薄膜朝向基板移动从而关闭接触时，在区域14和通道36、38的组合空间中实际移动的空气体积不会允许外部受污染的空气进入空间14。但是，排气通道确实提供压力平衡并因此使得开关内的压力总是与周围的空气的压力相同，从而允许开关以正常方式操作。通道 36 和 38 可以采用非常小的尺寸，重要的是提供压力平衡并且有效地限制或防止外部灰尘、尘土和污染物被引入内部。这种外部物质，如果到达开关内部，将减小或消除内部表面防止形成潮湿薄膜的能力。在图 3 公开的构造中，第二基板 40 已经被加入，黏合层 42 用于将基板 10 连接至基板 40，腔 44 形成在不存在黏合剂的空间中。腔 44 又通过通道 46 连接至空间 14 其中之一。腔 44 作为累积器，因为其可以适应由该开关的操作引起的压力的变化。在开关操作期间，腔 44 的尺寸允许整个连接通道结构中的少量空气移动到在开关操作期间薄膜的移动受到抑制的点处。空气压力的变化借助形成在第一和第二基板之间的腔 44 所适应。累积的潮湿将被该开关的内部表面的处理所抑制。

埃意公司在无效行政程序中提交的证据 5 是 US6109117 号美国专利文献及其中文译文，其公开日期为 2000 年 8 月 29 日。证据 5 涉及一种座椅重量传感器，其中公开了以下内容：机动车 1 的座椅 3 在座位底座 40 内安装有可变电阻座椅重量传感器 10，传感器 10 包含许多压敏电阻元件 16，置于一对力分布板 18、20 之间。传感器 10 夹到下部的座椅框架 46 和上部的座椅坐垫 44 之间。在使用中，乘客 5 坐在座椅 3 的底座 40 上，传感器 10 的合成电阻随着负载的增加而降低，来自传感器 10 的可变电阻输出耦合到电子控制模块 50 上，将压力信号输出 22 转变为乘客体重的量度。在模块化传感器垫 14 中集成有三个力敏电阻元件 16。元件 16 包括聚合物基底 24.2 和 28.2、导体 24.1 和 28.1、力敏电阻涂层 26.1 和 26.20。聚合物层为半挠性，在高温下不硬化，例如 MalarTM、KynarTM、KaptonTM 或者 UltemTM。证据 5 背景技术部分记载，本领域已知的其他开关元件配置成具有电阻的压力传感器，此类开关元件常用于汽车安全应用，例如用作控制二级约束系统的安装在座位上的传感器。证据 5 发明内容部分记载，技术人员清楚本发明可以应用于简单的膜开关及压敏开关。

2014 年 1 月 28 日，被申请人（即涉案专利的专利权人）王贺向专利复审委员会提交了意见陈述书及权利要求书的修改替换页，其将权利要求 1 删除并对编号进行了相应调整。王贺认为，修改后的权利要求书符合专利法第二十二条第二款、第三款的规定。

2014 年 2 月 28 日，专利复审委员会进行了口头审理。在口头审理过程中，双方当事人同意以修改后的权利要求书为审查基础。埃意公司明确其无效理由为：原权利要求 2～3 相对于证据 2 不符合专利法第二十二条第二款的规定；原权利要求3相对于证据2与证据3的结合不符合专利法第二十二条第三款的规定；原权利要求3～7相对于证据2与证据5或公知常识的结合不符合专利法第二十二条第三款的规定；原权利要求2～3相对于证据3或证据4与证据2的结合不符合专利法第二十二条第三款的规定；涉案专利说明书不符合专利法第二十六条第三款的规定；原权利要求2～7不符合专利法第二十六条第四款的规定。王贺对埃意公司在无效行政程序中提交的证据1～5的真实性，以及证据1、2、4和5的中文译文的准确性无异议。

针对王贺修改后的权利要求书，即授权公告文本中的原权利要求2～7，专利复审委员会作出第24570号无效宣告请求审查决定（以下简称被诉决定）。该决定对于涉案专利的创造性作出如下认定：

（一）关于修改后的权利要求1（原权利要求2）的创造性

涉案专利授权公告的权利要求2保护一种位于坐垫下表面或座椅骨架上的压力型安全带提醒传感器。证据2公开了一种薄膜开关，其中，柔性基板10和柔性薄膜20分别对应于涉案专利中的“薄膜层”；银导体22、26及其上的导电点30、32对应于涉案专利中的“印刷电路”；其上设有黏合层16、18的间隔件12一起对应于涉案专利中的“带有胶质材料的中间层”；间隔件12上的黏合层起到黏合基板10和薄膜20的作用；间隔件12起到将银导体22、26及其上的导电点30、32隔绝开的作用；空间14中在位置上对应于银导体22、26及导电点30、32区域的部分，对应于涉案专利中的“中间层通孔”；空间14的其他部分则对应于涉案专利中的“中间层通道”；基板10上的通道46对应于涉案专利中的“塑料薄膜层通孔”。

因此，涉案专利原权利要求2保护的技术方案与证据2的图2对应的实施例相比，存在以下区别技术特征：1. 涉案专利原权利要求2涉及一种位于坐垫下表面或座椅骨架上的压力型安全带提醒传感器，而证据2公开的是一种薄膜开关（以下简称区别技术特征1）；2. 涉案专利中双层薄膜层具体为塑料薄膜层，而证据2为柔性基板或薄膜层（以下简称区别技术特征2）；3. 涉案专利中限定压力传感器包括设置在塑料薄膜层上的通孔，而证据2的薄膜开关中，是在黏合层18中形成小排气通道36，通道36连接至主排气通道38，通道38终止于薄膜20的边缘39，使得其实际上被排气至空气（以下简称区别技术特征3）；4. 涉案专利中还限定了传感器主要载体可外加纺织物保护材料（以下简称区别技术特征4）。

涉案专利原权利要求2保护的技术方案与证据2的图3对应的实施例相比，

除了同样存在前述区别技术特征 1、2、4 之外，还存在以下区别技术特征：涉案专利原权利要求 2 中限定压力传感器包括设置在塑料薄膜层上的通孔，而证据 2 中的薄膜开关中包括基板 10 上的通道 46，通道 46 通向第二基板与第一基板之间形成的腔 44（以下简称区别技术特征 3'）。

关于区别技术特征 1。证据 5 中的力敏电阻元件亦属于薄膜开关的一种。基于证据 5 的教导，能够认识到薄膜开关技术可应用于汽车座椅的重量传感器中，用于确定乘客乘坐状态以控制车辆的安全约束系统，例如安全带提醒机构。因此，本领域技术人员容易想到将证据 2 公开的薄膜开关用于设在汽车座椅坐垫下表面或座椅骨架上的压力型安全带提醒传感器。此外，这种应用也是本领域技术人员公知的技术。因此，区别技术特征 1 不能使得该技术方案相对于现有技术具备实质性特点。

关于区别技术特征 2，薄膜层采用塑料薄膜材质是本领域的常规选择之一，其亦不能使得该技术方案相对于现有技术具备实质性特点。

关于区别技术特征 3 和 3'。王贺认为证据 2 中的开关是密封的，其与外界隔绝以防止内部受潮，而涉案专利中的通孔与大气连通，其既起到排气作用，又能够识别最低载荷。

专利复审委员会认为，对于区别技术特征 3 和 3' 中的“通孔”的作用或者功能，在涉案专利说明书中并无明确记载，更没有提及其能够以及如何能够起到识别最低载荷的作用。因此，本领域技术人员基于涉案专利说明书的描述，并不能确定该通孔具备识别最低载荷的功能。

关于区别技术特征 3。证据 2 的图 2 中公开了在黏合层 18 中设置排气通道，以使得在开关操作过程中，空间 14 中的空气能够被排至空气，即给出了在开关中设置与大气连通的空气通道，并且在操作过程中能够提供压力平衡的技术启示。基于此，本领域技术人员很容易想到根据实际需要，选择常规的空气通道设置方式，包括在开关的薄膜层上设置通孔，使得开关内部空间与大气的空气能够连通。而且，根据涉案专利说明书的记载，这种选择也并没有产生预料不到的技术效果。因此，区别技术特征 3 不能使得原权利要求 2 相对于现有技术具备实质性特点。

关于区别技术特征 3'。在证据 2 的图 3 中，由薄膜层上通孔形成的通道 46 连通了在第一、二基板之间形成的空腔 44，并未直接与大气连通。但是在证据 2 中，已经明确提及这种设置是在保证能够提供适应开关操作期间空气压力变化功能的基础上，为额外提供密闭防潮的功能而做出的。由此，本领域技术人员容易认识到，在不需要考虑防潮的情况，可以省略该第二基板及空腔44，使得通道46直接与大气连通以提供空气压力调节功能。因此，区别技术特征3’亦不能使得该技术方案相对于现有技术具备实质性特点。

关于区别技术特征4。本领域技术人员根据其实际应用场合，可以根据需要在传感器外部设置纺织物保护材料，无需付出任何创造性劳动，且这种设置不会产生任何预料不到的技术效果。

综上，在证据2的图2或图3公开的实施例的基础上，结合证据5或公知常识，能够显而易见地得到涉案专利原权利要求2保护的技术方案。因此，原权利要求2不具备专利法第二十二条第三款规定的创造性。

专利复审委员会认为，原权利要求3~7的附加技术特征被证据5公开，或者属于本领域技术人员在证据5的基础上很容易作出的常规选择，在其引用的权利要求不具备创造性的情况下，权利要求3~7均不具备专利法第二十二条第三款规定的创造性。

专利复审委员会据此作出被诉决定，宣告涉案专利权全部无效。

王贺、姚鹏不服被诉决定，向北京知识产权法院（以下简称一审法院）提起行政诉讼，请求撤销被诉决定。

王贺、姚鹏在一审庭审过程中认为，根据原权利要求2的区别技术特征，其实际解决的技术问题为排气通气和识别最低载荷，由于电极不需要防潮防氧化，故涉案专利不需要解决防潮防氧化的技术问题。

一审法院认为，涉案专利涉及的压力传感装置与证据2中的薄膜开关均通过压力作用，使电极之间建立电接触，从而产生电信号。证据5明确记载，膜开关的箔型开关可作为传感器安装于汽车座位上。王贺、姚鹏在无效行政程序的意见陈述中，亦主张涉案专利为薄膜开关的一种。因此，证据2与涉案专利属于相同的技术领域，被诉决定将证据2作为最接近的现有技术来评价涉案专利的创造性，并无不妥。

在证据2图2公开的薄膜开关中，当薄膜朝向基板移动从而关闭接触时，在区域14和通道36、38的组合空间中实际移动的空气体积不会允许外部受污染的空气进入空间14。但是，排气通道确实能够提供压力平衡，并使得开关内的压力总是与周围空气的压力相同，从而允许开关以正常方式操作。证据2中的排气通道既能使得开关内部与外部之间的空气流通，又能通过空间14和通道36、38的组合空间中实际移动的空气体积，来限制或防止外部灰尘、尘土和污染物被引入内部，从而防止外部受污染的空气进入内部空间，二者之间并不存在矛盾。被诉决定认定证据 2 中图 2 的空间 14 中的空气能够被排至开关外部，以及当薄膜朝向基板移动从而关闭接触时，外部受污染的空气不会进入空间 14，并无不当。

涉案专利原权利要求 2 明确限定中间层通孔为中间层上相应于印刷电路的区域设置的部分，此外，中间层上还开有中间层通道，塑料薄膜层上开有塑料薄膜层通孔。而证据 2 中的银导体 22、26 及导电点 30、32 区域的部分对应于涉案专利的印刷电路，柔性基板和柔性薄膜对应于涉案专利的薄膜层。因此，证据 2 空间 14 中相应于银导体 22、26 及导电点 30、32 区域的部分，即对应于涉案专利的中间层通孔，空间 14 的其余部分对应于中间层通道，基板上的通道 46 对应于涉案专利的塑料薄膜层通孔。一审法院认为，被诉决定对证据 2 公开的技术内容的认定并无不当，且王贺、姚鹏未对区别技术特征的认定提出明确异议，故对被诉决定认定的区别技术特征予以确认。

一审法院认为，关于发明实际解决的技术问题，应当基于区别技术特征所能达到的技术效果确定，且本领域技术人员应当能够从说明书记载的内容中得知该技术效果。涉案专利说明书中仅记载了通过不同重量的载荷改变双层塑料薄膜层的接触程度，相应地改变接触电阻值并传输到相关控制系统进行信号检测。涉案专利说明书中并未记载通过塑料薄膜通孔识别最低载荷，并对传感器进行检测。本领域技术人员阅读涉案专利说明书后，亦无法获知该技术效果。因此，王贺、姚鹏主张的“识别最低载荷”不属于涉案专利实际解决的技术问题。

虽然区别技术特征 3、3’ 的塑料薄膜通孔的技术效果并未在涉案专利说明书中予以记载，但是本领域技术人员可知，在压力传感装置上设置通孔能够实现通气、排气的技术效果，且该技术效果在证据 2 中亦可实现。本领域技术人员阅读涉案专利说明书后，可以认定相对于证据 2，区别技术特征 3、3’ 实际解决的技术问题是提供一种新的能够解决传感器内外部压力平衡问题的技术方案。

关于区别技术特征 3。证据 2 的图 2 中设置了狭小和错综复杂的排气通道，在实现开关内外部压力平衡的情况下，防止受污染的空气进入开关内部，以达到防潮的效果。在涉案专利不需要对开关内部进行防潮处理的情况下，本领域技术人员容易想到使用在薄膜上设置排气通道的方式，来实现压力平衡。

对于区别技术特征 3’。在证据 2 图 3 公开的技术方案中，由于连接通道对外密封，故采用了在基板上开孔的方式以实现压力平衡。在第一基板和第二基板之间形成的空腔44为累积器，其作用是在适应开关操作期间空气压力变化的情况下，提供防潮的功能。在不需要防潮的情况下，本领域技术人员亦容易想到将第二基板和空腔44省略，直接实现传感器内外部的压力平衡。此外，区别技术特征3、3’未给涉案专利原权利要求2带来预料不到的技术效果。

对于区别技术特征1、2、4。在证据5已公开箔型开关可用于薄膜开关及压敏开关，并可用作安装在汽车座位上的传感器的基础上，本领域技术人员容易想到将证据2公开的薄膜开关用于汽车座椅坐垫下表面或座椅骨架上的压力型安全带提醒传感器。至于薄膜层采用塑料薄膜材质，则是本领域的常规选择之一，而本领域技术人员根据实际应用场合，无需付出创造性劳动就能够想到在传感器外部设置纺织物保护材料，且上述限定均不会产生任何预料不到的技术效果。

因此，对于王贺、姚鹏关于涉案专利原权利要求2具有创造性的主张，一审法院不予支持。由于王贺、姚鹏对于原权利要求3～7的创造性未提出明确异议，故一审法院亦认定权利要求3～7亦不具有创造性。

一审法院据此判决：驳回王贺、姚鹏的诉讼请求。一审案件受理费100元，由王贺、姚鹏负担。

王贺、姚鹏不服一审判决，向北京市高级人民法院（以下简称二审法院）提起上诉，请求撤销一审判决及被诉决定。

二审法院对一审法院查明的事实予以确认。

二审法院另查明，涉案专利说明书“发明内容”记载：“在传感器的中间层和塑料薄膜层分别开有专用通道及（或通孔）。以上所述的结构与上下层塑料薄膜上在中间层专用通孔的区域上的印刷电路，共同构成传感器的传感单元及使其得以工作的必要条件。在传感单元区域，上下层塑料薄膜在一定座椅载荷作用下相接触，没有座椅载荷作用时相分开。不同重量的载荷改变双层塑料薄膜层接触程度，相应的上下层印刷电路相接触过程中，当有电流通过时所产生的接触电阻值将因而改变”。“传感器的各个传感单元可以重复测量汽车座椅上的载荷”。在“具体实施方式”部分记载：“在传感单元区域，双层塑料薄膜层6、8在一定座椅载荷作用下相接触，没有座椅载荷作用时相分开。不同重量的载荷改变双层塑料薄膜接触程度，相应的上下层印刷电路相接触过程中，当有电流通过时产生的接触电阻值将因而改变”“压力传感器具有多个传感单元，各个传感单元可以重复测量汽车座椅上的载荷。”

二审法院认为，本案争议焦点为原权利要求2是否具备创造性，核心问题在于专利复审委员会未确认涉案专利实际解决的技术问题，径行进入认定创造性的“三步法”的第三步，是否导致创造性认定错误。

专利法第二十二条第三款规定：“创造性，是指与现有技术相比，该发明具有突出的实质性特点和显著的进步，该实用新型有实质性特点和进步。”《专利审查指南》第二部第四章3.2.1.1规定，判断要求保护的发明对于现有技术是否显而易见，通常可按照以下三个步骤进行：（一）确定最接近的现有技术。（二）确定发明的区别技术特征和发明实际解决的技术问题（以下简称“第二步”）。（三）判断要求保护的发明对本领域的技术人员来说是否显而易见。在上述“第二步”中，应当分析要求保护的发明与最接近的现有技术相比有哪些区别技术特征，然后根据该区别技术特征所能达到的技术效果确定发明实际解决的技术问题。

本案中，专利复审委员会在确定涉案专利与最接近对比文件存在区别技术特征3和3’后，没有确定涉案专利实际解决的技术问题，径行对是否“显而易见”进行判断。一审法院在审查被诉决定时，在认定存在区别技术特征3、3’的基础上，认为涉案专利实际解决的技术问题是提供一种新的能够解决传感器内外部压力平衡问题的技术方案。对此，二审法院不予认同。理由如下：

二审法院认为，判断创造性时采用的“三步法”基本源于欧洲专利局的“问题—解决”方法，其精髓在于：重塑发明过程，即以最接近现有技术为基础，立足本领域普通技术人员的认知，分析最接近现有技术中存在的缺陷，并据此提出发明要解决的技术问题，再进一步判断现有技术整体上是否给出了采用与发明一样的手段解决该技术问题的技术启示。虽然对个别案件而言，存在忽视“三步法”的现象，但“三步法”的判断思路适用于绝大多数发明的创造性审查，是避免“事后诸葛亮”，客观判断发明创造性所不可取代的有效方法。其中第二步“确定发明实际解决的技术问题”是判断发明相对于现有技术是否显而易见的基础和前提。如果本领域技术人员没有意识到要解决的技术问题，通常不会有动机去寻求解决该问题的技术方案。技术效果是确定技术问题的依据，技术效果的来源有二，一是说明书的明确记载，根据专利法“公开换保护”的基本原理，未记载在说明书中的技术效果不能视为发明人的技术贡献，不能作为评价专利创造性的依据。这种情况下往往属于主观技术问题与客观技术问题一致的情形。二是说明书虽未明确记载，但本领域技术人员通过阅读说明书后得出的技术效果，也就是主观技术问题与客观技术问题不一致时，应以审查员或法官认定的客观技术问题为准。确定客观技术问题时，应避免将区别技术特征本身的基本属性直接认定为其在技术方案中的作用，应考查其与其他技术特征的关联，并根据其所在的技术单元给整个技术方案带来的技术效果来认定。尤其是当区别技术特征为所属技术领域的公知常识时，如果不考虑与技术方案其他特征的配合、协同作用，仅以其公知的属性认定技术效果，往往会割裂单个区别技术特征与整个技术方案的内在联系。

二审法院认为，原权利要求 2 与最接近对比文件区别技术特征为压力传感器包括设置在塑料薄膜层上的“通孔”，而“通孔”与上下层塑料薄膜及印刷电路等其他技术特征共同组成了传感器。正因为“通孔”的设置，才使得双层塑料薄膜层在一定座椅载荷的作用下，使得内部空气通过“通孔”被排出，上、下层印刷电路相接触，相应地改变接触电阻值并传输到相关控制系统进行信号检测，为整车提供乘员状态信息，以便在安全带没有系好的情况下提醒乘员确认安全带系好。作为本领域的公知常识或生活常识，“通孔”必然具有“排气通气”的功能，由于涉案专利中的“通孔”与压力传感器是一体设计的，所以客观技术问题的认定不能仅以“通孔”本身具有的功能来确认，应将“通孔”置于压力传感器中来认定。涉案专利在仅有两页的说明书中，反复表述“传感器的各个传感单元可以重复测量”，因此，本领域技术人员基于涉案专利发明主题、发明目的，以及说明书对传感单元结构、具体实施方式的记载，可以明确地认识到，传感器单元的技术效果是“测量”汽车座椅上的载荷，故涉案专利实际解决的技术问题既非专利权人声称的“排气通气”，亦非一审法院归纳总结的“保持平衡”，而是“识别最低载荷”。一审法院实际是将最接近对比文件解决的技术问题认定为涉案专利解决的客观技术问题，其在此基础上对涉案专利原权利要求 2 创造性的认定有误，对此予以纠正。

根据《中华人民共和国行政诉讼法》第六条之规定，人民法院审理行政案件，对行政行为是否合法进行审查。本案中，一审法院在已确认专利复审委员会未认定技术问题的同时，对专利复审委员会违反《专利审查指南》的作法进行了弥补，将涉案专利解决的技术问题归纳为“保持平衡”，既不符合涉案专利解决技术问题的实际，又给专利权人带来了审级损失，一审法院作法亦有不妥，对此亦予纠正。

二审法院据此判决：撤销一审判决以及被诉决定；由专利复审委员会重新作出审查决定。一、二审案件受理费各 100 元，均由专利复审委员会负担。

本院再审查明，一、二审法院查明的事实属实，本院予以确认。

本院另查明，关于原权利要求2中的通孔，涉案专利说明书中记载："在传感器的中间层和塑料薄膜层分别开有专用通道及（或通孔）。以上所述的结构与上下层塑料薄膜上在中间层专用通孔的区域上的印刷电路，共同构成传感器的传感单元及使其得以工作的必要条件"。"在带有胶质材料的中间层7上相应于印刷电路4、5的区域设置有中间层的通孔3，在带有胶质材料的中间层7和塑料薄膜层6、8上还分别开有中间层通道1和塑料薄膜层通孔2。所述的传感器主要载体11，印刷电路4、5，设置在所述中间层上的通孔3和通道1，以及设置在塑料薄膜层6、8上的通孔2共同构成了压力传感器的传感单元。及使其得以工作的必要条件"。涉案专利说明书中并未记载通孔本身在传感器中的具体作用、功能或技术效果。

本院认为，本案的焦点问题在于涉案专利原权利要求2是否具备创造性。具体涉及以下三个方面的问题：（一）在认定原权利要求2是否具有创造性时应如何适用"三步法"；（二）如何考虑原权利要求2实际解决的技术问题；（三）原权利要求2是否具备创造性。

（一）关于在认定原权利要求2是否具有创造性时应如何适用"三步法"

首先，专利法第二十二条第三款规定："创造性，是指与现有技术相比，该发明具有突出的实质性特点和显著的进步，该实用新型有实质性特点和进步。"在判断要求保护的发明创造相对于现有技术是否显而易见时，通常可以按照以下三个步骤进行：第一，确定最接近的现有技术；第二，确定发明的区别特征和发明实际解决的技术问题；第三，判断要求保护的发明对本领域的技术人员来说是否显而易见。上述三个步骤，在司法实践中通常被称为"三步法"。"三步法"是认定发明创造是否显而易见的"一般性判断方法"。

"三步法"的适用有利于对权利要求是否具有专利法第二十二条第三款规定的创造性作出客观、准确的认定。但也要注意到"三步法"并非判断创造性的唯一方法。在准确、客观、全面地理解权利要求限定的技术方案和现有技术的基础上，不排除对创造性的判断也可以通过"三步法"以外的其他方法来完成。而且，无论采用哪种方法，理应得到相同的结论。当然，本院也注意到在《专利审查指南》中，有关"突出的实质性特点（显而易见）"的认定方法也只是规定了"三步法"，并没有明确记载其他的判断方法。且长期以来，在专利审查实践以及司法实践中，"三步法"始终是认定创造性最为重要、最为基本的方法。因此，在认定发明创造是否显而易见，是否具有创造性时，一般应当通过“三步法”来进行判断，但也有必要给其他判断方法留出适用、发展的空间。

由于“三步法”是判断权利要求是否显而易见的一种方法，故对于“三步法”的适用，包括“三步法”中每一个步骤的适用，都应当立足于并服务于认定发明创造是否显而易见，是否具有创造性这个根本目标。因此，在正确认定区别技术特征的基础上，即使被诉决定或一审法院对“第二步”中的实际解决的技术问题未作认定，或者认定错误，亦不必然影响对权利要求是否具有创造性作出正确的认定。本案中，当事人争议的焦点在于原权利要求 2 是否具有创造性。二审法院并未对原权利要求 2 的创造性作出实体认定，而是以一审法院在“三步法”的“第二步”中认定的实际解决的技术问题存在错误，被诉决定未认定实际解决的技术问题，以及避免审级损失为由，即判决撤销被诉决定和一审判决，不利于行政争议的实质性解决，本院予以纠正。

（二）如何考虑原权利要求 2 实际解决的技术问题

关于“实际解决的技术问题”的确定，《专利审查指南》第二部分第四章 3. 2. 1. 1“判断方法”规定：“首先应当分析要求保护的发明与最接近的现有技术相比有哪些区别特征，然后根据该区别特征所能达到的技术效果确定发明实际解决的技术问题”“应当根据审查员所认定的最接近的现有技术重新确定发明实际解决的技术问题。重新确定的技术问题可能要依据每项发明的具体情况而定。作为一个原则，发明的任何技术效果都可以作为重新确定技术问题的基础，只要本领域的技术人员从该申请说明书中所记载的内容能够得知该技术效果即可。”

本院认为，参照上述《专利审查指南》的规定，在正确认定发明相对于最接近的现有技术的区别技术特征的基础上，应当以涉案专利说明书为依据，根据该区别技术特征在权利要求保护的技术方案中所实现的作用、功能、技术效果，来确定其实际解决的技术问题。如果在涉案专利的说明书中没有记载该区别技术特征的作用、功能、技术效果，则可以结合本领域的公知常识，以及区别技术特征与权利要求中的其他技术特征的关系等因素作出认定。需要指出的是，在对区别技术特征在权利要求技术方案中的作用、功能、技术效果作出认定的基础上，如果继续在此基础上对实际解决的技术问题作出不同程度的抽象或者概括，则难免仁者见仁智者见智，引发不必要的争议。尤其是像本案这样，在权利要求中具有多个区别技术特征，或者权利要求本身属于减少技术特征的省略发明时，更是难以抽象、概括出一个单一的实际解决的技术问题。在此种情况下，应当回到区别技术特征在权利要求限定的技术方案中的作用、功能和技术效果本身，而不必刻意、主观地去抽象、概括一个实际解决的技术问题。如此，与“三步法”的第三步的认定亦不矛盾。即如果现有技术给出了将区别技术特征应用于权利要求技术方案的启示或者教导，并且本领域技术人员能够认识到此种应用可实现相同或者实质相同的作用、功能、技术效果的，则可以据此认定现有技术整体上给出了技术启示。

本案中，虽然涉案专利的说明书中没有记载区别技术特征 3 和 3’ 中的“通孔”的作用、功能、技术效果。但本领域技术人员在阅读涉案专利说明书后，能够认识到“通孔”在原权利要求 2 中的作用是在受压载荷时便于中间层通道空腔中的空气排出，使得原本并无接触的印刷电路产生接触；在受压载荷移除后，使得空气可以通过通孔进入中间层通道中的空腔，隔绝印刷电路之间的电连接。故应当在此基础上，对现有技术是否整体上给出了有关区别技术特征 3、3’ 的技术启示作出认定。二审法院将实际解决的技术问题认定为“确定最低载荷”，缺乏事实依据，本院予以纠正。

（三）原权利要求 2 是否具备创造性

关于原权利要求 2 的区别技术特征，当事人并无争议。本案争议主要在于区别技术特征 3、3’ 能否给原权利要求 2 带来实质性特点和进步。

关于区别技术特征 3。在证据 2 图 2 公开的薄膜开关中，当薄膜朝向基板移动从而关闭接触时，在区域 14 和通道 36、38 的组合空间中实际移动的空气体积不会允许外部受污染的空气进入空间 14。排气通道既能使得开关内部与外部之间的空气流通，又能通过空间 14 和通道 36、38 的组合空间中实际移动的空气体积，来限制或防止外部灰尘、尘土和污染物被引入内部。证据 2 图 2 通过狭小和错综复杂的排气通道，能够在实现开关内外部压力平衡的情况下，防止受污染的空气进入开关内部，以达到防潮的效果。在不需要对开关内部进行防潮处理的情况下，本领域技术人员基于证据 2 公开的上述内容，很容易想到在薄膜上开设排气通道，以利于空腔内气体的排出和吸入，使得薄膜之间的电路接通或者断开。因此，证据 2 中给出了区别技术特征 3 的技术启示。

关于区别技术特征 3’。在证据 2 图 3 所示结构中，薄膜层上通孔形成通道 46，其与第一、第二基板之间形成的空腔 44 连通，并未直接与大气连通。由于第一、第二基板之间形成的空腔 44 为累积器，空腔 44 的尺寸允许整个连接通道结构中的少量空气移动到在开关操作期间薄膜的移动受到抑制的位置处。这种设置是在保证能够提供适应开关操作期间空气压力变化功能的基础上，为额外提供密闭防潮的功能而作出的。其实质上也能实现空腔 44 在受压后，其中的空气移动使得原本隔绝的薄膜开关产生接触的技术效果。在不需要防潮的情况下，本领域技术人员亦容易想到将第二基板和空腔 44 省略，使得通道 46 直接与大气连通以提供空气压力调节功能，通过空气的流通来实现薄膜之间电路连接通断的技术效果。

综上，本领域技术人员在证据 2 公开的技术内容和给出的技术启示下，能够显而易见地想到对证据 2 中的技术方案进行简化，以获得区别技术特征 3、3'，以及区别技术特征 3、3' 在权利要求 2 的技术方案中所实现的技术效果。因此，区别技术特征 3 和 3' 未给权利要求 2 带来实质性特点和进步。王贺、姚鹏有关原权利要求 2 具有创造性的主张不能成立。

由于王贺、姚鹏对于被诉决定中有关从属权利要求 3 ~ 7 的创造性的认定未提出具体的理由，故在其引用的权利要求不具备创造性的情况下，权利要求 3 ~ 7 亦不具有创造性。

综上，二审判决事实认定错误，法律适用错误，应予纠正。根据《中华人民共和国专利法》第二十二条第三款，《中华人民共和国行政诉讼法》第八十九条第一款第（二）项，《最高人民法院关于适用〈中华人民共和国行政诉讼法〉的解释》第一百一十九条第一款、第一百二十二条的规定，判决如下：

一、撤销北京市高级人民法院（2015）高行（知）终字第 3065 号行政判决；

二、维持北京知识产权法院（2015）京知行初字第 1298 号行政判决；

三、维持国家知识产权局专利复审委员会第 24570 号无效宣告请求审查决定。

一、二审案件受理费各 100 元，均由王贺、姚鹏负担。

本判决为终审判决。

审　判　长　王艳芳
审　判　员　杜微科
审　判　员　毛立华
二〇一八年十二月三十一日
书　记　员　张乘萌

2. 技术启示

139. 创造性判断中技术启示的认定

——再审申请人埃意（廊坊）电子工程有限公司与被申请人王贺、姚鹏、国家知识产权局专利复审委员会实用新型专利无效行政纠纷案

【裁判要旨】

对区别技术特征在权利要求技术方案中的作用、功能、技术效果作出认定的基础上，如果现有技术整体上给出了将区别技术特征应用于权利要求技术方案的技术启示，并且本领域技术人员能够认识到此种应用可实现相同或者实质相同的作用、功能、技术效果的，则可以据此认定现有技术整体上给出了技术启示。

【关键词】

实用新型专利　侵权　区别技术特征　技术启示

【案号】

最高人民法院（2018）最高法行再33号

【基本案情】

在本案中，王贺系专利号为200920095008.5、名称为“处于坐垫下表面或座椅骨架上的压力型安全带提醒传感器”的实用新型专利（即涉案专利）的专利权人。针对王贺修改后的权利要求书，即授权公告文本中的原权利要求2～7，国家知识产权局专利复审委员会（以下简称专利复审委员会）作出第24570号无效宣告请求审查决定（以下简称被诉决定）。该决定认为，原权利要求2与证据2附图2、附图3中的技术方案相比，具有4个区别技术特征。在证据2的图2或图3公开的实施例的基础上，结合证据5或公知常识，能够显而易见地得到涉案专利原权利要求2保护的技术方案。因此，原权利要求2不具备专利法第二十二条第三款规定的创造性。在其引用的权利要求不具备创造性的情

况下，权利要求3～7均不具备专利法第二十二条第三款规定的创造性。王贺、姚鹏不服，提起行政诉讼。北京知识产权法院对被诉决定认定的区别技术特征予以确认，并认为原权利要求2区别技术特征3、3’实际解决的技术问题是提供一种新的能够解决传感器内外部压力平衡问题的技术方案。经审理，对于王贺、姚鹏关于涉案专利具有创造性的主张不予支持，判决驳回其诉讼请求。王贺、姚鹏不服，提起上诉。北京市高级人民法院二审认为，传感器单元的技术效果是“测量”汽车座椅上的载荷，故涉案专利实际解决的技术问题既非专利权人声称的“排气通气”，亦非一审法院归纳总结的“保持平衡”，而是“识别最低荷载”。一审法院在已确认专利复审委员会未认定实际解决的技术问题的同时，对专利复审委员会违反《专利审查指南》的做法进行了弥补，将涉案专利解决的技术问题归纳为“保持平衡”，既不符合涉案专利解决技术问题的实际，又给专利权人带来了审级损失，应予纠正。据此判决撤销一审判决以及被诉决定。埃意（廊坊）电子工程有限公司（以下简称埃意公司）不服，向最高人民法院申请再审。最高人民法院裁定提审，并于2018年12月31日判决撤销二审判决，维持一审判决和被诉决定。

【裁判意见】

在本案中，最高人民法院还对创造性判断中技术启示的认定进行了论述。最高人民法院再审认为：在对区别技术特征在权利要求技术方案中的作用、功能、技术效果作出认定的基础上，如果继续在此基础上对实际解决的技术问题做出不同程度的抽象或者概括，则难免仁者见仁智者见智，引发不必要的争议。尤其是像本案这样，在权利要求中具有多个区别技术特征，或者权利要求本身属于减少技术特征的省略发明时，更是难以抽象、概括出一个单一的实际解决的技术问题。在此种情况下，应当回到区别技术特征在权利要求限定的技术方案中的作用、功能和技术效果本身，而不必刻意、主观地去抽象、概括一个实际解决的技术问题。如此，与“三步法”的第三步的认定亦不矛盾，即如果现有技术整体上给出了将区别技术特征应用于权利要求技术方案的技术启示，并且本领域技术人员能够认识到此种应用可实现相同或者实质相同的作用、功能、技术效果的，则可以据此认定现有技术整体上给出了技术启示。本案中，本领域技术人员在阅读涉案专利说明书后，能够认识到“通孔”在原权利要求2中的作用是在受压载荷时便于中间层通道空腔中的空气排出，使得原本并无接触的印刷电路产生接触；在受压载荷移除后，使得空气可以通过通孔进入中间层通道中的空腔，隔绝印刷电路之间的电连接。故应当在此基础上，对现有技术是否整体上给出了有关区别技术特征3、3'的技术启示作出认定。

中华人民共和国最高人民法院行政判决书

（2018）最高法行再33号[①]

140. 人民法院可否在专利无效行政诉讼程序中依职权引入公知常识

——再审申请人福建多棱钢业集团有限公司与被申请人厦门市集美区联捷铸钢厂、二审上诉人国家知识产权局专利复审委员会、原审第三人福建泉州市金星钢丸有限公司发明专利无效行政纠纷案

【裁判要旨】

在专利无效行政诉讼程序中，法院在无效宣告请求人自主决定的对比文件结合方式的基础上，依职权主动引入公知常识以评价专利权的有效性，并未改变无效宣告请求理由，有助于避免专利无效程序的循环往复，并不违反法定程序；法院在依职权主动引入公知常识时，应当在程序上给予当事人就此发表意见的机会。

【关键词】

专利无效诉讼　公知常识

【案号】

最高人民法院（2010）知行字第6号

【基本案情】

福建多棱钢业集团有限公司（以下简称多棱钢业集团）是名称为"一种钢砂生产方法"的01127387.9号发明专利（即本案专利）的权利人。针对本案专利，厦门市集美区联捷铸钢厂（以下简称联捷铸钢厂）、福建泉州市金星钢丸有限公

---

① 参见案例138裁判文书。

司（以下简称金星钢丸公司）分别向国家知识产权局专利复审委员会（以下简称专利复审委员会）提出无效宣告请求（一）和（二），请求宣告本案专利全部无效。专利复审委员会将两次无效宣告请求合并审理，于2006年8月7日作出第8585号无效宣告请求审查决定（以下简称第8585号决定），宣告本案专利全部无效。多棱钢业集团不服，提起行政诉讼。北京市第一中级人民法院一审判决撤销第8585号决定，责令专利复审委员会重新就本案专利作出无效宣告请求审查决定。北京市高级人民法院二审维持了一审判决。专利复审委员会随后重新成立合议组对上述两个无效宣告请求案进行审查。联捷铸钢厂针对本案专利再次提出了无效宣告请求（三），请求宣告本案专利全部无效。在专利复审委员会的审查程序中，关于无效宣告请求（一）和（二），联捷铸钢厂明确表示，使用附件1结合附件3，附件1结合附件16，附件1结合常规技术手段（包括技术手册、本领域的常规技术手段）来评价本案专利权利要求1和2的创造性。专利复审委员会经审查作出第11978号无效宣告请求审查决定（以下简称第11978号决定），维持本案专利有效。联捷铸钢厂不服，提起行政诉讼。北京市第一中级人民法院一审判决撤销第11978号决定。专利复审委员会、多棱钢业集团不服，提起上诉。在二审庭审中，联捷铸钢厂明确其请求宣告本案专利无效中争议的主要内容为：本案专利相对于附件1和附件3的结合不具备创造性；本案专利相对于附件1和附件16的结合不具备创造性；本案专利相对于附件1结合公知常识证据（附件6）不具备创造性。北京市高级人民法院二审认为，专利复审委员会在第11978号决定中作出的本案专利相对于附件1和3的结合具备创造性的认定事实不清，判决驳回上诉，维持一审判决。该判决在论述本案专利相对于附件1和3的结合是否具备创造性的问题时引用了附件6的内容。多棱钢业集团不服，向最高人民法院申请再审，其主要理由之一为，二审判决在评判附件1和附件3的结合对本案专利的创造性影响时引入了附件6，明显违反了审查规则，破坏了无效宣告请求人联捷铸钢厂自主决定的证据结合方式，剥夺了多棱钢业集团针对附件1、附件3和附件6的组合进行答辩的权利。最高人民法院审查查明，联捷铸钢厂和金星钢丸公司在无效宣告请求审查程序中提供附件5、附件6和附件7用于证明钢砂产品本身是已知技术，轴承钢的技术性能和热处理工艺都是本领域公知的，多棱钢业集团对附件5、附件6和附件7的真实性没有异议。最高人民法院于2011年5月5日作出驳回再审申请通知书，驳回了多棱钢业集团的再审申请。

【裁判意见】

最高人民法院审查认为：本案中，无效宣告请求人联捷铸钢厂和金星钢丸公司在无效宣告请求审查程序中提出了附件1和附件3的对比文件结合方式，而附件6本身属于公知常识的证据。多棱钢业集团的再审理由涉及法院在专利无效案件审理中，在无效宣告请求人自主决定的对比文件结合方式的基础上，是否可以依职权主动引入公知常识以评价专利权有效性的问题。由于公知常识是本领域技术人员均知悉和了解的，因此在专利无效案件行政诉讼程序中，法院在无效宣告请求人自主决定的对比文件结合方式的基础上，依职权主动引入公知常识以评价专利权的有效性，并未改变无效宣告请求理由，对双方当事人来说亦无不公，且有助于避免专利无效程序的循环往复，并不违反程序。当然，法院在依职权主动引入公知常识时，应当在程序上给予当事人就此发表意见的机会。本案中，联捷铸钢厂在一、二审程序中即主张使用附件6中公开的内容，且多棱钢业集团对附件6的真实性没有异议，在此情况下，原审法院引入附件6评价本案专利的效力并不违反法定程序。

中华人民共和国最高人民法院驳回再审申请通知书

（2010）知行字第6号

福建多棱钢业集团有限公司、厦门市集美区联捷铸钢厂、国家知识产权局专利复审委员会、福建泉州市金星钢丸有限公司：

申请再审人（一审第三人、二审上诉人）福建多棱钢业集团有限公司（以下简称多棱钢业集团）因与被申请人（一审原告、二审被上诉人）厦门市集美区联捷铸钢厂（以下简称联捷铸钢厂）、二审上诉人（一审被告）国家知识产权局专利复审委员会（以下简称专利复审委员会）、原审第三人福建泉州市金星钢丸有限公司（以下简称金星钢丸公司）发明专利无效行政纠纷一案，不服北京市高级人民法院于2009年9月25日作出的（2009）高行终字第492号行政判决（以下简称原审判决或者第492号判决），向本院申请再审。本院依法组成合议庭进行了审查，并于2010年3月2日和9月10日对本案进行了两次公开听证，多棱钢业集团委托代理人谢国栋、张珊，联捷铸钢厂法定代表人郑妙典及其委托代理人蒋洪义、徐满霞，专利复审委员会委托代理人朱明雅，金星钢丸公司委托代理人林天来出庭参加了两次听证，专利复审委员会委托代理人路传亮出庭参加了第二次听证。本案现已经审查终结。

多棱钢业集团申请再审称，原审判决在评判本专利相对于附件1和附件3的结合是否具备创造性时，所依据证据不足，事实认定错误，法律适用错误，程序违法，并且违反了既判力原则，请求撤销原审判决，对本案提审或指令再审，依法改判。其主要理由是：

（一）原审判决对本案多处关键事实认定错误。专利复审委员会在其作出的第11978号无效宣告请求审查决定（以下简称第11978号决定）中对本专利相对于附件1和附件3结合的创造性问题，专门进行了分析和评述，其认定本专利具备创造性的事实清楚。原审判决认定，专利复审委员会在第11978号决定中作出的本专利相对于附件1和3结合具备创造性的认定事实不清，该认定存在如下错误：1. 原审判决认定“根据本发明目的，本专利是‘直接作为钢砂原料的材料’”。本专利为方法专利，原审判决将本专利认定为产品专利，且认定为钢砂生产原料的专利而非钢砂产品的专利，这显然是错误的。2. 本专利属于选择性发明，对原料的选择与附件1相比十分严格，原审判决对区别特征（1）的相关事实认定错误。本专利是方法专利，选择的原料是“轴承厂生产轴承时冲切下来的边角废料”，该选择除包含“生产轴承”的限定以外，还明确包括对厂家的限定和对废料产生工序即“冲切”的限定。专业生产轴承的厂家保证了原料的品质，也确保原料的纯度不受其他废料的污染。本专利选材目的不仅在于轴承钢具有高碳含量，而且还包括如下考虑，生产轴承时要对轴承钢进行三次热锻压，会使轴承钢的金相组织产生变化，从而使得轴承钢的物理性能较稳定，所获得的钢砂较普通轴承钢制成的钢砂具有更优的性能；取材直接而严格、生产成本低且合理利用资源等。本专利中的冲切，一些教科书或专业辞典上也称为“冲裁”，是生产加工轴承过程的一个工序，即生产轴承时的冲孔，冲下来的边角废料是指被冲下的中间部分。附件1中的机械加工方式明确为冲孔、车削、剪切、切碎，不同于本专利中的冲切。原审判决将本专利发明认定为产品发明，简单地认定“本专利选取生产轴承的边角料的目的在于轴承自身的含碳量高于一般的钢废料，其硬度强，将其破碎制成的钢砂产品有较高的耐磨度”，将附件1的钢废料等同于本专利的选材，显然是错误的。此外，原审判决认定附件3与附件1结合能在本专利“采用轴承厂生产轴承时冲切下来的边角废料”技术方案上给本领域技术人员以技术启示是错误的。附件3公开的是“利用废轴承钢屑作部分原料”，其本身不等于轴承厂生产轴承时冲切下来的边角废料，附件3是直接熔炼钢液后用于铸造钢丸，并非本专利直接淬火后破碎。而且，本专利选取的原料要求铬含量比较高，从而提高钢砂的耐磨性，然而，附件1和附件3中有关铬的公开内容不但没有对本专利选材具有积极技术启示，而恰似给出的是相反的技术启示。3. 原审判决对区别特征（2）的相关事实认定错误。本专利说明书针对“两级破碎”具体记载了破碎的方式、使用的设备及产品多棱形钢砂的性能和用途。附件1公开的是在研磨机中对钢颗粒进行“研磨”以形成磨粒；附件1中从属权利要求2公开的研磨机种类包含了环式破碎机，但其说明书中并未对环式破碎机的工作方式、原理加以披露，也未提及其他的破碎方式；附件1中的两级研磨方法并不是针对粗磨料的生产，而是根据需要磨料的大小，尤其是针对粉末状磨料而进行选择的一种常规技术手段。实际上，研磨与破碎的工艺效果根本不同，破碎是指将较大的颗粒变为较小的颗粒，而研磨是指将棱角磨去以形成光滑的颗粒，会严重破坏产品的棱角，类似鹅卵石的形成过程，与本专利制得多棱形钢砂的技术效果相背离。因此，本领域技术人员通过阅读附件1，不能得到钢废料淬火后经两级破碎生成多棱形钢砂的相应技术启示。4. 原审判决对区别特征（3）的相关事实认定错误。关于本专利的钢砂产品为多棱形是否为附件1所公开的问题，原审判决分别从原料、加工方法和产品三个角度进行论述，其中存在多处错误。主要包括：首先，附件1说明书只是公开原料“优选来自机械操作的钢废料”，根本未公开多棱形来源于机械操作。其次，本专利并未指出其原料是多棱形，唯一可见原料形态的说明是本专利说明书中的“非球状块片料”，此处的“块片”状并非“块状”和“片状”，而是具有一定厚度体积的块状或饼状，较为粗大。附件1说明书中未具体说明“机械操作的钢废料”的形状，本领域技术人员根据常识可知，车削、剪切等操作下来的废料多为长条状、丝状或薄片状，而车削等工艺加工下来的废料多为薄片长条形，破碎后有较多平面，没有棱角，不利于切割石材且容易划伤石材表面。因此，本专利权利要求1所用原料与附件1中公开的原料形状均非多棱形，更不相同。最后，附件1生成的产品为颗粒状或粉末状，与本专利制得的多棱形钢砂产品形状不同。

（二）原审判决关于“可以从附件3推定出‘用破碎方法获得的钢砂产品’，而钢砂产品的形状不规则”的事实认定和法律适用均有错误。附件3公开的技术内容实际上与本专利说明书背景技术内容相同。附件3记载的产品虽然经过破碎工序，但其系由钢丸破碎而来，无法完全消除弧面，并非本专利要求保护的多棱形钢砂，不能给本领域技术人员以技术启示。原审判决中的上述认定，实质上没有分析对比附件3与本专利的区别特征，而是将方法专利所获得的产品作为对比对象，从产品推定现有技术的方法对专利方法有技术启示，违背了评价方法专利的创造性的审查标准。本专利与附件3相比，即使使用的原料相同，也属于要素省略的发明。相对于附件3，本专利减少了熔炼污染，节约了生产成本，提高了生产效率，而且制得的产品由于非由钢丸破碎而来，不带有弧面，具有多棱形，棱边更加锋利，从而在切割花岗岩等石料时效率高、效果好，当然具有创造性。原审判决无视本专利省略熔炼与造丸等工序，而将本专利的每个工序与现有技术相对比，显然违反了要素省略发明的创造性判断方法。

（三）原审判决存在程序违法问题。本案无效宣告请求审查程序口头审理时已确认评价本专利创造性的证据使用方式为三种：附件1结合附件3，附件1结合附件16，附件1结合常规技术手段（包括附件1结合附件5－7、9、10、11、14、15、17、18）。也就是说，附件1和附件6的结合是第三种结合方式之一，与附件1和附件3的结合方式是相互独立的，用于分别评价本专利权利要求1和权利要求2的创造性。然而，原审判决在评判附件1和附件3的结合对本专利的创造性影响时却引入了附件6，明显违反了审查规则，破坏了无效宣告请求人联捷铸钢厂自主决定的证据结合方式，剥夺了多棱钢业集团针对附件1、附件3和附件6的组合进行答辩的权利。

（四）原审判决对本案部分事实的认定违反既判力原则。原审判决在对区别特征（2）和（3）是否被附件1公开进行评述时，与北京市高级人民法院（2007）高行终字第25号行政判决（以下简称第25号判决）使用的对比文件完全相同，事实依据相同，但却作出了与该判决相反的事实认定，得出了相反的结论，严重违反了既判力原则。同一法院就同一事实作出的两个生效判决结论相反的情形，严重影响了法院判决的权威性，也导致社会公众以及专利复审委员会对法院的判决无所适从。

（五）专利权人在商业上取得的巨大成功也说明了本专利具有创造性。本专利方法的创新及其产品钢砂所具有的优于传统钢砂的优异性能，对石材加工的发展也起到显著作用。本专利产品被科技部火炬中心认定为高新技术产品，注册商标也获得中国驰名商标称号。国家最近制订的合金钢砂行业技术标准就是在多棱钢业集团的技术标准基础上制定的。2009年，为扶持多棱钢业集团专利钢砂出口，国务院关税税则委员会特增设税目予以免除关税。多棱钢业集团用本专利方法生产的钢砂，在销售收入、利税总额、产量等方面均居第一位，遥遥领先于同行业其他企业，且销售量在不断递增。

联捷铸钢厂辩称：本专利与附件1记载的技术方案几乎相同，明显不具有创造性，故专利复审委员会作出的第8585号无效宣告请求审查决定（以下简称第

8585 号决定）宣告其权利要求全部无效，符合事实，于法有据，前案二审判决即第 25 号判决撤销第 8585 号决定缺乏事实依据，其判决结论显属错误，依法应予纠正。联捷铸钢厂因不服第 25 号判决，曾于 2008 年 1 月 15 日向北京市高级人民法院申请再审。在北京市高级人民法院审判监督庭对该再审申请进行复查期间，专利复审委员会依据第 25 号判决重新作出第 11978 号决定，多棱钢业集团因不服第 11978 号决定提起本案行政诉讼。北京市高级人民法院审判监督庭因此建议联捷铸钢厂撤回前案再审申请并通过本案行政诉讼维护权益。联捷铸钢厂遂于 2008 年 12 月 19 日撤回上述再审申请。此后，本案一、二审判决均撤销了第 11978 号决定，否认了前案一、二审判决。多棱钢业集团在本案中提出的再审理由不能成立。主要理由有：

（一）本专利的全部权利要求相对于附件 1 均没有创造性，第 8585 号决定宣布其全部无效符合事实，于法有据，第 25 号判决撤销第 8585 号决定显属错误，应予纠正。1. 本领域技术人员能够结合附件 1 和附件 6 获得区别特征（1）。首先，本专利与附件 1 公开的原料仅材质不同，前者为轴承钢，后者为钢。本专利与附件 1 的原料均来源于机械操作，本专利是“采用非球状块片料”破碎成钢砂，呈块状或片状，故本专利与附件 1 的原料产生方式和形状无异。本专利中的“冲切”无论是解释为“冲孔”，还是“冲孔、裁切”，均已被附件 1 所公开。其次，本专利说明书明确指出：“轴承钢具有较好的淬硬性和耐磨性是业内人士都熟知的”，可见，连专利权人都已承认，利用轴承钢作为原料材质可以制造出硬度较高的钢砂，这是本领域技术人员的公知常识。此外，附件 6 明确记载了轴承钢（GCr15）的含碳量为 0.95% ~1.05%，而附件 1 说明书还公开了“粗磨料的性能可以通过调整材料的含碳量来改进。对于需要磨料的硬度为最大的极端磨料切割来说，其碳含量可以增加到约 0.6% 至约 1.2%”和“如果原料的初始碳含量的重量百分比为约 0.3% 或更大，那么可以不增加碳而达到满意的脆化处理反应”的内容。本领域的技术人员根据附件 1 所公开的上述两项技术内容可以得知，选用初始碳含量在 0.6% 至 1.2% 之间的钢材料作为原料就可以制得硬度较高的磨料钢砂，而附件 6 公开的轴承钢的初始含碳量正好落入上述范围，因此，熟知附件 6 公开的公知常识的本领域技术人员，根据附件 1 公开的内容，为制得硬度较高的钢砂，无需付出创造性劳动就可以想到选取轴承钢废料作为制造钢砂的原料。最后，本专利采用的原料是否经过热锻压以及热锻压对钢砂物理性能的影响与评价本专利的创造性无关。若如多棱钢业集团所述，本专利选取的原料经过了三次热锻压，并且这一工艺是本领域非公知的，则只有在本专利说明书对此工艺进行了明确记载的情况下，才能认定本专利的方法包括这一工艺。即使如多棱钢业集团所解释的，权利要求书中记载的“生产轴承”即隐含了要经过三次热锻压的工艺，那么前提是这一工艺是本领域所公知的，否则，本领域技术人员是无法在本专利说明书没有予以任何记载的情况下知晓这一隐含的工艺的。而且，本专利记载的内容表明，本专利利用的是轴承钢的化学性能，即含碳、含铬量高，以实现获得硬度和耐磨性较高的钢砂的发明目的，与轴承钢的物理性能无关；本专利选材的真正目的在于节约成本，而非多棱钢业集团主张的利用轴承生产过程中采用的热锻压工艺。此外，本专利也没有就热锻压对实现本发明的发明目的带来的有益效果进行任何说明。因此，多棱钢业集团主张热锻压工艺给本专利带来了创造性缺乏事实依据。2. 第25号判决认定的区别特征（2）实质上仅仅是字面表述上的区别，而非实质性区别，因为附件1公开的“两级研磨”实质上已包含有“两级破碎”的技术方案。本专利说明书明确描述，本专利权利要求1所称的两级破碎实质上是指粗碎和细碎。本专利说明书提及的两级破碎所使用的设备并未被记载在权利要求1中，不能将这些设备特征解释到本专利权利要求1中去。附件1已公开了通过粗磨和细磨这两级研磨来制成细磨料的工艺。附件1中的权利要求2明确指出：“研磨机是……环式破碎机。”因此，附件1已经明确启示本领域的技术人员，可以使用环式破碎机作为生产钢砂的设备，此时，附件1说明书中公开的粗磨和细磨的两级研磨自然也就变成了粗碎和细碎的两级破碎。3. 第25号判决认定的区别特征（3）不符合事实。附件1尽管没有明确指出其产品为多棱形，但其原料系通过冲、切等机械操作而形成的钢废料，形状与本专利权利要求1所述的“轴承厂生产轴承时冲切下来的边角废料”的形状，显然是相同的，即呈多棱形。此外，附件1公开的加工方法包括破碎，采用破碎加工方法对多棱形的原料进行加工，必然会使破碎后所得到的钢砂也为多棱形，这与本专利权利要求1所述的通过两级破碎所形成的多棱角钢砂是相同的。因此，本领域的技术人员可以毫无歧义地从附件1中得出采用破碎方法处理多棱形原料得到的钢砂系多棱形的这一结论。4. 本专利权利要求2也不具有创造性。本专利权利要求2在权利要求1中所述技术方案的基础上，增加了回火、筛分的附加技术特征，而附件1实际上已经公开了对破碎后的钢砂进行回火，之后再筛分出不同粒度这一工艺。因此，在本专利权利要求1不具有创造性的基础上，本专利权利要求2亦因其附加技术特征已被附件1公开而丧失创造性。

（二）第11978号决定缺乏事实和法律依据，本案一、二审判决撤销第11978号决定符合事实，于法有据，依法应予维持。1. 本专利权利要求1相对于附件1和附件3的结合不具备创造性。利用轴承钢作为原料材质可以制造出硬度较高的钢砂，这是本领域技术人员的公知常识，本专利说明书也明确记载“轴承钢具有较好的淬硬和耐磨性是业内人士都熟知的”。同时，附件3也明确公开了利用轴承钢废料作为制造钢砂原料的实例，其记载的“利用废轴承钢屑作部分原料”“可取得与含硼钢丸同样的效果”等内容，实际上已对本领域技术人员给出了使用轴承钢废料作为制造原料可得到硬度较高的钢砂的技术启示。将这种技术启示与附件1所公开的通过机械操作方式形成的块、片状钢废料相结合，本领域的技术人员无需经过创造性劳动就可以得到本专利权利要求1所述的采用生产轴承时冲切下来的块、片状边角废料作为钢砂制造原料的技术方案。2. 由于本专利权利要求2的附加技术特征已被附件1所公开，故在权利要求1相对于附件1和附件3的结合不具备创造性的情况下，权利要求2相对于上述结合也没有创造性。

（三）本专利不属于选择发明，即便属于选择发明也不具备创造性。附件3已经明确公开了轴承钢这一材质，本专利与附件3在选材上并无不同。附件1虽然没有明确公开轴承钢这一原料，但是其公开的选用初始碳含量在0.6%至1.2%之间的钢材料作为原料包含了附件6所公开的轴承钢的初始含碳量0.95%～1.05%，因此，对本领域技术人员来说，附件1实际上已经隐含了选用轴承钢材质的技术内容。此外，即便本专利属于选择发明，也不能使本专利具备创造性。根据《专利审查指南》相关规定，“在进行选择性发明创造性判断时，选择所带来的预料不到的技术效果是考虑的主要因素”。本专利选择轴承钢材质的原因在于轴承钢具有较好的淬硬性和耐磨性，这种选择并没有取得预料不到的技术效果。此外，自20世纪80年代开始，本专利请求保护的技术方案事实上就已经被国内钢砂行业广泛使用，成为公知公用的技术内容。多棱钢业集团为了达到市场垄断的目的，将早已被本行业公知公用的技术方案申请专利据为己有，进而打击对手、排挤同行，其行为严重损害了本行业的公共利益，违背了专利制度的创立宗旨。

金星钢丸公司未提交书面意见陈述，其在本院听证中的意见陈述与联捷铸钢厂的答辩意见基本一致。

专利复审委员会在向本院提交的书面答辩状中称：1. 表面上看，本案涉及的两个生效判决（即第25号判决和第492号判决）对被诉的无效宣告请求审查决定使用的对比文件不同，但实质上附件3不但没有给出其可能与附件1结合的技术启示，反而给出了相悖的技术教导。2. 本案涉及的两个生效判决在区别特征（2）和（3）对本专利的贡献上认定明显矛盾。这种矛盾客观上导致专利复审委员会在执行本案涉及的两个生效判决时充满困惑，舍弃或执行任何一个均无法律依据，同时也损害了行政决定的权威性。本案具有很强的代表性，希望提审涉及的两个生效判决，在解决当事人讼累的同时，消除专利复审委员会在执行判决时的茫然，从根本上统一关于发明的创造性审查标准。专利复审委员会在本院第一次听证时表示，其不认可第25号判决，第492号判决与第25号判决针对同样的事实作出不同认定，但其要执行第492号判决，两个判决存在冲突，希望本院予以判定。

本院经审查查明，本案涉及的发明专利（即本专利）的权利要求及围绕本专利的两次无效宣告请求审查程序和后续诉讼程序的相关情况如下：

本专利的专利号为01127387.9，名称为“一种钢砂生产方法”，申请日为2001年9月6日，授权公告日为2005年2月16日，专利权人为多棱钢业集团。授权公告的权利要求书为：“1. 一种钢砂生产方法，其特征在于将轴承厂生产轴承时冲切下来的边角废料，进行淬火，淬火后分两级破碎，筛分得到不同粒度的钢砂，制得多棱形的钢砂。2. 根据权利要求1所述的一种钢砂生产方法，其特征在于所述经破碎后的钢砂，再进行回火后筛分，得到不同粒度的钢砂。”

联捷铸钢厂、金星钢丸公司针对本专利分别于2005年9月16日和2005年9月28日向专利复审委员会提出了无效宣告请求（一）和（二），请求宣告本专利全部无效，其理由是本专利不符合专利法第二十二条第三款有关创造性的规定。联捷铸钢厂、金星钢丸公司提交了相同的18份附件作为证据使用。专利复审委员会将两次无效宣告请求合并审理，于2006年8月7日作出第8585号决定，认为本专利权利要求1－2所要求保护的技术方案相对于附件1不具备创造性，宣告本专利全部无效。

多棱钢业集团不服第8585号决定，向北京市第一中级人民法院提起诉讼。北京市第一中级人民法院经审理后认为：本案中，多棱钢业集团主张本专利与附件1相比，存在三个区别特征：（1）本专利采用轴承厂生产轴承时冲切下来的边角废料，附件1采用机械操作的钢废料；（2）本专利是淬火后分两级破碎，而附件1是淬火后两级研磨；（3）本专利钢砂产品为多棱形，适于切割坚硬材质，而附件1产品没有明显的棱角，不具有切割坚硬材质的性能。关于区别特征（1），本专利选取生产轴承钢的边角废料作为原料的目的在于，轴承钢自身的含碳量高于一般的钢废料，其硬度强，将其破碎制成的钢砂产品有较高的耐磨度。而轴承钢的含碳量在附件6中已经公开，系公知常识，而附件1中也给出了通过在一般的钢废料中加碳的方法来提高其硬度的技术启示，本领域的技术人员可以根据生产产品的性能需求和用途，选择是否在一般的钢废料中增碳的步骤，这是一种常规的技术选择手段，不需要付出创造性的劳动。因此，区别特征（1）不属于本专利与附件1的实质性差别，不会给本专利带来突出的实质性特点。区别特征（2）和（3）与附件1相比，具有突出的实质性特点和显著进步，具有创造性。综上，北京市第一中级人民法院依照《中华人民共和国行政诉讼法》第五十四条第（二）项第1目、第2目之规定，于2006年12月13日作出（2006）一中行初字第1159号行政判决（以下简称第1159号判决）：一、撤销专利复审委员会作出的第8585号决定；二、专利复审委员会重新就本专利作出无效宣告请求审查决定。

多棱钢业集团、专利复审委员会和联捷铸钢厂、金星钢丸公司均不服上述第1159号判决，提起上诉。北京市高级人民法院二审认为：区别特征（1）是使用轴承厂生产轴承时冲切下来的边角废料作为原料，而不是选取生产轴承钢的边角废料作为原料。本专利说明书中并未记载本专利的发明目的是轴承钢自身的含碳量高于一般的钢废料，其硬度强，将其破碎制成的钢砂产品有较高的耐磨度，因此，一审判决在认定本专利发明目的时有误。使用轴承钢生产轴承，与生产轴承钢是不同的生产过程，故一审判决认定“本专利选取生产轴承钢的边角废料作为原料”是错误的。本专利权利要求1及说明书中未记载根据需要在原料中增碳的技术方案，本专利权利要求1记载的技术方案是使用符合要求的原料，生产出硬度强、耐磨度高的钢砂，而附件1公开的是根据生产产品的性能需求和用途，选择是否在一般的钢废料中加碳，两者在原料选择上确有不同，上述不同本领域普通技术人员不能轻而易举地想到，故本专利权利要求1的区别特征（1）与附件1相比具有突出的实质性特点和显著的进步。本专利权利要求1中记载的技术方案将生产轴承时冲切下来的边角废料在淬火后进行两级破碎，生成的产品是形状不规则并有棱角的钢砂。本专利说明书记载了破碎的方式、使用的设备及多棱形钢砂的性能和用途。附件1中独立权利要求1（d）项中公开的是在研磨机中对钢颗粒进行“研磨”以形成磨粒。虽然其从属权利要求2公开的研磨机种类包含了环式破碎机，但其“优选实施方式的说明”中并未对环式破碎机的工作方式、原理加以披露，也未提及其他的破碎方式。尽管研磨机通过研磨可以生成最大直径为2mm的粗磨料，但两级研磨方法并不是针对粗磨料的生产，而是根据需要磨料的大小可以进行选择的一种常规技术手段。因此，本领域技术人员通过阅读附件1，不能得到钢废料淬火经两级破碎生成多棱形钢砂的技术启示，基于附件1生产的产品也不能达到本专利多棱形钢砂的相应技术效果。因此本专利权利要求1与附件1相比的区别特征（2）、（3）与附件1相比，具有突出的实质性特点和显著进步，具备创造性。附件1记载钢废料在淬火前进行“破碎”，其目的在于将较小的钢废料分解为较小的不规则碎块，便于淬火后研磨。本专利中记载的两级破碎是为了筛分得到不同粒度的钢砂，制得多棱形钢砂。附件1中记载的淬火前的“破碎”与本专利记载的淬火后的“破碎”的目的和作用不同，不具有可比性。一审法院认定本专利权利要求1与附件1相比具有三个区别特征是正确的，但在对上述三个区别特征与附件1进行对比时，错误地将“生产轴承的边角废料”认定为“生产轴承钢的边角废料”，故应予纠正。一审法院对本专利权利要求1的区别特征（2）和（3）与附件1的对比结论是正确的。综上，第1159号判决认定事实清楚，适用法律正确。北京市高级人民法院于2007年4月17日作出（2007）高行终字第25号行政判决：驳回上诉，维持原判。

在上述第25号判决作出后，专利复审委员会根据专利法及《专利审查指南》的相关规定，重新成立合议组对上述两个无效宣告请求案进行审查。联捷铸钢厂针对本专利于2007年5月25日再次向专利复审委员会提出了无效宣告请求（三），请求宣告本专利全部无效，其理由是本专利不符合专利法第二十二条第二款、第三款和第二十六条第三款的规定，同时提交了3份附件。针对上述无效宣告请求（三），专利权人多棱钢业集团于2007年7月26日提交了意见陈述书及反证，反证是期刊《石材》1994年第5期上的封面、目录页、第32－34页上的“砂锯磨料锯割运动、磨损失效机理及三种材质的磨料对比研究”的复印件。专利复审委员会根据《专利审查指南》的相关规定，将上述三次无效宣告请求进行合并审查。在专利复审委员会的审查程序中，关于无效宣告请求（一）和（二），联捷铸钢厂明确表示，使用附件1结合附件3，附件1结合附件16，附件1结合常规技术手段（包括技术手册、本领域的常规技术手段）来评价本专利权利要求1和2的创造性。专利复审委员会经审查，于2007年11月30日作出第11978号决定，维持本专利有效。

专利复审委员会在第11978号决定中认为：1. 关于本专利相对于附件1和附件3的结合的创造性问题。附件1公开了一种废金属再生的方法，其中原料优选来自机械操作的钢废料，经过净化和干燥后，根据生成磨粒硬度的要求而选择是否提高原料的含碳量，原料经过淬火后在研磨机中研磨，产物经过粉碎和筛选后可以用作粗磨料，生成的磨粒根据筛分粒度可用作砂轮、金刚砂布、砂纸等研磨材料。可见，本专利权利要求 1 所要求保护的技术方案与附件 1 所公开的技术内容相比，至少存在以下区别特征：(1) 本专利采用轴承厂生产轴承时冲切下来的边角废料，而附件 1 使用的是机械操作的钢废料；(2) 本专利在淬火后分两级破碎，而附件 1 是淬火后两级研磨；(3) 本专利钢砂产品为多棱形，适于切割坚硬材质，附件 1 产品没有明显的棱角，不具有切割坚硬材质的性能。附件 3 公开了一种钢丸（砂）的制取设备和工艺，其可选用废轴承钢屑作部分原料，熔炼成钢液后经喷射法、离心法等工艺制成钢丸，再经冷却、脱水、干燥、筛分、选圆、破碎、筛分、热处理后，制得钢砂和钢丸，其中热处理工艺可采取淬火加回火工艺，也可以采用等温淬火工艺。可见，附件 3 使用的原料是废轴承钢屑，直接用于熔炼钢液后造钢丸，不同于本专利中使用的原料，也没有给出本专利中使用生产轴承时冲切下来的边角废料作为原料的技术启示，而且本领域的技术人员根据附件 1 和附件 3 公开的技术内容没有给出将本专利原料直接淬火后经两级破碎生产多棱钢砂的技术启示，且本专利权利要求 1 所限定的技术方案得到的钢砂为多棱形，适于切割坚硬的石材。因此本专利权利要求 1 所要求保护的技术方案具备突出的实质性特点和显著的进步，符合专利法第二十二条第三款所规定的创造性。本专利权利要求 2 对权利要求 1 进行了进一步的限定，在权利要求 1 具备创造性的前提下，权利要求 2 也具备专利法第二十二条第三款所规定的创造性。2. 关于本专利相对于附件 1 和附件 16 的结合的创造性问题。本专利权利要求 1 和权利要求 2 所要求保护的技术方案相对于附件 1 和附件 16 的结合具备创造性。3. 关于本专利相对于附件 1 与公开使用证据或者本领域的常用技术手段（证据包括附件 6）结合的创造性问题。本专利相对于附件 1 与公开使用证据或者本领域的常用技术手段结合具备创造性。其中，附件 6 没有公开本专利权利要求 1 所要求保护的技术方案与附件 1 所公开的技术内容的区别特征，并且也没有给出得到上述区别特征及将区别特征与附件 1 进行结合的技术启示。

联捷铸钢厂不服第 11978 号决定，向北京市第一中级人民法院提起诉讼称，第 11978 号决定认定事实不清，适用法律错误，应予以撤销。主要理由如下：1. 第 11978 号决定关于本专利权利要求 1 与附件 1 的区别特征的认定严重违背了事实，显属错误。本专利权利要求 1 相对于附件 1 和申请日前已公开的对比文件（即附件 3、附件 16）或公知常识（即附件 6、本专利说明书所指出的本领域的公知常识）的结合不具备创造性。2. 本专利权利要求 2 的技术方案和权利要求 1 相比，仅在“破碎”之后增加了一项回火工艺。附件 7、附件 14 和附件 15 作为公知常识，均证明了对轴承钢进行热处理（即回火、淬火等）是本领域的公知技术。因此，在本专利权利要求1不具备创造性的基础上，权利要求2也不具备创造性。专利复审委员会辩称：上述三个区别特征确系本专利与现有技术的区别，北京市第一中级人民法院和北京市高级人民法院的相应判决书均有明确的认定。专利复审委员会坚持第11978号决定中的意见。请求法院判决驳回联捷铸钢厂的诉讼请求，维持第11978号决定。第三人多棱钢业集团陈述意见称：联捷铸钢厂的诉讼理由不成立，专利复审委员会认定事实清楚，适用法律适当。主要理由如下：1. 第11978号决定对本专利权利要求1所具有区别特征的认定事实清楚，本专利权利要求1具有创造性。第11978号决定认定的区别特征是由第25号判决认定的。附件3、附件6和附件16均没有给出有关区别特征（1）的技术启示。本专利说明书虽然提到“轴承钢具有较好的淬硬性和耐磨性是业内人士都熟知的”，但这仅仅是发明人在申请日时的断言，据此不能证明所断言的内容当然就属于已有技术的组成部分，且该断言被记载在本专利申请日后公布的专利说明书中，其内容也只能在本专利文件公开后才能成为公知。因此，本专利权利要求1中的工艺方法相对于附件1与附件3、附件16或附件6的组合具有创造性。2. 本专利权利要求2具有创造性。3. 本发明具有的突出实质性特点使其具有显著和优异的技术经济效果，且在商业上也获得了成功。

北京市第一中级人民法院一审审理认为：专利复审委员会认定本专利与附件1所公开的技术内容相比存在区别特征(1)～(3)的事实清楚。专利复审委员会虽然认定了本专利与现有技术存在区别特征(1)～(3)以及附件3公开的技术内容，但是专利复审委员会在第11978号决定中没有具体评述附件1结合附件3公开的技术内容对本专利没有技术启示。因此，专利复审委员会认定相对于附件1和3的结合，本专利具备创造性的结论事实不清。专利复审委员会认定本专利权利要求1所要求保护的技术方案相对于附件1和附件16的结合具备创造性的结论正确。虽然，在第11978号决定之前已经有第1159号判决和第25号判决对第8585号决定根据附件1结合附件6宣告本专利无效进行了判决，但本案第11978号决定是专利复审委员会根据第1159号判决和第25号判决对无效宣告请求人在第二次口审中确定的无效宣告请求理由进行重新审查后作出的新行政决定。根据《中华人民共和国行政诉讼法》第五条的规定，人民法院审理行政案件，对被诉具体行政行为进行合法性审查。因此，第三人多棱钢业集团认为区别特征(1)～(3)已经被生效判决拘束的主张缺乏事实和法律依据，不予支持。综上，专利复审委员会作出的第11978号决定认定事实不清，主要证据不足，应予撤销。依照《中华人民共和国专利法》第二十二条第三款和《中华人民共和国行政诉讼法》第五十四条第（二）项第1目之规定，并参照《专利审查指南》第二部分第四章第3节规定，北京市第一中级人民法院于2009年1月9日作出（2008）一中行初字第1467号行政判决（以下简称第1467号判决）：撤销专利复审委员会作出的第11978号决定。

专利复审委员会、多棱钢业集团不服上述第1467号判决，向北京市高级人民法院提起上诉。专利复审委员会上诉称：第11978号决定是执行司法判决，其中所认定的事实被生效的司法判决所拘束，一审法院判决认定事实不清，适用法律错误，与生效判决明显冲突。请求撤销一审判决，维持第11978号决定。多棱钢业集团上诉称：一审法院判决认定事实不清，适用法律错误，请求撤销一审判决，维持第11978号决定。主要理由与其一审意见陈述的内容一致。联捷铸钢厂的答辩意见与一审起诉意见一致，请求驳回上诉，维持一审判决。

在二审庭审中，联捷铸钢厂及多棱钢业集团对第11978号决定中关于附件6为国家标准或者国家公布的行业标准且具有专利法意义上的公开性的相关内容没有争议。针对第11978号决定中关于“本专利相对于附件1与公开使用证据或常规技术手段的结合的创造性问题”，联捷铸钢厂坚持使用附件6中公开的内容，并明确争议的主要内容为：1. 本专利相对于附件1和附件3的结合不具备创造性；2. 本专利相对于附件1和附件16的结合不具备创造性；3. 本专利相对于附件1结合公知常识证据（附件6）不具备创造性。同时，联捷铸钢厂放弃第11978号决定中的其他内容。

北京市高级人民法院二审审理认为：本案争议的焦点问题是，本专利是否符合专利法第二十二条第三款有关创造性的规定。

本专利是“一种钢砂生产方法”，其发明目的是“旨在寻找一种直接可作为钢砂原料的材料，并减少钢砂弧度，提高摩擦力”。本专利权利要求1所保护的技术方案是“将轴承厂生产轴承时冲切下来的边角废料，进行淬火，淬火后分两级破碎，筛分得到不同粒度的钢砂，制得多棱形的钢砂”。根据联捷铸钢厂和金星钢丸公司的主张，专利复审委员会将附件1作为本专利最为接近的现有技术进行对比，符合《专利审查指南》的规定。根据联捷铸钢厂和多棱钢业集团无争议的陈述，专利复审委员会认定本专利与附件1所公开的技术内容相比存在的区别特征（1）～（3）的事实清楚。

根据本发明目的，本专利是“直接作为钢砂原料的材料”。本专利采用的是轴承厂生产轴承时冲切下来的边角废料，而附件1使用的原料是“通过冲压、车削、剪切、切割等获得，最佳为机械加工过程中产生的钢铁边角料机械操作的钢废料”。所以，附件1的“钢废料”是机械加工后产生的钢废料，生产轴承本身就要采用冲、切等机械生产方式。本专利选取生产轴承的边角料的目的在于轴承自身的含碳量高于一般的钢废料，其硬度强，将其破碎制成的钢砂产品有较高的耐磨度。附件3是“钢丸（砂）的制取设备和工艺”，其中公开了“利用废轴承钢屑作部分原料”，以提高产品的硬度和耐磨度。本专利说明书中明确记载了“本发明找到了制作钢砂的最好材质是轴承钢，它含碳高，具有较高的淬硬性而且有较高的含铬量提高了钢砂的耐磨性，硬就能生成锋利的棱角，提高切割效率。耐磨就降低了消耗”“轴承钢具有较好的淬硬性和耐磨性是业内人士都熟知的”。而附件6国家部颁标准——《铬轴承钢技术条件》中已经公开了轴承钢的含碳量数值。因此，附件1和附件3结合对本领域技术人员实现本专利权利要求1“采用轴承厂生产轴承时冲切下来的边角废料”的技术方案具有技术启示。

本专利是在淬火后分两级破碎，附件1是淬火后两级研磨，两者的区别是在淬火后分两级破碎或者两级研磨。本专利说明书记载的是“本发明采用两级破碎，粗碎用鄂式破碎机，细碎用辐式破碎机……对于粗大的冲切料本发明采取先用鄂式破碎机将其轧碎成小块，而后进行细碎，破碎成钢砂”。附件1公开了“脆化的钢废料在研磨机90中被研磨……其生成产物粉碎和筛选后可以用作粗磨料（从10目至约200目，0.075mm至2mm），如果有需要，小到2至10微米的粉末可以通过另外的研磨或碾磨技术制成”。因此，附件1公开了“研磨机是……环式破碎机”，通过粗磨和细磨这两级研磨来制成细磨料的工艺。

本专利的钢砂产品为多棱形，适于切割坚硬材质；附件1产品没有明显的棱角，不具有切割坚硬材质的性能。两者的区别是本专利权利要求1所述的通过两级破碎所形成的多棱角钢砂，附件1没有明确指出所得到的钢砂是多棱形。但是，附件1的说明书公开了多棱形来源于机械操作，明确指出“本发明提供一种由原料80生成磨料钢砂的方法，原料80是来自冲孔、车削、剪切、切碎等，优选来自机械操作的钢废料”。附件1所述技术方案使用的原料，系通过冲孔、切碎等机械操作而形成的钢废料，其形状与本专利权利要求1所述的“轴承厂生产轴承时冲切下来的边角废料”的形状是相同的。此外，附件1所公开的加工方法包括破碎，采用破碎加工方法对多棱形的原料进行加工，必然会使破碎后所得到的钢砂也为多棱形。

虽然附件3使用的原料是“废轴承钢屑”，用于熔炼钢液后造钢丸。但是，附件3公开了“钢砂通常由2~4毫米的钢丸破碎而成”，“为生产钢砂，首先必须生产钢丸，目前生产钢丸最常见的方法为喷射法和离心法”，“钢砂是由钢丸破碎而成，破碎设备可采用双辊破碎机”，“熔炼、成丸和热处理是开发钢丸（砂）的三道关键工序，必须严格控制”。在上述事实基础上，将附件1和附件3结合，参照《专利审查指南》第二部分第二章第2.3节的规定，可以从附件3推定出“用破碎方法获得的钢砂产品”，而钢砂产品的形状不规则。

基于以上事实，专利复审委员会在第11978号决定中作出的本专利相对于附件1和3的结合具备创造性的认定事实不清。

虽然，在专利复审委员会作出第11978号决定之前，已经有第1159号判决和第25号判决对专利复审委员会根据附件1结合附件6作出的第8585号决定宣告本专利无效进行了判决，但本案第11978号决定是专利复审委员会根据附件1结合附件3对无效宣告请求人在第二次口审中确定的无效宣告请求理由进行重新审查后作出的新行政决定。因此，专利复审委员会及多棱钢业集团提出的第11978号决定是执行司法判决，以及第11978号决定所认定的事实是被生效的司法判决所拘束的诉讼主张缺乏事实和法律依据，不予支持。

综上，第11978号决定认定事实不清，一审法院判决予以撤销正确。依照《中华人民共和国行政诉讼法》第六十一条第（一）项之规定，北京市高级人民法院于2009年9月25日作出（2009）高行终字第492号行政判决：驳回上诉，维持一审判决。

除上述在前程序中的事实和情况外，本院还对当事人争议的以下事实问题进行了审查：

1. 关于本专利权利要求1中的“冲切”的理解

多棱钢业集团主张本专利中的“冲切”是指“冲裁”，即“冲压裁切”或“冲孔”，是一个工序，不是两个工序，并提供了公开出版物和专业技术人员证明其主张。联捷铸钢厂和金星钢丸公司则以上述公开出版物的相关内容主张，本专利的冲切包括冲孔和切边，冲压的基本程序有修边，冲裁包括切边。

本专利说明书载明：“本发明不是采用传统的优质钢冶炼的方式获取轴承钢。而是收集轴承厂的冲切废料和铁削，剔除非轴承钢钢料和杂物获得纯净轴承钢边角料——钢砂的原料，使资源得到合理的充分利用。”“本发明制作的钢砂不是采用钢珠破碎而是采用非球状块片料破碎成钢砂……”

双方当事人主张的公开出版物中的相关内容如下：中国矿业大学出版社 1993 年 7 月第 1 版，张勤、韩正铜主编《金属工艺学》（高等学校教学用书）第 54 页载明：“冲裁一般主要指落料和冲孔程序。若落下的部分是工件，带孔的周边为废料，即为落料。反之，带孔的周边是工件，冲下的部分为废料就叫冲孔”；第 80 页载明：“金属切削加工是用刀具切削运动从金属工件毛坯上切除多余的金属层，从而获得加工质量符合图纸规定要求的机器零件的过程。”学苑出版社 1990 年 7 月第 1 版、丁年雄主编《机械加工工艺辞典》第 279 页载明：“板料冲压基本工序按工序性质可分为两大类：（1）分离工序：是使冲压件与板料沿要求的轮廓线相互分离，并获得一定的断面质量的冲压加工工序。如切断、落料、冲孔、切口、修边、剖切等……”第 281 页载明：“用来将板料相互分离的冲模称为冲裁模……冲裁模的结构形式很多，按以下特征来分类：（1）按工序性质可分为：1）落料模，沿封闭的轮廓将制件与板料分离，冲下来的部分为制件。2）冲孔模，沿封闭的轮廓将废料与制件分离，冲下来的部分为废料。3）切边模，将制件多余的边缘切掉……”第 281 页还有冲裁模的模具结构图。安徽科学技术出版社 1987 年 4 月第 1 版、安徽省机械工程学会编《机械工程词典》第 225 页载明：“冲切模，亦称漏模，由冲头及凹模组成。用来冲切出锻件外形、内孔和缺口，也可进行切边和冲切连皮。”该页还载有冲切模的模具结构图，与上述《机械加工工艺辞典》第 281 页载明的冲裁模的模具结构大体一样。江苏科学技术出版社 2009 年 11 月第 1 版《锻工简明实用手册》第 151 页、第 154 页、第 494 页载明：“修整是对锻件进行校正、切边、冲孔或压印等工序，一般以采用冲切模、校正模为主”；“冲切，模具由冲头、凹模及定位、导向装置组成。用于锻件的冲孔、切边或切断”；“切边和冲孔与模锻工序在同一火次进行，即模锻后立即切边和冲孔，称为热冲切”。高等教育出版社 2008 年 2 月第 1 版、哈尔滨工业大学李春峰主编《金属塑性成形工艺及模具设计》第 2 页解释了落料和冲孔工序，落料是指“用冲模沿封闭轮廓曲线冲切，冲下部分是零件。用于制造各种形状的平板零件”；冲孔是指“用冲模按封闭轮廓曲线冲切，冲下部分是废料”。国防工业出版社 2007 年 7 月第 1 版、高军主编《金属塑性成形工艺及模具设计》第 7 页载明：“冲裁模，主要用于各种板料的冲切成形，其刃口在工作过程中受到强烈的摩擦和冲击。”

福州大学铸造研究所所长张茂勋教授作为多棱钢业集团聘请的专业技术人员出席本院听证时作说明称：冲切的概念是把一个剩下的部分冲掉，一般在锻造行业中用得比较多，在板材加工行业中一般用冲裁的概念比较多；落料和冲孔工序统称为冲裁；如果是锻造的，也是同样落料冲孔，但就是冲切，这是习惯的称谓。

2. 关于对比文件公开的相关内容

附件1是公开日为1995年8月15日的US5441579号美国专利说明书复印件及其相应部分的中文译文。该专利权利要求书相关技术内容为："1. 一种用钢颗粒生产磨粒的方法，包括以下步骤：（a）在非氧化的保护气氛中，以约1500°F至约1800°F的温度对净化的、干燥的钢颗粒加热；（b）通过浸没于淬火溶液下的滑槽输送颗粒，淬火溶液形成气氛密封；（c）在包含水的淬火溶液中对加热的钢颗粒进行淬火，使颗粒变脆；以及（d）在研磨机中对钢颗粒进行研磨以形成磨粒。2. 根据权利要求1的方法，其特征为：研磨机是球磨机、锤磨机、干式震动研磨机、棒磨机或环式破碎机……"此外，在附件1优选实施方式的详细说明部分还公开了如下内容："本发明提供一种由原料80生成磨料钢砂的方法，原料80是来自冲孔、车削、剪切、切碎等，优选来自机械操作的钢废料"；"脆化的钢废料在研磨机90中被研磨，研磨机90可以是球磨机或锤磨机，其生成产物粉碎和筛选后可以用作粗磨料（从10目至约200目，0.075mm至2mm）"；"锤磨或者其他冲击粉碎或研磨方式，对材料的易碎性质来说是有效的"；"在钢含有铬的情况下，中性淬火使过剩碳的吸收最小，过剩碳会形成不期望有的碳化铬"。

附件3是1998年3月《中国铸造装备与技术》中的文章"钢丸（砂）的制取设备和工艺"的复印件。其中载明："在一定的含碳量（0.6%～1.2%C）下，钢丸中含有微量的硼（0.0001%～0.01%B），可以在铸态得到94%－100%的马化体－贝氏体组织，其硬度达到HRC65－67。这种含硼钢丸不需淬火，回火后的硬度为HRC48－50。微量硼的加入，还可改善热处理性能，增强钢液的抗氧化性和表面张力。利用废轴承钢屑作部分原料，使钢丸含有小于0.8%的铬及小于0.02%的磷、硫，可取得与含硼钢丸同样的效果，而且表面颜色好，抗锈力强。"

多棱钢业集团以附件1和附件3公开的有关铬的内容为由主张，本领域的技术人员在阅读附件1后，为了避免出现不期望有的碳化铬，在选择原料时不会选择含有铬的原料，因而就不会选择铬含量较高的轴承边角废料作原料；附件3所利用的废轴承钢屑要求将铬含量严格限制在0.8%以下，用其作钢砂原料不能产生提高产品耐磨度的技术效果。因此，附件1或者附件1和附件3的结合，不但没有对本专利选材具有积极技术启示，而恰恰给出的是相反的技术启示。

金星钢丸公司称，不期望的碳化铬只是在中性淬火条件下形成的，附件1有关铬的内容并不意味着含有铬的钢不能作为原料；铬含量只要达到0.5%就能达到提高硬度和耐磨度的效果，附件6公开的轴承钢的含铬量有的为0.4%～0.7%，附件3中钢丸含有小于0.8%的铬能够产生提高硬度和耐磨度的效果。

经查，附件6是冶金工业部部颁标准——《铬轴承钢技术条件》[YB9—68(试行)]。其中记载普通轴承钢含碳量为0.95%～1.15%；还公布了用于制造普通轴承所用的不同钢号的轴承钢的铬含量，其中最小的为0.4%～0.7%，最大的为1.3%～1.65%。联捷铸钢厂和金星钢丸公司在无效宣告请求审查程序中提供附件5、附件6和附件7用于证明钢砂产品本身是已知技术，轴承钢的技术性能和热处理工艺都是本领域公知的。多棱钢业集团对附件5、附件6和附件7的真实性没有异议。

3. 关于轴承钢在生产轴承时经过三次热锻压后发生的变化

多棱钢业集团提供的武汉理工大学出版社2009年2月第1版，罗继相、王志海主编《金属工艺学》第3篇“金属压力加工”载明：“金属压力加工是指固态金属在外力作用下产生塑性变形”；“压力加工与其他加工方法相比，具有以下特点：(1) 改善金属的组织，提高力学性能。金属材料经压力加工后，其组织、性能都得到改善和提高，压力加工能消除金属铸锭内部的气孔、缩松和树枝状晶等缺陷，且由于金属的塑性变形和再结晶，可使粗大晶粒细化，得到致密的金属组织，从而提高金属的力学性能”。

福州大学铸造研究所所长张茂勋教授作为多棱钢业集团聘请的专业技术人员出席本院听证时作说明称：通过锻造，加热到一定温度，锻压的过程，纤维组织被搞乱，组织变得更均匀，晶粒变小，机械性能明显提高；轴承一般都要经过锻造，锻造次数越多，纤维组织被破坏越彻底，机械性能越好；机械性能指抗拉强度、冲击韧性、延伸率等；时髦的叫力学性能。

联捷铸钢厂认可生产轴承时的冲孔落料与轴承钢的物理性能有很大区别，但主张这对评判本专利创造性没有关系。

4. 关于本专利在商业上取得的巨大成功

多棱钢业集团提供了以下三份证据证明本专利在商业上取得了巨大成功：(1) 中国建筑材料联合会标准质量部出具的《证明》载明：“由全国石材标准化技术委员会归口管理的《石材砂锯用合金钢砂》建材行业标准已审查完毕并报批，此标准第一起草单位：福建多棱钢业集团有限公司；该公司王新辉为第一起草人。”(2) 中国石材工业协会出具的《证明》载明：“福建多棱钢业集团有限公司在国家统计部门2005年至2008年度连续四年统计的全国石材工业重点企业主要经济指标年报中，其销售收入、利税总额、产量均居砂锯用磨具磨料（锯条、钢砂）企业第一名。”（3）国务院关税税则委员会关于调整部分产品出口关税的通知（税委会〔2009〕6号），与本案有关的调整是“棱角钢砂（不带球弧面的棱角形颗粒数量大于80%）”的税率由25%调整为取消。

本院审查认为，本案的争议焦点在于：原审判决即第492号判决是否存在程序违法的问题；本专利相对于附件1、附件3和公知常识（即附件6）的结合是否具备创造性的问题；原审判决与在先的第25号判决是否矛盾，是否存在违反既判力的问题。

（一）关于原审判决是否存在程序违法的问题

多棱钢业集团主张，原审判决在评价本专利的创造性时，在联捷铸钢厂自主决定的对比文件结合方式即附件1和附件3的结合中擅自引入附件6，违反了审查规则，侵犯了其针对这种结合方式的答辩权利。本案中，无效宣告请求人联捷铸钢厂和金星钢丸公司在无效宣告请求审查程序中提出了附件1和附件3的对比文件结合方式，而附件6本身属于公知常识的证据。可见，上述主张涉及法院在专利无效案件审理中，在无效宣告请求人自主决定的对比文件结合方式的基础上，是否可以依职权主动引入公知常识以评价专利权有效性的问题。**由于公知常识是本领域技术人员均知悉和了解的，因此，在专利无效案件行政诉讼程序中，法院在无效宣告请求人自主决定的对比文件结合方式的基础上，依职权主动引入公知常识以评价专利权的有效性，并未改变无效宣告请求理由，对双方当事人来说亦无不公，且有助于避免专利无效程序的循环往复，并不违反程序。当然，法院在依职权主动引入公知常识时，应当在程序上给予当事人就此发表意见的机会。**本案中，联捷铸钢厂在一、二审程序中即主张使用附件6中公开的内容，且多棱钢业集团对附件6的真实性没有异议，在此情况下，原审法院引入附件6评价本专利的效力并不违反程序。

（二）关于本专利相对于附件1、附件3和公知常识（即附件6）的结合是否具备创造性的问题

本专利权利要求1所要求保护的技术方案与附件1所公开的技术内容相比，存在以下区别特征：（1）本专利采用轴承厂生产轴承时冲切下来的边角废料，而附件1使用的是来自冲孔、车削、剪切、切碎等的钢废料；（2）本专利在淬火后分两级破碎，而附件1是淬火后两级研磨；（3）本专利钢砂产品为多棱形，附件

1 中没有明确记载其所得到的磨料钢砂是否为多棱形。

1. 关于区别特征（1）

多棱钢业集团主张，本专利权利要求 1 中的“冲切”是指生产轴承时的特定工序“冲孔”，本专利钢砂原料是指冲孔工序的废料，即圆饼状的轴承钢钢锭。根据本专利权利要求和说明书，结合多棱钢业集团提交的公开出版物，并不能得出上述解释。理由如下：（1）根据本专利说明书的记载，铁削是收集而非剔除的对象，因此包括在本专利选材之内。而铁削显然不是冲孔工序后产生的废料。（2）根据本专利说明书的记载，本专利选材时要剔除非轴承钢钢料和杂物，说明本专利的选材不是仅指冲孔工序后产生的废料。（3）多棱钢业集团主张本专利选材为生产轴承时冲孔工序的废料，即圆饼状的轴承钢钢锭，与本专利说明书记载的选材为非球状块片料相比，两者有所不同。（4）多棱钢业集团提供的公开出版物也使用冲切来表示冲孔和切边。因此，多棱钢业集团的相应主张不能成立。本专利权利要求 1 中的“冲切”并非仅指冲孔。

附件 1 已经公开了一种使用来自冲孔、车削、剪切、切碎等的钢废料为原料生产磨料钢砂的方法，其所采用的钢废料显然是本专利权利要求 1 所采用的轴承厂生产轴承时冲切下来的边角废料的上位概念，即本专利权利要求 1 中所采用的生产钢砂的原料，可以认为是在附件 1 公开的生产磨料钢砂所采用的原料范围内具体选择了一种性能较佳的钢砂原料。钢砂作为一种磨料，必然要求其具有较高的硬度和耐磨性，而为了提高其硬度和耐磨性，原料的选取至关重要。原料如果具有较高的硬度和耐磨性，最终加工的钢砂必然也就具有较高的硬度和耐磨性。因此，如果想要获得较高硬度和耐磨性的钢砂，本领域技术人员容易想到在附件 1 所公开的废钢料范围内选取硬度和耐磨性较高的原料。附件 3 是钢丸（砂）的制取设备和工艺，其中公开了“利用废轴承钢屑作部分原料”，以提高产品的硬度和耐磨度。本专利说明书中明确记载了“本发明找到了制作钢砂的最好材质是轴承钢，它含碳高，具有较高的淬硬性而且有较高的含铬量，提高了钢砂的耐磨性，硬就能生成锋利的棱角，提高切割效率。耐磨就降低了消耗”；“轴承钢具有较好的淬硬性和耐磨性是业内人士都熟知的”。附件 6 公开了轴承钢的成分，也说明轴承钢具有较好的淬硬性和耐磨性是本领域技术人员公知的。为了获得较高硬度和耐磨性的钢砂，本领域技术人员选取轴承钢作为生产钢砂的原料是显而易见的，并不需要付出创造性的劳动；而由于轴承钢价格较高，甚至高于钢砂，出于经济考虑，不可能以未使用过的轴承钢直接作为生产钢砂的原料，而只能以使用后的轴承钢或者生产轴承时产生的边角废料作为原料，由此，本领域技术人员自然就会想到使用轴承厂生产轴承时产生的边角废料。综上所述，本专利权利要求1是在已有生产磨料钢砂所采用的原料范围内具体选择了一种性能较佳的原料生产钢砂，但对于本领域技术人员而言，附件1、附件3和公知常识（附件6）的结合对于上述原料的选择具有技术启示，且该选择并未带来预料不到的技术效果。

2. 关于区别特征（2）

首先，生产钢砂的过程当中必然要将尺寸较大的原料破碎为最终所需粒度的颗粒——钢砂。例如附件3中的传统钢砂生产方法中也需要将钢丸破碎制成钢砂。至于需要几级破碎，主要取决于原料的初始大小以及最终所生产钢砂的目标粒度，这对于本领域技术人员而言是显而易见的，不需要付出创造性的劳动。其次，本专利两级破碎的目的是将尺寸较大的原料破碎为所需粒度的颗粒——钢砂，附件1中的两级研磨的目的同样是将尺寸较大的原料研磨（破碎）为所需粒度的颗粒——磨料钢砂，而且不论是附件1公开的球磨机、锤磨机、环式破碎机，还是本专利说明书中记载的颚式破碎机、辐式破碎机，其工作方式虽不同，但究其实质均为利用冲击力或者剪切力将较大的物料粉碎为较小的物料，得到所需粒度的颗粒，二者之间并无本质的区别。

多棱钢业集团主张，研磨是指将棱角磨去以形成光滑的颗粒。对于技术用语，尤其是对于外文技术用语的中文译文，在确定该技术用语的内在含义时，不仅要考虑其字面意思，还应结合该技术术语所使用的环境进行分析。结合附件1公开的其他内容，如研磨所使用的机器包括“环式破碎机”以及“锤磨或者其他冲击粉碎或研磨方式，对材料的易碎性质来说是有效的”等，应当认为附件1中的研磨包括了破碎，或者说二者本身是一致的。

3. 关于区别特征（3）

首先，需要对本专利权利要求1中的多棱形作一准确理解。结合本专利的说明书，本专利针对现有技术中传统钢珠破碎生产的钢砂总带一些弧面、棱角不够锋利的缺陷，提出采用非球状块片料破碎生产钢砂，使钢砂具有较多的锋利棱角。基于本专利说明书上述对钢砂棱角问题的提出和解决，权利要求1中的多棱形应当作除球状（钢珠）料破碎后存在弧面的多棱形以外的普通理解，即除此之外的具有多个棱角的形状均应当认定属于权利要求1中多棱形的概念范围之内。

基于上述对多棱形的理解，附件1中所采用的原料也并非球状料（钢珠），当其采用其所公开的环式破碎机、锤磨机等制得的磨料（从 10 目至约 200 目，0. 075mm 至 2mm）必然也具备多个棱角的形状。此外，本专利权利要求 1 作为一种方法权利要求，区别特征（3）实际为对采用其所限定的钢砂生产方法最终所得产品钢砂外形的描述，即区别特征（3）所述的多棱形钢砂实际为采用本专利权利要求 1 所限定的选取原料、淬火、破碎后所必然得到的结果。

4. 关于本专利是否在商业上获得了成功

2001 年发布的《专利审查指南》第二部分第四章第 3. 3. 4 节规定："当发明的产品在商业上获得成功时，如果这种成功是由于发明的技术特征直接导致的，则一方面反映了发明具有有益效果，同时也说明了发明是非显而易见的，因而这类发明具有突出的实质性特点和显著的进步，具备创造性。但是，如果商业上的成功是由于其他原因所致，例如由于销售技术的改进或者广告宣传造成的，则不能作为判断创造性的依据。"法院在审理专利无效行政案件时可以参照适用该规定。但发明因其技术特征直接导致其在商业上获得成功，只是判断发明是否具备创造性的一个辅助考虑因素。多棱钢业集团钢砂销售收入、利税总额、产量等方面均居行业第一位仅能证明该产品在商业上获得了成功，但不能证明这种成功是由于发明的技术特征直接导致的。而且，多棱钢业集团钢砂产品在商业上获得的成功有多种影响因素，不排除与其钢砂生产方法受到本专利保护有一定关系。此外，棱角钢砂（不带球弧面的棱角形颗粒数量大于 80%）能够享受出口免税的政策，究其实质，是由于其没有采用钢珠破碎，不需熔炼造丸，降低了能耗，减少了环境污染，而附件 1 同样不需熔炼造丸，同样是对钢废料进行破碎。因此，多棱钢业集团提交的证据尚不能证明本专利产品由于发明的技术特征直接导致其在商业上获得了成功，进而证明本专利具备创造性。

综上所述，本专利权利要求 1 所要求保护的技术方案是本领域技术人员在附件 1、附件 3 和公知常识（即附件 6）结合的基础上无需创造性的劳动即容易想到和得到的，不具备突出的实质性特点和显著的进步，不具备创造性。

本专利权利要求 2 是权利要求 1 的从属权利要求，其附加技术特征已在附件 1 中公开（参见该附件中文译文的说明书第 5 页），因此在权利要求 1 不具备创造性的前提下，从属权利要求 2 也不具备创造性。

（三）关于原审判决是否违反既判力的问题

本案中，第 25 号判决认定，相对于附件 1，本专利的区别特征（1）、（2）、（3）与附件 1 相比具有创造性。本案原审判决认定，附件 1 和附件 3 的结合（实际上还包括附件6）对于本专利的区别特征（1）具有技术启示；附件1公开了通过粗磨和细磨这两级研磨来制成细磨料的工艺；附件1所公开的加工方法包括破碎，采用破碎加工方法对多棱形的原料进行加工，必然会使破碎后所得到的钢砂也为多棱形，也可以从附件3推定出其钢砂产品的形状不规则。可见，针对附件1对于本专利的区别特征（2）具有何种影响这一问题，原审判决的判断与第25号判决不一致。赋予生效判决以既判力，主要目的是维护判决的稳定性。但是，在遵循既判力原则时，还应考虑先后判决的关联关系，以及实体结果的公正和诉讼程序的经济。尽管本案原审判决对于有关问题的判断与在先的第25号判决不一致，但第25号判决对有关问题的认定本身不能成立，而本案中在后的原审判决另行作出的认定并无不当，因此本案不宜简单地以违反既判力为由进行再审。

（四）关于其他相关问题

1. 附件1和附件3对于本专利是否存在相反的技术启示

本领域的普通技术人员一般会因为轴承钢具有较高的淬硬性和耐磨性而选择生产轴承时的边角废料生产硬度和耐磨度高的钢砂，在选择之前一般不会考虑铬含量的大小问题。而且，附件1所指不期望的碳化铬的形成是有条件的，即是中性淬火；附件6所公布的轴承钢的含铬量也有少于0.8%的。因此附件1和附件3的相关内容不会必然给出相反的技术启示。

2. 原审判决是否将本专利认定为产品专利

原审判决认为："根据本发明目的，本专利是'直接作为钢砂原料的材料'。"将原审判决的上述表述结合其上下文与本专利说明书，应当将其本意理解为：根据本发明目的，本专利（的目的）是（寻找一种）"直接可作为钢砂原料的材料"。因此，原审判决实质上并没有将本专利认定为产品专利。

3. 原审判决是否违反了要素省略发明的创造性判断方法

本案中，附件1是与本专利最为接近的现有技术。附件1公开了本专利权利要求1的包括选料、淬火、两级破碎、筛分在内的所有工序，而附件1的工序也体现了多棱钢业集团所说的本专利旨在解决的炉熔炼成本高的问题，即也省略了熔炼与造丸。原审判决所确认的区别特征是本专利相对于附件1存在的区别特征，而不是本专利相对于附件3存在的区别特征。本专利相对于附件3可以说是要素省略发明，但相对于附件1不存在工序省略的区别特征。因此，原审判决不存在违反所谓要素省略发明的创造性判断方法的问题。

综上所述，原审判决认定事实清楚，适用法律正确。多棱钢业集团的再审申请不符合《中华人民共和国行政诉讼法》第六十三条第二款、《最高人民法院关于执行〈中华人民共和国行政诉讼法〉若干问题的解释》第七十二条规定的再审条件，依据《最高人民法院关于执行〈中华人民共和国行政诉讼法〉若干问题的解释》第七十四条的规定，予以驳回。

特此通知。

二〇一一年五月五日

141. 确定区别技术特征是否被现有技术公开应当考虑它们在各自技术方案中所起的作用

——再审申请人宁波展通电信设备实业有限公司与被申请人泰科电子瑞侃有限公司及一审被告、二审被上诉人中华人民共和国国家知识产权局专利复审委员会发明专利权无效行政纠纷案

【裁判要旨】

在确定本案专利的某一区别技术特征与现有技术中的技术特征是否具有对应关系，从而导致该区别技术特征已经被现有技术所公开时，要考虑它们在各自技术方案中所起的作用是否相同。

【关键词】

发明　区别技术特征　现有技术　对应关系

【案号】

最高人民法院（2014）知行字第 43 号

【基本案情】

在本案中，泰科电子瑞侃有限公司（以下简称泰科公司）系名称为“闭锁装置”的发明专利（即本案专利）的权利人。根据本案专利权利要求书的记载，权利要求 1 限定的接合表面和延长段均设置在杠杆 11 的一个自由端上，在工作时，延长段与第二部分协同作用，提供初始闭锁杠杆作用，接合表面与第二部分相接触，提供最终的杠杆闭锁作用。对于延长段和接合表面实现上述作用的具体结构和方式，本案专利没有作出进一步的限定，也没有对自由端进行进一步的解释。2010 年

6 月 28 日，宁波展通电信设备实业有限公司（以下简称展通公司）针对本案专利向中华人民共和国国家知识产权局专利复审委员会（以下简称专利复审委员会）提出无效宣告请求，主张权利要求 1 相对于证据 1 和证据 2 的结合不具有创造性。证据 1（GB2253020A）涉及一种可释放的夹具，证据 1 中设有凹口 24A 和延长到凹口 24A 之外的延伸部分的杠杆 11A 的这一端通过枢轴 9A 与第二部分 B 相连，无法与第二部分分离，运动轨迹固定。证据 2（US5315489A）公开了一种闭锁装置，其中杠杆 38 具有一个自由端，上面设置有一个与物件的第二部分 32 接合的接合表面 42。专利复审委员会审查认为，本案专利权利要求 1 与证据 1 的区别在于，本案专利中接合表面设置在杠杆的自由端上，而证据 1 中接合表面设置在杠杆的侧部而非自由端，但该区别技术特征已经被证据 2 所公开。在此基础上，专利复审委员会认定本案专利相对于证据 1 和证据 2 的结合不具有创造性，并作出第 16394 号无效宣告请求审查决定（以下简称第 16394 号决定），宣告本案专利权全部无效。泰科公司不服，提起行政诉讼。北京市第一中级人民法院一审判决驳回泰科公司的诉讼请求。泰科公司不服，提起上诉。北京市高级人民法院二审认为，第 16394 号决定及一审判决未考虑权利要求 1 与证据 1 在实现相应功能时的技术手段的差异，而此种差异足以构成两种技术方案中的区别技术特征。遂判决撤销第 16394 号决定及一审判决。展通公司不服，向最高人民法院申请再审。最高人民法院于 2014 年 12 月 12 日裁定驳回展通公司的再审申请。

【裁判意见】

最高人民法院审查认为：判断发明相对于现有技术而言是否显而易见，通常要先确定发明与最接近的现有技术之间的区别技术特征。具体而言，需要先把本案专利权利要求保护的技术方案划分为若干技术特征，进而判断最接近的现有技术公开了哪些技术特征，哪些技术特征与本案专利的技术特征相当，以及哪些技术特征构成区别技术特征。但应当注意，本案专利技术方案是一个整体，其所包含的技术特征之间并非孤立存在，不能割裂技术特征之间的关系，从而忽视有关技术特征在整体技术方案中所发挥的作用。特别是在机械结构领域的发明创造中，由于技术方案的整体技术构思、工作方式、技术效果不同，结构或者位置关系类似的部件在不同的技术方案中发挥的作用可能完全不同。因此，在确定现有技术中的某个技术特征与本案专利的必要技术特征是否具有相当性时，应当考虑它们在各自技术方案中所起到的作用是否相同。展通公司主张证据 1 中的凹口 24A 相当于本案专利的接合表面，杠杆 11A 延长到凹口 24A 之外的延伸部分相当于权利要求 1 中的延长段。虽然由于权利要求1中没有进一步限定延长段和接合表面实现上述作用的具体结构和方式，不能将其他权利要求和实施例进一步限定的结构、方式特征引入来与证据1进行比对，但必须考虑权利要求1中已有的位置关系和作用限定。权利要求1中延长段和接合表面均是设置在可以脱离于第二部分而自由运动的杠杆的一端，该限定服从于本案专利的整体技术方案，服务于本案专利的发明目的，也决定了延长段和接合表面的工作方式和功能作用。由于证据1的技术方案所要解决的技术问题和实现的技术效果与本案专利不同，因此，证据1中凹口24A和延长到凹口24A之外的延伸部分相对于其他部件的位置关系与权利要求1中的接合表面、延长段和其他部件的位置关系明显不同，在各自技术方案中所起作用也不同，不能认定证据1中凹口24A和延长到凹口24A之外的延伸部分相当于权利要求1中限定的接合表面和延长段。

中华人民共和国最高人民法院行政裁定书

（2014）知行字第43号

再审申请人（一审第三人）：宁波展通电信设备实业有限公司。住所地：中华人民共和国浙江省余姚市牟山镇（富民工业园区）。

法定代表人：茹志康，该公司总经理。

委托代理人：闫冬，北京隆源智信知识产权咨询有限责任公司专利代理人，住中华人民共和国北京市海淀区×路15号学院派大厦C1006。

委托代理人：刘宏伟，北京市丰禾律师事务所律师。

被申请人（一审原告、二审上诉人）：泰科电子瑞侃有限公司。住所地：比利时王国Kessel－Lo市B－3010 Dietsesteenweg第692号。

法定代表人：德里斯科尔A. 妮娜，该公司知识产权副主席。

委托代理人：熊延峰，中国专利代理（香港）有限公司专利代理人，住中华人民共和国北京市海淀区×路14号院2楼4门442号。

委托代理人：孟璞，中国专利代理（香港）有限公司职员，住中华人民共和国北京市海淀区×园1号法学院。

一审被告、二审被上诉人：中华人民共和国国家知识产权局专利复审委员会。住所地：中华人民共和国北京市海淀区北四环西路9号银谷大厦10－12层。

法定代表人：张茂于，该委员会副主任。

委托代理人：宋轶群，该委员会审查员。

委托代理人：房宝盛，该委员会审查员。

再审申请人宁波展通电信设备实业有限公司（以下简称展通公司）因与被申请人泰科电子瑞侃有限公司（以下简称泰科公司）及一审被告、二审被上诉人中华人民共和国国家知识产权局专利复审委员会（以下简称专利复审委员会）发明专利权无效行政纠纷一案，不服北京市高级人民法院（2013）高行终字第1759号行政判决（以下简称二审判决），向本院申请再审。本院依法组成合议庭对本案进行审查，现已审查终结。

展通公司申请再审称：（一）本专利权利要求对特征的限定足够清楚，不能把实施例的内容引进来解释相关特征。比如本专利权利要求1的“第二部分”是一个整体概念，“协同作用”属于功能性限定，对比文件中任何能够实现上述功能的结构都属于对上述特征的公开。证据1的杠杆11A不具有自由端，但杠杆11A位于凹口24A下侧表面之外的延伸部分与第二部分B通过枢轴9A连接，该延长部分绕位于第二部分B上固设的枢轴9A转动，其就是与第二部分协同作用的具体实现形式，达到了在闭锁的开始阶段提供初始闭锁杠杆作用，因此相当于本专利的延长段。同时，证据1中的弹簧15A一端与枢轴9A固定，因此在闭锁最后阶段其对销钉25A产生拉力，销钉25A相对于第二部分B此时相对静止，其与所述的凹口24A下表面相接触并产生摩擦力，从而实现对杠杆11A的闭锁，这与本专利权利要求1中“在闭锁的最后阶段可使该接合表面（21）与物件的第二部分（3）相接触，以提供最终的杠杆闭锁作用”相同。二审判决所称的“本专利权利要求1的延长段及接合表面与证据1中沿着杠杆11A的长度方向具有相对于第二枢轴转动18A延伸到凹口24A之外的延长部分以及凹口24A的实现相应功能时的技术手段的差异”，都是基于凹口24A下表面没有设置在杠杆11A的自由端上产生的，但本专利权利要求1中对于延长段及接合表面功能作用的限定与证据1中杠杆11A位于凹口24A下侧表面之外的延伸部分和凹口24A下表面的功能作用是相同的。因此本专利权利要求1与证据1之间的区别技术特征只有一个，即本专利的延长段和接合表面设置在杠杆的自由端上，上述区别技术特征使所述的第一部分A和第二部分B能够完全地分离打开，从而便于闭锁对象。二审判决对区别特征的认定存在错误。（二）证据2中公开了杠杆（38）的一个自由端具有一个与物件的第二部分（22）接合的接合表面（42），用以通过结合面的接触，实现闭锁，其对应的第一部分（23）和第二部分（22）可以分离，造成全部打开。证据2公开的技术特征其解决的技术问题和实现的技术效果以及采用的技术手段与上述区别技术特征相同；因此证据2中给出将上述区别特征应用到该证据

1 上以解决其存在的技术问题的启示，这种启示会使本领域的技术人员在面对所述技术问题时，有动机改进该最接近的现有技术并获得要求保护的发明。因此，本专利权利要求 1 相对于证据 1 和证据 2 的结合是显而易见的，不具有创造性。综上，展通公司认为二审判决认定事实不清楚，适用法律不当，应当予以撤销。

泰科公司提交意见称：1. 本专利权利要求 1 限定杠杆 11 具有自由端、自由端上具有接合表面和延长段，证据 1 中均没有。由于上述区别，本专利权利要求 1 与证据 1 相比，其作用的方式、实现的功能不同。2. 如果将证据 2 中的“自由端”结合到证据 1 的系统中，必然要破坏证据 1 系统原有的结构，因此证据 1 和证据 2 的机械系统间存在相互冲突的结构设计，不存在将两者结合的技术启示。

本院认为：本案的争议焦点在于本专利权利要求 1 相对于证据 1 和证据 2 是否具有创造性。

创造性，是指同申请日以前已有的技术相比，该发明有突出的实质性特点和显著的进步。所谓实质性特点是指对本领域的技术人员来说，该发明相对于现有技术是非显而易见的。判断发明相对于现有技术是否显而易见，通常要先确定发明与最接近的现有技术之间的区别特征。具体操作时，通常是把本专利要求保护的技术方案划分成若干技术特征，然后判断最接近的现有技术公开了哪些技术特征，哪些技术特征与本专利相应的技术特征相当，哪些技术特征是区别技术特征。但比对时应当注意，发明是一个整体，技术方案中的技术特征之间并不是孤立的，不能割裂特征之间的关系，忽视特征在整体技术方案中所发挥的作用。尤其是涉及机械结构领域的发明创造，可能由于两个技术方案整体的技术构思、工作方式、技术效果不同，结构或者位置等形式上看似类似的部件在整个技术方案中实际上起到完全不同的作用。因此，在确定现有技术中的某技术特征与本专利的相应技术特征是否具有相当性时，要考虑它们在各自技术方案中所起的作用是否相同。

本案中，展通公司主张证据 1 中的凹口 24A 相当于本专利的接合表面，杠杆 11A 延长到凹口 24A 之外的延伸部分相当于本专利权利要求 1 中的延长段。对此，本院认为，根据本专利权利要求 1 的文字记载，本专利权利要求 1 限定的接合表面和延长段均是设置在杠杆 11 的一个自由端上，在工作时，延长段与第二部分协同作用，提供初始闭锁杠杆作用，接合表面与第二部分相接触，提供最终的杠杆闭锁作用。虽然如展通公司所主张的，对于延长段和接合表面实现上述作用的具体结构和方式，本专利权利要求 1 中没有进一步限定，因此不能将其他权利要求和实施例进一步限定的结构、方式特征引进来与证据 1 进行比对，但对于本专利权利要求1已有的位置关系和作用限定，则必须予以考虑。对于自由端，本专利没有进一步解释，在询问时，展通公司和泰科公司一致认为“自由端是指脱离于第二部分且运动轨迹是自由的”。本专利权利要求1中延长段和接合表面均是设置在可以脱离于第二部分而自由运动的杠杆的一端，这个限定是服从于本专利的整体技术方案，服务于本专利的发明目的的，进而也决定了延长段和接合表面的工作方式和功能作用。由于证据1的技术方案所要解决的技术问题和所要实现的技术效果与本专利不同，证据1中设有凹口24A和延长到凹口24A之外的延伸部分的杠杆11A的这一端通过枢轴9A与第二部分B相连，无法与第二部分分离，其运动轨迹是固定的。因此证据1中凹口24A和延长到凹口24A之外的延伸部分相对于其他部件的位置关系与本专利权利要求1中的接合表面及延长段和其他部件的位置关系明显不同，而且在各自整个技术方案中所起作用也不同。比如，证据1中的凹口24A用于在关闭状态下容纳销钉25A，并不提供最终的杠杆闭锁作用。因此展通公司关于证据1中凹口24A和延长到凹口24A之外的延伸部分相当于本专利权利要求1中限定的接合表面和延长段的主张不能成立。

由于二审只是判决专利复审委员会在重新认定本专利与证据1的区别特征的基础上作出新的决定，并没有涉及证据1和证据2的结合问题，故本院对展通公司所提出的证据1和证据2结合破坏本专利创造性的理由不予评述。

综上，展通公司的再审申请不符合《中华人民共和国行政诉讼法》第六十三条第二款①、《最高人民法院关于执行〈中华人民共和国行政诉讼法〉若干问题的解释》第七十二条规定的条件，依据《最高人民法院关于执行〈中华人民共和国行政诉讼法〉若干问题的解释》第七十四条之规定，裁定如下：

驳回宁波展通电信设备实业有限公司的再审申请。

审 判 长 周 翔
代理审判员 周云川
代理审判员 郎贵梅
二〇一四年十二月十二日
书 记 员 张 博

---

① 对应2017年修正的《中华人民共和国行政诉讼法》第九十二条第二款，规定：“最高人民法院对地方各级人民法院已经发生法律效力的判决、裁定，上级人民法院对下级人民法院已经发生法律效力的判决、裁定，发现有本法第九十一条规定情形之一，或者发现调解违反自愿原则或者调解书内容违法的，有权提审或者指令下级人民法院再审。”

142. 专利说明书中没有记载的技术内容对创造性判断的影响（一）

——再审申请人北京双鹤药业股份有限公司与被申请人湘北威尔曼制药股份有限公司、一审被告、二审被上诉人国家知识产权局专利复审委员会发明专利权无效行政纠纷案

【裁判要旨】

专利申请人在申请专利时提交的专利说明书中公开的技术内容，是国务院专利行政部门审查专利的基础；专利申请人未能在专利说明书中公开的技术方案、技术效果等，一般不得作为评价专利权是否符合法定授权确权标准的依据。

【关键词】

说明书　创造性

【案号】

最高人民法院（2011）行提字第8号

【基本案情】

广州威尔曼公司是名称为“抗β－内酰胺酶抗菌素复合物”的发明专利（即本案专利）的原权利人，后该专利权利人变更为湘北威尔曼制药股份有限公司（以下简称湘北威尔曼公司）。针对本案专利权，北京双鹤药业股份有限公司（以下简称双鹤公司）向国家知识产权局专利复审委员会（以下简称专利复审委员会）提出无效宣告请求，理由为本案专利不具有新颖性和创造性。专利复审委员会作出第8113号无效宣告请求审查决定（以下简称第8113号决定），以不具有创造性为由宣告本案专利权全部无效。广州威尔曼公司不服，提起行政诉讼。北京市第一中级人民法院一审判决维持第8113号决定。广州威尔曼公司不服，提起上诉。北京市高级人民法院二审判决撤销一审判决以及第8113号决定，判令专利复审委员会就本案专利重新作出无效宣告请求审查决定。双鹤公司不服，向最高人民法院申请再审。2011年3月1日，最高人民法院裁定提审本案。再审过

程中，湘北威尔曼公司提交了注射用头孢噻肟钠舒巴坦钠研究资料汇编，哌拉西林钠舒巴坦钠试验、研究资料汇编等证据，以证明为掌握复方制剂的安全性、有效性和稳定性问题，获得本案专利技术方案，其进行了长期毒性试验、急性毒性试验、药理毒理研究、体外抗菌作用研究等一系列试验和研究，本案专利权利要求 1 具有新颖性和创造性。湘北威尔曼公司还提交意见认为，本案专利说明书的撰写符合专利申请日施行的《专利审查指南》的相关规定，相关试验和研究并不需要全部记载于本案专利说明书中；本案专利中的复方制剂属于药物产品，其必须满足药品注册的要求，必须符合所有药物都具备的安全性、有效性和稳定性，无论说明书如何撰写，都不能否定本案专利在安全性、有效性、稳定性三个方面所完成的研究和试验工作。2011 年 12 月 17 日，最高人民法院作出再审判决，撤销二审判决，维持一审判决及第 8113 号决定。

【裁判意见】

最高人民法院再审认为：专利申请人在其申请专利时提交的专利说明书中公开的技术内容，是国务院专利行政部门审查专利的基础，亦是社会公众了解、传播和利用专利技术的基础。因此，专利申请人未能在专利说明书中公开的技术方案、技术效果等，一般不得作为评价专利权是否符合法定授权确权标准的依据，否则会与专利法规定的先申请原则相抵触，背离专利权以公开换保护的本质属性。专利法中有关专利说明书应当对发明创造予以充分公开的规定，实为对专利说明书的最低限度要求。在满足充分公开的前提下，专利申请人有权利决定其在专利说明书中公开的技术内容的具体范围，适当保留其技术要点，但也应当承担由此可能带来的不利后果。本案中，湘北威尔曼公司主张其为了解决本案专利的安全性、有效性、稳定性，还进行了长期毒性试验、急性毒性试验、一般药理研究试验等一系列试验和研究，但由于相关技术内容并未记载于本案专利说明书中，不能体现出本案专利在安全性、有效性、稳定性等方面对现有技术作出了创新性的改进与贡献。因此，这些试验和研究不能作为认定权利要求 1 的创造性的依据。

中华人民共和国最高人民法院行政判决书

（2011）行提字第 8 号

申请再审人（一审第三人）：北京双鹤药业股份有限公司。住所地：北京市朝阳区望京利泽东二路 1 号。

法定代表人：卫华诚，该公司董事长。

委托代理人：唐伟杰，男，汉族，1964 年 11 月 10 日出生，中国国际贸易促进委员会专利商标事务所专利代理人，住北京市槐南十一条 1 号。

委托代理人：陈昕，男，汉族，1971 年 3 月 15 日出生，中国国际贸易促进委员会专利商标事务所专利代理人，住北京市西城区复兴门外大街 1 号。

被申请人（一审原告、二审上诉人）：湘北威尔曼制药股份有限公司。住所地：湖南省浏阳市洞阳乡（生物医药园内）。

法定代表人：孙明杰，该公司董事长。

委托代理人：戴锦良，广东胜伦律师事务所律师。

委托代理人：杨立新，男，汉族，1962 年 1 月 17 日出生，该公司技术顾问，住北京市朝阳区花家地十五楼 9 单元 401 号。

一审被告、二审被上诉人：国家知识产权局专利复审委员会。住所地：北京市海淀区北四环西路 9 号银谷大厦 10－12 层。

法定代表人：张茂于，该委员会副主任。

委托代理人：毛琎，该委员会审查员。

委托代理人：刘新蕾，该委员会审查员。

申请再审人北京双鹤药业股份有限公司（以下简称双鹤公司）因与被申请人湘北威尔曼制药股份有限公司（以下简称湘北威尔曼公司），一审被告、二审被上诉人国家知识产权局专利复审委员会（以下简称专利复审委员会）发明专利权无效行政纠纷一案，不服北京市高级人民法院（2007）高行终字第 146 号行政判决，向本院申请再审。本院于 2011 年 3 月 1 日作出（2010）知行字第 46 号行政裁定，提审本案。本院依法组成合议庭，于 2011 年 6 月 14 日公开开庭审理了本案，双鹤公司的委托代理人唐伟杰、陈昕，湘北威尔曼公司的委托代理人戴锦良、汪军，专利复审委员会的委托代理人程强、刘新蕾到庭参加诉讼。2011 年 11 月 15 日，本院再次询问了当事人，湘北威尔曼公司的原委托代理人汪军变更为杨立新，专利复审委员会原委托代理人程强变更为毛琎。双鹤公司的委托代理人唐伟杰、陈昕，湘北威尔曼公司的法定代表人孙明杰，委托代理人戴锦良、杨立新，专利复审委员会的委托代理人毛琎、刘新蕾到庭参加询问。本案现已审理终结。

一、二审法院审理查明，本案涉及专利号为 97108942.6、名称为“抗 β－内酰胺酶抗菌素复合物”的发明专利（以下简称涉案专利）。其申请日为 1997 年 6

月 11 日，授权公告日为 2000 年 12 月 6 日，授权公告的专利权人为广州威尔曼药业有限公司（以下简称广州威尔曼公司）。授权公告的权利要求 1 为："一种抗 β－内酰胺酶抗菌素复合物，其特征在于它由舒巴坦与氧哌嗪青霉素或头孢氨噻肟所组成，舒巴坦与氧哌嗪青霉素或头孢氨噻肟以 0.5－2∶0.5－2 的比例混合制成复方制剂。"

针对涉案专利权，双鹤公司于 2002 年 12 月 3 日向专利复审委员会提出无效宣告请求，理由为涉案专利不具有新颖性和创造性，不符合《中华人民共和国专利法》（2000 年修订）（以下简称专利法）第二十二条第二款、第三款的规定。为支持其主张，双鹤公司向专利复审委员会提交了证据 1：发表于 *International Journal of Antimicrobial Agents* 1996（6）的"Sulbactam in combination with mezlocillin, piperacillin or cefotaxime: clinical and bacteriological findings in the treatment of serious bacterial infections"及其中文译文（以下简称对比文件）。

2003 年 8 月 27 日，专利复审委员会作出第 8113 号无效宣告请求审查决定（以下简称第 8113 号决定），以涉案专利不具有创造性为由，宣告涉案专利权全部无效。决定认为：1. 对比文件虽然公开了舒巴坦与哌拉西林或者头孢氨噻肟可以联用，但并未公开舒巴坦与哌拉西林或者头孢氨噻肟混合形成的具体药物组合。因此，权利要求 1 相对于对比文件具有新颖性，符合专利法第二十二条第二款的规定。2. 根据涉案专利说明书的记载，权利要求 1 的技术方案是为了解决细菌对氧哌嗪青霉素和头孢氨噻肟等的耐药问题，而细菌产生耐药的机理以产生抗 β－内酰胺酶为主。针对该技术问题，其采用的技术方案是以舒巴坦与氧哌嗪青霉素或者头孢氨噻肟以 0.5－2∶0.5－2 的比例组成复合物，达到的技术效果是使抗生素的抗菌活性增强，扩大抗菌谱，解决细菌的耐药性问题。对比文件也是为了解决细菌的耐药性问题，其"序言"指出："产生 β－内酰胺酶是细菌对 β－内酰胺类抗生素耐药的最重要的机制。"对比文件公开了舒巴坦可以与哌拉西林以 0.5∶2，或者与头孢氨噻肟以 1∶2 的比例联合使用的技术方案，该技术方案也能达到提高抗生素的抗菌性，扩大抗菌谱，解决细菌的耐药性的效果。在对比文件公开的技术方案的基础上，结合其中给出的"本研究中的所有的微生物体均对被琼脂扩散试验证明的 15μg 舒巴坦和 30μg 抗生素组成的复合制剂敏感"的技术启示，本领域技术人员无需花费创造性的劳动，就可以将舒巴坦与氧哌嗪青霉素或者头孢氨噻肟混合制成复合物，得到权利要求 1 的技术方案，并获得所述技术效果。因此，权利要求 1 相对于对比文件不具有创造性，不符合专利法第二十二条第三款的规定。对于广州威尔曼公司声称的涉案专利具有其他技术效果，如副作用减少、药效过程等同以及高生物有效性等，由于涉案专利说明书中并没有记载，因此不能说明权利要求 1 具有创造性。

广州威尔曼公司不服第 8113 号决定，向北京市第一中级人民法院提起行政诉讼。

北京市第一中级人民法院一审认为：权利要求 1 与对比文件公开的技术方案相比，区别在于权利要求 1 的技术方案为舒巴坦与氧哌嗪青霉素或者头孢氨噻肟组成，舒巴坦与氧哌嗪青霉素或者头孢氨噻肟以 0.5 –2∶0.5 –2 的比例混合制成复方制剂的复合物。对比文件虽然公开了舒巴坦与哌拉西林或者头孢氨噻肟可以联用，但并未公开舒巴坦与哌拉西林或者头孢氨噻肟混合形成的复方制剂。在对比文件公开的利用不同药品联合治疗某种疾病，可以产生良好疗效的基础上，本领域技术人员容易想到采用常规技术将舒巴坦与哌拉西林或者头孢氨噻肟混合制成复合物，从而得到权利要求 1 的技术方案，并获得所述技术效果。因此，权利要求 1 相对于对比文件不具有创造性，不符合专利法第二十二条第三款的规定。据此判决：维持第 8113 号决定。一审案件受理费 1000 元，由广州威尔曼公司负担。

广州威尔曼公司不服该一审判决，向北京市高级人民法院提起上诉。二审过程中，涉案专利的专利权人由广州威尔曼公司变更为湘北威尔曼公司。

北京市高级人民法院二审认为：权利要求 1 与对比文件的区别技术特征在于，前者是舒巴坦与哌拉西林或者头孢氨噻肟混合制成复方制剂，后者为输注前将舒巴坦与哌拉西林或者头孢氨噻肟配制为混合液。虽然对比文件公开了舒巴坦与哌拉西林或者头孢氨噻肟可以在输注前配制为混合液，但是，对比文件并没有公开将舒巴坦与哌拉西林或者头孢氨噻肟混合制成复方制剂。第 8113 号决定没有就有关“将舒巴坦与哌拉西林或者头孢氨噻肟混合制成复方制剂是本领域技术人员容易想到的”的认定提供相关的依据，其作出的认定理由不充分。一审判决的有关认定缺乏依据。湘北威尔曼公司有关对比文件公开的联合用药与涉案专利中的复方制剂系完全不同的概念，二者具有本质区别，并非本领域技术人员显而易见的，上诉理由成立，予以支持。据此判决：撤销北京市第一中级人民法院（2006）一中行初字第 786 号行政判决；撤销第 8113 号决定；判令专利复审委员会就涉案专利重新作出无效宣告请求审查决定。

双鹤公司不服该二审判决，于 2010 年 9 月向本院申请再审称：1. 对比文件以及双鹤公司申请再审时提交的证据 10 分别公开了权利要求 1 的技术方案，因此，权利要求 1 不具有新颖性。2. 权利要求 1 不具有创造性，具体理由如下：(1) 联合用药表述的是给药方式，而复方制剂是联合用药的具体手段，二者是目的与实现方式的关系，并不具有本质区别。首先，涉案专利说明书中没有记载从联合用药到复方制剂之间存在任何技术障碍，也没有记载任何需要克服的技术难题或者需要采取任何特定技术手段。其次，涉案专利仅仅是通过简单混合制成常规粉针剂或者冻干粉针剂，专利说明书中没有记载在制备复方制剂时需要采用特定的技术手段，并因此实现了意想不到的技术效果。再次，涉案专利说明书中记载的技术效果包括五个方面，其中第 1 ~ 4 项技术效果已经被对比文件公开。关于第 5 项技术效果“可用于工业生产”，专利说明书中没有记载任何需要解决的工业生产难题，也没有记载涉案专利为解决工业生产难题而采取了任何特定的技术手段。最后，联合用药包括不同药物同时服用和将不同药物制成复方制剂服用两个方面，将不同药物制成复方制剂是实现联合用药的常规技术手段。在制备复方制剂方面，并无证据证明现有技术中存在无法克服的技术问题，也没有证据证明涉案专利具有意想不到的技术效果。(2) 对比文件公开了权利要求 1 的技术方案、技术效果和解决的技术问题。(3) 众多教科书以及工具书中反复教导了舒巴坦与 β - 内酰胺类抗生素、氧哌嗪青霉素和头孢氨噻肟的联合运用，以及将二者制成复方制剂。本领域技术人员在公知利用不同药物联合治疗某种疾病并且可以产生良好疗效的情况下，能够很容易地想到采用常规技术手段将舒巴坦与哌拉西林或者头孢氨噻肟混合制成复方制剂。因此，权利要求 1 不具有创造性。基于上述理由，双鹤公司认为二审判决认定事实错误，适用法律错误。请求本院：1. 撤销北京市高级人民法院（2007）高行终字第 146 号行政判决；维持专利复审委员会第 8113 号决定以及北京市第一中级人民法院（2006）一中行初字第 786 号行政判决，宣告涉案专利权无效。2. 一、二审以及再审诉讼费用由湘北威尔曼公司负担。

湘北威尔曼公司答辩称：权利要求 1 相对于对比文件具有新颖性和创造性，具体理由如下：1. 对比文件公开的联合用药与涉案专利中的复方制剂具有本质区别。(1) 联合用药是指在临床上医生根据患者的具体情况，通过处方将不同的单一药品配伍使用，共同作用于人体的治疗手段，属于临床医学的范畴。而复方制剂是相对于单方制剂而言的，是指两种或者两种以上的药物或者化合物，由药品生产者依照药品注册管理办法，经过临床前和临床研究，通过药品行政管理部门的技术评审和行政审批并获得新药证书和生产批件后，获准生产的药物制剂，其属于药学的范畴，二者的技术领域和本质属性均有不同。（2）联合用药属于方法，是一种临床治疗方案，会因为不同患者或者同一患者不同阶段的病情而变化，具有随机性、临时性、动态性和不确定性的特点。复方制剂属于产品，以其被制成时的形态长期存在，具有固定性、稳定性和长期性的特点。（3）联合用药的过程中，联合使用的药物均为二种或者二种以上单独存在的单体药品，各种单体药品均具有特定的理化性质、药理（药效学 + 药动学）、适应症、不良反应、配伍禁忌等。复方制剂本身属于单一制剂，具有新的特点，并且这些新的特点并非各单体药品相应特点的简单相加。即使联合用药具有积极效果，并不意味着联合使用的不同药物可以被制成复方制剂，并且仍然具有联合使用时的积极效果，不产生其他毒副作用。（4）从联合用药到复方制剂，创新点不仅仅在于以何种工艺生产复方制剂，更在于被联合使用的不同药物是否适合被制成复方制剂，尤其是制成复方制剂后其作用和效果是否更加优化，不会产生无效、拮抗等毒副作用。2. 复方制剂是直接作用于人体的人用药物，必须符合药物所必须具备的安全性、有效性、稳定性。（1）为掌握复方制剂的安全性、有效性和稳定性，必须进行理化性质及纯度、剂型选择、组方筛选、制备工艺、检验方法、质量指标、稳定性、药理、毒理、动物药代动力学等一系列研究。本领域技术人员仅仅依据联合用药的经验和信息，或者参照联合使用的各单体药品的安全性、有效性和稳定性，均无法得到与复方制剂安全性、有效性和稳定性有关的信息。即使联合用药具有良好疗效，也不能证明复方制剂具有安全性、有效性和稳定性。（2）根据国家食品药品监督管理局发布的《关于印发 β－内酰胺酶抑制剂抗生素复方制剂技术评价原则的通知》、《关于加强药品组合包装管理的通知》中的相应规定，将 β－内酰胺酶抑制剂与 β－内酰胺类抗生素制为复方制剂，必须进行药效学试验、毒理试验等一系列研究和试验，以验证并解决复方制剂的安全性、有效性和稳定性。因此，未经研究和试验，不能显而易见地得知可以将 β－内酰胺酶抑制剂与 β－内酰胺类抗生素制为复方制剂。3. 权利要求 1 与对比文件具有实质性的区别。（1）权利要求 1 是封闭式权利要求，虽然权利要求 1 没有限定复方制剂的剂型，但是本领域技术人员可以显而易见地得出，也只能得出该复方制剂的剂型就是（冻干）粉针剂。并且涉案专利说明书亦明确指出该复方制剂是（冻干）粉针剂，可以用来解释权利要求。（2）对比文件虽然公开了抗生素、舒巴坦、无菌水的联合使用过程及其产生的有益效果，但并没有公开这三者可以被制成复方制剂，也没有指出制成复方制剂后仍然具有协同增效的积极效果，更没有指出该复方制剂是否安全、稳定。(3) 为获得涉案专利技术方案，实际上已经进行了包括但不限于下列试验和研究：复方制剂为对象的体外试验和体内动物试验、长期毒性试验、急性毒性试验、药理毒理研究资料、一般药理研究试验、体外抗菌作用研究、局部毒性和其他安全性研究试验。涉案专利说明书的撰写符合其专利申请日施行的《审查指南》中的相关规定，上述试验和研究并不需要全部记载于涉案专利说明书中。(4) 涉案专利中的复方制剂必须符合所有药物都必须具备的安全性、有效性和稳定性。无论说明书如何撰写，都不能否定涉案专利在安全性、有效性、稳定性三个方面所完成的研究和试验工作。虽然对专利说明书的要求和对药品注册的要求不同，但药品专利毕竟在药品行业中，药品注册的部分要求总是隐含在药品的工艺、药学、药效等研究中。4. 涉案专利具有安全、有效、质量可控、疗效显著等有益效果，取得了商业上的成功，具有创造性。5. 在涉案专利申请日之前，医药领域普遍存在三代头孢、哌拉西林耐酶的技术偏见，本领域技术人员不会想到通过复方制剂来解决细菌耐药性问题。涉案专利克服了该技术偏见，具有创造性。

专利复审委员会答辩称：虽然联合用药和复方制剂是不同的概念，但是二者密切相关。联合用药是一种给药方式，包含以复方制剂的方式，二者并不具有本质区别。权利要求 1 具有新颖性，但不具有创造性。第 8113 号决定认定事实清楚、适用法律正确。

双鹤公司向本院申请再审时，提交了下列证据：1. 化学工业出版社 1992 年 7 月印刷的《化工词典》。2. 发表于《广东药学院学报》1996 年 12 月（4）的《发展复方制剂、开发药物新品种》。3. 人民卫生出版社 1986 年 11 月出版的《药剂学》。4. 人民卫生出版社 1986 年 11 月出版的《药物化学》。5. 世界图书出版公司 1994 年 5 月出版的《医用药理学基础》。6. 科学出版社 1996 年 6 月出版的《医学药理学》。7. 中国医药科技出版社 1996 年 12 月出版的《医药商品学》。8. 1995 年 10 月出版的《简明实用药物手册》。9. 人民卫生出版社 1992 年 9 月出版的《药理学》。10. 发表于 *Journal of Hospital Infection*（1995）29 的“Infection after colorectal surgery: a randomized trial of prophylaxis with piperacillin versus sulbactam/piperacillin”及其中文译文。11. 国家知识产权局专利检索中心出具的《检索报告》。12. 韩国 90－006981 号专利、美国 US4234579 号专利及其中文译文。13. 人民卫生出版社 1980 年 5 月出版的《药剂学》。14. 人民卫生出版社 1986 年

10 月出版的《药理学》。

针对双鹤公司提交的上述证据，湘北威尔曼公司质证认为：1. 上述证据并非本案行政程序以及一、二审程序中的证据，也不属于再审程序中的新证据，应当不予采信。2. 针对涉案专利权，双鹤公司已经依据证据 1 ~ 4 另行提出无效宣告请求，在未经专利复审委员会先行审查并作出审查结论之前，所述证据不能作为本案认定事实的依据。3. 湘北威尔曼公司对证据 1、2、11、13、14 的真实性和关联性予以认可，对证据 3 ~ 9 的真实性不予认可，对证据 10、12 的真实性、合法性、关联性不予认可。

专利复审委员会对双鹤公司提交的证据 1 ~ 14 的真实性予以认可。

本院再审期间，湘北威尔曼公司向本院提交了下列证据：反证 1：专利复审委员会 4W100684 号无效宣告请求案的请求书以及受理文件。反证 2：专利复审委员会 4W100352 号无效宣告请求案的请求书以及受理文件。反证 3：专利复审委员会 4W100285 号无效宣告请求案的请求书以及受理文件。反证 4：专利复审委员会 4W100369 号无效宣告请求案的请求书以及受理文件。反证 5：专利复审委员会 W402711 号无效宣告请求案的请求书以及受理文件。反证 6：双鹤公司提交的证据 12 的中文译文。反证 7：化学工业出版社 1995 年 11 月印刷的《药典 - 临床用药须知》。反证 8：上海科技出版社 2004 年 7 月出版的《抗生素的合理应用》。反证 9 ~ 11：1998 年至 2011 年期间国内相关学术期刊上发表的有关学术论文。反证 12：国家食品药品监督管理局于 2004 年 3 月发布的《关于加强药品组合包装管理的通知》。反证 13：国家食品药品监督管理局于 2006 年 2 月发布的《关于印发 β - 内酰胺酶抑制剂抗生素复方制剂技术评价原则的通知》。反证 14：注射用哌拉西林钠舒巴坦钠、注射用哌拉西林钠配舒巴坦钠、注射用哌拉西林钠以及注射用舒巴坦钠的产品包装以及说明书。反证 16：国家经济贸易委员会 1998 年出版的《国家级化学医药新产品开发指南》。反证 17 ~ 28：2002 年至 2010 年期间国内相关学术期刊上发表的有关学术论文。反证 29：广州威尔曼公司与案外人上海新先锋药业有限公司、哈尔滨智诚医药科技研究院就涉案专利签订专利实施许可合同的备案证明。反证 30：中国国际经济贸易仲裁委员会（2010）中国贸仲京裁字第 0250 号裁决。反证 31：案外人苏州二叶制药有限公司向湖南省长沙市中级人民法院提交的复议申请书及其附件《注射用哌拉西林舒巴坦（2∶1）销售计划，利润及销售收入分析》。反证 32：北京双鹤药业有限公司“一君”销售收入损失预测表。反证 33：四川制药制剂有限公司注射用哌拉西林钠舒巴坦钠

(4∶1) 销售出库表。反证34：(2010) 粤穗广证内经字第71763号《公证书》。反证35：涉案专利的产品市场和商业价值分析。反证36：其他类似复方制剂专利的专利说明书。反证37：注射用头孢噻肟钠舒巴坦钠长期毒性试验资料。反证38：注射用头孢噻肟钠舒巴坦钠急性毒性试验资料。反证39：注射用头孢噻肟钠舒巴坦钠一般药理研究的试验资料。反证40：不同配比的头孢噻肟钠与舒巴坦钠体外抗菌作用研究。反证41：注射用头孢噻肟钠舒巴坦钠过敏性、溶血性和局部刺激性等主要局部、全身给药相关的特殊安全性试验研究。反证42：注射用头孢噻肟钠舒巴坦钠临床研究计划及研究方案。反证43：注射用头孢噻肟钠舒巴坦钠临床研究者手册。反证44：广东省版权局第19-2011-A-00227号《作品著作权登记证》。反证45：《哌拉西林钠舒巴坦钠试验、研究资料汇编》。除上述证据外，湘北威尔曼公司还向本院提交了广东省版权局第19-2011-A-00226号《作品著作权登记证》及其作品登记样本《注射用头孢噻肟钠舒巴坦钠研究资料汇编》，用于证明反证37~43的真实性。

针对湘北威尔曼公司提交的上述反证，双鹤公司质证认为：1. 湘北威尔曼公司提交上述证据的时间超过举证期限，所述证据应当不予认可。2. 对反证1、2的真实性予以认可；对反证3的第1页，反证4的第1、3、5页，反证5的第1~3页的真实性予以认可，对反证3~5其余部分的真实性不予认可；对反证3~5的关联性不予认可。3. 对反证6的真实性、合法性、关联性不予认可。4. 对反证7的真实性予以认可，对其关联性不予认可。5. 反证8的公开时间在涉案专利申请日之后，对其真实性予以认可，但对其关联性、合法性不予认可。6. 反证9~14、16、17、19~28、36的公开时间均在涉案专利申请日之后，对其真实性、合法性、关联性不予认可。7. 湘北威尔曼公司未提交反证18的原件，对其真实性不予认可。8. 对反证29、31的真实性予以认可，对其合法性、关联性不予认可。9. 对反证30、32、33、37~45的真实性、合法性、关联性不予认可。10. 对反证34的真实性予以认可，对其关联性不予认可。11. 反证35的形成和来源不明，湘北威尔曼公司未提交该证据的原件，对其真实性不予认可。

针对湘北威尔曼公司提交的上述证据，专利复审委员会质证认为：1. 对反证1~5、12、13、29~31、34的真实性、合法性予以认可，对其关联性不予认可。2. 对反证6、44~45的真实性不予认可。3. 对反证7的真实性、合法性、关联性予以认可。4. 对反证8~11、16~17、19~28的真实性予以认可，对其关联性不予认可。5. 对反证14、37~43的真实性、关联性不予认可。6. 反证18的公开日在涉案专利申请日之后，对其真实性、关联性不予认可。7. 对反证 32、33、35、36 的真实性、合法性、关联性不予认可。

对于双鹤公司与湘北威尔曼公司向本院提交的有关证据，结合各方当事人的质证意见，本院认证如下：

（一）关于双鹤公司提交的证据

证据 1、3～9、13、14 分别为涉案专利申请日之前公开的技术词典、教科书、技术手册等公知常识性证据。湘北威尔曼公司、专利复审委员会对证据 1、13、14 的真实性未提出异议，本院对所述证据的真实性予以认可。双鹤公司提交了加盖有国家图书馆科技查新中心骑缝章的证据 3～9 的复印件，以证明证据 3～9 的真实性。湘北威尔曼公司虽对证据 3～9 的真实性提出异议，但并未提供相反的证据，亦未能就所述证据的真实性提出合理质疑，故本院对所述证据的真实性予以认可。证据 1、3～9、13、14 虽然并非专利复审委员会作出第 8113 号决定的依据，但根据所述证据，能够更为客观、准确地确定本领域技术人员在涉案专利申请日之前应当具有的知识水平和认知能力，准确界定本案中涉及的相关技术术语的含义，有助于本院对权利要求 1 的创造性以及第 8113 号决定的合法性进行审查。故对所述证据，本院予以采信。

证据 2 为涉案专利申请日前相关学术刊物上发表的论文，其对复方制剂的前景、动态、创制途径等进行了一般性介绍。虽然该论文本身不属于公知常识性证据，不能直接用于证明涉案专利申请日之前本领域技术人员应当具有的知识水平和认知能力，但对本院认定相关事实，亦有一定的参考、借鉴作用，与本案具有关联性。

证据 10～12 既不属于专利复审委员会作出第 8113 号决定的依据，亦不能用于证明涉案专利申请日之前本领域技术人员应当具有的知识水平和认知能力，与本案不具有关联性，本院不予采信。

应当指出的是，双鹤公司以及其他案外人是否已依据本案中的有关证据向专利复审委员会另行提出专利无效宣告请求，与本院对本案中相关证据的审查、认定并无必然关联。并且在本案中，本院系依据各方当事人提交的有关证据，对第 8113 号决定的事实认定以及法律适用进行合法性审查，而非就有关证据是否影响涉案专利的创造性直接予以认定。因此，对于湘北威尔曼公司有关未经专利复审委员会先行审查并作出审查决定之前，在本案中不能以双鹤公司提交的有关证据作为认定案件事实的依据的主张，本院不予支持。

（二）关于湘北威尔曼公司提交的反证

反证1~5系涉及涉案专利的其他无效宣告请求案件的相关材料，与本案不具有关联性，本院不予采信。

反证6系双鹤公司提交的证据12的中文译文。因证据12与本案不具有关联性，故反证6与本案亦不具有关联性，本院不予采信。

反证7为涉案专利申请日之前公开的技术手册，该证据可以用于证明涉案专利申请日之前本领域技术人员应当具有的知识水平和认知能力，双鹤公司、专利复审委员会对该证据的真实性亦未提出异议，本院予以采信。

反证8~11、16~28分别为涉案专利申请日之后公开的学术专著、技术手册、学术论文等，所述证据既不属于专利复审委员会作出第8113号决定的依据，亦不能证明涉案专利申请日之前本领域技术人员应当具有的知识水平和认知能力，与本案不具有关联性，本院不予采信。

反证12为国家食品药品监督管理局下发的《关于加强药品组合包装管理的通知》，与本案不具有关联性，本院不予采信。

反证13为国家食品药品监督管理局下发的《关于印发β-内酰胺酶抑制剂抗生素复方制剂技术评价原则的通知》，该证据来源于国家食品药品监督管理局的官方网站，且与本案具有关联性，本院予以采信。

湘北威尔曼公司以反证29~31证明涉案专利取得了商业上的成功，并提交了所述证据的原件。所述证据与本案具有关联性，本院予以采信。

反证34仅能用于证明与案外人哈尔滨誉衡药业有限公司首次公开发行股票相关的事实，与本案不具有关联性，本院不予采信。

湘北威尔曼公司未能向本院提交反证14、32、33、35、36的原件，所述证据的形成和来源不明，真实性无法核实；并且反证14、36与本案亦不具有关联性，故本院对反证14、32、33、35、36不予采信。

反证37~43系有关注射用头孢噻肟钠舒巴坦钠的试验、研究资料，所述证据仅能用于证明湘北威尔曼公司与案外人中国药科大学、威尔曼国际新药研发中心为研发注射用头孢噻肟钠舒巴坦钠，开展了相关试验、研究工作。反证44~45系有关注射用哌拉西林钠舒巴坦钠的试验、研究资料及《作品著作权登记证》，所述证据仅能用于证明试验者吕华冲、孙明杰以及中国药科大学为研发注射用哌拉西林钠舒巴坦钠，开展了相关试验、研究工作。上述证据中的有关内容均未记载于涉案专利说明书中，不能作为认定权利要求1的创造性的依据，与本案不具有关联性，本院不予采信。对于湘北威尔曼公司有关为了获得涉案专利，必须进行一系列科学研究和试验，不经过创造性劳动无法解决涉案专利复方制剂的安全性、有效性和稳定性的主张，本院将在下文有关创造性的认定中予以详细评述。

本院审查查明，一、二审法院认定的事实属实。

结合双鹤公司、湘北威尔曼公司提交的有关证据，本院另查明以下事实：

（一）涉案专利说明书中记载的有关内容

涉案专利说明书中记载："细菌耐药是导致氧哌嗪青霉素和头孢氨噻肟近年临床疗效下降的重要原因……细菌产生耐药的机理以细菌产生抗 β – 内酰胺酶为主。""针对产 β – 内酰胺酶细菌的耐药性，临床上采取将 β – 内酰胺酶抑制剂与抗生素配伍使用的策略，取得了良好的效果，两者制成的复方，不仅使抗生素的抗菌活性增强，同时还扩大了抗菌谱。目前已上市的产品有……舒巴坦分别与氨苄青霉素及头孢哌酮的复方制剂，优立新和舒乐哌酮。""目前尚未有将舒巴坦与氧哌嗪青霉素或头孢氨噻肟制成复方制剂在临床使用的报道。"

"本发明是这样实现的……按已知的粉针剂或冻干粉针剂制备工艺程序操作进行。即制备出对产 β – 内酰胺酶细菌敏感的复方氧哌嗪青霉素制剂或复方头孢氨噻肟制剂。"

"本发明具有如下优点：1. 舒巴坦与氧哌嗪青霉素和头孢氨噻肟具有协同抗菌作用，可明显增强两者的抗菌活性。2. 舒巴坦与氧哌嗪青霉素和头孢氨噻肟合用能显著增强两者的抗菌谱，扩展临床应用范围。3. 舒巴坦与氧哌嗪青霉素和头孢氨噻肟合用，可有效地解决细菌耐药问题，增强临床疗效。4. 用本发明取代目前使用的氧哌嗪青霉素和头孢氨噻肟，临床疗效进一步加强，应用更为广泛。5. 本发明可用于工业生产。"

（二）对比文件中记载的有关内容

对比文件系中文名称为《舒巴坦分别与美洛西林、哌拉西林和头孢氨噻肟联合使用：在治疗严重细菌感染过程中临床和细菌学方面的研究发现》的学术论文。对比文件"摘要"记载："在德国 12 家医院采用公开的多中心研究方法，对舒巴坦分别与美洛西林、哌拉西林和头孢氨噻肟联合用于严重细菌感染时的功效和耐受性进行了研究。一共 155 位患者参与此项研究。"

对比文件"序言"记载："产生 β – 内酰胺酶是细菌对 β – 内酰胺类抗生素耐药的最重要的机制……舒巴坦对 β – 内酰胺酶产生的不可逆的灭活作用对广谱 β – 内酰胺酶同样有效。由此可知，舒巴坦除了与头孢哌酮、头孢羧噻肟、头孢曲松合用外，也可与美洛西林、哌拉西林和头孢氨噻肟合用。”

对比文件“临床和细菌学评价”记载：“病人每天汇报发生于自己身上的任何不良反应。所有的不良反应以一种特定调查表的形式记录下来，包括不良反应的性质、发生的时间、持续的时间和任何用于对付不良反应的措施。”

对比文件“研究方案”记载：“美洛西林和哌拉西林给药量为 4g，一天给药三次；头孢氨噻肟给药量为 2g，一天给药三次。在每次给予上述抗生素的同时，给予舒巴坦 1g。给药途径为快速静脉输注，20 分钟给药完毕。混合方法为舒巴坦溶于大约 10ml 无菌水中，然后与准备好的抗生素输液混合。由于舒巴坦与本研究中的抗生素可以配伍使用，不会降低它们的疗效，所以，这种混合方法是可行的。”

对比文件“结果”记载以下内容：“开始治疗前 106（68.4%）位患者体内的病原微生物得到确认，一共分离了 192 株……本研究中所有的微生物体均对被琼脂扩散实验证明的由 15μg 舒巴坦和 30μg 抗生素组成的复合制剂敏感。”“细菌学方面的研究发现（表 4）巩固了有关临床疗效的研究发现。”

对比文件“讨论”中记载：“本研究的目的在于从功效和耐受性方面调查加入舒巴坦后对抗生素的影响，并对不同部位、不同器官感染严重的患者进行体外临床研究时得出的结论加以巩固，尤其是要调查细菌学数据与临床结果的直接相关性。”“舒巴坦与美洛西林、哌拉西林或头孢氨噻肟联合使用耐受性很好。只有 5 例发现不良反应，1 例因不良反应中止治疗。”“研究结果表明，β－内酰胺酶抑制剂舒巴坦可以与上述 β－内酰胺类抗生素有利地组合并广泛用于临床。β－内酰胺抗生素与舒巴坦组合可以充分发挥它们的功效，对付能产生 β－内酰胺酶的致病微生物，扩大它们的抗菌谱……用舒巴坦与不同的抗生素组合，开辟了一条可行而划算的治疗途径，对解决细菌的耐药性问题起到了实质性的作用。”

除上述内容外，对比文件中的表 1 ~ 4 还分别公开了研究中涉及的患者疾病诊断情况、治疗前分离的微生物体分布情况、临床功效、细菌学方面的功效等具体试验数据。

对比文件中公开的哌拉西林，即为涉案专利权利要求 1 中的氧哌嗪青霉素。

（三）涉案专利申请日之前公开的相关公知常识性证据中记载的有关内容

1. 人民卫生出版社 1986 年 11 月出版的《药剂学》中记载的有关内容

“药剂配伍使用的目的”中记载：“在制剂生产中往往用二种或二种以上药物配成复方制剂，其目的是使服用方便，提高疗效和减少不良反应……在临床治疗上也经常采用合并用药的方式来提高药物的疗效或降低药物的毒副作用。”“在临床上合并使用二种以上药物时，若能出现预期治疗目的的称为合理配伍用药；若合并用药后，增加药物的毒副作用或降低疗效等不符合临床治疗需要，则称为不合理配伍用药；若引起新的疾病（亦称药源性疾病）者，则属于配伍禁忌。”“目前，在制剂配制过程中发生的配伍困难和配伍禁忌的情况比较少，但在门诊处方，住院医嘱和注射室中发生的不合理配伍用药和配伍禁忌等情况较多，因此医药人员必须密切配合，共同开展合理用药工作，为合理解决配伍用药问题而努力。”

2. 人民卫生出版社 1980 年 5 月出版的《药剂学》中记载的有关内容

“药剂学的概念”中记载：“将药物用于临床使用时，不能直接使用原料药，必须制备成具有一定形状和性质的剂型……各种剂型中的具体药品称为药物制剂，以下简称制剂。”“药剂学的宗旨是制备安全、有效、稳定、使用方便的药物制剂。”

3.《药理学》中记载的有关内容

“联合用药”中记载：“两种或两种以上的药物同时或前后使用称为联合用药或配伍用药。药物联合使用其药理作用加强者称为协同作用……药物联合使用其药理作用减弱者称为对抗作用或拮抗作用。”“联合用药的目的是为了提高疗效、克服不良反应及防止某些病原体耐药性的产生，这在临床医疗中具有重要使用价值；但是不合理的联合用药，不但难以提高疗效，还可能降低疗效或出现不良反应。这是由于两种药物在吸收、分布、生物转化、排泄或药理作用等方面的相互干扰所造成的，这种相互影响称为药物的相互作用。”

4.《医用药理学基础》《医用药理学》中记载的有关内容

《医用药理学基础》“38. 1. 4β－内酰胺酶抑制剂”，以及《医用药理学》“36. 4β－内酰胺酶抑制剂”中均记载：“克拉维酸和舒巴克坦（sulbactam）是目前已用于临床的两种 β－内酰胺酶抑制剂。它们本身的抗菌力很弱，其主要作用是通过抑制多种 β－内酰胺酶而保护了不耐酶的 β－内酰胺类抗生素，从而扩大并加强了后者的抗菌作用，其中舒巴克坦的抑酶能力稍弱。此两种酶抑制剂均已分别制成与 β－内酰胺类抗生素的复方制剂供临床试用。”“如……舒他西林是舒巴克坦与氨苄青霉素的复方制剂。舒巴克坦和头孢哌酮的复合注射剂也已试制成功。”

《医用药理学基础》《医用药理学》中公开的舒巴克坦，即为涉案专利权利要求 1 中的舒巴坦。

5.《医药商品学》中记载的有关内容

“氨苄西林－舒巴坦”中记载：“舒巴坦（本身几乎不具有任何抗菌效力）为不可逆性竞争型β－内酰胺酶抑制剂。”“β－内酰胺酶所造成的临床耐药菌感染目前已成为世界性的问题……目前含β－内酰胺酶抑制剂的复方制剂在世界抗生素领域中占有重要的地位。”

6.《药典—临床用药须知》中记载的有关内容

《药典—临床用药须知》中记载了哌拉西林钠（氧哌嗪青霉素钠）、舒巴坦钠、头孢噻肟钠的适应症、药理、药物相互作用、给药说明等。其中舒巴坦钠的“适应症”记载：“舒巴坦与氨苄西林或头孢哌酮联合治疗敏感细菌所致的呼吸道、尿路、妇产科、腹腔内、眼耳鼻喉科和骨关节感染以及败血症、脑膜炎等。”舒巴坦钠的“药理”记载：“舒巴坦为不可逆的竞争性β－内酰胺酶抑制剂……青霉素类和头孢菌素类抗生素与舒巴坦合用时能出现协同现象。”舒巴坦钠的“不良反应”中记载：“舒巴坦与氨苄西林联合应用能很好地为患者所耐受。”舒巴坦钠的“给药说明”记载：“目前中国生产的舒巴坦产品主要为供静脉或肌肉注射用的氨苄西林/舒巴坦的联合制剂……头孢哌酮/舒巴坦为增强头孢哌酮抗菌活性的制剂。”舒巴坦钠的“用法与用量”中记载：“舒巴坦/氨苄西林不能口服给药，其复方制剂（舒巴坦:氨苄西林＝1:2）可用于静脉注射、静脉滴注或肌肉注射。”

《药典—临床用药须知》中记载的舒巴坦钠，即为涉案专利权利要求1中的舒巴坦的钠盐。

（四）《关于印发β－内酰胺酶抑制剂抗生素复方制剂技术评价原则的通知》中记载的有关内容

国家食品药品监督管理局于2006年2月发布的《β－内酰胺酶抑制剂抗生素复方制剂技术评价原则》中记载：“对于含β－内酰胺酶抑制剂的抗生素复方，评价的重点是其立题依据及组方和配比的合理性。相关评价原则包括：（一）对于首次将某抗生素与某酶抑制剂组成的新组方品种。1. 应有充分的立题依据。（1）拟组方的抗生素已广泛地在临床上出现严重耐药，且耐药主要是由于细菌产生β－内酰胺酶而引起；（2）拟组方的抗生素在临床治疗上具有不可替代性；（3）拟组方的抗生素与酶抑制剂的药代动力学特征应基本吻合。2. 应有充分的临床前有效性和安全性试验依据提示组方和配比的合理性。（1）药效学试验应能充分提示复方对近期从多地区临床分离的耐药菌株的有效性，并且为合理配比；（2）毒理学试验应能充分提示复方与单药相比毒性未显著增加。3. 应通过规范的合理设计的临床试验证明立题的合理性。”其“具体技术要求”中，就首次将某抗生素与某酶抑制剂组成的新组方品种的抑酶试验、体外抗菌试验、体内抗菌试验、毒理试验、临床试验进行了规定。

（五）《发展复方制剂、开发药物新品种》中记载的有关内容

《发展复方制剂、开发药物新品种》系发表于《广东药学院学报》1996年12月（4）的学术论文，其对复方制剂的前景、动态、创制途径等进行了一般性介绍。其中“复方制剂的前景”记载：“复方制剂中的化学原料药并不是新药，但在两种药物组合后变成了一个新的药物，复方制剂相对于组成复方的单味药而言，或者毒副作用降低，或者临床疗效较优，或者作用范围更广。”“某些领域的复方制剂动态”中记载：“对待日趋严重的细菌耐药，医药界采取的方法有：（1）发展新的抗菌药物；（2）联合用药，包括两种药物同时服用或制成复方制剂服用两个方面。”“临床经验方是创制复方制剂的好途径”中记载：“创制复方制剂的关键是处方的组方依据必须充足……创制有特色的复方制剂的另一重要途径是从临床中来，到临床中去……临床医药卫生工作者积累了大量的资料，这些联合用药的资料即为创制新药的‘源头’。”“近年来，临床药学发展迅速，检测技术不断提高。临床药物比较研究和临床联合用药的研究受到医药卫生工作者的高度重视，这些研究结果积累的资料为开创有特色的复方制剂提供了依据。以临床联合用药积累的资料作为复方制剂设计的导向，不仅克服了盲目性，且提高了复方制剂创制的成功率。”“复方制剂……处方组成源于临床，有较好的临床基础，不失为研制新药的好途径。”

本院认为，本案焦点在于：1. 如何确定权利要求1的保护范围；2. 权利要求1相对于对比文件是否具有新颖性；3. 权利要求1相对于对比文件是否具有创造性。

（一）关于如何确定权利要求1的保护范围

参照涉案专利申请日施行的《审查指南》（1993年版）第二部分第十章“关于化学领域发明专利申请审查的若干规定”的规定，组合物权利要求有开放式和封闭式两种表达方式。权利要求1中记载的“由舒巴坦与氧哌嗪青霉素或头孢氨噻肟所组成”，属于《审查指南》（1993年版）规定的封闭式权利要求的典型撰写方式。因此，对于湘北威尔曼公司有关权利要求1属于封闭式权利要求的主张，本院予以支持。

根据专利法第五十六条第一款的规定，发明专利权的保护范围以权利要求的

内容为准，说明书和附图可以用于解释权利要求。从权利要求1中记载的全部技术特征来看，其仅仅限定了将舒巴坦与氧哌嗪青霉素或者头孢氨噻肟以特定比例混合制成复方制剂，并没有限定复方制剂的具体剂型。复方制剂是本领域中具有确定含义的上位概念，其范围涵盖了包括（冻干）粉针剂在内的各种具体剂型。湘北威尔曼公司有关根据权利要求1的封闭式撰写方式以及涉案专利说明书，只能将权利要求1中的复方制剂解释为（冻干）粉针剂的主张，实质上是将权利要求中具有确定含义的上位概念，限制为仅在说明书中记载的具体下位概念，是对权利要求进行事实上的修改，而不是解释权利要求。因此，对于湘北威尔曼公司有关权利要求1中的复方制剂是指（冻干）粉针剂的主张，本院不予支持。

（二）关于权利要求1相对于对比文件是否具有新颖性

权利要求1中明确限定了将舒巴坦与氧哌嗪青霉素或者头孢氨噻肟以特定比例混合制成复方制剂。根据人民卫生出版社分别于1980年5月、1986年11月出版的《药剂学》中记载的有关内容，亦可确定权利要求1中的复方制剂是属于药物生产、制备技术领域的技术术语。复方制剂的性质不同于临床上或者医学试验中为了治疗、试验等目的，将不同药物临时配置而形成的联合用药或者药物组合。因此，虽然对比文件“研究方案”中公开了将舒巴坦溶于大约10ml无菌水中，然后与准备好的抗生素输液混合；“结果”中公开了由15μg舒巴坦和30μg抗生素组成复合制剂以应用于琼脂扩散实验，但所述药物组合以及复合制剂均属于为了治疗、试验目的而配置的药物，具有临时性、动态性的特点，其性质与权利要求1中的复方制剂有所差异。因此，对于双鹤公司有关权利要求1相对于对比文件不具有新颖性的主张，本院不予支持。

《中华人民共和国行政诉讼法》第五条规定：“人民法院审理行政案件，对具体行政行为是否合法进行审查。”双鹤公司在行政程序中并未向专利复审委员会提交证据10，亦未提出权利要求1相对于证据10不具有新颖性的无效理由。双鹤公司有关权利要求1相对于证据10不具有新颖性的申请再审理由，已超出本院对第8113号决定进行合法性审查的范围。因此，对于双鹤公司的该项主张，本院不予支持。

（三）关于权利要求1相对于对比文件是否具有创造性

权利要求1请求保护一种抗β-内酰胺酶抗菌素复合物，特征在于它由舒巴坦与氧哌嗪青霉素或头孢氨噻肟所组成，舒巴坦与氧哌嗪青霉素或头孢氨噻肟以0.5-2∶0.5-2的比例混合制成复方制剂。将其与对比文件相比，对比文件虽然公开了在临床上可以将舒巴坦与哌拉西林或者头孢氨噻肟分别以特定的比例联合用药，以克服细菌的耐药性问题，扩大抗菌谱；但并未公开将舒巴坦与氧哌嗪青霉素、头孢氨噻肟组成的复合物制备为复方制剂。因此，关于权利要求1与对比文件的区别技术特征，第8113号决定以及一、二审判决中的有关认定并无不当。

从本院查明的相关事实来看，临床联合用药与复方制剂虽属于不同的技术领域，性质有所不同，但亦具有十分紧密的联系，并非湘北威尔曼公司所主张的具有本质区别。首先，从人民卫生出版社1986年11月出版的《药剂学》中记载的有关内容来看，在制剂生产中将二种或二种以上药物配成复方制剂，以方便服用、提高疗效和减少不良反应；以及在临床治疗上采用合并用药，以提高药物疗效或降低药物的毒副作用，是药剂配伍使用的两种具体方式。二者均面临配伍变化、配伍是否合理等问题，需要医药人员密切配合，共同开展合理用药工作，为合理解决配伍用药问题而努力。其次，从《药理学》中记载的有关内容来看。联合用药既包括二种或二种以上药物同时使用，也包括二种或二种以上药物前后使用。而为了方便服用，将需要同时使用的二种或二种以上药物制备为复方制剂，是实现联合用药的具体方式之一。再次，从国家食品药品监督管理局下发的《关于印发β-内酰胺酶抑制剂抗生素复方制剂技术评价原则的通知》中记载的有关内容来看，对于首次将某抗生素与某酶抑制剂组成的新组方品种，该通知明确要求“应有充分的临床前有效性和安全性试验依据，提示组方和配比的合理性”，“应通过规范的合理设计的临床试验证明立题的合理性”，亦表明临床医学实践与β-内酰胺酶抑制剂抗生素复方制剂的研制具有十分密切的关系。复次，从《药典-临床用药须知》《医药商品学》以及《医用药理学基础》中记载的有关“舒巴坦钠”“舒巴坦”的相关内容来看，舒巴坦为β-内酰胺酶抑制剂，由于其本身的抗菌力很弱，故将舒巴坦与氨苄西林、头孢哌酮等β-内酰胺类抗生素合用，或者制为复方制剂，是涉案专利申请日前抗生素领域中使用舒巴坦的典型方式。将舒巴坦与氨苄西林制为复方制剂，即为临床上实现二者合用的具体给药方式。最后，即使是从涉案专利说明书本身来看，其中亦明确记载：“临床上采取将β-内酰胺酶抑制剂与抗生素配伍使用的策略，取得了良好的效果，两者制成的复方，不仅使抗生素的抗菌活性增强，同时还扩大了抗菌谱。目前已上市的产品有……舒巴坦分别与氨苄青霉素及头孢哌酮的复方制剂，优立新和舒乐哌酮。”这表明具有良好效果的临床配伍使用与制备复方制剂之间存在密切联系。申请涉案专利的技术背景仅仅在于“目前尚未有将舒巴坦与氧哌嗪青霉素或头孢氨噻肟制成复方制剂在临床使用的报道"。

基于前述分析，可以得出如下结论：包括联合用药在内的临床医学实践，是研发以及验证β-内酰胺酶抑制剂抗生素复方制剂的重要基础和源泉；而将联合用药的多种药物制备为复方制剂，则是实现β-内酰胺酶抑制剂与抗生素联合用药的具体方式。二者之间的密切关系，也正是俗语"医药不分家"在该技术领域中的具体体现。在临床联合用药公开了足够的技术信息的情况下，本领域技术人员能够从中获得相应的技术启示。事实上，对比文件并非仅仅公开舒巴坦与哌拉西林或者头孢氨噻肟可以以特定比例联合用药。其在德国12家医院采用公开的多中心研究方法，由155位患有不同疾病的患者参与，对舒巴坦分别与美洛西林、哌拉西林和头孢氨噻肟联合用于严重细菌感染时的功效和耐受性进行了较为系统、全面的研究。除公开联合用药的具体药物组成以及比例外，对比文件还明确披露了舒巴坦与哌拉西林、头孢氨噻肟合用以解决细菌耐药性问题的机理；合用药物具有良好的临床疗效和耐受性；以琼脂扩散实验检验合用药物的细菌学效应；以及临床结果与细菌学结果有很好的相关性。并明确给出了以下结论："舒巴坦与美洛西林、哌拉西林或头孢氨噻肟联合使用耐受性很好，β-内酰胺抗生素与舒巴坦组合可以充分发挥它们的功效，对付能产生β-内酰胺酶的致病微生物，扩大它们的抗菌谱"；"用舒巴坦与不同的抗生素组合……对解决细菌的耐药性问题起到了实质性的作用"。在对比文件公开了如此丰富、翔实的技术内容的基础上，本领域技术人员已能获得足够的启示并有足够的动机，想到采用常规工艺将舒巴坦与哌拉西林或者头孢氨噻肟制为复方制剂，以便于联合用药的用药方便。从舒巴坦与哌拉西林、头孢氨噻肟的本身性质来看，亦不存在不宜将其制为复方制剂的反面教导或者明显障碍。湘北威尔曼公司亦未提供任何证据，证明在制备涉案专利复方制剂的过程中需要克服何种技术难题。因此，第8113号决定认定权利要求1相对于对比文件不具有创造性，并无不当。相反，二审判决片面强调联合用药与复方制剂的区别，忽视了二者之间的密切联系；对对比文件中公开的技术内容亦未能全面、准确地加以认定和考量，以致错误认定权利要求1相对于对比文件具有创造性，认定事实和适用法律均有错误，应予纠正。

由于药品质量与人民群众的生命健康和医疗用药安全息息相关，故相关法律法规中对药品的研制、生产规定了严格的标准和条件。与之相比，专利法保护的是以技术方案为具体对象的智力成果，专利法中有关新颖性、创造性等专利授权确权标准的规定，均是为了实现保护发明创造专利权，鼓励发明创造，有利于发

明创造的推广应用，促进科学技术进步和创新的立法目的。二者的立法目的、规范对象以及具体标准均有实质性的区别。对于涉及药品的发明创造而言，在其符合专利法中规定的授权条件的情况下，即可授予专利权，无需另行考虑该药品是否符合其他法律法规中有关药品研制、生产的相关规定。因此，对于湘北威尔曼公司有关复方制剂作为人用药物，必须具有安全性、有效性、稳定性，未经一系列研究和试验，不能显而易见地得知可以将β－内酰胺酶抑制剂与β－内酰胺类抗生素制为复方制剂的主张，本院不予支持。

专利权是一种法定的独占权，专利权人向社会公众公开其发明创造，通过国务院专利行政部门的专利审查，方能获得专利法的保护。专利申请人在其申请专利时提交的专利说明书中公开的技术内容，是国务院专利行政部门审查专利的基础，亦是社会公众了解、传播和利用专利技术的基础。因此，专利申请人未能在专利说明书中公开的技术方案、技术效果等，一般不得作为评价专利权是否符合法定授权确权标准的依据，否则会与专利法规定的先申请原则相抵触，背离专利权以公开换保护的本质属性。在涉案专利申请日施行的《审查指南》（1993年版）第二部分第十章“关于化学领域发明专利申请审查的若干规定”规定：“新的药物化合物或药物组合物，应当公开其具体医药用途、药理功效、有效量及使用方法；应当有实验室试验、动物试验或者临床试验的定性或定量数据；有效量和使用方法或制剂方法等应当公开至该领域的技术人员能实施的程度。”上述内容系有关专利说明书应当对新的药物化合物或者药物组合物予以充分公开的规定。专利说明书的撰写符合上述规定的要求，并不代表该专利亦能符合专利法规定的其他法定授权确权标准。应当指出的是，**专利法中有关专利说明书应当对发明创造予以充分公开的规定，实为对专利说明书的最低限度要求。在满足充分公开的前提下，专利申请人有权利决定其在专利说明书中公开的技术内容的具体范围，适当保留其技术要点，但也应当承担由此可能带来的不利后果。**本案中，湘北威尔曼公司主张其为了解决涉案专利的安全性、有效性、稳定性，还进行了长期毒性试验、急性毒性试验、一般药理研究试验等一系列试验和研究，但由于相关技术内容并未记载于涉案专利说明书中，则不能体现出涉案专利在安全性、有效性、稳定性等方面对现有技术作出了创新性的改进与贡献。因此，这些试验和研究不能作为本院认定权利要求1的创造性的依据。对于湘北威尔曼公司有关涉案专利说明书的撰写符合《审查指南》中的规定，专利说明书中无须记载其为了获得涉案专利而完成的其他试验和研究工作的主张，本院亦不予支持。

湘北威尔曼公司提交的反证 29 – 30 仅能证明其就涉案专利与案外人上海新先锋药业有限公司、哈尔滨智诚医药科技研究院签订专利实施许可合同并发生合同纠纷；反证 31 仅能证明其就涉案专利与案外人苏州二叶制药有限公司发生专利侵权纠纷。所述证据均不能证明湘北威尔曼公司实施涉案专利并取得了商业上的成功。此外，对比文件中明确披露了舒巴坦与哌拉西林、头孢氨噻肟合用的机理以及所述药物合用可有效解决细菌的耐药性问题、扩大抗菌谱。因此，对于湘北威尔曼公司有关涉案专利取得了商业上的成功，克服了本领域中普遍存在的三代头孢、哌拉西林耐酶的技术偏见，具有创造性的主张，本院不予支持。

综上，二审判决认定涉案专利权利要求 1 具有创造性，从而撤销一审判决以及第 8113 号决定，认定事实与适用法律均有错误，依法应予撤销。依据《中华人民共和国行政诉讼法》第五十四条第（一）项和《最高人民法院关于执行〈中华人民共和国行政诉讼法〉若干问题的解释》第七十六条第一款、第七十八条之规定，判决如下：

一、撤销北京市高级人民法院（2007）高行终字第 146 号行政判决；

二、维持北京市第一中级人民法院（2006）一中行初字第 786 号行政判决和国家知识产权局专利复审委员会第 8113 号无效宣告请求审查决定。

本案一审案件受理费和二审案件受理费各 1000 元，均由湘北威尔曼制药股份有限公司负担。

本判决为终审判决。

审　判　长　金克胜
代理审判员　杜微科
代理审判员　朱　理
二〇一一年十二月十七日
书　记　员　张　博

143. 专利说明书中没有记载的技术内容对创造性判断的影响（二）

——再审申请人北京亚东生物制药有限公司与被申请人国家知识产权局专利复审委员会、一审第三人山东华洋制药有限公司发明专利权无效行政纠纷案

【裁判要旨】

未记载在说明书中的技术贡献不能作为要求获得专利权保护的基础。对于专利权人提交的申请日之后的技术文献，用于证明未在专利说明书中记载的技术内容，如该技术内容不属于申请日之前的公知常识，或不是用于证明本领域技术人员的知识水平与认知能力的，一般不应作为判断能否获得专利权的依据。

【关键词】

发明　创造性　现有技术　技术贡献

【案号】

最高人民法院（2013）知行字第77号

【基本案情】

在本案中，北京亚东生物制药有限公司（以下简称亚东制药公司）是名称为“治疗乳腺增生性疾病的药物组合物及其制备方法”发明专利的权利人。本案专利权利要求1通过重量份的方式限定了药物组合物的原料药构成及制备方法，但权利要求及说明书中未记载丹酚酸B的功能、效果等内容。2010年3月10日，山东华洋制药有限公司（以下简称华洋公司）针对本案专利向国家知识产权局专利复审委员会（以下简称专利复审委员会）提出无效宣告请求，并提交了证据1、证据3作为对比文件。权利要求1与证据1相比，中药组分和配比相同，区别在于二者的剂型不同，且本案专利省略了减压干燥步骤。此外，证据1还记载了按照药典标准生产的乳块消片产品总有效率为89.32%。证据3公开了颗粒剂的两种制法。亚东制药公司提交了反证3和反证4，反证3的发表时间晚于本案专利的申请日，其以丹酚酸B为指标，比较了减压干燥、喷雾干燥两种干燥方式制备的乳

块消片提取物的含量差异，结论为喷雾干燥制备的乳块消片中提取物丹酚酸B的含量比较高。反证4记载了北京中医药大学药厂生产的乳块消片的总有效率为86%。专利复审委员会于2010年10月15日作出第15409号无效宣告请求审查决定（以下简称第15409号决定），宣告本案专利权全部无效。亚东制药公司不服，提起行政诉讼。北京市第一中级人民法院一审认为，第15409号决定夸大了本领域技术人员对本案专利技术效果的预期能力，权利要求1－3具备创造性。据此判决撤销第15409号决定并责令专利复审委员会重新作出审查决定。专利复审委员会不服，提起上诉。北京市高级人民法院二审认为，本案专利仅是对已知药物常规剂型的转换，且省略减压干燥步骤所带来的技术效果的改变是本领域技术人员可以预料的。遂判决撤销一审判决，维持第15409号决定。亚东制药公司不服，向最高人民法院申请再审。最高人民法院于2014年10月17日裁定驳回亚东制药公司的再审申请。

【裁判意见】

在本案中，最高人民法院审查认为：作为以公开换保护的专利制度，对专利权的保护应当与发明人相对于申请日前的现有技术所做出的技术贡献相称，其技术贡献应当充分公开，并记载在说明书中。申请日提交的专利申请文件是确定专利申请能否获得授权的基础。反证3虽然一定程度上解释了制备工艺与丹酚酸B含量之间的关系，但其系本案专利申请日之后公开的技术文献，所述技术内容并非用于证明本领域技术人员在本案专利申请日前所具有的知识水平与认知能力，故不应当以反证3记载的内容作为判断本案专利技术效果的基础。在本案专利说明书没有记载提高丹酚酸B含量及其技术效果的情况下，也不应当将反证3作为对比实验数据使用。而且，即使考虑反证3中的相关内容，由于亚东制药公司所主张的本案专利的技术效果，即丹酚酸B含量的提高可以有效改善乳块消片的临床效果，并未记载在专利申请文件中，且本案专利与证据1的区别也并非在于用喷雾干燥替换减压干燥，故反证3中的相关内容与判断本案专利是否具备创造性之间也缺乏直接关联。

中华人民共和国最高人民法院行政裁定书

（2013）知行字第77号①

① 参见案例132裁判文书。

3. 判断创造性时需考虑的其他因素

144. 创造性判断中商业成功的考量时机与认定

——再审申请人国家知识产权局专利复审委员会与被申请人胡颖、原审第三人深圳市恩普电子技术有限公司实用新型专利权无效行政纠纷案

【裁判要旨】

一般情况下，只有利用“三步法”难以判断技术方案的创造性或者得出无创造性的评价时，才将商业上的成功作为创造性判断的辅助因素；对于商业上的成功的考量应当持相对严格的标准，只有技术方案相比现有技术作出改进的技术特征是商业上成功的直接原因的，才可认定其具有创造性。

【关键词】

创造性　商业成功　辅助因素

【案号】

最高人民法院（2012）行提字第8号

【基本案情】

胡颖是名称为“女性计划生育手术B型超声监测仪”的第200420012332.3号实用新型专利（即本案专利）的专利权人。2008年5月16日，深圳市恩普电子技术有限公司（以下简称恩普公司）针对本案专利提出无效宣告请求。国家知识产权局专利复审委员会（以下简称专利复审委员会）经审查作出第12728号无效宣告请求审查决定（以下简称第12728号决定），以本案专利不具有创造性为由，宣告本案专利权全部无效。胡颖不服，提起行政诉讼。北京市第一中级人民法院判决维持第12728号决定。胡颖不服，提起上诉。二审审理期间，胡颖主张本案专利取得了商业上的成功，并提交了相关证据。北京市高级人民法院二审认为，本案专利克服了现有技术中的缺点与不足，解决了本领域长期以来存在的技

术问题，胡颖提交的新证据可以证明本案专利已经取得商业上的成功，而且这种成功是由于该实用新型的技术特征直接导致的。据此判决撤销一审判决和第12728号决定。专利复审委员会不服，向最高人民法院申请再审。最高人民法院裁定提审本案，并于2012年4月13日判决撤销原审判决和第12728号决定，判令专利复审委员会重新作出无效宣告审查决定。

【裁判意见】

最高人民法院提审认为：对技术方案创造性的评价，一般是从对现有技术作出贡献的角度出发，采取相对客观的“三步法”判断方式，判断要求保护的技术方案是否对现有技术构成了实质上的贡献，从而决定是否对其授予垄断性的专利权。当采取“三步法”难以判断技术方案的创造性或者得出技术方案无创造性的评价时，从社会经济的激励作用角度出发，商业上的成功就会被纳入创造性判断的考量因素。当一项技术方案的产品在商业上获得成功时，如果这种成功是由于其技术特征直接导致的，则一方面反映了该技术方案具有有益的效果，另一方面也说明了其是非显而易见的，该技术方案即具有创造性。但是，如果商业上的成功是由于其他原因所致，例如销售技术的改进或者广告宣传等，则不能作为判断创造性的依据。因此，商业上的成功是当技术方案本身与现有技术的区别在构成可授予专利权的程度上有所欠缺时，如有证据能够证明该区别技术特征在市场上取得了成功，则从经济激励的层面对其予以肯定。商业成功是创造性判断的辅助性因素。相比相对客观的“三步法”而言，对于商业上的成功是否确实导致技术方案达到被授予专利权的程度，应当持相对严格的标准。当申请人或专利权人主张其发明或者实用新型获得了商业上的成功时，应当审查：发明或者实用新型的技术方案是否真正取得了商业上的成功；该商业上的成功是否源于发明或者实用新型的技术方案相比现有技术作出改进的技术特征，而非该技术特征以外的其他因素所导致的。商业上的成功体现的是一项发明或者实用新型被社会认可的程度。理论上讲，成功与否应当由该发明或者实用新型所代表的技术或商品相比其他类似的技术或商品在同行业所占的市场份额来决定，单纯的产品销售并不能代表其已经取得商业上的成功。一项发明或者实用新型获得商业上的成功所基于的直接原因应当是创造性判断的重点。导致商业上取得成功的，必须是发明或者实用新型的技术方案相比现有技术作出改进的技术特征，而非该技术特征之外的其他因素。因此，必须对导致商业成功的原因进行详细分析，从而排除技术特征之外的其他因素对取得商业成功的影响。本案中，专利权人在二审阶段提交证据以证明本案专利产品获得了商业成功，但其提交的证据仅载明湖北、河南、黑龙江省人口与计划生育委员会采购了116台本案专利产品，从产品的销售量来看，尚不足以证明本案专利产品达到商业上成功的标准。二审判决基于该新证据得出本案专利已经取得商业上的成功，证据不足。

中华人民共和国最高人民法院行政判决书

（2012）行提字第8号

申请再审人（一审被告、二审被上诉人）：国家知识产权局专利复审委员会。住所地：北京市海淀区北四环西路9号银谷大厦10－12层。

法定代表人：张茂于，该委员会副主任。

委托代理人：张华，该委员会审查员。

委托代理人：朱明雅，该委员会审查员。

被申请人（一审原告、二审上诉人）：胡颖，女，汉族，1962年10月24日出生，住吉林省长春市朝阳区永昌胡同×号。

委托代理人：罗轶，北京市天元律师事务所律师。

原审第三人：深圳市恩普电子技术有限公司。住所地：广东省深圳市南山区天安南油工业区7栋二楼B、C。

法定代表人：邱德利，该公司副总经理。

申请再审人国家知识产权局专利复审委员会（以下简称专利复审委员会）因与被申请人胡颖、原审第三人深圳市恩普电子技术有限公司（以下简称恩普公司）实用新型专利权无效行政纠纷一案，不服北京市高级人民法院（2009）高行终字第1441号行政判决，向本院申请再审。本院于2011年12月13日作出（2011）知行字第49号行政裁定，提审本案。本院依法组成合议庭，于2012年2月15日公开开庭审理了本案。专利复审委员会的委托代理人张华、朱明雅，胡颖及其委托代理人罗轶到庭参加诉讼。本案现已审理终结。

一审法院审理查明，本专利是名称为“女性计划生育手术B型超声监测仪”的第200420012332.3号实用新型专利，申请日为2004年8月11日，授权公告日为2005年8月17日，专利权人为胡颖。授权公告的权利要求为：

1. 一种女性计划生育手术B型超声监测仪，包括现有的B型超声仪（1），其特征在于：该B型超声仪的探头（2）与阴道窥器（3）卡接。

2. 根据权利要求1所述的女性计划生育手术B型超声监测仪，其特征在于：

还包括一个负压吸引器，该负压吸引器的电机（6）和泵（7）分别固定连接在主机（4）内部，该主机（4）的前表面内部活动连接负压吸引器的吸液瓶（5），该负压吸引器的仪表（8）固定连接在主机（4）的表面上。

3. 根据权利要求1或2所述的女性计划生育手术B型超声监测仪，其特征在于：阴道窥器（3）的前页（31）外侧与B超探头（2）固定连接。

4. 根据权利要求1或2所述的女性计划生育手术B型超声监测仪，其特征在于：阴道窥器（3）的前页（31）内侧与B超探头（2）固定连接。

5. 根据权利要求1或2所述的女性计划生育手术B型超声监测仪，其特征在于：阴道窥器（3）的后页（32）内侧与B超探头（2）固定连接。

6. 根据权利要求1或2所述的女性计划生育手术B型超声监测仪，其特征在于：阴道窥器（3）的后页（32）外侧与B超探头（2）固定连接。

2008年5月16日，恩普公司针对本专利提出无效宣告请求。在专利复审委员会组织的口审中，恩普公司明确其无效宣告请求的理由和范围是：1. 本专利权利要求1～6所对应的说明书相关内容不清楚，不符合专利法第二十六条第三款的规定；2. 本专利权利要求1相对于附件2和附件4的结合或者附件3和附件4的结合不具备创造性，权利要求2～6相对于附件2、4、5的结合或者附件3、4、5的结合不具备创造性。

恩普公司提交的附件2、4和5如下：

附件2：US5251613A号美国专利文献及其部分段落的中文译文，授权公告日为1993年10月12日；

附件4：公开号为CN1377245A的中国发明专利申请公开说明书，公开日为2002年10月30日；

附件5：授权公告号为CN2317869Y的中国实用新型专利说明书，授权公告日为1999年5月12日。

2008年12月19日，专利复审委员会作出第12728号无效宣告请求审查决定（以下简称第12728号决定），认为：

1. 本专利符合专利法第二十六条第三款。

2. 关于本专利权利要求1的创造性问题。

附件2公开了一种安装有子宫颈视频窥镜V的阴道扩张器S，该扩张器包括一个下固定叶片10和一个上枢接叶片14，视频窥镜V包括一个安装于下固定叶片10的视频摄像单元32，视频摄像单元32包括摄像头、光学器件以及配光系统，该视频摄像单元32通过纵向导向件34固接于下固定叶片10。

通过对比可知，附件2中的阴道扩张器S相当于本专利权利要求1中的阴道窥器3，二者都是在手术时插入阴道并用于扩张阴道的器具，而附件2中视频摄像单元32与本专利权利要求1中的B型超声仪的探头2都是用于手术时探测体内情况的部件，但二者的探测原理不同，一个是光学探测元件，一个是超声探测元件，另外，附件2和本专利权利要求1中用于扩张阴道的器具与探测体内情况的部件之间的连接方式都是固定连接，只不过附件2中是通过一纵向导向件34连接，而本专利权利要求1中是卡接。因此，本专利权利要求1与附件2公开的技术方案区别在于：（1）探测元件类型不同；（2）固定连接的具体方式不同。

对于区别（1），光学探测元件和超声探测元件都是外科手术中用于观测体内情况的常用器具，二者在观测效果、成本、操作等方面各有优缺点，是本领域技术人员根据手术需要进行的常规选择，例如附件4中就公开将超声探测元件用于观测宫腔、宫颈和输卵管的方案，具体而言，附件4涉及一种妇科手术时用于指引和监控子宫、宫颈和输卵管的手术作业装置，包括一个可置入患者阴道内的超声波发射器12，一个用于夹持宫颈的宫颈夹持器14，和一个用于使超声波发射器12与宫颈夹持器14互相联接的连接器20。因此在附件2公开了阴道扩张器具与内窥器具相结合的方案基础上，本领域技术人员根据需要很容易将其中具体使用的光学内窥探测元件替换为例如附件4中所使用的超声内窥元件，这种替换没有给方案带来意想不到的技术效果，因此该区别不能给权利要求1的技术方案带来实质性特点和进步。

对于区别（2），卡接是一种机械领域甚至日常生活中常见的部件固定连接方式，因此在附件2已经给出了将阴道扩张器具与内窥器具组合成为一体使用的启示之下，具体选用卡接的固定连接方式对本领域技术人员来说很容易想到和实现，上述区别也不能给权利要求1的技术方案带来实质性特点和进步。

综上，本专利权利要求1相对于附件2和4的结合不具备专利法第二十二条第三款规定的创造性。

3. 关于权利要求2的创造性。

附件5涉及一种特别使用于洗胃、吸痰机的负压吸引器，通过对比可知，附件5的负压吸引器中的电机、负压泵、负压贮液瓶和电器控制盘分别对应于权利要求2中负压吸引器的电机6、泵7、吸液瓶5和仪表8，附件5的负压吸引器本身相当于权利要求2中的主机4。

人工流产手术中通常要将负压吸引器与内窥探测装置组合使用，虽然附件5中披露的负压吸引器主要用在洗胃、吸痰等仪器中，其中也没有具体记载部件的连接关系和设置部位，但由于人工流产手术中使用的负压吸引器与附件5中披露的洗胃、吸痰机中的负压吸引器在工作原理、主要部件构成方面基本上相同，是一种常用的医疗器械，且其部件构成、安装部位和方式都是公知的，并非本专利相对于现有技术的改进之处，因此权利要求2的附加技术特征属于本领域技术人员的常规选择和公知常识，在附件2、4、5公开内容的基础上，将超声探头、阴道窥器和负压吸引器结合在一起构成的方案属于显而易见的组合，没有取得意想不到的技术效果，因此该权利要求2相对于附件2、4、5的结合不具备专利法第二十二条第三款规定的创造性。

4. 关于权利要求3～6的创造性。

权利要求3～6从属于权利要求1或2，其附加技术特征分别限定了B超探头固定在阴道窥器上的具体位置，即分别在前页外侧、前页内侧、后页内侧和后页外侧。

将内窥装置固定在阴道窥器的不同部位上确实具有专利权人所述的技术效果，但医生针对患者个体的情况选择用于诊断或治疗的具体成像实施方案是本领域的惯常和必要的做法，因此根据患者情况选择具体的固定部位的上述附加技术特征是本领域的常规技术手段，其效果并非意料之外的，在其引用的权利要求不具备创造性的情况下，权利要求3～6也不具备专利法第二十二条第三款规定的创造性。

据此，专利复审委员会宣告本专利权全部无效。

一审法院认为，附件2中的阴道扩张器与本专利中的阴道窥器的结构基本相同，工作原理和作用相同，因此，附件2中的阴道扩张器与本专利中的阴道窥器没有本质区别。本专利权利要求1中的探测元件是B型超声仪探头，而附件2中的探测元件是视频摄像单元。附件4包括一个可置入患者阴道内的超声波发射器12，因此，附件4给出了将其公开的超声波发射器12应用到附件2中的技术启示，在附件2和附件4的基础上，本领域的技术人员很容易想到将附件2中的视频摄像单元替换为附件4中的超声波发射器，这种替换不需花费创造性劳动。卡接是日常生活中常见的部件固定连接方式，属于本领域的公知常识。在附件2与附件4结合的基础上，本领域的技术人员容易想到使用卡接来实现超声波探测元件与阴道扩张器的固定连接，不需花费创造性劳动。据此，在附件2和附件4的基础上得到本专利权利要求 1 的技术方案是显而易见的，因此，本专利权利要求 1 不具备创造性。权利要求 2 是对权利要求 1 的进一步限定，附件 5 公开一种特别使用于洗胃、吸痰机的负压吸引器。由于女性计划生育手术中使用的负压吸引器与附件 5 中公开的洗胃、吸痰机中的负压吸引器在工作原理、主要部件构成方面基本上相同，其相应的连接关系和设置部位均属于本领域公知常识。在附件 2、4、5 公开内容的基础上，为了能在可视的情况下进行女性计划生育手术，将超声探头、阴道窥器和负压吸引器结合在一起构成的方案对于本领域的技术人员来说是显而易见的，因此，在其引用的权利要求 1 不具备创造性的情况下，权利要求 2 也不具备创造性。在权利要求 1、2 不具备创造性的情况下，权利要求 3 ~6 也不具备创造性。据此作出（2009）一中行初字第 911 号行政判决，维持第 12728 号决定，一审案件受理费 100 元，由胡颖负担。

胡颖不服一审判决，向北京市高级人民法院提起上诉。

为证明本专利已经取得商业上的成功，胡颖在二审审理期间提交了以下证据：

新证 1：中国人民解放军成都军区联勤部机关医院谭昌琴等 11 位专家提供的专家证言，证明新技术“经阴道超声介入性计划生育手术”解决了现有技术中如何提高人工流产手术的成功率，减少手术并发症的发生，以及如何解决妇产科医生在盲视下手术的问题。

新证 2：湖北省计生服务站医疗设备政府采购订货合同（2007）、（2008），河南省人口与计划生育委员会医疗器械采购项目合同、黑龙江省政府采购合同，涉及购买数量不等的无锡贝尔森影像技术有限公司生产的 B 超监视妇产科手术仪。

新证 3：中华医学会电子音像出版社出具的证明及出版证书，证明该社联合贝尔森影像技术有限公司于 2008 年出版了“经阴道超声介入性计划生育手术”DVD 光盘，并向全国发行。

新证 4：国家知识产权局于 2005 年 12 月 31 日出具的检索报告，其上载明本专利权利要求 1 ~6 具备新颖性和创造性。

二审法院认为，本案的焦点问题在于附件 2 和 4 的组合是否能够破坏本专利权利要求 1 的创造性。在创造性判断过程中，应当考虑该实用新型专利的技术效果，从整体技术方案进行考虑，不能机械地将技术特征进行分割。如果该实用新型专利的技术效果直接导致其取得商业上的成功，则该实用新型专利具备创造性。

本案中，本专利要解决的是“对女性计划生育手术中的人工流产手术、放置节育器及取出节育器手术可在直视下进行”的技术问题，附件2是用于宫颈的检查及录影设备，所解决的技术问题是通过视频录影观察宫颈的病变从而进行诊断及后续治疗。附件4是用于监控子宫内的、宫颈的和输卵管的手术设备，所解决的技术问题是在手术中防止对宫颈造成损伤的情况下进行可视监控。附件2和附件4均不能用于人工流产手术以及放置、取出节育器的手术，也均没有给出将B型超声仪探头与扩张阴道的器具进行卡接进行女性计划生育手术的技术启示。本专利为实用新型专利，其创造性的要求低于发明专利。本专利将B型超声仪探头与阴道窥器通过卡接这种方式连接，操作简单、准确直观、节省空间，大大提高了计划生育手术的效率，减小了医生盲视状态下仅仅凭借经验操作导致失误的风险，产生了显著的效果。而且，在本专利申请日之前的现有技术均没有解决这一问题，本专利的提出，克服了现有技术中的缺点与不足，解决了长期以来女性计划生育手术中的人工流产手术、放置、取出节育器不能在直视下进行、容易发生意外的问题。

在本案二审审理期间，胡颖提交的新证1、3能够证明本专利以及依照本专利的技术方案生产的B超监视妇产科手术仪解决了现有技术中如何提高人工流产手术的成功率，减少手术并发症的发生，解决妇产科医生在盲视下手术的问题。新证2、3能够证明依照本专利的技术方案生产的B超监视妇产科手术仪已经在全国广为推广并通过政府采购占有一定的市场份额。上述证据可以证明本专利已经取得商业上的成功，而且这种成功是由于该实用新型专利的技术特征直接导致的。

综上，一审判决及第12728号决定中关于本专利权利要求1相对于附件2和4的组合不具备创造性的认定不妥，予以纠正。在权利要求1具备创造性的基础上，其从属权利要求2~6也具备创造性。据此判决：撤销一审判决和第12728号决定，判令专利复审委员会就本专利重新作出无效宣告请求审查决定。一、二审案件受理费各100元，由专利复审委员会负担。

专利复审委员会不服二审判决，向本院申请再审称，（一）二审判决关于“本专利解决的技术问题的认定”存在事实认定和法律适用错误：1. 被申请人在二审中提交的证人证言，并未结合任何本专利或者某产品的技术内容进行分析，也未说明其言及的产品与本专利有何种关系，且上述出具证言的人也并未出庭从技术层面接受任何质询。二审判决在此基础上直接认定本专利解决了长期以来未解决的技术问题存在事实认定错误。2. 专利法上创造性判断中解决的技术问题是指，在判断了涉案专利技术方案与现有技术的区别后，确定该区别所实际起的作用。二审判决脱离本专利与现有技术的区别，认定本专利解决了长期未解决的技术问题，属于对创造性判断的误解和明显适用错误。（二）二审判决关于本专利取得“商业上的成功”存在事实认定和法律适用错误：1. 二审判决仅以政府采购合同以及发行光盘而直接认定该产品取得商业上的成功，既没有考虑光盘出版行为属于“类似于单方的广告行为”这一性质，也没有考虑销售合同订立是否基于技术因素，因此在事实认定上存在错误。2. 在创造性判断中，“商业上的成功”系从对社会经济的刺激作用的角度对一项发明是否可获得相应垄断地位进行考量和评价，该判断方式应当是在使用“三步法”难以判断得出清晰结论甚至判断得出否定性结论时才发挥作用。适用这一判断方式应当遵循：（1）构成商业上成功的，必须是某个区别于现有技术的特征，而非现有技术中已有的技术方案；（2）商业上的成功，必须是由该区别特征，而不是由于销售策略、销售手段等因素导致的；（3）“商业上的成功”不仅要求某一技术方案所对应的产品能够被销售出去，而且要求由于涉案技术方案对现有技术的改进而使得其在商业上明显优于已有产品。二审判决未考察本专利与现有技术是否存在区别特征，也未考察新证据 3 中的购销合同本身是否是由区别特征带来的，而笼统认定“本专利取得了商业上的成功”；未考虑政府采购行为受制于多种因素，也未考虑医疗器械在我国进行销售的特殊性，直接将“政府采购”“购销合同”认定为专利法的“商业上的成功”。以上认定属于适用法律错误。（三）二审判决关于“技术启示的认定”存在适用法律错误：专利法创造性判断中的“技术启示”是指在找出本专利与一项现有技术的区别特征之后，判断其他现有技术中是否披露了该特征或者公知常识中是否存在该特征，如果存在，则认为给出了“技术启示”。二审判决没有将本专利与现有技术进行比较找出区别特征而直接认为现有技术“没有给出技术启示”，显然属于法律适用错误。据此请求撤销二审判决，维持第 12728 号决定。

胡颖提交意见认为，本专利具有创造性，二审判决认定事实清楚，适用法律正确。（一）关于本专利的创造性：1. 第 12728 号决定完全没有考虑发明所属技术领域、所解决的技术问题和所产生的技术效果，仅仅从技术方案这一方面判断创造性，没有将发明作为一个整体看待，违背了应整体判断创造性的审查原则。2. 附件 2 解决的技术问题是通过视频录影观察宫颈的病变从而进行诊断及后续治疗，该技术问题与本专利完全不同。附件 4 解决的是可视监控子宫内、宫颈和输卵管手术，防止在上述手术中对宫颈造成的损伤，该技术问题虽然与本专利相近，但结构方法不同。本专利利用机械领域最简单、最实用的方案，将阴道窥器与超声探头直接卡接，解决了医学领域人们一直渴望解决而没有解决的人工流产和放置、取出节育器等手术不能在可视下进行的技术问题。（二）关于商业上的成功：新证 2 采购合同表明，涉案专利产品在市场上具有一定的占有率。新证 1 表明，医学领域确实存在长期以来人们渴望解决而一直没有解决的医学难题，通过本专利产品确实解决了这个技术难题，并且其中购买并使用的确实是与本专利技术特征一致的产品。因此，涉案专利取得了商业上的成功，且该商业上的成功是由发明的技术特征直接导致的。

本院认为，本案争议的焦点在于：（一）权利要求 1 是否具备创造性；（二）本专利产品是否获得商业上的成功。

（一）权利要求 1 是否具备创造性

本实用新型专利权利要求 1 记载："一种女性计划生育手术 B 型超声监测仪，包括现有的 B 型超声仪（1），其特征在于：该 B 型超声仪的探头（2）与阴道窥器（3）卡接。"附件 2 公开了一种可用于检查宫颈及阴道癌变和其他异常的宫颈摄影机，其与本专利权利要求 1 的区别在于：（1）探测元件类型不同，权利要求 1 中为超声探测元件（B 超探头），附件 2 中为光学探测元件；（2）探测元件与阴道扩张器的连接方式不同，权利要求 1 中为卡接，附件 2 中是通过一纵向导向件 34 连接；（3）监测部位不同，权利要求 1 中用于监测子宫，附件 2 中用于监测宫颈及阴道。

B 超监测是妇科检查中最常用的检测方法，尤其是用于检测子宫内的状况。附件 4 中公开了一种用于子宫内、宫颈和输卵管手术作业的阴道内实时超声描记指引装置，其中通过超声探测元件的定位而实现对妇科手术作业的实时监控，避免仅仅靠医生的手感和经验进行外科手术的相关风险。所述手术作业包括但不限于，（i）刮削和排空子宫内腔……（xiv）堕胎……（参见附件 4 说明书）。由此可见，附件 4 公开了上述区别特征（1）和（3）。由于附件 2 和 4 均用于妇科部位的可视监测，当本领域技术人员要解决子宫内状况的可视监测时，有动机将附件 2 中的探测元件更换为更常用于子宫内监测的 B 超探头，而且，所述 B 超探头在附件 4 中所起的作用与其在本专利中所起的作用相同。因此，现有技术中给出了引入区别技术特征（1）和（3）的技术启示。

对于区别技术特征（2），本专利权利要求1的特征部分记载："其特征在于：该B型超声仪的探头（2）与阴道窥器（3）卡接。"在说明书实施例1中对权利要求1所述的"卡接"作了具体描述："阴道窥器（3）的前页（31）外侧开有槽，相应的在B超探头（2）上设有与该槽配合的凸出，将该探头（2）固定卡在该槽内。"庭审中，胡颖陈述通过简洁的卡接方式，使得本专利产品体积较小，在计划生育有限的手术空间内，能同时放置手术器械和探测元件，实现手术时对子宫状况的实时可视监测。附件2是对宫颈及阴道癌变和其他异常进行检查的设备，不需要在检查的同时放入手术器械，其探测元件与阴道扩张器通过一纵向导向件34连接；而附件4中没有阴道窥器，其超声探测元件与宫颈夹持器通过一个兼具定位功能的连接器连接。因此，附件2和附件4均没有公开本专利所述的B超探头与阴道窥器的卡接方式。第12728号决定对区别技术特征（2）的认定是："卡接是一种机械领域甚至日常生活中常见的部件固定连接方式，因此在附件2已经给出了将阴道扩张器具与内窥器具组合成为一体使用的启示之下，具体选用卡接的固定连接方式对本领域技术人员来说很容易想到和实现的，上述区别也不能给权利要求1的技术方案带来实质性特点和进步。"由此可见，第12728号决定既未对"卡接"在机械领域的具体含义进行查明，也没有就"卡接"属于公知常识进行举证或者充分说理，更没有结合本专利所要解决的技术问题和产生的技术效果对"卡接"进行具体分析，在技术事实尚未查明的情况下即得出权利要求1不具有创造性的结论，难以令人信服。专利复审委员会应当对区别技术特征（2）所涉相关技术事实进一步查明，在技术事实认定清楚的基础上，再就无效宣告请求作出审查决定。

（二）本专利产品是否获得商业上的成功

对技术方案创造性的评价，一般会从对现有技术作出贡献的角度出发，采取相对客观的"三步法"判断方式，判断要求保护的技术方案是否对现有技术构成了实质上的"贡献"，从而决定是否对其授予专利权。当采取"三步法"难以判断技术方案的创造性或者得出技术方案无创造性的评价时，从社会经济的激励作用角度出发，商业上的成功就会被纳入创造性判断的考量因素。当一项技术方案的产品在商业上获得成功时，如果这种成功是由于其技术特征直接导致的，则一方面反映了该技术方案具有有益的效果，同时也说明了其是非显而易见的，该技术方案即具有创造性。但是，如果商业上的成功是由于其他原因所致，例如销售技术的改进或者广告宣传等，则不能作为判断创造性的依据。因此，商业上的成

功是当技术方案本身与现有技术的区别在构成可授予专利权的程度上有所欠缺时，如有证据能够证明该区别技术特征在市场上取得了成功，则从经济激励的层面对其予以肯定。商业成功是创造性判断的辅助性因素。与相对客观的“三步法”而言，对于商业上的成功是否确实导致技术方案达到被授予专利权的程度，应当持相对严格的标准。当申请人或专利权人主张其发明或者实用新型获得了商业上的成功时，应当审查：(1) 发明或者实用新型的技术方案是否真正取得了商业上的成功；(2) 该商业上的成功是否源于发明或者实用新型的技术方案相比现有技术做出改进的技术特征，而非该技术特征以外的其他因素所导致的。商业上的成功体现的是一项发明或者实用新型被社会认可的程度。理论上讲，成功与否应当由该发明或者实用新型所代表的技术或产品相比其他类似的技术或产品在同行业所占的市场份额来决定，单纯的产品销售并不能代表其已经取得商业上的成功。一项发明或者实用新型获得商业上的成功所基于的直接原因应当是创造性判断的重点。导致商业上取得成功的，必须是发明或者实用新型的技术方案相比现有技术做出改进的技术特征，而非该技术特征之外的其他因素。因此，必须对导致商业成功的原因进行详细分析，从而排除技术特征之外的其他因素对取得商业成功的影响。

本案中，在无效程序中，专利权人没有主张本专利在商业上获得了成功，也没有提交关于本专利在商业上成功的证据。因此，专利复审委员会在对本专利进行创造性判断时，没有考虑商业成功的因素，并无不当。专利权人在二审阶段提交证据证明其专利产品获得了商业成功，新证据1是11所医院的医生提供的证言，其中记载这些医院采用“经阴道超声介入性计划生育手术”技术产生的效果。新证据2是湖北省、河南省、黑龙江省人口与计划生育委员会分别就Belson－700A、Belson－700D、Belson－700C产品与无锡贝尔森影像技术有限公司签订的政府采购合同。新证据3是中华医学会电子音像出版社出具的关于出版“经阴道超声介入性计划生育手术技术”DVD光盘的证明。但是，上述证据中载明湖北省、河南省、黑龙江省人口与计划生育委员会采购了116台本专利产品，从产品的销售量来看，尚不足以证明本专利产品达到商业上成功的标准。因此，二审判决基于新证据2和3得出“本专利已经取得商业上的成功”，证据不足，本院不予支持。

综上所述，第12728号决定依据的相关事实证据不足，应予撤销，重新作出审查决定；一审判决错误地维持该决定，应当相应予以撤销；二审判决对本专利取得商业上的成功的事实认定不清，适用法律错误，应予撤销。依照《中华人民共和国行政诉讼法》第五十四条第一款第（二）项第1目，《最高人民法院关于执行〈中华人民共和国行政诉讼法〉若干问题的解释》第七十六条第一款、第七十八条的规定，判决如下：

一、撤销北京市高级人民法院（2009）高行终字第1441号行政判决和北京市第一中级人民法院（2009）一中行初字第911号行政判决；

二、撤销国家知识产权局专利复审委员会第12728号无效宣告请求审查决定；

三、国家知识产权局专利复审委员会就名称为“女性计划生育手术B型超声监测仪”的200420012332.3号实用新型专利重新作出无效宣告审查决定。

本案一、二审案件受理费各100元，均由国家知识产权局专利复审委员会负担。

本判决为终审判决。

审　判　长　王永昌
代理审判员　李　剑
代理审判员　宋淑华
二〇一二年四月十三日
书　记　员　周睿隽

145. 认定技术偏见时应结合现有技术的整体内容进行判断

——申诉人阿瑞斯塔生命科学北美有限责任公司与被申诉人中华人民共和国国家知识产权局专利复审委员会发明专利权行政纠纷案

【裁判要旨】

现有技术中是否存在技术偏见，应当结合现有技术的整体内容进行判断。

【关键词】

技术偏见　创造性　现有技术整体

【案号】

最高人民法院（2013）知行字第31号

【基本案情】

本专利申请为名称“以取代的苯基磺酰基氨基羰基三唑啉酮为基础的选择性除草剂”的发明专利申请。2006年6月30日，申请人变更为阿瑞斯塔生命科学北美有限责任公司（以下简称阿瑞斯塔公司）。中华人民共和国国家知识产权局结合对比文件1（US5534486A）和对比文件2（WO98/12923A1），认定本专利申请权利要求1和2不具有新颖性、权利要求3～6不具有创造性，于2005年2月25日驳回本专利申请。阿瑞斯塔公司不服，向中华人民共和国国家知识产权局专利复审委员会（以下简称专利复审委员会）提出复审请求，同时提交了本专利申请权利要求书和说明书的修改替换页，删除了原权利要求1～5，将原权利要求6修改为新的权利要求1，并增加了新的从属权利要求2～7。专利复审委员会发出复审通知书，指出权利要求1相对于对比文件2不具备创造性，从属权利要求2～7也不具有创造性。阿瑞斯塔公司针对上述复审通知书，对权利要求1增加了药效限定的技术特征。修改后的权利要求1为：“在谷类作物中选择性控制至少一种杂草的方法，所述杂草选自冰草属、燕麦属、芸薹属、荠属、黑麦草属、芥属、遏蓝菜属、婆婆纳属及其组合，该方法包括将有效量的式（I）化合物2－（2－三氟甲氧基－苯基磺酰基氨基羰基）－4－甲基－5－甲氧基－2，4－二氢－3H－1，2，4－三唑－3酮和/或式（I）化合物的盐施用于所述谷类作物和/或其环境中，其中对至少一种杂草的药效百分比为70%至100%。”对比文件2公开了一种除草组合物，该组合物含有式（I）化合物或其盐以及另一种除草剂以及表面活性剂和/或常规扩充剂，所述组合物除草剂具有特别高的除草活性，可用于各种作物特别是小麦中以去除杂草，杂草种类包括冰草属、燕麦属、荠属、黑麦草属、芥属、婆婆纳属等单子叶和双子叶杂草。对比文件2表A－2中还公开了作为本专利申请的已知单一化合物（I－2，Na盐）施用于风草和狗尾草的效果，与含式（I）化合物的钠盐和赛克津的组合物相比，针对风草测试植物破坏或有效百分比，前者为60%，后者为98%；针对狗尾草测试植物破坏或有效百分比，前者为90%，后者为100%。权利要求1要求保护的技术方案与对比文件2的区别在于：权利要求1中将式（I）化合物的钠盐（I－2，Na盐）具体限定应用于谷类作物，并具体限定用于去除冰草属、燕麦属、芸薹属、荠属、黑麦草属、芥属、遏蓝菜属、婆婆纳属杂草，以及对上述至少一种杂草的药效百分比为70%至100%。专利复审委员会于2007年11月29日作出第11964号复审请求审查决定（以下简称第11964号决定），认为权利要求1不具有创造性，遂维持国家知识产权局的驳回决定。阿瑞斯塔公司不服，提起行政诉讼。北京市第一中级人民法院一审判决维持第11964号决定。阿瑞斯塔公司不服，提出上诉。北京市高级人民法院二审判决驳回上诉，维持一审判决。阿瑞斯塔公司向北京市高级人民法院申请再审，北京市高级人民法院予以驳回。阿瑞斯塔公司仍不服，向最高人民法院申诉。最高人民法院于2013年11月5日裁定驳回阿瑞斯塔公司的申诉。

【裁判意见】

最高人民法院审查认为：主张克服了技术偏见而具备创造性的前提是能够证明这种技术偏见客观存在。虽然对比文件2表A-2的数据表明，单独使用与本专利申请完全相同的式（I）化合物的钠盐（I-2，Na盐），与其和赛克津组合使用的协同作用效果相比，显示的效果差，但对比文件2并没有披露式（I）化合物的钠盐（I-2，Na盐）不能用于对比文件2所述的施用作物范围和除草范围。相反，对比文件2表A-2的数据表明，单独使用式（I）化合物的钠盐（I-2，Na盐）时，针对风草和狗尾草的药效百分比分别达到了60%和90%。阿瑞斯塔公司提交的证据尚不能证明单独选择使用单一化合物式（I）化合物（I-2，Na盐）作为谷类作物选择性的控制杂草是本领域技术人员舍弃的技术方案，也不能证明对比文件2记载的式（I）化合物在除草方面存在何种具体的活性缺陷或不足，从而导致本领域技术人员不去考虑单独使用式（I）化合物来去除任何杂草。尽管对比文件2的表A-2是用于说明式（I）化合物的钠盐（I-2，Na盐）与其他活性物质混合使用的效果好于单独使用式（I）化合物的钠盐（I-2，Na盐），但观察到的对比结果表明，单独使用式（I）化合物的钠盐（I-2，Na盐）在风草和狗尾草上也有一定的技术效果。因此，将式（I）化合物和其他化合物组合使用的技术方案与单独使用式（I）化合物的技术方案并不属于两个完全对立的技术方案。对本领域技术人员而言，存在将式（I）化合物的钠盐（I-2，Na盐）应用于对比文件2所述的施用作物范围和除草范围的技术启示。阿瑞斯塔公司提出本专利申请克服了技术偏见以及对比文件2具有反面教导的理由不能成立。

中华人民共和国最高人民法院行政裁定书

（2013）知行字第31号

申诉人（一审原告、二审上诉人）：阿瑞斯塔生命科学北美有限责任公司。

法定代表人：艾米·J. 约德，总裁兼首席执行官。

委托代理人：李燕，北京市纪凯律师事务所律师。

委托代理人：陆惠中。

被申诉人（一审被告、二审被上诉人）：中华人民共和国国家知识产权局专利复审委员会。

法定代表人：张茂于，副主任。

委托代理人：高桂莲，该委员会审查员。

委托代理人：潘骏，该委员会审查员。

申诉人阿瑞斯塔生命科学北美有限责任公司（以下简称阿瑞斯塔公司）因与被申诉人中华人民共和国国家知识产权局专利复审委员会（以下简称专利复审委）专利行政纠纷一案，不服北京市高级人民法院（2009）高行终字第719号行政判决，以及北京市高级人民法院（2012）高行监字第437号驳回再审申请通知，向本院申请再审。本院依法组成合议庭对本案进行了审查。本案现已审查终结。

阿瑞斯塔公司申诉称，1. 对比文件2仅概括性地公开了将式（I）化合物与第2组活性化合物的组合用于各种作物中以去除各种杂草，并没有教导或启示单独的式（I）化合物用于特定的作物中除去若干具体的杂草，相反，对比文件2通过反例明确教导或暗示不要单独使用式（I）化合物来去除杂草。第11964号复审请求审查决定和一、二审行政判决以正面鼓励的技术方案来评价本专利申请的创造性，犯了方向性的事实错误。对比文件2涉及除草组合物，通过芳基磺酰基氨基羰基三唑啉酮类化合物［包括式（I）化合物］与另一除草剂组合，克服其功能缺陷。而且，对比文件1也记载了磺酰基氨基羰基三唑啉酮化合物［包括式（I）化合物］在除草作用方面不是令人满意的。因此，式（I）化合物在除草方面的缺陷或不足已经成为本领域的共识。本专利申请通过反复试验发现，式（I）化合物并非对所有杂草种类都具有缺陷，相反，对某些杂草体现出了很高的除草活性，单独使用足以有效地除去这些杂草，故不需要与其他除草剂组合使用。本专利申请与现有技术（特别是对比文件2）的教导完全相反，式（I）化合物的单独使用比对比文件2的组合使用更简单、方便，不用考虑与何种除草剂组合、怎么组合以及它们的施用比例等各种烦琐因素，本专利申请克服了技术偏见。第11964号复审请求审查决定和一、二审判决随意扩大对比文件2的内容，有悖于客观事实。2. 对比文件2通过比较实施例教导不能单独使用式（I）化合物，本领域技术人员不可能考虑将两个对立的技术方案进行组合，进而得到本专利申请的技术方案。第11964号复审请求审查决定以及一、二审判决将对比文件

2 中的两个对立技术方案与权利要求 1 要求保护的技术方案进行比较，从而确定区别特征，显然违背了《审查指南》关于创造性评价的“三步法”原则，由此确定的区别特征、发明实际解决的技术问题以及对突出的实质性特点的判断结果均存在错误。3. 第 11964 号复审请求审查决定忽视或者不考虑“药效百分比”技术特征的限定作用，不符合《审查指南》关于化学方法权利要求的规定，导致错误地作出创造性评价的结论。4. 本领域普通技术人员在本专利申请的申请日之前不知道或不能合理地预测要求保护的式（I）化合物能够有效控制杂草并与作物相容。从对比文件 2 中泛泛列出的众多杂草种类中，选出单独的式（I）化合物能高效控制的权利要求 1 中的特定杂草是非显而易见的。从属权利要求 2、3、4 和 6 分别对作物种类和/或杂草种类作了进一步的限定，更加缩小了杂草和作物的范围。这些进一步限定的杂草和作物的组合更加难以由对比文件 2 预料到。本专利申请证明了在 30 至 60g/ha 的施用比例下，既能最大程度地除去杂草，又不会对作物造成伤害。对比文件 2 没有公开或揭示这一点，故权利要求 5 具有创造性。本专利申请证明在权利要求 7 的配方下，既能达到有效除草的效果，又对作物是安全的，而对比文件 2 没有公开或揭示这一点，故权利要求 7 具有创造性。综上，阿瑞斯塔公司主张涉案专利申请权利要求 1～7 具有创造性。依据《中华人民共和国行政诉讼法》第九十条提出再审申请。请求本院撤销一、二审判决和第 11964 号复审请求审查决定，对本案进行再审。

专利复审委提交书面意见认为，1. 对比文件 2 并没有披露单用一种式（I）化合物和/或其盐不具有除草效果，相反，式（I）化合物和/或其盐是一种活性除草剂，这是本领域的共识。2. 对比文件 2 公开的式（I）化合物和其盐的施用比例为 15g/ha，对风草和狗尾草的除去效果为 60% 和 90%，其施用比例明显少于对比文件 2 组合物所用的量。一般来说，施用量大，其除草效果相应要好。因此，本领域技术人员在所述内容的基础上，增加式（I）化合物和其盐的使用量以验证其除草效果是显而易见的。3. 第 11964 号复审请求审查决定对药效百分比并非没有考虑，而是认为所述药效百分比对具体除草方法步骤没有影响，并没有否认所述药效百分比对方法中所用试剂即除草剂的限定作用。

本院审查认为，本案争议在于本专利申请是否符合专利法第二十二条第三款的规定具有创造性。

本院认为，克服现有技术中存在的技术偏见，是判断一项发明创造性的重要辅助性审查标准。如果发明克服了技术偏见，采用了人们由于技术偏见而舍弃的技术手段，从而解决了技术问题，则这种发明具有突出的实质性特点和显著的进步，具备创造性。现有技术中是否存在技术偏见，应当结合现有技术的整体内容来进行判断。本专利申请涉及了一种使用单一化合物作为除草剂的技术方案，要求保护在谷类作物中选择性控制至少一种杂草的方法，所述杂草选自冰草属、燕麦属、芸薹属、荠属、黑麦草属、芥属、遏蓝菜属、婆婆纳属及其组合。该方法包括将有效量的式（I）化合物和／或式（I）化合物的盐施用于所述谷类作物和/或其环境中，此外还限定了其中对至少一种所述杂草的药效百分比为70%至100%。对比文件2记载，“出人意料地，发现来自一系列芳基磺酰基氨基羰基三唑啉酮的一些已知的活性化合物当与来自各种物质类别的已知的除草剂活性化合物一起使用时，其在除草活性方面显示出显著的增效作用，并且可以特别有利地用作选择性控制有用植物作物，例如小麦中的杂草的广谱结合物制剂”，“上述第一组和第二组化合物的活性化合物组合的除草活性比单一化合物效果的总和明显要高。这表示，不仅存在互补效应，也存在不可预知的协同效应”。虽然对比文件2表A-2的数据表明，单独使用与本专利申请完全相同的式（I）化合物的钠盐（I-2，Na盐），与其和赛克津组合使用的协同作用效果相比，显示的效果差。但对比文件2并没有披露式（I）化合物的钠盐（I-2，Na盐）不能用于对比文件2所述的施用作物范围和除草范围。相反，对比文件2表A-2的数据表明，单独使用式（I）化合物的钠盐（I-2，Na盐）时，针对风草和狗尾草的药效百分比分别达到了60%和90%。阿瑞斯塔公司主张本专利申请克服了技术偏见而具备创造性前提必须是其能够证明这种技术偏见是客观存在的，由于其提交的证据尚不能证明单独选择使用单一化合物式（I）化合物（I-2，Na盐）作为谷类作物选择性控制杂草是本领域技术人员舍弃的技术方案。因此，对于阿瑞斯塔公司关于本专利申请克服了技术偏见的主张，本院不予支持。阿瑞斯塔公司亦未提供证据证明对比文件2记载的式（I）化合物在除草方面存在何种具体的活性缺陷或不足，从而导致本领域技术人员不去考虑单独使用式（I）化合物来去除任何杂草。其提出对比文件2具有反面教导的理由，本院亦不予支持。

对比文件2记载了包含式（I）化合物或其盐的组合物可应用于小麦等作物中防治冰草属、燕麦属、荠属、黑麦草属、芥属、婆婆纳属等杂草；同时，在表A-2中还公开了作为本专利申请的已知单一化合物（I-2，Na盐）施用于风草和狗尾草的效果，与含式（I）化合物的钠盐和赛克津的组合物相比，针对风草测试植物破坏或有效百分比，前者为60%，后者为98%；针对狗尾草测试植物破坏或有效百分比，前者为90%，后者为100%。对比文件2中已经提到了活性化合物组合可用于双子叶杂草类和单子叶杂草类。针对实施例，对比文件2还记载有“所述新型活性化合物组合良好的除草活性，在单一活性化合物在除草活性方面显示出弱点时，所述组合物毫无例外地显出非常好的除草活性，该活性超过了简单的叠加效应”。虽然对比文件2的表A-2是用于说明式（I）化合物的钠盐(I-2，Na盐）与其他活性物质混合使用的效果好于单独使用式（I）化合物的钠盐（I-2，Na盐），但观察到的对比结果表明，单独使用式（I）化合物的钠盐（I-2，Na盐）在风草和狗尾草上也有一定的技术效果。因此，将式（I）化合物和其他化合物组合使用的技术方案与单独使用式（I）化合物的技术方案并不属于两个完全对立的技术方案。对本领域技术人员而言，存在将式（I）化合物的钠盐（I-2，Na盐）应用于对比文件2所述的施用作物范围和除草范围的技术启示。

本专利申请权利要求1限定式（I）化合物对权利要求1的杂草具有70%至100%的药效百分比。对比文件2表A-2中公开了式（I）化合物的钠盐（I-2，Na盐）单独施用时，针对风草和狗尾草的药效百分比分别为60%和90%，还公开了式（I）化合物的钠盐（I-2，Na盐）的施用比率为15g/ha。本专利申请说明书中多个实施例的最小用量是30g/ha。尽管除草剂对特定杂草的除草效果是由除草剂自身性质决定的，并不完全是剂量越高，除草的效果越好，但药物效果也与药物剂量存在相当程度的关联性，在药效达到阈值之前，剂量的增加一般会增强药物效果。在没有证据表明表A-2中的施用比例15g/ha达到了阈值的情况下，为了提高除草活性而适当增加施用量，以有限次实验获得预期的效果，对于本领域技术人员而言，是显而易见的。阿瑞斯塔公司关于第11964号复审请求审查决定以及一、二审法院将对比文件2的对立技术方案与本专利申请权利要求1请求保护的技术方案进行比较，错误确定区别技术特征的申诉理由，与事实不符。其关于对本专利申请的创造性评价违反《审查指南》的主张，本院不予支持。

本专利申请权利要求1限定“其中对至少一种杂草的药效百分比为70%至100%”，这一特征是本发明所要达到的效果特征，是该发明所限定的技术方案解决技术问题带来的技术效果，在评价创造性时，应当将该效果特征与导致该效果的其他技术特征综合考虑，不能割裂技术特征之间的关系。不能简单的以该药效百分比的两个端值没有被完全公开就认为其具有创造性。阿瑞斯塔公司以“药效百分比”技术特征的限定作用主张本专利申请权利要求1具有创造性评价的申诉理由，本院不予采纳。

本专利申请权利要求2、3、4、6为权利要求1的从属权利要求，其附加技术特征是对作物或杂草的种类作进一步的限定。由于这些附加技术特征已经在对比文件2说明书中被公开，因此，在权利要求1不具备创造性的基础上，从属权利要求2、3、4、6也不具有创造性。

权利要求5为引用权利要求1的从属权利要求，其附加技术特征限定了式（I）化合物和/或其盐的施用比例是30至60g/ha。由于对比文件2公开的施用量是15g/ha，而且所属领域的技术人员知道，增加用量会提高除草活性。权利要求5中限定的施用比例并不具有预料不到的技术效果。因此，在对比文件2的基础上，为了提高除草活性而适当增加施用量对所属领域技术人员来说是显而易见的。因此，在权利要求1不具备创造性的基础上，该从属权利要求5也不具有创造性。

权利要求7是权利要求6的从属权利要求，其附加技术特征限定以70WP或70WG的配方施用。由于本专利申请对于70WP或70WG的配方被施用所带来的技术效果没有记载，无法确定该附加技术特征是否为权利要求7的技术方案带来了意想不到的技术效果。在对比文件2说明书公开了WP的基础上，所属领域的技术人员能够想到和确定以70WP或70WG的配方施用。因此，在权利要求6不具备创造性的基础上，从属权利要求7也不具有创造性。

综上所述，一、二审法院的判决认定事实清楚，适用法律正确，符合法定程序。申诉人阿瑞斯塔公司的申诉不符合《中华人民共和国行政诉讼法》第六十三条第二款、《最高人民法院关于执行〈中华人民共和国行政诉讼法〉若干问题的解释》第七十二条规定的再审条件，依据《最高人民法院关于执行〈中华人民共和国行政诉讼法〉若干问题的解释》第七十四条之规定，裁定如下：

驳回阿瑞斯塔生命科学北美有限责任公司的申诉。

审　判　长　周　翔
代理审判员　罗　霞
代理审判员　杜微科
二〇一三年十一月五日
书　记　员　张　博

146. 对预料不到的技术效果的确定

——再审申请人北京亚东生物制药有限公司与被申请人国家知识产权局专利复审委员会、一审第三人山东华洋制药有限公司发明专利权无效行政纠纷案

【裁判要旨】

发明的技术效果是判断创造性的重要因素。如果发明相对于现有技术所产生的技术效果在质或量上发生明显变化，超出了本领域技术人员的合理预期，可以认定发明具有预料不到的技术效果。在认定是否存在预料不到的技术效果时，应当综合考虑发明所属技术领域的特点尤其是技术效果的可预见性、现有技术中存在的技术启示等因素。通常，现有技术中给出的技术启示越明确，技术效果的可预见性就越高。

【关键词】

发明　创造性　现有技术　技术效果

【案号】

最高人民法院（2013）知行字第 77 号

【基本案情】

在本案中，北京亚东生物制药有限公司（以下简称亚东制药公司）是名称为“治疗乳腺增生性疾病的药物组合物及其制备方法”发明专利的权利人。本案专利权利要求 1 通过重量份的方式限定了药物组合物的原料药构成及制备方法，但权利要求及说明书中未记载丹酚酸 B 的功能、效果等内容。2010 年 3 月 10 日，山东华洋制药有限公司（以下简称华洋公司）针对本案专利向国家知识产权局专利复审委员会（以下简称专利复审委员会）提出无效宣告请求，并提交了证据 1、证据 3 作为对比文件。权利要求 1 与证据 1 相比，中药组分和配比相同，区别在于二者的剂型不同，且本案专利省略了减压干燥步骤。此外，证据 1 还记载了按照药典标准生产的乳块消片产品总有效率为 89.32%。证据 3 公开了颗粒剂的两种制法。亚东制药公司提交了反证 3 和反证 4，反证 3 的发表时间晚于本案专利的申请日，其以丹酚酸 B 为指标，比较了减压干燥、喷雾干燥两种干燥方式制备的乳块消片提取物的

含量差异，结论为喷雾干燥制备的乳块消片中提取物丹酚酸 B 的含量比较高。反证 4 记载了北京中医药大学药厂生产的乳块消片的总有效率为 86%。专利复审委员会于 2010 年 10 月 15 日作出第 15409 号无效宣告请求审查决定（以下简称第 15409 号决定），宣告本案专利权全部无效。亚东制药公司不服，提起行政诉讼。北京市第一中级人民法院一审认为，第 15409 号决定夸大了本领域技术人员对本案专利技术效果的预期能力，权利要求 1－3 具备创造性。据此判决撤销第 15409 号决定并责令专利复审委员会重新作出审查决定。专利复审委员会不服，提起上诉。北京市高级人民法院二审认为，本案专利仅是对已知药物常规剂型的转换，且省略减压干燥步骤所带来的技术效果的改变是本领域技术人员可以预料的。遂判决撤销一审判决，维持第 15409 号决定。亚东制药公司不服，向最高人民法院申请再审。最高人民法院于 2014 年 10 月 17 日裁定驳回亚东制药公司的再审申请。

【裁判意见】

在本案中，最高人民法院审查认为：片剂和颗粒剂均为中药领域常见剂型，该领域对两种制备方法及所带来的技术效果的可预见性研究得较为充分。在对技术效果存在合理预期的情况下，面对本案专利实际要解决的剂型改变的技术问题时，本领域技术人员容易想到结合证据 3 公开的将中药提取物制成颗粒剂的常规制法。由于常规颗粒剂制法的两种具体方法均不含减压干燥步骤，本领域技术人员对本案专利所采用的颗粒剂的常规制法有利于保持药物活性、产品易于崩解、药物溶出度和生物利用度好进而能够提高药物有效率，具有普遍的预期。亚东制药公司以本案专利说明书记载的药物总有效率明显优于现有技术的产品总有效率为由，主张本案专利具有预料不到的技术效果。但现有证据无法认定上述产品有效率是以同一种测定方法做出的，故相关实验结果数据不能证明本案专利具有临床疗效上的显著进步。此外，由于本案专利在制备颗粒剂时省去了减压干燥步骤，对药物活性成分的影响也相应减少，因此带来的药物整体有效率的提高也是本领域技术人员能够合理预期的。即使认可上述实验数据，本案专利的药物有效率优于现有技术的原因是本案专利限定的制备方法本身的特点所带来的，亦不能得出本案专利具有预料不到技术效果的结论。

中华人民共和国最高人民法院行政裁定书

（2013）知行字第 77 号①

① 参见案例 132 裁判文书。

147. 未取得预料不到的技术效果的数值范围选择不具有创造性

——再审申请人日本斯倍利亚社股份有限公司与被申请人中华人民共和国国家知识产权局专利复审委员会、一审第三人史天蕾发明专利权无效行政纠纷案

【裁判要旨】

在判断权利要求是否具备创造性时，应当考虑其选择的数值范围与现有技术相比是否取得了预料不到的技术效果。

【关键词】

发明　创造性　数值范围　技术效果

【案号】

最高人民法院（2014）知行字第84号

【基本案情】

在本案中，日本斯倍利亚社股份有限公司（以下简称斯倍利亚社）的前身斯比瑞尔社股份有限公司（以下简称斯比瑞尔社）于1999年3月15日向国家知识产权局提出名称为“无铅软钎焊料合金”的发明专利（以下简称本案专利）申请，并于2004年9月29日获得授权。本案专利授权公告的权利要求1为：“1. 无铅的钎焊料合金，其特征在于，含有0.1－2wt% Cu，0.002－1wt% Ni，其余为Sn。”史天蕾于2006年6月30日针对本案专利向中华人民共和国国家知识产权局专利复审委员会（以下简称专利复审委员会）提出无效宣告请求，并提交了证据1（US5366692）作为对比文件。与权利要求1相比，证据1中公开的合金组成中Ni为0.5wt%。斯比瑞尔社于2006年9月15日对权利要求书进行了修改，修改后的权利要求1仍为含有0.002－1wt% Ni。2007年8月6日，专利复审委员会作出第10354号无效宣告请求审查决定（以下简称第10354号决定），宣告本案专利权利要求1至6全部无效。斯比瑞尔社不服，提起行政诉讼。北京市第一中级人民法院于2008年3月31日作出（2008）一中行初字第133号行政判决（以下简称第133

号判决)，维持第10354号决定。斯比瑞尔社不服，提出上诉。北京市高级人民法院二审判决撤销第133号判决和第10354号决定，责令专利复审委员会重新作出无效宣告请求审查决定。2009年1月9日，国家知识产权局核准本案专利权人变更为斯倍利亚社。2009年8月24日，斯倍利亚社再次修改了权利要求书，修改后的权利要求1中含有0.04－0.1wt%的Ni。2010年9月17日，专利复审委员会重新作出第15158号无效宣告请求审查决定（以下简称第15158号决定），宣告本案专利权全部无效。斯倍利亚社不服，提起行政诉讼。北京市第一中级人民法院一审认为，权利要求1与证据1的区别在于Ni的含量不同。本领域技术人员通过证据1的教导并结合普通技术人员的常规实验能力，很容易得到权利要求1保护的技术方案。据此判决维持第15158号决定。斯倍利亚社不服，提出上诉。北京市高级人民法院二审判决驳回上诉、维持原判。斯倍利亚社不服，向最高人民法院申请再审。最高人民法院于2014年12月16日裁定驳回斯倍利亚社的再审申请。

【裁判意见】

最高人民法院审查认为：本案专利权利要求1与证据1的区别技术特征仅为Ni的含量不同。在此情况下，判断本案专利权利要求1是否具有创造性，则应当考虑该数值范围与现有技术相比的技术效果是否产生了质的变化，具有新的性能，或者产生了量的变化，超出人们的预期。斯倍利亚社虽主张调节Ni的含量能够改善熔融焊料合金的流动性，但从其据以佐证的说明书所示试验数据的记载来看，不能证明权利要求1限定的Ni的含量范围相较于证据1公开的技术方案，以及包含有该技术方案的修改前的技术方案中Ni的含量范围，在改善流动性方面具有预料不到的技术效果，也不能说明焊料合金的伸长率仅仅是由Ni的含量决定的，更不能确定或教导焊料合金中Ni的含量不同和伸长率之间具有必然联系，且说明书中亦未记载附表中的伸长率与熔融焊料合金的流动性的线性关系。因此，权利要求1对于Ni含量的选择，是本领域技术人员通过有限的试验就可以得到的，并未取得预料不到的技术效果，相对于证据1而言是显而易见的，不具有突出的实质性特点和显著的进步。

中华人民共和国最高人民法院行政裁定书

（2014）知行字第84号

再审申请人（一审原告、二审上诉人）：日本斯倍利亚社股份有限公司。住所地：日本国大阪府吹田市江坂町一丁目16番15号。

法定代表人：西村哲郎，该公司董事长。

委托代理人：宋合成，北京清亦华知识产权代理事务所专利代理人。

委托代理人：聂宁乐，北京清亦华知识产权代理事务所专利代理人。

被申请人（一审被告、二审被上诉人）：中华人民共和国国家知识产权局专利复审委员会。住所地：中华人民共和国北京市海淀区北四环西路9号银谷大厦10－12层。

法定代表人：张茂于，该委员会副主任。

委托代理人：谭颖，该委员会审查员。

委托代理人：孙志敞，该委员会审查员。

一审第三人：史天蕾，住中华人民共和国陕西省富平县杜村镇×村居×组。

委托代理人：李茂家，北京林达刘知识产权代理事务所专利代理人。

委托代理人：汪送来，北京林达刘知识产权代理事务所专利代理人。

再审申请人日本斯倍利亚社股份有限公司（以下简称斯倍利亚社）因与被申请人中华人民共和国国家知识产权局专利复审委员会（以下简称专利复审委员会）、一审第三人史天蕾发明专利权无效行政纠纷一案，不服中华人民共和国北京市高级人民法院（2012）高行终字第528号行政判决，向本院申请再审。本院依法组成合议庭对本案进行了审查，现已审查终结。

斯倍利亚社申请再审称：（一）一审、二审法院认为本专利权利要求1涉及的是产品权利要求，因而在判断创造性时不需要考虑用途差异的观点，混淆了专利权的保护范围和创造性的概念。本专利权利要求1与证据1虽然都涉及无铅的钎焊料合金，但本专利适用于喷流焊接法，证据1适用于凸块焊接法，本发明所要解决的是喷流焊接法的特性问题而非软钎焊料合金的共性问题，二者在技术思想上存在明显差异。本发明要解决的技术问题在证据1中并不存在，因此证据1不能作为最接近的对比文件来评判本专利的创造性。斯倍利亚社在本案中一直坚持本专利适用于喷流焊接法，根据禁止反悔原则，斯倍利亚社已经从本专利权保护范围中放弃了凸块焊接法部分，因此专利确权判断亦应与权利救济协调一致。（二）证据1公开的发明属于化学领域的发明，没有公开的物质性能不能从其本身的结构、组成等物理化学性质显而易见地得出或预见到。调节Ni的添加量能够起到改善钎焊料流动性的效果在证据1中既没有直接记载也没有间接提示，本领域普通技术人员根据证据1的记载无法直接推论出这种技术效果，得不到技术启示。镍具有抑制铜与锡金属间化合物生成的能力没有被现有技术所公开，且不能从镍具有与铜无限互溶的固有特性推断得出，对于本领域技术人员来说该功能是不可预料的。（三）一审、二审法院援用本专利说明书中公开的信息来论证证据1所披露的技术方案能够实现同样的技术效果，是将本专利中公开的内容当成了现有技术，但斯倍利亚社放弃部分保护范围并不意味着相应的技术效果就自动转变成申请时的公知常识，且技术效果即使客观上能够实现也不代表已被公开。（四）本专利权利要求4的技术特征“含有0.001－1wt%的Ge”的作用是在合金凝固时使晶粒细化，该效果在证据8中既没有直接记载也没有间接提示，且不属于现有技术，在无其他信息可供参考的情况下，本领域技术人员不可能从证据8得到启示，专门在证据1公开的技术方案中添加Ge，并且进一步有主观动机地去改变各组分的含量而达到本专利权利要求4规定的特定范围。（五）专利复审委员会以及一审、二审法院因本专利申请时定量检测技术的制约而完全否定本发明的技术效果，属于对创造性判断的理解有误。虽然受本专利申请时技术水平的制约，本专利未能在学术意义上准确且完全地探究流动性效果与伸长率之间的表征规律，未能采用足够精确的理化参数定量检测流动性，但这一瑕疵完全不足以否定本发明的有益效果。（六）本发明的有益效果是技术事实，除了本专利说明书的记载之外，还可以通过相关论文、对比实验数据、本专利在商业上取得的巨大成功以及在全球范围的纠纷情况得到广泛佐证。综上，斯倍利亚社认为本专利具有创造性，请求本院依法撤销一审、二审判决和第15158号无效宣告请求审查决定（以下简称第15158号决定）。

专利复审委员会提交意见称：（一）根据《中华人民共和国专利法》第五十九条的规定，发明专利权的保护范围以其权利要求的内容为准，因此创造性评价的基础是基于本专利权利要求记载的技术方案进行的。说明书可以解释权利要求，但是没有记载在说明书中的内容是不能影响对专利权保护范围的评价的。（二）任何试图利用本专利申请日后的理论、实施例和试验结果来证明本专利具有创造性并以此要求本专利具有自其申请日起的权益都是不被允许的。因此，斯倍利亚社提交的本专利申请日后发表的资料不能作为证明本专利创造性的证据使用。（三）第15158号决定认定事实清楚、适用法律正确，一审、二审法院予以维持是正确的。

史天蕾提交意见称：（一）本专利权利要求1～3相对于证据1不具有创造性。本专利权利要求1与证据1的区别在于钎焊料合金中Ni的含量百分数不同，但该含量范围在说明书中没有任何记载，因而无法获知权利要求1将Ni的含量范围限制在0.04－0.1wt%有何预料之外的技术效果。本专利权利要求2和3为权利要求1的从属权利要求，在其引用的权利要求1不具有创造性的情况下，权利要求2和3也不具有创造性。（二）本专利权利要求4相对于证据1和证据8的结合不具有创造性。证据8公开了权利要求4中“0.001－1wt%的Ge”的技术特征，并且Ge在证据8中所起的作用与在本专利中所起的作用都是用于抑制氧化物产生，并且改善钎焊性。本领域技术人员在证据8给出的启示情况下，将证据1和证据8结合而获得本专利权利要求4的技术方案是显而易见的。（三）斯倍利亚社关于本专利权利要求1～4具有创造性的申请再审理由不能成立。在证据1公开了无铅的软钎焊合金的情况下，本领域技术人员从证据1中获得制备无铅的软钎焊合金的启示是显而易见的。本专利没有记载权利要求1的产品不适用于凸块焊接，因而证据1与本专利权利要求1的产品能够适用于相同的领域。斯倍利亚社关于本专利具有意外技术效果的理由均未记载在说明书中，因而其主张是不能成立的。（四）本专利说明书仅提到添加Ni以保持良好的流动性，但并未提供测定流动性的方法，也没有提供流动性的测试数据加以证实。即使添加Ni可以保持钎焊料合金的流动性，但证据1已经公开了含Ni的钎焊料合金，Ni在证据1中的作用与在本专利中的作用并无差别。本专利在说明书中也没有记载将Ni的含量限定在权利要求1的范围所带来的预料不到的流动性效果。（五）斯倍利亚社虽主张商业成功，但没有证据证明此系本专利技术方案带来的。

本院认为：本案争议问题是，本专利权利要求1～4是否具有创造性。

一、关于本专利权利要求1是否具有创造性问题

本专利权利要求1的内容是：“无铅的焊料合金，其特征在于，含有0.3－0.7wt% Cu，0.04－0.1wt% Ni，其余为Sn。”证据1公开了一种用于半导体的合金连接材料，其中表19示出了形成合金线的合金的各自组成，在该表中披露的第17种合金组成包括0.5wt%的Cu，0.5wt% Ni，余量为Sn。本专利权利要求1相对于证据1的区别是Ni的含量不同。

斯倍利亚社认为，本专利权利要求1与证据1虽然都涉及无铅的钎焊料合金，但本专利适用于喷流焊接法，证据1适用于凸块焊接法，本发明要解决的技术问题在证据1中并不存在，因此证据1不能作为最接近的对比文件来评判本专利的创造性。本院认为，判断一项现有技术是否可以作为最接近的对比文件使用，需要从所属技术领域、所要解决的技术问题、技术效果或者用途、是否能够实现发明的功能以及公开发明的技术特征的多少等方面进行判断。如果一项现有技术与

要求保护的发明技术领域相同，且公开发明的技术特征最多，或者是与要求保护的发明技术领域不同，但能够实现发明的功能，且公开发明的技术特征最多，则均可以作为最接近的现有技术来评价要求保护的发明的创造性。而技术领域的确定，应当以权利要求所限定的内容为准，一般根据专利的主题名称，结合技术方案所实现的技术功能、用途加以确定。本专利权利要求 1 请求保护一种无铅的焊料合金，证据 1 公开了一种用于半导体的合金连接材料，二者均属于软钎焊料合金领域，技术领域相同，且证据 1 公开了权利要求 1 的无铅焊料合金的各组分以及 Cu 的含量和 Sn 为余量的技术特征，故证据 1 可以作为最接近的对比文件来评价本专利的创造性。此外，本专利权利要求 1 请求保护的是一种无铅钎焊料合金产品，在该权利要求中并未限定其用途，故斯倍利亚社所述二者适用的技术领域不同，证据 1 不能用以评价本专利创造性的申请再审理由不能成立。

斯倍利亚社主张，调节 Ni 的添加量能够起到改善钎焊料流动性的技术效果在证据 1 中既没有直接记载也没有间接提示，本领域技术人员根据证据 1 的记载无法直接推论出这种技术效果，得不到技术启示。本院认为，本专利权利要求 1 与证据 1 的区别技术特征仅为 Ni 的含量不同。在此情况下，判断本专利权利要求 1 是否具有创造性，则应当考虑该数值范围与现有技术相比的技术效果是否产生了质的变化，具有新的性能，或者产生了量的变化，超出人们的预期。斯倍利亚社虽主张调节 Ni 的含量能够改善熔融焊料合金的流动性，但从其据以佐证的本专利说明书第 7 页附表所示试验数据的记载来看，该组数据不能证明权利要求 1 限定的 Ni 的含量范围相较于证据 1 公开的技术方案，以及包含有该技术方案的修改前的技术方案中 Ni 的含量范围，在改善流动性方面具有预料不到的技术效果，也不能说明焊料合金的伸长率仅仅是由 Ni 的含量决定的，更不能确定或教导焊料合金中 Ni 的含量不同和伸长率有何必然联系，且本专利说明书中亦未记载附表中的伸长率与熔融焊料合金的流动性的线性关系。因此，本专利权利要求 1 对于 Ni 含量的选择，是本领域技术人员通过有限的试验就可以得到的，并未取得意料不到的技术效果，其相对于证据 1 而言是显而易见的，不具有突出的实质性特点和显著的进步，专利复审委员会认定其没有创造性，一审、二审法院予以维持是正确的。斯倍利亚社认为证据 1 对本领域技术人员不存在技术启示，本专利权利要求 1 具有创造性的申请再审理由不能成立。

二、关于本专利权利要求 2 和 3 是否具有创造性问题

本专利权利要求 2 和 3 是权利要求 1 的从属权利要求，斯倍利亚社在一审中

陈述在权利要求1不具有创造性的情况下，不再坚持权利要求2和3的创造性，故在前述论述的基础上，本专利权利要求2和3也不具有创造性。斯倍利亚社关于权利要求2和3具有创造性的申请再审理由不能成立。

三、关于本专利权利要求4是否具有创造性问题

本专利权利要求4的内容是："无铅钎焊料合金，其特征在于，含有0.3－0.7wt% Cu，0.004－0.1wt% Ni，0.001－1wt%的Ge，其余为Sn。"其与证据1的区别在于，在权利要求4保护的技术方案中还添加有0.001－1wt%的Ge。本专利说明书记载："锗在合金凝固时使晶粒细化。锗出现在晶界上，防止晶粒变得粗大。添加锗可以防止在合金溶解过程中氧化物发展。"证据8公开了一种焊料合金，披露了在钎焊料合金中添加0.001－0.05wt% Ge，以抑制该焊料在熔融时的氧化物的产生，并且改善钎焊性（润湿性、剪切性、伸缩性等）的技术效果。由此可见，证据8给出了在焊料中添加锗以防止合金在溶解过程中氧化物发展的技术启示，故在证据8中公开的也是Sn基钎焊料合金，并且其明确记载了Ge在该合金中所起的作用情况下，本领域技术人员能够从证据8中得到添加Ge可抑制氧化物产生并改善焊料合金钎焊性的技术启示，从而将证据8和证据1相结合得到本专利权利要求4的技术内容。同时，本专利说明书中也没有提供数据证明添加权利要求4所述范围的锗，在抑制氧化物产生方面具有预料不到的技术效果，因此该技术手段不能给权利要求4带来创造性。

斯倍利亚社认为，锗除了具有防止合金在溶解过程中氧化物发展的作用外，还具有在合金凝固时使晶粒细化的作用，从而使本专利的合金更好地适用于喷流焊接用途，该作用是证据8无法预期的。本院认为，斯倍利亚社在无效宣告请求审查程序中认可在焊料中添加锗使晶粒细化的作用属于理论上的探讨，且本专利说明书也未通过试验数据等证明这种晶粒细化的技术效果。因此，斯倍利亚社基于锗具有在合金凝固时使晶粒细化的作用，认为权利要求4具有预料不到技术效果的主张不能成立，本院不予支持。

四、关于斯倍利亚社的其他申请再审理由是否成立问题

关于斯倍利亚社所述应允许其补充提交试验数据以及该试验数据的证明力问题。本院认为，由于专利制度是以公开换保护为前提的，因此对专利权的保护应当与其相较于现有技术作出的技术贡献相适应，在此情况下，请求保护的发明创造的技术贡献应当充分公开并记载在说明书中，未记载在说明书中的技术贡献不能作为请求获得专利权保护的基础，也即如果申请人在申请日后提交的技术文献

或实验数据所要证明的事实在原始提交的申请文件中没有记载，则因上述证据不能证明所述发明已经在申请日前完成，故通常不能作为判断该发明创造能否获得授权的依据。具体到本案，由于本专利说明书中没有记载权利要求 1 请求保护的产品中 Ni 的含量范围相较于证据 1 产生了预料不到的技术效果，因此斯倍利亚社于申请日后提交的附件 9 和附件 10 所要证明的内容均不属于明确记载在本专利说明书中的内容，且在针对史天蕾提出的无效宣告请求审查过程中，斯倍利亚社也未将上述附件作为证据材料提交，故斯倍利亚社的该项申请再审理由不能成立，本院不予支持。

关于斯倍利亚社所述商业成功问题。本院认为，斯倍利亚社在本案无效宣告请求审查阶段提交了主张商业成功的证据材料，但这些证据材料并不能证明 SN100C 产品的商业业绩与本专利之间的关联性，且商业成功只是判断一项技术方案是否具有创造性的辅助因素，而不是唯一决定性条件，故本院对于斯倍利亚社的该项主张不予支持。

综上，斯倍利亚社的申请再审理由不符合《中华人民共和国行政诉讼法》第六十三条第二款①、《最高人民法院关于执行〈中华人民共和国行政诉讼法〉若干问题的解释》第七十二条规定的再审条件。依照《最高人民法院关于执行〈中华人民共和国行政诉讼法〉若干问题的解释》第七十四条之规定，裁定如下：

驳回日本斯倍利亚社股份有限公司的再审申请。

审　判　长　周　翔
代理审判员　宋淑华
代理审判员　吴　蓉
二〇一四年十二月十六日
书　记　员　周睿隽

---

① 对应 2017 年修正的《中华人民共和国行政诉讼法》第九十二条第二款，规定：“最高人民法院对地方各级人民法院已经发生法律效力的判决、裁定，上级人民法院对下级人民法院已经发生法律效力的判决、裁定，发现有本法第九十一条规定情形之一，或者发现调解违反自愿原则或者调解书内容违法的，有权提审或者指令下级人民法院再审。”

4. 医药化学领域的创造性判断

148. 新晶型化合物的创造性判断

——再审申请人贝林格尔英格海姆法玛两合公司与被申请人中华人民共和国国家知识产权局专利复审委员会、原审第三人江苏正大天晴药业股份有限公司发明专利权无效行政纠纷案

【裁判要旨】

《专利审查指南》所称“结构接近的化合物”，仅特指该化合物必须具有相同的核心部分或者基本的环，不涉及化合物微观晶体结构本身的比较；在新晶型化合物创造性判断中，并非所有的微观晶体结构变化均必然具有突出的实质性特点和显著的进步，必须结合其是否带来预料不到的技术效果进行考虑。

【关键词】

发明创造性　技术效果

【案号】

最高人民法院（2011）知行字第86号

【基本案情】

江苏正大天晴药业股份有限公司（以下简称正大天晴公司）以创造性为由向专利复审委员会申请宣告贝林格尔英格海姆法玛两合公司（以下简称贝林格尔公司）01817143.5号发明专利权（即本案专利）无效。2008年8月，中华人民共和国国家知识产权局专利复审委员会（以下简称专利复审委员会）作出第12206号无效宣告请求审查决定（以下简称第12206号决定），宣告本案专利全部无效。主要理由为，本案专利权利要求1所保护的是溴化替托品单水合物晶体，而对比文件证据5a系溴化替托品X水合物，证据1系溴化替托品晶体，三种物质的基本核心部分均为溴化替托品。上述三种物质在物理形态上或许存在差别，但该差别并不至于影响对基本核心部分的认定。由于晶体的构效关系不明确以及制备特

定类型晶体存在困难，目前通常是基于稳定性、更高纯度、便于处理称量等普遍存在的动机，依据常规的结晶方法制备晶体，在制备出晶体后检测其性能。此时，晶体所实现的技术效果是决定其是否具有创造性的最重要因素。评价创造性时所需考虑的技术效果只能是记载于原始申请文件中或可从原始申请文件直接确定的技术效果。贝林格尔公司所述的反证1的技术效果并未记载在专利申请文件中，而且新证据2无法使得本领域技术人员确定权利要求1的晶体具有反证1所述的技术效果。北京市第一中级人民法院和北京市高级人民法院先后判决维持第12206号决定。贝林格尔公司不服，向最高人民法院申请再审。2012年11月27日，最高人民法院裁定驳回其再审申请。

【裁判意见】

最高人民法院审查认为：虽然晶体化合物基于不同的分子排列可能在物理化学参数上存在差异，但其仍属化合物范畴，故《专利审查指南》关于化合物创造性的规定可以适用于新晶型化合物的创造性判断。晶体化合物的微观晶体结构变化多样，某一化合物在固体状态下可能基于两种或者两种以上不同的分子排列而产生不同的固体结晶形态，但并非所有的微观晶体结构变化均必然导致突出的实质性特点和显著的进步，故不能单单依据微观晶体结构的不接近而认定其结构上不接近。亦即，《专利审查指南》所称“结构接近的化合物”，仅特指该化合物必须具有相同的核心部分或者基本的环，而不涉及微观晶体结构本身的比较。在晶体的创造性判断中，微观晶体结构本身必须结合其是否带来预料不到的技术效果进行考虑。本案中，权利要求1所保护的是溴化替托品单水合物晶体，证据5a公开的是溴化替托品X水合物，证据1公开的是溴化替托品晶体，上述三种物质的微观晶体结构可能存在差别，但因基本核心部分均为溴化替托品，该基本核心部分使三者具有相同的活性。对于本领域的技术人员而言，三者的结构都是接近的，故其属于《专利审查指南》所称的“结构接近的化合物”。本领域技术人员通过阅读说明书及2000年版药典关于“加速试验”的规定，无法得出反证1所述“粒径稳定”的技术效果已被说明书记载的结论，反证1所述的技术效果在评价权利要求1的创造性时不应被考虑。

中华人民共和国最高人民法院行政裁定书

（2011）知行字第86号

申请再审人（一审原告、二审上诉人）：贝林格尔英格海姆法玛两合公司

（Boehringer Ingelheim Pharma GmbH & Co. KG）。住所地：德意志联邦共和国殷格翰55216宾格大街173号英格海姆法玛总部。

法定代表人：马库斯·威曼（Markus Weymann），该公司专利律师。

委托代理人：艾宏，北京市正见永申律师事务所律师。

委托代理人：张平元，北京市柳沈律师事务所律师。

被申请人（一审被告、二审被上诉人）：中华人民共和国国家知识产权局专利复审委员会。住所地：中华人民共和国北京市海淀区北四环西路9号银谷大厦10-12层。

法定代表人：张茂于，该委员会副主任。

委托代理人：李亚林，该委员会审查员。

委托代理人：朱明雅，该委员会审查员。

原审第三人：江苏正大天晴药业股份有限公司。住所地：中华人民共和国江苏省连云港市新浦区巨龙北路8号。

法定代表人：谢炳，该公司董事长。

委托代理人：刘永全，北京市联德律师事务所律师。

委托代理人：王达佐，男，汉族，1965年1月30日出生，北京英赛嘉华知识产权代理有限责任公司专利代理人，住中华人民共和国北京市朝阳区四季星河中街2号院3号楼1门1601号。

申请再审人贝林格尔英格海姆法玛两合公司（以下简称贝林格尔公司）因与被申请人中华人民共和国国家知识产权局专利复审委员会（以下简称专利复审委员会）、原审第三人江苏正大天晴药业股份有限公司（以下简称正大天晴公司）发明专利权无效行政纠纷一案，不服北京市高级人民法院（2010）高行终字第751号行政判决，向本院申请再审。本院依法组成合议庭对本案进行了审查，现已审查终结。

贝林格尔公司申请再审称：1. 关于《审查指南》规定的“结构上接近”的认定，不仅要审查其化学结构是否相同，还应审查其微观晶体结构是否接近。本专利权利要求1所保护的是溴化替托品单水合物晶体，而对比文件REGISTRY HANDBOOK（以下简称证据5a）公开了溴化替托品X水合物，对比文件美国第5610163号专利（以下简称证据1）公开了溴化替托品晶体，显然它们不构成《审查指南》规定的“结构上接近”。专利复审委员会第12206号无效宣告请求审查决定（以下简称第12206号无效决定）将化合物的创造性审查标准运用在晶体的创造性审查中，错误地认定其属于结构上接近。2. 专利权人针对第一次审查意见通知书提交的意见陈述书（以下简称反证 1）已经证明，单水化合物在微粉化后以及压力稳定性实验中只显示较小的粒径增长，即细分颗粒级分在压力条件下基本保持不变，而对比文件的细分颗粒级分显著下降。本领域技术人员通过阅读说明书，特别是说明书第 1 页最后一段及第 2 页第 5 段，并结合 2000 年版《中华人民共和国药典》（以下简称 2000 年版药典）关于"加速试验"的规定，可以得出上述预料不到的技术效果已被说明书记载的结论。因此，原二审判决在评价权利要求 1 创造性时未采信反证 1，属适用法律错误。3. 二审庭审中，贝林格尔公司明确表示坚持权利要求 2 具有创造性。但原二审判决未对权利要求 2 这一独立权利要求进行判断，属程序错误。请求本院提审改判。

被申请人专利复审委员会提交意见认为：1. 对于药学活性物质而言，通常来说，决定其药学活性的结构单元即为其基本核心部分。溴化替托品单水合物晶体、溴化替托品的 X 水合物和溴化替托品晶体三种物质的基本核心部分均为溴化替托品。上述三种物质在物理形态上或许存在差别，但该差别并不至于影响对于基本核心部分的认定。因为晶体的构效关系不明确以及制备特定类型晶体存在困难，目前通常是基于稳定性、更高纯度、便于处理称量等普遍存在的动机，依据常规的结晶方法制备晶体，制备出晶体后检测其性能。因此，在晶体创造性的审查中，晶体所实现的技术效果是最重要的考虑因素。2. 评价创造性时所需考虑的技术效果只能是记载于原始申请文件或可从原始申请文件直接确定的技术效果。反证 1 的技术效果并未记载在专利申请文件中，本领域技术人员通过阅读 2000 年版药典关于"加速试验"的规定，也无法确定权利要求 1 的晶体具有反证 1 所述的技术效果。因此，本专利权利要求 1 不具有创造性。

原审第三人正大天晴公司提交意见认为：1. 现行《审查指南》没有在化合物之外另行规定晶体创造性的审查标准，晶体作为化合物的一种具体形态，应当同样适用《审查指南》关于化合物创造性的审查标准。2. 反证 1 所述技术效果没有记载在专利说明书中，也不能从说明书中直接、唯一地得出。2000 年版药典关于"加速试验"的规定，只能说明反证 1 的试验条件符合药典要求，并不能证明反证 1 的技术效果已被说明书所记载。原一、二审法院拒绝反证 1 作为评价本专利创造性的证据，适用法律正确。3. 贝林格尔公司在上诉状中未涉及权利要求 2 创造性的问题，且原二审判决针对的是本专利，当然包括权利要求 1 和 2，二审法院在审查了无效决定及一审判决认定的事实和法律等问题后，得出本专利不具有创造性的结论，故原二审判决没有违反法定程序。

本院认为：本案的争议焦点在于权利要求1是否具有创造性。具体包括：1. 本专利单水合物晶体与证据1公开的无水晶体、证据5a公开的X水合物是否属于《审查指南》规定的“结构接近的化合物”；2. 反证1所述“粒径稳定”的技术效果是否已被说明书所记载。

关于第一个问题，**虽然晶体化合物基于不同的分子排列，其物理化学参数可能存在差异，但其仍属化合物范畴，故《审查指南》关于化合物创造性的规定可以适用于新晶型化合物的创造性判断。**贝林格尔公司申请再审时主张，《审查指南》所称“结构上接近”不仅包括化学结构相同，还应包括微观晶体结构的接近。若微观晶体结构不接近，即使化学结构相同，也应认定属于结构上不接近。对此，**本院认为，晶体化合物的微观晶体结构变化多样，某一化合物在固体状态下可能基于两种或者两种以上不同的分子排列而产生不同的固体结晶形态，但并非所有的微观晶体结构变化均必然导致突出的实质性特点和显著的进步，故不能单单依据微观晶体结构的不接近而认定其结构上不接近。亦即，《审查指南》所称“结构接近的化合物”，仅特指该化合物必须具有相同的核心部分或者基本的环，而不涉及微观晶体结构本身的比较。在晶体的创造性判断中，微观晶体结构本身必须结合其是否带来预料不到的技术效果一并考虑。**本案中，权利要求1所保护的是溴化替托品单水合物晶体，证据5a公开的是溴化替托品X水合物，证据1公开的是溴化替托品晶体，上述三种物质的微观晶体结构可能存在差别，但因基本核心部分均为溴化替托品，该基本核心部分使三者具有相同的活性，对于本领域的技术人员而言，三者的结构都是接近的，故其属于《审查指南》所称的“结构接近的化合物”。贝林格尔公司关于因微观晶体结构不同而构成结构上不接近的申请再审理由不能成立。

关于第二个问题，贝林格尔公司在本院询问中认可，反证1所述“粒径稳定”是指粒径的物理稳定性。然而，说明书第1页最后一段仅笼统地提及“起始物料在多种环境条件作用下的活性稳定性、药物制剂制造过程的稳定性以及最终药物组合物的稳定性”，说明书第2页第5段则对前述的“药物制剂制造过程的稳定性”进一步描述为，“另一项制造所需药物制剂的研磨过程可能发生的问题为这种过程造成的能量输入以及对晶体表面产生应力。这种情况可以导致多晶形变化，导致非晶形形成的改变或导致结晶晶格的变化”。可见，说明书关于物理稳定性的表述部分仅提及晶形、晶格，并未涉及反证1所述“粒径”，亦未给出相关的技术教导和启示。而且，根据2000年版药典的规定，“加速试验”期间，需按稳定性重点考察项目检测，而该药典附表列明的“吸入气（粉）雾剂”考察项目并未包括反证1述及的“粒径”或粒度。可见，2000年版药典的有关规定也不足以确定反证1所述“粒径稳定”的技术效果。因此，本领域技术人员通过阅读说明书及2000年版药典关于“加速试验”的规定，无法得出反证1所述“粒径稳定”的技术效果已被说明书记载的结论，反证1所述的技术效果在评价权利要求1创造性时亦因此不应被考虑。贝林格尔公司关于原二审判决未采信反证1属适用法律错误的申请再审理由不能成立。

此外，关于贝林格尔公司主张的原二审法院漏审权利要求2创造性的问题，经查，贝林格尔公司在上诉状中未提及权利要求2创造性的问题，仅在二审庭审中被法官问及权利要求2时陈述了有关意见。本院认为，权利要求2要求保护的是权利要求1所述结晶性溴化替托品单水合物的制备方法，贝林格尔公司在本院询问中认可，该制备方法的操作步骤是常规的技术手段。因此，在权利要求1不具有创造性的情况下，权利要求2也不应具有创造性。在第12206号无效决定和原一审判决均认为本专利全部无效的情况下，原二审法院在庭审中听取各方当事人就包括权利要求2在内的全部权利要求创造性的意见后，作出驳回上诉、维持原判的判决。因此，虽然二审判决书未明确评述权利要求2创造性的问题，但未影响案件正确裁判，故不构成违反法律、法规规定的程序错误。贝林格尔公司关于原二审法院漏审权利要求2创造性属程序错误的申请再审理由不能成立。

综上所述，贝林格尔公司的再审申请不符合《中华人民共和国行政诉讼法》第六十三条第二款、《最高人民法院关于执行〈中华人民共和国行政诉讼法〉若干问题的解释》第七十二条规定的再审条件。依照《最高人民法院关于执行〈中华人民共和国行政诉讼法〉若干问题的解释》第七十四条的规定，裁定如下：

驳回贝林格尔英格海姆法玛两合公司的再审申请。

审 判 长 王永昌

代理审判员 李 剑

代理审判员 宋淑华

二〇一二年十一月二十七日

书 记 员 周睿隽

149. 创造性判断中采纳申请日后补交的实验数据的条件

——再审申请人武田药品工业株式会社与被申请人国家知识产权局专利复审委员会、四川海思科制药有限公司、重庆医药工业研究院有限责任公司发明专利权行政纠纷案

【裁判要旨】

创造性判断中，当专利申请人或专利权人在申请日后补充对比试验数据以证明专利技术方案产生了预料不到的技术效果时，接受该实验数据的前提是其用以证明的技术效果在原申请文件中有明确记载。

【关键词】

发明　创造性　技术效果

【案号】

最高人民法院（2012）知行字第41号

【基本案情】

武田药品工业株式会社是名称为“用于治疗糖尿病的药物组合物”的发明专利（即本案专利）的专利权人。本案专利授权公告的独立权利要求1为：用于预防或治疗糖尿病、糖尿病综合征、糖代谢紊乱或脂质代谢紊乱的药物组合物，其含有选自吡格列酮或其药理学可接受的盐的胰岛素敏感性增强剂，和作为胰岛素分泌增强剂的磺酰脲。针对本案专利，四川海思科制药有限公司（以下简称海思科公司）、重庆医药工业研究院有限责任公司（以下简称重庆研究院）分别提出无效宣告请求。武田药品工业株式会社提供了实验数据反证7以证明本专利权利要求1的技术方案取得了预料不到的技术效果。2008年10月31日，国家知识产权局专利复审委员会（以下简称专利复审委员会）作出第12712号无效宣告请求审查决定（以下简称第12712号决定），宣告本案专利权部分无效。第12712号决定对反证7的真实性不予采信，并认为，证据1公开了胰岛素非依赖型糖尿病病人单独给予磺脲剂、并用磺脲剂和胰岛素抵抗性改善剂以及与a－糖苷酶抑制

剂三者并用的疗法。其中对于胰岛素增敏剂，证据1列举了吡格列酮和曲格列酮，并且指出两种制剂具有相同的降血糖作用机制。而且与单独使用相比，与磺脲剂或胰岛素的并用效果更值得期待。本案专利权利要求1的技术方案与证据1公开的内容相比，区别仅在于权利要求1选择了具体的胰岛素敏感性增强剂即吡格列酮或其药理学可接受的盐。然而，证据1已指出吡格列酮与曲格列酮具有相同的降血糖作用机制，可以用作胰岛素敏感性增强剂，而且明确教导了胰岛素抵抗性改善剂与磺脲剂或胰岛素的并用效果更值得期待。在此教导下，选择吡格列酮作为胰岛素敏感性增强剂与磺脲剂一起制成药物组合物用于预防或治疗糖尿病对于本领域技术人员来说是显而易见的，不具备突出的实质性特点。而且，本案专利说明书也未记载这种选择相对于证据1取得了任何预料不到的技术效果。故权利要求1的技术方案相对于证据1不具备创造性。武田药品工业株式会社不服，提起行政诉讼。在一审程序中，武田药品工业株式会社提交了本案专利审查档案和欧洲同族专利审查档案，用于证明其在无效程序中提交的实验数据反证7在本案专利实审程序及其同族欧洲专利审查程序中曾经提交过并被审查员接受，因此其真实性应当予以认可。北京市第一中级人民法院一审认为，对武田药品工业株式会社提交的对比实验数据反证7，海思科公司以及重庆研究院对其真实性不予认可，由于反证7记载的内容没有显示其实验结果由哪一机构或个人作出，武田药品工业株式会社在无效程序中也没有提供证据证实其真实性，故专利复审委员会对反证7的真实性不予认可正确。由于无法确认反证7的真实性，不能以反证7来证明本案专利权利要求1由于取得了预料不到的技术效果而具备创造性。遂判决维持第12712号决定。武田药品工业株式会社不服，提起上诉。北京市高级人民法院二审判决驳回上诉，维持一审判决。武田药品工业株式会社不服，向最高人民法院申请再审。最高人民法院于2012年9月17日裁定驳回其再审申请。

【裁判意见】

最高人民法院审查认为：说明书应当满足充分公开发明或者实用新型的要求。化学领域属于实验性科学领域，影响发明结果的因素是多方面、相互交叉且错综复杂的。说明书的撰写应该达到所属技术领域的技术人员能够实施发明的程度。根据现有技术，本领域技术人员无法预测请求保护的技术方案能够实现所述用途、技术效果时，说明书应当清楚、完整地记载相应的实验数据，以使所属技术领域的技术人员能够实现该技术方案，解决其技术问题，并且产生预期的技术效果。凡是所属领域的技术人员不能从现有技术中直接、唯一地得出的有关内容，均应当在说明书中予以表述。如果所属领域的技术人员根据现有技术不能预期该技术方案所声称的治疗效果时，说明书还应当给出足以证明所述技术方案能够产生所声称效果的实验数据。没有在专利说明书中公开的技术方案、技术效果等，一般不得作为评价专利权是否符合法定授权确权标准的依据。申请日后补交的实验数据不属于专利原始申请文件记载和公开的内容，公众看不到这些信息，如果这些实验数据也不是本申请的现有技术内容，在专利申请日之前并不能被所属领域技术人员所获知，则以这些实验数据为依据认定技术方案能够达到所述技术效果，有违专利先申请制原则，也背离专利权以公开换保护的制度本质，在此基础上对申请授予专利权对于公众来说是不公平的。当专利申请人或专利权人欲通过提交对比实验数据证明其要求保护的技术方案相对于现有技术具备创造性时，接受该数据的前提必须是针对在原申请文件中明确记载的技术效果。武田药品工业株式会社提交反证7欲证明吡格列酮与格列美脲的联合用药方案相对于单独用药方案以及其他联合用药方案均取得了意料不到的降血糖效果。但是，本案专利说明书没有提及各种不同的药物联用方案之间效果的优劣。武田药品工业株式会社提交实验数据所要证明的技术效果是原始申请文件中未记载，也未证实的，不能以这样的实验数据作为评价专利创造性的依据。武田药品工业株式会社关于其在申请日后补交的实验证据是在证明客观存在的技术效果，该类证据应当予以采纳的申请再审理由不能成立。

中华人民共和国最高人民法院行政裁定书

（2012）知行字第41号

申请再审人（一审原告、二审上诉人）：武田药品工业株式会社。住所地：日本国大阪市中央区道修町四丁目1番1号。

法定代表人：奥村洋一，该株式会社知识产权部部长。

委托代理人：李巍，男，汉族，1977年5月5日出生，北京尚诚知识产权代理有限公司专利代理人，住北京市海淀区北京大学承泽园110公寓404号。

委托代理人：刘京莉，北京尚淳律师事务所律师。

被申请人（一审被告、二审被上诉人）：国家知识产权局专利复审委员会。住所地：中华人民共和国北京市海淀区北四环西路9号银谷大厦10－12层。

法定代表人：张茂于，该委员会副主任。

被申请人（原审第三人）：四川海思科制药有限公司。住所地：中华人民共和国四川省成都市温江区海峡两岸科技产业开发园百利路。

法定代表人：梁勇，该公司总经理。

委托代理人：王为，男，汉族，1962 年 9 月 11 日出生，北京华科联合专利事务所职员，住北京市朝阳区团结湖北二条 9 楼 1 门 603 号。

被申请人（原审第三人）：重庆医药工业研究院有限责任公司。住所地：中华人民共和国重庆市南岸涂山路 565 号。

法定代表人：傅洁民，该公司董事长。

申请再审人武田药品工业株式会社因与被申请人国家知识产权局专利复审委员会（以下简称专利复审委员会）、四川海思科制药有限公司（以下简称海思科公司）、重庆医药工业研究院有限责任公司（以下简称重庆研究院）发明专利权行政纠纷一案，不服北京市高级人民法院（2010）高行终字第 566 号行政判决，向本院申请再审。本院依法组成合议庭对本案进行了审查，现已审查终结。

武田药品工业株式会社申请再审称：1. 武田药品工业株式会社在无效宣告程序中提交的反证 7（即证据 3）的真实性应当被认可。专利复审委员会以及一、二审法院以证据 4 和证据 5 在无效宣告请求审查阶段没有提交为由不予采纳，同时也没有认可反证 7 的真实性，存在错误，应当予以纠正。反证 7 包括两部分实验报告：第一份实验报告是证明吡格列酮与格列美脲联用具有意料不到的技术效果。该实验报告在本专利的审查过程中曾经提交给中华人民共和国国家知识产权局，并被接受和认可，专利权人在答复第三次审查意见通知书时所附的实验报告证据 4 可以证明。因此，第一份实验报告的真实性不容置疑。第二份实验报告是证明吡格列酮和格列美脲的联用与其他格列酮类化合物和格列美脲的联用相比，具有意料不到的技术效果。在本专利相应的第 EP01203170. 4 号欧洲专利申请的审查过程中，曾将该实验报告提交给欧洲专利局，欧洲专利局接受和认可了这份实验报告和相应的意见陈述，肯定了专利申请的创造性，最终决定授予专利权。因此，第二份实验报告的真实性也是不容置疑的。专利权人提交的本专利审查档案和欧洲同族专利审查档案均不是新证据，它不仅包含反证 7，也包含本专利申请在中国和欧洲审查过程中的全部必要文件，不仅能够证明反证 7 的真实性，也能够证明反证 7 在中国及欧洲专利审查过程曾经被提交的事实。2. 发明相对于现有技术到底有没有效果，这是无法改变的客观事实，不能因为在提交专利申请时没有提交相应的证据就认为发明没有这个效果。专利权人在专利权被宣告无效后，可以在诉讼程序中提交相应的证据。反证 7 是用于证明技术效果的，该证据应当采纳。3. 专利复审委员会以及一、二审判决认定权利要求 1 与证据 6 和公知常识相比不具备创造性错误。证据 6 充其量只是公开了磺酰脲与胰岛素敏感性增强剂联用可以用于治疗胰岛素非依赖性糖尿病中特定血糖范围的患者，没有公开权利要求 1 所要保护的吡格列酮或其药理学可接受的盐与磺酰脲的组合。本领域技术人员在阅读证据 6 后，不会预料到选取磺酰脲与吡格列酮联用的这一具体组合具有预料不到的技术效果。4. 有证据证明存在选择曲格列酮而避免选择吡格列酮和环格列酮作为胰岛素敏感性增强剂的技术偏见。专利复审委员会以及一、二审判决没有认可技术偏见的理由在于证据 8 公开于本专利的优先权日之后，不能证明在本专利的优先权日时存在曲格列酮要优于吡格列酮的技术偏见。然而，尽管证据 8 在本专利的优先权日之后公开，但这恰恰证明了即使是在本专利的优先权日之后，还存在着曲格列酮要优于吡格列酮的技术偏见。也即说明在本专利的优先权日时该技术偏见更加根深蒂固。此外，第三人在无效宣告请求审查程序提交的证据 8 ~ 15 均不涉及对吡格列酮的研究，或者研究后没有发现有价值的成果因而没有发表出来。专利复审委员会以及一、二审法院因上述证据均不涉及对吡格列酮的研究，就认定不存在避免使用吡格列酮的技术偏见，逻辑错误。5. 权利要求 1 的吡格列酮或其盐与磺酰脲的组合治疗方案与其他治疗方案相比有预料不到的技术效果。根据本专利说明书实验实施例 2 的记载，吡格列酮与作为磺酰脲的优降糖联用与它们单独使用相比，具有预料不到的协同作用。又根据反证 7，吡格列酮与作为胰岛素分泌增强剂的格列美脲联用与它们单独使用相比，同样具有预料不到的协同作用。此外，仍根据反证 7，通过比较可知，吡格列酮与格列美脲联用的治疗方案导致血糖浓度显著降低，与其他联合用药方案相比具有预料不到的技术效果。由此证明，仅仅在选择吡格列酮与磺酰脲联用时，才能够产生预料不到的技术效果。权利要求 1 与证据 6 和公知常识相比，具备创造性，符合专利法第二十二条第三款的规定。6. 针对修改后的权利要求 2，专利复审委员会依职权引入了当事人未提及的无效理由，宣告修改后的权利要求 2 无效，未给予武田药品工业株式会社陈述意见的机会，没有遵循听证原则。原审法院对此违法程序未予纠正，有所不当。独立权利要求 1 将胰岛素分泌增强剂限定为磺酰脲这一上位概念，从属权利要求 2 将磺酰脲进一步限定为 20 种具体的化合物，属于下位概念，专利复审委员会以及一、二审判决没有具体分析这些下位概念的化合物的创造性，仅仅以它们的上位概念没有创造性为由，认为这些下位概念也没有创造性，显然不合理。7. 权利要求 4 是独立权利要求 1 的从属权利要求，在独立权利要求1具备创造性的基础上，其从属权利要求也具备创造性。从说明书的公开内容，本领域技术人员能够了解到吡格列酮与格列美脲联用具有协同作用。8. 根据与独立权利要求1相同的原因，独立权利要求5、9也具备创造性。在此基础上，引用独立权利要求9的从属权利要求10也具备创造性。综上所述，武田药品工业株式会社请求本院撤销北京市高级人民法院作出的（2010）高行终字第566号行政判决，撤销专利复审委员会作出的第12712号无效宣告请求审查决定（以下简称第12712号无效决定）。

海思科公司以及重庆研究院提交答辩意见称：1. 反证7是来自国外的实验报告的复印件，应当履行公证认证等手续，且应当提供原件。本专利审查档案和欧洲同族专利审查档案是武田药品工业株式会社为证明反证7的真实性而在一审诉讼程序中提交的证据，针对无效宣告请求程序而言，其属于新证据。2. 证据6存在磺酰脲类降糖药、胰岛素增敏剂合用的技术启示，而证据6又描述了胰岛素增敏剂包括吡格列酮等三种药物。本领域技术人员在此基础上将吡格列酮和磺酰脲类降糖药制备成药物组合物不需要付出创造性劳动。3. 武田药品工业株式会社没有提供现有技术中存在技术偏见的充分证据。4. 第12712号无效决定并没有违反听证原则。对权利要求2的修改没有改变该权利要求的整体内容，只是删除了20多项组分中的一个组分格列美脲。因此，无效请求人对修改后的权利要求2仍然坚持口头审理中的意见，没有提出新的意见。综上，第12712号无效决定认定事实清楚，适用法律法规正确，审理程序合法，请求人民法院维持该决定。

一、二审法院审理查明：本案涉及专利名称为“用于治疗糖尿病的药物组合物”的发明专利，其申请日为1996年6月19日，优先权日为1995年6月20日，授权公告日为2005年7月27日，专利号为96111063.5，专利权人为武田药品工业株式会社。本专利授权公告的权利要求如下：

1. 用于预防或治疗糖尿病、糖尿病综合征、糖代谢紊乱或脂质代谢紊乱的药物组合物，其含有选自吡格列酮或其药理学可接受的盐的胰岛素敏感性增强剂，和作为胰岛素分泌增强剂的磺酰脲。

2. 按照权利要求1的药物组合物，其中所述磺酰脲选自甲糖宁、氯磺丙脲、甲磺氮卓脲、乙酰苯磺酰环己脲、4－氯－N－［（1－吡咯烷胺）羧基］苯磺酰胺或其铵盐、优降糖、甲磺吡脲、1－丁基－3－间氨基苯磺酰脲、磺胺丁脲、格列波脲、格列吡嗪、格列喹酮、唑磺卓脲、氨磺丁唑、格列丁唑、环己降糖、嘧啶降糖、氯磺卓脲、苯磺丁脲、甲磺环己脲和格列美脲。

3. 按照权利要求 1 的药物组合物，其中所述胰岛素分泌增强剂是优降糖。

4. 按照权利要求 1 的药物组合物，其中所述胰岛素分泌增强剂是格列美脲。

5. 权利要求 1 的药物组合物在制备用于预防或治疗糖尿病的药物中的应用。

6. 权利要求 1 的药物组合物在制备用于预防或治疗糖尿病综合征的药物中的应用。

7. 权利要求 1 的药物组合物在制备用于预防或治疗糖代谢紊乱的药物中的应用。

8. 权利要求 1 的药物组合物在制备用于预防或治疗脂质代谢紊乱的药物中的应用。

9. 选自吡格列酮或其药理学可接受的盐的胰岛素敏感性增强剂，与选自磺酰脲的胰岛素分泌增强剂联合在制备用于预防或治疗糖尿病的药物中的应用。

10. 根据权利要求 9 的应用，其中所述胰岛素敏感性增强剂，与所述胰岛素分泌增强剂分别是单独配制的。

11. 选自吡格列酮或其药理学可接受的盐的胰岛素敏感性增强剂，与选自磺酰脲的胰岛素分泌增强剂联合在制备用于预防或治疗糖尿病综合征的药物中的应用。

12. 根据权利要求 11 的应用，其中所述胰岛素敏感性增强剂，与所述胰岛素分泌增强剂分别是单独配制的。

13. 选自吡格列酮或其药理学可接受的盐的胰岛素敏感性增强剂，与选自磺酰脲的胰岛素分泌增强剂联合在制备用于预防或治疗糖代谢紊乱的药物中的应用。

14. 根据权利要求 13 的应用，其中所述胰岛素敏感性增强剂，与所述胰岛素分泌增强剂分别是单独配制的。

15. 选自吡格列酮或其药理学可接受的盐的胰岛素敏感性增强剂，与选自磺酰脲的胰岛素分泌增强剂联合在制备用于预防或治疗脂质代谢紊乱的药物中的应用。

16. 根据权利要求 15 的应用，其中所述胰岛素敏感性增强剂，与所述胰岛素分泌增强剂分别是单独配制的。

17. 根据权利要求 9、11、13 或 15 的应用，其中所述磺酰脲选自甲糖宁、氯磺丙脲、甲磺氮卓脲、乙酰苯磺酰环己脲、4－氯－N－［（1－吡咯烷胺）羧基］苯磺酰胺或其铵盐、优降糖、甲磺吡脲、1－丁基－3－间氨基苯磺酰脲、磺胺丁脲、格列波脲、格列吡嗪、格列喹酮、唑磺卓脲、氨磺丁唑、格列丁唑、环己降糖、嘧啶降糖、氯磺卓脲、苯磺丁脲、甲磺环己脲和格列美脲。

18. 按照权利要求 9、11、13 或 15 的应用，其中所述胰岛素分泌增强剂是优降糖。

19. 按照权利要求 9、11、13 或 15 的应用，其中所述胰岛素分泌增强剂是格列美脲。

针对上述专利权，海思科公司、重庆研究院分别于 2008 年 6 月 13 日和 2008 年 7 月 18 日向专利复审委员会提出无效请求，其无效宣告理由和所提交的证据均相同，认为本专利权利要求 1、2、4、5、9、10 不符合专利法第二十二条第三款的规定，权利要求 4 不符合专利法第三十三条和第二十六条第四款的规定。其提交了如下证据：

证据 1："經口糖尿病藥—新藥と新しい治療フランー"，石田俊彦等，綜合臨床，第 43 卷第 11 期，1994 年；

证据 2："Oncologic, Endocrine & Metabolic, Thiazolidinediones"，*Randall W Whitcomb & Alan R Saltiel*，*Expert Opinion on Investigational Drugs*，第 4 卷第 12 期，1995 年；

证据 3：包含论文"Improved metabolic control by addition of toglitazone to glibenclamide therapy in noninsulin dependent diabetics"的摘要的期刊；

证据 4："A pilot clinical trial of a new oral hypoglycemic agent, CS－045, in patents with non－insulin dependent diabetes mellitus"，Takeshi Kuzuya 等人，*Diabetes Research and Clinical Practice*，第 11 卷，1991 年；

证据 5："Clinicla profile of glimepiride"，Eberhard Draeger，*Diabetes Research and Clinical Practice*，第 28 卷增刊，1995 年；

证据 6："Clinicla profile of the novel sulphonylurea glimepiride"，R. Robkamp 等人，*Diabetes Research and Clinical Practice*，第 31 卷增刊，1996 年；

证据 7："Stimulation of glucose utilization in 3T3 adipocytes and rat diaphragm in vitro by the sulphonylureas, glimepiride and glibenclamide, is correlated with modulations of the cAMP regulatory cascade"，Günter Müller 等人，*Biochemical Pharmacology*，第 48 卷第 5 期，1994 年；

证据 8："Relations between structure and biological activity of sulfonamides"，Thoma H. Maren 等人，1976 年；

证据 9：本专利的优先权文件，申请号特平 7－153500，申请日 1995 年 6 月

20日。

2008年8月11日和9月11日，武田药品工业株式会社分别针对上述两个无效请求，提交了相同的意见陈述书和7份反证，其中反证7为实验数据（英文共3页，中文译文3页）。

2008年10月16日，专利复审委员会举行了口头审理，在口头审理当庭，专利权人提交了修改的权利要求书，其中所作修改为将授权公告中的权利要求2中格列美脲的并列技术方案删除。

专利复审委员会于2008年10月31日作出第12712号无效决定，其审查文本以2008年10月16日口头审理时武田药品工业株式会社提交的经修改的权利要求书和授权公告的说明书为基础。该无效决定确定的无效宣告请求的理由和范围为：权利要求4修改不符合专利法第三十三条的规定；权利要求4不符合专利法第二十六条第四款的规定；权利要求1、2、4、5、9、10相对于证据1与公知常识的结合不符合专利法第二十二条第三款的规定。该决定对证据1~9和反证1~6的真实性、合法性、关联性予以确认。对反证7的真实性不予采信。关于创造性，该无效决定认为：本专利权利要求1涉及用于预防或治疗糖尿病、糖尿病综合征、糖代谢紊乱或脂质代谢紊乱的药物组合物，其含有选自吡格列酮或其药理学可接受的盐的胰岛素敏感性增强剂和作为胰岛素分泌增强剂的磺酰脲。证据1公开了如下技术内容：胰岛素非依赖型糖尿病（NIDDM）是胰岛素分泌不足和胰岛素抵抗性增加两方面引起的。如果进入糖尿病状态，根据病状，针对分泌不足和抵抗性的平衡性程度尝试多种不同的用药组合，其中包括空腹时血糖140mg/dl至199mg/dl时，单独给予磺脲剂、磺脲剂和胰岛素敏感性增强剂（又称胰岛素增敏剂或胰岛素抵抗性改善剂）、a－糖苷酶抑制剂三者并用的疗法。其中对于胰岛素增敏剂，证据1第III部分列举了吡格列酮和曲格列酮，并且指出两种制剂具有相同的降血糖作用机制。证据1第IV部分指出，尽管糖吸收抑制剂和胰岛素敏感性增强剂等作为新型糖尿病药物而备受关注，但是无论哪一种药物均因其血糖降低作用缓慢，与单独使用相比，与磺脲剂或胰岛素的并用效果更值得期待。该部分列举了作为胰岛素分泌刺激剂（或称为胰岛素分泌增强剂）的磺脲剂格列美脲和与磺脲剂完全不同的化合物AG－EE 623 ZW（NN－623）。本专利权利要求1的技术方案与证据1公开的内容相比，区别仅在于权利要求1选择了具体的胰岛素敏感性增强剂即吡格列酮或其药理学可接受的盐，并将其与作为胰岛素分泌增强剂的磺酰脲一起制成药物组合物用于预防或治疗糖尿病、糖尿病综合征、糖代谢紊乱或脂质代谢紊乱。然而，如上所述，证据1已指出吡格列酮与曲格列酮具有相同的降血糖作用机制，可以用作胰岛素敏感性增强剂，而且证据1明确教导了胰岛素敏感性增强剂与磺脲剂或胰岛素的并用效果更值得期待，在此教导下，选择吡格列酮作为胰岛素敏感性增强剂与磺脲剂一起制成药物组合物用于预防或治疗糖尿病对于本领域技术人员来说是显而易见的，不具备突出的实质性特点。并且从本专利说明书记载的内容也看不到这种选择相对于证据1取得了任何意料不到的技术效果。对于吡格列酮的药理学可接受的盐，本领域技术人员知晓其为吡格列酮在使用时的一种具体形式，与吡格列酮具有相同的药理活性。因此，使用吡格列酮的药理学可接受的盐的技术方案也是显而易见的，不具备突出的实质性特点。故权利要求1的技术方案相对于证据1公开的内容不具备创造性，不符合专利法第二十二条第三款的规定。

第12712号无效决定认为，虽然证据1未记载权利要求1所述组合具有更好的效果，但证据1给出了权利要求1所述组合可用于治疗糖尿病的启示。证据2、3、5、6公开于本专利的优先权日之后，在评价本专利的创造性时不能作为现有技术使用；证据4、7和8不涉及吡格列酮的研究，其并不能表明吡格列酮不能用作胰岛素增敏剂。因此，证据2～8不能证明本领域存在吡格列酮不能用作人类药物的技术偏见。证据4并不能表明曲格列酮与磺酰脲联用对处于任何糖尿病状态的所有糖尿病患者均没有协同作用。正如证据1所表明的，针对处于不同糖尿病状态的糖尿病患者个体应尝试不同的治疗方案，这种情况下，曲格列酮与磺酰脲联用对于一些患者能够显示出协同效果，而对于另一些患者不能显示出协同效果，例如证据4中文译文第151页表2表明，曲格列酮与其他口服降血糖药（OHA）联用与单独服用曲格列酮的治疗方案在显著改善的比例上存在明显差异，分别为20.0%和11.1%。因此，证据4不能证明本专利权利要求1的技术方案取得了预料不到的技术效果。由于无法确认反证7的真实性，因此不能以反证7来证明本专利权利要求1的技术方案取得了预料不到的技术效果。

权利要求2具体限定了权利要求1中所述的磺酰脲，但本领域技术人员已知其中所列举的具体化合物均为磺酰脲，在证据1给出了磺酰脲可作为降糖药与胰岛素敏感性增强剂并用以治疗糖尿病的情况下，权利要求2的技术方案相对于证据1公开的内容仍然是显而易见的，况且从本专利说明书记载的内容来看，具体选择所述磺脲类胰岛素分泌增强剂并不能使权利要求2的技术方案相对于证据1取得任何意料不到的技术效果。因此，权利要求2中所包含的技术方案相对于证据1仍然不具备突出的实质性特点和显著的进步，不具备创造性。

权利要求4具体限定权利要求1中所述的磺酰脲为格列美脲，如前所述，证据1明确指出格列美脲可作为胰岛素分泌刺激剂用于糖尿病的治疗，且由本专利说明书可知，具体选择格列美脲并不能为权利要求4的技术方案带来任何意料不到的技术效果，因此，在权利要求1不具备创造性的前提下，权利要求4的技术方案相对于证据1仍不具备创造性。

权利要求5涉及权利要求1的药物组合物在制备用于预防或治疗糖尿病的药物中的应用，其与证据1的区别仅在于其选择了具体的胰岛素敏感性增强剂即吡格列酮或其药理学可接受的盐，并用与磺酰脲一起制成的药物组合物制备预防或治疗糖尿病的药物。由于权利要求1用于预防或治疗糖尿病、糖尿病综合征、糖代谢紊乱或脂质代谢紊乱的药物组合物相对于证据1不具备创造性，因而用权利要求1的药物组合物制备预防或治疗糖尿病的药物是显而易见的，相对于证据1没有取得任何显著的进步。因此，权利要求5不符合专利法第二十二条第三款的规定。

权利要求9涉及选自吡格列酮或其药理学可接受的盐的胰岛素敏感性增强剂，与选自磺酰脲的胰岛素分泌增强剂联合在制备用于预防或治疗糖尿病的药物中的应用。其与证据1的区别仅在于其选择了具体的胰岛素敏感性增强剂即吡格列酮或其药理学可接受的盐，并将其与磺酰脲联合制备用于预防或治疗糖尿病的药物。由于证据1已指出吡格列酮与曲格列酮具有相同的降血糖作用机制，可以用作胰岛素敏感性增强剂，而且证据1明确教导了胰岛素敏感性增强剂与磺脲剂或胰岛素的并用效果更值得期待，在此教导和启示下，选择吡格列酮作为胰岛素敏感性增强剂与磺脲剂联合用于制备预防或治疗糖尿病的药物对于本领域技术人员来说是显而易见的，不具备突出的实质性特点和显著的进步，并且从本专利说明书记载的内容也看不到这种选择相对于证据1取得了任何意料不到的技术效果。对于吡格列酮的药理学可接受的盐，本领域技术人员知晓其为吡格列酮在使用时的一种具体形式，与吡格列酮具有相同的药理活性。因此，使用吡格列酮的药理学可接受的盐的技术方案也是显而易见的，不具备突出的实质性特点。权利要求9的技术方案相对于证据1公开的内容不具备创造性，不符合专利法第二十二条第三款的规定。

权利要求10具体限定权利要求9中所述的胰岛素敏感性增强剂和胰岛素分泌增强剂分别是单独配制的，而本领域技术人员公知所谓“联合”用药即为将联用药物制成药物组合物使用或者分别单独配制使用。证据1中的“并用”即包含这两种联用方式，选择其中一种方式并不具备突出的实质性特点，而且将胰岛素敏感性增强剂和胰岛素分泌增强剂分别单独配制使用也没有取得任何预料不到的技术效果。因此，在权利要求9不具备创造性的基础上，权利要求10不具备创造性。综上所述，第12712号无效决定宣告本专利权利要求1、2、4、5、9和10无效，以权利要求3、6~8、11~19为基础维持本专利权有效。

武田药品工业株式会社不服上述无效决定，向北京市第一中级人民法院提起行政诉讼称：1. 武田药品工业株式会社在无效宣告程序中提交的反证7是用于评价本专利创造性的关键证据。结合在一审诉讼程序中提交的证据4、5，反证7的真实性应予认可。2. 专利复审委员会对于现有技术中不存在曲格列酮优于吡格列酮的技术偏见的认定有误。3. 专利复审委员会依职权引入无效请求人未提及的无效理由，对修改后的权利要求2宣告无效，违反听证原则。4. 权利要求4是独立权利要求1的从属权利要求，在独立权利要求1具备创造性的基础上，其从属权利要求也具备创造性。根据与独立权利要求1相同的原因，独立权利要求5、9也具备创造性。在此基础上，引用独立权利要求9的从属权利要求10也具备创造性。综上，请求人民法院撤销第12712号无效决定。

在一审程序中，武田药品工业株式会社提交了7份证据，其中包括国家知识产权局在本专利实质审查过程中发出的第三次审查意见通知书，武田药品工业株式会社于2004年8月18日提交的意见陈述书及其附件，以及与本专利对应的欧洲专利申请（EP01203170.4）审查过程中的部分文件的公证认证及中文译文。

专利复审委员会答辩认为：1. 无法确认反证7的真实性，武田药品工业株式会社提交的本专利审查档案和欧洲同族专利审查档案亦不能证明反证7的真实性。2. 证据2、3、5、6不是公开于本专利申请日（优先权日）之前的现有技术，不能用作现有技术评价本专利的创造性，证据4、7、8不涉及吡格列酮的研究并不代表吡格列酮不能用作胰岛素增敏剂，证据2~8不能证明现有技术存在避免使用吡格列酮的技术偏见。3. 第三人在无效宣告请求书中已明确其要求宣告权利要求2无效，在无效宣告请求审查程序中给予了原告和第三人充分陈述意见的机会，第12712号无效决定没有违背听证原则。请求一审法院维持第12712号无效决定。

海思科公司以及重庆研究院同意专利复审委员会的意见，提交了发表在《糖尿病》上的文章作为证据，用以证明武田药品工业株式会社所提的技术偏见的理由不能成立。

北京市第一中级人民法院一审审理认为：1. 反证7是武田药品工业株式会社提交的对比试验数据，海思科公司以及重庆研究院对其真实性不予认可，由于反证7记载的内容没有显示其实验结果由哪一机构或个人作出，武田药品工业株式会社在无效宣告请求审查程序中也没有提供证据证实反证7的真实性，故专利复审委员会对反证7的真实性不予认可正确。2. 关于创造性：本专利权利要求1的技术方案与证据1公开的内容相比，区别仅在于权利要求1选择了具体的胰岛素敏感性增强剂即吡格列酮或其药理学可接受的盐，并将其与作为胰岛素分泌增强剂的磺酰脲一起制成药物组合物用于预防或治疗糖尿病、糖尿病综合征、糖代谢紊乱或脂质代谢紊乱。然而，证据1已指出吡格列酮与曲格列酮具有相同的降血糖作用机制，可以用作胰岛素敏感性增强剂，而且证据1明确教导了胰岛素敏感性增强剂与磺脲剂或胰岛素的并用效果更值得期待，在此教导下，选择吡格列酮作为胰岛素敏感性增强剂与磺脲剂一起制成药物组合物用于预防或治疗糖尿病对于本领域技术人员来说是显而易见的，不具备突出的实质性特点。并且从本专利说明书记载的内容也看不到这种选择相对于证据1取得了任何意料不到的技术效果。对于吡格列酮的药理学可接受的盐，本领域技术人员知晓其为吡格列酮在使用时的一种具体形式，与吡格列酮具有相同的药理活性。因此，使用吡格列酮的药理学可接受的盐的技术方案也是显而易见的，不具备突出的实质性特点。故权利要求1的技术方案相对于证据1公开的内容不具备创造性，不符合专利法第二十二条第三款的规定。虽然证据1未记载权利要求1所述组合具有更好的效果，但证据1给出了权利要求1所述组合可用于治疗糖尿病的启示。证据2、3、5、6公开于本专利的优先权日之后，在评价本专利的创造性时不能作为现有技术使用；证据4、7和8不涉及吡格列酮的研究，其并不能表明吡格列酮不能用作胰岛素增敏剂。因此，证据2～8不能证明本领域存在吡格列酮不能用作人类药物的技术偏见。证据4并不能表明曲格列酮与磺酰脲联用对处于任何糖尿病状态的所有糖尿病患者均没有协同作用。正如证据1所表明的，针对处于不同糖尿病状态的糖尿病患者个体应尝试不同的治疗方案，这种情况下，曲格列酮与磺酰脲联用对于一些患者能够显示出协同效果，而对于另一些患者不能显示出协同效果，因此，证据4不能证明本专利权利要求1的技术方案取得了预料不到的技术效果。由于无法确认反证7的真实性，因此不能以反证7来证明本专利权利要求1的技术方案取得了预料不到的技术效果。在独立权利要求1不具备创造性的基础上，同意专利复审委员会关于权利要求 4、5、9、10 也不具备创造性的认定理由。3. 在无效宣告请求审查程序中，专利复审委员会给予了武田药品工业株式会社和无效请求人充分的陈述意见的机会，并未违反听证原则。权利要求 2 具体限定了权利要求 1 中所述的磺酰脲，但本领域技术人员已知其中所列举的具体化合物均为磺酰脲，在证据 1 给出了磺酰脲可作为降糖药与胰岛素敏感性增强剂并用以治疗糖尿病的情况下，权利要求 2 的技术方案相对于证据 1 公开的内容仍然是显而易见的，况且从本专利说明书记载的内容来看，具体选择所述磺酰脲类胰岛素分泌增强剂并不能使权利要求 2 的技术方案相对于证据 1 取得任何意料不到的技术效果，因此，权利要求 2 中所包含的技术方案相对于证据 1 仍然不具备突出的实质性特点和显著的进步，不具备创造性。依据《中华人民共和国行政诉讼法》第五十四条第（一）项之规定，北京市第一中级人民法院于 2009 年 12 月 18 日作出（2009）一中行初字第 1371 号行政判决：维持专利复审委员会第 12712 号无效决定。一审案件受理费 100 元，由武田药品工业株式会社负担。

武田药品工业株式会社不服一审判决，向北京市高级人民法院提起上诉。

北京市高级人民法院二审审理认为：专利复审委员会对于反证 7 不予认可是正确的。专利复审委员会认定本专利权利要求 1 不具备突出的实质性特点正确。基于本专利独立权利要求 1 不具备创造性，专利复审委员会关于本专利权利要求 4、5、9、10 也不具备创造性的认定正确，所作第 12712 号无效决定合法，并未违反行政程序。一审判决维持正确，武田药品工业株式会社的上诉理由缺乏事实和法律依据，不予支持。依照《中华人民共和国行政诉讼法》第六十一条第（一）项的规定，判决驳回上诉，维持一审判决。二审案件受理费 100 元，由武田药品工业株式会社负担。

一、二审法院审理查明的事实属实，本院予以确认。

本院审查认为：本案争议的焦点问题在于，第 12712 号无效决定对反证 7 不予采信是否错误；本专利权利要求 1、2、4、5、9 和 10 相对于证据 1 是否具有创造性；第 12712 号无效决定对权利要求 2 的评价是否符合听证原则。

1. 第 12712 号无效决定对反证 7 不予采信是否错误

本专利审查档案和欧洲同族专利审查档案是武田药品工业株式会社在一审诉讼程序中针对反证 7 而提交的补强性证据，用于进一步证明在无效行政程序中已经提交的反证 7 的真实性，对本专利审查档案和欧洲同族专利审查档案的证据，应当予以采纳。本案反证 7 涉及的两份对比试验材料记载了试验目的、所采用的试验方案和试验手段、试验设备，介绍了具体实验过程并给出了明确的实验结果，是武田药品工业株式会社单方提交，欲证明吡格列酮与格列美脲联用与它们单独使用相比，具有预料不到的协同作用；吡格列酮和格列美脲联用的治疗方案与环格列酮和格列美脲联用、曲格列酮和格列美脲联用以及曲格列酮和优降糖联用的治疗方案相比具有预料不到的技术效果。根据查明的事实，在国家知识产权局发出的第三次审查意见通知书中，审查员指出权利要求 1 中的“磺酰脲”概括了较大的范围，从而导致该权利要求不符合专利法第二十六条第四款的规定。针对这一意见，武田药品工业株式会社不仅提交了所述的反证 7 的第一组实验数据以证明吡格列酮与磺酰脲相比具有意想不到的技术效果，而且提交了附件证明磺酰脲是一类结构相似的化合物，并结合说明书的内容陈述了意见。国家知识产权局随后作出了授权决定，并无证据证明审查员是因为接受了反证 7 的实验数据而作出了授权决定。从武田药品工业株式会社提交文件的内容来看，无证据证明涉案专利的同族专利的申请过程中，欧洲专利局接受和认可了反证 7 中第二组实验数据和相应的意见陈述。况且，根据专利制度的地域性原则，国家知识产权局按照中国专利法、专利法实施细则以及专利审查指南的相关规定对专利申请进行审查，他国的专利审查实践对我国没有约束力。由于反证 7 存在于本专利审查档案和欧洲同族专利审查档案的事实仅能证明本专利在授予专利权的实质审查阶段，武田药品工业株式会社曾提交过上述材料，而由于反证 7 并非实验记录的原件，没有出处，其内容也没有显示是由哪一机构或个人作出的实验，也没有任何公证手续，且海思科公司以及重庆研究院对其真实性不予认可，一、二审法院对反证 7 未予采信，并无不当。

专利申请人在申请专利时提交的专利说明书中公开的技术内容，是国务院专利行政部门审查专利的基础和申请人对申请文件进行修改的依据，亦是社会公众了解、传播和利用专利技术的基础。说明书应当满足充分公开发明或者实用新型的要求。化学领域属于实验性科学领域，影响发明结果的因素是多方面、相互交叉且错综复杂的。说明书的撰写应该达到所属技术领域的技术人员能够实施发明的程度。根据现有技术，本领域技术人员无法预测请求保护的技术方案能够实现所述用途、技术效果时，说明书应当清楚、完整地记载相应的实验数据，以使所属技术领域的技术人员能够实现该技术方案，解决其技术问题，并且产生预期的技术效果。凡是所属领域的技术人员不能从现有技术中直接、唯一地得出的有关内容，均应当在说明书中予以表述。如果所属领域的技术人员根据现有技术不能预期该技术方案所声称的治疗效果时，说明书还应当给出足以证明所述技术方案能够产生所声称效果的实验数据。没有在专利说明书中公开的技术方案、技术效果等，一般不得作为评价专利权是否符合法定授权确权标准的依据。申请日后补交的实验数据不属于专利原始申请文件记载和公开的内容，公众看不到这些信息，如果这些实验数据也不是本申请的现有技术内容，在专利申请日之前并不能被所属领域技术人员所获知，则以这些实验数据为依据认定技术方案能够达到所述技术效果，有违专利先申请制原则，也背离专利权以公开换保护的制度本质，在此基础上对申请授予专利权对于公众来说是不公平的。当专利申请人或专利权人欲通过提交对比实验数据证明其要求保护的技术方案相对于现有技术具备创造性时，接受该数据的前提必须是针对在原申请文件中明确记载的技术效果。武田药品工业株式会社提供反证 7 欲证明吡格列酮与格列美脲的联合用药方案相对于单独用药方案以及其他联合用药方案均取得了意料不到的降血糖效果。但是，本专利说明书仅通过吡格列酮与伏格列波糖联用以及吡格列酮与优降糖联用的实验结果，证明胰岛素敏感性增强剂与胰岛素分泌增强剂联用相对于其中一类药物单独用药有更好的降血糖效果，并没有提及各种不同的药物联用方案之间效果的优劣。武田药品工业株式会社提交实验数据所要证明的技术效果是原始申请文件中未记载，也未证实的，不能以这样的实验数据作为评价专利创造性的依据。武田药品工业株式会社关于其在申请日后补交的实验证据是在证明客观存在的技术效果，该类证据应当予以采纳的申请再审理由，本院不予支持。

2. 权利要求 1、2、4、5、9 和 10 相对于证据 1 是否具有创造性

根据证据 1 公开的技术内容，本专利权利要求 1 的技术方案与证据 1 公开的内容相比，区别仅在于权利要求 1 选择了具体的胰岛素敏感性增强剂即吡格列酮或其药理学可接受的盐，并将其与作为胰岛素分泌增强剂的磺酰脲一起制成药物组合物用于预防或治疗糖尿病、糖尿病综合征、糖代谢紊乱或脂质代谢紊乱。由于证据 1 已指出吡格列酮与曲格列酮具有相同的降血糖作用机制，可以用作胰岛素敏感性增强剂，而且明确教导了胰岛素敏感性增强剂与磺脲剂或胰岛素并用的技术方案更值得期待。在证据 1 的技术启示下，本领域技术人员会在其公开的有限的胰岛素敏感性增强剂（吡格列酮和曲格列酮）中进行选择，并进行药物联用试验，而一旦做出选择，根据两种药物各自的作用机理以及通过常规的试验，取得比二者单独使用更好的技术效果也是本领域技术人员可以预料到的。因此，选择吡格列酮作为胰岛素敏感性增强剂与磺脲剂一起制成药物组合物用于预防或治

疗糖尿病对于本领域技术人员来说是显而易见的，不具备突出的实质性特点。对于吡格列酮的药理学可接受的盐，本领域技术人员知晓其为吡格列酮在使用时的一种具体形式，与吡格列酮具有相同的药理活性。因此，使用吡格列酮的药理学可接受的盐的技术方案也是显而易见的，不具备突出的实质性特点，不符合专利法第二十二条第三款关于创造性的规定。在认定独立权利要求 1 相对于证据 1 不具备创造性的基础上，对武田药品工业株式会社关于权利要求 2、4、5、9 和 10 相对于证据 1 具备创造性的申请再审理由，本院亦不予支持。

武田药品工业株式会社申请再审还主张有证据证明存在选择曲格列酮而避免选择吡格列酮和环格列酮作为胰岛素敏感性增强剂的技术偏见。技术偏见是指在某段时间内、某个技术领域中，技术人员对某个技术问题普遍存在的、偏离客观事实的认识，它引导人们不去考虑其他方面的可能性，阻碍人们对该技术领域的研究和开发。海思科公司和重庆研究院在无效宣告请求审查程序中提交的证据 2、3、5、6 公开于本专利的优先权日之后，在评价本专利的创造性时不能作为现有技术使用。即便考虑证据 2、3、5、6 的技术内容，其中也没有公开本领域认定曲格列酮优于吡格列酮因而在糖尿病的治疗中倾向于不选择吡格列酮的技术内容。况且，科学技术总是处在不断的发展变化之中，有时还会出现曲折反复，优先权日之后的技术状况不必然与之前的技术状况一致，仅仅因为一些文献中没有选择吡格列酮作为胰岛素敏感性增强剂而选择了其他类型的胰岛素敏感性增强剂，并不能说明吡格列酮具有副作用从而不适于作为人类药物。此外，证据 4、7 和 8 不涉及吡格列酮的研究，并不能表明吡格列酮不能用作胰岛素敏感性增敏剂，不代表现有技术中没有对吡格列酮进行研究。以上内容远不能形成吡格列酮不适用于人类药物的普遍认识，也不可能阻碍人们对相关技术领域的研究和开发。武田药品工业株式会社主张本专利由于克服了本领域的技术偏见而具备创造性的理由，不能成立。

3. 第 12712 号无效决定对权利要求 2 的评价是否符合听证原则

海思科公司和重庆研究院在无效宣告请求书中，明确表明了请求宣告本专利权利要求 2 无效，而不仅仅宣告权利要求 2 中包含的涉及格列美脲的一个技术方案无效，并不存在专利复审委员会依职权引入新理由的问题；且根据口头审理记录表，专利复审委员会已经给予各方当事人充分陈述意见的机会，武田药品工业株式会社关于第 12712 号无效决定违反听证原则的申请再审理由，本院不予支持。

综上所述，一、二审法院的判决认定事实清楚，适用法律正确，符合法定程序。申请再审人武田药品工业株式会社的再审申请不符合《中华人民共和国行政诉讼法》第六十三条第二款、《最高人民法院关于执行〈中华人民共和国行政诉讼法〉若干问题的解释》第七十二条规定的再审条件，依据《最高人民法院关于执行〈中华人民共和国行政诉讼法〉若干问题的解释》第七十四条之规定，裁定如下：

驳回武田药品工业株式会社的再审申请。

审 判 长 金克胜
代理审判员 罗 霞
代理审判员 郎贵梅
二〇一二年九月十七日
书 记 员 张 博

150. 马库什权利要求的创造性判断方法

——再审申请人国家知识产权局专利复审委员会与被申请人北京万生药业有限责任公司、一审第三人第一三共株式会社发明专利权无效行政纠纷案

【裁判要旨】

以马库什方式撰写的化合物权利要求的创造性判断应当遵循创造性判断的基本方法，即专利审查指南所规定的“三步法”。意料不到的技术效果是创造性判断的辅助因素，通常不宜跨过“三步法”直接适用具有意料不到的技术效果来判断专利申请是否具有创造性。

【关键词】

发明专利　无效程序　马库什权利要求　创造性

【案号】

最高人民法院（2016）最高法行再41号

【基本案情】

在再审申请人国家知识产权局专利复审委员会（以下简称专利复审委员会）与被申请人北京万生药业有限责任公司（以下简称万生公司）、一审第三人第一三共株式会社发明专利权无效行政纠纷案（以下简称“马库什权利要求”专利无

效行政纠纷案）中，第一三共株式会社系名称为“用于治疗或预防高血压症的药物组合物的制备方法”、专利号为97126347.7的发明专利（即涉案专利）的权利人。涉案专利权利要求以马库什方式撰写。万生公司以涉案专利不具备创造性等为由向专利复审委员会提出无效宣告请求。2010年8月30日，第一三共株式会社对权利要求进行了修改，其中包括：删除了权利要求1中“或其可作药用的盐或酯”中的“或酯”两字；删除权利要求1中R^4定义下的“具有1至6个碳原子的烷基”；删除了权利要求1中R^5定义下除羧基和式$COOR^{5a}$外的其他技术方案。专利复审委员会在口头审理过程中告知第一三共株式会社，对于删除权利要求1中“或酯”的修改予以认可，但其余修改不符合专利法实施细则第六十八条的相关规定，该修改文本不予接受。第一三共株式会社和万生公司对此无异议。2011年1月14日，第一三共株式会社提交了修改后的权利要求书替换页，其中删除权利要求1中的“或酯”。专利复审委员会作出第16266号无效宣告请求审查决定（以下简称第16266号决定），认为涉案专利权利要求1相比于证据1是非显而易见的，具有创造性，符合专利法第二十二条第三款的规定。遂在第一三共株式会社于2011年1月14日提交的修改文本的基础上，维持涉案专利权有效。万生公司不服，提起行政诉讼。北京市第一中级人民法院认为，专利复审委员会以不符合专利法实施细则第六十八条的规定对第一三共株式会社于2010年8月30日提交的修改文本不予接受，不存在法律适用错误。涉案专利权利要求1相对于证据1是非显而易见的，具备创造性。遂判决维持第16266号决定。万生公司不服，提起上诉。北京市高级人民法院二审认为，马库什权利要求属于并列技术方案的特殊类型，第一三共株式会社于2010年8月30日提交的修改文本缩小了涉案专利权的保护范围，符合专利法实施细则第六十八条第一款规定。涉案专利权利要求所涵盖的一个具体实施例的效果与现有技术的证据1中实施例329的技术效果相当，因此，涉案专利权利要求1未取得预料不到的技术效果，不具备创造性。遂判决撤销一审判决和第16266号决定，判令专利复审委员会重新作出决定。专利复审委员会不服，向最高人民法院申请再审。最高人民法院裁定提审本案，并于2017年12月20日判决撤销二审判决，维持一审判决。

【裁判意见】

在本案中，最高人民法院对以马库什方式撰写的化合物权利要求的创造性判断进行了明确。最高人民法院提审认为，马库什权利要求创造性判断应当遵循创造性判断的基本方法，即专利审查指南所规定的“三步法”。意料不到的技术效果是创造性判断的辅助因素，而且作为一种倒推的判断方法，具有特殊性，不具有普遍适用性。因此，只有在经过“三步法”审查和判断得不出是否是非显而易见时，才能根据具有意料不到的技术效果认定专利申请是否具有创造性，通常不宜跨过“三步法”直接适用具有意料不到的技术效果来判断专利申请是否具有创造性。关于技术效果比对结果的问题，本案中，专利复审委员会在无效程序中并未将对比文件1实施例10、17、50和69和涉案专利的实施例进行比对且就此作出认定，而二审直接进行比对并作出认定，明显超出了无效审查决定的审查范围，不符合行政诉讼法和相关司法解释的规定，应当予以纠正。无效宣告请求人万生公司认为涉案专利权利要求1不具备创造性，并将证据1作为最接近的对比文件。专利复审委员会和一审法院在对涉案专利权利要求1的创造性进行判断时，严格遵循了“三步法”，认定权利要求1的式Ⅰ化合物和证据1的式Ⅰ化合物相比较具有两项区别技术特征，然后对两项区别技术特征的非显而易见性进行了分析，从而认定涉案专利权利要求1具有创造性并无不当。

中华人民共和国最高人民法院行政判决书

(2016) 最高法行再41号①

5. 其　他

151. 同一权利要求中并列技术方案的创造性应当分别评判

——再审申请人施特里克斯有限公司与被申请人国家知识产权局专利复审委员会发明专利申请驳回复审行政纠纷案

【裁判要旨】

对于同一项权利要求中以“或者”等方式限定的多个并列的技术方案，如果其

---

① 参见案例107裁判文书。

保护范围相互独立，则应当对其与最接近的现有技术的区别技术特征、实际解决的技术问题以及创造性分别作出认定。

【关键词】

发明专利　驳回复审程序　创造性　并列技术方案

【案号】

最高人民法院（2018）最高法行再131号

【基本案情】

在本案中，涉及申请号为200610135704.5、名称为“用于液体加热容器的加热器”的发明专利申请（即本申请），申请人为施特里克斯有限公司（以下简称施特里克斯公司）。2011年9月26日，国家知识产权局实质审查部门驳回本申请，理由是：权利要求1～10相对于对比文件1、对比文件5以及公知常识的结合不具备创造性。施特里克斯公司不服，提出复审请求，并在复审程序中对权利要求进行了修改。针对修改后的权利要求1、5，国家知识产权局专利复审委员会（以下简称专利复审委员会）第66095号复审请求审查决定（以下简称被诉决定）认为，根据壁体的设置方式，权利要求1包含两个并列的技术方案，即“壁体作为单独的一部分附设到所述基板上而设置”，以及“壁体作为单独的一部分通过在基板面对液体的上侧形成沟槽而设置”。权利要求1相对于对比文件1实际解决的技术问题是：防止检测区域内的热传感器受到周围加热元件的影响，根据用途限定了加热方式。被诉决定认为，权利要求1、5不具有创造性，故维持驳回决定。施特里克斯公司不服，向北京市第一中级人民法院提起行政诉讼，该院一审判决驳回其诉讼请求。施特里克斯公司上诉后，北京市高级人民法院二审认为，权利要求1、5要解决的主要技术问题是，隔离检测区域和热扩散区域，防止检测区域内的热传感器受到周围加热元件的影响。二审法院认为，权利要求1、5均不具备创造性，故判决驳回上诉，维持原判。施特里克斯公司不服，向最高人民法院申请再审。最高人民法院裁定提审，并于2018年12月30日判决认为权利要求1A不具有创造性，被诉决定认定正确。但由于权利要求1B以及权利要求5A、5B具有创造性，被诉决定认定错误，故判决撤销被诉决定以及一、二审判决，判令专利复审委员会重新作出复审决定。

【裁判意见】

最高人民法院再审认为：对于同一项权利要求中以“或者”等方式限定的多

个并列的技术方案，如果其保护范围相互独立，则应当对其创造性分别作出认定。因此，对于权利要求1中的两项并列技术方案权利要求1A、1B，以及权利要求5中的两项并列技术方案权利要求5A、5B，应当对其创造性分别作出认定。权利要求1中以“或者”的方式，限定了两个并列的技术方案权利要求1A、权利要求1B。因此，包括两个并列技术方案的权利要求1与对比文件1的区别技术特征及其功能、技术效果应当分别进行认定。在两个并列的技术方案权利要求1A、1B存在实质性差异，且具有不同的功能和技术效果的情况下，专利复审委员会以及一、二审判决未加区分，笼统认定权利要求1实际解决的技术问题是“通过隔离检测区域和热扩散区域，防止检测区域内的热传感器受到周围加热元件的影响”，错误认定权利要求1中的两个并列的技术方案均不具有创造性，应予纠正。

中华人民共和国最高人民法院行政判决书

（2018）最高法行再131号①

152. 同一技术方案中产品权利要求与方法权利要求创造性评判之间的关系

——再审申请人广东天普生化医药股份有限公司与被申请人国家知识产权局专利复审委员会、第三人张亮发明专利权无效行政纠纷案

【裁判要旨】

对于同时包含产品权利要求与方法权利要求的发明专利而言，如果产品权利要求并非由方法权利要求所唯一限定，即存在通过其他方法获得该产品的可能性。在方法权利要求具备创造性的情况下，并不能必然得出产品权利要求也具备创造性的结论。

【关键词】

发明专利　无效程序　产品权利要求　方法权利要求

① 参见案例133裁判文书。

【案号】

最高人民法院（2015）知行字第261号

【基本案情】

在本案中，广东天普生化医药股份有限公司（以下简称天普生化公司）系名称为“高纯度乌司他丁及其制备方法和含有乌司他丁的药物组合物”的发明专利（即本案专利）的权利人，本案专利授权公告共8项权利要求。其中，权利要求1和8为产品权利要求，权利要求2～7为方法权利要求。权利要求1公开了“一种高纯度乌司他丁”的产品及其特征，权利要求8公开了一种以权利要求1中的高纯度乌司他丁作为活性成分的药物组合物。权利要求2～7公开了一种制备权利要求1中高纯度乌司他丁的方法及其具体步骤。2011年9月2日，张亮以本案专利不具有新颖性、创造性等为由，向国家知识产权局专利复审委员会（以下简称专利复审委员会）提出无效宣告请求。专利复审委员会于2012年11月14日作出第19578号无效宣告请求审查决定（以下简称第19578号决定），宣告本案专利的权利要求1、8无效，在权利要求2～7的基础上继续维持本案专利权有效。天普生化公司不服，提起行政诉讼。北京市第一中级人民法院一审判决维持第19578号决定。天普生化公司不服，提起上诉。北京市高级人民法院二审判决驳回上诉、维持原判。天普生化公司仍不服，向最高人民法院申请再审。天普生化公司的再审申请理由之一为，本领域技术人员在现有技术的基础上获得权利要求1要求保护的乌司他丁产品需要付出创造性劳动。最高人民法院于2015年12月24日裁定驳回天普生化公司的再审申请。

【裁判意见】

最高人民法院审查认为：天普生化公司在再审程序中主张本案专利具备创造性所依据的事实实际上是本案专利限定的方法技术方案，而在对方法权利要求2～7的无效审查程序中，第19578号决定已经在相对于对比文件和公知常识结合的基础上，认定其具备创造性。但是，权利要求1并非是由权利要求2～7限定的产品，在无证据证明权利要求1的产品只能由权利要求2～7的方法获得，而更高纯度乌司他丁产品可以通过其他方法获得的情况下，如果认定权利要求1的乌司他丁产品具备创造性，就会使得通过其他方法获得的高纯度乌司他丁产品落入权利要求1的保护范围，而事实上，这种保护与发明人对本案专利权利要求1所作出的技术贡献并不匹配。由于本案专利权利要求1、8并非由权利要求2～7的特定纯化方法限定，第19578号决定认定权利要求2～7的纯化方法具有创造性，与作为产品权利要求的权利要求1和8不具备创造性的结论并不存在矛盾。

中华人民共和国最高人民法院行政裁定书

（2015）知行字第261号

再审申请人（一审原告、二审上诉人）：广东天普生化医药股份有限公司。住所地：广东省广州市天河区天河高唐科技产业园高普路×号。

法定代表人：娄定波，该公司董事长。

委托代理人：封新琴，北京坤瑞律师事务所律师。

委托代理人：罗天乐，北京坤瑞律师事务所律师。

被申请人（一审被告、二审被上诉人）：国家知识产权局专利复审委员会。住所地：北京市海淀区北四环西路×号银谷大厦×层。

法定代表人：葛树，该委员会副主任。

委托代理人：李瑛琦，该委员会审查员。

委托代理人：刘亚，该委员会审查员。

一审第三人：张亮，住上海市长宁区延安西路×号。

再审申请人广东天普生化医药股份有限公司（以下简称天普生化公司）因与被申请人国家知识产权局专利复审委员会（以下简称专利复审委员会）发明专利权无效行政纠纷一案，不服北京市高级人民法院（2014）高行终字第1454号行政判决，向本院申请再审。本院依法组成合议庭对本案进行了审查。现已审查终结。

天普生化公司申请再审称：（一）本领域技术人员在现有技术的基础上获得本专利（名称为“高纯度乌司他丁及其制备方法和含有乌司他丁的药物组合物”、专利号为200610000601.8、申请日为2006年1月9日、2009年8月19日公告授权）权利要求1要求保护的乌司他丁产品需要付出创造性劳动。蛋白质的分离和纯化工作是生物化学中一项艰巨而繁重的任务，蛋白质在纯化过程中容易变性失去活力，本领域技术人员需要不断克服纯化技术的限制方可实际获得更高纯度的产品，这种工作存在超出常规和有限次实验。结合对比文件2（公开号为JP5009200A的日本专利公开文本）的实施例1、2亦可见，纯化程序不但同时包括金属螯合树脂处理和疏水性担体处理，还组合了阴离子交换、凝胶过滤、限外过滤、加热等一系列其他手段，才得到了高纯度的产品。鉴于此，同时考虑“对酶/蛋白的纯化工作一直要进行到比活不再增加为止”这一本领域公知常识，本领域技术人员如果要获得纯度明显高于对比文件2产品纯度范围上限的乌司他丁产品，需要进行实质性的、超出常规手段的改进，而对比文件 2 没有对如何进行这样的改进提供任何教导和指引。第 19578 号无效宣告请求审查决定（以下简称被诉决定）及一、二审判决在对此问题没有进行事实调查的情况下即断言这样的改进不需要付出创造性劳动是错误的，专利复审委员会和第三人没有尽到举证责任。(二) 二审判决混淆了“能够想到”和“能够获得”的区别。纯化产品的权利要求一般用纯度，包括有效成分的含量、比活性、特定杂质的含量、杂质的总含量等量化参数来限定。对于用更高纯度限定的产品权利要求，也要考虑该产品的实际获得所体现的发明人克服纯化技术限制作出的技术贡献。对比文件 2 没有给出如何改进其纯化方法而获得本专利权利要求 1 乌司他丁产品的教导，在这样的改进又超出本领域技术人员的能力的情况下，本专利权利要求 1 应当具备创造性。(三) 本专利权利要求 1 要求保护的高纯度乌司他丁是一种新产品，不仅在结构上不同于现有技术的产品，而且具有优异的技术效果。被诉决定评述本专利满足充分公开要求时也认可了本专利乌司他丁产品具有优异的技术效果，相比于现有技术的乌司他丁产品，本专利权利要求 1 确实具有突出的实质性特点和显著的进步。本专利用产品权利要求的形式进行保护并没有也不会不合理地损害公众利益。因此，本专利的权利要求 1 具备创造性。基于同样的理由，本专利的权利要求 8 也具备创造性。被诉决定认定本专利权利要求 1、8 不具有创造性所依据的证据不充分、法律适用错误；一、二审判决维持被诉决定同样是错误的。请求本院依法再审本案，撤销一、二审判决和被诉决定中关于本专利权利要求 1、8 的部分。

专利复审委员会陈述意见认为：(一) 天普生化公司实际上已经认可本领域技术人员由对比文件 2 能够想到本专利的技术方案，而对比文件 2 与本专利权利要求 1 涉及的产品纯度相似，只是公开的参数数值略有差别，或者选择的表征参数不完全一致。但并不妨碍本领域技术人员产生获得类似或者更高纯度乌司他丁产品的动机，而且，对比文件 2 并不代表申请日前无法突破的技术极限。(二) 仅用不同的分析方法、分析参数表征的化合物、提取物并不代表其产品必然具备创新的价值。本专利权利要求 1 涉及的以纯度参数限定的产品，应当合理考察与现有技术的界限。化学成分结构的确认往往依赖于相当高纯度的样品，而且理论上不计成本地纯化势必会提高纯度，实践中，人们会在成本匹配的前提下去考虑纯化的程度。现有技术早已披露乌司他丁的分离纯化以及结构确认，基本上纯的乌司他丁属于现有技术的内容，对比文件 2 之所以在探讨纯化的方式是考虑实际制药的成本，但这并不代表不能出现更加纯化的产品。综上，被诉决定以及一、二审判决认定事实清楚、审查程序合法，请求本院驳回天普生化公司的再审请求。

本院认为：本案的争议在于本专利的产品权利要求1、8是否具有创造性。

本专利授权公告的权利要求1是“一种高纯度乌司他丁，其特征在于该乌司他丁具有以下特性：浓度为5万单位/ml时，在405nm处的光吸收值不超过0.03，人尿激肽原酶的含量不超过0.0002PNAU；采用十二烷基硫酸钠聚丙烯酰胺凝胶电泳，即SDS－PAGE法测定的分子量为40000±3000Da或采用高效液相色谱法测定的分子量为67000±5000Da；采用凯氏定氮法测定蛋白含量，其抑制胰蛋白酶的活性不低于3500单位/mg蛋白”。对比文件2记载，发现用金属螯合树脂或疏水性担体处理含有乌司他丁的水溶液，可高效率地纯化乌司他丁，另外发现将这些方法与迄今已知的方法组合使用，可制造高纯度的乌司他丁。具体列举已知的作为乌司他丁的纯化方法有，阴离子交换体处理、凝胶过滤、限外过滤等，同时还记载，按其发明的方法制得的乌司他丁“比活性2000～3000单位/mg蛋白，纯度几乎100%，几乎没有发现杂质，金属离子，EDTA等也小于检出限度，着色物质也被充分除去”。本专利权利要求1与对比文件2存在两个区别特征：（1）对比文件2中没有记载权利要求1中的如下技术特征：浓度为5万单位/ml时，在405nm处的光吸收值不超过0.03，人尿激肽原酶的含量不超过0.0002PNAU；（2）对比文件2中公开的比活性为2000～3000单位/mg蛋白，而权利要求1中明确限定“采用凯氏定氮法测定蛋白含量，其抑制胰蛋白酶的活性不低于3500单位/mg蛋白”。各方当事人对区别特征的认定均不持异议。本院认为，尽管对比文件2公开的比活性低于本专利限定的比活性，但对比文件2已经给出了纯化乌司他丁的技术启示，在其已经提示以血管舒缓素作为杂质控制目标的情况下，基于进一步提高纯度的需要，本领域技术人员容易想到利用其掌握的纯化方法来实现该目的。天普生化公司申请再审主张，对比文件2没有对如何进行这样的改进提供任何教导和指引的理由缺乏事实依据。

关于天普生化公司提出的在对比文件2的基础上本专利权利要求1所进行的改进超出了本领域技术人员能力的问题，本院认为，天普生化公司在一审提交的《生物化学实验指导》记载，“酶在制备过程中蛋白质容易变性失去活力”，同时还提交了《生物化学》，其中记载，“纯化工作一直要进行到这个比活不再增加为止”，“蛋白质的分离和纯化工作是生物化学中一项艰巨而繁重的任务。到目前为止，还没有一个单独的或现成的方法能把任何一种蛋白质从复杂的混合蛋白质中纯化出来”，上述证据并未证明采用对比文件2的方法获得本专利所限定的更高纯度存在特定的技术障碍。《生物化学》同时也记载，“但是对于任何一种蛋白质都有可能选择一套适当的分离纯化程序以获得高纯度的制品”，基于本领域技术人员对蛋白质在纯化过程中要保持相应的生物活性，避免变性失活的认知，在进行蛋白质的提纯程序，本领域技术人员会根据分子大小、溶解度差别等方面选择适当的提取剂和提纯方法等，选用常规的手段完成提高纯度的技术需要。天普生化公司并未提交证据证明，对乌司他丁产品的进一步提纯，需要克服特定的技术难题，以致超出了本领域技术人员掌握常规提纯方法的能力。被诉决定基于上述区别特征，认定本领域技术人员有动机且能够在对比文件2公开的现有技术的基础上获得权利要求1所述的乌司他丁产品，并用常规手段例如吸光度、比活性、杂质人尿激肽原酶含量参数对产品进行验证，并无明显不当。二审判决维持被诉决定关于本专利权利要求1相对于对比文件2不具备突出的实质性特点和显著的进步，不具备创造性的结论，亦不存在事实认定和法律适用的错误。

天普生化公司申请再审主张，要考虑发明人对更高纯度限定的乌司他丁产品所作出的贡献，认定本专利产品权利要求的创造性。本院认为，天普生化公司该主张所依据的事实实际上是本专利限定的方法技术方案，而在该方法权利要求2~7的无效审查中，被诉决定已经就其相对于对比文件2、3和公知常识的结合，认定其具备创造性，符合《中华人民共和国专利法》（以下简称专利法）第二十二条第三款的规定，维持了该方法权利要求的有效性。本院认为，本专利权利要求1并非是由权利要求2~7限定的产品，在无证据证明本专利权利要求1的产品只能由权利要求2~7的方法获得，而更高纯度乌司他丁产品存在通过其他方法获得的情况下，如果认定本专利权利要求1的乌司他丁产品具有创造性，就会存在通过其他方法获得高纯度乌司他丁产品落入本专利权利要求1请求保护的范围，而事实上这种保护与本专利发明人对本专利权利要求1所作出的技术贡献并不匹配。由于本专利权利要求1、8并不涉及采用权利要求2~7特定纯化方法来限定，因此，被诉决定肯定了本专利权利要求2~7的纯化方法具有创造性，与权利要求1、8不具备创造性并不存在矛盾。

关于天普生化公司主张，被诉决定评述本专利满足充分公开要求时也认可了本专利乌司他丁产品具有优异的技术效果，因而本专利权利要求1应当具有创造性的理由，本院认为，专利法第二十六条第三款规定，说明书应当对发明或者实用新型作出清楚、完整的说明，以所属领域的技术人员能够实现为准。尽管被诉决定在审查本专利是否符合专利法第二十六条第三款时，认定了本专利的说明书满足公开充分的要求，但审查本专利说明书满足充分公开是针对说明书是否对发明作出了清楚和完整的说明，所关注的是本领域技术人员是否能够实现本专利的技术方案，并不涉及本发明相对于现有技术是否具有突出的实质性特点和显著的进步。因此，从本专利符合专利法第二十六条第三款并不能推导出本专利相对于现有技术，具有创造性。

本专利权利要求8是“一种药物组合物，其含有根据权利要求1的高纯度乌司他丁作为活性成分。”权利要求8要求保护含有权利要求1的高纯度乌司他丁作为活性成分的药物组合物，由于权利要求1不具备创造性，在对比文件1（公开号为JP7278015A的日本专利公开文本）已经公开一种含有乌司他丁的液体制剂的情况下，结合对比文件1的教导，本领域技术人员很容易想到将权利要求1的产品制备成药物组合物。被诉决定作出权利要求8不具备创造性的认定，并无不当。

综上，天普生化公司的再审申请不符合《中华人民共和国行政诉讼法》第九十一条规定的情形。依照《最高人民法院关于执行〈中华人民共和国行政诉讼法〉若干问题的解释》第七十四条之规定，裁定如下：

驳回广东天普生化医药股份有限公司的再审申请。

审　判　长　周　翔
审　判　员　钱小红
代理审判员　罗　霞
二〇一五年十二月二十四日
书　记　员　张　博

中华人民共和国最高人民法院行政裁定书

（2015）知行字第262号

再审申请人（一审原告、二审上诉人）：广东天普生化医药股份有限公司。住所地：广东省广州市天河区天河高唐科技产业园高普路×号。

法定代表人：娄定波，该公司董事长。

委托代理人：封新琴，北京坤瑞律师事务所律师。

委托代理人：罗天乐，北京坤瑞律师事务所律师。

被申请人（一审被告、二审被上诉人）：国家知识产权局专利复审委员会。住所地：北京市海淀区北四环西路×号银谷大厦×层。

法定代表人：葛树，该委员会副主任。

委托代理人：李瑛琦，该委员会审查员。

委托代理人：刘亚，该委员会审查员。

一审第三人：张亮，住上海市长宁区延安西路×号。

再审申请人广东天普生化医药股份有限公司（以下简称天普生化公司）因与被申请人国家知识产权局专利复审委员会（以下简称专利复审委员会）发明专利权无效行政纠纷一案，不服北京市高级人民法院作出的（2013）高行终字第191号行政判决，向本院申请再审。本院依法组成合议庭对本案进行了审查。现已审查终结。

天普生化公司申请再审称：（一）本领域技术人员在现有技术的基础上获得本专利（名称为“纯化的乌司他丁及其制备方法和含有该乌司他丁的药物组合物”的发明专利、专利号为200610000200.2、申请日为2006年1月9日、公告授权日为2008年10月15日）权利要求1要求保护的乌司他丁产品需要付出创造性劳动。蛋白质的分离和纯化工作是生物化学中一项艰巨而繁重的任务，蛋白质在纯化过程中容易变性失去活力，本领域技术人员需要不断克服纯化技术的限制方可实际获得更高纯度的产品，这种工作存在超出常规和有限次实验。结合对比文件2（公开号为JP5009200A的日本专利公开文本）的实施例1、2亦可见，纯化程序不但同时包括金属螯合树脂处理和疏水性担体处理，还组合了阴离子交换、凝胶过滤、限外过滤、加热等一系列其他手段，才得到了高纯度的产品。鉴于此，同时考虑“对酶/蛋白的纯化工作一直要进行到比活不再增加为止”这一本领域公知常识，本领域技术人员如果要获得纯度明显高于对比文件2产品纯度范围上限的乌司他丁产品，需要进行实质性的、超出常规手段的改进，而对比文件2没有对如何进行这样的改进提供任何教导和指引。第19578号无效宣告请求审查决定（以下简称被诉决定）及一、二审判决在对此问题没有进行事实调查的情况下即断言这样的改进不需要付出创造性劳动是错误的，专利复审委员会和第三人没有尽到举证责任。（二）二审判决混淆了“能够想到”和“能够获得”的区别。纯化产品的权利要求一般用纯度，包括有效成分的含量、比活性、特定杂质的含量、杂质的总含量等量化参数来限定。对于用更高纯度限定的产品权利要求，也要考虑该产品的实际获得所体现的发明人克服纯化技术限制作出的技术贡献。对比文件2没有给出如何改进其纯化方法而获得本专利权利要求1乌司他丁产品的教导，在这样的改进又超出本领域技术人员的能力的情况下，本专利权利要求1应当具备创造性。（三）本专利权利要求1要求保护的高纯度乌司他丁是一种新产品，不仅在结构上不同于现有技术的产品，而且具有优异的技术效果。被诉决定评述本专利满足充分公开要求时也认可了本专利乌司他丁产品具有优异的技术效果，相比于现有技术的乌司他丁产品，本专利权利要求1确实具有突出的实质性特点和显著的进步。本专利用产品权利要求的形式进行保护并没有也不会不合理地损害公众利益。（四）“常规的提纯方法”是判断本专利权利要求1、2、9是否具备创造性的关键性事实，即使专利复审委员会可以将该公知常识纳入认知范围，也应当在做出审查决定之前就该公知常识的内容和范围、本领域技术人员运用该公知常识的能力进行调查，听取天普生化公司的意见。被诉决定违反听证原则，一、二审判决对此未作出认定，存在错误。综上，本专利的权利要求2、9也具备创造性。被诉决定认定本专利权利要求1、2、9不具有创造性所依据的证据不充分、法律适用错误；一、二审判决维持被诉决定同样是错误的。请求本院依法再审本案，撤销一、二审判决和被诉决定中关于本专利权利要求1、2、9的部分。

专利复审委员会陈述意见认为：（一）天普生化公司实际上已经认可本领域技术人员由对比文件2能够想到本专利的技术方案，而对比文件2与本专利权利要求1涉及的产品纯度相似，只是公开的参数数值略有差别，或者选择的表征参数不完全一致。但并不妨碍本领域技术人员产生获得类似或者更高纯度乌司他丁产品的动机，而且，对比文件2并不代表申请日前无法突破的技术极限。（二）仅用不同的分析方法、分析参数表征的化合物、提取物并不代表其产品必然具备创新的价值。本专利权利要求1涉及的以纯度参数限定的产品，应当合理考察与现有技术的界限。化学成分结构的确认往往依赖于相当高纯度的样品，而且理论上不计成本地纯化势必会提高纯度，实践中，人们会在成本匹配的前提下去考虑纯化的程度。现有技术早已披露乌司他丁的分离纯化以及结构确认，基本上纯的乌司他丁属于现有技术的内容，对比文件2之所以在探讨纯化的方式是考虑实际制药的成本，但这并不代表不能出现更加纯化的产品。（三）被诉决定并不存在违反听证原则的情形。综上，被诉决定以及一、二审判决认定事实清楚、审查程序合法，请求本院驳回天普生化公司的再审请求。

本院认为：本案的争议焦点在于本专利的产品权利要求 1、2、9 是否具有创造性以及被诉决定是否违反听证原则。

本专利授权公告的权利要求 1 是“一种纯化的乌司他丁，其特征在于该乌司他丁具有以下特性：浓度为 5 万单位/ml 时，在 405nm 处的光吸收值不超过 0.1，人尿激肽原酶的含量不超过 0.0005PNAU；采用十二烷基硫酸钠聚丙烯酰胺凝胶电泳，即 SDS－PAGE 法测定的分子量为 40000±3000Da 或采用高效液相色谱法测定的分子量为 67000±5000Da；采用凯氏定氮法测定蛋白含量，其抑制胰蛋白酶的活性不低于 3500 单位/mg 蛋白。”对比文件 2 记载，发现用金属螯合树脂或疏水性担体处理含有乌司他丁的水溶液，可高效率地纯化乌司他丁，另外发现将这些方法与迄今已知的方法组合使用，可制造高纯度的乌司他丁。具体列举已知的作为乌司他丁的纯化方法有，阴离子交换体处理、凝胶过滤、限外过滤等，同时还记载，按其发明的方法制得的乌司他丁“比活性 2000～3000 单位/mg 蛋白，纯度几乎 100%，几乎没有发现杂质，金属离子，EDTA 等也小于检出限度，着色物质也被充分除去。”本专利权利要求 1 与对比文件 2 存在两个区别特征：1. 对比文件 2 中没有记载权利要求 1 中的如下技术特征：浓度为 5 万单位/ml 时，在 405nm 处的光吸收值不超过 0.1，人尿激肽原酶的含量不超过 0.0005PNAU；2. 对比文件 2 中公开的比活性为 2000～3000 单位/mg 蛋白，而权利要求 1 中明确限定“采用凯氏定氮法测定蛋白含量，其抑制胰蛋白酶的活性不低于 3500 单位/mg 蛋白”。各方当事人对区别特征的认定均不持异议。本院认为，尽管对比文件 2 公开的比活性低于本专利限定的比活性，但对比文件 2 已经给出了纯化乌司他丁的技术启示，在其已经提示以血管舒缓素作为杂质控制目标的情况下，基于进一步提高纯度的需要，本领域技术人员容易想到利用其掌握的纯化方法来实现该目的。天普生化公司申请再审主张，对比文件 2 没有对如何进行这样的改进提供任何教导和指引的理由缺乏事实依据。

关于天普生化公司提出的在对比文件 2 的基础上本专利权利要求 1 所进行的改进超出了本领域技术人员能力的问题，本院认为，天普生化公司在一审提交的《生物化学实验指导》记载，“酶在制备过程中蛋白质容易变性失去活力”，同时还提交了《生物化学》，其中记载，“纯化工作一直要进行到这个比活不再增加为止”，“蛋白质的分离和纯化工作是生物化学中一项艰巨而繁重的任务。到目前为止，还没有一个单独的或现成的方法能把任何一种蛋白质从复杂的混合蛋白质中纯化出来”，上述证据并未证明采用对比文件 2 的方法获得本专利所限定的更高纯度存在特定的技术障碍。《生物化学》同时也记载，“但是对于任何一种蛋白质都有可能选择一套适当的分离纯化程序以获得高纯度的制品”，基于本领域技术人员对蛋白质在纯化过程中要保持相应的生物活性，避免变性失活的认知，在进行蛋白质的提纯程序，本领域技术人员会根据分子大小、溶解度差别等方面选择适当的提取剂和提纯方法等，选用常规的手段完成提高纯度的技术需要。天普生化公司并未提交证据证明，对乌司他丁产品的进一步提纯，需要克服特定的技术难题，以致超出了本领域技术人员掌握常规提纯方法的能力。被诉决定基于上述区别特征，认定本领域技术人员有动机且能够在对比文件2公开的现有技术的基础上获得权利要求1所述的乌司他丁产品，并用常规手段例如吸光度、比活性、杂质人尿激肽原酶含量参数对产品进行验证，并无明显不当。二审判决维持被诉决定关于本专利权利要求1相对于对比文件2不具备突出的实质性特点和显著的进步，不具备创造性的结论，亦不存在事实认定和法律适用的错误。

天普生化公司申请再审主张，要考虑发明人对更高纯度限定的乌司他丁产品所作出的贡献，认定本专利产品权利要求的创造性。本院认为，天普生化公司该主张所依据的事实实际上是本专利限定的方法技术方案，而在该方法权利要求3～8的无效审查中，被诉决定已经就其相对于对比文件2、3和公知常识的结合，认定其具备创造性，符合《中华人民共和国专利法》（以下简称专利法）第二十二条第三款的规定，维持了该方法权利要求的有效性。本院认为，本专利权利要求1并非是由权利要求3～8限定的产品，在无证据证明本专利权利要求1的产品只能由权利要求3～8的方法获得，而更高纯度乌司他丁产品存在通过其他方法获得的情况下，如果认定本专利权利要求1的乌司他丁产品具有创造性，就会存在通过其他方法获得高纯度乌司他丁产品落入本专利权利要求1请求保护的范围，而事实上这种保护与本专利发明人对本专利权利要求1所作出的技术贡献并不匹配。由于本专利权利要求1、2、9并不涉及采用权利要求3～8特定纯化方法来限定，因此，被诉决定肯定了本专利权利要求3～8的纯化方法具有创造性，与权利要求1、2、9产品权利要求不具备创造性并不存在矛盾。

关于天普生化公司主张，被诉决定评述本专利满足充分公开要求时也认可了本专利乌司他丁产品具有优异的技术效果，因而本专利权利要求1应当具有创造性的理由，本院认为，专利法第二十六条第三款规定，说明书应当对发明或者实用新型作出清楚、完整的说明，以所属领域的技术人员能够实现为准。尽管被诉决定在审查本专利是否符合专利法第二十六条第三款时，认定了本专利的说明书满足公开充分的要求，但审查本专利说明书满足充分公开是针对说明书是否对发明作出了清楚和完整的说明，所关注的是本领域技术人员是否能够实现本专利的技术方案，并不涉及本发明相对于现有技术是否具有突出的实质性特点和显著的进步。因此，从本专利符合专利法第二十六条第三款并不能推导出本专利相对于现有技术，具有创造性。

本专利权利要求2在引用权利要求1后进一步限定，该乌司他丁在浓度为5万单位/ml时，在405nm处的光吸收值不超过0.1，人尿激肽原酶的含量不超过0.0005PNAU。基于和权利要求1相同的理由，权利要求2也不具备创造性。权利要求9为，“一种药物组合物，其含有根据权利要求1，2任意一项的纯化乌司他丁作为活性成分”。由于权利要求1不具备创造性，在对比文件1（公开号为JP7278015A的日本专利公开文本）已经公开一种含有乌司他丁的液体制剂的情况下，结合对比文件1的教导，本领域技术人员很容易想到将权利要求1或2的产品制备成药物组合物。被诉决定作出权利要求9不具备创造性的认定，并无不当。

天普生化公司申请再审关于被诉决定违反听证原则的问题，本院认为，被诉决定在评述本专利技术方案相对于现有技术是否显而易见时，以本领域技术人员的认知作为主体进行判断，由于该人员知晓申请日前所属技术领域的普通技术知识，并具有应用申请日前常规实验手段的能力，因此，“运用常规的提纯方法”事实上已经包含在本领域技术人员的能力中，被诉决定并不存在引入了新的证据组合判断创造性，并未出现新的理由、证据或者事实，天普生化公司关于被诉决定违反听证原则的理由，本院不予支持。

综上，天普生化公司的再审申请不符合《中华人民共和国行政诉讼法》第九十一条规定的情形。依照《最高人民法院关于执行〈中华人民共和国行政诉讼法〉若干问题的解释》第七十四条之规定，裁定如下：

驳回广东天普生化医药股份有限公司的再审申请。

审 判 长 周 翔
审 判 员 钱小红
代理审判员 罗 霞
二〇一五年十二月二十四日
书 记 员 张 博

153. 实用新型专利创造性判断中对现有技术领域的确定与考虑

——再审申请人国家知识产权局专利复审委员会与被申请人赵东红、张如一，一审第三人邹继豪实用新型专利权无效行政纠纷案

【裁判要旨】

评价实用新型专利创造性时，一般应当着重比对该实用新型专利所属技术领域的现有技术；但在现有技术已经给出明确技术启示的情况下，也可以考虑相近或者相关技术领域的现有技术；相近技术领域一般指与实用新型专利产品功能以及具体用途相近的领域，相关技术领域一般指实用新型专利与最接近的现有技术的区别技术特征所应用的功能领域。

【关键词】

实用新型　现有技术　相关技术领域　无效程序

【案号】

最高人民法院（2011）知行字第19号

【基本案情】

赵东红、张如一拥有名称为“握力计”的实用新型专利（即本案专利）。2008年4月28日，邹继豪以本案专利不具备创造性为由，向国家知识产权局专利复审委员会（以下简称专利复审委员会）提出无效宣告请求，并提交了7份现有技术作为证据。其中，与本案专利最接近的现有技术证据7公开了一种体力测定器，证据2公开了一种手提式数字显示电子秤。本案专利权利要求1的技术方案与证据7公开的内容相比，其区别在于：(1)本案专利权利要求1中的测力传感器是具有多个凸台的弹性体梁，而证据7中是利用由压缩弹簧、压缩板、齿条杆、齿条、回转式编码器、小齿轮构成的整体来实现测力传感器的功能；(2)本案专利权利要求1中的检测显示装置安装于外壳内，而证据7中没有明确记载显示装置的安装位置。2008年11月6日，专利复审委员会作出第12613号无效宣告请求审查决定（以下简称第12613号决定），宣告本案专利权全部无效。专利

复审委员会认为，上述区别技术特征（1）和（2）均已被证据2公开；并且证据2与本案专利、证据7同属于测力装置技术领域，证据2中的重力与本案专利、证据7中的握力仅仅是施力对象不同，不会对该重力和握力的测量造成实质性影响，即该重力和握力的测量原理基本相同；此外，对本领域技术人员来说，用测重力装置中的压力传感器来替换测握力装置中的传感器结构不需要付出创造性劳动。因此，把证据7与证据2相结合来得到本专利权利要求1的技术方案对于本领域技术人员来说是显而易见的，本案专利权利要求1相对于证据7和证据2的结合不具备创造性。北京市第一中级人民法院一审维持第12613号决定。北京市高级人民法院二审认为，本案专利与证据2公开的手提式数字显示电子秤属于不同技术领域，本领域技术人员不能轻易想到将其他技术领域中的传感器运用到本领域。遂判决撤销一审判决和第12613号决定。专利复审委员会不服，向最高人民法院申请再审。最高人民法院于2012年1月19日裁定驳回其再审申请。

【裁判意见】

最高人民法院审查认为：发明专利和实用新型专利的创造性标准不同，在技术比对时所考虑的现有技术领域也应当有所不同，这是体现发明专利和实用新型专利创造性标准差别的一个重要方面。技术领域应当是要求保护的发明或者实用新型技术方案所属或者应用的具体技术领域，既不是上位的或者相邻的技术领域，也不是发明或者实用新型本身。技术领域的确定，应当以权利要求所限定的内容为准，一般根据专利的主题名称，结合技术方案所实现的技术功能、用途加以确定。专利在国际专利分类表中的最低位置对其技术领域的确定具有参考作用。相近的技术领域一般指与实用新型专利产品功能以及具体用途相近的领域；相关的技术领域一般指实用新型专利与最接近的现有技术的区别技术特征所应用的功能领域。由于技术领域范围的划分与专利创造性要求的高低密切相关，考虑到实用新型专利创造性标准要求较低，因此在评价其创造性时所考虑的现有技术领域范围应当较窄，一般应当着重比对实用新型专利所属技术领域的现有技术。但是在现有技术已经给出明确的技术启示，促使本领域技术人员到相近或者相关的技术领域寻找有关技术手段的情形下，也可以考虑相近或者相关技术领域的现有技术。所谓明确的技术启示是指明确记载在现有技术中的技术启示或者本领域技术人员能够从现有技术直接、毫无疑义地确定的技术启示。本案专利技术功能属于测力装置，具体用途为测人手的握力。本案专利权利要求1的技术方案与最接近的现有技术证据7（一种体力测定器）公开的内容相比，区别技术特征在于测力传感器不同，测力传感装置为本案专利的相关技术领域。为了评价测力传感器的创造性，专利复审委员会考虑了证据2（手提式数字显示电子秤，用于测重力），将其测力传感器与本案专利的传感器进行比对。虽然握力计和电子秤都是测力装置，但二者分别具有不同的特定用途。同时，重力和人手的握力相比较，施力对象不同，施力方向也不同，重力单纯向下，人手的握力不是单纯向下而是从四周向中心，所以二者不属于相同技术领域。但本案专利与手提式数字显示电子秤功能相同，用途相近，测力传感器的测力原理基本相同，可以将手提式数字显示电子秤视为本案专利的相近技术领域。但是，由于现有技术并未给出明确的技术启示，专利复审委员会在评价本案专利的创造性时考虑手提式电子秤的测力传感器，适用法律错误。

中华人民共和国最高人民法院行政裁定书

（2011）知行字第19号

申请再审人（一审被告、二审被上诉人）：国家知识产权局专利复审委员会。住所地：北京市海淀区北四环西路9号银谷大厦。

法定代表人：张茂于，该委员会副主任。

委托代理人：刘亚斌，该委员会审查员。

委托代理人：王婧，该委员会审查员。

被申请人（一审原告、二审上诉人）：赵东红，男，汉族，1962年6月15日出生，住北京市丰台区丰台镇西安街甲×号×栋×门×号，系北京鑫东华腾体育器械有限公司总经理。

被申请人（一审原告、二审上诉人）：张如一，男，汉族，1934年11月11日出生，住北京市海淀区清华大学×公寓×号，系清华大学退休教师。

一审第三人、二审被上诉人：邹继豪，男，汉族，1940年6月5日出生，住辽宁省大连市甘井子区凌水路×号×，系大连理工大学体科所退休教师。

申请再审人国家知识产权局专利复审委员会（以下简称专利复审委员会）因与被申请人赵东红、张如一，一审第三人、二审被上诉人邹继豪专利无效行政纠纷一案，不服北京市高级人民法院（2010）高行终字第811号行政判决，向本院申请再审。本院依法组成合议庭对本案进行了审查，现已审查终结。

2008年11月6日，专利复审委员会作出第12613号无效宣告请求审查决定（以下简称被诉决定），认定名称为“握力计”的第97216613.0号实用新型专利权不符合《中华人民共和国专利法》（以下简称《专利法》）第二十二条第三款规定，宣告涉案专利全部无效。赵东红、张如一不服被诉决定，向北京市第一中级人民法院（以下简称一审法院）提起行政诉讼。

一审法院经审理认为，被诉决定认定事实清楚，适用法律正确，审理程序合法，应予维持；赵东红、张如一的诉讼主张均不成立，其要求撤销被诉决定的诉讼请求不予支持。据此，依照《中华人民共和国行政诉讼法》第五十四条第（一）项的规定，判决维持被诉决定。

赵东红、张如一不服一审判决，向北京市高级人民法院（以下简称二审法院）提起上诉称：一、专利复审委员会在邹继豪没有申请的情况下自行调查取证并剥夺上诉人对调取证据的申辩权，构成对行政听证原则的违反。二、被诉决定认定授权公告日为1996年9月4日、授权公告号为CN2234609Y的中国实用新型专利（即被诉决定中的证据2）与涉案专利属于相同技术领域并以此为据认定涉案专利不具有创造性缺乏事实依据。因此，被诉决定认定事实不清，行政程序违法，一审法院判决维持错误，请求二审法院撤销一审判决和被诉决定。

专利复审委员会辩称，被诉决定认定正确，程序合法，一审判决维持被诉决定事实清楚，适用法律正确，请求二审法院驳回上诉，维持一审判决。

邹继豪陈述认为被诉决定事实清楚，一审法院判决维持正确，请求二审法院驳回上诉，维持一审判决。

二审法院确认如下事实：

1997年5月28日，赵东红、张如一向国家知识产权局提出名称为“握力计”的实用新型专利申请。1998年9月23日，国家知识产权局授予其专利权，即涉案专利。涉案专利授权公告的权利要求书如下：

1. 一种握力计，具有：外握柄，安装于外握柄内的内握柄，与内握柄连接的测力传感器以及装于外壳内的检测显示装置，其特征是，上述的测力传感器是具有多个凸台的弹性体梁，上述的测力传感器通过握距调整装置与上述内握柄连接。

2. 根据权利要求1所述的握力计，其特征是，上述弹性体梁具有三个凸台，且两端凸台比中部的凸台伸出高。

3. 根据权利要求1或2所述的握力计，其特征是，上述弹性体梁的凸台侧设有承力板。

4. 根据权利要求3所述的握力计，其特征是，上述弹性体梁与承力板是形成一个整体的框架结构。

5. 根据权利要求1、2或4任一项所述的握力计，其特征是，上述握距调整装置是具有调距手轮的力杆，上述力杆穿过外握柄，连接内握柄与测力传感器。

6. 根据权利要求3所述的握力计，其特征是，上述内握柄的两侧边框的外侧设有定位凸台，上述定位凸台安装在外握柄的滑动槽内。

2008年4月28日，邹继豪以涉案专利不符合《专利法》第二十二条第三款、第二十六条第三款以及《专利法实施细则》第二十条第一款、第二十一条第二款的规定为由，向专利复审委员会提出无效宣告请求，并提交了6份证据：

证据1：实开平4-131217号日本公开实用新案公报，其公开日为1992年12月2日；

证据2：授权公告号为CN2234609Y的中国实用新型专利说明书，其授权公告日为1996年9月4日；

证据3：公开号为CN1076779A的中国发明专利申请公开说明书，其公开日为1993年9月29日；

证据4：《传感器技术手册》一书的版权页和第247、260、275、279页的复印件共5页，袁希光主编，国防工业出版社1986年12月第1版，1989年1月第2次印刷；

证据5：涉案专利授权公告文本；

证据6：平4-10816号日本特许公报，其公告日期为1992年2月26日。

专利复审委员会受理该申请后，将有关文件转送赵东红、张如一，并要求其在一个月内对该无效宣告请求陈述意见。赵东红、张如一在指定期限内未答复。

2008年5月27日，邹继豪提交了意见陈述，并补充提交了证据1、6的中文译文以及昭60-207640号日本公开特许公报及其中文译文（以下简称证据7）、公开日为1985年10月12日的昭60-153104号日本公开实用新案公报及其中文译文（以下简称证据8）。

专利复审委员会将邹继豪提交的上述文件进行了转文。2008年8月5日，赵东红、张如一提交了意见陈述书。

2008年9月16日，邹继豪再次提交了意见陈述书，同时还提交了证据4的第200-201页的复印件以及王洪业编著、国防科技大学出版社出版、1997年4月第1版第1次印刷的《传感器工程》一书的版权页和第73页、第83页的复印件共3页（以下简称证据9）、公告日为1988年8月10日的公告号为

CN87212699U 的中国实用新型专利说明书（以下简称证据 10）、公告日为 1989 年 10 月 4 日的公告号为 CN2045270U 的中国实用新型专利申请说明书（以下简称证据 11）。

2008 年 9 月 25 日，专利复审委员会举行了口头审理。赵东红、张如一及邹继豪均委托代理人参加了口头审理。在口头审理中，邹继豪明确表示放弃使用证据 8，并表示证据 9 ~ 11 和补充提交的证据 4 第 200 ~ 201 页用于证明公知常识。同时，邹继豪明确用于评价本专利创造性的证据组合方式，即分别使用证据 6 与证据 2 结合、证据 1 与证据 2 结合、证据 1 结合公知常识、证据 2 与证据 7 结合来评述涉案专利权利要求 1 的创造性，证据 4、证据 9、证据 2 均公开了从属权利要求 2 ~ 4 的附加特征，证据 1、证据 6 均公开了从属权利要求 5、6 的附加特征，证据 7 也公开了从属权利要求 5 的附加特征，从属权利要求 6 的附加特征也属于公知常识，证据 3 用于证明凸台是公知常识。专利复审委员会告知双方由于邹继豪提交的证据 10、11 超出了举证期限且不属于公知常识性证据，故对证据 10、11 不予考虑。赵东红、张如一对证据 2 ~ 5、9 的真实性无异议，对证据 1、6、7 的真实性和译文准确性有异议。专利复审委员会告知赵东红、张如一可以于口头审理结束后 15 日内提交对于证据 1、6、7 的真实性和译文准确性的书面意见陈述，逾期未提交的，视为无异议。

口头审理结束后，赵东红、张如一于 2008 年 10 月 7 日提交了意见陈述书，认为在日本特许厅网站的数据库中并未查询到邹继豪提交的日本专利文件。且邹继豪提交的日本专利文件是在日本形成的证据，但邹继豪未提交公证认证的证明手续，也未提交从专利局获得的专利文件，故请求不予考虑该证据。

针对邹继豪提交的证据，专利复审委员会经审查认为，证据 2 是一份公告日在本专利申请日之前的中国实用新型专利说明书，证据 5 是本专利的授权公告文本，赵东红、张如一对证据 2 和证据 5 的真实性没有异议。经审查，专利复审委员会认为证据 2 和证据 5 真实可信，可以作为本案的证据使用，且证据 2 中记载的内容构成本专利的现有技术，证据 5 作为本次无效宣告请求审查的基础。证据 7 是一份日本公开特许公报，邹继豪提交了该证据的中文译文。证据 7 是在本专利申请日之前公开的日本专利文件，任何人在我国国内通过互联网查询日本特许厅的官方网站都可以获得该文件，因此，专利复审委员会认为证据 7 属于《审查指南》第四部分第八章第 2.2.2 节中的第（1）种情形，不需办理相关的证明手续。专利复审委员会经核实，从日本特许厅的官方网站上能够查询到证据 7 的全文文本与邹继豪提交的文本一致，故对证据7的真实性予以认可。针对赵东红、张如一提出证据7字迹模糊难以辨认的问题，专利复审委员会认为，邹继豪提交的证据7字迹清晰可辨，不存在难以辨认之处，且赵东红、张如一也未具体指出证据7中哪些部分难以辨认，由于赵东红、张如一在规定期限内未对证据7的中文译文提出具体异议，因此视为赵东红、张如一对证据7中文译文的准确性无异议，故专利复审委员会认为，证据7可以作为本案的证据使用，其上记载的内容构成涉案专利的现有技术，其文字部分的内容以邹继豪提交的中文译文为准。

《专利法》第二十二条第三款规定：创造性，是指与现有技术相比，该发明有突出的实质性特点和显著的进步，该实用新型有实质性特点和进步。

如果一项权利要求的技术方案与一份证据披露的现有技术相比存在区别技术特征，而该区别技术特征被属于相同技术领域的另一份证据披露的现有技术公开，且该特征在该另一份证据中所起的作用与本专利中的作用相同，则该权利要求不具备创造性。

具体到本案，涉案专利权利要求1要求保护一种握力计，其所要解决的技术问题是提供一种检测准确、结构简单、操作方便的握力计。该权利要求1的技术方案为：一种握力计，具有：外握柄，安装于外握柄内的内握柄，与内握柄连接的测力传感器以及装于外壳内的检测显示装置，其特征是，上述的测力传感器是具有多个凸台的弹性体梁，上述的测力传感器通过握距调整装置与上述内握柄连接。

证据7公开了一种体力测定器，具体公开了如下内容：该体力测定器包括：外握部（对应于涉案专利的外握柄），安装于外握柄内的中握部（对应于涉案专利的内握柄），压缩螺杆（对应于涉案专利中的握距调整装置）的一端通过调节手轮与中握部连接并可以自由转动，另一端螺杆插于在压缩弹簧的压缩板的基端处设置的圆筒体内，压缩板和齿条以齿条杆为媒介连接成一体，齿条与固定在回转式编码器的回转轴上的小齿轮啮合（压缩弹簧、压缩板、圆筒体、齿条杆、齿条、回转式编码器、小齿轮构成的整体对应于本专利的测力传感器）；测定时，被测定人握紧中握部和外握部后，弹簧通过压缩板被压缩下降的同时，揳合在压缩板上的齿条杆就产生移动，与之连动的齿条也随之下降，与齿条啮合的小齿轮在回转式编码器的回转轴上回转，该回转角度与握力成比例增加，由此在回转式编码器中产生与角度成比例的方形波脉冲，该方形波脉冲被传送到对肌力测定进行数字显示的装置（对应于涉案专利的检测显示装置）中，从而完成握力测定。

由上可知，涉案专利权利要求 1 的技术方案与证据 7 公开的内容相比，其区别在于：（1）涉案专利权利要求 1 中的测力传感器是具有多个凸台的弹性体梁，而证据 7 中是利用由压缩弹簧、压缩板、圆筒体、齿条杆、齿条、回转式编码器、小齿轮构成的整体来实现测力传感器的功能；（2）涉案专利权利要求 1 中的检测显示装置安装于外壳内，而证据 7 中没有明确记载显示装置的安装位置。

证据 2 公开了一种手提式数字显示电子秤，其中具体公开了该电子秤包括称重挂钩、挂环、外壳、称重传感器，称重传感器是由金属弹性体加工的重心在中间的 M 型传感器，由附图 4 可知，该 M 型传感器具有竖直向下伸出的三个腿状结构（相当于涉案专利所述测力传感器具有的多个凸台），其中两侧的腿状结构与一底板成为一体，中间的腿状结构较短且不与底板接触，该 M 型传感器表面还贴有 4 片电阻应变片，该外壳上设有显示屏，用于被外壳内的多个电器元件驱动而显示被称重物的重量。

由此可见，证据 2 中已经公开了具有竖直向下伸出的三个腿状结构的 M 型传感器 10，且该 M 型传感器由金属弹性体加工而成，其必然是具有弹性的，因此这就相当于公开了涉案专利所述的测力传感器是具有多个凸台的弹性体梁；而证据 2 中的显示屏和驱动该显示屏的电路元件就相当于公开了涉案专利所述的装于外壳内的检测显示装置，从而上述区别技术特征（1）和（2）均已被证据 2 公开；并且证据 2 与涉案专利、证据 7 同属于测力装置技术领域，证据 2 中测重力与涉案专利、证据 7 中测握力的不同仅在于重力是由被称重的物体施加而握力是由被测人的手施加，但该施加的重力和握力的方向均是垂直向下，也就是说证据 2 中的重力与涉案专利、证据 7 中的握力仅仅是施力对象不同，而施力对象的不同不会对该重力和握力的测量造成实质性影响，即该重力和握力的测量原理是基本相同的；此外，在对测力装置的实际设计中，测重力装置和测握力装置均是采用测力领域中常用的压力传感器或拉力传感器来实现的，而对本领域技术人员来说，用测重力装置中的压力传感器来替换测握力装置中的传感器结构是不需要付出创造性劳动的。因此，本领域技术人员在证据 7 的基础上，很容易想到用证据 2 中的 M 型传感器替换证据 7 中用于实现传感器功能的多个部件并将显示装置安装于外壳内，从而得到涉案专利权利要求 1 的技术方案，即把证据 7 与证据 2 相结合来得到本专利权利要求 1 的技术方案对于本领域技术人员来说是显而易见的，因此，涉案专利权利要求 1 相对于证据 7 和证据 2 的结合不具备创造性，不符合《专利法》第二十二条第三款的规定。

赵东红、张如一认为，证据2与涉案专利不是同一技术领域，是用来称重的，没有结合的启示，证据2的附图4只有一个凸台，证据7中没有描述握距，因此本专利权利要求1具备创造性。

对此，专利复审委员会认为：如前所述，证据2与涉案专利、证据7同属于测力装置技术领域，证据2中的重力与涉案专利、证据7中的握力仅仅是施力对象不同，而施力对象的不同不会对该重力和握力的测量造成实质性影响，即该重力和握力的测量原理并没有实质性不同，因此本领域技术人员有动机将证据2与证据7结合；证据2中的M型传感器的竖直向下伸出的三个腿状结构就相当于本专利所述的多个凸台；证据7中虽然没有明确记载压缩螺杆是用于调整握距的，但是根据证据7说明书中对于压缩螺杆和调节手轮的描述并结合附图1可以确定，通过转动调节手轮使得压缩螺杆转动，进而带动内握柄上升或下降就可以调节内握柄与外握柄之间的握距，因此证据7中的压缩螺杆就相当于公开了涉案专利的握距调整装置。综上所述，赵东红、张如一的主张不能成立。

权利要求2是引用了权利要求1的从属权利要求，其附加技术特征是“上述弹性体梁具有三个凸台，且两端凸台比中部的凸台伸出高”，从证据2的附图4中可以看出，该M型传感器两侧的腿状结构比中间的腿状结构长，从而使该中间的腿状结构悬空，因此该特征也已被证据2所公开，且其在证据2中所起的作用也与本申请权利要求2中相同，在权利要求1不具备创造性的情况下，其从属权利要求2相对于证据7和证据2的结合也不具备《专利法》第二十二条第三款规定的创造性。

权利要求3是引用了权利要求1或2的从属权利要求，其附加技术特征是“上述弹性体梁的凸台侧设有承力板”，从证据2的附图4中可以看出，该M型传感器的腿状结构底部有一与M型传感器两侧的腿状结构承接的底板（相当于权利要求3所述的承力板），因此该特征也已被证据2所公开，在权利要求1或2不具备创造性的情况下，其从属权利要求3相对于证据7和证据2的结合也不具备《专利法》第二十二条第三款规定的创造性。

权利要求4是引用了权利要求3的从属权利要求，其附加技术特征是“上述弹性体梁与承力板是形成一个整体的框架结构”，从证据2的附图4中可以看出，该M型传感器的腿状结构与底板形成一体，因此该特征也已被证据2所公开，在权利要求3不具备创造性的情况下，其从属权利要求4相对于证据7和证据2的结合也不具备《专利法》第二十二条第三款规定的创造性。

权利要求5是引用了权利要求1、2或4中任一项的从属权利要求，其附加技术特征是“上述握距调整装置是具有调距手轮的力杆，上述力杆穿过外握柄，连接内握柄与测力传感器”，而证据7中公开了压缩螺杆（相当于权利要求5所述的力杆）和设置在压缩螺杆前端的调节手轮（相当于权利要求5所述的调距手轮），该压缩螺杆穿过外握部，连接中握部和压缩板上设置的圆筒体（由前面对于权利要求1的评述可知，压缩板和其上的圆筒体是证据7中用于实现传感器功能的一部分部件，从而相当于公开了权利要求5所述的连接关系），因此上述附加技术特征也已被证据7公开，在权利要求1、2或4不具备创造性的情况下，其从属权利要求5相对于证据7和证据2的结合也不具备《专利法》第二十二条第三款规定的创造性。

权利要求6是引用了权利要求3的从属权利要求，其附加技术特征是“上述内握柄的两侧边框的外侧设有定位凸台，上述定位凸台安装在外握柄的滑动槽内”，上述附加技术特征所起的作用是通过定位凸台与滑动槽的卡合来使得内握柄只能在滑动槽的方向上移动，而本领域技术人员为了使内握柄在受力时沿着与外握柄在同一平面内的方向向外握柄下端移动，而不发生偏斜以避免产生测量误差，能够想到采用在外握柄上设置滑动槽并在内握柄两侧边框上设置定位凸台的措施，从而使得内握柄卡合在外握柄的滑动槽上而不会发生偏斜运动，这是本领域的常用技术手段，因此在权利要求3不具备创造性的情况下，其从属权利要求6相对于证据7、证据2和公知常识的结合也不具备《专利法》第二十二条第三款规定的创造性。

综上所述，涉案专利权利要求1~6不具备创造性，不符合《专利法》第二十二条第三款的规定。由于已经得出了涉案专利全部权利要求不具备创造性的结论，因此专利复审委员会未再对邹继豪提交的其他证据和理由进行评述。

基于上述理由，专利复审委员会于2008年11月6日作出被诉决定，宣告涉案专利权全部无效。

另查，2008年3月3日，专利复审委员会针对深圳市好家庭实业有限公司的无效审查请求，作出第11088号决定，认定涉案专利与授权公告日为1996年9月4日、授权公告号为CN2234609Y的中国实用新型专利说明书（即被诉决定中的证据2）“属于不同的技术领域，且两者的发明目的以及传感器受力方向均存在差异，本领域技术人员不能轻易想到将其他技术领域中的传感器运用到本领域”。

二审法院认为，对专利复审委员会的审查职责，当事人无异议，经审查予以确认。鉴于被诉决定所依据的证据均在口头审理时进行了质证，专利复审委员会根据上诉人的质证意见对证据进行的审查核实并不违背《审查指南》的相关规定，二审法院经审查对被诉决定作出程序的合法性予以确认。本案的争议焦点在于被诉决定对于涉案专利与证据2属于相同技术领域并据此否定涉案专利创造性的认定是否正确。

判断实用新型专利权是否具有创造性，一般着重于考虑该实用新型专利所属的技术领域。本案中，涉案专利要求保护的是一种握力计，所要解决的技术问题是提供一种检测精确、结构简单、操作方便的握力计，而证据2公开的是一种手提式数字显示电子秤，是一种测重力的装置，二者的发明目的以及传感器受力方向均存在差异，属于不同技术领域，本领域技术人员不能轻易想到将其他技术领域中的传感器运用到本领域。而且，专利复审委员会作出的第11088号决定亦已明确认定本专利与证据2“属于不同的技术领域”，在第11088号决定的效力未经任何法定程序被否定的情况下，专利复审委员会针对同样的情况作出不同的判断，有悖不得反复无常的依法行政原则。因而，被诉决定以证据7和与涉案专利不属于同一技术领域的证据2的结合否定本专利的创造性，属认定事实错误。一审判决认定本专利与证据2属于相同技术领域并在此基础上判决维持被诉决定错误。

二审法院依据《中华人民共和国行政诉讼法》第六十一条第（三）项、第五十四条第（二）项第1目的规定，判决如下：一、撤销北京市第一中级人民法院（2009）一中行初字第466号行政判决；二、撤销国家知识产权局专利复审委员会于2008年11月6日作出的第12613号无效宣告请求审查决定；三、国家知识产权局专利复审委员会对本案重新作出无效宣告请求审查决定。一、二审案件受理费各100元，均由国家知识产权局专利复审委员会负担。

专利复审委员会申请再审称，二审判决认定事实不清，适用法律错误。其主要理由：1. 关于技术领域。根据《专利审查指南》第四部分第六章第4节的规定，对于实用新型专利而言，一般着重于考虑实用新型专利所属的技术领域。但是现有技术给出明确的启示，例如现有技术中有明确的记载，促使本领域的技术人员到相近或者相关的技术领域寻找有关的技术手段的，可以考虑其相近或者相关的技术领域。本专利要求保护的是一种握力计，用于测量人手的握力，证据2公开的是一种手提式数字显示电子秤，二者的传感器的受力方向相同、传感器的结构相同，二者的区别仅在于测力时的施力对象不同，广义上都属于测力装置这一技术领域。从二者的最终产品形态考虑，二者也应当属于相近的技术领域，在测力装置的实际设计中，测重力装置和测握力装置均是采用测力领域中常用的压力传感器或拉力传感器，对本领域技术人员来说，很容易想到进行传感器的替换，显而易见且无需付出创造性的劳动。2. 专利复审委员会主动纠正在先决定的错误认定，符合依法行政的原则和精神。

本院认为，专利法的立法宗旨是保护专利权人的合法权益，鼓励发明创造，推动发明创造的应用，提高创新能力，促进科学技术进步和经济社会发展。可见，**专利制度不仅要维护专利权人的合法权益，还要充分考虑社会公众的合法权益，进而实现两者之间的平衡。为了实现上述平衡，就需要设置合理的专利授权标准。对于发明专利或者实用新型专利而言，需要设立合理的创造性判断标准。如果创造性标准设置得太低，就会导致创新程度不高的专利申请较容易获得授权或者很难被宣告无效，势必会限制技术的传播和利用，不利于科技进步和社会发展，损害社会公众利益。如果创造性标准设置得太高，专利申请获得授权的难度就会大大提高，将会减损专利法对技术创新的激励作用。**专利法第二十二条规定，发明的创造性，是指与现有技术相比，该发明具有突出的实质性特点和显著的进步；实用新型的创造性，是指该实用新型具有实质性特点和进步。专利法规定的实用新型专利的创造性标准低于发明专利的创造性标准。**判断发明创造是否具有创造性，应当基于所属技术领域的技术人员的知识和能力，并通过将发明创造的技术方案与现有技术进行比对来判断。发明专利和实用新型专利的创造性标准不同，因此技术比对时所考虑的现有技术领域也应当有所不同，这是体现发明专利和实用新型专利创造性标准差别的一个重要方面。**

技术领域，应当是要求保护的发明或者实用新型技术方案所属或者应用的具体技术领域，而不是上位的或者相邻的技术领域，也不是发明或者实用新型本身。涉案专利是名称为“握力计”的实用新型专利，判断其是否具有创造性，首先应当确定握力计所属的技术领域以及相关和相近的技术领域。技术领域的确定，应当以权利要求所限定的内容为准，一般根据专利的主题名称，结合技术方案所实现的技术功能、用途加以确定。专利在国际专利分类表中的最低位置对其技术领域的确定具有参考作用。相近的技术领域一般指与实用新型专利产品功能以及具体用途相近的领域，相关的技术领域一般指实用新型专利与最接近的现有技术的区别技术特征所应用的功能领域。涉案专利技术功能属于测力装置，具体用途为测人手的握力。

由于技术领域范围的划分与专利创造性要求的高低密切相关，考虑到实用新型专利创造性标准要求较低，因此在评价其创造性时所考虑的现有技术领域范围应当较窄，一般应当着重比对实用新型专利所属技术领域的现有技术。但是在现有技术已经给出明确的技术启示，促使本领域技术人员到相近或者相关的技术领域寻找有关技术手段的情形下，也可以考虑相近或者相关技术领域的现有技术。所谓明确的技术启示是指明确记载在现有技术中的技术启示或者本领域技术人员能够从现有技术直接、毫无疑义地确定的技术启示。

本案中，涉案专利权利要求1的技术方案与最接近的现有技术证据7（一种体力测定器）公开的内容相比，区别技术特征在于测力传感器不同，测力传感装置为涉案专利的相关技术领域。为了评价测力传感器的创造性，专利复审委员会考虑了证据2（手提式数字显示电子秤，用于测重力），将其测力传感器与涉案专利的传感器进行比对。虽然握力计和电子秤都是测力装置，但二者分别具有不同的特定用途。同时，重力和人手的握力相比较，施力对象不同，施力方向也不同，重力单纯向下，人手的握力不是单纯向下而是从四周向中心，所以二者不属于相同技术领域。但涉案专利与手提式数字显示电子秤功能相同，用途相近，二者测力传感器的测力原理基本相同，可以将手提式数字显示电子秤视为涉案专利的相近技术领域。但是，由于现有技术并未给出明确的技术启示，专利复审委员会在评价涉案专利的创造性时考虑手提式数字显示电子秤的测力传感器属于适用法律错误。

综上，专利复审委员会的再审申请不符合《中华人民共和国行政诉讼法》第六十三条第二款、《最高人民法院关于执行〈中华人民共和国行政诉讼法〉若干问题的解释》第七十二条规定的条件，依据《最高人民法院关于执行〈中华人民共和国行政诉讼法〉若干问题的解释》第七十四条之规定，裁定如下：

驳回国家知识产权局专利复审委员会的再审申请。

审　判　长　王永昌
代理审判员　秦元明
代理审判员　李　剑
二〇一二年一月十九日
书　记　员　周睿隽

（八）实用性

154. 发明专利申请是否具备实用性的判断

——再审申请人顾庆良、彭安玲与被申请人国家知识产权局专利复审委员会发明专利申请驳回复审行政纠纷案

【裁判要旨】

发明专利申请具备实用性，是指该技术方案本身符合自然规律，可实际应用并能够工业化再现。

【关键词】

发明专利　复审程序　实用性　工业化再现

【案号】

最高人民法院（2016）最高法行申789号

【基本案情】

在本案中，申请号为201010147700.5、名称为“磁悬浮磁能动力机”的发明专利申请（即本案申请）的申请人为顾庆良、彭安玲。根据本案申请说明书的记载，其请求保护的磁悬浮磁能动力机，是替代应用汽、风、水、汽油、柴油及交流电机作动力源的节能环保型动力机。本案申请要创新出目前动力驱动设备中没有使用过的能源——“磁能”来驱动设备……本发明的磁悬浮磁能动力机利用磁能为动力，将磁极的同性相斥、异性相吸的公知常识具体应用在本发明中，采用少量直流电能做启动和控制，巧妙地利用特殊的结构支撑这一目前仅有的磁悬浮磁能动力机……这种发明维持旋转动力的能量主要来自磁能……采用磁极同性相斥、异性相吸的原理，通过特殊结构，很好地把“磁能”应用到磁悬浮磁能动力机，实现驱动。国家知识产权局原审查部门以本案申请违反能量守恒定律、不具有实用性为由予以驳回。顾庆良、彭安玲向国家知识产权局专利复审委员会（以下简称专利复审委员会）提出复审请求。专利复审委员会作出第68294号复审请

求审查决定（以下简称第68294号决定），以本案申请不具有实用性为由，维持国家知识产权局作出的驳回决定。顾庆良、彭安玲不服，提起行政诉讼。北京市第一中级人民法院一审判决维持第68294号决定。顾庆良、彭安玲不服，提起上诉，主张本案申请不违反能量守恒定律的理由在于，电能驱动后，飞轮能量、惯性能量等为本申请动磁场不断地输入能量，是利用定子环对转子的摆动不断补充能量，实现连续运转的主要能量源是“磁能”，而不是提供给飞轮转动的电能。北京市高级人民法院二审判决驳回上诉、维持原判。顾庆良、彭安玲仍不服，向最高人民法院申请再审。最高人民法院于2016年11月7日裁定驳回顾庆良、彭安玲的再审申请。

【裁判意见】

最高人民法院审查认为：对于本案申请是否具有实用性，应当结合说明书和权利要求书公开的整体技术内容，判断该技术方案能否解决技术问题，并且能够产业上制造、使用。本案申请限定的技术方案强调的是利用“磁能”，实现节能环保的效果，该“磁能”的来源是动力机的内部特定结构，且该“磁能”是动力机旋转的主要能量来源。故判断本案申请是否具有实用性，关键在于其利用“磁能”实现连续运转的技术方案能否在产业上制造或者使用。依据本案申请公开的整体技术内容，该磁悬浮磁能动力机具备外转子和内转子以及飞轮等结构，在少量的动能输入的情况下，由磁场产生磁力对负载阻力做功，主要能量来源于内部特定结构产生的“磁能”。飞轮的惯性需要外力提供，外力对飞轮做功后，一方面要克服负载阻力，另一方面要加速推动外转子旋转做功，而要维持该磁场为动磁场，也需要能量的输入。由此可知，要达到持续推动飞轮前进，并对外做功的效果，输出的能量必然要大于输入的能量。但依据本案申请权利要求书和说明书公开的整体技术内容，其请求保护的技术方案的实质是要在磁悬浮磁能动力机只有少量用于维持飞轮转动的直流电输入的情况下，通过动力机特定结构得到“磁能”，满足300°空间不消耗电能，实现连续运转的技术效果。由于离开永磁体磁场之时与进入永磁体磁场之时相比而言无法获得更多能量，在运转的设备还存在能量消耗的情况下，本案申请不可能通过磁场内部产生的磁力得到一个大于输入的输出能量，本案申请违反了能量守恒定律。因此，本案申请请求保护的技术方案仅仅是一种设想或者结果，依靠所谓的“磁能”实现不间断的连续运转的技术方案不能够在产业上制造或使用。

中华人民共和国最高人民法院行政裁定书

(2016) 最高法行申789号

再审申请人(一审原告、二审上诉人):顾庆良,住江苏省南京市秦准区×区×栋×室。

再审申请人(一审原告、二审上诉人):彭安玲,住江苏省南京市鼓楼区×区×号×幢×室。

被申请人(一审被告、二审被上诉人):国家知识产权局专利复审委员会。住所地:北京市海淀定区北四环西路9号银谷大厦。

法定代表人:葛树,该委员会副主任。

委托诉讼代理人:郭春春,该委员会审查员。

委托诉讼代理人:王潇,该委员会审查员。

再审申请人顾庆良、彭安玲因与被申请人国家知识产权局专利复审委员会(以下简称专利复审委员会)发明专利申请驳回复审行政纠纷一案,不服北京市高级人民法院作出的(2015)高行(知)终字第2084号行政判决,向本院申请再审。本院依法组成合议庭进行了审查,并于2016年7月21日在本院询问了当事人,再审申请人顾庆良以及专利复审委员会委托诉讼代理人郭春春、王潇到庭参加了询问。本案现已审查终结。

顾庆良、彭安玲申请再审称,(一)第68294号复审请求审查决定(以下简称被诉决定)认定申请号为201010147700.5,名称为“磁悬浮磁能动力机”的发明专利申请(以下简称本申请)违背能量守恒定律,不具备《中华人民共和国专利法》(以下简称专利法)第二十二条第四款规定的实用性,存在错误。1. 被诉决定忽视本申请的装置是由外力或者内电机通电启动,外转子外圆上等分装有三块扇形钕铁硼永磁体,在外力或者内电机断电后,转动一周内受电脉冲各一次力,三次电脉冲力下,飞轮惯性能量不间断维持装置连续转动。2. 本申请外转子和飞轮之间是有螺纹固定连接在一起的。说明书记载,所述外转子轴上螺纹连接飞轮,内转子支架上固定连接内转子主动齿轮,内转子主动齿轮与设置在内转子支架上的外转子齿轮啮合连接。被诉决定无视本申请的基本结构,将本申请动力机内部建立的动磁场错误地认定为保守场,得出永磁体的磁能积无法向外界供能,不会成为持续的能量的结论,违背“磁极同性相斥,异性相吸”的科学论断和客观事实。(二)本申请具有可持续能量源有事实依据。本申请技术方案中的能量来源包括电脉冲能量、飞轮能量、惯性能量和动磁场磁力斥力差力，是以磁能为主要能量，以动磁场磁力斥力差力来做功运转的，符合能量守恒定律。1. 本申请外转子圆周一定角度上的永磁块磁极前端与定子内圈的距离空间，始终比后端距离空间大，扇形永磁块磁极在旋转中总是在后端得到一个推力。本申请请求保护的动力机在外力或者内电机通电后，其内转子主动齿轮与设置在内转子支架上的外转子齿轮啮合连接，使外转子轴上的螺纹固定连接的飞轮旋转运动，暂停外力或者内电机电源供给，利用外转子旋转方向形成的非均匀性空气隙造成的磁力斥力差力所产生的推力，使得外转子向前加速。2. 惯性能量作为事实上存在的能量源，是本申请动磁场输入能量源之一，惯性能量与飞轮能量和电脉冲能量作为动磁场输入能量源，不间断地为该动磁场输入能量，保持该动磁场中的磁力斥力差力作用在转子上对外负载做功。二审判决关于惯性运动并不能做功的认定违反物理常识。（三）错误的被诉决定得到了一、二审判决的支持，足以证明一、二审判决认定的事实以及得出的结论均存在错误。综上，依据《中华人民共和国行政诉讼法》第九十二条规定，请求本院撤销一、二审判决以及被诉决定，依法改判，本案案件受理费由专利复审委员会承担。

专利复审委员会提交意见称，（一）本申请的磁悬浮磁能动力机的输入能量只是少量用于维持的直流电和飞轮转动的动能，而不包括永磁体的磁能，因此，磁悬浮磁能动力机无法实现连续运转，亦无法在产业上产生积极的效果。本申请说明书记载的技术方案不具备实用性，不符合专利法第二十二条第四款的规定。（二）由于惯性是一种状态，没有惯性力矩，不能做功，因此不能在只有少量用于维持直流电和飞轮的初始动能作为输入能量的情况下，实现本申请的磁悬浮磁能动力机的连续运转。一、二审判决和被诉决定认定事实清楚、适用法律法规正确。请求驳回顾庆良、彭安玲的再审请求。

本院经审查查明，被诉决定所针对的权利要求为，“1. 一种磁悬浮磁能动力机，包括空心定轴（2），其特征是所述空心定轴（2）上设有内定子端盖绝缘圈（30），内定子端盖绝缘圈（30）上设有碳刷（31），空心定轴（2）上活动连接内转子支架（36），内转子支架（36）上设有内转子绝缘圈（32），内转子绝缘圈（32）上套设内转子换向器（29），内转子换向器（29）四周设有内转子线圈（25），内转子线圈（25）上设有内转子线圈支架（23），内转子线圈支架（23）周边设有至少一块内转子磁钢（23a）；内定子端盖绝缘圈（30）上设有内定子（9）和内定子端盖（28），内定子端盖（28）内相对内转子线圈（25）位置设有内定子端盖内隔磁物（26），内定子端盖内隔磁物（26）上设有内定子左侧固定磁极（27），内定子（9）内相对内转子磁钢（23a）位置设有马蹄形内定子内磁钢（19），内定子（9）外缘设有至少一块内定子外磁钢（18）；空心定轴（2）上活动连接外转子（1），内转子支架（36）上固定连接内转子主动齿轮（34），内转子主动齿轮（34）与设置在内转子支架（36）上的外转子齿轮（8）啮合连接，外转子（1）内相对内定子外磁钢（18）位置设有外转子内隔磁材料（13）和马蹄形外转子内磁圈（14），转子（1）外缘设有外转子外隔磁材料（17）和至少一块外转子外磁圈（16）；外转子（1）上活动连接外定子外壳（5），外定子外壳（5）内设有外定子内磁钢（15）；外定子内磁钢（15）和外转子外磁圈（16）间的空气隙、内定子外磁钢（18）和外转子内磁圈（14）间的空气隙、内转子磁钢（23a）和内定子内磁钢（19）间的空气隙均为沿旋转方向一端小一端逐渐增大的牛角形”。

本申请说明书记载，其请求保护的磁悬浮磁能动力机，是替代应用汽、风、水、汽油、柴油及交流电机作动力源的目前节能环保型动力机。本申请要创新出目前动力驱动设备中没有使用过的能源——“磁能”来驱动设备……用“磁能”作为能源去驱动目前普遍动力设备……本发明的磁悬浮磁能动力机利用磁能为动力，将磁极的同性相斥、异性相吸的普及知识具体应用在本发明中，采用少量直流电能做启动和控制，巧妙地利用特殊的结构支撑这一目前仅有的磁悬浮磁能动力机……这种发明维持旋转动力的能量主要来自磁能……本发明采用磁极同性相斥、异性相吸的原理，通过特殊结构，很好地把“磁能”这个能源应用到磁悬浮磁能动力机上，实现驱动。

说明书还记载，本发明的工作原理是，它有两个鼓形的转子，分别是外转子和内转子……沿槽口嵌有一个电磁铁，在扇形体磁块经过电磁铁线圈的瞬间，通以脉冲电能使它激励产生推斥力，推动转子旋转，当电路断开时……转子外圆一定角度的扇形体钕铁硼永磁块磁极在旋转中总是在后端得到一个推力，使转子向前加速。所以，在转子接近电磁铁时的圆周距离上并不消耗电能，这样旋转一周后，电磁铁再一次给予通电激励，使转子又一次得到电磁铁产生的力的推动而开始下一个循环旋转。

本院认为，本案的焦点问题在于涉案专利申请（以下简称本申请）是否具有实用性。

顾庆良、彭安玲主张被诉决定无视本申请主题的内部结构。经审查，本申请权利要求请求保护一种磁悬浮磁能动力机，对该装置的内部结构进行了限定，本申请说明书记载，其采用少量直流电能做启动和控制，电脉冲能量作为该磁悬浮磁能动力机的能量源之一。顾庆良、彭安玲关于本申请技术方案中的能量源并非全部来自装置内部的动力，本申请的装置是由内电机通电启动的主张，本院予以认可。

顾庆良、彭安玲主张被诉决定和一、二审法院对于本申请违反能量守恒定律，无法实现连续运转，亦无法在产业上产生积极效果的认定存在错误。根据专利法第二十二条第四款的规定，实用性是指该发明或者实用新型能够在产业上制造或者使用，并且能够产生积极效果。本院认为，对于本申请是否具有实用性，应当结合说明书和权利要求公开的整体技术内容，判断该技术方案能否解决技术问题，并且能够在产业上制造、使用。经审查，本申请说明书强调，本发明维持旋转动力的能量主要来自“磁能”……采用磁极同性相斥、异性相吸的原理，通过特殊结构，很好地把“磁能”这个能源应用到本发明，实现驱动。本申请限定了定子偏心内曲面和转子外圆间的非均匀性气隙是沿转子旋转方向慢慢逐渐增大，为的是确保在定子内圈运动中，转子外圆一定角度上的扇形体永磁块磁极的前端与定子内圈的距离始终比后端的大。本申请认为这种结构使得磁阻在空隙中就比较大，转子外圆的磁极在旋转中就总能从后端得到一个推力，从而使转子向前加速，继而在转子接近电磁铁时不消耗电能。转子以少量的脉冲动能启动旋转运动后，其余的圆周运动的能量借助于所获得的“磁能”完成。顾庆良、彭安玲在申请再审中主张，飞轮同外转子是连续不断地转动，电磁铁线圈一周内有三次补充飞轮和外转子连续转动的能量。关于本申请的磁悬浮磁能动力机运转一周的过程，专利申请人于2014年4月19日提交的复审程序意见陈述书记载，“本申请的磁悬浮磁能动力机旋转中的300°空间由磁能驱动，0°～60°空间进行脉冲式供电维持旋转，无需不间断供电”。可见，本申请限定的技术方案强调的是利用“磁能”，实现节能环保的效果，该“磁能”的来源是动力机的内部特定结构，而且该“磁能”是动力机旋转的主要能量来源。综合顾庆良、彭安玲在申请再审理由以及本院在询问中的情况，其主张本申请不违反能量守恒定律的理由在于，电能驱动后，飞轮能量、惯性能量等为本申请动磁场不断地输入能量，是利用定子环对转子的摆动不断补充能量，实现连续运转的主要能量源是“磁能”，而不是提供给飞轮转动的电能。因此，本申请是否具有实用性，关键在于本申请利用“磁能”实现连续的运转的技术方案是否能够在产业上制造或者使用。

本院认为，具有实用性的发明或者实用新型专利申请应当符合自然规律，要求能够在产业上制造或者使用，即该申请的技术方案不能与自然规律相违背，所申请的主题必须具有产业中被制造或者使用的可能性，且应当具有再现性。依据本申请公开的整体技术内容，该磁悬浮磁能动力机具备外转子和内转子以及飞轮等结构，在少量的动能输入的情况下，由磁场产生磁力对负载阻力做功，主要能量来源于内部特定结构产生的“磁能”。众所周知，飞轮的惯性需要外力提供，外力对飞轮做功后，一方面要克服负载阻力，另一方面要加速推动外转子旋转做功，而要维持该磁场为动磁场，也需要能量的输入。由此可知，要达到持续推动飞轮前进，并对外做功的效果，输出的能量必然要大于输入的能量。但依据本申请权利要求书和说明书公开的整体技术内容，其请求保护的技术方案的实质是要在磁悬浮磁能动力机只有少量用于维持飞轮转动的直流电输入的情况下，通过动力机特定结构得到“磁能”，满足300°空间不消耗电能，实现连续运转的技术效果。由于离开永磁体磁场之时与进入永磁体磁场之时相比而言无法获得更多能量，因此在运转的设备还存在能量消耗的情况下，本申请在少量的动能输入下，不可能通过磁场内部产生的磁力得到一个大于输入输出能量，本申请所强调给予少量的输入，从设备内部得到一个大于输入的输出的能量，保证飞轮持续运动的技术方案违反了能量守恒定律。因此，本申请请求保护的技术方案仅仅是一种设想或者说是一种结果，依靠所谓的“磁能”实现不间断的连续运转的技术方案是不能够在产业上制造或使用的。顾庆良、彭安玲关于本申请具有可持续能量源，符合能量守恒定律的主张，本院不予支持。

本院认为，专利法第二十六条第三款要求说明书应当对发明或者实用新型作出清楚、完整的说明，以所属技术领域的技术人员能够实现为准。符合该款关于技术方案的“能够实现”请求保护不同于判断不具备实用性的“不能够制造或者使用”的标准。“能够制造或者使用”是指发明或者实用新型的技术方案具有在产业中被制造或使用的可能性，如果技术方案违背了自然规律，就不存在可以实施的技术方案，无法在工业上制造或使用，并且产生积极的效果，这与是否在说明书中公开了相关的具体信息并无关系。本申请说明书没有记载飞轮旋转中转子到达阻力最大的“死点”时给予通电激励，确保其沿正确方向前进的具体技术方案，如在负载变化时，如何调节持续直流电的大小、控制内电机的线圈通过电流大小、时间长短从而保证在新的负载下继续做功，产生平衡负载能量的技术内容。尽管在形式上存在没有公开电能驱动后，如何利用所获得的“磁能”实现连续运转的具体技术方案，以致本领域的技术人员不能够实现该技术方案，但是，本申请能否完成，能否在产业上被制造或者使用，是基于技术方案的本质而言。如上所述，由于本申请的技术方案违反自然规律，导致本申请事实上就不可能存在可以实施的技术信息，无法在工业上制造或使用，并产生积极的效果，因此，这种由于技术方案本身固有的缺陷引起的不能够制造或使用，与说明书中公开的程度并无关系。当请求保护的技术方案存在本质的缺陷导致无法在工业上制造或使用的情形，与说明书是否充分公开了权利要求的相关信息并无关系。本案中，本申请说明书虽然没有对发明作出清楚、完整的说明，形式上存在本领域技术人员不能够实现的情形，但鉴于本申请存在的本质缺陷，被诉决定以本申请不具备实用性予以审查评述，并无不当。一、二审法院认定本申请不具备专利法第二十二条第四款规定的实用性正确，本院予以支持。

依照《最高人民法院关于执行〈中华人民共和国行政诉讼法〉若干问题的解释》第七十四条之规定，裁定如下：

驳回顾庆良、彭安玲的再审申请。

审 判 长　周　翔
代理审判员　罗　霞
代理审判员　佟　姝
二〇一六年十一月七日
书 记 员　张　博

155. 实用性与说明书充分公开的关系

——再审申请人顾庆良、彭安玲与被申请人国家知识产权局专利复审委员会发明专利申请驳回复审行政纠纷案

【裁判要旨】

专利法第二十二条第四款规定的“能够制造或者使用”是指发明或者实用新型的技术方案具有在产业中被制造或使用的可能性。专利法第二十六条第三款规定的“能够实现”是指本领域技术人员根据说明书的内容能否实现该发明或实用新型。两者判断标准不同，之间没有必然联系。

【关键词】

发明专利　复审程序　制造或使用　实现

【案号】

最高人民法院（2016）最高法行申789号

【基本案情】

在本案中，申请号为201010147700.5、名称为“磁悬浮磁能动力机”的发明专利申请（即本案申请）的申请人为顾庆良、彭安玲。根据本案申请说明书的记载，其请求保护的磁悬浮磁能动力机，是替代应用汽、风、水、汽油、柴油及交流电机作动力源的节能环保型动力机。本案申请要创新出目前动力驱动设备中没有使用过的能源——“磁能”来驱动设备……本发明的磁悬浮磁能动力机利用磁能为动力，将磁极的同性相斥、异性相吸的公知常识具体应用在本发明中，采用少量直流电能做启动和控制，巧妙地利用特殊的结构支撑这一目前仅有的磁悬浮磁能动力机……这种发明维持旋转动力的能量主要来自磁能……采用磁极同性相斥、异性相吸的原理，通过特殊结构，很好地把“磁能”应用到磁悬浮磁能动力机，实现驱动。国家知识产权局原审查部门以本案申请违反能量守恒定律、不具有实用性为由予以驳回。顾庆良、彭安玲向国家知识产权局专利复审委员会（以下简称专利复审委员会）提出复审请求。专利复审委员会作出第68294号复审请求审查决定（以下简称第68294号决定），以本案申请不具有实用性为由，维持国家知识产权局作出的驳回决定。顾庆良、彭安玲不服，提起行政诉讼。北京市第一中级人民法院一审判决维持第68294号决定。顾庆良、彭安玲不服，提起上诉，主张本案申请不违反能量守恒定律的理由在于，电能驱动后，飞轮能量、惯性能量等为本申请动磁场不断地输入能量，是利用定子环对转子的摆动不断补充能量，实现连续运转的主要能量源是“磁能”，而不是提供给飞轮转动的电能。北京市高级人民法院二审判决驳回上诉、维持原判。顾庆良、彭安玲仍不服，向最高人民法院申请再审。最高人民法院于2016年11月7日裁定驳回顾庆良、彭安玲的再审申请。

【裁判意见】

在本案中，最高人民法院对专利法第二十二条第四款规定的“能够制造或者使用”与专利法第二十六条第三款规定的“能够实现”之间的关系表明了态度。最高人民法院审查认为：本案申请说明书尽管在形式上没有公开电能驱动后如何利用所获得的“磁能”实现连续运转的具体技术方案，以致本领域技术人员不能够实现该技术方案。但是，本案申请能否在产业上被制造或者使用，是基于技术方案的本质而言。由于本案申请的技术方案违反自然规律，导致其事实上就不包含可以实施的技术信息，无法在工业上再现并产生积极的效果，因此，这种由于技术方案本身固有的缺陷引起的不能够制造或使用，与说明书中是否充分公开了权利要求的相关信息并无关系。虽然本案申请说明书同样没有对发明作出清楚、完整的说明，形式上存在本领域技术人员不能够实现的问题，但鉴于本案申请存在的本质缺陷，第68294号决定以本案申请不具备实用性予以审查评述，并无不当。

中华人民共和国最高人民法院行政裁定书

（2016）最高法行申789号①

（九）专利申请文件以及专利文件的修改

156. 专利申请文件修改超范围的判断（一）

——再审申请人郑亚俐与被申请人精工爱普生株式会社、国家知识产权局专利复审委员会、佛山凯德利办公用品有限公司、深圳市易彩实业发展有限公司专利无效行政纠纷案

【裁判要旨】

原说明书和权利要求书记载的范围应该包括原说明书及其附图和权利要求书以文字或者图形等明确表达的内容以及所属领域普通技术人员通过综合原说明书及其附图和权利要求书可以直接、明确推导出的内容；只要所推导出的内容对于所属领域普通技术人员是显而易见的，就可认定该内容属于原说明书和权利要求书记载的范围；与上述内容相比，如果修改后的专利申请文件未引入新的技术内容，则可认定对该专利申请文件的修改未超出原说明书和权利要求书记载的范围。

---

① 参见案例154裁判文书。

【关键词】

发明　无效程序　专利申请文件修改

【案号】

最高人民法院（2010）知行字第53号

【基本案情】

精工爱普生株式会社（以下简称精工爱普生）是名称为"墨盒"的00131800.4号发明专利（即本案专利）的申请人和权利人。本案专利是99800780.3号发明专利申请的分案申请，而后者是进入中国国家阶段的国际申请（PCT/JP99/02579），即99800780.3号发明专利申请文件相当于PCT/JP99/02579号国际申请的中文翻译件。99800780.3号发明专利申请公开文本的权利要求书中并未出现独立使用的"存储装置"用语，而是使用了"半导体存储装置"或者指代"半导体存储装置"的"所述外部存储装置"的概念。精工爱普生对99800780.3号发明专利申请提出分案申请，并提交了修改文件。修改文件的权利要求书中未再出现"半导体存储装置"，而是使用了"存储装置"的术语。针对本案专利权，佛山凯德利办公用品有限公司（以下简称凯德利公司）、郑亚俐和深圳市易彩实业发展有限公司（以下简称易彩公司）分别向中华人民共和国国家知识产权局专利复审委员会（以下简称专利复审委员会）提出无效宣告请求。专利复审委员会于2008年4月15日作出第11291号无效宣告请求审查决定（以下简称第11291号决定），以精工爱普生有关存储装置的修改以及其他修改均超出原说明书和权利要求书记载的范围，违反专利法第三十三条的规定为由，宣告本案专利全部无效。精工爱普生不服，提起行政诉讼。北京市第一中级人民法院一审判决维持专利复审委员会第11291号决定。精工爱普生不服，提起上诉。北京市高级人民法院二审认为，本领域技术人员通过阅读原权利要求书及说明书，可以毫无疑义地确定本案专利申请人在说明书中是在"半导体存储装置"意义上使用"存储装置"，精工爱普生关于"存储装置"的修改符合专利法第三十三条的规定，故判决撤销一审判决，责令专利复审委员会就此重新作出审查决定。郑亚俐不服，向最高人民法院申请再审。最高人民法院于2011年12月25日裁定驳回了郑亚俐的再审申请。

【裁判意见】

最高人民法院审查认为：专利法第三十三条包括两层含义，一是允许申请人对专利申请文件进行修改，二是对专利申请文件的修改进行限制。专利法第三十三条的立法目的在于实现专利申请人的利益与社会公众利益之间的平衡，一方面使申请人拥有修改和补正专利申请文件的机会，尽可能保证真正有创造性的发明创造能够取得授权和获得保护；另一方面又防止申请人对其在申请日时未公开的发明内容随后补入专利申请文件中，从而就该部分发明内容不正当地取得先申请的利益，损害社会公众对原专利申请文件的信赖。基于前述立法目的，对于“原说明书和权利要求书记载的范围”，应该从所属领域普通技术人员角度出发，以原说明书和权利要求书所公开的技术内容来确定。凡是原说明书和权利要求书已经披露的技术内容，都应理解为属于原说明书和权利要求书记载的范围。既要防止对记载的范围作过宽解释，乃至涵盖了申请人在原说明书和权利要求书中未公开的技术内容，又要防止对记载的范围作过窄解释，对申请人在原说明书和权利要求书中已披露的技术内容置之不顾。从这一角度出发，原说明书和权利要求书记载的范围应该包括如下内容：一是原说明书及其附图和权利要求书以文字或者图形等明确表达的内容；二是所属领域普通技术人员通过综合原说明书及其附图和权利要求书可以直接、明确推导出的内容。只要所推导出的内容对于所属领域普通技术人员是显而易见的，就可认定该内容属于原说明书和权利要求书记载的范围。与上述内容相比，如果修改后的专利申请文件未引入新的技术内容，则可认定对该专利申请文件的修改未超出原说明书和权利要求书记载的范围。由此可见，判断对专利申请文件的修改是否超出原说明书和权利要求书记载的范围，不仅应考虑原说明书及其附图和权利要求书以文字或者图形表达的内容，还应考虑所属领域普通技术人员综合上述内容后显而易见的内容。在这个过程中，不能仅仅注重前者，对修改前后的文字进行字面对比即轻易得出结论；也不能对后者作机械理解，将所属领域普通技术人员可以直接、明确推导出的内容理解为数理逻辑上唯一确定的内容。

中华人民共和国最高人民法院行政裁定书

（2010）知行字第53号

申请再审人（原审第三人）：郑亚俐，女，1955年11月28日生，汉族，住中华人民共和国新疆维吾尔自治区乌鲁木齐市天山区东风路×号×号楼×室。

委托代理人：陈俊由，男，1947年10月30日生，汉族，北京中知法苑知识产权代理事务所专利代理人，住中华人民共和国北京市昌平区北七家镇温泉花园

66 号楼 A 单元 502 号。

被申请人（一审原告、二审上诉人）：精工爱普生株式会社。住所地：日本国东京都新宿区西新宿二丁目 4 番 1 号。

法定代表人：碓井稔，董事长。

委托代理人：蒋洪义，北京市联德律师事务所律师。

委托代理人：刘永全，北京市联德律师事务所律师。

被申请人（一审被告、二审被上诉人）：中华人民共和国国家知识产权局专利复审委员会。住所地：中华人民共和国北京市海淀区北四环西路 9 号银谷大厦 10－12 层。

法定代表人：张茂于，副主任。

委托代理人：张鹏，该委员会审查员。

委托代理人：郭鹏鹏，该委员会审查员。

被申请人（原审第三人）：佛山凯德利办公用品有限公司。住所地：中华人民共和国广东省佛山市高明区河江开发区跃华路北。

法定代表人：赵锡彪，总经理。

被申请人（原审第三人）：深圳市易彩实业发展有限公司。住所地：中华人民共和国广东省深圳市罗湖区南湖路国贸商业大厦 21 楼 H 单位。

法定代表人：王子峰，董事长。

申请再审人郑亚俐因与精工爱普生株式会社（以下简称精工爱普生）、中华人民共和国国家知识产权局专利复审委员会（以下简称专利复审委员会）、佛山凯德利办公用品有限公司（以下简称凯德利公司）、深圳市易彩实业发展有限公司（以下简称易彩公司）专利无效行政诉讼一案，不服中华人民共和国北京市高级人民法院（2009）高行终字第 327 号行政判决，向本院申请再审。本院依法组成合议庭对本案进行了审查，现已审查终结。

精工爱普生不服专利复审委员会第 11291 号无效宣告请求审查决定（以下简称第 11291 号决定），在法定期限内向中华人民共和国北京市第一中级人民法院起诉称，第 11291 号决定在审查程序和认定事实上存在严重错误，请求人民法院依法予以撤销。其主要理由是：1. 第 11291 号决定违反正当程序。2. 第 11291 号决定中相关认定背离客观事实。原告在实质审查阶段答复第一次审查意见通知书时已经将“存储装置”解释为“7（b）所示的‘半导体存储装置 61’”，将“记忆装置”解释为“指说明书及附图中记载的电路板及设置在其上的半导体存储装置”。3. 第11291号决定对“存储装置”的解释观点与北京市高级人民法院相关判例中对功能性限定特征的解释标准相违背。4. 从属权利要求4、34中相关附加技术特征以及权利要求8的技术方案，均未超出原说明书公开的范围。

专利复审委员会答辩称：1. 关于审查程序。本案的审查程序符合《专利审查指南》第四部分第三章第4.5节关于案件合并审理的规定。2. 关于专利法（2000年修正）（以下简称专利法）第三十三条。（1）应当以“原说明书和权利要求书记载的范围”作为认定申请人的修改是否符合专利法第三十三条规定的基础，申请人在意见陈述书中对权利要求所作的解释不能作为认定事实的依据；（2）《专利审查指南》第二部分第二章第3.2.1节明确规定，“对于权利要求中所包含的功能性限定的技术特征，应当理解为覆盖了所有能够实现所述功能的实施方式”；（3）关于有关权利要求的具体意见，坚持决定中的相关意见。综上，第11291号决定认定事实清楚，适用法律法规正确，审理程序合法，请求人民法院维持该决定。

北京市第一中级人民法院一审查明：第11291号决定针对的专利是中华人民共和国国家知识产权局于2004年6月23日授权公告的、名称为“墨盒”的00131800.4号发明专利（以下简称本专利）。本专利是99800780.3号发明专利申请的分案申请，其申请日为1999年5月18日，最早的优先权日为1998年5月18日，专利权人为精工爱普生。本专利授权公告的权利要求书包括42项权利要求。

针对本专利权，凯德利公司于2006年1月17日向专利复审委员会提出了无效宣告请求，其理由是本专利不符合专利法第二十二条第二款、第三款的规定，请求宣告本专利全部无效。

针对上述无效宣告请求，精工爱普生于2006年3月1日和20日两次提交了内容相同的意见陈述书，并对本专利权利要求书进行了修改，修改后的权利要求书如下：

“1. 一种装于喷墨打印设备的托架上的墨盒，用于通过一供墨针向喷墨打印设备的打印头供应墨水，该墨盒包括：

多个外壁；

一供墨口，用于接纳所述供墨针，形成于多个壁的第一个上；

一存储装置，由所述墨盒支承，存储关于墨水的信息；一电路板，安装在与所述多个壁中的第一壁交叉的所述第二壁上，所述电路板位于所述供墨口的中线上；和多个接触点，形成在所述电路板的外露表面上，用于将所述存储装置连接到喷墨打印设备，所述触点形成多个列。

2. 根据权利要求 1 的墨盒，其中所述电路板位于所述供墨口附近设置于所述壳体的所述第二壁上。

3. 根据权利要求 1 的墨盒，其中所述电路板设置于与所述壳体的所述第一壁垂直的所述第二壁上。

4. 根据权利要求 1 的墨盒，其中所述电路板基本上为矩形，且所述电路板设置于基本上垂直于所述第一壁的所述第二壁上，所述第二壁的宽度比所述壳体的其他壁窄。

5. 根据权利要求 1 的墨盒，其中所述电路板设置成基本平行于垂直于所述壳体的所述第一壁的所述第二壁。

6. 根据权利要求 1 的墨盒，其中所述触点位于墨盒装于打印设备上或从其上拆下时的支点的相对位置。

7. 根据权利要求 1 的墨盒，其中所述电路板基本上为矩形并沿垂直方向对准。

8. 一种装于喷墨打印设备的托架上的墨盒，用于通过一供墨针向喷墨打印设备的打印头供应墨水，该墨盒包括：

多个外壁；

一供墨口，用于接纳所述供墨针，形成于多个壁的其中一个上；

一记忆装置，由所述墨盒支承，存储关于墨水的信息；

多个触点，用于将所述记忆装置连接到喷墨打印设备，所述触点形成多个列，所述列的其中之一比另外的列更靠近所述供墨口，最靠近所述供墨口的触点列比离所述供墨口最远的触点列长。

9. 根据权利要求 8 的墨盒，其中所述记忆设置于所述壳体上并位于所述供墨口的中线上。

10. 根据权利要求 8 的墨盒，其中所述记忆装置设置于其上的所述壁位于所述供墨口的附近。

11. 根据权利要求 10 的墨盒，其中所述记忆装置位于所述记忆装置设于其上的所述壳体的所述壁的中线上。

12. 一种具有一打印头的喷墨打印设备的墨盒，将墨水滴喷射于记录介质上，该墨盒包括：

一含墨水的壳体；

一供墨口，形成在所述壳体的一个壁上，用于将所述壳体内的墨水导向打印头；

一设置于所述壳体上的记忆装置，存储墨水的信息；

多个设于所述壳体上的端子，当墨盒安装于打印设备上时，至少其中之一个端子将所述记忆装置电连接到所述喷墨打印设备并且其中之一个端子电连接到打印设备的两个触点元件上；

其中所述接触打印设备的两触点元件的端子是表示安装在打印设备上的墨盒的存在的检测端子，且其中所述接触打印设备的两触点元件的端子位于所述供墨口的中线。

13. 根据权利要求12的墨盒，其中所述记忆装置包括一个基片，在所述基片的一个表面上设置有一个存储装置，在所述基片的另外面上设置有多个端子。

14. 根据权利要求12的墨盒，其中所述记忆装置包括一个基片，在所述基片的一个面上设置有一个存储装置，在与所述存储装置所在的面相同的面上设置所述多个端子。

15. 根据权利要求12的墨盒，其中所述存储装置由抗墨水材料模铸而成。

16. 根据权利要求12的墨盒，其中所述多个端子分组成至少一第一组和第二组。

17. 根据权利要求12的墨盒，其中所述接触打印设备的至少两触点元件的端子基本上位于墨盒宽度方向的中央。

18. 根据权利要求12的墨盒，其中所述接触打印设备的两触点元件的端子具有比其他端子大的面积。

19. 根据权利要求12的墨盒，其中所述接触打印设备的两触点元件的端子是接地电极。

20. 根据权利要求12的墨盒，其中当墨盒安装在打印设备上时所述多个端子以一个时间间隔与外部控制装置形成接合。

21. 根据权利要求16的墨盒，其中所述第一组和第二组端子沿墨盒装在打印设备上的方向以一个间隔设置。

22. 根据权利要求16的墨盒，其中所述第一组和第二组端子相对墨盒装在打印设备上的方向具有不同的高度。

23. 根据权利要求12的墨盒，其中所属记忆装置包括各具有不同功能的六个端子。

24. 根据权利要求 16 的墨盒，其中所述记忆装置还包括当墨水穿过两组端子附着时将所述第一组端子连接到第二组端子的导体元件。

25. 根据权利要求 12 的墨盒，其中所述多个端子的至少其中之一沿墨盒装在打印设备上的方向是垂直地呈矩形。

26. 根据权利要求 12 的墨盒，其中所述记忆装置包括一个接地垫元件，用于检查所述记忆装置的内容。

27. 根据权利要求 12 的墨盒，其中所述多个端子与所述记忆装置的边缘隔开。

28. 根据权利要求 12 的墨盒，其中所述记忆装置包括至少一个物理接触打印设备的一接触元件的端子。

29. 一种具有一打印头的喷墨打印设备的墨盒，该打印头向一记录介质上喷射墨滴，该打印头具有一供墨针，并装在一活动托架上，该墨盒包括：

一壳体，其内含有墨水并构造成可拆下地装于打印头上，所述壳体具有一第一壁和一第二壁，该第二壁具有一第一上角和一第二上角；

一供墨口，形成在所述第一壁上用于接纳打印头的供墨针并从所述壳体向该打印头供应墨水；

一记忆装置，设置在所述壳体的一个壁上，存储墨水信息；

至少两个电触点，用于将记忆装置连接到喷墨打印设备上，各电触点距离供墨口一预定距离；

至少一个悬垂件，延伸超过所述记忆装置设置于那里的所述壳体的壁的一个平面，悬垂件位于第一上角和第二上角之间。

30. 根据权利要求 29 的墨盒，其中所述记忆装置设置于其上的所述壁垂直于所述供墨口形成于那里的所述壳体的一个壁。

31. 根据权利要求 29 的墨盒，其中所述记忆装置位于供墨口的中线上。

32. 根据权利要求 29 的墨盒，其中所述记忆装置基本上在沿所述壁的宽度的一个中央位置设置在所述供墨口附近的一个壁上。

33. 根据权利要求 29 的墨盒，其中所述记忆装置设置于所述壳体的一个侧壁上。

34. 根据权利要求 29 的墨盒，其中所述壳体基本上为矩形，所述记忆装置设置于所述壳体的一个侧壁上，该侧壁的宽度比所述壳体的其他侧壁窄。

35. 根据权利要求 29 的墨盒，其中所述记忆装置位于墨盒装于打印设备上或从其上拆下时的支点的相对位置上。

36. 根据权利要求 29 的墨盒，其中所述悬垂件形成在所述记忆装置的上部位置。

37. 根据权利要求 29 的墨盒，其中所述悬垂件沿垂直于所述记忆装置的一个平面的方向延伸超过壳体。

38. 根据权利要求 29 的墨盒，其中所述记忆装置、所述供墨口和所述悬垂件位于墨盒的同侧。

39. 根据权利要求 29 的墨盒，其中所述壳体的内部分成至少两个分开的室，所述悬垂件包括两个分开的凸起，该两凸起延伸超过沿所述记忆装置设置于其上的所述壁的宽度方向的两端部。

40. 一种装于喷墨打印设备的托架上的墨盒，用于通过一供墨针向喷墨打印设备的打印头供应墨水，该墨盒包括：

多个外壁；

一个供墨口，用于接纳所述供墨针，形成于多个壁的第一个上；

一存储装置，由所述墨盒支承，存储关于墨水的信息；

多个触点，形成在与所述多个壁中的第一壁交叉的所述多个壁的第二壁上，用于将所述存储装置连接到喷墨打印设备，所述触点形成多个列，并且位于所述多个列之一的中心的所述触点中的一个触点（60－2）位于供墨口的中线上。”

专利复审委员会于 2006 年 4 月 27 日针对上述无效宣告请求举行了口头审理。

针对本专利权，郑亚俐于 2007 年 6 月 15 日向专利复审委员会提出了无效宣告请求，其理由是本专利不符合专利法第三十三条和第二十六条第四款的规定，请求宣告本专利全部无效，并提交了本专利的分案原申请 99800780.3 的公开说明书作为证据。2007 年 7 月 3 日，郑亚俐向专利复审委员会提交了意见陈述书，认为本专利授权权利要求还不具备专利法第二十二条第二款、第三款规定的新颖性和创造性，同时提交了相关证据。

针对本专利权，易彩公司于 2007 年 10 月 31 日以与凯德利公司完全相同的理由和证据向专利复审委员会提出了无效宣告请求。

针对上述无效宣告请求，精工爱普生于 2007 年 9 月 18 日提交了意见陈述书和权利要求书修改替换页，上述修改的权利要求书与其于 2006 年 3 月 1 日提交的权利要求书内容相同。针对郑亚俐的无效宣告请求，精工爱普生还提交了在本专利实质审查阶段答复第一次审查意见通知书时所提交的意见陈述书，以证明本专利在实质审查阶段所作的修改未超出原始公开的范围，符合专利法第三十三条的规定。

2008 年 3 月 25 日，专利复审委员会举行了口头审理。

专利复审委员会认为：1. 本专利是 99800780. 3 号发明专利申请的分案申请，而 99800780. 3 号发明专利申请是进入中国国家阶段的国际申请（PCT/JP99/02579），即 99800780. 3 号发明专利申请文件相当于 PCT/JP99/02579 号国际申请的中文翻译件。本专利权利要求 1 和 40 中的“存储装置”以及权利要求 8、12 和 29 中的“记忆装置”均由实质审查阶段修改而来。在申请日提交的 PCT/JP99/02579 号国际申请文件及 99800780. 3 号发明专利申请的说明书和权利要求书中并没有“存储装置”和“记忆装置”的文字记载，而仅有“半导体存储装置”的文字记载。“存储装置”是用于保存信息数据的装置，除半导体存储装置外，其还包括磁泡存储装置、铁电存储装置等多种不同的类型。本专利原说明书和权利要求书中针对的是半导体存储装置，不涉及其他类型的存储装置，也不能直接且毫无疑义地得出墨盒装有其他类型的存储装置。因此，本领域技术人员并不能从原说明书和权利要求书记载的“半导体存储装置”直接且毫无疑义地确定“存储装置”。同理，“记忆装置”也不能从原说明书和权利要求书记载的“半导体存储装置”直接且毫无疑义地确定得出，致使独立权利要求 1、8、12、29 和 40 及相应的从属权利要求不符合专利法第三十三条的规定。原说明书的“这是因为，打印设备必须带到厂家，并且记录控制数据的存储装置必须更换”及“其中在一个墨盒上设置了半导体存储装置和连接到存储装置的一个电极”两部分内容均记载在背景技术部分中，且“这是因为，打印设备必须带到厂家，并且记录控制数据的存储装置必须更换”针对的是现有技术中的打印设备，“其中在一个墨盒上设置了半导体存储装置和连接到存储装置的一个电极”中的“存储装置”应当是“半导体存储装置”的以下简称，并非是指另外的技术特征。本专利是针对安装有半导体存储装置的墨盒作出的改进，针对的是“半导体存储装置”，而非“存储装置”和除“半导体存储装置”以外的其他存储装置。“记忆装置”本身并无“半导体存储装置”与“电路板”的组合这一含义。而且，根据本专利的权利要求 13 和 14 对“记忆装置”所作的限定可知，“记忆装置”并非像精工爱普生所声称的那样是指“‘半导体存储装置’与‘电路板’的组合”。2. 从属权利要求 4 的附加技术特征“所述第二壁的宽度比所述壳体的其他壁窄”和从属权利要求 34 的附加技术特征“该侧壁的宽度比所述壳体的其他侧壁窄”既没有记载在原说明书和权利要求书中，也不能从原说明书和权利要求书中直接且毫无疑义地确定，也超出了原说明书和权利要求书记载的范围。3. 包含技术特征“最靠近所述供墨口的触点列比离所述供墨口最远的触点列长”的本专利权利要求8的整体技术方案同样也未记载在原说明书和权利要求书中。附图6和7所示的实施例针对的是电路板设置在与供墨口所在底壁相垂直的侧壁上的墨盒，而本专利权利要求8还包括电路板、触点与供墨口位于同一壁等情况的墨盒，但后者并未记载在原说明书和权利要求书中，也不能从原说明书和权利要求书中直接且毫无疑义地确定。因此，本专利权利要求8的修改也超出了原说明书和权利要求书记载的范围。4. 鉴于本专利已不符合专利法第三十三条之规定，故对其他的无效理由及证据不再进行评述。据此，专利复审委员会于2008年4月15日作出第11291号决定，宣告本专利全部无效。

北京市第一中级人民法院一审认为：1. 关于本专利权利要求1、8、12、29、40的修改是否符合专利法第三十三条的规定。本专利权利要求中修改而来的“存储装置”和“记忆装置”是清楚的术语，本领域技术人员公知“存储装置”不限于“半导体存储装置”，“记忆装置”也不等同于“电路板及设置在其上的半导体存储装置”。专利申请人在实质审查阶段将“半导体存储装置”修改为“存储装置”将保护范围扩大到所有类型的存储装置。“记忆装置”在原说明书和权利要求书并未记载，本领域技术人员不能从原说明书和权利要求书中直接明确认定“记忆装置”为“电路板及设置在其上的半导体存储装置”。据此，第11291号决定认定本专利权利要求1、8、12、29、40不符合专利法第三十三条的规定并无不当。2. 关于本专利权利要求4、8、34的修改是否符合专利法第三十三条的规定。对于本专利权利要求4、34，附图6、26并不能直接地、毫无疑义地确定设置电路板、半导体存储装置的侧壁比其他壁都窄。对于本专利权利要求8，意见陈述书的解释用以限定权利要求于法无据，且附图6、7仅反映电路板、触点与供墨口位于不同壁的情形，对于电路板、触点和供墨口位于同一壁的墨盒并没有体现，也不能直接地、毫无疑义地确定这种结构的墨盒其触点列的长短布置。据此，第11291号决定对权利要求4、8、34不符合专利法第三十三条的规定的认定并无不当。依据《中华人民共和国行政诉讼法》第五十四条第（一）项之规定，北京市第一中级人民法院于2008年12月20日作出（2008）一中行初字第1030号行政判决：维持专利复审委员会第11291号决定。一审案件受理费100元，由精工爱普生承担。

精工爱普生不服一审判决，向北京市高级人民法院提起上诉称：1. 根据专利权利要求解释中公认的“禁止反悔原则”，本案应当根据上诉人在实质审查阶段为了获得授权而对技术术语的解释来确定其含义，即“存储装置”解释为“图7（b）中所示的‘半导体存储装置61’”，将“记忆装置”解释为“指说明书及附图中记载的电路板及设置在其上的半导体存储装置”。2. 第11291号决定对“存储装置”的解释观点与北京市高级人民法院相关判例中对功能性限定特征的解释标准相违背。3. 从属权利要求4、34中相关附加技术特征在原说明书附图6（a）、附图26等图中均有反映，并未超出原始公开的范围。对于权利要求8的技术方案，上诉人在答复第一次审查意见通知书时也进行了解释，因此，本专利符合专利法第三十三条的规定。专利复审委员会、凯德利公司、郑亚俐、易彩公司服从一审判决。

北京市高级人民法院经审理查明的事实与一审法院一致。另查明：2002年11月8日，国家知识产权局就本专利申请发出第一次审查意见通知书。针对该通知书，精工爱普生于2003年5月9日提交了意见陈述书，对原权利要求作出修改，将原权利要求23修改为新权利要求1。针对审查员提出的“修改超范围”问题，精工爱普生在意见陈述书中第2.2项指出：“权利要求23涉及附图6和附图7，申请人解释，‘存储装置’是指图7（b）所示的‘半导体存储装置61’”；在意见陈述书第3.1项指出：“申请人首先希望解释，该权利要求及其后的权利要求中所述的‘记忆装置’是指说明书及附图中记载的电路板及设置在其上的半导体存储装置。”

北京市高级人民法院认为：确定修改是否超范围的标准在于该修改是否“超出原说明书和权利要求书记载的范围”以及是否“超出原申请公开的范围”，即本领域普通技术人员在阅读了原说明书和权利要求书后，是否能够从该文件记载的内容中毫无疑义地确定所修改的内容。在判断修改是否超范围时，还要关注修改后的技术方案是否构成新的技术方案。此外，申请人在专利授权过程中的意见陈述可以作为其修改是否超范围的参考，但该意见陈述不能作为修改是否超范围的唯一判断依据。

（一）关于本专利权利要求1、40中“存储装置”的修改是否违反专利法第三十三条规定的问题

技术术语及特征的理解应当以本领域技术人员的角度，考虑该技术术语或特征所使用的特定语境。本案中，本专利权利要求1、40中“存储装置”和权利要

求8、12、29中“记忆装置”均由实质审查阶段修改而来。本专利原始公开文本中相关权利要求记载有“半导体存储装置”及“存储装置”的内容。本专利原说明书已经载明本专利所解决的技术问题在于“打印设备必须带到厂家，并且记录控制数据的存储装置必须更换”，而且背景技术也记载了“其中在一个墨盒上设置了半导体存储装置和连接到存储装置的一个电极”。此外，原说明书其他部分均使用“半导体存储装置”。本领域技术人员通过阅读原权利要求书及说明书是可以毫无疑义地确定本专利申请人在说明书中是在“半导体存储装置”意义上使用“存储装置”的。另外，无论是修改前还是修改后的技术方案，“存储装置”实际上是在“半导体存储装置”意义上使用，并未形成新的技术方案，本领域技术人员也不会将其理解为新的技术方案。本专利权利人在实质审查阶段答复通知书的意见陈述书中对“存储装置”做出明确限定，即对于“存储装置”，意见陈述书记载“申请人解释，‘存储装置’是指图7（b）所示的‘半导体存储装置61’”，且原说明书第1页倒数第2段记载“其中在一个墨盒上设置了半导体存储装置和连接到存储装置的一个电极”，表明“存储装置”为“半导体存储装置”的以下简称。

判断修改是否超范围的主体是本领域技术人员，他应当是具备专业知识背景的普通技术人员，能够理解所属领域的技术内容。“存储装置”虽然有其普遍的含义，不仅包括半导体存储装置，还包括磁泡存储装置、铁电存储装置等多种不同类型，但在本专利所属特定的打印机墨盒领域，在背景技术中已经明确其所指的为“半导体存储装置”的前提下，本领域技术人员不会将其理解为作为上位概念的“存储装置”。一审判决及第11291号决定关于“存储装置”的理解有误，予以纠正。精工爱普生关于“存储装置”的修改符合专利法第三十三条的规定的上诉主张有事实和法律依据，应予支持，专利复审委员会应当就此重新作出审查决定。

（二）关于本专利权利要求8、12、29中“记忆装置”的修改是否违反专利法第三十三条规定的问题

本专利“记忆装置”的修改虽然也是由实质审查阶段修改而来，但其不同于“存储装置”的修改。本专利原权利要求书及说明书中从未有“记忆装置”的记载，该术语系专利申请人新增加的内容。没有记载而新增加的内容不符合专利法第三十三条的规定。此外，虽然专利申请人在实质审查阶段答复通知书的意见陈述书中对“记忆装置”作出明确限定，但如上述认定，仅仅在意见陈述中作出说

明不能作为允许修改的依据。据此，一审判决及第 11291 号决定关于“记忆装置”在原说明书和权利要求书并未记载，本领域技术人员不能从原说明书和权利要求书中明确认定“记忆装置”为“电路板及设置在其上的半导体存储装置”的认定正确。精工爱普生关于“记忆装置”的修改符合专利法第三十三条的上诉主张不能成立，予以驳回。

鉴于认定本专利权利要求 8、12、29 不符合专利法第三十三条的规定，上述权利要求所从属的权利要求也未克服上述缺陷，故本专利权利要求 8、12、29 及其所从属的权利要求均不符合专利法第三十三条之规定。专利复审委员会第 11291 号决定关于本专利权利要求 8、12、29 均不符合专利法第三十三条规定的认定是正确的，应予维持。

（三）关于本专利权利要求 4 中“所述第二壁的宽度比所述壳体的其他壁窄”是否符合专利法第三十三条规定的问题

本专利权利要求 4 中“所述第二壁的宽度比所述壳体的其他壁窄”，既没有记载在原权利要求书及说明书中，也不能由原权利要求书及说明书毫无疑义地得出，不符合专利法第三十三条的规定。说明书附图用于表示产品的形状、结构及位置关系，对于其他技术领域，说明书附图可以是电路图、化学结构式或反应方法过程的流程图。本案中，本专利说明书附图并非标准的机械制图，其所体现的仅仅是本专利技术方案的结构及位置关系，该附图并不能毫无疑义地确定“所述第二壁的宽度比所述壳体的其他壁窄”。专利复审委员会第 11291 号决定中关于本专利权利要求 4 不符合专利法第三十三条规定的认定是正确的。精工爱普生关于本专利说明书附图 6 能够反映本专利权利要求 4 中“所述第二壁的宽度比所述壳体的其他壁窄”的技术特征，故符合专利法第三十三条规定的上诉主张不能成立。

综上所述，一审判决及第 11291 号决定部分事实认定错误，适用法律不当，应予撤销。北京市高级人民法院于 2009 年 10 月 13 日作出（2009）高行终字第 327 号行政判决，判决如下：一、撤销北京市第一中级人民法院（2008）一中行初字第 1030 号行政判决；二、撤销专利复审委员会第 11291 号决定；三、专利复审委员会重新就名称为“墨盒”、专利号为 00131800.4 的发明专利权作出无效宣告请求审查决定。一审案件受理费 100 元，由专利复审委员会负担；二审案件受理费 100 元，由专利复审委员会负担。

郑亚俐不服上述二审判决，向本院申请再审称，二审判决认定事实不清，适用法律错误，请求依法撤销二审判决，维持一审判决。其主要理由是：1. 二审判决关于本专利的原始公开文本（99800780.3 号发明专利申请公开说明书）是在“半导体存储装置”意义上使用“存储装置”的事实认定错误。本专利原始公开文本的 75 项权利要求中没有提及墨盒上有“存储装置”，其说明书第 1 页第 24－27 行中出现了两次“存储装置”，均出现在对现有技术介绍部分。第一个“存储装置”（说明书第 1 页第 24 行）理应指打印装置上的存储装置，究竟是何种存储装置并无说明，但其与本专利安装在墨盒上的“半导体存储装置”没有任何关联。第二个“存储装置”（说明书第 1 页第 27 行）可以理解为对说明书第 1 页第 26 行中的“半导体存储装置”的以下简称。这是在一句话中出现的先全称后以下简称情况，这种形式的简称只能在该句话中适用，不能仅据此将以下简称的范围扩大。2. 本专利的修改因扩大了保护范围应认定无效，二审判决将本专利的保护范围进行限缩解释是错误的。（1）二审判决关于专利法第五十六条的适用错误。该条有关“发明或者实用新型专利权的保护范围以其权利要求的内容为准”的规定，不仅指出权利要求的内容才构成专利保护的范围，也告知申请人应对申请保护的内容进行选择，清楚地写入权利要求。“为准”的另一层含义是，如果权利要求的概念与说明书中的相应概念在理解上有冲突时，应以权利要求中的概念内容为准。因为对权利要求中每一个术语概念的内涵和外延理解不同，会致使整体保护范围发生变化，故必须优先认定权利要求中的概念才能体现“为准”。该条有关“说明书及附图可以用于解释权利要求”的含义是指，说明书及附图的地位只是为便于理解权利要求方案而给出的例子和说明。本专利独立权利要求 1 和 40 中的“存储装置”概念无须解释、非常清楚，是涵盖了声、光、磁、电的作为上位概念的存储装置。要将这种清楚的上位概念理解为具体下位概念的条件是，说明书中必须有明确定义，定义其为半导体存储装置。在说明书中没有给出明确定义的情况下，将其理解为上位概念是正确的，是维护权利要求严肃性的合法做法。二审判决将说明书中清楚的术语概念解释为与权利要求中此术语概念的上位概念相同，违反了专利法第五十六条的规定。（2）在专利权无效行政纠纷案件中，不能用专利权人在授权确权程序中的意见陈述对权利要求概念的含义进行解释。专利授权文本是向公众公开的，而专利审查过程中的意见陈述并没有出现在公开文本中。公众得到专利授权文本的公开信息后，公开的权利要求范围会对其要进行的后续行为产生影响。公众对权利要求的理解是基于权利要求中的文字意义，如果这种文字的真正意义要参照公众看不到的意见陈述，对公众是不公平的，反而会产生说明书对公众进行误导的严重问题。因此，用专利审查意见陈述书的内容对专利授权公开文本的权利要求中的明确概念进行解释的做法不可取。

精工爱普生答辩称，二审判决认定本专利独立权利要求1和40及其从属权利要求中记载的“存储装置”的技术特征，不存在修改超范围的情形，符合事实，于法有据，申请再审人的再审请求及其理由缺乏事实和法律依据，依法应予驳回。其主要理由是：1. 本专利授权文本中记载的“存储装置”应解释为半导体存储装置。本专利原始公开文本的权利要求2和说明书的现有技术部分所记载的“存储装置”术语，均系半导体存储装置的以下简称，根据同一术语在同一专利中应当具有相同含义的解释原则，“存储装置”在本专利中应仅指半导体存储装置。本领域的普通技术人员根据本发明所要解决的技术问题和发明目的，也可以毫无疑义地将本专利权利要求中的“存储装置”理解为半导体存储装置。根据本专利的专利审查档案，也应当认定本专利权利要求中的“存储装置”就是指半导体存储装置。第11291号决定仅从相关术语的字面含义出发，将本专利权利要求书中记载的“存储装置”解释为具有信息数据存储功能的各种存储装置，是不符合本专利的客观事实的，也违反了正确的权利要求解释方法。2. 专利侵权程序中适用的权利要求解释标准与专利确权程序中适用的权利要求解释标准应该保持统一。基于专利权的确定性原则，就同一项专利权而言，无论是在侵权程序还是在确权程序中，对其权利要求的解释标准均应保持统一，以使其保护范围保持一致。如果在侵权程序和确权程序中分别适用不同的权利要求解释标准，并对同一项专利权解释出不同的保护范围，将会对公众或者专利权人造成不公平的法律后果。3. 专利审查档案应该作为解释本专利权利要求1和40中记载的“存储装置”的依据。(1) 根据《最高人民法院关于审理侵犯专利权纠纷案件应用法律若干问题的解释》第三条的规定，专利审查档案不仅可以用作解释权利要求的依据，具有与说明书及附图、权利要求书中的相关权利要求同等的解释效力，而且具有优先于“工具书、教科书等公知文献以及本领域普通技术人员的通常理解”的解释效力。本案中，对于该“存储装置”术语，不仅原说明书的背景技术部分及原权利要求2已在“半导体存储装置”的意义上记载过该术语，而且专利审查档案亦已明确将该术语在本专利中的技术含义限定为“半导体存储装置”。在此情况下，应将“存储装置”解释为“半导体存储装置”。由于运用专利审查档案已能明确本专利权利要求书中记载的“存储装置”技术特征的含义，本案不应再结合工具书、教科书等公知文献以及本领域普通技术人员的通常理解来对“存储装置”术语的含义进行字面解释。第11291号决定违反了有关解释依据的效力顺序，依法应予纠正。(2) 由于专利审查档案对于“存储装置”所作的限定性解释在专利侵权程序中对于解释权利要求具有当然的约束力，故在本案的专利确权程序中，如果排除专利审查档案的解释作用，将会对专利权人造成极不公平的法律结果。如果发生涉及本专利的侵权程序，则在该程序中对权利要求书中记载的“存储装置”进行解释时，无论是依据前述司法解释第三条关于权利要求解释依据的规定，还是依据该司法解释第六条关于禁止反悔的规定，人民法院都会将“存储装置”在本专利中具有的技术含义解释为“半导体存储装置”。在专利侵权程序中，精工爱普生不可能将除了半导体存储装置以外的其他存储装置解释进本专利的保护范围，或者说本专利在侵权程序中不可能保护到使用其他存储装置的墨盒。因此，如果在本案确权程序中采取相反的权利要求解释方法，将其解释为包括半导体存储装置在内的各种存储装置，并因此认定本专利存在修改超范围情形，将其宣告全部无效，这种做法实质上就是将本专利在侵权程序中不可能获得保护的技术方案强行“塞进”本专利的保护范围。这种做法及其结果对于专利权人显失公平。(3) 不能以专利审查档案的公示作用弱于权利要求书和说明书为由否定其对权利要求书所具有的解释作用。专利审查档案也是向公众开放的，也具有公示作用，故在相关司法解释已经明确将其列为权利要求解释依据的情况下，不能以公示作用的强弱来否定其解释效力。(4) 专利申请人通过主动修改行为对其权利要求所作出的限缩性解释，对于确定该权利要求的保护范围亦具有约束力，应当依据该限缩性解释来确定该权利要求的保护范围。本案中，尽管精工爱普生在本专利的实质审查阶段对“存储装置”技术特征的修改系一种主动修改行为，但其在专利审查档案中针对该项主动修改特征所作出的限缩性解释已被审查员接受并成为本专利的授权基础，本案不宜以“存储装置”的修改属于主动修改为由，否定专利审查档案中所记载的“存储装置”的限缩性解释对于解释本专利的权利要求所具有的法律约束力。4. 按照专利法第三十三条的立法本意，修改超出范围所导致的无效，应当是超出原始公开范围的那部分修改方案的无效，不应当导致未超出原始公开范围的原有技术方案也一并无效。本案中，在按照法定的、正确的权利要求解释方法能够将本专利中的“存储装置”解释为未超出原始公开范围的“半导体存储装置”的情况下，第11291号决定将“存储装置”解释为超出原始公开范围的各种存储装置，并以此宣告本专利全部无效，这种做法已完全背离了专利法第三十三条的立法本意。

专利复审委员会陈述意见称，二审判决事实认定不清，法律适用不当，应予撤销，专利复审委员会第11291号决定应予维持。其主要理由为：1. 二审判决对“半导体存储装置”与“存储装置”的含义事实认定错误。根据专利复审委员会提交的证据记载，存储器包括半导体存储器、磁芯存储器、光电存储器等。根据所属领域技术人员的理解，“半导体存储装置”与“存储装置”含义不同，“半导体存储装置”仅为“存储装置”之一种。本专利原始公开文本对于技术方案的描述全部使用“半导体存储装置”，“存储装置”这一术语仅出现在“背景技术”中，共两处。(1) 关于第一处“存储装置”，从背景技术部分的整体内在逻辑而言，恰恰可以证明本专利仅针对“半导体存储装置”。本专利原始公开文本的背景技术从喷墨打印设备存在的打印头分辨率和油墨特性影响打印质量这一技术性问题出发，提出设置存储装置的技术构思；然而存储装置必须更换，所以日本第2594912号专利提出采用半导体存储装置和打印设备主体上的电极配合的技术构思；本专利申请恰恰是针对日本第2594912号专利中所公开的“在墨盒上设置半导体存储装置、在打印设备上设置一组电极”的喷墨打印设备所存在的接触不好、数据丢失的技术问题，提出在墨盒侧壁安装电路板，电路板外面设置触点，触点可以连接到外部控制装置，从而实现外部控制装置通过触点访问半导体存储装置的技术效果。因此，本专利技术方案系针对带有半导体存储装置的打印设备及墨盒做出的。二审判决脱离本专利原始公开文本中涉及日本在先专利的部分，认为本专利是在“半导体存储装置”意义上使用“存储装置”的，这一观点显然与事实不符。(2) 关于第二处“存储装置”，根据本专利申请的国际申请公开文本，可以证明其系“半导体存储装置”的误译。根据PCT国际公开文本的记载，应当理解为“在一个墨盒上设置了半导体存储装置和连接到该半导体存储装置的一个电极”。此处的“存储装置”是对于前文“半导体存储装置”的指代。2. 二审判决对于专利法第三十三条的立法本意理解有误。该条的立法本意在于保障先申请原则。鉴于以申请日区分现有技术的规定的存在，专利申请人不能在确定申请日之后再将申请文件所载明的技术方案内容作出修改。专利申请文件修改的情形，根据修改时机可以区分主动修改和被动修改，根据修改内容区分澄清性修改和调整性修改。被动修改可以体现为澄清性修改和调整性修改，而主动修改仅体现为调整性修改。针对调整性修改，需要结合修改时机和修改内容的判断考虑禁止反悔，避免采用权利要求保护范围解释的方式使得当事人“两头获利”，损害专利权的公示作用。就本专利申请的修改情况而言，专利申请人将原始申请文件中的“半导体存储装置”修改为“存储装置”，是在提交分案申请时主动进行的修改，并非在实质审查过程中根据审查员的要求所进行的澄清性修改。本专利申请的第一次审查意见通知书并未涉及“半导体存储装置”。而且，含有“半导体存储装置”这一技术特征的技术方案，在本专利的原申请中已经得以授权。专利申请人将“半导体存储装置”主动修改为“存储装置”，体现了其具有“半导体存储装置”和“存储装置”二者含义不同的意思表示，否则上述修改缺乏实际意义。然而专利权人在无效程序中又主张“半导体存储装置”与“存储装置”保护范围一致，可见修改的过程反映出反悔的存在，那么应当认定将“半导体存储装置”修改为“存储装置”的情形属于反悔。在这种情况下，不应再通过权利要求的解释而认定其符合专利法第三十三条的规定。3. 二审判决在权利要求保护范围解释的时机和方法方面均存在错误。（1）关于权利要求保护范围的解释时机。权利要求书作为一份确定专利权保护范围的法律文件，应当尽可能做到不依赖其他文件即可根据其自身的表述清楚、明确地限定出具有确定性的保护范围。出于保护专利权的公示作用，通常不应当对于权利要求保护范围加以解释。只有在权利要求的术语存在说明书中明确解释的特定含义、说明书明确放弃某些技术方案、权利要求所包含的某些技术方案无法实现或者权利要求的术语存在多种含义等情况下，对于权利要求加以解释。本案中，“存储装置”对于所属领域技术人员存在明确的含义，并且在说明书中并未加以特定解释。在这种情况下，二审判决对该权利要求的解释不符合对权利要求保护范围加以解释的时机要求。（2）关于权利要求保护范围的解释方法。参照《最高人民法院关于审理侵犯专利权纠纷案件应用法律若干问题的解释》第三条的规定，对于权利要求保护范围解释而言，说明书及附图、权利要求书中的相关权利要求、专利审查档案等作为内部证据，是相对优先的权利要求解释依据。就当事人意见陈述和本领域惯常理解而言，在说明书没有明确界定的情况下，需要将本领域的惯常理解作为优先考虑因素。从权利要求保护范围解释所涉及的两大基本价值取向而言，上述观点旨在保障专利权的公示作用，同时兼顾专利权人合法利益的保障。如果根据说明书中没有记载的当事人意见陈述，对权利要求保护范围作出与本领域惯常理解不同的解释限定，那么显然有损专利权的公示作用。就本案而言，说明书中的表述对“存储装置”和“半导体存储装置”加以区分，结合该分案申请所属母案的情况以及当事人主动修改的情况，客观上应当认定为“存储装置”和“半导体存储装置”含义不同。二审判决将“存储装置”解释为“半导体存储装置”的以下简称，这一解释在说明书中没有任何依据，也与本领域技术人员的普遍理解不同，显然损害了专利权的公示作用，使得社会公众对于专利权的保护范围缺乏预期。

本院审查查明，原审法院查明的事实基本属实。另查明：本专利是99800780.3号发明专利申请的分案申请，而99800780.3号发明专利申请是进入中国国家阶段的国际申请（PCT/JP99/02579），即99800780.3号发明专利申请文件相当于PCT/JP99/02579号国际申请的中文翻译件。99800780.3号发明专利申请公开文本的权利要求书中并未出现独立使用的“存储装置”用语，而是使用了“半导体存储装置”或者指代“半导体存储装置”的“所述外部存储装置”的概念。例如，权利要求1记载：“一种喷墨打印设备，包括：一个往复移动的托架，在托架上形成一个供墨针、一个墨盒支架和一个与所述供墨针连通的用于喷出墨滴的打印头；和一个墨盒，它安装在所述供墨针上，具有存储油墨信息的半导体存储装置，其中，所述供墨针安装在沿垂直于所述托架往复移动方向的一侧的端部附件；一个电路板安装在所述墨盒的一个壁上，在形成所述供墨口的一侧的附近；在所述电路板的外露表面上形成用于连接到外部控制装置的多个触点和，从所述外部控制装置经所述触点访问所述半导体存储装置。”权利要求2记载：“权利要求1的喷墨打印设备，其中：所述多个触点在装、拆所述墨盒的过程中在不同的时间连接到所述外部存储装置。”该发明专利申请公开文本的说明书曾出现过一次独立使用的“存储装置”用语，即第1页第19～24行记载：“当不仅改善油墨特性而是既改善油墨特性又改善打印头的驱动方法时，就可以提高打印设备的打印质量。虽然这样一种技术开发成果可以应用到新制造的喷墨打印设备上，但当考虑到成本、劳动力和其他因素时，这个成果应用到从厂家运输的打印设备上实际上是不可能的。这是因为，打印设备必须带到厂家，并且记录控制数据的存储装置必须更换。”该说明书第1页第25～28行记载：“为了处理这个问题，例如，如在日本专利公开出版物第2594912号中所公开的，提出了一种打印设备，其中在一个墨盒上设置了半导体存储装置和连接到存储装置的一个电极，在打印设备的主体上还设置了一组电极，读出存储在半导体存储装置中的数据，并且按照这些数据控制记录操作。”第29～32行记载：“然而，存在的问题是，因为用户装、拆墨盒的粗糙操作，或因为在托架和墨盒之间存在间隙，经常使半导体存储装置的接触不好；因为信号可能在不适当的时刻充电或施加，所以经常发生禁止数据读出，而在最坏的情况下，数据丢失并且禁止记录操作。”该说明书第2页第1～4行关于本专利的发明目的记载：“鉴于这样一个问题提出本发明，本发明的一个目的是提供一种喷墨打印设备，其中可防止存储在半导体装置中的数据丢失，而与装、拆墨盒的不适当操作无关。本发明的另一个目的是提供一种适于上述打印设备的墨盒。”

PCT/JP99/02579号国际专利申请原文为日文，作为其中文翻译件的99800780.3号发明专利申请公开文本的说明书第1页第25～28行中文译文“其中在一个墨盒上设置了半导体存储装置和连接到存储装置的一个电极”不确切，应翻译为“其中在一个墨盒上设置了半导体存储装置和连接到它的一个电极”。

精工爱普生对99800780.3号发明专利申请提出分案申请，并分别于2000年12月26日和2002年1月28日提交了修改文件。2002年1月28日提交的权利要求书中未再出现“半导体存储装置”的记载，同时该权利要求书的权利要求19、21、36、37、38中出现了“存储装置”或者“所述存储装置”的记载。针对精工爱普生于2000年12月26日提交的说明书第1～10页、2002年1月28日提交的权利要求书第1～7页以及申请日提交的说明书摘要和摘要附图，国家知识产权局于2002年11月8日向精工爱普生发出第一次审查意见通知书。该审查意见通知书正文指出，精工爱普生新提交的权利要求书中的部分内容超出了原说明书和权利要求书记载的范围，不符合专利法第三十三条的规定。但是，该审查意见通知书并未涉及关于“存储装置”的修改是否符合专利法第三十三条的问题。2003年5月9日，精工爱普生针对第一次审查意见通知书提交了意见陈述书，对原权利要求作出修改，将原权利要求23修改为新权利要求1。该意见陈述书第2页第2.1项记载：“对于权利要求23，申请人将其中的特征‘一记忆装置，由所述托架支承……各所述列中对于所述供墨口的中线上’修改为‘一存储装置，由所述墨盒支承，存储关于墨水的信息；一电路板，安装在与所述多个壁中的第一壁交叉的所述第二壁上，所述电路板位于所述供墨口的中线上；和多个触点，形成在所述电路板的外露表面上，用于将所述存储装置连接到喷墨打印设备，所述触点形成多个列’。”可见，本专利授权文本权利要求1中的“存储装置”一词系精工爱普生在提交分案申请时主动修改而来，并非在实质审查过程中根据审查员的要求所进行的修改。

在本专利原始公开文本的权利要求书中，权利要求1、7、8、17、28、29、41、42、53、61、62、73、74中均使用了“半导体存储装置”的用语，共计14次。在分案申请时提交的新权利要求书中，未再出现“半导体存储装置”的用语，而在新权利要求19、21、36、37、38中使用了“存储装置”的用语，共计6

次。在精工爱普生针对第一次审查意见通知书提交的意见陈述书所附的新权利要求书中，同样未出现“半导体存储装置”的用语，而在新权利要求1、13、14、15和42中，使用了“存储装置”的用语，共计8次。

专利复审委员会在本院审查过程中提交了《计算机组成和结构》（王爱英主编，清华大学出版社1995年第二版）一书。该书为清华大学计算机系列教科书之一，其第231页第7.1.1节“存储器分类”部分记载了如下内容：“按构成存储器的器件和存储介质主要可分为：磁芯存储器、半导体存储器、光电存储器、磁膜、磁泡和其他磁表面存储器以及光盘存储器等。”

在无效宣告审查程序中，本案申请再审人郑亚俐作为第二请求人向专利复审委员会提交了公开号为EP0812693A1、公开日为1997年12月17日的欧洲专利申请说明书复印件及其中文译文（即无效宣告请求审查程序中的证据1－2）。该欧洲专利的申请人为本案被申请人精工爱普生，其权利要求书中文译文的权利要求11有如下记载：“根据权利要求9的墨盒，其中所述油墨特征数据存贮单元包括电子存储单元、导电图、光学图样、机械图案和磁性图案中的任意一种。”该欧洲专利申请说明书中文译文第5页第27行以下直至第6页第2行记载，“在如图7（a）所示的油墨特征数据存贮单元的实施方案中，布置有电器存贮单元72，如磁泡存储元件或非易失性半导体存储器元件和一系列触点73”，“图7（b）所示的存贮单元的实施方案包括代码模式74（例如条形码），其通过光学油墨、磁性油墨等形成。光检测器、磁头等均可用于数据读取单元”。

本院审查认为，针对本专利的无效宣告请求提起于2006年，应当适用2000年修正后的专利法以及专利法实施细则的规定。结合申请再审人的申请再审理由、被申请人的答辩和意见陈述及本案听证情况，本案的争议焦点集中在本专利权利要求1和40中关于“存储装置”的修改是否符合专利法第三十三条的规定。对这一问题，可以分解如下：二审判决对于本专利原始公开说明书中使用的“存储装置”含义的解释是否正确；本专利权利要求1和40中关于“存储装置”的修改是否违反专利法第三十三条的规定；专利申请文件的修改限制与专利保护范围的关系；专利申请文件的修改限制与禁止反悔原则的关系。

（一）二审判决对于本专利原始公开说明书中使用的“存储装置”含义的解释是否正确

二审判决认定本专利原始公开说明书中是在“半导体存储装置”意义上使用“存储装置”，“存储装置”为“半导体存储装置”的以下简称。根据本院查明的事实，本专利原始公开文本涉及“存储装置”的部分有三处：一是权利要求书的权利要求2中“所述多个触点在装、拆所述墨盒的过程中在不同的时间连接到所述外部存储装置”；二是说明书第1页第23～24行中“打印设备必须带到厂家，并且记录控制数据的存储装置必须更换”；三是说明书第1页第26～27行中的“其中在一个墨盒上设置了半导体存储装置和连接到存储装置的一个电极”。此外，在精工爱普生针对国家知识产权局第一次审查意见通知书提交的意见陈述书中，第2.2项记载有“权利要求23涉及附图6和附图7，申请人解释，‘存储装置’是指图7（b）所示的‘半导体存储装置61’”。关于本专利原始公开说明书中使用的“存储装置”含义的解释，本院分析评判如下：

第一，关于本专利原始公开说明书中第一处和第三处“存储装置”用语的字面含义。首先，关于第一处“存储装置”。权利要求2中并未出现独立的“存储装置”用语，而是使用了“所述外部存储装置”的称谓。结合权利要求1所提及的“从所述外部控制装置经所述触点访问所述半导体存储装置”的表述，显然权利要求2中的“所述外部存储装置”是权利要求1中提及的“所述半导体存储装置”的代称。其次，关于第三处“存储装置”。根据本院查明的事实，说明书第1页第26～27行中“其中在一个墨盒上设置了半导体存储装置和连接到存储装置的一个电极”这一中文译文不确切，应该翻译为“其中在一个墨盒上设置了半导体存储装置和连接到它的一个电极”。因此，此处所谓的“存储装置”一词实际上系误译，在本专利的原国际申请文件中并不存在。

第二，关于本专利原始公开说明书中第二处“存储装置”用语的字面含义。首先，关于“存储装置”的字面含义。对于所属领域普通技术人员而言，“存储装置”是用于保存信息数据的装置，是包含磁芯存储器、半导体存储器、光电存储器、磁膜、磁泡和其他磁表面存储器以及光盘存储器等的上位概念。这一含义是清楚、明确的。其次，关于此处“存储装置”的上下文。说明书第1页第23～24行中“打印设备必须带到厂家，并且记录控制数据的存储装置必须更换”是说明书中第一次出现独立使用的“存储装置”用语。在使用这一用语之前，说明书介绍了现有技术，指出“既改善油墨特性又改善打印头的驱动方法时，就可以提高打印设备的打印质量”，但是在应用这一技术成果时，“考虑到成本、劳动力和其他因素时，这个成果应用到已经从厂家运输的打印设备实际上是不可能的”，并没有涉及存储装置的类型。在第一次使用独立的“存储装置”用语之后，说明书才以示例的方式提出日本第2594912号专利采用了半导体存储装置。可见，此处说明书的上下文没有明确或者隐含排除其他类型的存储装置，也未对“存储装置”给出不同于通常理解的特殊限定。最后，说明书发明目的部分的内容对“存储装置”含义的影响。说明书对发明目的的介绍较为简单，虽然在发明目的部分明确提及了半导体存储装置的数据丢失等问题，但是在说明书的上下文没有明确或者隐含排除其他类型的存储装置，也未对“存储装置”给出不同于通常理解的特殊限定的情况下，仅凭这一点尚不足以认定此处的“存储装置”是指“半导体存储装置”。因此，对于所属领域普通技术人员而言，此处的“存储装置”用语应该理解为作为通常含义的泛指而非特指半导体存储装置。

第三，关于精工爱普生在意见陈述书中对“存储装置”的解释应该如何理解。精工爱普生在答复国家知识产权局第一次审查意见通知书的意见陈述书中指出，“权利要求 23 涉及附图 6 和附图 7，申请人解释，‘存储装置’是指图 7（b）所示的‘半导体存储装置 61’”。首先，关于意见陈述书的作用。通常情况下，申请人在审查档案中的意见陈述可以作为理解说明书以及权利要求书含义的参考，其参考价值的大小则取决于该意见陈述的具体内容及其与说明书和权利要求书的关系。其次，精工爱普生在意见陈述书中对“存储装置”作出的解释的特点。从该解释的内容看，精工爱普生结合附图，将“存储装置”这一上位概念解释为“半导体存储装置”这一下位概念。当将某一上位概念解释为被该上位概念所包含的下位概念时，可能存在两种理解：一是这种解释仅仅是一种示例，即表示该下位概念属于该上位概念；二是这种解释是一种特指，即该上位概念等同于该下位概念。因此，精工爱普生在意见陈述书中对“存储装置”作出的解释究竟具有何种含义，尚需结合解释的缘由、修改过程、本专利原始公开说明书等综合判断。再次，精工爱普生在意见陈述书中对“存储装置”作出解释的缘由。在意见陈述书中，精工爱普生将原权利要求 23 修改为新的权利要求 1。原权利要求 23 中并未有“存储装置”这一特征，而是在本次修改时引入新的权利要求 1 的，精工爱普生需要对此作出解释，以说明其由来。从这个角度而言，精工爱普生通过意见陈述书对“存储装置”一词作出特指性定义的可能性不大。又次，精工爱普生对“存储装置”一词的修改过程。在本专利原始公开文件中，除了说明书中出现过一次独立使用的“存储装置”用语外，在权利要求书和说明书的其他部分通篇使用的都是“半导体存储装置”的用语。其中，原始公开文件的权利要求书中使用“半导体存储装置”的地方多达 10 余处。而在修改后的新权利要求书中，则相应地修改为“存储装置”，且使用多达 8 次。显然，这种有意修改表明，精工爱普生本身认为“存储装置”与“半导体存储装置”具有不同含义。最后，本专利原始公开说明书对“存储装置”一词的使用。前已述及，本专利原始公开说明书中存在将“存储装置”作为泛指性的上位概念的用法。仅仅根据精工爱普生在意见陈述书中的解释即将“存储装置”理解为特指半导体存储装置，说服力不足。因此，精工爱普生在意见陈述书中对“存储装置”的解释应理解为包含半导体存储装置的上位概念而不是特指性的半导体存储装置。

综上，本专利原始公开说明书所提及的第一处“存储装置”是“所述半导体存储装置”的代称，第二处“存储装置”是包含半导体存储装置的上位概念，第三处“存储装置”实际上系误译所致，精工爱普生在意见陈述书中对“存储装置”的解释并非特指半导体存储装置。二审判决认定本专利原始公开说明书是在“半导体存储装置”意义上使用“存储装置”，“存储装置”为“半导体存储装置”的以下简称，认定事实不妥，本院对此予以纠正。申请再审人关于二审判决对于“存储装置”含义的认定错误的申请再审理由成立。

（二）本专利权利要求 1 和 40 中关于“存储装置”的修改是否违反专利法第三十三条的规定

专利法第三十三条规定：“申请人可以对其专利申请文件进行修改，但是，对发明和实用新型专利申请文件的修改不得超出原说明书和权利要求书记载的范围，对外观设计专利申请文件的修改不得超出原图片或者照片表示的范围。”判断本专利权利要求 1 和 40 中关于“存储装置”的修改是否违反专利法第三十三条的规定，需要正确理解专利法第三十三条的含义。

第一，关于专利法第三十三条的立法目的。正确理解专利法第三十三条的含义，需要结合该条的立法目的。**专利法第三十三条包括两层含义：一是允许申请人对专利申请文件进行修改，二是对专利申请文件的修改进行限制。之所以允许申请人对专利申请文件进行修改，其主要理由在于：一是申请人的表达和认知能力的局限性。申请人将自己抽象的技术构思形诸语言文字，体现为具体的技术方案时，由于语言表达的局限，往往有词不达意或者言不尽意之处。同时，申请人在撰写专利申请文件时，由于对现有技术以及发明创造等的认知局限，可能错误理解发明创造。在专利申请过程中，随着对现有技术和发明创造等的理解程度的提高，特别是审查员发出审查意见通知书之后，申请人往往需要根据对发明创造和现有技术的新的理解对权利要求书和说明书进行修正。二是提高专利申请文件质量的要求。专利申请文件是向公众传递专利信息的重要载体，为了便于公众理**

解和运用发明创造，促进发明创造成果的运用和传播，客观上需要通过修改提高专利申请文件的准确性。在允许申请人对专利申请文件进行修改的同时，专利法第三十三条也对专利申请文件的修改进行了限制，即发明和实用新型专利申请文件的修改不得超出原说明书和权利要求书记载的范围。这一限制的理由在于：一是通过将修改限制在原说明书和权利要求书记载的范围之内，促使申请人在申请阶段充分公开其发明，保证授权程序顺利开展。二是防止申请人将申请日时未完成的发明内容随后补入专利申请文件中，从而就该部分发明内容不正当地取得先申请的利益，保证先申请原则的实现。三是保障社会公众对专利信息的信赖，避免给信赖原申请文件并以此开展行动的第三人造成不必要的损害。可见，专利法第三十三条的立法目的在于实现专利申请人的利益与社会公众利益之间的平衡，一方面使申请人拥有修改和补正专利申请文件的机会，尽可能保证真正有创造性的发明创造能够取得授权和获得保护；另一方面又防止申请人对其在申请日时未公开的发明内容获得不正当利益，损害社会公众对原专利申请文件的信赖。对专利法第三十三条含义的理解，必须符合这一立法目的。

第二，关于“修改不得超出原说明书和权利要求书记载的范围”的理解。基于前述立法目的，对于“原说明书和权利要求书记载的范围”，应该从所属领域普通技术人员角度出发，以原说明书和权利要求书所公开的技术内容来确定。凡是原说明书和权利要求书已经披露的技术内容，都应理解为属于原说明书和权利要求书记载的范围。既要防止对记载的范围作过宽解释，乃至涵盖了申请人在原说明书和权利要求书中未公开的技术内容，又要防止对记载的范围作过窄解释，对申请人在原说明书和权利要求书中已披露的技术内容置之不顾。从这一角度出发，原说明书和权利要求书记载的范围应该包括如下内容：一是原说明书及其附图和权利要求书以文字或者图形等明确表达的内容；二是所属领域普通技术人员通过综合原说明书及其附图和权利要求书可以直接、明确推导出的内容。只要所推导出的内容对于所属领域普通技术人员是显而易见的，就可认定该内容属于原说明书和权利要求书记载的范围。与上述内容相比，如果修改后的专利申请文件未引入新的技术内容，则可认定对该专利申请文件的修改未超出原说明书和权利要求书记载的范围。由此可见，判断对专利申请文件的修改是否超出原说明书和权利要求书记载的范围，不仅应考虑原说明书及其附图和权利要求书以文字或者图形表达的内容，还应考虑所属领域普通技术人员综合上述内容后显而易见的内容。在这个过程中，不能仅仅注重前者，对修改前后的文字进行字面对比即轻易

得出结论；也不能对后者作机械理解，将所属领域普通技术人员可以直接、明确推导出的内容理解为数理逻辑上唯一确定的内容。

第三，关于本案“存储装置”的修改是否违反专利法第三十三条的规定的具体判断。专利法第三十三条所称的原说明书和权利要求书是指申请日提交的说明书和权利要求书；对于分案申请，是指申请日提交的原申请的说明书和权利要求书；对于国际申请，是指原始提交的国际申请的说明书、权利要求书及附图。由于本专利是99800780.3号发明专利申请的分案申请，99800780.3号发明专利申请是进入中国国家阶段的国际申请（PCT/JP99/02579），判断本案“存储装置”的修改是否违反专利法第三十三条的规定，应以PCT/JP99/02579号国际申请记载的内容为准。根据PCT/JP99/02579号国际申请及其中文翻译件（99800780.3号发明专利申请公开说明书）的记载，既改善油墨特性又改善打印头的驱动方法可以提高打印设备的打印质量，但是这个成果难以应用到从厂家运输的打印设备上，因为打印设备必须带到厂家，而且记录控制数据的存储装置必须更换。为此，现有技术提出了在墨盒上设置半导体存储装置和连接到它的一个电极，同时在打印设备的主体上设置一组电极，读出存储在半导体存储装置中的数据，并且按照这些数据控制记录操作的技术方案。由于该打印设备存在接触不好、数据丢失等技术问题，本专利申请提出在墨盒侧壁安装电路板，电路板外面设置触点，触点可以连接到外部控制装置，从而实现外部控制装置通过触点访问半导体存储装置的技术效果。对所属领域普通技术人员而言，通过综合该原始专利申请公开说明书、权利要求书和附图，很容易联想到可以用其他存储装置替换半导体存储装置，并推导出该技术方案同样可以应用于使用非半导体存储装置的墨盒。精工爱普生在提出分案申请时主动将原权利要求书中的“半导体存储装置”修改为“存储装置”。修改后，新的独立权利要求1和40与所属领域普通技术人员综合该原始专利申请公开说明书、权利要求书和附图的记载能够直接、明确推导出的内容相比，并未引入新的技术内容。因此，关于本专利独立权利要求1和40中“存储装置”的修改并未超出原专利申请文件记载的范围，符合专利法第三十三条的规定。

（三）专利申请文件的修改限制与专利保护范围的关系

申请再审人认为，本专利的修改因扩大了保护范围应予无效。这涉及专利申请文件的修改限制与专利保护范围的关系。

专利法实施细则第五十一条规定，发明专利申请人在提出实质审查请求时以及在收到国务院专利行政部门发出的发明专利申请进入实质审查阶段通知书之日起的3个月内，可以对发明专利申请主动提出修改。实用新型或者外观设计专利申请人自申请日起2个月内，可以对实用新型或者外观设计专利申请主动提出修改。申请人在收到国务院专利行政部门发出的审查意见通知书后对专利申请文件进行修改的，应当按照通知书的要求进行修改。专利法实施细则第六十条规定，请求人在提出复审请求或者在对专利复审委员会的复审通知书作出答复时，可以修改专利申请文件；但是，修改应当仅限于消除驳回决定或者复审通知书指出的缺陷。专利法实施细则第六十八条规定，在无效宣告请求的审查过程中，发明或者实用新型专利的专利权人可以修改其权利要求书，但是不得扩大原专利的保护范围。发明或者实用新型专利的专利权人不得修改专利说明书和附图，外观设计专利的专利权人不得修改图片、照片和简要说明。专利法第五十六条第一款规定，发明或者实用新型专利权的保护范围以其权利要求的内容为准，说明书及附图可以用于解释权利要求。**根据上述规定，结合专利法第三十三条的规定，可知专利申请文件的修改限制与专利保护范围之间既存在一定联系，又具有明显差异。其主要差异在于，专利申请文件的修改以原说明书和权利要求书记载的范围为界，其记载的范围越广，披露的技术内容越多，允许的修改范围就越大，而发明或者实用新型专利权的保护范围以其权利要求的内容为准，说明书及附图可以用于解释权利要求，其权利要求记载的技术特征越多，其保护范围就越小。同时，专利申请人根据专利法实施细则第五十一条的规定进行主动修改时，只要不超出原说明书和权利要求书记载的范围，在修改原权利要求书时既可以扩大其请求保护的范围，也可以缩小其请求保护的范围。专利申请文件的修改限制与专利保护范围的联系在于，根据专利法实施细则第六十八条的规定，在无效宣告请求的审查过程中，发明或者实用新型专利的专利权人修改其权利要求书时要受原专利的保护范围的限制，不得扩大原专利的保护范围。**本案中，精工爱普生对原权利要求书中的“半导体存储装置”的修改发生于提出分案申请之时，并非无效宣告请求审查之时，相应的修改是否合法与原专利申请文件请求保护的范围没有关联性。申请再审人有关本专利的修改因扩大了保护范围应予无效的申请再审理由不能成立，不予支持。

（四）专利申请文件的修改限制与禁止反悔原则的关系

在专利授权确权程序中，专利申请人需要遵循诚实信用原则，信守诺言，诚实不欺，不得出尔反尔，损害第三人对其行为的信赖。作为诚实信用原则的体现

和要求，禁止反悔原则在专利授权确权程序中应予适用。但是，禁止反悔原则在专利授权确权程序中的适用并非是无条件的，其要受到自身适用条件的限制以及与之相关的其他原则或者法律规定的限制。禁止反悔原则的适用应以行为人出尔反尔的行为损害第三人对其行为的信赖和预期为必要条件。同时，法律的明确规定以及其他同等重要的原则也限制着禁止反悔原则的适用。在专利授权确权程序中适用禁止反悔原则必须综合考虑上述因素。

根据专利法第三十三条以及专利法实施细则第六十八条的规定，在专利授权程序中，申请人可以对其专利申请文件进行修改，但是对发明和实用新型专利申请文件的修改不得超出原说明书和权利要求书记载的范围；在专利确权程序中，专利权人可以修改其权利要求书，但是不得扩大原专利的保护范围。因此，**在专利授权程序中，相关法律已经赋予了申请人修改专利申请文件的权利，只要这种修改不超出原说明书和权利要求书记载的范围即可。对于社会公众而言，基于专利法第三十三条规定，其应该预见到申请人可能对专利申请文件进行修改，其信赖的内容应该是原说明书和权利要求书记载的范围，即原说明书及其附图和权利要求书以文字或者图形等明确表达的内容和所属领域普通技术人员通过综合原说明书及其附图和权利要求书可以直接、明确推导出的内容，而不是仅信赖原权利要求书记载的保护范围。因此，如果申请人对专利申请文件的修改符合专利法第三十三条的规定，禁止反悔原则在该修改范围内应无适用余地。**

就本案而言，由于所属领域普通技术人员综合原始专利申请公开说明书及其附图和权利要求书的记载，可以推导出该专利申请的技术方案同样可以应用于使用非半导体存储装置的墨盒，精工爱普生在提出分案申请时主动将原权利要求书中的“半导体存储装置”修改为“存储装置”，并未超出原说明书和权利要求书记载的范围，这种修改对于公众而言是可以预见的。社会公众不会因为该修改而导致信赖利益受损。因此，精工爱普生在本案中有关“存储装置”的修改不存在适用禁止反悔原则的问题。

专利复审委员会称，精工爱普生在专利申请过程中实际上认为“半导体存储装置”和“存储装置”二者含义不同，而在无效程序中又主张两者含义相同，修改的过程反映出反悔的存在，应当认为将“半导体存储装置”修改为“存储装置”属于反悔，应予禁止。这一主张混淆了专利法第三十三条和禁止反悔原则的关系。如前一再述及，根据专利法第三十三条的规定，专利申请文件的修改是否超范围，应以原说明书和权利要求书记载的范围为界，在此范围内并无禁止反悔原则的适用余地。专利复审委员会的上述主张实际上是以申请人在修改完成后的无效程序中的解释为准来判断专利申请文件的修改是否超范围，本质上是以禁止反悔原则取代专利法第三十三条，对此，本院不予支持。

综上，虽然二审判决对于“存储装置”含义的认定不妥，申请再审人的部分申请再审理由成立，但是二审判决关于精工爱普生对“存储装置”修改符合专利法第三十三条的裁判结果是正确的，应予维持。郑亚俐的再审申请不符合《中华人民共和国行政诉讼法》第六十三条第二款、《最高人民法院关于执行〈中华人民共和国行政诉讼法〉若干问题的解释》第七十二条规定的再审条件，依据《最高人民法院关于执行〈中华人民共和国行政诉讼法〉若干问题的解释》第七十四条的规定，裁定如下：

驳回郑亚俐的再审申请。

审　判　长　郃中林
代理审判员　朱　理
代理审判员　秦元明
二〇一一年十二月二十五日
书　记　员　张　博

157. 专利申请文件修改超范围的判断（二）

——再审申请人株式会社岛野与被申请人中华人民共和国国家知识产权局专利复审委员会、一审第三人宁波赛冠车业有限公司发明专利权无效行政纠纷案

【裁判要旨】

专利法第三十三条中“原说明书和权利要求书记载的范围”应当理解为原说明书和权利要求书所呈现的发明创造的全部信息；审查专利申请文件的修改是否超出原说明书和权利要求书记载的范围，应当考虑所属技术领域的技术特点和惯常表达、所属领域普通技术人员的知识水平和认知能力、技术方案本身在技术上的内在要求等因素。

【关键词】

发明专利　无效程序　申请文件修改　发明点

【案号】

最高人民法院（2013）行提字第21号

【基本案情】

株式会社岛野是“后换挡器”发明专利（即本案专利）的权利人。本案专利系以“后换挡器支架”发明专利申请（即原申请）为基础提出分案申请被授权而来。根据宁波赛冠车业有限公司（以下简称赛冠公司）的无效宣告请求，中华人民共和国国家知识产权局专利复审委员会（以下简称专利复审委员会）就本案专利作出第15307号无效宣告请求审查决定（以下简称第15307号决定），宣告本案专利权全部无效。第15307号决定认为，“圆形孔”是“圆的螺栓孔”“圆形螺栓孔”的上位概念，而且与“螺栓孔”的含义也有所不同，将原申请中“圆的螺栓孔”“圆形螺栓孔”或“螺栓孔”概括修改为本案专利权利要求1、3、6中的“圆形孔”，包含了并未记载在原申请中的内容。“压制”为“模压”的上位概念，对本领域技术人员来说，原申请中的“模压”和本专利权利要求2以及说明书中“压制”表达的是不同的信息。上述修改均使得本领域技术人员看到的信息与原申请记载的信息不同，并且不能从原申请记载的信息中直接地、毫无疑义地确定，其余权利要求也不能完全克服上述缺陷。因此，本案专利权利要求1～6和说明书的修改均不符合专利法第三十三条的规定。北京市第一中级人民法院和北京市高级人民法院先后判决维持第15307号决定。株式会社岛野不服，向最高人民法院申请再审。其理由之一是，导致本案专利被宣告无效的两处修改均与发明点无关，第15307号决定无视本领域的技术现状和本专利的实际贡献，违背了专利法第三十三条的立法本意。最高人民法院裁定提审本案，并于2013年12月27日判决撤销原一、二审判决和第15307号决定，判令专利复审委员会重新作出审查决定。

【裁判意见】

最高人民法院提审认为：专利法第三十三条的立法目的在于实现先申请制下专利申请人与社会公众之间的利益平衡：一方面，允许专利申请人对其专利申请文件进行修改和补正，以保证确有创造性的发明创造取得专利权；另一方面，将专利申请人的修改权限制在申请日公开的技术信息范围内，以保护社会公众对原专利申请文件的信赖利益。因此，可以将专利法第三十三条的含义作如下分解：第一，专利申请人有权对其专利申请文件进行修改。其一，可以通过修改补正专利申请文件中的撰写瑕疵；其二，可以通过修改对专利申请文件中公开的技术信息以适当的方式进行表述，对要求保护的范围作出调整。第二，基于先申请原则，专利申请人对发明和实用新型专利申请文件的修改不得超出原说明书和权利要求书记载的范围。究其原因，一是为了鼓励专利申请人在申请日充分公开其发明创造；二是为了防止专利申请人将其在申请日未公开的发明创造通过修改纳入申请文件而不正当地获得先申请利益。实践中，对于专利法第三十三条的适用，争议主要集中在什么是“原说明书和权利要求书记载的范围”。从该条的立法目的出发，“原说明书和权利要求书记载的范围”应当理解为原说明书和权利要求书所呈现的发明创造的全部信息，是对发明创造的全部信息的固定。这既是先申请制度的基石，也是专利申请进入后续阶段的客观基础。“原说明书和权利要求书记载的范围”具体可以表现为：原说明书及其附图和权利要求书以文字和图形直接记载的内容，以及所属领域普通技术人员根据原说明书及其附图和权利要求书能够确定的内容。审查专利申请文件的修改是否超出原说明书和权利要求书记载的范围，应当考虑所属技术领域的技术特点和惯常表达、所属领域普通技术人员的知识水平和认知能力、技术方案本身在技术上的内在必然要求等因素，以正确确定原说明书和权利要求书记载的范围。本案中，对本领域普通技术人员而言，“圆形孔”与“圆的螺栓孔”具有不同的技术含义，本案专利权利要求1、3的修改不符合专利法第三十三条的规定；权利要求6通过附加技术特征的限定，将8b从“圆形孔”修改为“圆的螺栓孔”，符合专利法第三十三条的规定；对本领域普通技术人员而言，“压制”属于“模压”的上位概念，两者具有不同的技术含义，权利要求2的修改不符合专利法第三十三条的规定。

中华人民共和国最高人民法院行政判决书

（2013）行提字第21号

再审申请人（一审原告、二审上诉人）：株式会社岛野。

法定代表人：岛野容三，该株式会社董事长。

委托代理人：董巍，北京市磐华律师事务所律师。

委托代理人：刘明霞，北京市磐华律师事务所律师。

被申请人（一审被告、二审被上诉人）：中华人民共和国国家知识产权局专利复审委员会。

法定代表人：张茂于，该委员会副主任。

委托代理人：张立泉，该委员会审查员。

委托代理人：何伦健，该委员会审查员。

一审第三人：宁波赛冠车业有限公司。

法定代表人：凌玉波，该公司总经理。

委托代理人：戴晓翔，浙江晓翔律师事务所律师。

再审申请人株式会社岛野因与被申请人中华人民共和国国家知识产权局专利复审委员会（以下简称专利复审委员会）及一审第三人宁波赛冠车业有限公司（以下简称赛冠公司）发明专利权无效行政纠纷一案，不服中华人民共和国北京市高级人民法院（以下简称北京市高级人民法院）（2011）高行终字第1577号行政判决，向本院申请再审。本院于2013年7月11日作出（2013）知行字第18号行政裁定，提审本案。本院依法组成合议庭，于2013年10月21日公开开庭审理了本案。株式会社岛野委托代理人董巍、刘明霞，专利复审委员会委托代理人张立泉、何伦健，赛冠公司委托代理人戴晓翔到庭参加诉讼。本案现已审理终结。

一、二审法院审理查明：1994年2月3日，株式会社岛野向中华人民共和国国家知识产权局（以下简称国家知识产权局）提出名称为“后换挡器支架”的发明专利申请（即原申请），该申请优先权日为1993年2月3日，公开日为1994年12月7日，申请号为94102612.4。原申请公开文本中的权利要求书的具体内容如下：

1. 一种利用在自行车车架的后叉端的供安装换挡器的延伸部上形成的连接结构将后换挡器连接到自行车车架上的后换挡器支架，该后换挡器支架包括：一个支架体；设在该支架体一端近旁，用于将所述后换挡器连接到该支架体上的第一连接结构；设在该支架体另一端近旁，用于将该支架体连接到所述自行车车架的所述连接结构上的第二连接结构；和用于与所述供安装换挡器的延伸部接触从而使后换挡器相对于所述后叉端以一种预定的姿势定位的定位结构。

2. 如权利要求1所述的后换挡器支架，其中所述支架体为一块大致呈L形的板，所述的第一连接结构和第二连接结构为基本上圆的螺栓孔，而所述的定位结构的位置邻近所述的第二连接结构。

3. 如权利要求2所述的后换挡器支架，其中所述的定位结构是从所述板的表面基本上垂直地延伸的一个凸出部。

4. 如权利要求 1 所述的后换挡器支架，其中所述的第一连接结构和第二连接结构的布置应使当所述支架体安装在所述后叉端上时，所述的第二连接结构提供的连接点从所述后叉端看是在第一连接结构提供的连接点的下方和后方。

本专利以原申请为基础提出的分案申请被授权而来，系国家知识产权局于 2006 年 8 月 30 日授权公告的名称为“后换挡器”的发明专利，其申请日为 1994 年 2 月 3 日，优先权日为 1993 年 2 月 3 日，专利号为 ZL02127848.2，专利权人为株式会社岛野。

本专利授权公告时的权利要求书的具体内容如下：

1. 一种后换挡器（100），包括：支架件（5）；用于支撑具有导向轮（1）和张紧轮（2）的链条导向装置（3）的支撑件（4）；用于连接所述支撑件（4）和所述支架件（5）的一对连接件（6，7）；支架体（8），其包含第一连接结构（8a）、第二连接结构（8b）以及定位结构（8c），其中所述第一连接结构（8a）设在所述支架体（8）一端近旁、用于将所述支架件（5）可绕第一轴线（91）转动地连接到所述支架体（8）上，所述第二连接结构（8b）设在所述支架体（8）另一端近旁；以及安装在所述支架件（5）上的拉伸弹簧（12）；其特征在于：所述支架体（8）由一大致 L 形板构成；所述支架体（8）的第二连接结构（8b）的形状为一大致圆形孔；所述支架体（8）具有形成在所述第一连接结构（8a）近旁的孔（8d），用于接纳所述拉伸弹簧（12）的一端，以将所述拉伸弹簧（12）连接至所述支架体（8）上；所述定位结构（8c）的形状为从所述板的表面延伸的凸台，所述凸台的位置邻近所述第二连接结构（8b）。

2. 根据权利要求 1 所述的自行车后换挡器支架，其特征在于，所述定位结构（8c）是通过压制形成的。

3. 根据权利要求 1 所述的后换挡器（100），其特征在于，所述第一连接结构的形式是一大致圆形孔（8a）。

4. 根据权利要求 3 所述的后换挡器（100），其特征在于，所述大致圆形孔（8a）是一圆形螺栓孔（8a）。

5. 根据权利要求 4 所述的后换挡器（100），其特征在于，所述圆形螺栓孔（8a）容纳用于连接所述支架件（5）和所述支架体（8）的固定螺栓（15），通过所述固定螺栓（15）支撑所述支架件（5）可绕所述第一轴线（91）转动。

6. 根据权利要求 1 所述的后换挡器（100），其特征在于，所述大致圆形孔（8b）设置成使一连接螺栓（16）穿过所述圆形孔而放置。

在原申请的说明书中，第2页最后1行至第3页第1行记载有“第一连接结构和第二连接结构取基本上圆的螺栓孔的形状”；第4页倒数第1~2行记载有“一个紧邻该支架8一端的第一圆形螺栓孔8a和一个紧邻支架8另一端的第二圆形螺栓孔8b”；第5页第1、6、10、11、21行和第7页第2、5行记载有“螺栓孔8a”或“螺栓孔8b”；第7页第5~7行记载有“支架8上的螺栓孔8a和8b可以用其他各种形式的结构代替。例如，支架8可以有通至端部的开口孔，或者连接固定于其上的螺栓的开口孔”。

在原申请的说明书中，第7页第1~2行记载有“支架8上的凸台8c可以通过例如对支架8的背面进行模压使形成支架8的板的一部分凸起而制成”。

在本专利说明书中，第10页第6~7行记载有“支架8上的凸台8c可以通过例如对支架8的背面进行压制使形成支架8的板的一部分凸起而制成”。

2008年4月10日，赛冠公司向专利复审委员会提出无效宣告请求一，请求宣告本专利全部无效。其理由是本专利不符合《中华人民共和国专利法》（以下简称专利法）第三十三条、第二十六条第三款、第四款以及2002年修订的《中华人民共和国专利法实施细则》（以下简称专利法实施细则）第二十一条第二款①的规定。2008年10月28日，专利复审委员会作出第12424号无效宣告请求审查决定（以下简称第12424号决定），宣告本专利全部无效。2009年5月24日，针对株式会社岛野不服第12424号决定所提起的行政诉讼，中华人民共和国北京市第一中级人民法院（以下简称北京市第一中级人民法院）作出（2009）一中行初字第359号行政判决，认为在判断本专利是否“修改超范围”时，应当将本专利的授权文本与本专利母案的申请日提交的说明书及权利要求书的全部内容进行对比，而不应与本专利申请公开文本对比，因此，专利复审委员会在认定本专利修改超范围时，所针对的对比对象错误，导致认定事实错误，适用法律错误。据此，判决撤销第12424号决定，并判令专利复审委员会重新作出无效宣告请求审查决定。2009年9月2日，专利复审委员会重新成立合议组，对上述无效宣告请求进行审查。2009年12月2日，在专利复审委员会组织的口头审理中，赛冠公司放弃专利法第二十六条第三款作为无效理由，并明确无效理由为本专利权利要求书和说明书的修改不符合专利法第三十三条的规定，权利要求1~6不符合专利法第二十六条第四款和专利法实施细则第二十一条第二款的规定。专利

① 对应2010年修正的《中华人民共和国专利法实施细则》第二十条第二款。

复审委员会告知双方当事人，赛冠公司在无效宣告请求书中没有以本专利母案的原始文本作为基础同本专利的授权文本进行详细对比，即赛冠公司没有对作为无效理由的专利法第三十三条进行具体陈述，根据《专利审查指南》的相关规定，此次口头审理不接受专利法第三十三条作为无效理由。

2009 年 12 月 11 日，赛冠公司向专利复审委员会提出无效宣告请求二，请求宣告本专利全部无效，并在 2010 年 3 月 17 日的口头审理过程中明确其无效理由为本专利权利要求书和说明书的修改不符合专利法第三十三条的规定。赛冠公司提交了下列证据：

证据 1'：公开号为 CN1095998A、公开日为 1994 年 12 月 7 日的中国发明专利申请公开说明书复印件，共 12 页；

证据 2'：授权公告号为 CN1272216C、授权公告日为 2006 年 8 月 30 日的中国发明专利说明书复印件，共 13 页。

赛冠公司认为，本专利是证据 1' 的分案申请，相对证据 1' 的申请日提交的原说明书和权利要求书记载的范围，专利权人修改的全部权利要求删除了限定应用领域、适用范围的技术特征，使所属技术领域的技术人员看到的信息与原申请记载的信息不同；修改的说明书具有不允许改变的内容。对权利要求书和说明书的修改超出原说明书和权利要求书记载的范围，不符合专利法第三十三条的规定。

2010 年 2 月 21 日，株式会社岛野提交了意见陈述书以及下列反证：

反证 1：中华人民共和国行业标准自行车工业标准（2）复印件，共 24 页，中华人民共和国轻工业部于 1994 年 1 月 6 日发布；

反证 2：化学工业出版社于 2003 年 1 月印刷的《化学化工大辞典》复印件，共 8 页；

反证 3：中国环境科学出版社出版的《英汉科技词天（下）》复印件，共 2 页；

反证 4：中华人民共和国最高人民法院（2008）民监字第 197 号民事裁定书复印件，共 4 页。

株式会社岛野认为，本专利权利要求 1～6 所限定的全部内容，均明确地记载在原申请文件的权利要求书、说明书及附图之中，完全符合专利法第三十三条的相关规定。

2010 年 5 月 13 日，专利复审委员会作出第 15307 号无效宣告请求审查决定

(发文日：2010 年 9 月 19 日)(以下简称第 15307 号决定)，宣告本专利权全部无效。在该决定中专利复审委员会认定：

1. 证据 1’是本专利母案的公开文本，与原始申请文件一致，可以作为判断本专利申请文件的修改是否符合专利法第三十三条规定的原说明书和权利要求书。反证 2 的印刷日晚于本专利的优先权日，反证 3 的印刷日不能确定，因此反证 2、3 均不能作为本专利的现有技术达到用以证明公知常识的目的。

2. 关于对本专利申请文件所做“圆形孔”修改的问题。

本专利为证据 1’的分案申请，在证据 2’即本专利授权文本的权利要求 1、6 中，株式会社岛野将原说明书中的第二连接结构修改为“圆形孔”，在权利要求 3 中将第一连接结构修改为“圆形孔”。

在证据 1’的说明书中，对第一连接结构 8a 和第二连接结构 8b 的记载为圆的螺栓孔的形状；或者记载为圆形螺栓孔 8a 和圆形螺栓孔 8b；或者多数记载为螺栓孔 8a 和螺栓孔 8b。

圆形孔是“圆的螺栓孔”“圆形螺栓孔”的上位概念，而且和“螺栓孔”的含义也有所不同。在机械领域中，所属领域的技术人员可以理解，圆形孔可以是包括圆形螺栓孔、圆形销孔、圆形通孔、圆形盲孔、圆形阶梯孔等在内的多种具有圆形形状的加工孔。因此，株式会社岛野将“圆的螺栓孔”“圆形螺栓孔”或“螺栓孔”概括修改为权利要求 1、3、6 中的“圆形孔”，显然包含了并未记载在原说明书和原权利要求书中的内容。所以这种修改使所属技术领域的技术人员看到的信息与原申请记载的信息不同，而且又不能从原申请记载的信息中直接地、毫无疑义地确定。

尽管证据 1’的原说明书第 7 页第 5 ~ 7 行记载了“螺栓孔 8a 和 8b 可以用其他任何形式的结构代替”，但并不能据此认定“其他任何形式的结构”就是记载了“圆形孔”，而且也不能证明“圆形孔”就可以等同于“圆的螺栓孔”“圆形螺栓孔”或“螺栓孔”的含义，使所属领域的技术人员看到的信息前后一致。而且，尽管附图 1、3、5 显示 8a、8b 的孔为圆形的，但附图的作用是使人能够直观地、形象化地理解发明的技术方案，对技术方案进行解释，是对“圆的螺栓孔”“圆形螺栓孔”或“螺栓孔”在图片上的简要形状显示。不能因为附图显示的孔为圆形的就认定“圆形孔”和“圆的螺栓”“圆形螺栓孔”或“螺栓孔”是相同的含义。因此，本专利对权利要求 1、3、6 的修改均不符合专利法第三十三条的规定。

3. 关于对本专利申请文件中“模压”修改为“压制”的问题。

本专利为证据1’的分案申请，在证据2’即本专利授权文本的权利要求2和说明书第7页第7行中，株式会社岛野将原说明书中的“模压”修改为“压制”。模压又称压塑，是指塑料或橡胶胶料等可塑性材料在闭合模腔内借助加热、加压而成型为制品的加工方法。压制是指用压的方法制造。显然，压制为模压的上位概念。模压和压制为不同含义的技术术语，对本领域的技术人员来说，原说明书中的“模压”和本专利权利要求2以及说明书中“压制”表达的是不同的信息。反证2的第2558页中关于“压塑成型”的条目记载为“又叫压制成型或模压成型”。在反证3中关于mould的词义解释为“①模塑，模压，压制”。即使考虑反证2、3，但这也仅是反证2、3对“压塑成型”和“mould”的词语释义，并不能据此来证明模压和压制本身具有相同的技术含义，能够表达相同的技术信息。故本专利将原说明书中的“模压”改成“压制”，致使所属技术领域的技术人员看到的信息与原申请记载的信息不同，而且又不能从原申请记载的信息中直接地、毫无疑义地确定，所以这种修改是不允许的。因此，本专利对权利要求2和说明书的修改均不符合专利法第三十三条的规定。

鉴于本专利权利要求1～3、6和说明书的修改不符合专利法第三十三条的规定，而且，其余权利要求也不能完全克服上述缺陷，因此本专利权利要求1～6均不符合专利法第三十三条的规定。故不再对请求人提出的其他无效理由和证据进行评述。综上，专利复审委员会宣告本专利权全部无效。

株式会社岛野不服第15307号决定，向北京市第一中级人民法院提起行政诉讼。

北京市第一中级人民法院一审认为：专利复审委员会在查明事实的情况下，从方便当事人的角度出发，作出宣告本专利权全部无效的第15307号决定，未损害当事人的合法权益，亦未违反相关法律规定，程序不违法。本案中，根据本专利权利要求1的记载，第二连接结构（8b）的形状为一大致圆形孔；根据本专利权利要求3的记载，第一连接结构（8a）的形式是一大致圆形孔。株式会社岛野将原申请文件中被称为“基本上圆的螺栓孔”“圆形螺栓孔”或“螺栓孔”的8a和8b修改为“大致圆形孔”。将“圆的螺栓孔”“圆形螺栓孔”或“螺栓孔”概括修改为“圆形孔”，删除了原申请文件中始终作为发明的必要技术特征加以描述的“用于螺栓穿过”的技术特征，上述修改内容不能从原申请记载的信息中直接地、毫无疑义地确定。因此，专利复审委员会认定本专利权利要求1、3的修改不符合专利法第三十三条规定的结论正确。本专利权利要求4、5、6的修改亦不符合专利法第三十三条的规定。根据本专利权利要求2的记载，定位结构（8c）是通过压制形成的，株式会社岛野将原说明书中的“模压”修改为“压制”。对所属领域技术人员而言，压制属于模压的上位概念，两者含义不同。因此，本专利权利要求2和说明书的修改不符合专利法第三十三条的规定。据此判决：维持第15307号决定。一审案件受理费人民币100元，由株式会社岛野负担。

株式会社岛野不服一审判决，向北京市高级人民法院提起上诉。

北京市高级人民法院二审认为：本案中，株式会社岛野将原申请文件中被称为“基本上圆的螺栓孔”“圆形螺栓孔”或“螺栓孔”的8a和8b修改为“大致圆形孔”。对所属领域技术人员而言，圆形孔是圆的螺栓孔、圆形螺栓孔的上位概念，且与螺栓孔的含义不同。株式会社岛野将“圆的螺栓孔”“圆形螺栓孔”或“螺栓孔”概括修改为“圆形孔”，删除了原申请文件中始终作为发明的必要技术特征加以描述的“用于螺栓穿过”的技术特征，该修改内容不能从原申请记载的信息中直接地、毫无疑义地确定。因此，专利复审委员会及一审法院认定本专利权利要求1、3的修改不符合专利法第三十三条的规定的结论正确，予以支持。本专利从属权利要求4、5、6均是在将8a和8b界定为圆形孔的基础上进行进一步限定，因此，本专利权利要求4、5、6的修改亦不符合专利法第三十三条的规定。株式会社岛野将原说明书中的“模压”修改为权利要求2中的“压制”，对所属领域技术人员而言，压制属于模压的上位概念，两者含义不同。株式会社岛野所做的这种修改，致使所属领域的技术人员看到的信息与原申请记载的信息不同，而且又不能从原申请记载的信息中直接地、毫无疑义地确定。因此，专利复审委员会及一审法院认定本专利权利要求2和说明书的修改不符合专利法第三十三条的规定正确，予以支持。据此判决：驳回上诉，维持原判。一、二审案件受理费各人民币100元，由株式会社岛野负担。

株式会社岛野不服二审判决，向本院申请再审称：本专利的修改符合专利法第三十三条的规定。（一）权利要求6未引用权利要求3，没有限定第一连接结构8a的形式为大致圆形孔。其限定第二连接结构8b为连接螺栓16穿过的圆形孔，实质上并没有将原申请提及的“圆形螺栓孔”修改为“圆形孔”。（二）权利要求1是从形状角度限定第二连接结构的形状为一大致圆形孔，原申请的附图3、5中已清晰显示第一和第二连接结构8a、8b为大致圆形孔，说明书第7页第5~8行中也已提及螺栓孔可以用其他各种形式的结构代替，即8a、8b并不仅限于螺栓孔。螺栓孔是指“用于螺栓穿过的孔”，而不是“带有螺纹的孔”，在本专利中，“圆形孔”和“圆形螺栓孔”在结构和功能上没有任何差异。因此，权利要求1和权利要求3关于“圆形孔”的修改符合专利法第三十三条的规定。（三）本专利权利要求2中的“压制”系原申请文件中的“模压”修改而来，反证2和反证3均可证明对所属领域技术人员而言，两者具有相同的技术含义，可以替换使用。本专利中，支架8上只需存在凸台8c即可，并不需要使用对形状、尺寸甚至表面纹理等有严格要求的非常精细的模具。因此，关于“压制”的修改符合专利法第三十三条的规定。据此，请求本院：撤销一、二审判决；撤销第15307号决定，判令专利复审委员会重新作出审查决定；本案一、二审案件受理费由专利复审委员会负担。

专利复审委员会答辩称：（一）本专利附图是对圆的螺栓孔、圆形螺栓孔等在图片上的简要形状显示，不能据此反向推导出“圆形孔”和“圆的螺栓孔”、“圆形螺栓孔”等具有相同含义。（二）衡量是否修改超范围的标准不仅仅是站在所属领域技术人员的角度，更要符合专利法第三十三条的“直接地、毫无疑义地确定”的实质要件，修改前后要保持信息的一致性。

宁波赛冠公司答辩称：（一）本专利的权利要求1不仅存在将第二连接结构8b超范围修改为圆形孔的问题，同时存在未对第一连接结构8a的形状和结构作任何限定的修改超范围问题。权利要求6引用权利要求1，也没有对第一连接结构8a的形状和结构作任何限定，同样存在修改超范围的问题。（二）原说明书中没有单独从形状角度对8a、8b进行说明，8a、8b始终与连接固定螺栓的作用和功能联系在一起，不属于可脱离“用于螺栓穿过”“装有固定螺栓”等技术效果而存在的形状孔。（三）模压和压制是不同的技术手段，模压涉及模具的使用且模压件形状相同，而压制主要是改变压制件的密度且压制件的形状不相同。压制是模压的上位概念，两者表达的是不同的技术信息。

本院经审理查明，一、二审法院查明的事实基本属实。

本院认为，本案争议的焦点在于对本专利权利要求1、2、3、6的修改是否符合专利法第三十三条的规定。

专利法第三十三条规定：“申请人可以对其专利申请文件进行修改，但是，对发明和实用新型专利申请文件的修改不得超出原说明书和权利要求书记载的范围，对外观设计专利申请文件的修改不得超出原图片或者照片表示的范围。”该条款的立法目的在于实现先申请制下专利申请人与社会公众之间的利益平衡：一方面，允许专利申请人对其专利申请文件进行修改和补正，以保证确有创造性的发明创造取得专利权；另一方面，将专利申请人的修改权限制在申请日公开的技术信息范围内，以保护社会公众对原专利申请文件的信赖利益。因此，可以将专利法第三十三条的含义作如下分解：第一，专利申请人有权对其专利申请文件进行修改。其一，可以通过修改补正专利申请文件中的撰写瑕疵；其二，可以通过修改对专利申请文件中公开的技术信息以适当的方式进行表述，对要求保护的范围作出调整。第二，基于先申请原则，专利申请人对发明和实用新型专利申请文件的修改不得超出原说明书和权利要求书记载的范围。究其原因，一是为了鼓励专利申请人在申请日充分公开其发明创造；二是为了防止专利申请人将其在申请日未公开的发明创造通过修改纳入申请文件而不正当地获得先申请利益。

实践中，对于专利法第三十三条的适用，争议主要集中在什么是“原说明书和权利要求书记载的范围”。从该条款的立法目的出发，本院认为，“原说明书和权利要求书记载的范围”应当理解为原说明书和权利要求书所呈现的发明创造的全部信息，是对发明创造的全部信息的固定。这既是先申请制度的基石，也是专利申请进入后续阶段的客观基础。“原说明书和权利要求书记载的范围”具体可以表现为：原说明书及其附图和权利要求书以文字和图形直接记载的内容，以及所属领域普通技术人员根据原说明书及其附图和权利要求书能够确定的内容。审查专利申请文件的修改是否超出原说明书和权利要求书记载的范围，应当考虑所属技术领域的技术特点和惯常表达、所属领域普通技术人员的知识水平和认知能力、技术方案本身在技术上的内在必然要求等因素，以正确确定原说明书和权利要求书记载的范围。

就本案而言，本专利是以原申请为基础提出的分案申请所获得的授权，株式会社岛野在进行分案申请时对原申请文本进行了修改，具体涉及以下修改内容：

（一）从“圆的螺栓孔”到“圆形孔”的修改

本案中，从“圆的螺栓孔”到“圆形孔”的修改体现为对第一连接结构 8a 和第二连接结构 8b 的修改。本专利权利要求 1 对 8b 的记载为“形状为一大致圆形孔”，权利要求 3 中对 8a 的记载为“形式是一大致圆形孔”。在原申请的权利要求 2 中记载第一连接结构 8a 和第二连接结构 8b 为“基本上圆的螺栓孔”，在原申请说明书中记载 8a 和 8b 为“基本上圆的螺栓孔的形状”“圆形螺栓孔”以及“螺栓孔”。由此可见，在原申请文本中，8a 和 8b 实质上由两个技术特征共同限定：一是圆形孔；二是供螺栓穿过。株式会社岛野将“圆的螺栓孔”“圆形螺栓孔”以及“螺栓孔”概括修改为“圆形孔”，删除了“供螺栓穿过”的技术特征，在本专利授权文本的其他部分也未显示出 8a 和 8b 仅能供螺栓穿过的技术信息。实际上，在机械领域，对于圆形孔而言，其也可以供销钉等其他连接部件穿过。对本领域普通技术人员而言，“圆形孔”与“圆的螺栓孔”具有不同的技术含义。株式会社岛野的上述修改并不属于从原申请文本中能够确定的内容，因此，本专利权利要求 1、3 的修改超出了原说明书和权利要求书记载的范围，不符合专利法第三十三条的规定。株式会社岛野主张原说明书附图显示 8a、8b 为大致圆形孔，说明书中也已提及螺栓孔可以用其他各种形式的结构代替，即 8a、8b 并不仅限于螺栓孔。对此，本院认为，附图的作用是使人能够直观形象地理解发明的技术方案，原说明书附图显示 8a、8b 是圆形的，应理解为对“圆的螺栓孔”“圆形螺栓孔”或“螺栓孔”的简要形状显示。原说明书中记载“螺栓孔 8a 和 8b 可以用其他任何形式的结构代替”，“其他任何形式的结构”范围宽泛且不确定，不能据此认定其记载了圆形孔，更不能证明“圆形孔”与“圆的螺栓孔”具有相同的技术含义。对于株式会社岛野的上述主张，本院不予支持。

本专利权利要求 6 引用权利要求 1，其附加技术特征为：“所述大致圆形孔 8b 设置成使一连接螺栓 16 穿过所述圆形孔而放置。”权利要求 1 未对 8a 作出修改，只是将 8b 修改为“大致圆形孔”，而权利要求 6 通过附加技术特征明确将 8b 限定为使连接螺栓穿过的圆形孔。也就是说，权利要求 6 通过附加技术特征的限定，又将 8b 从权利要求 1 的“圆形孔”实质上修改回原申请文本的“圆的螺栓孔”。权利要求 6 的这种修改没有导致本领域普通技术人员就 8b 看到的技术信息与原申请文本公开的技术信息有所不同，因此，权利要求 6 的修改没有超出原说明书和权利要求书记载的范围，符合专利法第三十三条的规定。一、二审判决和第 15307 号决定认定本专利权利要求 6 的修改不符合专利法第三十三条的规定，认定事实不清，适用法律错误，本院予以纠正。

（二）从“模压”到“压制”的修改

本案中，从“模压”到“压制”的修改体现为对定位结构 8c 的修改。本专利权利要求 2 记载 8c“是通过压制形成”。在本专利说明书中也记载 8c“可以通过例如对支架 8 的背面进行压制使形成支架 8 的板的一部分凸起而制成”。在原说明书中记载 8c“可以通过例如对支架 8 的背面进行模压使形成支架 8 的板的一部分凸起而制成”。株式会社岛野将原说明书中的“模压”修改为本专利权利要求2中的“压制”。在机械领域，模压是指在压力加工过程中，使用模具或者模具类似物进行加工；而压制是指用压的方法进行制造，其并不必然涉及模具的使用，还包括锻压、冲压等技术手段。对本领域普通技术人员而言，压制属于模压的上位概念，两者具有不同的技术含义。株式会社岛野的上述修改并不属于从原申请文本中能够确定的内容，因此，本专利权利要求2的修改超出了原说明书和权利要求书记载的范围，不符合专利法第三十三条的规定。株式会社岛野主张反证2和反证3均可证明“模压”和“压制”具有相同的技术含义。对此，本院认为，反证2的印刷日晚于本专利的优先权日，反证3的印刷日不能确定，反证2、3均不能作为本专利的现有技术达到用以证明公知常识的目的。另外，反证2、3均为工具书，其对“压塑成型”和“mould”的词语释义并不能证明本领域普通技术人员认为“压制”和“模压”具有相同的技术含义。对于株式会社岛野的上述主张，本院不予支持。

至于株式会社岛野在庭审中主张本专利的发明点是通过提供支架8而调整后换挡器100的安装位置，导致本专利被宣告无效的两处修改均与发明点无关，第15307号决定无视本领域的技术现状和本专利的实际贡献，违背了专利法第三十三条的立法本意。对此，本院认为，专利制度是对技术方案的评价和肯定，一项技术方案能够被授予独占性的专利权，是因为其对现有技术做出了实质性的贡献。被授予的专利权的范围与该技术方案对现有技术的贡献大小相当，这是专利制度的合理性基础。一般而言，一项技术方案包含多个技术特征，其中体现发明创造对现有技术做出贡献的技术特征通常被称为“发明点”，“发明点”使发明创造相对于现有技术具有新颖性和创造性，是发明创造能够被授予专利权的基础和根本原因。在专利授权和确权程序中，确实存在因为“发明点”以外的技术特征的修改超出原说明书和权利要求书记载的范围而使得确有创造性的发明创造不能取得专利权的情形。专利法第三十三条对专利申请文件的修改没有区分“发明点”和“非发明点”而采取不同的标准，但是该条款的立法本意之一是尽可能保证确有创造性的发明创造取得专利权，实现专利申请人所获得的权利与其技术贡献相匹配。如果仅仅因为专利申请文件中“非发明点”的修改超出原说明书和权利要求书记载的范围而无视整个发明创造对现有技术的贡献，最终使得确有创造性的发明创造难以取得专利权，专利申请人获得的利益与其对社会做出的贡献明显不相适应，不仅有违实质公平，也有悖于专利法第三十三条的立法本意，不利于创新激励和科技发展。因此，在现行法律框架和制度体系下，在维护专利法第三十三条标准的前提下，相关部门应当积极寻求相应的解决和救济渠道，在防止专利申请人获得不正当的先申请利益的同时，积极挽救具有技术创新价值的发明创造。譬如，可以考虑通过在专利授权确权行政审查过程中设置相应的回复程序，允许专利申请人和专利权人通过放弃不符合专利法第三十三条的修改内容，将专利申请和授权文本再修改回申请日提交的原始文本状态等程序性途径予以解决，避免确有创造性的发明创造因为“非发明点”的修改超出原说明书和权利要求书记载的范围而丧失其本应获得的与其对现有技术的贡献相适应的专利权，以推动科技进步和创新，最大限度地提升科技支撑引领经济社会发展的能力。

综上，第15307号决定认定本专利权利要求6的修改不符合专利法第三十三条的规定，认定事实不清，适用法律错误，依法应予撤销。专利复审委员会应当就本专利重新作出无效宣告请求审查决定。一、二审判决错误地维持第15307号决定，应当相应予以撤销。依照《中华人民共和国行政诉讼法》第五十四条第一款第二项、《最高人民法院关于执行〈中华人民共和国行政诉讼法〉若干问题的解释》第七十六条第一款、第七十八条之规定，判决如下：

一、撤销中华人民共和国北京市高级人民法院（2011）高行终字第1577号行政判决和中华人民共和国北京市第一中级人民法院（2011）一中知行初字第1139号行政判决；

二、撤销中华人民共和国国家知识产权局专利复审委员会第15307号无效宣告请求审查决定；

三、中华人民共和国国家知识产权局专利复审委员会就名称为“后换挡器”的ZL02127848.2号发明专利重新作出无效宣告请求审查决定。

本案一、二审案件受理费人民币各100元，均由中华人民共和国国家知识产权局专利复审委员会负担。

本判决为终审判决。

审　判　长　王永昌

审　判　员　李　剑

代理审判员　吴　蓉

二〇一三年十二月二十七日

书　记　员　周睿隽

158. 专利申请文件修改超范围的判断应当充分考虑专利申请所属技术领域的特点

——再审申请人曾关生与被申请人国家知识产权局专利复审委员会发明专利申请驳回复审行政纠纷案

【裁判要旨】

在审查专利申请人对专利申请文件的修改是否超出原说明书和权利要求书记载的范围时，应当充分考虑专利申请所属技术领域的特点，不能脱离本领域技术人员的知识水平。

【关键词】

发明专利　无效程序　文件修改　本领域技术人员

【案号】

最高人民法院（2011）知行字第54号

【基本案情】

2000年9月8日，曾关生向国家知识产权局提出了名称为“一种既可外用又可内服的矿物类中药”的发明专利申请。在实质审查程序中，国家知识产权局于2004年8月6日向曾关生发出第二次审查意见通知书，明确指出：“‘水银八两……’属于未使用本领域的标准国际计量单位。”曾关生据此将其原专利申请配方中计量单位由“两”换算成“克”，并作了其他修改。在第六次审查意见通知书中，国家知识产权局对曾关生采用“一两＝30克（g）”的换算关系明确予以认可。2009年1月9日，国家知识产权局以曾关生对说明书和权利要求书的修改不符合专利法第三十三条的规定为由，驳回了本案专利申请。曾关生不服，向国家知识产权局专利复审委员会（以下简称专利复审委员会）提出复审请求，并于2009年8月13日提交了权利要求书和说明书的修改替换页，将配方中的水银、明矾、牙硝、硼砂分别由八两、八两、十两、五分修改为240g、240g、300～330g和1.5g。2009年12月9日，专利复审委员会作出第20574号决定，维持国家知识产权局作出的驳回决定。曾关生不服，提起行政诉讼。北京市第一中级人民法院一审判决维持第20574号决定。曾关生不服，提起上诉。北京市高级人民法院二审判决驳回上诉，维持原判。曾关生向最高人民法院申请再审。最高人民法院于2011年10月28日作出裁定，指令北京市高级人民法院再审本案。

【裁判意见】

最高人民法院审查认为：在判断专利申请人对专利申请文件的修改是否超出原说明书和权利要求书记载的范围时，应当充分考虑专利申请所属技术领域的特点，不能脱离本领域技术人员的知识水平。就一般情况而言，虽然“两”与“克”（g）的换算关系确实存在新、旧制的不同，但是从查明的相关事实来看，在传统中药配方尤其是古方技术领域中，在进行“两”与“克”的换算时均遵循“一斤=十六两”的旧制。根据本案专利申请说明书记载的有关内容，本案专利申请系在古方三仙丹的配方的基础上改进而成。因此，虽然说明书中没有明确记载“两”与“克”的换算是采用何种换算关系，但本领域技术人员结合本案专利申请的背景技术、发明内容以及本领域的常识，均能够确定在本案专利申请中的“两”与“克”的换算应当采用旧制，不应当采用“一斤=十两”的新制。根据《国务院批转国家标准计量局等单位关于改革中医处方用药计量单位的请示报告》的规定，在依据旧制进行换算时，旧制的一两显然应当换算为30克。从《中药学》《矿物本草》《中药药剂学》等教科书、技术手册中记载的相关内容来看，亦均采用“一两=30克”的换算关系。因此，对于《方剂学》中所称的“换算时尾数可以舍去”，本领域技术人员应当理解此处所指的尾数是指“31. 25g”中的“1. 25”，即采用“一两=30克”的换算关系。即使在以旧制进行换算时还存在以其他方式舍去尾数，或者不舍去尾数的情形，亦应认识到这种尾数省略方式的不唯一性是由中药配方领域的技术特点所决定的。不同的省略方式之间仅有细微区别，采用不同的省略方式并不会导致技术方案发生实质性的改变。在实践中，本领域技术人员可以根据具体的情况和要求，选择特定的尾数省略方式。而且，一旦选择了特定的省略方式，本领域技术人员即会在一项中药配方中予以统一适用，不会也不应出现在同一配方中适用不同省略方式的情形。因此，在旧制的基础上选择不同的尾数省略方式，均属于本领域技术人员能够直接、毫无疑义地确定的内容，并不会引入新的技术内容，损害社会公众的利益；亦不会出现专利复审委员会所担心的“有可能实质上改变本发明的技术方案，将不能实施的技术方案改为可以实施的技术方案”的情形。

中华人民共和国最高人民法院行政裁定书

（2011）知行字第54号

申请再审人（一审原告、二审上诉人）：曾关生，男，汉族，1960年9月16日出生，住陕西省西安市碑林区友谊东路×号×楼×门×号，现住陕西省西安市友谊东路×号×号楼×单元×楼×。

委托代理人：姚季云（曾关生之母），女，汉族，1938年4月8日出生，住陕西省西安市友谊东路246号9号楼2单元4楼403。

被申请人（一审被告、二审被上诉人）：国家知识产权局专利复审委员会。住所地：北京市海淀区北四环西路9号银谷大厦10－12层。

法定代表人：张茂于，该委员会副主任。

委托代理人：葛永奇，该委员会审查员。

委托代理人：朱茜，该委员会审查员。

申请再审人曾关生因与被申请人国家知识产权局专利复审委员会（以下简称专利复审委员会）发明专利申请驳回复审行政纠纷一案，不服北京市高级人民法院（2010）高行终字第1117号行政判决，向本院申请再审。本院依法组成合议庭对本案进行了审查，现已审查终结。

曾关生申请再审称：1.00113917.7号专利申请（以下简称涉案专利申请）的原始说明书中虽然没有注明计量单位“两”系采用哪一种换算关系，但是由于本案涉及特殊的中医药领域，因此就必然限定了现有技术的选择范围，随之又进一步限定在中药三仙丹和红升丹的技术领域内。2.《矿物本草》和《中药药剂学》中记载的三仙丹和红升丹均采用“一两＝30g”的换算关系，因此，涉案专利申请采用“一两＝30g”的换算关系具有唯一性。3.《方剂学》中记载：“根据国务院的指示，从1979年1月1日起，全国中医处方用药计量单位一律采用以‘g’为单位的公制。兹附十六进制与公制单位换算率如下……一两＝31.25g……（注：换算时尾数可以舍去）。”因此，按照“一两＝30g”换算具有唯一性。4.《国务院批转国家标准计量局等单位关于改革中医处方用药计量单位的请示报告》中规定：“中药计量单位的换算，按十两为一斤的市制的‘一钱’等于‘5g’；十六两为一斤的旧制的‘一钱’等于‘3g’，尾数不计。”此处的尾数指的是31.25g中的1.25g。因此，“一两＝31.25g”的换算关系与“一两＝30g”的换算关系具有同一性，选择“一两＝30g”，就等于舍去了尾数“1.25g”。此外，该文件第5页记载：“二、目前，医院和药店进货，用十两为一斤的市制；大多数地区中医处方、中药零售和中成药生产投料，用十六两为一斤的旧制。”所以，中医处方和中成药生产投料采用一两 = 十钱 = 30g，与上述规定相一致。综上，曾关生认为涉案专利申请文件的修改没有超出原始说明书和权利要求书记载的范围，第 20574 号复审请求审查决定（以下简称第 20574 号决定）以及一、二审判决认定事实错误、适用法律错误。请求本院：1. 撤销北京市高级人民法院（2010）高行终字第 1117 号行政判决；2. 撤销北京市第一中级人民法院（2010）一中知行初字第 1329 号行政判决；3. 撤销第 20574 号决定。

专利复审委员会辩称：1. “两”与“g”的换算关系存在十六进制和十进制两种，在涉案专利申请文件没有明示或者暗示其采用的是哪种换算关系的情况下，不能唯一确定涉案专利申请系采用旧制。即使是采用旧制，如何舍去尾数也不具有唯一性。2. 曾关生提交的相关证据系行政程序之后提交的新证据，应当不予考虑，所述证据也不能证明涉案专利申请中“两”与“g”的换算关系具有唯一性。3. 在换算关系不唯一的情况下，有可能实质上改变本发明的技术方案，将不能实施的技术方案改为可以实施的技术方案。

北京市第一中级人民法院审理查明，2000 年 9 月 8 日，曾关生向国家知识产权局提出了名称为“一种既可外用又可内服的矿物类中药”的涉案专利申请。2009 年 1 月 9 日，国家知识产权局以曾关生对说明书和权利要求书的修改不符合《中华人民共和国专利法》（2000 年修正）（以下简称专利法）第三十三条的规定为由，驳回了涉案专利申请。曾关生不服该驳回决定，向专利复审委员会提出复审请求。2009 年 12 月 9 日，专利复审委员会作出第 20574 号决定，维持国家知识产权局作出的驳回决定。

北京市第一中级人民法院认为，曾关生在其于 2009 年 8 月 13 日提交的权利要求书和说明书的修改替换页中，将配方中的水银、明矾、牙硝、硼砂分别由八两、八两、十两、五分修改为 240g、240g、300 - 330g、1. 5g，这种修改导致专利申请文件中的内容前后不一致，本领域技术人员也不能从原始申请文件中直接地、毫无疑义地确定修改前后的内容是相同的，构成修改超范围。据此判决：维持第 20574 号决定。

曾关生不服该一审判决，向北京市高级人民提起上诉，请求撤销第 20574 号决定和一审判决。

北京市高级人民法院认为，目前“两”与“g”的换算关系为一两合 50g，我国旧制也有一两合 31. 25g 的换算方式，但涉案专利申请原说明书中并没有明确所述的“两”采用的是新制还是旧制，因此，从原申请文件中不能唯一确定涉案专利申请中所用的“两”为旧制。即使能够确定曾关生所采用的是旧制的“两”，曾关生提交的证据表明“一两 =31.25g（换算时尾数可以舍去）”，在尾数可以舍去，也可以不舍去的情况下，旧制的一两也不必然等于 30g。曾关生所提交的证据中虽然有部分证据采用了一两等于 30g 的尾数省略法，但涉案专利申请是否采用的是与之相同的尾数省略法，原始说明书和权利要求书中并没有记载。因此，曾关生对涉案专利申请的权利要求书和说明书进行修改时所使用的换算方式无法从原始申请文件中找到依据，或者从现有技术中明确地、毫无疑义地找到依据，致使修改前后的专利申请文件中的内容不能对应。据此判决：驳回上诉，维持原判。

本院审查查明以下事实：

（一）涉案专利申请公开说明书中记载的有关事实

涉案专利申请公开说明书中记载：“炼丹术在我国已有两千多年的历史……至明代陈实功《外科正宗》中对其丹药之组方，炼制及临床应用等有较详细的论述，为祖国医药应用化学药品奠定了基础。但是，时至今日，世界上均认为丹药对心、肾、脑等内脏组织有较强的毒性，只能外用，不可内服。其实，我们的炼丹家早已掌握了炼丹术的精髓所在，他们所炼的丹药可以口服，而且对心、肾等内脏组织疾病，有意想不到的治疗作用，只不过是秘而不宣而已。我有幸获得了部分炼丹术的精髓所在，经过最近几年的反复炼丹实践，终于完全掌握了古人的秘密。”“该中药与传统的三仙丹相比有如下优点：由于该中药配方中加入了硼砂，从而改变了三仙丹的药性……提高了临床用三仙丹治病的疗效，扩大了治病的范围。”

（二）国家知识产权局相关审查意见通知书中记载的有关内容

在涉案专利申请的实质审查过程中，国家知识产权局于 2004 年 8 月 6 日向曾关生发出第二次审查意见通知书。通知书指出：“此外‘水银八两……’属于未使用本领域的标准国际计量单位”。

2008 年 7 月 11 日，国家知识产权局向曾关生发出第六次审查意见通知书。通知书指出：“为加快审查程序，建议申请人作如下修改：一．为避免修改超范围，请将说明书恢复至原始的说明书文本。二．权利要求：1. 治疗肾病的矿物中药，由水银 240g，明矾 240g，硝石 300～330g 和硼砂 1.5g 经如下工艺制成：（原始文本具体工艺）。”

（三）涉案专利申请日之前相关命令、文件中记载的有关内容

1959 年 6 月 25 日发布的《中华人民共和国国务院关于统一我国计量制度的

命令》中记载："市制原定16两为一斤，因为折算麻烦，应当一律改成10两为一斤……中药处方用药，为了防止计算差错，可以继续使用原有的计量单位，不予改革。"

1977年4月5日下发的《国务院批转国家标准计量局等单位关于改革中医处方用药计量单位的请示报告》中记载："目前，医院和药店进货，用十两为一斤的市制；大多数地区的中医处方、中药零售和中成药生产投料，用十六两为一斤的旧制。""经这次会议讨论，大家一致同意将中医处方用药现用的十六两为一斤的旧制改为米制，计量单位用'克''毫克''升''毫升'。""……中药计量单位的换算，按十两为一斤的市制的'一钱'等于'5g'；十六两为一斤的旧制的'一钱'等于'3g'，尾数不记。""国务院批准改革后，新出版的和修订再版的中医中药书刊、药典、规范和教材，一律采用米制计量单位。"

（四）涉案专利申请日之前相关科技文献中记载的有关内容

1998年5月印刷的《方剂学》第17页"古方药量考证"中记载："由于历代度量衡制度的改变和地区的不同，所以古今用量差别很大，计量单位的名称亦不一致……及至宋代，遂立两、钱、分、厘之目，即十厘为一分，十分为一钱，十钱为一两，十六两为一斤。元、明以及清代，沿用宋制，很少变异。""根据国务院的指示，从1979年1月1日起，全国中药处方用药计量单位一律采用'g'为单位的公制。兹附十六进制与公制计量单位换算率如下：一斤（16两）=0.5kg=500g；一两=31.25g；一钱=3.125g……（注：换算时尾数可以舍去）。"

1989年4月印刷的《中药学》第13页5.3"剂量"中记载："明清以来，采用16进制，即1斤=16两=160钱。现在我国对中药生药计量采用公制，即1kg=1000g。为了处方和配药特别是古方的配用需要进行换算时的方便，按规定以以下的近似值进行计算：一两（十六进制）=30g；一钱=3g。"

1995年10月印刷的《矿物本草》中记载了三仙丹（《疡医大全》）的配方及采集炮制方法。1987年10月印刷的《中药药剂学》中引述了包括《疡医大全》以及涉案专利申请说明书中提及的《外科正宗》在内的有关医学文献中记载的三仙丹的配方。从上述文献记载的相关配方的计量单位来看，均系采用"一两=30g"的换算关系。

本院认为，本案焦点在于：1. 曾关生对涉案专利申请文件的修改是否超出原始说明书和权利要求书记载的范围。2. 曾关生向本院提交的有关证据是否应当采纳。

（一）关于曾关生对涉案专利申请文件的修改是否超出原始说明书和权利要求书记载的范围

在审查专利申请人对专利申请文件的修改是否超出原始说明书和权利要求书记载的范围时，应当充分考虑专利申请所属技术领域的特点，不能脱离本领域技术人员的知识水平。就一般情况而言，虽然“两”与“g”的换算关系确实存在新、旧制的不同，但是从本院查明的相关事实来看，在传统中药配方尤其是古方技术领域中，在进行“两”与“g”的换算时均是遵循“一斤＝十六两”的旧制。**根据涉案专利申请说明书记载的有关内容，涉案专利申请系在古方三仙丹的配方的基础上改进而成，因此，虽然说明书中没有明确记载“两”与“g”的换算是采用何种换算关系，但本领域技术人员结合涉案专利申请的背景技术、发明内容以及本领域的常识，均能够确定在涉案专利申请中的“两”与“g”的换算应当采用旧制，不应当采用“一斤＝十两”的新制。**

根据《国务院批转国家标准计量局等单位关于改革中医处方用药计量单位的请示报告》的规定，在以旧制进行“钱”与“g”的换算时，旧制的“一钱”等于“3g”。由于旧制中“一两＝十钱”，因此，在依据旧制进行换算时，旧制的一两显然应当换算为30g。从《中药学》《矿物本草》《中药药剂学》等教科书、技术手册中记载的相关内容来看，亦均是采用“一两＝30g”的换算关系。因此，对于《方剂学》中所称的“换算时尾数可以舍去”，本领域技术人员应当理解此处的尾数是指“31.25g”中的“1.25”，即采用“一两＝30g”的换算关系。专利复审委员会虽主张实践中还存在以其他方式舍去尾数的情形，但并没有提供证据予以证明，因此，对于专利复审委员会的主张，本院不予支持。

应当指出的是，即使在以旧制进行换算时还存在以其他方式舍去尾数，或者不舍去尾数的情形，亦应认识到这种尾数省略方式的不唯一性是由中药配方领域的技术特点所决定的。不同的省略方式之间仅有细微区别，采用不同的省略方式并不会导致技术方案发生实质性的改变。在实践中，本领域技术人员可以根据具体的情况和要求，选择特定的尾数省略方式，而且一旦选择了特定的省略方式，本领域技术人员即会在一项中药配方中予以统一适用，不会也不应出现在同一配方中适用不同省略方式的情形。因此，在旧制的基础上选择不同的尾数省略方式，均属于本领域技术人员能够直接、毫无疑义地确定的内容，并不会引入新的技术内容，损害社会公众的利益；亦不会出现专利复审委员会所担心的“有可能实质上改变本发明的技术方案，将不能实施的技术方案改为可以实施的技术方

案”的情形。事实上，在涉案专利申请的实质审查程序中，国家知识产权局曾先后在第二次、第六次审查意见通知书中就涉案专利申请文件的修改给出了明确指引，其中第二次审查意见通知书中指出“‘水银八两……’属于未使用本领域的标准国际计量单位”，明确要求曾关生对计量单位“两”进行修改；第六次审查意见通知书则对曾关生采用“一两 = 30g”的换算关系明确予以认可。第 20574 号决定以及一、二审判决既未能充分考虑涉案专利申请的技术领域特点和本领域技术人员应当具有的知识水平，也未能充分考虑曾关生对涉案专利申请进行相应修改的缘由以及相应修改方式已获国家知识产权局认可的事实，在相关审查意见通知书的意见并无明显不当的情况下，认定曾关生对涉案专利申请文件的修改超出原始说明书和权利要求书记载的范围，认定事实和适用法律均有错误。

（二）关于曾关生向本院提交的有关证据是否应当采纳

在向本院申请再审时，曾关生向本院提交了《中华人民共和国国务院关于统一我国计量制度的命令》《国务院批转国家标准计量局等单位关于改革中医处方用药计量单位的请示报告》，以及《中药学》《矿物本草》《中药药剂学》等教科书、技术手册。上述证据均系用于进一步说明在涉案专利申请日中药配方领域所普遍采用的“两”与“g”的换算关系，并非用于证明新的案件事实。根据所述证据，能够进一步合理地确定本领域技术人员在专利申请日应当具有的知识水平，有助于正确、客观地对相关法律问题进行审查、判断，因此，对于专利复审委员会有关所述证据在行政程序中未曾提交，不应当采信的主张，本院不予支持。

综上所述，曾关生的的再审申请符合《中华人民共和国行政诉讼法》第六十三条第二款和《最高人民法院关于执行〈中华人民共和国行政诉讼法〉若干问题的解释》第七十二条第（一）项、第（二）项及第七十四条规定的立案条件。依照《中华人民共和国行政诉讼法》第六十三条第二款和《最高人民法院关于执行〈中华人民共和国行政诉讼法〉若干问题的解释》第七十七条第一款之规定，裁定如下：

一、本案指令北京市高级人民法院再审；

二、再审期间，中止原判决的执行。

院　长　王胜俊

二〇一一年十月二十八日

书记员　张　博

159. 专利申请文件中“非发明点”的修改及其救济

——再审申请人株式会社岛野与被申请人中华人民共和国国家知识产权局专利复审委员会及一审第三人宁波赛冠车业有限公司发明专利权无效行政纠纷案

【裁判要旨】

在本案中，为避免确有创造性的发明创造因为“非发明点”的修改超出原说明书和权利要求书记载的范围而丧失其本应获得的与其对现有技术的贡献相适应的专利权，相关部门应当积极寻求相应的解决和救济渠道，在防止专利申请人获得不正当的先申请利益的同时，积极挽救具有技术创新价值的发明创造。

【关键词】

发明　无效程序　创造性　文件修改

【案号】

最高人民法院（2013）行提字第21号

【基本案情】

株式会社岛野是“后换挡器”发明专利（即本案专利）的权利人。本案专利系以“后换挡器支架”发明专利申请（即原申请）为基础提出分案申请被授权而来。根据宁波赛冠车业有限公司（以下简称赛冠公司）的无效宣告请求，中华人民共和国国家知识产权局专利复审委员会（以下简称专利复审委员会）就本案专利作出第15307号无效宣告请求审查决定（以下简称第15307号决定），宣告本案专利权全部无效。第15307号决定认为，“圆形孔”是“圆的螺栓孔”、“圆形螺栓孔”的上位概念，而且与“螺栓孔”的含义也有所不同，将原申请中“圆的螺栓孔”、“圆形螺栓孔”或“螺栓孔”概括修改为本案专利权利要求1、3、6中的“圆形孔”，包含了并未记载在原申请中的内容。“压制”为“模压”的上位概念，对本领域技术人员来说，原申请中的“模压”和本专利权利要求2以及说明书中“压制”表达的是不同的信息。上述修改均使得本领域技术人员看到的信息与原申请记载的信息不同，并且不能从原申请记载的信息中直接地、毫无疑义地确定，其余权利要求也不能完全克服上述缺陷。因此，本案专利权利要求1~6和说明书的修改均不符合专利法第三十三条的规定。北京市第一中级人民法院和中华人民共和国北京市高级人民法院（以下简称北京市高级人民法院）先后判决维持第15307号决定。株式会社岛野不服，向最高人民法院申请再审。其理由之一是，导致本案专利被宣告无效的两处修改均与发明点无关，第15307号决定无视本领域的技术现状和本专利的实际贡献，违背了专利法第三十三条的立法本意。最高人民法院裁定提审本案，并于2013年12月27日判决撤销原一、二审判决和第15307号决定，判令专利复审委员会重新作出审查决定。

【裁判意见】

最高人民法院提审认为：一项技术方案能够被授予独占性的专利权，是因为其对现有技术做出了实质性的贡献。被授予的专利权的范围与该技术方案对现有技术的贡献大小相当，这是专利制度的合理性基础。一般而言，一项技术方案包含多个技术特征，其中体现发明创造对现有技术做出贡献的技术特征通常被称为“发明点”。“发明点”使发明创造相对于现有技术具有新颖性和创造性，是发明创造能够被授予专利权的基础和根本原因。在专利授权和确权程序中，确实存在因为“发明点”以外的技术特征的修改超出原说明书和权利要求书记载的范围而使得确有创造性的发明创造不能取得专利权的情形。专利法第三十三条对专利申请文件的修改没有区分“发明点”和“非发明点”而采取不同的标准，但是该条款的立法本意之一是尽可能保证确有创造性的发明创造取得专利权，实现专利申请人所获得的权利与其技术贡献相匹配。如果仅仅因为专利申请文件中“非发明点”的修改超出原说明书和权利要求书记载的范围而无视整个发明创造对现有技术的贡献，最终使得确有创造性的发明创造难以取得专利权，专利申请人获得的利益与其对社会做出的贡献明显不相适应，不仅有违实质公平，也有悖于专利法第三十三条的立法本意，不利于创新激励和科技发展。因此，在现行法律框架和制度体系下，在维护专利法第三十三条标准的前提下，相关部门应当积极寻求相应的解决和救济渠道，在防止专利申请人获得不正当的先申请利益的同时，积极挽救具有技术创新价值的发明创造。譬如，可以考虑通过在专利授权确权行政审查过程中设置相应的回复程序，允许专利申请人和专利权人放弃不符合专利法第三十三条的修改内容，将专利申请和授权文本再修改回到申请日提交的原始文本状态等程序性途径予以解决，避免确有创造性的发明创造因为“非发明点”的修改超出原说明书和权利要求书记载的范围而丧失其本应获得的与其对现有技术的贡献相适应的专利权，以推动科技进步和创新，最大限度地提升科技支撑引领经济社会发展的能力。

中华人民共和国最高人民法院行政判决书

（2013）行提字第21号[①]

160. 判断专利申请文件修改是否合法时当事人意见陈述的作用

——再审申请人精工爱普生株式会社与被申请人中华人民共和国国家知识产权局专利复审委员会、郑亚俐、佛山凯德利办公用品有限公司、深圳市易彩实业发展有限公司发明专利权无效行政纠纷案

【裁判要旨】

在本案中，最高人民法院还阐明了当事人意见陈述在判断专利申请文件修改是否合法时的作用。最高人民法院认为，判断专利申请文件修改是否合法时，当事人的意见陈述通常只能作为理解说明书以及权利要求书含义的参考，而不是决定性依据；其参考价值的大小取决于该意见陈述的具体内容及其与说明书和权利要求书的关系。

【关键词】

发明　无效程序　专利申请文件修改　当事人意见陈述

【案号】

最高人民法院（2010）知行字第53-1号

【基本案情】

精工爱普生株式会社（以下简称精工爱普生）是名称为“墨盒”的00131800.4号发明专利（即本案专利）的申请人和权利人。本案专利是99800780.3号发明专利申请的分案申请，而99800780.3号发明专利申请是进入中国国家阶段的国际申请（PCT/JP99/02579）。该国际申请的申请日是1999年5月18日，其主张的

① 参见案例157裁判文书。

最早优先权日是1998年5月18日，进入中国国家阶段后的公开日是2000年11月1日。该国际专利申请原文为日文，其内容可以参照该国际申请文件的中文译文，即99800780.3号发明专利申请文件。99800780.3号发明专利申请公开文本的权利要求书和说明书中，均未出现“记忆装置”的用语。但在PCT/JP99/02579号国际专利申请文件的权利要求书中出现过“半導体記憶手段”的日文用语，在说明书中则分别出现过“半導体記憶手段”和“記憶手段”的用语，上述用语在99800780.3号发明专利申请公开文本中分别被翻译为“半导体存储装置”和“存储装置”。2000年10月30日，精工爱普生以分案方式提出本案专利申请。本案专利申请公开文本的权利要求书共计12项权利要求，其中权利要求6、7和8中出现了“记忆装置安装部分”的用语。此后，精工爱普生对本案专利申请进行了多次修改。第三次修改时，将原来的12项权利要求修改为66项权利要求。该次修改后的权利要求书的独立权利要求和部分从属权利要求中使用了“记忆装置”的用语，且在从属权利要求19、36、37中，“记忆装置”和“存储装置”的用语同时出现。第四次修改时，删除了原权利要求1－22、24、53以及66，并将剩余的权利要求重新编号为1－41，并对其中部分权利要求进行了修改，同时增加了新权利要求42。在此次修改中，精工爱普生将权利要求1（即第三次修改后的权利要求23）中的“记忆装置”修改为“存储装置”，对于其他独立权利要求则均保留了“记忆装置”的用语。对于重新编号后的权利要求8中的“记忆装置”，精工爱普生在意见陈述中作了如下说明：“申请人首先希望解释，该权利要求及其后的权利要求中所述的‘记忆装置’是指说明书及附图中记载的电路板及设置在其上的半导体存储装置。”针对本案专利权，佛山凯德利办公用品有限公司（以下简称凯德利公司）、郑亚俐和深圳市易彩实业发展有限公司（以下简称易彩公司）分别向中华人民共和国国家知识产权局专利复审委员会（以下简称专利复审委员会）提出无效宣告请求。精工爱普生在无效宣告审查阶段再次修改其权利要求书，将原来的42项权利要求变为40项权利要求。专利复审委员会于2008年4月15日作出第11291号无效宣告请求审查决定（以下简称第11291号决定），以精工爱普生有关记忆装置的修改以及其他修改均超出原说明书和权利要求书记载的范围，违反专利法第三十三条的规定为由，宣告本案专利全部无效。精工爱普生不服，提起行政诉讼。北京市第一中级人民法院一审判决维持第11291号决定。精工爱普生不服，提出上诉。北京市高级人民法院二审认为，“记忆装置”系专利申请人新增加的内容，不符合专利法第三十三条的规定；关于

“存储装置”的修改符合专利法第三十三条的规定；一审判决及第11291号决定部分事实认定错误，适用法律不当，应予撤销。遂判决撤销一审判决及第11291号决定，判令专利复审委员会重新作出审查决定。精工爱普生不服，向最高人民法院申请再审，主张其关于“记忆装置”的修改符合专利法第三十三条的规定。最高人民法院于2013年9月23日裁定驳回了精工爱普生的再审申请。

【裁判意见】

最高人民法院审查认为：判断专利申请文件的修改是否符合专利法第三十三条的规定，其基本依据是原说明书和权利要求书记载的范围。在判断专利申请文件的修改是否超出原说明书和权利要求书记载的范围时，当事人的意见陈述在通常情况下只能作为理解说明书以及权利要求书含义的参考，而不是决定性依据。至于其参考价值的大小，则取决于该意见陈述的具体内容及其与说明书和权利要求书的关系。尤其需要注意的是，如果当事人意见陈述的内容超出了原说明书和权利要求书中记载的范围，则该部分内容将完全丧失参考作用，不能参考该意见陈述的相关内容对说明书或者权利要求书进行解释。

中华人民共和国最高人民法院行政裁定书

（2010）知行字第53-1号①

161. 申请人可否基于审查员对专利申请文件修改的认可获得信赖利益保护

——再审申请人精工爱普生株式会社与被申请人中华人民共和国国家知识产权局专利复审委员会、郑亚俐、佛山凯德利办公用品有限公司、深圳市易彩实业发展有限公司发明专利权无效行政纠纷案

【裁判要旨】

在本案中，最高人民法院还对专利申请人是否可基于其修改在专利授权过程中得

① 参见案例101裁判文书。

到审查员认可而享有信赖利益保护问题表明了态度。最高人民法院指出，是否对专利申请文件进行修改原则上是申请人的一项权利；国家知识产权局依法行使对专利申请进行审查的职权，但并不负有保证专利授权正确无误的责任，申请人对其修改行为所造成的一切后果应自负其责。

【关键词】

发明　无效程序　信赖利益　专利申请文件修改

【案号】

最高人民法院（2010）知行字第53-1号

【基本案情】

精工爱普生株式会社（以下简称精工爱普生）是名称为“墨盒”的00131800.4号发明专利（即本案专利）的申请人和权利人。本案专利是99800780.3号发明专利申请的分案申请，而99800780.3号发明专利申请是进入中国国家阶段的国际申请（PCT/JP99/02579）。该国际申请的申请日是1999年5月18日，其主张的最早优先权日是1998年5月18日，进入中国国家阶段后的公开日是2000年11月1日。该国际专利申请原文为日文，其内容可以参照该国际申请文件的中文译文，即99800780.3号发明专利申请文件。99800780.3号发明专利申请公开文本的权利要求书和说明书中，均未出现“记忆装置”的用语。但在PCT/JP99/02579号国际专利申请文件的权利要求书中出现过“半導体記憶手段”的日文用语，在说明书中则分别出现过“半導体記憶手段”和“記憶手段”的用语，上述用语在99800780.3号发明专利申请公开文本中分别被翻译为“半导体存储装置”和“存储装置”。2000年10月30日，精工爱普生以分案方式提出本案专利申请。本案专利申请公开文本的权利要求书共计12项权利要求，其中权利要求6、7和8中出现了“记忆装置安装部分”的用语。此后，精工爱普生对本案专利申请进行了多次修改。第三次修改时，将原来的12项权利要求修改为66项权利要求。该次修改后的权利要求书的独立权利要求和部分从属权利要求中使用了“记忆装置”的用语，且在从属权利要求19、36、37中，“记忆装置”和“存储装置”的用语同时出现。第四次修改时，删除了原权利要求1-22、24、53以及66，并将剩余的权利要求重新编号为1-41，并对其中部分权利要求进行了修改，同时增加了新权利要求42。在此次修改中，精工爱普生将权利要求1（即第三次修改后的权利要求23）中的“记忆装置”修改为“存储装置”，对于其他独立权利要求则均保留了“记忆装置”的用语。对于重新编号后的权利要求8中的“记忆装置”，精工爱普生在意见陈述中作了如下说明：“申请人首先希望解释，该权利要求及其后的权利要求中所述的‘记忆装置’是指说明书及附图中记载的电路板及设置在其上的半导体存储装置。”针对本案专利权，佛山凯德利办公用品有限公司（以下简称凯德利公司）、郑亚俐和深圳市易彩实业发展有限公司（以下简称易彩公司）分别向中华人民共和国国家知识产权局专利复审委员会（以下简称专利复审委员会）提出无效宣告请求。精工爱普生在无效宣告审查阶段再次修改其权利要求书，将原来的42项权利要求变为40项权利要求。专利复审委员会于2008年4月15日作出第11291号无效宣告请求审查决定（以下简称第11291号决定），以精工爱普生有关记忆装置的修改以及其他修改均超出原说明书和权利要求书记载的范围，违反专利法第三十三条的规定为由，宣告本案专利全部无效。精工爱普生不服，提起行政诉讼。北京市第一中级人民法院一审判决维持第11291号决定。精工爱普生不服，提出上诉。北京市高级人民法院二审认为，“记忆装置”系专利申请人新增加的内容，不符合专利法第三十三条的规定；关于“存储装置”的修改符合专利法第三十三条的规定；一审判决及第11291号决定部分事实认定错误，适用法律不当，应予撤销。遂判决撤销一审判决及第11291号决定，判令专利复审委员会重新作出审查决定。精工爱普生不服，向最高人民法院申请再审，主张其关于“记忆装置”的修改符合专利法第三十三条的规定。最高人民法院于2013年9月23日裁定驳回了精工爱普生的再审申请。

【裁判意见】

最高人民法院审查认为：根据1992年修订的专利法第三十三条及其实施细则的规定，是否对专利申请文件进行修改原则上是申请人的一项权利，只是该项权利的行使方式和范围受到专利法及其实施细则的限制。在主动修改的情况下，只要遵守专利法及其实施细则的相关规定，是否修改专利申请文件以及如何修改很大程度上由申请人自主决定。即使在被动修改的情况下，申请人对于如何修改仍有自主决定的权利。国家知识产权局依法行使对专利申请进行审查的职权，但并不负有也不可能负有保证专利授权正确无误的责任。申请人对其修改行为所造成的一切后果应自负其责。本案中，精工爱普生针对记忆装置的修改属于主动修改，并非应审查员的要求进行的被动修改，当然应该对其修改行为的后果自行负责。精工爱普生关于其修改行为在实审程序中已经得到审查员认可，其基于信赖该审查结论而产生的信赖利益在后续无效程序中应得到保障的主张，缺乏法律依据。

中华人民共和国最高人民法院行政裁定书

（2010）知行字第 53－1 号①

162. 专利申请文件的修改限制与专利保护范围的关系

——再审申请人郑亚俐与被申请人精工爱普生株式会社、国家知识产权局专利复审委员会、佛山凯德利办公用品有限公司、深圳市易彩实业发展有限公司专利权无效行政诉讼案

【裁判要旨】

在本案中，最高人民法院明确了专利申请文件的修改限制与专利保护范围的关系。最高人民法院认为，专利申请文件的修改限制与专利保护范围之间既存在一定联系，又具有明显差异；在无效宣告请求的审查过程中，发明或者实用新型专利的专利权人修改其权利要求书时要受原专利的保护范围的限制，不得扩大原专利的保护范围；发明专利申请人在提出实质审查请求时以及在收到国务院专利行政部门发出的发明专利申请进入实质审查阶段通知书之日起 3 个月内进行主动修改时，只要不超出原说明书和权利要求书记载的范围，在修改原权利要求书时既可以扩大也可以缩小其请求保护的范围。

【关键词】

发明　专利申请文件修改　专利保护范围　无效程序

【案号】

最高人民法院（2010）知行字第 53 号

【基本案情】

精工爱普生株式会社（以下简称精工爱普生）是名称为“墨盒”的 00131800.4 号发明专利（即本案专利）的申请人和权利人。本案专利是 99800780.3 号发明专利申请的分案申请，而 99800780.3 号发明专利申请是进入中国国家阶段的国际

---

① 参见案例 101 裁判文书。

申请（PCT/JP99/02579）。该国际申请的申请日是1999年5月18日，其主张的最早优先权日是1998年5月18日，进入中国国家阶段后的公开日是2000年11月1日。该国际专利申请原文为日文，其内容可以参照该国际申请文件的中文译文，即99800780.3号发明专利申请文件。99800780.3号发明专利申请公开文本的权利要求书和说明书中，均未出现“记忆装置”的用语。但在PCT/JP99/02579号国际专利申请文件的权利要求书中出现过“半導体記憶手段”的日文用语，在说明书中则分别出现过“半導体記憶手段”和“記憶手段”的用语，上述用语在99800780.3号发明专利申请公开文本中分别被翻译为“半导体存储装置”和“存储装置”。2000年10月30日，精工爱普生以分案方式提出本案专利申请。本案专利申请公开文本的权利要求书共计12项权利要求，其中权利要求6、7和8中出现了“记忆装置安装部分”的用语。此后，精工爱普生对本案专利申请进行了多次修改。第三次修改时，将原来的12项权利要求修改为66项权利要求。该次修改后的权利要求书的独立权利要求和部分从属权利要求中使用了“记忆装置”的用语，且在从属权利要求19、36、37中，“记忆装置”和“存储装置”的用语同时出现。第四次修改时，删除了原权利要求1－22、24、53以及66，并将剩余的权利要求重新编号为1－41，并对其中部分权利要求进行了修改，同时增加了新权利要求42。在此次修改中，精工爱普生将权利要求1（即第三次修改后的权利要求23）中的“记忆装置”修改为“存储装置”，对于其他独立权利要求则均保留了“记忆装置”的用语。对于重新编号后的权利要求8中的“记忆装置”，精工爱普生在意见陈述中作了如下说明：“申请人首先希望解释，该权利要求及其后的权利要求中所述的‘记忆装置’是指说明书及附图中记载的电路板及设置在其上的半导体存储装置。”针对本案专利权，佛山凯德利办公用品有限公司（以下简称凯德利公司）、郑亚俐和深圳市易彩实业发展有限公司（以下简称易彩公司）分别向中华人民共和国国家知识产权局专利复审委员会（以下简称专利复审委员会）提出无效宣告请求。精工爱普生在无效宣告审查阶段再次修改其权利要求书，将原来的42项权利要求变为40项权利要求。专利复审委员会于2008年4月15日作出第11291号无效宣告请求审查决定（以下简称第11291号决定），以精工爱普生有关记忆装置的修改以及其他修改均超出原说明书和权利要求书记载的范围，违反专利法第三十三条的规定为由，宣告本案专利全部无效。精工爱普生不服，提起行政诉讼。北京市第一中级人民法院一审判决维持第11291号决定。精工爱普生不服，提出上诉。北京市高级人民法院二审认为，“记忆装置”系专利申请人新增加的内容，不符合专利法第三十三条的规定；关于“存储装置”的修改符合专利法第三十三条的规定；一审判决及第11291号决定部分事实认定错误，适用法律不当，应予撤销。遂判决撤销一审判决及第11291号决定，判令专利复审委员会重新作出审查决定。精工爱普生不服，向最高人民法院申请再审，主张其关于“记忆装置”的修改符合专利法第三十三条的规定。最高人民法院于2013年9月23日裁定驳回了精工爱普生的再审申请。

【裁判意见】

最高人民法院审查认为：根据2000年修正的专利法第三十三条及其实施细则的相关规定，可知专利申请文件的修改限制与专利保护范围之间既存在一定联系，又具有明显差异。其主要差异在于，专利申请文件的修改以原说明书和权利要求书记载的范围为界，其记载的范围越广，披露的技术内容越多，允许的修改范围就越大，而发明或者实用新型专利权的保护范围以其权利要求的内容为准，说明书及附图可以用于解释权利要求，其权利要求记载的技术特征越多，其保护范围就越小。同时，专利申请人根据专利法实施细则①第五十一条的规定进行主动修改时，只要不超出原说明书和权利要求书记载的范围，在修改原权利要求书时既可以扩大其请求保护的范围，也可以缩小其请求保护的范围。专利申请文件的修改限制与专利保护范围的联系在于，根据专利法实施细则第六十八条的规定，在无效宣告请求的审查过程中，发明或者实用新型专利的专利权人修改其权利要求书时要受原专利的保护范围的限制，不得扩大原专利的保护范围。本案中，精工爱普生对原权利要求书中的“半导体存储装置”的修改发生于提出分案申请之时，并非无效宣告请求审查之时，相应的修改是否合法与原专利申请文件请求保护的范围没有关联性。申请再审人有关本案专利的修改扩大了保护范围应予无效的申请再审理由不能成立，不予支持。

中华人民共和国最高人民法院行政裁定书

（2010）知行字第53号②

① 此处为2002年专利法实施细则——编者按。

② 参见案例156裁判文书。

163. 专利申请文件的修改限制与禁止反悔原则的关系

——再审申请人郑亚俐与被申请人精工爱普生株式会社、国家知识产权局专利复审委员会、佛山凯德利办公用品有限公司、深圳市易彩实业发展有限公司专利权无效行政诉讼案

【裁判要旨】

在本案中，最高人民法院明确了专利申请文件的修改限制与禁止反悔原则的关系。最高人民法院认为，禁止反悔原则在专利授权确权程序中应予适用，但是其要受到自身适用条件的限制以及与之相关的其他原则和法律规定的限制；在专利授权确权程序中，相关法律已经赋予了申请人修改专利申请文件的权利，只要这种修改不超出原说明书和权利要求书记载的范围，禁止反悔原则在该修改范围内应无适用余地。

【关键词】

发明　无效程序　专利申请文件修改　禁止反悔原则

【案号】

最高人民法院（2010）知行字第53号

【基本案情】

精工爱普生株式会社（以下简称精工爱普生）是名称为“墨盒”的00131800.4号发明专利（即本案专利）的申请人和权利人。本案专利是99800780.3号发明专利申请的分案申请，而99800780.3号发明专利申请是进入中国国家阶段的国际申请（PCT/JP99/02579）。该国际申请的申请日是1999年5月18日，其主张的最早优先权日是1998年5月18日，进入中国国家阶段后的公开日是2000年11月1日。该国际专利申请原文为日文，其内容可以参照该国际申请文件的中文译文，即99800780.3号发明专利申请文件。99800780.3号发明专利申请公开文本的权利要求书和说明书中，均未出现“记忆装置”的用语。但在PCT/JP99/02579号国际专利申请文件的权利要求书中出现过“半導体記憶手段”的日文用语，在说明书中则分别出现过“半導体記憶手段”和“記憶手段”的用语，上述用语在99800780.3号发明专利申请公开文本中分别被翻译为“半导体存储装置”和“存储装置”。2000年10月30日，精工爱普生以分案方式提出本案专利申请。

本案专利申请公开文本的权利要求书共计12项权利要求，其中权利要求6、7和8中出现了“记忆装置安装部分”的用语。此后，精工爱普生对本案专利申请进行了多次修改。第三次修改时，将原来的12项权利要求修改为66项权利要求。该次修改后的权利要求书的独立权利要求和部分从属权利要求中使用了“记忆装置”的用语，且在从属权利要求19、36、37中，“记忆装置”和“存储装置”的用语同时出现。第四次修改时，删除了原权利要求1－22、24、53以及66，并将剩余的权利要求重新编号为1－41，并对其中部分权利要求进行了修改，同时增加了新权利要求42。在此次修改中，精工爱普生将权利要求1（即第三次修改后的权利要求23）中的“记忆装置”修改为“存储装置”，对于其他独立权利要求则均保留了“记忆装置”的用语。对于重新编号后的权利要求8中的“记忆装置”，精工爱普生在意见陈述中作了如下说明：“申请人首先希望解释，该权利要求及其后的权利要求中所述的‘记忆装置’是指说明书及附图中记载的电路板及设置在其上的半导体存储装置。”针对本案专利权，佛山凯德利办公用品有限公司（以下简称凯德利公司）、郑亚俐和深圳市易彩实业发展有限公司（以下简称易彩公司）分别向中华人民共和国国家知识产权局专利复审委员会（以下简称专利复审委员会）提出无效宣告请求。精工爱普生在无效宣告审查阶段再次修改其权利要求书，将原来的42项权利要求变为40项权利要求。专利复审委员会于2008年4月15日作出第11291号无效宣告请求审查决定（以下简称第11291号决定），以精工爱普生有关记忆装置的修改以及其他修改均超出原说明书和权利要求书记载的范围，违反专利法第三十三条的规定为由，宣告本案专利全部无效。精工爱普生不服，提起行政诉讼。北京市第一中级人民法院一审判决维持第11291号决定。精工爱普生不服，提出上诉。北京市高级人民法院二审认为，“记忆装置”系专利申请人新增加的内容，不符合专利法第三十三条的规定；关于“存储装置”的修改符合专利法第三十三条的规定；一审判决及第11291号决定部分事实认定错误，适用法律不当，应予撤销。遂判决撤销一审判决及第11291号决定，判令专利复审委员会重新作出审查决定。精工爱普生不服，向最高人民法院申请再审，主张其关于“记忆装置”的修改符合专利法第三十三条的规定。最高人民法院于2013年9月23日裁定驳回了精工爱普生的再审申请。

【裁判意见】

最高人民法院审查认为：作为诚实信用原则的体现和要求，禁止反悔原则在专利授权确权程序中应予适用。但是，禁止反悔原则在专利授权确权程序中的适用并非是无条件的，其要受到自身适用条件的限制以及与之相关的其他原则或者法律规定的限制。禁止反悔原则的适用应以行为人出尔反尔的行为损害第三人对其行为的信赖和预期为必要条件。同时，法律的明确规定以及其他同等重要的原则也限制着禁止反悔原则的适用。在专利授权确权程序中适用禁止反悔原则必须综合考虑上述因素。在专利授权程序中，相关法律已经赋予了申请人修改专利申请文件的权利，只要这种修改不超出原说明书和权利要求书记载的范围即可。对于社会公众而言，基于专利法第三十三条规定，其应该预见到申请人可能对专利申请文件进行修改，其信赖的内容应该是原说明书和权利要求书记载的范围，即原说明书及其附图和权利要求书以文字或者图形等明确表达的内容和所属领域普通技术人员通过综合原说明书及其附图和权利要求书可以直接、明确推导出的内容，而不是仅信赖原权利要求书记载的保护范围。因此，如果申请人对专利申请文件的修改符合专利法第三十三条的规定，禁止反悔原则在该修改范围内应无适用余地。精工爱普生在本案中有关“存储装置”的修改符合专利法第三十三条的规定，不存在适用禁止反悔原则的问题。

中华人民共和国最高人民法院行政裁定书

（2010）知行字第53号①

164. 马库什权利要求在无效行政程序中的修改

——再审申请人国家知识产权局专利复审委员会与被申请人北京万生药业有限责任公司、一审第三人第一三共株式会社发明专利权无效行政纠纷案

【裁判要旨】

允许对马库什权利要求进行修改的原则应当是不能因为修改而产生具有新性能和作用的一类或单个化合物，但是同时也要充分考量个案因素。

【关键词】

发明专利　无效程序　马库什权利要求　修改方式

---

① 参见案例156裁判文书。

【案号】

最高人民法院（2016）最高法行再41号

【基本案情】

在再审申请人国家知识产权局专利复审委员会（以下简称专利复审委员会）与被申请人北京万生药业有限责任公司（以下简称万生公司）、一审第三人第一三共株式会社发明专利权无效行政纠纷案（以下简称马库什权利要求专利无效行政纠纷案）中，第一三共株式会社系名称为“用于治疗或预防高血压症的药物组合物的制备方法”、专利号为97126347.7的发明专利（即涉案专利）的权利人。涉案专利权利要求以马库什方式撰写。万生公司以涉案专利不具备创造性等为由向专利复审委员会提出无效宣告请求。2010年8月30日，第一三共株式会社对权利要求进行了修改，其中包括：删除了权利要求1中“或其可作药用的盐或酯”中的“或酯”两字；删除权利要求1中R4定义下的“具有1至6个碳原子的烷基”；删除了权利要求1中R5定义下除羧基和式COOR5a外的其他技术方案。专利复审委员会在口头审理过程中告知第一三共株式会社，对于删除权利要求1中“或酯”的修改予以认可，但其余修改不符合专利法实施细则第六十八条的相关规定，该修改文本不予接受。第一三共株式会社和万生公司对此无异议。2011年1月14日，第一三共株式会社提交了修改后的权利要求书替换页，其中删除权利要求1中的“或酯”。专利复审委员会作出第16266号无效宣告请求审查决定（以下简称第16266号决定），认为涉案专利权利要求1相比于证据1是非显而易见的，具有创造性，符合专利法第二十二条第三款的规定。遂在第一三共株式会社于2011年1月14日提交的修改文本的基础上，维持涉案专利权有效。万生公司不服，提起行政诉讼。北京市第一中级人民法院认为，专利复审委员会以不符合专利法实施细则第六十八条的规定对第一三共株式会社于2010年8月30日提交的修改文本不予接受，不存在法律适用错误。涉案专利权利要求1相对于证据1是非显而易见的，具备创造性。遂判决维持第16266号决定。万生公司不服，提起上诉。北京市高级人民法院二审认为，马库什权利要求属于并列技术方案的特殊类型，第一三共株式会社于2010年8月30日提交的修改文本缩小了涉案专利权的保护范围，符合专利法实施细则第六十八条第一款规定。涉案专利权利要求所涵盖的一个具体实施例的效果与现有技术的证据1中实施例329的技术效果相当，因此，涉案专利权利要求1未取得预料不到的技术效果，不具备创造性。遂判决撤销一审判决和第16266号决定，专利复审委员会重新作出决定。

专利复审委员会不服，向最高人民法院申请再审。最高人民法院裁定提审本案，并于2017年12月20日判决撤销二审判决，维持一审判决。

【裁判意见】

在本案中，最高人民法院对以马库什方式撰写的化合物权利要求在无效程序中的修改方式进行了明确。最高人民法院提审认为，2010年《专利审查指南》规定无效宣告请求审查阶段，发明和实用新型专利文件的修改应仅限于权利要求书，其遵循的基本原则是：1. 不得改变原权利要求的主题名称；2. 与授权的权利要求相比，不得扩大原专利的保护范围；3. 不得超出原说明书和权利要求书中的技术特征；4. 一般不得增加未包含在授权的权利要求书中的技术特征。但是，目前修改方式已经改为在满足上述修改原则的前提下，修改权利要求书的具体方式一般限于权利要求的删除、技术方案的删除、权利要求的进一步限定、明显错误的修正。权利要求进一步限定是指在权利要求中加入其他权利要求中记载的一个或者多个技术特征，以缩小保护范围。可见，在无效程序中，专利文件修改方式更加多样化。但是，化学领域发明专利申请审查存在诸多特殊问题，如化学发明是否能够实施需要借助于实验结果才能确认，有的化学产品需要借助于参数或者制备方法定义，已知化学产品新的性能和用途并不意味着结构或者组分的改变等。鉴于化学发明创造的特殊性，同时考虑到在马库什权利要求撰写之初，专利申请人为了获得最大的权利保护范围就有机会将所有结构方式尽可能写入一项权利要求，因此在无效阶段对马库什权利要求进行修改必须给予严格限制，允许对马库什权利要求进行修改的原则应当是不能因为修改而产生新性能和作用的一类或单个化合物，但是同时也要充分考量个案因素。如果允许专利申请人或专利权人删除任一变量的任一选项，即使该删除使得权利要求保护范围缩小，不会损伤社会公众的权益，但是由于是否因此会产生新的权利保护范围存在不确定性，不但无法给予社会公众稳定的预期，也不利于维护专利确权制度的稳定，因此二审法院相关认定明显不妥，应当予以纠正。

中华人民共和国最高人民法院行政判决书

（2016）最高法行再41号①

① 参见案例107裁判文书。

165. 专利无效宣告程序中权利要求书修改方式

——再审申请人国家知识产权局专利复审委员会与被申请人江苏先声药物研究有限公司、南京先声药物研究有限公司，第三人李平专利权无效行政纠纷案

【裁判要旨】

在本案中，最高人民法院认为，专利无效宣告程序中，权利要求书的修改在满足修改原则的前提下，其修改方式一般情况下限于权利要求的删除、合并和技术方案的删除三种方式，但并未绝对排除其他修改方式。

【关键词】

发明专利　无效程序　专利申请文件修改　权利要求书　说明书

【案号】

最高人民法院（2011）知行字第 17 号

【基本案情】

案外人上海家化医药科技有限公司（以下简称家化公司）于 2003 年 9 月 19 日向国家知识产权局申请名称为“氨氯地平、厄贝沙坦复方制剂”的发明专利（即本案专利），并于 2006 年 8 月 23 日被授权公告。本案专利授权公告的权利要求如下：“1. 一种复方制剂，其特征在于该制剂是以重量比组成为 1∶10－30 的氨氯地平或氨氯地平生理上可接受的盐和厄贝沙坦为活性成分组成的药物组合物。2. 根据权利要求 1 所述的复方制剂，其特征在于其中所述的药物组合物为各种医学上可接受的口服制剂。3. 根据权利要求 1 所述的复方制剂在制备治疗轻、中度高血压药物中的应用。4. 根据权利要求 3 所述的应用，其特征在于其中所述的药物适用于伴有心血管重构的高血压患者，肾性高血压、高血压伴肾功能损害或伴糖尿病肾功能损害的患者的治疗。”本案专利说明书第三部分“试验结果”表 5（第 9 页）的“9 种剂量组合及相应的剂量比”中有 A_1I_{30}（1∶30）的内容。该部分“复方对血压的影响”中有如下描述：“氨氯地平 1mg/kg 与不同剂量的厄贝沙坦组合，仅在厄贝沙坦为 30mg/kg 时才呈现稳定持续的降压效应。”说明书第四

部分“分析与结论”（第 10 页）中有“氨氯地平 1mg/kg 与厄贝沙坦 30mg/kg 的组方因降压效果稳定持久，用药剂量较小，故推荐为最佳剂量组合”的内容。第 10 页及第 11 页片剂制备实施例 1 和实施例 2 分别公开了氨氯地平 2.500mg 与厄贝沙坦 75.000mg 的组合以及氨氯地平 5.000mg 与厄贝沙坦 150.000mg 的组合。针对本案专利权，李平向专利复审委员会提出无效宣告请求。2009 年 9 月 29 日，专利复审委员会进行口头审理，家化公司当庭提交了权利要求书的修改文本，其中将本案专利权利要求 1 中的比例“1∶10－30”修改为“1∶30”。2009 年 12 月 14 日，专利复审委员会作出第 14275 号无效宣告请求审查决定（以下简称第 14275 号决定），认定家化公司提交的权利要求修改文本超出原权利要求书和说明书记载的范围，并且对该反映比例关系的技术特征进行修改也不属于无效宣告程序中允许的修改方式，因此不予接受。故在原授权文本的基础上以权利要求得不到说明书支持为由宣告本案专利全部无效。家化公司仍旧不服，提起行政诉讼。北京市第一中级人民法院一审判决维持第 14275 号决定。家化公司不服，提起上诉。二审诉讼期间，江苏先声公司、南京先声公司因受让本案专利而承继家化公司的诉讼地位。北京市高级人民法院二审认为，家化公司在无效宣告程序中对专利要求的修改符合相关规定，判决撤销第 14275 号决定，责令专利复审委员会重新作出决定。专利复审委员会不服，向最高人民法院申请再审。最高人民法院于 2011 年 10 月 8 日裁定驳回了专利复审委员会的再审申请。

【裁判意见】

最高人民法院审查认为：本案中，1∶30 的比值是专利权人在原说明书中明确推荐的最佳剂量比，将权利要求修改为 1∶30 既未超出原说明书和权利要求书记载的范围，更未扩大原专利的保护范围。如果按照专利复审委员会的观点，仅以不符合修改方式的要求而不允许此种修改，使得在本案中对修改的限制纯粹成为对专利权人权利要求撰写不当的惩罚，缺乏合理性。况且，《专利审查指南》规定在满足相关修改原则的前提下，修改方式一般情况下限于前述三种，并未绝对排除其他修改方式。二审判决认定修改符合《专利审查指南》的规定并无不当，专利复审委员会对《专利审查指南》中关于无效过程中修改的要求解释过于严格，其申诉理由不予支持。

中华人民共和国最高人民法院行政裁定书

（2011）知行字第17号

申诉人（一审被告、二审被上诉人）：国家知识产权局专利复审委员会，住所地北京市海淀区北四环西路9号银谷大厦10－12层。

法定代表人：张茂于，该委员会副主任。

委托代理人：潘骏，该委员会审查员。

委托代理人：毛珽，该委员会审查员。

被申诉人（二审上诉人之诉讼权利义务承继人）：江苏先声药物研究有限公司，住所地江苏省南京市玄武大道699号－18。

法定代表人：任晋生，该公司董事长。

委托代理人：唐铁军，北京北翔知识产权代理有限公司专利代理人。

委托代理人：徐阳，江苏先声药物研究有限公司知识产权部主任。

被申诉人（二审上诉人之诉讼权利义务承继人）：南京先声药物研究有限公司，住所地江苏省南京市浦口经济开发区兴隆路8号。

法定代表人：任晋生，该公司董事长。

委托代理人：唐铁军，北京北翔知识产权代理有限公司专利代理人。

委托代理人：吴晓萍，北京北翔知识产权代理有限公司专利代理人。

第三人：李平，女，汉族，中国国际贸易促进委员会专利商标事务所职员。

委托代理人：李华英，中国国际贸易促进委员会专利商标事务所专利代理人。

委托代理人：袁志明，中国国际贸易促进委员会专利商标事务所专利代理人。

申诉人国家知识产权局专利复审委员会（以下简称专利复审委员会）因与江苏先声药物研究有限公司（以下简称江苏先声公司）、南京先声药物研究有限公司（以下简称南京先声公司）、李平专利无效行政纠纷一案，不服北京市高级人民法院于2010年12月20日作出的（2010）高行终字第1022号行政判决，向本院申请再审。本院依法组成合议庭对本案进行了审查，并于2011年3月21日进行了听证，专利复审委员会的代理人潘骏、毛珽，江苏先声公司的代理人唐铁军、徐阳，南京先声公司的代理人唐铁军、吴晓萍，李平的代理人李华英、袁志明到庭参加了诉讼，本案现已审查终结。

专利复审委员会申请再审称：1. 二审判决错误适用《中华人民共和国专利法实施细则》（以下简称《专利法实施细则》）第六十八条及《专利审查指南》（以下简

称《审查指南》）关于修改原则的规定。《审查指南》规定无效宣告程序中对权利要求书的修改不得超出原说明书和权利要求书记载的范围，比较对象应是原申请文本，而非原授权文本。本专利申请时的原始文本记载的比值范围为“1:10－50”，授权文本中的“1:10－30”本身就是超范围的。二审法院直接将授权文本作为比较对象是错误的。2. 二审法院错误适用《审查指南》关于修改方式的规定。本专利授权文本中“1:10－30”是一个技术方案，并非“并列的两种以上技术方案”，在无效阶段将其修改为“1:30”不符合无效程序中修改方式的规定。综上，请求撤销二审判决，维持专利复审委员会第14275号无效宣告请求审查决定。

江苏先声公司、南京先声公司答辩称：1. 二审判决适用的修改原则正确。二审判决并未将原授权文本等同为“原说明书和权利要求书”。本专利原说明书明确有“氨氯地平1mg/kg与厄贝沙坦30mg/kg的组方因降压效果稳定持久，用药量较小，推荐为最佳剂量组合”的记载，本专利授权文本将“1:10－50”修改为“1:10－30”符合《中华人民共和国专利法》（以下简称《专利法》）及《审查指南》的规定，未超出原说明书和权利要求书记载的范围，且该问题在无效决定及原审中从未提及，不属于本案审理范围。无效过程中将“1:10－30”再次修改为“1:30”同样未超出原说明书和权利要求书的范围。2. 二审判决适用的修改方式正确。对于连续数值范围的权利要求而言，至少包括了与两个端点对应的两个并列的技术方案，本专利进行的修改属于“从同一权利要求中并列的两种以上技术方案中删除一种”的修改方式，符合《审查指南》对于修改方式的要求。专利复审委员会将专利权人在原始申请文件中作为实施例具体说明，并明确指出其效果最佳，且明确包含在授权权利要求范围内的技术方案以不符合修改方式而拒绝给予保护，对权利人显失公平，亦有违专利法“保护专利权人合法权益”、“鼓励发明创造”这一立法宗旨。综上，二审判决程序合法，认定事实清楚、适用法律正确，请求维持二审判决。

李平提交答辩意见称：一、关于原专利权人上海家化医药科技有限公司（以下简称家化公司）的上诉权问题。因本专利已于一审判决作出之日转让给江苏先声公司和南京先声公司，家化公司已经丧失了作为上诉人的合法资格，其上诉请求是无效的。二、关于无效程序中权利要求修改是否超出原说明书和权利要求记载的范围问题。本专利授权文本中记载的比值范围为“1:10－30”，但实际上，在提交的原始权利要求书和说明书中，从未具体公开过这一重量比，也从未记载任何剂量下的1:30这一具体比值。根据说明书实施例中具体公开的“氨氯地平1mg/kg与厄贝沙坦30mg/kg”的技术内容并不能概括出两者重量比为“1∶30”，这样的概括可能会包含一些未曾公开的技术方案，使得这种修改超出原始权利要求书和说明书的记载，不符合《专利法》第三十三条的规定。专利复审委员会及一审法院对此问题的认定正确，二审判决适用法律不当，请求予以纠正。

经审理查明：本案涉及家化公司于2003年9月19日向国家知识产权局申请的名称为“氨氯地平、厄贝沙坦复方制剂”的发明专利权（即本专利）。本专利于2006年8月23日被授权公告，授权公告号为03150996.7。

本专利授权公告的权利要求书如下：

“1. 一种复方制剂，其特征在于该制剂是以重量比组成为1∶10－30的氨氯地平或氨氯地平生理上可接受的盐和厄贝沙坦为活性成分组成的药物组合物。

2. 根据权利要求1所述的复方制剂，其特征在于其中所述的药物组合物为各种医学上可接受的口服制剂。

3. 根据权利要求1所述的复方制剂在制备治疗轻、中度高血压药物中的应用。

4. 根据权利要求3所述的应用，其特征在于其中所述的药物适用于伴有心血管重构的高血压患者，肾性高血压、高血压伴肾功能损害或伴糖尿病肾功能损害的患者的治疗。”

另查，本专利原始权利要求书为：“……2. 根据权利要求1所述的复方制剂，其特征在于其中活性成分氨氯地平和厄贝沙坦优选的重量比组成为1∶10－50。”

针对本专利权，李平于2009年6月19日向专利复审委员会提出无效宣告请求，理由包括本专利权利要求1～4不符合《专利法》第二十六条第四款的规定。

2009年9月29日，专利复审委员会进行口头审理，家化公司当庭提交了权利要求书的修改文本，其中将本专利权利要求1中的比例“1∶10－30”修改为“1∶30”。专利复审委员会当庭告知该修改文本不符合《审查指南》第四部分第三章第4.6节的规定，不予接受。

2009年12月14日，专利复审委员会作出第14275号无效宣告请求审查决定（以下简称第14275号决定）。该决定认为：

（一）依据的文本

家化公司曾于口头审理时提交了经修改的权利要求书，其中将本专利权利要求1中的比例“1∶10－30”修改为“1∶30”。该修改从连续的比例范围中选择了一个特定的比例请求保护，而原权利要求书和说明书中均未明确记载过该比例关系，也没有教导要在原有的比例范围之中进行这样的选择，尽管本专利的说明书中记载了氨氯地平1mg/kg与厄贝沙坦30mg/kg的组合，但这仅表示药物具体剂量的组合，不能反映整个比例关系，此外，本专利说明书第10页曾对药物具体剂量作出明确限定：“本发明可应用的氨氯地平与厄贝沙坦复方剂量范围为：氨氯地平∶厄贝沙坦＝2－10mg∶50－300mg”，故无法确定是否任意满足1∶30这个比例的组合均能达到与该组合相同的效果，因此，修改后的技术方案超出原权利要求书和说明书记载的范围，也不能从原权利要求书和说明书中毫无疑义地确定，并且对该反映比例关系的技术特征进行修改也不属于无效宣告程序中允许的修改方式。

故专利复审委员会对该修改文本不予接受。本无效宣告请求审查决定依据的文本为本专利的授权公告文本。

（二）关于《专利法》第二十六条第四款

本案中，权利要求1请求保护一种复方制剂，其中氨氯地平或氨氯地平生理上可接受的盐和厄贝沙坦的重量比为1∶10－30。根据本专利说明书的记载及专利权人在口头审理时所述，其技术方案具有降压效果显著，降压疗效稳定持久的作用。因而满足氨氯地平与厄贝沙坦重量比为1∶10－30的复方制剂及其应用均应具有上述作用。但是，本专利说明书在具体的实验例中记载了“用药后除A_1I_{10}组合降压作用不明显，A_2I_{10}组合和A_1I_{20}组合物降压作用维持不足12小时外，其余6种……”、“氨氯地平1mg/kg与不同剂量的厄贝沙坦组合，仅在厄贝沙坦为30mg/kg时才呈现稳定持续的降压效应”（说明书第7页倒数3－11行）。该实验结果显示：氨氯地平1mg/kg与厄贝沙坦10mg/kg的组合降压效果不明显，氨氯地平1mg/kg与不同剂量的厄贝沙坦组合时，仅厄贝沙坦为30mg/kg时才具有稳定持续的降压效果。因而，氨氯地平1mg/kg与厄贝沙坦10mg/kg的组合不仅降压效果不明显，而且不具有稳定持续的降压效果。由此可见，说明书记载的技术方案落在1∶10－30的范围内，但却不能具有本专利技术方案所要起到的技术效果。因此，本领域技术人员不能从说明书的内容中得到或概括得出权利要求1的技术方案，本专利权利要求1不符合《专利法》第二十六条第四款的规定。

本专利权利要求2请求保护的复方制剂和权利要求3－4请求保护的制药用途均以权利要求1所述的复方制剂为基础，其中同样包括了前述降压效果不明显、不具有稳定持续的降压效果的技术方案，因此，本专利权利要求 2－4 同样得不到说明书的支持。总之，本专利权利要求 1～4 的技术方案中包括了不能实现发明目的的技术方案，且本领域技术人员根据说明书记载的内容不能合理地将权利要求的可实现发明目的的技术方案与不能实现发明目的的技术方案区分开，故本专利不符合《专利法》第二十六条第四款的规定，应予以无效。在此基础上，专利复审委员会对本无效宣告请求案涉及的其他无效理由不再予以评述。

综上，专利复审委员会决定：宣告本专利权全部无效。

家化公司不服，向北京市第一中级人民法院提起行政诉讼。

北京市第一中级人民法院认为：家化公司将原授权权利要求 1 中的比例"1∶10－30"修改为"1∶30"，而该"1∶30"的比例关系在原始权利要求书和说明书中均未明确记载（原始权利要求的范围为 1∶10－50）。尽管本专利的说明书中记载了氨氯地平 1mg/kg 与厄贝沙坦 30mg/kg 的组合，但这仅表示药物具体剂量的组合，而不能反映整个比例关系，无法确定是否任意满足 1∶30 这个比例关系的组合均能达到与该组合相同的效果。因此，家化公司将原权利要求 1 中的比例"1∶10－50"仅保留一个点值 1∶30，且该点值 1∶30 并未记载在原权利要求书和说明书中，故家化公司对该反映比例关系的技术特征进行修改，超出了原权利要求书和说明书记载的范围，也不能从原权利要求书和说明书中毫无疑义地确定。专利复审委员会第 14275 号决定对此所作认定并无不妥之处，应予维持。在此基础上，专利复审委员会认定本专利权利要求 1～4 得不到说明书的支持、不符合《专利法》第二十六条第四款的规定是正确的。北京市第一中级人民法院依照《中华人民共和国行政诉讼法》第五十四条第（一）项之规定，判决：维持第 14275 号决定。

一审判决作出当日（2010 年 6 月 18 日），本专利由家化公司转让给江苏先声公司和南京先声公司，著录项目变更于该日生效。

2010 年 7 月 15 日，家化公司向北京市高级人民法院提起上诉，请求撤销一审判决，撤销第 14275 号决定。二审诉讼中，江苏先声公司和南京先声公司声明：家化公司在本案中的所有诉讼权利和义务均由江苏先声公司和南京先声公司承继；家化公司在本案中原已进行的所有诉讼行为继续有效，其法律后果由江苏先声公司和南京先声公司承受。

北京市高级人民法院认为：家化公司在无效宣告程序的口头审理中曾提交本专利权利要求的修改文本，将本专利权利要求 1 中的"1∶10－30"修改为"1∶30"。

这种修改没有扩大本专利的保护范围，也没有超出原权利要求书记载的范围，更没有增加未包含在本专利授权的权利要求中的技术特征。专利复审委员会和一审法院关于原说明书中没有记载所有符合“1:30”比例关系的氨氯地平和厄贝沙坦的组合都能达到相同的技术效果的认定，属于修改后的权利要求能否得到说明书支持的问题，即是否符合《专利法》第二十六条第四款的问题，而非家化公司关于本专利权利要求的修改是否扩大原专利的保护范围的问题，因此专利复审委员会第14275号决定和一审判决对家化公司关于本专利权利要求的修改不予接受的认定，缺乏依据，专利复审委员会应当根据家化公司在口头审理中所提出的本专利修改文本对李平所提宣告本专利权无效的相应理由予以审查。综上，判决撤销一审判决及第14275号决定，并判决专利复审委员会就本专利重新作出无效宣告请求审查决定。

本院另查明，本专利说明书中有如下相关内容：说明书第三部分“试验结果”表5（第9页）：“9种剂量组合及相应的剂量比”中有A_1I_{30}（1:30）的内容。该部分“复方对血压的影响”中有如下描述：“9种组合……用药后除A_1I_{10}组合降压作用不明显，A_2I_{20}和A_1I_{20}组合降压作用维持不足12小时外，其余6种组合均有显著降压作用，且降压作用维持24小时以上。……氨氯地平1mg/kg与不同剂量的厄贝沙坦组合，仅在厄贝沙坦为30mg/kg时才呈现稳定持续的降压效应。”说明书第四部分“分析与结论”（第10页）中有“氨氯地平1mg/kg与厄贝沙坦30mg/kg的组方因降压效果稳定持久，用药剂量较小，故推荐为最佳剂量组合”以及“本发明可应用的氨氯地平与厄贝沙坦复方剂量范围为：氨氯地平:厄贝沙坦=2－10mg:50－300mg”的内容。第10页及第11页片剂制备实施例1和实施例2分别公开了氨氯地平2.500mg与厄贝沙坦75.000mg的组合以及氨氯地平5.000mg与厄贝沙坦150.000mg的组合。

本院经审查认为：根据当事人申诉及答辩的事由，本案争议焦点在于家化公司在无效程序中修改的权利要求是否应该被接受，即该修改是否符合《专利法实施细则》及《审查指南》的相关规定。

《专利法实施细则》第六十八条第一款规定，在无效宣告请求的审查过程中，发明或者实用新型的专利权人可以修改其权利要求书，但是不得扩大原专利的保护范围。《审查指南》第四部分第三章第4.6节“关于无效宣告程序中专利文件的修改”中规定，发明或者实用新型专利文件的修改仅限于权利要求书，其修改原则是：（1）不得改变原权利要求的主题名称。（2）与授权的权利要求相比，不得扩大原专利的保护范围。(3) 不得超出原说明书和权利要求书记载的范围。(4) 一般不得增加未包含在授权的权利要求中的技术特征。在满足上述修改原则的前提下，修改权利要求书的具体方式一般限于权利要求的删除、合并和技术方案的删除。其中技术方案的删除是指，从同一权利要求中并列的两种以上技术方案中删除一种或者一种以上技术方案。可见，对于无效程序中权利要求的修改，《审查指南》在《专利法实施细则》的规定基础上进行了进一步的细化，从修改原则和修改方式两个层面进行了限制。根据本案争议焦点，本案涉及以下问题：

一、关于修改原则

《审查指南》规定无效宣告程序中对权利要求书的修改不得超出原说明书和权利要求书记载的范围。专利复审委员会称，二审法院错误地将比较对象认定为原授权文本，而非原申请文本。二审判决中并未出现上述陈述，关于比较对象的问题并无争议。本专利申请时的原始文本记载的比值范围为1∶10－50，授权文本为1∶10－30，无效程序中再次修改为1∶30，所涉及的问题均是1∶30的比值是否在原说明书中有记载，这样的修改是否超出了原说明书和权利要求书记载的范围。根据查明的事实可知，本专利说明书中明确公开了氨氯地平1mg与厄贝沙坦30mg的组合，并将氨氯地平1mg/kg与厄贝沙坦30mg/kg作为最佳剂量比，在片剂制备实施例中也有相应符合1∶30比例关系的组合，可见1∶30的比值在说明书中已经公开。对于比值关系的权利要求而言，说明书中具体实施例只能记载具体的数值，而无法公开一个抽象的比值关系，而且本专利说明书中披露的是在大鼠身上进行试验所得到的结果，本专利说明书明确记载可应用的剂量范围是氨氯地平2－10mg，厄贝沙坦50－300mg，如果认定其披露的最佳组方仅为1mg∶30mg这一具体剂量而非比值，则该最佳组方根本不包含在上述可应用的范围内，显然不符合常理。对于本领域普通技术人员来说，1mg/kg和30mg/kg表明的是两种成分的比值而非一个固定的剂量，故本案中应认为1∶30的比值关系在说明书已有记载，该修改没有超出原说明书和权利要求书的范围。另外，对于是否符合该比值关系的所有技术方案均能够实现本专利发明目的，是属于权利要求是否能得到说明书的支持，即《专利法》第二十六条第四款的问题，不宜以该理由认定修改是否超出范围。

二、关于修改方式

《审查指南》规定无效过程中权利要求的修改方式限于三种：权利要求的删

除、合并和技术方案的删除。专利复审委员会认为，即使认定本案中对权利要求的修改符合上述修改原则，但其仍然因不符合《审查指南》对修改方式的要求而不能被接受。**本案中，尽管原权利要求中1∶10－30的技术方案不属于典型的并列技术方案，但鉴于1∶30这一具体比值在原说明书中有明确记载，且是其推荐的最佳剂量比，本领域普通技术人员在阅读原说明书后会得出本专利包含1∶30的技术方案这一结论，且本专利权利要求仅有该一个变量，此种修改使本专利保护范围更加明确，不会造成其他诸如有若干变量的情况下修改可能造成的保护范围模糊不清等不利后果，允许其进行修改更加公平。《专利法实施细则》及《审查指南》对无效过程中权利要求的修改进行限制，其原因一方面在于维护专利保护范围的稳定性，保证专利权利要求的公示作用；另一方面在于防止专利权人通过事后修改的方式把申请日时尚未发现、至少从说明书中无法体现的技术方案纳入到本专利的权利要求中，从而为在后发明抢占一个在先的申请日。本案中显然不存在上述情况，1∶30的比值是专利权人在原说明书中明确推荐的最佳剂量比，将权利要求修改为1∶30既未超出原说明书和权利要求书记载的范围，更未扩大原专利的保护范围，不属于相关法律对于修改进行限制所考虑的要避免的情况。如果按照专利复审委员会的观点，仅以不符合修改方式的要求而不允许此种修改，使得在本案中对修改的限制纯粹成为对专利权人权利要求撰写不当的惩罚，缺乏合理性。况且，《审查指南》规定在满足修改原则的前提下，修改方式一般情况下限于前述三种，并未绝对排除其他修改方式。**故本院认为，本案中，二审判决认定修改符合《审查指南》的规定并无不当，专利复审委员会对《审查指南》中关于无效过程中修改的要求解释过于严格，其申诉理由不予支持。

另外，关于第三人李平所提出的家化公司上诉资格的问题。家化公司作为一审的当事人，其当然有权就一审判决提起上诉，本专利在一审判决作出之日权利发生转移这一事实并不导致其丧失上诉权。而在二审期间，江苏先声公司和南京先声公司作为当时的专利权人，与本案有直接的利害关系，其声明承继家化公司的诉讼地位，并认可家化公司之前的诉讼行为，从而取代家化公司成为本案的当事人。上述过程无违反法律规定之处，应予认可。

综上，本院认为，专利复审委员会的再审申请不符合《中华人民共和国行政诉讼法》第六十三条第二款和《最高人民法院关于执行〈中华人民共和国行政诉讼法〉若干问题的解释》第七十二条规定的再审条件。依照《最高人民法院关于执行〈中华人民共和国行政诉讼法〉若干问题的解释》第七十四条之规定，裁定如下：

驳回国家知识产权局专利复审委员会的再审申请。

审　判　长　夏君丽
审　判　员　殷少平
代理审判员　周云川
二〇一一年十月八日
书　记　员　曹佳音

（十）外观设计专利授权确权案件

166. 判断外观设计相同或者相近似的基本方法及应关注的设计特征

——再审申请人本田技研工业株式会社与被申请人国家知识产权局专利复审委员会，一审第三人石家庄双环汽车股份有限公司、河北新凯汽车制造有限公司破产清算组外观设计专利权无效行政纠纷案

【裁判要旨】

在本案中，最高人民法院分析了判断外观设计相同或者相近似的基本方法，并认为，在判断外观设计是否相同或者相近似时，因产品的共性设计特征对于一般消费者的视觉效果的影响比较有限，应关注更多地引起一般消费者注意的其他设计特征的变化。

【关键词】

外观设计　无效程序　设计特征　视觉效果

【案号】

最高人民法院（2010）行提字第3号

【基本案情】

本田技研工业株式会社（以下简称本田株式会社）是“汽车”外观设计专利（以下简称本专利）的专利权人。双环公司、新凯公司分别向专利复审委员会申请宣告本专利无效。专利复审委员会认为，本专利与对比文件（以下简称证据1）属于相近似的外观设计，不符合专利法第二十三条的规定，于2006年3月7日作出第8105号无效宣告请求审查决定（以下简称第8105号决定），宣告本专利无效。本田株式会社不服该决定，提起行政诉讼。经对比，本专利与证据1的主要差别有：1. 本专利前大灯呈不规则四边形，证据1的前大灯呈近似梯形；2. 本专利前保险杠下方的两侧配置有雾灯，证据1中没有雾灯；3. 本专利与证据1汽车前部的护板均呈倒U形，但本专利护板内设有水平隔片，其底部有小护牙，证据1护板内设有纵向空格；4. 本专利后组合灯从车顶向下延伸至车窗下部，证据1后组合灯基本与后车窗的高度相当。此外，两者在格栅、后保险杠、后部车顶轮廓等方面亦有细微不同之处。北京市第一中级人民法院一审认为，本专利与在先设计均为汽车整车的外观设计，一般消费者在购买和使用过程中，对汽车的整体进行观察是实际生活中经常出现的情形，故本专利与在先设计的比较应采用整体观察的方式。本专利与证据1的外观设计虽存在一定的差别，但属于局部的细微差别，且对于汽车整体外观而言，一般消费者更容易对汽车整体的设计风格、轮廓形状、组成部件的相互间的比例关系等因素施以更多注意，二者的上述细微差别尚不足以使一般消费者对两者整体外观设计产生明显的视觉差异。因此，本专利与证据1属于相近似的外观设计，本专利应被宣告无效。遂判决维持第8105号决定。本田株式会社不服一审判决，提起上诉。北京市高级人民法院二审判决驳回上诉，维持一审判决。本田株式会社不服二审判决，向最高人民法院申请再审。最高人民法院提审本案后于2010年11月26日判决，撤销一、二审判决以及第8105号决定。

【裁判意见】

最高人民法院再审认为：判断外观设计是否相同或者相近似的基本方法是，基于被比设计产品的一般消费者的知识水平和认知能力，对被比设计与在先设计进行整体观察，综合判断两者的差别对于产品外观设计的视觉效果是否具有显著影响。所谓“一般消费者”，是指其对被比设计产品的同类或者相近类产品的外观设计状况具有常识性的了解，对外观设计产品之间在形状、图案以及色彩上的差别具有一定的分辨力，但不会注意到产品的形状、图案以及色彩的微小变化；所谓“常识性的了解”，是指通晓相关产品的外观设计状况而不具备设计的能力，而非局限于基础性、简单性的了解；所谓“整体”，包括产品可视部分的全部设计特征，而非其中某特定部分；所谓“综合”，是指对能够影响产品外观设计整体视觉效果的所有因素的综合。本案中，诉争类型汽车外观设计的“整体”，不仅包括汽车的基本外形轮廓以及各部分的相互比例关系，还包括汽车的前面、侧面、后面等，应当予以全面观察。在综合判断时，应当根据诉争类型汽车的特点，权衡诸部分对汽车外观设计整体视觉效果的影响。就本案诉争的汽车类型而言，因此类汽车的外形轮廓都比较接近，故该共性设计特征对于此类汽车一般消费者的视觉效果的影响比较有限。相反，汽车的前面、侧面、后面等部位的设计特征的变化，则会更多地引起一般消费者对此类汽车的注意。本案中，本专利所示汽车的外观设计与证据1所示汽车的外观设计相比，在前大灯、雾灯、前护板、格栅、侧面车窗、后组合灯、后保险杠、车顶轮廓等装饰性较强部位均存在差别。特别是，本专利的汽车前大灯采用近似三角形的不规则四边形设计，配合带有小护牙的倒U形的前护板和中间带有横条的格栅；汽车侧面后车窗采用不规则四边形设计，且后窗玻璃与后组合灯之间由窗框分离，配合车身上部与下部的平滑过渡；汽车后面采用后组合灯从车顶附近开始一直延伸至后保险杠翘起部的“上窄下宽”的柱形灯设计，配合带有护牙的U形后保险杠，都比较突出、醒目，具有较强的视觉冲击力。显然，这些差别对于本案诉争类型汽车的一般消费者而言是显而易见的，足以使其将本专利图片所示汽车外观设计与证据1汽车外观设计的整体视觉效果区别开来。因此，上述差别对于本专利与证据1汽车外观设计的整体视觉效果具有显著的影响，二者不属于相近似的外观设计。

中华人民共和国最高人民法院行政判决书

（2010）行提字第3号

申请再审人（一审原告、二审上诉人）：本田技研工业株式会社，住所地：日本国东京都港区南青山二丁目1番1号。

法定代表人：近藤广一，董事长。

委托代理人：辛哲生，男，中国国际贸易促进委员会专利商标事务所专利代理人。

委托代理人：陈健，男，中国国际贸易促进委员会专利商标事务所专利代理人。

被申请人（一审被告、二审被上诉人）：中华人民共和国国家知识产权局专利复审委员会，住所地：中华人民共和国北京市海淀区北四环西路9号银谷大厦10－12层。

法定代表人：张茂于，副主任。

委托代理人：钱亦俊，女，中华人民共和国国家知识产权局专利复审委员会审查员。

委托代理人：余心蕾，女，中华人民共和国国家知识产权局专利复审委员会审查员。

原审第三人：石家庄双环汽车股份有限公司，住所地中华人民共和国河北省石家庄市×大街副8号。

法定代表人：赵志刚，董事长。

委托代理人：刘英昆，河北和融兴律师事务所律师。

委托代理人：王苑祥，男，石家庄知识产权服务中心研究员。

原审第三人：河北新凯汽车制造有限公司破产清算组，住所地中华人民共和国河北省高碑店市南大街。

法定代表人：李振军，清算组组长。

委托代理人：李虎，男，河北新凯汽车制造有限公司破产清算组副组长。

申请再审人本田技研工业株式会社（以下简称本田株式会社）因与被申请人中华人民共和国国家知识产权局专利复审委员会（以下简称专利复审委员会）、原审第三人石家庄双环汽车股份有限公司（以下简称双环公司）、原审第三人河北新凯汽车制造有限公司破产清算组（以下简称新凯公司）外观设计专利权无效行政纠纷一案，不服北京市高级人民法院（2007）高行终字第274号行政判决，向本院申请再审。本院于2010年2月4日作出（2008）行监字第43－1号行政裁定，提审本案。本院依法组成合议庭，于2010年7月15日公开开庭审理了本案。本田株式会社的委托代理人辛哲生、陈健，专利复审委员会的委托代理人钱亦俊、余心蕾，双环公司的委托代理人刘英昆、王苑祥，新凯公司的委托代理人李虎到庭参加诉讼。本案现已审理终结。

原一、二审法院经审理查明，本田株式会社是01319523.9号“汽车”外观设计专利（以下简称本专利）的专利权人。双环公司于2003年12月24日、新凯公司于2004年12月10日分别就本专利向专利复审委员会提出无效宣告请求。

专利复审委员会将上述两无效宣告请求案合案审查，于2005年3月28日进行了口头审理。2006年3月7日，专利复审委员会作出第8105号无效宣告请求审查决定（以下简称第8105号决定），宣告本专利无效。该决定认为：一、根据双环公司在请求书中的表述，请求书对其无效理由作了一定的说明，尽管该请求书中没有详细论述，确有不妥之处，但尚不足以认定构成不予受理的情形，且本田株式会社已对所有证据进行了充分的意见陈述，并未导致其无法陈述意见。二、将本专利与日本国外观设计公报JP1004783（以下简称证据1）进行比较可以看出，两者的汽车各组成部分的形状以及相互之间的比例关系基本相同，整体视觉形状和设计风格基本相同。虽然本专利与证据1产品在外观上存在若干部位细微差别，例如，本专利前大灯呈近似三角形的不规则四边形，而证据1的前大灯呈近似梯形；本专利前保险杠下方的两侧配置有辅助灯，而证据1中未见相应配置；本专利与证据1的护板都呈倒U形，但本专利护板内设有水平隔片，其底部有小护牙，而证据1护板内设有数个空格；本专利中间窗玻璃由一边呈直角、另一边呈折线状构成不规则梯形，证据1中间窗玻璃呈直角梯形；本专利后组合灯从车顶附近一直延伸到后保险杠翘起部，证据1后组合灯设于车体上部；从本专利与证据1汽车后部线条看，本专利线条略为圆滑；两者后保险杠的形状也略有不同等。但是，本专利与证据1的产品在外观上的上述区别均属于局部的差别，根据整体观察、综合判断的原则，上述差别对于汽车的整体视觉形状和风格来说属于较细微的差别，不足以使普通消费者产生明显不同的视觉效果而将两者认定为具有不同款式的产品，而两者的主体部分的相同之处却使普通消费者易于将两者混同。至于本田株式会社强调的“本专利车身较高、重心高，为细长的造型，而证据1重心低，属于车身较宽的造型”，从对两者进行整体观察来看，没有产生本田株式会社所述的明显不同的视觉效果，故对本田株式会社的观点不予支持。综上，本专利与证据1属于相近似的外观设计，不符合专利法第二十三条的规定。

本田株式会社不服专利复审委员会作出的第8105号决定，向北京市第一中级人民法院提起诉讼。

北京市第一中级人民法院认为，专利复审委员会受理该无效请求符合法律法规的规定。本专利与在先设计均为汽车整车的外观设计，一般消费者在购买和使用过程中，对汽车的整体进行观察是实际生活中经常出现的情形，故本专利与在先设计的比较应采用整体观察的方式。本专利与证据1的外观设计虽存在一定的差别，但对于汽车整体外观而言，一般消费者更容易对汽车整体的设计风格、轮廓形状、组成部件的相互间比例关系等因素施以更多注意，二者的差别尚不足以使一般消费者对两者整体外观设计产生明显的视觉差异。因此，本专利与证据 1 属于相近似的外观设计。专利复审委员会作出的第 8105 号决定认定事实清楚，适用法律准确，程序合法，据此作出（2006）一中行初字第 779 号行政判决，维持专利复审委员会作出的第 8105 号决定。一审案件受理费 1000 元，由本田株式会社负担。

本田株式会社不服一审判决，向北京市高级人民法院提起上诉。

北京市高级人民法院二审认为，本案中，判断的主体应当是对“汽车”这一类产品有常识性了解的人，其对外观设计产品之间在形状、图案上的差别具有一定的分辨力，但不会注意到产品的形状、图案的微小变化。如果一般消费者在对本专利与证据 1 进行整体观察后，二者的差别对于产品外观设计的整体视觉效果不具有显著的影响，则本专利与证据 1 构成相近似的外观设计。

从整体上观察，两外观设计在汽车各个组成部分的形状，相互之间的长、宽、高比例关系，车身整体形状以及设计风格是大致相同的。汽车的整体外形轮廓对一般消费者视觉感受的影响是最为显著的。本田株式会社列举出其他品牌的同类汽车具有相近似的整体外形，用以证明该类汽车设计空间有限。对此，二审法院认为，本田株式会社所列举的同类汽车相近似的整体外形并非由于其功能所限定的唯一形状，双环公司、新凯公司同时也提供了反证证明存在同类汽车具有不同的整体外形的情况，因此，本田株式会社认为设计空间有限的主张缺乏事实依据。

本专利外观设计与证据 1 相比，主要差别在于：1. 本专利前大灯呈不规则四边形，证据 1 的前大灯呈近似梯形；2. 本专利前保险杠下方的两侧配置有雾灯，证据 1 中没有雾灯；3. 本专利与证据 1 汽车前部的护板均呈倒 U 形，但本专利护板内设有水平隔片，其底部有小护牙，证据 1 护板内设有纵向空格；4. 本专利后组合灯从车顶向下延伸至车窗下部，证据 1 后组合灯基本与后车窗的高度相当。此外，两者在格栅、后保险杠、后部车顶轮廓等方面亦有细微不同之处。

汽车车身侧面视图可以反映车身的整体形状，是一般消费者在购买和使用过程中最容易观察到的部位，不应排除在整体观察的范围之外。从车身侧面视图可以看出，本专利与证据 1 的汽车整体形状、车身高低、车门及车窗的形状等处均相近似。本田株式会社所主张的汽车车身侧面为惯常设计没有事实依据。而汽车的底部、顶部不易被一般消费者观察到，这些部位的差异对整体视觉感受的影响不明显。

本专利与证据1所存在的差别属于局部的差别，一般消费者需要加以特别的关注、反复比对才能区别开来，这样的差别对整体视觉效果不具有显著的影响。所以，在二者整体设计风格、轮廓形状、组成部件的相互间比例关系等相近的情况下，汽车若干个部位的细微差别结合起来也不会产生明显的视觉差异。故本专利与证据1构成相近似的外观设计，本专利应当被宣告无效。综上，本田株式会社的上诉理由缺乏事实和法律依据，一审判决认定事实清楚，适用法律正确。据此判决：驳回上诉，维持原判。一、二审案件受理费各1000元，由本田株式会社负担。

本田株式会社申请再审称，1. 本案中，判断外观设计相同或相近似的主体应当是对本案诉争的“运动型多功能汽车”，即SUV汽车，有常识性了解的消费者，即有意愿购买SUV类型汽车的购买者、SUV类型汽车的使用者，而二审判决却将判断主体认定为对汽车这一类产品有常识性了解的人，判断主体认定错误。2. 二审判决将汽车各个组成部分的形状，相互之间的长、宽、高比例关系，车体整体形状以及设计风格作为整体观察对象，而比例关系、车体整体形状属于SUV类型汽车的惯常设计，对外观设计的整体视觉效果不具有显著的影响；本专利与证据1在前大灯、雾灯、前护板、后组合灯、格栅、后保险杠等方面存在差别，除去惯常设计部分，这些差别具有较强装饰效果，对整体视觉效果具有显著的影响。本专利与证据1所公开的外观设计不相同，也不相近似。请求本院改判：撤销原一、二审判决及第8105号决定，宣告本案专利权有效，原一、二审案件受理费由专利复审委员会负担。

专利复审委员会辩称，1. 本案中，一般消费者应当是对“汽车”这类产品有常识性了解的人，其对汽车的外观设计产品之间的形状、图案上的差别具有一定的分辨能力，但仍然不会注意到产品的形状、图案的细小变化。2. 本专利与在先设计相比，车身的整体形状、各个组成部分的形状以及相互之间的比例均大致相同，前大灯、格栅、前护板、后组合灯形状的差别，相对于汽车的整体而言均属于细微差别，不会对一般消费者造成显著的视觉影响。

双环公司称，1. SUV类型汽车是汽车专业人士对这类汽车的称谓，不是一般消费者所能理解和知晓的；国家标准对汽车的分类也只是分为乘用车和商用车两类，二审判决认定的判断主体并无不妥。2. 判断外观设计相同、相近似，应当整体观察，而不应当把整体相同的设计均认定为惯常设计，仅作局部判断。况且，本专利与在先设计局部的差别也均相似，故本专利与在先设计相近似。3. 公证人对所要公证的事实必须亲临现场当面见证，但本田株式会社提交的授权委托书不是公证人亲临现场当面见证，不符合法律规定。

新凯公司称，外观设计近似的判断应当采用整体观察、综合判断的标准，而不应割裂各个局部特征进行比对，一般不考虑细小的差别，而且一般消费者也不具备判断细小差别的能力。

本院再审查明，原一、二审判决认定的事实基本属实。

本院再审认为，本田株式会社的授权委托书经日本国公证机关证明，并经中华人民共和国驻该国使馆认证，具有效力，并不存在违反法律规定的情形。

基于被比设计产品的一般消费者的知识水平和认知能力，对被比设计与在先设计进行整体观察，综合判断两者的差别对于产品外观设计的视觉效果是否具有显著影响，是《专利审查指南》规定的判断外观设计是否相同或者相近似的基本方法。根据《专利审查指南》的规定，一般消费者的特点是，对被比设计产品的同类或者相近类产品的外观设计状况具有常识性的了解，对外观设计产品之间在形状、图案以及色彩上的差别具有一定的分辨力，但不会注意到产品的形状、图案以及色彩的微小变化。所谓“常识性的了解”，是指通晓相关产品的外观设计状况而不具备设计的能力，但并非局限于基础性、简单性的了解；所谓“整体”，包括产品可视部分的全部设计特征，而非其中某特定部分；所谓“综合”，是指对能够影响产品外观设计整体视觉效果的所有因素的综合。

本案中，诉争类型汽车外观设计的“整体”，不仅包括汽车的基本外形轮廓以及各部分的相互比例关系，还包括汽车的前面、侧面、后面等，应当予以全面观察。在综合判断时，应当根据诉争类型汽车的特点，权衡诸部分对汽车外观设计整体视觉效果的影响。就本案诉争的汽车类型而言，因该类汽车的外形轮廓都比较接近，故该共性设计特征对于此类汽车一般消费者视觉效果的影响比较有限。相反，汽车的前面、侧面、后面等部位的设计特征的变化，则会更多地引起此类汽车一般消费者的注意。本案中，本专利所示汽车的外观设计与证据 1 所示汽车的外观设计相比，在前大灯、雾灯、前护板、格栅、侧面车窗、后组合灯、后保险杠、车顶轮廓等装饰性较强的部位均存在差别。特别是，本专利的汽车前大灯采用近似三角形的不规则四边形设计，配合带有小护牙的倒 U 形的前护板和中间带有横条的格栅；汽车侧面后车窗采用不规则四边形设计，且后窗玻璃与后组合灯之间由窗框分离，配合车身上部与下部的平滑过渡；汽车后面采用后组合灯从车顶附近开始一直延伸至后保险杠翘起部的“上窄下宽”的柱形灯设计，配合带有护牙的 U 形后保险杠，都比较突出、醒目，具有较强的视觉冲击力。显然，这些差别对于本案诉争类型汽车的一般消费者而言是显而易见的，足以使其将本专利图片所示汽车外观设计与证据 1 所示汽车外观设计的整体视觉效果区别开来。因此，上述差别对于本专利与证据 1 汽车外观设计的整体视觉效果具有显著的影响，二者不属于相近似的外观设计。

本案中，专利复审委员会的决定以及原一、二审判决虽然都认定了两外观设计之间的差别，但都以该差别属“细微差别”为由，将该部分的设计特征从汽车外观设计的“整体”中排除，实质上只着重对两外观设计的整体外形轮廓进行比较，并认为汽车的整体外形轮廓对于汽车，而非诉争类型汽车的一般消费者视觉感受的影响最为显著，以致错误地认定本专利与证据 1 外观设计相近似、本案专利权无效。

综上，原一、二审判决认定本专利所示汽车的外观设计与证据 1 所示汽车的外观设计相近似，从而维持专利复审委员会第 8105 号决定，适用法律有误，应予纠正。依照《中华人民共和国行政诉讼法》第五十四条第（二）项第 2 目、《最高人民法院关于执行〈中华人民共和国行政诉讼法〉若干问题的解释》第七十六条第一款、第七十八条的规定，判决如下：

一、撤销北京市高级人民法院（2007）高行终字第 274 号行政判决、北京市第一中级人民法院（2006）一中行初字第 779 号行政判决；

二、撤销专利复审委员会第 8105 号无效宣告请求审查决定。

原一审案件受理费人民币 1000 元，原二审案件受理费人民币 1000 元，共计人民币 2000 元，由专利复审委员会负担。

本判决为终审判决。

审　判　长　王永昌

代理审判员　李　剑

代理审判员　罗　霞

二〇一〇年十一月二十六日

书　记　员　王　新

167. 外观设计相近似判断中“整体观察、综合判断”的把握

——再审申请人珠海格力电器股份有限公司与被申请人广东美的电器股份有限公司、二审上诉人国家知识产权局专利复审委员会外观设计专利权无效行政纠纷案

【裁判要旨】

在本案中，最高人民法院认为，所谓整体观察、综合判断，是指一般消费者从整体上而不是仅依据局部的设计变化，来判断外观设计专利与对比设计的视觉效果是否具有明显区别；在判断时，一般消费者对于外观设计专利与对比设计可视部分的相同点和区别点均会予以关注，并综合考虑各相同点、区别点对整体视觉效果的影响大小和程度。

【关键词】

外观设计　无效程序　视觉效果　近似判断

【案号】

最高人民法院（2011）行提字第1号

【基本案情】

针对广东美的电器股份有限公司（以下简称美的公司）名称为“风轮（455－180）”的外观设计专利（即涉案专利），珠海格力电器股份有限公司（以下简称格力公司）向国家知识产权局专利复审委员会（以下简称专利复审委员会）提出无效宣告请求，并提交了公告号为CN3265720、名称为“风扇扇叶”外观设计专利作为对比文件。专利复审委员会作出第13585号无效宣告请求审查决定（以下简称第13585号决定），宣告涉案专利权无效。美的公司不服，提起行政诉讼。北京市第一中级人民法院一审认为，涉案专利与对比文件公开的在先设计不相近似，遂判决撤销第13585号决定。格力公司、专利复审委员会不服，均提出上诉。北京市高级人民法院二审认为，涉案专利与在先设计关于扇叶部分的区别因扇叶部分的旋转方向系由功能决定，故对整体视觉效果不具有显著影响，其他区别分布于

涉案专利的中部等主要视觉部分，根据整体观察、综合判断原则，对一般消费者而言，其区别足以在整体视觉效果上产生不同。据此判决驳回上诉，维持一审判决。格力公司不服，向最高人民法院申请再审。最高人民法院于2010年12月7日裁定提审本案，并于2011年11月11日判决撤销一、二审判决，维持第13585号决定。

【裁判意见】

最高人民法院再审认为：涉案专利与在先设计均由位于中央的轮毂以及轮毂两侧呈中心对称分布的两个扇叶组成。将二者的扇叶相比较，均包括圆弧状的外侧和内侧、外侧与内侧连接处的凸起、位于前侧的尖角和直线部分，以及位于前侧的类似刀口的加厚增强层等结构；单个扇叶的形状基本相同，两个扇叶的对称分布形态亦基本相同。二者的主要区别是：扇叶的旋转方向呈180°反向；本案专利的扇叶突出轮毂主体一小部分，并且涉案专利的扇叶比在先设计的扇叶厚。由于对称分布的两个扇叶占据了产品的主要视觉部分，更容易被一般消费者所关注，故基本相同的扇叶形状以及对称分布形态对整体视觉效果具有显著的影响。扇叶的旋转方向系由风轮的旋转功能所决定，故旋转方向的不同对整体视觉效果不具有显著影响。由于一般消费者施以一般的注意力和分辨力难于观察到二者的扇叶厚度的细微差异，故扇叶厚度的区别对整体视觉效果不具有显著影响。本案专利的扇叶虽突出于轮毂主体一小部分，但相对于整个扇叶而言，该突出部分所占比例较小，而且在使用状态下，该突出部分位于风轮安装面一侧，难以被一般消费者观察到，故这一区别对整体视觉效果亦不具有显著影响。将涉案专利与在先设计的轮毂进行比较，二者的轮毂均由一圆台状结构构成，轮毂与扇叶的连接处均有一对呈渐开线方式延伸的圆弧状轮毂壁，轮毂壁的形状均由圆弧和直线结合形成，轮毂与扇叶内侧均由轮毂壁由下至上倾斜连接，连接方式基本相同。二者的主要区别在于，在先设计的轮毂壁延伸得更长，包围的面积更大，轮毂壁圆弧与直线边形成尖角，涉案专利没有形成尖角。对于位于产品中央的设计变化，应当综合考虑其在产品整体中所占的比例、变化程度的大小等因素，确定其对整体视觉效果的影响。位于中央的设计变化并不必然对整体视觉效果具有显著影响。涉案专利的轮毂虽位于中央，但相对于扇叶而言，所占面积明显较小，相对于在先设计轮毂的变化亦相对有限，在涉案专利与在先设计的轮毂及其轮毂壁还具有前述诸多相同点的情况下，上述区别对整体视觉效果不具有显著影响。事实上，涉案专利的轮毂是在在先设计较大的轮毂基础上，舍弃了一部分，使得轮毂壁延伸长度减少，围成的面积减少，形成的夹角发生变化。在进行相近似判断时，如果外观设计专利的改进仅仅体现为在现有设计的基础上省略局部的设计要素，这种改进通常不能体现出外观设计专利所应当具有的创新性，亦不能对整体视觉效果带来显著影响。将涉案专利与在先设计相比较，综合考虑二者的相同点、不同点以及对整体视觉效果的影响，应认定二者的整体视觉效果不具有明显区别，属于相近似的外观设计。

中华人民共和国最高人民法院行政判决书

（2011）行提字第1号

申请再审人（一审第三人、二审上诉人）：珠海格力电器股份有限公司，住所地：广东省珠海市前山金鸡西路6号。

法定代表人：朱江洪，该公司董事长。

委托代理人：廉振保，北京市炜衡律师事务所律师。

委托代理人：赵嘉祥，男，北京金信立方知识产权代理有限公司专利代理人。

被申请人（一审原告、二审被上诉人）：广东美的电器股份有限公司，住所地：广东省佛山市顺德区北滘镇蓬莱路。

法定代表人：方洪波，该公司董事长。

委托代理人：谢冠斌，北京市立方律师事务所律师。

委托代理人：孙喜，北京市立方律师事务所律师。

一审被告、二审上诉人：国家知识产权局专利复审委员会，住所地：北京市海淀区北四环西路9号银谷大厦10-12层。

法定代表人：张茂于，该委员会副主任。

委托代理人：钱亦俊，该委员会审查员。

委托代理人：何伦健，该委员会审查员。

申请再审人珠海格力电器股份有限公司（以下简称格力公司）因与被申请人广东美的电器股份有限公司（以下简称美的公司）、二审上诉人国家知识产权局专利复审委员会（以下简称专利复审委员会）外观设计专利权无效行政纠纷一案，不服北京市高级人民法院（2010）高行终字第124号行政判决，向本院申请再审。本院于2010年12月7日作出（2010）知行字第54号行政裁定，提审本案。本院依法组成合议庭，于2011年3月24日公开开庭审理了本案。格力公司的委托代理人廉振保、赵嘉祥，美的公司的委托代理人谢冠斌、孙喜，专利复审委员会的委托代理人钱亦俊、何伦健到庭参加诉讼。本案现已审理终结。

一、二审法院审理查明，美的公司是专利号为200630067850. x、名称为“风轮（455－180）”外观设计专利（以下简称涉案专利）的专利权人。针对涉案专利，格力公司于2009年2月20日向专利复审委员会提出无效宣告请求，理由是涉案专利不符合《中华人民共和国专利法》（2000年修正）（以下简称专利法）第二十三条的规定，并提交了公告号为CN3265720，名称为“风扇扇叶”外观设计专利作为对比文件（以下简称在先设计）。专利复审委员会于2009年6月16日作出第13585号无效宣告请求审查决定（以下简称第13585号决定），宣告涉案专利权无效。

第13585号决定认为：1. 关于一般消费者。涉案专利的风轮可以作为一个独立销售的产品，主要用于空调室外机的风扇扇叶，该风轮安装在空调室外机的内部，购买空调的消费者无法看到或者仅能透过室外机网罩看到该风轮的局部，且该风轮的外观对空调的整体外观不产生显著的影响。但对空调厂家的技术采购人员和维修人员来说，风轮是空调室外机制造、运转过程中的重要部件，能够很容易地看到风轮整体和局部的外观设计，因此，对于该风轮外观设计专利，其一般消费者应当是空调厂家的技术采购人员和维修人员。2. 关于专利法第二十三条。涉案专利为一种风轮，在先设计为一种风扇扇叶的外观设计，二者的用途相同，属于相同类别的产品，可以进行相近似对比。将涉案专利与在先设计相比较，二者均由位于中间部位的轮毂和位于轮毂两侧的一对呈中心对称的扇叶组成。二者的轮毂均由一圆台状结构构成，在轮毂与扇叶的连接处均有一对处于对应位置的圆弧状轮毂壁。二者的扇叶均为内侧与轮毂由轮毂壁由下至上倾斜连接，外侧呈圆弧状，前侧由一尖角与一直线相连接的扇叶边构成，且直线部分相对于扇叶整体向下形成一定倾角，形成一类似刀口的加厚增强层；后侧主要由一弧线边构成，与外侧连接位置有一向外突起的尖角。因此，二者的整体形状相似，各主要组成部分的形状和布局也相似。二者的主要不同之处在于：（1）涉案专利轮毂壁的形状与在先设计不同。涉案专利和在先设计中的轮毂壁形状都是圆弧和直线的结合，但在先设计中轮毂壁的弧线延伸更长，轮毂壁围成的面积更大。（2）涉案专利后侧与内侧相连接的位置处形成了一直线边，而在先设计对应位置是由轮毂壁圆弧与直线边形成的尖角，涉案专利与之相比，相当于在该位置截去了一小块，没有形成尖角。（3）涉案专利扇叶的旋转方向与在先设计呈180°反向，即美的公司所称的旋转方向相反。(4) 在左、右视图中，涉案专利的扇叶靠近安装面一侧突出轮毂一小段，而在先设计中的扇叶在相应位置与轮毂平齐；此外，涉案专利的扇叶比在先设计的扇叶厚。对于上述不同点，专利复审委员会认为：(1) 涉案专利和在先设计中的轮毂壁形状都是圆弧和直线的结合，只是在先设计中轮毂壁的弧线延伸更长。虽然轮毂壁形状存在不同，但轮毂壁相对于整个扇叶只占很小的面积，属于局部细微区别，因此，对整体视觉效果不具有显著影响。(2) 涉案专利扇叶的后侧与内侧相连接的部分相较于在先设计截去了一小部分，形成了一条直线边，由于截去的部分相对于整个扇叶只占很小的面积，且截去之后形成的直线边很短，相对于扇叶的外侧和后侧的长弧线，属于局部细微区别，其对整体视觉效果不具有显著影响。(3) 二者的扇叶除了前述两个不同点之外，单个的扇叶轮廓非常相似，只是两个扇叶的旋转方向呈180°反向。由于双方当事人在口头审理过程中都承认扇叶的旋转方向与电机的转向相关，因此，扇叶的旋转方向由功能唯一确定，对整体视觉效果不具有显著影响。(4) 关于涉案专利与在先设计左、右视图上的差别，由于扇叶为长度远远大于厚度的大段弧线，突出部分相对于整个扇叶只占很小的比例，上述差别属于局部细微差别，对整体视觉效果不具有显著影响。对于一般消费者而言，二者的整体形状和比例的差别都属于局部的细微差别，均不足以对整体视觉效果带来显著影响，二者构成相近似的外观设计。3. 对于美的公司2009年4月7日提交的意见陈述书中涉及的涉案专利与在先设计的六点不同，专利复审委员会认为：(1) 涉案专利与在先设计都是以轮毂壁开口的一面作为安装面，因此不存在安装方向相反的差别。(2) 上文已经评述了旋转方向相反、轮毂壁形状不同的差别，在此不再赘述。(3) 关于扇叶设置距离不同的差别，其实就是涉案专利扇叶后侧与内侧相连接的部分相较于在先设计截去了一小部分，形成了一条直线边，对此上文已经进行了评述，基于相同的理由，对该理由不予支持。(4) 关于扇叶弯曲度不同，由于不能通过视觉直接观察到该差别，因此，对该理由不予支持。(5) 轮毂表面形状的差别只是局部细微差别，对整体视觉效果不具有显著影响。

美的公司不服第13585号决定，向北京市第一中级人民法院提起行政诉讼。一审庭审中，各方当事人对以下事实均予以认可：1. 涉案专利产品系安装在空调室外机内部的风轮，购买空调的消费者无法看到或者仅能透过室外机网罩看到风轮的局部，且风轮外观对空调的整体外观不产生显著的影响。但对空调厂家的技术采购人员和维修人员来说，风轮是空调室外机制造、运转过程中的重要部件，能够很容易地看到风轮整体和局部的外观，因此，涉案专利的一般消费者应当是空调厂家的技术采购人员和维修人员。2. 涉案专利与在先设计主要存在以下区别：(1) 涉案专利轮毂壁的形状与在先设计不同。涉案专利和在先设计中的轮毂壁的形状都是圆弧和直线的结合，但在先设计中轮毂壁的弧线延伸更长，轮毂壁围成的面积更大（以下简称区别1）。(2) 涉案专利后侧与内侧相连接的位置处形成了一直线边，而在先设计对应位置是由轮毂壁圆弧与直线边形成的尖角，涉案专利与之相比，相当于在该位置截去了一小块，没有形成尖角（以下简称区别2）。(3) 涉案专利扇叶部分的旋转方向与在先设计呈180°反向，即美的公司所称的旋转方向相反（以下简称区别3）。(4) 在左、右视图中，涉案专利的扇叶靠近安装面一侧突出轮毂一小段，而在先设计中的扇叶在相应位置处与轮毂平齐；此外，涉案专利的扇叶比在先设计中的扇叶厚（以下简称区别4）。3. 除上述区别外，美的公司主张涉案专利与在先设计还存在以下区别：(1) 从后视图看，涉案专利的轮毂中心是外方内圆，内部是一个D形，在先设计则是同圆心的两个圆圈。(2) 在先设计的轮毂四周有8个小圆孔，涉案专利没有。(3) 从俯视图和仰视图看，在先设计的轮毂相对于扇叶有两个突起，涉案专利没有。专利复审委员会、格力公司认可存在上述区别，但认为上述区别对整体视觉效果不具有显著影响。

北京市第一中级人民法院认为：关于涉案专利扇叶旋转方向与在先设计相反的问题，因扇叶的旋转方向系由功能唯一确定，故对整体视觉效果不具有显著影响。关于美的公司主张的另外三点区别，相对整体外观设计所占比例较小，属于局部细微差别，对整体视觉效果亦无显著影响。判断涉案专利与在先设计是否相近似，应当以空调厂家的技术采购人员和维修人员作为判断主体，其客观上熟知此类产品及其外观设计，具有购买空调的普通消费者所不具有的知识水平和认知能力。第13585号决定认定的4点区别中，除旋转方向不同外，其余3点区别均分布在外观设计的中部等主要视觉部分，对上述判断主体而言，其区别足以产生整体视觉效果上的不同。因此，涉案专利和在先设计不是相近似的外观设计，第13585号决定事实认定有误，应予撤销。据此判决：1. 撤销第13585号决定；2. 专利复审委员会就该无效宣告请求重新作出决定。案件受理费100元，由专利复审委员会负担。

格力公司、专利复审委员会不服该一审判决，分别向北京市高级人民法院提出上诉，请求撤销一审判决，维持第13585号决定。

北京市高级人民法院二审认为：因扇叶部分的旋转方向系由功能决定，故对整体视觉效果不具有显著影响。区别 1、2、4 分布于涉案专利的中部等主要视觉部分，根据整体观察、综合判断原则，对一般消费者而言，其区别足以在整体视觉效果上产生不同，一审法院认定涉案专利与在先设计不是相近似的外观设计正确。专利复审委员会、格力公司认为一审法院过于夸大空调厂家的技术采购人员和维修人员的分辨和认知能力，涉案专利与在先设计构成相近似的外观设计的主张不能成立。据此判决：驳回上诉，维持一审判决。一审案件受理费 100 元，由专利复审委员会负担；二审案件受理费 100 元，由专利复审委员会负担 50 元，格力公司负担 50 元。

格力公司不服该二审判决，向本院申请再审称：1. 二审判决认定涉案专利产品的一般消费者为空调厂家的技术采购人员和维修人员，认定事实错误，具体理由为：（1）涉案专利的产品名称为风轮，并没有限定仅用于空调机。涉案专利的外观设计分类号为“23－04 通风和空调设备”，该分类号项下的产品除空调设备外，还包括通风扇、通风机叶片等。因此，涉案专利产品的一般消费者应当包括：空调厂家的技术采购人员和维修人员、通风扇和通风机厂家的风轮采购人员，以及购买通风扇、通风机、空调机的普通消费者。（2）空调厂家的技术采购人员和维修人员主要根据风轮的技术参数、编码来选择风轮，而不是根据美感选择，因此，二审判决对一般消费者的认定违背外观设计专利的立法目的。（3）空调厂家的技术采购人员和维修人员熟知风轮及其外观设计，其不符合《专利审查指南》中有关一般消费者的规定。2. 风轮的主要视觉部分是扇叶，二审判决将风轮中部认定为主要视觉部分，认定事实错误。首先，扇叶的面积比轮毂的面积大得多，所占比重较大，带给一般消费者的视觉冲击较大。其次，扇叶的设计空间较大，而轮毂主要用于与传动轴及扇叶连接，设计空间较小，一般消费者对扇叶的关注程度远远高于对轮毂的关注程度。3. 将涉案专利与在先设计相比，二者的整体造型以及外观轮廓基本相同，设计风格相同，各主要组成部分的形状、布局、比例等基本相同，二者的区别对整体视觉效果不具有显著影响，一般消费者极易将二者混同、误认。因此，二者属于相近似的外观设计。4. 二审判决以轮毂代替风轮整体，仅仅关注于二者的不同点，放大局部区别对整体视觉效果的影响，违背了整体观察、综合判断原则。

美的公司辩称：1. 第 13585 号决定以及一、二审判决中有关涉案专利产品的一般消费者的认定正确，其主要理由为：（1）格力公司在一、二审程序中均明确认可涉案专利产品的一般消费者为空调厂家的技术采购人员和维修人员，其在申请再审时予以否认，违反诚信原则。（2）产品的类别应当以其实际用途为准，在确定产品类别时，《国际外观设计分类表》仅具有参考作用，因此，不能根据涉案专利的分类号认定其适用于该分类号项下的所有产品，例如通风扇、通风机等。涉案专利产品属于大功率风扇，主要应用于空调机等产品中，二审判决根据涉案专利产品的实际用途和特定的消费者群体，认定涉案专利产品的一般消费者为空调厂家的技术采购人员和维修人员，符合相关司法解释和《专利审查指南》的规定。（3）格力公司有关根据外观设计的美感来界定一般消费者的主张缺乏依据，不能成立。（4）普通消费者在购买空调产品时，无法观察到空调的室外机，也不会关注室外机内的风轮，因此，将购买空调的普通消费者认定为涉案专利产品的一般消费者，不符合客观实际。2. 一、二审判决将风轮的中部认定为主要视觉部分，并无不当。具体理由为：（1）风轮是一种结构相对简单的产品，其大多由两个以上的扇叶和一个轮毂组成，由于轮毂位于扇叶连接处，位于风轮的中心，属于视觉最容易注意的部分。与对比设计的轮毂相比，涉案专利的轮毂形状变化非常大，且位于视觉容易注意到的部位，对整体视觉效果具有显著影响。（2）涉案专利产品是以实现特定功能为主的产品，其各个部位的形状与功能密不可分。一般消费者会对由于功能带来的设计变化施以更多的关注，因此，涉案专利轮毂的设计变化对整体视觉效果具有显著影响。3. 一、二审判决有关涉案专利与在先设计既不相同也不相近似的认定正确。具体理由为：（1）区别1、2均位于风轮的中心，属于视觉容易观察到的部位，而且在整个风轮中所占的比例不小，对整体视觉效果具有显著影响。（2）从左、右视图看，区别4十分明显，很容易观察到。（3）风轮是一种功能性的产品，区别1、2、4能够显著提高风轮的工作效率，一般消费者对于所述区别更加敏感。4. 关于本院再审审查程序，美的公司提出如下异议：（1）本案系由格力公司申请再审而引起，属于《中华人民共和国行政诉讼法》（以下简称行政诉讼法）第六十二条规定的当事人申诉的情形，本院以行政诉讼法第六十三条第二款为依据裁定再审，与案件事实不符，适用法律错误。（2）本院没有将格力公司申请再审的材料送达美的公司并给予美的公司陈述意见的机会，迳行裁定再审，没有法律依据。

本院再审查明，一、二审判决认定的事实属实。

本院认为：对外观设计进行相近似判断时，应当基于外观设计专利产品的一般消费者的知识水平和认知能力，对外观设计专利与在先设计的整体视觉效果进行整体观察、综合判断。**一般消费者是为了使得判断结论更为客观、准确而确立**

的抽象判断主体，其具有特定的知识水平和认知能力。从知识水平的角度而言，一般消费者对于与外观设计专利产品相同或者相近类别的产品具有常识性的了解，其通晓申请日之前相关产品的外观设计状况，熟悉相关产品上的惯常设计。从认知能力的角度而言，一般消费者对于形状、色彩、图案等设计要素的变化仅具有一般的注意力和分辨力，其关注外观设计的整体视觉效果，不会关注外观设计专利与对比设计之间的局部细微差别。所谓整体观察、综合判断，是指一般消费者从整体上而不是仅依据局部的设计变化，来判断外观设计专利与对比设计的视觉效果是否具有明显区别；在判断时，一般消费者对于外观设计专利与对比设计可视部分的相同点和区别点均会予以关注，并综合考虑各相同点、区别点对整体视觉效果的影响大小和程度。

涉案专利与在先设计均由位于中央的轮毂以及轮毂两侧呈中心对称分布的两个扇叶组成。将二者的扇叶相比较，均包括圆弧状的外侧和内侧、外侧与内侧连接处的凸起、位于前侧的尖角和直线部分，以及位于前侧的类似刀口的加厚增强层等结构。单个扇叶的形状基本相同，两个扇叶的对称分布形态亦基本相同。二者的主要区别是：1. 扇叶的旋转方向呈 180°反向（即一审判决认定的区别 3）；2. 涉案专利的扇叶突出轮毂主体一小部分，并且涉案专利的扇叶比在先设计中的扇叶厚（即一审判决认定的区别4）。关于上述相同点、区别点对整体视觉效果的影响，首先，由于对称分布的两个扇叶占据了产品的主要视觉部分，更容易被一般消费者所关注，因此，基本相同的扇叶形状以及对称分布形态对整体视觉效果具有显著的影响。其次，扇叶的旋转方向系由风轮的旋转功能所决定，因此，区别 3 对整体视觉效果不具有显著影响。再次，由于一般消费者施以一般的注意力和分辨力难于观察到二者的扇叶厚度的细微差异，因此，扇叶厚度的区别对整体视觉效果不具有显著影响；涉案专利的扇叶虽突出于轮毂主体一小部分，但相对于整个扇叶而言，该突出部分所占比例较小，而且在使用状态下，该突出部分位于风轮安装面一侧，难于被一般消费者观察到，因此，区别 4 对整体视觉效果亦不具有显著影响。

将涉案专利与在先设计的轮毂进行比较，二者的轮毂均由一圆台状结构构成，轮毂与扇叶的连接处均有一对呈渐开线方式延伸的圆弧状轮毂壁，轮毂壁的形状均由圆弧和直线结合形成，轮毂与扇叶内侧均由轮毂壁由下至上倾斜连接，连接方式基本相同。二者的主要区别在于，在先设计的轮毂壁延伸得更长，包围的面积更大，轮毂壁圆弧与直线边形成尖角，涉案专利没有形成尖角（即一审判决认定的区别 1、2)。**对于位于产品中央的设计变化，应当综合考虑其在产品整体中所占的比例、变化程度的大小等因素，确定其对整体视觉效果的影响。位于中央的设计变化并不必然对整体视觉效果具有显著影响。**涉案专利的轮毂虽位于中央，但相对于扇叶而言，所占面积明显较小，相对于在先设计轮毂的变化亦相对有限，在涉案专利与在先设计的轮毂及其轮毂壁还具有前述诸多相同点的情况下，上述区别对整体视觉效果不具有显著影响。事实上，涉案专利的轮毂是在在先设计的较大的轮毂基础上，舍弃了一部分，使得轮毂壁延伸长度减少，围成的面积减少，形成的夹角发生变化。在进行相近似判断时，如果外观设计专利的改进仅仅体现为在现有设计的基础上省略局部的设计要素，这种改进通常不能体现出外观设计专利所应当具有的创新性，亦不能对整体视觉效果带来显著影响，从这个角度而言，亦应认定涉案专利轮毂的设计变化对整体视觉效果不具有显著影响。

应当指出的是，《中华人民共和国专利法实施细则》(2001 年修订) 第二条第四款规定："专利法所称外观设计，是指对产品的形状、图案或者其结合以及色彩与形状、图案的结合所作出的富有美感并适于工业应用的新设计。"2008 年修改专利法后，第二条第四款亦作基本相同的规定。**根据上述规定，一项产品的外观设计要获得外观设计专利权的保护，其必须具备专利法意义上的美感，即在实现产品的特定功能的基础上，对产品的视觉效果作出创新性的改进，使得产品能够体现出功能性和美感的有机结合。仅仅具有功能性而不具有美感的产品设计，可以通过申请发明或者实用新型专利权予以保护，而不应当通过外观设计专利权予以保护。与本领域普通技术人员总是从技术角度考虑问题所不同，一般消费者在进行相近似判断时，其主要关注于外观设计的视觉效果的变化，而不是功能或者技术效果的变化。一般消费者也不会基于设计要素变化所伴随的技术效果的改变，而对该设计要素变化施以额外的视觉关注。**因此，对于美的公司有关单纯地讨论美感没有实际意义，区别 1、2、4 能够显著提高风轮的工作效率，一般消费者对于所述区别更加敏感，所述区别对整体视觉效果具有显著影响的主张，本院不予支持。

综上所述，将涉案专利与在先设计相比较，综合考虑二者的相同点、不同点以及对整体视觉效果的影响，应认定二者的整体视觉效果不具有明显区别，属于相近似的外观设计。一、二审判决未考虑二者的相同点对整体视觉效果带来的显著影响，仅关注于涉案专利与在先设计的区别点，就区别 1、2、4 对整体视觉效果带来的影响的认定亦有不当，以致错误认定涉案专利与在先设计不相近似，适用法律错误，应予纠正。

《中华人民共和国行政诉讼法》第六十三条第二款规定："上级人民法院对下级人民法院已经发生法律效力的判决、裁定，发现违反法律、法规规定的，有权提审或者指令下级人民法院再审。"《最高人民法院关于执行〈中华人民共和国行政诉讼法〉若干问题的解释》第七十四条规定："人民法院接到当事人的再审申请后，经审查，符合再审条件的，应当立案并及时通知各方当事人；不符合再审条件的，予以驳回。"针对格力公司的再审申请，本院以上述规定为依据迳行裁定提审本案，适用法律并无不当。对于美的公司有关本院适用法律错误，迳行裁定再审缺乏法律依据的主张，本院不予支持。

综上，原一、二审判决认定涉案专利与在先设计不相近似，从而撤销专利复审委员会第13585号决定，适用法律错误，依法应予撤销。依据《中华人民共和国行政诉讼法》第五十四条第（一）项、第六十一条第（二）项和《最高人民法院关于执行〈中华人民共和国行政诉讼法〉若干问题的解释》第七十六条第一款、第七十八条之规定，判决如下：

一、撤销北京市高级人民法院（2010）高行终字第124号行政判决和北京市第一中级人民法院（2009）一中行初字第1797号行政判决；

二、维持国家知识产权局专利复审委员会第13585号无效宣告请求审查决定。

本案一审案件受理费和二审案件受理费各100元，均由广东美的电器股份有限公司负担。

本判决为终审判决。

审 判 长 金克胜
代理审判员 杜微科
代理审判员 罗 霞
二〇一一年十一月十一日
书 记 员 张 博

168. 外观设计相同或者相近似判断中对设计空间的考虑

——再审申请人国家知识产权局专利复审委员会、浙江今飞机械集团有限公司与被申请人浙江万丰摩轮有限公司专利无效行政纠纷案

【裁判要旨】

在本案中，最高人民法院认为，设计空间对于确定相关设计产品的一般消费者的知识水平和认知能力具有重要意义；在外观设计相同或者相近似的判断中，应该考虑设计空间或者说设计者的创作自由度，以便准确确定该一般消费者的知识水平和认知能力；设计空间的大小是一个相对的概念，是可以变化的，在专利无效宣告程序中考量外观设计产品的设计空间，需要以专利申请日时的状态为准。

【关键词】

外观设计　无效程序　设计空间　近似判断

【案号】

最高人民法院（2010）行提字第5号

【基本案情】

浙江万丰摩轮有限公司（以下简称万丰公司）拥有名称为“摩托车车轮（82451）”的外观设计专利（以下简称本专利）。针对本专利，浙江今飞机械集团有限公司（以下简称今飞公司）以本专利申请日以前已有与本专利相似的外观设计在国内出版物上公开发表过为由，于2009年2月25日向国家知识产权局专利复审委员会（以下简称专利复审委员会）提出无效宣告请求，并提交了附件13《Bike》杂志2005年9月号封面和封底复印件作为证据。专利复审委员会认为，附件13公开了一款摩托车车轮的外观设计（即在先设计），将本专利与在先设计进行比较，二者的相同之处在于：均由轮辋、辐条、轮毂组成，辐条呈逆时针旋转状分布且两侧平直，轮毂表面有加强筋。二者主要不同之处在于：本专利有五根辐条，而在先设计为六根辐条；本专利辐条一面为平滑，另一面表面有凹槽，而在先设计辐条表面为平滑和凹槽交替轮换；本专利与在先设计轮毂表面的加强筋图案不同。摩托车车轮基本均由轮辋、辐条和轮毂三部分组成，圆形轮辋属于车轮的惯常设计，相对于轮辋，辐条的形状设计通常对车轮的整体视觉效果更具有显著的影响。本专利与在

先设计在辐条两侧的形状相同，区别仅在于在先设计比本专利多一根辐条，属于局部细微的差别，而辐条表面凹槽和平滑的差异也属于细微变化，对整体视觉效果不具有显著影响。轮毂在使用状态下通常会被支架遮挡一部分，故轮毂表面加强筋图案的差别对整体效果不具有显著影响。因此，二者属于相近似的外观设计，本专利不符合专利法（2000 年修正）第二十三条的规定，遂作出第 13657 号无效宣告请求审查决定（以下简称第 13657 号决定），宣告本专利全部无效。万丰公司不服该决定，提起行政诉讼。北京市第一中级人民法院一审认为，摩托车车轮受其所设定功能的限制，外观变化的空间均为有限，其设计差异更易对整体视觉效果产生显著的影响。本专利与在先设计之间的差别，已经对整体视觉效果产生了显著的影响，在该产品消费者所具有的较高分辨能力下，足以排除混淆。遂判决撤销第 13657 号决定，判令专利复审委员会重新作出决定。专利复审委员会、今飞公司上诉后，北京市高级人民法院二审认为，一审判决基于摩托车车轮产品在设计空间方面的限制认定本专利与在先设计不属于近似的外观设计，结论正确，遂判决维持一审判决。专利复审委员会和今飞公司均不服二审判决，向最高人民法院申请再审。最高人民法院提审本案后于 2010 年 12 月 23 日作出再审判决，撤销一、二审判决，维持第 13657 号决定。

【裁判意见】

最高人民法院再审认为：设计空间是指设计者在创作特定产品外观设计时的自由度。设计者在特定产品领域中的设计自由度通常要受到现有设计、技术、法律以及观念等多种因素的制约和影响。特定产品的设计空间的大小与认定该外观设计产品的一般消费者对同类或者相近类产品外观设计的知识水平和认知能力具有密切关联。对于设计空间极大的产品领域而言，由于设计者的创作自由度较高，该产品领域内的外观设计必然形式多样、风格迥异、异彩纷呈，该外观设计产品的一般消费者就更不容易注意到比较细小的设计差别。相反，在设计空间受到很大限制的领域，由于创作自由度较小，该产品领域内的外观设计必然存在较多的相同或者相似之处，该外观设计产品的一般消费者通常会注意到不同设计之间的较小区别。可见，设计空间对于确定相关设计产品的一般消费者的知识水平和认知能力具有重要意义。在外观设计专利与在先设计相同或者相近似的判断中，应该考虑设计空间或者说设计者的创作自由度，以便准确确定该一般消费者的知识水平和认知能力。在考虑设计空间这一因素时，应该认识到，设计空间的大小是一个相对的概念。在设计空间极大的产品领域和设计空间受到极大限制的产品领域这两个极端之间，存在着设计空间由大到小的过渡状态。同时，对于同一产品的设计空间而言，设计空间的大小也是可以变化的。随着现有设计增多、技术进步、法律变迁以及观念变化等，设计空间既可能由大变小，也可能由小变大。因此，在专利无效宣告程序中考量外观设计产品的设计空间，需要以专利申请日时的状态为准。本案从专利复审委员会提供的证据来看，即使摩托车车轮均由轮辋、辐条和轮毂组成，且受到设定功能限制的情况下，其辐条的设计只要符合受力平衡的要求，仍可以有各种各样的形状，存在较大的设计空间。原审判决以摩托车车轮的设计空间有限为前提得出本专利与在先设计的区别以至两者不相同也不相近似的结论，缺乏事实依据。

中华人民共和国最高人民法院行政判决书

（2010）行提字第5号

申请再审人（一审被告、二审上诉人）：国家知识产权局专利复审委员会，住所地：北京市海淀区北四环西路9号银谷大厦10－12层。

法定代表人：张茂于，副主任。

委托代理人：王霞军，该委员会审查员。

委托代理人：佘心蕾，该委员会审查员。

申请再审人（一审第三人、二审上诉人）：浙江今飞机械集团有限公司，住所地：浙江省金华市仙华南街800号。

法定代表人：葛炳灶，董事长。

委托代理人：付振坤，男。

委托代理人：韩洪。

被申请人（一审原告、二审被上诉人）：浙江万丰摩轮有限公司，住所地：浙江省新昌县高新技术产业园区。

法定代表人：陈爱莲，董事长。

委托代理人：陈小良，浙江英普律师事务所律师。

申请再审人国家知识产权局专利复审委员会（以下简称专利复审委员会）、浙江今飞机械集团有限公司（以下简称今飞公司）与被申请人浙江万丰摩轮有限公司（以下简称万丰公司）专利无效行政纠纷一案，北京市高级人民法院于2010年5月26日作出（2010）高行终字第467号行政判决，已经发生法律效力。专利复审委员会和今飞公司均不服上述判决，分别于2010年7月30日和2010年7月

15日向本院申请再审。本院于2010年11月4日作出（2010）知行字第37号和（2010）知行字第40号行政裁定，提审本案。本院依法组成合议庭，于2010年12月6日公开开庭审理了本案。申请再审人专利复审委员会委托代理人王霞军、余心蕾，申请再审人今飞公司委托代理人付振坤、韩洪，被申请人万丰公司委托代理人陈小良到庭参加诉讼。本案现已审理终结。

万丰公司不服专利复审委员会于2009年7月23日作出的第13657号无效宣告请求审查决定（以下简称第13657号无效决定），在法定期限内向北京市第一中级人民法院提起行政诉讼称：1. 第13657号无效决定对消费群体范围认定错误。万丰公司拥有的专利号为200630110998.7、名称为"摩托车车轮（82451）"的外观设计专利（以下简称本专利）涉及摩托车中间产品车轮，该产品与企业的专业人员之间的联系最为密切，并不与一般消费者直接接触。因此，购买和使用该产品的应当是终端产品组装制造商、经销商及其所属专业人员等。而一般消费者购买的都是终端产品摩托车，不会购买中间产品。因此，本领域企业和专业人员才是车轮产品的消费者。专利复审委员会在本案中没有区分消费群体而是以一般消费者的眼光来分析判断本专利和对比文件的行为是错误的。2. 第13657号无效决定对受功能限定的产品的判断方式错误。本专利产品车轮属于功能限定的一类产品，因功能上的特定要求，车轮必须要有圆形的轮辋、放射状的辐条、中心部的轮毂。对于如此受功能限定的产品，已无法在宏观上进行大型变动，只能进行局部上的改进。由于这些专业人员对车轮产品的外观设计要求会非常严格、专业，对车轮产品的区分识别能力明显强于一般消费者。因此，局部设计的改变就显得尤为重要，对专业人员的视觉感观都会产生显著影响。这才是本类车轮产品的外观设计特点。而专利复审委员会在本案中却采取了从车轮整体视觉效果进行判断的方式，显然没有考虑本领域车轮产品受功能限定以及专业消费者对车轮产品的观察部位等特点，其得出的结论也不可能正确。3. 专利复审委员会对产品外观描述不清楚或不完整，本专利外观设计与附件13公开的产品外观相比，既不相同也不近似，消费者不会产生混淆，专利复审委员会认为两者属于相近似的结论错误。综上所述，万丰公司认为，专利复审委员会在第13657号无效决定中认定事实错误，适用法律不当，请求人民法院依法予以撤销。

专利复审委员会辩称：1. 国家知识产权局颁布的《专利审查指南》（2006年）对于一般消费者有明确的定义，一般消费者应当对该产品的外观设计具有常识性的了解，而非万丰公司认为的该产品的专业设计人员。万丰公司将《专利审查指南》中规定的一般消费者与购买者相混淆，因此得出了错误的结论。2. 对于万丰公司认为本专利与在先设计二者既不相同也不相近似的问题，专利复审委员会在第 13657 号无效决定中运用整体观察、综合判断的原则，以一般消费者作为判断主体，将本专利与在先设计分别进行比较，分析了本专利与在先设计整体形状的相同点与不同之处，认为其差异对整体效果不具有显著影响，得出二者相近似的结论。故，第 13657 号无效决定认定事实清楚，适用法律正确，审查程序合法，请求人民法院依法予以维持。

第三人今飞公司陈述意见称，第 13657 号无效决定认定事实清楚，适用法律正确，审查程序合法，请求人民法院依法予以维持。

北京市第一中级人民法院一审查明：万丰公司拥有的本专利的申请日为 2006 年 6 月 1 日，授权公告日为 2007 年 4 月 11 日。

针对本专利，今飞公司于 2009 年 2 月 25 日向专利复审委员会提出无效宣告请求，其主要理由是：在本专利申请日以前，已有与本专利相似的外观设计在国内出版物上公开发表过，本专利不符合专利法（2000 年修正）第二十三条的规定。与此同时，今飞公司提交了如下附件作为证据：

附件 1：01339809.1 号外观设计专利公报复印件；

附件 2：01339810.5 号外观设计专利公报复印件；

附件 3：《摩托车技术》杂志 2003 年第 8 期复印件 3 页；

附件 4：《摩托车技术》杂志 2006 年第 3 期复印件 3 页；

附件 5：《摩托车技术》杂志 2001 年第 6 期复印件 3 页；

附件 6：《摩托车》杂志 2002 年第 5 期复印件 3 页；

2009 年 3 月 20 日，今飞公司补充提交意见陈述书及证据材料，补充提交了如下附件作为证据（编号续前）：

附件 7：《摩托车》杂志第 199 期复印件 3 页；

附件 8：《摩托车》杂志第 211 期复印件 2 页；

附件 9：《摩托车》杂志第 221 期复印件 2 页；

附件 10：《今日印度》杂志复印件 2 页；

附件 11：电子邮件及公证书、认证书和中文译文复印件 4 页。

2009 年 4 月 27 日，今飞公司针对本专利再次提出无效宣告请求，其主要理由是：本专利与申请日前在国内外出版物上公开发表的产品外观设计相近似。在本专利申请日以前万丰公司就开始向印度 Baijal 公司销售本专利产品，因此，本专利不符合专利法（2000年修正）第二十三条的规定。与此同时，今飞公司提交了如下附件作为证据（编号续前）：

附件12：本专利电子公告打印件1页；

附件13：《Bike》杂志2005年9月号封面和封底复印件；

附件14：《Bike》杂志2006年5月号封面和封底复印件；

附件15：《Overdrive》杂志2006年5月号封面和封底复印件2页；

附件16：声明书及公证、认证书复印件2页；

附件17：声明书及公证、认证书的中文译文复印件2页；

附件18：1188096号日本外观设计专利公报复印件6页；

附件19：2005年10月26日印度Baijal公司与万丰公司之间的往来邮件、公证书及中文译文复印件21页；

附件20：2006年3月31日、4月1日印度Baijal公司与万丰公司之间的往来邮件、公证书及中文译文复印件37页；

附件21：印度Baijal公司与万丰公司之间的订货通知、公证书及中文译文复印件9页。

专利复审委员会决定将今飞公司的两次无效宣告请求合并审理。2009年6月22日，专利复审委员会对今飞公司的无效宣告请求进行了口头审理。万丰公司对附件1和附件2的真实性、合法性没有异议；认可附件3至附件6盖有公章的原件与复印件一致，对上述杂志公开日在本专利申请日之前没有异议；对附件10的真实性有异议，认为附件10为境外证据，应该履行相应的公证、认证手续；对附件11的真实性没有异议，但认为该证据与本案没有关联性；认可附件12至附件17原件与复印件一致，但对附件13至附件15的真实性、合法性有异议，认为公证书不能证明附件13至附件15的真实性，但对附件16、附件17公证、认证书及译文的真实性和合法性没有异议；对附件18日本外观设计的真实性及公开日期没有异议；对附件19至附件21的真实性、合法性没有异议，但认为该证明不是专利法意义上的公开，也不能证明在本专利申请日前公开发表。双方当事人将本专利与今飞公司提交的对比产品进行了相同、相近似的比较，详细对比了本专利与附件1所示外观设计的相同点与不同之处。今飞公司坚持前述意见陈述书的意见，万丰公司认为本专利与附件1所示外观设计不相同且不相近似，本专利辐条上面有U字形凹槽，辐条两侧笔直，而附件1辐条为Z字形凹槽，辐条两侧弧度明显。同时，万丰公司指出本专利是摩托车车轮，而附件13至附件15为摩托车，二者类别不同，无法进行比较；即便比较，二者辐条数量的差别也是明显的。双方当事人充分发表了各方的意见，各自坚持本方观点。

专利复审委员会认为：附件13杂志的封底公开了一款摩托车车轮的外观设计（即在先设计）。本专利与在先设计均为摩托车车轮产品，二者用途相同，属于相同种类的产品，可进行相同或相近似的比较。将本专利与在先设计进行比较，二者均由轮辋、辐条、轮毂组成，辐条呈逆时针旋转状分布，辐条两侧平直，轮毂表面有加强筋。二者主要不同之处在于：（1）本专利有五根辐条，而在先设计为六根辐条；（2）本专利辐条一面为平滑，另一面辐条表面有凹槽，而在先设计辐条表面为平滑和凹槽交替轮换；（3）本专利与在先设计轮毂表面的加强筋图案不同。因摩托车车轮基本均由轮辋、辐条和轮毂三部分组成，圆形轮辋应属于车轮的惯常设计，相对轮辋，辐条的形状设计通常对车轮的整体视觉效果更具有显著的影响。本专利与在先设计辐条两侧的形状相同，区别仅在于在先设计比本专利多一根辐条，属于局部细微的差别，而辐条表面凹槽和平滑的差异也属于细微变化，对整体视觉效果不具有显著影响。同时，轮毂在使用状态下通常会被支架遮挡一部分，因此，轮毂表面加强筋图案的差别对整体效果不具有显著影响。二者近似的整体形状已给一般消费者留下了相近似的整体视觉印象。综上所述，在本专利申请日以前已有与其相近似的外观设计在出版物上公开发表过，本专利不符合专利法（2000年修正）第二十三条的规定。在已经得出上述审查结论的基础上，专利复审委员会对今飞公司提交的其他证据和理由不再进行评述。基于以上理由，专利复审委员会于2009年7月23日作出第13657号无效宣告请求审查决定：宣告本专利全部无效。

北京市第一中级人民法院一审认为：在判断外观设计是否相似时，应当以相关产品的一般消费者为判断主体，对于形成最终日常产品的中间产品，关注其外观设计的是该类产品的采购者和使用者，应以采购、使用该类产品的人员为一般消费者。本案中，摩托车车轮属于摩托车这一最终日常产品的中间产品，摩托车消费者一般不会直接购买摩托车车轮进行组装使用，因此该类产品的采购者和使用者应为摩托车组装商或维修商，而这些主体往往具有一定的摩托车零部件专业知识，对于两摩托车车轮外观设计的差异应有较普通公众更高的分辨能力。在判断外观设计是否近似时，亦应考虑该类产品在外观方面存在变化空间的大小，对于外观变化空间较小的产品，其设计差异更易对整体视觉效果产生显著的影响。本案中，摩托车车轮均为轮辋、辐条和轮毂组成，受其所设定功能的限制，外观变化的空间均为有限。在判断外观设计是否近似时，应以表示在图片或者照片中的该产品的外观设计为准。本案中，本专利和在先设计进行比较，至少存在以下不同之处：a. 本专利有五根辐条，而在先设计为六根辐条；b. 本专利辐条一面为平滑，另一面表面有凹槽，而在先设计辐条表面为平滑和凹槽交替轮换；c. 本专利与在先设计轮毂表面的加强筋图案不同。上述区别，在设计空间有限的车轮产品上，已经对整体视觉效果产生了显著的影响，在该产品消费者所具有的较高分辨能力下，足以排除混淆。专利复审委员会认定本专利与在先设计属于相近似的外观设计根据不足，其基于以上认定作出的第 13657 号无效决定主要证据不足，应予撤销。据此，北京市第一中级人民法院依照《中华人民共和国行政诉讼法》第五十四条第（二）项第 1 目、第 2 目之规定，于 2009 年 12 月 25 日作出（2009）一中知行初字第 2719 号行政判决：撤销专利复审委员会作出的第 13657 号无效决定；专利复审委员会针对今飞公司对万丰公司的专利号为 200630110998.7，名称为“摩托车车轮（82451）”的外观设计专利所提无效宣告请求重新作出决定。一审案件受理费 100 元，由专利复审委员会负担。

专利复审委员会、今飞公司不服一审判决，分别向北京市高级人民法院提起上诉，均请求撤销一审判决，维持第 13657 号无效决定，并判令由万丰公司承担案件受理费。二者的主要上诉理由为：1. 摩托车车轮的一般消费者应当是对摩托车车轮具有常识性了解的人，既包括组装商、维修商，也包括一般购买者、使用者，原审判决认定摩托车车轮属于中间产品，将其一般消费者限定在组装商、维修商，属于认定事实错误，适用法律不当。2. 对外观设计进行相同或近似性的判断应当采用整体观察、综合判断的方法，本专利与在先设计之间尽管存在区别，但是这些差别未对整体视觉效果产生显著影响，因此属于近似的外观设计。原审法院在摩托车车轮设计空间窄小的错误前提下，认定本专利与在先设计之间的差别对产品的整体视觉效果产生显著影响是错误的。3. 根据专利法的立法宗旨，本专利仅对在先设计进行了局部修改，不具有创新性，不应当被授予专利。

万丰公司服从一审判决。

北京市高级人民法院二审查明，一审查明的事实属实。

北京市高级人民法院二审认为：1. 关于外观设计是否相同或者相近似的判断标准。在判断外观设计是否相同或者相近似时，应当基于相关产品的一般消费者的知识水平和认知能力进行评价，而不能从专业人员的角度进行判断。因此，在判断本专利与在先设计是否相同或相近似时，应当以对摩托车车轮产品具有常识性了解的一般消费者为判断主体。今飞公司、专利复审委员会主张摩托车车轮的一般消费者应当是对摩托车车轮具有常识性了解的人，既包括组装商、维修商也包括一般购买者、使用者，理由成立，予以支持，一审判决将一般消费者局限在具有一定的摩托车零部件专业知识的摩托车组装商或维修商，属于适用法律错误，应予纠正。2. 关于外观设计是否相同或者相近似的判断方法。在判断外观设计是否近似时，应以表示在图片或者照片中的该产品的外观设计为准，采用整体观察、综合判断的方法进行对比。将本专利与在先设计相对比，二者均由轮辋、辐条和轮毂组成，二者主要存在以下差别：a. 本专利有五根辐条，而在先设计为六条辐条；b. 本专利辐条一面为平滑，另一面辐条表面有凹槽，而在先设计辐条表面为平滑和凹槽交替轮换；c. 本专利与在先设计轮毂表面的加强筋图案不同。考虑到摩托车车轮产品在功能方面的限定，上述差别足以对设计的整体视觉效果产生显著影响。因此，本专利与在先设计不属于近似的外观设计。一审判决认定正确，应予维持。今飞公司、专利复审委员会主张二者属于近似外观设计、本专利缺乏创新性不应授予专利权，缺乏事实和法律依据，不予支持。综上，一审判决认定事实清楚，适用法律基本正确，程序合法，应予维持。今飞公司、专利复审委员会的主要上诉理由不能成立，对其上诉请求，不予支持。依照《中华人民共和国行政诉讼法》第六十一条第（一）项之规定，北京市高级人民法院于 2010 年 5 月 26 日作出（2010）高行终字第 467 号行政判决：驳回上诉，维持原判。一审案件受理费 100 元，由专利复审委员会负担；二审案件受理费 100 元，由专利复审委员会和今飞公司各负担 50 元。

专利复审委员会不服上述二审判决，向本院申请再审称：1. 原审判决关于一般消费者的认定有误。国家知识产权局颁布的《专利审查指南》（2006 年）规定：作为某类外观设计产品的一般消费者应当具备下列特点：（1）对被比设计产品的同类或者相近类产品的外观设计状况具有常识性的了解。（2）对外观设计产品之间在形状、图案以及色彩上的差别具有一定的分辨力，但不会注意到产品的形状、图案以及色彩的微小变化。可见，一般消费者作为进行外观设计相近似判断所适用的主体，是一个抽象的概念，而不是具体的某个或某类从事某种特定工作的人，该主体具有以上的特点和能力。在具体的相近似性对比中，应把握一般消费者的上述两个特点，而不应在具体案件的审查中将其具体化为某一类或者某几类特定的人群。无论是哪种身份的人群，其属性、特点都是有局限性的，也可能是相互冲突的，未必能完整涵盖一般消费者概念所要求的两个特征。在一审判决对一般消费者作具体认定的情况下，二审判决尽管否定了一审判决对于一般消费者的具体界定，但也在此基础上将其界定为具体的几类人，即“维修商、组装商和一般购买者、使用者”，这种将一般消费者在各个不同类型的案件中作具体身份人群的对应的审查方式本质上是错误的。2. 原审判决所述的摩托车车轮受功能限定因而其设计空间有限的问题并不存在。两审判决均认定：“摩托车车轮均由轮辋、辐条和轮毂组成，受其所设定功能的限制，外观变化的空间均为有限。”虽然摩托车车轮受功能的限定外轮廓只能为圆形，但摩托车车轮其余部分如辐条和轮毂的外观设计空间并非本专利与对比文件所示区别那样狭小。摩托车车轮的主要变化是在辐条造型设计上，在保证均匀受力的前提下，辐条的形状设计可以是千变万化的。今飞公司在无效宣告请求审查阶段所提交的2003年第8期《摩托车技术》杂志中万丰公司的摩托车车轮广告图片也说明了这一点。3. 原审判决关于本专利与在先设计不属于相近似的外观设计的认定是错误的。专利复审委员会和两审判决均认为本专利与在先设计存在着三点不同之处：a. 本专利有五根辐条，而在先设计为六根辐条；b. 本专利辐条一面为平滑，另一面辐条表面有凹槽，而在先设计辐条表面为平滑和凹槽交替轮换；c. 本专利与在先设计轮毂表面的加强筋图案不同。专利复审委员会认为，摩托车车轮基本由轮辋、辐条和轮毂三部分组成，而圆形的轮辋应属于车轮的惯常设计，相对轮辋，辐条的形状设计通常对车轮的整体视觉效果更具有显著的影响。本专利与在先设计辐条均设计为细长条形状呈扇形均匀分散，二者只是辐条的数量略有不同，本专利辐条为五根而在先设计辐条为六根，一般消费者不会注意到二者数量的差别，其差别属于局部细微的变化。本专利与在先设计的辐条均为细长条形、宽度很窄，辐条是一面表面带有凹槽，还是平滑和凹槽相互交替，对于二者辐条整体形状而言也属于细微变化。本专利与在先设计轮毂的整体形状相似，加强筋的图案均由不规则几何形状组成，只是几何形状的数量略有不同，其差别属于局部细微变化。二者的整体形状特别是辐条的造型已给一般消费者留下了相近似的整体视觉印象，其差别均属于局部细微变化，对整体视觉效果不具有显著影响。因此，本专利与在先设计属于相近似的外观设计。二审判决在错误地认定摩托车车轮设计空间有限的结论下，将本专利与在先设计局部细微的差别认定为对整体视觉效果产生显著影响，得出了本专利与在先设计不属于相近似的外观设计的错误结论。此外，一审判决所持的“排除混淆即不相近似”的观点与《专利审查指南》的规定不符。根据《专利审查指南》的规定，如果一般消费者会将被比设计与在先设计误认、混同，则二者的差别对于产品外观设计的整体视觉效果不具有显著影响。但是，仅仅根据两项外观设计不会导致一般消费者误认、混同并不必然得出二者的差别对于产品外观设计的整体视觉效果具有显著影响的结论。简言之，两项外观设计导致一般消费者混淆则两者必然相近似，而未导致混淆未必两者不相近似。外观设计专利制度的目的是鼓励创新，如果认为一般消费者没有将两项外观设计混淆即认定两者不相近似，就违背了专利法的立法目的。4. 原审判决违背了专利法的立法宗旨。专利制度的主旨是鼓励和促进技术的创新、发展，而绝不是对落后技术进行地域保护。本专利只是对他人外观设计小修小改，没有自己的独创设计，毫无创新性可言。原审判决违反了我国专利法的立法宗旨，也严重损害了社会公众的利益。故，请求撤销原审判决，维持专利复审委员会作出的第 13657 号无效决定。

今飞公司亦不服二审判决，向本院申请再审称：1. 关于判断主体问题。一审判决认定摩托车车轮是中间产品，该种产品外观设计相近似的判断主体是组装商、维修商，二审判决未理会中间产品问题，认定判断主体既包括组装商、维修商又包括一般的购买者、使用者。组装商、维修商的判断标准与一般的购买者、使用者的判断标准是不一样的，是相互矛盾的。因此，二审判决造成了更大的混乱。中间产品必须是其整体或绝大部分在最终使用状态时，其整体外观设计或绝大部分外观设计已经不能为最终消费者直接观察到。典型的中间产品，如门窗型材的内部结构、加工铸造用的坯料以及产品内部使用的齿轮。型材的内部结构、坯料和齿轮已经被终端产品消耗或者掩盖，最终消费者及用户不会接触到专利产品，更不会看到专利产品。因此，这类产品的外观设计不会对最终消费者的购买欲望或行为产生任何影响，这是中间产品的真正含义。摩托车的车轮恰恰是冲击消费者购买欲的重要组成部分，不是中间产品，其判断主体只能是普通消费者。2. 关于设计空间问题。二审法院对今飞公司提交的近百张万丰公司自行申请的造型各异的摩托车车轮外观设计专利图只字不提，而是以“考虑到摩托车车轮产品在功能方面的限定”为由认定不相近似，缺乏合理理由。在二审庭审中，针对万丰公司提出设计空间有限、车轮的辐条不可能设计成 S 形等论断，主持庭审的法官制止了今飞公司的反驳发言，侵犯了今飞公司的辩论权。3. 关于上诉理由问题。今飞公司和专利复审委员会分别提起上诉，其上诉的内容和理由存在不同之处，二审判决却表达为“其共同的上诉理由为”，用专利复审委员会的上诉理由代替了今飞公司的上诉理由。今飞公司在上诉状中提出的事实和法律问题在二审判决中没有得到回答。故，请求撤销原审判决，维持专利复审委员会作出的第 13657 号无效决定。

万丰公司辩称：1. 关于一般消费者的认定问题。赞同专利复审委员会关于一般消费者是抽象的主体的观点，但是一般消费者的知识水平和认知能力需要具体化，应当结合本案专利产品的一般消费者的知识水平和认知能力进行评价。本专利产品是摩托车车轮而不是摩托车，不能以摩托车的一般消费者的眼光来判断摩托车车轮的外观。原审法院并非把本专利产品的一般消费者限定为摩托车组装商和维修商，而是将其限定为具有摩托车组装商和维修商这样的认知能力的人。2. 关于中间产品问题。本专利的摩托车车轮相对于摩托车整车产品而言是中间产品。3. 关于设计空间问题。设计空间是一个相对的概念，与时间和地域等因素有关。设计人员围绕特定时期的审美观念来设计产品，设计空间受到了限制。摩托车车轮的功能也决定了其设计空间是有限的。4. 本案的对比文件是公开不完全的在先设计，由于在先设计只公开了车轮的一面，无从得知对比文件的整体外观，无法进行相同或相近似的判断。即使从对比文件所公开的车轮的一面可以推测出其他各面的外观，其与本专利产品的外观也有明显差异。故，二审判决应予维持，请求驳回申请再审人的再审申请。

本院审理查明，原审法院查明的事实属实。另查明：专利复审委员会在再审程序中提交的证据《摩托车技术》（2003 年第 8 期）实际上与第 13657 号无效决定中的附件 3（即在专利复审委员会无效宣告请求审查阶段的口审调查中所称的附件 2）相同，被申请人万丰公司在专利复审委员会无效宣告请求审查阶段的口审调查中对该附件的真实性无异议。

本院认为，本案主要涉及如下问题：外观设计专利相同或相近似判断中判断主体的认定；本专利产品摩托车车轮设计空间的大小；本专利产品摩托车车轮是否为中间产品以及中间产品外观设计专利相同或相近似的判断；本专利与在先设计的具体对比以及二者是否构成相同或者相近似；二审判决是否遗漏令飞公司的上诉理由。

（一）关于外观设计专利相同或相近似判断中的判断主体的认定

本专利的申请日为 2006 年 6 月 1 日，应当适用 2000 年修正的《中华人民共和国专利法》（以下简称 2000 年专利法）。2000 年专利法第二十三条规定："授予专利权的外观设计，应当同申请日以前在国内外出版物上公开发表过或者国内公开使用过的外观设计不相同和不相近似，并不得与他人在先取得的合法权利相冲突。"国家知识产权局颁布的《专利审查指南》（2006 年）第四部分第五章第 3 节规定："在判断外观设计是否相同或者相近似时，应当基于被比设计产品的一般消费者的知识水平和认知能力进行评价。作为某类外观设计产品的一般消费者应当具备下列特点：（1）对被比设计产品的同类或者相近类产品的外观设计状况具有常识性的了解。（2）对外观设计产品之间在形状、图案以及色彩上的差别具有一定的分辨力，但不会注意到产品的形状、图案以及色彩的微小变化。”同时，《专利审查指南》（2006 年）在该章第 5 节第 5.1 部分规定：“判断外观设计相同或者相近似时应当从一般消费者的角度进行判断，而不是从专业设计人员或者专家等的角度进行判断。”《专利审查指南》（2006 年）中对外观设计专利相同或相近似的判断主体所作的上述规定合理可行，人民法院可以参照适用。作为判断外观设计相同或相近似的主体即一般消费者是一个具有上述知识水平和认知能力的抽象概念，而不是具体的从事某种特定工作的人。但如果只是认识到一般消费者是一个抽象的人，对于外观设计相同或相近似的判断而言不具有多少实际意义。问题的关键在于具体界定一般消费者的知识水平和认知能力。这就必然要针对具体的外观设计产品，考虑该外观设计产品的同类和相近类产品的购买者和使用者群体，从而对该外观设计产品的一般消费者的知识水平和认知能力作出具体界定。对于摩托车车轮产品的外观设计而言，由于摩托车车轮是摩托车主要的外部可视部件，在确定其一般消费者的知识水平和认知能力时，不仅要考虑摩托车的组装商和维修商的知识水平和认知能力，也要考虑摩托车的一般购买者和使用者的知识水平和认知能力。

专利复审委员会认为，二审判决尽管否定了一审判决对于一般消费者的具体界定，但在此基础上将其界定为具体的几类人，即“维修商、组装商和一般购买者、使用者”，这种将一般消费者在各个不同类型的案件中作具体身份人群对应的审查方式是错误的。对此观点，本院难以认同。首先，二审判决在纠正一审判决对一般消费者群体界定过窄的同时，明确指出应当以对摩托车车轮产品具有常识性了解的一般消费者为判断主体，只是在概括一般消费者的范围时，才提及一般消费者既包括组装商、维修商，也包括一般购买者、使用者。而且，从二审判决的内容来看，二审判决将本专利产品的一般消费者认定为既包括组装商、维修商也包括一般购买者、使用者，这一认定实际上是对专利复审委员会上诉理由的概括和认可。其次，《专利审查指南》（2006 年）中虽然规定一般消费者是一个抽象的人，但在具体的外观设计相同或相近似的判断时，必须结合所要判断的外观设计产品，需要将一般消费者这个抽象的概念具体化为与该产品相关的人群，而不可能如专利复审委员会在本案再审中所主张的那样完全进行抽象判断。因此，二审判决关于本专利相同或相近似的判断主体的认定并无明显不当，专利复审委员会的上述再审理由不能成立。

（二）关于本专利产品摩托车车轮的设计空间大小

本案一、二审判决在有关本专利与在先设计相同或相近似的判断中，均以摩托车车轮的设计空间有限为前提，并在此基础上得出了本专利与在先设计的区别足以对整体视觉效果产生显著影响的结论。

设计空间是指设计者在创作特定产品外观设计时的自由度。设计者在特定产品领域中的设计自由度通常要受到现有设计、技术、法律以及观念等多种因素的制约和影响。特定产品的设计空间的大小与认定该外观设计产品的一般消费者对同类或者相近类产品外观设计的知识水平和认知能力具有密切关联。对于设计空间极大的产品领域而言，由于设计者的创作自由度较高，该产品领域内的外观设计必然形式多样、风格迥异、异彩纷呈，该外观设计产品的一般消费者就更不容易注意到比较细小的设计差别。相反，在设计空间受到很大限制的领域，由于创作自由度较小，该产品领域内的外观设计必然存在较多的相同或者相似之处，该外观设计产品的一般消费者通常会注意到不同设计之间的较小区别。可见，**设计空间对于确定相关设计产品的一般消费者的知识水平和认知能力具有重要意义。在外观设计专利与在先设计相同或相近似的判断中，可以考虑设计空间或者说设计者的创作自由度，以便准确确定该一般消费者的知识水平和认知能力。**

在考虑设计空间这一因素时，应该认识到，设计空间的大小是一个相对的概念。在设计空间极大的产品领域和设计空间受到极大限制的产品领域这两个极端之间，存在着设计空间由大到小的过渡状态。同时，对于同一产品的设计空间而言，设计空间的大小也是可以变化的。随着现有设计增多、技术进步、法律变迁以及观念变化等，设计空间既可能由大变小，也可能由小变大。因此，**在专利无效宣告程序中考量外观设计产品的设计空间，需要以专利申请日时的状态为准。**本案从专利复审委员会提供的证据《摩托车技术》（2003 年第 8 期）（即第 13657 号无效决定中的附件 3，相关图片见附图 3）来看，即使在摩托车车轮均由轮辋、辐条和轮毂组成，且受到设定功能限制的情况下，其辐条的设计只要符合受力平衡的要求，仍可以有各种各样的形状，存在较大的设计空间。本案一、二审判决认定摩托车车轮的设计空间较小，缺乏证据支持。因此，本案一、二审判决以摩托车车轮的设计空间有限为前提得出本专利与在先设计的区别以至两者不相同也不相近似的结论，缺乏事实依据，应予纠正。

（三）关于本专利产品摩托车车轮是否为中间产品以及中间产品外观设计专利相同或相近似的判断

今飞公司主张，一审判决认定摩托车车轮为中间产品，二审判决未理会中间产品问题，认定判断主体既包括组装商、维修商，又包括一般的购买者、使用者，而组装商、维修商与一般的购买者、使用者的判断标准并不一致，因此二审判决造成更大的混乱。如前所述，对于外观设计相同或相近似的判断而言，具有决定意义的是该外观设计产品的一般消费者的知识水平和认知能力。一审判决之所以考虑中间产品问题，其最终目的也在于确定本专利一般消费者的知识水平和认知能力。由于一种外观设计专利产品是否为中间产品本身对于确定一般消费者的知识水平和认知能力并无直接关联，无论外观设计产品是否为所谓的中间产品，其一般消费者的知识水平和认知能力均应考虑该外观设计专利产品的购买者和使用者来确定，故二审判决未考虑摩托车车轮是否为中间产品问题并无不当。而且，二审判决对于本专利相同或相近似的判断主体即一般消费者的认定并无明显不当。因此，今飞公司关于二审判决未理会中间产品问题的再审理由不能成立。

（四）关于本专利（见附图1）与在先设计（见附图2）的具体对比以及二者是否构成相同或者相近似

就本案而言，专利复审委员会和一、二审判决均认为本外观设计专利与在先设计主要存在着三点不同之处：1. 本专利有五根辐条，而在先设计为六条辐条；2. 本专利辐条一面为平滑，另一面辐条表面有凹槽，而在先设计辐条表面为平滑和凹槽交替轮换；3. 本专利与在先设计轮毂表面的加强筋图案不同。关于区别点1：由于摩托车车轮基本上均是由轮辋、辐条和轮毂三部分组成，而圆形的轮辋应属于车轮的惯常设计，因此相对于轮辋而言，摩托车车轮辐条的形状设计通常对车轮的整体视觉效果具有更为显著的影响。本专利与在先设计辐条形状相同，其区别主要在于在先设计比本专利多一根辐条，由五根变为六根。从车轮被辐条区隔所形成的空间形状看，本专利的五根辐条区隔所形成的形状与在先设计的六根辐条区隔所形成的形状没有显著区别。一般消费者通常不会注意到摩托车车轮的辐条数量由五根变为六根而产生的微小差异，对两者容易产生混淆。关于区别点2：对于车轮辐条上面的凹槽而言，无论是一面带有凹槽，还是平面与凹槽交替，其相对于辐条整体形状而言均属于局部的细微设计，一般消费者通常不会注意到这些细微变化，其对整体视觉效果不具有显著的影响。关于区别点3：就本专利摩托车车轮的轮毂而言，由于摩托车车轮的轮毂在使用状态下通常会被摩托车支架遮挡一部分，因此轮毂表面加强筋图案的差别对整体视觉效果不具有显著影响。还应说明的是，在先设计虽然只公开了摩托车车轮的一面，但由于其为镂空设计，明显可见车轮另一面的辐条整体形状、数量以及由辐条所区隔的空间形状均未发生变化。同时，在多数情况下，辐条上面的凹槽以及轮毂上加强筋图案的设计是对称或相应的，可以根据公开的车轮一面合理推导出另一面的辐条凹槽与加强筋的可能设计。在辐条整体形状、数量以及由辐条所区隔的空间形状均未发生变化的情况下，即使车轮另一面的辐条的凹槽以及轮毂的加强筋的设计与公开的一面有所不同，也属于一般消费者不易注意到的细微变化，通常不会对摩托车车轮的整体视觉效果产生显著影响。综上所述，两摩托车车轮的整体形状特别是辐条的造型已给一般消费者留下了相近似的整体视觉印象，两者的差别均属于局部细微变化，对整体视觉效果不具有显著的影响。因此，本专利与在先设计属于相近似的外观设计。一、二审判决在近似性的判断中适用法律错误，应予纠正。

（五）关于二审判决是否遗漏今飞公司的上诉理由

今飞公司主张其与专利复审委员会的上诉理由不同，但二审判决却表达为“其共同的上诉理由为”，用专利复审委员会的上诉理由代替了今飞公司的上诉理由，并且今飞公司在上诉状中提出的事实和法律问题在二审判决中没有得到回答。上述再审理由主要涉及二审判决是否遗漏今飞公司的上诉理由。从今飞公司的上诉状来看，其上诉理由为以下几个方面：（1）摩托车不是中间产品，一审判决认定其为中间产品显属错误；（2）一审判决将摩托车组装商或维修商确定为本案中的判断主体是错误的；（3）关于设计空间问题，一审判决以设计空间有限为由，认定本案争议专利产品对整体视觉效果产生了显著影响，足以排除混淆是错误的；（4）本专利的外观设计与在先设计构成了相同或相近似，应当宣告无效。由此可以看出，二审判决虽然采用“其共同的上诉理由为”这一表述对专利复审委员会和今飞公司的上诉理由进行了共同的概括，但今飞公司的上诉理由在二审判决概括的上诉理由表述中均都有所提及，而且二审法院也均进行了审查认定，并不存在遗漏今飞公司的上诉理由问题。因此，今飞公司的上述再审理由不能成立。

综上，原审判决认定本案外观设计专利产品的设计空间较小，缺乏证据支持；认定本专利与在先设计不相同亦不相近似，适用法律错误，依法应予撤销。依据《中华人民共和国行政诉讼法》第五十四条第（一）项、第六十一条第（二）项、第（三）项、第六十三条第二款和《最高人民法院关于执行〈中华人民共和国行政诉讼法〉若干问题的解释》第七十六条第一款、第七十八条之规定，判决如下：

一、撤销北京市高级人民法院（2010）高行终字第467号行政判决和北京市第一中级人民法院（2009）一中知行初字第2719号行政判决；

二、维持国家知识产权局专利复审委员会第13657号无效宣告请求审查决定。

本案一审案件受理费和二审案件受理费各100元，均由浙江万丰摩轮有限公司负担。

本判决为终审判决。

审　判　长　邰中林
代理审判员　朱　理
代理审判员　郎贵梅
二〇一〇年十二月二十三日
书　记　员　张　博

附图1：

主视图

后视图

左视图

右视图

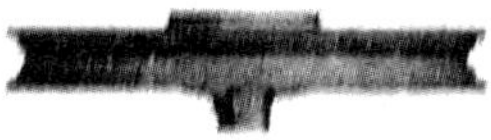

俯视图

仰视图

立体图

（本专利附图）

附图 2：

附图 3：

《摩托车技术》(2003 年第 8 期) 所附摩托车车轮外观设计图

169. 外观设计专利权无效案件中区别设计特征的认定

——再审申请人 YKK 株式会社与被申请人国家知识产权局专利复审委员会、第三人理想（广东）拉链实业有限公司、开易（广东）服装配件有限公司外观设计专利权无效宣告行政纠纷案

【裁判要旨】

对于在外观设计专利主视图中没有任何体现，且立体图无清晰显示的特征，不构成外观设计专利与对比设计的区别设计特征。

【关键词】

外观设计专利　无效程序　区别设计特征　立体图

【案号】

最高人民法院（2016）最高法行申3687号

【基本案情】

在本案中，专利号为200930191288.5、名称为“拉链用牙链”的外观设计专利（即涉案专利），专利权人为YKK株式会社。涉案专利由主视图、后视图、右视图、俯视图、仰视图和立体图表示。理想（广东）拉链实业有限公司（以下简称理想公司）、开易（广东）服装配件有限公司（以下简称开易公司）分别以涉案专利违反专利法第二十三条规定为由请求宣告涉案专利权无效，并提交了专利号为200530086728.2的外观设计专利（即对比设计）。国家知识产权局专利复审委员会（以下简称专利复审委员会）作出第24208号无效宣告请求审查决定（以下简称第24208号决定）认为：将涉案专利与对比设计相比，两者的主要相同点在于：链牙均由上下两层结构组成，上下结构通过中间的芯部连接在一起，且下层结构、形状完全相同。两者的主要不同点在于：1. 涉案专利牙链的上层结构整体呈瓶形，而对比设计呈子弹形。2. 涉案专利的牙链端部较后部薄，而对比设计厚度无明显变化。虽然涉案专利与对比设计存在上述区别，但整体形状非常接近，上层结构均为前窄后宽，加之链牙本身体积较小，上述区别仅属于局部细微变化，不会对整体视觉效果产生影响，涉案专利与对比设计构成相近似的外观设计。遂宣告涉案专利权全部无效。YKK株式会社不服，提起行政诉讼。北京知识产权法院一审判决维持专利复审委员会第24208号决定。YKK株式会社不服，提起上诉。北京市高级人民法院二审判决驳回上诉，维持原判。YKK株式会社不服，向最高人民法院申请再审。最高人民法院于2017年12月29日裁定驳回YKK株式会社的再审申请。

【裁判意见】

最高人民法院审查认为：YKK株式会社主张与现有设计相比，涉案专利还具有如下创新设计特征：1. 上层链牙长宽高的尺寸比例关系，特别是牙身部的长宽高的尺寸比例关系不同；2. 上层链牙的上表面形状不同，上层链牙的上表面具有明显的下倾斜面、上表面整体上呈前低后高的曲面设计；3. 上层链牙的牙头部和牙颈部的形状不同，牙头部呈“海豚嘴”状，牙颈部左右侧面分别为向外鼓而后向内收的平滑曲面形状；4. 上层链牙的牙身部的形状不同，上层链牙的牙身部呈上宽下窄的梯台形。对于YKK株式会社主张的涉案专利与现有设计的区别1，通过对比涉案专利设计与现有设计，确实存在链牙长宽高比例关系及修长与否的区别，但修长设计亦应属于本领域的惯常设计。至于YKK株式会社主张的区别2，无效决定已经认定涉案专利的牙链端部较后部薄，只是YKK株式会社主张牙链端部较后部“明显”薄，牙头与牙身间具有明显的倾斜。涉案专利设计的右视图和立体图，存在牙头与牙身的倾斜设计。对比设计的仰视图与俯视图亦显示，牙头与牙身间是弧线设计，也具有一定角度的倾斜。鉴于涉案专利设计的倾斜角度未达到超过45度的程度，而对比设计也存在一定的弧度，二者在倾斜度上的区别应当属于细微差别，尚不足以对专利整体外观产生实质性的影响。对于YKK株式会社主张的区别3即有关牙颈部设计的不同，在专利文件即外观设计图片中并不明显。对于YKK株式会社主张的区别4，亦存在与3同样的问题，即YKK株式会社在再审审查中提交的三维模型证据中比较明显，但专利文件图片显示不明显。外观设计的特征应以专利文件附图为准，在专利文件附图中无法看出或者不明显的特征，不能作为涉案专利的技术特征。而且，尽管在立体图中对3和4似有指示，但主视图没有任何体现，按照YKK株式会社的主张，即上述特征明显的情况下，不仅右视图、立体图中应有展现，主视图亦应有所呈现。鉴于涉案专利的图片未能清晰展现YKK株式会社主张的区别3和4，对YKK株式会社关于涉案专利与现有设计存在区别3和4的主张，不予采信。

中华人民共和国最高人民法院行政裁定书

（2016）最高法行申3687号

再审申请人（一审原告、二审上诉人）：YKK株式会社。住所地：日本国东京都千代田区神田和泉町1番地。

法定代表人：猿丸雅之，该会社董事长。

委托诉讼代理人：柳爱国，中国国际贸易促进委员会专利商标事务所专利代理人。

委托诉讼代理人：路传亮，中国国际贸易促进委员会专利商标事务所专利代理人。

被申请人（一审被告、二审被上诉人）：国家知识产权局专利复审委员会。住所地：中华人民共和国北京市海淀区北四环西路9号银谷大厦10－12层。

法定代表人：葛树，该委员会副主任。

委托诉讼代理人：张颖，该委员会审查员。

委托诉讼代理人：朱明雅，该委员会审查员。

第三人：理想（广东）拉链实业有限公司。住所地：中华人民共和国广东省肇庆市高新技术产业开发区工业园文德岗加油站南面。

法定代表人：罗盛锐，该公司总经理。

委托诉讼代理人：许志勇，北京国昊天诚知识产权代理有限公司专利代理人。

第三人：开易（广东）服装配件有限公司。住所地：中华人民共和国广东省佛山市南海区里水镇沙涌下亨田工业区。

法定代表人：许锡南，该公司董事长。

再审申请人 YKK 株式会社因与被申请人国家知识产权局专利复审委员会（以下简称专利复审委员会）、第三人理想（广东）拉链实业有限公司（以下简称理想公司）、开易（广东）服装配件有限公司（以下简称开易公司）外观设计专利权无效宣告行政纠纷一案，不服中华人民共和国北京市高级人民法院（2016）京行终 507 号行政判决，向本院申请再审。本院依法组成合议庭进行了审查，现已审查终结。

YKK 株式会社申请再审称，1. 本专利与对比设计的不同点，特别是本专利的创新设计特征对本专利的整体视觉效果具有显著的影响。

（1）上层链牙长宽高的尺寸比例关系，特别是其牙身部的长宽高的尺寸比例关系不同，造成本专利与对比设计产生较大的视觉反差，带来迥异的视觉效果。本专利上层链牙长度远大于宽度的设计，特别是其牙身部的长度也大于宽度的设计，决定了其纤细的造型，宽度略大于高度的设计，决定了其整体造型的修长，因而本专利整体造型呈纤细、修长的视觉效果。对比设计上层链牙长度略大于宽度，特别是其牙身部的长度与宽度基本相等，决定了其短粗的造型设计，宽度大于高度的设计选择又决定了其厚重的整体造型，因而对比设计上层链牙整体造型呈短粗、厚重的视觉效果。因此，本专利与对比设计上层链牙的整体造型是风格迥异的两种不同的外观设计，给人以迥然不同的视觉效果。

（2）上层链牙的上表面形状不同。本专利上层链牙的上表面具有明显的下倾斜面、上表面整体上呈前低后高的曲面设计在现有设计中未曾出现过，为本专利相对于现有设计的创新设计特征；对比设计的上层链牙牙身部的上表面在平面设计的基础上增加两道横向直线凹槽的设计在现有设计中未曾出现过，为对比设计相对于现有设计的创新设计特征。本专利的该创新设计特征带来轻盈、动感的整体视觉效果，对比设计的该创新设计特征带来短粗、硬朗、稳固的视觉效果。本专利的该创新设计特征与对比设计的相应创新设计特征相比，风格迥异、视觉效果差异巨大，这种视觉上的差异对本专利的整体外观产生极为显著的不同的视觉影响。

（3）上层链牙的牙头部和牙颈部的形状不同。本专利上层链牙的牙头部呈"海豚嘴"状，牙颈部的左右侧面为分别向外鼓而后向内收的平滑曲面形状，曲面形状的牙颈部与"海豚嘴"状的牙头部的曲面平滑相接，这在现有设计中未曾出现过，该设计特征为本专利相对于现有设计的创新设计特征，该设计特征带来轻盈、动感的整体视觉效果。而对比设计牙头部的形状在现有设计中多次出现。因而，本专利的该创新设计特征对整体视觉效果的影响和权重均很大，从而对本专利整体视觉效果具有显著的影响。

（4）上层链牙的牙身部的形状不同。本专利上层链牙的牙身部呈上窄下宽的梯台形，这在现有设计中未曾出现过，该设计特征为本专利相对于现有设计的创新设计特征，上层链牙牙身部"梯台形"的设计加深了本专利链牙纤细、修长、轻盈的整体视觉效果。而对比设计的上层链牙的牙身部为上表面宽度与下表面宽度基本相等的长方体的设计为现有设计中常见的设计。因而，本专利的该创新设计特征对整体视觉效果的影响和权重均很大，从而对本专利的整体视觉效果具有显著的影响。

2. 在采用"整体观察、综合判断"方式进行相同或者相近似判断的情况下，本专利与对比设计既不相同也不相近似。综上，请求提审本案。

专利复审委员会辩称，不存在遗漏区别特征的问题，比对时决定将各个视图还原为立体产品进行了比较，文字描述与图片的呈现是相互补充的关系，结合上下文看，并不存在明显错误或歧义之处。关于整体观察、综合判断，应当通过视觉进行直接观察，不能借助于放大镜、显微镜、化学分析等其他工具或者手段进行。

理想公司辩称，一审、二审判决认定事实清楚，适用法律正确，请求驳回YKK株式会社的再审申请。

开易公司未提交意见。

本院认为，《专利法》（2000年修正）第二十三条规定，授予专利权的外观设计，应当同申请日以前在国内外出版物上公开发表过或者国内公开使用过的外观设计不相同和不相近似，并不得与他人在先取得的合法权利相冲突。专利法实施细则第二条第三款规定，专利法所称外观设计，是指对产品的形状、图案或者其结合以及色彩与形状、图案的结合所作出的富有美感并适于工业应用的新设计。因此，可授权的外观设计，应当是与现有设计不相同或不相近似的设计。

首先，关于涉案专利与对比设计的不同。无效决定认为，涉案专利与对比设计的主要不同点在于：（1）涉案专利牙链的上层结构整体呈瓶形，而对比设计呈子弹形；（2）涉案专利的牙链端部较后部薄，而对比设计厚度无明显变化。YKK株式会社主张与现有设计相比，涉案专利还具有如下创新设计特征：（1）上层链牙长宽高的尺寸比例关系，特别是牙身部的长宽高的尺寸比例关系不同；（2）上层链牙的上表面形状不同，上层链牙的上表面具有明显的下倾斜面、上表面整体上呈前低后高的曲面设计；（3）上层链牙的牙头部和牙颈部的形状不同，牙头部呈海豚嘴状，牙颈部左右侧面分别为向外鼓而后向内收的平滑曲面形状；（4）上层链牙的牙身部的形状不同，上层链牙的牙身部呈上宽下窄的梯台形。

对于YKK株式会社主张的区别（3）即有关牙颈部设计的不同，在专利文件即外观设计图片中并不明显。对于YKK株式会社主张的区别（4），亦存在与（3）同样的问题，即YKK株式会社在再审审查中提交的三维模型证据中比较明显，但专利文件图片显示不明显。本院认为，外观设计的特征应以专利文件附图为准，在专利文件附图中无法看出或者不明显的特征，不能作为涉案专利的技术特征。而且，尽管在立体图中对（3）和（4）似有指示，但主视图没有任何体现，按照YKK株式会社的主张，即上述特征明显的情况下，不仅右视图、立体图中应有展现，主视图亦应有所呈现。鉴于涉案专利的图片未能清晰展现YKK株式会社主张的区别（3）和（4），对YKK株式会社关于涉案专利与现有设计存在第三和第四项区别的主张，不予采信。

其次，关于涉案专利设计与现有设计区别是否对涉案专利的整体效果产生影响。无效决定认为，对比设计的子弹形与涉案专利的瓶形上层结构均为前窄后宽，整体形状非常接近。本院认为，牙链基本存在牙头与牙身等宽和牙头窄于牙身的设计，因此笼统的瓶形与子弹形上窄下宽的设计属于惯常设计，本院对此不持异议。对于YKK株式会社主张的涉案专利与现有设计的区别（1），通过对比涉案专利设计与现有设计，确实存在链牙长宽高比例关系及修长与否的区别，但修长设计亦应属于本领域的惯常设计。至于YKK株式会社主张的区别（2），无效决定已经认定涉案专利的牙链端部较后部薄，只是YKK株式会社主张牙链端部较后部“明显”薄，牙头与牙身间具有明显的倾斜。查涉案专利设计的右视图和立体图，存在牙头与牙身的倾斜设计。对比设计的仰视图与俯视图亦显示，牙头与牙身间是弧线设计，也具有一定角度的倾斜。鉴于涉案专利设计的倾斜角度未达到超过45度的程度，而对比设计也存在一定的弧度，二者在倾斜度上的区别应当属于细微差别，尚不足以对专利整体外观产生实质性的影响。

综上，涉案专利设计与对比设计相比，尽管存在一些差别，但均未构成实质性区别，涉案专利不属于不同于现有设计的新设计，专利复审委员会的决定及一审、二审判决依照专利法相关规定宣告涉案专利无效，并无不当。

另外，本院认为，无效决定以链牙本身体积较小，区别仅属于局部细微变化，并不会被一般消费者所关注为由，认定不会对整体视觉效果产生影响，存在不当之处：首先，链牙本身是否小，没有足够的依据。拉链存在不同的规格，链牙有大有小。其次，即使链牙体积较小，其在拉链中依然是主要部分，判断是否构成主要部分，应当按照比例考察，而不应按照绝对大小判断。第三，关于牙链的一般消费者，应当是具备一般拉链常识的公众，其应当具备观察到涉案专利整体设计特征的能力。对无效决定理由的不当之处，本院予以纠正，但鉴于其结论正确，本院予以维持。

综上，YKK 株式会社的再审申请不符合《中华人民共和国行政诉讼法》第九十一条规定的情形，依照《最高人民法院关于执行〈中华人民共和国行政诉讼法〉若干问题的解释》第七十四条之规定，裁定如下：

驳回 YKK 株式会社的再审申请。

审　判　长　骆　电
审　判　员　马秀荣
审　判　员　李　嵘
二〇一七年十二月二十九日
书　记　员　王　晨

170. 功能性设计特征的认定及其意义

——再审申请人国家知识产权局专利复审委员会与被申请人张迪军、一审第三人慈溪市鑫隆电子有限公司外观设计专利权无效行政纠纷案

【裁判要旨】

功能性设计特征是指那些在该外观设计产品的一般消费者看来，由所要实现的特定功能唯一决定而并不考虑美学因素的设计特征；功能性设计特征的判断标准并不在于该设计特征是否因功能或技术条件的限制而不具有可选择性，而在于一般消费者看

来该设计特征是否仅仅由特定功能所决定，从而不需要考虑该设计特征是否具有美感；功能性设计特征对于外观设计的整体视觉效果通常不具有显著影响。

【关键词】

外观设计　无效程序　功能性设计特征

【案号】

最高人民法院（2012）行提字第 14 号

【基本案情】

张迪军是名称为“逻辑编程开关（SR14）”、专利号为 200630128900.0、申请日为 2006 年 8 月 4 日的外观设计专利（即本案专利）的专利权人。2009 年 5 月 31 日，慈溪市鑫隆电子有限公司（以下简称鑫隆公司）向国家知识产权局专利复审委员会（以下简称专利复审委员会）提出无效宣告请求，并提交了 9 份证据。其中证据 7 系授权公告日为 2000 年 10 月 25 日的第 00302321.4 号中国外观设计专利（即在先设计），公开了一款旋转式开关的外观设计。2009 年 9 月 15 日，专利复审委员会作出第 13912 号专利无效宣告请求审查决定（以下简称第 13912 号决定），宣告本案专利全部无效。该决定认为，本案专利与在先设计的主要不同点在于，在先设计上部的粗柱多了矩形凹槽设计，且二者下部的引脚位置不同。由于本案专利较在先设计简化的凹槽设计相对于整体形状而言仅属于局部的细微变化，且二者引脚位置的差别属于由连接功能所限定的局部位置变化，均对二者的整体外观设计不具有显著影响，两者属于相近似的外观设计。本案专利不符合专利法第二十三条的规定。张迪军不服，提起行政诉讼。北京市第一中级人民法院一审认为，本案专利与在先设计的相关消费者应为电器产品专业生产和采购人员。本案专利与在先设计相比较，在先设计的上部粗柱有矩形凹槽，本案专利没有（区别特征一）；两者下部的引脚位置不同，本案专利五只引脚均在底座的一个侧面上，在先设计只有三只引脚设置在底座的一个侧面上，另外两只引脚设置在底座的另一个相对的侧面上（区别特征二）。本领域的相关消费者在选择此类产品时，会施以较大注意力关注该产品的上述部位。因此，上述部位的差别对整体视觉效果产生了显著的影响，不会造成对两者的混淆误认。据此判决撤销第 13912 号决定。专利复审委员会与鑫隆公司均不服，提出上诉。北京市高级人民法院二审判决驳回上诉，维持原判。专利复审委员会向最高人民法院申请再审。最高人民法院裁定提审本案，并于 2012 年 6 月 29 日判决撤销原审判决，维持第 13912 号决定。

【裁判意见】

最高人民法院提审认为：首先，关于功能性设计特征与装饰性设计特征的区分。任何产品的外观设计通常都需要考虑两个基本要素：功能因素和美学因素。即，产品必须首先要实现其功能，其次还要在视觉上具有美感。可以说，大多数产品都是功能性和装饰性的结合。就某一外观设计产品的具体某一设计特征而言，同样需要考虑功能性和美感的双重需求，是技术性与装饰性妥协和平衡的产物。因此，产品的设计特征的功能性或者装饰性通常是相对而言的，绝对地区分功能性设计特征和装饰性设计特征在大多数情况下是不现实的。只有在特殊的情形下，某种产品的某项设计特征才可能完全由装饰性或者功能性所决定。因此，至少存在三种不同类型的设计特征：功能性设计特征、装饰性设计特征以及功能性与装饰性兼具的设计特征。其次，关于功能性设计特征的区分标准。功能性设计特征是指那些在该外观设计产品的一般消费者看来，由所要实现的特定功能所唯一决定而并不考虑美学因素的设计特征。功能性设计特征与该设计特征的可选择性存在一定的关联性。如果某种设计特征是由某种特定功能所决定的唯一设计，则该种设计特征不存在考虑美学因素的空间，显然属于功能性设计特征。如果某种设计特征是实现特定功能的有限的设计方式之一，则这一事实是证明该设计特征属于功能性特征的有力证据。不过，即使某种设计特征仅仅是实现某种特定功能的多种设计方式之一，只要该设计特征仅仅由所要实现的特定功能所决定而与美学因素的考虑无关，仍可认定其属于功能性设计特征。如果把功能性设计特征仅仅理解为实现某种功能的唯一设计，则会过分限制功能性设计特征的范围，把具有两种或者两种以上替代设计的设计特征排除在外，进而使得外观设计申请人可以通过对有限的替代设计分别申请外观设计专利的方式实现对特定功能的垄断，不符合外观设计专利保护具有美感的创新性设计方案的立法目的。从这个角度而言，功能性设计特征的判断标准并不在于该设计特征是否因功能或技术条件的限制而不具有可选择性，而在于在一般消费者看来，该设计特征是否仅仅由特定功能所决定，从而不需要考虑该设计特征是否具有美感。最后，关于区分不同类型设计特征的意义。不同类型设计特征对于外观设计产品整体视觉效果的影响存在差异。功能性设计特征对于外观设计的整体视觉效果通常不具有显著影响；装饰性特征对于外观设计的整体视觉效果一般具有影响；功能性与装饰性兼具的设计特征对整体视觉效果的影响则需要考虑其装饰性的强弱，其装饰性越强，对整体视觉效果的影响可能相对较大一些，反之则相对较小。当然，以上所述仅仅是一般原则，一种设计特征对于外观设计产品整体视觉效果的影响最终需要结合案件具体情况进行综合评判。本案中，在本案专利产品的一般消费者看来，无论引脚的位置分布在底座的一个侧面上还是分布在两个相对的侧面上，都是基于与之相配合的电路板布局的需要，以便实现两者的适配与连接，其中并不涉及对美学因素的考虑。因此，区别特征二是功能性设计特征，其对本案专利产品的整体视觉效果并不产生显著影响。虽然现有证据不能充分证明区别特征一是功能性设计特征，但其是一种普通的、常见的设计，对于本案专利产品的整体视觉效果亦不具有显著影响。原审判决认定本案专利与对比设计不构成相同或相近似外观设计，适用法律错误。

中华人民共和国最高人民法院行政判决书

（2012）行提字第14号

申请再审人（一审被告、二审上诉人）：国家知识产权局专利复审委员会。住所地：北京市海淀区北四环西路9号银谷大厦10－12层。

法定代表人：张茂于，该委员会副主任。

委托代理人：钱亦俊，该委员会审查员。

委托代理人：毛琎，该委员会审查员。

被申请人（一审原告、二审被上诉人）：张迪军。

委托代理人：王卫东。

一审第三人、二审上诉人：慈溪市鑫隆电子有限公司。住所地：浙江省慈溪市长河镇大路头工业区。

法定代表人：童鑫祥，该公司经理。

委托代理人：葛红斌，浙江维知律师事务所律师。

申请再审人国家知识产权局专利复审委员会（以下简称专利复审委员会）与被申请人张迪军、原审第三人慈溪市鑫隆电子有限公司（以下简称鑫隆公司）外观设计专利权无效行政纠纷一案，专利复审委员会不服北京市高级人民法院于2011年3月17日作出的（2010）高行终字第1459号行政判决，向本院申请再审。本院于2011年11月29日作出（2011）知行字第81号行政裁定，决定提审本案。本院依法组成合议庭，于2012年3月27日公开开庭审理了本案。申请再审人专利复审委员会委托代理人钱亦俊、毛琎，被申请人张迪军委托代理人王卫东，一审第三人鑫隆公司委托代理人葛红斌到庭参加了诉讼。本案现已审理终结。

张迪军不服专利复审委员会于 2009 年 9 月 15 日作出的第 13912 号专利无效宣告请求审查决定（以下简称第 13912 号决定），于 2009 年 12 月 21 日向北京市第一中级人民法院提起行政诉讼。张迪军诉称，其是名称为“逻辑编程开关（SR14）”外观设计专利（以下简称本专利）的专利权人，专利复审委员会第 13912 号决定宣告本专利权无效是错误的，本专利与在先设计既不相同，也不相近似。本专利是逻辑编程开关的外观设计，在先设计是家电制品的旋转式开关的外观设计。对于该两类产品而言，引脚的数量和位置分布直接影响到该产品是否能够与相应电子产品的 PCB 板相适配，引脚的数量和位置分布的区别对于该类产品的整体视觉效果具有显著影响。本专利与在先设计虽然都有五只引脚，但本专利的引脚均设置在底座的一个侧面上，在先设计只有三只引脚设置在底座的一个侧面上，另外两只引脚设置在底座的另一个相对的侧面上，一般消费者会注意到二者引脚位置分布的不同，不会发生混淆误认。

专利复审委员会辩称，本专利与在先设计是相近似的外观设计，第 13912 号决定认定事实清楚，适用法律适当，程序合法，原告的诉讼理由不能成立，请求维持第 13912 号决定。

鑫隆公司提交意见称，主要由技术功能决定的设计特征及对整体视觉效果不产生影响的材料、内部结构等特征，不应作为认定整体视觉效果是否近似的考虑因素。第 13912 号决定正确，请求予以维持，驳回原告的诉讼请求。

北京市第一中级人民法院审理查明，本专利系名称为“逻辑编程开关（SR14）”、专利号为 200630128900.0 的外观设计，其申请日为 2006 年 8 月 4 日，授权公告日为 2007 年 6 月 6 日，专利权人是张迪军。本专利授权公告的六幅视图包括：主视图、左、右视图、俯、仰视图和后视图，其上部基本形状为上细下粗的近似阶梯状圆柱体，细柱上部一侧剖切；下部为近似扁方柱体，两对侧各有两只卡脚，另两对侧中一侧有五只引脚，一侧无引脚（详见附图）。

2009 年 5 月 31 日，鑫隆公司以本专利不符合 2000 年修订的专利法（以下简称专利法）第二十三条的规定为由，向专利复审委员会提出无效宣告请求，并提交了 9 份证据。其中证据 7 系授权公告日为 2000 年 10 月 25 日的第 00302321.4 号中国外观设计专利。附件 7 公开了一款旋转式开关的外观设计，其上部基本形状为上细下粗的近似阶梯状圆柱体，细柱上部一侧剖切，粗柱一侧有矩形凹槽；下部为近似扁方柱体，两对侧各有两只卡脚，另两对侧分别有三只引脚和两只引脚（即在先设计，详见附图）。

2009 年 9 月 2 日，专利复审委员会就鑫隆公司的无效宣告请求进行了口头审理。在口头审理过程中，张迪军认可附件 7 的真实性。专利复审委员会经审查认为：本专利与在先设计均为开关的外观设计，用途相同，属于相同类别的产品，具有可比性。二者的主要不同点为：在先设计上部的粗柱多了矩形凹槽设计，且二者下部的引脚位置不同。由于本专利较在先设计简化的凹槽设计相对于整体形状而言仅属于局部的细微变化，且二者引脚位置的差别属于由连接功能所限定的局部位置变化，均对二者的整体外观设计不具有显著影响。同时，二者其他更为细微的差别也明显不足以对整体视觉效果产生显著的影响。两者主要形状构成的具体设计及其结合方式均是相同或者相近似的，属于相近似的外观设计。由于在本专利申请日以前已有与其相近似的外观设计在出版物上公开发表过，本专利不符合专利法第二十三条的规定。2009 年 9 月 15 日，专利复审委员会作出第 13912 号决定，宣告本专利全部无效。

在一审庭审中，张迪军认可专利复审委员会认定的在先设计的上部粗柱有矩形凹槽，本专利没有；两者下部的引脚位置不同，并提出本专利与在先设计虽然都设有五只引脚，但本专利的五只引脚均设置在底座的一个侧面上，在先设计只有三只引脚设置在底座的一个侧面上，另外两只引脚设置在底座的另一个相对的侧面上。专利复审委员会认可张迪军提出的其他区别，但认为该区别是细微的，同时引脚的不同是由功能性决定的，在张迪军没有提交证据的情况下，不能从设计空间的角度予以考虑。

一审法院认为，判断外观设计是否构成相同或近似，相关领域的判断主体对判断结论的客观认定具有重要作用。本专利与在先设计均系电器设备元件，其相关消费者应为电器产品专业生产和采购人员。本专利与在先设计相比较，在先设计的上部粗柱有矩形凹槽，本专利没有；两者下部的引脚位置不同，本专利五只引脚均在底座的一个侧面上，在先设计只有三只引脚设置在底座的一个侧面上，另外两只引脚设置在底座的另一个相对的侧面上。本领域的相关消费者在选择此类产品时，会施以较大注意力关注该产品的上述部位。因此，上述部位的差别对整体视觉效果产生了显著的影响，不会造成对两者的混淆误认。第 13912 号决定的主要证据不足，依法应予撤销。北京市第一中级人民法院依照行政诉讼法第五十四条第（二）项第 1 目之规定，作出（2010）一中知行初字第 533 号行政判决：一、撤销专利复审委员会于 2009 年 12 月 21 日作出的第 13912 号无效宣告请求审查决定；二、专利复审委员会就鑫隆公司针对“逻辑编程开关（SR14）”的外观设计专利提出的无效宣告请求重新作出审查决定。案件受理费100元，由专利复审委员会负担。

专利复审委员会与鑫隆公司均不服一审判决，向北京市高级人民法院提出上诉。专利复审委员会请求撤销一审判决并维持第13912号决定，其主要上诉理由为：一审判决对判断主体及本专利与在先设计的差别判断有误，本专利与在先设计在引脚方面的差异属于由连接功能限定的局部位置变化。鑫隆公司请求撤销一审判决，改判驳回张迪军全部诉讼请求，其主要上诉理由为：本专利与在先设计的差别属于细微差别，两者在引脚方面的差异属于技术性设置，容易导致一般消费者的混淆，本专利与在先设计已构成相似设计。

二审法院经审理查明，一审查明的事实属实。

北京市高级人民法院二审认为，在判断外观设计是否相近似时，首先要确定判断主体。不同的判断主体，由于对被比设计产品的知识水平和认知能力存在差异，在判断两项外观设计是否相近似时，可能得出不同的结论。根据《专利审查指南》的规定，在判断外观设计是否相近似时，应当基于被比设计产品的一般消费者的知识水平和认知能力进行评价。所述的"一般消费者"是具体的，不同类别的被比设计产品具有不同的消费者群体。本案在先设计的公开日早于本专利的申请日，且二者属于同一类别产品，可以用于评判本专利是否符合专利法第二十三条的规定。本专利与在先设计均系电器设备元件，相关产品的生产和采购人员对此类电器元件产品具有一定的认知能力，客观上熟知此类产品外观功能，一审法院将其作为该类产品的"一般消费者"并无不当。专利复审委员会有关原审法院确定"一般消费者"的判定主体错误的上诉理由不能成立，不予支持。将本专利与在先设计进行比较，在先设计的上部粗柱有矩形凹槽，本专利没有；本专利五只引脚均在底座的一个侧面上，在先设计只有三只引脚设置在底座的一个侧面上，另外两只引脚设置在底座的另一个相对的侧面上。在一般消费者看来，本专利与在先设计的上述差别能够对二者的整体视觉效果产生显著影响，一般消费者在选择此类产品时也会施以较大注意力关注该产品的上述部位，通常不会造成一般消费者对二者的混淆误认。一审法院有关二者不构成相同或类似外观设计的认定并无不当，专利复审委员会及鑫隆公司的上诉理由不能成立，其上诉请求均不予支持。一审判决认定事实基本清楚，适用法律正确，依法应予维持。依据《中华人民共和国行政诉讼法》第六十一条第（一）项之规定，北京市高级人民法院于2011年3月17日作出（2010）高行终字第1459号行政判决：驳回上诉，维持原判。一审案件受理费100元，由专利复审委员会负担；二审案件受理费100元，由专利复审委员会与鑫隆公司各负担50元。

专利复审委员会向本院申请再审称，原二审判决对本专利和在先设计是否相同相近似的认定方法不当，结论错误，本专利和在先设计应当属于相近似的外观设计，请求撤销二审判决，维持专利复审委员会第13912号决定。其主要理由为：1. 原二审判决关于判断方法的适用存在错误。原二审判决并非基于整体观察、综合判断的方法作出结论，而是仅观察了不同点对整体带来的视觉效果，对相同点对整体视觉效果的影响视而不见。2. 本专利产品的“一般消费者”应当是电子元器件的采购者和使用者，应当了解这类产品各部分的功能、使用环境，能够分辨哪些设计是受功能限定的特定形状。相对于惯常设计，只有可变内容和对整体视觉效果具有显著影响的设计内容才为一般消费者所关注。从一般消费者的角度，本专利与在先设计的区别均为功能性和技术性的，对整体视觉效果不具有显著的影响，两者的整体视觉效果相近似。（1）本专利和在先技术的区别是技术性的。一般而言，当某一区别的作用是基于对产品功能、性能、经济性、便利性、安全性等方面的技术性要求而设计，则该区别应该被认定为功能性的；当某一区别的作用是为了使产品达到视觉效果美观、特别、引人注目，则该区别应该被认为是装饰性的。本专利和在先设计的引脚都是插入电路板中，与其他电子元件相连，引脚的不同设置方式是基于电路板上不同的电路布局需要，也是基于对产品功能、便利性的要求而设定。本专利不具有在先设计中部环形轴的缺口，是单轴结构，只有上部具有缺口的圆柱形轴可旋转，调节信号输出；而在先设计是双轴结构，上部和中间轴都可以进行旋转，进行信号输出。两者只是信号控制方式不同，本专利只能通过上部轴对脉冲相位进行控制，在先设计既能通过上部轴对脉冲相位进行控制，又能通过中部轴对脉冲幅值进行调节，这是基于产品功能和性能的不同需要而设计的。（2）本专利和在先设计的区别所达到的效果是客观的。技术性特征实现的效果是技术性的，可以通过实验、推理等客观手段进行验证或预测；装饰性特征实现的效果是审美的，不同主体因不同的审美取向、社会文化等因素得到不同的主观感受。本专利与在先设计不同的引脚布置方式，其实现的效果是为不同的电路提供线路布局，满足电子配件的标准化应用；是否在中间环形轴上设置缺口，是为了实现不同的信号控制功能。上述区别实现的效果都是客观的，不受主体的审美取向、社会文化感受的影响。（3）从设计特征的可选择性看，本专利和在先设计的可选择性被功能或技术所限定。装饰性特征不受功能或技术的制约，由于审美的不确定性而具有可选择性；功能性设计则受到产品功能或技术条件的限制，不具有可选择性或者选择性受到功能需求或技术规格的限定。作为标准化生产的电子配件，本专利和在先设计的引脚设置方式是由技术规格限定的，中部环形柱上的凹槽是为了和开关的驱动装置啮合，凹槽的形状和大小也由技术规格所限定。3. 外观设计专利保护的客体是装饰性（即富有美感）的设计，排除了对功能性、技术性特征的保护。对于电子元器件等在产品最终使用中不可见的零部件的形状设计均出于配合关系的考虑，而非出于美感的考虑，不应受到外观设计专利的保护。如果一项功能性的设计不符合发明或者实用新型专利授权标准，而获得了外观设计专利保护，则权利人实质上是通过外观设计专利制度实现了对没有创新性的功能性形状的垄断，偏离了专利保护的立法宗旨。

张迪军提交意见认为，原二审判决判断方法正确，关于一般消费者认知水平的认定正确。专利复审委员会关于本专利和在先技术的区别属于功能性、技术性的考虑缺乏依据。本专利产品的设计空间很小，现有技术均将引脚设置在底座相对的两侧，本专利将引脚全部设置在底座的一侧，起到了显著改变产品整体视觉效果的作用。对于中部环形柱上的凹槽，有的产品有，有的产品没有，说明凹槽不是由产品的功能所唯一限定的，不能将其视为由产品功能所决定。由于在先设计的凹槽占据了中部环形柱体的四分之三左右，不能将本专利中部环形柱上缺乏凹槽视为微小变化。

鑫隆公司提交意见认为，认可专利复审委员会的再审请求和理由。原二审判决认定事实和适用法律均有错误，本专利和在先技术的区别属于局部的细微差别，并且明显属于功能性设计。

本院审理查明，原审法院查明的事实属实。

再审过程中，专利复审委员会提交了鑫隆公司在专利无效宣告过程中提交的日本 ALPS 公司的《2006 开关/编码器》产品样本图册以及名称为“一种双轴编码器”、专利号为 200920220081.0 的中国实用新型专利的权利要求书、说明书及附图，供法庭参考但不作为本案证据使用。专利复审委员会主张，参考上述文件可知，在先设计所涉产品是一种双轴可旋转的逻辑编程开关，其上部粗柱的矩形凹槽的功能在于方便与外部电器连接。日本 ALPS 公司《2006 开关/编码器》产品样本图册封底右下方标注印刷时间为 2006 年 1 月。该图册第 171 页至 235 页载有多种类型的编码器图片，其中多种编码器上部粗柱上无矩形凹槽，少数编码器上部粗柱上有矩形凹槽。张迪军对日本 ALPS 公司的《2006 开关/编码器》产品样本图册的来源、真实性和出版时间提出质疑。名称为“一种双轴编码器”的中国实用新型专利的申请日是 2009 年 10 月 23 日，授权公告日是 2010 年 8 月 4 日，其权利要求书中的权利要求6记载："根据权利要求1所述的一种双轴编码器，其特征在于：所述的外轴芯（2）的尾端开设有便于与外部电器连接安装的凹槽（21）。"张迪军认为，上述专利的申请日晚于本专利申请日，同时本案在先设计专利文件本身没有对凹槽的功能作出描述，因此本案现有证据不能证明在先设计中凹槽的作用和功能。

再审庭审中，专利复审委员会、张迪军和鑫隆公司均认可本专利是一种通过旋转实现编码输出功能的编码开关，用于电饭锅、电烤箱等需要调节输出信号的场合。在使用中，编码开关端部套有与之啮合的旋钮；编码开关的引脚数量是特定的，其分布需要与电路板节点相适配。

本院认为，本专利申请日在2009年10月1日前，应该适用2000年修订的《中华人民共和国专利法》及其实施细则的规定。结合申请再审人的再审申请、被申请人的答辩以及庭审情况，本案的争议焦点在于：原二审判决是否违背了整体观察、综合判断的判断方法；技术性设计特征和装饰性设计特征是否可分及其区分条件和作用；本专利与在先设计的区别设计特征是否属于功能性设计特征；本专利与在先设计是否相同或者相近似。

（一）关于原二审判决是否违背了整体观察、综合判断的判断方法

所谓整体观察、综合判断的判断方法，是指在判断外观设计专利与在先设计是否相同或者相近似时，应该从外观设计专利产品的一般消费者的知识水平和认知能力出发，综合评估两者的相同点和区别点对整体视觉效果的影响，在此基础上对两者的整体视觉效果是否相同或者相近似作出判断。在这个过程中，既要注意二者的相同点对整体视觉效果的影响，又要注意二者的区别点对整体视觉效果的影响。实际上，只要把外观设计专利与在先设计是否相同或者相近似的判断落脚到二者整体视觉形象的相同或者相近似上，就必然需要对两者的相同点和不同点对整体视觉形象的影响程度进行综合考量。本案中，原二审判决在对比本专利与在先设计的基础上，认定了二者存在两点设计区别，并进而认定上述区别能够对二者的整体视觉效果产生显著影响。可见，虽然原二审判决将重点放在了两者的区别对整体视觉效果的影响上，但是并非没有注意二者的相同点对整体视觉效果的影响。专利复审委员会主张，原二审判决仅观察了不同点对整体带来的视觉效果，而对相同点对整体视觉效果的影响却视而不见。这一主张不能成立，本院不予支持。

（二）关于技术性设计特征和装饰性设计特征是否可分及其区分标准和作用

专利复审委员会认为，设计特征可以区分为功能性特征和装饰性特征。功能性特征基于对产品功能、性能、经济性、便利性、安全性等方面的技术性要求而

设计；装饰性特征则基于产品的视觉效果美观而设计。功能性特征所达到的效果是客观的，不受主体的审美取向、社会文化感受影响；装饰性特征实现的效果是审美的，不同主体因不同的审美取向、社会文化等因素得到不同的主观感受。功能性特征则受到产品功能或技术条件的限制，不具有可选择性或者选择性受到功能需求或技术规格的限定；装饰性特征不受功能或技术的制约，由于审美的不确定性而具有可选择性。这就涉及功能性设计特征和装饰性设计特征是否可分及其区分标准和意义等问题。对此，本院评述如下：

首先，关于功能性设计特征与装饰性设计特征的区分。任何产品的外观设计通常都需要考虑两个基本要素：功能因素和美学因素。即，产品必须首先要实现其功能，其次还要在视觉上具有美感。可以说，大多数产品都是功能性和装饰性的结合。就某一外观设计产品的具体某一设计特征而言，同样需要考虑功能性和美感的双重需求，是技术性与装饰性妥协和平衡的产物。因此，产品的设计特征的功能性或者装饰性通常是相对而言的，绝对地区分功能性设计特征和装饰性设计特征在大多数情况下是不现实的。只有在特殊的情形下，某种产品的某项设计特征才可能完全由装饰性或者功能性所决定。因此，至少存在三种不同类型的设计特征：功能性设计特征、装饰性设计特征以及功能性与装饰性兼具的设计特征。

其次，关于功能性设计特征的区分标准。功能性设计特征是指那些在该外观设计产品的一般消费者看来，由所要实现的特定功能所唯一决定而并不考虑美学因素的设计特征。功能性设计特征与该设计特征的可选择性存在一定的关联性。如果某种设计特征是由某种特定功能所决定的唯一设计，则该种设计特征不存在考虑美学因素的空间，显然属于功能性设计特征。如果某种设计特征是实现特定功能的有限的设计方式之一，则这一事实是证明该设计特征属于功能性特征的有力证据。不过，即使某种设计特征仅仅是实现某种特定功能的多种设计方式之一，只要该设计特征仅仅由所要实现的特定功能所决定而与美学因素的考虑无关，仍可认定其属于功能性设计特征。如果把功能性设计特征仅仅理解为实现某种功能的唯一设计，则会过分限制功能性设计特征的范围，把具有两种或者两种以上替代设计的设计特征排除在外，进而使得外观设计申请人可以通过对有限的替代设计分别申请外观设计专利的方式实现对特定功能的垄断，不符合外观设计专利保护具有美感的创新性设计方案的立法目的。从这个角度而言，功能性设计特征的判断标准并不在于该设计特征是否因功能或技术条件的限制而不具有可选择性，而在于在一般消费者看来，该设计特征是否仅仅由特定功能所决定，从而

不需要考虑该设计特征是否具有美感。

最后，关于区分不同类型设计特征的意义。不同类型设计特征对于外观设计产品整体视觉效果的影响存在差异。功能性设计特征对于外观设计的整体视觉效果通常不具有显著影响；装饰性特征对于外观设计的整体视觉效果一般具有影响；功能性与装饰性兼具的设计特征对整体视觉效果的影响则需要考虑其装饰性的强弱，其装饰性越强，对于对整体视觉效果的影响可能相对较大一些，反之则相对较小。当然，以上所述仅仅是一般原则，一种设计特征对于外观设计产品整体视觉效果的影响最终需要结合案件具体情况进行综合评判。

（三）关于本专利与在先设计的区别设计特征是否属于功能性设计特征

第13912号决定和原一、二审判决均认定，本专利与在先设计相比，存在两点区别：在先设计的上部粗柱有矩形凹槽，本专利没有（区别特征一）；两者下部的引脚位置不同，本专利五只引脚均在底座的一个侧面上，在先设计只有三只引脚设置在底座的一个侧面上，另外两只引脚设置在底座的另一个相对的侧面上（区别特征二）。本案各方当事人对上述区别无异议，本院对此予以确认。

关于区别特征一，本专利上部粗柱无矩形凹槽，而在先设计的上部粗柱存在矩形凹槽。首先，由于在先设计的专利文件本身并未对专利产品是单轴还是双轴结构、是否能够双轴旋转、矩形凹槽具有何种作用等进行任何说明，在此情况下，难以判断在先设计专利产品的结构以及矩形凹槽的功能。其次，第13912号决定本身并未认定在先设计的上部粗柱的矩形凹槽属于功能性设计，专利复审委员会仅仅在本案申请再审阶段才提出该矩形凹槽属于功能性设计的主张。对此，专利复审委员会应该提供充分的证据予以证明。最后，专利复审委员会提交本院作为参考的、名称为“一种双轴编码器”的中国实用新型专利的申请日晚于本专利，且其权利要求6记载的外轴芯上的槽的功能系便于与外部电器连接安装，与专利复审委员会的主张不尽一致，难以据此判断在先设计上部粗柱上的矩形凹槽的功能。因此，基于本案现有证据，无法确定在先设计产品是双轴可旋转的编程开关，亦无法确定其矩形凹槽用于与旋钮配合实现调节信号输出。专利复审委员会关于在先设计在中间环形轴上设置缺口是为了实现不同的信号控制功能，区别特征一是功能性设计特征的主张依据不足，本院不予支持。

关于区别特征二，本专利和在先设计两者下部的引脚位置不同。本案各方当事人均确认，本专利产品涉及的编码开关的引脚数量是特定的，其分布需要与电路板节点相适配。可见，引脚的数量与位置分布是由与之相配合的电路板所决定的，以便实现与不同电路板上节点相适配。在本专利产品的一般消费者看来，无论是引脚的位置是分布在底座的一个侧面上还是分布在两个相对的侧面上，都是基于与之相配合的电路板布局的需要，以便实现两者的适配与连接，其中并不涉及对美学因素的考虑。因此，区别特征二是功能性设计特征，其对本专利产品的整体视觉效果并不产生显著影响。专利复审委员会关于区别特征二是功能性设计特征的申请再审理由成立，本院予以支持。

（四）关于本专利与在先设计是否相同或者相近似

前已述及，本专利与在先设计相比，存在两项区别特征。其中区别特征二是功能性设计特征，对于本专利与在先设计的整体视觉效果不具有显著影响。对于区别特征一而言，现有证据不能充分证明在先设计上部粗柱具有矩形凹槽属于功能性设计特征。同时，该矩形凹槽比较明显，与整体设计相比并不属于细微变化。尽管如此，结合本院查明的事实，编码开关上部粗柱无矩形凹槽是一种普通的、常见的设计。日本 ALPS 公司《2006 开关/编码器》产品样本图册第 171 页至 194 页的编码器图片也辅助印证了这一点。作为一种普通的、常见的设计，本专利上部粗柱无矩形凹槽对于整体视觉效果不具有显著影响，不足以导致本专利与在先设计在整体视觉效果上出现明确差异。在两项区别设计特征对于本专利的整体视觉效果均无显著影响的情况下，本专利与在先设计的相同之处对于整体视觉效果的影响更大，二者构成相近似的外观设计。原一、二审判决认定二者不构成相同或相近似外观设计，适用法律错误，应予纠正。专利复审委员会的相应申请再审理由成立，应予支持。专利复审委员会第 13912 号决定认为本专利与在先设计的区别特征一相对于整体形状而言属于局部的细微变化，认定事实虽有所失当，但关于本专利与在先设计构成相近似的外观设计的结论正确，应予维持。

综上，原一、二审判决认定本专利与在先设计不相同亦不相近似，适用法律错误，依法应予撤销。专利复审委员会第 13912 号决定适用法律、法规正确，程序合法，应予维持。依据 2000 年修订的《中华人民共和国专利法》第二十三条，《中华人民共和国行政诉讼法》第五十四条第（一）项、第六十三条第二款和《最高人民法院关于执行〈中华人民共和国行政诉讼法〉若干问题的解释》第七十六条第一款、第七十八条之规定，判决如下：

一、撤销北京市高级人民法院（2010）高行终字第 1459 号行政判决和北京市第一中级人民法院（2010）一中知行初字第 533 号行政判决；

二、维持国家知识产权局专利复审委员会第 13912 号无效宣告请求审查决定。

本案一审案件受理费和二审案件受理费各 100 元，均由张迪军负担。

本判决为终审判决。

审 判 长　金克胜
代理审判员　朱　理
代理审判员　杜微科
二〇一二年六月二十九日
书 记 员　张　博

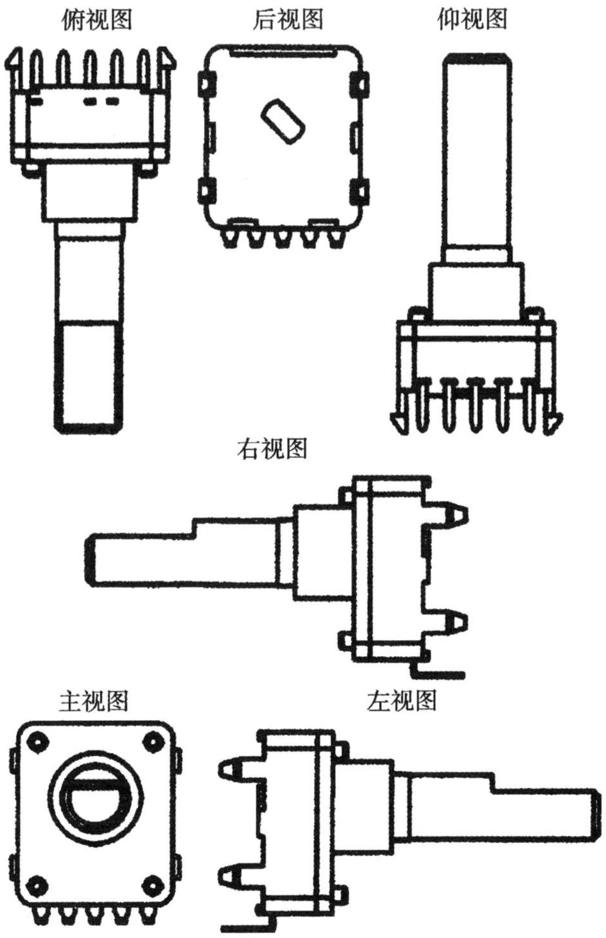

本专利附图

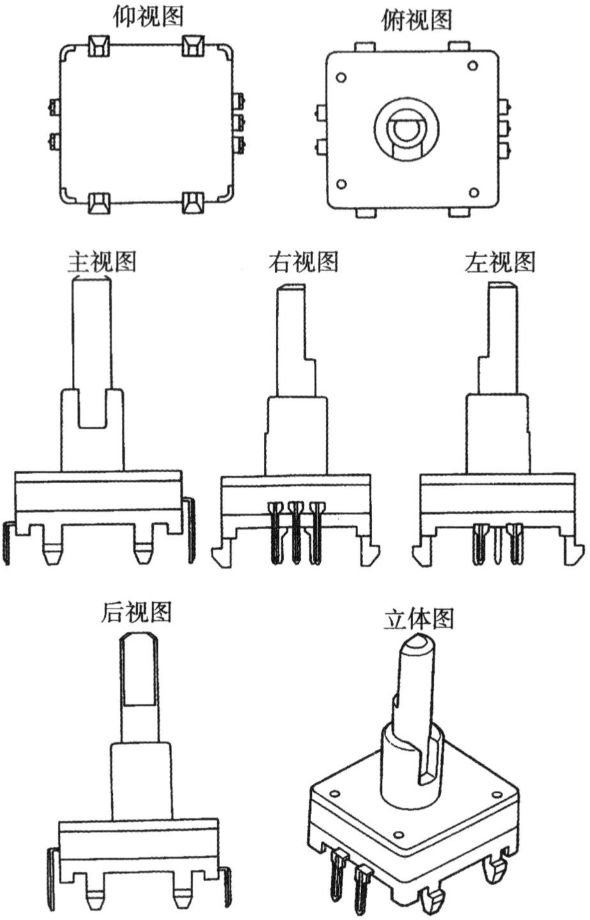

在先设计附图

171. 设计要素变化所伴随的技术效果的改变对外观设计整体视觉效果的影响

——再审申请人珠海格力电器股份有限公司与被申请人广东美的电器股份有限公司、二审上诉人国家知识产权局专利复审委员会外观设计专利权无效行政纠纷案

【裁判要旨】

仅仅具有功能性而不具有美感的产品设计，不应当通过外观设计专利权予以保护；一般消费者进行外观设计相近似判断时，主要关注外观设计的整体视觉效果的变化，不会基于设计要素变化所伴随的技术效果的改变而对该设计要素变化施以额外的视觉关注。

【关键词】

外观设计　无效程序　近似判断　视觉效果

【案号】

最高人民法院（2011）行提字第1号

【基本案情】

广东美的电器股份有限公司（以下简称美的公司）名称为“风轮（455－180）”的外观设计专利（即本案专利），针对珠海格力电器股份有限公司（以下简称格力公司）向国家知识产权局专利复审委员会（以下简称专利复审委员会）提出无效宣告请求，并提交了公告号为CN3265720、名称为“风扇扇叶”外观设计专利作为对比文件。专利复审委员会作出第13585号无效宣告请求审查决定（以下简称第13585号决定），宣告本案专利权无效。美的公司不服，提起行政诉讼。北京市第一中级人民法院一审认为，本案专利与对比文件公开的在先设计不相近似，遂判决撤销第13585号决定。格力公司、专利复审委员会不服，均提出上诉。北京市高级人民法院二审认为，本案专利与在先设计关于扇叶部分的区别因扇叶部分的旋转方向系由功能决定，故对整体视觉效果不具有显著影响，其他区别分布于本案专利的中部等主要视觉部分，根据整体观察、综合判断原则，对一般消费者而言，其区别足以在整体视觉效果上产生不同。据此判决驳回上诉，

维持一审判决。格力公司不服，向最高人民法院申请再审。最高人民法院于2010年12月7日裁定提审本案，并于2011年11月11日判决撤销一、二审判决，维持第13585号决定。

【裁判意见】

最高人民法院再审认为：一项产品的外观设计要获得外观设计专利权的保护，其必须具备专利法意义上的美感，即在实现产品的特定功能的基础上，对产品的视觉效果作出创新性的改进，使得产品能够体现出功能性和美感的有机结合。仅仅具有功能性而不具有美感的产品设计，可以通过申请发明或者实用新型专利权予以保护，而不应当通过外观设计专利权予以保护。与本领域普通技术人员总是从技术角度考虑问题有所不同，一般消费者在进行相近似判断时，其主要关注于外观设计的视觉效果的变化，而不是功能或者技术效果的变化。一般消费者也不会基于设计要素变化所伴随的技术效果的改变，而对该设计要素变化施以额外的视觉关注。因此，对于美的公司关于单纯地讨论美感没有实际意义，相关区别能够显著提高风轮的工作效率，一般消费者对于该区别更加敏感，该区别对整体视觉效果具有显著影响的主张，不予支持。

中华人民共和国最高人民法院行政判决书

（2011）行提字第1号①

172. 申请日在先的注册商标专用权可以用于判断是否与外观设计专利权相冲突

——再审申请人国家知识产权局专利复审委员会与被申请人白象食品股份有限公司、一审第三人陈朝晖外观设计专利权无效行政纠纷案

【裁判要旨】

只要商标申请日在外观设计专利申请日之前，且提起无效宣告请求时商标已被核

① 参见案例167裁判文书。

准注册并仍然有效，该注册商标专用权就能够用于评述在后外观设计专利权是否与之构成权利冲突。

【关键词】

外观设计　注册商标　申请日　权利冲突

【案号】

最高人民法院（2014）知行字第4号

【基本案情】

在本案中，产品名称为“食品包装袋”的外观设计专利（即本案专利）由陈朝晖于2000年10月16日向国家知识产权局提出申请，2001年5月2日被授权公告。白象食品股份有限公司（原河南省正龙食品有限公司，以下简称白象公司）持有的第1506193号“白象”商标（以下简称白象商标）的申请日为1997年12月12日，核准注册日为2001年1月14日。2009年8月4日，白象公司针对本案专利，以其与在先的白象商标权冲突为由，向国家知识产权局专利复审委员会（以下简称专利复审委员会）提出无效宣告请求。专利复审委员会于2009年12月8日作出第14261号无效宣告请求审查决定（以下简称第14261号决定），认为白象商标的核准注册日在本案专利申请日之后，不属于专利法第二十三条规定的合法在先权利，故维持本案专利权有效。白象公司不服，提起行政诉讼。北京市第一中级人民法院一审认为，应以外观设计专利权的“授权公告日”而非“专利申请日”作为判断在先权利的时间标准，即在“授权公告日”之前已合法产生的权利或权益构成外观设计专利权的在先权利。因白象商标的核准注册日为2001年1月14日，早于本案专利的授权公告日，白象商标构成本案专利的在先权利。北京市第一中级人民法院据此判决撤销第14261号决定，并责令专利复审委员会重新作出审查决定。专利复审委员会不服，提起上诉。北京市高级人民法院二审认为，白象商标的申请日早于本案专利的申请日，白象公司基于白象商标而享有的商标申请权构成专利法第二十三条规定的在先取得的合法权利。遂判决驳回上诉、维持原判。专利复审委员会不服，向最高人民法院申请再审。最高人民法院于2014年10月11日裁定驳回专利复审委员会的再审申请。

【裁判意见】

最高人民法院审查认为：商标申请权本身是现实存在的合法权益，在性质上是对注册商标专用权的一种期待权，应当受到法律保护。在商标申请日早于外观设计专利申请日的情况下，外观设计专利权的实施不会对商标是否可被核准注册产生影响，也不会产生二者的权利冲突问题。因此，商标申请权不能作为专利法第二十三条所称的在先取得的合法权利。但是，商标申请权对于判断外观设计专利权和注册商标专用权是否构成权利冲突具有重要意义。商标申请权作为一种期待权，最终期待的完整权利是注册商标专用权，只有商标获得注册，商标申请的最终权益才得以实现。此时，应当溯及既往地对商标申请权进行保护，确认商标申请日对于注册商标专用权的法律意义。只要商标申请日在外观设计专利申请日之前，在先申请的注册商标专用权就可以对抗申请日在后的外观设计专利权。白象商标获得注册后，本案专利的实施客观上会与其产生权利冲突，应当依照保护在先权利的原则，认定申请日在先的白象注册商标专用权可用于对抗陈朝晖的外观设计专利权。至于二者是否会构成实际的权利冲突，应当由专利复审委员会重新审查后作出判断。

中华人民共和国最高人民法院行政裁定书

（2014）知行字第4号

再审申请人（一审被告、二审上诉人）：国家知识产权局专利复审委员会。住所地：北京海淀区北四环西路9号银谷大厦。

法定代表人：张茂于，该委员会副主任。

委托代理人：杨加黎，该委员会审查员。

委托代理人：万琦，该委员会审查员。

被申请人（一审原告、二审被上诉人）：白象食品股份有限公司（原河南省正龙食品有限公司）。住所地：河南省新郑市薛店镇工贸开发区。

法定代表人：姚忠良，该公司董事长。

委托代理人：温彪飞，太原科卫专利事务所专利代理人。

委托代理人：朱永杰，该公司职工。

一审第三人：陈朝晖，四川白家食品有限公司董事长。

再审申请人国家知识产权局专利复审委员会（以下简称专利复审委员会）因与被申请人白象食品股份有限公司（原河南省正龙食品有限公司，以下简称白象公司）、一审第三人陈朝晖外观设计专利权无效行政纠纷一案，不服北京市高级人民法院（2011）高行终字第1733号行政判决（以下简称二审判决），向本院申请再审。本院依法组成合议庭对本案进行了审查，现已审查终结。

专利复审委员会申请再审称：（一）二审判决关于白象公司主张的在先权利是基于商标在先申请而享有的商标申请权的认定，违反了请求原则。根据请求原则，专利复审委员会通常情况下仅针对无效请求人提出的无效宣告请求、理由和证据进行审查，不承担全面审查专利有效性的义务。本案中，白象公司在无效程序中从未提出本专利与其在先取得的商标申请权相冲突的无效理由，而是以商标专用权作为在先权利，在二审答辩时才主张商标申请权。二审判决以被诉决定未审查本专利与商标申请权是否相冲突为由撤销被诉决定，缺乏事实和法律依据。（二）二审判决认为商标申请权属于2000年修正的《中华人民共和国专利法》（以下简称2000年专利法）第二十三条①规定的在先权利，适用法律错误。在先权利应当是合法权利，具有法律依据，否则专利实施行为就不可能构成侵权行为，也不会产生权利冲突。根据《中华人民共和国商标法》（以下简称商标法）的规定，并不存在商标申请权；商标申请权也不属于《商标评审规则》规定的“与商标评审有关的权利”。（三）即使将商标申请权当作一项合法权利，外观设计专利权也不会与之相冲突。2000年专利法第二十三条所规定的权利冲突，是指未经在先权利人许可，外观设计专利使用了在先合法权利的客体，从而导致专利权的实施将会损害在先权利人的相关合法权利或者权益。无论将商标申请权理解为请求权还是财产权利，其核心仍在于获得注册商标专用权的资格。根据商标法的规定，外观设计专利的实施并不会妨碍商标申请权的行使，包括商标申请人对商标申请的处分，也就不会损害商标申请人在其后依法获得注册商标专用权。换言之，商标申请人获得商标专用权的权益并未遭受损害，不具备构成侵权的要件。事实上，外观设计专利的实施会导致消费者将使用该外观设计的商品误认为是来源于另一厂家，其实际上侵犯的还是注册商标专用权，而非商标申请权。商标申请权不可能成为被外观设计专利实施行为侵犯的对象。综上，一、二审判决认定事实不清、适用法律错误，请求撤销一、二审判决，维持专利复审委员会第14261号无效宣告请求审查决定（以下简称第14261号决定）。

白象公司提交意见称：专利复审委员会的再审申请缺乏事实与法律依据，请

---

① 对应2008年12月新修正《专利法》第二十三条，规定：“授予专利权的外观设计，应当不属于现有设计；也没有任何单位或者个人就同样的外观设计在申请日以前向国务院专利行政部门提出过申请，并记载在申请日以后公告的专利文件中。授予专利权的外观设计与现有设计或者现有设计特征的组合相比，应当具有明显区别。授予专利权的外观设计不得与他人在申请日以前已经取得的合法权利相冲突。本法所称现有设计，是指申请日以前在国内外为公众所知的设计。”

求予以驳回。

本院审查查明：针对本次无效宣告请求，专利复审委员会2009年11月18日的口头审理记录第4页记载："合议组组长：请求人，在先取得以哪个时间为界限？请求人：商标权是1997年12月12日申请的。以商标的申请日作为在先取得的时间，这个时间在本专利申请日前，所以属于与他人在先取得的合法权利相冲突。"

白象公司持有的第1506193号商标的申请日为1997年12月12日，初步审定公告日为2000年10月14日，核准注册日为2001年1月14日。产品名称为"食品包装袋"的第00333252.7号外观设计专利（即本专利）由陈朝晖于2000年10月16日提出申请，于2001年5月2日被授权公告。

河南省正龙食品有限公司于2012年6月28日经核准名称变更为白象食品股份有限公司。

本院认为，本案的争议焦点是：二审判决认为白象公司主张的在先权利为商标申请权是否违反了请求原则；本专利是否会与在先的商标申请权相冲突。

（一）二审判决认为白象公司主张的在先权利为商标申请权是否违反了请求原则

首先，根据第14261号决定，白象公司在提出无效宣告请求时理由为本专利不符合2000年专利法第二十三条的规定，在其补充的意见陈述中也提到"本专利构图的重要部分，与请求人在先取得的合法权利相冲突，应宣告无效"。可见，白象公司在无效宣告请求审查程序中提出了本专利与在先取得的合法权利相冲突的无效宣告请求理由。其次，根据本次无效宣告请求审查程序中的口头审理记录记载，白象公司在口头审理中已经明确主张：以商标的申请日作为在先合法权利取得的时间，这个时间在本专利申请日之前，所以本专利与其在先取得的合法权利相冲突。白象公司已经明确其合法权利在先取得的时间节点为商标申请日，专利复审委员会和一审法院均认为2000年专利法第二十三条所称的在先权利应为注册商标专用权，没有支持白象公司的此项主张，所以白象公司在二审答辩时才进一步明确提出商标申请权的概念。二审法院综合考虑上述事实，认定白象公司主张的在先权利为基于商标在先申请取得的商标申请权，并不违反请求原则。

（二）本专利是否会与在先的商标申请权相冲突

2000年专利法第二十三条规定："授予专利权的外观设计，应当同申请日以前在国内外出版物上公开发表过或者国内公开使用过的外观设计不相同和不相近似，并不得与他人在先取得的合法权利相冲突。"外观设计经形式审查并被授权后，其实施可能会与在申请日之前他人已经合法取得的权利相冲突，损害在先权利人的合法权利。处理权利冲突，首先要明确在先取得的合法权利的具体内容。《最高人民法院关于审理专利纠纷案件适用法律问题的若干规定》第十六条规定："专利法第二十三条所称的在先取得的合法权利包括：商标权、著作权、企业名称权、肖像权、知名商品特有包装或者装潢使用权等。"根据该规定，注册商标专用权是2000年专利法第二十三条所称的在先取得的合法权利之一。如果在同一种商品或类似商品的外观设计中采用了与他人的注册商标相同或者近似的标识，外观设计专利权的实施可能会使相关公众误认为商品来自于商标权人，进而损害商标权人的合法权利，造成外观设计专利权与注册商标专用权的冲突。这种冲突的判断标准实质上是审查外观设计专利权的实施是否会侵犯到注册商标专用权。本案中，第1506193号商标核准注册日在本专利申请日之后，注册商标专用权不是在先取得，仅是商标申请日早于本专利申请日。白象公司主张的在先权利也是基于商标在先申请享有的商标申请权。对此，本院认为，在商标申请日早于外观设计专利申请日的情况下，外观设计专利权不会与商标申请权构成权利冲突，商标申请权不能作为2000年专利法第二十三条规定的在先取得的合法权利，但基于商标申请权本身的性质、作用和保护在先权利原则，只要商标申请日在专利申请日之前，且在提起专利无效宣告请求时商标已被核准注册并仍然有效，在先申请的注册商标专用权就可以对抗在后申请的外观设计专利权，用于判断外观设计专利权是否与之相冲突。理由如下：

1. 关于商标申请权的法律性质。首先，根据商标法关于商标申请在先原则的相关规定，两个或两个以上的申请人，在同一种商品或者类似商品上，以相同或者近似的商标申请注册的，商标局受理最先提出的商标注册申请。换言之，一旦申请人提交了商标注册申请，从申请日起就享有了排斥其他人在同一种商品或者类似商品上以相同或者近似的商标申请注册的权利。其次，根据《中华人民共和国商标法实施条例》的相关规定，申请人可以转让其商标注册申请，即申请人可以根据自己的意志对商标申请权作为一种民事权益进行处分。最后，商标申请最终的目标即商标申请权的实现是商标获得注册，从这个角度讲，商标申请权是一种期待权，是对未来取得注册商标专用权的一种期待，自商标申请之日起存在，至商标被核准注册之日最终实现。综上，商标申请权本身是现实存在的合法权益，其在性质上是对注册商标专用权的一种期待权，应当受到法律的保护。

2. 关于商标申请权在判断权利冲突中的作用。商标申请权是一项合法权益，在商标申请日早于外观设计专利申请日的情况下，外观设计专利权的实施不会影响到商标最终是否被核准注册，不会存在外观设计专利权与商标申请权的冲突问题，因此商标申请权并不能作为2000年专利法第二十三条所称的在先取得的合法权利。二审法院认为白象公司主张的在先取得的合法权利为商标申请权，第14261号决定应当对本专利是否与商标申请权相冲突进行判断，适用法律错误，本院予以纠正。商标申请权不能作为2000年专利法第二十三条规定的在先权利用于判断外观设计专利权是否与之相冲突，但商标申请权对于判断外观设计专利权和注册商标专用权的权利冲突具有重要意义，体现在：商标申请权作为一种期待权，最终期待的完整权利是注册商标专用权，只有商标获得注册，商标申请的最终权益才得以实现，此时，应当溯及既往地对商标申请权进行保护，确认商标申请日对于注册商标专用权的法律意义。只要商标申请日在外观设计专利申请日之前，在先申请的注册商标专用权就可以对抗在后申请的外观设计专利权。

3. 关于保护在先权利原则。本案中，第1506193号商标获得注册后，本专利的实施客观上可能会与该商标构成权利冲突，而该商标是在先申请的，本专利相对于该商标而言并非在先权利，这种冲突的解决只能按照保护在先权利的原则，认定白象公司在先申请的注册商标专用权可以用于对抗陈朝晖的外观设计专利权。况且，第1506193号商标初步审定公告日也在本专利申请日之前。对于已经初步审定公告的商标，商标局已经对商标申请进行了初步审查并认为符合商标法的有关规定。商标经过公告，目的是征求相关经营者和社会公众的意见，在公告期内相关人员可以向商标局提出异议。本专利申请日在第1506193号商标初步审定公告日之后，客观上存在外观设计专利申请人模仿、复制在先申请的商标的可能，这种情况也是2000年专利法第二十三条立法予以防范的主要对象。

本案中，白象公司的第1506193号商标的申请日在本专利申请日之前，且第1506193号商标被核准注册后在白象公司提起本次专利无效宣告请求时仍然有效，第1506193号注册商标专用权可以对抗本专利，用于判断本专利是否与之相冲突。专利复审委员会仅以第1506193号商标核准注册日在本专利申请日之后，认为第1506193号注册商标专用权不能用于判断本专利是否与之相冲突，适用法律错误；二审法院判决专利复审委员会重新作出无效审查决定，结论正确。至于本专利是否会与第1506193号注册商标专用权产生冲突，应当由专利复审委员会在重新作出的无效审查决定中具体认定。

综上，专利复审委员会的再审申请不符合《中华人民共和国行政诉讼法》第六十三条第二款①、《最高人民法院关于执行〈中华人民共和国行政诉讼法〉若干问题的解释》第七十二条规定的条件，依据《最高人民法院关于执行〈中华人民共和国行政诉讼法〉若干问题的解释》第七十四条之规定，裁定如下：

驳回国家知识产权局专利复审委员会的再审申请。

审　判　长　周　翔
代理审判员　罗　霞
代理审判员　周云川
二〇一四年十月十一日
书　记　员　张　博

（十一）程序问题

1. 专利授权确权案件审理程序

173. 专利无效行政程序中依职权审查的范围

——再审申请人国家知识产权局专利复审委员会与被申请人王伟耀，一审第三人、二审上诉人福田雷沃国际重工股份有限公司实用新型专利权无效行政纠纷案

【裁判要旨】

2006 年《审查指南》② 对专利复审委员会可以依职权审查的具体情形作了列举

① 对应 2014 年 11 月新修正《行政诉讼法》第九十二条第二款，规定："最高人民法院对地方各级人民法院已经发生法律效力的判决、裁定，上级人民法院对下级人民法院已经发生法律效力的判决、裁定，发现有本法第九十一条规定情形之一，或者发现调解违反自愿原则或者调解书内容违法的，有权提审或者指令下级人民法院再审。"

② 对应 2014 年 3 月新修订《专利审查指南》。

规定，限定了专利复审委员会依职权审查的范围。对于请求人放弃的无效理由和证据，在没有法律依据的情况下，专利复审委员会通常不应再作审查。

【关键词】

实用新型　无效程序　请求原则　依职权审查原则

【案号】

最高人民法院（2013）知行字第92号

【基本案情】

在本案中，王伟耀系名称为“全喂入联合收割机的脱粒与分离装置”的实用新型专利（即本案专利）的权利人。2011年9月30日，福田雷沃公司针对本案专利向专利复审委员会提出无效宣告请求。在口头审理过程中，福田雷沃公司明确其无效理由为权利要求1-4相对于对比文件2结合公知常识不具备创造性，放弃对比文件3、5、6、7分别结合公知常识评价创造性的理由。其后，专利复审委员会决定对权利要求1相对于对比文件2、3和公知常识的结合是否具备创造性进行依职权审查，并发出无效宣告请求审查通知书。王伟耀对专利复审委员会依职权审查的内容提出异议。专利复审委员会于2012年7月4日作出第18967号无效宣告请求审查决定（以下简称第18967号决定），以权利要求1~4相对于对比文件2、3及公知常识的结合不具有创造性为由，宣告本案专利权全部无效。王伟耀不服，提起行政诉讼。北京市第一中级人民法院一审认为，专利复审委员会依职权审查的情形应当是明确而特定的，原则上限于《审查指南》的明确规定，不能对依职权审查原则作任意的扩大解释。福田雷沃公司在口头审理过程中已经明确放弃对比文件3结合公知常识评价本案专利创造性的理由，专利复审委员会依职权引入权利要求1-4相对于对比文件2、3及公知常识的结合不具备创造性的理由没有法律依据。据此判决撤销第18967号决定并责令专利复审委员会重新作出审查决定。专利复审委员会不服，提出上诉。北京市高级人民法院二审判决驳回上诉、维持原判。专利复审委员会仍不服，向最高人民法院申请再审。最高人民法院于2014年5月21日裁定驳回专利复审委员会的再审申请。

【裁判意见】

最高人民法院审查认为：请求原则是无效宣告审查程序的基本原则，无效宣告审查程序依当事人的请求而启动，且仅针对当事人明确的无效宣告请求的范围、理由和提交的证据进行审查是请求原则的应有之义，专利复审委员会不承担全面审查权利有效性的义务。请求原则还意味着请求人有权处分自己的权利，可以放弃全部或者部分无效宣告理由及证据。对于请求人已经放弃的理由和证据，在没有法律依据的情况下，专利复审委员会通常不应再作审查。《审查指南》同时规定了依职权审查原则，并对专利复审委员会可以依职权引入无效理由的具体情形作了列举规定。依职权审查原则是请求原则的例外，它一方面赋予了专利复审委员会在给予公众相应预期的前提下主动审查的职权，另一方面也限定了专利复审委员会可以依职权审查的范围。本案中，福田雷沃公司并未提出过本案专利相对于对比文件2、3和公知常识的结合不具备创造性的无效理由，且在口头审理过程中明确放弃对比文件3结合公知常识评价本案专利创造性的理由，专利复审委员会主动引入请求人放弃的对比文件3及请求人未提出的证据组合方式，并据此宣告本案专利权无效，缺乏相应的法律依据。

中华人民共和国最高人民法院行政裁定书

（2013）知行字第92号①

174. 专利复审及无效行政程序中对“明显实质性缺陷”的审查范围

——再审申请人中华人民共和国国家知识产权局专利复审委员会与被申请人赢创德固赛有限责任公司发明专利申请驳回复审行政纠纷案

【裁判要旨】

《专利审查指南》在实质审查以及复审无效审查部分并未对“明显实质性缺陷”的具体情形进行列举。虽然在初步审查、实质审查及复审无效这三个阶段对“明显实质性缺陷”的审查范围不完全一致，但“明显实质性缺陷”的性质应当相同。因此，《专利审查指南》中列举的初步审查阶段的“明显实质性缺陷”，当然也适用于实质审查和复审无效审查阶段。

---

① 参见案例121裁判文书。

【关键词】

发明　实质审查　复审无效审查　明显实质性缺陷

【案号】

最高人民法院（2014）知行字第2号

【基本案情】

在本案中，赢创德固赛有限责任公司（以下简称德固赛公司）于2004年5月13日提出名称为“表面改性的沉淀二氧化硅”的发明专利申请（以下简称本案申请）。2009年12月4日，中华人民共和国国家知识产权局（以下简称国家知识产权局）以权利要求1－31不符合专利法第三十三条规定为由，对本案申请予以驳回。德固赛公司不服，于2010年3月18日向中华人民共和国国家知识产权局专利复审委员会（以下简称专利复审委员会）提出复审请求，并同时修改了权利要求书。2011年3月15日，专利复审委员会作出第30895号专利复审请求审查决定（以下简称第30895号决定），认为德固赛公司在复审程序中对权利要求书的修改符合专利法及专利法实施细则的有关规定，但修改后的权利要求1不具备创造性，据此维持了国家知识产权局的驳回决定。德固赛公司不服，提起行政诉讼。北京市第一中级人民法院一审认为，《专利审查指南》在初步审查部分所规定的“明显实质性缺陷”的审查对象，不包括专利法第二十二条第三款，且专利法实施细则第五十三条关于“明显实质性缺陷”审查的规定中，亦不包含对创造性问题的审查。专利复审委员会主动将本案申请是否具备创造性的问题纳入“明显实质性缺陷”的审查范围之中，缺乏法律依据。据此判决撤销第30895号决定并责令专利复审委员会重新作出审查决定。专利复审委员会不服，提起上诉。北京市高级人民法院二审判决驳回上诉、维持原判。专利复审委员会仍不服，向最高人民法院申请再审。最高人民法院于2014年9月17日裁定驳回专利复审委员会的再审申请。

【裁判意见】

最高人民法院审查认为，《专利审查指南》在“发明专利申请的初步审查”部分列举了属于“明显实质性缺陷”的各种情形，包括是否属于完整的技术方案、是否违反法律或社会公德等情形，都属于本领域技术人员无需深入调查证实或无需技术比对即可判定的情形，但创造性评价并不包含其中。虽然初步审查与实质审查、复审无效审查阶段对“明显实质性缺陷”的审查范围不应当完全一致，但“明显实质性缺陷”的性质应当相同。因此，在实质审查以及复审无效审查阶段对“明显实质性缺陷”的审查，应当依照《专利审查指南》在初步审查阶段列举的具体情形进行判断。初步审查阶段的“明显实质性缺陷”，当然也适用于实质审查及复审无效审查阶段。此外，对创造性问题的评价，不仅要考虑本案申请的技术方案本身，还要考虑所属技术领域、所要解决的技术问题及所产生的技术效果，因此，也不宜将《专利审查指南》列明的“明显实质性缺陷”的审查范围涵盖至创造性问题。

中华人民共和国最高人民法院行政裁定书

（2014）知行字第2号

再审申请人（一审被告、二审上诉人）：中华人民共和国国家知识产权局专利复审委员会。住所地：中华人民共和国北京市海淀区北四环西路9号银谷大厦10－12层。

法定代表人：张茂于，该委员会副主任。

委托代理人：任颖丽，该委员会审查员。

委托代理人：朱茜，该委员会审查员。

被申请人（一审原告、二审被上诉人）：嬴创德固赛有限责任公司。住所地：德意志联邦共和国哈瑙罗登巴赫街4号。

授权代表：马特亚斯·塞弗，该公司授权官员。

授权代表：乌尔里希·赫尔茨，该公司授权官员。

委托代理人：吴玉和，中国专利代理（香港）有限公司专利代理人。

委托代理人：郭煜，中国专利代理（香港）有限公司专利代理人。

再审申请人中华人民共和国国家知识产权局专利复审委员会（以下简称专利复审委员会）因与被申请人嬴创德固赛有限责任公司（以下简称德固赛公司）发明专利申请驳回复审行政纠纷一案，不服中华人民共和国北京市高级人民法院（以下简称北京市高级人民法院）（2012）高行终字第1486号行政判决，向本院申请再审。本院依法组成合议庭对本案进行了审查，现已审查终结。

专利复审委员会申请再审称：1.《专利审查指南》明确规定，在复审程序中，合议组一般仅针对驳回决定所依据的理由和证据进行审查，可见该指南没有禁止对驳回理由之外的理由进行审查。专利复审委员会在作出涉案决定之前已经通过复审通知书告知德固赛公司涉案申请不符合创造性的具体理由，并且已经给予德固赛公司陈述意见的机会，符合依职权审查和听证原则。专利复审委员会的处理方式能够提高效率，避免案件在实审和复审之间来回震荡。2. 涉案申请是否具有创造性的判断，本领域技术人员无需深入调查即可得出，属于“明显实质性缺陷”。故请求依法提审本案并撤销二审判决，维持专利复审委员会的涉案决定。

德固赛公司答辩称：1. 涉案申请的原权利要求 1 和现权利要求 1 内容不同。国家知识产权局实审部门仅审查了涉案申请原权利要求 1 相对于对比文件 1 的新颖性问题，但是并未审查涉案申请现权利要求 1 的新颖性和创造性问题；2. 涉案申请的创造性判断不属于“明显实质性缺陷”，专利复审委员会在复审阶段依职权审查涉案申请的创造性没有法律依据；3. 专利复审委员会超范围审查缺乏法律依据，损害了德固赛公司的正当程序权利和实体权利。故请求驳回专利复审委员会的再审申请。

本院认为，本案的争议焦点是：1. 涉案专利权利要求 1 的创造性判断是否属于“明显实质性缺陷”的情形；2. 本案是否属于专利复审委员会可以依职权审查的情形。

一、关于涉案专利权利要求 1 的创造性判断是否属于“明显实质性缺陷”情形的问题

《专利审查指南》在“发明专利申请的初步审查”部分列举了属于“明显实质性缺陷”的各种情形，包括是否属于完整的技术方案、是否违反法律或社会公德等情形，都属于本领域技术人员无需深入调查证实或无需技术比对即可判定的情形，但是发明创造的创造性评价并不包括其中。《专利审查指南》在“实质审查”以及“复审与无效请求的审查”部分并未对“明显实质性缺陷”的情形作出具体规定。虽然初步审查与实质审查、复审无效审查阶段的“明显实质性缺陷”的审查范围不应当完全一致，但在上述三个阶段中的“明显实质性缺陷”情形的性质应当相同。因此，在“实质审查”以及“复审与无效请求的审查”阶段对“明显实质性缺陷”的审查，应当依照《专利审查指南》在初步审查部分列举情形的性质，根据个案的具体情形判断。《专利审查指南》所列举的初审阶段“明显实质性缺陷”在“实质审查”以及“复审与无效请求的审查”阶段当然也属于“明显实质性缺陷”。

对本技术领域的技术人员来说，发明创造的创造性是指其相对于现有技术是非显而易见的，是否具备创造性是授予发明创造专利权的必要条件。评价创造性时，不仅要考虑发明创造的技术方案本身，而且还要考虑发明创造所属的技术领

域以及所解决的技术问题和所产生的技术效果，因此，不宜将《专利审查指南》列明的“明显实质性缺陷”扩大解释到创造性。专利复审委员会的再审申请理由不成立，本院不予支持。

二、关于本案是否属于专利复审委员会依职权审查的情形的问题

依据《专利审查指南》，专利复审委员会一般仅针对驳回决定所依据的理由和证据进行审查，也可以不受当事人请求的范围和提出的理由、证据的限制而依职权审查。《专利审查指南》同时明确规定了可以依职权审查的情形，即足以用在驳回决定作出前已告知过申请人的其他理由及其证据予以驳回的缺陷；驳回决定未指出的明显实质性缺陷或者与驳回决定所指出的缺陷性质相同的缺陷。可见，专利复审委员会依职权审查专利申请属于例外，应当严格依据法律、法规及规章的相关规定进行。涉案申请的创造性评价在此前的驳回决定中并未涉及，同时也不属于“明显实质性缺陷”，因此本案显然不属于专利复审委员会可以依职权审查的情形。专利复审委员会的再审申请理由不成立，本院不予支持。

综上，专利复审委员会的再审申请不符合《中华人民共和国行政诉讼法》第六十三条第二款①、《最高人民法院关于执行〈中华人民共和国行政诉讼法〉若干问题的解释》第七十二条规定的情形，依照《最高人民法院关于执行〈中华人民共和国行政诉讼法〉若干问题的解释》第七十四条之规定，裁定如下：

驳回中华人民共和国国家知识产权局专利复审委员会的再审申请。

审　判　长　李　剑
代理审判员　秦元明
代理审判员　吴　蓉
二〇一四年九月十七日
书　记　员　周睿隽

---

① 对应2014年11月新修正《行政诉讼法》第九十二条第二款规定：“最高人民法院对地方各级人民法院已经发生法律效力的判决、裁定，上级人民法院对下级人民法院已经发生法律效力的判决、裁定，发现有本法第九十一条规定情形之一，或者发现调解违反自愿原则或者调解书内容违法的，有权提审或者指令下级人民法院再审。”

175. 判决重新作出无效行政决定时应考量的情形

——再审申请人曹忠泉与被申请人国家知识产权局专利复审委员会、一审第三人上海精凯服装机械有限公司实用新型专利权无效行政纠纷案

【裁判要旨】

人民法院在判决撤销或者部分撤销被诉具体行政行为时，是否判决被诉行政机关重新作出具体行政行为要视案件的具体情况而定。

【关键词】

实用新型　无效程序　重新作出决定

【案号】

最高人民法院（2012）行提字第7号

【基本案情】

曹忠泉是名称为“裁剪机磨刀机构中斜齿轮组的保油装置”的实用新型专利（即本案专利）的专利权人。上海精凯服装机械有限公司（以下简称精凯公司）针对本专利提出无效宣告请求，其提出的无效理由是：本专利权利要求1、2、3不符合专利法第二十二条第二款、第三款，第二十六条第三款、第四款，专利法实施细则第二十条第一款的规定；权利要求3不符合专利法实施细则第二十一条第三款的规定。精凯公司还提交了包括附件5－1在内的多份对比文件来评价本专利权利要求的新颖性和创造性。国家知识产权局专利复审委员会（以下简称专利复审委员会）于2009年4月14日作出第13216号无效宣告请求审查决定（以下简称第13216号决定），依据附件5－1作出本专利权利要求没有创造性的评价，宣告本专利权全部无效，对于精凯公司提出的其他无效理由和证据没有作出评述。曹忠泉不服，提起行政诉讼。北京市第一中级人民法院和北京市高级人民法院先后判决维持第13216号决定。曹忠泉不服，向最高人民法院申请再审。最高人民法院裁定提审本案，并于2012年5月3日判决撤销一、二审判决和第13216号决定，责令专利复审委员会重新作出决定。

【裁判意见】

最高人民法院提审认为：人民法院在判决撤销或者部分撤销被诉具体行政行为时，可以判决被告重新作出具体行政行为，但是否判决被告重新作出具体行政行为要视案件的具体情况而定。人民法院在审查专利复审委员会作出的无效宣告请求审查决定时，对于专利复审委员会认为专利权有效，而人民法院认为专利权无效的情况，在判决撤销被诉决定的同时，应一并判决专利复审委员会重新作出决定；对于专利复审委员会认为专利权无效的，人民法院在判决撤销被诉决定时，是否一并判决专利复审委员会重新作出决定，要区分如下两种情况：专利复审委员会针对无效宣告请求人所提出的无效理由和证据全部作出评述，而人民法院认为专利权有效的，不必再判决专利复审委员会重新作出决定；专利复审委员会没有对无效宣告请求人所提出的无效理由和证据全部作出评述，而依据部分理由及相应证据作出的无效决定不能成立的，人民法院应一并判决专利复审委员会针对无效宣告请求人所提出的其他无效理由和证据重新作出决定。本案中，专利复审委员会在作出第13216号决定时，依据附件5－1对本专利权利要求作出没有创造性的评价，对于精凯公司提出的其他无效理由和证据没有作出评述。因此，人民法院在判决撤销专利复审委员会第13216号决定时，应同时责令专利复审委员会针对精凯公司提出的其他无效理由和证据重新作出决定。

中华人民共和国最高人民法院行政判决书

（2012）行提字第7号

申请再审人（一审原告、二审上诉人）：曹忠泉。

委托代理人：蔡正保。

被申请人（一审被告、二审被上诉人）：国家知识产权局专利复审委员会。住所地：北京市海淀区北四环西路9号银谷大厦10－12层。

法定代表人：张茂于，该委员会副主任。

委托代理人：邢文飞，该委员会审查员。

委托代理人：毛琎，该委员会审查员。

一审第三人：上海精凯服装机械有限公司。住所地：上海市嘉定区安亭镇墨玉路185号。

法定代表人：阮剑光，该公司总经理。

委托代理人：叶万东，北京工信联合知识产权代理事务所专利代理人。

申请再审人曹忠泉因与被申请人国家知识产权局专利复审委员会（以下简称专利复审委员会）、一审第三人上海精凯服装机械有限公司（以下简称精凯公司）实用新型专利权无效行政纠纷一案，不服北京市高级人民法院（2010）高行终字第634号行政判决，向本院申请再审。本院于2011年12月21日作出（2011）知行字第18号行政裁定，提审本案。本院依法组成合议庭，于2012年3月5日公开开庭审理了本案。曹忠泉的委托代理人蔡正保，专利复审委员会的委托代理人邢文飞、毛琎，精凯公司的委托代理人叶万东到庭参加诉讼。本案现已审理终结。

北京市第一中级人民法院经审理查明：本专利系国家知识产权局于2006年10月4日授权公告的名称为"裁剪机磨刀机构中斜齿轮组的保油装置"的实用新型专利，专利号为200520014575.5，申请日为2005年9月1日，专利权人为曹忠泉，权利要求是："1. 一种裁剪机磨刀机构中斜齿轮组的保油装置，其特征在于在斜齿轮位置（2）和中间齿轮位置（3）的周围位置设有档油围壁（4）。2. 根据权利要求1所述的保油装置，其特征在于围壁（4）上留有供其内的中间齿轮与其外的传动齿轮啮合的缺口。3. 根据权利要求2所述的保油装置，其特征在于围壁（4）与斜齿轮机匣（8）或磨刀机匣（1）制成一体。4. 根据权利要求1所述的保油装置，其特征在于围壁（6）外的传动齿轮位置（5）上设置弧形盖板（7）。"

精凯公司于2008年11月27日对本专利提出无效宣告请求，并提交附件1、2作为证据。专利复审委员会受理了上述无效宣告请求，并于2008年11月27日向曹忠泉和精凯公司发出无效宣告请求受理通知书，同时将精凯公司提交的无效宣告请求书及其附件清单中所列附件副本转给曹忠泉，要求其在指定期限内陈述意见。曹忠泉于2008年12月19日提交了意见陈述书。精凯公司于2008年12月26日提交了意见陈述书并提交了附件4－1至附件5－9作为证据，其中附件5－1为US3672586号专利说明书复印件8页及中文译文7页，授权公告日为1972年6月27日。精凯公司认为从附件5－1附图3、5、6中可以清楚地看到200B、200、200C构成了档油围壁，把3个齿轮包裹在其中，200B上顶点和200C的上顶点之间构成了本专利中的缺口，使齿轮和传动螺杆联结，墙体202B、212一起罩住传动螺杆144使其上的油不至于甩出，齿轮146相当于本专利中的"中间齿轮"，齿轮160相当于本专利中的"斜齿轮"，护罩200正前部200A、圆柱部200B、后圆弧部200C共同构成本专利中的"档油围壁"，用以防止从油槽162中蘸取的润滑油飞溅四处，后圆弧部200C顶部和圆柱部200B的顶部之间构成了本专利中的“缺口”，用以提供齿轮和螺杆之间的啮合连接，在螺杆144外围添加一个弧面罩将螺杆罩住以防止其上的润滑油随着螺杆旋转而甩出是公知常识，因此附件5－1否定了本专利权利要求1、2、4的新颖性和创造性。专利复审委员会于2008年12月29日再次收到精凯公司提交的意见陈述书。曹忠泉于2009年1月4日向专利复审委员会提交了专利代理委托书、意见陈述书和权利要求书修改替换页。曹忠泉的具体修改方式是：删除了授权公告文本中的权利要求1，将授权公告文本中的权利要求2上升为新的权利要求1，同时将授权公告文本中权利要求3和4的限定部分作为对新的独立权利要求1作出进一步限定的从属权利要求2和3的限定部分。专利复审委员会于2009年1月12日发出转送文件通知书，将曹忠泉分别于2008年12月19日、2009年1月4日提交的意见陈述书及其附件转送给精凯公司，将其分别于2008年12月26日、2008年12月29日收到的精凯公司提交的意见陈述书及其附件转送给曹忠泉。精凯公司于2009年2月9再次提交了意见陈述书及附件6、7作为证据，明确表示由于曹忠泉合并了权利要求1和2，故增加理由和证据附件6、7。专利复审委员会于2009年2月16日发出转送文件通知书，将曹忠泉于2009年2月6日提交的意见陈述书及其附件转送给精凯公司，将精凯公司于2009年2月9日提交的意见陈述书及其附件转送给曹忠泉。

专利复审委员会于2009年2月25日进行了口头审理。精凯公司对于曹忠泉对权利要求书所作修改无异议。此次口审在曹忠泉于2009年1月4日提出的修改文本基础上进行审查。精凯公司当庭提交了附件4－1至附件4－15以及附件5－1至附件5－9的原件，曹忠泉对附件4、5的真实性没有异议，对译文的准确性没有异议。精凯公司明确表示放弃附件1、2作为证据使用，并明确了具体的无效理由。曹忠泉于2009年2月27日提交了意见陈述书以及修改的权利要求书1页，经核实，权利要求书的修改方式与口头审理当庭陈述的方式一致。经修改的权利要求书内容为：“1. 一种裁剪机磨刀机构中斜齿轮组的保油装置，其特征在于在斜齿轮位置（2）和中间齿轮位置（3）的周围位置设有档油围壁（4），围壁（4）上留有供其内的中间齿轮与其外的传动齿轮啮合的缺口。2. 根据权利要求1所述的保油装置，其特征在于围壁（4）与斜齿轮机闸（8）或磨刀机闸（1）制成一体。3. 根据权利要求1所述的保油装置，其特征在于围壁（4）外的传动齿轮位置（5）上设置弧形盖板（7）。”

2009年4月14日，专利复审委员会作出第13216号无效宣告请求审查决定

（以下简称第13216号决定），宣告本专利权全部无效。该决定认为，附件5-1在本专利的申请日前公开，曹忠泉对该附件的真实性及中文译文的准确性均无异议，因此附件5-1可以作为评价本专利权利要求新颖性或创造性的现有技术使用。本专利权利要求1请求保护一种裁剪机磨刀机构中斜齿轮组的保油装置，包括如下技术特征：（1）在斜齿轮位置（2）和中间齿轮位置（3）的周围位置设有档油围壁（4）；（2）围壁（4）上留有供其内的中间齿轮与其外的传动齿轮啮合的缺口。附件5-1公开了绕线机中的齿轮润滑部分，其中具体披露了如下技术内容：抛油环160通过与齿轮146匹配驱动，并且通过护罩200（图3至6）封闭，其限定了从机油箱162获得的润滑剂并且反映了润滑剂旋转式喷洒齿轮146及150，并且因此向上移动。更特别的是，该护罩200适宜且严格地与基架支撑物198（图4）固定起来，并且沿着抛油环160有直接向前部分200A扩展至机油箱162中，该抛油环带有圆柱形部件200B，从部件200A向上伸展，并且从齿轮150封闭隔开。护罩200也有一通用的圆柱形向后的圆弧片200C，可从抛油环160向外扩展，并且接近齿轮146空隙。抛油环160，齿轮146及150，以及扩罩200提供了操作工具，从由机油箱162供应源中获得润滑油，并且以喷雾状态喷出润滑剂，或者注入抛油环或通过第一输送管202发出喷雾润滑剂（参见附件5-1中文译文第6页第2段，附图3至6）。附件5-1中护罩200的正前部200A、圆柱部200B、后圆弧部200C共同包裹其内的齿轮组，防止齿轮上的润滑油飞溅四散，就相当于权利要求1中的“档油围壁”；齿轮146就相当于权利要求1中的“中间齿轮”；齿轮160就相当于权利要求1中的“斜齿轮”；圆柱部200B的上顶点和后圆弧部200C的上顶点之间存在开口，从而使齿轮和螺纹联接，从附件5-1的译文及附图，可以确定上述螺纹是螺杆上带有的螺纹，该开口就相当于权利要求1中的缺口。本专利权利要求1的技术方案与附件5-1的区别在于：（1）本专利权利要求1的技术方案针对的是裁剪机磨刀机构，附件5-1技术方案的应用环境是绕线机；（2）本专利的中间齿轮是与外部的传动齿轮啮合，而附件5-1中的齿轮146是与带有螺纹的传动螺杆相配合工作的。涡轮螺杆传动、圆柱齿轮传动、斜齿轮传动、圆锥齿轮传动等方式均是所属技术领域中的惯用技术手段。裁剪机磨刀机构和绕线机均是机械设备，二者均涉及齿轮组保油润滑的问题。根据实际需要，采用斜齿轮传动替代附件5-1中的螺杆传动并将绕线机中齿轮组保油润滑的技术应用于裁剪机磨刀机构中从而得到权利要求1的技术方案对所属技术领域的技术人员来说是很容易想到和实现的。因此，权利要求 1 相对于附件 5－1 不具备实质性特点和进步，不符合 2000 年修正的《中华人民共和国专利法》（以下简称专利法）第二十二条第三款的规定。

本专利权利要求 2 的附加技术特征具体限定了围壁（4）与斜齿轮机闸（8）或磨刀机闸（1）制成一体。附件 5－1 已经公开了将护罩 200 适宜且严格地与基架支撑物 198 固定起来的技术内容，即已经给出了将相当于围壁的护罩与支撑物相固定的启示，制成一体技术属于所属技术领域的公知常识，结合所属技术领域中上述公知常识将围壁（4）与斜齿轮机闸（8）或磨刀机闸（1）制成一体从而得到权利要求 2 的技术方案对所属技术领域的技术人员来说是显而易见的，权利要求 2 的技术方案相对于附件 5－1 不具备实质性特点和进步，不符合专利法第二十二条第三款的规定。

本专利权利要求 3 的附加技术特征进一步限定了围壁外的传动齿轮位置上设置弧形盖板。附件 5－1 还公开了以下技术内容：由于润滑剂向上经过第一输送管 202，经过挡板 206 中的出入口 204（图 4），该挡板形成了第二个或底部输送管 210 接收部分 208 的底壁。在第二个输送管 210 内部，润滑剂滴在挡板 206 上，挡板 206 降至前侧壁 202A 并且移向挡板之间的第一通道 214。通道 214 也降至前侧壁 202A。通过焊接，挡板及通道以任意合理方式固定在顶壁 212 上（参见附件 5－1 中文译文第 6 页第 3 段，附图 3 至 6）。附件 5－1 中的挡板 206 位于齿轮组和带有螺纹的螺杆上方，其与相当于“档油围壁”的护罩 200 的正前部 200A、圆柱部 200B、后圆弧部 200C 相互配合，客观上可以起到将润滑油保持在齿轮的周围，权利要求 3 中的弧形盖板的主要作用是与围壁相互配合将飞溅的润滑油保留在斜齿轮的周围，因此附件 5－1 中的挡板 206 就相当于权利要求 3 中的弧形盖板。从而，附件 5－1 已经公开了权利要求 3 的附加技术特征，在其引用的权利要求相对于附件 5－1 不具备创造性的情况下，权利要求 3 的技术方案相对于附件 5－1 不具备实质性特点和进步，不符合专利法第二十二条第三款的规定。对于精凯公司提出的其他无效理由，专利复审委员会不再作出评述。

曹忠泉不服第 13216 号决定，向北京市第一中级人民法院提起行政诉讼，请求撤销该决定。

北京市第一中级人民法院认为：本专利与附件 5－1 均是机械设备，均涉及齿轮组保油润滑问题，因此属于相同或相近的技术领域。曹忠泉在专利复审委员会进行的口头审理中已表示对附件 5－1 的真实性及中文译文的准确性无异议，专利复审委员会以附件 5－1 专利说明书及其中文译文作为评价本专利创造性的现有技术使用并无不当。本专利权利要求1的技术方案并未具体限定档油围壁的形状和结构，其主要作用就是将润滑油保持在齿轮组周围，使斜齿轮组润滑良好，降低噪音，减少磨损，并且同时明确了该围壁上留有缺口；附件5－1中护罩200的直接向前部分200A、圆柱形部件200B、后圆弧片200C共同包裹其内的齿轮组，其作用也是防止齿轮上由机油箱获得的润滑油飞溅四散，将润滑油保持在齿轮组周围，同时为了给齿轮组提供润滑油，也需要提供润滑油的进出途径。因此，附件5－1中护罩200就相当于本专利权利要求1中的“档油围壁”；附件5－1中的齿轮146就相当于本专利权利要求1中“档油围壁”内的“中间齿轮”；齿轮160就相当于权利要求1中“档油围壁”内的“斜齿轮”。根据本专利权利要求1的记载，其缺口的作用是提供中间齿轮与传动齿轮啮合的空间；附件5－1圆柱形部件200B的上顶点和后圆弧片200C的上顶点之间存在开口，从而使齿轮和螺杆上带有的螺纹连接，也可以实现连接作用，就相当于本专利权利要求1中的缺口。本专利权利要求1的技术方案与附件5－1的主要区别在于：前者针对裁剪机磨刀机构，后者的应用环境是绕线机；前者中间齿轮是与外部的传动齿轮啮合，后者齿轮146与带有螺纹的传动螺杆相配合。在传动方式上采用齿轮替代附件5－1中的螺杆，且将绕线机中齿轮组保油润滑的技术应用于裁剪机磨刀机构中，从而得到权利要求1的技术方案对所属领域的技术人员来说是很容易想到和实现的。因此，本专利权利要求1不具备创造性。附件5－1中的挡板206位于齿轮组和带有螺纹的螺杆上方，其与相当于“档油围壁”的护罩200的直接向前部分200A、圆柱形部件200B、后圆弧片200C相互配合，客观上可以起到将润滑油保持在齿轮周围的作用。而本专利权利要求3中弧形盖板的主要作用也是与围壁相互配合，将飞溅的润滑油保留在斜齿轮周围。因此，附件5－1中的挡板206就相当于本专利权利要求3的弧形盖板。在本专利权利要求1相对于附件5－1不具备创造性的情况下，本专利权利要求3的技术方案相对于附件5－1不具备实质性特点和进步。曹忠泉虽主张本专利在商业上的巨大成功从侧面证明了本专利具有创造性，但鉴于其并未提交相应证据，故对其主张不予支持。此外，曹忠泉已经认可如果本专利权利要求1不具备创造性，则权利要求2作为从属权利要求也不具备创造性。综上，专利复审委员会作出的第13216号决定认定事实清楚，适用法律正确，程序合法，一审法院据此作出（2009）一中行初字第1326号行政判决，维持专利复审委员会作出的第13216号决定。一审案件受理费100元，由曹忠泉负担。

曹忠泉不服一审判决，向北京市高级人民法院提起上诉，请求撤销一审判决及专利复审委员会第13216号决定。

北京市高级人民法院经审查认定，在一审中，曹忠泉对于第13216号决定中关于修改后的权利要求2不具备创造性的认定没有提出异议。

北京市高级人民法院认为：请求人在提出无效宣告请求之日起一个月后增加无效宣告理由的，专利复审委员会一般不予考虑，但是针对专利权人以合并方式修改的权利要求，请求人可以在专利复审委员会指定期限内增加无效宣告理由并进行具体的说明。曹忠泉在无效宣告程序中以合并方式修改了权利要求，精凯公司提出使用附件5－1评价修改后的权利要求2的创造性属于在专利复审委员会规定期限内增加的无效理由，且在口头审理中曹忠泉针对该项无效理由充分陈述了意见并表示不再补充书面意见。因此，专利复审委员会在程序上和实体上充分保障了专利权人与无效请求人双方的权利，并无违法之处。虽然本专利与附件5－1应用的机械设备不同，但均涉及机械设备中齿轮组保油润滑问题，属于相同的技术领域。专利复审委员会及一审法院认定附件5－1中护罩200就相当于本专利权利要求1中的“档油围壁”是正确的。附件5－1的齿轮146就相当于本专利权利要求1中“档油围壁”内的“中间齿轮”；齿轮160就相当于权利要求1中“档油围壁”内的“斜齿轮”；附件5－1圆柱形部件200B的上顶点和后圆弧片200C的上顶点之间存在的开口就相当于本专利权利要求1中的缺口。本专利权利要求1的技术方案与附件5－1在齿轮传动方式上存在不同，但二者的齿轮传动方式均是所属技术领域中的惯用技术手段。因此，将附件5－1绕线机中齿轮组保油润滑的技术应用于裁剪机磨刀机构中从而得到本专利权利要求1的技术方案，对所属领域的技术人员来说是容易想到的。本专利权利要求1相对于附件5－1不具备创造性。本专利权利要求2进一步限定了围壁（4）与斜齿轮机闸（8）或磨刀机闸（1）制成一体。附件5－1公开了将护罩200适宜且严格地与基架支撑物198固定起来的内容，给出了将相当于围壁的护罩与支撑物相固定的技术启示，而制成一体技术属于本领域的公知常识，所属领域技术人员将二者相结合，容易得到本专利权利要求2的技术方案。因此，在本专利权利要求1不具备创造性的基础上，本专利权利要求2也不具备创造性。本专利权利要求3的附加技术特征进一步限定了围壁外的传动齿轮位置上设置弧形盖板，主要作用是与围壁相互配合，将飞溅的润滑油保留在斜齿轮周围。附件5－1的挡板206位于齿轮组和带有螺纹的螺杆上方，其与相当于“档油围壁”的护罩200相互配合同样也可以起到将润滑油保持在齿轮周围的作用。因此，附件 5 – 1 已经公开了本专利权利要求 3 的附加技术特征，在本专利权利要求 1 不具备创造性的基础上，本专利权利要求 3 也不具备创造性。综上，曹忠泉的上诉理由缺乏事实和法律依据，一审判决认定事实清楚，适用法律正确。据此判决：驳回上诉，维持原判。一、二审案件受理费各 100 元，由曹忠泉负担。

曹忠泉申请再审称：1. 精凯公司于 2009 年 2 月 25 日口头审理时当庭提交了意见陈述书，并声明撤回于 2009 年 2 月 9 日寄出的意见陈述书。附件 5 – 1 等作为 2 月 9 日意见陈述书不可分割的组成部分，应视为一并撤回，由此附件 5 – 1 应为口头审理日当庭提交，已经超出了法律规定的举证期限。2. 精凯公司于 2008 年 12 月 29 日提交的附件 5 – 1 的译本为 12 页，而专利复审委员会采用的是 7 页译本，该译本有多处修改，尤其将原译文“护罩 200 也有一通用的圆柱形后方象限器 200C”改为“护罩 200 也有一通用的圆柱形向后的圆弧片 200C”，这种翻译不准确，却被第 13216 号决定和一、二审判决书所认定。3.《审查指南》关于创造性判断方法的技术启示要求对比文件披露的技术手段与区别特征所起的作用相同，否则不能认为具有技术启示。本专利权利要求 1 的特征部分是，“在斜齿轮位置（2）和中间齿轮位置（3）的周围位置设有档油围壁（4）”，其作用是将润滑油保持在斜齿轮组的周围，防止裁剪的布料被污染。附件 5 – 1 中具有上下敞开的护罩 200，将润滑油自底部的机油箱 162 喷洒到护罩 200 外的上方，起“送”的作用，而不是将润滑油保留在护罩 200 内部。因此，二者的作用正好相反。本专利修改后的权利要求 3 的特征部分是“围壁（6）外的传动齿轮位置（5）上设置弧形盖板（7）”，其作用是将润滑油直接保持在传动齿轮周围；附件 5 – 1 中挡板 206 的作用是接收自下而上喷洒上来的润滑油并输送到其他需要润滑的部件，起“接收”的作用，二者的作用也正好相反，故不能认定具有技术启示。专利复审委员会在第 13216 号决定中所认定的本专利与附件 5 – 1 的两点区别特征是错误的，这两点区别特征在无效程序中均未提及，也没有进行听证。本专利和附件 5 – 1 与解决技术问题紧密相关的区别特征是，权利要求 1 中将齿轮组包围的“围壁”和附件 5 – 1 中在齿轮组两侧设置的“护罩 200A、200B 和 200C”。第 13216 号决定认定本专利与对比文件“二者均涉及齿轮组保油润滑的问题”和“将润滑油保持在齿轮组周围的作用，就相当于权利要求 1 中的档油围壁”，显然与事实不符，附件 5 – 1 中的“护罩 200”与本专利的“围壁”不同，“挡板 206”也不同于本专利的“弧形盖板”。附件 5 – 1 国际分类号是 B65H，而本专利的国际分类号是 D06H 和 F16N，二者显然不是相近或相关的技术领域。但专利复审委员会不顾是否存在技术启示，仅强调两者“均是机械设备”就予以认定，显然有违于《审查指南》的有关规定以及专利法第二十二条第三款关于实用新型专利创造性标准应当低于发明专利创造性标准的立法本意。综上，曹忠泉请求撤销一、二审判决和第 13216 号决定。

被申请人专利复审委员会辩称：曹忠泉对附件 5 -1 的真实性以及中文译文的准确性均无异议，因此该附件可以作为评价本专利权利要求新颖性或创造性的现有技术使用。将本专利权利要求 1 与附件 5 -1 进行对比分析可知，权利要求 1 相对于附件 5 -1 不具备实质性特点和进步，不符合专利法第二十二条第三款的规定。第 13216 号决定对于“档油围壁”和“弧形盖板”的认定是客观的。虽然本专利与附件 5 -1 的分类号不同，但二者均是机械设备，均涉及齿轮组保油润滑问题，二者解决的技术问题是相同的，故属于相同的技术领域。对曹忠泉在再审申请书中指出的问题，专利复审委员会不予认同，并坚持第 13216 号决定中的观点。

一审第三人精凯公司称，其提交的证据没有超出规定的期限，同意专利复审委员会的答辩意见。

本院再审查明：一审和二审法院查明的事实属实。另查明，精凯公司于 2008 年 12 月 26 日提交了意见陈述书并提交包括附件 5 -1 在内的证据。精凯公司在 2009 年 2 月 9 日的意见陈述书中明确将之前提交的附件 5 -1 作为对比文件。2009 年 2 月 25 日口头审理时，精凯公司当庭提交了意见陈述书，在该意见陈述书中，精凯公司声明撤回其于 2009 年 2 月 9 日提交的意见陈述书，但没有撤回附件 5 -1。专利复审委员会提交的口头审理记录表记载，曹忠泉在口头审理时的发言中提到附件 5 -1 中文译文第 6 页倒数第 2 段第 6 行相关内容，该内容与附件 5 -1 的 7 页中文译本相符。

本专利说明书在“发明内容”中载明：“本实用新型由于在斜齿轮组的周围设置了围壁，将飞溅的润滑油保留在斜齿轮的周围，使斜齿轮组保持了良好的润滑，磨刀噪音明显降低，同时降低了能源损耗，延长斜齿轮的使用寿命，还可防止被裁剪的布料被污染。”在“具体实施方式”中载明：“为了防止传动杆齿轮将围壁内的润滑油甩出，在该齿轮位置 5 处上方设置一弧面盖板 7”。

本院再审认为：本案争议的焦点问题是，精凯公司提交附件 5 -1 是否超出法律规定的举证期限；附件 5 -1 的译本提交问题；本专利与附件 5 -1 相比是否具有创造性。对此，分析如下：

（一）关于精凯公司提交附件5－1是否超出法律规定的举证期限

根据2002年修订的《中华人民共和国专利法实施细则》（以下简称专利法实施细则）第六十六条的规定，在专利复审委员会受理无效宣告请求后，请求人可以在提出无效宣告请求之日起1个月内增加理由或者补充证据。逾期增加理由或者补充证据的，专利复审委员会可不予考虑。本案中，精凯公司在专利复审委员会受理无效宣告请求后1个月内补充提交了附件5－1，符合法律规定。虽然精凯公司在口头审理时提交的意见陈述书中声明撤回其于2009年2月9日提交的意见陈述书，但该声明仅表示其撤回相关的意见陈述，并不代表对作为该意见陈述对比文件的附件5－1也一并撤回，精凯公司也没有必要在口头审理当庭撤回又重新提交附件5－1，而且精凯公司一直将附件5－1作为对比文件，曹忠泉也针对该对比文件多次陈述了意见。因此，曹忠泉关于附件5－1应视为与意见陈述书一并撤回，精凯公司在口头审理时当庭提交附件5－1已经超出法律规定的举证期限的主张，没有事实和法律依据，本院不予支持。

（二）关于附件5－1译本的提交问题

曹忠泉主张精凯公司于2008年12月29日提交的附件5－1的译本为12页，而专利复审委员会采用的是被修改的7页译本，该译本有多处修改且不准确。本院认为，本案的对比文件是附件5－1而非其译文，对于附件5－1的真实性曹忠泉并无异议。因此，附件5－1公开的内容是客观存在的，并不因译文的改变而改变。曹忠泉所指出的两译本差异之处仅为用语不同，对于实质内容并无影响；且专利复审委员会口头审理记录记载，双方当事人在口头审理时所使用的附件5－1的译本即为7页译本，曹忠泉明确表示对该译文的准确性没有异议，并针对7页译本进行了发言。因此，专利复审委员会在7页译本基础上描述附件5－1公开的内容，并无不妥。

（三）关于本专利的创造性

创造性是发明创造的本质特性，是对发明创造相较于现有技术的创新高度要求。我国专利法对实用新型创造性的要求是同申请日以前已有的技术相比，具有实质性特点和进步。在评价发明创造是否具备创造性时，不仅要考虑发明创造的技术方案本身，还要考虑发明创造所属的技术领域、所解决的技术问题和所产生的技术效果，将其作为一个整体看待，即应从发明创造的技术原理、技术构思、技术效果等方面综合认定。

1. 关于技术领域。曹忠泉主张本专利与附件5－1的国际分类号不同，二者既不是相同的技术领域，也不是相近或相关的技术领域，因此附件5－1不能作为评判本专利创造性的对比文件使用。本院认为，技术领域是要求保护的发明或者实用新型所属或者应用的具体技术领域，不是上位的或者相邻的技术领域，也不是发明或者实用新型本身。确定发明或者实用新型所属的技术领域，应当以权利要求所限定的内容为准，一般根据专利的主题名称，结合技术方案所实现的技术功能、用途加以确定。附件 5－1 公开的技术内容涉及绕线机润滑系统的润滑问题，本专利的技术方案是要解决裁剪机斜齿轮组的保油润滑问题。虽然绕线机属于纺织机械，裁剪机属于服装机械，二者在应用环境上有区别，但本专利和对比文件的技术方案均涉及机械系统的润滑问题，属于相同的技术领域。因此，专利复审委员会将附件 5－1 作为判断本专利创造性的对比文件，并无不妥。

2. 关于技术特征。本专利为一种裁剪机磨刀机构中斜齿轮组的保油装置，根据本专利权利要求书和说明书，为了实现其发明目的，本专利在斜齿轮位置和中间齿轮位置的周围设置了档油围壁，将飞溅的润滑油保留在斜齿轮的周围；在围壁外的传动齿轮位置上设置了弧形盖板，防止围壁内的润滑油甩出。从附件 5－1 所公开的润滑系统的技术特征来看，其与本专利实际要解决的技术问题和所产生的技术效果并不相同。附件 5－1 中由抛油环 160，齿轮 146、150，护罩 200 以及挡板 206 等构成的润滑系统的主要作用是从机油箱 162 获取润滑油，并将润滑油输送到需要润滑的部件，设置护罩 200 的直接向前部分 200A、圆柱形部件 200B、后圆弧片 200C 以及挡板 206 的主要目的就是为上述技术功能服务的。为此，护罩 200 设置了进油口，以从机油箱获取润滑油，挡板 206 设置了出入口 204，以接收润滑油。由于本专利与附件 5－1 所要解决的技术问题并不相同，因此所达到的技术效果也不同，本专利的技术特征所达到的技术效果是将润滑油保持在齿轮周围不外漏，实现齿轮的良好润滑和防止润滑油污染布料；护罩 200 和挡板 206 所起到的技术效果是将润滑油输送出去，而不是保持在齿轮周围不外漏。

3. 关于技术启示。附件 5－1 公开的润滑系统的技术方案所要解决的主要技术问题是有效输送润滑油，以实现对绕线机的内部构件进行润滑，而不是防止润滑油飞溅污染布料。对于本领域技术人员来讲，在看到附件 5－1 所公开的技术方案基础上，无动机将其润滑系统中的护罩 200 和挡板 206 的技术特征加以改进后，应用到裁剪机磨刀机构中，以解决本专利所要解决的防止润滑油飞溅，将润滑油保持在斜齿轮周围的技术问题。因此，附件 5－1 对于本领域技术人员来讲，不存在促使其获得本专利所请求保护的技术方案和技术效果的技术启示。

综上，本专利权利要求 1 请求保护的技术方案相对于对比文件附件 5－1 是非显而易见的，具有实质性特点和进步，具备专利法第二十二条第三款规定的创造性。由于本专利权利要求1具备创造性，其从属权利要求2、3亦具备创造性。原一、二审判决认定本专利相对于附件5－1没有创造性，从而维持专利复审委员会第13216号决定，适用法律错误，应予纠正。

根据《中华人民共和国行政诉讼法》第五十四条第（二）项的规定，人民法院在判决撤销或者部分撤销被诉具体行政行为时，可以判决被告重新作出具体行政行为，但是否判决被告重新作出具体行政行为要视案件的具体情况而定。人民法院在审查专利复审委员会作出的无效宣告请求审查决定时，对于专利复审委员会认为专利权有效，而人民法院认为专利权无效的情况，在判决撤销被诉决定的同时，应一并判决专利复审委员会重新作出决定；对于专利复审委员会认为专利权无效的，人民法院在判决撤销被诉决定时，是否一并判决专利复审委员会重新作出决定，要区分如下两种情况：专利复审委员会针对无效宣告请求人所提出的无效理由和证据全部作出评述，而人民法院认为专利权有效的，不必再判决专利复审委员会重新作出决定；专利复审委员会没有对无效宣告请求人所提出的无效理由和证据全部作出评述，而依据部分理由及相应证据作出的无效决定不能成立的，人民法院应一并判决专利复审委员会针对无效宣告请求人所提出的其他无效理由和证据重新作出决定。本案中，精凯公司针对本专利向专利复审委员会提出的无效理由是，本专利权利要求1、2、3不符合专利法第二十二条第二款、第三款，第二十六条第三款、第四款，专利法实施细则第二十条第一款的规定；权利要求3不符合专利法实施细则第二十一条第三款的规定。精凯公司还提交了包括附件5－1在内的多份对比文件来评价本专利权利要求的新颖性和创造性。专利复审委员会在作出第13216号决定时，是依据附件5－1对本专利权利要求作出没有创造性的评价，并据此宣告本专利权全部无效的，对于精凯公司提出的其他无效理由和证据没有作出评述。有鉴于此，在本院判决撤销专利复审委员会作出的第13216号决定后，专利复审委员会应针对精凯公司提出的其他无效理由和证据重新作出决定。故此，依照《中华人民共和国行政诉讼法》第五十四条第（二）项，《最高人民法院关于执行〈中华人民共和国行政诉讼法〉若干问题的解释》第七十六条第一款、第七十八条的规定，判决如下：

一、撤销北京市高级人民法院（2010）高行终字第634号行政判决、北京市第一中级人民法院（2009）一中行初字第1326号行政判决；

二、撤销国家知识产权局专利复审委员会第13216号无效宣告请求审查决定；

三、国家知识产权局专利复审委员会针对上海精凯服装机械有限公司对曹忠泉第200520014575.5号实用新型专利提出的其他无效理由和证据重新作出决定。

原一、二审案件受理费各100元，共计200元，由国家知识产权局专利复审委员会负担（于本判决生效后七日内交纳）。

本判决为终审判决。

审　判　长　王永昌
代理审判员　宋淑华
代理审判员　李　剑
二〇一二年五月三日
书　记　员　周睿隽

176. 人民法院可判决部分撤销专利无效行政决定

——再审申请人传感电子有限责任公司与被申请人国家知识产权局专利复审委员会、一审第三人宁波讯强电子科技有限公司发明专利权无效行政纠纷案

【裁判要旨】

被诉专利无效决定的相关认定可以区分处理的，人民法院可部分撤销无效决定中认定错误的部分。

【关键词】

发明专利　无效程序　无效决定　部分撤销

【案号】

最高人民法院（2016）最高法行再19号

【基本案情】

在再审申请人传感电子有限责任公司（以下简称传感电子公司）与被申请人国家知识产权局专利复审委员会（以下简称专利复审委员会）、一审第三人宁波讯强电子科技有限公司（以下简称讯强公司）发明专利权无效行政纠纷案（以下

简称“电子货品监视用标识器”发明专利权无效行政纠纷案）中，涉及专利号为97197519.1、名称为“具有低矫顽磁力特性的偏磁元件的磁力式电子货品监视用标识器”的发明专利（即涉案专利），其包括47项权利要求，传感电子公司为专利权人。针对涉案专利，讯强公司以全部权利要求均未能以说明书为依据，不符合专利法第二十六条第四款的规定等为由，向专利复审委员会提出无效宣告请求。专利复审委员会作出第18161号无效宣告请求审查决定（以下简称被诉决定）。被诉决定认定：涉案专利权利要求1~4、6、7、9~12、14~18、20~26、29、30、34、35、37~42、44、46、47未能以说明书为依据，不符合专利法第二十六条第四款的规定，故宣告所述权利要求无效。讯强公司关于权利要求5、8、13、19、27、28、31~33、36、43、45未能以说明书为依据，不符合专利法第二十六条第四款规定的无效理由不能成立，故在所述权利要求的基础上维持专利权继续有效。讯强公司未就被诉决定提起行政诉讼。传感电子公司不服被诉决定，提起行政诉讼。北京市第一中级人民法院一审判决维持被诉决定。传感电子公司不服，提起上诉。北京市高级人民法院二审判决驳回上诉，维持原判。传感电子公司不服，向最高人民法院申请再审。最高人民法院裁定提审本案，并于2017年3月23日判决撤销一、二审判决；部分撤销被诉决定中有关权利要求5、8、13、19、27、28、32、36、43和45符合专利法第二十六条第四款规定，维持所述权利要求有效的认定，由专利复审委员会就所述权利要求是否符合专利法第二十六条第四款的规定重新作出审查决定。

【裁判意见】

在本案中，最高人民法院还就发明专利无效行政纠纷案件中的判决方式问题作出了改进。最高人民法院提审认为，行政诉讼法第七十条规定：“行政行为有下列情形之一的，人民法院判决撤销或者部分撤销，并可以判决被告重新作出行政行为：……”根据该规定，在被诉决定中的各项认定属于可以区分的情况下，人民法院可以依法判决部分撤销被诉决定中的有关认定。本案中，被诉决定对权利要求1~47是否符合专利法的有关规定分别作出认定。由于每一项权利要求是一项独立的技术方案，其单独限定保护范围，也可以单独用于主张专利权的保护，或者单独被宣告无效，故被诉决定中关于各项权利要求的合法性的认定是可以区分的。此外，被诉决定中涉及专利法第二十二条第三款，第二十六条第三款、第四款，第三十三条等不同法律规定，被诉决定就相关权利要求是否符合所述法律规定也是分别作出认定，故被诉决定中关于各个法律规定的认定亦属于可以区分的情形。综上，本案可区分不同权利要求以及不同的法律规定，对被诉决定中的相关认定分别审理并作出认定，部分撤销被诉决定中认定错误的部分。由此可以避免不加区分地一并撤销被诉决定，使得已经由被诉决定宣告无效的权利要求又回复为有效状态，对既已稳定的权利义务关系和社会公众的合理信赖造成损害。由此也可避免不必要地增加专利复审委员会重新作出审查决定时的行政成本，避免循环诉讼。关于本案的47项权利要求。第一，关于权利要求1～4、6、7、9～12、14～18、20～26、29、30、34、35、37～42、44、46～47，被诉决定认定所述权利要求未能以说明书为依据，不符合专利法第二十六条第四款规定，宣告所述权利要求无效的认定正确，对于传感电子公司的相关申请再审理由不予支持。第二，关于权利要求31、33，被诉决定认定该两项权利要求符合专利法第二十六条第四款规定，维持该两项权利要求有效的认定正确。第三，关于权利要求5、8、13、19、27、28、32、36、43和45，被诉决定认定所述权利要求符合专利法第二十六条第四款规定，维持所述权利要求有效的认定错误，对被诉决定中的该部分认定应予部分撤销，由专利复审委员会针对所述权利要求是否符合专利法第二十六条第四款的规定另行作出审查决定。

中华人民共和国最高人民法院行政判决书

（2016）最高法行再19号①

177. 当事人恒定原则可以适用于专利无效宣告行政程序

——再审申请人斯特普尔斯公司与被申请人罗世凯、一审被告国家知识产权局专利复审委员会外观设计专利权无效行政纠纷案

【裁判要旨】

在行政诉讼程序中，人民法院受理相关诉讼后，为保证诉讼程序的稳定和避免诉讼不确定状态的发生，当事人的主体资格不因有关诉讼标的的法律关系随后发生变化而丧失。专利无效宣告行政程序属于准司法程序，当事人恒定原则对于该程序亦有参

---

① 参见案例112裁判文书。

照借鉴意义。对于无效宣告行政程序启动时符合资格条件的请求人，即便随后有关诉讼标的的法律关系发生变化，其亦不因此当然丧失主体资格。

【关键词】

外观设计专利　无效程序　当事人恒定原则　主体资格

【案号】

最高人民法院（2017）最高法行申8622号

【基本案情】

在本案中，专利号为200830102005.0、名称为“碎纸机（HC0802）”的外观设计专利（即本案专利），申请日为2008年2月22日，授权公告日为2009年8月5日，专利权人为罗世凯。2012年5月25日，斯特普尔斯公司以本案专利与其在先著作权相冲突为由，请求宣告本案专利无效。2013年4月2日，国家知识产权局专利复审委员会（以下简称专利复审委员会）作出第20813号无效宣告请求审查决定认为，本案专利与斯特普尔斯公司取得的合法有效的在先著作权相冲突，不符合专利法第二十三条的规定。罗世凯不服，提起行政诉讼。北京市第一中级人民法院一审认为，斯特普尔斯公司提交的证据不足以证明其享有在先著作权，亦无法证明本案专利与其在先取得的著作权相冲突。专利复审委员会宣告本案专利全部无效结论错误，应予撤销。斯特普尔斯公司不服，提起上诉。二审法院查明，斯特普尔斯公司主张其享有在先著作权的作品已于2012年11月20日转让给案外人铁志公司。北京市高级人民法院二审认为，当请求人以外观设计专利权与他人在先取得的合法权利相冲突为由，提起无效宣告请求时，该请求人主体资格应限定为权利人或利害关系人。根据在案证据，无论是基于斯特普尔斯公司所主张的在先著作权已经转让的事实，或是该公司所提交的相关证据存在前后矛盾的情形，均不足以证明斯特普尔斯公司为其所主张的在先著作权的权利人或利害关系人，故斯特普尔斯公司所提无效宣告请求缺乏事实和法律依据。遂判决驳回上诉、维持原判。斯特普尔斯公司不服，向最高人民法院申请再审。最高人民法院于2017年12月25日裁定指令北京市高级人民法院再审本案。

【裁判意见】

在本案中，最高人民法院还对无效宣告行政程序启动时符合资格条件的请求人是否因有关诉讼标的的法律关系发生变化而丧失资格的问题表明了态度。最高人民法院审查认为，《最高人民法院关于适用〈中华人民共和国民事诉讼法〉的解释》第二百四十九条第一款规定："在诉讼中，争议的民事权利义务转移的，不影响当事人的诉讼主体资格和诉讼地位。人民法院作出的发生法律效力的判决、裁定对受让人具有拘束力。"该规定体现了民事诉讼中的当事人恒定原则，该原则和精神对于行政诉讼亦有参照作用。根据该原则和精神，在行政诉讼程序中，人民法院受理相关诉讼后，为保证诉讼程序的稳定和避免诉讼不确定状态的发生，当事人的主体资格不因有关诉讼标的的法律关系随后发生变化而丧失。相反，如果允许当事人的主体资格因随后有关诉讼标的的法律关系发生变化而丧失，导致已经进行的行政诉讼程序归于无效，将对程序的稳定性和结果的确定性产生严重的不利影响，造成司法资源的浪费。同时，有关诉讼标的的法律关系发生变化后，新权利人的利益可以通过程序设计予以保障。例如，新权利人可以申请替代原当事人承担诉讼，人民法院根据案件具体情况决定是否准许。人民法院予以准许的，原当事人已经完成的诉讼行为对新权利人具有拘束力。对于专利无效宣告行政程序而言，其具有双方当事人参与和专利复审委员会原则上居中裁决的特点，属于准司法程序。当事人恒定原则对于该程序亦有参照借鉴意义。否则，同样可能导致专利无效宣告行政程序的不稳定及行政资源的浪费。因此，对于无效宣告行政程序启动时符合资格条件的请求人，即便随后有关诉讼标的的法律关系发生变化，其亦不因此当然丧失主体资格。本案中，假定斯特普尔斯公司在提出无效宣告请求时确实是涉案作品的著作权人或者利害关系人，即便其随后将该作品著作权转让给案外人，亦不会因此而丧失以权利冲突为由提出无效宣告请求的请求人主体资格。二审判决以斯特普尔斯公司所主张的涉案著作权已经转让为由，否定斯特普尔斯公司以涉案外观设计专利与其在先著作权相冲突为由提出无效宣告请求的请求人资格，适用法律错误，应予纠正。

中华人民共和国最高人民法院行政裁定书

（2017）最高法行申 8622 号

再审申请人（一审第三人、二审上诉人）：斯特普尔斯公司。住所地：美利坚合众国马萨诸塞州弗雷明汉斯特普尔斯街500号。

法定代表人：ErichG. Rhynhart，该公司高级顾问。

委托诉讼代理人：刘军，广东君之泉律师事务所律师。

被申请人（一审原告、二审被上诉人）：罗世凯，茂新五金制品（深圳）有限公司总经理。

委托诉讼代理人：张柳坚，北京市金杜（深圳）律师事务所律师。

一审被告：国家知识产权局专利复审委员会。住所地：中华人民共和国北京市海淀区北四环西路9号银谷大厦10～12层。

法定代表人：葛树，该委员会副主任。

委托诉讼代理人：杨凤云，该委员会审查员。

委托诉讼代理人：刘新蕾，该委员会审查员。

再审申请人斯特普尔斯公司因与被申请人罗世凯、一审被告国家知识产权局专利复审委员会（以下简称专利复审委员会）外观设计专利权无效行政纠纷一案，不服北京市高级人民法院（2016）京行终2901号行政判决，向本院申请再审。本院依法组成合议庭进行了审查，现已审查终结。

斯特普尔斯公司申请再审称，（一）二审判决适用法律错误。1. 关于专利无效宣告程序的请求人主体资格，历版《中华人民共和国专利法》未作限制，均规定为“任何单位或个人”。二审法院在其判决中认为请求人主体资格应限定为权利人或利害关系人，明显违反法律规定，属于变相造法，理应由最高司法机关予以明确此类重大法律适用问题。2. 2010年修订的《中华人民共和国专利法实施细则》第六十六条的规定是专利复审委会受理案件时对证据的要求，而非对请求人主体资格的限定。二审判决错误依据该条认为请求人应限定为权利人或利害关系人，属于适用法律错误。（二）二审法院在本案中的观点与其在先判决的观点不同，自相矛盾。二审法院在在先生效判决中认为，2000年修正的《中华人民共和国专利法》（以下简称专利法）第四十五条并未对提出无效宣告请求的主体资格作出限制性规定，并据此推翻专利复审委员会基于请求人主体资格限于权利人或利害关系人而作出的无效宣告请求审查决定。该院在本案中作出相反认定，认为该请求人主体资格应当受到限制，限定为权利人或利害关系人。在法律没有任何修改或调整的情况下，二审法院在相隔不到二年的时间里先后作出两个观点完全相反的生效判决，有违其先例，令公众无所适从。（三）斯特普尔斯公司属于以涉案外观设计专利与在先合法权利相冲突为由提出无效宣告请求的特定请求人主体，一、二审判决认定事实错误。即便二审判决关于请求人主体资格应限定为权利人或利害关系人的认定正确，斯特普尔斯公司也属于权利人或利害关系人。1. 斯特普尔斯公司在提起无效宣告请求时是在先作品的著作权人，专利复审委员会第20813号无效宣告请求审查决定（以下简称被诉决定）已有明确认定。因此，请求人主体资格问题应以斯特普尔斯公司提出无效宣告请求时的权利状态为准。

2. 在专利无效宣告请求审查过程中，斯特普尔斯公司将其著作权转让给他人，并不意味着将无效宣告请求主体资格也一并转让。3. 即便斯特普尔斯公司在权利转让之后不是纯正意义上的著作权人，其对转让后的著作权承担权利瑕疵担保责任，依然与现著作权人存在利害关系，因而属于与现著作权人有密切关系的利害关系人。一、二审判决事实认定错误。综上，请求本院撤销一、二审判决，维持专利复审委员会被诉决定。

罗世凯提交意见称，专利复审委员会受理本案时，斯特普尔斯公司是适格的无效宣告请求人，但其在无效宣告行政程序中将涉案著作权转让给案外人。专利复审委员会未考虑新权利人的意愿，仅依据斯特普尔斯公司的无效宣告请求就作出被诉决定，这种做法是错误的，二审法院对此认定正确。斯特普尔斯公司提交的证据不足以证明其是在先著作权人或利害关系人。请求本院驳回斯特普尔斯公司的再审申请。

专利复审委员会提交意见称，根据斯特普尔斯公司在无效宣告行政程序阶段提交的证据，可以依法认定斯特普尔斯公司在提出无效请求时拥有在先合法有效的著作权，涉案外观设计专利与在先著作权相冲突，不符合专利法第二十三条的规定。二审判决认定事实不清，适用法律法规错误。请求本院撤销二审判决，维持被诉决定。

本院经审查认为，本案适用2000年修正的专利法。根据再审申请人的申请再审理由、被申请人答辩及本案案情，本案在再审审查阶段的焦点问题是：以外观设计专利权与他人在先取得的合法权利相冲突为由提起无效宣告请求的请求人资格问题；无效宣告行政程序启动时符合资格条件的请求人是否因有关诉讼标的的法律关系发生变化而丧失资格；二审判决关于斯特普尔斯公司并非涉案作品著作权人或者利害关系人的事实认定是否正确。

（一）以外观设计专利权与他人在先取得的合法权利相冲突为由提起无效宣告请求的请求人资格问题

专利法第四十五条规定：“自国务院专利行政部门公告授予专利权之日起，任何单位或者个人认为该专利权的授予不符合本法有关规定的，可以请求专利复审委员会宣告该专利权无效。”从该条规定的文义来看，其未对提出无效宣告请求的主体范围作出限制。尽管如此，如果法律条文的字面含义涵盖过宽，在特定情形下依其字面解释将导致与被规范的客体本质、立法目的、法律秩序效果等无法协调并造成明显不当的法律效果时，可以在特定情形下对法律条文的字面含义予以限缩解释，自是法理之必然。本案中，无效宣告请求人以专利法第二十三条关于授予专利权的外观设计不得与他人在先取得的合法权利相冲突为由提出无效请求，对于依据该特定无效理由提出无效宣告的请求人资格问题，本院从被规范的客体本质、立法目的以及法律秩序效果等方面分析如下：

首先，关于被规范的客体本质。无效宣告请求人依据专利法第四十五条提出无效宣告请求时，根据专利法关于专利权授予条件的相关规定，其据以主张的无效理由可以大致分为两类：一是有关可专利性、新颖性、创造性、实用性、充分公开、权利要求得到说明书支持等专利授权实质条件的无效理由；二是有关外观设计专利权与他人在先合法权利冲突的无效理由。由于不同类型无效理由的本质属性存在差异，当专利法第四十五条关于请求人主体范围的规定适用于上述不同类型的无效理由时，其请求人主体资格问题与无效理由本质属性密切相关。专利申请被授权后，专利权人将获得在一定期间内排他性实施该专利的独占权。为保证被授权的专利值得获得这种保护，要求该专利真正符合新颖性、创造性、实用性等专利实质条件，以使其获得的保护与其贡献相匹配。任何不符合专利实质条件的专利申请的授权，均将不当限制社会公众的自由利用与创新。为此，专利法设置了无效宣告制度，意在借助公众的力量，发现和清除不当授予的专利权，以维护有利于创新的公共空间。同时，对于社会公众而言，其亦有能力和机会获得有关可专利性、新颖性、创造性、实用性、充分公开、权利要求得到说明书支持等专利授权实质条件的证据材料，对此并不存在实际障碍。因此，有关专利授权实质条件的前述第一类无效理由属于专利无效的绝对理由，任何人均可主张。对于外观设计专利权而言，其有关新颖性和区别性的无效理由，同样属于任何人均可主张的绝对理由。与第一类无效理由不同，有关外观设计专利权与他人在先合法权利冲突的第二类无效理由具有自身特殊的属性。如果外观设计专利权与他人在先合法权利冲突，直接影响的仅仅是在先合法权益，与公共利益无涉。同时，在实践操作层面上，证明外观设计专利权与他人在先合法权利相冲突的证据通常只有在先权利的权利人或者利害关系人才能掌握，他人难以获知。因此，关于外观设计专利权与他人在先合法权利冲突的无效理由属于相对无效理由，通常只能由在先权利的权利人或者利害关系人主张。主张该无效理由的请求人主体资格受到相对无效理由本质属性的天然限制。

其次，关于专利法第二十三条有关权利冲突规定的立法目的。“授予专利权的外观设计不得与他人在先取得的合法权利相冲突”这一规定系专利法第二次修正时加入，其目的在于解决实践中出现的外观设计专利申请人未经许可将他人享有权利的客体结合自己的产品申请外观设计专利的问题，为在先权利人请求宣告相应外观设计专利无效提供法律依据。因此，该规定的立法目的本身即为维护在先权利。基于该立法目的，自应由权利人或者利害关系人提出该无效主张。与专利法相配套的《中华人民共和国专利法实施细则》（以下简称实施细则）① 第六十五条第三款规定："以授予专利权的外观设计与他人在先取得的合法权利相冲突为理由请求宣告外观设计专利权无效，但是未提交生效的能够证明权利冲突的处理决定或者判决的，专利复审委员会不予受理。"实施细则的上述规定从证据条件的角度规定了以权利冲突为由提出的无效宣告请求的受理条件，从操作层面实质上限制了以权利冲突为由提出的无效宣告的请求人资格，即是在实践层面对上述立法目的的贯彻实施。

最后，关于法律秩序效果。如果任何人均可主张外观设计专利权与他人在先合法权利冲突的无效理由，可能会在法律秩序上造成不良效果。允许任何人均可以外观设计专利权与他人在先合法权利冲突为由提出无效宣告请求，不可避免地会造成违背在先权利人意志的窘境。还应注意的是，外观设计专利权与他人在先合法权利冲突的本质在于外观设计专利权的实施将侵害他人在先权利，该冲突状态将因外观设计专利人获得在先权利人的许可或者同意而消除。因此，在先权利人及其利害关系人之外的社会公众发动无效宣告程序后，其后的行政程序和行政诉讼程序均可能因权利冲突状态的消除而随时归于无效，造成行政和司法资源的浪费。相反，如果仅允许在先权利人及其利害关系人主张权利冲突的无效理由，则可避免上述不良效果。

基于上述理由，当专利法第四十五条关于请求人主体范围的规定适用于有关外观设计专利权与他人在先合法权利冲突的无效理由时，无效宣告请求人的主体资格将因被规范的客体本质、立法目的以及法律秩序效果等而受到限制，原则上只有在先合法权利的权利人及其利害关系人才能主张。二审判决从外观设计专利保护客体的特殊性方面立论，理由虽欠妥当，但认定结论正确，本院予以确认。

（二）无效宣告行政程序启动时符合资格条件的请求人是否因有关诉讼标的的法律关系发生变化而丧失资格

《最高人民法院关于适用〈中华人民共和国民事诉讼法〉的解释》第二百四

① 编者注：本法专利法实施细则为2001年修正版，已于2010年修改。

十九条第一款规定："在诉讼中，争议的民事权利义务转移的，不影响当事人的诉讼主体资格和诉讼地位。人民法院作出的发生法律效力的判决、裁定对受让人具有拘束力。"该规定体现了民事诉讼中的当事人恒定原则，该原则和精神对于行政诉讼亦有参照作用。根据该原则和精神，在行政诉讼程序中，人民法院受理相关诉讼后，为保证诉讼程序的稳定和避免诉讼不确定状态的发生，当事人的主体资格不因有关诉讼标的的法律关系随后发生变化而丧失。相反，如果允许当事人的主体资格因随后有关诉讼标的的法律关系发生变化而丧失，导致已经进行的行政诉讼程序归于无效，将对程序的稳定性和结果的确定性产生严重的不利影响，造成司法资源的浪费。同时，有关诉讼标的的法律关系发生变化后，新权利人的利益可以通过程序设计予以保障。例如，新权利人可以申请替代原当事人承担诉讼，人民法院根据案件具体情况决定是否准许。人民法院予以准许的，原当事人已经完成的诉讼行为对新权利人具有拘束力。对于专利无效宣告行政程序而言，其具有双方当事人参与和专利复审委员会原则上居中裁决的特点，属于准司法程序。当事人恒定原则对于该程序亦有参照借鉴意义。否则，同样可能导致专利无效宣告行政程序的不稳定及行政资源的浪费。因此，对于无效宣告行政程序启动时符合资格条件的请求人，即便随后有关诉讼标的的法律关系发生变化，其亦不因此当然丧失主体资格。本案中，假定斯特普尔斯公司在提出无效宣告请求时确实是涉案作品的著作权人或者利害关系人，即便其随后将该作品著作权转让给案外人，亦不会因此而丧失以权利冲突为由提出无效宣告请求的请求人主体资格。二审判决以斯特普尔斯公司所主张的涉案著作权已经转让为由，否定斯特普尔斯公司以涉案外观设计专利与其在先著作权相冲突为由提出无效宣告请求的请求人资格，适用法律错误，应予纠正。

（三）二审判决关于斯特普尔斯公司并非涉案作品著作权人或者利害关系人的事实认定是否正确

本案中，二审判决以斯特普尔斯公司提交的证据 4 和证据 5 存在相互冲突、证明同一事实的证据 4、证据 5、证据 8 和证据 13 存在明显矛盾、证据 14 的电子邮件中提及与涉案外观设计专利型号相同的型号为由，否定斯特普尔斯公司系涉案作品著作权人或者利害关系人。对此，本院认为：

首先，关于证据审查判断的一般原则和方法。《最高人民法院关于行政诉讼证据若干问题的规定》第五十四条规定："法庭应当对经过庭审质证的证据和无须质证的证据进行逐一审查和对全部证据综合审查，遵循法官职业道德，运用逻辑推理和生活经验，进行全面、客观和公正地分析判断，确定证据材料与案件事实之间的证明关系，排除不具有关联性的证据材料，准确认定案件事实。”在涉案外观设计专利无效宣告行政程序中，斯特普尔斯公司提交了证据1～18，用以证明其享有在先合法有效的涉案著作权。专利复审委员会在综合认定证据6和证据14所证明的相关事实的基础上，结合证据4、证据5、证据13、相关证人出庭作证的证言以及证据1、证据3和证据12的声明书，认定斯特普尔斯公司系涉案作品著作权人。二审判决仅以部分证据存在矛盾和冲突为由，维持一审法院对相关证据的采信和事实认定结论，有违证据的综合审查认定原则。

其次，关于证据14的审查认定。二审判决确认一审判决对证据14不予采信的审查结果，其理由是该证据中显示生成时间为2007年11月2日的电子邮件提及了一年多以后才出现的机器型号，存在明显矛盾。这一认定隐含的逻辑前提在于，该机器型号客观上确实产生于涉案外观设计专利申请日2008年2月22日。事实上，本案没有相关证据能够证明这一逻辑前提成立。二审判决关于证据14的上述认定明显有误，应予纠正。

最后，关于证据6和证据14的审查认定。一审判决以证据6和证据14均载有“本公证书仅是对当事人现场操作电脑、打印页面过程的客观记载，未对邮件来源、真实性和上述保全证据行为以外的事实予以证明”的内容，认定上述公证书不能独立、当然地对其中所显示的电子邮件的来源和内容真实性予以证明。在审查判断以公证书形式固定的电子邮件等相关电子证据的真实性与证明力时，应综合考虑相关公证书的制作过程、该电子邮件的形成过程、电子邮件的自身内容等因素，结合案件其他证据，对其真实性和证明力作出判断。在审查证据的基础上，如果确信现有证据能够证明待证事实的存在具有高度可能性，对方当事人对相应证据的质疑或者提供的反证不足以实质削弱相关证据的证明力，不能影响相关证据的证明力达到高度盖然性的证明标准的，应该认定待证事实存在。一审判决仅以上述公证书对其自身证明对象的声明内容为依据，排除上述公证书的独立证明力，未结合该电子邮件的形成过程和内容以及其他证据进行审查判断，有失偏颇。同时，如前所述，二审判决对证据14中邮件内容的审查又存在明显错误。在此情况下，一、二审判决对于证据14和证据16的审查认定有所不当，本院特予指出。

综上，二审判决以涉案著作权已经转让为由否定斯特普尔斯公司提出无效宣告请求的请求人资格，适用法律错误；对相关证据的审查认定有违证据规则，应予纠正。本案应该在纠正上述法律适用错误的基础上，综合斯特普尔斯公司以及罗世凯提供的全部相关证据，对在案证据是否足以证明斯特普尔斯公司系涉案作品著作权人或者利害关系人以及被诉决定是否正确，重新作出审查认定。

斯特普尔斯公司的再审申请符合《中华人民共和国行政诉讼法》第九十一条规定的情形。依照《中华人民共和国行政诉讼法》第九十二条第二款和《最高人民法院关于执行〈中华人民共和国行政诉讼法〉若干问题的解释》第七十四条和第七十七条第二款之规定，裁定如下：

一、指令北京市高级人民法院再审本案；

二、再审期间，中止原判决的执行。

审　判　长　朱　理
审　判　员　毛立华
代理审判员　佟　姝
二〇一七年十二月二十五日
法官　助理　张　博
书　记　员　包　硕

178. 专利无效宣告行政程序中外文证据的中文译文

——再审申请人中兴通讯股份有限公司与被申请人国家知识产权局专利复审委员会、美商内数位科技公司发明专利权无效行政纠纷案

【裁判要旨】

在专利无效宣告程序中，对于外文证明文件并非一律需要单独提供中文译文，国务院专利行政部门可以根据具体情况决定是否有必要要求当事人提交中文译文。提交中文译文的必要性通常需要考量方便专利复审委员会和对方当事人理解证据内容、保证行政效率、保障和便利当事人行使发表意见的权利等因素，在特殊情况下无需单独提供中文译文。

【关键词】

发明专利　无效程序　外文证据　中文译文

【案号】

最高人民法院（2017）最高法行申4798号

【基本案情】

在本案中，美商内数位公司拥有专利号为03810259.5的发明专利（即涉案专利）。针对该专利，中兴公司向专利复审委员会提出无效宣告请求，并提交了相应的对比文件，包括附件3、附件6和附件7。其中，附件3为标题为"HS－SCCH：Performance results and improved structure"的3GPP草案，附件6和附件7为证明附件3的公开日期的文件，以上材料均为英文。中兴公司提交了附件3相应内容的中文译文。对于附件6和附件7，中兴公司用以证明附件3公开日期的内容仅为"Last modified 02－Apr－2002"这一英文短语。中兴公司在意见陈述书中指出，根据附件6可以确定，附件3的文件上传日期为2002年4月2日。在审查过程中，当事人就附件3中"Last modified"的中文译文达成了一致意见，即"最后修订日"。专利复审委员会认为，附件6和附件7可以证明附件3的最后修订日为2002年4月2日，结合3GPP网站的性质及附件3的压缩文件的特点，附件3的最后修订日可以作为专利法意义上的公开日，附件3可以作为现有技术评价涉案专利的创造性。据此，专利复审委员会作出第18492号无效宣告请求审查决定，认定涉案专利部分权利要求不具备创造性。美商内数位公司不服，提起行政诉讼。美商内数位公司主张，中兴公司未就附件6、7中"Last modified"进行翻译，上述证据不应被采信。北京市第一中级人民法院对美商内数位公司的上述主张不予支持。美商内数位公司不服，提起上诉。北京市高级人民法院认为，因中兴公司未提交附件6和附件7外文的中文译文，上述证据中的外文部分应当视为未提交，不能作为证据使用。中兴公司不服，向最高人民法院申请再审。最高人民法院于2017年12月27日作出裁定，指令北京高级人民法院再审本案。

【裁判意见】

最高人民法院审查认为：2010年修订的专利法实施细则第三条规定："依照专利法和本细则规定提交的各种证件和证明文件是外文的，国务院专利行政部门认为必要时，可以要求当事人在指定期限内附送中文译文；期满未附送的，视为未提交该证件和证明文件。"该规定明确了对于外文证明文件需要提交中文译文的条件、时限以及未在指定期限内提交的法律后果。根据上述规定，对于外文证明文件并非一律需要提供中文译文，国务院专利行政部门可以根据具体情况决定是否有必要要求当事人提交中文译文。在专利无效宣告程序中，提交中文译文的必要性通常是考量方便专利复审委员会和对方当事人理解证据内容、保证行政效率、保障和便利当事人行使发表意见的权利等因素的结果。因此，对于《专利审查指南》中有关“当事人提交外文证据的，应当提交中文译文，未在举证期限内提交中文译文的，该外文证据视为未提交”，以及“当事人应当以书面方式提交中文译文，未以书面方式提交中文译文的，该中文译文视为未提交”等规定，应理解为一种适用于一般情况的原则性规定，容许在特殊情况下存在例外。如果该外文证据内容短小，无效宣告程序的双方当事人对于相关外文的中文含义并无争议，专利复审委员会亦不认为有专门提供中文译文的必要，此时便存在无需单独提交中文译文的可能性。具体到本案，首先，本案事实上无需另行单独提交中文译文。在无效宣告程序中，各方当事人经协商对于该英文词组的中文含义已无异议，均认可其中文含义是“最后修订日期”，本案事实上已经不存在另行单独提交中文译文的必要。其次，中兴公司实际上已经对相关外文的中文含义进行了说明。中兴公司虽然未就附件6和附件7中“Last modified”一词提供单独的中文译文页，但其在无效宣告程序中已经通过意见陈述书、口头陈述等方式对“Last modified”一词的中文含义进行了解释和说明。最后，美商内数位公司在无效宣告程序中并没有对中兴公司未提交附件6和附件7的中文译文提出异议，上述异议系在行政诉讼程序中才首次提出，对此不宜给予支持和鼓励。二审法院以中兴公司未提交附件6和附件7的中文译文为由，认定上述证据中的外文部分应当视为未提交，不能作为证据使用，与专利法实施细则第三条规定的法律精神不符，应予纠正。

中华人民共和国最高人民法院行政裁定书

（2017）最高法行申4798号

再审申请人（一审第三人、二审上诉人）：中兴通讯股份有限公司。住所地：中华人民共和国广东省深圳市南山区高新技术产业园科技南路中兴通讯大厦。

法定代表人：殷一民，该公司董事长。

委托诉讼代理人：关刚，北京天达共和律师事务所律师。

委托诉讼代理人：时萧楠，北京天达共和律师事务所律师。

被申请人（一审原告、二审上诉人）：美商内数位科技公司（InterDigital Technology Corporation）。住所地：美利坚合众国特拉华州威林顿贝尔维尤公园路200号300室（200 Bellevue Parkway，Suite 300 Wilmington，DE19809，U. S. A.）。

法定代表人：劳伦斯·F. 谢伊（Lawrence F. Shay），该公司总裁。

委托诉讼代理人：廖婷婷，上海市方达律师事务所律师。

委托诉讼代理人：祁放，上海市方达（北京）律师事务所律师。

被申请人（一审被告、二审上诉人）：国家知识产权局专利复审委员会。住所地：中华人民共和国北京市海淀区北四环西路9号银谷大厦10-12层。

法定代表人：葛树，该委员会副主任。

委托诉讼代理人：刘宁，该委员会审查员。

委托诉讼代理人：朱明雅，该委员会审查员。

再审申请人中兴通讯股份有限公司（以下简称中兴公司）因与被申请人国家知识产权局专利复审委员会（以下简称专利复审委员会）、美商内数位科技公司（以下简称美商内数位公司）发明专利权无效行政纠纷一案，不服北京市高级人民法院（2013）高行终字第2290号行政判决书，向本院申请再审。本院依法组成合议庭进行了审查，现已审查终结。

中兴公司申请再审称，二审判决认定事实不清，适用法律错误。其主要理由为：（一）二审判决以证据未经翻译为由不予采信附件6和附件7，在此基础上认定附件3的公开日期无法确定，认定事实的证据不足，适用法律错误。1.《中华人民共和国专利法》（以下简称专利法）、《中华人民共和国专利法实施细则》（以下简称实施细则）、《专利审查指南》等法律法规以及部门规章对于无效宣告程序中提交中文译文的形式并无强制性规定。在无效宣告程序中，中兴公司已经对附件6和附件7中记载的内容进行了中文说明，实质上已经对该内容进行了翻译。2. 专利复审委员会认为附件6和附件7可作为证据使用，并未违反法律法规的相关规定。3. 本案各方当事人对于“Last modified”一词的中文含义没有异议，因此附件6和附件7的相应中文译文已经确定。二审法院以中兴公司未提交该附件的中文译文为由不予采纳该附件，属于事实认定错误，适用法律错误。4. 附件3自身的内容，或者附件3结合附件6、附件7，均可确认附件3的公开日期。二审法院认为附件3的公开日期无法确定，属于事实认定错误。5. 二审法院机械、错误适用法律，造成当事人反复诉讼，给当事人增加诉累。（二）涉案专利权利要求不具备创造性，专利复审委员会第18492号无效宣告请求审查决定（以下简称第18492号决定）应予以维持。UEID生成扰频序列是现有技术。第18492号决定并未遗漏涉案专利的区别技术特征，该区别技术特征已经被附件3公开或者属于本领域公知常识。中兴公司请求本院裁定再审本案，依法撤销一、二审判决，改判维持第18492号决定。

美商内数位公司辩称，中兴公司的申请再审理由不能成立。其主要理由为：（一）中兴公司没有按照《专利审查指南》的要求提交附件6和附件7的中文译文，应该视为未提交，二审法院认定事实清楚。（二）中兴公司提交的附件3的公开时间不确定，不应作为涉案专利的现有技术。（三）涉案专利相对于附件3具有创造性，第18492号决定关于涉案专利创造性的认定错误。

专利复审委员会提交意见称，二审判决认定事实不清，适用法律错误，审理程序违法，应予撤销。其主要理由为：（一）关于“Last modified”一词的翻译问题。在无效宣告程序中，美商内数位公司未就“Last modified”是否应当予以翻译提出异议，仅就所显示的相关日期是否应当作为专利法意义上的公开日期持有异议。美商内数位公司在本案行政诉讼程序中才提出中兴公司未就附件中的相应内容进行翻译。同时，各方当事人均认可“Last modified”可翻译为“最后修订日”。二审判决仅以未在法定时间内提交翻译为由，否定相关文件的公开性，缺乏事实依据。（二）关于3GPP网站类证据的问题。在通信领域专利无效宣告程序中，存在大量从3GPP网站获取的证据资料。相关当事人对于网站页面所载明的日期作为相关证据材料的公开日通常不持异议。特别是，3GPP组织的参与者通常认可该组织网站的ftp服务器所载明的时间作为相关证据材料的公开时间，即便相关证据并未载明“Last modified”字样，一般亦予以认可。可见，将3GPP网站ftp服务器所载明的时间作为相关证据材料的公开时间，在通信领域已达成广泛共识。通信领域涉及标准提案的文档在会议之前上传至3GPP网站是行业惯例，也是3GPP组织维护网站的惯例。专利复审委员会请求本院撤销二审判决，维持第18492号决定。

本院认为，在专利无效宣告程序以及行政诉讼程序中，关于证据及其形式的要求属于程序性事项，应适用无效宣告请求提出时现行有效的法律法规的规定。本案中，针对涉案专利，中兴公司于2011年9月28日向专利复审委员会提出无效宣告请求。因此，关于中兴公司所提交的证据应满足的形式要求，应适用2009年修正的专利法和2010年修订的专利法实施细则。根据再审申请人的申请再审理由、被申请人答辩及本案案情，本案在再审审查阶段的焦点问题是：二审法院以中兴公司未提交附件6和附件7的中文译文为由对该两份证据不予采纳是否正确。

2010年修订的专利法实施细则第三条规定：“依照专利法和本细则规定提交的各种文件应当使用中文；国家有统一规定的科技术语的，应当采用规范词；外国人名、地名和科技术语没有统一中文译文的，应当注明原文。依照专利法和本细则规定提交的各种证件和证明文件是外文的，国务院专利行政部门认为必要时，可以要求当事人在指定期限内附送中文译文；期满未附送的，视为未提交该证件和证明文件。”该规定明确了对于外文证明文件需要提交中文译文的条件、时限以及未在指定期限内提交的法律后果。根据上述规定，对于外文证明文件并非一律需要提供中文译文，国务院专利行政部门可以根据具体情况决定是否有必要要求当事人提交中文译文。在专利无效宣告程序中，提交中文译文的必要性通常是考量方便专利复审委员会和对方当事人理解证据内容、保证行政效率、保障和便利当事人行使发表意见的权利等因素的结果。因此，对于《专利审查指南》中有关“当事人提交外文证据的，应当提交中文译文，未在举证期限内提交中文译文的，该外文证据视为未提交”，以及“当事人应当以书面方式提交中文译文，未以书面方式提交中文译文的，该中文译文视为未提交”等规定，应理解为一种适用于一般情况的原则性规定，容许在特殊情况下存在例外。例如，如果该外文证据内容短小，无效宣告程序的双方当事人对于相关外文的中文含义并无争议，专利复审委员会亦不认为有专门提供中文译文的必要，此时便存在无需单独提交中文译文的可能性。具体到本案，首先，本案事实上无需另行单独提交中文译文。本案双方当事人对于相关外文的中文含义并不存在实质性争议。在无效宣告程序中，美商内数位公司虽对“Last modified”一词的中文含义提出过异议，但最终经协商各方当事人对于该英文词组的中文含义已无异议，均认可其中文含义是“最后修订日期”。专利复审委员会在此基础上亦未要求中兴公司单独提交中文译文。因此，本案事实上已经不存在另行单独提交中文译文的必要。其次，中兴公司实际上已经对相关外文的中文含义进行了说明。中兴公司虽然未就附件 6 和附件 7 中“Last modified”一词提供单独的中文译文页，但其在无效宣告程序中已经通过意见陈述书、口头陈述等方式对附件 6 和附件 7 中涉及的“Last modified”一词的中文含义进行了解释和说明，已经对该外文词汇进行了实质性翻译。最后，美商内数位公司在无效宣告程序中并没有对中兴公司未提交附件 6 和附件 7 的中文译文提出异议，表明其认可无须另行提交中文译文。在本案行政诉讼程序中，美商内数位公司却以中兴公司未提交附件 6 和附件 7 的中文译文为由，主张附件 6 和附件 7 不应作为无效审查的证据，其行为前后不一，不宜给予支持和鼓励。二审法院以中兴公司未提交附件 6 和附件 7 的中文译文为由，认定上述证据中的外文部分应当视为未提交，不能作为证据使用，与专利法实施细则第三条规定的法律精神不符，应予纠正。本案应该在采纳附件 6 和附件 7 的基础上，对于该两份证据的证明力进行重新评价，并在此基础上对于附件3的公开时间以及第18492号决定是否正确重新进行审查判定。

综上，中兴公司的再审申请符合《中华人民共和国民事诉讼法》第二百条第二项规定的情形。依照《中华人民共和国民事诉讼法》第二百零四条，《最高人民法院关于适用〈中华人民共和国民事诉讼法〉的解释》第三百九十五条第一款规定，裁定如下：

一、指令北京市高级人民法院再审本案；

二、再审期间，中止原判决的执行。

审判长　朱　理

审判员　张志弘

审判员　佟　姝

二〇一七年十二月二十七日

书记员　包　硕

2. 其他专利行政案件

179. 管理专利工作的部门受理专利侵权纠纷处理请求的条件

——再审申请人江苏省微生物研究所有限责任公司与被申请人福州海王福药制药有限公司、一审被告辽宁省知识产权局、一审第三人辽宁民生中一药业有限公司、常州方圆制药有限公司专利侵权纠纷处理决定案

【裁判要旨】

在本案中，最高人民法院指出，相关请求人已经就针对同一专利的相同或者相关联的侵权纠纷向人民法院提起诉讼，无论当事人是否完全相同，只要可能存在处理结果冲突，管理专利工作的部门即不能受理相关专利侵权纠纷处理请求。

【关键词】

发明专利　专利侵权纠纷　专利行政执法

【案号】

最高人民法院（2011）知行字第99号

【基本案情】

江苏省微生物研究所有限责任公司（以下简称微生物公司）是专利号为ZL93112412.3、名称为“一种含1－N－乙基庆大霉素C1a或其盐的药用制剂及其制备方法”的发明专利（即本案专利）的专利权人。2008年7月18日，本案专利的专利权人变更为微生物公司和常州方圆制药有限公司（以下简称方圆公司）。微生物公司先后以不同形式许可方圆公司、无锡济民可信山禾药业股份有限公司（以下简称山禾公司）、海南爱科制药有限公司（以下简称爱科公司）实施本案专利。2004年8月31日，海南省海口市中级人民法院受理了原告爱科公司诉被告福州海王福药制药有限公司（以下简称福药公司）、海南豪迈医药公司（以下简称豪迈公司）、第三人微生物公司、山禾公司侵犯发明专利权纠纷一案。2009年4月29日，海口市中级人民法院判决驳回了爱科公司的诉讼请求。该判决已经发生法律效力。2008年5月，辽宁民生中一药业有限公司（以下简称民生公司）销售了福药公司生产的硫酸依替米星氯化钠注射液。该药所附产品说明书上载明药物有效成分为硫酸依替米星，其化学结构式与本案专利要求保护的“1－N－乙基庆大霉素C1a硫酸盐”化学结构式相同。2008年11月14日，微生物公司和方圆公司向辽宁省知识产权局提出申请，要求对福药公司和民生公司的专利侵权行为进行处理。2009年4月10日，辽宁省知识产权局作出辽知执字（2009）1号专利侵权纠纷处理决定［以下简称（2009）1号决定］，认定福药公司未经专利权人许可生产的硫酸依替米星氯化钠注射液侵犯了本案专利权，要求福药公司停止生产和销售涉案产品。福药公司不服，向辽宁省沈阳市中级人民法院提起行政诉讼。沈阳市中级人民法院一审判决驳回福药公司的诉讼请求。福药公司不服，提起上诉。其上诉理由之一为，辽宁省知识产权局受理本案时，微生物公司与爱科公司就福药公司生产硫酸依替米星氯化钠注射液一事，已经向海口市中级人民法院提起专利侵权诉讼，海口市中级人民法院正在审理之中，辽宁省知识产权局受理本案并作出（2009）1号决定，违反了国家知识产权局《专利行政执法办法》（2001）第五条第一款第（五）项的规定。辽宁省高级人民法院支持了福药公司的该上诉理由，判决撤销一审判决和（2009）1号决定。微生物公司不服，向最高人民法院申请再审。2012 年 12 月 5 日，最高人民法院裁定驳回其再审申请。

【裁判意见】

最高人民法院审查认为：根据《专利行政执法办法》（2001）第五条第一款第（五）项的规定，请求管理专利工作的部门处理专利侵权纠纷，其条件之一是当事人没有就该专利侵权纠纷向人民法院起诉。专利侵权纠纷存在司法和行政两种纠纷解决方式。《专利行政执法办法》（2001）第五条第一款第（五）项规定的主要目的在于：避免人民法院和专利行政管理机关对同一侵权行为作出的司法裁判与行政处理决定相互冲突；节约执法资源，减少当事人的纠纷处理成本。基于此目的，该项规定应该理解为，相关请求人没有就针对同一专利的相同或者相关联的侵权纠纷向人民法院提起诉讼。在诉争专利和涉嫌侵权产品相同的情况下，即使行政处理程序中的当事人与在先民事侵权案件的当事人并不完全相同，只要两个纠纷的当事人之间存在交叉，其请求的内容存在一定的重叠，在先民事案件的审理结果与行政处理决定的处理结果具有关联性，可能出现结果冲突的，均应认为当事人已经就该专利侵权纠纷向人民法院提起了诉讼。本案中，专利权人微生物公司作为请求人，请求辽宁省知识产权局对福药公司及其销售商民生公司涉嫌侵犯本案专利权的行为作出处理，要求福药公司停止生产和销售硫酸依替米星氯化钠注射液。在此之前，微生物公司的专利实施许可人之一爱科公司已经就福药公司及其销售商豪迈公司侵犯本案专利权的行为向海南省海口市中级人民法院提起了诉讼，其诉讼请求之一亦是请求判令福药公司停止生产和销售硫酸依替米星氯化钠注射液，且专利权人微生物公司作为该案第三人参加了诉讼。虽然上述两案的当事人有所不同，但是微生物公司和福药公司均为两案的当事人之一，微生物公司在两案中均处于指控地位或者支持指控的地位，福药公司在两案中均处于被指控的地位，请求的内容均包括关于福药公司停止生产和销售硫酸依替米星氯化钠注射液的行为。可见，两个案件之间存在密切的关联性，民事侵权案件的处理结果与行政案件的处理结果存在着冲突的可能性。在辽宁省知识产权局受理本案之前，当事人已经就涉及本案专利的侵权纠纷向人民法院提起了相关诉讼。二审法院认定辽宁省知识产权局受理微生物公司和方圆公司的请求不符合《专利行政执法办法》（2001）第五条第一款第（五）项的规定，并无不当。

中华人民共和国最高人民法院行政裁定书

（2011）知行字第99号

申请再审人（一审第三人、二审被上诉人）：江苏省微生物研究所有限责任公司。住所地：江苏省无锡市钱荣路7号。

法定代表人：金肖甬，董事长。

委托代理人：于沛涛。

被申请人（一审原告、二审上诉人）：福州海王福药制药有限公司。住所地：福建省福州市晋安区鼓山镇中下279号。

法定代表人：张思民，董事长。

委托代理人：廖祖宣。

一审被告、二审被上诉人：辽宁省知识产权局。住所地：辽宁省沈阳市皇姑区陵东街2号。

法定代表人：胡权林，局长。

委托代理人：谢滨，该局工作人员。

一审第三人、二审被上诉人：常州方圆制药有限公司。住所地：江苏省常州市新北区河海路108号。

法定代表人：葛啸虎，董事长。

委托代理人：于沛涛。

原审第三人：辽宁民生中一药业有限公司（原辽宁民生医药发展有限公司）。住所地：辽宁省沈阳市铁西区沈辽东路3号。

法定代表人：吴玉平，董事长。

申请再审人江苏省微生物研究所有限责任公司（以下简称微生物公司）因与被申请人福州海王福药制药有限公司（以下简称福药公司）、一审被告辽宁省知识产权局、一审第三人辽宁民生中一药业有限公司（以下简称民生公司）、常州方圆制药有限公司（以下简称方圆公司）专利侵权纠纷处理决定一案，不服辽宁省高级人民法院（2011）辽行终字第16号行政判决，向本院申请再审。本院依法组成合议庭对本案进行了审查，现已审查终结。

一审原告福药公司不服一审被告辽宁省知识产权局于2009年4月10日作出的辽知执字（2009）1号专利侵权纠纷处理决定，向辽宁省沈阳市中级人民法院起诉称：福药公司生产硫酸依替米星氯化钠注射液得到专利权人方圆公司和专利独占许可人无锡济民可信山禾药业股份有限公司（以下简称山禾公司）的许可和帮助，并未侵犯名称为“一种含1－N－乙基庆大霉素C1a或其盐的药用制剂及其制备方法”、专利号为ZL93112412.3的发明专利权（以下简称本案专利）。在福药公司生产药品的过程中，专利独占许可人一直是原料的提供者。福药公司在专利权人和专利独占许可人的许可、帮助下生产硫酸依替米星氯化钠注射液，不构成侵权。被诉专利侵权纠纷处理决定认定福药公司的行为构成侵权的证据不足，适用法律错误。判定专利侵权的构成要件有两个：一是实施了专利技术；二是未得到专利权人的许可。专利权人微生物公司和方圆公司对福药公司申请药品注册和购买药品原料的目的和用途是明知的，对福药公司按药典标准生产药品是支持的，并提供了帮助。专利权人和专利独占许可人帮助福药公司取得药品注册批件和多年来销售原料给福药公司的行为表明，专利权人同意福药公司实施本案专利。因此，福药公司生产硫酸依替米星氯化钠注射液的行为不构成侵犯本案专利权。根据《辽宁省专利保护条例》第二十条的规定，“请求专利管理部门处理专利侵权纠纷的时效为2年，自专利权人或者利害关系人得知或者应当得知其权益被侵害之日起计算”，福药公司在2004年5月就公开生产销售硫酸依替米星氯化钠注射液，专利权人微生物公司和方圆公司对此情况早已知道，当时并未提出异议。微生物公司和方圆公司于2008年11月才向辽宁省知识产权局提出请求处理专利侵权纠纷的申请，已超过了处理时效。被诉专利侵权纠纷处理决定没有事实和法律依据。请求依法撤销辽宁省知识产权局辽知执字（2009）1号专利侵权纠纷处理决定。

一审被告辽宁省知识产权局辩称，福药公司从专利权人方圆公司和专利独占许可人山禾公司所得的并非本案专利产品，而是该专利产品的原料药硫酸依替米星，将其制成专利产品并销售的行为由福药公司实施和完成。本案专利的保护范围是明确的，即只要含有硫酸依替米星的药用制剂，就属于本案专利保护对象。福药公司未经专利权人许可实施专利权的行为，构成侵权。依据专利法第五十七条的规定，辽宁省知识产权局对福药公司的专利侵权行为进行处理，依法有据。请求依法维持被诉专利侵权纠纷处理决定。

第三人方圆公司答辩称，福药公司获得新药证书只能说明其申报药物批件的要求得到了行政主管部门认可，并不代表生产该专利产品不侵犯他人的专利权。福药公司未经专利权人许可生产和销售硫酸依替米星氯化钠注射液的行为侵犯了第三人的专利权。辽宁省知识产权局的被诉专利侵权纠纷处理决定认定事实清楚，适用法律正确。请求维持被诉专利侵权纠纷处理决定，驳回福药公司的诉讼请求。

第三人微生物公司的答辩意见与方圆公司相同。

一审法院经审理查明，江苏省微生物研究所于1998年10月14日取得了名称为“一种含1－N－乙基庆大霉素C1a或其盐的药用制剂及其制备方法”、专利号为ZL93112412.3的发明专利权。2004年5月24日专利权人变更为微生物公司。2008年7月18日专利权人变更为微生物公司和方圆公司。2008年5月，民生公司前身辽宁民生医药发展有限公司销售了福药公司生产的硫酸依替米星氯化钠注射液。该药所附产品说明书上载明药物有效成分为硫酸依替米星，其化学结构式与专利权人要求保护的1－N－乙基庆大霉素C1a硫酸盐化学结构式相同。福药公司生产的硫酸依替米星氯化钠注射液落入本案专利权利要求1的保护范围，并且未取得专利权人的书面授权许可。2008年11月14日，微生物公司和方圆公司向辽宁省知识产权局提出申请，要求对福药公司和民生公司的专利侵权行为进行处理。2009年4月10日，辽宁省知识产权局作出辽知执字（2009）1号专利侵权纠纷处理决定。该专利侵权纠纷处理决定认定，福药公司未经专利权人许可生产的硫酸依替米星氯化钠注射液侵犯了本案专利权。该专利权的保护范围是明确的，只要含有硫酸依替米星的药用制剂，就属于本案专利保护对象。福药公司生产的硫酸依替米星氯化钠注射液落入本案专利权保护范围。该专利侵权纠纷处理决定要求福药公司自收到处理决定书之日，停止生产和销售上述专利产品。

辽宁省沈阳市中级人民法院于2009年8月31日作出（2009）沈行初字第59号行政判决。福药公司不服，提出上诉。辽宁省高级人民法院于2009年12月21日作出（2009）辽行终字第117号行政裁定，撤销一审判决，发回重审。沈阳市中级人民法院再审认为，在辽宁省知识产权局的专利侵权纠纷处理决定中，第三人民生公司为被请求人之一，根据专利法第三条第二款及第五十七条第一款的规定，辽宁省知识产权局具有作出本案被诉专利侵权纠纷处理决定的法定职权。本案中，辽宁省知识产权局提供的证据能够证明福药公司未经专利权人授权许可，生产、销售的硫酸依替米星氯化钠注射液属于本案专利权利要求1的保护范围。辽宁省知识产权局根据专利法第五十七条第一款的规定，对福药公司的专利侵权行为作出被诉专利侵权纠纷处理决定，责令其停止生产、销售该专利产品，认定事实清楚，适用法律正确。福药公司主张其生产硫酸依替米星氯化钠注射液得到专利权人许可，不构成专利侵权。因福药公司提供的依据不能证明其已取得本案专利权人之一方圆公司的书面授权许可生产该专利产品，况且方圆公司只是在2008年之前向福药公司提供过该专利产品的原料药，当时方圆公司并不是本案专利的专利权人，其亦无权同意或许可福药公司实施该专利。根据专利法第十二条的规定，任何单位或者个人实施他人专利的，应当与专利权人订立书面实施许可合同，向专利权人支付专利使用费，被许可人无权允许合同规定以外的任何单位或者个人实施该专利。本案专利独占许可人山禾公司向福药公司提供原料药及帮助取得药品注册批件的行为不能证明福药公司已取得实施本案专利的许可。因此，对福药公司的上述主张，不予支持。福药公司还主张其在2004年5月就公开生产销售本案专利产品，专利权人微生物公司和方圆公司对此情况早已知道，当时并未提出异议，却至2008年11月才向辽宁省知识产权局提出处理请求，超过了处理时效。因福药公司的专利侵权行为一直处于继续状态，对其上述主张，不予支持。综上，依据《最高人民法院关于执行〈中华人民共和国行政诉讼法〉若干问题的解释》第五十六条第四项的规定，辽宁省沈阳市中级人民法院于2010年12月16日作出（2010）沈中行初字第28号行政判决：驳回福药公司的诉讼请求。原一、二审案件受理费共计100元，由福药公司负担。

福药公司不服，向辽宁省高级人民法院提起上诉，请求撤销一审判决和被诉专利侵权纠纷处理决定。其上诉理由为：1. 辽宁省知识产权局受理本案时，专利权人微生物公司与专利使用人海南爱科制药有限公司（以下简称爱科公司）就福药公司生产硫酸依替米星氯化钠注射液一事，已经向海南省海口市中级人民法院提起专利侵权诉讼，当时海口市中级人民法院正在审理之中，尚未作出判决。福药公司恳请辽宁省知识产权局驳回申请人的请求或者暂缓审理本案，等待海口市中级人民法院作出判决后再行处理，但辽宁省知识产权局置之不理，并在法院判决前作出专利侵权纠纷处理决定，违反了国家知识产权局《专利行政执法办法》第五条第（五）项的规定。2. 一审法院漏列当事人。国家知识产权局于2010年2月10日对本案专利的专利权人进行变更公告，增加杭州爱大制药有限公司（以下简称爱大公司）为专利权人，登记生效日为2010年1月8日。本案的处理与爱大公司有利害关系，爱大公司应当作为第三人参加本案诉讼。3. 一审法院对涉案产品未作鉴定即认定福药公司生产的硫酸依替米星氯化钠注射液属于本案专利权利要求1的保护范围，并且未取得专利权人的书面授权许可，认定事实错误。4. 方圆公司是福药公司的原料药供应商，原来一直为福药公司提供原料，不可能不知道福药公司生产硫酸依替米星氯化钠注射液，其默许福药公司实施本案专利。

辽宁省知识产权局答辩称：1. 福药公司在原审法院两次审理中均认可我局具有作出被诉专利侵权纠纷处理决定的法定职权，海南法院审理的案件与本案无关。2. 爱大公司在我局立案受理后才获得专利权，也和本案无关。3. 福药公司在原审中承认涉案药品中含有硫酸依替米星且使用了专利制备方法，因此不需要进行鉴定。4. 专利实施许可必须采用书面方式，法律并无默示许可的规定。一审判决正确，请求予以维持。

微生物公司答辩称：1. 爱大公司虽未参加案件审理，但其已向一审法院提交了情况说明，表示爱大公司与微生物公司及方圆公司的意见完全一致，一审不存在漏列第三人的问题。2. 福药公司的制药方式和配比与专利保护范围完全一致，辽宁省知识产权局认定其构成专利侵权正确。请求驳回上诉，维持原判。

方圆公司答辩称：1. 海南法院审理的案件中，原告是爱科公司，当时专利权人没有提起诉讼，而是被法院追加为第三人，该案与本案情况不同。2. 爱大公司原是被许可人，在2010年辽宁省知识产权局作出被诉专利侵权纠纷处理决定后才获得专利权，因此爱大公司与本案没有关系。3. 方圆公司从未支持或者配合福药公司获得药品批件。根据药品批件申请流程，专利权人的支持并非必要条件，如果获得药品批准文号后出现专利纠纷，可以再进行处理。请求驳回上诉，维持原判。

二审法院经审理认定以下事实：1993年4月23日，微生物公司的前身微生物研究所作为申请人向国家知识产权局申请名称为“一种含1—N—乙基庆大霉素C1a或其盐的药用制剂及其制备方法”的发明专利。1994年4月8日，微生物研究所与方圆公司的前身江阴方圆制药公司签订《合作经营江阴方圆制药有限公司协议书》，双方约定微生物研究所以该所将完成的国家级一类新药硫酸爱大霉素技术成果（即本案专利）折资入股，占方圆公司全部股份的30%。1996年6月19日，微生物研究所与山禾公司的前身无锡市第一制药厂、无锡市第四制药厂，以及无锡市医药公司签订《关于新药依替米星（爱大霉素，89—07）原料药、水针剂国内独家生产补充合同书》。合同约定：许可其生产和销售硫酸依替米星原料药、水针剂；转让费为技术入门费加产品销售额分成；鉴于微生物研究所与江阴方圆制药公司的合作经营协议书签订在本合同书之前，故无锡市第一制药厂、无锡市第四制药厂对前述合作经营协议书予以认可。1997年4月18日，因无锡市第四制药厂撤销，各方又签订《关于履行依替米星技术转让合同的补充协议书》，约定无锡市第一制药厂继承无锡市第四制药厂就前述所有合同中享有的一切权利、义务、责任，并明确原料药总销售额按全部原料药销售额和水针剂生产额中原料药实际投料数合并计算。1998 年 8 月 22 日，国家知识产权局授予微生物研究所专利权并颁发专利证书，专利授权公告日为 10 月 14 日。2003 年 1 月，福药公司的前身福州利康药业有限公司（以下简称利康公司）等三家单位共同向国家药品监督管理局提交药品注册申请表，该表中第 17 项记载："制剂中化学原料药来源为境内生产，生产企业名称常州方圆制药有限公司。"2004 年 5 月 21 日，利康公司获得国家药品监督管理局颁发的新药证书，药品名称为硫酸依替米星氯化钠注射液。2004 年 5 月 24 日，本案专利的权利人变更为微生物公司。2008 年 7 月 18 日，专利权人又变更为微生物公司和方圆公司。方圆公司自 2004 年开始一直向福药公司提供硫酸依替米星原料药，2008 年 7 月，方圆公司成为专利权人后即停止向福药公司提供硫酸依替米星原料药。后专利实施许可人山禾公司开始向福药公司提供硫酸依替米星原料药。2008 年 5 月，民生公司前身辽宁民生医药发展有限公司销售了福药公司生产的硫酸依替米星氯化钠注射液。2008 年 11 月 14 日，微生物公司向辽宁省知识产权局提出申请，要求对福药公司的专利侵权行为作出处理。辽宁省知识产权局受理后，追加专利权人方圆公司为共同请求人，并作出辽知执字（2009）1 号专利侵权纠纷处理决定，该处理决定的主要内容为："经查，微生物公司和方圆公司的专利权合法有效，应当受到法律的保护。根据专利法第五十六条的规定，发明专利的保护范围以其权利要求内容为准，说明书及其附图可以用于解释权利要求。被请求人福药公司生产的产品的主要原料虽然来源于请求人独家许可生产单位，但并非是专利产品，专利产品是在被请求人福药公司处形成的，因而专利产品中的技术特征完全覆盖了请求人的权利要求保护范围，属于专利侵权产品。被请求人福药公司称原料药是从请求人独家许可的单位买来的，因而不构成侵权的理由不能成立。因为原料只是本发明的一个中间产物，侵权产品是在被请求人福药公司处生产和销售的，因此合议组对被请求人福药公司的理由不予支持。请求人的赔偿请求在口审中明确放弃，请求人可以向人民法院另行提起民事赔偿之诉。双方当事人经调解未能达成一致，依照专利法第五十七条第一款之规定，决定：1. 责令民生公司自收到本处理决定书之日，停止销售上述专利产品；2. 责令福药公司自收到本处理决定书之日，停止生产和销售上述专利产品。"

另查明，微生物公司将其所获得的"一种含 1—N—乙基庆大霉素 C1a 或其盐的药用制剂及其制备方法"的发明专利分别以不同形式许可给不同的厂家实施，包括许可山禾公司生产销售硫酸依替米星原料药及注射液；许可方圆公司生产销售硫酸依替米星原料药及注射液（100mg/2ml，50mg/ml），注射用硫酸依替米星（100mg/瓶，50mg/瓶）；许可爱科公司生产销售硫酸依替米星注射液。2004年8月31日，海南省海口市中级人民法院受理了原告爱科公司诉被告福药公司、海南豪迈医药公司（以下简称豪迈公司），第三人微生物公司、山禾公司侵犯发明专利权纠纷一案。2009年4月29日，海口市中级人民法院作出（2009）海中法民三重字第2号民事判决。该判决认为，爱科公司在未实际取得本案专利独占实施许可或排他实施许可权利的情况下，直接请求保护专利权，缺乏事实和法律依据，遂判决驳回爱科公司的诉讼请求。该判决已经发生法律效力。

二审法院认为：1. 微生物公司、方圆公司请求辽宁省知识产权局处理专利侵权纠纷是否超过请求时效。本案中，福药公司自2004年5月开始生产销售硫酸依替米星氯化钠注射液至今，在微生物公司和方圆公司申请辽宁省知识产权局处理专利侵权纠纷时，福药公司生产销售硫酸依替米星氯化钠注射液的行为一直处于继续状态。因此，微生物公司和方圆公司申请辽宁省知识产权局处理专利侵权纠纷不存在超过请求时效的问题。2. 关于辽宁省知识产权局对本案专利侵权纠纷是否具有管辖权，其受理本案专利侵权纠纷是否符合受理条件。根据2002年修订的《中华人民共和国专利法实施细则》第八十一条第一款、第二款的规定，当事人请求处理或者调解专利纠纷的，由被请求人所在地或者侵权行为地的管理专利工作的部门管辖；两个以上管理专利工作的部门都有管辖权的专利纠纷，当事人可以向其中一个管理专利工作的部门提出请求；当事人向两个以上有管辖权的管理专利工作的部门提出请求的，由最先受理的管理专利工作的部门管辖。本案中，被请求人分别为福药公司和民生公司，福药公司所在地为福州，民生公司的所在地为沈阳。根据上述规定，福建省知识产权局和辽宁省知识产权局对本案专利侵权纠纷均有管辖权，请求人可以选择其中一个管理专利工作的部门提出请求。因此，辽宁省知识产权局对本案专利侵权纠纷具有管辖权。关于辽宁省知识产权局受理本案专利侵权纠纷是否符合受理条件的问题。专利法对专利侵权纠纷赋予当事人两种救济途径，一是向人民法院提起民事诉讼，二是向专利管理部门请求行政处理。根据国家知识产权局《专利行政执法办法》第五条第一款的规定，专利管理部门受理专利侵权纠纷的条件之一是当事人没有就该专利侵权纠纷向人民法院起诉。这一规定是为了防止当事人针对同一专利侵权纠纷既向人民法院提起民事诉讼，又向专利管理部门请求行政处理，避免造成民事判决和行政处理决定不一致的后果。该项规定中“当事人”的范围既包括专利权人，也包括专利实施许可合同的被许可人以及专利权的合法继承人。爱科公司作为专利实施许可合同的被许可人已经就本案相同的专利侵权纠纷向人民法院提起专利侵权诉讼，要求法院判定福药公司和豪迈公司侵犯本案专利权，海口市中级人民法院已于2004年8月31日受理了该专利侵权诉讼，后又追加专利权人微生物公司为第三人。在此情况下，福药公司生产销售硫酸依替米星氯化钠注射液的行为是否侵犯本案专利正在民事审判程序之中，在人民法院尚未作出判决之前，辽宁省知识产权局又受理专利权人微生物公司和方圆公司针对同一侵权专利纠纷的请求，不符合上述规定。3. 关于专利侵权纠纷处理决定认定福药公司的行为构成侵权主要证据是否充分。辽宁省知识产权局认为福药公司生产的硫酸依替米星氯化钠注射液所附产品说明书上载明的药物有效成分硫酸依替米星的化学结构式与专利权人要求保护的1—N—乙基庆大霉素C1a硫酸盐化学结构式相同，落入本案专利权利保护范围，并且未取得专利人的书面授权许可。因此福药公司的行为构成侵犯本案专利权。认定专利侵权必须同时满足以下两个构成要件：一是实施了专利技术或者生产了专利产品，二是未得到专利权人的许可。本案中，福药公司生产的硫酸依替米星氯化钠注射液确实属于本案专利权利要求1的保护范围，关键问题在于是否得到了专利权人的许可。专利法第十二条关于订立书面实施许可合同的规定应理解为倡导性的规定，而非强制性的规定。实践中，支付专利使用费的方式不唯一，存在着采用销售分成等形式支付专利使用费的情形。因此，并不能仅以未订立书面实施许可合同为由即认定未得到专利权人的许可。福药公司在行政程序中向辽宁省知识产权局提供的书面代理词提出了五项抗辩理由：专利权人已将生产硫酸依替米星原料药、水针剂的专利使用权以独占的方式许可给了山禾公司；福药公司经过专利许可使用权人的同意生产药品，不构成侵权；专利权人不准福药公司使用从专利使用权人处合法购买的原料生产注射液，违反了专利权用尽原则；福药公司生产的硫酸依替米星氯化钠注射液是常规方法生产的，不构成侵权；专利权人已授权爱科公司起诉福药公司侵犯发明专利权，案件正在海口市中级人民法院审理之中，为了防止法院判决与专利侵权处理决定相冲突，恳请辽宁省知识产权局驳回专利权人的请求。辽宁省知识产权局在作出被诉专利侵权纠纷处理决定过程中没有全面充分考虑福药公司提出的抗辩事由，也没有对福药公司是否构成专利侵权进行综合分析判断，仅以侵权产品是在福药公司处生产和销售、福药公司未与专利权人签订书面授权许可合同为由，认定福药公司实施了侵犯专利权的行为，认定事实不清，主要证据不足。综上，被诉专利侵权纠纷处理决定认定事实不清，主要证据不足，违反法定程序，依法应予撤销；原审判决认定事实不清，判决结果不当，依法亦应撤销。依照《中华人民共和国行政诉讼法》第六十一条第（三）项，第五十四条第（二）项第1目、第3目的规定，辽宁省高级人民法院于2011年8月1日作出（2011）辽行终字第16号行政判决，判决如下：一、撤销沈阳市中级人民法院（2010）沈中行初字第28号行政判决；二、撤销被上诉人辽宁省知识产权局辽知执字（2009）1号专利侵权纠纷处理决定。一、二审案件受理费共计100元，由辽宁省知识产权局负担。

微生物公司不服二审判决，向本院申请再审，请求撤销二审判决，依法维持一审判决和被诉专利侵权纠纷处理决定。其主要理由为：（一）二审判决认定辽宁省知识产权局受理本案不符合《专利行政执法办法》第五条第一款的规定，结论有误。海口市中级人民法院所受理的是原告爱科公司诉被告豪迈公司专利侵权，辽宁省知识产权局所受理的是请求人微生物公司和方圆公司请求处理民生公司和福药公司专利侵权，原告和主要被告均不相同。虽然被告中都有第二被告福药公司，但前案要求其停止在海南省的侵权行为，后案要求其停止在辽宁省的侵权行为。因此前后两案并非同一案件，辽宁省知识产权局有权受理本案。（二）二审判决认定辽宁省知识产权局没有全面充分考虑福药公司提出的抗辩理由，结论有误。辽宁省知识产权局和微生物公司已对福药公司的抗辩理由进行了反驳。1. 1996年6月19日微生物研究所与山禾公司签订的许可协议虽标注了独家，但并非专利独占实施许可，仅包括正在申请中的专利的原料药和水针剂这一小部分，山禾公司是本专利普通实施许可人，而不是独占专利实施许可人。福药公司关于微生物公司授权山禾公司独占实施本案专利的抗辩不能成立。2. 山禾公司无权再许可福药公司实施本案专利，因此福药公司关于其经过专利许可使用权人的同意生产药品的抗辩不能成立。3. 硫酸依替米星原料药不属于本案专利保护范围，微生物公司与山禾公司签订的许可协议中原料药部分只是非专利技术转让合同，不是专利实施许可合同。生产原料药的企业需要原料药新药证书方可依据药品法规生产，而原料药新药证书的所有人是微生物公司，相关技术也由微生物公司持有。生产原料药的山禾公司因为使用了微生物公司的技术和新药证书，向微生物公司支付原料药的分成，与专利无关。因此福药公司关于禁止使用从专利使用权人处合法购买的原料生产注射液违反了专利权用尽原则的抗辩不能成立。

4. 福药公司生产的硫酸依替米星氯化钠注射液与专利权利要求 1 所述技术特征完全一致，福药公司的行为构成侵权。福药公司关于其硫酸依替米星氯化钠注射液是常规方法生产、不构成侵权的抗辩不能成立。

福药公司提交意见认为，微生物公司的申请再审理由不能成立，应予驳回。其主要理由为：1. 海口市中级人民法院受理的专利侵权案件与本案实际上就是同一专利纠纷，两者的法律关系、诉讼标的和当事人存在一致之处。2. 福药公司生产硫酸依替米星氯化钠注射液得到专利权人之一方圆公司的支持和帮助，不构成侵权。福药公司的硫酸依替米星氯化钠注射液药品注册批件是在方圆公司的支持和帮助下取得的，硫酸依替米星原料药亦由方圆公司提供。微生物公司作为方圆公司的三大股东之一，拥有方圆公司 30% 的股权，对于硫酸依替米星原料药的用途、方圆公司帮助福药公司办理药品批文、提供原料等事实知情却未提出任何异议，应视为默示许可福药公司生产相关产品。

本院审查查明，原审法院查明的事实属实。

本院认为，本案被诉专利侵权纠纷处理决定针对的涉嫌专利侵权行为发生在 2008 年修正的专利法实施之前，应适用 2000 年修正的专利法。根据当事人的申请再审理由、被申请人答辩和具体案情，本案的争议焦点在于：辽宁省知识产权局受理本案是否符合《专利行政执法办法》（2001）第五条第一款的规定；本案被诉专利侵权纠纷处理决定认定事实是否清楚、主要证据是否充分。

（一）辽宁省知识产权局受理本案是否符合《专利行政执法办法》（2001）第五条第一款的规定

《专利行政执法办法》（2001）第五条第一款规定，请求管理专利工作的部门处理专利侵权纠纷的，应当符合下列条件：（一）请求人是专利权人或者利害关系人；（二）有明确的被请求人；（三）有明确的请求事项和具体事实、理由；（四）属于受案管理专利工作的部门的受案范围和管辖；（五）当事人没有就该专利侵权纠纷向人民法院起诉。根据专利法（2000 年修正）第五十七条的规定，因侵犯专利权引发的纠纷，专利权人或者利害关系人可以向人民法院起诉，也可以请求管理专利工作的部门处理。因此，专利侵权纠纷存在司法和行政两种纠纷解决方式。《专利行政执法办法》（2001）第五条第一款第（五）项规定的主要目的在于：避免人民法院和专利行政管理机关对同一侵权行为作出的司法裁判与行政处理决定相互冲突；节约执法资源，减少当事人的纠纷处理成本。基于此目的，该项规定应该理解为，相关请求人没有就针对同一专利的相同或者相关联的侵权纠纷向人民法院提起诉讼。在诉争专利和涉嫌侵权产品相同的情况下，即使行政处理程序中的当事人与在先民事侵权案件的当事人并不完全相同，只要两个纠纷的当事人之间存在交叉，其请求的内容存在一定的重叠，在先民事案件的审理结果与行政处理决定的处理结果具有关联性，可能出现结果冲突的，均应认为当事人已经就该专利侵权纠纷向人民法院提起了诉讼。本案中，专利权人微生物公司作为请求人，请求辽宁省知识产权局对福药公司及其销售商民生公司涉嫌侵犯本案专利权的行为作出处理，要求福药公司停止生产和销售硫酸依替米星氯化钠注射液。在此之前，微生物公司的专利实施许可人之一爱科公司已经就福药公司及其销售商豪迈公司侵犯本案专利权的行为向海南省海口市中级人民法院提起了诉讼，其诉讼请求之一亦是请求判令福药公司停止生产和销售硫酸依替米星氯化钠注射液，且专利权人微生物公司作为该案第三人参加了诉讼。虽然上述两案的当事人有所不同，但是微生物公司和福药公司均为两案的当事人之一，微生物公司在两案中均处于指控地位或者支持指控的地位，福药公司在两案中均处于被指控的地位，请求的内容均包括关于福药公司停止生产和销售硫酸依替米星氯化钠注射液的行为。可见，两个案件之间存在密切的关联性，民事侵权案件的处理结果与行政案件的处理结果存在着冲突的可能性。在辽宁省知识产权局受理本案之前，当事人已经就涉及本案专利的侵权纠纷向人民法院提起了相关诉讼。二审法院认定辽宁省知识产权局受理微生物公司和方圆公司的请求不符合《专利行政执法办法》（2001）第五条第一款第（五）项的规定，并无不当。微生物公司的相关申请再审理由不能成立，本院不予支持。

（二）本案被诉专利侵权纠纷处理决定认定事实是否清楚、主要证据是否充分

被请求人的行为构成侵犯专利权应具备三个条件：被请求人存在实施专利技术方案的行为；被请求人实施专利未经许可；不存在合法的抗辩事由。本案中，当事人对于福药公司实施了本案专利并无争议，其争议在于福药公司实施本案专利的行为是否经过许可以及福药公司是否具有合法的抗辩事由。对此，福药公司主要提出了如下抗辩理由：专利权人已将生产硫酸依替米星原料药、水针剂的专利使用权以独占的方式许可给了山禾公司；福药公司经过专利许可使用权人山禾公司的同意生产药品，不构成侵权；专利权人不准福药公司使用从专利使用权人处合法购买的原料药生产注射液，违反了专利权用尽原则。同时，福药公司针对上述理由提供了相应证据。因此，辽宁省知识产权局应对福药公司的上述理由尤

其是本案专利权人的行为是否构成默示许可或者是否符合专利权用尽原则进行审查。

根据专利法（2000 修正）第十二条的规定，任何单位或者个人实施他人专利的，应当与专利权人订立书面实施许可合同，向专利权人支付专利使用费。该规定并非效力性强制性规定，未订立书面实施许可合同并不意味着必然不存在专利实施许可合同关系。因此，专利实施许可并不只有书面许可一种方式，默示许可亦是专利实施许可的方式之一。例如，如果某种物品的唯一合理的商业用途就是用于实施某项专利，专利权人或者经专利权人许可的第三人将该物品销售给他人的行为本身就意味着默示许可购买人实施该项专利。根据查明的事实，福药公司生产硫酸依替米星氯化钠注射液的原料药购自专利权人与他人合资设立的企业方圆公司或者得到专利权人许可的第三人山禾公司。虽然硫酸依替米星原料药本身不属于本案专利保护范围，但如果硫酸依替米星原料药唯一合理的商业用途就是用于制造本案专利产品，那么专利权人自己建立的企业或者经专利权人许可的第三人销售该原料药的行为本身就意味着默示许可他人实施专利。辽宁省知识产权局未对可能构成默示许可的相关事实进行查明并予以评价，简单地以侵权产品在福药公司处生产和销售、福药公司未与专利权人签订书面授权许可合同为由作出被诉专利侵权纠纷处理决定，认定福药公司的行为侵犯本案专利权，认定事实不清，主要证据不足。二审判决判令撤销一审判决和被诉专利侵权纠纷处理决定，并无不当。微生物公司的相应申请再审理由不能成立，本院不予支持。

综上，微生物公司的再审申请不符合《中华人民共和国行政诉讼法》第六十三条第二款、《最高人民法院关于执行〈中华人民共和国行政诉讼法〉若干问题的解释》第七十二条规定的再审条件，依据《最高人民法院关于执行〈中华人民共和国行政诉讼法〉若干问题的解释》第七十四条之规定，裁定如下：

驳回江苏省微生物研究所有限责任公司的再审申请。

审　判　长　金克胜
代理审判员　朱　理
代理审判员　郎贵梅
二〇一二年十二月五日
书　记　员　张　博

180. 相关行政诉讼起诉期限起算点的确定

——再审申请人北京泰隆自动化设备有限公司、王宇与被申请人河南省知识产权局其他纠纷案

【裁判要旨】

行政诉讼的起诉期限从知道或者应当知道具体行政行为内容之日，或者具体行政行为作出之日起计算，而非从知道或者应当知道具体行政行为违法之日起计算。

【关键词】

行政诉讼　起诉期限　起算点　行政行为违法

【案号】

最高人民法院（2017）最高法行申2778号

【基本案情】

在本案中，2004年11月9日，河南省知识产权局向国家知识产权局递交豫知（2004）74号《河南省知识产权局关于河南郑州拓普轧制技术有限公司专利纠纷案件及有关新闻媒体报道事件的调查的报告》（以下简称调查报告）。2015年，北京泰隆自动化设备有限公司（以下简称北京泰隆公司）、王宇以该调查报告侵害其合法权益为由向河南省郑州市中级人民法院提起行政诉讼。一审法院认为，北京泰隆公司知道该调查报告在社会上扩散的时间为2006年12月，而其到2015年才对该行政行为提起本案诉讼，明显超过了法律规定的五年起诉期限，据此裁定驳回起诉。北京泰隆公司、王宇不服，提起上诉。河南省高级人民法院二审裁定维持一审裁定。北京泰隆公司、王宇不服，向最高人民法院申请再审称，被诉行政行为源于所谓郑州拓普轧制技术有限公司提起的涉案专利侵权诉讼，由于2012年9月24日专利被宣告无效，河南省高级人民法院于2013年12月对涉案专利侵权诉讼作出终审判决，驳回郑州拓普轧制技术有限公司的诉讼请求。上述情况属于其意志以外和难以掌控的原因，应当以河南省高级人民法院终审判决时间即2013年12月作为计算本案起诉期限的起算时间。最高人民法院于2017年6月27日裁定驳回其再审申请。

【裁判意见】

最高人民法院审查认为：1990年实施的行政诉讼法第三十九条和《最高人民法院关于执行〈中华人民共和国行政诉讼法〉若干问题的解释》① 第四十二条规定的起诉期限起算时间为公民、法人或者其他组织知道或者应当知道具体行政行为内容之日与具体行政行为作出之日，而非知道或者应当知道具体行政行为违法之日；而且，对本案被诉行政行为是否合法的司法审查不是必须以涉案专利侵权诉讼的审理结果为依据，涉案专利侵权诉讼的审理并不影响北京泰隆公司、王宇就河南省知识产权局被诉行政行为提起行政诉讼的权利，因此对北京泰隆公司、王宇的相应申请再审理由不予支持。

中华人民共和国最高人民法院行政裁定书

（2017）最高法行申2778号

再审申请人（一审原告、二审上诉人）：北京泰隆自动化设备有限公司。

法定代表人：王宇，该公司董事长。

再审申请人（一审原告、二审上诉人）：王宇，系北京泰隆自动化设备有限公司法定代表人。

共同委托诉讼代理人：王琦，北京市大正一国都律师事务所律师。

共同委托诉讼代理人：徐伟，北京泰隆自动化设备有限公司办公室主任。

被申请人（一审被告、二审被上诉人）：河南省知识产权局。住所地：郑州市金水区政三街4号。

法定代表人：刘怀章，该局局长。

委托诉讼代理人：田小伍，北京大成（郑州）律师事务所律师。

再审申请人北京泰隆自动化设备有限公司（以下简称北京泰隆公司）、王宇因与被申请人河南省知识产权局其他纠纷一案，不服河南省高级人民法院（2016）豫行终147号行政裁定，向本院申请再审。本院依法组成合议庭审查本案，现已审查终结。

北京泰隆公司、王宇申请再审称：（一）一审裁定适用2014年修正的《中华人民共和国行政诉讼法》（以下简称行政诉讼法）第四十六条第二款规定认定本

---

① 编者注：已失效。

案超过起诉期限，而未以当事人“知道或者应当知道”行政行为为起算时间标准，存在适用法律不当。1.《最高人民法院关于行政诉讼证据若干问题的规定》第四条第三款规定：“被告认为原告起诉超过法定期限的，由被告承担举证责任。”但河南省知识产权局未提交超过起诉期限的相关证据。2.《最高人民法院关于适用〈中华人民共和国行政诉讼法〉若干问题的解释》① 第二十六条第二款规定：“2015 年 5 月 1 日前尚未审结案件的审理期限，适用修改前的行政诉讼法关于审理期限的规定……”本案于 2015 年 3 月 10 日立案交费，属于 2015 年 5 月 1 日前尚未审结的案件，应该适用 1990 年实施的行政诉讼法关于起诉期限的规定。一审裁定适用 2014 年修正的行政诉讼法第四十六条第二款规定驳回起诉，违反上述司法解释规定。3. 1990 年实施的行政诉讼法没有五年最长起诉期限的规定。4.《最高人民法院关于执行〈中华人民共和国行政诉讼法〉若干问题的解释》② 第四十三条规定：“由于不属于起诉人自身的原因超过起诉期限的，被耽误的时间不计算在起诉期间内。因人身自由受到限制而不能提起诉讼的，被限制人身自由的时间不计算在起诉期间内。”河南省知识产权局被诉行政行为即向国家知识产权局递交豫知（2004）74 号《河南省知识产权局关于河南郑州拓普轧制技术有限公司专利纠纷案件及有关新闻媒体报道事件的调查的报告》，源于所谓郑州拓普轧制技术有限公司（以下简称郑州拓普公司）提起的涉案专利侵权诉讼。在涉案专利侵权诉讼期间，涉案专利经过两轮确权程序，于 2012 年 9 月 24 日被宣告无效，河南省高级人民法院（以下简称河南高院）因此于 2013 年 12 月对涉案专利侵权诉讼作出终审判决，驳回郑州拓普公司的诉讼请求。上述种种法律状态，都属于北京泰隆公司、王宇意志以外和难以掌控的原因。（二）一审裁定认定：“本案中，北京泰隆公司所诉豫知（2004）74 号《河南省知识产权局关于河南郑州拓普轧制技术有限公司专利纠纷案件及有关新闻媒体报道事件的调查的报告》作出的时间为 2004 年 11 月 9 日，其知道该调查报告在社会上扩散的时间为 2006 年 12 月，而其到 2015 年才对该行政行为提起本案诉讼，明显超过了法律规定的五年起诉期限。北京泰隆公司所称其知道权益受到侵害时间应为河南高院二审终审的时间即 2013 年，从 2013 年起算至今不超过两年或五年的起诉期限的理由，不予采纳。”一审裁定对关键事实认定不清。1. 行政诉讼法第二条规定：“公民、法人或者其他组织认为行政机关和行政机关工作人员的具体行政行为侵

① 编者注：已失效。

② 编者注：已失效。

犯其合法权益，有权依照本法向人民法院提起诉讼。”该条规定的是“认为”而非“知道”。“认为”系行政相对人切实地感受和认识到权利被行政机关侵害的事实。北京泰隆公司、王宇只有在2013年12月河南高院判决驳回郑州拓普公司的诉讼请求后，才最终“认为”河南省知识产权局行政行为违法。2. 河南高院判决驳回郑州拓普公司的诉讼请求后，才从法律上最终确认河南省知识产权局行政行为违法。参照《中华人民共和国民事诉讼法》第一百五十条第一款第五项规定，北京泰隆公司、王宇提起本案行政诉讼，必须以河南高院针对专利侵权诉讼的审理结果作为认定被诉行政行为违法的依据。（三）二审裁定适用法律错误。二审中，北京泰隆公司、王宇多次要求河南省知识产权局对“超过起诉期限”进行举证，但河南省知识产权局未能举证。一审裁定也明确载明“被告在法定期限内未向本院提交证据”。北京泰隆公司、王宇在二审中多次出具一审裁定，以证明河南省知识产权局未能对“超过起诉期限”进行举证，二审裁定既没有对未采纳证据说明理由，也没有对北京泰隆公司、王宇的意见说明理由。（四）二审裁定另查明：“本案北京泰隆公司及王宇一审起诉状的落款时间是2015年5月15日。北京泰隆公司缴纳一审案件受理费的时间是2015年6月3日。”二审裁定认为：“本案北京泰隆公司、王宇起诉时间在2015年5月1日之后，并非其上诉所称的3月10日。”北京泰隆公司、王宇认为，本案于2015年3月10日立案，既是一审法院确认的事实，也是河南省知识产权局承认的事实，更是北京泰隆公司、王宇二审庭审时反复强调说明的事实。2014年10月22日，北京泰隆公司、王宇针对河南省知识产权局发布河南省十大专利案件之一《敢于拿起法律武器捍卫权利、保护自身利益，也是维护市场经济秩序》、召开“国内最大专利侵权赔偿案情况说明会”、向国家知识产权局递交《河南省知识产权局关于河南郑州拓普轧制技术有限公司专利纠纷案件及有关新闻媒体报道事件的调查的报告》三项行政行为向河南省郑州市中级人民法院提起行政诉讼，并于2015年3月10日交纳案件受理费。后根据法院要求，北京泰隆公司、王宇向法院出具落款日期为2015年5月14日且明确撤诉理由为根据合议庭意见撤诉的撤诉申请书，撤回对后两项行为的起诉，另行分别提起行政诉讼。因此，本案的起诉期限应当适用1990年实施的行政诉讼法。合议庭要求北京泰隆公司、王宇撤诉重新立案，但是未依法履行向北京泰隆公司、王宇解释2014年修正的行政诉讼法关于起诉期限相关规定的释明义务。在二审庭审调查中，北京泰隆公司、王宇也对此详细说明、反复强调。故请求撤销一、二审裁定，重新审理、公正判决。

河南省知识产权局提交意见称：北京泰隆公司、王宇的再审理由不能成立，请求驳回其再审申请。

本院认为，本案争议焦点在于北京泰隆公司、王宇针对本案被诉行政行为提起本案诉讼是否超过起诉期限。北京泰隆公司、王宇申请再审应当针对生效的二审裁定，但其提交的再审申请书先后列明了其主张的一审裁定和二审裁定存在的错误。为分析论证方便和说理充分，本院对北京泰隆公司、王宇的申请再审理由逐一进行分析和回应。

根据北京泰隆公司、王宇向本院提交的2014年11月28日行政起诉状、署名为河南省知识产权局且日期为2015年4月22日的答辩状、落款日期为2015年5月14日的撤诉申请书、日期为2015年3月10日且缴款人为北京泰隆公司的案件受理费专用票据等证据可以认定，北京泰隆公司、王宇针对河南省知识产权局发布河南省十大专利案件之一《敢于拿起法律武器捍卫权利、保护自身利益，也是维护市场经济秩序》、召开“国内最大专利侵权赔偿案情况说明会”、向国家知识产权局递交《河南省知识产权局关于河南郑州拓普轧制技术有限公司专利纠纷案件及有关新闻媒体报道事件的调查的报告》三项行政行为向河南省郑州市中级人民法院提起行政诉讼，并于2015年3月10日交纳案件受理费。后北京泰隆公司、王宇向法院出具落款日期为2015年5月14日且明确撤诉理由为“鉴于合议庭认为本案第二、三项应分别审理，重新立案”的撤诉申请书，撤回对后两项行为的起诉，另行分别提起行政诉讼。北京泰隆公司、王宇撤回对本案被诉行政行为的起诉是根据一审法院分别审理的要求，二审法院未考虑本案这一具体情况，认定本案于2015年5月以后提起诉讼，存在不当。北京泰隆公司、王宇主张，提起本案诉讼的时间应当为2015年3月10日，本院予以支持。

2015年发布的《最高人民法院关于适用〈中华人民共和国行政诉讼法〉若干问题的解释》第二十六条第一款规定：“2015年5月1日前起诉期限尚未届满的，适用修改后的行政诉讼法关于起诉期限的规定。”本案起诉时间为2015年3月10日，2014年修正的行政诉讼法于2015年5月1日起实施。一审裁定适用2014年修正的行政诉讼法第四十六条第二款规定认定本案超过起诉期限。二审裁定认为：“本案北京泰隆公司、王宇起诉时间在2015年5月1日之后，并非其上诉所称的3月10日。一审法院适用修订后的行政诉讼法审理本案并无不当。”鉴于二审裁定在起诉时间认定方面存在不当，本院根据相关法律、司法解释的规定和本案具体情况判断本案是否超过起诉期限。

1990 年实施的行政诉讼法第三十九条规定："公民、法人或者其他组织直接向人民法院提起诉讼的，应当在知道作出具体行政行为之日起三个月内提出，法律另有规定的除外。"2000 年实施的《最高人民法院关于执行〈中华人民共和国行政诉讼法〉若干问题的解释》第四十二条规定："公民、法人或者其他组织不知道行政机关作出的具体行政行为内容的，其起诉期限从知道或者应当知道该具体行政行为内容之日起计算。对涉及不动产的具体行政行为从作出之日起超过 20 年、其他具体行政行为从作出之日起超过 5 年提起诉讼的，人民法院不予受理。"本案中，河南省知识产权局于 2004 年 11 月向国家知识产权局递交豫知（2004）74 号《河南省知识产权局关于河南郑州拓普轧制技术有限公司专利纠纷案件及有关新闻媒体报道事件的调查的报告》，北京泰隆公司、王宇于 2006 年 12 月知道上述报告被郑州拓普公司在社会上散发，北京泰隆公司、王宇针对河南省知识产权局上述行为于 2015 年 3 月向一审法院提起本案诉讼，此时距离被诉行政行为作出之日，甚至距离北京泰隆公司等知道报告在社会上散发之日均远远超出了五年。本案应当适用 1990 年实施的行政诉讼法及前述司法解释关于起诉期限的规定，一、二审裁定适用 2014 年修正的行政诉讼法第四十二条第二款关于起诉期限的规定存在不当，本院予以纠正。但是，一、二审裁定关于本案超过起诉期限的认定并无不妥。二审裁定在认定事实、适用法律方面存在瑕疵，但裁判结果正确。对于此种情况如何处理，行政诉讼法并未作出明确规定。但根据行政诉讼法第一百零一条的规定，对此可参照适用民事诉讼法的相关规定。《最高人民法院关于适用〈中华人民共和国民事诉讼法〉的解释》第三百三十四条规定："原判决、裁定认定事实或者适用法律虽有瑕疵，但裁判结果正确的，第二审人民法院可以在判决、裁定中纠正瑕疵后，依照民事诉讼法第一百七十条第一款第一项规定予以维持。"依照和参照上述规定，在对二审裁定认定事实、适用法律存在的瑕疵予以纠正的基础上，对北京泰隆公司、王宇以一、二审裁定适用 2014 年修正的行政诉讼法存在错误的申请再审理由不予支持。

北京泰隆公司、王宇主张，应当由河南省知识产权局举证证明其起诉超过法定期限。本院认为，在判断是否超过起诉期限之前需要查明起诉期限的起算时间。鉴于本案中被诉行政行为作出的时间即上述报告在社会上散发时间已经查明，在此情况下，不存在就起诉期限进行举证的需要，因此对北京泰隆公司、王宇的相应申请再审理由不予支持。

北京泰隆公司、王宇主张，应当以河南高院判决驳回郑州拓普公司在涉案专利侵权诉讼中提出的诉讼请求的时间即 2013 年 12 月作为计算本案起诉期限的起算时间，其于河南高院作出上述判决之后才认为河南省知识产权局违法，其在此前未提起本案诉讼，属于其意志以外和难以掌控的原因。本院认为，1990 年实施的行政诉讼法第三十九条和《最高人民法院关于执行〈中华人民共和国行政诉讼法〉若干问题的解释》第四十二条规定的起诉期限起算时间为公民、法人或者其他组织知道或者应当知道具体行政行为内容之日与具体行政行为作出之日，而非知道或者应当知道具体行政行为违法之日；而且，对本案被诉行政行为是否合法的司法审查不是必须以涉案专利侵权诉讼的审理结果为依据，涉案专利侵权诉讼的审理并不影响北京泰隆公司、王宇就河南省知识产权局被诉行政行为提起行政诉讼的权利，因此对北京泰隆公司、王宇的相应申请再审理由不予支持。

综上，北京泰隆公司、王宇的再审申请不符合《中华人民共和国行政诉讼法》第九十一条规定的情形。依照《中华人民共和国行政诉讼法》第一百零一条、《最高人民法院关于执行〈中华人民共和国行政诉讼法〉若干问题的解释》第七十四条，参照《中华人民共和国民事诉讼法》第一百七十条第一款第一项、《最高人民法院关于适用〈中华人民共和国民事诉讼法〉的解释》第三百三十四条之规定，裁定如下：

驳回北京泰隆自动化设备有限公司、王宇的再审申请。

审　判　长　夏君丽
审　判　员　郎贵梅
代理审判员　傅　蕾
二〇一七年六月二十七日
书　记　员　石华亚

181. 专利执法中程序违法的认定和处理

——再审申请人西峡龙成特种材料有限公司与被申请人榆林市知识产权局、陕西煤业化工集团神木天元化工有限公司专利侵权纠纷行政处理案

【裁判要旨】

已经被明确变更的合议组成员又在被诉行政决定书上署名，实质上等于“审理者

未裁决、裁决者未审理”，构成对法定程序的严重违反。原则上，作出被诉行政决定的合议组应由该行政机关具有专利行政执法资格的工作人员组成。即使异地调配执法人员，也应当履行正式、完备的公文手续。

【关键词】

实用新型专利　专利行政执法　程序违法　执法资格

【案号】

最高人民法院（2017）最高法行再84号

【基本案情】

在本案中，西峡龙成特种材料有限公司（以下简称西峡公司）以陕西煤业化工集团神木天元化工有限公司（以下简称天元公司）制造、使用的设备侵犯其ZL201020586802.2号“内煤外热式煤物质分解设备”实用新型专利权（即涉案专利）为由，请求榆林局行政处理。2015年9月1日，以榆林市知识产权局（以下简称榆林局）作出榆知法处字（2015）9号《专利侵权纠纷案件处理决定书》（以下简称被诉行政决定），认定被控侵权设备中的相应技术特征与涉案专利的“密封窑体”和“煤物质推进分解管道”不构成等同特征，前者未落入后者的保护范围，故天元公司不构成对涉案专利的侵权。被诉行政决定合议组成员包括宝鸡市知识产权局工作人员苟红东，但无正式公文决定调其参与涉案纠纷的行政处理，且榆林局的口头审理笔录没有记载将苟红东的正式身份及其参与合议组的理由告知西峡公司、天元公司。此外，榆林局对涉案专利侵权纠纷进行了两次口头审理，在第二次口头审理时告知当事人的合议组成员与被诉行政决定书上署名的合议组成员不同。西峡公司不服被诉行政决定，提起行政诉讼。陕西省西安市中级人民法院一审认为，行政执法人员在系统内调度，属于行政机关内部行为，不违反内部交流制度。鉴于榆林局现有工作人员欠缺，经请示陕西省知识产权局后，抽调宝鸡市知识产权局工作人员参与案件处理并无不当，被诉行政决定的作出并未违反法定程序。此外，被诉行政决定在侵权实体问题的认定上亦无不当，故判决驳回西峡公司诉讼请求。西峡公司不服，提起上诉。陕西省高级人民法院二审判决驳回上诉、维持原判。西峡公司不服，向最高人民法院申请再审。最高人民法院裁定提审本案，并于2017年12月25日判决撤销一、二审判决及被诉行政决定，责令榆林局重新作出行政决定。

【裁判意见】

最高人民法院提审认为：被诉行政决定的作出违反法定程序，应予撤销。首先，榆林局在处理平等民事主体关于涉案专利的侵权纠纷时，实际上处于居中裁决的地位，本应秉持严谨、规范、公开、平等的程序原则，但是，在合议组成员已经被明确变更的情况下，却又在被诉行政决定书上署名，实质上等于“审理者未裁决、裁决者未审理”，构成对法定程序的重大且明显违反。其次，作出被诉行政决定的榆林局合议组应由该局具有专利行政执法资格的工作人员组成。即便在特殊情况下需要跨区域调配执法人员，也应履行正式、完备的公文手续。否则，行政执法程序的规范性和严肃性无从保证，既不利于规范行政执法活动，也不利于强化行政执法责任。榆林局提交的陕西省知识产权局协调保护处的所谓答复（复印件），实为该处写给该局领导的内部请示，既无文号，更无公章，国家知识产权局专利管理司给陕西省知识产权局的《关于在个案中调度执法人员的复函》晚于被诉行政决定的作出时间，从内容上看与本案无直接关联，均不能作为苟红东参与被诉行政决定合议组的合法、有效依据。再次，榆林局虽主张在口头审理时将苟红东的具体身份以及参与合议组的理由告知过当事人，但其提交的证据并不能证明该项主张，当事人是否认可合议组成员身份并不能成为评判被诉行政行为程序是否合法的前提和要件。因此，榆林局和天元公司提出的“西峡公司对于合议组成员不持异议，故程序合法”的主张不能成立。

中华人民共和国最高人民法院行政判决书

（2017）最高法行再84号

再审申请人（一审原告、二审上诉人）：西峡龙成特种材料有限公司。住所地：河南省南阳市西峡县工业大道北段88号（311国道北段西侧）。

法定代表人：朱书成，该公司董事长。

委托诉讼代理人：杨存吉，北京市智汇律师事务所律师。

委托诉讼代理人：季发军。

被申请人（一审被告、二审被上诉人）：榆林市知识产权局。住所地：陕西省榆林市榆阳区常乐路35号。

法定代表人：郝康林，该局局长。

委托诉讼代理人：张炜亮，该局科长。

委托诉讼代理人：苟红东。

被申请人（一审第三人、二审被上诉人）：陕西煤业化工集团神木天元化工有限公司。住所地：陕西省榆林市神木县锦界工业园区。

法定代表人：毛世强，该公司董事长。

委托诉讼代理人：李向东，北京恒都律师事务所律师。

委托诉讼代理人：李嫄，北京恒都律师事务所实习律师。

再审申请人西峡龙成特种材料有限公司（以下简称西峡公司）因与被申请人榆林市知识产权局（以下简称榆林局）、陕西煤业化工集团神木天元化工有限公司（以下简称天元公司）专利侵权纠纷行政处理一案，不服陕西省高级人民法院（2016）陕行终 94 号行政判决，向本院申请再审。本院于 2017 年 9 月 21 日裁定提审本案。提审后，本院依法组成合议庭，于 2017 年 12 月 15 日公开开庭进行了审理，西峡公司的委托诉讼代理人杨存吉、季发军，榆林局的委托诉讼代理人张炜亮、苟红东，天元公司的委托诉讼代理人李向东、李嫄到庭参加诉讼。本案现已审理终结。

2015 年 6 月 10 日，西峡公司以天元公司制造、使用的煤炭分质转化利用设备侵犯其 ZL201020586802.2 号“内煤外热式煤物质分解设备”实用新型专利权（以下简称涉案专利）为由，请求榆林局行政处理，责令天元公司停止上述侵权行为。

榆林局认为，西峡公司主张以涉案专利权利要求 1 确定其专利权的保护范围，被诉侵权设备由于体积庞大且正在生产使用中，无法拆解观察内部结构，故根据天元公司提供且经西峡公司认可的被诉侵权设备照片及设备结构简图确定被诉侵权设备的技术特征。经比对，涉案专利的密封窑体与被诉侵权设备的夹套在结构、功能和效果上不同，不构成等同特征。涉案专利的煤物质推进分解管道与被诉侵权设备的回转窑体在结构和工作原理上不同，亦不等同。涉案专利的煤物质推进分解管道位于密封窑体内被完全包围，该两者之间不能相对转动，被诉侵权设备的回转窑体没有位于夹套内，该两者之间可以相对转动。涉案专利窑体的密封性好，提高了热传递效率，被诉侵权设备在回转窑体外壁套设三个相对独立的加热夹套，将供热与热解过程完全隔绝，提高了安全性，两者的技术效果和目的不同。因此，被诉侵权设备未落入专利权的保护范围，不构成对涉案专利权的侵犯。另，天元公司在口头审理中明确不主张现有技术抗辩。2015 年 9 月 1 日，榆林局作出榆知法处字（2015）9 号《专利侵权纠纷案件处理决定书》（以下简称被诉行政决定），驳回西峡公司要求天元公司停止专利侵权行为的请求。

西峡公司不服该被诉行政决定，向陕西省西安市中级人民法院提起诉讼。

西峡公司诉称：1. 被诉侵权设备的夹套是由三块钢板铆接而成，夹套周向包围窑体设置，夹套与窑体密封固定形成密封的容器。在密封容器内通入高温气体，对窑体内的煤粉进行加热。夹套并不是单独使用的独立结构，而是要与窑体配合使用。但是，权利要求1没有限定窑体的具体结构，可以是方形、圆形、不规则形状，也可以是夹套结构，只要它构成密封容器，均与权利要求1的密封窑体等同。2. 被诉侵权设备采用三段式结构，无论被诉侵权设备的夹套有几个，其实质都是在夹套内设置有窑体，在夹套与窑体形成的密封容器内通入高温气体，并在窑体内通入煤。权利要求1并没有限定密封窑体的数量。3. 被诉侵权设备的回转窑体与涉案专利的煤物质推进分解管道等同。被诉侵权设备采用的技术手段（窑体），实现的功能（通入煤粉），达到的效果（使煤粉在窑体内充分加热，升温分解出燃气、焦油气和煤等）与涉案专利的手段、功能和效果等同。4. 被诉侵权设备的三段式夹套包裹窑体，将涉案专利窑体对煤物质分解推进通道全部包裹改成被诉侵权设备三段式夹套对窑体的部分包裹，牺牲了部分热能、降低热交换效率，对涉案专利的技术方案进行改进，理应落入涉案专利的保护范围。综上，榆林局认定天元公司不构成专利侵权，存在错误，请求法院依法撤销被诉行政决定，并由榆林局承担本案的诉讼费用。

榆林局辩称：1. 被诉侵权设备的夹套本身是固定包裹在回转窑体上不转动，只有回转窑体相对于夹套转动，夹套没有全部包裹回转窑体形成一个密封容器。而涉案专利的密封窑体是一个密封容器，并且相对于煤物质推进分解管道是固定的，其通过自身转动并带动内部的煤物质推进分解管道转动，使得物料运动推进，密封窑体与煤物质推进分解管道之间不能相对转动。因此，被诉侵权设备的夹套与涉案专利的密封窑体不相同也不等同。2. 被诉侵权设备的热交换空间和涉案专利的热交换仓尽管实现的功能都是容纳热气给煤物质加热使其分解，但涉案专利的热交换仓是煤物质推进分解管道与密封窑体内壁之间的一个连续空间，旨在提高热传递效率。而被诉侵权设备为了设备制造的便利和热解过程的安全，将热交换空间由回转窑体和三个夹套之间的三个不连续空间构成，提高了设备工作的安全性。因此，被诉侵权设备的回转窑体与涉案专利的煤物质推进分解管道不相同也不等同。综上，被诉侵权设备未落入专利权的保护范围，不构成对涉案专利权的侵犯。被诉行政决定认定事实清楚，证据充分，请求驳回西峡公司的诉讼请求。

天元公司述称：1. 被诉侵权设备的夹套是包围回转窑体的中空套筒，是非密封的，而涉案专利的窑体是密封结构。夹套的换热效率低于密封窑体，是以牺牲换热效率来简化设备结构、降低爆炸风险。两者在技术手段、效果上不同，不构成等同特征。被诉侵权设备没有涉案专利的“所述窑体内设置煤物质推进分解管道”这一特征。夹套只是作为加热套筒套设于窑体外壁上，不具有涉案专利的封闭密封结构，回转窑也没有处于外夹套之内，回转窑整体结构大于外夹套，无法将回转窑设置于外夹套内。被诉侵权设备不具有涉案专利的管道这样圆而细长的结构，回转窑体是相对于部分包裹外夹套进行转动，而涉案专利的煤物质分解推进管道完全密封于窑体内且未明确如何工作，两者的技术效果不同。2. 被诉侵权技术方案是现有技术。因此，天元公司不构成对涉案专利权的侵犯，被诉行政决定程序合法，适用法律正确，请求维持。

一审法院经审理查明：2010 年 10 月 26 日，西峡公司向国家知识产权局申请了名称为“内煤外热式煤物质分解设备”实用新型专利。2011 年 5 月 11 日获得授权，专利号为 ZL201020586802.2。西峡公司在本案中明确表示请求保护权利要求 1，其内容为：一种内煤外热式煤物质分解设备，包括一个密封窑体，其特征在于：所述窑体内设置煤物质推进分解管道，所述煤物质推进分解管道设置进煤口、出煤口和分解气收集管，所述煤物质推进分解管道与窑体内壁之间设置热交换仓，所述热交换仓与高温气体加热机构连通，所述热交换仓设置加热气导出管。2014 年 1 月 4 日，国家知识产权局出具实用新型专利权评价报告，初步结论为，涉案专利全部权利要求未发现存在不符合授予专利权条件的缺陷。

2015 年 7 月 2 日，河南省南阳市智圣公证处作出的（2015）南智证民字第 1893 号公证书记载：在 360 导航栏中输入陕西煤业化工集团神木天元化工有限公司网址 http：//www.tvci.com.cn/SHowNews.asp？id＝8705，点击访问后的页面为陕西煤业化工集团神木天元化工有限公司，内容为，公司低阶粉煤回转热解制取无烟煤工艺技术通过科技成果鉴定。该设计成果由天元公司使用。该低阶粉煤回转热解制取无烟煤装置主要包括以下技术特征：（1）回转窑体；（2）三个夹套分别位于回转窑体外壁上，回转窑体相对于夹套可转动；（3）加热机构；（4）进煤口、出煤口和加热气导出管；（5）回转窑体和夹套之间有热交换空间；（6）热交换空间对回转窑体内煤物质加热使其分解。

经将涉案专利权利要求 1 记载的技术特征与被诉侵权设备的技术特征比对后，西峡公司对榆林局认定的两者均具有加热机构、进煤口、出煤口和加热气导出管、回转窑体和夹套之间有热交换仓无异议，但对榆林局认定涉案专利的密封窑体与被诉侵权设备的夹套以及涉案专利的煤物质推进分解管道与被诉侵权设备的回转窑体不相同提出异议。

一审庭审中，西峡公司称：被诉行政决定的合议组人员有苟红东，但苟红东作为宝鸡市知识产权局副局长，不能参与对涉案专利侵权纠纷的处理，其对榆林局是否告知合议组人员不清楚，也未提出回避申请。被诉侵权设备图纸与设备实物的技术特征一致，无需到设备现场比对。

榆林局称：因本案案情重大，现有人员力量欠缺，经请示上级主管部门，最终决定由苟红东等与榆林局工作人员组成合议组，第一次口头审理时已将合议组成员的具体身份告知当事人，西峡公司没有提出异议。涉案纠纷是省市联合执法，《中华人民共和国专利法实施细则》第八十条规定了上级部门对下级部门进行业务指导，指导包含全省范围内调配人员进行执法，且行政机关在实践中均是相互调配人员。榆林局已通过陕西省知识产权局向国家知识产权局请示，国家知识产权局复函称，根据全国知识产权系统执法人员数量、能力不均衡的现状，国家知识产权局在全系统推进执法协作调度机制，包括人员、案件调度等内容，属于行政机关内部行为。

天元公司称：榆林局在口头审理之前给其和西峡公司都发出了通知，双方对合议组成员的身份均未提出异议。

一审法院另查明，国家知识产权局制定的《专利行政执法能力提升工程方案》明确要求建立全系统和若干区域专利行政执法协作调度中心，提高执法办案协作水平与效率。选择若干地区开展试点，建立若干区域专利行政执法协作调度中心；推进建立全系统专利行政执法指挥调度中心，加快实现跨地区执法协作的系统化、规范化。陕西省知识产权局按照《专利行政执法能力提升工程方案》的要求，开展了专利行政执法协作调度工作，调度专利行政执法实务经验丰富、执行专利法律法规水平较高的专利行政执法人员，跨市区参与专利行政案件审理。涉案合议组人员苟红东、白龙系宝鸡市知识产权局执法人员，其由陕西省知识产权局调度参加到榆林局的案件合议组，对涉案专利侵权纠纷进行行政处理。

一审法院认为：

1. 关于被诉行政决定的作出是否违反法定程序

西峡公司认为榆林局违反法定程序的行为有：被诉行政决定的合议组成员有苟红东，但苟红东是宝鸡市知识产权局副局长，不能参与对涉案纠纷的处理。对此，考虑到被诉行政决定作出前，因本案案情重大，现有工作人员力量欠缺，榆林局经请示上级主管部门，最终决定由宝鸡市知识产权局派员参加，并与榆林局工作人员共同组成合议组；同时，榆林局口头审理时已将合议组成员告知当事人，西峡公司没有提出异议；榆林局已通过陕西省知识产权局向国家知识产权局提出请示，国家知识产权局复函称，根据全国知识产权系统执法人员数量、能力不均衡的现状，国家知识产权局在全系统推进执法协作调度机制，包括人员、案件调度等内容，属于行政机关内部行为，按照现行人事机关内部规定开展执法人员调度工作，并不违反内部交流制度。由此证明，被诉行政决定的作出并未违反法定程序。

2. 关于被诉行政决定是否证据确凿

被诉侵权设备体积庞大且正在使用中，无法拆解观察内部结构，经西峡公司认可，榆林局使用被诉侵权设备的照片以及设备结构简图确定被诉侵权设备的技术特征，西峡公司、天元公司对此均无异议。在榆林局对技术特征进行比对过程中，西峡公司、天元公司对于涉案专利的密封窑体与被诉侵权设备的夹套、涉案专利的煤物质推进分解管道与被诉侵权设备的回转窑体两组技术特征是否构成等同存在争议，对于其余技术特征均无争议。由此证明，被诉行政决定证据确凿。

3. 关于被诉行政决定适用法律是否正确

（1）被诉侵权设备和涉案专利的主题相同，都属于煤物质分解利用设备，其技术特征为：回转窑体；三个夹套分别位于回转窑体外壁上，回转窑体相对于夹套可转动；加热机构；进煤口、出煤口和加热气导出管；回转窑体和夹套之间有热交换空间；热交换空间对回转窑体内煤物质加热使其分解。榆林局对于被诉侵权设备技术特征的认定正确。（2）涉案专利的窑体是指具有可包容其他物体的一个完整的空间结构，被诉侵权设备的夹套是指具有套筒结构的设备，两者技术手段不同；由于涉案专利密封窑体是一个可以转动的密封容器，不具有夹套的技术特征，而被诉侵权设备具有夹套，且三个夹套分别固定在回转窑体外壁上，回转窑体相对于夹套转动，两者功能不同；被诉侵权设备采用夹套的换热效率要远低于涉案专利密封窑体的换热效率，两者效果不同。因此，涉案专利的密封窑体与被诉侵权设备的夹套不构成等同特征。西峡公司认为权利要求 1 中没有限定窑体的具体结构、数量，只要被诉侵权设备构成密封容器，则与权利要求 1 中的密封窑体构成等同，与事实不符，不予采信。（3）涉案专利的煤物质推进分解管道是指圆而细长中空的结构，被诉侵权设备回转窑体不具有圆而细长的结构，两者的技术手段不同；涉案专利煤物质推进分解管道处于其密封窑体内部，依靠密封窑体内大量高温气体包围煤物质推进分解管道进行热解；被诉侵权设备的回转窑体有三个夹套，回转窑体相对于夹套进行转动，两者的功能不同；涉案专利的煤物质推进分解管道具有防止热量散失、提高热传递效率的效果，回转窑体是以牺牲换热效率来简化设备结构、降低爆炸风险，两者的效果不同。因此，涉案专利的煤物质推进分解管道与被诉侵权设备的回转窑体不构成等同特征。

一审法院认为，被诉行政决定认定事实清楚、证据确凿，适用法律正确，程序合法，于2015年11月30日作出（2015）西中行初字第00267号行政判决，驳回西峡公司的诉讼请求。一审案件受理费50元，由西峡公司负担。

西峡公司不服一审判决，向陕西省高级人民法院提起上诉。

二审法院查明的事实与一审判决认定的事实一致。

二审法院认为，榆林局对涉案专利侵权纠纷进行处理，有《中华人民共和国专利法》第六十条和《中华人民共和国专利法实施细则》第八十一条为依据。行政执法人员在系统内调度，属于行政机关内部行为，不违反内部交流制度。榆林局鉴于现有工作人员欠缺，经请示陕西省知识产权局后，抽调宝鸡市知识产权局工作人员参与案件处理。而且，口头审理时已将合议组成员告知当事人，西峡公司未提出异议。因此，被诉行政决定的作出未违反法定程序。涉案专利的密封窑体与被诉侵权设备的夹套，涉案专利的煤物质推进分解管道与被诉侵权设备的回转窑体，均不构成等同特征，被诉行政决定认定天元公司不构成专利侵权，认定事实清楚，证据确凿，适用法律正确。二审法院于2016年6月6日作出（2016）陕行终94号行政判决，驳回上诉，维持原判。二审案件受理费50元，由西峡公司负担。

西峡公司不服二审判决，向本院申请再审称：（一）被诉行政决定的作出违反法定程序。1. 榆林局辖区内的专利行政处理事务应由榆林局的工作人员处理。苟红东在其担任宝鸡市知识产权局副局长期间，不应当作为主审员审理涉案专利侵权纠纷。尽管在行政诉讼阶段，榆林局称其得到陕西省知识产权局的口头批准并有国家知识产权局专利管理司的复函，但仍不能证明苟红东参与合议组具有合法性。2. 榆林局第二次口头审理时，告知当事人合议组成员中的艾龙变更为冯学良，且冯学良参与了该次口头审理，但在被诉行政决定书上署名的是艾龙，而非冯学良。这种“审者不裁、裁者未审”的情况严重影响行政决定的公信力和公正性。（二）被诉行政决定以及一、二审判决错误地认定被诉侵权设备未落入专利权保护范围。1. 涉案专利的煤物质推进分解管道与被诉侵权设备的回转窑体是相同技术特征。二审判决认为涉案专利的密封窑体是具有可包容其它物体的一个完整的空间结构，煤物质推进分解管道是圆而细长中空的结构，但权利要求 1 并未限定上述具体形状。涉案专利的煤物质推进分解管道和被诉侵权设备的回转窑体，实质都是提供一个煤物质移动和分解的通道，二审判决认定涉案专利煤物质推进分解管道具有防止热量散失、提高热传递效率的效果，以及被诉侵权设备的回转窑体具有降低爆炸风险的效果，均没有依据。2. 涉案专利的密封窑体与被诉侵权设备的夹套是等同技术特征。在手段上，两者都是为高温加热气体提供一个聚集的空腔，唯一不同的是被诉侵权设备将该空腔分成依次相邻的三个空腔，但其在实现对被加热物体的加热功能方面并没有实质性差异。在效果上，虽然相对于整体式的加热空腔，三段式加热空腔在加热均匀度上会存在稍许差异，但该差异是本领域技术人员容易想到的。而且，涉案专利说明书未涉及对加热源的换热效率的改进，被诉侵权设备与涉案专利在换热效率上的差异与本案无关，且换热效率的比较缺乏评判标准和事实依据。被诉侵权设备的夹套相对于窑体是否能够转动以及如何转动，不应当作为评价密封窑体和夹套是否相同的依据。又因各方当事人对于权利要求 1 的其它技术特征与被诉侵权设备的相应技术特征构成相同无争议，故被诉侵权设备落入专利权的保护范围。综上，一、二审判决及被诉行政决定适用法律错误、主要事实认定缺乏证据支持、程序违法，根据《中华人民共和国行政诉讼法》第九十一条第三项、第四项、第五项的规定，请求本院再审撤销被诉行政决定以及一、二审判决，并责令榆林局重新作出行政决定。

榆林局提交意见称：（一）被诉行政决定的作出符合法律规定。1. 涉案专利侵权纠纷是跨省区、重大复杂有影响的案件，经请示，陕西省知识产权局决定调配人员参与涉案合议组，且得到国家知识产权局函件批复。合议组所有成员都持有执法证，都具有执法资格。榆林局在第一次口头审理时，告知了当事人合议组成员，并着重对苟红东、白龙参与合议组的理由进行了说明，西峡公司对此并无异议，也明确表态不提出回避请求。即使本案行政处理程序中的合议组人员组成有瑕疵，但未对西峡公司的权利产生实质影响，属于《中华人民共和国行政诉讼法》第七十四条第二项规定的无需撤销行政行为之情形。2. 第二次口头审理时，艾龙因临时有事变更为冯学良，但艾龙参加了第一次口头审理，且考虑到其是榆林局副局长，故艾龙在被诉行政决定书上署名，并无不当。（二）被诉行政决定认定天元公司不构成专利侵权，并无错误。当涉案专利煤物质推进分解管道简化为一个时，专利保护的结构将简化为双层夹套结构，核心结构为外部筒状密封窑体通入加热气体，与工业上早已使用的回转窑没有区别。传统的回转窑结构就是对管道内大块状煤料加热进行干馏的设备，但无法用于涉案专利所要加工的粉煤，故涉案专利采用多个均匀布置的煤物质推进分解管道，增加粉煤的受热面积并提高热解效率，如说明书及附图所述，涉案专利的发明点就是，采用多根平行密排管道组成的煤物质推进分解管道，而被诉侵权设备的煤料分解管道只有一个回转窑体。即使专利的结构变为两个筒体，外部筒体仍为封闭结构，与被诉侵权设备的三段式非封闭结构还是不同。被诉侵权设备的夹套与涉案专利的密封窑体、被诉侵权设备的回转窑体与涉案专利的煤物质推进分解管道在位置关系、安装结构、工作原理、技术效果和目的上均不同，不构成相同或等同特征。

天元公司提交意见称：（一）榆林局在口头审理中向当事人告知了合议组成员，西峡公司并未提出异议。艾龙虽未参加第二次口头审理，但参加过第一次口头审理，故其在被诉行政决定书上署名，不违反法定程序。（二）被诉侵权设备的夹套不等同于涉案专利的密封窑体，被诉侵权设备的夹套只是回转窑部分外壁上的加热套筒，不具有密封结构，其中的回转窑整体结构远大于夹套而且相对于夹套旋转，其旋转传动结构不可能放置于热风高温环境下，无法将回转窑设置于夹套内。涉案专利权利要求1虽然限定了管道上设置进出煤口，但因为管道处于密封的窑体内，实际上其不可能在管道上设置进出煤口，而被诉侵权设备的夹套没有进出煤口。涉案专利的热交换仓是在密封窑体内形成于窑体内壁和煤物质分解推进管道间，被诉侵权设备的夹套换热空间只是局部覆盖于回转窑体外壁，且不可能完全密封，故温度梯度大、热利用效率低，但夹套完全杜绝了热空气与窑体内热解气接触的风险，安全性较高。因此，被诉侵权设备未落入专利权的保护范围，被诉行政决定应予维持。

本案再审查明，一、二审法院查明的事实基本属实。

在本院庭审中，各方当事人对以下情况均予以确认：1. 被诉行政决定和一、二审判决对于涉案专利和被诉侵权设备的特征划分，均不持异议。存在争议的技术特征是，被诉侵权设备的夹套与涉案专利的密封窑体、被诉侵权设备的回转窑体与涉案专利的煤物质推进分解管道。2. 涉案专利的煤物质推进分解管道和被诉侵权设备的回转窑体里均直接装填煤料。3. 被诉侵权设备的每个夹套与管道之间分别形成密封的热交换仓。4. 被诉侵权设备的煤管道总长约35米，两个夹套之间的空隙约为2米。5. 天元公司在榆林局口头审理时明确表示不主张现有技术抗辩。6.《专利行政执法证》所载的执法地域是持证人工作单位所在行政区划的范围。

另查明，苟红东担任被诉行政决定合议组成员期间，系宝鸡市知识产权局工作人员，没有正式公文决定调其参与涉案纠纷的行政处理；榆林局的口头审理笔录没有记载将苟红东的正式身份及其参与合议组的理由告知西峡公司、天元公司；榆林局对涉案专利侵权纠纷进行了两次口头审理，在第二次口头审理时，告知西峡公司、天元公司合议组成员中的艾龙变更为冯学良。在被诉行政决定书上署名的合议组长是苟红东，审理员是艾龙、张炜亮、白龙、贺小娟。

上述事实，有庭审笔录、榆林局口头审理笔录等在案佐证。

本院认为，本案的争议焦点是：1. 被诉行政决定的作出是否违反法定程序。2. 被诉行政决定及一、二审判决适用法律是否错误。

关于第一个焦点问题，本院认为，被诉行政决定的作出违反法定程序，应予撤销。具体评述如下：

首先，对于西峡公司与天元公司两个平等民事主体之间的专利侵权纠纷，榆林局根据西峡公司的请求判断天元公司是否构成专利侵权，实际上处于居中裁决的地位。对于专利侵权的判断处理，事关专利权权利边界的划定，事关当事人的重大切身利益，事关科技创新和经济社会发展，需要严格、规范的纠纷解决程序予以保障。榆林局在处理涉案专利侵权纠纷时，本应秉持严谨、规范、公开、平等的程序原则。但是，合议组成员艾龙在已经被明确变更为冯学良的情况下，却又在被诉行政决定书上署名，实质上等于“审理者未裁决、裁决者未审理”。此等情形悖离依法行政的宗旨，减损社会公众对行政执法主体的信任。本案历经中、高级法院的审理仍难以案结事了，主要原因亦在于此。对于上述重大的、基本的程序事项，榆林局并未给予应有的、足够的审慎和注意，其在该问题上的错误本身即构成对法定程序的重大且明显违反，显然不属于榆林局所称“行政行为程序轻微违法，无需撤销行政行为”之情形。

其次，本案的被诉行政行为是，榆林局对于专利侵权纠纷的行政处理。该行政处理系以榆林局的名义作出，并由五人合议组具体实施。行政执法人员具备相应的执法资格，是行政主体资格合法的应有之义，也是全面推进依法行政的必然要求。原则上，作出被诉行政决定的榆林局合议组应由该局具有专利行政执法资格的工作人员组成。各方当事人均确认，《专利行政执法证》所载的执法地域是持证人工作单位所在行政区划的范围，此亦可印证上述结论。即使如榆林局所称，其成立时间短、执法人员少、经验不足，需要调配其他地区经验丰富的行政执法人员参与案件审理，这也不意味着“审理者未裁决、裁决者未审理”的情况可以被允许，不意味着调配执法人员可以不履行正式、完备的公文手续。否则，行政执法程序的规范性和严肃性无从保证，既不利于规范行政执法活动，也不利于强化行政执法责任。然而，榆林局在本案中并未提交调苟红东参与涉案纠纷处理的任何正式公文。其在一审中提交的陕西省知识产权局协调保护处的所谓答复(复印件)，实为该处写给该局领导的内部请示，既无文号，更无公章，过于简单、随意，本院不认可该材料能够作为苟红东参与被诉行政决定合议组的合法、有效依据。至于国家知识产权局专利管理司给陕西省知识产权局的《关于在个案中调度执法人员的复函》，从形式上看，该复函于 2015 年 11 月 20 日作出，晚于被诉行政决定的作出时间。从内容上看，该复函称执法人员的调度不违反公务员交流的有关规定，与本案争议的执法人员调配手续是否正式、程序是否完备，并无直接关联。因此，该复函亦不能作为苟红东合法参与被诉行政决定合议组的依据。

再次，强化对知识产权行政执法行为的司法监督，大力规范和促进行政机关依法行政，是发挥知识产权司法保护主导作用的重要体现，是加强知识产权领域法治建设的重要内容，对于优化科技创新法治环境具有重要意义。在本案中，榆林局虽主张在口头审理时将苟红东的具体身份以及参与合议组的理由告知过当事人，但其提交的证据并不能证明该项主张。因此，西峡公司是否认可合议组成员身份，并不是本院评判被诉行政行为程序是否合法的前提和要件。需要特别指出的是，合议组成员艾龙变更为冯学良后又在被诉行政决定书上署名，已经构成对法定程序的严重违反，不受行政相对人主观认知的影响，也不因行政相对人不持异议而改变。西峡公司在本案再审中对该问题提出异议及请求，并无不当。因此，对于榆林局和天元公司提出的“西峡公司对于合议组成员不持异议，故程序合法”的主张，本院不予支持。

关于第二个焦点问题，本院认为，被诉行政决定及一、二审判决适用法律错误，应予纠正。具体评述如下：

(一) 关于涉案专利密封窑体的解释

被诉行政决定认为，专利说明书第 0021 段的描述和工作原理显示，涉案专利的密封窑体相对于煤物质推进分解管道是固定的，通过自身转动并带动内部的煤物质推进分解管道转动，而被诉侵权设备的夹套本身不转动，其包裹的回转窑体相对于夹套转动，故两者结构、功能和效果不同。对此，本院认为，依据《中华人民共和国专利法》第五十九条的规定，发明或者实用新型专利权的保护范围以其权利要求的内容为准，说明书及附图可以用于解释权利要求的内容。可见，权利要求的内容是划定专利权保护范围的唯一标准，说明书、附图只是用于解释权利要求的内容。因此，在运用说明书和附图解释权利要求时，不能将说明书对具体实施例的具体描述读入权利要求。否则，会不合理地限缩专利权的保护范围。涉案专利权利要求 1 并未限定密封窑体和煤物质推进分解管道是否回转，而涉案专利说明书第 0021 段是专利技术方案的一种具体实施方式，不应当将此段描述的回转窑体限定权利要求 1 的密封窑体。亦即，被诉侵权设备的窑体是否回转并不影响本案专利侵权的判断。

被诉行政决定还认为，为提高热利用效率和热解效率，涉案专利的密封窑体要求热交换仓是一个连续空间，而被诉侵权设备为了设备制造的便利和热解过程的安全，其热交换仓由三个夹套与窑体之间构成的三个不连续空间，两者的结构、效果和目的不同。对此，本院认为，被诉侵权设备的窑体被三个夹套分段包裹，并与之分别形成三个密封的热交换空间，其主要功能是对管道内的煤料进行加热，此亦是涉案专利所要实现的技术功能。虽然相对于涉案专利一体式的加热空腔，被诉侵权设备的三段式加热空腔在加热效果上有一定差异，但各方当事人均确认“被诉侵权设备的煤管道总长约 35 米，两个夹套之间的空隙约为 2 米”，一般而言，煤管道上十分之一左右的空隙应当不会导致煤管道整体的加热功能和效果产生实质性变化。对此，天元公司并未举证证明其设备的热交换效率明显低于涉案专利技术方案。至于被诉行政决定和天元公司主张的被诉侵权设备提高热解过程的安全性问题，亦无相关证据在案佐证。

因此，被诉行政决定对于涉案专利密封窑体的解释，存在错误。

（二）关于涉案专利煤物质推进分解管道的解释

被诉行政决定认为，涉案专利的煤物质推进分解管道固定在密封窑体内，而被诉侵权设备的回转窑体相对于夹套转动，两者的结构和工作原理不同。对此，本院认为，如前所述，涉案专利权利要求 1 并未限定煤物质推进分解管道是否回转，被诉侵权设备的窑体是否回转并不影响本案专利侵权的判断。

榆林局在本院再审中又称，如说明书第 0023 段及附图所述，涉案专利的发明点是，采用多根平行密排管道组成的煤物质推进分解管道，而被诉侵权设备的煤料分解管道只有一个回转窑体。对此，本院认为，涉案专利权利要求 1 并未对煤物质推进分解管道的数量和位置作进一步的限定，反而在其从属权利要求 5 记载，“如权利要求 1 或 2 所述的内煤外热式煤物质分解设备，其特征在于：所述煤物质推进分解管道由多根平行密排管道组成，所述多根平行密排管道一端设置分配盘，所述分配盘与所述进煤口连通，另一端设置汇聚盘，所述汇聚盘与出煤口连通”。根据《中华人民共和国专利法实施细则》规定的权利要求撰写规则，从属权利要求是对其所从属的独立权利要求的进一步限定，独立权利要求的保护范围应当大于其项下的从属权利要求的保护范围。因此，根据涉案权利要求 5 对于“所述煤物质推进分解管道由多根平行密排管道组成”的限定，可以反推其从属的权利要求 1 的煤物质推进分解管道并不要求是多根平行密排的。又据当事人均确认的“涉案专利的煤物质推进分解管道和被诉侵权设备的回转窑体里均直接装填煤料”可知，不论被诉侵权设备中直接装填煤料的装置的具体名称为何，其在手段、功能和效果与涉案专利的煤物质推进分解管道并无实质性差异。

因此，被诉行政决定对于涉案专利煤物质推进分解管道的解释，存在错误。

综上，被诉行政决定违反法定程序、适用法律错误，一、二审判决对于本案争议的实体和程序问题的认定亦存在错误，依法应予一并撤销。基于我国现行专利法律制度的实际状况，西峡公司与天元公司之间的专利侵权纠纷，通过民事诉讼可以得到更加切实有效的解决。为服判息诉之考虑，本院向西峡公司释明，征询其是否就涉案专利侵权纠纷另行选择向人民法院提起民事诉讼。西峡公司向本院提交书面意见，坚持要求榆林局依法重新作出行政决定。

另，天元公司于 2017 年 12 月 15 日向本院提交书面申请称，国家知识产权局专利复审委员会已受理针对涉案专利的无效宣告请求，涉案专利权利状态不稳定，专利侵权是否成立需以专利有效为前提，请求本院中止审理。对此，本院认为，西峡公司在行政处理程序中提交的实用新型专利权评价报告显示，涉案专利全部权利要求未发现存在不符合授予专利权条件的缺陷。目前，涉案专利权仍属有效。国家知识产权局专利复审委员会受理针对涉案专利的无效宣告请求，并不属于必须中止诉讼之情形。因此，对于天元公司提出的中止本案审理的请求，本院不予支持。

依照《中华人民共和国行政诉讼法》第七十条第二项、第三项，第八十九条第一款第二项、第三款，《最高人民法院关于执行〈中华人民共和国行政诉讼法〉若干问题的解释》第七十六条第一款、第七十八条之规定，判决如下：

一、撤销陕西省高级人民法院（2016）陕行终 94 号行政判决；

二、撤销陕西省西安市中级人民法院（2015）西中行初字第 00267 号行政判决；

三、撤销榆林市知识产权局榆知法处字（2015）9号专利侵权纠纷案件处理决定；

四、责令榆林市知识产权局重新作出行政决定。

一审案件受理费50元、二审案件受理费50元，均由榆林市知识产权局负担。

本判决为终审判决。

审 判 长 李 剑

审 判 员 张志弘

审 判 员 杜微科

二〇一七年十二月二十五日

法官助理 马云鹏

书 记 员 焦 媛

图书在版编目（CIP）数据

最高人民法院知识产权要案典丛．专利卷／最高人民法院知识产权审判庭编．—北京：中国法制出版社，2020．7

ISBN 978-7-5216-0969-1

Ⅰ．①最…　Ⅱ．①最…　Ⅲ．①专利权-审判-案例-中国　Ⅳ．①D923．405

中国版本图书馆CIP数据核字（2020）第043010号

策划编辑　李小草　谢　雯

责任编辑　谢　雯　白天园　王紫晶　　　　封面设计　李　宁

最高人民法院知识产权要案典丛·专利卷

ZUIGAO RENMIN FAYUAN ZHISHI CHANQUAN YAOAN DIANCONG · ZHUANLIJUAN

编者/最高人民法院知识产权审判庭

经销/新华书店

印刷/三河市国英印务有限公司

开本/730毫米×1030毫米　16开　　　　印张/115.75　字数/1758千

版次/2020年7月第1版　　　　2020年7月第1次印刷

中国法制出版社出版

书号ISBN 978-7-5216-0969-1　　　　定价：405.00元

北京西单横二条2号

邮政编码100031　　　　传真：010-66031119

网址：http：//www.zgfzs.com　　　　**编辑部电话：010-66071862**

市场营销部电话：010-66033393　　　　**邮购部电话：010-66033288**

（如有印装质量问题，请与本社印务部联系调换。电话：010-66032926）